谨以此书献给

所有为中国民法事业倾注心力、智慧和信念的人们!

中国社会科学院法学研究所
民法典研究丛书

MINFADIAN PINGZHU

民法典评注

物权编

1

孙宪忠　朱广新　主编

中国法制出版社
CHINA LEGAL PUBLISHING HOUSE

物权编撰稿人

（以撰写法律条文的序号排序）

常鹏翱　北京大学法学院教授，撰写第205—223条
崔文星　北京师范大学法学院副教授，撰写第224—232条及第323—329条
章正璋　苏州大学法学教授，撰写第233—239条及第458—462条
申惠文　郑州大学法学院副教授，撰写第240—245条及第288—296条
单平基　东南大学法学院副教授，撰写第246—259条
高　飞　广东外语外贸大学土地法制研究院教授，撰写第260—265条
陆　剑　中南财经政法大学法学院副教授，撰写第266—270条
鲁春雅　北京化工大学法律系副教授，撰写第271—287条
李国强　吉林大学法学院教授，撰写第297—310条
汪志刚　江西财经大学法学院教授，撰写第311—322条
袁　震　西北政法大学教授，撰写第330—343条
蔡立东　吉林大学法学院教授，撰写第344—361条
冯建生　河北工业大学副教授，撰写第362—371条
耿　卓　广东外语外贸大学土地法制研究院教授，撰写第372—385条
邹海林　中国社会科学院法学研究所研究员，撰写第386—393条及第447—457条
董学立　苏州大学法学院教授，撰写第394—419条
李　俊　中南财经政法大学法学院副教授，撰写第420—424条及第440—446条
陈永强　中国计量大学法学院教授，撰写第425—434条
郝丽燕　山东建筑大学法学院副教授，第435—439条

本编由朱广新负责统稿。

总 序

起始古远、绵续益盛的人类法制史延展至2020年时，《中华人民共和国民法典》喷薄而出，成为法史叙事的煌煌时空标识。从此，在世界民法典之林，中国民法典以其鲜明的中国特色、充沛的时代精神、科学的规范设计、严谨的结构体系、精准的话语表达，独树一帜、弘扬四域。民法典是中国特色社会主义法治体系的重点建构，其规范效能沛然厚重，实施效果卓然可期，已然功在当代，定然惠泽千秋。

民法典乃时代发展的产物，非在中国进入新时代而无以有中国民法典。在中外法制史上，任何一个可以标识历史进程的民法典都与其所在时代紧密关联，适应时代需要、反映时代精神、吸收时代精华、积聚时代经验，方得以成就集该时代特质之大观的民法典。法国民法典是如此，德国民法典也是如此，中国民法典更是如此。新中国成立以来，民法典立法屡启屡止，于1954年、1962年、1979年、2001年曾四次启动，但均未成案；民法典立法又屡止屡启，2014年党中央再次提出编纂民法典，其后历经六载，终至功成。中国民法典之路艰苦卓绝，反映出中国人民法治信仰蓄根长久、于今蓬勃，民法典追求坚韧不拔、非竟莫停。但说到底，中国民法典的出台是中国法治发展的必然结果，是人民追求法治之心与国家治理现代化之路相融契合的必然结果。

民法典乃集体智慧结晶，非有法治实践者及阐述者长期奉献无以有中国民法典。尤其是，民法典是几代民法学人心血所注、梦想所系。

中国社科院法学所老所长王家福先生被誉为“推动依法治国的理论创新者”而获党中央、国务院授予改革先锋称号，他生前多次表示，其最大心愿就是在有生之年看到中国民法典颁布。于今民法典终获颁布，足以尽纳几代民法典立法参与者的全力之功，足以告慰几代民法学人建构最好民法典的竞心之梦。当然，说到民法典是集体智慧结晶，这个“集体”庞然无限而超然民法学界内外，甚至含括所有于今日中国民法知识有效形成的中外古今人物，在一定意义上可以说，所有中国法治实践的参与者，所有中国法学知识的阐释者，都是民法知识积累与民法典规则形成的贡献者。当探究蕴含在中国民法典之中的观念、知识、经验的传承与借鉴时，这个“集体”更是只能以民族甚至人类命名之。所以，民法学界只是对民法典有更多的阐释机会与弘扬条件，这只是民法学界的责任而非权利。也正是这份身为民法学者的学术责任，使我们汇聚一起，殚精竭虑撰写《民法典评注》系列专著，以期向世人贡献更为系统、细致、周延而得体的民法知识，使中国民法典的确切含义与深刻底蕴更为精准地呈现于世人面前，更为有效地融入中国的民法实践。

民法典的实在意义并不限于彰显改革开放以来民事立法之蔚然大观，当然，以1260个条文、10万余言有机组成的文本也确属伟大的法律作品；民法典的实在意义根本上在于以此塑化社会成员的民法生活体验，以及在此生活体验中通过将民法典规范外现于行、内化于心来形塑国民精神。民法典以多重形式存在于世，有文本中的民法典、实践中的民法典、记忆中的民法典和信念中的民法典。民法典欲有效行于世，必须使民法典长存于心；而欲使民法典长存于心，必使人先明民法典其理。因为只有透彻明晰民法典之理，才能经明理致信之机制而有效遵行适用民法典。因此，所有参与《民法典评注》的撰写者无不惕惕自厉、孜孜以求：旁征博引，释条文法理力求通达本意；披卷择言，叙学术观点唯恐遗漏精华；谈史论今，析制度沿革之因果必然；述理示例，明规范适用之准绳尺度。《民法典评注》得以高端厚重的学术品格面世，不仅能助使读者对民法典理解得更为深刻、适用得更为精当，还能助使读者及其相关者在明晰法条、透彻法理的基础上信任民法典以至信仰民法典，更为重要以至久远的，是《民法典评注》在中国特色民法知识体系形成中必将起到的建构价值与示范作用。

在中国社会科学院法学所的同仁看来，组织撰写《民法典评注》不仅是一项学术实践，更是一个学术使命，是将法学所追求法治进步、法学繁荣的理念操守再行发扬光大的当然之为与必要之举。法学所建所以来尤其是改革开放以来，为我国民法事业做出诸多突出贡献。早在1979年8月，法学研究所邀请在京法律院系的学者召开了著名的“民法与经济法问题学术座谈会”，由此揭开长达7年之久的民法学与经济法学大论战的序幕，最终确立了民法在经济改革中的重要功能与法律体系中的当然地位。在1992年社会主义市场经济体制确立之时，王家福先生组织课题组率先提出《建立社会主义市场经济法律体系的理论思考和对策建议》，力主将民法作为建构社会主义市场经济法律体系的基本法律。为实现制定民法典的法治梦想，法学所的民法学人几十年来持续倾注心力、不断贡献智慧，其间代表作品、典型事例频现。例如，梁慧星先生长期投入并组织民法典立法研究，其作为课题组负责人组织撰写《中国民法典草案建议稿附理由》，煌煌系列大作将民法典知识基础予以体系化展现，对编纂民法典的论域及思路进行了理论铺垫与学术拓展。再如，在民法典编纂期间，孙宪忠研究员正值履职全国人大代表，其以学术素养与社会影响贡献于民法典的形成过程。中国社会科学院是中央指定的民法典编纂工作五个参加单位之一，为此成立了以时任副院长李培林学部委员为组长、我为副组长的项目工作组，具体参与立法工作职责由法学所承担。在整个民法典编纂过程中，法学所的民法学者有百余人次参加了全国人大常委会法工委组织的立法工作会议或相关活动，得以全程观察、深刻体悟、精准理解中国民法典的形成过程及制度精髓，因而有信心以其掌握的中国民法典的法治精神、价值取向、立法政策、规范内涵、适用要点乃至应用技巧对民法典予以系统阐释与清晰解说，使法学所在民法典形成过程中锤炼萃取的学术积累与知识结晶，得以在民法典实施机制中以学术方式再行弘扬。

《民法典评注》是民法领域迄今鲜见的宏大学术工程，是法学所的民法学者相携学界同道共同完成的厚重学术作品。其作者队伍由来自45家单位的80位学者、法官组成，法学所民法室主任谢鸿飞研究员力行组织协调、宣传鼓动职责，晓以意义、激以责任、诱以“红包”，促使作者依约完成撰写任务。为达致《民法典评注》之预定目标，撰写者们可谓呕心沥血、夙夜不懈，其间执笔之艰巨、究问之困苦、催稿之烦惧、书成之庆慰，非我以此短序所能言之。

《民法典评注》分15册图书出版。其中物权编4册，合同编6册，人格权编1册，婚姻家庭编1册，继承编1册，侵权责任编2册。各编主编为：物权编——孙宪忠和朱广新；合同编——谢鸿飞和朱广新；人格权编——陈甦和谢鸿飞；婚姻家庭编——薛宁兰和谢鸿飞；继承编——陈甦和谢鸿飞；侵权责任编——邹海林和朱广新。《民法典评注》总字数逾600万，平均每条撰写近6000字。此外《民法总则评注》已经先行出版，可与此15册图书构成完整的评注体系。为寻求阐释精准、论证得当、内容协调、体例统一，法学所民法室副主任朱广新研究员作为唯一的全书通读者，或将书稿字斟句酌、屡做删改，或与作者频繁沟通、协同观点，其尽心尽责尽力无以复加，可谓实现《民法典评注》品质优化的质检员。

《民法典评注》以融通学术性与实践性为创作取向，对民法典1260个法条逐一进行深入系统的规范解释，使读者既能从整体图景视域掌握民法典的法治精神，又能从细致入微视点理解民法典的规范含义；既能基于本书继续深化对民法典的创新研究，又能借助本书广泛普及对民法典的有效应用。《民法典评注》的撰写者立足于中国法治场景，建构体现中国法治意识的法律阐释时空坐标，切实契合中国法治发展实际情况，充分彰显中国法学话语表达特点，并吸收熔炼国际上一些有重要影响的法律评注模式。可以断言，《民法典评注》系列充分彰显了我国民法研究水平的突破性提升，以及撰写团队的深厚学术积累与卓越创新能力，是中国民法典编纂成功之后衍生的优质学术成果。

谨以此书献给所有为中国民法事业倾注心力、智慧和信念的人们！

2020年9月28日

凡　例

文献名称	本书指称
一、民法典草案	
《民法典各分编（草案）》（征求意见稿）（物权编）	《民法典物权编（草案）》（征求意见稿）
《民法典各分编（草案）》	《民法典各分编（草案）》
《民法典物权编（草案）》（二次审议稿）	《民法典物权编（草案）》（二审稿）
《中华人民共和国民法典（草案）》	《民法典（草案）》
二、法律、行政法规与法规性文件	
《中华人民共和国民法典》	《民法典》①
《中共中央 国务院关于完善产权保护制度依法保护产权的意见》	《完善产权保护制度意见》
三、司法解释	
《最高人民法院关于贯彻执行〈中华人民共和国民法通则〉若干问题的意见（试行）》	《民法通则意见》
《最高人民法院关于适用〈中华人民共和国物权法〉若干问题的解释（一）》	《物权法解释（一）》
《最高人民法院关于适用〈中华人民共和国合同法〉若干问题的解释（一）》	《合同法解释（一）》
《最高人民法院关于适用〈中华人民共和国担保法〉若干问题的解释》	《担保法解释》
《最高人民法院关于审理人身损害赔偿案件适用法律若干问题的解释》	《人身损害赔偿解释》
《最高人民法院关于审理买卖合同纠纷案件适用法律问题的解释》	《买卖合同解释》
《最高人民法院关于审理涉及国有土地使用权合同纠纷案件适用法律问题的解释》	《国有土地使用权合同解释》
《最高人民法院关于人民法院民事执行中查封、扣押、冻结财产的规定》	《民事执行中查封、扣押、冻结财产规定》

① 本书引用的冠以“中华人民共和国”的法律与行政法规，简称时省略“中华人民共和国”字样，法律与行政法规简称均循此规律，不再重复标注。

续表

文献名称	本书指称
《最高人民法院、国土资源部、建设部关于人民法院执行和国土资源房地产管理部门协助执行若干问题的通知》	《法院执行和国土资源房地产管理部门协助执行通知》
《最高人民法院关于审理房屋登记案件若干问题的规定》	《审理房屋登记案件若干问题的规定》
《最高人民法院关于审理房地产管理法施行前房地产开发经营案件若干问题的解答》	《审理房地产管理法施行前房地产开发经营案件若干问题的解答》

目录

CONTENTS

第一册

第一分编　通　则

第 一 章　一般规定 / 001

第二百零五条【物权编的调整对象】/ 003

第二百零六条【社会主义基本经济制度和社会主义市场经济体制】/ 014

第二百零七条【平等保护原则】/ 017

第二百零八条【物权公示原则】/ 022

第 二 章　物权的设立、变更、转让和消灭 / 033

第一节　不动产登记 / 035

第二百零九条【不动产登记原则】/ 035

第二百一十条【不动产统一登记】/ 045

第二百一十一条【不动产登记的申请】/ 060

第二百一十二条【不动产登记机构的职责】/ 071

第二百一十三条【不动产登记机构的行为禁止】/ 090

第二百一十四条【不动产登记的设权力】/ 093

第二百一十五条【原因行为与不动产物权变动的区分】/ 095
第二百一十六条【不动产登记簿的推定力和管理机构】/ 110
第二百一十七条【不动产登记簿与不动产权属证书的关系】/ 115
第二百一十八条【不动产登记资料的查询、复制】/ 120
第二百一十九条【不动产登记资料的滥用禁止】/ 125
第 二 百 二 十 条【更正登记和异议登记】/ 127
第二百二十一条【预告登记】/ 131
第二百二十二条【登记错误赔偿】/ 146
第二百二十三条【不动产登记费的收取】/ 149

第二节　动产交付 / 151
第二百二十四条【动产物权的设立和转让生效时间】/ 151
第二百二十五条【船舶等物权登记】/ 160
第二百二十六条【简易交付】/ 167
第二百二十七条【指示交付】/ 173
第二百二十八条【占有改定】/ 178

第三节　其他规定 / 184
第二百二十九条【特殊原因导致物权设立、变更、转让或者消灭的规定】/ 184
第 二 百 三 十 条【继承导致的物权变动】/ 192
第二百三十一条【合法事实行为导致的物权变动】/ 194
第二百三十二条【非依法律行为享有的不动产物权变动】/ 204

第 三 章　物权的保护 / 209

第二百三十三条【物权保护的途径】/ 211
第二百三十四条【物权的确认请求权】/ 214
第二百三十五条【返还原物请求权】/ 219
第二百三十六条【排除妨害请求权和消除危险请求权】/ 228

第二百三十七条【修理、重作、更换以及恢复原状请求权】/ 234
第二百三十八条【损害赔偿请求权】/ 245
第二百三十九条【物权保护方式之适用】/ 258

第二分编 所有权

第四章 一般规定 / 267
第二百四十条【所有权的定义】/ 269
第二百四十一条【所有权与他物权的关系】/ 294
第二百四十二条【国家专有的财产】/ 304
第二百四十三条【征收】/ 313
第二百四十四条【保护耕地、不得非法征地】/ 331
第二百四十五条【紧急征用】/ 340

第五章 国家所有权和集体所有权、私人所有权 / 355
第二百四十六条【国有财产范围、国家所有的性质和国家所有权行使】/ 357
第二百四十七条【矿藏、水流、海域的国家所有权】/ 365
第二百四十八条【无居民海岛的国家所有权】/ 371
第二百四十九条【国家所有土地的范围】/ 377
第二百五十条【属于国家所有的自然资源】/ 383
第二百五十一条【野生动植物资源的国家所有权】/ 389
第二百五十二条【无线电频谱资源的国家所有权】/ 393
第二百五十三条【属于国家所有的文物】/ 400
第二百五十四条【国防资产及基础设施权属】/ 408
第二百五十五条【国家机关的物权】/ 413
第二百五十六条【国家举办的事业单位的物权】/ 419

第二百五十七条【国家出资的企业出资人制度】/ 422
第二百五十八条【国有财产保护】/ 426
第二百五十九条【国有财产管理法律责任】/ 432
第 二 百 六 十 条【集体所有权的客体】/ 438
第二百六十一条【农村集体所有权的主体及其决策事项】/ 446
第二百六十二条【农村集体所有权的行使】/ 458
第二百六十三条【城镇集体所有权】/ 465
第二百六十四条【农民集体财产公开制度】/ 470
第二百六十五条【集体所有的财产及集体成员合法权益受法律保护】/ 476
第二百六十六条【私人所有权】/ 481
第二百六十七条【私人的合法财产受法律保护】/ 490
第二百六十八条【出资自由与出资人权利及义务】/ 498
第二百六十九条【法人所有权】/ 511
第 二 百 七 十 条【社会团体法人、捐助法人的所有权】/ 521

第二册

第二分编　所有权

第 六 章　业主的建筑物区分所有权 / 001

第二百七十一条【建筑物区分所有权的范围】/ 003
第二百七十二条【业主的专有权】/ 022
第二百七十三条【业主的共有权】/ 036
第二百七十四条【道路、绿地等的归属】/ 061
第二百七十五条【车位、车库的归属】/ 089
第二百七十六条【车位、车库配置比例】/ 105

第二百七十七条【业主大会和业主委员会的成立】/ 115
第二百七十八条【业主共同决定事项】/ 128
第二百七十九条【住改商的限制】/ 143
第 二 百 八 十 条【业主大会或业主委员会决定的效力与撤销】/ 152
第二百八十一条【维修资金的归属与使用】/ 161
第二百八十二条【共有部分的收入】/ 171
第二百八十三条【共有部分的费用分摊与收益分配】/ 181
第二百八十四条【共有部分的管理】/ 190
第二百八十五条【业主的监督权、物业服务人的配合义务】/ 202
第二百八十六条【业主的义务】/ 215
第二百八十七条【业主权益的保护】/ 232

第 七 章 相邻关系 / 241

第二百八十八条【处理相邻关系的原则】/ 243
第二百八十九条【处理相邻关系的法律依据】/ 263
第 二 百 九 十 条【用水、排水相邻关系】/ 269
第二百九十一条【通行相邻关系】/ 278
第二百九十二条【建造、修缮建筑物及铺设管线等形成的相邻关系】/ 283
第二百九十三条【通风、采光和日照相邻关系】/ 287
第二百九十四条【弃置、排放有害物质相邻关系】/ 301
第二百九十五条【相邻防险关系】/ 314
第二百九十六条【相邻权行使的损害避免】/ 319

第 八 章 共 有 / 329

第二百九十七条【共有的定义和类型】/ 331
第二百九十八条【按份共有】/ 337
第二百九十九条【共同共有】/ 347

第　三　百　条【共有物的管理】/ 356
第三百零一条【共有物的处分、重大修缮及变更性质或者用途】/ 363
第三百零二条【共有物管理费用负担】/ 370
第三百零三条【共有物的分割】/ 377
第三百零四条【共有物的分割方式及共有物分割后的瑕疵担保责任】/ 385
第三百零五条【按份共有的份额转让与优先购买权】/ 394
第三百零六条【按份共有份额优先购买权的行使】/ 403
第三百零七条【因共有财产产生的债权债务关系的效力】/ 413
第三百零八条【按份共有的推定】/ 423
第三百零九条【按份共有份额不明的确定】/ 430
第三百一十条【准共有的法律适用】/ 436

第九章　所有权取得的特别规定 / 443

第三百一十一条【善意取得】/ 445
第三百一十二条【遗失物的追回】/ 468
第三百一十三条【动产善意取得对动产上原有权利的影响】/ 476
第三百一十四条【遗失物的拾得】/ 477
第三百一十五条【遗失物的领取通知与招领公告】/ 482
第三百一十六条【遗失物的保管】/ 484
第三百一十七条【遗失物权利人的义务】/ 486
第三百一十八条【无人认领的遗失物的归属】/ 488
第三百一十九条【拾得漂流物、发现埋藏物或者隐藏物的法律适用】/ 490
第三百二十条【从物随主物转让】/ 495
第三百二十一条【孳息的归属】/ 498
第三百二十二条【添附】/ 500

第三册

第三分编 用益物权

第 十 章 一般规定 / 001

第三百二十三条【用益物权人的基本权利】/ 003
第三百二十四条【自然资源用益物权】/ 013
第三百二十五条【自然资源有偿使用制度】/ 015
第三百二十六条【用益物权人、所有权人义务】/ 018
第三百二十七条【用益物权人因征收、征用获得补偿】/ 021
第三百二十八条【海域使用权】/ 024
第三百二十九条【矿业权、取水权、渔业权】/ 027

第十一章 土地承包经营权 / 039

第 三 百 三 十 条【双层经营体制与土地承包经营制度】/ 041
第三百三十一条【土地承包经营权的界定】/ 047
第三百三十二条【土地的承包期】/ 057
第三百三十三条【土地承包经营权的设立与登记】/ 062
第三百三十四条【土地承包经营权的转让与互换】/ 067
第三百三十五条【土地承包经营权转让与互换的登记】/ 074
第三百三十六条【禁止调整承包地】/ 078
第三百三十七条【禁止收回承包地】/ 085
第三百三十八条【承包地的征收】/ 093
第三百三十九条【土地经营权的流转】/ 099
第 三 百 四 十 条【土地经营权人的权利】/ 112
第三百四十一条【土地经营权的登记】/ 120
第三百四十二条【非家庭承包方式取得土地经营权的流转】/ 122

第三百四十三条【国家所有农地的承包经营】/ 125

第十二章　建设用地使用权 / 127

第三百四十四条【建设用地使用权的含义】/ 129
第三百四十五条【建设用地使用权的客体】/ 134
第三百四十六条【建设用地使用权设立的准则】/ 140
第三百四十七条【建设用地使用权的设立方式】/ 144
第三百四十八条【建设用地使用权出让合同的形式与内容】/ 149
第三百四十九条【建设用地使用权的设立登记】/ 153
第 三 百 五 十 条【土地用途的变更】/ 156
第三百五十一条【土地出让金】/ 160
第三百五十二条【建筑物、构筑物及其附属设施的归属】/ 164
第三百五十三条【建设用地使用权的处分】/ 168
第三百五十四条【建设用地使用权处分合同的形式和期限】/ 172
第三百五十五条【建设用地使用权处分的变更登记】/ 177
第三百五十六条【“房随地”原则】/ 181
第三百五十七条【“地随房”原则】/ 184
第三百五十八条【建设用地使用权的提前收回及补偿】/ 188
第三百五十九条【建设用地使用权的续期】/ 193
第 三 百 六 十 条【建设用地使用权的注销登记】/ 197
第三百六十一条【集体建设用地使用权的法律适用】/ 201

第十三章　宅基地使用权 / 207

第三百六十二条【宅基地使用权的含义】/ 209
第三百六十三条【宅基地使用权的取得、行使和转让】/ 215
第三百六十四条【宅基地灭失与重新分配宅基地】/ 223
第三百六十五条【宅基地使用权的变更、注销登记】/ 226

第十四章 居住权 / *233*

第三百六十六条【居住权的含义】/ *235*

第三百六十七条【居住权设立合同的形式与条款】/ *240*

第三百六十八条【居住权的设立】/ *244*

第三百六十九条【居住权转让、继承的禁止和设立居住权的住宅出租】/ *247*

第 三 百 七 十 条【居住权的消灭】/ *250*

第三百七十一条【遗嘱方式设立居住权】/ *252*

第十五章 地役权 / *255*

第三百七十二条【地役权的含义】/ *257*

第三百七十三条【地役权设立合同的形式和条款】/ *263*

第三百七十四条【地役权的设立条件】/ *267*

第三百七十五条【供役地权利人的义务】/ *271*

第三百七十六条【地役权人的义务】/ *275*

第三百七十七条【地役权期限】/ *279*

第三百七十八条【地役权的持续性】/ *283*

第三百七十九条【在已设立用益物权的土地上设立地役权】/ *287*

第 三 百 八 十 条【地役权的转让】/ *290*

第三百八十一条【地役权的抵押】/ *294*

第三百八十二条【需役地及其上土地承包经营权、建设用地使用权的部分转让】/ *297*

第三百八十三条【供役地及其上土地承包经营权、建设用地使用权的部分转让】/ *300*

第三百八十四条【地役权的消灭】/ *303*

第三百八十五条【地役权的变更与注销登记】/ *307*

第四册

第四分编　担保物权

第十六章　一般规定 / *001*

第三百八十六条【担保物权的含义】/ *003*

第三百八十七条【担保物权的适用范围】/ *012*

第三百八十八条【担保合同】/ *019*

第三百八十九条【担保物权的担保范围】/ *029*

第 三 百 九 十 条【物上代位性】/ *036*

第三百九十一条【物上担保人的免责】/ *042*

第三百九十二条【物的担保与人的担保的关系】/ *047*

第三百九十三条【担保物权消灭的原因】/ *059*

第十七章　抵押权 / *065*

第一节　一般抵押权 / *067*

第三百九十四条【抵押权定义】/ *067*

第三百九十五条【可抵押财产的范围】/ *074*

第三百九十六条【浮动抵押】/ *086*

第三百九十七条【房产与地产一并抵押】/ *093*

第三百九十八条【乡镇、村企业的建筑物和建设用地使用权抵押】/ *101*

第三百九十九条【不得抵押的财产】/ *106*

第　四　百　条【抵押合同的形式和内容】/ *113*

第 四 百 零 一 条【流押的效力】/ *123*

第 四 百 零 二 条【不动产抵押权的设立与登记】/ *130*

第 四 百 零 三 条【动产抵押权设立及登记效力】/ *139*

第四百零四条【正常经营活动中的买受人不受追及规则】/ 148
第四百零五条【抵押不破租赁】/ 155
第四百零六条【抵押财产的转让】/ 165
第四百零七条【抵押权的从属性】/ 175
第四百零八条【抵押权的保护】/ 180
第四百零九条【抵押权人放弃、变更抵押权及其顺位】/ 185
第四百一十条【抵押权实现的条件、方式和程序】/ 193
第四百一十一条【浮动抵押财产的确定】/ 201
第四百一十二条【抵押财产的孳息】/ 207
第四百一十三条【抵押财产变价后的清算】/ 214
第四百一十四条【抵押财产变价款的清偿顺序】/ 218
第四百一十五条【抵押权与质权间的清偿顺序】/ 225
第四百一十六条【购置款抵押权】/ 232
第四百一十七条【以建设用地使用权抵押的特别规定】/ 240
第四百一十八条【集体土地使用权抵押权实现的限制】/ 245
第四百一十九条【抵押权存续期间】/ 250

第二节 最高额抵押权 / 257
第四百二十条【最高额抵押的含义】/ 257
第四百二十一条【主债权及最高额抵押权转让】/ 264
第四百二十二条【协议变更】/ 271
第四百二十三条【债权确定】/ 278
第四百二十四条【最高额抵押适用依据】/ 286

第十八章 质 权 / 287

第一节 动产质权 / 289
第四百二十五条【动产质权的含义】/ 289
第四百二十六条【禁止出质的财产】/ 297

第四百二十七条【质押合同】/ 301

第四百二十八条【流质的效力】/ 308

第四百二十九条【动产质权的设立】/ 313

第 四 百 三 十 条【质押财产的孳息】/ 318

第四百三十一条【质权人的使用处分限制】/ 321

第四百三十二条【质押财产的保管与提存】/ 325

第四百三十三条【质权的保护】/ 330

第四百三十四条【转质】/ 334

第四百三十五条【质权的放弃】/ 341

第四百三十六条【质押财产的返还与质权的实现】/ 346

第四百三十七条【质权的及时行使】/ 353

第四百三十八条【质押财产变价后的清算】/ 360

第四百三十九条【最高额质权】/ 364

第二节　权利质权 / 366

第 四 百 四 十 条【可以出质的权利范围】/ 366

第四百四十一条【以票据权利等出质的权利质权的设立】/ 375

第四百四十二条【权利质权的提前实现】/ 379

第四百四十三条【以基金份额、股权出质的权利质权】/ 384

第四百四十四条【以知识产权出质的权利质权】/ 392

第四百四十五条【以应收账款出质的权利质权】/ 396

第四百四十六条【权利质权的适用依据】/ 405

第十九章　留置权 / 407

第四百四十七条【留置权】/ 409

第四百四十八条【牵连关系】/ 424

第四百四十九条【不得留置】/ 434

第 四 百 五 十 条【可分物的留置】/ 443

第四百五十一条【留置财产的保管】/ 446
第四百五十二条【留置财产的孳息】/ 453
第四百五十三条【留置权实现】/ 456
第四百五十四条【留置权行使请求权】/ 467
第四百五十五条【留置财产的清算】/ 472
第四百五十六条【留置权的优先性】/ 476
第四百五十七条【留置权消灭的特别规定】/ 484

第五分编 占 有

第二十章 占 有 / 495

第四百五十八条【基于合同关系等产生的占有】/ 497
第四百五十九条【恶意占有人的赔偿责任】/ 503
第四百六十条【原物及孳息返还请求权与善意占有人必要费用请求权】/ 511
第四百六十一条【占有财产毁损、灭失的赔偿责任】/ 519
第四百六十二条【占有保护】/ 529

第一章

一般规定

第二百零五条【物权编的调整对象】

本编调整因物的归属和利用产生的民事关系。

历史由来

物权规范在我国法律中早已有之,《婚姻法》《继承法》《民法通则》《土地管理法》《城市房地产管理法》等均有体现,但它们都不系统,这种格局到2007年的《物权法》才得以改变。《物权法》在既往法律的基础上,整理和综合了我国改革开放以来的物权规范,建立了一套体系化的物权规范。《物权法》第2条第1款规定:"因物的归属和利用而产生的民事关系,适用本法。"这是《物权法》规范的社会关系,也即该法的调整范围,旨在明确物权归属,确定物的归属原则,并在此基础上,调整因物的利用而产生的相互关系,确定对物利用的规则。[①]作为物权编的首条,本条的内容与《物权法》第2条第1款一致,旨在明确物权编的调整对象。

规范目的或功能

法律的重要使命之一,在于为人们活动提供统一的指引规则,以维护并创造良好的社会秩序。物权是个人及社会存续所必须依靠的最基本财产权,只有物权权属确定了,才能进一步发展其他关系,在此意义上,可以说民法的任务,是对物之归属于人的事实进行规定。[②]为了实现这个重要使命,物权法必须合理地确定物的归属,并把物的利用所产生的利益进行合理分配,使物权人对物的支配依法不被他人追夺,并能通过物的利用来获得利益,这正是物权编的规范任务。

---

① 参见全国人民代表大会常务委员会法制工作委员会编:《中华人民共和国物权法释义》,法律出版社2007年版,第24页。

② 参见[德]迪特尔·梅迪库斯:《德国民法总论》,邵建东译,法律出版社2000年版,第26页。

规范内容

一、“物的归属和利用”的规范形态

物的归属，指向物权的权属。要界定物权的权属，首先要明确有哪些物权。根据《民法典》第116条，物权的种类和内容由法律规定。物权编规定了所有权、土地承包经营权、建设用地使用权、宅基地使用权、居住权、地役权、抵押权、质权、留置权等物权。在此基础上，根据《民法典》第208条，通过不动产登记、动产占有等公示形式来表征某物权归属于某主体。也就是说，物的归属得到法律承认和保护，不仅意味着权利人对标的物的支配与法律规定的物权是相符的，还符合社会整体秩序，其他人也能获得物的归属信息，从而使支配标的物的人成为物权人，其有正当理由享有支配利益，并能排斥其他任何人的妨害。

物的利用，指向物的利益的获取，其可能不涉及其他人，如电视机所有权人A在家观看电视，还可能涉及其他人，如A把电视机所有权转让给B。在不涉及其他人时，因物的利用所产生的利益是权利人对标的物的支配利益的表现，可归为物权的占有、使用、收益权能。在涉及其他人时，要么以物权变动的形态表现出来，如A向B转让电视机所有权，要么以债权的形态表现出来，如A把电视机出租给B。物权变动表明物权进入流通机制，表达了物权生成、运动以及消灭的样态和过程，其结果为新物权的设立、既有物权在主体上或内容上的改变以及物权的消灭，相应地也表现了物权价值的实现、增生或者消灭。债权主要由合同编来调整，但正如下文所见，物权编也有所涉及。

概括而言，“物的归属和利用”的规范形态既包括认定物权的静态范畴，即物权的种类由法律规定，具体物权的权能也由法律规定，还包括物权的动态范畴，即在物权变动时，在当事人之间进行物权权属配置，并保护第三人，[①]物权编的“物权设立、变更、转让和消灭”一章就专门规定了物权的变动。通过这两种范畴的结合，物权编为“物的归属和利用”提供

① 参见孙宪忠：《论物权法》，法律出版社2001年版，第2页以下。

了框架性的基本规范。在实践中，只要主体对标的物的支配符合这些规范，就表明支配人和标的物之间存在有效关联，支配人能取得标的物蕴含的利益，对物支配和利益归属由此存在一致性，这种状态能为社会公众所知悉和认可。

二、“因物的归属和利用而产生的民事关系”的规范形态

（一）既包括人与物的关系，也包括人与人的关系

物权旨在明确特定物与特定人的对应归属关系，而非彰显特定主体之间的关系，物权法因此是定分规则。① 就此而言，物权确定了特定人对特定物的支配关系，这是人与物的关系。不仅如此，权利是协调人际关系的法律手段，物权同样也有调和人际关系的功能，② 物权法也是调整人际关系的法律，这是人与人的关系。

1. 人与物的关系

通常说来，物是外在于人的经济实体，是人的意思的支配对象。③ 人与物的关系等同于主体与客体的关系，物在其中没有主动性，人与物的关系因此是人支配物的单向关系，《民法典》第114条对物权的定义就很清晰地显示了这一点。

不过，这种关系不能成为人与物关系的全面写照，因为社会发展所带来的生态环境危机、认识观念变化等均要求法律必须给予物一定的法律地位辅助。在我国，由于历史、技术等诸多原因，经济发展以牺牲生态环境为代价，物质财富的增加与资源过度耗费、环境严重污染、生态极度失衡相伴而生，不夸张地说，在我国，人与自然的关系在相当程度上是扭曲的。显然，人依据自己的意志和需求来支配和利用物，只是人与物关系的一个维度，还要看到，物为人的存在提供了物质基础，在这种基础不可再生或一经毁损难以补救时，对物的耗费将损及人的利益，因此，人在支配和利用物时必须有所克制，必须尊重物的自然规律。正因此，《民法典》第9条规定：“民事主体从事

---

① Vgl. Koziol/Wesler, Grundirss des buergerlichen Rechts, Bd. II, 10. Aufl., Wien 1996, S.5.

② 参见苏永钦：《民事立法与公私法的接轨》，北京大学出版社2005年版，第204—209页。

③ Vgl. Savigny, System des heutigen Roemischen Rechts, Bd. I, Berlin 1840, S.334 ff.

民事活动，应当有利于节约资源、保护生态环境。”

这就表明，在人与物的关系方面，除了人对物的支配，人还要尊重自然和爱护动物；人对物的支配除了发挥物的最大效用，还要注重对物的克制性使用，以求节省资源和保护生态环境。

2. 人与人的关系

在此所谓的人是各种主体，人与人的关系也就是各主体之间的利益关系，从利益形态来看，它们包括以下几类：

第一，国家与个体的关系。在我国目前的政法话语和法学理论中，抽象的国家与具体的个体一样，都是法律主体。[1]由于历史原因，我国过去有国家利益绝对至上的社会心理，它反映在法律中，具体而言，就是国家不仅拥有剥夺个体财产的公共权力，国家利益还比个体利益有更充分的制度保障。

《民法典》对此进行了扭正，措施就是赋予国家财产和个体财产同等的法律地位，其第207条规定“国家、集体、私人的物权和其他权利人的物权受法律平等保护，任何组织或者个人不得侵犯”，这种做法的积极意义很明显，它体现了相同事物同等对待的自然正义，不仅为个体合法财产提供了稳定的法律保障，还塑造了国家公共权力和社会民众对于国家财产和个体财产有同样的责任心。此外，物权编还在其他方面调和了国家与个体的关系：（1）国家尊重个体创设物权内容和进行物权变动的自由，有节制地介入个体物权的交易，地役权的内容由当事人约定，土地承包经营权的设立无需不动产登记，均是明证。（2）国家适当退出私权领域，在不涉及国家利益和公共利益的前提下，不与民争利，如《民法典》未规定无主物，表明国家不积极取得无主物所有权，以免徒增管理成本和社会成本，从而为实践中的先占留下了空间。（3）国家与个体进行公平交易，如在公共利益之外，国家不能征收个体财产，而应根据市场化价格形成机制与个体进行交易，以彰显理性和公平。

以上这些措施的核心，就是扭正我国过去规制国家和个体关系的策略，将国家和个体放在平等的位置，使它们之间不再只有以强制为基础的单向度

---

① 参见王利明：《民法总则研究》，中国人民大学出版社2003年版，第492—498页。

关系，还有尊重和交易的互动性机制。

第二，群体与个体的关系。基于个体之人是社群动物的基本属性，个体与其作为有机构成部分的群体之间有紧密关联，由此形成群体与个体的关系，这种关系同样为物权编所关注。资本主义国家的物权法以个人主义为根基，旨在保护个人自由和个人发展，但也受到群体利益的约束，属于体现有限制的个人主义的物权法。[①]我国是社会主义国家，以维护和发展社会主义公有制为根本方向，但同时也以保护权利人的物权为目的，进而维护广大人民群众切身利益，促进和谐，[②]群体利益与个体利益并重。

群体与个体划分的意义主要在于确定利益的不同归属范畴。与个体利益相比，群体利益是一个外延不确定的概念，大致包括两种形态：（1）由不特定的个体利益构成的利益整体，即社会公共利益；（2）由特定的个体利益构成的利益整体，如居民小区的安全卫生，这类利益是具体的群体利益，物权编中农民集体所有权、城镇集体所有权应属于这类利益。

在社会公共利益的维度上，群体的构成具有不可数性，作为构造成分的个体难以决定群体的内涵和外延，法律必须初始界定社会公共利益，决定其内涵、范围以及排外情形。在此基础上，法律还要进一步明确社会公共利益的代表人，明确该代表人从事行为的正当程序。如此而为的目的，不只是确保个体服从群体利益，还为了在个体利益因社会公共利益受损时提供救济保障，这样将对政府的公共权力行使形成制约，避免政府以社会公共利益为名损害个体利益。

与社会公共利益相比，具体的群体利益在成分构成上是可数的，法律无需替代这些成员来决定群体利益的界定和行使。换言之，居民小区的居民、农村集体经济组织的成员等可以通过民主投票的形式对群体利益的行使和实现进行多数决定，法律当为的任务就是确定这种决定的合法性，并排除对这种自治方式的各种干扰因素。

第三，个体与个体的关系。在微观意义上，个体是社会构造的基本元素，

---

① Vgl. Rey, Die Grundlagen des Sachenrechts und das Eigentum, 3. Aufl., Bern 2007, S.8.

② 参见全国人民代表大会常务委员会法制工作委员会编：《中华人民共和国物权法释义》，法律出版社2007年版，第23—24页。

也是最基本的权利主体，物权法的重要使命就是妥当安排个体间的财产关系。具体而言，物权编通过以下途径协调个体之间的关系：（1）明确物权权属的界定规则。在社会中，个体和谐共处的首要条件是划定各自的权属范围，通俗地讲，就是你不犯我、我不犯你，这是个体作为独立权利主体的首要前提。为此，物权编界定了个体对物的支配标准和范围，界定了个体在物权流通中的支配地位和程度。（2）明确个体的谦抑规则。在明晰权属的基础上，个体在保有和行使物权时，必须有为他人利益而牺牲自我利益的准备，如邻人之间的容让、共有人之间的协调等，以促使个体克制自己权利对他人的绝对排他性。（3）明确保护物权的方式规则。只有在受侵害时能得到充分法律救济的物权，才具有意义，也才能抑止他人不当侵害该权利的冲动。（4）明确损益相当的平衡规则。物权变动通常导致损益，在这种损益因合同引起时，当事人能通过协商来平衡利益；当损益非因合同而产生时，如邻人因相邻生活产生的损益，物权编也明确平衡当事人之间的损益规则。

（二）既包括物权，也包括债的关系

物的归属和利用所产生的民事关系，既包括物权，也包括债的关系，它们在物权编中呈现出复杂的关系图像。

1.引导与发展的关系

在现实交易中，物权基本上以由意思自治而生成的债的关系为引导，没有后者的支持，前者恰似无本之木，着眼于这种无此即无彼的构造，可以说债的关系是物权的引导，物权则实现了债的关系，是债的关系的发展结果，两者是引导与发展的关系。这种关系还指向法定的管制领域，法定物权不仅会以债的关系为引导，反过来也能成为法定债的关系的引导。

第一，以债的关系为引导。沿着意思自治的主线，买卖合同、土地承包合同、建设用地使用权出让合同、地役权合同、居住权合同、抵押合同、质押合同等是各类物权现实化的基座，没有这些合同的创意，就不会有通往物权的起点。正是有了以落实物权为追求的这些债的关系，才有了债的履行，有了物权发生。就该动态流程而言，债的关系实为物权发生的手段，物权则是以债的关系为引导的发展。

自治为意定的债的关系提供了方向和射程，行为的正当性由此而定。但

自治往往不能独力创造美丽的新世界，在其力所不逮之处，法律必须基于特定目的，通过法定的管制手段来适度更改方向或扩张射程。不以意思表示为根基的法定物权就是管制产品，当它与意定债的关系衔接时，目的基本上是通过保障债权实现来鼓励交易，留置权就是适例。

若扩大管制的范围，把自治机制之外形成的权利均纳入其中，法定物权就不仅能切入自治领域，作为法定的债的关系的保障机制，还能在管制领域内延续，侵权之债导出的留置权就相当典型，如踢球打破别人窗户玻璃，只要认为损害赔偿债权与债权人占有惹祸足球属于同一法律关系，债权人就有权留置足球。

第二，以物权为引导。法定物权不以意思表示为根基，由此出现的利益亏空无法从当事人意思中寻找弥补之道，法律不得不介入调整，形成旨在平衡利益且带有管制色彩的法定的债的关系。作为配合物权变动的必要环节，法定的债的关系以物权发生为前提，否则就是无稽之谈。此外，法定的债的关系还要契合于物权变动的功能，只能顺势而为，这就会限缩其自身效用。在此意义上，这种法定的债的关系就是在法定物权引导下的进一步发展。

在此方面，不动产附合最有代表性。在满足附合的要件后，动产成为不动产的成分，不再是独立的物权客体，其原所有权因被不动产所有权吸收而消灭，而且，为了保持物的整体效用，原则上排除任一方恢复原状的请求权。这提升了不动产所有权的价值，但原动产所有权人却受损失，利益失衡相当明显，救济途径是给原动产所有权人以赔偿请求权。[①]

2.伴生与协力的关系

由意定之债为引导而发生物权，往往不是交易的全部，除了因物权生成而消灭的债权，还有其他债的关系与物权伴生与协力的格局，既有此有彼，它们相互还有隔离，无此也有彼或有此却无彼均为可能的形态。这种关系实属物权变动交易构造的常态，在遗失物拾得等法定领域同样明显存在。

第一，自治领域。通常说的与物权区分的债权代表了狭义的债的关系，即单一的债权债务，如买方请求卖方移转标的物所有权。债的关系还可包括多数的债权债务，这些不同的债权债务之间存在整体性与关联性，属于广义

① 参见《担保法解释》第62条。

的债的关系，[①]合同关系为其典型，如买卖中有给付义务和对待给付义务，它们的不适当履行将导致买卖合同目的无法实现。在意定之债，通常所谓的债权代表了狭义的债的关系，是在广义的债的关系中撇开其他债权债务所得的结果。

仅以狭义的债的关系为引导而推向物权时，如抵押合同的内容仅涉及主债权、债务履行期限、抵押财产和担保范围，所生的债权就限定为主债权人对抵押人享有的设立抵押权的请求权，它因抵押权设立而消灭。在上述债权之外，若债权行为还产生其他债权，即产生了广义的债的关系，则意定物权将与其他债权伴生。仍以抵押合同为例，若它除了上述内容，还涉及抵押权顺位的让与，如A与B在抵押合同中特别约定在抵押权设立后，A一旦与后位权利人C达成交易，B应把基于自己优先顺位得到的分配金额让与C，由C先受偿，A通过另外的限价交易弥补B的损失，据此，B的抵押权在设立后，就与A在特定条件下请求B让与抵押权顺位的债权携手并立。显然，在意定之债包容多个债权的情形下，这些债权因是否引导物权而命运各异，肯定者因物权发生而无意义，否定者则与物权并存，为简便起见，可将前种债权称为意定债权Ⅰ，后种债权为意定债权Ⅱ，它们的关系布局为“意定之债→（意定债权Ⅰ→意定物权）+（意定债权Ⅱ）”。

同引导与发展关系一样，伴生关系涉及意定物权，但前种关系以意定债权Ⅰ为对象，后种关系则指向意定债权Ⅱ，意定物权与意定债权Ⅱ在此属于同一制度布局中的棋子，彼此虽然不同，但目的方向一致，因而有此也有彼。而且，只要意定债权Ⅰ与意定债权Ⅱ无牵连关系，意定物权与意定债权Ⅱ就不会相互制约，缺少其一也不影响另一的意义，即无此也有彼，如抵押权未设立不影响抵押权顺位让与的债权约束力，只不过该债权无法实现，反过来亦同，即顺位让与的约定有效力瑕疵，只要不影响设立抵押权约定的效力，仍无碍抵押权的设立，从而不同于无此即无彼的引导与发展关系。意思自治使意定之债蕴含了无限的创意，只要内容溢出意定债权Ⅰ的范围，就有物权和意定债权Ⅱ现实伴生的可能，故相比于引导与发展关系，伴生关系在现实中更为常见。

---

① Vgl. Medicus/Lorenz, Schuldrecht, Bd. I, 18. Aufl., Muenchen 2008, S.4 f.

《民法典》物权编涉及不少伴生的债的关系，如共有物的管理合同（第300条）、地役权合同中的使用费约定（第373条第2款）、排除质权人孳息收取权的约定（第430条第1款）等。前述债的关系给物权增添债的伴侣，会协助或制约物权的保有和实现。它们的关系如此密切，以至于这些债权无法在债法中规范，物权编中因此有了它们的身影。

第二，法定领域。法定之债与物权也会伴生，遗失物拾得即为例证。只要拾得的规范要素具备，拾得人就有保管、通知、返还等义务，相应地也有请求支付必要费用的权利（《民法典》第314—317条），这样的法定之债约束着拾得人与失主。

3.融合与并存的关系

与物权不同，债的关系仅针对特定主体，并以债务人的给付为实现途径，故无论存续或交易，二者均无法共享规范。但若在债的关系中加入物权元素，使其主体与特定物的所有权人完全保持一致，结果就是债的主体因所有权移转而变更，债的相对性因此大为减弱，如土地所有人A对B负债，在所有权移转给C后，C成为B的债务人，从C处受让土地的D同样如此。在这种债的关系中，对债权人B而言，只要土地这个特定客体存在，其上的所有人，无论是A、C或D，均为债务人，即各时的任一所有人均为债的主体，这就是物上之债。[①]物上之债有选择地融合了债权与物权的特性，还与物权一体并存、雌雄同株，这种彼此一体的构造体现了债的关系与物权融合与并存的关系。

在《民法典》物权编中，物上之债至少存在于以下领域：（1）相邻关系，第290—292条不动产权利人为相邻权利人提供必要便利的义务；（2）共有，第300条共有人管理共有物的义务、第301条按约定处分或修缮共有物的义务、第302条负担管理费用的义务、第303条按约定不分割共有物的义务；（3）动产所有权，第314—316条拾得人保管、通知和返还义务；（4）建设用地使用权，根据《城市房地产管理法》第42条，建设用地使用权出让合同约定的用地人的给付义务；（5）地役权，第373条第2款允许当事人约定的利用方法；（6）抵押权，第409条第1款允许当事人约定改变抵押权顺位；（7）预告登记，

---

① Vgl. Tuor/Schnyder/Schmid/Rumo-Jungo, Das Schweizerische Zivilgesetzbuch, 13. Aufl., Zuerich 2009, S.1013.

其目的在于保障将来实现物权（第221条），它融合了债的属性和物权的对抗效力，谁受让负担预告登记的物权，谁就要受该债权的束缚。

4.同质和同化的关系

在与物权一体并存的物上之债的牵制和约束下，物权与物上之债在同一客体上形成了权利义务关系，它们不仅存于特定主体之间，有人与人的关系外观，还相互牵连，且能普适于整个物权领域，这种构造甚至在物权及与其伴生的普通之债之间也很明显。若物权能代表依附于特定客体的权利义务关系，那么，债的关系与物权同样有人与人的权利义务关系结构，法律适用也有合一的可能，表现了同质与同化的关系。

第一，对他物权的分析。以用益物权为例，其中的义务因素相当明显，物权人对相对人负有支付费用等积极的债务，它们或属于物上之债，或与用益物权伴生与协力的普通债务。在物权人与相对人这对特定主体之间，物权、物上之债以及其他普通之债往往形影不离，它们常常被一体地当作用益物权的内容来看待。而且，用益物权旨在使用他人之物，用益的权限充任了“双刃剑”，既为物权人提供了获取积极利益的机会，表现出权利属性，又为其设置了只能如此而为的限度，表现出了义务属性，这同样也被列入用益物权的内容，并在不能遵行时影响物权的存在，如建设用地使用权人擅自改变土地用途或地役权人滥用权利均导致物权消灭[①]。概括而言，用益物权虽名为物权，但内容已不单纯是物权，还包含物上之债或普通之债，其中既有人与物的关系，也有人与人的关系，实为多重的权利义务构造。

与用益物权相比，担保物权也有关系构造。担保物权如同用益物权一样有义务要素，如在债务履行期限届满后，质权人有及时行使质权的义务，违背者要承担责任（《民法典》第437条）。而且，因其功能所致，担保物权依附并服务于主债权，因应主债权的变化而改变，即只要产生主债权的债权行为不成立或效力瑕疵，担保物权即失去依托，这导致它必须将主债权融入其中。根据这些特性，可以说担保物权笼罩在主债权与设定担保物的基础之债当中。这些均表明，担保物权同样是多重的权利义务构造。

第二，对所有权的分析。与他物权相比，所有权表现出的人对物的支配

---

① 参见《国有土地使用权合同解释》第6条。

更完整、更绝对、更纯粹，看上去同人与人的相对关系绝缘，不过，所有权并非孤立地立于权利的逻辑真空世界，放在社会现实的背景下，所有权被放大的对物性所遮蔽的对人关系会被复原。

作为绝对的支配权，所有权无需借助他力即可实现，所有权人说了算的个人主义色彩相当鲜明，但因各种现实因素的作用，所有权人相互间会有关系连接。在物本身的形态和位置的约束下，相邻的不动产催生出睦邻友好的和谐需求，权利人容让与自谦在此不仅是道德诉求，也是法律限制所有权的表现，由此而有损失者能获取赔偿，这种因物而生的权利义务关系天然地与不动产所有权一体并存，不能分离各归其主，用相邻关系来概括这种与不动产所有权浑然天成的关系恰如其分。

约束要素也可能源自人本身，因资力不足导致的按份共有，使所有权人在同一屋檐下，要想大家都不挨雨淋，就要齐心协力把房子盖好，因此，对共有物的利用、管理、处分等共有人之间的内部关系有不言而喻的重要性。相邻关系与共有当然不同，但权利人齐心协力才能成事的团体精神颇为一致，兼顾这两者的建筑物区分所有同样如此，无需赘言。相邻关系、共有与区分所有中的关系或为物上之债，如与通行权相关的赔偿请求权、登记的共有物管理合同，或为普通债务，如未登记的管理合同。作为所有权保有或行使的必备要素，它们被物权法规制，但债的本性不因此有变，若放大这一本性，它们完全可置入债法，如相邻关系和共有均能被债法中的共有规范所涵盖。[①]而且，区分所有与共有贯彻了团体主义，所有权的行使采用多数决的议事规则（《民法典》第278条、第301条），与一个巴掌拍不响的合同关系相比，决议更多一层约束，因为多数人的同意溢出了同意人的主体范围，约束到反对者，关系相对更复杂。集体所有权与此类似，欲将虚化的集体坐实，也要运用团体主义的多数决规则（《民法典》第261条、《土地管理法》第15条第2款）。

可以说，只要将视角从抽象的所有权概念转向具体形态的所有权，将其客体的物理关联及主体的人际关联纳入视野范围，就不难看出所有权必然处

---

① Vgl. Saecker, Vom Deutschen Sachenrecht zu einem Europaeischen Vermoegensrecht, in: Festschrift fuer Apostolos Georgiades zum 70. Gebuertstag, Muenchen u.a. 2006, S.375 ff; Fueller, Eigenstaendiges Sachenrecht?, Tuebingen 2006, S.558 ff.

于关系结构之中。如果说团体主义背景下的上述关系滞留在所有权人的内部，那么，所有权的价值化趋向将迈到外部。所有权的经济功能随着交易变迁更加突出，完全支配权的法律属性淡化不少，忽略用益权能的所有权人往往通过法律行为来控制标的物的价值，如以占有改定（《民法典》第228条）和信托（《信托法》第2条）为基础的让与担保，所有权人均不占有动产，无法实际用益，所有权只是用以担保债的关系，所有权人甚至不能自由处分动产，否则要对债务人承担相应责任，故为形式上的权利主体。这些剥离了用益权能的所有权突出了经济效用，被形象地称为"裸体的"担保所有权。[①]由于这些所有权中的债的因素十分突出，相对性十足，故有相对所有权之称，[②]与所有权的理论常态与规范模本显然不符，但交易需求的改变给了其实践正当性。在这些所有权价值化的表现中，所有权均受债的关系约束，说到底仍是权利义务关系棋局中的棋子。

概括而言，物权并非物权编的唯一调整对象，在债的关系的攀扯下，物权编还必须处理与物权同根并生的物上之债及其二者关系，还要处理与物权伴生的普通之债及二者的关系。

第二百零六条【社会主义基本经济制度和社会主义市场经济体制】

国家坚持和完善公有制为主体、多种所有制经济共同发展，按劳分配为主体、多种分配方式并存，社会主义市场经济体制等社会主义基本经济制度。

国家巩固和发展公有制经济，鼓励、支持和引导非公有制经济的发展。

国家实行社会主义市场经济，保障一切市场主体的平等法律地位和发展权利。

---

① Vgl. Rey, Die Grundlagen des Sachenrechts und das Eigentum, 3. Aufl., Bern 2007, S.12 f.

② Vgl. Baur/Stuerner, Sachenrecht, 18. Aufl., Muenchen 2009, S.24 ff.

历史由来

改革开放以来，我国公有制为主体、多种所有制经济共同发展的基本经济制度经历了确立、坚持和不断完善的发展过程。

党的十四大报告指出，“我国经济体制改革的目标是建立社会主义市场经济体制”，“在所有制结构上，以公有制包括全民所有制和集体所有制经济为主体，个体经济、私营经济、外资经济为补充，多种经济成分长期共同发展”，“在分配制度上，以按劳分配为主体，其他分配方式为补充”。

党的十五大报告指出，“公有制为主体、多种所有制经济共同发展，是我国社会主义初级阶段的一项基本经济制度”，“非公有制经济是我国社会主义市场经济的重要组成部分”，“坚持按劳分配为主体、多种分配方式并存的制度”。

党的十六大报告强调要坚持和完善公有制为主体、多种所有制经济共同发展的基本经济制度。报告中强调两个“毫不动摇”的精神，即“必须毫不动摇地巩固和发展公有制经济”“必须毫不动摇地鼓励、支持和引导非公有制经济发展”。

正是在党的十六大精神指引下，2007年通过的《物权法》第3条规定：“国家在社会主义初级阶段，坚持公有制为主体、多种所有制经济共同发展的基本经济制度。国家巩固和发展公有制经济，鼓励、支持和引导非公有制经济的发展。国家实行社会主义市场经济，保障一切市场主体的平等法律地位和发展权利。”这条是将宪法规定的社会主义基本经济制度和党的十六大提出的两个“毫不动摇”写进物权法，将其作为物权法的基本原则，贯穿整部物权法始终并具有指导意义。本条对此也予以坚持。

党的十九届四中全会进一步发展、完善了社会主义基本经济制度，其表述变为“公有制为主体、多种所有制经济共同发展，按劳分配为主体、多种分配方式并存，社会主义市场经济体制等社会主义基本经济制度”。因应这种变化，本条第1款的内容进行适时修改。

规范目的或功能

根据本条，我国社会主义基本经济制度内容涵盖了公有制为主体、多种所有制经济共同发展的所有制结构，以及按劳分配为主体、多种分配方式并存的分配方式和社会主义市场经济体制。物权编规定的物权制度及物权规范，从根本上讲是由我国社会主义基本经济制度所决定的，其内容寓于基本经济制度之中。因此，本条旨在重申、强调我国社会主义基本经济制度的基础性地位，将其作为物权法的基本原则，有利于指导我国物权制度的运行与实践，有利于正确处理各方的物权关系，在物权角度为社会主义基本经济制度的顺畅运行提供法律依据和法律保障。

规范内容

本条是关于我国社会主义的基本经济制度和社会主义市场经济的基本原则的规定。

物权法是固有法，民法典物权编要反映我国国情和现实需要。我国经济制度最大特色即社会主义基本经济制度，在物权法中则反映为国家、集体和私人所有权“三分天下”的局面。本条第1款和第2款即体现了这一点，是对我国社会主义基本经济制度的重申和反映。第3款规定，要保障一切市场主体的平等法律地位和发展权利，这既体现了市场经济的运行逻辑，也是市场经济运行的前提，还体现了民法的平等原则。实行社会主义基本经济制度与保障一切市场主体的平等法律地位和发展权利有机统一，相辅相成，共同促进社会主义市场经济的发展。

本条规定的我国社会主义基本经济制度在宪法中也有体现。《宪法》第6条规定：“中华人民共和国的社会主义经济制度的基础是生产资料的社会主义公有制，即全民所有制和劳动群众集体所有制。社会主义公有制消灭人剥削人的制度，实行各尽所能、按劳分配的原则。国家在社会主义初级阶段，坚持公有制为主体、多种所有制经济共同发展的基本经济制度，坚持按劳分配为主体、多种分配方式并存的分配制度。”第11条规定：“在法律规定范围内的个体经济、私营经济等非公有制经济，是社会主义市场经济的重要组成部分。国家保护个体经济、私营经济等非公有制经济的合法的权利和利益。国家鼓励、支持和引导非公有制经济的发展，并对非公有制经济依法实行监督和管理。”从根本上讲，一国的基本经济制度涉及国家与公民的法律关系，理应交由宪法规定，故而，本条是对《宪法》相关内容的再次强调和重申，具有宣示意义。

第二百零七条【平等保护原则】

国家、集体、私人的物权和其他权利人的物权受法律平等保护，任何组织或者个人不得侵犯。

历史由来

全民所有制、集体所有制和私人所有制，是社会主义经济制度下对生产资料的占有形式的基本划分。以此为基础，财产权也能分为三个类别，即国家财产权、集体财产权和私人财产权。由此出发，既然公有制的地位高于私有制，那么，在国有财产权、集体财产权和私人财产权之间，也存在着类似的高低位阶。这种观念在我国过去一段时间很流行，受此影响，《民法通则》第73—75条的表达也有明显差别，即国家财产“神圣不可侵犯”，集体财产和个人财产则仅仅是“受法律保护”。实践表明，这种划分产生不少问题。例如，国有企业的财产被视为国家财产的一种类型，导致国有企业在市场中往往受到优先保护，阻碍了市场的平等自由竞争。再如，将自然资源也以国家财产的形式加以规制，导致出现“饮一瓢河水是否为侵占国有资产”的奇谈怪论。

这些问题的根源在于把所有制的区分与财产权的区分等而划之，经过思考和论争，实践界和理论界基本达成共识，就是打破所有制迷信，不再以所有制区分来为财产权划分出三六九等的地位，赋予财产权以平等地位和平等保护。《物权法》从基本法律层面确立了平等保护原则，该法第4条规定：“国家、集体、私人的物权和其他权利人的物权受法律保护，任何单位和个人不得侵犯。”《完善产权保护制度意见》则从中央政策层面明确将平等保护作为财产权保护的核心原则之一，该意见指出：“坚持平等保护。健全以公平为核心原则的产权保护制度，毫不动摇巩固和发展公有制经济，毫不动摇鼓励、支持、引导非公有制经济发展，公有制经济财产权不可侵犯，非公有制经济财产权同样不可侵犯。”

据此，《最高人民法院关于充分发挥审判职能作用切实加强产权司法保护的意见》指出：“坚持平等保护。坚持各种所有制经济权利平等、机会平等、规则平等，对各类产权主体的诉讼地位和法律适用一视同仁，确保公有制经济和非公有制经济财产权不可侵犯。注重对非公有制产权的平等保护。妥善审理各类涉外案件，平等保护中外当事人的诉讼权利和实体权益。”《最高人民法院关于依法妥善处理历史形成的产权案件工作实施意见》还指出：“坚持平等保护原则。为各类产权主体提供平等的司法保护，坚持法律面前人人平等，畅通产权申诉案件的立案渠道，规范适用再审审理程序，确保诉讼地位平等、诉讼权利平等、法律适用平等。”《最高人民检察院关于充分履行检察职能加强产权司法保护的意见》也指出：“坚持平等保护原则，平等保护各种所有制组织和自然人的财产权，确保各类产权主体的诉讼地位和诉讼权利平等、法律适用和法律责任平等、法律保护和法律服务平等。”

本条内容与《物权法》第4条基本一致，再次重申平等保护原则。

规范目的或功能

当前，我国已经进入转型发展的关键时期，需要充分调动各种生产要素，进一步深化改革，进一步优化资源配置，为社会平等和共同富裕打好基础。因此，在新形势下，必须关注实践需求，持续强调和落实平等保护原则，以促进财富更加充分地涌流，促进社会进步和经济发展。

规范内容

物权是重要的财产权，其种类很多，各自的功能和构造不同，平等保护原则不是用相同规范来调整和保护不同的物权。其实，所谓物权保护，看上去是在保护特定物权，实际是在保护其主体，只有这样，才符合各项法律关系均围绕主体来建构的客观现实。

在此意义上，平等保护原则指向了不同的物权主体，要求法律规范给不同主体同类的或类似的物权提供相同的或相近的法律地位。按照这个要求，只要是功能相同的物权，就应有相同的权能，不应因权利主体不同而有不同的权能，也不应因权利主体不同而有不同的权利行使限制；同样，物权功能类似的，也应有大致相当的权能，权利主体不同不是导致这些物权的权能有根本差异的理由。

与全民所有制、集体所有制和私人所有制的所有制形态对应，物权有国家的物权、集体的物权和私人的物权之分，与它们对应的权利主体分别是国家、集体和私人。受制于各种因素，与私有制经济形态对应的私人的物权，不像与公有制经济形态对应的物权那样受充足的保护，以至于同类的或类似的物权没有相同的或相近的法律地位，处于未受平等保护的状态。不仅如此，在公有制经济的物权之间，国家的物权与集体的物权在某些领域的法律地位也不平等，国有土地权利与集体土地权利是最典型的例子，如以出让方式设定的国有建设用地使用权具有完全的处分权能，能自由在市场上流通，而在经营性集体建设用地改革之前，集体建设用地使用权基本上没有处分权能，也没有可交易的市场平台。

我国强调平等保护原则，就是要打破所有制形态对物权主体法律地位的束缚，取消由此产生的不合理歧视或限制，去除强加于物权之上的意识形态，使不同所有制形态的物权主体享有平等的地位，使这些主体的同类或类似物权能得到相同的或相似的法律地位。与此同时，应特别注意，平等保护原则不等于物权主体的法律地位绝对平等，只要结果上的不平等有实质合理性，如从事涉及国计民生的公共服务事业的国有企业与其他营利性的民营企业相比，可能在某些标的物的处分权能上受特别限制，这是出于维护整体公共利益的考量，并不违背平等保护原则。

其他问题

从客体上区分，物权分为不动产物权、动产物权和权利物权，动产物权和权利物权的流通性强，能在市场交易中获取平等地位，不会因所有制的不同而遭受不平等待遇。平等保护的主要领域在于那些无法自由流通的不动产物权，主要集中在集体土地物权。可以说，实现地权平等是物权平等保护的焦点和关键。

我国实行土地公有制，土地所有权不能作为交易对象。为了满足用地需要，在代表国家的政府主导下，国有土地通过权能分割，可生成具有流通性的建设用地使用权。集体土地就没有这样的自主性，法律限制集体土地所有权人的处分权，其无法像国家那样自由创设经营性的建设用地使用权。而且，除了个别试点地域，集体建设用地使用权、宅基地使用权也没有商品流通的市场机制。受制于土地的上述特性，导致集体建设用地、宅基地上的房屋也不能像国有土地上的商品房一样自由入市交易。

国有土地和集体土地之所以有上述的不平等地位，是因为在城乡二元结构下，集体土地被赋予了过多的社会治理和控制功能。对于国家而言，一方面通过对集体土地的控制而间接实现对农村的控制，另一方面则通过垄断土地的一级市场而获得巨量的财政收入。对于农民而言，集体土地成为生产生活的基本保障，允许其像国有土地那样进行商品化运营，就无法实现农民的社会保障。

地权不平等意味着集体土地固有的财产属性和商品交换价值被压抑。在特殊的历史时期，为了满足工业建设的需要，保障农民的基本生活条件，这种做法有现实的合理性基础。但是，在市场经济日益发展、城乡二元结构逐渐走向破除的新时期，为了实现共同发展和共同富裕的目标，就必须释放集体土地固有的财产属性，使其像国有土地一样具有可商品化的契机，即允许集体土地所有权人自由处分土地，设置建设用地使用权，并使经营权性建设用地使用权及其上房屋、宅基地使用权及其上房屋能自由入市交易，以达到平等保护。《完善产权保护制度意见》就明确提出，逐步实现各类市场主体按照市场规则和市场价格依法平等使用土地，落实承包地、宅基地、集体经营性建设用地的用益物权，赋予农民更多财产权利，增加农民财产收益。

释放土地的流通属性，实现地权平等，具有重要的现实意义。首先，土地和房屋本身就是重要的生产要素之一，释放土地的商品价值，使其能够作为生产要素正常地流入市场，可有效推动农村经济发展，缩小城乡差距。其次，不能自由交换的土地和房屋只能沦为农民的“死产”，其价值局限于农村集体的狭小范围之内；把它变为能在市场中流动的“活产”，会大幅提升农村的财富总量，这不仅有利于实现资源的优化配置，也有助于增加农民财产性收入。最后，土地财产权构造的改变，意味着要对农村的治理模式提出新的要求，如完善集体所有权人的代表机制，明确集体经济组织的法律地位等，这对于农村的现代化治理相当有益。

目前，无论是“三块地”改革，还是土地承包经营权的“三权分置”，都体现出释放农村土地财产属性的动向，表达了地权平等的积极信号。当然，这种释放有其限度，根据《完善产权保护制度意见》的安排，在赋予农村土地可交易性的同时，必须坚持“土地公有制性质不改变、耕地红线不突破、粮食生产能力不减弱、农民利益不受损”的底线。只有这样，才能在促进资源有效流转，提高农业生产经营效益的同时，保障个体农户和农民集体对土地的最终控制权，避免了农民的失地风险。

要想实现地权平等，必须改革农村土地制度，除了赋予农村土地更多、更强的流通性，还必须进行配套的主体制度建设和交易制度建设，它们应协力为地权平等提供制度保障，主要体现在：

第一，明确权利主体，是地权平等保护的前提。在现阶段，作为农村土地所有权主体的农民集体完全虚化，需要由代表主体代为行使权利，法律把农村集体经济组织作为最主要的代表主体，但其法律地位、基本权利、治理结构等基本架构点并不明确，应予完备。在此基础上，还要理顺集体经济组织、村民委员会、村民小组、村党组织和村民代表会议之间的关系，如作为经济单位的集体经济组织负责经济事务，作为自治组织的村民委员会负责公共事务，村党组织根据党章等承担相应的职责，村民代表会议依法事先决议或事后监督。

第二，农村土地进入市场流转，必然要依托于稳定有序的土地交易市场，与此相应，还必须有完备有效的交易法律制度。首先，必须有土地交易规范，明确土地交易的条件、程序、当事人的权利义务等内容。其次，必须建立土地交易的价格控制机制，既要防止价格剥削对农民利益的损害，又要防止坐地起价对交易秩序的破坏。最后，要进一步完善土地交易的税收机制，在保障农民通过土地增值获得合理收益的同时，避免土地食利阶层的出现。

第二百零八条【物权公示原则】

不动产物权的设立、变更、转让和消灭，应当依照法律规定登记。动产物权的设立和转让，应当依照法律规定交付。

历史由来

物权公示原则为我国民法明确承认的一项物权法原则。《民法通则》第72条，《合同法》第133条，《土地管理法》第12条，《城市房地产管理法》第60条、第62条，《农村土地承包法》第24条第1款对物权公示原则作了零散规定。《物权法》第6条综括之前的法律规定，概括地规定了物权公示原则，本条与《物权法》第6条的规定完全一致。

规范目的或功能

法律中的权利是抽象的，要想让它们回归社会母体，使人能够辨知，就应让它们的外观具体。物权的特定外观就是公示，包括不动产登记、动产占有等形式。从前述规定可知，所谓物权公示原则，就是以能从外部察知的不动产登记、动产交付等公示形式展示物权及其变动，让社会公众能了解特定物权的归属状态。通过物权公示原则，抽象的物权得以彰显，从而能勘定群己权界，保持人欲有节，保障物流有序。

物权与债权是两大民事财产权，物权法和合同法是民法财产法的两大支柱，前者强调物权公示原则，明确规定了物权的公示形式，后者允许当事人自行决定合同债权的形式。之所以如此，是因为物权有绝对性，会排斥不特定的其他人，为使这些面目模糊的社会公众或潜在的交易主体免遭不可知的风险，物权法就要强行规定物权的公示形式。而债权具有相对性，只约束直接的当事人各方，与其他人无关，故而，当事人原则上能够自行决定债权的形式，口头、书面等形式均无不可。

作为物权法的基本原则，物权公示原则不仅具有普适性，对第二章“物权的设立、变更、转让和消灭”以及各分编的物权变动规则起到引导作用，还具有核心性，引导和落实其他原则，比如，物权法定原则确定了物权的具体种类与内容，指向的是客观权利，而物权公示原则指向了权利主体实际享有的主观权利，其通过权利外观向社会公众展示了权利主体与特定客体之间的支配利益，以此沟通具体的主观权利与物权法，最终落实物权法定原则。

规范内容

理解物权公示原则，应主要把握以下要点：（1）从理论上讲，绝对性是物权的最一般特性，与此相应，物权的发生及其后续的变动，均应进行公示，故物权公示原则适用于物权变动；（2）受制于不动产和动产的差异，不动产物权变动和动产物权变动有不同的公示形式；（3）物权公示原则在不同情形下有不同体现，物权变动是否必须或如何公示，要依据法律规定进行；（4）针对不同的情形，物权公示有不同的法律效力。

一、物权的变动形态

以物权变动的后果为依据，物权变动的形态分为：（1）设立，即新物权的发生，如国有建设用地使用权人在土地上建造房屋从而取得房屋所有权、房屋所有权人为债权人设定抵押权；（2）变更，即主体没有易主情况下的物权其他要素发生变化，如地役权人与供役地人改变地役权的内容或期限；（3）转让，即物权的主体发生改变而导致易主，如房屋所有权因买卖从A移转至B；（4）消灭，即物权本有的支配利益丧失，如房屋因拆除而不能再承载所有权、质权人因自愿放弃质物的占有而消灭质权。

以物权变动的原因为依据，物权变动的形态分为：（1）依法律行为的物权变动，如房屋所有权转让、抵押权设立；（2）非依法律行为的物权变动，如投资建房。第二章“物权的设立、变更、转让和消灭”体现了这种区分，前两节“不动产登记”和“动产的交付”主要适用于依法律行为的物权变动，第三节“其他规定”适用于非依法律行为的物权变动，根据该节规定，导致物权变动的原因事实主要包括人民法院和仲裁委员会的法律文书、人民政府的征收决定等、继承、合法建造房屋等事实行为。需要说明的是，根据负担行为和处分行为、债权行为和物权行为的区分及在此基础上的物权行为无因性，所谓的依法律行为的物权变动，是指基于物权行为的物权变动。

前述的物权变动形态，均有物权公示原则的适用空间。

二、物权公示的形式

（一）不动产登记

不动产物权的公示形式是不动产登记。所谓不动产登记，是指不动产登记机构依据法定程序将不动产及其负载的权利等事项记载于不动产登记簿，进而产生特定法律效果的法律事实。这样的界定包含了两个基本视角：（1）在动态的视角中，登记是登记机构在登记簿上进行记载的行为；（2）在静态的视角中，登记是上述行为的后果，等同于“记载”。这样双重视角下的不动产登记因此也有了相应的双重意义。

动态意义上的不动产登记指向登记机构的登记行为，在法治国的大背景下，它能细分出以下两重意义：（1）国家治理活动，即登记机构的登记作业，要冠以国家名义并有国家信誉的支持，登记机构具有审查、登簿等法定职责，可以说，登记是登记机构在不动产领域进行国家治理的活动。（2）法律程序过程，即登记是登记机构依据法定程序进行登记作业的过程，主要包括当事人申请、登记机构审查并决定是否登记等，其最终目的要落实在登记簿的记载结果之上。此外，也有与此不同但又有一定关联的其他作业，如登记簿的公开等，但无论如何，它们都以程序化的构造体现出来，由此将权利人、利害关系人等民事主体与登记机构等公法主体连接起来，让它们在登记进展中各有其位、各负其责。①

静态意义上的登记指向登记簿上的记载后果，它直接决定了不动产及其权属状态。这种意义的登记的基本定位是用以表征不动产物权，使其他人知悉不动产物权。而且，登记垄断了不动产物权的公示方式，这意味着尽管占有对不动产也有意义，如适用占有保护规则，但它无从成为不动产物权的公示方式。静态意义上的登记因不同记载而有不同的法律形态，主要包括标示登记和权利登记。标示登记以不动产的物理现状为登记对象，反映出不动产种类、面积、用途等物理状况信息，是不动产登记的基础。权利登记以不动

---

① 参见常鹏翱：《物权程序的建构与效应》，中国人民大学出版社2005年版，第103—150页。

产权利为登记对象，涉及这些权利的设立、变更、转让、消灭、限制等事项，是不动产登记的核心。根据权利形态的不同，权利登记又细分为物权登记、债权登记、信托登记、更正登记、异议登记、查封登记等。标示登记和权利登记相互结合构成完整的不动产登记。

综上，不动产登记既是体现国家在不动产领域进行治理的程序过程，也是能产生不同实体法律效力的法律事实，故对它的完整界定，应体现出动态和静态的两面性，前者重在规范不动产登记机构的记载，后者重在落实登记记载的法律效力，综合而言，不动产登记应是一种兼顾记载行为和记载后果的法律事实。

与不动产物权的设立、变更、转让和消灭相应的是不动产物权登记，根据《不动产登记暂行条例》第3条，分别对应首次登记、变更登记、转移登记和注销登记。

（二）动产占有和交付

动产物权的典型公示形式是占有和交付，前者是动产物权在静态时的公示形式，后者则是动产物权在变动时的公示形式。

占有是民事主体对物进行管领支配的事实状态，最一般的分类是直接占有和间接占有，前者是民事主体对物进行直接管领支配的事实，而在满足以下条件时，出租人、子女等将取得间接占有这种弱化的对物管领支配的事实：（1）存在租赁、亲权等占有媒介关系，至于该关系是否有效，在所不问；（2）承租人、父母等以他主占有意思而取得直接占有，这种意思被称为占有媒介意思，它在间接占有中占据核心地位，如在占有媒介关系存续期间，承租人把占有媒介意思改为自主占有的意思，或改为出租人之外的第三人而占有的意思，间接占有将因此丧失；（3）承租人、父母等直接占有人是占有媒介人，他们承认出租人、子女等间接占有人有更强的法律地位；（4）间接占有人对占有媒介人有返还请求权。[①]此外，直接占有也能称为自己占有，与其相对的

---

① 参见［德］曼弗雷德·沃尔夫：《物权法》，吴越、李大雪译，法律出版社2002年版，第83—85页；王泽鉴：《民法物权》，北京大学出版社2010年版，第434—435页；韩松、赵俊劳、张翔、郭升选编著：《物权法》，法律出版社2008年版，第452页。

是占有辅助，它适用于雇佣之类的社会从属关系，在满足以下条件时，雇员对物支配的行为效果将归属于雇主，由雇主取得占有：（1）雇员服从雇主的指示；（2）雇员对物支配的基础是为雇主的利益；（3）雇员和雇主之间的从属关系可为公众识别。[①]在此，雇员是占有辅助人，雇主是占有主人，主人即便在客观上没有直接支配物，仍不失为占有人。

交付是占有的取得和丧失保持连续性的过程，也即占有的转移。交付的最一般形态是现实交付，即民事主体完全丧失某动产的直接占有，而由他人取得该动产的直接占有，比如，A用机器为B设立质权，将该机器放置在B的仓库，就是现实交付。与现实交付对应的是观念交付，即从物理形态上看，主体没有取得和丧失占有，但占有在法律观念中发生了移转。观念交付包括：（1）简易交付，即某人事先占有了他人动产，其后该人与动产权利人以该动产为标的物创设新的法律关系，需要由该人占有该动产时，事先的占有替代了现实交付。比如，B借用了A机器，后A用该机器为B设立质权时，A无需也不可能现实交付机器。对此，《民法典》第226条规定："动产物权设立和转让前，权利人已经占有该动产的，物权自民事法律行为生效时发生效力。"（2）指示交付，即某人事先占有了他人动产，其后动产权利人与他人以该动产为标的物创设法律关系，动产权利人将其对占有人的返还请求权转让给该他人，以此代替现实交付。比如，C借用了A机器，后A用该机器为B设立质权，A将其对C的返还该机器的请求权转让给B，以完成质权设立。对此，《民法典》第227条规定："动产物权设立和转让前，第三人占有该动产的，负有交付义务的人可以通过转让请求第三人返还原物的权利代替交付。"（3）占有改定，即动产权利人与他人以动产为标的物创设法律关系，但权利人仍直接占有动产，而是通过另一法律关系来使该他人取得动产的间接占有，比如，A把机器所有权转让给B，A为了仍然使用该机器，与B签订了租赁合同，以此替代现实交付。对此，《民法典》第228条规定："动产物权转让时，当事人又约定由出让人继续占有该动产的，物权自该约定生效时发生效力。"

---

① Vgl. Siedler, Zurechnung von Realakten im Buergerlichen Recht, Hamburg 1999, S.150 ff. 另参见王泽鉴：《民法物权》，北京大学出版社2010年版，第438—439页；韩松、赵俊劳、张翔、郭升选编著：《物权法》，法律出版社2008年版，第453页。

三、物权变动和公示的关联性在于法律规定

从理论上讲，绝对性的物权均需要公示，但不分物权种类，不分物权变动的形态，一律要求物权变动均应强制公示，要求不动产物权变动必须办理不动产登记，要求动产物权变动必须交付标的物，不一定切合实际需求，还会提高交易成本，故而，本条只是规定不动产物权变动应当依照法律规定登记，动产物权变动应当依照法律规定交付。也就是说，物权变动与物权公示之间的关联不是必然的，不是说只要有物权变动，就必须有不动产登记或动产交付，而是说物权变动和物权公示之间的关联要遵循法律规定。

（一）不动产物权变动与登记的关联性

根据《民法典》物权编的规定，不动产物权变动与登记的关联性有两类：（1）强制登记，即不动产物权变动必须办理相应的登记，不登记，不动产物权不变动，其规范基础是第214条："不动产物权的设立、变更、转让和消灭，依照法律规定应当登记的，自记载于不动产登记簿时发生效力。"强制登记具有决定不动产物权变动的效力，当事人为了达到不动产物权变动的目的，必须申请登记，它在不动产物权规范中占有重要地位。（2）自愿登记，即不动产物权变动无需办理相应的登记，是否登记完全由当事人自由选择，不登记，不影响不动产物权变动，其规范基础如第374条："地役权自地役权合同生效时设立。当事人要求登记的，可以向登记机构申请地役权登记；未经登记，不得对抗善意第三人。"

（二）动产物权变动与交付的关联性

根据《民法典》物权编的规定，动产物权变动与交付的关联性有两类：（1）强制交付，即动产物权变动必须交付标的物，不交付，动产物权不变动，其规范基础如第429条："质权自出质人交付质押财产时设立。"（2）无需交付，即动产物权变动无需交付标的物，其规范基础如第228条："动产物权转让时，当事人又约定由出让人继续占有该动产的，物权自该约定生效时发生效力。"

四、物权公示的法律效力

（一）设权力

设权力是强制登记和强制交付所产生的法律效力，概括地说，就是物权变动必须公示，不公示，物权不变动。有关设权力的进一步阐述，请参看下文对《民法典》第209条和第224条的评注。

（二）对抗力

对抗力主要是自愿登记的法律效力，即便当事人选择了登记，也是意思而非登记决定了物权变动，登记只不过增加了物权对抗第三人的效力，这就是公示的对抗力。如果说设权力表明“不公示，物权不变动”，那么，对抗效力就是“不公示，物权变动不得对抗第三人”。有关对抗力的进一步阐述，请参看下文对《民法典》第209条的评注。

（三）宣示力

非依法律行为的物权变动在原因事实完成或发生效力时完成，但为了让由此产生的物权能被世人公知，权利人可以通过法定的公示形式来表彰权利的存在，这就是物权公示的宣示效力。有关宣示力的进一步阐述，请参看下文对《民法典》第209条的评注。

（四）推定力

推定力是说公示推定物权存续状态真实的法律效力。有关推定力的进一步阐述，请参看下文对《民法典》第216条的评注。

（五）公信力

所谓公信力，就是物权公示的形式值得社会公众普遍信任，法律保护基于这种信任所产生的物权变动后果。公信力表明，通过法定外观表现出来的物权足以让普通的社会公众信赖，只要在这种信赖的基础上与这种外观所显示的物权人进行交易，一般都能达到交易目的；更进一步，即使外观与真实权利状态不一致，也不能一概导致已经发生的物权变动失效。比如，A在出国期间把电脑交给B保管，B通过网上交易将该电脑卖给C，只要C不知道B并非真正的所有权人，而且也进行了交付，B对电脑的占有就作为受法律保护的公示形式产生相应的公信力，接受交付的C就能据此确定地取得所有权，A对电脑的所有权就因此一去不复返。当然，失去所有权的人并不因此成为法律的“弃儿”，他还可以在债法、国家赔偿法等其他法律框架内寻求救济。

之所以如此，主要因为占有代表动产物权是生活与交易经验的总结，基本上反映了交易实践，即使有时候占有不能表现真实的动产物权状态，也仅仅属于少数的例外。按照交易实践的常态制定交易规则，符合人们在交易中的预期，是比较有效率的制度选择。相比之下，不动产登记是政府专门机构通过法定程序进行的，既有政府信用的背景，又有正当程序的保障，登记的内容无疑具有最大的可信度，因而具备相应的公信力。

公信力还有一个基本的价值判断，就是与原物权人的利益相比，物权法优先保护以第三人为代表的社会公众利益，原物权人不能通过物权法的救济方式得以保护。在法律保护的框架内，两全其美当然是最理想的境界，但是法律在许多利益冲突事项上都不能两全，而只能“两害相权取其轻”。在上面的事例中，虽然A和C都是无辜的，但是物权法只能要么维持A原有的物权，要么使C取得物权，公信力规则保护的正是C。在财产流转性高的交易环境里，公信力是可取的法律选择。

对公信力的理解，应把握客观与主观两层意义：（1）凡具有法定外观的物权，都具有向社会公众宣示相应权利状态的法律效力，潜在的交易者可以信赖这些外观所表征的权利真实性。在一般情况下，当事人不必另求证据以形成权利存在的确信，从而可以减少交易费用。（2）特定当事人对公示应当产生信赖，如果权利外观和真实的权利状态不一致，知道或者在特定交易环境中应当知道这种不一致存在的交易相对人掌握了更多的权利状态信息，他们实际上信赖的是这些信息，而不是公示信息，所以不受公信力规则的保护。就此而言，公信力实际上是在“奖懒罚勤”，在鼓励社会公众信赖公示的权利信息，而这也包含了一个法律许诺，即当事人不必另费时费财在公示权利之外寻求更真实的权利。

公信力在权利外观正当时固然有用，但其更重要的价值是调整权利外观与真实物权状态不一致的情形，此时，只要第三人信赖该外观，就能为公信力所保护。在这种情况下，公信力规则采取了“将错就错”的策略，将第三人取得的、本属错误的物权拟制为正确，而将原本正确的原物权拟制为不受物权法保护的错误，第三人取得的物权因此具有终局确定性，不受原权利人的追夺，成为如同新生儿一样的“纯洁无辜”的权利。正是在第三人信赖公示这种善意的底线基础上，公信力将错就错地保护第三人利益，同时才能够兼顾真实权利人的利益，而不会一边倒地维护第三人利益。

在实务中，权利外观与真实的物权状态不一致的情况实属难免，有的出于当事人的意思，比如基于租赁、借用、保管关系；有的非出于当事人的意思，比如因被窃而丧失动产占有。出于当事人的意思而发生不一致，进而导致因为公信力而最终丧失物权的，属于交易风险，理性的交易主体应当考虑到这种风险并采取相应措施，比如收取租赁押金、委托给自己信任的人保管等。在这种情况下，通过公信力保护第三人取得的物权，一方面能最大限度地确保物权交易的确定性，有助于增进交易者的信心；另一方面也会强化物权人的风险意识，促使其更谨慎地选择交易对象与交易方式。在此意义上，公信力规则虽然不能完全消除不一致的发生，但是能够在一定程度上发挥促进一致的作用。非出于当事人的意思而导致不一致发生的，因为不属于当事人能够控制或者选择的市场风险范畴，法律不应坚持过强的公信力规则，比如，窃贼占有并处分赃物的，受让人一般不能主张公信力的保护。

我国有关公信力的讨论首先涉及如何理解术语与规范，其中最突出的是它与善意取得的关系，认为此二者不能混一的言论不在少数，但究其实质内容——解决公示错误时的物权变动及其归属——而言，二者似乎没有任何差别，只是术语表达不同而已。也许，理解法律制度时应努力穿越语词表述的迷障，在准确厘定约束要素的前提下探析核心功能，方能辨析真正方向。此外，还要注意，推定力是以推定技术为依托的程序性的举证负担规范，公信力是以拟制技术为依托的实体性的确定权属规范，这种差异决定了它们无从共享同一规范基础。再者，我国物权法教科书多把公示原则和公信原则并列，但立足于德国和瑞士经验，公信力是公示的效力之一，[1]而把公信力作为公示

---

① Vgl. Baur/Stuerner, Sachenrecht, 18. Aufl., Muenchen 2009, S.37 ff; Rey, Die Grundlagen des Sachenrechts und das Eigentum, 3. Aufl., Bern 2007, S.78 ff; Schmid/Huerlimann-Kaup, Sachenrecht, 4. Aufl., Zuerich 2012, S.15 ff.

原则的法律效力之一，也能与其他效力发生关联，故而，物权公示原则的内涵宜作扩张理解，公信原则只宜置于公示原则项下，成为其效力之一。

举证责任

由于公示产生推定力，公示的物权人无需证明自己的物权，对公示的权利状态提出相反主张的人承担举证责任，对此，请参看下文对《民法典》第216条的评注。在物权变动无需公示的情形下，权利人只有证明物权变动的原因事实，才能证明物权。

其他问题

在不动产登记和动产交付之外，还有动产抵押登记、票据等权利凭证交付、应收账款质押登记等公示形式，它们也遵循物权公示原则。这些公示形式都是法律规定的，具有典型性、普适性和垄断性，其法律效力对所有人都是适用的，其他任何形式不能充任物权的外观。

不过，前述的公示形式有不及之处，应不妨其他公示形式的存在，如露出地面的管道依其位置而非登记来定相应的地役权，此即自然的公示（《瑞士民法典》第676条第3款）；[①] 又或放宽法定标准，承认习惯法物权，就有与之相应的公示形式，如我国部分民族地区的明认形式。[②] 不过，上述情况中的物权，与物权与债权二分中的物权无论是效力还是形式均有差异，前者主要取材于实证法外的习惯，后者则稳固于实证法内，但它们变动的依据同出意思自治这一辙，是物权变动的效果意思为物权归属提供了最根本的正当性基础，只不过用以表征这一过程的形式不同，再加上法定公示形式在公示能力方面有不及之处，其他的公示形式因此应有法律地位。

我们知道，不动产登记等法定的公示形式是根据人们的生活与交易实践，经由历史发展，而成为法律选定的典型物权外观，但是不应当绝对地排斥其

① Vgl. Zobl, Grundbuchrecht, 2. Aufl., Zuerich 2004, S.64.

② 参见渠涛：《民法理论与制度比较研究》，中国政法大学出版社2004年版，第109页。

他的外观形式。只要其他外观形式有足够稳定的交易习惯支持，并受到特定地区公众的交易观念的认可和尊重，就应肯定其效力。否则，不但不能给该地区公众提供稳定的预期，还会破坏他们的生活与交易秩序，并增加额外的交易费用。其实，正如我们不知道现实中存在多少种物权一样，我们也不知道现实中有多少为特定地域或者行业公众所普遍认可的物权外观。针对前一种情况，我们基本上采用物权法定缓和的立场加以应对，那么，针对物权公示来说，也应当在坚持法定公示的同时，放开通过一些地区与行业的交易习惯认定公示方式。

就像法定公示形式与物权不可分一样，其他形式与习惯法中的物权也浑然一体，在后一物权制度内，其公示可见的形式也表征着物权，也应有设权力、推定力乃至公信力，当然，这两类物权是两种不同的话语机制，这些效力只能参照物权公示原则及相应的法律规范。此外，习惯法中的物权及其形式之所以有地位，还取决于实证法的认可，故而，其他形式对于权利的证明力相较于法定公示形式处于下风，一旦同一标的物上，既有法定公示形式的物权，又有其他形式的物权，后者即无法对抗前者。

第二章

物权的设立、变更、转让和消灭

第一节 不动产登记

第二百零九条【不动产登记原则】

不动产物权的设立、变更、转让和消灭，经依法登记，发生效力；未经登记，不发生效力，但是法律另有规定的除外。

依法属于国家所有的自然资源，所有权可以不登记。

历史由来

本条规定是物权公示原则在不动产物权变动领域的体现，属于公示原则的下位原则，其内容与《物权法》第9条完全一致，且与《民法典》第208条规定内容存在部分重合，其历史由来可参看上文对第208条规定的评注。

规范目的或功能

不动产登记是不动产物权的公示形式，它与其他公示形式一样产生设权力等法律效力。与动产物权变动相比，不动产物权变动中的国家干预特点相当突出，即便交付了不动产，但缺乏表征国家公权力的不动产登记，根据设权力，不动产物权不变动；根据对抗力，不动产物权变动不能对抗第三人；根据宣示力，权利人不能处分该物权。也就是说，缺乏不动产登记，就不能完全体现物权的绝对性，这表明不动产登记在不动产物权变动中的重要地位。登记对不动产物权变动的上述影响力，直接波及当事人实体权利义务关系的分配，体现了登记在实体法中的公示价值，是物权公示原则在不动产物权领域的具体表达，故称为不动产登记原则。

规范内容

不动产登记是不动产物权的公示形式，在不同情形下有着不同的效力，当它决定不动产物权变动能否完成时，产生的是设权力，这种登记是绝对登记、强制登记，本条第1款但书之前的规定表明了这一点；当它没有设权力，只是展示已经完成的不动产物权变动时，这种登记是相对登记、自愿登记，本条第1款的但书规定和第2款表明了这一点。

一、绝对登记、强制登记原则

（一）基本内涵

根据本编规定，在依法律行为的建设用地使用权、居住权、不动产抵押权等不动产物权的变动，不动产登记起到决定作用，仅有法律行为而无登记，只表明当事人之间有相应的债权债务关系，但物权无从变动。从理论上讲，只有法律行为与登记完全结合，才能勾画出理想的不动产物权变动图画。据此，无登记，即无物权变动可言，此即绝对登记、强制登记原则。

绝对登记、强制登记原则强调不动产登记对于不动产物权的表征作用，这意味着，未办理不动产登记，就无不动产物权，更无不动产物权变动，经由这一强制，不动产物权变动有了公开可见的平台。该原则除了本条的表达，还有第214条，两相对比，除了后者将登记具体化为“记载于不动产登记簿”，并无其他意义差别，出于精确性考虑，后者完全能替代前者。

绝对登记、强制登记原则的内涵即设权力，在此基础上，推定力得以衍生，因为不动产登记决定了不动产物权的存续，它当然是物权归属及内容的依据，法律推定登记的物权人及其名下物权有正当性。不过，迈出的这一步还不到终点，登记以保护交易为重任，势必考虑社会公众对登记的信赖，以便确定登记错误时的物权归属，保护善意第三人的公信力由此而生。概括说来，决定物权存续的登记是推定力的出发点，推定力是公信力的出发点，[①]绝

---

① Vgl. Mueller, Sachenrecht, 4. Aufl., Koeln u.a. 1997, S.18 f.

对登记、强制登记原则因此融设权力、推定力与公信力于一身。

绝对登记、强制登记的效力由此涉足设权力、推定力与公信力，它们相互勾连、浑然一体。不过，这并不意味着它们必然共存亡，无法单独适用，而是强调只要是绝对登记、强制登记，就应同时具备这三重效力。它们其实各有适用领域，分工泾渭分明：设权力指向物权变动，是绝对登记、强制登记的基础效力；推定力被用以分配证明责任，属于与举证责任相关的程序规范；公信力保护善意第三人，体现了民法中的信赖保护思想。

用以分析绝对登记、强制登记原则适用的下述事例可供我们参考：A是某土地所有权人，他将该土地让与B，并办理登记，后土地买卖合同被认定无效，此时，如果只有A、B两方，则A可依据《瑞士民法典》第975条请求更正；如果B死亡，由于其继承人并非善意取得中的第三人，A同样可请求更正；如果善意之B在登记簿中被记载了10年，B根据《瑞士民法典》第661条取得土地所有权，此所谓时效弥补权利瑕疵；如果善意之B及其继承人在登记簿中被记载了10年，其继承人根据《瑞士民法典》第661条、第941条取得土地所有权；如果B将土地卖给C，C能否取得该土地所有权，要视其善意与否而定；如果C为恶意并死亡，其继承人并非善意取得的第三人，其地位与C等同，A可依据《瑞士民法典》第975条请求更正；如果C的善意继承人在登记簿被记载10年，可取得土地所有权；如果从善意之C处取得者为恶意之D，恶意对D的权利取得不产生影响。①

（二）约束要素

绝对登记、强制登记的法律效力受制于以下要素。

第一，权利外观的自然需求。在社会学意义上，自人类个体有了权利意识，人类群体有了分配规则，物权就必然存在，它是个体和社会发展的基石。但是，法律术语和规范机制意义上的物权却没有“草根”性，它是法律精英采用抽象手法从现实中总结出的简约概念和规则，虽然源于社会生活，但在法言法语的装饰下，已经不再是人们从生活中获得的直接知识，而是通过专业训练才能掌握的间接知识。为了让普通大众能感知并亲近物权，这种抽象

① Vgl. Schmid/Huerlimann-Kaup, Sachenrecht, 3. Aufl., Zuerich 2009, S.137 f.

的纸上权利应回归社会母体，而达到该目的的技术手段就是让其具有能为世人辨别的有形外观。我们对这种手段很熟悉，如表明自己身份的证件、证明专利权的专利证书、标注自留地范围的界石等，都是具体的权利外观。

第二，物权与债权的二分。绝对登记、强制登记之所以出现，法律技术上的根基是物权与债权的二分法，前者的绝对权特性导致任何第三人都有受其排斥的不测风险，为了使该风险的不合理程度降至最低，也为了填补第三人在信息上的弱势，抽象的物权应以可从外部认知的形式表现出来，债权则因相对权的特性而无公示理由。换言之，债权是相对性的，只约束具有直接法律关系的当事人，与外人无关；物权具有绝对性，其明晰主体是物权人，背景则是“面目模糊”的社会公众，为了避免社会公众遭受被物权人排斥的风险，物权法就要强行规定物权外观。可以说，物权与债权的二分是绝对登记、强制登记的最根本约束要素，舍弃此二分，在不动产物权由意思表示引致变动的前提下，无需特定形式的意思表示将直接决定不动产物权的样态及归属，即便为了获取不动产物权的排他性而引入登记，也取决于当事人自由决定，法律无从强制安排，绝对登记、强制登记势必失去正当性。

第三，法定原则与特定原则。法定原则与特定原则也是细化并强化物权与债权二分，前者要求物权的类型与内容由法律规定，后者要求物权的客体具有特定性，它们服务于绝对登记、强制登记。申言之，受制于自身的物理构制，不动产登记无法展示与承载可由当事人任意创设的形态无穷的物权，法定原则通过限定物权样态，弥补了公示手段的这种缺憾。同时，不动产登记以彰显物权为目的，但物权不可能凭空而生，必定存于客体之上，该公示形式也相应地依托于客体，特定原则在此方面着力，通过厘定客体范围为公示形式提供了明确依托。显然，法定原则与特定原则缺失任一，绝对登记、强制登记的效力均无法得到充足保障，它们因此也是约束要素。

第四，不动产登记制度的保障。除了物权与债权的二分以及法定、特定二原则，绝对登记、强制登记欲具备设权力、推定力和公信力，还须有良法美制保障，德国和瑞士是此方面的模范，它们的土地登记法有上百年历史，无论登记官遴选、登记簿设置还是登记程序，均有最大化登记表征不动产物权真实度的机制。我国也实行了不动产统一登记，《不动产登记暂行条例》及其实施细则等落实了特定原则和法定原则，详细规定了申请、审查等诸种登记程序事项等，并突出了登记簿的物的编制等重要制度，能应对实务需求，可为登记效力的实现提供良好的制度基础。而且，登记机构不仅审查书面材料，还可询问当事人乃至实地查看，这为登记准确性及其公信力提供了坚实基础。[①]当然，这并非说我们完全可安于不动产登记制度现状，只是说绝对登记、强制登记的效力已经有了主要制度支撑，如果将来我国的不动产登记法能延续如今的良好经验，并弥补若干漏缺，绝对登记、强制登记的法律效力就更有保障。

第五，交易基础的保障。德国和瑞士经验提醒我们，从交易基础入手确保不动产物权变动正当性，也是实现绝对登记、强制登记效力的重要约束要素，其切入点即要求诸如买卖合同等债权合同有法定形式，此即形式强制。在德国，买卖不动产的合同需公证，以配合不动产所有权移转的物权行为（《德国民法典》第311b条、第925条、第925a条），进而才可能完成登记审查（《德国土地登记法》第20条、第29条）。[②]在瑞士，土地买卖合同等需公证，地役权设立合同等需书面形式，它们旨在警示当事人审慎行事，保障权利安全，并为登记提供确定基础。[③]与这些经验相比，尽管我国法律不要求公证必须在不动产物权变动发挥作用，但原因行为以书面形式为常见，且通常是主管部门制作的格式合同，这在相当程度上确保交易正当性，有替代公证的功能，[④]形式强制色彩非常鲜明。

第六，形式公开原则。既然是不动产物权的公示形式，登记信息应方便

---

① 日本、韩国之所以否定登记公信力，即与登记配套机制缺失有关，如登记人力不足、采用形式审查等。参见［日］田中淳子：《关于日本不动产登记法最新修改的内容及其思考》，载《中日民商法研究》（第3卷），法律出版社2005年版，第108—109页；［韩］高翔龙：《韩国不动产物权与登记制度》，载《中日民商法研究》（第6卷），北京大学出版社2007年版，第72页。

② 参见常鹏翱：《物权程序的建构与效应》，中国人民大学出版社2005年版，第170—178页；郑冠宇：《物权法之理论与变革》，科学出版社2009年版，第42—55页。

③ Vgl. Gauch/Schluep/Schmid, Schweizerisches Obligationenrecht Allgemeiner Teil, Band I, 9. Aufl., Zuerich 2008, S.92 ff; Schmid/Stoeckli, Schweizerisches Obligationenrecht Besonderer Teil, Zuerich 2010, S.85.

④ 参见黄立：《“民法”第一六六条之一的法律行为形式问题》，载《民法七十年之回顾与展望纪念论文集》（第1册），中国政法大学出版社2002年版，第69页。

人们获取与了解才有意义，否则，即便不动产物权及其变动有登记为记录平台，它也仅是登记机构用以管控不动产交易的治理工具，无法成为便于社会公众了解完整物权信息、便于不动产物权变动交易的市场要素，强制公示的功能将因此减色不少，故而，允许相关人员查询、复制登记资料等登记信息公开规范也是约束要素，这体现了所谓的形式公示原则。不过，仅有形式公示似不足够，因为它只是在积极意义上为社会公众了解登记信息提供了途径，而社会公众完全能以没有积极查阅登记信息为由，在特定情况下做出利于自己、不利于登记权利人的抗辩，进而使形式公示原则落空。为了避免这一点，应在形式公示的基础上，强调无论社会公众是否知悉登记信息，均不可推翻地拟制其知悉（《瑞士民法典》第970条第4款）。

二、相对登记、自愿登记原则

相对登记、自愿登记原则能适用于依法律行为的不动产物权变动，产生对抗力，还能适用于非依法律行为的不动产物权变动，产生宣示力。

（一）对抗力

与设权力相比，对抗力不利于交易安全，但能节省交易成本，当事人既无需支出登记等费用，也不用因此而耗费时日。而且，它给当事人的意思留下了自治空间，法律只是给出公示和不公示的法律后果，至于当事人怎么取舍，完全为当事人的私事，任由当事人选择，法律不强行干预。这实际上也表明，交易安全和效率是“鱼和熊掌不可兼得”的关系，在对抗效力中，当事人是追求交易安全，还是节省交易费用，依据具体情况进行理性选择。在这种情况下，相对于没有公示形式者而言，具有公示形式者是权利人，能获得公示形式而不具备者，只能承受由此造成的不利益。[①]

基于设权力，物权与债权的区分相当明确，前者为有形而绝对的权利，后者为无形而相对的权利，除了租赁权、预告登记等有限的例外，上述区分可谓不可更改的定律。但对抗力改变了这个定律，将物权分化为对人性的相

---

① 参见［日］近江幸治：《民法讲义Ⅱ·物权法》，王茵译，北京大学出版社2006年版，第50页、第107页。

对权利和对世性的绝对权利，前者适用于意思表示一致导致物权变动的情形，这是不涉及第三人的交易，后者则适用于存在第三人利益的交易场合。显而易见，具有特殊性的是对人性的相对性物权，由于没有公示的介入，这种物权没有公示形式，在表现上与债权无异，但它基于当事人意思表示的确权作用，已经实际发生，而且，在与第三人无关的前提下，它在当事人内部产生界定权属的法律效力，并不会危及交易安全，得到了法律的认可。

根据本编规定，土地承包经营权登记和地役权登记具有对抗力。以下以地役权登记为例进行说明。我国地役权的设立在《物权法》采自愿登记，原因在于“在我国农村，地役权80%—90%都是不登记的。为了方便群众，减少成本，物权法对地役权实行登记对抗主义”[①]。其实，在《物权法》制定时，地役权“在我国农村80%—90%都是不登记的”说法站不住脚，因为彼时我国法律没有规定地役权，也根本没有地役权登记，谈不上有登记比例。至于登记对抗能“方便群众，减少成本”的说法，也值得商榷，因为在实践中，地役权登记收费不高，登记效率也不低，就此来看，上述理由并不充分。往深处挖一点，就会发现，地役权设立之所以无需登记，原因应是在《物权法》制定之时，集体土地所有权、土地承包经营权、集体建设用地使用权、宅基地使用权等农村土地物权缺乏完备的登记机制，不少地区根本就没有进行这些登记，当这些物权成为地役权的基础权利或供役不动产权利时，登记的缺失使地役权无所依托。在这种情况下，若像罗马法那样，即便缺乏有效的登记，仍赋予地役权对第三人的约束力，就会导致供役地买受人不了解该土地承受的负担，从而可能大幅增加土地转让的复杂性和费用，[②]这一策略显然不够妥当，那么，把登记作为赋予地役权对抗性的要件，应是受制于现实的虽然无奈但为最优之举。

在此前提下，其规范适用的核心问题即如何确定第三人，《日本不动产登记法》第4条、第5条将以欺诈或胁迫妨碍登记申请者与有为他人进行登记申

① 参见全国人民代表大会常务委员会法制工作委员会编：《中华人民共和国物权法释义》，法律出版社2007年版，第348页。

② 参见［英］巴里·尼古拉斯：《罗马法概论》，黄风译，法律出版社2000年版，第150—151页。

请的义务者排除在外，判例据此延展了排除范围，将其他违背诚实信用、公序良俗或权利滥用法理者归于不属于第三人的背信恶意者，而学理中有关第三人具体情形的讨论众说纷纭，似无定论，[①]我国同样如此。

不过，一旦立足点动摇或变化，规则有无生命力就是问题。用以铺垫自愿登记对抗力的最坚实理由是登记不完备，但在我国强有力的国家治理术推进下，农村土地物权登记的情况大有改观，不仅集体土地所有权确权登记发证工作已经基本完成，土地承包经营权、宅基地使用权和集体建设用地使用权的确权登记发证工作也正在加快推进当中。在此情况下，再加上已相对完备和普及的国有建设用地使用权以及房屋所有权登记、海域使用权登记，地役权登记会有稳固的基础，从发展的眼光来看，不妨以登记为地役权的设立要件，让其产生设权效力。

假设这一结论具有可行性，并能适用于土地承包经营权登记，那么，对抗力就没有必要单独存在，这样一来，依法律行为的不动产物权变动就应统一适用绝对登记、强制登记原则。前文提到，绝对登记、强制登记原则与法定原则、特定原则一起细化并强化了物权与债权的二分，相对登记、自愿登记原则也有此意，但又通过登记与否区分不动产物权有无对抗力，如何填补这一明显的逻辑缺口，显非易事，日本在此方面纷繁复杂的学说说明这是人为的迷宫。即便表述相当清晰的“二阶段物权变动论”也不能阐明问题，该理论将未登记的物权界定为处于物权与债权之间的萌芽性物权，仅在当事人内部有债的效力，其权利人对不法侵夺者的物权请求权和损害赔偿请求权可用债权人代位权来行使，[②]物权据此内分为对人的相对权和对世的绝对权。问题在于，物权与债权是用以认知和规制交易的法律概念，自其被择定并主导人们思维起，就与相关要素融为不可分割的一体，登记与不动产物权恰如蛋与鸡，非要从登记与否的维度将物权分个三六九等，不仅偏离了物、债二分的思维起点，还会引发未登记物权与一般债权是何关系等问题。可以说，正

---

① 参见［日］近江幸治：《民法讲义Ⅱ·物权法》，王茵译，北京大学出版社2006年版，第53—66页；［日］田中淳子：《不动产物权变动论（绪论）》，李又又译，载《中日民商法研究》（第2卷），法律出版社2004年版，第252—274页。

② 参见［日］加藤雅信：《物权变动论再思考》，渠涛译，载《中日民商法研究》（第5卷），法律出版社2006年版，第88—119页。

是对抗力骑上了隔离物权与债权的墙头，才致使此领域的物权变动问题如同迷宫，正本清源之道还是取回物权与债权二分的这把奥卡姆剃刀。

（二）宣示力

不动产登记在非依法律行为的物权变动中产生宣示力，已经产生的物权不因没有登记而受影响。能够产生这种效力的登记就是宣示登记，即把不动产物权已经实际变动的结果向外界予以展示的登记。这种登记没有设权力，仅仅起到把事实上已经产生的物权忠实地转化为登记簿中的物权的作用。宣示登记后，物权当然受推定力规范和公信力规范的保护，自不待言。

在宣示登记之前，非依法律行为的物权变动所产生的物权没有权利外观，对社会公众没有足够的公信性，通常在客观上也不易被处分，比如，某人在被继承人死亡之时即为遗产房屋的所有权人，但其在登记簿中并非房屋所有权人，未经宣示登记，很难转让该房屋。而且，为了确保物权及其变动均可见有形，并能被国家所控制，物权要想进入流通领域，仍然需要具备权利外观，否则，法律不允许其被处分。这就是“不公示，不得处分物权”的模式，《民法典》第232条即规定，处分因人民法院、仲裁委员会的法律文书、人民政府的征收决定、继承、遗赠、事实行为而取得的不动产物权时，应依照法律规定需要办理登记的，未经登记，不发生物权效力。

问题在于，尽管没有宣示登记，作为非依法律行为的物权变动结果的物权，已然是受法律保护的物权，那么，物权人处分自己的权利，是有权处分，为何不能产生物权效力呢？如果说是为了保护交易当事人的利益，那么，物权人基于不愿支付成本或者出于保密等原因而不愿登记，相对人也有相同的原因不要求变更登记，并愿意承受登记公信效力可能剥夺自己取得的权利的风险时，这完全是自愿的选择，法律没有理由剥夺当事人的自由选择机会。不过，考虑到物权公示设权力建立了物权有形化的机制，不动产物权因此均要有登记的外形，否则，不能进行流通，据此，如果作为非依法律行为的物权变动后果的物权属于设权力规范的对象，它应先进行登记，然后方可自由流通。但是，鉴于本编还采用了公示对抗力的规则，只要当事人意思表示一致即可产生不动产物权，该物权在不登记的情况下可自由流通，作为依法律行为的物权变动结果的物权尚且如此，为何能为有效文书等证明的、作为非依法律行为的物权变动结果的物权不可？显然，将“不公示，不得处分物权”的规则绝对化，在法律制度体系安排下就会不协调。

可以说，无论是考虑当事人的实际利益，还是考虑法律制度的体系安排，未进行宣示登记，就绝对限制物权的自由处分功能，似乎并不恰当。严格地讲，对于不在设权力范围内的物权，即使不登记，只要可能，而且当事人的意思表示合法有效，物权人就能自由安排物权的流通。在此意义上，“不公示，不得处分物权”的宣示力不在限制权利人的处分权，而是限制公权力机关的行为，即在未完成处分行为时，强制裁判机关、地政机关或者其他国家机关保住关卡，不使此类物权人未经登记，即得处分其物权。[①]但如果登记机构未守住关卡，使得处分的相对人被直接登记为物权人，只要当事人的交易合法正当，登记结果反映了真实权利，不宜因此而取缔当事人处分交易的后果，否则就是徒增交易成本。

还要注意，在宣示登记之前，不动产物权变动已经完成，在不涉及第三人时，未登记的物权与其他登记的物权一样，物权人可以根据本编的“物权的保护”一章来主张相应的权利。对于依生效法律文书、征收决定等发生的物权变动而言，如果真实权利人未及时申请宣示登记，在登记的权利人将标的物处分给第三人的情况下，只要满足公信力的要求，第三人能确定取得该物权，未宣示登记的权利人将因此丧失物权，其权利不再存在，当然也无对抗力。

对比而言，绝对登记、强制登记原则表现了相当突出的国家干预，但它仍以意思自治为基础，是当事人以物权变动为内容的效果意思为物权变动法律效果提供了正当性，登记与此意思表示结合，增加了抽象物权的具象性，既便于交易进展，在说理上也沿循物权与债权二分的主线而无内在悖论。

需要注意的是，虽然本条第2款规定国有自然资源所有权可以不登记，但为贯彻落实党中央、国务院关于生态文明建设决策部署，建立和实施自然资源统一确权登记制度，推进自然资源确权登记法治化，推动建立归属清晰、

① 参见谢在全：《“民法”第759条争议问题之研究》，载《民法物权争议问题研究》，清华大学出版社2004年版，第8—14页。

权责明确、保护严格、流转顺畅、监管有效的自然资源资产产权制度，实现山水林田湖草整体保护、系统修复、综合治理，在试点工作的基础上，自然资源部、财政部、生态环境部、水利部和国家林业和草原局制定了《自然资源统一确权登记办法（试行）》，对水流、森林、山岭、草原、荒地、滩涂、海域、无居民海岛以及探明储量的矿产资源等自然资源的所有权和所有自然生态空间统一进行确权登记。

举证责任

由于不动产登记产生推定力，登记的物权人无需证明自己的物权，对登记的权利状态提出相反主张的人承担举证责任，对此，请参看下文对《民法典》第216条的评注。在不动产物权变动无需公示的情形下，权利人只有证明物权变动的原因事实，才能证明物权。

第二百一十条【不动产统一登记】

不动产登记，由不动产所在地的登记机构办理。

国家对不动产实行统一登记制度。统一登记的范围、登记机构和登记办法，由法律、行政法规规定。

历史由来

在《物权法》颁布之前，《民法通则》《担保法》《土地管理法》《城市房地产管理法》《农村土地承包法》《森林法》《草原法》《渔业法》《矿产资源法》《水法》《海域使用管理法》等法律中包含了相当数量的不动产物权规范，它们均需不动产登记规范的支持，而土地管理、房屋管理等主管机关也有同样的需求。于是，我们看到中央人民政府及其主管土地、房屋等不动产的行政机关推出各种不动产登记规范，如《国家土地管理局土地登记规则》（国家土地管理局1995年12月18日发布）、《城市房屋权属登记管理办法》（建设部1997年10月27日发布）、《矿产资源开采登记管理办法》（国务院1998年2月12日发布）、《矿产资源勘查区块登记管理办法》（国务院1998年2月12日发布）、《林木和林地权属登记管理办法》（国家林业局2000年12月31日发布）、《农村土地承包经营权证管理办法》（农业部2003年11月14日发布）、《海域使用权登记办法》（国家海洋局2006年10月13日发布），各地也出台了相关的登记规范性文件，以配合物权规范的落实和行政管制的实施。

这种分散登记的状况产生了不少现实问题，对此，孙宪忠教授从20世纪90年代开始呼吁制定统一的不动产登记法，[①]逐渐在理论界达成共识，并引起实务部门的共鸣。2007年《物权法》第10条与本条内容完全一致，客观上促进和加快了我国的不动产统一登记。但由于登记机构不统一，故中央人民政府主管土地、房屋等不动产的行政机关根据《物权法》相继推出不动产登记规范，如《土地登记办法》（国土资源部2007年12月30日公布）、《房屋登记办法》（建设部2008年2月15日公布）、《水域滩涂养殖发证登记办法》（农业部2010年5月24日公布）。

自2013年开始，在中央的推动下，不动产统一登记开始起步，确定了由统一的不动产登记机构办理不动产登记的大方向。这项工作于2015年定型，其标志是2015年3月1日起实施的《不动产登记暂行条例》，这是我国不动产统一登记的根本性规范文件。该条例第4条第1款再次重申："国家实行不动产统一登记制度。"在该条例的基础上，作为不动产登记行政主管机关的原国土资源部于2016年1月1日公布《不动产登记暂行条例实施细则》、于2018年3月2日公布《不动产登记资料查询暂行办法》等部门规章，于2016年5月30日公布《不动产登记操作规范（试行）》等规范性文件，它们相对具体明确，成为不动产登记机构办理业务所遵循的主要规范。与此同时，不少地方根据《物权法》《不动产登记暂行条例》，结合地方实际，相继颁布了地方性的不动产登记规范，对不动产登记工作也起到相当大的推动作用。

与不动产统一登记匹配，2018年12月29日第二次修正的《农村土地承包法》第24条第1款规定："国家对耕地、林地和草地等实行统一登记，登记机构应当向承包方颁发土地承包经营权证或者林权证等证书，并登记造

---

① 参见孙宪忠：《论物权法》，法律出版社2001年版，第24—27页、第456—457页、第462—466页。

册，确认土地承包经营权。”2019年8月26日第三次修正的《土地管理法》第12条规定：“土地的所有权和使用权的登记，依照有关不动产登记的法律、行政法规执行。依法登记的土地的所有权和使用权受法律保护，任何单位和个人不得侵犯。”

规范目的或功能

本条旨在明确不动产统一登记，以确保国家在不动产登记领域的治理高效和有序，体现执政为民、行政为民的政治理念，并理顺土地物权、海域物权与房屋等定着物物权的关系，确保它们在权利分离的基础上能一体处分，不会产生权利冲突。

规范内容

一、不动产统一登记的法律基点

本条第2款第1句规定“国家对不动产实行统一登记制度”，这从基本法律的层面为我国不动产统一登记提供了保障，也是不动产统一登记法治建设的根本出发点，《不动产登记暂行条例》等专门规制不动产登记的规范性法律文件正是以此为基础而制定的。

二、不动产统一登记的制度架构

本条第2款第2句规定“统一登记的范围、登记机构和登记办法，由法律、行政法规规定”，它是涉及不动产统一登记制度架构的分权和授权规定。说其分权，是说本编也规定管辖、申请、审查等登记规范，它们属于统一登记办法的内容。说其授权，是说本编只规定了部分登记规范，其他规范由其他法律或行政法规来规定，但无论如何规定，均不能偏离统一登记的大方向。这样一来，我国目前不动产统一登记的制度架构就由本编的登记规范、《农村土地承包法》等其他法律的登记规范和《不动产登记暂行条例》等行政法规组成。需要提及的是，第十三届全国人大常委会将《不动产登记法》的起草纳入了本届人大的立法规划，将来该法颁布实施后，它将与本编的登记规范一起构成不动产统一登记的基本规范。在这样的架构下，不动产统一登记制度主要包括组织制度、程序制度和类型制度。

（一）组织制度

不动产登记的组织制度包括不动产登记机构和不动产登记簿。登记机构和登记簿是不动产登记的最基础要素，前者主导着登记的进程，后者反映着登记的结果，没有它们，登记即无实际存在的可能，更谈不上有什么法律意义。[①]

1.统一的不动产登记机构

《不动产登记暂行条例》第6条规定："国务院国土资源主管部门负责指导、监督全国不动产登记工作。县级以上地方人民政府应当确定一个部门为本行政区域的不动产登记机构，负责不动产登记工作，并接受上级人民政府不动产登记主管部门的指导、监督。"据此，在中央层面，自然资源部作为全国不动产登记唯一的行政主管部门的法律地位得以确定，它对下级政府设立的不动产登记机构具有指导权和监督权；在地方层面，地方政府只能确定一个部门为不动产登记机构。

不动产登记的管辖权限排他性地归属于登记机构，本条第1款和《不动产登记暂行条例》第7条对此加以明确规定。据此，我国的不动产登记管辖有以下三种：

第一，属地管辖。不动产登记以属地管辖为原则，本条第1款对此就有体现，即"不动产登记，由不动产所在地的登记机构办理"。不过，"不动产所在地的登记机构"比较有弹性，如对位于A市B区的不动产而言，A市的登记机构和B区的登记机构均属于"不动产所在地的登记机构"，究竟如何限定，就成问题。从方便当事人就近申请，特别是便于大中城市的郊区、农村地区的当事人申请，也便于登记机构审查的角度来看，由B区登记机构这样的最基层登记机构来登记，最为适当。《不动产登记暂行条例》第7条第1款第1分句就进行了这种细化，即"不动产登记由不动产所在地的县级人民政府不动

---

① 参见常鹏翱：《物权程序的建构与效应》，中国人民大学出版社2005年版，第3页。

产登记机构办理”。不过，为了简化机构设置，只要直辖市和设区的市政府确定本级不动产登记机构统一办理所属各区的不动产登记，则区政府不必设置登记机构（《不动产登记暂行条例》第7条第1款第2分句），这样一来，直辖市、设区的市的登记机构就成为本市区域内的统一登记机构，这仍然是属地管辖的表现。

属地管辖使不动产所在地的县级不动产登记机构或直辖市、设区的市不动产登记机构对本行政区域内的不动产享有排他性的登记办理权，只要不动产处于本行政区域，登记机构就无需通过法律程序，也无需举证证明，即可依法取得管辖权，这是登记机构享有的积极权限。正是基于这种积极权限，登记机构在登记业务办理上有充足的信息，它因此对登记管辖欠缺信息者有告知义务。比如，《不动产登记暂行条例》第4条第2款规定了方便群众的原则，遵循该原则，为了方便当事人办理登记，登记机构既应告知当事人自己有无管辖权，在登记机构没有管辖权时，还应告知当事人有管辖权的登记机构（《不动产登记暂行条例》第17条第1款第4项）。又如，为了便于不动产权利信息得到全面而准确的记载，登记机构有义务将登记信息告知其他的相关登记机构，这方面最典型的是地役权登记，即供役地和需役地不在同一行政区域的，供役地所在地的登记机构在办理地役权登记后，应通知需役地所在地的登记机构，由其将地役权记载于需役地的登记簿（《不动产登记暂行条例实施细则》第64条第2款）。

第二，特别管辖。《不动产登记暂行条例》第7条第3款规定：“国务院确定的重点国有林区的森林、林木和林地，国务院批准项目用海、用岛，中央国家机关使用的国有土地等不动产登记，由国务院国土资源主管部门会同有关部门规定。”《不动产登记暂行条例实施细则》第4条规定：“国务院确定的重点国有林区的森林、林木和林地，由自然资源部受理并会同有关部门办理，依法向权利人核发不动产权属证书。国务院批准的项目用海、用岛的登记，由自然资源部受理，依法向权利人核发不动产权属证书。”

第三，跨域管辖。某一不动产跨越若干不动产登记机构的行政区域的，除非该不动产可适用特别管辖机制，否则无法靠属地管辖来办理登记，这就会产生管辖权之争。对于这个问题，我国采用了以下解决方案：（1）分别管辖，即相关的不动产登记机构分别登记本行政区域内的不动产部分，《不动产登记暂行条例》第7条第2款第1句规定："跨县级行政区域的不动产登记，由所跨县级行政区域的不动产登记机构分别办理。"（2）协商管辖，即不能适用分别管辖的，由相关不动产登记机构协商管辖，《不动产登记暂行条例》第7条第2款第2句第1分句规定："不能分别办理的，由所跨县级行政区域的不动产登记机构协商办理。"（3）指定管辖，即在分别管辖和协商管辖均不能适用的情形下，由有权机构指定某一不动产登记机构管辖，《不动产登记暂行条例》第7条第2款第2句第2分句规定："协商不成的，由共同的上一级人民政府不动产登记主管部门指定办理。"鉴于不动产的跨域特点，为了便于各自行政区域内权利人或利害关系人的查询，也为了能保持该不动产物理状态和法律状态的完整和特定，负责办理的不动产登记机构在完成登记后，应把登记信息通知其他登记机构（《不动产登记暂行条例实施细则》第3条）。还应注意的是，上述的跨域管辖规范针对跨域的同一不动产而言，对于分属不同行政区域的数个物理形态独立，但在权利形态上有关联的不动产，如地役权的供役地和需役地，就不能适用上述规范，而应由权利主要标的所在地的不动产登记机构享有管辖权，如以供役地所在的登记机构办理地役权登记（《不动产登记暂行条例实施细则》第64条第2款）。

2.统一的不动产登记簿

不动产登记簿记载的事项以不动产物权为主，此外的其他事项虽然不是物权，也是与不动产物权有关的权利，如预告登记的对象是买卖合同等引致不动产物权变动的债权。为了简便起见，把这些事项称为法律关系。既然为法律关系，主体是不可或缺的要素，它也是应记载的事项。无论是不动产物权还是与其相关的其他事项，均离不开不动产，故不动产也是必须记载的事项。概括而言，登记的记载事项包括主体、不动产和法律关系。

主体包括自然人、法人和其他组织。但并非所有的主体均能载入登记簿，除了要有权利能力，还必须符合其他条件。比如，境外自然人在大陆购买住房，想被登记为房屋所有权人，根据2006年原建设部、商务部、国家发展和改革委员会、中国人民银行、国家工商行政管理总局、国家外汇管理局《关于规范房地产市场外资准入和管理的意见》以及2010年住房和城乡建设部、国家外汇管理局《关于进一步规范境外机构和个人购房管理的通知》，必须符合以下条件：（1）在境内工作、学习时间超过1年；（2）所购房屋为自用、自住的商品房；（3）在境内无其他住房。

不动产在此以物权客体的身份出现。《不动产登记暂行条例》第2条2款规定："本条例所称不动产，是指土地、海域以及房屋、林木等定着物。"这也表明了统一登记的范围。土地是不动产的核心所在。从范围上看，我国土地扩张至地表及其上下空间，故除了地表，特定的土地上下空间也能被记载。从形态上看，受法律的限制，我国土地不包括与地表或地下紧密相连的矿产、水等自然资源。同时，由于海岛与其周边海域共同构成生态系统，还涉及国家海洋权益，故我国土地不包括海岛。需要附带提及的是，在不动产统一登记进程中，受重视的是无居民海岛，即不属于居民户籍管理的住址登记地的海岛（《海岛保护法》第57条第2项），也就是没有村庄、街道、住址门牌号、邮政编码和常住户口登记的海岛，它不等于无人岛，也不排除人在岛上必要的生产、生活活动。[①]海域是指我国的内水、领海的水面、水体、海床和底土（《海域使用管理法》第2条第1款）。所谓内水，是指大陆的领海基线向陆地一侧至海岸线的海域（《海域使用管理法》第2条第2款）。根据1958年《领海及毗连区公约》第1条第1款，领海是指国家主权及于其陆地领土及其内水以外邻接其海岸的海域。在我国，依附于土地的房屋在法律上有独立性。根据《城市房地产管理法》第2条第2款，房屋是指土地上的房屋等建筑物及构筑物，而本编混用了房屋和建筑物，《不动产登记暂行条例》第5条、第19条则表述为"房屋等建筑物、构筑物"。为了表述方便，完全能把房屋与建筑物、构筑物混用。在属性上，可把房屋分为商品房、房改房、经济适用住房、廉租住房、自建房等。在结构上，可把房屋分为钢结构、钢和钢筋混凝土结构、钢筋混凝土结构、混合结构、砖木结构、其他结构。地上构筑物包括隧道、桥梁、水塔等类型，海上构筑物有透水构筑物、非透水构筑物、跨海桥梁、海底隧道等类型。这些类型均要在不动产登记簿中显示出来。

不动产登记簿所记载的法律关系必须具备相应的资格，这种资格被称为登记能力。从理论和规范上演绎，为了在不动产登记簿中营造有序的权利秩序，特别是因为受制于物权法定原则，具有登记能力的物权无论是在类型还是在内容上，均要有明确的法律根据支持，即在物权领域，登记能力首先要

---

① 参见本书编写组编：《中华人民共和国海岛保护法释义》，法律出版社2010年版，第89页。

迎合物权法定原则。物权是登记簿中的主角，既然其登记能力法定，物权之外的其他法律关系似更无理由跳出圈外，理应遵循相同的游戏规则。值是之故，法律关系的登记能力规范完全可简化为登记能力法定，即能在登记簿中记载的法律关系必须出于法律的明确规定。对此，《不动产登记暂行条例》也有隐晦的表达，如其第2条第1款在界定不动产登记时，强调登记机构依法将不动产权利归属和其他法定事项记载于登记簿；第5条在提及可登记的不动产权利时，第10项兜底表述为“法律规定需要登记的其他不动产权利”。

本编及相关法律明文规定不动产物权有登记能力，它们包括：（1）集体土地所有权。我国的城市土地以及法律规定属于国有的农村和城市郊区的土地由国家享有所有权，这是一种排除机制，即只要不是农民集体所有的土地，即归于国家所有。同时，只要土地依法被确定国有，在性质上就不能转换成集体所有或者个人所有，这显然是一种稳定机制，将法律规定为国有的土地固定为国家所有。这些制度安排的逻辑表明，在不动产登记簿中需要明确的土地所有权是农民集体土地所有权，将其明确后，其余土地皆为国家所有，当然也就无需登记国家土地所有权。（2）房屋、林木等定着物所有权。（3）土地承包经营权。（4）建设用地使用权。（5）宅基地使用权。（6）居住权。（7）海域使用权。（8）地役权。（9）抵押权。（10）探矿权和采矿权。（11）取水权。（12）养殖权。

有登记能力的其他财产权包括：（1）预告登记的对象是买卖合同、抵押合同等引致不动产物权变动的合同债权，这些合同债权也有登记能力；（2）不动产信托登记，《信托法》第10条规定不动产信托应登记，《不动产登记暂行条例实施细则》第106条规定：“不动产信托依法需要登记的，由自然资源部会同有关部门另行规定。”

法律规定的不动产物权最主要的可登记的权利，能对其进行限制的法律关系也因法律规定而有登记能力，它们主要包括：（1）因诉讼保全、强制执行等原因而对不动产的查封，它实际起到限制处分的功效，依法可登记（《不动产登记暂行条例》第3条）；（2）权利人、利害关系人对登记簿记载事项错误的异议（《不动产登记暂行条例》第3条）。

我国目前的不动产登记簿包括以下簿页：（1）宗地信息页，包括土地权利状况、空间坐标、位置说明或四至描述、附图等栏目。（2）宗海信息页，包括海域状况、无居民海岛状况、用海、用岛坐标、附图等栏目。(3)不动产权利目录页，包括序号、不动产单元号、不动产类型等栏目。(4)土地所有权登记信息页，包括权利人、共有情况、登记类型、登记原因、分类面积等栏目。(5)建设用地使用权、宅基地使用权登记信息页，包括权利人、共有情况、权利人类型、登记类型、登记原因、使用权面积、使用期限、取得价格等栏目。(6)房地产权登记信息(项目内多幢房屋)页，包括房屋所有权人、房屋共有情况、权利人类型、登记类型、登记原因、土地使用权人、独用土地面积、分摊土地面积、土地使用期限、项目名称、幢号、总层数、规划用途、房屋结构、建筑面积、竣工时间、总套数、房地产交易价格、附图等栏目。(7)房地产权登记信息(独幢、层、套、间房屋)页，包括房屋所有权人、房屋共有情况、权利人类型、登记类型、登记原因、土地使用权人、独用土地面积、分摊土地面积、土地使用期限、项目名称、规划用途、房屋性质、房屋结构、专有建筑面积、分摊建筑面积、竣工时间、房地产交易价格、附图等栏目。(8)建筑物区分所有权业主共有部分登记信息页，包括权利人、建(构)筑物名称、数量或面积、分摊土地面积等栏目。(9)海域(含无居民海岛)使用权登记信息页，包括权利人、共有情况、权利人类型、登记类型、登记原因、使用权面积、使用期限、使用金总额、使用金标准依据、使用金缴纳情况等栏目。(10)构(建)筑物所有权登记信息页，包括所有权人、共有情况、权利人类型、登记类型、登记原因、土地/海域使用权人、土地/海域使用权面积、土地/海域使用期限、构(建)筑物类型、规划用途、面积、附图等栏目。(11)土地承包经营权、农用地的其他使用权登记信息(非林地)页，包括权利人、共有情况、登记类型、登记原因、承包面积、承包期限、土地所有权性质、水域滩涂类型、养殖业方式等栏目。(12)林权登记信息页，包括权利人、共有情况、登记类型、登记原因、使用权面积、林地使用期限、林地所有权性质、森林、林木所有权人、主要树种等栏目。(13)其他相关权利登记信息(取水权、探矿权、采矿权等)页，包括权利人、共有情况、登记类型、登记原因、权利内容、附图等栏目。(14)地役权登记信息页，包括地役权人、供役地权利人、登记类型、登记原因、地役权内容、地役权利用期限等栏目。(15)抵押登记信息页，包括抵押权人、抵押人、登记类型、登记原因、在建建筑物坐落、在建建筑物抵押范围、被担保主债权数额、债务履行期限、最高债权确定事实和数额等栏目。（16）预告登记信息页，包括权利人、义务人、预告登记种类、登记类型、登记原因、土地使用权人、规划用途、房屋性质、所在层/总层数、建筑面积、取得价格/被担保主债权数额等栏目。（17）异议登记信息页，包括申请人、异议事项等栏目。（18）查封登记信息页，包括查封机关、类型、文件、文号、期限、范围等栏目。

（二）程序制度

不动产登记程序是制度的主干，从启动机制上分为以下三类。

1. 依申请的不动产登记程序

依当事人申请而启动的不动产登记程序，即依申请的登记程序，它是登记程序的主干，在实践中最为常见，其程序环节包括申请、受理、审核和处理。对这些环节的进一步阐述，请参看下文对《民法典》第211条、第212条的评注。

2. 依嘱托的不动产登记程序

为了履行公共职责，有关国家公权力机关依法对不动产登记机构提出办理相应登记的要求，即为嘱托。基于嘱托而引发的登记程序，称为依嘱托登记。依嘱托登记的基本程序环节包括嘱托、接受嘱托、审核和处理。对这些环节的进一步阐述，请参看下文对《民法典》第212条的评注。

3. 依职权的不动产登记程序

在前述的不动产登记程序之外，还有登记机构依职权主动启动的登记程序，即登记机构无需外部因素介入，依法主动办理登记。这种登记是登记机构的主动登记，体现了职权主义，在实践中适用范围较窄，发生概率较小。只有在登记权利与真实权利发生错位，当事人又不及时申请注销或更正登记时，不动产登记机构才能依职权办理相应的登记。

（三）类型制度

以记载事项的属性形态为标准，不动产登记可分为标示登记、权利登记和其他登记，前者用以记载不动产种类、面积等物理性的自然状况，中者用以记载不动产权利，后者用以记载异议、查封等其他事项。以记载事项的功能形态为标准，可分为首次登记、变更登记、转移登记和注销登记，它们主要与不动产权利的设立、变更、转让和消灭分别对应，也能适用于其他登记。以记载事项的位置形态为标准，可分为主登记和附记登记，前者是在登记簿中占据主导地位的登记，如建设用地使用权初始、转移、注销登记等，后者是在登记簿的“附记”栏中所为的记载，主要是对不动产权利及其他事项登记情况进一步说明的信息，如土地出让合同或土地承包合同等编号、共有发一本证书时的持证人、必要的历史登记信息等。

1.标示登记

标示登记以不动产的自然状况为登记对象，反映出不动产种类、面积、坐落、坐标、用途等自然状况信息，是不动产登记的基础。

2.首次登记

首次登记是指为法律关系第一次记载于不动产登记簿而办理的登记，包括总登记和初始登记。[①]所谓总登记主要指土地总登记，即在一定时间内对辖区内全部土地或者特定区域内土地进行的全面登记。所谓初始登记，是指总登记之外的设立权利的登记，它并不限定于通过登记来设定的情形，如房屋抵押权登记，还包括通过登记的方式将已经设定的物权表现出来，如地役权登记。

3.变更登记

变更登记是指在法律关系未发生转让时，因姓名、名称等主体自身信息发生变化，或不动产坐落等信息发生变化，或权利内容、期限等信息发生变化，而办理的不动产登记。其事由主要包括：权利人姓名或名称变更；不动产坐落、名称、用途、面积等自然状况变更；不动产权利期限发生变化；同一权利人分割或合并不动产；抵押权顺位、担保范围、主债权数额，最高额抵押债权额限度、债权确定期间等发生变化；地役权的利用目的、方法、期限等发生变化。

4.转移登记

转移登记是指因法律关系转让而办理的不动产登记。转移登记的事由主要是不动产物权在不同主体之间的转让，其基础可以是买卖合同等法律行为，

---

① 参见国土资源部法规司、国土资源部不动产登记中心编著：《不动产登记暂行条例释义》，中国法制出版社2015年版，第24—27页。

也可以是继承等非法律行为的事实，主要包括：买卖、继承、遗赠、赠与、互换不动产；以不动产作价出资（入股）；法人或者其他组织因合并、分立等原因致使不动产权属发生转移；不动产分割、合并导致权属发生转移；共有人增加或减少以及共有不动产份额变化；人民法院、仲裁委员会的生效法律文书导致不动产权属发生转移；因主债权转移引起不动产抵押权转移；因需役地不动产权利转移引起地役权转移。

5.注销登记

注销登记是指因法律关系消灭而办理的不动产登记。通过注销登记，登记簿上既有的记载被涂销，从而向社会公众表明既有的法律关系消灭的信息。注销登记的事由主要包括：不动产灭失；不动产权利终止；权利人放弃不动产权利；依法没收、征收、收回不动产权利；因法院、仲裁委员会的生效法律文书致使不动产权利消灭。

6.更正登记

更正登记是指因更正不动产登记簿的错误记载而办理的不动产登记。对更正登记的进一步阐述，请参看下文对《民法典》第220条的评注。

7.异议登记

异议登记是指把针对登记权利正确性的异议记载于不动产登记簿而办理的不动产登记。对异议登记的进一步阐述，请参看下文对《民法典》第220条的评注。

8.预告登记

预告登记是指为保全以不动产物权变动为内容的债权请求权而办理的不动产登记。对预告登记的进一步阐述，请参看下文对《民法典》第221条的评注。

9.查封登记

查封登记是指为把法院等机构的查封记载于不动产登记簿而办理的不动产登记。

10.权证补发登记

不动产权证或登记证明遗失、灭失的，权利人可向不动产登记机构申请补发，将补发信息记载于登记簿的不动产登记即权证补发登记。

举证责任

不动产登记产生推定力，对此请参看下文对《民法典》第216条的评注。

其他问题

从前述可知，我国不动产登记制度由本编的登记规范、其他法律的登记规范和《不动产登记暂行条例》等行政法规组成，在理解这种制度架构时，应注意把握三个视角。

一、私法和公法的视角

作为公示方式，不动产登记是界定不动产物权归属和保护不动产物权交易的基础，它一方面通过设权力等法律效力机制确保权利人对不动产的完全支配，另一方面又通过顺位等机制理顺同一不动产上多重权利人之间的关系。可以说，在不牵涉国家事务或者公共权力时，这些机制事关权利人的个人利益，属于纯粹由私法规制的不动产登记簿的法律效力。

更为重要的，不动产登记不可能凭空而生，它通常源于当事人的申请，是否申请、申请什么，在法律框架内均取决于当事人的意愿，它同时还制约着登记机构的审查以及处理行为。可以说，申请虽然指向了代表国家公权力的登记机构，但内容是纯粹的私益，登记机构也要尊重当事人的这种自我决定，从而是典型的私人自治行为。

此外，法律即便出于交易安全考虑而强制公开登记资料，为他人了解、查阅、获得登记信息提供便利，这使登记资料具有公共产品的属性，但不能因此危及权利人的个人利益。

着眼于不动产登记旨在保护私益、经由私人自治行为而发生的上述特征不难看出，不动产登记制度的这些成分处理的是平等主体之间的关系，这是传统私法的领地，在此基点上，不动产登记制度当然应尽可能赋予当事人充分的决定权和选择权，尽可能减少国家对当事人私事的干涉。

不过，从不动产登记的运作规律上看，它主要以登记簿的设置和运行为对象，由此产生的关系发生在代表国家公权力的登记机构与作为私权利主体的当事人之间，这显然是公法所调整的不平等关系，反映出不动产登记制度的公法色彩。

首先，不动产登记机构是旨在服务公众而非谋求私利的公共部门，这种定性决定了登记机构在组织上必须实行层级化的体制：（1）登记机构的设置、主管官员的任命、工作人员的级别和工资待遇，均由政府按照法律或者政策予以安排；（2）尽管每一登记机构均在各自管辖范围和业务范围内独立操作业务，但下级机构必须接受上级机构或者同级政府的监督、指导或者管理；（3）登记机构工作人员要有良好的职业操守，登记机构通过行政处分进行纪律控制。这种架构牵涉到机构编制、人事管理、财政供给等政府事务，不同于民事主体。

不动产登记机构既然是公权力主体，其职权行为即公权力行为，登记机构必须依法而为，其后果无论是否符合申请目的，均依法产生法律效力。显然，登记机构将单方决定申请的命运，这与体现私法自治的法律行为完全不同。正因为登记行为有这样的定性，它一方面与法院的行政审判机构在救济通道上有衔接，即当事人认为登记行为不合法的，可以提出行政诉讼请求法院评判登记行为的正当性；另一方面登记错误赔偿纳入国家赔偿的领域，受《国家赔偿法》的规范。

在申请登记的情形下，登记虽然针对单个具体的申请事项而为，但管制色彩相当突出，只有满足国家管制不动产的方向、保障国家税赋或者财政收费等管制政策的，才能予以登记。此外，管制特点更突出的，是登记机构旨在保障国有资产、落实公权力行为、维持正确登记信息而为的主动登记，以及为了保障不动产交易正常秩序，依法处罚伪造权利证书、登记证明的违法行为。

概括而言，不动产登记机构从事登记行为，基础是依法享有的以管制为目的、具有实现公益功能的公共管理职责，并在程序进展中推进和落实这种职责，在此过程中，登记机构与申请人处于不平等的法律地位，在此意义上，不动产登记制度包含了公法规范。

这也表明，不动产登记制度从不同程度和侧面反映出私法和公法的色彩，这两个方面应合理兼顾。登记机构和登记簿是不动产登记制度的基础要素，前者是主导登记行为的官署组织，后者是记载登记信息的国家文件，均象征着国家主权和公共权力，均事关国家治理和公共利益，只有完全代表民众利益的立法者才有权为之，其规范属于公法规范。登记申请及其内容是登记进展的基础，属于私法规范，但申请的形式和要求事关登记机构的工作效率和交易效率，不能由申请人决定，应为公法规范。登记机构审查与处理申请和嘱托、依职权主动登记、公开登记簿等行为规范事关依法行政、国家信誉和公共利益，属于公法规范。登记簿的法律效力虽然不容当事人修改，但它们旨在规范物权权属和权利关系，属于私法规范。

二、程序与实体的视角

不动产登记是登记机构依据法定程序将不动产及其负载的权利等事项记载于登记簿上，进而产生特定法律结果的法律事实，其结构可简化为“动态行为”+“法律结果”，前者是登记机构以登记簿为载体进行信息记载的行为，它依法定程序展开；后者表明了上述行为的结果，它依法产生相应的法律效力。围绕这两个构造要素，不动产登记制度分叉为两套规范体系，前者规范登记行为的起始、条件、期限等程序事项，即登记程序制度，后者规范登记后果的效力、构成等实体事项，即登记实体制度。正如我们所见，本编除规定不动产登记效力等实体制度外，还有若干涉及登记管辖、申请、审查等事项的程序制度，它们对《不动产登记暂行条例》及其配套规范的具体内容起着指导作用。

三、附属与独立的视角

本条是不动产统一登记的基本依据，本编是其他不动产登记制度的立法依据，其他登记制度不能背离本编，还应在本编引导下，细化有关规范，但这并非全部，因为不动产登记只是本编规范的对象之一，且受制于本编的调整范围，其中的登记规范不可能面面俱到，故而，其他不动产登记制度要补充本编的规范不足。而且，从我国实践操作情况来看，不动产登记制度与土地管理、房产交易管理、法院强制执行、财产保全、不动产信托等有关，这些均超出了本编的调整范围。

显然，在与本编对接的前提下，其他不动产登记制度要基于本编，通过细化措施来落实本编的登记规范，这是其他不动产登记制度附属的方面。但在本编规范不及之处，其他不动产登记制度就有补漏的任务，当然会独立于本编。此外，既然不动产登记制度兼具私法和公法的特性，不动产登记同时是涵括私人自治和国家管制的法律工具，那么，其立法根据不只是本编，规范对象当然也会超出本编的范围，由此也不可避免地表现出独立于本编的一面。

第二百一十一条【不动产登记的申请】

当事人申请登记，应当根据不同登记事项提供权属证明和不动产界址、面积等必要材料。

历史由来

申请是启动不动产登记程序的最一般事实，只要规范性法律文件无另行规定，没有当事人的申请，不动产登记机构就不能开始登记程序，此即不动产登记制度中的申请原则。本条规定与《物权法》第11条的内容完全一致，隐含了申请原则，而《土地登记办法》第6条、《房屋登记办法》第7条第1款第1项、《水域滩涂养殖发证登记办法》第5条、第10条、第11条则有更明确的表达。《不动产登记暂行条例》第14—22条对此有所体现，其程序环节包括申请（第14—16条）。

规范目的或功能

不动产登记虽然由登记机构主导，但其内容多涉及民事主体的权利归属和利益变化，为了防止登记机构滥用权力，不当干涉民事主体的权利和利益，应严格限制登记机构的主动登记，要实现该目的，就应由所涉及的民事主体来申请登记，以指引登记机构的职权运行范围和方向。为了规范当事人的申请，法律必须限定申请材料等事项，本条就起到了这样的作用。

规范内容

基于申请原则，不动产登记机构必须在申请这种外力因素的引导下，才能依法从事相应的行为，它处于被动位置，故这种登记启动机制是被动机制。申请在此是登记机构依法开展工作的基础，没有申请就没有登记，登记机构的审查范围和决定事项也受制于申请。

一、申请主体

在不动产登记启动的被动机制中，处于主动地位的是与登记事项有利害关联的民事主体，如不动产的权利人或受让人，也即本条所说的“当事人”，他们为了保护自己的权利，或为了达到所有权移转等权利变动的目的，具有启动登记程序的动力和压力。

二、申请权利

为了保证登记申请的正当性，只有与登记有法律关联者才有资格提出申请，故申请是一种权利，且其指向对象是登记机构，旨在引发登记机构的审查、决定等程序性职权行为，与诉权相当，属于程序权利。[①]它与登记请求权存在区别，后者是实体权利，以请求作为平等主体的相对人协助申请登记为目的，一旦相对人拒绝协助，权利人可以通过司法救济途径来实现该目的。而且，作为实体权利的登记请求权受实体规范的约束，比如，以债的关系为基础的登记请求权受诉讼时效期间的限制，物权请求权属性的登记请求权受权利时效的制约。申请登记的权利是程序权利，它是否行使以及在何时行使，完全取决于权利人的意愿，不受上述实体规范的制约。

三、申请行为

申请是一种行为，其属性向来众说纷纭。在德国，申请是登记程序的有

① Vgl. Holzer/Kramer, Grundbuchrecht, Muenchen 1994, S.51.

机部分，是希望登记机构将申请内容记载于登记簿的程序行为。[①]既然是程序行为，就不能直接适用实体法中的法律行为制度，只能根据规范目的以及利益类型进行类推适用。在德国法背景下，把登记申请界定为程序行为，并将它与登记同意结合起来，能清晰显示它们与物权合意等法律行为的区分。[②]瑞士同样有申请原则。除非另有规定，申请是登记结果产生的必要前提，而登记结果是登记机构所为的登记簿内容的改变，申请因此有程序意义。申请本身也包含权利人处分登记权利的意思表示，依法律行为的不动产物权变动，它就是物权行为。故而，申请既是程序行为，又是法律行为。[③]这种界定较妥当地解释了不动产物权变动中的物权行为的客观存在问题，可资借鉴。

四、申请方式

（一）共同申请

在不动产登记事项涉及多数当事人时，由这些当事人共同向登记机构申请，它主要在以下两种意义上适用：

第一，买卖、互换、赠与、抵押等依交易行为导致的不动产物权变动。这种物权变动由当事人双方共同参与，如合同需要双方协商订立，事关当事人双方的利益，故而，无论作为标的的不动产物权是独有还是共有，均需双方共同申请（《不动产登记暂行条例》第14条第1款），这能再次确认他们的物权变动合意，从而确保不动产登记的正当性。

第二，当事人一方为两个以上多数人的，他们应协调一致行动，即便不动产登记事项与他人无关或无需他人介入，也要由当事人共同申请，如A和B是房屋的按份共有人，只要法律没有特别规定，他们也没有特别约定，则其中任一权利人均无权处分该房屋所有权，故他们想放弃房屋所有权，需共同申请注销登记。由于这种物权变动只涉及当事人一方，而该方为多人，故属于单方共同申请，不同于上述的双方共同申请。

---

① Vgl. Holzer/Kramer, Grundbuchrecht, Muenchen 1994, S.50; Demharter, Grundbuchordnung, 21. Aufl., Muenchen 1994, S.179.

② 参见常鹏翱：《物权程序的建构与效应》，中国人民大学出版社2005年版，第157—158页。

③ Vgl. Zobl, Grundbuchrecht, 2. Aufl., Zuerich 2004, S.156 f.

（二）单方申请

在不动产登记事项与他人无关或无需他人介入时，可由与登记事项相关的一方向登记机构申请登记，就是单方申请，《不动产登记暂行条例》第14条第2款明确规定了其适用情形，以下分别阐述。

1.尚未登记的不动产首次申请登记

这种情形对应的是不动产所有权或用益物权的初始创设，主要包括：

第一，非依法律行为创设不动产物权，其中有些情形与他人无关，如集体土地所有权经由历史发展而产生、建筑物所有权因合法建造而产生，只能由权利人单方申请，再加上不动产登记在作用上是把已现实产生的物权加以确认和宣示，只要权属明确清晰，权利人的单方申请就有足够的正当性。

第二，依法律行为在国有土地上创设物权，如以通过招标、拍卖等公开竞价形式出让的国有建设用地使用权、海域使用权。在这些情形下，处分人为代表国家行使所有权的政府，同时它又是交易的监管者，只有在其批准的交易方案的基础上，才能由相关行政主管部门组织交易，并与中标人或竞得人签订出让合同，并予以公告，中标人、竞得人根据出让合同缴纳价款。虽然这些物权创设以有偿合同为外在表现，但其实质基础仍在于监管审批，这使其与上述的划拨国有建设用地使用权等用益物权的创设有了相同基础，故在申请不动产登记时，也应与权利取得人单方申请对应。

2.继承取得不动产权利

在被继承人死亡时，继承人取得了作为遗产的不动产物权。在继承人确定后，由其单方申请不动产登记即可。

3.人民法院、仲裁委员会生效的法律文书或政府生效的决定等设立、变更、转让、消灭不动产权利

在此情形下，由于权利已经变动，当事人无需他方协助即可单方申请不动产登记，否则，在相关方不协助申请时，权利人就只能依法申请法院强制执行，法院再要求登记机构协助执行，就会增加不少时间、人力和财力成本，不能及时保护权利人。

4.权利人姓名、名称或不动产自然状况发生变化

上述情形均与他人无关，权利人持变化事由的证明材料，单方申请变更

登记即可。

5.不动产灭失或权利人放弃不动产权利

不动产灭失导致权利消灭，这是客观存在的事实，与此对应的注销登记只宣示这种客观事实，不会影响他人对该不动产权利的既有利益，故而，即便与此相关的权利人为多数，任一权利人也可单方申请注销登记。

权利人放弃不动产权利也是权利消灭的事由，这属于依法律行为的物权变动，需注销登记后才能产生权利消灭的后果，对此，权利人单方申请注销登记即可。需要注意的是，不动产设立抵押权、地役权或有预告登记，所有权人或用益物权人因放弃权利而申请注销登记的，为了保护相关权利人的利益，需获得他们的同意，故应提供抵押权人、地役权人、预告登记权利人同意的证明材料。

6.申请更正登记或异议登记

更正登记是更改不动产登记簿的错误记载，使其回复正确的登记，异议登记是把登记簿可能记载错误的信息记载于登记簿的登记，它们都旨在消除登记错误，保护真实权利。一旦登记错误涉及他人正当权利，登记簿记载的权利人和利害关系人就成为利益关联方，为了减少不必要的协商成本，也为了高效便捷地保护正当权利人，应允许其单方申请。否则，在利害关系人认为登记错误时，要求其应与登记簿记载的权利人共同申请更正登记或异议登记，只要对方态度消极而不配合，或因客观情况而不能配合，更正登记或异议登记将无法及时完成，就难以达到及时保护正当权利人的目的。

还要注意的是，在人民法院、仲裁委员会的法律文书或者人民政府的决定生效后，它们有高度的公信力，在权利属性和归属上也有高度的确定性，只要它们涉及不动产登记，与此相关的当事人可以持这些文书单方申请登记，无需相对人的配合，《不动产登记暂行条例实施细则》第19条第1款对此予以明确规定。

（三）代理申请

申请人除亲自申请外，还可以通过代理人申请，此即代理申请。

申请人是无行为能力人或限制行为能力人的，应由监护人代为申请。监护人代为申请登记的，应提交其自己及被监护人的身份证明、监护关系证明等材料。未成年人与其父母之间的关系通过身份证明、户籍等材料即可证明，除此之外的监护关系相对复杂，未成年人父母以外的人担任监护人的，或者申请人为精神病人的，监护关系的证明材料应当是人民法院指定监护的法律文书、经过公证的对被监护人享有监护权的证明或其他证明材料。因转让、抵押等处分被监护人不动产而申请登记的，监护人的处分必须是为了维护被监护人的利益，故还应提供由监护人出具的为被监护人利益的书面保证。

申请人是完全行为能力人的，可以委托代理人申请。必须强调的是，《不动产登记暂行条例》及其实施细则等规范性法律文件对代理人未设行业资质限制，不要求其一定是登记代理人，这样就便于当事人根据自己意愿委托代理人，如委托亲朋代理申请，从而能降低代理成本。委托代理人的申请必须符合代理规范，即其符合授权委托书载明的授权委托事项、范围和期限，且该授权委托书有被代理人的签字或盖章。委托代理人代为申请的，登记机构往往无法判断授权委托是否真实，以至于出现大量纠纷。为了防患于未然，应由当事人及其代理人在登记机构工作人员见证下，向登记机构提供被代理人签字或盖章的授权委托书，到登记机构现场提出登记申请，或者授权委托书应经过公证。若申请人委托多个代理人的，只要代理人未予特别授权，就应由这些代理人共同代为申请，以消除不必要的纠纷。

五、申请材料

根据《不动产登记暂行条例》第16条，申请人应向不动产登记机构提交以下申请材料：（1）登记申请书，其中填写申请人的基本情况、不动产坐落情况、申请的具体事项等内容。（2）身份证明材料。（3）由代理人申请的，要提交代理关系证明材料。（4）不动产界址、空间界限、面积等自然状况信息材料，包括不动产界址坐标、空间界限、权籍调查表、权属界线协议书、宗地图或宗海图、房屋测绘报告、房屋平面图等。（5）不动产权属来源证明、登记原因证明、不动产权属证书等与不动产权属信息相关的材料。（6）与他人利害关系的说明材料。（7）其他材料。这些材料根据不同申请事项而有所不同，如涉及税收，应提交税收缴纳凭证；涉及国有建设用地使用权出让的，应提交土地出让金缴纳凭证。

上述这些材料是登记的根本，申请人必须确保它们的真实性，要对它们的真实性负责（《不动产登记暂行条例》第16条第1款）。为了保证申请材料的真实性，申请人应提交申请材料的原件；因特殊情况不能提供原件的，可以提交复印件，但申请人应当提供复印件与原件一致的证明材料，如复印件上有相关机关的盖章或有其他证明文件，可以确认复印件与原件一致。

需要注意的是，根据《公证法》第2条、第12条，公证以当事人申请为原则，非经法律规定，任何组织或个人不得强迫当事人办理公证，不动产登记机构也不例外，不动产登记机构不得强制要求申请人将申请资料办理公证作为不动产登记的前置条件。在实践中，因为交易习惯，继承或者受遗赠取得不动产、境外申请人委托他人办理处分不动产、父母之外的监护人处分未成年人不动产的，为了确保这些权利变动的正当性，当事人往往会申请办理公证，这些公证材料可以作为登记机构办理登记时的登记原因证明材料。

六、撤回申请

申请是申请人依据自主意思所为的行为，既然建立在意思自治的基础之上，那申请人也有权撤回。由于申请引发不动产登记机构的审查等程序行为，一旦登记完成，就说明申请已经达到目的，登记程序也因此终结，申请就不再有撤回的可能，故而，《不动产登记暂行条例》第15条第2款规定："不动产登记机构将申请登记事项记载于不动产登记簿前，申请人可以撤回登记申请。"

撤回申请是与申请对立的意思表示，在内容上应足以表明否定已提出的申请。有权撤回申请的人，应当是申请人。单方申请的，撤回人应是申请人；共同申请的，撤回人应是申请人全体。委托代理申请的，被代理人可撤回申请，代理人撤回申请时，应向不动产登记机构出具被代理人的相应授权文书。在撤回申请时，只要满足上述内容和形式要求即可，申请人无需阐述撤回的实质理由，登记机构就应尊重申请人的这种表示，负有准许撤回的义务，而不能擅自加以限制。撤回申请的表示不符合上述要求的，不能产生撤回的效果，登记机构仍然可以按照申请的事项继续完成登记。

七、法律后果

申请的直接后果是启动登记程序，由登记机构决定是否受理，此外还有以下法律后果：（1）决定登记完成的顺序，即针对同一不动产有数人提出物权变动申请的，申请时间在先者，完成登记的时间在先，换言之，登记机构为先提出的申请办理登记之前，不应就后来的申请办理登记。（2）强化物权合意的约束力，即当事人在达成一致的物权变动意思表示，并向登记机构申请登记后，不得撤回物权合意。[①]

举证责任

当事人申请登记，应按照规定提交相关材料，即要对自己的主张自行举证。不过，为了便企利民，提高办事效率，根据《不动产登记暂行条例》第24条第2款，对于不动产登记机构能够通过实时互通共享取得的信息，不得要求申请人重复提交，故而，对于这些信息，当事人不负担举证责任。

其他问题

一、非公证继承登记的申请材料

继承登记是因自然人死亡，由其继承人继承属于遗产的不动产所办理的不动产登记。我国继承登记既不以公证为前提，也不以通过法院或仲裁机构出具的生效法律文书为必要，基于既未公证也非生效法律文书的申请材料进行的继承登记，就是非公证继承登记。非公证继承登记能降低当事人的办事成本，体现了便民原则，但登记机构的审核负担也随之增加。

《不动产登记操作规范（试行）》第1.8.6.1条借鉴2009年中国公证协会《办理继承公证的指导意见》第3条第1款，相对细致地规定了继承登记应提交的申请材料，它和《不动产登记暂行条例实施细则》第14条共同构成继承登记的申请规范，属于不动产登记机构在办理继承登记时必须遵循的基本准则。根据这些规定，非公证继承登记的申请材料主要包括：

第一，继承人的身份证明，包括身份证、户口本或其他身份证明。根据

---

① 参见常鹏翱：《物权程序的建构与效应》，中国人民大学出版社2005年版，第163—167页。

《不动产登记操作规范（试行）》第1.8.6.2条，在不动产登记机构受理前，全部法定继承人要共同到登记机构进行继承材料查验，并要求申请人签署继承不动产登记具结书，这种做法旨在确保继承人的共同利益，同时说明继承登记采用全体继承人共同申请的模式，故要提交所有法定继承人的身份证明。

《民法典》第16条规定，涉及遗产继承等胎儿利益保护的，胎儿视为具有民事权利能力。这样一来，胎儿无疑应属于继承人。但胎儿毕竟不同于其他具有民事权利能力的自然人，其根本无法自力申请，对此不妨参照台湾地区“土地登记规则”第121条，由其母亲以胎儿名义申请，在其出生办理户籍登记后，再行办理变更登记。《民法典》第16条第2句规定，胎儿娩出时为死体的，其民事权利能力自始不存在，胎儿的继承份额应由其法定继承人继承。

继承权丧失者不在继承人的范围。根据《民法典》第1125条第1款，继承人有下列行为之一的，丧失继承权：（1）故意杀害被继承人的；（2）为争夺遗产而杀害其他继承人的；（3）遗弃被继承人的，或者虐待被继承人情节严重的；（4）伪造、篡改或者销毁遗嘱，情节严重的；（5）以欺诈、胁迫手段迫使或者妨碍被继承人设立、变更或者撤回遗嘱，情节严重的。继承人一旦丧失继承权，就不能继承遗产，应被排除继承人的范围。由于继承权丧失事关重大，为慎重起见，不动产登记机构不能仅凭部分继承人的共同确认就作出判断，而应根据法院的相应法律文书作为依托。在上述事由中，第1项和第2项构成犯罪行为，只要有法院作出相应的生效刑事法律文书，继承人均当然丧失继承权，此时无需再提供法院作出的继承权丧失的生效法律文书。第3—5项事由有所不同，它们不当然构成犯罪行为，登记机构无法像前两种事由一样作出明确判断，当事人还必须提供法院作出继承权丧失的生效法律文书。

第二，被继承人的死亡证明，包括医疗机构出具的死亡证明、公安机关出具的死亡证明或者注明了死亡日期的注销户口证明、人民法院宣告死亡的判决书、其他能够证明被继承人死亡的材料等。为了正确运用这些材料，应从生理死亡和宣告死亡的法律分类说起。

生理死亡是指自然人生命不复存续的状态，对此类死亡证明，我国采用分类管理的做法。根据2013年《国家卫生计生委、公安部、民政部关于进一步规范人口死亡医学证明和信息登记管理工作的通知》，经医疗机构救治而在医疗机构死亡的，属于正常死亡，其证明为《居民死亡医学证明（推断）书》；

未经医疗机构救治而死亡的，属于非正常死亡，其证明由公安部门证明，如委托法医或司法鉴定机构出具死亡证明。没有上述证明的，可以把注明死亡日期的户籍登记或者其他有效身份登记作为死亡证明。

宣告死亡是指自然人是否生理死亡未知，但因其满足法定要件和程序，被法院宣告的死亡，其证明是法院宣告死亡的判决书。

第三，所有继承人与被继承人之间的亲属关系证明，包括户口簿、婚姻证明、收养证明、出生医学证明，公安机关以及村委会、居委会、被继承人或继承人单位出具的证明材料，其他能够证明相关亲属关系的材料等。

配偶关系的证明是结婚证，没有结婚证的，应由民政部门出具婚姻状况证明。

父母子女关系的证明首先是出生医学证明；没有出生医学证明的，由注明出生日期的户籍登记或者其他有效身份登记作为证明；没有上述户籍登记或有效身份登记的，由被继承人或继承人的人事档案材料作为证明；没有上述人事档案材料的，由村委会、居委会、被继承人或继承人单位出具证明材料。

根据2015年《国务院办公厅关于解决无户口人员登记户口问题的意见》，非婚生子女的证明主要是有资质的鉴定机构出具的亲子鉴定证明；父母一方出具非婚生育说明的，该说明材料也在证明范围。

至于养子女证明，应是民政部门出具的收养登记证明，但在1999年4月1日前成立的收养关系，根据《国务院办公厅关于解决无户口人员登记户口问题的意见》，由事实收养公证加以证明。

第四，放弃继承权的声明。继承人应在不动产登记机构办公场所，在登记机构人员的见证下，签署放弃继承权的声明。与被动发生的继承权丧失不同，放弃继承权是继承人主动而为的民事法律行为，必须满足民事法律行为的生效要件。不过，登记机构无权对民事法律行为的效力进行实质判断，故继承人放弃继承权的行为只要符合形式要件，登记机构即应认可。

具体而言，对于继承权放弃，不动产登记机构应把握以下要点：（1）继承人的行为能力。不具有完全行为能力的继承人不能自行放弃继承权，原则上也不能由其监护人代为放弃继承权，除非监护人能证明放弃行为有利于继承人。（2）继承权的放弃涉及继承人的切身利益，为了确保该意思表示出自继承人的真实意愿，它被界定为要式行为，即必须采用特定的形式，继承人或其法定代理人应在不动产登记机构办公场所，在登记机构人员的见证下，签署放弃继承权的声明。不符合上述形式要求的，不能产生放弃继承权的效果。（3）受制于继承权的属性，继承人放弃继承权，必须是放弃全部遗产的继承权，而不能只放弃部分遗产的继承权，保留其他部分遗产的继承权。故而，遗产包括若干不动产的，放弃继承权的声明必须写明同时放弃这些不动产的继承权。（4）继承人签署放弃继承权的声明后，即刻发生放弃撤销权的法律效果，不得再予撤回。继承人坚持撤回的，应诉诸法院，由法院裁判。（5）在申请继承登记前，当事人涉及诉讼，法院确认继承人放弃继承权的，不动产登记机构应予以采信。

第五，遗赠扶养协议或遗嘱。

此外，《不动产登记操作规范（试行）》第1.8.6.1条还涉及被继承人享有不动产权利的材料、被继承人生前与配偶的夫妻财产书面约定、代位继承人或转继承，《不动产登记暂行条例实施细则》第14条还涉及全部法定继承人关于不动产分配的协议，它们相对简单，在此不赘。

二、嘱　托

为了履行公共职责，有关国家公权力机关依法对不动产登记机构提出办理相应登记的要求，即为嘱托。与依申请的登记程序一样，在依嘱托办理登记时，登记机构也处于被动启动登记程序的位置。由于申请和嘱托均为登记启动的被动机制，均是相关主体为了达到特定目的而求诸登记机构的表现，故从广义上讲，可把这种机制通称为申请原则，嘱托也属于广义上的申请。

进行嘱托的国家公权力机关即嘱托机关。《不动产登记暂行条例实施细则》第19条第2款列举有法院、检察院、公安机关和政府，此外相关法律、行政法规规定的其他机关也属于嘱托机关，如根据《证券法》第180条第6项、《中国证券监督管理委员会冻结、查封实施办法》第16条第2项，中国证券监督管理委员会及其派出机构可嘱托办理查封登记，根据《税收征收管理法》第38条、第40条，税务机关也可嘱托办理查封登记。无论如何，嘱托机关的权限由法律或行政法规而定，没有这些规范基础提供支撑的，即便为国家公权力机关，也不能成为嘱托机关。

依嘱托登记主要适用于有关公权力机关实施的物权变动和查封，前者包括：（1）法院依法强制执行导致的物权变动，如法院判决A应将房屋所有权转移给B，B申请法院强制执行，法院嘱托不动产登记机构办理转移登记；（2）政府依法对不动产的征收；（3）政府依法收回不动产。与这些情形相对的登记可分别称为处分登记、征收登记、收回登记和查封登记，它们构成依嘱托登记的具体类型。

与不动产登记的申请不同，嘱托源自国家公共事务领域，是嘱托机关为了履行维护公共利益、维持私人合法权益等公共职责，要求登记机构通过登记予以协助的行为，目的在于实现国家公权力。由于嘱托具有公共权力的属性，它就要受到更严格的控制。比如，只有在法律明文规定的情形下，嘱托机关才能依法进行嘱托。又如，嘱托机关无法自力嘱托，只能由其工作人员代为嘱托，为了确保嘱托的正当性，代为嘱托的人员（嘱托人员）应出示本人工作证、执行公务的证明文件，并提交符合要求的嘱托文书，如法院的协助执行通知书、政府的征收决定等。

第二百一十二条【不动产登记机构的职责】

登记机构应当履行下列职责：

（一）查验申请人提供的权属证明和其他必要材料；

（二）就有关登记事项询问申请人；

（三）如实、及时登记有关事项；

（四）法律、行政法规规定的其他职责。

申请登记的不动产的有关情况需要进一步证明的，登记机构可以要求申请人补充材料，必要时可以实地查看。

历史由来

《物权法》第12条从查验、询问、要求申请人补充材料、实地查看等方面规定了不动产登记机构的职责。在该规定的基础上，为了回应登记的实践需求，《不动产登记暂行条例》及其实施细则、《不动产登记操作规范（试行）》等下位规范又对登记机构的职责进行了更为详尽的规定，如明确了登记机构对申请人、利害关系人以及有关单位的调查权（《不动产登记暂行条例》第19条第2款），明确了登记机构在特定情形下公告登记事项的职责（《不动产登记暂行条例实施细则》第17条）等。本条规定与《物权法》第12条完全一致。

规范目的或功能

只有不动产登记簿的记载与权利的客观真实状况在最大限度上保持吻合，登记各项法律效力才能有正当化的可信基础，而要想不动产登记获得高概率的正确性，登记机构必须依法登记，法律明确规定登记机构的职责因此就不可或缺。本条规定为督促和保障登记机构依法登记提供了基础，也为其他不动产登记规范规定登记机构的职责提供了上位法依据，还为登记的法律效力提供了保障。

规范内容

在不动产登记机构的职责中，受理、审核和处理登记申请最为重要。

一、受　理

（一）基本界定

申请到达不动产登记机构，是登记程序的启动标志。对于当事人提交的申请，登记机构不能直接拒收，而是必须按照法定程序接受，并展开必要的审查，以决定是否受理（《不动产登记暂行条例》第17条）。审查在此是受理的必要前奏，这能避免给此后的审核带来不必要的负累，也不会拖延申请人修正申请瑕疵的时机，从而有效维护登记的严肃性和审核的高效性。

（二）初步审查

在申请到达不动产登记机构后，登记机构应初步审查，根据《不动产登记暂行条例》第17条，主要审查以下内容：（1）申请事项是否与不动产登记有关，如申请所涉及的标的物是否为不动产、申请登记的权利有无登记能力；（2）申请事项是否在本登记机构的管辖范围；（3）申请方式是否符合相应的要求，如在房屋所有权转让时，申请人是否为当事人双方；（4）申请材料是否齐全、是否符合法定形式。初步审查的目的只是将明显不合法的申请筛选出来，以减轻登记机构的工作负担，至于登记申请材料是否真实、内容是否合法，不在初步审查的范围，当然，如其内容明显违法，登记机构也可在进一步甄别后，不予受理。

（三）当场处理

不动产登记机构在收到申请后，是否以及如何受理，是登记能否顺利往前推进的第一步，这不仅对申请人的权利影响深远，还决定着申请人要跑几趟登记机构。《不动产登记暂行条例》第17条对此的态度相当慎重，秉持登记便民的原则，在时间上要求登记机构当场决定是否受理，在程序上要求登记机构书面告知申请人，这样就能确保申请人及时知道申请有无瑕疵及可能的补救措施。

具体而言，根据《不动产登记暂行条例》第17条第1款，不动产登记机构受理申请的工作规范主要包括：（1）申请事项属于登记职责范围，申请材料齐全且符合法定形式的，登记机构应当受理，以进入后续的审核阶段，并将受理情况书面告知申请人，以证明登记机构受理了申请，接收了相应的申请材料；（2）申请材料存在可以当场更正的错误的，如申请书有错别字，应当告知申请人当场更正，申请人当场更正后，应当受理并书面告知申请人；（3）申请材料不齐全或不符合法定形式的，应当当场书面告知申请人不予受理并一次性告知需要补正的全部内容；（4）申请登记的不动产不属于本机构登记范围的，应当当场书面告知申请人不予受理，并告知申请人向有登记权的机构申请。一旦登记机构未按照这些规范从事行为，如未当场书面告知申请人不予受理，根据《不动产登记暂行条例》第17条第2款，结果视为受理。

二、审　核

（一）在对象上以实质审核为方向

为了实现不动产登记的法律效力，并切实保障不动产物权交易安全，登记机构审核的对象包括物权变动的原因事实，只有这样，才能从根本上保证登记结果的正当性，这是实质审核。不过，出于提高登记效率的考虑，同时也顾及登记机构自身的权限，尽管审核的对象涉及不动产物权变动的原因事实，但登记机构在审核时，重点查验其涉及的主体、标的物、权利与登记申请书、登记簿、权属证书或登记证明等材料是否一致，并不当然涉及其有效性，如无需查明引致不动产物权变动的合同是否为当事人的真实意思表示。在审核时，登记机构可采用审查书面材料、询问申请人、实地查看等方式。

（二）在方式上以书面审核为主导

所谓书面审核，是指不动产登记机构对申请材料进行查验，并据此作出决定的审核机制。书面审核是占主导地位的审核机制，它无需申请人再行积极配合，可避免申请人花费额外的时间和精力，体现了登记便民的原则。在进行书面审核时，登记机构要遵循以下规范：

第一，查验申请材料的真实性和适格性。申请材料中诸多证明材料起着建构交易事实的作用，是申请事项应否登记的重要支撑，它们必须货真价实。要解决这个问题，应尽快实现登记信息的互通互享机制，主要表现为《不动产登记暂行条例》第24条第1款和第25条，前者规定“不动产登记有关信息与住房城乡建设、农业、林业、海洋等部门审批信息、交易信息等应当实时互通共享”；后者规定“国土资源、公安、民政、财政、税务、工商、金融、审计、统计等部门应当加强不动产登记有关信息互通共享”。这样能有效防止申请人在身份证明材料、税收缴纳证明材料、主管部门的批准等证明材料上作假。此外，登记机构还要查验申请材料的适格性，这主要针对需由一定资质的专业机构出具的材料，如房屋测绘报告，在审查时应注意甄别出具相关材料的专业机构是否有相应资质。

第二，在查验申请人的资格和能力的基础上，查验申请人与申请事项的关联性和适格性。这主要表现为：（1）查验申请人有无权利能力，申请必须是有权利能力的民事主体，死者等没有权利能力者不能成为申请人。（2）查验申请人有无完全行为能力，没有完全行为能力的，同时查验监护人的资格；委托申请的，同时查验授权的正当性。（3）查验申请人与申请事项的关联性，如其是否为原因行为的当事人、是否为登记簿或权利证书记载的权利人。（4）查验申请人与申请事项的适格性，如在实施住房限购的城市，购房人应满足一定的条件，登记机构应查验作为申请人的购房人是否满足这些条件。

第三，查验不动产界址、空间界限、面积等材料与申请登记的不动产状况的一致性（《不动产登记暂行条例》第18条第1项）。在查验时，登记机构应对比用以表征不动产上述自然状况的材料，如登记簿或地籍图，与申请书表明的不动产自然状况是否吻合。

第四，查验有关证明材料、文件与申请登记的内容的一致性（《不动产登记暂行条例》第18条第2项）。在查验时，登记机构应对比用以表征不动产权利或其他事项的材料，如登记簿、权属证书、登记证明、原因事实证明材料，与申请书描述的内容是否吻合。

第五，查验申请的合法性，即申请是否违反法律、行政法规规定（《不动产登记暂行条例》第18条第3项）。在查验时，不动产登记机构应查询与申请事项有关的法律、行政法规的规定，比如，根据《土地管理法》第2条第3款，我国禁止土地买卖，集体土地所有权转移登记的申请就属于违法申请。

需要注意的是，法律、行政法规的制定和修改有严格程序，为了保持稳定性和可预期性，它们主要针对调整领域的通常情况加以规范，由此导致可操作性不强，往往需要通过部门规章等下位规范性文件来解释和细化。这些下位规范沿着法律、行政法规所设定的方向，通过更细致的调整和更具体的规定，来落实法律、行政法规的目的和内容，它们相互勾连为有机的法律体系。在这种体系中，就同一规范目的和同一调整事项而言，法律、行政法规和其他规范之间具有普遍和特别、一般和具体的紧密一体关系。可以说，要想全面准确理解法律、行政法规，离开了与其相关的其他规范，恐怕难以达到目的。故而，一旦申请事项未被法律或行政法规禁止或限制，但与部门规章等下位规范文件相悖，只要这些规范落在法律、行政法规的文义或目的范围，申请仍应视为违法。

（三）在必要时以其他机制为辅助

书面审核虽然有快捷高效之利，但不动产登记机构毕竟限于书面材料，会陷入信息不完全的困局，为了消除这个弊端，登记机构还能采用其他辅助性审查机制，主要包括：

第一，询问申请人。不动产登记机构在审核申请材料时，为了做出准确判断，有权就需进一步明确的有关事项对申请人进行询问。在询问时，登记机构应制作询问记录，经申请人签字确认后，作为申请材料由登记机构妥善保管。

第二，调查申请人、利害关系人或有关单位（《不动产登记暂行条例》第19条第2款）。与询问机制相比，调查机制有以下特点：（1）在对象上，除了申请人，还包括利害关系人、有关单位。（2）在适用上，主要针对可能存在权属争议，或可能涉及他人利害关系的申请，而询问不限于此，只要不动产登记机构认为申请存在应进一步明确的地方，均可询问申请人。（3）在手段上，登记机构在调查时，除了口头问询和书面记录之外，还可要求被调查人提供相应证据或信息。在调查时，登记机构应制作调查记录，经被调查人签字确认后，作为登记材料由登记机构妥善保管；对于被调查人提供的证据或信息，登记机构无法提取原件的，可采用拍照、复制等方式予以记录。

第三，实地查看。本条第2款规定，不动产登记机构在必要时可以实地查看，《不动产登记暂行条例》第19条第1款细化了必要情形，即建筑物、构筑物所有权首次登记、在建建筑物抵押权登记、因不动产灭失导致的注销登记、登记机构认为需要实地查看的其他情形。申请建筑物、构筑物所有权首次登记的，登记机构应查看标的物坐落及占地范围，看其与所占地的权属证书或登记簿记载是否一致；标的物与申请人提交的规划证明材料记载的标的物是否一致；标的物的建造完成情况，看其与竣工证明材料记载的情况是否一致。申请在建建筑物抵押权登记的，登记机构应查看建设项目的名称、坐落以及建造情况，看其权属证明、登记簿以及申请材料的记载是否一致。因不动产灭失申请注销登记的，登记机构应查看不动产灭失情况。[①]登记机构在实地查看时，应制作查勘记录，并辅以拍照、录像等手段来固化实地查看的过程和结果，并交申请人签名确认。

第四，公告。为了达到兼听则明的效用，不动产登记机构其他审查机制

---

① 参见国土资源部法规司、国土资源部不动产登记中心编著：《不动产登记暂行条例释义》，中国法制出版社2015年版，第161—165页。

用尽后，针对法律、行政法规规定的情形，应公告相关申请事项，听取利害关系人或社会公众的意见，以最大限度地排除可能不正当的申请事项，为审查结果的正当性提供坚实基础。公告适用于集体土地所有权首次登记、集体建设用地使用权及其建筑物、构筑物所有权首次登记、宅基地使用权及其建筑物、构筑物所有权首次登记、海域使用权首次登记等法律、行政法规规定的情形。由于公告关系到申请人和利害关系人的切身利益，因此公告的发布媒介及公告期限应当着眼于对申请人及利害关系人的合法权益提供切实保障，应在不损害效率的前提下，尽可能确保他们能知悉公告内容。登记机构在发布公告时，应明确拟予登记的权利要素，即权利人、不动产、权利类型等；明确异议机制，即提出异议的期限、方式、受理机构，这些均可由登记机构在职权范围内自由决定；其他必要内容，如说明公告的原因、公告发布的具体时间等。

三、处　理

处理是不动产登记机构在审核后，依法对申请事项作出最终结论的环节。在此环节，需明确规定登记机构可以为的权限范围和类型，以防止它滥用自由裁量权。以申请是否符合法律规定的条件为标准，处理有肯定和否定两类，前者就是登簿，即把申请事项记载于登记簿，后者就是不予登记。无论哪一种结果，均表明登记的办结。

（一）办结时限

为了确保申请人的利益，也为了督促不动产登记机构及时行为和高效工作，登记机构必须在法定期限内完成审查，并在登记簿中记载或作出不予登记的决定，否则，其正当性就要受到质疑。

（二）登簿

不动产登记申请事项完全符合法律规定要件的，登记机构应办理登记，将申请内容记载于登记簿，以实现申请人的申请目的，从而完成登记，并依法向申请人核发权属证书或者登记证明（《不动产登记暂行条例》第21条）。也就是说，只要申请事项记载于登记簿，无需申请人再行申请，登记机构就应核发权属证书或登记证明，这完全符合我国民众希望持有产权证书的交易习惯和心理预期，也有助于持证人监督登记机构的行为，即证书与登记簿的记载应一致，登记机构不得擅自更改登记簿的信息。在登簿后，登记机构还应按照有关规定整理相关材料，建立登记档案，这不仅能为之后的调查核实、查询复制、统计研究等提供详实可靠的依据，还是评价登记办理质量和对登记人员进行考核的重要依据。

（三）不予登记

不动产登记的申请有根本缺陷而不能补救的，如违反法律、行政法规规定、申请登记的不动产因不能特定或不具有独立利用价值而无法建立登记簿、存在尚未解决的权属争议、申请登记的不动产权利超过规定期限、申请处分的不动产被依法查封登记等，登记机构应不予登记。不予登记完全否定了申请，故而不存在允许部分申请事项登记，部分申请事项不予登记的结果。不予登记使申请人的目的不能实现，严重影响申请人的利益，为了保证不予登记决定的严肃性，也为了给申请人提供法律救济，登记机构必须以书面形式通知申请人，其中应述明理由、法律依据以及救济途径（《不动产登记暂行条例》第22条）。这样能使申请人既知道问题所在，又知道能否或如何采用其他补救措施，从而可安排进一步的行为。自登记机构作出不予登记决定之日起，申请丧失法律效力，登记机构应把申请材料的原件发还申请人。

举证责任

不动产登记机构履行职责的行为是行政行为，根据《行政诉讼法》第34条，在行政诉讼中，作为被告的登记机构对作出的行政行为负有举证责任，应当提供作出该行政行为的证据和所依据的规范性文件，不提供或者无正当理由逾期提供证据，视为没有相应证据。与此相当，《审理房屋登记案件若干问题的规定》第9条规定，作为被告的登记机构对被诉房屋登记行为的合法性负举证责任，登记机构保管证据原件的，应当在法庭上出示；登记机构不保管原件的，应当提交与原件核对一致的复印件、复制件并作出说明。当然，根据举证责任规范，行政诉讼的原告对登记机构提交的证据提出异议的，应当提供相应的证据加以证明。

其他问题

一、非公证继承登记的审查

在目前的实务操作中，顺利、妥当办理非公证继承登记并非易事，难点在于登记机构如何进行审查，或者说在于登记机构在审查时应尽到怎样的注意义务，才算是无需担责的审慎审查。

（一）基本的审查观念：严格按程序进行

不动产登记是由各个环节组成的程序机制，登记机构必须严格按照程序办事。在登记程序的构造中，受理和审核是分离的两个环节，但受理环节也包括了登记机构必要的审查，特别是在非公证继承登记，登记机构在受理申请前，要通过查验材料或询问当事人进行审查，以决定是否受理。在受理后，登记机构要进行审核，根据除了前述的审查方式，还有核实、公示等其他方式。无论是哪个环节的审查，都必须严格按照程序进行。

根据《不动产登记操作规范（试行）》第1.8.6.2条，登记机构接受非公证继承登记申请后，应按照以下程序进行审查：（1）核对全部法定继承人是否到场；（2）查验申请材料是否齐备、属实；（3）要求申请人签署继承登记具结书；（4）对继承人是否到齐、材料是否属实等事项进行询问，做好记录，由全部相关人员签字确认。

根据《不动产登记操作规范（试行）》第1.8.6.4条、第1.8.6.5条，登记机构在受理后，应按照以下程序进行审查：（1）按照该规范第4章的规则进行审查；（2）认为需要进一步核实情况的，发函给出具证明材料的单位、被继承人或遗赠人原所在单位或居住地的村委会、居委会核实相关情况；（3）拟登记的，将登记事项在登记机构门户网站进行不少于15个工作日的公示。

前述的程序环环相扣，对非公证继承登记的审查来说不可或缺，若有缺失且出现登记错误，登记机构会陷入未尽审慎审查职责的判定，进而要承担相应的责任。

在公示审查环节，没有异议的，登记机构办理继承登记。在公示期间有人提出异议，登记机构就需中止程序，审查异议事项，根据相关规范进行分别处理，核心仍是严格按照程序进行。以下举例说明。I的继承人A、B、C申请法定继承登记，在公示审查环节，D主张自己也是I的继承人，提出遗漏继承人的异议，登记机构经审查，确定该异议成立。在此前提下：

第一，若D仅仅提出异议，并未明确申请登记，或明示不申请登记，就A、B、C的申请，登记机构应拒绝办理，因为登记采用申请原则，非公证法定继承登记要由全部继承人提出申请，我国又没有代位申请登记的制度，即便部分继承人A、B、C声明是为了包括D在内的全体继承人的利益申请继承登记，也不符合法定要件。

第二，若D申请登记，经过登记机构询问并记录，D认可A、B、C的继承人资格，同意此前的程序运行及审查结果，A、B、C也认可D的继承人资格的，在他们对此签字确认后，登记机构应办理继承登记。

第三，若D申请登记，经过登记机构询问、记录并由A、B、C、D签字确认，A、B、C认可D的继承人资格，D虽然认可A、B、C的继承人资格，但不同意此前的程序运行及审查结果，如不认可A、B、C此前签字确认的询问笔录，表明他们就申请登记存有共识，在此基础上，登记机构应就D的不同意之处再行按照相应程序进行审查，如召集A、B、C、D到场等。

第四，若D申请登记，但A、B、C不认可D的继承人资格，或D不认可A、B、C的继承人资格，表明他们就申请登记没有达成共识，登记机构应拒绝办理。

（二）审查标准的对标：公证式审查还是裁判式审查

根据《不动产登记暂行条例实施细则》第14条，登记机构办理继承登记依托三种材料来源，一是公证书，二是法院或仲裁机构的生效法律文书，三是当事人自行提供的既非公证也非生效法律文书的材料。依托前两种材料办理登记的，只要材料真实，登记机构无需再额外审查，依法定程序办理即可，之所以如此，是因为公证机构、法院或仲裁机构各自通过法定权限审查相关材料，通过公证书或生效法律文书确定了法律关系，登记机构对此无权也无需再叠床架屋地审查。对于依托第三种材料办理非公证继承登记的，材料内容的正当性没有公证机构或法院、仲裁机构的信誉背书，故登记机构除了要审查材料的真实性，还要依法审查其内容的正当性，以判断有无对应的法律关系。

公证书是公证机构依法审查相关材料后得出的结果，其对应的是公证式审查。根据《公证法》第2条、第6条，公证机构是证明机构，其公证活动是证明当事人申请事项真实性和合法性的活动。与此匹配，公证机构有权审查当事人身份、材料的真实性等，要求当事人说明相关情况，通过询问、勘查等方式进行核实，《公证法》第28条、第29条、《公证程序规则》第24—34条对此有明确规定。只要公证机构在其权责范围内，按照法定的程序要求进行审查，未发现有悖于当事人申请公证事项的事宜的，就能针对当事人的申请出具公证书；而且，根据《最高人民法院关于审理涉及公证活动相关民事案件的若干规定》第5条，当事人提供虚假证明材料申请公证致使公证书错误造成他人损失的，公证机构依法尽到审查、核实义务的，不承担赔偿责任。

在实践中，假冒他人申请公证的情形时有发生，一旦公证错误，法院在判断公证机构对此是否尽到审查职责时，主要甄别公证机构是否按照程序进行审核。比如，杨某与广东省深圳市某公证处公证损害责任纠纷案，法院指出，公证机构在开展公证时对到场人员的身份证明进行了形式审查并制作了询问笔录，告知了法定义务和法律风险，已经尽到了谨慎审核的义务。①又如，王某等诉杨某等侵权责任纠纷案，法院指出，公证机构在办理公证过程中，核对了公证申请人的身份证以及结婚证原件、对公证申请人进行拍照、制作询问笔录，已经穷尽了公证机构的审查、核实手段，已经尽到审查、核实义务，它无须也不可能对公证申请人进行实质性的生物特征检测以确定是否为本人。②由此可知，公证式审查采用形式判断标准，只要公证机构按照程序对当事人提交的材料进行审核，不能从中发现瑕疵，就算尽到审慎的审查义务。

生效法律文书是法院或仲裁机构依法审查相关材料后得出的结果，其对应的是裁判式审查。诉讼或仲裁旨在解决争议，根据《人民法院组织法》第6条和《仲裁法》第7条，法院或仲裁机构在解决纠纷时，均要以事实为根据。为了在当事人激烈的对抗中探寻真假虚实和辨别是非曲直，法院或仲裁机构必须在最大限度上获取事实真相，根据《最高人民法院关于适用〈中华人民

---

① 参见广东省深圳市中级人民法院（2016）粤03民终18016号民事判决书。

② 参见辽宁省大连市中级人民法院（2017）辽02民终6470号民事判决书。

共和国民事诉讼法〉的解释》第105条“应当依照法定程序，全面、客观地审核证据”，在当事人举证不能时，还要依申请或依职权调查取证。与公证式审查相比，裁判式审查采用了更严苛的实质判断标准。

问题由此发生，在办理非公证继承登记时，登记机构的审查标准应对标公证式审查还是裁判式审查，若是前者，登记机构的审查义务相对较低，反之则较高。通过对法律制度进行功能对比，答案应为前者，即登记审查和公证审查具有功能相似性，登记机构的审查标准应对标公证式审查。

具体而言，不动产登记和公证一样，均非争议解决机制，不涉及争讼两造，与诉讼及仲裁存在本质差异，这个基本定位决定了登记审查不宜对标裁判式审查。在此基础上，通过对比相关规范性文件可以看出，登记机构与公证机构的审查权限高度一致，登记审查程序和公证审查程序高度一致，这是登记审查应对标公证式审查的根本。不仅如此，登记簿和公证文书的效力基本一致，根据《民法典》第216条第1款、《物权法解释（一）》第2条，登记簿是物权归属和内容的根据，但能被相反证据推翻，而《公证法》第36条也规定，经公证的民事法律行为、有法律意义的事实和文书，应当作为认定事实的根据，但有相反证据足以推翻该项公证的除外。而且，《不动产登记操作规范（试行）》第1.8.6条规定的非公证继承登记的申请材料及登记机构的审查要点，与2009年《中国公证协会办理继承公证的指导意见》的相关规定高度一致。

（三）审查起点：申请人的继承人资格

因为被继承人死亡，继承登记由继承人申请，申请人是否继承人，是否全部的继承人，是不动产登记机构面临的首要问题，只有对申请人的继承人资格进行准确厘定后，才有必要推进之后的程序。

在日常生活中，被继承人通常会有多位法定继承人，仅有一位法定继承人的情况相对较少，基于这种大数法则，为了慎重起见，在办理继承登记时，登记机构应假设法定继承人为多数，在办理仅一位法定继承人的继承登记时，应格外慎重，要严格审查和甄别被继承人以及申请人的身份及亲属关系，以判断法定继承人是否仅有申请人这一位。在此方面有不少前车之鉴，广西壮族自治区高级人民法院（2017）桂行终533号行政判决书就指出，本案中，陆某某申请涉案房屋登记的产权来源一栏登记为继承，但未能向武鸣区政府提供相关继承人情况及所有继承人均明确放弃继承涉案房屋的证据材料，该申请属于材料不全、房屋权源不清、证据不足。武鸣区政府向陆某某颁发被诉房产证属认定事实不清，证据不足，一审判决撤销被诉房产证正确，本院予以维持。

即便多位法定继承人共同申请继承登记的，登记机构也应注意审查他们是否就是全部继承人，以防止出现部分继承人通谋排除其他继承人申请继承的情形。

需要注意的是，既然登记机构在办理非公证继承登记时的审查标准对标公证式审查，在判断申请人的继承人资格时，登记机构主要通过申请材料来直接判断，也即申请材料应直接显示申请人具有继承人资格，若非如此，申请人的继承人资格就存疑。北京市第一中级人民法院（2018）京01行终169号行政判决书就指出，不动产登记机构并不具有通过对申请材料的分析、推断，进而对申请事项中的身份关系、财产权利存在与否作出判断的职权。本案中，上诉人申请办理因继承产生的房屋所有权转移登记，但其提交的申请材料并不能直接表明其为涉案房屋的合法继承人，尚须对其所主张的收养关系、继承关系等进行判断，方可确定上诉人对涉案房屋是否因继承取得所有权。作出此种认定并非不动产登记机构的法定职责，故被上诉人依据《不动产登记暂行条例实施细则》第14条之规定认为上诉人提供的材料中缺少证明其为合法继承人的证明材料而不予受理正确。

还要提及的是，申请人为全部继承人的，若部分继承人属于满足特定条件的继承人，如是有扶养关系的继父母子女或继兄弟姐妹，或是尽了主要赡养义务的丧偶儿媳或丧偶女婿，共同申请表明其他继承人认可这部分申请人的继承人资格，登记机构应予尊重。但为了防止出现其他继承人事后以错误理解法律规定，主张这部分申请人没有抚养关系或未尽主要赡养义务，因而不是适格继承人为由，申请更正登记或提起诉讼，登记机构应按照程序询问申请人，确认这部分继承人是否满足这些特定条件，做好记录，由全部申请人签字。申请人全部确认的，申请人的继承人资格没有问题，否则，就表明申请人的继承人资格存在争议，登记机构不能受理该申请。

（四）被忽略的审查要点：遗嘱的形式合法性

遗嘱继承是非公证继承登记的常见事由，在实践中，不少登记机构认为只要申请人认可遗嘱的真实性，就应按照遗嘱来办理继承登记，至于遗嘱的形式是否符合法律规定，在所不问。其实，为了最大限度确保遗嘱体现了被继承人生前的真实意愿，法律为遗嘱规定了严格的形式，不符合这些形式的，法院通常认为遗嘱无效，如2018年《北京市高级人民法院关于审理继承纠纷案件若干疑难问题的解答》规定："未严格按照法律规定的形式要件作出的遗嘱，人民法院应认定无效。"登记机构虽然无权认定遗嘱无效，但遗嘱的形式是否符合法律要求，登记机构通过仔细审核，是能够轻易辨别出来的，遗嘱的形式合法性应在登记机构的审查职责范围内。

《民法典》规定了遗嘱的6种形式，分别是自书、代书、打印、录音录像、口头和公证，非公证继承登记会涉及前5种遗嘱的形式。

根据《民法典》第1134条，自书遗嘱有三个形式要件，一是主文由被继承人亲笔书写，二是有被继承人签名，三是有具体日期。只要满足这些要件，无论遗嘱是专门的书面，还是包含在遗书当中，均属于有效的自书遗嘱。在司法实践中，缺失后两个要件，如没有被继承人签名，代之以章印或手印，或未注明日期或注明的日期不全，遗嘱无效，与此相应，对于这样的自书遗嘱，即便全部申请人均无异议，登记机构也不能据此办理继承登记。

根据《民法典》第1135条，非继承人亲自书写正文的代书遗嘱有四个形式要件，一是两个以上见证人在场见证，二是主文由见证人之一书写，三是遗嘱人、代书人和其他见证人分别签名，四是有具体日期。对第一个要件的审核，登记机构要询问全部继承人、代书人和其他见证人，该询问记录应由前述人员签字确认。其他要件的审核与自书遗嘱对应要件的审核没有区别。

根据《民法典》第1136条，打印遗嘱既非自书遗嘱，也非代书遗嘱，它有三个形式要件，一是两个以上见证人在场见证，二是遗嘱人和见证人在遗嘱每一页签名，三是有具体日期。其要件的审核与前述两种遗嘱对应要件的审核没有区别。

根据《民法典》第1137条，录音录像遗嘱的形式要件有二，一是两个以上见证人在场见证，二是遗嘱人和见证人在录音录像中记录其姓名或肖像以及年、月、日。对这些要件的审核，应通过询问全部继承人、见证人的方式进行，由此来明确被继承人立录音遗嘱的动因、日期等具体情况，在最大限度上确保遗嘱的真实性。通过询问，发现见证人的陈述出现实质性偏差，就不宜认定录音录像遗嘱的真实性，不能据此办理继承登记，反之则应办理。当然，对于该询问记录，应由继承人、见证人签字确认。

《民法典》第1138条规定："遗嘱人在危急情况下，可以立口头遗嘱。口头遗嘱应当有两个以上见证人在场见证。危急情况消除后，遗嘱人能够以书面或者录音录像形式立遗嘱的，所立的口头遗嘱无效。"显然，口头遗嘱与危急情况这一实质要件紧密相关，对该实质要件的判断，属于裁判式审查的范围，登记机构无权审查，故对于口头遗嘱，即便满足形式要件，登记机构也不能据此办理继承登记。

此外，实践中还有通过短信、微信、电子邮件、微博等形式设立的遗嘱，它们均属于电子数据或数据电文，由于《电子签名法》第3条第3款第1项明确规定电子签名不适用于继承，故这些遗嘱不能成为办理继承登记的有效材料。

二、不动产登记机构办理依嘱托登记的职责

（一）通常的职责

在嘱托到达不动产登记机构后，登记机构具有以下职责：

第一，接受嘱托。与受理申请一样，该职责表明不动产登记机构接受嘱托人员提交的嘱托证明文件和文书。不过，登记机构接受嘱托不进行审查，只要接受即可，而在受理申请上，登记机构还要进行初步审查。

第二，审核，即依法对嘱托进行审查。嘱托是国家公权力机关旨在通过登记实现特定公共治理目的并体现国家意志的行为，嘱托机关必须有相应的权力，这是依法办事的应有之意，故而，登记机构首先应依法对嘱托机关有无相应嘱托权限进行审查。在此基础上，由于嘱托是公权力行为，这种定性决定了不动产登记机构无权对嘱托事项的合法性和妥当性进行实体审查，如法院查封是否依法作出，是否正当有效，不在审查范围。这意味着，登记机构只能核查嘱托的真实性和形式适格性，参照《不动产登记操作规范（试

行)》第18.2.2条第1款，登记机构在审查时应把握以下要点：(1)核对嘱托人员身份的真实性，不仅要查看工作证和执行公务证明，还应与嘱托机关进行核对。(2)核对无误的，审查嘱托文书是否齐全、是否符合规定，如法院协助执行通知书、政府征收决定等是否送达。(3)嘱托文书齐备并符合规定的，进一步审查其中对不动产、不动产权利、权利人、期限等记载是否清晰、完备。(4)嘱托文书记载清晰、完备的，进一步审查相关事项与不动产登记簿的记载是否一致。

需要注意的是，《法院执行和国土资源房地产管理部门协助执行通知》第3条第2款指出，不动产登记机构认为法院查封或处理的不动产权属错误的，可以向法院提出审查建议，但不应当停止办理协助执行事项，这体现了登记机构对嘱托不进行实质审查的意思。而《不动产登记暂行条例实施细则》第19条第3款规定，登记机构认为登记事项存在异议的，应当依法向嘱托机关提出审查建议，并未明确是否应停止办理登记。鉴于嘱托文书已生效，作为协助执行机构的登记机构有协力登记的义务，在提出审查建议的同时，登记机构无权擅自停止办理登记，《不动产登记操作规范(试行)》第18.2.2条第2款对此予以明确。故而，登记机构在提出审查建议时，不能停止办理登记。

不过，还应特别注意的是，在实践中，不动产登记机构发现登记事项有异议后，在合理时间内与嘱托机关沟通，嘱托机关听取登记机构的意见，依法甄别的，登记机构不应继续办理登记。①

第三，处理。通过上述真实性和形式适格性审核的，不动产登记机构应即时按照嘱托内容办理相应的登记，并书面通知嘱托机关；反之，就不应予以登记。

针对某特定不动产仅有一项嘱托，登记机构登簿后就产生相应的法律效力。针对同一不动产有数个内容相同或冲突的嘱托，如两个法院对同一债务人的同一房产进行财产保全，应遵循先来后到的“排队”规则，嘱托到达登记机构时间在先者，优先于时间在后者。根据《法院执行和国土资源房地产

---

① 参见国土资源部不动产登记中心编：《不动产登记暂行条例实施细则释义》，北京大学出版社2016年版，第46页。

管理部门协助执行通知》第19条、第20条,《民事执行中查封、扣押、冻结财产规定》第25条第2款、第28条，两个以上法院查封同一不动产的，登记机构为先嘱托的法院办理查封登记，对后嘱托的法院作轮候查封登记；查封嘱托到达登记机构时，其他法院已向该登记机构嘱托转移登记的，应当优先办理转移登记。

（二）特别的职责

嘱托来自国家公共事务领域，代表着国家公权力的行使，嘱托机关在嘱托时，无需提交不动产权证书或登记证明。这样一来，在嘱托登记完成后，可能会出现证书之间的冲突，如法院因强制执行嘱托不动产登记机构办理房屋所有权转移登记，结果是A的房屋被转移登记为B，登记机构向B颁发不动产权证书，而A此时也持有以其为权利人的不动产权证书。一旦A不配合向登记机构交回该证书，登记机构又不能强行收回该证书，A和B的不动产证书就产生形式上的冲突。为了解决该问题，根据《不动产登记暂行条例实施细则》第23条、《不动产登记操作规范（试行）》第4.7.3条，登记机构应在其门户网站或当地公开发行的报刊上公告作废A的不动产权证书。

三、依申请登记与依嘱托登记的关系

（一）共性

与申请一样，嘱托是嘱托机关为达到特定目的而求诸不动产登记机构的表现，它们均是被动的启动机制，没有它们，就没有不动产登记机构此后的行为，从而不同于登记机构依职权主动进行的登记，就此而言，嘱托也体现了申请原则。

（二）差异

尽管申请与嘱托有上述共性，但它们的差异相当明显，主要表现为：

第一，启动主体不同。依申请登记，只要与申请事项有法律上的利害关系，只要申请事项有登记能力，自然人、法人或非法人组织均可为申请人。依嘱托登记，受嘱托为公共权力属性的影响，它要受到法律的严格调整，只有在法律明文规定的情形下，具有相应权限的嘱托机关才能依法进行嘱托，也即嘱托机关必须是由法律、行政法规提供权限支持的国家公权力机关。

第二，审核机制不同。依申请登记，不动产登记机构要对申请事项进行全方位的审查，并在受理环节就要进行审查。依嘱托登记，体现国家意志的法院裁判、行政机关决定等导致不动产物权强制变动或限制时，登记机关既无权对这些权利变动或限制的原因进行合法性审查，也无权拒绝登记，还不能在接受嘱托环节进行审查。

第三，救济机制和法律责任不同。根据《审理房屋登记案件若干问题的规定》第1条，依申请登记，登记机构未依法登记的，当事人可对此提起行政诉讼。此外，登记机构的行为给当事人造成损失的，登记机构还应承担损害赔偿责任。根据《最高人民法院关于行政机关根据法院的协助执行通知书实施的行政行为是否属于人民法院行政诉讼受案范围的批复》和《审理房屋登记案件若干问题的规定》第2条第1款，依嘱托登记，登记机构无权对嘱托事项进行实体审查，只要登记机构的登记与嘱托机关的嘱托相一致，当事人对该行为不服的，无权以登记机构为被告提起行政诉讼。登记机构基于嘱托办理的登记错误，也由嘱托机关承担赔偿责任，登记机构不承担任何责任。

（三）择一的关系

在我国原先的不动产登记操作中，法院生效的民事法律文书涉及的事项需要登记而相对人不配合的，只能在当事人申请法院强制执行后，由法院嘱托登记机构办理登记，至于当事人持法律文书申请登记，则没有相应的途径。这种做法过于单一，既不利于节省当事人的权利实现成本，也增加了法院的运作成本，有必要加以改革，即在嘱托登记之外，增设申请登记，由当事人审时度势来选择主动申请登记还是申请法院强制执行。换言之，就实现生效法律文书的目的而言，依申请登记和依嘱托登记并存，当事人可择一而为。在政府生效的征收或收回决定导致物权变动的情形下，当事人同样无需等待政府嘱托登记，也能主动申请办理相应的登记。《不动产登记暂行条例实施细则》第19条第1款对此有明确表达，并基于生效法律文书、生效决定的确定性和公信力，允许当事人单方申请登记。[①]

（四）竞合的处理

在实践中，存在同一不动产既有申请，又有内容冲突的嘱托的情形，如A将房屋转让给B，双方申请转移登记，在不动产登记机构登簿前，A的债权人C申请法院强制执行，执行法院嘱托登记机构就该房屋办理查封登记。在此情形下，申请与嘱托产生竞合，B和C的利益存在冲突，必须予以妥当处理。由于申请和嘱托的竞合有不同的情形，在处理时应分别对待，具体而言：

第一，嘱托在前，申请在后，或嘱托和申请同时达到不动产登记机构的，应先办理嘱托登记，结果是嘱托排斥申请。之所以如此，是因为受制于嘱托的公共权力属性，登记机构不进行实体审查，与依申请登记中的全方位的多重审查相比，依嘱托登记中的审查效率相当高，程序整体运作效率也更高，嘱托由此当然优于申请。

第二，申请在前，嘱托在后，申请运行的结果已确定，即登记机构已登簿的，申请排斥嘱托。之所以如此，是因为在申请登记的结果确定后，嘱托登记已失去对象，嘱托因此有误，登记机构不应再予办理登记。只有这样，才能保障申请人从登记程序的确定性中实现其预期目的，得其应得。

第三，申请在前，嘱托在后，申请运行的结果尚未确定，即登记机构未登簿的，顾及嘱托的公共权力属性及其高效的运作，嘱托可以“插队”排斥申请。《民事执行中查封、扣押、冻结财产规定》第25条第1款规定：“查封、扣押、冻结协助执行通知书在送达登记机关时，登记机关已经受理被执行人转让不动产、特定动产及其他财产的过户登记申请，尚未核准登记的，应当协助人民法院执行。人民法院不得对登记机关已经核准登记的被执行人已转让的财产实施查封、扣押、冻结措施。”

---

① 参见国土资源部不动产登记中心编：《不动产登记暂行条例实施细则释义》，北京大学出版社2016年版，第45页。

第二百一十三条【不动产登记机构的行为禁止】

登记机构不得有下列行为：

（一）要求对不动产进行评估；

（二）以年检等名义进行重复登记；

（三）超出登记职责范围的其他行为。

历史由来

本条规定与《物权法》第13条完全一致。

规范目的或功能

为了确保不动产登记机构依法行为，上文第212条从正面规定了不动产登记机构的职责，即其当为之事，本条则从反面禁止了登记机构的行为，明确了其不当为之事。

规范内容

本条列明的行为，是不动产登记机构超出登记职责范围的行为，重点是前两项的行为，第三项起到兜底作用。

一、不得要求对不动产进行评估

不动产的价值通常高企，过去有段时间，我国不动产登记不太规范，有些登记机构按照不动产价值的一定比例来收费，此时评估不动产就有必要。但为了遏制这种乱收费现象，减轻当事人的负担，《物权法》第22条规定不动产登记费按件收取，不得按照不动产价款的比例收取。遵循该规定，登记机构不再按照不动产价值的比例收取费用，就此而言，不动产评估对不动产登记确无必要。

除了前述原因，过去不动产登记机构要求评估不动产，还有法律上的原因。《担保法》第35条规定：“抵押人所担保的债权不得超出其抵押物的价值。

财产抵押后，该财产的价值大于所担保债权的余额部分，可以再次抵押，但不得超出其余额部分。”该规定旨在使债权能够获得充分担保，从而使抵押财产的评估成为必要，以至于在实践中，对超出抵押财产价值的债权，登记机构不办理抵押权登记。该规定立意良好，但问题突出。首先，抵押权是债权人的权利，只要其同意，即便抵押财产的价值小于债权，也完全具有正当性。其次，在市场经济条件下，抵押财产的市场行情在抵押期间会发生变化，通货膨胀、紧缩等因素也会影响债权价值，在这些条件的约束下，在抵押权设立时抵押财产价值与债权相当，在抵押权实现时就不一定了。最后，抵押财产会因添附而价值上升，也会因使用和损耗而价值下降，这种不确定性也使抵押财产价值在抵押权设立时完全没有与债权相当。正因为这些问题，《物权法》第199条在规定抵押权顺位时，不再考虑抵押财产的价值与债权是否相当，实际上废止了《担保法》第35条，登记机构在办理抵押权登记时，也不再要求评估不动产的价值。

《民法典》第223条与《物权法》第22条一致，《民法典》第414条与《物权法》第199条基本一致，不动产评估对登记而言没有意义，登记机构因此不能要求对不动产进行评估。

二、不得以年检等名义进行重复登记

在法律程序中，程序推进会产生确定的后果，即“具体的言行一旦成为程序上的过去，即使可以重新解释，但却不能推翻撤回。经过程序认定的事实关系和法律关系，都被一一贴上封条，成为无可动摇的真正的过去。而起初的预期不确定性也逐步被吸收消化。一切程序参加者都受自己的陈述与判断的约束。事后的抗辩和反悔一般都无济于事”[①]。这被称为程序维持或程序的不可逆性。就同一程序而言，程序维持具有普遍适用的价值。

程序维持之所以必要，是因为程序是由各个关联行为连接配合而成的，前一行为是后一行为的前提，它们构成了行为链条，一旦中断，将导致程序崩溃。而且，从表面上看，参与者在程序中的行为要么是公权力机关代表国家在行使职权，要么是当事人在主张权利，它们象征着国家权力和私人利益，

① 季卫东：《法治秩序的建构》，中国政法大学出版社1999年版，第19页。

但同时也承载着国家和当事人对自己行为负责的意蕴，蕴含着国家和当事人的信用和责任。不仅如此，程序行为也是国家和当事人互相博弈和制约的技术，当事人通过行为给代表国家的裁决者提供了确定信息，促使国家做出正当行为，而国家要向当事人以及其他社会公众确保自己行为的合法性和正当性，并接受监督，这样一来，当事人行为成了引发国家行为并印证国家行为正当与否的重要因素，国家行为则在合法性上确认当事人的行为属性。如果这些行为能够随意改变或逆转，国家的权力和责任、当事人的利益和责任、国家和当事人之间的制约都将失去连结点，这样的程序变成了恣意，程序也就不再是程序了。此外，程序维持既能使当事人摆脱诉累、确权等不稳定状态，又能确保公权力机关职权行为的权威性，增进当事人及其他社会公众对国家权力的信任。

前文已言，不动产登记包含了法律程序，它也要遵循程序维持。这意味着，在某项程序行为完成后，不能被撤回或撤销，如在登记完成后，当事人就不能撤回申请，也不得以申请存在瑕疵为由请求撤销。而且，登记机构依法完成的登记，是代表国家对不动产物权等相关事项的确认，只要不发生错误，就应当具有终局性和确定性。再者，登记程序也不得因同一事项而重新启动，否则就导致登记程序威力减损，也给当事人增添不必要的成本支出。

但是，在我国过去的不动产登记操作中，特别是在办理抵押权登记时，登记机构在完成登记后，又强行规定期限进行“年检”甚至“月检”，要求当事人到期重新办理登记，否则就视抵押权不复存在，这就是登记程序不确定的表现，不仅增加债权等权利保障或实现的风险，也使当事人不得不多支出登记费用，加大了登记成本。

为了保障不动产登记程序的不可逆性，登记机构不得以年检等名义进行重复登记。

举证责任

与本条相关的举证责任与上文第121条完全一样，在此不赘。

第二百一十四条【不动产登记的设权力】

不动产物权的设立、变更、转让和消灭，依照法律规定应当登记的，自记载于不动产登记簿时发生效力。

历史由来

在国有建设用地使用权的设立、国有建设用地上的房屋所有权的转让以及以这些权利为客体设立的抵押权，我国向来采用绝对登记、强制登记原则，登记产生设权力，如《土地管理法实施条例》第6条第1款、《城市房地产管理法》第61条第1款、《城市房地产管理法》第61条第3款与第62条第1款及《审理房地产管理法施行前房地产开发经营案件若干问题的解答》第13条与《国有土地使用权合同解释》第10条第1项的规定。综括以上规定，《物权法》第14条规定："不动产物权的设立、变更、转让和消灭，依照法律规定应当登记的，自记载于不动产登记簿时发生效力。"本条规定与《物权法》第14条完全一致。

规范目的或功能

物权变动是指特定的物权关系发生变化，典型形态是物权进入交易市场，实现物的价值。虽然法律行为是物权变动的通常原因，但其成立生效并不能直接导致物权变动，还必须进行公示，这就是公示设权力的表现。这种规则由来已久，罗马法的"要式买卖"或"拟诉弃权"，日耳曼法的土地转让仪式，均高度重视形式对物权变动的决定性作用，抽象的物权交易因此具体有形，能为世人所把握。这种形式主义规则对后世民法影响深远，"不公示，物权不变动"的设权力就是典型体现，它不仅要求当事人有物权变动的意思表示，还要有公示形式，从而在物权变动问题上"两条腿走路"。[1]

放在不动产物权变动，设权力之所以必要，最重要的原因在于不动产物权变动的意思表示不能为第三人知悉，但其结果要产生绝对性的物权，这就

---

① 参见常鹏翱：《物权程序的建构与效应》，中国人民大学出版社2005年版，第29页以下。

涉及以特定物权交易当事人为代表的私人利益和以不特定第三人为代表的社会公众利益的平衡，法律选取的平衡点，就是通过设权力为不动产物权交易包裹上连续的、不间断的权利外观，使得交易变得明晰可见，以增加权利人和社会公众对权利交易的安全感。

规范内容

在绝对登记、强制登记原则下，登记是不动产物权变动的必备要素，除了有创设物权的积极意义，还有未登记就不视为物权的消极意义。需要注意的是，对“未登记”应予以功能理解，没有在登记簿中记载，当然在其含义范围之内，此外，尽管部分信息已经记载，但影响权利存续的重要信息未被记载，也属“未登记”。[①]这意味着，登记垄断了不动产物权的公示形式，其他表征不动产物权的机制因此被排除，正是在此唯一平台上，不动产物权及其变动轨迹有了透明性，与此相关的交易进展也有了牢固的制度根基。正是在设权力的意义上，登记簿中的权利记载才能表征出客观存在的不动产物权及其变动情况，才能说“不动产登记簿是物权归属和内容的根据”。

这还意味着，只有登记簿的记载才能对外成为不动产物权表征，第三人在交易时，只要信赖登记即可，无需检视它与其他可能的物权表征是否吻合。[②]这对于诸如共有、地役权之类经常夹杂当事人约定内容的物权形态特别有意义。由于登记簿中的记载明确简洁，这些协议的具体内容不能完全记载于内，这就会出现权利内容信息未体现在登记簿之中的情况。为了真正体现出登记簿是物权内容的根据，未在登记簿记载的权利内容，或者记载的字义所不能涵盖的权利内容，在解释上即视为不存在，比如，在判断地役权内容时，即可不考虑地役权合同，而以登记明确界定的权利和义务为准。[③]

不动产登记设权力除了决定物权有无及其内容，还能决定限制物权的顺位，即同一不动产负担多重限制物权的，只要法律无特别规定，当事人也无

① Vgl. Schmid/Huerlimann–Kaup, Sachenrecht, 3. Aufl., Zuerich 2009, S.132.
② Vgl. Zobl, Grundbuchrecht, 2. Aufl., Zuerich 2004, S.63.
③ Vgl. Schmid/Huerlimann–Kaup, Sachenrecht, 3. Aufl., Zuerich 2009, S.133.

除外约定，权利实现顺序按登记先后排列。由于登记是由多个环节构成的程序机制，通常由当事人申请启动，登记机构审查后决定是否记载后终止，在登记设定物权的意义上，登记时间即物权记载于登记簿的时间，但为了防止发生先申请者后记载的不合理现象，登记机构应为先申请者先登记，这样，申请登记时间就替换了登记时间，限制物权的顺位根据申请登记时间先后而定。在顺位产生后，权利人还可为放弃、变更等自由处分，该法律效果的发生仍在登记设权力的规范范围，自不待言。

举证责任

由于不动产登记产生推定力，登记的物权人无需证明自己的物权，对登记的权利状态提出相反主张的人承担举证责任，对此，请参看下文对《民法典》第216条的评注。

第二百一十五条【原因行为与不动产物权变动的区分】

当事人之间订立有关设立、变更、转让和消灭不动产物权的合同，除法律另有规定或者当事人另有约定外，自合同成立时生效；未办理物权登记的，不影响合同效力。

历史由来

本条完全继承了《物权法》第15条的规定。买卖行为等原因行为与所有权转让等物权变动的关系在我国经历了从合一到区分的过程。在20世纪90年代初期，最高人民法院将买卖合同和房屋所有权转让合一，没有办理所有权转移登记，不仅所有权没有转让，买卖合同也视为未成立。比如，1990年《最高人民法院关于公产房屋的买卖及买卖协议签订后一方可否反悔的复函》指出，当事人签订房屋买卖协议后，提出解除买卖协议，未办理产权转移登记手续，应认为该民事法律行为依法尚未成立，一方反悔是允许的。在20世纪90年代中期，《担保法》持合一的立场，根据该法第41条、第64条第2款、第76条、第78条、第79条，不动产登记、动产交付等物权公示既是担保合同的生效要件，也是担保物权设定的标志。

在同时期，最高人民法院针对不同情况采用了不同立场。以《审理房地产管理法施行前房地产开发经营案件若干问题的解答》为例，其第12条规定："转让合同签订后，双方当事人应按合同约定和法律规定，到有关主管部门办理土地使用权变更登记手续，一方拖延不办，并以未办理土地使用权变更登记手续为由主张合同无效的，人民法院不予支持，应责令当事人依法办理土地使用权变更登记手续。"这明显区分了原因行为和物权变动，没有物权公示，原因行为不因此无效。但其第14条规定，土地使用者就同一土地使用权分别与几方签订土地使用权转让合同，均未办理土地使用权变更登记手续的，一般应认定各合同无效，这又使物权公示决定了原因行为的效力，原因行为和物权变动随之合一。

在20世纪90年代后期，《合同法》第44条规定："依法成立的合同，自成立时生效。法律、行政法规规定应当办理批准、登记等手续生效的，依照其规定。"其中第2款属于引致条款，把诸如《担保法》前述的规定予以重申。《合同法解释（一）》第9条第1款解释了《合同法》第44条第2款，明确了不同的适用情形：（1）法律、行政法规规定合同应当办理批准手续，或者办理批准、登记等手续才生效，在一审法庭辩论终结前当事人仍未办理批准手续的，或者仍未办理批准、登记等手续的，人民法院应当认定该合同未生效；（2）法律、行政法规规定合同应当办理登记手续，但未规定登记后生效的，当事人未办理登记手续不影响合同的效力，合同标的物所有权及其他物权不能转移。据此，《担保法》第41条等属于第一种情形。

自2000年以来，最高人民法院逐步开始明确原因行为与物权变动的区分。比如，《国有土地使用权合同解释》第8条规定："土地使用权人作为转让方与受让方订立土地使用权转让合同后，当事人一方以双方之间未办理土地使用权变更登记手续为由，请求确认合同无效的，不予支持。"该司法解释第10条针对同一土地被转让数次的情形，规定土地使用权人作为转让方就同一出让土地使用权订立数个转让合同，无论是否办理土地使用权变更登记手续，转让合同的效力不因此受影响。

《物权法》第15条首次在法律中明确了原因行为与不动产物权变动的区分。

规范目的或功能

本条旨在明确原因行为和不动产物权变动是两个不同的法律事实，分别适用不同的法律规范。原因行为是产生债权债务的法律行为，其法律效力要根据总责编以及合同编有关法律行为、合同的生效要件加以判断，是否办理不动产登记，不影响原因行为的效力，从而澄清过往把原因行为和物权变动合一的错误认识，以保护债权人的利益。

规范内容

一、负担行为与处分行为的区分

国内最早也最系统阐述原因行为与物权变动区分的是孙宪忠教授的大作《论物权变动的原因与结果的区分原则》[①]，该文指出："在发生物权变动时，物权变动的原因与物权变动的结果作为两个法律事实，它们的成立生效依据不同的法律根据的原则。这一原则来源于德国民法，即德国法中的'Trennungsprinzip'，或称分离原则。"这提示我们，要理解原因行为与不动产物权变动的区分，应当先理解负担行为与处分行为的区分。

（一）初始创设债权的负担行为

负担行为译自德语Verpflichtungsgeschaefte，字译应为"义务行为"，这里所谓的义务专指债务，故而，从债务人的角度讲，负担行为就是债务行为。债务和债权是同一硬币的两面，而债权与物权相对，故汉语民法学常用债权行为来替代负担行为。应注意的是，德语Belastung的意思是"负担"，指向由特定标的物承载的、扣减所有权权能的他物权或类似权利，如抵押权是抵押物的负担，无论谁受让抵押物，只要抵押权不消灭，受让人均要负担该抵押权。显然，负担行为中的负担是针对特定人的债务，与上述物上承载的负担截然不同，两者不能混淆。

---

① 参见孙宪忠：《论物权变动的原因与结果的区分原则》，载《法学研究》1999年第5期。

债权与债务构成的债的关系存于特定人之间，债权或债务因此除了有常说的相对性，还有对人性，即在债的关系中，是债务人这个特定主体对债权人这个特定主体负担义务，债权仅针对该债务人，既不当然地约束其他人，也不直接负载在债务人的财产之上。一句话，债权是指向债务人给付行为的财产权，债务人身外的财产虽然涉及债权实现，但与债权存续无关。债权的这种对人性意味着，只要特定主体愿受债务约束，或在法律的强制安排下，无需考虑财产要素，债权就能无中生有地发生，从而初始创设债权，这给债务人增添了义务，改变了当事人之间原有的关系。当该债权创设源自当事人的自我决定时，这种自主行为就是负担行为。由此可知，负担行为的法律效果是初始创设债权，受制于此，负担行为专属于债法。

此外，债权的相对性使它仅约束特定的相对方，不能随意波及之外的第三人，其存续与否、有何内容，与第三人的关联性不强，这使得面向社会公众开放的登记等公示机制在此无立足之地。除非法律、行政法规另有规定，否则，负担行为以形式自由为原则，登记等公示机制不能决定负担行为的成立、生效。

再者，债权通过债务人的给付才能实现，这种结果之所以发生，在意思自治的背景下，完全是因为债务人的自我约束，是其相应的效果意思惹的祸，故根据《买卖合同解释》第3条第1款，在生效条件上，除了行为人的相应行为能力，无需考虑有无处分权。也就是说，债务人因负担行为而陷入给付义务，只要行为人的行为能力足以确保其认清自己行为的后果，基于意思自治的根本考量，法律就应认可相应的法律效果，无需再附加处分权的限制。

（二）减损既有权利的处分行为

处分行为译自德语Verfuegungsgeschaefte，要准确理解该术语，核心应在于减损既有权利，即减少实存权利的权能，其典型形态是权利转让，如权利人在转让物权或债权后，就不再享有权利，受让人由此取得权利。此外，在债权与物权二分的民事财产权框架中，与所有权不同，他物权有支撑其存续的基础权利，如建设用地使用权以土地所有权为基础，当他物权的初始创设采用意思自治机制时，它实际就是剥离基础权利部分权能的结果，如建设用地使用权是土地所有权的占有、使用、收益权能让与给使用权人的结果，就此而言，他物权的初始创设导致基础权利的权能减损。概括而言，处分行为是减损既有权利的法律行为，在权利为物权时，处分行为可具体化为物权行为；在权利为债权等其他财产权时，处分行为被称为准物权行为。物权行为是处分行为的代表，两者在学理上可以同义使用。

（三）负担行为与处分行为的区分

债权行为与物权行为的区分就是通常所说的物权行为独立性。物权行为之所以独立于债权行为，在逻辑上受制于两个基本约束要素，一是物权与债权在财产权中的二分，二是财产权变动在意思自治框架下对法律行为的倚重。其推导思路是，只要承认债权与物权的区分，且债权创设和物权变动均基于法律行为，那么，债权行为只能以产生相对性的债权为效果意思，无法跃至绝对性的物权领域，物权变动只能另寻其他自治通道，此即物权行为。[①]既然财产权分类和法律行为的自治功能决定了债权行为和物权行为只能分门别类地决定各自后果，那么，只要认可这两种限制要素，债权行为和物权行为的区分堪称民法常理，德国、瑞士和奥地利就是榜样。一旦这两个限制要素缺失其一，法律行为的这一分类难免是天方夜谭，典型者如法国法。[②]

对分离原则，在观念认识上有以下的问题障碍，即与买卖合同等债权行为相比，物权行为着实不直观，因此有脱离客观存在之嫌。[③]不过，作为学理概念，物权行为是描述和解释所有权移转、抵押权设定等具体物权变动事实的一般法律工具，其自身就像一个模具，用以格式化各类实践情况，只要具体行为符合物权行为的构造，就能冠以物权行为的称号。在此方面，德国法中的动产所有权保留、土地买卖、指示交付、信托财产转让、担保让与等均为适例，[④]超越法域限制的远期或远距交易、种类物或未来物交易、整批交易、

---

① 参见苏永钦：《私法自治中的经济理性》，中国人民大学出版社2004年版，第123—126页。

② Vgl. Stadler, Gestaltungsfreiheit und Verkehrsschutz durch Abstraktion, Tuebingen 1996, S.24 ff.

③ 参见［德］汉斯·布洛克斯、沃尔夫·迪特里希·瓦尔克：《德国民法总论》，张艳译，中国人民大学出版社2012年版，第87页。

④ 参见［德］乌尔里希·胡贝尔：《萨维尼与物权法抽象原则》，田士永译，载《中德私法研究》（第5卷），北京大学出版社2009年版，第55—56页。

代理交易也为适例。[①]

只要认可物权行为的模具功能，那么，即便实证法没有明文规定物权行为，也不妨在具体的物权变动情况满足物权行为要素的前提下，仍能认可物权行为的存在。简要对比德国法和瑞士法，就能看出这一点。在动产所有权移转下，《德国民法典》第929条第1款明文规定将物权合意作为交付之外的构造要素，但物权合意并无明确的实践形态，要通过解释交付事实与已实施的法律行为之间的联系来产生；[②]《瑞士民法典》未提及物权行为，但借助于交付的客观事实，可解释出物权合意。[③]无独有偶，对于不动产他物权的设立，《德国民法典》第873条第1款明确了物权合意的独立性，但它同样要透过登记同意这一程序行为来间接表达，即在登记审查中，有登记同意这一程序事项，即可推定有物权合意；[④]《瑞士民法典》同样未给物权行为预留法条空间，但因为登记申请有减少权利人的财产或改变所有权内容的效用，它也被视为单方物权行为。[⑤]也就是说，像《瑞士民法典》这样既未明确肯定也未否定物权行为的情形，透过与交易实际情况对应的法律解释，可认为物权行为的规范存在。

我国同样如此，除了孙宪忠教授的阐述，法院裁判也有不同程度的印证。[⑥]《物权法》的其他条文也未明确指向物权行为，但从文义到体系的解释，也能得出肯定物权行为独立性的结论。[⑦]

物权行为与债权行为当然不同，除了效果意思和法律效果的构造差异，

---

① 参见苏永钦：《私法自治中的经济理性》，中国人民大学出版社2004年版，第128—129页。

② 参见［德］卡尔·拉伦茨：《德国民法通论》（下册），王晓晔等译，法律出版社2003年版，第710页注1。

③ Vgl. Rey, Grundriss des schweizerischen Sachenrecht, Bd. I, 3. Aufl., Bern 2007, S.441 ff.

④ Vgl. Weirich, Grundstuecksrecht, Muenchen 1985, S.117 f; Baur/Stuerner, Sachenrecht, 18. Aufl., Muenchen 2009, S.192.

⑤ Vgl. Deillon-Schegg, Grundbuchanmeldung und Pruefungspflicht des Grundbuchverwalters im Eintragungsverfahren, Diss. Zuerich 1997, S.30, 37 ff.

⑥ 参见最高人民法院（2008）民一终字第122号民事判决书、河南省焦作市中级人民法院（2009）焦民终字第1140号民事判决书、重庆市第三中级人民法院（2011）渝三中法民终字第01391号民事判决书。

⑦ 参见葛云松：《过渡时代的民法问题研究》，北京大学出版社2008年版，第58—79页；田士永：《〈物权法〉中物权行为理论之辨析》，载《法学》2008年第12期。

二者还因物权与债权的区别而折射出标的物特定与否、是否公示的不同。[①]此外，它们还有其他难以弥合的差距，最显著的有二：（1）债权行为的表意人之所以承受负担，完全是其效果意思惹的祸，故在生效条件上，除了表意人应有行为能力，无需有处分权；而物权行为决定着既有物权的处分，受此功能约束，处分权是其不可或缺的生效条件。明晰这一点，就不难理解为何行为能力与处分权在法律地位上处于同一层级，只能交由法律规定而不能由行为人自由限制。[②]（2）尽管物权合意是物权变动的自治基础，但没有公示的配合，它也不能直接导致物权变动，故它不能像债权行为那样对当事人有约束力，即在不动产登记或动产交付前，物权合意可撤回。[③]

二、原因行为的效力判断

在判断原因行为是否有效时，要根据法律行为的生效要件，来判断意思表示的品质是否为法律所认可，无需考虑有无物权公示，即使没有公示，也不能因此而直接否定原因行为的效力。对此，要注意：（1）在法律没有另行规定、当事人也没有另行约定的情况下，只要原因行为符合法律行为的生效要件，自成立时发生法律效力。（2）法律规定法律行为在办理批准等手续才生效的，批准等手续是其特别生效要件，未办理批准等手续的，法律行为未生效而非无效。（3）法律行为附延缓条件或附始期的，法律在条件成就或者期限届至时生效。

三、不动产物权的变动

不动产物权的变动遵循物权编的规则。国有建设用地使用权的设立等以不动产登记为标志，原因行为的有效成立不能直接导致不动产物权变动。土地承包经营权的转让等无需强制办理不动产登记，原因行为有效成立直接引致不动产物权变动，登记在此不能决定物权是否变动，但不登记，不能对抗

① 参见［德］迪特尔·梅迪库斯：《德国民法总论》，邵建东译，法律出版社2000年版，第168—169页。

② Vgl. von Tuhr, Der Allgemeine Teil des Deutschen Buergerlichen Rechts, Bd. II, 1. Haelfte, Berlin 1957, S.334 ff.

③ Vgl. Baur/Stuerner, Sachenrecht, 18. Aufl., Muenchen 2009, S.53 f.

善意第三人。

举证责任

当事人援用本条规定提出相应主张的，遵循“谁主张，谁举证”的一般规则。

其他问题

一、本条的参照适用

本条虽然规定的是原因行为与不动产物权变动的区分，但其法理适用于全部的基于法律行为的物权变动，故而，原因行为和动产物权变动的区分、原因行为和权利物权变动的区分均能参照本条。

二、物权行为与现实存在

本条的理论渊源出自负担行为与处分行为的区分，或者说出自物权行为独立性，但不少人对此发出疑问，物权行为存在吗？[①]对此的否定回答是，它是学者虚构的产物，在现实的交易生活中不可能存在独立于债权合意之外的移转物权的合意。[②]在我国学理长期奉行的朴素唯物主义观念的引导下，法律及法学常被定格为反映并服务于现实的工具，说物权行为是空中楼阁，会从根上掏空其正当性。于是，肯定的见解例示放弃所有权、所有权保留等行为中有独立的物权变动意思，[③]以支持物权行为独立性。从我国相关研究的整体来看，上述截然相反的观点在学理中各有代表性，这说明，在不少学人看来，物权行为是否现实存在，是评判其有无独立性的重要标准之一。然而，对于

① 针对中国学者的这种提问，一位德国学者撰写了专文，参见［德］霍尔斯特·海因里希·雅科布斯：《物权合同存在吗？》，涂长风译，载《十九世纪德国民法科学与立法》，法律出版社2003年版，第160—219页。

② 参见王利明：《物权法研究》（上卷），中国人民大学出版社2013年版，第257页。

③ 参见孙宪忠：《中国物权法总论》，法律出版社2014年版，第469—473页。

物权行为有无独立性的论证而言，这种交锋有无实质意义，可能要打个问号。因为，物权行为是民法学专业术语而非日常用语，它与现实存在的具体行为不在同一意义层面，两者有质的差异，能否以现实存在标准来评判物权行为独立性，不无疑问。

抛开哲学、语言学、物理学等相关学科的理解不谈，我们通常所说的现实存在，是对已然存在的人、物或发生的事情的概称。为了与主题切合，下文把现实存在聚焦于实际发生的具体事情上。由于现实存在与专业术语有质的差异，故不能以现实存在的具体事情为标准，来判断作为专业术语的物权行为能否独立于债权行为。

（一）现实性与思维性的差异

以A买B的东西这件事为例，它是现实存在的实际行动，留下了可被观察且不容抹去的痕迹，现实存在因此嵌入活生生的生活或交易，成为现实世界的一部分。而且，我们把A买B的东西界定为现实存在，实际是把这件事作为观察对象，再通过言语加以描述，最终呈现出一幅写实图像，在这个过程中，观察者和言说者不能凭空进行思维加工，现实存在因此不是把未发生的事情说成已发生的空想和臆造，也不是说某事可能会发生的预报和猜测。就此而言，现实存在具有现实性。

专业术语是在某种专业知识中运用的、具有特定内涵的词语，它可能完全出自专业人士的深奥思维，与现实存在没有恰切的对应关系，如我们无法简单地把存在主义中的“存在”或现象学中的“现象”与A买B的东西这件事挂钩，A买B的东西等形形色色的现实存在不会从根本上影响这类术语的形成。还有一类专业术语比较接地气，它与现实存在对应，如A与B的买卖合同可例示法律行为，但即便如此，也不是说随着A买B的东西之类行为的发生，法律行为就自然而然地成为内涵特定的专业术语，因为离开数代德国民法学人的传承性思考，就不会有这一术语，[①]这类术语无疑也是专业人士的思维结晶。专业术语源自专业思维这一特性显然与现实存在的现实性有根本差异，可把该特性称为思维性。

---

① Vgl. Hattenhauer, Grundbegriffe des Buergerlichen Rechts, Muenchen 1982, S.58.

现实性和思维性的差异意味着，当专业术语对应现实存在时，后者是专业人士的思维对象，前者是思维活动的成果，是思维活动完成后对该对象的命名，现实存在与专业术语因此不能画上意义等号。基于上述差异，说物权行为是否现实存在，只能理解为现实中有无与物权行为对应的客观情形，而这恰恰取决于论者如何看待物权行为独立性，如B在A付钱后，把东西给A这件事是现实存在，肯定者把它看成与物权行为对应的现实素材，否定者则认为是债权合意或其他。显然，同一现实存在的既定状态不变，但因观察者的思维角度和过程不同，现实存在会有以不同专业术语命名的称谓，在此意义上，是专业术语决定了现实存在，而非相反。这样一来，B把东西给A的行为有无转让所有权的意思，要看回答者是否认可物权行为独立性，而不能反过来，从现实存在来定对待物权行为独立性的立场。

（二）具体性与抽象性的差异

说A买B的东西是现实存在，只是一种便于阐述的简约说法，这件事实际上由很多信息要素组成，如A何时何地、以什么条件买B的什么东西等，只有把这些要素全部表达出来，才能完整地呈现这件事。这意味着，当现实存在指向由特定主体、行为、时间、空间等要素限定下的具体事情时，只要限定要素不同，现实中的具体事情必然不会完全重合。在此意义上，现实存在具有具体性。

专业术语就完全不同。正如法律行为、物权行为所显示的，专业术语高度概括，有相当的包容性和吸纳力，特别是当它与现实存在的具体事情对应时，它基于特定的审视视角，采用特定的衡量标准，从形态各异的具体事情中过滤掉不必要的信息要素，提取具有决定性的共性要素，从而对应这些具体事情，如只要是买卖合同，不管当事人是谁、交易条件如何，均能归入法律行为。这种透过凝聚共性的抽象思维方式而形成的高度概括，与现实存在的具体性形成鲜明对比，可谓抽象性。

这种差异表明，专业术语与现实存在的对应，是用抽象性来涵盖具体性，[①]专业术语在此就像模具，现实存在就像不成形的原材料，只有把它灌入专业术语的模具后，才会成形。仍以B在A付钱后，把东西给A这件事为例，

---

① 参见金岳霖：《知识论》，中国人民大学出版社2010年版，第166—170页。

它是在当事人意思支配下完成权属移转的行为，把它当成原材料灌入物权行为的模具后，产出的是转让所有权的意思；而相反的见解有不同的视角和标准，模具形态因此不同，灌入相同的原材料，出来的就是不含转让意思的产品。既然是抽象的专业术语定性了具体的现实存在，那么，现实存在对于物权行为独立性的论证就没有意义。

（三）日常性与专业性的差异

与现实性和具体性相应，说A买B的东西是现实存在，只是说确有此事，让人知道现实存在的具体形态，至于这件事在经济、法律、伦理或其他方面有什么意义，并不在上述说法的指涉范围。换言之，说某事是现实存在，就是用言语来描述或复原这一客观现象，既无需预设目的，也不用进行评价。故而，在表述A买B的东西这类常见事情时，无需借助专门知识，只要明白常识，如知道什么是买卖，并按照言语的通常用法加以表达，就能大致不差地再现。对于现实存在与专门知识隔离的特性，可称为日常性。

专业术语的字面相当简约，定义也不繁琐，法律行为、物权行为均为适例，但要想完整理解其内涵意义，单透过名称或定义的字面表达，恐怕难以实现。究其原因，在于专业术语处在特定的专门知识系统中，受制于该系统的认知起点、知识脉络、理论框架和构造逻辑，只有融会贯通了其前后左右的关联知识，才能厘清专业术语的真实面目。可以说，各个学科的理论均是体系化的知识架构，作为其内在成分的各种专业术语虽然名称和功能各异，但又会接轨和关联，在这种牵一发而动全身的整体效应里，专业术语凝缩了整体的或局部的知识脉络，不全盘把握这些脉络，就无法准确理解专业术语的内涵。以法律行为为例，它在民法学中担纲意思自治的基本功能，自身有一套完整的理论框架，内含意思表示、权利变动等相关联的专门知识，未经民法学专业训练的外行单凭常识或其他知识，难以完全知悉其意义。对于专业术语与专门知识系统相互因应的上述特性，可称为专业性。

指出这两种特性差异，是想说明专业术语的所指和逻辑相当独特，用它们指向现实存在，就是在特定功能引导下，用专业性来侵蚀日常性，[①]最终呈

---

① 参见陈嘉映：《哲学·科学·常识》，东方出版社2007年版，第135—136页。

现出的是专业术语包装后的现实存在。据此，以民法学知识来分析现实问题时，特别是用专业术语来归拢具体事情时，必须符合民法学自身的知识系统，常识性的认知在此意义不大，如与A买B的东西类似，C请D吃饭也表达了内心想法，该想法也会产生拉近C和D的人际关系，或D打车到餐厅的成本支出等效果，但C请D吃饭被归为情谊行为而非法律行为，原因就在于民法学区分了这两类行为。与此同理，B在A付钱后，把东西给A这件事中有无独立的物权变动合意，无法从行为本身自动获取答案，也无法通过常识来判断，而要看是否从物权行为独立性理论出发来审视。这同样说明，争辩物权行为是否现实存在，对于物权行为独立性的论证没有意义。

三、物权行为独立性的正当性

（一）从专业术语的角度分析

专业术语的背后有一套知识系统提供支撑，要想准确理解其内涵，必须对这个知识系统中的关联点进行整体扫描，对物权行为的理解也不例外。物权行为是变动物权的法律行为，说它有独立性，实际表明它与创设债权的债权行为不能混为一谈，在这种简要的界分中，已经涉及财产、财产权变动、法律行为等关联知识点，那就有必要统合它们进行有机分析。

先看财产权。德国民法学把民事财产权二分为债权与物权，前者有相对性，后者有绝对性。此外，债权有对人性，即债权仅约束特定债务人，不直接以债务人的财产为客体，即便债务人没有财产，也不影响债权的存续；物权有对物性，即物权以特定的物或权利为客体，没有这种客体，就没有物权。

再看财产权变动。在债权与物权二分的基础上，财产权变动也分为债权变动和物权变动，每类还可具体化为设立、变更、移转、消灭等形态。在这些形态中，债权设立和物权设立差别较大。具体说来，债权有对人性，从理论上讲，只要债务人愿受债务约束，或法律进行了强制安排，债权就能从无到有，此即债权的设立；再考虑到债权的相对性，债权设立只给债务人增加义务，不能随意波及之外的第三人，无需通过登记等公示机制告知社会公众。物权有对物性，物权的设立必须以特定客体为前提；再加上物权的绝对性，配套的登记、占有等公示机制通常不可或缺。

最后看法律行为与财产权变动的关系。财产权变动是一种法律效果，在意思自治机制之下，它要由法律行为来引导，而不同类型的法律效果对应不同类型的法律行为。设立债权的法律行为被命名为债权行为，设立物权的法律行为肯定就不能再称为债权行为，物权行为随之出现。

综合这些知识点，可以说，有两个基本要素决定了物权行为必须有独立性，一是债权与物权的二分法，二是在意思自治框架下，财产权变动必须通过法律行为。再具体点，债权与物权的区分使得债权设立和物权变动不能混同，债权行为的效果意思只能指向相对性、对人性的债权，无论如何都无法跃至绝对性、对物性的物权领域，物权变动的原因只能另辟蹊径，这就是物权行为。[①]比较法的观察也能证明这一点，民法学中有上述两种要素的，如德国、瑞士和奥地利，就有物权行为的独立性；反之则无独立性，如法国。[②]我国民法学无疑既把财产权二分为债权和物权，同时也认可法律行为的自治功能，把它们串联起来并融会贯通，得到的结论就是物权行为独立性。

由上可知，在专业知识的建构下，专业术语不同于常识见解，这使其往往难为外行所理解，物权行为、债权行为、法律行为等无不如此。即便这样，仍要看到法律以调整现实为己任，现实又靠常识来维系和推动，法学、法律和常识之间有无法割裂的关联性，这会给法学专业术语与常识见解提供意义相通的机会，常识由此确定无疑地成为法学专业术语的基础，法学专业术语只是通过规范属性和特定逻辑对常识进行了意义切割而已，[③]在意义重叠部分，法学专业术语和日常用语没有区别，这有助于法学专业术语的理解和接受。物权行为虽然与债权行为一样高度抽象，但“移转所有权的意思”“买卖合同”等白描式的具体化称谓与常识认知高度贴近，不会让人觉得它们与现实脱节。既然如此，相对于上述白描称谓在形式上更学术，但内涵完全一致的物权行为和债权行为，也只是因其法学专业特色而与常识表述有所区隔，其

---

① 参见苏永钦：《私法自治中的经济理性》，中国人民大学出版社2004年版，第123—126页。

② Vgl. Stadler, Gestaltungsfreiheit und Verkehrsschutz durch Abstraktion, Tuebingen 1996, S.24 ff.

③ 参见［德］亚图·考夫曼：《法律哲学》，刘幸义等译，五南图书出版公司2000年版，第96—106页。

立足于、来源于现实的实质不因此而有异，当然也不会与现实脱节。

（二）从法律事实的角度分析

作为法律行为的一类，物权行为属于法律事实。法律事实虽然位于规范层面，但它并非完全源自抽象思维，而是立足于现实存在，从中采撷可用的素材，再在规范视角中进行思维加工的产物。[①]与此同理，物权行为的生命力显然不单在于理论构思的精巧，更在于它能概括相应的现实素材的核心特质，从而能有效地回应现实需求。

先看不以债权行为为原因行为的物权变动情形，如出卖人指示第三人向买受人移转所有权的指示交付，买卖双方有创设债权的行为，但移转所有权的行为发生在第三人和买受人之间，而第三人和买受人没有任何债的关系，对此，除了用物权行为来对应所有权移转行为，别无其他途径。[②]至于以债权行为为原因行为的物权变动，也不乏与物权行为对应的现实素材，典型的如所有权保留，它使买卖合同与所有权移转之间有确定的时间间隔，所有权移转无法为买卖合同所包容，也只能用物权行为来对应。此外，远期或远距交易、种类物或未来物交易、整批交易、代理交易也都是物权行为的现实素材。[③]

这些现实素材的共性是它们在表现物权变动的行为方面，有明示的语言形态，如口头的说或书面的写，并在公示机制的协力下，改变行为人先前的权利状况和法律地位。基于这种特点，上述素材在形式和内容上明显不同于买卖合同等创设债权的行为，债权行为因此无法与它们同一视之。不过，这些素材又与买卖合同等创设债权的行为有共同之处，即语言表达出的移转标的物所有权的意思，不是在单纯地描述现实，而是要有所创造和改变，要产生相应的效果，上述素材因此与买卖合同等创设债权的行为一样，均应归入

---

① 参见［德］亚图·考夫曼：《法律哲学》，刘幸义等译，五南图书出版公司2000年版，第102页。

② 参见葛云松：《过渡时代的民法问题研究》，北京大学出版社2008年版，第35—42页；［德］乌尔里希·胡贝尔：《萨维尼与物权法抽象原则》，田士永译，载《中德私法研究》（第5卷），北京大学出版社2009年版，第55—56页。

③ 参见苏永钦：《私法自治中的经济理性》，中国人民大学出版社2004年版，第128—129页。

法律行为。[1]既然债权行为无法与这些素材对应，那么，除了用物权行为来归拢它们，别无其他途径。有这些现实素材的支撑，就很难说物权行为是空穴来风的学理虚构。

与上述交易相比，一手交钱、一手交货的即时买卖更简单，它看上去就是浑然一体的交易行为，突出的是买卖合同的订立和履行，让人难以与物权行为挂钩，即便在德国，针对即时买卖而认为物权行为纯属虚构、脱离生活的观点，自民法典生效前至今也不绝于耳。[2]不过，虽然即时买卖缺失透过语言表达的物权变动意思，但也仅此而已，不能由此说它不是与物权行为对应的现实素材，因为只要认可所有权移转是意思表示介入下的结果，那么，用交付行为来推定当事人有移转所有权的意思，当然能站住脚。[3]如果说上述复杂交易通过明示形式表达了变动物权的效果意思，那么，即时买卖就是以默示形式来表达这种效果意思。其实，即时买卖中缺失的何止是明示的变动物权的意思，创设债权的买卖合意也往往没有语言表示，如商场消费者一言不发地到结账台结账，有谁能说这是一种没有买卖合同的交易？正因为当事人的交易意愿蕴含在实施行为当中，才使得即时买卖看上去是一个行为整体，但只要从中能分析出买卖合同，基于相同方法也能分析出移转所有权的合意，它因此也是物权行为的现实素材。也就是说，就A买B的货物这个一手交钱、一手交货的具体行为而言，从常识角度对它的描绘，就是一气呵成的一体化的交易行为过程。但换个审视角度，立足于规范层面的法律事实，把这个交易行为细分为分别对应债权行为和物权行为的现实素材，完全顺理成章。

---

① 哈特指出，这种语言在英国学理中被称为“行动性”语词，其功能被称为“表述行为”的用法，是理解法律行为一般特征的应有观念。参见［英］哈特：《耶林的概念天国与现代分析法学》，载邓正来主编：《西方法律哲学家研究年刊》（总第1卷），北京大学出版社2006年版，第11页。

② 参见孙宪忠：《德国当代物权法》，法律出版社1997年版，第69页；［德］汉斯·布洛克斯、沃尔夫·迪特里希·瓦尔克：《德国民法总论》，张艳译，中国人民大学出版社2012年版，第87页。

③ 参见［德］卡尔·拉伦茨：《德国民法通论》（下册），王晓晔等译，法律出版社2003年版，第710页注1；常鹏翱：《另一种物权行为理论》，载《环球法律评论》2010年第2期。

第二百一十六条【不动产登记簿的推定力和管理机构】

不动产登记簿是物权归属和内容的根据。

不动产登记簿由登记机构管理。

历史由来

本条与《物权法》第16条完全一致。《物权法解释（一）》第2条规定：“当事人有证据证明不动产登记簿的记载与真实权利状态不符、其为该不动产物权的真实权利人，请求确认其享有物权的，应予支持。”该条规定明确了不动产登记的推定力，并基于此明确在登记错误时，真实权利人能通过确认之诉保护权利。

规范目的或功能

本条第1款规定了不动产登记簿的推定力，意在强化它对不动产物权归属和内容的表征作用，体现了登记簿记载的权利被推定为真实的特色。

我们到商店买东西，通常不会对货物权属产生疑虑，因为在我们社会经验中，商店货物的权利外观与实质权利相互印证，但这种印证在我们买二手房、二手车时要大打折扣，我们首先想到的是出卖人是否为真的权利人。这种顾虑很正常，因为任何一个理性人都不会也不愿与不可信任、难以信赖、缺失信用的人打交道、做交易，而法律又怎样才能合理地确保权利外观与实质权利的一致性，从而建立当事人的确信呢？

从根本上来讲，法律对物权外观的选择应当反映财产交易实践的客观要求，交易成本是一个重要的考虑因素，公示推定力就是实现交易成本最小化的规则，它与唯物辩证法的“内容决定形式”相反，通过“形式推定内容”的方式，让权利外观代表权利的归属及其实质内容。如此一来，只要交易对象有法定权利外观，法律担保它通常为真实权利，交易者无需再劳心费神辨别权利真伪，交易成本当然随之降低。

这一点对不动产物权尤为重要，因为不动产具有较高的稀缺性，其上形成的利用层次与交易关系远比动产复杂，如果将证明与调查权利真实性的义务完全配置给当事人，就可能会因为交易费用过高而严重影响物的利用效率，由国家控制的经由合理程序操作的登记机制却没有这样大的外部性。[①]通过登记的推定，不动产物权状态将一目了然，其结果就是：（1）积极推定，即登记内容表征不动产物权状态，登记簿中的权利人是真实权利人，但是这不能保证权利人实施的交易必定受法律保护，因为其行为能力和处分权不在推定的范围；（2）消极推定，即原有权利在登记簿上被注销的，推定所注销的权利不存在，被注销的权利人不再是权利人。[②]

第2款明确把不动产登记机构作为不动产登记簿的管理机构。

规范内容

由于第2款旨在明确不动产登记簿的管理机构，内涵很明确，故以下分析第1款的规范内容。

基于设权力，不动产登记簿表征并决定了不动产物权及其变动，它因此标志着不动产物权的存续状态，有登记即有权利，有什么登记就有什么权利，此即不动产登记簿的推定力（《德国民法典》第891条、《瑞士民法典》第937条第1款）。本条第1款也具有这种内涵。

不动产登记簿有两种紧密关联的积极推定力。（1）不动产登记簿中记载的物权具有登记的内容和范围，其具体含义为：依据不动产登记簿的记载，物权有相应的真实存在状态；并非出现在不动产登记簿中的所有记载均产生推定力，只有物权才是推定力的标的。（2）不动产登记簿中记载的登记名义人是真实权利人，登记名义人自登记之时起就是不动产物权人。由此可知，并非不动产登记簿记载的所有信息均有推定力，该效力仅指向物权，如其存续与否、主体为谁、客体如何、内容怎样、排序先后，此外的信息均不在其中。这一限定再现了登记作为不动产物权公示形式的定位，同时也表明登记在表征作用上的有限性，这提醒交易者除了查询不动产登记簿，还要有其他审慎调查，如不动产登记簿记载的物权人尽管被推定为真实物权人，但其行

---

① Vgl. Walz, Sachenrechtliches Systemdenken im Wandel, in: KritV 1990, S.385.

② Vgl. Mueller, Sachenrecht, 4. Aufl., koeln u.a. 1997, S.338.

为能力是否完全，如有无精神疾患，有无相应的处分权，如是否破产，凭此不得而知，需借助其他证据判断。不动产登记簿的积极推定力产生登记名义人享有真实权利的效果，这可以增进其利益，如不动产登记簿中的房屋所有权人据此向租户收取房租，也可以减损登记名义人的利益，如不动产登记簿上的建设用地使用权人负担相应的税费。

在推定力的作用下，物权存续状态完全受制于登记簿，它记载的物权信息被法律推定为真实，其中包括被注销的物权被推定为不复存在，此即消极推定，这与设权力有微妙区别，后者表明未在登记簿中记载的权利不存在，是从不依托登记簿的角度进行反面解读，而前者仍从登记簿出发，将注销登记当作物权曾经存在但又消灭的事实。

必须强调的是，不动产登记簿的推定力产生权利推定的效果。权利推定是法律推定的一种，所谓法律推定，是指某些法律规范中，立法者以一定的事实（推定基础）直接推导出另外一个特定的法律要件（推定结果），这种被法律所推定的法律要件可以是一个事实（法律对事实的推定），也可以是一种权利状态（法律对权利的推定）。[①]很明显，不动产登记簿的推定效力属于法律对权利的推定，而非事实推定。这种界定是有意义的，因为权利推定与事实推定存在诸多区别，比如，权利推定不得由当事人通过法律行为提出，而在事实推定的情况下是允许这样做的等。[②]这同时意味着，不动产登记簿的推定力并不意味着，凡在登记簿中看到的，都应相信是真实的，比如，土地在登记簿中被载明是“森林”，但实际上它早就被开垦了，此时该土地的取得人，不得以“自己支付的买价过多”为由，向国家主张请求权。[③]

不动产登记簿的推定力表明有登记记载没有终局确定性，并非记载于不动产登记簿中的信息都是确定真实无误的，因为不动产登记是人为的操作，一旦当事人的申请有误，或者登记机构的操作有误，登记的结果很可能也会

---

① 参见［德］汉斯·普维庭：《现代证明责任问题》，吴越译，法律出版社2000年版，第74页。

② 参见［德］莱奥·罗森贝克：《证明责任论》，庄敬华译，中国法制出版社2002年版，第238页。

③ 参见［德］鲍尔、施蒂尔纳：《德国物权法》（上册），张双根译，法律出版社2004年版，第300页。

背离真实的权利状况，不动产登记簿记载的物权也就丧失了实体法正当性，产生错误。

三 举证责任

基于不动产登记簿的推定力，登记名义人不用证明自己物权的真实性，从而减轻了证明负担，因此，推定力属于移转举证责任的程序性的规范。[①]既然推定力导致举证责任倒置，说明这种“推定”并非“确定”，权利外观不必然对应着真实的权利本身，还有被推翻的可能，提出相反主张之人能通过证据推翻法律通过权利外观而对权利所作的初始配置。也就是说，证明物权信息的负担初始配置给对登记簿记载持异议之人，登记名义人无需积极证明自己的物权信息，故而，本条第1款属于移转举证责任的规范。

不动产登记簿的记载并不表明权利真实性是必然“确定”的，这种推定在他人相反的确证下，能被推翻。不过，基于推定力，由对登记权利真实性持相反主张的人先负担举证责任，然后由登记名义人举证推翻这种相反见解。在举证责任倒置的层面上，推定力有利于登记名义人。而且，只要没有反证，登记名义人在法律层面就有确定的物权地位，不仅可依法行使物权，还能依法保护该物权，在它受不法侵犯时，可通过物权请求权获取保护，甚至还能由此获得针对该登记不动产的占有保护（《瑞士民法典》第937条第1款）。再反过来看，如果登记真有错误，但没有人提出异议或者提出异议者不能确证登记错误，那么，登记名义人仍能基于推定力享受优惠，继续保持其物权人地位，既可以在没有处分权限制的情况下自由处分其名下物权，并在符合善意取得要件的前提下引发善意取得，还能在符合法律规定的取得时效要求时，从根本上扭正登记错误，真正取得名下的物权。[②]

既然不动产登记簿的推定力只移转举证责任，不终局确定物权，它就有可能在异议人的反证下失去效用，顺此逻辑推演，即便不动产登记簿记载是登记机构行使公权力的行为结果，它也不因此有毋庸置疑的正当性。在我国，

---

① Vgl. Wieling, Sachenrecht, 3. Aufl., Berlin u.a. 1997, S.269.

② Vgl. Rey, Die Grundlagen des Sachenrechts und das Eigentum, 3. Aufl., Bern 2007, S.386.

一旦行政诉讼针对不动产登记行为，根据《审理房屋登记案件若干问题的规定》第9条，登记机构即应对其行为的合法性负担举证责任，进而在证明力对比下确定其行为的合法性。

民事诉讼理应同此道理，即不动产登记无非物权的证明，民事法官应遵循证据规则验证其适格性，在有证据推翻登记时，登记记载不再给物权提供正当性支持，民事法官有权排除其证明效力，作出与其不同的物权安排。这种做法符合不动产登记的属性，即其虽然是行政行为的后果，但同时具有私法意义，是物权的表征，一旦它出现错误，为了保障正当私权，法院在民事诉讼中可以予以否定。而且，法院的裁判目的在于查明案情真相，在此基础上正确适用法律，基于此，为了妥当解决纠纷，法官必须对当事人提供的证据进行实质判断和审查，以验证真实性和证明力，既然不动产登记簿的推定力不能确证权利的实体正当性，还存在证伪的空间，那么，法官当然有权在裁判时对作为证据的登记进行证明力评价。不仅如此，这种做法无需当事人先通过行政诉讼来确定登记行为的合法性，能减少诉讼成本，提高诉讼效率。

作为证明负担规则，不动产登记簿的推定力除了适用于行政诉讼和民事诉讼，还能适用于仲裁、复议等解决纠纷程序，也能适用于不动产登记程序。在不动产登记程序中，对于登记工作人员而言，不动产登记簿中的权利就是真实权利，无需为此再进行调查，这是在先已登记原则的含义。[①]不动产登记程序运行的最终目的，是固定不动产物权变动的结果，即新权利的生成或者既有权利的消灭，这标志着权利的存续和归属状态，不动产登记簿的推定力和在先已登记原则的结合，将这种状态整合于整个不动产程序构造之中，从而创设出清晰可见的交易链条。

三 其他问题

与不动产相比，动产数量多得多，在理论上可以无限增加，因而稀缺性

① 参见［德］鲍尔、施蒂尔纳：《德国物权法》（上册），张双根译，法律出版社2004年版，第320—321页。

较低，其上的利用层次与交易关系也相对简单，如果它也采用登记外观，所增加的交易费用就会抵消所带来的交易安全的积极意义，因而法律将占有作为动产物权的外观，并推定占有者为所有权人。不过，与登记相比，占有的推定力较弱，因为前者是有政府信誉保障的公权行为，后者仅仅是一种社会交易的常态事实，故而，为了保障权利人的利益，《德国民法典》第1006条规定，只有为了占有人的利益，才将占有人推定为动产所有权人。

《民法典》物权编没有规定动产占有的推定力，在法律适用时可参照本条第1款。参照德国法经验，对于动产占有的推定力，应注意以下要点：（1）享有推定利益的占有人是以占有作为公示形式的动产物权人，包括所有权人、动产质权人、留置权人等，他们必须是自主占有人。在存在占有媒介关系时，所有权推定仅仅对作为自主占有人的间接占有人作出；如为多级间接占有，则为最高级别的间接占有人作出。（2）占有的推定不适用于非基于占有人意思而丧失的物，即占有脱离物，除非该物是金钱或者无记名证券。（3）权利推定仅对取得占有时的权利取得而作出，而不适用于占有人自称在占有取得之前或之后，已经取得所有权的情形。（4）为了前占有人的利益，推定其随占有的取得也已经取得其权利，而且其权利仍存续至今。（5）占有推定效力的适用范围不仅在物权法领域，而是只要以动产所有权为决定标准时，它都有适用的余地。[①]

第二百一十七条【不动产登记簿与不动产权属证书的关系】

不动产权属证书是权利人享有该不动产物权的证明。不动产权属证书记载的事项，应当与不动产登记簿一致；记载不一致的，除有证据证明不动产登记簿确有错误外，以不动产登记簿为准。

历史由来

本条是对《物权法》第17条的继承。我国不动产登记向来有核发权属证

---

① 参见［德］鲍尔、施蒂尔纳：《德国物权法》（上册），张双根译，法律出版社2004年版，第177—178页。

书的传统，登记机构在登簿后，还会根据登记簿的记载向权利人核发权属证书。权属证书的存在，使我国不动产登记制度有了托伦斯登记的特点。权属证书也表征了相应物权，其中记载的信息具有高度的可信性。而且，与登记簿相比，权属证书的地位甚至更重要，如2001年施行、2008年废止的《城市房屋权属登记管理办法》第5条第1款规定："房屋权属证书是权利人依法拥有房屋所有权并对房屋行使占有、使用、收益和处分权利的惟一合法凭证。"这就形成了"重证（权属证书）轻簿（登记簿）"的局面。

不过，作为不动产物权的载体，登记簿在不动产登记机制中占有基础地位，权属证书的内容不过是对登记簿记载的摘取。正是在登记簿的基础上，才有了权属证书。相比而言，登记簿的地位应比权属证书重要才对。对此，《法院执行和国土资源房地产管理部门协助执行通知》第5条第1款规定："人民法院查封时，土地、房屋权属的确认以国土资源、房地产管理部门的登记或者出具的权属证明为准。权属证明与权属登记不一致的，以权属登记为准。"为了扭正过去的认识，《物权法》第16条第1款将登记簿表述为"物权归属和内容的根据"。《物权法》第17条则规定："不动产权属证书是权利人享有该不动产物权的证明。不动产权属证书记载的事项，应当与不动产登记簿一致；记载不一致的，除有证据证明不动产登记簿确有错误外，以不动产登记簿为准。"

规范目的或功能

不动产登记机构在登簿后向权利人核发权属证书，在我国有着相当深厚的群众基础，故在登记簿之外，法律应明确权属证书的地位和功能，以理顺登记簿和权属证书的关系。

规范内容

权属证书记载了不动产及其权利信息，反映了不动产登记簿的主要内容，两者应同步运行，且信息应完全一致，登记簿记载内容的改变，必须适时反映在权属证书中，故权属证书与登记簿一样，能表征或证明物权。在此意义上，登记簿和权属证书均是登记机构针对同一事项依法行为的后果载体，登记机构的登簿行为与核发或收回权属证书的行为应具有同一性。

与不动产登记簿相比，权属证书由权利人自己持有和控制，这一方面迎合了权利人用可控制的有形方式支配权利的心理需求，便于权利人证明自己的权利状态，也便于交易相对人根据权利人出示的权属证书来搜寻权利信息；另一方面也能印证登记簿的记载内容，从而间接地约束和监督登记机构，使其不能擅自涂改登记簿的记载内容。既然权属证书的作用如此重要，在实践中，它们的制作和格式由自然资源部统一确定和监制，并加盖不动产登记机构登记专用章。

在实践中，不动产登记簿和权属证书的记载有时会不一致，比如，某一房产被法院查封，该信息就无法从权属证书中显示出来。由于登记簿属于初始的记载资料，与权属证书相比，其信息更完全详细，而且，登记簿的保管具有制度化的保障，被人为涂改的可能性更小，故而，登记簿对不动产权利具有更强的证明力。也就是说，登记簿是不动产物权归属和内容的根据，权属证书是权利人享有不动产权利的证明，前者的效力高于后者。这不仅意味着，登记机构应当根据登记簿来填写权属证书，而非反之；还意味着，当登记簿与权属证书出现偏离时，只要不能证明登记簿确有错误，就以登记簿为准。在实践中，一旦权属证书与登记簿的记载不一致，除非查封登记的情形，否则，登记机构应当书面通知权利人换领与登记簿记载一致的权属证书。

举证责任

根据不动产登记的推定力，登记簿记载的权利人无需证明自己的权利无误，而是由提供相反主张的人证明登记错误，请参看上文对《民法典》第216条的评注，在此不赘。

其他问题

在不动产统一登记前，我国的权属证书包括《集体土地所有证》《国有土地使用证》《集体土地使用证》《房屋所有权证》《房地产权证》《土地承包经营权证》《水域滩涂养殖证》《草原使用证》《林权证》《海域使用权证书》《无居民海岛使用证》等。不动产统一登记没有改变核发权属证书的传统，但为了与统一登记匹配，除了地役权登记、抵押权登记、异议登记和预告登记核发登记证明，除查封登记外的其他不动产登记核发《不动产权证》，查封登记既没有登记证明也没有权属证书。这样一来，如何理顺不动产统一登记之前的老证和统一登记之后的新证的关系，就成为问题，对此，《不动产登记暂行条例实施细则》第105条第1款规定："本实施细则施行前，依法核发的各类不动产权属证书继续有效。不动产权利未发生变更、转移的，不动产登记机构不得强制要求不动产权利人更换不动产权属证书。"简言之，老证继续有效，新证"不变不换"。

一、为何老证继续有效

在不动产统一登记之前，出于管理职责需要，国土资源、房屋、林业、农业、海域等主管部门有各自的登记簿，如土地登记卡和归户卡、房屋登记簿、林权登记表册、草原登记表册、海域使用权登记表册、土地承包经营权登记簿等。顺应政策需要、市场需求和社会发展，国土资源部等国务院主管部门相当重视登记制度建设，出台了《土地登记办法》《房屋登记办法》《林木和林地权属登记管理办法》《农村土地承包经营权证管理办法》《海域使用权登记办法》等规章，还逐步完备了各自的登记簿。客观来看，经过数十年的积累，这些登记簿基本能满足社会需要，它们记载了数量繁多的各类不动产权利，浓缩了最主要的社会财富，在实践中发挥着重要的作用。

不动产统一登记的导向之一，就是统一登记簿，把原先的土地登记卡、房屋登记簿等各类登记簿进行形式、格式和内容的整合，这个工作已经完成。统一登记簿不是从根本上否定原先的各类登记簿，而是在认可它们正当性的基础上，把它们整合为同一个登记簿。就此而言，登记簿的统一，不是推倒原有的登记簿，重建全新的登记簿，而是尊重和保留原有的登记簿，只是让它们在形式上不再隔离和分散。既然原有的登记簿仍有其法律效力，与其对应的权属证书当然也没有理由失效，老证当然继续有效。

二、何为新证“不变不换”

《不动产登记暂行条例实施细则》第20条第1款规定：“不动产登记机构应当根据不动产登记簿，填写并核发不动产权属证书或者不动产登记证明。”据此，若首次登记是在不动产统一登记后办理的，登记机构应按登记簿的记载填写和核发《不动产权证》这种新证，反之则核发老证。这样一来，随着分散登记向统一登记的转型，权属证书既有老证，也有新证，它们的效力应平等，只有这样，才能实现《不动产登记暂行条例》第1条的保护权利人合法权益的宗旨，才能落实《不动产登记暂行条例》第4条第2款的“稳定连续、方便群众的原则”。一句话，不动产登记是政府向社会公众提供的一项便民的公共服务，作为其内在构成部分的权属证书的核发，也要有相同的功能。

但这不是说老证无论在什么情况下均应有效存在，为了切实实现不动产统一登记，一旦与老证对应的不动产权利发生变更或转移，如土地性质变更、土地使用权转让，只要这种权利变动发生在不动产统一登记后，登记机构就应按《不动产登记暂行条例》及其实施细则的要求办理相应登记，并换发新证。这就是所谓的“不变不换”。以这种方式实现新证对老证的更替，既保持了权利和登记的稳定连续，也不会给权利人带来任何不便，完全符合《不动产登记暂行条例》的宗旨和原则。而且，新证“不变不换”不只是一种口号式的提倡，而是强制性规范，《不动产登记暂行条例实施细则》第105条第1款对此有明确表达。

在理解新证“不变不换”时，还要注意，对于发生在不动产统一登记之后的以下情形，老证也应更换为新证：（1）老证污损或破损，权利人申请换发的，只要符合换发条件，登记机构就应当换发新证，并收回老证。（2）老证遗失或灭失，权利人申请补发的，由登记机构在其门户网站上刊发权利人的遗失、灭失声明15个工作日后，予以补发。登记机构在向权利人补发权证时，应在登记簿上记载相应信息，并在权属证书或登记证明上注明“补发”字样。（3）老证填制错误，或登记机构在办理更正登记中，需要更正老证内容的，应当书面通知权利人换发，并把换发事项记载于登记簿。因上述情形而由新证替换老证的，必须按照规定进行，只要是不收费的项目，登记机构就不得收取任何费用。

此外，在不动产权利灭失等情形下，登记机构需要收回老证的，在登记簿上将收回老证的事项予以注明；确实无法收回的，在登记机构门户网站或者当地公开发行的报刊上公告作废。

为了使上述规定在实践中能得到很好的贯彻落实，《不动产登记暂行条例实施细则》第103条第5项将“强制要求权利人更换新的权属证书”当成不动产登记机构工作人员承担法律责任的事由之一，以防止登记操办人员以各种名目强制权利人更换权属证书。

最后还要注意的是，在不动产统一登记前，除了权属证书，与抵押登记、预告登记等登记对应的还有登记证明，如《土地他项权利证明书》《房屋他项权证》《房屋预告登记证明》等，它们与权属证书的作用相同。这种做法在不动产统一登记后仍得以延续，根据《不动产登记暂行条例实施细则》第20条第2款，地役权登记、抵押权登记、异议登记和预告登记均核发登记证明。在登记对象为不动产权利时，权属证书和登记证明只是称谓不同，如表现土地使用权和房屋所有权的《不动产权证》与记载抵押权的《不动产登记证明》的效力等同。既然如此，上述老证继续有效，新证“不变不换”同样适用于登记证明。

第二百一十八条【不动产登记资料的查询、复制】

权利人、利害关系人可以申请查询、复制不动产登记资料，登记机构应当提供。

历史由来

本条承继于《物权法》第18条。不动产登记资料公开制度在我国经历了循序渐进的发展过程。在不动产统一登记之前，以土地登记为例。1989年国家土地管理局《土地登记规则》第39条规定：“土地登记文件资料的查阅，按土地管理部门规定办理。不经允许不得向第三者提供或者公布。”这显然以不公开为原则，登记资料难以被公开查询。1995年国家土地管理局对该规则进行补充和修改，修改后的规则第62条第1款虽与原规则第39条大体一致，但第62条第2款随之规定：“土地使用权转让、抵押和出租应当以土地登记文件资料为准。需要查询土地登记文件资料的，受让人、抵押权人和承租人应当提出书面请求。凡符合查询规定的，土地管理部门应当出具书面查询结果或资料。”这有限打开了便于登记资料公开查询的大门，说其“有限”，是其把有权查询之人限定为土地使用权的受让人、抵押权人和承租人，说其“便于”，是其把登记机构应出具书面查询结果或资料作为附条件的义务。随着我国不动产交易量的日趋增多，更大地打开便于登记资料公开查询大门的呼声越来越高，顺应这种呼声，2002年国土资源部发布、2018年废止的《土地登记资料公开查询办法》只限定了有权查询土地权属来源文件、土地登记申请书等原始登记资料之人的范围，对土地登记簿未限定查询人的范围，并在第9条规定：“对符合本办法规定的查询申请，查询机关应当当场提供查询；因情况特殊，不能当场提供查询的，应当在5日内提供查询。”《物权法》第18条规定：“权利人、利害关系人可以申请查询、复制不动产登记资料，登记机构应当提供。”在不动产统一登记后，《不动产登记暂行条例》第27条第1款重申了《物权法》第18条，《不动产登记暂行条例实施细则》第6章细化了不动产登记资料的查询、复制，2018年国土资源部《不动产登记资料查询暂行办法》对不动产登记资料的查询、复制进行了专项规定。

规范目的或功能

不动产登记簿等登记资料是记载登记程序运行结果，体现不动产及其权利事项信息的确定性载体，作为公示形式，它要想产生相应的法律效力，就必须能为社会公众了解、知悉、查阅、复制或摘录，也即具有公开性，否则，物权公示原则、不动产登记原则、登记的设权力等就将是无本之木。登记簿等登记资料的公开特性也被称为“形式公示原则”，以与产生设权力等实体法律效力的实体公示原则相对应，没有形式公示原则的保障，实体公示原则将失去意义和价值。

规范内容

一、查询、复制的范围因人而异

根据《不动产登记暂行条例实施细则》第94条第1款、《不动产登记资料查询暂行办法》第2条第1款，不动产登记资料包括：（1）不动产登记簿等不动产登记结果；（2）不动产登记原始资料，包括不动产登记申请书、申请人身份材料、不动产权属来源、登记原因、不动产权籍调查成果等材料以及不动产登记机构审核材料。

在这两种资料中，不动产登记簿是物权归属和内容的依据，与不动产物权有正当利益之人均应有机会查询、复制其内容，具有公共物品的属性。从整体上看，登记权利都是潜在的交易对象，登记簿对权利的记载是公开的不动产市场的组成部分，登记机构向潜在交易者提供正确的权利信息，符合市场交易和管控的客观需要。而且，客观存在的不动产会引发其他利益关切，如楼房抛物致人损害，受害人要寻求救济，需先明了楼房所有权人，而要做到这一点，查询登记簿就是正途。由此可知，登记簿虽然记载的是该特定权利人的特定权利，但它与利害关系人存在紧密关联，其客观上承载着不特定的社会公众利益，是为社会公众建立的公开信息平台。因此，登记簿对社会公众的公开，权利人和利害关系人均有权查询、复制登记簿，具有正当性。

《不动产登记资料查询暂行办法》第19条把利害关系人限定为以下三类：（1）买卖、互换、赠与、租赁、抵押不动产的利害关系人；（2）因不动产存在民事纠纷且已经提起诉讼、仲裁的利害关系人；（3）法律法规规定的其他利害关系人。从登记簿是公共物品的角度出发，对于第三类利害关系人应做扩大理解，只要对登记簿记载的信息有经济利益、科研利益、人格利益等合理利益，且能提供初步可信的证据证明这些利益，无论是权利人的近亲属还是调查不动产权利历史变化的民俗学者等，均应包括在内。①

---

① Vgl. Weirich, Grundstuecksrecht, Muenchen 1985, S.108 f.; Schmid/Huerlimann-Kaup, Sachenrecht, 3. Aufl., Zuerich 2009, S.101; Zobl, Grundbuchrecht, 2. Aufl., Zuerich 2004, S.198 ff.

原始资料包含了申请人身份资料、不动产交易价格、担保条件、登记机构审核材料等信息，它们只对当事人有意义，与他人利益无关，不宜公开，故而，《不动产登记资料查询暂行办法》不允许利害关系人查询、复制。

通过划分不动产登记资料的类别，使权利人和利害关系人能分别查询、复制不同的登记资料，一方面使登记机构无需承担不应承担的查询、复制工作，另一方面还能妥当保护权利人的私密利益、保障登记机构的职权工作，较好地调和登记簿的公共性和原始资料保密性的矛盾。

二、查询、复制的制度化

《不动产登记资料查询暂行办法》对登记资料的查询、复制进行了制度化建设，包括以下要点：

第一，便民高效原则。登记机构应当设置便利措施，方便权利人、利害关系人查询、复制登记资料，该办法第7条第3款规定："不动产登记机构应当提供必要的查询场地，并安排专门人员负责不动产登记资料的查询、复制和出具查询结果证明等工作。"而且，随着登记电子化和网络化技术的发展，网络既无地域限制也不受时间限制，权利人、利害关系人在查询时不应受登记机构管辖地域及工作时间的影响，登记机构应提供异地、全天的在线查询服务。该办法第6条规定："不动产登记机构应当加强不动产登记信息化建设，以不动产登记信息管理基础平台为基础，通过运用互联网技术、设置自助查询终端、在相关场所设置登记信息查询端口等方式，为查询人提供便利。"第16条规定："不动产登记机构可以设置自助查询终端，为不动产权利人提供不动产登记结果查询服务。自助查询终端应当具备验证相关身份证明以及出具查询结果证明的功能。"

第二，正当程序规则。即明定公开的流程，明晰登记机构在处理权利人、利害关系人申请查询时的具体权力和责任，明确查询人在查询流程中的权利和义务。具体而言，该办法明确规定了申请查询的条件、材料、方式、程序，登记机构对查询申请的审查和处理，查询人查询、复制的限制要件和程序，查询人对登记资料的处分限制和程序等。

第三，法律救济规则。该办法第11条第2款规定，登记机构不予查询，查询人对此不服的，可以依法申请行政复议或提起行政诉讼。

举证责任

权利人、利害关系人申请查询，应按照规定提交相关材料，即要对自己的主张自行举证。不动产登记机构与查询、复制登记资料相关的行为是行政行为，根据《行政诉讼法》第34条，在行政诉讼中，作为被告的登记机构对作出的行政行为负有举证责任，应当提供作出该行政行为的证据和所依据的规范性文件，不提供或者无正当理由逾期提供证据，视为没有相应证据。当然，根据举证责任规范，行政诉讼的原告对登记机构提交的证据提出异议的，应当提供相应的证据加以证明。

其他问题

不动产登记资料的查询、复制属于形式公示规范，它在积极意义上为权利人以及不特定的社会公众了解登记资料提供了途径，但社会公众不查询的，就能以此为由，在特定情况下做出利于自己、不利于登记权利人的抗辩，进而使登记簿的形式公示规范不起作用。为了避免这一点，《瑞士民法典》第970条第4款特别规定，无论社会公众是否知悉登记簿，均拟制其知悉，且这种拟制不可推翻。这与登记公信力一样采用拟制技术，但前者旨在打破社会公众以不知登记簿记载为由的防御借口，后者则使善意第三人取得客观错误登记时的物权。[①]我国虽然没有规定知悉拟制规范，但在法理上是承认的。

---

① Vgl. Zobl, Grundbuchrecht, 2. Aufl., Zuerich 2004, S.66.

第二百一十九条【不动产登记资料的滥用禁止】

利害关系人不得公开、非法使用权利人的不动产登记资料。

历史由来

本条属于新增规定。在查询不动产登记资料后，有关利害关系人应当如何使用不动产登记资料，《物权法》并无详细说明，而是留待《不动产登记暂行条例》等专门规范进行规定。《不动产登记暂行条例》第28条规定：“查询不动产登记资料的单位、个人应当向不动产登记机构说明查询目的，不得将查询获得的不动产登记资料用于其他目的；未经权利人同意，不得泄露查询获得的不动产登记资料。”第32条规定：“不动产登记机构、不动产登记信息共享单位及其工作人员，查询不动产登记资料的单位或者个人违反国家规定，泄露不动产登记资料、登记信息，或者利用不动产登记资料、登记信息进行不正当活动，给他人造成损害的，依法承担赔偿责任；对有关责任人员依法给予处分；有关责任人员构成犯罪的，依法追究刑事责任。”与此类似，《不动产登记暂行条例实施细则》第104条第3项规定，当事人违反本实施细则规定，违反国家规定，泄露不动产登记资料、登记信息，构成违反治安管理行为的，依法给予治安管理处罚；给他人造成损失的，依法承担赔偿责任；构成犯罪的，依法追究刑事责任。不过，“违反国家规定”是否属于“违法性”要件，也即行为人“泄露不动产登记资料、登记信息”时，是否必须同时“违反国家规定”，才承担相关责任，并不明晰。

《不动产登记资料查询暂行办法》第25条规定：“不动产利害关系人及其委托代理人，按照本办法申请查询的，应当承诺不将查询获得的不动产登记资料、登记信息用于其他目的，不泄露查询获得的不动产登记资料、登记信息，并承担由此产生的法律后果。”第30条规定，查询人违反本办法规定，泄露不动产登记资料、登记信息，构成违反治安管理行为的，移送公安机关依法给予治安管理处罚；涉嫌构成犯罪的，移送有关机关依法追究刑事责任。与前述规定相比，该条规定不再提及“违反国家规定”，并删除了查询人对他人的损害赔偿责任。

本条高度概括了前述的专门规定，弥补了《物权法》在此方面的缺失。

规范目的或功能

本条是对不动产登记资料滥用禁止的规定。

作为不动产物权的公示方式，不动产登记的内容能为社会公众所知悉，以发挥其公示效力，因此，权利人、利害关系人有权查询、复制不动产登记资料。与此同时，利害关系人应正当利用不动产登记资料，不能擅自泄露或非法使用，否则可能侵害权利人的个人信息、隐私权或商业秘密。

规范内容

从内容上看，本条从反面规定利害关系人不得滥用不动产登记资料，如把不动产登记资料放在网络平台上公开，或将不动产登记资料提供或出售于第三人，但未规定公开、非法利用不动产登记资料的法律后果，宣示意义明显。利害关系人擅自公开或非法使用权利人的不动产登记资料，满足侵权责任编的相关规定，构成侵权行为的，应当承担相应的侵权责任。在民事裁判时，本条不能成为判决利害关系人承担赔偿责任的单独法律依据。利害关系人依法公开或利用不动产登记资料，不属于本条的规制对象。

举证责任

就侵权责任的构成要件而言，对利害关系人公开或非法利用不动产登记资料、权利人受到损害及因果关系、利害关系人的主观心态等积极事实应由权利人负责举证。利害关系人的违法阻却事由，如其公开、使用行为不具有违法性等，则应由利害关系人负有举证责任。

其他问题

利害关系人向他人出售或提供权利人的不动产登记资料，而不动产登记资料既与自然人权利人的住址密切相关，也涉及权利人的财产状况，在符合法律规定的要件时，根据《刑法》第253条之一、《最高人民法院、最高人民检察院关于办理侵犯公民个人信息刑事案件适用法律若干问题的解释》第1条，构成侵犯公民个人信息罪。

第二百二十条【更正登记和异议登记】

权利人、利害关系人认为不动产登记簿记载的事项错误的，可以申请更正登记。不动产登记簿记载的权利人书面同意更正或者有证据证明登记确有错误的，登记机构应当予以更正。

不动产登记簿记载的权利人不同意更正的，利害关系人可以申请异议登记。登记机构予以异议登记，申请人自异议登记之日起十五日内不提起诉讼的，异议登记失效。异议登记不当，造成权利人损害的，权利人可以向申请人请求损害赔偿。

历史由来

本条是在《物权法》第19条的基础上修改完善而成的。不动产登记错误是不可避免的，更正登记是修正错误，保护真实权利人的手段，在我国登记制度中早就存在，如《土地登记规则》第71条就规定："土地登记后，发现错登或者漏登的，土地管理部门应当办理更正登记；利害关系人也可以申请更正登记。"在既往制度经验的基础上，《物权法》第19条第1款规定了更正登记，其内容为："权利人、利害关系人认为不动产登记簿记载的事项错误的，可以申请更正登记。不动产登记簿记载的权利人书面同意更正或者有证据证明登记确有错误的，登记机构应当予以更正。"以该款为基础，《土地登记办法》第58条、第59条，《房屋登记办法》第74条、第75条，《水域滩涂养殖发证登记办法》第14条第2款对更正登记进行了细化。在不动产统一登记后，《不动产登记暂行条例》及其实施细则、《不动产登记操作规范（试行）》更细化了更正登记。

在《物权法》之前，我国没有异议登记，《物权法》第19条第2款首次规定了异议登记，其内容为："不动产登记簿记载的权利人不同意更正的，利害关系人可以申请异议登记。登记机构予以异议登记的，申请人在异议登记之日起十五日内不起诉，异议登记失效。异议登记不当，造成权利人损害的，权利人可以向申请人请求损害赔偿。”以该款为基础，《土地登记办法》第60条、第61条，《房屋登记办法》第76—79条对异议登记进行了细化。在不动产统一登记后，《不动产登记暂行条例》及其实施细则、《不动产登记操作规范（试行）》更细化了异议登记。

本条保留了既往的立法经验，除了个别词语调整，与《物权法》第19条整体一致。

规范目的或功能

在不动产登记出现错误时，为了保护真实权利人，法律必须提供相应的制度，更正登记和异议登记就是这样的制度。更正登记是终局消除登记错误并修复真实登记状态的登记，以免错误登记因公信力而使第三人取得登记权利。异议登记则通过在登记簿记载既有登记错误的信息，来阻断第三人依据登记公信力取得该登记权利。

规范内容

一、更正登记

更正登记与变更登记在名称上接近，但两者完全不同，前者适用于登记错误的情形，后者则与此无关。更正登记势必要注销错误的登记，故其与注销登记有一定的重叠，即登记簿记载的物权非因法律行为而消灭时，该登记即为错误，与此对应的注销登记同时也在更正错误，属于更正性注销登记，不同于依法律行为消灭不动产物权对应的设权性注销登记。

更正登记彻底消除了登记错误，确立了正确登记，第三人通过登记公信力取得错误登记物权的可能性也被消灭。根据更正登记的启动方式，更正登记分为依申请的更正登记和依职权的更正登记。

（一）依申请的更正登记

更正登记是对错误登记的改正，为了确保更正登记结果的正当性，无论是登记权利人申请更正登记，还是真实权利人申请更正登记，均要提交证明登记错误的材料（《不动产登记暂行条例实施细则》第79条）。在真实权利人申请更正登记时，登记权利人出具的同意更正的书面材料，是证明登记错误的辅助材料。

在登记确有错误时，不动产登记机构应予更正。不过，在登记权利已被第三人善意取得时，真实权利人已失去该权利，更正登记因此不再有意义。此外，登记权利虽然未被他人取得，但通过预告登记或查封登记的方式而与其他人利害攸关，为了防止法律关系过度复杂，宜先依法注销预告登记或查封登记，再办理更正登记。《不动产登记暂行条例实施细则》第80条第1款规定："不动产权利人或者利害关系人申请更正登记，不动产登记机构认为不动产登记簿记载确有错误的，应当予以更正；但在错误登记之后已经办理了涉及不动产权利处分的登记、预告登记和查封登记的除外。"

（二）依职权的更正登记

不动产登记机构发现登记确有错误时，本应能主动进行更正登记，但为了防止登记机构滥用权力，其应先将此信息通知当事人，以便让其充分知情，并在此基础上进行自我保护。根据《不动产登记暂行条例实施细则》第81条，当事人应在接到登记机构通知的30个工作日内办理更正登记。当事人在此期限内能证明登记无误，则更正登记程序就不能按照登记机构的意志来完成，这体现了当事人意志对于登记机构职权的制约作用。当事人在此期限内不办理的，登记机构在公告15个工作日后，直接进行更正，但在错误登记之后已经办理了涉及不动产权利处分的登记、预告登记和查封登记的除外。

二、异议登记

更正登记的办理，需要登记确有错误的确凿证据，否则就只能通过诉讼程序来解决由此产生的权属争议，而诉讼耗时费力，在此期间，第三人完全可能基于登记公信力善意取得登记权利，从而不能保护真实权利人。与此相比，异议登记无需确凿的登记错误证据，办理起来迅捷高效，并能阻止登记公信力。就此而言，异议登记为更正登记提供了准备，属于暂时性的预备登记。

异议登记旨在阻止登记公信力，故只有登记簿中的权利记载错误时才有意义，至于不动产的面积、形状等事实状况登记错误，不会引发登记公信力，不适用异议登记。而且，这种错误具有或然性，无需是确定的，故在申请时，按照《不动产登记暂行条例实施细则》第82条第2款第2项的规定，提交的是“证实不动产登记簿记载的事项错误的材料”，而非申请更正登记时要提交的“证实登记确有错误的材料”。也就是说，异议登记适用于申请人主观认为登记错误的情形，至于客观上登记是否确实有误，还需要进一步查实，这个查实过程并非异议登记的功能范围，而是更正登记的任务。而且，登记错误状态在异议登记办理时仍然存续，如果申请异议时登记错误，但在办理异议登记前登记错误已经消除，则异议登记也就丧失了基础。

异议登记会阻止登记公信力，这种效力相当强大，为了不导致权利滥用，有权申请异议登记之人，应与异议登记有利害关系，如是真实权利人，在真实权利人不积极主张权利时，真实权利人的债权人应能代为申请。利害关系人认为登记有误，无需先请求权利人更正，而是可径直申请异议登记，《不动产登记暂行条例实施细则》第82条第2款、《不动产登记操作规范（试行）》第17.1.3条对此提供了支撑。

异议记载于登记簿后，会提醒他人注意被异议抗辩的登记权利的真实性，无论第三人是否查阅登记簿，以被异议抗辩的登记权利为对象的交易不受登记公信力的保护，《物权法解释（一）》第16条第1款第1项就规定，登记簿上存在有效的异议登记的，应当认定不动产受让人知道转让人无处分权。在实践中，根据《不动产登记暂行条例实施细则》第84条，异议登记期间，登记权利人处分权利申请登记的，登记机构应书面告知申请人该权利已经存在异议登记的有关事项，申请人申请继续办理的，应当予以办理，但申请人应当提供知悉异议登记存在并自担风险的书面承诺。之所以如此，是因为异议登记并非登记确有错误的确切证明，在这种不确定的情况下，贸然禁止登记权利的处分，对登记权利人不利，而在风险告知的前提下，第三人愿意承受不受登记公信力保护的风险，是其自担风险的表现，有利于登记权利的流通，又不会损害真实权利人的利益。这也表明，异议登记只表明登记权利可能有误，而其保全的真实权利没有登记外观，没有推定力，这导致异议登记本身没有推定力，不能推定登记权利确有错误。

异议登记有存续期间限制，即申请人在异议登记之日起15日内没有起诉的，或没有按照约定申请仲裁的，异议登记失效。此外，在异议登记期间，登记错误消除、申请人申请注销异议登记，也会导致异议登记消灭或失效。

第二百二十一条【预告登记】

当事人签订买卖房屋的协议或者签订其他不动产物权的协议，为保障将来实现物权，按照约定可以向登记机构申请预告登记。预告登记后，未经预告登记的权利人同意，处分该不动产的，不发生物权效力。

预告登记后，债权消灭或者自能够进行不动产登记之日起九十日内未申请登记的，预告登记失效。

历史由来

本条继承了《物权法》第20条，只是作了个别语词修改。在《物权法》之前，除了上海、南京等个别地方规定了预告登记，在全国范围内通行的不动产登记规范未规定预告登记。《物权法》第20条规定了预告登记，其内容为："当事人签订买卖房屋或者其他不动产物权的协议，为保障将来实现物权，按照约定可以向登记机构申请预告登记。预告登记后，未经预告登记的权利人同意，处分该不动产的，不发生物权效力。预告登记后，债权消灭或者自能够进行不动产登记之日起三个月内未申请登记的，预告登记失效。"预告登记能限制开发商等所有权人的一物数卖行为，确保由买卖合同等产生的以不动产物权变动为目的的债权请求权得以实现。[①]在该规定基础上，《土地登记办法》第62条、《房屋登记办法》第67—73条对预告登记进行了具体化。在不动产统一登记后，《不动产登记暂行条例》及其实施细则、《不动产登记操作

---

① 参见全国人民代表大会常务委员会法制工作委员会编：《中华人民共和国物权法释义》，法律出版社2007年版，第61—62页。

规范（试行）》均规定了预告登记。

本条保留了既往的立法经验，除了个别词语调整，与《物权法》第20条整体一致。

规范目的或功能

预告登记是以债权为对象的登记，它通过公示债权，巩固了债权人的地位，为债权向物权的转化提供了顺畅通道，是实现债权的保障，是标志将来不动产物权变动的登记。

规范内容

一、适用范围

在绝对登记、强制登记原则下，债权人在登记前要承担交易目的落空的风险，使债权的实现不因债务人行为而落空，预告登记能避免该风险。即便在相对登记、任意登记原则下，虽然不登记不影响物权的变动，但毕竟不能对抗第三人，为了保障未登记的物权，仍不妨以预告登记公示作为基础权利的债权。就此而言，预告登记适用于所有形态的不动产物权变动。与此相应，只要是引致不动产物权变动的债权，无论其产生于民事合同还是行政合同，无论其是否附条件、附期限，都在预告登记的适用范围。

二、产生条件

预告登记以保障债权为目的，故其依附于该债权，债权合法有效就是预告登记的实体要件。若债权并不存在，预告登记将因此而错误，当事人有权请求更正。由于预告登记依附于对所保障的债权，故在债权转让时，预告登记的利益由债权受让人取得，受让人可通过更正登记来完成预告登记权利人的更名。需要注意的是，如果预告登记所保障的债权无效，则债权无从善意取得，即便受让人善意，其也不能取得该债权。

预告登记的程序要件是当事人向不动产登记机构申请预告登记，经登记机构受理和审核后，自记载于登记簿时起产生法律效力，就此来看，预告登记适用绝对登记、强制登记原则。需要注意的是，在商品房预售的情形下，为了保护预购人，《不动产登记暂行条例实施细则》第86条第2款规定："预售人和预购人订立商品房买卖合同后，预售人未按照约定与预购人申请预告登记，预购人可以单方申请预告登记。"此外，在基础登记错误时，基于该登记的公信力，善意的预告登记权利人仍能设立预告登记，错误登记的房屋所有权人A与B订立房屋买卖合同，办理预告登记，只要B不知A登记错误，就能对抗该房屋的真实所有权人。

三、法律效力

根据《德国民法典》第883条第2款，预告登记的义务人实施的有违预告登记的处分行为，对预告登记权利人没有法律效力，这被称为相对不生效，预告登记权利人有权请求从预告登记义务人处取得权利者同意注销该权利，取得人有同意义务。与此不同，本条将预告登记权利人的同意作为义务人处分行为生效的要件，未经预告登记权利人同意的处分行为不仅对权利人不生效，对其他人也不应生效，是绝对不生效。《不动产登记暂行条例实施细则》第85条第2款规定："预告登记生效期间，未经预告登记的权利人书面同意，处分该不动产权利申请登记的，不动产登记机构应当不予办理"，这实际把预告登记权利人的同意作为办理处分行为登记的要件，没有该同意，预告登记义务人无法将其权利处分该他人，无法完成物权变动，处分行为因此没有法律约束力。

由于债权会受到各种抗辩，一旦预告登记的权利人不按照债权债务关系的要求适当履行义务，预告登记义务人就有权提出抗辩，只要该抗辩成立，预告登记所保障的债权将无从实现。

四、预告登记的失效

预告登记所保障的债权消灭，或当事人自能够进行不动产登记之日起90日内未申请登记，是预告登记的失效事由。根据《物权法解释（一）》第5条，所谓的债权消灭，包括债权合同被认定无效、被撤销、被解除，或者预告登记的权利人放弃债权的情形。基于前述事由，当事人申请注销预告登记的，自注销登记时预告登记失效，这体现了绝对登记、强制登记原则。需要注意的是，在没有前述的失效事由，预告登记被不当注销时，预告登记义务人名下的不动产登记错误，产生公信力。还要注意的是，预告登记注销不必然表明债权消灭，债权消灭与否还要看有无预告登记权利人放弃债权等消灭事由。

举证责任

当事人申请预告登记或申请变更、注销预告登记，应提供相关的证明材料。预告登记后，根据不动产登记的推定力，预告登记权利人无需积极证明预告登记无误，而是由提出相反主张的人证明预告登记错误，对此请参看上文对《民法典》第216条的评注。当事人认为预告登记错误，向法院提起行政诉讼的，由作为被告的登记机构对作出的行政行为负有举证责任，对此请参看上文对《民法典》第218条的评注。

其他问题

一、预购商品房抵押预告登记的法律效力

在实践中，预告登记普遍用于商品房预售，它记载的是预购人请求房地产开发商转移房屋所有权的债权，与此对应的是预购商品房预告登记，其中的权利人是预购人，义务人是开发商。由于房价高企，许多预购人无法全额付清购房款，需先按约定向开发商支付首付款，再向银行借贷余款后付给开发商，为了确保借贷债权的实现，预购人以预购的商品房为标的物向银行提供抵押担保，这就是所谓的预购商品房贷款抵押，预购商品房抵押预告登记与此配套，其中的权利人是银行，义务人是预购人。为了简便起见，下文把预购商品房抵押预告登记简称为预抵押登记。预抵押登记的法律效力尚不明确，需要探讨。

（一）没有优先受偿的效力

受制于预告登记的制度功能，银行无法基于预抵押登记对标的物享有优

先受偿权。而且，预购商品房贷款抵押是独立的抵押形态，不同于在建建筑物抵押，预抵押登记也不同于在建建筑物抵押登记，银行无法凭预抵押登记而有优先受偿权。再者，在预抵押登记办理时，作为其标的物的“预购商品房”没有流通性，无法成为优先受偿权的标的物。此外，商品房预售的担保架构也表明，预抵押登记不能产生优先受偿的效力。

1.预告登记的制度功能

预告登记有公示作用，被记载的债权能为社会所公知，其固有的相对性因此在客观上被打破，从而产生溢出效应，不仅债的当事人受到约束，还波及之外的第三人，这体现了预告登记的制度功能。但预告登记并未使债权成为物权，或与物权的效力完全相同，权利人不能像物权人那样现实地支配标的物，如预购人就无法现实控制所预购的商品房。而且，预告登记的债权受债之关系中的各种抗辩，这会使其受到牵扯，无法顺利往前发展，从而影响权利的实现，这与作为支配权的物权也大不相同。既然预告登记不包含支配利益，与物权无法等量齐观，那预抵押登记就不可能使银行取得抵押权，而法律又未明确赋予银行以优先受偿权，预抵押登记也不能产生优先受偿的效力。在此前提限定下，银行有将来取得抵押权的债权请求权，它能排他性地对抗他人对该标的物的处分，这与预告登记的制度功能完全一致。

2.预购商品房贷款抵押的独立性

我国房产交易市场受政府管制的程度很高，买卖和抵押都要在主管部门设置的轨道上运行，否则就无法正常通往登记的终点站，而预购商品房贷款抵押和在建建筑物抵押完全不同，预抵押登记无法被在建建筑物抵押登记包容。首先，在担保的债权方面，预购商品房贷款抵押指向预购交易中的余款，在建建筑物抵押则指向继续建造的资金。其次，在抵押人方面，预购商品房贷款抵押的抵押人是预购人，在建建筑物抵押的抵押人是开发商（《城市房地产抵押管理办法》第3条第5款）。最后，与上述差异匹配，申请在建建筑物抵押登记的材料包括建设用地使用权证明、建设工程规划许可证等（《不动产登记暂行条例实施细则》第76条），预购人无法提供这些材料，不能通过在建建筑物抵押登记向银行提供抵押。这表明，预购商品房贷款抵押具有独立性，它不同于在建建筑物抵押，预抵押登记不能被在建建筑物抵押登记所涵括，银行因此不能基于预抵押登记来得到优先受偿权。

3.“预购商品房”不是优先受偿权的标的物

“预购商品房”是指预购人对开发商享有的按约定时间交付房屋并移转其所有权的债权请求权，预售商品房贷款抵押是以该债权请求权为标的物的担保机制。从商品房预售交易流程来看，商品房预售合同是预购商品房预告登记的基础，预购商品房预告登记又是预抵押登记的基础（《不动产登记暂行条例实施细则》第78条、第86条），没有预售合同，就没有预抵押登记，故在预抵押登记办理时，“预购商品房”指向预购人对开发商的债权请求权。

1994年《城市房地产管理法》第45条规定：“商品房预售的，商品房预购人将购买的未竣工的预售商品房再行转让的问题，由国务院规定。”据此，“预购商品房”能否转让流通，取决于国务院的态度。2005年5月9日，为了进一步加强对房地产市场的引导和调控，国务院办公厅转发了建设部等7部委联合发布的《关于做好稳定住房价格工作的意见》，其中明确指出：“根据《城市房地产管理法》有关规定，国务院决定，禁止商品房预购人将购买的未竣工的预售商品房再行转让。”“预购商品房”自此无法通过流通来变价，与担保财产的品质完全不符，这样一来，就预购商品房贷款抵押而言，无论是着眼于文义把其当成抵押权，抑或着眼于“预购商品房”的债权形态而将其作为债权质权，均不妥当。换言之，在预抵押登记办理时，“预购商品房”的特质决定了它与优先受偿权绝缘，即便预购商品房贷款抵押借助了预告登记的公示，也不能改变这一特质，银行因此没有优先受偿权。

4.商品房预售交易的担保架构

在商品房预售交易中，银行为了保障债权，除了要求预购人提供预购商品房贷款抵押，通常还要求开发商在预购人取得房屋所有权并以该房屋为银行办理抵押权登记之前，提供阶段性连带责任保证。若预抵押登记如同抵押登记一样能产生优先受偿权，银行的债权已得到充分保障，还要由开发商提供保证，除了增加交易成本，别无益处。之所以要有这样的担保架构，恰恰在于预抵押登记无法现实地为银行供给优先受偿权，而业界均明了这一点。也正是着眼于此，法院才会在否定银行对“预购商品房”的优先受偿权的同时，肯定开发商的连带责任保证人地位。[①]

（二）取得房屋抵押权的效力

预告登记的根本价值是保障债权的实现，使权利人取得相应的物权，据此，预抵押登记有保障银行取得房屋抵押权的效力。为了确保这一效力的实现，预抵押登记的标的物还包括预购人取得的现房，预购人处分现房的行为因此受到影响。而且，预抵押登记指向的相对人还包括开发商，会影响开发商处分现房行为的效力。

1.对预购人处分行为的影响

根据德国经验，预购人是预抵押登记的义务人，其处分“预购商品房”行为要受预抵押登记的影响，但由于“预购商品房”不能流通，故该效力实际上并无意义。只有把预购人取得的现房也归为预抵押登记的标的物，预抵押登记才能有效保障银行取得房屋抵押权。

在商品房竣工验收，由预购人通过转移登记取得现房所有权后，根据《不动产登记暂行条例实施细则》第78条第2款，当事人应申请将预抵押登记转为现房抵押权首次登记，从而在预购人转让该房屋时，银行能持续受到优待保护。不过，一旦预购人在取得房屋所有权的3个月内不配合申请，预抵押登记将失效。为了消除这一实际风险，根据《不动产登记操作规范（试行）》第1.10.1条，登记机构采用合并登记的办法，把现房所有权的转移登记与预抵押登记转现房抵押权首次登记合并办理。在预抵押登记转为现房抵押权首次登记后，预购人再处分现房，当然无法损及银行的利益。

问题在于，预抵押登记的标的物是“预购商品房”，是预购人对开发商的债权请求权，而非由预购人取得所有权的现房，照此来看，预购人取得的现房没有任何负担，即便在预抵押登记仍有效存续时，也不妨碍预购人能自由转让该房屋，但这样一来，银行将无法取得抵押权，预抵押登记的目的将落空。这个两难困境的矛盾点，是预购人的现房是否应归为预抵押登记的标的

① 参见薛崴、沈君：《上海浦东发展银行股份有限公司无锡分行诉王某会等借款合同纠纷案》，载最高人民法院中国应用法学研究所编：《人民法院案例选》2014年第1期，人民法院出版社2014年版，第242页。

物，而要解答该问题，需要从交易实际入手来分析。

我们知道，“预购商品房”无法流通，不能承载抵押权，预抵押登记的功能肯定不是要保障银行取得“预购商品房抵押权”，而是取得某种实在的抵押权。在保持该抵押权的抵押人仍为预购人的前提下，这种抵押权的标的物只能是预购人的现房。在此意义上，预抵押登记是一种把时间要素考虑进来的弹性构造，其标的物除了“预购商品房”，还包括建成后由预购人取得的现房。也就是说，预抵押登记的直接作用是在预购人取得现房后，把它扩容为标的物，实际转化为现房抵押预告登记。

这种理解符合预购商品房贷款抵押的规律，也符合业界的认知，即银行和开发商均是在明知“预购商品房”不能设立抵押权的前提下，介入商品房预售交易的，而银行之所以愿意接受预抵押登记，是为了将来取得预购人的现房抵押权，开发商之所以愿意提供连带责任保证，则是因为这种现房抵押权将来能为其解套。而且，这种理解也不改变既有的成型利益结构，即银行仍未现实取得抵押权，开发商仍提供连带责任保证，预购人仍有义务协助银行办理抵押登记。

显然，在预抵押登记办理时，其标的物是“预购商品房”，但随着时间推进，其标的物还包括预购人取得的现房，故而，预抵押登记影响预购人处分现房行为的效力。要注意，这一结论的前提是预购人客观上能实施处分行为，没有这一前提，该结论就没有可行性。现实的预告登记机制的确排除了这种可行性，即未经权利人同意，义务人处分房屋申请登记的，登记机构不能办理（《不动产登记暂行条例实施细则》第85条第2款）。在实践中，除非银行放弃债权，否则其同意预购人处分行为的概率为零，故而，预抵押登记实际关上了预购人处分现房行为的大门。

2.对开发商处分行为的影响

预告登记中的权利人和义务人处于债的关系，受此影响，预告登记只影响义务人的处分行为。由此推论，预抵押登记似乎也只影响预购人处分现房的行为。不过，在预购人取得现房所有权之前，开发商也可能对商品房实施处分行为，同样会导致银行将来无法如愿取得抵押权，预抵押登记能否影响开发商的处分行为，就是必须认真对待的问题。

开发商对竣工验收的商品房取得所有权，在办理所有权首次登记后，开发商应按约定把现房转移登记给预购人，同时注销预售商品房预告登记。在注销前，预购人仍是预售商品房预告登记的权利人，似乎只要其同意，开发商就能把现房转让给他人，预抵押登记的目的将因此落空。

不过，必须注意的是，我国的预告登记限制了义务人对标的物的处分权，该权利转由权利人控制，权利人同意义务人处分标的物，表明权利人把处分权授予义务人，权利人因此不再享有处分权。在商品房预售交易中，预购人既是预售商品房预告登记的权利人，又是预抵押登记的义务人，作为义务人的预购人同样也没有相应的处分权。具体说来，预抵押登记的标的物包括应由预购人取得的现房，未经银行同意，预购人不能处分，即现房的最终处分权是由银行控制的，这样一来，无论预购人自行或授权开发商转让房屋所有权，均属于无权处分。

换言之，虽然在预抵押登记事项上，开发商与银行没有直接的法律关系，但预售商品房预告登记与预抵押登记在架构上紧密相关、不可分离，预抵押登记通过限制预购人的处分权，使其无法授权开发商处分现房，进而实际控制了预售商品房预告登记中的利益局面，开发商处分现房的行为由此必须得到银行的同意。这样一来，预抵押登记在功能上实现了义务人范围的突破，除了预购人，开发商也受制于预抵押登记。

总括上述，预抵押登记在内容含量上有双重扩张，一是标的物从办理时的"预购商品房"扩张到以后的现房，二是相对人从预购人扩张到开发商，这种张扩架构确保银行能如愿取得抵押权，表明在与按揭贷款结合的商品房预售交易机制中，银行占据着中心地位。这一地位与该交易机制的确吻合，因为开发商通常用预售所得的资金继续建造商品房，而该资金包含了银行的贷款，没有贷款，预售交易无法完成，用将来建成的现房担保银行的贷款债权，确实名正言顺。

（三）保全顺位的效力

说预抵押登记有保全顺位的效力，是指银行的房屋抵押权顺位回溯至预抵押登记之时，这对银行相当有利。不过，预抵押登记的这一效力有无实益或有多大实益，必须在细致观察实践操作机制后，才能得出准确结论。

1.保全顺位的效力内涵

在同一标的物负载若干个限制物权的情形下，只要这些物权均通过不动产登记公示出来，它们的实现次序就根据登记的先后而定，这种通过登记来排列物权地位的制度就是顺位。[①]在登记的基础上，顺位除了适用于限制物权，在有明文规定时，还能波及查封登记（《法院执行和国土资源房地产管理部门协助执行通知》第19条、第20条）等。

由此来看预抵押登记，它不是抵押登记，也没有明文规定说它能参与顺位排列，照理说不宜适用顺位制度。但这样一来，银行将来的房屋抵押权的顺位只能按抵押登记时间来定，而彼时预购人已取得现房所有权，且距预抵押登记的时间不短，若预购人在此期间用现房为他人设立抵押权，银行抵押权将位列其后，对银行极其不利，这与以银行为中心的商品房预售交易机制格格不入。故而，参照《德国民法典》第883条第3款，根据预抵押登记时间来决定银行抵押权的顺位，就成为不二之选。据此，只要银行的房屋抵押权在登记设立后，其顺位的标准就回溯至预抵押登记之时，从而优先于预抵押登记后的其他登记，银行的顺位利益由此得以保全。

顺位以不动产登记为基础，在登记公示的作用下，交易者能事先了解标的物上的负担，并能依据顺位规范来准确判断自己介入交易后的利益状况和权利地位，在这种完全信息的支持下，交易者是否交易、以何种条件交易的选择都是理性的。在理性选择下，抵押权或其他抵押预告登记与预抵押登记按照确定的顺位在同一标的物上重叠，是当事人意思自治的结果，不损及任一方的利益，正当性不言而喻。此外，根据顺位规范，先顺位的权利先实现，后顺位的权利不能妨害先顺位权利的实现，据此，只要预抵押登记顺位在先，必然能排斥后顺位的权利，后顺位权利的创设，就不会破坏或妨碍预抵押登记的目的。这意味着，在预抵押登记后，借助顺位的作用，预购人或开发商仍有权在同一标的物上设立抵押权或抵押预告登记，这种行为是有权处分，根本无需银行的同意。

2.预抵押登记与预查封登记、查封登记的顺位

预抵押登记可能会与预查封登记、查封登记重叠，它们之间在实践中有无顺位，也值得关注。

第一，预抵押登记与预查封登记的关系。在办理预售许可证后、实际预售前，开发商所建的商品房被预查封的，开发商的处分权被有期限地剥夺，既无

① 参见常鹏翱：《物权程序的建构与效应》，中国人民大学出版社2005年版，第213—225页。

法预售，也不得抵押，当然不能办理预抵押登记。但从理论上讲，预查封登记不应影响商品房预售，因为预售不导致物权变动，与预查封的效力不矛盾，而且，因为登记的公示作用，预购人和银行均明了预查封的存在，在此情况下仍参加预售交易，表明他们愿意承受相应的风险，法律、法院和不动产登记机构均不应越俎代庖地加以阻碍。按照这种应然设计，预查封登记不妨碍预抵押登记的办理，但前者优先于后者。在预抵押登记后，预售的商品房能被预查封，此时是预抵押登记顺位在先，预查封登记顺位在后。根据顺位规范，后顺位不能影响先顺位，那么，预购人在预查封期间取得现房的，应按照预抵押登记的指向，为银行办理抵押权登记，从而排斥预查封剥夺处分权的效力。

第二，预抵押登记与查封登记的关系。查封登记针对已登记的不动产，如开发商或预购人办理所有权登记的现房，故它只能在预抵押登记之后办理，预抵押登记因此优先于查封登记，在查封期间，银行仍能取得被查封的房屋的抵押权。预抵押登记能排斥顺位在后的预查封登记或查封登记，表明即使在预查封或查封登记的效力下，法院拍卖或变卖预购人的现房的，预抵押登记仍有影响该行为效力的作用。这一结论缺乏明文规定，却是顺位法理的必然结论。而且，在法院的执行规范中，对被查封的办理了受让物权预告登记的不动产，受让人提出停止处分或排除执行异议的，法院应予支持（《最高人民法院关于人民法院办理执行异议和复议案件若干问题的规定》第30条），这显示出受让物权的预告登记能排除包括强制执行在内的处分。预购商品房预告登记属于受让物权的预告登记，它无疑有这样的效力，预抵押登记负载于预购商品房预告登记之上，更应有同样效力，即法院执行预购人现房的行为，不能妨碍预抵押登记的目的，银行仍能取得房屋抵押权。

二、预告登记的实践情况分析

在房产交易领域，房屋所有权的转让以登记为要件，成立买卖合同与完成所有权转让之间有时间差，一旦转让人有一物数卖的背信弃义行为，受让人就有目的落空的现实风险，预告登记制度无疑是消弭这种风险的一剂良药。不过，法律制度不因权力机构通过法定程序写于纸面上，就有天然的正当性，它还要通过实践的检验。在实践中，预告登记在房产交易中适用比例不高，原因何在，值得探讨。

（一）现房交易中的预告登记

现房交易每天都在大量发生，而预告登记制度却未引发市场需求，不免让人觉得制度本身有问题。要验证这一假设是否成立，需从德国法经验入手，因为我国的预告登记借鉴了德国的对应制度Vormerkung，从功能比较来看，该制度在中德两国均以确保将来的不动产物权变动为目的，在此认识下，若它在德国就无生命力，那只能说我国对它的引入是个美丽的误会。但事实证明这一假设不能成立，因为德国的预告登记适用的模板是土地或房屋等现物交易，在实践中的运用相当普遍。

1.预告登记制度在德国广泛适用的原因

概括来看，预告登记制度之所以在德国如鱼得水，是因为以下三重要素的作用：

第一，债权行为与物权行为的分离。以房屋买卖为例，除了买卖合同，当事人还要达成要式的移转所有权的物权合意（《德国民法典》第925条第1款），它是申请转移登记的必需材料（《德国土地登记条例》第20条），这种交易链条表现：买卖合同（债权行为）→转移所有权的合意（物权行为）→申请登记→登记记载。这种多环节的架构增加了交易实现的不确定性，如在买卖合同达成后，当事人未必达成转移所有权的合意，有了合意未必会申请登记。为了增加交易的确定性，当事人在买卖合同订立后就申请预告登记，能约束双方按照买卖合同设计的方向走下去，直至完成登记，预告登记在此实为促成交易的不二法门。

第二，不动产登记程序给转让人多次处分同一不动产留有空间。登记簿在不动产登记制度中占有核心地位，与此匹配，只要受让人的申请适格、有转让人的登记同意、登记簿有相应的记载，该处分即可被登记。[①]而且，法律未强制规定登记机构办理登记的时限，从实践情况来看，登记机构通常在受理申请后的15—30日内完成登记，不会在受理当日办结。在这样的程序中，转让人可对同一不动产实施内容相悖的不同行为，如A把房屋出卖给B并申请登记，在登记机构办理登记期间，A有可能把该房屋出卖或抵押给C，并再

---

① Vgl. Baur/Stuerner, Sachenrecht, 18. Aufl., Muenchen 2009, S.189 ff.

申请相应的登记，登记机构仍要受理。这会给B带来不能如愿实现交易目的的风险，为了给B提供最大化的保障，借助对A、B买卖合同的预告登记，来否定A、C处分行为对B的效力（《德国民法典》第883条第2款），就是理想的方案。

第三，公证人的推动。因为交易传统和法律规定的原因，[①]当事人通常会求助于公证人，公证人介入交易全过程是极其普遍的现象。出于恪尽职守的考虑，避免当事人特别是受让人的利益受损，是公证人首要的使命，故其受当事人之托在从事活动时，寻求预告登记制度的帮助就是相当自然的理性选择。[②]

2. 我国的交易机制未给预告登记留下足够空间

与德国不同，我国的现房交易机制未给预告登记预留足够的适用空间，导致它缺乏实效性，主要表现为：

第一，现房交易无需专门的要式的物权合意，当事人订立买卖合同后，就能随即申请登记，交易的确定性相对较高，这弱化了预告登记制度的现实作用。

第二，出于便民高效的考虑，各地不动产登记机构办结登记的时间很短，不少地方在受理申请当日就能完成自然人之间的二手房所有权转移登记。如此高效的作业，能把转让人一物数卖的可能性降到最低，预告登记因此不太必要。

第三，我国缺乏像德国公证人这样的能在市场中推行预告登记的外在力量。我国与房屋登记有关的外部力量主要包括公证机构、房产经纪机构，法律不强制要求它们介入现房交易，它们均不能积极推行预告登记。

---

① 《德国民法典》第311b条第1款第1句要求转让土地所有权的债权合同公证，该规定可适用于住宅所有权的转让（《德国住宅所有权与长期居住权法》第4条第3款），并准用于地上权转让（《德国地上权条例》第11条第2款）；《德国民法典》第925条第1款第2句要求转让土地所有权的物权合意公证；《德国土地登记条例》第29条第1款第1句规定登记同意等为登记所必需的表示要公证。

② 参见［德］Hans-Frieder Krauss：《预告登记》，载高志新、［德］Hinrich Julius编：《中华人民共和国物权法——立法进程资料汇编》，中国政法大学出版社2010年版，第272页。See also Christian Hertel and Hartmut Wicke, Real Property Law and Procedure in the European Union, National Report: Germany, in http://www.eui.eu/DepartmentsAndCentres/Law/ResearchAndTeaching/ResearchThemes/ProjectRealPropertyLaw.aspx#RPRC.

3.网签备案对预告登记的冲击

前述主要指向当事人在订立现房买卖合同后随即申请登记的即时交易，而在合同订立与登记申请存在时间间隔的远期交易，受让人在合同订立后、登记申请前，仍会因转让人一物数卖而有目的落空的风险，预告登记理应有用武之地。但这只是理论推演，因为网签备案与预告登记的功能高度重叠，前者对后者造成冲击，以至于后者在实践中没有适用的必要。

具体说来，不动产物权变动是一个持续的过程，在现房交易的背景下，它以当事人的买卖磋商为开端，在经历订立合同、申请登记等环节后，最终以登记为终点。虽然预告登记被纳入登记系统，但它显然不是终点，而是通向终点的保障措施，属于暂时性的登记。如果我们把申请物权变动的登记作为节点，将此前归为交易阶段，此后归为登记阶段，则预告登记处于交易阶段，只要交易阶段没有足以确保受让人如愿实现债权的其他措施，预告登记就是必需品，德国的经验就是明证。反之，在交易阶段有其他功能相当的保障机制，结果就大为不同。网签备案就是这样的保障机制。在实践中，为了提高现房交易的透明度和信息化水平，便于政府掌控交易市场，在主管机关的要求和推动下，在很多地方，现房买卖双方必须在专门的交易网络系统上签订买卖合同，并凭该合同才能申请转移登记，这被称为网签备案。在这种交易机制中，一旦双方通过该系统签订买卖合同，只要事后不解除该合同并注销网签备案的信息，出卖人就不能再将该房屋转移登记给他人。显然，网签备案的效果与预告登记的实际作用一致，但前者从交易之始强制切入，在确保受让人实现合同目的的力度上远较后者为甚，预告登记由此在实践中基本失灵，就在所难免。

作为我国大中城市现房交易的常规方式，网签备案影响和形塑着人们的交易观念，未经网签备案的买卖合同因此要被逐出交易市场，在此背景下，只要某一房屋已成为网签备案的标的物，它就不可能同时再成为其他网签备案的标的物，未通过网签备案再购买该物者将不能实现其交易预期。这样一来，在网签备案后，还要预告登记再度跟进，显然是叠床架屋。

（二）预售交易中的预告登记

商品房预售过程中的风险除了开发商一房数卖，还涉及开发商资质、交易资金等诸多方面，主管机关的应对之策，是以楼盘表为基础，加快房产测绘、预售许可、买卖合同网签、交易资金监管、产权档案管理等系统的关联与共享。在此决策导向下，高质量的楼盘表就成了网上签约机制的基础。从内容上看，楼盘表集合了土地权属、规划许可、工程许可、测绘报告等具有高度公信力的文件信息，且通常是系统生成的电子介质，不仅能准确表述预售商品房的物理状态，还能适时将其销售、权属、抵押、查封、价格等信息表现出来。从功能上看，楼盘表是由政府设计规则、市场主体参与其中的交易场所，预售的商品房向现房的迈进步骤、预售商品房的各自特性、预售交易细节等，无不一目了然。正因为有高质量楼盘表的有力支持，普遍适用于商品房预售的网签备案机制能有效控制一房数卖的诚信风险，在不考虑预购商品房抵押时，单就商品房预售而申请预告登记就是多此一举。

实践中，不少预购商品房交易是采用按揭贷款方式完成的，在此过程中存在预购商品房抵押，由于其标的物尚未现实存在，无法办理抵押权登记，为了保护放贷人的利益，只能办理预抵押登记，而该登记的前提是先办理商品房预售预告登记，这也导致预告登记在商品房预售中有了刚性需求。这同时意味着，一旦市场上预购商品房抵押的比例不高，预告登记势必式微。而且，预购商品房抵押是内置于按揭购房交易中的环节，仍处于商品房预售阶段，而功能强大的楼盘表能标识预购商品房的抵押信息，从而可排除预购人把商品房再抵押给他人的可能。这种效果与通过网签备案来防止一房数卖没有实质差异，均是把风险控制在交易阶段，从而与预告登记的功能完全重叠。

（三）改变预告登记实践情况的策略

上述分析表明，预告登记在房产交易中难以适用的原因，是网签备案等交易机制与其功能高度重叠，要想改变这种实际情况，策略有二。一是网签备案与预告登记挂钩，只要当事人网签备案，同时也自动申请预告登记，既能实现房产交易管理，又能发挥预告登记的法定功能。二是扩充预告登记的对象范围，既把引致不动产物权变动的所有债权均纳入其中，还有必要进行制度整合和创新，把城镇房屋租赁、海域使用权和无居民海岛使用权的租赁、土地经营权、共有人对共有物的管理等约定、抵押权顺位的约定、房屋承租人和不动产按份共有人的优先购买权等纳入其中。

第二百二十二条【登记错误赔偿】

当事人提供虚假材料申请登记，造成他人损害的，应当承担赔偿责任。

因登记错误，造成他人损害的，登记机构应当承担赔偿责任。登记机构赔偿后，可以向造成登记错误的人追偿。

历史由来

本条完全继承了《物权法》第21条的规定。人的理性都是有限的，由人主导和操作的不动产登记难免会出错，由此会给权利人或其他人造成损害，为了救济受害人，《物权法》第21条规定："当事人提供虚假材料申请登记，给他人造成损害的，应当承担赔偿责任。因登记错误，给他人造成损害的，登记机构应当承担赔偿责任。登记机构赔偿后，可以向造成登记错误的人追偿。"在此基础上，《审理房屋登记案件若干问题的规定》第12条规定："申请人提供虚假材料办理房屋登记，给原告造成损害，房屋登记机构未尽合理审慎职责的，应当根据其过错程度及其在损害发生中所起作用承担相应的赔偿责任。"第13条规定："房屋登记机构工作人员与第三人恶意串通违法登记，侵犯原告合法权益的，房屋登记机构与第三人承担连带赔偿责任。"

与前述规定匹配，《国家赔偿法》第4条规定，行政机关及其工作人员在行使行政职权时造成财产损害的违法行为，受害人有取得赔偿的权利。第16条第1款规定："赔偿义务机关赔偿损失后，应当责令有故意或者重大过失的工作人员或者受委托的组织或者个人承担部分或者全部赔偿费用。"

本条保留了既往的立法经验，与《物权法》第21条完全一致。

规范目的或功能

在登记机构违背审查义务导致登记错误时，他人因登记错误产生的损害，应得到赔偿，以达致利益平衡。同时，由登记机构承担前述赔偿责任，也有助于督促登记机构尽职尽责办理登记。

规范内容

一、登记错误赔偿是行政赔偿

不动产登记的性质向来有民事行为和行政行为之争，若认可前者，则登记错误赔偿与公证错误赔偿一样，属于民事赔偿（《最高人民法院关于审理涉及公证活动相关民事案件的若干规定》第1条），反之则属于行政赔偿。

不动产登记通常由当事人的申请而引发，登记机构据此受理、审核和处理，这些行为环环相扣，共同推动登记程序的发展，只要其中一个环节中断，整个登记程序将丧失意义。申请是当事人自治的行为，而登记机构的受理、审核和处理虽然受申请的限制，不能超越申请的事项范围，但登记机构的审核和处理必须依法进行，是回应申请的单向度、不可逆的职权行为，既不同于缔约过程中你来我往的要约和承诺，也不同于共举盟主式或者股东会式的投票，其结果无论是否符合申请人的意愿，均对其有法律效力，这显然是登记机构单方决定申请命运的公权行为。

除了申请，嘱托也能启动不动产登记。法院的协助执行通知书、政府的征收决定等嘱托文书都表现了国家公权行为，登记机构据此而为时，根据《法院执行和国土资源房地产管理部门协助执行通知》第3条，无自由裁量空间，即使明知错误也不能停止登记，这无异于是嘱托事项的落实措施，仍属于公权行为。

至于不动产登记机构依职权的主动登记，是登记机构运用自己的公权力来改变相关登记事项，是管制者行使职权约束被管制者的公权行为。

既然不动产登记机构的职权行为属于公权行为，而它本身是行政机关，故不动产登记因属于行政行为，登记机构未尽审查义务导致登记错误，进而给他人造成损害的，应承担行政赔偿责任。在法律适用时，除了本条，还要适用《国家赔偿法》的有关规定，如根据该法第36条第8项，登记机构赔偿的是因登记错误造成的财产权直接损失。

二、赔偿责任的承担

登记机构的审查义务是合理注意义务，登记机构是否尽到这种义务，是衡量登记错误是否构成侵权行为的重要标准，是判断登记机构如何承担赔偿责任的重要标准。

登记机构未尽到审查义务，登记错误完全归责于此的，如登记机构工作人员错误注销A为B设立的房屋抵押权，A死亡后，继承人C不知该房屋负载抵押权的事实，将该房屋所有权转让给D，由于C和D对B不能实现抵押权利益的损失均无可归责的事由，登记机构就要承担完全的赔偿责任。根据本条第2款和《国家赔偿法》第16条第1款，登记机构在承担赔偿责任后，可以向有关工作人员追偿。

登记错误源于登记机构和申请人的故意，如登记机构工作人员和申请人恶意串通，故意造成登记错误来侵害他人权利，就构成主观上有意思联络的共同侵权行为，要由登记机构和申请人承担连带赔偿责任，《审理房屋登记案件若干问题的规定》第13条对此有明文规定，应予适用。

登记错误的原因不仅在于登记机构的过失，还在于申请人的故意或过失，如A提供虚假身份证和权属证明，申请将属于B的房屋抵押给善意的C，登记机构未尽审查义务为C办理抵押权登记，C在债务没有清偿时把该房屋拍卖转让给D，对此有两种解决方案。一是根据《审理房屋登记案件若干问题的规定》第12条，以及登记机构和A的过错程度及在损害发生中所起作用，承担相应的赔偿责任。二是登记机构和A虽然没有主观上的意思联络，但其行为具有关联性，而且是造成同一损害的共同原因，仍属于共同侵权行为，登记机构和A应当承担连带责任。相比而言，第二种方案对受害人更为有利。在这种情形下，申请人是登记错误的源头，没有其提供虚假材料申请登记的加害行为，就不会有登记机构的失职，登记机构在承担责任后，有权对申请人进行追偿，这也是本条第1款的应有之义。

登记错误的原因归责于嘱托机关的，由于登记机构对嘱托内容既无审查义务，也无监督职责，没有义务当然就不会因为懈怠失察而违背义务，登记机构的行为自然无从构成侵权行为，也就不应当对登记错误给他人造成的损害负担赔偿责任。《最高人民法院办公厅关于房地产管理部门协助人民法院执行造成转移登记错误，人民法院对当事人提起的行政诉讼的受理及赔偿责任问题的复函》第3条就指出，轮候查封的法院违法要求协助义务机关处置查封标的物造成执行申请人损失的，应当进行执行回转，无法执行回转的，由错误发出协助执行通知的法院承担司法赔偿责任，协助执行义务机关不承担赔偿责任。对此可适用或参照。

证明责任

根据《国家赔偿法》第15条第1款，在登记错误赔偿诉讼中，赔偿请求人和不动产登记机构对自己提出的主张，应当提供证据加以证明。

第二百二十三条【不动产登记费的收取】

不动产登记费按件收取，不得按照不动产的面积、体积或者价款的比例收取。

历史由来

本条完全继承了《物权法》第22条的规定。当事人申请不动产登记的目的主要在于实现个体利益，它引发了登记机构耗费公共资源的职权行为，为了平衡收支，申请人即应按照法律规定缴纳登记费。至于费用标准，《物权法》第22条规定："不动产登记费按件收取，不得按照不动产的面积、体积或者价款的比例收取。具体收费标准由国务院有关部门会同价格主管部门规定。"

在不动产统一登记后，2016年《财政部国家发展改革委关于不动产登记收费有关政策问题的通知》和《国家发展改革委财政部关于不动产登记收费标准等有关问题的通知》规定，涉及住宅所有权及其建设用地使用权的登记原则上收费标准为每件80元，非住宅类不动产权利的首次登记、转移登记、变更登记的收费标准为每件550元，查封登记、注销登记、预告登记和因不动产登记机构错误导致的更正登记不收取登记费，此外还有登记费的优惠减免。2019年《财政部国家发展改革委关于减免部分行政事业性收费有关政策的通知》规定，对下列情形免征登记费：（1）变更登记、更正登记；（2）森林、林木所有权及其占用的林地承包经营权或林地使用权及相关抵押权、地役权登记；（3）耕地、草地、水域、滩涂等土地承包经营权或国有农用地使用权及相关抵押权、地役权登记。车库、车位、储藏室不动产登记，单独核发不动产权属证书或登记证明的，登记费减按住宅类不动产登记每件80元收取。

本条保留了既往的立法经验，与《物权法》第22条第1句完全一致。

规范目的或功能

在过去一段时间，我国不动产登记收费标准不统一，在实践中，登记机构按不动产面积、体积或价款的比例来收费的现象普遍存在，这给当事人带来的负担较重，不利于不动产交易的开展。为了减轻当事人的经济负担，规范登记机构的收费行为，遂有本条规定。

规范内容

不动产登记介入不动产物权变动，确实能保障交易安全，但它相应地也提高了交易费用，除了当事人因此支出的时间和费用，最主要的是国家设置的登记机构的正常运作需有巨额成本，如办公的人力、场所、物资等成本，审查申请材料、保管登记资料等成本，登记错误时承担因其过错给他人造成损害等成本。这些成本是国家实现在不动产登记领域的公共治理所必须承担的，应由国家通过税赋来承担。但登记同时是一项公共服务，属于授益型行政行为，当事人从中获益，其相应地需要支出一定费用，此即不动产登记费。

当事人申请不动产登记，登记机构收取登记费，对当事人构成负担，这种对当事人造成不利的行为需符合法律保留原则，本条就是登记机构收取登记费的法律依据。为了规范登记机构的收费，也为了减轻当事人的负担，本条特别规定登记费按件收取，不得按照不动产的面积、体例或价款的比例收取。从财政部和国家发改委有关不动产登记收费标准的文件来看，登记费的确案件收取，收费标准为每件80元或550元，有些不收费，有些优惠减免，客观地讲，这不会增加当事人的经济负担。

举证责任

当事人认为不动产登记机构未按照收费标准乱收费的，应提供证据加以证明。

第二节　动产交付

第二百二十四条【动产物权的设立和转让生效时间】

动产物权的设立和转让，自交付时发生效力，但是法律另有规定的除外。

历史由来

本条承袭了《物权法》第23条的规定。我国民法对动产物权的设立和转让何时发生效力的问题已有一些规范。《民法通则》第72条规定："财产所有权的取得，不得违反法律规定。按照合同或者其他合法方式取得财产的，财产所有权从财产交付时起转移，法律另有规定或者当事人另有约定的除外。"《合同法》第133条基本上承袭了该规定，只是在文字描述上略作修改，表述为："标的物的所有权自标的物交付时起转移，但法律另有规定或者当事人另有约定的除外。"《物权法》第23条规定："动产物权的设立和转让，自交付时发生效力，但法律另有规定的除外。"《物权法》第23条的但书条款中未把"当事人另有约定"列入其中，似乎在此已经否认"当事人另有约定"可以排除交付变动动产物权的一般规则。[①]但书不再允许"当事人另有约定"，究其立法原意，实际上是为了防止当事人任意约定动产物权变动的公示方式，进一步强化物权公示对于物权变动的意义。《民法典物权编（草案）》（征

① 参见崔建远：《再论动产物权变动的生效要件》，载《法学家》2010年第5期。

求意见稿）第20条、《民法典物权编（草案）》（二审稿）第20条以及《民法典（草案）》第224条作出了相同的规定。可见，本条自《物权法》颁布以来并无改动。

规范目的或功能

本条规定了基于法律行为的动产物权变动的公示方法。基于法律行为的动产物权变动因交付而发生法律效力，法律另有规定的除外。基于法律行为的不动产物权变动以登记为公示手段，基于法律行为的动产物权变动以交付为公示手段。占有在不发生物权变动的静态情形发挥动产物权的公示作用，而交付在发生物权变动的动态情形发挥动产物权的公示作用。[①]本条是一个完全法条，规定了“构成要件”和“法律效果”两个部分，其构成要件为“动产物权的设立和转让”，其法律效果为“自交付时发生效力，但是法律另有规定的除外”。本条是基于法律行为的动产物权变动规则体系的重心，从宏观上决定了基于法律行为的动产物权变动的制度框架。

非基于法律行为的动产物权变动不适用本条规定，也不属于“法律另有规定”的情形。因为本条规定是针对基于法律行为的动产物权变动的调整规则，而非基于法律行为的物权变动有其单独的调整规则。也就是说，基于法律行为的动产物权变动一般以交付为生效要件，而非基于法律行为的动产物权变动不以交付为生效要件，而是根据特定事实或事实行为的出现依法产生物权变动的效果。

规范内容

一、关于“动产物权的设立和转让”的理解

本条规定的动产，是指不动产以外的物，如汽车、珠宝、图书等。货币，

① 参见全国人大常委会法制工作委员会民法室编著：《中华人民共和国物权法解读》，中国法制出版社2007年版，第53页。

为特别动产。物权以外的其他财产权利为不记名权利时，视为动产。[①]本条规定的动产物权包括动产所有权、动产质权，上述动产物权基于法律行为发生设立和转让的，以交付为生效要件。“因动产物权体系的构成，依合同取得动产物权的行为，即物权人出让其物权的行为，只是指动产所有权的移转行为和动产质权的设定行为。所以动产物权以交付作为生效要件的原则，基本的意义就是在动产所有权的移转及动产质权的设立过程中，要求以交付作为物权变动的生效要件。”[②]根据《民法典》第403条规定，动产抵押权自抵押合同生效时设立，不以交付为要件，属于“法律另有规定”的情形。根据《民法典》第447条的规定，动产留置权属于法律规定的物权变动，不属于本条调整。非基于法律行为的动产物权变动，不适用本条规定，由其他法律规则调整（《民法典》第229—231条）。

二、关于“交付”的理解

（一）本条中“交付”是动产物权的一般公示方法

交付是指权利人将自己占有的物移转其他人占有的行为。交付意味着占有的转移，动产的交付自动产移转给受让人占有时完成。[③]基于法律行为发生的动产物权变动，需要动产物权变动的意思表示与交付行为相结合，始生效力。“动产物权之让与，除让与合意外，尚需交付，二者兼具，动产物权之让与始生效力。”[④]“动产物权依法律行为而变动者，须当事人之间有动产物权变动之意思，以及‘交付’之行为，始能发生效力。”[⑤]根据本条规定，动产物权变动包括动产物权的设立和转让。权利人依据设立和移转物权的意思表示，将动产移转其他人占有，即可发生动产物权变动的法律效果。“当事人要完成物权变动，必须依法履行交付的义务，否则，即使合同有效，动产

① 参见梁慧星：《民法总论》（第五版），法律出版社2017年版，第156页。
② 孙宪忠：《中国物权法总论》（第四版），法律出版社2018年版，第438—439页。
③ 参见王利明：《物权法》，中国人民大学出版社2015年版，第80页。
④ 王泽鉴：《民法物权》，北京大学出版社2009年版，第94页。
⑤ 谢在全：《民法物权论》（上册），中国政法大学出版社1999年版，第99页。

物权也不能设立或发生变动。”[①]就动产物权变动而言，有效的合同在当事人之间产生债权，但还不能发生物权变动，若要发生物权变动，还需完成动产交付的义务，债权变动的意思表示和物权变动的意思表示相区分，各自有其发挥作用的领域。“当事人目的在于发生物权变动的合同，在当事人意思表示一致时生效；未发生标的物交付的，不影响合同效力。动产物权变动，以交付而生效。”[②]

交付是基于法律行为的动产物权变动的公示方法，动产物权变动因交付而发生法律效力。交付使权利的变更能够从外部加以识别，交付必须与具体的合意相联系。[③]“当事人之间动产物权变动的意思表示，通常未明白表示，学说上及实务中多推定物权变动的意思表示与交付并存，即在动产交付时即含有物权变动的意思表示。”[④]只有把交付与物权变动的合意联系在一起时，交付才成为物权变动的公示方法，否则，交付不具有公示方法的属性。例如，权利人依据租赁合同将动产交付承租人、权利人依据保管合同将动产交付保管人等情形，在此等情形下，权利人的交付只是履行合同债务的行为，而不是物权变动的公示行为。作为公示方法的交付产生相应的法律效力。“由于物权公示在物权变动中所发挥的提供法律基础的作用，使其在物权的变动中具有决定物权变动的效力、物权权利正确性推定的效力、善意保护的效力。”[⑤]

（二）本条规定的交付包括现实交付和观念交付

交付可以区分为现实交付和观念交付，本条规定的交付包括上述两种交付。“交付的基本要求即将物的实际占有移转给对方当事人。如果不能移转标的物的实际占有，则必须移转标的物的物权返还请求权，或者以占有改定来

---

① 王利明：《物权法》，中国人民大学出版社2015年版，第80页。

② 孙宪忠：《中国物权法总论》（第四版），中国人民大学出版社2018年版，第299页。

③ 参见［德］曼弗雷德·沃尔夫：《物权法》，吴越、李大雪译，法律出版社2002年版，第268页。

④ 申卫星：《物权法原理》（第二版），中国人民大学出版社2016年版，第152页。

⑤ 孙宪忠：《中国物权法总论》（第四版），法律出版社2018年版，第324页。

完成交付。”[①]“交付中的移转占有，可以是直接占有，也可以是间接占有，甚至可以是通过占有辅助人的占有。但是无论如何，物权受让人都必须获得对物的最终支配权意义上的占有。只有如此，物权受让人才能依据对物的占有，获得真正意义上的物权。”[②]

现实交付，又称直接交付，是指动产占有的实际移转，由受让人占有该动产。[③]出让人可以自己完成交付行为，也可以委托其履行辅助人完成交付行为。履行辅助人完成现实交付需要具备以下三个条件：第一，让与人须完全丧失其直接占有。第二，受让人须取得直接占有或与第三人成立间接占有关系。例如出让人甲将某一动产交给受让人乙的司机丙，此时受让人乙是间接占有人。第三，此项交付依据让与人的意思而作成。[④]“占有之移转须基于出让人之意思，在当前所有人的促成下使受让人取得对物的占有，如果受让人是自行取得占有的，则不构成交付。”[⑤]

观念交付又称为交付替代，“乃动产占有在观念上之移转，此为法律顾及特殊情形下交易之便捷，而采取之变通方法，以代替现实交付”[⑥]。对于物权变动的当事人来说，在某些情况下进行现实交付存在许多不便或不经济，可能妨碍交易的快捷、便利，因此法律承认可以通过观念交付的方式来代替现实交付，以减少不必要的麻烦，维护各方利益。《民法典》第226条至第228条规定了观念交付。

观念交付与现实交付之间存在明显差异。第一，观念交付是间接占有的移转，现实交付是直接占有的移转。第二，观念交付是法律所认可的当事人之间特别约定的交付方式，现实交付是法律直接规定的交付方式。观念交付最大的特点就是当事人之间在合同中就物权设立和转让存在着特别约定，物权设立和转让基于特别约定发生物权变动效果。第三，观念交付是一种特殊的物权变动的公示方式，现实交付是一般的物权变动的公示方式。正因为观

① 孙宪忠：《中国物权法总论》（第四版），法律出版社2018年版，第336页。
② 孙宪忠：《中国物权法总论》（第四版），法律出版社2018年版，第439—440页。
③ 参见孙宪忠：《中国物权法总论》（第四版），法律出版社2018年版，第441页。
④ 参见王泽鉴：《民法物权》，北京大学出版社2009年版，第96页。
⑤ 孙宪忠等：《物权法的实施》（第1卷），社会科学文献出版社2013年版，第155页。
⑥ 谢在全：《民法物权论》（上册），中国政法大学出版社1999年版，第100页。

念交付同样可以起到公示的作用，所以也会产生与现实交付相同的法律公示效力。

（三）交付的性质是法律行为

作为物权变动公示方式的交付，是当事人旨在发生物权变动的意思表示，其性质是法律行为，而不是事实行为。交付是当事人之间关于物权变动的意思表示推动的结果，任何状态下的交付都是当事人意思表示的产物。交付只有和物权变动的意思表示联系在一起时，才能作为动产物权变动的公示方式。① “交付行为一旦与关于所有权移转的合意相结合，它就成了法律行为的组成部分。”②萨维尼认为，交付是真正的契约，它包含物权变动的意思表示。“交付是一种真正的契约，因为它具备契约概念的全部特征：它包括双方当事人对占有物和所有权转移的意思表示……仅该意思表示本身作为一个完整的交付是不够的，因此，还必须加上物的实际占有取得作为它的外在行为，但这些都不能否定它的本质是契约。”③如果没有物权意思表示的推动，交付就是其他意义的行为，而不能成为物权公示方式。例如，使用借贷中的交付、承运行为中的交付、承揽行为中的交付，都不具备物权变动的意思表示。任何状态下的交付都是当事人意思表示的产物或外在表征，因此，将交付理解为事实行为的观点并不妥当。④

否定交付包含意思表示的观点认为，交付是事实行为，而不是法律行为。⑤主张交付是事实行为的观点否定负担行为和处分行为的区分原则，即否定债权行为和物权行为的区分原则。如果认为交付是事实行为，那么动产物权变动就是根据事实行为发生的，若此，则不存在独立的物权行为，因此，主张交付是事实行为的观点从根本上否认了独立的物权行为的

---

① 参见孙宪忠：《中国物权法总论》（第四版），法律出版社2018年版，第335页。

② ［德］卡尔·拉伦茨：《德国民法通论》（下册），王晓晔等译，法律出版社2003年版，第428页。

③ ［德］K.茨威格特、H.克茨：《“物权契约理论”——德意志法系的特征》，孙宪忠译，载《外国法译评》1995年第4期。

④ 参见孙宪忠：《中国物权法总论》（第四版），法律出版社2018年版，第335页。

⑤ 参见董安生：《民事法律行为》，中国人民大学出版社2002年版，第128—130页。

存在。以动产买卖为例，坚持区分原则的观点认为，交付是包含移转动产所有权的物权合意的法律行为，即物权行为。这一物权行为不仅在性质上独立于买卖合同这一债权行为而存在，而且在生效要件上也区别于后者。债权行为只需要买卖合同当事人设立动产买卖的债权债务协议就能够生效，而物权行为则需要买卖合同当事人移转动产物权的合意以及交付行为两个要件才能生效。在此情形下，债权行为是物权行为的基础和前提条件，它在当事人之间产生请求权；物权行为是在债权行为基础上的进一步推进，包括独立的物权合意以及动产交付的完成，由此在当事人之间发生权利变动，即物权变动。物权合意的功能不在于拘束物权人，而在于落实财产权的处分必须基于财产权人的自由意志这一基本要求。[①]与此相反，否定区分原则的观点认为，在动产买卖中，唯一的法律行为就是买卖合同这一债权行为，而交付只是买卖合同的履行行为，并无独立的法律行为性质，属于事实行为。

在基于法律行为发生的物权变动中，债权行为在当事人之间产生请求权，产生债权效果，还不能发生物权变动效果，若使其发生物权变动的效果，需要根据物权合意完成不动产登记或动产交付，这就是理论上所说的区分原则。“所谓区分原则，即在依据法律行为发生物权变动时，物权变动的原因与物权变动的结果作为两个法律事实，它们的成立生效依据不同的法律根据的原则。”[②]区分原则要求将负担行为和处分行为区分开来，或者说将物权变动的原因行为和结果行为区分开来，将债权行为和物权行为区分开来。负担行为，是指以发生债权债务为内容的法律行为，也称为债权行为或债务行为。处分行为，是指直接使某种权利发生、变更或消灭的法律行为，包括物权行为和准物权行为。[③]负担行为和处分行为的生效要件并不相同，负担行为生效不需要客体特定、不需要处分权、不需要公示，而处分行为生效则需要客体特定、需要处分权、需要公示。[④]就动产买卖而言，

---

① 参见苏永钦:《私法自治中的经济理性》，中国人民大学出版社2004年版，第165页。

② 孙宪忠:《中国物权法总论》（第四版），中国人民大学出版社2018年版，第297页。

③ 参见王泽鉴:《民法物权》，北京大学出版社2009年版，第60页。

④ 参见［德］迪特尔·梅迪库斯:《德国民法总论》，邵建东译，法律出版社2001年版，第168—169页。

交易的完成是债权行为和物权行为共同作用的结果。“买卖合同作为债权行为，只能在当事人之间产生创设债权债务关系的效力，不仅本身不能引起物权变动，而且无须以公示、出让人对标的物有处分权和标的物特定化为生效要件；与之相对，交付则属于包含了物权变动合意的物权行为，该行为不仅为动产物权的变动提供了法律行为基础，而且需满足法律行为的一般生效要件和物权行为的特别生效要件（出让人对标的物有处分权和标的物特定化），才能引起动产物权的有效变动。”[①]法律行为的附条件与附期限最明显地体现了现代交易中的区分原则。“当事人既可选择就负担行为附加条件期限，也可使负担行为确定生效，而仅就处分行为附加条件期限——此时物权合意同样可能与债权合意并存或嗣后作成。事实上‘动产担保交易法’中的附条件买卖即为债权行为不附条件而物权行为附停止条件，藉所有权保留来担保债权、促成交易。”[②]

从根本上说，交付是当事人的意思表示，缺乏这个意思表示，则不能完成物权变动，标的物的移转占有需要出让人与受让人的意思表示一致，是当事人意思自治的产物，交付的意思表示处于权利变动的核心地位。交付中的意思表示，就是当事人双方为实现物权变动而实施的一项独立的法律行为，它不同于产生请求权的债权行为，而是发生权利变动的物权行为。如果当事人没有发生物权变动的意思，则不发生物权法意义上的交付。即使发生动产物权变动的交付，也因意思表示不同而产生不同类型的物权变动，即移转动产所有权的意思表示和设立动产质权的意思表示产生不同的物权变动效果。从法理上看，无论是合同的订立还是物权的移转，都是当事人意思表示推动的结果，没有物权变动的意思表示，就不能发生物权的处分。从事实上看，交付如果不和特定意思表示相联系，那么就无法将物权变动的交付和非物权变动的交付区分开来。[③]也就是说，物权变动中的交付一定与一个相应的意思表示联系在一起，否则不可能发生物权变动。在种类物和未来物交易中，区分原则体现得尤为显著。“在种类物与未来物的交易，物权行为依严格的特定

---

① 孙宪忠等：《物权法的实施》（第1卷），社会科学文献出版社2013年版，第131页。

② 苏永钦：《私法自治中的经济理性》，中国人民大学出版社2004年版，第129页。

③ 参见孙宪忠：《中国物权法总论》（第四版），法律出版社2018年版，第437页。

原则根本无从在债权行为的合意阶段就同时作成。就种类物而言，总要等给付物特定时，才有为物权合意的可能，其合意可能在交付时才发生，也可能提前于债权人同意指定时。未来物则要到该物完工或独立成形时，始处于可被处分的状态。在两种情形下，物权移转都要等到债权契约有效成立后一段时间才能进行，物权行为纵不想独立也非如此不可，个案中何时作成物权移转合意通常不难探求认定，故采分离原则全无窒碍。”[①]

三、关于“法律另有规定的除外”的理解

根据本条规定，基于法律行为的动产物权变动以交付完成为条件，除非法律另有规定，排除了当事人的约定情形。“交付不是当事人约定的义务，而是法定义务，因为在物权变动的情形下，当事人不得随意通过合意免除交付标的物的义务。”[②]例如，当事人在设定动产质押时，就不能约定不需要交付或者约定将标的物交付给质押合同当事人以外的任何人均视为交付。

本条规定的“法律另有规定的除外”主要包括以下两种情形：[③]第一，《民法典》第403条关于动产抵押的规定。根据该条规定，动产抵押权自抵押合同生效时设立，不需要动产交付也能设立抵押权。该条同时规定了登记对抗要件，“未经登记，不得对抗善意第三人”。设立动产抵押权和设立动产质权的区别主要在于是否交付动产。根据《民法典》第429条规定，设立动产质权的，交付质押财产（动产）时设立。根据《民法典》第403条规定，动产抵押权设立无需交付动产，抵押合同生效时设立抵押权。第二，《民法典》第641条关于所有权保留的规定。根据该条第1款规定，当事人可以通过特别约定，在出卖人交付标的物后，标的物所有权属于出卖人。该条第2款规定了登记对抗要件，“出卖人对标的物保留的所有权，未经登记，不得对抗善意第三人”。根据所有权保留制度的要求，交付并不能当然发生物权变动的效果，只有在符合当事人约定的条件时才发生物权变动的效果。“物权合意附有解除条件，所

---

① 苏永钦：《私法自治中的经济理性》，中国人民大学出版社2004年版，第128—129页。

② 王利明：《物权法》，中国人民大学出版社2015年版，第81页。

③ 参见王利明：《物权法》，中国人民大学出版社2015年版，第81页。

有权只有在付清全部价款后才发生转移。在这种情况下，与物权合意相联系的所有权只有在条件成就时才发生转移，也就是说，买受人全部付清价款才取得所有权。在此之前尽管标的物已经交付，但出卖人仍然是所有权人。”[①]

第二百二十五条【船舶等物权登记】

船舶、航空器和机动车等的物权的设立、变更、转让和消灭，未经登记，不得对抗善意第三人。

历史由来

本条承袭了《物权法》第24条的规定。特殊动产，又称准不动产，包括船舶、航空器和机动车等特殊类型的动产。《买卖合同解释》第10条将船舶、航空器、机动车等称为特殊动产。关于特殊动产的物权变动规则散见于《海商法》[②]《民用航空法》[③]《船舶登记条例》[④]等专门性法律法规，《担保法》一体规定特殊动产抵押权设立规则，《物权法》统一规定特殊动产物权变动规则。《物权法》第24条规定：“船舶、航空器和机动车等物权的设立、变更、转让和消灭，未经登记，不得对抗善意第三人。”本条自《物权法》颁布以来并无改动。

① ［德］曼弗雷德·沃尔夫：《物权法》，吴越、李大雪译，法律出版社2002年版，第273页。

② 根据《海商法》第9条和第10条以及第13条第1款规定，船舶所有权的取得、转让和消灭，应当向船舶登记机关登记；未经登记的，不得对抗第三人。船舶所有权的转让，应当签订书面合同。船舶由两个以上的法人或者个人共有的，应当向船舶登记机关登记；未经登记的，不得对抗第三人。设定船舶抵押权，由抵押权人和抵押人共同向船舶登记机关办理抵押权登记；未经登记的，不得对抗第三人。

③ 根据《民用航空法》第14条和第16条规定，民用航空器所有权的取得、转让和消灭，应当向国务院民用航空主管部门登记；未经登记的，不得对抗第三人。民用航空器所有权的转让，应当签订书面合同。设定民用航空器抵押权，由抵押权人和抵押人共同向国务院民用航空主管部门办理抵押权登记；未经登记的，不得对抗第三人。

④ 根据《船舶登记条例》第5条和第6条规定，船舶所有权的取得、转让和消灭，应当向船舶登记机关登记；未经登记的，不得对抗第三人。船舶由二个以上的法人或者个人共有的，应当向船舶登记机关登记；未经登记的，不得对抗第三人。船舶抵押权、光船租赁权的设定、转移和消灭，应当向船舶登记机关登记；未经登记的，不得对抗第三人。

规范目的或功能

本条是关于船舶、航空器和机动车等特殊动产物权变动的规定，采取登记对抗主义的物权变动模式。本条是一个完全法条，规定了“构成要件”和“法律效果”两个部分，其构成要件为“船舶、航空器和机动车等的物权的设立、变更、转让和消灭”，其法律效果为“未经登记，不得对抗善意第三人”。

规范内容

一、关于本条中船舶、航空器、机动车等特殊动产的范围界定

本条规定的船舶、航空器和机动车等特殊动产的范围界定，主要根据法律、行政法规等规范性法律文件的相关规定予以确认，包括《民用航空法》《海商法》《道路交通安全法》《机动车登记规定》《船舶登记条例》等单行法律法规关于这些术语的界定。尽管船舶、航空器、机动车等特殊动产之内涵是明确的，但其外延却并非明确的。一方面，《海商法》第3条第1款对船舶作了限制性规定，《船舶登记条例》第2条第2款把军事船舶、渔业船舶、体育运动船艇排除适用，《民用航空法》第5条对航空器也作了限制性规定。另一方面，《民法典》对船舶航空器机动车等特殊动产范围未作任何限制，因此《民法典》所规定的船舶、航空器等特殊动产是否排除军事船舶、体育运动船艇、军用航空器等则不无疑问。一般来说，军事船舶、体育运动船艇、军用航空器等并不能完全避免处于民事法律关系中，物权法作为调整民事物权关系之基本法律，对上述特殊动产仍有适用余地，因此，本条不应排除军事船舶、体育运动船艇、军用航空器等的适用。

二、特殊动产的物权变动规则

（一）特殊动产物权变动采取登记对抗主义

根据本条规定，特殊动产的物权变动采取登记对抗主义。所谓登记对抗主义，是指未经登记，虽然物权变动可以有效成立，但不能对抗善意第三

人。[①]当事人对特殊动产物权变动达成协议的，还不能发生物权变动，只有完成交付才能发生物权变动，这是关于动产物权变动的基本要求，也是物权变动区分原则的题中应有之义。但由于特殊动产具有不动产的某些属性，因此，法律要求特殊动产的物权变动最好办理登记，仅有交付而未登记的不产生对抗善意第三人的效力，也就是说，法律赋予登记高于交付的效力。“当事人双方就船舶、飞行器和机动车等物权的设立、变更、转让和消灭达成协议的，只要出让人将标的物交付买受人，即使没有办理登记手续，在当事人之间仍然可以发生物权变动的效果。如果涉及物权的转让，则受让人可以依法取得物权，只是此种物权不能对抗善意第三人。”[②]也就是说，关于特殊动产的物权变动，交付也能发生物权变动，但是不能对抗善意第三人；如果善意第三人进行了登记，则登记的效力优先于交付的效力。一般认为，“善意第三人是指对船舶、航空器和机动车等物的交付不知情、支付了合理对价并办理了登记的第三人”[③]。根据《物权法解释（一）》第6条第1款规定，转让人的债权人被排除在善意第三人的范围之外。

一般地说，特殊动产的物权变动因交付而发生效力，无需登记；当然，最完美的形式是不仅交付，而且登记。因为权利取得在没有纳入登记的情况下，处于不稳定状态，因此当事人应当主动办理登记，否则将面临权利丧失的危险。特殊动产的交付虽然可以作为一种权利表征，但这一表征的法律效果相对比较弱小。[④]如果只是进行了交付，而没有办理登记，则存在风险，如果存在善意第三人，则交付不能对抗善意第三人的登记。“在登记对抗的情况下，尽管法律并不以登记作为物权变动的唯一条件，但毕竟登记是一种公示方法，登记对抗并非完全不需要登记，而是给予了当事人一种选择的权利，办理了登记，其权利就能够获得充分的保护，但是如果不办理登记，其则要承受一种风险，即无法对抗已经办理登记的善意第三人。因此，对于已经办理了登记的善意买受人，受让人是不能对抗的。”[⑤]

---

① 王利明主编：《民法学》，高等教育出版社2019年版，第143页。
② 王利明：《物权法》，中国人民大学出版社2015年版，第86页。
③ 王利明主编：《民法学》，高等教育出版社2019年版，第150页。
④ 孙宪忠：《中国物权法总论》（第四版），法律出版社2018年版，第447页。
⑤ 王利明：《物权法研究》（上），中国人民大学出版社2007年版，第278页。

特殊动产的物权变动规则介于动产交付规则和不动产登记规则之间，采取登记对抗主义，既不同于不动产的登记生效主义，也不同于动产的交付生效主义，而是二者的折中与融合。它包含以下三部分内容：第一，交付发生物权变动。特殊动产的物权变动可以因交付而生效，这是因为特殊动产具有动产的属性，因此采取动产交付生效主义的部分内容。就动产的属性而言，特殊动产已经交付是特殊动产物权变动的前提条件，只有特殊动产交付的合意，才不能发生物权变动。第二，登记发生物权变动。特殊动产的物权变动可以因登记而生效，体现了特殊动产所具有的不动产属性。在此情形下，登记即能使特殊动产发生物权变动，这种登记不以交付为其前提条件，即使特殊动产没有交付的，登记也能发生物权变动的效果，这是特殊动产的准不动产的性质决定的。因此，所谓登记以交付为前提的观点并不妥当。如果将登记对抗理解为既需要交付，又需要登记，则登记对抗规则比登记生效规则还要严格。若此，则使得特殊动产的物权变动规则比不动产的物权变动规则还要复杂，不符合“举重明轻”规则，也不符合人们的认识规律。第三，以登记对抗主义为折中方案。所谓登记对抗，顾名思义，就是登记的能够产生对抗效力，没有登记的不能产生对抗效力。登记对抗并不是交付对抗，交付不能产生对抗效力，交付不能对抗善意第三人。换言之，特殊动产物权变动已经登记的，可以对抗善意第三人；只有交付而没有登记的，不能对抗善意第三人的登记。只有特殊动产交付而没有特殊动产登记的，先行交付行为不能对抗此后的登记行为；只有特殊动产登记而没有交付的，登记行为可以对抗先行的交付行为。上述三部分内容密切联系，只强调其中一个方面的观点是不妥当的。

（二）交付不是登记的前提条件

特殊动产的物权变动规则可以区分如下两种情形：第一，在一般情形下，当事人根据约定交付特殊动产的，特殊动产发生物权变动的效果。此时没有出现善意第三人，因此遵循动产物权变动的一般规则。第二，在特殊情形下，虽然特殊动产已经交付，但没有办理登记的，如果交付完成后出现善意第三人，则交付行为不能对抗善意第三人。也就是说，虽然特殊动产已经完成了交付，但出让人与善意第三人就同一标的物办理了物权变动登记的，则在进行登记的当事人之间发生物权变动的效力，而在交付的当事人之间不能发生物权变动的效力。登记的法律事实无论出现在交付之前，还是交付之后，交付都不能产生对抗善意第三人登记的效力。登记而未交付的，可以对抗交付行为。登记无需以交付为前提条件，是登记对抗主义的题中应有之义，否则便是单纯的交付生效主义，而不是登记对抗主义。

有观点认为，如果没有交付船舶、航空器和机动车，即便登记了，受让人也不能取得所有权。[①]登记对抗主义发生的前提是有效的物权变动，仅依登记而未交付，受让人并未取得该特殊动产的所有权，并未发生物权变动。[②]上述观点值得商榷。上文指出，登记对抗主义的本意是：交付不能产生对抗效力，只有经过登记的物权变动才具有对抗第三人的效力，它并不以交付为前提条件。交付与登记都可以作为特殊动产物权变动的公示方法，根据本条规定，登记的效果强于交付，交付而未登记的不能产生对抗效力，登记的对抗效力不以交付为前提。“如果登记权利人是善意的，则即使特殊动产已经交付，占有人也不能对抗登记权利人。”[③]“若当事人只进行了所有权转移登记，但未交付标的物的情况，法律上可以认为，若无相反约定，当事人在实施登记时已具备了使所有权发生对世变动的合意（否定这一点将有悖于常识），且该合意中当然包含了使所有权转让在当事人之间生效的合意，故此时的登记已经具备了使所有权发生对世变动所需的全部意志要素和物上要素，足以为所有权转让提供完备的法律基础。”[④]就本条的规定来看，特殊动产的物权变动原则上交付生效，但其权利状态并不圆满，如果能够进行登记则最为圆满；如果没有进行登记，而善意第三人进行了登记，则交付不能对抗第三人的登记。善意第三人的登记不以交付为前提条件，特殊动产的登记效力高于交付效力。“在登记对抗模式下，虽然法律允许当事人可以就是否登记进行选择，但登记仍然具有明显强于交付的公示效力，因此，在未登记而已交付的情形下，受让人所享有的物权可以对抗一般的债权人。如果已向一个当事人交付，而另一个当事人却已经办理登记，已经取得物的占有的权利人不能对抗经过登记

① 参见崔建远：《再论动产物权变动的生效要件》，载《法学家》2010年第5期；崔建远：《机动车物权的变动分析》，载《环球法律评论》2014年第2期。

② 参见周江洪：《特殊动产多重买卖之法理》，载《苏州大学学报》2013年第4期。

③ 王利明主编：《民法学》，高等教育出版社2019年版，第150页。

④ 汪志刚：《准不动产物权变动与对抗》，载《中外法学》2011年第5期。

取得物权的善意权利人。”[①]

（三）所谓“再次转让的行为属于无权处分”的观点并不妥当

有观点认为，交付就已经使特殊动产所有权转移，登记只是对抗要件，因此，如果原所有人再行出卖该项特殊动产则属于无权处分，新的买受人即使已经登记，仍然不能取得所有权。[②]在特殊动产的二重让与中，由于第一次交付已经导致所有权的变动，因此出卖人再次转让的行为属于无权处分，应当适用法律规定的善意取得制度予以解决。[③]上述观点仍然值得商榷。按照上述观点解释，特殊动产的物权变动只需交付就可以了，登记在此基本没有意义，仅仅具有补足形式的功能。如果没有出现第三人交易，就不需要登记了，节省了登记费用；如果出现了第三人交易，只需要补足登记条件就可以了。也就是说，善意第三人无论如何都不可能取得所有权了。如果上述观点成立，则特殊动产的交付和一般动产的交付采取同样的规则，即交付生效，其结果是登记对抗主义名存实亡，特殊动产的物权变动模式由登记对抗主义转变为交付生效主义。

至于说出卖人交付特殊动产后再行出卖就属于无权处分，似乎不能自圆其说。问题的关键在于，特殊动产的物权变动采取登记对抗主义，并非单纯的交付生效主义，其本意就是交付不能对抗登记的善意第三人，也就是说，出卖人在向第一买受人交付后，还可以和第二买受人就同一标的物再行签订买卖合同并办理登记，这是登记对抗主义的题中应有之义，所谓无权处分的观点误解了登记对抗主义，因此，所谓“再次转让的行为属于无权处分”的观点并不妥当。特殊动产经合意加交付之后即可发生物权变动，但是在登记之前，对于善意第三人而言，受让人所享有的物权并不完整，这属于登记对抗主义之下为了交易安全的需要而做出的例外安排。[④]如果船舶、航空器和机动车的所有人与受让人之间达成了合意并交付了动产，在没有办理登记过户

① 王利明：《物权法》，中国人民大学出版社2015年版，第87页。

② 参见崔建远：《再论动产物权变动的生效要件》，载《法学家》2010年第5期。

③ 参见最高人民法院民事审判第二庭编著：《最高人民法院关于买卖合同司法解释理解与适用》，人民法院出版社2012年版，第182页。

④ 参见肖厚国：《物权变动论》，法律出版社2002年版，第277页。

手续之前，此时动产的物权即转移到受让人。但是在此时，区分对内效力和对外效力，在对内效力中（相对于买受人），登记权利人已经不享有所有权；但是，在对外效力中（相对于第三人），登记权利人仍然是法律上的权利人，其仍然可以转让其所有权。[①]

三、关于特殊动产一物数卖情形的处理规则

（一）先行交付行为不能对抗善意第三人的登记

在特殊动产一物数卖的情形中，第一买受人虽然已经取得了特殊动产的占有，但是此后善意第三人就该项特殊动产进行了登记，则第一买受人不得对抗善意第三人。"因为转让人仍然是登记权利人，所以，他仍然可以将机动车等再次转让或设置抵押，如果第三人不知道或者不应当知道其已经转让了该动产，第三人是善意的、无过失的，那么，第一买受人取得的物权并不能对抗善意第三人。"[②]如果甲和乙、丙二人就同一辆汽车签订了买卖合同，交付占有的第一买受人不得对抗此后登记的善意第三人。如果后买受人丙于订立买卖合同时，已经知道（应当知道）甲已经将该汽车出卖给乙的事实，则丙属于恶意第三人，前买受人乙因交付取得的对该汽车的所有权，足以对抗该恶意第三人。如果后买受人丙于订立买卖合同时，不知道（不应当知道）甲已经将该汽车出卖给乙的事实，则后买受人丙属于善意第三人，前买受人乙因交付取得的对该汽车的所有权，对抗效力存在缺陷，不得对抗已经登记的善意第三人丙。[③]在特殊动产的一物数卖情形下，先行交付行为不能对抗此后的善意第三人的登记，根据登记取得的所有权可以对抗仅仅依据占有交付取得的所有权。[④]也就是说，登记对抗主义就是指登记的效力高于交付的效力，特殊动产已经交付而没有登记的，不能对抗已经登记而未交付的善意第三人。"不登记即不对抗，让物权受让人深切地感受到不登记的物权变动带来的重大不利后果，其通过削弱物权本来具有的效力，一方面使当事人明白不登记的

---

① 参见王利明：《一物一权原则探讨》，载《法律科学》2009年第1期。

② 王利明：《物权法研究》（上卷），中国人民大学出版社2007年版，第387页。

③ 参见梁慧星：《物权法司法解释（一）解读》，载《法治研究》2017年第1期。

④ 参见孙宪忠：《中国物权法总论》（第四版），法律出版社2018年版，第446—447页。

弊害，另一方面也使当事人体会到登记的好处，从而促使当事人完成登记。”[①]

（二）关于特殊动产交易规则的司法解释混淆了登记对抗主义的基本原理

《买卖合同解释》第10条第4项规定：“出卖人将标的物交付给买受人之一，又为其他买受人办理所有权转移登记，已受领交付的买受人请求将标的物所有权登记在自己名下的，人民法院应予支持。”该项规定确立了先行交付行为对抗善意第三人登记的规则，混淆了登记对抗主义的基本原理，并不具有合理性。由于特殊动产的物权变动采取登记对抗主义，因此，其物权变动既可因登记，也可因交付而发生，但是交付不能产生对抗效力，善意的登记权利人应优先于已经占有标的物的买受人。“交付和登记均为特殊动产物权变动的公示方法，在特殊动产一物数卖的情况下，登记应当优先于交付。”[②]就特殊动产物权变动的登记对抗主义而言，登记的公示效力明显高于交付的公示效力。“《买卖合同解释》第10条随意降低船舶、航空器与机动车的登记效力，使之劣于交付，这种做法明显违背了立法本意，不利于我国动产登记制度的完善，无法有效地维护交易安全。”[③]

第二百二十六条【简易交付】

动产物权设立和转让前，权利人已经占有该动产的，物权自民事法律行为生效时发生效力。

历史由来

本条基本承袭了《物权法》第25条的规定，其性质是简易交付，属于观念交付的类型。早期的交付仅指现实交付，即标的物占有的现实移转。后来

① 肖厚国：《物权变动研究》，法律出版社2002年版，第277页。

② 王利明：《特殊动产一物数卖的物权变动规则——兼评〈买卖合同司法解释〉第10条》，载《法学论坛》2013年第6期。

③ 程啸：《论动产多重买卖中标的物所有权归属的确定标准》，载《清华法学》2012年第6期。

交付出现多种简化形式，简易交付源于罗马法的“短手交付”。[①]观念交付作为一项完整的法律制度，肇始于罗马法，后被法国、德国、瑞士、日本等国民事立法所采纳。《物权法》正式确立了简易交付的法律地位，该法第25条规定：“动产物权设立和转让前，权利人已经依法占有该动产的，物权自法律行为生效时发生效力。”《物权法》第25条要求的占有前提必须为“依法”占有，但依法占有不等同于合法占有，这将导致无权占有的情形不能适用简易交付，限缩了简易交付的适用范围，给交易当事人带来诸多不便。《民法典物权编（草案）》（征求意见稿）第22条将原条文中的“依法”二字删除，《民法典物权编（草案）》（二审稿）第22条以及《民法典（草案）》第226条作出了相同的规定：“动产物权设立和转让前，权利人已经占有该动产的，物权自民事法律行为生效时发生效力。”其修正之处为，删除了《物权法》第25条中的“依法”二字。在此基础上又进行了小幅修改，将“法律行为”修改为“民事法律行为”，最终形成本条。

三 规范目的或功能

本条是关于动产物权受让人先行占有问题的规定，是一个完全法条，规定了“构成要件”和“法律效果”两个部分，其构成要件为“动产物权设立和转让前，权利人已经占有该动产的”，其法律效果为“物权自民事法律行为生效时发生效力”。简易交付常见于受让人已经基于租赁合同、寄托合同、借用合同等占有动产，其后受让人又与所有权人达成移转所有权协议等情形。在此情形下，如果必须进行现实交付，则出让人须先从受让人处取回标的物，再将其移交给受让人，实属多此一举，而简易交付可以达到简化交易过程、节省交易费用的目的，适应现代社会交易效率的需要。“在受让人或质权人已占有标的物的情形下，要求进行现实交付并无实际意义，而承认交付自让与合同生效或质押合同合意成立时完成则简化了交易过程。”[②]

---

① 参见杨震：《观念交付制度基础理论问题研究》，载《中国法学》2008年第6期。

② 温世扬：《物权法要义》，法律出版社2007年版，第35页。

规范内容

一、简易交付及其构成要件

简易交付，是指动产物权设立和转让前，受让人已经占有该动产，无需进行现实交付，只需让与人与受让人达成生效的让与合意即发生物权变动。在简易交付情形下，受让人基于其他法律关系占有该动产，一经当事人达成物权变动合意，即可发生物权变动的效力。“如果受让人已经直接或间接占有该物，仅需物权合意即可完成所有权移转。”[①]“动产物权受让人本人或其占有代理人，如因委托、寄托、租赁、使用借贷、设定质权、雇佣或其他关系，既已占有标的物时，仅依让与该物权之合意，即产生物权变动效力。”[②]例如，出让人在转让动产物权之前，受让人已经通过租赁、借用、委托等方式实际占有了该动产，则从移转标的物所有权的法律行为生效时，视为交付已经完成。无论是直接占有还是间接占有，无论是有权占有还是无权占有，都可以适用简易交付。

二、简易交付的构成要件

1. 动产物权设立和转让前，受让人已经占有了该动产，这种占有包括有权占有和无权占有。“解释上应认为受让人占有动产的原因，究为租赁、寄托、使用借贷或拾得遗失物，有权占有或无权占有，均所不问。”[③]“有已具法律上占有之原因者，如让与人为出租人或寄托人，受让人为承租人或受寄人固属之，纵无法律上之原因者，如无权占有人亦无不可。”[④]这里所指的“占有”，既包括受让人的直接占有，也包括受让人的间接占有；既包括受让人自主占有，也包括他主占有。

2. 双方实施了某种民事法律行为，而且已经生效，因此发生物权变动的效果。这里所说的民事法律行为，是指当事人旨在发生物权变动的民事法律行为，

---

① [德]曼弗雷德·沃尔夫：《物权法》，吴越、李大雪译，法律出版社2002年版，第273页。

② 史尚宽：《物权法论》，中国政法大学出版社2000年版，第38页。

③ 王泽鉴：《民法物权》，北京大学出版社2009年版，第96页。

④ 谢在全：《民法物权论》(上册)，中国政法大学出版社1999年版，第101页。

其性质是物权行为。“它必须符合法律行为的生效要件，否则，无效的法律行为不能产生先行占有的后果，即不能发生物权变动。”[①]在实施物权行为之前，受让人已经占有该动产，可能是受让人依据债权债务关系占有该动产，也可能是无权占有。在物权行为生效时，视为动产交付完成，发生物权变动的效果。“由于双方已经达成了移转所有权的合意，同时标的物已经发生了占有的移转，因而没有必要再继续从事现实交付行为。”[②]动产物权变动以交付为生效要件，但当受让人由于各种原因已对转让物行使事实上的支配力时，物权变动所需的占有外观已经具备。本条规定的简易交付要求受让人提前获得对转让物的事实支配力，现实交付因此失去其价值，没有必要强行要求受让人先将转让物返还给出让人，再由出让人送还受让人，而应为实现便捷交易的目的，允许当事人仅通过物权合意发生物权变动的效果。在此情形下，所有权转让或质权的设立仅需要当事人就此达成有效的物权变动合意即可。法律之所以如此规定，其目的在于简化交付手续，便利交易的进行。而且，本条也并没有打破交付原则，因为对于本条所适用的情形而言，不仅当事人之间存在物权变动合意，而且实际上也存在着物的交付。只不过，在物权变动合意发生之前就已经完成了交付。[③]

三、简易交付的适用

虽然简易交付为一种纯粹的观念上的交付，只要双方达成了物权变动的合意，物权即可变动，但由于经简易交付而成立的物权与物权存在的外观一致，即受让人为动产的直接占有者，占有人即权利人，因此，尽管表面上没有公示，但物权的公示在事实上已经完成，实践中不会产生任何问题，其公示和公信力与现实交付并无二致。因此，对于简易交付在各种动产物权变动中的效力，均无争议。

常见的简易交付情形主要是借用人、承租人等基于占有媒介关系先行占有标的物，事后与出借人、出租人等达成移转所有权的合意。受让人通常为

---

① 孙宪忠主编：《中国物权法：原理释义和立法解读》，经济管理出版社2008年版，第159页。

② 王利明：《物权法》，中国人民大学出版社2015年版，第83页。

③ 参见孙宪忠等：《物权法的实施》（第1卷），社会科学文献出版社2013年版，第159页。

他主占有人，其究竟为直接占有抑或为间接占有并无影响。即使在受让人为无权占有的情况下，也可以适用简易交付。受让人无权占有通常包括受让人占有盗赃物、遗失物等脱离物的情形。由于受让人已获自主占有，所有权变动之前的占有已实现转让物的归属状态，这也符合简易交付的规范目的。当事人在订立旨在变动物权的法律行为时，由于占有状态已经实现，仅基于合意便可移转所有权。受让人是否基于出让人的意思获得占有在此并不重要。占有辅助人的占有符合简易交付的制度目的，也可以适用简易交付。

四、关于本条中“民事法律行为”的含义

民事法律行为，是指以意思表示为要素，设立、变更、终止民事法律关系的行为。或者说，民事法律行为是指旨在产生法律效果的私人意思表示。其内涵有二：其一，民事法律行为的核心要素是意思表示，没有意思表示则没有法律行为，它强调法律效果意定而非法定，以区别于准法律行为、事实行为和侵权行为。其二，民事法律行为的目的在于发生私法效果，其性质是设权行为，即它使权利产生和发生变动，从而设立、变更、终止民事法律关系，以彰显行为的目的性。在关于民事法律行为内涵的界定中，基本都包含了上述两个因素，即意思表示和私法效果。“至少对于主流学说而言——原则上仍然坚持认为，意思表示以形成法律关系为目的，有鉴于此，以设权为目的的意思构成意思表示的核心要素。”[①]一般认为，我国民法上的民事法律行为概念与法律行为概念是同义语。“此民事法律行为概念，与大陆法系民法通用的‘法律行为’概念完全等同、毫无区别。前置‘民事’二字，仅在表明专属于民事领域之法律概念而已。质言之，在废弃‘民事行为’概念之后，‘民事法律行为’概念，已经抛弃《民法通则》起草人赋予的特别含义，与大陆法系民法‘法律行为’概念完全等同。”[②]

民事法律行为以效力为标准，可以分为负担行为与处分行为。这种分类是针对财产法律行为而言的，它并不能涵盖所有的民事法律行为类型。“针对财产法上的法律行为，人们按照它旨在形成义务还是旨在引起现有权

① ［德］维尔纳·弗卢梅：《法律行为论》，迟颖译，法律出版社2013年版，第135页。

② 梁慧星：《民法总论》，法律出版社2017年版，第164—165页。

利发生变动来对其予以区分。”[1]能够发生请求权效力的法律行为是负担行为，能够发生支配权效力的法律行为是处分行为。[2]负担行为是使当事人承担给付义务的行为。负担行为并未导致资产的直接减少，而只是增加了义务人的负债。处分行为是指直接将权利移转、设定负担、变更或者取消的行为。与负担行为相反，处分行为直接减少了处分人的资产。[3]本条所说的法律行为是处分行为，即旨在发生物权变动的行为，即动产物权设立和转让行为，包括动产所有权人与受让人订立的动产转让的协议以及与质权人订立的动产出质协议。[4]“该合意区别于作为原因行为的合意，必须符合处分行为的构成要件。”[5]在处分行为生效之前，权利人占有该动产，在就该动产达成物权设立和转让的合意时，该动产物权变动生效，即发生动产物权设立和转让的效果。

五、简易交付的生效时间

在受让人已经取得对动产的占有，又依据法律行为取得其物权的情况下，动产物权的公示已经在事先完成，物权受让人已经能够依物权的排他性行使物权。因此，物权的变动就在当事人之间关于物权变动的协议生效时发生法律效力。当事人只要达成抽象的物权合意，便可引起动产物权变动，但当事人之间关于物权变动的协议必须符合法律行为的生效要件，否则，无效的法律行为不能产生先行占有的后果，即不能发生物权变动。在当事人达成物权合意时如存在意思表示瑕疵，表意人可撤销物权合意，由此使所有权移转失效。

《德国民法典》第929条第2句规定了简易交付，根据该条规定，达成物权合意时发生物权变动。“如果受让人已经直接或间接占有该物，仅需物权合

---

① [德]维尔纳·弗卢梅：《法律行为论》，迟颖译，法律出版社2013年版，第159页。

② 参见孙宪忠：《权利体系与科学规范：民法典立法笔记》，社会科学文献出版社2018年版，第289页。

③ 参见[德]汉斯·布罗克斯、沃尔夫·迪特里希·瓦尔克：《德国民法总论》(第41版)，张艳译，中国人民大学出版社2019年版，第54页。

④ 参见全国人大常委会法制工作委员会民法室编著：《中华人民共和国物权法解读》，中国法制出版社2007年版，第56页。

⑤ 杨震：《观念交付初探》，载《求是学刊》2019年第5期。

意即可完成所有权移转。第929条第2句清楚地表明了这一点（所谓的简易交付）。承租人想要取得他已经租用的电视机，只需要和出让人达成物权合意就可以取得所有权，因为他已经直接占有了电视机。”①

六、关于简易交付是否适用善意取得

《民法典》第311条规定的善意取得制度并未对简易交付专设条文。即便我国现行法上的善意取得制度缺少这一条文，但为保护第三人利益、维护交易安全，第三人基于对物权公示的信赖而与占有人进行的交易，应当受到法律保护，因此，简易交付可以适用善意取得制度。②受让人以简易交付的方法和善意取得的理由，可以取得受让财产的所有权。但是善意取得人必须是从让与人处取得占有。③也就是说，让与人必须在善意取得人取得占有之前，曾一度为占有人。而恰恰由于让与人的这次占有，使原所有人不再直接占有自己的财产。反之，如果让与人在让与前不曾占有过标的物，则受让人不得以简易交付的方法和善意取得的理由取得该物的所有权。

第二百二十七条【指示交付】

动产物权设立和转让前，第三人占有该动产的，负有交付义务的人可以通过转让请求第三人返还原物的权利代替交付。

历史由来

本条基本承袭了《物权法》第26条的规定，其性质是指示交付，属于观念交付的类型。《物权法》第26条规定：“动产物权设立和转让前，第三人依法占有该动产的，负有交付义务的人可以通过转让请求第三人返还原物的权利代替交付。”《民法典物权编（草案）》（征求意见稿）第22条、《民法典物

---

① ［德］曼弗雷德·沃尔夫：《物权法》，吴越、李大雪译，法律出版社2002年版，第273页。

② 参见庄加园：《自主占有与简易交付》，载《法学》2020年第1期。

③ 参见杨震：《观念交付初探》，载《求是学刊》2019年第5期。

权编（草案）》（二审稿）第22条以及《民法典（草案）》第227条作出了相同的规定："动产物权设立和转让前，第三人占有该动产的，负有交付义务的人可以通过转让请求第三人返还原物的权利代替交付。"其修正之处为，删除了《物权法》第26条中的"依法"二字，最终形成本条。

规范目的或功能

本条是一个完全法条，规定了"构成要件"和"法律效果"两个部分，其构成要件为"动产物权设立和转让前，第三人占有该动产的"，其法律效果为"负有交付义务的人可以通过转让请求第三人返还原物的权利代替交付"。指示交付的意义在于减少现实交付带来的手续上的繁琐，可以达到简化交易过程、节省交易费用的目的，适应现代社会交易效率的需要。

规范内容

一、指示交付的含义

指示交付，又称让与返还请求权，是指出让人的动产被第三人占有时，出让人将对第三人的返还请求权让与受让人，以代替现实交付。[①]就一般情形而言，当事人达成动产设立和转让的物权合意后，出让人将对动产的间接占有转让给受让人。就特殊情形而言，"出让人并非间接占有人时（出让人与占有物的第三人之间无占有媒介关系），可以将通过侵权行为或不当得利而生的返还请求权转让给受让人，以替代交付"[②]。指示交付通过出让人与受让人达成的两个合意完成：一是移转动产所有权或者设立动产质权的合意；二是让与返还请求权的合意。"这种转让除了物权合意外，还需要存在以转让间接占有为目的的让与合同。"[③]在一般情形下，两个合意达成后，受让人取代出让人的

① 参见谢在全：《民法物权论》（上册），中国政法大学出版社1999年版，第102页。

② 孙宪忠等：《物权法的实施》（第1卷），社会科学文献出版社2013年版，第166页。

③ ［德］曼弗雷德·沃尔夫：《物权法》，吴越、李大雪译，法律出版社2002年版，第276页。

地位，成为该动产的间接占有人。例如，甲将相机出租给乙，租期为一星期，后在出租期限内又决定将相机出卖给丙，由于租期未满，乙对该相机的占有为有权占有，甲无法完成现实交付，这时为了使丙享有对相机的所有权，甲可以将自己享有的对乙的返还原物请求权转让给丙以代替现实交付。“所有物返还请求权之让与，不只对现在占有人之请求权，即对于将来其他占有人之物权返还请求权亦包括在内。”①

二、指示交付的构成要件

（一）当事人达成了物权变动合意

在指示交付中，当事人就动产物权设立和转让达成了合意。如果没有物权变动合意，则不能发生物权变动的法律效果。

（二）动产物权设立和转让前，该动产已被第三人占有

在指示交付中，当事人在达成设立和转让动产物权合意时，该动产由第三人占有，则负有交付义务的出让人可以将其享有的对第三人的返还请求权转让给新的权利人，以代替动产的现实交付。此处所涉及的负有交付义务的人，主要指出卖人、出质人、赠与人等。本条规定的第三人占有，既包括直接占有，也包括间接占有；既包括有权占有，也包括无权占有。

（三）当事人达成了让与返还请求权的协议

在指示交付中，当事人达成了让与返还请求权的协议，以代替现实交付。返还请求权既包括基于合同等法律关系产生的债权请求权，也包括针对无权占有而产生的物权请求权。

三、让与的返还请求权的性质

通说认为，指示交付中的让与返还请求权兼具债权请求权和物权请求权的性质。第三人基于承租、借用等合同关系占有动产的，返还请求权的性质

---

① 谢在全：《民法物权论》（上册），中国政法大学出版社1999年版，第103页。

是债权请求权；第三人无权占有动产的，返还请求权的性质是物权请求权。[①]《物权法》第26条所规定的指示交付采纳了上述观点。[②]一般认为，对于第三人基于租赁等合同关系而占有动产的情形，出让人转让的返还请求权性质上属于债权请求权范畴，而根据债权转让的规则，出让人应当履行通知第三人的义务，否则对第三人不生效力。在第三人为无权占有的情形下，出让人转让的为基于所有权的物上请求权，是否应当通知第三人，虽然法律未作规定，但通知第三人较为妥当。[③]

四、本条规定的“第三人”的范围

指示交付的前提条件是，动产物权的设立和转让人对设立和转让标的没有直接占有，不能通过现实交付的方式完成动产物权的设立和转让。本条所规定的“第三人”是指对设立和转让的动产直接占有的一方，包括根据租赁合同、保管合同、动产质押合同而占有动产的承租人、保管人、质权人等。由于《民法典》第227条删去了《物权法》第26条的“依法”二字，所以不具备法律上的正当原因而占有动产的物权占有人也在该条文的“第三人”范围之内，包括以下两种情形：第一，基于合法原因占有动产后，合法原因消灭，直接占有人由有权占有变成无权占有。例如，甲将相机出租给乙，租期为一星期，一星期过后，甲乙间的租赁关系解除，乙对甲相机的占有从有权占有变成无权占有，负有向甲返还相机的义务。此时甲将相机出卖给丙，乙未返还相机，甲可通过指示交付的方式向丙转移相机的所有权。第二，直接占有人占有该动产自始就没有法律依据。无权占有人并不享有本权，例如，非法侵占他人财产。[④]在此情形下，因为不存在

---

① 参见史尚宽：《物权法论》，中国政法大学出版社2000年版，第41页；姚瑞光：《民法物权论》，中国政法大学出版社2011年版，第22页；谢在全：《民法物权论》（上册），中国政法大学出版社1999年版，第103页。

② 参见全国人大常委会法制工作委员会民法室编著：《中华人民共和国物权法解读》，中国法制出版社2007年版，第59页。

③ 参见姚瑞光：《民法物权论》，中国政法大学出版社2011年版，第22页；谢在全：《民法物权论》（上册），中国政法大学出版社1999年版，第103页。

④ 参见王利明：《物权法》，中国人民大学出版社2015年版，第461页。

占有媒介关系，因此，出让人并不是该动产的间接占有人，但出让人对该动产享有所有权，因此出让人可以向受让人转让动产返还请求权。“如让与人非为间接占有人，例如其物遗失或被盗，则受让人不取得任何占有，而生所有权之移转。”[①]有观点认为，对不特定第三人的返还请求权并不适用指示交付，例如，对于已被他人偷盗之物不适用指示交付。[②]这一观点比较符合社会生活实践，值得赞同。

五、通过交付仓单、提单等有价证券完成的交付

仓单、提单等有价证券具有表彰动产物权的功能，交付仓单、提单等有价证券的行为属于指示交付。“动产物权经证券化时，其物权变动须交付表彰动产物权的证券，以代替该动产之交付。”[③]如果动产已经证券化为仓单、提单等证券的，则证券交付代替了动产现实交付，从而发生物权变动。[④]将仓单、提单等物权凭证移转占有，而不直接移转动产占有，以代替现实交付，称为拟制交付。[⑤]一般认为，出让人将仓单、提单等证券交付给受让人时，即产生与直接交付动产相同的法律效果，而无需直接交付证券所表彰的动产。“之所以如此，是因为此等证券为物权证券，动产物权系内蕴于证券中，持有证券即意味着占有动产本身，故此等物权变动，通常以交付证券的方式为之。”[⑥]证券持有人通过移转该凭证，便将证券的所有权及其项下货物的所有权一并移转给证券受让人。证券的流转与其项下货物所有权的流转捆绑在一起，后者需要依靠前者来实现。“动产物权业经证券化者，其物权之变动须以交付表彰动产物权之证券以代替该动产之交付。例如仓单、提单、载货证券所载物品之交付，于交付该项证券于受领人时，与交付物品有同一之效力。因此等证券为物权证券，动产之权利，以证券表彰之，持有证券者，即与占有动产同，对动产权利之行使，亦须以证券而为之，故此等动产

① 史尚宽：《物权法论》，中国政法大学出版社2000年版，第41页。
② 参见姚瑞光：《民法物权论》，中国政法大学出版社2011年版，第22页。
③ 王泽鉴：《民法物权》，北京大学出版社2009年版，第98页。
④ 参见崔建远：《物权法》，中国人民大学出版社2014年版，第93页。
⑤ 参见温世扬：《物权法要义》，法律出版社2007年版，第34页。
⑥ 陈华彬：《民法物权论》，中国法制出版社2010年版，第126页。

物权之变动，须以交付其所表彰之证券为之，或尚须有背书者，是已无指示交付之适用。”①

第二百二十八条【占有改定】

动产物权转让时，当事人又约定由出让人继续占有该动产的，物权自该约定生效时发生效力。

历史由来

本条基本承袭了《物权法》第27条的规定，其性质是占有改定，属于观念交付的类型。占有改定制度为大陆法各国所采。《物权法》第27条规定：“动产物权转让时，双方又约定由出让人继续占有该动产的，物权自该约定生效时发生效力。”《民法典物权编（草案）》（征求意见稿）第24条和《民法典物权编（草案）》（二审稿）第24条规定：“动产物权转让时，双方又约定由出让人继续占有该动产的，物权自该约定生效时发生效力。”可见，本条是在《民法典物权编（草案）》（二审稿）第24条的基础上对个别字眼进行调整，其修正之处为，将“双方”修正为“当事人”，最终形成本条。从“双方”到“当事人”的修正，并没有带来实质上规范语义变化。

规范目的或功能

占有改定的原因在于，出卖人虽然将其动产出卖，但是在某一段时间内仍然可能还有使用的必要；或者买受人已经取得了该动产的所有权，但是需要出卖人对该动产进行暂时的保管。本条是一个完全法条，规定了“构成要件”和“法律效果”两个部分，其构成要件为“动产物权转让时，当事人又约定由出让人继续占有该动产的”，其法律效果为“物权自该约定生效时发生效力”。占有改定作为观念交付的方式，是现实交付无法满足社会交易效率需求的一种补充方式，是为了交易效率的需要而创设的一种制度。占有改

① 谢在全：《民法物权论》（上册），中国政法大学出版社1999年版，第103—104页。

定是为了弥补商品交易中繁琐而严格的形式主义带来的高昂交易成本，满足当事人追求交易效率需要，而由法律规定的通过当事人意思自治完成物权变动。占有改定简化了动产交付的程序，节约了当事人交易成本，既使受让人取得物权和获得一定的利益（如租金），又使出让人取得动产交易的实际价值利益（如价款等）和继续占有并实现物的用益目的，使双方的目的都得到了满足。[①]

规范内容

一、占有改定的含义

占有改定，是指出让人与受让人约定仍然由出让人继续占有该动产，使受让人因此取得间接占有，以代替现实交付。[②]占有改定需要当事人达成两个合意：第一，当事人达成动产物权变动的合意。当事人之间就物权变动达成合意是发生物权变动的基础条件。如果没有达成物权变动合意，则物权变动根本无从谈起。第二，当事人就出让人继续占有该动产达成另一个合意。在当事人就移转动产物权达成合意的情形下，一般需要现实交付才能发生物权变动的效果，但由于一些特殊原因，当事人可以不进行现实交付，而约定由出让人继续占有该动产，以代替现实交付。本条中关于出让人继续占有该动产的"约定"，是关于受让人取得间接占有的约定，该约定生效时，视为交付，因此发生物权变动的效果，自主占有改为他主占有。此时需要满足受让人间接占有该动产的条件，也就是存在占有媒介关系，如借用合同、保管合同等，否则不成立间接占有，因此不符合占有改定的条件。"占有改定须让与人与受让人订立足使受让人因此取得间接占有之契约，始足当之。如仅单纯约定让与人为受让人占有，并无间接占有关系存在，尚不成立占有改定。"[③]

出让人继续占有该动产的占有改定情形，可能是为了出让人的利益，也可能是为了受让人的利益。前者如甲在将钢琴出售给乙的同时，希望继续使

① 参见杨震：《观念交付制度基础理论问题研究》，载《中国法学》2008年第6期。

② 参见谢在全：《民法物权论》（上册），中国政法大学出版社1999年版，第101页。

③ 王泽鉴：《民法物权》，北京大学出版社2009年版，第97页。

用该钢琴，以便参加比赛。再如，甲将耕牛出卖给乙，希望继续借用耕牛，以便最近几天继续耕地。后者如买受人取得其购买之物（如煤炭或建筑材料）的所有权，希望将购买之物存放在出卖人处，待将来需要使用时再从出卖人处取回。[①]又如，买受人已经取得了物的所有权，但需要将该物放在出卖人处以便进行改动或加工（如衣物、饰品或家具等）的情形。[②]在上述情形下，动产没有发生现实交付，但成立了占有媒介关系代替现实交付，因此发生物权变动的法律效果。占有媒介关系生效，视为交付完成。

二、占有改定的构成要件

1.动产物权的出让人与受让人达成移转动产物权的合意。出让人与受让人一般通过买卖等方式就动产物权移转达成合意，就物权变动达成一致的意思表示。

2.动产物权的出让人与受让人就出让人继续占有该动产达成另一个有效协议。一般而言，依据法律行为的物权变动不仅需要移转物权的合意，还需要完成现实交付，才能发生物权变动。在占有改定情形下，以观念交付代替现实交付，这个观念交付需要通过一定形式表现出来，这就是本条规定的当事人的约定，通过约定出让人继续占有该动产的方式代替现实交付。这种约定一般体现为某种具体的法律关系，如租赁关系、借用关系、保管关系等。这种具体的法律关系也称为占有媒介关系，据此实现受让人对该动产的间接占有。“占有媒介关系作为交付替代只代替交付，而不代替物权合意。每一种让受让人获得间接占有的关系都可以是占有媒介关系。它必须是具体的，并且存在于作为占有人的出让人与受让人之间，出让人是直接占有人还是间接占有人则无关紧要。”[③]“须有使受让人取得间接占有之法律关系，单纯的‘今后为受让人而占有’之表示，即抽象的改定，不能使受让人取得间接占有，

---

① 参见［德］曼弗雷德·沃尔夫：《物权法》，吴越、李大雪译，法律出版社2002年版，第273页。

② 参见孙宪忠等：《物权法的实施》（第1卷），社会科学文献出版社2013年版，第172页。

③ ［德］曼弗雷德·沃尔夫：《物权法》，吴越、李大雪译，法律出版社2002年版，第274页。

故不能使其取得所有权。”[①]

3.通过约定实现受让人对该动产的间接占有。出让人与受让人约定出让人继续占有该动产的，受让人依据该约定实现了对该动产的间接占有。“以占有改定方式代替现实交付，使受让人取得动产物权，须让与人与受让人订立足使受让人因此取得间接占有之契约始可。”[②]出让人既可以是直接占有人，也可以是间接占有人，但受让人只能是间接占有人。例如，甲将某动产出售给乙，甲乙约定由甲继续占有该动产，则出让人甲是直接占有人，受让人乙是间接占有人。如果甲将委托乙保管的某动产出售给丙，同时约定继续借用由乙保管的该动产，则出让人甲和受让人丙都是间接占有人，保管人乙是直接占有人。除去现实已经存在的动产，占有改定制度还适用于将来可取得的动产。例如甲向乙购买一台尚未生产出的机器，同时双方约定该机器生产出来后由乙暂时保管。一旦该机器生产完毕，则受让人甲取得间接占有以代替交付。[③]“法律允许对未来之物通过预期物权合意和预期占有改定来移转所有权。物权合意和占有媒介关系事先就进行了约定，甚至还可以在出让人作为所有权人和占有人取得商品之前就已经约定。在出让人从逻辑上取得物之所有权的那一刻，所有权就已经转移到受让人手中。”[④]

三、占有改定的效力

占有改定仅有当事人移转动产物权的合意和使买受人取得间接占有的合意，它不仅与现实交付不同，与同为观念交付的简易交付和指示交付也存在很大的差别。占有改定情形下所有权的移转仅仅是通过当事人的合意在观念中完成的。无论约定采取口头形式还是书面形式，都不具有可被人们察知的外观，人与物的事实控制和支配关系并未发生改变。占有改定是一种替代交付而非真正意义上的交付，欠缺公示的要素。根据本条规定，

---

① 史尚宽：《物权法论》，中国政法大学出版社2000年版，第39页。

② 姚瑞光：《民法物权论》，中国政法大学出版社2011年版，第21页。

③ 参见全国人大常委会法制工作委员会民法室编著：《中华人民共和国物权法解读》，中国法制出版社2007年版，第62页。

④ ［德］曼弗雷德·沃尔夫：《物权法》，吴越、李大雪译，法律出版社2002年版，第275页。

作为观念交付的占有改定，仍是交付方式之一，产生与现实交付相同的效果，发生物权变动，由此产生物权保护和标的物毁损灭失的风险转移的效果。就物权保护而言，当出让人的债权人将该动产扣押或者出让人破产时，受让人的物权应该得到保护。[①]就标的物毁损灭失的风险负担而言，应当由物权人负担毁损灭失的风险。《民法典》第604条规定，标的物毁损、灭失的风险，在标的物交付之前由出卖人承担，交付之后由买受人承担。因为作为观念交付的占有改定视为现实交付，应当发生与现实交付相同的法律后果。

四、适用占有改定的限制

（一）质权设立一般不适用占有改定

承认占有改定的国家虽然不强行规定质权人必须是直接占有人，但是一般排斥以占有改定的方式设立质权。“质物的交付，通常为现实的交付，此外简易交付、指示交付也为法律所认可，但为了确保质权的留置效力，质权人不得使出质人代替自己占有质物，故以占有改定方式设定质权，应认为设定无效。”[②]质权设定之所以排斥占有改定，无非为了保护质权人与第三人的利益，维护交易秩序与安全，防止一物二质。《民法典》第224条、第226条和第227条所规范的动产物权变动均包括动产物权的设立与转让，而本条有关占有改定的规定只包括“动产物权的转让”，不包括“动产物权的设立”，这体现了立法者赞同动产质权不得依占有改定方式设立的观点。一般认为，之所以限制占有改定对动产物权设立的适用，主要是因为占有改定的公示性最弱。

（二）货币和有价证券一般不适用占有改定

货币和有价证券具有高度的流通性，因此其交付仅限于现实交付与简易交付，不适用指示交付和占有改定。“金钱及有价证券等具有高度之流通性，

---

① 参见鲍尔、施蒂尔纳：《德国物权法》（下册），申卫星、王洪亮译，法律出版社2006年版，第378页。

② 陈华彬：《民法物权论》，中国法制出版社2010年版，第465页。

故其交付仅限于以现实交付及简易交付为之，占有改定与指示交付应无适用之余地。观念交付之占有改定，较易生双重让与之问题，指示交付次之，简易交付则无此项可能。”①

货币是种类物，是特殊的动产。货币的占有与所有是一致的，称为货币的“占有即所有规则”。这一规则表现在以下几个方面：第一，货币占有的取得就是货币所有权的取得，货币占有的丧失就是货币所有权的丧失。第二，货币一旦交付，就发生所有权移转。因此，以货币作为借贷、保管等合同标的物的，一旦一方向另一方交付货币，则发生货币所有权的移转。货币所有人把货币存入银行的，则银行因占有货币而取得货币所有权，原货币所有人成为债权人，其与银行形成借贷关系。第三，货币在发生占有移转后，货币的所有人只能请求对方返还一定数额的钱款，而不能根据物权请求权要求占有人返还原物或返还对原物的占有，也不能要求恢复原状。②

有价证券是设定并证明持券人有权取得一定财产权利的书面凭证。有价证券与证券所记载的权利不可分离，谁持有证券，谁就享有证券所代表的权利。不记名有价证券与货币性质相同，遵循“占有即所有规则”。

（三）在动产善意取得中的限制

善意取得是民法上的一项重要制度，是法律对所有权保护与交易安全进行利益衡量的结果。由于善意取得对原所有权人的权益存在损害，因此法律严格其构成要件。动产善意取得的成立要件之一是标的物已由出让人（无处分权人）交付于受让人（善意第三人）。此处的“交付”应当不包括占有改定方式的交付，也就是说，占有改定不适用善意取得，理由如下：第一，占有改定下动产所有权变动没有任何对外公示性，仅凭当事人之间的合意就发生所有权变动的效果，不具有可被人们查知的外观，容易给无处分权人和受让人留下恶意串通的机会，损害其他权利人的合法权益。第二，如果无处分权人以占有改定方式出让动产后，在现实交付前又以同样方式再次出让，所

---

① 谢在全：《民法物权论》（上册），中国政法大学出版社1999年版，第104页。

② 参见王利明：《物权法研究》（上卷），中国人民大学出版社2007年版，第502页。

有权人和若干受让人彼此之间的利益如何保护，就会出现冲突。根据《物权法解释（一）》第18条的规定，[①]出让人实施无权处分，且以占有改定方式完成交付的，占有改定之时，不发生善意取得的效果，受让人不能善意取得动产所有权或动产质权。

第三节 其他规定

第二百二十九条【特殊原因导致物权设立、变更、转让或者消灭的规定】

因人民法院、仲裁机构的法律文书或者人民政府的征收决定等，导致物权设立、变更、转让或者消灭的，自法律文书或者征收决定等生效时发生效力。

历史由来

《物权法》第28条规定："因人民法院、仲裁委员会的法律文书或者人民政府的征收决定等，导致物权设立、变更、转让或者消灭的，自法律文书或者人民政府的征收决定等生效时发生效力。"上述规定借鉴了《瑞士民法典》和我国台湾地区的相关规定。梁慧星教授主持起草的《物权法草案学者建议稿》第45条规定了因法律文书导致的物权变动，该条立法理由即指出，瑞士和我国台湾地区对因法律文书等非法律行为的法律事实导致的物权变动有明

① 《物权法解释（一）》第18条规定："物权法第一百零六条第一款第一项所称的'受让人受让该不动产或者动产时'，是指依法完成不动产物权转移登记或者动产交付之时。当事人以物权法第二十五条规定的方式交付动产的，转让动产法律行为生效时为动产交付之时；当事人以物权法第二十六条规定的方式交付动产的，转让人与受让人之间有关转让返还原物请求权的协议生效时为动产交付之时。法律对不动产、动产物权的设立另有规定的，应当按照法律规定的时间认定权利人是否为善意。"

确规定，我国物权法立法应予借鉴。[①]《民法典（草案）》第229条规定："因人民法院、仲裁机构的法律文书或者人民政府的征收决定等，导致物权设立、变更、转让或者消灭的，自法律文书或者征收决定等生效时发生效力。"本条基本承袭了《物权法》第28条的规定，进行了两处修改：一是将"仲裁委员会"修改为"仲裁机构"，二是将"自法律文书或者人民政府的征收决定等生效时发生效力"改为"自法律文书或者征收决定等生效时发生效力"，去掉了"人民政府"的字样，避免语义重复。

规范目的或功能

本法条是一个完全法条，规定了"构成要件"和"法律效果"两个部分，其构成要件为"因人民法院、仲裁机构的法律文书或者人民政府的征收决定等，导致物权设立、变更、转让或者消灭的"，其法律效果为"自法律文书和征收决定等生效时发生效力"。根据本条规定，物权变动并非基于当事人的法律行为而发生，而是法律排除当事人意思表示的情况下发生的物权变动，此种变动遵循的不是一般性的物权公示原则，而是法律的直接规定。[②]

规范内容

一、能够直接导致物权变动的法律文书的范围

本条规定是依据公权力而发生的物权变动，它具有如下特点：第一，依据公权力发生的物权变动无需经过登记或交付的公示方法即可发生物权变动，这是因为其依据是代表国家立法权、司法权、准司法权或者行政权的生效法律或有效的法律文书，它们应当与登记或交付具有相同的公示效力。第二，因为立法权而生成的物权，具有立法者强制配置物权资源的特点，能够排斥

① 参见梁慧星主编：《中国物权法草案建议稿：条文、说明、理由与参考立法例》，社会科学文献出版社2000年版，第189页。

② 参见全国人大常委会法制工作委员会民法室编著：《中华人民共和国物权法解读》，中国法制出版社2007年版，第64页。

当事人通过法律行为而生成的物权。[①]“公权力行为本身就具有较强的社会公示性和公信力，若不直接承认其具有导致物权变动的效力，而是附加其他条件，其结果是需要通过一个公权力行为确认另一个公权力行为，甚至通过一个行政行为确认一个司法行为，其必要性和合理性显然不足。”[②]

从本条的文字表述来看，只有物权的设立、变更、转让或者消灭是因人民法院、仲裁机构的法律文书导致的，才可以自法律文书生效时即发生物权变动效力。而在全部类型的民事判决中，唯有形成判决方属此种能导致物权变动的判决，给付判决和确认判决均不属于。形成判决是指一旦正式发生法律效力即不可撤销，就会直接形成某种法律关系的判决。[③]其无需强制执行，就能自判决生效时起使以前从未存在的法律关系发生，或者使已经存在的法律关系消灭或变更。这种效果，原则上任何人都不得否认，故形成判决具有对世效力。[④]由于形成判决一经生效，无需经过公示方式就发生物权变动的效果，所以形成判决不需要执行。所谓判决，“仅指因判决之宣告，即可生取得不动产物权效果之形成判决而言”[⑤]。如果认为形成判决生效后，还必须等到登记或交付完成了，方能发生物权变动之效果，那么这样的判决就没有形成力，不是形成判决。就确认判决和给付判决而言，它们不具有形成力，不可能导致物权变动。《物权法解释（一）》第7条规定：“人民法院、仲裁委员会在分割共有不动产或者动产等案件中作出并依法生效的改变原有物权关系的判决书、裁决书、调解书，以及人民法院在执行程序中作出的拍卖成交裁定书、以物抵债裁定书，应当认定为物权法第二十八条所称导致物权设立、变更、转让或者消灭的人民法院、仲裁委员会的法律文书。”

（一）确认判决不可能导致物权变动

通过确认判决，权利人只能达到其所主张的法律后果的目的，即确认某

---

① 参见孙宪忠主编：《中国物权法：原理释义和立法解读》，经济管理出版社2008年版，第162页。

② 温世扬：《物权法要义》，法律出版社2007年版，第28页。

③ 参见江伟主编：《民事诉讼法》，高等教育出版社2007年版，第337页。

④ 参见陈计男：《民事诉讼法论》（下册），台北三民书局2007年版，第83—84页。

⑤ 姚瑞光：《民法物权论》，中国政法大学出版社2011年版，第19页。

个民事法律关系的存在或不存在，但该判决本身并不会直接引起物权的变动。在确认之诉中，原告的权利或法律地位是已经存在的，只是处于一种不安全的状态。法院的确认判决消除了权利人的不安全状态，却并非为原告创设新权利，[①]自然也不存在因确认判决而导致物权的设立、转让、变更、消灭的问题。

（二）给付判决也不能够导致物权变动

给付判决是针对给付之诉作出的，即命令被告为一定之给付。例如，甲与乙签订了房屋买卖合同，出卖人甲在收取了买受人乙支付的全部购房款后违约，不愿办理房屋所有权转移登记和交付，乙起诉请求法院判决甲履行该合同并支付违约金。法院判决出卖人甲履行合同义务包括支付违约金，该判决就是典型的给付判决。与确认判决不同，给付判决具有执行力，[②]义务人若拒绝履行给付性生效法律文书，权利人可以向法院申请强制执行。因此，给付判决仅仅是为了实现“已经存在的法律关系或法律状态”，而非改变既存的法律关系或状态，判决本身并没有引起物权的设立、转让、变更或者消灭。给付判决只是通过国家的强制力去实现既存的法律关系而已，如履行当事人之间已经有效成立的买卖合同、赠与合同或抵押合同等。这个既存的法律关系才是导致物权变动的真正原因。如果认为只要给付判决生效，物权就发生了变动，不仅违背了给付判决的性质，也抹杀了物权变动中当事人的意思表示。此外，这种理解还会破坏物权法的公示公信原则，使登记和交付无法起到公示的作用，最终损害物权交易的安全与效率。

（三）能够导致物权变动的判决仅限于形成判决

针对形成之诉所作的判决就是形成判决。所谓形成之诉，是指原告请求法院变动或消灭其与对方当事人之间现存的民事法律关系的诉，因此，形成之诉又称“变更之诉”。形成之诉以原告享有形成权为基础。在实体法上，权利人以自己单方面的意思表示就可以使现存的民事法律关系的效力发生、变

---

① 参见［日］新堂幸司：《新民事诉讼法》，林剑锋译，法律出版社2008年版，第194页。

② 参见陈计男：《民事诉讼法论》（下册），台北三民书局2007年版，第83—84页。

更或消灭的权利就是形成权，如追认权、撤销权、解除权等，该权利行使可以直接导致一定法律状态的变动，若该状态是物权，形成权的行使就会导致物权变动。换句话说，形成之诉的目的是通过创设一种新的法律状态来改变现存的法律状态。形成判决一旦生效，形成判决所裁判的民事法律关系就会发生变动，也就是说，形成判决一旦发生法律效力，无需强制执行就能使以前从未存在的法律关系发生或者使已经存在的法律关系变更或消灭，这一特征就是形成判决的形成力。因此，形成判决具有设权性或权利变更性，在其变更的法律状态是一种物权时，就符合了本条对法律文书效力的要求。因此，通说认为，形成判决可以导致物权变动。“关于因形成判决而取得不动产物权者，似仅有分割共有物判决一种。”[①]

（四）法院裁判文书还包括民事调解书与民事裁定书

在民事判决书之外，法院裁判文书还包括民事调解书与民事裁定书。根据我国《民事诉讼法》第97条规定，法院制作的调解书在当事人签收后可以产生与生效判决相同的效力。因此，当法院制作的调解书具有形成力、能够导致物权变动时，也应属于本条所规定的法律文书之列。民事裁定书是法院针对诉讼和执行程序中的程序问题及个别实体问题如财产保全所作出的权威性判定。在绝大多数情况下，民事裁定不涉及实体法问题的，不可能导致物权变动。就仲裁机构的法律文书而言，其包括裁决书与调解书。

仲裁实行一裁终局的制度，裁决书自作出之日起发生法律效力。根据《仲裁法》规定，仲裁机构制作的调解书与裁决书具有同等法律效力，仲裁调解书经双方当事人签收后即发生法律效力。与法院的判决书和调解书一样，只有仲裁机构作出的具有形成力的裁决书与调解书，才属于本条所规定的法律文书。

二、因国家行政管理权的行使而导致物权的设立、变更、转让或者消灭

因国家行政管理权的行使而导致物权变动的情况，主要是指因人民政府

---

① 姚瑞光：《民法物权论》，中国政法大学出版社2011年版，第19页。

的征收决定生效等情形而发生的物权变动。公共权力机关合法地从民事主体取得财产的行为包括征收、征税、没收等手段。[①]征收，是指国家根据公共利益需要而行使公权力，强制取得他人的不动产并依法予以补偿。从物权角度看，征收是完全剥夺被征收物的所有权的过程，即征收人取得该物所有权，也就是说，通过征收，发生了所有权的移转。所以征收人会给予被征收人较高的补偿以平衡其财产损失。各国法律所规定的征收的法定条件有三项：一是为了公共利益的目的；二是必须严格依照法律规定的程序；三是必须予以公正补偿。我国《宪法》第13条第3款规定："国家为了公共利益的需要，可以依照法律规定对公民的私有财产实行征收或者征用并给予补偿。"

征收是国家取得财产的特殊方式，包括土地征收和房屋征收。根据法律规定，只有为了公共利益的需要，才能行使征收权。2011年颁布的《国有土地上房屋征收与补偿条例》第8条以立法的形式对公共利益进行了列举式加概括式相结合的表述。2019年修正的《土地管理法》第45条借鉴了上述规定，对符合公共利益的情形采取了列举式与概括式相结合的表述。根据《土地管理法》第45条的规定，为了公共利益的需要，在符合法律规定的情形下，确需征收农民集体所有的土地的，可以依法实施征收。符合公共利益的情形包括军事和外交需要，由政府组织实施的能源、交通、水利、通信、邮政等基础设施建设等情形。根据《土地管理法》第47条的规定，国家征收土地的，依照法定程序批准后，由县级以上人民政府予以公告并组织实施。人民政府作出征收决定之前，应当通过法定程序与当事人和其他利害关系人协商确定征收所涉及的权利义务关系。县级以上地方人民政府拟申请征收土地的，应当开展土地状况调查和社会稳定风险评估，并将征收范围、土地状况、征收目的、补偿标准、安置方式和社会保障等进行至少30日的公告，听取被征地的农村集体经济组织及其成员、村民委员会和其他利害关系人的意见。多数人不满意的，应当组织听证会。相关前期工作完成后，县级以上地方人民政府方可申请征收土地。土地征收依照法定程序批准后，发生物权变动的效果。"征收必须满足基于公共利益需要、符合法定权限和法定程序、依法作出补偿

---

① 参见孙宪忠：《中国物权法总论》（第四版），法律出版社2018年版，第373页。

的要件才能产生效力。”①

因土地征收决定而发生物权变动效力的前提条件是签订了土地征收安置补偿协议，协议的签订表明政府与被征地农民就补偿问题达成了合意，在此基础上才能顺利开展征地工作。《土地管理法》第48条第1款规定：“征收土地应当给予公平、合理的补偿，保障被征地农民原有生活水平不降低、长远生计有保障。”关于征收安置补偿问题，《土地管理法》修改前后发生了重要变化。“修法前的补偿协议签订于征地决定批准后，足额到位是指立即到位；而修法后的补偿协议签订于征地批准决定前，支付补偿款的时间节点可以由协议约定。”②

其他问题

一、非基于法律行为的物权变动规则

《民法典》物权编第二章第三节（第229—232条）规定了非基于法律行为的物权变动规则。根据法律规定，非基于法律行为的物权变动，不以公示为物权变动的生效要件，只要符合《民法典》第229—231条所规定的情形，即可依法发生物权变动的效果。但是，非基于法律行为的不动产物权变动只是产生了物权变动的依据，物权人享有的不动产物权受到限制。根据《民法典》第232条的规定，如果物权人要处分该不动产的，应当办理不动产登记，否则其处分权受到限制。

基于法律行为的物权变动是物权变动的常态，非基于法律行为的物权变动是物权变动的例外情形，因而需要法律特别规定。“非基于法律行为的物权变动，是指基于法律规定的原因，如继承、法院生效判决、征收等事实导致物权的产生、变更和消灭。非基于法律行为的物权变动必须有特定的事实或者事实行为发生。”③非基于法律行为的物权变动属于法律的强制性规定，不允许当事人进行约定。在符合法律规定的情形下，依法发生物权变动。

① 王利明：《物权法》，中国人民大学出版社2015年版，第64页。

② 魏莉华等：《新〈土地管理法〉学习读本》，中国大地出版社2019年版，第105页。

③ 王利明主编：《民法学》，高等教育出版社2019年版，第143页。

《民法典》对基于法律行为的物权变动和非基于法律行为的物权变动采取了不同的规则：基于法律行为的物权变动需要进行公示，即不动产登记和动产交付；非基于法律行为的物权变动不需要进行公示。非基于法律行为的物权变动不以公示为其生效要件，并非对物权公示原则的破坏，而是对物权公示原则的有益补充：其一，因人民法院的法律文书、人民政府的征收决定、继承、事实行为等引起的物权变动，或有公权力介入，或有法律依据，物权变动的状态往往比较明确，物权变动本身已经具有很强的公示性，能够满足物权变动对排他效力的要求，从而不必进行登记或者交付而直接生效。其二，不动产登记涉及国家专门机关的行为，其构成及过程相对复杂；动产交付往往也要经过一定时间。可见，不动产登记和动产交付作为公示手段，虽然具有使权利关系明晰和保护交易安全的优点，但因其要求过于严格，也给当事人带来了不便，不尽符合交易便捷性的要求。[①]因此，在将登记和交付作为物权变动生效要件的同时，对本身已经符合公示性要求的物权变动，例外地承认不以登记和交付作为其生效要件，正可以弥补公示要件主义过于严格的缺憾。

二、非基于法律行为的物权变动的特点

非基于法律行为的物权变动具有如下特点：第一，必须依据法律的规定。非基于法律行为的物权变动通常是直接基于法律规定的原因而发生的，它不取决于当事人的意思，也就是说，当事人的意思在物权变动中不发生作用。只要发生法律规定的事实，就会发生物权变动，因此，它是基于法律规定的原因直接产生的。[②]第二，必须有特定的事实或者事实行为发生。征收、新建建筑物等特定的事实行为必须是法律限定的特殊事实行为，而不包括一般的事实行为。这些特定的事实行为之所以可以发生物权变动的效果，是因为这些行为或者是国家公权力机关依法作出的具有法律效力的决定或者裁定，具有权威性；或者是为了更好地保护当事人的利益，防止出现权利争议或者权属不明的情形，等等。[③]第三，不以公示为物权变动的生效条件。非基于法

① 参见谢在全：《民法物权论》（上册），中国政法大学出版社1999年版，第92—93页。

② 参见王利明：《物权法》，中国人民大学出版社2015年版，第61页。

③ 王利明：《物权法研究》（上卷），中国人民大学出版社2007年版，第286页。

律行为的物权变动不需要公示即可发生法律效果，即动产物权变动无需交付，不动产物权变动无需登记。第四，不动产物权变动非经登记不得处分。非基于法律行为发生的不动产物权变动不需要办理登记，但物权人不享有完整的所有权，在处分不动产时，物权人应当办理登记手续。“最终权利人要想完整地享有处分权，还有赖于当事人办理登记。”① 例如开发商建好楼房，不经登记也能依法取得新建楼房的所有权，但如果要出售楼房，则需办理初始登记，然后办理系列变更登记。

第二百三十条【继承导致的物权变动】

因继承取得物权的，自继承开始时发生效力。

历史由来

《物权法》第29条规定：“因继承或者受遗赠取得物权的，自继承或者受遗赠开始时发生效力。”本条删除其中关于“受遗赠开始时发生物权变动”的内容，将其表述为：“因继承取得物权的，自继承开始时发生效力。”从我国法律规定来看，《物权法》第29条赋予遗赠导致物权变动的效力与《继承法》之间产生了冲突。第一，《继承法》区分遗赠与遗嘱继承，即以遗产承受人与遗嘱人的关系来区分遗赠与遗嘱继承，不承认概括遗赠，遗赠人仅享有权利而不负担义务。因此，只有在清偿遗赠人的债务、缴纳所欠税款之后，受遗赠人才能取得遗赠物所有权。如果遗赠能够直接导致物权变动，则在遗赠生效时，遗赠物的所有权即归属于受遗赠人。此时，若用遗赠物清偿遗赠人的债务、缴纳所欠税款，就等于用受遗赠人的财产清偿遗产债务，这显然与我国法律所规定的遗赠性质不符。第二，遗赠的性质是法律行为，根据《继承法》第25条的规定，遗赠生效需要受遗赠人在知道受遗赠后六十日内作出接受或放弃遗赠的表示，到期没有表示的，视为放弃受遗赠。如果法律规定受遗赠开始时发生物权变动，则与继承法关于遗赠生效的规定相冲突。基于上述原因，《民法典（草案）》第230条删除了《物权法》第29条关于“受遗赠

① 王利明主编：《民法学》，高等教育出版社2019年版，第143页。

开始时发生物权变动”的规定，最终形成本条。

规范目的或功能

本条是一个完全法条，规定了“构成要件”和“法律效果”两个部分，其构成要件为“因继承取得物权的”，其法律效果为“自继承开始时发生效力”。本条旨在强调因继承开始而直接发生物权变动，无需经过物权变动的公示方式。根据法律规定，继承从被继承人死亡时开始，也就是说，被继承人死亡时其遗产就移转给其继承人，否则，其遗产会成为无主财产，这不符合社会生活常识。“如果强行要求交付或者登记，则在交付或者登记之前，遗产可能处于无主状态，这样不利于确定权利的归属，实现定分止争的目的。”[①]因此，本条作出上述规定。

规范内容

根据我国《继承法》第2条的规定，继承开始的时间为被继承人死亡时的时间。《民法典》第1121条第1款规定了相同的内容。被继承人死亡后，权利主体即归于消灭，被继承人的物权在法律上也归于消灭，此时，法定继承人和遗嘱继承人将继受该物权。[②]因此，在因继承取得物权的情况下，如果仍然适用物权变动的一般原则，要求物权的取得自登记或交付时生效，因登记或交付往往需要一定时间，势必导致在被执行人死亡后不动产登记或者动产交付前，遗产处于无主状态，而且因继承引起物权变动的情形，物权变动的状态已比较明确。因此，不必再以登记或者交付为生效要件，继承开始时，继承人可以当然地、直接地取得物权。

继承从被继承人死亡时开始，被继承人死亡时，其继承人即取得被继承人的遗产。无论是法定继承，还是遗嘱继承，继承人根据法律规定取得被继

---

① 王利明：《物权法》，中国人民大学出版社2015年版，第63页。

② 参见孙宪忠主编：《中国物权法：原理释义和立法解读》，经济管理出版社2008年版，第162页。

承人的遗产，无须继承人作出接受继承的意思表示。根据《民法典》第1124条规定，如果继承人放弃继承的，应当在继承开始后、遗产处理前以书面形式作出放弃继承的表示；没有表示的，视为接受继承。因被继承人死亡后，其民事权利能力即告终止，权利主体归于消灭，一般地说，其生前享有的财产权利在法律上也归于消灭。因此，有必要及时明确财产和财产权利归属，以达到维护合法民事权益以及定分止争的目的。如果以物权公示为物权变动要件，则不利于上述目的的实现。因此，本条规定遗产在被继承人死亡时移转于其继承人，遗产的物权变动不受法律关于物权变动公示原则的限制。

继承包括法定继承和遗嘱继承。法定继承人的范围由法律规定，根据《民法典》第1127条规定，第一顺序继承人包括配偶、子女、父母；第二顺序继承人包括兄弟姐妹、祖父母、外祖父母。遗嘱继承人范围由被继承人在法定继承人中指定，根据《民法典》第1133条规定，自然人可以依照本法规定立遗嘱处分个人财产，可以立遗嘱将个人财产指定由法定继承人中的一人或者数人继承。遗嘱继承包含了意思表示的因素，但其法律效果和法定继承的法律效果一样，在被继承人死亡时发生法律效力，因此发生相应的物权变动。

第二百三十一条【合法事实行为导致的物权变动】

因合法建造、拆除房屋等事实行为设立或者消灭物权的，自事实行为成就时发生效力。

历史由来

本条承袭了《物权法》第30条的规定，无改动。

规范目的或功能

本条是一个完全法条，规定了“构成要件”和“法律效果”两个部分，其构成要件为“因合法建造、拆除房屋等事实行为设立或者消灭物权的”，其法律效果为“自事实行为成就时发生效力”。

规范内容

一、合法建造等事实行为导致物权变动

本条规定了因合法建造房屋等事实行为发生的物权变动，事实行为成就即可发生物权变动的效果。“所谓成就，就是指建造、拆除行为完成。所谓发生效力，就是指发生物权变动的效果，即行为人自动取得所有权或者自动丧失所有权。”[①]本条规定的合法建造房屋，是指依法取得了合法手续的建造房屋的行为，包括依据建设用地使用权和宅基地使用权建造房屋的行为。“行为人必须有合法的建房手续，而且必须已经建成房屋，如果房屋尚处于建设过程中，还没有形成不动产，则因不动产物权的客体尚不存在，自然不能取得不动产物权。”[②]本条规定的拆除房屋属于一种行使权利的事实行为，房屋一经拆除，标的物归于灭失，物权也随之消灭。对于拆除房屋来说，拆除到何种程度才是事实行为成就之时，应当依一般社会交易观念判断。如果房屋仅被拆除了一部分，修复后不失原房屋同一性的，似乎不应认定房屋灭失；如果房屋已被完全拆除，或者被拆除了一部分但无法修复或修复后已失去原房屋同一性的，应当认定该房屋的所有权消灭。

（一）根据建设用地使用权实施的合法建造行为

根据《土地管理法》《城乡规划法》等法律的规定，在某一地块上进行建设应当经过下列法定程序。第一，由城市、县人民政府城乡规划主管部门提出出让地块的位置、使用性质、开发强度等规划条件。第二，国有土地所有权人依法通过“招拍挂”方式出让国有建设用地使用权，签订国有土地使用权出让合同，政府规划作为土地使用权出让合同的组成部分。没有把规划条件纳入国有土地使用权出让合同的，该合同无效。未确定规划条件的地块，不得出让国有土地使用权。第三，建设单位依法定程序向城乡规划主管部门

---

① 王利明：《物权法》，中国人民大学出版社2015年版，第63页。

② 王利明：《物权法》，中国人民大学出版社2015年版，第63页。

领取建设用地规划许可证。[①]对未取得建设用地规划许可证的建设单位批准用地的，由县级以上人民政府撤销有关批准文件。[②]第四，建设单位应当向工程所在地县级以上人民政府建设行政主管部门申请领取施工许可证。[③]第五，如果需要改变原批准的土地用途、建筑密度和容积率等事项，必须依法报经市、县人民政府批准，[④]并按规定补交不同用途和容积率的土地差价，[⑤]补交土地差价的标准按照批准调整时的土地市场楼面地价核定。[⑥]第六，国有建设用地使用权人依法在国有土地上建造建筑物、构筑物及其附属设施。[⑦]集体建设用地使用权人依法取得建设用地，[⑧]并实施合法建造行为。集体经营性建设用地流转，参照同类用途的国有建设用地执行。[⑨]

（二）根据宅基地使用权实施的合法建造行为

农村村民依法取得宅基地，[⑩]享有宅基地使用权，有权在宅基地上建造房屋及其附属设施，[⑪]属于本条规定的依事实行为发生的物权变动。根据我国现行法律规定，农民在依法取得的宅基地上自建的房屋及其附属设施不需要登记，但宅基地使用权需要登记。而且，农民自建的房屋原则上不能进入市场流转。由于法律采取“房地分离”原则，因此，宅基地使用权和房屋所有权是分离的。“宅基地使用权本身不能单独流转，但是，农村村民将私有房屋出让给本集体成员，宅基地使用权将因此一并移转。”[⑫]一般而言，农民出卖房屋

---

① 参见《城乡规划法》第38条和《土地管理法》第53条。

② 参见《城乡规划法》第39条。

③ 参见《建筑法》第7条。

④ 参见《城乡规划法》第43条和《土地管理法》第56条。

⑤ 参见《关于加强国有土地资产管理的通知》(国发〔2001〕15号)第2条。

⑥ 参见《国土资源部关于严格落实房地产用地调控政策促进土地市场健康发展有关问题的通知》(国土资发〔2010〕204号)第4条。

⑦ 参见《民法典》第234条。

⑧ 参见《土地管理法》第59条。

⑨ 参见《土地管理法》第63条。

⑩ 参见《土地管理法》第62条。

⑪ 参见《民法典》第362条。

⑫ 王利明：《物权法论》，中国政法大学出版社2008年版，第280页。

的，受让人仅限于本集体经济组织成员。[①]“农民宅基地和住房只能在本集体经济组织的成员之间买卖，不是不承认它的用益物权，而在于它是农村集体经济组织的成员权。”[②]关于宅基地使用权受让人范围的限制，应当对法律、法规和相关政策进行体系化解读，不能割裂其内在联系进行孤立解读。2018年中央一号文件《关于实施乡村振兴战略的意见》提出：“完善农民闲置宅基地和闲置农房政策，探索宅基地所有权、资格权、使用权三权分置，落实宅基地集体所有权，保障宅基地农户资格权和农民房屋财产权，适度放活宅基地和农民房屋使用权，不得违规违法买卖宅基地，严格实行土地用途管制，严格禁止下乡利用农村宅基地建设别墅大院和私人会馆。”在坚持宅基地所有权和资格权的前提下，适度放活宅基地和农民房屋使用权，拓展宅基地和农民房屋的财产功能，通过出租、入股、合作、担保等方式，积极探索农民增加财产性收入的途径。在宅基地“三权分置”模式下，要维护土地公有制，落实集体所有权；保障农户资格权，明确宅基地使用权的身份属性，维护宅基地的保障功能；放活宅基地和农民房屋使用权，激活宅基地的财产属性，拓宽流转渠道，增加农民的财产性收入。

二、违法建造行为不能导致物权变动

关于违法建造行为能否导致物权变动存在争议。有观点认为，建造行为可以是合法的，也可以是不合法的。在我国台湾地区，无论建造行为是否合法，建造人均能原始取得违章建筑的所有权。本书认为，上述观点并不妥当。

一般认为，事实行为是合法行为，不应包括违法行为。[③]因此违法建造行

---

① 2014年，中共中央办公厅、国务院办公厅发布的《关于农村土地征收、集体经营性建设用地入市、宅基地制度改革试点工作的意见》提出，“探索进城落户农民在本集体经济组织内部自愿有偿退出或转让宅基地”。2015年，国务院发布《关于开展农村承包土地的经营权和农民住房财产权抵押贷款试点的指导意见》提出，“对农民住房财产权抵押贷款的抵押物处置，受让人原则上应限制在相关法律法规和国务院规定的范围内”。《农民住房财产权抵押贷款试点暂行办法》（银发〔2016〕78号）第12条。

② 陈锡文：《我国城镇化进程中的“三农”问题》，载《中国农村改革研究文集》，中国言实出版社2019年版，第477页。

③ 参见梁慧星：《民法总论》，法律出版社2017年版，第64页；［德］卡尔·拉伦茨：《德国民法通论》（下册），王晓晔等译，法律出版社2003年版，第709—710页。

为不属于本条规定的调整范围，而属于占有制度的调整范围。“合法”应当是因事实行为取得所有权的前提条件，如果非法建造房屋，不能当然取得房屋所有权，但可以成立占有。导致物权变动的事实行为须为合法行为，如合法建造房屋、合法拆除房屋。[1]占有的客体包括不动产和动产，占有之物，究为私有物或公物，均所不问，在国有土地兴建违章建筑，亦可成立占有。[2]至于说非经法定程序不能强行拆除非法建筑物，则是问题的另一个方面，即占有人对建筑物事实管领的状态受法律保护，非经法律程序不得剥夺或限制。“一旦通过合法程序认定为违章建筑的，则应当依法予以拆除，因此，违章建筑物的建造人不能取得所有权。因为一旦在法律上认为其取得了所有权，那么违章建筑可以产生对抗第三人的效力，予以拆除即于法无据，便构成对所有人所有权的侵害。违章建筑作为一个整体，已经构成一个不动产，所以不能说所有人对违章建筑的不动产享有所有权。”[3]违章建筑受占有制度的调整，而不能根据本条规定发生物权变动。至于说违章建筑倒塌、脱落、坠落造成他人损害时的权利救济问题，也应按照占有的规则处理，比如承担管理人责任等。由于违章建筑具有违法性，因此不能成为物权客体，一般情况下，对违章建筑应依法予以拆除或者通过法定程序取得所有权。但是，建筑材料本身可以成为物权客体，因此，对建筑材料享有的所有权受法律保护。

三、导致物权变动的事实行为的其他情形

本条概括规定了因合法建造、拆除房屋等事实行为引起的物权变动。由“等”字可以推导出，能够导致物权变动的事实行为除合法建造、拆除房屋外，还有其他事实行为，只要该事实行为能够满足导致物权变动的事实行为应具备的条件即可。一般认为，该等事实行为还包括劳动生产、先占、添附、拾得遗失物、发现埋藏物等情形。

---

① 参见朱岩、高圣平、陈鑫：《中国中华人民共和国物权法评注》，北京大学出版社2007年版，第147页。

② 王泽鉴：《民法物权》，北京大学出版社2009年版，第406页。

③ 王利明：《物权法研究》(上卷)，中国人民大学出版社2007年版，第84页。

（一）劳动生产

劳动生产是创造物质财富的重要方式，也是取得所有权的重要手段。本条规定的合法建造房屋就是劳动生产的一种具体形式，据此，我国《民法典》也就承认了劳动生产可以导致物权变动。除合法建造房屋外，其他如制造产品、种植农作物等劳动生产行为都可以取得产品、农作物的所有权。

（二）先占

先占，是指以所有的意思，先于他人而占有无主的动产，并依法取得所有权的法律事实。先占“仅以有将其物归自己管领支配之意识为已足，无需有为法律行为取得所有权意思表示之意思。盖先占非法律行为而为事实行为，凡具一般占有能力之人，均得为有效之先占也”[①]。无主物先占是因事实行为而取得所有权，不是因占有人旨在取得动产的所有权的内心意思发挥了作用，而是因为得到了法律的承认和保护。[②]通说认为，先占是依事实行为取得所有权，凡具有意思能力，对物有管领力者，皆得为有效的先占，不以具有行为能力为必要。[③]“每一个自主占有人都可以先占无主动产。自主占有的成立仅仅需要取得占有的意思，它是一种自然意思而不是法律行为，因此不要求具备法律行为能力。”[④]财产无主的原因很多，故无主财产的发生自古常见。罗马法中依先占方式可以取得之财产，包括不动产和动产，这种立法称为“自由先占主义”。现代私有制国家因土地及矿藏的重要经济意义，一般均规定先占方式取得的财产仅限于无主之动产，无主之土地及矿藏的所有权法定归于国家。[⑤]

一般认为，构成先占需具备以下条件：（1）以所有的意思而占有。占有人是以所有的意思占有动产，“因先占非法律行为而系事实行为，故此为所谓‘以所有之意思’，系有将占有之动产，归于自己管领支配之意识而言，易言

① 姚瑞光：《民法物权论》，中国政法大学出版社2011年版，第70页。

② 参见孙宪忠：《中国物权法总论》（第四版），法律出版社2018年版，第367页。

③ 王泽鉴：《民法物权》，北京大学出版社2009年版，第188页。

④ ［德］曼弗雷德·沃尔夫：《物权法》，吴越、李大雪译，法律出版社2002年版，第319页。

⑤ 史尚宽：《物权法论》，中国政法大学出版社2000年版，第124页。

之，乃事实上欲与所有人立于同一支配地位之意思，故先占对于无主之动产，只需有占有事实行为之能力为已足，虽以有意识能力为必要，但无需有完全之行为能力”[①]。（2）占有的物为无主物。所谓无主物，是指现在不属于任何人所有的物。因此，抛弃的物可以成为先占的标的物。“除了野生动物以外，无主物主要是被以前的所有权人抛弃所有权的物。”[②]（3）占有的物是动产。先占的标的物需为动产，不动产不能依先占取得所有权，无主不动产一般只能由国家取得所有权。先占适用的标的物一般包括抛弃物和法律允许适用先占的动植物等，但被国家文物保护法和珍稀野生动植物保护法明文保护的文物与珍稀野生动植物，不得为先占的标的物。

近现代各国民法，大多将先占取得作为取得动产所有权的一种方式加以规定，但无主不动产不适用个人先占取得，仅适用国家先占主义，即无主不动产属于国家所有。关于动产先占取得的规定，如《德国民法典》第958条第1项规定：“自主占有无主之动产的人，取得此动产的所有权。”《瑞士民法典》第718条规定：“以成为某动产的所有人为目的，先占无主动产的人，取得其所有权。”《日本民法典》第239条第1项规定：“以所有的意思占有无主动产者，因占有取得其所有权。”关于无主不动产属于国家所有的规定，如《日本民法典》第239条第2项规定：“无主不动产，属国库所有。”《韩国民法》第252条第2款规定：“无主不动产（土地及其定着物）属于国有。”

（三）添附

添附，是指不同所有人的物结合到一起而形成不可分离的物或具有新物性质的物，非毁损不能分离或者分离费用过大。由于形成的物不可分离或者具有新物性质，法律上必须根据添附的事实，确认财产的归属。添附可以存在于动产，也可以存在于不动产；可依自然原因，也可依人为原因。其中如动产与不动产附合，则动产依法理成为不动产的一部分。添附一般包括附合、混合和加工三种形式。附合、混合为物与物相结合；加工为劳力与他人之物

---

① 谢在全：《民法物权论》（上册），中国政法大学出版社1999年版，第234页。

② ［德］曼弗雷德·沃尔夫：《物权法》，吴越、李大雪译，法律出版社2002年版，第319页。

相结合。《民法典》第322条规定了添附制度。

（四）拾得遗失物、发现埋藏物

拾得遗失物、发现埋藏物也是所有权取得的一种方式，但并不是拾得人、发现人取得所有权，而是经过一定程序之后由国家取得所有权。《民法典》第318条和第319条对上述情形进行了规定。可见，在我国民法上，拾得遗失物、发现埋藏物是国家所有权的一种取得方式。

四、因事实行为导致物权变动的形态和时间

（一）因事实行为导致的物权变动的形态

物权变动的形态包括物权的设立、变更、转让和消灭，本条只规定了物权的设立和消灭两种物权变动形态。这是因为在形式主义的物权变动模式下，因事实行为导致的物权变动排除了公示的设权功能，强调公示的宣示效力，其结果就只能是导致物权的得丧，而无法产生移转的效力。[①]物权的设立也就是物权的取得，包括原始取得与继受取得。因事实行为导致物权变动而取得物权的，应为原始取得，而不包括继受取得，因为继受取得实际上就是物权的转让。同时，因事实行为取得物权的，该物权表现为所有权，故各国都是从所有权取得的角度规定因事实行为导致的物权变动。物权的消灭也就是物权不复存在，包括绝对消灭与相对消灭。因事实行为导致物权变动而消灭物权的，应为绝对消灭，不包括相对消灭，因为相对消灭也意味着物权的转让。这种绝对消灭包括两种形态：一是因标的物灭失而绝对消灭，如拆除；二是因他人原始取得所有权而绝对消灭。如在添附中，由一方取得所有权的，另一方将消灭相应的所有权。

因事实行为导致的物权变动是否包括物权变更的形态，本条对此没有规定。从理论上说，物权的变更包括主体、内容与客体的变更。因物权的主体变更实际上就是物权的转让，而物权的转让是一种独立的物权变动形态，因此，物权的变更仅指物权的内容和客体的变更。物权内容的变更是物权的内

---

① 参见常鹏翱：《事实行为的基础规范》，载《法学研究》2010年第1期。

容有所改变，而改变物权的内容，一般是出于当事人的意思表示，因此，事实行为不可能导致物权内容的变更。物权客体的变更是物权客体在数量上的变化，而这种变化可以基于当事人的意思表示而发生，也可以基于事实行为而发生。例如，仅拆除部分房屋从而导致物权客体的变更。可见，事实行为可以导致物权客体的变更。由于本条没有规定物权客体变更的物权变动形态，因此，可以将这种物权变更认定为物权的部分消灭。

（二）因事实行为导致的物权变动的时间

因事实行为导致物权变动的，应当如何确定物权变动的时间。有观点认为，因事实行为导致的物权变动的时间确定，是一个事实判断问题，需要结合事实行为的性质并结合法律规定加以认定。因事实行为发生的物权变动，自事实行为完成时发生效力。[①]根据本条规定，因事实行为导致物权变动的，自事实行为成就时发生物权变动的效力。一般认为，事实行为成就也就是事实行为的完成。例如，先占人实际控制无主物、加工人将加工物制作完毕、建造人将建筑物建成封顶、拆除人将原房屋拆掉使之处于动产状态等。

三 其他问题

一、关于事实行为的界定

事实行为，是指无需意思表示而根据法律规定发生法律后果的合法行为。其含义有二：第一，事实行为是合法行为。[②]法律在很多情况下将法律后果与人们的行为联系起来，这些行为的目的并不在于导致某种法律后果，但它们事实上包含了某些法律关系的内容。这种私法意义上的，但又不是法律行为的行为包括准法律行为和事实行为，但不包括违法行为。[③]第二，事实行为效

① 参见梁慧星主编：《中国民法典草案建议稿附理由：物权编》，法律出版社2013年版，第79页。

② 参见梁慧星：《民法总论》，法律出版社2017年版，第64页。

③ 参见［德］卡尔·拉伦茨：《德国民法通论》（下册），王晓晔等译，法律出版社2003年版，第709—710页。

果法定。事实行为不是表示行为，其法律效果根据法律的规定产生，即效果法定。法律行为是表示行为，同时具有效果意思，根据意思表示发生法律效力。事实行为没有表示行为，也缺乏效果意思，是根据法律规定发生法律效力的行为，与当事人的主观愿望无关。“无论当事人有无发生这种效果的意愿，这种意愿均对行为的后果不起决定性作用。”[①] 如先占、拾得遗失物、添附、无因管理等。它原则上无类推适用法律行为之必要，但有些仍脱离不了意识或精神作用，如先占以所有之意思为要件，无因管理则以为他人管理事务之意思为要件。但该意思要件与法律行为上的法效意思，性质上迥然不同。[②]事实行为不以意思表示为要素，事实行为发生法律上的后果直接来源于法律的规定，当事人有无发生这种效果的意愿，对这种效果不起决定性作用。或者说，事实行为的法律效果不受行为人意思的影响。[③]事实行为的效果法定，不需要意思表示，因此事实行为与当事人的民事行为能力无关。“事实行为不适用关于意思表示的规定及关于行为能力的规定。”[④]无民事行为能力人和限制民事行为能力人也能实施事实行为，并依法产生法律效力。“那些不以实现法律上的相关效果为目的的事实行为的法律效果的发生与行为人是否具有行为能力无关。”[⑤]

二、事实行为与法律行为的区别

事实行为与法律行为的区别主要表现在以下两个方面：

第一，是否有意思表示不同。事实行为并非表示行为，不以意思表示为要素。“即无庸表现内心的意思内容，即可发生效果的行为。易言之，事实上有此行为，即生法律上效果，行为人有无取得此种法律效果的意思，在所不问。”[⑥]事实行为“不以表现内心的意思为必要，其法律效力亦不取决于行为

① 孙宪忠：《中国物权法总论》（第四版），法律出版社2018年版，第367页。
② 参见刘德宽：《民法总则》，中国政法大学出版社2006年版，第165页。
③ 参见王利明：《物权法研究》（上卷），中国人民大学出版社2007年版，第295页。
④ 梁慧星：《民法总论》（第五版），法律出版社2017年版，第64页。
⑤ ［德］维尔纳·弗卢梅：《法律行为论》，迟颖译，法律出版社2013年版，第250页。
⑥ 王泽鉴：《民法总则》，中国政法大学出版社2001年版，第256页。

人的意思，因此区别于属于表示行为的法律行为”[1]。“在此类法律关系中，法律犹如对其自身规定的法律后果的正确性提供了担保，因此不再需要问及当事人意思。相反，在法律行为中，没有意思表示，法律行为似乎就不可能成立。”[2]而法律行为是以意思表示为要素的行为，目的是发生私法效果，法律行为需要明确的效果意思和表示行为，并据此产生相应的法律后果。正是在这个意义上，民法确立了意思自治原则。意思表示不违反法律规定的，产生有效的后果；意思表示违反法律规定的，产生效力瑕疵。意思表示与事实行为无关，而法律行为与意思表示密切相关，没有意思表示就没有法律行为。意思表示对于法律行为和事实行为的法律效果的不同作用，反映了法律行为调整方式与法定主义调整方式的本质差别。

第二，行为性质的意定性与法定性不同。法律行为产生法律效果源于当事人的意思表示，法律行为的效力是意定的，是在法律规定范围内的意思自治。事实行为产生法律效果源于法律的直接规定。事实行为是根据法律的直接规定而产生相应的法律后果，因此事实行为的效力是法定的。只要行为人的行为符合法定构成要件，就能够成立事实行为并引起规定的法律后果，否则就不成立事实行为。

第二百三十二条【非依法律行为享有的不动产物权变动】

处分依照本节规定享有的不动产物权，依照法律规定需要办理登记的，未经登记，不发生物权效力。

历史由来

本条基本承袭了《物权法》第31条的规定，进行了个别的文字修改，保留了“非基于法律行为享有的不动产物权变动”的基本内容。《物权法》第31条规定：“依照本法第二十八条至第三十条规定享有不动产物权的，处分该物

---

① 梁慧星：《民法总论》（第五版），法律出版社2017年版，第64页。

② ［德］迪特尔·梅迪库斯：《德国民法总论》，邵建东译，法律出版社2001年版，第191页。

权时，依照法律规定需要办理登记的，未经登记，不发生物权效力。”《民法典各分编（草案）》第28条规定：“依照本编第二十五条至第二十七条规定享有不动产物权的，处分该物权时，依照法律规定需要办理登记的，未经登记，不发生物权效力。”《民法典（草案）》将“处分”提前，并将“依照本编第二十五条至第二十七条”改为“依照本节”。

规范目的或功能

本条是一个完全法条，规定了“构成要件”和“法律效果”两个部分，其构成要件为“处分依照本节规定享有的不动产物权，依照法律规定需要办理登记的，未经登记”，其法律效果为“不发生物权效力”。本节所规定的内容是物权变动的三种特殊方式，即通过这三种方式取得的不动产物权无需公示就可以发生物权效力。没有经过公示的不动产物权变动时，难为社会所知，如果允许权利主体任意处分不动产，将有妨碍物权相对人利益的危险，对交易秩序和交易安全带来隐患，所以本条规定了不动产登记作为处分的条件，以限制权利主体行使处分权。

规范内容

一、关于“依照本节规定”的理解

本条中“依照本节规定享有的不动产物权”，是指根据《民法典》第229—231条的规定非基于法律行为发生物权变动的情形。此类物权变动发生法律效果，不以不动产登记为要件，这就意味着，本法就物权变动所贯彻的公示原则立场，仅适用于基于法律行为的物权变动情形。非基于法律行为的物权变动之所以不适用公示原则，是因为在此类物权变动方式中若干要素（如法律的直接规定，或者法院的判决等）具有与登记或交付相同甚或更强的公示功能。[①]非基于法律行为的物权变动与物权变动公示原则并无关系，也就谈不上对该原则的破坏与否。但是，非基于法律行为而取得不动产物权的，若

① 参见王利明、尹飞、程啸：《中国物权法教程》，人民法院出版社2007年版，第83页。

对该不动产进行处分，则属于基于法律行为的物权变动范畴，因此，应当遵循物权变动的公示公信原则，即进行不动产登记，否则不得处分。

二、未经登记不得处分

未经登记不得处分的基本含义是：权利主体非基于法律行为取得不动产物权的，法律并不强制其登记。但是，权利主体的处分权受到限制，未经登记的，无权处分该不动产。如果权利取得人将以上述情形取得的不动产物权进行法律上的处分，比如出卖、设立抵押等，则法律要求物权人必须首先将其取得的不动产物权纳入不动产登记，否则，法律不许可当事人进行上述处分。① “新的权利人在没有办理登记之前虽然取得物权，但此种物权的效力仍不完整，还不是一种完全的所有权。或者说是受到限制的物权，这种限制主要发生在其处分行为中。” ②

非基于法律行为的物权变动，无须进行公示即可发生物权变动的效力，但该种情形毕竟是物权公示原则的例外，这种例外会导致实际权利状态与登记或占有所体现的权利状态不一致。就不动产而言，因为物权变动没有经过登记，不具有公示公信效力。“这些物权变动没有公示，不为社会所知，有妨害物权相对人利益的危险。法律限制权利人的处分，是为了保障交易安全。”③法律对非基于法律行为取得的不动产物权进行限制，使之欠缺处分权能，也就是说，权利主体欲行使处分权，应当依法进行公示，否则便无权处分。

三、“处分”的含义

本条规定的“处分”，是指法律上的处分，如将权利转让他人，或者在权利上设定抵押权等负担。事实上的处分，如将标的物消费等，不在此限。④本条规定的“处分”就是指处分行为，处分行为在性质上属于法律行为，因此，

---

① 参见孙宪忠主编：《中国物权法：原理释义和立法解读》，经济管理出版社2008年版，第165页。

② 王利明：《物权法研究》（上卷），中国人民大学出版社2007年版，第291页。

③ 孙宪忠：《中国物权法总论》（第四版），法律出版社2018年版，第382页。

④ 参见孙宪忠：《中国物权法总论》（第四版），法律出版社2018年版，第382页。

权利主体在处分非基于法律行为取得的不动产物权时，应当遵循基于法律行为的物权变动所要求的公示公信原则。处分行为应当遵循的物权变动规则与《民法典》第229条至第231条所规定的非基于法律行为的不动产物权变动规则显著不同。本条“依照法律规定需要办理登记的”，是“处分”的前提条件，即该处分行为的生效，以登记为要件。从文义解释立场出发，本条规定的两个“登记”，应为同一个登记事项，都是指处分登记而言。即非基于法律行为取得不动产物权后，物权人若不先行就此项物权取得办理物权变动登记手续，那么嗣后的处分行为，不发生物权效力。[①]

① 参见最高人民法院物权法研究小组编著：《〈中华人民共和国物权法〉条文理解与适用》，人民法院出版社2007年版，第130页。

第三章

物权的保护

第二百三十三条【物权保护的途径】

物权受到侵害的，权利人可以通过和解、调解、仲裁、诉讼等途径解决。

历史由来

本条完全继承了《物权法》第32条的规定。由立法过程看，自《民法典物权编（草案）》（征求意见稿）第29条作出与《物权法》第32条完全一样的规定后，之后的民法典各草案文本均接受了这样的规定。

规范目的或功能

本条的规范目的在于明确当事人因为物权受到侵害，其权利的救济路径有哪些。

从比较法上来看，大陆法系各国对于诉讼上和诉讼外和解、诉讼、仲裁通常均具有明文规定，对于上述纠纷解决方式的适用范围通常也具有明确规定，但在《民法典》中对于物权保护之途径作整体性规定者并不多见，我国《民法典》堪称著例。考虑到各国国情、法治状况以及历史文化等方面的差异，本条规定在现阶段的中国，有其必要性和现实意义，主要表现在以下几个方面。

我国是成文法国家，法律的适用和法治的推行，主要依赖成文法。《民法典》就物权保护之途径进行明文规定，使得物权保护问题有法可依，使得老百姓心中有数，知道物权遭受侵害时存在哪些合法的保护路径，有利于减少分歧、减少盲动，指引当事人遵循合法途径解决纠纷。

我国物权制度建立未久，国民的物权法知识和物权法律意识比较薄弱，当物权遭受侵害时，往往不知道存在哪些救济途径、可以采取哪些救济措施，立法上就物权保护之途径问题作出统一规定，可以释疑解惑，方便民众找法、用法，从而提高法律的适用效率。

我国疆域辽阔、国情复杂，各地的风俗人情差别很大，物权保护不宜限定在诉讼这一种解决途径上。本条规定了和解、调解、仲裁、诉讼等涉及物权保护法律纠纷的解决途径和解决方法，为当事人提供了多样性选择之可能性，这样规定增加了法律适用的灵活性，有利于维护成文法的稳定性，也与我国疆域辽阔、国情复杂之现实较为契合。

规范内容

本条之规范内容，是就物权保护之具体途径进行列举，也就是和解、调解、仲裁、诉讼。

对于和解，我国目前并没有为此专门立法。《民事诉讼法》第50条规定："双方当事人可以自行和解。"第230条第1款规定："在执行中，双方当事人自行和解达成协议的，执行员应当将协议内容记入笔录，由双方当事人签名或者盖章。"可见，和解作为纠纷解决途径，在我国现行法上具有合法依据。根据发生时间和场合，和解可以区分为诉讼前和解和诉讼中和解，前者又称为庭外和解，后者又称为庭内和解。当事人达成和解的，一般须签订和解书或者谅解书，以此固定当事人之权利和义务，消弭争讼。

对于调解，我国目前存在专门立法即《人民调解法》，该法第2条规定："本法所称人民调解，是指人民调解委员会通过说服、疏导等方法，促使当事人在平等协商基础上自愿达成调解协议，解决民间纠纷的活动。"

对于民事诉讼和仲裁，我国目前均存在专门立法，即《民事诉讼法》和《仲裁法》。《仲裁法》第2条规定："平等主体的公民、法人和其他组织之间发生的合同纠纷和其他财产权益纠纷，可以仲裁。"第3条规定："下列纠纷不能仲裁：（一）婚姻、收养、监护、扶养、继承纠纷；（二）依法应当由行政机关处理的行政争议。"可见，《仲裁法》并不排斥对于物权保护法律纠纷提供救济，其对于物权纠纷可以适用，但是鉴于仲裁程序之特殊性，当事人选择仲裁程序作为物权保护法律纠纷解决途径的，需要事前或者事后达成仲裁协议，未达成仲裁协议的，仲裁庭并非当然具有管辖权，对此《仲裁法》第21条规定："当事人申请仲裁应当符合下列条件：（一）有仲裁协议；（二）有具体的仲裁请求和事实、理由；（三）属于仲裁委员会的受理范围。"

《民事诉讼法》第119条规定："起诉必须符合下列条件：（一）原告

是与本案有直接利害关系的公民、法人和其他组织;(二)有明确的被告;(三)有具体的诉讼请求和事实、理由;(四)属于人民法院受理民事诉讼的范围和受诉人民法院管辖。”应该注意的是，民事诉讼是我国物权保护最重要之途径。通常情况下，只要符合《民事诉讼法》第119条之规定，法院即必须受理当事人之起诉，这是法治社会的必然要求。另外，除非当事人另有协议或者安排，和解、调解以及仲裁并非民事诉讼必然的前置程序，当事人完全可以不走和解、调解以及仲裁之程序而直接向法院起诉，当事人对此拥有选择权，任何单位和个人无权剥夺当事人所享有的基本诉权。

举证责任

本条适用的前提条件是“物权受到侵害”，因此，本条所涉及的举证责任主要包括以下几个方面：物权人就其享有何种之物权通常须举证证明，否则和解、调解、仲裁等行为将无所依据，标准亦不好把握。物权人就侵害行为及其后果通常亦须予以举证证明，如果进入诉讼程序，物权人通常对于损害大小、侵害人的过错、侵害行为与损害后果之间的因果关系等亦须举证证明。侵害人如果认为损害系由于不可抗力、受害人故意、正当防卫、紧急避险、自助行为等原因所造成从而主张免责的，应对于上述事实之存在及其与损害后果之间的关联性予以举证证明。

其他问题

本条所谓的权利人，立法上没有明确界定。从本章章名“物权的保护”以及本条内容“物权受到侵害的……”之表述上看，本条所谓的权利人是指所有权人、用益物权人以及担保物权人。鉴于占有关系事实上已经纳入物权法，作为类物权人的占有人，亦应该包括在本条所谓的权利人之内，债权人等如果并非同为物权人或者占有人，则并非本条所谓之权利人。

第二百三十四条【物权的确认请求权】

因物权的归属、内容发生争议的，利害关系人可以请求确认权利。

历史由来

本条沿袭了《物权法》第33条。在立法过程中没有引发争议。

规范目的或功能

本条的规范目的在于明确当事人因为物权之归属及内容发生争议时，利害关系人享有请求确认物权之权利，可以向法院或者法律所规定的其他行政机构请求确认物权归属以及物权之内容。①

从诉的种类上看，罗马法以来，民事诉讼被区分为确认之诉、给付之诉、形成之诉等主要种类，这主要是就诉权而言，属于当事人所享有的程序性权利。从实体法请求权角度而言，利害关系人就物权之归属及内容发生争议时，享有请求确认其物权归属及内容、范围之权利，当属实体权利无疑。②本书对此存在不同意见。所谓请求权，是指一方当事人请求他方当事人为一定行为或者不为一定行为之权利。③众所周知，除非以某一或者某些法院为被告等特殊情形，法院通常不是诉讼当事人，法院对于当事人诉讼之标的除依法裁判的义务外不应存在其他利害关系，所以法院不应该负担作为或者不作为的义务，法院作出裁判或者不作出裁判，均非请求权意义上之作为或者不作为。因此，当事人因为物权的归属、内容发生争议的，有权请求法院依法确认其权利，该“请求权”并非实体法上的“请求权”，而是实体法上的“诉权”，请求确认物权的权利与通常所谓的“请求权”存在根本性区别，不得不辨。国内也有学者认为，确认物权请求权实际上可被原物返还

---

① 梁慧星主编：《中国物权法草案建议稿》，社会科学文献出版社2000年版，第207页。

② 梁慧星主编：《中国物权法草案建议稿》，社会科学文献出版社2000年版，第207页。

③ Münchener Kommentar zum bürgerlichen Gesetzbuch, Band 1–10, Verlag C.H.Beck München, 2006.

请求权所吸收，即是说，在物权人提出的原物返还请求权中包含了确认与返还两个诉权。即使不承认物权确认请求权可以为原物返还请求权所包含，但原物返还请求权本身必须以确认权利为前提。在此情况下，从诉讼经济原则考虑，既然给付之诉可以解决确权问题，则确认之诉就显得多余。以此而言，《物权法》第33条并非绝对必不可少，把它理解为一种诉讼法上的权利比较可取。①

从比较法上来看，目前大陆法系各国（地区）对于请求确认物权的权利，在立法上的态度并不统一，有些国家（地区）在实体法上具有明文规定，有些国家则没有作出明文规定。一般较为常见的立法模式是实体法中仅仅规定传统民法上的物上请求权，即仅就停止侵害、排除妨碍、消除危险、返还原物请求权作出规定，请求确认物权的权利通常不规定于实体法，如《德国民法典》第985条、第1004条等即属之。当然，这并不是说上述国家（地区）不存在对于物权归属、内容及范围之争议，这些方面的争议具备民事案件"诉"的要件，符合起诉的条件，完全可以起诉和受理，通过举证质证，完全能够借助程序法上的确认之诉予以解决，这只是解决问题的思路和办法不同而已，从规范设计之本质以及法治效果上看，不同的立法模式在法治效果上并不存在霄壤之别。从我国的现实国情以及发展阶段上看，立法上明文规定请求确认物权的权利有其必要性、合理性，这样处理有利于民众知法、学法、用法，有利于司法机关适用法律，同时对于立法的体系性、科学性亦无明显违背。

三 规范内容

本条之规范内容，也就是请求确认物权的权利，主要涉及物权的归属和内容两个方面的争议。其一，就某人是否享有某物权发生争议，一方认为其有权，而另一方认为其无权，于是产生纠纷。其二，就物权的内容、支配范围发生争议，即对权利人行权内容以及权利人之间的疆界发生争议。②

① 朱广新：《民法典物权编总则的三重体系透视》，载《河南师范大学学报》2019年第1期。

② 梁慧星主编：《中国物权法草案建议稿》，社会科学文献出版社2000年版，第207页。

请求确认物权的权利其内容并不复杂，但是所发挥的作用非常大。在实践中，对物权确认提出请求的现象较为普遍。“这种请求权并不是诉讼法上的权利，而是实体法上的权利，应当在物权法中规定。中国改革开放前的民法教科书，只是把这种请求权当作所有权保护的一种手段，但在中国当前的司法实践中，这种请求权所要解决的问题不仅仅是所有权保护的问题，而是所有权、各种用益物权保护中都要解决的问题。因此，应当将这种请求权作为一项具有普遍意义的物权请求权，而不是仅仅作为所有权请求权。”[①]

举证责任

按照民事诉讼“谁主张，谁举证”之举证原则，因物权的归属、内容发生争议的，当事人就自己是否享有物权以及所享有的物权种类、物权内容承担举证责任。就物权的归属、内容所发生争议，举证责任通常涉及以下几个方面的内容：

第一，我国不动产物权登记具有推定力，《民法典》第216条明确规定：“不动产登记簿是物权归属和内容的根据。不动产登记簿由登记机构管理。”因此，对于登记不动产归属及内容之争议，通常应以不动产登记簿为准。“权利人、利害关系人认为不动产登记簿记载的事项错误的，可以申请更正登记。”对于更正登记，仍然实行“谁主张，谁举证”之举证原则。

第二，按照《民法典》第333条、第374条、第403条之规定，我国土地承包经营权、地役权、动产抵押权自合同生效时设立，当事人享有上述权利不以登记为前提条件，但是土地承包经营权、地役权仍然可以登记。如果不动产登记簿所登记的不动产物权与当事人所签订的土地承包经营合同、地役权合同存在不一致的地方，当事人可以申请更正登记。如果当事人之间未签订合同，那么只能通过占有关系、其他旁证等予以佐证，无法证明的，由主张权利之人承担举证不能之风险。

第三，对于以登记为所有权移转对抗要件的动产物权（《民法典》第225条），主要包括船舶、民用航空器、机动车等，通常不是将占有人推定为所有

① 梁慧星主编：《中国物权法草案建议稿》，社会科学文献出版社2000年版，第207页。

人，而是按照登记簿上所公示记载的所有人直接进行权利推定，对此存有异议的当事人可以举证推翻。

第四，本权不是在任何情况下都能够查明，也都应该查明的事实，否则国家将变为警察国家，法院等司法机构也将不堪重负。[①]对于原始取得物，比如对于依生产、养殖、加工、开采、创作而初次取得的农副产品、畜牧产品、水产品、工矿原材料以及工业制成品、艺术品等财产，对于在建建筑物、船舶和飞行器等尚在形成中的财产，以及其他因为种种原因而无法、无须或者尚未办理权属证明的财产等，以占有证明本权之存在早已成为许多民族的习惯法，普遍为民众所接受。[②]而对于继受取得物，除不动产以及少数重要的动产外，所有人往往也不会长期留存能够证明该物权属关系的各种票证和原始权利凭证。非得证明本权之存在，否则即使遭受侵夺妨害也无法获得法律的保护和救济，无法依照占有的权利推定法则索回被非法侵占的财产，甚至导致财产被收缴罚没，生活将永无宁日，人人自危，哪个国家的立法都不会奉行这种法律逻辑。因此，对于无法亦无须登记之动产，通常情形下应该允许以占有证明其本权之存在，即仅仅依占有之外观即可推定占有人享有本权。

所谓推定，是指依据已知的事实，对未知的事实所进行的推断和确定。[③]依据推定对象之不同可以将推定区分为以下几类：事实的推定、权利的推定、意思的推定、因果关系的推定等多种形式。[④]所谓占有的权利推定，是指占有人于占有物上所行使之权利，推定其适法有此权利。[⑤]比如占有人以所有的意思占有某物，推定其为所有人，占有人以质押的意思占有某物，推定其为质权人，占有人以行使土地承包经营权的意思占有土地，推定其为土地承包经营权人，等等。占有的权利推定制度具有保护占有背后的权利、维持社会秩序、促进交易安全、减少诉讼和纷争等作用。[⑥]2005年

---

① 章正璋：《占有保护疑难问题研究》，中国政法大学出版社2018年版，第17页。

② Ferid/Sonnenberger, Das französische Zivilrecht, Band 2, 2.Aufl. 1986, Verlag Recht und Wirtschaft GmbH Heidelberg, S.56–58.

③ 朱广新：《论物权法上的权利推定》，载《法律科学》2009年第3期。

④ 王利明：《试述占有的权利推定规则》，载《浙江社会科学》2005年第6期。

⑤ 王泽鉴：《民法物权（二）》，台北三民书局2005年版，第235页、第236页。

⑥ 王泽鉴：《民法物权（二）》，台北三民书局2005年版，第236页。

7月10日公布的《物权法（草案）》对于占有的权利推定具有明确规定，该草案第4条规定，“物权应当公示。记载于不动产登记簿的人是该不动产的权利人，动产的占有人是该动产的权利人，但有相反证据证明的除外”。第260条规定：“不动产或者动产的占有，除有相反证据证明外，推定有权占有。”[①]《物权法》在起草过程中曾设计了占有权利推定效力的条文，在第一次到第五次的审议稿中，均保留有占有权利推定的条文。然而，上述条文在最终通过的《物权法》中被删除，占有的权利推定制度在我国现行法上尚未能建立。

第五，尽管我国《民法典》第462条规定了占有保护制度，该制度事实上部分承担了占有权利推定的法律功能。但是，占有保护制度无法完全替代占有的权利推定制度。原因有以下几点：

其一，占有保护制度属于侵害占有的事后救济措施，无法从根本上解决占有物的所有权归属等权属问题。[②]其二，对于依生产、养殖、加工、开采、创作等原始取得方法所取得之动产，以及依买卖等继受取得方法所取得之动产，占有人即为所有人，所有权的移转必须转移占有（交付），取得占有方能取得所有权，上述占有权利推定制度之基本原则和精神早已为我国民众所接受，与我国具体民事交易之实情完全吻合，占有的权利推定制度在我国具有充分的民意基础。其三，占有的权利推定仅仅是一项权利推定（Rechtsvermutung）而已，意在维护现存之财产占有、归属秩序，以保卫社会和平。利害关系人如有相反证据完全可以依法推翻该推定。因此，占有的权利推定制度不会刺激非法行为的发生，不会为非法行为正名，亦不会导致陷入社会的道德危机。[③]

三 其他问题

本条所谓的利害关系人，是指因物权的归属、内容发生争议之人，也就

---

① 程啸、尹飞：《论物权法中占有的权利推定规则》，载《法律科学》2006年第6期。

② Staudinger/Gursky, RdNr. 7. S.118.

③ BGH 264, 395, 396; NJW 1975, 1699; BGH NJW 1967, 2008.

是与所有权人、用益物权人以及担保物权人等发生物权权属争议之人，包括但是不限于所有权人、用益物权人以及担保物权人，债权人、债务人、占有人、非占有人等对于物权的归属、内容发生争议之人均无不可。

第二百三十五条【返还原物请求权】

无权占有不动产或者动产的，权利人可以请求返还原物。

历史由来

本条承袭于《物权法》第34条。在立法过程中，没有因为条文的合理性或适当性引发争议。

规范目的或功能

本条之规范目的，在于为权利人创设返还原物请求权。占有是物权的基本权能，占有被非法侵夺，物权的内容以及其他权能便无法实现，物权人就物权所能享有之利益便会落空或者大打折扣。正因为如此，自罗马法以来，大陆法系便一直存在所有人原物返还请求权制度（rei vindicatio）。[①]该制度为近现代各民族国家的民法典所继承，如《德国民法典》第985条规定："所有权人可以向占有人请求返还其物。"《瑞士民法典》第641条规定："所有权人对物的无权占有人，有请求交回该物并排除一切不法侵害的权利。"本条规定权利人返还原物请求权，体现了物权保护的必然要求和逻辑必然性。

规范内容

所谓权利人返还原物请求权，是指物权人等对于无权占有其不动产或者动产之人，要求其向自己返还原物占有之请求权。权利人主要是指物权人，

① 梁慧星主编：《中国物权法草案建议稿》，社会科学文献出版社2000年版，第199页。

包括所有权人、用益物权人和担保物权人，但是抵押权之设立并不转移抵押物之占有，不表现、不继续之地役权并不依赖于占有不动产，所以上述两类物权人是否享有返还原物请求权在学术上、立法上尚存在不同意见，《民法典》对此并未触及，只能留待将来制定司法解释时予以探讨、完善。本书认为，作为物权人，抵押权人和不表现、不继续之地役权人不应该被排除在返还原物请求权权利人之外，尽管其权利之存在不以占有某物为前提，但是其权利实现、变现却无法脱离占有，也就是上述权利人对于标的物及其占有现状并非毫无利益。但是，考虑到上述权利人就权利标的毕竟没有取得过占有，因此其只能请求向所有权人或者直接授予其权利之其他物权人返还原物之占有。

基于租赁、融资租赁、保管、承揽、借用、代管、寄售等债法关系之占有人，在其占有被他人非法剥夺时，可否行使物权法上的返还原物请求权？对于该问题，不同国家在立法上存在不同的处理模式。首先，基于债法关系之占有人并非物权人，物权法上所规定的物权保护措施对于非物权人并非当然地、天然地具有适用效力。其次，第二次世界大战之后，一些国家（地区）存在债权物权化之立法或者司法政策，如对于承租人给予类似物权之待遇及保护，这取决于立法以及判例之明确确立，学理观点及主张通常并不具有法源之地位。最后，基于债法关系之占有人作为有权占有人，其占有保护请求权不受是否享有物权这个前提条件之限制，占有人有权依照占有保护之规定要求侵占其占有之人返还原物。

基于物权之对世性、追及性，物权人对于与无权占有人甚至有权占有人继续从事交易以及其他流转行为而取得占有之人，均得以主张返还原物请求权，除非现时占有人符合《民法典》第311条所规定善意取得之要件，并且依法主张善意取得。[①]

权利人返还原物请求权之行使，既可以直接向非法侵占其占有之人提出，也可以以诉讼方式向法院提出，以何种方式行使其权利，由当事人自主决定。

---

① 最高人民法院物权法研究小组编著：《〈中华人民共和国物权法〉条文理解与适用》，人民法院出版社2007年版，第141页。

权利人返还原物请求权之行使，须具备或遵守某些外在之条件、限制。其一，须占有被第三人非法剥夺，对于第三人基于用益物权、担保物权、债权等法律关系而合法占有其物者，权利人无权请求占有人返还原物。其二，须原物尚存在、返还须具有可能性。如果原物已经毁损灭失或者经过加工、添附等改造过程，那么返还原物便不再具有可能性，或者需要借助其他法律制度进行进一步之考量，有可能产生其他的抗辩权从而阻断返还原物请求权。

《民法典》第196条规定，不动产物权和登记的动产物权的权利人的返还财产请求权不适用诉讼时效的规定。据此，只要动产、不动产被他人非法占有，返还原物仍然具有现实可能性，权利人均可以请求返还原物，无论侵夺占有的后果持续了多长时间。不同立法例上对此问题具有不同的认识，按照《德国民法典》第194条之规定："向他人请求作为或者不作为之权利（请求权），罹于消灭时效。"返还原物请求权作为请求权之一种，亦罹于消灭时效，这与我国《民法典》之规定显然有别。

无法证明本权的占有人无法依照本条之规定主张原物返还请求权。无法证明本权的原因较为复杂，例如，因为时代局限当时不提供权利凭证，或者因为时过境迁权利凭证灭失。再如，通过走私、黑市交易以及私搭乱建而产生的动产、不动产之占有关系，依照生产、养殖、加工、开采、创作而初次取得的农副产品、畜牧产品、水产品、工矿原材料以及工业制成品、艺术品等财产，在建建筑物、船舶和飞行器等尚在形成中的财产，以及因为其他种种原因而无法、无须或者尚未办理权属证明的财产等。当事人对此均无法提供其具有合法本权之证据，除非对方当事人对于原物返还请求权人之本权予以认可，并且不由此而损害国家、社会、他人之利益而获得司法机关之确认，否则权利人将因为无法证明其本权而无法按照本条之规定行使其返还原物请求权，在当事人能够证明其在先占有之前提下，其只能依据《民法典》第462条占有保护之规定行使占有人原物返还请求权。

原物返还请求权通常不适用于金钱和无记名证券，所有权人丧失金钱和无记名证券占有之后，通常只能依债法请求权请求返还，但是作为特定物之古钱币或者盛放于特定容器内未经打开之金钱和无记名证券除外。

按照消费者保护法律，商家无权为消费者单方设定义务，对于未经消费者预订而商家自动寄发之卖品，消费者没有接收和保管义务，亦不负返还义务，其毁损灭失之风险由商家自己承担，商家有权以自己费用上门取回或者以其他方式索回之。[①]我国《消费者权益保护法》第25条规定："经营者采用网络、电视、电话、邮购等方式销售商品，消费者有权自收到商品之日起七日内退货，且无需说明理由，但下列商品除外：（一）消费者定作的；（二）鲜活易腐的；（三）在线下载或者消费者拆封的音像制品、计算机软件等数字化商品；（四）交付的报纸、期刊。除前款所列商品外，其他根据商品性质并经消费者在购买时确认不宜退货的商品，不适用无理由退货。消费者退货的商品应当完好。经营者应当自收到退回商品之日起七日内返还消费者支付的商品价款。退回商品的运费由消费者承担；经营者和消费者另有约定的，按照约定。"

举证责任

权利人返还原物请求权纠纷或者案件中的举证责任问题，通常涉及以下几个方面的内容。无权占有作为一种消极事实，有些情形下可由原告举证予以证明，如提供财物被盗抢的视频等，但是通常情形下无权占有无法由作为权利人之原告举证证明，这是由消极事实作为事物之本质所决定的。因此，只要作为权利人之原告能够提供所有权权属等证明，那么被告应该对于其有权占有负责举证，被告不能证明其有权占有的，权利人有权要求其返还原物。对于基于用益物权、担保物权之设权关系以及基于买卖、租赁、保管、承揽、借用等债法关系而交付之占有，如果依照合同或者其他安排，相对人于法律关系无效、撤销、解除、到期之后不再续期等情形下拒不返还交付之占有物的，原告须在合同或者其他证明能力范围内对于被告之无权占有负举证责任。[②]

对于因为侵权行为等非合同原因而发生的侵夺占有，权利人只能证明并

---

① Siehe BGB §241a.

② Münchener Kommentar zum bürgerlichen Gesetzbuch, Band 5, 6.Auflage, Verlag C.H.Beck München, 2013, S.1209.

且必须证明其自己在先之占有，侵夺人现时之占有，并且申言现时之占有为非法。由动产以及不动产之现时占有人对于其占有以及占有之取得进行合法性举证，如果现时占有人能够举证证明其占有合法，其不负原物返还义务，反之，现时占有人应该返还原物。

按照脱离占有是否基于原权利人之本意，可以将占有物区分为占有委托物和占有脱离物。占有委托物是指基于原权利人的意思而占有其物，包括基于用益物权、担保物权、租赁、保管、借用、承揽等合同而交付之标的物，以及合同无效、被撤销、被解除时业已交付之标的物等。占有脱离物是指非基于原权利人的意思而占有其物，包括偷窃、抢夺、诈骗、侵占、贪污、挪用、遗失（忘）物、误取物、失散动物、漂流物等。对于占有脱离物，除了遗失物、失散动物、漂流物之外，主要依据《治安管理处罚法》《刑事诉讼法》《刑法》予以规范调整，通常不适用《民法典》权利人返还原物请求权纠纷解决之举证责任及诉讼模式。

权利人返还原物请求权往往会涉及诸多抗辩权之行使，如善意取得抗辩权、取得时效抗辩权、不动产登记错误抗辩权等。当事人如果主张上述抗辩权的，对于上述抗辩权的成立应该予以举证，如善意、自主占有期间、异议登记等。[①]《德国民法典》第932条、第937条、第894条、第899条等对此具有明文规定。但是，我国现行民法对于取得时效制度未有规定，以取得时效进行抗辩于法无据。

权利人返还原物请求权与不当得利返还请求权往往发生竞合问题，因为作为不当得利之原物如果存在的，应该返还原物。[②]作为不当得利返还请求权具体内容之返还原物请求权，有基于债权者，也有基于物权者。按照物权行为理论，买卖的债权合同被确定无效之后，如果交付买卖标的物的物权行为有效，那么出卖人不得以所有权人之身份主张所有物返还请求权，而只能以债权人之身份主张不当得利返还请求权。物权请求权来源于罗马法上的对物

---

① Münchener Kommentar zum bürgerlichen Gesetzbuch, Band 5, 6.Auflage, Verlag C.H.Beck München, 2013, S.1207.

② Münchener Kommentar zum bürgerlichen Gesetzbuch, Band 5, 6.Auflage, Verlag C.H.Beck München, 2013, S.1208.

之诉（actiones in rem），仅以特定物为诉讼标的，而债权请求权来源于罗马法上的对人之诉（actiones in personam），该诉讼以债务人全部责任财产为诉讼标的。[①]作为物权请求权之返还原物请求权按照我国现行民法不罹于时效，而债权请求权则罹于时效，这两种请求权在举证责任的具体要求上亦存在明显区别，不得不辨。

我国现行民法对于所有人的追踪权没有规定（《德国民法典》第867条、第1005条），追踪权之立法功能只能依照民事习惯、自助行为以及权利人返还原物请求权予以解决。

三 其他问题

本条规定无权占有不动产或者动产的，权利人可以请求返还原物。具体为何种权利之权利人可以请求返还原物，法无明文规定，存在解释适用的必要。

1.所有权人。《民法典》第240条规定："所有权人对自己的不动产或者动产，依法享有占有、使用、收益和处分的权利。"这是所有权的积极权能，所有权同时还具有排除他人干涉、妨碍、侵害之消极权能。第258条规定："国家所有的财产受法律保护，禁止任何组织或者个人侵占、哄抢、私分、截留、破坏。"第265条第1款规定："集体所有的财产受法律保护，禁止任何组织或者个人侵占、哄抢、私分、破坏。"第267条规定："私人的合法财产受法律保护，禁止任何组织或者个人侵占、哄抢、破坏。"从上述规定可以得出，所有权人作为物权人有权请求返还原物，所有权人能够为本条所谓的权利人所涵盖，适格成为本条之权利人。

2.非所有权人请求返还原物之情形。依照法律之规定，破产管理人和遗产执行人等对于属于破产财产的所有物以及属于遗产的财产，可以自己名义要求占有人返还原物，尽管破产管理人和遗产执行人并非上述财产之所

---

① Münchener Kommentar zum bürgerlichen Gesetzbuch, Band 5, 6.Auflage, Verlag C.H.Beck München, 2013, S.1211.

有权人。[①]另外，按照《德国民事诉讼法》，诉讼过程中所有权人有权出让所有物或者转让其请求权，该出让以及转让对于诉讼程序不产生影响，未经诉讼相对人同意，受让人不能成为主要诉讼当事人，仍以原权利人为当事人继续诉讼。该情形下亦能够导致典型的非所有权人请求返还原物之情形。[②]我国没有遗产执行人之规定，但是存在破产管理人之规定，我国《破产法》第25条规定："管理人履行下列职责：（一）接管债务人的财产、印章和账簿、文书等资料；……（六）管理和处分债务人的财产……"可见，我国破产管理人同样有权以自己名义要求占有人返还原物，适格成为本条之权利人。

3.用益物权人。《民法典》第323条规定："用益物权人对他人所有的不动产或者动产，依法享有占有、使用和收益的权利。"所有权具有弹力性，所有权的各项权能通常均可以与所有权分离，用益物权制度和担保物权制度即体现了这种分离，而用益物权和担保物权均具有所有权之部分特征。为了保护这些分离出去的权能能够顺利实现，适用于所有权的各种保护方法通常亦得以适用于各种他物权。[③]《德国民法典》对此采肯定态度，多次予以明文规定。[④]我国现行民法明确规定了土地承包经营权、建设用地使用权、宅基地使用权、地役权等若干种用益物权，用益物权人欲实现占有、使用和收益用益物之目的，对于无权占有不动产或者动产用益物之人，有权请求返还原物，用益物权人能够为本条所谓的权利人所涵盖，适格成为本条之权利人。

4.担保物权人。担保物权人有些占有担保财产，如质权人和留置权人，有些不占有担保财产，如抵押权人。《民法典》第386条规定："担保物权人在债务人不履行到期债务或者发生当事人约定的实现担保物权的情形，依法享

---

① Münchener Kommentar zum bürgerlichen Gesetzbuch, Band 5, 6.Auflage, Verlag C.H.Beck München, 2013, S.1218.

② Die Rechtshängigkeit schließt das Recht der einen oder der anderen Partei nicht aus, die in Streit befangene Sache zu veräußern oder den geltend gemachten Anspruch abzutreten. ZPO §265.

③ Münchener Kommentar zum bürgerlichen Gesetzbuch, Band 5, 6.Auflage, Verlag C.H.Beck München, 2013, S.1911–1912.

④ Siehe BGB §1027, §1065, §1227.

有就担保财产优先受偿的权利，但是法律另有规定的除外。”可见，担保物权主要是价值权（Verwertungsrecht），这与用益物权的设立目的主要在于使用和收益明显不同。[①]尽管如此，对于占有型担保物权，如果债务人履行了债务，担保物权人有义务返还担保财产之占有给担保人，而如果债务人不履行其债务，担保物权人实现其担保物权亦依赖于占有担保财产。因此，占有型担保物权人为了履行其返还义务或者为了实现其权利，对于无权占有担保财产之人应该享有返还原物请求权。而对于非占有型担保物权，如抵押权，抵押权人虽然对于抵押财产享有附条件之价值权，但是抵押权人并不直接占有担保财产，从保护抵押权人价值权、防止无权占有人侵害、损毁、处分或者连环处分抵押物之角度出发，同样应该赋予抵押权人返还原物请求权，但是考虑到抵押权人并未实际占有过抵押财产，因此抵押权人只能请求无权占有人向抵押人为返还。如果抵押人不能或者不欲接受返还的，如抵押人资不抵债、抵押人被羁押或者流亡在外等，那么抵押权人可以请求无权占有人向自己为返还。

5.基于债法关系之占有人。所谓基于债法关系之占有人，是指基于租赁、融资租赁、保管、借用、承揽、代管、寄售等债法合同而占有他人之物的债权人。上述债权人对于其基于债法合同关系所占有之动产或者不动产，并不享有物权，无法按照物权保护之规定请求无权占有人返还原物，但是可以依照《民法典》第二十九章不当得利之规定或者《民法典》第462条占有保护之规定请求无权占有人返还原物。

6.基于人身权（人身关系）之占有人。财产的非所有权人占有，可以基于他物权，可以基于债权，还可以基于人身权，如基于亲权、监护、保佐等关系而占有被监护人之财产。基于人身关系之占有人通常并非物权人，如其未在所监管财产上为自己设立他物权，则其并非一般意义上本条所谓的权利人，不能以自己名义主张本章所规定的物权保护方法，请求无权占有人返还原物，而只能以代理人之身份主张被代理人之权利，或者依照《民法典》第二十九章不当得利之规定或者《民法典》第462条占有保护之规定请求无权占

---

① Münchener Kommentar zum bürgerlichen Gesetzbuch, Band 5, 6.Auflage, Verlag C.H.Beck München, 2013, S.1911–1912.

有人返还原物。占有虽非权利，但是无疑属于法律所保护之利益，基于人身关系之财产占有人于丧失占有之后，自可依照不当得利之规定请求无权占有人返还占有。

7.善意占有人。例如误取他人衣服、雨伞、图书、自行车而占有者，即为善意占有人。善意占有人并非一般意义上之权利人，更非物权人，结合本章章名“物权的保护”，如果对于本条规定之“权利人”采限缩解释，则善意占有人并非物权人，无权以本条规定作为请求权基础请求无权占有人返还原物。善意占有人能否依照《民法典》第二十九章不当得利之规定或者《民法典》第462条占有保护之规定请求无权占有人返还原物，对此学界意见尚不统一。本书认为，善意占有人丧失其善意占有之物时，有权依照《民法典》第462条占有保护之规定请求无权占有人返还原物。

8.恶意占有人。例如盗窃他人车辆而占有之，其后被他人善意占有或者再次被他人盗窃并恶意占有。恶意占有人并非一般意义上之权利人，更非物权人，结合本章章名“物权的保护”，如果对于本条规定之“权利人”采限缩解释，则恶意占有人并非物权人，无权以本条规定作为请求权基础请求无权占有人返还原物。恶意占有人能否依照《民法典》第二十九章不当得利之规定或者《民法典》第462条占有保护之规定请求次级无权占有人返还原物，对此学界意见尚不统一。本书认为，恶意占有人丧失其恶意占有之物时，有权依照《民法典》第462条占有保护之规定请求次级无权占有人返还原物。之所以赋予恶意占有人请求次级无权占有人返还原物请求权，主要是考虑到占有制度的基本功能在于维护现存之财产占有秩序，以维护社会和平与物之秩序。[1]

---

① 章正璋：《我国民法上的占有保护——基于人民法院六年来占有保护案例的实证分析》，载《法学研究》2014年第3期。

第二百三十六条【排除妨害请求权和消除危险请求权】

妨害物权或者可能妨害物权的，权利人可以请求排除妨害或者消除危险。

历史由来

本条完全继承了《物权法》第35条的规定。由民法典编纂过程看，本条的形成前后发生过一定变化。《民法典物权编（草案）》（征求意见稿）第32条规定，妨害物权或者可能妨害物权的，权利人可以请求停止侵害、排除妨害或者消除危险。这一规定以《物权法》第35条规定为基础，在法律效果方面增补了规定“停止侵害”。《民法典各分编（草案）》第32条接受了“征求意见稿”第32条的规定。《民法典物权编（草案）》（二审稿）第32条及《民法典（草案）》第236条皆接受了《民法典各分编（草案）》第32条的规定。然而，2020年5月《民法典（草案）》提交全国人大会议审议之后，立法者却作出放弃增补“停止侵害”的决定，从而使得本条最终又回归到《物权法》第35条规定的内容。

规范目的或功能

本条之规范目的，在于为权利人创设排除妨碍及消除危险请求权。妨碍和危险虽然一般不直接剥夺权利人对物之占有，但是权利人之权利却因为受到侵犯、滋扰等影响而无法正常享有、利用及行使，法律亦有必要提供救济，此乃本条之规范目的。

从比较法上看，停止侵害、排除妨害、消除危险以及返还原物请求权性质上同属于物上请求权，也称为物权请求权，是物权人所享有的物权的圆满状态受到侵害或者有受侵害之虞时法律赋予物权人救济之手段。正因为如此，自罗马法以来，大陆法系便一直存在所有人原物返还、排除妨碍、消除危险等请求权制度。[①]该制度为近现代各民族国家的民法典所继

① 梁慧星主编：《中国物权法草案建议稿》，社会科学文献出版社2000年版，第199页。

承，如《德国民法典》第1004条规定："所有权被以侵夺或者扣留占有方式以外之方式妨害的，所有权人可以向妨害人请求除去妨害。有继续受侵害之虞的，所有权人可以提起不作为之诉。所有权人有义务容忍的，排除前款所规定的请求权。"我国《民法典》将排除妨害、消除危险这两种传统民法上的物上请求权规定在一个条文中有利有弊，这样规定的好处在于节约立法条文，便于法律的学习、掌握和应用，看上去一目了然。这样规定的弊端在于这两种请求权在成立要件、适用情形、法律后果方面均存在一定的区别，规定在一个条文中容易产生混淆和误认，在法律逻辑上亦不够严谨。

规范内容

所谓排除妨害请求权，是指权利人对于不法妨害其权利享有及权利行使之人，有权要求其排除相关妨害之请求权。排除妨害请求权之成立，通常须具备以下要件。

1.须客观上存在妨害之行为。例如堆放杂物于他人房屋、车库门口，妨害他人通行。冬天倾倒污水于路面，造成路面结冰，妨害他人通行。在高压电线的安全距离内违法建筑，妨害他人输电设备之运行及安全等。

2.该妨害行为与被告的行为或者所控制下的物件有关，也就是原告对于被告的行为或者物件与其所遭受的妨害之间存在因果关系须能够证明。

3.原告方没有容忍义务。在社会当中，人群共处，工农各业生产以及共同生活之维持，均离不开人的必要的行为以及必要之机器、设备、设置、装置等。在此情况下，个人难以完全独处或者独善其身，主体之间有必要相互协力及忍让，以利共同生活之维持、共同福祉之增进以及社会之正常运转，有时为了社会公共利益而不得不暂时牺牲个体之利益，这些都是必要的妥协，被侵害人于社会一般观念认可之范围内具有容忍之义务。超出此一范围，则被侵害人没有容忍侵害之义务。《民法典》第288—296条规定了相邻关系，不动产相邻各方为了共同生活，彼此之间即负有一定限度的容忍义务。

4.须妨害行为没有法律依据。凡是法律具有规定或者合同具有约定之行为，如依法进行之查封、扣押行为，抢险救灾时之征用、限制交通、限制使用，以及依照合同进行之管理、限制、维护、保养、断水、断电之行为，均具有合法依据，非为不法，针对上述合法行为，排除妨害请求权不能成立。

所谓消除危险请求权，是指权利人对于可能危及其权利享有及权利行使之设施及行为，有权要求有关设施的权利人或者行为人消除危险之请求权。消除危险请求权之成立，通常须具备以下要件。

1.须存在潜在的危险。消除危险请求权所针对之危险，与排除妨害请求权所针对之妨害最大之不同在于，妨害属于既然状态，而危险则属于未然状态之潜在可能性，如果及时采取合理的、适当的措施，则该项危险可以避免和消除。当事人就是否存在潜在之危险发生争议的，应依通常人之标准进行判断，《民法典》对此问题无明文规定，法官对此具有较大的自由裁量权。

2.该项危险与被告的行为或者所控制下的物件有关，例如被告的施工行为、被告所贮存的危险化学品、被告所饲养的烈性动物、被告名下的危险建筑物，等等。

3.原告方没有容忍义务。对于紧急避险、自助行为、合法合规的蓄洪、泄洪行为以及建设核电站等行为，即使存在潜在之危险，原告方亦负有容忍义务，消除危险请求权一般不能成立。

4.须可能妨害物权之行为没有法律依据。对于正当防卫、依法执行公务等合法行为，即使上述行为可能妨害物权，消除危险请求权一般不能成立。如果权利人因为防卫过当、执行公务行为不当等行为遭受损害的，有权依法请求损害赔偿。

最后，有两点尚须注意：其一，排除妨害请求权和消除危险请求权性质上均属于物权请求权，权利人行使物权请求权，无须证明侵害人主观上存在过错，即使侵害人主观上不存在过错，也不妨碍权利人排除妨害请求权和消除危险请求权之成立。其二，通常情形下，妨害物权或者可能妨害物权之行为均系由侵害人方面之原因所导致，所以排除妨害、消除危险行为所产生之费用亦须由侵害人方面承担，权利人方面对此不应负责。

举证责任

原告对于各种妨害，应该承担举证责任。比如通过图片、录音、录像、证人证言等形式举证，对于声、光、电、电磁、辐射等无形侵害，必要时应该提供具有相应检测资质机构所出具之检测报告。原告因客观原因不能自行收集的证据，可以请求人民法院调查收集，必要情形下，原告可以请求人民法院保全证据。

《民事诉讼法》第64条规定："当事人对自己提出的主张，有责任提供证据。当事人及其诉讼代理人因客观原因不能自行收集的证据，或者人民法院认为审理案件需要的证据，人民法院应当调查收集。人民法院应当按照法定程序，全面地、客观地审查核实证据。"第81条第1款、第2款规定："在证据可能灭失或者以后难以取得的情况下，当事人可以在诉讼过程中向人民法院申请保全证据，人民法院也可以主动采取保全措施。因情况紧急，在证据可能灭失或者以后难以取得的情况下，利害关系人可以在提起诉讼或者申请仲裁前向证据所在地、被申请人住所地或者对案件有管辖权的人民法院申请保全证据。"

侵害人认为自己的行为不可能造成侵害、妨碍或者危险的，应该对此举证证明。侵害人单纯以自己的生产、施工、排污等行为符合国家相关法律之规定为由主张免责的，该理由通常难以成立。

侵害人如果认为妨害系由于不可抗力、受害人故意、正当防卫、紧急避险、自助行为等原因所造成从而主张免责的，应对于上述事实之存在及其与损害后果之间的关联性予以举证证明。

其他问题

本条规定妨害物权或者可能妨害物权的，权利人可以请求排除妨害或者消除危险。但是对于具体何种权利之权利人可以提出上述请求法无明文规定，作为请求权基础，本条规定属于不完全规范，存在解释适用之必要。下面分别予以分析检讨：

1.所有权人。《民法典》第240条规定："所有权人对自己的不动产或者动产，依法享有占有、使用、收益和处分的权利。"这是所有权的积极权能，所有权同时还具有排除他人干涉、妨害、侵害之消极权能。第258条规定："国家所有的财产受法律保护，禁止任何组织或者个人侵占、哄抢、私分、截留、破坏。"第265条第1款规定："集体所有的财产受法律保护，禁止任何组织或者个人侵占、哄抢、私分、破坏。"第267条规定："私人的合法财产受法律保护，禁止任何组织或者个人侵占、哄抢、破坏。"从上述规定可以得出，所有权人作为物权人有权请求停止侵害、排除妨碍或者消除危险，所有权人能够为本条所谓的权利人所涵盖，适格成为本条之权利人。

2.用益物权人。《民法典》第323条规定："用益物权人对他人所有的不动产或者动产，依法享有占有、使用和收益的权利。"所有权具有弹力性，所有权的各项权能通常均可以与所有权分离，用益物权制度和担保物权制度即体现了这种分离，而用益物权和担保物权均具有所有权之部分特征。为了保护这些分离出去的权能能够顺利实现，适用于所有权的各种保护方法通常亦得以适用于各种他物权。[①]《德国民法典》对此采肯定态度，多次予以明文规定。[②]我国现行民法明确规定了土地承包经营权、建设用地使用权、宅基地使用权、地役权等若干种用益物权，用益物权人欲实现占有、使用和收益用益物之目的，对于妨害物权或者可能妨害物权的，可以请求停止侵害、排除妨害或者消除危险。用益物权人能够为本条所谓的权利人所涵盖，适格成为本条之权利人。

3.担保物权人。担保物权人有些占有担保财产，如质权人和留置权人，有些不占有担保财产，如抵押权人。《民法典》第386条规定："担保物权人在债务人不履行到期债务或者发生当事人约定的实现担保物权的情形，依法享有就担保财产优先受偿的权利，但是法律另有规定的除外。"可见，担保物权主要是价值权，这与用益物权的设立目的主要在于使用和收益明显不同。[③]为

---

① Münchener Kommentar zum bürgerlichen Gesetzbuch, Band 5, 6.Auflage, Verlag C.H.Beck München, 2013, S.1911–1912.

② Siehe BGB §1027, §1065, §1227.

③ Münchener Kommentar zum bürgerlichen Gesetzbuch, Band 5, 6.Auflage, Verlag C.H.Beck München, 2013, S.1911–1912.

了保护和实现担保物权人之价值权，对于妨害物权或者可能妨害物权的，担保物权人可以请求停止侵害、排除妨害或者消除危险。担保物权人能够为本条所谓的权利人所涵盖，适格成为本条之权利人。

4. 基于债法关系之占有人。所谓基于债法关系之占有人，是指基于租赁、融资租赁、保管、借用、承揽、代管、寄售等债法合同而占有他人之物的债权人。债权主要受合同法调整和保护，通常不受侵权法保护，亦不受物权法保护，本章物权的保护方法对于债权一般不适用。基于债法关系之占有人，如承租人占有之房屋受到妨害或者可能受到妨害的，债权人可以基于其占有人身份，按照《民法典》第462条占有保护之规定，请求侵害人停止侵害、排除妨害或者消除危险。

5. 基于人身权（人身关系）之占有人。财产的非所有权人占有，可以基于他物权，可以基于债权，还可以基于人身权，如基于亲权、监护、保佐等关系而占有被监护人之财产。基于人身关系之占有人通常并非物权人，如其未在所监管财产上为自己设立他物权，则其并非一般意义上本条所谓的权利人，不能以自己名义主张本章所规定的物权保护方法，请求停止侵害、排除妨害或者消除危险，而只能以代理人之身份主张被代理人之权利。或者基于其占有人身份，依照《民法典》第462条占有保护之规定请求停止侵害、排除妨害或者消除危险。当然，妨害物权或者可能妨害物权之情形发生以后，基于人身关系之占有人可以向妨害人交涉，要求妨害人停止侵害、排除妨害或者消除危险，而无须说明具体的请求权基础，这只是通常的民事陈情和交涉活动，尚不涉及请求权基础的存在及证明问题。

6. 善意占有人。例如误取他人衣服、雨伞、图书、自行车而占有者，即为善意占有人。善意占有人并非一般意义上之权利人，更非物权人，结合本章章名“物权的保护”，如果对于本条规定之“权利人”采限缩解释，则善意占有人并非物权人，无权以本条规定作为请求权基础请求侵害人停止侵害、排除妨害或者消除危险。善意占有人能否依照《民法典》第462条占有保护之规定请求侵害人停止侵害、排除妨害或者消除危险，对此学界意见尚不统一。本书认为，善意占有人可以将第462条占有保护之规定作为请求权基础，请求侵害人停止侵害、排除妨害或者消除危险。

7. 恶意占有人。例如盗窃他人车辆而占有之，恶意占有他人房屋等。恶意占有人并非一般意义上之权利人，更非物权人，结合本章章名“物权的保护”，如果对于本条规定之“权利人”采限缩解释，则恶意占有人并非物权人，无权以本条规定作为请求权基础请求侵害人停止侵害、排除妨害或者消除危险。恶意占有人能否依照《民法典》第462条占有保护之规定请求侵害人停止侵害、排除妨害或者消除危险，对此学界意见尚不统一。本书认为，恶意占有人可以将第462条占有保护之规定作为请求权基础，请求侵害人停止侵害、排除妨害或者消除危险。之所以赋予恶意占有人停止侵害、排除妨害或者消除危险占有保护之请求权，主要是考虑到占有制度的基本功能在于维护现存之财产占有秩序，以维护社会和平与物之秩序。①

8.排除妨害以及消除危险请求权在相邻关系中经常适用，但亦不能不受限制。由于不动产相邻关系之特殊性及其固有内容，相邻关系中的侵害、妨害、滋扰、危险普遍存在并且矛盾高发，其核心问题在于权利之限制及扩张。为了他人同质或者异质之权利，每一权利人之权利不得不有所限制和节制，为了个体权利之圆满实现以及社会利益之最大化，一权利人之权利有时又不得不扩及或者借力于他人既享之权利，这就是不动产相邻关系之内核。《民法典》第二编第二分编之第七章第288条至第296条就用水、排水、通行、通风、采光、日照、建造、修缮建筑物、铺设管线、排污等不动产相邻关系作出了明文规定，相关内容此处不赘。

第二百三十七条【修理、重作、更换以及恢复原状请求权】

造成不动产或者动产毁损的，权利人可以依法请求修理、重作、更换或者恢复原状。

历史由来

本条承继于《物权法》第36条。相比于《物权法》第36条，它作出了将“可以请求”修改为“可以依法请求”的改动。这样修改的理由在于一些学者认为修理、重作、更换或者恢复原状请求权性质上属于债权请求权，而该章

① 章正璋：《我国民法上的占有保护——基于人民法院六年来占有保护案例的实证分析》，载《法学研究》2014年第3期。

所规定的返还原物请求权、排除妨害请求权、消除危险请求权性质上则属于物权请求权。增加“依法”二字，目的在于体现上述请求权在法律性质以及法律适用方法上之差异。这一改动形成于《民法典物权编（草案）》（征求意见稿）第33条。之后的各个草案文本未再作任何改动。

三 规范目的或功能

本条之规范目的在于为物权人创设修理、重作、更换以及恢复原状请求权。

修理、重作、更换以及恢复原状请求权作为物权保护的救济措施具有中国法特色，在大陆法系其他国家（地区）的立法上并不多见。修理、重作、更换、退货在大陆法系其他国家（地区）民事立法上主要适用于债法上的债务不履行或者不适当履行行为，属于典型的债法上的请求权，对于侵害物权的侵权行为通常不适用。造成不动产或者动产毁损之行为，主要属于侵权行为，一般与违约责任无关，债务不履行或者不适当履行之行为通常不会造成不动产或者动产之毁损。个别情形下造成不动产或者动产毁损属于违约和侵权行为之竞合，如承揽加工物之毁损灭失、产品质量不合格导致其他财产损害等。

对于侵权行为，大陆法系各国（地区）民法上首要的救济措施就是赋予被害人以损害赔偿请求权，如《德国民法典》第823条规定：“（1）因故意或者过失不法侵害他人生命、身体、健康、自由、所有权或者其他权利者，对他人因此而产生的损害负赔偿义务。（2）违反以保护他人为目的的法律者，负相同的义务。如果根据法律的内容无过失也可能违反此种法律的，仅在有过失的情况下，始负赔偿义务。”通观整个《德国民法典》侵权责任部分之规定，除了损害赔偿责任，法律上再没有其他责任形式之规定。德国民法上的恢复原状请求权规定在债法总则部分，也就是《德国民法典》第249条。[①]

我国立法与此具有很大区别，2010年7月1日起施行的《侵权责任法》第15条规定：“承担侵权责任的方式主要有：（一）停止侵害；（二）排除妨碍；（三）消除危险；（四）返还财产；（五）恢复原状；（六）赔偿损失；（七）赔礼道歉；（八）消除影响、恢复名誉。以上承担侵权责任的方式，可以单独适用，

---

① Siehe BGB §249.

也可以合并适用。”该条总共规定了八种责任形式，将停止侵害、排除妨碍、消除危险、返还财产等物权请求权亦囊括在内，但是对于修理、重作、更换请求权却没有作出规定。该立法一方面具有侵权法独立成编的历史痕迹，从而具有中国法之特色；另一方面亦存在法条之间配合和衔接不到位之问题。《侵权责任法》的该条规定，在《民法典》中被删除。《民法典》第179条第1款对于“承担民事责任的方式”作了集中统一规定，该条第6项规定了“修理、重作、更换”。

规范内容

修理、重作、更换以及恢复原状请求权，并非一个完整的请求权，而是各自独立同时又互有交叉关系的请求权，如损坏他人汽车，须予以修理；踏坏他人田畴、禾苗、艺圃、大棚，须予以重作；修理不成须予以更换；倾倒垃圾于他人土地之上须运走垃圾，清理现场，消除污染，恢复原状，等等。修理、重作、更换本身就是恢复原状的具体方法和救济形式，完成了修理、重作或者更换等行为，一般也就可以认为是完成了恢复原状。但是，恢复原状还可以具有其他的表现形式，如运走垃圾，关停、搬迁工厂从而停止排放噪声、粉尘、废气、废水等侵害行为。本着物尽其用的原则，能够进行修理的，通常不得要求更换，能够重作的，不得要求赔偿，个案中的具体判断，只能委诸法官的自由裁量权。经过修理、重作、更换以及恢复原状之后，如果被害人还有其他损害发生的，被害人仍然可就其损害要求损害赔偿。

从规范内容上分析，本条规定适用的重点和难点问题包括：

第一，关于修理、重作、更换请求权之性质。自从《民法通则》以及《民法总则》规定了修理、重作、更换请求权以来，我国学界对于该请求权的性质问题未有深入研究，相关的学术著作对此讨论不多，有关著述大多侧重于论述修理、重作、更换请求权的适用范围及场合问题。对此问题学界主要存在以下三种观点：其一，适用于违约责任说。“当事人一方交付标的不符合合同质量规定而违约的，应负责为对方当事人修理、重作或者更换。”[①]“《民法总则》第179条规定的修理、重作和更换，实际上是采取补救措施，这是一个概括性的民事

① 徐开墅：《民法通则概论》，群众出版社1988年版，第249页。

责任方式，具体内容包括很多，适用于违约责任，是对合同没有履行而采取的民事责任方式。”[①]“修理、重作、更换，继续履行，支付违约金，为违约责任方式。”[②]其二，适用于侵权责任说。“修理、重作、更换是指针对不动产或者动产的毁损情况，被侵权人可依法请求侵权人予以修理、重作、更换。”[③]其三，违约责任与侵权责任共同适用说。“狭义的修理是指对交付的标的物进行修理去除瑕疵，以使其达到约定的质量要求；广义的修理还包括对侵权致损物的修理。”[④]

本书认为，修理、重作、更换请求权可以作为物权的保护方法，但其性质上不属于物权请求权而属于债权请求权，这与损害赔偿请求权可以作为物权的保护方法但是性质上并不属于物权请求权之情形并无二致。修理、重作、更换适用于债法上的买卖、承揽以及建设工程等合同关系固无问题，对于侵害物权之侵权行为，被侵权人要求侵权人对于被损毁之物进行修理、重作或者更换，亦合理合法。从债权请求权之固有内容和效力上分析，债权请求权最重要的特性有两个：一是相对性，二是以给付为内容。修理、重作、更换请求权具有上述债权请求权之固有内容和效力，应该属于债权请求权。

第二，关于恢复原状请求权之性质及适用问题。国内学界有学者认为：“请求防止侵害、停止侵害、排除妨害、返还原物、恢复原状有物上请求权之称。物上请求权又称作物的请求权，其包括物权请求权和占有请求权。”[⑤]

本书认为，将恢复原状请求权归入物权请求权之中明显有误。恢复原状请求权本质上仍然体现为当事人之间具有相对性的一种给付关系，性质上当属债权请求权而非物权请求权，恢复原状请求权并不优先于其他债法上的请求权。设想侵权人酒后驾车撞倒权利人房屋之后，又继续驾车撞坏他人汽车若干辆，撞伤路人若干，如果法院就撞倒房屋判决侵权人损害赔偿，那么此

---

① 杨立新：《中华人民共和国民法总则要义与案例解读》，中国法制出版社2017年版，第663页。

② 李宇：《民法总则要义：规范释论与判解集注》，法律出版社2017年版，第863页。

③ 中国审判理论研究会民商事专业委员会编著：《〈民法总则〉条文理解与司法适用》，法律出版社2017年版，第325页。

④ 张新宝：《〈中华人民共和国民法总则〉释义》，中国人民大学出版社2017年版，第389页。

⑤ 全国人大常委会法制工作委员会民法室编著：《中华人民共和国物权法解读》，中国法制出版社2007年版，第76页。

一事件中所有受害人之损害赔偿债权具有平等性，各受害人平等受偿。而如果法院应被害人之请求就撞倒之房屋判决侵权人恢复原状，而恢复原状请求权性质上又属于物权请求权，在适用上优先于债权请求权，[①]如果侵权人赔偿能力不足，则其他受害人的赔偿请求权势必受挫。因此，将恢复原状请求权归入物权请求权缺乏正当性、合理性。《民法典》第196条规定请求停止侵害、排除妨碍、消除危险以及请求返还财产不适用诉讼时效之规定，但是并没有规定恢复原状请求权不适用诉讼时效之规定，可见立法上亦不认为恢复原状请求权性质上属于物权请求权。

第三，关于恢复原状请求权与修理、重作、更换请求权之间的关系问题。从我国《民法通则》《民法总则》《民法典》的立法来看，上述法律均明确将恢复原状请求权与修理、重作、更换请求权区分开，作为两类不同的请求权分别规定。学理上也大多认为修理、重作、更换不是恢复原状。例如《民法通则》施行之后有学者认为："修理、重作、更换主要是违反合同应承担的民事责任，是违反合同后所采取的补救措施。修理、重作、更换不是恢复原状。如果违法行为将损坏的他人财产修理复原，则是承担的恢复原状的责任。"[②]《民法总则》施行之后有学者对于该法第179条第5项所规定的"恢复原状"和第6项所规定的"修理、重作、更换"，亦作出同样之解释。[③]还有学者认为："在侵权法中，虽然恢复原状与修理、重作、更换的责任方式联系十分密切，采纳广义的恢复原状的概念，修理、重作、更换不过是恢复原状的手段，目的在于恢复权利人被侵害的权利，但修理、重作、更换不是侵权法的侵权责任方式，不是恢复原状的具体形式。"[④]

从《民法典》第237条之具体规定来看，造成不动产或者动产毁损的，权利人可以依法请求修理、重作、更换或者恢复原状。该规定存在两种解释方法：其一，修理、重作、更换不是恢复原状，恢复原状必得采用修理、重作、更换以外之其他方法。其二，修理、重作、更换属于恢复原状的具体方法，如果修理、重

---

① 王泽鉴：《民法物权：通则·所有权》，中国政法大学出版社2001年版，第63页。

② 王利明等：《民法新论》上册，中国政法大学出版社1988年版，第488页。

③ 石宏主编：《中华人民共和国民法总则：条文说明、立法理由及相关规定》，北京大学出版社2017年版，第419页。

④ 杨立新：《侵权法论》，人民法院出版社2011年版，第220页。

作、更换不敷使用，无法起到恢复原状之效果，尚得采用其他恢复原状之方法。

本书倾向于第二种理解和解释方法，原因在于：其一，修理、重作、更换客观上能够起到恢复原状之作用和效果，经过修理、重作、更换，受到侵害之不动产或者动产在价值上、功能上能够恢复的，即为恢复原状。因此，修理、重作、更换与恢复原状并非不能兼容。其二，修理、重作、更换客观上无法涵盖所有种类恢复原状之方法，例如无法包含拆除侵权之障碍物及建筑物、运走垃圾并清除污染、生态环境之修复、搬迁关停污染源等。[①]上述作业方法无疑也能起到恢复原状之效果。其三，恢复原状客观上属于上位概念，而修理、重作、更换则属于下位概念，修理、重作、更换本身即为恢复原状所涵摄。

第四，关于适用恢复原状请求权之可能性、必要性和合理性问题。如果恢复原状不可能，或者不必要、不合理，那么不应该支持恢复原状之请求。此所谓不可能，包括事实上的不可能和法律上的不可能。例如在《民法典》第322条所规定添附之情形，如果水泥和黄沙已经混合，如果生米已经煮成熟饭，那么恢复原状事实上已经不可能。而在《民法典》第311条所规定无权处分之情形，如果无权处分之动产或者不动产已由第三人善意取得，那么恢复原状法律上已经相对不可能。除了可能性，恢复原状还存在着必要性和合理性问题。对此有学者认为："采用恢复原状要符合以下条件：一是受到损坏的财产仍然存在且恢复原状有可能。受到损坏的财产不存在的，或者恢复原状不可能的，受害人只能请求赔偿损失；二是恢复原状有必要，即受害人认为恢复原状是必要的且具有经济上的合理性。恢复原状若没有经济上的合理性，就不能适用该责任方式。"[②]本书对此基本表示赞同，但是认为对于具有观念价值或者感情价值之物，在解释上应较其他物适当放宽其恢复原状请求权适用之必要性和合理性之判断标准。[③]例如，《民法典》第1183条所规定之"具有人身意义的特定物"之恢复原状，以及抢救、治疗因侵权而受伤之宠物等情形，只要恢复原状之费用不会过分影响侵权人之生计，即使恢复原状之费用

---

① 《民法典》第1234条、第1235条规定了生态环境的修复及赔偿责任。

② 王利明：《中华人民共和国民法总则详解》，中国法制出版社2017年版，第824页。

③ Münchener Kommentar zum bürgerlichen Gesetzbuch, Band 2, 6.Auflage, Verlag C.H.Beck München, 2012, S.403.

高于原物自身的价值，亦不因此而否认其存在必要性和合理性。

第五，修理、重作、更换以及恢复原状请求权人可否向侵害人指定修理、重作、更换以及恢复原状的适当期间？受诉法院可否向侵害人指定修理、重作、更换以及恢复原状的适当期间？本书认为，受诉法院当然有权向侵害人指定修理、重作、更换以及恢复原状的适当期间。至于权利人是否有此权利，以及义务人违反该期间会导致什么后果，尚值得探讨。

按照大陆法系立法通行之规定或者解释，恢复原状请求权人有权向侵害人指定恢复原状的适当期间，期间届满侵害人没有恢复原状的，权利人有权拒绝恢复原状，侵害人亦不得再行主张以恢复原状之方式承担责任，权利人有权主张替代恢复原状的损害赔偿。例如《德国民法典》第250条规定："债权人可以为恢复原状而向赔偿义务人指定适当之期间，并且表示在此期间届满后拒绝恢复原状。期间届满后，恢复原状未适时进行的，债权人可以请求金钱赔偿；恢复原状请求权即予以排除。"

在我国，如果侵害人不按照受诉法院指定或者判决之期间进行修理、重作、更换或者恢复原状，而受害人具有这方面相关专业能力的，受诉法院可以裁定由受害人自行修理、重作、更换或者恢复原状，所需费用由侵害人赔偿给被害人。[①]

第六，修理、重作、更换、恢复原状与损害赔偿请求权之间的关系问题。修理、重作、更换、恢复原状请求权与损害赔偿请求权之间并不排斥，他们相互之间能够兼容，可以合并适用。如果修理、重作、更换、恢复原状不足以弥补被害人所遭受之损害的，被害人仍然有权主张损害赔偿之请求权。

三 举证责任

权利人请求修理、重作、更换或者恢复原状的，应就其损害负举证责任。通常情况下，没有损害后果之发生，修理、重作、更换或者恢复原状请求权便无从谈起。

---

① 最高人民法院物权法研究小组编著：《中华人民共和国物权法条文理解与适用》，人民法院出版社2007年版，第711、712页。

权利人对于侵权人的侵权行为与其所遭受的损害后果之间存在因果关系亦须负举证责任，侵权人不应该对其他人的行为或者并非由其侵权行为所导致之后果负责。

对于重作或者恢复原状请求权，权利人对于其原物之范围、受损之状况及大致范围通常亦须予以举证，否则将因为没有具体的参照标准而无法予以重作或者恢复原状。

权利人行使物权请求权要求侵权人排除妨害、消除危险、返还财产，通常无须证明侵权人具有故意或者过失等过错。而权利人请求侵权人修理、重作、更换或者恢复原状的，这些请求权性质上属于债权请求权，在《民法典》侵权责任法所规定的适用过错责任以及适用过错推定责任之侵权情形下，权利人须证明侵权人具有故意或者过失等过错，或者证明自己受到了某种损害。

侵权人如果认为修理、重作、更换或者恢复原状不可能、不合理或者所需费用过大，因此只同意以损害赔偿等其他方式解决纠纷的，须对此予以举证。

侵权人如果认为损害系由于不可抗力、受害人故意、正当防卫、紧急避险、自助行为或者标的物自身所固有的瑕疵等原因所造成从而主张免责的，应对于上述事实之存在及其与损害后果之间的关联性予以举证证明。

其他问题

本条规定造成不动产或者动产毁损的，权利人可以依法请求修理、重作、更换或者恢复原状。但是对于具体何种权利之权利人可以提出上述请求法无明文规定，作为请求权基础，本条规定属于不完全规范，存在解释适用之必要。下面分别予以分析检讨：

1.所有权人。《民法典》第240条规定："所有权人对自己的不动产或者动产，依法享有占有、使用、收益和处分的权利。"这是所有权的积极权能，所有权同时还具有排除他人干涉、妨碍、侵害之消极权能。第258条规定："国家所有的财产受法律保护，禁止任何组织或者个人侵占、哄抢、私分、截留、破坏。"第265条第1款规定："集体所有的财产受法律保护，禁止任何组织或者个人侵占、哄抢、私分、破坏。"第267条规定："私人的合法财产受法律保护，禁止任何组织或者个人侵占、哄抢、破坏。"从上述规定可以得出，所有权人作为物权人有权依据本条规定请求修理、重作、更换或者恢复原状。

2.用益物权人。《民法典》第323条规定："用益物权人对他人所有的不动产或者动产，依法享有占有、使用和收益的权利。"所有权具有弹力性，所有权的各项权能通常均可以与所有权分离，用益物权制度和担保物权制度即体现了这种分离，而用益物权和担保物权均具有所有权之部分特征。为了保护这些分离出去的权能能够顺利实现，适用于所有权的各种保护方法通常亦得以适用于各种他物权。[①]《德国民法典》对此采肯定态度，多次予以明文规定。[②]我国现行民法明确规定了土地承包经营权、建设用地使用权、宅基地使用权、地役权等若干种用益物权，用益物权人欲实现占有、使用和收益用益物之目的，于侵权人造成用益物毁损灭失时，亦有权依据本条规定请求修理、重作、更换或者恢复原状。

3.担保物权人。担保物权人有些占有担保财产，如质权人和留置权人，有些不占有担保财产，如抵押权人。《民法典》第386条规定："担保物权人在债务人不履行到期债务或者发生当事人约定的实现担保物权的情形，依法享有就担保财产优先受偿的权利，但是法律另有规定的除外。"可见，担保物权主要是价值权，这与用益物权的设立目的主要在于使用和收益明显不同。[③]为了保护和实现担保物权人所享有之价值权，占有型担保物权人于侵权人造成担保物毁损灭失时，有权依法请求修理、重作、更换或者恢复原状。而对于非占有型担保物权，如抵押权，抵押权人虽然对于抵押财产享有附条件之价值权，但是抵押权人并不直接占有担保财产，从保护抵押权人所享有之价值权、避免抵押财产遭受人为毁损的角度来看，当抵押人不能或者不欲请求修理、重作、更换或者恢复原状时，如抵押人资不抵债、抵押人被羁押或者流亡在外等，亦应赋予抵押权人依据本条规定请求修理、重作、更换或者恢复原状之请求权。

4.破产管理人和遗产执行人等。我国《破产法》对于破产管理人有明文规定，而对于遗产执行人我国《继承法》目前尚无规定。《破产法》第25条规定："管理人履行下列职责：（一）接管债务人的财产、印章和账簿、文书等资料；……

---

① Münchener Kommentar zum bürgerlichen Gesetzbuch, Band 5, 6.Auflage, Verlag C.H.Beck München, 2013, S.1911-1912.

② Siehe BGB §1027, §1065, §1227.

③ Münchener Kommentar zum bürgerlichen Gesetzbuch, Band 5, 6.Auflage, Verlag C.H.Beck München, 2013, S.1911-1912.

（六）管理和处分债务人的财产……”可见，我国破产管理人于侵权人造成破产财产毁损灭失时，有权以自己名义依据本条规定要求侵权人修理、重作、更换或者恢复原状，尽管破产管理人并非破产财产之所有权人或者他物权人。[①]

5.基于债法关系之占有人。所谓基于债法关系之占有人，是指基于租赁、融资租赁、保管、借用、承揽、代管、寄售等债法合同而占有他人财产的债权人。债权主要受合同法调整和保护，通常不受侵权法保护，亦不受物权法保护，本章物权的保护方法对于债权一般不适用，本条规定之请求权对于基于债法关系之占有人应该不适用。当然，基于债法关系之占有人在其占有的财产被他人毁损之后，可以向侵害人交涉要求修理、重作、更换或者恢复原状，这只是通常的民事陈情和交涉活动，尚不涉及请求权基础能否成立之问题。基于债法关系之占有人在得知占有物因侵权行为而发生毁损灭失时，有权要求所有权人依据本条规定依法请求修理、重作、更换、恢复原状或者提出其他请求，如损害赔偿等，或者要求所有权人让与该请求权给自己或者授权自己代为行使属于所有权人之请求权，所有权人既不行使该请求权又不让与或者授权占有人行使该请求权的，丧失要求占有人承担相应责任之权利，占有人由此取得抗辩权。此外，基于债法关系之占有人，如房屋之承租人，于租赁之房屋受到他人毁损时，承租人可以基于其占有人身份，按照《民法典》第462条占有保护之规定，请求侵害人排除妨害、消除危险以及赔偿损失。

6.基于人身权（人身关系）之占有人。财产的非所有权人占有，可以基于他物权，可以基于债权，还可以基于人身权，如基于亲权、监护、保佐等关系而占有被监护人之财产。基于人身关系之占有人如果未在所监管财产上为自己设立他物权，则其通常并非物权人，不能以物权人名义主张本章所规定的物权保护方法。但是，基于人身关系之占有人可以基于占有人身份，按照《民法典》第462条占有保护之规定，请求侵害人排除妨害、消除危险以及赔偿损失。如果监护人不占有被监护人之财产，那么占有保护制度显然无法适用。在此情况下，监护人只能以被监护人代理人的名义行使属于被监护人的各种请求权，以此维

① Münchener Kommentar zum bürgerlichen Gesetzbuch, Band 5, 6.Auflage, Verlag C.H.Beck München, 2013, S.1218.

护被监护人之利益。[①]我国《民法典》第34条第1款规定："监护人的职责是代理被监护人实施民事法律行为，保护被监护人的人身权利、财产权利以及其他合法权益等。"诉讼行为并非该条所谓的"民事法律行为"，而对于如何"保护被监护人的人身权利、财产权利以及其他合法权益"法无明文规定，监护人为了履行保护职责而对于侵害人请求修理、重作、更换或者恢复原状时，是以自己名义请求还是以被监护人名义请求，从该条的字面含义中亦无法得出。本书认为，监护人为了履行"保护被监护人的人身权利、财产权利以及其他合法权益"之职责而对侵害人有所请求时，应该以被监护人之名义进行请求。[②]

7.善意占有人。例如误取他人衣服、雨伞、图书、自行车而占有者，即为善意占有人。善意占有人并非一般意义上之权利人，更非物权人，结合本章章名"物权的保护"，如果对于本条规定之"权利人"采限缩解释，则善意占有人并非物权人，善意占有人对于占有物亦不享有物权，无权以本条规定作为请求权基础请求侵害人修理、重作、更换或者恢复原状。但是，善意占有人作为占有人可以将《民法典》第462条占有保护之规定作为请求权基础，请求侵害人排除妨害、消除危险、赔偿损失。

8.恶意占有人。例如盗窃他人车辆而占有之，恶意占有他人房屋等。恶意占有人并非一般意义上之权利人，更非物权人，结合本章章名"物权的保护"，如果对于本条规定之"权利人"采限缩解释，则恶意占有人并非物权人，无权以本条规定作为请求权基础请求侵害人修理、重作、更换或者恢复原状。恶意占有人能否依照《民法典》第462条占有保护之规定请求侵害人排除妨害、消除危险、赔偿损失呢？对此学界意见尚不统一。本书认为，恶意占有人可以将《民法典》第462条占有保护之规定作为请求权基础，请求侵害人排除妨害、消除危险、赔偿损失。之所以赋予恶意占有人排除妨害、消除危险、赔偿损失之请求权，主要是考虑到占有制度的基本功能在于维护现存之财产占有秩序，以维护社会和平与物之秩序。[③]

---

① BGB §1793.

② Münchener Kommentar zum bürgerlichen Gesetzbuch, Band 8, 5.Auflage, Verlag C.H.Beck München, 2009, S.1668-1670.

③ 章正璋：《我国民法上的占有保护——基于人民法院六年来占有保护案例的实证分析》，载《法学研究》2014年第3期。

第二百三十八条【损害赔偿请求权】

侵害物权，造成权利人损害的，权利人可以依法请求损害赔偿，也可以依法请求承担其他民事责任。

历史由来

本条承继于《物权法》第37条。相比于《物权法》第37条，它作出了将“可以请求”修改为“可以依法请求”的改动。这样修改的理由在于一些学者认为损害赔偿请求权性质上属于债权请求权，而该章所规定的返还原物请求权、排除妨害请求权、消除危险请求权性质上则属于物权请求权。增加“依法”二字，目的在于体现上述请求权在法律性质以及法律适用方法上之差异。这一改动形成于《民法典物权编（草案）》（征求意见稿）第34条。之后的各个草案文本未再作任何改动。

规范目的或功能

本条之规范目的，在于为权利人创设损害赔偿请求权。按照本条规定，侵害物权，造成权利人损害的，权利人可以依法请求损害赔偿，也可以依法请求承担其他民事责任。

问题在于，《民法典》对于物权的保护规定了若干种救济方式，赋予物权人各种不同的请求权，如排除妨害请求权、消除危险请求权、返还原物请求权、修理请求权、重作请求权、更换请求权、恢复原状请求权以及损害赔偿请求权，上述这些请求权相互之间的关系如何？有没有适用上的先后次序？上述这些请求权的法律性质如何？《民法典》关于诉讼时效之规定对于上述请求权全部适用、部分适用抑或完全不适用？上述请求权各自的成立要件和法律效果又如何？所有上述问题，《民法典》并没有给出明确答案，尚有待于学理、实践以及法律解释之跟进。

对于修理、重作、更换、恢复原状请求权，以及对于返还原物、排除妨害、消除危险等请求权，其各自的法律性质以及适用次序等问题，请参阅上文有关法律条文之评注，此处不赘。

规范内容

本书认为，侵害物权，造成权利人损害的，权利人享有损害赔偿请求权，该请求权在性质上属于债权请求权。损害赔偿请求权成立的，其法律效果在于在当事人之间形成具有相对性的对人关系，也就是债权债务关系。损害赔偿之债与其他的债具有平等性，不具有优先性。在侵害人赔偿能力不足的情况下，各债权人应该按照各自所享有的债权份额平等受偿。《民法典》关于诉讼时效之规定对于损害赔偿请求权当然适用。

关于损害赔偿请求权与其他物权的救济方式，也就是该请求权与其他的请求权相互之间适用的次序问题，本书认为，从本条的规范内容上看，立法上对于各请求权的适用次序法无明文规定，除了在违约与侵权行为发生竞合的情况下，侵害物权的行为通常又与合同无关，该问题通常无法通过合同予以解决。从尊重被害人意思之原则出发，似应该赋予被害人选择权，从环境保护、反对浪费以及物尽其用原则出发，似应该优先考虑采取修理、重作以及恢复原状等措施，这里确实存在着现实的两难困境，在立法、司法解释进一步确定之前，最具现实可行性的办法只能委诸法官的自由裁量权。

对于侵害物权的救济方式当事人之间存在协议或者事后达成协议的，应该按照协议之约定进行弥补救济，没有协议或者达不成协议的，应该尊重被害人之意思，但是排除妨害、消除危险、返还财产这三类传统民法上物上请求权之保护方法，通常情况下应该予以优先考虑。另外，如果存在多种救济方式，在各种救济方式之救济效果基本同一之前提下，应该选择救济费用相对较小的救济方式。从比较法上来看，目前大陆法系绝大多数国家对于侵害物权的救济方式，首先考虑适用物上请求权，如有其他损害发生的，则优先考虑损害赔偿，即使对于特定物之损害，只要支付了损害赔偿款，是否采取、怎样采取以及委托何人采取修理、重作、恢复原状等救济措施，完全可由被害人自己决定，此类立法及司法实践观点，实值赞同。

三 举证责任

侵害物权，造成权利人损害的，权利人有权请求损害赔偿，这其中涉及的举证责任分配问题，主要包括以下几个方面的内容：

权利人应就其所遭受损害之大小、范围、状况予以举证，否则将因为损害范围、大小无法确定而无法予以赔偿。[①]《德国民事诉讼法》对此规定，当事人对于是否发生了损害、损害大小以及应该赔偿的可得利益存在争议的，法官按照自由心证在斟酌所有情势基础上予以裁决，必要时可委托专业人员进行损失鉴定。[②]该规定可资借鉴。

权利人对于侵权人的侵权行为与其所遭受损害之间存在因果关系亦须负举证责任，侵权人不应该对其他人的行为或者并非由其侵权行为所导致之后果负责。[③]按照《德国民事诉讼法》之规定，[④]德国司法实践中对于因果关系之证明主要采用表见证明规则（Anscheinsbeweis Reglement），受害人通常只需证明侵权人之侵权行为与自己所遭受的损害之间存在关联性即可认为存在因果关系，侵权人如能反证推翻之，则因果关系不成立。[⑤]另外，对于某些侵权行为中因果关系之存在，则采用推定因果关系。例如《德国环境责任法》规定，对于损害环境的侵权行为与损害后果之间的因果关系采用推定的方式确定，只要某一设施按照环境侵权个案中的具体情形有可能造成损害发生的，即推定该设施与某种损害之间具有因果关系。[⑥]该设施的所有人或者运营者可以反证推翻之。

---

① Münchener Kommentar zum bürgerlichen Gesetzbuch, Band 5, 6.Auflage, Verlag C.H.Beck München, 2013, S.1841.

② ZPO §287.

③ Münchener Kommentar zum bürgerlichen Gesetzbuch, Band 5, 6.Auflage, Verlag C.H.Beck München, 2013, S.2024.

④ ZPO §286.

⑤ Münchener Kommentar zum bürgerlichen Gesetzbuch, Band 5, 6.Auflage, Verlag C.H.Beck München, 2013, S.1842.

⑥ Ist eine Anlage nach den Gegebenheiten des Einzelfalles geeignet, den entstandenen Schaden zu verursachen, so wird vermutet, daß der Schaden durch diese Anlage verursacht ist. Siehe Umwelthaftungsgesetz §6.

权利人对于侵权人是否具有过错通常亦须举证，按照《民法典》第1165条以及第1166条之规定：“行为人因过错侵害他人民事权益造成损害的，应当承担侵权责任。依照法律规定推定行为人有过错，其不能证明自己没有过错的，应当承担侵权责任。”“行为人造成他人民事权益损害，不论行为人有无过错，法律规定应当承担侵权责任的，依照其规定。”可见，因为物权被侵害而主张损害赔偿的侵权行为一般适用过错责任之归责原则，侵权人有过错才须承担损害赔偿责任，无过错一般可以免责。

对于因为物权被侵害而主张损害赔偿的侵权行为适用过错责任归责原则时，侵权人如欲通过主张无过错而免责，则侵权人对于无过错之事实须予以举证证明。

对于因为物权被侵害而主张损害赔偿的侵权行为适用过错推定归责原则时，侵权人不能证明自己没有过错的，应当承担侵权责任。《民法典》第1242条规定：“非法占有高度危险物造成他人损害的，由非法占有人承担侵权责任。所有人、管理人不能证明对防止非法占有尽到高度注意义务的，与非法占有人承担连带责任。”第1252条规定：“建筑物、构筑物或者其他设施倒塌、塌陷造成他人损害的，由建设单位与施工单位承担连带责任，但是建设单位与施工单位能够证明不存在质量缺陷的除外。建设单位、施工单位赔偿后，有其他责任人的，有权向其他责任人追偿。因所有人、管理人、使用人或者第三人的原因，建筑物、构筑物或者其他设施倒塌、塌陷造成他人损害的，由所有人、管理人、使用人或者第三人承担侵权责任。”第1255条规定：“堆放物倒塌、滚落或者滑落造成他人损害，堆放人不能证明自己没有过错的，应当承担侵权责任。”第1257条规定：“因林木折断、倾倒或者果实坠落等造成他人损害，林木的所有人或者管理人不能证明自己没有过错的，应当承担侵权责任。”第1258条规定：“在公共场所或者道路上挖掘、修缮安装地下设施等造成他人损害，施工人不能证明已经设置明显标志和采取安全措施的，应当承担侵权责任。窨井等地下设施造成他人损害，管理人不能证明尽到管理职责的，应当承担侵权责任。”上述法律规定即为我国《民法典》对于适用过错推定归责原则侵权行为之明文。

侵权人如果认为损害系由于不可抗力、正当防卫、紧急避险、自助行为或者标的物自身所固有的瑕疵等原因所造成从而主张免责的，应对于上述事实之存在及其与损害后果之间的关联性予以举证证明。

侵权人如果认为受害人对于损害的发生有过失的，须予以举证证明。《民法典》第1173条规定："被侵权人对同一损害的发生或者扩大有过错的，可以减轻侵权人的责任。"

侵权人如果认为损害是因受害人故意造成从而可以免责的，须予以举证证明。《民法典》第1174条规定："损害是因受害人故意造成的，行为人不承担责任。"

监护人认为自己尽了监护责任，可以减轻侵权责任，或者监护人认为无民事行为能力人、限制民事行为能力人有独立财产应该由他们自己承担赔偿责任的，须予以举证证明。《民法典》第1188条规定："无民事行为能力人、限制民事行为能力人造成他人损害的，由监护人承担侵权责任。监护人尽到监护职责的，可以减轻其侵权责任。有财产的无民事行为能力人、限制民事行为能力人造成他人损害的，从本人财产中支付赔偿费用；不足部分，由监护人赔偿。"

侵权人认为侵权行为之所以发生是因为自己暂时没有意识或者行为失去控制才造成损害的，须对此予以举证证明。《民法典》第1190条规定："完全民事行为能力人对自己的行为暂时没有意识或者失去控制造成他人损害有过错的，应当承担侵权责任；没有过错的，根据行为人的经济状况对受害人适当补偿。"按照德国学界以及司法实践中的主流观点，被害人对于侵害人的年龄、行为能力、辨别能力、是否存在精神强制（physischen Zwangs）等情形无须举证，侵害人如欲按照《德国民法典》第827条、第828条等规定减轻或者免除其赔偿责任，须对此予以证明。[①]我国《民法典》对此法无明文规定，德国学界以及司法实践中的上述观点值得深入研究。

根据2001年3月10日起施行的《最高人民法院关于确定民事侵权精神损害赔偿责任若干问题的解释》第4条之规定："具有人格象征意义的特定纪念物品，因侵权行为而永久性灭失或者毁损，物品所有人以侵权为由，向人民法院起诉请求赔偿精神损害的，人民法院应当依法予以受理。"是否具有人格象征意义，依通常观念予以举证、判定，法官对此具有自由裁量权。除此之外，受害人主张精神损害赔偿的，一般不予支持。

---

① Münchener Kommentar zum bürgerlichen Gesetzbuch, Band 5, 6.Auflage, Verlag C.H.Beck München, 2013, S.1841、1842.

根据《民事诉讼法》第64条以及第81条之规定，当事人及其诉讼代理人因客观原因不能自行收集的证据，或者人民法院认为审理案件需要的证据，人民法院应当调查收集。在证据可能灭失或者以后难以取得的情况下，当事人可以在诉讼过程中向人民法院申请保全证据，人民法院也可以主动采取保全措施。因情况紧急，在证据可能灭失或者以后难以取得的情况下，利害关系人可以在提起诉讼或者申请仲裁前向证据所在地、被申请人住所地或者对案件有管辖权的人民法院申请保全证据。

其他问题

一、关于损害赔偿的范围问题

《民法典》第七编“侵权责任”部分就侵权损害赔偿的范围问题作出了一些规定，但是规定得尚不够明确、具体，实践可操作性不是很强。总体上来看，对于侵害人身的损害赔偿方面的规定要比侵害财产损害赔偿方面的规定来得详细。例如《民法典》第1179条规定：“侵害他人造成人身损害的，应当赔偿医疗费、护理费、交通费、营养费、住院伙食补助费等为治疗和康复支出的合理费用，以及因误工减少的收入。造成残疾的，还应当赔偿辅助器具费和残疾赔偿金；造成死亡的，还应当赔偿丧葬费和死亡赔偿金。”而对于侵害财产的损害赔偿，第1184条只是规定：“侵害他人财产的，财产损失按照损失发生时的市场价格或者其他合理方式计算。”而对于违约的损害赔偿，第584条规定：“当事人一方不履行合同义务或者履行合同义务不符合约定，造成对方损失的，损失赔偿额应当相当于因违约所造成的损失，包括合同履行后可以获得的利益；但是，不得超过违约一方订立合同时预见到或者应当预见到的因违约可能造成的损失。”

本书认为，应该参考国际通行做法，就侵害财产的损害赔偿问题，确立一般性的赔偿原则，那就是要求损害赔偿义务人必须恢复假如没有发生侵害行为被侵害事物所应该具有的状态，损害赔偿的范围应该包括可得收益。按照事物的惯常运行或者根据特别情势，特别是考虑到一方所做的准备和所采取的预防措施，具有极大期待可能性的预期利益，为可得收益。

二、关于保险人的代位求偿权问题

根据《保险法》第60条："因第三者对保险标的的损害而造成保险事故的，保险人自向被保险人赔偿保险金之日起，在赔偿金额范围内代位行使被保险人对第三者请求赔偿的权利。前款规定的保险事故发生后，被保险人已经从第三者取得损害赔偿的，保险人赔偿保险金时，可以相应扣减被保险人从第三者已取得的赔偿金额。保险人依照本条第一款规定行使代位请求赔偿的权利，不影响被保险人就未取得赔偿的部分向第三者请求赔偿的权利。"但是，根据第62条："除被保险人的家庭成员或者其组成人员故意造成本法第六十条第一款规定的保险事故外，保险人不得对被保险人的家庭成员或者其组成人员行使代位请求赔偿的权利。"

三、关于放弃赔偿请求权问题

根据《保险法》第61条："保险事故发生后，保险人未赔偿保险金之前，被保险人放弃对第三者请求赔偿的权利的，保险人不承担赔偿保险金的责任。保险人向被保险人赔偿保险金后，被保险人未经保险人同意放弃对第三者请求赔偿的权利的，该行为无效。被保险人故意或者因重大过失致使保险人不能行使代位请求赔偿的权利的，保险人可以扣减或者要求返还相应的保险金。"

四、关于损害赔偿请求权的让与以及残余物之归属问题

对物或者权利的丧失应负损害赔偿责任的侵害人，有权要求所有权人或者其他权利人转让其基于被侵害之权利而对于第三人所享有之请求权，权利人不转让其请求权的，侵害人可以暂缓履行其赔偿义务。侵害人就物的损害赔偿全部重置费用之后，有权要求被害人交出发生毁损灭失后原物之残留物、变形物等残余物。

五、关于损害赔偿请求权人的代位权和撤销权问题

损害赔偿请求权人作为损害赔偿之债的债权人，依法享有债权人代位权和债权人撤销权。根据《民法典》第535条："因债务人怠于行使其债权或者与该债权有关的从权利，影响债权人的到期债权实现的，债权人可以向人民法

院请求以自己的名义代位行使债务人对相对人的权利，但是该权利专属于债务人自身的除外。代位权的行使范围以债权人的到期债权为限。债权人行使代位权的必要费用，由债务人负担。相对人对债务人的抗辩，可以向债权人主张。”根据《民法典》第538条、第539条和第540条之规定，债务人以放弃其债权、放弃债权担保、无偿转让财产等方式无偿处分财产权益，或者恶意延长其到期债权的履行期限，影响债权人的债权实现的，债权人可以请求人民法院撤销债务人的行为。债务人以明显不合理的低价转让财产、以明显不合理的高价受让他人财产或者为他人的债务提供担保，影响债权人的债权实现，债务人的相对人知道或者应当知道该情形的，债权人可以请求人民法院撤销债务人的行为。撤销权的行使范围以债权人的债权为限。债权人行使撤销权的必要费用，由债务人负担。

六、关于损害赔偿之债的抵销问题

被害人就损害赔偿之债权，可与侵害人之债权，各自主张抵销。但是，按照公序良俗原则之要求，为了防止发生道德危险，对于损害赔偿债务之抵销问题，应该按照以下原则予以解释适用，即侵权行为人对于因为故意侵权行为或者重大过失侵权行为而发生的债务，不得以其先前所享有之债权主张抵销。

七、关于损害赔偿债务的预先免除问题

通常情况下，按照契约自由原则，当事人以特约形式预先蠲免某些可能发生的债务，并不违反契约自由原则，其效力应该予以肯定，这完全符合私法自治的基本原则。但是，考虑到特殊企业、特殊行为者的社会责任，考虑到弱者保护，考虑到市场主体不同的经济地位和实力、自我保护能力诸方面的不平等，考虑到公共利益维护、防止国有及集体资产之流失，考虑到基本人权以及财产权保护等方面之因素，对于以特约形式预先蠲免因故意或者重大过失所导致之侵权损害赔偿债务，或者预先蠲免侵权行为损害赔偿债务有违公共利益保护、弱者利益保护、消费者利益保护、人权保护之原则，或者导致其他不公平、不合理之结果的，该特约之效力不应该得到承认。

八、关于损害赔偿债权的继承以及债务的法定移转问题

债权作为财产权，能够成为继承权之客体，可以依法继承。赔偿权利人

在受领赔付之前死亡的，其赔偿债权依法由其继承人继承。赔偿义务人于赔付之前破产的，赔偿权利人有权向破产清算人进行债权申报。赔偿义务人于赔付之前合并、分立或者解散的，由其权利义务承受人承受其债务。赔偿义务人被撤销没有权利义务承受人的，由撤销机构承受其债务。

九、关于为他人担责之问题

通常情形下，按照自己责任原则，侵权行为人只需对自己的侵权行为所导致的赔偿责任负责，对于他人的侵权行为无须负责，但是该原则在适用中亦存在一些例外情形。例如本人对于代理人的代理行为，应该承担责任。再如用人单位对于其所用之人的侵权行为亦应负责。根据《民法典》第1191条："用人单位的工作人员因执行工作任务造成他人损害的，由用人单位承担侵权责任。用人单位承担侵权责任后，可以向有故意或者重大过失的工作人员追偿。劳务派遣期间，被派遣的工作人员因执行工作任务造成他人损害的，由接受劳务派遣的用工单位承担侵权责任；劳务派遣单位有过错的，承担相应的责任。"根据第1169条："教唆、帮助他人实施侵权行为的，应当与行为人承担连带责任。教唆、帮助无民事行为能力人、限制民事行为能力人实施侵权行为的，应当承担侵权责任；该无民事行为能力人、限制民事行为能力人的监护人未尽到监护职责的，应当承担相应的责任。"根据第1170条："二人以上实施危及他人人身、财产安全的行为，其中一人或者数人的行为造成他人损害，能够确定具体侵权人的，由侵权人承担责任；不能确定具体侵权人的，行为人承担连带责任。"根据第1171条："二人以上分别实施侵权行为造成同一损害，每个人的侵权行为都足以造成全部损害的，行为人承担连带责任。"根据第1172条："二人以上分别实施侵权行为造成同一损害，能够确定责任大小的，各自承担相应的责任；难以确定责任大小的，平均承担责任。"另外，根据2004年5月1日起施行的《人身损害赔偿解释》第9条："雇员在从事雇佣活动中致人损害的，雇主应当承担赔偿责任；雇员因故意或者重大过失致人损害的，应当与雇主承担连带赔偿责任。雇主承担连带赔偿责任的，可以向雇员追偿。前款所称'从事雇佣活动'，是指从事雇主授权或者指示范围内的生产经营活动或者其他劳务活动。雇员的行为超出授权范围，但其表现形式是履行职务或者与履行职务有内在联系的，应当认定为'从事雇佣活动'。”该条规定尽管其调整对象系针对人身损害赔偿而设，但是对于财产损害亦具有借鉴意义。从比较法上来看，《德国民法典》第831条规定：“雇用他人执行事务的人，对受雇人在执行事务时违法施加于第三人之损害，负损害赔偿义务。雇佣人对于在任命受雇人时，并在其应提供设备和工具器械或者应当监督事务的执行时，对装备和监督已尽必要注意，或者即使已尽必要注意仍难免发生损害的，不发生赔偿义务。”我国《民法典》对此法无明文规定，《德国民法典》该款规定值得深入研究。

十、关于侵权人责任财产不足的问题

侵权人同时须承担民事责任、行政责任和刑事责任，如果侵权人责任财产不足的，按照《民法典》第187条：“民事主体因同一行为应当承担民事责任、行政责任和刑事责任的，承担行政责任或者刑事责任不影响承担民事责任；民事主体的财产不足以支付的，优先用于承担民事责任。”

十一、关于“权利人”之界定

本条规定侵害物权造成权利人损害的，权利人可以依法请求损害赔偿，但是对于具体何种权利之权利人可以请求损害赔偿法无明文规定，作为请求权基础，本条规定属于不完全规范，存在解释适用之必要。下面分别予以分析检讨：

1.所有权人。按照《民法典》第1165条以及第1166条之规定，行为人因过错侵害他人民事权益造成损害的，应当承担侵权责任。行为人造成他人民事权益损害，不论行为人有无过错，法律规定应当承担侵权责任的，依照其规定。所有权作为完全物权，不仅受物权法保护，亦受侵权法保护。《民法典》第二编第一分编第三章“物权的保护”部分规定损害赔偿请求权，与《德国民法典》第823条具有异曲同工之妙，区别在于立法条文所处的编章不同，前两部立法是在债法中规定，我国《民法典》则同时规定在物权法部分和债法部分。

2.用益物权人。用益物权属于典型的绝对权、对世权，无疑应受侵权法之保护。用益物权受到侵害的，用益物权人有权请求损害赔偿。所有权具有弹力性，所有权的各项权能通常均可以与所有权分离，用益物权制度和担保物权制度即体现了这种分离，而用益物权和担保物权均具有所有权之部分特征。为了保护这些分离出去的权能能够顺利实现，适用于所有权的各种保护方法通常亦得以适用于各种他物权。[①]《德国民法典》对此采肯定态度，多次予以明文规定。[②]我国现行民法明确规定了土地承包经营权、建设用地使用权、宅基地使用权、地役权等若干种用益物权，侵害用益物权人占有、使用、收益之权而造成损失的，用益物权人有权就错失之用益以及其他损失请求损害赔偿。

3.担保物权人。担保物权亦属于典型的绝对权、对世权，无疑应受侵权法之保护。担保物权人有些占有担保财产，如质权人和留置权人；有些不占有担保财产，如抵押权人。《民法典》第386条规定："担保物权人在债务人不履行到期债务或者发生当事人约定的实现担保物权的情形，依法享有就担保财产优先受偿的权利，但是法律另有规定的除外。"可见，担保物权主要是价值权，这与用益物权的设立目的主要在于使用和收益明显不同。[③]侵害担保物，导致担保物权人价值权受到损害的，担保物权人有权请求损害赔偿。

侵害所有权、用益物权和担保物权，有些侵权行为直接造成标的物物理之毁损灭失，有些虽不造成标的物物理之损伤，但会导致权利负担或者权利灭失，如无权买卖、无权设立他物权等。[④]如果就标的物之物理损伤、权利负担或者权利灭失存在不同种类之请求权人，如所有权人和他物权人均有权请求赔偿损失时，损害赔偿义务人就同一损害存在二次给付（zweimal leisten）义务之风险，尤其是对于"损坏物而须赔偿之情形，债权人可以不请求恢复原状而请求恢复原状所必要之金额"[⑤]，如果债权人将赔偿金用于其他消费（anderweitig verbraucht wird）而不是修复损坏物（Wiederherstellung der Sache eingesetzt），在此情形下尤其存在重复给付义务之风险。[⑥]为了避免损害赔偿义务人就同一损害重复被诉、重复给付之问题，赔偿义务人应向全体权利人

① Münchener Kommentar zum bürgerlichen Gesetzbuch, Band 5, 6.Auflage, Verlag C.H.Beck München, 2013, S.1911–1912.

② Siehe BGB §1027, §1065, §1227.

③ Münchener Kommentar zum bürgerlichen Gesetzbuch, Band 5, 6.Auflage, Verlag C.H.Beck München, 2013, S.1911–1912.

④ Münchener Kommentar zum bürgerlichen Gesetzbuch, Band 5, 6.Auflage, Verlag C.H.Beck München, 2013, S.1912.

⑤ Siehe BGB §249 (2).

⑥ Münchener Kommentar zum bürgerlichen Gesetzbuch, Band 5, 6.Auflage, Verlag C.H.Beck München, 2013, S.1913.

共同为给付，对此可参照《德国民法典》第1281条之规定。而对于动产，赔偿义务人则可以援引《德国民法典》第851条之规定以资抗辩。[①]此外，债务人亦可以通过主张各债权人构成《德国民法典》第428条意义上之连带债权人而避免重复给付之义务。[②]

4.破产管理人和遗产执行人等。我国《破产法》对于破产管理人具有明文规定，而对于遗产执行人我国《继承法》目前尚无规定。《破产法》第25条规定："管理人履行下列职责：(一)接管债务人的财产、印章和账簿、文书等资料；……(六)管理和处分债务人的财产……"可见，我国破产管理人于侵权人造成破产财产毁损灭失时，有权以自己名义依据本条规定要求侵权人赔偿损失，适格成为本条之权利人，尽管破产管理人并非破产财产之所有权人或者他物权人。[③]

5.基于债法关系之占有人。所谓基于债法关系之占有人，是指基于租赁、融资租赁、保管、借用、承揽、代管、寄售等债法合同而占有他人财产的债权人。债权主要受合同法调整和保护，通常不受侵权法保护，亦不受物权法保护，本章物权的保护方法对于债权一般不适用，本条规定之请求权对于基于债法关系之占有人应该不适用。基于债法关系之占有人，如承租人占有之房屋受到他人毁损的，承租人可以基于其占有人身份，按照《民法典》第462条占有保护之规定，请求侵害人赔偿损失。或者基于所有权人等物权人之委托，以本权人名义代理本权人行使属于本权人之请求权。或者向所有权人等物权人报告损害情况，由所有权人等依法提出赔偿请求。

6.基于人身权（人身关系）之占有人。财产的非所有权人占有，可以基于他物权，可以基于债权，还可以基于人身权，如基于亲权、监护、保佐等关系而占有被监护人之财产。基于人身关系之占有人如果未在所监管财产上为自己设立他物权，则其通常并非物权人，不能以物权人名义主张本章所规

---

① Münchener Kommentar zum bürgerlichen Gesetzbuch, Band 5, 6.Auflage, Verlag C.H.Beck München, 2013, S.1913.

② Münchener Kommentar zum bürgerlichen Gesetzbuch, Band 5, 6.Auflage, Verlag C.H.Beck München, 2013, S.1913.

③ Münchener Kommentar zum bürgerlichen Gesetzbuch, Band 5, 6.Auflage, Verlag C.H.Beck München, 2013, S.1218.

定的物权保护方法。但是，基于人身关系之占有人可以基于占有人身份，按照《民法典》第462条占有保护之规定，请求侵害人赔偿损失。而如果监护人不占有被监护人之财产，那么占有保护制度显然无法适用。在此情况下，监护人只能以被监护人代理人的名义行使属于被监护人的各种请求权，以此维护被监护人之利益。[①]我国《民法典》第34条第1款规定："监护人的职责是代理被监护人实施民事法律行为，保护被监护人的人身权利、财产权利以及其他合法权益等。"而对于如何"保护被监护人的人身权利、财产权利以及其他合法权益"法无明文规定，监护人为了履行保护职责而对侵害人请求损害赔偿时，是以自己名义请求还是以被监护人名义请求，从该条的字面含义中无法得出。本书认为，监护人为了履行"保护被监护人的人身权利、财产权利以及其他合法权益"之职责而对侵害人请求损害赔偿时，应该以被监护人之名义提出请求。[②]

7.善意占有人。例如误取他人衣服、雨伞、图书、自行车而占有者，即为善意占有人。善意占有人并非一般意义上之权利人，更非物权人，结合本章章名"物权的保护"，如果对于本条规定之"权利人"采限缩解释，则善意占有人并非物权人，善意占有人对于占有物亦不享有物权，无权以本条规定作为请求权基础请求侵害人赔偿损失。但是，善意占有人作为占有人可以将《民法典》第462条占有保护之规定作为请求权基础，请求侵害人赔偿损失。

8.恶意占有人。例如盗窃他人车辆而占有之，恶意占有他人房屋等。恶意占有人并非一般意义上之权利人，更非物权人，结合本章章名"物权的保护"，如果对于本条规定之"权利人"采限缩解释，则恶意占有人并非物权人，无权以本条规定作为请求权基础请求侵害人赔偿损失。恶意占有人能否依照《民法典》第462条占有保护之规定请求侵害人赔偿损失呢？对此学界意见尚不统一。本书认为，恶意占有人可以将《民法典》第462条占有保护之规定作为请求权基础，请求侵害人赔偿损失。之所以赋予恶意占有人赔偿损失之请求权，主要是考虑到占有制度的基本功能在于维护现存之财产占有秩序，

① BGB §1793.

② Münchener Kommentar zum bürgerlichen Gesetzbuch, Band 8, 5.Auflage, Verlag C.H.Beck München, 2009, S.1668-1670.

以维护社会和平与物之秩序。[①]

第二百三十九条【物权保护方式之适用】

本章规定的物权保护方式，可以单独适用，也可以根据权利被侵害的情形合并适用。

历史由来

本条是对《物权法》第38条第1款的继承。由民法典编纂过程看，《民法典物权编（草案）》（征求意见稿）第35条完全接受了《物权法》第38条的两款规定。《民法典各分编（草案）》第35条延续了“征求意见稿”第35条的规定。至《民法典物权编（草案）》（二审稿）时，立法状况发生变化，该草案仅接受了《物权法》第38条第1款，而放弃了对第38条第2款的继承。《民法典（草案）》第239条接受了《民法典物权编（草案）》（二审稿）的规定。

规范目的或功能

本条立法的规范目的在于明确宣示各种不同物权保护方式的适用原则。《民法典》第二编第一分编第三章就物权保护规定了各种不同的请求权，举其要者主要包括返还原物请求权、排除妨害请求权、消除危险请求权、修理重作更换请求权、恢复原状请求权、损害赔偿请求权等，按照本条立法，上述请求权之间互不排斥，各请求权可以单独适用，也可以合并适用。

规范内容

本条立法的规范内容在于明确宣示各种不同的物权保护请求权可以单独适用，也可以合并适用，在合并适用各种不同的物权保护请求权时，其相互

---

① 章正璋：《我国民法上的占有保护——基于人民法院六年来占有保护案例的实证分析》，载《法学研究》2014年第3期。

之间主要存在请求权聚合现象，通常不存在请求权竞合现象。

所谓请求权聚合（Anspruchshäufung），是指当事人对于数种以不同的给付为内容的请求权，得同时并为主张，如身体或健康受不法侵害者，得同时主张财产上的损害赔偿及抚慰金；救助落水之人者，得请求偿还其所支出之医药费，赔偿其衣物所受之损害，及清偿其所负担之债务。甲侵占乙的果园时，乙得请求返还果园，及已收取之果实。于诸此情形，请求权人对数个请求权，得同时或先后、就全部或个别主张之。每一个诉请履行的请求权，构成一个诉讼标的。[①]具体内容将在下文第四部分详细研究和阐述。

三 其他问题

一、请求权之概念

请求权是一种请求他人作为或者不作为的权利（《德国民法典》第194条第1款）。请求权性质上属于一种实体性民事权利，该实体权利同时具有程序上的功能。[②]按照《德国民法典》第194条之规定，请求权罹于消灭时效。

民事权利按其作用方式可以区分为支配权、请求权、形成权和抗辩权等，债权的主要内容即为请求权，而物权、人格权、身份权、知识产权等支配权，主要以请求权为其救济方法。承认权、选择权、撤销权、解除权等形成权与请求权具有密切的关联，可谓请求权发生的前提。[③]抗辩权是对抗请求权之权利，是请求权之对立面。

所谓请求权基础（anspruchsgrundlage），又称为请求权规范基础（anspruchsnormengrundlage），是指可供支持一方当事人得向他方当事人有所主张的法律规范，简称请求权基础。[④]请求权基础主要由积极要件构成，积极要件是指能够支持一方向他方有所主张的法律规范和依据。凡是能够支持一方向他方有所主张的法律规范，就是请求权基础。请求权基础与请求权能否

① 王泽鉴：《法律思维与民法实例》，中国政法大学出版社2001年版，第166页。
② ［德］卡尔·拉伦茨：《德国民法通论》，王晓晔等译，法律出版社2003年版，第322页。
③ 王泽鉴：《法律思维与民法实例》，中国政法大学出版社2001年版，第64页。
④ 王泽鉴：《法律思维与民法实例》，中国政法大学出版社2001年版，第50页。

成立并非同一范畴，二者之间属于必要关系，而非充分或者充要关系。没有请求权基础，请求权缺少法律依据从而无法成立。请求权基础存在而请求权能否成立，还须视法律上有无针对特定请求权基础设置排除规范或者对立规范（Ausschlussnormen / Gegennormen）。例如《德国民法典》第985条规定所有权人可以要求占有人返还占有物，而该法典第986条又规定有权占有人，或者自有权占有的间接占有人处取得有权占有时，占有人可以拒绝返还物。因此，《德国民法典》第985条可以成为所有人向承租人等有权占有人要求返还占有的请求权基础，但是如果不存在承租人严重违约、租期届满等情形该请求权往往不能成立。①

二、请求权之产生历史

在早期罗马法时代，只有诉权概念，而无实体权利概念，更无请求权之概念。因为在罗马法中，事实与规范尚未分开，是诉讼创造权利，而不是有了权利，再依据权利进行诉讼。这种通过诉权形成法的事实，使得诉权本身就是实体权利的表现。而诉权又是通过诉讼来体现的，所以，罗马法上的“action”既表示诉权，也表示诉或诉讼，还意味着实体权利是近代实体权利、诉权以及诉讼制度的早期混合萌芽。

在14世纪、15世纪，罗马法逐渐为德国继受。继受的过程中，诉权（actio）制度也传入德国。在罗马法诉权制度传入德国的过程中，德国的社会生活日趋复杂，事实与规范一体未分的罗马法已不能适应诉权大量增加的社会现状，诉权的体系化以及事实与规范的分离已成为不可避免的趋势。同时，随着诉权日益实体法化，诉讼法逐渐脱离于实体法而独立存在，实体法与诉讼法、请求权与诉权出现了分离现象，诉权制度逐渐分解，其在罗马法中的支配地位已风光不再。为挽救诉权制度的颓势，萨维尼（Savigny）提出私法诉权的学说，认为诉权是实体权利的一个发展阶段，是实体权利的一项权能。1856年，温德沙伊德（windscheid）在其《从现代法的观点看罗马法的诉权》（*Die Actio des römischen Civilrechts Vom Standpunkt des heutigen Rechts*）一书中

---

① Dieter Medicus, Grundwissen zum Bürgerlichen Recht, 8.Auflage, München: Carl Heymanns Verlag, 2008, S.10–12.

提出请求权概念。认为在罗马法中是审判保护产生权利；而在现代法的意识中，权利是本原，对权利的审判保护则是结果。至此，请求权概念产生。此后，德国学者赫尔维格将诉权、诉讼上的请求权和实体上的请求权三个概念区别开来。认为实体法上的请求权是既存的实体权利，而诉讼法上的请求权则是原告在诉讼程序中所提出的各项权利主张。在诉讼程序中，原告须将实体法上的权利或法律关系具体而特定地主张，方能成为法院的审判对象。至此，请求权概念进入民法理论。《德国民法典》第194条正式采用了请求权概念，请求权概念进入民法典，请求权基础之思考模式从此进入了民事实体法以及民事诉讼过程中。

三、请求权之意义

1.立法意义。私法之目的，在于保护财产权，促进人格、人性之独立与自由发展。为达此目的，正当的、合理的利益诉求，应该以权利的形式予以确立。但凡权利，必有其救济之道，否则即为无权利。而权利之救济，首推请求权之方法，使得权利人对于侵害、妨碍其权利者，得依法有所请求，是为有法可依。

市场经济社会就是一个我为人人、人人为我的社会，绝大多数人赖以谋生的方式就是以自己的劳动（服务）换取他人的劳动（服务）。各种市场要素在价值规律、竞争规律等规则的影响下分化重组、优化配置，适者生存，不适者终将被裁汰。改革开放以来，伴随着我国《民法通则》《婚姻法》《继承法》《合同法》《物权法》《侵权法》《民法总则》《公司法》《证券法》《保险法》《海商法》《破产法》等一大批民商事法律的制定以及修改，法律制度设计的严谨性和可操作性越来越强，其具体表征就是立法上赋予了物权等权利人、合同当事人、婚姻当事人、消费者、中小股东和股民等投资人，以具体的、有明确指向性、针对性和可诉性的，得以主张和实行的各种请求权。私法上为各种不同需求、不同能力、不同经济地位的民事主体规划配置了不同的请求权基础，从而各类不同的主体可以依照各自的不同能力和需求，自由地追求财富、发展自己的人格，构筑有利于自己和社会的私法关系，促进社会财富和幸福总量的增加，从而促进社会的文明与进步。

2.司法意义。传统的民事司法主要采用法律关系的分析方法，法官裁判民事案件，在查清案件事实以后，要自己去查找法律文件，寻找具体案件应当适用哪些法律条文，法学方法论上把法官的这种工作称为“找法”。法官找法，容易给当事人留下裁判不公、独断专行、肆意妄为的印象，无法维护法官客观、中立的形象。现代各国民事司法中多采用请求权基础分析方法，为德国潘德克顿（pandekten）法学所首倡，这套方法非常符合诉讼的实际。原告起诉时应该明确说明请求权基础何在，被告可以进行否认和抗辩，法官则保持中立，依法进行审核裁判，请求权基础与抗辩的诉讼方法，方便法庭裁判案件，相对于旧的分析方法，具有很大优点。但是，法律关系的分析方法和请求权基础的分析方法之间并非截然排斥，应当说，请求权基础分析方法与传统的法律关系分析方法，是相互为用的，请求权基础分析方法的运用，还是离不开对法律关系的分析。例如，原告选择了违约责任作为请求权基础，前提是原被告之间有合同关系。要检讨双方什么时候开始缔约谈判，合同关系有没有成立，什么时候生效，合同条款如何约定，当事人怎么履行，是否构成违约及违约的形态，这些还是离不开法律关系的分析方法。如果当事人选择了侵权责任起诉，也还是要按照侵权责任关系的构成来分析，有无加害行为，什么时候，什么时间，什么地点，哪些人，什么方式，造成什么样的伤害后果，符不符合侵权责任的构成要件等。

3.法律思考模式之意义。请求权基础之法律思考模式，对于训练法律人的法律思维，构建法律职业共同体卓有成效。在法治社会，法律应该成为经济活动、社会生活、家庭生活的基本规范，人群共处必有其矛盾，当一人对他人有所请求时，其请求权基础、法律依据何在？法律之外，别无法律义务，这对于每个人的权利和自由至为重要。

四、请求权之分类

请求权关系之基本模式为“谁得向谁，依据何种法律规范，有所主张”。民法上关于请求权之分类，存在以下两种方法：

第一，依照请求权内容所作之分类。①

1.契约上的给付请求权。比如基于买卖契约要求交付买卖标的物和支付

---

① 王泽鉴：《法律思维与民法实例》，中国政法大学出版社2001年版，第68—71页。

价款，基于租赁契约要求交付租赁物和支付租金，基于承揽契约要求交付一定之工作成果和支付报酬，等等。

2.返还请求权。比如所有物返还请求权、遗失物、盗赃物返还请求权、占有物返还请求权、不当得利返还请求权等。

3.损害赔偿请求权，此种请求权最为重要和庞杂。包括财产损害赔偿请求权、人身损害赔偿请求权和精神损害赔偿请求权等。

4.补偿及求偿请求权，包括保险人之代位求偿权、连带债务人之求偿权等。

5.支出费用偿还请求权，包括代理人支出费用偿还请求权、无因管理人支出费用偿还请求权、受托人支出费用偿还请求权等。

6.不作为请求权。例如请求停止侵害、排除妨碍，请求停止排污，请求停止不正当竞争，请求停止竞业活动（竞业禁止）等。

第二，依照请求权发生原因和性质所作之分类。①

1.基于债法契约之请求权。主要是指基于各种合同之请求权，如交付货物、给付劳务、支付价款、支付违约金等。

2.准债法契约之请求权，包括缔约过失请求权、无因管理请求权等。

3.物权请求权，包括停止侵害、排除妨碍、消除危险、返还原物请求权等。

4.侵权法上的请求权。其核心为各种损害赔偿请求权。

5.不当得利请求权。其核心为返还各种不当利益。

6.亲属法上的请求权，包括子女交还请求权，生活费、教育费、抚养费、赡养费给付请求权、同居请求权等。

五、请求权基础和请求权竞合

所谓请求权之竞合，是指某一法律事实具备不同法律规范的要件时，得发生数个请求权之法律适用情形。请求权竞合在司法裁判中可以区分为四种情形：法条竞合（Gesetzkonkurrenz）、选择性竞合（alternative Konkurrenz）、请求权的聚合（Anspruchshäufung）以及请求权的竞合（Anspruchskonkurrenz）。

---

① Dieter Medicus, Grundwissen zum Bürgerlichen Recht, 8.Auflage, München: Carl Heymanns Verlag, 2008.

关于请求权竞合的本质，学说上的观点主要有以下三类：[①]

1.法条竞合说。法条竞合说最初是由赫尔维格将刑法上的法条竞合说引入民法领域而形成的。这一理论以刑法上的法条竞合说为基础，认为一个法律构成要件在发生的时候，如果导致多个不同的请求权同时存在，而这些请求权的目的只有一个时，实际上是一种法条竞合的现象，竞合的是法条，而不是请求权，真正的请求权只有一个。在这种情况下，解决问题的方法，仅仅是如何正确适用法律的问题。根据法条竞合说的观点，在法条竞合的情况下，各竞合的法条之间，或者存在特别法与一般法的关系，或者存在补充规定与法条吸收的关系。法院在适用法条时，应当审查所涉及的数个法条之间的关系，适用其中最适当的法条，而排除其他法条的适用。

以债务不履行的损害赔偿请求权与侵权损害赔偿请求权的竞合为例，根据法条竞合说的观点，由于契约责任是特别义务的规定，而侵权责任是一般义务的规定，所以契约责任排斥侵权责任，当事人实体的请求权只有一个，也就是债务不履行的损害赔偿请求权。19世纪末和20世纪初，在契约责任和侵权责任竞合的情形下，德国学者多采法条竞合论的观点。

2.请求权竞合说。该说又可以区分为若干观点，其中请求权自由竞合说影响最甚。该说认为，在因为同一个事实关系而发生复数的请求权，并且这些请求权的给付目的为同一时，各个请求权可以同时并存。在成立要件、举证责任、赔偿范围、时效以及抵销等方面，各个请求权相互独立。对这些竞合的请求权，当事人可以选择其中一个请求权进行主张，也可以就所有请求权同时主张，还可以就不同的请求权先后主张。权利人还可以将其中一个请求权让与他人，自己保留其他的请求权，或者将请求权让与不同之人。也就是说，权利人可以自由处分各个竞合的请求权。当其中一个请求权因遇到目的之外的障碍无法行使时，其他的请求权可以继续行使；当一个请求权因为罹于时效而消灭时，其他未过时效的请求权继续存在。当事人行使其中一个请求权未获满足，可以继续行使其他的请求权。但是，如果其中一个请求权获得满足，其他的请求权即随之消灭。

3.请求权规范竞合说。此一学说为德国学者拉伦茨（Larenz）提出。拉

① 梁慧星：《民法总论》，法律出版社2011年版，第78—79页。

伦茨认为，在同一事实符合侵权责任和债务不履行责任的规定时，被害人实体上的请求权只有一个。相互竞合的并不是请求权，而是请求权基础。这样，以同一给付为目的，而有数个规范作为基础的请求权，权利人只能请求一次，债务人也只需履行一次，该请求权经裁判后，权利人不得对同一事实以其他的法律观点再行提起新的诉讼。

六、发展趋势

德国潘德克顿法学首创的请求权思考模式，正越来越受到成文法国家的民事立法和司法实践部门的重视，成为民事权利保护的有力工具，对于英美法系司法判例的发展亦具有相当的借鉴和思考意义，对于民法教学和民法思维亦具有相当的促进作用。对于不法行为的受害人予以救济，这是法治原则的基本要求。成文法追求法律的内在逻辑，一人对他人有所请求，应该有其法律上的依据，这亦是权利和自由保障的基本要求。在成文法的救济体系下，如何实现救济结果的公平正义，做到不枉不纵，这既是一个理论问题，也是一个实践问题。请求权基础的思考模式并非一剂灵丹妙药，而只是历史长河中的一个节点而已，但是目前尚无其他更好的法治工具或者思考模式可以取而代之。

第四章

一般规定

第二百四十条【所有权的定义】

所有权人对自己的不动产或者动产，依法享有占有、使用、收益和处分的权利。

历史由来

本条完全承袭于《物权法》第39条的规定。

学者对所有权定义的立法建议存在不同意见。有学者建议规定："所有权，是指在法律限制的范围内自由支配标的物并排除他人干涉的权利。"①有学者建议规定："所有权，是指在法律规定的范围内占有、使用、收益和处分的权利。"②还有学者建议规定："所有权的权能包括对物的占有、处分或利用，以及适当地使用和享有所有物。如非滥用，行使上述权能尽管使第三人丧失利益或便利，也不得限制。"③

规范目的或功能

本条的规范目的，在于明确所有权的定义，明确所有权的客体、积极权能、消极权能和行使的法律边界等。本条属于典型的定义性法条，是所有权分编的基础性条款，也是用益物权分编和担保物权分编的前置性条款。从功能上看，本条为所有权的保护提供了请求权基础，包括返还原物请求权、消除影响请求权、排除妨碍请求权、恢复原状请求权等。

规范内容

一、所有权的不同含义

本条规定的是我国民法上的所有权定义。明确所有权的含义，需要明确

---

① 梁慧星主编：《中国民法典草案建议稿附理由：物权编》，法律出版社2013年版，第99页。

② 王利明：《中国民法典学者建议稿及立法理由：物权编》，法律出版社2005年版，第88页。

③ 徐国栋：《绿色民法典草案》，社会科学文献出版社2004年版，第326页。

不同语境下的所有权，需要辨析所有权与产权、所有制等类似概念的关系。

（一）民法上的所有权与宪法上的所有权

民法上的所有权是一种私权利，体现的是民事主体之间的权利义务关系。民法上的所有权，更多是针对有体物，也针对单个物，强调人对物的全面支配的权利。所有权不仅是民法上的概念，还广泛运用到宪法、行政法等领域。我国有学者认为，宪法上的所有权首先是一种公权利，是所有权人对抗国家公权力、抵御国家公权力不当侵害并在实际损害发生时可寻得救济的一种公权利，是各种主体取得所有权的资格。[①]德国亦有学者认为，宪法上的所有权，是指受《基本法》第14条保障的所有财产利益，其客体也不仅仅是物、无形财产权和版权等，还包括集合物、财团以及企业等，更多是约束立法机关和司法机关等。[②]学术界通说认为，宪法上的所有权是一种公权利，是各种主体取得所有权的制度保障，对民法上的所有权具有指引和制约的功能。1982年通过的我国《宪法》第13条第1款规定："国家保护公民的合法的收入、储蓄、房屋和其他合法财产的所有权。"2004年修改后的《宪法》第13条第1款、第2款规定："公民的合法的私有财产不受侵犯。国家依照法律规定保护公民的私有财产权和继承权。"从目前宪法文本看，采用了"国家所有""集体所有""公共财产""私有财产"等表述，而没有明确采用"所有权"的概念。宪法文本采用了"私有财产权"的表述，比"所有权"的概念内涵更为宽泛。宪法文本还使用了"合法权利和利益"的表述，如要保护非公有制经济的"合法的权利和利益"，保护归侨和侨眷的"合法的权利和利益"，保护中国境内的外国企业和其他外国经济组织以及中外合资经营的企业的"合法的权利和利益"等。从宪法文本的历史解释看，"合法的权利和利益"包含了所有权保护的内容。

（二）大陆法系的所有权与英美法系的所有权

大陆法系是绝对所有权观念，民法逻辑体系构建在严谨的所有权概念基

---

① 赵世义：《论财产权的宪法保障与制约》，载《法学评论》1999年第3期。

② ［德］鲍尔、施蒂尔纳：《德国物权法》（上册），张双根译，法律出版社2004年版，第518页。

础上。而英美法系是相对所有权观念，并没有统一的所有权概念。在英美财产法中，所有权是指各项权利的集合，通常称其为“权利束”；这些权利束包括四项基本的权利：占有权、使用权、排除他人占有和使用的权利和转让权。[①]大陆法系国家采取一物一权原则，一个物上不允许存在两个所有权。而英美法系国家更多采用财产的概念，采用双重所有权理论，即衡平法所有权与法定所有权，前者可以对抗所有人，后者只能对抗某些人。大陆法系的所有权概念更为严谨，而英美法系的财产概念比较灵活，其范围包罗万象，很难进行科学的分类，也难以找到一个标准来确定哪些利益是财产，哪些利益不是财产。[②]一般而言，美国财产法的财产由一组法律所认可的，与某物或者其他物品有关的、与他人有关系的、被人拥有的权利组成。[③]

从本条所有权的定义看，我国采用的是典型大陆法系的表达方式，采用绝对所有权观念，坚持一物一权的原则，不允许一个物上存在两个或多个所有权。一些学者用准所有权或相对所有权解释我国农民土地权益问题。如有学者指出，宅基地使用权是一种准所有权，是物权效力十分强大的他物权，其类似于自物权。[④]还有学者指出，要明确土地承包经营权的相当所有权属性，这有助于强化对土地承包经营权的保障，有助于实现农村土地承包经营权与集体土地使用权之间的协调运作。[⑤]这种解释路径，某种程度上借鉴了英美法系相对所有权观念，在尊重集体土地所有权的前提下，充分体现了强化农民土地权益的政策导向。

（三）民法上的所有权与经济学中的产权

从概念的来源上看，“产权”一词属于外来语，翻译自英文的property rights，其直译为财产权（利）。在英文世界中，“产权”与“财产权”是同

---

① 陈永强：《英美法上的所有权概念》，载《私法研究》2014年第2期。

② 冉昊：《论两大法系财产法结构的共通性——英美法系双重所有权与大陆法系物权债权二元划分的功能类比》，载《环球法律评论》2006年第1期。

③ ［美］约翰·G.斯普兰克林：《美国财产法精解》，钟书峰译，北京大学出版社2009年版，第1页。

④ 王崇敏：《论宅基地使用权性质》，载《河南财经政法大学学报》2014年第5期。

⑤ 袁震：《我国城镇化进程中农村土地制度改革的理论与实践》，法律出版社2017年版，第33页。

一个词汇。在英美法系，虽然存在“所有权”（Ownership）这个词，但其仅是一种抽象的存在，并不代表任何特别的意义，并没有确定的含义。所有权与产权的关系，学术界存在不同的观点。一种观点将产权等于所有权，另一种观点认为产权包括所有权，比所有权的内涵更宽泛。还有一种观点认为产权是所有权运动体系中的特定条件下的一组权利，包含在广义所有权范畴之中。[①]我国民事立法采用的是所有权概念，而没有采用产权概念。2016年颁布的《完善产权保护制度意见》等改革文件，经常采用“产权改革”“产权保护”“产权流转”“国有产权”“集体产权”“私有产权”等表述方式。这些文件使用的“产权”概念，包括物权、债权、股权、知识产权、城乡居民各种财产性收入等。

（四）民法上的所有权与政治经济学中的所有制

所有权是所有制在法律上的体现，所有权的本质属性是由一定社会形态的所有制决定的。所有制是一定的生产关系的总和，要说明所有制，就必须把社会的全部生产关系描述一番，因此作为生产关系范围的所有制与作为上层建筑范畴的所有权是不同的。[②]1986年颁布的《民法通则》采用了“全民所有”“劳动群众集体所有”“全民所有制企业”“集体所有制企业”“全民所有制单位”“集体所有制单位”等表述。《民法典》采用了“公有制”“多种所有制”等表述。从解释论的角度看，所有权是所有制实现的一种方式，不能排除其他的所有制实现方式。如股权就是所有制的重要实现方式，也是我国公有制企业运行实践中普遍采用的方式。[③]也有学者主张，信托是公有制的一种实现形式。[④]

二、所有权的客体范围

根据本条的规定，所有权的客体是“不动产和动产”。不动产包括土地、

---

① 刘伟、李凤圣：《产权通论》，北京出版社1998年版，第23页。

② 《马克思恩格斯全集》（第1卷），人民出版社1995年版，第191页。

③ 孙宪忠：《中国物权法总论》，法律出版社2009年版，第127页。

④ 蒲坚：《信托是公有制的一种实现方式》，载《红旗文稿》2013年第11期。

建筑物、构筑物等。土地包括建设用地和农业用地等，前者包括城市建设用地和农村建设用地，后者包括耕地、草原、林地等。建筑物包括居住建筑、公共建筑、工业建筑、农业建筑等。构筑物包括烟囱、水塔、桥梁、水坝等。动产包括机动车、船舶、航空器、机器设备、原材料、产品、半成品等。

（一）动物作为所有权客体的特殊性

本条对动物的所有权客体地位，没有单独规定。长期以来，动物是动产，是所有权的客体，并没有特殊之处。随着社会发展，一些国家的民法典对动物的保护作出了特别的规定。如《瑞士民法典》第641a条规定："不得将动物视为物。关于物的规定同样适用于动物，但有不同规定的除外。"[①]《德国民法典》第90a条规定："动物不是物。动物受特别法律的保护。除另有规定外，关于物的规定准用于动物。"[②]我国《野生动物保护法》第21条规定："禁止猎捕、杀害国家重点保护野生动物。因科学研究、种群调控、疫源疫病监测或者其他特殊情况，需要猎捕国家一级保护野生动物的，应当向国务院野生动物保护主管部门申请特许猎捕证；需要猎捕国家二级保护野生动物的，应当向省、自治区、直辖市人民政府野生动物保护主管部门申请特许猎捕证。"我国《民法典》新增了绿色原则，明确法律规定属于国家所有的野生动植物资源，属于国家所有，为野生动物的保护提供了基本法的依据。

（二）所有权客体是否特定

在《物权法》立法过程中，《物权法（草案）》（一审稿）第40条曾经规定，所有权的客体是"特定的不动产或者动产"，随后的审议稿将"特定的"删除。《民法典》第114条将物权客体界定为"特定的物"，所有权属于物权的范畴，因此从解释论上所有权的客体是"特定的不动产或者动产"。根据《民法典》的相关规定，国家所有权客体包括矿藏、水流、海域、野

---

① 于海涌：《瑞士民法典》，法律出版社2016年版，第223页。

② 陈卫佐：《德国民法典》，法律出版社2006年版，第28页。

生动植物资源、无线电频谱资源、国防资产等。据此，国家所有权的客体，并不都是特定的，如水流等。水域资源国家所有权的客体是水域资源，很难运用传统的客体特定理论解释。针对这种现状，有学者提出了多视角模式、时空结合观、宽严相济的弹性标准、注重客体内部构成因素的变化四种方法来确定准物权客体的持定性，具有相当的借鉴意义。[①]另外，无线电频谱资源，也很难被界定为动产，其客体同样面临解释的问题。我国《国防法》第37条规定："国家为武装力量建设、国防科研生产和其他国防建设直接投入的资金、划拨使用的土地等资源，以及由此形成的用于国防目的的武器装备和设备设施、物资器材、技术成果等属于国防资产。国防资产归国家所有。"据此，用于国防目的的技术成果等，归国家所有。这是广义的所有权概念。综上，我国立法文本中的所有权概念体系，没有严格按照技术性的要求，一律要求所有权客体具有特定性。社会主义共同富裕的本质要求相当数量的公共财产，以保障公共利益和中低收入群体的利益。国家所有的财产属于全民所有，不仅主体具有特殊性，客体也具有特殊性。国家所有权的客体具有广泛性，不仅包括有体物，还包括无体物。如何进一步明确所有权客体的范围，强化所有权规范的裁判功能，是今后相当长时期应当关注的问题。

（三）所有权规范可以准用于无体物

大部分国家的民法典并不将无体物作为所有权的客体，少部分国家规定所有权的客体是一切财产。如《奥地利民法典》第353条规定："一人所有的任何东西，其全部的有形财产与无形财产，称为财产。"第355条规定："所有财产一般是所有权的客体，除了法律明文排除外，任何人均有权自己或者借助他人以自己的名义取得所有权。"[②]《蒙古国民法典》第76条规定："物、智力成果以及法律明文规定的某些财产权，都可成为所有权的客体。"[③]还有一些国家规定，所有权的规定，对其他无体物财产权，可以补充适用。如《葡萄

---

① 崔建远：《准物权研究》（第二版），法律出版社2012年版，第44页。

② 周友军、杨垠红：《奥地利普通民法典》，清华大学出版社2013年版，第58页。

③ 吴振平：《蒙古国民法典》，中国法制出版社2002年版，第31页。

牙民法典》第1302条规定："只有有体物，不论动产或不动产，方可成为本法典所规范之所有权之标的。"[①]第1303条规定："著作权及工业产权由特别法例规范。然而，如本法典之规定与著作权及工业产权之性质相合，且与该权利而制定之特别制度无抵触，则本法典之规定亦补充适用于著作权及工业产权。"[②]

从文义解释看，我国所有权的客体只是不动产和动产，只是有体物。从体系解释、目的解释和历史解释看，财产归属意义上的所有权客体包括无体物。《民法通则》第71条描述的所有权客体是"财产"，并不局限于"不动产或动产"。现代信用创制出与实物相脱离的独立的财产权利，成为可交易的"物"。从体系解释看，物权编的物包括不动产和动产，法律规定权利作为物权客体的，依照其规定。无体物可以作为担保物权的客体，是学界的通说，也被立法所认可。立法文本采纳的是"担保财产""抵押财产""质押财产""留置财产"等，而不是"担保物""抵押物""质押物""留置物"等。财产归属意义上的所有权，具有理论和实践的价值。注册商品专有权、专利权、著作权等知识产权中的财产权，可以转让的基金份额、股权，应收账款等，亦存在权利归属的表达方式。从所有权发展的趋势看，越来越突出归属意义上的所有权，而不是以占有为基础的所有权。在日常语言中，这些财产也存在所有权的问题。经常出现的表达方式，有股东是公司的所有权人、专利所有权人、商标所有权人等。在法律语言中，这些财产由特别法调整，有特定的名称，如"股权""专利权""商标权"等。从司法适用看，所有权的规定属于一般规定，在与这些权利性质不冲突的前提下，可以适用。如按份共有、共同共有、共有物管理、共有物分割等共有的相关规定，以及不动产和动产的善意取得等相关规定，原则上可以适用于所有的财产。

三、所有权的积极权能

所有权概念产生于2世纪的古罗马。罗马法上的"dominium"，具有统治、

① 唐晓晴等：《葡萄牙民法典》，北京大学出版社2009年版，第222页。

② 唐晓晴等：《葡萄牙民法典》，北京大学出版社2009年版，第222页。

支配、管辖、控制的意思，是“对物的完全的权利”。罗马法文献中未有所有权的定义，是注释法学家将所有权概括为：在积极方面对其物有为各种行为的权利，如使用、收益和处分等；在消极方面有禁止他人对其物为任何行为的权利。[①]注释法学家对所有权作出如下定义，“所有权是以所有人的资格支配自己的物的权利”，或“所有权是所有人除了受自身实力和法律的限制外，就其标的物可以为他想为的任何行为的能力”。[②]对于所有权的定义，素有概括主义与列举主义之争。概括主义，也称抽象主义，认为所有权就是完全物权，就是人对物的完全支配权。列举主义，通过列举所有权的各项权能，揭示所有权的本质属性。

（一）所有权定义模式的学术争论

概括主义立法例，以德国民法典、瑞士民法典和奥地利民法典等为代表，突出人对物进行的全面支配。列举主义立法例，以法国民法典、日本民法典、伊朗民法典、墨西哥民法典、意大利民法典等为代表，列举了所有权的具体权能。有学者认为，概括主义比列举主义更具有优势，因为所有权的权能极其宽广，难以用列举的方法将其穷尽。[③]而有学者认为，列举主义定义更符合人们在民事生活事实中对物的所有关系，以及人们对所有权的经验的认识，便于人们具体理解和把握所有权的本质。[④]还有学者认为，应当将概括主义和列举主义相结合，认为所有权是一个集占有、使用、收益、处分等各项权能于一体的具体概念，同时也表现为所有权人对标的物剩余控制与收益的终极支配权；终极支配权既是所有权不可剥夺的一项根本权能，又是所有权本质属性的体现。[⑤]

坚持概括主义定义方法的学者认为，列举主义的定义方法虽然明确了所

---

① 周枏：《罗马法原论》（上册），商务印书馆1994年版，第299页。

② 梁慧星主编：《中国民法典草案建议稿附理由：物权编》，法律出版社2013年版，第99—100页。

③ 梁慧星、陈华彬：《物权法》，法律出版社2016年版，第105页。

④ 韩松：《论所有权的定义方法》，载《甘肃政法学院学报》2007年第3期。

⑤ 周林彬：《物权法新论：一种法律经济分析的观点》，北京大学出版社2002年版，第333页。

有权的权能，但存在如下缺陷：第一，混淆了所有权的本身与所有权的作用。所有权的定义要明确所有权是什么权利，而权能是所有权作用的表现，并非所有权本身。第二，列举主义定义方法会使人误解所有权是其权能的简单相加。第三，列举主义将占有、使用、收益、处分等权能作为所有权的主要因素，无法解释所有权人有时丧失了占有权能，或者使用收益权能，乃至处分权能，却不丧失所有权的生活现象。第四，具体列举所有权的权能，并不能穷尽所有权的作用。①坚持列举主义定义方法的学者对此进行了反驳：第一，权能固然不同于权利，但要将两者截然分开也是似是而非的一种认识。通说认为权利是由权能和利益构成的，权能是构成权利的要素，权利的不同性质往往通过权能的不同而表现出来。概括主义定义方法主张的“随意处分”“最一般主宰”“全面支配”等，实际也是对所有权权能的表述，只不过表述的是“抽象权能”。第二，列举主义的定义方法，并不会使人产生所有权就是某些权能简单相加的误解。要体系化解释所有权的占有、使用、收益和处分的权能，而不能机械地、望文生义地去理解。如果机械地理解，抽象主义主张的“随意处分”，也会使人误解所有权仅仅是随意处分物的权能。第三，不能混淆对所有权权能的静态表述，与所有权权能动态行使的关系。列举主义的定义方法，虽然列举了所有权的占有、使用、收益、处分四项权能，但并不要求所有权人在事实上同时占有、使用、收益、处分，不能将处分权能与行使处分权能混同起来。他物权的占有、使用、收益和处分权能，是在所有权相应权能的基础上产生的，但两者具有质的区别。所有权的弹力性可以妥当解释所有权与他物权的关系。第四，所有权的权能不同于所有权的用途。不能因为物在事实上用途的丰富多样、变化无穷而认定在法律上所有权的权能也是不可确定的、不可列举的。②

用有限的法律语言去描述无限的生活空间，总存在这样那样的问题。概括和具体是人类思考问题的两种基本方法，没有具体的概括是空洞的，没有概括的具体是没有生命力的。概括主义的定义方法和列举主义的定义方法，

① 梁慧星：《中国物权法研究》，法律出版社1998年版，第228页。

② 参见韩松、姜占军、张翔：《物权法所有权编》，中国人民大学出版社2007年版，第11—17页。

并不是完全矛盾的，而只是对所有权描述的层面和角度不同。概括主义定义方法是从抽象的利益归属角度对物的归属关系的一种描述，也是价值层面对物的权属关系所作的一种评价。列举主义定义方法将抽象的支配权能分解为占有、使用、收益和处分，这四种权能仍然是对生活现象的抽象，仍然肯定所有人对物支配的自由意志。两者均属于法律世界的范畴，相对于生活世界，都属于抽象的概括规定，只是概括的程度不同。一个国家采用何种模式，取决于该国的法律文化传统和语言文化传统。

（二）域外不同的立法例

从比较法看，如何确定所有权的权能，存在如下不同的立法例。

第一，规定所有权的处分权能。如《德国民法典》第903条规定："在不与法律或第三人的权利相抵触的限度内，物的所有权人可以随意处置该物，并排除他人的一切干涉。动物的所有权人在行使其权能时，必须遵守以保护动物为目的的特别规定。"[①]《瑞士民法典》第641条规定："物的所有人在法令的限度内，对该物得自由处分；所有人对物的无权占有人，得请求返还该物并排除一切不法侵害。"[②]《奥地利民法典》第354条规定："作为权利，财产所有权是可任意处分其所有的财产本身、财产的收益并排除任何他人干涉的权利。"[③]这些国家仅仅列举了处分权能，在学术界也被认为是概括主义立法模式的典型。

第二，规定所有权的使用权能和处分权能。如《法国民法典》第544条规定："所有权是最绝对的享有和处分物的权利，但法律或条例禁止的使用除外。"[④]《意大利民法典》第832条规定："所有人在法律规定的限制内，而且遵守其义务，有以完全而且排他的形态享有及处分其物的权利。"[⑤]《西班牙民法典》第348条规定："所有权是指在法律规定的范围内，对某物享有的使用和

---

① 陈卫佐：《德国民法典》，法律出版社2006年版，第329页。

② 于海涌：《瑞士民法典》，法律出版社2016年版，第223页。

③ 周友军、杨垠红：《奥地利普通民法典》，清华大学出版社2013年版，第58页。

④ 罗结珍：《法国民法典》（上册），法律出版社2004年版，第451页。

⑤ 费安玲等：《意大利民法典》，中国政法大学出版社2004年版，第208页。

处分的权利。所有权人可对物的占有人享有权利主张。”[①]《智利共和国民法典》第582条规定：“所有权（也称产权），是对有体物任意享有和处分的物权，但其享有和处分须不违背法律或他人权利。”[②]《阿尔及利亚民法典》第674条规定：“所有权是享有和处分物的权利，但法律或者条例禁止的使用除外。”[③]《菲律宾民法典》第428条规定：“所有人有权不受限制地享有和处分物，但限制源于法律规定的除外。为了回复物，所有人还可对物的持有人和占有人享有诉权。”[④]

第三，规定所有权的占有权能、使用权能和处分权能。如1922年制定的《苏俄民法典》第58条规定：“在法律规定范围内，所有（权）人对于财产有占有、使用和处分的权利。”[⑤]《俄罗斯联邦民法典》第209条规定：“财产的占有权、使用权和处分权属于财产的所有人。财产所有人有权根据自己的意志对属于他的财产实施不与法律和其他法律文件抵触的并且不侵犯他人权利和受法律保护的利益的任何行为，其中包括将自己的财产让他人所有；向他人移转财产的占有权、使用权和处分权，而自己仍为财产所有人；抵押的财产和以其他方式为财产设定负担，以其他方式处分财产。……”[⑥]《蒙古国民法典》第75条第3款规定：“所有人可将自己的权利转移给他人，后者有权根据所有人确定的用途，或其活动目的和章程，占有、使用和处分财产。”[⑦]《朝鲜民法典》第39条规定：“享有所有权的人于法律规定范围内占有、利用和处分自己所有的财产。对于财产的处分，仅由享有所有权的人实施。”[⑧]《最新路易斯安那民法典》第477条A规定：“所有权是人对物所享有的直接和排他的权利。所有权人得在法律规定的限制和条件下占有、使用和处分其所有的物。”[⑨]《巴西新民法典》第1228条规定：“所有人有权使用、享有和处分物件，并有权从

---

① 潘灯、马琴：《西班牙民法典》，中国政法大学出版社2013年版，第130页。

② 徐涤宇：《智利共和国民法典》，北京大学出版社2014年版，第95页。

③ 尹田：《阿尔及利亚民法典》，中国法制出版社2002年版，第123页。

④ 蒋军州：《菲律宾民法典》，厦门大学出版社2011年版，第65页。

⑤ 高富平：《物权法原论》（第二版），法律出版社2014年版，第476页。

⑥ 黄道秀：《俄罗斯联邦民法典》，中国大百科全书出版社1999年版，第118页。

⑦ 吴振平：《蒙古国民法典》，中国法制出版社2002年版，第31页。

⑧ 金玉珍：《韩国民法典　朝鲜民法典》，北京大学出版社2009年版，第201页。

⑨ 徐婧：《最新路易斯安那民法典》，法律出版社2007年版，第70页。

不正当地占有或持有此等物的人索回此等物件。”[①]《独联体成员国示范民法典》第220条规定：“占有、使用和处分自己财产之权利属于所有权人。所有权人有权按照自己的意志对属其所有之物实施任何不违反法律，亦不侵犯他人之权利与受法律保护的利益之行为。所有权无期限。”[②]

第四，规定所有权的使用权能、收益权能和处分权能。如《日本民法典》第206条规定：“所有权人，在法令限制范围内，享有自由使用、收益及处分其所有物的权利。”[③]《韩国民法典》第211条规定：“所有人于法律规定的范围内，有使用、收益、处分其所有物的权利。”[④]《埃及民法典》第802条规定：“仅物之所有人对其物享有在法定的限度内使用、利用和处分的权利。”[⑤]《葡萄牙民法典》第1305条规定：“物之所有人，在法律容许之范围内及遵守法律规定之限制下，对属其所有之物享有全面及排他之使用权、收益权及处分权。”[⑥]《魁北克民法典》第947条规定：“所有权为使用、收益以及完全和自由地处分财产的权利。所有权可附期限和条件，可发生功用所有权与空虚所有权。”[⑦]

第五，规定所有权的占有权能、使用权能、收益权能和处分权能。如1987年修订的《古巴民法典》第129条第1款规定：“所有权赋予所有权人依据其社会经济目的占有、使用、收益和处分其财产的权利。”[⑧]

第六，规定所有权的全面支配性，并不规定具体的权能。如《埃塞俄比亚民法典》第1204条规定：“所有权是可能对有体物享有的最广泛的权利。除非依据法律，此等权利不应被分割和限制。”[⑨]《最新阿根廷共和国民法典》第2506条：“所有权为物权，根据此项权利，物受制于某人的意志和

---

① 齐云：《巴西新民法典》，中国法制出版社2009年版，第183页。

② 张建文：《独联体成员国示范民法典》，法律出版社2014年版，第61页。

③ 刘士国、牟宪魁、杨瑞贺：《日本民法典》，中国法制出版社2018年版，第40页。

④ 金玉珍：《韩国民法典　朝鲜民法典》，北京大学出版社2009年版，第34页。

⑤ 黄文煌：《埃及民法典》，厦门大学出版社2008年版，第128页。

⑥ 唐晓晴等：《葡萄牙民法典》，北京大学出版社2009年版，第222页。

⑦ 孙建江、郭站红、朱亚芬：《魁北克民法典》，中国人民大学出版社2005年版，第122—123页。

⑧ 高富平：《物权法原论》，法律出版社2014年版，第476条。

⑨ 薛军：《埃塞俄比亚民法典》，厦门大学出版社2013年版，第173页。

行为。”[①]

第七，采取折中的模式，既规定所有权的全面支配性，又列举所有权的权能。如《欧洲私法的原则、定义与示范原则：欧洲示范民法典草案》第Ⅷ-1：202条规定：“所有权是人对物享有的最广泛的权利，只要与可适用的法律或所有权人赋予的权利保持一致，所有权人拥有使用、收益、改变、破坏、处分和恢复财产的排他性权利。”[②]

（三）我国的立法选择

《澳门民法典》第1229条规定：“物之所有人，在法律容许之范围内及在遵守法律规定之限制下，对属其所有之物享全面及排他之使用权、收益权及处分权。”我国不同时期制定的《民法通则》《物权法》《民法典》，均选择了列举主义，均列举了“占有、使用、收益和处分”四种权能。从中华人民共和国成立以来的立法过程看，是否单独规定收益的权能，是否列举占有的权能，是否将处分修改为处置或处理，是否增加经营管理的权能等，成为立法讨论的焦点问题。

1956年4月形成的《民法典所有权篇（第一次草稿）》第4条第3款规定：“财产所有人在法律规定的范围内，对于财产有占有、使用、处分的权利；并应负担由财产所产生的义务。”[③]该条借鉴了《苏俄民法典》第58条和《捷克民法典》第107条，最早规定了所有权的基本内涵。该条将所有权的权能分为占有、使用和处分。1956年8月形成的《民法典所有权篇草案（第五次草案）》第2条规定：“财产所有人，在法律规定的范围内，对于财产有占有、使用、处分的权利；并应负担由财产所产生的义务。”在该条之后注明的不同意见指出“另一意见，在‘使用’后面加上‘收益’两字”[④]。1957年1月形成的

---

① 徐涤宇：《最新阿根廷共和国民法典》，法律出版社2007年版，第535页。

② ［德］巴尔、［英］克莱夫：《欧洲私法的原则、定义与示范原则：欧洲示范民法典草案》（全译本·第8卷），朱文龙等译，法律出版社2014年版，第34页。

③ 何勤华、李秀清、陈颐：《新中国民法典草案要览（增订本）》（上卷），北京大学出版社2017年版，第52页。

④ 何勤华、李秀清、陈颐：《新中国民法典草案要览（增订本）》（上卷），北京大学出版社2017年版，第75页。

《民法典草案所有权篇（第六次草案）》第2条规定："财产所有人，在法律规定的范围内，对于财产有占有、使用、处分的权利；并应负担由财产所产生的义务。"在该条之后注明的不同意见指出，"有人主张用'处理''处置'代替'处分'，但讨论中都感觉到在法律定义上不够准确，故草案仍暂用'处分'"①。

1956年12月，全国人民代表大会常务委员会办公厅研究室汇总了对该问题的修改意见。一种观点认为，不同意增加"收益"的权能。具体理由如下：第一，"收益"是占有、使用、处分的派生物；第二，使用必然产生收益，使用权和收益权是一致的；第三，因享有财产所有权而取得其收益，是理所当然的事；第四，民法典其他条款已经规定了所有权的收益问题；第五，在我国的条件下，应当强调对物的利用。另一种观点认为，应当在"使用"之后，增加"收益"的权能。具体理由如下：第一，明确增加"收益"的表述，比较切合我国保护财产收益的现状；第二，增加"收益"，更有利于保护财产所有权；第三，正因为其他条款规定了财产的收益，因此要明确增加收益的权能；第四，明确列举收益权能，可以避免解释上的混乱和适用上的不便。还有一种观点认为，以上两种观点均可，关键是对"使用"的理解，"收益"可以在"使用"内，也可以将"收益"独立出来。②

1963年6月形成的《民法（草案）》第23条规定："财产的所有人对自己的财产依法享有经营管理、使用、支配（或者处理）和收益的权利。"③1963年7月形成的《民法（草案）》第25条规定："财产的所有人对自己的财产依法享有经营管理、使用、收益和处理的权利。"④该草案增加了"经营管理"的权能，并将"处分"修改为"处理"，同时删除了"占有"的权能。1964

① 何勤华、李秀清、陈颐：《新中国民法典草案要览（增订本）》（上卷），北京大学出版社2017年版，第123页。

② 参见何勤华、李秀清、陈颐：《新中国民法典草案要览（增订本）》（上卷），北京大学出版社2017年版，第86页。

③ 何勤华、李秀清、陈颐：《新中国民法典草案要览（增订本）》（中卷），北京大学出版社2017年版，第854—855页。

④ 何勤华、李秀清、陈颐：《新中国民法典草案要览（增订本）》（中卷），北京大学出版社2017年版，第854—855页。

年全国人民代表大会常务委员会办公厅法律室民法组汇总了全国各单位对问题的修改意见。坚持“经营管理”权能的意见认为，“使用”权能，并不包括“经营管理”，如商业部对商品有经营权利而没有使用权利。人民日报社曾经指出过“经营管理权是所有权的一个最重要方面”。反对“经营管理”权能的意见认为，“经营管理权”的含义不明确，实质就是使用权，而且不能适用于公民个人所有权，因为经营管理权意味着进行生产或经营活动。还有意见认为，应当将“经营管理”修改为“占有”。理由如下：第一，占有权在民事流转中常常单独存在；第二，从法律角度来说，占有是所有权的要素之一，占有具有法的意义，有合法占有和非法占有；第三，企业的经营管理权的具体内容无非对于生产资料和产品或商品的占有、使用、收益和处理的权利；第四，根据审判实践，在“占有”问题上也有很多纠纷；第五，占有是《苏俄民法典》规定的所有权权能。此外，还有意见认为，应当将“处理”修改为“处置”。①

1980年8月形成的《民法草案（征求意见稿）》第76条规定：“财产所有人对他的财产享有占有、使用、处分的权利。”②1982年5月形成的《民法草案（第四稿）》第61条规定：“财产所有人在法律、法令的范围内，对财产享有占有、使用、处分的权利。”③2002年12月审议的《民法（草案）》第40条规定：“所有人拥有特定的不动产或动产，对其不动产或者动产享有全面支配的权利。”④从物权法的审议过程看，所有权权能的立法表达，也有较大的变化。《物权法（草案）》（一审稿）第40条规定：“所有权人拥有特定的不动产或者动产，对其不动产或者动产享有全面支配的权利。”该条采用的是“所有权人”的概念，而不是之前的“所有人”的概念。《物权法（草案）》（二审稿）

① 参见何勤华、李秀清、陈颐：《新中国民法典草案要览（增订本）》（中卷），北京大学出版社2017年版，第897—898页。

② 何勤华、李秀清、陈颐：《新中国民法典草案要览（增订本）》（中卷），北京大学出版社2017年版，第1159页。

③ 何勤华、李秀清、陈颐：《新中国民法典草案要览（增订本）》（中卷），北京大学出版社2017年版，第1302页。

④ 何勤华、李秀清、陈颐：《新中国民法典草案要览（增订本）》（下卷），北京大学出版社2017年版，第1497页。

第44条规定："所有权人对自己的不动产或者动产，依照法律规定享有占有、使用、收益和处分的权利。"该条不再强调所有权的客体是"特定的不动产或动产"，而是笼统表达为"自己的不动产或者动产"。《物权法（草案）》（三审稿）第45条、《物权法（草案）》（四审稿）第44条、《物权法（草案）》（五审稿）第40条和《物权法（草案）》（六审稿）第39条，与二审稿的表述是一致的，没有修改。最后通过的《物权法》第39条规定："所有权人对自己的不动产或者动产，依法享有占有、使用、收益和处分的权利。"从立法表述看，只是将"依照法律规定"，修改为"依法"。

学术界对于所有权权能的理解，仍然有不同的意见。有学者反对所有权权能的多元性，主张所有权权能的单一性。所有权和所有权的权能本质上是同一的，所有权的权能永远不能脱离所有权人，所有权的权能分离理论是错误的，所有权并不是占有权能、使用权能、收益权能和处分权能的简单相加。[①]有学者提出了所有权的管理权能。农民集体土地所有权的性质决定了管理权能是集体土地所有权的必要权能，该管理权能包括集体成员的民主管理、民主监督和集体组织的执行管理和监督管理。在涉及集体土地所有权的立法中，应当明确将管理权能规定为集体土地所有权的权能，并从管理权能的内容、行使等各个方面作出完善的规定，使集体土地所有权管理权能的行使有法可依。[②]还有学者基于四种权能列举存在的问题，主张所有权权能只包括享有和处分，前者是直接对物加以使用或利用，获取物所能够提供的收益或用益，后者是对物加以改变或者丧失物本身或所有权的行为。[③]

（四）"占有、使用、收益和处分"的含义阐释

本条对所有权的权能，采取了列举主义。

第一，占有权能。占有权能，是指权利人对标的物为事实上管领的权能，

---

① 孟勤国：《物权二元结构论——中国物权制度的理论重构》，人民法院出版社2009年版，第18页。

② 韩松：《论农民集体土地所有权的管理权能》，载《中国法学》2016年第2期。

③ 高富平：《物权法原论》（第二版），法律出版社2014年版，第471页。

它是权利人对标的物进行现实支配的前提和基础。对物的占有，是财产归属的最直接的表现。侵害所有权的占有权能，所有人可以行使返还原物请求权。在罗马法上，占有被规定为一种独立于所有权的法律制度，因为所有权的概念并不包括占有的权能，其权能只包括使用和收益。继受罗马法的《法国民法典》《德国民法典》等对所有权的定义，没有占有的权能，而苏联和东欧国家的民法典则将占有规定为所有权的一项权能。①《日本民法典》将占有视为一种权利，明确规定了“占有权”。我国《民法典》将占有作为所有权的权能之一，将占有作为一种事实状态，与所有权、用益物权和担保物权等物权相并列。有学者认为，占有权能可以单独与所有人相分离而为他人所享有，如由保管人对保管物进行占有，由承运人对承运的物品进行占有等。②所有权人将财产出租，或者将财产交承运人运输，并不丧失占有权能，只是由直接占有转变为间接占有。既然立法将占有权能作为所有权的一项权能，占有就应当伴随所有权存在的整个过程。如果认为上面的情形，所有人已经没有占有权能，那么就无法妥当解释生活现象。法律上的原物返还请求权，就是以所有权人的占有权能为基础的。

第二，使用权能。使用权能，是指权利人依标的物的性质或用途，对其加以利用，以满足生活和生产需要的权能。如居住房屋、驾驶汽车、利用厨具做饭、利用口罩生产设备生产口罩等。使用权能不能脱离占有，占有往往是使用的前提和基础。德国、瑞士、奥地利等一些国家的民法典虽然只强调所有权的处分权能，但“随意处分”或者“自由处分”等当然包括使用。所有权人可以自己使用，也可以让他人使用。可以通过设定用益物权的方式进行，也可以通过设定债权的方式进行。所有权的使用权能，不同于“建设用地使用权”“宅基地使用权”等用益物权。用益物权是一项独立的“使用权”，权利人除对标的物享有使用权能外，还有占有、收益以及一定程度上处分的权能。所有权的使用权能，仅仅是一项权能，而不是一项独立的权利。作为债权的租赁权，对租赁物可以使用，某种程度也可以说其享有使用的权能。

---

① 梁慧星:《中国物权法研究》(下)，法律出版社2000年版，第1092页。

② 尹田:《物权法》(第二版)，北京大学出版社2017年版，第285页。

从解释的角度看，“使用”包括两种理解。第一种是狭义的使用，即不毁损物或变更其物理形态而对物的利用，如使用电脑、手机等。这种使用主要针对非消耗物。第二种是广义的使用，将事实处分也视为一种使用，包括因使用导致物的物理形态发生变化或致使物的本体消灭。这种使用主要针对消耗物，如面包、牛奶等。通说认为，所有权的使用权能应作狭义理解。使用是依物的用法、不毁损其物或变更其性质，以供生活需要而言，如居住房屋、耕作土地、乘坐车马、穿着衣服、弹奏乐器等。[①]对于后一种意义的使用，改变了物的物理形态或致使物的本体消灭，从解释上属于处分权能中的事实处分。

第三，收益权能。收益权能，是指收取标的物天然孳息和法定孳息的权能。如收取树木结出的果实，收取出租物产生的租金等。根据我国《民法典》的相关规定，天然孳息，由所有权人取得；既有所有权人又有用益物权人的，由用益物权人取得。法定孳息，当事人有约定的，按照约定取得；没有约定或者约定不明确的，按照交易习惯。有学者将收益扩展到运用原物进行生产活动所产生的利润等。[②]这种观点具有一定的道理，但要区分不同的语境。如房屋所有权人将一定期限的房屋使用权出资入股，所获得的股东分配权益，就是收益权能的一种形态。

有学者认为，如果将收益的概念扩展到利润等情况，会导致使用和收益难以分开，不如将两者合并，统称为“用益”，包括孳息和使用利益。[③]罗马法只是在用益权中规定了收益，其中用益权是“可以从所有权中分离出来的，这种分离可以采取各种不同的形式”[④]。收益权的概念，是中世纪注释法学派在解释罗马法时提出的。[⑤]在现代社会，收益权能是所有权的重要权能。在高度集中的行政经济体制下，收益权能往往被排斥在所有权权能之外，其典型便是1964年《苏俄民法典》第92条的规定“在法律规定的范围内，所有人对财

---

① 王泽鉴：《民法物权》，北京大学出版社2010年版，第112页。

② 马俊驹、余延满：《民法原论》（第二版），法律出版社2005年版，第327页。

③ ［德］鲍尔、施蒂尔纳：《德国物权法》（上册），张双根译，法律出版社2004年版，第31页。

④ ［古罗马］查士丁尼：《法学总论》，商务印书馆1989年版，第61页。

⑤ 米健：《用益权的实质及其现实思考》，载《政法论坛》1999年第4期。

产享有占有、使用和处分的权利”[1]。我国改革开放初期的民法典草案，并没有规定收益的权能。1986年通过的《民法通则》确定了“收益”的权能。随后我国立法均采用了“使用”和“收益”相区分的模式。所有权人自己使用，属于使用权能的范畴。让他人使用，自己获得收益，属于用益权能的范畴。从某种意义上讲，法定孳息属于收益权能，而天然孳息属于使用权能的一种延伸。

有学者认为，对于收益权与使用权的关系，一般包括四种情况。一是因行使使用权而获得收益，如利用物而获得天然孳息，此时收益并不是一项独立的权能。二是既有使用权又有收益权。如土地承包经营权。三是只有使用权，但不能获得收益。如房屋租赁中的承租人只有使用权，但不能通过转租从中获得收益。四是只有收益权而没有直接使用权。如所有人可以在出租房屋后收取租金，而不能再继续占有、使用房屋。[2]该观点从某种意义上将权能与权利混同，将所有权人的“收益”与他人的“收益”等同。收益权能是所有权人的收益权能，突出他人对财产的利用。在当代社会，所有权人自己利用财产，更多是“使用”权能的实现。他人对财产的利用，更多体现所有权人收益权能的实现。某些财产依其性质只能被使用而不能产生孳息（如大米、水泥等消耗物）；相反，某些财产虽然不能使用却能产生收益（如有价证券）。[3]实践中，各种形式的理财收益，是所有权收益权能的重要表现。

第四，处分权能。处分权能，是指对标的物进行处置，从而决定标的物命运的权能。处分权能是所有权区别于他物权的一个重要特征，是所有权的核心权能。所有权人可以处分自己的不动产或动产，也可以委托他人处分。按照通常理解，处分权能为所有权的核心内容，包括事实上的处分和法律上的处分。事实上的处分，是指对标的物进行物理上处置的事实行为，如吃掉苹果、拆除房屋、用面粉加工馒头等。法律上的处分，是指使标的物的所有权发生变动的民事法律行为，以及让所有权的某些权能发生变动的民事法律

---

① 梁慧星：《中国物权法研究》（上），法律出版社2000年版，第1092页。

② 王利明：《物权法研究》（第四版）（上卷），中国人民大学出版社2016年版，第388页。

③ 尹田：《物权法》（第二版），北京大学出版社2017年版，第286页。

行为。决定物在法律上的命运，称为法律上的处分，如出售所有物、抛弃所有权，以及在所有物上设立建设用地使用权等用益物权，在所有物上设立抵押权、质权等担保物权。

有学者认为，所有权的处分权能，仅指事实上的处分，而不包括法律上的处分，因为一切财产均于其外部附带处分权，并不是所有权的独有特征。[①]这种观点具有一定的说服力，但不能因为财产权具有可处分性，而否认所有权处分权能包括法律上的处分。同样是法律上的处分，处分的内容存在较多的差异。从我国民法典文本体系解释看，用益物权只包括“占有、使用和收益”的权能，或者只包括“占有、使用”的权能，均不包括“处分”的权能。从实然的角度看，虽然用益物权人不能从事实上对物进行处分，如不能损毁土地等，但可以进行法律意义的“处分”，如转让或出租建设用地使用权和土地承包经营权等。因此本条中的“处分”，应当作狭义理解，突出所有权消灭意义上的处分或者所有权移转意义上的处分。

四、所有权的消极权能

本条仅规定了所有权的积极权能：占有、使用、收益和处分，而没有规定所有权的消极权能。根据目的解释和体系解释，立法亦承认所有权的消极权能。

（一）所有权消极权能的解释路径

所谓消极权能，是指所有权人有权依法排除他人干涉的权利。由于这种权能并不是所有权人对物可以施加的积极行为，在没有他人干涉时，此种权能无须体现出来，故被称为消极权能。一些国家的民法典，明确规定了所有权的消极权能。如《德国民法典》第903条规定，“物的所有权人可以随意处置该物，并排除他人的一切干涉”[②]。《瑞士民法典》第641条规定，“所有人对物的无权占有人，得请求返还该物并排除一切不法侵害”[③]。我国《民法典》对

① 曹杰：《中国民法物权论》，中国方正出版社2004年版，第32页。

② 陈卫佐：《德国民法典》，法律出版社2006年版，第329页。

③ 于海涌：《瑞士民法典》，法律出版社2016年版，第223页。

物权的定义是“权利人依法对特定的物享有直接支配和排他的权利”。所有权属于物权的范畴，当然也具有支配性和排他性。据此，根据体系解释，所有权的权能包括了消极权能。此外，物权编“一般规定”中规定了物权平等原则，具体表述为：“国家、集体、私人的物权和其他权利人的物权受法律平等保护，任何组织或者个人不得侵犯。”这种“不得侵犯”的义务，也可以解释出所有权的消极权能。

（二）基于所有权的各项请求权

所有权的消极权能，从权利救济的角度看，就是基于所有权的各项请求权。本条没有规定基于所有权的各种请求权，包括所有物的返还请求权、所有权妨害排除请求权和所有权妨害预防请求权等。《德国民法典》对此进行了规定，其中第985条规定：“所有人可以向占有人请求返还原物。”[①]第1004条规定：“所有权被以侵夺或扣留占有以外的方式侵害的，所有人可以向妨害人请求除去侵害。有继续受侵害之虞的，所有人可以提起不作为之诉。所有人有容忍义务的，前款所规定的请求权消灭。”[②]《德国民法典》规定了基于所有权的各项请求权，其他物权的请求权参照基于所有权的请求权。我国《民法典》采取提取公因式的立法技术，在“物权的保护”一章，规定了物权确认请求权、返还原物请求权、排除妨害请求权和消除危险请求权等。这些规定同样适用于所有权的保护，为所有权消极权能提供了法律的支撑。遇到非法干涉与妨害的情形，所有权人可以根据具体情况，请求排除妨碍、消除危险、返还原物、恢复原状等。

五、所有权行使的法律边界

（一）“依法”还是“不违反法律”

本条强调要“依法”行使所有权，含义不够明确。所有权是在法律允许的范围内行使，还是在法律禁止范围外均可行使，是两种不同的立法观念。从现代法律理念看，“法无禁止即自由”和“法无授权即禁止”是一枚硬币的

---

① 陈卫佐：《德国民法典》，法律出版社2006年版，第350页。

② 陈卫佐：《德国民法典》，法律出版社2006年版，第354页。

两面，且相辅相成。“法无禁止即自由”指向民众的行为，只要不违反法律的强制性规范，就有广泛的自由空间。“法无授权即禁止”指向国家权力，遵循“越权无效”原则。因此，从法律解释看，只要法律不禁止，均属于所有权人的自治范围。这是推进国家治理体系和治理能力现代化的要求，是推进政府负面清单制度改革的需要。《民法总则》第8条规定：“民事主体从事民事活动，不得违反法律，不得违背公序良俗。”因此，根据体系解释，本条中的“依法”应解释为“不违反法律”。

（二）所有权的“依法”限制

在罗马法中，所有权是一种几乎不受限制的权利。“所有权是以所有人的资格支配自己的物的权利”，或“所有权是所有人除了受自身实力和法律的限制外，就其标的物可以为他想为的任何行为的能力”。自19世纪末20世纪初以来，对所有权加以限制已成一个不可阻挡的趋势。所有权不是毫无限制的、绝对的权利，它的行使不得超出法律许可的范围。法律的限制又分为私法的限制和公法的限制。私法的限制又可分为两种，其一为权利行使的限制，其二为相邻关系的限制。[①]我国《城乡规划法》《土地管理法》《房地产管理法》《建筑法》《农村土地承包法》《森林法》《草原法》《矿产资源法》《煤炭法》《水法》《渔业法》《海域使用管理法》《电力法》《民用航空法》《海商法》《道路交通安全法》《野生动物保护法》《文物保护法》《产品质量法》《药品管理法》《食品安全法》《环境保护法》《大气污染防治法》《水污染防治法》《固体废物污染环境防治法》等一系列法律，对所有权的行使边界，针对不同的类型和情形，作出了具体的规定。

私法对所有权的限制，表现在私法规范对所有权的限制，表现在通过相邻关系限制另一方行使其所有权的绝对自由。[②]相邻关系有法定相邻关系和约定相邻关系，后者就是地役权制度。私法上限制所有权，遵循禁止权利滥用原则、诚实信用原则、权利失效原则等。正当防卫、紧急避险、自

---

① 梁慧星主编：《中国民法典草案建议稿附理由：物权编》，法律出版社2013年版，第99页。

② 梁慧星、陈华彬：《物权法》，法律出版社2016年版，第120页。

助行为等具有免责事由的正当性，在很多情形下也是对所有权行使的限制。私法上限制所有权，最明显的是限制土地所有权的行使。我国土地是国家所有、集体所有，不允许私人获得土地所有权，其实也是对所有权的一种限制。

公法上对所有权的限制，种类繁多，更多是出于对公共利益的维护，包括宪法的限制和行政法的限制等。本章规定征收和征用，是所有权公法限制的重要表现。行政法上的所有权的限制主要包括：（1）区域规划法和建筑法上的限制；（2）社会环境保护法上的限制；（3）街道或居住区容貌限制，如位置标识、广告设置等；（4）公共卫生法上的限制；（5）电业、通信、航空法上的限制；（6）历史文物保护法上的限制；（7）森林法、渔业法上的限制；（8）治安法、消防法上的限制；（9）国家安全法上的限制。[①]

举证责任

不动产登记簿具有权利推定效力，动产占有具有权利推定效力。这是物权公示原则的基本要求，是社会生活经验的总结与概括。要否定不动产登记簿上登记的权利人，否定占有人为所有权人，要承担举证责任。根据举证责任规则，主张积极事实的一方，应当承担举证责任。权利人如要行使所有权返还请求权，需要举证证明对物享有所有权的事实。我国民法典明确规定了不动产登记的推定力和公信力。《物权法解释（一）》第2条规定："当事人有证据证明不动产登记簿的记载与真实权利状态不符、其为该不动产物权的真实权利人，请求确认其享有物权的，应予支持。"一些国家的民法典，对举证责任也作了明确规定。如《巴西新民法典》第1231条规定："所有权被视为完全和排他的，有相反证据的除外。"[②]该规定也具有借鉴意义，所有权的行使推定是自由的，主张对所有权限制的一方，应当承担举证责任。

实践中，机动车、小区会所和货币等特殊的物的归属，经常发生争议，有三个典型案例值得参考。第一，贾某某诉邱某某买卖合同纠纷案。该案的

① 参见高富平：《物权法原论》，法律出版社2014年版，第140页。

② 齐云：《巴西新民法典》，中国法制出版社2009年版，第184页。

案例要旨：一方以另一方的名义购买机动车，并将车辆登记在另一方名下，属于“借名买车”。机动车所有权的转移，自交付时发生法律效力。机动车及附属证照的所有权归属车辆的出资购买人，而非登记车主。[①]第二，某业主委员会与某房地产开发有限公司共有权确认纠纷上诉案。该案的案例要旨：小区内会所房屋的权属认定，在有相关法律规定的情况下，应当根据相关法律规定确定；没有法律规定时，商品房买卖合同如约定会所整体或其中的某些房屋产权归属的，则应按约定执行；没有规定也没有约定的情况下，区分投资情况具体确定。如果有证据证明会所的成本实际摊入了商品房建造成本，构成商品房对外销售价格的组成部分，则归业主共有；反之，基于谁投资、谁所有、谁受益的原则，确定所有权的归属。[②]第三，林某诉何某某案外人执行异议之诉案。该案的案例要旨：货币作为特殊的动产及种类物，自交付时所有权即发生转移。银行账户中的存款，在法律没有特别规定的情况下，无论是采用形式审查标准还是实质审查标准，都应依据账户名称认定账户内存款的所有权人。[③]

其他问题

通说认为，所有权具有完全性、整体性、恒久性、弹力性等。一些国家的民法典对所有权的这些性质，作出了规定。如《最新阿根廷共和国民法典》第2508条：“所有权具有排他性。两人不得各自对同一物享有全部所有权；但两人可以针对各自享有所有权的部分，成为同一物的共有所有权人。”[④]第2510条：“所有权具有永久性，其存在不取决于所能实施的权利的行使。即使所有权人未实施任何所有权行为、不可能实施此等行为，或者第三人依其意思或违背其意思而实施此等行为，所有权人并不丧失所有权，但他听任他人在能依时效而取得所有权的期间占有该物时，不在此限。”[⑤]徐国栋教授主持的《绿

① 参见北京市第二中级人民法院（2015）二中民（商）终字第08914号民事判决书。
② 参见浙江省台州市中级人民法院（2018）浙10民终983号民事判决书。
③ 参见最高人民法院（2018）最高法民申884号民事裁定书。
④ 徐涤宇：《最新阿根廷共和国民法典》，法律出版社2007年版，第536—537页。
⑤ 徐涤宇：《最新阿根廷共和国民法典》，法律出版社2007年版，第537页。

色民法典草案》第五分编物权法第190条规定："所有权具有永久性，其存在不取决于此等权利的行使。即使所有人未实施任何所有权行为，或不可能实施此等行为，或第三人依其意思或违背其意思实施此等行为，所有人并不丧失所有权，但他听任他人在能以时效取得所有权的期间内占有所有物的，不在此限。"[①]所有权的完全性、整体性、恒久性、弹力性等，是学者观察所有权，总结所有权现象得出的结论，更多属于民法学的范畴。本条规定了所有权的定义，从"占有、使用、收益和处分"的权能中，可以解释出所有权的完全性、整体性、恒久性、弹力性等。当然，立法明确规定"所有权的恒久性"，更容易突出不动产和动产所有权的本质，与用益物权等其他权利，更容易区分。如果立法明确了"恒久性"，所有权的客体就限定为有体物。本条没有明确规定所有权的恒久性，旨在突出归属意义的所有，对于能否适用于无体物，多大程度上适用，具有较大的解释空间。

对于所有权的本质，国内外学者提出了不同的观点。一是先占说。这种观点起源于罗马时代，为罗马法学者所倡导，后荷兰学者格劳秀斯详尽阐述了这一观点。二是劳动说。所有权是劳动的产物。英国学者洛克认为，人对于自己的身体和利用身体进行的劳动享有排他的所有权，"只要他使任何东西脱离自然所提供的和那个东西所处的状态，他就已经渗进了他的劳动，在这上面掺加他自己所有的某些东西，因而便成为他的财产"[②]。三是人性论。所有权是一种天然的不能转让的权利，财产上的不平等是自然的必然结果。[③]四是绝对意识论。黑格尔认为，"人把自己的意志体现在任何物中，因而该物成为我的东西"，"人把他的意志体现在物内，这就是所有权概念"。五是社会说。德国学者拉德布鲁赫认为，所有权的根据不宜从个人利益中寻找，而应从社会公共福利上着想，所谓所有权神圣不可侵犯纯属幻想。[④]六是法定说。这种观点认为，所有权因法律的发生而发生，因法律的消灭而消灭，因此所有权是法律的产物。这种学说只能说明所有权成立的原因，而不能说明所有权存

① 徐国栋：《绿色民法典草案》，社会科学文献出版社2004年版，第326页。
② [英]洛克：《政府论》(下册)，商务印书馆1964年版，第19页。
③ 参见[英]蒲鲁东：《什么是所有权》，商务印书馆1982年版，第89页。
④ 郑玉波著、黄宗乐修订：《民法物权》，台北三民书局2007年版，第65页。

在的正当性。[①]这些不同的观点，从不同的角度解释了所有权的本质。所有权的本质并不是唯一，而是多元的。不同国家不同时代的所有权观念不同，对于所有权本质的认识亦不同。2016年颁布的《完善产权保护制度意见》指出，要保证各种所有制经济依法平等使用生产要素、公开公平公正参与市场竞争、同等受到法律保护、共同履行社会责任。有学者指出，虽然国家所有权、集体所有权和私人所有权在立法上是平等的，从解释论上更宜强调私人所有权的优越性，在此基础上强调公共利益之维护与兼顾。[②]中国特色社会主义进入新时代，认识中国现阶段所有权的本质，要紧紧围绕公有制为主体、多种所有制经济共同发展的基本经济制度，紧紧围绕社会主义市场经济制度，紧紧围绕按劳分配为主体的多种分配制度。因此，现阶段所有权说本质宜更多界定为劳动说，更多强调自由意志，突出所有权本质的中国问题和中国话语。

第二百四十一条【所有权与他物权的关系】

所有权人有权在自己的不动产或者动产上设立用益物权和担保物权。用益物权人、担保物权人行使权利，不得损害所有权人的权益。

历史由来

本条完全承袭了《物权法》第40条的规定。

学者建议稿对所有权人与他物权人的关系，没有直接规定。从比较法看，一些国家的民法典对此作出了规定。如《俄罗斯联邦民法典》第209条第3款、第4款规定："土地和其他自然资源的占有、使用和处分在法律允许流通的限度内由所有人自由行使，但不得对环境造成损失，也不得侵犯他人的权利和合法利益。财产所有人可以将自己的财产交付他人（委托管理人）进行委托管理。将财产交付委托管理并不使财产的所有权移转给委托管理人，而委托管理人必须为了财产所有人或财产所有人所指定的第三人的利益而对财产进

① 郑玉波著、黄宗乐修订：《民法物权》，台北三民书局2007年版，第64页。

② 梁慧星、陈华彬：《物权法》，法律出版社2016年版，第115页。

行管理。”[①]《最新路易斯安那民法典》第478规定：“所有权附有一定的解除条件，并且应按照法律规定为他人设定物权。对被设定用益物权的物的所有权，为单纯所有权。”[②]

规范目的或功能

本条的规范目的，在于明确所有权与他物权的法律关系。所有权是自物权，用益物权和担保物权是他物权。他物权是指基于所有权而发生的物权，两者共同构成整个物权体系。他物权是所有权之外仅在某一方面对标的物进行支配的物权，又称为定限物权。而所有权是对标的物进行全面支配的物权，又称为完全物权。所有权为完全物权，除通过法律规定予以限制外，本无其他限制。然而，一旦所有权人设定用益物权和担保物权，其所有权的行使就须受到限制，所有权人负有容忍他人行使他物权、就标的物进行支配的义务。现代各国民法贯彻效益原则，已逐渐放弃了传统民法侧重实物支配的倾向，转而注重财产价值形态的支配和利用。传统以物的“所有”为中心的物权观念，已经被以物的“利用”为中心的物权观念所取代。[③]本条旨在平衡财产的归属与财产的利用，一方面突出所有权人可以设定用益物权和担保物权，另一方面强调用益物权人、担保物权人不得损害所有权人的权益。

规范内容

一、所有权人有权设立用益物权和担保物权

（一）“有权……设立”的解释

本条前半段规定，所有权人有权在自己的不动产或者动产上设立用益物

① 黄道秀：《俄罗斯联邦民法典》，中国大百科全书出版社1999年版，第135页。

② 徐婧：《最新路易斯安那民法典》，法律出版社2007年版，第70—71页。

③ 参见全国人民代表大会常务委员会法制工作委员会编：《中华人民共和国物权法释义》，法律出版社2007年版，第98页。

权和担保物权。用益物权和担保物权的设立方式，包括意定方式和法定方式。本条采用的是“有权”的概念，突出意定的设立方式。农村土地承包合同、宅基地使用权设立合同、建设用地使用权出让合同、居住权合同、抵押合同、质押合同等是他物权设立的前提和基础。实践中，比较有争议的是宅基地使用权，因为宅基地使用权的取得，需要行政审批，实践中很少谈及宅基地使用权设立合同。《土地管理法》第62条第4款规定：“农村村民住宅用地，由乡（镇）人民政府审核批准；其中，涉及占用农用地的，依照本法第四十四条的规定办理审批手续。”宅基地使用权作为一种土地利用权利，其取得以公权力的介入为必要，有助于保证土地资源的合理利用，避免个人私欲的膨胀损害社会公共利益，从而符合社会整体福利。[①]从私法的角度看，宅基地使用权作为一种用益物权，属于私权的范畴，其设立过程应当是私法上的行为。以行政许可的理论范式来诠释设立宅基地使用权的过程，实质是将私法调整的行为变成了公法调整的行为，剥夺了作为集体土地所有人的应有权利。这既违背了物权的基本理论，也扭曲了私权和公权之间的关系。从理论构造看，农民和农民集体首先要签订宅基地使用权设立合同，行政审批只是宅基地取得的一个要件。从具体操作看，农民向集体提出宅基地申请，集体同意后，向政府提出行政许可的申请。因为本条可以作为宅基地使用权设立合同的立法依据，可以为集体和农户之间的宅基地纠纷提供裁判依据。

（二）法定用益物权和担保物权的解释路径

从文义解释看，本条只规定了依照所有权人意志产生的他物权，也就是意定他物权。对于法定他物权，没有明确规定，属于法律漏洞。对于法律漏洞，应当参考立法目的，采取类似事物作类似解释的路径。《物权法（草案）》（一审稿）第41条中也有“依照法律规定或者当事人的约定”的表达，只是后来立法中将此删除。在《民法典》对用益物权定义和担保物权定义的立法表达中，并没有限定设立的方式。从体系解释和目的解释上，应当增加法定的

---

① 喻文莉：《论宅基地使用权初始取得的主体和基本方式》，载《河北法学》2011年第8期。

设立方式，充分考虑依照法律规定产生他物权的情形。如留置权属于法定担保物权，留置权的产生不依赖于所有权人的意志，而是根据法律的相关规定。居住权作为民法典新增的用益物权类型，可以由法院裁判产生。理论上还存在法定地役权和法定优先权等问题。因此，妥当解释所有权与他物权的关系，不仅要看当事人的约定，还要考察法律的具体规定。

（三）用益物权客体的争议

本条明确规定用益物权的客体可以是动产。有学者认为，用益物权客体的发展趋势应当是从土地所有权到土地用益物权、从土地到建筑物、从不动产到动产、从有体物到无体物、从自然资源到公共资源、从单一物到聚合物。解读《物权法》不能固守德国的理论，也不能照搬我国台湾地区的学说。[①]有学者认为，立法没有明确规定动产用益物权的类型，如果依据物权法定原则，动产用益物权实质上是不存在的。[②]立法规定动产可以作为用益物权客体，具有科学性。现代物权法理论正经历着“从以所有为中心向以利用为中心”的转变，这是生产社会化和资源利用高效化发展的结果，也是物权社会化趋势的体现。如何调整物的所有人与使用人之间的关系，保障使用人利用他人之物经营的权利，增强资源利用的效率，已成为物权立法的重点。用益物权负荷着物权法所要实现的一项最基本的规范功能或价值目标，即效益。许多财产如飞机、船舶、精端的仪器和大型的设备，其价值并不亚于不动产。动产用益物权就是适应社会财富动产化，强调动产利用效率而产生的。用债权物权化解说动产承租人所享有的权利，不仅把简单问题复杂化，而且还造成用益物权体系的残缺。《民法典》规定了动产用益物权，这使用益物权的概念体系更准确、逻辑更严谨，也有利于提高动产的利用效率。在我国，经公示的租赁权实质就是动产用益物权，应当赋予动产用益物权人自由处分的权利，完善动产用益物权的公示制度和善意取得制度。从立法角度，《民用航空法》第33条和《船舶登记条例》第6条已经分别对民用航空器租赁权和光船租赁权的登记作出了规定。这种经登记的租赁权，某种程度上就是动产用益物权。

---

① 孟勤国：《中国物权法的历史价值》，载《法学》2007年第9期。

② 崔建远：《物权法》，中国人民大学出版社2009年版，第267页。

从本条的规定看，用益物权的客体是不动产和动产，局限于有体物，并不包括无体物。从实践发展的角度看，用益物权的客体不能只局限于有体物，不能只局限于不动产和动产。应当坚持用益物权客体的开放性，允许在权利上设立用益物权。在不属于国家所有的自然资源，如大气资源、远洋渔业资源、专属经济区甚至公海矿业资源之上，可以设立用益物权。《专属经济区和大陆架法》规定了专属经济区和大陆架的管辖权和管理权，可以设立渔业权和采矿权等。在大气资源之上，可以设立排污权，但无法确定大气资源的具体所有权主体。从目的解释和体系解释的角度看，用益物权的客体，也不局限于不动产和动产。《民法典》第115条对物的定义条款规定："物包括不动产和动产。法律规定权利作为物权客体的，依照其规定。"据此，特别法可以规定，权利可以作为用益物权客体。需要指出的是，该条也只是指出在不动产和动产上可以设立担保物权，没有规定权利之上可以设立。《民法典》规定的权利质押，就是在权利之上设立的担保物权。因此，不能因为本条在规范所有权与他物权关系时，将客体描述为"不动产和动产"，就否认在权利之上设立他物权的可能性。

（四）在用益物权之上再设用益物权

本条旨在解决所有权与他物权的关系。在所有权的基础上，通过法律规定或当事人约定，可以创设用益物权。在用益物权的基础上，能否创设次级用益物权，本条并没有规定。我国《民法典》第323条关于用益物权的定义条款，也强调在所有权的基础上创设用益物权。该条规定："用益物权人对他人所有的不动产或者动产，依法享有占有、使用和收益的权利。"依文义解释，用益物权当然是在所有权基础上产生。从目的解释和体系解释看，应当承认在用益物权的基础上，可以创设次级用益物权。如《民法典》规定可以向登记机构申请登记的土地经营权，是在土地承包经营权基础上产生的，可以定性为一种新型用益物权。

在土地承包经营权、宅基地使用权的基础上，设立次级用益物权，符合法理，也回应了实践发展的需求。有学者认为，土地承包经营权和宅基地使用权具有"准所有权"或"类所有权"的属性。宅基地可以被权利人长期无偿使用，与所有权的永恒性具有高度的相似性，因此应当将宅基地使用权定性为准所有权，具有相当所有权的属性。[①]要明确土地承包经营权的相当所有权属性，这有助于强化对土地承包经营权的保障，有助于实现农村土地承包经营权与集体土地使用权之间的协调运作。[②]根据中央改革政策文件，农村土地承包经营长久不变。按照目前的法律规定，30年承包期届满后再延长30年。而宅基地使用权没有期限，农村村民以户为单位长期使用。按照目前的改革政策，即使落户城镇，集体经济组织也不能收回宅基地使用权。集体对于宅基地的控制权是非常弱的，只有在特定情况下，才可以收回宅基地。这种土地产权结构，使得传统的用益物权理论无法作出科学解释。随着农村土地改革的深入，中央越来越强调对农民权益的保护，越来越强调农民在土地增值权益中的分配。因此，用准所有权或相当所有权来解释农户宅基地使用权属性，具有科学性。坚持土地公有制性质不能改变，是农村集体土地改革的政治底线。架空农村土地集体所有权，还是做实农村集体土地所有权，是目前学术界争议较大的问题。土地承包经营权和宅基地使用权具有“准所有权”或“类所有权”的属性，强化对土地使用权人的权益保护，是公有制条件下实现土地资源市场化配置的基本要求。然而，这并不意味着将土地使用权塑造为一种“胜似所有权”的权利，将土地所有权架空。因此，做虚集体土地所有权主体，违反了基本的政治理念。如何避免集体土地所有权虚置，需要改革政策的充分考虑。随着农村承包地和宅基地三权分置改革的推进，新型农业经营主体和新型宅基地利用主体对土地权益需要的层次提高，在土地承包经营权、宅基地使用权的基础上，设立次级用益物权，具有科学性和合理性。

二、用益物权人、担保物权人不得损害所有权人的权益

（一）立法政策导向

本条后半段规定，用益物权人、担保物权人行使权利，不得损害所有权人的权益。从《物权法》的立法史看，《物权法（草案）》（一审稿）第41条规定：“所有权人依照法律规定或者当事人的约定，可以允许他人对其不动产

---

① 参见王崇敏：《宅基地使用权制度现代化构建》，法律出版社2016年版，第88页。

② 袁震：《我国城镇化进程中农村土地制度改革的理论与实践》，法律出版社2017年版，第33页。

或者动产享有占有、使用、收益的权利，以及处分用益物权的权利。”《物权法（草案）》（二审稿）第45条规定：“所有权人有权在自己的不动产或者动产上设立用益物权和担保物权。”《物权法（草案）》（三审稿）第46条、《物权法（草案）》（四审稿）第45条和《物权法（草案）》（五审稿）第41条，对此没有修改。《物权法（草案）》（六审稿）第40条规定：“所有权人有权在自己的不动产或者动产上设立用益物权和担保物权。用益物权人、担保物权人行使权利，不得损害所有权人的权益。”2007年通过的《物权法》第40条，对此没有修改。从立法过程看，主要有三点变动：一是删除了“依照法律规定或者当事人的约定”；二是增加了设立担保物权的表达；三是增加了“不得损害所有权人的权益”的表达。用益物权人、担保物权人要根据法律规定或者当事人合同约定，行使权利。这是《物权法（草案）》（六审稿）增加的内容，集中表达了立法所倡导的物权观念。大部分用益物权是在国家或集体土地上设立的，因此土地承包经营权人、建设用地使用权人、宅基地使用权人等，不得损害国家和集体的权益。这具有立法政策的导向作用。

（二）用益物权人、担保物权人的义务

《土地管理法》《农村土地承包法》《城市房地产管理法》等，具体规定了用益物权人的义务。《土地管理法》第10条规定：“国有土地和农民集体所有的土地，可以依法确定给单位或者个人使用。使用土地的单位和个人，有保护、管理和合理利用土地的义务。”第57条第2款规定：“临时使用土地的使用者应当按照临时使用土地合同约定的用途使用土地，并不得修建永久性建筑物。”第66条规定，“不按照批准的用途使用土地的”，“农村集体经济组织报经原批准用地的人民政府批准，可以收回土地使用权”。《农村土地承包法》第18条规定：“承包方承担下列义务：（一）维持土地的农业用途，未经依法批准不得用于非农建设；（二）依法保护和合理利用土地，不得给土地造成永久性损害；（三）法律、行政法规规定的其他义务。”《城市房地产管理法》第18条规定：“土地使用者需要改变土地使用权出让合同约定的土地用途的，必须取得出让方和市、县人民政府城市规划行政主管部门的同意，签订土地使用权出让合同变更协议或者重新签订土地使用权出让合同，相应调整土地使用权出让金。”综上，用益物权人行使权利时，应当遵守用益物权类型和期限的有关规定，应当遵守法律有关保护和合理开发利用资源的规定，不得对标的物进行事实上的处分，如毁损土地等，不得逾越法律规定或者合同约定的支配范围行使权利。

根据《民法典》相关条款，担保物权人负有对担保物的保管义务，不得损害担保人的权益。如质权人的行为可能使质押财产毁损、灭失的，出质人可以请求质权人将质押财产提存，或者请求提前清偿债务并返还质押财产。留置权人负有妥善保管留置财产的义务；因保管不善致使留置财产毁损、灭失的，应当承担赔偿责任。综上，担保物权人应当严格按照法律规定或者担保物权设立合同约定的权利范围行使权利，必须遵守法律规定或者合同约定的现实条件，只能就担保物价值优先受偿，而原则上不能直接取得担保物的所有权。

用益物权人、担保物权人的义务违反，会引发民事责任的承担问题。用益物权人、担保物权人违反法律规定或者当事人的约定行使权利，或者不按照标的物的用途或者性质利用标的物，损害所有权人的利益的，所有权人可以行使物权请求权，也可以行使债权请求权，要求用益物权人、担保物权人承担侵权责任、违约责任或不当得利返还责任。这些民事责任形式是竞合关系，所有权人可以择一行使。当然，还涉及行政责任和刑事责任的承担问题。

三、所有权不得损害用益物权人、担保物权人的权益

从本条的立法表述看，规定了用益物权人、担保物权人不得损害所有权人的权益，但没有规定所有权人不得损害用益物权人、担保物权人的权益。从立法表达看，更多突出对所有权人的保护，也就是作为土地所有权主体的国家和集体的利益，而较少关注用益物权人和担保物权人的权益保护。有学者旗帜鲜明地提出了平等独立的物权理念，要改变所有权高于一切的物权理念，更多回应日益强调财产利用价值的社会现实。[①]2016年11月发布的《完善产权保护制度意见》指出，要健全以公平为核心原则的产权保护制度，毫不动摇巩固和发展公有制经济，毫不动摇鼓励、支持、引导非公有制经济发

---

① 孟勤国：《物权二元结构论——中国物权制度的理论重构》，人民法院出版社2009年版，第50—51页。

展，公有制经济财产权不可侵犯，非公有制经济财产权同样不可侵犯。从解释论的角度看，所有权人和他物权人应当平等保护，这是物权平等保护原则的具体展开。中央的改革政策是让权于民，藏富于民，因此要切实保护在土地公有制基础上依法设立的用益物权人的合法权益。

民事特别法对所有权人对他物权人的义务作出了具体的规定。《土地管理法》第12条第2款规定："依法登记的土地的所有权和使用权受法律保护，任何单位和个人不得侵犯。"《农村土地承包法》第15条规定："发包方承担下列义务：（一）维护承包方的土地承包经营权，不得非法变更、解除承包合同；（二）尊重承包方的生产经营自主权，不得干涉承包方依法进行正常的生产经营活动；（三）依照承包合同约定为承包方提供生产、技术、信息等服务；（四）执行县、乡（镇）土地利用总体规划，组织本集体经济组织内的农业基础设施建设；（五）法律、行政法规规定的其他义务。"《城市房地产管理法》第20条规定："国家对土地使用者依法取得的土地使用权，在出让合同约定的使用年限届满前不收回；在特殊情况下，根据社会公共利益的需要，可以依照法律程序提前收回，并根据土地使用者使用土地的实际年限和开发土地的实际情况给予相应的补偿。"实践中，有所有权人设定他物权后，无故撕毁合同，强行收回标的物，损害他物权人的利益。人民法院处理他物权人与所有权人的权益冲突时，应当充分考虑他物权的性质和特征，优先对他物权人进行保护，除非当事人之间设立他物权的合同因法定事由而无效、被撤销或者被解除，否则所有权人不能无故撕毁合同。[①]用益物权人、担保物权人可以行使物权请求权和债权请求权，维护自身权益。

三 举证责任

从举证责任看，他物权人要承担举证责任，要证明作为他物权基础的合同的存在，以及已经交付或登记，或者要证明符合法定的他物权设立条件。主张他物权的内容变更的一方，要承担举证责任，因为这是积极的法律事实。

---

① 最高人民法院物权法研究小组编著：《〈中华人民共和国物权法〉条文理解与适用》，人民法院出版社2007年版，第159—160页。

其他问题

本条可以作为用益物权和担保物权认定的兜底规定。物权法定原则是物权立法的基本原则，然而立法明确规定的物权类型有限。实践中一些新型的权利是不是物权，往往存在争议。一些法院将本条作为裁判规范，来解决实践中的问题。

一些法院将污水处理经营权等作为用益物权。如某公司与某管委会、某镇政府用益物权纠纷一案。2009年3月23日，原告某公司与被告某管委会、某镇政府签订《某污水处理厂BOT项目特许经营权合同》。合同约定，被告授权原告在特许经营期限24年（包括建设期）内投资、设计、建设、运营和维护某污水处理厂，收取污水处理费以及其他相关收益。原告投资建成污水处理厂后，在管理运营过程中，因污水处理不达标，被告拖欠污水处理费，双方发生纠纷。为维护公共环境安全，防止双方损失进一步扩大，二被告于2012年12月10日接管该厂。法院根据《物权法》第39条和第40条判决，从该日起原告即丧失了其对污水处理厂的财产所有权，加之原告从该日起也不再管理该污水处理厂的运营，因此原告无权再享有之后该污水处理厂运营所得的收益。①

一些法院将出租车经营权等作为用益物权。如上诉人某公司与被上诉人李某某合同纠纷案。本案中，原审原告出资购买了出租车的所有权和在经营期限内的经营权使用权，出租车只是挂靠在原审被告处进行运行。原审被告仅是代原审原告办理出租车行驶证、营运证、服务资格证、工商证、税务证等。所有权人可以依据法律或合同在其拥有的财产上设立用益物权和担保物权。用益物权人和担保物权人在行使权利时，必须依据法律或合同进行，不得损害所有权人的权益。因此，原合同约定的不得转让、抵押出租车等条款内容侵犯了原审原告作为出租车车辆的所有权、经营权的合法使用权人的权利。②

---

① 参见甘肃省武威市中级人民法院（2018）甘06民初195号民事判决书。

② 参见河南省郑州市中级人民法院（2013）郑民三终字第928号民事判决书。

第二百四十二条【国家专有的财产】

法律规定专属于国家所有的不动产和动产，任何组织或者个人不能取得所有权。

历史由来

本条基本承袭了《物权法》第41条的规定，只是将“单位”与“和”分别修改为“组织”与“或者”。

规范目的或功能

本条的规范目的，是明确禁止国家专有财产的交易。根据本条的规定，国家专有的财产，在所有权层面上不能进行交易。一些类型的国家专有财产，如城市土地等，可以通过创设用益物权等形式进行“使用权”层面的交易。本条是国家专有财产的概括规定，为其他条款规定具体类型的国家专有财产，以及民事特别法规定其他类型的国家专有财产提供支撑。

规范内容

一、国家专有财产的立法变迁

（一）立法文本的变迁

国家专有的财产，长期以来散布在不同的法律中。直到2007年《物权法》颁布，国家专属财产的范围，才得以大致集中规定。1954年通过的《宪法》第6条规定：“国营经济是全民所有制的社会主义经济，是国民经济中的领导力量和国家实现社会主义改造的物质基础。国家保证优先发展国营经济。矿藏、水流，由法律规定为国有的森林、荒地和其他资源，都属于全民所有。”1982年通过的《宪法》第9条第1款规定：“矿藏、水流、森林、山岭、草原、荒地、滩涂等自然资源，都属于国家所有，即全民所有；由法律规定属于集体所有的森林和山岭、草原、荒地、滩涂除外。”第10条第1款规定：“城市的土地属于国家所有。”据此，矿藏、水流和城市的土地，属于国家专有的财产，随后颁布的法律对此予以进一步明确。1986年通过的《矿产资源法》第3条第1款规定："矿产资源属于国家所有。地表或者地下的矿产资源的国家所有权，不因其所依附的土地的所有权或者使用权的不同而改变。"1996年修改后的《矿产资源法》第3条第1款规定："矿产资源属于国家所有，由国务院行使国家对矿产资源的所有权。地表或者地下的矿产资源的国家所有权，不因其所依附的土地的所有权或者使用权的不同而改变。"1988年通过的《水法》第3条规定："水资源属于国家所有，即全民所有。农业集体经济组织所有的水塘、水库中的水，属于集体所有。国家保护依法开发利用水资源的单位和个人的合法权益。"2002年修改后的《水法》第3条规定："水资源属于国家所有。水资源的所有权由国务院代表国家行使。农村集体经济组织的水塘和由农村集体经济组织修建管理的水库中的水，归各该农村集体经济组织使用。"1986年通过的《土地管理法》第6条规定："城市市区的土地属于全民所有即国家所有。农村和城市郊区的土地，除法律规定属于国家所有的以外，属于集体所有；宅基地和自留地、自留山，属于集体所有。"1998年修改后的《土地管理法》第2条第2款规定："全民所有，即国家所有土地的所有权由国务院代表国家行使。"2016年修改的《野生动物保护法》第3条规定："野生动物资源属于国家所有。国家保障依法从事野生动物科学研究、人工繁育等保护及相关活动的组织和个人的合法权益。"2001年通过的《海域使用管理法》第3条规定："海域属于国家所有，国务院代表国家行使海域所有权。任何单位或者个人不得侵占、买卖或者以其他形式非法转让海域。单位和个人使用海域，必须依法取得海域使用权。"2007年通过的《物权法》第50条规定："无线电频谱资源属于国家所有。"

（二）立法草案的变迁

中华人民共和国成立后的第一次民法典编纂的草案，就规定了国有财产。1956年4月形成的《民法典所有权篇（草案）（最初稿）》第2条规定："国家财产受法律特别保护。爱护和保卫国家财产是每一个公民的神圣职责。"[①]第8

---

① 何勤华、李秀清、陈颐：《新中国民法典草案要览（增订本）》（上卷），北京大学出版社2017年版，第40页。该条文下方的说明指出，该条参考波里雅鲁施著的《苏联社会主义所有制》第30—38页。

条规定："矿藏、水流，由法律规定为国有的森林、荒地和其他资源，公用的铁路及其车辆，公路、港口、航空运输，邮政、电报无线电广播事业，国营广场，拖拉机站，都属于国家专有的财产。"[①]第9条规定："国家专有的财产，除国家特别准许外，合作社组织、公共团体和公民都不准许有所有权。"[②]1956年8月形成的《民法典所有权篇草案（第五次草案）》第6条规定："国家财产受法律特别保护。爱护和保卫公共财产是每一个公民的神圣职责。"第8条规定："矿藏、水流，由法律规定为国有的森林、荒地和其他资源；铁路、航空、海洋运输，公路，港口，国家银行，邮电通讯、无线电广播事业和拖拉机站，都属于国家专有的财产。国家专有财产不得为合作社或公民所有。对于国家经济命脉或与国家安全具有重大关系的其他财产，也可以依法宣告为国家所有。"[③]

1980年8月形成的《民法草案（征求意见稿）》，1981年形成的《民法草案（征求意见二稿）》和《民法草案（第三稿）》，1982年形成的《民法草案（第四稿）》，对专属国家的财产，没有单独规定一个条款，只是列举了国家所有的财产范围。《民法草案（第四稿）》第81条规定："国家财产包括：（一）国家所有的土地、矿藏、水流、森林、草原、草场、荒地、滩涂和其他水陆自然资源；矿藏、水流属于国家专有，城市的土地属于国家所有；（二）国家所有的银行、邮电、工业、农业、商业、服务业以及交通运输、建筑业等企业；（三）国家所有的建筑物、铁路、公路、电站、输变电线路、水库和军事、通讯、文化、卫生、科学、体育等设施；（四）国家所有的历史文物、古建筑、古墓弹、古遗址；（五）国家在国外的财产；（六）不能证实属于个人或者集体所有的财产；（七）国家所有的其他财产。"该条只强调矿藏、水流属于国家专有。

---

① 该条文下方的说明指出："该条参考：1.《宪法》第6条；2.铁路、交通、邮电部和中国人民银行总行座谈资料；3.《苏俄宪法》第6条；4.《苏俄民法典》第53条；5.《保加利亚财产法》第5条。"参见何勤华、李秀清、陈颐：《新中国民法典草案要览（增订本）》（上卷），北京大学出版社2017年版，第41页。

② 何勤华、李秀清、陈颐：《新中国民法典草案要览（增订本）》（上卷），北京大学出版社2017年版，第41页。该条文下方的说明指出，该条参考了布拉都西教授主编的《苏维埃民法》（上）第218页。

③ 何勤华、李秀清、陈颐：《新中国民法典草案要览（增订本）》（上卷），北京大学出版社2017年版，第75—76页。

在物权法的起草过程中，对专属国家财产的立法表述，没有发生实质性变化。《物权法(草案)》(一审稿)第42条规定：“所有权的取得应当遵守法律。依照法律规定只能由国家所有的，集体和私人不能取得所有权。”《物权法(草案)》(二审稿)第46条规定：“依照法律规定只能由国家所有的不动产和动产，他人不能取得所有权。”《物权法(草案)》(三审稿)第48条、《物权法(草案)》(四审稿)第47条、《物权法(草案)》(五审稿)第43条和《物权法(草案)》(六审稿)第41条，对此的表述没有改动。最后通过的《物权法》，将“依照法律规定只能由国家所有”修改为“法律规定专属于国家所有”。

二、国家专有财产的范围

(一)国家专有财产的法律规定

本条表明国家专有财产范围是“不动产和动产”，应当扩张解释为“有体物和无体物”。国家专有的财产由于具有不能为他人所拥有的特性，决定了其不能通过交换或者赠与等任何流通手段转移所有权。我国宪法明确将矿藏、水流和城市的土地，作为国家专有的财产。我国《宪法》第9条第1款规定：“矿藏、水流、森林、山岭、草原、荒地、滩涂等自然资源，都属于国家所有，即全民所有；由法律规定属于集体所有的森林和山岭、草原、荒地、滩涂除外。”第10条第1款规定：“城市的土地属于国家所有。”根据我国《民法典》和其他法律的相关规定，国家专有的财产包括但不限于以下各项：(1)城市的土地；(2)矿藏；(3)水流；(4)海域；(5)无居民海岛；(6)无线电频谱资源。

城市的土地属于国家专有的财产。《城市规划法》第3条第1款规定，城市是指“国家按行政建制设立的直辖市、市、镇”。全国人大常委会应当适时按照城乡一体化的要求，对我国《宪法》第10条中的“城市”和“农村”作出解释。宪法解释应当采取文义解释、体系解释、目的解释和历史解释等基本方法。第一，从文义上看，“城市”和“农村”是地理学的概念，应当按照地理学的标准进行界定。第二，从体系上看，《宪法》第10条第4款规定“土地的使用权可以依照法律的规定转让”，第5款规定“一切使用土地的组织和个人必须合理地利用土地”。这两款是对土地使用权的规定，但没有强调是国有土地使用权，还是集体土地使用权。从这两款可以解释集体建设用地直接入市的合宪性，集体土地所有权和国有土地所有权处于平等的法律地位。第三，从目的上看，2004年《宪法修正案》规定国家的根本任务是，坚持人民民主专政，坚持社会主义道路，坚持改革开放，不断完善社会主义的各项制度，发展社会主义市场经济，发展社会主义民主，健全社会主义法制。第四，从历史上看，1982年的宪法是由当时的历史背景决定的，具有较强的计划经济色彩，应当动态解释相关条款。综上，我国《宪法》第10条第1款中的“城市的土地”，应当解释为“1982年宪法制定时既有城市范围内的土地，而不包括之后新建的城市以及因为既有城市扩张而新被纳入城市范围内的土地”。2019年修改后的《土地管理法》，新增了集体经营性建设用地直接入市的规定，可以参考国有建设用地，进行出让、出租等。集体经营性建设用地入市，直接的后果是推动了相关基础设施的发展，推动了城镇化的发展。因此，应当对“城市”作限缩解释。

矿藏属于国家专有的财产。土地的土壤、沙子、石头等属于土地的成分，属于土地所有权人。随着社会发展，煤、石油、天然气、金银、铜等矿产资源，成为独立的不动产，与土地发生了分离。《矿产资源法》第3条第1款规定，矿产资源属于国家所有，由国务院行使国家对矿产资源的所有权。地表或者地下的矿产资源的国家所有权，不因其所依附的土地的所有权或者使用权的不同而改变。属于国家专有的矿产资源还包括石油、盐资源、水晶矿产等。

水流属于国家专有的财产。《水法》第3条规定：“水资源属于国家所有。水资源的所有权由国务院代表国家行使。农村集体经济组织的水塘和由农村集体经济组织修建管理的水库中的水，归各该农村集体经济组织使用。”有学者认为，包括江河湖泊的水在内的“地表水”，无法特定，不能直接支配，不符合物权的特征；各国都是用传统民法相邻关系上的取水、排水、用水等制度解决的，不必要也不应当将其规定为国家所有。如果将地表水规定为国家所有，其必然的逻辑结果是，遇到江河湖泊洪水泛滥，应当由国家承担赔偿责任。另外，既然江河湖泊的水属于国家所有，则其昼夜不停、流入东洋大海，就是国有资产流失。①

---

① 梁慧星：《中国民事立法评说：民法典、物权法、侵权责任法》，法律出版社2010年版，第163页。

海域属于国家专有的财产。海域是指领海内水、领海的水面、水体、海床和底土。海域属于国家所有，国务院代表国家行使海域所有权，任何单位或者个人不得侵占、买卖或者以其他形式非法转让海域，单位或者个人使用海域，必须依法取得海域使用权。海域为国家专有，除国家以外的任何单位或者个人都不能对海域拥有所有权，但可以在法定使用范围内对海域拥有使用权。

无居民海岛属于国家专有的财产。无居民海岛，是指不属于居民户籍管理的住址登记地的海岛。将无居民海岛视为一种独立的资源种类，像山岭、滩涂、草原、荒地等资源一样，在法律规范及法律制度管理中，作为独立的资源类型，具有重大意义。明确无居民海岛国家专有的法律地位，对于维护国家的主权和领土完整，维护国家的国防安全，强化无居民海岛的管理都是十分必要的。我国《无居民海岛保护与利用管理规定》（已失效）第34条第1项规定，“无居民海岛，是指在我国管辖海域内不作为常住户口居住地的岛屿、岩礁和低潮高地等”。

无线电频谱资源属于国家专有的财产。《无线电管理条例》第1条规定：“为了加强无线电管理，维护空中电波秩序，有效开发、利用无线电频谱资源，保证各种无线电业务的正常进行，制定本条例。”第3条规定：“无线电频谱资源属于国家所有。国家对无线电频谱资源实行统一规划、合理开发、有偿使用的原则。”按照本法和《无线电管理条例》的规定，无线电频谱只能成为国家所有权的客体，不能成为其他民事主体所有权的客体。

非专属于国家所有的财产主要包括：（1）农村和郊区的土地；（2）森林和山岭、草原、荒地、滩涂；（3）国防资产；（4）野生动植物资源；（5）文物和其他财产；（6）其他不动产和动产。根据《民法典》其他相关条款，法律规定属于国家所有的农村和城市郊区的土地，属于国家所有。森林、山岭、草原、荒地、滩涂等自然资源，属于国家所有，但是法律规定属于集体所有的除外。铁路、公路、电力设施、电信设施和油气管道等基础设施，依照法律规定为国家所有的，属于国家所有。法律规定属于国家所有的野生动植物资源，属于国家所有。法律规定属于国家所有的文物，属于国家所有。国家机关支配的国有财产、国家举办的事业单位所支配的财产、国家出资的法人财产等，都不是专属于国家所有的财产。

（二）国家专有财产的一些争议

国家专有财产与非国家专有的财产的区分，还存在一些争议。第一，滩涂是否属于国家专有。以滩涂为例，如果滩涂属于土地，则滩涂所有权既可以属于国家，也可以属于集体；如果将滩涂归属于海域，则滩涂的所有权只能属于国家，因为海域属于国家专有。[①]第二，国防资产是否属于国家专有。国防资产可以分为两大类：一类是由国家专有的财产。例如，"两弹一星"等重要武器直接关系到国家战略利益和国防安全的财产，只能由国家所有，而并不能通过交易由其他主体获得所有权。另一类是非国家专有的财产。例如，有些公路、电力设施等，可以军民两用，或者转让给民间使用。[②]《国防法》第38条第1款规定："国家根据国防建设和经济建设的需要，确定国防资产的规模、结构和布局，调整和处分国防资产。"因此，从整体上讲，国防资产并不是完全归国家专有的。第三，野生动植物资源是否属于国家专有。根据《民法典》相关条款规定，法律规定属于国家所有的野生动植物资源，属于国家所有。2018年修改后的《野生动物保护法》第3条第1款规定："野生动物资源属于国家所有。"从文义解释的角度讲，野生动植物资源属于国家的专有财产。从体系解释的角度看，野生动植物资源并不是国家专有的财产。《野生动物保护法》第2条第2款规定："本法规定保护的野生动物，是指珍贵、濒危的陆生、水生野生动物和有重要生态、科学、社会价值的陆生野生动物。"有学者认为，野生动植物资源就是野生动物和野生植物，"野生植物"是土地的附着物，归土地的所有权人所有或土地的使用权人所有，法律无需特别规定。按照传统民法，野生动物属于无主物，国家保护野生动物，只需对先占取得加以限制即可。[③]野生的老虎属于物权法意义上的"无主物"，即尚未确定民法上的私权的物；野生的老虎在某个国家时，该国可以行使公权力，但不得

---

① 李永军：《海域使用权研究》，中国政法大学出版社2006年版，第9页。

② 参见全国人民代表大会常务委员会法制工作委员会编：《中华人民共和国物权法释义》，法律出版社2007年版，第125页。

③ 梁慧星：《中国民事立法评说：民法典、物权法、侵权责任法》，法律出版社2010年版，第163—164页。

主张所有权，物权与行政管理权要区分。[①]

一些学者对国家所有权的提法提出了质疑，主张用公法法人所有权替代国家所有权。在传统民法中，物作为财产权利，尤其是所有权的客体，从社会功能的角度看，可以区分为共用物、公有物和公法法人私有物。共用物指的是全人类共同享有的物，主要包括阳光、空气和海洋等。公有物指的是法律上属于公有，但是必须交给民众享有其利益的物，主要包括公共土地、牧场、河流、公路、图书馆、学校、体育文化设施、公共慈善设施、宗教场所等。公法法人私有物是指纯粹为公法法人自己享有利益、可以由公法法人处分的物，如公法法人自己独立的办公场地等。[②]抽象意义的"国家"不能形成具体的对物的支配，无法行使权利，也无法确定其义务和责任，因此要确立公法法人的物权主体地位。[③]这种观点具有一定的合理性，强调用传统民法思维解决国有财产的法律保护问题。法政治学以"法治政治"作为其研究对象，法治政治就是法治下的政治或奉行法律至上的政治，具有法哲学和法理学以及政治哲学和理论政治学的性质。[④]民法属于法律的范畴，民事立法同样要妥当处理与政治的关系。我国是社会主义国家，立法明确国家所有权，明确国家专有的财产范围，不仅具有法律意义，还具有政治意义。国家所有权的确不同于传统的私人所有权，具有某种公权力属性。在承认国家所有权的前提下，进行法律制度的建构，是科学的，也是可行的。

三、国家专有财产的流转方式

从民法基本理论看，国家专有财产属于禁止交易物，但可以许可其他民事主体使用。2019年党的十九届四中全会通过的《中共中央关于坚持和完善中国特色社会主义制度　推进国家治理体系和治理能力现代化若干重大问题的决定》指出，要探索公有制多种实现形式，推进国有经济布局优化和结构调整，发展混合所有制经济，增强国有经济竞争力、创新力、控制力、影响

---

① 孙宪忠：《中国物权法总论》（第二版），法律出版社2009年版，第44页。

② 孙宪忠等：《国家所有权的行使与保护研究》，法律出版社2015年版，第580页。

③ 孙宪忠：《中国物权法总论》（第二版），法律出版社2009年版，第31页。

④ 刘俊祥：《"法政治学"论要》，载《光明日报》2007年2月27日，第11版。

力、抗风险能力，做强做优做大国有资本。市场经济是人类发展经济的文明成果，能够最大限度地发挥生产者的积极性，合理配置资源，创造高效率的经济效益，促进经济繁荣。党的十九届四中全会决议把社会主义市场经济体制上升为社会主义基本经济制度层面，这是中央改革文件首次提出的。这是社会主义基本经济制度的重大突破，强调社会主义基本经济制度与社会主义市场经济的一致性，强化了社会主义市场经济的地位和作用，具有重大的历史和现实意义。国家专有的财产，虽然不能进行所有权层面的交易，但根据社会主义市场经济发展的要求，国家专有财产可以流转使用权，可以创设用益物权。建设用地使用权、海域使用权、取水权、采矿权等用益物权，可以作为流转的标的物。

三 其他问题

属于人防工程的地下停车位是国防资产，不能办理产权证书，不能成为执行的标的物。如闫某某与孙某、某房地产开发有限公司申请执行人执行异议之诉一案，法院认为："人民防空是国防的组成部分。国防资产属于国家所有。小区的120个地下停车位属于人防工程，系国家资产，不得买卖，不能办理产权登记。且该小区的人防车位未经人防部门验收，某公司也未取得人防部门发放的使用证，故本案涉及的人防车位尚不能产生收益权，不能成为执行标的。"①

砂坑属于矿产资源，依法属于国家所有，村委会无权发包。如张某诉某村委会农村土地承包合同纠纷一案，法院认为："原、被告签订的承包砂坑协议虽然是双方真实的意思表示，但本案所涉及的砂坑属于矿产资源，矿产资源依法属于国家所有，由国务院行使国家对矿产资源的所有权。地表或者地下的矿产资源的国家所有权，不因其所依附的土地的所有权或者使用权的不同而改变，因而村委会对本案所涉砂坑不享有所有权，也未取得使用权，其不具有发包资格，该协议应属无效。原、被告在签订该协议时应当知道矿产资源属于国家所有，但仍然违法签订该协议，其主观上均有过错，各自损失

① 参见辽宁省抚顺市中级人民法院（2016）辽04民初20号民事裁定书。

应各自承担。被告因该协议取得的承包费应当返还给原告。原告提出的因经营而遭受的损失，被告提出的恢复土地原貌的损失分别由各自承担。”[①]

第二百四十三条【征收】

为了公共利益的需要，依照法律规定的权限和程序可以征收集体所有的土地和组织、个人的房屋以及其他不动产。

征收集体所有的土地，应当依法及时足额支付土地补偿费、安置补助费以及农村村民住宅、其他地上附着物和青苗等的补偿费用，并安排被征地农民的社会保障费用，保障被征地农民的生活，维护被征地农民的合法权益。

征收组织、个人的房屋以及其他不动产，应当依法给予征收补偿，维护被征收人的合法权益；征收个人住宅的，还应当保障被征收人的居住条件。

任何组织或者个人不得贪污、挪用、私分、截留、拖欠征收补偿费等费用。

历史由来

本条基本承袭自《物权法》第42条。具体修改的地方包括：(1)新增“及时”支付补偿款的要求。(2)将“农村村民住宅”明确纳入征收集体所有土地需要进行补偿的范围。(3)将“单位”改成“组织”，将“拆迁”改为“征收”，将“和”改为“或者”。

规范目的或功能

本条的规范目的，在于明确征收的条件、程序和补偿，保护被征收人的合法财产。征收是国家以行政权为基础，强制取得民事主体财产所有权的行

---

① 参见《矿产资源属国家所有村委会无权发包处分》，载110法律咨询网，https://www.110.com/falv/falvanli/jingjifaanli/tdglfal/2010/0724/170968.html，最后访问时间2020年4月6日。

为。征收是物权变动的一种特殊类型，涉及所有权人的所有权丧失问题。物权变动自征收决定生效时发生效力，与通过民事法律行为产生的物权变动，具有同等效力。本条平衡财产权的保护与公共利益维护的关系，既是赋予行政机关权力，也是限制行政机关权力。因此，征收往往有严格的法定条件和法定程序，需给予公平、合理的补偿。

规范内容

一、征收的概念变迁

2004年《宪法》修改后，立法文本区分了“征收”与“征用”，前者导致财产所有权变动，后者导致财产使用权变动。立法文本中，曾经出现土地征购的表达。征购是指行政机关通过合同方式取得相对人财产所有权的行为。征收与土地征购都导致土地所有权的变动，前者是国家单方意思，强制取得，后者是双方合意的产物，所有权人具有一定的自由意志。从立法文本变迁的角度看，征收是人民群众关心的重大问题，涉及社会利益的方方面面。

（一）立法文本的变迁

中华人民共和国成立后，在1950年6月通过的《土地改革法》中使用的是“征收”，但在同年11月通过的《城市郊区土地改革条例》中，采用了“土地征用”的术语。随后的立法，一直采用的是“征用”的术语，直到2004年《宪法》修改。1954年通过的《宪法》第13条规定：“国家为了公共利益的需要，可以依照法律规定的条件，对城乡土地和其他生产资料实行征购、征用或者收归国有。”1982年通过的《宪法》第10条第3款规定：“国家为了公共利益的需要，可以依照法律规定对土地实行征用。”1982年通过的《国家建设征用土地条例》第1条规定：“根据中华人民共和国宪法，为合理使用土地资源，保证国家建设必需的土地，并妥善安置被征地单位群众的生产和生活，特制定本条例。”1986年通过的《土地管理法》第21条规定：“国家进行经济、文化、国防建设以及兴办社会公共事业，需要征用集体所有的土地或者使用国有土地的，按照本章规定办理。”1998年修改后的《土地管理法》第43条规定：“任何单位和个人进行建设，需要使用土地的，必须依法申请使用国有土地；但是，兴办乡镇企业和村民建设住宅经依法批准使用本集体经济组织农民集体所有的土地的，或者乡（镇）村公共设施和公益事业建设经依法批准使用农民集体所有的土地的除外。前款所称依法申请使用的国有土地包括国家所有的土地和国家征用的原属于农民集体所有的土地。”2004年修改后的《宪法》第10条第3款规定：“国家为了公共利益的需要，可以依照法律规定对土地实行征收或者征用并给予补偿。”2007年通过的《物权法》第42条规定：“为了公共利益的需要，依照法律规定的权限和程序可以征收集体所有的土地和单位、个人的房屋及其他不动产。征收集体所有的土地，应当依法足额支付土地补偿费、安置补助费、地上附着物和青苗的补偿费等费用，安排被征地农民的社会保障费用，保障被征地农民的生活，维护被征地农民的合法权益。征收单位、个人的房屋及其他不动产，应当依法给予拆迁补偿，维护被征收人的合法权益；征收个人住宅的，还应当保障被征收人的居住条件。任何单位和个人不得贪污、挪用、私分、截留、拖欠征收补偿费等费用。”2017年通过的《民法总则》第117条规定：“为了公共利益的需要，依照法律规定的权限和程序征收、征用不动产或者动产的，应当给予公平、合理的补偿。”

（二）立法草案的变迁

不同时期的立法草案，对征收条款的表达存在很大的差异。立法草案中，还有土地征购的表达。1956年4月形成的《民法典所有权篇（草案）（最初稿）》第38条规定：“国家为了公共利益的需要，对城乡土地和其他生产资料，可以依照法律规定的条件和程序进行征购或征用，并给予所有人以适当的补偿。”[①]1956年4月形成的《民法典所有权篇（第一次草稿）》第35条规定：“国家为了公共利益的需要，对个人、公共团体或合作社组织的财产，

---

① 何勤华、李秀清、陈颐：《新中国民法典草案要览（增订本）》（上卷），北京大学出版社2017年版，第46页。该条文下方的说明指出，该条参考资料包括：1.《宪法》第13条；2.内务部《关于征用土地的指示（草案）》；3.《保加利亚财产法》第101条、第107条。

可以依照法律规定的条件和程序进行征购、征用或收归国有。”[①]1957年1月形成的《民法典草案所有权篇（第六次草案）》第18条规定：“国家为了公共利益的需要，对所有人的财产，可以依照法律规定的条件和程序进行征购、征用或收归国有。”[②]1963年6月形成的《民法（草案）》第25条规定：“国家为了公共利益的需要，可以依照法律规定的条件和程序，对城乡土地和其他财产实行征购、征用或者收归国有。”[③]1980年8月形成的《民法草案（征求意见稿）》第80条第1款规定：“为了公共利益的需要，国家可以按照法律规定的条件和程序，对土地实行征购、征用或收归国有。”[④]1982年5月形成的《民法草案（第四稿）》第73条规定：“为了公共利益的需要，国家可以按照法律、法令规定的条件和审批程序，本着节约、专用的原则，对不属于国家的土地实行征购、征用或收归国有。征购、征用土地必须按照国家规定给付补偿；被征购、征用土地的，不得另提条件，妨碍国家建设的进行。”[⑤]

从物权法的审议过程看，立法对征收的表述，也有较大的变化。《物权法（草案）》（一审稿）第44条规定：“县级以上人民政府为了社会公共利益的需要，依照法律规定的权限和程序可以征收单位以及个人的不动产或者动产，但应当给予合理补偿。”《物权法（草案）》（二审稿）第47条规定：“国家为了公共利益的需要，县级以上人民政府依照法律规定的权限和程序，可以征收自然人、法人的不动产或者动产，但应当给予补偿。”《物权法（草案）》（三审稿）第49条规定：“为了公共利益的需要，县级以上人民政府依照法律

---

① 何勤华、李秀清、陈颐：《新中国民法典草案要览（增订本）》（上卷），北京大学出版社2017年版，第56页。

② 何勤华、李秀清、陈颐：《新中国民法典草案要览（增订本）》（上卷），北京大学出版社2017年版，第125页。该条下方的另一种意见指出：“本条内容在宪法中已有规定，且似属于行政法的范围，可以不要此条。”

③ 何勤华、李秀清、陈颐：《新中国民法典草案要览（增订本）》（中卷），北京大学出版社2017年版，第1159页。

④ 何勤华、李秀清、陈颐：《新中国民法典草案要览（增订本）》（中卷），北京大学出版社2017年版，第1159页。

⑤ 何勤华、李秀清、陈颐：《新中国民法典草案要览（增订本）》（中卷），北京大学出版社2017年版，第1303页。

规定的权限和程序，可以征收、征用自然人、法人的不动产或者动产，但应当按照国家规定给予补偿；没有国家规定的，应当给予合理补偿。"《物权法（草案）》（四审稿）第48条规定："为了公共利益的需要，县级以上人民政府依照法律规定的权限和程序，可以征收农村集体所有的土地和城市房屋及其他不动产。征收集体所有的土地，应当给予合理补偿，维护被征地农民的合法权益，保障被征地农民的生活。具体补偿标准和办法，依照有关法律、行政法规的规定办理。征收城市房屋及其他不动产，应当给予合理补偿，维护被征收人的合法权益；征收城市居民房屋的，还应当保障被征收人的居住条件。具体补偿标准和办法，依照有关法律、行政法规的规定办理。"《物权法（草案）》（五审稿）第44条规定："为了公共利益的需要，可以征收集体所有的土地和单位、个人的房屋及其他不动产。征收的权限和程序，依照法律规定。征收集体所有的土地，应当给予合理补偿，维护被征地农民的合法权益，保障被征地农民的生活。具体补偿标准和办法，依照法律、行政法规的规定办理。征收单位、个人的房屋及其他不动产，应当给予合理补偿，维护被征收人的合法权益，征收城乡居民房屋的，还应当保障被征收人的居住条件。具体补偿标准和办法，依照法律、行政法规的规定办理。"《物权法（草案）》（六审稿）第42条规定："为了公共利益的需要，依照法律规定的权限和程序可以征收集体所有的土地和单位、个人的房屋及其他不动产。征收集体所有的土地，应当支付土地补偿费、安置补助费、地上附着物补偿费等费用，并足额安排被征地农民的社会保障费用，维护被征地农民的合法权益，保障被征地农民的生活。征收单位、个人的房屋及其他不动产，应当给予拆迁补偿，维护被征收人的合法权益；征收居民房屋的，还应当保障被征收人的居住条件。任何单位和个人不得贪污、挪用、截留、拖欠征收补偿费等费用。"

从《物权法（草案）》变迁的角度看，社会各界对征收问题普遍关注，立法条文的数量不断增加，具体规则也在不断完善。从内容看，主要有如下的变化：第一，征收的权力主体起初明确规定是"县级以上人民政府"，后来予以删除。第二，征收的对象起初规定是"自然人、法人的不动产或者动产"，后来明确是"农村集体所有的土地和城市房屋及其他不动产"。第三，征收的补偿范围起初只是笼统地规定，后来明确为"土地补偿费、安置补助费、地上附着物补偿费等费用"，以及"社会保障费用"等。第四，征收的补偿方式起初规定的是货币补偿，后来增加了实物补偿，强调“保障被征收人的居住条件”。第五，新增了征收补偿费贪污、挪用、截留、拖欠的相关规定。这是针对实践中的问题，作出的宣示性规定。

二、征收的目的、权限、程序和对象

本条第1款规定：“为了公共利益的需要，依照法律规定的权限和程序可以征收集体所有的土地和组织、个人的房屋以及其他不动产。”其中“公共利益”是征收的目的。征收的“权限和程序”，由法律具体规定。“集体所有的土地和组织、个人的房屋以及其他不动产”是征收的对象。征收的目的、权限、程序和对象，需要作出合理的解释。

（一）征收的目的

本条第1款延续《宪法》第10条第3款的表达，延续《物权法》第42条的表达，将征收的目的笼统界定为“公共利益”，但对其内涵并没有进一步明确。

根据全国人大常委会法制委员会民法室的表述，在物权法起草过程中，有人主张明确界定公共利益的范围，以限制有的地方政府滥用征收权力，侵害群众利益。全国人大法律委员会、全国人大常委会法制工作委员会同国务院法制办、国土资源部等部门及专家反复研究认为：在不同领域内，在不同情形下，公共利益是不同的，情况相当复杂，物权法难以对公共利益作出统一的具体界定，还是分别由《土地管理法》《城市房地产管理法》等单行法规定较为切合实际。[①]公共利益到底应该由哪个主体来判断，也存在较大争议。有学者主张，公共利益应当由立法机关判断，全国和地方人大应该在决定征收过程中发挥实质性作用。[②]有学者主张，公共利益应当由法院判断，防止政府等部门对公共利益的滥用，就不能由政府来认定什么是公共利益的需要，应由司法机构来裁判。[③]有学者主张，公共利益应当采取听证的方式确定，让

① 全国人大常委会法制工作委员会民法室编：《〈中华人民共和国物权法〉条文说明、立法理由及相关规定》（第二版），北京大学出版社2017年版，第80—81页。

② 袁曙宏：《公共利益，如何界定？》，载《人民日报》2004年8月11日。

③ 尹田：《追问物权法的公共利益：公共利益应由司法来裁判》，载新浪网，http://news.sina.com.cn/c/2005-08-17/12497522102.shtml，最后访问时间2020年3月20日。

民众去判断公共利益。[①]公共利益应当由法律明确规定，提供最基本制度框架为宜。当然，就具体征收个案，政府采取听证程序，听取利益相关者对法律和事实问题的陈述，能够较为妥当地解决公共利益的判断问题。司法作为保障公民权益的最后一道门槛，应当在集体土地征收中发挥更大的作用，通过一系列的司法判决，引领“公共利益”的具体判断。

根据全国人大常委会法制委员会民法室的意见，作为征收目的的公共利益，应当具备下列特征：（1）受益人须具有不特定性。（2）公众享有利益须具有实质性和直接性。公共利益不同于国家利益、政府利益、社会利益和集体利益，具有相对独立的内涵。公共利益是政府征收行为正当性的基础，是利益平衡的工具。在实践中判断是否属于公共利益，一要同商业利益相区别，商业利益是个人和企业获取利润的利益，商业利益直接服务于个人或者企业，不能为了商业利益的需要而强行征收、征用他人的不动产和动产。二要同部门、单位和小集体的利益相区别，部门、单位和小集体的利益，其受益人是特定的少数人，与公共利益有着本质的区别。为了谋求商业利益或者单位的利益需要他人转让其不动产或动产的，应当通过平等协商、公平买卖的办法解决，而不是借助国家强制力来实现。[②]

2011年国务院通过的《国有土地上房屋征收与补偿条例》第8条规定：“为了保障国家安全、促进国民经济和社会发展等公共利益的需要，有下列情形之一，确需征收房屋的，由市、县级人民政府作出房屋征收决定：（一）国防和外交的需要；（二）由政府组织实施的能源、交通、水利等基础设施建设的需要；（三）由政府组织实施的科技、教育、文化、卫生、体育、环境和资源保护、防灾减灾、文物保护、社会福利、市政公用等公共事业的需要；（四）由政府组织实施的保障性安居工程建设的需要；（五）由政府依照城乡规划法有关规定组织实施的对危房集中、基础设施落后等地段进行旧城区改建的需要；（六）法律、行政法规规定的其他公共利益的需要。”

2019年全国人大常委会修改后的《土地管理法》第45条规定：“为了公

---

① 刘俊海：《寻求公共利益与个体利益的最佳平衡点》，载《中国经济时报》2004年8月3日。

② 石宏：《〈中华人民共和国民法总则〉条文说明、立法理由及相关规定》，法律出版社2017年版，第274页。

共利益的需要，有下列情形之一，确需征收农民集体所有的土地的，可以依法实施征收：（一）军事和外交需要用地的；（二）由政府组织实施的能源、交通、水利、通信、邮政等基础设施建设需要用地的；（三）由政府组织实施的科技、教育、文化、卫生、体育、生态环境和资源保护、防灾减灾、文物保护、社区综合服务、社会福利、市政公用、优抚安置、英烈保护等公共事业需要用地的；（四）由政府组织实施的扶贫搬迁、保障性安居工程建设需要用地的；（五）在土地利用总体规划确定的城镇建设用地范围内，经省级以上人民政府批准由县级以上地方人民政府组织实施的成片开发建设需要用地的；（六）法律规定为公共利益需要可以征收农民集体所有的土地的其他情形。前款规定的建设活动，应当符合国民经济和社会发展规划、土地利用总体规划、城乡规划和专项规划；第（四）项、第（五）项规定的建设活动，还应当纳入国民经济和社会发展年度计划；第（五）项规定的成片开发并应当符合国务院自然资源主管部门规定的标准。”

完善集体土地征收制度，关键是界定公共利益范围，不将公共利益扩大化。2019年修改后的《土地管理法》采取了列举和概括规定的方式，明确了公共利益的范围，具有相当的科学性。实践中，存在争议的是符合公共利益的成片开发。当前国内还处于城市化快速扩张的阶段，而且是整片扩张，几平方公里、十几平方公里，甚至几十平方公里的土地变成城市建设用地，这其中既有经营性建设项目，还有公益性建设项目。成片开发在实践中是作为征收的理由，被认定为符合公共利益。对此，立法长期缺乏相关的制度约束。《土地管理法》对此予以规范，强调成片开发需要在符合土地利用总体规划的城镇建设用地范围内进行，集体建设用地是不可以进行成片开发的，且成片开发必须经过省级人民政府批准，符合国务院自然资源主管部门规定的标准等。这实际是进一步限缩了征收集体土地的范围，是集体建设用地直接入市改革的配套制度安排。

（二）征收的权限和程序

征收集体土地的审批主体是国务院和省、自治区、直辖市人民政府。《土地管理法》第46条规定：“征收下列土地的，由国务院批准：（一）永久基本农田；（二）永久基本农田以外的耕地超过三十五公顷的；（三）其他土地超过七十公顷的。征收前款规定以外的土地的，由省、自治区、直辖市人民政府批准。征收农用地的，应当依照本法第四十四条的规定先行办理农用地转用审批。其中，经国务院批准农用地转用的，同时办理征地审批手续，不再另行办理征地审批；经省、自治区、直辖市人民政府在征地批准权限内批准农用地转用的，同时办理征地审批手续，不再另行办理征地审批，超过征地批准权限的，应当依照本条第一款的规定另行办理征地审批。”根据《国有土地上房屋征收与补偿条例》第8条，市、县级人民政府是征收国有土地上房屋的权力主体。

征收集体土地的程序主要包括农用地转为建设用地的审批程序、公告征地决定程序、改进征地补偿方案程序、公告征地决定等。《土地管理法》第47条规定：“国家征收土地的，依照法定程序批准后，由县级以上地方人民政府予以公告并组织实施。县级以上地方人民政府拟申请征收土地的，应当开展拟征收土地现状调查和社会稳定风险评估，并将征收范围、土地现状、征收目的、补偿标准、安置方式和社会保障等在拟征收土地所在的乡（镇）和村、村民小组范围内公告至少三十日，听取被征地的农村集体经济组织及其成员、村民委员会和其他利害关系人的意见。多数被征地的农村集体经济组织成员认为征地补偿安置方案不符合法律、法规规定的，县级以上地方人民政府应当组织召开听证会，并根据法律、法规的规定和听证会情况修改方案。拟征收土地的所有权人、使用权人应当在公告规定期限内，持不动产权属证明材料办理补偿登记。县级以上地方人民政府应当组织有关部门测算并落实有关费用，保证足额到位，与拟征收土地的所有权人、使用权人就补偿、安置等签订协议；个别确实难以达成协议的，应当在申请征收土地时如实说明。相关前期工作完成后，县级以上地方人民政府方可申请征收土地。”

征收国有土地上房屋的程序主要包括公告征收补偿方案程序、改进征收补偿方案程序、征收补偿费用提前安排程序、公告征收决定程序等。《国有土地上房屋征收与补偿条例》第10条规定：“房屋征收部门拟定征收补偿方案，报市、县级人民政府。市、县级人民政府应当组织有关部门对征收补偿方案进行论证并予以公布，征求公众意见。征求意见期限不得少于30日。”第11条规定：“市、县级人民政府应当将征求意见情况和根据公众意见修改的情况及时公布。因旧城区改建需要征收房屋，多数被征收人认为征收补偿方案不符合本条例规定的，市、县级人民政府应当组织由被征收人和公众代表参加的听证会，并根据听证会情况修改方案。”第12条规定：“市、县级人民政府作出房屋征收决定前，应当按照有关规定进行社会稳定风险评估；房屋征收决定涉及被征收人数量较多的，应当经政府常务会议讨论决定。作出房屋征收决定前，征收补偿费用应当足额到位、专户存储、专款专用。”第13条规定：“市、县级人民政府作出房屋征收决定后应当及时公告。公告应当载明征收补偿方案和行政复议、行政诉讼权利等事项。市、县级人民政府及房屋征收部门应当做好房屋征收与补偿的宣传、解释工作。房屋被依法征收的，国有土地使用权同时收回。”

综上，征收应当遵循公开透明民主的理念，必须进行公告、听取被征收主体的意见、开展风险评估、公告征地决定、改进征地补偿方案等，在征地的各个环节做到公开、透明、便民、高效。征收违反法定的权限和程序的，复议机关可以决定撤销、变更或确认该具体行政行为违法，人民法院可以撤销或者部分撤销该具体行政行为。根据《行政诉讼法》第74条，有时为了国家利益或公共利益，只是确认征收行为违法，并责令其采取补救措施，但不撤销征收行为。

（三）征收的对象

本条第1款明确征收对象是“集体所有的土地和组织、个人的房屋以及其他不动产”。我国《宪法》第10条第3款规定的征收对象是“土地”，本条将“土地”扩展到“不动产”。征收的对象限于不动产，主要是考虑动产一般都有很多替代品，政府无需通过征收的方法取得。《民法典》第494条第1款规定：“国家根据抢险救灾、疫情防控或者其他需要下达国家订货任务、指令性任务的，有关民事主体之间应当依照有关法律、行政法规规定的权利和义务订立合同。”对于动产，国家可以采用征购的方式实现。在承认房屋扩张征收制度的情况下，机器设备等附着物有可能成为征收的对象。

第一，集体土地所有权的征收。本条第1款中作为征收对象的“土地”，是广义的土地，包括森林、山岭、草原、荒地、滩涂等。我国实行土地公有制，土地归国家所有和集体所有。因此征收的对象，只能是集体所有的土地。

第二，房屋所有权的征收。本条第1款中作为征收对象的“房屋”，是指自然人、法人和非法人组织的房屋，包括集体土地上的房屋，也包括国有土地上的房屋。《国有土地上房屋征收与补偿条例》第2条规定：“为了公共利益的需要，征收国有土地上单位、个人的房屋，应当对被征收房屋所有权人（以下称被征收人）给予公平补偿。”《国有土地上房屋征收与补偿条例》是在《物权法》颁布后制定的，废止了原来的《城市房屋拆迁管理条例》，明确将国有土地上的房屋作为征收的对象。除一般房屋征收外，还有区段房屋征收，征收的客体是一定区域的所有房屋。《国有土地上房屋征收与补偿条例》第8条第5项规定，因“由政府依照城乡规划法有关规定组织实施的对危房集中、基础设施落后等地段进行旧城区改建的需要”，确需征收房屋的，由市、县级人民政府作出房屋征收决定。这种征收被称为区段征收，以改善被征收人住房条件，实现土地集中利用的“危旧房”改造、“城中村”改造等。危旧房改造是指以改善居住为目标，对一定范围内环境差、年代久、有安全隐患的房屋予以征收，统一规划后重新建设的制度。[①]城中村改造也是实践中征收的一种重要类型，要实行“城中村”的集体改制，就要实现居住条件的改善。

第三，国有建设用地使用权的征收。国有建设用地使用权提前收回，是不是征收，存在争议。《房地产管理法》第20条规定：“国家对土地使用者依法取得的土地使用权，在出让合同约定的使用年限届满前不收回；在特殊情况下，根据社会公共利益的需要，可以依照法律程序提前收回，并根据土地使用者使用土地的实际年限和开发土地的实际情况给予相应的补偿。”《民法典》第358条规定：“建设用地使用权期限届满前，因公共利益需要提前收回该土地的，应当依据本法第二百四十三条的规定对该土地上的房屋以及其他不动产给予补偿，并退还相应的出让金。”从理论上看，征收是导致所有权变动的法定事由，用益物权和担保物权并不是征收的对象。我国城市土地是国家所有，土地所有权不能交易。基于我国特殊的国情，将国家建设用地使用权纳入征收的范围，更有利于保护权利人的程序权益和实体权益。《民法典》第117条规定的征收对象，只是泛泛表达为“不动产或者动产”，并没有限定为“不动产或者动产的所有权”。因此，从司法适用技术上，国有建设用地使

---

① 顾大松：《房屋征收法律制度研究》，东南大学出版社2017年版，第111页。

用权的征收，可以适用该条款的规定。国家对于征收有明确的程序和权限要求，对于国有建设用地使用权提前收回，则没有相应的要求。我国实行房地一体主义，既然国有土地上房屋是征收的对象，从解释论上国有建设用地使用权也应当是征收的对象。当然有一种例外，就是国有建设用地使用权出让后不久，还没有建造房屋，就因公共利益要收回。即使是这样，按照征收处理，解释论也能说通，且能够更好保护国有建设用地使用权人的权益。

第四，土地承包经营权和宅基地使用权的征收。本条明确将集体土地所有权作为征收的对象，土地承包经营权和宅基地使用权是依附于集体土地所有权的权利。《民法典》第327条规定，因不动产或者动产被征收致使用益物权消灭或者影响用益物权行使的，用益物权人有权获得相应补偿。有学者认为，宅基地使用权的无期限性，意味着宅基地实际上已经演变为近乎农民的私产，应当作为独立的征收对象。土地承包经营权也具有准所有权的属性，也应当作为独立的征收对象。[①]这种观点意识到集体土地用益物权的中国特色，突出对农户土地权益的保护，具有相当的科学性。从法律适用看，在集体土地征收补偿的权益分配中，更多突出土地承包经营权人和宅基地使用权人的权益保护，而不是笼统保护集体成员的权益。

第五，公房租赁权的征收。实践中，公房租赁权等非房屋所有权，也被作为征收的对象。直管公房租赁权是国家为了保障公民居住权而提供的一项具有重大财产利益的权利。直管公房承租人是通过向行政机关申请而获得直管公房租赁权，不同于一般的租赁权。基于该项权利，直管公房承租人得以长期缴纳低房租居住该房屋，对该房屋享有长期的占有和使用权，其经济地位近似于房屋所有权人。[②]

第六，扩张征收。扩张征收，又称“一并征收”“高额征收”，系适用征收必要性的例外。扩张征收是指房屋所有权人为避免一般征收范围过当导致损害而启动的征收类型，具有如下三个特征。第一，扩张征收的程序由被征收人启动，而一般征收程序由用地人启动。第二，扩张征收属于征收必要性原则的例外，而一般征收必须遵循必要性原则。第三，扩张征收的申请受一

---

① 申建平：《对农村集体土地征收补偿范围的反思》，载《比较法研究》2013年第2期。

② 参见最高人民法院（2018）最高法行申221号行政裁定书。

定时效约束。[1]我国实践中，扩张征收包括两类：一是被征收房屋残余部分一并征收；二是被征收房地产附着物一并征收。拆迁红线穿越建筑物，如果严格依照红线范围仅仅拆除部分建筑，一方面可能造成安全隐患，另一方面完全可能造成残余部分价值大为降低。被征收房屋或土地上附着物如装修材料及机器设备，虽然在物理上可以与房屋或土地分离，但是一旦分离后将会造成装修价值大幅降低或者机器设备不能使用，这种情形下应当允许所有权人申请扩张征收。[2]对机器设备等附着物进行扩张征收，实质上把动产也作为征收的对象。

三、征收集体土地的补偿

（一）征收集体土地的补偿标准

1998年通过的《土地管理法实施条例》对集体土地征收补偿，作出了规定。2001年国务院颁布的《长江三峡工程建设移民条例》、2006年国务院颁布的《大中型水利水电工程建设征地补偿和移民安置条例》等，对特定对象和特定事项的征地补偿，作出了规定。2019年修改后的《土地管理法》第48条规定："征收土地应当给予公平、合理的补偿，保障被征地农民原有生活水平不降低、长远生计有保障。征收土地应当依法及时足额支付土地补偿费、安置补助费以及农村村民住宅、其他地上附着物和青苗等的补偿费用，并安排被征地农民的社会保障费用。征收农用地的土地补偿费、安置补助费标准由省、自治区、直辖市通过制定公布区片综合地价确定。制定区片综合地价应当综合考虑土地原用途、土地资源条件、土地产值、土地区位、土地供求关系、人口以及经济社会发展水平等因素，并至少每三年调整或者重新公布一次。征收农用地以外的其他土地、地上附着物和青苗等的补偿标准，由省、自治区、直辖市制定。对其中的农村村民住宅，应当按照先补偿后搬迁、居住条件有改善的原则，尊重农村村民意愿，采取重新安排宅基地建房、提供安置房或者货币补偿等方式给予公平、合理的补偿，并对因征收造成的搬迁、

---

① 顾大松：《房屋征收法律制度研究》，东南大学出版社2017年版，第123—124页。

② 顾大松：《房屋征收法律制度研究》，东南大学出版社2017年版，第125—126页。

临时安置等费用予以补偿，保障农村村民居住的权利和合法的住房财产权益。县级以上地方人民政府应当将被征地农民纳入相应的养老等社会保障体系。被征地农民的社会保障费用主要用于符合条件的被征地农民的养老保险等社会保险缴费补贴。被征地农民社会保障费用的筹集、管理和使用办法，由省、自治区、直辖市制定。”

整体上，集体土地征收补偿标准仍然较低，主要表现在三个方面：第一，补偿项目不全面。补偿项目只包括土地补偿费、安置补助费、农村村民住宅及其地上附着物和青苗的补助费。从比较法的角度看，还包括对改良物的补偿、被征地使用影响连接土地的补偿、残余土地一并征收与补偿等。第二，补偿基准不合理。长期以来，集体土地征收补偿是按照原土地用途进行补偿的。《土地管理法》采取了区片综合地价为补偿标准。这种规定较为合理，但也难以扭转补偿基准不合理的现状。第三，计算方法不科学。区片综合地价还是以土地原用途为基础，综合其他因素确定的。因此，有学者建议进一步明晰征地补偿法律关系、厘清征地补偿观念、引入农地发展权理论等解决实践中的征地补偿问题。[①]土地发展权，也称土地开发权，是土地变更为不同用途的权利，是一种可以与土地所有权分割而单独处分的财产权。[②]《民法典》第117条规定：“为了公共利益的需要，依照法律规定的权限和程序征收、征用不动产或者动产的，应当给予公平、合理的补偿。”该条明确强调公平、合理的补偿，为本条的解释以及其他相关法律规定的解释，提供了价值选择的基础。

（二）集体土地征收补偿款的内部分配

附着物和青苗补偿费是国家对集体土地上的附着物和青苗的所有权进行征收而支付的对价。有权获得附着物和青苗补偿费的只能是附着物和青苗的所有权人。安置补助费是指国家在征收土地时，为了安置以土地为主要生产资料并取得生活来源的农业人口的生活，所给予的补助费用。农村集体土地征收补偿款的分配行为，属于村委会行使自治权的行为，不属于行政行为。

---

① 参见高飞：《集体土地征收法制改革研究》，中国政法大学出版社2019年版，第163—176页。

② 江平：《中国土地立法研究》，中国政法大学出版社1999年版，第384页。

当事人就征收补偿款分配纠纷提起行政诉讼的，不属于行政诉讼的受案范围。集体土地补偿费如何分配，是集体经济组织的自治事项，原则上法院不予干涉，但因是否属于集体成员而引发的分配纠纷，属于法院的受案范围。

在卢某某诉某村土地补偿款案中，法院认为，遵循法定程序，不与法律、法规、国家政策抵触的关于土地补偿款分配的村民代表会议决议，应认定合法有效。该案的案例要旨：农村集体经济组织内部合理分配土地补偿款属于村民自治事项范畴，应通过村民代表会议讨论决定。村委会按法律规定的民主程序召开村民代表会议，并根据"少数服从多数的原则"作出征地款分配的会议决议，且该决议没有与宪法、法律、法规和国家的政策相抵触的，该决议应认定为合法有效。因此，不符合会议决议中关于征地款分配资格的当事人，无权请求土地补偿费的分配。①

在甲诉B村民小组行政撤销纠纷案中，法院认为，不具有该小组村民资格的当事人提出撤销该小组作出土地征收补偿款分配方案的，人民法院不予支持。该案的案例要旨：当事人未在该村民小组处长期居住生活，未形成较为固定的生产、生活状态；同时其在另一村民小组至今仍有承包地，并不依赖于该村民小组的集体土地作为生活保障；且从户籍迁入该村民小组的时间来看，该时间晚于征地补偿安置方案确定的时间，故在征地补偿安置方案确定时，其不具有该村民小组集体经济组织成员资格，其要求撤销该村民小组作出的分配方案并要求分配征地补偿款的诉讼请求，不符合法律规定。

四、征收房屋等不动产的补偿

（一）对农村村民住宅的征收补偿

《土地管理法》第48条第4款规定，"……对其中的农村村民住宅，应当按照先补偿后搬迁、居住条件有改善的原则，尊重农村村民意愿，采取重新安排宅基地建房、提供安置房或者货币补偿等方式给予公平、合理的补偿，并对因征收造成的搬迁、临时安置等费用予以补偿，保障农村村民居住的权

---

① 参见广东省佛山市三水区人民法院（2006）三法民一初字第303号民事判决书、广东省佛山市中级人民法院（2006）佛中法民五终字第369号民事判决书。

利和合法的住房财产权益”。

（二）对国有土地上房屋的征收补偿

《国有土地上房屋征收与补偿条例》第17条规定：“作出房屋征收决定的市、县级人民政府对被征收人给予的补偿包括：（一）被征收房屋价值的补偿；（二）因征收房屋造成的搬迁、临时安置的补偿；（三）因征收房屋造成的停产停业损失的补偿。市、县级人民政府应当制定补助和奖励办法，对被征收人给予补助和奖励。”第18条规定：“征收个人住宅，被征收人符合住房保障条件的，作出房屋征收决定的市、县级人民政府应当优先给予住房保障。具体办法由省、自治区、直辖市制定。”第19条规定：“对被征收房屋价值的补偿，不得低于房屋征收决定公告之日被征收房屋类似房地产的市场价格。被征收房屋的价值，由具有相应资质的房地产价格评估机构按照房屋征收评估办法评估确定。对评估确定的被征收房屋价值有异议的，可以向房地产价格评估机构申请复核评估。对复核结果有异议的，可以向房地产价格评估专家委员会申请鉴定。房屋征收评估办法由国务院住房城乡建设主管部门制定，制定过程中，应当向社会公开征求意见。”第21条规定：“被征收人可以选择货币补偿，也可以选择房屋产权调换。被征收人选择房屋产权调换的，市、县级人民政府应当提供用于产权调换的房屋，并与被征收人计算、结清被征收房屋价值与用于产权调换房屋价值的差价。因旧城区改建征收个人住宅，被征收人选择在改建地段进行房屋产权调换的，作出房屋征收决定的市、县级人民政府应当提供改建地段或者就近地段的房屋。”

《国有土地上房屋征收与补偿条例》第17条规定的“因征收房屋造成的停产停业损失的补偿”，是实践中发生的重大问题。该条例第23条授权省、自治区、直辖市制定具体的办法。实践中有三种停产停业损失补偿办法。第一，按照被征收房屋补偿价格的一定比例给付停产停业损失补偿。第二，以被征收房屋的建筑面积给付固定标准的停产停业损失补偿。第三，细化评估标准后设定停产停业期限或固定标准确定补偿。如2011年上海市政府制定的《上海市国有土地上房屋征收与补偿实施细则》第35条规定：“因征收非居住房屋造成被征收人、公有房屋承租人停产停业损失的补偿标准，按照被征收房屋市场评估价的10%确定。被征收人、公有房屋承租人认为其停产停业损失超过被征收房屋的市场评估价10%的，应当向房屋征收部门提供房屋被征收前三年的平均效益、停产停业期限等相关证明材料。房屋征收部门应当委托房地产价格评估机构对停产停业损失进行评估，并按照评估结果予以补偿。被征收人、公有房屋承租人对评估结果有异议的，可以按照本细则第二十五条第三款规定申请复核、鉴定。”2011年甘肃省政府制定的《甘肃省实施〈国有土地上房屋征收与补偿条例〉若干规定》第15条规定：“停产停业损失补偿的标准，以被征收人提供的近三年纳税证明为依据确定；不足三年的以全部生产经营期间纳税证明为依据确定。停产停业损失补偿，生产经营三年以上的以近三年生产经营效益平均值为计算依据，不足三年的以生产经营期间效益平均值为计算依据。”第16条规定：“停产停业损失补偿期限，商业、服务性行业按半年予以补偿；工业生产行业按一年予以补偿。”这些地方规定进一步明确了征收补偿标准，具有重大的实践意义，为未来全国形成相对统一的征收补偿标准奠定了扎实的实践基础。

五、非法侵占征收补偿费的法律责任

本条第4款规定：“任何组织或者个人不得贪污、挪用、私分、截留、拖欠征收补偿费等费用。”这是不完全法条，更多要引至其他法律条款，更多是立法政策的宣誓。从法律解释看，违反了本款的规定，当事人要依法承担侵权责任、行政责任，乃至刑事责任。

《土地管理法》第49条规定：“被征地的农村集体经济组织应当将征收土地的补偿费用的收支状况向本集体经济组织的成员公布，接受监督。禁止侵占、挪用被征收土地单位的征地补偿费用和其他有关费用。”第80条规定：“侵占、挪用被征收土地单位的征地补偿费用和其他有关费用，构成犯罪的，依法追究刑事责任；尚不构成犯罪的，依法给予处分。”《国有土地上房屋征收与补偿条例》第33条规定：“贪污、挪用、私分、截留、拖欠征收补偿费用的，责令改正，追回有关款项，限期退还违法所得，对有关责任单位通报批评、给予警告；造成损失的，依法承担赔偿责任；对直接负责的主管人员和其他直接责任人员，构成犯罪的，依法追究刑事责任；尚不构成犯罪的，依法给予处分。”按照《刑法》第382条、第383条、第384条的规定，村民委员会等农村基层组织工作人员侵占、挪用征地补偿费，构成贪污罪和挪用公款罪。

举证责任

征收是一种具体行政行为，遵循行政权行使的基本规则。在行政诉讼中，行政主体要举证证明行政行为的合法性。对于征收所造成的损害，被征收人负有初步的举证责任。2018年8月29日，最高人民法院公布了征收拆迁的十大典型案例。其中廖某某诉龙南县人民政府房屋强制拆迁案，对于举证责任的承担具有指导意义。

一、基本案情

原告廖某某的房屋位于龙南县龙南镇龙洲村东胜围小组，2011年被告龙南县人民政府批复同意建设县第一人民医院，廖某某的房屋被纳入该建设项目拆迁范围。就拆迁安置补偿事宜，龙南县人民政府工作人员多次与廖某某进行协商，但因意见分歧较大未达成协议。2013年2月27日，龙南县国土及规划部门将廖某某的部分房屋认定为违章建筑，并下达自行拆除违建房屋的通知。同年3月，龙南县人民政府在未按照《行政强制法》的相关规定进行催告、未作出强制执行决定、未告知当事人诉权的情况下，组织相关部门对廖某某的违建房屋实施强制拆除，同时对拆迁范围内的合法房屋也进行了部分拆除，导致该房屋丧失正常使用功能。廖某某认为龙南县人民政府强制拆除其房屋和毁坏财产的行为严重侵犯其合法权益，遂于2013年7月向赣州市中级人民法院提起了行政诉讼，请求法院确认龙南县人民政府拆除其房屋的行政行为违法。赣州市中级人民法院将该案移交安远县人民法院审理。安远县人民法院受理案件后，于法定期限内向龙南县人民政府送达了起诉状副本和举证通知书，但该政府在法定期限内只向法院提供了对廖某某违建房屋进行行政处罚的相关证据，没有提供强制拆除房屋行政行为的相关证据和依据。

二、裁判结果

安远县人民法院认为，根据《行政诉讼法》第32条、第43条及《行政诉讼法解释》第26条之规定，被告对作出的具体行政行为负有举证责任，应当在收到起诉状副本之日起10日内提供作出具体行政行为时的证据，未提供的，应当认定该具体行政行为没有证据。本案被告龙南县人民政府在收到起诉状副本和举证通知书后，始终没有提交强制拆除房屋行为的证据，应认定被告强制拆除原告房屋的行政行为没有证据，不具有合法性。据此，依照《行政诉讼法解释》第57条第2款第2项之规定，确认龙南县人民政府拆除廖某某房屋的行政行为违法。

该判决生效后，廖某某于2014年5月向法院提起了行政赔偿诉讼。经安远县人民法院多次协调，最终促使廖某某与龙南县人民政府就违法行政行为造成的损失及拆除其全部房屋达成和解协议。廖某某撤回起诉，行政纠纷得以实质性解决。

三、典型意义

本案的典型意义在于：凸显了行政诉讼中行政机关的举证责任和司法权威，对促进行政机关及其工作人员积极应诉，不断强化诉讼意识、证据意识和责任意识具有警示作用。法律和司法解释明确规定了行政机关在诉讼中的举证责任，不在法定期限提供证据，视为被诉行政行为没有证据，这是法院处理此类案件的法律底线。本案中，被告将原告的合法房屋在拆除违法建筑过程中一并拆除，在其后诉讼过程中又未能在法定期限内向法院提供据以证明其行为合法的证据，因此只能承担败诉后果。

第二百四十四条【保护耕地、不得非法征地】

国家对耕地实行特殊保护，严格限制农用地转为建设用地，控制建设用地总量。不得违反法律规定的权限和程序征收集体所有的土地。

历史由来

本条完全承袭了《物权法》第43条。

有学者建议规定：“耕地征收、耕地转化为建设用地，除遵守本法的规定外，并应当遵守特别法规定的耕地强制保护制度的特别条件和程序。”[①] 耕地强制

---

① 梁慧星主编：《中国民法典草案建议稿附理由：物权编》，法律出版社2013年版，第86页。

保护的主要内容，主要规定在我国《土地管理法》等法律中，但不能认为民法典物权编对此问题不应涉及，因为耕地转化为建设用地的问题，是土地使用权（基地使用权等权利）设定的前提条件问题。[①]在物权法制定过程中，物权法草案的前五次审议稿并没有设立该条款。《物权法（草案）》（六审稿）第43条规定："国家严格限制农用地转为建设用地，控制建设用地总量，对耕地实行特殊保护。禁止违反法律规定的权限和程序征收集体所有的土地。"最后通过的《物权法》只对措辞进行了修改。在民法典的编纂过程中，该条并没有修改。

规范目的或功能

本条的规范目的有两个，一是明确耕地的特殊保护，二是明确禁止非法征地。实行最严格的耕地保护制度，严格控制农用地转为建设用地，是我国的基本国策。征收农村土地，应当按照特殊保护耕地的原则，依照法律规定的权限和程序进行，切实保护耕地，保护农民利益，保障社会安定和经济的可持续发展。[②]本条属于不完全法条，如何对耕地进行特殊保护，违反耕地特殊保护的法律责任，以及征收集体土地的权限和程序等，并不明确。这依赖于其他法律相关条款，本条更多是立法政策的宣示性规定。

规范内容

一、耕地特殊保护的规范解释

本条第一句是对耕地保护的原则性规定，2019年修改后的《土地管理法》对此作出了具体的规定。主要包括占用耕地补偿制度、永久基本农田制度、农用地转为建设用地制度、控制建设用地总量制度、非农建设优先利用荒地制度、耕地不得闲置制度等。

---

① 梁慧星主编：《中国民法典草案建议稿附理由：物权编》，法律出版社2013年版，第86—87页。

② 全国人大常委会法制工作委员会民法室编：《〈中华人民共和国物权法〉条文说明、立法理由及相关规定》（第二版），北京大学出版社2017年版，第89页。

（一）占用耕地补偿制度

占用耕地补偿制度是实现耕地占补平衡的一项重要法律制度安排。《土地管理法》第30条规定："国家保护耕地，严格控制耕地转为非耕地。国家实行占用耕地补偿制度。非农业建设经批准占用耕地的，按照'占多少，垦多少'的原则，由占用耕地的单位负责开垦与所占用耕地的数量和质量相当的耕地；没有条件开垦或者开垦的耕地不符合要求的，应当按照省、自治区、直辖市的规定缴纳耕地开垦费，专款用于开垦新的耕地。省、自治区、直辖市人民政府应当制定开垦耕地计划，监督占用耕地的单位按照计划开垦耕地或者按照计划组织开垦耕地，并进行验收。"第31条规定："县级以上地方人民政府可以要求占用耕地的单位将所占用耕地耕作层的土壤用于新开垦耕地、劣质地或者其他耕地的土壤改良。"2018年国务院颁布了《跨省域补充耕地国家统筹管理办法》和《城乡建设用地增减挂钩节余指标跨省域调剂管理办法》。据此，坚持耕地占补平衡县域自行平衡为主、省域内调剂为辅、国家适度统筹为补充的原则。耕地后备资源严重匮乏的直辖市，占用耕地、新开垦耕地不足以补充所占耕地，或者资源环境条件严重约束、补充耕地能力严重不足的省，由于实施重大建设项目造成补充耕地缺口，经国务院批准，在耕地后备资源丰富的省份落实补充耕地任务。

（二）永久基本农田制度

"永久基本农田"是2019年《土地管理法》确定的新表达。此前称为"基本农田"。《土地管理法》第33条规定："国家实行永久基本农田保护制度。下列耕地应当根据土地利用总体规划划为永久基本农田，实行严格保护：（一）经国务院农业农村主管部门或者县级以上地方人民政府批准确定的粮、棉、油、糖等重要农产品生产基地内的耕地；（二）有良好的水利与水土保持设施的耕地，正在实施改造计划以及可以改造的中、低产田和已建成的高标准农田；（三）蔬菜生产基地；（四）农业科研、教学试验田；（五）国务院规定应当划为永久基本农田的其他耕地。各省、自治区、直辖市划定的永久基本农田一般应当占本行政区域内耕地的百分之八十以上，具体比例由国务院根据各省、自治区、直辖市耕地实际情况规定。"第34条规定："永久基本农田划定以乡

（镇）为单位进行，由县级人民政府自然资源主管部门会同同级农业农村主管部门组织实施。永久基本农田应当落实到地块，纳入国家永久基本农田数据库严格管理。乡（镇）人民政府应当将永久基本农田的位置、范围向社会公告，并设立保护标志。”要从严管控非农建设占用永久基本农田，永久基本农田一经划定，任何单位和个人不得擅自占用或者擅自改变用途。已经划定的永久基本农田特别是城市周边永久基本农田原则上不得随意调整和占用。重大建设项目、生态建设等经国务院批准占用或调整永久基本农田的，按照有关要求补划相当数量和质量的永久基本农田。

（三）农用地转为建设用地制度

农用地转为建设用地的审批权限，要区分永久基本农田和永久基本农田以外的农用地，前者由国务院审批，后者由土地利用总体规划的机关或者其授权的机关审批。《土地管理法》第44条规定：“建设占用土地，涉及农用地转为建设用地的，应当办理农用地转用审批手续。永久基本农田转为建设用地的，由国务院批准。在土地利用总体规划确定的城市和村庄、集镇建设用地规模范围内，为实施该规划而将永久基本农田以外的农用地转为建设用地的，按土地利用年度计划分批次按照国务院规定由原批准土地利用总体规划的机关或者其授权的机关批准。在已批准的农用地转用范围内，具体建设项目用地可以由市、县人民政府批准。在土地利用总体规划确定的城市和村庄、集镇建设用地规模范围外，将永久基本农田以外的农用地转为建设用地的，由国务院或者国务院授权的省、自治区、直辖市人民政府批准。”

（四）控制建设用地总量制度

控制建设用地总量，主要依靠土地利用总体规划和土地利用年度计划等。《土地管理法》第4条第2款规定：“国家编制土地利用总体规划，规定土地用途，将土地分为农用地、建设用地和未利用地。严格限制农用地转为建设用地，控制建设用地总量，对耕地实行特殊保护。”第16条第2款、第3款规定：“地方各级人民政府编制的土地利用总体规划中的建设用地总量不得超过上一级土地利用总体规划确定的控制指标，耕地保有量不得低于上一级土地利用总体规划确定的控制指标。省、自治区、直辖市人民政府编制的土地利用总体规划，应当确保本行政区域内耕地总量不减少。”第23条第1款规定：“各级人民政府应当加强土地利用计划管理，实行建设用地总量控制。”第32条规定：“省、自治区、直辖市人民政府应当严格执行土地利用总体规划和土地利用年度计划，采取措施，确保本行政区域内耕地总量不减少、质量不降低。耕地总量减少的，由国务院责令在规定期限内组织开垦与所减少耕地的数量与质量相当的耕地；耕地质量降低的，由国务院责令在规定期限内组织整治。新开垦和整治的耕地由国务院自然资源主管部门会同农业农村主管部门验收。个别省、直辖市确因土地后备资源匮乏，新增建设用地后，新开垦耕地的数量不足以补偿所占用耕地的数量的，必须报经国务院批准减免本行政区域内开垦耕地的数量，易地开垦数量和质量相当的耕地。”

（五）耕地保护的其他制度

非农业建设，要优先使用荒地，优先使用劣地，禁止闲置、荒芜耕地。《土地管理法》第37条规定：“非农业建设必须节约使用土地，可以利用荒地的，不得占用耕地；可以利用劣地的，不得占用好地。禁止占用耕地建窑、建坟或者擅自在耕地上建房、挖砂、采石、采矿、取土等。禁止占用永久基本农田发展林果业和挖塘养鱼。”第38条第1款规定：“禁止任何单位和个人闲置、荒芜耕地。已经办理审批手续的非农业建设占用耕地，一年内不用而又可以耕种并收获的，应当由原耕种该幅耕地的集体或者个人恢复耕种，也可以由用地单位组织耕种；一年以上未动工建设的，应当按照省、自治区、直辖市的规定缴纳闲置费；连续二年未使用的，经原批准机关批准，由县级以上人民政府无偿收回用地单位的土地使用权；该幅土地原为农民集体所有的，应当交由原农村集体经济组织恢复耕种。”

（六）违反耕地保护的法律效力

违反耕地保护的强制性规定，当事人所签订的合同是无效的。有关行政主管部门可以予以罚款，严重的还可能构成非法占用农用地罪等。《土地管理法》第75条规定：“违反本法规定，占用耕地建窑、建坟或者擅自在耕地上建房、挖砂、采石、采矿、取土等，破坏种植条件的，或者因开发土地造成土地荒漠化、盐渍化的，由县级以上人民政府自然资源主管部门、农业农村主管部门等按照职责责令限期改正或者治理，可以并处罚款；构成犯罪的，依法追究刑事责任。”《刑法》第342条规定了非法占用农用地罪。该条规定：“违反土地管理法规，非法占用耕地、林地等农用地，改变被占用土地用途，数量较大，造成耕地、林地等农用地大量毁坏的，处五年以下有期徒刑或者拘役，并处或者单处罚金。”在王某某与某村委林业承包合同纠纷案[①]中，法院认为：根据某公司与某村委签订的永久性占用林地补偿协议，该公司井场及进井道路永久性占用林地0.2074公顷（3.111亩），其中有2亩为耕地。建设占用土地，涉及农用地转为建设用地的，应当办理农用地转用审批。耕地如果转化为某公司井场及进井道路建设用地，须办理农用地转用审批手续，而不能以永久性占用林地这一形式转化为建设用地。因此，某公司与某村委签订的“永久性占用林地补偿协议”中涉及2亩耕地的部分，因违反法律强制性规定而无效。

二、不得非法征收集体土地的规范解释

本条第二句规定，“不得违反法律规定的权限和程序征收集体所有的土地”。对此，一方面要明确非法征地的法律责任，另一方面要明确解决非法征地问题的根本路径。

（一）非法征收集体土地的法律责任

非法征地的第一种表现是违反了征地的审批权限。根据《土地管理法》第44条第2款，永久基本农田转为建设用地的，由国务院批准。《土地管理法》第46条第1款、第2款规定：“征收下列土地的，由国务院批准：（一）永久基本农田；（二）永久基本农田以外的耕地超过三十五公顷的；（三）其他土地超过七十公顷的。征收前款规定以外的土地的，由省、自治区、直辖市人民政府批准。”第79条规定：“无权批准征收、使用土地的单位或者个人非法批准占用土地的，超越批准权限非法批准占用土地的，不按照土地利用总体规划确定的用途批准用地的，或者违反法律规定的程序批准占用、征收土地的，其批准文件无效，对非法批准征收、使用土地的直接负责的主管人员和其他

---

① 参见山西省晋城市中级人民法院（2017）晋05民终891号民事判决书。

直接责任人员，依法给予处分；构成犯罪的，依法追究刑事责任。非法批准、使用的土地应当收回，有关当事人拒不归还的，以非法占用土地论处。非法批准征收、使用土地，对当事人造成损失的，依法应当承担赔偿责任。”

非法征地的第二种表现是非因公共利益征地。从法律实践层面，政府非因公共利益征地普遍存在。政府为了达到不违法的效果，把土地征收中的公共利益无限扩大化，以至于演变成经济发展就是公共利益。我国地方政府在集体土地征收制度实施过程中，扮演着土地征收决策者、土地交易当事人及土地宏观管理者多重角色，政府既是公共利益的判断者或解释者，也是土地征收的执行者，还是土地征收争议的裁判者。①由于《宪法》规定城市的土地属于国家，因此借由政府征收集体土地而发生的城市化，成为中国农村实现现代化的重要路径。我国的城市化，并不是在各种条件日趋成熟之后的自发选择，而是一种有意识的、政府主导的选择。②因此在实践中，集体土地征收中的“公共利益”扩展到“任何单位和个人进行建设”，不仅包括公共设施、公益事业，也包括非公共利益的工商业经营性用地。国家垄断土地一级市场，仅凭行政权力以“公共利益的需要”为名强制性将集体土地变为国有，此举导致“公共利益”概念被无限扩大化，国家权力沦为开发商牟利的工具。③根据16省（区、市）上报的材料，2000年至2001年，征地项目不仅包括交通、能源、水利等基础设施项目（占52%）和经济适用住房、市政公用设施等城市公益性项目（占12%），还包括工商业、房地产等城市经营性项目（占22%）和道路、学校、企业等及乡镇村建设用地项目（占13%）。④公开资料显示，截至2007年年底，全国80%的农用地被征用后，用作房地产开发、高速公路修建等建设用地。⑤这意味着，仅有20%的农用地被征收，是为了满足公共利益的需要。

---

① 刘云生：《中国不动产法研究》（第10卷），法律出版社2014年版，第76页。

② 刘承韪：《产权与政治》，法律出版社2012年版，第71页。

③ 何光学：《完善我国土地征收制度的法律思考》，载《贵州财经学院学报》2006年第5期。

④ 国土资源部征地制度改革研究课题：《征地制度改革研究报告》，2009年9月7日。

⑤ 张贵峰：《缩小政府征地范围，公共利益需厘清》，载《西安晚报》2008年10月17日。

违反法律规定的权限和程序征收集体所有的土地，被征收人可以通过行政复议或行政诉讼，撤销违法的征收决定。如果撤销会给社会公共利益造成重大损害的，人民法院可以在判决确认该征收行为违法的同时，责令征收机关补办征收手续，并对被征收人履行补偿安置义务。为了更好地保障被征收人的合法权益，相关单位应尽快书面告知未领取相关款项的被征收人相应的依据和具体款项。被征收人仍拒绝领取的，应依法办理提存手续。同时，行政机关也应尽快履行征地报批义务，并在取得相应的征地批复后，妥善处理好后续事宜。①

（二）非法征收集体土地问题的解决路径

根据2019年修改前的《土地管理法》第43条第1款的规定，除了一些特殊情况，在城市，任何单位和个人进行建设，不管是因公共利益，还是非公共利益，必须使用国有土地。而根据2019年修改前的《土地管理法》第2条第4款的规定，集体土地征收必须是为了公共利益，这就造成了法律适用的两难。如果不严格限定集体土地征收的公共利益范围，则会引起土地征收权的滥用，农民的土地权益得不到保障。如果严格界定公共利益的范围，则存量的建设用地无法满足一般企事业单位的需要。非公共利益征地行为大量存在，法律规定不明确并非问题的根源，严格限定公共利益的范围也不是解决问题的关键。解决问题的路径在于建立非公益建设用地制度，疏导非公共利益征地的社会需求。对此，大致有两种解决问题的方案：第一种方案是，打破国有土地在建设用地一级市场的垄断，开放集体土地一级市场，给集体土地流通提供合法途径。②第二种方案是，在土地征收制度内建立非公益性土地的征购制度，非公益性土地征购制度应当在现行的土地征用制度内构建，并相互融合，形成一个整体。③

哪一种模式更适合我国的国情，受制于诸多因素。从利益配置和立法政

---

① 参见最高人民法院（2019）最高法行赔申51号行政赔偿裁定书。

② 陶信平、李江鸿：《土地征收中公益性目的被泛化的根源及对策》，载《农村经济》2006年第6期。

③ 杨进、张迎春：《关于改革农村土地征用制度的思考》，载《经济体制改革》2005年第1期。

策导向等角度看，第一种方案更具有现实性和可操作性。从利益配置看，第一种方案更合理。农民集体倾向于在不改变土地所有权性质的基础上，改变土地的用途，选择第一种方案。非公共利益的需求方也倾向于采用第一种方案，这样他们的选择空间更大。把国家的征地范围扩展到非公共利益，违背市场经济国家通行的一般原则，国家的职责只应当限于提供公共物品的领域。从立法政策导向角度看，也应当选择第一种方案。打破以政府为主导的征地方式，通过市场机制配置土地资源，让农民作为土地的所有者分享工业化和城市化的成果。要充分尊重农民的土地权益，就要充分尊重农民的自主权，就要充分保护农民的土地发展权。①

2019年修改后的《土地管理法》采纳了第一种方案，规定了集体经营性建设用地入市制度，一定程度上解决了非公共利益利用集体土地机制的问题。该法第63条规定："土地利用总体规划、城乡规划确定为工业、商业等经营性用途，并经依法登记的集体经营性建设用地，土地所有权人可以通过出让、出租等方式交由单位或者个人使用，并应当签订书面合同，载明土地界址、面积、动工期限、使用期限、土地用途、规划条件和双方其他权利义务。前款规定的集体经营性建设用地出让、出租等，应当经本集体经济组织成员的村民会议三分之二以上成员或者三分之二以上村民代表的同意。通过出让等方式取得的集体经营性建设用地使用权可以转让、互换、出资、赠与或者抵押，但法律、行政法规另有规定或者土地所有权人、土地使用权人签订的书面合同另有约定的除外。集体经营性建设用地的出租，集体建设用地使用权的出让及其最高年限、转让、互换、出资、赠与、抵押等，参照同类用途的国有建设用地执行。具体办法由国务院制定。"需要指出的是，该条只解决集体经营性建设用地入市问题，很难实质解决因非公共利益利用农村宅基地等问题。集体建设用地主要是宅基地，80%的农村都没有集体经营性用地，仅强调经营性建设用地的利用机制不具有普遍意义。

随着农村宅基地三权分置改革的推进，该问题有望进一步得到解决。目前全国处于闲置状态的宅基地至少有3000万亩，农房至少有7000万套。②目

① 申惠文：《非公共利益利用集体土地机制研究》，法律出版社2015年版，第41—42页。

② 《解读湖北省农村宅基地"三权分置"试点方案》，载《湖北日报》2018年8月16日。

前约有9万平方公里的城镇建设用地，19万平方公里的农村建设用地，其中宅基地约占13万平方公里，约占农村建设用地的70%。[①]中央提出宅基地三权分置的目标，主要是解决闲置宅基地和闲置农房问题，主要服务于乡村全面振兴战略。要明确集体经济组织的营利属性，明确其对宅基地的分配权、收回权、收益权和处分权。为了宅基地的集约化利用，宅基地三权分置改革目前宜采取宅基地用途转变的方式，农户有条件地退出宅基地使用权，置换为金钱或股份，由农村集体经济组织统一出让，社会主体获得建设用地使用权。立法塑造社会主体对宅基地的合理利用机制，才能从根本上解决非法征收集体土地的问题，才能切实保护农民的土地权益。

第二百四十五条【紧急征用】

因抢险救灾、疫情防控等紧急需要，依照法律规定的权限和程序可以征用组织、个人的不动产或者动产。被征用的不动产或者动产使用后，应当返还被征用人。组织、个人的不动产或者动产被征用或者征用后毁损、灭失的，应当给予补偿。

历史由来

本条基本承袭了《物权法》第44条的规定。有两点修改，一是将“单位”修改为“组织”，二是将“抢险、救灾”修改为“抢险救灾、疫情防控”。后者是回应2020年新型冠状病毒疫情而新增的内容。如承担赛事举办任务的武汉体育中心体育馆被征用，改造为方舱医院。十余所武汉高校学生宿舍被征用，作为隔离观察点，一定程度上缓解了医院床位紧张的局面。

学者对征用的立法建议不同。有学者建议规定：“因处于紧急状态，国家可以征用自然人、法人和非法人团体的财产。紧急状态消失后，国家应当返还财产或者恢复原状，如有损害，并应当赔偿。关于征用的其他事项，由法

① 楼明月：《为实施乡村振兴战略提供顶层制度设计样本——义乌宅基地“三权分置”写进中央1号文件》，载《金华日报》2018年2月7日，第A01版。

律另行规定。”[①]有学者建议规定：“国家为了公共利益的需要，可以依照法律规定对公民的私有财产实行征收或者征用并给予合理的补偿。征收人、征用人违反法定程序或者未给予合理的补偿，被征收人、被征用人有权向人民法院提起诉讼。”[②]2017年5月中国社会科学院起草完成的《〈民法典分则〉立法建议稿》，基于《民法总则》已经规定了征收征用的立法事实，没有再规定征用条款。[③]

从比较法看，很多国家的民法典规定了征用。《俄罗斯联邦民法典》第242条规定：“在发生自然灾害、事故、流行病、兽疫和其他具有非常性质的情况时，为了社会的利益，根据法院的判决，依照法律规定的程序和条件，国家机关可向财产所有人收缴财产，并向他给付财产的价值（征用）。对于向所有人征用的财产估价有争议时，所有人可以向法院提起诉讼。被征用财产的人，在作为征用理由的情况终止时，有权向法院提出请求，要求向他返还尚存留的财产。”《意大利民法典》第835条规定：“因发生公共事务、军事、民事的重大紧急需求，可以对动产或者不动产进行征用。对其所有权人应当给予合理补偿。有关征用的规则由特别法规定。”[④]

规范目的或功能

本条的规范目的，在于明确行政机关征用的权力边界，在于明确被征用组织、个人的权利保护。一方面，本条明确了行政权行使的基本规则，明确了征用的前提是因抢险救灾、疫情防控等紧急需要，并限定了政府及相关工作人员的征用权限和程序，为行政权强制取得被征用人的财产使用权提供法律依据。另一方面，本条确立了被征用人权利救济的基本规则，明确了返还

---

① 梁慧星主编：《中国民法典草案建议稿附理由：物权编》，法律出版社2013年版，第84页。

② 王利明主编：《中国民法典学者建议稿及立法理由：物权编》，法律出版社2005年版，第96—97页。

③ 陈甦主编：《中国社会科学院民法典分则草案建议稿》，法律出版社2019年版，第14—15页。

④ 费安玲等：《意大利民法典》，中国政法大学出版社2004年版，第208页。

原物请求权和损害补偿请求权的行使条件。征用既是民法问题，也是行政法问题。本条旨在从民法角度，从财产使用权受到限制角度，对征用行为进行规范。

规范内容

一、征用的含义

征用与征收都是对所有权的限制，都是基于公共利益。然而，两者的法律效果和适用对象不同。征收的结果是国家取得财产的所有权，征用的结果是取得临时的使用权。征收的对象往往仅限于不动产，征用的对象则包括不动产和动产。从行政法的角度看，征用往往又被称为行政征用。行政征用具有如下特征：（1）行政征用是一种合法的具体行政行为；（2）行政征用必须符合公共利益的要求；（3）行政征用要遵循“法无明文规定即禁止”的要求，遵循法律的程序性要求；（4）补偿行政相对人在征用过程中的损失。《四平市应对突发事件应急征用实施办法》第6条规定：“应对突发事件应急征用工作应当坚持提前统筹、就近征用、均衡负担、依法补偿的原则。政府及其部门采取的应对突发事件应急征用措施，应当与突发事件可能造成的社会危害的性质、程度和范围相适应。有多种措施可供选择的，应当选择有利于最大限度地保护单位和个人权益的措施。”

我国自2004《宪法》修正案颁布后，立法才正式区分征用和征收。1982年通过的《宪法》第10条第3款规定：“国家为了公共利益的需要，可以依照法律规定对土地实行征用。”2004年通过的《宪法》修正案将第10条第3款修改为：“国家为了公共利益的需要，可以依照法律规定对土地实行征收或者征用并给予补偿。”2007年通过的《物权法》第44条规定：“因抢险、救灾等紧急需要，依照法律规定的权限和程序可以征用单位、个人的不动产或者动产。被征用的不动产或者动产使用后，应当返还被征用人。单位、个人的不动产或者动产被征用或者征用后毁损、灭失的，应当给予补偿。”2017年通过的《民法总则》第117条规定：“为了公共利益的需要，依照法律规定的权限和程序征收、征用不动产或者动产的，应当给予公平、合理的补偿。”

本条“法律规定的权限和程序”中的“法律”，是指狭义的法律，仅指全国人大及其常委会颁布的法律。我国《立法法》第8条第7项规定，“对非国有财产的征收、征用”，只能制定法律。法国制定的《公用征收法典》与日本制定的《土地征用法》等，虽然在法律的称谓上存在差异，但都详细规定了本国行政征用行为的具体权限和程序。我国《突发事件应对法》《传染病防治法》《防震减灾法》《防洪法》《国家情报法》《反间谍法》《反恐怖主义法》《国防法》《国防交通法》《戒严法》等法律，均对征用作出了相应的规定，细化了征用的条件、征用的程序和征用的补偿。行政法规、地方法规和地方规章等细化了紧急征用的相关制度。将来宜制定一部统一的《行政征用法》，避免立法漏洞、立法重复和立法矛盾。

二、征用的两种类型

征用包括常态征用和紧急征用。常态征用属于行政机关在正常社会管理状态下的征用。对于常态征用，行政相对人有较好的预见性。例如，南水北调工程需临时征用土地，堆放建筑材料，征用主体可以与行政相对人充分协商征用的细则，最大限度地保护行政相对人的利益。常态征用也要基于公共利益，与《土地管理法》第57条规定的土地临时使用不同。紧急征用是在发生自然灾害、事故灾难、公共卫生事件和社会安全事件等突发事件时，政府依法强制取得行政相对人财产的使用权，并在事后返还或对损失进行补偿的具体行政行为。

本条规定的征用，是指紧急征用，是以因抢险救灾、疫情防控等紧急需要为前提。本条没有规定常态征用，体系解释应当承认常态征用。《民法典》第117条规定：“为了公共利益的需要，依照法律规定的权限和程序征收、征用不动产或者动产的，应当给予公平、合理的补偿。”该条规定的征用，并没有限定在紧急情况下，而是包括了常态征用。《土地管理法》《草原法》《森林法》《军事设施保护法》等规定的征用，不局限于紧急需要。如2019年修改后的《土地管理法》第2条第4款规定：“国家为了公共利益的需要，可以依法对土地实行征收或者征用并给予补偿。”2013年修改后的《草原法》第38条规定：“进行矿藏开采和工程建设，应当不占或者少占草原；确需征收、征用或者使用草原的，必须经省级以上人民政府草原行政主管部门审核同意后，依照有关土地管理的法律、行政法规办理建设用地审批手续。”2019年修改后的《森林法》第21条规定：“为了生态保护、基础设施建设等公共利益的需要，确需征收、征用林地、林木的，应当依照《中华人民共和国土地管理法》等法律、行政法规的规定办理审批手续，并给予公平、合理的补偿。”2014年修改后的《军事设施保护法》第13条规定：“军事禁区、军事管理区范围的划定或者扩大，需要征收、征用土地、林地、草原、水面、滩涂的，依照有关法律、法规的规定办理。”2016年制定的《国防交通法》第7条规定：“县级以上人民政府根据国防需要，可以依法征用民用运载工具、交通设施、交通物资等民用交通资源，有关组织和个人应当予以配合，履行相关义务。民用交通资源征用的组织实施和补偿，依照有关法律、行政法规执行。”2010年通过的《国防动员法》第59条规定：“中国人民解放军现役部队和预备役部队、中国人民武装警察部队、民兵组织进行军事演习、训练，需要征用民用资源或者采取临时性管制措施的，按照国务院、中央军事委员会的有关规定执行。”这些法律条款规定的征用，并没有限定是紧急情况。因矿藏开采和工程建设，因军事禁区、军事管理区范围的划定或者扩大，因国防需要，因进行军事演习、训练等进行的征用，应当解释为特殊事项的常态征用。

三、紧急征用的对象

本条规定征用的对象是“不动产或者动产”。不动产包括土地、林地、草原、水面、滩涂等，包括房屋、其他建筑物等。动产包括食品、饮用水、能源、运输工具、医疗用品、机器设备等。理论上，劳务也可以成为紧急征用的对象。如《传染病防治法》第45条第2款规定，“紧急调集人员的，应当按照规定给予合理报酬”。对于知识产权等，是否可以成为征用的对象，存在争议。有人主张，为满足人民群众日益增长的精神文化需求，在重大疫情等紧急情况下，行政机关可以强制知识产权的强制许可。这种强制许可不以使用者申请为前提，不以权利人联系不上或者使用者无法与之达成授权使用协议为基础，无需经过繁杂的强制许可手续。[①]知识产权的强制许可与不动产或者

---

① 参见《张凤志：公共利益为重，疫情中版权应该强制许可吗？》，载中国财经媒体版权保护联盟，https://fmcpa.org.cn/2020/03/07/，最后访问时间2020年4月10日。

动产的征用，具有功能的相似性。民法典物权编是有体物为产权模型塑造的财产基本法，因此本条的规定，对知识产权强制许可相关条款的解释，亦具有一定的参考意义。这要根据知识产权的不同类型，作出不同的解释方案。

有学者认为，紧急征用的对象，局限于非国有的财产；政府对于国有财产，没有必要采用征用的手段，可以直接采用调用的方法；《传染病防治法》第45条和《突发事件应对法》第52条等将征用与调用混同，全国人大常委会应当对这些条款予以修改。[①]这种观点具有一定道理。2019年国务院通过的《生产安全事故应急条例》第26条规定："有关人民政府及其部门根据生产安全事故应急救援需要依法调用和征用的财产，在使用完毕或者应急救援结束后，应当及时归还。财产被调用、征用或者调用、征用后毁损、灭失的，有关人民政府及其部门应当按照国家有关规定给予补偿。"该行政法规就同时采用了"征用"和"调用"两种不同的表达。不过，要客观看待宪法条款。我国《宪法》第10条第3款规定："国家为了公共利益的需要，可以依照法律规定对土地实行征收或者征用并给予补偿。"第13条第3款规定："国家为了公共利益的需要，可以依照法律规定对公民的私有财产实行征收或者征用并给予补偿。"从文义解释看，征用对象的确是私有财产。从体系解释看，这些条款产生于计划经济时代，具体含义需要与社会主义市场经济、社会主义核心价值观、社会主义法治国家等条款相结合。国有财产的利益主体并非完全一致的，国有企业、国有事业单位和国家机关在民法视野下均被塑造为不同的法人，享有不同的权益。因此，《传染病防治法》《突发事件应对法》等法律，对征用的对象表达，没有区分国有财产与非国有财产，是适当的。

四、紧急征用的法律程序

对于紧急征用的法律程序，本条只是笼统说，"依照法律规定的权限和程序"。物权法草案一审稿、二审稿、三审稿，将征用的主体限定在"县级以上人民政府"，在随后的审议稿中将此限定删掉。紧急需要的情形很多，法律程

---

① 参见《王磊教授：防疫误用了"征用"与"调用"并建议全国人大审查相关立法》，载个人图书馆，http://www.360doc.com/content/20/0218/12/50928762_892887479.shtml，最后访问时间2020年3月28日。

序也存在较大的差异。紧急征用是典型的公法行为，征用权的行使不需要征得行政相对人的同意，带有明显的强制性。紧急征用要遵循合法原则、公共利益原则、正当法律程序原则和公平补偿原则。一般而言，紧急征用的法律程序包括征用决定程序和征用实施程序。前者包括紧急事件的确定程序、紧急征用的申请程序和紧急征用的审批程序。后者包括告知程序、听证程序和实施程序。

很多地方制定了紧急征用的地方规定，明确了相关的法律程序和权限。其中，云南省政府颁布的《云南省突发事件应急征用与补偿办法》和吉林省四平市政府颁布的《四平市应对突发事件应急征用实施办法》具有代表性，对于明确紧急征用的法律程序，具有参考意义。《云南省突发事件应急征用与补偿办法》第10条规定："突发事件发生后，需要征用应急设备、设施、场地、交通工具和其他物资的，由县级以上征用单位提出申请，报同级政府作出应急征用决定。"第11条规定："征用单位应当向被征用公民、法人和其他组织送达应急处置征用通知书。因情况紧急，无法事先送达应急处置征用通知书的，征用单位可以实施紧急征用，并在紧急征用后48小时内送达。"第12条第2款规定："征用单位应当制作应急征用清单，与被征用单位和个人办理交接手续。应急征用清单一式2份，征用双方各执1份。"《四平市应对突发事件应急征用实施办法》第11条规定："突发事件发生后，需要征用应急物资、场所的，可由市、县（市）、区人民政府作出征用决定，也可由市、县（市）、区人民政府指定的部门作出应急征用决定。应急征用决定书应当注明征用单位、征用用途、征用时间、征用地点、征用期限、征用实施单位以及被征用人、征用对象名称、型号、数量、相关技术及人员保障要求等内容。"第13条规定："征用单位应当向被征用单位或者个人送达应急征用决定书。情况紧急，无法事先送达应急征用决定书的，征用单位可以实施紧急征用，并在紧急征用后48小时内补办相关手续。"

五、紧急征用的公平补偿

本条规定，被征用的不动产或者动产使用后，应当返还被征用人。组织、个人的不动产或者动产被征用或者征用后毁损、灭失的，应当给予补偿。返还被征用人不动产或动产时，要不要对其价值的贬损，予以补偿，存在争议。被征用或者征用后毁损、灭失，补偿的标准，如何确定，也存在争议。有些地方规定市场赔偿。如《安徽省突发事件应对条例》第30条规定，“财产被征用或征用后毁损、灭失的，应当参照征用时的价值给予补偿”。《四川省突发事件应对办法》第41条规定，“财产被征用或者征用后毁损、灭失的，应当按征用时的市场价格给予补偿”。很多地方只是笼统说补偿，并没有明确标准。如《辽宁省突发事件应对条例》第41条规定，“财产被征用或者征用后毁损、灭失的，应当给予补偿。经营性财产被征用而遭受经济损失的，应当在补偿财产损失的同时给予生活补助”。《山西省突发事件应对条例》第38条第3款规定：“实施征用的人民政府应当及时返还被征用财产。财产被征用或者征用后毁损、灭失的，实施征用的人民政府应当按照国家和本省有关规定给予补偿。”《民法典》第117条规定，征用要给予“公平、合理的补偿”。据此，一方面，应明确公平补偿原则。我国目前紧急征用补偿标准不一，因此要形成全国范围统一的补偿标准原则。也就是明确按财产的相关市场价值进行补偿。另一方面，坚持补偿实际损失原则。坚持以补偿直接损失为主、补偿间接损失为例外的原则。如果被征用人遭受的间接损失明显高于直接损失，例如，在场所被征用情况下被征用人的停工损失，也应当给予适当补偿。[①]

一些地方对征用补偿的标准进行了明确的规定。如《广东省突发事件应急补偿管理暂行办法》第4条规定：“应急补偿应遵循以下原则：（一）合法合理补偿。补偿应符合相关法律、法规规定。补偿价值应与被征用财产在征用期间的使用价值相当，或者与因应急征用和突发事件应对措施而造成的财产损失相当。（二）补偿直接损失。仅补偿与应急征用或者突发事件应对措施有直接因果关系的财产损失，不包括精神损失等非物质层面损失和突发事件直接造成的财产损失。（三）补偿实际损失。仅补偿已经发生的实际损失，不包括预计发生的损失。按规定应由保险公司负责理赔的，不纳入政府突发事件应急补偿范围。”《云南省突发事件应急征用与补偿办法》第15条规定：“财产因被征用或因采取突发事件应急措施导致毁损、灭失的，按照下列情况分别处理：（一）财产毁损但经维修能够恢复使用功能的，补偿金按照必要的维修费用支出确定。（二）财产无法维修或经维修无法恢复使用功能、灭失或维修

① 孙宏涛：《疫情防控中的应急征用法律问题研究》，载《民主与法制时报》2020年3月5日，第6版。

费用超过财产毁损前价值的，补偿金额应当在综合考虑财产重置成本、综合成新率、净残值等因素后确定。以上补偿金中依法应由财产保险补偿的，应当予以扣除。”《四平市应对突发事件应急征用实施办法》第16条规定：“应急征用按以下规定给予补偿，补偿工作由征用实施单位负责，由本级财政负责补偿。（一）使用被征用物资造成其折旧的，按照相关折旧规定给付相应的补偿；（二）被征用物资、场所毁损的，能够恢复原状的恢复原状，不能恢复原状的，按照毁损程度给付相应的补偿；（三）被征用物资、场所灭失的，按照被征用时的市场价格给付相应补偿；（四）被征用单位或者个人提供物资、场所、操作人员、后勤保障人员的，按照实际工作时限补偿人员工资、津贴等实际产生的费用；（五）征用物资、场所造成被征用单位或者个人停产、停业的，补偿停产、停业期间必要的经常性费用开支；（六）法律、法规对补偿标准另有规定的，按其规定执行。”

一些地方对征用补偿的程序进行了明确的规定。如《云南省突发事件应急征用与补偿办法》第18条规定：“受偿人应当在收到补偿通知之日起1年内，向征用单位书面提出应急补偿申请。逾期未提出补偿申请且无正当理由的，视同放弃受偿权利。受偿人应当提交的资料包括：应急处置征用通知书、征用财产清单、财产归还情况、财产毁损或灭失情况、补偿金额及计算依据、投保及理赔情况、征用单位要求提供的其他材料。”第20条规定：“征用单位应当在补偿申请受理之日起45个工作日内完成审核，并制定应急补偿方案，报同级政府应急管理办公室审核。征用单位报送的资料应当包括：安排应急补偿资金的请示、应急处置征用通知书、征用财产清单、政府应急措施、应急措施与财产毁损灭失的关联情况、认定财产损失的标准和依据或资产评估报告书、补偿金额、社会捐资情况、受偿人签字确认书和明细清单，以及政府应急管理办公室要求提交的其他材料。”第21条规定：“政府应急管理办公室在收到征用单位提交的应急补偿方案之日起20个工作日内报同级政府审批。”第22规定：“财政部门收到政府批准通过的补偿方案后，应当在20个工作日内将应急补偿资金拨付征用单位。财政资金安排的应急补偿经费纳入国库集中支付范围，实行国库集中支付管理。”第23条规定：“征用单位在收到财政部门拨付资金之日起10个工作日内作出补偿决定，并将补偿资金拨付受偿人提供的银行账户。”

六、紧急征用的特别法律规定

（一）《防震减灾法》中的紧急征用

1997年通过的《防震减灾法》第38条规定："因救灾需要，临时征用的房屋、运输工具、通信设备等，事后应当及时归还；造成损坏或者无法归还的，按照国务院有关规定给予适当补偿或者作其他处理。"2008年修改后的《防震减灾法》将该条删除。2011年国务院修改后的《破坏性地震应急条例》第20条规定："在临震应急期，有关地方人民政府有权在本行政区域内紧急调用物资、设备、人员和占用场地，任何组织或者个人都不得阻拦；调用物资、设备或者占用场地的，事后应当及时归还或者给予补偿。"

（二）《防洪法》中的紧急征用

为了防治洪水，防御、减轻洪涝灾害，维护人民的生命和财产安全，1997年全国人大常委会颁布了《防洪法》。2009年修改后的《防洪法》第45条规定："在紧急防汛期，防汛指挥机构根据防汛抗洪的需要，有权在其管辖范围内调用物资、设备、交通运输工具和人力，决定采取取土占地、砍伐林木、清除阻水障碍物和其他必要的紧急措施；必要时，公安、交通等有关部门按照防汛指挥机构的决定，依法实施陆地和水面交通管制。依照前款规定调用的物资、设备、交通运输工具等，在汛期结束后应当及时归还；造成损坏或者无法归还的，按照国务院有关规定给予适当补偿或者作其他处理。取土占地、砍伐林木的，在汛期结束后依法向有关部门补办手续；有关地方人民政府对取土后的土地组织复垦，对砍伐的林木组织补种。"

（三）《传染病防治法》中的紧急征用

为了预防、控制和消除传染病的发生与流行，保障人体健康和公共卫生，全国人大常委会1989年制定了《传染病防治法》。2013年修改后的《传染病防治法》第45条规定："传染病暴发、流行时，根据传染病疫情控制的需要，国务院有权在全国范围或者跨省、自治区、直辖市范围内，县级以上地方人民政府有权在本行政区域内紧急调集人员或者调用储备物资，临时征用房屋、交通工具以及相关设施、设备。紧急调集人员的，应当按照规定给予合理报酬。临时征用房屋、交通工具以及相关设施、设备的，应当依法给予补偿；能返还的，应当及时返还。”

（四）《突发事件应对法》中的紧急征用

突发事件，是指突然发生，造成或者可能造成严重社会危害，需要采取应急处置措施予以应对的自然灾害、事故灾难、公共卫生事件和社会安全事件。按照社会危害程度、影响范围等因素，自然灾害、事故灾难、公共卫生事件分为特别重大、重大、较大和一般四级。2007年全国人大常委会通过的《突发事件应对法》第12条规定：“有关人民政府及其部门为应对突发事件，可以征用单位和个人的财产。被征用的财产在使用完毕或者突发事件应急处置工作结束后，应当及时返还。财产被征用或者征用后毁损、灭失的，应当给予补偿。”

（五）《国家情报法》中的紧急征用

为了加强和保障国家情报工作，维护国家安全和利益，2017年，全国人大常委会制定了《国家情报法》。该法第3条规定：“国家建立健全集中统一、分工协作、科学高效的国家情报体制。中央国家安全领导机构对国家情报工作实行统一领导，制定国家情报工作方针政策，规划国家情报工作整体发展，建立健全国家情报工作协调机制，统筹协调各领域国家情报工作，研究决定国家情报工作中的重大事项。中央军事委员会统一领导和组织军队情报工作。”第17条规定：“国家情报工作机构工作人员因执行紧急任务需要，经出示相应证件，可以享受通行便利。国家情报工作机构工作人员根据工作需要，按照国家有关规定，可以优先使用或者依法征用有关机关、组织和个人的交通工具、通信工具、场地和建筑物，必要时，可以设置相关工作场所和设备、设施，任务完成后应当及时归还或者恢复原状，并依照规定支付相应费用；造成损失的，应当补偿。”

（六）《反间谍法》中的紧急征用

2014年制定的《反间谍法》第3条规定：“国家安全机关是反间谍工作的主管机关。公安、保密行政管理等其他有关部门和军队有关部门按照职责分工，密切配合，加强协调，依法做好有关工作。”第11条规定：“国家安全机关的工作人员在依法执行紧急任务的情况下，经出示相应证件，可以优先乘坐公共交通工具，遇交通阻碍时，优先通行。国家安全机关因反间谍工作需要，按照国家有关规定，可以优先使用或者依法征用机关、团体、企业事业组织和个人的交通工具、通信工具、场地和建筑物，必要时，可以设置相关工作场所和设备、设施，任务完成后应当及时归还或者恢复原状，并依照规定支付相应费用；造成损失的，应当补偿。”

（七）《反恐怖主义法》中的紧急征用

恐怖主义，是指通过暴力、破坏、恐吓等手段，制造社会恐慌、危害公共安全、侵犯人身财产，或者胁迫国家机关、国际组织，以实现其政治、意识形态等目的的主张和行为。2015年发布、2018年修改的《反恐怖主义法》第78条规定：“公安机关、国家安全机关、中国人民解放军、中国人民武装警察部队因履行反恐怖主义职责的紧急需要，根据国家有关规定，可以征用单位和个人的财产。任务完成后应当及时归还或者恢复原状，并依照规定支付相应费用；造成损失的，应当补偿。因开展反恐怖主义工作对有关单位和个人的合法权益造成损害的，应当依法给予赔偿、补偿。有关单位和个人有权依法请求赔偿、补偿。”

（八）《戒严法》中的紧急征用

在发生严重危及国家的统一、安全或者社会公共安全的动乱、暴乱或者严重骚乱，不采取非常措施不足以维护社会秩序、保护人民的生命和财产安全的紧急状态时，国家可以决定实行戒严。1996年通过的《戒严法》第17条规定：“根据执行戒严任务的需要，戒严地区的县级以上人民政府可以临时征用国家机关、企业事业组织、社会团体以及公民个人的房屋、场所、设施、运输工具、工程机械等。在非常紧急的情况下，执行戒严任务的人民警察、人民武装警察、人民解放军的现场指挥员可以直接决定临时征用，地方人民政府应当给予协助。实施征用应当开具征用单据。前款规定的临时征用物，在使用完毕或者戒严解除后应当及时归还；因征用造成损坏的，由县级以上人民政府按照国家有关规定给予相应补偿。”

（九）《国防动员法》中的紧急征用

国家的主权、统一、领土完整和安全遭受威胁时，全国人民代表大会常务委员会依照宪法和有关法律的规定，决定全国国防总动员或者局部动员。国家主席根据全国人民代表大会常务委员会的决定，发布国防动员令。2010年通过的《国防动员法》第54条规定："国家决定实施国防动员后，储备物资无法及时满足动员需要的，县级以上人民政府可以依法对民用资源进行征用。本法所称民用资源，是指组织和个人所有或者使用的用于社会生产、服务和生活的设施、设备、场所和其他物资。"第55条第2款规定："需要使用民用资源的中国人民解放军现役部队和预备役部队、中国人民武装警察部队、民兵组织，应当提出征用需求，由县级以上地方人民政府统一组织征用。县级以上地方人民政府应当对被征用的民用资源予以登记，向被征用人出具凭证。"第58条规定："被征用的民用资源使用完毕，县级以上地方人民政府应当及时组织返还；经过改造的，应当恢复原使用功能后返还；不能修复或者灭失的，以及因征用造成直接经济损失的，按照国家有关规定给予补偿。"

三 举证责任

征用是一种行政行为，行政相对人不服，可以提起行政复议或行政诉讼。《行政诉讼法》第12条规定，"对征收、征用决定及其补偿决定不服的"，可以向人民法院提起行政诉讼。《国家赔偿法》第4条规定，"违法征收、征用财产的"，受害人有取得赔偿的权利。征用是一种行政行为，行政主体应当对征用行为的合法性和正当性负举证责任。对于征用所造成的损害，如停产、停业期间必要的经常性费用，由被征用人负举证责任。需要指出的是，征用决定书应当明确征用对象名称、型号、数量等，征用单位应当向被征用人出具征用财产清单。否则，被征用人主张的损害，就应当推定是合理的。这样可以促使征用单位依法行使征用权，避免事后发生不必要的纠纷。

其他问题

2020年2月2日，大理市卫生健康局发出《应急处置征用通知书》(大市卫征〔2020〕1-61号)，对云南某速运有限公司大理分公司承运的由瑞丽市发往重庆市的口罩实施应急征用。2月6日，云南省应对疫情工作领导小组指挥部对大理市政府及大理市卫健局征用疫情防控物资予以通报批评，责令立即返还被征用的物资。随后，云南省纪委省监委立案调查，对相关责任单位和责任人进行问责，其中，大理市委书记被免职、市长被撤职。①

根据《传染病防治法》第45条规定，只有国务院才有权在全国范围或跨省、自治区、直辖市范围内征用物资。在大理扣押征用口罩事件中，征用主体是大理市人民政府，属于县级人民政府，只能征用本行政区域内的物资。被征用的口罩属于重庆方面在途运输物资，应当属于跨行政区域的物品，物资的征用权在国务院，大理市人民政府无权征用。根据重庆市新型冠状病毒感染的肺炎疫情防控工作领导小组医疗物资保障组出具的《关于商请放行暂扣物资的函》，本次被征用的口罩是重庆市人民政府委托供应商购买的一批口罩，所有权人是重庆市人民政府。根据《传染病防治法》第45条和《突发事件应对法》第12条等，大理市人民政府无权对重庆市人民政府的财产实施征用行为。在大理扣押征用口罩事件中，大理市人民政府并未及时向被征用人送达合法有效的征用决定书，存在程序违法。被征用人只收到了大理市卫生健康局送达的《应急处置征用通知书》及征用物资清单。大理市人民政府本次口罩征用行为违反国家相关法律规定，属于违法征用的具体行政行为。

① 参见《云南对“大理截留口罩”通报批评：责令立即返还若再发生将严肃追责》，载腾讯网，http://www.315online.com/info/397055.html，最后访问时间2020年3月30日。

第五章

国家所有权和集体所有权、私人所有权

第二百四十六条【国有财产范围、国家所有的性质和国家所有权行使】

法律规定属于国家所有的财产，属于国家所有即全民所有。

国有财产由国务院代表国家行使所有权。法律另有规定的，依照其规定。

历史由来

本条承袭了《物权法》第45条的规定。

物权制度具有较强的本土性，因此具体的物权规范需要以本国的基本经济制度为根基设置。本条即反映了物权制度的中国特色。关于我国基本经济制度及其相关内容，《宪法》第6条至第18条作出了根本性规定，具体涉及我国的经济基础、基本经济制度、公有制的实现方式、经济管理体制、公共财产范围及其保护等内容。社会主义公有制的法权形式主要体现为国家所有和集体所有。

物权制度中对国家所有权的规定可追溯到1957年的民法典草案。1957年1月21日，《民法典草案所有权篇（第七次草稿）》第二章“国家所有权”第5条规定：“国家财产是全民所有制的社会主义财产。国家财产的唯一所有人是国家。国家所有权的客体范围不受任何限制。”①

2002年1月公布的《物权法（征求意见稿）》第46条规定：“矿产资源、水资源以及城市的土地属于国家所有。国家所有即全民所有。”第49条规定：“国务院代表国家统一行使国家所有权。国家所有的不动产或者动产，由中央和地方人民政府分级管理。”2004年9月27日的《物权法（草案）（修改稿）》第49条承袭了“国家所有即全民所有”的规定。关于国家所有权的行使代表，该草案修改稿第53条规定：“中央人民政府和地方人民政府依法分别代表国家履行出资人职责，享有所有者权益。”2005年7月10日公布的《物权法（草案）》第五章“国家、集体和私人所有权”通过列举的方式划定了国家所有

① 参见何勤华、李秀清、陈颐编：《新中国民法典草案总览》（增订本），北京大学出版社2017年版，第128页。

的财产的范围。该草案第54条规定，“矿藏、水流、海域和国家所有的土地、草原等自然资源，由国务院代表国家行使所有权”。该草案中并未出现“国家所有即全民所有”的相关表述。该草案第56条规定，“国家机关对其直接支配的不动产或者动产，享有占有、使用以及依照法律和国务院的有关规定处分的权利”。该草案第57条规定，“国家举办的事业单位对其直接支配的不动产或者动产，享有占有、使用以及依照法律和国务院的有关规定收益、处分的权利”。

关于国有财产由国务院代表国家行使所有权的原因，2005年10月23日《全国人大法律委员会关于〈中华人民共和国物权法（草案）〉修改情况的汇报》指出，有的学者提出，国有自然资源的所有权应由全国人大及其常委会代表国家行使；有的学者提出，国有自然资源的所有权实际上有不少是由地方人民政府具体行使的，应规定地方人民政府也有权代表国家具体行使国有自然资源的所有权。法律委员会经研究认为，全国人大是国家最高权力机关，国务院是它的执行机关。全国人大及其常委会对重大事项有决定权与监督权，具体执行则是国务院的职责。按照现行法律的规定，国务院行使所有权可以包括“国务院授权地方人民政府在授权范围内行使所有权”。

关于国有财产的范围，全国人大法律委员会于2006年10月27日在《第十届全国人大常委会第二十四次会议全国人大法律委员会关于〈中华人民共和国物权法（草案）〉修改情况的汇报》中指出，对于现行法律、行政法规没有明确规定的，以草案作出概括性规定为宜，即“法律、行政法规规定属于国家所有的财产，属于国家所有即全民所有”。之后，全国人大法律委员会在同年12月的修改情况汇报会上认为，行政法规不能作为划定国家所有的财产范围的法律渊源，建议删除行政法规，将这一款修改为：“法律规定属于国家所有的财产，属于国家所有即全民所有。”该条建议为2007年10月1日起施行的《物权法》所接受，《物权法》第45条规定：“法律规定属于国家所有的财产，属于国家所有即全民所有。国有财产由国务院代表国家行使所有权；法律另有规定的，依照其规定。”

在《民法典》编纂过程中，《民法典物权编（草案）》（征求意见稿）、《民法典各分编（草案）》、《民法典物权编（草案）》（二审稿）及《民法典（草案）》均未对该条的内容作任何修改。2020年5月28日第十三届全国人民代表大会第三次会议通过的《民法典》，仅对《物权法》第45条改动了一个标点符号，将第2款“国有财产由国务院代表国家行使所有权；法律另有规定的，依照其规定”中的分号改为句号。通过这一改动，“国有财产由国务院代表国家行使所有权”和“法律另有规定的，依照其规定”均单独成句，但这一改动并未影响本条和本法的实质性内容。原因在于，从法条的结构上看，“法律另有规定的，依照其规定”仍然为第2款的内容，作为第2款第一句“国有财产由国务院代表国家行使所有权”的补充条款。

规范目的或功能

第一，完善国家所有权制度。本条旨在确认国有财产的所有权及其行使主体。①改变国家所有权制度所面临的产权不清、权责不明、保护不力、交易成本过高的问题，构建完善的产权归属制度、产权交易制度和产权保护制度。例如，我国《宪法》第9条、《物权法》第46条明确规定，矿产资源属国家所有。而我国现行的矿业税费制度的许多规定，却忽略了矿产资源的国家所有权益，不但给国家造成了巨大的损失，还直接或间接地鼓励了矿产资源的掠夺式开采，资源浪费严重。

第二，加大对国有财产的保护力度。《宪法》第12条规定：“社会主义的公共财产神圣不可侵犯。国家保护社会主义的公共财产。禁止任何组织或者个人用任何手段侵占或者破坏国家的和集体的财产。”在现实生活中，为防止国有财产受到侵害，《民法典》第246条在坚持平等保护原则的基础上，强化了对国有财产的保护。在本条第1款规定“法律规定属于国家所有的财产，属于国家所有即全民所有”的基础上，后面紧邻的条文中规定了哪些财产属于国有财产，旨在防止因归属不明确而造成国有财产流失。②

第三，巩固和发展公有制经济。国有经济是国民经济中的主导力量。完

---

① 参见梁慧星主编：《中国民法典草案建议稿附理由：物权编》，法律出版社2004年版，第98页。

② 参见全国人民代表大会常务委员会法制工作委员会编：《中华人民共和国物权法释义》，法律出版社2007年版，第8页。

善国家所有权制度，加大对国有资产的保护力度，切实防止国有资产流失，是巩固和发展公有制经济的现实要求。

规范内容

本条分两款对国有财产所有权做出了定性与说明，为不完全法条。本条为不完全法条中的说明性法条，第1款划定了国有财产的范围、规范了国家所有的性质，第2款规定了国家所有权的行使代表。由于本条不具备法律效果这一要素，因而不可作为请求权的独立依据。

一、国有财产的范围

本条第1款是对国有财产范围的概括性规定，确立了私法中国家所有权的客体是法律规定属于国家所有的财产，并采用法律保留的原则限定了“国家所有”指向的公共财产范围。考虑到国有财产的范围很宽，难以逐项列全，本条第1款作了概括性的规定：“法律规定属于国家所有的财产，属于国家所有即全民所有。”这里的“法律”在我国主要是指宪法和法律。就我国现行宪法文本中的“国家所有”而言，主要体现为自然资源、土地和国有企业三种类型。自然资源与土地是从行为对象的角度加以界定，而国有企业则是从行为主体的角度进行规范。这三类在物权法中均有体现。按照《宪法》第9条的规定，自然资源包括矿藏、水流、森林、山岭、草原、荒地、滩涂等，都属于国家所有，其中森林和山岭、草原、荒地、滩涂可以经由法律规定属于集体所有。物权法承袭了宪法的规定，同时将海域纳入自然资源的范围。《民法典》第247条承袭了《物权法》第46条的规定，将矿藏、水流、海域归属于国家所有。《民法典物权编（草案）》（二审稿）及《民法典（草案）》将无居民海岛也纳入自然资源的范围，并规定无居民海岛属于国家所有，并最终被《民法典》第248条所吸纳。除了《宪法》第9条的规定，《民法典》第247条至第254条规定矿藏、水流、海域、无居民海岛、无线电频谱资源、城市的土地、国防资产属于国家所有。法律规定属于国家所有的铁路、公路、电力设施、电信设施和油气管道等基础设施，文物，农村和城市郊区的土地，野生动植物资源，除法律规定属于集体所有外的森林、山岭、草原、荒地、滩涂保护所有制关系的法律，必须反映现存的财产关系，对国家所有权和集体所有权作出规定；如果物权法中缺少对国有财产、集体财产的规范，必然使其内容残缺不全，不符合物权法作为民事基本法的地位。[①]最终，立法机关在《物权法》所有权编中专设一章对国家所有权、集体所有权、私人所有权作了分别规定，通过一种特殊的体例安排对“三分法”予以肯认。《民法典》物权编承袭了这种体例。

第二百四十七条【矿藏、水流、海域的国家所有权】

矿藏、水流、海域属于国家所有。

历史由来

本条完全继承了《物权法》第46条的规定。

在我国，任何法律、法规和其他规范性法律文件的制定，都应当以宪法为依据。根据宪法编纂民法典，不仅要求民法典的内容符合宪法的原则、精神，而且要求将宪法的相关规定具体化为民事法律规范。《宪法》第9条第1款规定：“矿藏、水流、森林、山岭、草原、荒地、滩涂等自然资源，都属于国家所有，即全民所有；由法律规定属于集体所有的森林和山岭、草原、荒地、滩涂除外。”2007年10月1日实施的《物权法》第46条即《宪法》第9条具体化的物权法规范。

将矿藏、水流、海域归属于国家所有，是我国相关立法的一贯做法。关于矿藏、水流、海域的国家所有权归属，可追溯到1957年1月21日《民法典草案所有权篇（第七次草稿）》第二章“国家所有权”第6条的规定，“矿藏、水流，由法律规定为国有的森林、荒地、工矿企业、银行、交通运输、邮电通讯、无线电广播设备等，都属于国家所有的财产”[②]。2002年1月公布的《物

① 参见王利明主编：《中国物权法草案建议稿及说明》，中国法制出版社2001年版，第247—255页。

② 参见何勤华、李秀清、陈颐编：《新中国民法典草案总览》（增订本），北京大学出版社2017年版，第128页。

权法（征求意见稿）》第46条规定："矿产资源、水资源以及城市的土地属于国家所有。国家所有即全民所有。"2005年7月10日公布的《物权法（草案）》第51条规定："矿藏、水流、海域和城市的土地等属于国家所有。"2007年10月1日实施的《物权法》第46条规定："矿藏、水流、海域属于国家所有。"在《民法典》编纂过程中，《物权法》的该条规定被承袭下来，民法典物权编草案的各个文本均未对该条作任何修改，并最终体现为《民法典》第247条。

对于矿藏的国家所有权，法律法规也不断地予以完善。1995年12月国务院发布的《关于整顿矿业秩序维护国家对矿产资源所有权的通知》规定："矿产资源是经济建设和社会发展的重要物质基础。矿产资源属于国家所有。"1994年3月国务院发布的《矿产资源法实施细则》第3条第1款规定："矿产资源属于国家所有，地表或者地下的矿产资源的国家所有权，不因其所依附的土地的所有权或者使用权的不同而改变。"一些具体的矿产行政法规也规定了部分矿产的国家所有权。如1982年1月国务院发布的《对外合作开采海洋石油资源条例》第2条第1款规定："中华人民共和国的内海、领海、大陆架以及其他属于中华人民共和国海洋资源管辖领域的石油资源，都属于中华人民共和国国家所有。"1982年8月国家经济委员会发布的《关于重新颁发天然水晶管理办法的通知》第2项规定："水晶矿产是国家的宝贵财富，属全民所有。依附于土地的水晶资源，不因土地所有权而改变其全民所有的性质。未经批准，任何单位或个人不得私自开采。"1990年2月国务院发布的《盐业管理条例》第3条规定："盐资源属于国家所有，国家对盐资源实行保护，并有计划地开发利用。国家鼓励发展盐业生产，对盐的生产经营实行计划管理。"1993年10月国务院发布的《对外合作开采陆上石油资源条例》第3条规定："中华人民共和国境内的石油资源属于中华人民共和国国家所有。"1994年12月国务院发布的《乡镇煤矿管理条例》第3条第1款规定："煤炭资源属于国家所有。地表或者地下的煤炭资源的国家所有权，不因其所依附的土地的所有权或者使用权的不同而改变。"

我国海域物权制度萌芽于水产养殖行业中对海域的使用权问题。1983年3月，中共中央、国务院《关于放宽政策、加快发展水产业的指示》决定大力发展水产养殖业，并要求"凡能划界的要划界，明确水域使用权，落实经营权"。1982年《对外合作开采海洋石油资源条例》第2条规定，中国管辖海域等自然资源属于国家所有。

国有财产的范围很广，如何在物权制度中确定国有财产的范围，哪些应该明确写，哪些不应该写，对物的种类在文字上应该如何表述，存在不同观点。有的学者认为，本法具体列举的国有财产不够全面。①考虑到国有财产范围很宽，难以逐项列全，所提出的增加规定的有些内容是否属于物权客体上的物，也有争议。因此，本条对国有财产的范围作了概括性的规定，“法律规定属于国家所有的财产，属于国家所有即全民所有”，并以现行法律的规定为依据在之后的条文中对国家所有的财产作了列举规定。现行法律没有明确规定的，根据本条，可以在制定或者修改有关法律时作出具体规定。

二、国家所有的性质

在我国，国家所有意味着全民所有。《宪法》第9条表明，属于国家所有的自然资源，也都属于全民所有。《土地管理法》第2条第2款也规定：“全民所有，即国家所有土地的所有权由国务院代表国家行使。”另外，在《民法典》颁布之前，《民法通则》第73条第1款规定：“国家财产属于全民所有。”《民法典》第246条第1款承袭了上述法律中关于“国家所有即全民所有”的规定，在一定程度上也能更好地和《宪法》《土地管理法》等法律的规定相衔接，进一步明确国家所有的性质。

三、国家所有权的行使

本条第2款承袭了《物权法》第45条第2款关于国务院是国家所有权的行使代表的规定。之前，在《物权法》制定过程中，对此有不同观点。有的学者认为，应该由全国人民代表大会代表国家行使国家财产所有权。②也有学者提出，国有自然资源的所有权实际上有不少是由地方人民政府具体行使的，应规定地方人民政府也有权代表国家具体行使国有自然资源的

① 参见全国人民代表大会常务委员会法制工作委员会编：《中华人民共和国物权法释义》，法律出版社2007年版，第109页。

② 参见蔡定剑：《谁代表国家所有权》，载《社会科学报》2004年10月28日，第1版。

所有权。[①]对此，有学者提出反对意见，认为国务院以外的机构代表国家行使所有权，尤其是地方政府代表国家行使土地、矿产资源所有权，应有法律明文授权。[②]这一观点与《民法典》的规定相呼应，在本条第2款中被表达为“国有财产由国务院代表国家行使所有权。法律另有规定的，依照其规定”。

中国社会科学院法学所物权法研究课题组撰写的《中国物权法草案建议稿》提出，国家所有权由国务院代表国家行使，在法理和现行法上都有迹可循。在法理上，国家所有权的行使应理解为包括管理和监督工作在内的概括性行使，属于国家行政权力的作用范围，应归属于我国最高行政机关，即国务院。[③]国务院代表国家行使国家所有权，地方政府根据职权管理国家财产。[④]国务院代表国家行使所有权，应当依法对人大负责，受人大监督。我国的许多法律已经明确规定由国务院代表国家行使所有权。例如《土地管理法》第2条第2款规定：“全民所有，即国家所有土地的所有权由国务院代表国家行使。”《矿产资源法》第3条第1款规定：“矿产资源属于国家所有，由国务院行使国家对矿产资源的所有权。”《水法》第3条规定：“水资源属于国家所有。水资源的所有权由国务院代表国家行使。”《草原法》第9条第1款规定：“国家所有的草原，由国务院代表国家行使所有权。”《海域使用管理法》第3条第1款规定：“海域属于国家所有，国务院代表国家行使海域使用权。”

根据本条，国有财产由国务院代表国家行使所有权，然而法律另有规定的，依照其规定。我国有些法律对此有相应规定。例如，《土地管理法》第5条规定：“国务院自然资源主管部门统一负责全国土地的管理和监督工作。县级以上地方人民政府自然资源主管部门的设置及其职责，由省、自治区、直辖市人民政府根据国务院有关规定确定。”《草原法》第8条规定：“国务院草

---

① 参见全国人民代表大会常务委员会法制工作委员会编：《中华人民共和国物权法释义》，法律出版社2007年版，第110页。

② 参见屈茂辉、刘敏：《国家所有权行使的理论逻辑》，载《北方法学》2011年第1期。

③ 参见梁慧星主编：《中国物权法草案建议稿：条文、说明、理由与参考立法例》，社会科学文献出版社2000年版，第99页。

④ 参见单平基、彭诚信：《“国家所有权”研究的民法学争点》，载《交大法学》2015年第2期。

的石油资源都属于国家所有。1993年5月，国家海洋局和财政部颁布实施了《国家海域使用管理暂行规定》，明确海域属于国家所有，并在此基础上提出了“海域使用权”的概念。2000年全国人大常委会在修改《渔业法》时明确提出，水域由规范有关物权的法律进行规定。2001年10月通过的《海域使用管理法》第3条第1款规定：“海域属于国家所有，国务院代表国家行使海域所有权。”

规范目的或功能

本条将宪法上自然资源国家所有权转化为民法上自然资源国家所有权，使国家以国家法人的身份成为物权法中自然资源国家所有权的主体，并使矿藏、水流、海域成为民法上的所有权的客体。[①]本条是民事法律中对矿藏、水流和海域的国家所有权作的原则性规定。本条明确赋予矿藏、水流、海域以私法意义，将矿藏、水流、海域视为民法意义上的物，视为一种财产，并由国家享有所有权。《宪法》第9条中规定国家对自然资源享有所有权，这里的国家带有主权国家的意味，而《民法典》第247条中的国家则是将国家作为民事主体中的法人。[②]伴随着自然资源国家所有权主体的转化，矿藏、水流、海域国家所有权的性质亦实现了转变。本条列举了三种属于国家所有的自然资源类型，为不完全法条中的说明性法条，描述了矿藏、水流、海域的国家所有权。由于本条没有阐述法律效果，因此不可以被独立地作为请求权的依据。

规范内容

一、矿藏的国家所有权

矿藏主要指矿产资源，即存在于地壳内部或者地表的，由地质作用形成的，在特定的技术条件下能够被探明和开采利用的，呈固态、液态或气态的

① 参见崔建远主编：《自然资源物权法律制度研究》，法律出版社2012年版，第3页。

② 参见单平基、彭诚信：《“国家所有权”研究的民法学争点》，载《交大法学》2015年第2期。

自然资源。[1]《矿产资源法实施细则》第2条第1款规定，“矿产资源是指由地质作用形成的，具有利用价值的，呈固态、液态、气态的自然资源”。这一规定明确了矿产资源必须具有利用价值。

对于矿产资源的矿种和分类，《矿产资源法实施细则》第2条第2款规定，“矿产资源的矿种和分类见本细则所附《矿产资源分类细目》。新发现的矿种由国务院地质矿产主管部门报国务院批准后公布”。《矿产资源分类细目》中列明了四类矿产：能源矿产、金属矿产、非金属矿产和水气矿产。常见的矿藏有煤矿、石油、铁、盐、水晶矿产等。

矿藏属于国家所有的根本依据在于《宪法》第9条第1款。矿产资源是国民经济和社会发展的重要物质基础，只有严格依照宪法的规定，坚持矿藏属于国家所有，即全民所有，才能保障我国矿产资源的合理开发、利用、节约、保护和满足各方面对矿产资源日益增长的需求，适应国民经济和社会发展的需要。矿藏属于国家所有，指国家享有对矿产资源的占有、使用、收益和处分的权利。《民法典》物权编第247条的规定，也与《矿产资源法》及其实施细则保持了协调一致。《矿产资源法》第3条第1款规定：“矿产资源属于国家所有。地表或者地下的矿产资源的国家所有权，不因其所依附的土地的所有权或者使用权的不同而改变。”《矿产资源法实施细则》第3条第2款规定：“国务院代表国家行使矿产资源的所有权。国务院授权国务院地质矿产主管部门对全国矿产资源分配实施统一管理。”

国家对矿藏的所有权可以有多种行使方式。《矿产资源法》第3条第3款规定：“勘查、开采矿产资源，必须依法分别申请、经批准取得探矿权、采矿权，并办理登记。”《矿产资源法》第4条第1款规定：“国家保障依法设立的矿山企业开采矿产资源的合法权益。”依照规定，民事主体可以依法取得开发和经营矿藏的权利，其性质为采矿权。取得该权利后，通过开发和经营矿藏取得对矿藏的所有权。民事主体取得采矿权并不影响国家的所有权。国家保护合法的采矿权。但该采矿权与对矿藏的所有权不同，前者是他物权，后者

---

① 参见梁慧星主编：《中国民法典草案建议稿附理由：物权编》，法律出版社2004年版，第68页。

是所有权。[①]国家保障矿产资源的合理利用。

二、水流的国家所有权

水是一切生物赖以存在的物质基础，是生命之源，属于一种公共资源。水资源泛指一国范围内可为人类所利用的水。从物理意义上，水包括液态、固态（冰川）、气态的水体；从范围上，水资源包括陆地上的水资源和海洋（领海）水资源；从自然性质上，分为淡水和咸水。由于海水或咸水为人类利用的方式很有限或成本很高，因此，通常意义上的水资源不包括海水。因此，法律意义上的水资源只包括陆地上的水资源，而领海的水资源只有在我国主权意义上才具有意义。[②]不过，近海或海滨可供养殖的水域，仍然属于水资源范畴，在谈到水面使用权时，包括可供养殖的海域。

《水法》第2条第2款规定："本法所称水资源，包括地表水和地下水。"地表水和地下水的分类为陆地水资源的常见分类方式。地表水通常包括江河水、湖泊水、水库水、塘坝水等。地表水往往可以直接被人们利用，如航运、灌溉、生活用水、工业用水、养殖、发电等。地下水资源指水体存在于地壳岩层或土壤空隙中的水资源。通常指暗河、暗流等水。地下水是土壤构成的要素之一，属于土地的组成部分。地下水一般不能被直接利用，而是要通过挖凿井、泉等方式被人们利用，而且用途有限，仅限于满足生活用水、工业用水以及农业灌溉等，很少用来航运、养殖、发电。

《民法典》第247条将水流归属于国家所有，承袭了《物权法》第46条的规定。水流属于国家所有，指国家享有对水流的占有、使用、收益和处分的权利。另外，《宪法》第9条规定水流属于国家所有，即全民所有。《水法》第3条第1款规定，"水资源属于国家所有。水资源的所有权由国务院代表国家行使"。在《物权法》制定过程中，有学者建议将"水流"修改为"水资源"，但考虑到《宪法》第9条的用词是"水流"，便沿用宪法规定使用了"水流"

---

① 参见梁慧星主编：《中国民法典草案建议稿附理由：物权编》，法律出版社2004年版，第68页。

② 参见高富平：《土地使用权和用益物权——我国不动产物权体系研究》，法律出版社2001年版，第565页。

一词。[1]水流是我国最宝贵的自然资源之一，是实现可持续发展的重要物质基础。只有严格依照《宪法》规定，坚持水流属于国家所有，即全民所有，才能保障我国水资源的合理开发、利用、节约、保护和满足各方面对水资源日益增长的需求，适应国民经济和社会发展的需要。虽然《水法》第2条未采用“水流”的表述，而是使用水资源一词，但其内涵与《宪法》第9条中的水流宜作同一解释。

三、海域的国家所有权

海域有国际法意义上的海域和国内法意义上的海域之分，而国内法上的海域又有公法意义上的海域和私法意义上的海域之分。在我国，私法意义上的海域概念并非由私法性质的法律确认，而是由具有公法性质的《海域使用管理法》首先规定。《海域使用管理法》第2条第1款规定，“本法所称海域，是指中华人民共和国内水、领海的水面、水体、海床和底土”。这是一个空间资源的概念，是对传统民法中“物”的概念的延伸与发展。根据《海域使用管理法》第2条第2款的规定，“本法所称内水，是指中华人民共和国领海基线向陆地一侧至海岸线的海域”。领海这个概念是随公海自由原则的确立而形成的，它是指沿着国家的海岸、受国家主权支配和管辖下的一定宽度的海水带。我国是海洋大国，拥有近三百万平方公里的管辖海域，相当于陆地国土面积的三分之一，蕴藏着丰富的海洋资源。对于丰富的海洋资源，国家有责任实施管理，对于我国辽阔的海域，需要由国家行使管理职能。这些管理，是以海域的国家所有权为法律依据的。《海域使用管理法》第3条第1款规定：“海域属于国家所有，国务院代表国家行使海域所有权。任何单位或者个人不得侵占、买卖或者以其他形式非法转让海域。”

该条明确赋予海域以私法意义，根据该条规定，海域被视为民法意义上的物，是一种财产，可以成为所有权的客体，由国家享有所有权。[2]首先，国家是海域的唯一所有人，对于海域，国家享有独占的垄断支配权，除了国家

---

① 参见全国人民代表大会常务委员会法制工作委员会编：《中华人民共和国物权法释义》，法律出版社2007年版，第114页。

② 参见尹田主编：《中国海域物权制度研究》，中国法制出版社2004年版，第5页。

之外，任何单位和个人在任何情况下都不能成为海域的所有人。我国海域的国家所有权类似于土地国家所有权，是一种完全物权，具有排他性。国家对海域具有全面的支配力，能够依法按照自己的意志对海域行使占有、使用、收益、处分等全面的支配权。国家是海域所有权的唯一主体，任何单位或者个人不得侵占、买卖或者以其他形式非法转让海域。我国对海域的国家所有权的确认，符合我国社会主义关于土地及其他重要的自然资源的公有制度，符合我国民法就土地及其他自然资源的所有权归属所采取的一贯立场。我国是社会主义公有制国家，根据宪法规定，土地由社会全体成员共同所有。海域作为一种类似土地的自然资源，应当依法归国家所有即社会全体成员共同所有。

其次，我国法律明文规定，只有国务院才能代表国家行使海域所有权，任何单位或个人使用海域，必须依法取得海域使用权。海域的国家所有权由占有、使用、收益、处分四项权能构成。由于国家是政治组织而非经济组织，国家虽然享有海域所有权，但它不可能直接对每块海域直接经营和利用，为实现财产的有效利用，国家需要将海域的使用权能从所有权中分离出来由非所有权人所行使，使用权人有权依法处分其海域使用权。为此，海域的使用权一般由具体的单位或个人通过法定的方式（如行政审批、招标拍卖）取得。海域国家所有权中的收益权能则主要由海域有偿使用制度加以体现。

第二百四十八条【无居民海岛的国家所有权】

无居民海岛属于国家所有，国务院代表国家行使无居民海岛所有权。

历史由来

本条属于新增规定，条文内容来源于《海岛保护法》第4条。

我国关于海岛的保护多散见于不同的法律法规、规章和规范性文件中。《宪法》第9条第1款规定："矿藏、水流、森林、山岭、草原、荒地、滩涂等自然资源，都属于国家所有，即全民所有；由法律规定属于集体所有的森林和山岭、草原、荒地、滩涂除外。"该条并未直接明确无居民海岛的所有权归属。2017年修正的《海洋环境保护法》论及国务院对海岛的保护问题，该法第20条规定："国务院和沿海地方各级人民政府应当采取有效措施，保护红树林、珊瑚礁、滨海湿地、海岛、海湾、入海河口、重要渔业水域等具有典型性、代表性的海洋生态系统，珍稀、濒危海洋生物的天然集中分布区，具有重要经济价值的海洋生物生存区域及有重大科学文化价值的海洋自然历史遗迹和自然景观。对具有重要经济、社会价值的已遭到破坏的海洋生态，应当进行整治和恢复。"

2001年10月27日通过的《海域使用管理法》第2条第1款规定："本法所称海域，是指中华人民共和国内水、领海的水面、水体、海床和底土。"第3条规定："海域属于国家所有，国务院代表国家行使海域所有权。任何单位或者个人不得侵占、买卖或者以其他形式非法转让海域。单位和个人使用海域，必须依法取得海域使用权。"无居民海岛作为一种不规则底土向水面的延伸，可以视为底土的一部分。也就是说，无居民海岛可以在法律意义上视为海域的一部分。因此，关于无居民海岛的所有权归属于国家所有，有了立法渊源。

2003年国家海洋局同民政部和总参谋部联合印发了《无居民海岛保护与利用管理规定》，依据该规定第3条第1款，"无居民海岛属于国家所有。国家实行无居民海岛功能区划和保护与利用规划制度"，首次规定了无居民海岛的国家所有权。之后，《物权法》第46条规定："矿藏、水流、海域属于国家所有。"既然无居民海岛属于底土的延伸，其就可视为海域的一部分。而综观《海域使用管理法》和《物权法》都规定海域属于国家所有。因此，可以推知，无居民海岛的所有权可以归属于国家所有。

对于无居民海岛的所有权归属，涉及宪法中有关自然资源的权属。国家行使对无居民海岛的主权毋庸置疑，无居民海岛的自然资源应属于国家所有，国务院代表国家行使对该自然资源的所有权。为此，2009年12月26日由第十一届全国人民代表大会常务委员会第十二次会议通过的《海岛保护法》第4条规定："无居民海岛属于国家所有，国务院代表国家行使无居民海岛所有权。"

由民法典立法过程看，《民法典物权编（草案）》（征求意见稿）与《民法典各分编（草案）》都没有关于无居民海岛的规定。《民法典物权编（草案）》（二审稿）在第43条之一增加了该条规定。《民法典（草案）》第248条将其独立列为一个条文。可见,《民法典》物权编关于无居民海岛所有权的归属,承袭了《海岛保护法》第4条的规定。

规范目的或功能

本条的规范目的在于明确无居民海岛的权属。海岛本身兼具海洋和陆地两种属性,不仅生态资源丰富,而且战略位置重要,因此,有必要明确国家享有无居民海岛的所有权。在《海岛保护法》等相关法律未出台以前,由于我国法律并没有明确规定无居民海岛的归属问题,因此,我国沿海一些地方存在将无居民海岛认定为无主物的做法,对无居民海岛进行占有、使用、收益,严重损害了国家对于无居民海岛以及位于无居民海岛上自然资源的开发、利用,损害国家的经济利益。甚至一些人据此非法占有本应属于国家的无居民海岛,一些地方甚至因争夺国家所属的无居民海岛爆发械斗,影响社会的稳定。因此,2009年出台的《海岛保护法》第4条对无居民海岛归属于国家所有予以了明确规定,国家拥有无居民海岛的所有权得以确认。虽然《物权法》在国家所有权部分并没有规定无居民海岛的权属问题,但《民法典》在物权编第248条对无居民海岛权属问题予以了规定,将其纳入国家所有权的调整范畴。

本条的规范意旨在于对无居民海岛的权属予以确认,但未对破坏无居民海岛国家所有权的情形予以法律效果的设计,属于不完全法条。在发生违反本条规定,破坏无居民海岛国家所有权的情况时,该条规范不能作为请求权的独立依据,仍需援引其他法律规定,以确定违法者的法律责任。

规范内容

一、无居民海岛定性

探讨无居民海岛的权属问题,首先要明确何为无居民海岛。依据《海岛保护法》第57条第2项,“无居民海岛,是指不属于居民户籍管理的住址登记地的海岛”。另外,《厦门市无居民海岛保护与利用管理办法》第2条规定,“本办法所称无居民海岛是指厦门市海域内不作为常住户口居住地的岛屿和岩礁”。《无居民海岛保护与利用管理规定》第34条第1项规定，“无居民海岛，是指在我国管辖海域内不作为常住户口居住地的岛屿、岩礁和低潮高地等”。综合上述法律法规对无居民海岛的界定，可以发现“无居民海岛”具有以下特征，其一，无居民海岛是处于海洋中，高于水平面的岛屿、岩礁和低潮高地；其二，它是居民户籍管理的住址登记地之外的无人海岛。

二、无居民海岛独立物权属性和自然资源定位

关于无居民海岛的所有权归属，曾一度引起学界的讨论。一些学者认为，无居民海岛应当和有居民海岛甚至陆地一样，实行国家所有和集体所有并存的双重所有制，当然，也有学者否定了无居民海岛具有集体所有制的特性。[①]究其根本，在于需要确定无居民海岛是一种和有居民海岛一样作为自然资源的一种集合体，还是具有独立物权的单独的一种自然资源。

无居民海岛应当具有独立的物权属性，作为一种特殊而独立的自然资源，归属于《宪法》第9条的“等自然资源”行列，应当属于国家所有。[②]无居民海岛的自然特性决定了无居民海岛的独立物权属性。无居民海岛远离大陆，面积狭小，物种来源有一定的限制，生物多样性匮乏，每个海岛具有独立的生态系统，形成相对独立的生物群落。因此，无居民海岛的生态脆弱性、生态系统独立性决定了无居民海岛是一个有机联系、不可分割的统一整体，其应当被作为独立的物看待，其所有权也应当归属于国家。

无居民海岛具有不同于其他自然资源的价值属性。无居民海岛在自然属性上的独立性，决定了其不仅仅是位于其上的土地、矿藏、森林等自然资源的载体，而是主要表现在海岛及其周边海域的所形成的整体资源价值。就如同森林虽由诸多树木组成，但其生态价值不是仅体现在一棵或几棵树木上，而是体现在有诸多树木共同组成的森林生态上。无居民海岛也是如此，若将无居民海岛作为一类类自然资源的简单相加，割裂地看待其组成，则会大大

① 参见马得懿：《无居民海岛国家所有权之考察》，载《中国政法大学学报》2011年第6期。

② 参见穆治霖：《无居民海岛所有权辨析》，载《环境保护》2009年第22期。

降低无居民海岛的保护价值。因此，应当将无居民海岛作为一种特殊独立的自然资源看待，由国家行使其所有权。无居民海岛作为一种独立物和特殊的自然资源，依据相关法律法规和法理，应当归于国家所有，由国家行使其所有权，否则，会使国家重要的资源价值流失。

三、无居民海岛国家所有的必然性

无居民海岛归属于国家所有是历史的选择。从历史成因上来看，我国没有无居民海岛属于集体所有的制度渊源。我国集体所有制理论是中华人民共和国成立以来，基于国家政策与社会稳定的理念，经过一系列的社会改革，而逐步改造农民私有土地归集体所有的结果。无居民海岛既无人居住，将其规定为集体所有就无理论依据。而且，综观我国法律，也无将无居民海岛归属于任何主体的规定，无居民海岛在相关法律出台前，属于无主地。此时，将无居民海岛通过立法归属于国家所有，符合历史的选择。[①]

实行无居民海岛国家所有权制度，在我国社会体系下具有可操作性。无居民海岛一般远离大陆，无人居住，地理位置复杂，使集体在其上进行自然资源的利用与开发产生一定困难。例如，在无居民海岛上确立土地承包经营等制度，具有难度。同时，对海岛的开发需要具备完备的开发组织和较大的资金投入，单靠集体组织难以施行。因此，无居民海岛界定为国家所有，符合我国的经济利益。无居民海岛蕴含丰富的自然资源和政治、战略资源，由国家行使对无居民海岛的所有权，也符合社会公共利益与国防利益。

从现实角度看，国家享有无居民海岛的所有权，有助于对海岛的管理以及海岛资源的最大化利用。无居民海岛丰富的自然资源和军事利用价值，决定了国家对其拥有所有权符合重大战略目标。确定无居民海岛的权属关系方可对其进行开发利用，国家具备完善的体系制度，拥有专业的开发团队和庞大的资金支持，有助于最大效率地发挥无居民海岛资源对社会和国家的价值。

四、国务院代表国家行使无居民海岛的所有权

国务院代表国家行使无居民海岛的所有权，是指国务院作为无居民海

---

① 参见马得懿：《无居民海岛国家所有权之考察》，载《中国政法大学学报》2011年第6期。

岛所有者的国家的代表，对无居民海岛依法行使占有、使用、收益和处分的权能。既然国家是无居民海岛唯一的所有者，那么，任何其他的单位和个人都不能享有无居民海岛的所有权。这与土地既可属于国家所有又可属于集体所有是不同的，无居民海岛不可属于集体所有，无居民海岛的所有权具有唯一性、特定性。由国务院代表国家行使无居民海岛的所有权，即可表明任何地方政府都不可行使无居民海岛的所有权，国务院依照法律法规的规定对无居民海岛出台具体的管理制度，任何地方政府都不可在无法律依据的情况下，行使对无居民海岛的管理权。国务院代表国家行使无居民海岛的所有权时，不仅要保证海岛财产的保值增值和实现最大限度的财产收益，还要保证无居民海岛的生态安全、公共效益、军事和科学价值等的政治效益和社会效益。

本条规定的是无居民海岛的所有权归属于国家，由国务院代替国家行使无居民海岛的所有权。因此，当无居民海岛的生态及财产利益遭受损害时，理论上应当由国务院参加诉讼，但在实践中，国务院参加诉讼是不现实的，一般是由国务院授权特定的国家机关代表国务院参加诉讼。[①]例如，针对无居民海岛生态环境、资源等遭受破坏产生的诉讼本质属于一种环境公益诉讼。国家既作为无居民海岛的所有权者，就有义务保护和管理好无居民海岛的生态环境、资源和周边海域的安全，在无居民海岛遭受破坏时，代表国家行使无居民海岛所有权的国务院或者国家海洋行政主管部门在充分运用行政管理手段仍未解决纠纷的情况下，就要诉诸法律程序解决纠纷。《海岛保护法》第5条第2款规定："国务院海洋主管部门负责全国无居民海岛保护和开发利用的管理工作。沿海县级以上地方人民政府海洋主管部门负责本行政区域内无居民海岛保护和开发利用管理的有关工作。"这种诉讼在本质上属于一种国家代表机关代表全体公民进行的诉讼，根本目的是维护全体公民的资源利益和生态服务利益。

---

① 参见李嵩誉：《适用于无居民海岛的代表诉讼制度探究》，载《河南财经政法大学学报》2015年第3期。

其他问题

在理解无居民海岛国家所有权问题的同时，应注意同无居民海岛的使用权问题区分。无居民海岛的国家所有权是指国家作为无居民海岛的所有者，依法行使对海岛的占有、使用、收益、处分的权能。而无居民海岛的使用权是指民事主体依据法律的规定，对无居民海岛所享有的以使用、收益为目的的一种支配性和排他性的权利。[①]无居民海岛使用权属于无居民海岛所有权的派生权利，无居民海岛权属归国家所有是无居民海岛权利物权化的第一个阶段，无居民海岛的国家所有权为派生无居民海岛的使用权提供了权源基础。依据《海岛保护法》第30条第4款规定："无居民海岛开发利用审查批准的具体办法，由国务院规定。"第31条第2款规定："无居民海岛使用金征收使用管理办法，由国务院财政部门会同国务院海洋主管部门规定。"这两款规定为无居民海岛的使用权提供了法律依据。无居民海岛的所有权归属于国家，而使用权则可归属于私人。

第二百四十九条【国家所有土地的范围】

城市的土地，属于国家所有。法律规定属于国家所有的农村和城市郊区的土地，属于国家所有。

历史由来

本条继承了《物权法》第47条的规定。

中华人民共和国成立以前，我国土地确立的是私有制模式，即城市土地所有权呈分散状态，主要由政府机构、城市居民所有。而农村土地大部分由地主、富农所有，少部分由中农所有。1947年颁布的《中国土地法大纲》仍然秉持着土地私有制度，并提出实行"耕者有其田"的口号，具体表现为：除了大森林、大水利工程、大矿山、大牧场、大荒地及湖沼等归政府机构管

① 参见穆治霖：《无居民海岛所有权辨析》，载《环境保护》2009年第22期。

理，农村中的一切土地和公地都归农乡会接收，统一平均分配给农民并归其个人所有。[①]

中华人民共和国成立至农村合作社之前处于混合制阶段，主要表现为：城市中，政府通过没收外国殖民者、官僚资本家、旧政府机构的土地为国家所有，其他土地仍为民族资本家、城市居民所有；农村土地仍为农民所有。这是城市土地归为国家所有的最初来源。1949年《中国政治协商会议共同纲领》规定：中华人民共和国必须取消帝国主义国家在中国的一切特权，没收官僚资本归人民的国家所有。1954年《宪法》第5条提出了对国家所有制、合作社所有制、个体劳动者所有制、资本家所有制等多元所有制的确认，该条规定："中华人民共和国的生产资料所有制现在主要有下列各种；国家所有制，即全民所有制；合作社所有制，即劳动群众集体所有制；个体劳动者所有制；资本家所有制。"

在推行合作社和公社化之后，城乡二元的土地所有制度初步形成。在农村，土地归集体所有，而在城市，经由社会主义改造的大部分城市土地归为国家所有，但也不排斥其他主体对城市土地的所有权。

1982年《宪法》第10条确认了城乡二元结合的土地所有形式。这体现为，"城市的土地属于国家所有。农村和城市郊区的土地，除由法律规定属于国家所有的以外，属于集体所有；宅基地和自留地、自留山，也属于集体所有"。这为《民法典》第249条提供了立法渊源。在"八二宪法"颁布后，全国各地先后实施了"八二宪法"的相关规定，例如，上海市政府批转市建委《关于加强城市土地管理工作的请示》就明确规定："自宪法公布之日起，本市城市土地已全部归国家所有；私有土地产权证件一律作废；原私地租赁关系自然终止。"

1986年颁布的《土地管理法》第6条规定："城市市区的土地属于全民所有即国家所有。农村和城市郊区的土地，除法律规定属于国家所有的以外，属于集体所有；宅基地和自留地、自留山，属于集体所有。"由此，进一步确定了城市土地归国家所有，农村和城市郊区的土地，法律规定属于国家所有

---

① 参见耿卓、于凤瑞：《我国城市更新的土地法制保障——以确权为中心》，载《土地法制科学》2018年第1期。

的，归国家所有。《土地管理法》经过1988年、1998年、2004年以及2019年修改后，仍延续了1986年《土地管理法》的规定。

1991年颁布的《土地管理法实施条例》第3条规定："下列土地属于全民所有即国家所有：（一）城市市区的土地；（二）农村和城市郊区中依法没收、征用、征收、征购、收归国有的土地（依法划定或者确定为集体所有的除外）；（三）国家未确定为集体所有的林地、草地、山岭、荒地、滩涂、河滩地以及其他土地。"之后，《土地管理法实施条例》于1998年、2011年、2014年经过修改，其中，关于国家所有的土地均体现在修改后的《土地管理法实施条例》第2条，修改为："下列土地属于全民所有即国家所有：（一）城市市区的土地；（二）农村和城市郊区中已经依法没收、征收、征购为国有的土地；（三）国家依法征收的土地；（四）依法不属于集体所有的林地、草地、荒地、滩涂及其他土地；（五）农村集体经济组织全部成员转为城镇居民的，原属于其成员集体所有的土地；（六）因国家组织移民、自然灾害等原因，农民成建制地集体迁移后不再使用的原属于迁移农民集体所有的土地。"

2010年国家土地管理局印发的《确定土地所有权和使用权的若干规定》，延续了1995年《确定土地所有权和使用权的若干规定》的规定，将"城市市区"修改为"城市市区范围内"。这具体体现为《确定土地所有权和使用权的若干规定》第3条的规定，即"城市市区范围内的土地属于国家所有"。也就是说，该规定表明，城市市区范围内的土地归国家所有，农村土地原则上归集体所有，农村土地依照法律规定属于国家所有的，则为国家所有。

《物权法》第47条规定："城市的土地，属于国家所有。法律规定属于国家所有的农村和城市郊区的土地，属于国家所有。"《民法典各分编（草案）》、《民法典物权编（草案）》（二审稿）均在第44条延续了该条规定。《民法典（草案）》第249条没有对之前的草案再作任何修改。

规范目的或功能

本条的规范目的在于确定国家所有土地的范围，但未对侵害国家土地所有权的法律效果予以规定，属于不完全法条。在发生违反本条规定，侵害国家土地所有权的情况时，该条规范不能作为请求权的独立依据，仍需援引其他法律规定，以确定违法者的法律责任。

土地确权可以定分止争，稳定权利人对土地的利用预期，从而提高土地的利用效益。土地是人类可利用资源中最宝贵、最原始的自然资源，具有面积有限、不可再生的特点，因此，需要对土地予以立法的保护。土地的国家管理制度是由土地的特殊地位与特殊作用决定的。土地是人们赖以生存的最基本的物质基础，是一个国家的宝贵资源，必须由国家依法进行保护与管理。土地与国民和社会的发展息息相关，涉及一个国家与社会的整体利益，与社会的稳定与发展直接相关，必须由国家从整体利益出发对土地资源进行利用、管理和分配，方可维持一定的社会秩序。土地是由一定的自然条件、经济条件、社会和历史条件相结合的产物，它又受制于一定的自然条件和经济条件，因此，需要国家从宏观调控的角度出发予以平衡和调节，以达到社会公共效益的最大发展。依照《宪法》的规定，我国实行土地的社会主义公有制，国家根据法律的授权应当具有统一管理国家土地的能力与资格。[①]

规范内容

我国实行土地的社会主义公有制，《宪法》第6条第1款规定，“中华人民共和国的社会主义经济制度的基础是生产资料的社会主义公有制，即全民所有制和劳动群众集体所有制”。土地是宝贵的自然资源，也是最基本、最原始的生产、生活资料。中华人民共和国自成立以来，逐步确立了社会主义公有制度和土地的全民所有制地位，即土地的国家所有制和土地劳动群众集体所有制，也可以说土地的农村集体所有制度。我国《土地管理法》第2条第1款规定：“中华人民共和国实行土地的社会主义公有制，即全民所有制和劳动群众集体所有制。”土地所有制的重要体现就是土地的所有权归属。

① 参见全国人民代表大会常务委员会法制工作委员会编：《中华人民共和国物权法释义》，法律出版社2007年版，第103页。

本条规定了国家所有土地的范围，国家范围内所有的土地包括：第一，城市土地；第二，法律规定属于国家所有的农村和城市郊区的土地。

一、城市的土地属于国家所有

根据《城市规划基本术语标准》(GB/T 50280–98)，城市是指 以非农产业和非农业人口聚集为主要特征的居民点，包括按国家行政建制设立的市和镇。依据《宪法》第10条第1款，“城市的土地属于国家所有”。同时，依据《土地管理法》第9条，“城市市区的土地属于国家所有”。可知，国家拥有城市土地的所有权，且城市土地排除城市郊区属于集体所有的土地仅能归国家所有。“城市”的范围包含“直辖市、设区的市中的市区及不设区的市”的市域范围。我国行政区划将城市分为三类：直辖市、设区的市和不设区的市，其中，直辖市和设区的市有市区和郊区之分，而我国“城市的土地属于国家所有”应当指向的是直辖市和设区的市中的市区，而城市郊区土地，除法律规定外，一般属于集体所有。至于不设区的市并无市区与郊区之分，因此，不设区的市本身应归为“城市”。

二、法律规定属于国家所有的农村和城市郊区的土地属于国家所有

《宪法》第10条第2款规定，“农村和城市郊区的土地，除由法律规定属于国家所有的以外，属于集体所有”。《土地管理法》第9条第2款规定，“农村和城市郊区的土地，除由法律规定属于国家所有的以外，属于农民集体所有”。由此，农村和城市郊区的土地，原则上属于集体所有，若法律规定属于国家所有的，则仍然归属于国家所有。这里所说的法律，是指全国人大及其常委会通过的具有法律约束力的规范性文件，包括宪法和其他法律。[①]同时，依据国务院《土地管理法实施条例》第2条，属于国家所有的土地包括：(一)城市市区的土地；(二)农村和城市郊区中已经依法没收、征收、征购为国有的土地；(三)国家依法征用的土地；(四)依法不属于集体所有的林

① 参见全国人大常委会法制工作委员会民法室编著：《中华人民共和国物权法解读》，中国法制出版社2007年版，第104页。

地、草地、荒地、滩涂及其他土地；（五）农村集体经济组织全部成员转为城镇居民的，原属于其成员集体所有的土地；（六）因国家组织移民、自然灾害等原因，农民成建制地集体迁移后不再使用的原属于迁移农民集体所有的土地。

三 其他问题

确认城市土地与法律规定属于国家所有的农村和城市郊区的土地属于国家所有的同时，还应关注在集体土地向国有土地“转性”过程中存在的问题以及国有土地的登记问题。

我国确认国有土地权属关系的方式有两种：第一种是正面确认，即直接划定国有土地的范围；第二种是反面确认，即先划定集体所有土地的范围，其余的均为国有土地的范围，也称之为“排除法”。[①]在城市化进程中，城市土地的范围不断向四周延展，城市土地与集体土地发生交错现象，同时，集体土地性质向国有土地转变时，各种所有权的性质转变要么本身存在问题，要么有关部门的执行不到位，从而极易模糊土地权属的边界，加之土地增值收益猛增，发生抢占违建现象，使土地权属问题趋于复杂。

在土地确权登记过程中还存在国有土地是否具有登记能力的问题，我国《不动产登记暂行条例》未将国家土地所有权纳入需登记的不动产权利中，此种安排有待商榷。虽然我国《民法典》第209条第2款规定：“依法属于国家所有的自然资源，所有权可以不登记。”也就是说，法律不强制属于国家所有的自然资源必须进行登记。但土地不同于矿藏、水流等单一权属性质的自然资源，其同时存在国家所有与集体所有两种所有权类型，同时，中华人民共和国成立以来，各种复杂的历史因素使得土地权属问题更具不确定性，未将国家土地所有权纳入强制登记范围，可能会在一定程度上造成土地权属的模糊以及权利行使的障碍。

① 参见耿卓、于凤瑞：《我国城市更新的土地法制保障——以确权为中心》，载《土地法制科学》2018年第1期。

第二百五十条【属于国家所有的自然资源】

森林、山岭、草原、荒地、滩涂等自然资源，属于国家所有，但是法律规定属于集体所有的除外。

历史由来

本条是对《物权法》第48条的继承。

关于森林、山岭、草原、荒地、滩涂等自然资源的国家所有，最初是在宪法中予以规定的。1954年《宪法》第6条规定："国营经济是全民所有制的社会主义经济，是国民经济中的领导力量和国家实现社会主义改造的物质基础。国家保证优先发展国营经济。矿藏，水流，由法律规定为国有的森林、荒地和其他资源，都属于全民所有。"1982年《宪法》第9条规定："矿藏、水流、森林、山岭、草原、荒地、滩涂等自然资源，都属于国家所有，即全民所有；由法律规定属于集体所有的森林和山岭、草原、荒地、滩涂除外。国家保障自然资源的合理利用，保护珍贵的动物和植物。禁止任何组织或者个人用任何手段侵占或者破坏自然资源。"有学者认为，计划经济体制下，"54宪法"对自然资源国家所有的规定实际上是对国有自然资源的所有制性质的规定。随着市场化和国家法治的推进，"82宪法"关于森林、山岭等自然资源国家所有的原则规定是自然资源国家所有权法律化的初步体现。[①]

将自然资源国家所有权正式作为民法所有权纳入民法体系，始于1986年的《民法通则》。《民法通则》第81条规定："国家所有的森林、山岭、草原、荒地、滩涂、水面等自然资源，可以依法由全民所有制单位使用，也可以依法确定由集体所有制单位使用，国家保护它的使用、收益的权利；使用单位有管理、保护、合理利用的义务。国家所有的矿藏，可以依法由全民所有制单位和集体所有制单位开采，也可以依法由公民采挖。国家保护合法的采矿权。公民、集体依法对集体所有的或者国家所有由集体使用森林、山岭、草原、荒地、滩涂、水面的承包经营权，受法律保护。承包双方的权利和义务，

---

① 参见王克稳：《论自然资源国家所有权权能》，载《苏州大学学报》（哲学社会科学版）2018年第1期。

依照法律由承包合同规定。国家所有的矿藏、水流，国家所有的和法律规定属于集体所有的林地、山岭、草原，荒地、滩涂不得买卖、出租、抵押或者以其他形式非法转让。”该条标志着自然资源所有权正式进入民法所有权的范围，但可以看出重点在对自然资源使用权的确认，而不是自然资源国家所有权。《民法通则意见》第四部分“民事权利”中“关于财产所有权和与财产所有权有关的财产权问题”第95条规定：“公民和集体依法对集体所有的或者国家所有由集体使用的森林、土地、山岭、草原、荒地、滩涂、水面等承包经营的权利和义务，按承包合同的规定处理。承包人未经发包人同意擅自转包或者转让的无效。”该条在《民法通则》第81条的基础上明确了承包人转包、转让的条件，但未对森林、山岭等自然资源的国家所有权作进一步解释。2007年施行的《物权法》第48条规定：“森林、山岭、草原、荒地、滩涂等自然资源，属于国家所有，但法律规定属于集体所有的除外。”

在民法典编纂过程中，《民法典各分编（草案）》第45条吸收了《物权法》第48条的规定。《民法典物权编（草案）》（二审稿）第45条的但书部分，以“但是”一词替代“但”字，具体表述为，“森林、山岭、草原、荒地、滩涂等自然资源，属于国家所有，但是法律规定属于集体所有的除外”。从“但”到“但是”，虽然只有一字之差，且法条内容并无实质改变，但是可使法条更加正式严谨。《民法典（草案）》第250条与《民法典物权编（草案）》（二审稿）第45条作了一致性规定，并最终被《民法典》第250条所采纳，形成本条规定。

二、规范目的或功能

本条旨在对森林、山岭、草原、荒地、滩涂等自然资源的归属进行规定。在物权法立法过程中，本条是否应当规定存在较大争议。有学者认为，以所有制性质类型区分所有权并无任何实益，市场经济规律要求对合法财产进行一体保护，就所有权规范事项统一加以规定。[①]有学者认为，本条与《宪法》

① 参见中国物权法研究课题组：《中国物权法草案建议稿附理由》（第二版），社会科学文献出版社2007年版，第186页。

第9条第1款极为相似，基本属于照抄法条，并无实质意义。[①]但是，宪法与民法功能不同，宪法在于限制国家权力，民法在于为私人自由行为提供保障。[②]物权制度的立法目的是维护国家基本经济制度，维护社会主义市场经济秩序，明确物的归属，发挥物的效用，保护权利人的物权。《民法典》物权编关于所有权的规定，解决的是私法上的财产归属问题。[③]根据《宪法》第9条的规定，森林、山岭、草原、荒地、滩涂等自然资源找到了宪法上的所有权归属，而将宪法上自然资源国家所有权转化为民法上自然资源所有权，可为自然资源用益物权的生成提供母权基础，能够更好发挥自然资源的效用，实现物尽其用的目的。同时，民法上自然资源所有权负有社会义务，权利人行使权利需考量社会公共利益，这对进一步保护国有自然资源，合理开发与利用自然资源，具有重要意义。

本法条为不完全法条，只规定了“构成要件”部分，没有规定“法律效果”部分。其中“但是法律规定属于集体所有的除外”属于限制性规定，与前半部分一起显现出我国森林、山岭、草原、荒地、滩涂等自然资源的所有权格局，即森林、山岭、草原、荒地、滩涂等自然资源以国家所有为原则、集体所有为例外。本法条不足以构成一个行为规范和裁判规范均具备的完全法条。作为一种说明性的不完全法条，它并不包含司法裁判规则，不能独立产生法效果，“只有与其他法条相结合，才能开展共创设法效果的力量”[④]。

规范内容

一、森林等自然资源国家所有权主体

本条对森林、山岭、草原、荒地、滩涂等自然资源的归属进行了明确规

① 参见葛云松：《物权法的扯淡与认真——评〈物权法草案〉第四、五章》，载《中外法学》2006年第1期。

② 参见朱庆育：《民法总论》（第二版），北京大学出版社2016年版，第11页。

③ 参见房绍坤：《我国民法典物权编的编纂研究》，载《政治与法律》2018年第10期。

④ 参见刘练军：《自然资源国家所有的制度性保障功能》，载《中国法学》2016年第6期。

定，即只能属于国家所有和集体所有，不允许私人所有。这与我国社会主义基本经济制度相适应。当然，也有学者认为，森林等自然资源国家所有权主体将自然人排除在外，缺少法理基础，也与自然资源之上承载的民众利益不符。①森林等自然资源绝大部分属于国家所有，集体所有的森林、山岭、草原、荒地、滩涂等自然资源以例外的方式由法律进行规定。本条中“国家”一词如何理解一直是学术界争论的焦点，关于自然资源国家所有权的主体，存在全民说、国家说、政府说等理论纷争。

其一，“全民说”认为，根据《宪法》第9条，国家所有，即全民所有，国家所有权的真正主体是“全体人民”，国家实际上只是代表全民行使财产等所有权，而这些权力的行使必须服从全民的利益和意志。②社会主义国家所有权与资本主义国家所有权本质上是不同的，我国实行生产资料的社会主义公有制，即全民所有制和劳动集体所有制，全民所有制决定了国家所有权的主体的全民性。③

其二，“国家说”认为，尽管《宪法》规定自然资源属于国家所有即全民所有，但“全民”并非严格意义上的法律概念，无法成为所有权主体，自然资源国家所有权的主体只能是“国家”。在“国家”作为国家所有权主体前提下，《民法典》第246条第2款规定“国有财产由国务院代表国家行使所有权”，表明“国家”作为国家所有权主体是一个抽象的法律人格行使其所有权，参与到民事关系之中，需要具体化一定的意思机关和执行机关，由此国务院和各级政府代表国家（全民）行使国家所有权，它们是全民通过民主程序选择的利益行使主体。④在历史和现实中，国家均可成为财产所有权的主体，我国是人民当家作主的社会主义国家，由国家作为全

① 参见孙宪忠等：《国家所有权的行使与保护研究：从制度科学性入手》，中国社会科学出版社2015年版，第413页。

② 参见王利明：《国家所有权的法律特征研究》，载《法律科学》1990年第6期。

③ 参见周林彬、王烨：《论我国国家所有权立法及其模式选择——一种法和经济学分析的思路》，载《政法论坛》2002年第3期。

④ 参见周林彬、王烨：《论我国国家所有权立法及其模式选择——一种法和经济学分析的思路》，载《政法论坛》2002年第3期；马俊驹：《国家所有权的基本理论和立法结构探讨》，载《中国法学》2011年第4期。

民财产的所有权主体，最能代表全民的意志和利益，“国家说”符合国家所有权立法。[①]

其三，“政府说”认为，“国家”与“全民”一样都是抽象而不确定的概念，都不可以作为国家所有权的主体，而真正的主体是行使国家所有权的政府。“应该把国家所有权分解为各级政府所有权，这样不仅可以避免国家所有权主体虚化的现象，而且减少了代理环节，使得政府的责任更加明确，从而各级政府在投资生产时势必更加谨慎，自我约束性更强。”[②]

从《民法典》对自然资源国家所有权的立法确认看，本条中的“国家”指的是民法上的国家，具有独立的法律人格，能够独立承担责任。承认国家的民事主体地位，是其他民事主体代表国家行使所有权的前提和基础。

我国社会主义经济制度的基础是生产资料的社会主义公有制，作为国家所有权客体的生产资料应最终归属于全民，国家所有权必须服从于服务全民、为全民共享这一制度性的根本要求。[③]在生产关系层面，国家所有权的主体是全民，即全民是真正的主体，但在法律层面，由于“全民”不是一个法律主体，而是法律主体的集合，因此在法律层面“国家”作为一个整体，代表“全民”成为国家所有权的法律主体。国家具有多重含义，可以是国际法意义上的主权国家、公权意义上的政府，也可以是民法上的主体。私法制度中国家所有权的主体“国家”，是国家所有权在民法上的主体，是具有法律人格的国家，在民法上是一个具体和确定的概念。[④]国家法人回到私法领域中，以私法形式履行其目标及任务，在这种情况下，国家与其他私法人在权利上是平等的。[⑤]“民法范畴的国家所有权”即为民法所有权，在于实现物尽其用，并

---

① 参见叶榅平：《自然资源国家所有权主体的理论诠释与制度建构》，载《法学评论》2017年第5期。

② 参见李凤章：《国家所有权的解构与重构》，载《山东社会科学》2005年第3期。

③ 参见叶榅平：《自然资源国家所有权主体的理论诠释与制度建构》，载《法学评论》2017年第5期。

④ 参见程淑娟：《确信与限制——国家所有权主体的法哲学思考》，载《河北法学》2009年第5期。

⑤ 参见彭诚信、单平基：《水资源国家所有权理论之证成》，载《清华法学》2010年第6期。

防范私主体对权利的侵害。森林等自然资源的民法上所有权与宪法上所有权两种类型的所有权并行不悖。[①]

二、自然资源作为国家所有权客体的范围

自然资源的范围关涉自然资源利益能否公平分配，并且对落实自然资源资产所有权以及自然资源的开发利用有着直接的重要影响。

《宪法》第9条第1款与本条文前半部分“森林、山岭、草原、荒地、滩涂等自然资源，属于国家所有”中使用“等”字，而在“属于集体所有”部分，并未使用“等”。一个法条前后使用语词的不同，反映出“等”字的理解是界定自然资源国家所有权客体范围的关键。虽然《宪法》第9条未明确授权委托立法机关对国有自然资源范围进行界定，但自然资源所有权关涉公民基本权利，依据《立法法》第8条，由法律规定，才能真正体现广大人民的意志与根本利益。而且，宪法上的自然资源国家所有条款是一种制度性保障条款，只是要求立法者就自然资源利用建构完善的法律制度体系，以保障国民公平地享有对自然资源的各项权益，[②]并不能界定国有自然资源的范围。界定自然资源国家所有权客体的范围，应当正确理解本条文中“等”字的含义。虽然“等”字本身具有开放含义，但从体系解释角度来看，根据《民法典》第246条第1款的规定，国家所有的财产由法律规定，国有自然资源的范围也应以法律的明确规定为界定标准，遵循法律保留原则。即哪些自然资源应属于国家所有，需要经由全民的代表机关审慎决策后作出明确界定。[③]

其他问题

自然资源国家所有权在《民法典》物权编的确认，标志着自然资源国家所有权完成了从宪法上所有权向民法上所有权的转化。但是，宪法规定是否

① 参见税兵：《自然资源国家所有权双阶构造说》，载《法学研究》2013年第4期。

② 参见刘练军：《自然资源国家所有的制度性保障功能》，载《中国法学》2016年第6期。

③ 参见王克稳：《论我国国有自然资源的范围》，载《南京社会科学》2018年第10期。

妥适地具体化为物权规范，民法上自然资源国家所有权的行使，如何实现宪法所欲达致的公共性目的，值得思考。毕竟，自然资源与传统的物有明显差异，自然资源之上承载着经济、生态、社会等多重价值。在市场经济条件下，国家所有权行使的直接目的是国有财产的有效利用。[①]但是，作为国有财产的自然资源不能一概而论。自然资源承载的价值具有多元性，决定了自然资源国家所有权行使目的的多重性，不仅要注重经济收益，对生态环境的保护与公共利益的考量也同等甚至更为重要。如此才能保证民众对自然资源享有机会的平等性，促进社会可持续发展。

第二百五十一条【野生动植物资源的国家所有权】

法律规定属于国家所有的野生动植物资源，属于国家所有。

历史由来

本条完全继承了《物权法》第49条的规定。

关于野生动植物资源的国家所有权，《宪法》并未像规定其他资源国家所有权那样予以明确规定。而只是在《宪法》第9条第2款规定："国家保障自然资源的合理利用，保护珍贵的动物和植物。禁止任何组织或者个人用任何手段侵占或者破坏自然资源。"1989年3月1日施行的《野生动物保护法》第3条规定，"野生动物资源属于国家所有。国家保护依法开发利用野生动物资源的单位和个人的合法权益"，第一次在法律上明确地规定了野生动物资源的国家所有权。《物权法》第49条规定："法律规定属于国家所有的野生动植物资源，属于国家所有。"在《民法典》编纂中，《民法典各分编（草案）》第46条与《民法典物权编（草案）》（二审稿）第46条以及《民法典（草案）》第251条均未对《物权法》第49条作出修改。

---

① 参见周林彬、王烨：《论我国国家所有权立法及其模式选择——一种法和经济学分析的思路》，载《政法论坛》2002年第3期。

规范目的或功能

本条的规范目的在于确立野生动植物资源国家所有权。所有权对物有完全圆满支配力，是最典型的物权，具有占有、使用、收益、处分等权能，具有排他性，规定野生动植物资源的国家所有权，赋予国家权利的本质是让国家担负起管理保护动植物资源的义务与责任，对于野生动植物资源与生态环境的保护具有关键作用。同时，在《民法典》物权编中规定野生动植物资源国家所有权，可以促进自然资源的有效利用，充分发挥和实现野生动植物的经济价值。①

本条是不完全法条，只规定了“构成要件”部分，没有规定“法律效果”部分。本条为说明性法条，规定了野生动植物资源的归属主体，不可作为请求权的独立依据，“只有与其他法条相结合，才能开展共创设法效果的力量”②。

规范内容

一、野生动植物资源与野生动植物的区分

《野生动物保护法》第2条将野生动物界定为两类，一类是珍贵、濒危的陆生、水生野生动物；另一类是有重要生态、科学、社会价值的陆生野生动物。《野生植物保护条例》第2条对其所保护野生植物进行了界定，“指原生地天然生长的珍贵植物和原生地天然生长并具有重要经济、科学研究、文化价值的濒危、稀有植物”。

关于野生动植物资源与野生动植物是否等同，存有争议。有学者认为，依据《现代汉语词典》中对“资源”的定义——“生产资料或生活资料的天然来源”，野生动植物资源实质上就是指野生动植物，“野生动植物资源所有

---

① 参见陈仪：《保护野生动物抑或保护国家所有权——从私割鲸肉应否处罚谈开去》，载《法学》2012年第6期。

② 参见［德］卡尔·拉伦茨：《法学方法论》，陈爱娥译，商务印书馆2003年版，第138页。

权”也就是“野生动植物所有权”。[①]也有学者认为两者是不同的，野生动植物资源是一个广义的法律概念，是所有野生动物群体和个体的总称，包括野生动植物产品。我们认为，从《现代汉语词典》对“资源”一词的定义来理解“野生动植物资源”与“野生动植物”，好像难以区分出二者有何区别，但从我们日常对语词使用的习惯出发，会发现二者还是存在差异的，“野生动植物资源”的使用侧重于对全部的野生动植物总体进行描述，而“野生动植物”往往指代一些个体。

二、野生动植物资源作为物权客体

关于野生动植物资源可否作为国家所有权的客体，学界存在争论。梁慧星教授认为，野生动物之所以称为野生，是因为其意指处于人力不能控制、不能支配之状态，与处于人力控制、支配状态下的饲养动物和猎获物不同，在被捕获之前，不能构成物权的客体。关于野生植物所有权，它附属于土地，应该根据土地的所有权人确定野生植物的所有权归属。[②]作为物权的客体通说认为，应当具有独立性、特定性特点，“物权既然为直接支配标的物的权利，则要求标的物具有特定性”[③]。

物权客体特定主义已在学界达成通识，所有权为典型的物权，本条中野生动物资源国家所有权难免引起争议。但是，物权客体的特定性并非物权的初始要求，它来自物权人支配客体的需要，更终极地说是实现物权目的的需要。[④]传统物权的实现方式要求物权具有特定性、独立性、有体性等特点，在如今社会与科技飞速发展的时代，如果通过相应技术手段能够实现物权的目的，再苛刻地要求物权具有特定性不免有画蛇添足之嫌。再者，野生动物资源作为国家所有权的客体具有相对稳定性，在一定程度上能够满足物权客体

---

① 参见刘宏明:《我国野生动物所有权立法述评》，载《野生动物》2007年第4期。

② 参见梁慧星:《对物权法草案（征求意见稿）的不同意见及建议》，载《河南省政法管理干部学院学报》2006年第1期。

③ 崔建远:《物权：规范与学说——以中国物权法的解释论为中心》（上册），清华大学出版社2011年版，第39页。

④ 参见崔建远:《物权：规范与学说——以中国物权法的解释论为中心》（上册），清华大学出版社2011年版，第41页。

特性的要求。

三、本条中“法律”的理解

有学者指出，本条存在同义重复，法律规定为国家所有的野生动植物资源当然属于国家所有，这是不言自明的道理，无须再加以说明。[①]然而，加此限定有其合理性。在《物权法》制定过程中，《物权法（草案修改稿）》第49条曾有规定，“野生动植物资源属于国家所有”。2007年3月15日第十届全国人民代表大会法律委员会关于《物权法（草案修改稿）》修改意见的报告中指出：有的代表提出野生动植物资源的范围不清楚，能否规定一切野生动植物资源都归国家所有，值得研究。不加区别地规定野生动植物资源都属于国家所有，是不确切的，建议将这一条修改为“法律规定属于国家所有的野生动植物资源属于国家所有”[②]。可见，《民法典》第251条作此限制性规定，反映了立法者对野生动植物资源国家所有权的审慎态度，并不是将所有的野生动植物资源均归属国家所有，而是遵循法律保留原则，即只有“法律规定为国家所有的野生动植物资源”才属于国家所有。法律规定属于国家所有，通常是指列入国家保护范围的野生动植物资源，需要由野生动植物资源的目录确定国家所有的范围。

其他问题

动植物作为有生命的活物，作为物权客体有其特殊性，不同于物权法中其他无生命的客体，与人工制作物不同。从物权法的立法目的来看，物权法规定野生动植物资源国家所有权主要是因为动植物资源对人类具有经济利益、科学研究的价值。但是，它们也有生命，相比于动植物资源的经济、科研价值，动植物资源的生态价值可能更为重要，毕竟作为生态系统组成部分的人

---

① 参见房绍坤：《论我国民法典物权编立法中的外部体系协调》，载《政治与法律》2018年第10期。

② 参见何勤华、李秀清、陈颐编：《新中国民法典草案总览》（增订本），北京大学出版社2017年版，第1846页。

类与野生动植物资源相互影响、相互制约。野生动植物资源之上承载着生态价值和经济价值，野生动植物资源与整个人类的生存利益攸关。在当今全球生态环境恶化的形势下，生态价值应当优于经济价值，注重野生动植物资源给人类长期生存造成的影响，而不是只关注野生动植物资源带来的短期的经济利益。除《民法典》外，对野生动植物资源应当注重以单行法进行特别保护。

第二百五十二条【无线电频谱资源的国家所有权】

无线电频谱资源属于国家所有。

历史由来

本条承袭了《物权法》第50条的规定。

无线电于清末时期传入我国，在中华人民共和国成立以前，主要服务于政治、战争，中华人民共和国成立后，无线电经历了徘徊、恢复和发展三个阶段，管理部门由早期的军队通信保密部门、邮电部门和公安部门到最终的无线电管理局（国家无线电办公室）。无线电频谱资源的兴起与经济发展、科技进步密切相关，由于我国早期处于落后状态，无线电频谱的利用率不高，该资源并不被重视，直至改革开放之后，又逢信息化建设浪潮，与无线电频谱相关的科技已渗入人类生活的方方面面，包括气象、定位、导航、卫星、广播、空间研究等，需求迅速膨胀。在通信领域，无线电频谱资源在构建信息社会、推动经济社会发展和国防建设中发挥着不可替代的重要作用，其有限性与稀缺性的特点日益凸显，进而越有必要予以规制。

据考证，无线电的相关内容在中华人民共和国初期的民法典草案中，国家所有权部分以“无线电事业”予以明确，但是并未提及“无线电频谱”或“无线电频谱资源”。①1993年9月11日，国务院、中央军事委员会发布的《无线电管理条例》第4条规定：“无线电频谱资源属国家所有。国家对无线电频谱实行统一规划、合理开发、科学管理、有偿使用的原则。”这是首次以行政

---

① 参见何勤华、李秀清、陈颐编：《新中国民法典草案总览》（上卷），法律出版社2003年版，第66页。

法规的形式系统化地规定无线电频谱资源的所有权、管理权与使用权。《物权法》第50条规定："无线电频谱资源属于国家所有。"这是我国首次在法律中明确无线电频谱资源的国有属性。

在《民法典》编纂过程中，《民法典物权编（草案）》（征求意见稿）第47条、《民法典各分编（草案）》第47条、《民法典物权编（草案）》（二审稿）第47条、《民法典（草案）》第252条都承袭了《物权法》第50条关于无线电频谱资源所有权的规定，可以认为立法对本条规定并无争议。

规范目的或功能

本条的规范目的在于明确无线电频谱资源的国家所有权，从而有利于无线电频谱资源的统一集中管理，为其规范利用奠定基础。正如佟柔先生所言："国家所有权是社会全体成员共同占有生产资料的所有制形式在法律上的反映，是公有制社会的国家为了全体人民的利益对全民共同占有的财产享有的占有、使用、收益和处分的权利。"[①]无线电频谱资源作为一种公共物品，并不具有排他性，加之高度的稀缺性和公益性，通过国有化界定其产权归属不仅能够缓解稀缺状态，降低社会成本，而且在形式上满足了"全民所有"的要求，并使得国家掌握资源利用的主导权，能够从全民整体利益的高度出发，制定统一化、系统化的无线电频谱利用规则，实现资源有序化利用，提高使用效率。

本条为不完全法条，只说明了无线电频谱资源的所有权归属问题，并无相应的行为模式和法律效果之规定。《宪法》第9条第1款规定："矿藏、水流、森林、山岭、草原、荒地、滩涂等自然资源，都属于国家所有，即全民所有；由法律规定属于集体所有的森林和山岭、草原、荒地、滩涂除外。"《宪法》规定的国家所有意在强调所有制关系，而民法规定的国家所有则重在强调私法上的所有权。因此，《民法典》第252条是对《宪法》条文的具体落实，为私法的承接适用提供依据。

---

① 参见佟柔主编：《民法原理》，法律出版社1986年版，第158—161页。

规范内容

原则上，对于一项权利而言，研究重点应当在主体、客体、内容三方面。但就国家所有权而言，一方面权利主体既要在法律形式上体现唯一性，又要依法设置反映民意的多元主体机制；另一方面权利行使既要有独立性，又要接受人民群众的监督制约。[①]无线电频谱资源国家所有权的关注重点，在于权利主体和客体方面。

一、无线电频谱资源“国家所有”的规范意义

本条明确规定无线电频谱资源属于国家所有，也即国家是其所有权主体。由于国家所有权本身就是一个极具争议的问题，国家所有权主体的观点也不尽相同，学界的主要观点包括国家说、政府说、全民说和公法法人说。从体系解释的角度来看，本条规定在《民法典》物权编第二分编所有权第五章国家所有权和集体所有权、私人所有权之下，民法典沿袭以主体为标准划分所有权类型的传统将三者并列的做法，同时也明确了国家与个人具有平等的民事主体地位。因此，在此采纳国家说，即国家所有权的主体是国家，虽然国家同时是主权的享有者、政权的承担者和财产的所有者，但在以所有权人身份进行民事活动时，主权享有者、政权承担者的身份隐而不露。[②]同时，应当明确的是“无线电频谱资源属于国家所有”并不意味着私人无权使用，制度设制的目的是防止私人的滥用，避免“公地悲剧”的发生，实质上应当是国家享有对无线电频率的所有权，由国家通过指配或拍卖并用行政许可的方式颁发无线电频率牌照来行使其所有权。这种所有权的制度设计方式，既有利于促进无线电管理秩序的稳定，又可通过对各申请主体之间使用许可的控制，达到物尽其用的目的。

所有权的行使依赖于具体的意思表示，而国家是抽象的法律主体，需要

---

① 参见马俊驹：《国家所有权的基本理论和立法结构探讨》，载《中国法学》2011年第4期。

② 参见崔建远：《物权：规范与学说——以中国物权法的解释论为中心》（上册），清华大学出版社2011年版，第390页。

凭借相应的机关或组织才能表达并执行其意志，并且该主体应能够代表全体人民的意志和利益。在我国，全国人民代表大会及其常务委员会由公民通过选举组成，因此，其所通过的法律有权决定权利的行使主体。依据《民法典》第246条第2款："国有财产由国务院代表国家行使所有权。法律另有规定的，依照其规定。"原则上，无线电频谱资源的所有权由国务院统一代表行使，而国务院的具体行权又需通过法律授权某个行业主管部门，其他主体行使国家所有权时则应当具有相应的法律的授权。①

基于我国无线电频谱资源历史发展的特殊性，无线电的管理经历了由军队到地方的转变过程，加之无线电频谱资源与国防安全密切相关，依据《无线电管理条例》第8条、第9条、第10条的规定，国家无线电管理机构、中国人民解放军电磁频谱管理机构、省级地方政府均有权管理无线电频谱资源。以上各行使主体的管理权是由行政法规授予的，低于法律规定的法律效力等级的授权规范，但由于无线电频谱资源领域并未制定相应的法律，最高效力等级的规范就是行政法规，因此，有待日后完善。

二、无线电频谱资源的客体界定

无线电频谱资源为日常生活带来了巨大的便利，但基于其高度的专业性和科技性，内涵与外延如何，在本条中均无从得知。我国相关法律、行政法规并无关于无线电频谱资源的定义，依据国际电信联盟《无线电规则》的规定，无线电频谱是指频谱中9Hz到3000GHz频率范围内发射无线电波的无线电频率的总称。由此可知，无线电频谱资源是一个复合性概念，由"无线电""频谱""资源"三个子概念组合而成，应当先明确各自含义，再通过整合从而明确其整体含义。对子概念的理解又需围绕频率进行，通说认为，频率是指单位时间内完成振动（或振荡）的次数或周数。②就无线电而言，依据我国工信部2018年发布的《无线电频率划分规定》，无线电是对无线电波（又称为赫兹波）的统称，是指频率规定在3000GHz以下，不用人造波导而在空

---

① 参见王文娟：《国家所有权下的无线电频谱资源法律属性研究》，载《北京邮电大学学报》（社会科学版）2018年第4期。

② 参见王春林：《科技编辑大辞典》，第二军医大学出版社2001年版，第510页。

间传播的电磁波。频谱是指频率的分布曲线，是对无线电波的波长和频率的一种特性描述和表现形式。资源则是指生产资料或生活资料等的来源。基于上述，一般认为无线电频谱资源是指无线电频率的分布曲线的排列组合的集合，并非物理上的物，仅仅是一个参数。[①]具体而言，无线电频率与无线电频谱之间的关系正如水与水的温度一样。

无线电频谱类似于一条高速公路，边界是固定的，但各车道之间却不存在任何隔离，越界成本低但造成的妨碍大，为保障使用的有序化，应当设立相应的保障措施。基于无线电频谱资源公共性的特征，其所有权的制度设计应当注重考虑法经济学方面的问题，若将无线电频谱资源界定为私人所有，为了保障其不受干扰、持续无阻碍地使用，每一私法主体不得不付出一定的监督成本，最终会因私人利用该资源的外部成本较高而使得市场失灵。此时，无线电频谱归国家所有的制度设计的优越性便体现出来。本条规范正式入典，一方面体现了无线电频谱资源的基础性和特殊性，因而得以进入《民法典》并以独立性条文的形式出现；另一方面也表明了《民法典》对国家、集体和私人的所有权三分原则的继续坚持。

值得注意的是，无线电频谱资源与自然资源的关系。《民法典》第250条规定："森林、山岭、草原、荒地、滩涂等自然资源，属于国家所有，但是法律规定属于集体所有的除外。"人在其自然环境中发现的各种成分，只要能以任何方式为人提供福利的都属于自然资源。[②]随着科技的进步，人类能够认识发现的成分越来越多，无线电频谱是自然界存在的一种电磁波，是一种物质，是一种各国可均等获得的看不见、摸不着的自然资源。因此，无线电频谱资源本质上属于自然资源，原则上可通过对该条的解释进而将其纳入，但将其单独成条，目的在于突出无线电频谱的特殊性和重要性。与传统自然资源相比，无线电频谱资源有并不具备物理属性、不具有可消耗性、传播不受地域限制等特性，同时规定无线电频谱资源为国家所有的专属客体，排除集体所有的可能，以确保国家对其享有绝对的控制权。

---

① 参见马方立：《无线电频谱资源的本质与属性探讨》，载谢飞波、薛永刚主编：《全国无线电应用与管理学术论文集》，电子工业出版社2007年版，第75页。

② 参见崔建远：《自然资源物权法律制度研究》，法律出版社2012年版，第26页。

举证责任

一般来说，当对某一权利的归属产生争议时，应当通过“谁主张，谁举证”的原则来证明，正如不动产的权属通过不动产登记簿等予以证明，但无线电频谱资源具有特殊性。

《民法典》第209条规定：“不动产物权的设立、变更、转让和消灭，经依法登记，发生效力；未经登记，不发生效力，但是法律另有规定的除外。依法属于国家所有的自然资源，所有权可以不登记。”不动产登记的目的是赋予该登记权利以公示力，从而为其作为对世权奠定基础，但法律已经规定自然资源属于国家所有，相对来说，法律具有更高的效力和公示力，无需再通过登记达到公示的效果，但并不能因此而否认自然资源的登记能力，既可以登记也可以不登记，其登记起到的是宣示作用。同时，不动产登记生效主要是针对当事人通过法律行为进行的物权变动，而国家自然资源所有权不能让渡、不能处分，不会发生因法律行为而产生物权变动的情况。[①]自然资源国家所有权的主体与客体已被法律确认，只需判定客体是法定的自然资源种类，其所有权主体就应归属于国家。因此，作为自然资源的一种，无线电频谱的所有权无需证明都归属于国家。

无线电频谱作为自然资源，不同于传统的物，其利用被称为准用益物权，体现资源管理的公权和民事主体利益的私权结合的特征，公法色彩较为明显。由于无线电频谱资源的适用实行有偿使用的原则，使用之前通常需要经过管理机构的审批，并向允许使用者颁发无线电频率使用许可证或无线电频率使用批准文件。依据《无线电频率使用许可管理办法》的规定，私法主体使用无线电频率应当依法申请，若未经许可擅自使用、转让无线电频率，或者擅自设置、使用无线电台（站）的，应当承担被没收违法所得和处以罚款等责任。无线电频谱资源的使用主体众多，对是否属于合法使用产生纠纷时，主张有权使用方应当承担相应的举证责任，提供其使用许可证或使用批准文件

① 参见全国人民代表大会常务委员会法制工作委员会编：《中华人民共和国物权法释义》，法律出版社2007年版，第42页。

等达到证明目的，推动纠纷的解决以及维护无线电频谱管理秩序的稳定。

三 其他问题

无线电频谱资源作为“物”具争议性。作为自然资源，无线电与矿藏、水流等一样，属于自然界对人类的“馈赠”，不同点在于其客观存在于自然界但却不具有物理属性，“看不见摸不着”。《民法典》沿袭《物权法》的规定，并未将其与矿藏、水流、海域的国家专有所有权一并规定，也没有将其与土地、森林、山岭、野生动植物资源、文物等一起作为国家和集体所有权的客体进行规定，而是将其单独列出，足以证明其不同于传统自然资源的特征，往往被称为非传统自然资源。《民法典》第115条规定：“物包括不动产和动产。法律规定权利作为物权客体的，依照其规定。”换言之，物权客体包括不动产、动产、法律规定的权利，列举“物”的外延但却未明确其内涵，导致对于无线电频谱资源的性质存在争议。尽管有观点或因坚持“物必有体”，或认为无线电频谱资源无法被人类控制，而将其排除在民法上的“物”之外，但基于其被纳入《民法典》的既定事实，应当在尽可能的范围内做出符合立法的解释。

在将其界定为物时，存在不动产与动产之争议。“动产说”的依据是民法上的自然力是特殊动产的观点。①无线电频谱资源与电力、热力等性质一样，可借助相应设施、技术标准，从而具有可直接利用性、可排他性、可确定性的特征。例如，通过赫兹这一单位将无线电频谱资源确定化，因此，作为下位概念的无线电频谱资源也应当是动产。“不动产说”则从立法目的着手，认为动产与不动产区分的关键不在于“移动是否会减损其价值”，而在于制度设计的不同。无线电频谱资源的法律规制更类似于不动产，即在权利取得上，排除先占、添附、加工等动产取得方式；在权利转让上，应当经过主管部门的审批并登记备案，设置较为严格的限制。因此，将无线电频谱归属于不动产范畴更为合理。另外，“权利说”认为，政府对

---

① 参见杨立新、王竹：《论自然力的物权客体属性及法律规则》，载《法学家》2007年第6期。

无线电频谱具有控制权，向民众提供的是使用权。因而认为无线电频谱资源属于国家所有的含义是国家对无线电频率的使用权享有专属控制权，其标的是国家对无线电频率的使用权和分配权。[①]无线电频谱资源与现代通信科技密切相关，难免会有与传统物权观念相抵牾之处，但无论是将其性质界定为“物”还是“权利”，其立法的目的都在于规范其利用秩序，保障公共利益。

第二百五十三条【属于国家所有的文物】

法律规定属于国家所有的文物，属于国家所有。

历史由来

本条来自《物权法》第51条的规定。

文物是特定历史文化背景下的产物，是民族精神的传承，更是人类共同的财富。基于文物的不可再生性与高度的人文价值，保护文物已成为世界范围内的共识。我国作为四大文明古国之一，历史源远流长，所盛产的文物数不胜数。然而，由于近代遭受列强的侵略，导致诸多文物被毁或流失异国。随着时代的进步，为提升国家文化软实力、建设社会主义文化强国，应当建立并完善文物保护制度，而这必须以文物国家所有权为基础和出发点。

1982年11月，全国人大常务委员会正式通过的《文物保护法》第4条规定：“中华人民共和国境内地下、内水和领海中遗存的一切文物，属于国家所有。古文化遗址、古墓葬、石窟寺属于国家所有。国家指定保护的纪念建筑物、古建筑、石刻等，除国家另有规定的以外，属于国家所有。国家机关、部队、全民所有制企业、事业组织收藏的文物，属于国家所有。”2017年修正后的《文物保护法》第5条规定：“中华人民共和国境内地下、内水和领海中遗存的一切文物，属于国家所有。古文化遗址、古墓葬、石窟寺属于国家所有。国家指定保护的纪念建筑物、古建筑、石刻、

① 参见孔得建：《论无线电频谱资源的物权客体属性——兼评〈物权法〉第50条之规定》，载《上海政法学院学报》（法治论丛）2012年第3期。

壁画、近代现代代表性建筑等不可移动文物，除国家另有规定的以外，属于国家所有。国有不可移动文物的所有权不因其所依附的土地所有权或者使用权的改变而改变。下列可移动文物，属于国家所有：（一）中国境内出土的文物，国家另有规定的除外；（二）国有文物收藏单位以及其他国家机关、部队和国有企业、事业组织等收藏、保管的文物；（三）国家征集、购买的文物；（四）公民、法人和其他组织捐赠给国家的文物；（五）法律规定属于国家所有的其他文物。属于国家所有的可移动文物的所有权不因其保管、收藏单位的终止或者变更而改变。国有文物所有权受法律保护，不容侵犯。”相比于该法1982年版，2017年修正后的《文物保护法》最明显的改变是将文物区分为可移动文物与不可移动文物，并明确规定了可移动国家文物的种类。

《物权法》第51条规定：“法律规定属于国家所有的文物，属于国家所有。”在《民法典》编纂过程中，《民法典物权编（草案）》（征求意见稿）第48条、《民法典物权编（草案）》（二审稿）第48条及《民法典（草案）》第253条均承袭了《物权法》第51条的规定。

规范目的或功能

本条旨在解决实践中就特定种类的文物权属发生争议时究竟应当如何判断其归属的情况。

本条为不完全法条，作用是将特别法与《民法典》衔接起来，在财产法的基本法层面上确认法律关于文物权属的规定。此处“法律”应当是狭义层面上的，即由全国人民代表大会及其常务委员会通过的法律，主要是指《文物保护法》。

规范内容

一、法律规定属于国家所有的文物国家所有权的法典确认

《民法典》的正式通过，意味着关于国家所有的文物规定正式入典，在最

为基础的体系化的民事法律规范中占据一席之地，不仅表明了国家对文物的高度重视，体现了文物传承、文明延续的社会建设目标，同时也为关于文物的单行法律规范与《民法典》的衔接预留了空间，有利于各部门法之间关系的协调。相对于作为物权客体的普通物，文物是一种特别的物，有更为注重保护的价值目标。因而，法律对文物的权属和利用作出了特殊安排，即文物的国家所有权占据着优先地位。[①]

之所以如此规定的原因如下。首先，文物本身具有特殊性。物权制度的本质是国家对社会财富的一种分配，分配的恰当与否涉及法律价值之一分配正义的实现。[②]文物不只是单纯的财产，更重要的是其背后所承载的民族文化价值体系与认知体系，将其归属于该民族共同体全体成员是正义原则的体现。其次，文物国有能够避免私人化的弊端。文物蕴含高度的人文价值，其关键在于保护而非利用，正如《文物保护法》第4条规定："文物工作贯彻保护为主、抢救第一、合理利用、加强管理的方针。"由于并非所有的文物都具有高度的经济价值，某些文物科研文化价值极高但经济价值较低，或者文物保存需要专业的、昂贵的保护措施以及修复方法，私人基于追逐利益的天性，难免会搁置该类文物，甚或有毁损的危险。而国家则不同，根据产权经济学理论，同一财产归属于不同的所有权主体会具有不同的效率，就文物这种公益性财产而言，国家所有权的社会效益远远高于私人所有权，文物国有制度能够克服以上缺陷，并且与国家的公共职能保持一致。与其让文物私有化而产生的保存、修复的外部性最终由国家财政承担，不如直接归于国家所有，以保障文物公益性特征的实现。

值得注意的是，若同时将所有文物的所有权不加区分地归属于国家，也是不合适的。文物因历经时代而具有较高的价值，存在家族世代相传而成为文物的情况。若剥夺私人所有权，将其收归国有会导致国与民争利、侵犯其他主体合法权益，具有矫枉过正之嫌。因此，应当规范化理解"国家所有"的含义，明确国家所有文物的客体范围，从而保障文物国有规定的正当性。

---

① 参见李晓东：《文物保护法》，学苑出版社2002年版，第87页。

② 参见陈华彬：《物权法》，法律出版社2004年版，第2页。

二、“国家所有”的规范含义

法律的生命不在于逻辑而在于经验，规定文物国家所有权的目的在于克服私有的天然的局限性。土地、矿藏、森林等自然资源之所以归属于国家所有的原因在于其是重要的生产要素，在我国以公有制为主体的经济体制的背景下当然归国家所有，与之不同，文物国有的制度构造并不因所有制形式而决定，事实上，不论是实行公有制的国家还是实行私有制的国家，国家都是一国文物最主要的所有者，这样的权属安排主要是为了保障国家对文物的控制权。[①]

（一）国有文物的所有权主体

就文义而言，文物国家所有权主体当然是“国家”。“国家”经常出现在法律条文中，但具有不同含义，若不加区分地使用，则易导致法律逻辑的混乱。法律上的国家，主要包括政治意义上的国家和民事主体意义上的国家，政治意义上的国家主要是指国家机器，也即权力的含义，如“为了维护国家基本经济制度”，而民事主体意义上的国家，则是指与自然人、法人、非法人组织具有平等地位的民事主体。

由于“国家”具有抽象的法律人格的特征，而所有权的行使依赖于具体的意思表示，必然涉及国家所有权的运行机制。国家所有权的行使存在相应的代行主体，学界对代行主体有不同看法，主要包括人大代表说和政府代表说两种观点，人大说认为，只有人大能够代表全体人民的利益，其通过行使立法权对国有财产做出处分。[②]政府说认为，国务院代表国家行使国家所有权，地方政府依据职权管理国家财产。[③]主张政府说者占据多数。

尽管相关法律并未明确文物国家所有权的行使主体，但为维护国家所有权的统一性，原则上应当由国务院统一行使。《文物保护法》第8条明确

① 参见李玉雪：《文物的私法问题研究——以文物保护为视角》，载《现代法学》2007年第6期。

② 参见蔡定剑：《谁代表国家所有权》，载《社会科学报》2004年10月28日，第1版。

③ 参见孟勤国、张里安主编：《物权法》，湖南大学出版社2006年版，第96页。

了国有文物的保护和管理者，即“国务院文物行政部门主管全国文物保护工作。地方各级人民政府负责本行政区域内的文物保护工作。县级以上地方人民政府承担文物保护工作的部门对本行政区域内的文物保护实施监督管理。县级以上人民政府有关行政部门在各自的职责范围内，负责有关的文物保护工作”。因此，文物保护与监督管理权由国务院文物局领导下的各级政府及文物行政部门共同行使，加之公法领域内“法无授权即禁止”的原则，事实上所有权也已被各级政府及文物行政部门通过行使监督管理权的名义行使。

（二）国有文物所有权的权能

一般而言，所有权具有占有、使用、收益、处分四项权能，但基于文物所承载的公共利益和国家所有权的特征，国有文物的所有权权能受到不同程度的限制。就占有而言，国有文物主要由博物馆等机构收藏和保管，并且不得随意变动馆藏地址。就使用而言，国有文物用途受到严格限制，其使用应当具有公益性，除可以建立博物馆、保管所或辟为参观场所外，其他用途应当经过审批。就收益而言，文物利用应当以实现社会公益为目的，不得以此而营利，国有文物保护单位不得将其作为企业资产经营。就处分而言，文物国有制度设定的目的在于加强文物的保护与防止文物的流失，因此，在法律处分上，对于国有文物的流转采取严格限制政策：国有馆藏文物不得赠与、出租、出售给其他单位、个人；不可移动国有文物一律禁止转让和抵押；可移动国有文物则原则上禁止出售、出租和赠与个人、其他组织。在事实处分上，由于法律规定一切机关、组织和个人都有依法保护文物的义务，故而国有文物管理单位应当注重对文物的保护、修缮，不可移动文物的使用应当遵守不改变文物原状的原则，不得损害、改建、添建或拆除。

法律对国有文物权能行使的规定也具有一些特殊性。例如，《文物保护法》第58条规定：“文物行政部门在审核拟拍卖的文物时，可以指定国有文物收藏单位优先购买其中的珍贵文物。购买价格由文物收藏单位的代表与文物的委托人协商确定。”尽管该规范与所有权并无直接关联，但其赋予国有文物收藏单位在私有文物拍卖时具有优先购买权，与一般的优先购买权产生的法理基础不同，特殊性在于其并非基于物权享有而是法律直接规定的，将文物国有化处于优先地位。

三、属于国家所有的文物客体之界定

属于国家所有的文物应当限于法定类型的文物，即“法律”规定属于国家所有的“文物”。为明确客体范围，应当从“法律”和“文物”两方面着手。

“法律”限于能够代表全国人民的利益的全国人民代表大会及其常委会出台的法律，而非泛指意义上的行政法规、地方性法规等，否则将会导致制定主体为本部门利益、地方利益而有损文物保护，侵犯其他主体的合法权益。基于此，《文物保护法》第5条明确列举的国家所有的文物当然包括在其中。

“文物”的概念并未明确规定在法律之中。但依据《文物认定管理暂行办法》第1条第2款规定，“本办法所称文物认定，是指文物行政部门将具有历史、艺术、科学价值的文化资源确认为文物的行政行为”，可以推知，文物是指具有历史、艺术、科学价值的文化资源，依靠的是价值判断标准，并无硬性的年代要求。依据《文物保护法》和《文物认定管理暂行办法》的相关规定可以明确得知文物的具体种类，包括：（1）具有历史、艺术、科学价值的古文化遗址、古墓葬、古建筑、石窟寺和石刻、壁画；（2）与重大历史事件、革命运动或者著名人物有关的以及具有重要纪念意义、教育意义或者史料价值的近代现代重要史迹、实物、代表性建筑；（3）历史上各时代珍贵的艺术品、工艺美术品；（4）历史上各时代重要的文献资料以及具有历史、艺术、科学价值的手稿和图书资料等；（5）反映历史上各时代、各民族社会制度、社会生产、社会生活的代表性实物；乡土建筑、工业遗产、农业遗产、商业老字号、文化线路、文化景观等特殊类型的文物。具有科学价值的古脊椎动物化石和古人类化石与文物同样认定与保护。可以得知文物类型分为可移动文物与不可移动文物，不同类别的文物在特别法上获得了不同的保护方式。

基于上述，可以总结我国文物的特征如下：一是客观物质性。作为文物首要特点，其应当具有物理属性，并被限定为物质性文化遗产，而不包括非物质性文化遗产，诸如戏曲等。二是历史价值性。尽管我国相关法律法规并未明确规定文物的年代下限，但仍应当历经时代蕴含人文科学价值，否则便失去了文物的基本条件。三是脆弱性与不可再生性。文物历经年代而存在，不具有可再生性，并且其物理属性较为脆弱，灭失之后再无该文物的存在。

举证责任

当文物国家所有权行使主体与其他主体就文物的权属发生争议时，首先应当判断是否属于法定类型，进而方有本条的适用之地。基于文物国家所有权的取得方式的不同，应当适用不同的举证责任承担方式。

就国有文物的原始取得而言，文物保管者无需承担举证责任。法院应当主动适用规定文物国家所有权的法律，诸如《文物保护法》第5条。换言之，当争议发生时，法院应当主动审查系争文物是否为法定的属于国家所有的文物，若属于，则应当判决归国家所有。

而对于传来取得方式取得的国有文物，文物保管者应当承担证明其合法取得的责任。依据《文物保护法》第37条规定："文物收藏单位可以通过下列方式取得文物：（一）购买；（二）接受捐赠；（三）依法交换；（四）法律、行政法规规定的其他方式。国有文物收藏单位还可以通过文物行政部门指定保管或者调拨方式取得文物。"显然，对国有文物收藏单位因购买、接受捐赠等方式取得文物的国家所有权发生争议时，应承担相应举证责任。例如，买卖合同有效且已经履行完毕，方可达到证明标准。否则，应承担举证不能的法律后果。

其他问题

国有文物的合理利用问题。《文物保护法》第4条规定："文物工作贯彻保护为主、抢救第一、合理利用、加强管理的方针。"文物的保护、抢救、管理工作正在有序进行，然而，对于文物的合理利用问题，学界观点不一、实务界做法也不尽相同，引发一系列争议。在合理利用观点提出之初，存在两大阵营，一是赞同观点，认为要通过合理利用的方式让文物“活”起来，充分发挥其所蕴含的人文价值，更好地为社会公众服务。另一是反对观点，坚持文物严格保护的宗旨，认为利用将会助增文物价值经济化观念而忽略社会利益与公共利益，甚或造成文物的损毁。用商品经济的理论来判断文物的价值，用经济效应来衡量文物工作的意义，从市场效应来确定文物利用的取向，这是与文物保护工作本身内在的本质要求相违背的。[①]

不论是从法理逻辑，还是实践出发，对文物的合理利用是具有正当性的。国有文物在性质上属于全民所有，并依靠财政拨款等予以维护，因此，为实现其公共利益而将其服务于社会并无不可。文物作为一种得天独厚的资源，与旅游行业相结合之后有利于促进该地经济的发展，“文物旅游”正是如此。在文物的保护与利用之间，二者并不是非此即彼，而是相辅相成、互相促进的关系，关键在于对合理利用的判断。首先，合理利用建立在“保护为主、抢救第一”的基础之上，对于某些性质上极为脆弱的文物并没有所谓合理利用之说，但对于某些古建筑之类的文物，若久置不用亦会加剧其自然毁损，合理利用也是加以保护的方式之一。其次，由于每一文物的情况各不相同，应当因地制宜地判断合理利用的标准。原则上国有文物处于文博等事业单位管理之下，而其又直接隶属于文物行政部门，因此，文博单位对于其所管理的文物是否合理利用，应当由文物行政部门或当地政府予以监督。最后，合理利用并不意味着否认社会资本的参与。相反，社会资本相对更具有效率，更有利于吸引公众从而实现国有文物的公益价值。因此，社会资本行使文物的经营权时，并不能“一刀切”地认为该行为不属于合理利用的范畴。但基于其追逐利益的天性，为防止文物的毁损，文物行政部门应当加大监管力度，并以物质奖励的方式激励公民举报有损文物保护的行为。

近年来，国有文物的利用程度日益加强，在利用的过程中难免发生文物毁损的情况，但并不能因噎废食。文物利用乃是实现其公共利益的重要途径，并且有利于增强公民的民族自豪感、国家的民族凝聚力，各部门应当承担起相应的保护义务以及监督管理职责，推动文物合理利用的实现。

---

① 参见谢辰生:《新中国文物保护工作50年》，载《当代中国史研究》2002年第3期。

第二百五十四条【国防资产及基础设施权属】

国防资产属于国家所有。

铁路、公路、电力设施、电信设施和油气管道等基础设施，依照法律规定为国家所有的，属于国家所有。

历史由来

本条完全沿袭了《物权法》第52条的规定。

关于本条第1款“国防资产属于国家所有”，最早可见于20世纪五六十年代的民法立法草案中。1956年4月公布的《民法所有权篇》（草稿）第8条规定，“对于国家安全具有特别（或重要）意义的财产，也可以依照法律宣告为国家所有”。第10条规定，“武器，弹药，爆炸物，军用品，航空机件，高度化学易燃物，剧烈性毒品，受管制的无线电器材，非经国家主管机关批准，不许私人持有（或所有）”[①]。1987年实施的《民法通则》对此未作规定。1997年3月14日第八届全国人民代表大会通过的《国防法》第37条规定，“国家为武装力量建设、国防科研生产和其他国防建设直接投入的资金、划拨使用的土地等资源，以及由此形成的用于国防目的的武器装备和设备设施、物资器材、技术成果等属于国防资产。国防资产归国家所有”。这是“国防资产”一词最早见于我国公布的正式法律。

进入21世纪，《民法典》编纂再次提上议程。但自2002年12月全国人大常委会审议《民法》（草案）起，直至2006年12月，全国人大常委会第七次审核《物权法》（草案），全国人大法律委员会提交的七次审议稿中关于国家所有权部分均未见关于国防资产的规定。一直到2007年3月15日《物权法》草案被提交十届全国人大五次会议审议时，有代表提出，《物权法》草案应增加规定国防资产归国家所有的规定。法律委员会经认真研究，依据《国防法》第37条第2款关于“国防资产归国家所有”的规定，建议在《物权法》（草案）第52条中增加一款，作为第1款，规定“国防资产属于

① 参见何勤华、李秀清、陈颐编：《新中国民法典草案总览》（增订本），北京大学出版社2017年版，第41页。

国家所有”。[①]

为此，《物权法》第52条第1款规定：“国防资产属于国家所有。”本次《民法典》编纂过程中，《民法典物权编（草案）》（征求意见稿）、《民法典物权编（草案）》（二审稿）及《民法典（草案）》对本条规定均未再做修改。

关于本条第2款“铁路、公路、电力设施、电信设施和油气管道等基础设施，依照法律规定为国家所有的，属于国家所有”，1987年施行的《民法通则》对国有财产范围未作规定。2002年12月28日全国人大常委会审议的《民法》（草案）中关于国家所有权部分，未将“铁路、公路、电力设施、电信设施和油气管道等基础设施”等纳入国家所有的范围。2004年10月，法律委员会提交的《物权法》（二审稿）第52条规定：“道路、电力、通讯、天然气等基础设施，依法确定为国家所有的，属于国家所有。”后经数次审议修改，最终呈现为《物权法》第52条第2款的规定，体现为“铁路、公路、电力设施、电信设施和油气管道等基础设施，依照法律规定为国家所有的，属于国家所有”。在本次《民法典》编纂过程中，《民法典物权编（草案）》（征求意见稿）、《民法典各分编（草案）》、《民法典物权编（草案）》（二审稿）及《民法典（草案）》对本条规定均未再做修改。

三 规范目的或功能

本条的规范目的在于明确国家所有权的客体范围包含“国防资产”及“基础设施”。第1款的作用在于对《国防法》第37条国防资产权属在物权法上进一步确认，并与国防法进行衔接。第2款的作用在于明确基础设施的权属，在《铁路法》《公路法》《电力法》《石油天然气管道保护法》并没有规定铁路、公路、电力设施、油气管道等基础设施归国家所有的同时，为此类基础设施及国防资产的国家所有提供正当的私法权源。“国防资产”所有权归属于国家，无条件归属于国家，国家当然为所有权主体。铁路、公路、电力设施、电信设施和油气管道等基础设施，则需要在法律规定为国家所有

① 参见何勤华、李秀清、陈颐编：《新中国民法典草案总览》（增订本），北京大学出版社2017年版，第1847页。

时，属于国家所有。虽然此类基础设施可为国家所有，但需在“法律规定”的前提下。

本条未规定法律效果，属不完全法条，只说明了国防资产以及铁路、公路、电力设施、电信设施和油气管道等基础设施的所有权归属问题，并无相应的法律效果规定。

规范内容

本条规范之内容，在于明定国防资产及部分基础设施归国家所有。理解时需注意国防资产的范围及国防资产所有权权能的限制，并需区分基础设施的国家所有与法人所有。

一、国防资产国家所有权的客体范围

就国防资产而言，其具体内容规定于《国防法》第37条。主要包含国家为武装力量建设、国防科研生产和其他国防建设直接投入的资金、划拨使用的土地等资源，以及由此形成的用于国防目的的武器装备和设备设施、物资器材、技术成果等。由国务院管理国防经费和国防资产，中央军委会同国务院管理国防经费和国防资产。《国防法》第37条关于国防资产的范围采取的是列举式规定，国防资产为国家直接支出的资金、资源或是基于前者所生成的武器装备和设备设施、物资器材、技术成果等。可见，国防资产由国家所有，实际对国防资产的占有、使用、收益、处分等具体权能由国务院及中央军委行使。

国防资产当然地包含于国有资产的范围之内，但是由于其特殊的作用及价值，使得其与普通国有资产有所区分。国防资产的范围通常至少包括国防资金及相应土地不动产资源，以及基于前者所形成的特殊装备、设施及相应技术成果。国防资产的处分权能应受限制。国防资产的目的在于维护和发展国防事业，应属于公有物范畴。公有物不得为法律行为客体，不得在市场自由流转，当然地属于不融通物，不得成为法律行为的客体，也不适用关于取得时效的规定。当然，本条规范及国防法对国防资产资格的丧失均未作规定，当该资产不再用于国防事业时，基于一般语义学上的解

释，该资产则无法被继续称为国防资产。基于物的利用目的，在解释上不应将其视为国防物资，使其从公有物范围脱离，得流转于市场以充分发挥物之使用效益。

二、国防资产所有权所受的限制

国防资产为国家所有，所有权为完全物权，所有权人本应享有完整的占有、使用、收益、处分等权能，但是，由于国防资产的特殊性及重要性，国防资产所有权的权能应当受到限制。在国防资产为国防目的而使用时，应属于法律上不融通物中的公有物。公有物和公用物不得成为法律行为的客体，也不适用关于取得时效的规定。因为二者都与公共利益有关，为了保护公共利益的完整，很多国家的立法例均规定其为不融通物。[①]公用性财产一类的国有财产承载着社会公共利益之使命，为国家实现其职能运行所必须，侧重受制于公平、正义等政治社会规则，那么，其转让和设定负担等行为必为法所不许。[②]国家所有权的行使者只能依据其法定职能对其占有、使用，不能将这些财产进行投资或出租，也不能取得该财产的收益，不应允许其进行流转，其国家所有权应受相应限制，仅得由相应机关依目的占有使用。如果这些财产折旧后需要处分，也必须得到明确的法律授权。[③]

三、铁路、公路、电力设施、电信设施和油气管道等基础设施的权属

铁路、公路、电力设施、电信设施和油气管道等基础设施，依照“法律规定”为国家所有的，属于国家所有。我国《铁路法》《公路法》《电力法》《石油天然气管道保护法》并没有规定铁路、公路、电力设施、油气管道等基础设施归国家所有，电信方面尚无专门法律。显然，这些法律之间并没有做

---

① 参见梁慧星主编：《中国民法典草案建议稿附理由：物权编》，法律出版社2004年版，第69页。

② 参见黄军、李琛：《国家所有权的分类立法分析》，载《理论月刊》2005年第5期。

③ 参见屈茂辉、刘敏：《国家所有权行使的理论逻辑》，载《北方法学》2011年第1期。

到有效相互衔接，从而使这类“国家所有”的财产无法通过法律加以认定。[①]

在一般意义上，归属国家的此类基础设施以出资人为准，国家出资修建的此类设施，即应认定为本条所规定的“依照法律规定为国家所有的，属于国家所有”。《企业国有资产法》第2条规定，本法所称企业国有资产，是指国家对企业各种形式的出资所形成的权益。第3条规定：“国有资产属于国家所有即全民所有。国务院代表国家行使国有资产所有权。”因此，不能将民间资本或私人企业修建的此类设施一律归为国有，此种认定所带有的国有化趋势与目前社会经济发展趋势不符，从企业手中获取基础设施所有权的途径应为征收、购买、互易等，但不能通过此种条款的解释直接将其国有化。合理的解释应是，国家投资的道路、电力、通信、天然气等公共设施，属于国家所有。

由国家所有的铁路、公路、电力设施和油气管道等，在实践中均由大型的国有企业进行实际经营和管理。国家出资的企业，由国务院、地方人民政府依照法律、行政法规规定分别代表国家履行出资人职责，享有出资人权益。国家、集体和私人依法可以出资设立有限责任公司、股份有限公司或者其他企业。国家、集体和私人所有的不动产或者动产，投到企业的，由出资人按照约定或者出资比例享有资产收益、重大决策以及选择经营管理者等权利并履行义务。此时，国家实际上是以投资人身份，通过股权享有对企业的管理监督及由此取得收益的权利。[②]

本条所规定的铁路、公路、电力设施和油气管道等基础设施的经营企业大致可分为国有独资型、非国有独资型企业两类。国有独资企业即投资全部由政府支出，国家占股比例为百分之百。非国有独资企业出资则是由国家同社会资本共同支出，股权比例随着出资比例也不尽相同。国家可能是控股，可能是均分，也可能是只占部分股权。在国有独资企业中，其资产全部为国家所有不难理解。其典型企业为国家电网（国有独资），其名下所有电力设施均由占股比例为百分之百的国家所有。

---

① 参见房绍坤：《论我国民法典物权编立法中的外部体系协调》，载《政治与法律》2018年第10期。

② 参见孙宪忠：《“政府投资”企业的物权分析》，载《中国法学》2011年第3期。

随着国企混合所有制改革的不断推进，其典型为铁路总公司混合所有制改革，中国联通混合所有制改革。引入社会资本进入原来的国有独资公司，股权比例开始变化。依此观点，国家同社会资本对企业资产“按份共有”。本条中“属于国家所有”之“所有”的解释，应当包含按份共有这一特殊的所有形式，即由国家所有，但并非由国家独占所有。

其他问题

国家划拨的用于国防的土地，应产生划拨建设用地使用权，而该建设用地使用权只能归属相关的使用权人，不可能归国家所有。否则，就会产生国家既享有土地所有权，又享有划拨建设用地使用权的矛盾现象。技术成果属于无形财产，原则上并不产生物权制度中的所有权问题，而是产生知识产权问题。[①]物权制度中的国防资产，超出了传统不动产或动产范围，这些资产有些超出了有体物范畴，而成为诸项民事权利的集合。[②]

第二百五十五条【国家机关的物权】

国家机关对其直接支配的不动产和动产，享有占有、使用以及依照法律和国务院的有关规定处分的权利。

历史由来

本条是对《物权法》第53条的承袭。

本条最早可追溯到20世纪50年代民法典草案关于国家机关经营管理权的规定。1956年4月公布的《民法典所有权篇（草案）》（最初稿）第11条规定：“国家根据国民经济计划授权经国家机关和国营企业在规定的权限以内，按照经济

① 参见房绍坤：《论我国民法典物权编立法中的外部体系协调》，载《政治与法律》2018年第10期。

② 参见梅夏英：《民法典编纂中所有权规则的立法发展与完善》，载《清华法学》2018年第2期。

核算制的原则经营、管理国家的财产。”1956年4月公布的《民法典所有权篇》（第一次草稿）第11条规定：“国家财产，由国家根据法律和国民经济计划授权给国家机关和国营企业在规定的权限以内，进行经营管理和处分。”①这是国家机关对国家财产享有“处分权”第一次出现在立法草案当中，但需在“规定的权限内”进行。1987年实施的《民法通则》对此未作规定。

2002年1月公布的《物权法》（征求意见稿）第51条规定：“国家机关对其拥有的不动产或者动产，依照法律以及国务院的有关规定享有占有、使用的权利。”在此稿中，国家机关“拥有”不动产和动产，即承认国家机关的法人所有权。依据2002年12月23日公布的《民法（草案）》第51条，“国家机关对其拥有的不动产或者动产，依照法律以及国务院的有关规定享有占有、使用和处分的权利”，增加了国家机关的“处分权”。2005年7月10日公布的《物权法（草案）》第56条规定：“国家机关对其直接支配的不动产或者动产，享有占有、使用以及依照法律和国务院的有关规定处分的权利。”本条草案，将“拥有”更改为“直接支配”，否定了国家机关的“法人所有权”。

2007年全国人大审议《物权法》草案时，对法条文字作出调整，将“或者”改为“和”，最终体现为《物权法》第53条，“国家机关对其直接支配的不动产和动产，享有占有、使用以及依照法律和国务院的有关规定处分的权利”。在本次《民法典》编纂过程中，《民法典物权编（草案）》（征求意见稿）、《民法典各分编（草案）》、《民法典物权编（草案）》（二审稿）及《民法典（草案）》对本条规定均未再做修改。

三 规范目的或功能

本条规范目的在于赋予国家机关行使国家所有权的权利，并明定国家机关对于何种范围内的国家财产得行使国家所有权。立法之初是为呼应关于机关法人应当具备的条件而设置，但也对其权能进行了限制。首先，明定国家机关对国家所有财产的物权仅限于占有、使用及附条件处分，不享有“收益”

① 参见何勤华、李秀清、陈颐编：《新中国民法典草案总览》（增订本），北京大学出版社2017年版，第42—53页。

的权能。其次，明定国家机关物权客体范围。本条规范中的物权客体范围由历史上“国家机关经营管理的国家财产”以及“国家机关拥有的不动产或者动产”演变为“国家机关直接支配的动产及不动产”。最后，对国家机关的“处分权”进行限制，国家机关必须在“法律和国务院的有关规定”的范围内方可享有处分的权利，防止国有资产流失。

本条规范属不完全法条，是对国家机关物权权能的说明，属于不完全法条中的说明性法条，难以单独作为请求权的依据。

规范内容

一、本条规范中的国家机关的范围

依据《宪法》规定，我国国家机关包括全国人民代表大会、中华人民共和国主席、国务院、中央军事委员会、地方各级人民代表大会和地方各级人民政府、民族自治地方的自治机关、人民法院、人民检察院和监察委员会。现实生活中，实际运行的国家机关数量远超于此。如国务院为实现其职能，根据法律规定和工作需要设置行政机构，包括国务院办公厅、国务院组成部门、国务院直属机构、国务院特设机构——国务院国有资产监督管理委员会、国务院办事机构、国务院组成部门管理的国家行政机构和国务院议事协调机构。地方国家行政机关包括地方各级人民政府、民族自治地方行政机关（包括自治区、自治州、自治旗和自治县的人民政府）等，县级以上地方人民政府亦设置办公厅（室）、组成部门、直属机构、特设机构、办事机构等。人民法院设置审判庭、办公室、执行局等机构，人民检察院设置反贪污贿赂局等侦查机构，公诉处、民行处、办公室等内设机构。

就立法目的而言，机关法人应当具备“必要的财产或者经费”“与其业务活动相适应的经费来源”“能够独立承担民事责任”等条件。[①]依据《民法典》第97条，“有独立经费的机关和承担行政职能的法定机构从成立之日起，具有

---

① 参见全国人民代表大会常务委员会法制工作委员会编：《中华人民共和国物权法释义》，法律出版社2007年版，第126页。

机关法人资格，可以从事为履行职能所需要的民事活动”。可见，本条中“国家机关”应当与机关法人范围一致。从解释论看，其要件有二：一是要有独立经费，二是其职能要求从事民事活动。基于现代国家治理的基本原理，此处的独立经费不是机关实际支配的经费，而应当是独立的预算经费。如果一个国家机关承担的职能不需要参与民事活动，即使该国家机关具有独立经费，也不必要成为法人。因此，不能同时具备上述要件，就不是机关法人所言的机关。[①]

二、对国家机关“直接支配”的界定

按照民法理论，物权是直接支配特定物，并享受其利益的具有排他性的权利。法律将物归某人支配（法律上的支配），在于使其享受物的利益。物的利益可分使用价值和交换价值。所有权人所享受的，系物的全部利益，包括使用、收益、处分等。用益物权人所享受的，系对物的使用价值。[②]

本条所规定的直接支配应作何解释，按一般语义学上的解释，直接支配应理解为事实上的控制，基于自身行为便可对物造成现实的影响。本条上的“直接支配”，依据文义，应解释为现实上的支配，即解释为对物的事实上管领力，对应为民法上的直接占有。若解释为法律上的支配，其前提则是国家机关享有某种物权。但是，若国家机关享有某种物权并依此得以支配物，国家机关当然地享有占有使用处分之权能，就无需再为赘述。从立法目的上，国有财产法律上的完整支配权只归国家。本条在于使得国家机关对于国有财产能够独立地成为权利主体，在于使得国家机关享有某种“他物权”。可以基于他物权享有一定的支配权，不可能因为先享有无缘由的支配权，再享有他物权。所以，只能解释为现实的支配。本条直接支配应解释为，国家机关对于其在现实中所直接控制的动产与不动产，皆享有某种物权法上未规定的“他物权”，基于他物权，享有法律上一定范围的支配权，即法律上占有、使用及限制性的处分。

依据本条规定，国家机关应当依法对其直接支配的不动产和动产行使占有、使用和处分的权利。国家机关对其占用的财产的处分，必须依照法律规

---

① 参见屈茂辉：《机关法人制度解释论》，载《清华法学》2017年第5期。

② 参见王泽鉴：《民法物权》，台北三民书局2009年版，第38页。

定的限制和程序进行，不得擅自处置国有财产。本条对国家机关对其直接支配的国有财产行使占有、使用和处分的权利作出了规定，加强了对国家机关直接占有的国有财产的保护。①

三、本条中“不动产和动产”的范围

物权客体通常为有体物且可支配。一般而言，本条规定为动产及不动产属有体物范畴，其上附着的权利通常指向得直接支配的可被占有使用及处分的实体物。“物权以物为客体，但何谓物，民法未设规定，通说认为系指除人之身体外，凡能为人力所支配，具有独立性，能满足人类社会生活需要的有体物和自然力。物可分为不动产和动产。称不动产者，谓土地及其定着物。动产系指不动产以外之物。”②

基于体系解释，本条规范处于国家所有权部分，应属国家基于国家所有权为国家机关在“国家所有的动产及不动产”上设立的某种“他物权”，使得国家机关对于国有资产得以利用。就立法目的而言，本条在于使国家机关满足对机关法人的要求，得以成为独立主体。本条所规定的不动产和动产的处分，原则上应限于其为履行相应职能所必须为的民事活动范围之内，如办公用品的采购、报废物品的销毁等。对于归属国家的某些物权，如权利质权、抵押权，一般不应包括在本条规定范围内。至于知识产权，债权等权利的处分，应由其他相应法律进行规定。

其他问题

一、本条中国家机关行使国家所有权的理论基础

依据《民法典》第246条第1款：“法律规定属于国家所有的财产，属于国家所有即全民所有。”法律规定归国家所有的财产范围极广，但是，国家作为抽象的民事主体，大多无法直接占有、使用其财产。因此，本条规定由国

---

① 参见全国人民代表大会常务委员会法制工作委员会编：《中华人民共和国物权法释义》，法律出版社2007年版，第126页。

② 参见王泽鉴：《民法物权》，台北三民书局2009年版，第50页。

家机关代行部分所有权，它们对其直接支配的不动产和动产享有占有、使用及依照法律和国务院的有关规定收益、处分的权利。[①]

对此，存在“代表说”和“委托代理说”两种学说。“代表说”认为，现代国家系由诸多部门按照一定的组织原则构成，不同的部门承接了国家对人民的义务。因此，国家机关之行为即为国家行为，两者构成了代表与被代表的关系。具体到国家所有权的行使，国家机关对国有财产的占有、使用乃至收益、处分的行为，构成了国家对所有权的行使。换言之，国家通过其内部的代表人实现了国家所有权的行使。“委托代理说”认为，国家自己不能行使所有权，而是通过委托代理制度来现实地实现国有财产的效用。国有财产的真实所有者是全国人民。全国人民不可能直接行使所有权，只能通过多层委托代理关系寻找自己的代理人来行使国家所有权，最初的委托人是全体人民，他们寻找的第一级代理人是人大代表，逐级委托，直至委托到行使所有权的主管部门。此观点主张，行使所有权的主体与拥有所有权的主体为独立的两个主体。[②]

二、本条规定的国家机关的权利并非所有权

本条中规定的国家机关应具有法人资格，应当可以独立地享有权利、履行义务、从事民事活动。依据《民法典》第97条规定，“有独立经费的机关和承担行政职能的法定机构从成立之日起，具有机关法人资格，可以从事为履行职能所需要的民事活动”。梁慧星教授认为，依据本条的立法本意，国家机关和国家举办的事业单位不享有法人所有权，国家出资的企业则享有法人所有权。[③]尹田教授认为，本条并未承认国家机关和国办事业单位对其直接支配的财产享有所有权。但是，如果国家对其财产享有的权利非为一种物权，则不应由物权法加以规定。而一旦物权法规定了此种权利，则其应当被解释为属物权之一种。[④]

---

① 参见梁慧星、陈华彬：《物权法》，法律出版社2016年版，第173页。

② 参见屈茂辉、刘敏：《国家所有权行使的理论逻辑》，载《北方法学》2011年第1期。

③ 参见梁慧星、陈华彬：《物权法》，法律出版社2016年版，第175页。

④ 参见尹田：《评我国〈物权法〉对国家财产权利的立法安排》，载《浙江工商大学学报》2008年第1期。

可以明确的是，本条关于国家机关对于其所直接支配的不动产和动产等国家财产所享有的权利，并非所有权。国有财产所有权归属国家，即全民所有，“一物”只有“一权”，国家机关不得“拥有”国家财产。本条中，国家机关对国有财产占有、使用、处分的权利，是对国家机关对国有财产利用状态的确认，并未指明该权利究属物权法上何种物权，但具有类似于他物权的性质。同时，由于收益权能的缺失，在学理上也难以将该权利归纳到现有物权类型中去。

第二百五十六条【国家举办的事业单位的物权】

国家举办的事业单位对其直接支配的不动产和动产，享有占有、使用以及依照法律和国务院的有关规定收益、处分的权利。

历史由来

本条来自《物权法》第54条的规定。在民法典编纂过程中，自《民法典物权编（草案）》（征求意见稿）第51条作出与《物权法》第54条完全一样的规定后，其后各阶段的民法典草案文本均未作出任何改动。

规范目的或功能

本条的规范目的在于明确国有事业单位对其直接支配的不动产和动产享有的权利，对国家举办的事业单位的物权保障发挥着不可或缺的作用。由《民法典》明确哪些权利必须依照法律和国务院的有关规定行使，对保护国有事业单位的财产具有重要意义，加强了对国家举办的事业单位直接占有的国有财产的保护。本法条为不完全法条，缺乏“法律效果”部分，不可作为请求权的独立依据，属于不完全法条类型中的说明性法条，目的在于明确国家举办的事业单位所享有的物权，在实践中，往往需要结合其他法条才能发挥规范性的功能。

从法律体系上来看，我国有许多法律法规与之相关联。如《事业单位登记管理暂行条例》第6条关于事业单位成立条件，第16条关于事业单位监督管理的规定。此外《高等教育法》第38条、第61条和第64条均对事业单位财产的占有、使用、收益、处分作出了相关规定，对事业单位法人的财产所有权权能进行规范处理，与本法条相互照应。

规范内容

一、本条中事业单位的类型

本条规范之内容，在于明确国有事业单位对其直接支配的不动产和动产享有的权利，主要涉及权利主体确认和事业单位法人财产所有权的限制。在司法实践中，往往围绕民事主体是否具有事业单位主体资格发生争议，一方主张其为权利主体，另一方主张其非适格权利主体，于是产生纠纷。国家举办的事业单位，是指国家以社会公益为目的，由国家机关举办或者其他组织利用国有资产举办的，从事教育、科技、文化、卫生等活动的社会服务组织。一般而言，具体又分为四类主体，第一类是一般的机关事业单位，如林业部门、市政部门等；第二类是教育类，涉及公办幼儿园至公办大学等；第三类是医疗卫生类，主要是公办医院等；第四类是研究机构，如研究院等。对国家举办的事业单位占用的财产，要根据事业单位的类型、财产的特殊性对其收益和处分的权利分别处理，因其类型多元，故易产生纠纷。此外，该法条属于不完全法条类型中的说明性法条，目的在于明确国家举办的事业单位所享有的物权，在实践中，往往需要结合其他法条才能发挥规范性的功能。

二、本条规定的事业单位的权利并非所有权

本条并未赋予国家举办的事业单位财产所有者的身份，只是根据作为所有者的国家的授权取得占有、使用上述财产的权利。从国家举办的事业单位直接支配的财产性质来看，其构成是复杂的，一方面行政事业性国有财产在性质上仍然是非经营性国有资产，这类财产大多是用于公共事业的生产，又受制于公共产品效用的不可分割性、消费的排他性、受益的不可阻止性的特点，使得公共产品的配置不可完全依赖市场，只能由政府进行配置。另一方

面还存在一些经营性的国家举办的事业单位，如出版集团公司等。

考虑到事业单位独立人格的实现，应当允许其拥有一部分自有财产，需要将事业单位的财产予以区分。基于政府给予的财政预算或补助形成的财产以及政府提供使用的财产，属于国有财产。事业单位对其只享有占有、使用以及依照法律或国务院的有关规定收益、处分的权利。对于其他财产，包括事业单位依法经营或投资所获得的收入或通过接受捐赠等方式所得财产等，除依法向政府缴纳相关费用或收益外，剩余的应当属于事业单位的自有财产。对这部分财产的使用应当由事业单位依照法律或国务院的有关规定，自行拟定使用方案并报有关主管部门批准后实施。实践中，应具体根据事业单位的类型进行多元化考虑，特别是对于教育类的事业单位法人，应当严格按照国家有关政策进行经营管理。

本条所称依照法律和国务院的有关规定收益、处分的权利，要根据事业单位的类型、财产的特殊性对其收益和处分的权利分别处理。体现在：一是某些国家举办的事业单位对其占用的财产无处分权，比如故宫博物院对其占用的某些财产；二是国家举办的事业单位对其占用的财产具有部分处分权利，需要依据法律和国务院有关规定进行处理。

举证责任

在国家举办的事业单位对其所享有的物权的确权诉讼中，按照民事诉讼“谁主张，谁举证”的原则，负有举证责任。当事人对自己提出的诉讼请求所依据的事实或者反驳对方诉讼请求所依据的事实有责任提供证据加以证明。没有证据或者证据不足以证明当事人的事实主张的，由负有举证责任的当事人承担不利后果。

当一方当事人与国家举办的事业单位就相关物权，发生有关排除妨害纠纷时，通常由被妨害的一方主张物权所受到的妨害，达成自身的诉讼目的，这也是“谁主张，谁举证”民事诉讼举证规则的一般体现。对于国家举办的事业单位与他人签订合同处分其支配的动产、不动产或者通过其支配的不动产、动产进行收益时产生的合同纠纷，国家举办的事业单位需要提供其行为所依据的法律或者是依照国务院的相关规定。此举证责任由本法条所衍生，因为国家举办的事业单位并不拥有所有者的身份，而是被法律授权对直接支配的不动产、动产享有占有、使用以及依照法律和国务院的有关规定进行收益、处分的权利。在国家举办的事业单位与他人达成和解协议时，人民法院有权审查国家举办的事业单位有无擅自处分其所直接支配的动产、不动产的行为。

第二百五十七条【国家出资的企业出资人制度】

国家出资的企业，由国务院、地方人民政府依照法律、行政法规规定分别代表国家履行出资人职责，享有出资人权益。

历史由来

本条沿袭于《物权法》第55条的规定。在民法典编纂过程中，《民法典物权编（草案）》（征求意见稿）第52条、《民法典各分编（草案）》第52条、《民法典物权编（草案）》（二审稿）第52条及《民法典（草案）》第257条均作出与《物权法》第55条完全一致的规定："国家出资的企业，由国务院、地方人民政府依照法律、行政法规规定分别代表国家履行出资人职责，享有出资人权益。"

规范目的或功能

本条根据国有资产管理体制改革的需求，对国有企业出资代表制度作出规定，目的是充分调动中央和地方两个积极性，使社会生产力得到进一步解放。同时，中央政府和地方政府合理分工，分别代表国家履行出资人职责，明确各级政府管理国有资产的权利和责任，转变过去中央统一管理，地方责、权、利不明确的弊端。在国家所有权行使方式上，有助于强化管理上的激励和约束机制，克服出资人主体虚位的现象，对国有出资的企业代表人制度保障发挥着不可或缺的作用。从法律体系上来看，有许多法律与此相关联。依据《公司法》第4条规定，"公司股东依法享有资产收益、参与重大决策和选择管理者等权利"。《企业国有资产监督管理暂行条例》第4条规定，"企业国有资产属于国家所有。国家实行由国务院和地方人民政府分别代表国家履行出资人职责，享有所有者权益，权利、义务和责任相统一，管资产和管人、管事相结合的国有资产管理体制”。

规范内容

一、国家出资的企业的范围

本条包含着两层意思：一是国家出资的企业，由国务院、地方人民政府依照法律、行政法规规定分别代表国家履行出资人的职责；二是国务院、地方人民政府代表国家在国家出资的企业中享有出资人的权益。

国家出资的企业，是指国家以各种形式投资所形成的企业。主要包括：（1）资产完全归国家所有，不具有公司形态的企业法人；（2）国有全资公司，即国有资产投资主体单独投资设立的有限责任公司；（3）国有控股企业，即国有资产投资主体参与投资，居于控股地位而设立的公司；（4）国有参股企业，即国有资产投资主体参与投资不居控股地位而成立的公司；（5）中外合资经营企业，即国有资产投资主体与外商在中国境内共同投资设立的企业；（6）中外合作经营企业，即国有资产投资主体与外商在中国境内共同投资设立的契约式企业。明晰本条法律的主体范围，是推动国有资产管理和审判实践的前提。

二、国家出资企业的代表制度

国有企业是我国国民经济的支柱。改革开放以来，特别是党和国家提出建立社会主义市场经济体制、建立现代企业制度以来，国有企业迅速地发展，在国民经济中发挥着主导作用。但是，随着国有企业改革的不断深化，国有资产管理体制改革不断推进，国有资产管理面临的体制性障碍还未得到真正解决，政府的社会公共管理职能与国有资产出资人职能没有完全分开，一方面造成国有资产出资人不到位，国有资产监管职能分散，权利、义务和责任不统一，管资产和管人、管事相脱节；另一方面导致政府对企业进行行政干预，多头管理，影响了政企分开，制约了国有企业建立现代企业制度。为此，应由政府对国家出资兴办和拥有股份的企业，通过出资人代表行使所有者职能，按出资额享有资产收益、重大决策和选择经营管理者等权利，对企业的债务承担有限责任，不干预企业日常经营活动。调整国有经济的布局和结构，改革国有资产管理体制，是深化经济体制改革的重大任务。在坚持国家所有的前提下，充分发挥中央和地方两个积极性。国家要制定法律法规，建立中央政府和地方政府分别代表国家履行出资人职责，享有所有者权益，权利、义务和责任相统一，管资产和管人、管事相结合的国有资产管理体制。关系国民经济命脉和国家安全的大型国有企业、基础设施和重要自然资源等，由中央政府代表国家履行出资人职责。其他国有资产由地方政府代表国家履行出资人职责。

三、国务院和地方人民政府依法分别代表

本条根据有关国有资产管理体制改革的政策，规定了由国务院和地方人民政府分别代表国家履行出资人职责，享有出资人权益。我国是一个人口大国，地域辽阔，国有企业众多，即使经过调整、改制，目前还有十几万户分布在各地，都由中央政府直接管理是困难的。因此，适宜的做法就是通过资产的划分和权利的划分，由中央政府和地方政府分别代表国家履行出资人的职责。关系国家经济命脉和国家安全的大型国有企业、基础设施和重要自然资源等，由中央政府代表国家履行出资人职责。其他国有资产由地方政府代表国家履行出资人职责。

根据《企业国有资产监督管理暂行条例》的规定，国务院和地方人民政府的具体分工是：国务院代表国家对关系国民经济命脉和国家安全的大型国有及国有控股、国有参股企业，重要基础设施和重要自然资源等领域的国有及国有控股、国有参股企业，履行出资人职责。国务院履行出资人职责的企业，由国务院确定、公布。省、自治区、直辖市人民政府和设区的市、自治州级人民政府分别代表国家对由国务院履行出资人职责以外的国有及国有控股、国有参股企业，履行出资人职责。其中，省、自治区、直辖市人民政府履行出资人职责的国有及国有控股、国有参股企业，由省、自治区、直辖市人民政府确定、公布，并报国务院国有资产监督管理机构备案；其他由设区的市、自治州级人民政府履行出资人职责的国有及国有控股、国有参股企业，由设区的市、自治州级人民政府确定、公布，并报省、自治区、直辖市人民政府国有资产监督管理机构备案。此外，需明晰的是，国务院和政府仅仅是

代表国家享有出资人的权益，并不拥有国有企业的所有权，更不能将国家所有和政府所有等同起来。

举证责任

国家出资的企业代表制度在举证责任上，按照民事诉讼“谁主张，谁举证”的原则，主要涉及的是诉讼主体资格的确认与责任承担上。当事人对自己提出的诉讼请求所依据的事实或者反驳对方诉讼请求所依据的事实有责任提供证据加以证明。没有证据或者证据不足以证明当事人的事实主张的，由负有举证责任的当事人承担不利后果。在举证责任承担上，一般采取的是“谁主张，谁举证”之民事诉讼规则，当事人认为国有企业代表人有未尽到国有资产保值责任，或对防止国有资产流失未尽到监管责任的行为时，应当承担举证责任。

在当事人企业中有国家出资的时候，若涉及企业以放弃财产权与他人达成和解协议时，人民法院审查该协议，除了注意当事人意思表示是否真实外，还应当注意审查该企业法定代表人的让步行为是否损害国家利益。

其他问题

需要注意的是，中央政府和地方政府代表国家履行出资人职责时，要尊重、维护国有及国有控股企业经营自主权。出资人职责就是股东的职能，国务院和地方政府通过各自设立的国有资产管理委员会，代表国家享有公司法规定的资产收益、重大决策和选择管理者等出资人权益；对国有资产保值、防止国有资产流失负监管责任。虽然中央政府和地方政府分别代表国家履行出资人职责，享有所有者权益，但它们都必须在国家统一制定法律法规的前提下行事。《宪法》第16条第1款规定，“国有企业在法律规定的范围内有权自主经营”。根据《宪法》的规定，国有资产管理改革遵循政企分开的原则，中央政府和地方政府以及其设立的国有资产管理机构不能干预国家出资的企业依法行使自主经营权。

第二百五十八条【国有财产保护】

国家所有的财产受法律保护，禁止任何组织或者个人侵占、哄抢、私分、截留、破坏。

历史由来

本条继承了《物权法》第56条的规定。对国有财产的私法保护，可追溯到1956年4月《民法典所有权篇（草稿）》（最初稿）的规定，该立法稿第2条规定，“国家财产受法律特别保护。爱护和保卫国家财产是每一个公民的神圣职责”。同时，该立法稿第56条规定：“国家财产在发现被人侵占的时候，不论占有人是善意的还是恶意的，国家都有权向占有人请求返还属于它的财产和偿还被侵占期间一切应得的利益。这种返还请求，不受诉讼时效的限制。”[①]这是在新中国第一次民法典编纂工作中关于国有财产保护的规定。对于国有财产实行最严格的保护，符合中华人民共和国成立初期百废待兴的现状，另外，也反映出当时编制民法主要参考的是《苏俄民法典》的规定，苏联民法对新中国民事立法活动影响深刻。

1987年施行的《民法通则》第73条规定：“国家财产属于全民所有。国家财产神圣不可侵犯，禁止任何组织或者个人侵占哄抢、私分、截留、破坏。”中华人民共和国成立以来，民法各草案对于国家所有财产保护问题几乎一致性地规定了“国家财产神圣不可侵犯”条款，虽然有学者指出这是对宪法的口号式重复，曾经一度删除了此表述，但是在《民法通则》里面仍然继承了此表述，这是我国第一次以基本法的形式对国家财产所有权进行规定。

2007年10月1日施行的《物权法》第56条规定：“国家所有的财产受法律保护，禁止任何单位和个人侵占、哄抢、私分、截留、破坏。”该条规定在继承《民法通则》规定的基础上，删除了“国家财产神圣不可侵犯”。基于物权平等保护原则，将此条废除是十分有必要的。

《民法典物权编（草案）》（征求意见稿）第53条、《民法典各分编（草案）》

---

① 参见何勤华、李秀清、陈颐编：《新中国民法典草案总览》（增订本），北京大学出版社2017年版，第48—49页。

第53条以及《民法典物权编（草案）》（二审稿）对《物权法》第56条作出了“单位”修正为“组织”、“和”修正为“或者”的修改。“单位”是中国特有的说法，一般特指机关、团体等，具有较强的计划经济色彩。而“组织”则包含的范围更广泛，更符合民法的一般表达。连词“和”在适用本条文时容易让人产生主体为“单位和个人”的误解，而修正为“或者”则更明确了其主体是选择性的，使得法律条文更确切。《民法典物权编（草案）》（二审稿）第53条的规定，被《民法典（草案）》第258条所采纳，并最终形成本条的规定。

规范目的或功能

本条是关于国有财产保护的禁止性规定，该条是为了解决国有财产流失的现实问题，为国有财产的保护提供私法上的依据。我国是社会主义国家，我国经济制度的基础是生产资料的社会主义公有制，也就是全民所有制和集体所有制，而社会主义全民所有制经济，即国有经济是我国国民经济中的主导力量，在经济和社会发展中发挥着至关重要的作用。国有财产是属于国家所有的财产，是由国家作为财产所有权的主体行使占有、使用、收益、处分之权利，其他任何组织或者个人不得侵犯国家财产所有权。本条规范就是要确立国有财产权在法律上对每个组织或者个人的排他性，禁止任何组织或者个人侵占、哄抢、私分、截留、破坏。国家所有权在性质上属于全民所有，但是全民所有并不意味着人人有份，也不意味着每个人可以支配国有财产，更不能私分、非法占有国有财产。①

改革开放以来，随着经济体制改革进程不断向纵深发展，在国有企业改制的过程中，国有财产流失问题相当严重。这在一定程度上是由我国物权制度的不完善，造成公有财产中所有者虚化，财产无人负责，产权界限不清晰等问题导致的。因此，通过《民法典》物权制度建立保护国有财产的基本规则，从民法的视角加强对国有财产的保护，切实防止国有财产流失是十分有

---

① 参见王利明、尹飞、程啸：《中国物权法教程》，人民法院出版社2007年版，第173—174页。

必要的。

本条属于宣示性规定，列举了侵害国家所有权的主要行为方式。本条是不完全法条，仅对损害国有财产的行为模式进行了列举，构成要件不完备，并且没有规定法律效果。因此，本条并不能直接作为请求权依据，需要同其他法条互相补充共同发挥规范性功能。

规范内容

一、国有财产的民法保护

从文义解释的角度来看，本条包含两层意思，一是通过《民法典》物权编明确国家所有的财产受法律保护。二是明确对国有财产的具体保护包括：确认国家所有权行使的主体、明确规定国家所有权客体的范围以及宣誓部分国有财产的专属性原则。

国家所有的财产是指依照法律规定属于全民所有的财产。依据宪法、法律、行政法规的规定，不仅包括国家专属的财产，如矿藏、水流、海域、无线电频谱资源、城市的土地、国防资产以及无居民海岛，而且还包括国家非专属财产，如法律规定属于国家所有的铁路、公路、电力设施和油气管道等基础设施，文物，农村和城市郊区的土地，野生动植物资源，以及除法律规定属于集体所有的森林、山岭、草原、荒地、滩涂等自然资源。

另外，还有一种重要的国家财产就是国家机关和事业单位依法直接支配的国有财产、国家依法投入企业的动产和不动产。同时，国家的财政收入、外汇储备和其他国有资金也属于国家所有的财产。通过以上列举不难看出，国家专属的财产不具有民事上的可让与性，而是具有公权属性。对于进入民事领域的国有财产，可使用私法调整。①

对于国有财产保护的形式是多样的。例如通过刑事立法，将侵犯国有财产的行为规定为犯罪行为，《刑法》第166条至第169条就是以国有公司、企

① 参见尹田：《论国家财产的物权法地位“国家财产神圣不可侵犯”不写入物权法的法理依据》，载《法学杂志》2006年第3期。

业工作人员这一身份来规定刑事处罚给予一定的制裁的；通过行政立法，规定国有财产的管理、使用权限，通过对造成国有财产流失、浪费等失职行为进行行政处罚，以保护国家财产。

将具有公法属性的国家所有权纳入《民法典》物权编来保护的原因在于，物权制度具有定分止争、物尽其用的作用。以国家作为所有权的主体，同其他民事主体一样，对其所有的财产享有所有权，其财产受到侵害时，国家也可以通过提起民事诉讼的方式，维护其民事权利，以最大限度地发挥国家所有财产的效用，提高财产利用率。在权利保护方面，作为所有权人的国家，如果没有民事主体资格，仅仅依靠公法手段来规制保护的话，就难以在私法领域有效维护自己的权利。而物权保护方法能够很好地起到对国有财产保护的目的。例如，一旦物被非法占有，不仅要返还原物，而且要返还原物所生的孳息或收益；恢复原状则不仅要使原物恢复到原有状态，而且要价值相符；排除妨碍不仅包括排除对实物正常使用的妨碍，而且包括实物的价值和无形财产的利益在实现过程中所受到的妨碍。无论何人非法占有实物还是价值，都可以使国家产生追及的效力，不能因价值难以确定而免除不法行为人的返还责任。①

根据传统所有权理论，国家所有权表现为国家享有占有、使用、收益和处分的权能。那么，如何解释"国家所有"以便其能发挥应有的作用，就显得至关重要。《民法典》第246条规定"国家所有即全民所有"。这里暗含的问题是所有权主体的抽象性。②"全民"不是一个法律主体，而是所有法律主体的集合，具有不确定性。本条进一步规定，国家所有的财产受法律保护，即需要解决国家所有权中全民利益保护问题。本条对《民法典》第247条至第254条之列举具有概括的义务性规则作用。

国家所有问题是宪法所规定的"生产资料国家所有"，如何通过具体的法律制度设计予以真正实现的问题。要完善以国家所有权为基础的物权机制，首先，在现有国家所有权行使代表制之外，应尽可能扩大国家财产直接满足公民基本生活类需要的范围。其次，对于公有财产的生产经营性利用，需要进一步区分市场与非市场两种类型。最后，各级政府及其所属公共部门均不

---

① 参见王利明：《论国家所有权的民法保护》，载《中国法学》1991年第2期。

② 参见李蕊：《论我国公有产权的双向度配置》，载《法商研究》2019年第3期。

以任何方式直接参与市场投资经营活动，但是，在涉及重大民生工程、国防事业等非市场领域，政府是投资、生产、经营的主体。如此，通过这三个维度的区分，可以适度消解国家所有权概念的抽象性，并切实使得目前的物权实现机制更加符合宪法上国家所有的规范要求。①

二、禁止任何组织或者个人侵占、哄抢、私分、截留、破坏国有财产

依据本条，禁止任何组织或者个人侵占、哄抢、私分、截留、破坏国有财产。其中，所谓侵占，是指非经国家的授权或者有权组织的同意，而非法占有国家财产。哄抢，是指以非法占有为目的，组织或者参与多人一起强行抢夺国有财产的行为。私分，是指有权占有国有财产的组织，违反国家关于国有财产分配管理的规定，而将国有财产分配给个人或者组织使用。截留，是指违反国家关于国有资金等国有财产拨付、流转的决定，擅自将经手的有关国有财产据为己有或者挪作他用的行为。破坏，是指故意损坏国有财产，影响其发挥正常功效的行为。国有财产有中间环节的存在，就有可能产生私分、截留等侵害财产权的行为。正是由于各个主体侵害所有权的方式可能不一样，所以，针对侵害国有财产权的手段，在描述上不尽相同。

有关对所有权的类型划分是否合理，是否应当将国家所有财产与集体财产、私有财产平等保护等问题，曾一度受到各界的热烈关注。我国目前所有制关系的现实是以公有制为主体多种所有制经济形式并存，物权制度必须反映这个基本经济制度，即必须对各种所有制类型作出确认和保护，因此必须反映现存的财产关系，对国家所有权和集体所有权作出规定。②

关于是否应当对国有财产进行特殊保护，并不能认为没有“国家财产神圣不可侵犯”的立法表述就是对国有财产不进行保护。强调保护公有财产与私有财产是并举的，而不能割裂二者之间的密切联系，不能对相关规定断章取义。物权制度应当是平等保护各类财产的规则，而不能仅仅强调特殊保护一类财产，进而维护国家基本经济制度。《民法典》第207条规定：“国家、集

---

① 参见谢海定：《国家所有的法律表达及其解释》，载《中国法学》2016年第2期。

② 参见王利明：《物权法平等保护原则之探析》，载《法学杂志》2006年第3期。

体、私人的物权和其他权利人的物权受法律平等保护，任何组织或者个人不得侵犯。”此条文是民法上的所有权平等原则的体现。

举证责任

关于本条的举证责任，适用我国《民事诉讼法》规定的“谁主张，谁举证”之举证责任分配的一般规则。具体而言，当事人对自己提出的诉讼以及有关事实负举证责任；对方当事人反驳对方的诉讼请求、提出反诉也要举证加以证明；第三人对自己提出的主张或请求，也应承担举证责任。当事人对自己提出的诉讼请求所依据的事实或者反驳对方诉讼请求所依据的事实有责任提供证据加以证明。没有证据或者证据不足以证明当事人的事实主张的，由负有举证责任的当事人承担不利后果

当国家所有的财产受到侵害时，有权直接支配该财产的机关、事业单位、企业、国有资产监督管理机构代表国家提起民事诉讼，上述主体负有证明责任。从物权保护来看，《民法典》物权编规定了确认产权的方式，一旦有可能损害国有资产，有权部门就可以提起确认产权之诉，提交证据要求法院确认产权。当国有财产受到侵犯时，有权部门可以请求不法行为人停止侵害、排除妨碍、消除危险、返还原物、恢复原状、赔偿损失，从而保护国家所有权。但是，现实中存在国有财产经营管理者侵吞、玩忽职守等对国有财产造成损害的行为。人民法院在审理民事案件中，发现有侵害国家所有的财产为内容的合同，应当认定为无效合同。

其他问题

本条关于国家所有财产受法律保护的规定，是我国《民法典》现代化与本土化的一个缩影。从国有财产被严重侵害的现实出发，对国有财产的针对性保护至关重要，这种针对保护并不是特殊保护。发端于《宪法》的规定，《物权法》亦对所有权主体进行了区分，服从和落实宪法是物权法的当然义务。与自然人财产相比，国有财产和集体财产在内容、行使和保护上有诸多不同，应当进行区分。但是这种区别并不意味着所有权主体有轻重之分，而

是基于不同主体所有权的特点进行针对性保护。这恰恰是为了让不同主体所有权实现结果平等。[①]立足中国国情，在中国本土的物权理论基础上发展起来的条文，更加具有生命力。

第二百五十九条【国有财产管理法律责任】

履行国有财产管理、监督职责的机构及其工作人员，应当依法加强对国有财产的管理、监督，促进国有财产保值增值，防止国有财产损失；滥用职权，玩忽职守，造成国有财产损失的，应当依法承担法律责任。

违反国有财产管理规定，在企业改制、合并分立、关联交易等过程中，低价转让、合谋私分、擅自担保或者以其他方式造成国有财产损失的，应当依法承担法律责任。

历史由来

本条沿袭了《物权法》第57条的规定。1994年实施的《公司法》第67条规定："国家授权投资的机构或者国家授权的部门依照法律、行政法规的规定，对国有独资公司的国有资产实施监督管理。"第81条规定："国有企业改制为股份有限公司时，严禁将国有资产低价折股、低价出售或者无偿分给个人。"第213条规定，违反本法上述规定，对直接负责的主管人员和其他直接责任人员给予行政处分。构成犯罪的，依法追究刑事责任。这是首次以基本法律的形式提出国有财产监管及法律责任之规定。为了贯彻落实《公司法》的规定，国务院在1994年7月24日颁布《国有企业财产监督管理条例》第6条规定："在国务院统一领导下，国有资产实行分级行政管理。"第7条进一步规定："国务院授权有关部门或者有关机构，对指定的或者其所属的企业财产的经营管理实施监督。根据国务院的授权，省、自治区、直辖市人民政府可以确定有关部门或者有关机构，对指定的或者其所属的企业财产的经营管理实施监督。"在此明确了国有财产管理、监督的责任主体。这是国家为了加强

① 参见孟勤国：《论中国民法典的现代化与中国化》，载《东方法学》2020年第4期。

对国有企业财产的监督管理专门制定的行政法规。

2003年5月27日国务院发布的《企业国有资产监督管理暂行条例》第38条规定："国有资产监督管理机构不按规定任免或者建议任免所出资企业的企业负责人，或者违法干预所出资企业的生产经营活动，侵犯其合法权益，造成企业国有资产损失或者其他严重后果的，对直接负责的主管人员和其他直接责任人员依法给予行政处分；构成犯罪的，依法追究刑事责任。"本条对负有国有财产监管责任主体的法律责任作了明确具体的规定。

2005年6月24日全国人大法律委员会在关于《物权法（草案）》修改情况的汇报中提到，为了使本法能体现鲜明的中国特色以及社会主义初级阶段的基本经济制度，维护社会主义市场经济秩序，建议增加"国有企业、集体企业直接负责的主管人员，以无偿或者以低价折股、低价出售等手段将国有企业、集体企业的财产转让，造成国有企业、集体企业财产流失的，应当依法承担民事责任和行政责任；构成犯罪的依法追究刑事责任（草案三次审议稿第70条）"，以及"国有企业、集体企业直接负责的主管人员严重不负责任，造成国有企业、集体企业破产或者严重亏损的，应当依法承担民事责任和行政责任；构成犯罪的，依法追究刑事责任（草案三次审议稿第71条）"。[①]上述条文对主体资格进行了比较明确的限定，这是首次将有关国有资产监管的法律责任事项纳入《物权法》条文的立法意见稿。

2007年实施的《物权法》第57条规定："履行国有财产管理、监督职责的机构及其工作人员，应当依法加强对国有财产的管理、监督，促进国有财产保值增值，防止国有财产损失；滥用职权，玩忽职守，造成国有财产损失的，应当依法承担法律责任。违反国有财产管理规定，在企业改制、合并分立、关联交易等过程中，低价转让、合谋私分、擅自担保或者以其他方式造成国有财产损失的，应当依法承担法律责任。"本条规定充分结合中国国情并且在对现实情况进行调研的基础上，吸收并改进了各方意见，经过多次修改，对国有财产的民事保护作出了规定。

《民法典物权编（草案）》（征求意见稿）第54条、《民法典各分编（草

---

① 参见何勤华、李秀清、陈颐编：《新中国民法典草案总览》（增订本），北京大学出版社2017年版，第1758—1759页。

案）》第54条、《民法典物权编（草案）》（二审稿）第54条、《民法典（草案）》第259条完全沿袭了《物权法》第57条之规定，没有对字句进行修改。可见，本条规定的形成，在《民法典》编纂过程中是没有争议的。

三 规范目的或功能

本条是关于国有资产监管机构及其工作人员的职责和法律责任的规定。本条的规范目的在于，通过明确国有资产监管机构的职责，促进国有财产在私法领域中的流动以及保值增值，有效防止国有财产损失，明确违反国有财产监督管理规定要承担法律责任。根据“权责利相一致”的原则，履行国有财产管理、监督职责的机构及其工作人员未依法履行职责，造成国有财产损失的，对其行为应当科处一定的法律责任，以保障国有财产保值增值。

本法条是一个完全法条，规定了“构成要件”和“法律效果”两个部分。履行国有财产管理、监督职责的机构及其工作人员，应当依法加强对国有财产的管理、监督，促进国有财产保值增值，防止国有财产损失。国有资产监管机构及其工作人员违反履行职责的行为体现为，“滥用职权，玩忽职守，造成国有财产损失”以及“违反国有财产管理规定，在企业改制、合并分立、关联交易等过程中，低价转让、合谋私分、擅自担保或者以其他方式造成国有财产损失”。这种行为的法律效果为，“应当依法承担法律责任”。一切侵害国有财产的行为均应当适用物权法，承担相应的责任，这个责任应当不仅仅是行政和刑事责任，还需要承担民事责任。民法保护的最基本规则便是侵占者返还原物，不能返还则赔偿损失。离开这样的责任制度，不可能使财产得到真正的保护。如果国有财产的经营管理者因为其党员、官职身份而仅仅承担党纪、政纪处分和行政处分，并不能使国家损失得到弥补。[①]

本条法律规则从行为规范以及权利义务角度构建，主要体现在，一是针对在国有财产监管中存在的问题，对代表国家行使出资人权益的行政机关及其工作人员的职责作义务性规定，即加强监管，促进国有财产保值增值，同时又指出违反该规定需要承担法律责任。二是通过不完全列举国有企业财产

---

① 参见高富平：《国家所有权实现的物权法框架》，载《理论前沿》2007年第8期。

流失的常见情形，细化行为模式，规定法律后果。本条明确规定了侵害国有财产的“构成要件”和“法律后果”，有利于完善产权保护制度。对应于现代产权制度归属清晰、权责明确、保护严格、流转顺畅的要求，对国有财产监管人员之法律责任进行规定，有利于健全现代产权制度。

规范内容

一、国有财产监管机构及其工作人员的职责

依据本条第1款的规定，未履行国有资产管理、监督职责之责任的构成要件包括：承担责任的主体，必须是履行国有财产监督、管理职责的机构及其工作人员；未履行国有资产管理、监督职责的行为，体现为滥用职权、玩忽职守，造成国有财产损失；未履行国有资产管理、监督职责的法律后果，体现为未尽职已经实际造成了国有财产损失，进而需要承担法律责任。

从文义解释的角度来看，履行国有财产管理、监督职责的机构及其工作人员，其法定职责就是依法加强对国有财产的管理、监督，促进国有财产保值增值，防止国有财产损失。根据此条规定，国务院国有资产监督管理委员会的权责清单中部分职责就是根据国务院授权，依法履行出资人职责，监管中央所属企业的国有资产，加强国有资产的管理工作，承担监督所监管企业国有资产保值增值的责任等。同时，各级地方也设有国资委来监督管理本地方所属国有财产。针对国有财产监管中存在的问题，明确了责任主体以及国有财产监督管理的目标，就是促进国有财产保值增值，防止国有财产损失。由于国家在国有财产经营中兼具所有权主体和政权主体双重身份，国有财产监督管理的目标也可以分为国家所有权目标和国家政权目标，作为《民法典》组成部分的物权编所关注的是国家所有权的公共性目标，即以国有财产保值增值为主要标志的国有经济不断发展壮大。而防止国有财产损失，则是促进国有财产保值增值的应有之义。

二、国有财产监管机构、工作人员及其他人员的法律责任

滥用职权，玩忽职守，造成国有财产损失的应当依法承担法律责任。本

条第1款规定的职责和责任指向的是特定的主体，即国有财产监管机构及其工作人员，他们作为国有财产的管理人，利用职务之便利实施侵害行为。

对国有财产的保护应当是宪法、刑法、行政法与民法的共同任务。法律责任则包含民事、行政和刑事责任，而物权规则对国有财产侵害的救济更加合理和有效。物权编将行政机关关于国家所有权的行使以及促进和保护纳入具有现实意义。这是因为，其主要规定国企的出资人代表、国资监管机构的职责、造成国有财产损失的各种行为应负的法律责任等内容，这些规定一方面是对现有监管做法的肯定，另一方面也为后续专门法律的制定奠定了基础。[①]这为国资委代表政府履行出资人职责提供了基本法律依据，又对做好国资监管工作提出了更高要求，即在不干涉国有企业内部经营的基础上，促进国有财产保值增值。

针对国有企业财产流失问题，本条第2款所规制的责任主体不限于国有资产监督管理机构及其工作人员，还包括国家出资的企业的负责人及其工作人员以及其他实施了本款规定的行为的人员。此处的“企业改制”应专指国有企业改制，是指国有独资企业、国有独资公司及国有控股企业改制为国有资本控股、相对控股、参股和不设置国有资本的公司制企业、股份合作制企业或者中外合资企业，即改变原有国有企业的体制和经营方式，以便适应市场经济的发展。在此过程中，人们最关心的莫过于国有资产是否流失的问题，而判断是否流失的关键则在于对现有国有资产进行定价。在实践中，低价转让国有资产的案件不在少数。所谓“合并”，是指两个或两个以上的企业组合成一个新的企业。所谓“分立”，是指某一部分业务或企业的分部，整体脱离企业而成为另一个独立的企业。所谓“关联交易”，是指企业关联方之间的交易，这是公司运作中经常出现的而又易出现不公平结果的交易，容易导致债权人利益受到损害。本条通过对实践中造成国有财产损失的几种常见情形以及“其他方式”进行不完全列举规定，说明无论以何种方式造成国有财产损失，均应该承担法律责任。

---

① 参见应松年：《行政权与物权之关系研究——主要以〈物权法〉文本为分析对象》，载《中国法学》2007年第5期。

举证责任

本条举证责任适用我国《民事诉讼法》规定的“谁主张，谁举证”之举证责任分配的一般规则。具体而言，原告对自己提出的诉讼以及有关事实负举证责任；被告反驳原告的诉讼请求、提出反诉也要举证加以证明；第三人对自己提出的主张或请求，也应承担举证责任。当事人对自己提出的诉讼请求所依据的事实或者反驳对方诉讼请求所依据的事实有责任提供证据加以证明。没有证据或者证据不足以证明当事人的事实主张的，由负有举证责任的当事人承担不利后果。

本条第1款是对监管国有财产的机构及工作人员的法律责任规定，如果发生滥用职权，玩忽职守，造成国有财产损失，被告只能是监管国有财产的机构和工作人员。此种情况即监管者主动侵害国有财产，在没有其他更适合的途径下，可以由检察机关提起保护国有财产的民事公益诉讼，赋予检察机关提起民事诉讼的权利，给予其诉权，符合保护国家财产所有权行使的需要。检察机关不仅可以提起通常的给付之诉，而且当行使国家所有权的人不正当地处分国家财产时，还可以直接提出确认处分行为无效的诉讼，以保证从没有直接实施侵害行为的第三人处收回国家财产或者其应得的利益。[①]本条第2款则不再限定于第1款的特定主体资格。其法律责任主体有三类：一是履行国有财产管理、监督职责的机构及其工作人员；二是国家出资的企业的负责人及其工作人员；三是外部其他实施了本款规定的行为的人。

其他问题

本条规定之责任主体即履行国有财产管理、监督职责的机构及其工作人员在其不履行、不正确履行或者放弃履行职责时，造成国有财产损失的，应

---

① 参见赵万一：《论国家所有权在物权法中的特殊地位》，载《河南省政法管理干部学院学报》2007年第1期。

当承担法律责任。本条是对国有财产管理法律责任的规定，涉及第三人的时候，将会产生民事责任，那么，因国有财产内部管理、监督出现问题导致国有财产流失，应当如何追回呢？如果相对人对此不知情也不应当知情，因此否定与善意相对人之间的民事法律关系，则容易导致与其他法律之间的冲突，也不利于交易安全。[①]此时，应当参考《民法典》第85条之规定，营利法人的权力机构、执行机构作出决议的会议召集程序、表决方式违反法律、行政法规、法人章程，或者决议内容违反法人章程的，营利法人的出资人可以请求人民法院撤销该决议。但是，营利法人依据该决议与善意相对人形成的民事法律关系不受影响。这样就体现了对善意相对人的保护，不能因企业内部问题而影响正常交易秩序和交易安全。对于造成国有财产损失的，就需要追究其行政责任或者刑事责任。

第二百六十条【集体所有权的客体】

集体所有的不动产和动产包括：

（一）法律规定属于集体所有的土地和森林、山岭、草原、荒地、滩涂；

（二）集体所有的建筑物、生产设施、农田水利设施；

（三）集体所有的教育、科学、文化、卫生、体育等设施；

（四）集体所有的其他不动产和动产。

历史由来

本条在内容上完全承继了《物权法》第58条的内容，在《民法典》编纂过程中，前后没有作任何修改，学界对本条也未产生争议。

在我国，有关集体所有权的客体范围最早规定于《民法通则》第74条第1款，即“劳动群众集体组织的财产属于劳动群众集体所有，包括：（一）法律规定为集体所有的土地和森林、山岭、草原、荒地、滩涂等；

① 参见杜万华：《〈民法典物权编草案〉（二审稿）的体例与条文评述》，载《中州学刊》2019年第7期。

（二）集体经济组织的财产；（三）集体所有的建筑物、水库、农田水利设施和教育、科学、文化、卫生、体育等设施；（四）集体所有的其他财产”。在此基础上，《物权法》第58条规定：“集体所有的不动产和动产包括：（一）法律规定属于集体所有的土地和森林、山岭、草原、荒地、滩涂；（二）集体所有的建筑物、生产设施、农田水利设施；（三）集体所有的教育、科学、文化、卫生、体育等设施；（四）集体所有的其他不动产和动产。”较之于《民法通则》的规定，《物权法》修改的内容主要有四个方面：一是将“劳动群众集体组织”修改为“集体”，淡化了法律表述中的所有制色彩；二是采用国际市场经济体制有关物权客体之分类的通行做法，[①]将作为物权客体的“财产”修改为“不动产和动产”；三是在分类中删除了“集体经济组织的财产”这种笼统的表述，避免了与列举的其他类型在范围上产生混淆；四是将第3项列举的内容一分为二，修改为《物权法》第58条列举的第2项、第3项规定。上述修改使《物权法》中关于集体所有权的客体范围的规定更清晰，也让实践中具体认定集体所有权的客体范围变得更为便利。

规范目的或功能

本条是说明性法条，旨在界定集体所有权的客体范围。集体所有权作为所有权的一种类型，是集体对自己的不动产或者动产依法享有占有、使用、收益和处分的权利。由于集体所有权是社会主义公有制的法律实现形式，故其与传统民法中以私有制为基础构建的所有权具有诸多区别。其中，集体所有权的行使受到更多限制，而这些限制往往与客体的具体类型相联系，如根据《宪法》第10条第4款的规定，集体土地不得买卖。因此，确定集体所有权的客体范围和具体类型，可以针对不同的集体财产明确集体所有权的运行空间，从而对集体所有权的行使予以充分保护。

① 参见孙宪忠：《中国物权法总论》（第四版），法律出版社2018年版，第256页。

规范内容

一、集体所有权的客体之来源

我国《宪法》第6条第1款规定，中华人民共和国的社会主义经济制度的基础是生产资料的社会主义公有制，即全民所有制和劳动群众集体所有制。同时，《宪法》第9条第1款和第10条第2款明确了集体有权拥有的自然资源和土地的范围。集体所有权是劳动群众集体所有制在法律上的能动反映，是对劳动群众集体所有制中的生产资料之归属关系的法律确认和保护。[①]在我国，集体所有制经济分为农村集体经济和城镇集体经济，由此决定了集体所有权的主体包括农民集体和城镇集体两种类型。作为集体所有权之客体的集体财产源于广大劳动群众的多年辛勤积累，它们是发展壮大集体经济和确保劳动群众实现共同富裕的重要物质基础。

作为我国社会主义公有制经济的重要组成部分，党和国家一直都对发展集体经济高度重视。在党的十七大报告提出“探索集体经济有效实现形式”和党的十七届三中全会决定要求“发展集体经济、增强集体组织服务功能”后，党的十八大报告、十八届三中全会决定和十九大报告仍然继续强调应进一步发展壮大集体经济实力。从法律制度上来看，集体经济的有效实现就是提高集体经济效益，实现集体成员利益，确认集体经济制度、调整集体经济关系、促进和保障集体经济发展壮大。[②]因为各项集体财产是发展壮大集体经济的最主要的物资资源，所以，清楚划定集体所有权的客体范围，列举集体所有权客体的具体类型，可以为集体经济的发展提供明确的法律依据。

集体所有权的客体种类繁多，土地是其中最重要的客体。中华人民共和国成立后，通过土地改革，农民的土地私有制取代了地主的土地私有制，广

① 参见韩松：《集体所有制、集体所有权及其实现的企业形式》（修订版），法律出版社2008年版，第62页。

② 参见陈小君等：《我国农村集体经济有效实现的法律制度研究：理论奠基与制度构建》，法律出版社2016年版，第25页。

大农民由此取得了农村土地所有权，新民主主义革命的任务得以顺利完成。由于实现社会主义公有制是中国共产党长期奋斗的目标，因而在制定《中国人民政治协商会议共同纲领》时便已经确定，新民主主义是一个过渡性质的阶段，新中国一定要向更高级的社会主义和共产主义阶段发展，这就决定了农民的土地所有制必将逐步走向农村土地公有制。农村土地的集体化正是社会主义公有制的具体表现，可见，经过土地改革形成的农民私人的土地所有权制度不可避免地具有临时性的特点。

按照马克思、恩格斯、列宁等经典理论，新生的社会主义国家应以合作社的方式，对小农经济进行改造，把小农引上社会主义道路，①因此，农业合作化运动作为我国对农业进行社会主义改造的重要手段被推行。在初级农业生产合作社中，农民仍然拥有价值化形态的土地所有权，农民私人的土地所有权制度没有发生改变，这也决定了初级农业生产合作社只能是半社会主义性质的合作经济的过渡形式，②其还需向社会主义性质的合作经济形式——高级农业生产合作社发展，并进一步通过人民公社的形式过渡到共产主义。③可见，土地作为农村集体所有权的客体是我国在1956年基本完成农业生产合作化运动的基础上形成的，尽管之后农村集体所有权的主体几经变迁，但土地作为农村集体所有权的客体在法律上却被保持下来。根据原国土资源部第二次全国土地调查，农村集体土地总面积有66.9亿亩，其中农用地有55.3亿亩

① 参见傅晨：《聚焦：中国农村改革热点和重大问题研究》，山西经济出版社2001年版，第7—9页。

② 如《中国人民政治协商会议共同纲领》第29条规定："合作社经济为半社会主义性质的经济，为整个人民经济的一个重要组成部分。人民政府应扶助其发展，并给以优待。"1954年《宪法》第7条的表述与此有所不同，其第1款前段规定："合作社经济是劳动群众集体所有制的社会主义经济，或者是劳动群众部分集体所有制的半社会主义经济。"

③ 1958年8月29日通过的《中共中央关于在农村建立人民公社问题的决议》指出："在目前形势下，建立农林牧副渔全面发展、工农商学兵互相结合的人民公社，是指导农业加速社会主义建设，提前建成社会主义并逐步过渡到共产主义所必须采取的基本方针。……看来，共产主义在我国的实现，已经不是什么遥远将来的事情了，我们应该积极地运用人民公社的形式，摸索出一条过渡到共产主义的具体途径。"当时人们把这种思想概括为"共产主义是天堂，人民公社是桥梁"。在这种思想指导下，还出现了一批急于向共产主义过渡的单位。参见王琢、许滨：《中国农村土地产权制度论》，经济管理出版社1996年版，第124—127页。

（耕地18.1亿亩）、建设用地有3.1亿亩，[①]分别为乡镇、村和村民小组三级农村集体经济组织所有。

作为集体所有权客体的其他资产大多源于集体积累、集体成员集资、社会捐助和国家扶持等，[②]这些集体资产的规模和数量同样极其庞大。应当强调的是，除土地外，农村集体所有权的客体还包含大量的经营性资产和非经营性资产，其中经营性资产截至2015年年底，全国（不含西藏）农村集体经济组织账目资产（不含资源性资产）总额为2.86万亿元，村均493.9万元。[③]改革开放以来，城镇集体经济的资产在全社会资产中的比重出现持续下降，但到2010年仍然有10383.4亿元的产值，可见，城镇集体所有权的客体从总量来看依然较为可观。[④]

二、集体所有权的客体类型

集体所有权的客体是属于该集体所有的不动产和动产，其主要类型包括以下几个方面。

（一）法律规定属于集体所有的土地和森林、山岭、草原、荒地、滩涂

土地、森林、山岭、草原、荒地、滩涂等只能属于国家和集体所有，这是由我国实现社会主义公有制的性质所决定的。我国《宪法》针对不同的自然资源在确立所有权主体时采取了不同的立法模式。

1.集体所有的森林、山岭、草原、荒地、滩涂的范围。我国《宪法》规定，矿藏、水流、森林、山岭、草原、荒地、滩涂等自然资源，都属于国家所有，即全民所有；由法律规定属于集体所有的森林和山岭、草原、荒地、

---

① 参见石宏主编：《〈中华人民共和国民法总则〉条文说明、立法理由及相关规定》，北京大学出版社2017年版，第230页。

② 参见韩松：《集体所有制、集体所有权及其实现的企业形式》（修订版），法律出版社2008年版，第111页。

③ 参见石宏主编：《〈中华人民共和国民法总则〉条文说明、立法理由及相关规定》，北京大学出版社2017年版，第230页。

④ 参见王胜利：《新中国成立65年来公有制经济发展研究》，经济科学出版社2015年版，第337—338页。

滩涂除外。可见，由于这些重要的自然资源是维系国民经济命脉的生产资料，是保证国民经济得以持续、稳定、协调发展的物质基础，也是关系国计民生的基本资源，[①]故《宪法》明确规定森林和山岭、草原、荒地、滩涂以属于国家所有为原则，以属于集体所有为例外，而且通过法律划定了上述自然资源属于集体所有的情形，如《森林法》《草原法》等法律对属于集体所有的森林、草原等作出了具体界定。

2.集体所有的土地的范围。我国《宪法》规定，城市的土地属于国家所有；农村和城市郊区的土地，除由法律规定属于国家所有的以外，属于集体所有；宅基地和自留地、自留山，也属于集体所有。《宪法》对属于集体所有的土地的范围采用了排除性规定，即农村和城市郊区的土地原则上属于集体所有，但以法律规定属于国家所有为例外。在实践中，如果农村土地的所有权主体不明，土地属于农村集体经济组织界限范围，且一直由农村集体经济组织连续使用，在农村集体经济组织没有证据证明其权属，行政机关也无法证明土地属于国家所有的情况下，应当认定土地性质属于集体所有。[②]集体所有的土地按照用途可以分为农用地、建设用地和未利用地，其中农用地包括耕地、林地、草地、农田水利用地和养殖水面等；建设用地包括宅基地和集体公共设施和公益设施用地、集体经营性建设用地等；未利用地是指农用地和建设用地以外的土地。尽管集体所有权有农村集体所有权和城镇集体所有权两种类型，但法律规定属于集体所有的土地只能是农村集体所有权的客体，城镇集体所有权的客体不包含土地，即城镇集体不能享有土地的所有权。由于我国农村集体土地所有权制度一直存在性质模糊、主体缺位和权能不全的缺陷，[③]致使实行农村集体土地国有化或私有化的呼声在学界一直存在，无论是国有化还是私有化，其最终的结果都是将土地从农村集体所有权的客体范

---

① 参见蔡定剑:《宪法精解》(第二版)，法律出版社2006年版，第193页。

② “海南省临高县仓米经济合作社诉临高县人民政府土地行政裁决案”，海南省高级人民法院（2007）琼行再终字第3号判决书，本案收入最高人民法院行政审判庭编:《中国行政审判案例》(第3卷)，中国法制出版社2013年版，第94—99页。

③ 参见肖方扬:《集体土地所有权的缺陷及完善对策》，载《中外法学》1999年第4期。

围中排除，但这些建议均不具有可行性和可接受性，[①]因此，在继续维持土地作为农村集体所有权之客体的情况下，对农村集体土地所有权制度进行完善不仅是法学界的主流观点，而且也是国家在推行土地改革时确立的目标。

（二）集体所有的建筑物、生产设施、农田水利设施

为了促进集体的生产及满足集体成员的生产生活需要，集体需要建造一定的建筑物、生产设施和农田水利设施。其中，集体所有的建筑物，包括办公用房、企业厂房、仓库等；集体所有的生产设施包括农业机械、交通运输工具、机器设备等；集体所有的农田水利设施包括水库、抽水站、灌溉渠道等。

（三）集体所有的教育、科学、文化、卫生、体育等设施

集体所有的教育、科学、文化、卫生、体育等设施是集体举办的，向全体集体成员开放，并为全体集体成员服务的公益设施，其主要包括村办小学、图书室、卫生室等，有的集体还有农业科技推广站、畜牧兽医站、体育健身设施、文艺演出器材等。

（四）集体所有的其他不动产和动产

由于集体所有权的客体种类繁多，无法在法律制度中对其一一列举，故本条对集体所有权的客体作出了兜底规定，这是对上述列举的集体所有权的各种客体的补充。一般来说，在上述列举的常见的集体所有权的客体之外，法律未规定专属于国家所有的不动产和动产，集体均可依法取得并享有所有权，如集体企业的原材料、半成品和产品，村建公路等。

三 其他问题

农村集体所有制是社会主义公有制的一种形式，作为集体所有权客体的集体资产既具有公共职能，又具有财产职能。就农村集体所有权而言，集体

---

① 参见高飞：《集体土地所有权主体制度研究》（第二版），中国政法大学出版社2017年版，第169—178页。

资产的公共职能是农民集体将其拥有的土地分配给成员以维护他们的基本生产生活条件，并对成员负担一定的保障义务和安置义务等。由于这些职能与国家应当履行的公共职能与义务正相吻合，体现出了一定的公权属性，[①]故有学者以此为由主张集体所有权不是私法意义上的所有权。[②]这是对集体资产的公共职能的忽视所导致的对集体所有权的性质的误解。

正是基于上述原因，我国农村土地立法在集体土地所有权与土地承包经营权这两种权利中独"厚"土地承包经营权制度，使得"集体公有制既不是一种'共有的、合作的私有产权'，也不是一种纯粹的国家所有权，它是由国家控制但由集体来承受其控制结果的一种社会主义制度安排"[③]。反映在法律制度上，土地公有制造成"农村集体土地上本属于私权性质的不少权利赋予了政府，使得基层政府具有了对土地私权的不恰当的管制权"[④]。在当下的法制建设中，将集体土地所有权界定为一种公权，已经成为农村土地科学立法的最大障碍。

集体土地所有权是劳动群众集体所有制的法律表现形式，《物权法》将集体所有权与国家所有权、私人所有权一并作为民事权利加以规范，在法律上确立了集体土地所有权的私权属性是一个显而易见的事实。集体资产无论是实现其应具有的公共职能还是财产职能，其实都不会也不应改变集体土地所有权的私权属性，只是作为私权的集体土地所有权在运行时要将符合其成员利益作为重要考量因素。同时，在基于集体土地所有权运行获得利益后，不能将其财产职能的实现作为唯一目标，而应当将其公共职能的实现也作为重要追求，即在使用集体土地所有权运行获得的利益时，必须符合集体土地所有权的公共职能之要求。

---

① 参见李凤章：《从公私合一到公私分离——论集体土地所有权的使用权化》，载《环球法律评论》2015年第3期。

② 参见房绍坤主编：《承包地"三权分置"的法律表达与实效考察》，中国人民大学出版社2018年版，第70页。

③ 周其仁：《产权与制度变迁——中国改革的经验研究》（增订本），北京大学出版社2004年版，第6页、第7页。

④ 张广荣：《我国农村集体土地民事立法研究论纲——从保护农民个体土地权利的视角》，中国法制出版社2007年版，第49页。

第二百六十一条【农村集体所有权的主体及其决策事项】

农民集体所有的不动产和动产，属于本集体成员集体所有。

下列事项应当依照法定程序经本集体成员决定：

（一）土地承包方案以及将土地发包给本集体以外的组织或者个人承包；

（二）个别土地承包经营权人之间承包地的调整；

（三）土地补偿费等费用的使用、分配办法；

（四）集体出资的企业的所有权变动等事项；

（五）法律规定的其他事项。

历史由来

本条是在修改《物权法》的基础上形成的。《物权法》第59条规定："农民集体所有的不动产和动产，属于本集体成员集体所有。下列事项应当依照法定程序经本集体成员决定：（一）土地承包方案以及将土地发包给本集体以外的单位或者个人承包；（二）个别土地承包经营权人之间承包地的调整；（三）土地补偿费等费用的使用、分配办法；（四）集体出资的企业的所有权变动等事项；（五）法律规定的其他事项。"在《民法典》编纂过程中，《民法典物权编（草案）》（征求意见稿）第56条将《物权法》第59条第2款第1项规定中的"单位"改为"组织"，但完整保留了其他内容，此一表述在后来的草案修改过程中再也未作更改。

由于"单位"是与以公有制和计划经济为标志的社会主义社会生产方式相适应的基本社会组织形式，其建立在行政隶属关系的基础之上，基本精神之一为整体主义。"整体"指的是单位和国家。国家虽然由众多单位集合而成，但其在某种意义上也可称为单位。所有的社会成员都被组织到单位之中。因为在一个所有社会成员都属于各自单位，所有单位都属于国家的社会结构中，整个社会所要处理的利益关系就可以简化为"个人、集体（单位）和国家"三者之间的关系，其遵循的基本精神可以归结为两条，即"个人（单位人）服从集体（单位整体）""下级单位服从上级单位"。整体主义强调整体的利益、意志和秩序，对于整体内的所有个体来说，整体必然主张个体的克己与服从。[1]改革开放后，随着中国经济社会的迅速发展，尤其是社会主义市场经济的实行，单位内含的价值观念和行为规范开始弱化，而组织正是民事主体的构建基础，[2]这一点也为我国“法人”制度和“非法人组织”制度所确认。因此，《民法典物权编（草案）》（征求意见稿）第56条对《物权法》第59条的修改，有助于摒弃计划经济时期的法律观念，促使民事主体蕴含的应然价值观念得以回归。

三 规范目的或功能

本条是说明性法条。为了加强农村集体经济组织内部的民主管理，保障农村集体经济的健康有序发展，强化对广大农民的保护，[3]使农民集体在实践中发挥出农村集体所有权主体应有的制度功能，本条致力于在农村集体所有权与该农民集体成员之间建立起必要的制度连接，为农民集体的运行奠定基础。具体来说，本条的规范目的表现在以下两个方面。

其一，明确集体成员集体的法律地位。农村集体所有权是指农村社区范围内的全体成员为实现其共同利益，对本社区范围内属于本集体所有的不动产和动产，依法享有占有、使用、收益和处分的权利。既然农村集体所有权中的集体财产由全体成员集体所有，那么，在法律上厘清农村集体财产与该农民集体成员之间的关系至关重要。

其二，明确集体成员集体的决策事项范围。农村集体所有权的集体资产属于集体成员集体所有，也就意味着每一个成员的利益都与集体资产的运行密切相关，可以说，公有制中个人是因公有财产所增进的利益的最终受益者。[4]根据经济人理论，经济人是“自利”的，追求自身利益是驱策人的经济行为的根本动机；同时，经济人是“理性”的，他能根据市场情况、自身处

① 参见曹锦清、陈中亚：《走出“理想”城堡——中国“单位”现象研究》，海天出版社1997年版，第81—92页。

② 参见冯珏：《作为组织的法人》，载《环球法律评论》2020年第2期。

③ 王利明：《物权法研究（上卷）》（第四版），中国人民大学出版社2018年版，第517页。

④ 参见樊纲、张曙光等：《公有制宏观经济理论大纲》，上海三联书店、上海人民出版社1999年版，第24页。

境和自身利益之所在作出判断，并使自己的经济行为适应于从经验中学到的东西，从而使追求的利益尽可能最大化。[①]因此，赋予农民集体成员参与所属农民集体的集体资产之运行，不仅有助于实现自身的利益追求，而且有利于农村集体资产的保值增值。

规范内容

一、农村集体所有权的主体

农村集体所有权是农村集体所有制的法律实现形式，其主体由《宪法》所确立。一般而言，宪法规定的内容是关于国家社会制度和政治制度的根本问题，而且多采用原则性和纲领性的方式加以规范，《宪法》的这种特性使得其没有进一步对“集体”作出规定，而是将这个任务留给了相关部门法去解决。由于土地是农村集体所有权的最重要的客体，且农村集体所有权的主体为国家之外唯一享有土地所有权的主体，故以宪法规范的基本精神为依据，我国诸多法律结合土地所有权对农村集体所有权的主体进行了具体界定，其中主要的法律文本有《民法通则》《土地管理法》《农村土地承包法》《物权法》等。

根据《民法通则》第74条第2款、《土地管理法》第11条、《农村土地承包法》第13条和《物权法》第59条的规定，农村集体所有权的主体是农民集体，其表现形式有村农民集体、村内农民集体（村民小组农民集体）和乡镇农民集体三种。[②]此外，《物权法》第59条进一步将农村集体所有权的主体确定为集体成员集体，以此表明“农民共同体可以通过一定的方式来占有、使用、收益并且对这些土地为一定的处分行为，从而最终达到土地带来的收益归特定农民的效果，即集体土地所有权内含有确保集体成员支配集体土地并享受土地利用的伦理价值”[③]。《物权法》的规定被《民法典》第261条和第262

---

① 参见杨春学：《经济人与社会秩序分析》，上海三联书店、上海人民出版社1998年版，第11—12页。

② 参见高飞：《集体土地所有权主体制度研究》（第二版），中国政法大学出版社2017年版，第81—88页。

③ 袁震：《中国农村土地物权制度研究》，法律出版社2018年版，第215—216页。

条完全保留下来。

农村集体所有权的实现以该所有权主体依法行使其权利为前提，而“为了法律权利得以实现，意志是必要的，故一如法律权利之实现所关涉的程度，主体必须具有意志”[①]。因为我国法律对“农民集体”未作详细规定，“农民集体”的法律内涵模糊，致使其在民法上的性质难以确定，并且法律中也未规定其作为民事主体的独立的意思形成和表达制度，[②]故法律将农村集体所有权的主体进一步确定为集体成员集体，一方面加强农民集体成员对所属集体的身份认同，促使其更加关注农村集体资产的运行状况；另一方面也可以强化对农民集体成员权利的保障，确保农民集体成员公平分享基于农村集体资产所产生的利益。[③]

二、集体成员资格的认定

（一）集体成员资格认定的现实困境

作为特别法人的农村集体经济组织，是农民集体作为民事主体在法律上的存在形态，[④]农村集体经济组织的成员是其人格要素，尽管现行法对于农民集体成员权有零散规定，[⑤]但有关成员资格的认定标准之法律规制却严重滞后于农村社会实践，全国性统一立法至今付之阙如。“在国家层面的立法未对农村集体经济组织成员资格的确认和丧失标准进行明确规定的情况下，农民权益极易受到侵害，且司法救济渠道不畅，维权之路艰辛，甚至受到侵害时救济无门”[⑥]。而为了应对国家相关立法缺位之弊病，提升各自管辖区域的农村社会的治理水平，解决实践中出现的大量有关农民集体成员资格认定之纠纷，

---

① ［美］John Chipman Gray：《法律主体》，载《清华法学》2002年第1期。

② 参见束景陵：《试论农村集体土地所有权主体不明确之克服》，载《中共中央党校学报》2006年第3期。

③ 参见高飞：《农村土地“三权分置”的法理阐释与制度意蕴》，载《法学研究》2016年第3期。

④ 参见李适时主编：《中华人民共和国民法总则释义》，法律出版社2017年版，第311—312页；郭明瑞：《民法总则通义》，商务印书馆2018年版，第138页。

⑤ 如《物权法》第59条第2款和《村民委员会组织法》第24条。

⑥ 陈小君：《我国农民集体成员权的立法抉择》，载《清华法学》2017年第2期。

当前各地采用的认定方式主要包括：（1）地方性法规或地方政府规章，如《广东省农村集体经济组织管理规定》《浙江省村经济合作社组织条例》《湖北省农村集体经济组织管理办法》等，还有很多省在制定实施《农村土地承包法》的相关规定中明确了农民集体成员资格的认定标准。（2）最高人民法院和省（直辖市）高级人民法院制定的指导意见，如最高人民法院《第八次全国法院民事商事审判工作会议（民事部分）纪要》、天津市高级人民法院《关于农村集体经济组织成员资格确认问题的意见》、陕西省高级人民法院《关于审理农村集体经济组织收益分配纠纷案件讨论会纪要》等。（3）村规民约、村民自治章程以及村民会议或者村民代表会议的决定（以下简称村规民约），如有学者对涉及农民集体成员资格认定的裁判文书进行分析发现，与村规民约有关的案件占到48%。[①]可见，国家统一立法的迟滞并不能使农民集体成员资格认定纠纷自然“消化”，来自农村社会实践的巨大压力逼着各方主体“各显神通”。然而，上述相关规范面临着如下现实困境。

第一，规范效力层次低，缺乏制定依据。当前，在农民集体成员资格的认定标准方面，现有的规范性文件主要是地方性法规和地方政府规章、最高人民法院出台的民事司法政策和地方法院发布的“司法解释性质文件”，它们的规范效力层次低，而且，这些规范性文件的出台没有法律依据：以地方性法规和地方政府规章规定农民集体成员资格的认定标准超越了立法权限范围；最高人民法院出台的民事司法政策和地方法院发布的“司法解释性质文件”不具有司法解释的效力。

第二，社区自治程度高，缺乏有力制约。我国农民集体成员资格认定在社区自治中备受重视，以村规民约方式确立认定标准极为普遍。但是，在村庄资源集体所有的情形下，每一个农民集体都是一个独立的利益共同体，这个利益共同体能够为自己的成员提供的各种利益有限，因而产生了以村规民约严格认定成员资格的需求，[②]一些弱势群体在村规民约中被剥夺了成员资格，其中最典型的表现就是“外嫁女”现象。可见，在经济利益的驱动下，

① 参见管洪彦：《农民集体成员权研究》，中国政法大学出版社2013年版，第135页。

② 参见张静主编：《身份认同研究：观念、态度、理据》，上海人民出版社2005年版，第158页。

部分村规民约在确立成员资格时，脱离了“不得与宪法、法律、法规和国家的政策相抵触，不得有侵犯村民的人身权利、民主权利和合法财产权利的内容”[①]的法律制约，变成了“多数人的暴政”，加之国家尚未确立有关农民集体成员资格认定的统一法定标准，村规民约在该领域的“失控”至今也未得到扼制。

第三，认定标准不统一，缺乏基本共识。在我国《立法法》第8条第8项中规定“民事基本制度”只能制定法律，以此“保证国家经济和社会生活的和谐、有序，维护和促进国内市场的统一”[②]。农民集体成员资格的认定属于民事主体制度范畴，对其作出统一规范符合《立法法》第8条第8项的规定之精神。然而，当前有关农民集体成员资格之认定的各种规则大相径庭。在地方性法规和地方政府规章中，《广东省农村集体经济组织管理规定》第15条规定以“特定身份+户籍+履行相应义务”为一般标准，以“村民自治确定”为补充标准；《浙江省村经济合作社组织条例》第17条确立了“户籍+多因素”的一般标准，第18条规定了无户籍人员的保留成员资格标准，第19条规定了“村民自治确定成员资格或保留成员资格”的标准；《湖北省农村集体经济组织管理办法》第15条确立了“户籍+年龄”的单一标准。在各级法院出台的文件中，最高人民法院《第八次全国法院民事商事审判工作会议（民事部分）纪要》强调以“生活状况+户籍+基本社会保障功能”为认定标准；天津市高级人民法院《关于农村集体经济组织成员资格确认问题的意见》则以“户籍+生产、生活”为一般标准，以“基本生活保障”为补充标准；陕西省高级人民法院《关于审理农村集体经济组织收益分配纠纷案件讨论会纪要》除明确“生产生活+户籍+形成权利义务关系”为认定的一般标准外，还明确了“视为具有成员资格”和“丧失成员资格”的条件，其中在“视为具有成员资格”和“丧失成员资格”的认定标准中为村民自治留下了一定的运作空间。在以村规民约确认农民集体成员资格的情形下，各农民集体之间同样差异明显，如对于集体资产起源的认知，有的以劳动贡献为主，有的以土地贡献、劳动

---

① 《村民委员会组织法》第27条第2款。

② 全国人大常委会法制工作委员会国家法室：《中华人民共和国立法法释义》，法律出版社2015年版，第54页。

贡献与村籍为主，有的以天赋村籍为主[①]，这些农民集体在对其成员进行股份配置时，潜藏着不同的成员资格认定标准。可见，尽管“户籍”在成员资格的认定方面具有显著地位，但“户籍”之外的考量因素却杂乱无序，而且欠缺“户籍”也并不是必然不能具有成员资格，可见，农民集体成员资格的认定标准在农村社会实践中缺乏基本共识。

（二）集体成员资格的认定标准之抉择

当前，农民集体成员资格之认定标准问题与保护农民集体及其成员的合法财产权益息息相关，但就当前实践中践行的各种认定标准来看，各界对农民集体的成员资格的法定化没有给予足够的重视，反而对以村规民约确定农民集体之成员资格的规范模式存有较多期待，以致农民集体的成员资格之认定标准在统一化方面处于停滞状态。在确立农民集体成员资格的认定标准时，寄希望于通过地方立法和村民自治彻底解决这一难题不切实际，最有效的方式就是以国家立法确定统一的成员资格之认定标准。其中，应当在法律制度内明确以下内容。

1.取得成员资格的一般认定标准。农民集体是一个具有地域性特色的社会共同体，其由高级农业生产合作社经人民公社时期的“三级所有，队为基础”的组织结构演变而来。在高级农业生产合作社时期，农村集体经济组织的成员仅包括年满16岁的劳动农民和能够参加社内劳动的其他劳动者，即成员资格的取得以具有劳动能力为基础；在人民公社时期，随着《户口登记条例》的施行，农村集体经济组织的成员资格与其户籍挂钩，也就是具有某一农村集体经济组织的户籍的农民即被认定为该农村集体经济组织的成员。[②]以户籍作为认定农民集体成员资格的标准自人民公社时期以来延续至今，由于这种认定标准的确具有现实合理性，且简便而易于判断，故在我国现行地方性法规和地方政府规章、最高人民法院司法政策和地方法院发布的司法解释

---

① 参见金文龙：《土地产权观念与集体资产股份合作制改革——对“村改居”过程中集体资产处置办法的考察》，载《华中科技大学学报》（社会科学版）2016年第6期。

② 参见高飞：《集体土地所有权主体制度研究》（第二版），中国政法大学出版社2017年版，第217页。

性质文件以及村规民约中，基本上均将户籍作为认定成员资格之一般标准时的主要考量因素。不过，在农民集体的成员资格之认定规则中，已经较少采以户籍为依据的单一标准，而多采包含户籍在内的复合标准，有的增加了年龄标准、有的要求须具备特定身份、有的强调应履行相应的义务等。为了便于农村居民理解农民集体之成员资格的认定标准，并增加该标准的可操作性，在立法中以“户籍”这一单一要素作为成员资格认定的一般标准，更为可取。

2.取得成员资格的特殊认定标准。随着社会经济的不断发展，农村社区发生了翻天覆地的变化，且不同区域、不同村庄均独具特色乃客观存在，故以“户籍”作为认定农民集体成员资格的唯一标准必定滋生弊端，因此有必要对该认定标准作出适当的修正。由于成员资格的认定事关农民集体的顺畅运行和财产权益的公平分配，故在户籍之外考量哪些因素不可不慎重。有学者也主张：农民集体成员往往以本农民集体的土地为基本生存保障资源，对农村土地采取集体所有的形式，目的正是保障每一个农村居民能够平等地获得生存保障资源，这可以说是集体土地所有制的基本功能。①可见，在成员资格的认定中引入基本生存保障因素，从而以此对单一的户籍标准进行修正，确立成员资格认定的特殊标准，极具现实意义。从我国当下农村社会的具体情况来看，该特殊标准应当包含取得农民集体成员资格的特殊规则和排除农民集体成员资格的特殊规则两个方面。

关于取得农民集体成员资格的特殊规则。以农民集体所有的土地作为基本生存保障资源，且不具有其他农民集体之成员资格的下列人员，即便暂时不具有本农民集体的户籍，也应当被认定具有本农民集体的成员资格：第一，本农民集体成员的子女，包括婚生子女、非婚生子女和养子女、形成抚养关系的继子女。第二，户籍迁出的在读大学生和服兵役人员。在读大学生和连续在读的研究生都属于未落实工作单位的学生，他们没有收入来源，而农村入伍的义务兵和初级士官复员后，政府也不负责安排工作，他们的基本生活保障均须由农民集体的土地及其他集体资产承担。②第三，原为本农民

---

① 参见韩松、姜战军、张翔：《物权法所有权编》，中国人民大学出版社2007年版，第119页。

② 参见管洪彦：《农民集体成员权研究》，中国政法大学出版社2013年版，第132页。

集体成员的服刑人员。服刑人员承担的是刑事责任，其应当享有的民事权利没有被依法剥夺，而农民集体成员权属于一种民事权利，其中一些权利也能够为服刑人员所享有，保留其成员资格更为合理。第四，成年农民集体成员的配偶，包括新娶进的媳妇和新入赘的女婿。第五，依农民集体之法人章程规定或经农民集体之成员大会的决议接纳为成员的人员。第六，依据法律规定或者执行国家移民政策接纳的人员。

关于排除农民集体成员资格的特殊规则。在我国，经济社会发展还很不平衡，为了避免一些人基于利益驱动将户籍迁往经济发展水平较好的农民集体，造成该农民集体成员的合法权益受到不当损害，故对于部分具有本农民集体户籍的人员，也应当排除其成员资格。具体包括：第一，“空挂户”，即将户籍迁入某农民集体，而迁入户籍的目的不是在此地长久生产、生活，往往也不依赖该农民集体的土地作为生存保障资源。第二，退休回乡人员。他们未丧失或放弃退休人员原本享有的各种社会福利待遇，他们不需要以该农民集体的土地作为其基本的生存保障资源，[①]故其户籍的迁入也不是为了享有该农民集体的成员资格。

3.成员资格的丧失。农民集体之成员资格的丧失与取得是一体两面。与农民集体之成员资格的取得一样，成员资格是否丧失也应当将户籍和基本生存保障需求结合起来进行考虑。具体而言，下列人员丧失成员资格：成员死亡；成员将户籍迁出本农民集体；自愿放弃成员资格。

三、集体成员集体的决策事项

农民是农民集体的成员，依法享有相应的成员权利，该权利在法律上称为社员权。《高级农业生产合作社示范章程》和《农村人民公社工作条例修正草案》均对农民的社员权作出了较为详细的规定，但在实行家庭联产承包责任制并确立“两权分离”制度后，随着农村集体所有权制度被忽视，农民的社员权从法律上消失。《物权法》颁布后，集体所有权作为一种重要的所有权类型被规定，农民的社员权再次受到关注，而2018年12月29日《全国人民代

---

① 参见高飞：《征地补偿款分配问题研究》，载刘云生主编：《中国不动产法研究》（第17卷），法律出版社2018年版，第13页。

表大会常务委员会关于修改〈中华人民共和国农村土地承包法〉的决定》通过后，新《农村土地承包法》第69条才提出“确认农村集体经济组织成员身份的原则、程序等，由法律、法规规定”，可见，农民集体成员享有的社员权制度的体系化建构远远没有完成。

在农民集体中，作为其成员的农民就是社员，社员的权利义务统称为社员权，“因其系以社员的资格为基础，故具有身份权的性质，但社员得基于自益权，受领或享受财产利益，故亦具有财产权的性质，故可解为兼具身份权和财产权性质之特殊权利”①。社员权包含共益权和自益权：共益权指以完成法人所担当的社会作用为目的而参与其事业的权利，如表决权、请求或自行召集社员大会之权、请求法院撤销社员大会决议之权；自益权指专为社员个人的利益所有之权，如利益分配请求权、剩余财产分配请求权及社团设备利用权。②就农民集体而言，农民社员权中的共益权是参与所属农民集体兴办的事业的权利，而自益权就是受领或享受财产利益的权利。农村集体所有权行使中涉及农民集体成员重大利益的事项，与农民集体成员享有的共益权密切相关，应当由农民集体成员民主决策决定。根据本条第2款规定，下列事项应当依照法定程序经本集体成员决定。

（一）土地承包方案以及将土地发包给本集体以外的组织或者个人承包

根据《农村土地承包法》的规定，农村土地承包分为家庭承包和其他方式的承包两种方式，农民集体成员以家庭承包方式取得土地承包经营权；不宜采取家庭承包方式的荒山、荒沟、荒丘、荒滩等农村土地，通过招标、拍卖、公开协商等方式承包，以其他方式承包的，应当签订承包合同，承包方取得土地经营权。以其他方式承包农村土地，在同等条件下，农民集体成员有权优先承包。在家庭承包中，承包方案应当依法经本集体经济组织成员的村民会议三分之二以上成员或者三分之二以上村民代表的同意；发包方将农村土地发包给本集体经济组织以外的单位或者个人承包，应当事先经本集体经济组织成员的村民会议三分之二以上成员或者三分之二以上村民代表的同

---

① 王泽鉴：《民法总则》，中国政法大学出版社2001年版，第188页。

② 参见王泽鉴：《民法总则》，中国政法大学出版社2001年版，第187—188页。

意，并报乡（镇）人民政府批准。

（二）个别土地承包经营权人之间承包地的调整

从1984年开始，农村土地承包期限长期不变就是党和政府各种政策文件拟追求的目标。在1993年，《中共中央、国务院关于当前农业和农村经济发展的若干政策措施》更是明确指出："在原定耕地承包期到期之后，再延长三十年不变。"中共十五届三中全会通过的《关于农业和农村工作若干重大问题的决定》也强调，稳定农村土地承包关系，保持农村稳定，"这是党的农村政策的基石，决不能动摇。要坚定不移地贯彻土地承包期再延长三十年不变的政策，同时要抓紧制定确保农村土地承包关系长期稳定的法律法规，赋予农民长期而有保障的土地使用权"。上述政策精神被《土地管理法》《农村土地承包法》《物权法》以法律形式固定下来。由于土地承包经营权人之间承包地的调整会对土地承包关系的稳定造成冲击，故法律对此采取了极为严格和谨慎的态度。根据《农村土地承包法》第28条的规定，承包期内，发包方不得调整承包地；承包期内，因自然灾害严重毁损承包地等特殊情形对个别农户之间承包的耕地和草地需要适当调整的，必须经本集体经济组织成员的村民会议三分之二以上成员或者三分之二以上村民代表的同意，并报乡（镇）人民政府和县级人民政府农业农村、林业和草原等主管部门批准；承包合同中约定不得调整的，按照其约定。

（三）土地补偿费等费用的使用、分配办法

随着我国集体土地征收的日渐频繁，集体土地征收后的征地补偿款使用、分配纠纷大幅度增加，而且参与人数多，矛盾极其尖锐。[①]集体土地征收补偿款的使用、分配不仅涉及农民集体及其成员的利益，也涉及在被征收的集体土地上享有土地承包经营权、宅基地使用权等用益物权的权利人之利益，故如何合理解决集体土地征收补偿款分配纠纷具有重要的现实意义。根据《村民委员会组织法》第24条的规定，征地补偿费的使用、分配方案应当经村民会议讨论决定；而该法第22条规定，召开村民会议，应当有本村十八周岁以上村民

① 参见朱金东、孙婷婷：《论征地补偿费分配的反思与重构》，载《政法论丛》2012年第6期。

的过半数，或者本村三分之二以上的户的代表参加，村民会议所作决定应当经到会人员的过半数通过。由于我国现行法律对于农民集体成员认定标准缺乏明确规定，以致农村集体所有权在实践中主要由村民委员会代表行使，以村民会议讨论决定土地补偿费等费用的使用、分配方法，正是村民委员会代行农村集体所有权的具体表现。设立了农村集体经济组织，由农村集体经济组织行使农村集体所有权时，在《农村集体经济组织法》颁布实施前，可以参照《村民委员会组织法》第22条的规定决定土地补偿费等费用的使用、分配办法。

（四）集体出资的企业的所有权变动等事项

在发展农村集体经济的过程中，很多农民集体兴办了村办企业。根据《乡镇企业法》第10条第1款的规定："农村集体经济组织投资设立的乡镇企业，其企业财产权属于设立该企业的全体农民集体所有。"可见，集体出资的企业的财产所有权属于农民集体，这些财产所有权的变动关系到该农民集体的全体成员的切身利益，因而应当依照法律规定的程序由农民集体成员共同决定。

（五）法律规定的其他事项

在上述事项之外，与农民集体成员利益相关的其他事项也应当由农民集体成员依法决定。例如，《土地管理法》第63条第2款规定，集体经营性建设用地出让、出租等，应当经本集体经济组织成员的村民会议三分之二以上成员或者三分之二以上村民代表的同意；《村民委员会组织法》第24条作出了更详细的列举。对于这些涉及农民集体成员利益的事项，均应依法办理。

三 其他问题

农村集体所有权的主体是全体集体成员，但集体成员对集体财产的权利享有方式不是共有，而是"集体所有"，[①]也就是"公有"。尽管本条明确规定"农民集体所有的不动产和动产，属于本集体成员集体所有"，但基于公有制是"公共所有的生产资料，既属于全体公众或某一集团或某个区域的公众所

① 参见尹田：《物权法》，北京大学出版社2013年版，第297页。

有，同时又不属于其中任何个人所有”[①]的基本含义可知，集体成员是作为一个整体拥有集体财产的所有权，将集体所有权理解为集体成员共有不符合公有制的本质特性。因为“无论是按份共有还是共同共有，都与特定的共有人是不可分割的，并且共有没有脱离个人而存在。共有人不仅可以直接占有共有财产，而且有权请求分割共有财产。集体财产尽管为其成员集体所有，但集体财产与其成员的个人财产是相互分离的，尤其是任何成员都无权请求分割集体财产，从而将集体财产变为私人财产”[②]。在法律中明确农村集体所有权属于集体成员集体所有，目的在于明确农民集体成员的权利，并在农民集体与其成员之间搭建一座实现成员权利的“桥梁”。

第二百六十二条【农村集体所有权的行使】

对于集体所有的土地和森林、山岭、草原、荒地、滩涂等，依照下列规定行使所有权：

（一）属于村农民集体所有的，由村集体经济组织或者村民委员会依法代表集体行使所有权；

（二）分别属于村内两个以上农民集体所有的，由村内各该集体经济组织或者村民小组依法代表集体行使所有权；

（三）属于乡镇农民集体所有的，由乡镇集体经济组织代表集体行使所有权。

历史由来

本条继承了《物权法》第60条的规定，但略有增补。

自人民公社政社合一体制解体，现行农村集体所有权确立，抛开作为农村集体所有权主体的农民集体，另行规定农村集体所有权的行使主体成为我国立法的一种固定模式。《民法通则》第74条第2款对农村集体所有权主体及行使主体作出了明确规定。2018年《农村土地承包法》和2019年《土地

① 高海燕：《中国经济发展与公有制变革及演化》，中国人民大学出版社1993年版，第2页。
② 王利明：《物权法研究（上卷）》（第四版），中国人民大学出版社2018年版，第513页。

管理法》在修正时延续了上述规定。

以这些法律规范为基础，《物权法》第60条规定："对于集体所有的土地和森林、山岭、草原、荒地、滩涂等，依照下列规定行使所有权：（一）属于村农民集体所有的，由村集体经济组织或者村民委员会代表集体行使所有权；（二）分别属于村内两个以上农民集体所有的，由村内各该集体经济组织或者村民小组代表集体行使所有权；（三）属于乡镇农民集体所有的，由乡镇集体经济组织代表集体行使所有权。"

在《物权法》第60条的基础上，《民法典各分编（草案）》第57条在"村民委员会代表集体行使所有权""村民小组代表集体行使所有权"中分别增加了"依法"二字，从而着力强调无论是村民委员会还是村民小组，在代表集体行使所有权时，均须"依法"进行，之后的各草案对此未再作出修改。本条保留了《民法典各分编（草案）》第57条的规定。

三 规范目的或功能

本条是说明性法条，旨在明确不同农村集体所有权的行使主体，弥补当前农民集体不能担任行使农村集体所有权之重任的弊端；同时，也是为了界定集体成员在农村集体所有权的运行中的法律地位，并强化其积极参与集体事务的民主管理权利。

土地和森林、山岭、草原、荒地、滩涂等是农民集体拥有的最主要的财产，这些集体资产的所有权作为一种重要的民事权利，其主体当然应是民事法律关系的主体，但因"农民集体"的缺位，且大多数地区的农民集体经济组织已经解体或名存实亡，作为集体成员的农民缺乏行使农村集体所有权的组织形式和程序，甚至还可能缺乏行使农村集体所有权的动机。[①]因此，在法律上对代表集体成员集体行使农村集体所有权的主体进行明确规定，从法律层面上扫除了农村集体所有权主体未能真正行使权利的障碍，从而为农村集体所有权的顺利实现寻得了另一条通道。

---

① 参见高飞：《集体土地所有权主体制度研究》（第二版），中国政法大学出版社2017年版，第94页。

规范内容

一、农村集体所有权主体的三种形式

我国从1962年开始实行“三级所有，队为基础”的农村集体所有权制度，即公社、生产大队和生产队三级所有，其基本核算单位是生产队。[①]生产队所有的土地占95%以上，具有压倒性的地位。生产队亦称自然村，为自然形成的，而且各生产队相互之间的人员、边界都很清楚。因此，以生产队为农村集体所有权的主体具有历史合理性。

在农村体制改革后，人民公社成为乡一级的行政建制，生产队改为村民小组，村一级成为独立体，其中，村民小组成为村的组成部分。尽管法律在确定农村集体所有权主体时，兼顾了村与村民小组两者的主体地位，但从实地调查结果来看，村一级已经成为农村集体所有权主体的主要形式，农民也已接受村是比村民小组更具主体性的存在。[②]此外，人民公社改为乡镇后，原人民公社直接管理的土地由乡镇农村集体经济组织继续直接经营、管理。由于原来的人民公社实行“政社合一”的模式，将行政职能及组织生产和所有制合二为一，在政社分开后，乡镇成为政府政权组织形式，另一种财产所有制意义上的载体自然不能再赋予乡镇政府，否则又是新的“政社合一”，故原来人民公社承担的集体经济组织的职能转为由乡镇集体经济组织承担，但这种组织形式在我国各地的表现有所不同，其中就土地等资产而言，按照原来

---

① 在人民公社时期，“三级所有，队为基础”的农村集体所有权制度有一个演变过程，“在公社化初期，人民公社是基本核算单位，土地所有权的主体是公社，这种人民公社的所有权关系不久就被调整，即自1959年下半年开始实行以生产大队为基础的三级所有的人民公社制度，该制度一直持续到1962年下半年。1962年9月27日，中国共产党第八届中央委员会第十次全体会议通过《农村人民公社工作条例修正草案》，再次调整了人民公社的核算体制，其第2条明确规定：‘人民公社的基本核算单位是生产队。根据各地方不同的情况，人民公社的组织，可以是两级，即公社和生产队，也可以是三级，即公社、生产大队和生产队。’这就是通常所说的以生产队为基础的三级所有的人民公社制度”。高飞：《集体土地所有权主体制度研究》（第二版），中国政法大学出版社2017年版，第48页。

② 参见陈小君等：《农村土地法律制度研究——田野调查解读》，中国政法大学出版社2004年版，第6—7页。

的“三级所有”模式属于原人民公社所有的，现在应该确定为属于由原人民公社改制而来的乡镇集体经济组织所有。[①]当前，我国农村集体经济组织的现状大体如此。

本条的规定是对“三级所有，队为基础”的农村集体所有权的延续，其中农村集体所有权的主体包括村农民集体、村内农民集体（村民小组农民集体）和乡镇农民集体。除宪法根据其规范特点对农村集体所有权主体的界定较为抽象、概括外，其他法律及相关行政规章、行政解释对农村集体所有权主体的界定已趋于统一。应当强调的是，村农民集体、村内农民集体（村民小组农民集体）和乡镇农民集体相互之间没有行政隶属关系，它们分别对不同的土地和森林、山岭、草原、荒地、滩涂等享有所有权。农村集体所有权主体是农村集体所有权存在的直接利益相关者，即农村集体所有权及其收益无论在法律上还是事实上都应当归属农村集体所有权主体，[②]而该主体就是我国法律规定的农民集体或集体成员集体。

二、农村集体所有权的行使主体

在我国现行农村集体所有权制度中，“农民集体”是传统公有制理论在政治经济上的表述，意指全体农民的集合，是一个抽象的、没有法律人格意义的集合群体，[③]即便《物权法》第59条强调了农民集体与其成员的关系，为农民集体的成员分享基于农村集体资产产生的利益提供了法律依据，但由于各界对于如何拟订农民集体成员资格的认定标准存在巨大分歧，在现行法律制度中留下空白，而成员身份的不明确必将造成农民集体难以在实践中独立存在及正常运转，使得集体成员在农村集体所有权的行使实践依然缺乏有效的制度支撑。[④]因此，尽管“农民集体”和“集体成员集体”是农村集体所有

① 参见李永军：《集体经济组织法人的历史变迁与法律结构》，载《比较法研究》2017年第4期。

② 参见杨青贵：《集体土地所有权实现法律机制研究》，法律出版社2016年版，第54—55页。

③ 参见胡君、莫守忠：《集体土地所有权主体的反思与重构》，载《行政与法》2005年第12期。

④ 参见高飞：《农村集体经济联合社成员资格认定的立法抉择》，载《苏州大学学报》（哲学社会科学版）2019年第2期。

权的主体，但各法律一方面明确“农民集体”的农村集体所有权之主体地位，并强调“集体成员”在集体土地所有权运行中的作用；另一方面却又另行规定了农村集体所有权的行使主体。这种不合法律逻辑的情形的存在，正是立法者意识到农民集体及其成员在行使农村集体所有权时存在某种难以克服的障碍而作出的补救，[①]该种立法模式也的确在一定程度上消解了农民集体及其成员不能行使农村集体所有权引发的实践难题。

作为地域性的社会共同体，农民集体存在于特定的自然地理环境和人文地理空间之中，因而其边界总是与一定的社区相联系。费孝通先生认为：“中国乡土社区的单位是村落”[②]，“它是一个由各种形式的社会活动组成的群体，具有特定的名称，而且是一个为人们所公认的事实上的社会单位”[③]。中华人民共和国成立后，特别是随着改革开放的持续深入，农村地区的政治、经济、文化等方面已经发生了较大变化，但在大多数地区，传统农村社区的基本特征并未发生根本的改变，相反却因城乡二元经济体制、户籍制度以及集体土地所有制等因素的影响，在相当程度上农村社区的边界被进一步强化。

根据我国法律的规定，农村集体所有权主体是农民集体，其表现形式有村农民集体、村民小组农民集体和乡镇农民集体。据此，农民集体的边界也分别对应村社区、村民小组社区和乡镇社区。乡镇农民集体所有的土地主要为部分乡镇企事业单位和依法批准的乡镇公共设施、公益事业使用的农民集体土地，该种集体资产所有权的主体制度尽管不完善，但其边界也是明晰的。本条针对村农民集体所有权、村内农民集体所有权和乡镇农民集体所有权确立不同的行使主体，即村农民集体所有权由村集体经济组织或者村民委员会依法代表行使，村内农民集体所有权由村内集体经济组织或者村民小组依法代表行使，乡镇农民集体所有权由乡镇集体经济组织代表行使。由于独立的农村集体经济组织较少，导致以农村集体经济组织形式经营管理农村土地的情形在实践中并不普遍。农村集体土地资产一般都是采用村民委员会或村民小组经营管理的模式，也有采用合作社、股份合作社、公司等形式管理土地

① 参见宋汝棼：《参加立法工作琐记》(上册)，中国法制出版社1994年版，第121页。

② 费孝通：《乡土中国　生育制度》，北京大学出版社1998年版，第9页。

③ 费孝通：《江村农民生活及其变迁》，敦煌文艺出版社2000年版，第14页。

的农民集体，但是并不多见，[①]其中以村民委员会经营管理更能够得到实践的认可。[②]这种情形可谓我国农村社会的真实反映。

应当注意的是，村集体经济组织与村民委员会、村内集体经济组织与村民小组在性质上是不同的。村民委员会是基层群众性自治组织，担负着管理本村公共事务和公益事业，调解民间纠纷，协助维护社会治安，向人民政府反映村民的意见、要求和提出建议等多种职能；村民委员会可以根据村民居住状况、集体土地所有权关系等分设若干村民小组，故村民小组也应当具有一定的自治管理职能，这就决定了村民委员会和村民小组不是以纯粹的民事主体身份出现的；农村集体经济组织则不然，其主要职能便是代表集体从事各种经营活动，且原则上不承担本农民集体的公益性事务。[③]同时，按照农村土地等集体资产归属，农村集体资产在村、组两级分属60.4万个村、495.5万个组的农民集体所有，但仅有24.4万个村、77.4万个组建立了农村集体经济组织。[④]因此，《民法典》第101条第2款规定："未设立村集体经济组织的，村民委员会可以依法代行村集体经济组织的职能。"可见，在行使农村集体所有权时，设立了农村集体经济组织的，由农村集体经济组织行使，未设立农村集体经济组织的，则由村民委员会或村民小组依法代表行使。

三 其他问题

根据《物权法》第60条的规定，农村集体经济组织与农民集体是不同的

① 参见高飞：《集体土地所有权主体制度研究》（第二版），中国政法大学出版社2017年版，第208—209页。

② 如在"陈某棕诉亭洋村一组、亭洋村村委会征地补偿款分配纠纷案"中，亭洋村一组为承包地的所有权人，经营管理者是亭洋村村委会。参见《中华人民共和国最高人民法院公报》，2005年第10期。

③ 参见石宏主编：《〈中华人民共和国民法总则〉条文说明、立法理由及相关规定》，北京大学出版社2017年版，第233页。

④ 参见《民法总则立法背景与观点全集》编写组编：《民法总则立法背景与观点全集》，法律出版社2017年版，第557页。

主体，因而农村集体经济组织代表农民集体行使农村集体所有权。[①]然而，《民法总则》第99条将农村集体经济组织确立为特别法人后，在农村集体经济组织与农民集体的关系的理解方面产生了分歧。有学者认为农村集体经济组织不同于农民集体，两者是不同的主体，而“集体土地等集体所有的不动产和动产的所有权主体是农民集体，农村集体经济组织代表农民集体行使所有权，负责农民集体所有财产的经营、管理，在民主管理的机制下，决定经营管理的重大问题”[②]。也有学者表达了将农村集体经济组织与农民集体相等同的观点，即“农村集体经济及其组织是我国社会主义制度的重要组成部分，因此宪法及其他法律均对其作出了明确的规定，特别是农村集体经济组织对土地的集体所有权更是为宪法所确定”[③]。这两种观点在当前均具有一定的影响。

从《民法总则》的立法过程来看，“农村集体经济组织”应当与“农民集体”同义。2016年11月9日，全国人大法工委主任李适时主持召开民法总则座谈会，研究讨论了在民法总则中如何规定农村集体经济组织的民事主体地位问题，讨论中所涉农村集体经济组织的类型有两种：（1）从人民公社时期的“三级所有，队为基础”演变而来、以土地集体所有为基础的地区性合作经济组织，与原生产队、生产大队、人民公社相对应的分别是组级、村级和乡镇级集体经济组织；（2）随着城镇一体化进程的加快，一些乡镇、村、组在明晰产权归属的基础上，将集体经营性资产以股份或份额形式量化到集体成员，积极发展农民股份合作，建立起股份经济合作社等新兴集体经济组织。[④]这两种类型的农村集体经济组织在性质上没有本质的区别，只是反映了农村集体经济组织从传统到现代的发展。由于这两种类型的农村集体经济组织的资产中均包含土地，我国法律中又明确规定了农村集体土地所有权主体为农民集体，可见，农村集体经济组织就是农民集体，都是农村集体所有权的主体，可以说，“农民

---

① 参见尹田：《民法典总则之理论与立法研究》（第二版），法律出版社2018年版，第88页。

② 张新宝：《〈中华人民共和国民法总则〉释义》，中国人民大学出版社2017年版，第192页。

③ 陈甦主编：《民法总则评注》（上册），法律出版社2017年版，第702页。

④ 参见《民法总则立法背景与观点全集》编写组编：《民法总则立法背景与观点全集》，法律出版社2017年版，第554页。

集体作为所有权人，其在法律主体上的表现形式就是农村集体经济组织”[①]。如果对农村集体经济组织与农民集体的关系作出此种定位，那么，本条的理解将随之发生改变，即属于村农民集体所有的，由村集体经济组织行使所有权或者由村民委员会依法代表集体行使所有权；分别属于村内两个以上农民集体所有的，由村内各该集体经济组织行使所有权或者由村民小组依法代表集体行使所有权。但是，“属于乡镇农民集体所有的，由乡镇集体经济组织代表集体行使所有权”，这个规定在表述上则显得不甚妥当，需要作出相应的修改，即删除本句中的“代表”二字，主要原因是：乡镇集体经济组织是乡镇农民集体作为法律主体的表现形式，其行使乡镇农民集体享有的所有权理所当然，此时乡镇农村集体经济组织不是“代表”乡镇农民集体行使所有权。

由于《民法典》第99条承袭了《民法总则》第99条的规定，因此，在明晰农村集体经济组织与农民集体的关系时，有必要先从立法上理顺《民法典》第99条与本条的关系，否则，在不同法条的适用过程中可能出现理解上的冲突或矛盾。

第二百六十三条【城镇集体所有权】

城镇集体所有的不动产和动产，依照法律、行政法规的规定由本集体享有占有、使用、收益和处分的权利。

历史由来

本条完全承袭了《物权法》第61条的规定，在民法典编纂过程中没有产生争议。

城镇集体所有制是劳动群众集体所有制经济的重要形式之一，我国《宪法》第8条第2款对城镇集体所有制经济进行了确认，即“城镇中的手工业、工业、建筑业、运输业、商业、服务业等行业的各种形式的合作经济，都是社会主义劳动群众集体所有制经济”。

1991年9月9日，国务院颁布了《城镇集体所有制企业条例》，该条例第4

---

① 李适时主编：《中华人民共和国民法总则释义》，法律出版社2017年版，第311—312页。

条第1款规定，城镇集体所有制企业是财产属于劳动群众集体所有、实行共同劳动、在分配方式上以按劳分配为主体的社会主义经济组织；第6条第1款规定，集体企业依法取得法人资格，以其全部财产独立承担民事责任。由此可知，城镇集体所有权的主体为法人，而根据《民法通则》第41条第1款的规定，该种法人属于企业法人。①

长期以来，由于城镇集体所有制经济在我国社会主义经济建设中发挥了重要作用，故依据宪法、相关法律法规，按照党的十六大以来有关发展集体经济的政策精神，《物权法》第61条直接规定了城镇集体所有权制度，②明确了城镇集体所有权是由城镇集体对其所有的不动产和动产依照法律、行政法规的规定享有占有、使用、收益和处分的权利。

规范目的或功能

本条是定义性条款，规范目的在于界定城镇集体所有权的内涵，明确城镇集体所有权的客体范围和内容。城镇集体是相对于农民集体而言的，是指城镇一定社区或经济组织的居民或劳动群众，为实现自我服务解决成员在生产、生活、就业等方面的困难，共同拥有生产资料，形成的集体组织。③在改革开放之前，通过所有制"升级"运动，相当一部分城镇集体企业被改变为实行国有国营的所谓"全民所有制"企业，致使城镇集体企业的作用未能得到充分发挥。④为了促使城镇集体所有制企业实现本性回归，并使之适应社会主义市场经济的发展，明晰城镇集体所有制企业的产权关系至关重要。对城镇集体所有权加以规定正是为了界定城镇集体产权，明确现有资产属性，确

---

① 《民法通则》第41条第1款规定："全民所有制企业、集体所有制企业有符合国家规定的资金数额，有组织章程、组织机构和场所，能够独立承担民事责任，经主管机关核准登记，取得法人资格。"

② 参见全国人大常委会法制工作委员会民法室编：《〈中华人民共和国物权法〉条文说明、立法理由及相关规定》（第二版），北京大学出版社2017年版，第121—122页。

③ 参见韩松、姜战军、张翔：《物权法所有权编》，中国人民大学出版社2007年版，第142页。

④ 参见范恒山：《所有制改革：理论与方案》，首都经济贸易大学出版社2000年版，第247页。

保集体资产不流失。

规范内容

一、城镇集体所有权的界定

城镇集体所有权的形成与城镇集体所有制的形成一脉相承，且主要表现为城镇集体所有制企业的形式。《城镇集体所有制企业条例》第4条明确了城镇集体所有制企业的认定标准，即其是财产属于劳动群众集体所有、实行共同劳动、在分配方式上以按劳分配为主体的社会主义经济组织，其中所谓劳动群众集体所有，应当符合下列条件之一：（1）本集体企业的劳动群众集体所有；（2）集体企业的联合经济组织范围内的劳动群众集体所有；（3）投资主体为两个或者两个以上的集体企业，劳动群众集体所有的财产占企业全部财产的比例，一般情况下应不低于51%，特殊情况经过原审批部门批准，可以适当降低。根据该规定，城镇集体所有制企业对其拥有的财产享有权利不容置疑。

但是，由于城镇集体所有制企业中的劳动者即成员与集体企业的关系往往变动太大，而且集体所有制企业的财产也处于不断变动之中，因此，从法律属性上对城镇集体所有制企业的财产所有权主体进行界定时，很难具体地确定集体成员即企业劳动者，而只能抽象地界定城镇集体所有制企业的集体。①尽管均为集体所有制的法律表现形式，但城镇集体所有权具有不同于农村集体所有权的特殊性，故本条从国家立法层面确认了城镇集体所有权制度，并为该种所有权在实践中顺利运行和有效实现提供了法律依据。

二、城镇集体所有权的客体

随着社会主义市场经济的发展，很多城镇集体所有制经济的形式都在开始向现代企业转变，已建立了股份制、股份合作制、合伙制、合作基金等形式。②在改制过程中，依据“谁投资、谁所有、谁受益”的原则确定了集体企

① 参见韩松、姜战军、张翔：《物权法所有权编》，中国人民大学出版社2007年版，第143页。

② 参见蔡定剑：《宪法精解》（第二版），法律出版社2006年版，第192页。

业财产的所有权归属，明确了城镇集体企业的财产所有权为“集体所有”，维护了城镇集体企业的合法财产权益。[①]由于城镇集体所有制企业可以依法取得法人资格，故其可以法人的名义享有不动产和动产的所有权。

当前，城镇集体所有制企业主要有三种类型：一是城镇的街道社区举办的集体所有制企业；二是自20世纪50年代由个体手工业和资本主义工商业经过社会主义改造而建立的手工业生产合作社、运输合作社等基础上转变的集体所有制企业；三是国有企事业单位创办的劳动服务公司企业。[②]“作为集体经济的重要组成部分，城镇集体经济遍及城市各个行业。到1995年年底，全国城镇集体企业已达到100万户，从业人员占城镇职工总数的四分之一，其创造的工业产值已占城市工业总产值的四分之一以上。”[③]目前，城镇集体经济面临的主要问题是经济总量不断下降，到2010年年底，城镇集体单位数只有0.95万个，城镇集体所有制企业在城镇全部企业中的比重降到了2.1%，但城镇集体所有制企业仍然拥有10383.4亿元资产。[④]作为城镇集体所有权客体的资产包括不动产和动产，其中不动产主要是房屋。

三、城镇集体所有权的内容

城镇集体所有制企业的本质属性在于其资产属于集体所有，但集体所有的根本目的是实现集体成员即集体劳动者的利益。城镇集体所有权所支配的不动产和动产是本集体范围内公有化的生产资料，不属于集体成员个人所有，也不由集体成员共有。城镇集体所有权对集体利益的实现体现在城镇集体经济的发展和城镇集体财产的保值和增值，[⑤]集体劳动者的利益之实现也以此为

---

① 参见冯乐坤：《城镇集体所有权的性质初探》，载《甘肃政法成人教育学院学报》2006年第4期。

② 参见韩松、姜战军、张翔：《物权法所有权编》，中国人民大学出版社2007年版，第143页。

③ 范恒山：《所有制改革：理论与方案》，首都经济贸易大学出版社2000年版，第251—252页。

④ 参见王胜利：《新中国成立65年来公有制经济发展研究》，经济科学出版社2015年版，第337—338页。

⑤ 参见韩松、姜战军、张翔：《物权法所有权编》，中国人民大学出版社2007年版，第144页。

基础。

城镇集体所有权是所有权的一种类型，这就决定了城镇集体所有权人对其拥有的不动产和动产享有占有、使用、收益和处分四项权能。因为社会主义公有制经济应当适应生产社会化的需要，并具有实现社会主义公共利益的功能，[①]所以，我国法律、行政法规对城镇集体所有权的行使作出了一些特别规定，城镇集体所有权人只能在法律、行政法规的限定下对其不动产和动产行使占有、使用、收益和处分的权利，从而保障城镇集体资产的保值增值，并增加集体积累。

其他问题

城镇集体所有权的主体是城镇集体，集体所有、集体管理、集体经营是集体所有权的应有之义，故只能由城镇集体行使城镇集体所有权，而不能由个别集体成员独断专行。[②]然而，由于城镇集体所有制的复杂性，城镇集体所有权的适用范围并不十分明确，尤其是随着社会主义市场经济的发展，很多城镇集体所有制企业按照现代企业制度的要求进行改制，使得城镇集体所有权的认定更为复杂。

从所有权主体来看，城镇集体所有权的主体应当是《民法典》第100条规定的城镇合作经济组织，属于特别法人的一种类型。如果城镇集体所有制企业已经改制为作为营利法人的有限责任公司、股份有限公司或非法人组织的个人独资企业、合伙企业，则被改制后的城镇集体所有制企业便不再是本条所称的城镇集体，它们对其所拥有的不动产和动产的所有权的行使也不再适用本条规定，而应当分别以《公司法》《个人独资企业法》《合伙企业法》的相关规定加以规范。

---

① 参见王胜利：《新中国成立65年来公有制经济发展研究》，经济科学出版社2015年版，第80页。

② 参见全国人大常委会法制工作委员会民法室编：《〈中华人民共和国物权法〉条文说明、立法理由及相关规定》（第二版），北京大学出版社2017年版，第121页。

第二百六十四条【农民集体财产公开制度】

农村集体经济组织或者村民委员会、村民小组应当依照法律、行政法规以及章程、村规民约向本集体成员公布集体财产的状况。集体成员有权查阅、复制相关资料。

历史由来

本条第一句继承了《物权法》第62条的规定，第二句属于增补规定。

本条是关于农民集体财产公开制度的规定。由于我国很多农村地区没有建立农村集体经济组织，在实践中主要由村民委员会代表行使农村集体所有权，故《民法通则》未对农民集体财产公开制度作出规定。1987年11月24日通过的《村民委员会组织法（试行）》第17条确立了村务公开制度，即“村民委员会办理本村的公共事务和公益事业所需的费用，经村民会议讨论决定，可以向本村经济组织或者村民筹集。收支帐目应当按期公布，接受村民和本村经济组织的监督”。该条规定是我国农民集体财产公开制度的萌芽。

1998年修订的《村民委员会组织法》第22条明确规定：“村民委员会实行村务公开制度。村民委员会应当及时公布下列事项，其中涉及财务的事项至少每六个月公布一次，接受村民的监督：（一）本法第十九条规定的由村民会议讨论决定的事项及其实施情况；（二）国家计划生育政策的落实方案；（三）救灾救济款物的发放情况；（四）水电费的收缴以及涉及本村村民利益、村民普遍关心的其他事项。村民委员会应当保证公布内容的真实性，并接受村民的查询。村民委员会不及时公布应当公布的事项或者公布的事项不真实的，村民有权向乡、民族乡、镇人民政府或者县级人民政府及其有关主管部门反映，有关政府机关应当负责调查核实，责令公布；经查证确有违法行为的，有关人员应当依法承担责任。”根据该规定，农民集体财产公开制度正式成为村务公开制度的组成部分，且该条还建立了村民查询制度。

2010年修订的《村民委员会组织法》第30条明确规定：“村民委员会实行村务公开制度。村民委员会应当及时公布下列事项，接受村民的监督：（一）本法第二十三条、第二十四条规定的由村民会议、村民代表会议讨论决定的事项及其实施情况；（二）国家计划生育政策的落实方案；（三）政府拨付和接受社会捐赠的救灾救助、补贴补助等资金、物资的管理使用情况；（四）村民委员会协助人民政府开展工作的情况；（五）涉及本村村民利益，村民普遍关心的其他事项。前款规定事项中，一般事项至少每季度公布一次；集体财务往来较多的，财务收支情况应当每月公布一次；涉及村民利益的重大事项应当随时公布。村民委员会应当保证所公布事项的真实性，并接受村民的查询。"该次修法完善了农民集体财产公开制度的内容，并保留了村民查询制度。2018年《村民委员会组织法》修改时对该规定未再作修改。

除《村民委员会组织法》外，1998年修改的《土地管理法》第49条第1款规定："被征地的农村集体经济组织应当将征用土地的补偿费用的收支状况向本集体经济组织的成员公布，接受监督。"2004年《土地管理法》修正时，基于《宪法》对"征收"和"征用"作出了明确的区分，将第49条中的"征用"修改为"征收"，其他内容没有修改。2019年《土地管理法》修正时，本条的规定得以保留。尽管《土地管理法》仅仅规定了农村集体经济组织公开征地补偿费用的收支状况的制度，但无疑是对集体财产公开制度的重要补充。

《物权法》非常重视农民集体财产公开制度，将其作为集体所有权制度的一部分加以规定。该法第62条规定，"集体经济组织或者村民委员会、村民小组应当依照法律、行政法规以及章程、村规民约向本集体成员公布集体财产的状况"。较之于《村民委员会组织法》的规定，《物权法》第62条的内容较为笼统，而且未规定集体成员查询制度。在民法典编纂过程中，《民法典物权编（草案）》（征求意见稿）第59条在《物权法》第62条规定的基础上，增加规定了"集体成员有权查阅、复制相关资料"，从而将集体成员查询制度纳入了农民集体财产公开制度的规范范围。《民法典各分编（草案）》第59条对《民法物权编（草案）》（征求意见稿）第59条未作出修改，但《民法典物权编（草案）》（二审稿）第59条将《民法物权编（草案）》（征求意见稿）第59条规定中的"集体经济组织"改为"农村集体经济组织"，以便与《民法典》第99条的规定实现制度对接，同时保留了有关集体成员查询制度的规定。在此后的民法典草案文本中，本条再未作任何修改。因此，本条与《民法典物权编（草案）》（二审稿）第59条的规定内容一致。

规范目的或功能

本条是关于农民集体财产公开制度的规定，旨在建立集体成员的知情权制度。农民集体所有的不动产和动产属于本集体成员集体所有，农民集体所有的财产状况及财产权的行使，与每一个集体成员的利益之实现都息息相关，故每一个集体成员都有权参与农民集体财产的民主管理和民主监督。"知情权是成员行使参与、监督权的基础。没有对相关事项的充分了解，就无法有效地行使权利。"[①] 本条不仅规定了农村集体所有权的行使主体公开集体财产状况的义务，而且明确集体成员有查阅、复制相关资料的权利，这些举措为保障集体成员的知情权得以实现奠定了基础。

规范内容

在我国，一般认为知情权就是"知的权利"，又被称为知悉权、了解权，是指公民知悉其应当知悉的事实的权利，其最初是作为公民运动的产物受到关注，在19世纪40年代由美国记者肖特·库柏提出。知情权存在广义和狭义之分，前者指公民知悉信息的权利，后者指公民知悉政府信息的权利。本条规定的是广义的知情权，意指集体成员有知悉与集体财产有关的信息的权利。集体成员的知情权已经成为集体成员参与集体事务以确保成员权利实现的制度保障。只有对农民集体的事务有充分的理解，集体成员才能够参与、监督集体财产权的行使，并分享基于集体财产而产生的各种利益。

一、集体财产公布制度

农村集体经济组织或村民委员会、村民小组向本集体成员公布集体财产的状况，是集体成员知情权的消极行使方式，意在通过科以集体财产的行使

① 陈小君等：《我国农村集体经济有效实现的法律制度研究：理论奠基与制度构建》，法律出版社2016年版，第121页。

主体履行信息公开义务来保障集体成员的知情权。[1]集体财产公布制度的内容主要包括如下几个方面。[2]

(一)公布义务的主体

在我国，农村集体所有权的行使主体依据不同的情形分别为农村集体经济组织或村民委员会、村民小组，行使农村集体所有权的主体有义务将集体财产的状况向集体成员公布。由于村民委员会、村民小组在法律上的地位与农村集体经济组织存在区别，因此，应该明确其在履行集体财产公布义务时的法律地位，即此时村民委员会、村民小组均是代行农村集体经济组织的职能，而不是作为基层自治组织从事活动。

(二)公布的内容

在农村集体所有权运行过程中，集体成员应当对所涉信息有较为全面的了解，这样才便于集体成员行使相应的权利，不过，本条仅对集体成员在集体财产信息方面的知情权进行了规定。因此，根据本条需要向集体成员公布的内容是本农民集体的财产状况，包括集体所有财产的总量变化（如集体财产的收支状况、债权债务状况）、所有权变动状况（如转让、抵押）、集体财产使用状况（如农村集体土地承包）、集体财产分配状况（如征地补偿费的分配）等涉及集体成员利益的重大事项。

(三)公布的具体要求

集体财产类型众多，包括不动产和动产等各种形态，而且并非静态的存在，故集体财产往往是变动的。农村集体经济组织或村民委员会、村民小组向本集体成员公布集体财产状况时，应当依照法律、行政法规以及章程、村规民约的规定及时公布，并保证公布的内容真实可靠。

在农村集体所有权制度中，集体成员是其中最具有能动性的因素，充分

---

① 参见戴威：《农村集体经济组织成员权制度研究》，法律出版社2016年版，第221页。

② 参见全国人大常委会法制工作委员会民法室编：《〈中华人民共和国物权法〉条文说明、立法理由及相关规定》（第二版），北京大学出版社2017年版，第122—123页。

了解与集体财产有关的信息，有助于其积极主动地参与农村集体所有权的运行决策，从而维护农民集体及其成员的合法财产权益。因此，对本条中集体财产公布制度的内容有必要作适当延伸，认可集体成员有权申请农村集体经济组织或村民委员会、村民小组公布与集体财产状况相关的信息，而且，在集体成员提出申请后，除非有法定的正当理由，农村集体经济组织或村民委员会、村民小组有针对该申请的内容予以公布的义务。对本条作出此种理解可以合理拓展集体财产公开制度的实现路径。

二、集体财产查询制度

规定集体成员有权查阅、复制相关资料就是通过赋予集体成员查阅、复制与集体财产状况有关的文书、簿记等权利来保障集体成员实现知情权。[①]在集体财产公布制度中，这是集体成员行使知情权的积极方式。

在《物权法》颁布之前，《村民委员会组织法》有关村务公开制度的规定涵括了集体财务公开制度。然而，在村务公开的过程中，如果基层政府、村务监督机构监督无力，村民委员会经常会以各种理由拒绝村民查询与村务公开相关的档案资料。[②]为了避免出现村务公开实践中存在的上述弊端，在本条适用时需要着力强调，对于应当予以公布的与集体财产状况有关的资料，集体成员不仅有权查阅，而且有权加以复制，农村集体经济组织或村民委员会、村民小组有义务接受集体成员查阅、复制，并应当为集体成员行使查阅、复制的权利提供必要的便利。

其他问题

农民集体财产公开制度与村务公开制度相似，当前《村民委员会组织法》第30条的规定仍然包括农村集体财产公开制度。在法律适用过程中，应当注意这两种制度存在本质区别。

---

① 参见戴威：《农村集体经济组织成员权制度研究》，法律出版社2016年版，第221页。

② 参见程同顺、赵学强：《村务公开的路径障碍与制度改进——兼评新〈村民委员会组织法〉的修改》，载《学习与实践》2013年第4期。

第一，村民与农民集体成员的范围不同。根据《村民委员会组织法》第13条的规定，能够参加选举的村民有：（1）户籍在本村并且在本村居住的村民；（2）户籍在本村，不在本村居住，本人表示参加选举的村民；（3）户籍不在本村，在本村居住一年以上，本人申请参加选举，并且经村民会议或者村民代表会议同意参加选举的公民。尽管当下我国对于农民集体成员资格的认定没有确立统一的法定标准，各地在认定农村集体成员资格过程中也存在诸多分歧，但一般都认为上述第三种情形的村民不当然具有农民集体成员资格，故他们往往不能行使农民集体财产公开制度赋予集体成员享有的权利，但这不妨碍他们在村务公开制度中行使村民享有的权利。

第二，村务公开与农民集体财产公开制度的范围不同。村务公开的本质是村民的知情权，是公民根据宪法享有的一项基本权利。①村务公开，即将农民群众普遍关心的和涉及群众切身利益的事项及时向群众公布，是村民实行民主监督的重要形式。根据村务公开制度将村民们关心的问题公之于众，增加了村民委员会办事的透明度和公开性，增加了群众对村民委员会及其成员的了解，减少了农村基层的腐败现象，村民们亲切地称村务公开栏为“阳光栏”，村务公开活动为“阳光行动”。②农民集体财产公开制度仅涉及集体财产状况的公开，“尊重集体成员的民主权利，保障集体成员的财产权益，才能调动劳动群众的积极性，推动集体经济向前发展”③。根据《民法典》第101条的规定，村民委员会具有基层群众性自治组织法人资格，作为特别法人的一种，其也有一定的独立财产或经费，这些财产或经费不属于农村集体所有权的客体，因此，严格来说，村务公开中的财务公开比农民集体财产公开的范围更广泛。可见，农民集体财产公开制度不包含对村民委员会自身运行中所涉财务状况的公开。

---

① 参见王禹：《我国村民自治研究》，北京大学出版社2004年版，第184页。

② 参见刘丹：《乡村民主之路——中国农村基层直接民主的发展及其法制化》，湖南人民出版社2001年版，第207页。

③ 全国人大常委会法制工作委员会民法室编：《〈中华人民共和国物权法〉条文说明、立法理由及相关规定》（第二版），北京大学出版社2017年版，第123页。

第二百六十五条【集体所有的财产及集体成员合法权益受法律保护】

集体所有的财产受法律保护，禁止任何组织或者个人侵占、哄抢、私分、破坏。

农村集体经济组织、村民委员会或者其负责人作出的决定侵害集体成员合法权益的，受侵害的集体成员可以请求人民法院予以撤销。

历史由来

本条继承了《物权法》第63条的规定，在个别语词上略有修改。

本条是关于保护集体所有的财产及集体成员合法权益的规定。为了加强对集体所有的财产的保护，《民法通则》第74条第3款规定，“集体所有的财产受法律保护，禁止任何组织或者个人侵占、哄抢、私分、破坏或者非法查封、扣押、冻结、没收”。《城镇集体所有制企业条例》第6条第2款规定，“集体企业的财产及其合法权益受国家法律保护，不受侵犯”。以上述规定为基础，《物权法》第63条规定，“集体所有的财产受法律保护，禁止任何单位和个人侵占、哄抢、私分、破坏。集体经济组织、村民委员会或者其负责人作出的决定侵害集体成员合法权益的，受侵害的集体成员可以请求人民法院予以撤销”。可见，《物权法》第63条不仅延续了以往法律法规对集体财产权的保护性规定，而且增加规定受侵害的集体成员享有撤销诉权，从而使该规定较之以往的集体财产权之保护制度更为完整，措施也更明确和有力。

在此次民法典编纂过程中，《民法典物权编（草案）》（征求意见稿）第60条吸收《物权法》第63条的规定，并将其第1款规定中的“单位和个人”修改为了“组织或者个人”。《民法典各分编（草案）》第60条保留了《民法典物权编（草案）》（征求意见稿）第60条的规定，但《民法典物权编（草案）》（二审稿）第60条将《民法典物权编（草案）》（征求意见稿）第60条第2款中的“集体经济组织”改为了“农村集体经济组织”。在我国一个相当长的时间里，单位相对于其成员都处于绝对的优势地位，从而形成对其成员的绝对领导和支配，[①]

① 参见李汉林：《中国单位社会：议论、思考与研究》，上海人民出版社2004年版，第20页。

体现的是行政隶属关系，彰显的基本精神之一为整体主义，这种情形与我国《民法典》的制度精神存在一定的区别。在《民法总则》制定时，基于社会主义市场经济实行后单位内含的价值观念和行为规范已经弱化，组织成了民事主体的构建基础，[①]故将原来条文中使用的“单位”一词修改为“组织”，与《民法典》中民事主体的价值观念正相吻合。同时，无论是“组织”还是“个人”，均不得侵害集体所有的财产，而将条文中的“单位和个人”改为“组织或者个人”，拓宽了侵权主体的范围，更加符合法律规范加强保护集体财产的立法追求。此外，《民法典》第99条明确了“农村集体经济组织”的法律术语，而将《物权法》第63条规定的“集体经济组织”修改为“农村集体经济组织”，完全符合与《民法典》实现制度对接的立法技术要求。本条采纳了《民法典物权编（草案）》（二审稿）第60条的规定，在内容上未再作修改。

二 规范目的或功能

集体财产权是作为社会主义公有制的集体所有制在法律上的反映，其是集体成员获得最基本的社会保障和走向共同富裕的物质基础之法律保障。[②]长期以来，农民集体的法律概念内涵模糊、缺位以及利益虚化，[③]使得农民集体成员丧失了参与农村集体所有权行使的积极性；同时，城镇集体所有制企业形式多样，城镇集体所有的财产的形成背景和资金构成复杂，对该问题还需要通过深化改革，待实践经验比较成熟时再进行规定。[④]上述状况导致集体财产权极易受到来自各方的侵害。而在农村集体所有权运行实践中，相对于农村集体经济组织、村民委员会或者其负责人，集体成员一般都居于弱势地位，其合法权益经常遭到农村集体经济组织、村民委员会或者其负责人所作出的决定的损害。因此，本条明确了集体财产和集体成员的合法权益之保护措施。

---

① 参见冯珏：《作为组织的法人》，载《环球法律评论》2020年第2期。

② 参见韩松、姜战军、张翔：《物权法所有权编》，中国人民大学出版社2007年版，第145页。

③ 参见高飞：《集体土地所有权主体制度研究》（第二版），中国政法大学出版社2017年版，第89—97页。

④ 参见尹田：《民法典总则之理论与立法研究》（第二版），法律出版社2018年版，第90—91页。

规范内容

一、集体财产的法律保护

无论是农民集体所有的财产，还是城镇集体所有的财产，都是劳动群众集体多年通过辛苦劳动创造和积累的物质财富，是发展壮大集体经济、实现共同富裕的物质基础，但因集体资产的管理相当薄弱等原因导致集体资产严重流失，直接损害了集体成员的切身利益，影响了社会和谐发展。[①]因此，应当加强对集体财产的法律保护，这是集体所有权制度的重要内容之一。

损害集体财产的行为多种多样，但主要有侵占、哄抢、私分、破坏。所谓侵占，是指非法占有集体财产而拒不返还的行为；所谓哄抢，是指基于非法占有目的，组织、参与多人一起抢夺集体财产的行为；所谓私分，是指违反有关集体财产分配管理的规定，将不得分配的集体财产予以分配，或擅自将集体财产分配给部分集体成员或非集体成员的行为；所谓破坏，是指故意损毁集体财产而致其灭失或不能发挥正常功效的行为。任何组织或个人侵占、哄抢、私分、破坏集体所有的财产，均构成侵权行为，从而应当承担停止侵害、排除妨碍、返还原物、恢复原状、赔偿损失等民事责任；任何组织或个人侵占、哄抢、私分、破坏集体所有的财产违反行政管理规定的，依法承担行政责任，构成犯罪的，依法追究其刑事责任。

当然，侵害集体所有的财产的行为极其复杂，侵占、哄抢、私分、破坏等是其中较为典型的行为，在实践中认定侵害集体财产的行为时不得以此为限，任何组织或个人以侵占、哄抢、私分、破坏之外的其他行为侵害集体所有的财产时，同样应当承担相应的法律责任。

二、集体成员的撤销权

在集体所有权中，不仅集体财产可能遭受各种侵害，从而需要加强保护，而且集体成员的合法权益之实现也往往被忽视。在农村集体所有权行使过程

---

① 全国人大常委会法制工作委员会民法室编：《〈中华人民共和国物权法〉条文说明、立法理由及相关规定》（第二版），北京大学出版社2017年版，第124页。

中，因农村集体经济组织“面临如何明确其权利义务关系，如何确定其成员资格，如何健全其组织结构、完善其治理结构，哪些财产可以处分，责任如何承担等一系列问题”[①]，而村民委员会在依法代行农村集体经济组织的职能时又无法摆脱被附着的行政职能，以致有的乡、村干部为谋取私利利用对集体财产的支配侵犯集体成员的利益，[②]这些情形使得农民集体成员的合法权益极易受到侵害。因此，从保护农民集体成员之利益出发，本条规定了农民集体成员在合法权益遭受侵害时享有撤销权。根据本条规定，集体成员的撤销权行使应当具备以下条件。

1.撤销权的行使主体。规定撤销权的目的在于加强对农民集体成员利益的保护。为避免农村集体经济组织、村民委员会或者其负责人在依法行使职权时处处受限，影响农民集体及其他成员的合法权益受损，对于撤销权的行使主体之确定应当极其慎重。根据本条的规定，有权主张撤销农村集体经济组织、村民委员会或者其负责人作出的决定的主体只能是农民集体的集体成员，而且必须是合法权益遭受侵害的集体成员。如果农村集体经济组织、村民委员会或者其负责人作出的决定造成农民集体成员之外的主体的利益损害，该主体应当寻求其他救济方式，而不得依据本条的规定主张撤销此决定。

2.撤销权的客体。撤销权的客体是农村集体经济组织、村民委员会或者其负责人作出的决定。该决定既包括农村集体经济组织或村民委员会的负责人个人作出的决定，也包括以农民集体名义作出的决定，只要其侵害了集体成员的合法权益，受侵害的集体成员均可主张撤销，[③]至于该决定是否依照法定程序作出，对合法权益遭受侵害的集体成员行使撤销权没有影响。由于城镇集体所有权的主体不是成员集体，而是由成员抽象出的集体，且城镇集体对于集体成员的利益实现主要体现在为集体劳动者提供就业机会、按劳分配使劳动者获得劳动收入，以集体资金为劳动者提供社会保障，缴纳各种劳动保障基

① 李适时主编：《中华人民共和国民法总则释义》，法律出版社2017年版，第316页。

② 参见高飞：《集体土地所有权主体制度研究》（第二版），中国政法大学出版社2017年版，第94页。

③ 参见王利明：《物权法研究（上卷）》（第四版），中国人民大学出版社2018年版，第520页。

金，[①]故本条的规定不适用于城镇集体经济组织或者其负责人作出的决定。

3.撤销权的行使方式。在农村集体经济组织、村民委员会或者其负责人作出决定后，因该决定而合法权益受到侵害的集体成员如欲撤销该决定，该集体成员须以诉讼方式行使撤销权。人民法院在受理集体成员撤销农村集体经济组织、村民委员会或者其负责人作出的决定之诉讼请求后，应当依法及时予以处理。

三 其他问题

根据本条规定，对于农村集体经济组织、村民委员会或者其负责人作出的决定，集体成员只能以维护自身利益为由请求撤销，不能以维护集体利益为由而提出撤销请求。[②]然而，农民集体与其成员之间的利益关系交织在一起，在很多情形下难以对两者的利益作出严格的区分。而且，农民集体利益的损害往往或直接或间接地由该集体的成员承受，因而农民集体利益遭受损害最终会表现为对集体成员之利益的损害。遗憾的是，本条对于农民集体利益因农村集体经济组织、村民委员会或者其负责人作出的决定造成损害如何救济缺乏明确的规定。由于“集体经济组织应以自己的名义维护自身利益，但在集体经济组织负责人作出的有损集体利益的行为或怠于对侵害集体利益的第三人主张权利时，基于其特殊的身份，很难自我纠错”[③]。因此，除本条规定的集体成员在农村集体经济组织、村民委员会或者其负责人作出的决定使自身利益遭受损害享有撤销权外，还应当在法律上确立集体成员的派生诉讼权利，即对于各种侵害农民集体利益的行为，在农村集体经济组织、村民委员会或者其负责人怠于救济时，集体成员有权寻求司法救济。当然，如果农村集体经济组织、村民委员会或者其负责人的决定损害农民集体利益的，集体成员基于派生诉讼权利亦有权寻求司法救济。

---

① 参见韩松、姜战军、张翔：《物权法所有权编》，中国人民大学出版社2007年版，第144—145页。

② 参见王利明：《物权法研究（上卷）》（第四版），中国人民大学出版社2018年版，第520页。

③ 戴威：《农村集体经济组织成员权制度研究》，法律出版社2016年版，第266页。

第二百六十六条【私人所有权】

私人对其合法的收入、房屋、生活用品、生产工具、原材料等不动产和动产享有所有权。

历史由来

本条继承了《物权法》第64条的规定。

《民法典》第206条规定："国家坚持和完善公有制为主体、多种所有制经济共同发展，按劳分配为主体、多种分配方式并存，社会主义市场经济体制等社会主义基本经济制度。国家巩固和发展公有制经济，鼓励、支持和引导非公有制经济的发展。国家实行社会主义市场经济，保障一切市场主体的平等法律地位和发展权利。"这就意味着法律尽管保护私人所有权，但是在相当长的时间内，私有财产的保护仍有强化的必要。充分保护私有财产意义重大，有助于明晰产权和鼓励交易、有助于激发全社会的财富进取心和创造心，是提高人们创造财富的积极性、强国富民的重要路径，是促进社会主义市场经济不断发展、提高经济效益的不竭动力。

1982年《宪法》第13条规定：国家保护公民的合法的收入、储蓄、房屋和其他合法财产的所有权。国家依照法律规定保护公民的私有财产的继承权。2004年《宪法修正案》对《宪法》第13条进行了修改，将两款改为了三款，首次增加了"公民的合法的私有财产不受侵犯"的规定。2004年《宪法修正案》不仅提供了私有财产的保护基础和宪法依据，也对合法私有财产的范围进行了高度抽象，但保护范围和保护措施等具体问题仍留待《物权法》这一民事基本法进行规范。

《民法通则》第5条规定："公民、法人的合法的民事权益受法律保护，任何组织和个人不得侵犯。"第75条规定："公民的个人财产，包括公民的合法收入、房屋、储蓄、生活用品、文物、图书资料、林木、牲畜和法律允许公民所有的生产资料以及其他合法财产。公民的合法财产受法律保护，禁止任何组织或者个人侵占、哄抢、破坏或者非法查封、扣押、冻结、没收。"其中第75条第1款细化了私有财产的范围；第2款对公民的合法财产受法律保护从正反两个方面进行了表述。

《物权法》第4条确立平等保护国家、集体和私人的物权的原则，具体表述为“国家、集体、私人的物权和其他权利人的物权受法律保护，任何单位和个人不得侵犯”。《物权法》第64条细化了私有财产的具体范围，即私人对其合法的收入、房屋、生活用品、生产工具、原材料等不动产和动产享有所有权。第65条规定：“私人合法的储蓄、投资及其收益受法律保护。国家依照法律规定保护私人的继承权及其他合法权益。”《民法典物权编（草案）》（征求意见稿）第61条、第62条与《物权法》第64条、第65条规定的内容一致，均在私人享有的动产和不动产所有权之后，规定了“私人合法的储蓄、投资及其收益受法律保护。国家依照法律规定保护私人的继承权及其他合法权益”。但《民法典各分编（草案）》、《民法典物权编（草案）》（二审稿）和《民法典（草案）》均删去了“私人合法的储蓄、投资及其收益受法律保护。国家依照法律规定保护私人的继承权及其他合法权益”的规定。其理由在于，第五章名为“国家所有权和集体所有权、私人所有权”，而私人的继承权及其他合法权益的内涵远远大于私人所有权的内涵。

三 规范目的或功能

私人所有权的明确和保护，是型塑自由平等观念的需要。改革开放以来，个人取得财产的合法性得到法律的确认，随着私人财富的急剧增加，全社会的权利意识、自由平等观念都得以提升。确立和肯认私人所有权，也是构建以人为本理念的重要保障。另外，较之于国家、集体所有权，私人所有权更能促进经济发展。[①]本条旨在确认私人所有权的主体范围并界定私人所有权的客体范围。私人所有权作为所有权的一种重要类型，是私人对自己的不动产或动产依法享有占有、使用、收益和处分的权利。具体来说，本条的规范目的表现在以下两个方面。

其一，明确私人所有权的主体范围。此处的私人所有权，不同于私所有权，因为私所有权是相对于公所有权而言的，它不仅包括自然人的单独所有

① 范雪飞：《私人所有权：所有权制度的支点——兼评〈物权法〉的所有权制度》，载《现代法学》2007年第5期。

权，也包括企业法人所有权。本条中使用的“私人”，宜被理解为自然人。①所谓私人就是相对于国家、集体的自然人。②由于《民法典》在随后的条文中单独规定了法人所有权，与本条的私人所有权并列，故可说私人所有权不包括股份有限公司、有限责任公司等类型的法人所有权。由于个人独资企业、合伙企业等非法人组织的财产权形式并不表现为单独所有权，最终仍落实为自然人的单独所有权。据此，本条规定的“私人所有权”只能是自然人的单独所有权。但从本章章节名“国家所有权和集体所有权、私人所有权”的视角观之，当私人所有权作为与国家所有权、集体所有权相并列的概念而使用时，法人所有权也应属于私人所有权。③

其二，明确私人所有权的客体范围。本条将私人所有权的客体范围明确为：合法的收入、房屋、生活用品、生产工具、原材料等不动产和动产。与《宪法》和《民法通则》第75条第1款的规定不同的是，本条对“私有财产”和“私人合法权益”的概念进行区分，删除了《物权法》第65条关于“私人合法的储蓄、投资及其收益受法律保护。国家依照法律规定保护私人的继承权及其他合法权益”的规定。通说认为，私人储蓄系指自然人将合法拥有的、暂时不用的货币存入银行等金融机构，当存款到期或客户要求兑付时，由金融机构保证归还本金和支付利息。投资是指将现有的资金或者可用于消费的价值投入未来可以获取更大价值的经济活动，如通过购买股票、基金、债券等以获取更高的资金收益，也包括将资金投入企业中以扩大再生产或者获得资产收益等行为。因私人储蓄形成债权，私人投资产生股权，投资收益为股权等形式的效力表现，均不属于所有权的范畴。④故《民法典》删除了《物权法》第65条的规定，本条强调作为民事主体的“私人”对合法的不动产和动产等私有财产所享有的所有权及其权能。

---

① 房绍坤：《物权法的变革与完善》，北京大学出版社2019年版，第50页。

② 韩松、姜占军、张翔：《物权法所有权编》，中国人民大学出版社2007年版，第148页。

③ 崔建远：《物权法》（第四版），中国人民大学出版社2017年版，第185页。

④ 崔建远：《物权法》（第四版），中国人民大学出版社2017年版，第186页。

规范内容

一、私人所有权的客体

（一）收入

收入是指自然人从事各种劳动获得的货币收入或者有价物。主要包括：其一，工资，指定期支付给员工的劳动报酬，包括计时工资、计件工资、职务工资、级别工资、基础工资、工龄工资、奖金、津贴和补贴、加班加点工资和特殊情况下支付的报酬等；其二，从事智力创造和提供劳务所取得的物质利益，如稿费、专利转让费、讲课费、咨询费、演出费等；其三，因拥有债权、股权而取得的利息、股息、红利所得；其四，出租建筑物、土地使用权、机器设备、车船以及其他财产所得；其五，转让有价证券、股权、建筑物、建设用地使用权、机器设备、车船以及其他财产取得的所得；其六，中奖以及其他偶然所得；其七，从事个体经营的劳动收入、承包土地所获得的收益等。

（二）房屋

房屋是自然人最主要和最基本的生活资料，包括依法购买的城镇住宅，也包括在农村宅基地上依法建造的住宅，还包括商铺、厂房等工业、商业建筑物。私人房屋所有权主要通过两种方式取得：一是建造取得房屋所有权；二是购买取得房屋所有权。[①]根据《土地管理法》《城市房地产管理法》的规定，房屋仅指在土地上的建筑物部分，不包括其占有的土地，城镇房屋占用的土地属于国家所有，农村宅基地属于农民集体所有。私人可以对房屋享有所有权，但对该房屋占用的土地只能依法享有建设用地使用权或者宅基地使用权。

（三）生活用品

生活用品是指满足私人日常生活需要的各种物品，包括家用电器、私人汽车、家具和其他用品。

---

① 韩松、姜占军、张翔：《物权法所有权编》，中国人民大学出版社2007年版，第149页。

（四）生产工具和原材料

生产工具是指自然人在进行生产活动时所使用的器具，如机器设备、车辆、船舶等运输工具。原材料是指生产产品所需的物质基础材料，如矿石、木材、钢铁等。生产工具和原材料是最重要的生产资料，是生产所必需的基础物质。

除上述明文列举的客体以外，私人财产还可能包括其他的不动产和动产，如图书、牲畜和家禽等。但《民法通则》第75条与《物权法》第64条、《民法典》第266条的规定存在一点差异，即《民法通则》第75条中规定私人所有权的客体还包括法律允许公民所有的生产资料。它反映了在1982年《宪法》制定以后改革开放的新的成果。党的十二大召开以后，在1982—1986年之间，国家积极推动经济体制改革的进程，在农村进一步开展家庭联产承包责任制，调动农民的生产积极性；在城镇则允许私人申办个体工商户，从事个体生产和经营活动，因此，私人拥有一定的生产资料已成为一种客观事实。2004年《宪法修正案》中也将表述改为“公民的合法的私有财产不受侵犯”。实际上，法律完全没有必要也不可能具体列举私人能够拥有什么——除法律规定专属于国家或者集体所有的财产外，私人可享有一切物的所有权。[①]

《民法通则》在“公民”一章中规定了个体工商户、农村承包经营户，确立了个体经济在经济生活中的地位，生产资料在个体经济这个领域中可以由公民所有。直到20世纪80年代中期，政府在文件中还将个体经济的雇员人数限制在八人以内，因此，个体经济是规模较小，雇主自身仍属于劳动者的一种经济形式。就全社会而言，这部分私有的生产资料微不足道。私人不能投资组建企业，私人通过资本占有大量生产资料的可能性被完全阻却。当时，生产资料所有制的理想模式正是通过国家所有、集体所有、私人所有这种三分法的立法方式来体现的。1982年《宪法》从所有制的角度来界定，《民法通则》则从所有权的角度来界定，并且通过对个人所有权所享有的范围的限制，使得个人不可能拥有较多的生产资料，以防止出现生产资料的私有化。在当下实践中，生产资料在私人和国家、集体经济组织之间来回流动已经成为市

① 刘家安：《物权法论》（第二版），中国政法大学出版社2015年版，第88页。

场经济中资源配置的普遍形式。[①]我国对于私人所有权的政策走过一段弯路，但随着法律的不断完善，私人所有权将会受到前所未有的尊重。[②]

另需强调的是，私人只能对其合法获得的财产享有所有权，即法律只保护私人的合法财产权，贪污、侵占、抢夺、诈骗、盗窃、走私等非法方式获取的财产，不但不能受到法律的保护，而且行为人需依法承担没收、返还原物、赔偿损失等法律责任，构成犯罪的，应依法追究刑事责任。[③]

二、私人所有权的效力

私人所有权在某些特殊情况会受到限制，如征收或征用时。传统社会主义法学，或者说是从苏联引进的法学，在对公共财产所有权予以神秘化的同时，非常歧视私有财产所有权。但是这种情况与目前市场经济条件下私有经济发挥的巨大作用和人民群众对财富正当追求与正当保护的强烈要求完全不符。因此，作为基本财产权利立法，物权法的制定应该为消除私有财产所有权歧视做出努力，应该建立相应的制度，限制公共权力对私有财产所有权的不当侵犯，作为对歧视私有财产所有权的治理措施。[④]

征收是非基于法律行为物权变动的一种极为特殊的情形，征收属于政府行使行政权力，主要属于行政法律关系不属于民事法律关系，但由于征收是私人所有权丧失的一种重要方式，是对私人所有权的限制，同时又是国家取得所有权的一种方式，因此，《民法典》也在所有权取得的特殊方式这一民事角度对征收作出了原则规定。私人所有权具有占有、使用、收益和处分的积极权能，也有对抗和排除他人干涉等消极权能。为了公共利益的需要，依照法律规定的权限和程序可以征收个人的房屋以及其他不动产（《民法典》第243条）。由于我国仍处于城市化进程的中后期，公共设施和基础设施建设任务繁重，城市中征收居民房屋，农村中征收集体土地较为频繁。在征收

---

① 徐洁：《我国所有权体系的理论构架与立法思考——以物权立法为中心》，载《西南民族大学学报》（人文社科版）2005年第7期。

② 申卫星：《物权法原理》（第二版），中国人民大学出版社2016年版，第195页。

③ 参见全国人民代表大会常务委员会法制工作委员会编：《中华人民共和国物权法释义》，法律出版社2007年版，第154—155页。

④ 孙宪忠：《确定我国物权种类以及内容的难点》，载《法学研究》2001年第1期。

集体土地和居民房屋的过程中，侵害私人所有权的现象偶有发生。根据市场经济国家的普遍经验，我国物权法在限制公共权力对私有财产所有权的不当侵犯方面应该确立的一个基本标准，就是把公共权力对私有财产所有权的剥夺和限制严格地限制在为公共利益的目的的各种行为，而且还应该给予当事人公平、合理的补偿。[①]全国人大法律委员会、全国人大常委会法制工作委员会同国务院法制办、国土资源部等部门以及专家反复研究一致认为：在不同领域内，在不同情形下，公共利益是不同的，情况相当复杂，难以对公共利益做出统一的具体界定，还是分别由《土地管理法》《城市房地产管理法》等单行法律规定较为切合实际。[②]《国有土地上房屋征收与补偿条例》第8条和《土地管理法》第45条对“公共利益”均进行了明确的限定，以期最大限度地保护私人所有权。根据国际上公认的标准，所谓社会公共利益，应该是指发展公共道路交通、公共卫生医疗、灾害防治、科学及文化教育、环境保护、文物古迹及风景名胜区的保护、公共水源及水利、森林的保护，以及国家法律规定的公共利益。一般来说，公共利益需要纳税人的财政负担，或者公益性的捐助支持。经营性的教育、体育、医疗等设施，不可以当作公共利益。[③]

征用是因抢险、救灾等紧急需要，国家强制使用私人财产，所谓强制使用就是无需得到所有权人的同意即可直接使用。因抢险救灾、疫情防控等紧急需要，依照法律规定的权限和程序可以征用组织、个人的不动产或者动产。(《民法典》第245条）在此情形下，私人无法依其所有权予以对抗。征用只是在紧急情况下强制使用，紧急情况结束后被征用的财产要返还给被征用的私人。组织、个人的不动产或者动产被征用或者征用后毁损、灭失的，应当给予补偿。征用也是对私人所有权的限制，其适用亦有严格的条件限制：其一，征用的前提是发生紧急情况，因此征用适用抢险救灾、疫情防控等紧急需要时；其二，征用应符合法律规定的权限和程

---

① 孙宪忠：《确定我国物权种类以及内容的难点》，载《法学研究》2001年第1期。

② 参见全国人民代表大会常务委员会法制工作委员会编：《中华人民共和国物权法释义》，法律出版社2007年版，第102页。

③ 孙宪忠：《确定我国物权种类以及内容的难点》，载《法学研究》2001年第1期。

序；其三，使用后征用人应将征用财产返还被征用人，并且给予被征用人补偿。

对于征收和征用的规定，应该包括三部分规范：（1）实体法规范，即征收和征用的具体条件的法律规范。（2）组织法规范，即征收和征用的实施人如何组织的规范。显然，不能任何政府机关都可以主张对私有财产的征收和征用。（3）程序性规范，不论是征收还是征用，均应该规定严格的程序。[①]

其他问题

关于私人所有权的主体问题。《民法通则》借鉴1923年《苏俄民法典》的"三分法"，将所有权按主体类型不同分为国家所有权、集体所有权和私人所有权。《物权法》延续"三分法"的区分标准，将所有权主体分为国家、集体和私人，并进行了适当的修正，规定了国家、集体、私人三种所有权，并不是按所有制规定所有权，三种所有权虽然是由所有制决定的，是所有制的反映，但并非所有制本身。民法反映实际的所有权类型，不是三种所有制，规定私人所有权，也不能认为是私有制，我国不存在国家、集体、私人三种所有制，所有制仍是公有。[②]

《物权法》补充规定了企业出资人的权利与义务（第67条），企业法人对其不动产和动产的所有权（第68条），社会团体对其不动产和动产的所有权（第69条）等。上述增补的条款被视为"其他权利人的物权"。《民法典》第269条、第270条分别规定了营利法人、营利法人以外的法人的动产、不动产所有权，以及社会团体法人、捐助法人的动产、不动产所有权。弥补了所有权主体"三分法"最明显的一处缺陷——不包括法人所有权，尤其是否认了财团法人所有权这一所有权类型，在立法和法律实务上均造成了严重的问题。[③]理论和实务中，本条规定的私人所有权中的"私人"及"私人所有权"，其内涵和外延如何，说法不一。

---

① 孙宪忠：《确定我国物权种类以及内容的难点》，载《法学研究》2001年第1期。

② 刘士国：《关于制定物权法的几点建议》，载《甘肃社会科学》2004年第5期。

③ 孙宪忠：《中国大陆物权法制定的若干问题》，清华大学出版社2004年版，第49页。

第一种观点将“私人”等同于公民，[①]此种观点人为地缩小了“私人”的范围，该做法不符合我国社会实践，如外国人、无国籍人在我国合法购置房屋并享有所有权，我国法律对此仍予保护；也有违《物权法》保护个人独资企业、合伙企业等非法人组织财产权的立法本意。

第二种观点将“私人”限缩解释为自然人。[②]此种观点在将私人所有权限缩为自然人的单独所有权这点上，值得赞同，但把个人独资企业、合伙企业等非法人组织排除在“私人”的范围之外，过于狭窄且不符合立法本意。

第三种观点认为“私人”是与国家、集体相对应的所有权主体，不但包括我国的公民，也包括在我国合法取得财产的外国人和无国籍人。不仅包括自然人，还包括个人独资企业、合伙企业等非法人组织。[③]此观点注意到了民事主体的多样性，将个人独资企业、合伙企业等非法人组织作为“私人”，值得赞同。

第四种观点认为“私人”主要是自然人，但不限于自然人。“私人”指称的范围更广，包括个体工商户和农村承包经营户、合伙企业、各类企业法人、三资企业等。[④]这种观点认为私人所有权的范围不限于自然人所有权，还包括私人对企业出资的财产所享有的权利。这就混淆了所有权和股权的区别，因为私人出资到公司中的财产已经变成了法人所有权的客体，不再是私人所有权的标的物，私人只享有股权。

在《民法典》对民事主体类型进行重构后，个体工商户和农村承包经营户作为自然人的特殊形式，本质上仍属于自然人的范畴，其当然属于“私人”的范畴。有争议的是个人独资企业和合伙企业以及不具有法人资格的专业服务机构作为非法人组织，其财产与其成员个人的财产并非完全独立的，非法人组织的财产通常为兴办人或者成员共同享有。[⑤]但在个人独资企业形式下，

---

① 最高人民法院物权法研究小组编著：《〈中华人民共和国物权法〉条文理解与适用》，人民法院出版社2007年版，第209—214页。

② 崔建远、申卫星、王洪亮等：《物权法》，清华大学出版社2008年版，第114页。

③ 参见全国人民代表大会常务委员会法制工作委员会编：《中华人民共和国物权法释义》，法律出版社2007年版，第153页；全国人大常委会法制工作委员会民法室编：《中华人民共和国物权法条文说明、立法理由及相关规定》，北京大学出版社2007年版，第99页。

④ 梁慧星、陈华彬：《物权法》（第五版），法律出版社2010年版，第130页；王利明、尹飞、程啸：《中国物权法教程》，人民法院出版社2007年版，第199页。

⑤ 张鸣起主编：《民法总则专题讲义》，法律出版社2019年版，第293页。

企业的财产完全为投资人个人所有。据此，在个人独资企业中，企业财产就是作为出资人的自然人所有；在合伙企业中，企业资产就是合伙人的共有财产，但究其实质，非法人组织的所有权仍与自然人的单独所有权存在差异，在实定法中也是区分非法人组织财产和兴办人或者成员财产的。当然，当私人与国家、集体相对称使用时，则应包括自然人、个体工商户和农村承包经营户、除机关法人、集体经济组织和村委会以外的法人、非法人组织等。

本条属于定义性法条，并非请求权基础，因此在当事人主张所有权受侵害或法院进行裁判时，不应将其作为请求依据或者裁判依据。如在请求排除妨害的案件中，法院则应当引用《民法典》第236条，而非第266条。[①]

第二百六十七条【私人的合法财产受法律保护】

私人的合法财产受法律保护，禁止任何组织或者个人侵占、哄抢、破坏。

历史由来

本条继承了《物权法》第66条的规定，在文字表述上略作修改。

改革开放以前，我国强调"国家、集体和私人"财产的政治地位差别，并且依据地位差别给予不同的法律保护，对民众财产权利的损害极大。[②]改革开放以来，随着社会主义市场经济的发展，私人主体强烈要求其财产权利应平等地得到承认和保护。在我国，任何法律、法规和其他规范性法律文件的制定，都应以宪法为依据。根据宪法编纂的《民法典》，不仅要求《民法典》的内容应当符合宪法的原则和精神，而且要求将宪法的相关规定具体化为民事法律规范。[③]本条即依据《宪法》第13条[④]的内容，特别明确了对私人财产的保护。有学者提出《物权法》第4条规定了平等保护原则，第66条系重复

① 参见（2015）衡民一终字第752号。

② 孙宪忠：《中国物权法总论》（第四版），法律出版社2018年版，第19页。

③ 张新宝：《〈中华人民共和国民法总则〉释义》，中国人民大学出版社2017年版，第4页。

④《宪法》第13条规定，公民的合法的私有财产不受侵犯。国家依照法律规定保护公民的私有财产权和继承权。

规定该原则，是物权法原则的具体化和简单重复。[①]

本条是关于我国私有财产保护的规定，自《民法典物权编（草案）》（征求意见稿）第63条吸收《物权法》第66条对私人的合法财产受法律保护作出规定之后，之后的民法典草案各文本未再作出任何修改。因此，本条在内容上属于承继《物权法》第66条的结果。不过，在文字表达上，它作出了将“单位”改为“组织”、“和”改为“或者”的修改。民事主体首先分为自然人和组织，组织再进一步划分为法人和非法人组织。修改的原因在于《民法总则》已经明确采纳了“非法人组织”这一概念。虽然“单位”这一概念使用在民法、行政法甚至是刑法中，但是其并非法律意义上的概念，而是属于社会学的范畴。从“单位”在物权法中应用之处的上下文分析，这个名词应该就是“法人或非法人组织”。[②]《民法典》将其更正为“组织”，主要考虑了表达的准确性、明确化。“和”改为“或者”，扩大了对私人财产的保护范围，学界对此也未产生争议。对于这一条款保护的形式，仍有学者持不同观点，《宪法》第13条已经对私有财产的保护作了明确规定，《宪法》的规定在《物权法》中第66条的这种具体化符合立法技术的要求。但在民法典编纂的背景下，这样的规定则完全没有必要，民法典物权编应将其删除。[③]因为本条所谓的“侵占、哄抢、破坏”等行为均构成侵权行为，应由民法典侵权责任编加以规范，民法典物权编没有必要再加以规定。

三 规范目的或功能

本条是保护私人合法财产并禁止任何组织或者个人侵犯的规定。本条宣示了私人的合法财产是同国家所有的财产、集体所有的财产平等地受法律保护的，这是《民法典》确立的所有权平等保护原则的具体体现。[④]在法律上明确保护私有财产，不仅可使权利人产生财产安全感并稳定制度预期，也可调

① 田土城、郭少飞：《我国民法强制性规范的立法探析》，载《河北法学》2015年第6期。

② 孙宪忠：《中国物权法总论》（第四版），法律出版社2018年版，第128页。

③ 房绍坤：《论我国民法典物权编立法中的外部体系协调》，载《政治与法律》2018年第10期。

④ 韩松、姜占军、张翔：《物权法所有权编》，中国人民大学出版社2007年版，第152页。

动人们合法创造财富的积极性；同时有利于鼓励交易并形成稳定有序的市场秩序，推动社会主义市场经济大步向前发展。自《物权法》颁行以来，我国在民事基本法中坚定贯彻“一体承认、平等保护”原则，将私人所有权和国家所有权、集体所有权放在平等的法律地位上，对各类主体的合法财产实行平等保护，对自然人的合法财产实行全面保护，为民营经济的发展创造公平竞争的法律环境。保护私人的所有权主要包括两个方面：第一，对私人的合法财产进行充分的法律确认；第二，对私人的合法财产进行充分的法律保护，禁止任何组织或者个人侵犯私人合法财产。正如孟子所云“有恒产者有恒心”，民众的所有权在得到充分的承认和保护后，就会对国家和社会持有恒心，进而有利于国家实现长治久安。尽管在《物权法》立法进程中有观点认为，将私人财产所有权给予充分保护，会导致将腐败资产“漂白”的问题，而且会导致社会贫富差距正当化、合法化的社会问题。但本条只是保护私人合法的财产取得，并不保护违法取得，也就不会产生“漂白”腐败资产的问题。对于“漂白”腐败资产问题，从法律体系内部分工看，应由行政法或刑法规制，并不应由物权法调整，以此为由试图阻碍《民法典》对私人合法财产进行保护，是不符合民众期望和社会经济发展需求的。

规范内容

一、私人的范围

关于私人所有权的概念和外延，学理上存在争论。从《物权法》第64—66条的规定来看，“私人”显然仅指自然人。[①]这就导致所有权主体规定上的“三元论”，即国家所有权、集体所有权和私人所有权的分类中并不包括法人所有权，这与现实生活严重不符。据此，私人所有权不仅指自然人所享有的所有权。这里的“私人”是和国家、集体相对应的物权主体，私人所有权应指向一般民事主体享有的所有权，但是由于我国公有制经济占主导地位，决定了私人所有权的范围明显较小。私人不但包括我国的自然人，也包括在我

① 房绍坤：《物权法的变革与完善》，北京大学出版社2019年版，第50页。

国合法取得财产的外国人和无国籍人。不仅包括自然人，还包括法人和个人独资企业、合伙企业等非法人组织。

二、私有财产的范围

私有财产，是指私人拥有所有权的财产，不但包括合法的收入、房屋、生活用品、生产工具、原材料等不动产和动产，也包括私人合法的储蓄、投资及其收益。《民法典》第266条规定："私人对其合法的收入、房屋、生活用品、生产工具、原材料等不动产和动产享有所有权。"该条以列举方式规定了私人在日常生产和生活中较为常见和重要的几类不动产和动产。

收入是指人们从事各种劳动获得的货币收入或者有价物。房屋是我国公民最主要最基本的生活资料，不仅包括依法购买的城镇住宅、在农村宅基地上依法建造的住宅，也包括商铺、厂房等建筑物。私人对房屋享有所有权，对该房屋占用的土地只能依法享有建设用地使用权或者宅基地使用权，不享有所有权。房屋是安身立命之本，具有生存性价值，必须予以保护。除非基于公共利益的需要，经过法定程序和给予合理补偿，即便是国家也不能无偿收回私人所有的房屋。[①]如《国有土地上房屋征收与补偿条例》第2条"为了公共利益的需要，征收国有土地上单位、个人的房屋，应当对被征收房屋所有权人给予公平补偿。私人购买商品房后，对其购买的房屋应当享有永久的所有权，该所有权不因建设用地使用权的期限届满而消灭"，以及该条例第27条"实施房屋征收应当先补偿、后搬迁"的规定。司法实践中有观点认为，涉案房屋所有权人及土地使用权人依法享有对涉案房屋占有、使用、收益、处分的权利，其合法权益受法律保护，任何单位和个人不得侵犯。有关单位虽取得对涉案房屋的拆迁许可，但其在未与所有权人达成拆迁安置补偿协议的情况下，强行拆除房屋，侵犯了权利人的合法权益，应对财产损失承担赔偿责任。实践中拆除违建引起的纠纷一直不少，对于其中违法建筑物、构筑物中的建筑材料，司法实践中有认为是当事人的合法财产的，但也有学者对此持有不同的观点：对于建筑材料，除了可以判定其为"属于当事人的合法

---

① 张力、庞伟伟：《住宅建设用地使用权续期规则相关问题探析》，载《法学》2016年第7期。

财产”之外，还存在是非法财物、违法所得的情形，也有当事人声明予以放弃的情形，甚至存在所谓“无主违建”的情形，等等。所以，笼统地作出违建中的建筑材料“属于当事人的合法财产”这种总括性判断，不尽妥当。[①]私人财产还包括生活用品、生产工具和原材料、其他的不动产和动产等。当然，除了不动产和动产这两类常见的财产外，合法的权利也在法律保护的范围内，比如股权、知识产权等。有法院认为股权是股东因出资而享有的固有权利，对该权利的处分，只能由股东本人行使。依法取得的公司股权受法律保护，否则就违反了《物权法》第66条的规定。[②]

三、合　法

私人只能就合法获得的财产享有所有权。换言之，《民法典》和其他法律只保护私人的合法财产权益，非法取得的财产不受法律保护。如通过侵占、抢夺、诈骗、贪污、盗窃国有、集体资产等方式非法取得的财产，不但无法受到法律的保护，而且行为人还要依法承担没收、返还原物、赔偿损失等法律责任。构成违法或犯罪的，依法追究行政责任或刑事责任。需注意的是，私人拥有财产权利应推定为合法，除非有充分证据证明财产为不合法的情况下才能剥夺私人的财产权利。在徐某、黄某财产损害赔偿纠纷案中，一审法院认为，公民的合法权益才受法律保护。原告的房屋至今未办理合法的证照手续，且原告在自家一层房屋的基础上私自加建第二层，也未办理准建手续，在当地主管部门下达《责令停止违法行为通知书》后，仍然继续抢建，原告的行为是违法的，其所建房屋属违章建筑，不应受法律保护。但二审法院改变了一审法院的观点，认为双方就各自住房和宅基地进行了划分，只是未以书面的形式明确下来。因上诉人等人在涉案房屋一层修建后已居住多年，该房屋属上诉人的个人财产，未经相关权力部门通过法定程序处理前对上诉人加建涉案房屋进行阻止并毁损上诉人的个人财产，违反了上述法律的规定，侵犯了上诉人的财产权益……一审法院以上诉人的涉案房屋未办理合法证照

---

① 杨建顺：《违建中建筑材料都属“合法财产”吗？》，载《检察日报》2016年5月18日，第7版。

② （2015）豫法民三终字第00175号民事判决书。

且私自加建未办准建手续为由而未考虑我国农村建房的现状就驳回上诉人的全部诉讼请求不当，予以纠正。[①]

四、保护内容

根据《民法典》第240条的规定，所有权人对自己的不动产或者动产，依法享有占有、使用、收益和处分的权利。所有权的内容，是指财产所有人在法律规定的范围内，对于其所有的财产可以行使的权能。所有权的积极权能为占有、使用、收益和处分四项权能。当然也有学者认为，财产所有人支配的方式虽以占有、使用、收益、处分为典型，但不以之为限。[②]所有权的消极权能为排除他人干涉之权能，即当所有权的行使受到他人非法干涉时，所有权人可以基于物权请求权请求行为人停止侵害、排除妨害、消除危险、返还原物和恢复原状，以恢复其对物的支配的圆满状态。《民法典》第241条规定："所有权人有权在自己的不动产或者动产上设立用益物权和担保物权。用益物权人、担保物权人行使权利，不得损害所有权人的权益。"拉伦茨指出，将所有权的法律内涵局限于"排除干涉"的观点并未契合所有权的意义。将一物分派为所有权人在法律上的自主范围，与针对全部人所发的禁止侵害所有权之命令，两者同为所有权概念的要素。[③]人把他的意志体现于物内，这就是所有权的概念。[④]所有权乃是私法的经典范畴。虽然理论上与立法上对所有权概念的界定存有差异，但一项完整的所有权制度，至少应包括以下两部分：一是许所有人排斥他人干涉，此为消极面；二是许所有人自由支配，此为积极面。[⑤]保护私人财产所有权，既要保护所有权的积极权能，也要保护所有权的消极权能。

无论是所有权的积极权能，还是所有权的消极权能，均与个人自由的保障有着内在的关联性。所有权是个人自由的外在表现，个人通过所有权来发

---

① （2019）桂08民终999号民事判决书。

② 易军：《所有权自由与限制视域中的单双号限行常态化》，载《法学》2015年第2期。

③ 参见［德］卡尔·拉伦茨：《法学方法论》，陈爱娥译，商务印书馆2003年版，第135页。

④ ［德］黑格尔：《法哲学原理》，范扬、张企泰译，商务印书馆1961年版，第59页。

⑤ 易军：《所有权自由与限制视域中的单双号限行常态化》，载《法学》2015年第2期。

展自身意志、完成自我实现。由于个人发展不得不借助所有权这样的外在载体，因此，若无保障私人财产所有权的规定，则法律保障人民有发展人格的行为自由就被架空。而且，所有权能有效保障个人自由。原则上，所有权人可以任意决定所有物之命运。[①]但也会存在个人所有权受到限制的情形，所以所有权可以界定保护私人免受任何其他人侵扰或强制的私域。私有财产设立了一个自由圈，在这个圈内，个人不受政府官员的干预。[②]在公权力进行征收、征用等情形下，保护私人财产不仅仅具有财产权保护的价值，所有权也在一定意义上捍卫着个人的自由价值，“财产所有权是自由的保证”。[③]

所有权或为个人自由的基础，或为个人自由意思的外部表现，与个人自由不可分割。我国已经将私人所有权确立为一项应受宪法保障的基本权利，虽然《民法典》第207条规定：“国家、集体、私人的物权和其他权利人的物权受法律平等保护，任何组织或者个人不得侵犯。”但是对于与个人自由有重大意义的私人所有权，再怎么保护也不为过，所以在《民法典》第267条中将其单独列举保护是无可厚非的。

由于私人所有权权能的重要性，如非经法律规定的权限和程序，任何组织或者个人不得侵占、哄抢、破坏私人合法的财产，保护私人财产的重要内容就是私人的合法财产所有权不受侵犯。从所有权与个人自由的内在关联视角看，所谓私人的合法财产受到法律保护至少意味着，对财产权的限制要么经过财产权人的同意，要么基于法律之明定。如果不存在物权人的意思自由或明确的法律规定，那么是不能对私人合法财产进行干涉和限制的。

本条禁止了任何组织或个人对私人财产所有权的非法干涉和限制，其具体形式包括“侵占、哄抢和破坏”。所谓的“侵占”是指以非法占有为目的，将其保管、管理的私人财产非法占为己有，有学者认为，侵占不能狭义理解为“偷盗”与“抢劫”，应是指所有无权占有人抽走占有或者扣留占有而不还

---

① ［德］哈里·韦斯特曼：《德国民法基本概念》（第16版），中国人民大学出版社2013年版，第178页。

② ［美］罗伯特·考特、托马斯·尤伦：《法与经济学》，施少华、姜建强译，上海财经大学出版社2002年版，第99页。

③ ［美］詹姆斯·布坎南：《财产与自由》，韩旭译，中国社会科学出版社2002年版，第4页。

的情况。[1]侵占的客体是私人合法的财产。侵占的主体一般是保管、管理他人财产的组织或者个人，并且具有非法占有该财产的主观故意。私人合法财产被侵占的，物权人享有占有返还请求权与排除妨害请求权以及损害赔偿请求权。民事立法承认占有制度对其保护，是由于“已经成立的事实状态，不应受私力而为的扰乱，而只能通过合法的方式排除，这是一般公共利益的要求”[2]。关于占有的性质，我国理论界多采事实说，《民法典》亦采用这一立场，即占有在法律性质上仅为一项事实或事实关系。所谓事实关系，意味着只要占有人获得了事实的管领力或支配力，即构成对物的占有，至于占有人是否有权利来实施占有，并不影响其占有的成立。[3]占有虽为事实，但受法律保护，发生一定的法律效果，而为一种法律关系，得为让与或继承。[4]有法院认为，妨害物权或者可能妨害物权的，权利人可以请求排除妨害或者消除危险。被告王某某家仓房及堆放的物品占用了原告马某某家的用地，属侵占行为，严重影响了原告的正常生活，其行为已构成侵权，应承担停止侵害、排除妨碍的侵权责任。[5]

“哄抢”是指以非法占有为目的，组织、参与多人一起强行抢夺他人财产的行为。哄抢的客体是他人财产。哄抢的主体可能是任何组织或个人，并且还需具备非法占有他人财产的主观故意。“破坏”是指故意毁坏他人所有的合法财产，致使其不能发挥正常功效的行为。如故意毁坏他人车辆或房屋等行为。破坏的主体可能是任何组织或个人，而且主观上需有毁坏他人财产的故意。侵占、哄抢、破坏私人合法财产的，应当承担停止侵害、返还原物、恢复原状、赔偿损失等民事责任；触犯《治安管理处罚法》或《刑法》的，还应承担相应的行政责任或刑事责任。

总之，在我国强调公有制的主体地位十分必要，但对私人财产实行平等保

---

① 王洪亮：《原物返还请求权：物上请求权抑或侵权责任方式》，载《法学家》2014年第1期。

② 参见全国人大常委会法制工作委员会民法室编著：《中华人民共和国物权法解读》，中国法制出版社2007年版，第521页。

③ 张双根：《物权法释论》，北京大学出版社2018年版，第255页。

④ 王泽鉴：《民法物权2·用益物权·占有》，中国政法大学出版社2001年版，第142页。

⑤ （2019）吉0284民初3562民事判决书。

护，这是市场经济所要求的交易秩序形成的条件，也是社会主义法治理念的重要体现，《民法典》继续强化对私人财产的保障力度，有利于促进民营经济的进一步发展。当然，在对私人财产予以充分保护的同时，对所有权的行使应予以限制，这是当代所有权社会化的重要内容。[①]据此，私人在法律规定的范围内有权自主决定所有权的行使方式和内容，任何组织或个人不得干涉，但私人行使所有权不得损害国家利益、社会公共利益或者他人利益，不得违背公序良俗。

第二百六十八条【出资自由与出资人权利及义务】

国家、集体和私人依法可以出资设立有限责任公司、股份有限公司或者其他企业。国家、集体和私人所有的不动产或者动产投到企业的，由出资人按照约定或者出资比例享有资产收益、重大决策以及选择经营管理者等权利并履行义务。

历史由来

本条完全承袭了《物权法》第67条的规定。在民法典编纂过程中未提出过任何修改意见和建议。

在计划经济体制下，我国形成了公有制占绝对支配地位比较单一的所有制结构；改革开放以来，特别是随着社会主义市场经济的逐步发展和成熟，我国所有制结构发生了重大变化，从以公有制经济占绝对支配地位转向了以国有、集体和私营等多种成分并存的所有制结构。在多元化所有制格局下，各种所有制类型的市场主体相互竞争，个体、私营和外资经济不断发展壮大，倒逼国有和集体经济不断改进经营机制以增强竞争力，从而使国民经济的整体活力不断增强，整体运行效率不断提升。

《宪法》第6条第2款规定，“国家在社会主义初级阶段，坚持公有制为主体、多种所有制经济共同发展的基本经济制度”。第8条第3款规定，“国家保护城乡集体经济组织的合法的权利和利益，鼓励、指导和帮助集体经济的发展”。

---

① 高富平：《物权法原论》，法律出版社2014年版，第131页。

从国有企业和集体企业的法律发展路径来看，《民法通则》第三章第二节简要规定了企业法人，第41条规定，全民所有制企业、集体所有制企业有符合国家规定的资金数额，有组织章程、组织机构和场所，能够独立承担民事责任，经主管机关核准登记，取得法人资格。可见规范的重心在于全民所有制企业和集体所有制企业。1988年颁行的《全民所有制工业企业法》、1990年颁行的《乡村集体所有制企业条例》和1992年1月1日施行的《城镇集体所有制企业条例》分别对乡村集体所有制企业和城镇集体所有制企业进行了规范。在此阶段，我国仍坚持以所有制为分类标准，对各类型企业进行调整和规范。

1993年《公司法》对包括国有独资公司在内的有限责任公司和股份有限公司进行了统一规范，不再简单地以所有制作为区分标准，实现了从企业法到公司法，企业制度法律规范的过渡。1993年《公司法》第3条规定，有限责任公司和股份有限公司是企业法人。第4条规定，公司股东作为出资者按投入公司的资本额享有所有者的资产受益、重大决策和选择管理者等权利。公司享有由股东投资形成的全部法人财产权，依法享有民事权利，承担民事责任。公司中的国有资产所有权属于国家。此后，学界围绕法人所有权以及股权的性质等问题展开长久的讨论。[①]

在《宪法》确立的基本框架之下，《物权法》第3条进一步强调了我国坚持公有制为主体、多种所有制经济共同发展的基本经济制度，实行社会主义市场经济，保障一切市场主体的平等法律地位和发展权利。为了保护投资者的合法权益，优化资源配置，促进国家经济的发展，《物权法》第67条对企业出资人的主要权利和义务作出了规定：国家、集体和私人依法可以出资设立有限责任公司、股份有限公司或者其他企业。国家、集体和私人所有的不动产或者动产，投到企业的，由出资人按照约定或者出资比例享有资产收益、重大决策以及选择经营管理者等权利并履行义务。

2017年《民法总则》在“民事权利”一章中也对民事主体享有的股权和其他投资性权利作了相应的规定，其第125条规定：民事主体依法享有股权和其他投资性权利。

---

① 江平、孔祥俊：《论股权》，载《中国法学》1994年第1期。

规范目的或功能

本条规定了各类投资主体可以依法设立不同的企业类型，投资主体按照有关约定或者出资比例享有相应的资产收益、重大决策以及选择经营管理者等投资者权益并承担相应的义务。有学者认为，《物权法》在经营性动产上采“投资人权益+法人财产权”方式。[①]

物权法的首要价值就是通过确定物的归属以实现定分止争，除此之外，还需要实现社会正义和经济效益最大化两项功能。我国实行社会主义市场经济，市场经济要求通过市场使资源得到优化配置。产权明晰、公平竞争是发展社会主义市场经济的基本要求。产权明晰，这是交易的前提。产权不明晰就无法进行交易。[②]企业作为市场活动的主体，其竞争能力的强弱，不仅关系到企业自身的存在和发展，而且也关系到市场经济的存续和壮大。就公司制而言，股东是公司组成与发展的基石，在募集公司资本，代表公司提高经营及决策水平，在市场经济中赢得持续长久的生命力和活力方面，促进公司规范化、制度化建设上有重要的作用。确认和保护物权人的权利，能够为物的效用的发挥提供法律保障。因此，明确出资人权利、维护出资人合法权益，有利于鼓励更多民事主体参与到经济发展和市场竞争中来，有利于提高资源配置的总体效益。公司是股东实现投资利益的法律工具，投资者投资于公司并成为公司股东，旨在借助公司形态达成投资者的投资目的，公司和股东利益在总体上是一致的。[③]但公司为一个多元化的利益综合体，公司内部利益主体的多元化、独立性以及各主体利益的差异性势必导致公司与股东，股东与董事、经理，控股股东与中、小股东的利益冲突。因此从法律上明确规定出资人享有的权利与义务，有利于界定各方权利、义务的界限，进而协调各方利益冲突。

《民法典》既要体现公有制为主体，多种所有制经济共同发展的基本经济

---

① 高富平：《物权法原论》，法律出版社2014年版，第503页。

② 郭明瑞：《物权法》，中国法制出版社2009年版，第6页。

③ 叶林：《股东权利及其实现机制》，载《扬州大学学报》（人文社会科学版）2013年第5期。

制度，又要体现对国家、集体和私有财产的平等保护。因此，不能认为本条规定是按不同所有制类型划分不同主体的权利义务关系，而应理解为对这些不同所有制类型在以民事主体身份进入市场领域的物权法调整。一方面，国家、集体和私人作为投资主体，可选择经营模式的范围扩大了。这样规定更符合市场经济条件下经济行为多样性的需要，市场主体受到物权法的确认和平等保护，能够选择更为灵活和开放的投资方式、经营模式。另一方面，传统的投资人享有笼统的所有者权益，具体表现为由出资人按照约定或者出资比例享有资产收益、重大决策以及选择经营管理者等权利内容，更体现了现代企业制度及其他企业经营模式对新型经济关系、法律关系发展变化的要求。投资者权益的实现，无疑是所有权实现的重要方式。[①]

规范内容

一、出资人

出资人是指向企业投入资本的人。根据本条规定，国家、集体和私人都可以作为出资人。随着我国从计划经济体制向市场经济体制的转变，社会投资结构也发生了重大变化，由单一的国家、集体投资变为包括国家、集体、私人等多种所有制经济的投资；对企业的投资也由国家、集体独资变为主体多元化的投资。

（一）国家

我国实行“公有制为主体，多种所有制经济共同发展”的基本经济制度，国有企业是公有制最主要的微观载体。企业的初始财产来源于股东的出资，任何企业都应有出资人，国有企业也不例外。[②]计划经济时期，国有企业被视为政府附属物，即全民所有，在我国国有企业的发展史上，不仅存在过无明确出资人的特殊现象，而且在有国家出资的国有企业中也没有代表国家行

① 最高人民法院物权法研究小组编著：《〈中华人民共和国物权法〉条文理解与适用》，人民法院出版社2007年版，第214—215页。

② 王新红：《国企改革：股份制企业治理机制的中国式探索》，载《法学》2018年第1期。

使出资人权益，履行出资人职责的机构。随着改革开放尤其市场经济体制进一步深化，国有企业产权多元化趋势迫切要求解决企业国有资本出资人问题，2008年颁布的《企业国有资产法》从立法上正式明确了出资人概念。①

《民法典》第257条规定："国家出资的企业，由国务院、地方人民政府依照法律、行政法规规定分别代表国家履行出资人职责，享有出资人权益。"根据《企业国有资产监督管理暂行条例》的规定，国务院代表国家对关系国民经济命脉和国家安全的大型国有及国有控股、国有参股企业，重要基础设施和重要自然资源等领域的国有及国有控股、国有参股企业，履行出资人职责。国务院履行出资人职责的企业，由国务院确定、公布。省、自治区、直辖市人民政府和设区的市、自治州级人民政府分别代表国家对由国务院履行出资人职责以外的国有及国有控股、国有参股企业，履行出资人职责。需要明确的是，国家实行国有企业出资人制度的前提是国家是国有企业的出资人。中央政府与地方政府都只是分别代表国家履行出资人职责，享有出资人权益。

（二）集体

以集体资产设立企业的，由本集体经济组织作为出资人。《宪法》第6条第1款规定，中华人民共和国的社会主义经济制度的基础是生产资料的社会主义公有制，即全民所有制和劳动群众集体所有制。《宪法》第8条第3款规定，国家保护城乡集体经济组织的合法的权利和利益，鼓励、指导和帮助集体经济的发展。集体经济是我国社会主义公有制经济的重要组成部分，党和国家对发展集体经济高度重视。自20世纪50年代，我国农村农民集体所有制的基本经济制度建立以来，我党农村工作的重心就一直是探索集体经济的有效实现方式，无论是以政社合一为特点的人民公社，还是以家庭土地承包制为基础的统分结合的双层经营体制，都是在探索集体经济的有效实现。农村改革开放以后，各地农村的集体经济的发展形式则呈多元模式。②城镇集体经济是公有制经济的重要组成部分，体现了共同富裕原则，可以广泛吸收社会分散资金，缓解就业压力，增加公共积累和国家税收。我国城镇集体企业发端于20世纪50

---

① 李昌庚：《企业国有资本出资人：国际经验与中国选择》，载《法学论坛》2014年第2期。

② 韩松：《论农村集体经济内涵的法律界定》，载《暨南学报》2011年第5期。

年代社会主义改造和合作化运动，80年代初随着知青返城和扩大就业的需要迅速发展，历经承包责任制、扩大经营自主权、中小企业下放、清产核资产权界定、现代企业制度改制等多轮改革浪潮。[①]改革开放以后，集体经济的发展形式呈多元模式。其中，集体经济组织以集体所有的财产作为资本出资设立有限责任公司、股份有限公司或者其他企业形式，并以出资人身份代表集体行使出资人权利，实现集体资产增值的活动就是集体经济实现方式之一。[②]

（三）私人

《宪法》第11条规定："在法律规定范围内的个体经济、私营经济等非公有制经济，是社会主义市场经济的重要组成部分。国家保护个体经济、私营经济等非公有制经济的合法的权利和利益。国家鼓励、支持和引导非公有制经济的发展，并对非公有制经济依法实行监督和管理。"《民法典》第267条规定："私人的合法财产受法律保护，禁止任何组织或者个人侵占、哄抢、破坏。"随着国家鼓励、支持和引导非公有制经济的发展，以及对私人财产的保护，私有资本也大量地投资到企业中。事实上，私人不限于自然人个人，私人是和国家、集体等公有制主体相对应而使用的。[③]作为出资人，私人包括中国的自然人，也包括外国人和外国法人。《宪法》第18条第1款规定："中华人民共和国允许外国的企业和其他经济组织或者个人依照中华人民共和国法律的规定在中国投资，同中国的企业或者其他经济组织进行各种形式的经济合作。"

此外，实践中存在诸多企业出资人权益确认纠纷。企业出资人权益确认纠纷是指企业出资人之间或者企业出资人与企业之间就出资权益是否存在或者持有比例发生争议时，出资人诉请人民法院确认其享有企业一定出资权益的纠纷。有法院认为，某电站系一家企业，某公司主张其是某电站的出资人，双方当事人争议的是某公司是否持有某电站的合伙份额以及具体比例问题，故二审判决确定本案系出资人权益确认纠纷，并认定双方当事人均是适格主

① 黄克宇：《城镇集体企业改革需要加快推进——以北京为例》，载《中国党政干部论坛》2017年第7期。

② 韩松：《论农村集体经济内涵的法律界定》，载《暨南学报》2011年第5期。

③ 席志国：《中国物权法论》，中国政法大学出版社2016年版，第170页。

体符合法律规定。[①]

在确定出资人身份时，主要考察民事主体是否有向企业出资的真实意思表示以及是否完成出资行为。在李某与民航云南客货代理公司企业出资人权益确认纠纷一案中，法院指出，“原告李某有无出资的意思表示以及出资行为才是认定其出资人身份的关键所在”[②]。在罗某某等诉某公司企业出资人权益确认纠纷案中，上诉人是将资产借与某公司进行出资，该资产在进行注册资本登记时亦是登记在某公司名下。双方此行为无论从形式上还是原意上，均无将29名上诉人的资产直接作为29名上诉人对某公司的出资的表示。因此，29名上诉人认为自己是出资人的主张不能得到支持。[③]在阚某1与陈某、阚某2等企业出资人权益确认纠纷案件中，法院认为，“本案系企业出资人权益确认纠纷，是否对企业投入资金并参与管理是确定出资人身份的首要标准。在具体份额的划分上，由于双方的证据也不足以证明各自所占的份额比例，一审法院基于共有分割的一般原则，考虑证据所能反映的各方贡献度大小，裁量确定的各方份额比例也并无明显失当”[④]。同时，是否完成出资行为，要符合《公司法》等法律的规定，虚假出资的行为人不能依法取得出资人资格，不享有出资人权益。

二、出资形式

国家、集体和私人出资设立企业的主要形式是公司。建立社会主义市场经济体制，保持国民经济持续、稳定、健康发展，关键在于重塑社会主义市场经济的主体。在市场经济条件下，企业是最基本、最重要的市场活动的主体，是市场机制运行的微观基础。在现代市场经济中，现代企业制度是适应市场经济要求的、依法规范的企业制度，一般采用公司制。公司制比其他企业组织形式能够更好地适应市场经济的要求。建立公司制的现代企业制度是建立社会主义市场经济体制的重要环节。1993年党的十四届三中全会明确提出：“建立现代

① （2019）赣民申1547号民事裁定书。

② （2017）云0111民初8888号一审民事判决书。

③ （2016）粤民终459号二审民事判决书。

④ （2019）苏10民终3530号二审民事判决书。

企业制度，是发展社会化大生产和市场经济的必然要求，是我国国有企业改革的方向。”回顾国有企业改革的历史进程，大致经历了扩权让利、利改税、承包经营责任制、转变企业经营机制等阶段，[①]逐步走向了公司化、规范化和法制化的道路。在改革历程中，股份制作为公有制的实现形式曾一度遭到质疑。建立在私有制基础上的股份制长期被认为是资本主义性质的，从而使得股份制作为公有制实现形式在观念上遇到障碍。20世纪90年代后期，我国开始了股份制的试点。1992年，党的十四大提出建立社会主义市场经济体制，股份制继而成为国有企业改革的主要方向。随着人们思想的转变以及市场经济体制的深化，股份制开始成为公有制经济的实现形式之一，而股份制的微观形态就是股份公司。[②]1993年《公司法》颁行后，诸多国有企业进行了公司制改造，由单一投资主体改组为国有独资公司，多个投资主体依法改组为有限责任公司或者股份有限公司。民营企业也采用了公司制的组织形式。

根据《民法典》第76条的规定，有限责任公司、股份有限公司和其他企业法人属于营利法人。根据《公司法》的规定，公司包括有限责任公司和股份有限公司。只有一个自然人股东或者一个法人股东出资设立的一人有限责任公司以及国家单独出资、由国务院或者地方人民政府授权本级人民政府国有资产监督管理机构履行出资人职责的国有独资公司都属于有限责任公司。

三、出资人的权利和义务

根据企业法的一般理论，出资人出资设立企业，必须将其用作出资的财产转移给被出资的企业，并取得对价——出资人权益。《企业国有资产法》第12条规定，履行出资人职责的机构代表本级人民政府对国家出资企业依法享有资产收益、参与重大决策和选择管理者等出资人权利。《公司法》第4条规定，公司股东依法享有资产收益、参与重大决策和选择管理者等权利。事实上，出资人出资设立公司，则出资人取得股权，但出资人权益并不仅限于股权权益。[③]有判决指出，“投资权益并非传统民法上的单一权益，而是投资人

① 周绍朋：《国有企业改革的回顾与展望》，载《行政管理改革》2018年第11期。

② 王新红：《国企改革：股份制企业治理机制的中国式探索》，载《法学》2018年第1期。

③ 王新红：《国有企业所有权与经营权相分离理论批判》，载《政治与法律》2019年第8期。

多项民事权利和利益的集合体。因此，权利主体对于投资权益应为享有，而非所有”[①]。同时，出资权益也并不同于股东权益，出资人是否能够直接享有股东权之全部权能，取决于其是否取得股东资格。实际出资人可以享有收益权而不享有其他权利，股东权的其他权能由股东按照自由意志行使。[②]本条也将国家、集体和私人的出资经营的权利界定为出资人权益，明确规定了国家、集体和私人依法可以出资设立公司或其他企业及享有相应权利，履行相应义务的原则，至于如何设立以及出资人按照约定或者出资比例享有何种权利义务，如何行使的问题，应根据法律对不同企业的要求具体规定，除国家、集体和私人之外，其他投资主体如何设立、经营企业以及相关权益的调整，物权法也无需再去规定。[③]

（一）资产收益权

资产收益权是指出资人按照其对公司的投资份额通过公司盈余分配从公司获得红利的权利。公司以营利为目的，出资人期望通过公司的经营活动，使其投入公司的、由公司所有和支配的财产得到增值，并获取利润，而且依法将公司利润分配于出资人，使出资人因此获得投资额以外的利益。[④]获取红利是出资人投资的主要目的，因此在出资人享有的众多权利之中，资产收益权是最重要的权利。只要出资人按照章程或其他协议的规定如期履行了出资义务，就有权向公司请求分配红利。一般而言，有限责任公司的出资人按照实缴的出资比例分取红利，股份有限公司的出资人按照其持有的股份比例分取红利，但出资人另有约定或章程另有规定的除外。

（二）参与公司重大决策

参与公司重大决策是指出资人通过股东会或者股东大会等做出决议的方式决定企业的重大行为。企业的重大行为包括：企业资本的变化，如增加或

---

① （2018）粤19行终374号行政裁定书。

② 李元宏：《投资行为并不必然生成股东权的全部权能》，载《人民司法》2017年第20期。

③ 最高人民法院物权法研究小组编著：《〈中华人民共和国物权法〉条文理解与适用》，人民法院出版社2007年版，第216页。

④ 王保树主编：《商法》，当代世界出版社2003年版，第47页。

者减少注册资本、利润分配和弥补亏损、公司的预算和决算事项；企业的融资行为，如发行公司债券；企业的对外投资，向他人提供担保、购置或者转让主要资产，变更主要业务等；企业的合并、分立、变更组织形式、解散、清算等；修改企业章程等。

依法行使表决权是出资人参与公司经营决策的重要途径。表决是股东决议的重要方式，股东通过表决做出决议，以表达他们对公司的意见和要求，参与公司重大事项的决策，实现其利益。由于公司运作过程中资本多数决的表决原则，持股多少直接影响股东表决权的大小，以及股东本人对公司的控制权。除股东在公司章程中作特别约定外，股东的股权比例决定了其表决权的大小。根据《公司法》第42条规定，股东会会议由股东按照出资比例行使表决权；但是，公司章程另有规定的除外。股东会会议作出修改公司章程、增加或者减少注册资本的决议，以及公司合并、分立、解散或者变更公司形式的决议，必须经代表三分之二以上表决权的股东通过。《公司法》第103条规定："股东出席股东大会会议，所持每一股份有一表决权。但是，公司持有的本公司股份没有表决权。股东大会作出决议，必须经出席会议的股东所持表决权过半数通过。但股东大会作出修改公司章程、增加或者减少注册资本的决议，以及公司合并、分立、解散或者变更公司形式的决议，必须经出席会议的股东所持表决权的三分之二以上通过。"同时《公司法》第66条还规定了国有独资公司重大事项的决定，结合《企业国有资产监督管理暂行条例》第21条的规定，国有资产监督管理机构依照法定程序决定其所出资企业中的国有独资企业、国有独资公司的分立、合并、破产、解散、增减资本、发行公司债券等重大事项。

（三）选择经营管理者

出资人有权通过股东会或股东大会做出决议的方式选举和更换公司的董事、监事，决定有关董事、监事的报酬，通过董事会来聘任或者解聘经理等企业高级管理人员。股东作为公司的投资者，拥有对公司的收益权、决策权和管理者选择权。股东的这三种基本权利是相辅相成、互为条件的。其中，收益权是目的，决策权是手段，管理者选择权是措施。措施是实现目的和手段的具体路径。如果公司的股东无权选择管理者，或者股东选择管理者的权利受到外界的干扰，乃至不能按自己的意愿去选择管理者，这等于在实质上剥夺了投资者的所有其他法定权利，公司法的所有其他权利就会流于形式。[①]在现代公司制度中，尤其是在股份有限公司中，为了确保公司的运营效率，大多数公司基本上都实行所有权与经营权分离的运营模式。股东作为投资者，对公司重大决策和选择管理者的权利均应通过股东会或股东大会来行使，股东个人没有决定权。根据《公司法》的规定，股东会可选举和更换非由职工代表担任的董事、监事，决定有关董事、监事的报酬事项；股东大会选举董事、监事，可以依照公司章程的规定或者股东大会的决议，实行累积投票制。

本条只是概括性规定了出资人的主要权利，除此之外，出资人还依据《公司法》享有其他权利，如股东有权查阅、复制公司章程、股东会会议记录、董事会会议决议、监事会会议决议和财务会计报告。董事、高级管理人员违反法律、行政法规或者章程的规定，损害股东利益的，股东可向法院提起诉讼。

本条还规定出资人应履行一定的义务。《公司法》中出资人的义务主要有：公司股东不得滥用股东权利损害公司或其他股东的利益，不得滥用公司法人独立地位和股东有限责任损害公司债权人的利益；公司的控股股东、实际控制人、董事、监事、高级管理人员不得利用其关联关系损害公司利益；股东应当按期足额缴纳公司章程中规定的各自所认缴的出资额；公司成立后，股东不得抽逃出资等。

其他问题

《民法典》依据享有所有权主体的特殊性将所有权区分为国家所有权、集体所有权和私人所有权。私人所有权还可以再区分为自然人个人所有权和法人所有权。[②]我国法人所有权的主体包括营利法人和非营利法人。《民法典》第268条规定了企业出资人的权利与义务。同时，第269条规定了法人财产

① 沈四宝：《股东对公司管理者的选择权应受法律保护》，载《中国审判》2014年第7期。

② 李国强：《物权法讲义》，高等教育出版社2018年版，第111—116页。

权，[①]也有诸多学者认为此为法人所有权的规定。虽然目前有关“法人财产权”与“法人所有权”的争议尚存，但以上规定实则确立了现代化企业的“股权—所有权”权利结构模式。[②]

对于出资人来说，在将其财产投入企业并完成了资产的所有权转移后，即丧失其出资的所有权，其出资财产已转化为权益。此时出资人不再对其投入企业的资产享有所有权能，而享有出资人权利，包括资产收益、重大决策以及选择经营管理者等权利，在公司制下，就是股权。[③]另一方面，出资人一旦将出资的财产转移给企业，企业就对其名下的所有财产享有法人财产权。营利法人享有法人财产权，即依照法律、行政法规和章程的规定对该财产享有占有、使用、收益和处分的权利，出资人个人不能直接对其投入的资产进行支配，这也是营利法人实现自主经营、自负盈亏，独立承担民事责任的物质基础。可见，股权和法人财产权是公司成立之后，出资人和公司各自享有的法定权利，它们因出资行为的完成和公司的设立而同时产生，它们既彼此独立又相互制衡。

《物权法》确立起来的“股权—所有权”逻辑结构，能够很好地处理出资人与其投资企业之间的法律关系问题。但实践中，对于“国家”与其投资企业之间的关系问题存有争议。对于国家出资的企业，《民法典》第268条规定了出资人的具体权利，第269条规定了法人所有权，可见《民法典》关于公有制企业财产权利的规定，体现出了“政府投资”这一制度创新，这对于我们界定公有制企业与“国家”（政府）之间的法律关系提供了充分有效的法律依据，即应该按照“股权—所有权”的逻辑结构来确立“国家”与企业之间的关系。[④]但从我国法律实践的发展情形看，《物权法》施行以来确立的公有制企业政府投资原理和规则并未得到真正实施。理论界与实务界中仍有一部分人坚持国家统一所有权的学说，认为国家对公有制企业

① 参见全国人大常委会法制工作委员会民法室编著：《中华人民共和国物权法解读》，中国法制出版社2007年版，第224页。

② 孙宪忠：《“政府投资”企业的物权分析》，载《中国法学》2011年第3期。

③ 蒋建湘：《出资人股权诉讼与企业国有资产保护——兼评我国〈企业国有资产法〉的实施》，载《法律科学》2009年第6期。

④ 孙宪忠：《“政府投资”企业的物权分析》，载《中国法学》2011年第3期。

享有所有权。

关于公有制企业财产权利的属性认识经历了企业权限学说[①]、企业自主权学说[②]、两权分离学说[③]和法人财产权理论。其中，法人财产权理论是在“两权分离”学说被否定之后，我国法律关于国家（政府）与国家投资企业之间法律关系的又一理论。其表现形式是1993年《公司法》的规定。1993年《公司法》第4条规定：“……公司享有由股东投资形成的全部法人财产权，依法享有民事权利，承担民事责任。公司中的国有资产所有权属于国家。”虽然“法人财产权”概念的提出具有积极意义，但该概念是在坚持公有制企业资产的“国家所有权”这个前提下产生的，仍存在许多无法克服的理论障碍。2005年《公司法》修订时，删除了1993年《公司法》第4条中关于“公司中的国有资产所有权属于国家”的规定，使1993年《公司法》第4条暴露的这一缺陷得到某种程度的解决，但仍未以法人所有权概念代替法人财产权概念。2008年通过的《企业国有资产法》一方面将企业国有资产定义为国家对企业各种形式的出资所形成的权益，另一方面又规定国家对国有资产享有所有权，使得“国家”与企业之间的法律关系又回归以前的状态。[④]

在国家统一所有权学说下，将公有制企业当作国家所有权的客体，既不符合我国的基本经济制度，也未认识到当代企业投资法律关系的原理，不仅会损害企业自身的体制建设，而且会损害企业其他投资人与交易第三人的利益。因而，我们必须看到，在公有制企业中，投资人的股权和企业法人所有

---

① 在计划经济体制下，国家对企业占有的财产实行“国家统一所有，政府分级管理”的体制。企业因此成为“国家”所有权的客体；而“国家”成为“统一、唯一”的公有制企业的所有权主体。在这种定位之下，企业对自己占有甚至可以由自己处分的财产享有经营管理权，由此形成“两权分离”理论。

② 在企业自主权学说下，“国家利益”（其实是政府利益）和企业利益一定程度是相互区分的。这样，公有制企业财产权利开始萌芽。由于企业拥有的“自主权”范围总是在“国家所有权”（其实是政府行政审批权）的范围之内，企业无法独立行使这些纸面上的权利。

③ 1986年《民法通则》采纳了两权分离学说，规定了全民所有制企业的经营权。这一权利一时获得极大赞誉。但是，这一概念从一开始使用就存在着很大争议，始终没有获得理论和实践上的认可。参见《法学研究》编辑部编著：《新中国民法学研究综述》，中国社会科学出版社1990年版，第339页以下。

④ 孙宪忠：《“政府投资”企业的物权分析》，载《中国法学》2011年第3期。

权是各自独立的两种权利机制，应在区分“股权—所有权”的基础上，进一步推进我国公有制企业的制度创新。①只有依法明确出资人权利和企业法人财产权利，才能使公司制度朝着规范化和法制化方向发展。

第二百六十九条【法人所有权】

营利法人对其不动产和动产依照法律、行政法规以及章程享有占有、使用、收益和处分的权利。

营利法人以外的法人，对其不动产和动产的权利，适用有关法律、行政法规以及章程的规定。

历史由来

本条是在《物权法》第68条的基础上修改而成。《物权法》第68条规定：“企业法人对其不动产和动产依照法律、行政法规以及章程享有占有、使用、收益和处分的权利。企业法人以外的法人，对其不动产和动产的权利，适用有关法律、行政法规以及章程的规定。”本条做出的改变是将主语由“企业法人”“企业法人以外的法人”变为“营利法人”“营利法人以外的法人”。做出这样的修改，显然是为适应《民法典》对我国法人类型的调整。

自民法典编纂伊始，关于本条的立法意见一致认为，需适应《民法总则》关于法人制度的变革，将法人所有权主体由“企业法人”“企业法人以外的法人”变为“营利法人”“营利法人以外的法人”。《民法典物权编（草案）》（征求意见稿）第65条规定：“营利法人对其不动产和动产依照法律、行政法规以及章程享有占有、使用、收益和处分的权利。营利法人以外的法人，对其不动产和动产的权利，适用有关法律、行政法规以及章程的规定。”《民法典各分编（草案）》第64条、《民法典物权编（草案）》（二审稿）第64条及《民法典（草案）》第269条皆接受了征求意见稿第65条的规定。

---

① 孙宪忠：《“政府投资”企业的物权分析》，载《中国法学》2011年第3期。

规范目的或功能

本条规定的是营利法人对其动产、不动产均享有所有权，以及营利法人以外的法人对其不动产和动产所享有的财产权。在市场经济体制下，各类市场参与主体应当享有平等的法律地位，法律应对其一视同仁、平等保护。《宪法》第11条规定："在法律规定范围内的个体经济、私营经济等非公有制经济，是社会主义市场经济的重要组成部分。国家保护个体经济、私营经济等非公有制经济的合法的权利和利益。国家鼓励、支持和引导非公有制经济的发展，并对非公有制经济依法实行监督和管理。"《民法总则》第113条规定："民事主体的财产权利受法律平等保护。"第114条规定："民事主体依法享有物权。物权是权利人依法对特定的物享有直接支配和排他的权利，包括所有权、用益物权和担保物权。"《物权法》第4条规定："国家、集体、私人的物权和其他权利人的物权受法律保护，任何单位和个人不得侵犯。"因此，各类民事主体应平等地享有所有权，与国家所有权、集体所有权和公民个人所有权一样，法人所有权应受到法律的承认和保护。司法实务中，本条的作用亦在于此。本条并非完全法条，未规定构成要件与法律效果，在司法实务中的引用频率不高，法官多在物权纠纷、房屋租赁合同纠纷及侵权纠纷等民事案件中引用《物权法》第68条，目的在于确认法人财产权并予以保护，[①]或是在引用本条确认法人所有权后，再引用《侵权责任法》《合同法》等其他法律对法人所有权予以保护。[②]

在我国经济体制转型之初，人们的思维仍受计划经济的束缚，国家和集体的概念为人熟知，但法人为何物尚不明晰，法人何以独立于个人而享有独立之法律地位更不明确，《民法通则》正是在这样观念混沌的时代杀出一条血路，确立了我国民法上的法人制度，为经济社会的发展做出了历史性贡献。[③]

---

① 南京市浦口区人民法院（2015）浦桥民初字第458号，自贡市沿滩区人民法院（2018）川0311民初241号，镇巴县人民法院（2018）陕0728民初389号。

② 南京市浦口区人民法院（2015）浦桥民初字第523号，滨州市中级人民法院（2014）滨中民一初字第4号。

③ 李宇：《民法总则要义——规范释论与判例集注》，法律出版社2018年版，第132页。

《民法通则》第三章专门规定了法人制度，但受制于历史条件和理论研究的薄弱，《民法通则》中“法人”一章存在内容过于单薄、法人类型不足、具体规则有误等问题。理念根基的不健全，导致立法对于法人的相关规定付之阙如。《民法通则》第五章“民事权利”中第一节“财产所有权和与财产所有权有关的财产权”中规定了国家财产所有权、集体财产所有权和公民个人财产所有权，但未明文规定法人所有权，囿于历史原因，《民法通则》未能充分确认和保护法人所有权。

关于法人的法律地位，存在学说之争，主要有“法人拟制说”“法人实在说”“法人否定说”等观点。“法人拟制说”认为，只有自然人才是法律上真正的主体，法人仅仅是一种观念上的整体，不具有意思能力和行为能力，必须将其与自然人从根本上进行区分。“法人实在说”则认为，法人作为权利主体不是法律拟制的结果，更不是法律的虚构，而是一种客观存在的实体，和自然人一样有自己的意思能力，可以依法享有民事权利和承担民事义务，是一种独立的民事主体。从比较法看，对于“法人拟制说”与“法人实在说”，各国立法各有取舍。[①]从我国学说和实践发展趋势来看，“法人实在说”得到了学者们的广泛认同。依据《民法通则》第36条和《民法总则》第57条关于法人的定义，法人是享有民事权利能力和民事行为能力，依法独立享有民事权利、承担民事责任的组织。关于法人的本质，我国采用“法人实在说”中的组织体说作为理论基础。采“法人实在说”中的组织体说，法人便同自然人一样享有平等的法律地位。虽然承认团体的法律人格并不意味着法人与自然人具有完全相同的人格属性，尤其在人格尊严及具体人格、身份权益的保护方面，但在财产权利方面，法人应和自然人一样受法律的一体保护。所有权是最基础和最重要的财产权利，法人所有权应当得到法律的承认和保护。

《物权法》第五章规定了国家所有权、集体所有权和私人所有权，关于私人所有权的概念和外延，学理上存在争议。《物权法》第五章以及《民法典》第二编第二分编中是否存在所有权主体“三元论”，即私人所有权主体是否包括法人，从法条编排和用语上可以看出立法者的态度。《物权法》第五章包括第45条至第69条，其中第45条至第57条显然规定的是国家所有权，第58条

---

① 张鸣起主编：《民法总则专题讲义》，法律出版社2019年版，第186页。

至第63条规定了集体所有权，第64条至第67条规定了私人所有权，至于第68条至第69条，无论是按照文义解释还是体系解释，显然无法将其归入国家所有权或集体所有权的规范中，因此由私人所有权吸收是较为合理的解释。随着市场经济的发展，承认法人所有权势在必行，因为法人是市场经济的独立主体之一，且是最为重要的主体。承认法人所有权，有助于形成产权清晰、权责明确、政企分开、管理科学的现代企业制度。[①]《民法典》第二编第二分编保持了《物权法》的体例安排，显然立法者已经把“私人”的概念扩张到自然人和法人，明确承认法人所有权的地位，对法人所有权予以平等保护，《民法总则》在第五章民事权利中专门规定了民事主体的财产权受法律平等保护，法人作为主要的民事主体之一，其合法享有所有权的地位得到了《民法典》的明确肯认，《民法通则》悬置的法人所有权问题得到了初步解决。

规范内容

一、适应《民法典》中法人类型的划分

本条来源于《物权法》第68条的规定，唯一的变动是主语由“企业法人”变更为“营利法人”，这是为了适应民法典总则编对法人的分类所作出的调整。不同于大陆法系国家“社团法人”和“财团法人”的二分法，我国法人制度自始便具有显著的中国特色。在《民法通则》中，我国法人类型分为“企业法人”（第三章第二节）和“机关、事业单位和社会团体法人”（第三章第三节）两大类，因此《物权法》第68条关于法人所有权的规定中所使用的主语是“企业法人”和“企业法人以外的法人”。随着我国经济社会的发展，新的组织形式不断出现，法人形态发生了较大变化，《民法通则》关于企业法人、机关法人、事业单位法人和社会团体法人的分类已难以适应新的情况，有必要进行调整和完善。

《民法总则》实际上延续了《民法通则》中企业法人和非企业法人的基本分类，根据法人设立目的的不同将法人分为营利法人、非营利法人以及特别

① 申卫星：《物权法原理》（第二版），中国人民大学出版社2016年版，第196页。

法人。《民法总则》第76条规定，以取得利润并分配给股东等出资人为目的成立的法人，为营利法人。第87条规定，为公益目的或者其他非营利目的成立，不向出资人、设立人或者会员分配所取得利润的法人，为非营利法人。第96条规定，本节规定的机关法人、农村集体经济组织法人、城镇农村的合作经济组织法人、基层群众性自治组织法人，为特别法人。这一分类概念和体系体现了法典化立法应有的理性，直接反映了我国现实的国情，表现出鲜明的中国特色。既实现了对《民法通则》法人类型概念的突破和创新，又保持了我国法人制度立法的连续性和稳定性。

在《民法总则》起草过程中，学界关于法人制度的构建主要存在两种声音：一是按照传统民法理论并借鉴国外立法例，分为社团法人和财团法人；二是沿用《民法通则》的思路略加修改，分为营利法人与非营利法人。根据法人设立目的的不同，将法人分为营利法人、非营利法人以及特别法人，以取得利润并分配给股东等出资人为目的成立的法人，为营利法人；为公益目的或者其他非营利目的成立，不向出资人、设立人或者会员分配所取得利润的法人，为非营利法人。在我国的法人组织中，是否具有营利性无疑是最具有法律意义的根本差异。营利性与否决定了法人完全不同的权利能力和行为能力，由此也决定了法人在各种法律关系中的地位和基本的权利义务和责任，其中特别是在税法上的不同地位和义务。[①]特别法人包括机关法人、农村集体经济组织法人、城镇农村的合作经济组织法人、基层群众性自治组织法人。特别法人是《民法总则》独创的概念，其内涵并不明确，只是营利法人、非营利法人之外其他法人组织的统称。之所以将特别法人作为一种独立的法人类型，是因为立法者考虑到一些法人组织在设立、变更、终止等方面具有特殊性，难以纳入营利法人和非营利法人的范围。[②]本条第2款所称“营利法人以外的法人”即指非营利法人以及特别法人。

正是因为《民法典》第一分编对法人制度的类型划分发生了较大变化，本条做出了相应调整。从“企业法人”“企业法人以外的法人”到“营利法人”“营利法人以外的法人”，表明了我国法人制度类型区分的历史变迁。

---

① 张鸣起主编：《民法总则专题讲义》，法律出版社2019年版，第211页。

② 李适时主编：《中华人民共和国民法总则释义》，法律出版社2017年版，第299页。

二、法人所有权的内容及特殊性

法人所有权由罗马法上的集体所有权发展而来。[①]集体所有权作为法人所有权的模型，虽然内涵发生了变化，但其在价值层面的典型特征被继承下来：客体优于主体，客体的经济目的、性质、功能相较于主体的权利被优先考虑。集体所有权关注的核心并非保障财产的个人支配，而是保障财产首先用于团体，服务于团体的共同利益。在现行法人所有权下，促进交易是法人制度的重要目的之一，立法强调的也是法人财产之利用，而非仅仅确认法人财产的任意支配。另外，在集体所有权下，集体作为一个整体在集体所有权制度框架中被置于首位，个人仅仅是隶属于整体的一部分，因此成员的个人利益必须服从于集体利益的实现。这一特征在法人决议机制中体现得尤为明显。法人机关做决议时采多数决，由投资份额占多数的投资人决定是否通过，只要达到相应的投票比例，拥有少数投票权的投资人即便持反对意见，该决议仍会通过并执行。

在现行法下，法人所有权是指法人对其所拥有的特定物所享有的直接支配和排他的权利。依据《民法通则》第71条、《民法典》第240条关于所有权的定义，法人对其不动产和动产依法享有占有、使用、收益和处分的权利，这是所有权下的积极权能。占有是指权利人基于对物的占有意思进行实际控制和管理的事实状态；使用是指所有权人按照物的功能和用途，在不毁损其物或者变更其性质的前提下加以利用；收益是指所有权人通过合法途径获取物所产生的利益；处分是指权利人决定所有物事实上和法律上命运的权能。关于所有权下的处分权能，一般认为包括事实上的处分和法律上的处分，前者是指通过事实行为对物加以处分，如加工、改造等，后者则是借助法律行为改变物的法律状态，如所有权转让、租赁等。处分权能是决定所有物命运的一项权能，最直接地反映了所有人对物的支配，故一向被认为是所有权内容的核心和拥有所有权的根本标志。[②]这里需要区

① 陈晓敏：《论大陆法上的集体所有权——以欧洲近代私法学说为中心的考察》，载《法商研究》2014年第1期。

② 李双元、温世扬主编：《比较民法学》，武汉大学出版社2016年版，第224页。

分法人财产权与法人所有权的关系：法人拥有独立的法律地位，其权利能力当然包含了取得所有权的权利能力，不应有所限制。在具备取得所有权资格后，只要发生一定的法律事实，例如买卖、赠与等，法人即可现实取得所有权。以此类推，法人还具备取得其他权利的资格，只要发生一定的法律事实，即可取得债权、股权、知识产权等权利，法人财产权即由各种类型的财产权集合而成，而法人所有权只是法人财产权的内容之一，二者不是同一位阶的法律制度。[①]虽然法人所有权和国家所有权、集体所有权等受到法律的平等保护，但法人所有权自有其特殊性，具体表现为主体、客体和权利行使三个方面。[②]

（一）主体的社会性

和自然人所有权主体相比，法人一般由众多投资者、成员构成，法人资产由股东或者设立人各种形式的出资形成，因此法人所有权的主体表现出更多的社会性，其主体意志更多受到各种社会因素的制约。股东依据认缴投资额或认购股份享有相应的股权。在两权分立的法人财产权理论下，股东出让作为出资的财产所有权以换取对法人的经营权，出资财产的所有权从股东名下转移到法人名下，公司是法人的公司，股东一旦将出资移转给公司，其所有权即移转为法人所有，股东的“原始”所有权同时转化为股权。[③]这正是法人所有权的特殊之处。而出资财产独立于股东个人后，股东与法人间便形成了一种特殊的关系，不可简单理解为纯粹的财产关系。根据意大利罗马法学者韦奈兹亚的观点，“在法人独立和分割的所有权范畴内部，个体所享有的权利不具有物权性质，对集体财产不具有直接支配权，集体承担依照其本来用途保存标的物的义务”[④]。一方面，法人由众多股东和投资人构成，股东通过出资享有权益；另一方面，出资财产为法人所有，股东享有的是股权，不得随

① 张力：《解构与重构——探求“法人财产权”理论的当代出路》，载《浙江社会科学》2007年第3期。

② 李国强：《物权法讲义》，高等教育出版社2018年版，第117—118页。

③ 胡明：《法人所有权争议的方法论根源》，载《政法论坛》2014年第3期。

④ 陈晓敏：《论大陆法上的集体所有权——以欧洲近代私法学说为中心的考察》，载《法商研究》2014年第1期。

意利用法人财产。

（二）客体来源方式的广泛性

法人资产主要通过投资人出资形成，在客体的来源方面，法人所有权表现出资方式的广泛性。如公司法人的财产既可通过股东出资而形成，也可能系经营积累而成。法人对上述所有财产享有所有权。如《民法典》第268条规定："国家、集体和私人依法可以出资设立有限责任公司、股份有限公司或者其他企业。国家、集体和私人所有的不动产或者动产投到企业的，由出资人按照约定或者出资比例享有资产收益、重大决策以及选择经营管理者等权利并履行义务。"依据《公司法》第27条规定，股东可以用货币出资，也可以用实物、知识产权、土地使用权等可以用货币估价并可以依法转让的非货币财产作价出资；但是，法律、行政法规规定不得作为出资的财产除外。可见公司法人资产来源的广泛性，凡是"可以用货币估价并可以依法转让的非货币财产"均可作为出资。

（三）法人所有权的行使

法人机关的意思即为法人的意思。如《民法典》第61条规定，依照法律或者法人章程的规定，代表法人从事民事活动的负责人，为法人的法定代表人。法定代表人以法人名义从事的民事活动，其法律后果由法人承受。第62条规定，法定代表人因执行职务造成他人损害的，由法人承担民事责任。法定代表人作为法人的代表机关，可以代表法人从事民事活动，并由法人承受相应的法律后果。此外，在公司中除法定代表人外，仍有股东会、董事会、监事会等法人机关有权依照章程规定行使法人所有权。

此外，有学者指出，法人所有权可以在公、私"斗争"中发挥调停作用。"在国家与个人为财产博弈之两端，一旦限制个人所有权失败就倒向对个人所有权的剥夺，又是令人不安的"，于是便有了法人所有权，其在财产法的社会化进程中发挥着独特的作用，既能克服个人所有权的弊端，避免权利滥用，又能吸收国家所有权的优势，维护社会公共利益。法人成为利益"集散地"，集中个人财产，实现私人财产的社会化利用，同时又能保障财产利益在法人成员、利害关系人之间公平的分配，以及与社会利益的协调。可以说，法人所有权发挥着调停公、私两大领域冲突的重要功能。[①]

三、依据章程的规定享有所有权

《民法典》第一分编第三章法人的一般规定中存在大量以法律、行政法规或章程为依据对法人进行具体规定的法律规范，例如第61条、第62条、第69条等规范，与引致性规范相比，这些规范的特殊之处在于以法人章程为依据，赋予法人章程和法律、行政法规同等的法律地位。法人章程是法人设立时由全体成员共同制定的、具有约束力的自治性规约。以公司法人为例，《公司法》第11条规定："设立公司必须依法制定公司章程。公司章程对公司、股东、董事、监事、高级管理人员具有约束力。"正如合同是民事主体设置的"私人的法"，法人章程是设立人定作的"法人的法"。章程是多数类型法人设立的必要条件，《民法典》第79条、第91条和第93条均规定设立法人应当依法制定法人章程。法人章程作为意思自治原则在法人领域的直接体现，可以包含与法人相关的各类事项，《公司法》第25条第1款规定，"有限责任公司章程应当载明下列事项：（一）公司名称和住所；（二）公司经营范围；（三）公司注册资本；（四）股东的姓名或者名称；（五）股东的出资方式、出资额和出资时间；（六）公司的机构及其产生办法、职权、议事规则；（七）公司法定代表人；（八）股东会会议认为需要规定的其他事项"。正是因为章程之于法人具有与法律、行政法规类似的效力，本条才将法律、行政法规和法人章程共同作为规定法人所有权的规范，法人依据《公司法》等法律法规享有不动产和动产的所有权，而其所有权的具体行使亦会受到《公司法》等法律法规和章程的限制与约束。

四、其他法人的所有权的法律适用

营利法人以外的法人主要是指非营利法人和特别法人。本条第2款并未如第1款明确规定非营利法人和特别法人对其不动产和动产的权利享有所有权，只是规定非营利法人和特别法人对其不动产和动产的权利适用有关法律、行

---

① 张力：《公、私"争斗"的"调停机制"——法人所有权在所有权社会化进程中的独特功用》，载《西南民族大学学报》（人文社科版）2008年第1期。

政法规以及章程的规定。该规定并未明确该种权利就是所有权，而将其引致适用有关法律、行政法规以及章程的规定。《民法典》第255条规定："国家机关对其直接支配的不动产和动产，享有占有、使用以及依照法律和国务院的有关规定处分的权利。"第256条规定："国家举办的事业单位对其直接支配的不动产和动产，享有占有、使用以及依照法律和国务院的有关规定收益、处分的权利。"上述条文，确认了机关法人和事业单位法人对其直接支配的不动产和动产享有所有权，只是其收益和处分权能受到法律和国务院有关规定的限制。但《社会团体登记管理条例》《基金会管理条例》等法律并未对法人所有权作出明确规定，只是对其财产运用有相应的规范。如《社会团体登记管理条例》第26条规定，社会团体的资产来源必须合法，任何单位和个人不得侵占、私分或者挪用社会团体的资产。社会团体的经费，以及开展章程规定的活动按照国家有关规定所取得的合法收入，必须用于章程规定的业务活动，不得在会员中分配。《基金会管理条例》第27条规定："基金会的财产及其他收入受法律保护，任何单位和个人不得私分、侵占、挪用。基金会应当根据章程规定的宗旨和公益活动的业务范围使用其财产；捐赠协议明确了具体使用方式的捐赠，根据捐赠协议的约定使用。接受捐赠的物资无法用于符合其宗旨的用途时，基金会可以依法拍卖或者变卖，所得收入用于捐赠目的。"

本条第2款未能如第1款明确承认非营利法人和特别法人对其财产享有所有权，根本原因在于《民法典》在法人体系化方面仍存有缺陷，《民法通则》遗留下的问题并没有完全解决。营利法人和非营利法人的二分法是《民法总则》在《民法通则》的法人制度基础上结合国情的独创，但"目的二分法"的分类导致某些中间地带的法人难以归类，因此不得不特别设立"特别法人"的概念。"目的二分法"直接造成的困境是一般规范的缺失，"提取公因式"本是《民法典》立法的主要方法。就法人设立目的而言，并不能提取各种法人的公因式，此种分类方法仅在税收、行政许可、行政补贴或政策优惠等公法事项上有其意义，在私法上的法律效果并不因法人有无营利性而有差异，法人内部是否分配利润本属私法自治，私法不容置喙。[①]因《民法典》法人一章未能提取法人公因式，导致本条第2款仍拘束于旧有思维，非营利法人和特

① 李宇：《民法总则要义——规范释论与判解集注》，法律出版社2018年版，第145页。

别法人对其财产所享有的权利需适用相关法律、行政法规和规章的规定，与单行立法的思路并无不同。相关单行法并未明确承认法人所有权之地位，据此，有必要从学理上进行法人的再体系化，将各种法人的共通法则一体把握，有助于法律漏洞补充，将营利法人中的通用规则类推适用于其他法人，或为可行的解决之道。[①]据此，非营利法人和特别法人对其不动产和动产的权利也应依法确认享有占有、使用、收益和处分的权利，但该种权利的行使也应遵循有关法律、行政法规以及章程的规定。《民法典》并未一般性规定非营利法人和特别法人对其不动产和动产所享有的所有权，而将其交由有关法律、行政法规以及章程来规定，并不妥当，亦是未能充分贯彻法人所有权的理念。

第二百七十条【社会团体法人、捐助法人的所有权】

社会团体法人、捐助法人依法所有的不动产和动产，受法律保护。

历史由来

本条是修改、增补《物权法》第69条规定的结果。它根据《民法典》有关法人的规定，将《物权法》第69条规定中的“社会团体”修改为“社会团体法人”，并增加了“捐助法人”的规定。

就社会团体法人和捐助法人而言，独立财产是团体人格独立的基本支柱，是判断法人人格有无的价值标准，赋予法人以主体资格，本身就意味着法人享有独立财产并独立承担责任。在民事基本法和特别法中，均强调对社会团体法人和捐助法人依法所有的不动产和动产等财产的保护。如1998年《社会团体登记管理条例》第29条第1款规定了对社会团体的财产保护，即“社会团体的资产来源必须合法，任何单位和个人不得侵占、私分或者挪用社会团体的资产”。《基金会管理条例》第27条第1款规定，基金会的财产及其他收入受法律保护，任何单位和个人不得私分、侵占、挪用。《宗教事务条例》第50条规定：“宗教团体、宗教院校、宗教活动场所合法使用的土地，合法所

---

① 李宇：《民法总则要义——规范释论与判解集注》，法律出版社2018年版，第146页。

有或者使用的房屋、构筑物、设施，以及其他合法财产、收益，受法律保护。任何组织或者个人不得侵占、哄抢、私分、损毁或者非法查封、扣押、冻结、没收、处分宗教团体、宗教院校、宗教活动场所的合法财产，不得损毁宗教团体、宗教院校、宗教活动场所占有、使用的文物。”《慈善法》第52条规定：“慈善组织的财产应当根据章程和捐赠协议的规定全部用于慈善目的，不得在发起人、捐赠人以及慈善组织成员中分配。任何组织和个人不得私分、挪用、截留或者侵占慈善财产。”

《物权法》第4条规定，国家、集体、私人的物权和其他权利人的物权受法律保护，任何单位和个人不得侵犯。该条将强调对各种类型的财产权利实行平等保护，确立了“一体承认、平等保护”的原则。该法第69条还规定，社会团体依法所有的不动产和动产，受法律保护。由民法典编纂过程看，本条形成于《民法典物权编（草案）》（征求意见稿）第66条。之后的民法典草案再未作出任何改动。

三 规范目的或功能

本条的规范目的在于保护社会团体法人和捐助法人依法所有的财产。所有权系整个物权系统的核心和灵魂，是物权法中最具重要性、最具价值及最具功用的制度。[①]任何团体的存在和发展都离不开对财富的拥有和支配。法律只有对团体的财产进行全面的保护，才能把人们追求财富的自觉性转变为促进社会发展的源源不断的动力。各类社会团体法人和捐助法人参与到社会治理体系中来，可在政府与市场、政府与公民之间充当桥梁与纽带，起到缓冲、减压的作用，使社会矛盾和社会冲突减少到最低，社会结构趋于合理与稳定，社会变得更加和谐有序。

我国的社会团体类型多样，包括人民群众团体（如共青团、工会、妇联）、社会公益团体（如希望工程基金会）、专业团体（如律师协会）、学术研究团体（如法学会）和宗教团体（如佛教协会）等，社会团体依法支配其合法财

---

① 陈华彬：《论我国民法典〈物权编（草案）〉的构造、创新与完善》，载《比较法研究》2018年第2期。

产是开展社团活动的必要条件之一。据此，为了保障公民的结社自由，维护社会团体的合法权益，社会团体依法所有的不动产和动产应当受法律保护。

此外，随着我国公益事业的发展，越来越多的以捐助财产为基础成立的捐助法人，在社会公共服务的各个领域发挥着日益重要的作用。[①]《民法总则》首次对捐助法人作出了系统规定，虽然没有采用社团法人和财团法人的分类，从捐助法人的定义来看，完全符合财团法人的基本特征。依据《民法典》第92条的规定，捐助法人的设立和存续基础为捐助财产。捐助财产来源于捐助行为，所谓捐助行为是指通过财物进行帮助的一切行为的总称。因此，为了使捐助法人永久性地从事公益事业，充分发挥其满足社会多元利益需求的作用、弥补公共产品和社会服务中的政府失灵的不足，捐助法人的财产应当受到法律的保护。

规范内容

本条规定了社会团体法人、捐助法人依法所有的不动产和动产，受法律保护，是所有权规则中有关私人所有权的规定。20世纪50年代以来，我国通过消灭私人所有权逐步建立起以公有制为主体的经济体制，在法学理论上大规模地照搬苏联法学，排斥人文主义革命为特征的法律知识体系，对自然人和法人财产所有权比较轻视甚至是敌视。[②]改革开放以后，我国社会主义市场经济体制逐步发育和成熟，我国社会中的财产权形式日益多样化，民事主体类型亦逐渐多元化，保护法人财产权的观念才逐步发展起来。

虽然在我国公有制经济关系仍占据主导地位，但私人所有权的范围仍在不断拓展，大有超越国家所有权和集体所有权之势。学理上，私人所有权还可以再区分为自然人个人所有权和法人所有权。法人所有权是指法人对其能拥有的物享有的在法律限制范围内的永久、全面、整体的支配物权。[③]《物权法》制定时，是否承认法人物权（包括法人所有权在内），存在极大争议。即

---

① 夏利民：《捐助法人的功能与制度价值》，载《江西社会科学》2017年第6期。

② 孙宪忠：《中国物权法总论》（第四版），法律出版社2018年版，第19页。

③ 李国强：《物权法讲义》，高等教育出版社2018年版，第117页。

使如此，虽然该法总则部分没有明确出现法人物权这一类型，而物权法的具体制度部分，对于法人的物权是予以承认的。在《民法典》规定的法人类型中，除机关法人拥有所有权还存在争议之外，其他三种类型的法人都是可以拥有所有权的法人。[①]在我国法人所有权的主体主要涉及营利法人，但也包括社会团体法人和捐助法人等。本条规定的就是社会团体法人和捐助法人对于其所有的不动产和动产的权利，实际指向的就是法人所有权。社会团体法人和捐助法人的动产和不动产等财产受法律保护，但在具体行使其所有权时，仍应遵循法律、法规和章程的规定。

一、社会团体法人的财产受法律保护

社会团体是指我国公民行使结社权利自愿组成的，为实现会员的共同意愿，按照其章程开展活动的非营利性社会组织。团体不同于法人，法人是团体被赋予主体资格后的身份。[②]《民法通则》第50条第2款虽然规定了社会团体的法人类型和法人地位，却没有界定社会团体法人的概念。《民法总则》第90条对社会团体作了新的系统规定：具备法人条件，基于会员共同意愿，为公益目的或者会员共同利益等非营利目的设立的社会团体，经依法登记成立，取得社会团体法人资格；依法不需要办理法人登记的，从成立之日起，具有社会团体法人资格。《民法典》第90条延续了该条规定。根据社会团体法人设立的目的的不同，可以将社会团体法人分为基于公益目的设立的社会团体法人、基于会员共同利益设立的社会团体法人和基于其他非营利目的设立的社会团体法人。[③]《民法典》第58条规定，设立法人应当有必要的财产或者经费并据此能够依法独立承担民事责任。社会团体的财产归社会团体所有。社会团体对其合法财产，享有直接支配权，不受他人非法干涉。

团体之是否适于成为交易主体，取决于其是否拥有“实体性”的财产亦即独立的财产。[④]社会团体所有的财产受法律保护，通过多种渠道形成的，由

---

① 孙宪忠：《中国物权法总论》（第四版），法律出版社2018年版，第127—128页。

② 张保红：《〈民法总则〉法人资格取得制度释评》，载《浙江社会科学》2018年第7期。

③ 张鸣起主编：《民法总则专题讲义》，法律出版社2019年版，第263页。

④ 尹田：《论非法人团体的法律地位》，载《现代法学》2003年第5期。

社会团体享有所有权的动产和不动产，是社会团体法人开展活动的物质基础，也是其成为社会团体法人的重要条件。社会团体要开展活动，就要有相应的财产，这是其独立承担法律责任的前提。可见，社会团体的财产对其存续和发展具有重要的作用。社会团体法人的财产可以是国家拨付的，也可以是其他组织或自然人捐赠的，还可以是募集得来的。具体来说，社会团体法人的财产包括社会团体依法所有的不动产和动产，社会团体的财产有的来自国家财政的拨款，有的则来自自筹。属于自筹的主要包括：（1）成员出资；（2）成员缴纳的会费；（3）接受捐赠的财产；（4）社会团体积累的财产。[①]社会团体的财产来源必须合法。按照《社会团体登记管理条例》的规定，成立社会团体必须有合法的资产和经费来源。

由于社会团体的财产对其存续和发展具有极为重要的意义，对社会团体法人的财产进行保护也是应有之义。社会团体对其依法所有的财产，享有直接的支配权，不受他人非法干涉。任何单位和个人都不得侵占、挪用、哄抢、破坏和任意调拨社会团体依法所有的财产，并且非经法律规定的权限和程序，不得征收、征用社会团体的财产。任何单位或者个人侵害社会团体财产的，该社会团体法人有权向法院提起诉讼，要求侵害人承担返还财产、赔偿损失等法律责任。在南陵县某委员会与马某返还原物纠纷案件中，法院认为，“原告作为讼争房屋的权利人，依法对自己的财产享有占有、使用、收益和处分的权利。当原告不再同意被告无偿居住时，被告继续占有、使用讼争房产，没有事实与法律依据，被告理应从讼争房屋内迁出”。在原告高某某与被告张某某合同纠纷案件中，法院认为，某餐饮协会系社会团体法人，并不是法定代表人的个人财产，任何单位和个人不得侵占、私分或者挪用社会团体的资产，因此，高某某无权转让某餐饮协会的资产。[②]

社会团体法人所有权的行使，也要受相关法律法规和章程的限制，不能随意进行处置。《社会团体登记管理条例》第26条第2款、第3款规定，社会团体的经费，以及开展章程规定的活动按照国家有关规定所取得的合法收入，必须用于章程规定的业务活动，不得在会员中分配。社会团体接受捐赠、资

---

① 韩松、姜占军、张翔：《物权法所有权编》，中国人民大学出版社2007年版，第158页。

② 广元市利州区人民法院（2019）川0802民初2757号判决书。

助，必须符合章程规定的宗旨和业务范围，必须根据与捐赠人、资助人约定的期限、方式和合法用途使用。社会团体应当向业务主管单位报告接受、使用捐赠、资助的有关情况，并应当将有关情况以适当方式向社会公布。第27条规定，社会团体必须执行国家规定的财务管理制度，接受财政部门的监督；资产来源属于国家拨款或者社会捐赠、资助的，还应当接受审计机关的监督。社会团体在换届或者更换法定代表人之前，登记管理机关、业务主管单位应当组织对其进行财务审计。

二、捐助法人的财产受法律保护

改革开放后，我国各种各样的基金会、社会服务机构、宗教活动场所等非营利组织大量涌现，极大地推动了我国慈善事业的发展和市民社会的壮大。1998年《基金会管理办法》将基金会归为社会团体法人范畴，主要受限于《民法总则》对于法人类型的规定。2004年《基金会管理条例》将基金会定义为非营利法人，并在各方面规范基金会的运营。《慈善法》首次用“社会服务机构”代替“民办非企业单位”，主要考虑用否定式的定义会造成内涵上的混乱。《宗教事务条例》规定了宗教活动场所的设立制度和管理制度，体现了组织性的特征，但没有明确其法人地位。《民法总则》第92条对捐助法人作出了规定：具备法人条件，为公益目的以捐助财产设立的基金会、社会服务机构等，经依法登记成立，取得捐助法人资格。依法设立的宗教活动场所，具备法人条件的，可以申请法人登记，取得捐助法人资格。法律、行政法规对宗教活动场所有规定的，依照其规定。据此，基金会、社会服务机构和宗教活动场所等类型共同构成捐助法人。由于捐助法人具有其特定的功能和存在价值，《民法总则》系统规范了捐助法人，对社会生活中普遍存在的制度需求进行了回应。

根据《民法典》第92条之规定，捐助法人是非营利法人的下位概念，具体包括基金会、社会服务机构以及宗教活动场所等类型，具备以下三个特征：其一，以公益为目的；其二，捐助财产为其成立基础；其三，依法登记的组织。该条虽然没有采用社团法人和财团法人的分类，但是从捐助法人的定义来看，完全符合财团法人的基本特征，主要是“财产的集合”。作为捐助法人成立基础的捐助财产具有以下特征：其一，捐助法人的财产来源于不受限制的捐助，即捐助人的人数和身份不受限制以及捐助的财产种类不受限制。捐助人可以是国家，可以是一般自然人和法人，也可以是国家、自然人、法人共同出资，或向社会广泛募集。此外，捐助法人设立时，捐助人可以捐助实物，也可以捐助货币。其二，捐助法人的财产基本上为非生产资料性质的物质财富。这主要是因为捐助法人设立的目的是扶持或从事学术、科学研究、宗教、慈善等事业，而不是营利，公益目的所要推进的是不能直接用货币加以衡量的非经济福利的发展。[①]其三，捐助法人的财产需要委托给专门的管理人行使。捐助法人没有成员，捐助人也依法不能对财团行使任何权利，所以捐助法人必须有专门的管理人，既对法人的财产运营状况负责，又代表法人行使财产所有权以及其他权利。[②]

在捐助法人的制度设计中，捐助人出于特定目的捐出一笔财产，此时的捐助财产就摆脱了任何人的控制，捐助财产只为实现特定的目的而存在，法律认为这些特定目的有长久存续的价值和意义，因而赋予追随这些目的的捐助财产以主体性，捐助财产的运用只服从于特定的章程规定的目的。捐助法人目的的实现要求其财产具有极高的安全性，这是捐助法人制度得以存在的核心和根本。[③]德国学界认为捐助法人最为重要的是捐助目的，而我国学界则普遍认为捐助法人以财产为基础。[④]因此，法律应当保护捐助法人的财产不受任何单位和个人的侵占、挪用、哄抢、破坏。任何单位或者个人侵害捐助法人财产的，捐助法人有权向法院提起诉讼，要求侵害人承担返还财产、赔偿损失等法律责任。

同时，捐助法人也必须依照相关法律法规和章程规定行使其所有权。我国捐助法人治理逻辑强调外部治理服务于内部治理，构建了“行政规制、司法介入和社会监督”的一体性构造。[⑤]《民法典》第94条和第95条对此进行了

① 张新宝、汪榆森：《论“为其他非营利目的”成立的法人》，载《法学评论》2018年第4期。

② 孙宪忠：《财团法人财产所有权和宗教财产归属问题初探》，载《中国法学》1990年第4期。

③ 夏利民：《捐助法人的功能与制度价值》，载《江西社会科学》2017年第6期。

④ 谭启平、黄家镇：《民法总则中的法人分类》，载《法学家》2016年第5期。

⑤ 李晓倩：《捐助法人治理的中国逻辑——以基金会决策机构为中心的考察》，载《当代法学》2018年第4期。

系统的规范，捐助法人财产的使用应受到法律法规和章程的严格限制。北京市高级人民法院（2018）京行终6655号判决书中，法院认为，基金会不得向个人、企业直接提供与公益活动无关的借款。基金会应当根据章程规定的宗旨和公益活动的业务范围使用其财产。本案中，基金会自2009年起对相关款项不作账务处理。基金会垫付相关费用、将他人债务计入自己账目等行为均不符合公益宗旨及基金会公益活动业务范围，亦不符合基金会相关账务管理要求。据此，法院驳回了其要求改判撤销民政部门的年检不合格结论及被诉整改通知的诉讼请求。由此可见，捐助法人在财产的管理和使用方面有合理的注意义务，不能超出法律和章程的限制。捐助的财产只能用于实现特定的公益目的，而不能成为谋求个人利益的工具。

其他问题

捐助法人在我国实践中大量存在，其法人所有权和所有制性质没有任何关系，因为它根本不包括生产资料。但是立法以及行政管理登记还是要确定其“所有制”性质，[①]具有不合理性。我国捐助法人仍主要受制于行政管控型治理模式，该模式脱胎于计划经济体制，以国家与捐助法人的纵向关系为背景，关注捐助法人如何完成国家所赋予的功能期待，而非围绕司法逻辑，关注私人权利，解决私法主体如何有效利用捐助法人这一制度资源，以及因利用资源引发的利益冲突。同时，在以官办的公募基金会为主的公益时代，基金会的收入主要靠国家资助和公开募捐，政府可以指派理事和监事管理基金会，还可以通过业务主管机关和登记机关实施双重外部监督，政府俨然以公共利益唯一代表的身份出现，将制度的运行完全诉诸国家权威，对基金会发起人、捐助人的利益保护不充分或几乎没有保护。[②]

---

① 孙宪忠：《中国物权法总论》（第四版），法律出版社2018年版，第161页。

② 罗昆：《捐助法人组织架构的制度缺陷及完善进路》，载《法学》2017年第10期。

中国社会科学院法学研究所
民法典研究丛书
MINFADIAN PINGZHU

民法典评注

物权编

2

孙宪忠　朱广新　主编

中国法制出版社
CHINA LEGAL PUBLISHING HOUSE

物权编撰稿人

（以撰写法律条文的序号排序）

常鹏翱 北京大学法学院教授，撰写第205—223条

崔文星 北京师范大学法学院副教授，撰写第224—232条及第323—329条

章正璋 苏州大学法学教授，撰写第233—239条及第458—462条

申惠文 郑州大学法学院副教授，撰写第240—245条及第288—296条

单平基 东南大学法学院副教授，撰写第246—259条

高　飞 广东外语外贸大学土地法制研究院教授，撰写第260—265条

陆　剑 中南财经政法大学法学院副教授，撰写第266—270条

鲁春雅 北京化工大学法律系副教授，撰写第271—287条

李国强 吉林大学法学院教授，撰写第297—310条

汪志刚 江西财经大学法学院教授，撰写第311—322条

袁　震 西北政法大学教授，撰写第330—343条

蔡立东 吉林大学法学院教授，撰写第344—361条

冯建生 河北工业大学副教授，撰写第362—371条

耿　卓 广东外语外贸大学土地法制研究院教授，撰写第372—385条

邹海林 中国社会科学院法学研究所研究员，撰写第386—393条及第447—457条

董学立 苏州大学法学院教授，撰写第394—419条

李　俊 中南财经政法大学法学院副教授，撰写第420—424条及第440—446条

陈永强 中国计量大学法学院教授，撰写第425—434条

郝丽燕 山东建筑大学法学院副教授，第435—439条

本编由朱广新负责统稿。

凡例

文献名称	本书指称
一、民法典草案与建议稿	
《民法典各分编（草案）》（征求意见稿）（物权编）	《民法典物权编（草案）》（征求意见稿）
《民法典各分编（草案）》	《民法典各分编（草案）》
《民法典物权编（草案）》（二次审议稿）	《民法典物权编（草案）》（二审稿）
《中华人民共和国民法典（草案）》	《民法典（草案）》
二、法律与行政法规	
《中华人民共和国民法典》	《民法典》①
三、司法解释	
《最高人民法院关于适用〈中华人民共和国合同法〉若干问题的解释（二）》	《合同法解释（二）》
《最高人民法院关于审理人身损害赔偿案件适用法律若干问题的解释》	《人身损害赔偿解释》
《最高人民法院关于审理建筑物区分所有权纠纷案件具体应用法律若干问题的解释》	《建筑物区分所有权解释》
《最高人民法院关于审理物业服务纠纷案件具体应用法律若干问题的解释》	《物业服务解释》
《最高人民法院关于贯彻执行〈中华人民共和国民法通则〉若干问题的意见（试行）》	《民法通则意见》
《最高人民法院关于审理环境侵权责任纠纷案件适用法律若干问题的解释》	《环境侵权责任解释》
《最高人民法院关于审理环境民事公益诉讼案件适用法律若干问题的解释》	《环境民事公益诉讼解释》
《最高人民法院关于审理城镇房屋租赁合同纠纷案件具体应用法律若干问题的解释》	《城镇房屋租赁合同解释》

① 本书引用的冠以“中华人民共和国”的法律与行政法规，简称时省略“中华人民共和国”字样，法律与行政法规简称均循此规律，不再重复标注。

续表

文献名称	本书指称
《最高人民法院关于适用〈中华人民共和国物权法〉若干问题的解释（一）》	《物权法解释（一）》
《最高人民法院关于适用〈中华人民共和国担保法〉若干问题的解释》	《担保法解释》
《最高人民法院关于执行〈中华人民共和国行政诉讼法〉若干问题的解释》	2000 年《行政诉讼法解释》
《最高人民法院关于适用〈中华人民共和国行政诉讼法〉的解释》	2018 年《行政诉讼法解释》
《最高人民法院关于适用〈中华人民共和国婚姻法〉若干问题的解释（一）》	《婚姻法解释（一）》
《最高人民法院关于适用〈中华人民共和国婚姻法〉若干问题的解释（三）》	《婚姻法解释（三）》
《最高人民法院关于审理买卖合同纠纷案件适用法律问题的解释》	《买卖合同解释》

目 录

CONTENTS

第二分编 所有权

第六章 业主的建筑物区分所有权 / 001

第二百七十一条【建筑物区分所有权的范围】/ 003

第二百七十二条【业主的专有权】/ 022

第二百七十三条【业主的共有权】/ 036

第二百七十四条【道路、绿地等的归属】/ 061

第二百七十五条【车位、车库的归属】/ 089

第二百七十六条【车位、车库配置比例】/ 105

第二百七十七条【业主大会和业主委员会的成立】/ 115

第二百七十八条【业主共同决定事项】/ 128

第二百七十九条【住改商的限制】/ 143

第二百八十条【业主大会或业主委员会决定的效力与撤销】/ 152

第二百八十一条【维修资金的归属与使用】/ 161

第二百八十二条【共有部分的收入】/ 171

第二百八十三条【共有部分的费用分摊与收益分配】/ 181

第二百八十四条【共有部分的管理】/ 190

第二百八十五条【业主的监督权、物业服务人的配合义务】/ 202

第二百八十六条【业主的义务】/ 215

第二百八十七条【业主权益的保护】/ 232

第七章　相邻关系 / *241*

第二百八十八条【处理相邻关系的原则】/ *243*

第二百八十九条【处理相邻关系的法律依据】/ *263*

第二百九十条【用水、排水相邻关系】/ *269*

第二百九十一条【通行相邻关系】/ *278*

第二百九十二条【建造、修缮建筑物及铺设管线等形成的相邻关系】/ *283*

第二百九十三条【通风、采光和日照相邻关系】/ *287*

第二百九十四条【弃置、排放有害物质相邻关系】/ *301*

第二百九十五条【相邻防险关系】/ *314*

第二百九十六条【相邻权行使的损害避免】/ *319*

第八章　共　有 / *329*

第二百九十七条【共有的定义和类型】/ *331*

第二百九十八条【按份共有】/ *337*

第二百九十九条【共同共有】/ *347*

第三百条【共有物的管理】/ *356*

第三百零一条【共有物的处分、重大修缮及变更性质或者用途】/ *363*

第三百零二条【共有物管理费用负担】/ *370*

第三百零三条【共有物的分割】/ *377*

第三百零四条【共有物的分割方式及共有物分割后的瑕疵担保责任】/ *385*

第三百零五条【按份共有的份额转让与优先购买权】/ *394*

第三百零六条【按份共有份额优先购买权的行使】/ *403*

第三百零七条【因共有财产产生的债权债务关系的效力】/ *413*

第三百零八条【按份共有的推定】/ *423*

第三百零九条【按份共有份额不明的确定】/ *430*

第三百一十条【准共有的法律适用】/ *436*

第九章 所有权取得的特别规定 / *443*

第三百一十一条【善意取得】/ *445*

第三百一十二条【遗失物的追回】/ *468*

第三百一十三条【动产善意取得对动产上原有权利的影响】/ *476*

第三百一十四条【遗失物的拾得】/ *477*

第三百一十五条【遗失物的领取通知与招领公告】/ *482*

第三百一十六条【遗失物的保管】/ *484*

第三百一十七条【遗失物权利人的义务】/ *486*

第三百一十八条【无人认领的遗失物的归属】/ *488*

第三百一十九条【拾得漂流物、发现埋藏物或者隐藏物的法律适用】/ *490*

第 三 百 二 十 条【从物随主物转让】/ *495*

第三百二十一条【孳息的归属】/ *498*

第三百二十二条【添附】/ *500*

第六章

业主的建筑物区分所有权

第二百七十一条【建筑物区分所有权的范围】

业主对建筑物内的住宅、经营性用房等专有部分享有所有权，对专有部分以外的共有部分享有共有和共同管理的权利。

历史由来

本条完全沿袭了《物权法》第70条，在《民法典》编纂过程中，各个阶段的民法典草案都没有对《物权法》第70条作出任何修改。从立法史看，建筑物所有权制度在我国最早可追溯到1989年由建设部颁布的《城市异产毗连房屋管理规定》关于城市房屋区分所有的规定，它为具有共同部分的产权人提供了处理毗连关系的物权行使的规范，费用分摊规则，以及物权侵权的损害赔偿规范。概言之，这一规定较为粗糙，未对业主行使共同部分权利和管理权利提供具体行为规范，没有规定管理规约，也缺乏对业主大会和业主委员会等管理机构的规定。考虑到彼时《合同法》尚未颁布，该规定已经前瞻性地允许房屋所有人组成房屋管理组织，自行管理相关事务，这也可看成对业主自治的私法自治原则的确认。当然，由于当时还处在社会主义计划经济体制之下，因此，对于委托他人进行房屋管理的，还需要受到房地产行政部门的指导。这一做法在后续的《物业管理条例》中不仅得到了延续，甚至扩及至业主大会和业主委员会的成立。①

从内容上来看，这一规定主要以城市房屋为规范客体，规定了房屋所有权人对于房屋使用和修缮，以及对于共有、共用设备和附属建筑的改建、修缮等毗连关系的处理规则。房屋所有人可以组成房屋管理组织，也可委托其他组织，在当地房地产行政主管部门的指导下，负责房屋的使用、修缮等管理工作。此外，办法还规定了房屋所有人或使用人有造成房屋危险行为，或超越权利范围侵害他方权益的赔偿责任。较之《物权法》和《民法典》，《城市异产毗连房屋管理规定》对业主行使权利的损害后果提供了更为具体的物权法上的请求权基础的规定。

---

① 《民法典》第277条第2款规定，地方人民政府有关部门、居民委员会应当对设立业主大会和选举业主委员会给予指导和协助。

规范目的或功能

建筑物区分所有权应当依法创设，并作为法律的调整对象。[①]多数建筑物区分所有权的立法均在前部规定了立法目的或宗旨，并对关键法律术语进行界定。我国尚未制定专门的建筑物区分所有权法，因此便借助本条来实现这一功能，对建筑物区分所有权的含义进行界定。

从本条前半句来看，我国从《物权法》到《民法典》均采纳了以专有权为核心的建筑物区分所有权概念。业主对专有部分享有所有权，这一表述对应了第272条第1句的“对其建筑物专有部分享有占有、使用、收益和处分的权利”。相应地，本条后半句，对专有部分以外的共有部分享有共有和共同管理的权利，则与第273条第1款前半句“对建筑物专有部分以外的共有部分，享有权利，承担义务”呼应。为了突出专有部分的主导性，第273条第2款特别指出，“业主转让建筑物内的住宅、经营性用房，其对共有部分享有的共有和共同管理的权利一并转让”。将这一款与本条结合起来，第273条第2款的含义实际是，业主转让建筑物内的住宅、经营性用房等专有部分的所有权的，其对共有部分享有的共有和共同管理的权利一并转让。

不过，本条除将建筑物内的住宅、经营性用房定义为专有部分外，并没有涉及其他类型的专有部分，如个人绿地、专有车位等。对共有部分的界定上采用了笼统的排除法，“专有部分以外的”即共有部分。不仅本条没有对专有部分、共有部分的范围、界定方法进行明确规定，《民法典》中建筑物区分所有权的其他一般条款，如第272条、第273条也未完成这一任务。这使得“建筑物区分所有权”一章的适用，常常必须依赖《建筑物区分所有权解释》相关条文来解释核心概念（如专有部分、共有部分），说明共同管理权计算的主要依据，如专有部分面积、住改商有利害关系的业主等之含义。甚至是业主的行为规范的范围，也需要依据该司法解释第15条来判断。

对比《物权法》与《民法典》中关于“建筑物区分所有权”一章的规定，

---

① 31 C.J.S. Estates §224.

会发现后者所做的修改主要致力于解决实践中涉及的表决难、维修资金使用难、共有部分收入被挪用等区分所有权应用中的一些具体问题。对于专有部分、共有部分的权属界分、二者与建设用地使用权的关系，全体业主的法律地位，以及管理规约的作用，业主的行为规范等实质问题，均在两个法律中尚付阙如。《民法典》通过之后，建筑物区分所有权一章仍面临着比较严重的“解法典化”的状况。[①]究其原因，一方面，法典化与单行法化相比，后者更适合建筑物区分所有权的立法趋势；另一方面，我国学术界和实务界至今并没有真正解决建筑物区分所有权的概念体系及其立法模式。

在本条理解上，相当多的学者同立法者、最高人民法院一样，采取了关于建筑物区分所有权含义的三元论的观点。这种看似已成通说的局面使得建筑物区分所有权制度从主体到客体的不确定性问题被严重忽视了。在建筑物区分所有权一章中，业主概念在个体与整体层面上被混用，个别业主与全体业主不分，全体业主实际上不具有法律实体性。而作为业主共同事项决议机构的业主大会及作为业主共同事项执行机构的业主委员会的法律地位仍然没有得到解决。凡此种种核心问题，均未能通过《民法典》“建筑物区分所有权”一章的条文进行明确规定，而需要结合司法解释、最高人民法院的批复、最高人民法院及其他法院的判决理由和代表性的学说进行讨论与分析。这对于物权法定原则和不动产登记簿公信力的贯彻与施行，对于法律安定性的维护而言，皆为无奈之举。

规范内容

一、建筑物区分所有权的含义

在我国民法理论上，对于如何理解建筑物区分所有权的含义有一元论（专有权说、共有权说、享益部分说）、二元论（专有权主导下的专有权与共有权结合说）、三元论（专有权、共有权、成员权一体化说）三种学说，在这几种

① 陆青：《论中国民法中的“解法典化”现象》，载《中外法学》2014年第6期。

学说中，三元论是通说。[①]实际上，这三种学说自身皆有不妥当之处，它们不仅未对罗马法以来的代表性国家或地区的建筑物区分所有权的立法背景及法律制度进行细致考察，而且对于物权法定原则的理解也有失偏颇。以下将主要针对其中影响较大的一元论（专有权说）、三元论展开分析。

（一）楼层所有权与一元论

19世纪以来，居民居住与生活的聚集空间从平面向立体转变，《法国民法典》率先对此趋势作出了回应。《法国民法典》第664条规定了未通过所有权契约对修缮或重建办法进行约定时，不同楼层的所有权人如何处理该问题。[②]这种对楼层所有权的规定被视为建筑物区分所有权立法的前身，也被一些学者看作建筑物所有权概念一元论中专有权说的肇端。这一规定仅承认各楼层属于不同的所有人，此乃于区分所有建筑物专有部分上享有的专有所有权权利。[③]此种看法不仅在一定程度上误读了楼层所有权的原有意义，而且由此推论出的建筑物区分所有权含义的一元论学说也颇有疑问。

以推崇这种见解的史尚宽及刘得宽的论述来看，他们均有将区分所有权定义为专有部分的表述，但此种表述更多地受到了日本《有关建筑物区分所有等之法律》第1条的影响。结合该法第2条及第11条来看，区分所有权并不限于专有部分，第2条称区分所有权为第1条规定的建筑物部分的专有权，但第11条仍然承认专有权之外的共用部分归区分所有人共

① 以下所录资料并非皆持此见，更无法包含这一问题上的所有论著，仅供参考各国建筑物区分所有权概念及立法的介绍，及各说的不同观点。参见陈华彬：《建筑物区分所有权法》，中国政法大学出版社2018年版；白江：《传统与发展：德国建筑物区分所有权法的现代化》，载《法学》2008年第7期；房绍坤：《建筑物区分所有权的构造》，载《法学研究》1994年第2期；王利明：《论业主的建筑物区分所有权的概念》，载《当代法学》2006年第5期；李国强：《建筑物区分所有权内涵的重新解释和规则厘清——基于民法典物权编编纂的展开》，载《河南社会科学》2018年第8期；陈甦：《论建筑物区分所有权》，载《法学研究》1990年第5期。

② 一幢房屋的数层楼分属于数个所有人时，如所有权契约中未规定修缮或重建的办法，修缮或重建应依下列规定办理：大墙及屋顶，由全体所有权人按照其所有某层楼价值的比率，分担费用。每层楼的所有人负责修建其在上面步行的地板。一层楼的所有人负责修建上升至一层楼的楼梯；二层楼的所有人负责修建从一层楼上升至二层楼的楼梯，并以此类推。参见尹田：《法国物权法》，法律出版社1998年版，第299页。

③ 陈华彬：《建筑物区分所有权法》，中国政法大学出版社2018年版，第71页。

有。[①]我妻荣也指出，作为所有权关系的是，被区分的作为所有权客体的专有部分和在构造上或根据规约被供作专有部分共同使用的共用部分。专有部分，虽为一栋建筑物的一部分，但被区分作为所有权标的的部分，称为专有部分。而共用部分，原则上属于区分所有人全体共有。它是一栋建筑物中构成区分所有权客体的专有部分以外的建筑物的部分，建筑物上不属于专有部分的附属物，以及虽为专有部分但根据规约作为共用部分的附属建筑物。此处的附属建筑物既包含建筑物中的专有部分，也包含另一个建筑物，但被视为附属建筑物之物，如仓库、车库等。[②]这说明，日本法在术语上使用区分所有权来指称专有部分，并非意味着建筑物区分所有权只限于专有部分，更不是把共有部分排除出区分所有人共有的客体之外。相反，它通过约定共有部分的法律规定，解决了附属建筑物的共有问题。

结合史尚宽与刘得宽的其他论述来看，或以前文日本法为据，这种名义上的一元论明确承认了专有部分及共有部分均为区分所有权之客体，且共有部分形态及种类很多，有些不易登记，此时只能够以现物公示主义或规约公示主义来代替登记主义。共有部分之共有持份伴随着专有部分被处分；[③]或主要援引我国台湾地区的相关规定及《日本民法典》第208条，来佐证“民法规定数人区分一建筑物而各有其一部者，该建筑物及其附属之共同部分，推定为各所有人之共有。分层所有，可解释亦包含在内”。

这表明，虽然王泽鉴提出我国台湾地区1995年“公寓大厦管理条例”规定的区分所有权继受德国的法律比较多，但实则更多地受到了日本法的影响。[④]在法学理论及立法的继受脉络上，确应因具体制度而综合考察，不能一概而论。既然上述我国台湾地区及日本学者的观点不足以作为一元论的重要论据，那么不妨再来考察一下楼层所有权在德国法上的含义及其立法立场变

① 第2条，本法所称“区分所有权”，指以前条所规定的建筑物部分（依第4条第2项规定被当成共用部分者除外）为标的物的所有权。第11条第1款，共用部分属于全体区分所有人共有。

② ［日］我妻荣：《我妻荣民法讲义Ⅱ：新订物权法》，罗丽译，中国法制出版社2008年版，第538—541页。

③ 刘得宽：《民法诸问题与新展望》，中国政法大学出版社2002年版，第32—34页。

④ 王泽鉴：《德国民法的继受与台湾民法的发展》，载《比较法研究》2006年第6期。

化。

《德国民法典》实施之前，在德国的一些州法律中也存在着楼层所有权，如符滕堡州法律规定，楼层所有权（Stockwerkeigentum）是在同一个建筑物部分上对楼层的专有权和对土地与地基的共同所有权的结合，据其性质和用途不允许进行分割。黑森州《民法典实施法》（AGBGB）第216条规定，德国民法典生效时存在的楼层所有权，土地和地基，承重墙和屋顶，以及只要未通过法律行为作出不同约定的，服务于建筑物共同使用部分的共有部分，根据楼层价值的关系属于楼层所有权人所有。可见，共有部分的份额是楼层单独所有权的重要组成部分。

正是因为楼层所有权的上述规定与特质，《德国民法典》在立法理由书中表述了未采纳楼层所有权的原因：楼层所有权将建筑物的共用部分视为专有部分的组成部分的做法，显然不符合罗马法上关于所有权组成部分的学说。但《德国民法典》未规定楼层所有权的原因并非出于此种法律教义学上的考虑，而是如立法理由书所言，楼层所有权的适用效果极差，人们认为楼层所有权是持续争端的源头。①因此，根据《德国民法典》第93条②及《德国民法典施行法》第182条③，在德国法上便禁止新设楼层所有权。④虽然建筑物区分所有权（德国法称为住宅所有权）的创设在一定程度上违背了第93条的规定，令建筑物的一部分成为特别所有权的客体，但法律仍然认为此处的所有权授予构成了对《民法典》第1008条的共有所有权的限制（《住宅所有权与长期居住权法》第3条第1款⑤）。要理解该条，应结合《德国民法典》第

---

① Heinz Paulick, Zur Dogmatik des Wohnungseigentums nach dem Wohnungseigentumsgesetz vom 15. März 1951, AcP 152, S.423; Bauer/Stuerner, Sachenrecht, 18.Aufl., Verlag C.H.Beck, Muenchen, 2009, S.375.

② 第93条，凡物的成分，不毁坏或在本质上改变其中一个成分或另一个成分就不能互相加以分离的（重要成分），不得为特别权利的客体。

③ 第182条，《德国民法典》生效时存在的楼层所有权仍然存续，当事人彼此的法律关系应根据先前的法律来确定。

④ Bauer/Stuerner, Sachenrecht, 18.Aufl., Verlag C.H.Beck, Muenchen, 2009, S.375.

⑤ 第3条第1款，一块土地之上的共有所有权（《民法典》第1008条）可以通过共有人的合同以此方式进行限制，即背离《民法典》第93条之规定，授予每一个共有人对在该土地之上建造的或将要建造的建筑物中的特定住宅或者不以居住为目的的特定空间的所有权。

94条[①]来进行分析。第94条将建筑物规定为土地的附属物，由此创设了以按份共有权为核心，以住宅或非居住用房的专有权为从属的建筑物区分所有权的构造模式，并采取房、地一体化的登记模式，将土地所有权和地上建筑物的共有权与专有权相结合。属于共有权的部分，主要为土地、所有的建筑物的承重结构部分以及公共设施，而特别所有权为住宅及其成分。[②]此种模式迥然不同于其他国家或地区所采取的房、地二分的建筑物所有权立法模式，其他国家或地区立法所构筑的建筑物区分所有权皆仅以建筑物的专有权或共有权为基础，而在登记簿中将土地使用权作为前者的附属。

（二）成员权与三元论

通说认为我国《物权法》第70条的规定也采纳了三元论，[③]系借鉴德国法的做法而来。

有学者提出，三元论为德国法的主流学说，三元论与二元论最大的区别在于是否规定成员权。也有不同看法认为《物权法》第70条规定的并非成员权，而是共同管理权，从而将三元论构建为专有权、共有权与共同管理权。[④]同样采纳三元论的观点也不乏将成员权等同于共同管理权的。[⑤]对此，也有学

---

① 第94条，定着于土地和地面的物，特别是建筑物，以及土地的出产物（只要它们与地面连在一起），属于土地的重要成分。

② ［德］鲍尔、施蒂尔纳：《德国物权法》（上册），张双根译，法律出版社2004年版，第636—637页。

③ 最高人民法院民事审判第一庭编著：《最高人民法院〈建筑物区分所有权、物业服务司法解释〉理解与适用》，人民法院出版社2009年版，第29页；徐海燕：《区分所有建筑物管理的法律问题研究》，法律出版社2009年版，第7页。

④ 全国人大常委会法制工作委员会民法室主编：《〈中华人民共和国物权法〉条文说明、立法理由及相关规定》，北京大学出版社2007年版，第107页；崔建远：《物权：规范与学说——以中国物权法的解释论为中心》（上册），清华大学出版社2011年版，第402页。

⑤ “建筑物区分所有权人（业主）的成员权，亦称构成员权（Mitgliedschaft），或共同管理权。”陈华彬：《建筑物区分所有权法》，中国政法大学出版社2018年版，第223页。基于这种成员权（德国学者贝尔曼所倡导的）（也就是《物权法》所称的共同管理权），区分所有人的集会功能得以加强。最高人民法院民事审判第一庭编著：《最高人民法院〈建筑物区分所有权、物业服务司法解释〉理解与适用》，人民法院出版社2009年版，第29页。此处的观点亦系援引陈华彬前书第1版的观点而来，不同的是，该司法解释之释义书认为《物权法》第70条规定的是共同管理权，只是在性质上与德国学者贝尔曼倡导的成员权相同。

者持不同意见。认为《物权法》第70条规定的建筑物区分所有权的内容包括专有部分的所有权和共有权，该规定突出了物权的属性，并指出我国多数学者认为区分所有由共有和单独所有构成。①

以下将以《德国民法典》与《住宅所有权与长期居住权法》的立法资料及三元论相关学说为分析基础，探讨以成员权为基础的三元论的理论基础，及其是否为德国法的主流学说，对我国是否具有可借鉴性。

首先，不能将共同管理与三元论中的成员权等而视之。德国《住宅所有权与长期居住权法》并未在住宅所有权的"第一部分"的"概念"中对特别所有权和共有财产份额以外的住宅所有权人之间的权利义务作出界定，第二章"住宅所有权人共同体"第11条第6款规定，住宅所有权人共同体可以在共有财产管理的范围内相对于第三人和住宅所有权人自己取得权利和承担义务。可见，是否规定共同管理并不是能否将此种权利定性为成员权的关键，即从"共同管理"的字面含义并不能对其所依附的权利性质进行一般性推定，而应着重考量成员权学说所依据的法理基础。

其次，三元论的代表性学者贝尔曼对于成员权的财产权含义并无定论。一方面，他认为，根据民法的基本原则，作为组成部分和附件，成员权的财产权意义属于共同所有权。根据《住宅所有权与长期居住权法》第6条，特别所有权不可分割地与共同所有权的份额即共同体财产的份额相结合。每一个共同体的成员，即每个住宅所有权人，由于其归属于共同体，对于共同体财产持有与其比例相应的共有份额。②这个理解共有权的角度无疑有倒因为果的嫌疑，显然，住宅所有权人不是因为先取得成员权，而后享有相应的财产份额，而是因为《德国民法典》上建筑物为土地之成分的原理，特别所有权不能脱离其所属份额而让与或设定负担（《住宅所有权与长期居住权法》第6条第1款）。至于其一再强调的，特别所有权与共有权转让后，受让人自动取得住宅所有权人共同体的资格，也并非源自成员权的效力，乃是因为共有份额之上的权利及于从属于其的特别所有权（《住宅所有权与长期居住权法》第6

① 王利明：《论业主的建筑物区分所有权的概念》，载《当代法学》2006年第5期。

② Johannes Baermann, Wohnungseigentum, C.H.Beck'sche Verlagsbuchhandlung, Muenchen, 1991, S.33.

条第2款)。这一点从特别所有权的设立方式上即可得到证明。

另一方面，贝尔曼也承认，从物权效力来看，成员权并没有在法律上获得特别的规定，其被视为有物权效力，至少可以看成专有权的内容。不过，他特别指出，根据《住宅所有权与长期居住权法》第10条第2款和第3款，住宅所有权人可以作出不同于《住宅所有权与长期居住权法》的约定。这些与他所论述的债法性质的约束，以及所举的法律关系或法律规范对所有权归属的限制，如按份共有的设定等，均不过是对所有权客体或权限的一种处分。[①]这些限制本身并不能成为独立的物权的权属来源。由此可见，成员权的财产权意义仍是由特别所有权的权能衍生而来，并不是能够与特别所有权、共同财产的按份共有权等量齐观的权利。

再次，贝尔曼的三元论主张住宅所有权是一项新的所有权，这并非德国法上的主流学说。概言之，贝尔曼的三元论来自他对所有权唯一性和绝对化的传统理论的否定。他认为所有权不仅可以从空间上进行分隔，也可以从性质上对所有权的利用进行内容的划分。德国中世纪法上的共同共有关系，减轻了对于集体不具有自己法律人格的要求。他所强调的这种成员权仍然以共同共有关系的存在为前提。然而，德国法上并不承认共同共有，他仍将《德国民法典》第741条之下规定的共同关系视为一种介于单纯的共有和法人之间的团体(Kollektivitaet)。[②]可见，作为三元论的核心，贝尔曼认为住宅所有权是一种新的所有权类型。在这个问题上，他也谈到，德国在制定《住宅所有权与长期居住权法》时面临着选择：是在一个非真正的楼层所有权(《德国民法典施行法》第131条[③])上设计一个共有权，还是一个新的真正的所有权。显然，在关于立法者意图的理解上，他过于偏重BGH个别案例，偶然接受三元复合的统一住宅所有权作为新的物权概念，认为《住宅所有权与长期居住权法》意在创设一个新的真正的所有权。

---

① Johannes Baermann, Zur Dogmatik des gemeinen Raumeigentums, AcP155, S.14, 11.

② Johannes Baermann, Zur Dogmatik des gemeinen Raumeigentums, AcP155, S.10–15.

③ 根据该条，如果授予土地上建筑物的每个共同所有人该建筑物部分的专有使用权，这不会影响州法律的规定，应更详细地规定共有关系，不适用《德国民法典》第749—751条。根据此条来看，显然，《德国民法典》并不打算在民法典中承认以专有权为核心，以共有关系为附属的楼层所有权。这种情况下的共有关系不能适用第749—751条来进行废止。

但是，作为《住宅所有权与长期居住权法》立法理由的编辑者，魏特瑙尔（Weitnauer）却认为，①草案并未考虑根据《德国民法典施行法》第131条的框架（所谓的不真正的楼层所有权）来扩充共有权人共同体。在他看来，一个特别安排的共有权，住宅所有权并不比这些多，它不是新的法律制度。把单独许可特别所有权作为再创造，其从概念上与有关的空间权利（空间上受限制的）并不矛盾。

在三元论的理论建构上，贝尔曼未采纳当时多数学者公认的双重或分离理论，而借鉴了由勒尔（Roell）创造的统一理论。然而，细究该理论的一些代表学者的观点，不难看出，统一理论与三元论是南辕北辙的两个理论。

例如，勒尔指出，根据该理论，住宅所有权不能讲是三个组成部分的统一，而是一个统一的法律关系，由两个主要元素组成，即特别所有权和通过法律及所有权人约定而形成的共同体关系。②鲍尔将共有权和特别所有权的结合视为住宅所有权的组成部分是正确的。据此，贝尔曼也将鲍尔的观点看作统一论的论据，但在前面的论述中，贝尔曼却认为鲍尔的观点属于双重学说。这些都表明，其实贝尔曼并没有为自己坚持的三元论奠定坚实的理论根基。

复次，贝尔曼对住宅所有权人共同体的法律性质的观点也与主流见解不同。贝尔曼认为应将住宅所有权人共同体看作由个人设立的特殊类型的人的集合体（Personenverband eigener Art），其在一定程度上具有有限的权利能力。根据《住宅所有权与长期居住权法》第10条，住宅所有权人可以对彼此间的关系，也就是他们的共同体的关系作出与《住宅所有权与长期居住权法》不一致的约定，只要在该法中没有明确的相反规定。③与贝尔曼的见解不同，魏特瑙尔认为，住宅所有权人之间债法上的关系是以一种已知的法律形式，即按《德国民法典》第741条以下的按份共有关系来调整。④贝尔曼对第10条第2款的观点与该款的含义并不一致。依据该款，“住宅所有权人之间的关系

---

① Hermann Weitnauer, Das Wohnungseigentumsgesetz, JZ, Nr 6, 1951.

② Johannes Baermann, Wohnungseigentum, C.H.Beck'sche Verlagsbuchhandlung, Muenchen, 1991, S.12.

③ Johannes Baermann, Wohnungseigentum, C.H.Beck'sche Verlagsbuchhandlung, Muenchen, 1991, S.33.

④ Hermann Weitnauer, Das Wohnungseigentumsgesetz, JZ, Nr 6, 1951, S.164.

受本法规定调整。如果本法没有特别规定，适用《民法典》关于共有的规定。只要没有其他明确规定，住宅所有权人可以做出不同于本法的规定”。很显然，从此条规定的法律适用层次来看，魏特瑙尔的理解更为贴切。从住宅所有权让与时，受让人是否应承担《住宅所有权与长期居住权法》第16条第2款的未结清的共有财产的维修与养护费用来看，贝尔曼依然认为应根据成员权的内容来界定买受人的责任。买受人于买受时无法预见对这部分欠款的购买风险。而魏特瑙尔则认为可以根据不当得利来处理所欠物业维护的尾款。可见，不论根据二人谁的观点，负担共有财产的维护费用，作为住宅所有权人的义务，并无法如《住宅所有权与长期居住权法》第10条的权利、义务一般，一并由买受人继受，这再次证明了共有财产管理相关的权利义务，不具有物权法的效力，更难以构成住宅所有权之一部分。①

住宅所有权人之间构成一种法定的债的关系，这一结论也为沃尔夫所认可。②鲍尔指出，在2007年《住宅所有权与长期居住权法》修订之前，尽管住宅所有权人共同体有团体的特征，但是其权利能力和不动产登记簿之登记能力均被否认。继2005年BGH的判例承认了住宅所有权人共同体的部分权利能力后，2007年《住宅所有权与长期居住权法》修订时，于第10条第6款明确规定了此种部分权利能力。每一个住宅所有权人都是具有部分权利能力的住宅所有权人共同体的必然成员。鲍尔此处所称的成员，并非贝尔曼所指的通过设立而形成的团体与成员的关系。作为按份共有的共有人的全体住宅所有权人（Wohnungseigentuemer,《住宅所有权与长期居住权法》第10条第1款）和具有部分权利能力的住宅所有权人共同体（die Gemeinschaft der Wohnungseigentuemer,《住宅所有权与长期居住权法》第10条第6款）并不存在法律上的同一性，他们是两个彼此区别、财产相互分立的、并存的法律规范主体。很显然，鲍尔所指的住宅所有权人是一种成员，并不是泛指以住宅所有权人的共有财产为基础的全体住宅所有权人的成员，而只是《住宅所有权与长期居住权法》第10条第6款作为具有部分权利能力的住宅共同体的成

---

① Johannes Baermann, Wohnungseigentum, C.H.Beck’sche Verlagsbuchhandlung, Muenchen, 1991, S.239–240.

② ［德］曼弗雷德·沃尔夫：《物权法》，吴越、李大雪译，法律出版社2002年版，第70页。

员。[①]依据该条，住宅共同体在共有财产管理的范围内相对于第三人和住宅所有权人取得自己的权利和承担义务。

最后，广为流传的三元论，不过是一些学者对贝尔曼论述双重学说和统一学说部分结论的一种断章取义。“根据住宅所有权概念的统一观念，包括共有份额，特别所有权和物质化了的成员权，法律适用从各个要素的法律性质中进行提取。”住宅所有权的特征由此混合了物权法和债法的权利类型，更应被视为共同体的权利，类似于让与担保。贝尔曼显然从《住宅所有权与长期居住权法》第11条住宅所有权人共同体的不可解散性出发，过于强调这一特征，由此认为住宅所有权是共有份额、特别所有权和不可解散的共同体的不可分割的统一体。[②]由这个结论而言，如果法律适用时，仍需要从各个要素的法律性质中提取其特征，似乎也难以认为其中的每一要素均体现了住宅所有权作为新的法律制度的特殊性。很显然，三者的法律地位差距悬殊，分别具有的不同属性。贝尔曼还赞同芬格（Finger）提出权利束的看法。这也表明了，将三个性质迥异或为不动产登记簿中的权利（特别所有权、共有份额持份权）或为一种法定的法律关系（共同体不可解散的规定）人为组合，难以构建出一个皆以权利为顶点的三角形的内部逻辑结构。

综上，贝尔曼的三元论实质上并未突破二元论的理论基础和法律框架。若将之看作一种改良版的二元论，无疑更为妥帖。虽然德国法上以鲍尔为代表的分离学说更值得赞同，但我国与日本一样，均采取了房地分离的立法模式。因此，在解释本条的内容时，并不能盲目地借鉴德国法的分离学说。比如，以日本为例，对于管理关系，曾设想过成立组合契约，通过管理规约、集会的决议来进行处理。然而，现实中，区分所有权人并不一定缔结管理组合契约并设定明确规约。共用部分的所有关系，不需要登记。不仅如此，还将共用部分的持份权，随专有部分处分。因此，在解释我国建筑物区分所有权立法时，不宜采取德国法上将专有部分、共有部分及土地所有权或使用权作为一个整体的立法模式和解释思路。日本的立法模式

---

① Bauer/Stuerner, Sachenrecht, 18.Aufl., Verlag C.H.Beck, Muenchen, 2009, S.379.

② Johannes Baermann, Wohnungseigentum, C.H.Beck'sche Verlagsbuchhandlung, Muenchen, 1991, S.13–14.

虽然与我国更为接近，但在区分所有权的定义上，皆将其限定为专有权，固也不宜直接借鉴。

二、建筑物区分所有权与共同管理权的关系

本条对居住和非居住用途的建筑物的区分所有权进行了统一规定。从术语上看，采取了二元论的表述方法。将建筑物内的房屋（居住用途及非居住用途）所有权规定为一般物权法意义上的所有权，把专有部分以外的共有部分规定为共有和共同管理的客体。前已述及，共同管理权乃共有关系的附属性权利，且主要由法律进行规定，并不能将其看作物权法上的权利。因此，不论将其定性为成员权还是共同管理权均有不妥，理解为法定的契约关系较为恰当。

在我国，建筑物区分所有权人的团体关系，不是如德国法一样，因对土地共有权进行限制或分割，并将不同于《住宅所有权与长期居住权法》调整方式的约定记载入登记簿而产生。业主购买专有部分的所有权只能获得专有权和共有权，业主大会在召开后才成立。所以，这种团体关系不是附属于共有关系的组成部分，不是依法当然存在的全体所有权人共同体，更像是一种基于决议行为而存在的无全体业主实体的按份共有关系。有学者提出业主大会和业主委员会必须以自己的名义进行必要的民事活动，是民事主体，可以采取法人或非法人组织的形式。[①]也有学者从最高人民法院的个案答复中承认了业主委员会的被告或原告的诉讼主体资格，即认为司法解释已经承认了业主委员会的诉讼当事人地位，这种个案解释并非规范解释，不具有普遍适用的效力。至于业主委员会代表业主订立物业服务合同，[②]最终的后果由业主承担，不能视业主委员会为独立的民事主体。

但是，业主大会或业主委员会与非法人组织不同，它的成员不是通过缔结设立协议的行为加入该组织，而是对建筑物所包含的共有部分进行依法管理而自动形成的，与按份共有中的管理关系更为类似。日本《有关建筑物区

---

① 郭明瑞：《民法总则中非法人组织的制度设计》，载《法学家》2016年第5期。

② 张新宝、汪榆森：《〈民法总则〉规定的“非法人组织”基本问题研讨》，载《比较法研究》2018年第3期。

分所有等之法律》第47条规定，（区分所有人的）团体，以区分所有人及表决权各四分之三以上多数的集会决议，决定成立法人意旨与其名称及事务所，且在其主事务所的所在地登记而成为法人。可见，除非有法律明确规定，或经业主决议设立，区分所有人团体并不具有民事主体的地位或诉讼当事人地位。

有学者提出，可以将这种共同体类推为德国法上的无权利能力社团。[①]无权利能力社团的财产不属于社团所有，属于社团成员共同共有，与建筑物区分所有权中共有权的按份共有的性质并不相同。

不同于日本和我国台湾地区仅将专有权部分定义为区分所有，《物权法》第70条和《民法典》第271条对区分所有的定义更接近美国的《统一区分所有权法》（UCA）。区分所有（condominium）是一般性的术语，指在多单元的项目之上的单个单元的独立所有权体系。它需要遵从法律的定义，按照《统一区分所有权法》第222条，区分所有权是一种所有权形式，购买者拥有一个单元（unit），附带在开发商共同财产之上的附属财产所有权的利益，它是一种财产法上的混合状态，个人为该单元承担费用，并与其他单元所有人对共有部分享有不可分割的利益。因此，区分所有由两部分财产构成：单元（units）和共有部分（common elements）。[②]共有部分的利益不能从单元中分离出去。作为一种不动产所有权，区分所有需要对财产使用、维护、管理和费用相关的权利和义务进行综合性分配。

根据我国《物业管理条例》第10条，[③]成立业主大会并不是业主的义务，业主可以一致同意不成立业主大会。业主大会并不是由缔结管理规约而引起的，相反，需要在业主大会上制定管理规约。它不需要进行登记，因此是一种法定之债的关系，而非当事人能够自由处分的权利。这也是德国《住宅所有权与长期居住权法》第11条规定，共同体不可解散性的原因之一。虽然《物业管理条例》第11条第7项规定，业主共同决定“有关共有和共同管理权利

---

① 梅伟、张旭东：《论我国业主团体的法律地位》，载《江西社会科学》2008年第4期。

② 31 C.J.S. Estates §222.

③ 第10条，只有一个业主的，或者业主人数较少且经全体业主一致同意，决定不成立业主大会的，由业主共同履行业主大会、业主委员会职责。

的其他重大事项”，但并不能从术语的使用上将该权利认定为具有成员权性质的共同管理权。

三、业主的认定

一些学者认为，我国物权法上的业主与国外的住宅所有权人和区分所有权人是同义语。[①]

尽管登记的效力有所不同，但在大陆法系的国家和地区中，专有部分的所有权人均需进行登记，如德国、日本和我国台湾地区。然而，我国《建筑物区分所有权解释》第1条[②]在继受取得的业主认定标准上，采取了双轨制的做法。第1条第1款将取得专有部分所有权的人认定为业主，而第2款却为了承认事实物权的占有人，将与开发商进行交易，取得占有却未进行登记的房屋买受人认定为业主。尽管这一款为了表明与前款的区别，采用了“可以认定”的表述，但该条适用范围极其狭窄，不能涵盖实践中二手房交易亦允许补办登记的做法，[③]而且破坏了不动产物权变动登记生效的规定（《民法典》第214条[④]）。

我国《建筑物区分所有权解释》第1条的立法目的是解决实践中大量存在此类未办理登记的房屋买卖行为，但是，如此一来，就会引起合法占有人与房屋登记人，一个可以被认定为业主，一个应当认定为业主的问题。根据该条第2款，便会出现专有部分的所有权人一定是业主，而业主并不一定是专有部分的所有权人的荒谬现象。这种司法解释人为地制造了可以被认定为业主，

---

① 王利明：《论业主的建筑物区分所有权的概念》，载《当代法学》2006年第5期。唯一不同的是，作者认为，只购买了车库没有购买房屋的人也能够成为业主。这与国外建筑物区分所有权法中车库通常不能单独向业主以外的人出售的立法并不一致。

② 第1条第1款，依法登记取得或者根据物权法第二章第三节规定取得建筑物专有部分所有权的人，应当认定为物权法第六章所称的业主。第1条第2款，基于与建设单位之间的商品房买卖民事法律行为，已经合法占有建筑物专有部分，但尚未依法办理所有权登记的人，可以认定为物权法第六章所称的业主。

③ 《天津市国土资源和房屋管理局关于印发开展房屋权属补办登记工作实施方案的通知》（津国土房地权〔2010〕385号）。

④ 第214条，不动产物权的设立、变更、转让和消灭，依照法律规定应当登记的，自记载于不动产登记簿时发生效力。

却还不是房屋所有权人，或者业主与房屋所有权人并存，需要经过法院裁决再进行确权的事实。因此，房屋买卖合同履行后未办理登记过户手续的，买受人未得到房屋的所有权。买受人可请求法院判决强制出卖人办理登记过户手续，或者判决出卖人依买卖合同承担违约责任，①并不能当然根据《建筑物区分所有权解释》第1条第2款将此时的买受人认定为业主。

综上，为了避免人为地将法律行为的效果进行割裂，也遵照低位阶法规效力不得超越高位阶法规的一般原理，应当认定《建筑物区分所有权解释》第1条第2款的规定与《民法典》第214条抵触因而无效。在业主的认定上，仅适用该司法解释第1条的规定。

至于在用语上是采用业主，还是区分所有权人，抑或是建筑物区分所有权人，皆不影响专有部分权属的认定。在建筑物区分所有权之前加上业主的限定，此种做法已为我国司法实践和社会广为接受，虽不免有冗词之嫌，但亦不会损害对权属含义的理解。

有学者认为，《物权法》第70条的语词（业主的建筑物区分所有权）及定义，会使人认为区分所有是针对建筑物而言，然而，第73条也规定道路、绿地由业主共有。所以，权利义务包括土地的使用权。因此，应称为不动产的区分所有。这种见解有一定道理。然而，其忽视了道路、绿地属于对建设用地使用权的利用，其本身并不是土地所有权，也不是土地使用权。②

也有学者提出，我国建设用地使用权可以在地表、地上、地下分别设立，可以涵盖空间权，法律上不宜将空间权设置为一类不动产物权。这个观点虽然可以用以批驳上文的不动产区分所有权，但是，它并没有解决建筑物区分所有权与建设用地使用权的关系。《建筑物区分所有权解释》第3条第2款规定了除特别规定外，业主共同享有建设用地使用权。然而，该条超出了《立法法》规定的司法解释的权限。

以本条对业主的认定来看，如果采用文义解释，将区分所有权局限为对建筑物的权利，不免难以解决建筑区划内，除建筑物以外其他附属设

---

① 梁慧星：《制定中国物权法的若干问题》，载《法学研究》2000年第4期。

② 谢哲胜：《中华人民共和国物权法综合评析》，载《上海交通大学学报》（哲学社会科学版）2007年第3期。

施、附属建筑物上成立专有权的可能性，比如车库、储藏室、露台、花园、菜园等。《建筑物区分所有权解释》第2条[①]借鉴了我国台湾地区“公寓大厦管理条例”第3条的做法，扩大了区分所有权的范围。因此，在对本条建筑物区分所有权专有部分范围的认定上，宜采该条的做法，不必拘泥于文义。

四、建筑物区分所有权的客体

法律所规定的建筑物所有权客体之模式，大致可以分为四种：第一种是仅以居住为目的的房屋为调整对象，如我国台湾地区“公寓大厦管理条例”。第二种是以住宅为主要调整对象，设置对非居住目的的区分所有权的准用规定，如德国《住宅所有权与长期居住权法》规定了住宅所有权（Wohnungseigentum）和部分所有权（Teileigentum）（非居住目的），令住宅所有权的相关规定适用于部分所有权（第1条第6款）。第三种是采用列举的方式，规定建筑物区分所有权适用于住宅和其他非居住用途，如日本、奥地利。日本《有关建筑物区分所有等之法律》第1条规定，建筑物区分所有适用于独立的住宅、店铺、事务所、仓库或其他建筑物用途。第四种则对建筑物的用途不作区分，统一对建筑物区分所有权进行规定，如美国《统一区分所有权法》和我国香港特别行政区《建筑物管理条例》。

我国从规范模式来看更接近于第三种模式，但使用了业主代替建筑物区分所有权人。

五、经营性用房

经营性用房一语最早见于1994年建设部房地产业司《关于贯彻建设部令第33号〈城市新建住宅小区管理办法〉实施意见的通知》（已失效），该通知规定，各有关部门应努力创造条件，鼓励物业管理公司利用小区内经营性用

---

① 第2条，建筑区划内符合下列条件的房屋，以及车位、摊位等特定空间，应当认定为物权法第六章所称的专有部分：（一）具有构造上的独立性，能够明确区分；（二）具有利用上的独立性，可以排他使用；（三）能够登记成为特定业主所有权的客体。规划上专属于特定房屋，且建设单位销售时已经根据规划列入该特定房屋买卖合同中的露台等，应当认定为物权法第六章所称专有部分的组成部分。本条第1款所称房屋，包括整栋建筑物。

房开展多种经营及方便居民生活的多项服务，以经营收益来弥补经费的不足。建设部其后不久发布的《关于贯彻〈城市房地产管理法〉若干意见的通知》（建房字第493号）规定，《城市房地产管理法》第54条对住宅用房和经营性用房的租赁作了不同的规定，各地要及时制定不同的租金政策，加强对房屋租赁的分类管理。很明显，这一文件将住宅用房和经营性用房作为相对立的房屋用途进行了区分。

不过，最高人民法院在2003年8月20日《关于金湖新村业主委员会是否具备民事诉讼主体资格请示一案的复函》（〔2002〕民立他字第46号）中指出："金湖新村业主委员会符合'其他组织'条件，对房地产开发单位未向业主委员会移交住宅区规划图等资料、未提供配套公用设施、公用设施专项费、公共部位维护费及物业管理用房、商业用房的，可以自己名义提起诉讼。"

从术语来源看，商业用房到经营性用房的术语变迁，也反映了土地的性质在学术上分类及法律中分类的流变。《土地管理法》在1986年颁布时，未按土地用途对土地进行分类。1998年8月29日第九届全国人民代表大会常务委员会第四次会议修订该法时，于第4条增加了国家实行土地用途管制制度的规定，按土地用途将土地分为农用地、建设用地和未利用地。其中，建设用地是指建造建筑物、构筑物的土地，包括城乡住宅和公共设施用地、工矿用地、交通水利设施用地、旅游用地、军事设施用地等。

有学者提出，经营性用地是指用于或者可以用于工、商、农、服务等营业目的的国有土地。国有土地使用权应按照土地是否可交易的标准，划分为经营性土地使用权和公益性土地使用权，生活用地的取得与开发利用也具有交易属性，因此也应归为经营性用地。[①]《国务院办公厅关于进一步加强土地转让管理严禁炒卖土地的通知》（1999年）最先使用了"经营性用地"一词，规定"商业、旅游、娱乐和豪华住宅等经营性用地，原则上必须以招标、拍卖方式提供"。国土资源部《招标拍卖挂牌出让国有土地使用权规定》（2002年）第4条第1款规定，"商业、旅游、娱乐和商品住宅等各类经营性用地，必须以招标、拍卖或者挂牌方式出让"。可见，商业用地只是经营性用地的一

---

① 王卫国：《中国土地权利研究》，中国政法大学出版社1997年版，第156页。

种类别。

《土地利用现状分类》（GB/T21010–2007）仍采用了《土地管理法》中建设用地、农用地、未利用土地的三大类分类，以及12个一级类和58个二级类的类别体系。一级类包括：耕地、商服用地、工矿仓储用地、住宅用地等。GB/T21010–2017不再采用建设用地、农用地、未利用土地的分类法，仍使用一级、二级的分类体系，一级类的划分没有变化，完善了其含义，二级类增至73个。在这两个国家标准中，住宅用地均包括了城镇住宅用地和农村宅基地。可见，就物权法上的土地用途及土地使用权性质而言，建设用地与土地使用权的性质不宜依据这两个标准来划分。

为了更加规范国有土地使用权的划拨和出让程序，规范建设用地使用权的设立，《物权法》第137条第2款以“经营性用地”[①]代替了2005年《物权法（草案）》第142条中的“商业用地”。相应地，《物权法》第70条、第72条、第77条摒弃了2005年《物权法（草案）》第73条与第80条中的“商业用房”，改采“经营性用房”。[②]当然，在一些规范性文件中，还时见商业用地和经营性用地混用的情形，[③]甚至会出现经营性商业用地[④]的表述。

从术语准确性的角度来看，使用经营性用房比商业用房更能包容各种以营利为目的的商业、工业、服务业等非居住目的的房屋利用方式，但就土地使用权而言，其仍属于建设用地使用权。应当注意的是，《物权法》第149条将建设用地使用权续期分成了住宅建设用地使用权自动续期和非住宅建设用地使用权续期。由此，划分了住宅建设用地和非住宅建设用地的类别。

---

① 第137条第2款，工业、商业、旅游、娱乐和商品住宅等经营性用地以及同一土地有两个以上意向用地者的，应当采取招标、拍卖等公开竞价的方式出让。

② 在《物权法》颁布后，也不乏混用商业用房和经营性用房的相关学术观点。刘召成：《“住改商”应当经全体利害关系业主同意》，载《河北法学》2010年第5期；姜栋：《住宅商用问题的法律分析》，载《社会科学家》2010年第8期。

③ 《国家发展改革委、国土资源部、环境保护部、住房城乡建设部关于规范推进特色小镇和特色小城镇建设的若干意见》（发改规划〔2017〕2084号）规定，“适度提高产业及商业用地比例，鼓励优先发展产业”。

④ 《国务院办公厅关于促进物流业健康发展政策措施的意见》（国办发〔2011〕38号）规定，“农产品批发市场用地作为经营性商业用地，应严格按照规划合理布局”。

第二百七十二条【业主的专有权】

业主对其建筑物专有部分享有占有、使用、收益和处分的权利。业主行使权利不得危及建筑物的安全，不得损害其他业主的合法权益。

历史由来

本条系继受《物权法》第71条而来，在历次民法典草案修改中无变化。

这一规定与我国台湾地区“公寓大厦管理条例”第4条第1款及第5条的规定十分类似。德国《住宅所有权与长期居住权法》第13条第1款与第14条也分别对住宅所有权人的权利和义务作了规定。就权利的规定来看，均赋予了业主以一般所有权所具有的占有、使用、受益和处分权能。但在义务部分的规定上，我国台湾地区的相关规定、日本法[①]的规定与德国法的规定呈现出不同的角度：前者均规定了不得危害建筑物安全的保存义务，以及不得损害区分所有权人共同利益的义务，而后者从维持正常共同生活的角度规定了住宅所有权人的维持义务和不得侵害其他住宅所有权人利益的义务，此外，还规定了对家庭成员和雇员或授权使用者的出于雇主责任的义务，以及基于相邻关系的容忍义务和维持共有财产的类似地上权的容忍义务。

规范目的或功能

《民法典》对《物权法》中的建筑物区分所有权制度中的一般条款（第271--276条）几乎未进行修改，只在个别地方将“但”改为“但是”（第274条），以及增加了“为由”作为连接词（第273条第2款）。不仅没有吸收相关司法解释对专有部分、共有部分界定的重要规定，对权利行使的限制也未进行细化。如此一来，在适用《民法典》时，仍不得不参照适用相关司法解释的条款，这在一定程度上难以解决司法解释本身已有的痼疾，而且不利于对物权法定原则的贯彻。

---

① 日本《有关建筑物区分所有等之法律》第6条第1款。

本条分别规定了业主专有权的内容和对专有权行使的限制。前者系根据《民法典》第240条所有权行使的一般规则演变而来，后者与《民法典》第132条[①]在功能上有相似之处，可以看作第132条在建筑物区分所有权行使上的权利滥用禁止条款。《民法典》物权编中“相邻关系”一章的相应条款，第288条、第289条、第292条、第294条、第295条和第296条也应适用于对专有权行使的限制。

较之比较法上的上述分析，从专有部分的权利行使来看，针对司法实践中争议较大的问题，对专有部分的界定也采用了分别规定的做法，第274条规定了个人绿地，第275条、第276条规定了车位、车库的归属方法及原则。由于第274条、第275条、第276条作为个别列举式的专有部分规定，均没有界定专有部分的认定标准，因此法院在适用中常常不得不援引本条及第270条，有时还需要参考《建筑物区分所有权解释》第2条对专有部分的三个判断标准。

本条在义务方面，只规定了对建筑物的保存（或维持）义务，以及不得损害其他业主利益的不作为义务，并未直接规定按照专有部分用途使用的义务，也没有解决利用共有部分可能对业主公共利益造成损害的问题。对建筑物区分所有权一节做体系化的考察可以发现，我国《民法典》对专有权行使的限制分布在不同的条款，具体表现为：

第一，《民法典》第272条，对专有部分的利用不得危及建筑物安全，不得损害其他业主合法权益的一般性规定。

第二，《民法典》第279条，将专有部分的住宅改变为经营性用房的表决方式。

第三，在《物权法》第76条业主共同决定事项的基础上新增了改变共有部分的用途或者利用共有部分从事经营活动的规定（《民法典》第278条第8项），这一改变并没有特别指出是业主行使专有权所致，故从解释上不能只看作对业主专有权的限制。

第四，《民法典》第286条第2款，列举了损害他人合法权益的行为（这里的他人不限于其他业主）。

---

① 第132条，民事主体不得滥用民事权利损害国家利益、社会公共利益或者他人合法权益。

上述条文并没有涵盖《建筑物区分所有权解释》第4条规定的为专有部分的使用而无偿利用共有部分，以及比较法上将专有部分约定为共有部分的情形。

在条文表述上，涉及专有部分的条文均将专有权作为单个独立的业主的权利，以此来产生单个业主与其他业主的关系，以及专有部分与整个建筑物的结构关系来表述所有权一般性的权能与相邻关系中的义务，完全没有将业主与共有部分，以及管理规约这些区分所有权特有的内容相联系。从权利享有和义务履行的核心条款来看，我国建筑物区分所有权法律关系中的业主是只见个人，不见整体。尽管有《民法典》第277条、第278条规定业主的议事机构和执行机构，以及共同决定事项，业主在整个区分所有权制度中作为按份共有人的存在感都十分匮乏，常常不得不借助"共同决定"来体现业主的多数人身份（第278条、第281条、第946条、第947条）。

我国《民法典》与日本法相似，都采用了以专有权为中心的建筑物区分所有权制度，这一点与德国法上以土地所有权和共有权为核心的立法理念截然不同。然而，我国并没有同样构建以专有权、共有权、基地利用权一体化，以管理规约为核心的建筑物区分所有权的权利、义务体系，更没有从维持业主共有利益与公共生活秩序为出发点来考虑对建筑物的使用及维护的义务。

规范内容

一、专有权的内容

在我国，专有部分不仅是专有权的权利客体，而且决定了共有部分的范围与收益，对于业主在业主大会上表决权的行使也具有决定性影响。因此，专有部分的认定显得至关重要。

（一）专有部分的界定

《物权法》第71条没有对专有部分进行界定，本条延续了这种做法。《建筑物区分所有权解释》第2条规定了专有部分的认定方法，并在第8条第1款规定了专有部分面积的计算方法。这再次暴露出了我国缺少建筑物区分所有权单行法的弊端。

专有权是对独立空间的所有权，独立空间包含了结构上和使用上的双重独立性。从《民法典》第二编第二分编第六章来看，专有权的范围不仅包括第271条的住宅和经营性用房，也包括车位或车库、绿地、露台、摊位等。就住宅和经营性用房而言，通常应具有结构上的封闭性，以及与公共部分或道路有直接的出口。从登记角度来看，根据《不动产登记暂行条例》第8条，[①]能够以编码的方式进行识别和区分，并将其在建筑物中所处位置、面积进行详细登记。

关于面积的问题，《建筑物区分所有权解释》第8条区分了房屋登记后与登记前对专有部分面积的不同认定方法。这一区分虽然有助于解决房屋交易阶段的债权纠纷，但无法避免的是，房屋买卖合同记载的面积可能和房屋交付时的面积不一致，在进行物权登记时，仍需要确定以何为准。因此，就本条的解释而言，应统一参照《房屋登记办法》第30条规定的房屋测绘报告为准。然而，该办法已经于2019年9月16日失效，取代它的是《不动产登记暂行条例实施细则》。该细则第35条第4项规定，房屋所有权首次登记应当提交的材料包括房地产调查或者测绘报告。如此一来，登记依据又无法实现统一。由于商品房销售时的销售面积或称建筑面积=套内建筑面积+分摊的共用建筑面积，[②]故应以套内建筑面积为准。

其他如车位等非封闭空间而能够成为专有权客体的，应当具备区分的明确性和使用的独立性，也符合《不动产登记暂行条例》第8条第1款的规定。当然，若认为阳台、露台、绿地等构成专有权的组成部分的，应以建筑规划为准。虽然《房屋登记办法》已失效，但其第30条规定的房屋初始登记的资料中建设工程符合规划的证明、房屋已竣工的证明、房屋测绘报告可作为认定房屋组成部分是否构成房屋专有部分的证明。在这个问题上，不应由开发商和业主自行约定，则不免会产生专有部分与共有部分划分的争议，故不应

---

① 第8条，不动产以不动产单元为基本单位进行登记。不动产单元具有唯一编码。不动产登记机构应当按照国务院国土资源主管部门的规定设立统一的不动产登记簿。不动产登记簿应当记载以下事项：（一）不动产的坐落、界址、空间界限、面积、用途等自然状况；（二）不动产权利的主体、类型、内容、来源、期限、权利变化等权属状况；（三）涉及不动产权利限制、提示的事项；（四）其他相关事项。

② 建设部《商品房销售面积计算及公用建筑面积分摊规则（试行）》（建房〔1995〕第517号）。

再适用《建筑物区分所有权解释》第2条第2款“列入该特定房屋买卖合同中的露台”的规定。

除了结构上的独立性，专有部分在处分时能够独立作为交易的客体，从而具备经济上的独立性，即具备一般交易观念上的独立性。[①]认识专有部分的这个特征，对于以专有权为核心的区分所有权制度的我国《民法典》、日本《有关建筑物区分所有等之法律》和我国台湾地区“公寓大厦管理条例”尤为重要。有学者提出，建筑物区分所有权的客体不是专有权，也不是共有权，而是抽象的不动产，是一栋独立建筑物。若认为其客体是专有权和共有权，则会如谢在全教授所言，有违“一物一权”原则。同时，他又主张，建筑物区分所有权指向的专有部分和共有部分不具有物理意义上的明确界限，专有部分功能上的独立性不足以表明其具有物权客体所要求的特定、独立、有体的前提。[②]

谢在全提出，“区分所有系区分一建筑物之特定部分为其所有权之标的，严格而言，实与物权须以独立之物为其客体，以及一物一权主义之原则均有未符，然一庞然巨大之建筑物，区分为若干部分，而各有该部分之所有权，应为事所常有，亦为现代立体建筑观念下实际生活所必须，故民法亦承认此种所有权之存在，于799条设有明文，可谓系‘一物一权’主义与物权须具有独立性之例外规定”。如果仅从此部分推论，则可认为，谢在全教授承认建筑物区分所有权是“一物一权”和物权独立性的例外，是立法对社会生活与客观环境变化的承认。然而，他接着又谈到，“惟物是否具独立性乃依社会观念而定，倘依人为方式得加以划分，而又无害于交易安全，以及物权之公示性者，虽在物理上不具独立性，仍不妨使之得为物权之客体”。结合他对物的特定性的论述来看，物权之客体须为特定物，仅须一般社会或经济观念为特定物即可，非必须为物理上之特定物。例如，分别共有物之应有部分，虽非物理上之特定物，仍得为物权之标的物。综上，谢在全既承认物理上物权独立的物为物权之客体，亦承认物理上不具有独立性的共有权之下共有物得为物权

---

① ［日］田山辉明：《物权法》（增订本），陆庆胜译，法律出版社2001年版，第192页。

② 李国强：《建筑物区分所有权内涵的重新解释和规则厘清——基于民法典物权编编纂的展开》，载《河南社会科学》2018年第8期。

之客体。另外，必须指出的是，谢在全在建筑物区分所有权的客体上采纳了严格的一元论观点，他认为建筑物区分所有权的客体为专有部分，因为物权标的物须有独立性之原则，惟此种独立性是构造、使用及单独登记所决定的。①

刘得宽认为，德国法受到罗马法“一物一权”主义原则的影响，不承认被区分为各空间之独立的所有权，只承认具有对抗力，利用规约之对建筑物全体共有之法理。实际上，德国《住宅所有权与长期居住权法》于2007年修改后，于第3条第2款增加了“车库停车位被认为是独立空间，如果其面积以持久标记清楚标示”。这充分说明了，不动产登记上的独立性已经代替了空间上的独立性。②刘得宽也指出，专有部分在建物的客体上要求严格的独立性确有困难，而只是具有某一程度的独立性。“专有部分之独立性应该配合着其与一栋建物全体之用途关系（利用目的）来决定之。因此，在建物之区分所有下，其并非以所有来决定利用，而是以利用来决定所有，此亦为对于传统物权法理之让步。”③

（二）专有部分的设定

1.特别所有权的设定

德国法上的住宅所有权，为对一个住宅的特别所有权及其所属的共有财产之份额的结合（《住宅所有权与长期居住权法》第1条第2款）。因此，住宅所有权的设定也称为特别所有权的设定，主要是对专有部分进行确定。其设立方法包括通过合同或者通过分割。

与我国不同，德国的土地可以为私人所有。在建筑物区分所有权的基地上，拟建设住宅的土地所有权人，应当通过订立合同的方式，实现对其土地共有权的限制，或对土地进行分割。由于德国民法认为土地上的建筑物是土地不可分离的从物。在第一种情况下，土地的共有权人的共有权，将通过共有人的合同的方式被限制，每一个共有人，被授予背离《德国民法典》第93

---

① 参见谢在全：《民法物权》（上册），中国政法大学出版社2000年版，第204—206页，第17页。

② 第3条第2款前半句，只有当住宅或者其他空间是独立的，才可以转让特别所有权。

③ 刘得宽：《民法诸问题与新展望》，中国政法大学出版社2002年版，第33—34页。

条的特别所有权，该特别所有权体现为在土地之上的独立的住宅（《住宅所有权与长期居住权法》第3条、第4条）。在第二种情况下，土地所有权人通过土地所有权分割的方式，向土地登记机关进行声明，将土地所有权以此种方式分割成共有份额，并同时在共有份额上设定特别所有权（《住宅所有权与长期居住权法》第8条第1款）。[①]这是一种土地所有人单方面的分割表示，只有在依照《住宅所有权与长期居住权法》第7条编制住宅土地登记簿后才发生效力（《住宅所有权与长期居住权法》第8条第2款）。[②]

我国《民法典》未规定专有部分的取得方法。从权利取得的角度来看，既可以包括依法定方式取得，也包括通过合同转让方式取得，从《民法典》第274条、第275条、第276条、第279条的规定来看，应当认为，业主也可以通过管理规约的方式，作出不同于《民法典》"建筑物区分所有权"一章的约定。如第279条实际上便是通过部分利害关系人的约定，作出了专有部分用途的重大变更。

2.特别使用权的设定

特别使用权（Sondernutzungsrechte），即我国台湾地区"公寓大厦管理条例"所称的约定专用部分，或称共用部分的专用权，日本学者称之为专用使用权。日本学者提出，共有部分属于区分所有权人全体共有，部分共用为应共有之区分所有人共有，如专用庭院、停车场、露台等应承认一定之人有专用使用权。[③]

此种通过约定而产生的对共同所有权的场地排除其他住宅所有权人或部分所有权人而独占的使用权，可通过德国《住宅所有权与长期居住权法》第8条的土地分割声明，或管理规约，或通过所有住宅所有权人或部分所有权人的一致决进行设定。这种特别使用权必须与住宅所有权或部分所有权相结合，而不能仅仅在住宅所有权或部分所有权的份额上设立。这表明，特别使用权不能为住宅所有权或部分所有权人之外的第三人进行设立。特别使用权通过约定而设

---

① [德]鲍尔、施蒂尔纳：《德国物权法》(上册)，张双根译，法律出版社2004年版，第644页。

② [德]曼弗雷德·沃尔夫：《物权法》，吴越、李大雪译，法律出版社2002年版，第68页。

③ [日]近江幸治：《民法讲义Ⅱ：物权法》，王茵译，北京大学出版社2006年版，第185页。

立的，该约定必须在不动产登记簿中进行记载方能产生设定的法律效果。[①]

也有学者提出，特别使用权可通过合同转让方式取得，通过土地所有权人的分割取得，以及通过管理规约来约定而取得，约定的内容必须作为特别所有权的内容记载于土地登记簿，才能对住宅所有权人特定继受人有效。对于业主专有权或利用权的约定，不能采取业主大会多数决的方式作出，而应适用全体业主或相关业主一致同意的原则。[②]

《民法典》没有明确规定特别使用权，但根据第278条第1款第8项，以及第280条，应当认为实际上承认了可就共有部分设定特别使用权。另外，根据第275条，其所设定的车位租赁权可看作此种专有使用权。从程序上来看，特别使用权的设定，应根据第278条第1款第8项以多数决的方式进行表决。

二、专有权的行使及其限制

（一）专有权也是所有权

业主对其建筑物专有部分，可以根据自己的意愿，在符合建筑规划的范围内享有占有、使用、收益和处分的权利。

就使用而言，应当受到相邻关系和禁止权利滥用的一般条款的限制。在收益权的范畴内，如果要将住宅改为商业用途，还应当符合《民法典》第279条的规定。

由于第279条没有对住改商有利害关系的业主进行界定，《建筑物区分所有权解释》第10条、第11条对此做了进一步解释。有学者提出，《建筑物区分所有权解释》第10条第2款的解释属于澄清误解型解释，是指应征得每一位业主同意，而不适用多数决。其原因在于，住改商不仅会危及共有部分，而且会损害专有部分。[③]这种看法在一定程度上并不符合《立法法》第45条

---

① Juergen Saecker, Muenchener Kommentar zum Buergerlichen Gesetzbuch, Band 6, §§854–1296, Verlag C.H.Beck, Muenchen, 2009, S.481–482.

② Horst Mueller, Praktische Fragen des Wohnungseigentums, Verlag C.H.Beck, Muenchen, 2010, S.28–29.

③ 王文胜:《论〈物权法〉司法解释的整理与民法典物权编的完善》，载《河南社会科学》2018年第9期。

和第104条对于最高人民法院及全国人大常委会法律解释权限的规定。依据全国人民代表大会常务委员会《关于加强法律解释工作的决议》，“凡关于法律、法令条文本身需要进一步明确界限或作补充规定的，由全国人民代表大会常务委员会进行解释或用法令加以规定。”“凡属于法院审判工作中具体应用法律、法令的问题，由最高人民法院进行解释。”可见，虽然有学者认为最高人民法院有时可以作出创造性的司法解释，[①]但这些解释如果超出了其解释权限，需要将来以法律的形式再加以确认。

《建筑物区分所有权解释》第10条第2款仅规定，以多数决为抗辩的法院不予支持，并没有直接规定需要一致同意。因此，《民法典》第279条才增加了“一致”同意的表述。

此外，《建筑物区分所有权解释》第10条相对于第11条，并不是就住改商问题进行法律适用的核心解释条款。最高人民法院虽然也指出，对利害关系业主的界定，不仅要考虑对业主生活环境的安全和安宁可能造成的影响，还应考虑对其专有部分不动产价值的影响。然而，在第11条的适用中，仅需要业主提供产权证明就足以证明利害关系，不需要提供其他证据。这实际上是创造性地建立了部分业主共有权的一致决原则，以此区分于全体业主的多数决。而对于本栋楼之外的业主，才需要证明其房屋价值（专有部分）、生活质量（共有部分的利益）受到或可能受到的不利影响。

有学者认为，《物权法》第71条（对应本条）中“不得损害其他业主的合法权益”在住改商的情况下，包括正常居住和生活环境的安全或安宁，而这属于业主的隐私权，业主可以要求加害者承担物质损害赔偿和精神损害赔偿。这种观点没有区别第三人的一般侵权行为（其在文中举例的扩建地铁对周围居民产生噪声损害）与业主侵害共有权行为之间的区别。[②]当然，在《建筑物区分所有权解释》第10条所规定的附带物权损害赔偿之外，如果还能举

---

① 苗泳：《最高人民法院司法解释权再思考——兼与郭辉、史景轩博士商榷》，载《河北法学》2014年第1期。对此问题存在不同意见。“应用法律意指条文本身无歧义、明确的情况下如何适用的问题，这种解释只能是具体解释，且须与具体个案的司法裁判相联系。”郭辉、史景轩：《最高人民法院司法解释权的异化及反思》，载《河北法学》2013年第2期。

② 邓建中：《建筑物区分所有关系中的隐私权之法律保护——兼及建筑物区分所有司法解释第10条之解评》，载《政治与法律》2009年第8期。

证证明有人身权受到侵权损害的事实，是可以提出这方面的侵权损害赔偿的。但从前面最高人民法院对第11条的解释来看，该条以及《民法典》第279条规范的重点是物权请求权，因为同一栋楼的业主除了提交产权证明物权之外，无需负担其他证明责任。

在进行处分时，应当遵照《民法典》第273条第2款规定，即"业主转让建筑物内的住宅、经营性用房，其对共有部分享有的共有和共同管理的权利一并转让"。

（二）不得危及建筑物的安全

《民法典》第272条规定了专有权行使不得危及建筑物安全的法定义务。这方面主要涉及业主擅自改变房屋、配套设施的结构、外观甚至损毁设施与设备，危及房屋、消防安全，甚至在专有部分上进行私搭乱建等。[①]

有学者认为，业主行使专有权不得危及建筑物的安全，不得损害其他业主的合法权益，其目的在于限制业主对专有权部分的事实处分。行使专有权时不得毁坏、灭失专有部分，以免危害整个建筑物的安全结构与全体住户的人身财产安全。[②]这一观点就不得危及建筑物的安全而言，有参考价值。但是，损害其他业主合法权益的行为未必均为事实处分。

针对这个问题，可以考虑扩张《建筑物区分所有权解释》第4条[③]的规定来进行解决。该条仅规定了业主为利用专有部分而无偿利用共有部分的情形，而业主对住宅和经营性住房的内部结构、设施等进行装修等改变行为时，应符合法律、法规的强制性规定，并符合管理规约的约定。如进行装修时，涉及建筑主体和承重结构变动的装修工程，建设单位应当在施工前委托原设计单位或者具有相应资质条件的设计单位提出设计方案；没有设计方案的，不

---

① 章礼强、沙国华：《业主物权与物业管理的冲突与调适探论》，载《江苏社会科学》2010年第1期。

② 杨立新：《业主的建筑物区分所有权之评析（上）》，载《福建警察学院学报》2008年第1期。

③ 第4条，业主基于对住宅、经营性用房等专有部分特定使用功能的合理需要，无偿利用屋顶以及与其专有部分相对应的外墙面等共有部分的，不应认定为侵权。但违反法律、法规、管理规约，损害他人合法权益的除外。

得施工（《建筑法》第49条）。“在已竣工交付使用的住宅楼进行室内装修活动，应当限制作业时间，并采取其他有效措施，以减轻、避免对周围居民造成环境噪声污染。”（《环境噪声污染防治法》第47条）对于将住宅进行群租等问题，可以借鉴“上海市群租第一案”的绿城小区群租诉讼。物业机构根据该小区制定的业主临时公约制止违反该公约的群租现象。[①]除此之外，也可适用当地房屋管理部门的地方性规定，如上海市房屋土地资源管理局《关于加强居住房屋租赁管理的若干规定（试行）》第1条关于最小出租单位的规定。[②]

（三）不得损害其他业主的合法权益

1.不得损害其他业主的人身财产安全

《建筑物区分所有权解释》第15条[③]对所有主体不当危及建筑物安全、损害建筑物外观及违建等破坏建筑物共有部分、妨害建筑物安全或正常使用，违规进行装饰装修进行了一体化的规定，作为对《物权法》第83条第2款“其他损害他人合法权益的行为”的解释，如果从体系化思考的角度来看，其与《物权法》第71条的功能并不相同。这里的他人利益并未特定化为其他业主的权益。从条文的内容来看，也分别属于对专有部分不当使用和对共有部分不当使用的行为。所以，从功能区分的角度来看，并不能替代第71条的规定。

首先，不应损害其他业主的专有部分。不应通过装修装饰等行为，损害其他业主的专有部分的权利，妨碍其他业主对共用部分的使用。如加装大功

① 陈帆：《“群租”规制中的法律问题》，载《城市问题》2013年第2期。

② 居住房屋应当以原规划设计的房间为最小出租单位，不分门进出的客厅、厨房间、卫生间等均不得单独出租；一间房间只能出租给一个家庭或一个自然人，出租给家庭的，家庭人均承租的居住面积不得低于5平方米。

③ 第15条，业主或者其他行为人违反法律、法规、国家相关强制性标准、管理规约，或者违反业主大会、业主委员会依法作出的决定，实施下列行为的，可以认定为物权法第83条第2款所称的其他“损害他人合法权益的行为”：（一）损害房屋承重结构，损害或者违章使用电力、燃气、消防设施，在建筑物内放置危险、放射性物品等危及建筑物安全或者妨碍建筑物正常使用；（二）违反规定破坏、改变建筑物外墙面的形状、颜色等损害建筑物外观；（三）违反规定进行房屋装饰装修；（四）违章加建、改建，侵占、挖掘公共通道、道路、场地或者其他共有部分。

率空调，损害其他业主的防盗窗或遮阳棚。安装防盗门妨碍其他业主进入其自己的专有部分或共用部分。

其次，不得侵害其他业主的人身安全。在建筑物内存放有毒、有害、有腐蚀性、放射性等物品或大功率发射装置、无线基站、电台等，存放有害生活或医疗废物、装修废物或生活垃圾等有害公共卫生的物品。根据《民法典》第294条，业主不得违反国家规定弃置固体废物，排放大气污染物、水污染物、土壤污染物、噪声、光辐射、电磁辐射等有害物质。

再次，相邻关系的容忍义务。有学者认为，业主的建筑物区分所有权是由专有部分所有权、共有权和相邻关系组成的。相邻关系和共有都是业主的建筑物区分所有权的前提性制度。[①]相邻关系主要是一系列的不作为义务或容忍义务，并不能作为物权法上的权能。诚然，业主在利用专有部分及共有部分时，要遵循相邻关系的一般性规定，但不能因此认为消极性义务构成了业主的物权内容，其可以视为对业主建筑物区分所有权的限制。前已述及业主在相邻关系中的不作为义务，但《物权法》和《民法典》均未对业主的容忍义务进行特别规定。不妨借鉴德国《住宅所有权与长期居住权法》第14条第3款和第4款，规定业主对于其他业主使用专有部分时对其专有权及共有财产的影响，允许为保养和维修共有财产或专有财产，而进入或使用专有权范围内的建筑部分。

最后，与建筑物区分所有权有关的新型权利侵害。例如，在公共区域私自安装监控，以及建筑物区分所有权人在小区受到人身侵害时民事责任如何承担。

第一个问题有学者从隐私权的角度进行了探讨，认为业主私自在走廊、专有部分内部等处安装摄像头，侵犯了其他业主的隐私权。法院对此持有不同的裁判立场。多数情况下法院认定侵犯隐私权成立，且业主不得以保护公共利益、保护个人财产及出于生活便利为抗辩。[②]也有学者提出，可以引入比例原则，考虑摄像监控的范围与程度是否符合其监控行为的目的与需要。[③]还

① 王雷:《〈中华人民共和国民法典〉(草案)的完善建议》，载《中国政法大学学报》2020年第2期。

② 冷传莉、李怡:《司法保护视角下的隐私权类型化》，载《法律科学》2017年第5期。

③ 高完成:《公共领域中摄像监控的法律规制——以合理的隐私期待为视角》，载《宜宾学院学报》2015年第11期。

有观点认为，对于教室、办公室、学校图书馆之类的半公共场所，原则上不允许安装摄像头，如果确需安装的，主体应限于政府，或受托行政主体，并应经过严格审查。[①]

上述观点均只考虑了安装摄像头对个人人格权的侵犯，却没有考虑在共有部分的安装行为实际上改变了共有部分的用途。因此，对于建筑区划内安装摄像头的行为，从公法而言，应当符合监控相关的法律规定，于私法来看，应当根据《民法典》第278条第1款第8项由业主大会进行决定。《北京市公共安全图像信息系统管理办法》第10条明确规定，新建、改建、扩建建设项目应当安装公共安全图像信息系统的，公共安全图像信息系统应当与项目主体工程同步规划、同步建设、同时投入使用。这表明，安装时应与主体工程同步列入建设规划并进行审批，业主个人无权进行安装。这一对共有部分的利用显然并不属于《建筑物区分所有权解释》第4条的合理利用范畴。如果认为确实侵犯了业主隐私权的，应当由受害人进行举证。

第二个问题可以从业主的一般注意义务和物业服务人的安全保障义务进行考虑。物业服务人的安全保障义务可参见本书对第285条有关“安全保障义务”的论述。

业主的一般注意义务在我国建筑物区分所有权立法中鲜有论述。从与物业服务人的安全保障义务的比较中可知，业主通常只负有理性人所应承担的一般性的注意义务，不论是对专有部分还是共有部分，只要按其用途使用，不应使之承担过高的与其预见能力不符的注意义务。但是，高层建筑物本身具有一定的危险性，尤其是高空抛物或坠物难以确定行为人时，《民法典》第1254条规定，除能够证明自己不是侵权人的外，由可能加害的建筑物使用人给予补偿。可能加害的建筑物使用人补偿后，有权向侵权人追偿。该条由《侵权责任法》第87条演化而来，在实践和学术中广受诟病。支持者认为该条在缺少必要社会救济制度时，给予了受害人出于道德义务和风险分担的利益衡量的保护和救助。[②]反对者认为此为有罪推定，严重背离了现代法治理念。这种规则使可能的加害人负担积极防范义务，要防范诸多邻居的高空抛物行为，

① 胡建森、岑剑梅：《公共摄像监视与公民隐私权保护》，载《法学》2008年第6期。

② 彭诚信：《论民法典中的道德思维与法律思维》，载《东方法学》2020年第4期。

实属强人所难。[①]业主应承担的是《民法典》第1253条中的采取必要措施管理悬挂物和搁置物的义务，并应当采取必要措施不使其专有部分中的上述物品发生坠落，而并不是要防止邻居为此种危险行为。在第1253条和第1254条的适用顺序上，显然第1253条有优先适用的效力。第1254条第1款和第2款，其实是希望从风险配置的角度，划分专有部分致损与共有部分致损的界限。如致损物为建筑物外墙的瓷片或装饰物等，当然并不需要适用第1254条第1款。较之业主而言，物业服务人负有风险防止的预防性义务，因此第2款才规定其应采取必要的安全保障措施防止第1款的情形发生。而业主则不负有此种防止危险的预防性更高的注意义务。

在《民法典》第1254条增设第3款，强化公安机关等的查明行为人的法定义务的同时，[②]也增加了第2款物业服务人的安全保障义务。对于第2款，有学者认为其强化了对受害人的救济，可能会迫使建筑物管理人完善管理手段与技术，但若将此条理解为管理人的补充责任，则此款与《民法典》第1198条发生功能重合。[③]实际上，首先，第1254条第2款仅适用于侵权人不明确的情况；其次，第1198条规定了管理人承担补充责任后可以进行追偿，而第1254条第2款规定的是承担侵权责任，不是补充责任，也没有规定追偿权；最后，第1198条适用于经营场所和活动组织者，这些显然与物业服务人的职能不符。

2.不得损害区分所有权人的共同利益

本条并未规定这一不作为义务。《建筑物区分所有权解释》第4条仅规定了为专有部分的便利而利用共有部分的合法性原则，却未规定损害业主共同利益的不当使用行为。有学者将专有部分使用限制分为对建筑物的不当毁损行为和不当使用行为，前者主要危及建筑物安全及影响建筑物外观，主要是利用专有部分存放危险物、超重物，或是噪声污染、违法经营等。本条并未规定对建筑物外观的损害行为，《建筑物区分所有权解释》第15条第2款对建筑物外观的破坏限于外墙面的形状、颜色等损害建筑物外观的行为。这一款主要从审美

① 曹险峰:《侵权法之法理与高空抛物规则》，载《法制与社会发展》2020年第1期。

② 王利明:《论高楼抛物致人损害责任的完善》，载《法学杂志》2020年第1期。

③ 曹险峰:《侵权法之法理与高空抛物规则》，载《法制与社会发展》2020年第1期。

角度考虑了建筑物整体形象应保持设计规划原状，但对于居住安全考虑而进行的封闭阳台和加装防盗窗、遮雨棚等问题，不宜一概认定为损害建筑外观的行为，应从便利业主生活的角度出发，通过管理规约进行约定。

对于违反有关治安、环保、物业装饰装修和使用等方面法律、法规规定的行为，均属于损害区分所有权人共同利益的行为。对此，物业服务企业应当制止，并及时向有关行政管理部门报告。有关行政管理部门在接到物业服务企业的报告后，应当依法对违法行为予以制止或者依法处理（《物业管理条例》第45条）。

第二百七十三条【业主的共有权】

业主对建筑物专有部分以外的共有部分，享有权利，承担义务；不得以放弃权利为由不履行义务。

业主转让建筑物内的住宅、经营性用房，其对共有部分享有的共有和共同管理的权利一并转让。

历史由来

本条系继受《物权法》第72条而来。在民法典各阶段的草案中该条文内容没有发生改变。《民法典》在《民法典（草案）》第273条第1款第2句增加了“为由”二字，将其改为“不得以放弃权利为由不履行义务”，以凸显共有部分权利、义务的一致性和不可放弃性。

在全国人大法工委民法室《物权法》释义中，其将本条的立法理由表述为：“现实中，业主对建筑物专有部分以外的共有部分，是否仅享有权利，不承担义务；业主是否可以以放弃对共有部分的权利为由，不履行义务；业主转让建筑物内的住宅、经营性用房的，其对建筑物共有部分享有的共有和共同管理的权利是否一并转让等问题，看法不一，没有相应法律、法规等规范性文件的规定。”①

① 全国人大常委会法制工作委员会民法室编：《〈中华人民共和国物权法〉条文说明、立法理由及相关规定》，北京大学出版社2007年版，第111页。

实际上，在《城市异产毗连房屋管理规定》（已失效）中已有关于共有、公共部分使用和承担义务的规定，[①]并且将共有、共用部分按照功能区分为：共有房屋主体结构，房屋共有、共用的设备和附属建筑两大类，在分类的基础上还对每一类的主要内容做了列举。除事实上的分类外，还从权属角度将共有、共用部分分为全体共有房屋所有人使用和部分共有房屋所有人使用（第9条）。该规定颁布时，还未有事先规划完备的大型住宅小区，因此，这一规定对建筑物主体之外的其他共有部分，如道路、绿地、车位、会所、商业用房、物业用房等均未进行规定，亦未涉及共有部分转让的问题。

2005年《物权法（草案）》第75条并没有规定业主对共有部分的权利，仅规定，“业主转让其建筑物专有部分所有权的，其对建筑物共有部分享有的共有和共同管理的权利视为一并转让”。

从体系上看，《物权法》第72条第1款（对应本条第1款）增加了对于业主共有部分的规定，然而，这种以专有部分为基础的排除式的规定方法，很难准确地界定共有部分的范围。于是，本条作为共有部分范围界定和权利行使的一般性条款，不可避免地与共有部分范围界定的特殊条款（《民法典》第

---

① 第6条，所有人和使用人对共有、共用的门厅、阳台、屋面、楼道、厨房、厕所以及院路、上下水设施等，应共同合理使用并承担相应的义务；除另有约定外，任何一方不得多占、独占。所有人和使用人在房屋共有、共用部位，不得有损害他方利益的行为。第8条，一方所有人如需改变共有部位的外形或结构时，除须经城市规划部门批准外，还须征得其他所有人的书面同意。第9条，凡异产毗连房屋发生自然损坏（因不可抗力造成的损坏，视同自然损坏），所需修缮费用依下列原则处理：（一）共有房屋主体结构中的基础、柱、梁、墙的修缮，由共有房屋所有人按份额比例分担。（二）共有墙体的修缮（包括因结构需要而涉及的相邻部位的修缮），按两侧均分后，再由每侧房屋所有人按份额比例分担。（三）楼盖的修缮，其楼面与顶棚部位，由所在层房屋所有人负责；其结构部位，由毗连层上下房屋所有人按份额比例分担。（四）屋盖的修缮：1.不上人房盖，由修缮所及范围覆盖下各层的房屋所有人按份额比例分担。2.可上人屋盖（包括屋面和周边护栏），如为各层所共用，由修缮所及范围覆盖下各层的房屋所有人按份额比例分担；如仅为若干层使用，使用层的房屋所有人分担一半，其余一半由修缮所及范围覆盖下层房屋所有人按份额比例分担。（五）楼梯及楼梯间（包括出屋面部分）的修缮：1.各层共用楼梯，由房屋所有人按份额比例分担。2.为某些层所专用的楼梯，由其专用的房屋所有人按份额比例分担。（六）房屋共用部位必要的装饰，由受益的房屋所有人按份额比例分担。（七）房屋共有、共用的设备和附属建筑（如电梯、水泵、暖气、水卫、电照、沟管、垃圾道、化粪池等）的修缮，由所有人按份额比例分担。（八）房屋拆除，其拆卸支付或残值回收，由房屋所有人按份额比例分配。

274条、第275条、第276条）发生关联，并在实践中借助《建筑物区分所有权解释》第3条进一步得到阐释。《建筑物区分所有权解释》第3条补足了《物权法》第74条未实现的对共有部分进行界定的功能，以列举加概括的方式规定了共有部分的范围，把共有部分分为建筑物基本结构部分（含附属设施、设备）、其他场所及设施与建设用地使用权三个部分。在第4条规范了专有权人无偿利用共有部分的问题。

本条第2款没有采用2005年《物权法（草案）》“转让专有部分”的提法，而是使用了“转让建筑物内的住宅、经营性用房”的表述。这种做法看似是想在“房”和共有部分间建立联系，实则造成了本章中重要术语的不统一，人为地破坏了专有部分和共有部分的一体性。本条第2款前半句使用住宅或经营性用房，后半句使用共有部分，这就使得本章其他条文中混用专有部分、共有部分、建筑物及其附属设施，不仅在表述上极其不统一，而且相互之间很难产生对应关系，更难根据条文确定各自的客体范围。不仅如此，本条第2款前半句使用住宅或经营性用房，使转让的客体从专有部分限缩到了建筑物（住宅或经营性用房），不免有狭义化理解建筑物区分所有权的内涵，进而将房地关系一体化的习惯性理念运用到了建筑物区分所有权领域。这种权利设立和转让时均未涉及建设用地使用权的规定，更使得建筑物之外的共有部分很难和专有部分及建设用地使用权发生法律上的联系。

规范目的或功能

本条作为规范建筑物区分所有权共有部分的一般规范，与建筑物区分所有权一章的特殊规范之间是一般与特殊的关系。当然，通常所言的一般条款，多指诚实信用、公序良俗、权利不得滥用等条款。[①]然而，在建筑物区分所有权一章中，时常因为特殊条款的文义过于含糊（如第276条、第282条、第283条），或者未规定具体构成要件（第286条第1款、第287条），或者采取了非法律术语（第286条第2款），这些条款在实务中独立适用的可能性不大，而法院往往在此时转而适用自由裁量空间更大的一般条款，如第271条、第272条、第273条。

---

① 王利明：《全面深化改革中的民法典编纂》，载《中国法学》2015年第4期。

由于建筑物区分所有权一章对于核心概念，如专有部分、共有部分、建筑物区分所有权附属的建设用地使用权的含义均未进行明确界定，而这些术语在国内外的物权法或特别法中并不具有约定俗成的含义。有的学者提出，本条（对应《物权法》第72条）中的“专有部分以外”属于用词拖沓、重复。[①]殊不知，采用排除法来表述共有部分的范围是建筑物区分所有权立法中常用的做法，如日本《有关建筑物区分所有等之法律》第2条第4款，德国《住宅所有权与长期居住权法》第1条第5款，我国台湾地区“公寓大厦管理条例”第3条第4款等。这也充分说明了本条作为一般条款所具有的用词及定义界定上的抽象性、概括性。

从条文属性来看，本条应属于强制性规范。然而，何谓强制性规范，学者的分类方法却不相同。有的认为，应根据法条中是否包含民事行为，将《物权法》中的规范分为简单规范与复杂规范。前者多仅包含事件、事实，无需再甄别是否属于强制性规范；后者包含民事行为，需要再判断是否属于强制性规范，即根据合同行为违反的法律规定的性质来进行认定。这种二分法，是意在围绕《合同法》第52条第5项的强制性规范展开的解释论，这种方法实际上属于讨论法定主义的调整方式与法律行为的调整方式。只不过，将法律行为狭义化为了合同。此外，这种简单规范、复杂规范的二分法并未明确分类之后的法律效果。正因如此，在论及《物权法》第72条第1款时，还需区分业主实施的是民事行为，还是事实行为，再来确定行为的法律效果是否得依《合同法》第52条进行裁量。实际上，《合同法》第52条第5项无法直接作为判定合同是否无效的依据，还需要转而结合《合同法解释（二）》第14条的效力性强制性规定再进一步认定。

也有学者直接提出，以《民法总则（草案）》第121条第3项（对应《民法典》第143条第3款）的“不违反法律、行政法规的效力性强制性规定，不违背公序良俗”来进行判定，避免了将非效力性规定（管理性规定）作为民事法律行为无效的标准。[②]这一点，从《民法典》第153条第1款来看，可兹佐证。也有学者指出，在考虑具体法律是不是强制性规范时首先要做文义解释，以必须、应当、禁止、不得等作为认定的重要标志。就违反强制性规范

① 朱涛：《民法典编纂中的立法语言规范化》，载《中国法学》2017年第1期。

② 梁慧星：《〈中华人民共和国民法总则（草案）〉解读、评论和修改建议》，载《华东政法大学学报》2016年第5期。

的合同效力而言，再考虑具体法律规范是否包含了合同无效的法律效果。[①]

只不过，本条之所以应属于强制性规范，未必因为前述学者论述的必然需要结合法律行为的效力制度来进行确定。将法律规范的调整方式进行法律行为和法定主义二分确有其便捷之处，然而，也有明显的不足。有些规范兼具两种调整方式的属性，尤其是义务设定性规范。此时，法律效果的产生并不考虑行为人主观是否追求这种效果，或者是否有主观意志。就本条第1款（对应《物权法》第72条第1款）而言，不论是当事人仅以事实行为不履行共有部分的义务，如不缴纳物业费、维修资金，还是以法律行为的方式约定规避本款的规定，如将车位转让给非业主，均会产生无效的法律效果。

可见，物权法上的法定义务并不是纯粹基于合同行为产生的义务，如建筑物区分所有权中建筑物的折旧而产生的维修、保存等义务，以及供暖、供水、供电等管道的铺设、维护，而是基于物自身的存在所产生的物的所有人和占有人必须承担的物权维持义务。它的存在是为了维持共有物（建筑物及其他共有部分）事实上的圆满状态及正常效用。不同于一般所有权人的权利与义务，可以独立放弃，专有权的利益享有和相应作为共有人的义务承担之间有着密不可分的结合关系。任何一个专有权人不履行共有部分的义务，都可能损害共有部分的整体利益。

本条第1款第2句的共有权的权利、义务的对等性体现在对共有物整体效益所负担的义务，而非共有权人自己对自己的，或对相对人的权利和义务。因此，共有权人所负的是一种基于按份共有的共有物维护和保存的法定义务。这不是一种基于合同产生的对待给付义务，更不是以共有权的享有为对价的得任意处置的一般的所有权人的义务或按份共有人的义务。违反这种义务属于违反物权法定的一般原则，属于强制无效，而不适用是否属于合同行为的法定主义、法律行为主义的调整模式。这种二分的调整模式本身便是一种债权行为中心化的规范分类模式，并未很好地考虑物权法上权利、义务的特点，更没有考虑到很多与绝对权相关的规范并不适用要么法定、要么法律行为的债的关系的调整模式。

本条除了规定共有权的客体范围、共有权人的一般性义务之外（第1款），

---

① 刘凯湘、夏小雄：《论违反强制性规范的合同效力——历史考察与原因分析》，载《中国法学》2011年第1期。

还规定了专有部分和共有部分的关系（第2款）。如上所言地只看到前一种内容，或者是仅强调后一种内容的，[①]皆难谓全面地解释本条的立法宗旨。

规范内容

一、共有部分的范围

共有部分构成了建筑物区分所有权人共同生活所必不可少的物理基础和环境条件，是联结专有权的纽带和桥梁，更是产生权利冲突的温床和场所。对共有部分含义和范围的限定是理解本条中两款规定的核心。由于不同国家、地区的不动产登记公信力制度的差异，建筑物区分所有权中共有部分与专有部分的关系、与土地使用权的关系也呈现多样的特性。前已述及，本条对共有部分范围界定过于笼统（“专有部分之外”的为共有部分），并未吸收司法解释对共有部分的具体界定。为更好地释明共有部分的范围及其确定理由，不妨先分析与我国建筑物区分所有权立法更为接近的日本及我国台湾地区的规定，再以之为参照阐述我国现行规定及案例的立场。

（一）日本与我国台湾地区对共有部分的规定

这两个立法例虽然学说中皆承认法定共有与约定共有、全体共有与一部共有的区别，但是在立法上的做法并不相同。

1. 日本

虽然日本《有关建筑物区分所有等之法律》对区分所有权的概念界定采用了最狭义的做法，即区分所有权仅指专有权[②]，但实际上仍同时承认共有部分归全体区分所有人共有[③]。在立法上使用了全体共有和一部共有的术语，并

---

① 金锦萍：《物业小区内共用部分的界定》，载《华东政法大学学报》2008年第3期。

② 第1条、第2条第1款。

③ 第11条第1款，共用部分属于全体区分所有人共有。但一部分共用部分属于应共用该部分的区分所有人共有。由于《有关建筑物区分所有等之法律》将建筑区区分所有权客体限定为专有部分，因此，在对共有部分的定义时没有使用“共有部分”，而代之以“共用部分”。从第11条第1款能明显看出，共用部分意为共有部分。在分析该法的法条的涵义和日本学者的观点时尊重其原本的用词。

对规约共有做出了规定。[①]进言之，该法既从立法上将共用部分分为法定共用部分和规约共用部分，采取了排除加列举的方式来界定法定共用部分，又通过概括方式来指称规约共用部分。[②]依法条来看，法定共用部分主要包括构造上供区分所有人全体或一部共用的、专有部分以外的建筑物部分，不属于专有部分的建筑物附属物；规约共用部分主要是根据管理规约被约定为共用部分的第1条规定的建筑物部分与附属建筑物。[③]一部共有显然仅供一部分区分所有人共用的共用部分（也称一部共用部分），由该等区分所有人管理（第3条后半句）[④]。一部共有主要涉及共有部分性质认定，及相应管理费用的分摊，以及管理规约的设定、变更、废止可能影响一部分区分所有权人权利时的否决权行使问题。[⑤]后一项保护一部分区分所有权人对管理规约变更时否决权的规定，我国《民法典》中对此尚无规定，仅有对于住改商时部分业主一致同意的规定（第279条）。

学者们对共用部分的理解与《有关建筑物区分所有等之法律》的规定不尽一致，如近江幸治对共用部分的分类为：（1）专有部分以外之部分（建筑

---

① 全体共有和一部共有见于第3条、第4条第1款、第11条第1款。规约共有虽未以术语方式出现，但其内容在第4条第2款得到了体现。

② 排除式界定的法定共用部分为《有关建筑物区分所有等之法律》第2条规定的“本法所称共用部分，指专有部分以外的建筑物部分，不属于专有部分的建筑物附属物及依第4条第2项规定被当成共用部分的附属建筑物”。列举式界定的法定共用部分为第4条第1款规定的“沟通数个专有部分的走廊、楼梯间或其他构造上应供区分所有人全体或一部共用的建筑物部分，不得为区分所有权的标的”。

③ 本书所采的分类系依法条分析得出，类型与近江幸治相同。他没有对共用部分进行定义。本书的定义系根据第4条第1款和第2条第4款得出。参见［日］近江幸治：《民法讲义Ⅱ：物权法》，王茵译，北京大学出版社2006年版，第184页。

④ 一部共有主要应根据结构、功能从整体上进行客观判断，而不能仅以是否对个别或少数区分所有权人有利用价值来做主观判定。如一、二层居住者尽管不使用电梯，但电梯属于结构上的全体共有部分，应由该幢楼各层住户支付其电梯管理和养护费用。参见：［日］近江幸治：《民法讲义Ⅱ：物权法》，王茵译，北京大学出版社2006年版，第185页。

⑤ 《有关建筑物区分所有等之法律》第31条第2款，区分所有权人全体的管理规约的设定、变更或废止，有共用该一部共用部分区分所有人逾四分之一者或其表决权逾四分之一者反对时，不得为之。日本法的这一规定，以及承认一部区分所有人有其特定的管理规约的做法（第30条第2款），对解决仅涉及部分区分所有权人利益的费用支出或分担，以及其权益受到业主大会共同决议侵害时的抗辩权极有裨益，可资借鉴。

物之主体部分、走廊、楼道等）；（2）不属于专有部分之附属物（各种设备、管道、兼避难通路之露台等）；（3）本法第4条第2款（规约设定的共用部分）规定的共用部分，本法第1条规定的建筑物部分及附属建筑物（前者为会议室、会客室、管理室等，后者为垃圾站、停车场等）。

在定义规约共用部分时，近江幸治、田山辉明、我妻荣[①]均使用了第4条第2款中的“第1条规定的建筑物部分”，却对其含义有不同理解。近江幸治把会议室、会客室、管理室均列为建筑物部分，应理解为这些空间在建筑物内部，而附属建筑物似乎指的是上述功能之外的纯利用、无管理功能的部分，但他并未强调此处的“建筑物部分”是专有部分。田山辉明提出，协议共用部分是本应成为专有部分对象的建筑物一部分或附属建筑物，经协商约定作为共用部分，如共用的会议室和会客室。协议共用部分在性质上不是共用部分，同第三人对抗时必须于登记中有这方面的内容。而我妻荣主张，在构造上作为区分所有权客体的区分所有建筑物的部分（如管理人室、共用接待室、地下车库等），其与构造上的共用部分不同，可以对各部分分别进行公示登记，否则不具有对抗效力。由此可见，三人均未将建筑物的附属物列为得约定为规约共用部分的客体，足见规约共用部分设定的目的，系将构造上作为专有部分的建筑物部分（不含建筑物附属物）约定为共用，以便利区分所有权人的生活、交际、对建筑物的管理。而我妻荣将地下车库也列入其中，这表明在对规约共用部分的范围界定上，何者为专有部分的通常客体，日本学者的理解与我国通常的理解（就建筑物而言的居住与非居住的经营性房屋二分）还有差异。这也可能与日本法将建筑物所在基地的使用权附着在专有部分之上有关。

由于共有部分所对应的份额不能单独转让，因此日本对法定共有部分也不进行登记，依靠专有部分的登记和管理规约的约定来判断共有部分的归属。对于约定共有部分而言，其是将可作为专有权客体的建筑物部分和附属设施，

---

① ［日］近江幸治：《民法讲义Ⅱ：物权法》，王茵译，北京大学出版社2006年版，第184页；［日］田山辉明：《物权法（增订本）》，陆庆胜译，法律出版社2001年版，第193页；［日］我妻荣：《我妻荣民法讲义Ⅱ：新订物权法》，罗丽译，中国法制出版社2008年版，第540—541页。

通过管理规约定为规约共有部分，并规定了登记对抗效力，使其能够进行分别登记。[①]这在很大程度上避免了因为共有和专有缺乏统一的划分依据而导致的纠纷。在我国，共用部分同样不进行不动产登记，但缺少在管理规约中的约定。有些地区建筑物的底层为架空层，这部分因为缺乏登记常会发生被物业公司私自利用的现象。虽然法院将其认定为建筑物的附属设施，但其位于地下，不同于地上部分那些能够作为共有权部分客体的结构上显而易见的附属设施，如电梯、走廊等，依然难以直接被认定为共有部分。[②]可见，由于建筑设计理念的不同，会导致对建筑物的附属物范围的差别，以及由此引起的性质认定上的差异。架空层从结构上来看难以全然断定其有便利公共安全或公共使用的性质。在南天一花园一案中，物业公司就将其封闭后用于商业出租。因此，在处理此类功能上难以明显辨别属于公共利用属性的建筑物的附属设施时，不妨借鉴我妻荣的见解，将其参照地下车库而变成通过管理规约约定的共用部分，这样将减少因缺少明确法律适用依据而导致的法院裁判的不一致。[③]

在土地使用权的归属问题上，日本建筑物区分所有权法呈现出与我国完全不同的面貌。《有关建筑物区分所有等之法律》第2条第5款规定的建筑物的基地，指建筑物所坐落的土地以及依第5条第1款规定被当成建筑物基地的土地。据此，可将建筑物的庭院、道路、停车场、附属建筑物的地基等具有利用性质的土地，依管理规约的约定作为建筑物的基地。这样一来，就使基地具有了广义属性，其和共用部分一样，具有了与专有部分的

---

① ［日］我妻荣：《我妻荣民法讲义Ⅱ：新订物权法》，罗丽译，中国法制出版社2008年版，第542页。

② 最高人民法院（2013）民提字第94号民事判决书。

③ 有学者认为，日本民法上约定共用部分仍为专有部分，仅是作为共同使用，且并不被登记为共用部分，仍是专有部分。参见卓洁辉：《区分所有建筑物专有与共有部分的区分标准问题研究》，法律出版社2012年版，第67页。这种看法与日本学者的看法并不一致。规约共用部分也存在登记（《有关建筑物区分所有等之法律》第4条第2项，《不动产登记法》第91条第3项）。参见［日］我妻荣：《我妻荣民法讲义Ⅱ：新订物权法》，罗丽译，中国法制出版社2008年版，第542页。本书认为，因为这种登记具有对抗力，其并不是从结构上彻底改变了“约定共用部分”事实上的专有部分属性，而是在法律属性上改变了其专有部分的性质。如果要复归为法律上的专有部分，需要修改管理规约。

一体性。

由此，基地有两种占地形态：专有部分建筑物所在的土地，其上的建筑用地权利称为基地利用权（第2条第6款）；依管理规约被当成建筑物基地的土地（第5条第1项）。前者为法定占地，后者为与建筑物及法定占地一体管理而管理、使用的庭院、通道、停车场、广场等，是规约规定的建筑占地（规约占地）。[①]可见，建筑物之外的土地利用权并不当然地归全体区分所有权人共有。这种做法较好地处理了规约占地部分对应的土地使用权在共有方面的确权问题。在登记方面，由于日本采取了以专有部分为核心，共有部分的份额和基地利用权合在一起的区分所有权理念，土地使用权作为专有部分的登记事项，在土地登记簿上表示为“权利的表示”。[②]此种规定与我国《民法典》第274条，将建筑区划内的道路、绿地，其他附属性建筑物均规定为业主共有（属于市政所有和个人绿地除外），但并不进行登记在立法模式上具有显著不同。第274条虽然试图以法定的方式一体化地解决建筑物之外的共有部分（包括建设用地使用权、附属性建筑物）的归属问题，进一步界定本条第1款未予明确的“专有部分以外的部分”的范围，但因为没有如日本法一般将共有部分的确定与建设用地使用权相联系，使得第274条在实践中对共有部分确权的作用甚微。

2. 我国台湾地区

从台湾地区相关规定上来看，我国台湾地区“公寓大厦管理条例”所称的建筑物区分所有权既包括专有部分的专有权，也包括共有部分的共有权（第3条第2款）。与日本不同的是，该条例仅规定了共用部分和约定部分，没有规定一部共有部分。为便于区分，将前者称作法定共用部分，此部分的范围与日本法和本条规定方式都不相同。

依据“公寓大厦管理条例”第3条第4款，共用部分是指公寓大厦专有部分以外之前他部分及不属于专有之附属建筑物，而供共同使用者。我国台湾地区民事基本规定的共有部分是指区分所有建筑物专有部分以外之其他部分

---

① ［日］近江幸治：《民法讲义Ⅱ：物权法》，王茵译，北京大学出版社2006年版，第185页。

② ［日］田山辉明：《物权法（增订本）》，陆庆胜译，法律出版社2001年版，第194页；［日］近江幸治：《民法讲义Ⅱ：物权法》，王茵译，北京大学出版社2006年版，第186页。

及不属专有部分之附属物。而在共有部分的权属上，我国台湾地区民事基本规定极为罕见地采用了推定共有的做法，区分建筑物及其附属物之共同部分，推定为各所有人之共有。很显然，“公寓大厦管理条例”将附属建筑物也一并规定为法定共有部分。按照特别法优于一般法的原则，上述条例不仅把“推定”改为规定，更扩大了共用部分的范围。条例第3条第4款已将不属专有的附属建筑物列为法定共用部分，故不需再如日本法通过约定共有的方式来解决附属建筑物的共有问题。据此，法定共用部分包括：建筑物内共同使用的专有部分以外的其他部分，建筑物的附属物的共同部分（推定共有），不属专有而共同使用的附属建筑物。①

有学者也采用了法定共有部分和约定共有部分的分类，但其将共有部分概括为专有部分以外的其他部分（如电梯、走廊、屋顶、地下室）与不属专有之附属建筑物，后者又可分为建筑物之附属物（如排水设备、给水设备、空调设备、防火设备、各种配管线等）及建筑物之附属设备（如天井、水塔、消防设备、游泳池、停车场、建筑物外之照明设备等）。②显然，这种对共有部分的范围界定，混用了台湾地区民事基本规定中的“附属物”和“公寓大厦管理条例”的“附属建筑物”的概念，将游泳池、停车场等附属建筑物或建筑物之外的庭院、其他土地与建筑物之外的照明设备、建筑物的附属物等量齐观。其采纳了“公寓大厦管理条例”第7条对法定共有部分范围的规定：公寓大厦本身所占之地面；连通数个专有部分之走廊或楼梯，及其通往室外之通路或门厅，社区内各巷道、防火巷弄；公寓大厦基础、主要梁柱、承重墙壁、楼地板及屋顶之构造；约定专用有违法令使用限制之规定者；其他有固定使用方法，并属区分所有权人生活利用上不可或缺之共用部分。可见，

---

① 对于建筑物的附属部分及附属建筑物是否能成为专有权客体的问题，“公寓大厦管理条例”的态度较为含糊。第3款规定，专有部分，指公寓大厦之一部分，具有使用上之独立性，且为区分所有之标的者。若字面理解“公寓大厦”，仅指建筑物及基地，不包括建筑物之外的其他附属建筑物（第3条第1款，公寓大厦，指构造上或使用上或在建筑执照设计图样标有明确界线，得区分为数部分之建筑物及其基地）。结合第3条第3款和第4款来看，其既得为专有权客体，亦可成为共有权客体，视用途而定。

② 王泽鉴：《民法物权》（第二版），北京大学出版社2010年版，第174—175页。作者将地下室直接视为法定共用部分。这种做法在我国台湾地区的不动产登记相关规定上也不会引起歧义，因为共用部分需要单独登记。

条例中的法定共有部分，包括了土地使用权，如公寓大厦的地面、基础，社区内的道路、防火巷弄等。

在其看来，约定共用部分依照“公寓大厦管理条例”第3条第6款，指公寓大厦专有部分经约定供共同使用者。约定的方式可依据规约或区分所有权人会议的决议，如将应属专有部分的建筑物部分作为传达室、会客厅、交谊厅等。

（二）我国对共有部分的规范及其问题

由上可见，日本法通过法律拟制的方式，解决了建筑物之外的建筑区划内土地的共有问题，将庭院、通路或其他土地依规约的约定当成建筑物的基地。此部分约定共有部分应也具有登记对抗效力。与日本将附属建筑物规定为约定共有部分不同，我国台湾地区则将附属建筑物、土地使用权及道路等均不得约定专有的部分直接规定为共有部分，并通过在土地登记簿中另行登记的方式，将共有部分进行单独编号和登记。我国的建筑物区分所有权立法在共有部分的定义上更接近我国台湾地区的做法，但在范围确定上则含混不清，而且未能通过不动产登记制度，对共有部分进行登记，如此才造成了实践中大量与共有部分有关的法律纠纷。

前述南天一花园一案已经充分暴露出《物权法》第72条、《建筑物区分所有权解释》第3条在界定共有部分方面的缺陷，但遗憾的是，《民法典》（第273条、第274条）仍未对《物权法》第72条的内容做出实质修改。在现有的法律制度之下，如何适用本条来界定共有部分值得深思。

《建筑物区分所有权解释》第3条参酌《公用住宅售后维修养护管理暂行办法》第3条，对共有部分采用了排除加列举的方法进行规定。然而，考究最高人民法院的看法，其始终不是以前述日本法或我国台湾地区上管理规约或不动产登记，或如美国法对契据的登记，来界定共有部分，而是完全将共有部分建立在推定的基础之上。

最高人民法院将共有部分分为三类：（1）法定共有部分。法律、行政法规明确规定属于业主共有的部分，体现为《物权法》第73条（对应《民法典》第274条）规定的共用部分。（2）天然共有部分。法律没有规定，合同也没有约定，一般也不具备登记条件，从属性上天然属于共有的部分。《建筑物区分所有权解释》第3条第1款第1项对天然共有部分进行了列举：建筑物的基础、承重结构、外墙、屋顶等基本结构部分，通道、楼梯、大堂等共同通行部分，消防、公共照明灯附属设施、设备，避难层、设备或者设备间等结构部分。（3）约定共有部分。除法定共有部分、天然共有部分外，其余的属于约定共有部分。依据是《建筑物区分所有权解释》第3条第1款第2项，“其他不属于业主专有部分，也不属于市政公用部分或者其他权利人所有的场所及设施等”。①

上述分类存在如下问题：首先，对共有部分的判定标准自相矛盾。一方面，它指出，共有部分的实质有二：一是不属于专有部分，二是不属于市政公用部分或者其他权利人所有的场所及设施等。②依照该司法解释，这个标准仅是对约定共有部分的定义，并不适用于法定和天然共有部分。其次，所谓的天然共有部分和法定共有部分，从建筑规划的角度而言，并没有性质上的实质差异，因此，以性质上天然属于共有的部分为依据实在不足以作为一种判定建筑物内部共有部分的标准。比如，地下室究竟是法定共有部分，还是天然共有部分，据此就难以区分。最后，对于天然共有部分和约定共有部分的定义上，采用了循环逻辑、交叉排除的做法，实际上无法根据天然共有或约定共有的任何之一来确定彼此的范围。约定共有部分的含义，并不是如日本法上或我国台湾地区规定的，由区分所有权人通过规约的方式来将专有部分约定为共有部分，或者约定共有部分的土地利用权。相反，约定共有部分的范围建立在对法定共有和天然共有的排除之上，而天然共有则需要排除法定和合同约定的共有，如此一来，除了法定共有部分，无法通过立法的方式确定天然共有或约定共有的范围。而所谓的法定共有（本法第274条），因为建设用地使用权作为共有部分不进行登记，也存在实际上无法确定的情形，而共有的附属建筑物，在登记上也存在着权利人不清楚的情形。

---

① 最高人民法院民事审判第一庭编著：《最高人民法院〈建筑物区分所有权、物业服务司法解释〉理解与适用》，人民法院出版社2009年版，第62—66页。

② 最高人民法院民事审判第一庭编著：《最高人民法院〈建筑物区分所有权、物业服务司法解释〉理解与适用》，人民法院出版社2009年版，第68页。

可见，不论是从《民法典》第273条、第274条，或者是《建筑物区分所有权解释》第3条，都无法从法律上准确地界定共有部分的含义和范围。《民法典》的这两条规定失之于过宽，而《建筑物区分所有权解释》第3条第1款第2项的所谓兜底性规定，实则需要先排除法定共有，再逐一排除建筑区划内以约定方式而确定的其他附属建筑物、场所或设施的归属，又失之于不可行。第3条第1款第2项看似有很强的包容性，实则根本无法提供任何确权的判定标准，对国有土地上不动产登记初始相关的依据，[①]皆未提及。第3条第2款[②]尽管将建筑区划内的建设用地使用权规定为业主共有，但是因为共有部分的范围无法依法确定，相应的共有部分的建设用地使用权也难以仅以此条规定进行权属认定，因此，其作为宣誓性规范的作用，远远大于作为法律渊源的法律适用效用。

改变对法定共有部分和约定共有部分的划分标准势在必行。在认定建筑物的共有部分时，不妨借鉴前述日本和我国台湾地区的做法，将法定共有部分定义为“有固定使用方法，区分所有权人生活利用上不可或缺之共用部分”。同时，引入约定共有部分的概念，对于建筑物内的共用会客厅、会议室、娱乐健身室、管理人室，停车场、游泳池、仓库等，准予通过管理规约的方式约定为共有部分，以便利建筑物区分所有权人的生活和安全。进一步完善共有部分的不动产登记制度，不仅现有法律规定的共有部分（如《民法典》第273条、第274条）应进行登记，而且将管理规约作为判定法定共有部分之外的约定共有部分的标准。

对于基地问题，《民法典》第273条、274条和《建筑物区分所有权解释》第3条第2款规定，均未解决在共有部分的确定之上，是依据建设用地使用权来认定共有部分的所有权，还是相反。前面提到的会所，以及南天一花园案中的附属建筑物，均采用了最高人民法院判例中以建设用地使用权

---

① 《不动产登记暂行条例实施细则》第35条，申请国有建设用地使用权及房屋所有权首次登记的，应当提交下列材料：（一）不动产权属证书或者土地权属来源材料；（二）建设工程符合规划的材料；（三）房屋已经竣工的材料；（四）房地产调查或者测绘报告；（五）相关税费缴纳凭证；（六）其他必要材料。

② 第3条第2款，建筑区划内的土地，依法由业主共同享有建设用地使用权，但属于业主专有的整栋建筑物的规划占地或者城镇公共道路、绿地占地除外。

的归属来倒推建筑物所有权的做法。即便这一做法能够成立，在《物权法》及《民法典》中均未对建筑区划的总宗地面积与建筑物基地面积分摊的范围作出明确规定。这使得依建设用地使用权倒推基地分摊面积的做法缺少统一标准而难以适用。《深圳经济特区房地产登记条例》[①]对土地使用权初次登记，及房屋的初次登记需要提交的文件均进行了详细列举。如果能够对建筑区划内的建设用地使用权在不动产登记法中规定统一的登记证明文件，将会避免因建设用地使用权属不清而引起的附属建筑物性质认定的诸多纠纷。

（三）我国共有部分相关规定的完善建议

从前面分析来看，《民法典》（第273条、第274条，对应《物权法》第72条、第73条）和《建筑物区分所有权解释》（第3条）均试图通过排除加列举的方式来确定共有部分的范围，这种除外加列举的做法，由于没有从根本上解决建设用地使用权的登记公信力，又缺乏将管理规约作为认定约定共有部分的法律规定，这使得法院在审理时难以依据任何一条来进行确权。这些条文似乎想将建筑物的共有部分、附属设施区分开来加以规定，但正因为在表述上未使用专有部分以外的其他部分、附属物、附属设施、附属建筑物等统一术语，导致法院审理共有部分纠纷时，不能直接适用《物权法》第72条、第73条进行确权，只好转而援引南天一花园一案的判决理由对会所[②]等设施或建筑物进行性质认定，这严重地损害了法的

① 第29条，申请土地使用权首次登记应当提交下列文件：（一）登记申请书；（二）身份证明，包括：个人身份证明，或者企业法人营业执照和法定代表人证明，或者国家机关负责人证明，或者市人民政府批准设立组织的文件和该组织负责人证明。境外企业、组织提供的身份证明应当按规定经过公证或者认证；（三）土地权属证明，包括：1.以出让方式取得土地使用权的应当提交：（1）土地使用合同书。根据土地使用合同书规定由权利人自行征地的，应当同时提交征地补偿协议书；（2）付清地价款证明；2.以行政划拨方式取得土地使用权的应当提交：（1）市人民政府批准用地文件；（2）用地红线图；（3）征地补偿协议书；3.以其他合法形式取得土地使用权的，应当提交有关证明文件；（四）登记机构认可的测量机构出具的实地测绘结果报告书。

② 海南省三亚市中级人民法院（2014）三亚行初字第24号行政判决书、福建省高级人民法院（2019）闽民申4444号民事裁定书。

安定性。

有学者将屋顶平台、地下室、停车位、防空洞、绿地的登记结果作为判定共有部分的标准，已单独登记为一项不动产物权的，一般认定其为专有权，归特定业主、第三人、开发商或通过商品房预售合同与销售合同约定归全体业主。[①]其认为锅炉房、会所的权属认定应适用《物权法》第30条及第142条，在初始登记时归开发商所有，其后依开发商与他人的约定而定。对屋顶平台、地下室、停车位等的认定做法不免有本末倒置之嫌。鉴于实践中不乏不动产登记被撤销的情形，而且从登记结果尚无法识别登记簿记载的权属，仍需要再分别认定，难以为共有部分的判定提供可行依据。实践中还存在从建设用地使用权倒推共有附属建筑物所有权的情形。物权法的首要作用在于定分止争，故不宜通过推定的方式来确认权属。因此，不能仅通过登记程序法，或是登记结果推定权属的方式来判定共有部分的归属，仍要通过建筑物区分所有的实体法来解决共有部分的范围问题。

考虑到在日本及我国台湾地区，即使进行共有部分的登记，也并不发给所有权证书，而是登记为专有部分的登记事项，或在不动产登记簿中另行编号予以记载，故不应仅以能否取得登记作为共有部分的确权证明。对于锅炉房、会所而言，应首先判定其是否是业主行使共有权必不可少的生活配套设施，并结合初始登记时提交的各种权属证明资料，确定其是属于开发商专有，还是属于应后期转交给业主的共有部分，抑或是属于能够依管理规约及让售、出租合同转让给特定主体所有。这些均有赖相关法律的修改，若任由开发商与受让人自行约定，不免会损害业主的共同生活所需之共同利益。

相比之下，我国台湾地区通过在“公寓大厦管理条例”及“土地登记规则”中规定建筑物初始登记时，共用部分应进行登记，很好地解决了区分所有权实体法和程序法的衔接问题，也使不动产登记簿能成为共用部分

---

① 参见崔建远：《物权：规范与学说——以中国物权法的解释论为中心》(上册)，清华大学出版社2011年版，第416页、第419—420页。

的公示依据。[①]虽然《物权法》第9条和《民法典》第209条、第214条也采纳了物权变动的登记生效主义，但在建筑物区分所有权的共有部分登记方面，仅笼统地规定“当事人申请登记，应当根据不同登记事项提供权属证明和不动产界址、面积等必要材料”（《民法典》第211条），没有规定具体的登记权利的类型和内容，也就无法实现不动产登记簿作为共有部分权属证明的作用。

我国《房屋登记办法》对国有土地上房屋初始登记应提供的材料进行了详细规定，[②]并规定“房地产开发企业申请房屋所有权初始登记时，应当对建筑区划内依法属于全体业主共有的公共场所、公用设施和物业服务用房等房屋一并申请登记，由房屋登记机构在房屋登记簿上予以记载，不颁发房屋权属证书”（第31条）。尽管第31条并没有对公共场所、公用设施和物业用房进行法律性质的界定，但从其前面的限定来看应属于业主共有的附属建筑物。然而2019年9月16日该办法被废止，这些规定并未为《不动产登记暂行条例》所继受。

《不动产登记暂行条例实施细则》第36条规定：“办理房屋所有权首次登记时，申请人应当将建筑区划内依法属于业主共有的道路、绿地、其他公共场所、公用设施和物业服务用房及其占用范围内的建设用地使用权一并申请登记为业主共有。业主转让房屋所有权的，其对共有部分享有的权利依法一并转让。”这一部委规章是目前唯一对共有部分的范围进行明确界定，并把上

---

① “公寓大厦管理条例”第56条第1项规定，公寓大厦之起造人于申请建造执照时，应检附专有部分、共用部分、约定共用部分、约定共用部分标示之详细图及住户规约草约。于设计变更时亦同。共用部分在于供区分所有权人共用，为减少争议，“土地登记规则”第78条规定，申请建筑物区分所有权第一次登记前，应先向登记机关申请建物勘测。其共同使用部分于勘测时，除有特殊情况外，应测绘于各区分所有物内。第81条规定，区分所有建物之共同使用部分，应另建编号，单独登记为各相关区分所有权人共有（包括全体共有和部分区分所有权人共有）。区分所有建筑物共同使用部分仅建立标示部，及加附区分所有建物共同使用部分附表，其建号，应于各区分所有权状中记明之，不另发给所有权状。参见王泽鉴：《民法物权》（第二版），北京大学出版社2010年版，第175—176页。

② 第30条，因合法建造房屋申请房屋所有权初始登记的，应当提交下列材料：（一）登记申请书；（二）申请人身份证明；（三）建设用地使用权证明；（四）建设工程符合规划的证明；（五）房屋已竣工的证明；（六）房屋测绘报告；（七）其他必要材料。

述共有部分占用范围内的建设用地一并规定为业主共有的规范性文件。然而，《不动产登记暂行条例实施细则》作为一个不动产登记的程序性规范，根本不具有对不动产进行确权的法律效力。《民法典》第116条规定的物权法定原则中的法律并不包括部门规章。尽管这一条文对房屋初始登记时的共有部分范围、共有部分与建设用地使用权的关系进行了规定，它仍然未对列举的共有部分进行界定，尤其是实践中争议颇大的车位、车库、人防工程、露台、屋顶等是否应登记为共有部分做出规定。

依据物权法定原则，建筑物区分所有权的内容应依法确定，目前不论是依据《民法典》中“不动产登记”或“业主的建筑物区分所有权”一节的相关条文，还是依据《建筑物区分所有权解释》，都难以寻得根据《不动产登记暂行条例实施细则》第36条的建筑物所有权共有部分登记具有公信力的规定，这就造成了权属登记环节的实体权利与程序权利结合上的重要缺失。虽然该条款在认定共有部分方面的实用意义极其有限，但它仍然为将来制定建筑物区分所有权单行法指明了共有部分登记的方向。

为解决上述程序法与实体法无法衔接，司法解释对建设用地归业主共有的规定效力层级过低的问题，未来在制定建筑物区分所有权单行法或司法解释时，应从实体法和程序法两个方面加以改进。

我国司法实践中对建筑区分所有权纠纷，未明确应采用房随地走或地随房走的原则。鉴于建筑区划内的房、地问题并不是单体建筑或是仅有一个权利人的情况，共有部分权属的确定应遵循管理规约优先并兼顾法律规定的原则，因此，不宜再采取前述常规房地关系原则，而应改采国际通行的附属建筑物、建设用地使用权分别确权并登记的做法。具体而言，应在单行法中对法定共有部分和约定共有部分作出明确规定。借鉴我国台湾地区“公寓大厦管理条例”第4条的规定（公寓大厦专有部分以外之其他部分，及不属专有之附属建筑物）来定义共有部分，使用“附属建筑物”一词，而不再使用《民法典》第274条中的“公共场所、公用设施和物业服务用房”等含义不明确的表述。由此，附属建筑物概括了专有部分之外，其他从属性的、业主共同生活必不可少的建筑物，以避免实践中建筑物专有部分以外的其他共有部分（如屋顶、架空层、地下室等），及附属建筑物以外的其他用房（会所、开发商自建的商业用房等）的认定缺乏法律依据。此外，明确规定约定共有部分，业主将能作为专有部分客体的部分，如建筑物部分或附属建筑物通过管理规约约定为共有部分。约定共有部分在登记后取得物权效力。因此，应明确规定建筑区划内的建设用地使用权归业主所有的原则性规定，作为判定建设用地使用权的准则。在依法满足业主需要后（《民法典》第276条），允许通过约定专用权的方式，或设定专有权的方式，在业主共有的建设用地使用权上设定专有使用权或专有所有权，如专用车库和车位、专有车库和车位。

从程序法来看，应使建筑区划内业主共有的建设用地使用权具备登记能力，能在不动产登记簿中作为共有部分进行登记。目前常见的由建设用地使用权引起的地面专有所有权或使用权纠纷，将不至于在权属不清时一律推定归开发商所有。[①]对法定共有部分、约定共有部分的登记方法和登记资料也应在程序法中进行统一规定。

二、共有权的行使

（一）不得分割

学说常把共有权行使的不可分割理解为共有权不得与专有权、共同管理的权利相分割而进行转让。然而，要理解本条第2款的规定，应结合我国房地关系及不动产登记现状来进行。

由于我国采取房地一致的立法模式，于《民法典》第352条规定，建设用地使用权人建造的建筑物、构筑物及其附属设施的所有权属于建设用地使用权人，但有相反证据证明的除外。这表明，在我国，判定建筑物区分所有权的权属时，应先厘定土地使用权的归属，而非其上建筑物的权属。然而，这一规定显然无法直接适用于建筑物区分所有权。因为，业主购买房屋时，仅被登记为专有部分的所有权人，其他共有部分及建设用地使用权只在初始登记时登记为业主共有，并不和单个业主发生直接关系。因此，《民法典》第356条和第357条又规定的房随地走和地随房走，对于建筑物区分所有权中共

---

① 最高人民法院民事审判第一庭编著：《最高人民法院〈建筑物区分所有权、物业服务司法解释〉理解与适用》，人民法院出版社2009年版，第57—78页。

有部分的确权均无法直接适用。

《建筑物区分所有权解释》第3条第2款[1]规定的建设用地使用权归业主共有，显然不仅包括《不动产登记暂行条例实施细则》第36条规定的房屋初始登记阶段。然而，不论是《不动产登记暂行条例实施细则》还是《建筑物区分所有权解释》，在实践中均因效力层级过低而极少被援用。在进行初始登记时，即应明确标准开发商使用或预留供商业使用的建设用地使用权，以及供业主使用的建设用地使用权，而不能采用后期谁缴纳土地使用权出让金并办理相关征地、房屋建设规划、验收手续来倒推或证明建设用地使用权的归属。

南天一花园一案显示，房屋权属证书可以被撤销，且无法通过已经缴纳购买款项及办理登记手续而证明其权属来源的合法性。但显然土地使用权的归属可以通过实质履行建设用地使用权出让合同的行为，来“补正”其在权属性质归属争议上的瑕疵。虽然我国多数学者认为，我国建筑物区分所有权中，专有权居于主导地位，全国人大法工委也持此种观点。然而，他们仅是从建筑物区分所有权本身的构造来思考内部的权能，并未解决房地之间的主从关系。与德国将房屋视为土地的附属物，并将专有权、共有权一并于土地登记簿进行登记不同，我国直到2019年仍实行的是房地分离的登记模式。虽然《不动产登记暂行条例》于2014年颁布，但《房屋登记办法》直到2019年才被废止。《不动产登记暂行条例》对建筑物的初始登记中，建设用地使用权的归属及登记方法皆未载明，不仅如此，通篇也未提及建筑物区分所有权。《不动产登记暂行条例》第5条规定：“下列不动产权利，依照本条例的规定办理登记：（一）集体土地所有权；（二）房屋等建筑物、构筑物所有权；（三）森林、林木所有权；（四）耕地、林地、草地等土地承包经营权；（五）建设用地使用权；（六）宅基地使用权；（七）海域使用权；（八）地役权；（九）抵押权；（十）法律规定需要登记的其他不动产权利。”可见，至今被学者们认为作为建筑物区分所有权核心的专有权，在不动产登记中，并未考虑建筑物区分所有权中的共有部分的登记问题，而是与其他类型的房屋（独栋、

---

① 第3条第2款，建筑区划内的土地，依法由业主共同享有建设用地使用权，但属于业主专有的整栋建筑物的规划占地或者城镇公共道路、绿地占地除外。

联排等）一样被登记为房屋所有权，仅在公摊面积上进行注明。可见，仅采取房地统一的不动产登记模式，仍不能解决建筑物区分所有权的专有部分和共有部分的确权问题。

除上述问题外，就专有与共有的一并转让上，还应注意，共有既可能是全体业主共有，也有可能是部分业主共有，还有可能是通过管理规约或开发商与业主大会的协议而约定为共有部分。所以，共有部分的转让不能简单地认为与专有权的转让同其命运而由专有权决定。此外，还存在于特殊情况下，将共有部分设置专有使用权的情况，如使用楼顶平台、外墙等。因此，要区别专有权和共有权的不动产登记状况及权属约定证明分别认定，不能将本条第2款一概解释为专有部分的主导地位。

（二）权利义务一致

1.共有部分的收益权利、费用分摊义务

建筑物区分所有权中的专有部分和共有部分不仅在转让中应成为一体，在权利义务行使方面亦然，业主不得以放弃权利为由不履行义务。业主的共同生活关系是由专有部分的买卖合同为基础而建立起来，并进入按份共有的建筑物义务体系之中的。建筑物及其附属设施的正常运转所需的各种费用所依赖的并非业主所为的一次性购买行为所产生的对价，而需要在持续的使用专有部分过程中，为专有部分结构上、性质上所必需的保存、维持、养护、重建等成本支付代价，这些代价所指示的义务不是由业主的房屋买受合同（与开发商或其他业主）而自愿约定的，而是体现为一种法定义务。义务的具体份额可以由业主通过管理规约进行约定，在缺少相应约定时，按专有部分占建筑面积的比例而定。不过，在这些义务中，应对其内容进行适当区分。比如，属于维护共有部分所必需的义务，像电梯、外墙、屋顶等的维修费用、公共维修资金的缴纳义务等，应严格按此原则适用。

结合其他法条来看，《民法典》第281条和第282条分别规定了维修资金的共有权和对共有部分的收益分配的权利。第283条规定了对建筑物及其附属设施的费用分摊义务。对于收益分配和费用分担方法，第283条规定，有约定的，按照约定；没有约定或者约定不明确的，按照业主专有部分面积所占比例确定。这一条改变了《物权法》第80条中原来规定的“按照业主专有部分占建筑物总面积的比例确定”。

根据全国人大法工委的解释，《物权法》第80条中的专有部分所占比例是业主专有部分占建筑物总面积的比例。按照《建筑物区分所有权解释》第8条的解释，第80条和第76条第2款中的建筑物总面积并不是建筑学术语，而是虚拟的术语，皆为专有部分面积的总和。对于这一问题，采用笼统的规定方式不够妥当。正如日本法上明确规定了全体共有与一部共有，以及约定共有。在考虑收益分享，特别是费用分摊时，也应结合这些不同的共有情况来进行判定。

业主所享受的许多具有公共服务性质的服务，如水、电、气、暖等，均既有专有部分单独受益所应支付的物业服务合同对价，也有基于共有部分的正常运营的基本服务成本（如采暖设施的基本费用），只有在这些公共服务性质的单行规范有特别规定的情况下，才能通过协商的方式，暂停履行相关义务。如李某与暖气公司的供暖案，由于属于集中供暖，因此，李某不能以放弃权利为由不履行义务。①李某以起居室没有暖气片，且供暖季由第三方检测机构两次温度测量均低于国家现行冬季供暖室内温度标准为由，拒绝交纳供暖费用。法院认为，物业管理公司向李某所居住的房屋提供了供暖服务，李某享受了供暖服务，供热单位依照《北京市供热采暖管理办法》第16条之规定直接向用户收取供暖费并无不当，李某应当交纳供暖费。供暖关系具有不同于其他民事关系的公共服务性质，用户在供暖期间发现室内温度低时，应当向供暖单位申请入户测温，督促和协助供暖单位查找原因，双方应相互配合共同确认温度不达标的原因，相互协调并积极有效地解决问题。②根据《北京市供热采暖管理办法》第18条，只有具备分户独立采暖系统型式的用户，在不影响其他用户正常采暖及共用供热设施安全的前提下，经与供热单位协商，就暂停供热时间、交纳基本费用等事项达成一致后，可以由供热单位暂停供热。

---

① 全国人大常委会法制工作委员会民法室编：《〈中华人民共和国物权法〉条文说明、立法理由及相关规定》，北京大学出版社2007年版，第111页。

② 北京市第二中级人民法院（2016）京02民终字第8973号民事判决书。

2.合理使用共有部分的义务

日本《有关建筑物区分所有等之法律》第13条规定，各共有人得按共用部分的用法而使用。本条在权利义务一致的内涵下也应做如此解释。只不过，作为一种法定义务，此种合理使用义务应予明确规定。我国《建筑物区分所有权解释》第4条规定的为专有部分而使用共有部分时的合理利用义务，不得视为对于共有部分一般情形下合理解释的替代。《民法典》第272条规定了使用专有部分的义务，本条缺少相应的规定，应视为一种法律漏洞。虽然从体系解释的角度，第286条第1款规定了“业主应当遵守法律、法规以及管理规约”，但该条只是一般性的宣誓性规定，其第2款规定业主不得有侵害他人利益的行为，同样没有为业主对共有部分的合理使用提供必要约束。因为共有部分的不合理使用，如拒绝缴纳基本暖气费用（独立供暖时），从专有权人角度来看，似乎并未侵犯他人利益，但实际上影响了整个供暖设施基础功能的维持。因此，合理使用共有部分并不是一项仅能从消极损害后果的产生，就可以推出的消极不作为义务，而应规定为一项法定的积极作为义务，违反此项义务还可依据物权请求权而同时请求承担损害赔偿责任。①

三、共有权的性质与优先购买权

优先购买权的问题涉及对建筑物区分所有中的共有权的定性。《德国民法典》仅规定了按份共有，因此德国法上建筑物区分所有的共有部分的性质为一种按份共有，可以适用《德国民法典》第741条以下关于共有及第1008条以下按份共有的规定。而我国与日本均规定了按份共有和共同共有，且法律对建筑物区分所有权的共有部分未明确定性，如此一来，建筑物区分所有权中共有的理论观点便有很大不同。

我妻荣主要从建筑物区分所有权人构成有共同目的的广义上的合伙关系入手，合伙广泛地包括未达到社团程度的团体组织，并认为其继受了法国1938年分层建筑物法规，属于当然成立合伙的立法例。他还提出德国《住宅

① 梁慧星：《物权法草案（第二次审议稿）若干条文的解释与批判》，载《中国民事立法评说——民法典、物权法、侵权责任法》，法律出版社2010年版，第148页。

所有权与长期居住权法》虽无明文规定，但其规定的内容是以特殊的合伙关系成立为前提的立法例。显然，他并不是从物权的角度分析，而是从人的结合来考察。因此，所谓的共用部分是区分所有权全员的共同共有。此外，他也认为，一些学者将合伙财产看作共有也是合理的，但多数学说与判例采纳了共同共有的立场。但日本《公寓管理条例》修正后承认区分所有权人可以成立管理组合法人，取得法人资格。然而，根据第53条，区分所有权人应按比例清偿管理组合法人的财产不能完全清偿其债务时的责任，这表明其类似于无限共有，其具有合伙的实质，却被赋予了法人的人格。①

我国台湾地区的多数学者认为共有部分的性质属于按份共有（依据“公寓大厦管理条例”第3条第2款，“并就其共用部分按其应有部分有所有权”），属于因物之使用目的不能分割的共有，又称为互有。但其又不同于一般的按份共有，不适用民法推定份额均等的规定，共有部分的份额应根据专有权的比例而定。②少数台湾地区学者认为共有部分的性质介于按份共有和共同共有之间，混合了按份共有（物的共有关系，楼地板面积比例和所有权单位是分摊权利和义务的基础）和共同共有（共同生活的社区关系）。区分所有权生活附着于建筑物的结构，先天上就不能分割。③

我国多数学者赞同业主共有部分为按份共有。也有学者认为纵割式为按份共有，而横切式和混合式建筑的区分所有，彼此间结合状态较为紧密，基于共同利益而形成共同关系，但对共用部分的用益、处分又受管理规约限制，应归于共同共有。但对于《物权法》第80条规定的费用分摊和收益分配，于无约定或约定不明时按专有部分占比确定，又类似按份共有。④然而，这种以共同共有为基础，兼采按份共有的观点，忽视了按份共有和共同共有的关键区别。这一区别在于共同共有之成立，应以共同关系之存在为前提，这种基

① [日]我妻荣：《债权各论》（中卷二），周江洪译，中国法制出版社2008年版，第223页、第244页、第266页；[日]我妻荣：《民法讲义Ⅱ》，罗丽译，中国法制出版社2008年版，第550页。

② 王泽鉴：《民法物权》（第二版），北京大学出版社2010年版，第176页。

③ 苏永钦：《走入新世纪的私法自治》，中国政法大学出版社2002年版，第277页。

④ 陈华彬：《建筑物区分所有权法》，中国政法大学出版社2018年版，第170页。

础关系法律通常采用类型强制的方式进行规定。[①]因此，不宜将建筑物区分所有权认定为共同共有。也有学者指出，如认定为共同共有，则区分所有人的利益分享与费用分担将无法确定。[②]

根据我国《民法典》第306条第1款，[③]按份共有的共有人享有优先购买权，但有学者认为，尽管建筑物区分所有包含了按份共有的形态，但它毕竟不是单纯的按份共有，故区分所有人之间没有先买权。《葡萄牙民法典》第1423条明确规定，分层建筑物之所有人对各区间转让不享有优先权，对共同部分亦不享有请求分割之权利。我国《民法典》仅在第726条规定了房屋承租人的优先购买权。如果认为按份共有中的优先购买权是一种对物权共有份额转让的法定限制的话，能否允许当事人通过约定的方式来设定这种限制呢？

美国最高法院在20世纪80年代的个别判例[④]中肯定了许可业主协会在管理规约中创建优先购买权的做法。公寓声明中包含的优先购买权（preemption right）赋予单元所有者，以第三方购买者提供的相同条款和条件购买要出售的任何其他单位的优先购买权（first right to purchase），但没有违反永久性规则，因为优先购买权不会威胁到永久性的公寓单元的自由转让性，即使对永久性规则的技术应用将使优先购买权无效。但其后一些法院，如马里兰州上诉法院又在一些判决中认为，永久性规则适用于优先购买财产权益的权利。[⑤]这表明，根据美国统一州法全国委员会制定的《统一共同利益所有权法》（UCIOA）第2-105（a）（12）条，业主可以在公寓声明中设定对公寓单元转让的限制，如在个案中设定的优先购买权，但是法院有可能会以该优先购买权违背了普通法上的“永久性规则”（Rule against perpetuities）而判定对财产权让与的限制无效。因此，有学者认为美国法上业主法人团体享有首

① 张双根：《共有中的两个问题——兼谈对〈物权法（草案）〉“共有”章的一点看法》，载《比较法研究》2006年第2期。

② 房绍坤：《建筑物区分所有权的构造》，载《法学研究》1994年第2期。

③ 第306条第1款，按份共有人转让其享有的共有的不动产或者动产份额的，应当将转让条件及时通知其他共有人。其他共有人应当在合理期限内行使优先购买权。

④ Cambridge Co. v. E. Slope Inv. Corp., 700 P.2d 537, 542–43 (Colo. 1985).

⑤ Ferrero Const. Co. v. Dennis Rourke Corp.536 A.2d 1137 (Md.1988). Atlantic Richfield Company v. Whiting Oil and Gas Corporation, 320 P.3d 1179, (Colo.2014).

次拒绝权（right of first refusal），或称为优先购买权[①]的一般性结论是难以成立的。

此外，对于日本《有关建筑物区分所有等之法律》第7条规定的业主对于其他业主有债权的，可就该债务人的区分所有权有优先取偿权，管理人或管理组合人因执行职务或业务亦同。这种优先取偿权属于对《日本民法典》中先取特权的具体化体现，作为一种法定担保物权，其优先于意定物权（如抵押权），[②]并在不动产登记簿中进行登记。是否应将其引入我国，学者看法不一。[③]它是法定担保方式，不能与美国法上个别案例中的优先受让权相混淆。在业主不能按时缴纳一些公共费用的评估费用时，业主协会可以暂停业主的选举权和被选举权以外的一些权利或特权。[④]

第二百七十四条【道路、绿地等的归属】

建筑区划内的道路，属于业主共有，但是属于城镇公共道路的除外。建筑区划内的绿地，属于业主共有，但是属于城镇公共绿地或者明示属于个人的除外。建筑区划内的其他公共场所、公用设施和物业服务用房，属于业主共有。

历史由来

本条内容与《物权法》第73条基本上一致，仅从《民法典物权编（草案）》（二审稿）第69条开始，以“但是”取代了之前的两个“但”。

2005年《物权法（草案）》第76条曾试图对建筑物以外的共有部分进行一体规定。“建筑区划内的绿地、道路以及物业管理用房，属于业主共有，但属于市政建设的除外。会所、车库的归属，有约定的，按照约定；没有约定或者约

---

① 陈磊：《超越边界：业主的权利限制之比较分析》，载《南京大学学报》（哲学·人文科学·社会科学）2017年第5期。

② 王利明：《物权法立法的若干问题探讨》，载《政法论坛》2001年第4期。

③ 陈鑫：《建筑物区分所有权》，中国法制出版社2007年版，第82页；戴新毅：《债权平等及其突破模式选择》，载《河北法学》2013年第6期。

④ Unif.Condominium Act 2017§3-102 (a) (19).

定不明确的，除建设单位等能够证明其享有所有权外，属于业主共有。”然而，该条最终被分拆为两部分，一部分规定于第73条，类似于一般条款，而另一部分关于车库、车位的权属则作为特例单独规定为第74条。相比较而言，除了市政建设的道路及绿地，以及明示属于个人的绿地的特例外，《物权法》希望确立建筑物之外共有部分归业主共有的一般规则。然而，之所以没有采取2005年《物权法（草案）》第76条第1句的此种规定方式，是因为《物权法》在建筑物区分所有权一章中始终没有解决建筑物与建设用地使用权之间的关系。

尽管《物权法》第72条第2款规定，专有部分转让时，业主对共有部分享有的共有和共同管理的权利一并转让。然而，该条文十分模糊，根本未提及土地使用权。有学者指出，我国采取了与德国不同的日本模式，将房屋和土地视为两个不动产，确立了“房随地走，地随房走”的原则，如《物权法》第142条、第146条。[①]然而，区分所有权之下的建设用地使用权既不进行共有权登记，也不作专有权登记，在这一点上，与日本法的规定也完全不同。

日本《有关建筑物区分所有等之法律》第2条第6款明确规定了建筑物的基地，指建筑物坐落的土地，以及依第5条第1项规定被当成建筑物基地的土地。第5条第1项规定，区分所有人得将建筑物及与建筑物所坐落的土地成为一体管理或使用的庭院、通路或其他土地，依管理规约当成建筑物的基地。这就将建筑物所在土地，及建筑区划内的其他土地一并称为占地利用权，并且只要管理规约无特别规定，区分所有人不能将专有部分和占地利用权分开处分（第22条第1款）。占地利用权在登记簿上为专有部分的登记事项。[②]

如果说我国《建筑物区分所有权解释》第3条第2款试图以司法解释的方式解决建筑物区分所有权中，建设用地使用权与共有部分的一体化关系的话，这种努力显然并没有被《民法典》所接纳。司法解释从功能上而言，并不能超越法律规定的内容而作出法律适用的解释。因此，该款如果作为共有权的依据适用，需要获得法律的承认。然而，遗憾的是，在共有部分的规范问题

---

① 梁慧星：《物权法解析：意义、对策、创新与不足》，载《中国民事立法评说——民法典、物权法、侵权责任法》，法律出版社2010年版，第99页。

② 因为翻译的不同，基地利用权即占地利用权。[日]近江幸治：《民法讲义Ⅱ：物权法》，王茵译，北京大学出版社2006年版，第185—186条。

上,《民法典》采取了十分谨慎的立法态度，最大限度地保持了《物权法》对于共有部分权属的规定(《民法典》第273条、第274条、第275条、第276条)。这几条中仅有第273条第2款增加了“为由”二字，其他条文未着一墨。对共有部分所作的修改只限于表决权事项的改变及比例的降低，以及维修资金的使用和共有部分经营收入归属等。具体而言：将改变共有部分用途、利用共有部分从事经营活动规定为业主大会决议事项(第278条第1款第8项)，降低了使用维修资金的表决权比例(第278条第1款第5项)，增加了紧急情况下维修资金使用的规定(第281条第2款)，规定了利用共有部分产生的收入归业主共有(第282条)。

规范目的或功能

本条规定了建筑区划内，单体建筑物之外的共有部分的共有权问题。如前所述，本条包含对道路、绿地、其他公共场所、共用设施和物业服务用房的共有权，但未包含与上述客体相对应的土地使用权归属。

这种规定方式与我国台湾地区“公寓管理大厦条例”第3条第4款的规定颇有相似之处，但是该条例第4条第2款规定了专有部分、共用部分及其地基所有权或地上权不可分离转让，以此方式解决了对应的土地利用权的合法权源问题。然而，本条延续了《物权法》第73条房地分离的规范方式，未对建筑区划内的建设用地使用权，及其与建筑物区分所有权的关系作出规定。

《民法典》第273条第2款规定，“业主转让建筑物内的住宅、经营性用房，其对共有部分享有的共有和共同管理的权利一并转让”。这仅涉及专有部分和共有部分的一并转让问题。结合前面论述可知,《民法典》规定的建筑物区分所有的共有仅限于道路、绿地、公共场所、共用设施和物业服务用房(本条)，占用业主共有的道路或者其他场地用于停放汽车的车位(第275条第2款)，并不包括建筑规划内的建设用地使用权。因此，从第273条第2款不能推出我国对建筑物区分所有权与相对应的建设用地使用权的一体化关系。

然而，不论是采用地主房从的德国，还是房主地从的日本、我国台湾地区，均在建筑物区分所有权的法规中，以不同的方式明确地规定了房、地的关系，以及建筑物区分所有权与土地所有权或使用权一并让与的紧密结合关系。

《建筑物区分所有权解释》第3条第2款试图弥补上述漏洞，统一规定了业主对建筑物区划内的土地的建设用地使用权的共有权，然而，由于这一规定缺少与建筑物区分所有权之间在取得和转让时相互关联的条款的规定，使得第3条第2款关于建设用地使用权和第1款有关法定共用部分的范围的规定之间不免存在自相矛盾之处。

最高人民法院在《建筑物区分所有权解释》的释义中，将共用部分分为法定共用部分、天然共用部分和约定共用部分。法定共用部分包括：建筑区划内的道路，属于业主共有，属于城镇公共道路的除外；建筑区划内的绿地，属于业主共有，但属于城镇公共绿地或者明示属于个人的除外；建筑区划内的其他公共场所、公用设施物业房屋用房占用业主共有的道路或者其他场地用于停放汽车的车位；电梯、水箱（《物权法》第73条、第74条第3款、第79条）。天然共用部分为《建筑物区分所有权解释》第3条第1款第1项规定的单体建筑物内部的共用部分。约定共有部分是除法定共有部分、天然共有部分外的其余不属于业主专有部分，也不属于市政公用部分或者其他权利人所有的场所及设施（《建筑物区分所有权解释》第3条第1款第2项）。

最高人民法院在《建筑物区分所有权解释》中对于建设用地使用权的规定相当讳莫如深。它指出，业主的这种权利，可以参照《物权法》第135条的规定理解。然而，《物权法》第135条明确规定了房地关系，而《建筑物区分所有权解释》第3条第2款前半句并没有涉及房地关系。它仅规定，“建筑区划内的土地，依法由业主共同享有建设用地使用权”，对于建筑物之外的土地上的附属设施（如车位、车库）是否属于业主共有则采取了回避的态度。

在作出了这样的规定，指出了制定该司法解释的目的后，又对此处的建设用地共有作出了除外的说明：第一，在某一整栋建筑物属于特定业主所有的情况下，该栋建筑物的规划占地的建设用地使用权属于该特定业主，而不属于小区的全体业主共有。按这一思路，则某栋楼的建设用地使用权应归该栋楼的部分业主共有，而非全体业主共有。业主对建设用地的使用权是具体地存在于专有部分建筑对应的土地之上，而非抽象地存在于整个建筑区划的土地之上。第二，小区内的城镇公共道路占地。第三，小区内的城镇公共绿地占地。公共道路占地和公共绿地占地如果是在建设用地使用权之上，自不存在独立的土地使用权的问题，如不在该等建设用地使用权上，则对此二者的规定纯属多余。

建筑区划内的建设用地使用权归业主共有，本就包含了建筑物所在的地基之下的土地，与其坐落的庭院、通路或其他通往该建筑必需的土地，再作如此区分，实无法律上的必要。除非开发商在取得建设用地使用权时，是分不同地块，分别取得建设用地使用权。因为在进行建筑规划时，道路、绿地、车库等本来就是作为单体建筑的必要配套设施而一起进行规划的。如果认为某幢单体建筑的业主仅对该建筑地基之下的建设用地有使用权的话，其不仅无法正常越过这些道路等进入该建筑物内，也难以对不同幢建筑之间的业主对道路、绿地、车库等配套设施的共有权进行划分。因此，考虑到建筑小区之下的建设用地使用权通常是一次性取得的同一或几个地块的使用权，业主对建设用地的使用权并不能具体地按单体建筑内、外进行物理划分，而应按照专有权对应的份额，抽象地存在于整个建筑区划的基地之下。建筑区划之内的建设用地使用权应认定为全体业主共有，而非一部分是全体业主共有，一部分是部分业主共有。

从一定程度上讲，《建筑物区分所有权解释》是一个过渡性的规范，而且其关于共有部分的规定，由于自相矛盾之处甚多，在实践中并未能作为法院判案的依据。不少法院在处理共有部分的相关纠纷时，往往是向一般条款逃逸，转而引用《物权法》第70条来做个案裁判。这也从侧面说明了，这个规范仍未能解决建筑物区分所有权和建设用地使用权的关系问题，从而使得单体建筑的共有部分、单体建筑之外的小区的共用部分（包括道路、绿地、附属建筑物等）能够获得明确的确权依据。

房地一体并不是物权法的一条法定原则，更不能作为想当然的预设条款来解释建筑物区分所有权中的房地关系。在该原则未来于建筑物区分所有权的单行法中规定之前，建设用地使用权与区分所有权共有部分的关系，在《民法典》中仍属于悬而未决的法律漏洞。

规范内容

一、建设用地使用权

如前所述，本条和《物权法》第73条一样，对于建设用地使用权缺乏规定。就建筑物之外的土地利用方式而言，本条列举了三种类型：道路、绿地和附属建筑物，并做了一定的除外规定。然而，这些都属于建筑物地面之上部分的利用方式，并未及于这些利用方式所依托的基地。因此，在理解本条的规定时，应首先考虑规定了业主对建设用地使用权的共有权的《建筑物区分所有权解释》（第3条第2款）是否具有物权法上权利来源的法律效力。

司法解释是最高人民法院在审判工作中，对具体应用法律的问题而作出的一种官方解释，形式包括解释、规定、批复和决定四种。《建筑物区分所有权解释》在形式上属于“解释”，是对在审判工作中如何具体应用某一法律或者对某一类案件、某一类问题如何应用法律制定的司法解释。它“应以现行法律为依据，解释内容一般与法律条文挂钩，以法律条文为解释依据”，其“法律效力无疑来源于法律本身”。此种类型属于依据成文法的一般原则展开的司法解释，是根据成文法授权规则进行的主观性解释，立法性强，是对成文法的漏洞补充。[①]然而，若将此种漏洞补充功能适用到物权法领域，视《建筑物区分所有权解释》为具有立法功能的解释的话，甚至“因有立法机关的授权而具有等同于法律的地位”，既有悖司法解释的权限，也将严重地违背《民法典》第116条的物权法定原则。司法解释是由全国人民代表大会及其常委会通过宪法和法律授予司法机关解释权形成的，属于授权性解释，只能在忠于立法本意的前提下，依据授权，对如何具体适用法律的问题作出解释。[②]法官为修补法律漏洞，深化立法原意而进行的基于长期审判经验而发布的规定、批复和决定虽有时也带有立法性质的内容，但其可能被看作具有习惯法

---

① 曹士兵：《最高人民法院裁判、司法解释的法律地位》，载《中国法学》2006年第3期。

② 陈春龙：《中国司法解释的地位与功能》，载《中国法学》2003年第1期；曹士兵：《最高人民法院裁判、司法解释的法律地位》，载《中国法学》2006年第3期。

的属性，在条件成熟时被吸收入某些部门规章。[①]这体现出，在法律缺少明确规定的情况下，由司法解释对一些具体的法律条文的适用进行解释，指导具体法律条文的适用，可能会减少司法适用上的同案不同判的问题。然而，若将建设用地使用权作为一种权利赋予建筑物区分所有权人，这需要在不同的物权类型之间建立起明确的法律衔接。

不同于其他财产性权利，物权是民众安身立命的根本，其权利的归属和秩序的构建，直接关系到通过社会再分配而实现的实质公平问题，“它要解决的是社会成员在获得和利用财产时权利能力的平等”[②]。这是一种基于平等的法律地位之上的发展权利，也可看作基本人权在财产权层面的体现，因此，需要有法律位阶更高的基本法律来进行创设。

《民法典》第345条规定了在地表、地上或地下分别创设的分层的建设用地使用权。[③]本条只对道路、绿地等地表的利用方式进行规定，那么对地上、地下的空间利用或空间发展权来讲，建设用地的权利人将会面临缺乏权利依据的情形。对此，不仅在他人侵犯这些地上、地下的建设用地使用权时，难以依法维护私权，对于可能发生的国家征收或征用，如就旧城改造等，因征收补偿只补偿房屋所有权，[④]也不能获得充分的征收补偿。

很显然，《建筑物区分所有权解释》第3条第2款的规定并未被吸收入《民法典》的物权编之中。那么该如何解决业主对建筑区划内不属于单体建筑的公共部分的建设用地使用权呢？是继续沿用《民法典》颁布之前的做法，即将《民法典》与建筑物区分所有权司法解释（现有的和未来要修订的）结合起来呢，还是从《民法典》编纂的功能出发，在《民法典》体系内寻找解决途径呢？[⑤]

---

① 崔建远：《民法分则物权编立法研究》，载《中国法学》2017年第2期。

② 刘灿：《社会主义市场经济的产权正义》，载《当代经济研究》2007年第11期。

③ 崔建远：《民法分则物权编立法研究》，载《中国法学》2017年第2期。

④ 王利明：《住宅建设用地使用权自动续期规则》，载《清华法学》2017年第2期。

⑤ 也有学者提出第三条道路，在民法典的再法典化和现代化过程中，将司法解释尽可能整合到民法典之中。参见朱广新：《民法典编纂：民事部门法典的统一再法典化》，载《比较法研究》2018年第6期。此举不仅可能引起将法律条文适用有关问题入典而导致的法典过于臃肿、芜杂，而且难以应对法条适用的新情境而又产生法律漏洞。司法解释在一定范围内继续承担条文的解释功能将成为不可避免的现象，只不过这种解释不应再超出具体法律条文的文义而具有造法功能。就《建筑物区分所有权解释》观之，其对专有部分、共有部分的规定均未被吸收入《民法典》之中。

第一种做法无疑起不到《民法典》编纂后所预期的体系化、科学化的效果。尽管有学者认为，我国《民法典》的编纂工作应以现行民法规范的汇编与重述为中心来展开，因为现有的一系列民事单行法，如《合同法》《物权法》等及其司法解释，大体上能够适应现实生活的需要。故《民法典》编纂的任务是对现有民事法律规范进行整理，消除彼此之间存在的矛盾冲突和不一致之处。在《民法典》通过之后，为避免可能的法律规范层面的不确定性，司法解释应以对《民法典》具体条文的阐明、补充功能为主，不宜通过司法解释变相废弃《民法典》的条文。[①]这种观点不过是再现了前文提到的以“解释”颁布的司法解释的一般功能，并没有解决适用《民法典》与司法解释条文不一致的问题。

第二种做法相比之下更符合新法优于旧法，以及《民法典》是对现有民事法律规范的体系化和科学化汇编的立法目的。《民法典》第359条第1款在《物权法》第149条第1款的基础上，增加了“续期费用的缴纳或者减免，依照法律、行政法规的规定办理”的规定。这就很好地解决了前期学者们争议较大的住宅建设用地自动续期的问题。既从自动续期角度保护了业主的基本物权，又避免了将住宅建设用地使用权永久无偿续期而产生类似于所有权的效果。

同时，《民法典》第359条将住宅建设用地使用权和非住宅建设用地使用权相区分，对于前者适用自动续期，而后者则需要依照《土地管理法》《城市房地产管理法》等法律规定办理。住宅建设用地的范围有的学者认为只限于房屋，[②]而有的学者则指出，如果仅以房屋是否属于住宅来判定建设用地使用权的性质，则住宅小区的用地不免会被分割为住宅建设用地和非住宅建设用地。[③]这不仅在实际上很难划分，还会因为不同的续期制度而对业主的居住权和基本人权造成侵害，从而有违住宅建设用地自动续期制度设立的初衷。他认为，应根据《城市用地分类与规划建设用地标准》将住

---

① 薛军：《中国民法典编纂：观念、愿景与思路》，载《中国法学》2015年第4期。

② 王利明：《住宅建设用地使用权自动续期规则》，载《清华法学》2017年第2期。

③ 朱广新：《论住宅建设用地使用权自动续期及其体系效应》，载《法商研究》2012年第2期。

宅建设用地解释为其中的居住用地。这一标准是对城市内的土地按城市行政管理的功能而进行的划分，并非从私权划分的角度对住宅小区建筑区划内的建设用地土地使用权进行的分类。因为小区内的土地可能包括公共道路、城镇公共绿地等，并不能一概以是否为居住区域来判断建设用地使用权的性质。

为解决这一问题，可考虑将住宅建设用地使用权与建筑物区分所有权两个物权概念结合起来进行解释。住宅建设用地的概念本身为物权法上的权利类型，且住宅建设用地指的是建筑区划内，为实现业主的专有权、共有权的便利，而利用相应建设用地的权利。根据《民法典》第357条，建筑物、构筑物及其附属设施转让、互换、出资或者赠与的，该建筑物、构筑物及其附属设施占用范围内的建设用地使用权一并处分。这样一来，业主的建筑物区分所有权就可以和住宅建设用地一起进行处分。即使从采取狭义解释的学者和司法解释制定者的立场上看，第357条中的建设用地使用权也包含了住宅建设用地使用权和非住宅建设用地使用权。而事实上，建筑区划内的单体住宅，其基本功能的实现，并不能与院内的道路、绿地、附属建筑物等分开而达成。因此，第357条所称“占用范围内的建设用地使用权”应解释为单体建筑及与单体建筑设计与功能密不可分的院内的全部建设用地的使用权。

如此一来，既解决了《建筑物区分所有权解释》第3条第2款效力层级过低的问题，也避免了《民法典》适用中仍需要援引之前的司法解释，使《民法典》条文被搁置的问题。这种理解方法也使第357条所具有一般性的解决房地关系的效力，能够适用于建筑物区分所有权的房地关系。在公示方法上，仅根据以城市规划为基础，依控制性详细规划或土地使用权出让合同并不充分。因为城市规划往往会发生变化，而土地使用权出让合同也有可能有事后补办而导致同一块土地上，业主的建设用地使用权和开发商事后补办形成的商业用地使用权并立的状况。前文提到的南天一花园案即此种典型情形。故建筑物区分所有权及其所属住宅建设用地使用权，应以不动产登记簿记载为准，在初始登记和后续转让登记中，均应明确标明专有及共有部分。

二、建筑区划

本条和《民法典》第275条、第276条、第285条都使用了建筑区划的字样，而在物业服务合同一章中第937条、第941条、第942条、第949条均选取了物业服务区域的术语，在厘定本条中各共有部分的具体含义时，有必要先对这两个用语进行分析。

严格意义来讲，“建筑区划”不是国内城市规划和建筑设计领域中的专业术语。[①]《物权法》创造性地直接使用了这一术语，却未考虑其与《物业管理条例》、城乡规划和土地出让管理等法规的衔接。依据《城乡规划法》和《城市规划编制办法》(以下简称《编制办法》)，城市区域内的土地利用及各项建设须先规划后建设。

首先，应编制控制性详细规划，控制性详细规划确定各地块的主要用途、建筑密度、建筑高度、容积率、绿地率、基础设施和公共服务设施配套规定应当作为强制性内容（《编制办法》第42条）。该规划是建设用地规划许可证和建设用地土地使用权出让和划拨的前提条件。

其次，取得建设项目的批准、核准、备案文件后，建设单位应当向城市、县人民政府城乡规划主管部门提出建设用地规划许可申请，签订国有土地使用权出让合同。城市、县人民政府城乡规划主管部门应当依据控制性详细规划，提出出让地块的位置、使用性质、开发强度等规划条件，作为国有土地使用权出让合同的组成部分。

最后，建设单位向城市、县人民政府城乡规划主管部门领取建设用地规划许可证。城市、县人民政府城乡规划主管部门不得在建设用地规划许可证中，擅自改变作为国有土地使用权出让合同组成部分的规划条件。

有学者认为，依据建设用地规划许可证规定的用地位置和界限确定建设用地的区域。[②]由前可知，建筑区划应为根据控制性详细规划确定的，在国有

---

① 夏利芬、詹树柏：《“建筑区划”浅探——从城市规划管理的角度谈起》，载《新建筑》2008年第6期。

② 程啸：《业主共有部分的确定与不动产登记》，载《中国矿业大学学报》(社会科学版)2015年第4期。

土地使用权出让合同中载明的规划条件所确定的建筑区域。

《物业管理条例》和一些地方的物业管理条例中均使用了物业管理区域，从《物业管理条例》第2条[①]规定来看，物业管理区域应为房屋及配套的设施设备和相关场地。"一个物业管理区域成立一个业主大会。物业管理区域的划分应当考虑物业的共用设施设备、建筑物规模、社区建设等因素。具体办法由省、自治区、直辖市制定"（第9条）。这里的物业管理区域应视为与业主签订的物业服务合同提供物业服务的区域。故应视同《民法典》物业服务合同一章中的物业服务区域。然而，在一些地方的物业管理条例中，使用了共用部位和共用设施设备来代称物业管理区域。[②]结合其他条款来看，物业管理区域内属于市政公用、市容环卫、绿化、供水、供热、供电、通信、广播电视等部门负责管理的城市道路、公共排水、环境卫生、公共绿地、城市供水、供气、供热、供电、通信管线、有线电视线路等设施设备，不属于本办法所称的物业共用部位和共用设施设备。[③]

由于《物业管理条例》第2条仅规定了物业服务企业与业主订立合同的物业管理方式，因此，有些政府部门会以建筑区划"红线"为借口，规避应当承担的公共服务责任，导致物业服务和公共服务的界限模糊。按照《物业管理条例》，建设单位只向业主移交了物业专有部分，而把物业共有部分错误地移交给了前期物业服务企业。[④]

《北京市物业管理条例》第16条规定："新开发建设项目的土地使用权划拨、出让前，住房和城乡建设主管部门应当就物业管理区域的划分提出意见，纳入区域规划综合实施方案、土地出让合同或者划拨文件，并向社会公布。建设单位应当在房屋买卖合同中明示核定的物业管理区域。"

根据深圳市市场监督管理局正式发布的《物业管理基础术语》（SZDB/ Z 287–2018）地方标准第2.24条，物业管理区域是根据物业建设用地规划许可

---

① 第2条，本条例所称物业管理，是指业主通过选聘物业服务企业，由业主和物业服务企业按照物业服务合同约定，对房屋及配套的设施设备和相关场地进行维修、养护、管理，维护物业管理区域内的环境卫生和相关秩序的活动。

② 《北京市物业管理条例》第78条第2款；《杭州市物业管理条例》第18条、第46条第2款。

③ 《杭州市物业维修基金和物业管理用房管理办法》第3条第2款。

④ 张农科：《关于我国物业管理模式的反思与再造》，载《城市问题》2012年第5期。

证确定的红线图（建筑区划）范围，结合物业的共有部位、共有设备设施、场地及社区建设等因素划定的管理和服务区域。不过，该地方标准2.13又规定，共有部分是在物业管理区域（建筑区划）内，为全体业主共同享有的不可分割的，除特定业主专有部分、市政公用部分或者其他权利人所有的场所及设施等以外的部分。这一款又认为，物业管理区域与建筑区划的范围一致。实际上，建筑区划内存在不属于业主共有的财产，如本条和第275条规定的城镇公共道路、城镇公共绿地及个别业主专有的绿地、车位、车库等。[①]

可见，建筑区划仅划定了建筑物所属的建设用地使用权的范围，该红线图并不能与业主共有部分相等同。有学者认为，一般而言，建筑区划一般就是一个物业管理区域。这个看法未能将建筑区划内的不属于物业管理的由市政公共服务部门所有的公共部位和共用设施设备排除在外（当然，其中也可能有个人的绿地或车位，因其有明示，故不在此单独讨论）。

从建筑物区分所有权的产权范围界定来讲，应以建筑区划红线为准，[②]但建设完成以后，应以竣工验收资料为准，建设单位应将相关资料交给物业服务企业。根据《物业管理条例》第28条和第29条，物业服务企业承接物业时，应当对物业共用部位、共用设施设备进行查验。在办理物业承接验收手续时，建设单位应当向物业服务企业移交下列资料：（1）竣工总平面图，单体建筑、结构、设备竣工图，配套设施、地下管网工程竣工图等竣工验收资料；（2）设施设备的安装、使用和维护保养等技术资料；（3）物业质量保修文件和物业使用说明文件；（4）物业管理所必需的其他资料。

《不动产登记暂行条例实施细则》第36条规定："办理房屋所有权首次登记时，申请人应当将建筑区划内依法属于业主共有的道路、绿地、其他公共场所、公用设施和物业服务用房及其占用范围内的建设用地使用权一并申请登记为业主共有。业主转让房屋所有权的，其对共有部分享有的权利依法一并转让。"这个规定充分说明了，不论是规划条件红线图（建筑区划）还是物

---

① 夏利芬、詹树柏：《"建筑区划"浅探——从城市规划管理的角度谈起》，载《新建筑》2008年第6期。

② 国家发展改革委、住房和城乡建设部、市场监管总局《关于规范城镇燃气工程安装收费的指导意见》（发改价格〔2019〕1131号）第1条，燃气工程安装收费范围仅限于建筑区划红线内产权属于用户的资产，不得向红线外延伸。

业管理区域，其均为建筑项目开始建设前期的平面图或规划图，该图并不能作为物权的依据，因该图而产生的建筑区划或物业管理区域均是行政规划的控制性详细规划的行政行为的一部分，并不是立体的、事实上存在的物权本身的测量结果及其权属证明。

这一条虽规定了房屋所有权应进行初始登记，业主共有的部分也一并登记为共有，但它既未规定业主共有部分的确权和认定依据，也未规定登记时应提供的相应资料。《不动产登记暂行条例实施细则》第35条[①]虽然对登记材料进行了规定，却删除了在之前《房屋登记办法》第30条[②]中极为重要的登记申请。

在此情形之下，再加上建设单位仅向业主交付专有部分，而不交付共有部分，也不交付相关的前期物业区划中共有部分确定依据的资料，而是将物业共有部分错误地移交给了前期的物业服务企业，[③]致使共有部分的不动产登记依据及登记信息的判定异常艰难。由于物业服务企业并不是这些共有部分的产权人，《物业承接查验办法》又没有规定共有部分的查验标准，亦未规定应进行相应的不动产登记。[④]《物业管理条例》第27条规定了开发商不得擅自处分业主依法享有的物业共用部位、共用设施设备的所有权或者使用权，却没有规定物业共用部位和共用设施之外的其他共有部分的所有权亦不得擅自处分。

综上，从首次不动产登记开始，仅有开发商保留有共有部分的登记资料，这部分的全部权属并没有必须移交给业主的时间。这也为下文《民法典》第277条业主大会成立难埋下了伏笔。由于专有权部分已经随着房屋销售逐步移

---

① 第35条，申请国有建设用地使用权及房屋所有权首次登记的，应当提交下列材料：（一）不动产权属证书或者土地权属来源材料；（二）建设工程符合规划的材料；（三）房屋已经竣工的材料；（四）房地产调查或者测绘报告；（五）相关税费缴纳凭证；（六）其他必要材料。

② 第30条，因合法建造房屋申请房屋所有权初始登记的，应当提交下列材料：（一）登记申请书；（二）申请人身份证明；（三）建设用地使用权证明；（四）建设工程符合规划的证明；（五）房屋已竣工的证明；（六）房屋测绘报告；（七）其他必要材料。

③ 张农科：《关于我国物业管理模式的反思与再造》，载《城市问题》2012年第5期。

④ 第6条，建设单位与物业买受人签订的物业买卖合同，应当约定其所交付物业的共用部位、共用设施设备的配置和建设标准。第7条，建设单位制定的临时管理规约，应当对全体业主同意授权物业服务企业代为查验物业共用部位、共用设施设备的事项作出约定。

转给业主所有，如果业主大会一直未能成立，从法律上便缺少代表全体业主主张共有部分权利的主体。那么，共有部位实际上的所有权和处分权将一直控制在开发商手中，如《民法典》第275条、第276条涉及的车位、车库的分配及配置比例。

因此，从建筑区划内的建筑物及其附属物、附属建筑物被建成直至出售给买受人，唯一能够确定建筑物产权的仍是国有土地使用权出让时记载在出让合同中的规划条件（红线图）。这也许是《物权法》和《民法典》建筑物区分所有权一章仍旧使用了与红线图对应的“建筑区划”一词的根本原因所在。这种做法不仅会产生业主共有部分与建筑区划内的市政共有道路、绿地、市政附属设施、车库、车位产权不清的问题，而且业主应负担的共有部分的相关费用的计算也缺乏明确的物权依据。

为了与物业服务合同一章保持一致，宜在物业服务区域的意义上来理解本条中的“建筑区划”。未来如果制定统一的建筑区分所有权单行法时，应将两个术语进行统一。[①]

---

① 《成都市物业管理条例》第7条规定，开发建设单位在申请办理建设工程规划许可证的同时，应当持建设项目规划设计方案，向区（市）县房产行政主管部门提出划分建筑区划的要求。第9条规定，建筑区划划分、调整后，市或区（市）县房产行政主管部门应当在不动产登记簿上予以相应注记，开发建设单位应当向物业买受人明示。《成都市建筑区划划分暂行办法》第4条，建筑区划的划分应当以宗地红线内规划行政主管部门批准的建设工程规划总平面图为基础，充分考虑物业共用设施设备、建筑物规模、社区建设等因素。第6条，开发建设单位在办理房屋销售手续前，应当持经规划行政主管部门审查批准的建设项目规划设计方案，向区（市）县房产管理部门提出划分建筑区划的要求，并提交以下资料：（一）建筑区划划分申请表；（二）土地使用批文或使用证明；（三）用地规划红线图；（四）建设工程规划总平面图；（五）其他所需文件、资料。第8条，区（市）县房产管理部门划分建筑区划后，应当向开发建设单位出具建筑区划划分意见书，并在不动产登记簿上予以相应注记。第9条，开发建设单位应当将建筑区划划分意见书的内容包含在房屋买卖合同中，并在房屋销售现场公示。《成都市物业管理条例》和《成都市建筑区划划分暂行办法》是极为少见的，在物业管理法规中使用“建筑区划”代替“物业管理区域”的地方性规范。这种做法在术语上保持了与《物权法》的一致性，但仍以宗地红线内规划行政主管部门批准的建设工程规划总平面图为基础来划分建筑区划，该建筑区划虽然在不动产登记簿上进行标注，但一来未准确确定建筑区划的物理范围，二来没有在建筑区划中标示业主共有部分。不论采用哪个术语或哪个标准，如果不能认定并登记公示业主共有部分，只能是给建设单位和业主徒增负担。

三、道路和绿地

本条以除外条款的方式，规定了业主对建筑区划内的道路、绿地、附属建筑物的共有权。《建筑物区分所有权解释》第3条第1款第2项试图以兜底条款方式，[①]对建筑区划内的共有部分作出规定。该条对于市政公用部分和其他权利人所有的场所及涉及均未进行界定，导致了无法直接适用此条款来界定业主共有的道路和绿地。那么，只有分别将公共道路、公共绿地及个人绿地分别加以认定，其余的小区的其他道路和绿地才属于业主共有。

（一）道　路

从本条来看，就没有地上附属建筑物的土地而言，不属于业主建筑物区分所有权的是城镇公共道路和城镇公共绿地，以及明示属于个人的绿地。在术语使用上，本条使用了城镇公共道路，而《民法典》第254条第2款则使用了公路。已经失效的《公路管理条例实施细则》第2条规定，公路是指在中华人民共和国境内，按照国家规定的公路工程技术标准修建，并经公路主管部门验收认定的城间、城乡间、乡间可供汽车行驶的公共道路。第3条规定，公路分为国家干线公路，省、自治区、直辖市干线公路，县公路，乡公路和专用公路五个行政等级。依《城乡规划法》第2条、第12条可知，城镇应指省域的城市和镇。依《民法典》第254条第2款，“铁路、公路、电力设施、电信设施和油气管道等基础设施，依照法律规定为国家所有的，属于国家所有”，因此，本条中的城镇道路只包括省道中的省内道路和县公路、乡公路。

根据《公路安全保护条例》第10条的规定，公路管理机构应当建立健全公路管理档案，对公路、公路用地和公路附属设施调查核实、登记造册。道路红线范围内，还包括用以绿化的道路绿带，[②]这些绿带虽不属于道路，但是

---

① 其他不属于业主专有部分，也不属于市政公用部分或者其他权利人所有的场所及设施等。

② 《城市道路绿化规划与设计规范》（GB/T51328–2018）2.2，道路绿带，道路红线范围内的带状绿地。道路绿带分为分车绿带、行道树绿带和路侧绿带。3.1.1，在规划道路红线宽度时，应同时确定道路绿地率。

道路规划的组成部分，因此应和道路视为一体。通过道路红线和建筑红线可对建设项目进行定位控制。①

（二）共有绿地

本条中，属于业主共有的绿地的类型，在《城市居住区规划设计规范》（GB50180–93）（2016）和《城市绿地分类标准》中有不同的分类。

《城市居住区规划设计规范》中居住区用地包括住宅用地、公建用地（公共服务设施用地）、道路用地和公共绿地。2.0.12规定，公共绿地是“满足规定的日照要求，适合于安排游憩活动设施的、供居民共享的集中绿地，应包括居住区公园、小游园和组团绿地及其它块状带状绿地等”。2.0.32规定，居住区内绿地应包括：公共绿地、宅旁绿地、公共服务设施所属绿地和道路绿地（即道路红线内的绿地），其中包括满足当地植树绿化覆土要求、方便居民出入的地下或半地下建筑的屋顶绿地，不应包括屋顶、晒台的人工绿地。

《城市绿地分类标准》（CJJ/T 85–2002）中将居住绿地规定为城市居住用地内社区公园以外的绿地，包括组团绿地、宅旁绿地、配套公建绿地、小区道路绿地。《城市绿地分类标准》（CJJ/T85–2017）未再使用居住绿地，而是与《城市用地分类与规划建设用地标准》（GB50137–2011）相一致，使用了居住用地附属绿地，指居住用地内的配建绿地。②此外，不再使用公共绿地，改用公园绿地，将公园绿地分为综合公园、社区公园、专类公园、游园。

在社区公园中取消了下设的居住区公园和小区游园两个小类。社区公园是用地独立，具有基本的游憩和服务设施，主要为一定社区范围内居民就近开展日常休闲活动服务的绿地。它的地块的区划属性体现为其用地独立，在城市总体规划和城市控制性详细规划中，其用地性质属于城市建设用地中的公园绿地。

而住宅小区内部配建的集中绿地，在城市控制性详细规划中属于居住用

① 《国家新型城镇化规划（2014—2020年）》。

② 续表2.0.4–1，附属绿地是附属于各类城市建设用地（除“绿地与广场用地”）的绿化用地。包括居住用地、公共管理与公共服务设施用地、商业服务业设施用地、工业用地、物流仓储用地、道路与交通设施用地、公用设施用地等用地中的绿地。

地，不具有用地的独立性，属于附属绿地。为《城市用地分类与规划建设用地标准》（GB50137-2011）中R11、R21、R31中包含的小游园。

尽管这两个均由住房和城乡建设部颁布的国家标准和行业标准，对于小区内的绿地采用的不同分类标准，但无一例外地承认了居住区内配建的绿地，包括住宅绿地、公共服务设施所属绿地、道路绿地及公共绿地。这再一次从侧面证明了业主共有部分的范围不限于住宅及附属建筑物，也包括居住用地范围内相应配套建设的各种绿地。

在“公园绿地”中取消“小区游园”小类，将其归入“附属绿地”。“小区游园”从国家标准和规划属性上一直隶属于居住用地，是“附属绿地”的一部分。《城市绿地分类标准》（CJJ/T 85-2002）将“小区游园”列为“公园绿地”，在实际工作中引起了混乱，其中最重要的混乱体现在数据统计方面，规划部门始终按照国家标准将“小区游园”列为居住用地，而园林绿化部门却将其纳入城市公园绿地面积进行重复统计。因此，将“小区游园”重新归入“附属绿地”可准确反映“小区游园”的规划属性。

综上，建筑区划中的城镇公共绿地属于《城市用地分类与规划建设用地标准》（GB50137-2011）中的G类绿地与广场用地，属于独立的用地类型，主要是社区公园。而属于业主共有部分的绿地是R类居住用地中的R11（一类居住用地住宅用地中的小游园），R21（二类居住用地住宅用地中的小游园），R31（三类居住用地住宅用地中的小游园）。此外，R11（R21，R31）住宅用地的内容为住宅建筑用地及其附属道路、停车场、小游园等用地，R12的服务设施用地（居住小区及小区级以下的幼托、文化、体育、商业、卫生服务、养老助残设施等用地，不包括中小学用地）。

有学者认为，业主共有的绿地性质上为建设用地使用权和植被的所有权，以建设用地使用权为其中重要的权利，植被的归属虽有意义但不重要。[①]这种观点仅从传统物权法上的土地与其附属物的关系出发，完全忽视了建筑物区分所有权首先是一种业主在一个建筑区划中，利用各种有形建筑物、附属物、附属设备设施，绿地、道路及物业服务用房等，来进行居住、生活、活动等的权利。绿地构成了一种居住区规划设计红线之上的立体生活场景，是使建

---

① 高圣平：《建筑区划内绿地的权利归属研究》，载《政治与法律》2009年第2期。

筑环境达到和谐、宜居的重要条件之一。[①]因此，不能将绿地狭义化为建设用地使用权，而应从绿地规划和设置的目的和用途出发进行思考。

根据《城市绿地分类标准》（CJJ/T 85–2002），社区公园是为一定居住用地范围内的居民服务，具有一定活动内容和设施的集中绿地。小区游园，是为一个居住小区的居民服务、配套建设的集中绿地。《城市居住区规划设计规范》规定的公共绿地是"满足规定的日照要求，适合于安排游憩活动设施的、供居民共享的集中绿地"。由此可见，建筑区划内业主共有的绿地，并不仅仅体现为一定建设用地之上的植被和建设用地使用权的共有权，而是表现为相应土地之上的空间利用权。这种空间利用权不同于一般的地役权或地上权，是一种对小区游园中的公共设施的利用，在绿地的环境中游玩、休息，或在绿地及住宅周边散步、休闲，放松、畅玩的权利，是一种社区生活综合性条件或建筑区划所体现的居住区环境的用益权。正如《城市居住区规划设计规范》前言所述，"城市居民的一生中，约有三分之二以上的时间是在居住区内度过，因而居住区的规划设计必须研究居民的行为轨迹与活动要求，综合考虑居民对物质与文化、生理和心理的需求及确保居民安全的防灾、避灾措施等，以便为居民创造良好的居住生活环境"。

（三）个人绿地

本条第2句规定，建筑区划内的绿地，属于业主共有，但是属于城镇公共绿地或者明示属于个人的除外。据此，本条规定的是个人专有绿地，而不包括将共有绿地设定个人专用权的情形。

如前所述，建筑区划内的绿地，除了公共绿地之外，其他属于附属绿地，在用地规划上不具有独立性，性质上属于居住用地的附属绿地。因此，在设定为个人专有绿地时，也应考虑为宅旁绿地、配套公建专有绿地。居住区组

---

① 《城市居住区规划设计标准》（GB50180–2018）7.0.1，居住区规划设计应尊重气候及地形地貌等自然条件，并应塑造舒适宜人的居住环境。7.0.2，居住区规划设计应统筹庭院、街道、公园及小广场等公共空间形成连续、完整的公共空间系统，并应符合下列规定：1.宜通过建筑布局形成适度围合、尺度适宜的庭院空间；2.应结合配套设施的布局塑造连续、宜人、有活力的街道空间；3.应构建动静分区合理、边界清晰连续的小游园、小广场；4.宜设置景观小品美化生活环境。

团绿地属于公共绿地，[1]并不属于业主共有的绿地。实践中业主个人所有的宅旁绿地受到侵犯的纠纷更为常见，故在此不对配套公建专有绿地的问题进行分析。

1.个人绿地的取得方式

与第275条第1款（同《物权法》第74条第2款）有所不同，本条并未规定业主可以通过出售、附赠或出租的方式取得个人绿地的权利。然而，第275条规定了两种车位的产生方式，第1款规定的是规划用作车位的情况，第2款规定的是占用业主共有的道路或者其他场地增设的车位（《建筑物区分所有权解释》第5条、第6条）。在本条中，归业主个人的绿地，不应考虑是将共有绿地约定为个人享有专有使用权，而只能是如第275条第1款一样的在规划中即属于个人所有的绿地。因此，从这个意义而言，只能是在规划中就应当被列入业主专有部分的绿地。

对于专有权的这一组成部分而言，它虽然在法律上应归入业主的专有部分，但是在事实上作为绿地，客观上也能起到美化小区环境的“共享”的功能。

在类推最相近似的条款的原则指引下，个人绿地的设定也应遵循《民法典》第275条第1款的方式，通过出售、附赠或者出租的方式取得。

2.个人绿地的权利

有学者认为，开发商把窗前绿地赠送给一层业主，是把绿地这一部分共有的建设用地使用权和草坪的所有权给予了一层业主。[2]绿地不具有构造上的明确的界限和遮断性，没有独立的经济效用，不能独立登记，故不能成为专有部分。《建筑物区分所有权解释》第2条第2款规定，“规划上专属于特定房屋，且建设单位销售时已经根据规划列入该特定房屋买卖合同中的露台等，应当认定为物权法第六章所称专有部分的组成部分”。因此，要认定绿地是否能构成专有部分，首先应查询该部分是否在建筑规划中被列为专有部分，要查阅建设用地出让合同及建筑物初始登记时的附属资料。

最高人民法院在解释第2条第2款的“露台等”的问题时，表示关于绿地

---

① 孙得东：《居住区组团绿地空间的设计与营造》，载《黑龙江农业科学》2012年第3期。

② 高圣平：《建筑区划内绿地的权利归属研究——兼评〈建筑物区分所有权司法解释（征求意见稿）〉第3条第1款》，载《政治与法律》2009年第2期。

是否包括在“露台等”内的问题，应从以下方面把握：第一，该绿地是否在规划上专属于特定房屋；第二，开发商在卖房时是否已经根据规划将该绿地列入特定房屋买卖合同中；第三，该绿地在业主购买时是否就已采取措施被明示，且只能从该特定房屋才能进入该绿地。是否外界可以查知该绿地与专有部分以外的部分有所区隔，如被栏杆或画线或不同植被方式所“明示”。由于明示属于个人的绿地具备了本款规定的专有部分的前两个条件（构造上和利用上的独立性），已经构成了专有部分的组成部分，其已经“能够”登记。故是否在登记机关的登记簿上进行登记，可以不予考虑。①

这一解释可资赞同。但仍有以下问题应当解决：其一，对于判定是否能将窗前绿地认定为专有部分的问题，核心应考虑其是否在规划中被划入宅旁绿地。《建筑物区分所有权解释》（征求意见稿）第3条第1款规定，建筑区划内根据规划文件规定专属于个人的绿地部分，应当认定为《物权法》第73条所称“明示属于个人的”绿地。如果在规划中已经明确将该部分的宅旁绿地划为专有部分，并通过在房屋买卖合同中明确约定的方式，以赠与、买卖的方式，将该绿地所有权明确归专有部分的所有人，并且相应的绿地面积未计入公摊面积，那么应当认为该部分的宅前绿地属于个人所有。否则，如果此部分的绿地面积已经计入了公摊面积，那么不论其是否满足构造上和使用上的独立性，是否被列入购房合同，均不得被认定为个人所有。

其二，宅前绿地可能是半开放空间，在不动产登记簿上不能够进行登记。但如果符合前述条件，不妨碍其被认定为个人所有。然而，既然其不能进行登记，便不能因为属于个人所有而具备登记能力。为避免发生相关纠纷，可以在不动产登记簿上对其专有使用权进行标注。

其三，至于该绿地是否必须经过房屋才能进入不应成为判断专有人控制权的唯一标准。正如车位和车库未必一定和专有部分相连，但仍得根据《民法典》第275条第1款被设定为专有车位，个人绿地也不应以是否必须由专有部分进入为条件。

---

① 最高人民法院民事审判第一庭编著：《最高人民法院〈建筑物区分所有权、物业服务司法解释〉理解与适用》，人民法院出版社2009年版，第55—56页。

四、公共场所、公用设施、物业服务用房

《城市居住区规划设计规范》第2.0.6条对公建用地的定义是与居住人口规模相对应配建的、为居民服务和使用的各类设施的用地，应包括建筑基底占地及其所属场院、绿地和配建停车场等。《物业管理条例》第49条第1款规定，“物业管理区域内按照规划建设的公共建筑和共用设施，不得改变用途”。这两个规范中均未使用本条中公共场所、公用设施和物业服务用房的术语。

（一）公共场所

公共场所和公用设施作为业主的共有部分，难以仅通过列举的方式进行界定。在对这两个共有部分进行认定时，需要综合把握《建筑物区分所有权解释》第3条第1款第2项的标准，并结合具体问题单独进行分析，不宜一概而论。

依据《建筑物区分所有权解释》（征求意见稿）第3条第2款，建筑区划内除道路、绿地外，已经登记为全体业主共有或者根据其功能应当为业主共同利用的公共健身场所、广场、园林等场所，应当认定为《物权法》第73条所称属于业主共有的“建筑区划内的其他公共场所”。

这一条款确定的公共场所的认定标准是，登记为业主共有或功能为业主共用的。在此基础上，有学者进一步提出，应当限定为“专供业主使用，仅对业主开放”的场所。①2016年，中共中央、国务院《关于进一步加强城市规划建设管理工作的若干意见》指出，“新建住宅要推广街区制，原则上不再建设封闭住宅小区。已建成的住宅小区和单位大院要逐步打开，实现内部道路公共化，解决交通路网布局问题，促进土地节约利用”。虽然目前大型封闭社区是我国当代社区的主要类型，但是并不能由此认为社区中的公共场所仅具有供业主使用的性质。随着小区开放政策的推行，其他社会成员会不可避免地进入该场所。因此，要判定建筑区划中的公共场所，仍应从规划设

---

① 李寒劲：《区分所有建筑物共用部分的界定》，载《大连海事大学学报》（社会科学版）2009年第2期。

计上考虑其是否在土地使用权出让时，是居住用地而配套建设的专供业主使用的场所。

鉴于前文提到的不动产登记制度、前期物业管理检验等存在的问题，不能将该公共场所是否登记作为判断是否为业主共有的标准。《建筑物区分所有权解释》（征求意见稿）第3条第2款列举了几种公共场所，如公共健身场所、广场、园林，这些场所的共同特征是位于室外，具有开放性和景观性。在此基础上，宜将庭院作为一个兜底性的公共场所加以规定。在建筑区划中，即使没有特定使用功能的空地，原则上也应属于业主共有。

（二）公用设施

《建筑物区分所有权解释》的制定者指出，“小区的供电、供水、供热、供气、有线电视、网络设施等是否属于共有部分”，因为实践和立法争议都很大，《物权法》对此没有规定，司法解释第3条也没有涉及。[①]

《建筑物区分所有权解释》（征求意见稿）第3条第3款对此进行了一定尝试，“建筑区划内已经登记为全体业主共有或者虽未登记但系为保障业主建筑物区分所有权的行使而修建或者埋设的配套设施，包括围墙、大门、车棚、公共健身设施等，以及公共照明、安保、供电、供水、供热、供气、有线电视设施，应当认定为物权法第七十三条所称属于业主共有的‘公用设施’。但根据法律、行政法规规定属于其他权利人所有的除外”。

这里的公用设施包括两个部分，一是为业主提供公共服务的设施，这些服务具有市政公用服务的性质；二是不具有市政公用服务的性质，仅供业主使用具有一定服务功能的动产。

我国至今没有一部关于市政公用设施的综合性法律规范，只在《城市市容和环境卫生管理条例》第12条规定，“城市中的市政公用设施，应当与周围环境相协调，并维护和保持设施完好、整洁”。目前，“水、电、气等市政公用设施资产还存在产权划分不明晰等问题，以致较难摸清底数，难以准确

① 最高人民法院民事审判第一庭编著：《最高人民法院〈建筑物区分所有权、物业服务司法解释〉理解与适用》，人民法院出版社2009年版，第68页。

纳入国有资产报告”[①]。此外，根据《市政公用事业特许经营管理办法》和《基础设施和公用事业特许经营管理办法》，市政公用事业可以通过特许经营的方式，由获得特许经营权的企业法人进行经营。

有学者指出，在小区封闭的情况下，小区规划红线范围内所有公共设施的维修均需要业主负担，如国家所有的公共绿地、公共道路和公建配套设施，会导致政府社区公共设施服务转嫁给业主，加重业主的负担。对此，应变革产权方式，将公共道路、绿地的所有权收归国有，与此对应的土地使用权也从原宗地中划出，收回业主的土地使用权。[②]这一建议在实际上并不可行，会导致建筑区划内的建设用地使用权变得支离破碎，难以作为整体提供给业主使用。本条已经规定了城镇公共道路、公共绿地不属于业主共有，这已经在法律上厘定了这部分产权的边界。对于公建配套设施，应采取区分的处理方法。

对于为业主提供公共服务，具有市政公用服务性质的设施，依据“谁投资建设，依法归属谁所有”的方式确定其权属。有些在开发商进行房屋建设时已经能够通过合同的方式对权属进行约定，这部分如果产权明确为业主共有的，业主应对这部分享有共有权，并承担相应的维修费用。有些设施是后期在物业管理阶段进行修建、改建或铺设的，则需要通过管理规约的方式来明确是否归业主共有。

关于建筑区划自身所附属的共用设施，如围墙、院门、车棚、附属健身设施等，则应采取物权法上的添附原则解决。如果是列入建设规划和房屋销售合同的，对业主行使专有权必不可少的公用设施，应归业主共有。如属于商业用途的设施，或在物业管理阶段新增的公用设施，属于改变业主共有部分的用途，应由业主大会决定。

（三）物业服务用房

有学者提出，应建立业主大会登记制度，将业主共有的公共场所、公用

---

① 全国人大常委会预算工作委员会、全国人大财政经济委员会关于行政事业性国有资产管理情况调研报告（2019）。

② 高富平：《我国居住物业法律制度设计的缺陷及校正——物业小区开放的目的和意义》，载《河北法学》2017年第11期。

设施和物业服务用房都登记在业主大会名下，使业主成为“股东”。[①]不论是否采取法人的形式，业主的共有部分都不应登记在业主大会名下，而使业主大会取代全体业主成为法律上的所有权人。业主大会并不是实际上承担各项物业费用的实体，当然也不能成为共有权的权利人。它只是一个业主行使管理权的机构，并不是业主共有权的主体，也不是业主共有权的义务承担者。若如此，将使得业主的建筑物区分所有权被割裂成个人专有和业主大会共有两部分。这显然与《民法典》第273条的规定不符。

也有学者认为，专有部分的销售面积中的公摊面积是以栋为单位，公摊的仅仅是服务于该栋建筑物的公共建筑面积，如楼梯间、电梯井、公共走廊、地下储藏室等。[②]该观点的依据是建设部颁布的《商品房销售面积计算及公用建筑面积分摊规则（试行）》（建房〔1995〕517号）第8条。[③]这一部门规章具有历史局限性，只考虑了20世纪90年代我国商品房从福利分房向住房市场化改革初期的房屋建设情况。当时的城市居住形态主要是以单位房改房为主的存量房，增量房以新建商品房为主，有少量的经济适用房、廉租房和两限房等保障性住房。2000年我国开始在全国城市推行社区建设。2006年，中共十六届六中全会提出了“全面开展城市社区建设，积极推进农村社区建设，健全新型社区管理和服务体制，把社区建设成为管理有序、服务完善、文明祥和的社会生活共同体”的重大决策。[④]此后，以社区建设为主的房地产开发才逐步成为城市住宅的主要形态。

---

① 张农科：《关于我国物业管理模式的反思与再造》，载《城市问题》2012年第5期。

② 高富平、刘竞元：《公建配套地下车库的法律性质及其权属认定的变化——以“今天花园”地下车库纠纷为例》，载《河北法学》2012年第2期。

③ 第8条，公用建筑面积由以下两部分组成：1.电梯井、楼梯间、垃圾道、变电室、设备间、公共门厅和过道、地下室、值班警卫室以及其他功能上为整栋建筑服务的公共用房和管理用房建筑面积；2.套（单元）与公用建筑空间之间的分隔墙以及外墙（包括山墙）墙体水平投影面积的一半。第9条，公用建筑面积计算原则：凡已作为独立使用空间销售或出租的地下室、车棚等，不应计入公用建筑面积部分。作为人防工程的地下室也不计入公用建筑面积。公用建筑面积按以下方法计算：整栋建筑物的建筑面积扣除整栋建筑物各套（单元）套内建筑面积之和，并扣除已作为独立使用空间销售或出租的地下室、车棚及人防工程等建筑面积，即为整栋建筑物的公用建筑面积。

④ 张雪霖：《名义社区与实质社区：社区的本质与分类——基于土地产权性质与城市公共服务供给机制的二维视角》，载《华中农业大学学报》（社会科学版）2019年第3期。

尽管《商品房销售面积计算及公用建筑面积分摊规则（试行）》现行有效，但与其同时期的《住宅共用部位共用设施设备维修基金管理办法》（建住房〔1998〕213号）第3条对计入分摊费用的共用设施范围的规定已大大超出了单体建筑的范畴。该条第2款规定，“共用设施设备是指住宅小区或单幢住宅内，建设费用已分摊进入住房销售价格的共用的上下水管道、落水管、水箱、加压水泵、电梯、天线、供电线路、照明、锅炉、暖气线路、煤气线路、消防设施、绿地、道路、路灯、沟渠、池、井、非经营性车场车库、公益性文体设施和共用设施设备使用的房屋等”。

虽然《住宅专项维修资金管理办法》废止了建住房〔1998〕213号，但其第3条第2款[①]规定的共有设备的范围大致与建住房〔1998〕213号一致。与业主共有的公共场所和公用设施不同，物业服务用房虽然也属于业主共有，但其根据《住宅专项维修资金管理办法》和建住房〔1998〕213号，不计入住宅专项资金缴纳的共有部分的范围。

《物业管理办法》第30条规定，建设单位应当按照规定在物业管理区域内配置必要的物业管理用房。《上海市住宅物业管理规定》第42条[②]的做法值得推荐。《湖南省城市住宅区物业管理条例》（已失效）第15条规定，“物业出售单位应当按照房屋总建筑面积的千分之三至千分之五提供物业管理服务用房，其费用列入开发建设成本，所有权属全体业主共有”。

由上可知，物业管理用房的配置属于法定业主共有部分，其配置比例各省规定有所不同，但均计入开发建设成本，由业主承担。从案例裁判情况来

---

① 第3条第2款，本办法所称共用设施设备，是指根据法律、法规和房屋买卖合同，由住宅业主或者住宅业主及有关非住宅业主共有的附属设施设备，一般包括电梯、天线、照明、消防设施、绿地、道路、路灯、沟渠、池、井、非经营性车场车库、公益性文体设施和共用设施设备使用的房屋等。

② 第42条，建设单位应当在物业管理区域地面上配置独用成套的物业管理用房，其中物业服务企业用房按照物业管理区域房屋总建筑面积的千分之二配置，但不得低于一百平方米；业主委员会用房按照不低于三十平方米配置。在物业交付时，物业管理用房由建设单位交付物业服务企业代管，并在业主大会成立后三十日内无偿移交给业主大会。规划行政管理部门在核发建设工程规划许可证时，应当在许可证附图上注明物业管理用房的具体部位。区房屋行政管理部门在核发房屋预售许可证和办理房屋所有权首次登记时，应当注明物业管理用房室号。物业管理用房不得擅自变更位置，也不得分割、转让、抵押。

看，物业管理用房在建设规划许可证的“附图及附件名称”中载明其建筑面积，以及核发红卡等内容（核发红卡的房产不得销售）。从物价局核定的商品房预售价格来看，开发商如将物业管理用房以每平方米单价的形式列为“物业房”成本，则仅有物业管理用房为业主共有；如果在配套明细表中，列入物业用房、会所成本的，则表明业主支付的销售价格中还包括了会所的成本，则会所与物业用房一并属于业主共有。[①]即使物业用房无法进行权属登记公示，只要能证明物业公司已经和开发商办理了物业用房移交手续并按物业用房使用，则第三人无权对这些房屋主张不动产的善意取得。[②]

举证责任

由于本条未规定业主对共有绿地使用时应尽的义务，那么在保护业主对共有绿地的权利时，需要援引其他条文及相关司法解释。本条和《物权法》第73条内容一致。以下将对《物权法》适用中存在的此类问题进行分析，以供本条援引其他条文时参考。

法院在裁决共有绿地受到侵害，个别业主是否有权主张物权请求权的问题上有两种对立的倾向。多数法院认为，共有绿地是全体业主的共有权部分，因此，如果相关权利受到侵害时，如发生侵占绿地、私搭乱建、改变绿地用途为物业用地等，均应由业主大会或业主委员会根据《物权法》第83条第2款提起诉讼，或者得到业主大会和业主委员会的授权，否则部分业主不是适格的诉讼主体。[③]少数法院适用了《建筑物区分所有权解释》第14条，认定个别业主侵害共有绿地的行为构成该条中的对共有部分的侵害，部分业主可以请求排除妨害、恢复原状，但如不能对相应损失进行举证的，赔偿损失的请求不能获得支持。[④]

从案由来看，有些是业主认为物业公司侵占了其所居住的楼前公摊面积

---

① 《最高人民法院公报》2018年第11期（总第265期），第40—44页。

② 湖南省长沙市中级人民法院（2011）长中民三终字第2698号。

③ 江苏省南京市中级人民法院（2016）苏01民终3281号民事判决书，四川省成都市中级人民法院（2019）川01民再234号民事判决书。

④ 陕西省太原市中级人民法院（2018）晋01民终5605号民事判决书。

的绿地改为其他用途，诉请恢复原状。法院则认为，物业公司“占用绿地动因是便于业主生活，实为物业服务管理的需要，符合物业服务合同中关于公共绿地养护和管理的约定”，并判决原告败诉。[①]也有些案由是部分业主违规私搭乱建，或者超出约定的专有绿地或庭院的使用权，而侵害了共有绿地。[②]综合这些情况分析，在绿地纠纷上存在如下问题：

一是《物权法》第72条（同《民法典》第273条）只规定业主应对共有部分享有权利，承担义务，但未明确规定应该按照共有部分的用途使用的义务。《建筑物区分所有权解释》第7条虽然规定了改变共有部分，利用共有部分从事经营活动、处分共有部分，应当认定为《物权法》第76条第1款第7项规定的有关共有和共同管理的事项，依据物权法应由业主共同决定。但实际上，《建筑物区分所有权解释》第7条在实践中极少被援用。

二是《物权法》未规定业主的物权请求权，因此，在共有权受到侵害时，业主难以根据第72条直接基于物权请求权提起诉讼。不得不转而求助于第83条第2款，然而，该款只规定了业主大会和业主委员会作为诉讼主体，致使业主难以成为适格的诉讼主体。

三是《建筑物区分所有权解释》第7条未明确该条属于侵害业主共有权，得提起物权请求权诉讼的侵害行为。导致许多法院在适用中直接规避了该条，转而适用《物权法》第83条，以部分业主无权主张全体业主的共有权，或未获得业主大会和业主委员会的授权为由，认定部分业主不是适格主体。

为解决上述问题，需要对业主对共有部分的权利和义务，以及物权请求权和诉讼主体的问题进行综合考虑。

首先，应对《民法典》第273条中业主的权利和义务进行合理解释。业主使用共有部分时应按照共有部分的用途进行合理使用，不得损害他人的合法权利，更不得私自改变共有部分的用途。在这一点上，德国《住宅所有权与长期居住权法》的规定值得借鉴。该法第14条第1款明确规定，每一个住宅所有权人有义务：对特别所有权范围内的建筑物部分保养、使用以及对共有财产进行使用，但不得超出在正常的共同生活中不可避免的限度给任何其他

---

① 吉林省长春市中级人民法院（2019）吉01民终3260号民事判决书。

② 陕西省太原市中级人民法院（2018）晋01民终5605号民事判决书。

住宅所有权人造成不利影响。即使我国《民法典》中尚未对共有权人的具体义务作出规定，但应援引《民法典》第132条的规定，“民事主体不得滥用民事权利损害国家利益、社会公共利益或者他人合法权益”。既然共有权人作为建筑物区分所有权人，利用共有部分和专有部分时，当然应负有一般的注意义务和按该部分用途使用的义务，并不得滥用该权利，损害其他业主的利益和全体业主的共同利益。

其次，《民法典》第278条第1款增加了第8项，吸收了《建筑物区分所有权解释》第7条的部分规定，规定“改变共有部分的用途或者利用共有部分从事经营活动”由业主共同决定。这显然能通过基本法，强化原由司法解释所规定的对共有权的保护。然而，这一条仍未涵盖私搭乱建，或者利用专有权超过合理范围，而侵犯了共有部分等实践中的突出问题。

《民法典》增设了第287条，“业主对建设单位、物业服务企业或者其他管理人以及其他业主侵害自己合法权益的行为，有权请求其承担民事责任”。这一条显然规定得过于宽泛，既包括了物权请求权，也包括了侵权请求权，还包括了违约损害赔偿请求权。由于缺乏针对性，很难和第278条结合起来作为对共有部分的请求权基础。对于自己合法权益的界定也十分困难，很容易和专有权部分相混淆。

再次，《民法典（草案）》第236条在物权请求权中增加了停止侵害的规定，并把排除妨害改为排除妨碍，即“妨害物权或者可能妨害物权的，权利人可以请求停止侵害、排除妨碍或者消除危险”。进一步从基本法的层面，肯定了《建筑物区分所有权解释》第14条中的物权请求权，并且请求权的行使不以造成损害为前提。尽管“停止侵害”在《民法典》第236条最终被删去，但在第286条第2款却得到了保留。结合《民法典》第236条、第286条和第287条可知，业主作为建筑物区分所有权的权利人，可以在他人（建设单位、物业服务企业或企业管理人、其他业主）侵害共有部分的权利时，作为共有权人，行使物权请求权，请求停止侵害、排除妨害、消除危险。[①]

最后，业主对共有部分的义务不能仅通过物权的保护来进行推定。即使

---

① 陈华彬：《建筑物区分所有权法》，中国政法大学出版社2018年版，第179页。

《民法典》增设了以上两个条文，也不排除部分业主据此主张物权请求权时会遇到主体资格的问题。为彻底解决这一问题，应由建筑物区分所有权的单行法将共有权的合理行使义务作为一项强制性义务进行明确规定。正如《民法典》第272条（同《物权法》第71条）规定的，业主在行使专有部分的权利“不得危及建筑物的安全，不得损害其他业主的合法权益”，业主或其他主体在行使共有权或利用共有部分时也应负有此等义务。如此一来，才能防范法院故意规避物权请求权保护的条款（如《物权法》第83条第2款、《民法典》第286条第2款、第287条、《建筑物区分所有权解释》第14条）。

第二百七十五条【车位、车库的归属】

建筑区划内，规划用于停放汽车的车位、车库的归属，由当事人通过出售、附赠或者出租等方式约定。

占用业主共有的道路或者其他场地用于停放汽车的车位，属于业主共有。

历史由来

《民法典》将《物权法》第74条一分为二，后两款规定在本条中，第1款单独规定为第276条。在《民法典物权编（草案）》（征求意见稿）第71条第2款中，“或者出租”四字被删去，但在《民法典各分编（草案）》第70条第1款中又被补充回来。在之后的民法典草案文本中，本条未再修改。

《物权法（草案）》第76条曾规定，会所、车库的归属，有约定的，按照约定；没有约定或者约定不明确的，除建设单位等能够证明其享有所有权外，属于业主共有。有学者认为这一规定采用了约定的方式来确定车库的归属，约定方式是解决车库归属的最佳方案。[①]尽管此条前半句规定了约定优先的原则，但后半句明显承认了建设单位对车库的所有权证明，能排除业主的共有权。这对于保护业主的利益极为不利。

《物权法》第74条延续了《物权法（草案）》第76条的约定优先原则，删

① 王利明：《论物权法中车库的归属及相关法律问题》，载《现代法学》2006年第5期。

除了开发商不能够证明权属归业主所有的兜底性规定，实际上为开发商保留了约定不明的所有权。当事人显然包括开发商和业主以外的第三人，这进一步增强了开发商在规划车库处分上的决定权。即使通过《物权法》第74条第1款的“首先满足业主的需要”的限制也难以遏制开发商通过车库商业开发牟利的冲动。第2款增设了对于业主共有道路和其他场地车位归业主共有的规定，从用词来看，此处的车位应仅指地上车位，而不包括地下车库。

这样一来，《物权法》第74条就将车库和车位划分为规划的车库和车位，以及占用业主共有道路及场所的共有车位两类，实际上将地下、地上规划的车库和车位所有权的处置权交给了开发商。因为不论通过出售、附赠还是出租等方式，其所依附的房屋销售合同多为格式文本，业主很难就车库（车位）的归属与开发商进行平等协商，更难以签订单独的补充协议来决定车库的权属。共有的道路和其他场所的车位（而非车库）显然不在规划之列，仅因为业主共有这些部分场地的建设用地使用权，其上的车位才属于业主共有。可见，在规划车库（车位）的归属问题上，本条并没有遵循建筑物区分所有权中业主共有部分的一般原则，而是采取了双重标准。如此会导致按照规划设计，计入销售成本或公摊面积的车库，业主也难以据此主张共有权或专有权。可以说，实践中，车库纠纷、车位纠纷层出不穷的根本原因，正是《物权法》第74条第2款将规划中的车库（车位）所有权或所有权分配的决定权实质地赋予给开发商所致。

二、规范目的或功能

本条于第1款和第2款分别规定了约定停车位和法定停车位，内容与《物权法》第74条第2款和第3款完全一致。在事实上，《民法典》延续了《物权法》第74条的做法。然而，第1款中约定停车位的规定并没有对约定停车位的法律属性、权属、登记等问题进行明确规定。《建筑物区分所有权解释》也仅规定，《物权法》第74条第3款的车位不属于规划车位的停车位。除此之外，对于法律、学说和实践中争议都极大的约定停车位未予进一步明确。实践中，开发商对约定停车位只租不售，或天价出售，或向业主之外的第三人出售，或改变其他物业共有部分或人防工程为停车位的情况屡见不鲜，各地关于停车位的规定也不一而足。究竟如何在建设用地使用权不能登记的情况下，解决国有土地使用权之上的营利性附属设施的权属和流转问题，这一控制权是应当始终保留在开发商及其继任的物业服务企业手中，还是应由业主通过自治性的管理规约的方式进行管理，创设债权性的专有使用权？

规范内容

鉴于我国单行法没有对约定停车位的问题进行规定，要对这一条中的重点问题进行研究，有必要考察一下其他国家和地区相关的立法和实务经验。

一、比较法上的停车场规范

（一）美　国

美国各州的建筑物区分所有权规范比较严格地遵守《统一区分所有权法》中关于共有部分的定义。“共有部分”是指公寓中除单元和不动产中单元所有者利益的其他任何权益，以声明为准。[①]

单元之外的部分均为共有部分，也可以为个别单元或部分单元设定有限共有部分。有的州[②]以列举的形式规定一般共有部分（全体业主共有），除非声明中另有规定或经所有单元所有者同意，其是指：（a）该建筑物所在的土地，但包括在一个单元中的土地的任何部分或通过声明成为有限共有部分的土地的任何部分除外；（b）建筑物的地基、柱、大梁、横梁、支撑、主墙、屋顶、大厅、走廊、楼梯、防火梯、入口和出口；（c）地下室、院子、花园、停车场和外部储藏空间、私人通道、人行道和私人道路；（d）中央服务装置，如电力、照明、煤气、冷热水、暖气、制冷、空调、废物处理和焚化；（e）升降机、油箱、泵、电动机、风扇、压缩机、管道以及一般而言所有通用的设备和装置；（f）该物业的看门人或看管人的住所；（g）建筑物的存在、

---

① Unif.Condominium Act 2017 §1–103 (6).

② Montana Unit Ownership Act, §102（10）.

维护、安全或正常使用所必需的或方便的所有其他要素。

可见，不论车库是在地下室，还是在单元外的特定区域，其对全体业主均构成不可分割的共有部分。“为了使房地产开发成为共管公寓，单元外部的区域必须授权给单元所有者，单元所有者以共同租赁的形式持有，类似于共同租赁。”也可以将在公共空间上的停车位，保留给特定的拥有者，从而使之成为有限的共有部分。但是，共有部分属于单元所有人，并不属于业主协会。有时协会也会有自己的不动产，但其不属于共有部分。[①]

停车位一旦分配给特定业主，即成为该单元的附属物，不能与本单元分开转让。[②]业主共有的停车位，在根据公寓管理声明进行分配后，有剩余的部分，公寓管理声明允许开发商将其分配给业主或第三人。除开发商外，任何人不得将车位出售或租给非业主。在一个判例中，开发商将一个多余的车位卖给了业主，之后又被转售给另一个不拥有专有单元的合伙。初审法院认为合伙可以基于在一定年限连续缴纳费用而获得停车位的非限嗣继承地产权（fee simple title），但上诉法院推翻了该判决，认为要遵守公寓管理声明的规定。[③]

对于多用途公寓而言，停车位的情况有所不同。停车和储存室通常被指定为公寓内的独立单元。对于每个项目和每个开发商来讲，共有部分的指定将有所不同。不过，这些指定计划也必须符合法典中规定的可用停车位空间的数量，并符合建筑物设计的实用性与效率性。在此情形下，停车位是独立的，是可以单独出售的公寓单元，并且酒店单元和住宅单元的所有停车位均应放在单独的单元中，将来可以单独出售。住宅部分和其他单元的停车位应当分开设置。[④]

在进行停车位分配时，公寓声明、契约、条件和限制（CC&Rs）的起草者应考虑业主之间交换停车位，以及没有汽车的业主未经授权将车位出售

---

① Robert G. Natelson, Condominiums, Reform, and the Unit Ownership Act, 58 Mont. L. Rev. 495, p.498.

② Gary A. Poliakoff, Remodeling Common Ownership Housing Documents For The 21st Century, 14–DEC Prob. & Prop. 31, p.33.

③ James C. Smith, Keeping Current–Property, 24–APR Prob. & Prop. 30, p.30.

④ Edward A. Peterson, High Rise Multi–Use Development: The Rise of Vertical Multi–Use Condominiums, 19–OCT Prob. & Prop. 53.

给其他业主，包括客用车位和残疾人停车位。法院在判例中对于《公平住房法修正案》(FHAA)下提供停车位的问题的立场较为一致。多数业主协会拒绝为有身体缺陷者提供车位，并将公寓管理文件所规定的，停车位被视为每个单位所有者作为租户共同拥有的“共有部分”作为抗辩。规范性文件通常规定，对声明的修改或对其进行某些变更必须得到所有受影响的单元所有者的同意。然而，法院对这些辩护几乎一致不予采纳。在In Gittleman v. Woodhaven Condominium Ass'n案[1]中，协会的主要契约明确规定，公寓和公用设施中的停车位是“非独占单位所有者的使用”，在经过至少三分之二的单位所有者事先批准前，主要契约阻止协会向残疾人业主提供停车位。在此情形下，法院承认，至少有两个联邦法院审议了这个问题，并得出了相反的结果。在United States v. Fairways Villas Condominium Ass'n案中，协会提出修改主契约的修正案以授权给某些业主以专有停车位，但业主投票否决了这一修正案。法院判决，业主协会无权在此情形下予以授权。

综上，在以居住为目的的建筑物中，车位以业主共有为原则，并通过声明及CC&Rs等文件予以限制，业主协会无权在未履行上述约定程序的情况下授予某些业主专有车位。如果公寓声明或附则授予了业主对有限共有部分占有地役权，如停车位，则将有限共有部分租借给第三方的将会是无效的，因为它系在处分单元本身之外，试图转移单元的附属利益。[2]这表明，在共有部分上设定的专有车位，实际上是对共有部分的专有使用权，该设定行为并不意味着这些车位的相应部分从共有部分中被分离出去了。因此，这些车位不能随同专有部分所有权的转让而让与。由于共有部分不能为所有业主设定专有车位，业主需要根据居住时间来进行排序轮候，故更不能因其不能享有共有部分的车位而改变他们对共有部分的所有权利益。[3]

值得注意的是，《统一区分所有权法》为公寓的开发商保留了法定的发展权(development right)。该法案将“发展权”定义为“声明人在声明中为以下

---

① 972 F. Supp. 894 (D.N.J. 1997).

② McElligott v. Lukes, 42 Mass. App. Ct. 61, 674 N.E.2d 1108 (1997).

③ Shop Talk, Condominiums's Off-Site Parking Not Subject To Separate Property Tax Assessment, 10-JAN J. Multistate Tax'n 35.

各项所保留的权利或权利的组合：（1）向公寓增加不动产；（2）在公寓内创建单元，共用部分或有限的共用部分；（3）细分单元或将单元转换为共用部分……"[①]因为未来的发展区域是不动产，开发商可以将其添加到公寓中，作为住宅单元的一部分或作为主公寓的附加单元，可以进一步细分。这些权利必须得到明确规定，并保留特殊声明权，以行使与主声明有关的共管公寓声明中的发展权。[②]

（二）德　国

德国法上存在两种停车位使用权。第一种是作为独立的部分所有权。此种是不以居住为目的空间的特别所有权及其所属的共有财产之共有份额的结合。住宅所有权的规定也适用于部分所有权。此种停车位设定的前提应符合《住宅所有权与长期居住权法》第3条第2款的规定，其被认为是独立的空间，面积以持久的标记清楚地标识。由于法条中仅使用了"应当"独立的表述，因此，如果违反了独立性标准，但已经在不动产登记簿中登记，此种已经完成的特别所有权的设立是有效的。建筑机构应出具其符合第3条第2款的证明，作为不动产登记同意的附件。独立性的要求只适用于集体车库的停车位，不适用于开放空间（阳台、凉廊、露台）的停车位，在后者之上只能设立专有使用权。[③]

根据《住宅所有权与长期居住权法》第7条第4款第1项的规定，建筑机关签名并加盖印章或图章的建筑图纸，应明确标明建筑物的分割以及作为特别所有权的位置和面积，在共同所有权中能看到的其所处的建筑物的部分（分割方案）也作为登记同意的附件。对于独立性而言，具备以事实上确定性原则为基础的图纸，以及申请出具独立性证明就够了。[④]

---

① Unif. Condo. Act §1-103 (11).

② Edward A. Peterson, High Rise Multi-Use Development: The Rise of Vertical Multi-Use Condominiums, 19-OCT Prob. & Prop. 53, p.57; Unif. Condo. Act §1-103 (23).

③ Commichau, Muenchen Kommentar BGB, Band 5, Verlag C.H.Beck, Muenchen, 2009, S.442.

④ Commichau, Muenchen Kommentar BGB, Band 5, Verlag C.H.Beck, Muenchen, 2009, S.442.

由此可见，对于车库而言，其独立性是一种拟制的独立。车库可为地上或地下建筑中的车库，不得为地上的开放性车棚，车库甲板不能成立特别所有权。①可以是楼顶平台或底层平台，只要具备成为特别所有权的功能。将住宅和停车位的特别所有权结合产生住宅所有权，仅有特别所有权和通过部分所有权的不动产登记簿创建的独立的车位，可产生车位向住宅所有权人共同之外的第三人转让的效果，而设立一个车位的专有使用权只能在共同体中进行转让。②

第二种是在共有部分上的专有使用权。专有使用权并不是物权，而是一种债法上的请求权。它是住宅所有权人共有所有权的一部分，是一种单独使用。③允许可能的使用，对于其他住宅所有权人而言，将排除其共同使用的请求权。专有使用权可以使用共有权标识部分的全部使用功能，但也要遵守相应的限制。它应当通过规约进行分配，事后授予专有使用权需要修改规约，符合有效的规则。如果一开始就在规约中分配了停车位，只是具体使用的层数通过行使形成权进行补充不属于此种情况。④根据BGH的判例，其设定为不要式行为，通过所有住宅所有权人的一致决和物权权利人的同意而设立。⑤根据《住宅所有权与长期居住权法》第5条第4款，住宅所有权上第三人的抵押、土地债务或定期土地金债务等时，需要第三人的同意。

（三）我国台湾地区

王泽鉴认为停车场属于全体区分所有人的共有部分，可以通过三种方式约定而设定约定专用权。具体言之，停车场属于共有部分中的建筑物之附属

① Hermann Weitnauer, Die neuere zivilrechtliche Rechtsprechung zum Wohnungseigentum-Teil 1, JZ, Nr.20, 1985, S.930.

② Commichau, Muenchen Kommentar BGB, Band 5, Verlag C.H.Beck, Muenchen, 2009, S.442.

③ Horst Mueller, Praktische Fragen des Wohnungseigentums, Verlag C.H.Beck, Muenchen, 2010, S.45.

④ Hermann Weitnauer, Die neuere zivilrechtliche Rechtsprechung zum Wohnungseigentum-Teil 1, JZ, Nr.20, 1985, S.930, 933.

⑤ Horst Mueller, Praktische Fragen des Wohnungseigentums, Verlag C.H.Beck, Muenchen, 2010, S.45.

设备，属于供全体区分所有人使用的全体共用部分。根据“土地登记规则”，申请建物区分所有权第一次登记前，应先向登记机关申请建物勘测。同一建物所属各种共同使用部分，除法令另有规定外，应视各区分所有权人实际使用情形，分别合并，另编建号，单独登记为各相关区分所有权人共有。相关建号于各区分所有权状中进行记录，不另外发给所有权状。[①]崔建远认为，这些共用部分中的停车位属于法定停车位，以共用部分持份分配给承租户，不得设为专有部分，应随主建物一并移转。[②]

根据我国台湾地区相关规定，区分建筑物之共用部分，推定为各区分所有人共有，根据其应有部分的比例使用收益。共用部分可以约定供特定区分所有权人使用，根据“公寓大厦管理条例”第3条第5款设定约定专用部分，如地下室停车位、楼顶平台的使用。从程序而言，需要经过约定，并与第三人成立租赁契约。也可将法定停车空间、防空避难室约定为专用部分。

约定专用部分的约定方式有三种：全体共有人的同意；规约（“公寓大厦管理条例”第23条）；让售契约，通常为建筑商以定型化契约约定特定区分所有权人对共用部分的专用权。以最后一种方式约定时，应遵守条例第58条[③]的禁止性规定。

崔建远和王利明提出，台湾地区的停车场除上述法定停车场外，还有自行增设和奖励增设车库，并主张借鉴其设置法定停车场的做法。[④]前者是法定停车位以外由建筑商自行增设的停车位，有独立产权及权状，可单独移转。这类车库不属于区分所有权中的共用部分，是独立的物。后者是依法律规定增设的停车位，也有独立产权和权状，能单独移转，负有供公众使用的义务，供访客、送货车辆等使用。[⑤]

---

① 王泽鉴：《民法物权1：通则·所有权》，中国政法大学出版社2001年版，第254—256页。

② 崔建远：《小区车库的归属论》，载《人民法院报》2006年2月15日。

③ 第58条第2款，公寓大厦之起造人或建筑业者，不得将共用部分，包含法定空地、法定停车空间及法定防空避难设备，让售于特定人或为区分所有权人以外之特定人设定专用使用权，或为其他有损害区分所有权人权益之行为。

④ 崔建远：《小区车库的归属论》，载《人民法院报》2006年2月15日；王利明：《论物权法中车库的归属及相关法律问题》，载《现代法学》2006年第9期。

⑤ 崔建远：《小区车库的归属论》，载《人民法院报》2006年2月15日。

（四）小 结

不论美国、德国还是我国台湾地区，均承认开发商在满足业主共用车位的基础上，有一定的设置专有权车位的权利。在美国，允许开发商将满足业主车位配置比例的第二个车位用于出售。在德国，建筑物区分所有权法上承认了车位可以拟制为专有部分。在我国台湾地区，就自行增设和奖励增设部分而言，除非开发商在共有的土地使用权之外，另行取得了土地使用权，否则应当承认开发商在按照一定比例为业主建造法定车库之外，享有保留其余空间的开发权。这表明，不同国家和地区皆为开发商保留了开发地下空间的权利，并以此推动停车行业的发展。

二、车位（库）的性质与权属

（一）学说及判例分析

如何理解车位的性质，学者的观点大致可归纳为业主所有说、开发商所有说、国家所有说、约定归属说、面积分摊说、开发成本分摊说，[①]也有学者分别从车库与建设用地使用权的关系、与建筑物的关系，是否能成为专有权的客体等方面进行分析。

相对而言，公摊面积说和销售成本说在法院判决中较多被适用，以下将对其略加分析。

1.公摊面积说[②]

法院认为，根据我国《物权法》第136条规定，建设用地使用权可以在土地的地表、地上或者地下分别设立，即在同一宗地上，可以基于不同的权利范围，分别设立地上、地表、地下建设用地使用权。小区公共绿地属于在土地的地表所设立的建设用地使用权，而地下车位则是在土地的地下另行设立

① 王利明：《论物权法中车库的归属及相关法律问题》，载《现代法学》2006年第9期；沈明磊、张龑：《地下车位、车库归属之判定与不动产登记之完善——基于住宅小区地下车位、车库归属纠纷的类型化分析》，载《法律适用》2018年第1期；高圣平：《住宅小区车位、车库的性质及其权利归属研究——兼评〈物权法〉第74条》，载《法学家》2008年第6期。

② 崔建远：《对业主的建筑物区分所有权之共有部分的具体考察》，载《法律科学》2008年第3期。

建设用地使用权，二者可分别设立。[①]有学者也赞同这一观点。[②]

不同的法院对于公摊面积与停车位的关系认定上并不一致。有支持二者之间关联的。开发商的规划图纸中设有公用停车库，并在小区前期及过渡期物业管理委托合同中表明有公用停车库，在《商品住宅使用说明书》中设施配置及注意事项的第5项消防设施说明表明A座车库内设立四个消防箱。法院认为该部分前期设计为“会所”，未计入公摊面积，且开发商将其建成了住宅并为购买人办理了房屋所有权证，前述物业管理委托合同和《商品住宅使用说明书》不能表明开发商和业主在“公用停车库”上存在合同上的权利义务关系。[③]

也有法院在认定公摊面积时，采用了不同的立场。对于屋顶停车场来讲，该停车场所在的裙房与另两幢商住楼一体进行了面积分摊，但很显然，停车场所在的楼顶并没有计入公摊面积。法院并没有根据“谁投资、谁收益”的原则来确定停车场的归属和收益，而是按照《建筑物区分所有权解释》第3条将屋顶认定为共有部分。以此为基础，判定停车场归业主共有。尽管该停车场和配套升降梯及机房已经办理了房地产权证，法院也没有采取登记优先的原则。[④]

有学者认为，根据我国《房产测量规范》（GB/T17986-2000）规定，独立使用的地下室、车棚、车库、为多幢服务的警卫室，管理用房作为人防工程的地下室都不计入共有建筑面积，不进行公用建筑面积的分摊。据此，该规范并没有强制规定车位、车库应列入需分摊的公用建筑面积，故车位、车库的权利归属并非必然归全体业主所有，从而为当事人约定车位面积为公用面积留下空间。[⑤]这一观点并不准确。《房产测量规范》不能作为确权依据，以管理用房和警卫室为例，其显然属于《民法典》第274条规定的物业服

---

① 福建省漳州市中级人民法院（2015）漳行终字第71号行政裁定书。

② 高圣平：《住宅小区车位、车库的性质及其权利归属研究——兼评〈物权法〉第74条》，载《法学家》2008年第6期。

③ 湖北省宜昌市西陵区人民法院（2005）西民初字第389号民事判决书。

④ 上海市第二中级人民法院（2010）沪二中民二（民）终字第728号、第730号民事判决书。

⑤ 高圣平：《住宅小区车位、车库的性质及其权利归属研究——兼评〈物权法〉第74条》，载《法学家》2008年第6期。

务用房，属于法定的共有部分。因此，应结合建筑物或附属设施的规划的功能来考虑，不能一概以是否计入分摊面积作为认定共有部分与否的标准。同理，车位是否被列为公用建筑面积，也不能以之作为唯一判断其归属的依据。

2.销售成本说

有学者认为，只要车库被计入公摊面积，这些投资被分到了售房成本，那么车库就成为业主全体的共有财产。如果业主不能证明车库投资成本被计入了售房成本，那么不能认定业主对车库有所有权。[①]这一观点仍是一种变相的公摊面积说。此观点也得到了一些法院的支持。[②]在这些案例中，车库均未计入公摊面积和销售成本，故有学者批驳销售成本说所言，车位、车库的相关成本均已摊入业主的购房款中，不能以成本是否摊入住宅开发成本来判断车位、车库的权属。[③]

对于销售成本的计算问题，与商品房的售价一样，国家并没有颁布统一的强制性标准，是否将车库、车位的成本计入其中，正如公摊面积的计算一样，取决于开发商的测算标准和会计处理方法。另外，销售成本是衡量开发商经济上营利的重要指标，如果把这个由开发商自行掌握的标准作为衡量物权权属的唯一准则，那么建筑物区分所有权的物权法规范和建筑规划的控制性详细规划都会失去强制性规范的意义。

（二）地方法规的不同规定

在车库的归属问题上，本条采取了讳莫如深的规定方法。看似将规划中

---

① 王利明：《论物权法中车库的归属及相关法律问题》，载《现代法学》2006年第9期。

② 江西省南昌市中级人民法院（2019）赣01民终3325号民事判决书（车位欠缺登记手续）；天津市滨海新区人民法院（2019）津0116民初31089号民事判决书（向业主之外主体销售）；河南省郑州市中级人民法院（2018）豫01民终2624号民事判决书（车位为人防工程改建，是无法办理产权证书的车位使用权）。以关键词“车库”“销售成本”在北大法宝的检索结果来看，持此类销售成本说的案例不在少数。因此，有学者从少量判例而得出车库认定中，法院多采约定说的结论不免有失偏颇。沈明磊、张龑：《地下车位、车库归属之判定与不动产登记之完善——基于住宅小区地下车位、车库归属纠纷的类型化分析》，载《法律适用》2018年第1期。

③ 高圣平：《住宅小区车位、车库的性质及其权利归属研究——兼评〈物权法〉第74条》，载《法学家》2008年第6期。

车库的归属列为开发商和业主意思自治的范围，目的在于“这样容易操作，也可以避免纠纷”[1]。因为，如果将其规定为共有，不免因车库和住宅的配套比例不同，业主享有的住宅面积不同，商品房销售情况不同等原因，使业主共有难以操作。立法者考虑了开发商将车库高价出售给小区外的人，或没有车位，车位严重不足的问题，希望通过《物权法》第74条第1款和第3款来解决这些问题。然而这种规定实际上剥夺了业主共有地下停车空间的可能性，加剧了开发商和业主之间对地下车库的产权矛盾。不仅如此，这也给各地纷乱无序的车库分配规定开启序篇。

1.地上停车位均归业主所有

《杭州市居住区配套设施建设管理条例》第23条规定，地面公共停车泊位、按标准建设的自行车库属于居住区全体业主所有，由开发建设单位建成后无偿移交给全体业主。实行物业管理的居住区，业主可以委托物业服务企业管理；未实行物业管理的居住区，可以委托社区居民委员会管理。

2.公摊面积决定归属

《无锡市房屋登记条例》第27条规定，申请房屋所有权初始登记的，应当对建筑区划内依法属于建设单位所有的房屋和全体业主共有的公共场所、公用设施用房、物业服务用房和汽车库（位）等一并登记。建筑区划内根据规划和居住区公建配套标准建设，未计入公用建筑面积进行分摊的汽车库（位），符合房屋登记条件的，登记为建设单位所有；其他依法属于全体业主共有的汽车库（位），符合房屋登记条件的，登记为全体业主共有。

3.区分配建车位和增设车位[2]

停车位，是指房地产开发项目建筑区划内规划用于停放机动车的车位、车库。首先，停车位分为配建停车位和增设停车位。配建停车位是指经规划主管部门批准，根据《深圳市城市规划标准与准则》，房地产开发项目必须建设的停车位。增设停车位是指经规划主管部门批准，房地产开发企业在配建停车位以外利用房地产开发项目建筑物地下空间建设的停车位。

---

① 全国人大常委会法制工作委员会民法室编：《〈中华人民共和国物权法〉条文说明、立法理由及相关规定》，北京大学出版社2007年版，第114页。

② 《深圳市房地产开发项目停车位建设及处分管理办法》（征求意见稿）。

其次，配建停车位不计收地价。利用民用建筑的防空地下室设置的停车位，应当纳入配建停车位范围。配建停车位不得转让。增设停车位可依照相关法律法规及本办法的规定进行转让，但不得转让给该项目购房人以外的单位和个人。

最后，房地产开发项目根据规划要求建设的公共停车场，其权属应在土地使用权出让合同中进行约定。公共停车场的权属可约定为房地产开发企业所有，按规定缴纳地价后办理产权登记。公共停车场的使用应当符合相关规定，不得擅自改变用途，不得分割销售或出租，符合转让条件的限整体转让。

4.地下建设用地使用权①

地下停车场的建设应取得地下建设用地使用权。开发建设项目及其配建地下停车场作为连建空间，地表建设用地使用权和地下建设用地使用权按照“一并供地、分次办理”的原则，一并拟订供地方案，分别办理供地手续。地下建设用地使用权出让年限不超过50年。

地下停车场的具体配建方式应当在开发建设项目规划方案施工图中予以明确，包括地下空间的用地范围、建筑面积、使用功能及起止深度等。重点标明地下停车场（除设备用房、其他用房外）的空间范围、建筑面积、使用功能、停车位数量，并明确区分标注机械式停车位和自走式停车位、人防区域和非人防区域、配建停车位和公共停车位等三类分区范围。

开发建设项目配建地下停车场已取得地下建设用地使用权、办理不动产登记，可以进行分割销售交易。物业区域内按照《建设工程规划许可证》确定且不动产首次登记所有权人为开发建设单位的地下停车位的归属，由当事人通过销售、附赠或者出租等方式约定，但不得销售给业主以外的单位和个人。

三、体系化地理解法定停车位和约定停车位

要很好地理解本条两款规定的停车位，首先，要从理解第2款（对应《物权法》第74条第3款）中的车位定义开始。根据《建筑物区分所有权解释》第6条，《物权法》第74条第3款中的车位为规划车位之外的车位，且仅指地

---

① 武汉市人民政府《关于进一步规范开发建设项目配建地下停车场管理的意见》。

上车位，而第2款因使用了车库和车位，故包含规划产生的车库及车位。如果仅从术语来看，位于地下的共用部分，如地下的架空层、未设置停车场的地下室、人防工程等，按照上述的狭窄的理解，这些共用部分增建的车位，不属于业主共有。这使得制定该解释者援引的经过正常审批程序，符合要求增建的车位，业主就其共有部分依法应当享有的权利内容的合理变更，权利的性质并未发生变化，便成了一句空谈。如不作此理解，则地上、地下车位将通过司法解释人为地设置为双标：新增的地上的车位适用第6条，为业主共有，而地下的车位则因为没有规定而不能共有。

其次，本条的两款是否采取了规划决定车位归属的标准，将列入规划的划为非共有部分，而未列入规划新增的列入共有部分。[①]最高人民法院认为，理论上讲，新增的车位权属，当然归业主共有。然而，实务操作层面并不如是。在建设单位完成初始规划后尚未对外销售时，和已经进行销售又增设的车位，应由建设单位承担举证责任，即所有成本（包括土地成本）等均丝毫未计入对外销售的房屋价格中，且关于增加形成车位的相关手续齐全，那此种情况下增建的车位也属于适用《物权法》第74条第2款应由当事人约定的情形。[②]由此可见，是否列入规划，在最高人民法院看来，并不是确定新增车位是否属于业主共有的标准，是否计入销售成本才是最终判断标准。这一自我否定性解释无疑推翻了最高人民法院所谓的制定第6条的初衷。如果此时第6条还有适用余地，那么仅适用于其提到的业主入住后物业服务企业新增的车位。

然而，在前述法院的判决理由中，法院并未全部以销售成本作为判断车位归属的依据。由此可见，《建筑物区分所有权解释》第6条所规定的车位归属上，采用了明显的双重标准。法条层面采用的是依据建筑规划确定是否共有的标准，而对新增车位的实际确权上，却转而采取了销售成本标准。这两种标准显然并不能够并存于同一个法条之上。

---

① 杨立新：《三部有关物权法司法解释规定的十五个重要问题》，载《河北法学》2010年第5期。

② 最高人民法院民事审判第一庭编著：《最高人民法院〈建筑物区分所有权、物业服务司法解释〉理解与适用》，人民法院出版社2009年版，第104—105页。

综上而言，《建筑物区分所有权解释》第6条将《物权法》第74条第3款（即本条第2款）中的共有车位解释为规划外新增的车位，于法理不通，并将人为地架空该条款的实际适用，使业主共有车位失去生存空间。

之所以会发生这种司法解释的起草者难以自圆其说，而理论上各种学说并置不下的情形，是因为我国采取了建设用地使用权制度代替了土地所有权制度，希望以该制度实现土地用益功能的流转。然而，在建筑物区分所有权的单体建筑之外（居住空间）的共有部分、土地使用权的设计上，完全没有考虑业主共有部分的实体存在和法律存在。

在我国，尽管土地之上的空间利用包含在土地使用权中，但其又是按规划来确定的，故土地使用权又分成了地上的空间利用权或地下的空间利用权。持有这一观点的学者转而认为，业主购买了专有部分后，已经拥有了地上的空间利用权，地下的空间利用权要根据规划来界定。[①]这个观点显然与《建筑物区分所有权解释》第6条不区分地上、地下，统一以规划来确定车位归属的解释相左。依照司法解释者的观点，业主没有取得任何规划范围内的空间利用权。

实际情况是，在建设用地使用权出让之时，地上、地下的空间利用权如何规划已经通过控制性详细规划进行了确定，如果未按规划配备相应的绿地、基础设施和公共服务设施将违反控制性详细规划对内容的强制性规定。因此，除非开发商能够证明其在规划时取得了对于所建设车位的独立的建设用地使用权，那么在规划范围内配套建设的车位的建设用地使用权应当由业主享有。正如在南天一花园一案中，开发商必须证明其对所建设的附属建筑物另行取得的建设用地使用权，否则，在同一宗土地上所建设的附属建筑物应由业主共有。

依照这个逻辑，共用绿地也属于规划的建设用地使用权之上的一种空间利用，既然经过了规划，就不能由业主取得共有权，而应由开发商通过约定的方式进行出让或出租。因此，对于按照《物权法》第74条第1款配建比例之内的车位，应当由业主取得共有权，才符合对建设用地使用权之上的空间利用权，一并由国家出让给开发商，并通过房屋购买移转给全体业主。

---

① 王利明：《论物权法中车库的归属及相关法律问题》，载《现代法学》2006年第9期。

有学者提出，不应区分是否经过规划，“占用业主共有的道路或者其他场地用于停放汽车的车位，属于业主共有”，因为业主对小区宗地号取得全部土地使用权。[①]在理解本条第2款方面，这个理由是值得赞同的。因此，这一条款也可以看作法律对法定停车位的规定。问题的难点回到了本条第1款，如何理解规划对车位权属确定的意义。

我国的建设用地使用权类似国外的地上权，土地所有权在私法上的意义极为有限，土地权利体系的核心，只能让位于能带动土地流转与交易的建设用地使用权。[②]与此相应，由于土地所有权不能由个人取得，因此难以在不动产登记簿上采取物的编成主义，而只能采取人的编成主义。而我国建设用地使用权登记制度的缺位，导致在建筑物区分所有权共有部分也无从进行登记，房地关系一直无法真正理顺。这就使得开发商在缴纳国有土地使用权出让金之后，仅将地上建筑物作为专有部分进行销售，而利用法律规定的灰色区域——建设用地使用权之共有无法登记，而将按规划开发的地下车库所有权据为己有。在地下车库的问题上，十分明显地采取了房地分离的原则。

我国尚没有十分完善的管理规约和业主协会制度，因此，也无法在物业移交阶段，通过管理规约的方式，对共有部分进行真正的约定。事实上，全体业主作为共有人主体的缺位，使共有部分（包括建设用地使用权和建筑物、附属设施等）都不能在初始登记后的销售阶段从法律上确定权属。

德国的建筑物区分所有权是以土地所有权为核心，以地上建筑物专有权作为对土地所有权的限制，因此当然可以将车位设置为专有权，或者将其他部分设定为业主共有，由业主根据管理规约来确定。美国的情形与德国相似。与德国不同的是，它更强调管理规约、CC&Rs的约束，因为采取契据登记制，因此更重视通过管理规约和相关文件来对车位进行分配。二者均设定了专有车位和仅具有债权性质的约定专用车位。从而很好地解决了土地所有权与车位权属的关系。我国台湾地区的情形稍有不同，它通过区分所有权人全体与基地所有权人设定地上权或订立租赁契约，或通过购买公寓大厦而取得基地

---

① 陈鑫：《建筑物区分所有权》，中国法制出版社2007年版，第39—40页。

② 张双根：《论房地关系与统一不动产登记簿册：兼及不动产物权实体法与程序法间的交织关系》，载《中外法学》2014年第4期。

所有权来解决，并明确规定专有部分不得与其所属建筑物共用部分之应有部分及其地基所有权或地上权之应用部分分离而为移转或设定负担（“公寓大厦管理条例”第4条第2款）。

车位的性质及其设置只有如上述立法例，在解决了土地所有权或使用权与建筑物区分所有权的关系之后才能确定。然而，《物权法》《民法典》《建筑物区分所有权解释》皆未从根本上解决建设用地使用权与建筑物区分所有权之间的关系。在上述地方规范中，还出现了为建设车位而将建筑物区分所有权之下的建设用地使用权作为工业用地（使用权50年）进行二次出让的情形。

这些新的举措究竟是地方财政为了进一步在国有土地使用权出让上进行“深挖”，以符合空间权发展的国际趋势，和一些学者所倡导的分层建设用地使用权理论，还是置业主的共有权于不顾，人为地制造“一地二卖”的违规举措?

为解决上述问题，需要根据本条第2款的立法宗旨来对第1款进行限缩解释。结合一些地方规范的经验，凡是未明确登记为独立空间，并取得相应不动产权属证书的地下室、地下停车位、车库、人防工程等，应根据第2款的立法宗旨，属于业主共有的其他场地，除非开发商能够证明其对这些场地有合法的权属来源。在这一问题上，可以结合《建筑物区分所有权解释》第3条第1款第2项，建筑区划内其他不属于业主专有部分，也不属于市政公用部分或者其他权利人所有的场所及设施等属于业主的共有部分。

第二百七十六条【车位、车库配置比例】

建筑区划内，规划用于停放汽车的车位、车库应当首先满足业主的需要。

历史由来

本条由《物权法》第74条分拆第1款单列而来。《民法典物权编（草案）》（征求意见稿）第71条并未进行分拆，但在“首先满足业主需要之前”，增加了“通过出售、出租等方式”。《民法典物权编（草案）》（征求意见稿）第71

条第1款的规定方式，与《建筑物区分所有权解释》第5条第1款[①]基本一致，即认为将规划停车位用约定方式移转给业主，就达到了满足业主需要的法定目的。只不过，《建筑物区分所有权解释》第5条第1款增加了按照配置比例对约定停车位处分的限制。

《民法典各分编（草案）》将《民法典物权编（草案）》（征求意见稿）第71条进行了分拆，将第2款、第3款规定为第70条，将第1款单独规定为第71条，并将第71条的条文简化为“车位、车库应当首先满足业主的需要”，将“出租”的方式重新补充到了第70条第1款。《民法典物权编（草案）》（二审稿）第71条在“车位”之前恢复了《民法典物权编（草案）》（征求意见稿）的限定语“建筑区划内，规划用于停放汽车的”。兜兜转转，又改回了《物权法》第74条第1款的规定。此后，本条未再做修改。

三 规范目的与功能

本条不论从立法使用的文字，还是其希望达到的目的，都十分容易产生歧义。在学者讨论中，对其规定中的“应当”“满足业主需要”“首先”等均进行了讨论。在诸多讨论中，常会回到对《物权法》第74条另外两款（即车位究竟如何分配和归属）的理解，这使得在建筑区划停车位的调整问题上，本条的存在感很低，起到的作用也极不明显。由于条文立场模糊，《建筑物区分所有权解释》也未能在各地关于停车位的地方规范的基础上，对配置比例、违反配置比例的后果，首先应满足业主需要等关键问题进行释明，加之本条在《民法典》中被另列，颇有一种淡出车位规范纠纷之惑，其宣誓性条文的意蕴更加浓郁。

本条规范的客体，毋庸置疑是规划的车位（车库），[②]而规划的车位应当首先满足业主的需要。反观它在《民法典》制定过程中，与另外两款由合到分，自身条文由繁到简，又复归如初，不禁引人思索其背后的变化原因。这一条

---

① 第5条第1款，建设单位按照配置比例将车位、车库，以出售、附赠或者出租等方式处分给业主的，应当认定其行为符合物权法第74条第1款有关“应当首先满足业主的需要”的规定。

② 为简化起见，统一使用车位。

究竟是一种业主和非业主之间的权益分配顺序，还是业主和开发商之间利益衡量的博弈，抑或是一种法律的应然理想，不无疑问。如最高人民法院所言，《建筑物区分所有权解释》第5条将车位配置比例作为唯一的满足业主需要的标准，但该标准实际上没有解决任何车位纠纷的问题。[①]与其说配置比例是一种所谓的标准，不如说它是作壁上观的销售公示信息牌，只起到对业主的告知作用。除此之外，不仅对实际车位归属不能起到判定作用，更无法约束开发商违反配置比例的行为。

如果真如最高人民法院认定的那样，遵守配置比例的义务是一种法定义务，那么违反法定义务的后果便不能是不举不纠，且仅自认车位不足者才能提起诉讼，[②]否则配置比例的义务和不得违规向第三人转让的义务便成立一般合同中的相对性义务。如果将配置比例视为销售合同的主要条款之一，[③]那么这一义务应为主给付义务，违反该义务将构成债的不履行，任何有潜在车位购买可能的业主均得主张。根据《商品房销售明码标价规定》第10条，车位配比率是与商品房价格密切相关的因素，开发商应当明确标示。[④]可见，车位配置比例是关系到销售价格的核心内容和开发商的法定义务之一，构成合同法定的主要条款。违反建筑规划的配置比例修建车位，那么小区将不能通过

---

① 杨遂全：《物业小区停车位完全市场化的立法误区及其矫正》，载《法学》2011年第8期。

② 最高人民法院民事审判第一庭编著：《最高人民法院〈建筑物区分所有权、物业服务司法解释〉理解与适用》，人民法院出版社2009年版，第96—97页。

③ 有些学者将与车位配比等并列的容积率视为《关于审理商品房买卖合同纠纷案件适用法律若干问题的解释》（法释〔2003〕7号）第3条中的“商品房开发规划范围内的房屋及相关设施所作的说明和允诺”，看成是完全基于开发商自由意志所决定的商品房的销售广告和宣传资料，这显然从根本上误解了作为法定价格必备条款与一般商业广告内容的区别。参见江帆、尹亚军：《从规划许可到合同权利——论容积率应作为商品房买卖合同的必备条款》，载《法律适用》2017年第5期。

④ 第10条，商品房经营者应当明确标示以下与商品房价格密切相关的因素：（一）开发企业名称、预售许可证、土地性质、土地使用起止年限、楼盘名称、坐落位置、容积率、绿化率、车位配比率。（二）楼盘的建筑结构、装修状况以及水、电、燃气、供暖、通讯等基础设施配套情况。（三）当期销售的房源情况以及每套商品房的销售状态、房号、楼层、户型、层高、建筑面积、套内建筑面积和分摊的共有建筑面积。（四）优惠折扣及享受优惠折扣的条件。（五）商品房所在地省级价格主管部门规定的其他内容。第3条，本规定所称明码标价，是指商品房经营者在销售商品房时按照本规定的要求公开标示商品房价格、相关收费以及影响商品房价格的其他因素。

竣工验收，开发商的行为构成违法。[①]由此，违反这一义务不仅应承担债不履行的责任，更应当受到行政处罚。

在实务操作中，违反车位配比的后果，无非是开发商将车位让与第三人的合同，因车位不能满足而提起诉讼，该让与合同被确认无效而已。[②]《建筑物区分所有权解释》的制定者提出，"由于本解释最终通过的条文没有这方面的规定，因此，本条解释的实践意义有限。当然，有标准总比没有标准要好"。这样看来，保持车位配比的义务只限于规划阶段，在此之后，开发商并不负有维持车位配比率的义务。保持规划车位配置比例作为法定义务，并不是通过《建筑物区分所有权解释》第5条而规定的，难言通过该条确立了什么标准。

前已述及，在历次修改稿中，本条曾在各种标准间徘徊，而最后复归于初。其中的各种波折是否仅是文字的调整，还是因为《建筑物区分所有权解释》第5条吸收入《民法典》的时机尚不成熟，抑或第5条本身并非可资借鉴的法律义务与责任标准？建筑物区分所有权一章中维持不变的条款不在少数，但改动幅度较大，且改来改去又改回原规定的恐怕也只有本条了。[③]因此，对本条进行解释显得尤为迫切。满足业主需要的判断标准在几经周折后，究竟是仍按《建筑物区分所有权解释》进行理解，还是已经通过理论及实务发展，赋予了"满足业主需要"以不同的含义？

规范内容

一、配套设施、住宅用地容积率

最高人民法院认为，规划车位是小区的配套设施，但配套设施在民法中与建筑设计标准中有着不同的含义。《城市居住区规划设计标准》（GB50180–2018）对配套设施、便民服务设施和住宅容积率作出了规定。根据该标准2.0.9，配套设施

---

① 最高人民法院民事审判第一庭编著：《最高人民法院〈建筑物区分所有权、物业服务司法解释〉理解与适用》，人民法院出版社2009年版，第90页。

② 最高人民法院民事审判第一庭编著：《最高人民法院〈建筑物区分所有权、物业服务司法解释〉理解与适用》，人民法院出版社2009年版，第86页。

③ 虽然第275条也将"或者出租"删了又加，但毕竟未对条文内容做大幅改动。

对应居住区分级配套规划建设，并与居住人口规模或住宅建筑面积规模相匹配的生活服务设施；主要包括基层公共管理与公共服务设施、商业服务设施、市政公用设施、交通场站及社区服务设施、便民服务设施。可见，配套设施并非私法上物权归属的专有术语。根据该标准2.0.11，便民服务设施是居住街坊内住宅建筑配套建设的基本生活服务设施，主要包括物业管理、便利店、活动场地、生活垃圾收集点、停车场（库）等设施。根据该标准4.0.2，住宅用地容积率是居住街坊内，住宅建筑及其便民服务设施地上建筑面积之和与住宅用地总面积的比值。

由此来看，容积率数值主要是从建筑物、附属设施的功能出发的土地开发强度的描述值，并不考虑建筑物所有权的归属主体。《商品房销售面积计算及公用建筑面积分摊规则（试行）》第9条规定，公用建筑面积计算原则：凡已作为独立使用空间销售或出租的地下室、车棚等，不应计入公用建筑面积部分。作为人防工程的地下室也不计入公用建筑面积。而根据第8条第1款规定，电梯井、楼梯间、垃圾道、变电室、设备间、公共门厅和过道、地下室、值班警卫室以及其他功能上为整栋建筑服务的公共用房和管理用房建筑面积，属于公用建筑面积。这表明，地下室一般情况下是应当计入公用建筑面积的。在这一时期，车位供需矛盾还不突出，因此，并没有考虑到多层地下车库对于建筑面积计算的影响。所以，公摊面积指标，只能反映出一种计算理念下独立建筑中专有权面积和被计入公用面积的建筑面积之间的关系。由此来确权显得既不合时宜，又完全忽视了当今城市居住区规划对车位的强制性要求。

如果在理解车位、车库的配置比例问题上，盲目地以公摊面积、容积率、建筑面积等指标进行衡量的话，无疑是从20世纪90年代之非机动车时代的人车关系的法律视角，来认定汽车时代的人车之间的法律关系，不免有削足适履或刻舟求剑之感。①不论是容积率指标，还是公摊面积数据，都没有反映出未作为独立使用空间销售而法定由业主共有的地下室和车棚（如今还有车库）等，以及是否应计入公用建筑面积尚存疑问的被开发为车库的人防工程。故以配套设施来定性车位不仅不准确，使之混同于非业主共有的商业设施、商

---

① 以北京为例，2011年，机动车保有量为478.9万辆，较2001年增长了约2.07倍，预计到2020年将增至700万辆以上。张晓东、李爽：《北京市建筑物配建机动车停车位指标修订研究》，载《道路交通与安全》2014年第3期。

用停车位或车库等设施，而且违背了建筑规划本身的整体性的法律强制要求。

二、配置比例的含义

从规范配置比例的法律规范来看，仅有地方性的规范性文件规定配置比例，不同地区的规定方式差别较大。而且，配建指标并非强制性要求，在事实管理中存在重审批、轻管理的状况，开发商常常擅自不配建或少配建停车设施，或将配建车位挪作他用。①

上海《建筑工程交通设计及停车库（场）设置标准》（DG/TJ08-7-2014）3.0.1规定，公共建筑、住宅配建的停车库（场）布置宜与主体建筑位于城市道路的同侧，并在建筑项目用地范围之内。可见，建筑区划内的停车场属于配建设施，其不同于其他公共建筑、办公楼或商业场所配建的停车场，必须同时考虑建筑面积（物的配比）和户数（人的配比）的因素。这充分说明了，住宅停车场不是商业开发，是为住宅区的建筑区划的民生服务的配建设施，应当具有强制性、服务性和民生保障的作用。如果否定了这一点，使开发商利用在一、二类区域的住宅区内，获得了与同区位商业停车场开发相同的停车场土地出让用地，这既违背了住宅建设用地出让的城市控制性详细规划的要求，又背离了平等竞争的基本市场秩序。由此可知，住宅停车场的停车指标配置是有特定受益主体面向的法定强制性义务，不是面向不特定社会公众的商业选择自由。在建筑规划和国有土地出让阶段，违背了这些配置指标，将无法完成特定用途的建设用地使用权出让。

至于一些学者，甚至是最高人民法院所推论的，《物权法》第74条第2款规定的是车位、车库的所有权属于开发商，②这一结论只有在建筑区划初始登记时是成立的。然而，随着房屋的销售结束，业主的入住，各种公共设施、物业用房等作为共有部分，其法定权属都应转移给业主。这样一来，开发商保留全部停车场所有权的合理性将不复存在。当然，因为停车场的建设不同于其他共有部分，符

---

① 张晓东、李爽：《北京市建筑物配建机动车停车位指标修订研究》，载《道路交通与安全》2014年第3期。

② 最高人民法院民事审判第一庭编著：《最高人民法院〈建筑物区分所有权、物业服务司法解释〉理解与适用》，人民法院出版社2009年版，第92页。

合一定条件的车位、车库（如某户一楼的地下车库等），可以作为专有权的客体而销售给特定业主。所以，也不能一概而论，建筑规划内所有的停车位都归业主共有。但是，按照规划配置的停车位（除专有部分以外）应属于业主共有。因为最高人民法院也认为，这些停车位不得销售给业主以外的第三人。如果这些停车位在物权上属于开发商所有，那么其当然得任意处分。开发商不能对第三人销售的法定限制正是因为开发商无权处分业主共有部分之上的停车位。

上海《建筑工程交通设计及停车库（场）设置标准》之5.1.1明确规定，“建筑工程配建的各类机动车车位的换算当量（换算成小型车车位后的数量）总和应达到本标准第5.2节中各类建筑配建机动车停车位指标要求”（“应”：表示严格，在正常情况下均应这样做——本标准用词说明）。5.2.10-1住宅机动车停车位指标见下表。

表1　住宅机动车停车位指标

住宅类型	建筑面积类别	单　位	配建指标		
			一类区域	二类区域	三类区域
商品房、动迁安置房	一类（平均每户建筑面积≥ 140m^2）	车位 / 每户	1.2	1.4	1.6
	二类（90m^2 ≤平均每户建筑面积 <140m^2）	车位 / 每户	1.0	1.1	1.2
	三类（平均每户建筑面积 <90m^2）	车位 / 每户	0.8	0.9	1.0
经济适用房		车位 / 每户	0.5	0.6	0.8
公共租赁住房（成套小户型住宅）		车位 / 每户	0.3	0.4	0.5

该规划的条文说明提到，根据汽车增长的趋势以及本市未来人口发展的预测，家庭小汽车拥有率将由2009年的0.2辆/户增加到2020年的0.6辆/户；住宅车位配建指标应面向基本车位的“一车一位”的建设要求，同时考虑不同区域对停车需求的满足度不同（中心区在现有交通条件下，达到保持区域低水平的动静态平衡，以0.8车位/户作为设置的低限），修订了本类指标。修改的内容主要包括直接按建筑面积对配建车位指标进行计算，并将分类面积由原先的100m^2和150m^2调整为90m^2和140m^2。对不同住宅类型的机动车停车

位配建指标进行重新修订及补充。

与上海的规定不同，《北京市建筑物配建停车位指标》对居住类建筑物配建停车位指标没有考虑建筑面积，对一些区域仅规定了停车位指标的下限。

表2 居住类建筑物配建停车位指标

<table>
<tr><th colspan="2" rowspan="2">居住项目类别</th><th rowspan="2">单 位</th><th colspan="2">旧城地区</th><th>一类地区</th><th>二类地区</th><th>三类地区</th></tr>
<tr><th>下限值</th><th>上限值</th><th>下限值</th><th>下限值</th><th>下限值</th></tr>
<tr><td colspan="2">商品房</td><td>车位 / 户</td><td>0.8</td><td>1.1</td><td>1.1</td><td>1.2</td><td>1.3</td></tr>
<tr><td rowspan="2">保障性住房</td><td>销售类</td><td>车位 / 户</td><td>0.5</td><td>0.6</td><td>0.6</td><td>0.9</td><td>1.1</td></tr>
<tr><td>租赁类</td><td>车位 / 户</td><td>0.3</td><td>0.4</td><td>0.4</td><td>0.6</td><td>0.9</td></tr>
</table>

尽管地方性法规对停车位指标的法定限制各有不同，但这不改变停车位配置比例法定性的属性。在此基础上再分析满足业主需要，才会使之具有不同于是否配备商业会所、游泳池等纯粹属于意定范围的配套设施事项。

三、首先满足业主需要的法律属性

本条究竟是强制性规范，还是授权性规范，抑或是倡导性规范，关系到违反本条的法律效果。对此，存在截然不同的意见。有学者认为，本条是授权性规范，将其认定为强制性规范，将过于保护相关当事人（即业主）的利益，而罔顾交易的安全与便捷。也有学者提出，此规定为倡导性规范，对权属问题无实质意义。①

这些观点没有从配置比例作为开发商和业主约定的限制条件来分析，这实际上没有充分考虑《建筑物区分所有权解释》第5条第1款的规定。依据该条，建设单位按照配置比例将车位、车库以出售、附赠或者出租等方式处分给业主的，应当认定其行为符合《物权法》第74条第1款有关“应当首先满足业主的需要”的规定。可见，要将衡量开发商和业主的关系置于判定是否满足业主需要的首要地位，而不是舍本逐末地仅从第三人（非业主）与业主之间谁更具有优先购买权的角度来考虑这一条规范的法律属性。

① 陈智卓：《〈物权法〉第七十四条小区车位归属规定的不足与完善——从上海物权法“第一案”谈起》，载《湖南公安高等专科学校学报》2010年第2期。

否则，若依此角度，开发商和非业主成了合同的主体，而业主变成了合同关系外的第三人。开发商负有的对业主法定的按配置比例处分的义务，被偷换概念变成了开发商与第三人之间的合同关系。这无疑完全误解了《物权法》第74条第2款（对应《民法典》第275条第1款）中“当事人”的含义。因开发商不得将车位销售给第三人，故该款并非一个授予开发商在第三人和业主之间选择的“授权性条款”，[①]否则，车位配置便成了合同自由所调整的合同内容，完全失去了法定强制性指标的属性。车位配置条款正是基于城市规划的详细性控制而产生的，对住宅用地之上商业开发强度和秩序的法定约束，其完全是基于社会公共利益的考量，对不特定多数购房者基本生活条件的一种保证，并非市场化的选择自由。

也有学者从此条不同于《物权法》第195条，没有规定撤销权后果出发，认为这种意见是立法论，而非解释论，无法认定此条款的规范性质是授权第三人规范。[②]规定《物权法》第74条第1款（即本条）的初衷显然不在于赋予业主撤销权或主张开发商与第三人买卖合同的无效，因为业主和第三人显然不像《物权法》第195条中的所有债务人处于平等的地位。本条的目的在于强制开发商按配置比例处理其与业主的车位出售或出租等直接的合同关系，其赋予的并非业主的优先权。

四、优先购买权与配置比例的关系

如果将配置比例条款看作授权性规范，无疑是把首先满足业主需要看成了一种优先购买权，违规向第三人出售便成了侵害优先购买权的行为。有学者提出，首先满足业主需要不是优先购买权，理由是优先购买权前提是充分市场化，价高者得，此谓之同等条件。而停车位则不能适用价高者得。[③]配置比例之下的车位不得向第三人出售作为法定义务，无所谓按照市场规律来比较第三人与业主的购买资格问题。故本条并不是关于是否优先购买的问题。

---

① 关淑芳、王轶：《论授权第三人规范——兼论违反〈物权法〉第74条第1款的法律效果》，载《法律适用》2009年第8期；高圣平：《住宅小区车位、车库的性质及其权利归属研究——兼评〈物权法〉第74条》，载《法学家》2008年第6期。

② 参见刘阅春：《论建筑物区分所有权中的配置比例标准——兼谈违反“应当首先满足业主需要”规范的法律后果》，载《清华法学》2013年第5期。

③ 王利明：《物权法论》，中国政法大学出版社2008年版，第173页。

那么，如何看待首先满足业主需要呢？应该结合开发商进行建设时，投资于开发专有车位（可单独销售）的问题，以及在不考虑出售只进行出租时，先满足无车位的业主的使用权，而不是将其出租给第三人。

因此，违反配置比例的合同应属当然无效，[①]而并非仅对于业主群体而言相对无效。这一点上，最高人民法院将其视为相对无效的合同，只要开发商、业主、第三人相安无事，其存在因为没有人提出权利请求，因此便成为合理的。[②]这种存在即合理的不作为论调，实则是放任了这种违法行为的存在。

五、满足业主需要的标准

在理解本条的首先满足业主需要时，最高人民法院曾经考虑过时间标准。《建筑物区分所有权解释》（征求意见稿）第4条规定，建设单位在没有确保每一户业主在办理房屋入住手续后四年内，能够按照规划文件中有关车位、车库配比的规定，通过购买或者承租等方式取得或者使用一个建筑区划内规划用于停放汽车的车位或者车库的情况下，将其通过出售、赠与或者出租等方式处分给业主以外的人的，应当认定为违反《物权法》第74条第1款有关“应当首先满足业主的需要”规定的情形。

之所以时间标准最终未予规定，是因为时间长短不容易判别，《物权法》第74条对此没有规定的情况下，规定时间标准缺乏法律依据。除非业主书面放弃购买和租赁，《物权法》的本意就是开发商不要将车位卖给业主以外的第三人。有学者赞同不应进行时间限制，业主在任何时候购买汽车，开发商在其已被出售或出租给非业主时，均应满足该需要，可将其视为附买回条件的买卖合同和附解除条件的租赁合同。[③]这种看法未考察不得向第三人出售的问

---

① 《建筑物区分所有权解释》（征求意见稿）第5条，建设单位违反物权法第74条第1款规定，将建筑区划内规划用于停放汽车的车位、车库通过出售、赠与或者出租等方式处分给业主以外的人，业主请求确认该行为无效的，应予支持。建设单位应当就其未违反物权法第74条第1款规定承担举证责任。

② 最高人民法院民事审判第一庭编著：《最高人民法院〈建筑物区分所有权、物业服务司法解释〉理解与适用》，人民法院出版社2009年版，第96页。

③ 参见王荣珍：《论对〈物权法〉第74条第1款的理解与适用》，载《法律适用》2008年第9期。

题，故不存在对主张无效的买卖合同再附加买回条件的限制。附解除条件的租赁合同实践中也极难执行，承认向第三人出售和出租本身便未将满足业主需要置于“首先”应满足的地位。因此，在业主不进行购买时，考虑订立短期租赁合同，并赋予开发商单方解除权，是更为符合本条“首先应当满足业主的需要”的途径。

第二百七十七条【业主大会和业主委员会的成立】

业主可以设立业主大会，选举业主委员会。业主大会、业主委员会成立的具体条件和程序，依照法律、法规的规定。

地方人民政府有关部门、居民委员会应当对设立业主大会和选举业主委员会给予指导和协助。

历史由来

本条源于《物权法》第75条的规定。较之《物权法》第75条第1款，《民法典物权编（草案）》（征求意见稿）第72条第1款增加了第2句，即“业主大会、业主委员会成立的具体条件和程序，依照法律、行政法规的规定”。《民法典各分编（草案）》将第72条第1款中的“行政法规”改为“法规”。《民法典物权编（草案）》（二审稿）在第72条第2款中增加了“居民委员会”作为指导和协助的主体。之后，本条未进行修改。

规范目的或功能

《民法典》中有7处使用了“法律、法规”，分别是本条、第279条、第286条和第289条。法律应当为全国人民代表大会及其常务委员会制定的法律，而本条中法规的范围则包括国务院制定的行政法规，各省、自治区、直辖市人民代表大会及其常务委员会制定的地方性法规，民族自治地方的人民代表大会制定的自治条例和单行条例。根据1993年《全国经济审判工作座谈会纪要》，“法律的效力高于行政法规，行政法规的效力高于地方性法规。行政法规的规定与法律的规定有抵触的，应当适用法律的规定，地方性法规的规定与行政法规的规定抵触的，适用行政法规的规定”。

由国务院各部、各委员会根据法律和国务院的行政法规、决定、命令在本部门的权限内发布的命令、指示和规章，省、自治区、直辖市的人民政府根据法律、行政法规和本省、自治区、直辖市的地方性法规，制定的规章，省、自治区的人民政府所在地的市和经国务院批准的较大的市的人民政府，根据法律、行政法规和本省、自治区的地方性法规制定的规章[①]均不属于本条中的“法律、法规”。

然而，目前关于业主大会和业主委员会的法规均不符合本条的规定。《业主大会和业主委员会指导规则》（建房〔2009〕274号）由住房和城乡建设部发布，许多地方性的业主大会和业主委员会的指导规则，多数由市住房和城乡建设委员会等发布，如北京市住房城乡建设委、市民政局、市社会办发布的《北京市住宅区业主大会和业主委员会指导规则》（京建发〔2010〕739号）、四川省住房和城乡建设厅发布的《四川省业主大会和业主委员会指导规则》。还有住房城乡建设部办公厅、财政部办公厅发布的《关于进一步发挥住宅专项维修资金在老旧小区和电梯更新改造中支持作用的通知》（建办房〔2015〕52号）规定的业主大会中可以采取的委托表决、集合表决、默认表决、异议表决等规定，均属于部门规章或地方性规章，这些依据本条均不具有约束业主大会和业主委员会成立及其运行程序的效力。

规范内容

一、业主大会的性质

世界许多国家和地区都通过各种形式区分了全体业主（全体区分所有权人）和业主大会。在此种框架下，不论是否赋予业主大会法人资格，都不影响法律效果（权利和义务）归属于全体业主。我国并没有在《物权法》或《民法典》中使用全体业主的概念，这样一来，在实体法上，业主共同体事实上处于一种虚位的状态。以下分别考察一下有代表性的立法对全体区分所有权

---

① 黄金荣：《“规范性文件”的法律界定及其效力》，载《法学》2014年第7期。

人和业主大会的规定。

（一）德国法

德国《住宅所有权与长期居住权法》第10—29条规定了住宅所有权人共同体的组织结构，主要是由住宅所有权人大会和管理人组成的管理结构，以及意思形成的方式（一致决、多数决、自主支配）。这些源于团体法的制度使住宅所有权人共同体具有了明显不同于《德国民法典》第741条以下所规定的按份共有关系的特征。[①]正是如此，才有了作为共同体而需要遵守的《住宅所有权与长期居住权法》第12—19条关于使用规则、费用负担、让与限制、住宅所有权的收回等一系列特别的行为规则。因此，住宅所有权人共同体是法律所形成的一种特别的共同体，它不具有权利能力，但具有社团的性质。在需要根据多数决的方式对共有财产进行管理时，可以召开住宅所有权人大会。故住宅所有权人大会和管理人都是共同体的机关。[②]

只要没有其他明确规定，《住宅所有权与长期居住权法》所规定的，尤其是特别所有权和共有权的权利义务的享有者，是住宅所有权人。住宅所有权人共同体可以在共有财产共同管理的范围内相对于第三人和住宅所有权人自己取得权利和承担义务。它行使与共同体有关的住宅所有权人的权利，履行与共同体有关的住宅所有权人的义务。住宅所有权人有权共同管理财产。它可以起诉和应诉。[③]

（二）美国法

在购买公寓时，业主就自动受到业主协会（homeowners' association）权力的管理，同时其也成为居民私法管理组织的主体。私法上的合同和财产概念的混合成为业主协会的基础。因此，不能仅从大陆法系上债法的角度去理解业主协会的基础，它也具有浓厚的财产法的物权意义。因为所有的业主都

---

① Johannes Baermann, Wohnungseigentum, C.H.Beck'sche Verlagsbuchhandlung, Muenchen, S.137.

② ［德］鲍尔、施蒂尔纳：《德国物权法》（上册），张双根译，法律出版社2004年版，第640页。

③ 参见德国《住宅所有权与长期居住权法》第10条、第21条第1款。

受到他们的财产负担的束缚，业主必须遵守协会的指示。该协会有权制定、更改和执行一套全面的规则，以管理社区生活的重要方面。

也许是因为美国法上将业主自治看作一种与公法上的政府管理有类似之处的行为，[①]才使得美国和德国的区分所有权法在业主大会的性质和成立上具有完全不同的立法理念与制度。与德国法上业主通过购买行为自动成为共同体的一员不同，业主协会内部的结构更多是由没有受到政府资助的开发商规定的，政府的监督被降到了最低限度。开发商在销售第一套房屋之前必须办理完成小区业主协会的法律手续。[②]尽管开发商负有创设业主协会的义务，但是就其本意而言，对业主自治一类的社会计划创新并不关心，他们在意的只是符合物理层面的业主对居住需求的满足而已。[③]从形式上来看，美国各州对于业主协会的组织形式规定并不一致。可采用的组织形式包括：营利性或非营利性法人组织，也可以组织为非法人协会。[④]

（三）我国台湾地区

虽然有学者认为，我国台湾地区的区分所有权制度系借鉴德国《住宅所有权与长期居住权法》而来，这种见解有一定的合理之处，但并不能完全反映台湾地区公寓大厦制度的全部特征。

与德国《住宅所有权与长期居住权法》将区分所有权的管理分为全体区分所有权人的管理和管理人的管理不同，我国台湾地区“公寓大厦管理条例”的重点在区分所有权人会议和管理人的管理。它也将全体区分所有权人视为权利和义务的主体，这一点上与德国法相同，但在具体管理行为上则由区分所有权人会议和管理委员会、管理负责人实施。这使它仅有多数决的方式，而没有德国法所特有的一致决。作为决议机关，不需要再讨论区分所有权人大会的主体资格。而作为执行机关的管理委员会，具有诉讼法上的当事人能

① Uriel Reichmant, Residential Private Governments: An Introductory Survey, 43 U. Chi.L. Rev. 253 (1976), p.255.

② 张农科：《基于建筑物区分所有权的业主大会》，经济科学出版社2011年版，第103页。

③ Uriel Reichmant, Residential Private Governments: An Introductory Survey, 43 U. Chi.L. Rev. 253 (1976), p.258.

④ LSA-R.S. 9: 1123.101; 33 M.R.S.A. §1603-101.

力，但不具有实体法上的权利能力。①

（四）本条中的业主大会

我国多数学者认为业主大会是一个自治组织。有学者进一步指出，它是全体业主作为成员的所有权人联合体，不同于国家机关、事业单位，也非营利性机构，而是独立的社会组织。它不是全体业主会集在一起参加某个会议，也不是业主之间的松散联合。它有章程，有业主委员会作为执行机关，可以自己的名义开立账户，以自己的名义享有权利和承担义务。②这一观点值得商榷。根据《社会团体登记管理条例》第2条和第3条，社会团体，是指中国公民自愿组成，为实现会员共同意愿，按照其章程开展活动的非营利性社会组织。成立社会团体，应当经其业务主管单位审查同意，并依照本条例的规定进行登记。社会团体应当具备法人条件。而从《社会组织登记管理条例（草稿）》（征求意见稿）来看，社会组织应当是以社会团体、基金会、社会服务机构形式存在的非营利法人。显然，我国业主大会并不具备法人资格。再来看《民法典》关于非法人组织的规定。非法人组织是不具有法人资格，但是能够依法以自己的名义从事民事活动的组织，包括个人独资企业、合伙企业、不具有法人资格的专业服务机构等，应当依照法律的规定登记。非法人组织的财产不足以清偿债务的，其出资人或设立人承担无限责任（《民法典》第102条、第103条、第104条）。

很显然，不论是从《物业管理条例》还是一些关于业主大会和业主委员会的地方性规范来看，业主大会并不具有自己的财产，也无法以自己的名义代表业主从事民事活动。北京市曾在《北京市住宅区业主大会和业主委员会指导规则》第26条③中规定了业主大会试行登记制度，然而，这种登记仅具

① 张农科：《基于建筑物区分所有权的业主大会》，经济科学出版社2011年版，第112页。

② 崔建远：《物权：规范与学说——以中国物权法的解释论为中心》（上册），清华大学出版社2011年版，第433—434页。

③ 第26条，本市试行业主大会登记制度。业主大会成立并完成业主委员会备案的，经专有部分面积占建筑物总面积过半数的业主占总人数过半数的业主同意，可以到市房屋行政主管部门办理业主大会登记，业主委员会凭业主大会登记证明，向区、县公安分局申请刻制业主大会印章。

有备案性质，既没有赋予业主大会独立的财产，也没有使其具有独立的民事主体资格。《北京市物业管理条例》并没有规定业主大会的登记制度，只规定了业主大会可以使用业主大会印章，可以委托街道办事处、乡镇人民政府或者居民委员会、村民委员会代为保管业主大会印章。

也有学者指出，业主大会兼具社会组织和业主管理团体内部机关的性质。从外部观之，它是一个社会组织和自治组织；从内部来看，它犹如股份公司的股东会，是一个议事机关。[①]从公司法而言，股东大会作为公司的内部权力机关，不具有自己独立的名义，更无法代表股东或公司对外承担民事权利或义务。这个观点于此不免自相矛盾。就内部机关而言，其上应有独立的民事主体；从社会组织来看，它不可能同时作为自己的内部机关。若承认业主大会是内部机关，则无异于认为全体业主是独立的民事主体，这一点系德国法的观点。如将业主大会作为社会组织，其无法符合前述我国对于社会组织、社会团体或非法人组织的规定。

从《民法典》第280条第2款角度来看，业主大会可以成为民事诉讼中的被告，但缺乏直接成为原告或民事主体的法律依据。鉴于业主大会可以代表业主在紧急情况下依法申请使用建筑物及其附属设施的维修资金，对于违反《民法典》第286条第2款的行为，有权依照法律、法规以及管理规约，请求行为人停止侵害、排除妨碍、消除危险、恢复原状、赔偿损失，应当认为在这两种法定情形下，业主大会具有代表全体业主的资格，为相应的民事行为及诉讼行为。

二、业主大会的成立

由于本条第1款使用了“可以”设立业主大会，表明业主大会并不是必须设立的。《物业管理条例》第10条对不设立业主大会的情形作出了规定。[②]不同的国家和地区，业主大会的形式和成立方式有不同的类型，以下选取英美

---

① 陈华彬：《业主大会法律制度探微》，载《法学》2011年第3期。

② 第10条，同一个物业管理区域内的业主，应当在物业所在地的区、县人民政府房地产行政主管部门或者街道办事处、乡镇人民政府的指导下成立业主大会，并选举产生业主委员会。但是，只有一个业主的，或者业主人数较少且经全体业主一致同意，决定不成立业主大会的，由业主共同履行业主大会、业主委员会职责。

法系和大陆法系国家和地区的代表性立法加以分析。

（一）住宅所有权人共同体管理共有财产

从形成的时间和方式来看，住宅所有权人共同体是在以德国《住宅所有权与长期居住权法》第3条规定的特别所有权的合同转让和第8条的所有权人的分割，而签订的债法上集体合同的方式进行约定而形成的。这些约定需要通过在不动产登记簿中作为特别所有权的内容进行登记，才能产生第5条第4款所要求的物权法上的约定的效力。要改变这些约定，需要通过一致决的方式进行。住宅所有权人可以多数决的方式委任管理人作为共有财产管理的执行机构，根据《住宅所有权与长期居住权法》第26—29条的规定，执行住宅所有权人的决议，实施住房规章，以及采取措施对共有财产进行养护和维修等。还可以通过多数决委任管理委员会，协助管理人执行职务。

（二）开发商召开区分所有权人会议

我国台湾地区“公寓大厦管理条例”第28条第1款规定，公寓大厦建筑物所有权登记之区分所有权人达半数以上及其区分所有权比例合计半数以上时，起造人应于三个月内召集区分所有权人召开区分所有权人会议，成立管理委员会或推选管理负责人。此处的建筑物区分所有权登记是指建筑物所有权第一次登记。

（三）开发商成立业主协会

在美国法上，区分所有的公寓不是通过临近的房地产所有者之间直接签署协议的方式实现的，而是由开发商创立的。开发商起草并在建筑物所在的县登记一系列的声明、契约和规定，这些将用来管理公寓社区协会和约束每一个通过购买而成为业主的人。这些管理的文件授权协会委员会管理社区协会并对业主的行为进行约束。这些被称为管理规约，相当于社区的宪章。[①]通

---

① Russell Zuckerman, Using Good Judicial Judgment: Dispensing with the Business Judgment Rule in Mixed-Use Community Association Disputes, 81 Temp. L. Rev. 927 (2008). p.935.

过契据登记制创设公寓[①]对于业主自治最大的好处是，通过债权契约的订立，实现了物权变动的法律效果，同时实现了人、物的法律归属关系和管理关系的统一。

（四）小　结

综上可见，《业主大会和业主委员会指导规则》对业主大会成立程序的规定与台湾地区的规定最为接近。《业主大会和业主委员会指导规则》第8条规定："物业管理区域内，已交付的专有部分面积超过建筑物总面积50%时，建设单位应当按照物业所在地的区、县房地产行政主管部门或者街道办事处、乡镇人民政府的要求，及时报送下列筹备首次业主大会会议所需的文件资料：（一）物业管理区域证明；（二）房屋及建筑物面积清册；（三）业主名册；（四）建筑规划总平面图；（五）交付使用共用设施设备的证明；（六）物业服务用房配置证明；（七）其他有关的文件资料。"

这一规定看似要求开发商为业主大会的成立进行准备，但并没有规定开发商负有召集业主大会的义务。《业主大会和业主委员会指导规则》第9条[②]却规定业主需要申请，才能组成首次业主大会会议筹备组。表面上看，业主大会的设立是依申请而为的自愿行为，充分体现出了业主自治的法律理念，实际上，该规则并没有对业主申请的程序作出规定。这就导致了业主大会成立的筹备主体在法律上的缺失。开发商没有法定的召集义务，而业主群龙无首，又缺少可以遵循的如类似于《公司法》上的股东召开临时股东大会提议权或特别提案权，[③]这直接导致了业主大会无法依法定程序提交设立申请，当

① Unif.Condominium Act 2017 §2-101.

② 第9条，符合成立业主大会条件的，区、县房地产行政主管部门或者街道办事处、乡镇人民政府应当在收到业主提出筹备业主大会书面申请后60日内，负责组织、指导成立首次业主大会会议筹备组。

③《公司法》第39条第2款，……代表十分之一以上表决权的股东，三分之一以上的董事，监事会或者不设监事会的公司的监事提议召开临时会议的，应当召开临时会议。第102条第2款，单独或者合计持有公司百分之三以上股份的股东，可以在股东大会召开十日前提出临时提案并书面提交董事会；董事会应当在收到提案后二日内通知其他股东，并将该临时提案提交股东大会审议。临时提案的内容应当属于股东大会职权范围，并有明确议题和具体决议事项。

然不具有必然进入成立业主大会筹备组的步骤。

因此，从法律层面而言，业主大会成立难的原因是成立程序上申请主体的缺位。尽管《不动产登记暂行条例实施细则》第35条规定了国有建设用地使用权及房屋所有权首次登记，却既不像我国台湾地区将首次登记与已交付的专有部分面积占比50%相联系，也没有如美国法上与业主自动取得业主协会资格相结合。于是，便无法通过法定的必然程序的强制方式成立业主大会。在居民自治程度相对较高的国家和地区，还需要通过程序的强制或协议的强制来促成业主自治组织的成立，在我国业主自治意识和参与意识都十分薄弱的情况下，亟须从程序上为业主大会的成立规定明确的程序性要求。

有学者认为，业主委员会的主要工作就是面对物业管理公司的抗议活动，因为物业公司对于住宅的维护及服务、社区公共事务的管理常导致对业主的权益的侵害。也有学者提出，业主委员会受到街道办、居委会的扶持而建立，不是帮助业主对抗房地产商和物业管理公司的自组织。[①]这些对立的观点皆不免失之偏颇。他们论及的多为物业管理方面的相关问题，并没有针对业主大会的首次成立及物业管理规约的起草等，这样事关业主根本利益和基本行为准则的事项展开讨论。

这些问题之所以可能发生，也正是因为业主大会、业主委员会的成立、组织及议事规则等缺少必要的高位阶法律规范的调整，以及特定机构的指导与管理。《2018年河南省物业管理行业发展报告》显示，截至2017年年底，河南省物业服务企业共计在管13115个服务项目，其中居住物业项目为9031个，成立业委会的小区平均占比仅有9%左右。[②]

在这种情况下，本条增设了由居民委员会对设立业主大会和业主委员会给予指导和协助的规定。不过，这一增补尚无法替代业主大会设立阶段申请程序规定的不完善。为了弥补这一法律漏洞，可以考虑由各地方在地方性法规中，在物业管理条例修订时，规定开发商在前期物业协议中增加协助业主

① 夏建中：《中国公民社会的先声——以业主委员会为例》，载《文史哲》2003年第3期。

② 孙煊哲：《困难重重！河南业委会成立占比不到一成》，载《大河报》2019年11月14日。

成立业主大会的义务，在移交后该义务由物业服务企业承担。[①]作为合同的附随义务，如果不能在一定期限内履行的，可以要求减少、免除物业服务费用，或要求解除物业服务合同。当然，也可由居民委员会或表决权达一定比例的业主，通过征集投票权或委托权的方式，向区、县房地产行政主管部门或者街道办事处、乡镇人民政府提出筹备业主大会的书面申请。

三、业主委员会

（一）性　质

作为执行机构的业主委员会是否具有主体资格，需要结合《建筑物区分所有权解释》（征求意见稿）第13条来进行分析。第13条规定："业主共同权益受到侵害、妨害或者可能受到妨害的，原告的诉讼主体资格按照下列方式确定：（一）已经选举出业主委员会的，为业主委员会；（二）没有选举出业主委员会，或者业主委员会怠于行使权利的，为业主大会或者业主。有关业主共同权益的生效裁判，对全体业主具有约束力。其诉讼利益归属于全体业主。"

从术语上来看，这一条是唯一使用了全体业主的规定，表明业主委员会或业主大会是从法律上可以代表全体业主进行起诉和应诉的主体。然而，该征求意见稿中的第13条最终没有被规定到《建筑物区分所有权解释》之中。

就主体资格而言，美国的业主协会由全体业主构成，业主协会形式上采取了不同类型的法人形式。日本《有关建筑物区分所有等之法律》第3条也规定区分所有人全体可以组成团体（管理组合法人），召开集会，设定管理规约及设置管理人。这一点与其所借鉴的德国法颇有异曲同工之处。不同的是，日本法承认了管理团体可以取得法人资格，成为管理组合法人。而我国台湾地区规定管理委员会无权利能力，有诉讼法上的当事人能力，这一点和德国对区分所有权人共同体的规定一致。可见，业主大会或业主委员会的主体资格的立法模式，因各国和地区对全体业主与业主大会、业主委员会的关系规

---

① 参见厉进伟：《业主委员会"成立难"问题及其破解——一项基于业主交易成本的分析》，载《行政与法》2018年第5期。

定不同而各异。在判定我国的业主大会和业主委员会是否有诉讼主体资格时，也需要考虑上述立法模式的差异。

前已述及，在设置业主大会和业主委员会的情况下，不存在全体业主共同体这个实体法上的法律概念，也就不存在全体业主共同管理的情形。因此，借鉴德国、日本或我国台湾地区的规定，都存在明显的障碍。相比较而言，美国在公寓销售前，由开发商制定管理规约，并进行业主协会的登记，与我国有更多相似之处。但是，我国开发商并不负有成立业主大会的义务，业主大会和业主委员会的成立和运作要受到地方政府有关部门和居民委员会的指导，而并不是完全以管理规约为核心开展自治。故而在分析时，也无法直接参照美国法上关于业主协会可采取不同法人类型的做法。

有学者指出，业主团体符合非营利法人的特点。小区物业的存在是团体人格形成的前提。业主团体法人占有使用管理的财产，如物业用房、业主缴纳的管理费等均属于全体业主共有，业主团体法人只享有相对独立的财产权利。①这一观点有两个明显与我国法律不符之处。一是业主大会并非非营利法人，这一特点仅与美国法相契合。二是混淆了业主大会与全体业主。美国法上业主协会的成员是全体业主。而我国并没有将全体业主规定为业主大会的成员，业主大会并非法律实体，业主也不具有业主大会实体下的成员权。

不仅如此，对于一些重要的共有部分的客体，不同的法律规范的规定也不一致。在《物业管理条例》《业主大会和业主委员会指导规则》《民法典》中对于维修资金的管理职能归属规定并不相同。

《物业管理条例》第15条规定，“业主委员会执行业主大会的决定事项，履行下列职责：（一）召集业主大会会议，报告物业管理的实施情况；（二）代表业主与业主大会选聘的物业服务企业签订物业服务合同；（三）及时了解业主、物业使用人的意见和建议，监督和协助物业服务企业履行物业服务合同；（四）监督管理规约的实施；（五）业主大会赋予的其他职责”。而《业主大会和业主委员会指导规则》第35条规定，“业主委员会履行以下职责：（一）执行业主大会的决定和决议；（二）召集业主大会会议，报告物业管理实施情

① 梅夏英：《民法典编纂中所有权规则的立法发展与完善》，载《清华法学》2018年第2期。

况；（三）与业主大会选聘的物业服务企业签订物业服务合同；（四）及时了解业主、物业使用人的意见和建议，监督和协助物业服务企业履行物业服务合同；（五）监督管理规约的实施；（六）督促业主交纳物业服务费及其他相关费用；（七）组织和监督专项维修资金的筹集和使用；（八）调解业主之间因物业使用、维护和管理产生的纠纷；（九）业主大会赋予的其他职责”。由上可见，业主委员会并没有太多独立的管理共同事务和共有部分权益的职能。《民法典》第938条第1款规定，物业服务合同的内容一般包括服务事项、服务质量、服务费用的标准和收取办法、维修资金的使用、服务用房的管理和使用、服务期限、服务交接等条款。可见，实际上在我国承担上述物业管理职能的是物业服务企业，而非业主委员会。

据此，多数本属于业主委员会应当履行的职能，如维修资金的使用，服务用房的管理等实际上由物业服务企业在履行，而业主委员会更多的是选任物业服务企业，监督管理规约和专项维修资金的使用，而并非实质性地从事管理实务。为了改变这种局面，《民法典》对于实践中争议较大的维修资金紧急使用问题作出了规定，第281条第2款将业主大会和业主委员会规定为此种情形下申请使用维修资金的主体。这就改变了现行的《住宅专项维修资金管理办法》第22条、第23条、第24条，以及《关于进一步发挥住宅专项维修资金在老旧小区和电梯更新改造中支持作用的通知》中物业服务企业也可以申请使用的规定。

业主大会和业主委员会都没有法定的财产，《物业管理条例》第42条仅规定了其工作经费由全体业主承担。工作经费既可以由业主分摊，也可以从物业共有部分经营所得收益中列支。由此，将业主大会和业主委员会认定为非法人团体的做法并不适当。从司法实践情况来看，承认其代表业主起诉和应诉的民事诉讼主体资格。[①]对于未成立业主委员会的，也支持业主大会代表业主进行诉讼。[②]

① 最高人民法院关于春雨花园业主委员会是否具有民事诉讼主体资格的复函（〔2005〕民立他字第8号）。

② 最高人民法院关于第14批指导性案例第65号。

（二）居民委员会与业主委员会

根据《城市居民委员会组织法》第2条，居民委员会是居民自我管理、自我教育、自我服务的基层群众性自治组织。不设区的市、市辖区的人民政府或者它的派出机关对居民委员会的工作给予指导、支持和帮助。居民委员会协助不设区的市、市辖区的人民政府或者它的派出机关开展工作。根据该法第3条的规定，“居民委员会的任务：（一）宣传宪法、法律、法规和国家的政策，维护居民的合法权益，教育居民履行依法应尽的义务，爱护公共财产，开展多种形式的社会主义精神文明建设活动；（二）办理本居住地区居民的公共事务和公益事业；（三）调解民间纠纷；（四）协助维护社会治安；（五）协助人民政府或者它的派出机关做好与居民利益有关的公共卫生、计划生育、优抚救济、青少年教育等项工作；（六）向人民政府或者它的派出机关反映居民的意见、要求和提出建议”。

指导业主大会和业主委员会的任务是通过《物业管理条例》第20条进行规定的。[①]中共中央办公厅、国务院办公厅印发《关于加强和改进城市社区居民委员会建设工作的意见》（中办发〔2010〕27号）对业主委员会和居民委员会的关系做了进一步的规定，进一步明确城市社区居民委员会的主要职责。该意见指出，社区居民委员会是社区居民利益的重要维护者，指导和监督社区内社会组织、业主委员会、业主大会、物业服务企业开展工作，维护社区居民的合法权益。提倡社区党组织班子成员、社区居民委员会成员与业主委员会成员交叉任职，并逐步理顺城市社区居民委员会与相关组织的工作关系。发挥业主大会和业主委员会在社区管理和服务中的积极作用。社区居民委员会要积极支持物业服务企业开展多种形式的社区服务，业主委员会和物业服务企业要主动接受社区居民委员会的指导和监督。建立健全社区党组织、社区居民委员会、业主委员会和物业服务企业协调机制，及时协调解决物业服

① 第20条，业主大会、业主委员会应当配合公安机关，与居民委员会相互协作，共同做好维护物业管理区域内的社会治安等相关工作。在物业管理区域内，业主大会、业主委员会应当积极配合相关居民委员会依法履行自治管理职责，支持居民委员会开展工作，并接受其指导和监督。住宅小区的业主大会、业主委员会作出的决定，应当告知相关的居民委员会，并认真听取居民委员会的建议。

务纠纷，维护各方合法权益。召开业主大会、业主委员会会议应当告知所在社区居民委员会，并听取其意见。

从效力层级来看，上述规范中应优先适用《城市居民委员会组织法》和《民法典》的规定。之所以如此，是因为在实践中，居民委员会的行政化色彩较为突出，与业主委员会的冲突较为明显。[①]随着政府权力和自治权力的逐步分离，社区减负工作也不断推进。2015年，民政部、中央组织部印发的《关于进一步开展社区减负工作的通知》规定，"按照国家法律、法规和地方性法规有关规定，以市（地、州、盟）为单位制定社区工作事项清单，实行社区工作准入制度。属于基层人民政府及其职能部门、街道办事处职责范围内的事项，不得转嫁给社区；应由社区协助的事项，应当为社区提供必要的经费和工作条件。社区承担的招商引资、协税护税、经济创收等任务指标，以及社区作为责任主体的执法、拆迁拆违、环境整治、城市管理等事项，原则上一律取消"。由此，居民委员会应尽量减少作为准行政组织对业主委员会、业主大会设立和运行的直接干预，仅应依据本条和《物业管理条例》提供必要的指导和协助，而不应再有人员的交叉任职，或直接代行业主委员会职责的做法。

第二百七十八条【业主共同决定事项】

下列事项由业主共同决定：

（一）制定和修改业主大会议事规则；

（二）制定和修改管理规约；

（三）选举业主委员会或者更换业主委员会成员；

（四）选聘和解聘物业服务企业或者其他管理人；

（五）使用建筑物及其附属设施的维修资金；

（六）筹集建筑物及其附属设施的维修资金；

（七）改建、重建建筑物及其附属设施；

（八）改变共有部分的用途或者利用共有部分从事经营活动；

（九）有关共有和共同管理权利的其他重大事项。

---

① 石东坡、魏悠然：《论城市社区治理中居民委员会角色的立法重塑——以〈居民委员会组织法〉的修改为指向》，载《浙江工业大学学报》（社会科学版）2015年第4期。

业主共同决定事项，应当由专有部分面积占比三分之二以上的业主且人数占比三分之二以上的业主参与表决。决定前款第六项至第八项规定的事项，应当经参与表决专有部分面积四分之三以上的业主且参与表决人数四分之三以上的业主同意。决定前款其他事项，应当经参与表决专有部分面积过半数的业主且参与表决人数过半数的业主同意。

历史由来

本条由《物权法》第76条修改而来。

《民法典物权编（草案）》（征求意见稿）第73条第1款与《物权法》第76条大体一致，仅在第1款中增加了第7项“改变共有部分的用途或者利用共有部分从事经营活动”。这一项是对《建筑物区分所有权解释》第7条部分内容的吸收。除了对“改变共有部分的用途、利用共有部分从事经营性活动”进行规定外，第7条还规定“处分共有部分，以及业主大会依法决定或者管理规约依法确定应由业主共同决定的事项”也属于有关共有和共同管理的其他重大事项。然而，这些规定没有被《民法典》采纳。这事实上搁置了关于车位、车库及其他共有部分的处分，是否需要业主共同决定的问题。

《民法典物权编（草案）》（征求意见稿）第73条第2款对业主共同决定事项的表决权比例作出了比较大的修改。主要有以下方面：

首先，增加了参加表决的业主人数的要求，即“业主共同决定事项，应当由专有部分占比三分之二以上的业主且人数占比三分之二以上的业主参加表决”。

其次，将同意表决权的计算方式改为“参加表决的”专有部分面积和参加表决业主人数，从根本上改变了《物权法》第76条第2款采用的专有部分面积占建筑物总面积比例和业主总人数的双三分之二多数决。修改后的参与表决的业主人数和专有部分面积占比的双重多数决，使第1款第6—8项的比例降至专有部分面积占比和业主总人数的双二分之一，而其余事项则变成了双三分之一，极大地降低了表决通过的比例要求。

最后，改变了专有部分比例的表达方式。在本条三处涉及参与表决业主人数的表决权计算方式上，不再使用《物权法》第76条的“专有部分占建筑物总面积”的表决权计算方式，而改为专有部分占比（参与人数的比例）和参与表决专有部分面积的（表决同意人数的比例）的表述。根据《建筑物区分所有权解释》第8条第2款，建筑物总面积是专有部分面积之和，其并不是建筑工程意义上的面积，也不是不动产权属登记意义上的面积，仅是一个虚拟概念，旨在计算表决能力。它实际上反映的是业主专有部分面积占专有部分总面积的比例。专有部分的面积不仅涉及表决权的表决能力和决议通过规则，还与《物权法》第80条（《民法典》第283条将原来的专有部分占建筑物总面积的比例改为了专有部分面积所占比例）规定的建筑物及其附属设施的费用分摊和收益问题密切相关。[①]因此，为准确起见，使用专有部分占比来代替原有的“专有部分占建筑物总面积”的表述。

《民法典各分编（草案）》删除了《民法典物权编（草案）》（征求意见稿）第73条第1款第2项管理规约前的限定词“建筑物及其附属设施的”。

《民法典物权编（草案）》（二审稿）将《民法典各分编（草案）》第1款第5项拆分为两个条款，对使用和筹集维修资金进行分别规定。将第2款第1句中的“专有部分占比”改为“专有部分面积占比”，与后两句中的专有部分面积保持一致。将第2款中的“参加”都改为了“参与”。二审稿修改后与本条一致。二审稿的修改主要是针对建筑物维修资金使用难的问题。通过拆分使用和筹集维修资金为两个条款，并降低了通过相关事项的表决要求，[②]将《物权法》第76条中的双三分之二修改为双过半数同意，而其他事项则修改为双过三分之一同意。分拆后使用维修资金的同意比例下降到了双过三分之一同意。

三 规范目的或功能

尽管《民法典》第277条规定业主可以设立业主大会，而并非必须设立

---

① 最高人民法院民事审判第一庭编著：《最高人民法院〈建筑物区分所有权、物业服务司法解释〉理解与适用》，人民法院出版社2009年版，第127页、第133页。

② 黄薇：《〈民法典物权编草案〉（二审稿）对若干重点问题的回应》，载《中州学刊》2019年第7期。

业主大会，但本条对业主共同决定事项的规定还是以业主大会的设立为前提的。这也表现出了《民法典》延续《物权法》的做法，倡导业主大会作为议事机关和自治机关的立法目的。前文谈到，不论是《民法典》还是《物权法》都没有明确地将“全体业主”作为共有部分的主体和管理的主体。《民法典》第273条以单数的形式使用了“业主”一词，用以指代业主全体，第1款规定“业主对建筑物专有部分以外的共有部分，享有权利，承担义务；不得以放弃权利为由不履行义务”。实际上，《建筑物区分所有权解释》（征求意见稿）第3条和第13条都使用了“全体业主”的表述，但在《建筑物区分所有权解释》中皆删去了全体业主表述或相关条款。

由此可见，在《民法典》中，对于业主共同决定事项并没有采用一致决的方式，而继续沿用了多数决。结合实践中使用维修资金更加困难的情况，将使用维修资金和筹集维修资金分别进行了规定。前文谈到对于共有部分（如道路、绿地、公共场所和附属建筑物）的用途常会发生被开发商或物业服务企业改为其他用途的情形，而部分业主对此提起诉讼时，法院通常认为共有部分属于全体业主所有，部分业主没有诉讼主体资格。本条第1款增加了第8项，将共有部分用途被改变或改为经营性用途列为需要业主大会表决的事项，可以通过程序正义来实现对实体正义的维护。

对于业主大会成立难、表决难，尤其是物业维修资金使用难的问题，本条对表决比例做了大幅度的下调。尽管如此，由于没有在共有部分的权属上承认全体业主共有和部分业主共有，而是将专有部分以外的共有部分规定为业主共有，实质上是蕴含了全体业主共有。这就仍然没有区分需要全体业主表决的事项和仅需要部分业主表决的事项，对于仅与部分业主相关的重大事项，如对某幢楼的维修或加装电梯的事项，仍囿于需要全体业主参与表决，而难以推进。

规范内容

一、业主共同决定的事项

根据事项对于全体业主利益的重要程度，本条将共同决定事项分为了第1款第6—8项的重大事项和其余的一般事项。比较大的变化是将维修资金的筹集仍规定为重大事项，而将使用降格为一般事项，增加了“改变共有部分的用途或者利用共有部分从事经营活动”作为重大事项，并删除了第2项管理规约之前“建筑物及其附属设施的”限制语。

（一）业主大会的性质

区分所有权会议如同公司的股东会，是区分所有人团体意思的意思决定机关。[①]这也再次表明了业主大会只是一个内部机关，并不是一个能独立于业主团体而存在，或与业主团体并存的民事主体。它通常并不享有自己独立的利益，其存在的目的，或是基于信托关系（如美国法），或是按份共有之上的合同法的一致决的思想及源于社会法上自治性的多数决原则（如德国法）。[②]每一个住宅所有权人均能够要求符合协议和决议的管理，如果没有协议和决议，则该管理按照合理判断须符合住宅所有权人的共同利益（德国《住宅所有权与长期居住权法》第21条第4款）。

（二）全体业主的多数决与部分业主的一致决

我国台湾地区“公寓大厦管理条例”采用了个别情况的一致决（第13条建筑物重建）和其他事项的多数决。“公寓大厦管理条例”在2016年修改前曾将多数决区分为特别决议和普通决议。[③]特别决议是第31条规定的，应有区分所有权人三分之二以上及其区分所有权比例合计三分之二以上出席，以出席人数四分之三以上及其区分所有权比例占出席人数区分所有权四分之三以上之同意。具体包括如下事项：（1）规约的订定或变更。（2）公寓大厦之重大修缮或改良。（3）公寓大厦有第13条第2款或第3款之情形之一须重建者：公寓大厦有严重毁损、倾颓或朽坏，有危害公共安全之虞者；因地震、水灾、风灾、火灾或其他重大事变，肇致危害公共安全者而须重建之情形。（4）住户之强制迁离或区分所有权之强制出让。（5）约定专用或约定共用事项。从

---

① 温丰文：《论区分所有权人会议》，载《法令月刊》1995年第11期。

② Johannes Baermann, Wohnungseigentum, C.H.Beck'sche Verlagsbuchhandlung, Muenchen, S.234.

③ 温丰文：《论区分所有权人会议》，载《法令月刊》1995年第11期。

这些特殊决议事项来看，包括本条所未包含的约定专用或共用事项，即通过约定改变专有或共有部分的使用权；强制住户迁离或所有权强制出让。2016年修改后的“公寓大厦管理条例”，不再区分特别决议与普通决议，按照第31条，除规约另有规定外，一律采用特别决议的多数决。此外，于第33条对三种特别事项规定了需相关区分所有权人特别同意，否则不发生效力：（1）专有部分经依区分所有权人会议约定为约定共享部分者，应经该专有部分区分所有权人同意。（2）公寓大厦外墙面、楼顶平台，设置广告物、无线电台基地台等类似强波发射设备或其他类似之行为，设置于屋顶者，应经顶层区分所有权人同意；设置其他楼层者，应经该楼层区分所有权人同意。该层住户，并得参加区分所有权人会议陈述意见。（3）依第56条第1项规定成立之约定专用部分变更时，应经使用该约定专用部分之区分所有权人同意。但该约定专用显已违反公共利益，经管理委员会或管理负责人诉请法院判决确定者，不在此限。有学者认为此种情形下，起决定作用的显然是利害关系的大小，有利害关系的业主对此类事项有加重表决权，以显示权利与义务的对等。①这种在多数决之上，需相关所有权人同意的特别规定，可看作多数决与利害关系业主的一致决的结合。这并非加重了部分业主的表决权，应看成两个不同的表决程序的叠加，即对该事项的一般多数决和部分业主的一致决。

相比之下，《民法典》仅于第279条规定了住改商的有利害关系业主的一致决，并没有考虑到该事项可能会有损整幢楼的物业价值，破坏小区的公共环境。这显然过于缩小了应参与表决的业主的范围，使得住宅小区的住改商因为限制过于宽松而屡禁不止，成为业主自治的顽疾之一。与第279条只规定了部分业主的一致决相比，我国台湾地区“公寓大厦管理条例”第33条的规定值得借鉴。不论是改变专有部分或将专有部分约定为共有部分，还是在共用部分设置专用设施，都属于牵一发而动全身的对建筑物或附属设施的用途改变，既不应仅强调全体业主的同意，也不能认为只事关部分业主。不过，在此情形下，可考虑对多数决采用普通多数，而不要求绝对多数。在本条已

---

① 华燕：《论社会多数决的适用——基于公寓大厦管理立法展开》，载《法制与社会发展》2012年第3期。

经修改为绝对多数为双二分之一的情形下，可将此种改变专有或共有部分用途的事项，改为双三分之一同意即可。

二、管理规约

管理规约在建筑物区分所有权的自治体系中处于核心地位，起到了自治宪章或自治宪法的作用，如果像一些学者将区分所有权的管理类比为公司的话，那么管理规约就相当于是公司的章程。与章程有所不同的是，章程作为决议行为，仍然体现为一种债法上的约束力，相对人可以以不知章程的限制而主张对其无效。然而，建筑物区分所有权作为一种所有权类型，管理规约的内容涉及业主的专有权、共有权的范围及其行使，以及业主之间的关系，依照物权法定的原则，并不能完全由业主自行决定其内容，或者自行放弃通过规约的方式对必备内容作出约定。在这一点上，业主自治的体现在于，法律允许业主在一些事项上作出不同于区分所有权特别法的约定，有限地约定优先的原则才是管理规约存在的真正价值。

我国台湾地区“公寓大厦管理条例”第3条明确规定了管理规约的定义，系“公寓大厦区分所有权人为增进共同利益，确保良好生活环境，经区分所有权人会议决议共同遵守事项”，并对规约的必备内容、规约的效力及规约的制定等均进行了详细的规定。它们分别涉及：住户的义务、公寓大厦外围使用限制、管理维护费用、依使用执照及规约使用之义务、维护公共安全、公共卫生与公共安宁之义务、强制出让之条件、住户规约的范围、继受人的权利义务、区分所有权人会议之召开、非封闭式公寓大厦规约的订定、管理委员会、管理负责人之成立、区分所有权之计算方式、未获致决议时重开会议之要件、请求查阅或影印之权利、管理委员会的职务、管理委员会会议决议内容、管理委员会之成立或管理负责人之推选、建物所有权登记、规约范本。可见，正是通过在特别法中对管理规约所涉及的事项，以及允许业主自行约定为管理规约的事项进行了细致的规定，才能为业主权利义务行使、建筑物、基地及附属设施管理使用及住户相互关系确立自治性质的最高准则。

美国也将业主规约置于业主自治的核心地位，不论是业主协会还是董事会都不能超越管理规约和附则来进行管理。协助协会的工作人员和董事会的成员对业主协会的成员负有信托或类似信托的责任，他们必须以一种理性的方式来履行其职责。如果有失职行为，不仅将导致对业主协会的责任，还会同时导致对业主的责任。正是因为业主协会和董事会的工作人员负有上述信托或准信托责任，这要求他们必须严格地遵守公寓大厦的规约及附则。[①]

有学者提出，虽然我国《物业管理条例》与我国台湾地区“公寓大厦管理条例”均使用了“管理”一词，但并不意味着这些规范是强调管制的强制性命令规范，其目的在于结合私法行使公权力，肯定了主管机关的适度介入。公权力的适度介入，只是起到补足私法救济低效的作用，仅依民法的区分所有观念来规范，本亦属可行。[②]这一观点显然与《民法典》《物业管理条例》中业主大会与政府部门之间的指导、配合、协助的规定有所不同。《民法典》中并没有明确规定管理规约作为业主权利义务规范和行为准则的自治宪章的地位。因此，不论是业主的行为规范，还是通过业主大会对相关事项的管理，都处于缺少管理规约必备条款可依的状态。《业主大会和业主委员会指导规则》第18条规定了管理规约的必备条款，[③]但并没有就这些必备条款的内容作出规定。该条仅是一个原则性条款，并不能切实地起到对业主行为规范制定的指引作用。《业主大会和业主委员会指导规则》第26条第2款规定，未参与表决的业主，其投票权数是否可以计入已表决的多数票，由管理规约或者业主大会议事规则规定。这一条已经将管理规约约定事项的范围设定在了超越《民法典》第278条法定表决规则之上，显然错误地理解了物权法定的原则与管理规约的有限约定优先的关系。

全体业主作为法律主体在《民法典》的缺位，直接造成了作为内部管理

---

① E. Richard Kennedy & Ellen Hirsch de Haan, Litigation Involving the Developer, Homeowners' Associations, and Lenders, 39 Real Prop. Prob. & Tr. J. 1 (2004), p.24.

② 华燕：《论社会多数决的适用——基于公寓大厦管理立法展开》，载《法制与社会发展》2012年第3期。

③ 第18条，管理规约应当对下列主要事项作出规定：（一）物业的使用、维护、管理；（二）专项维修资金的筹集、管理和使用；（三）物业共用部分的经营与收益分配；（四）业主共同利益的维护；（五）业主共同管理权的行使；（六）业主应尽的义务；（七）违反管理规约应当承担的责任。

机关的业主大会和执行机关的业主委员会在代表与代表的法律关系上缺乏相对人。

《物业管理条例》在6处使用了“全体业主”的表述：全体业主组成业主大会，业主大会代表和维护全体业主的合法权益（第8条）、业主人数较少且全体业主一致同意不成立业主大会（第10条）、召开业主大会会议应通知全体业主（第14条）、管理规约对全体业主有约束力（第17条）、业主委员会决定被撤销后应通告全体业主（第19条）。在15处规定了“管理规约”，其中6处与物业管理中的业主义务、提出制定和修改管理规约、管理规约应对物业的使用，业主的共同利益作出决定有关，2处与业主大会、业主委员会的职责有关，5处与临时规约有关，2处与物业使用人与管理规约的关系有关。可见，在我国，管理规约实际上成为约束前期物业管理人——开发商和后期的物业服务企业与业主之间合同关系的指南，失去了其本应具有的业主自治宪章的物权法地位。

不仅如此，《物业管理条例》第8条规定的业主大会代表和维护业主的合法权益，实践中也因缺乏业主大会和业主委员会与业主之间的法律关系的基础，而使业主难以在其失职时追究民事责任，也使它们不具有法律上代表业主行使共有权的法律基础。

有学者提出，管理规约包含两个方面的内容，即对共有物和共同事务的管理，如对于建筑物及其附属设施的使用、维护与管理，以及对业主行为的规范与管理，如禁止携带危险物品进入社区等。[①]如果这样理解的话，那么可以认为本条第2款删除了“建筑物及其附属设施的”对管理规约的限定，是将范围扩大到了对业主行为的规范与管理。这位学者又认为，除了《物权法》第76条第1款和《建筑物区分所有权解释》第7条的限制之外，作为自治规则，管理规约应只受到禁止性规范的约束，其他事项均应由业主自行决定。[②]

这两种对管理规约范围的观点，一种失之过狭，另一种失之过宽。前一

---

① 最高人民法院民事审判第一庭编著：《最高人民法院〈建筑物区分所有权、物业服务司法解释〉理解与适用》，人民法院出版社2009年版，第112页。

② 高圣平：《论业主自治的边界》，载《法学论坛》2009年第6期。

种观点为管理规约的管理说，认为管理规约只是起到对共有物和共同事务的管理作用，这一点就和管理规约在一些国家和地区所具有的确定共有部分的范围、专有部分的范围及其使用主体的权属判定的重要作用不符（如前述我国台湾地区“公寓大厦管理条例”第23条；德国《住宅所有权与长期居住权法》第5条第3款、第4款，第15条；日本《有关建筑物区分所有等之法律》第4条第2款，第5条，第11条第2款）。而这些部分并不能任意由当事人决定是否列入管理规约，因为它们均涉及物权的归属，因此，如果业主对这些事项有不同约定的，必须通过管理规约予以明确。可见，管理规约虽名为管理，只是业主通过业主大会对共同决议事项的一种约定的记载，并不仅仅具有管理事务的管理作用。它既是专有权、共有权的约定的体现，也包括了对于共有部分及共同事务的管理规则以及业主的行为准则，甚至是对继任者的效力和对违反约定的业主的除名等特别效力。

后一种观点则夸大了管理规约的作用。从《民法典》5处关于管理规约的规定来看，4处皆列于法律、法规之后。第286条第1款明确规定，业主应当遵守法律、法规以及管理规约。这表明，管理规约应当符合法律、法规的强行性、禁止性和倡导性规范，如第286条第1款后半句新增的“相关行为应当符合节约资源、保护生态环境的要求。对于物业服务企业或者其他管理人执行政府依法实施的应急处置措施和其他管理措施，业主应当依法予以配合”。管理规约作为业主的行为规范，不具有契约法上“法无明文规定即许可”的强烈的任意法属性，相反，因为它属于物权法范畴的行为自治公约，必须受到物权法上的其他相关制度，如共有、相邻关系等的约束。在这一点上，《民法典》第286条第2款从责任角度体现的行为义务即其明证。因此，对于管理规约而言，其不能作出违反法律、法规的规定，也不能超越法律、法规，作出实质上损害业主权益的规定，如前文提到的《业主大会和业主委员会指导规则》第26条。尽管《关于进一步发挥住宅专项维修资金在老旧小区和电梯更新改造中支持作用的通知》第4条规定了委托表决、集合表决、默认表决和异议表决的方式，但后两种方式因为其采用了推定和反推的同意计算方法，这两种方法并不是《民法典》第278条规定的表决方式。不仅如此，这两种方法会使业主无法再根据《民法典》第280条第2款主张业主大会和业主委员会决定的撤销。因此《关于进一步发挥住宅专项维修资金在老旧小区和电梯更新改造中支持作用的通知》第4条的初衷虽然是解决表决难的问题，却因为侵犯了业主的表决权和共同管理权而应无效。

三、表决权比例

（一）表决权计算的方式

1.表决权计算方式的种类

表决权计算方式主要有人数原则（人数决）和价值原则（价值决）两种。人数原则，可分为人数和户数两种。而价值决又分为按专有部分比例和共有部分比例两种。单采其中一项原则者有之，如单独采用面积决或价值决的，如日本、美国、法国均以专有部分的面积或价值作为表决权确定基础。如日本采用了专有部分面积的方法（《有关建筑物区分所有等之法律》第14条、第38条）；而美国虽然采用的是价值决，实际上仍按照专有部分的面积来进行计算（2017年《统一区分所有权法》第2—117条），也属于面积决；法国表决权的票数按照专有部分的价值与建筑物的总价值之间的比例来确定（《住宅分层所有权法》第22条）。

德国和瑞士的情况比较特殊，并不像我国最高人民法院[①]和有的学者所认为的[②]采用了单纯的人数决，而是在限定了形成决议的最低人数比例的基础上再采用人数决，故应视为面积决和人数决的结合。但在面积决方面，两国又有不同，德国以共有部分所占份额定之，而瑞士则将应有部分作为计算面积的基础。这二者看似皆为按份共有，[③]实质上由于两国对建筑区分所有权之成立基础理解有实质差异而并不相同。德国在建筑物区分所有权共有权构造上，严格遵守了《德国民法典》第94条，建筑物是土地重要成分的规定。因此，建筑物区分所有权并不是特别权利的完全的客体。德国《住宅所有权与长期

---

① 最高人民法院民事审判第一庭编著：《最高人民法院〈建筑物区分所有权、物业服务司法解释〉理解与适用》，人民法院出版社2009年版，第137页。

② 刘璐、缪宇：《论业主表决权的确定——兼评〈建筑物区分所有权司法解释〉（征求意见稿）第7条》，载《政治与法律》2009年第2期。

③ 唐勇：《论按份共有的三层次私法构造——兼评〈中华人民共和国物权法〉的按份共有规则体系》，载《法商研究》2014年第5期。

居住权法》第3条第1款对建筑物实质成分的空间上设立的特别所有权，只是一个例外性的规定，该条将特别所有权限制得如此狭窄，在经济上合理的单一所有权范围仍在共同所有权的范围内。立法者无意通过《住宅所有权与长期居住权法》设立与土地所有权完全分离的基于整个建筑的所有权。[①]而正如史尚宽先生所言，我国台湾地区的按份共有系借鉴瑞士民法而来。按份共有系一个所有权之数量的分割。对于一物之所有权分割于数人之比例，谓之应有部分。[②]然而，在建筑物区分所有权的构建上，二者仍有实质不同。

瑞士是采共有权一元论的立法。区分所有建筑物上的共有财产的范围扩及于土地、住宅及附属空间。因此，在区分所有权关系中仅有共有关系可言。[③]《瑞士民法典》第712条之一称分层建筑物所有权者，谓对于不动产共有权的应有部分，基此应有部分，共有人就建筑物的特定部分，享有排他的使用，并于内部为修筑的特殊权利。而我国台湾地区则建立起了以专有部分为中心，以共有部分为附从的区分所有权制度。按照我国台湾地区相关规定，区分所有人就区分所有建筑物共有部分及基地之应有部分，依其专有部分面积与专有部分总面积之比例定之。但另有约定者，从其约定。

德国和瑞士的表决权确定的具体规定如下：如德国《住宅所有权与长期居住权法》第25条第2款规定，每个住宅所有权人有一票表决权。如果一处住宅由数人共有，则只能共同行使表决权。第3款，以土地登记簿中登记的份额为计算标准，只有超过共有权份额半数的有表决权的住宅所有权人出席，住宅所有权人才能做出决议。而《瑞士民法典》第712条之16规定，分层建筑物所有人会议，须经分层建筑物所有人全体二分之一，且其应有部分合计达二分之一者出席，或由其代理人出席时始得为决议，但出席者至少须有分层建筑物所有人二人以上。第712条之15规定，数人共有一分层建筑物者，仅有一表决权，应推举代表一人行使之。第712条之1规定，称分层建筑物所有权者，谓对于不动产共有权的应有部分，基此应有部分，共有人就建筑物

① Horst Mueller, Praktische Fragen des Wohnungseigentums, Verlag C.H.Beck, Muenchen, S.29.

② 史尚宽：《物权法论》，中国政法大学出版社2000年版，第155页。

③ 陈华彬：《论建筑物区分所有权的构成——兼议〈物权法〉第70条的规定》，载《清华法学》2008年第2期。

的特定部分，享有排他的使用，并于内部为修筑的特殊权利。

理解上述表决权计算方式的区别，不仅对业主会议决议的形成关系重大，而且与共有部分的费用分摊和收益分配皆有关联。

2.面积计算和人数确定

《建筑物区分所有权解释》第9条规定了专有部分面积和建筑物总面积的计算方法。由于我国《物权法》和《民法典》使用了专有部分和共有部分的法学学术术语，但相关的规划设计、销售规则等却使用了完全不同的基于建筑构造学的术语。因此，在考虑专有部分面积和建筑总面积的时候，不能望文生义，照搬建筑构造学及其行业规范的定义，而必须从物权法上专有部分和共有部分的实际含义出发进行界定。

对于专有部分，建筑学及其规范中使用了商品房销售面积、房屋（套内）建筑面积、分摊的公用建筑面积（《商品房销售面积计算及公用建筑面积分摊规则（试行）》），分摊的共有建筑面积（《商品房销售管理办法》），居住区用地内建筑总面积（包括住宅建筑面积、公建面积）。本条第2款的核心在于确定专有部分面积的占比。因此，根据《建筑物区分所有权解释》第8条，专有部分面积和建筑物总面积，可以按照下列方法认定：（1）专有部分面积按照不动产登记簿记载的面积计算；尚未进行物权登记的，暂按测绘机构的实测面积计算；尚未进行实测的，暂按房屋买卖合同记载的面积计算。（2）建筑物总面积，按照前项的统计综合计算。

依据《建筑物区分所有权解释》第9条，业主人数按照专有部分的数量计算，一个专有部分按一人计算。但建设单位尚未出售和虽已出售但尚未交付的部分，以及同一买受人拥有一个以上专有部分的，按一人计算。

（二）参与人数不足

业主不能参加业主大会时，可以委托其他人代理参加。《物业管理条例》第18条的释义指出，业主应亲自出席业主大会并投票，或委托代理人出席。否则视为业主自动弃权。委托代理人出席和投票的，必须采用书面委托方式。[①]《江苏省物业管理条例》第20条规定，业主可以委托他人参加业主大会

① 《〈物业管理条例〉释解（之三）》，载《北京房地产》2003年第11期。

会议。业主委托家庭成员以外的人参加业主大会会议的，应当出具书面委托书，载明委托事项、委托权限及期限。

物业使用人作为代理人参与业主大会是否意味着其可以取得业主资格，值得探讨。虽然《建筑物区分所有权解释》第16条和《物业服务解释》第12条都表明这两部司法解释的规定适用于专有部分承租人、借用人等物业使用人相关的建筑物区分所有权纠纷，但这并不意味着物业使用人由此就可以取得业主资格成为准业主。有学者提出，《珠海市住宅小区物业管理条例》第3条第4款规定，“本条例所称业主，是指住宅小区内物业所有权人。非业主使用权人根据业主的委托，可以享有业主的权利，并承担相应的义务”，进而认为这一地方规范作出了特别的规定，承认了物业使用人的业主资格。但是仔细分析该款第2句不难发现，其将业主之外的人的权限限定在了委托授权的范围内，并不是使物业使用人概括性地基于租赁或借用合同而取得了业主地位。最高人民法院明确指出，业主和物业使用人的利益可能存在根本性的差异，业主对物业有长期的、持久的利益，因此，在住改商的问题上，当二者的意见不一致时，以业主的意见为准。业主的意见具有一票否决的效力。[①]可见，即使存在委托关系，物业使用人作出的意思表示如果与业主的意见不一致，也不适用表见代理等规定，应以业主的意见为准。更遑论物业使用人可以取代业主的地位，代替业主作出共同管理有关的重要的决定。持肯定论者主要是从比较法上认为物业使用人有一定的旁听业主大会和发表意见的权利，但这些立法例均未承认物业使用人在未受到委托时有表决权。[②]因此，应当认为物业使用人与业主之间只有债权关系，不能因此取得相应的物权人的管理权。当然，如果其在使用专有部分的期间，受到了其他业主或物业服务人的妨害，可以以自己的名义提出妨害停止或排除请求权，但这属于基于有权占有而行使的权利，并不是基于所有权而提出的权利主张。

---

① 杜万华等：《最高人民法院〈关于审理建筑物区分所有权纠纷案件具体应用法律若干问题的解释〉、〈关于审理物业服务纠纷案件具体应用法律若干问题的解释〉的理解与适用》，载《法律适用》2009年第7期。

② 李劼、齐恩平：《小区业主资格探析》，载《温州大学学报》（社会科学版）2010年第2期；吴国平：《“业主”概念之辨析——民法学视角解读》，载《福建行政学院学报》2008年第3期。

对于参与人数不足或难以形成决议时，可以采取的措施，学者们有不同的见解。有台湾地区的学者建议，可考虑采取另外两种措施[①]：其一，通过业主大会修改管理规约，在管理规约中将非重大事项的法定出席人数限制予以降低，如降到专有部分面积占比二分之一以上的业主且人数占比二分之一以上的业主参与表决。其二，借鉴台湾地区“公寓大厦管理条例”第32条的“假决议”制度，即当“区分所有权人会议依前条规定未获致决议、出席区分所有权人之人数或其区分所有权比例合计未达前条定额者，召集人得就同一议案重新召集会议；其开议除规约另有规定出席人数外，应有区分所有权人三人并五分之一以上及其区分所有权比例合计五分之一以上出席，以出席人数过半数及其区分所有权比例占出席人数区分所有权合计过半数之同意做成决议。前项决议之会议记录依第34条第1项规定送达各区分所有权人后，各区分所有权人得于七日内以书面表示反对意见。书面反对意见未超过全体区分所有权人及其区分所有权比例合计半数时，该决议视为成立。第一项会议主席应于会议决议成立后十日内以书面送达全体区分所有权人并公告之”。有学者认为这是简易表决条款，[②]并建议在灾后重建的事项中予以采用。就建筑物灾后重建事项，台湾地区的规定是可适用“公寓大厦管理条例”第31条规定的多数决。

也有学者认为我国《物业管理条例》第12条规定许可采用书面征求意见的方式。根据该规定，业主大会会议既可以采用集体讨论的形式，也可以采用书面征求意见的形式；但是，应当有物业管理区域内专有部分占建筑物总面积过半数的业主且占总人数过半数的业主参加。应当看到，该条对参加人数的比例进行了限制。这一条是不是可以借鉴台湾地区上述假决议制度呢？对此，须讨论实践中常出现的，在业主大会议事规则或表决票中所列的“未明确同意视为有效同意”的条款的效力。[③]

---

① 李永然：《公寓大厦管理法律一本通》，永然文化出版股份有限公司2014年版，第50—51页。

② 李连祺：《汶川震灾后区分所有建筑物重建制度研究——以我国物权法的完善为中心》，载《法商研究》2008年第5期。

③ 薛源：《对业主大会议事规则“未投票视为有效同意”条款的检讨》，载《华南师范大学学报》（社会科学版）2014年第4期。

在民法的一般规范中，采用默示的方式能够推定为同意的，需要行为人做出可得推定为同意的行为，或者发生在法律有明确规定的场合。这与商法中常见的商人的沉默即被视为具有同意的权利外观是不同的。因此，如果要在业主大会的书面表决方式中，适用未明确同意即视为有效同意的做法，必须在建筑物区分所有权的特别法中对这种推定的同意进行明确规定，否则即剥夺了未表示同意的业主事后对决议有异议时的撤销权。

《物业管理条例》第12条第2款规定了业主可以委托代理人参加业主大会，并且未对代理人的范围进行限制。不对代理的比例上限进行限制，对于通过代理的方式实现征集投票权的情形是极为不利的，有可能会出现少数业主通过征集投票权而控制投票结果的情形。可考虑借鉴台湾地区“公寓大厦管理条例”第27条第3款的做法，对受托出席业主大会或书面进行投票的人数比例限定为全部区分所有权人数的五分之一或十分之一，或累计通过征集投票权的总人数不得超过参与人数的三分之一等。

第二百七十九条【住改商的限制】

业主不得违反法律、法规以及管理规约，将住宅改变为经营性用房。业主将住宅改变为经营性用房的，除遵守法律、法规以及管理规约外，应当经有利害关系的业主一致同意。

历史由来

本条承继了《物权法》第77条的规定，略作修改。

《民法典物权编（草案）》（征求意见稿）第74条将《物权法》第77条规定中的“业主同意”修改为“业主一致同意”，作为对同意的限定。后来的历次修改中均无变化。这一修改从正面肯定了《建筑物区分所有权解释》第10条第1款[①]和第11条的规定。

---

① 第10条第1款，业主将住宅改变为经营性用房，未按照物权法第77条的规定经有利害关系的业主同意，有利害关系的业主请求排除妨害、消除危险、恢复原状或者赔偿损失的，人民法院应予支持。

规范目的或功能

《民法典》没有明确规定区分所有权人对专有部分和共有部分如何使用的法定义务。第286条规定了业主一般性的守法和遵守管理规约的义务，以及环保义务与应急管理的配合义务，第272条规定了专有权的行使不得危及建筑物安全，不得损害其他业主的合法权益的义务。然而，前者失之于宽泛，更像一个宣示性的规范，后者似乎又以违法行为作为前提。对于能否改变专有部分用途（如改为慈善机构、公益性组织）和利用专有部分经商，并没有明确将其作为一种义务性的行为准则进行正面规定。最高人民法院根据《物权法》第77条推论，不得随意改变住宅的居住用途，是区分所有权人应当恪守的基本准则，是必须承担的一项基本法定义务。[①]若该推论可以成立，那么违反该法定义务，可以据此请求损害赔偿。然而，究竟是违反法律、法规导致的任何人皆得主张的绝对无效，还是违反了管理规约而导致的相对无效？

从最高人民法院的说明及多数研究来看，研究合法性的问题，多着眼于对违反禁止性规定、善良风俗的经营性行为，以及对有利害关系业主的界定和同意的形式，而较少研究对管理规约的违反问题，更遑论分析违反管理规约而导致的行为后果。然而，从《建筑物区分所有权解释》第10条来看，未经有利害关系业主同意时，有利害关系业主可以请求排除妨害，消除危险。这进一步从侧面否定了除利害关系业主外，不能证明住改商对自己有影响的其他业主，请求停止侵害、排除妨害的可能性。因为经过有利害关系业主的同意，似乎住改商就获得了一种经过利益最相关者追认的合法性。这样看来，住改商并不属于绝对无效的行为。

究竟如何理解《民法典》第272条规定的专有权的义务，本条规定的住改商的一致决，及其与第286条业主的一般性行为合法、合约定的义务之间的关系，需要结合专有部分的目的、专有权人的义务，管理规约的限制，以及部分业主的表决权一并进行讨论。

---

① 最高人民法院民事审判第一庭编著：《最高人民法院〈建筑物区分所有权、物业服务司法解释〉理解与适用》，人民法院出版社2009年版，第153页。

规范内容

一、专有部分的目的性

尽管建筑物区分所有权一章的内容可以适用于住宅与经营性用房，但不论从国有土地使用权出让时的期限限制，还是从建筑规划设计时房屋的专有部分及共有部分的结构与功能，我国对住宅用地和商业用地都有着明确的区分。这一点与德国法上区别住宅所有权和部分所有权颇有异曲同工之处。然而，我国并没有像德国和美国那样通过管理规约实现对业主专有权的约束，[①]也不同于日本，在建筑物区分所有权法中明确规定，区分所有权人不得在使用专有部分时，有妨害建筑物正常使用及违反区分所有权人共同利益之行为，[②]也没有如通过业主协会对共有部分进行严格的管理。[③]因此，当业主对专有权的行使有害其他业主利益或公共利益，如进行住改商时，业主或业主委员会很难通过管理规约或依据区分所有权特别法来对其进行约束。

在实体法缺少义务约束的情形之下，只能转而求助于表决权程序，冀望通过程序正义来保障专有权和共同利益的实质正义。可以说，本条规定本身就回避了业主对于住改商这类损害公共利益，并可能损害共有部分用途的行为直接依法或依规约请求停止侵害、排除妨碍的可能性。这些行为具有明显不同于《民法典》第286条第2款损害相邻关系的不当使用或不当行为，以及拒缴物业费等侵害他人利益行为的明确的不法性特征。其不是违法行为直接

① 作为一个有效的使用限制，对专有部分的限制必须能从大厦的声明中明确地推断出。在美国，公寓的声明不仅是一份阐明了当事双方的共同权利和义务的合同，它承担了随同土地转让的契约的某些属性，限制了享受和使用土地的范围和限制。因此，作为事后对物权的限制，不能妨碍当事人自始的使用权。业主认为业主协会新作出的决定废除了他们根据公寓声明购买房屋时获得的财产权和使用权，违反了合理性规则。Barry A. Mandelkorn, Michael H. Kruel & Robert B. Galt, Condominium Litigation, 33 U.Miami L. Rev. 911 (1979). p.944.

② 日本《有关建筑物区分所有权等之法律》第6条第1款。德国《住宅所有权与长期居住权法》第14条第1款也规定了住宅所有权人对专有权的使用不得超出正常的共同生活中不可避免的限度给任何其他住宅所有权人造成不利影响。

③ Eric T. Freyfogle, A Comprehensive Theory of Condominium Tort Liability, 39 U. Fla.L. Rev. 877 (1987), p.886.

产生的法律后果，而是对物权专有部分用途改变所产生的后果，未必有直接的损害或侵权行为，却造成了其他业主对共有部分享受利益的减损。这些减损一方面可能是直接和有形的，如小区出入人数的增加，噪声、废气，还包括因专有部分用途改变而改变专有或共有部分外观等，更有可能因这些住改商行为所致的环境恶化，从而造成其他业主专有部分房屋价值二次转让时的贬损。

我国管理规约实际上被临时管理规约取代，或被物业服务企业的管理行为架空，而业主委员会作为执行机构也缺乏必要的、基于管理规约的权力和权威，业主专有权和共有权受损时的救济手段极为有限。与之不同，美国加州最高法院多数法官认为，尽管规约限制了对共有部分，也限制了对专有部分的使用，但规约被假定是有效的，且不因对某个人利益的考虑而受到质疑。正是因为美国通过业主协会对声明和规约（CC&Rs）的严格执行，甚至授权董事会采取一些罚金或限制业主表决权等惩罚措施，或对违反规约的业主提起诉讼等，从而保证了声明中所载的既定目的，以及董事会认为的审美、安全、安保和便利方面关于规约的决定得以实现。①从程序角度讲，业主对专有部分的修理、结构改变必须取得业主协会的明确同意后才能实行，因为他们不仅仅购买了专有部分，还按比例购买了全部的共有部分，因此不能像行使传统所有权时恣意妄为。②

二、表决权的性质与行使

（一）性　质

最高人民法院在解释本条的一致决时，花了很多篇幅从反面推论住改商不适用多数决，理由是，如果适用多数决，其将被列入《物权法》第76条第1款第7项之中，或者如第79条一样，采用需经业主共同决定的表述。然而，这种反对解释的方法，并未能成功论证，或者说最高人民法院回避了住改商

---

① Armand Arabian, Condos, Cats, and CC&Rs: Invasion of the Castle Common, 23 Pepp. L.Rev. 1 (1995), p.12.

② Armand Arabian, Condos, Cats, and CC&Rs: Invasion of the Castle Common, 23 Pepp. L.Rev. 1 (1995), p.20.

是否属于《物权法》第76条第1款第7项规定的有关共同共有和共同管理权利的其他事项。

从客观上看，住改商的行为破坏了住宅所在的整体建筑物及住宅区域的环境和公共秩序，不仅会对该幢楼的业主造成影响，也会对相邻楼的业主产生危害，这也是《建筑物区分所有权解释》第11条第2句对建筑区划内其他业主，也有权主张其受到或可能受到不利影响保留了提出异议的权利。假设某业主购买了整幢楼用于家庭旅馆经营，或者作为堆放危险物品的仓库等，则有可能会对全部建筑区划的业主的生活产生重大不利影响。因此，将住改商仅当作专有权行使的问题显属不当。它已经改变了房屋的用途，不属于对房屋所有权的正常的使用。

如果说，将本条的规定仅认为是少部分业主的一致决，从而变相地否定住改商的事项属于可能危害共有部分使用，并可能会对共同生活秩序和业主共同利益产生影响，那么无异于承认了在住改商（即改变专有部分房屋的规划用途）时，其属于可以附条件由部分业主一致决定的事项。

《民法典》第278条已述及，在比较法上存在对于不同事项分别采用一致决和多数决的做法，而且存在多数决基础上，受不利影响的部分业主的一致决。那么，在理解本条时，可以视为其作出了独特的规定，即建立了特殊事项（住改商）的受不利影响业主的一致决。其本意是希望建立某幢楼业主对于部分业主共有的建筑物的部分表决机制，但又希望在该事项影响不止一幢楼时，将该条改为所有受影响业主一致决的事项。因为，不仅在该事项影响其他楼栋业主时可能存在这种情况，当小区只有一幢楼时，也会发生需要一致决的特例。此时，会产生本条和第278条的立法冲突。然而，如果将住改商看作特殊事项，即可以在这两种特殊情况下，适用一致决的事项，那么不论是否在立法上承认该事项属于有关业主共有和共同管理权利的重大事项，本条和第278条之间可能存在的解释上的矛盾就能化解了。

（二）对其他事项有无类推适用价值

要使上述推论成立，需要在立法上承认除了对共有部分的全体业主共有以外，还存在部分业主共有的情形。如日本《有关建筑物区分所有等之法律》第11条第1款规定，共有部分属于全体区分所有人共有。但一部共用部分属于应共用该部分的区分所有人共有。第16条规定了一部共用部分的管理中，关系全体区分所有人的利害或有第31条第2项管理规约上的订定者，仅由区分所有人全体或其他共用该部分的区分所有人为之。住改商等行为看似是对专有部分的使用问题，实际上已经改变了整幢楼作为住宅的居住用途，应属于共同管理的范畴。因此，有在立法上进行特别规定的必要。在理解本条规定时，可以参考上述日本的做法，将其理解为部分共有人对部分共有物的管理。

当然，暂时不能通过立法的方式承认部分共有人的共有时，可以借鉴我国台湾地区的做法，在不动产登记规范中承认部分共有。我国台湾地区"土地登记规则"第75条第1款规定，同一建物所属各种共同使用部分，除法令另有规定外，应视各区分所有权人实际使用情形，分别合并，另建编号，单独登记为相关区分所有权人共有，但部分区分所有权人不需使用该共同使用部分者，得予除外。这也承认了共用部分可分为全体共用部分和一部共用部分。区分全体共用部分和一部共用部分的主要目的，在于修缮费用及其他负担的按全部共有和一部共有进行分别分摊（我国台湾地区"公寓大厦管理条例"第10条第2项）。①

（三）行　使

在进行一致决时，应当采取何种形式，尤其是在采用书面形式征集意见时，未予明确表态的能否视为同意。最高人民法院认为，有利害关系业主同意是作为住改商的合法性要件之一而存在的，这表明，《物权法》的立法导向是不主张住改商的。住改商是对既有秩序的一种破坏和冲击，显然属于对业主不利的事项。在推定当事人意思时，应推定有害事项不利于义务人，而推定有益处事项有利于权利人。结合《物权法》第77条的立法目的，只要未明示同意的，应推定为不同意。②推定同意应以法律的明确规定为前提，如《合同法解释（二）》第2条规定，当事人未以书面形式或者口头形式订立合同，

---

① 尹章华：《公寓大厦管理条例解读》，中国政法大学出版社2003年版，第31页。

② 最高人民法院民事审判第一庭编著：《最高人民法院〈建筑物区分所有权、物业服务司法解释〉理解与适用》，人民法院出版社2009年版，第157页。

但从双方从事的民事行为能够推定双方有订立合同意愿的，人民法院可以认定是以《合同法》第10条第1款中的“其他形式”订立的合同。但法律另有规定的除外。可见，不能仅从事项是否有利于当事人来推定其意思，而需要从其是否有相应的可得推知的行为来进行判定。

就本条来看，其将《物权法》第77条中的“同意”改为“一致同意”，说明住改商应得到全部利害关系业主的同意。看似仅是对《建筑物区分所有权解释》第11条的吸收，更是对明确同意的一种肯定。本条没有将一致同意的范围局限在同一幢楼内，也表明了没有采取狭隘的物理结构决定论。在解释上，不宜过于强调《建筑物区分所有权解释》第11条对同一幢楼的规定，而应将业主大会决议、管理规约的约定置于更重要的地位。否则，不是对本条住改商否定倾向的体现，而是对住改商肯定论的支持。在同意的表示方式上，并不以要式为必要，但应以明示为必要。

三、利害关系业主的认定

（一）本幢楼的业主

《建筑物区分所有权解释》第11条将有利害关系的业主限定为同一栋建筑物内的其他业主。有学者认为该条采用了事实推定技术，推定本栋建筑内的其他业主都是有利害关系的业主。而且认为这是一种可以推翻的推定，如果业主能证明住改商不会损害其他业主的生活质量，则可以推翻该推定，其他业主不得主张自己为利害关系的业主。①这个观点有明显的问题。是否是推定在法律上应使用明确的术语，如“可以认定”“视为”等来表示拟制，从而可以根据事实来推翻该拟制。本条并未做如此规定，可见其不是一种法律上的推定技术。那么，是否是事实上的推定呢?

业主进行住改商，无可避免地改变了该栋楼的住宅规划用途，更有可能增加对共有部分使用的负担，或破坏共有部分或建筑物的外观等，改变原有的生活和对建筑物的利用秩序，损害建筑物中业主共同生活的安宁与安全。因此，既然共有是一种客观事实，业主并不是基于对该行为的法律可能产生

---

① 熊丙万：《论住宅商用法律制度》，载《政治与法律》2009年第8期。

不利影响的推定而享有否决权，乃是作为按份共有人的权利而主张对共有物原状的维护和保存，故是正当行使法定共有权和管理权，并不是法律推定产生的权利。住改商不以产生不利后果作为同意的前提条件，因此，即使能够证明未产生不利影响，改变住宅用途本身便属于违反建筑规划的不合法行为。该行为不因是业主为之，还是开发商为之而应有所不同。

从物业管理角度，业主进行住改商，应当取得物业服务企业的许可。《物业管理条例》第45条第1款规定，“对物业管理区域内违反有关治安、环保、物业装饰装修和使用等方面法律、法规规定的行为，物业服务企业应当制止，并及时向有关行政管理部门报告”。这实际上是业主委员会应当负有的义务，[①]由于我国业主大会和业主委员会的成立难，加之临时管理规约实际上代行了管理规约的职能，我国才会出现物业服务企业取代业主委员会对上述有违共同生活秩序和专有部分、共有部分不当使用进行制止和报告的现象。业主委员会的法定职能[②]都属于辅助性的，并没有能直接对业主的行为产生具体作用的，这也使其地位虚化，而物业服务企业职能实化。

（二）其他利益受影响的业主

有学者提出，其他受不利影响的业主的范围不能过大，如果过大，就会使住改商不可能实现，构成对专有权的不当限制。[③]如果有业主将整栋楼都改为物流企业使用，那么这将实质上改变建设用地使用权作为住宅用地的性质。很显然，专有权的行使不得损害其他业主合法权益的（《民法典》第272条）限制将完全落空。然而，是否如《建筑物区分所有权解释》第11条规定的，本栋楼以外的其他业主，必须证明住改商对房屋价值、生活质量受到或可能受到不利影响。这一规定混淆了一般侵权责任构成要件和按份共有人的义务之间的区别。如果是建筑区划之外的商用设施或经营者有侵害建筑区划

① 《业主大会和业主委员会指导规则》第35条第8项，业主委员会调解业主之间因物业使用、维护和管理产生的纠纷。

② 《业主大会和业主委员会指导规则》第35条、《物业管理条例》第15条。

③ 刘阅春：《限制住宅商用的若干法律问题》，载《学术论坛》2013年第6期。

内业主正常生活的违法行为，应按照一般侵权责任进行举证。然而，同一建筑区划内的业主，作为按份共有关系的主体，应负有比对第三人更多的注意、照顾、保护等义务，这是建筑物区分所有的特殊相邻关系和共同生活利益所要求的。

在这种情况下，应适用举证责任倒置，由进行住改商的业主举证证明该行为符合法律、法规和管理规约，并且未损害其他业主的房屋价值和生活质量。例如，对房屋结构、装修等专有部分的改造不会对建筑物产生危害（《民法典》第272条），也不会降低建筑区划内房屋的价值。有学者认为，《物权法》没有明确管理规约应约定的事项，而第76条对业主自治范围进行了规定。由于第77条未被列入第76条第7项的“有关共有和共同管理权利的其他重大事项”，因此，管理规约原则上不能对专有权作出限制。[①]此推论略去了一步，住改商不属于共同管理的事项，故也不是管理规约应当规范的内容。因为第77条的住改商表决上的限制，实际构成了对专有权的限制，他认为这种限制是一种法定限制，并不是管理规约意义上对专有权的限制。

第77条第1句已经明确规定，业主不得违反法律、法规及管理规约，将住宅改变为经营性用房，这表明，如果管理规约有禁止住改商的约定的，则无需使用后一句的规定。第2句规定为，业主将住宅改变为经营性用房的，除遵守法律、法规以及管理规约外，应当经有利害关系的业主同意。这明显是将管理规约和法律、法规并列为住改商必须符合的前提条件。因此，对于本栋之外，其他主张受到住改商影响的业主，可以提出要求住改商的业主证明其行为符合管理规约的约定。虽然《物权法》第76条对业主共同决定事项进行了规定，但其第2款将制定和修改管理规约限制为“建筑物和附属设施”有关的部分。《民法典》第278条第2款删除了这一限制，充分说明所有与专有权、共有权及共同管理有关的重大事项均得由管理规约进行约定。

---

① 刘阅春：《限制住宅商用的若干法律问题》，载《学术论坛》2013年第6期。

第二百八十条【业主大会或业主委员会决定的效力与撤销】

业主大会或者业主委员会的决定，对业主具有法律约束力。

业主大会或者业主委员会作出的决定侵害业主合法权益的，受侵害的业主可以请求人民法院予以撤销。

历史由来

本条与《物权法》第79条完全一致。在《民法典》制定过程中没有发生过变化。

规范目的或功能

本条第1款是对业主大会和业主委员会决定的效力的规定。根据第278条，业主大会通过多数决的方式对共有和共同管理的重大事项作出决定，此时难免会发生“多数人暴政”，[①]或有业主未参与决定的情况。本条系对此情况下业主大会决定的效力进行规定。

《民法典》并未对业主委员会的职责及决议程序作出规定，却在本条将其所作决定置于与业主大会决定同等的法律地位，不免在法律依据上有所欠缺。《物业管理条例》第15条规定：“业主委员会执行业主大会的决定事项，履行下列职责：（一）召集业主大会会议，报告物业管理的实施情况；（二）代表业主与业主大会选聘的物业服务企业签订物业服务合同；（三）及时了解业主、物业使用人的意见和建议，监督和协助物业服务企业履行物业服务合同；（四）监督管理规约的实施；（五）业主大会赋予的其他职责。”在上述职责中，仅有第2项被《民法典》第939条吸收。

《业主大会和业主委员会指导规则》第35条、第37条、第38条对业主委员会的职责、会议召集及表决问题作出了规定。第35条规定的业主委员会的职责范围超越了《物业管理条例》第15条的规定“（六）督促业主交纳物业服务费及其他相关费用；（七）组织和监督专项维修资金的筹集和使

---

① 姚辉：《物权法上的业主撤销权及其适用》，载《法学论坛》2009年第6期。

用；（八）调解业主之间因物业使用、维护和管理产生的纠纷”。其中第6项是对《物业管理条例》第64条的转化和扩充，第7项是吸收了《住宅专项维修资金管理办法》第23条的规定。《业主大会和业主委员会指导规则》第19条规定，业主大会议事规则应当对业主委员会的职责和议事规则作出规定。业主委员会的职责和议事规则均关系到业主的专有权和共有权的行使，不宜由效力等级较低的部门规章或法规进行规定，也不宜由业主大会自行决定，而应借鉴比较法的规定，[①]未来应由统一的建筑物区分所有权法规进行规范。

此外，由于我国并没有使用全体业主这个法律概念，因此全体业主和业主大会之间以及和业主委员会之间的法律关系的性质并不明确。有学者认为，管理规约中对专有权的限制具有合同法上的合同效力。[②]显然，这种观点并不能反映业主大会修改管理规约的决定的属性，更难用以解释业主委员会所作决定的性质。

尽管本条第2款规定业主可请求法院撤销侵害其利益的决定，诉讼主体资格仍无法从这一条文中得出。不论是业主还是业主委员会或业主大会代表业主进行诉讼均不免出现于法无据，而被法院认定缺乏相应主体资格的状况。《建筑物区分所有权解释》（征求意见稿）第13条曾对业主大会和业主委员会的诉讼主体地位进行了规定，但这一条文最终被删除。从本条第2款来看，业主大会和业主委员会仅有作为被告的诉讼主体资格。

虽然《民法典》第286条规定了业主大会和业主委员会对建筑区划内的公共事务有管理权，但并没有直接规定其能够提起诉讼。这些公共事务显然也不一定是属于第278条第1款第9项的重大事项。而第287条仅规定了业主对业主大会、业主委员会之外的建设单位、物业服务企业或其他管理人及其他业主侵害自己合法权益，有权请求其承担民事责任。从条文划分上，该条显然更接近于对业主个人利益受侵害的规定，而本条则与第278条第1款第9项

---

① 如我国台湾地区“公寓大厦管理条例”第29条、日本《有关建筑物区分所有等之法律》第49—52条、德国《住宅所有权与长期居住权法》第26—29条。

② 北京市第一中级人民法院：《建筑物区分所有权类案件的调研报告》，载《人民司法》2009年第1期。

业主大会的决定，以及前述法规和规章中业主委员会职责有关，决定共有和共同管理的重大事项和其他共同管理事务。因此，要理解本条第2款中业主的撤销权，需要考虑上述规定各自的重点及它们的相互关系。

规范内容

一、业主大会和业主委员会决定的效力

从《民法典》的体例上来看，建筑物区分所有权被规定于第二编物权的第二分编所有权的第六节，而共有则被规定于第八节，但从体系性上而言，它们均属于对所有权的一般性规定。按照无特别条款时适用一般条款的法理，在建筑物区分所有权一节没有规定时，可以适用共有的相关规定。第300条规定，共有人按照约定管理共有的不动产或者动产；没有约定或者约定不明确的，各共有人都有管理的权利和义务。业主大会作为建筑物区分所有人共有部分和共同管理权的议事机构，所作出的决议可以看作业主作为按份共有人按照约定管理共有不动产的结果。因此，本条第1款规定，业主大会的决定对业主有约束力，应视为业主通过会议的方式按约定管理共有部分和行使共同管理权利的行为。业主委员会作为业主大会的执行机构，①其职权来自法律的授权，因此根据议事规则所作的决定也应当对业主产生约束力。二者能够代表业主对共有事务进行决定和管理，是源于法律的直接规定，而不是产生于业主的授权行为。

二、业主大会和业主委员会的诉讼主体资格

2005年《物权法（草案）》第87条规定，对侵害业主共同权益的行为，对物业管理机构等违反合同发生的争议，业主会议经三分之二以上业主同意，可以以业主会议的名义提起诉讼、申请仲裁；业主也可以以自己的名义提起诉讼、申请仲裁。

---

① 根据《物业管理条例》第15条的规定，业主委员会执行业主大会的决定事项，履行业主大会赋予的其他职责。根据《业主大会和业主委员会指导规则》第35条的规定，业主委员会执行业主大会的决定和决议，监督管理规约的实施。

最终，这一条被分拆成了两部分，一部分规定在《物权法》第78条第2款，另一部分规定在第83条第2款。这种分拆的结果原本希望将业主的共益权和自益权相分离，却使共益权的行使因主体资格不明确而困难重重，而且第83条第2款规定实际上也极少独立发挥作用。

虽然德国《住宅所有权与长期居住权法》也没有规定全体区分所有权人的民事主体资格，但规定了其可以提起诉讼和应诉（第10条第6款）。我国台湾地区“公寓大厦管理条例”第38条规定管理委员会有当事人能力，管理委员会为原告或被告时，应将诉讼要旨速告区分所有权人。日本《有关建筑物区分所有等之法律》第47条第8款和第9款也规定，管理组合法人为了区分所有人的利益，得充任原告或被告。管理组合法人依前项的管理规约而充任原告或被告时，必须不迟延地向区分所有人为此项通知。可见，业主大会和业主委员会的诉讼主体资格一般以法律明确规定为原则，像本条第2款这样未予规定的实属罕见。学者多数肯定我国业主大会或业主委员会有主体资格，但所采用的理论依据却各异。

（一）其他组织说

有的学者从民事诉讼法律规范对民事诉讼主体的一般规定出发，认为业主委员会属于《民事诉讼法》第49条规定的其他组织。它虽然没有独立的财产，但具有一定的财产，这一财产不必然需要与其成员的财产截然分开而由该组织享有所有权，如合伙组织和法人的分支机构。[①]这一观点在现行法的框架下恐难成立。《民法典》第102条第1款规定，非法人组织是不具有法人资格，但是能够依法以自己的名义从事民事活动的组织。第103条第1款规定，非法人组织应当依照法律的规定登记。从这两条来看，将业主委员会归入非法人组织，需要业主委员会具有独立的民事行为能力，作为有一定独立性的民事主体而存在。在这一点上，有学者提出，诉讼权利能力和民事权利能力二者相辅相成。[②]

① 田梦海、吴恩玉：《论业主委员会的原告地位——以〈浙江省物业管理条例〉和〈物权法〉为背景展开》，载《法治研究》2008年第8期。

② 刘保玉、孙超：《论业主委员会的法律地位——从实体法与程序法的双重视角》，载《政治与法律》2009年第2期。

然而，对于合伙企业而言，其并不是完全独立的民事主体，但可以以自己的名义从事相关的民事活动，并以合伙企业的财产承担一定的民事责任。因此，不具有完全民事权利能力，不一定不能成为独立的诉讼主体。业主大会和业主委员会既不像合伙企业一样有自己的财产，也不具有法律明确规定的诉讼当事人地位。

（二）代表人诉讼说

也有学者提出，可通过代表人诉讼制度来解决业主撤销权主体资格问题。[①]然而，代表人诉讼以必要共同诉讼为基础，需要全体业主都同意起诉。业主对共有部分属于按份共有，而非共同共有，因此也难以适用固有必要共同诉讼，由法院将未参与的当事人追加为原告。因此，这位学者认为，由业主委员会根据业主大会的授权提起诉讼，将不会再有上述代表人诉讼的问题。[②]授权的前提是授权人有该等权利，业主大会并不具有独立的诉讼主体地位，并不能超出法律的规定，授权业主委员会代表业主提起诉讼。

（三）受侵害的业主说

只有权益受到侵害的业主才享有撤销权，未受侵害的业主不享有此项权利。[③]若循此说，则业主要行使撤销权，需要先举证证明自己的权利受到了侵害，而不能以业主大会或业主委员会的决定违反法律、法规或管理规约或未遵守法定或约定程序而提起。这显然属于一种对业主撤销权的限缩解释。

---

① 刘保玉、孙超：《论业主委员会的法律地位——从实体法与程序法的双重视角》，载《政治与法律》2009年第2期。

② 田梦海、吴恩玉：《论业主委员会的原告地位——以〈浙江省物业管理条例〉和〈物权法〉为背景展开》，载《法治研究》2008年第8期。

③ 陈华彬：《业主大会法律制度探微》，载《法学》2011年第3期；徐海燕：《业主大会决议瑕疵的司法救济——兼析〈物权法〉第78条第2款》，载《北京大学学报》（哲学社会科学版）2009年第4期。

（四）业主团体的执行机构说

有学者提出，因为《物业管理条例》第15条规定业主委员会执行业主大会的决定，所以将业主委员会界定为隶属于业主大会的执行机构，有实体法依据。二者作为决策和执行机构应依附于一个实体组织，故立法中隐含了对业主团体独立地位的肯定。①这种推论不免有些臆断。首先，能否有决策机构和执行机构，与是否具有民法上的独立主体并无必然联系。其次，作为所有权的主体全体业主的法律地位应由法律进行明确规定，而不是从其他法规进行推断。最后，全体业主作为共有权人的确存在，②只不过作为按份共有人，他们尚无法与业主大会和业主委员会之间通过法律规定直接建立起法律关系。因此，在我国民法上，业主团体并不是一个实体法的主体，更难以根据自己的名义或者授权业主委员会起诉或应诉。

（五）诉讼信托说

此说认为业主团体并非一个法律实体，仅存在于观念之中，或者说它只是理论上的我国建筑物区分所有权的主体。因此，可以采用诉讼信托的理论来界定业主委员会的诉讼地位。③“诉讼信托，是法律赋予一定的社会团体为保护成员之利益，或一定范围内的公共利益，而以自己的名义进行诉讼的制度。”业主委员会以自己的名义提起撤销权诉讼，其诉权来源于代表权。④此说有一定自相矛盾之处。一是诉讼信托的实质为一种公益诉讼信托，属于无须当事人委托的法定信托。然而，一般信托须有委托人设立信托的意思表示。⑤二是诉讼信托的主体需自身具有诉讼当事人地位。三是如

---

① 刘保玉、孙超：《论业主委员会的法律地位——从实体法与程序法的双重视角》，载《政治与法律》2009年第2期。

② 根据《民法典》第273条，业主对建筑物专有部分以外的共有部分，享有权利，承担义务。

③ 北京市第一中级人民法院：《建筑物区分所有权类案件的调研报告》，载《人民司法》2009年第1期。

④ 胡智勇：《业主委员会诉讼主体资格探讨》，载《法学杂志》2005年第3期。

⑤ 沈玉堂：《团体诉讼的诉权基础探析》，载《吉林师范大学学报》（人文社会科学版）2009年第3期。

果已经能够有代表权产生的依据，自不必再借助诉讼信托制度。本条第2款显然直接规定了业主大会和业主委员会的被告地位，并不需要再依赖诉讼信托制度。

三、解决方案探讨

上述学说都有不完善之处，难以解决本条第2款中业主撤销权主体的问题。有学者认为，这一问题的关键是我国法上未规定业主团体的概念。《物权法》最终没有对关于业主委员会和业主大会的诉讼资格进行规定，主要原因是其没有独立的财产，败诉后难以执行。如果部分业主未及时交纳有关费用，还将遇到执行难题。可考虑引入业主团体的概念，将业主委员会设计成业主团体的代表和执行机关。①这一做法需要对《民法典》进行修改，或者通过未来制定建筑物区分所有权特别法才有可能实现，在现行法的框架下难以完成。也有学者提出，要在对《物权法》第83条进行修订时，规定业主大会和业主委员会的诉讼主体地位，目前应通过对该条的司法解释来在一定程度上承认业主团体的起诉权。②这一观点将业主大会、业主委员会混同于业主团体，是对全体业主这一概念认识不清所致。它提出的，业主管理规约约定业主大会和业主委员会可以提起诉讼的，法院应当受理。明显属于混淆了业主委托诉讼与业主大会、业主委员会的法定诉讼资格的界限。

在现有制度体系下，可以考虑的替代方案有两种：一是借鉴美国法的做法，赋予业主大会或业主委员会以团体资格，这通过修改业主大会和业主委员会指导规则就可以实现，或由各地方在地方性物业法规中予以规定。由业主在购买房屋时自动成为业主大会或业主委员会的成员。这样一来，避免了规定全体业主作为法律上共有部分主体的法律障碍。因为作为管理机构而言，其行为最终的权利、义务无疑归属于全体业主。北京市开始试

---

① 方金华：《业主委员会主体资格研究》，载《南京航空航天大学学报》（社会科学版）2008年第4期。

② 韩松：《论业主对共有部分的共有和共同管理的纠纷及其处理》，载《法律适用》2008年第7期。

行业主大会的登记制度可看作这一倾向的尝试。[①]由全体业主作为建筑物区分所有权的主体，将有可能会产生建设用地使用权续期后，全体业主对建设用地的使用权相当于土地所有权的效果，这将不利于国有土地使用权的流转。二是由业主委员会通过召开会议的方式，做出由业主委员会代表业主行使撤销权及诉讼费用交纳的相关决定。由于该决定根据本条第1款对所有业主有约束力，将能够从形式上解决业主委员会主体资格不适当的问题。相关法律依据，可以参照适用最相近似的《物业管理条例》第15条第2项，业主委员会“代表业主与业主大会选聘的物业服务企业签订物业服务合同”。这种代表是通过决议方式做出的委托行为，行为后果当然归属于全体业主。

四、撤销权的范围和限制

（一）撤销权的范围

最高人民法院将业主撤销权的适用情形分为两类：违反《物权法》第76条第2款规定的表决权比例；业主委员会的越权行为。[②]也有学者把业主大会决议的瑕疵分为决议程序瑕疵、内容瑕疵和决议虚假。[③]对此，有学者表示反对，提出业主大会和业主委员会应当是实际上作出了决定，并且该决定形式上是有效的。违反法定程序必然侵犯业主的合法权益，故不必再将二者予以并列，撤销事由的标准应参考侵权法上对损害的理解。[④]上述观点都有一定可取之处，但皆有不同程度的问题。

---

① 《北京市住宅区业主大会和业主委员会指导规则》第26条，本市试行业主大会登记制度。业主大会成立并完成业主委员会备案的，经专有部分面积占建筑物总面积过半数的业主占总人数过半数的业主同意，可以到市房屋行政主管部门办理业主大会登记，业主委员会凭业主大会登记证明，向区、县公安分局申请刻制业主大会印章。

② 杜万华等：《最高人民法院〈关于审理建筑物区分所有权纠纷案件具体应用法律若干问题的解释〉、〈关于审理物业服务纠纷案件具体应用法律若干问题的解释〉的理解与适用》，载《法律适用》2009年第7期。

③ 徐海燕：《业主大会决议瑕疵的司法救济——兼析〈物权法〉第78条第2款》，载《北京大学学报》（哲学社会科学版）2009年第4期。

④ 夏永全：《业主撤销诉讼当事人研究——兼评最高人民法院两个司法解释的相关规定》，载《北方法学》2010年第3期。

从《物业管理条例》第19条第2款来看，业主大会、业主委员会的决定违法的，不仅业主可以主张撤销权，物业所在地的区、县人民政府房地产行政主管部门或者街道办事处、乡镇人民政府，应当责令限期改正或者撤销其决定，并通告全体业主。这表明，首先能够被撤销的是违法的业主大会和业主委员会的决定。违法既包括程序性违法，也包括实质内容违反了强行法的规定。此处可以从本条第1款的效力中得出推论。现实中较为常见的情形是，业主大会或业主委员会作出的决定，涉及业主专有部分或共有部分的具体权益，这部分属于业主自治的范畴，法律通常不会进行明确规定或者欠缺明确规定。如对车位的分配、物业公司改变建筑规划使用附属建筑物等。正是对这些决定的合法性难以进行判定的情况下，业主才会认为其侵犯了专有权或共有权。对于未参与业主大会或业主委员会表决的业主，应当不能仅以其未参与为由行使撤销权。[①]因为参与表决是业主的管理权的体现，自动放弃该权利之后，即发生参与权消灭的效果。除非决定有其他侵害业主利益的情形，放弃参与表决的业主不得以此为由主张撤销权。

（二）撤销权行使的除斥期间

《建筑物区分所有权解释》第12条规定，业主应在知道或应当知道业主大会或者业主委员会作出决定之日起一年内行使。撤销权属于形成权，不应使之一直得以存在，而使法律关系处于被撤销之阴影之下。考虑到业主大会或业主委员会的决定会在物业区域内进行公告，[②]规定一年的除斥期间也是合理的。

---

① 北京市第一中级人民法院：《建筑物区分所有权类案件的调研报告》，载《人民司法》2009年第1期。

② 《业主大会和业主委员会指导规则》第30条第2款、第39条第2款。

第二百八十一条【维修资金的归属与使用】

建筑物及其附属设施的维修资金，属于业主共有。经业主共同决定，可以用于电梯、屋顶、外墙、无障碍设施等共有部分的维修、更新和改造。建筑物及其附属设施的维修资金的筹集、使用情况应当定期公布。

紧急情况下需要维修建筑物及其附属设施的，业主大会或者业主委员会可以依法申请使用建筑物及其附属设施的维修资金。

历史由来

本条系《物权法》第79条修改而来。《民法典物权编（草案）》（征求意见稿）将“水箱”改为“给排水设施”。《民法典各分编（草案）》将“给排水设施”删除，增加了“屋顶、外墙、无障碍设施”表述，扩大了共有部分的范围，并在维修之后增加了“更新和改造”，使维修资金的用途得以增多。《民法典物权编（草案）》（二审稿）中增设了第2款，“紧急情况下需要维修建筑物及其附属设施的，业主大会或者业主委员会可以依法申请使用维修资金”。这一修改与二审稿将第73条业主共同决定事项中维修资金的使用和筹集分为两款有关，维修资金的使用不再需要参与表决的双四分之三业主同意，而改为参与表决业主的双半数同意，以降低使用的难度。本条第2款更是增设了紧急情况下，业主大会和业主委员会申请使用维修资金的特例，改变了维修资金使用的一般决议程序。此种修改是对地方立法成熟经验的吸收。[①]《民法典（草案）》第281条未进行修改。本条在《民法典（草案）》第281条的基础上，将第1款第3句“维修资金的筹集、使用情况应当公布”改为“建筑物及其附属设施的维修资金的筹集、使用情况应当定期公布”，并在第2款的维修资金之前增加了“建筑物及其附属设施的”作为限定。

实际上，2007年建设部、财政部《住宅专项维修资金管理办法》就已经规定了维修资金用于住宅共用部位、共用设施设备保修期满后的维修和更新、

① 黄薇：《〈民法典物权编草案〉（二审稿）对若干重点问题的回应》，载《中州学刊》2019年第7期。

改造（第2条第2款），以及发生危及房屋安全等紧急情况，物业服务企业和业主委员会可以申请使用维修资金（第22条、第23条）。相比之下，本条不仅吸收了《住宅专项维修资金管理办法》的相关规定，而且实质性地改变了申请的主体。由业主大会或业主委员会，而不再由物业服务企业提出申请，以期从根本上杜绝非经业主大会决议情形下，物业服务企业借紧急情形为由擅自申请使用维修资金的可能性。

规范目的或功能

有学者指出，维修资金使用存在着表决难、监管单一的信任难、筹集不足的分摊难、增值难和知情难等问题。①还有学者在此基础上增加了滥用与惜用、续筹难。②其中，障碍最大的便是《物权法》第76条规定的全体业主双三分之二同意的表决难。据统计，截至2013年，全国维修资金总量超万亿，而使用率却不足1%。维修资金使用的主要用途是业主共有部分的维修和改造，为了解决老旧小区电梯改造的问题，《关于进一步发挥住宅专项维修资金在老旧小区和电梯更新改造中支持作用的通知》对紧急情况直接申请使用维修资金的七种情形进行了规定，并规定了四种业主大会可在管理规约和业主大会议事规则中约定为简化表决方式：委托表决、集合表决、默认表决和异议表决。

这些表决方式均系博采各地维修资金不同的表决方式而来，然而多数均存在法律上和理论上的重大瑕疵。显然，在《民法典》的制定过程中，仅有紧急情况使用维修资金一项措施被吸收进了法典，而其他表决方式并没有被采纳。那么，如何看待本条中业主共同决定的方式？《关于进一步发挥住宅专项维修资金在老旧小区和电梯更新改造中支持作用的通知》规定的和各地方性规范中独创的表决方式是否具有合法性？

新增设的紧急情况下对维修资金使用的主体只有业主大会和业主委员会，

---

① 刘博宇等：《破解维修资金使用“五难”——基于各地的先进经验》，载《中国房地产》2013年第13期。

② 陈淑云等：《住宅专项维修资金的管理困境及其解决途径》，载《城市问题》2018年第11期。

显然与《住宅专项维修资金管理办法》中规定的物业服务企业申请，或经业主委员会同意并不一致。物业服务企业是否仍有紧急情况下的申请权？申请和审批、监督程序是否仍按《住宅专项维修资金管理办法》执行，还是允许各地依据各自的规定进行？这些维修基金紧急使用上的问题，需要结合《住宅专项维修资金管理办法》、地方性规范的规定进行合理的解释和限制，从而避免因未采取业主大会的一般决议程序，而造成滥用维修资金的新的问题。

另外，《住宅专项维修资金管理办法》第18条规定，住宅专项维修资金应当专项用于住宅共用部位、共用设施设备保修期满后的维修和更新、改造，不得挪作他用。《房屋建筑工程质量保修办法》第7条规定："在正常使用条件下，房屋建筑工程的最低保修期限为：（一）地基基础工程和主体结构工程，为设计文件规定的该工程的合理使用年限；（二）屋面防水工程、有防水要求的卫生间、房间和外墙面的防渗漏，为5年；（三）供热与供冷系统，为2个采暖期、供冷期；（四）电气管线、给排水管道、设备安装为2年；（五）装修工程为2年。其他项目的保修期限由建设单位和施工单位约定。"第4条规定，房屋建筑工程在保修范围和保修期限内出现质量缺陷，施工单位应当履行保修义务。随着越来越多的住宅小区房屋建筑工程超过保修期，维修资金的提取也会加速，维修资金余额低于首次缴存金额30%的情况也会不断增多。续筹的问题也日渐提上日程。[①]本条只从法律层面解决了维修资金去存量的问题，在增量方面，以及对维修资金的系统管理上仍需要进一步探讨。

规范内容

一、维修资金的归属与管理

（一）维修资金的归属

本条第1款明确规定，建筑物及其附属设施的维修资金，属于业主共有。从条文含义来看，包括建筑物的维修资金和附属设施的维修资金两部分。结合《关于进一步发挥住宅专项维修资金在老旧小区和电梯更新改造中支持作

① 郭继涛：《紧急情况可直接使用维修资金》，载《华商报》2015年11月14日。

用的通知》第5条，能构成本条第2款紧急情况的均为建筑物的屋面、外墙及附属设备的重大故障。一些地方车库和地下室交存的维修资金，专项用于车库、地下室共用部位的维修、更新和改造。建筑物之外的专项交存的维修资金是否能适用本条第2款的紧急使用规定呢？要解决这一问题及深入理解本条新增之紧急使用，应当先考察维修资金管理的模式。

（二）维修资金管理的四种模式

维修资金管理主要有政府代管、业主大会管理、物业公司管理、第三方机构管理四种模式。其中，第一种模式居于主导地位。

根据《住宅专项维修资金管理办法》，业主大会成立前，商品住宅业主、非住宅业主交存的住宅专项维修资金，由物业所在地直辖市、市、县人民政府建设（房地产）主管部门代管。不过，根据《西安市住宅专项维修资金管理办法》第3条的规定，市物业管理行政主管部门是本市维修资金的行政主管部门。业主大会成立后，维修资金将划转到物业管理区域内受托商业银行的维修资金专户。

依据《住宅专项维修资金管理办法》，维修资金的使用在划转前后，均由物业服务企业提出使用建议，并组织实施方案（第22条、第23条），这与我国物业管理公司在实际上充当了住宅小区实质管理者不无关系。此种特殊的住宅小区管理模式系计划经济体制下公有住宅售后维修养护制度演化而来。它最大的问题是以特定地区为单位实施管理，超越了对物的管理范围，而强化了对人和社会的管理。[①]

我国的业主自治模式，不论从前面的共同事项的表决权，还是从本条中维修资金使用的程序，都鲜明地体现出了这种植根于行政房产管理模式所带来的公法色彩。从维修资金的缴存来看，作为日常性的共有部分的维修费用，没有采用按需缴存与计划使用的一般规律，而是采用了购房时一次性缴存，其后分次使用的模式。这是我国物业维修资金使用困难的根源所在。由于共有权人主体实际上的缺位，业主大会和业主协会在小区管理过程中或是没有

---

① 李国庆：《物业小区管理的专制特征与社会化服务之路》，载《江苏行政学院学报》2009年第2期。

成立，或是难以发挥主要作用，而导致作为现金流的维修资金的实际支配权旁落，并引起实践中对数额巨大的维修资金的滥用、违规使用和欺诈使用。

（三）美国法的借鉴意义与障碍

在美国，主要有两种建筑物区分所有权的模式，一种是共管公寓，另一种是公共社区。它们的设立和业主自治模式均以成文法进行调整，都遵循业主协会或社区协会为中心的业主自治模式。这种模式的法律思想受到两个独立观念的束缚：限制性盟约和乌托邦哲学，并与通过Tulk v. Moxhay案所创设的衡平地役权制度息息相关。[①]不动产所有权人可以将某种衡平权益添附于不动产上，知悉而购买该不动产的任何人都不能有与向他出售该权利的当事人不同的地位。[②]可以认为，美国法上的管理规约实际上由两部分构成：一部分是开发商于房屋销售前即拟定的包括契约、条件和限制（CC&Rs）在内的声明，此为具有地役权性质的对物权契据的债权性限制；另一部分是业主公约，就供不动产便利之用以外的其他事项，如业主委员会的设立、业主大会的召集表决程序、小区安全事务等进行约定，也可以修改在前的开发商对自己地役权的设置。[③]

在公寓移交给业主之前，开发商负有缴存维修资金的义务。不同于有学者提出的，业主协会对每一年的维修资金做出预算，确定需要交纳的维修准备金及物业保养费的具体金额。[④]判例认定开发商对业主协会负有信托义务，此种义务类似于发起人在设立阶段对公司所负之义务。故开发商有责任不能阻碍业主协会的运行，包括应当为共有部分的维修提供充足的维修资金。建立维修资金账户对开发商而言是一种源于普通法的责任，在首套房屋出售后开发商便应履行此种义务。[⑤]在一些案件中，法院裁定，当开发商将拥有资金

---

① Mark A. Rogers, Community asscociation Law: Administrative Law as a Solution by Analogy, 53 Emory L.J. 1457, p.1460.

② 于凤瑞：《自己地役权的构造及其适用》，载《中国土地科学》2014年第8期。

③ 于凤瑞：《自己地役权的构造及其适用》，载《中国土地科学》2014年第8期。

④ 陈淑云等：《国外及港澳台地区住宅专项维修资金续筹经验与启示》，载《当代经济》2019年第12期。

⑤ John F. Dixon, Real Estate Law: the Expanding Liability of Illinois Developers and Directors, 88 Ill. B.J. 226, p.227.

不足账户的项目移交给业主控制时，开发商便违反了信托义务。[①]

在维修资金的使用上，业主协会要召集年度会议，对使用的预算进行表决，并将费用按照业主的单元价值和参与配额（单元权益）进行分摊。一般而言，必须根据声明中列出的分配，对所有单位的所有共同费用缴纳物业费。该价值或配额一般根据业主专有部分大小来计算或由开发商进行初始设定。对建筑物的适当保养，有效的管理和对公寓所有权计划的顺利实施都取决于物业费的资金从业主手中稳定地移转到业主协会的资金账户中。[②]在所缴纳的储备金中包括意外事故的应急储备金，其一般为年度预算总额的3%。业主协会也会通过购买保险来应对意外事件所产生的维修费用。[③]

在公寓交由业主控制之前，开发商将通过任命业主协会的董事来控制项目的各方面运营。交给业主控制之后，业主可以选举业主协会董事会的成员。董事会应当是合理地、适当地和善意地执行他们的权利。判例认定，商业判断规则排除了对公司董事会采取的行动的司法审查，只要在决定作出时董事会没有表现出缺乏诚意、欺诈、自我交易或不合情理的行为，证明善意的责任不在理事会上。应当由认为董事会决定缺乏诚信的人承担举证缺乏诚信责任的义务。[④]

法律授权董事会暂时将储备金转入开发项目的一般运营账户，以满足短期现金流量需求或其他费用，还进一步规定，董事会可以征得所有者的同意征收特别物业费，以恢复全部用完的储备金。但是，先前的法律豁免了征收恢复建筑缺陷诉讼费用的特殊物业费应取得业主批准的要求，这实际上强制所有业主须批准非紧急情况的特殊物业费。[⑤]

之所以公寓和共同利益社区能够对维修资金实现上述规范、有序和适当的管理和使用，是因为这些公寓和社区最大的特征是它们的私法特性。作为私法

---

① Lisa M. Pardon, Advising Developers in Operating Community Associations, 77-MAR Wis. Law. 12, p.17.

② Cornelius van der Merwe, Enforcement of Financial Obligations in a Condominium or Apartment Ownership Scheme, 16 Duke J. Comp. & Int'l L. 125, p.126.

③ 陈淑云等：《国外及港澳台地区住宅专项维修资金续筹经验与启示》，载《当代经济》2019年第12期。

④ Dockside Ass'n, Inc. v. Detyens, 294 S.C. 86 (1987).

⑤ Kelly L. McDole, Property; Common Interest Development Reserve Fund, 27 Pac. L.J. 915, pp.915-916.

实体，法院理所当然地尊重他们的内部活动以及为业主协会服务的规则制定职能。这一职能来源于一项被称为声明的合同，其由CC&Rs组成。前文中Tulk v. Moxhay案体现出了对乌托邦式的社区理念，该观念预示了现代社区协会的存在。

房地产的开发或社区，个人在其中拥有地段或单元，其负有不得通过不行使或撤回而规避的地役权的义务。协会为拥有财产的个人提供对共有财产的设施或服务，并在开发区或社区强制执行地役权，个人支付会费或物业费给协会。声明是将小块土地或单元从开发商出售给个人所有者时随物业契据（deed）提交的文件，创建此文件的目的是满足限制性契约的财产法要求。它通常创建并授权社区协会，并提供自己的修改由CC&Rs构成的声明。必须注意的是，当个人购买由地役权所负担的财产时，他们同意遵守其负担。①

因此，在解决维修资金管理模式的问题上，并不是仅通过加强自治组织建设，提高业主自治水平，便能实现小政府、大社会的社会管理理念。美国的业主在购买公寓时，便通过由CC&Rs组成的声明，负担了对于共有部分的地役权的义务，这种义务是一种不能放弃的法定义务。相应地，缴纳维修资金、选举业主协会均可看作这种契约义务的结果。因此，作为业主选举的业主协会的董事会成员，才负有基于信托责任的忠实义务。这一点上，与我国业主与业主大会、业主委员会之间缺乏通过必要的契约或管理规约的缔结而建立的合同关系有关。全体业主并非法律实体，自然也无法以管理规约来约束业主大会或业主委员会。后二者的行为在维修资金的运用上要依赖于政府房地产管理部门或者与其合署办公的物业管理部门的维修资金管理机构的行政审批和监管。②这不仅降低了维修资金的申请、审批的效率，也因为缺少全国性的统一管理体制，而陷入各地方各自为政的无序状态。

拟定专项维修资金使用、续筹方案是业主委员会的三项主要职能之一。由于业主委员会成员均由业主兼任，内部缺乏有效的监督机制，在维修资金的使用上常会发生侵害业主利益的现象，如伪造业主签字、伪造小区大修项目、与

---

① Mark A. Rogers, Community Association Law: Administrative Law as a Solution by Analogy, 53 Emory L.J. 1457, pp.1460–1461.

② 陈淑云：《住宅专项维修资金的管理困境及其解决途径》，载《城市管理》2018年第11期。

施工单位合谋虚报工程造价等方式，攫取小区专项维修资金和公共利益。[①]

二、维修资金使用的一般程序

（一）表决程序

因为缺乏年度业主大会会议或业主委员会对维修资金的预算，我国维修资金的使用必要性通常是由物业服务企业来判断的。如果说维修资金的政府部门代为管理是使用难的根源的话，那么物业服务企业的行为作为触发是否应使用维修资金的控制器，尤其是紧急情况的判断主体，既缺乏法理上有效的支撑，又没有相应义务和责任的约束。作为提供小区物业服务的法人，物业服务企业的根本利益与业主完全不同，业主也很难在物业服务合同中约定其对维修资金合理使用的忠实义务。《民法典》第938条规定，物业服务合同的内容包括维修资金的使用义务，但并未规定物业服务人有决定维修资金何时使用的权利。而《住宅专项维修资金管理办法》第23条规定，在维修资金划转给业主大会后，仍由物业服务企业提供使用方案，使用方案应当包括拟维修和更新、改造的项目、费用预算、列支范围、发生危及房屋安全等紧急情况以及其他需临时使用住宅专项维修资金的情况的处置办法等。在物业服务企业提出维修资金的使用方案后，由业主大会根据《民法典》第278条第5项以参与表决业主的双半数表决通过。现实中，调查显示半数以上的业主选择“与维修部位关系不大的业主拒绝签字，难以实现双三分之二同意”作为阻碍维修资金使用的主要因素，并认为双三分之二规定是我国基层民主制度在维修资金使用中的体现。在双半数表决制度下，业主大会的表决效率会得到一定的提高。但是，对于维修资金应在何种情况下使用，应借鉴本条第2款规定，由业主大会或业主委员会依法提出申请，并交由业主大会进行表决。而不应再由物业服务企业提出使用建议。否则，紧急情况的使用除不需经过表决外，不是由执行者物业服务企业提出申请，而是由业主大会或业主委员会提出申请，反而使得特殊情况的申请条件高于一般情况，这会人为地造成

---

① 胡宝艺：《业委会参与城市社区治理的思考》，载《中共山西省委党校学报》2020年第4期。

申请标准不一致的情形。因为这个法律漏洞没有通过本条的规定得以解决，所以在本条的适用中，应本着第2款的立法宗旨，对申请人资格从严要求，对一般情况下的维修资金使用，物业服务人不再具有申请或提出建议的资格。

（二）监管程序

从前述情况来看，作为维修资金使用环节，最需要进行监督的，除了存储专项维修资金的银行之外，当属提出和决定维修资金使用计划的物业服务企业。有学者提出，我国与国外的物业服务企业存在着巨大差别，这与我国物业服务社会化程度不高，现阶段只能依赖附属于住宅小区的物业公司来对共有部分进行维修、更新和改造以及提供其他物业服务有关。①即使规定了本条第2款的紧急使用情形，也很难避免实际上业主大会、业主委员会被架空，仍由物业服务企业事实上决定维修资金使用计划和组织实施的现象。

此外，业主还可以通过《民法典》第285条向物业服务人进行维修资金相关情况的查询、询问和监督。

三、紧急情况的使用

《关于进一步发挥住宅专项维修资金在老旧小区和电梯更新改造中支持作用的通知》第5条规定了发生下列危及房屋使用和人身财产安全的紧急情况，需要使用维修资金对老旧小区和电梯立即进行更新改造的，可以不经过业主“双三分之二”表决同意，直接申请使用维修资金。（1）电梯故障；（2）消防设施故障；（3）屋面、外墙渗漏；（4）二次供水水泵运行中断；（5）排水设施堵塞、爆裂；（6）楼体外立面存在脱落危险；（7）其他危及房屋使用和人身财产安全的紧急情况。

老旧小区和电梯更新改造需要应急使用维修资金的，业主委员会、物业服务企业或者公有住房售房单位向物业所在地的住房城乡建设（房地产）部门、公有住房维修资金管理部门提出申请。没有业主委员会、物业服务企业或者公有住房售房单位的，可以由社区居民委员会提出申请，住房城乡建设

---

① 李国庆：《物业小区管理的专制特征与社会化服务之路》，载《江苏行政学院学报》2009年第2期。

（房地产）部门或者街道办事处、乡镇人民政府组织代修，代修费用从维修资金账户中列支。住房城乡建设（房地产）部门、公有住房维修资金管理部门应当在接到应急使用维修资金申请后3个工作日内作出审核决定。应急维修工程竣工验收后，组织维修的单位应当将使用维修资金总额及业主分摊情况在住宅小区内的显著位置公示。

结合本条第2款规定，在紧急情况下，仅有业主大会和业主委员会有申请使用维修资金的权利，物业服务企业不再享有维修资金申请权。与此相适应，《住宅专项维修资金管理办法》第24条对紧急情况下由物业服务企业申请维修资金使用的规定不再适用。由于此种情形下没有规定维修资金使用方案的预算、审批及审计问题，建议暂时由各地维修资金专项办法作出规定，或在业主大会议事规则、业主委员会议事规则中加以约定。

四、维修资金使用情况的公开

本条第1款第2句规定，维修资金的筹集、使用情况应当公布。对于公布的主体和方式未予明确。有学者提出，根据《住宅专项维修资金管理办法》第22条、第23条，区别业主大会成立前和成立后，分别由政府房地产主管部门和业主委员会进行信息公布，并由维修资金专户存储的银行接受业主的查询。[①]

鉴于我国没有明确规定维修资金使用的监管程序，因此，更应使本条第1款新增的定期公布建筑物及其附属设施的维修资金的筹集、使用情况的义务得到落实。通过向广大业主公开维修资金的必要信息及变动情况，使业主成为维修资金使用的主体，使《民法典》第285条和《物业管理条例》第6条第2款第6项规定的业主对物业服务企业与业主大会的监督权真正得以实现。

虽然从物业服务合同角度来看，维修资金使用的公布人应为物业服务人，但业主大会和业主委员会也负有对其提出申请（特别是本条第2款紧急情况下）或通过的维修资金使用计划定期公布的义务。不仅如此，鉴于《住宅专项维修资金管理办法》第26条规定，在保证住宅专项维修资金正常使用的前提下，可以按照国家有关规定将住宅专项维修资金用于购买国债。这属于对维修资

---

① 金锦萍：《专项维修资金监管问题研究——兼评〈建筑物区分所有权司法解释（征求意见稿）〉第12条》，载《政治与法律》2009年第2期。

金的运营，可适用《民法典》第282条、第283条的规定，相关损益情况也应归入广义的“使用”的范畴，进行定期公布。

根据《住宅专项维修资金管理办法》第30条、第31条，直辖市、市、县人民政府建设（房地产）主管部门，负责管理公有住房住宅专项维修资金的部门及业主委员会，应当每年至少一次与专户管理银行核对住宅专项维修资金账目，并向业主公布维修资金交存、使用、增值收益和结存的总额，使用项目及分摊情况、增值情况，专户银行应当每年至少一次向业主委员会发送维修资金对账单。上述主管部门及银行应接受业主对维修资金使用、增值收益、账面余额和对账单等明细科目的查询。在公开方式上，也可以参考国外的做法，由业主大会或业主委员会以发布定期业主通讯或通告的方式向每一位业主进行公开。

如果业主认为维修资金的使用侵犯了业主的共有利益，可以按照《民法典》第280条第2款提起诉讼，请求予以撤销。如前所述，这里的使用包括一般程序的使用和紧急情况的使用。

第二百八十二条【共有部分的收入】

建设单位、物业服务企业或者其他管理人等利用业主的共有部分产生的收入，在扣除合理成本之后，属于业主共有。

历史由来

本条为新增条文。《民法典物权编（草案）》（征求意见稿）第77条增加了这一规定，《民法典物权编（草案）》（二审稿）第77条将上述征求意见稿中的“收益”改为“收入”。

规范目的或功能

本条的文义极为抽象，在行为、程序、主体、收入分成等方面均不明晰。

首先，行为的范围。《民法典》第278条第1款增设第8项“改变共有部分的用途或者利用共有部分从事经营活动”，作为需要双四分之三同意的业主共同决定的重大事项，但是并未吸收《建筑物区分所有权解释》第7条中“处分共有部分”的规定。利用并非所有权的权能，[①]既然能产生收入，就应当包括使用与收益，但是对于《建筑物区分所有权解释》第14条规定的占用、处分，处分后获得价款，以及第7条规定的改变共有部分用途未产生收益的，是否也包括其中并不明确。如果仅指使用，那么在《民法典》未就共有部分的专用权作出规定的情况下，本条是否可解释为暗含了得设定共有部分之专用权的意蕴？

其次，利用的程序。本条亦没有指明，是仅规范擅自使用，还是也包括经过业主大会批准后合法产生的收入。如为非法收入，应适用不当得利或侵权行为的规则，除了收入之外，还涉及对造成损害的赔偿问题；如为合法收入，需要考虑合同的具体约定，包括收入在使用人和业主之间的分配问题。

再次，主体问题，包括利用的主体和主张收入归属的主体。《建筑物区分所有权解释》第14条[②]规定了建设单位或其他行为人擅自占用、处分业主共有部分、改变其使用功能或者进行经营性活动，权利人可依法起诉。擅自进行经营活动，权利人请求行为人将扣除合理成本后的收益用于补充专项维修资金或业主共同决定的其他用途的，法院应予支持。该条在主体范围上较本条宽泛，最高人民法院认为得包括建设单位、业主或使用人、物业服务企业。本条未明确主体范围，“等”的含义十分含混，未释明是否包括建设单位、物业服务企业或其他管理人之外的第三人。

《建筑物区分所有权解释》第14条规定的主体是权利人，而本条未对主体作出规定。在《建筑物区分所有权解释》出台前，法院认为个别业主除非能精确计算出自己在共有权中所占比例，而得出其应得广告收益的具体数额并仅仅主张该数额，其返还收益请求通常不能被支持。这一观点实际上将业

① 根据《民法典》第240条，所有权人对自己的不动产或者动产，依法享有占有、使用、收益和处分的权利。

② 第14条，建设单位或者其他行为人擅自占用、处分业主共有部分、改变其使用功能或者进行经营性活动，权利人请求排除妨害、恢复原状、确认处分行为无效或者赔偿损失的，人民法院应予支持。属于前款所称擅自进行经营性活动的情形，权利人请求行为人将扣除合理成本之后的收益用于补充专项维修资金或者业主共同决定的其他用途的，人民法院应予支持。行为人对成本的支出及其合理性承担举证责任。

主的共有权看作严格意义上传统的按份共有，如果业主仅主张无权占有该收益的主体停止侵害、排除妨害、恢复原状，或确认其处分行为无效的，根据《建筑物区分所有权解释》第14条，法院仍应予支持。然而，鉴于法院常否认个别或部分业主得主张共有部分的权利，在本条适用中，需要对有权主张此共有部分收入的主体进行分析。

最后，利用的收入分成。地方性规范允许的业主委员会与物业管理企业对共有部分收入分成的问题，这些情况产生的收入是否属于《建筑物区分所有权解释》第14条第2款所谓业主共同决定的其他用途？依照《物业管理条例》第54条的规定，利用人征得相关业主、业主大会、物业服务企业同意并办理手续后，对共有部分进行的经营，“业主所得收益应当主要用于补充专项维修资金，也可以按照业主大会的决定使用”。该条其实已经隐含了所得收益归业主所有的意味。然而，收益为利润，其范围要小于收入。本条没有规定收入归业主共有应如何分配，以及利用人是否得按约定有一定的分成。

实践中，法院对业主共有的收入的处理上，依据与立场各异。有认为业主委员会不具有诉讼主体资格，也有支持物业公司将收入用于冲抵管理成本的，还有根据《物权法》第70条和《建筑物区分所有权解释》第4条，严格排除物业管理公司收益的。因此，极有必要结合现行法的规定，对本条高度概括的条文进行详解。

规范内容

一、共有部分的界定

（一）界定方法

在《民法典》第273条的释义中，对共有部分的界定方法及范围已有详述。比较法上，共有部分可分为法定共有部分和约定共有部分，从权利人角度又可分为全体共有和一部共有，后者在美国法上被称为有限共有。第273条采用了排除的方法，将专有业主对建筑物专有部分以外的称为共有部分，但未区分全体共有和一部共有。《民法典》第279条及《建筑物区分所有权解释》

第11条变相地在一定程度上承认了“住改商”不需要全体业主同意，而只需要有利害关系的部分业主一致同意。尽管该条改变的是专有部分的用途，但仍在一定范围内影响到了部分业主的共同生活秩序与对共有部分的利用，如专有部分或共有部分的房屋估值贬损，以及超越相邻关系之上的部分业主对共有部分使用秩序的改变。在建筑物区分所有权中，专有部分的利用，特别是商用，常会有牵一发而动全身的影响。因此，从狭义的物权意义上理解部分业主对一栋楼的屋顶、外墙等物理设施的共有，以及由广义的含义上解析业主在同一屋檐下的生活安宁和舒适的公共利益与公共秩序，无疑具有不可分割的同等重要的价值。从物理层面看，这虽与《民法典》第278条第1款第8项利用共有部分从事经营活动需要全体业主的双四分之三同意显然不同，然而，建筑物区分所有权的表里合一的立法理念决定了，共有部分及其上权益的理解不能囿于传统按份共有的思路。

《建筑物区分所有权解释》第3条第1款第1项进一步采用列举的方法，将屋顶、外墙、大堂等结构部分规定为共有部分，并在第2项采用了兜底的方式，将其他不属于业主专有部分，也不属于市政公用部分或其他权利人所有的场所或设施规定为共有部分。

列举共有部分的做法，作为一种建筑物区分所有权立法的早期模式，有其明显弊端。开发商常在项目文件中任意将许多共有部分指定为某单元的专有部分，如指定窗前绿地、地下室、车库等。美国20世纪60年代的一些州的区分所有权立法便是如此。在《统一区分所有权法》（UCA）颁布后，许多州改采排他法，把专有部分之外的所有部分定义为公共部分。不过，在之后的《统一共同利益所有权法》（UCIOA）中，对共有部分的规定上出现了三个变化：一是对专有单元的定义。除已经完成的表面外，单元边界墙，地板或天花板的所有部分都是公共部分的一部分。二是溜槽、烟道、管道、电线、导管、支承壁、支承柱或任何其他固定装置，它们部分位于设备的指定边界之内，部分位于该设备的指定边界之外。如果此类物品中的任何部分仅用于该专有单元，那么其属于仅分配该单元的有限共有部分。如此区分是为了让受益于有限共有部分的业主承担修理费用。三是为了使业主受益，将房地产中的任何其他利益作为共有部分，但须遵守声明。这一修改是因为共有部分上可能包括各种地役权，其可能有利于业主协会或全部业主，如被周围土地包围的公寓的通行地役权和共有停车场的通行地役权。[①]

（二）专有使用权

如果仅从使用权角度而言，本条实质上规范的是对共有部分的约定专用权。只不过，我国《民法典》并没有明确规定约定专用部分。第278条增设的第1款第8项及本条可视为承认了以业主大会决议的方式对约定专用权的设定。

我国台湾地区“公寓大厦管理条例”第3条第3款规定，公寓大厦公用部分经约定供特定区分所有权人使用者为约定专用部分。第7条则规定了不得约定为专用的范围。[②]可以通过共有人同意[③]、规约和让售契约[④]设定专用权。[⑤]第58条还规定了禁止让售和设定专用权的共有部分。[⑥]

由于我国对能够设定为专有权和禁止设定专用权的共有部分均没有规定，因此在这个问题上常会发生相关纠纷。比较常见的有绿地、停车位、屋顶、人防工程等。

就能产生收入的情形来看，以将电梯间、建筑物大堂、过道、小区空地、楼顶、外墙设置广告或其他专用权较为常见，如设为专用停车位或停车场。

从设定方式来看，不论是改变共有部分的用途，还是利用共有部分从事

---

① C.G. Van Der Merwe, A Comparative Study of the Distribution of Ownership rights in Property in an Apartment or Condominium Scheme in Common Law, Civil Law and Mixed Law Systems, 31 Ga. J. Int'l & Comp. L. 101, pp.107–108.

② 第7条，公寓大厦共享部分不得独立使用供做专有部分。其为下列各款者，并不得为约定专用部分：一、公寓大厦本身所占之地面。二、连通数个专有部分之走廊或楼梯，及其通往室外之通路或门厅；社区内各巷道、防火巷弄。三、公寓大厦基础、主要梁柱、承重墙壁、楼地板及屋顶之构造。四、约定专用有违法令使用限制之规定者。五、其他有固定使用方法，并属区分所有权人生活利用上不可或缺之共享部分。

③ 我国台湾地区规定，共有土地或建筑改良物，其处分、变更及设定地上权、农育权、不动产役权或典权，应以共有人过半数及其应有部分合计过半数之同意行之。共有物之处分、变更及设定负担，应得共有人之全体同意。

④ 建筑商以定型化契约对庭院或屋顶等共享部分约定特定区分所有权人享有专用权。

⑤ 王泽鉴：《民法物权》（第二版），北京大学出版社2010年版，第177—178页。

⑥ 根据我国台湾地区“公寓大厦管理条例”第58条第2款，公寓大厦之起造人或建筑业者，不得将共享部分，包含法定空地、法定停车空间及法定防空避难设备，让售于特定人或为区分所有权人以外之特定人设定专用使用权或为其他有损害区分所有权人权益之行为。

经营活动，均应遵照《民法典》第278条第2款，由专有部分面积占比三分之二以上的业主且人数占比三分之二以上的业主参与表决，并经参与表决专有部分面积四分之三以上的业主且参与表决人数四分之三以上的业主同意。在我国由于存在较多的此类侵犯共有部分权益的纠纷，[①]不宜采用从宽解释的方法，承认《物业管理条例》第54条中经相关业主、物业服务企业同意而设定专用权，利用共用部位和共用设施进行经营的行为为合法行为。《民法典》生效后，该条规定应视为与上位法抵触而无效。

有学者提出，专用权的设定方式有依据出让合同设定，管理规约设定和共有规则设定，[②]但并未提出后两种方式在我国法律体系中的具体依据。从以上分析可知，通过业主大会决议的方法设定或对建设单位的前期设定合同进行追认，实际上没有排除通过管理规约设定的方法，但在实际中也应以经过业主大会表决为原则。至于根据共有规则设定，并不是一种常见的设定方法，也许可以理解为，在全体共有的共有部分为部分共有人所享有的专用权。若如此，在对这些部分共有的专用权进行利用时，也应当遵照前两种方式的表决规则。

（三）擅自使用

《建筑物区分所有权解释》第14条规定的是擅自占有、处分共有部分，改变其使用功能或者进行经营性活动，权利人得请求排除妨害、恢复原状、确认处分行为无效或者赔偿损失。这一项内容在本条未予规定，属于明显的法律漏洞。既然共有部分的利用收入作为共有财产归业主共有，那么可以推知，对共有部分的侵害、妨害依据《民法典》第278条和本条属于明显的侵害行为，权利人有权基于物权请求权主张物权保护。

本条将收入认定为业主共有，而《建筑物区分所有权解释》第14条又规定权利人得主张擅自进行经营性活动的共有部分的收益，由此可以推知本条

① 北京市第一中级人民法院：《建筑物区分所有权类案件的调研报告》，载《人民司法》2009年第1期。

② 陈华彬：《建筑物区分所有权：学者草案的立场与〈物权法〉的规定》，载《甘肃政法学院学报》2011年第2期。

承认了共有部分的权利人为业主，相应地在共有部分权益产生合法/违法收益时，业主均得主张该等收益。业主能够以个人名义提起此类诉讼，当然也可通过业主委员会或业主大会而提起，后者属于受业主委托，代表业主为诉讼行为。可比照适用《物业管理条例》第15条第2项的业主委员会“代表业主与业主大会选聘的物业服务企业签订物业服务合同”的规定。

擅自使用的另一种典型情况是，物业服务合同终止后，物业公司继续驻留小区，强行提供服务收取物业费，并利用业主的公共资源收取停车费、广告费等费用。[①]对于此种情形，《民法典》第948条规定，物业服务期限届满后，业主没有依法做出续聘或者另聘物业服务人的决定，物业服务人继续提供物业服务的，原物业服务合同继续有效，但是服务期限为不定期。当事人可以随时解除不定期物业服务合同，但是应当提前60日书面通知对方。这一规定仅涉及了物业服务合同及物业费用的规范问题。对于此时仍利用共有部分从事经营的，应根据该行为之前的性质来确定收入的归属依据及分配方式。

二、使用者的范围

就设定专用权而言，如果建筑单位通过房屋销售合同，将窗前绿地、地下室或车位（车库）设定为专有部分，则该部分的性质依《民法典》第274条、第275条应属于合法的个人所有的部分，不再属于共有部分。因此，如果业主利用此等部分从事经营的，应适用《民法典》第279条的规定。

如果建筑单位通过房屋销售合同，将其他共有部分为个别或部分业主、物业服务企业或第三人设定专用权的，该合同属于效力待定合同。在业主大会成立后，可以决议的方式进行追认，如果未能获得追认的，应为无效合同。[②]

从《民法典》第941条来看，其他管理人可以是受物业服务人委托的专业性服务组织或者其他第三人。也有学者认为，职业经理人或专业服务企业都可以作为其他管理人。[③]

---

① 程宏：《我国物业管理司法实践中相关法律问题之辨正》，载《广西政法管理干部学院学报》2010年第3期。

② 北京市第一中级人民法院：《建筑物区分所有权类案件的调研报告》，载《人民司法》2009年第1期。

③ 张农科：《关于我国物业管理模式的反思与再造》，载《城市问题》2012年第5期。

对于使用主体，本条采用了列举加兜底的方式，规定了使用的主体是建设单位、物业服务企业或者其他管理人，但未排除第三人。结合《建筑物区分所有权解释》第14条规定的“建筑单位或者其他行为人”，应当认为本条规定主体的之外的第三人也有可能成为使用的主体。就实际情况而言，确实存在建筑单位、物业服务企业或其他管理人与第三人签订的使用共有部分的合同，或者处分共有部分的合同，如将停车位转让或出租给第三人，与第三人签订的设置广告设施的合同等。如果将第三人排除在外的话，无疑将使业主在这些行为人侵害业主共有部分的权利时，不能直接向其行使物权保护请求权或者不当得利返还请求权。本着举重以明轻的原则，应当认为本条规定利用人包括所有使用、占用、处分以及改变共有部分或利用共有部分从事经营活动的人。

三、利用收入的分配

在考虑了建设单位的利用行为的效力之后，主要是物业服务人和其他管理人的利用行为的效力及收入分配问题。由于《物业管理条例》第54条规定了利用物业公共部位，共用设施设备进行经营的，应征得业主、业主大会、物业管理企业的同意后，按规定办理相关手续。因此，即使《建筑物区分所有权解释》第14条第2款规定，扣除合理成本后的收益用于补充专项维修资金或业主共同决定的其他用途，多数法院的判决和各地的物业管理规定均仅执行了《物业管理条例》的规定，并没有适用《建筑物区分所有权解释》，少数法院认为收益应归业主共有。

（一）有约定从约定，无约定从法定

在收益归属的问题上，比较常见的判决采用的原则都是“有约定，从约定；无约定，从法定”。法院认为应当在不违反法律原则的前提下，公平合理分配共有部分物业的管理收益。[①]物业管理的服务对象是小区业主，对公共部分进行管理时，业主并不给予报酬。如物业服务企业付出管理成本后不能获得经济回报，是不公平的。这一观点混淆了物业服务企业对共有部分进行一

① 齐秦：《业主委员会履职典型案例评析》，载《住宅与房地产》2017年第22期。

般物业管理的合同义务和改变共有部分的用途将之用于经营的区别。

在此时，应当区分情况来对待。如果业主大会作出决定，委托物业服务企业对共有部分进行经营，并征得了有利害关系的业主同意（可参照适用《民法典》第279条），并且约定了报酬的分配比例，那么法律不应干涉业主对于其共有部分的支配权，应当认定该报酬分配的比例是合法的。对此，《民法典》第278条第1款新增的第8项也体现了业主有权共同决定改变共有部分用途和利用共有部分从事经营活动。

然而，如果未经过业主大会的上述表决程序，物业服务企业擅自利用共有部分从事经营活动的，可考虑适用无因管理或不当得利的规定。作为管理人，物业服务企业并不能在构成无因管理时为此请求支付报酬，管理人因管理事务受到损失的，可以请求受益人给予适当补偿（《民法典》第979条）。当然，也有可能适用《民法典》第980条。否则，应当按照不当得利来处理。得利人知道或者应当知道获得的利益没有法律根据的，受损失的人可以请求得利人返还其取得的利益并依法赔偿损失（《民法典》第987条）。

有的法院认为，如果物业服务合同没有对共有区域经营性收益的用途进行明确约定的，物业服务企业只有权收取物业合同中根据委托关系产生的相应报酬，而对公共区域的经营收益不享有权利。应当采取较为严格的排除物业服务企业违法受益的裁判规则，其在擅自利用共有部分进行经营时，如不能举证证明用于物业服务的支出包括擅自经营共有部分成本的合理支出或补充专项维修资金的，法院应当判定其归还经营所得全部收益。①

（二）约定、决定与法定

一些地方性物业管理规定对此规定并不一致。如《山东省物业管理条例》第57条规定，业主对物业共有部分使用所产生收益的分配，由业主大会决定。而《江苏省物业管理条例》第65条则区分了业主大会成立前后，作出了不同规定：业主大会成立前，需要占用业主共有的道路或者其他场地停放汽

① 李钢：《住宅小区公共区域经营收益的归属》，载《人民司法》2018年第8期。对此，可参照《建筑物区分所有权解释》第14条第2款第2句，“行为人对成本的支出及其合理性承担举证责任”。

车的，应当在前期物业服务合同中约定。物业服务企业应当将汽车停放费单独列账，所得收益的70%纳入住宅专项维修资金，其余部分可以用于补贴物业服务费。业主大会成立后，需要占用业主共有的道路或者其他场地用于停放汽车，以及利用业主共有部分、共用设施从事广告等经营性活动的，物业服务企业应当提请业主大会或者业主大会授权的业主委员会决定后，依法办理有关手续并公示。利用业主共有部分、共用设施从事广告等经营性活动的，还应当经有利害关系的业主同意。收益按照业主大会或者业主大会授权的业主委员会决定、物业服务合同约定使用；没有决定或者约定的，按照前款规定使用。

这些地方性规定中，如果未规定须经过业主大会双四分之三决定的，应视为无效。从本条的立法宗旨来看，收入的分配方式也应由业主大会决定。

（三）能否冲抵物管成本

物业服务企业在业主提起的共有部分收益的诉讼中，经常主张小区的公共收益应当首先弥补物业公司的亏损。《物业服务收费管理办法》第11条规定："实行物业服务费用包干制的，物业服务费用的构成包括物业服务成本、法定税费和物业管理企业的利润。……物业服务成本或者物业服务支出构成一般包括以下部分：……2.物业共用部位、共用设施设备的日常运行、维护费用……"可见，物业服务费用中已经包括应由业主支付的共有部分的一般维护费用的成本。因此，物业服务企业应根据《民法典》第937条、第942条、第943条的规定，经营管理物业服务区域内的业主共有部分，收取服务费，定期将业主共有部分的经营与收益情况等以合理方式向业主公开，并向业主大会、业主委员会报告。物业服务企业的亏损是其作为法人应当自行负担的企业债务，不能根据物业服务合同由业主来承担，更不能从共有部分的收入中进行弥补。

（四）合理成本的理解

本条中的合理成本除了不应包括物业公司的亏损之外，也不应包括在物业合同中根据《物业服务收费管理办法》第11条已经列入物业费的项目，如管理服务人员的工资、社会保险和按规定提取的福利费、办公费用等。合理成本应指物业公司为公共部位或公共设施的经营产生的必要费用，[①]如工本费、水电费等。

第二百八十三条【共有部分的费用分摊与收益分配】

建筑物及其附属设施的费用分摊、收益分配等事项，有约定的，按照约定；没有约定或者约定不明确的，按照业主专有部分面积所占比例确定。

历史由来

本条由《物权法》第80条修改而来。《民法典各分编（草案）》第78条将《物权法》第80条中的“业主专有部分占建筑物总面积的比例”修改为“业主专有部分所占比例”。这一修改与《民法典物权编（草案）》（征求意见稿）第73条第2款相呼应，从术语上改变了计算口径，改用业主的专有部分与专有部分总面积的比例。

如前面分析《民法典》第278条时所述，在表决权的计算方式上，不同国家和地区采取了不同的做法。然而，在建筑物及其附属设施的费用分摊、收益分配上，大致都采取了由专有部分面积或共有部分（应有部分）份额决定的做法。

规范目的或功能

从条文内容上来讲，《民法典》第281条、第282条、第283条均涉及建筑物及其附属设施的收入和费用的问题。

其中，第281条既包括维修资金的筹集、支出，也包括增值。第282条规范建设单位和行为人利用共有部分产生的收入，从条文功能的区分上看应该不包括维修资金的增值和支出。然而，依据《建筑物区分所有权解释》第14条第2款和《物业管理条例》第54条，共有部分的利用收入，

---

① 方湘子：《小区公共收益法律问题浅析》，载《住宅与房地产》2015年第11期。

可在扣除了合理成本后用于补充专项维修资金，或按业主大会决定的其他用途使用。

就条文分工而言，本条应主要需要解决上述条文内容之外的费用分摊和收益分配问题。实际上，除了维修资金之外，本条还应解决第282条的利用收入在全体业主之间的分配问题。然而，学者们在讨论本条时，有将本条仅看作物业费、共有部分利用收入的分摊和分配的，① 也有将本条看作业主共同收益权和费用分摊的一般性条款的。②

由比较法的规定观之，多数对共有部分的收入或费用进行一般性规定。如德国《住宅所有权与长期居住权法》第10条第7款和第8款主要规定了住宅所有权人共同体的权利及其分配，③第16条第1款和第2款则对共有财产使用权和共有费用进行了一般性规定。④将维修资金和共有部分的利用收入进行单独规定的情形并不常见，这也是我国《物权法》及《民法典》物权编为应对建筑物区分所有权领域多发性纠纷而设立专条的独特之处。

本条对共有部分的收益和费用分配规定了约定优先的原则，没有约定或约定不明时，按照专有部分面积所占比例分配。这里的约定并没有特别明确是管理规约的规定，还是其他由业主与当事人达成的约定。日本《有关建筑物区分所有等之法律》第19条规定，各共有人，只要管理规约未另为订定，按其应有部分担任共用部分的负担，收取由共用部分所生的利益。

---

① 章文：《从公共收益谈起》，载《住宅与房地产》2016年第16期。

② 贺新定、钟铭佑：《小区公共收益若干问题之探讨》，载《经济与社会发展》2010年第5期。

③ 第10条第7款：管理财产属于住宅所有权人共同体。它包括在共有财产共同管理范围内依法设定的和基于法律行为获得的物和权利以及由此产生的义务。属于管理财产的特别是基于与第三人和住宅所有权人的法律关系而产生的请求权和权限以及收取的资金。第8款：每个住宅所有权人按照其共有份额（第16条第1款第2句）对于其作为共同体成员期间产生的或者在这一期间到期的住宅所有权人共同体的义务对债权人承担责任。

④ 第16条第1款：每一个住宅所有权人应有与其份额相当的共有财产使用权。该份额以依照《土地登记簿条例》第47条在土地登记簿中登记的共有财产份额比例确定。第2款：每一个住宅所有权人对其他住宅所有权人负有义务按照其份额比例承受共有财产的负担并承担养护、维修、其他管理以及共有财产之共同使用所产生的费用。

规范内容

一、本条规范的范围

从人大法工委民法室对《物权法》第80条的解释来看，本条应作为规范共有部分养护、维修和经营收益分配的一般条款。[①]

不过，从《民法典》第281条、第282条、第283条的体系来看，第281条虽使用了“可以”的表述，但鉴于维修资金实行专户存储，并经过申请才能使用，此条应视为关于维修资金的特别条款。维修资金的用途限定为只能用于共有部分的维修、更新和改造。

第282条同样具有一般性条款的特点，然而，就范围而言，它只规定了共有部分的利用收入归业主共有。在同一部法典中规定功能有所重复的两个相邻条款，只能看作为解决实践问题而采取的一事一策的对策性条款。从内容上来看，第282条突破了本条规定的约定优先的费用和收益的分配原则，直接采取了业主共有的方式。在解释上，只能将其和第281条一样视为特殊条款，适用上优先于本条适用。

《建筑物区分所有权解释》第14条第2款规定，擅自利用共有部分从事经营性活动的，扣除合理成本后的收益用于补充维修资金或业主共同决定的其他用途。而《物业管理条例》第54条规定，利用物业共用部位、共用设施设备进行经营的，应当在征得相关业主、业主大会、物业服务企业的同意后，按照规定办理有关手续。业主所得收益应当主要用于补充专项维修资金，也可以按照业主大会的决定使用。由此可知，利用共有部分的经营性收入，应当主要用于补充维修资金，也可以按照业主大会的决定进行使用。尽管从上位法优于下位法，及新法优于旧法的角度而言，本条的规定应优先于上述两条，但是也要考虑到特别法优于普通法，以及有特别规定的，应考虑特别规定的一般法理。

---

① 全国人大常委会法制工作委员会民法室编:《〈中华人民共和国物权法〉条文说明、立法理由及相关规定》，北京大学出版社2007年版，第125—126页。

从共有部分收益在利用者和业主之间的实际分配来看，确实也存在着不利于业主的情况，如业主个人或部分业主请求物业服务企业返还共有部分收益不能获得法院支持，[①]法院认为针对共有权受到侵害所提起的诉讼成果归于共有人。然而，实践中，由于共有部分的利用协议常由物业服务企业与使用人订立，若发生物业服务人侵占共有部分利用收入的情况，业主通常只能根据《物权法》第83条提起侵权之诉，而不能从共有部分所有权人的角度提起物权请求权诉讼，或者基于物业服务合同提起违约之诉。这对于保护业主对共有部分的收益权极为不利。

结合《建筑物区分所有权解释》第14条第2款与《物业管理条例》第54条来看，不论是合法利用共有部分产生的收入，还是擅自使用产生的收入，应主要用于补充维修资金。除此之外，再适用约定优先的原则。否则，约定优先的原则很容易被滥用。除非针对某特定的共有部分使用协议，根据《民法典》第278条第1款第8项经过了业主大会的决议，或者根据该条第1款第2项，符合管理规约的规定。在这两种情形下，业主对共有部分的收入依法进行了共同决定，可适用本条约定优先的原则。否则，对于未按上述两种情形进行的约定，均不应视为符合本条中约定优先原则中的“约定”。

二、费用分摊与收益分配

前面讨论了收益在共有部分使用人和全体业主之间的分配问题，本条中规定的收益分配和费用分摊应当还包括业主内部的分配与分摊。就所有人内部关系而言，应当结合业主共有部分的性质分析来探讨。

（一）共有权的性质

有学者提出，建筑物区分所有是个人所有和共同共有的复合共有。建筑物区分所有权是共有制度中一种特殊的共有形式。它既不同于按份共有，也不同于共同共有，是为解决城市民用高层住宅所有权归属的特殊的共有制度。在强调整栋建筑物按份共有的性质的同时，又具有专有部分和共有部分的互

---

① 北京市第一中级人民法院：《建筑物区分所有权类案件的调研报告》，载《人民司法》2009年第1期。

有性，其特殊性决定了不能用共同共有或按份共有的理论去理解它。[①]这种观点有不可避免的自我矛盾之处。

首先，如果是共同共有，那么应当有共同关系的存在。共同关系包括夫妻关系、家庭成员关系、商事合伙关系、共同继承人关系。《民法典》第308条规定，共有人对共有的不动产或者动产没有约定为按份共有或者共同共有，或者约定不明确的，除共有人具有家庭关系等外，视为按份共有。《民法通则意见》第177条规定的未分割的遗产的共有关系不再视为共同关系。故建筑物区分所有权并不是我国立法所承认的共同关系的类型之一。

其次，在购买时的房屋销售价款中，已经支付了分摊的共有部分的面积对应的建设费用。此时共有部分的建设费用及维修资金显然属于依照按份共有而履行的义务。交付使用后，若机械地按照按份共有的思维来考虑对共有部分的使用权的话，将陷入逻辑的困境。一个140㎡房屋的区分所有权人对电梯的使用显然不是一个70㎡房屋的区分所有权人的两倍，对其他共有设施，如绿地、健身设施的使用也不可能是后者的两倍。这种机械论的起点是建筑物区分所有权只有使用权一项权能，且共有部分的权益僵化地体现为具体的利用，而不是体现为抽象地存在于共有部分的整体之上的一种共同利益。建筑物区分所有权虽然不同于一般的所有权，但仍具有占有、使用、收益和处分的权能。这个权能的完整性不仅体现为对专有部分的支配和控制，于共有部分的共同利益上，也能得到比较充分的体现。比如，本条规定的，共有部分的收益在无约定或约定不明时，将按专有部分面积所占比例分配。这完全体现出了专有权的义务和权利的对等性。不仅如此，《民法典》第278条第2款规定的业主共同决定事项的表决权，也很好地体现了专有部分面积比例高的业主有更大的决定权。

共有部分的用益权是一种地缘化生活状态下的自治权的体现，它是一种在社会政治、经济大环境之下，于社会整体治理环境中相对独立的一群社会成员的自我治理和自我约束，不仅体现为物权的使用收益、费用分摊，而且反映为相对安定、持久、和谐与完善的社区小环境之下，共同生活秩序的共

---

① 杨立新、谢永志：《业主的建筑物区分所有权之评析》，载《福建警察学院学报》2008年第1期。

同创建与维护。小区的管理不再是行政国家对公民个人行为的直接支配，而是通过社区治理的方式，居委会（村委会）、街道、物业服务人与业主大会、业主委员会及业主共同参与到社区建设之中，国家不再直接支配和管理业主生活的环境与秩序，而是由业主在自我管理与外部国家机构、居民自治机构的协助下，选择和决定更适合自己所在社区的物业管理和治理方式，包括落实环保义务、社会管理措施的配合义务等。

因此，我妻荣指出，共有的共用部分的使用、管理，修正了民法的相关规定，主要表现在：各共有人按共有部分用途使用共用部分；共用部分的变更需要共有人全体成员同意，以改良为目的且无须显著多额费用的情形，有所持份额四分之三以上的人员同意即可。但此一区分所有人的法定人数，得以管理规约减至过半数；规约如无另外规定时，各共有人按其所持份额比例，承担共用部分负担，收取共用部分所产生的利益。[①]由此可见，将区分所有权人于共同生活环境中对共有部分所享有的权利，即使用权、收益权、处分权（对共有部分处分的表决权）进行统一思考的话，其仍然成立按份共有的持份决定权益的特征。只不过，在持份的问题上，有的立法采用了专有部分面积比例的表决权，有的则应用了人数和参与人共有份额结合的方法（详见对《民法典》第278条的评注）。为了避免多数人暴政和完全的按份共有下共有事务决定权被共有持份高的少数业主把持，各国皆通过人数决和价值决相结合，甚至在业主协会董事会选举上采取累积投票制等方法，平衡此种特殊按份共有下，共同生活在同一个社区中的自治关系。此种自治关系一定程度上类似股东的表决权，虽然股东享有按持股比例投票的权利，但是他们对公司的共同管理权并不体现为对公司具体财产的支配、处分和控制，就知情权而言，也不是按份额享有的。

最后，在理解业主的共有权关系时，不能刻板地按照按份共有的一般理论进行解释，应考虑到业主基于专有权和共有权而享有的对共有部分和共同事务的管理权、决定权。他们享有的不是一次性交易或多次交易的转瞬即逝的财产移转关系，也并非纯粹基于交易上的利益关系而结成按份共有的共同

---

① ［日］我妻荣：《民法讲义Ⅱ新订物权法》，罗丽译，中国法制出版社2008年版，第548—549页。

体。他们选择某个小区作为生活、工作的居住区，将在一定时期甚至是较长时期处于该小区共有部分和共同管理所营造的安全、安宁、稳定、舒适的宜居环境和生活关系之中。这种对共有部分的用益和共同管理关系，也可看作现代社会关系的一部分，在共同生活关系中每一个成员都要相应地让渡一些个人的权利，如完全按照份额享有的共有部分使用权等，但这便是共同生活关系对个人完全自由的不可回避的限制。除了对共有部分设定专用权外，对于共有部分只能根据该部分的性质，进行共同使用，如电梯、过道、绿地，或者轮流使用，如健身设施、专有部分约定为共有的会客室、会议室等。[①]然而，还应当承认的是，建筑区划内的许多共有部分，如绿地、道路、公共设施、物业用房等，在业主购买房屋时，并没有作为公摊面积计入房屋价款，在很大程度上也具有社会公共产品的性质。因此，作为业主，并无权利对共有部分主张如传统按份共有的完全的所有权人的地位。或者认为，业主对共有部分不能主张按份共有的权利，从而构成了共同共有。

就建筑物区分所有权的权利内容来看，可以理解为，并不适用共有理论中按份共有和共同共有的非此即彼的关系。

（二）分配比例的确定

1.约定优先

此处的约定，不同于《民法典》第309条规定的，按份共有人对共有的不动产或者动产享有的份额，没有约定或者约定不明确的，按照出资额确定；不能确定出资额的，视为等额享有。业主的共有权并不是基于共同行为或决议行为而产生的，而是基于专有部分的购买产生的。在美国，购买时包含在声明中的CC&Rs（covenants, conditions and restricions，意为契约、条件和限制）作为物权契约的债权性负担，起到了对共有权的约束作用。而我国在房屋销售阶段所缔结的临时管理规约，均为开发商提供的格式合同，一些地方如北京、上海、浙江等颁布了临时管理规约的范本。范本主要是物业公司作为一方、业主作为合同相对方而制定的，其中主要列示的是业主的义务，并将临时规约作为保护物业公司和业主共同利益的协议，这其实违背了管理规

① 王泽鉴：《民法物权》（第二版），北京大学出版社2010年版，第177页。

约作为业主之间权利义务“宪章”的属性。范本中对利用共有部分所得收益，有规定归相关业主所有的，也有归业主共有的，但对于维修资金的归属和增值并未作出规定。

临时管理规约范本和维修资金范本有许多任意性条款，如果不能由房地产主管部门进行必要的审查，将会迫使业主在有范本的情况下仍不得不签署仅有利于前期物业公司的不平等的临时规约。①

作为房屋销售合同副本的临时管理规约与前期物业服务合同一并作为房屋销售合同的附件，概括地将前期物业服务合同及临时管理规约中的权利、义务移转给业主。②有学者认为，采合同承受说，忽视了业主团体的意志。物业服务合同是对共有物的保养和维护，相对人应为业主团体。③此说具有一定片面性，物业服务也包括对专有部分的保养与维护，收取的物业费中应包括这两部分的费用。我国采用共有部分随同专有部分一并移转的区分所有权理论，因此，并不存在业主团体整体继受共有部分权益的问题。临时管理规约与前期物业服务合同作为房屋销售合同的附件，可以看作通过合同承受的方式，接受了房屋专有部分所附加的共有部分相关的权利义务。而采用拟制代表说，将难以解释房屋购买时，应对临时管理规约予以书面承诺的规定（《物业管理条例》第23条第2款），以及建设单位与物业买受人签订的买卖合同应当包含前期物业服务合同约定的内容（第25条）。

尽管有学者认为，开发商在前期物业管理期间，对于业主负有诚信义务，建设单位制定的临时管理规约，不得侵害物业买受人的合法权益（《物业管理条例》第22条第2款）。然而，我国并不像美国通过判例承认开发商对于业主协会和业主有信托义务，所以，业主并不能依据买卖合同主张开发商与物业服务企业所签订的前期物业服务合同的瑕疵，以及临时管理规约的效力缺陷。第22条第2款规定的善良管理义务更像是一个宣示性的条款，并无法对开发商形成实质的约束力。由于许多业主大会成立难问题长期存在，临时管理规

① 唐先锋：《〈浙江省物业管理条例〉之完善》，载《法治研究》2009年第7期。

② 最高人民法院民事审判第一庭编著：《最高人民法院〈建筑物区分所有权、物业服务司法解释〉理解与适用》，人民法院出版社2009年版，第255—256页。

③ 倪益民：《对前期物业服务合同的研判与规制》，载《住宅与房地产》2015年第23期。

约代行了管理规约的职能，这也使本条中通过约定而对收益和费用进行分担的规定难以真正付诸实施。未来可以考虑在地方性临时管理规约示范文本或物业管理地方规定中，增设业主可以对临时管理规约中侵害业主共有权的条款提起诉讼或主张抗辩权，以便在业主大会成立前，业主对收益权和费用负担不至于仅处于被动接受的地位。

对于已经成立业主大会的小区，根据《民法典》第278条第1款第2项和第8项，可以通过制定和修改管理规约，或通过关于改变共有部分用途和利用共有部分从事经营活动的特别决议的方式，来对共有部分的收益和费用的分配进行约定。

2.按专有部分面积的比例

在日本和我国台湾地区，区分所有权均以专有为核心而建立，但因为各自的不动产登记制度和区分所有权的规定殊异，对于共有部分的收益、费用的确定方法的规定也不相同。

在日本法上，与专有部分相关的区分所有权，虽然是各自相互独立的权利，但因专有部分在物理上相互邻接，在使用上具有紧密的相邻关系，所以，其使用、收益等，在管理上受到强烈的制约。[①]这种观点与日本法上将建筑物区分所有权定义为与专有部分的所有权有关（日本《有关建筑物区分所有等之法律》第1条、第2条）。[②]共有部分原则上归区分所有权人全体共有，各共有人所持份额，依其专有部分的使用面积比例而定（第14条第1款）。[③]各共有人，只要管理规约未另为订定，按其应有部分担任共用部分的负担，收取由共有部分所生的收益。与区分所有权的定义相关，日本对共有部分并不进行登记。

我国台湾地区虽然也以专有权为核心来构建区分所有权的理论，但共有部分，除法规另有规定外，依区分所有权人按其目的及使用性质之约定情形，分别合并，另建编号，单独登记为各相关区分所有权人共有。区分所有建物共有部分之登记仅建立标示部及加附区分所有建物共有部分附表，其建号、

① ［日］我妻荣：《民法讲义Ⅱ新订物权法》，罗丽译，中国法制出版社2008年版，第540页。

② 陈华彬：《建筑物区分所有权法》，中国政法大学出版社2018年版，第72页。

③ ［日］我妻荣：《民法讲义Ⅱ新订物权法》，罗丽译，中国法制出版社2008年版，第541页。

总面积及权利范围，应于各专有部分之建物所有权状中记明之，不另发给所有权状（“土地登记规则”第81条）。

每户的所有权范围和其他住户紧紧相连，共同分享公共设施的所有权和使用权，使得关于建筑物及其附属设施的修缮、管理、维护、使用、收益、处分等问题变得复杂。相邻关系的规定不完全可以适用于区分所有权关系。因此，通过“公寓大厦管理条例”对上述问题进行详细规定，使住户的权利义务更为明确。

3.本条专有面积占比的理解

由上可见，本条在无约定或约定不明时，按照专有部分面积占比确定，是因为我国建筑物区分所有权只有专有部分才登记为独立产权，而共有部分并不进行登记，无法取得产权。[①]因此，不能就共有部分所应享有的比例来确定，只可以如日本的做法，以专有部分面积来确定共有部分的权利、义务。

第二百八十四条【共有部分的管理】

业主可以自行管理建筑物及其附属设施，也可以委托物业服务企业或者其他管理人管理。

对建设单位聘请的物业服务企业或者其他管理人，业主有权依法更换。

历史由来

本条与《物权法》第81条完全一致。在历次草案的修改中无变化。根据《民法典》第937条，物业服务人包括物业服务企业和其他管理人，而《物业管理条例》仅规范业主和物业服务企业之间的物业服务关系，故对物业管理

① 《商品房销售管理办法》第18条规定，商品房销售可以按套（单元）计价，也可以按套内建筑面积或者建筑面积计价。商品房建筑面积由套内建筑面积和分摊的共有建筑面积组成，套内建筑面积部分为独立产权，分摊的共有建筑面积部分为共有产权，买受人按照法律、法规的规定对其享有权利，承担责任。按套（单元）计价或者按套内建筑面积计价的，商品房买卖合同中应当注明建筑面积和分摊的共有建筑面积。

的定义也仅限于物业管理公司依照与业主之间的物业服务合同，为业主提供物业服务的活动。[①]这一方面与《城市新建住宅小区管理办法》（建设部令第33号）对建设单位负有选聘物业管理公司，并与之签订物业管理合同的义务有关；[②]另一方面也与我国物业管理从单位管理到市场化转型后形成的一体化物业管理现状有密切联系。

规范目的或功能

本条与《物权法》第81条内容相同，但2018年修订的《物业管理条例》仍将成立业主大会规定为业主的一项法定义务，由此在前期物业管理结束后的普通物业管理阶段，由业主大会或业主委员会委托物业服务企业进行管理也成了受法律约束的选择。这大大压缩了业主自主进行物业管理的意思自治空间。与此同时，业主大会的成立比例仍然相对较低，[③]由建设单位和物业服务企业订立的物业服务合同仍属于主要的物业服务法律依据。

---

① 《物业管理条例》第1条：为了规范物业管理活动，维护业主和物业服务企业的合法权益，改善人民群众的生活和工作环境，制定本条例。第2条，本条例所称物业管理，是指业主通过选聘物业服务企业，由业主和物业服务企业按照物业服务合同约定，对房屋及配套的设施设备和相关场地进行维修、养护、管理，维护物业管理区域内的环境卫生和相关秩序的活动。

② 《城市新建住宅小区管理办法》第2条第3款：本办法所称住宅小区管理（以下简称小区管理），是指对住宅小区内的房屋建筑及其设备、市政公用设施、绿化、卫生、交通、治安和环境容貌等管理项目进行维护、修缮与整治。第3条：房地产行政主管部门负责小区管理的归口管理工作；市政、绿化、卫生、交通、治安、供水、供气、供热等行政主管部门和住宅小区所在地人民政府按职责分工，负责小区管理中有关工作的监督与指导。第4条：住宅小区应当逐步推行社会化、专业化的管理模式。由物业管理公司统一实施专业化管理。第5条：房地产开发企业在出售住宅小区房屋前，应当选聘物业管理公司承担住宅小区的管理，并与其签订物业管理合同。住宅小区在物业管理公司负责管理前，由房地产开发企业负责管理。该办法已于2007年被废止。

③ 上海市通过各级政府部门依据《上海住宅物业管理规定》积极计入业主委员会的组建和运作。该市的业主委员会成立率在2012年已超过80%，而2011年北京市业主委员会成立比例只有23.3%。张金娟：《物业管理模式的演变》，载《城市问题》2019年第2期；张金娟：《住宅区物业管理模式的优化与创新》，载《城市问题》2013年第7期。而湖南省2018年在管项目成立业主大会的小区只有30%。吴公然：《湖南省物业管理条例（草案）立法听证会广征良策》，载搜狐网，https://www.sohu.com/a/230026984_381580，最后访问时间2020年5月1日。

本条虽然将业主作为自主管理，与物业服务企业、其他管理人订立物业服务合同，以及终止前期物业服务合同的主体，但是，在我国全体业主还不是法律主体的情况下，如何实现本条中规定的缔结和变更物业服务人的目的，需要结合物业管理的性质、物业管理的主体、物业服务合同的性质等展开分析。

规范内容

一、物业及物业管理

（一）物　业

“物业”一词源自港澳粤方言，通常意指已建成并投入使用的房屋及其配套设施、设备和场地。如香港李宗锷大法官所著《香港房地产法》将物业定义为单元性地产，如住宅单位，工厂楼宇和农庄均为物业。[①]

（二）物业管理

我国第一家物业服务企业于1981年在深圳成立，这标志着中国内地物业管理行业的诞生。1994年，建设部颁布了《城市新建住宅小区管理办法》，将新建住宅小区全面纳入物业管理。《物业管理条例》第2条对“物业管理”进行了界定。

物业管理主要是指对建筑物及配套设施、设备和相关场地的一种物业服务，主要通过业主和物业服务企业，或建筑单位和物业服务企业之间订立物业服务合同而设立。《物权法》颁布后，第81条还增加了业主自行管理建筑物及其附属设施，以及委托其他管理人管理两种管理方式。

本条延续了《物权法》第81条的规定，没有使用《物业管理条例》中的“物业管理”一词。为厘清本条中的建筑物及其附属设施，与第六章“业主的建筑物区分所有权”中的其他术语，如共有部分、公共场所、共用设施等的区别与联系，有必要考察一下《民法典》中“建筑物及其附属设施”的含义。

---

① 葛治华等：《物业管理之法律属性解析》，载《河北法学》2004年第4期。

《民法典》共有11处使用了“建筑物及其附属设施”，其含义可分为三类：

第一类是共有部分的管理和决定权（如第278条第1款第5项、第6项，第281条），与第273条、第278条第1款第8项中的共有部分含义相同；

第二类是整个建筑区划内的包括专有部分在内的建筑物和附属设施整体的事实上的处分所需要的共同决定权（如第278条第1款第7项）；

第三类是对共有部分的共同管理，以及对专有部分的服务（第284条、第285条、第937条）。

前两类都是以物权为主的共有部分的决定权，或专有部分与共有部分改建、重建的处置权。第三类比较特殊，既包含对共有部分的决定权和管理权，如利用共有部分从事经营性活动、改变共有部分用途等，又包括专有部分的服务社会化所引起的服务一体化。比如，业主专有部分因为有市政或小区统一配建的给排水、中水、电力、燃气、网络、有线电视等设施，这些部分在我国未明确界定是否为共有部分[①]，美国法将其称为供特定业主或少数业主使用的有限共有部分。一般由业主负责其维修、维护费用，而不能由全体业主来分担其维修和维护费用。这些服务通常也通过委托合同的方式，由物业服务企业代收相关服务费。随着公共服务社会化的推进，此类收费中的一些项目已改为由业主向提供服务设施的公共服务企业直接交纳。在这一进程推进的终点，第三类中的建筑物及其附属设施的含义将变得与第一类相同，即仅剩余对共有部分的管理和决定权。故在下文将只从第一类的角度分析物业管理、物业服务及与之相关的合同。

之所以做这种划分，是因为专有部分属于业主专有权的范围，可以由其自行管理和处分（第271条、第272条），而对于专有部分以外的共有部分现有共有和共同管理的权利（第271条、第273条），由于专有部分与共有部分不能分割而进行转让，在重建、改建时也常常需要一并进行建设和施工，因此第278条第1款第7项中的建筑物及其附属设施应包括专有部分和共有部分。

---

① 最高人民法院民事审判第一庭编著：《最高人民法院〈建筑物区分所有权、物业服务司法解释〉理解与适用》，人民法院出版社2009年版，第68页。

二、物业管理权的性质

（一）物权说

1.主体为业主

物业管理权的物权说是采纳建筑物区分所有权的三元论的结果。在物权说中，又分两种不同的立场，一种是将物业管理权看作与专有权、共有权并列的成员权，并将成员权称为物业管理权。①另一种则认为物业管理权是建筑物区分所有权的一部分权能，可以分离而让与给物业服务企业行使。②

2.主体为业主大会

业主大会是共有部分的所有权人，共有部分可登记在业主大会名下，小区内物业共有部分的收益也归属到业主大会名下。设立业主共有资金，实现业主大会对物业服务费等业主共有资金的所有权、管理权。这种观点与北京市2011年颁布的《北京市住宅区业主共有资金管理暂行办法》（征求意见稿）③有异曲同工之处。有观点认为，该办法落实了《物权法》体现的业主大会是物业管理的实体，代表了物业管理的新方向和趋势。在全国首次以地方规范的形式确立物业费属于全体业主所有。④

显然，这两种观点，以及前述征求意见稿均将全体业主等同于业主大会。我国立法中没有全体业主的概念，全体业主在《民法典》第二编的建筑物区分所有权一章中并不是法律上的实体。本条既然规定了业主是自行管理和委

---

① 于飞：《物业管理与物业服务的区分与交叉——兼论我国物业立法概念运用之准确化》，载《浙江社会科学》2012年第6期。

② 潘嘉玮：《论物业管理的物权性质》，载《暨南学报》（哲学社会科学版）2006年第2期。

③ 第2条（共用部分）：本办法所称共用部分是指物业区域内业主专有部分以外，按照规定由业主共同管理的建筑物、构筑物及配套设施设备和相关场地。第3条（业主共有资金）：本办法所称业主共有资金是指物业管理区域内，由全体业主共同所有的资金。主要包括：（1）物业服务资金；（2）住宅专项维修资金；（3）物业共用部分经营收益；（4）业主依据管理规约约定或者业主大会会议的决定分摊的费用；（5）业主大会的其他合法收入。第4条（适用范围）：住宅区业主大会依法成立后，对物业管理区域内共用部分自行管理、委托物业服务企业或者其它管理人管理的，适用本办法。

④ 刘生敏：《理想照进现实——解读〈北京市住宅区业主共有资金管理暂行办法〉》，载《城市开发》2011年第15期。

托物业服务企业管理的主体，而没有使用业主大会的表述，说明业主大会只是一个业主内部的议事机构和一种议事程序，并不是一个物权法意义上的独立的民事主体。即使是如日本或美国一些州将业主团体或业主协会登记为法人，其也并不是区分所有权的主体，只是在管理共有部分上的代理人[①]或信托的受托人。

3.想象的业主团体

此种看法将建筑物区分所有权的共有视为业主团体的共有，是一种因共同共有关系而产生的共同共有。业主团体在性质上属于非法人团体，它有自己的名称，如某某小区业主团体，以及组织机构，如业主大会；也有独立的财产，主要为维修基金及共有物使用的收益。业主大会是业主团体的最高权力机构和决策机构，业主委员会代表业主团体与他人签约，权利义务归属于业主团体。[②]这种理论的想象与我国《民法典》及《物业管理条例》的规定并不一致。业主团体作为一种法律主体，需要通过法律的明确规定，而不是理论的推理或拟制。

（二）债权关系说[③]

这种学说区分了自主管理和委托物业公司管理。认为自主管理属于自行行使物业所有权，包括对人的管理和对物的管理。虽未指明是三元论，但实际上仍以物业管理权作为区分所有权的一个组成部分，因为该观点所讲的自主管理包括了业主自治机构所实施的管理行为。对人的管理方面包括对业主对于专有部分、共有部分的不当行为的监督。这种不区分业主的自我管理和业主自治机构的自我管理的做法本身就未厘清物业管理权的属性。

委托管理是通过业主（自治机构）的概括授权，代表整体业主的意志实

---

① 日本《有关建筑物区分所有等之法律》第47条第7款规定，对管理组合法人的代理权所加的限制，不得对抗善意第三人。美国法上，社区是私法实体，所以法院理所当然地尊重他们的内部活动以及由社区协会服务的规则制定职能。社区协会从一项被称为声明（由契约、条件和限制组成）的合同中获得制定规则的权力。Mark A. Rogers, Community asscociation Law: Administrative Law as a Solution by Analogy, 53 Emory L.J. 1457, p.1458.

② 傅鼎生：《物权原理与物业管理》，载《政治与法律》2004年第6期。

③ 葛治华等：《物业管理之法律属性解析》，载《河北法学》2004年第4期。

施管理活动。从业主（自治机构）处获得让渡的物业管理权属于对物业所有权的一种行使方式，是业主物业所有权的延伸。从这个角度看，其采纳的是物权说，且将能够获得业主授权代表业主意志的业主大会的职能混同为物业公司。此说还提出，物业管理权本质上是业主委托的契约行为，物业公司并未行使业主的合同权利，而是在履行以业主为相对人的合同义务。这一观点矛盾重重。如果通过授权获得了物权性质的物业管理权，又仅负有债权性质的合同义务，从权利与义务的角度看，二者显然并不对等。

（三）业主自治说

物业管理的核心和实质是业主自治。物业管理是一种与财产关系紧密相连的身份，既是权利，也是义务。业主参与物业管理的途径是参加业主大会并执行其决议，承担物业管理的各项费用。物业转让后，新的业主在获得物业管理权时，也承继物业管理义务。业主如果需要，可以委托物业服务企业提供服务。[①]

这种学说在一定程度上反映了业主的建筑区分所有权中对共有权的决定权，然而它也囿于物业管理权是一项权利的预设，既无法解决业主通过业主大会参与决策的依据，又未能理顺业主与物业服务企业、其他物业管理人之间的委托关系。在某种程度上，它回避了物业服务合同关系和物业管理的联系。

（四）小　结

从上述三种代表性学说来看，业主的共同管理权似乎作为《物权法》第70条的规定成为不可避免的法律限制。但是，源自德国部分学者的专有权、共有权、成员权（管理权）一体化的建筑物区分所有权三元论学说，对我国而言是否有借鉴的基础？即使将业主共同管理权视为区分所有权的权能之一，又如何在物权的权利人与内部自治组织（业主大会、业主委员会）之间，二者与外部的物业服务企业之间的关系上找到充足的法律关系的依据？显然，

① 傅纳红：《〈物业管理条例〉的理念偏差与制度缺陷》，载《湖北民族学院学报》（哲学社会科学版）2009年第4期。

物业管理权被物权化之后，从逻辑上构建业主团体与业主大会的双重所有权人变得十分困难，更难以解释如何通过委托合同关系，使物业服务企业获得了具有物权性质的物业管理权。三元论视角的物业管理权之实体权利说，是这两种法律关系难以从逻辑上自洽的根源。

其实，如果从管理规约的角度来考虑业主基于区分所有权的自我管理和自己责任，这个问题便迎刃而解了。区分所有权从本质上而言是一种特殊类型的所有权，其比较困难的地方便是理解共有部分所有权之上成立的共有关系。不论是将这种共有关系看作全体业主所具有的一种共有关系从而构建了住宅所有权人共同体的德国，还是将业主团体登记为管理组合法人的日本，抑或是规定了全体区分所有权人的我国台湾地区，都牢固地将业主共有部分的权利和义务始终闭锁在业主自身。在这个前提之下，是否承认物业管理权为区分所有权的组成部分之一，便不具有实质意义了。

业主大会之所以不具有独立于业主的对共有部分是所有权，是因为业主才是管理规约的缔约人，而业主大会作为自治组织的一种形式，并非在法律上等同于全体业主的法律实体。将业主的共有财产单独从业主的区分所有权中分离出去，而登记在业主大会名下的理论设想或法律规定，无疑破坏了区分所有权中的共有部分不得与专有部分相分割而转让的法律属性。正是如此，物业管理（权）作为共有部分的权利行使和义务承担的一种表现，也不能与专有权分开而让渡于他人。

业主大会和业主委员会类似于看门人的角色，经过了业主的授权之后，在授权范围之内，代行一定的缔结债权契约，寻找共有部分服务者或管理人的义务。业主有权利决定自我管理还是委托他人管理本身就表明，物业管理是一项权利，而不是一项法定义务，更不是必须由外在化的、实体化的业主大会行使的法定义务，或由其获得的物权法上的对共有部分的权利。

当然，现代社会由于服务社会化、专业化的趋势日益显现，以及行业专家团体的形成，业主通常难以通过自身的技术和技能来实现或承担自我管理共有部分的全部目的，因此本条才为业主提供了委托物业服务企业、其他管理人管理等多样化的社会服务外包的选择。

如果不受三元论的拘束，仅依通说承认建筑物区分所有权由专有权和共有权组成的话，那么，对共有部分的管理应视为共有权的权能之一。在建筑物区分所有权人对共有部分为按份共有的情况下，考量如何对共有部分进行使用、收益，并负担相应的费用，履行相应的义务。

三、物业服务合同的性质

物业服务合同的性质主要有委托合同说、服务合同说、混合合同说、无名合同说和独立合同说。其中第一种为学界通说。

委托合同说认为物业服务合同的客体与委托合同相同，都是提供劳务。① 也有采此说的学者认为，物业服务合同是业主授权的一种义务，是权限而非权利，权利可以放弃，而权限则必须履行。② 这种观点将物业管理视为一种由合同关系而产生的职责。

服务合同说否定了委托合同说关于将物业管理视为一种事务，将物业管理定义为一种社会化、专业化、技术化的有偿劳动的观点，其指出物业服务企业不得转委托不符合委托合同的一般法理。

混合合同说则表示物业服务合同兼具了委托合同、代理合同、承揽合同、服务合同等多种合同类型的特征。

无名合同说主要由《合同法》未将物业服务作为一种有名合同进行规定而得出。③

《民法典》已经将物业服务合同规定为有名合同，并在第937—950条规定了物业服务合同的主体、内容、专项物业服务的转委托、物业服务人的义务、业主的义务、物业服务人的解聘与续聘等。

四、物业服务合同的继受

本条第1款和第2款分别对普通物业服务合同和前期物业服务合同的问题和效力作出了规定。《物业服务解释》第1条规定，建设单位依法与物业服务企业签订的前期物业服务合同，以及业主委员会与业主大会依法选聘的物业

---

① 最高人民法院民事审判第一庭编著：《最高人民法院〈建筑物区分所有权、物业服务司法解释〉理解与适用》，人民法院出版社2009年版，第251页。

② 陈甦：《也谈“物业管理权”的性质》，载《人民法院报》2002年5月9日。

③ 钟佳萍、王亮：《三种物业管理模式下物业合同法律性质辨析》，载《求实》2009年第S2期。

服务企业签订的物业服务合同，对业主具有约束力。这一规定已经被《民法典》第939条吸收。

（一）前期物业服务合同

合同概括承受说是建设单位与物业服务企业签订的前期物业服务合同对业主生效的主流学说。[①]这一学说有如下问题：如果将其视为一种合同承受，则合同承受只能承受原合同主体的债权和债务，而不能承受相关的物权关系。实质上，《物业管理条例》第25条已经规定，[②]前期物业服务合同是房屋买卖合同的内容之一，这可以视为不动产物权移转时所附的债权约束，类似于买卖不破租赁，也是一种法定承受。物业服务合同中包括了一些对业主行为的约束条款，是对业主在住宅小区行使专有权和共有权的一些限制，并不全是仅以提供劳务为全部内容的服务或委托合同关系。例如，《民法典》第286条第1款规定，对于物业服务企业或者其他管理人执行政府依法实施的应急处置措施和其他管理措施，业主应当依法予以配合。在此种情形下，业主对物业服务企业的管理措施并没有依照自己的意愿排除或选择的可能性。因此，业主在购买房屋时，相当于继受了该房屋之上的管理规约以及其他有关的权利和义务的一种主体资格。

（二）普通物业服务合同

有学者认为业主委员会的行为是代理行为，是代理业主大会实施该行为。[③]这一看法有如下问题：首先，业主委员会与业主之间的代表关系是基于法律规定而产生，不是基于委托合同而来。其次，业主委员会不是以自己的名义缔结合同。再次，如果是代理行为，只能在授权委托范围内根据被代理人的意志为代理行为，而业主委员会是经过概括授权的，可以在代表权

① 最高人民法院民事审判第一庭编著：《最高人民法院〈建筑物区分所有权、物业服务司法解释〉理解与适用》，人民法院出版社2009年版，第255—256页；徐海燕：《区分所有建筑物管理的法律问题研究》，法律出版社2009年版，第265页；姚辉、段睿：《物业服务合同履行的相关法律问题研究》，载《法律适用》2010年第1期。

② 第25条：建设单位与物业买受人签订的买卖合同应当包含前期物业服务合同约定的内容。

③ 刘兴桂：《物业服务合同主体研究》，载《法商研究》2004年第3期。

限范围内为民事行为。最后，该行为不适用无权代理的追认以及表见代理的规定。

根据《民法典》第937条，物业合同的主体应为业主和物业服务企业或其他物业管理人。《物业管理条例》第11条规定，选聘和解聘物业服务企业属于业主共同决定事项。这表明，业主委员会并无权利根据自己的意志决定物业服务企业的选择和物业服务合同关系的终止。第15条规定，业主委员会执行业主大会的决定事项，履行代表业主与业主大会选聘的物业服务企业签订物业服务合同的职责。可见，业主委员会代表业主订立物业服务合同是一种基于代表权限的职务行为，并非一般的基于授权代理合同而为的代理行为。

（三）物业费的继受

将前期物业服务合同看作房屋销售合同所产生的区分所有权的债权性约束，有利于解决物业费的继受问题。

物业管理权本身就不是区分所有权的组成部分，其不具有能够与专有权和共有权并列的地位，而是共有权所派生的对共有部分的一种管理方式。若将物业管理权视为一种物权的话，那么欠缴物业费就应当被视为一种物权义务的不履行，应当由专有部分的继受人继受。王泽鉴教授指出，业主的权利义务的继受，仅限于对管理规约所约定的权利行使方式及义务履行规范的继受，并不包括对债权性义务（物业费缴纳）的继受，此等义务是业主个人与物业服务人之间的义务，不具有法定的随同专有部分移转的效力。《广东省物业管理条例》第47条也明确规定，业主应当按照物业服务合同的约定，按时交纳物业服务费用；物业产权转移时，业主应当与物业服务企业结清物业服务费用。

五、其他物业管理人

从《民法典》第941条规定可知，物业服务人可以将部分专项服务事务委托给专业性服务组织。然而，如何理解本条和第937条中的其他管理人，以及第941条中的专业性服务组织？

学者多认为，《物业管理条例》确定的，以及我国开始实施物业管理公司管理30多年以来一直实行的，都是一种一体化的物业管理模式。这种模式是由建设单位或业主进行委托，物业服务企业对物业项目进行统一化、专业化和综合化管理的方式。[1]物业服务企业主导的此种管理模式，使物业不再是服务合同的客体，而是成为一种被管理的对象，物业服务企业成为物业管理活动的实际控制人。

物业服务中也包含大量政府提供的公共服务的内容，致使公共服务与物业服务的界限模糊。[2]为克服此种模式的弊端，有学者提出了由物业管理职业经理人进行管理的管理型模式，我国从2005年开始推行物业管理师制度。这些管理师目前还未形成专门的服务机构，而是仍在物业服务企业工作。[3]

也有物业实务工作人士提出，要使物业管理公司成为真正的管理者，应将服务交给专业公司去完成，对职业经理人和专业服务公司进行管理。如将保洁、保安、绿化、维保等服务项目从物业服务中分离外包。[4]对此，《民法典》第941条规定，物业服务人将物业服务区域内的部分专项服务事项委托给专业性服务组织或者其他第三人的，应当就该部分专项服务事项向业主负责。物业服务人不得将其应当提供的全部物业服务转委托给第三人，或者将全部物业服务支解后分别转委托给第三人。

虽然由专业性物业服务公司、物业职业经理人作为其他管理人，能在一定程度上解决目前一体化物业管理模式的一些问题，丰富物业服务人的类型，但也有学者提出，因为物业管理招投标制度的实施和业主大会制度的建立困难重重，所以在物业公共事务决策机制未构建之前，一体化物业管理的困境将长期存在。[5]

---

① 张金娟：《物业管理模式的演变》，载《城市问题》2019年第2期。

② 张金科：《关于我国物业管理模式的反思与再造》，载《城市问题》2012年第5期。

③ 王筝：《我国物业管理模式转变及其动因分析》，载《经济问题探索》2010年第12期。

④ 《专业化vs一体化：三方观点大碰撞》，载《城市开发》2007年第9期。

⑤ 张金娟：《住宅区物业管理模式的优化与创新》，载《城市问题》2013年第7期。

第二百八十五条【业主的监督权、物业服务人的配合义务】

物业服务企业或者其他管理人根据业主的委托，依照本法第三编有关物业服务合同的规定管理建筑区划内的建筑物及其附属设施，接受业主的监督，并及时答复业主对物业服务情况提出的询问。

物业服务企业或者其他管理人应当执行政府依法实施的应急处置措施和其他管理措施，积极配合开展相关工作。

历史由来

本条由《物权法》第82条修改而来。《民法典各分编（草案）》第80条增加了“物业服务企业或者其他管理人应当及时答复业主对物业服务情况提出的质询”。

《民法典物权编（草案）》（二审稿）第80条将《民法典各分编（草案）》新增的一句单列作为第2款。并在第1款的“根据业主委托”之后，增加了“依照本法合同编有关物业服务合同的规定”的表述。2019年12月发布的《民法典（草案）》第285条将第2款中的“质询”改为“询问”。

本条将《民法典（草案）》第285条第1款和第2款的内容合并作为第1款，并将“合同编”改为“第三编”。新增了第2款，强化了物业服务企业的应急管理义务。

规范目的或功能

本条第1款明确了物业服务企业的义务应适用《民法典》第三编有关物业服务合同的规定，由此再一次肯定了前文在第284条分析的物业服务合同属于有名合同，所负担的义务为债权性义务而非物权性义务的特征。第1款增设的询问权呼应了本条中业主对物业服务的监督权，与《民法典》第942条第1款前三句规定的物业服务合同的主给付义务，以及第1款最后一句规定的保护业主的人身、财产安全的从给付义务相对应。第943条进一步规定了物业服务人对服务情况的定期公开及报告制度，在保护业主知情权的同时，便利其监督权的行使。

在《民法典》编纂过程中，建筑物区分所有权属于与2020年年初的新冠疫情相关的民事法律制度之一，本条增设的第2款与第286条第1款第2句分别规定了物业服务人对政府依法实施的应急处置措施和其他管理措施的执行与实施义务，以及业主对物业服务人执行政府依法实施的应急处置措施和其他管理措施的法定配合义务。本条的产生具有一定的突发重大公共卫生事件的政治和社会背景，但规范内容不限于此，而是为物业服务人和业主创设了执行政府管理措施的一般性的、法定的配合义务（以下简称配合义务）。

如何理解物业服务人这一法定义务的性质，以及由此形成的与业主之间的关系，需要结合《民法典》《传染病防治法》《突发公共卫生事件应急条例》等法律法规，以及行政行为的理论进行分析。

规范内容

一、业主的监督权和询问权

物业服务合同与一般服务合同不同，不是由服务人与被服务人直接订立的，而是由建设单位或业主委员会与物业服务人订立的。因此，此种合同具有集体合同和格式合同的一般特征。业主作为接受服务的权利主体，由于缺乏缔约过程的参与权和知情权，在合同履行过程中权利被侵害的情形时有发生。本条对业主监督权和询问权的规定，有利于业主破除物业服务合同缔约和履约的信息壁垒，使业主对专有部分、共有部分及共同事务管理的情形有较为明确的了解、把握和判断。

（一）监督权

有学者提出《物业管理条例》第42条只规定了政府对物业服务收费的指导，但没有明确相关监督的标准，而目前常用的包干制和酬金制均有不足，这是业主和物业服务企业矛盾的主要原因之一。[①]根据《物业管理条例》第9条，业主监督权的范围十分广泛，除与物业收费有关的内容外，还包括对物业服务

① 袁静昕：《物业服务收费与业主监督权问题——以〈成都市物业管理条例〉为例》，载《法制与经济》2008年第9期。

企业履行物业服务合同的监督权，对物业共用部位、共用设施设备和相关场地使用情况享有知情权和监督权，对物业共用部位、共用设施设备专项维修资金的管理和使用的监督权。这充分表明，对于物业共有部分相关的使用、维修资金的管理与使用，以及物业服务合同的履行，每一位业主都有权利进行监督。

尽管业主的监督权在《物权法》与《物业管理条例》中均有体现，但监督权的行使方式及后果仍缺乏相应规定，业主监督权难以有效发挥作用。

《物权法》颁布后，有学者提出，物业行政主管部门在批准选聘物业服务企业，实行自治审批，会同物价部门对物业服务收费进行监督，处理物业管理投诉，处理物业管理违规方面负有一定职责，但由于《物业管理条例》缺乏可操作性，没有规定物业行政主管部门的指导程序和责任，故建议将物业管理的监督权赋予业主。[①]

《物业管理条例》第48条规定，县级以上地方人民政府房地产行政主管部门应当及时处理业主、业主委员会、物业使用人和物业服务企业在物业管理活动中的投诉，但是并未对投诉的处理程序和投诉结果的告知义务等作出具体规定，不免使行政机关通过行政程序对物业服务企业的监管流于形式，不利于业主监督权的真正行使。

《民法典》第939条吸收了《物业服务解释》第1条的规定，明确规定了物业服务合同对业主具有法律约束力。《民法典》第287条直接规定，业主对建设单位、物业服务企业或者其他管理人以及其他业主侵害自己合法权益的行为，有权请求其承担民事责任。这些条款改变了过于依赖行政程序处理物业纠纷的既有状况，从法律上进一步肯定了业主作为物业服务合同的主体地位，并赋予业主直接请求物业服务人承担民事责任的权利，使业主的监督权能够在物业服务的动态过程中持续保护业主的利益。

（二）询问权

在《民法典》起草过程中，本条第1款先后使用了“质询”和“询问”，二者含义有所不同，应加以区别。

这两个术语常用于人大代表行使监督权的情形，按照法律有关规定，询

---

① 钟威等：《政府部门应如何改进物业管理监管》，载《物业管理》2008年第3期。

问和质询的区别主要是：（1）询问是对正在审议的议案和报告中不清楚、不理解的地方提出问题，要求解答；质询则是对被质询机关的工作不清楚、不理解、不满意的地方提出质问，要求被质询机关作出澄清、解释的一种活动，带有批评性质。（2）询问没有严格的程序，一般是随问随答；质询则必须按严格规定的程序进行。（3）询问可以口头提出，也可以书面提出；质询必须书面提出。[①]本条的目的显然是进一步保护业主的知情权，而并非带有批评、建议的性质，从便利业主监督权行使的角度亦不应有严格的形式和程序要求。可见采用"询问"能更准确地反映业主和物业服务人之间平等的合同关系，不再使物业服务带有过去的物业管理的行政化色彩。

《建筑物区分所有权解释》第13条规定了业主的知情权。据此，业主请求公布、查阅下列应当向业主公开的情况和资料的，人民法院应予支持：（1）建筑物及其附属设施的维修资金的筹集、使用情况；（2）管理规约、业主大会议事规则，以及业主大会或者业主委员会的决定及会议记录；（3）物业服务合同、共有部分的使用和收益情况；（4）建筑区划内规划用于停放汽车的车位、车库的处分情况；（5）其他应当向业主公开的情况和资料。《民法典》第281条强调了对建筑物及其服务设施的维修资金的筹集、使用情况定期公布的义务。

从本条规定来看，业主行使知情权、询问权和监督权，是物业服务合同当事人合法的合同权利，然而，最高人民法院在解释《建筑物区分所有权解释》第13条时却认为，有必要对业主的知情权进行限制，以避免给义务人造成负担。业主只有在具有正当的查阅目的，即其获取信息的目的与保护本人的合法权益有直接关系时，才能认为其查阅行为有正当性。这就将业主查阅权的范围进行了极大的限缩，业主只能查阅与专有部分有关的，或者共有部分的管理行为可能涉及其本人利益的内容。如果采用这种狭义解释的话，对于物业服务企业侵害业主共同利益的行为，如改变共有部分的用途，利用共有部分从事经营性行为，不当使用维修资金等，除非业主能举证证明给本人利益造成损害的具体份额，否则对于共有部分的管理行为无法提出查阅、询问，更无法进行监督。

也许正是因为《建筑物区分所有权解释》第13条第1—4项的规定过于具体，缺乏业主了解与共有部分归属及管理相关的"其他应当向业主公开的情

① 《询问和质询的区别》，载《人民之声》2009年第5期。

况和资料”，实践中许多法院严格遵守第1—4项的规定，拒绝支持业主或业主委员会对这四项以外的其他文件或原始凭证的知情权。例如，与共有部分归属和不动产登记密切相关的物业交接资料及建筑物初次登记资料（①建设用地规划许可证及相关附件；②竣工验收报告；③总平面图；④配套设施图；⑤地下管网工程图；⑥消防验收图；⑦绿化面积平面图；⑧锅炉设施设备出厂合格证、使用说明、验收定期检验记录、设备设施供应商、分包商的联系方式等），利用共有部分从事经营性活动的广告合同等，物业公司或以物业交接时没有移交，或以广告非其出租为由拒绝向业主提供，法院并没有对这些违反《物业管理条例》第29条及《物权法》第80条规定的主张提出异议。①

再如，有的法院拒绝支持业主委员会查询与共有部分经营相关的原始凭证和会计账簿的要求。业主委员会要求查询物业在小区进行经营的情况，包括每年度的经营项目、经营合同、经营收入情况以及某期间因酬金制物业服务管理小区所形成的原始凭证、记账凭证、汇总凭证、总账、明细账、日记账、辅助账簿、会计移交清册、会计移交清单、会计档案保管清册、会计档案毁损清册、年度财务报表，但法院提出该请求不属于法律明文规定的知情权范畴，故不予支持。②

《建筑物区分所有权解释》第13条第1—4项的列举行为不仅使法院认定知情权范围有如画地为牢，也影响了学说中对知情权的理解。有学者提出，如果业主知情权的内容是支持建筑物及其附属设施的维修资金的筹集和使用情况说明，或支持共有部分使用和收益情况说明的相关报表、会计账簿和原始会计凭证，或业主大会或者业主委员会决定的原始选票资料，则需要业主提出书面请求以说明查阅的目的，否则将构成知情权的滥用。③

本书认为，既然本条未对询问与监督权的范围进行限制，则业主的询问权和监督权的范围不应受到《建筑物区分所有权解释》第13条的限制。只要是与《民法典》第278条有关的内容，以及与物业服务企业按照本法第三编关于物业服务合同的规定履行义务有关的文件，物业服务企业均应提供相应的

① 北京市第一中级人民法院（2013）一中民终字第14415号民事判决书。

② 北京市第二中级人民法院（2016）京02民终字第8719号民事判决书。

③ 薛源：《业主知情权存在问题探讨》，载《南京社会科学》2014年第8期。

查询、回复和查找等服务，除非其能证明业主所要求查询的内容违反了《民法典》和《物业管理条例》等法律、法规的规定，属于《建筑物区分所有权解释》第13条规定之外的，不应当向业主公开的情况和资料。物业服务企业履行《民法典》第942条的义务时，也应当向业主提供必要的资料，否则同时违反了本条和第942条的规定。

二、物业服务人的配合义务的性质

（一）配合义务的相关行为

物业服务人与业主的配合义务，是2020年5月《民法典（草案）》提交全国人大会议审议时增加的内容，与自2020年1月以来暴发的新型冠状病毒肺炎疫情不无关系。2020年5月22日，全国人民代表大会常务委员会副委员长王晨在第十三届全国人民代表大会第三次会议上所作的《关于〈中华人民共和国民法典（草案）〉的说明》中针对物权编内容的完善时提到，结合疫情防控工作，明确物业服务企业和业主的相关责任和义务，增加规定物业服务企业或者其他管理人应当执行政府依法实施的应急处置措施和其他管理措施，积极配合开展相关工作，业主应当依法予以配合。以下将以此次疫情的防控为例，分析物业服务人配合政府依法实施的应急处置措施和其他管理措施的行为。

1.制定防控规范

社区是防控下沉的重要环节，因此，我国城乡基层社区在“外防输入、内防扩散”中承担着最后一道防护网的保障作用。[①]为压实属地责任，2020年1月24日发布的《应对新型冠状病毒感染的肺炎疫情联防联控工作机制关于加强新型冠状病毒感染的肺炎疫情社区防控工作的通知》中强调“充分发挥社区动员能力，实施网格化、地毯式管理，群防群控，稳防稳控，有效落实综合性防控措施”。以此为依据，许多城市都要求居委会等自治组织根据需要制定管控规范，以维护疫情期间的社区公共秩序，保护社区成员的人身利益。有些地区的居民委员会联合业主委员会、物业服务企业共同制定了疫情管控

---

① 易外庚：《重大疫情防控中社区治理的有效性观察与思考》，载《江西社会科学》2020年第3期。

规范。[1]管控措施包括通行、人员、车辆、防控管控规范等。有学者认为，这些管控规范是一种政府指导下的自治规范，是一种非国家法意义上的习惯法。[2]然而，从疫情防控期间的各种规范来看，其明显的特征是时效性、变动性和阶段性，会随着疫情发展和防控形势的变化而改变，不存在居民在特定时期普遍遵守、约定俗成的习俗[3]的特点。它也不符合习惯法常见的两个组成要素：长期稳定、持续、均质和普遍的交往实践，必要的确信。[4]

这些规范的强制力、拘束力和威慑性，并不源于自身或业主的内心确信，或众所周知的生活与交易习惯，违反这些防控的规范，将会根据《治安管理处罚法》《传染病防治法》《最高人民法院、最高人民检察院、公安部、司法部关于依法惩治妨害新型冠状病毒感染肺炎疫情防控违法犯罪的意见》承担相应的法律责任。所以，这些由居民委员会、物业服务人联合发布的规范，仅具有在有限范围的社区内临时适用的类似通知的效力。此类防控规范应看作对国家、省、市、区（县）相关防控法律规范和政策的执行措施，并不具有法律渊源的属性，是对有法律效力的上述法律渊源的一种落实和转化措施，本身并不具有独立的法律效力。

2.社区封闭服务

为了尽可能切断重大传染病的社区传播，必须及时对病人进行收治，对密切接触者采取隔离和医学观察措施，对社区采取封闭式管理，防止因人员无序流动而引发社区传播，以及由此给疾病防治和流行病学调查带来严重的困难。

因此，在疫情防控期间，许多社区都进行了封闭式管理，物业服务人与居民（村民）委员会的工作人员、网格员、街道工作人员等共同进行疫情封闭卡点的设置，轮流值班等。[5]社区社会管理具有的应急管理职能，在重大疫

---

① 高其才：《自我卫护：习惯法视野下非常时期的城市社区管控规范——以2020年初防控新冠肺炎疫情为对象》，载《法学杂志》2020年第4期。

② 高其才：《通过村规民约改变不良习惯探析》，载《法学杂志》2018年第9期。

③ 王利明：《论习惯作为民法渊源》，载《法学杂志》2016年第11期。

④ 雷磊：《习惯作为法源？——以〈民法总则〉第10条为出发点》，载《环球法律评论》2019年第4期。

⑤ 易外庚：《重大疫情防控中社区治理的有效性观察与思考》，载《江西社会科学》2020年第3期。

情、台风等紧急情况下，协助政府与应急管理部门进行情况摸底、社会稳定等应急措施的落实，保障社区秩序稳定。①

根据《传染病防治法》第42条、《突发公共卫生事件应急条例》第40条的规定，这些防控措施均应由传染病暴发、流行的县级以上人民政府作出，按照预防、控制预案进行防治，切断传染病的传播途径，必要时，报经上一级人民政府决定，可以采取下列紧急措施并予以公告：（1）限制或者停止集市、影剧院演出或者其他人群聚集的活动；（2）停工、停业、停课；（3）封闭或者封存被传染病病原体污染的公共饮用水源、食品以及相关物品；（4）控制或者扑杀染疫野生动物、家畜家禽；（5）封闭可能造成传染病扩散的场所。上级人民政府接到下级人民政府关于采取前款所列紧急措施的报告时，应当即时作出决定。紧急措施的解除，由原决定机关决定并宣布。此时，街道、乡镇以及居民委员会、村民委员会应当组织力量，团结协作，群防群治，协助卫生行政主管部门和其他有关部门、医疗卫生机构做好疫情信息的收集和报告、人员的分散隔离、公共卫生措施的落实工作，向居民、村民宣传传染病防治的相关知识。因此，上述限制出行、检验检疫、测量体温、收集信息等疫情防控措施均是物业服务人配合县级以上人民政府、街道、居民（村民）委员会的管控措施而实施的，并不是以自己的名义独立做出并独立承担相应后果的服务或管理行为。其仅是群防群治、属地责任中的一个环节，体现的是政府行政行为、居民（村民）委员会自治行为的社区治理行为的配合。

3.信息登记、体温监测

对小区业主、物业使用人等进入小区的人员进行信息登记全覆盖，协助对出租房屋人员进行摸排，协助疾病预防控制机构对传染病疫情进行流行病学调查，协助对重点地区人员医学观察全覆盖，管理服务全覆盖。对外地返回本地区工作人员一律测量体温，对来自重点地区的人员一律实施医学观察，对来自其他地区人员由所在单位申报相关信息。对物业服务区域内违反有关治安、环保、消防等法律法规的行为，物业服务人应当及时采取合理措施制止，向有关行政主管部门报告并协助处理。

---

① 王德福：《社区治理现代化：功能定位、动力机制与实现路径》，载《学习与实践》2019年第7期。

4.公共区域的消杀服务

作为四保服务之一，在保洁服务中加入了消毒服务的内容，对建筑物共有部分和公共设施等进行定时消毒，减少二次接触导致的病毒传播。

5.应急社会服务

为业主提供疫情管控期间的一些应急社会服务，如应急求助、无接触配送、快递代收、配餐送菜等日常由社会服务人员提供的便捷服务，在一定程度上使物业服务超越了传统的服务模式。

从对委托行政行为、协助行政行为的分析来看，物业服务人的上述配合义务在性质上、行为主体资格上、行为内容上都不具有这两种行为的特征。

（二）配合行为的公法性质分析

1.社会公共服务说

有物业服务工作者建议将物业服务企业纳入社会公共管理体系，享受与卫生防疫体系同等条件下的正常待遇。如为门岗等关键岗位人员免费提供防疫物资与相应补贴，为物业服务企业提供统一定价的防疫物资采购渠道，或纳入防疫物资直接配送体系。[①]许多省市对参与属地疫情防控工作的物业服务企业，按在管面积给予了费用补助。

2.中间行政行为说

有学者提出《传染病防治法》等法律创造出了中间行政组织，其承担部分行政任务，但不是具有公法上完全权利能力的主体。这种观点以《传染病防治法》第2条中的依靠群众为出发点，将《突发公共卫生事件应急条例》第40条的群防群治视为社区、物业管理部门、企事业单位（学校等）对危机的管理权和监督权。根据这一观点，在一定程度上，中间行政组织是依组织法或程序法，通过委托、协议、合作等方式取得部分行政事务管辖权。[②]也有学者指出，中间行政是指行政主体之间的活动，包括行政机关之间在行政过程和程序上的正式与非正式的合作、参与等活动。[③]

---

① 肖军：《参与疫情防控的五点思考》，载《中国物业管理》2020年第3期。

② 王旭：《重大传染病危机应对的行政组织法调控》，载《法学》2020年第3期。

③ 崔卓兰：《行政自制理念的实践机制：行政内部分权》，载《法商研究》2009年第3期。

然而，按这些见解，中间行政行为或以行政机关为主体，或需要通过行政机关授权而实施相应行为。物业服务人所承担的配合义务却属于法定义务，之前由《物业管理条例》第46条[①]规定，现为本条所体现，无需具备行政主体的属性或经过授权。

3.辅助性行政行为

与行政委托中被授权人的区别在于，行政辅助人并非独立开展活动，而是根据行政机关的委托和指令从事某种辅助性工作，其活动归属于行政机关。[②]从行政委托的事项来看，行政处罚、行政许可、行政征收均可通过委托代理的方式委托给依法成立的管理公共事务的事业组织及其他行政机关、单位和人员来实施，但是行政强制措施属于禁止委托事项。前述社区封闭、强制体温测量、禁止外卖等人员进入小区、隔离等措施均属于县级以上人民政府依法作出的决定，不存在根据协议的方式委托物业服务人实施的情形，物业服务人属于依政府的行政指令而履行法定的配合义务。

（三）配合行为的私法属性

相较于前文分析的特定事务（如疫情防控的事务）所具有的典型的行政指令的特性，物业服务人根据《民法典》还负有对业主人身、财产安全的一般性的安全保障义务。这一义务主要由两个条文加以规定：一是侵权责任编第1254条规定了物业服务企业违反针对高空抛物或坠物的安全保障义务的侵权责任；二是第942条物业服务人维护物业服务区域内的基本秩序，采取合理措施保护业主的人身、财产安全的义务。

在此之前，学者们多将《人身损害赔偿解释》第6条作为物业服务企业安全保障义务的依据。有学者将此类案件分为两类：一是物业服务企业对小区内的共有财产管理不当而引起的人身或财产损害；二是共有或专有部分内业主遭到人身、财产侵害而致损。第一类属于附随义务中的保护义务，第二

---

① 第46条第1款：物业服务企业应当协助做好物业管理区域内的安全防范工作。发生安全事故时，物业服务企业在采取应急措施的同时，应当及时向有关行政管理部门报告，协助做好救助工作。

② 刘莘、陈悦：《行政委托中被委托主体范围的反思与重构——基于国家与公务员间法律关系的思考》，载《行政法学研究》2018年第2期。

类虽有争议，但法院多以侵权责任来进行裁判。然而在分析安全保障基础时，却将二者合而为一，均归属于危险控制义务的范畴。[①]

也有观点通过对《人身损害赔偿解释》第6条中的经营场所进行扩大解释，认为物业服务企业当属之。然而，在论及物业服务人的保安义务时，又将其狭义化为注意、警戒和防范义务，认为只能降低风险，并不能完全保证业主的财产和人身利益的安全。[②]

事实上，从最高人民法院的公报案例来看，不论是第一类的物业公共部分隐患致害，还是第二类的犯罪行为致损，最高人民法院均认定物业服务人只承担补充责任。这些判决既没有以《物业管理条例》第46条的规定为依据，判定物业服务企业负有未尽安保义务的违约责任，也未对《人身损害赔偿解释》第6条中的经营场所作扩大解释，以适用于物业服务企业。这种补充责任的认定，否定了物业服务企业的独立侵权责任，仅将其置于第三人侵权时承担补充责任的地位，实际上类比了《侵权责任法》第37条第2款规定的补充责任。《民法典》第1198条在《侵权责任法》第37条第2款的基础上，还增加了此种情况下，承担了补充责任的管理者有权向第三人追偿的规定。这显然是仅将管理者的责任认为是一种替代责任，而不是一种独立的侵权责任。

然而，《民法典》第1254条将物业服务企业未采取必要的安全保障措施时对高空抛物与坠物的侵权责任规定为一种独立侵权责任，而不是补充责任，也没有规定追偿权。不仅如此，《民法典》还将《物业管理条例》第47条的规定转化为第942条，使物业服务人的安全保障义务成为一种法定义务。在这种情况下，如何看待物业服务人根据第942条承担的安全保障义务值得推敲。

1.违约责任

有学者提出，如果物业服务人和业主在合同中约定了此种安全保障义务，则该义务仅属于契约性安全保障义务。据此，物业服务人只承担类似于合同

---

① 李晓霖：《物业服务安全保障义务的司法判断》，载《沈阳师范大学学报》(社会科学版)2008年第5期。

② 陈筱贞：《对安全保障义务中“经营场所”的扩大解析》，载《法律适用》2006年第6期。

附随义务的安全保障义务，此种义务的损害赔偿范围以合同的履行利益为限。不过，这个观点论及违反安全保障义务的侵权责任的过错认定时，又将物业公司是否配备保安24小时巡逻作为判定过失的标准的实例之一。[①]可见，物业违反安全保障义务是否能成为侵权责任的构成要件，这个观点并未厘清。

2.业主责任

有学者认为，因为不动产所有人或占有人具有最强的发现和控制不动产区域的危险的能力，因此小区中的安全保障义务应当由所有权人或占有人承担。所有权人和占有人可以通过委托的方式，将安全保障义务授予物业服务企业。如果将此类安全保障义务看作物业服务人的法定义务，将会增加物业服务人的经营风险。[②]依此观点，业主作为共有部分的所有权人，应尽到自我管理的义务，如果其将部分管理义务委托给物业服务人行使，管理人将在受托的范围内承担有限的管理义务。

3.补充责任

在某财产损害赔偿纠纷案中，最高人民法院认为，物业服务人在物业交接时，明知建筑物外墙存在消防安全隐患，并未尽到告知义务。这属于主观上未尽到专业管理人的谨慎注意义务，而客观上物业服务人对实际侵权人燃放烟花的危险行为具有防控能力。虽然物业服务人在物业安全防范上未尽责，存在管理过错，但火灾是第三人行为引起，而非物业服务人直接导致。因此，应由消防条件未达标的开发商承担赔偿责任，物业服务人只在预见和能够防范的范围内承担相应的补充责任（损害赔偿总额的30%）。

4.过错责任

以上几种观点皆为我国学术和实务的立场，过错责任是美国法上业主协会对业主在小区中受到犯罪等侵权行为侵害时的责任标准。

例如，当业主家中遭到入室盗窃后，业主在其附近安装外部的照明灯，而业主协会以安装系在业主协会管理和控制的共有部分区域内为由，令其移

---

① 张民安：《人的安全保障义务理论研究——兼评〈关于审理人身损害赔偿案件适用法律若干问题的解释〉第6条》，载《中外法学》2006年第6期。

② 薛源：《物权法相关司法解释若干规定的不足与完善》，载《中国社会科学院研究生院学报》2009年第6期。

除，并且在董事会开始调查相关投诉后六个月内，都没有维修情况欠佳的照明设施。业主以业主协会的疏忽致使其遭到了第三人的猥亵、强奸和抢劫为由提起诉讼。显然，业主协会知道或者应当知道其控制之下的区域存在危险状况发生的可能，他们由于疏忽未能采取或命令采取适当的行为来避免损害的发生，董事会的负责人在此种情形下未采取合理的行为。业主协会抗辩称让其承担提供昂贵的安保措施的义务是不适当的，因为声明中未规定此项义务，在未取得多数业主同意的情况下，业主不能自行改进共有部分的安全措施。然而，法院认为，业主协会实际上有更广泛和更商业化的目的。业主协会承担着普通法中房东的职能，其与业主的关系更像普通法上房东与租客的关系。法院提出，不应过分强调预见性的因素，要看到缺少照明条件和犯罪之间的关系。对于业主的诉求，法院并未支持。因为业主未能举证证明，在其购买房屋时所签署的声明中业主协会有安装额外的照明设施的义务，因此，在这种情况下，不能认定业主协会有违约行为。①

5.小结

就上面几种责任基础而言，过错责任与《民法典》第1254条的规定更为吻合。然而，这种违反安全保障义务的侵权责任，应当被视为一种不依附于直接侵权人的独立侵权类型。从因果关系角度来看，如果物业服务人能够采取防止或预防危害业主人身、财产安全的必要措施，很有可能会实质性地阻断侵权行为的发生。因此，物业服务人的行为并不是可有可无的补充性、从属性的危害行为，而是与加害行为同等危险的独立的致损原因。显然，依据《民法典》第942条中宽泛的安全保障义务，并不能为业主的人身或财产提供切实的保护。物业服务人在执行政府依法实施的应急处置措施或前提管理措施时，以及实施针对共有部分的其他管理行为时，因过错未能采取合理措施预防损害发生的，如业主在公共区域内遭到违法犯罪行为的侵害，或因为物业服务人在管理中防控措施采取不当，导致业主在小区中受到传染病感染，应当适用《民法典》第1254条承担侵权责任。

---

① Frances T. v. Village Green Owners Ass'n, 42 Cal. 3d 490, 229 Cal. Rptr. 456, 723 P.2d 573, 59 A.L.R.4th 447 (1986).

第二百八十六条【业主的义务】

业主应当遵守法律、法规以及管理规约，相关行为应当符合节约资源、保护生态环境的要求。对于物业服务企业或者其他管理人执行政府依法实施的应急处置措施和其他管理措施，业主应当依法予以配合。

业主大会或者业主委员会，对任意弃置垃圾、排放污染物或者噪声、违反规定饲养动物、违章搭建、侵占通道、拒付物业费等损害他人合法权益的行为，有权依照法律、法规以及管理规约，请求行为人停止侵害、排除妨碍、消除危险、恢复原状、赔偿损失。

业主或者其他行为人拒不履行相关义务的，有关当事人可以向有关行政主管部门报告或者投诉，有关行政主管部门应当依法处理。

历史由来

本条由《物权法》第83条修改而来。《物权法》第83条规定："业主应当遵守法律、法规以及管理规约。业主大会和业主委员会，对任意弃置垃圾、排放污染物或者噪声、违反规定饲养动物、违章搭建、侵占通道、拒付物业费等损害他人合法权益的行为，有权依照法律、法规以及管理规约，要求行为人停止侵害、消除危险、排除妨害、赔偿损失。业主对侵害自己合法权益的行为，可以依法向人民法院提起诉讼。"《民法典物权编（草案）》（征求意见稿）将《物权法》第83条第2款最后一句的内容拆分出来作为第82条，将《物权法》第83条的其余内容规定为第81条，并将"要求"行为人改为"请求"行为人，将"排除妨害"改为"排除妨碍"。《民法典物权编（草案）》（二审稿）第81条第2款将"业主大会和业主委员会"改为"业主大会或者业主委员会"，将"和"改为"或者"，并将"停止侵害、消除危险、排除妨碍、赔偿损失"改为"停止侵害、排除妨碍、消除危险、恢复原状、赔偿损失"，增加了第3款"行为人拒不履行相关义务的，有关当事人可以向有关行政主管部门投诉，有关行政主管部门应当依法处理"。《民法典（草案）》第286条未作修改。

本条在《民法典（草案）》第286条"业主应当遵守法律、法规以及管理规约”之后增加了“相关行为应当符合节约资源、保护生态环境的要求。对于物业服务企业或者其他管理人执行政府依法实施的应急处置措施和其他管理措施，业主应当依法予以配合”的规定，并将第3款中的“行为人”改为“业主或者其他行为人”。

三 规范目的或功能

由于《物权法》的建筑物区分所有权一章没有将全体区分所有权人规定为法律主体，因此，未能建立起业主基于管理规约的自治管理制度。由此产生的问题是，业主大会、业主委员会在法律上的地位和权利义务不明确，业主既不能作为权利的主体授权业主大会和业主委员会管理小区事务，业主大会和业主委员会也很难依据管理规约来监督和约束业主的行为。相应地，业主对于专有部分、共有部分的义务及相应的行为准则在法律上缺乏体现，对于违反这些行为准则的业主，也没有比较法上的罚款、除名等有威慑力的集体决议措施。

上述问题在《民法典》中仍未得到解决。本条虽然新设了业主的环保义务和应急配合等义务，并增加了业主不履行义务时当事人可以报告或投诉的规定，但始终未能构建业主权利、义务、责任的一体化，自我管理机构和章程制度化的规范体系。本条第2款仅从义务违反的角度表述了业主大会和业主委员会的诉权，既没有正面规定业主在这些方面的行为义务，也没有规定其他业主对这些行为的诉权。在尚未成立业主大会和业主委员会的小区，依据本条无法实际对业主的不当行为进行约束。

不仅如此，本条不但未能融合《物业服务解释》第4条物业服务企业对业主的诉权，而且将“业主对建设单位、物业服务企业或者其他管理人以及其他业主侵害自己合法权益的行为”另行规定为第287条。此种做法的本意也许是从诉讼法的角度，区分由业主大会和业主委员会提起的诉讼，以及业主对他人侵犯自己合法权益提起的诉讼。然而，当业主大会或业主委员会依据本条起诉业主时，业主反而不能再依本条提出抗辩。这实际上排除了业主对业主大会、业主委员会侵犯自己合法权益时起诉的权利，缩小了业主通过诉讼途径依法保护自己权益的范围。

规范内容

现有研究多将本条（对应《物权法》第83条）内容视为对业主委员会或业主大会的诉讼主体资格，[①]以及业主诉讼主体资格的确认规范，或从相邻关系角度将本条看作专有权行使不得侵害他人利益的规定。[②]它们没有从法律条款的构成要件、条款之间联系的角度分析法律适用的范围，以及实践中本条适用存在的问题。以下将结合这些研究，主要以《物权法》第83条适用相关的实务观点为研究对象，对本条三款规定之理解与适用进行探讨。

一、三款之间的关系

本条第1款和第2款均为业主的行为规范。第1款先是概括性地规定了业主的行为合规义务，包括遵守法律、法规和管理规约的义务，然后为新增的环保义务和应急配合义务。从规范属性上来看，第1款为义务性规范、强行性规范，但没有规定违反义务的法律效果，属于不完全法条。

第3款从功能上来看，意在成为前两款的法律后果的兜底条款，然而，由于使用了不确定的表述，如“相关义务”“有关行政主管部门”，使得违反义务的假设行为和法律后果都无法根据本款而直接确定。由此，如果当事人希冀通过行政途径解决前两款中的义务不履行问题时，只能转引规范相关义务的行为法条款，或有关联的行政性规范，如业主不履行应急管理相关的配合义务时，可以适用我国与应急管理有关的法律规范，如《突发事件应对法》第66条、第67条。

第1款中新增的环保义务虽然是总则编第9条在《民法典》中的三处具体体现之一，但在理解时，不应局限于第9条“民事主体从事民事活动”的规范前提。有学者提出，公法上的环保义务不具有法律意义，因为其作为指导

---

① 陈贤贵：《业主委员会诉讼主体地位之构筑——从物权法第七十八条和第八十三条规定谈起》，载《厦门大学法律评论》2009年第Z1期；孙权、夏阳：《论业主委员会在民事诉讼法上的地位》，载《理论与现代化》2008年第3期；刘保玉、孙超：《论业主委员会的法律地位》，载《政治与法律》2009年第2期。

② 陈磊：《超越边界：业主的权利限制之比较分析》，载《南京大学学报》（哲学·人文科学·社会科学）2017年第5期。

原则不具有任何法律拘束力。对于公法义务，仅从《宪法》或《环境保护法》的角度将其看作公法限制即可，不能视为私法义务。如从物权行使限制角度将其看作私法义务也不能成立，因其与权利不得滥用原则重复。[①]这一观点有两处明显的不足：其一，民事主体的公法义务亦见诸许多经济法、行政法规范。其二，物权行使的限制并非全部为绝对性无效的限制，也有相邻关系层面上相对无效的限制。有鉴于此，本条第1款中所规定的环保义务，从功能上而言，兼具了公法上的环保义务与私法上相邻关系的环保义务双重含义，这一点不同于同款中的应急管理的配合义务。

此处的环保义务与《民法典》第345条建设用地使用权的设立和第619条标的物的包装更多倾向于节约资源的价值取向有所不同，本条中的环保义务更多地面向保护环境。[②]此外，从行为方式来看，并不一定体现为民事活动，也可能是事实行为，或者不具有法律意义的行为。就前一层面而言，环保义务更多地体现为每一个公民均负有的社会公共责任，为强行法规定的必须履行的义务。如生活垃圾分类的义务，在履行此类义务时，应配合物业服务企业等责任主体关于垃圾分类的具体管理要求。[③]

而相邻关系层面的环保义务则应从其他业主的容忍义务与利益衡量的平衡点进行考虑。如本条第2款规定的，不得任意弃置垃圾、排放污染物或者噪声的义务，《民法典》第279条规定的不得任意进行住改商行为的义务。相邻业主的容忍限度应当根据业主违反环保义务的程度来进行判定，除了参照环保法规中的噪声、辐射数值等标准外，还应考虑社会理性人的容忍标准，[④]不能以违法性作为判断的前提和唯一标准。在解决此类纠纷时，可以参考《民法典》第279条住改商的有关利害关系人一致同意的原则，对于未改变住宅用

---

① 贺剑：《绿色原则与法经济学》，载《中国法学》2019年第2期。

② 贺剑：《绿色原则与法经济学》，载《中国法学》2019年第2期。

③ 《北京市生活垃圾管理条例》第35条第2款、第3款：生活垃圾分类管理责任人发现投放人不按照分类标准投放的，有权要求其改正；投放人拒不改正的，生活垃圾分类管理责任人应当向城市管理综合执法部门报告。市住房和城乡建设部门应当督促物业服务企业依法履行生活垃圾分类管理责任人义务。第39条：居民对装饰装修过程中产生的建筑垃圾，应当按照生活垃圾分类管理责任人规定的时间、地点和要求单独堆放，并承担处理费用；生活垃圾分类管理责任人应当依法办理渣土消纳许可。

④ 刘召成：《"住改商"应当经过全体利害关系业主同意》，载《河北法学》2010年第5期。

途但产生严重的环境问题的行为，由相关利害关系人一致同意。对此，可以在管理规约中进行约定，或在管理规约的示范文本中加以规定。

第2款在构成上并未采用设定义务的方式，而是采用了违反义务的假设行为和法律后果的方式。[①]由于该款并未直接规定业主和行为人的法定义务，因此，在与第3款的衔接适用上，还需要通过法律解释的方法。依据反对解释，将第2款规定的义务违反行为，转化为遵守相关法律规范的强制性行为规范，即业主不得为下列行为：任意弃置垃圾、排放污染物或者噪声、违反规定饲养动物、违章搭建、侵占通道、拒付物业费等损害他人合法权益的行为。

法院进行判决时，通常不会将第3款作为认定业主行为违法的依据，也不会判决业主执行这些具体行政行为。仅有个别法院在判决时将违法告知书作为对专有权不合理使用的考虑因素之一。[②]因此，由相关行政主管部门作出的处理决定[③]通常对业主的违规行为难以产生强制执行的效力，对本条适用的辅助作用有限。

二、第2款的理解与适用

第2款采用了列举加兜底的方式，对业主对共有部分及专有部分的不当使用行为进行了规定。《建筑物区分所有权解释》第15条[④]补充了《物权法》第83条第2款“损害他人合法权益的行为”，这一补充解释也可作为理解本条第2款的参考。

---

① 王子正：《关于法律规范的结构和分类》，载《当代法学》1988年第3期。

② 上海市第一中级人民法院（2019）沪01民终12537号民事判决书。

③ 参见北京市第二中级人民法院（2020）京02民终4055号民事判决书；广东省佛山市中级人民法院（2009）佛中法民五终字第430号民事判决书。

④ 第15条：“业主或者其他行为人违反法律、法规、国家相关强制性标准、管理规约，或者违反业主大会、业主委员会依法作出的决定，实施下列行为的，可以认定为物权法第八十三条第二款所称的其他‘损害他人合法权益的行为’：（一）损害房屋承重结构，损害或者违章使用电力、燃气、消防设施，在建筑物内放置危险、放射性物品等危及建筑物安全或者妨碍建筑物正常使用；（二）违反规定破坏、改变建筑物外墙面的形状、颜色等损害建筑物外观；（三）违反规定进行房屋装饰装修；（四）违章加建、改建，侵占、挖掘公共通道、道路、场地或者其他共有部分。”

（一）业主大会或业主委员会主张共有权被侵犯

1.业主专有权与共有权的条款冲突

本条将《物权法》第83条第2款第2句业主的起诉权利拆分单独规定为第287条，并不利于解决业主共有权相关纠纷，反而会使第287条的适用范围被狭义地限制在与专有部分相关的相邻关系诉讼中。不仅如此，还会加剧实践中法院认为单个或部分业主无权提起共有部分诉讼的趋势。

有学者提出，《物权法》第83条仅赋予了业主大会或业主委员会环保方面的内容管理权，不具有对外效力，相关诉讼只能由业主单独提起。[①]也有学者认为，《物权法》第83条第2款第2句限缩了业主委员会提起诉讼的范围，使其无法提起业主单独所有权和个体利益的诉讼。[②]这两个观点虽然结论一致，但出发点有所不同。前者认为第83条规范的是环保相关的业主共有部分的共益权，后者则主张该条包含了业主专有权的利益。就前者而言，实践中显然有相当多的共有权纠纷由业主大会或业主委员会提起，另有与相邻关系有关的环保诉讼，如采光纠纷、乱放物品引起虫害等则由部分业主提出。从后者来看，业主专有权的范围应不受他人的干涉，相应地，如果仅涉及专有部分的纠纷，应由业主自行决定是否提起诉讼，无需业主大会或业主委员会介入。本条与第287条的分拆，也许是从适用范围上区分业主共有权与专有权的诉讼范围，实际上却在一定程度上破坏了业主对本条第2款共有部分纠纷提起诉讼的逻辑自洽性。

有的法院指出，《物权法》第76条（《民法典》第278条）和第83条存在冲突。单个业主与部分业主起诉的界限在于是否侵害到其他业主的合法权益。对于单个业主起诉，依据单个业主的共有权不能脱离专有权独立存在的法理，第83条中的合法权益应被限制解释为业主专有权及业主延伸出的相邻权，单个业主没有资格对业主共有权纠纷提起诉讼的观点，得到了部分高院裁判文书的支持。[③]

---

① 巩固：《民法典物权编"绿色化"构想》，载《法律科学》2018年第6期。

② 刘保玉、孙超：《论业主委员会的法律地位》，载《政治与法律》2009年第2期。

③ 福建省莆田市中级人民法院（2019）闽03民终2844号民事判决书。

有的法官提出，作为全体业主共同利益的代表机构，本条第2款确认了业主大会和业主委员会的诉讼主体地位。[①]更有法院对于本条第2款采取了非常严格的文义解释的方法，认为《物权法》第83条规定的内容涉及全体业主共同利益，个别业主未经全体业主或业主委员会授权，系以个人身份参加诉讼。对此，个别业主提起的共有绿地被侵犯的诉讼中，原告主体不适格。[②]

上述法院的判决标准迥异的主要原因在于，未准确理解专有权与共有权的依附关系。将专有权狭义化为普通相邻关系中的一般所有权。在普通的相邻关系中，独立的不动产所有权人并不享有对所涉不动产相邻区域内的不动产共有权，因此，也不存在提起对共有权纠纷的诉讼主体资格。

然而，《民法典》第273条明确规定了业主的专有部分、共有部分和对共有部分共同管理的权利的一体性，并且最终通过的《民法典》在《物权法》的“不得以放弃权益后”，增加了“为由”[③]二字，以强调共有部分权利、义务的一致性。业主大会和业主委员会在我国并不是实体法上共有部分的权利主体，其存在的根本宗旨是代行业主共有权的日常监督和签订物业服务合同等工作，但相关工作的结果应归属于被代表的全体业主。因此，如果认为业主未经业主大会或业主委员会授权即没有诉讼主体资格，则是对代表行为的法律属性存在本末倒置的理解。业主作为按份共有的共有人之一或之一部，并不需要获得内部决议机构或执行机构的授权才享有共有权。德国法上业主共同体依据《住宅所有权与长期居住权法》第10条第6款享有诉讼主体资格，是因为业主共同体是共有部分的法定权利人。我国没有采用全体业主的概念，业主大会和业主委员会之所以能以自己的名义代表业主提起共有权纠纷诉讼，正是因为依法获得了（全体）业主的授权。

《建筑物区分所有权解释》（征求意见稿）第13条曾明确规定，业主共同权益受到侵害、妨害或者可能受到妨害的，原告的诉讼主体资格按照下列方

---

① 戚珊珊、高岩：《小区共有物权收益的归属与分配》，载《人民司法》2012年第2期。案例载于《最高人民法院公报》2010年第5期。

② 吉林省长春市中级人民法院民事裁定书（2019）吉01民终5056号。

③《民法典》第273条：业主对建筑物专有部分以外的共有部分，享有权利，承担义务；不得以放弃权利为由不履行义务。业主转让建筑物内的住宅、经营性用房，其对共有部分享有的共有和共同管理的权利一并转让。

式确定：（1）已经选举出业主委员会的，为业主委员会；（2）没有选举出业主委员会，或者业主委员会怠于行使权利的，为业主大会或者业主。有关业主共同权益的生效裁判，对全体业主具有约束力。其诉讼利益归属于全体业主。这一条款最终被删除。

《物权法（草案）》曾规定，对侵害业主共同权益的行为，对物业服务企业等违反合同发生的争议，经专有部分占有建筑物总面积过半数的业主或者占总人数过半数的业主同意，可以以业主大会或者业主委员会的名义提起诉讼、申请仲裁；业主也可以以自己的名义提起诉讼、申请仲裁。这一条款最后也被删去。

这两条未能规定，很大程度上与业主大会和业主委员会缺乏独立财产，一旦败诉将难以承担相应的民事责任不无关系。而业主以自己的名义提起诉讼或仲裁，在目前我国诉讼法上，还难以通过代表人诉讼、诉讼信托等制度来解决判决对其他业主的适用问题。

2.第2款规定的纠纷类型

本款在实践中较少独立作为裁判依据适用。一方面，本款中的行为不完全与共有部分纠纷相关，如任意弃置垃圾，排放污染物，违反规定饲养动物等；另一方面，本款所用表述与本章中其他条款中专有部分、共有部分及其收益等专有术语相异，难以依据本款直接认定构成本款中的行为系对共有权的侵犯。

结合《建筑物区分所有权解释》第4条、第14条、第15条，《民法典》第271条、第273条、第274条、第278条、第281条、第282条，以及司法案例，本款涉及的共有权纠纷可分为以下类型：改变共有部分用途或违法利用共有部分从事经营性活动的；共有部分收益或费用缴付；物业服务合同纠纷。也有学者将部分业主共有部分侵害单独列为一种纠纷类型。[①]这种做法借鉴了我国台湾地区对“大公”（全部业主共有）、“小公”（部分业主共有）的规定，但在我国大陆司法实务中并未见单独区分部分所有的情形。

从《民事案件案由规定》来看，建筑物区分所有权纠纷、业主撤销权纠纷和业主知情权纠纷均归属于所有权纠纷。建筑物区分所有权纠纷只包括四

① 刘保玉、孙超：《论业主委员会的法律地位》，载《政治与法律》2009年第2期。

种纠纷类型：业主专有权纠纷、业主共有权纠纷、车位纠纷、车库纠纷。由上可见，多数与第2款有关的诉讼为业主共有权纠纷。

（二）部分业主主张共有权被侵犯

在部分或个别业主提出共有权被侵犯的案例中，常出现同时被法院认定为相邻关系纠纷和建筑物区分所有权纠纷的情形。之所以如此，是因为在本类及第三类情形中，提起诉讼的多为毗邻而居的业主，或者对共有部分有紧密的、物理和构造上有共用使用需要的业主。如上下楼层的邻居，或同一层房屋相邻的业主，或同一层对共有的平台有共同使用权的业主。在同时提起相邻关系和建筑物区分所有权纠纷诉讼时，由于相邻关系仅涉及专有权人之间对专有部分不当利用而导致对他人的妨害，如果行为人的行为还涉及专有部分以外的外墙、共用平台等，一般难以根据相邻关系的规定判定构成妨害。①

从相邻关系的调整范围来看，《民法典》中的相邻关系主要包括三方面的内容：不动产权利人的容忍义务（第290条、第291条、第292条），不动产权利人禁止为一定的行为（第293条、第294条、第295条），不动产权利人利用相邻不动产为一定行为时，应遵循最低损害原则（第296条）。②区分所有权纠纷中的多数案件都超出了相邻关系中对专有部分物理界限以内的利用问题，而涉及计入公摊面积的共有部分，或未计入公摊面积的共有部分的使用问题，因此，无法直接适用相邻关系的条款。

在这些案例中，法院通常不会认为提起诉讼的业主不具有独立的诉讼主体资格，因为业主也有可能同时提起了相邻关系纠纷的诉讼。反之，如果部分业主提起的是对共有部分收益权、会所等附属建筑物的共有权的诉讼，那么部分业主通常会被法院认为不具有独立的诉讼主体资格。

在本条第2款（对应《物权法》第83条第2款）的独立适用性上，不同法

① 上海市第一中级人民法院（2019）沪01民终12537号民事判决书。

② 王泽鉴：《民法物权》（第二版），北京大学出版社2010年版，第144页。也有学者循文义解释，将《物权法》第86条第1款、第87条、第88条对应的第一种容忍义务扩大解释为提供便利的积极作为义务。蔡养军：《论相邻关系纠纷的法律适用》，载《北方法学》2016年第2期。

院的立场也不一致。仅有个别法院将第2款作为认定共有权被侵犯的独立法律依据，同时结合了物权保护的一般条款（《物权法》第35条）[①]，多数法院未直接将第2款作为独立判决依据。法院通常先依据建筑物区分所有权共有权的一般条款（《物权法》第70条、第71条、第72条）判定涉讼部分构成共有部分，再结合物权保护的一般条款（《物权法》第35条、第36条），或者同时适用共同共有的规定（《物权法》第95条），而仅将第2款作为判定部分业主为适格诉讼主体的依据，[②]或者同时结合《建筑物区分所有权解释》第14条、第15条作出判决。[③]

（三）部分业主主张共有权被侵犯，附带专有部分不当使用恢复原状

在根据本条第2款提起的共有权侵害诉讼中，有的法院考虑了《建筑物区分所有权解释》第4条规定的业主对为专有部分的特定使用功能的合理需要，无偿使用与专有部分对应的外墙等共有部分的情形。虽然在判决中未援引第4条作为判决依据，但在认定对共有权的侵犯时，考虑了是否超出为专有权合理使用共有部分的因素。如上海市第一中级人民法院认为，业主在共有平台上安装冷热水管和栅栏的行为侵犯了相邻业主对公共平台的共有权，上海市闵行区浦江镇整治违法建筑工作领导小组办公室出具《拆（消）除违法建筑、违法用地告知书》，要求业主限时改正违法行为。其在平台上擅自安装防盗栅栏的方式、距离等超出了业主为防盗而对专有部分相对应外墙面的合理利用范畴。[④]

也有的法院以业主装修时对专有部分的使用构成违规装修，破坏了与楼下邻居共有的建筑物外墙为由，判决其拆除违规扩大装修部分，恢复房屋规划设计原状。[⑤]

---

① 上海市第一中级人民法院（2019）沪01民终12537号民事判决书。

② 广东省佛山市中级人民法院（2009）佛中法民五终字第430号民事判决书。

③ 北京市第二中级人民法院（2020）京02民终4055号民事判决书、广东省广州市中级人民法院（2019）粤01民终22663号民事判决书、广东省广州市中级人民法院（2019）粤01民终24002号民事判决书。

④ 上海市第一中级人民法院（2019）沪01民终12537号民事判决书。

⑤ 北京市第二中级人民法院（2020）京02民终4055号民事判决书。

三、业主和业主团体法律责任的规范

业主违反共有部分的使用规范、侵害公共利益或公共秩序而引起的诉讼，在不同国家和地区有不同的规范模式。我国学者较多地研究了在这个问题上业主团体的诉讼主体资格或民事主体资格问题，对业主团体依据合同法和侵权法起诉或应诉后，法律责任在业主和业主团体之间的分配问题研究不多。

（一）业主和业主团体法律责任的规范模式

当共有部分的使用、业主的公共利益或住宅区的公共秩序受到损害时，大陆法系和英美法系对此采取了截然不同的规范模式。以下分别结合美国、德国、日本和我国台湾地区的建筑物区分所有权法规进行分析。

1.业主团体责任模式

美国《统一区分所有权法》（UCA）和《统一共同利益所有权法》（UCIOA）在业主团体对共有部分使用而引起的合同或侵权责任上，采取了相同的规范模式，即由业主协会作为原告或被告。

“本节规定，由于协会的作为或不作为而引起的任何侵权或合同诉讼，均应针对协会，而不是针对个别单位所有者。这改变了某些州的法律，在这些州，原告被迫将个别单元所有者指定为真正的当事方，以针对向业主协会提起的任何诉讼。”①

UCIOA和UCA的起草者都想采取这样一种规则：如果共有部分归业主协会所有的规划社区（planned communities）的法规未规定公寓所有人承担连带责任，那么共有部分归业主所有的公寓或其他共同利益社区的法规，也不应作如此规定。②

如果业主协会是以公司的形式存在的，那么原告根据生效判决，仅能就业主协会的财产受偿；如果业主协会以非法人协会的形式存在的，那么根据

---

① Unif.Condominium Act 2017 §3-111, Comment 1; Unif.Common Interest Ownership Act (2008) §3-111, Commnet 1.

② Unif.Condominium Act 2017 §3-111, Comment 4; Unif.Common Interest Ownership Act (2008) §3-111, Commnet 4.

大多数州的法律，单元所有人将对判决承担连带责任。而UCIOA和UCA都规定了单元所有人可以按照他们对共有部分费用的责任比例支付相应的赔偿，而移除判决中原告对区分所有建筑物的留置权。这事实上与得克萨斯州所采取的按份责任是一致的。[①]在该案中，美国最高法院指出，对于共有部分的所有、使用和维护而产生的侵权责任，公寓所有权人的责任以他对公寓整体的份额利益为限，而不应适用连带责任。可见，UCA和UCIOA将业主协会作为被告的做法，是试图在连带责任和按份责任这两个极端之间取得一种平衡。

由于不同的州对于故意侵权引起的连带责任[②]的规定并不一致：有4个州（阿拉巴马、马里兰、北卡罗来纳州和弗吉尼亚州）仍然采用了传统的连带责

---

① Dutcher v. Owens, 647 S.W.2d 948 (Tex. 1983).

② 关于美国侵权法上的连带责任（joint and several liability），有学者将其译为混合连带责任和按份责任，指部分被告对全部或部分损害承担连带责任和单独责任，其他被告仅对部分损害承担单独责任。谢鸿飞：《违反安保义务侵权补充责任的理论冲突与立法选择》，载《法学》2019年第2期。本书认为，这一观点并不准确。该文注释34之原文对连带责任的解释为，以两个有过失的污染源排污到原告的池塘为例，每一个污染源都是损害的必要条件，但并非全部条件。此时尽管多数美国法院认为原告在可行的情况下应分摊侵权人之间或之中独立的损害，但是当分摊不可行时，侵权人应当对全部损害承担连带责任。这种连带责任意味着每一个被告应负担的损害超过他所引起的损害。David W. Robertson, The Common Sense Of Cause In Fact, 75 Tex. L. Rev.1765,1790 (1997). 可见，此处的连带责任是一种源于比较性的过错责任，原告的过失只能减轻其损害，共同侵权人按平均或比较性的构成辅助侵权。Edward J. Kionka, Recent Developments In The Law of Joint And Several Liability And The Impact of Plaintiff's Employer's Fault, 54 La. L. Rev. 1619, 1620 (1994). 在美国侵权法的发展过程中，其放弃了《美国侵权法重述（第二次）》中对于帮助侵权一概承担连带责任的规定。Restatement (Second) of Torts §875 (1979).《美国侵权法重述（第三次）》第12条规定，只有故意造成的不可分损害才能产生连带责任；第17条规定，如果两人或两人以上的独立侵权行为是造成不可分割损害的法律原因，则适用司法管辖区的法律确定这些人是否负有连带责任、各自承担责任，或根据某种连带责任和个别责任的混合承担责任。在这个问题上，目前并不存在主导性的规则。Restatement (Third) of Torts: Apportionment Liab. §14, §17 (2000). 参见张平华：《矫枉过正：美国侵权连带责任的制度变迁及其启》，载《法学家》2015年第5期；张平华：《连带责任的弹性不足及其克服》，载《中国法学》2015年第5期。综上，连带责任在美国法上正朝着多元化的责任类型发展，它既不同于纯粹的按份责任，也不同于我国法上的连带责任。例如，我国《民法典》第1172条规定，二人以上分别实施侵权行为造成同一损害，能够确定责任大小的，各自承担相应的责任；难以确定责任大小的，平均承担责任。

任，而没有采取比较性过错；其他46个州采取了一定形式的比较性过错，有10个州属于纯粹连带责任，12个州为纯粹按份责任（several liability），其余的24个州则系某种连带责任和按份责任的混合，故不能笼统地根据UCA或UCIOA的前述规定来认定各州的连带责任。[①]

美国建筑物区分所有权法将业主协会作为被告的这种规定，与其采取的业主协会的保险制度有关。当业主协会被判决承担责任时，先由保险金进行赔付，超出了保险限制或者业主协会未参加保险的，再考虑对共有部分的控制问题和公共政策需求的结合，来确保对损失的充分赔偿。在这个问题上，由于各州的连带责任规定不同，判例对业主协会和业主连带责任的立场也不一致。

在共同利益共同体（common interest communities）的判例中，法院极少将侵权责任分配给单元所有者。仅有加利福尼亚州和得克萨斯州的上诉法院对单元所有者的责任采取了确定性的标准。两个州的标准并不相同，加利福尼亚州主张共有人对共有部分的连带责任，而得克萨斯州则支持按单元持有人享有份额的按份责任（pro-rata liability）。不过，加州的判例中，连带责任发生在不具有公司资格的业主协会和业主之间，尽管最终判决为连带责任，但多数人在该案判决的注释中还是认为应当采用按份责任。[②]他们的理由是，《民法典》第1357条规定："任何公寓的业主可向留置权人支付由该留置权担保的可归属于其公寓的债务总金额，将其公寓从留置权中移除。"UCIOA第3-117条也规定，在公寓和规划社区中，该法将判决留置权作为针对每个独立单元的直接留置权，但允许独立单元所有者根据该单元的相对共同费用负债，按比例支付判决份额来解除留置权。判决还将对协会拥有的任何财产设定留置权。在合作社中，单元的所有权属于合作社，因此该法没有必要规定，对协会不利的判决产生对单位的留置权。但是，该法确实规定，合作单元所有人除该单位以外的任何财产都不受联合债权人的债权的约束。[③]

---

① Edward J. Kionka, Recent Developments In The Law of Joint And Several Liability And The Impact of Plaintiff's Employer's Fault, 54 La. L. Rev. 1619, 1621 (1994).

② Jerry C.M. Orten, John H. Zacharia, Allocation of Damages for Tort Liability In Common Interest Communities, 31 Real Prop. Prob. & Tr. J. 647 (1997).

③ 95 Cal. Rptr. 259 (Ct. App. 1971), footnote 3.

2.业主责任模式

（1）全体业主或业主团体起诉

德国和日本采取了这种模式。日本《有关建筑物区分所有等之法律》第57条规定，区分所有权人违反第6条第1项规定的权利和义务的，或有为该等行为之虞时，其他区分所有权人全体或管理组合法人，为区分所有权人共同的利益，得请求停止其行为、除去其行为的结果或为防止其行为而执行必要的措施。有学者认为，这排除了区分所有权人的个人诉权，我国可以借鉴该规定，由业主作为原告提起诉讼，并依据《民事诉讼法》第54条关于代表人诉讼的规定，推选代表人进行诉讼。①也有学者提出，《物权法》第83条第2款规定的也是与日本法相同的物权请求权，并建议进一步借鉴日本法的规定，规定对区分所有权人使用禁止的请求权和拍卖区分所有权的请求权。②

显然，日本《有关建筑物区分所有等之法律》第57条规定的主要为物权保护请求权，如停止侵害、妨害防止和预防妨害，这与我国《民法典》第286条第2款规定的民事责任并不完全相同。至于禁止使用和拍卖区分所有权，属于对区分所有权人物权的限制和剥夺，在法律没有明确规定，并且业主自治制度未真正建立之前，并不能仅从权利救济的角度进行概括移植。

德国法的规定与日本法不同。由于德国未承认全体业主的民事主体资格，因此，在《住宅所有权与长期居住权法》（WEG）第10条第6款中仅规定住宅所有权人共同体可以起诉和应诉；第8款规定，每个住宅所有权人按照其共有份额对于其在作为共同体成员期间产生的或者在这一期间到期的住宅所有权人共同体的义务对债权人承担责任。有学者指出，第8款是WEG于2006年修改时新增的规定，它是住宅所有权人在对外关系中承担的一种新型的部分责任，以控制其对债权人所承担的风险。③

（2）我国台湾地区的规定

我国台湾地区“公寓大厦管理条例”的规定与本条第2款和第3款的规定

---

① 肖建国：《民事公益诉讼的基本模式研究——以中、美、德三国为中心的比较法考察》，载《中国法学》2007年第5期。

② 齐恩平、徐腾飞：《论成员权的限制与剥夺》，载《河北大学学报》（哲学社会科学版）2009年第6期。

③ 白江：《传统与发展：德国建筑物区分所有权法的现代化》，载《法学》2008年第7期。

最为接近。二者均规定了关于共有部分使用而由业主团体提起诉讼的问题，并且规定了业主团体制止业主的不当行为，以及未能制止时报告主管机关的义务。然而，二者的不同之处在于，“公寓大厦管理条例”第38条和第40条明确规定了管理委员会和管理负责人有民事诉讼上的当事人能力，我国《民法典》第286条第2款却并未对业主大会和业主委员会的诉讼主体地位作出直接规定。

不过，从台湾地区学者的解读中可以看出，区分所有权人会议并不是法人，因此，管理委员会或管理负责人起诉时，是以自己的名义起诉，而非以区分所有权人会议的名义起诉。依照“公寓大厦管理条例”第22条，管理负责人或管理委员会依据区分所有权人会议的决议，诉请区分所有权人强制出让其专有部分，实际上是区分所有人全体向该违规的区分所有权人起诉。从这个意义上来讲，管理负责人或管理委员会是依据区分所有权人会议决议而获得了代理权，处于代理的地位。[①]如果管理负责人或管理委员会未经区分所有权人会议决议而径行起诉的，应认为代理权或诉讼的必要条件有欠缺，该欠缺可以通过事后的会议决议而补正。[②]然而，该法并未规定，对于管理负责人或管理委员会不起诉并将危害全体区分所有权人利益，应当如何处理。[③]

由此可见，虽然我国《民法典》未明确规定业主大会和业主委员会的诉讼主体地位，但根据本条第2款，可以视为它们获得了法定代理权，可以代理全体业主或部分业主提起共有权相关的诉讼。

此外，对于共有部分相关权益，且以业主为被告的情形，除了我国台湾地区“公寓大厦管理条例”第22条之外，还包括第14条和第21条。其中，第21条规定，区分所有权人或住户积欠应缴纳之公共基金或应分担或其他应负担之费用已逾二期或达相当金额，经定相当期间催告仍不给付者，管理负责人或管理委员会得诉请法院命其给付应缴之金额及迟延利息。

---

① 尹章华：《公寓大厦管理条例解读》，中国政法大学出版社2003年版，第97页。

② 尹章华：《公寓大厦管理条例解读》，中国政法大学出版社2003年版，第99页。

③ 尹章华：《公寓大厦管理条例解读》，中国政法大学出版社2003年版，第104页。

（二）本条第2款中法律责任的分配

1.诉讼主体的问题

业主大会（或业主协会）只不过是业主在法律上的人格的一种变体，业主和业主大会（或业主协会）之间的责任分配问题，体现出业主的所有权管理任务与业主大会的共同体管理组织民主决策责任之间的此消彼长。然而，不论是否在区分所有权的特别法中将业主大会（或业主协会）或全体业主规定为独立的民事主体或诉讼主体，最终的责任承担仍将会以一定方式落到业主身上。因此，有学者提出的赋予区分所有权人组织在特定方面的法律人格或完全法律人格并不能完全确定业主和业主团体之间的责任分配规则。①

与我国区分所有权立法最为接近的上述规定，均对本条的理解与适用有借鉴意义。一是仅涉及共有部分的共有权纠纷，业主大会或业主委员会得直接依据本条规定提起诉讼，并及时将诉讼事项告知全体业主，诉讼的结果对全体业主有效。二是对于与共有部分相关的专有权利用诉讼，应由个别或部分业主提起诉讼较为适宜。此类行为涉及专有部分装修、利用的具体问题，业主大会或业主委员会作为外部人，很难查知相关权利或行为的具体情况。此类问题也不属于我国台湾地区“公寓大厦管理条例”上的“小公”（部分业主共有权）问题，其往往仅是个别业主或部分业主与个别业主之间的权益纠纷，此时，业主大会或业主委员会应保持中立，不宜代表任何一方起诉或应诉。反之，如果涉及部分共有权的客体受到业主之外的第三人，如物业服务企业侵害，或被改变用途用于经营性行为时，此为明显的业主共有权益受侵害的情况，业主大会或业主委员会得依本条规定提起诉讼。

当然，业主大会或业主委员会也可以接受个别业主或部分业主的委托提起诉讼，但此时，其并非为了全体业主的利益而提起共有权诉讼，仅处于诉讼受托人的地位。

2.法律责任的分配

从前述比较来看，美国和德国对业主和业主团体之间法律责任的分配

---

① 薛源：《论建筑物区分所有权人组织的法律性质》，载《河北法学》2007年第3期。

作了明确规定，而日本和我国台湾地区则未进行规定。就本条第2款的适用而言，可以从体系解释的角度出发，将我国《民法典》第283条以及第1253条、第1254条分别看作对业主和业主团体法律责任分配的一般规定与特殊规定。

第283条虽然未明确共同费用的范围，但以文义解释的方法，建筑物附属设施的费用不仅包括其在物理上存续的维护、养护和维修，而且包括法律上的适当存续，维护其免受不当使用或改变用途等侵害而支付的权利保护费用、诉讼费等。因此，从合同责任和侵权责任的承担角度来讲，应考虑类推适用第283条作为业主承担与共有权相关分摊费用的一般规则。只不过，在涉及责任承担的比例时，不应直接适用该条规定的约定优先、法定次之的规则。因为专有部分面积占比较少的业主，或者是未及时参加业主大会的业主，有可能承受约定比例不公平的法律后果。因此，在责任承担比例上，应借鉴德国法的做法，由业主按照持有份额的比例来承担按份责任。应当注意，德国法是共有部分的份额比例，而我国共有部分因无明确登记依据，因此，应按第283条中专有部分面积所占比例来确定。

之所以不宜借鉴美国一些州关于连带责任的规定，是因为我国没有债权人对建筑物区分所有权享有留置权的特别规定，如果规定了业主的连带责任，将会使承担了超过其个人份额的业主面临难以追偿的巨大风险。当然，关于对高空坠物作出特别规定的第1253条（过错推定责任）和第1254条（业主的补偿责任，物业服务人未履行安全保障义务的侵权责任）的适用问题，众说纷纭。有学者认为第1254条是一种公平责任，[①]也有学者认为，应将从建筑物中抛掷物品与从建筑物上坠落的物品的规定合并，适用统一的责任承担规则。[②]反对该条的学者也不在少数。也有学者认为第1254条中业主的补偿责任与物业服务人的安全保障义务所致的责任之间是一种按份责任。[③]

在理解第1254条的连带责任时，不妨借鉴美国法的做法，将物业服务人的安全保障义务看作一种混合连带责任和独立责任。物业服务人违反了安全

---

① 程啸：《中国民法典侵权责任编的创新与发展》，载《中国法律评论》2020年第3期。

② 张新宝：《民法分则侵权责任编立法研究》，载《中国法学》2017年第3期。

③ 曹险峰：《侵权法之法理与高空抛物规则》，载《法制与社会发展》2020年第1期。

保障义务，应对此承担独立的侵权责任，同时应当承担与推定的业主（无法确定侵权责任时）的连带责任。①

第二百八十七条【业主权益的保护】

业主对建设单位、物业服务企业或者其他管理人以及其他业主侵害自己合法权益的行为，有权请求其承担民事责任。

历史由来

本条系将《物权法》第83条第2款最后一句分拆而来。《民法典物权编（草案）》（征求意见稿）第82条在《物权法》第83条第2款“业主对侵害自己合法权益的行为”的基础上，增加了“建设单位、物业服务企业或者其他管理人以及其他业主”作为侵害主体，并将业主权益保护的方式从“可以依法向人民法院提起诉讼”改为笼统的“有权请求其承担民事责任。”之后本条未再作修改。

规范目的或功能

既然本条是从《物权法》第83条分离而来，那么在考虑本条的立法目的时，有必要先分析一下《民法典》第286条新增的第3款与本条的关系。

就《物权法》第83条第2款的功能来看，有学者认为，其并未明确业主大会、业主委员会如何行使停止侵害、排除妨碍等请求权。不仅如此，《民法典》第286条第3款增加了行政救济措施，这使得业主大会、业主委员会对于行为人不履行有关义务的行为，可通过行政救济程序请求其承担责任。

很显然，这种解释不符合《物权法》第83条第2款之前在司法裁判中的作用，以及《民法典》第286条第2款的条文含义。停止侵害、排除妨碍、消除危险、恢复原状、赔偿损失，显然属于《民法典》第179条规定的承担民事

① 谢鸿飞：《违反安保义务侵权补充责任的理论冲突与立法选择》，载《法学》2019年第2期。

责任的方式，而非行政救济措施，第286条第3款的主体也并不是业主大会、业主委员会。此外，第3款规定的是可以向有关行政主管部门报告或投诉，明显是将行政救济途径与第2款的民事救济途径进行了并列。从前面对第286条的分析可知，《物权法》第83条第2款经常与其他条款一起，作为法院裁判业主或业主大会、业主委员会共有权民事纠纷的法律依据。

结合《民法典》第286条三款之间的上述内在逻辑，从法律术语的使用来看，本条中的“有权请求其承担民事责任”，也应如对第286条第2款规定的有权请求行为人承担民事责任的理解，更多地解释为公力救济而非私力救济或社会救济。不同的是，本条未如第286条第2款对民事责任采取了列举的方式，而是概括性地使用了“请求其承担民事责任”的表述。对此，可以结合第285条来理解，物业服务企业或其他管理人根据业主委托，依照物业服务合同的规定实施管理行为，接受业主监督，如果有违约行为，业主有权请求其承担违约责任。业主有权请求侵害人承担民事责任的方式不限于第286条列出的五种，还包括《民法典》第179条的各种民事责任形式。

对此，有学者提出了不同意见，认为本条修改的理由是，业主请求权不一定要通过诉讼的方式行使，可以通过和解、调解和仲裁的方式行使。这一观点并非没有道理，本条的确从字面意思上并未强调提起诉讼的方式。不过，《物权法》第83条第2款规定的业主大会、业主委员会，以及业主对违反法定义务的救济方式，显然也没有排斥非诉讼方式或机制（和解、诉讼和仲裁等）。即使本条已经被单独拆分出来，也不排除业主大会、业主委员会通过非诉讼方式请求行为人承担民事责任的可能性。那么，本条的重点是否意在将非诉讼解决方式作为保护业主民事权益的重要途径而予以突出呢？

本条是《民法典》中唯一一处使用了“有权请求其承担民事责任”的表述的条文，这当然不意味着其他条文中的相关纠纷不能通过非诉讼方式解决，或者反之，本条是为了凸显非诉讼解决方式具有与诉讼方式同等重要的纠纷解决能力，或者为了强调业主通过非诉讼方式来保护自己的合法权益更加高效。民事纠纷解决方式与民事责任的请求权基础并不能混为一谈。

就民事纠纷的解决方式而言，和解、调解与仲裁通常均不具备司法裁判的强制执行效力，将之直接作为请求承担民事责任的依据似乎不够妥当。

以和解为例，从20世纪70年代开始，和解在诉讼中越来越多被使用，和解结案数量确实已远远超过了裁判结案数。然而，这并不意味着司法在其裁判职能外增加的和解职能，使司法的职能由裁判转向和解。[①]就法律属性而言，和解协议和调解协议都是合同，并不能产生使行为人承担民事责任的既判力。[②]当事人可以在调解协议中约定，一方不履行协议应当承担民事责任。这种约定是一种较为特殊的违约责任，双方约定的民事责任通常不能超过义务人根据实体法应承担的民事责任的范围。[③]和解协议所具有的排斥诉讼的效力，源于其内容及合同法上的效力。因此，和解抗辩仅为程序抗辩，并非实体抗辩。如果被告不履行和解协议时，法院对于原告的实体请求，仍应作出实体裁判。[④]对于具有债权内容的调解协议，公证机关依法赋予强制执行效力的，债权人可以向被执行人住所地或者被执行人的财产所在地人民法院申请执行。通过仲裁解决纠纷以当事人在仲裁之前达成仲裁协议为前提。仲裁具有民间性和自治性，一方当事人不履行仲裁裁决的，仍需要借助法院的强制执行程序实现。[⑤]

然而，建筑物区分所有权涉及的物权请求权内容往往比较复杂，业主作为弱势群体一方往往处于信息严重不对称的境地，常常因为无法及时获得共有部分使用、收益相关资料而对共有权侵害难以知悉。因此，业主共有权纠纷相关诉讼不宜采用诉讼外的方式，如和解、调解等方式加以解决。不仅如此，其诉讼时效应当从知道或应当知道权利被侵害之时起算，[⑥]请求停止侵害、排除妨碍、消除危险及不动产物权的权利人请求返还财产等物权请求权不适用诉讼时效的规定（《民法典》第196条）。

综上，建筑物区分所有权相关的物权请求权并不能完全通过上述自力救

① 史长青：《裁判、和解与法律文化传统——ADR对司法职能的冲击》，载《法律科学》2014年第2期。

② 赵秀举：《论民事和解协议的纠纷解决机制》，载《现代法学》2017年第1期。

③ 赵钢、王杏飞：《我国法院调解制度的新发展——对〈关于人民法院民事调解工作若干问题的规定〉的初步解读》，载《法学评论》2005年第6期。《最高人民法院关于人民法院民事调解工作若干问题的规定》第10条、第19条第2款。

④ 赵秀举：《论民事和解协议的纠纷解决机制》，载《现代法学》2017年第1期。

⑤ 邵明：《民事纠纷及其解决机制论略》，载《法学家》2002年第5期。

⑥ 戚珊珊、高岩：《小区共有物权收益的归属与分配》，载《人民司法》2012年第2期。

济及社会救济的途径加以解决。如果本条修改的目的旨在强调非诉讼纠纷解决程序，那么增加“建设单位、物业服务企业或者其他管理人以及其他业主”作为具体侵害人就不免显得多余了。

规范内容

一、明确业主主张权利的相对人

有学者提出，《立法法》第8条第10项规定，“诉讼和仲裁制度”只能制定法律，所以《物业服务解释》第2条、第8条、第10条赋予业主委员会诉讼主体资格是无效的。《物权法》第83条仅赋予了业主诉讼资格，而非业主委员会。[①]显然，这一理解僵化地看待了诉讼制度制定的依据与司法解释的功能。根据《立法法》第45条，如果法律的规定需要进一步明确具体含义，或法律制定之后出现新情况，需要明确适用法律依据的，应由全国人民代表大会常务委员会负责解释。而《物业服务解释》上述条文显然是对《物权法》第76条、第83条，《物业管理条例》第26条、第29条、第34条、第38条等规定的具体应用问题进行的解释[②]，并非在法律之外规定了业主委员会的诉讼主体资格。当然，《物权法》第83条第2款并没有采用直接规定的方式，确认业主委员会的诉讼主体资格，而是规定业主委员会可以向行为人主张物权请求权。也许有人会有疑问，《物权法》第83条第2款第2句规定了业主可以依法起诉，本条却删除了依法起诉，是否否认了业主的诉讼主体资格？或者更加强调非诉讼的解决方式？

建筑物区分所有权诉讼不同于一般不动产物权诉讼的一点在于，建筑物区分所有权关系到共有权的归属及行使，而我国法律并没有明确规定共有权的权利人及行使主体。这才是导致业主难以根据《物权法》第83条提起与共有权有关的诉讼的根本原因。如果像前述观点一样，业主被赋予诉讼主体资格，显然法院不得以业主不具有共有权主体身份或未经业主大会授权为由否

---

① 李钊：《两个司法解释的七个逻辑错误》，载《现代物业》2009年第7期。

② 根据《全国人民代表大会常务委员会关于加强法律解释工作的决议》第2条，凡属于法院审判工作中具体应用法律、法令的问题，由最高人民法院进行解释。

认其诉讼地位，反之，如果业主被赋予的仅是专有权的诉讼主体资格，则不必通过特别条文的方式加以规定。因此，《物权法》第83条第2款最后一句实质上对业主主张权利相对人并没有作出明确规定。

正是为了解决相对人不明确的问题，本条增加了“建设单位、物业服务企业或者其他管理人以及其他业主”作为侵害主体。这就使业主在建筑物区分所有权相关的合法权益受到建设单位、物业服务人及其他业主的侵害时，能够直接以自己的名义要求其承担相应的民事责任。

二、合法权益的内容

（一）向建设单位主张

1.前期物业服务合同或部分条款无效。建设单位与物业服务人订立的前期物业服务合同，对业主具有法律约束力，因此，如果业主认为这些合同中包含有免除物业服务企业责任、加重业主责任或排除业主权利的条款的，或者物业服务企业将物业服务区域内的全部物业服务业务一并委托他人而签订委托合同，业主可以请求确认合同或合同相关条款无效。（《民法典》第939条、《物业服务解释》第2条）

2.公共绿地、其他公用设施、物业服务用房归属争议，车库、车位配置比例、出售、附赠、出租的争议。（《民法典》第274条、第275条、第276条）

3.在办理物业承接验收手续时，建设单位移交资料义务履行不当的。（《物业管理条例》第29条、第58条）

4.利用共有部分产生收入，扣除合理成本的共有权。（《民法典》第282条）

（二）向物业服务企业或其他管理人主张

结合《物业服务解释》第2条、第10条，以及《民法典》第941条、第942条、第943条、第949条来看，业主可以向物业服务企业或其他管理人提出的权利主张或请求其履行的义务有以下几类：

1.确认物业服务合同或合同相关条款无效。如物业服务企业将物业服务区域内的全部物业服务业务一并委托他人而签订的委托合同；物业服务合同中免除物业服务企业责任、加重业主委员会或者业主责任、排除业主委员会

或者业主主要权利的条款。(《物业服务解释》第2条、《民法典》第941条)

2.按约定和物业使用性质维修、经营管理业主共有部分，采取合理措施保护业主人身、财产安全的义务。(《民法典》第942条)

3.报告、公开物业服务事项、维修资金使用情况、共有部分经营与收益情况的义务。(《民法典》第943条、第281条、第282条)

4.物业服务合同终止时的移交、告知义务，造成损失的赔偿义务。(《民法典》第949条、《物业服务解释》第10条)

5.物业服务企业及其他管理人侵犯了业主的知情权、监督权、询问权的。(《民法典》第281条、第285条)

6.物业服务企业等建筑物管理人对于高空坠物致损的侵权责任。《民法典》第1254条规定，物业服务企业等建筑物管理人应当采取必要的安全保障措施防止高空坠物致损情况的发生；未采取必要的安全保障措施的，应当依法承担未履行安全保障义务的侵权责任。

(三)向其他业主主张

1.适当行使专有部分权利，不得损害其他业主利益的义务。(《民法典》第272条)

2.不得违反法律、法规及管理规约，将住宅改变为经营性用房的义务。(《民法典》第279条)

3.超出专有部分使用功能的合理需要，无偿利用共有部分损害其他业主利益的。(《建筑物区分所有权解释》第4条)

4.侵害其他业主共有权的行为，如违反《民法典》第286条第2款，任意弃置垃圾、排放污染物或者噪声、违反规定饲养动物、违章搭建、侵占通道、拒付物业费；或者《建筑物区分所有权解释》第15条规定的下列行为的：(1)损害房屋承重结构，损害或者违章使用电力、燃气、消防设施，在建筑物内放置危险、放射性物品等危及建筑物安全或者妨碍建筑物正常使用；(2)违反规定破坏、改变建筑物外墙面的形状、颜色等损害建筑物外观；(3)违反规定进行房屋装饰装修；(4)违章加建、改建，侵占、挖掘公共通道、道路、场地或者其他共有部分。

三、业主主张权利的方式

（一）行使权利的途径

有学者提出，《物权法》第83条前面规定的是具体的物业事务，后面规定的是法定权利归属，并在必要时规定了业主可以依法诉讼。《民法典》第286条取消了业主的诉讼权利，变成了去找行政部门。[①]这一观点显然割裂了本条与第286条之间的联系，更将本条中业主合法权益受侵害的情形局限于第286条第2款所列的内容。这种理解，不仅在实体法上大为限缩了业主合法权益的范围，而且从程序法上忽视了物权的一般保护方法。《民法典》第233条规定，物权受到侵害的，权利人可以通过和解、调解、仲裁、诉讼等途径解决。不仅如此，业主的合法权益受到侵害的，还可以基于债权请求权提起违约之诉和侵权之诉。

（二）是否得委托他人

有观点认为，业主基于对建筑物区分所有权的成员权，享有对物和对人的管理权。《物权法》第83条规定的是对人的管理，即对业主行为的管理权。这些不完全列举的损害其他区分所有权人利益的行为，应由业主或其代表机构来主张权利。[②]这种观点的法律基础是总有制度，[③]只有基于该制度，总有之中的成员之间才有人身关系。相反，在以按份共有为基础的建筑物区分所有权关系之中，业主之间并不具有共同关系而形成的人身或身份关联性。

但业主并非如有的学者所言，因为共同使用财产而结成团体关系，其对于公共物业的财产权利是团体性的财产权。虽然《民法典》第278条规定了业主共同决定事项的范畴，但这并不意味着对公共物业财产的管理均需要通过

---

① 陈幽泓：《对〈民法典〉（草案）“业主的建筑物区分所有权”部分意见建议》，载《住宅与房地产》2020年第7期。

② 于飞：《物业管理与物业服务的区分与交叉——兼论我国物业立法概念运用之准确化》，载《浙江社会科学》2012年第6期。

③ 尤佳：《团体法视角下业主对公共物业财产权利的性质之反思》，载《法学家》2013年第2期。

特定的组织，遵循特定程序，并由业主团体作出决定和执行。[①]这一观点未能厘清业主共有财产的归属与业主议事机构之间的关系。与业主共有财产的管理、处分相关的重要事项需要通过业主大会作出决议，但当业主共有部分的权益受到侵犯时，业主大会、业主委员会和业主均可以主张侵害人承担民事责任。这一法理基础在于业主大会和业主委员会是依法获得授权，代表业主作出或执行决议，而并非其本身是共有部分的权利人，具有代替或凌驾于业主之上的法律地位。

由上可知，《物权法》第83条（对应《民法典》第286条）规定的业主的行为义务均属于以财产关系为内容的义务，而不是与身份、人格相关的成员权或团体法上的义务。这一点不同于公司法上股东之间的权利和义务，股东对公司、对社会基于共益权而负有的忠实义务或社会责任。[②]

管理人的选任和物业管理合同的签订是两个不同的、独立的法律行为，[③]这是德国《住宅所有权与长期居住权法》上的分离理论。我国也是如此，在《民法典》第278条第1款第4项将选聘和解聘物业服务企业或其他管理人规定为业主共同决定的事项，但是物业服务合同则由建设单位或业主委员会与业主大会选聘的物业服务人订立。很显然，物业服务人的选任属于业主共同决定的事项，是所有权的范畴，而物业服务合同的签订则属于合同法的范畴。因此，并不存在通过签订物业服务合同，将业主的共同管理权部分转让或授权给物业服务人行使的问题。

---

① 尤佳：《团体法视角下业主对公共物业财产权利的性质之反思》，载《法学家》2013年第2期。

② 陈景善：《公司社会责任的股东共益权实现路径》，载《政法论坛》2020年第1期。

③ 白江：《德国住宅楼管理制度之研究及启示》，载《中外法学》2008年第2期。

第七章

相邻关系

第二百八十八条【处理相邻关系的原则】

不动产的相邻权利人应当按照有利生产、方便生活、团结互助、公平合理的原则，正确处理相邻关系。

历史由来

本条完全承袭了《物权法》第84条的规定。在此次《民法典》编纂之前，有学者认为，“有利生产、方便生活、团结互助、公平合理”原则只是空洞的口号，实际上难以起到真正指导司法个案的作用。[①]还有学者认为，“公平合理”是一切财产法领域的共通原则，应当坚持如下原则：一是以相邻的共有关系为基础解决相邻关系问题原则；二是尊重相邻关系中的习惯原则；三是尊重当事人意思自治原则；四是损害赔偿原则。[②]2017年陈甦教授主持编纂的《中国社会科学院民法典分则草案建议稿》对处理相邻关系原则的表述进行了简化，第41条规定：“不动产权利人应当按照有利生产、方便生活、团结互助、公平合理的原则，正确处理相邻关系。”[③]

规范目的或功能

本条是处理相邻关系的原则。根据本章其他条款的规定，相邻关系主要包括用水、排水的相邻关系，相邻通行关系，因建造、修缮建筑物以及铺设管线所形成的相邻关系，通风、采光和日照的相邻关系，不可量物侵入的相邻关系等。一方面，本条为法律已经明确列举的相邻关系，提供条文释义的最基本原则。如要从有利生产、方便生活的角度，解读对自然流水利用的“合理分配”的具体含义。另一方面，本条也起到法律漏洞填补的作用，为法律没有明文规定的相邻关系，如建筑物越界等引起的相邻关系，提供最基本的行为准则和裁判准则。

---

① 费安玲：《不动产相邻关系与地役权若干问题的思考》，载《江苏行政学院学报》2004年第1期。

② 韩松、姜战军、张翔：《物权法所有权编》，中国人民大学出版社2007年版，第263—265页。

③ 陈甦：《中国社会科学院民法典分则草案建议稿》，法律出版社2019年版，第18页。

规范内容

一、相邻关系的概念解释

（一）相邻关系的概念

本条没有明确相邻关系的内涵。有学者建议规定：“相邻关系，是指相互毗邻的不动产权利人之间在行使所有权或者使用权时，因相互间给予便利或者接受限制所发生的权利义务关系。”[①]有学者建议规定：“相邻义务是土地和建筑物上基于自然地理条件以及相关的习惯、公德而产生的法定负担，是土地和建筑物的所有权人或占有人对相邻人承担的最低限度的法定义务。”[②]学界通说认为，相邻关系是指为调和一方不动产所有人或使用人的支配力或他方不动产所有人或使用人的排他力的冲突，而由法律直接规定的权利义务关系。

相邻关系包括相邻权利和相邻义务两个方面。一是相邻权利。不动产权利人有权要求相邻权利人提供必要的便利。所谓必要的便利，是指非从相邻方处获得便利，就无法正常使用其不动产所有权或使用权。二是相邻义务。不动产权利人在行使权利时，应当尽量避免和减少给相邻权利人造成损害，不得损害相邻权利人的合法权益，并应容忍来自相邻权利人的正当合理的轻微妨害。从立法表达看，条文的逻辑主线是“相邻关系”，还是“相邻权利”，抑或是“相邻义务”，各国立法模式存在差异。《日本民法典》共有30个条款规定相邻关系，其中21个条款直接以权利命名，7个条款是有关义务的内容，充分体现了以“相邻权”为主线的立法思路。而《德国民法典》有19个相邻关系条款，没有一个条款是以权利命名的。[③]《瑞士民法典》第684条第1项规定：“任何人在行使其所有权时，特别是在其土地

① 王利明：《中国民法典学者建议稿及立法理由：物权编》，法律出版社2005年版，第219—220页。

② 孟勤国：《中国物权法草案建议稿》，载《法学评论》2002年第5期。

③ 参见韩松、姜战军、张翔：《物权法所有权编》，中国人民大学出版社2007年版，第261—262页。

上经营工业时，对邻人的所有权有不造成过度侵害的注意义务。”其更多是从相邻义务的角度予以表达的。

我国《民法典》采用的章名是“相邻关系”，其内容除了一个法渊性条文，其他8个条文均是从义务的角度进行表达的。因此，从立法文本看，我国的相邻关系，更多是“相邻义务”，而不是“相邻权”。从义务的角度看，我国不动产权利人的义务包括容忍义务、相邻防险义务、被强制让相邻一方使用不动产的义务。不过，权利与义务都是对应的，一方的义务就是另一方的权利。因此，从法律解释的角度看，我国不动产权利人的权利包括取水权、排水权、通行权、通风权、采光权、日照权，以及合理排放不可量物的权利，利用相邻不动产建造、修缮建筑物、铺设管道的权利，要求相邻防险的权利，要求相邻一方赔偿或者补偿的权利，等等。

（二）相邻关系的类型

《民法典》专章规定了相邻关系，《土地管理法》《城市房地产管理法》《建筑法》《农村土地承包法》《森林法》《草原法》《矿产资源法》《煤炭法》《水法》《渔业法》《海域使用管理法》《电力法》《城乡规划法》《军事设施保护法》《环境保护法》《海洋环境保护法》《水污染防治法》《大气污染防治法》《固体废物污染环境防治法》等法律，针对特定领域的事项，不同程度地规定了涉及相邻关系的规范内容。

根据客体的不同，相邻关系可以分为土地相邻关系和建筑物相邻关系。从相邻关系的发展看，先有土地相邻关系，后有建筑物相邻关系。前者包括邻地防险相邻关系、水的相邻关系、邻地使用的相邻关系和越界的相邻关系等。后者包括通风、采光和日照的相邻关系，固体污染物、不可量物侵入的相邻关系等。建筑物相邻关系具体包括三种类型：一是一栋建筑物内各建筑物区分所有权人彼此邻近而发生的相邻关系，又称“建筑物内相邻关系”；二是相邻近的建筑物所有人或使用人之间，因各自的建筑物彼此邻近而发生的相邻关系；三是建筑物所有人、使用人与邻近的土地所有人、使用人之间，因建筑物与土地相邻而发生的相邻关系。[①]随着社会发展和观念更新，日照妨

---

① 参见梁慧星、陈华彬：《物权法》（第六版），法律出版社2016年版，第182—188页。

害、电信妨害、通风妨害、观瞻妨害、光的反射所生妨害，以及煤气、噪声、臭气等造成的妨害，成为建筑物相邻关系规制的重要对象。

根据义务的不同，相邻关系可以分为邻地使用关系和相邻防险关系。前者包括因用水、排水产生的相邻关系，土地通行的相邻关系，管线铺设的相邻关系等。后者包括固体废物、大气污染物、水污染物以及其他不可量物侵害，不得危及相邻不动产的安全等。相邻防险关系中，相邻不动产的权利人负有互相照顾的义务。相邻各方负有一定的“作为”义务，即主动采取措施避免或防止有损于邻地之危险发生。①

相邻关系还可以区分为有形的相邻关系和无形的相邻关系、平面的相邻关系和立体的相邻关系、法定的相邻关系和自治的相邻关系、私法相邻关系和公法相邻关系等。随着社会的发展，相邻关系的范围不断扩展，从通行排水等有形的相邻关系到大气污染物、噪声、光、磁波辐射等无形的相邻关系，从平面的相邻关系到立体的相邻关系，从完全法律规定的相邻关系到某种程度允许自治的相邻关系。建筑物区分所有权制度中的相邻关系，具有明显的特色：一是立体式的相邻关系；二是有体与无体相结合的相邻关系；三是以共有部分为媒介的相邻关系；四是法律和管理规约共同规制的相邻关系。基于自然资源的合理利用、环境保护和城市规划等，相邻关系越来越受到公法影响，不动产相邻各方的权利义务直接依据环境保护法、建筑规划法、土地管理法等相关法律、法规，而产生了公法上的相邻关系。②

（三）相邻关系的性质

相邻关系属于不动产利用最小限度的调整，是实现相邻不动产和谐利用的必要前提，认识相邻关系的关键在于如何判断最小限度的利用。③相邻关系制度的精髓在于“相邻关系中的冲突表现了最微小的利益和最重大利益的混合”④。有学者主张以相邻的共有关系为基础解决相邻关系问题原则，这要求每

---

① 金启洲：《相邻关系制度研究——一种类型化的尝试》，载《浙江工商大学学报》2005年第2期。

② 尹田：《物权法》（第二版），北京大学出版社2013年版，第362页。

③ 朱岩、高圣平、陈鑫：《中国物权法评注》，北京大学出版社2007年版，第301页。

④ 尹田：《法国物权法》（第二版），法律出版社2009年版，第387页。

一个人站在中间立场考虑问题，不仅考虑自己利益的实现，也要意识到对方也是一个利益追求者，要适当考虑对方利益、尊重对方利益的实现。由于相互毗连，相邻各方非市场主体关系，唯有互谅互让，相互考虑对方利益，才能促进各自不动产权益的最大化，才能营造和谐的相邻关系。[①]

明确相邻关系的概念，要合理解释其与地役权的关系。对于相邻关系的性质，大致有两种不同的观点。其一是相邻不动产所有权扩张说。相邻关系制度的功能在于扩张一方的所有权、限制他方的排除请求权，设定作为或不作为义务并设补偿制度，以实现当事人双方利益关系的平衡。[②]《德国民法典》第三编“物权法”第三章“所有权”中，规定了相邻关系的内容。据此，相邻关系并不是一种独立的物权，而是所有权的某种扩张或限制。其二是法定地役权说。《法国民法典》等将相邻关系作为法定地役权，用地役权制度吸收了相邻关系。其第二卷“财产以及所有权的各种变更”第四编“役权或地役权”第二章“由法律设立的役权”，规定了相邻关系的相关内容。其中，第649条规定：“由法律设立的役权，以公共便益或者市镇行政区或私人便益为目的。”[③]

我国《物权法》颁布之前，一些学者主张相邻权是一种独立的物权。如有学者认为，相邻权属于不动产物权，是用益物权的一种，是依据法律的规定直接发生的。[④]相邻权属于物权的范畴，是由物权派生的权利。[⑤]《物权法》颁布后，多数学者不赞同相邻权为独立的物权类型。如有学者认为，相邻权不是一种独立的用益物权，而只是对不动产所有权的限制和延伸，是所有权的内容。在结构安排上，相邻关系是在“所有权”一章，立法者是将其作为所有权的内容加以规定的。[⑥]相邻一方有权请求相邻他方容忍其行使不动产物权，在性质上属于相邻他方不动产所有权及其他物权所受的法律限制，而不

---

① 韩松、姜战军、张翔：《物权法所有权编》，中国人民大学出版社2007年版，第263—264页。

② 王泽鉴：《民法物权》（第二版），北京大学出版社2010年版，第145页。

③ 罗结珍：《法国民法典》（上册），法律出版社2004年版，第518页。

④ 张俊浩：《民法学原理》，中国政法大学出版社1991年版，第476页。

⑤ 寇志新：《民法学》，陕西人民出版社1998年版，第381页。

⑥ 王利明、尹飞、程啸：《中国物权法教程》，人民法院出版社2007年版，第247页。

是强调相邻一方对相邻他方的不动产的支配，因此相邻关系不符合物权的本质属性，不是独立的物权。[①]

我国《民法典》继承《物权法》的表达模式，区分相邻关系和地役权，因此从解释论看，相邻权不是独立的不动产物权。"相邻关系"虽然放置在"所有权"一章，某种程度上可以说是所有权的限制和扩张。由于我国是土地公有制，土地相邻关系更多表现为土地承包经营权人、建设用地使用权人、宅基地使用权人等土地使用人之间的相邻关系。相邻关系可以定位于不动产所有权和使用权的限制和扩张，更符合体系解释和目的解释的要求。

二、"不动产的相邻权利人"的解释适用

（一）"不动产的相邻权利人"的合理解释

"相邻关系"并不适用于所有的不动产，而仅仅适用于处于"相邻"状态的不动产。相邻不动产可以解释为"不动产相互毗邻、相互毗连、相互连接、相互邻近、相互邻接"，甚至是"近邻、附近"等。随着社会的发展，"相邻"的判断标准已经由"客观物理意义上的直接毗连"转化为"无形间接的相互影响"，"相邻法也不仅适用于直接相邻的不动产关系，同时，远距离的不动产也可能受相邻法的调整，只要某不动产的影响能够延伸到远距离的不动产"。[②]

传统民法上的相邻关系多以所有权人为规范对象，仅在极少数情况下准用于若干限制物权。[③]因此传统相邻关系定义为，相邻接不动产所有人之间，一方所有人的自由支配力与他方所有人的自由排他力相互冲突时，为调和其冲突，以谋共同的利益，依照法律规定直接所认可的权利的总称。[④]传统意义上，相邻关系为所有权的扩张和限制，自然在所有权一章或一编中予以规定。

---

① 崔建远：《物权：规范与学说——以中国物权法的解释论为中心》（上册），清华大学出版社2011年版，第445页。

② ［德］曼弗雷德·沃尔夫：《物权法》，吴越、李大雪译，法律出版社2002年版，第171页。

③ 苏永钦：《民法相邻关系可否类推适用于非物权人？》，载苏永钦主编：《民法物权争议问题研究》，清华大学出版社2004年版，第90页。

④ 史尚宽：《物权法论》，中国政法大学出版社2000年版，第97页。

随着实践的发展，相邻关系由原来单纯的不动产所有权发展到不动产的所有权和利用权。从体系解释看，我国“相邻关系”是在《民法典》物权编中的第二分编“所有权”中规定的。本章之前的三章是“一般规定”“国家所有权和集体所有权、私人所有权”“业主的建筑物区分所有权”，本章之后的两章是“共有”“所有权取得的特别规定”。本条没有采用不动产所有人的概念，而是采用“不动产的相邻权利人”的表述。从文义解释看，本条所规范的不动产的相邻权利人，包括不动产所有权人、不动产用益物权人和不动产占有人，具体包括土地所有权人、建筑物区分所有权人、建设用地使用权人、海域使用权人、采矿权人、宅基地使用权人、土地承包经营权人和居住权人等，以及不动产的占有人。从历史解释和比较解释来看，也可以得出这样的结论。《物权法（草案）》曾规定：“本章规定的不动产权利人包括不动产的所有权人、不动产的用益物权人和不动产的占有人。”但在后来的审议过程中删除了。有学者建议稿明确规定：“本节规定，准用于基地使用权人、农地使用权人、邻地利用权人、典权人、承租人，以及土地、建筑物或其他工作物的其他利用人。”①

（二）“不动产的相邻权利人”是否包括不动产债权人

土地租赁权人和房屋租赁权人等不动产债权人，是否可以适用相邻关系的规定，存在一定的争议。对此，有三种解决方案。一是将相邻关系直接扩张到债权性利用权；二是出租人等债权人以不动产占有人的身份主张权利；三是允许承租人、借用人等债权人代为行使出租人、出借人的相邻权。有学者认为，第二种方案是最优方案，第三种方案也有一定的参考意义，第一种方案不符合法理。因为土地租赁和房屋租赁等，属于债权和相对权的范畴，如果将相邻关系直接扩张到不动产的债权性利用权，就突破了债权的相对性。②

从文义解释看，本条规定的“不动产的相邻权利人”包括不动产用益物

---

① 梁慧星：《中国民法典草案建议稿附理由：物权编》，法律出版社2013年版，第250页。

② 崔建远：《物权：规范与学说——以中国物权法的解释论为中心》（上册），清华大学出版社2011年版，第444页。

权人和不动产债权人。土地承租人和房租承租人等，在本条文义的涵射范围之内。从立法目的看，相邻关系以发挥物的效用为价值导向，突出不动产的利用。因此，不动产债权人可以主张相邻关系，扩张自身的权益。同样，不动产债权人也要承担相应的容忍义务。从诉讼的角度看，根据本条的规定，不动产债权人可以直接作为原告。如相邻他方拆除承重墙、破坏防水层、私搭乱建、夜间装修、饲养动物等，房屋承租人可以直接起诉，要求恢复原状、赔偿损失。然而，房屋承租人主张赔偿损失的范围，不能超出其承租权益。

不管是《物权法》颁布之前，还是颁布之后，我国司法实践均认可相邻不动产权利人的范围包括不动产债权人。例如，在某房屋租赁纠纷上诉案中，法院认为：出租人在承租人承租的房屋旁近距离建楼房，影响承租人承租房屋的采光、通风，既是违约行为，也是侵犯相邻权的侵权行为，参照《合同法》第122条规定，因当事人一方的违约行为，侵害对方人身、财产权益的，受损害方有权选择依照本法要求其承担违约责任或者依照其他法律要求其承担侵权责任。[①]在某相邻关系纠纷案中，二审法院认为：涉案房屋为郑腾乙、郑腾甲合建，不论建造该房屋是否经过相关合法审批手续，都不能否认郑腾乙、郑腾甲对涉案房屋拥有使用权，郑腾甲、郑腾乙有权基于其房屋使用权主张相邻权利。一审判决以郑腾甲、郑腾乙未重新办理用地审批及建设规划许可手续，郑腾甲、郑腾乙是案涉房屋宅基地使用权人依据不足及无法证明郑腾甲、郑腾乙是案涉房屋所有权人为由，驳回郑腾甲、郑腾乙主张相邻权的诉讼请求，属适用法律错误。[②]在该案中，二审法院明确认为，房屋使用权人可以主张相邻权利，正确理解了“不动产的相邻权利人”的含义，具有借鉴意义。

三、“有利生产、方便生活、团结互助、公平合理”的解释适用

（一）“有利生产、方便生活”的含义

“有利生产、方便生活”，很早就出现在中央文件、法律和司法解释中，并在司法实践中广泛使用。1978年第五届全国人民代表大会第一次会议政府

① 参见最高人民法院（2000）民终字第115号“新疆维吾尔自治区建筑木材加工总厂与中国民主同盟新疆实业发展总公司房屋租赁纠纷上诉案”，载《最高人民法院公报》2002年第1期。

② 参见福建省三明市中级人民法院（2019）闽04民终1831号民事判决书。

工作报告指出，“积极兴办社会集体福利事业，发展城市公用事业，做到有利生产，方便生活”。1986年通过的《民法通则》第83条规定了“有利生产、方便生活”。1989年通过的《城市规划法》（已失效）第15条第1款规定：“编制城市规划应当贯彻有利生产、方便生活、促进流通、繁荣经济、促进科学技术文化教育事业的原则。”1993年通过的《最高人民法院关于人民法院审理离婚案件处理财产分割问题的若干具体意见》规定：“人民法院审理离婚案件对夫妻共同财产的处理，应当依照……有利生产、方便生活的原则，合情合理地予以解决。”“对夫妻共同经营的当年无收益的养殖、种植业等，离婚时应从有利于发展生产、有利于经营管理考虑，予以合理分割或折价处理。”

根据法院审判实践，落实“有利生产”原则，要把握三点：一要提倡顾全大局，发扬风格，克服困难，以实际行动支持生产建设，不要因小失大。二要在处理相邻纠纷时把有利于生产放在重要位置，既要定分止争，化解矛盾，又要把对生产的影响降到最低，尽量不要造成停工停产。三要充分考虑相邻权利人的利益，采取必要措施，文明施工，避免粉尘、噪声、污染气体排放，竣工后及时清理现场，尽量减少生产给相邻权利人造成的妨害和损害，并对遭受损害的相邻权利人及时给予补偿。[①]落实“方便生活”原则，要把握三点：一是坚持以人为本，充分考虑相邻权利人的生活方便，尤其要保护相邻权利人的生存权。二是合理限制或者延伸自己的权利，方便相邻权利人的生活。三是要合理安排，尽量减少给相邻权利人带来的不便，不得将自己的方便建立在相邻权利人的不便之上。[②]

实践中，“有利生产”与“方便生活”有时发生矛盾，这要根据具体情况具体分析，进行不同利益的权衡。随着社会主要矛盾的变化和民法调整对象表达方式的变化，司法裁判要将“方便生活”放在更加突出的位置。“方便生活”是民生问题，是人民群众对美好生活的追求问题，在新时代具有更重要的价值评判意义。《水法》第21条规定：“开发、利用水资源，应当首先满足

---

① 最高人民法院物权法研究小组：《〈中华人民共和国物权法〉条文理解与适用》，人民法院出版社2007年版，第269—270页。

② 最高人民法院物权法研究小组：《〈中华人民共和国物权法〉条文理解与适用》，人民法院出版社2007年版，第2270页。

城乡居民生活用水，并兼顾农业、工业、生态环境用水以及航运等需要。在干旱和半干旱地区开发、利用水资源，应当充分考虑生态环境用水需要。”该条突出生活用水的地位，具有解释论上的重大参考意义。

（二）“团结互助、公平合理”的含义

“团结互助”一词，在法律文本中被多次使用。《宪法》第4条规定，“国家保障各少数民族的合法的权利和利益，维护和发展各民族的平等团结互助和谐关系”。从字义来看，团结互助是指互相帮助、互相支持、团结协作、共同发展。“以和为贵”“远亲不如近邻”等传统美德，更是强调在相邻关系处理中，要团结互助，多进行换位思考，多设身处地为对方着想。“团结互助”要求不动产相邻权利人以善意的方式行使权利，善意的方式履行应当履行的不作为义务和容忍义务等，要求互相理解、互相谦让。比如河流的上下游，要团结互助。旱季水流不足，上游的不动产权利人要合理控制用水量，为下游的用水提供便利。在汛期，河水暴涨，下游的不动产权利人应当疏导河道，保持水流畅通。上游任意取水，下游任意堵水，都会给对方造成威胁和损害。“团结互助”原则，在相邻关系司法实践中经常被作为裁判或说理的依据。如在敖相甲、敖相乙恢复原状纠纷案中，敖相甲新建房屋占用敖相乙的排水沟，若将原敖相乙的排水沟恢复原状，势必导致排水沟紧邻敖相甲的门前通过，严重影响敖相甲的生活。由于敖相甲已经从其屋后修建排水沟并连通敖相乙家排水处，从经济原则和睦邻相处的角度出发，法院认为不宜再对原排水沟恢复原状。①

“公平合理”，是民事活动处理的基本原则。《民法典》第6条规定：“民事主体从事民事活动，应当遵循公平原则，合理确定各方的权利和义务。”“公平”强调实质平等、结果平等，强调实质公平，而非形式公平。相邻关系是法定的权利义务关系，是维护最低限度公平和争议的要求。相邻关系不是当事人意思自治的范畴，突出“公平”，突出国家强制，这是法律对意思自治原则缺陷的一种弥补方式。“合理”的判断，力求客观，避免主观性。同一权利义务的安排，不同的当事人从各自的角度出发，评判结果并不一样。“公平合理”给予了法官自由裁量权，但要求法官遵循生活经验，遵循普通人的理解。

① 参见贵州省遵义市中级人民法院（2017）黔03民终1886号民事判决书。

如在张某所、王某排除妨害纠纷案中，云南省曲靖市中级人民法院认为被上诉人王某（原审被告）重新建新房后，两房外墙之间的距离相对变窄，上诉人张某所家确因王某家新建房屋而导致排水受到一定的影响，根据公平原则，判决王某给予张某所1500元。①

（三）与社会主义核心价值观的关系

“有利生产、方便生活、团结互助、公平合理”的原则，契合了社会主义核心价值观。在处理相邻关系纠纷中，要善于运用社会主义核心价值观，进行充分的说理。党的十八大提出，倡导富强、民主、文明、和谐，倡导自由、平等、公正、法治，倡导爱国、敬业、诚信、友善，积极培育和践行社会主义核心价值观。把社会主义核心价值观融入法治建设，是坚持依法治国和以德治国相结合的必然要求，是加强社会主义核心价值观建设的重要途径。《民法典》第1条规定：“为了保护民事主体的合法权益，调整民事关系，维护社会和经济秩序，适应中国特色社会主义发展要求，弘扬社会主义核心价值观，根据宪法，制定本法。”“有利生产、方便生活、团结互助、公平合理”是社会主义核心价值观融入法律的体现，两者有异曲同工之处，如“富强”与“有利生产”，“民主、文明”与“有利生活”，“和谐、诚信、友善”与“团结互助”，“公正”与“公平合理”等。处理相邻纠纷，司法裁判不仅要关注个案效果，更要关注社会效果，关注裁判指引社会功能的实现。

调解为主，弘扬社会主义核心价值观，是最高人民法院处理相邻纠纷的司法政策。相邻关系案件裁判后，经常存在执行困难。当事人的诉讼请求很多是停止侵害、排除妨碍，这涉及对房屋及其附属设施的改造、修复、拆除、清理等。有的当事人在判决生效后不主动履行；有的当事人履行了部分义务，其余则不履行；有的被执行人在面对执行人员时会将违章部分进行拆除，但当执行人员离开后，则会予以恢复，当事人只得重新申请执行或重新起诉；有的判决中仅用“恢复原状”作为裁判主文，导致执行标准不明确。因为，相邻纠纷要确立调解为主的审判理念。《最高人民法院关于人民法院为建设社会主义新农村提供司法保障的意见》（法发〔2006〕17号）第11条规定：

---

① 参见云南省曲靖市中级人民法院（2019）云03民终360号民事判决书。

“在审理婚姻家庭、继承、赡养、抚养以及相邻关系等普通涉农民事纠纷过程中，要切实保护妇女、老人和未成年人的合法权益，协调好各种利益关系和社会关系，促进家庭和睦、邻里和谐、乡风文明，弘扬社会主义道德风尚。”《最高人民法院民一庭关于做好二〇〇八年全国法院民一庭系统民事审判工作的通知》（〔2008〕法民一字第2号）第6条规定，“通过对相邻关系、共有关系等案件的审理，倡导互相尊重、相互帮扶、邻里团结、和谐共处的道德风尚”。《最高人民法院关于人民法院进一步深化多元化纠纷解决机制改革的意见》（法发〔2016〕14号）第27条规定：“……有条件的基层人民法院对家事纠纷、相邻关系、小额债务、消费者权益保护、交通事故、医疗纠纷、物业管理等适宜调解的纠纷，在征求当事人意愿的基础上，引导当事人在登记立案前由特邀调解组织或者特邀调解员先行调解。”

张某某诉朱某某相邻关系纠纷案，是广东省高级人民法院2016年发布的弘扬社会主义核心价值观十大典型案例之一。在该案中，张某某和朱某某比邻而居。朱某某每天早上和晚上在门口烧香，逢年过节更是要燃烧大量的香纸、蜡烛，造成楼层通道空气混浊且造成了消防隐患，引起了邻居张某某的不满。张某某多次建议朱某某停止烧香行为，但朱某某认为烧香是宗教习俗行为，张某某不应干预。后来，双方再次因烧香问题发生争执，朱某某还将张某某家的木门踢烂。广州市天河区人民法院认为，朱某某在消防通道烧香的行为，已产生安全隐患，在他人劝阻后反而采取暴力措施导致矛盾升级，应承担相应的法律责任。该案的典型意义是，在邻里关系当中，每个人如果都能秉持“以和为贵”“远亲不如近邻”的理念，多进行换位思考，设身处地为对方着想，便能减少许多纷争，构建和谐邻里关系。①

四、相邻关系的请求权基础

（一）相邻关系请求权基础的争议

在相邻权受到侵害的情况下，如何对当事人提供救济，理论上有三种不

① 参见《广东高院首次发布弘扬社会主义核心价值观十大典型案例》，载《南方日报》2016年10月24日。

同的观点：侵权请求权说、侵害相邻关系说、物权请求权说。有学者认为，从相邻关系实质为所有权或使用权的限制和延伸的逻辑出发，在相邻关系中被侵害的是相邻关系所要救济的原权，即不动产所有权或使用权，因此基于相邻关系而产生的请求权，是相邻一方的相邻权遭到侵害时，得请求侵害方为一定行为或不为一定行为以防止侵害的权利，属于物权请求权的范畴。[①]有学者认为，在相邻一方损害另一方权利时，另一方可直接依据相邻权受到侵害，要求赔偿损失、停止侵害。[②]有学者认为，相邻权不是独立的物权，不能单独以相邻权受到侵害为由要求提供救济，而要根据情况，分别适用物权请求权和侵权请求权。[③]有学者认为，相邻责任不是一种独立的民事责任，广义上也是一种侵权责任，基于相邻义务而产生的责任在内容和形式上倾向于以和为贵，以消除妨碍为基本目的，不搞惩罚性赔偿，也不一定恢复原状。[④]

从解释论的角度看，不动产相邻关系的种类繁多，请求权基础很难统一。一方面，相邻关系本身可以成为请求权的基础，具有相对独立性。相邻关系具有法定性，由法律直接规定产生。相邻关系是一项独立的法律规则，具有独立的规范对象、规范技术和规范方式。相邻关系请求权是以容忍义务为前提的，其发生是由于违反容忍义务或超越容忍限度，而侵权赔偿请求权是以法定义务为前提，其行为具有违法性。另一方面，相邻关系的救济路径也是多元的，可以是物权请求权，也可以是债权请求权。本章规定的相邻关系与《民法典》第236条规定的排除妨害、消除危险请求权等，是特殊与一般的关系。物权请求权对于保障相邻不动产一方的安全，恢复物权的圆满支配状态，具有重要意义。本章规定的相邻关系与《民法典》第1165条规定的侵权责任，是特殊与一般的关系。对相邻土地或建筑物造成了不当的毁损，或者损害了其他正当合法权益，相邻权利人可以行使侵权损害赔偿请求权。本章的相关条款应当优先适用，物权编和侵权责任编的相关条款可以作为补充。

---

① 孙宪忠：《德国当代物权法》，法律出版社1997年版，第190—191页。

② 梁慧星、陈华彬：《物权法》（第六版），法律出版社2016年版，第181页。

③ 王利明：《物权法研究》（上册），中国人民大学出版社2016年版，第673页。

④ 孟勤国：《物权二元结构论——中国物权制度的理论重构》，人民法院出版社2009年版，第181页。

（二）建筑物越界的请求权基础

建筑物越界是相邻关系的一种类型。对于越界建筑引发的相邻关系，本章并没有明文规定。所谓越界建筑，一般多指房屋，包括阳台、地下室等与房屋不可分割的组成部分。侵入他人土地，兴建围墙、储藏室、猪栏、狗舍或简陋厨厕，所有人均得请求排除妨害。[①]建筑物越界问题，要区分善意还是恶意，要明确提出异议的时间及逾期提出异议的法律后果。

有民法典学者建议稿对越界建筑房屋的异议等，予以较为详细的规定。其中，第357条【越界建筑房屋的异议】规定："土地所有人或者使用人建筑房屋，非因故意或者重大过失逾越疆界，邻地所有人或者使用人如知其越界而不及时提出异议的，不得请求移去或者变更其房屋。但可以请求土地所有人或者使用人以相当的价额，购买越界部分的土地及因此形成的畸零地，如有损害，并可以请求赔偿。"第358条【越界建筑房屋移去或变更的排除】规定："土地所有人或者使用人建筑房屋逾越疆界，邻地所有人或者使用人请求移去或者变更时，该移去或者变更对公共利益有重大损害的，人民法院应土地所有人或者使用人的请求，可以判决免为全部或者部分移去或者变更。但土地所有人或者使用人因故意或者重大过失逾越疆界的，不得免为移去或者变更。依前款规定，免为全部或者部分移去或者变更的情形，邻地所有人或者使用人可以请求土地所有人或者使用人以相当的价额购买越界部分土地及因此形成的畸零地，如有损害，并可以请求赔偿。"[②]

从解释论看，我国建筑物越界纠纷的处理，应当适用本条的原则规定，适用物权编规定的"物权请求权"和侵权责任编规定的"损害赔偿请求权"的相关规定。建设用地使用权人被越界时，有权向侵权人提出停止侵害、恢复原状；造成损害的，有权请求赔偿。如果越界建筑物已全部或基本建成，而拆除后对社会整体利益造成的损害大于建设用地使用权人受影响的利益的，建设用地使用权人主张排除妨碍，法院宜引导其通过损害赔偿的方式弥补损

---

① 王泽鉴：《民法物权》（第二版），北京大学出版社2010年版，第157页。

② 参见梁慧星：《中国民法典草案建议稿附理由：物权编》，法律出版社2013年版，第240—243页。

失。如果逾界建筑物价值较小，适宜拆除，无损于社会整体利益，则可判决拆除。当然还要区分侵权人是故意还是过失，司法导向要避免恶意越界情形的发生。

从司法实践看，对于越界建筑物的处理，大致有三种裁判结果。第一种是判决立即拆除越界建筑物。在某侵权责任纠纷案中，法院判决认为：原、被告之间宅基地界线已经政府划定明确，被告建房越过了界线，侵害了原告的宅基地使用权，已构成侵权。对原告要求被告停止侵权、排除妨碍、恢复原状的诉请，本院予以支持。双方应按政府的确权决定执行，且经调解原告不同意由被告折价补偿，对越界建筑物，被告应予清除。①法院的裁判依据是《物权法》第37条和《民法通则》第134条。第二种是判决翻盖房屋时，拆除越界建筑。在某排除妨害纠纷案中，法院判决认为：考虑到双方宅院均已建成，被告的越界建设行为也未对原告的宅基地使用权造成明显损害，立即拆除无益于最大限度地发挥现有财产价值，因此，酌情将被告拆除越界建筑的时间延后，确定为被告下次翻建房屋时。②法院的裁判依据是《物权法》第35条的排除妨害、消除危险请求权。第三种是保留越界建筑物，给予经济赔偿。在某土地使用权侵权纠纷案中，法院判决认为：被告整个楼房的建筑都应建在自己所拥有使用权的土地上，而被告所建楼房的基础延伸到了属原告所使用的土地上，无论是在地上还是地下都应属侵权行为。因而被告认为自己所建楼房基础部分延伸到原告所使用土地的部分不属侵权的理由不能成立。因此判决由被告赔偿原告因变更施工图纸后减少房屋面积的经济损失173376.66元。③法院的裁判依据是《民法通则》第117条侵权责任的一般规定。

五、相邻关系法律漏洞的填补路径

（一）法律没有规定的其他类型相邻关系的司法裁判

从法律适用看，在法律对相邻关系的某些类型缺乏明确规定的情况下，法官可以本条作为裁判依据。例如对树木根枝越界的相邻关系，《民法典》没

① 参见河南省宁陵县人民法院（2014）宁民初字第1345号民事判决书。
② 参见北京市平谷区人民法院（2015）平民初字第06018号民事判决书。
③ 参见济南市长清区人民法院（2005）长民重字第13号民事判决书。

有作出规定，但此类纠纷在农村还是很常见的。举例来讲，甲家树木的枝蔓越界到乙家，乙家认为该越界枝蔓影响了其采光，从而起诉到法院，要求甲家砍断越界的枝蔓。法官可依“有利生产、方便生活、团结互助、公平合理”的原则审理此案，要查证越界枝蔓是否对乙家的生活造成了严重影响，也要查明砍断越界枝蔓对甲家的生产会产生多少影响，因为该树可能是经济价值较高的果树。如果法官认定越界枝蔓严重妨害了乙家的采光，同时砍断越界枝蔓对甲家的生产损失不大，则判决甲家砍断越界枝蔓；反之，如果法官认定越界枝蔓对乙家的生活影响不大，但砍断越界枝蔓可能对甲家的生产造成较大损失，可以判决保留越界枝蔓，而由甲家给乙家一定补偿。总之，判决要体现公平合理的原则，保持邻里团结友爱的和睦关系。[①]对于相邻房屋滴水纠纷，以及相邻一方在自己使用的土地上挖水沟、水池、地窖等，危及另一方建筑物的安全和正常使用引发的纠纷，《民法通则意见》第102条和第103条有规定，而《民法典》没有规定。这两个条款是根据《民法通则》作出的司法解释，《民法典》生效后，这两个条款不宜再直接作为裁判依据，而可以直接适用本条的规定。

（二）相邻关系中约定的法律效力认定

相邻关系中的约定，是否具有法律效力，需要结合本条的规定，进行科学解释。相邻关系是基于法律规定而产生的，国家为了平衡各方面利益，协调私权之间的矛盾，要求相邻一方应当给相邻另一方提供必要的便利。然而，这并不意味着在相邻关系中不存在意思自治的空间。有学者认为，当事人可以通过约定解决相邻关系，主要有两方面原因：一方面，相邻关系的规范虽然具有法定性，但并不是一种强制性的规定；另一方面，由于相邻关系类型复杂，法律关于相邻关系的规则比较抽象概括，不可能对所有的相邻关系都进行列举，有必要通过当事人的约定来弥补法律规定的不足。[②]有学者认为，相邻关系法律制度旨在规范相邻土地所有人间利害冲突，虽涉及公益，多数间接，应容留

---

① 全国人大常委会法制委员会民法室：《〈中华人民共和国物权法〉条文说明、立法理由及相关规定》（第二版），法律出版社2017年版，第165页。

② 王利明：《物权法研究》（上册），中国人民大学出版社2016年版，第664—665页。

当事人私法自治空间，自行调整其权利义务关系，较之将其权利义务关系强行化，更能充分发挥土地的经济效用，以促进物尽其用的社会整体利益。[①]还有学者认为，相邻关系的权利义务，基本得依设定地役权而为规范，如当事人得设定排雨水于邻地的地役权，有必要通过当事人的约定来填补相邻关系法律制度的漏洞。[②]这些观点侧重于法理上的阐述，具有相当的科学性和合理性。

从本条看，一定范围内承认相邻关系约定的效力，符合立法目的。约定的效力，要根据“有利生产、方便生活、团结互助、公平合理”的原则，进行合理的解释。一概肯定约定的效力，或者一概否认约定的效力，均不符合相邻关系的立法目的。相邻关系内容复杂，应针对不同的情形，作出不同的评判。如对于采光问题，相邻不动产权利人达成的协议，具有法律效力。而相邻不动产权利人对排放有毒有害气体达成的协议，就不应当具有法律效力。我国司法实践中，对于相邻关系，当事人可以约定权利义务。如在某排除妨碍纠纷案中，法院认为，相邻关系是一种法定的权利义务关系，但也不排除当事人通过约定的形式进行调整。[③]在具体裁判时，应结合当事人订立合同时的背景，是否存在重大误解或显失公平等可撤销情形予以考量，以公平保护当事人的合法权益。

相邻关系约定，没有对抗第三人效力。如某物权保护纠纷案，法院认为，被告将其岳父的猪圈改建为两层楼房，该房屋与原告房屋客厅的窗户仅间隔几十厘米，遮挡了原告房屋客厅的部分窗户，在一定程度上影响了原告房屋客厅的通风和采光，妨碍了原告对房屋物权的行使，因此对原告要求被告撤除新修建房屋的请求，本院予以支持。对被告辩称其岳父与原告房屋的原所有权人有相邻协议，其是按协议约定修建房屋，不存在侵权的问题，因该协议只能约束协议的双方当事人，现该房屋所有权人已变更为原告，相邻关系人已发生改变，该协议不能约束本案的原告，其新修建房屋应充分考虑是否影响新相邻权人的权益，因此对被告的此项辩称意见，本院不予采信。[④]

---

① 王泽鉴：《民法物权》（第二版），北京大学出版社2010年版，第145—146页。

② 苏永钦：《私法自治中经济理性》，中国人民大学出版社2004年版，第225页。

③ 参见江苏省扬州市邗江区人民法院（2006）扬邗民一初字第0161号民事判决书、江苏省扬州市中级人民法院（2006）扬民一终字第0401号民事调解书。

④ 参见重庆市綦江区人民法院（2014）綦法民初字第05702号民事判决书。

举证责任

根据民事诉讼法，请求人民法院判令相邻义务人承担民事责任的一方当事人，一般应当承担举证责任。要举证证明以下基本事实：第一，双方之间存在不动产相邻关系。第二，相邻义务人实施了妨碍不动产所有权延伸权益的行为。第三，该扩张行为违反民法相邻关系的法律规定，存在对相邻权利人利用不动产造成妨碍或妨害的事实。第四，相邻权利人主张的具体民事责任承担方式符合法律规定。否认承担民事责任的一方当事人，应举证证明法律规定的抗辩事由，即相邻权利人主张的相邻侵权请求权未产生、受阻碍或已消灭的事实。法院要善于运用利益衡平方法，兼顾双方当事人的权益。相邻当事人对自己不动产的利用行为，负有限制义务，对对方利用不动产的行为，负有容忍义务。法院要善于运用经验法则，就案件事实认定及法律适用事项进行权衡，综合考虑法律效果和社会效果，妥当行使自由裁量权。法院要贯彻利益最小影响、最低损害的司法理念，要注重个案的特殊性，化解社会矛盾。

实践中，有时违反相邻关系并不是造成损害的唯一原因，法院在处理损害赔偿纠纷中，要实事求是地认定因果关系。《最高人民法院关于庞某林在庞某红房屋近处挖井对该房造成损坏应按相邻关系原则处理的复函》（〔1991〕民他字第9号）中指出："庞某林与庞某红住房前后相邻，庞某林在庞某红房屋近处挖井，违背了处理相邻关系的原则，1987年6月该地区发生特大洪水，水井大量泛水涌沙，庞某林又未能及时采取措施，损坏了庞某红的房基，致该房成为危房，给庞某红造成了重大损失。依照《中华人民共和国民法通则》第83条的规定，庞某林应负赔偿责任。考虑该案具体情况，可以适当减轻庞某林的赔偿责任。"

其他问题

传统相邻关系带有鲜明的私法性特征，只能调整两块特定并且狭小的空间利用冲突关系。但随着城市不断发展，在土地规划利用及环境保护等与市民生活较贴近的问题上，国家陆续出台了具有公法性质的环境保护和土地规划等方面的法律，形成了公法上的相邻关系。要科学对待侵犯相邻权行为与行政违法行为的交叉与冲突。引发民事、行政交叉案件的行政行为主要包括行政确认行为、行政裁决行为、行政登记行为、行政许可行为等。2017年修改的《行政诉讼法》第25条第1款规定："行政行为的相对人以及其他与行政行为有利害关系的公民、法人或者其他组织，有权提起诉讼。"2018年《行政诉讼法解释》第12条第1项规定，"被诉的行政行为涉及其相邻权或者公平竞争权的"，属于《行政诉讼法》第25条第1款规定的与行政行为有利害关系。以采光、日照等相邻权纠纷为例，存在两种诉讼类型：一是相邻权人以房地产开发商为被告提起民事诉讼，主张采光、日照等相邻权受到侵害，被告则以获得行政许可为由对抗原告主张。二是相邻权人以作出行政许可的行政机关为被告，以相邻权受到侵害为由提起行政诉讼。

德国发生过一起案件，某公司准备在某地开设化工厂，并申请了行政许可。毗邻该地而居的邻人认为化工厂投产后会降低自己土地的使用价值，化工厂排放的有毒气体也会危及自身生命安全。在该公司办理行政审批过程中，邻人提出抗辩，但被驳回。邻人又针对行政机关颁发许可证的行为提起行政诉讼，也不被法院支持。最后，邻人提起民事诉讼，要求该公司必须通过技术手段处理所排放的有毒气体，否则要赔偿自身的损失。最终，法院支持邻人这一诉求。[①]我国发生的某行政许可侵犯相邻权案，与德国案件类似。该案是一起行政机关批准第三人在集体土地上改扩建房屋引起的行政诉讼。法院认为，对行政机关作出的规划许可行为进行合法性审查时，不仅应审查其是否符合法定程序，也应审查其是否影响了邻人的相邻民事权益。对有瑕疵的行政许可行为，可以根据案件情况，如果不宜对被诉具体行政行为作出维持或撤销等判决的，可直接作出驳回原告诉讼请求的判决。[②]

从我国实践看，大致可以分为三种情形：（1）侵犯相邻权，但并未违反

---

① ［德］鲍尔、施蒂尔纳：《德国物权法》（上册），张双根译，法律出版社2004年版，第549页。

② 参见湖北省宜昌市中级人民法院（2006）宜中行终字第00027号行政判决书。

行政法律规定。有些行为没有违反行政法律规定，甚至可能得到相应的行政许可，但是给相邻权利人正常行使权利，或者正常的生产、生活造成妨碍，则该行为应受民事法律规范的调整。如即使取得了建设施工许可证，但房屋建成后严重影响相邻权利人的通风、采光，仍然要承担民事责任，不因行政许可而免责。(2) 违反相关行政法律规定，但未侵犯相邻权。如行为人擅自占用耕地修建住宅，并未影响相邻权利人的通行、采光等。(3) 既违反相关行政法律规定，又侵犯相邻权。如行为人违章改建房屋，给相邻权利人的安全带来隐患，相邻权利人可以请求排除妨碍、消除影响等。同时，行政机关要对此进行行政处罚。①

对于相邻关系，国家颁布了许多规制的法律法规，形成规制法，如《环境保护法》《大气污染防治法》《建筑法》等。违反国家规制，就要承担相应的行政责任。如果没有违反国家规制，原则上不承担民事责任，但有例外。私法具有相对独立性，公法上的管制规范，并不能作绝对化的理解。容忍义务是相邻权的另一面，超过必要的容忍义务，不管是否违反国家规定，均应当视为违反相邻关系。如根据《国家环境保护局关于确定环境污染损害赔偿责任问题的复函》，承担污染赔偿责任的法定条件就是排污单位造成环境污染危害，并使其他单位或者个人遭受损失。国家或者地方规定的污染物排放标准，只是环保部门决定排污单位是否需要缴纳超标排污费和进行环境管理的依据，而不是确定排污单位是否承担赔偿责任的界限。《水污染防治法实施细则》第48条还明确规定，缴纳排污费、超标排污费的单位或者个人，并不免除其赔偿损失的责任。有学者对此进行了理论上的阐释，侵权责任成立中的过错判断具有相当的独立性，不承认遵守规制性规范即不成立侵权责任的“合法性抗辩”；违反保护性的规制规范，可推定行为人过错的存在；违反非保护性的规制规范，仅是证明行为人过错的手段之一，即仅能作为过错的证据。②

在某相邻关系侵权纠纷案中，法院认为不动产权利人建造建筑物虽然办

---

① 江必新等：《最高人民法院指导性案例裁判规则理解与适用：物权卷》，中国法制出版社2016年版，第177—178页。

② 参见朱虎：《规制法与侵权法》，中国人民大学出版社2018年版，第248页。

理了合法的修建手续，但违反相邻不动产间隔距离的强制性国家标准，影响相邻不动产通风、采光的，应承担侵权赔偿责任。《城市居住区规划设计规范》规定，住宅侧面间距，条式住宅，多层之间不宜小于6米，高层与各种层数住宅之间不宜小于13米。该规定属于强制性国家标准，不动产权利人建造建筑物虽然办理了建筑规划许可证等合法修建手续，但没有按照上述强制性国家标准的规定保留与相邻不动产的间隔距离，影响相邻不动产权利人的通风、采光的，应认定构成侵权，受害人主张排除妨碍和损害赔偿的，人民法院应予支持。[①]

第二百八十九条【处理相邻关系的法律依据】

法律、法规对处理相邻关系有规定的，依照其规定；法律、法规没有规定的，可以按照当地习惯。

历史由来

本条完全承袭了《物权法》第85条的规定。由于《民法总则》已经规定了习惯的法渊地位，2017年陈甦教授主持编纂的《中国社会科学院民法典分则草案建议稿》就没有再规定处理相邻关系的法渊问题。[②]其他学者建议稿对处理相邻关系的法律依据，没有明确的规定，但在很多条款中涉及习惯的法渊地位。有学者建议稿多次采用“另有习惯的，依照其习惯”“依当地习惯”等表达方式，如：“土地所有人或者使用人有权禁止他人侵入其土地。但有下列情形之一的，不在此限：（一）他人有通行权的；（二）依当地习惯，任他人进入其未设围障的田地、牧场、山林刈取杂草，采取枯枝、枯干，采集野生植物，或者放牧牲畜的。”[③]有学者建议稿采取了“从其习惯”“当地习惯”等表达方式，如：“依当地习惯，一定范围内居民可以在土地权利人未设围障

---

① 参见最高人民法院中国应用法学研究所编：《人民法院案例选》（2005年第4辑），人民法院出版社2006年版，第153—159页。

② 陈甦主编：《中国社会科学院民法典分则草案建议稿》，法律出版社2019年版，第18页。

③ 梁慧星主编：《中国民法典草案建议稿附理由：物权编》，法律出版社2013年版，第229页。

的田地、牧场、山林剥去杂草，采取枯枝、枯干，或者采集野生植物，或者放牧牲畜的，土地权利人不得禁止他人入内。有无补偿，应从习惯。”[①]再如：“从逾界的枝杈上自行附落的果实，视为邻地的果实。但邻地为公用地的，不适用上述规定。如当地习惯规定该果实应归果树所有人所有，或者果实尚未附落的，果树所有人可以进入邻地采摘。”[②]

规范目的或功能

本条是处理相邻关系的依据，也就是相邻关系的法渊。不动产相邻关系非常复杂，法律只能列举几种典型情形。处理民事关系，应当首先依照民事法律的规定。而民事法律包括法律和法规，突出“行政法规和地方法规”，突出相邻关系的地方属性。在民事法律未作规定的情况下，法院在处理民事纠纷时，可以依习惯作出裁判。

规范内容

一、“法律、法规”的具体含义

（一）“法律”的具体含义

本条中的“法律”，是指全国人大和全国人大常委会颁布的法律。就《民法典》而言，不仅本章9个条文规范相邻关系，物权编其他相关条款，以及侵权责任编的相关条款，均规范相邻关系。此外，《城乡规划法》《建筑法》《环境保护法》《海洋环境保护法》《水污染防治法》《大气污染防治法》《固体废物污染环境防治法》等法律，都不同程度涉及相邻关系的内容。如《建筑法》第39条第2款规定：“施工现场对毗邻的建筑物、构筑物和特殊作业环境可能

---

① 王利明主编：《中国民法典学者建议稿及立法理由：物权编》，法律出版社2005年版，第223页。

② 王利明主编：《中国民法典学者建议稿及立法理由：物权编》，法律出版社2005年版，第132页。

造成损害的，建筑施工企业应当采取安全防护措施。”

（二）“法规”的具体含义

本条中的“法规”，包括行政法规和地方法规。

《电信条例》《广播电视设施保护条例》《乡镇煤矿管理条例》《防治海洋工程建设项目污染损害海洋环境管理条例》《淮河流域水污染防治暂行条例》《建设工程安全生产管理条例》等行政法规，对特定领域的相邻关系均作出了规定。如《电信条例》第46条规定：“基础电信业务经营者可以在民用建筑物上附挂电信线路或者设置小型天线、移动通信基站等公用电信设施，但是应当事先通知建筑物产权人或者使用人，并按照省、自治区、直辖市人民政府规定的标准向该建筑物的产权人或者其他权利人支付使用费。”《建设工程安全生产管理条例》第30条规定：“施工单位对因建设工程施工可能造成损害的毗邻建筑物、构筑物和地下管线等，应当采取专项防护措施。施工单位应当遵守有关环境保护法律、法规的规定，在施工现场采取措施，防止或者减少粉尘、废气、废水、固体废物、噪声、振动和施工照明对人和环境的危害和污染。在城市市区内的建设工程，施工单位应当对施工现场实行封闭围挡。”

地方人大或人大常委会颁布的法规，针对地方问题，对相邻关系作出进一步规定。如武汉市人大常委会制定的《武汉市房产管理条例》第47条第1款规定：“使用房屋的相邻各方应当按照有利生产、方便生活、团结互助和公平合理的精神，正确处理给水、排水、通电、通行、通风、采光等方面的相邻关系，保持良好的居住环境。”武汉市人大常委会2013年颁布的《武汉市房屋安全管理条例》第21条规定：“房屋存在危及相邻人、房屋使用人等利害关系人的安全隐患，利害关系人可以要求房屋安全责任人委托房屋安全鉴定单位进行鉴定。房屋安全责任人拒不委托房屋安全鉴定单位进行鉴定的，利害关系人可以自行委托房屋安全鉴定单位进行鉴定。经鉴定属于危险房屋或者存在危及利害关系人的危险点的，鉴定费用由房屋安全责任人承担；不是危险房屋且不存在危及利害关系人的危险点的，鉴定费用由委托人承担。”

（三）“规章”的法律定位

从文义解释看，本条中的法渊，不包括规章。规章包括部门规章和地方规章。从实际操作看，部门规章和地方规章也是处理相邻关系的重要参考。《最高人民法院关于裁判文书引用法律、法规等规范性法律文件的规定》（法释〔2009〕14号）第4条规定："民事裁判文书应当引用法律、法律解释或者司法解释。对于应当适用的行政法规、地方性法规或者自治条例和单行条例，可以直接引用。"第6条规定："对于本规定第三条、第四条、第五条规定之外的规范性文件，根据审理案件的需要，经审查认定为合法有效的，可以作为裁判说理的依据。"在民事案件中，法院对于部门规章和地方规章，可以认可，也可以不认可。

部门规章往往是细化了法律或行政法规的具体规定。如原环境保护部发布的《关于预防与处置跨省界水污染纠纷的指导意见》和水利部发布的《入河排污口监督管理办法》《取水许可管理办法》等部门规章，对相邻关系作出了进一步的规范。《取水许可管理办法》第15条规定："《取水条例》第四条规定的为农业抗旱和维护生态与环境必须临时应急取水的，取水单位或者个人应当在开始取水前向取水口所在地县级人民政府水行政主管提出申请，经其同意后方可取水；涉及到跨行政区域的，须经共同的上一级地方人民政府水行政主管部门或者流域管理机构同意后方可取水。"还要指出的是，采光和日照等国家有关标准，是由国务院相关部委发布的。以住房和城乡建设部为例，2012年发布国家标准《建筑采光设计标准》（GB50033–2013），2014年发布国家标准《建筑日照计算参数标准》（GB/T50947–2014），2018年发布国家标准《城市居住区规划设计标准》（GB50180–2018）。

地方规章往往根据本地实际情况，作出具有本地特色的规定。《深圳市房屋安全管理办法》《大连市城镇危险房屋管理办法》《长春市生活居住建筑日照管理暂行办法》《沈阳市居住建筑间距和住宅日照管理规定》等地方规章，也规定了相邻关系的内容。如2019年深圳市人民政府颁布的《深圳市房屋安全管理办法》第17条规定："房屋存在结构安全隐患或者房屋安全责任人违反本办法第十四条规定，危及利害关系人的人身或者财产安全的，利害关系人有权要求房屋安全责任人消除危险，房屋安全责任人拒不消除危险的，利害关系人可以向房屋所在地街道办事处投诉。"一些地方政府出台地方标准，如2019年上海市水务局、上海市生态环境局联合制定的本市地方标准《农村生活污水处理设施水污染物排放标准》，立足本市地域特征和农村生活污水治理现状，以水环境保护为目标导向，明确了适用范围，规定了污染物标准分级和限值、污泥管理和监测等要求。

在司法实践中，规章往往是认定相邻当事人权利义务的主要参考。如某相邻关系纠纷案中，法院认为，《住宅室内装饰装修管理办法》第5条规定："住宅室内装饰装修活动，禁止下列行为：……（二）将没有防水要求的房间或者阳台改为卫生间、厨房间；……"本案中，301房将没有防水要求的客厅的一部分设为厨房，同样将没有防水要求的餐厅的一部分设为卫生间，该设置不仅明显给201房的生活造成了不便及增加了其客厅漏水的风险，也违背了民事行为中的公序良俗的基本原则，亦与上述部门规章不符，故支持201房对于厨房、卫生间拆除、恢复原状的诉讼请求。[①]在另一相邻关系纠纷案中，法院将《杭州市市政设施管理条例》第41条第1款（凡需使用城市雨水管道排放雨水或使用城市污水管道排放污水的单位和个人，在排水工程施工前，应当持有关批准文件和图纸资料，到市政设施行政主管部门办理排水接管手续后，方可按规定要求接管施工），作为裁判说理的依据。[②]

而在一些司法裁判中，法院并不认可规章对相邻关系处理的效力，而是根据日常生活经验予以判定。如某相邻关系纠纷案中，上诉人根据《上海市空调设备安装使用管理规定》中规定的空调外机安装支架底部"距室外地面高度不低于1.9米"，请求被上诉人拆除空调外机，而法院认为，当事人在民事诉讼中是否构成相邻妨害，与其是否违反行政管理规范，二者并无必然关联性或对应性。上诉人所述的双方房屋间距，事实上也难以实现楼上、楼下住户空调外机距彼此房屋"不低于1.9米"，因此判决驳回了上诉人的诉讼请求。[③]

二、"习惯"的具体含义

（一）习惯的法律漏洞填补功能

作为裁判依据的"习惯"是当地多年实施且为当地多数人所遵从和认可的习惯。这种习惯已经具有"习惯法"的作用，在当地具有类似于法律的约

---

① 参见广东省广州市中级人民法院（2020）粤01民终2670号民事判决书。
② 参见浙江省杭州市中级人民法院（2018）浙01民终7828号民事判决书。
③ 参见上海市第一中级人民法院（2019）沪01民终10057号民事判决书。

束力。同时，这种习惯以不违背社会公共利益和善良风俗为前提。《民法典》第10条规定："处理民事纠纷，应当依照法律；法律没有规定的，可以适用习惯，但是不得违背公序良俗。"在是否适用习惯，以及适用何种习惯作为审案依据的问题上，法官具有自由裁量权。相邻关系的种类繁多且内容丰富，但我国立法规定的类型有限，也比较原则。法院处理相邻关系，需要以习惯作为依据所占的比例是比较大的。例如，本章没有规定果实自落于邻地的归属问题，植物根茎越界问题，樵牧权问题。这些法律漏洞的解决，需要依据当地的习惯。我国幅员辽阔，实践中水资源如何利用、通行权的边界如何确定等问题的解决，都依赖于当地的习惯。如苗寨很多古树被称为"神树"，任何人都不能对其进行侵犯，即使树枝延伸到邻居的房屋、树木的生长位置阻碍到邻居房屋的建造，也不得主张将其砍掉。如果是树倒在邻居农田里，需要先行祭祀，举行完祭祀活动才能够移动。[①]由于苗寨吊脚楼前后左右距离很近，房屋屋檐有的延伸到邻居屋檐上，按当地习惯，新建的房屋的屋檐滴水线不能侵占他人的建筑或者地域。[②]

（二）习惯的法律解释功能

相邻关系的核心是合理界定容忍义务的边界。我国幅员辽阔，经济发展不均衡，各地往往规定了一些具体规则，方便法律适用。本条突出"当地习惯"，尊重了相邻关系的地区差异，具有相当的科学性。法律作出了原则性的规定，具体适用还要尊重当地习惯。如经济发达地区与经济落后地区，对相邻关系中的容忍义务不同。在城市，土地的高度利用更为优先，因此居民对于容忍义务限度要更高。而在农村，对居民居住环境的保护应该优先于对土地的高度利用，居民对于影响采光的容忍义务限度较低。也就是说在容忍程度的判断上，各地法官可以根据当地的历史习惯风俗，作出妥当规则的解释，有较大的自由裁量权。将地域性作为考量因素，突出当地习惯的法律解释功能，有利于更好解决相邻纠纷。

---

① 周相卿：《黔东南雷山县三村苗族习惯法研究》，贵州人民出版社2006年版，第51页。

② 周相卿：《黔东南雷山县三村苗族习惯法研究》，贵州人民出版社2006年版，第242页。

举证责任

主张当地习惯的一方，应当承担举证责任。2009年的《合同法解释（二）》第7条规定："下列情形，不违反法律、行政法规强制性规定的，人民法院可以认定为合同法所称'交易习惯'：（一）在交易行为当地或者某一领域、某一行业通常采用并为交易对方订立合同时所知道或者应当知道的做法；（二）当事人双方经常使用的习惯做法。对于交易习惯，由提出主张的一方当事人承担举证责任。"该条虽然规定的是交易习惯的举证责任，对于相邻关系中习惯的举证责任，也具有参考意义。

第二百九十条【用水、排水相邻关系】

不动产权利人应当为相邻权利人用水、排水提供必要的便利。

对自然流水的利用，应当在不动产的相邻权利人之间合理分配。对自然流水的排放，应当尊重自然流向。

历史由来

该条完全承袭了《物权法》第86条的规定。在《民法典》编纂过程中，该条规范并未修改。各学者建议稿的意见也基本一致，只是措辞略有不同。例如，2017年陈甦教授主持编纂的《中国社会科学院民法典分则草案建议稿》从文字上略作调整，第42条规定："不动产权利人应当为相邻权利人用水、排水提供必要的便利。相邻不动产权利人之间应当合理分配利用自然流水。对自然流水的排放，应当遵循自然流向。"①

规范目的或功能

本条旨在规范用水、排水的相邻关系。用水和排水是一个事物的两个方

---

① 陈甦主编：《中国社会科学院民法典分则草案建议稿》，法律出版社2019年版，第19页。

面，水源不足往往产生截水、蓄水等相邻用水纠纷，水源过剩产生相邻排水纠纷。第1款是明确用水、排水相邻关系的基本规则，意在为相邻权利人提供必要的便利。如果不提供必要的便利，相邻一方可以请求排除妨害、消除危险、赔偿损失。第2款明确自然流水的利用和排放的基本规则。对自然流水的利用，应当在不动产的相邻权利人之间合理分配。对自然流水的排放，应当尊重自然流向。对于自然流水之外的人工流水，要遵循提供必要便利的原则。

规范内容

一、提供必要便利原则

（一）提供必要便利原则的判断标准

根据法院的司法裁判经验，不动产权利人是否负有提供便利的义务，应根据以下标准予以判断：第一，是否有条件向相邻权利人提供便利。受客观环境的影响，不动产权利人具有某种地理上的优势，能够制约相邻权利人用水、排水。因此，他负有向相邻权利人提供便利的义务。第二，是否负有向相邻权利人履行补救或补偿的义务。本来不动产权利人有义务向相邻权利人提供用水、排水的便利，但为了实现某种目的不能提供，影响相邻权利人的利益，就负有采取补救措施或者予以补偿的义务。[①]

在司法实践中，认定是否必须提供必要便利，有时会发生争议。在张某品、张某才相邻用水、排水纠纷一案中，一审法院认为：结合本案实际，被告张某才经依法审批改变土地利用性质后，按照公平合理的原则，原告张某品承包田的排水问题首先应当自行解决，在穷尽办法无法解决后才能要求相邻的被告张某才户提供便利。原告张某品认为其承包田现状无法排水，必须沿其承包田南北长度为限留一条排水沟，完全可以在田埂上其承包田范围内自行开挖，其直接要求被告张某才拆除部分地基，为其恢复豆沟作为排水沟

① 最高人民法院物权法研究小组：《〈中华人民共和国物权法〉条文理解与适用》，人民法院出版社2007年版，第277页。

既非客观必要，亦无法律依据，依法不予支持。[①]而二审法院认为：张某品、张某才两户原承包田东西相邻，排水按照东高西低的地势，尊重上满下流原则由张某品户排入张某才户的承包田内往西排水。由于大临铁路建设，张某才户房屋拆迁后经批准在其承包田内建盖房屋，虽然并未侵占他人面积，但房屋整体地基垫至村大路水平，在张某品户承包田下田埂外，自家房子靠东位置，围绕房屋及田埂形状浇灌了两米到三米的砖混地基等建筑物，改变了原排水状况，影响了张某品户承包田的排水，应承担排除妨害的责任，保障排水畅通。[②]

提供必要便利，要充分考虑历史和现实的各种因素。本条第2款规定，"对自然流水的排放，应当尊重自然流向"。在上述案件中，原告张某品固然可以通过其承包田范围内自行开挖排水沟解决问题，但是这一做法改变了水的自然流向。张某才在其承包田内建盖房屋，虽然经过政府的审批，但也不能改变原承包地的自然流水的流向。因此，二审法院判决张某才自行拆除浇灌在张某品户承包田下田埂以西的建筑物，并以该田埂水平为基础、南北长度为限留出宽20厘米、深30厘米的水沟，保障张某品户排水畅通，具有法律和事实依据。

（二）提供必要便利原则的中国语境

水要占据一定地球表面，还存在地下水源，因此土地与水源密不可分。在传统民法中，水被纳入土地所有权来规范，即水被视为土地的组成部分。土地所有权人自然拥有地表水和地下水。[③]相邻用水人引取定量之水或贮存定量之水，土地所有权人负有容忍义务，因为定量之水尚未与土地分离而成为独立的物权客体，而是土地的组成部分。土地所有权自然包括占有、使用、收益、处分定量之水的权利。[④]传统用水、排水作为相邻关系的重要组成部分，是解决土地所有权行使的权益冲突。1988年的《民法通则意见》第98条规定：

---

① 参见云南省巍山彝族回族自治县人民法院（2019）云2927民初13号民事判决书。

② 参见云南省大理白族自治州中级人民法院（2019）云29民终644号民事判决书。

③ 高富平：《物权法原论》（第二版），法律出版社2014年版，第194页。

④ 崔建远：《物权法》（第四版），法律出版社2017年版，第227页。

“一方擅自堵截或者独占自然流水，影响他方正常生产、生活的，他方有权请求排除妨碍；造成他方损失的，应负赔偿责任。”第99条规定：“相邻一方必须使用另一方的土地排水的，应当予以准许；但应在必要限度内使用并采取适当的保护措施排水，如仍造成损失的，由受益人合理补偿。相邻一方可以采取其他合理的措施排水而未采取，向他方土地排水毁损或者可能毁损他方财产，他方要求致害人停止侵害、消除危险、恢复原状、赔偿损失的，应当予以支持。”这两条规定某种程度上坚持了水是土地组成部分的思维，但并没有相邻用水、排水权利主体，局限于“土地所有权人”，展示了土地公有制的中国特色。

在当代社会，水资源是稀缺资源，水为土地的成分或者无主物的传统观点，已经无法有力解释实践中的用水矛盾，水资源使用权制度应运而生。根据我国《水法》的规定，水是独立于土地的不动产，无论土地是否归国家所有，水资源均归国家所有。农业集体经济组织所有的水塘和由农村集体经济组织修建管理的水库中的水，属于集体所有。然而，普通民众一般情况下对水资源的利用，无需经过行政许可。有学者指出，不动产权利人取水的权利本身、合理分享自然流水的权利本身，不再是相邻权的范畴，而是取水权的应有之义；主体身份准确来讲应称为取水权人。对自然流水的利用，应当在不动产的相邻权利人之间合理分配。这种表达将取水权的内容，不当作为相邻关系的内容。因此，从立法论的角度，应当删除《物权法》第86条的规定。[①]该观点具有很强的说服力，充分认识到了行政权对相邻用水关系的影响，但不具有可行性。农村集体经济组织的水塘和农村集体经济组织修建管理的水库，因生活引水和灌溉引水时常发生纠纷，要遵循提供必要便利原则，不能用取水权制度予以调整。根据中国裁判文书网发布的裁判文书，相邻用水、排水纠纷存在地域差异，南方纠纷多。云南和广西等南方地区，该类问题更多。南方水源大多来自江流，北方的水源多为浅层地下水，因此用水和排水纠纷南方多于北方。

从城乡差别来看，农村的用水和排水大多须尊重河流、水流自然流向，因

---

① 崔建远：《物权：规范与学说——以中国物权法的解释论为中心》（上册），清华大学出版社2011年版，第449页。

此出现排水、用水纠纷的概率远大于城市。城市因为集中供水，居民之间基本不涉及相邻用水问题，更多表现为城市与城市之间、城镇和邻近乡村之间，甚至省区之间用水冲突。从中国水事纠纷解决机制看，政府在水资源纠纷的解决中，发挥了较大的作用。《水法》第56条规定："不同行政区域之间发生水事纠纷的，应当协商处理；协商不成的，由上一级人民政府裁决，有关各方必须遵照执行。在水事纠纷解决前，未经各方达成协议或者共同的上一级人民政府批准，在行政区域交界线两侧一定范围内，任何一方不得修建排水、阻水、取水和截（蓄）水工程，不得单方面改变水的现状。"第57条规定："单位之间、个人之间、单位与个人之间发生的水事纠纷，应当协商解决；当事人不愿协商或者协商不成的，可以申请县级以上地方人民政府或者其授权的部门调解，也可以直接向人民法院提起民事诉讼。县级以上地方人民政府或者其授权的部门调解不成的，当事人可以向人民法院提起民事诉讼。在水事纠纷解决前，当事人不得单方面改变现状。"第58条规定："县级以上人民政府或者其授权的部门在处理水事纠纷时，有权采取临时处置措施，有关各方或者当事人必须服从。"

（三）提供必要便利原则的具体化

本条第1款仅泛泛地规定了提供必要便利的原则，第2款仅针对自然流水的合理分配和自然流向作出了规定。梁慧星、王利明、徐国栋三位教授各自主持编纂的建议稿对用水、排水相邻关系，均规定了较多的条款，是对提供必要便利原则的进一步细化，具有学理解释的重大意义。①

二、相邻用水关系

无论是地表水还是地下水，相邻各方均可使用，不动产权利人应当尊重水的自然流向，水流经过地的相邻各方，应当依据由近至远、由高至低的原则使用，不得擅自垄断对水的使用权，也不得妨碍邻人用水。一方因擅自改变、堵截或独占自然水流而影响他方正常生产活动的，他方有权请求排除妨

---

① 参见梁慧星主编：《中国民法典草案建议稿附理由：物权编》，法律出版社2013年版，第204—217页；王利明主编：《中国民法典学者建议稿及立法理由：物权编》，法律出版社2005年版，第220页；徐国栋主编：《绿色民法典草案》，社会科学文献出版社2004年版，第358页。

碍，造成损失的，有权请求赔偿损失。

（一）地表水的利用

以目的为标准，用水可以分为家庭用水、市政用水、灌溉用水、工业用水、水力用水、航运用水、竹木流放用水、稀释用水、娱乐用水等。为了更好地规范取水问题，《水法》《取水许可和水资源费征收管理条例》《取水许可管理办法》等从资源配置和行政管理的角度对取水权的取得、行使、转让等作出了系统的规定。我国对水资源的利用，实行的是行政许可。从权利的角度看，就是取水权。取水权是指权利人利用取水工程或者设施直接从江河、湖泊或者地下取用水资源的权利。取水权的实质是赋予取水权人以财产权，从而促使人们珍惜和合理利用水资源。[①]我国取水权分为特许取水权和法定取水权。特许取水权是指按照水法等相关法律法规规定，国家对水资源依法实行取水许可制度和有偿使用制度。法定取水权主要是指在法定情况下不需要申请领取取水证的权利。其中，法定情况主要是下列三种：农村集体经济组织及其成员使用本集体经济组织的水塘、水库中的水的；家庭生活和零星散养、圈养畜禽饮用等少量取水；为保障矿井等地下工程施工安全和生产安全必须进行临时应急取（排）水的和为消除对公共安全或者公共利益的危害临时应急取水的。

跨行政区域的自然流水的使用，要遵从政府的行政调配，不跨区的自然流水的利用，要适用在不动产的相邻权利人之间合理分配的规定。[②]《水法》第45条规定："调蓄径流和分配水量，应当依据流域规划和水中长期供求规划，以流域为单元制定水量分配方案。跨省、自治区、直辖市的水量分配方案和旱情紧急情况下的水量调度预案，由流域管理机构商有关省、自治区、直辖市人民政府制订，报国务院或者其授权的部门批准后执行。其他跨行政区域的水量分配方案和旱情紧急情况下的水量调度预案，由共同的上一级人民政府水行政主管部门商有关地方人民政府制订，报本级人民政府批准后执

① 陈广华、黄野：《民法典视阈下水权制度之检讨与重构》，载《西部法学评论》2018年第2期。

② 全国人大常委会法制工作委员会民法室编：《〈中华人民共和国物权法〉条文说明、立法理由及相关规定》（第二版），法律出版社2017年版，第171页。

行。水量分配方案和旱情紧急情况下的水量调度预案经批准后，有关地方人民政府必须执行。在不同行政区域之间的边界河流上建设水资源开发、利用项目，应当符合该流域经批准的水量分配方案，由有关县级以上地方人民政府报共同的上一级人民政府水行政主管部门或者有关流域管理机构批准。”

取水权的转让，需要行政审批。《取水许可和水资源费征收管理条例》第27条规定：“依法获得取水权的单位或者个人，通过调整产品和产业结构、改革工艺、节水等措施节约水资源的，在取水许可的有效期和取水限额内，经原审批机关批准，可以依法有偿转让其节约的水资源，并到原审批机关办理取水权变更手续。具体办法由国务院水行政主管部门制定。”据此，取水权转让制度具有浓厚的公法属性，受行政权力影响较大，虽然水资源承载着公共利益，不能完全交由市场进行配置，但是这并不意味着要放弃市场手段，应将政府与市场两种手段有机结合，因此，相关立法部门还需要从私权视角强化取水权转让制度。①

（二）地下水的利用

《水法》第36条规定：“在地下水超采地区，县级以上地方人民政府应当采取措施，严格控制开采地下水。在地下水严重超采地区，经省、自治区、直辖市人民政府批准，可以划定地下水禁止开采或者限制开采区。在沿海地区开采地下水，应当经过科学论证，并采取措施，防止地面沉降和海水入侵。”《陕西省地下水条例》第27条规定：“开采矿藏或者建设地下工程必须疏干排水的，采矿单位或者建设单位应当向县级以上水行政主管部门报送疏干排水方案，并按照批准的疏干排水方案进行疏干、回收利用或者排放，不得擅自扩大疏干区域和变更排放地点。鼓励采矿单位或者建设单位采取人工回灌、回收利用等技术措施，优先利用矿坑水和施工排水，无法全部利用的，应当处理达标后排放。因疏干排水导致地下水水位下降、水源枯竭或者地面塌陷的，采矿单位或者建设单位应当及时采取工程技术措施，予以补救；给他人生活和生产造成损失的，依法给予补偿。”

---

① 梁忠：《新中国成立70年来中国水权制度建设的回顾与展望》，载《中国矿业大学学报》（社会科学版）2019年第5期。

（三）堰的设置与利用

本条对堰的设置与利用没有规定，因此应适用特别法的相关规定。设堰的目的是引水和防洪，我国古代著名的都江堰把引水和防洪的功能发挥到了极致。《水法》第19条规定："建设水工程，必须符合流域综合规划。在国家确定的重要江河、湖泊和跨省、自治区、直辖市的江河、湖泊上建设水工程，未取得有关流域管理机构签署的符合流域综合规划要求的规划同意书的，建设单位不得开工建设；在其他江河、湖泊上建设水工程，未取得县级以上地方人民政府水行政主管部门按照管理权限签署的符合流域综合规划要求的规划同意书的，建设单位不得开工建设。水工程建设涉及防洪的，依照防洪法的有关规定执行；涉及其他地区和行业的，建设单位应当事先征求有关地区和部门的意见。"

三、相邻排水关系

相邻排水关系，包含相邻自然排水和相邻人工排水两种。

（一）自然排水

对自然流水的排放，应当尊重自然流向。低地权利人有承水、过水的义务，从高地自然流至之水，低地权利人不得妨害。不动产权利人有容忍自然流水的义务（承水义务），即由邻地自然流至之水。就相邻不动产权利人而言，则享有自然排水权。负有承水义务的不动产权利人违反承水义务，加以妨阻的，享有排水权的相邻不动产权利人可以请求除去。

在排水关系中，水流上游要照顾下游用水；低地需水，高地邻人应当允许流水通过自己使用的土地，让高处的水流向低地；上游和高地的邻人，不能擅自截留流水影响下游和低地的邻人用水；水源不足时，应当按照"由近到远，由高到低"的原则，通过各方，合理分配，共同使用；水涝成患或防水排放已经形成自然道的，下游低地的邻人应当允许上游或高地流水通过自己使用的土地，不得擅自堵截；流水与排水一方如果需要改变水的自然流向，应征得相邻他方的同意，不能任意控制水源，或为排除水患而损害他方的权益。①

---

① 高富平：《物权法讲义》，法律出版社2011年版，第194页。

对于“对自然流水的排放，应当尊重自然流向”的理解，应注意四个问题：其一，此项排水，以自然流水为限，如泉水、雨水、雪水等，非自然流水如水利机构之水渠的流水等，邻人无承水义务，从而也无本条之适用。其二，此所谓自然排水，虽以高地流入低地为常，但水流来自地势相同之地，甚或因潮汐涨满，河水泛滥而逆流至高地者，亦应适用本条之规定。其三，若因承水义务人的某种设备致自然流水无法排除时，无论系出于故意、过失或其他目的，均应认为违反承水义务，享有排水权的人有权请求予以除去，直至可以自然排水为止。其四，邻地所有人和使用人的承水义务，仅系消极的不作为义务，如水流于邻地内被阻塞时，邻地所有人或使用人不负疏通义务。①

（二）人工排水

所谓人工排水是指自然流水借助人工设施排放水流。雨水虽为自然水，但非自然流动，而系由人工导引的，低地所有人或使用人无承水义务。屋檐滴水，性质上属于人工排水。很多国家的立法规定，建造建筑物时应注意不得设置屋檐或其他物品，使雨水注入邻人的不动产。现代家庭生活中使用的冷气机排出的水滴、抽油烟机排除的油滴等，发生直注于相邻不动产的情形。从法律适用看，这些新情况可以适用本条的规定，将“排水”的外延予以适当的扩张。例如，在某相邻关系纠纷案中，被告因使用空调时外挂机出现漏水，导致原告房屋东侧阳台外窗台及西侧房间外窗台处产生积水，侵犯了原告的相邻权，因此法院判决被告自判决生效之日起立即停止对原告房屋东侧阳台外窗台及西侧房间外窗台处滴水的妨碍行为。②

高地权利人为使其浸水之地干涸，或者排泄家用、农工业用水至公共排水通道时，可以使其水通过低地。但应选择于低地损害最小的处所和方法为之。在对低地有损害的情况下，应给予补偿。③相邻排水人不得向邻地排放

---

① 梁慧星：《中国民法典草案建议稿附理由：物权编》，法律出版社2013年版，第205页。

② 参见辽宁省沈阳市和平区人民法院（2018）辽0102民初9862号民事判决书。

③ 全国人大常委会法制委员会民法室：《〈中华人民共和国物权法〉条文说明、立法理由及相关规定》（第二版），法律出版社2017年版，第170页。

法律禁止排放的污水。有学者认为，在排污权已经成为独立的权利的背景下，相邻排水关系原来包括排污权的内容应分离出来，归入排污权制度中。[①]这种观点有一定道理，但不能一概而论。在农村，因养殖等排放污水，发生纠纷，时有发生。例如，王某荣家猪圈后墙脚外有一排水口，高出王某四家大房子地面约有0.8米，王某四家房屋内受潮严重，因此法院判王某荣家在诉争位置清理出阴沟，为王某四家排水提供必要的便利。[②]

在城市中由于市政供水和市政排水管道建设已经很完备，几乎不涉及相邻用水排水的相关问题。《城镇排水与污水处理条例》第21条规定："从事工业、建筑、餐饮、医疗等活动的企业事业单位、个体工商户（以下称排水户）向城镇排水设施排放污水的，应当向城镇排水主管部门申请领取污水排入排水管网许可证。城镇排水主管部门应当按照国家有关标准，重点对影响城镇排水与污水处理设施安全运行的事项进行审查。排水户应当按照污水排入排水管网许可证的要求排放污水。"《城镇污水排入排水管网许可管理办法》第4条第1款规定："城镇排水设施覆盖范围内的排水户应当按照国家有关规定，将污水排入城镇排水设施。排水户向城镇排水设施排放污水，应当按照本办法的规定，申请领取排水许可证。未取得排水许可证，排水户不得向城镇排水设施排放污水。城镇居民排放生活污水不需要申请领取排水许可证。"

第二百九十一条【通行相邻关系】

不动产权利人对相邻权利人因通行等必须利用其土地的，应当提供必要的便利。

历史由来

该条完全承袭了《物权法》第87条的规定。在《民法典》编纂过程中，该条规范并未修改。各学者建议稿的意见也基本一致，只是措辞略有不同。

---

① 崔建远：《物权：规范与学说——以中国物权法的解释论为中心》（上册），清华大学出版社2011年版，第450页。

② 参见云南省曲靖市中级人民法院（2018）云03民终1731号民事判决书。

例如，2017年陈甦教授主持编纂的《中国社会科学院民法典分则草案建议稿》第43条规定："不动产权利人因通行而不得不利用相邻的土地的，相邻不动产权利人应当提供必要的便利。"①

规范目的或功能

本条规范的是通行相邻关系。不动产权利人对相邻权利人因通行等必须利用其土地的，应当提供必要的便利。这是不动产权利人的权利限制和相邻不动产权利人的权利扩张。一方不"提供必要的便利"的，另一方可以诉请法院予以支持。因侵害必要通行给相邻不动产权利人造成损害的，应当予以赔偿。

规范内容

一、"通行等"的含义

本条所称的"通行"，不仅是指"人"的通行，还包括牲畜、机动车等设备的通行，但不包括地下污水管道的通行。因为地下管道的通行，是铺设管线形成的相邻关系，《民法典》第292条已经对此作出了专门的规定。加装电梯是实践中通行的新问题。在某相邻关系纠纷案中，法院认为，住宅楼加建电梯经过专有部分占建筑物总面积三分之二以上的业主且占总人数三分之二以上的业主同意，并已经过行政机关审查许可取得"建设工程规划许可证"的，业主享有加建电梯的合法权利，加建电梯必须利用相邻土地、建筑物的，该土地、建筑物的权利人应当提供必要的便利。②

本条规定"因通行等必须利用其土地的"中的"等"字，需要科学解释。基于不动产所有权或使用权的固有特性，权利人有权禁止他人进入其土地内。参考大陆法系一些国家和地区的法律规定，本条中的"等"大致还包括以下

---

① 陈甦主编：《中国社会科学院民法典分则草案建议稿》，法律出版社2019年版，第19页。

② 参见广东省广州市中级人民法院（2013）穗中法民五终字第133号民事判决书。

两种情形：第一，依当地习惯，许可他人进入未设围障的土地刈除杂草，采集枯枝、枯干，采集野生植物，或放牧牲畜等。第二，他人物品或者动物偶然失落于其土地时，应允许他人进入其土地取回。[①]梁慧星教授主持编撰的《中国民法典草案建议稿》第350条和第360条，王利明教授主持编撰的《中国民法典学者建议稿》第838条和第851条，对这两种类型均有规定。

二、“必须利用”的含义

不动产权利人必须为邻人因通行而使用其不动产提供必要的便利。土地、建筑物所有人或使用人享有必要通行权，邻地所有人或使用人负有容忍通行的义务。所谓必要通行权，有学说与他国立法例又称为袋地通行权。所谓“袋地”是指土地被他人土地包围，与公路没有适宜的联络，致使不能正常使用土地。根据法律规定，袋里的土地权利人可以通行于周围的土地以到达公路。这是法律赋予其应享有的权利，是其所有权或使用权的延伸。法律强制“袋地”周围土地的权利人必须为“袋地”的权利人提供通行便利。如果拒绝，“袋地”权利人可以以自己土地的所有权或使用权的行使受到妨碍为由，请求相邻土地的权利人排除妨害。[②]《法国民法典》第682条规定：“地产被其他地产包围，没有通向公共道路的任何通道或者通道不足时，该地产的所有权人，为农业、工业或商业生产经营活动，或者为进行建筑或区分所有权建筑，有权要求对相邻人的土地享有充分的通行权，以确保其通达本人的土地，但是，应当对由此造成的损害按比例给予补偿。”[③]

根据立法目的，必要通行权的成立，须符合下列要件：

第一，土地与公共道路之间并无适合的联络。土地所有人或使用人的土地或建筑物与公共道路隔离，全无进出的通路，当然享有通行权。虽有进出的通路，但费用过巨且有危险（如需航经湖泊海洋），或非常不便（如危崖峭壁，土地与公路高低悬殊），也享有通行权。“袋地”或“准袋地”问题，往

---

① 全国人大常委会法制委员会民法室：《〈中华人民共和国物权法〉条文说明、立法理由及相关规定》（第二版），法律出版社2017年版，第177页。

② 全国人大常委会法制委员会民法室：《〈中华人民共和国物权法〉条文说明、立法理由及相关规定》（第二版），法律出版社2017年版，第176页。

③ 罗结珍：《法国民法典》（上册），法律出版社2004年版，第537页。

往是历史遗留问题。如方某诉白某相邻关系纠纷案中，法院认为，上坟祭祖是当地善良的民风民俗，对他人从事祭祖等传统民俗活动亦应予尊重并给予便利；故行为人应准许他人在对祖坟进行祭祀等合理活动时从其房屋底楼通道通行。

对于历史形成的通道、桥梁、渡口、道路、堤坝等，任何人不得堵塞、设置障碍，妨碍他人正常通行。此时，不需要“无适宜的联络”作为要件。《民法通则意见》第101条规定：“对于一方所有的或者使用的建筑物范围内历史形成的必经通道，所有权人或者使用权人不得堵塞。因堵塞影响他人生产、生活，他人要求排除妨碍或者恢复原状的，应当予以支持。但有条件另开通道的，也可以另开通道。”在桂某昌、杨某国相邻通行纠纷案中，法院认为：桂某昌新建房屋与杜某飞房屋之间原有一条通道，杨某国从该条通道通行至桂某昌房后管理该其土地，最为方便安全，但桂某昌在该通道底端堆砌围墙，将杨某国通往其土地的通行路段阻断，影响了杨某国的正常生产活动，其行为违背了法律规定的相邻关系原则。虽杨某国可以从田坝绕行至土地，也可从杜某海家院坝通行至其土地，但上述方式所通行道路并非历史形成的通道，且采取其他方式（如搭架子、垫水泥砖）前往其土地进行生产并不便利。因此桂某昌砌筑围墙堵住通道的行为不利于生产，也侵害了杨某国的通行权，故杨某国要求桂某昌拆除围墙的诉讼请求，理由正当。①

第二，通行须是土地通常的使用所必需的，指一方的权利的行使，必须以利用相邻一方的土地为条件。如果不利用相邻的土地，就无法满足基本的生产和生活。要根据不动产的位置、地势、面积、形状、用途等，综合进行判断。例如，土地由耕种依法变更为工厂，原来的小路不足以满足现在通行的需要，因为需要运用车辆运载产品，需要汽车车道。②

第三，非为土地所有人或使用人的任意行为所致。若是因为相邻权利人的任意行为导致土地和公共道路无法联络，则该土地所有人或使用人不得行使必要通行权。如抛弃了既有的地役权，或者破坏原有的桥梁等，不再享有通行权。行使必要通行权一般是无偿的，通行权人在行使通行权时应当采用

---

① 参见贵州省黔西南布依族苗族自治州中级人民法院（2019）黔23民终1465号民事判决书。

② 谢在全：《民法物权论》（上册），中国政法大学出版社2010年版，第197—198页。

对土地损害最小的方法。[①]

三、“土地”的含义

本条所称的“土地”，包括城镇用地、农田、宅基地、林地、草原、山岭和其他土地。相邻一方的走廊、隧道、涵洞等，也属于土地范畴。从立法目的看，有必要将“土地”解释为“不动产”，包括房屋等建筑物。

四、“应当提供必要的便利”的含义

相邻通行权中的“必要”如何认定，应当根据不动产周围的地理状况、与道路的距离和相邻不动产利用人的利害得失等情况，具体问题具体分析。不动产周围的条件发生变化，通行权人通行的必要性也会发生变化，在此情况下，应该依据变化了的实际情况对通行人是否继续享有相邻通行权进行分析。因通行给土地所有人或使用人造成损失的，应当支付补偿金。例如，可在荒地上开辟道路，就不可于邻人农田里通行，踩坏地里的农作物时应当对邻人进行补偿。因该通行权的基础为土地所有权或使用权，只要通行权人的土地与公路无适宜之联络，其通行权即始终存在，也即并不因未支付补偿金而消灭。此时，被通行地的所有人或使用人，仅可依债务不履行的规定，请求其给付该项补偿金。关于什么是“损害最少的处所及方法”，因有时不易判定，故在周围地所有人或使用人有异议时，赋予有通行权之人及异议人均可申请法院以判决决定之权。[②]

在司法裁判中需要注意的是，出卖人出卖不动产时，基于相邻关系享有的通行等权利不能成为转让的标的。买卖合同中，买受人取得的只能是出卖人有处分权的标的物或权利。如果出卖人无权处分，即使买卖双方在合同中进行了约定，买受人也无法通过该买卖合同而取得相应的权属。出卖人出卖不动产时，其基于相邻关系而在他人不动产上享有的通行等权利不应成为转让标的。即使双方在买卖合同中对该通行权进行了所谓的约定，对第三人也不具有约束力。买受人享有的通行权权源基础同样是相邻关系，而并非买卖

---

① 梁慧星、陈华彬：《物权法》（第六版），法律出版社2016年版，第184页。

② 梁慧星：《中国民法典草案建议稿附理由：物权编》，法律出版社2013年版，第223页。

合同的约定。当客观情况发生变化，买受人不再符合相邻关系要件时，第三人得拒绝买受人的通行要求，买受人无权以买卖合同中关于通行权的约定约束第三人。[①]

其他问题

本条更多是规定必要通行权，而没有规定通行权的排除、通行权的限制，以及开路通行权等。我国城市土地属于国家所有，公路等基础设施，大部分归国家所有。因此，在城市中发生通行权的纠纷相对比较少。从司法实践看，通行权纠纷更多是发生在农村。

第二百九十二条【建造、修缮建筑物及铺设管线等形成的相邻关系】

不动产权利人因建造、修缮建筑物以及铺设电线、电缆、水管、暖气和燃气管线等必须利用相邻土地、建筑物的，该土地、建筑物的权利人应当提供必要的便利。

历史由来

该条完全承袭了《物权法》第88条的规定。

规范目的或功能

本条旨在规范因建造、修缮建筑物及铺设管线等形成的相邻关系。相邻不动产权利人难免需要临时或长期利用邻地，法律对这种邻地利用提供最低限度的保障。从立法目的看，一方面要维护不动产权利人最基本的生产和生活条件，另一方面要维护社会公共利益，促进资源更有效利用。本条是不动产权利人的权利扩张，突出相邻一方提供便利的义务。

① 参见屠某某诉王某某相邻通行权纠纷案，载《最高人民法院公报》2013年第3期。

规范内容

一、因建造、修缮建筑物形成的相邻关系

不动产权利人因建造、修缮建筑物，必须利用相邻土地、建筑物的，该土地、建筑物的权利人应当提供必要的便利。如甲的四合院背山面湖，西侧与丙的四合院相连，这三面均无法放置建筑材料和涂料，必须暂时利用乙的部分宅基地，乙应当允许，提供必要的便利。必须利用相邻土地、建筑物，是指若不使用相邻土地或建筑物，便无以完成建造或修缮建筑物之工作，若只是为了减少工作的时间或费用，则不能认为有使用的便利。要斟酌建造或修缮建筑物的规模、社会价值、紧急性、邻地之使用状况、所受到损害的性质与程度、有无其他办法等综合予以考虑。[①]实践中，不动产权利人因修建施工需要利用相邻权利人土地的情况比较多，利用相邻权利人的建筑物的情况则相对较少。利用相邻权利人土地、建筑物的情况包括临时通行，搭建脚手架、工棚、工作平台，堆放建筑材料、挖掘管线地沟等。利用相邻权利人的建筑物部位和面积酌情而定，不限于外墙和屋顶。必要时，也可以临时利用相邻权利人空闲的仓库、房屋等。[②]

二、铺设电线、电缆、水管、暖气和燃气管线等形成的相邻关系

从建筑工程学角度讲，土地权利人，非经邻人的土地而不能安设电线、水管、煤气管等管线，而此等管线又为土地权利人所必需，该土地权利人有权通过邻人土地的上下安设，但应选择损害最小的处所及防范安设，仍有损害的，应支付补偿金。[③]在某排除妨害纠纷案中，被告甲供电分公司按照被告乙公司选址在原告所有房屋楼外院落公共绿地处安装的电表箱和电分线箱，

---

① 谢在全：《民法物权论》(上册)，中国政法大学出版社2010年版，第214页。

② 最高人民法院物权法研究小组：《〈中华人民共和国物权法〉条文理解与适用》，人民法院出版社2007年版，第281页。

③ 全国人大常委会法制委员会民法室：《〈中华人民共和国物权法〉条文说明、立法理由及相关规定》(第二版)，法律出版社2017年版，第181页。

经过国家电控配电设备质量监督检验中心检测合格，箱体密封带锁。因此，被告行为未对原告的房屋及人身安全造成了极大的安全隐患，妨害未超过合理限度，作为相邻方的原告，有容忍的义务。[①]

三、需要利用邻地的其他情形

加建电梯必须利用相邻土地、建筑物的，该土地、建筑物的权利人应当提供必要的便利。在某相邻关系纠纷案中，法院认为，住宅楼加建电梯经过专有部分占建筑物总面积三分之二以上的业主且占总人数三分之二以上的业主同意，并已经通过行政机关审查许可取得“建设工程规划许可证”的，业主享有加建电梯的合法权利，加建电梯必须利用相邻土地、建筑物的，该土地、建筑物的权利人应当提供必要的便利。[②]

四、“应当提供必要的便利”的理解

“应当提供必要的便利”包括三层含义：一是确有需要就应当提供便利；二是如果不提供便利，不动产权利人可以请求法院予以支持；三是如果给相邻不动产权利人造成了损害，应当补偿相应的损失。如果在提供便利的过程中相邻权利人没有受到损害，提供便利往往是无偿的，不需要支付对价。建造、修缮建筑物及铺设管线等，确有需要利用相邻土地、建筑物的，相邻权利人应当允许，不得以给自己带来某种不便或者损失加以拒绝，也不得故意刁难或阻挠。如在某排除妨害纠纷上诉案中，被上诉人（一审被告）在上诉人（一审原告）墙面上安装了几个膨胀螺丝，用来固定彩钢瓦，法院认为其行为不影响原告房屋的正常使用，也不危及原告的房屋安全，属于邻里之间时常会发生的事情。原告要求予以拆除，不符合法律规定，也不利于邻里和睦，法院不予支持。[③]允许相邻一方在其墙面上安装几个膨胀螺丝，用来固定彩钢瓦，就是法律上“应当提供必要的便利”。该提供必要的便利，而拒绝提供必要的便利，或者迟延提供必要的便利，应当承担赔偿责任。例如，一些

① 参见天津市河西区人民法院（2015）西民二初字第183号民事判决书。
② 参见广东省广州市中级人民法院（2013）穗中法民五终字第133号民事判决书。
③ 参见陕西省渭南市中级人民法院（2019）陕05民终2342号民事判决书。

当事人没有给予必要的容忍义务，甚至阻拦妨碍施工，造成了相邻一方延期开工，或者改变了施工方案，多支出了各种费用。对于这些损失，没有及时提供必要便利的一方，应当予以赔偿。

不动产权利人因建造、修缮建筑物以及铺设电线、电缆、水管、暖气和燃气管线等必须利用相邻土地、建筑物的，应该尽到最大注意义务，把自己造成的影响降到最低，采取必要措施，文明施工，避免粉尘、噪声、污染气体排放，竣工后及时清理现场，尽量减少生产给相邻权利人造成的妨害和损害，充分考虑相邻权利人的生活方便，合理安排，尽量减少给相邻权利人带来的不便。不动产权利人在施工前应当优选施工方案，尽量减少在施工中给相邻权利人造成影响。[①]施工完毕后，不动产权利人应当及时清理现场、恢复原状。

三 举证责任

因建造、修缮建筑物以及铺设电线、电缆、水管、暖气和燃气管线等必须利用相邻土地、建筑物的一方当事人，要举证证明另一方当事人应当提供必要便利的基本事实。如果不能证明这种利用是必需的，就应当承担损害赔偿的法律责任。如在某财产损害赔偿纠纷一案中，某房地产开发公司虽然就将其所围范围的土地改造成停车场曾向相关部门办理了临时占用证，但从拆除旧房到办理建设工程规划、施工许可证，期间长达4年零5个月，仍占用公共人行道致使人行道较窄，对行人的通行和相邻门面生意产生一定影响，其行为并不符合《物权法》第84条和第88条中规定的公平合理的原则以及“临时利用”和“必须利用”的特点，已导致翟某的商铺价值贬损，租金降低，严重影响其商铺出租，侵害了其合法财产权益，翟某主张赔偿租金损失，符合法律规定，应予支持。[②]

① 最高人民法院物权法研究小组：《〈中华人民共和国物权法〉条文理解与适用》，人民法院出版社2007年版，第281页。

② 参见四川省高级人民法院（2018）川民再512号民事判决书。

第二百九十三条【通风、采光和日照相邻关系】

建造建筑物，不得违反国家有关工程建设标准，不得妨碍相邻建筑物的通风、采光和日照。

历史由来

本条基本承袭了《物权法》第89条的规定，只是从语言表达的角度，在"妨碍相邻建筑物的通风、采光和日照"之前，增加了"不得"。从比较法的角度看，很多国家的民法典，没有明确采用"通风、采光和日照"的表达，更多是强调在修建建筑物时，应当与相邻他方的建筑物保持适当的距离。如《日本民法典》第234条规定："建造建筑物时，须留出自边界线起50厘米以上的距离。有欲违反前款规定进行建造的人时，邻地所有人可以让其终止或者变更建造。但是建造开工时起经过一年，或者建筑竣工后，仅可以请求损害赔偿。"①《瑞士民法典》第686条规定："各州得通过立法规定所有权人进行挖掘和建筑时所应遵守的距离。各州可以通过州立法制定有关建造的其他规定。"②《意大利民法典》第873条规定："位于互相毗邻土地上的建筑物不是一体的或者相互连接，则建筑物之间应当保持不少于3米的距离。地方法规可以规定更远的距离。"③

规范目的或功能

本条是关于通风、采光和日照相邻关系的原则规定。随着城市土地价值的提高和高层建筑物的增多，建筑物的通风、采光和日照问题，越来越突出。良好的通风、采光和日照，是人民群众对美好生活的期盼，是衡量一个人居住质量的重要标准。我国幅员辽阔，各地的经济发展不平衡，区域差别较大，民法典很难规定具体的标准。本条只是原则性规定，具体适用要参考国家有

---

① 刘士国、牟宪魁、杨瑞贺：《日本民法典》，中国法制出版社2018年版，第44页。

② 于海涌：《瑞士民法典》，法律出版社2016年版，第244页。

③ 费安玲等：《意大利民法典》，中国政法大学出版社2004年版，第216页。

关工程建设标准。本条赋予了通风、采光和日照受到妨碍的一方当事人物权请求权和债权请求权。在建造建筑物时，可以提出异议，请求采取避免阻风、遮光的措施。具体包括全部或部分拆除相邻一方所有或使用的影响他方通风、采光的房屋或其他工作物，或者拆除楼层、降低高度，刈除影响他人通风、采光的树枝等；如果全部或部分拆除相邻一方房屋或工作物所造成的损失巨大或仍不能解决问题的，可命相邻一方为通风与采光受侵害的相邻他方开设天窗和安设排风扇等。

规范内容

一、相邻建筑物通风、采光和日照的国家规定

（一）与通风相关的国家有关工程建设标准

建筑物的通风、采光和日照主要与相邻建筑物之间的间距以及高度有关。对于采光和日照，相关部门都制定了国家标准。对于通风问题，没有明确的国家标准。原则上，只要满足了日照间距和采光要求，通风一般情况下也是可以满足的。在特殊案件中，法院要根据生活经验予以判断，不能因无国家标准而一概驳回。存在强制性国家标准的，优先适用强制性国家标准；没有强制性国家标准的，可以参照适用行业标准；没有行业标准，遵循生活经验的一般要求。需要指出的是，住房与城乡建设部发布的国家标准《民用建筑供暖通风与空气调节设计规范》（GB50736-2012），涉及民用建筑物在特定领域的通风问题。

（二）与采光相关的国家有关工程建设标准

本条中的“采光”，通常是指建筑物的所有人或使用人享有从室外取得适度光源，不同于“日照”。日照就是物体表面被阳光直接照射的现象，建筑日照就是阳光直接照射到建筑物地段、建筑围护结构表面和房屋内部的现象。[①]《民法通则》第83条规定的是“采光”，而没有“日照”。该条中的“采光”应

① 刘琦、王德华：《建筑日照》，知识产权出版社2016年版，第1页。

当从广义理解，包括“日照”。

2013年5月，住房和城乡建设部批准的《建筑采光设计标准》（GB50033-2013）开始实施。其中，第4.0.1条、第4.0.2条、第4.0.4条、第4.0.6条为强制性条文，必须严格执行。其中第4.0.1条规定：“住宅建筑的卧室、起居室（厅）、厨房应有直接采光。”第4.0.2条规定：“住宅建筑的卧室、起居室（厅）的采光不应低于采光等级Ⅳ级的采光标准值，侧面采光的采光系数不应低于2.0%，室内天然光照度不应低于300lx。”第4.0.4条规定：“教育建筑的普通教室的采光不应低于采光等级Ⅲ级的采光标准值，侧面采光的采光系数不应低于3.0%，室内天然光照度不应低于450lx。”第4.0.6条规定：“医疗建筑的一般病房的采光不应低于采光等级Ⅳ级的采光标准值，侧面采光的采光系数不应低于2.0%，室内天然光照度不应低于300lx。”

（三）与日照相关的国家有关工程建设标准

2002年8月，建设部专门就房屋建筑发布《工程建设标准强制性条文》（房屋建筑部分）。2005年建设部发布的《住宅建筑规范》（GB50368-2005）第4.1.1条规定：“住宅间距，应以满足日照要求为基础，综合考虑采光、通风、消防、防灾、管线埋设、视觉卫生等要求确定。住宅日照标准应符合表4.1.1的规定；对于特定情况还应符合下列规定：1.老年人住宅不应低于冬至日日照2h的标准；2.旧区改建的项目内新建住宅日照标准可酌情降低，但不应低于大寒日日照1h的标准。”2014年1月，住房和城乡建设部批准《建筑日照计算参数标准》（GB/T50947-2014）为国家标准，自2014年8月1日起实施。

2018年7月，住房和城乡建设部发布国家标准《城市居住区规划设计标准》（GB50180-2018），自2018年12月1日起实施。其中，第3.0.2条、第4.0.2条、第4.0.3条、第4.0.4条、第4.0.7条、第4.0.9条为强制性条文，必须严格执行。第4.0.9条规定：“住宅建筑的间距应符合表4.0.9的规定；对特定情况，还应符合下列规定：1.老年人居住建筑日照标准不应低于冬至日日照时数2h；2.在原设计建筑外增加任何设施不应使相邻住宅原有日照标准降低，既有住宅建筑进行无障碍改造加装电梯除外；3.旧区改建项目内新建住宅建筑日照标准不应低于大寒日日照时数1h。”

表4.0.9 住宅建筑日照标准[①]

建筑气候区划	Ⅰ、Ⅱ、Ⅲ、Ⅶ气候区		Ⅳ气候区		Ⅴ、Ⅵ气候区
除去常住人口（万人）	≥50	<50	≥50	<50	无限定
日照标准日	大寒日			冬至日	
日照时数（h）	≥2	≥3		≥1	
有效日照时间带（当地真太阳时）	8时~16时			9时~16时	
计算起点	底层窗台面				

注：底层窗台面是指距室内地坪0.9m高的外墙位置。

（四）与通风、采光和日照相关的地方有关工程建设标准

我国地域辽阔，各地经济发展很不平衡，在同一个发展阶段，对建设工程标准的要求也有所不同。一些地方政府也制定了本地区的相关规范，在不与国家规范相冲突的情况下，可以作为判断是否构成通风、采光、日照妨碍的参考。[②]

原建设部出台国家相关建筑规范之前，不少地方政府也规定了本地区的相关规范。如1992年安徽省城乡建设环境保护厅制定的《安徽省城市居住小区规划设计暂行规定》第3.0.3条第1项规定："住宅的间距以满足日照要求为标准，并充分考虑通风、消防、防震、管道埋设、人防工程以及居住私密

① 该表来自《城市居住区规划设计标准》（GB50180–2018）。气候Ⅰ区（严寒地区，1月平均气温≤-10℃；7月平均气温≤25℃；7月平均相对湿度≥50%，主要包括哈尔滨、长春、沈阳、呼和浩特等）；气候Ⅱ区（寒冷地区，1月平均气温-10~0℃；7月平均气温18~28℃，主要包括北京、天津、石家庄、济南、太原、郑州、西安、兰州等）；气候Ⅲ区（夏热冬冷地区，1月平均气温0~10℃；7月平均气温25~30℃，主要包括上海、南京、杭州、合肥、武汉、南昌、福州、长沙、成都、重庆等）；气候Ⅶ区（严寒地区，1月平均气温-5~-20℃；7月平均气温≥18℃；7月平均相对湿度<50%，主要包括银川、乌鲁木齐等）；气候Ⅴ区（温和地区，1月平均气温0~13℃；7月平均气温18~25℃，主要包括贵阳、昆明等）；气候Ⅵ区（严寒地区，1月平均气温0~-22℃；7月平均气温<18℃，主要包括拉萨、西宁等）；气候Ⅳ区（夏热冬暖地区，1月平均气温>10℃；7月平均气温25~29℃，主要包括广州、南宁等）。

② 最高人民法院物权法研究小组编著：《〈中华人民共和国物权法〉条文理解与适用》人民法院出版社2007年版，第284页。

性要求等因素。一、住宅的日照标准，应根据建筑气候区划、城市规模和用地条件等综合考虑。根据我省所处的地理位置，结合《中国建筑气候区划》（征求意见稿），我省的居住建筑日照标准是：标准日：冬至日；有效时间带：9~15小时；日照时间：≥1小时；计算起点：底层窗台面。”这些地方规范，可以作为地方法院裁判通风、采光和日照案件的标准。

在国家出台有关工程建设标准后，一些地方出台了更为具体的地方标准。《长沙市居住建筑间距和日照管理规定》（长政发〔2010〕15号）第13条规定：“住宅建筑的日照应符合以下要求：（一）住宅建筑的居住空间大寒日有效日照时间不低于2小时，每套住宅至少应有一个居住空间满足日照标准要求。（二）旧城区（长沙市旧城区范围为建筑间距Ⅰ类地区）改建的项目内新建住宅日照标准可酌情降低，但不应低于大寒日日照1小时标准。（三）在原设计建筑外增加任何设施不应使相邻住宅原有日照标准降低。”第17条规定：“新建住宅应尽量满足日照标准要求，建设单位必须主动向销售对象提供日照分析情况，商品房须在售楼部公示日照分析报告，并在住宅销售合同中注明该住宅日照分析情况。城乡规划行政主管部门将日照分析报告作为规划许可证的附件，转房产行政主管部门在住宅销售合同签订及产权办理时予以备案。”

2013年长春市人民政府颁布的《长春市生活居住建筑日照管理暂行办法》第5条规定：“生活居住建筑日照标准应当符合下列要求：（一）住宅的卧室、起居室（厅）的日照应当满足大寒日不低于2小时的标准；（二）托儿所、幼儿园中的活动室及寝室的日照应当满足冬至日不低于3小时的标准。活动场地应当有不少于1/2的活动面积在标准的建筑日照阴影线之外；（三）老年人居住建筑的卧室、起居室（厅）的日照应当满足冬至日不低于2小时的标准；（四）中、小学校普通教室冬至日满窗日照不低于2小时的标准。操场应当有不少于1/2的活动面积在标准的建筑日照阴影线之外；（五）医院、疗养院半数以上的病房和疗养室的日照应当满足冬至日不低于2小时的标准；（六）集体宿舍半数以上的居室日照应当满足大寒日不低于2小时的标准。”第6条规定：“旧城区主日照面为东、西向的既有住宅和改建项目内新建住宅的日照标准可适当降低，但不应低于大寒日1小时的日照标准。对历史文化街区进行更新改造时，更新改造范围内的生活居住建筑日照标准可以适当降低。住宅的主日照面指卧室、起居室（厅）房间居多的建筑外墙面。”第7条规定：“对不满足本办法日照标准的既有生活居住建筑，不得因新建建筑遮挡降低其原有日照时数。”第8条规定：“住宅只考虑主日照面的日照要求，每套住宅按照南、东、西的主次顺序认定一个主日照面。山墙不得认定为主日照面。”

《上海市日照分析规划管理办法》（沪规土资建规〔2016〕100号）第6条规定：“在计算范围内受高层建筑遮挡的低层独立式住宅的居室冬至日满窗日照的有效时间不少于连续两小时，即其主要朝向每层如有两个以上居室受遮挡的，则最少应有一个居室满足冬至日满窗日照有效时间不少于连续两小时的日照时间规定。低层独立式住宅改为多户共用的，除符合上述的日照时间规定外，还应保证主要朝向受遮挡的每户有一个居室冬至日满窗日照有效时间不少于连续一小时。在计算范围内受高层建筑遮挡的其他居住建筑的居室冬至日满窗日照的有效时间不少于连续一小时。在计算范围内受遮挡的文教卫生建筑，应保证冬至日满窗日照的有效时间不少于累计3小时；浦西内环线以内地区，应保证冬至日满窗日照的有效时间不少于累计2小时，最小累计时间段为5分钟。普通中小学校的体育场地和幼儿园、托儿所的室外游戏场地应保证有一半以上的面积冬至日日照有效时间不少于累计2小时。保障性住房等本市另有规定的，按有关规定执行。”

二、造成通风、采光和日照权益损害的赔偿责任

（一）不同的赔偿计算方法

第一，依照房价的计算方法。《长沙市居住建筑间距和日照管理规定》（长政发〔2010〕15号）第18条规定：“新建建设项目导致周边住宅建筑未达到本规定日照管理要求的，建设单位或业主可与受影响的住宅产权人协商按市场评估价格进行货币购买或置换房屋，也可参照下表规定的标准按被遮挡时间和住户产权证面积给予一次性经济补偿，基本方法是以上年度政府发布的全市住宅均价乘下表系数（单位：元／平方米）：

	小于30分钟	30—60分钟	61—90分钟	91—120分钟
Ⅰ类区	8%	10%	12%	14%
Ⅱ类区	6%	8%	10%	12%

城乡规划行政主管部门应当对违反日照规定的行为给予相应处理。”

第二，依照房屋建筑面积的计算方法。2013年颁布的《长春市生活居住建筑日照管理暂行办法》第25条规定：“因城市建设需要，新建建筑降低周边生活居住建筑原有日照时数，给被遮挡生活居住建筑的空间环境等造成一定影响，但仍能满足本办法规定日照标准的，建设单位与被遮挡生活居住建筑所有权人进行协商，可以给予被遮挡生活居住建筑一次性经济补助。补助金额按照下列规定执行：补助金额＝每个窗户面积×降低日照时数×补助标准。每个窗户面积（平方米）和降低日照时数（分钟）的计算以建设项目日照分析报告提供的数据为准，补助标准为100元/平方米·每分钟。”2006年颁布的《沈阳市居住建筑间距和住宅日照管理规定》第29条规定：“确因用地条件限制，新建建筑遮挡周边原有住宅，达不到大寒日2小时标准的，在办理规划审批手续前，建设单位可与被遮挡户协商按市场评估价格进行货币购买住宅或房屋换住安置；协商不成的，可根据下表规定的标准按房屋建筑面积给予一次性经济补偿：……”不同区域的补偿标准不一样。如一级区遮挡时间小于30分钟、31—60分钟、61—90分钟、91—120分钟，每分钟的补偿金额分别为500元/㎡、560元/㎡、630元/㎡、700元/㎡。

（二）通风、采光和日照损害赔偿的理论阐释

确定造成通风、采光和日照权益损害的赔偿责任，首先要明确通风、采光和日照权益的属性。有学者认为，通风、采光和日照权益虽然与建筑物居住者的正常生活、精神享受有密切的关系，但这并不意味着其可以成为一项人格权，因为人格权是出生就享有的权利。通风、采光和日照权益发生在相邻不动产权利人之间，会造成建筑物价值的降低，不应涉及精神损害赔偿的问题。①立法者将“通风、采光和日照”，放在“相邻关系”之中，更多是将其定位为所有权或使用权的一种扩张。从实然层面看，妨碍相邻建筑物通风、采光和日照，不仅造成物权的损害，还可能导致人格权的损害。以影响日照为例，产生的损害包括由于阳光遮挡导致电费、采暖设施费用的增加，健康补偿费、视觉污染费，因采光损失导致房屋价值贬低等。赔偿的具体数额，

① 王利明：《物权法研究》（上册），中国人民大学出版社2016年版，第657—658页。

要充分考虑影响日照的时间、建筑物的面积、建筑物的价格等因素综合予以确定。还要指出的是，一些地方政府颁布的地方规章，对赔偿数额作出了具体的规定。这些规定只是法院审判案件的参考，并不当然适用，更不能作为裁判的依据。

有学者认为，采光权是独立的物权。首先，“光”是民法上的物，具备物的一般特征。光是一种物质。光与人体是不同的现象，光也是存在于人体之外的。只要是自然科学认为的物质，均可不为有体所限，可能作为民法上的物。物能满足人的需要，即物对人具有某种价值，包括物质的和精神的价值。阳光本身虽然是无限性的，但在特定场所，阳光的供给却是十分稀缺的，生活采光或生产采光就会成为一种特殊的价值。支配的形式和方法不能拘泥于以前，光能为人占有、使用、受益，特定场所的光能够被人支配。光与风、水、空气，在功能、物理性质和表现形态上均不相同，这是光的独立性所在。其次，采光权是人与光进行交往的权利。采光权的具体权能应当包括：接近光的权利、享受光的权利、引入光线的权利、作为人权的最基本的光的福利的权利、利用设施来使用光的权利、免受不良光线干扰的权利。[①]这种观点具有一定道理，但不符合法学的逻辑。如果按照这样的思路，还应当存在通风权和日照权等。从实践需求看，不仅存在人的采光需求，农作物也存在采光的需求。本条“通风、采光和日照”的对象是相邻建筑物。然而，在农村，还存在农作物的采光纠纷。在孙某诉吴某相邻权纠纷案中，法院认为，万物生长靠太阳，这是自然常识，农作物的生长需要养分和光合作用，缺少养分或阳光的照射，对农作物的生长会造成一定的影响。一方在另一方承包地的西侧种植的杨树，距离另一方承包地较近处仅一米多，杨树对一方每年种植的小麦、水稻的养分供给及光合作用造成了一定的影响。故对一方要求另一方赔偿其损失的合理请求，法院予以支持。[②]对于此类案件的裁判，不能适用本条的规定，而应当适用“有利生产、方便生活、团结互助、公平合理”的

---

① 吴亚平：《采光权的法律性质思考》，载《法律适用》2006年第11期。

② 参见《孙某诉吴某相邻权纠纷案》，载法信网，https://www.faxin.cn/lib/cpal/AlyzContent.aspx?isAlyz=1&gid=C1344901&libid=0201&userinput=%E7%9B%B8%E9%82%BB%E6%9D%83，最后访问时间2020年4月10日。

相邻关系原则进行处理。

（三）通风、采光和日照损害赔偿的司法裁判

在某相邻纠纷案中，法院认为，原告房屋西侧和东侧立面大寒日的日照时间不足1小时，未达到《城市居住区规划设计规范》规定的相关标准，被告侵犯了原告的采光权。原告主张的诉讼请求：房屋的贬值损失10万元；补救措施费5万元；电费的增加2万元；健康补偿费2万元；视觉及空气污染补偿费2万元；交通费、住宿费、误工费、邮费等38996元；日照分析报告费5000元。结合原告房屋的现状及徽县当地的物价水平等因素，按照公平公正的原则综合考虑，由被告向原告刘某赔偿房屋贬值损失和电费增加费用等经济损失共4万元，健康补偿费2万元和视觉补偿费2万元并无相应专业评估机构出具鉴定评估意见，其所主张的补救措施费5万元及其他费用也未提交相应证据加以证明，对此请求法院不予支持。①

江某祥、黄石某置业发展有限公司（以下简称某公司）相邻关系纠纷案中，黄石市某城市规划咨询中心于2010年7月出具的日照分析报告显示，某项目楼房建设前江某祥所居住房屋的两个窗户在大寒日的连续日照时间均为4小时47分，该项目建成后为51分和54分。综合某公司侵犯采光权的原因、方式和江某祥房屋的实际居住、采光情况，法院酌定由某公司赔偿江某祥因采光、采暖、照明增加的费用8000元。至于江某祥主张的房屋贬值损失及精神损害抚慰金因无事实和法律依据，对此不予支持。②

在通风、采光和日照纠纷案中，往往是采取金钱赔偿的方法，很少裁判拆除建筑物。在支持赔偿的案件中，赔偿的数额往往比较低。相对于开发商违规建设获得的收益，通风、采光和日照受到影响的住户所得到的赔偿数额与其损失是不成比例的。缺乏相对统一的执法尺度和赔偿标准，给司法裁判造成了极大的困难。实践中，存在按照房屋面积赔偿、按照日照时间减少程度赔偿、按照采光途径分区域补偿以及法院酌定一次性赔偿等不同的计算方法。不动产性质决定了建筑物的不可移动性，如果新的建筑物遮挡了通风、

---

① 参见甘肃省陇南市中级人民法院（2020）甘12民终73号民事判决书。

② 参见湖北省黄石市中级人民法院（2019）鄂02民终1594号民事判决书。

采光和日照，那么这些居民就永远住在新建筑的阴影里，这种损失也是很难用金钱去衡量的。因此，随着社会发展，赔偿的数额要逐步增加，增大开发商违法的成本，切实保护居民的合法权益。

三、通风、采光和日照相邻关系与国家标准、行政许可的关系

（一）通风、采光和日照相邻关系与国家标准

相邻不动产应当按照国家规定保持适当的建筑间距，这是满足通风、采光和日照的基本要求。建筑间距即相邻间距，是指由于使用、卫生、防火、施工以及安全等方面的要求，相邻基地上的建筑物应保持的适当距离。建筑间距分为5种：（1）卫生间距。指建筑物之间的阳光遮挡及自然通风等因素要求的间距。（2）使用间距。指建筑物周围的人行道、车行道，以及建筑物之间为避免声音、视线等干扰所需的间距。（3）防火间距。指发生火警时，保证邻近房屋安全需要间隔的距离，以及保证消防车辆能够直接到达各幢建筑物近旁的间距。（4）施工间距。指施工起重吊运设备、外脚手架等设备安置所需要的间距。（5）安全间距。指在相邻的新旧房屋地基之间，为保证原有房屋的安全所必需的间距。①

根据本条的规定，国家有关工程建设标准是通风、采光和日照相邻关系处理的依据。建造建筑物违反了国家有关工程建设标准的，应当视为超出了社会一般人的容忍限度，受害人可以主张排除妨碍和损害赔偿。反之，符合国家建设标准的，即使对邻近建筑的通风、采光和日照造成一定程度的妨碍，也应当视为未超出容忍限度，相邻建筑物的所有人或利用人负有容忍义务。②如在某相邻采光日照纠纷案中，法院认为，被告某小区的建造给原告造成一定的影响，但原告居室的日照时间满足国家标准及上海市当地标准。随着城市建设的发展，新造房屋对相邻房屋采光或多或少会产生影响，相邻居民对此应承担必要的容忍义务。此种容忍义务的界限即为国家标准，超出标准系

---

① 杜豫苏：《物权纠纷裁判依据新释新解》，人民法院出版社2014年版，第239—240页。

② 最高人民法院物权法研究小组编著：《〈中华人民共和国物权法〉条文理解与适用》，人民法院出版社2007年版，第283—284页。

构成违法，标准以内应认定为合法，被告无需承担损害赔偿责任。①

实践中，一些法院认为，不违反国家规定，只是不承担侵权责任，影响日照、采光的，还要承担补偿的责任。在某相邻采光、日照纠纷案中，法院认为，对于客观存在遮挡日照的建设行为，在未违反国家和临沂市相关规定的前提下，被遮挡的房屋所有权人对此负有容忍义务。被告建设高层住宅项目已经蒙阴县有关部门审核批准，并不存在违法之处。但是，原告房屋因被告建造建筑物而导致相应损失确为客观事实，该损失在本案中主要体现为日照、采光影响，日照、采光的减少对于原告的居住舒适度、房屋价值等确有一定影响。原告于2008年扩建为现有四层楼房，被告于2016年开工建设，原告土地利用在先，被告土地利用在后，基于既得权不可侵的原则，原告的采光利益受到影响应予成立。因此，法院酌定被告补偿原告房屋贬值等损失的比例为5%。②

（二）通风、采光和日照相邻关系与行政许可

建造方违反关于建筑物间距的国家标准的强制性规定，即可认定对相对不动产权利人的相邻权构成了侵害，应当承担侵权责任。虽然取得建筑规划许可证，但确实存在由于建筑物间距原因导致的相对不动产权利人相邻权受到侵害的，应适用相应的国家标准的强制性规定进行处理，由建造方承担侵权赔偿责任。③《宁波市中级人民法院关于审理相邻关系纠纷案件的若干意见》（甬中法〔2014〕46号）第8条规定："行政许可不能成为免除相邻方承担相邻妨害民事责任的依据，不动产获得行政许可并不当然排除民事侵权构成。"李春香、吴强兵撰写的司法调研报告《北京市三中院调研城市采光权纠纷的相关认定》（2015年3月24日发布）指出："侵权的建筑物是否经过合法的行政审批不是侵权与否的判断标准，即不论建筑物是否经过合法审批，只要造成采光权事实上的被侵害，就应当承担相应的赔偿责任。"④

---

① 参见上海市第二中级人民法院（2017）沪02民终9762号民事判决书。

② 参见山东省临沂市中级人民法院（2019）鲁13民终7009号民事判决书。

③ 杜豫苏：《物权纠纷裁判依据新释新解》，人民法院出版社2014年版，第242页。

④ 参见《北京市三中院调研城市采光权纠纷的相关认定》，载北京法院网，http://bjgy.chinacourt.gov.cn/article/detail/2015/03/id/1572579.shtml，最后访问时间2020年7月29日。

在某相邻采光纠纷案的案件要旨中，法院指出：合法行政规划许可等行政行为的存在，并不能当然地成为相关民事争议的预决事实或前提条件，当事人并非采取先行后民等诉讼对策。在采光、日照民事诉讼中，行政规划许可证只是法官据以裁量是否构成妨碍的一种书证，法官应根据具体案情对其证据效力进行裁量。住宅建筑日照标准属于法定的强制标准，在裁量争议建筑是否符合相应建筑设计标准时，行业标准、地方标准只有在与国家标准不发生抵触的情况下，才能适用；是否构成采光侵害，并不以侵害人有过错为前提；采光损害的赔偿标准，可以根据房屋采光实际受到的侵害程度、当事人的主观过错程度、房屋的实际价值等因素综合认定。①

在邵某昶诉北京市某房地产开发有限公司相邻通风、采光纠纷案中，法院认为，规划许可建筑影响相邻不动产采光的，规划许可建筑物权利人应当作出相应补偿。采光体现为一种利益而并非法律上的权利；规划许可建筑影响相邻不动产的采光并不构成侵权行为，但被遮挡不动产权利人的采光利益应当得到适当保护，规划许可建筑物权利人应当作出相应补偿，具体补偿数额可以参照相邻建筑物所在城市的经济水平、生活水平、采光利益受妨碍的程度等因素确定。②

在罗某芬等诉四川泸州市某房地产开发有限公司相邻关系纠纷案中，法院认为，施工方依据规划建设主管部门批准的设计方案进行施工影响相邻不动产通风、采光的，应当承担赔偿责任。规划建设主管部门的行政批准行为并不能排除建设单位对在建设过程中产生的民事责任的承担。建设公司依据规划建设主管部门批准的设计方案进行施工，但在施工过程中未能充分考虑到房屋的通风、采光，客观上对房屋所有人的正常生活造成影响的，应当承担赔偿责任。③

即使符合有关工程建设标准，仍然有可能妨碍相邻建筑物的通风、采光和日照。此时，是否允许相邻一方请求另一方给予通风、采光和日照的必要便利，存在争议。有学者认为，是否影响他人的通风、采光和日照，不应当

---

① 参见江苏省南京市中级人民法院（2001）宁民终字第745号民事判决书。

② 参见北京市第二中级人民法院（2009）二中民终字第4191号民事判决书。

③ 参见四川省泸州市中级人民法院（2006）泸民再终字第94号民事判决书。

以违反国家有关工程建设标准为要件。如果不存在违反国家有关工程建设的情况，但客观上已经妨碍了他人的通风、采光和日照，也应当予以认定，因为通风、采光和日照是权利人的固有权利，涉及个人的生存利益和居住利益。[①]从上述案例可知，要区分公法上的相邻关系和私法上的相邻关系，因为私法上的相邻关系具有独立性。公法上的相邻关系仅仅是公法从维护社会公共利益的角度对不动产相邻关系进行的调整，而私法上的相邻关系则着眼于相邻不动产一方的行为是否超出了另一方的容忍义务或者导致另一方受到损害。不能因为行为人没有违反公法上的相邻关系，就认定该行为没有给特定的相邻不动产权利人造成损害，因此该权利人可依私法上的相邻关系主张权利。一些企业抗辩已经取得了规划许可证、建设许可证等，而拒绝当事人在民事诉讼中对通风、采光和日照的要求。实践中，很多法院区分了公法和私法，对这些企业的抗辩不予支持。

举证责任

主张通风、采光和日照受到妨碍或损害的一方当事人，要承担举证责任。建筑日照的鉴定方法有两种：第一种是以施工图纸为依据进行模拟演算；第二种是进行现场观测测量，确定采光时间和范围。目前司法鉴定机构数量较少，主要集中在省会中心城市，而且鉴定费用高昂，原告往往放弃鉴定。在调解不成的情况下，常常遭败诉，虽然结案，但是社会效果不佳。因此，有观点建议中级人民法院委托建筑专业人员，依据相关国家标准，给出当地建筑间距及建筑高度的简单计算公式。如厦门大学与福建省南平市中级人民法院共同研讨指出，在南平市，满足大寒日3小时日照标准的正南朝向建筑的标准日照间距系数为1.13，而满足老年人居住建筑冬至日2小时日照标准的正南朝向建筑的标准日照间距系数为1.22。[②]如果有一方不能接受，可以再申请司法鉴定，从而大大简化相关侵权事实的界定，便利当事人举证及承办法官调查取证。

---

① 王利明：《物权法研究》（上册），中国人民大学出版社2016年版，第657页。

② 陈群、刘晗、陈周熠：《相邻关系技术标准的应用——以相邻日照采光权纠纷为例》，载《人民司法·应用》2015年第19期。

三 其他问题

本条明确规定了通风、采光和日照对建筑间距的要求，而没有直接涉及消防、防震、管道埋设、人防工程以及居住私密性要求等对建筑间距的要求。通风、采光和日照对建筑间距的要求，属于卫生间距的要求。有学者主张，我国法律对相邻关系中的权利类型采用了列举形式加以设定，尚无视觉卫生权、眺望权等新类型权利。但在特定的环境中，物权主体行使权利，对相邻关系中特定主体的视觉卫生权构成侵害的，应当承担排除妨害、赔偿损失等法律责任。①

实践中存在因为眺望而发生的相邻关系。例如某人在海滩建造了一家旅馆，但后来他人在其邻侧违反规划修建建筑物，妨碍了在先建造的旅馆的海景眺望。又如，某人在海边购买了商品房，建设单位隐藏了盖楼与海边之间还要再建别的大楼的事实，致使该楼不能眺望海景而贬值。对于眺望利益的保护，有四种不同的观点：第一种观点认为，眺望利益属于相邻关系的范畴。第二种观点认为，眺望在性质上属于地役权的范畴。第三种观点认为，眺望利益应当通过合同予以保护，建设单位对房屋的景观功能要通过合同予以规范。②第四种观点认为，考虑到眺望海景或者其他景观的情况比较复杂，应当根据具体情况分别考虑。眺望确实是一种利益，但很难说是一种权利。眺望不是相邻关系的范畴，因为相邻关系是对所有权最低限度的限制。实践中，可以通过合同或侵权予以解决。③

为保护隐私，一些学者的建议稿还规定了眺望禁止权。有学者建议稿规定："不动产权利人不得在分界墙上设置任何窗户或者通孔，设立时即存在的除外；不得设立以眺望他人不动产为目的的窗户或者通孔；不得设立可眺望到他人的住宅内的窗户或者通孔。不动产权利人未遵守上述规定的，即便是建

---

① 严海涛：《相邻关系中视觉卫生权的法律保护》，载《人民司法·案例》2009年第4期。

② 张力：《相邻权、地役权或其他——我国商品房眺望权法律保护模式的选择》，载刘云生主编：《中国不动产法研究》（第1卷），法律出版社2006年版，第214页。

③ 参见王利明：《物权法研究》（上册），中国人民大学出版社2016年版，第658—660页。

筑已完工，邻地不动产权利人仍得请求改正。但法律、法规另有规定的，从其规定。”[①]该条规定的眺望禁止权范围较为狭窄，不能适应社会发展的需要。从法律解释的角度，无视觉卫生权、眺望权等，可以与通风权、采光权和日照权一样，成为相邻权的组成部分。只是保护的程度是有限的，但不能说不保护。

此外，建筑物有采光的要求，耕地、草地、林地等也有采光的要求。如果建筑物影响了农用地的采光，也应当承担相应的民事责任。

第二百九十四条【弃置、排放有害物质相邻关系】

不动产权利人不得违反国家规定弃置固体废物，排放大气污染物、水污染物、土壤污染物、噪声、光辐射、电磁辐射等有害物质。

历史由来

该条基本承袭了《物权法》第90条的规定，增补了“土壤污染物”，并将“光、电磁波辐射”修改为“光辐射、电磁辐射”。从比较法看，德国、瑞士，以及我国澳门地区等的立法，对弃置、排放、施放有害物质相邻关系，均作出了规定。《德国民法典》第906条规定：“（1）土地所有人不得禁止煤气、蒸气、臭气、烟、煤烟子、热、噪声、震动以及从另一块土地发出的类似干涉的侵入，但以该干涉不妨害或仅轻微地妨害其土地的使用为限。在通常情况下，法律或法规命令确定的极限值或标准值不被依照这些规定算出和评价的干涉所超出的，即为存在轻微的妨害。依照《联邦公害防止法》第48条颁布并反映技术水平的一般行政法规中的数值，亦同。（2）在重大妨害由对另一块土地作当地通常的使用而引起，且不能被在经济上对于这类使用人可合理地期待的措施所阻止的限度内，亦同。土地所有人据此须容忍某一干涉，且该干涉超过可合理期待的限度，侵害对其土地作当地通常的使用或侵害其土地的收益的，土地所有人可以向另块土地的使用人请求适当的金钱补

---

① 王利明：《中国民法典学者建议稿及立法理由：物权编》，法律出版社2005年版，第222—223页，第849条【眺望禁止权】。

偿。(3)不准许以特别管道进行侵入。”[①]《瑞士民法典》第684条规定：“1.所有权人在行使权利时，特别是在产生开发中，应当避免对相邻之财产造成过度侵害。2.空气污染、臭味、噪声、振动、辐射或遮挡采光和日照，如根据地方习惯、不动产的位置和不动产的特性，其损害后果超过了邻里的容忍限度，尤其应当禁止。”[②]《澳门民法典》第1266条规定：“不动产所有人得就由他人房地产所排放之烟气、烟垢、蒸气、气味、热气或噪声提出异议，亦得就来自他人房地产之震动或其他类似事实提出异议，只要有关事实妨害该所有权人对不动产之使用，且超出邻居间应相互容忍之限度；为此事宜尤应考虑有关习惯、不动产之状况及性质。”

规范目的或功能

本条是关于弃置、排放、施放有害物质相邻关系的规定。不可量物侵害，系德国民法和瑞士民法上的概念，是指噪声、煤烟、震动、臭气、尘埃、放射性等不可量物质侵入邻地造成的干扰性妨害或损害，在性质上属于物权法上相邻关系的一种类型。[③]采用“不可量物侵害”的表达，具有相当的优势，更能突出其与传统相邻关系的不同，突出现代社会相邻关系的新发展。本条不完全都是不可量物侵害的规定，还有“不得违反国家规定弃置固体废物”等规定。物权法中物的概念在不断变化，“不可量物”同样属于“物”的范畴。物的形态多种多样，污染物有各种各样的类型，因此根据汉语的表达方式，将本条概括为“弃置、排放、施放污染物相邻关系”的规定，更具有科学性。本条旨在赋予不动产权利人禁止相邻权利人违反国家规定弃置、排放、施放有害物质的权利，保护生态环境。《环境保护法》《固体废物污染环境防治法》《大气污染防治法》《水污染防治法》等，对固体废物、大气污染物和水污染物的防治，作出了更为具体的规定。这些法律涉及很多公法规范，涉及很多管理规范。本条是从私法的角度对有害物质的弃置、排放、施放所作出的原则性规定。

---

① 陈卫佐译注：《德国民法典》，法律出版社2006年版，第330页。

② 于海涌、赵希璇译：《瑞士民法典》，法律出版社2016年版，第244页。

③ 陈华彬：《物权法原理》，国家行政学院出版社1998年版，第391页。

规范内容

一、弃置、排放有害物质的国家规定

（一）弃置固体废物的国家规定

固体废物，是指在生产、生活和其他活动中产生的丧失原有利用价值或者虽未丧失利用价值但被抛弃或者放弃的固态、半固态和置于容器中的气态的物品、物质，以及法律、行政法规规定纳入固体废物管理的物品、物质。固体废物大致分为工业固体废物和生活垃圾等。工业固体废物，是指在工业生产活动中产生的固体废物。生活垃圾，是指在日常生活中或者为日常生活提供服务的活动中产生的固体废物以及法律、行政法规视为生活垃圾的固体废物。1995年全国人大常委会通过的《固体废物污染环境防治法》对弃置固体废物作出了较为全面的规定。2004年、2013年、2015年、2016年、2020年，该法分别进行了不同程度的修改。该法第5条规定："固体废物污染环境防治坚持污染担责的原则。产生、收集、贮存、运输、利用、处置固体废物的单位和个人，应当采取措施，防止或者减少固体废物对环境的污染，对所造成的环境污染依法承担责任。"第14条规定："国务院生态环境主管部门应当会同国务院有关部门根据国家环境质量标准和国家经济、技术条件，制定固体废物鉴别标准、鉴别程序和国家固体废物污染环境防治技术标准。"第20条规定："产生、收集、贮存、运输、利用、处置固体废物的单位和其他生产经营者，应当采取防扬散、防流失、防渗漏或者其他防止污染环境的措施，不得擅自倾倒、堆放、丢弃、遗撒固体废物。禁止任何单位或者个人向江河、湖泊、运河、渠道、水库及其最高水位线以下的滩地和岸坡以及法律法规规定的其他地点倾倒、堆放、贮存固体废物。"第80条规定："从事收集、贮存、利用、处置危险废物经营活动的单位，应当按照国家有关规定申请取得许可证。许可证的具体管理办法由国务院制定。禁止无许可证或者未按照许可证规定从事危险废物收集、贮存、利用、处置的经营活动。禁止将危险废物提供或者委托给无许可证的单位或者其他生产经营者从事收集、贮存、利用、处置活动。"2013年环境保护部通过的《放射性固体废物贮存和处置许可管理

办法》等对一些特殊的固体废物处置，作出了进一步具体的规定。此外，《山东省实施〈中华人民共和国固体废物污染环境防治法〉办法》和《广东省固体废物污染环境防治条例》等地方性法规，针对各省市具体情况，作出了更为具体的规定。

（二）排放大气污染物的国家规定

大气污染物是指颗粒物、二氧化硫、氮氧化物、挥发性有机物、氨等。1987年全国人大通过的《大气污染防治法》，对大气污染防治作出了较为全面的规定。1995年、2000年、2015年、2018年，该法进行了四次不同程度的修改。该法第9条规定："国务院生态环境主管部门或者省、自治区、直辖市人民政府制定大气污染物排放标准，应当以大气环境质量标准和国家经济、技术条件为依据。"第12条规定："大气环境质量标准、大气污染物排放标准的执行情况应当定期进行评估，根据评估结果对标准适时进行修订。"第43条规定："钢铁、建材、有色金属、石油、化工等企业生产过程中排放粉尘、硫化物和氮氧化物的，应当采用清洁生产工艺，配套建设除尘、脱硫、脱硝等装置，或者采取技术改造等其他控制大气污染物排放的措施。"第69条第1款规定："建设单位应当将防治扬尘污染的费用列入工程造价，并在施工承包合同中明确施工单位扬尘污染防治责任。施工单位应当制定具体的施工扬尘污染防治实施方案。"第74条规定："农业生产经营者应当改进施肥方式，科学合理施用化肥并按照国家有关规定使用农药，减少氨、挥发性有机物等大气污染物的排放。禁止在人口集中地区对树木、花草喷洒剧毒、高毒农药。"第75条规定："畜禽养殖场、养殖小区应当及时对污水、畜禽粪便和尸体等进行收集、贮存、清运和无害化处理，防止排放恶臭气体。"第125条规定："排放大气污染物造成损害的，应当依法承担侵权责任。"

（三）排放水污染物的国家规定

水污染物，是指直接或者间接向水体排放的，能导致水体污染的物质。1984年全国人大常委会通过的《水污染防治法》，对排放水污染物作出了较为全面的规定。1996年、2008年、2017年，该法进行了三次不同程度的修改。海洋污染防治适用《海洋环境保护法》的相关规定。《水污染防治法》第12条规定:“国务院环境保护主管部门制定国家水环境质量标准。省、自治区、直辖市人民政府可以对国家水环境质量标准中未作规定的项目,制定地方标准,并报国务院环境保护主管部门备案。”第33条规定:“禁止向水体排放油类、酸液、碱液或者剧毒废液。禁止在水体清洗装贮过油类或者有毒污染物的车辆和容器。”第34条规定:“禁止向水体排放、倾倒放射性固体废物或者含有高放射性和中放射性物质的废水。向水体排放含低放射性物质的废水,应当符合国家有关放射性污染防治的规定和标准。”第35条规定:“向水体排放含热废水,应当采取措施,保证水体的水温符合水环境质量标准。”第36条规定:“含病原体的污水应当经过消毒处理;符合国家有关标准后,方可排放。”第37条规定:“禁止向水体排放、倾倒工业废渣、城镇垃圾和其他废弃物。禁止将含有汞、镉、砷、铬、铅、氰化物、黄磷等的可溶性剧毒废渣向水体排放、倾倒或者直接埋入地下。存放可溶性剧毒废渣的场所,应当采取防水、防渗漏、防流失的措施。”

(四)排放土壤污染物的国家规定

土壤污染物是能使土壤遭受污染的物质,大致可分为无机污染物和有机污染物两大类。无机污染物多为重金属元素,包括汞、镉、铬、铜、锌、铅、镍、砷、硒、氟、放射性元素,以及盐、酸、碱等。有机污染物较多的是有机农药,如在土壤中残留期可长达3—10年的滴滴涕、狄氏剂、林丹、绿丹、碳氯特灵、七氯、艾氏剂等。2018年全国人大常委会通过的《土壤污染防治法》第41条规定:“修复施工单位转运污染土壤的,应当制定转运计划,将运输时间、方式、线路和污染土壤数量、去向、最终处置措施等,提前报所在地和接收地生态环境主管部门。转运的污染土壤属于危险废物的,修复施工单位应当依照法律法规和相关标准的要求进行处置。”2018年生态环境部和国家市场监督管理总局联合发布的《土壤环境质量农用地土壤污染风险管控标准(试行)》《土壤环境质量建设用地土壤污染风险管控标准(试行)》两项标准为国家环境质量标准,为管控土壤污染物的排放,提供了依据。

(五)排放噪声的国家规定

环境噪声,是指在工业生产、建筑施工、交通运输和社会生活中所产生的干扰周围生活环境的声音。环境噪声污染，是指所产生的环境噪声超过国家规定的环境噪声排放标准，并干扰他人正常生活、工作和学习的现象。1996年制定、2018年修正的《环境噪声污染防治法》对防治环境噪声污染作出了具体的规定。通常理解，噪声级为30—40分贝，是比较安静的正常环境。超过50分贝，就会影响睡眠和休息，正常生理功能会受到一定的影响。超过70分贝，就会干扰谈话，造成心烦意乱，精神不集中，影响工作效率。长期工作或生活在90分贝以上的噪声环境，会严重影响听力和导致其他疾病的发生。1982年制定的《城市区域环境噪声标准》(GB3096-93)，对居住、商业、工业混杂区及商业中心区，工业区，城市中的道路交通干线道路两侧区域等不同区域的噪声，作出了具体的规定。2008年环境保护部发布《声环境质量标准》(GB3096-2008)，《城市区域环境噪声标准》(GB3096-93)废止。据此，0类声环境功能区（指康复疗养区等特别需要安静的区域），昼间不超过50分贝，夜间不超过40分贝。1类声环境功能区（指以居民住宅、医疗卫生、文化体育、科研设计、行政办公为主要功能，需要保持安静的区域），昼间不超过55分贝，夜间不超过45分贝。2类声环境功能区（指以商业金融、集市贸易为主要功能，或者居住、商业、工业混杂，需要维护住宅安静的区域），昼间不超过60分贝，夜间不超过50分贝。3类声环境功能区（指以工业生产、仓储物流为主要功能，需要防止工业噪声对周围环境产生严重影响的区域），昼间不超过65分贝，夜间不超过55分贝。此外，还有《工业企业厂界环境噪声排放标准》和《社会生活环境噪声排放标准》等。

（六）排放光辐射的国家规定

光污染，是指燥光对环境产生的污染。在日常生活中，人们常见的光污染的状况多为由镜面建筑反光所导致的行人和司机的眩晕感，以及夜晚不合理灯光给人体造成的不适。《环境保护法》第42条第1款规定：“排放污染物的企业事业单位和其他生产经营者，应当采取措施，防治在生产建设或者其他活动中产生的废气、废水、废渣、医疗废物、粉尘、恶臭气体、放射性物质以及噪声、振动、光辐射、电磁辐射等对环境的污染和危害。”2004年由上海市市容环境卫生管理局会同上海市照明学会起草，并经上海市技术监督局批准发布了《城市环境（装饰）照明规范》。据此，居住区住宅窗户上的光照强度（单位：勒克司）傍晚不得超过25勒克司，23时后则不能超过4勒克司，即在深夜其亮度仅为傍晚时的1/6左右；即使在繁华商业中心区的住宅23时前也不得超过50勒克司，23时后要降至25勒克司以下。上海市2012年修订的《城市环境（装饰）照明规范》增加“广告、招牌和标识、灯光小品和雕塑、节庆彩灯”等各类景观照明设计、安装以及相关管理工作的有关规范。2016年修改后的《上海市环境保护条例》第57条规定：“本市严格控制建筑物外墙采用反光材料。建筑物外墙采用反光材料的，应当符合国家和本市有关标准；环保部门应当组织光反射环境影响论证，住房城乡建设行政管理部门应当加强对建筑物外墙采用反光材料建设的监督管理。室外灯光广告、照明设备应当符合本市环境照明技术规范的要求，不得影响周围居民的正常生活。未按照技术规范要求使用的，由绿化市容、住房城乡建设行政管理部门责令限期改正。”

（七）排放电磁辐射的国家规定

电磁波辐射，又称电磁辐射，是由同相振荡且互相垂直的电场与磁场在空间中以波的形式传递能量和动量，其传播方向垂直于电场与磁场构成的平面。电磁辐射对人体的健康影响广泛，能引起神经、生殖、心血管、免疫功能及眼睛视力等方面的改变。《电磁辐射防护规定》（GB8702–88），对国家电磁辐射防护相关内容，作出了具体的规定。《电信条例》第46条规定：“基础电信业务经营者可以在民用建筑物上附挂电信线路或者设置小型天线、移动通信基站等公用电信设施，但是应当事先通知建筑物产权人或者使用人，并按照省、自治区、直辖市人民政府规定的标准向该建筑物的产权人或者其他权利人支付使用费。”《广播电视设施保护条例》第11条规定：“广播电视信号发射设施的建设，应当符合国家有关电磁波防护和卫星标准；在已有发射设施的场强区内，兴建机关、工厂、学校、商店、居民住宅等设施的，除应当遵守本条例有关规定外，还应当符合国家有关电磁波防护和卫生标准。”

（八）不得违反国家规定弃置、排放、施放的其他有害物质

根据《环境保护法》第42条第1款，有害物质还包括粉尘、恶臭气体、振动等。粉尘是指悬浮在空气中的固体微粒。习惯上对粉尘有许多叫法，如

灰尘、尘埃、烟尘、沙尘、粉末等，这些名词没有明显的界线。1993年颁布的《恶臭污染物排放标准》（GB14554–93），将恶臭定义为：一切刺激嗅觉器官引起人们不愉快及损害生活环境的气体物质。2018年天津市印发《恶臭污染物排放标准》（DB12/059–2018），在保留原标准控制项目基础上，增加了11项恶臭污染物排放控制项目。振动污染是指振动源所产生的振动超过相关的标准限值，影响周围环境，干扰人们正常生活、工作和学习的现象。环境振动污染的控制标准，应适用《城市区域环境振动标准》（GB10070–88）和《城市区域环境振动测量方法》（GB10071–88）的规定。

二、弃置、排放、施放有害物质的法律责任

（一）违反国家规定的法律责任

违反国家规定弃置固体废物，排放大气污染物、水污染物、噪声、光、电磁波辐射等有害物质，不动产权利人有权要求侵害人停止侵害、消除危险、排除妨碍、赔偿损失。本条是规范弃置、排放、施放有害物质相邻关系，而不是规定环境污染侵权损害赔偿责任。《民法典》第1229条规定："因污染环境、破坏生态造成他人损害的，侵权人应当承担侵权责任。"本条与《民法典》第1229条是竞合关系，一般情况下当事人可以择一行使。若妨害尚未达到人身损害的程度，当事人可依据本条主张其诉讼请求。如已经造成了人身损害，当事人宜通过《民法典》第1229条予以救济。2015年的《环境侵权责任解释》第4条规定："两个以上污染者污染环境，对污染者承担责任的大小，人民法院应当根据污染物的种类、排放量、危害性以及有无排污许可证、是否超过污染物排放标准、是否超过重点污染物排放总量控制指标等因素确定。"第7条规定："污染者举证证明下列情形之一的，人民法院应当认定其污染行为与损害之间不存在因果关系：（一）排放的污染物没有造成该损害可能的；（二）排放的可造成该损害的污染物未到达该损害发生地的；（三）该损害于排放污染物之前已发生的；（四）其他可以认定污染行为与损害之间不存在因果关系的情形。"

本条与环境污染、生态破坏侵权责任的不同在于，本条更多是保护不动产相邻权利人的权益，只能是普通诉讼，后者可以维护社会公共利益，可以

原行政主管部门主管全国草原监督管理工作。县级以上地方人民政府草原行政主管部门主管本行政区域内草原监督管理工作。乡（镇）人民政府应当加强对本行政区域内草原保护、建设和利用情况的监督检查，根据需要可以设专职或者兼职人员负责具体监督检查工作。”《森林法》第9条第1款规定：“国务院林业主管部门主管全国林业工作。县级以上地方人民政府林业主管部门，主管本行政区域的林业工作。”《水法》第12条规定：“国家对水资源实行流域管理与行政区域管理相结合的管理体制。国务院水行政主管部门负责全国水资源的统一管理和监督工作。国务院水行政主管部门在国家确定的重要江河、湖泊设立的流域管理机构（以下简称流域管理机构），在所管辖的范围内行使法律、行政法规规定的和国务院水行政主管部门授予的水资源管理和监督职责。县级以上地方人民政府水行政主管部门按照规定的权限，负责本行政区域内水资源的统一管理和监督工作。”《矿产资源法》第11条规定：“国务院地质矿产主管部门主管全国矿产资源勘查、开采的监督管理工作。国务院有关主管部门协助国务院地质矿产主管部门进行矿产资源勘查、开采的监督管理工作。省、自治区、直辖市人民政府地质矿产主管部门主管本行政区域内矿产资源勘查、开采的监督管理工作。省、自治区、直辖市人民政府有关主管部门协助同级地质矿产主管部门进行矿产资源勘查、开采的监督管理工作。”《煤炭法》第12条规定：“国务院煤炭管理部门依法负责全国煤炭行业的监督管理。国务院有关部门在各自的职责范围内负责煤炭行业的监督管理。县级以上地方人民政府煤炭管理部门和有关部门依法负责本行政区域内煤炭行业的监督管理。”《渔业法》第6条第1款规定：“国务院渔业行政主管部门主管全国的渔业工作。县级以上地方人民政府渔业行政主管部门主管本行政区域内的渔业工作。县级以上人民政府渔业行政主管部门可以在重要渔业水域、渔港设渔政监督管理机构。”《矿产资源法实施细则》第3条第2款规定：“国务院代表国家行使矿产资源的所有权。国务院授权国务院地质矿产主管部门对全国矿产资源分配实施统一管理。”

其他问题

我国《民法典》物权编中的所有权分编，以所有权的主体为标准，将所有权区分为国家所有权、集体所有权和私人所有权，这种分类方法被称为“三分法”。对于“三分法”的主张，有学者曾提出质疑，认为其强调了公有制的神圣地位，对国家财产给予优先保护的特殊地位，不符合物权平等保护的民法精神。[①]另有学者认为，“三分法”混淆了所有制与所有权关系，以所有权定义所有制，实为本末倒置，从具体内容看也是模糊的、不完善的。[②]

与此对应的是以客体为标准，区分为不动产和动产的所有权。这种分类方式始于罗马法，并对日耳曼法产生了很大影响。以所有权的标的为标准，将所有权分为不动产所有权和动产所有权，被学界称为“一元论”，后来发展成为民法的基本理论，为大陆法系国家如德国、瑞士、意大利等国民法典所采纳。例如，《德国民法典》是世界法律发展史上最优秀的法典之一，也是现代意义上物权法的起始点。该法典的整个物权编完全建立在对不动产和动产的区分上，并据此设立了不同的法律规范。

就学者的建议稿来看，所有权立法是采取按客体对所有权进行一体规制“一元论”模式，还是采取以权利主体的区分对国家所有权、集体所有权、私人所有权予以分别规定的“三分法”模式存在较大争议。“一元论”以梁慧星等学者为代表，其在中国社会科学院法学所物权法研究课题组2000年撰写的《中国物权法草案建议稿》中提出：一方面，基于民法的基本原则——平等原则的要求，应该将国家、集体和个人的所有权同等对待。另一方面，基于所有权的平等保护原则，也不应该依据所有制对国家所有权进行规范。“三分法”的分类方式，是为了反映生产资料所有制的性质，更多具有政治意味，而非法学意味，应抹去所有权制度中带有政治意味的生产资料所有制的性质。[③]“三分法”以王利明等学者为代表，其在《中国物权法草案建议稿及说明》中主张：我国现今是公有制占主导的多种经济形式并存的社会主义市场经济国家，公有制占主导地位的制度特点决定了我国物权法必须反映所有制关系的现实。因此，在物权法中，必须对各种所有制类型做出确认。而物权法作为确认和

---

① 参见孙宪忠：《我国物权法中所有权体系的应然结构》，载《法商研究》2002年第5期。

② 参见温世扬：《〈民法典〉应如何规定所有权——〈物权法〉“所有权”编之完善》，载《法学评论》2018年第2期。

③ 参见梁慧星主编：《中国物权法草案建议稿：条文、说明、理由与参考立法例》，社会科学文献出版社2000年版，第65—66页。

进行公益诉讼。《环境保护法》第58条规定："对污染环境、破坏生态，损害社会公共利益的行为，符合下列条件的社会组织可以向人民法院提起诉讼：（一）依法在设区的市级以上人民政府民政部门登记；（二）专门从事环境保护公益活动连续五年以上且无违法记录。符合前款规定的社会组织向人民法院提起诉讼，人民法院应当依法受理。提起诉讼的社会组织不得通过诉讼牟取经济利益。"《民法典》第1234条规定："违反国家规定造成生态环境损害，生态环境能够修复的，国家规定的机关或者法律规定的组织有权请求侵权人在合理期限内承担修复责任。侵权人在期限内未修复的，国家规定的机关或者法律规定的组织可以自行或者委托他人进行修复，所需费用由侵权人负担。"2015年的《环境民事公益诉讼解释》第1条规定："法律规定的机关和有关组织依据民事诉讼法第五十五条、环境保护法第五十八条等法律的规定，对已经损害社会公共利益或者具有损害社会公共利益重大风险的污染环境、破坏生态的行为提起诉讼，符合民事诉讼法第一百一十九条第二项、第三项、第四项规定的，人民法院应予受理。"第2条规定："依照法律、法规的规定，在设区的市级以上人民政府民政部门登记的社会团体、民办非企业单位以及基金会等，可以认定为环境保护法第五十八条规定的社会组织。"第4条规定："社会组织章程确定的宗旨和主要业务范围是维护社会公共利益，且从事环境保护公益活动的，可以认定为环境保护法第五十八条规定的'专门从事环境保护公益活动'……"

（二）没有国家规定的法律责任

没有国家标准，也没有地方标准，如何处理纠纷，成为实践中的难题。没有国家标准或地方标准，法院要根据日常生活经验予以裁判。如在某排除妨害纠纷案中，被上诉人建立厕所距离上诉人家外墙4.8米，距离上诉人家水源位置16米，位置较近，厕所建成使用后其排泄物势必对周边及地下水环境形成污染，危及、侵害上诉人合法权益，因此法院支持了消除危险、排除妨害的上诉请求。[①]对于农村建厕所的位置，法律没有规定，对此很难加以规定。2019年12月26日，最高人民法院审判委员会讨论通过的指导案例128号"李

---

① 参见河北省承德市中级人民法院（2020）冀08民终434号民事判决书。

某诉华润置地（重庆）有限公司环境污染责任纠纷案”强调，不能因为没有明确的标准，就不支持当事人的诉讼请求。[①]该案的基本案情、审理过程、裁判结果、裁判要旨如下。

该案的基本案情：万象城购物中心与原告住宅之间无其他遮挡物。在正对原告住宅的万象城购物中心外墙上安装有一块LED显示屏用于播放广告等，该LED显示屏广告位从2014年建成后开始投入运营，每天播放宣传资料及视频广告等，其产生强光直射入原告住宅房间，给原告的正常生活造成影响。

该案的审理过程：就案涉光污染问题是否能进行环境监测的问题，人民法院向重庆市九龙坡区生态环境监测站进行了咨询，该站负责人表示，国家与重庆市均无光污染环境监测方面的规范及技术指标，所以监测站无法对光污染问题开展环境监测。重庆法院参与环境资源审判专家库专家、重庆市永川区生态环境监测站副站长也表示从环保方面光污染没有具体的标准，但从民事法律关系的角度，可以综合其余证据判断是否造成光污染。从本案原告提交的证据看，万象城电子显示屏对原告的损害客观存在，主要体现为影响原告的正常休息。就LED显示屏产生的光辐射相关问题，法院向重庆大学建筑城规学院教授、中国照明学会副理事长以及重庆大学建筑城规学院高级工程师、中国照明学会理事等专家作了咨询。专家表示，LED的光辐射一是对人有视觉影响，其中失能眩光和不舒适眩光对人的眼睛有影响；二是生物影响，如果光辐射太强，会使人生物钟紊乱。

该案的裁判结果：重庆市江津区人民法院于2018年12月28日作出（2018）渝0116民初6093号判决：“一、被告华润置地（重庆）有限公司从本判决生效之日起，立即停止其在运行重庆市九龙坡区谢家湾正街万象城购物中心正对原告李某位于重庆市九龙坡区谢家湾正街×小区×幢住宅外墙上的一块LED显示屏时对原告李某的光污染侵害：1.前述LED显示屏在5月1日至9月30日期间开启时间应在8：30之后，关闭时间应在22：00之前；在10月1日至4月30日期间开启时间应在8：30之后，关闭时间应在21：50之前。2.前述LED显

---

① 参见《指导案例128号：李某诉华润置地（重庆）有限公司环境污染责任纠纷案》，载最高人民法院网，http://www.court.gov.cn/fabu-xiangqing-216901.html，最后访问时间2020年4月6日。

示屏在每日19：00后的亮度值不得高于600cd/㎡。二、驳回原告李某的其余诉讼请求。”一审宣判后，双方当事人均未提出上诉，判决已发生法律效力。

该案的裁判要旨：由于光污染对人身的伤害具有潜在性、隐蔽性和个体差异性等特点，人民法院认定光污染损害，应当依据国家标准、地方标准、行业标准，是否干扰他人正常生活、工作和学习，以及是否超出公众可容忍度等进行综合认定。对于公众可容忍度，可以根据周边居民的反应情况、现场的实际感受及专家意见等判断。[①]

（三）不违反国家规定原则不承担责任

通常情况下，在国家规定的范围内，不动产权利人有容忍的义务。德国、瑞士，以及我国澳门地区等的民法典，明确规定了不可量物的容忍义务。遭受来自相邻污染物侵害时，如果此种侵害是轻微的，或者按照习惯不够损害的，则应当容忍，不能阻止相邻权利人弃置、排放、施放污染物。这符合“有利生产、方便生活、团结互助、公平合理”的处理相邻关系基本原则。所谓轻微妨害，是指未造成严重损害。例如，邻人白日演奏乐器。所谓依不动产坐落情况符合按照习惯不够损害的情形。例如，不动产位于高速公路旁，故其权利人不得不容忍一定的噪声、废气等不可量物的侵入。“容忍”程度要从侵害的发生程度、侵害的结果等方面，由法官结合具体案件加以判断。若该行为超过了一般公众普遍可容忍的范围，也可认定为构成了不可量物侵害。[②]

我国立法没有明确规定容忍义务，但司法实践予以认可。如在王某与周某相邻污染侵害纠纷案中，周某养猪是否排放相关有害物质，侵害相邻人王某的身体健康和生活环境，成为争议的焦点。法院认定的事实是，周某修建化粪池和排污管道，经采取相关措施后，猪圈无污水、粪便渗出，猪圈干净整洁。法院最后判决认为，周某养猪不可避免产生一定的气味，但王某与周某作为相邻关系人，应从互利互让和尊重当地习惯角度出发，给予周某生存发展权利延伸一定程度的容忍，因此对周某拆除家中全部猪舍的诉讼请求不

---

① 参见重庆市江津区人民法院（2018）渝0116民初6093号民事判决书。

② 梁慧星、陈华彬：《物权法》（第六版），法律出版社2016年版，第188页。

予支持。法院在判后语中进一步指出，周某虽然在自家院子养猪未违反法律规定，但其在享受王某给予便利的同时，也应当充分尊重王某享有呼吸新鲜空气和享受宁静生活环境的权利，除了做好污水、粪便、猪圈卫生的处理，还应当采取一切合理必要的措施控制气味飘散，适当减少出栏量，以免影响他人实际生活。①

（四）不违反国家规定有时亦要承担法律责任

违反国家规定，是判定弃置、排放、施放有害物质行为是否合法的重要依据，但不是唯一的依据。从文义看，本条的确将“违反国家规定”，作为承担民事责任的前提。这种表达方式反映了传统私法上的相邻关系与环境保护法律法规逐步接轨的趋势，具有一定合理性。然而，这种表达方式完全排除符合环保法律规定排放污染物却构成侵害相邻关系的可能性，过于绝对化，过分限制了法律适用中应有的弹性。②国家规定包括效力层次高低不一的行政法规、部门规章、地方规章等。从法律解释的角度看，本条规定的只是违反国家规定弃置、排放、施放有害物质的相邻关系，没有不违反国家规定的弃置、排放、施放有害物质的相邻关系。对于后者，适用“有利生产、方便生活、团结互助、公平合理”的原则处理。如果不可量物的侵入在客观上已经造成了巨大的损害，远远超过一个理性人可容忍的程度，就应当视为法定义务的违反。2015年的《环境侵权责任解释》第1条规定：“因污染环境造成损害，不论污染者有无过错，污染者应当承担侵权责任。污染者以排污符合国家或者地方污染物排放标准为由主张不承担责任的，人民法院不予支持。污染者不承担责任或者减轻责任的情形，适用海洋环境保护法、水污染防治法、大气污染防治法等环境保护单行法的规定；相关环境保护单行法没有规定的，适用侵权责任法的规定。”从立法论的角度看，《民法典》第294条宜修改为：“不动产权利人不得超出正常限度弃置固体废物，排放大气污染物、水污染物、噪声、光、电磁波辐射等有害物质。”

---

① 参见海南省高级人民法院（2015）琼民申字第356号民事判决书。

② 韩松、姜战军、张翔：《物权法所有权编》，中国人民大学出版社2007年版，第284页。

德国以实质性影响作为判断排放行为合法性的标准，“从一个理性的正常人的理解出发进行利益衡量，并以生活习惯以及被妨害的不动产的用途和持续间”，以及“考虑基本权利所体现的价值和大众利益”，综合判断某种妨害是否有实质性。不在实质上妨害其他不动产使用的行为，是否取得行政许可、是否符合环境保护法律的要求，都是判断这种实质性的重要依据。[①]首先，邻人可对行政机关的决定提出抗辩和提起行政诉讼；其次，如果行政机关的决定被有效维持，邻人不能要求排除妨害，只能请求采取保护性预防措施或者损害赔偿。[②]在法国法上，行政许可不能免除许可人的民事责任，其理由是许可在许多情况下都是考虑受许可以外人的利益而发给的，因此行政许可并不影响侵权责任的构成。不过在法国司法实践中，“命令恢复原状的裁判例比命令金钱赔偿的裁判例远远为少”，命令恢复原状还是赔偿损失，全由裁判官自由决定。[③]

我国司法实践中，一些法院认为，无论侵权人设施排放的噪声是否符合国家有关排放标准，只要其事实上造成了损害结果，即应承担损害赔偿责任。如在刘某诉某超市等噪声污染责任纠纷案中，2011年刘某入住新购房屋。半年后，相邻10米的超市开业，室外制冷机组排放噪声形成污染成讼。超市以两次大的改造之后降低了噪声，最新监测结论符合国家标准为由主张不应承担侵权责任。法院认为，噪声污染侵权纠纷，不以排放行为违法为前提。本案中，超市制冷机组运行中产生的噪声给刘某生活造成影响，应排除妨害或根据妨害实际情况给予经济赔偿，具体赔偿金额根据噪声对刘某生活造成的影响程度予以确定。判决超市30日内使制冷机组在运行过程中产生的噪声达到国家城市环境噪声1类标准，超市赔偿刘某2万元及检测费3200元。[④]

---

① ［德］曼弗雷德·沃尔夫：《物权法》：吴越、李大雪译，法律出版社2012年版，第172—174页。

② ［德］鲍尔、施蒂尔纳：《德国物权法》（上册），张双根译，法律出版社2004年版，第547—548页。

③ 参见陈华彬：《法国紧邻妨碍问题研究——兼论中国的近邻妨碍制度及完善》，载梁慧星主编：《民商法论丛》（第5卷），法律出版社1996年版，第150页。

④ 参见北京市大兴区人民法院（2012）大民初字第09974号民事判决书。

举证责任

不动产权利人对弃置、排放、施放有害物质的事实承担举证责任，实施不法行为要对不承担责任或者减轻责任的情形承担举证责任。《民法典》第1230条规定："因污染环境、破坏生态发生纠纷，行为人应当就法律规定的不承担责任或者减轻责任的情形及其行为与损害之间不存在因果关系承担举证责任。"

高某诉某沐足店环境污染责任纠纷案，是2019年6月2日广东省高级人民法院发布的环境资源审判典型案例之一。该案的基本案情：高某居住在某沐足店的楼上，由于该沐足店营业到深夜，热水炉和员工放置木桶均产生极大的噪声，影响了高某的睡眠和休息。2013年2月，经医院诊断高某患抑郁症，高某遂到法院起诉要求沐足店赔偿医疗费、误工费等费用。该案的裁判结果：鹤山市人民法院经审理认为，高某居住的房屋位于沐足店正上方，沐足店在经营过程中产生噪声是客观事实，且已被当地环境保护局及公安局给予行政处罚。因此，沐足店无法提供证据证实其污染行为与高某遭受的损害不存在因果关系，且没有提供证据证实其存在法律规定的不承担责任或者减轻责任的情形，法院判决沐足店向高某赔偿相应损失。该案的典型意义：噪声污染是现代城市生活中常见的一种现象。本案法院结合当地环境保护监测站发出的《责令改正违法行为决定书》、当地公安局对沐足店作出的行政处罚以及医院的诊疗结果，可认定沐足店的噪声排放对高某造成了损害，支持了高某医疗费的诉请，对于人民群众依法维护人身合法权益具有较好的示范引导作用。①

第二百九十五条【相邻防险关系】

不动产权利人挖掘土地、建造建筑物、铺设管线以及安装设备等，不得危及相邻不动产的安全。

---

① 参见《广东高院发布环境资源审判典型案例》，载广东法院网，http://www.gdcourts.gov.cn/index.php?cid=170&id=53727&v=show，最后访问时间2020年4月6日。

历史由来

该条完全承袭了《物权法》第91条的规定。2017年5月中国社会科学院起草完成的《〈民法典分则〉立法建议稿》第47条规定："不动产权利人挖掘土地、建造建筑物、铺设管线以及安装设备等，不得危及相邻不动产的安全。危及相邻不动产安全的，相邻不动产权利人可以请求消除危险。"[①]与《物权法》第91条相比，该建议稿从义务违反的角度，增加了消除危险请求权的规定。

规范目的或功能

本条是不动产相邻防险关系的规定。相邻防险关系是以预防邻地损害为内容的一种权利义务关系，既包括预防危险关系，又包括赔偿损害关系。从原则上说，本条重在预防，以防损害的发生。从义务的角度，不动产权利人挖掘土地、建造建筑物、铺设管线以及安装设备等，负有危险防御的义务。从权利的角度，相邻不动产权利人享有相邻防险权。从权利救济的角度，相邻不动产权利人享有危险防御请求权和损害赔偿请求权。本条与《民法典》"物权的保护"一章规定的排除妨害请求权和消除危险请求权，是特殊与一般的关系。

规范内容

一、相邻防险义务的适用范围

土地所有人或使用人，在其所有或使用的土地范围和界线内，开掘土地或建构建筑物、工作物等，完全是土地所有人或使用人的应有权利，无需限制。但是，因开掘土地或建筑工作物而致邻地地基动摇，或发生危险，或使邻地的建筑物、工作物等有受损害的情事时，则不得不谋求救济的方法，以

---

① 陈甦主编：《中国社会科学院民法典分则草案建议稿》，法律出版社2019年版，第19页。

资保护。[①]不动产权利人在自己所有或使用的土地上挖掘或建造建筑物时，应尽到谨慎的注意义务，不得因挖掘或建造行为致使邻人之不动产发生危险。掘地或进行其他施工活动致使邻地上的建筑物或其他工作物有发生危险之虞时，有可能受到损害的一方可依物权请求权请求防止该危险的发生，或分不同情况请求停止施工活动或请求排除现实的危险。[②]给相邻关系造成危险，必须是可以预见的，切实存在侵害他人或财产现实可能性的危险，不能是主观臆测的危险。

本条规定了不动产权利人在挖掘土地、建造建筑物、铺设管线以及安装设备时等应尽的注意义务。第一，相邻一方在自己的土地上挖水沟、水池、地窖、水井和地基等时，不得危及对方房屋、地基以及其他建筑物的安全。第二，建造建筑物不得危及相邻不动产的安全。第三，铺设电线、电缆、水管、暖气和燃气管线等，不得危及相邻不动产的安全。第四，安装生产设备、空调等生活设备，不得危及相邻不动产的安全。第五，从法律解释看，其他危及不动产安全的行为，包含在本条“等”字中，包括但不限于竹木越界、装修房屋，以及放置或使用易燃易爆品、剧毒物品等。如放置或使用易燃易爆品、剧毒物品，应当与邻人的建筑物保持适当的距离，并采取必要的防范措施。如某宅地所生树木妨碍其房屋安全要求排除妨碍纠纷一案中，构成妨碍的野生树木，尽管不是相邻人栽种，但由于处于相邻人居住的房屋院内和管理范围内，相邻人具有控制或随时处置该树的条件。因此相邻人应当从正确处理相邻关系的角度出发，有义务予以排除妨碍。[③]

一些民事特别法对相邻防险关系予以进一步具体化。《建筑法》第39条第2款规定：“施工现场对毗邻的建筑物、构筑物和特殊作业环境可能造成损害的，建筑施工企业应当采取安全防护措施。”《石油天然气管道保护法》第30条规定：“在管道线路中心线两侧各五米地域范围内，禁止下列危害管道安全的行为：（一）种植乔木、灌木、藤类、芦苇、竹子或者其他根系深达管道

---

① 梁慧星主编：《中国民法典草案建议稿附理由：物权编》，法律出版社2013年版，第236—237页。

② 梁慧星、陈华彬：《物权法》（第六版），法律出版社2016年版，第183页。

③ 参见江苏省淮安市中级人民法院（2011）淮中民终字第295号民事判决书。

埋设部位可能损坏管道防腐层的深根植物；（二）取土、采石、用火、堆放重物、排放腐蚀性物质、使用机械工具进行挖掘施工；（三）挖塘、修渠、修晒场、修建水产养殖场、建温室、建家畜棚圈、建房以及修建其他建筑物、构筑物。”此外，一些行政法规、地方性法规也有具体的细化规定。《电力设施保护条例》第16条规定：“任何单位或个人在电力电缆线路保护区内，必须遵守下列规定：（一）不得在地下电缆保护区内堆放垃圾、矿渣、易燃物、易爆物，倾倒酸、碱、盐及其他有害化学物品，兴建建筑物、构筑物或种植树木、竹子；（二）不得在海底电缆保护区内抛锚、拖锚；（三）不得在江河电缆保护区内抛锚、拖锚、炸鱼、挖沙。”《广州市人民防空管理规定》第26条第2款规定：“新建人民防空工程与相邻地下工程连通，不得危及相邻地下工程建筑结构安全，不得对相邻地下工程所有权人和其他相关权利人权益造成损害。”

二、违反相邻防险义务的法律责任

危及相邻不动产的安全，包括两种类型：一是造成了妨害，二是造成了损害。有学者认为，相邻防险义务的履行，包括事前的预防和事后的救济。事前的预防包括停止侵害、恢复原状、消除危险、排除妨碍、采取补救措施等，如挖掘沟渠，可以采取回填、加固等措施预防危险；气响侵入、危险物品的威胁，可以转移至安全地带，或者采取必要的安全措施等；建筑物有倒塌危险的，则应维修、加固或者予以拆除。事后的救济，主要是损害赔偿，也包括停止侵害、消除危险、排除妨害等内容。[①]这种观点某种程度上混淆了民事义务和民事责任，混淆了物权请求权和债权请求权。《民法典》第236条规定：“妨害物权或者可能妨害物权的，权利人可以请求排除妨害或者消除危险。”第1165条规定：“行为人因过错侵害他人民事权益造成损害的，应当承担侵权责任。依照法律规定推定行为人有过错，其不能证明自己没有过错的，应当承担侵权责任。”因此，根据《民法典》的体系解释，挖掘土地、建造建筑物、铺设管线以及安装设备等，对相邻不动产已经造成妨害，邻人无须证明已经实际发生了损害，只需要证明存在此种威胁。此时可以适用《民法典》

① 杨立新：《论相邻防险关系》，载《甘肃政法学院学报》1994年第2期。

第236条规定的排除妨害或者消除危险。如果造成了损害，原则上就适用《民法典》第1165条规定的损害赔偿请求权。

有观点认为，邻地所有人或使用人请求防免及损害赔偿的权利，系以不动产相邻关系为基础，区别于侵权行为的请求权，类似于物权请求权，不以开掘土地或建筑施工一方有故意过失为要件。[①]这种观点具有一定的合理性，毕竟相邻关系是物权编的重要内容。然而，从体系考虑，物权编更多是物权请求权的规定，侵权责任编更多是债权请求权的规定。对于造成损害的问题，原则上应当适用侵权责任编。行为人应当采取必要措施而没有采取必要措施，导致相邻不动产的损害，主观的过失不难证明。可以综合考量缺乏正当利益、选择有害的方式行使权利、损害大于所得的利益等因素，确定行为人是否滥用权利，是否存在主观的过错。

司法实践中，如果危及相邻不动产的安全，并造成了损害，往往要承担侵权责任。庞某林和庞某红相邻纠纷案是一起较为典型的案例。庞某林在原地建有房屋一座，面临河流。1987年1月21日，庞某林在庞某红新房后墙2.3米距疆界线1.5米处挖饮水井一眼，深5米，内径0.5米，外径0.76米。挖井时，庞某红曾予以制止，但庞某林继续挖掘，并正式使用。1987年6月5日，该地区发生特大洪水，该河流水位14.61米，高于庞某林水井口2.13米，致使该水井泛水涌沙，涌出沙石高达23立方米。河水通过井口淘空庞某红楼房基础，致使该房下陷，破裂百余处，成为危房，已不能使用，直接损失3万余元。1991年最高人民法院发布（1991）民他字第9号复函，就具体条件如何适用相邻防险关系作出解释："庞某林和庞某红住房前后相邻，庞某林在庞某红房屋近处挖井，违背了处理相邻关系的原则，1987年6月该地区发生特大洪水，水井大量泛水涌沙，庞某林又未能及时采取措施，损坏了庞某红的房基，致该房成为危房，给庞某红造成了重大损失。依照《中华人民共和国民法通则》第83条的规定，庞某林应负赔偿责任。考虑该案具体情况，可以适当减轻庞某林的赔偿责任。"本案损害事实的发生，是由庞某林挖井的行为和洪水的自然因素所致。洪水尽管异常，但尚在河床内被人工所控制，只是由于庞某林的挖井行为，才导致事故的发生。因此，考虑该案具体情况，可以适当减轻

---

① 梁慧星：《中国民法典草案建议稿附理由：物权编》，法律出版社2013年版，第237页。

庞某林的赔偿责任。

举证责任

危及相邻不动产的安全，相邻不动产权利人负有举证责任，要举证证明已经形成客观的现实危险，已经造成损害要求赔偿损失的，还应证明具体的损害事实和范围。如在德州某机械厂诉德州某化工有限公司消除危险纠纷案，法院认为，机械厂对自己提出的诉讼请求所依据的事实，未能提供充分证据证明化工有限公司的行为已经造成现实的危险，因此其诉讼请求不予支持。①

从事挖掘土地、建造建筑物、铺设管线以及安装设备等的一方当事人，对损害系由不可抗力、因受害相邻人的过错行为或第三人的过错行为等免责事由或减轻责任事由所致的，负举证责任，从而免除责任或减轻责任。某相邻关系纠纷案中，上诉人主张水坝系历史形成，不是其堵截自然流水形成的，且不影响被上诉人的生活和住所安全。法院认为，上诉人对水坝系历史形成的免责事由，没有提供充分的证据，因此对此上诉请求不予支持。②

第二百九十六条【相邻权行使的损害避免】

不动产权利人因用水、排水、通行、铺设管线等利用相邻不动产的，应当尽量避免对相邻的不动产权利人造成损害。

历史由来

本条基本承袭了《物权法》第92条的规定，只是删除了《物权法》第92条后半段规定中“造成损害的，应当给予赔偿”。

从历史沿革看，对相邻的不动产权利人造成损害的，是赔偿还是补偿，立法草案存在较大的反复和矛盾。在新中国成立后的第一次民法典编纂中，

① 参见山东省德州市中级人民法院（2018）鲁14民终1831号民事判决书。

② 参见内蒙古自治区通辽市中级人民法院（2016）内05民终2093号民事判决书。

起初的草案采用的是“补偿”，后来修改为“赔偿”。1956年8月形成的《民法典所有权篇（第五次草稿）》第5条规定：“财产所有人对自己的财产，囿于自然条件和相邻关系，为他人必须通行或使用，应当允许他人使用。使用人对所有人的财产应当妥为保护，并负担因使用而产生的各项费用，如果因使用而使所有人的财产遭受损失的时候，使用人应当给与适当的补偿。”1957年1月形成的《民法典所有权篇（第六次草稿）》第4条规定：“财产所有人对自己的财产，由于自然环境为他人必须通行或使用，应当允许他人使用。使用人对所有人的财产应当妥为保护，并负担因使用而产生的各项费用，如果因使用而使所有人的财产遭受损失的时候，所有人有权请求赔偿。”[①] 在新中国成立后的第二次民法典编纂中，立法草案没有相邻关系的规定。在新中国成立后的第三次民法典编纂中，同一立法草案经常是“补偿”与“赔偿”同时使用。1982年5月，全国人大常委会法制委员会民法起草小组公布的《民法草案（第四稿）》第112条规定：“相邻一方因建筑物别无其他通道，或者土地在邻人的土地包围之中，必须通过邻人土地的，邻人应当允许。如果因此造成他方损失需要给与补偿的，由双方协商解决。”第115条规定：“相邻各方对于自然流水的利用，应当合理分配。如果一方擅自堵截，影响他方使用的，他方有权请求拆除。如果造成损失，应当给与赔偿。”第120条规定：“建筑施工、地质勘探、科研实验等单位，在进行作业过程中，应当尽可能地减少对周围邻人生产、生活的影响。作业完毕后，应当对原来的道路、场地、水源、树木等，负责整修、平复、重新栽培；造成损失的，应当给与赔偿。”[②]

1986年通过的《民法通则》采用的是“赔偿”。1988年的《民法通则意见》采用的是“补偿”和“赔偿”。《民法通则》第83条规定：“不动产的相邻各方，应当按照有利生产、方便生活、团结互助、公平合理的精神，正确处理截水、排水、通行、通风、采光等方面的相邻关系。给相邻方造成妨碍或者损失的，

---

① 何勤华、李秀清、陈颐：《新中国民法典草案要览（增订本）》（上卷），北京大学出版社2017年版，第123—124页。

② 何勤华、李秀清、陈颐：《新中国民法典草案要览（增订本）》（中卷），北京大学出版社2017年版，第1307页。

应当停止侵害，排除妨碍，赔偿损失。”《民法通则意见》第99条规定：“相邻一方必须使用另一方的土地排水的，应当予以准许；但应在必要限度内使用并采取适当的保护措施排水，如仍造成损失的，由受益人合理补偿。相邻一方可以采取其他合理的措施排水而未采取，向他方土地排水毁损或者可能毁损他方财产，他方要求致害人停止侵害、消除危险、恢复原状、赔偿损失的，应当予以支持。”第100条规定：“一方必须在相邻一方使用的土地上通行的，应当予以准许；因此造成损失的，应当给予适当补偿。”在物权法立法过程之中，一审稿至六审稿均规定的是“补偿”，后来修改为“赔偿”。

2017年5月，中国社会科学院起草完成的《〈民法典分则〉立法建议稿》第48条规定：“不动产权利人因用水、排水、通行、铺设管线等利用相邻不动产的，应当尽量避免对相邻的不动产权利人造成损害。对于相邻不动产造成的损害，应当给与补偿。”建议理由是，基于相邻关系的使用，排除了不法性，因此对造成的损害应当予以补偿，而非赔偿。①

规范目的或功能

本条是关于使用相邻不动产，尽量避免造成损害的义务的规定。一方面，本条确立了不动产权利人因用水、排水、通行、铺设管线等，必须利用相邻不动产时，应当遵循尽量避免损害的基本原则。另一方面，本条也为相邻不动产权利人的损害救济提供了裁判依据。从立法文本看，本条并没有明确指出，如果造成了相邻不动产权利人的损害，应当予以救济。从立法目的看，法院有自由裁量的空间，根据具体情形，决定是否赔偿或补偿。从立法变迁的过程，可以较为深入了解对此问题的争论，更好地解释本条的适用前提和法律后果。

规范内容

本条规定的是避免损害相邻关系。大致包括四层含义：一是尽量避免造

① 陈甦主编：《中国社会科学院民法典分则草案建议稿》，法律出版社2019年版，第19页。

成损害原则。二是最小损害原则。三是正常行使权利造成损害的补偿义务。四是非正常行使权利造成损害的赔偿义务。除此之外，《石油天然气管道保护法》等法律还规定了特别法上的补偿义务。

一、尽量避免造成损害原则

从文义解释看，本条规定的是尽量避免造成损害原则。如果不动产权利人的目的实现有多条路径，其中有一条可以避免相邻不动产权利人的损害，原则上应当采用该条路径。不动产权利人的权利扩张和容忍义务，是一个问题的两个方面。一方面，不动产权利人负有容忍义务，要提供必要的便利，应当按照有利生产、方便生活、团结互助、公平合理的原则，容忍相邻不动产权利人因用水、排水、通行、铺设管线等而使用自己的不动产。另一方面，不动产权利人的容忍义务也是有限度的。从使用一方看，在行使相邻权的同时，也要负尽量避免对被使用的相邻不动产的权利人造成损害的义务。相邻关系是法律规定的强制性规范，为不动产权利人的权利扩张，提供最低层次的国家强制性保障。如果有更高层次的需要，要提供更为便利舒适的生产和生活条件，不动产权利人应当通过地役权制度予以解决。因此，在相邻关系中，不动产权利人因用水、排水、通行、铺设管线等利用相邻不动产的，应当尽量避免对相邻的不动产权利人造成损害。

二、最小损害原则

从目的解释看，本条也包含最小损害原则。不动产权利人因用水、排水、通行、铺设管线等利用相邻不动产的，如果损害是不可避免的，就应当选择造成最小损害的使用方式。在能够实现不动产权利人目的的前提下，需权衡要实现的目的与所采用的使用方法可能造成的损害，要权衡各种方法的优劣，选择最小损害的方式。成语“杀鸡焉用宰牛刀”，可以看作对这一原则的最好诠释。例如，排水可以在邻人土地下铺设管道，但不能挖掘沟渠直接排水。提供通行的便利是有限度的，不能为了通行在另一方土地上修建一条宽敞的道路。

三、正常行使权利造成损害的补偿义务

本条只是规定尽量避免造成损害，并没有规定如果没有尽量避免，造成损害的法律后果。有学者认为，补偿主要适用于合理利用相邻不动产产生损失的情形。如就袋地通行权而言，袋地所有人要通行于他人的土地，比如造成他人的损害，根据公平原则，可能要给予适当的补偿。[①]有学者认为，如果超出相邻不动产权利人应当容忍的限度，受损害的不动产权利人可以请求相邻不动产权利人赔偿损失。[②]有学者认为，即使相邻权人对损害的发生无过错，也应当予以赔偿，因为这是基于公平原则而发生的，不属于侵权的损害赔偿。[③]

相邻关系是国家对不动产权利行使的一种法定干预方式，相邻一方对另一方提供用水、排水、通行、铺设管线等的必要便利，是法律规定的强制性义务。因此，正常行使不动产权利，即使造成了相邻一方的损害，原则上也不能要求赔偿或补偿。如果超出了普通民众公认的必要范围，可以要求相应的补偿。这种补偿关系是一种法定之债，而不是侵权关系。这种补偿的法理依据，存在两种解释。一是私法的强制牺牲说。德国学者认为，相邻关系中的加害人的行为虽然具有合法性或公益性，但基于相邻关系中不动产所有权或利用权受限制的一方付出了私法上的“强制牺牲”，故应要求加害人向其支付补偿金以达到平衡。二是法定物权负担说。我国台湾地区一些学者认为，相邻关系中的补偿金为一种法定的物权负担，是立法者对物权关系所作的物权配置的一部分。[④]

不动产权利人正常行使权利造成的损害，并不是一律需要补偿，也并不是一律需要全额补偿。因不动产利用的情形较多，法院有较大的自由裁量权，要针对个案，针对特殊问题，对是否补偿以及补偿多少作出相应的裁判。如在李某诉李某军相邻关系纠纷案中，法院认为，相邻一方在行使相邻权时应

---

① 王利明：《物权法研究》（上册），中国人民大学出版社2016年版，第617页。

② 崔建远：《物权：规范与学说——以中国物权法的解释论为中心》（上册），清华大学出版社2011年版，第455页。

③ 尹田：《物权法》（第二版），北京大学出版社2013年版，第371页。

④ 参见尹田：《物权法》（第二版），北京大学出版社2013年版，第369页。

有合理限度的忍耐义务，判决不予补偿。一方因居住的必要而开设窗户、安装防盗门并无不当之处，其安装雨搭、修建道路亦为流水、通行之必要，在雨搭安装沟槽的方向表明，一方已在现有居住条件下尽量减小对相邻一方造成的影响。[①]在崔某忠诉某轨道交通建设管理有限公司等相邻关系纠纷案中，法院认为，地铁修建行为是为公共利益，因此地铁施工行为是合法的，并无过错；而临街商铺对其经营上的损失亦无过错；因地铁施工建设对周边商户的经营、使用造成影响的，地铁发包方及施工方承担补偿责任，且补偿责任不适用损益相抵规则。[②]

损失一般可以分为直接损失和间接损失。是否补偿间接损失，法院要考虑多种因素。在某相邻关系纠纷案中，由于高速路相邻的原因，导致矿业公司无法开采矿物，此时矿物公司认为高速路公司应当对矿业公司正常开采矿物获得的收益作出赔偿。法院认为，高速公路公司应当赔偿铁路公司的直接损失，即设备物质投资等，但在间接损失层面，法院并未支持原告的主张，其裁判理由为“采矿是否获得收益是高风险不确定的事实，可能盈利，也可能亏损，因此对此种损失不予支持”。[③]矿产经营是高风险行业，对矿厂的投入与产出受经营方式、开采方式以及矿藏本身的地质结构等诸多因素影响具有不确定性，因为法院不支持逾期利润，具有合理性。

四、非正常行使权利造成损害的赔偿义务

从解释论看，要区分正常利用他人不动产造成的损害和非正常利用他人不动产造成的损害，前者适用补偿，后者适用赔偿，更具有合理性。不动产权利人因用水、排水、通行、铺设管线等，非正常利用相邻不动产，造成了不该有的损害，应当予以赔偿。这种赔偿的依据是侵权责任编的相关规定。这种赔偿应当是全额赔偿，包括直接损害和间接损害。

从主观意图看，具体包括两种类型。一是故意。不动产权利人故意以损害他人为目的，不当行使其不动产权利并给他人造成损害。如相邻一方可以

① 参见北京市第一中级人民法院（2012）一中民终字第02470号民事判决书。
② 参见北京市第二中级人民法院（2012）二中民终字第03697号民事判决书。
③ 参见湖南省高级人民法院（2019）湘民终205号民事判决书。

采取其他合理的措施排水而故意不采取，向他方土地不当排水，造成他人财产损害。此时，不仅要承担侵权责任，还有可能根据具体情形承担行政责任。二是过失。不动产权利人不当行使其不动产权利，并给相邻不动产权利人造成损害。如相邻一方使用另一方的土地排水，但因疏忽大意的过失或过于自信的过失，而没有在必要限度内使用并采取适当的保护措施排水。此时，要承担消除危险、恢复原状、赔偿损失的侵权责任。再如行为人建新房时把他人的墙角石挖掉，引起墙角分裂，行为人应该承担消除危险、恢复原状并赔偿损失的侵权责任。

《民法通则意见》第99条规定："相邻一方必须使用另一方的土地排水的，应当予以准许；但应在必要限度内使用并采取适当的保护措施排水，如仍造成损失的，由受益人合理补偿。相邻一方可以采取其他合理的措施排水而未采取，向他方土地排水毁损或者可能毁损他方财产，他方要求致害人停止侵害、消除危险、恢复原状、赔偿损失的，应当予以支持。"对相邻一方必须使用另一方的土地排水的规定，就是采取了区分补偿与赔偿的路径。

实践中，不动产权利人非正常行使权利造成损害，往往要承担侵权责任。受害人有过错，适用过错相抵规则。如在甲公司与某宾馆、丙公司、丁公司排除妨害纠纷案中，根据甘肃省建筑科学研究院工程质量检测中心出具的《某宾馆餐厅地基下沉、墙体裂缝检测鉴定报告》的鉴定结论，某宾馆受损的主要原因是其建筑物平面布置不合理，材料强度不高，整体刚度较差，而在基坑开挖等外部因素影响下出现地基下沉、墙体裂缝等，建议对该宾馆餐厅拆除重建，因此法院裁判甲公司赔偿宾馆餐厅评估损失（按照重建费用计算）的40%。宾馆要求甲公司赔偿其停业期间的损失的问题，因其无直接证据证明其损失，故对宾馆的该项上诉请求不予支持。[①]需要指出的是，法院将《物权法》第92条，以及《侵权责任法》第6条、第11条、第13条、第15条作为本案的裁判依据，更多是将本案视为侵权纠纷。

五、特别法规定的补偿义务

一些民事特别法及行政法规对相邻关系中的损害予以明确规定。2016年

① 参见甘肃省陇南市中级人民法院（2016）甘12民终232号民事判决书。

修改后的《水法》第35条规定："从事工程建设，占用农业灌溉水源、灌排工程设施，或者对原有灌溉用水、供水水源有不利影响的，建设单位应当采取相应的补救措施；造成损失的，依法给予补偿。"2016年修改后的《煤炭法》第25条规定："因开采煤炭压占土地或者造成地表土地塌陷、挖损，由采矿者负责进行复垦，恢复到可供利用的状态；造成他人损失的，应当依法给予补偿。"2010年通过的《石油天然气管道保护法》第14条第2款规定："依法建设的管道通过集体所有的土地或者他人取得使用权的国有土地，影响土地使用的，管道企业应当按照管道建设时土地的用途给予补偿。"2011年修改后的《电力设施保护条例》第24条规定："新建、改建或扩建电力设施，需要损害农作物，砍伐树木、竹子，或拆迁建筑物及其他设施的，电力建设企业应按照国家有关规定给予一次性补偿。在依法划定的电力设施保护区内种植的或自然生长的可能危及电力设施安全的树木、竹子，电力企业应依法予以修剪或砍伐。"这些条款规定的是补偿义务，补偿的前提是采取了相应的补救措施。如果事前没有采取补救措施，或采取的措施不适当，就应当承担侵权赔偿责任。

三 举证责任

不动产权利人因用水、排水、通行、铺设管线等利用相邻不动产，要举证证明该损害是不可避免的或基本不可避免的。如果能够举证，则对造成的损害承担补偿的义务或者不承担补偿义务。如果不能举证，则要对造成的损害承担赔偿的义务。损害的具体数额是由受损方承担举证责任，加害方对损害与行为之间不具有因果关系承担举证责任。实践中，往往通过鉴定确定责任主体和责任范围。如在柯某建、肖某钢相邻关系纠纷一案中，法院结合广州市某工程技术检测有限公司出具的《建筑工程质量检测鉴定报告》，认定703房的装修、财物被水浸（渗）的原因是由于肖某钢对803房装修施工行为造成的，据此认定肖某钢承担相应的民事责任。[①]在郝某伟、胜某梅相邻关系纠纷一案中，1403室的下水管堵塞将1303室房屋浸泡，对于损失的数额，法

① 参见广东省深圳市中级人民法院（2019）粤03民终3744号民事判决书。

院委托评估机构对房屋受损情况进行评估，评估机构的评估结论为：房屋损失为人民币7074元。[①]当然，法院也不能完全依赖司法鉴定，在一些情况下，可以根据生活经验，综合案情的各种因素，对是否赔偿和赔偿的数额作出相应的裁判。

---

① 参见天津市第三中级人民法院（2019）津03民终2759号民事判决书。

第八章

共　有

第二百九十七条【共有的定义和类型】

不动产或者动产可以由两个以上组织、个人共有。共有包括按份共有和共同共有。

历史由来

本条几乎完全承袭了《物权法》第93条的规定，只是将“单位”修改为“组织”。共有制度在我国经历了一个长期的发展过程。1979年2月2日颁行的《最高人民法院关于贯彻执行民事政策法律的意见》规定了共有房屋买卖未取得其他共有人同意时的效力问题，没有具体规定共有的定义和类型。在此之前的立法和司法解释均未涉及共有的定义和类型。1987年1月1日实行的《民法通则》第78条规定，“财产可以由两个以上的公民、法人共有。共有分为按份共有和共同共有”。这是我国立法首次明确规定共有的定义和类型，其主要内容也被后续的民事立法所延续。2009年全国人大常委会对《民法通则》作了部分条文的修正，但对第78条未作改变，仍保持了原有的内容。2005年《物权法（草案）》第98条规定：“不动产或者动产可以由两个以上单位、个人共有。共有分为按份共有和共同共有。”该条文是对《民法通则》规定的沿袭，对于共有的定义和类型的表述未作实质上的变更，只将两款内容合并规定，不再做单独区分，并且对《民法通则》的表述内容做了一些调整。2007年10月1日施行的《物权法》对共有作出了专章规定，其中第93条明确了共有的含义和类型。在本次《民法典》编纂过程中，《民法典物权编（草案）》（征求意见稿）第92条规定：“不动产或者动产可以由两个以上组织、个人共有。共有包括按份共有和共同共有。”此后各草案均完全接受了这一规定。

共有的定义和类型主要是借鉴了民国时期民事立法的内容，与我国台湾地区现行规定的内容基本一致，其规定的共有类型包括分别共有和公同共有，分别与按份共有和共同共有对应。从比较法上追溯源头，这种立法体例源于《瑞士民法典》，其明确区分两种不同的共有类型规定。[①]再深入追溯，共有的类型相关规定也可以说与《德国民法典》有关，只是《德国民法典》物权编

---

① 参见《瑞士民法典》第646—654a条，戴永盛译：《瑞士民法典》，中国政法大学出版社2016年版，第222—228页。

只有相当于按份共有的“共有”规定而没有规定共同共有，但是《德国民法典》散见于物权编以外规定的“合手”制度表现出和共同共有功能类似的内容。《德国民法典》在债法、亲属法、继承法三编规定了三类合手的情形，[①]即合伙财产（第718条及以下）、夫妻共有财产（第1416条及以下）和共同继承财产（第2032条及以下），多数学者也直接译为“共同共有”，[②]由于“合手”不在物权编规定，而且其实质内容与我国法上的共同共有内容有很多差异，因此不宜简单认为是同一制度的延续。

规范目的或功能

本条规范的目的是明确共有的定义和类型。

共有是经济生活中常见的所有权的享有状态。所有权可以分为单独所有和共有两种形式，单独所有的所有权主体是单一的，即一个人单独享有对特定物的所有权，共有是指由两个以上的权利主体共同享有对特定物的所有权。现实生活中，多个权利主体基于共同的生活、生产与经营目的，将其财产联合在一起的所有方式大量存在。共有在某种程度上足以反映所有权制度的变迁及社会经济的发展，是物权法中值得深入研究的重大课题。[③]法律规定的复数所有权存在多种类型，建筑物区分所有权和相邻关系中都表现出共有的内容，广义的共有可以涵盖所有主体为复数的所有财产权利类型，其范围甚至可以大到全体人类对土地资源的共享。但作为共有制度的定义范围仅限于按份共有和共同共有，本条规范的共有是指复数主体享有一个所有权，并不是一种特殊的所有权形态，虽然共有表现出复数权利人的联合体，但其建立的基础仍然是近代民法所坚持的个人主义理念，从罗马法到近代民法，共有制度的发展反映了所有权制度的变迁和社会经济发展的关系，共有作为一个历史的范畴，其内涵也在不断变化。就所有权的发展过程来看，早期的所有权

① 陈卫佐译注：《德国民法典》，法律出版社2015年版，第364页。

② 戴孟勇：《物权法共有制度的反思与重构》，载《政治与法律》2017年第4期。

③ 孙宪忠主编：《中国物权法：原理释义和立法解读》，经济管理出版社2008年版，第270页。

主要是以共有的形式存在，所有权在形式上经历了一个从财产共有到财产单独所有的发展过程，单独所有是对近代以来个人主义所倡导的个人独立自主人格的肯定，使所有权不受部落、家族以及其他团体束缚，进而发挥货畅其流、物尽其用的经济效能，[①]现代各国的所有权制度都以单独所有为常态，但并不意味着共有是少见的所有权形态，现实生活中，多个权利主体基于共同的生活、生产与经营目的，将其财产联合在一起的财产所有方式也是大量存在的。

本条的规定属于共有制度的统领式条款，明确共有的定义和类型能够更好地适用共有制度的相关法律规则，同时将按份共有和共同共有在同一条文中一并规定，更加注重所谓按份共有和共同共有的“共通规则”，这使得逐条解释中无法回避二者“随时随地”的比较和求同。[②]我国现行法律规定的共有形式有按份共有和共同共有，这种共有类型的二分法立足于中国的立法实践，从民国时期的立法到《民法通则》都将共有区分为按份共有和共同共有两种类型，并将是否有明确的份额作为两者的表面区分标准。《民法典》坚持了《物权法》对共有的定义和类型，反映了我国民法实践对共有内涵和类型区分的认同。

规范内容

一、共有的定义

共有，是指两个以上的权利主体共同享有一个所有权的法律状态。共有的成立，或基于当事人的意思，或基于法律的直接规定。共有的主体是共有人，内容为共有人依份额或不分份额对共有动产或不动产享有所有权；共有的客体即共有动产或不动产，共有所涉及的所有权客体必然是物权法上的特定物。共有人通过对共有动产或不动产行使权利、履行义务形成共有关系，共有人对于所有权的行使规则受共有关系的约束。需要注意的是，

---

① 崔建远：《物权法》，中国人民大学出版社2017年版，第233页。

② 唐勇：《论共有：按份共有、共同共有及其类型序列》，北京大学出版社2019年版，第32页。

共有只是权利主体为复数，权利客体仍需遵循物权客体特定主义的要求，按份共有与共同共有都是只就特定的权利客体而言。然而，在实践中经常会出现把物权法领域中的共有和夫妻共同财产制等非特定物的财产制度错误地混淆的情况。按照《民法典》婚姻家庭编第1065条的规定，夫妻双方在没有约定财产制的情况下对于家庭财产奉行夫妻共同财产制，此时对于特定的具体财产的共有模式才是夫妻间的共同共有，但不能说夫妻对全部家庭财产是共同共有，因为共有所涉及的所有权客体必然是物权法上的特定物。

二、共有的特征

第一，共有的权利主体具有多元性。共有的主体为两人以上，共有关系主体的多元性是共有制度在主体方面区别于单独所有制度的一项重要特征。而且在共有关系中，多个权利主体之间的关系具有偶然性，即不以团体的结合关系为其前提与必要，这有别于法人成员间的关系。共有的主体可以是自然人个人，也可以是法人或非法人组织，但必须具有独立的民事主体资格。

第二，共有的所有权客体为特定物。共有关系的主体虽为复数主体，但客体仍遵循物权客体特定主义，与单独所有权的权利客体类型相同。这里所说的特定物既可以是集合物、合成物，也可以是单一物。也就是说，在客观上共有的客体可以是多元的，但在法律的思维逻辑之下共有的客体仍然是特定的、统一的。共有关系存续期间，该特定物不得分割为各共有人单独享有所有权的两个以上的物，每个共有人的权利及于整个共有物，这是由“一物一权”原则决定的，一物之上不能成立多个所有权，共有只是多人享有一个所有权的状态，共有人依据共有关系类型对共有动产或不动产行使所有权。共有的权利客体行使并不与物权法理论的“一物一权”原则相违背。数个共有人对共有动产或不动产享有的是同一、共同的所有权，而并非数个单独所有权。

第三，共有以特定的关系为基础。表现为各共有人对同一共有物按照各自的份额或平等地享有权利、承担义务。这种关系或者是依据合同关系而形成，如约定依据份额来享有；或者是依据特定的身份关系而存在，如根据夫妻关系或家庭共同生活关系而成立的共同共有。无论是共同共有还是按份共有，共有人之间都共同行使权利、履行义务，权利义务关系是平行的，一方权利的实现并不以其他共有人的义务履行为前提。另外，各共有人行使权利、履行义务的规则因共有类型的差别而有所不同，在共同共有关系中，共有人需依照全体共有人的意志行使权利、履行义务；而在按份共有关系中，共有人依照其拥有的份额行使权利、履行义务。

三、共有和公有的区分

共有和公有不同，共有属于法律上的所有权范畴，公有是基于经济关系的所有制的范畴，在法律上表现为公有公用，例如公共道路、公园、灯塔等纯粹的公用物。公有指向的是公共利益，对应的客体是禁止流通的物，其主体一般定义为全民，并没有一个明确的主体范围，而共有则指向私人利益，其主体居于特定的范围。为了更好地适用司法实践有必要对共有及公有进行区分。

第一，主体范围不同。共有的主体是多个共有人，包括组织和个人，无特殊的例外身份限制。而公有主体单一，具有特定性。其中国家的财产属于全民所有，集体的财产属于某一集体组织或其集体成员集体所有。

第二，权利行使规则不同。共有人对于共有的动产或不动产适用按份共有或共同共有的权利行使规则，依据份额或全体共有人的意志行使权利，可以对共有的动产或不动产进行管理，进行处分、重大修缮及变更性质或用途等。而对于公有财产来说，属于全民所有的国家财产的权利行使主体只能是代表人民利益的国家，任何个人无法对该财产进行处分，集体所有的财产只能属于代表该集体的集体全体成员，任何人不能成为公有财产的主体，其脱离于个人，既不能实际分割为个人所有，也不能由个人按照一定的份额享有财产权利。同时，对于集体所有的财产是共同共有的观点，在实质上并不符合公有规范。集体所有是一种抽象的概念，集体所有的财产不能量化到集体经济组织成员个人。①

第三，财产与人身的依附关系不同。根据权利行使规则我们可以得知，共有动产或不动产权利的行使依赖于共有权利人，共有人的权利行使区分为按份共有和共同共有，分别适用于不同的共有制度；公有关系的权利行使不依赖于个人。因此，在共有关系中，共有动产和不动产的处分会直接

---

① 王胜明主编：《物权法学习问答》，中国民主法制出版社2007年版，第188页。

影响共有关系，共有动产或不动产的分割、共有人的退出或加入直接影响到共有关系的构成；而对于公有来说，部分权利主体无法对公有财产进行处分，单个公民退出或加入公有组织并不影响公有财产的完整性。共有制度下，共有财产与共有人的依附关系更为紧密，而公有制度中，单个权利人的变动对公有关系及财产不发生影响。

四、按份共有与共同共有的类型区分

区分按份共有与共同共有主要有以下五个方面的依据：

第一，成立的原因不同。按份共有人之间形成共有关系可能是依据法律的规定或当事人之间的约定，通常不具有预先的特别关系事由。而在共同共有中，法定的共同共有关系都是有特定身份关系的存在，如夫妻关系，家庭成员共同生活关系。由于特定身份关系的介入，共同共有人之间的联系较按份共有更为密切，适用类型更为确定。

第二，权利范围不同。在按份共有关系中，共有人只能依照各自的份额行使所有权，但此处的份额抽象地存在于所有权之中，是共有人对共有物的所有权在量上应当享有的部分，而非将所有权权能进行的份额划分，而且此种份额不局限于共有物的特定部分，而是抽象地存在于共有物的任何微小部分，及于共有物的全部。在共同共有关系中，共有人对于共有动产或不动产不分份额地共同享有所有权，共同共有人的所有权具有平等性。

第三，对共有动产或不动产的权利行使规则不同。有关共有动产或不动产的权利行使规则适用《民法典》的具体法律规定。从总体上看，在按份共有中，共有人除另有约定外，对于共有动产或不动产的处分、重大修缮及变更性质或用途等行为应当经占份额三分之二以上的按份共有人同意，对于一般的管理和一般修缮等行为，可以单独进行。而在共同共有中，除共有人有约定外，处分等行为需要经全体共有人同意方可进行。

第四，共有动产或不动产分割的限制不同。共有动产或不动产不得随意进行分割，在按份共有中，除特殊的使用目的或约定等不能分割外，按份共有人可随时依据共有份额请求分割。而在共同共有中，除特殊事由外共有人不得随意请求分割，这是由共有关系及其性质所决定的。

第五，共有关系的稳定程度不同。根据共有关系的发生原因不同，在按份共有中，由于共有关系的形成不具有特殊的身份事由，共有人可以随时请求分割共有动产或不动产，受到各共有人自身利益关系等影响，共有关系更为松散，存续期限相对较短。在共同共有中，由于法定的共同共有关系包括家庭、夫妻等关系，这种特定的人身关系具有相对稳定性，因此以特定关系为基础的共同共有关系也更为稳定。

举证责任

共有的权利人主张确权需要证明共有的事实，通常需要考虑以下内容：

第一，如果共有的权利客体是不动产，主张成立共有关系的原告原则上需要以不动产登记为举证内容来确定共有的事实，但主张夫妻共有、家庭共同生活共有则需证明特殊的身份关系，登记簿记载的仅为一人的名字不足以认定为单独所有。在没有登记也没有特殊的身份关系的情况下，以合同约定确定共有，在合同当事人之间仅应成立债权关系，仅依据合同主张确认共有关系的应认定为举证不能。

第二，如果共有的权利客体是动产，主张成立共有关系的原告则需要举证占有使用情况来确定共有关系，如果没有实际使用的事实，也没有夫妻共有、家庭共同生活共有等基于身份的共同共有的关系，而仅以合同约定确定成立共有关系，仍不能认定为物权意义上的共有，而只能认为成立债权关系，也不能以合同对抗第三人。

第三，现实中无论是动产还是不动产，原告在以公示的外观证明共有事实的时候，均可能与出资的事实相结合，此时需明确区分借款和投资等其他债权关系，进而明确多数主体之间成立的是物权意义的共有事实。

第二百九十八条【按份共有】

按份共有人对共有的不动产或者动产按照其份额享有所有权。

历史由来

本条完全沿袭了《物权法》第94条的规定。在我国民法上，首先对按份共有作出明确规定的是自1987年1月1日起施行的《民法通则》，该法第78条第2款规定："共有分为按份共有和共同共有。按份共有人按照各自的份额，对共有财产分享权利，分担义务。共同共有人对共有财产享有权利，承担义务。"自2007年10月1日起施行的《物权法》第94条将按份共有独立规定为："按份共有人对共有的不动产或者动产按照其份额享有所有权。"在《民法典》编纂过程中，《民法典物权编（草案）》（征求意见稿）第93条继受了《物权法》第94条，最终通过的《民法典》第298条也完全坚持了《物权法》第94条规定的内容。虽然相关的学者建议稿对于本条增加了应有份额的说明或应有份额的分担及理解的规定，[①]但是从《民法典》关于共有制度的立法体例来看，立法者并未采纳学者建议稿的意见，而是仅在本条规定了按份共有的法律特征，而关于份额等相关内容由其他法条进行规定。

从共有权的历史沿革上来看，按份共有这一共有的类型，最早源于古罗马法，罗马法上的共有权，源于家庭共有制，演变发展为数人对某物共同享有所有权，是一种特殊形态的所有权。[②]在这一特殊的所有权形态下，主体是多元的，物是单一的。具体而言，罗马法中的共有表现为，共同所有的成员保留对标的物的管理权能和收益权能，成员对于对标的物的管理通常采取复数决的方式，同时各个共有人可以自由处分自己的应有部分，并且可以请求分割共有物。[③]虽然罗马法的共有制度没有明确的按份共有和共同共有的概念表达，但它的制度内涵相当于我国现行民法上的按份共有。《德国民法典》规定的共有仅指"按份共有"，从法律规范上看，《德国民法典》物权编只有相当于按份共有的"共有"的规定而没有规定共同共有，但在《德国民法典》和《德国商法典》中还规定了相当于共同共有的"合手"法律关系，例如合伙财产、夫妻共有财产和共同继承的财产。类似地，日本民法上的共有也仅指"按份共有"而没有"共同共有"，但在理论和实务中存在所谓"合有"。《瑞士民法典》从立法上明确区分了按份共有和共同共有，并且将建筑物区分

---

① 参见梁慧星主编：《中国民法典草案建议稿》，法律出版社2013年版，第85页；王利明主编：《中国民法典学者建议稿及立法理由：物权编》，法律出版社2005年版，第181页。

② 江平等：《罗马法基础》，中国政法大学出版社1991年版，第149页。

③ 崔建远：《物权法》，中国人民大学出版社2017年版，第237页。

所有权也规定在了共有的范围内，从而构建了较为完整的共有权制度。我国台湾地区规定的共有包括分别共有、公同共有和准共有。我国民法理论也承认准共有，《民法典》第310条实际上就是对准共有的规定。

三 规范目的或功能

本条规范的是按份共有的法律特征。

按份共有作为共有的重要类型，在司法实践中占据较大比例。本条规定了按份共有的法律特征，是适用按份共有相关法律规范的前提。按份共有特征的明确，为共有制度理论研究的深入奠定了基础，也为司法实践中的共有类型区分划清了法律界限。

按份共有法律特征的明确解决了学者有关按份共有法律性质的争议，王利明教授总结有关按份共有的法律性质主要存在以下五种观点[①]：其一，实在部分说。该说由罗马法学者所创立，认为共有人对于共有不动产或动产存在实在部分，各共有人对于其实在部分享有所有权，所有权的集合构成一个独立的所有权。此观点实质上主张各共有人对共有物的各个部分分别享有所有权，这既与所有权的“一物一权”原则相悖，也与共有的本质相左，因此未得到近现代各国立法的认可。其二，理想部分说。该说由德国学者瓦奇特提出，其认为各共有人对于共有不动产或动产各自就想象的部分享有所有权，最终在共有不动产或动产上想象为一个整体的所有权。其三，内容分属说。该说由罗马法学者乌尔比安针对奴隶的分配而提出，瓦奇特将这一内容在按份共有上进行明确，他们认为所有权的种种权能可以分别为各共有人所享有，如甲乙二人之间存在按份共有关系，甲享有共有物的占有、使用权，乙享有收益和处分权。这显然有违共有的实际。其四，计算的部分说。德国学者彻夏德认为可以将共有不动产或动产进行经济上价值的分割，各个共有人享有共有不动产或动产的部分价值。其五，权利范围说。这一观点最早由罗马法学家塞尔苏斯提出，他认为，共有所有权并不能完全分属于每个共有人，也不能由每个共有人完全占有，而是每个共有人只能就整体

---

① 王利明：《物权法研究》，中国人民大学出版社2016年版，第682—683页。

物通过未分割的份额享有部分所有权。[①]其后，德国学者登伯格等人再次对权利范围说进行了发展。该说认为对于共有不动产或动产，数个共有人共同享有所有权，为避免权利的冲突，划定各共有人的权利范围，使其在其权利范围内行使权利，此范围即各共有人的应有部分。权利范围说较为准确地说明了按份共有的性质，也为大多数学者所采纳。[②]本条规定表明我国立法采取了权利范围说，将按份共有人的权利行使的范围限定为按份共有人的份额，按份共有人依份额享有对于共有物的所有权，此即按份共有的根本法律特征。

本条规范的按份共有具有更接近于单独所有的个人主义的色彩，[③]区别于共同共有的最显著特征为按份共有具有明确的“份额”的概念。份额是所有权量的分割，其内容、性质和效力与所有权是一样的，仅仅是各个共有人行使权利时须受到份额的限制，即按份共有人的权利行使不得影响其他共有人按其份额所可以行使的部分。因此，按份共有作为共有的一种类型，虽然表现出复数权利人按照份额共同享有对特定物的所有权，但其建立的基础仍然是近代民法所坚持的个人主义理念，坚持近代民法对于私人财产权的尊重。[④]按份共有不以共同关系的存续为前提，相较于共同共有关系的权利人对共有物不区分份额地、平等地享有所有权，按份共有则更多地体现共有人对所有权应有部分的意思自治，尊重各个共有人对于特定物应有部分的自决。

规范内容

一、按份共有中份额的内涵

本条规定的按份共有依据的是“权利范围说”，认为数人享有一个所有权时，为了避免权利的冲突，而规定各共有人在一定范围内行使权利，这

---

① 王利明：《物权法研究》，中国人民大学出版社2016年版，第683页。

② 崔建远：《物权法》，中国人民大学出版社2017年版，第237页。

③ 王泽鉴：《民法物权1：通则·所有权》，中国政法大学出版社2001年版，第321页。

④ 最高人民法院物权法研究小组编著：《〈中华人民共和国物权法〉理解与适用》，人民法院出版社2007年版，第295页。

一“范围”就是共有人的“份额”，也称为“应有部分”，在日本民法上被称为“所持份额”，有时也意味着各共有人受限制的所有权乃至部分的所有权之间相互制约乃至分属的比例。[①]按份共有的份额也是指共有人对共有物所享有的所有权的比例，或者说应有部分是各个共有人行使权利和承担义务的范围。在按份共有中，每个共有人对共有财产享有的权利和承担的义务，是依据其不同的份额确定的。确立共有的性质必须准确认定应有部分的性质。因为数人共同对某物享有一个所有权，那么这些人应如何支配其共有物，就必须有一定的范围，以此作为行使权利的依据。

按份共有区别于共同共有最显著的特征就在于“份额”这一概念，即共有人对共有物所得行使权利的比例。份额是抽象的，是共有人对共有物的所有权在量上应当享有的部分，而非所有权权能的划分。份额不局限于共有物的特定部分，而是抽象地存在于共有物的任何微小部分，及于共有物的全部。各按份共有人可以处分其份额，也可以设立负担（如设立抵押权）。按份共有人在转让其份额时，其他共有人在同等条件下享有优先购买权（《民法典》第305条）。值得注意的是，对共有物的处分不同于对共有物所享有的份额的处分，前者应当根据《民法典》第301条的规定处理。对共有物份额的处分，仅仅指法律上的处分，而不包括事实上的处分，此处的“处分”，包括对份额的“分出、转让、抵押、出租、抛弃等”。[②]除此之外，按份共有与建筑物区分所有关于“份额”的规定也存在明显不同，因为建筑物区分所有的所有权客体是专有部分，对建筑物形成的是一种复合的权利结构，不是按照份额对一整个建筑物享有所有权，即使在修缮费用等方面需要按一定比例出资，但在这种比例上并不能设定单独负担，份额的确定具有从属性。而按份共有一定存在确定的份额，并且可以自由处分。

另外，按份共有的成立，或基于当事人的意思，或基于法律的直接规定。共有人享有多少份额，可以是等份的，也可以是不等份的。具体而言，份额的确定，或依照当事人的意思决定，或依照法律的直接规定。在无约定或无

---

① ［日］我妻荣：《新订物权法》，有泉亨补订，罗丽译，中国法制出版社2008年版，第331页。

② 崔建远：《物权法》，中国人民大学出版社2017年版，第241页。

法律规定的情况下，则应当按照《民法典》第309条的规定处理，视为各个共有人享有相等份额。

（一）应有部分的特征

第一，应有部分是抽象的而不是特指具体范围。应有部分的抽象性体现在，在共有关系中不能根据应有部分而对共有物进行实际的量的分割，其只是一种权利行使的范围。其抽象地存在，表现于各个共有人按照各自的份额比例对整个共有动产或不动产享有权利，承担义务。

第二，应有部分是一种所有权量的分割，而并非所有权权能的分割。所谓的应有部分，不过是各共有人对于共有物所有权在量上应享之部分，所有权的权能包括占有、使用、收益及处分等，若将共有不动产或动产的所有权权能进行分割，各共有人分别享有单独的权能，可能会使共有物的共有特征难以显现，混淆所有权的权利主体，甚至形成单独所有权的假象。

第三，应有部分抽象地及于共有不动产或动产的全部。在按份共有中，各个共有人的权利不是局限在共有财产的某一特定部分上，或就某一具体部分单独享有所有权，而是抽象地存在于共有财产的全部，即共有人根据其份额可以对共有不动产或动产的任何一个部分行使权利。

（二）应有部分的效力

按份共有人依据其份额对于其应有部分享有的权利具有所有权的效力。[①]

第一，按份额对共有物行使权利并不是对所有权权能进行分割，按份共有人的份额并不成立一个完整的所有权，应有部分只是确立了权利行使的范围。在按份共有关系中，共有人享有份额的大小通常应当根据共有的发生依据来进行确认，其既可能是当事人之间的约定，也可能是基于法律的直接规定。对于份额区分的规则，我国法律进行了特别规定。根据共有性质的“权利范围说”，按份共有人所享有的权利范围产生所有权的效力，但绝非形成所有权的集成，按份共有的不动产或动产上存有多个所有权，这显然有违“一

① 参见孙宪忠主编：《中国物权法：原理释义和立法解读》，经济管理出版社2008年版，第272页。

物一权”的规则。如果共有人对共有物分别享有所有权，则无法确定共有人对共有财产的权利。每个共有人的权利及于整个共有物，这是由“一物一权”原则决定的，一物之上不能成立多个所有权，共有只是多人享有一个所有权的状态。

第二，按份共有人可以对共有动产行使占有、使用、收益及处分的权利。根据按份共有中份额的限制，按份共有人对物权客体享有的权利只能通过共有关系来实现，超出共有关系只能指向自己的份额，不存在按份共有人直接指向物权客体的权利。[①]按份共有人之间除对共有关系的特殊约定外，各共有人可以依据自己的份额行使权利，不得超出该应有部分的范围，超越共有份额对共有物行使权利的，其他共有人享有物上请求权。按份共有人有权自由转让其应有部分，往往无须经过其他共有人同意，但法律规定或共有人之间另有约定的除外。

二、按份共有的特征

第一，按份共有通常依据合同关系来维系，而无须以存在共同关系为前提。它表现为各按份共有人依据合同关系，约定各自份额，并依照该份额来享有对同一共有物的权利，承担相应的义务。而共同共有则须共有人之间存在共同关系，按份共有在本质上并不以共有人相互之间存在一定的共同关系为前提，如夫妻关系、家庭成员关系或者共同遗产继承人的关系，这一点构成了与共同共有的根本区别。因此，按份共有关系相较于共同共有关系，往往具有暂时性。[②]按份共有中的数个共有人之间的联系是偶然的，往往基于合同关系产生共同所有的意思，共有人之间依约定对共有不动产或动产享有所有权。同时，除共有人之间的合意外，法律上的规定也可以直接在各财产主体之间产生共有关系，如动产的混合所形成的按份共有。

第二，按份共有人对共有的不动产或者动产按照其份额享有所有权，从按份共有的内部关系上看，包括共有人对共有物的使用和收益、管理、处分（含在共有物上设立负担）以及对共有物费用的负担。从按份共有的外部关系上看，按份共有人基于其相应份额所享有的所有权，可以对第三人行使物权

---

① 参见李国强：《物权法讲义》，高等教育出版社2016年版，第87页。

② 崔建远：《物权法》，中国人民大学出版社2013年版，第236页。

请求权、物权确认请求权、债权请求权以及对第三人承担的相应义务。[①]共有份额是对共有不动产或动产所有权量化的结果。共有份额是按份共有人对共有物享有所有权的基础和前提，各个共有人依据其不同的份额来确定各自享有权利和承担义务的范围。按份共有关系将一个独立的所有权进行了量的分割，各共有人依据各自的份额按比例享有不同量的所有权。

第三，按份共有人的权利、义务及于全部共有物。按份共有关系中，各共有人行使权利、履行义务的范围都是由其所拥有的份额所决定的，其作用对象为共有物的全部。共有人按份额享有的所有权是一个抽象的概念，这并不是指共有人对共有物的特定部分享有权利、承担义务，而是指各共有人按照各自的份额对全部共有物享有权利、承担义务。

第四，按份共有人的权利行使具有独立性。共有人按照份额行使权利时，产生单个所有权的效力。按份共有人可依法处分自己的份额，如转让、分出其份额等。各共有人对其份额的权利行使具有相当于行使所有权的效力，但各个份额仍不是完整的所有权。除法律的特殊规定或共有人之间的约定外，按份共有人请求分割、转让或抛弃自己的权利，并不受其他共有人的严格限制。

三、按份共有的权利义务关系

按份共有人对物权客体享有的权利只能通过共有关系来实现，超过共有关系只能指向自己的份额，不存在按份共有人直接指向物权客体的权利。

（一）对共有不动产或动产的使用、收益

按份共有人应当按照应有份额来行使权利或享有利益，除了为全体共有人的利益，共有不动产或动产的使用方法应当由全体共有人协商确定，不能由个别共有人仅仅依照自己的意志行使。权利的行使受份额的支配，各个共有人行使用益权必须受应有部分的限制，亦即行使用益权不得影响其他共有人按其应有部分享有的权利。使用是共有人对共有财产的利用，来达到满足共有人的需要的目的；收益是通过对财产的占有、使用等方式取得的经济效

① 崔建远：《物权法》，中国人民大学出版社2013年版，第239—250页。

益，收益也包括孳息。

（二）共有人的处分

处分是指共有人对共有物做出的在事实上和法律上的行为。包括对份额的处分和对共有不动产或动产本身的处分。

按份共有人有要求分出自己的应有份额的权利。所谓分出份额，是指按份共有人要求退出共有关系，依自己的应有份额分割共有财产。按份共有人分出其份额，原则上不受时间限制，在共有关系存续期间共有人都享有这项权利，但如果依法律或共有人的协议约定对分出份额有限制时，共有人应当遵守其限制。

按份共有人对共有不动产或动产本身的处分也应当在其份额内进行，其权利的行使不得损害其他共有人的利益，我国立法对共有不动产或动产的处分规则作出了明确的规定。

（三）对共有不动产或动产的管理

广义的管理包括对共有物的处分、保存、改良、使用、收益等。参照我国有关共有制度的体例安排，此处主要是指狭义的管理，包括保存行为、改良行为和利用行为。

共有物的保存行为，是指以防止共有物的灭失、毁损或其权利丧失、受到限制等为目的，维持其现状的行为。如对于难以预见的自然灾害毁损房屋，共有人对房屋进行简易修缮，共有物的简易修缮即属于保存行为。共有物的改良行为，是指不变更共有物的性质，而增加其效用或价值的行为，对共有物的重大修缮即属于改良行为。共有物的利用行为，是指以满足共有人共同需要为目的，不变更共有物的性质，决定其使用、收益的方法的行为，如将共有动产出借给他人。

有关共有物的管理、处分、重大修缮以及变更性质或用途等行为应当遵守我国《民法典》等相关规定。

四、按份共有的消灭

第一，共有物的分割。在共有关系存续期间，各共有人享有随时要求分割共有财产的权利，分割后共有关系破裂，权利义务关系终结，所有权可能恢复至单独所有权的状态。

第二，共有物的灭失。共有物因使用或其他原因灭失的，共有关系的权利客体不复存在，共有关系消灭。

第三，共有物归一人所有。共有人之间可以对共有物的份额进行内部转让，当共有物的所有权被共有人中的其中一人全部取得，或者共有物被共有人转让给第三人的，共有变成一般的个人所有，共有关系消灭。

第四，共有人的约定。全体共有人协商一致决定终止共有关系的或共有人约定的共有关系消灭的事由实现的，共有关系消灭。

举证责任

按份共有的权利人主张确权需要证明按份共有的事实，通常需要考虑以下内容。

一、共有人之间的共有份额纠纷

按份共有人之间的纠纷往往产生于共有物的管理和处分，主要表现为对于份额的确定，因此，共有人之间可以提出应有份额的确认之诉，对自身的份额进行证明。其一，如果按份共有的权利客体是不动产，原告原则上需要举证以不动产登记为准来确定按份共有的事实。基于按份共有的成立条件，原告则应当证明当事人之间关于按份共有份额的有效约定，或者基于法律直接规定的按份共有的法律关系。实践中，不动产登记簿上不应仅仅登记一名或者数名共有人，而应该记载全体共有人，并且由登记机构颁发不动产权属的共有证书，以保护全体按份共有人的合法权益。其二，如果按份共有的权利客体是动产，原告则需要举证以占有使用情况来确定按份共有关系，如果没有实际使用的事实，而仅以合同约定确定成立按份共有关系，仍不能认定为物权意义上的按份共有，而只能认为成立债权关系，也不能以合同对抗第三人。

二、共有人与第三人的纠纷

共有人与第三人的纠纷主要表现为份额被第三人所侵占等，可以从如下方面进行：

第一，共有份额的确认。即第三人就共有人的份额权属发生争议时，共有人可以提出请求份额确认之诉，对份额的归属进行举证。

第二，共有物的侵占。按份共有人依据共有份额的比例行使权利，但当共有物被第三人侵占时，共有人可以提起返还原物请求权，但必须为了全体共有人的利益，共有物的返还结果归属于全体共有人而非请求权人。

第三，共有物的妨害或危险。当共有物遭受第三人非法妨害或有妨害的危险时，共有人可以提出排除妨害请求权、消除危险请求权，共有人需对共有关系及妨害进行证明。

第二百九十九条【共同共有】

共同共有人对共有的不动产或者动产共同享有所有权。

历史由来

本条完全承袭了《物权法》第95条的规定，其内容可溯源至1987年1月1日起施行的《民法通则》第78条第2款最后一句的规定：共同共有人对共有财产享有权利，承担义务。这是我国民事立法上第一次对共同共有这一共有类型作出规定，它初步确立了共同共有这一共有类型。随后，《民法通则意见》第89条第1句规定："共同共有人对共有财产享有共同的权利，承担共同的义务。"该规定进一步指出共同共有人享有"共同"的权利，明确了共同共有的法律特征。但这仍然属于对共同共有的一般概括性规定。自2007年10月1日起施行的《物权法》第95条规定："共同共有人对共有的不动产或者动产共同享有所有权。"

在民法发展史和域外的立法例上，也能追溯到本条规定的渊源。以语词演变为线索，共同共有可追溯至德国的合手共有，在合手的规则下，共有的客体往往具有聚合性，构成所谓特殊财产，以服务于特定的基础关系。[①]德国民法上的合伙财产、夫妻共有财产、共同继承财产等，均是"合手"的共有，

---

① 唐勇：《刍议共有之概念谱系》，载《中德私法研究》2014年第10期。

德国民法虽没有提出“共同共有”的概念，但功能上相当于共同共有法律关系的“合手”的规定，散见于《德国民法典》和《德国商法典》中。由于合同不是规定在物权编，且其实质内容与共同共有内容有较大差异，因此不宜简单认为是同一制度的延续。以制度变迁为线索，共同共有制度源于瑞士法，在共同共有发展过程中，日本、加拿大魁北克地区、瑞士、我国台湾地区等继承了共同共有制度。《瑞士民法典》第652条①就是对共同共有的规定，我国台湾地区明确规定了“公同共有”的基本形态，并分别在继承、家庭、合伙等相关内容中对共同共有进行了明确。德、日虽然没有将共同共有独立成章或成节，但是直接在不同章节中对相关内容进行规定。

规范目的或功能

本条的目的在于明确共同共有的法律特征。

共同共有以共有关系为基础，而共同关系是为了达成某一共同目的而形成的特定的稳定性关系。我国现行民法上，共同共有的发生，一是要具备共同关系这一事实原因，二是要具备法律规定这一根本原因。而共同关系一般是基于身份关系而产生，共同关系的主体并不一定刻意追求发生财产关系。②但在这个过程中，依然需要对当事人的共同财产进行划分，当一个共有物同时被多人所有时，对于共有的形式在制度上有按份共有和共同共有两种规范类型的选择。在按份共有中，各共有人有随时请求分割的权利，这不利于共有关系的维持。要保证共同关系的稳定，确保各共有人都能够对共有财产进行管理，拥有对该财产的所有权利，共同共有无疑是更优选择。换句话说，共同共有制度的最主要的作用就是维持共同关系以达到共同目的，苏永钦先生称共同共有是“物以人聚”③。本条规定的共同共有，有利于维持共有关系的稳定，有利于共同共有人对共有物的管理、使用和收益。共同关系存续，则

---

① 《瑞士民法典》第652条：若干人依法律或契约而成立共同共有关系，并依共同共有关系对某物有所有权时，为共同共有人。各共有人的权利及于全物。

② 参见杨立新：《共有权研究》，高等教育出版社2003年版，第129—131页。

③ 苏永钦：《走入新世纪的私法自治》，中国政法大学出版社2002年版，第273页。

共有关系得以存在，各个共有人对共有物平等地享有占有、使用、收益和处分的权利，同时平等地对共有物承担义务。

规范内容

一、共同共有的界定

本条规定的共同共有，延续了《物权法》对于共同共有的表述。共同共有，是指复数主体根据共同关系，对共有的不动产或者动产，不分份额地共同享有所有权。较之按份共有，共同共有最大的特色在于，它以共有人之间存在共同关系为产生和存续的前提，共有人对共有物所享有的权利和承担的义务不取决于份额，而具有平等性[①]。

复数主体是两个或者两个以上的民事主体（包括自然人、法人或其他组织）。共同关系，典型的有夫妻关系、家庭共同生活关系、被继承人死亡后遗产分割之前各个继承人之间的关系等。此外，合伙关系的认定，理论上存在不同看法，因其合伙人出资、盈利分配和风险承担时常以份额为准，所以具有按份共有的特征，但在合伙事务的管理方面，各个合伙人具有平等的权利，又体现出了共同共有的色彩，因此对于合伙的性质，更不如说是一种混合的共有关系。[②]建筑物区分所有权中的共有部分，例如建筑规划内的道路（城镇公共道路除外）、建筑区划内的绿地（城镇公共绿地或者明示个人所有的除外）、建筑区划内的物业服务用房等，应当认定为业主按份共有。但同时也有说法认为这是一种新类型的共同共有。

二、共同共有的形式

共同共有的形式依据共同关系的成立，采取类型强制的原则，即由法律进行直接规定，原则上当事人不得随意创设共同关系以成立共同共有。[③]我国民法学界传统上一般认为共同共有的形式有三种，分别是基于婚姻关系而产

---

① 崔建远：《物权法》，中国人民大学出版社2017年版，第241页。

② 参见崔建远：《物权法》，中国人民大学出版社2017年版，第236页。

③ 戴孟勇：《物权法共有制度的反思与重构》，载《政治与法律》2017年第4期。

生的夫妻间共同共有、基于家庭共同生活关系而产生的共同共有、基于继承关系而产生的共同共有，[①]其中基于继承关系是否成立共同共有并未为《民法典》所明确列举，王利明教授持反对意见，认为共同共有的基本形式有两种，即夫妻共同共有和家庭共同共有，[②]但最高人民法院《第八次全国法院民商事审判工作会议（民事部分）纪要》第25条明确认为“遗产属各继承人共同共有”，[③]鉴于实务中的多数观点，以下列举三种共同共有的形式。

（一）基于婚姻关系而产生的夫妻间共同共有

这是常见的共同共有的形式之一。我国现行夫妻法定财产关系为婚后所得共同共有制。夫妻双方可选择法定财产关系，也可选择其他财产关系，称约定财产关系或分别财产关系；如不选择其他财产关系，推定选择法定财产关系[④]。《民法典》婚姻家庭编规定了夫妻共同财产制，不过从《民法典》第1065条、第1066条的规定看，夫妻共同财产制是概括指向财产的共同所有制度，并不符合物权客体特定主义的要求，但是也同时确定就某一特定财产的所有权，夫妻是共同共有的关系。

需要注意的是，夫妻婚前财产即使在婚后，也属于个人财产，但在婚姻关系存续期间所得的财产，如果夫妻难以确定为共同共有还是个人所有，那么都视为夫妻共有财产，但夫妻双方如果约定以其他方式来分配夫妻间财产所有权的，只要约定不违反法律法规的强制性规定，那么可以按约定来进行。由于夫妻间对共有财产为共同共有，因此夫妻双方平等享有占有、使用、收益和处分共有物的权利，双方就共有物的处分行为应达成一致。除非发生了重大事由，否则夫妻双方不得在婚姻存续期间请求分割共有财产。而夫妻一方在处分财产时，另一方明知其行为却没有作出意思表示的，视为以默示的方式同意该行为，事后不能再要求否定该处分的法律后果。

---

① 崔建远教授主张共同共有的类型还包括建筑物区分所有权中的部分共有，合同财产的共有。参见崔建远：《物权法》，中国人民大学出版社2013年版，第250页。

② 王利明：《物权法研究》，中国人民大学出版社2016年版，第724页。

③ 杜万华主编：《〈第八次全国法院民商事审判工作会议（民事部分）纪要〉理解与适用》，人民法院出版社2017年版，第420页。

④ 李锡鹤：《究竟何为“共同关系”》，载《东方法学》2016年第4期。

但是，在实践中常常面临的一个问题是，当夫妻一方未经过另一方同意擅自处分房屋时，第三人是否可以基于善意取得来获得房屋的所有权呢？对此虽然有不同看法，但都肯定了第三人可以基于善意取得来获得房屋的所有权这一结论，只是对“善意”的认定存在分歧，而分歧的焦点就在于对“善意”的认定是否要求第三人查明夫妻的另一方同意了该房产的转让，虽然我国《民法典》婚姻家庭编继续坚持了夫妻共同财产制，但是相关规定又允许当事人约定夫妻分别财产制，因此这就决定了即使在婚姻关系存续期间，房屋也可以属于夫妻一方所有，因而如果登记在一方名下，第三人在查阅登记并且相信登记的情况下，就可以基于善意取得制度取得房屋所有权①，而不需要查明另一方的意思。

（二）基于家庭共同生活关系而产生的共同共有

这是指家庭成员在共同生活关系中所共有的财产。家庭共有的特征有以下几个方面：其一，家庭共有财产是以维持家庭成员共同的生活或者生产为目的的财产，比如家庭成员的吃住花销和共有物的修缮费用等。其二，家庭共有财产是家庭成员在共同生活期间的共同劳动的收入和所得。其三，家庭共有财产以家庭共同生活关系的存在为前提，如果因为发生子女分家、父母离婚等致使家庭生活关系终止的事由，那么就可以进行家庭共有财产的分割，此时，家庭共有财产权自然不复存在。其四，对于家庭共有财产的主体是否只限于对家庭共有财产的取得有过一定贡献的成员，存在两种观点，王利明教授认为，家庭共有财产的主体只限于对家庭共有财产做出贡献的成员，比如，如果子女没有收入来源，也没有为家庭财产的增加做过贡献，那么就不能作为家庭共有财产的主体②；魏振瀛教授认为，家庭共有财产的主体包括所有的家庭成员③。此问题主要涉及未成年人成年以后基于何种理由分得家产的问题。由于家庭共有财产的主要目的是维护所有家庭成员的共同生活，本着维护家庭团结和睦的原则，将家庭共有财产主体认定为全部家庭成员，

① 王利明：《物权法研究》，中国人民大学出版社2016年版，第711页。
② 王利明：《物权法研究》，中国人民大学出版社2016年版，第714页。
③ 魏振瀛主编：《民法》，北京大学出版社2000年版，第254页。

更具有合理性。

由于家庭成员对共有财产享有平等的权利，因此对家庭财产进行处分时，应取得家庭成员中全部共有人的同意，任何家庭成员都不可以擅自处分家庭共有财产。

（三）基于继承关系而产生的共同共有

并不是所有因为遗产的继承而发生的共有都为共同共有，只有在两种情况下才可以发生共同共有：一是继承开始后、遗产分割前，因为此时的遗产被视为一个整体，并不是各继承人分别所有，各继承人在此期间暂时对该遗产共同共有。二是当共同继承人约定不分份额地共同继承财产时，发生新的共同共有关系，如果没有分割、没有继承，只是全体共有人一体占有、一体享有遗产的权利，那么形成事实上的共同共有，如果有明确的共同继承、共同所有的意思表示，那就明确为共同共有①。在其他情况下，比如共同继承人约定根据分割共同继承遗产、共同管理和经营遗产的，都不是共同共有。

除了上述三种共同共有的形式之外，合伙财产的共有在德国法传统上也被认为是共同共有的形式，但在我国对于其是否为共同共有，始终存在争议，我国台湾地区明确规定了合伙财产为共同共有，反观继受母法，瑞士民法、德国民法均将合伙财产视为共同共有。我国理论和实务更倾向于认为合伙为按份共有，因为按份共有与共同共有的一个重要区别在于共有人对共有物所有权的享有是否划分份额，而合伙人对合伙财产的共有系以出资比例为份额划分依据，合伙人彼此之间具有确定的利益界限，因此合伙财产属于按份共有②，但合伙财产的共有也有某些共同共有的特性，如原则上不能进行随意的分割和退伙等，但主要目的是维护合伙的稳定性，不改变传统合伙中财产的按份共有本质，对于其他类型的合伙，则按《合伙企业法》对其进行调整。因此，不能将合伙财产认定为共同共有。

---

① 全国人大常委会法制工作委员会民法室：《〈中华人民共和国物权法〉：条文说明、立法理由及相关规定》，北京大学出版社2007年版，第297页。

② 尹田：《物权法》，北京大学出版社2013年版，第313页。

三、共同共有的特征

第一，在共同共有中，各共有人对于共有财产不分份额地享有所有权，共同共有人对共有物的财产权利是平等的，这是共同共有区别于按份共有的一个显著特征。在共同共有中，共同共有得以存续的共同关系终止或者共有物被分割之后，才有份额的确定，这种份额是潜在的。因此，在共同共有关系存续期间，任何共有人都不能擅自处分共有财产，对共有财产划分分割，如果存在以上行为，一般认定为无效。

第二，共同共有以共同关系为产生和存续的条件。共同共有以当事人之间特定的共同关系为前提，这种共同关系往往由法律直接规定，比如，《德国民法典》中规定的合伙财产、共同继承财产、夫妻财产这三种共有关系构成共同共有，没有共同关系这个前提，共同共有就不会产生，而丧失这个前提，共同共有就会解体①，相比之下，按份共有通常依据合同关系来维系，而无须以存在共同关系为前提。

第三，从共同共有的内部关系上看，各共同共有人的权利及于共有物的全部，而不局限于共有物的特定部分。虽然共同共有人对共有物平等地享有权利、承担义务，但对共有物的管理，可依当事人约定。如果没有约定，则各个共同共有人均享有管理的权利和义务（《民法典》第300条）。此外，在共同共有的基础丧失之前，或者未出现重大理由时，原则上共同共有人不得请求分割共有物。共有物实际上是维持共同关系的目的，如果允许共同共有人随时请求分割共有物，也会破坏共同关系的存在。另外，对共有物的处分和重大修缮，应当得到全体共有人的同意，除非共有人另有约定。共有人侵害共有物时，其他共有人可以行使所有物返还请求权、请求排除妨害、消除危险。

第四，从共同共有的外部关系上看，第三人侵害共有物时，共同共有人基于共同所有权而产生请求权，从而保护全体共同共有人的利益。此外，因共有物而使共同共有人与第三人产生债权债务关系，则共有人共同享有债权或者承担连带责任。

---

① 魏振瀛主编：《民法》，北京大学出版社2000年版，第252页。

四、共同关系的界定

共同共有的一个重要特征就是其以共同关系的存在为前提，这是其和按份共有的一个本质区别。所以，理解“共同关系”这一概念对于认识共同共有具有重大意义。李锡鹤教授认为“共同共有关系是合同关系”，其基础并不是有清晰界定的“共同关系”，而应当是“家庭成员之间不计出资、劳务之最高信赖关系，反映当事人价值观念，因当事人意思表示而变动”。因此，其认为“共同关系”是民法学界杜撰的伪概念[①]。但是，不可否认的是，共同共有的存在是有其自身意义的。从起源来看，共同共有这一概念的产生带有集体主义色彩，该规则之要义是日耳曼民族的团体合作精神。因为现实生活中的每个人都处于一定特殊身份关系之中，因此这种团体的存在具有重要意义。在身份关系下人们都会有一定的共同目的，而共同财产就是实现这种共同目的的支撑，此时，身份关系、共同目的、共同财产三者交融在一起，就使人们形成了更为紧密的共同关系，这种共同关系才具有稳定性。由此，为了维护共同共有的稳定，立法者对共同共有人对共有物进行分割之请求权进行了限制。再者，之所以用“具有身份关系”“具有共同目的”“共同目的实现需要一定共同财产”这三个要素作为界定“共同关系”的标准，是因为这三个要素的标准符合“共同共有”这一制度产生原旨：日耳曼法将整个家庭视为友谊和信任的共同体，并称之为“家族共同态”[②]。因此，共同共有制度的诞生更多是为了维护家庭的利益，那么“共同关系”的产生自然需要身份关系。但只具有身份关系却缺少共同目的，也无法形成共同关系，因为并不是所有存在身份关系的亲属之间都存在共同关系，而且，只有存在共有财产，才会出现共有的问题。综上所述，如果符合具有身份关系（血缘或亲属关系）、具有共同目的、共同目的的实现需要基于一定共同财产这三个要素，就可以认定具有共同关系。

五、共同共有人的权利和义务

第一，共同共有人对共有财产享有平等的占有、使用、收益和处分的权

① 李锡鹤：《究竟何为“共同关系”》，载《东方法学》2016年第4期。

② 贾宇驰：《论“共同共有”中共有关系的界定》，载《西部学刊》2019年第9期。

利。对于因占有、使用共有财产所得的收益，不是像按份共有那样按照各自份额或者比例分配，而是由全体共有人平等地共同享有；如果要处分共有财产，应该征得全体共同共有人的同意。

第二，共同共有人对共有财产平等地承担义务。共同共有人在对共有财产进行使用、获得收益的同时，应该共同承担义务，平均分担因对共有财产进行维护、保管、改良等所支出的费用。共有物对外发生的债务或者造成的损失，应由全体共同共有人承担连带责任。

第三，因共有财产而发生债权债务关系，因各个共同共有人都是权利人，所以该权利为连带权利。基于共有关系发生的债务亦为连带债务，即各个共同共有人都是连带债务人。基于共有关系发生的民事责任，为连带民事责任，各个共有人都是连带责任人。因此，与按份共有不同的是，基于共同共有财产而形成的债权债务关系对内对外都是连带债权债务，共同共有人之一清偿债务后也不存在向其他共有人追偿的问题。

第四，共同共有依附的关系解除前各共有人无权要求分割共有财产。由于共同共有不分份额，各共有人也不可能像按份共有人那样要求分出或者转让其份额，也不得主张共有财产的优先购买权。只有在共同共有所依附的关系解除之后，才需要对共有物进行分割。无论是约定的关系还是法定的关系，只要关系存在就不能分割，共同共有人对共有物也没有确定的份额，但是一旦关系解除，除有特别约定的以外，有多少个共有人就需要把共有物分割为多少份。

举证责任

共同共有的权利人主张确权需要证明共同共有的事实，通常需要考虑以下内容：

第一，如果共同共有的权利客体是不动产，原告原则上需要举证以不动产登记为准来确定共同共有的事实。基于共同共有的成立条件，原告应当证明当事人之间存在共同关系。例如，夫妻关系、家庭共同生活关系、继承开始之后遗产分割之前各个继承人之间的共同关系等。值得注意的是，我国婚姻法以夫妻共有财产制为原则、分别所有财产制为例外，因此也应当关注到是否存在夫妻间关于财产的特殊约定。

第二，如果共同共有的权利客体是动产，原告需要举证以占有、使用等情况来确定共同共有关系。如果没有实际占有、使用的事实，则原告原则上需要举证共同关系的存续。例如，夫妻关系、家庭共同生活关系等。

第三，现实中无论是动产还是不动产，原告在以公示的外观证明共同共有事实的时候，均应当证明共同共有得以产生和存续的共同关系，并且明确多数主体之间成立的是物权意义的共同共有事实。

第三百条【共有物的管理】

共有人按照约定管理共有的不动产或者动产；没有约定或者约定不明确的，各共有人都有管理的权利和义务。

历史由来

本条完全沿袭了《物权法》第96条的规定。由立法史看，我国民法关于共有物管理的专门规定首见于《物权法》第96条，自1987年1月1日实施的《民法通则》第78条关于共有的规定涉及共有物的管理。在《民法典》编纂过程中，学者建议稿对共有物的管理均作出了较为细致的规定。[①]但是，《民法典》未采纳学者关于共有物管理的立法建议。

关于共有物的管理，从比较法上看，各国民法也多设有较为详细的规定。《德国民法典》第744条规定："共有物由共有人共同管理。各共有人有权不经其他共有人同意，为保存共有物采取必要的措施；该共有人可以要求其他共有人事先同意其采取此类措施。"第745条规定："经过半数表决同意，可以对符合共有物性质的正常管理和使用作出决议。此过半数票应按份额多少加以计算。未通过协议或者过半数同意的决议对管理和使用作出规定的，各共有人均可以要求按照公平原则作出符合全体共有人利益的管理和使用。不得对

① 参见梁慧星主编：《中国民法典草案建议稿》，法律出版社2003年版，第420页；王利明主编：《中国民法典学者建议稿及立法理由：物权编》，法律出版社2005年版，第183页；李永军等：《中华人民共和国民法物权编（专家建议稿）》，载《比较法研究》2017年第4期。

根本变更共有物作出决议或者提出要求。未经个别共有人的同意，不得行使与其份额相当部分的收益权。”第746条规定：“共有人对共有物的管理和使用作出规定的，所作决定对特定继受人无论有利或者不利均有效。”《日本民法典》第252条规定：“关于共有物的管理，除前条情形外，按各共有人应有部分的价格，以其过半数者决定。但保存行为，各共有人均可实行。”《瑞士民法典》第647条规定：“除另有规定外，共有人得共同管理其物。重要管理行为的决定，如耕作的变更等，须经半数并由代表共有物之大部分的共有人决定。”《越南民法典》第235条规定：“共有财产的所有人依协商一致的原则共同管理财产。各方另有约定的或者法律另有规定的，依约定或者规定。”我国台湾地区规定，共有物除契约另有订定外，得由共有人共同管理。共有物的简易修缮及其他保存行为，得由各共有人单独为之。共有物的改良，非经共有人过半数，并其应有部分合计过半数者之同意，不得为之。从这些规定可以看出，《民法典》关于共有物的管理的规定，与其他多数国家和地区的规定的精神基本一致，只是内容的详细程度和精确程度不同。

规范目的或功能

本条规范的目的是明确共有物的管理。

对于共有人而言，对共有物的管理，既是一项权利，也是一项义务。[①]数人如何对共有物进行管理，是一个很重要的问题，尤其在按份共有中更为明显。本条规范的对共有物的管理行为分为两种：一是共同管理，即由共有人共同对共有物进行管理；二是通过分管协议进行管理，也叫专属管理，即共有人约定对物的管理专属于共有人中之一人或数人，或者指定各共有人的管理范围。共同管理是共有人管理共有物的主要方式，但是共有人另有约定的，则依照分管协议进行管理。共有人对共有物的管理行为，应当维持共有物的物理机能，符合共有物的使用目的和用途，充分发挥共有物的功能，从而保护全体共有人的利益。

本条的规定坚持了《物权法》对共有物管理的规定，反映了我国民法对

① 参见杨立新：《共有权研究》，高等教育出版社2003年版，第102页。

于共同管理和专属管理这两种管理方式的坚持，以及司法实践对这一管理效果的基本认同。

规范内容

广义上的“共有物的管理”，包括对共有物的处分、保存、改良、利用、使用、收益等。[①]根据体系解释的方法，本条的“管理”不包括“处分”。《民法典》对于共有物的管理和处分进行了并列的规定，共有人对共有物的处分行为应当依据《民法典》第301条的规定进行处理。法律之所以对共有物的处分和管理进行分别规定，原因在于共有人对共有物的处分行为通常损害全体共有人的权益，而管理行为原则上系为了达成共有人的共同利益。另外，本条的“管理”应当采取狭义的理解，仅仅包含对共有物的“保存、改良、利用”，而不包括对共有物的“使用”和“收益”。[②]

一、共同管理

共同管理根据不同的管理行为，分为以下三种具体的管理方法。

（一）保存行为

共有人对共有物的保存行为，也叫普通管理行为，是指以保全共有物或共有物上设置的其他权利为目的的行为，如为防止共有物的毁损、灭失，或者共有物上设置的其他权利的消灭、限制等而实施的行为，目的是维持共有物的物理现状。另外，共有人对共有物的简易修缮，是为了全体共有人的利益，因此这也属于一种保存行为。

具体而言，保存行为分为事实行为和法律行为。事实行为的保存，例如，共有人对共有物的保管行为属于事实行为。法律行为的保存，例如，权利人提出中断诉讼时效的行为属于法律行为。保存行为通常以维护共有人的共同利益为目的，因此在解释上，应当允许各共有人单独进行保存行为，而无须

---

① 参见王泽鉴：《民法物权1：通则·所有权》，中国政法大学出版社2001年版，第353页。

② 参见崔建远：《物权法》，中国人民大学出版社2017年版，第239页。

经过其他共有人的同意，并且保存行为的后果应当由全体共有人承担。

（二）改良行为

改良行为，也叫更新行为或改建行为，是指在不变更共有物的性质的前提下，增加共有物的效用或价值的行为，或者以对共有物上其他权利的利用或改善为目的的行为。最为典型的就是共有人对共有的房屋进行重大修缮。在准共有的情形下，开垦共同承包的荒地也是一种典型的改良行为。相较于保存行为而言，改良行为往往不具有必要性和紧迫性，并且需要的费用较高，往往关系到全体共有人的重大利益，因此不应当认定改良行为可以由共有人单独决定。另外，对于共有物的重大修缮，应当按照《民法典》第301条的规定处理，即应当经过占份额三分之二以上的按份共有人或者全体共有人的同意，除非共有人另有约定。

（三）利用行为

对共有物的利用行为，是指以满足共有人共同需要为目的，在不变更共有物性质的条件下，决定其使用、收益方法的行为。例如，决定将共有房产出租、出借于他人居住，就是典型的利用行为。利用行为与保存行为不同，它不是以防止共有物的毁损、灭失或者防止共有物上设置的其他权利的消灭、限制等为目的的行为。同时，利用行为与改良行为不同，它并不增加共有物的效用或者价值。实际上，利用行为是一项非常重要的管理行为，各个共有人不得单独进行。对共有物的利用，应当由共有人自行协商，协商不成的，也不得请求法院裁判。即在共有人不能达成管理的协议时，法院并不介入共有物的管理。这也是共有物的管理在一定程度上与请求分割共有物的区别。

另外，该管理行为中的利用行为，不同于对共有物使用、收益意义上的利用。对共有物的使用和收益，是一种实际意义的对共有物的利用。而此处的利用，是一种决策行为，关键在于“决定”，即它是一种共有人决定共有物的利用方法的行为，是实际利用的前提。[①]在共有人进行决策时，若无法达成

① 参见崔建远:《物权法》，中国人民大学出版社2017年版，第241页。

约定或者无法形成一致意见，则应当类推适用《民法典》第301条的规定，即经过占份额三分之二以上的按份共有人或者全体共有人的同意，除非共有人另有约定。

二、通过分管协议进行管理

通过分管协议管理，也称为专属管理、分别管理，是按份共有关系中的一种特别现象。所谓分管协议，是指共有人之间约定某个人或数人管理共有物或者各自分别占有共有物的特定部分，并对该部分进行管理的合同。通过分管协议管理，即指共有人通过合同的约定对共有物进行分别管理，是共有人行使权利的表现。专属管理的目的在于，一方面，可以充分发挥共有人中善于管理共有物的主体的特长；另一方面，专属管理可以实现让有条件管理共有物的共有人来进行管理的目的。另外，某些情况下，共有物本身就是分开的，采取分别管理的方式更为合理、现实。总之，从根本上讲，通过分管协议进行管理，符合全体共有人的共同利益。

对于分管协议的性质和内容，应当明确以下四点：

第一，分管协议的性质是债权合同，分管协议的成立应由全体共有人以协议的方式订立，明示或默示方式均可，并且不以采取书面形式为必要。分管协议的内容为，共有人分别占有共有物的特定部分，并对该部分进行管理。共有物分管协议生效后，对参与缔约的全体共有人自然具有约束力。共有人有权依据分管协议的内容，就共有物的分管部分取得管理权能，由此可以实施分管协议范围内的管理行为。

第二，分管协议是在共有人之间通过协商而达成的，因此进行约定的主体必须是共有人。严格意义上讲，在共有关系成立之时或者之后，[①]全体共有人才可以自愿订立共有物的分管协议，就共有物的管理进行约定。值得关注的问题是，在取得共有物的过程中，在共有关系成立之前，各个主体是否可以协商签订分管协议。虽然对此存在两种不同意见，但实际上两种意见并没有原则性的分歧。应当理解为，共有人在取得共有物的时候，可以约定分管协议，但此时共有关系还没有成立，当事人还不具有共有人的身份，因此该

---

① 参见戴孟勇：《物权法共有制度的反思与重构》，载《政治与法律》2017年第4期。

协议不是有效的协议。但是，当共有关系成立后，当事人立即具有了共有人的身份，在取得共有物时约定的分管协议就发生效力了。①

第三，分管协议的内容为分别占有共有物的特定部分从而进行管理，不涉及对于共有物的处分权，它所约定的占有共有物的特定部分，不以按应有部分份额换算为限。并且无论分管协议如何约定，都不能改变按份共有或者共同共有的性质。分别管理的只是共有物的特定部分。共有人对全部共有物仍然享有的全部管理权和全部所有权，并不因共有物分管协议的存在而发生任何变化。

第四，分管协议在对内效力上，约束全体参与缔约的共有人，即共有人有权依分管内容就共有物的分管部分取得管理权能，可以实施分管协议范围内的管理行为等。在对外效力上，一般情况下，根据合同的相对性原理，分管协议因为仅具有约束内部共有人的债权效力，理论上无对抗第三人的效力。②

理论上对于分管协议对第三人的效力，存在不同的意见，分为债权效力说、物权效力说、折中说。在按份共有的情形下，原则上，分管协议并不当然随着应有部分的转让而移转于受让人，除非当事人另有约定。但是实践中，为了避免共有人在订立分管协议后，任意将应有部分转让给他人，导致对原有分管协议效力的破坏，基于公平的考虑，我国台湾地区司法判例就认为，各个共有人和其他共有人订立分管协议后，转让应有部分于第三人的，分管协议对于受让人仍继续存在。但是，台湾地区司法观点认为，该判例就维持法律秩序的安定性而言是必要的，但是在受让人善意的情况下，有使得善意第三人遭受不测损害的风险，不利于保护人民的财产权。③另外，比对于分管协议的性质的理解更为重要的是，分管协议所确定的权利义务关系的性质。在分管协议登记以后，此时分管协议所产生的权利义务关系应当是具有物权效力的权利义务关系，因此经过登记的分管协议发生对抗第三人的效力，但是没有经过登记的分管协议不具有对抗第三人的效力，而是只在共有

---

① 参见杨立新:《共有权研究》，高等教育出版社2003年版，第105页。

② 参见王利明:《物权法研究》，中国人民大学出版社2002年版，第340页。

③ 参见崔建远:《物权法》，中国人民大学出版社2017年版，第239页。

人之间产生约束力。[①]

随着市场经济的发展，物权与债权发生了更为密切的联系，债权的物权化、物权的债权化的现象大量存在，但这并不意味着债权与物权之间的区别已经消失。就共有人之间所订立的合同而言，其产生的仍然应当认定为约束当事人的合同债权，它与共有人所享有的对共有财产的权利（物权）是不同的，此种合同债权并不能对抗善意的第三人。但是，在分管协议登记以后，即具有对抗第三人的效力。如果该分管协议经登记，能够为第三人查阅或了解，各个共有人对物的管理与使用所作出的安排应当受到法律保护，即使共有人转让其应有份额，受让人也应受分管和利用合同的拘束。如此，有利于维持共有人对共有物的管理和利用的方法，有利于发挥共有物的效用，保护其他共有人的利益。[②]

举证责任

共有关系中的共有人主张对共有物的管理权利，通常需要考虑以下内容：

第一，共有人之间存在关于如何管理共有物的协议，并且该协议合法、有效。如果该协议合法有效，则依据该协议所确定的具体内容，权利人可主张相应的权利。

第二，如果该分管协议无效或者协议约定不明确，则根据共有物的性质确定各共有人的权利和义务。

第三，如果共有人之间没有关于如何管理共有物的约定，权利人可以依据《民法典》第300条的规定，主张各共有人都有管理的权利和义务。具体而言，对于保存行为，各共有人可以不经其他共有人的同意而单独进行。对于改良行为，应当根据《民法典》第301条的规定，举证权利人的改良行为，确实经占份额三分之二以上的按份共有人或者全体共同共有人的同意。对于利用行为，共有人对于决定共有物的使用、收益方法不能达成协议的，不能主张为单独的利用行为。

---

① 参见杨立新：《共有权研究》，高等教育出版社2003年版，第106页。

② 参见王利明：《物权法研究》，中国人民大学出版社2016年版，第701—702页。

第三百零一条【共有物的处分、重大修缮及变更性质或者用途】

处分共有的不动产或者动产以及对共有的不动产或者动产作重大修缮、变更性质或者用途的，应当经占份额三分之二以上的按份共有人或者全体共同共有人同意，但是共有人之间另有约定的除外。

历史由来

本条继承了《物权法》第97条的规定，并有所增补，即把“对共有的不动产或者动产作重大修缮”增补为“对共有的不动产或者动产作重大修缮、变更性质或者用途”，这种增补，是由《民法典物权编（草案）》（征求意见稿）第96条首先提出的。之后的《民法典各分编（草案）》第96条、《民法典物权编（草案）》（二审稿）第96条及《民法典（草案）》第301条都与《民法典物权编（草案）》（征求意见稿）的规定相同。

由民事立法史看，1979年2月2日颁行的《最高人民法院关于贯彻执行民事政策法律的意见》规定：“依法准许买卖的房屋，经过合法手续，确定了买卖关系的，应保护双方的权利。非所有权人非法出卖他人房屋的，应宣布买卖关系无效。房屋为共有，未取得其他共有人同意，擅自出卖房屋，买方又明知故犯的，亦应宣布买卖关系无效；买方不知情的，买卖关系是否有效，应根据实际情况处理；买卖关系已成立，共有人当时明知而不反对，现在又提出异议的，应视为买卖关系有效。”该规定明确了共有房屋未取得其他共有人同意时的买卖合同的效力，但对于整体上的共有不动产或动产的处分、重大修缮及变更性质或用途未作规定。在此之前我国的立法及司法解释均未涉及有关共有不动产或动产的处分、重大修缮及变更性质或用途的内容。1984年8月30日颁行的《最高人民法院关于贯彻执行民事政策法律若干问题的意见》规定：“非所有权人出卖他人房屋的，应废除其买卖关系。部分共有人未取得其他共有人同意，擅自出卖共有房屋的，应宣布买卖关系无效。买方如不知情，买卖关系是否有效应根据实际情况处理。其他共有人当时明知而不反对，事后又提出异议的，应承认买卖关系有效。”与《最高人民法院关于贯彻执行民事政策法律的意见》相比，未有根本变化。1987年1月1日施行的《民法通则》也没有规定共有物处分、重大修缮及变更性质或者用途的表决规则。

直到2007年的《物权法》，我国民法才对共有物处分等类似问题作出明确规定，《物权法》第97条规定："处分共有的不动产或者动产以及对共有的不动产或者动产作重大修缮的，应当经占份额三分之二以上的按份共有人或者全体共同共有人同意，但共有人之间另有约定的除外。"

在《物权法》制定期间，王利明等教授曾主张对于共有物的处分应不论共有类型，均由全体共有人同意方可处分，但对于按份共有来讲，当无法达成一致时，则依据多数共有人或份额较多的共有人的意见处理，同时赋予利益被侵害之共有人以撤销权。[①]但立法者并未采纳此种意见。

三 规范目的或功能

本条规范的目的是明确共有的不动产或动产处分、重大修缮及变更性质或者用途的表决规则。

共有的不动产或动产的处分涉及共有关系能否继续存在，共有的不动产或动产的处分、重大修缮及变更性质或者用途又涉及各共有人的利益，所以共有的不动产或动产的处分、重大修缮及变更性质或者用途是共有关系中的重要内容。

关于共有物的处分的原则，存在两种理论争议：一是一致决定说。此种观点认为，共有物是全体共有人的财产，如果要对共有物进行处分，必须取得全体共有人的同意，否则会侵害某一共有人的利益。[②]如《瑞士民法典》第648条："共有物的让与或设定负担，以及共有物用途的变更，非经共有人的全体同意，不得为之，但共有人另有全体同意的约定者，不在此限。"[③]二是多数决定说。此种观点认为，要求共有物的处分必须取得全体共有人的同意十分困难，不符合物尽其用的要求。在许多情况下，如果某一个共有人不同意就不能处分共有财产，将会丧失利用共有物的最好时机。如我国台湾地区规

---

① 王利明主编：《中国民法典学者建议稿及立法理由：物权编》，法律出版社2005年版，第191页。

② 王利明：《物权法研究》，中国人民大学出版社2016年版，第695页。

③ 戴永盛译：《瑞士民法典》，中国政法大学出版社2016年版，第225页。

定，共有人处分土地及建筑物改良物的采取多数决规则。从本条规定可以见得，我国对于共有不动产或动产的处分、重大修缮及变更性质或用途除当事人有特殊约定外，统一采取多数决规则。《民法典》这样的设定实质上放宽了对于共有不动产或动产处分、重大修缮及变更性质或用途的限制。④

纵观各国立法，对于共有的不动产或动产的处分、重大修缮及变更性质或用途的相关内容都进行了规定。本条的规定能够有效满足我国当前对于共有的不动产或动产的处分、重大修缮及变更性质或用途相关司法实践的需要，其内容是当前背景条件下的必然选择，是共有制度的重要内容。本条立法规范体现了《民法典》对于我国民事立法的认同及当前社会背景条件下新型问题的补充，符合我国的立法发展进程。

规范内容

本条规定了共有的不动产或动产的处分、重大修缮及变更性质或用途的规则，其适用以共有人之间无处分、重大修缮及变更性质或用途的约定为前提，其中依据按份共有和共同共有两种类型区分的具体表决规则略有区别，我国对共有的不动产或动产的处分、重大修缮以及变更性质或用途采取统一标准，除共有人有约定外，均应当经占份额三分之二以上的按份共有人或者全体共同共有人同意。

一、共有的不动产或动产的处分

共有的不动产或动产的处分可以分为事实上的处分及法律上的处分。事实上的处分有如对共有的不动产或动产的使用、消耗，法律上的处分有如转让共有的不动产或动产的所有权。对于事实上的处分来讲，其决定了共有财产的权属，应当取得占份额三分之二以上的按份共有人或者全体共同共有人同意，擅自对共有财产进行事实上的处分，应对其他共有人承担责任。对于法律上的处分，买卖、抵押担保等行为同等适用于共有的不动产或动产的处分规则。买卖共有的不动产或动产直接发生所有权转移的法律效果，必须取

---

④ 崔建远：《物权法》，中国人民大学出版社2017年版，第238页。

得占份额三分之二以上的按份共有人或者全体共同共有人同意。而对于抵押等担保行为来说，为了提高共有的不动产或动产的使用效率，按份共有人有权转让其在共有的不动产或动产上的财产份额，那么当然可以用自己在共有的不动产或动产上的份额设定负担；共同共有人可以对共有物的全部设定担保。抵押是设定负担的行为，其法律效果最终可能作用于所有权，对权利主体产生威胁，因此，占份额三分之二以上的按份共有人或者全体共同共有人同意可视为共有人对于法律效果承担的预先承诺，使处分行为正当。需要注意的是，虽然共有物分割也属于处分行为，但共有物分割之处分行为不应认为是本条所规定的处分行为。

处分也表现为对共有的不动产或动产的部分处分。在按份共有中，按份共有人处分的是其共有的不动产或动产的份额，而并非共有的不动产或动产。此时按份共有人实际享有双重的财产性权利：对于共有的不动产或动产来说，按份共有人按份额对其共同享有所有权；对于共有的不动产或动产的份额来说，其属于按份共有人的个人财产。共有的不动产或动产的份额受个人支配，但共有的不动产或动产的所有权受全体共有人支配。即使转让共有财产的一部分，也应当视为对共有财产的处分，即使其处分共有的不动产或动产比例大小并未超过其所占份额，也需要取得占份额三分之二以上的按份共有人的同意。在共同共有中，依主体的多元性以及客体的特定性，对于共有的不动产或动产的部分进行处分需征得全体共同共有人的同意。

二、共有的不动产或动产的重大修缮

对共有的不动产或动产的重大修缮，是在不改变共有的不动产或动产性质的前提下，提高共有的不动产或动产的效用或者增加共有的不动产或动产的价值。共有财产的重大修缮的目的是保护共有的不动产或动产价值或性能，往往事关各共有人的利益，一般需要从共有财产中支付费用，还可能基于修缮而使共有人在一段时间内不能使用共有物，或者影响共有的不动产或动产所创造的价值。而且重大修缮行为通常支出较大，其结果并非必然增加共有的不动产或动产价值，因此各共有人不得单独实施，为维护多数共有人的利益，须经占有共有份额三分之二以上或者由共有人一致同意作出决议，才能对共有的不动产或动产作重大修缮。

对于按份共有，通说认为只要获得共有人多数同意即可，无须采取全体一致原则，我国立法采纳了这一观点，对共有物的修缮经过占份额三分之二以上的按份共有人同意即可。对于共同共有来讲，共同共有的特点决定了共有的不动产或动产重大修缮需要经过全体一致原则。

三、共有的不动产或动产变更性质或用途

共有的不动产或动产的性质或用途的变更可以理解为对共有的不动产或动产处分的结果，是一种事实上的处分，对于共有的不动产或动产性质或用途上的变更，属于对共有的不动产或动产的使用、收益和利用行为，在此过程中可能涉及其他共有人的利益，有如共有的不动产或动产损耗的加大、灭失以及利益的损耗，未经占份额三分之二以上的按份共有人或者全体共同共有人的同意，则无法分担因性质或用途变更所带来的不利影响。从外部角度看，共有的不动产或动产性质或用途的变更可能违背部分共有人的意志，有违共有人对于共有的不动产或动产的所有权属性的初衷；从内部角度看，共有人可能会因为共有的不动产或动产变更性质或用途导致共有人自身权利的冲突，违背了公平与效益原则，与共有制度蕴含的法理背道而驰。

四、按份共有的不动产或动产的多数决规则

在按份共有中，若要对共有的不动产或动产进行处分、重大修缮及变更性质或用途，实行绝对多数决原则，需要经占份额三分之二以上的共有人同意，但共有人有约定的，应当按照其约定。这一多数决规则与按份共有人一致的目标价值取向相契合。对于属于按份共有的财产的处分、重大修缮及变更性质或用途，是否需要全体按份共有人同意？通说认为，如果按份共有人的共有财产需要全体按份共有人同意，反而影响共有的不动产或动产效益的发挥。[①]如共有的不动产或动产的重大修缮，若要求全体按份

① 最高人民法院物权法研究小组编著：《〈中华人民共和国物权法〉条文理解与适用》，人民法院出版社2007年版，第303页。

共有人同意，可能导致共有人迟迟不能作出处分、重大修缮及变更性质或用途的决定，造成共有财产利益减损，反而影响了全体共有人的利益。依照此观点，我国立法采取按份共有的多数决规则。继而则需探讨多数决的数量。以日本法为例，其规定："一般管理事项需要经过各共有人所持份额之和的一半方可决定，而共有的不动产或动产的变更，包括物理变更和法律处分则需要全体共有人同意方可。"① 但我国立法上，出于物的合理有效利用的考虑，在按份共有的背景下，其通常不具有特殊人身关系的维系，全体一致原则可能会增加物的处分成本，阻碍物尽其用，现代社会物的价值正逐渐从使用价值向交换价值转变，因此按份共有的不动产或动产的处分、重大修缮及变更性质或用途，采绝对多数决原则，必须经占份额三分之二以上的按份共有人的同意。按份共有人依据其份额享有的权利实质上是其部分所有权的量化和具体化。

五、共有的不动产或动产的一致决规则

共同共有以法律规定或者合同约定的共同关系为前提，而这种共有关系的当事人之间在多数情况下具有一定的人身关系，如婚姻关系或者亲属关系。在家庭关系中往往蕴含着财产关系，共同共有是家庭关系的常态。为了维护这种和谐关系，世界各国往往对于共同共有采取了一致决规则。我国立法对这一问题进行明确，对于共同共有的不动产或动产的处分、重大修缮及变更性质或用途须经全体共同共有人的同意，若未经全体共同共有人同意对共有的不动产或动产进行事实上处分的，处分人应当负侵权责任；若未经全体共同共有人同意对共有的不动产或动产进行法律上的处分的，该处分行为对全体共同共有人不发生效力，属于无效行为，除非其他共有人对此明知而未提出异议。共同共有最重要的特征之一就是各共有人平等地对共有的不动产或动产享受权利和承担义务。与按份共有的多数决规则相比，二者区分之原则在于按份共有中共有人按照应有份额对共有的不动产或动产享有所有权，共同共有中共有人对共有的不动产或动产的全部享有所有权。

---

① 孙宪忠主编：《中国物权法：原理释义和立法解读》，经济管理出版社2008年版，第277页。

举证责任

本条属于共有人内部的行为规则，举证责任通常可以从如下三个方面进行考量。

一、共有人的约定

与本条相关的共有动产或不动产的纠纷应当首先证明共有人有无约定的问题，共有人的约定具有排除本条规定的多数决及一致决的效力。有关共有人的约定通常表现为共有协议，应当从共有协议是否存在、共有协议有无效力以及是否遵守了共有协议三点进行确认。若协议不存在或无效，才可适用于本条相关内容。

二、共有类型以及共有份额的确认

本条适用区分了按份共有及共同共有，共有人所进行的对共有动产或不动产的处分、重大修缮及变更性质或用途的行为存在共有类型认识错误或混淆共有类型的，应当举证共有类型，如共有人依照按份共有且在已满足份额要求的情况下处分共有物，其他共有人主张为共同共有的，应当对共有类型的相关内容进行举证。另外，对于因按份共有中三分之二份额要求所发生的份额不明的纠纷，应当对份额进行说明并举证，与共有类型的举证相似，可从共有人之间的约定、事实情况等方面进行确认。同时，对于共有人之间发生的因未取得三分之二按份共有人或全体共同共有人同意所发生的侵权行为之诉，应当进行确权。

三、共有物无权处分对于第三人的效力

对共有的财产，应当经三分之二以上的按份共有人同意或共同共有人全部同意才能处分，不满足上述要求的处分行为，属无权处分，一般应当认定为无效民事行为。但该处分行为往往会涉及第三人，此时则应当区分第三人为善意或恶意，对于善意第三人来说无权处分并不影响其效力，其仍获得共有动产或不动产的所有权，而恶意第三人则会使无权处分彻底归于无效，不发生法律效

果的变动。因此，在涉及第三人的案件中应当证明第三人是否为善意。

其他问题

对于共有的不动产或动产的处分、重大修缮以及变更性质或用途，本条以但书的形式规定了适用多数决或一致决的前提，即无共有人的预先约定，法律赋予了共有人权利行使的自由，属于意思自治原则在共有制度中的体现。但书的规定应当在本条适用时率先考虑。也即从司法实践角度，有关对共有的不动产或动产的处分、重大修缮以及变更性质和用途的案件，人民法院应当确定共有人之间是否有相关的约定，并综合考虑约定的形式、合法性，若约定有效则根据约定适用，排除多数决和一致决的规则；若约定无效或者约定不明确，则需区分按份共有与共同共有适用多数决或一致决规则。

第三百零二条【共有物管理费用负担】

共有人对共有物的管理费用以及其他负担，有约定的，按照其约定；没有约定或者约定不明确的，按份共有人按照其份额负担，共同共有人共同负担。

历史由来

本条继承了《物权法》第98条的规定，条文文字略有增补，实质内容没有任何变化。由立法史看，自1987年1月1日起施行的《民法通则》第78条第2款规定："共有分为按份共有和共同共有。按份共有人按照各自的份额，对共有财产分享权利，分担义务。共同共有人对共有财产享有权利，承担义务。"这是我国立法第一次对不同类型共有人之间的权利义务分配方式进行规定，虽然没有提及管理费用负担的具体规则，但共有人的义务包括对共有物管理费用的负担，因此可以推断出不管是按份共有还是共同共有，共同共有人均有负担管理物费用的义务，按份共有人按各自所拥有的份额承担共有物的管理费用的结论。1988年的《民法通则意见》第89条第一句规定："共同共有人对共有财产享有共同的权利，承担共同义务。"重申了共同共有人的权利和义务，但仍没有出现明确对于共有物管理费用负担的具体规定。

对于共有物管理费用负担的规定，在各国的民事立法上早已出现，比如《瑞士民法典》第649条、《德国民法典》第748条、《日本民法典》第253条等，其内涵与本条规定基本一致。

规范目的或功能

本条的规范目的在于规定按份共有人和共同共有人如何负担共有物的管理费用以及其他负担的费用问题，即规定了共有物管理费用负担的一般处理原则。《民法典》第300条是对各共有人对于共有物如何管理的规定，第301条是对于共有物的重大修缮的规定，在此过程中所产生的费用，都需要在共有人之间进行合理分担。因此，本条在第300条和第301条之后，补充说明了共有物的管理及重大修缮所引起的费用负担问题，使法律体系更加完善。值得说明的是，对共有物管理费用的负担是共有人基于所有权需要对共有物承担义务的必然要求，但之所以需要进一步的明确，是因为共有人在依据份额行使权利的同时，对应的主要义务就是承担共有物的管理费用以及其他负担。①

规范内容

共有物的管理费用是指因保存、改良或利用共有物行为所产生的费用，一般是指在私法领域中产生的费用。其他负担是指维持共有物的存在而需要支出的费用，例如缴纳共有物的税款、保险费，这些属于公法上的费用。②而且，因在使用共有物的过程中使他人遭受损害而支出的损害赔偿费用，也属于管理费用的范围。虽然本条对管理费用的负担的规定具有一定的指导作用，但依然不能解决共有人在日常生活中对共有物维护的费用分配的部分问题。在理解和适用本条之规定的情况下，还应注意以下几个方面的问题。

---

① 王利明：《物权法研究》，中国人民大学出版社2016年版，第695页。

② 陈华彬：《物权法原理》，国家行政学院出版社2000年版，第491页。

一、共有物管理费用的界定

并不是所有因共有物产生的管理费用都在本条所规定的费用范围之内，因此，首先需要明确本条所规定的管理费用之内涵。在界定管理费用时，应分清必要费用和不必要费用。《埃塞俄比亚民法典》规定，“必要费用就是共有物的管理、税收、质押或者抵押的费用以及其他由于共有而产生的费用或课加于共有物的费用；另外，某一共有人未经授权，为避免共有物的灭失或者受损支出的费用，也为必要的管理费用，应由全体共有人负担。不必要的管理费用，就是当某一共有人未经授权支出了与共有物有关的不必要的，但增加了共有物价值、效用和改善其外观的费用，因此，他无权得到任何费用的回报”①。这一表述值得参考，并且可以适用于我国对于管理费用概念的界定。

对于共有物管理中的保存、改良和利用行为，也需要进一步明确：第一，保存行为，这是一般的管理行为，共有物的保存，是指保存共有物及其权利免于毁损、灭失或限制的行为，以维持现状为目的。②保存行为包括事实行为和法律行为，事实行为如对共有房屋的简易修缮，法律行为如对出典的共有物行使回赎权，权利人提出中断诉讼时效的行为，这些行为有一定的紧迫性，如果不能及时实施保存行为，共有物或者这之上的权利可能会损毁或灭失，由于此种行为是对共有物的价值的保存，不涉及实质价值的变动，因此不需要征得其他共有人的同意。第二，改良行为，也叫更新行为或改建行为，这属于特殊的管理行为，是为了增加共有物的价值或者效用所做出的，由于这种行为改变了共有物的本质价值，因此改良不能只取决于某共有人的个人意志，需要依据《民法典》第301条，获得拥有共有份额一半以上的共有人同意才行。值得说明的是，区分保存行为与改良行为，不要只从紧迫性有无和决定人数来辨别，最根本的标志是，是否增加了共有物的价值。第三，利用行为，也属于特殊的管理行为，是指在不改变共有物性质的前提下对共有物进行利用，以满足各共有人的需求，决定如何使用共有物以获得收益等目的，

---

① 杨立新：《共有权研究》，高等教育出版社2003年版，第113页。

② 王泽鉴：《民法物权1：通则·所有权》，中国政法大学出版社2001年版，第395页。

对于共有物的改良也需要根据法律的规定征得三分之二以上的共有人的同意才可进行。

除此之外，还涉及非必要的管理费用，这是指某共有人支出以提高共有物的价值为目的的费用，虽然这种行为提高了共有物价值，但由于是某个共有人个人的意思，因此费用依然只能由支付的共有人自己承担，尽管其他共有人的利益在此种情况下得到了增加，但是其他共有人取得利益是基于对共有物享有的所有权，符合法律的规定，费用的支出只是某共有人的个人行为，这种情况并不能说是其他共有人不当得利。此外，在这种情况下，需要与共有物的改良行为进行区分，两者的区别在于对于共有物做出的改良行为是否有按照法律规定获得了大部分共有人的同意。

二、共有物管理费用负担的一般规则

本条在于明确共有物管理费用负担的一般原则。一般原则可以总结为：有约定的按约定，在无约定的情况下按法定，即在无约定情况下按份共有人按份额负担，共同共有人共同负担。

（一）约定优先

约定是尊重当事人意思自治的体现。共有人只要存在有效的关于费用承担的约定，就应优先适用，无论该约定在何时、何地、以何种方式达成。约定的具体内容由各共有人根据实际情况自行协商。但是，共有人在进行约定时，也应遵守以下原则：第一是公平原则，这也是民法的基本原则所要求的，对于费用承担的约定一定本着公平、合理的原则来进行，比如不能只规定一人承担义务，其他人只享有权利；第二是自愿原则，共有人之间应该通过平等协商的方式来达成对于共有物管理费用承担的约定，双方应充分尊重对方的意思表示，并在此基础上达成约定；第三是有利于共有物管理的原则，这样可以最大限度发挥共有物的价值，做到物尽其用，这也是《民法典》物权编所要求的目的；第四是遵守法律的规定，不能违反法律法规的强制性规定，这也是所有的自治行为都要遵守的要求；第五是不能损害其他人的利益，对共有物的管理费用承担不能侵害共有关系之外第三人的利益。该项约定只能约束共有人。如果某共有人违反该约定，其他按份共有人可以主张该共有人承担违约责任。

（二）没有约定按法定

在没有约定的情况下只能按法律规定，即按份共有人按照其份额负担，共同共有人共同负担。其中，按份共有人按照其拥有部分所占份额承担共有物的管理费用的规定在各国的民事立法上也有所体现，如《德国民法典》第748条规定："各共有人对其他共有人负有义务，按其份额比例，承担共有物的负担以及为保存、管理和共同使用所支出的费用。"《瑞士民法典》第649条也规定："共有物及共有关系的管理费用、租税及其他负担，由各共有人，按其应有部分的比例分摊。"本条规定的内涵基本与以上规定相一致，具有公平性和合理性。因此，如果在按份共有中部分按份共有人不负担或者对其他按份共有人垫付的额外费用不予偿还的，则构成对其他按份共有人权利的侵害，这就构成按份共有之内部侵权行为。

三、特殊情况下的费用负担

本条规定了共有物管理费用负担的一般规则，但在实际生活中面临的一些特殊情况，虽然也按本条的规定来进行处理，但在运用过程中，还需要注意一些其他的问题，这些情况主要包括以下几种。

（一）侵权费用的负担

侵权费用主要是指共有人在使用共有物的过程中，因使用不当或其他原因，导致他人的利益有所损失时，共有人需要承担的损害赔偿费用。需要注意的是，当共有物发生的侵权是由共有物本身的性质或者共有人共同的行为所造成的，才适用本条所规定的共有物管理费用负担的一般规定。但如果共有物侵权行为是由于某特定的共有人的过错所造成的，对于第三人的损害赔偿，虽然依然是全体的共有人承担，但是在进行赔偿之后，共有人内部之间，其他的共有人可以在自己赔偿的范围之内，向有过错的共有人进行追偿。

（二）诉讼费用的承担

关于因共有物而产生诉讼时所需费用的承担，根据《民事诉讼法》中对于诉讼中的费用承担问题的规定，如果胜诉方为共有人一方，则败诉方承担诉讼费用。但若共有人一方为败诉方，共有人之间就无可避免地涉及诉讼费用的承担问题。这时，同侵权费用承担问题一样，若诉讼是由共有物本身的性质或者全体共有人共同行为所发生的侵权导致的，费用就需全体共有人承担。但若诉讼的产生是因部分共有人的过错行为发生的侵权行为导致的，那么诉讼费用由全体共有人承担后，再向有责任的共有人追偿。

四、超额的返还请求权

在按份共有情况下，如果一个共有人所支出的费用，超出了其所拥有的共有份额的比例，那么该共有人是否有权请求其他共有人返还超额的部分？对此，《民法典》没有明确规定。但是，我们可以从共有的原理出发，得出按份共有人拥有超额费用的返还请求权的结论。因为在按份共有中每一个人的共有份额都是确定的，其承担的义务与其份额相等，因此共有人之一负担超过其应当承担的份额时，应该有权要求其他人偿还。[①]而且，对于此问题，我国台湾地区规定，共有人中之一人，就共有物之担负为支付，而逾其所应分担之部分者，对于其他共有人，得按其各应分担之部分，请求偿还。不过，该超出部分一定要是必要管理费，只有必要的管理费用才有返还请求权，而其他共有人返还的数额，同样也以其各自所享有的共有份额的比例来确定。对于不必要的管理费用，支付费用的共有人当然不享有返还请求权。

三 举证责任

虽然本条已经规定了共有物管理费用负担的一般原则，但是，在司法实践中还是会发生有关共有物管理费用负担的争执。往往是围绕共有人是否需要承担管理费或者仅对承担数额如何分配有异议而展开的。在诉讼中的就涉及举证责任问题，因此，需要注意以下两个方面的问题：

---

① 最高人民法院物权法研究小组编著：《〈中华人民共和国物权法〉条文理解与适用》，人民法院出版社2007年版，第305页。

第一，若共有人就是否需要承担管理费用而产生争执时，主张不承担费用的一方应提供其可以不承担费用的证明，比如支出的共有物管理费用是不必要费用或者存在约定其不承担管理费用的情形。但需要注意的是，在因共有人中某（些）人的过错而在使用共有物的过程中损害了第三人利益的情况下，没有过错的共有人主张其不承担此共有物的管理费用的，不能得到法院的支持。

第二，若共有人就承担管理费用达成一致，但对于具体的数额存在疑问诉至人民法院时，法院在审理案件时，在按份共有的情况下，应首先看共有人之间是否存在有关共有物管理费用负担的协议，如果有协议，则先审查协议是否合法有效，如果没有协议或者虽有协议但约定不明确时，按份共有人按照其份额承担管理费用及其他负担，共同共有人共同承担管理费用及其他负担，这之中涉及的举证责任，应遵循举证责任分配的一般原则。

三 其他问题

本条虽然是对共有物的管理及其费用负担作出的规定，但因为该条承认对共有物的管理可以按照约定来确定，这实际上承认了当事人可以事先订立分管协议。[①]所谓分管协议，是指共有人之间约定某个人或各自分别占有共有物的特定部分，并对该部分进行管理的合同。[②]分管协议的性质是债权合同。其特点有：其一，分管契约的成立应由共有人全体以协议方式订立，明示或者默示都可以，不以采取书面方式为必要。而且进行约定的主体必须是共有人。严格意义上讲，在共有关系成立之时或者之后，[③]全体共有人才可以自愿订立共有物的分管协议，就共有物的管理进行约定。其二，分管协议的内容是为分别占有共有物的特定部分而进行管理的协议，不涉及对共有物的处分权。它所约定的占有共有物的特定部分，不以按应有部分份额换算为限。其三，管理的方式包括但不限于对共有物的使用、收益，

① 王利明：《物权法研究》，中国人民大学出版社2016年版，第695页。

② 谢在全：《分别共有内部关系之理论与实务》，台北三民书局1995年版，第142页。

③ 戴孟勇：《物权法共有制度的反思与重构》，载《政治与法律》2017年第4期。

还包括将自己分管的部分出租给他人。[①]从法律上看，按份共有人的共有权客体本应该覆盖全部的物，因此各按份共有人都可以按其份额对全部的物行使权利，但在订立分管协议以后，按份共有人就要按照分管协议的规定，针对特定的共有物进行管理，这就使对共有物的利用和管理具体化了，同时也改变了依据份额行使权利的状态，[②]因此，实际上分管协议排除了法定共有权的行使方式。这在一定情况下促进了对共有物的利用，更加符合灵活变化的实际情况。因此本条规定，在有约定时，可以按照分管协议的内容来进行。

分管协议在生效之后，产生债权效力，因为其并没有产生物权的变更，而只是在共有人之间订立了债权协议，因此，只对特定的共有人产生拘束力。[③]因此，在理论上，分管协议是不能对抗第三人的，但是当共有人将共有部分转让给第三人，受让人经过查阅登记知道或者应该知道共有人已经对共有物的管理和使用订立了分管协议时，分管协议就可以对抗第三人。

第三百零三条【共有物的分割】

共有人约定不得分割共有的不动产或者动产，以维持共有关系的，应当按照约定，但是共有人有重大理由需要分割的，可以请求分割；没有约定或者约定不明确的，按份共有人可以随时请求分割，共同共有人在共有的基础丧失或者有重大理由需要分割时可以请求分割。因分割造成其他共有人损害的，应当给予赔偿。

历史由来

本条承袭了《物权法》第99条的规定，略有修改。自1987年1月1日起施行的《民法通则》第78条第3款规定："按份共有财产的每个共有人有

① 崔建远：《物权法》，中国人民大学出版社2011年版，第230页。
② 蔡明诚：《物权法研究》，台北新学林出版股份有限公司2005年版，第97页。
③ 谢在全：《分别共有内部关系之理论与实务》，台北三民书局1995年版，第92页。

权要求将自己的份额分出或者转让。但在出售时，其他共有人在同等条件下，有优先购买的权利。”这是民事立法史上首次规定按份共有人有权要求将自己的份额分割或转让。但该条款只承认了按份共有人份额分出的权利，并没有规定分割请求权，尤其是没有提到共同共有人的分割请求权问题。对于共同共有物的分割，只在《继承法》第26条和《婚姻法》第39条进行了规定。[①]1988年的《民法通则意见》第90条规定：“在共同共有关系终止时，对共有财产的分割，有协议的，按协议处理；没有协议的，应当根据等分原则处理，并且考虑共有人对共有财产的贡献大小，适当照顾共有人生产、生活的实际需要等情况。但分割夫妻共有财产，应当根据婚姻法的有关规定处理。”此规定第一次对共同共有物的分割予以了补充性说明。自2007年10月1日起施行的《物权法》第99条对共有物的分割问题作出了较为具体的规定。

三 规范目的或功能

本条规范之目的，在于规定共有人对于共有物的分割请求权的行使原则，解决在什么样的条件和情况下，共有人可以请求分割共有物的问题。随着所有权概念的出现，除单独所有外，就存在多人对一物同时拥有所有权的情况。不同于单独所有，在此种情况下，对于物的管理与处分等，必须满足各共有人的利益和需要，而不能只依赖于一人的意志，因此，共有人之间很容易产生纠纷，这也妨碍了共有物效益的最大化发挥。各国民

① 《继承法》第26条规定：“夫妻在婚姻关系存续期间所得的共同所有的财产，除有约定的以外，如果分割遗产，应当先将共同所有的财产的一半分出为配偶所有，其余的为被继承人的遗产。遗产在家庭共有财产之中的，遗产分割时，应当先分出他人的财产。”这说明对遗产可以行使分割请求权。《婚姻法》第39条规定：“离婚时，夫妻的共同财产由双方协议处理……”第47条规定：“离婚时，一方隐藏、转移、变卖、毁损夫妻共同财产，或伪造债务企图侵占另一方财产的，分割夫妻共同财产时，对隐藏、转移、变卖、毁损夫妻共同财产或伪造债务的一方，可以少分或不分。离婚后，另一方发现有上述行为的，可以向人民法院提起诉讼，请求再次分割夫妻共同财产……”这是关于夫妻共同财产分割请求权的规定。

事立法普遍赋予共有人共有分割请求权以启动和最终实现共有物的分割，可以说，在共有关系的存续中共有就内在地包含着共有分割请求权，而共有物分割请求权是从共有走向单独所有的桥梁。因此，我国《民法典》关于共有物分割请求权的规定，符合民法的保护民事主体的合法权益、调整民事关系、维护社会和经济秩序的制度目标，是顺应历史发展的必然结果。

规范内容

一、分割共有物的原则

（一）尊重各共有人的意思自治原则

对于共有物的分割，首先要尊重各共有人的意思自治，不管是按份共有还是共同共有，都应按照共有人之间的约定来进行，但共有人有重大理由需要分割时，可以请求分割。比如，在夫妻关系续存期间，没有经济收入的妻子的母亲病重，需要通过分割财产来获得为母亲看病的医疗费。在这种情况下，虽然夫妻之间存在不能分割共同财产的约定，但母亲患病就属于本条规定的重大理由需要分割共同财产的情况。值得说明的是，虽然本条的第一句第一分句规定了共有人可以基于意思表示约定禁止分割共有物，但是对于是否可以约定永久禁止分割，并没有作出说明。从分割请求权的发展历史和各国的民法规范来看，为了能够尽可能避免因共有在利用和交易等方面导致的不利，作为大陆法系民法源头的罗马法，规定特约共有关系续存的契约无效。在现代，其他国家也有关于不允许共有人约定共有物不可分割的规定，对于禁止共有物分割的期限也做了相应的限制，如法国规定为五年、瑞士为三十年。本条虽没有规定约定禁止分割的期限，但也对此进行了一定的限制：在有重大理由的情况下，仍能够进行分割。表面来看，这样的规定不符合意思自治的原则，也与合同法的精神有一定的出入，因为一般而言，合同一旦订立，就应该严格遵守，但考虑到共有的特性，在立法上达到“于尽可能范围内，使其易于终止和消灭”的目的，本条才作此规定，因此是科学的。由此观之，物权法的强制性要比合同法强得多。物权法的强制性特征十分明显。[①]

（二）依法分割原则

共有人对于共有财产是否可以分割，在什么情况下可以分割没有约定，或者约定不明确的，应当依据本条的规定予以分割，但在特殊情况下，法律禁止分割的财产，如查封扣押的财产，共有人不能请求分割。[②]依据共有的形态，关于共有物分割请求权具有不同的规定：

第一，按份共有人可以随时请求分割。在按份共有关系存续期间，按份共有人有权不经过其他共有人的同意，直接行使自己的共有物分割请求权，来产生分割的后果。我国台湾地区规定，各共有人，除法令另有规定外，得随时请求分割共有物。这同样体现了自由行使分割请求权的原则。除此之外，按份共有人自由行使分割请求权的原则符合设立共有物分割请求权之目标，即可以让共有人随时结束共有、避免纷争，这也体现了民法的自治原则，值得坚持。

第二，共同共有人在共有基础丧失或者有重大理由需要分割时可以请求分割。共有关系是共同共有的基础，因此，在共有关系存续期间各共同共有人对共有财产不分份额地享有权利、承担义务，在共有人对共有财产分割没有约定的情况下，共有人如果想要将自己的财产份额部分分离出来，只有在共同共有关系消灭时才能对共有财产予以分割，从而协商确定份额，这是一般性原则。共有基础丧失的情形主要包括以下三种：由于夫妻双方中一人死亡或者离婚而导致婚姻关系的终止；被继承人死亡后遗产分割的结束；家庭成员之间进行分家并分割财产。以上情形均是共同共有关系的基础消灭的主要情况，共有基础消灭后，共有人就拥有请求分割共有物的权利。除共有基础丧失外，《民法典》第303条还规定了例外情形，即有重大理由时也可请求分割。[③]

---

① 最高人民法院物权法研究小组编著：《〈中华人民共和国物权法〉条文理解与适用》，人民法院出版社2007年版，第306页。

② 陈华彬：《物权法原理》，国家行政学院出版社1998年版，第493页。

③ 杨一帆：《〈物权法〉第99条的理解与适用》，载《山西省政法管理干部学院学报》2019年第2期。

二、共有物分割请求权的性质

共有物的分割请求权，顾名思义，是指各共有人请求其他共有人分割共有物的权利。为大家普遍所接受的观点是，共有物分割请求权是指某一共有人依据其意志请求其他所有人分割共有物，从而脱离共有关系的权利。[①]关于共有物分割请求权的性质，主要有形成权和请求权两种观点。

形成权说认为该权利实质是请求分割共有物而非请求他人同意分割共有物，而且权利人可以随时主张权利，因此为形成权，但是此形成权最大的特点是没有除斥期间的限制。这种观点的合理性在于，其一，共有分割请求权的实现过程中不存在实质意义上的给付，因此不符合请求权的性质。因为根据请求权的概念，请求权的实现是建立在义务人履行义务基础上的，即必须有义务人的给付行为方可实现权力。[②]而形成权是指只要权利人主动行使权利，无论另一方意志如何，法律关系就会发生变化。在本条对共有物分割请求权的表述中，共有人一方依照约定或者法律规定可以请求分割共有物，只要在符合条件的情况下共有人提出分割，此意思表示于相对人了解或者到达相对人时发生效力，其他共有人就负有配合分割的义务。至于共有物具体如何进行分割，虽然有时候无法达成共识，但不影响其为形成权的性质。其二，请求分割共有物不受诉讼时效的限制规定，侧面反映出这种权利是基于物权而产生，也符合形成权的特点。但是其特殊性在于，虽然在多数情况下共有人可以随时主张分割，符合形成权的特征，但是在发生“重大理由”需要分割时，如果主张分割的共有人无法提供分割的证据，那么提出分割一方的请求就得不到支持，这时候分割请求权就不符合形成权的性质，因此，也有学者认为将该权利定性为请求权更符合立法原意。[③]但虽然其为请求权，也不适用权利的消灭时效的规定。无论主张分割请求权的性质为请求权者抑或为形成权者，均认为分割请求权基于共有关

---

① 王利明：《物权法研究》，中国人民大学出版社2007年版，第723页。

② 李国强：《论共同继承遗产的分割规则——以〈物权法〉的解释和〈继承法〉的修改为视角》，载《法学论坛》2013年第2期。

③ 王利明：《物权法研究》（上卷），中国人民大学出版社2007年版，第307页。

系而生，故不得适用消灭时效。

三、共有物分割请求权的主体

《民法典》将共有关系分为按份共有和共同共有两类，因此，本条适用于按份共有物和共同共有物的分割。行使共有物分割请求权的主体只能为按份共有人和共同共有人。对此我国台湾地区曾明确，提起分割共有物之诉，参与分割之当事人，以共有人为限。而对于共有人的认定，应当以物权法以及相关法律的规定为依据。但是，也存在一些例外情况，在共有人失踪情况下的财产代管人，共有人破产情况下的破产管理人等，也可以请求分割共有财产。[①]

四、“重大理由”与“共有的基础丧失”的认定

本条第一句第二分句中的“重大理由”只适用于未约定或约定不明的共同共有人。这里的重大理由是指出现了仍需要保持共有关系但需要分割财产的事由，而且若不分割将对共有人显失公平或对共有物使用效率有重大影响。比如共同共有人的权益由于对共同共有物不进行分割受到了严重的损害，或者在家庭关系中家庭成员需要离开家庭独自生活。共同共有人是因共有关系而形成，所以共有基础关系消灭后自然可以请求分割共有物。但是在共有基础没有消灭时，出现了必须分割的重大理由，法院在查明情况的基础上应予以支持。需要注意的是，此处共同共有人在发生“重大理由”的情形下拥有共有物分割请求权，但还能够保持共有关系，是本条规定的一个重要的特点，其突破了传统民法的共有理论，顺应了我国的国情，是我国民法对于传统理论的创新与突破。

对“共有的基础丧失”的理解存在两种观点。一种观点认为，由于共同共有的基础建立在共同共有人存在特定的关系之上，如夫妻关系，家庭成员关系，因此基础丧失是指共有人之间特有的关系不复存在，但法律上的共有关系依然存在。另一种观点认为，“共有的基础丧失”是指由于共同共有彻底解体导致的共同共有关系的消灭，如夫妻离婚、遗产分割等。由于第二种

---

① 王利明：《物权法》，中国人民大学出版社2015年版，第278页。

观点更加符合共同共有消灭的理论，因此更具有合理性，即“共有的基础丧失”是指导致共同共有关系消灭的基础共同法律关系的丧失。一般包括夫妻财产共同共有场合中婚姻关系被解除、继承人分割遗产、家庭解散而分家析产等。

举证责任

在共有物分割之诉中，存在分割请求权存否的判断与确定分割方法两个阶段，因此，对于诉讼中的举证责任，也分为共有物分割请求权是否存在的举证责任和裁判分割方法的举证责任，在不宜进行原物分割的情况下，采用折价分割时，还涉及系争共有物价值的举证责任。

一、关于共有物分割请求权是否存在的举证责任负担

共有物分割请求权是否存在是当事人关于一种实体权利存否的争议，其确定受限于法定的事实要件，对于此事项的审理应严格按照诉讼法执行。依证明责任一般规定，共有物分割诉讼中主张分割的共有人应就共有物请求分割权存在进行举证，由其证明存在可以对共有物进行分割的情况。在此种情况下，若被告共有人对此进行抗辩，就由被告证明分割请求权不存在或者存在不得分割共有物的约定、共有物有不能分割事实。总的来说，关于共有物分割请求权是否存在的举证责任主要有两种情形：一是主张分割共有人要证明共有物属于原、被告共有；二是主张分割共有人需要证明存在重大理由或发生了共有基础丧失的事实从而需要分割共有物。

二、关于裁判分割方法的举证责任负担

共有物分割诉讼并非纯粹的诉讼事件，因实质上存有行政权作用的性质而具有浓厚的非讼性格色彩，该非讼性质在共有物分割诉讼的审理程序中则集中体现为法官对于分割方法的裁量权。[①]在实践中分割共有物的方法几乎完全取决于法官的裁量，当事人之间的契约不能影响法官对于分割方法的选择，

---

① 黄国昌：《民事诉讼法教室（一）》，台北元照出版有限公司2010年版，第71页。

一般情况下，法官决定分割方法时，主要考虑的方面是如何能够将共有物效益发挥到最大化，并且能尽可能满足双方的利益，进而综合决定一个较为合理的分割方法。因此就举证责任来说，对于分割方法不存在应由何方负担举证责任的问题。不过值得注意的是，虽然对于分割方法适用非讼法理，当事人对于分割方法的主张不能约束法官，但是共有物分割只关系到当事人之间的私益，因而当事人对于分割方法的主张对法院也具有很重要的参考价值。除此之外，从《民法典》第304条的规定可以看出，原物分割为分割方法裁判的第一选择顺序，故对于裁判分割方法，是否应完全排除举证责任之适用余地，有再探讨的必要。由于实体法对于法定分割方法有选择顺序的限制，只有在原物分割与其他两种分割方法出现选择顺序的争议时，才有证明责任适用的可能性，才可适用举证责任分配的一般原则。①

三、关于系争共有物价值的举证责任负担

《民法典》第304条规定，“共有人可以协商确定分割方式。达不成协议，共有的不动产或者动产可以分割并且不会因分割减损价值的，应当对实物进行分割……”因此，在确定分割方法时以原物分割为首要选择，在不宜进行原物分割时可变价分割或折价分割。采用折价分割方法时，就不可避免需要确定系争共有物的价值，在审理过程中就需要当事人进行举证。对于共有物价值的举证责任分配问题，实务见解一般认为应遵循举证责任分配的一般原则。

其他问题

关于共有人的“损失赔偿”责任的性质。《民法典》第303条的最后一句规定“因分割造成其他共有人损害的，应当给予赔偿”。对于这一规定的理解，应是在共有人行使了分割请求权，导致其他共有人因此受到了损害的情况下，该共有人应当对此损失承担责任的情形，但是对于其性质，究竟是赔偿责任还是补偿责任，从本条的表述中，显然更倾向于前者。根据对相关法律概念

① 陈磊：《中国共有物分割诉讼的特殊程序规则研究》，载《重庆大学学报》（社会科学版）2020年第1期。

的理解，补偿责任与赔偿责任存在许多不同，其一，补偿责任的产生不以过错为基础，但是赔偿责任产生都以过错为前提。其二，补偿责任重在追求公平而没有惩罚的意味，但赔偿责任目的在于稳定秩序，因此，有时具有一定的惩罚性。但就共有人因分割共有物给他人造成损失而言，在这个过程中，由于其行使分割请求权的行为并无过错，其他共有人遭受损失，大多情况下是由于共有财产在分割的过程中可能会导致功能的丧失或削弱，因此降低了它的价值。[①]因此，“损失赔偿”责任的性质更符合补偿责任的特征。

第三百零四条【共有物的分割方式及共有物分割后的瑕疵担保责任】

共有人可以协商确定分割方式。达不成协议，共有的不动产或者动产可以分割且不会因分割减损价值的，应当对实物予以分割；难以分割或者因分割会减损价值的，应当对折价或者拍卖、变卖取得的价款予以分割。

共有人分割所得的不动产或者动产有瑕疵的，其他共有人应当分担损失。

历史由来

本条沿袭了《物权法》第100条的规定，但略有文字修改。自1987年1月1日起施行的《民法通则》第78条只规定了每个按份共有人能够将自己拥有的份额进行分出或者转让的权利，但对于如何进行分割，并没有进行详细规定。1988年的《民法通则意见》第90条、第91条对于共有物的分割方式作出较为详细的规定：“在共同共有关系终止时，对共有财产的分割，有协议的，按协议处理；没有协议的，应当根据等分原则处理，并且考虑共有人对共有财产的贡献大小，适当照顾共有人生产、生活的实际需要等情况。但分割夫

---

① 全国人大常委会法制工作委员会民法室编：《〈中华人民共和国物权法〉：条文说明、立法理由及相关规定》，北京大学出版社2007年版，第145页。

妻共有财产，应当根据婚姻法的有关规定处理。”“共有财产是特定物，而且不能分割或者分割有损其价值的，可以折价处理。”上述规定已经初步形成共有物分割方式的规则，但对于具体分割方式的选择顺序和共有人的物的瑕疵担保责任依然没有涉及，并且第90条只是针对共同共有的规定。《物权法》第100条总结之前的立法与司法解释，对共有物的分割方式及共有物分割后的瑕疵担保责任作出明确规定。

在其他国家的民事立法中，大部分国家都规定了共有物请求分割的方式。如《日本民法典》第258条第1款规定：“共有人就分割协议不成时，可以请求法院分割。”对于更为详细的分割方式仅在第908条中在涉及遗产继承时规定被继承人可以遗嘱指定或委托第三人确定分割方法。《瑞士民法典》规定了一套详细的共有物的分割方式，并用专门的一节来规定分割的实施，其第612条第2款规定，“继承人间对某物的分割或者分割不能达成协议时，应变卖该物，并分割价金”，该条款更是被我国民事立法所借鉴。可见，瑞士、日本民法对我国共有物请求分割方式的影响甚大。

三 规范目的或功能

本条规范目的主要在于规定共有物的分割方式，回答了共有人之间在存在协议和不存在协议的情况下，可以采取何种分割方式，并对分割方法的选择顺序进行了规定。除此之外，为了避免任一共有人恶意损害其他共有人权利的现象，规定了共有物的瑕疵担保责任。

罗马人视共有物为“纠纷之源”，早在罗马法上就有了有关共有物分割的规定，以提早结束共有关系来达到减少纠纷的目的。[①]在我国，本条也有促进各共有人之间矛盾有效解决，以减少因共有关系带来的不必要麻烦的目的。本条规定为司法实务中处理因共有发生的纠纷提供了实体法上的引导，在一定程度上有利于节约司法成本，也能够达到发挥物的最大效用的目的。

① 周枏：《罗马法原论》（上册），商务印书馆2001年版，第335页。

规范内容

一、共有物分割的定义

所谓共有物分割，是指在共有关系续存期间，共有人请求按照一定的份额或者均等地分割共有物为每个共有人所有，即从共有转化为单独所有。共有关系因共有物的灭失、某一共有人取得其他所有人的应有部分而终止，然而其中最主要的原因，则是共有物的分割。[①]共有物的分割也有以下特点：首先，共有财产的分割应有共有人的主张，在共有人没有主张时，法院不能直接裁判分割共有财产。其次，分割的过程中要充分尊重当事人的意思自治，双方约定的分割方法等能够排除法定分割方法的适用。

二、分割方式

共有人之间请求分割共有物的方式，主要包括协议分割和裁判分割。

（一）协议分割

协议分割是指共有人不通过诉讼的方式，行使共有分割请求权，通过全体共有人的一致同意消灭共有关系的分割形式，如果共有人中有不同意者，分割共有物的协议就无法生效。协议分割的内容，主要包括共有财产的分割事由、分割方法、分割请求权等。而且此协议不要求必须以书面的形式达成，也可以采用口头方式。分割协议不仅在共有人之间发生效力，而且在分割协议订立以后、分割之前，如果某共有人将其应有的份额转让给第三人，那么该协议对第三人也有拘束力。[②]但是，协议分割并不等于决议分割，不适用多数决原则。因此，虽然共有物分割也属于处分行为，但共有物分割之处分行为不应认为是《民法典》第301条所规定的处分行为。

就共有人所达成的分割协议性质而言，由于其为共有人合意产生的契约，因此，在法律性质上属于债权协议，各共有人自然应受其约束。虽然分割协

---

① 史尚宽：《物权法论》，中国政法大学出版社2000年版，第166页。

② 王利明：《物权法研究》，中国人民大学出版社2007年版，第730页。

议约定了分割的方法，但在共有物分割协议达成后，共有人并没有当然取得分得部分的单独所有权，而是在共有人之间相互产生转移的给付请求权与负担给付义务。因此，在其他共有人不履行分割协议的情况下，共有人可以向法院提起诉讼，诉请其他共有人履行分割协议，该诉讼应为给付诉讼，而不是分割共有物的形成诉讼。因协议分割契约为债权契约，其成立可以明示或者暗示的形式，而不以书面方式为必要，只要对分割的方式、方法达成一致即可。关于分割协议的撤销和无效等当然可以适用《民法典》总则编的相关规定。

就履行分割协议之请求权的诉讼时效而言，虽然本条没作规定，但由于分割协议属于债权协议，因此自然可以适用诉讼时效的规定，即如果超过诉讼时效，请求履行分割协议的，其请求不应得到支持。如果不能达成新的分割协议，视为当事人之间没有分割共有物的协议，那么当事人只能起诉请求人民法院裁判分割。①

值得注意的是，在协议分割时，由于全体共有人对共有物都拥有处分权，因此可以采取任何分割方式而不受法定分割方法之先后顺序的约束。共有人全体可自由决定分割方法，如全体共有人可约定抽签决定分割方法，也可以约定仅就共有物部分先行分割或部分维持共有且不限于单一共有物，共有人间也允许进行合并分割，这些规定都是私法自治原则下对共有人财产权利自由处分的尊重。②

（二）裁判分割

如果不能达成分割协议或在协议分割后因消灭时效完成而共有人拒绝履行协议的，则同意分割之共有人可通过法院裁判决定分割方法，这种共有人诉请法院作出分割共有物的判决即为共有物分割之诉。有关裁判分割共有物诉讼的内涵一直没有统一的规定，在实体法上只有《民法典》第303条、第304条两个条文对此作了规定，在程序法上对于裁判分割共有物诉讼的性质、

---

① 最高人民法院物权法研究小组编著：《〈中华人民共和国物权法〉条文理解与适用》，人民法院出版社2007年版，第312页。

② 谢在全：《民法物权论》（上册），中国政法大学出版社2010年版，第552页。

审理程序及裁判分割方法的酌定等问题也没有详细规定，导致在司法实务中存在的分歧较大。

就实体法层面而言，首先是共有物之分割方法的确定。本条在分割方式上规定了以原物分割为主，兼采折价分割、变价分割的方式。早在罗马法就已经出现对于此种分割方法的规定。对于实物分割而言，通过本条规定可以看出，在诉讼中，应该鼓励共有人之间通过协议达成调解的方法来确定分割方式。如果调解不成，若共有财产在物理属性上可以进行分割，且分割没有损害其财产价值的话，应当进行实物分割。关于变价分割，是在协议不成的情况下，如果共有财产因其物理属性不适合实物分割或者如果进行实物分割会减损共有财产的价值，那么就可以将共有财产变卖为货币，对货币进行分割。但变价分割需要共有人额外支付拍卖、变卖机构一部分费用，造成共有人财产不必要的减少，而且也会增加审理案件的时间。[①]关于折价分割，是指部分共有人取得共有财产，对其他共有人给予金钱或者实物，或者金钱加实物，对于共有财产的价值，最好由中介机构来进行评估，因此与变价分割的弊端一样，也需要支出一定的额外费用，延长了权利的实现时间。而对于变价分割和折价分割的适用顺序，我国法律未作规定，应按照个案结合实际情况进行分析，并无严格的前后次序之分。但值得注意的是，在采取折价分割时，由于各共有人对于是否接受共有物容易出现分歧或对于折价数额有异议，很容易就会产生额外的纠纷，因此，要慎重适用折价分割。

（三）协议分割与裁判分割的关系

关于协议分割与裁判分割的关系，对于本条的表述，是否可以认为只有在协议分割无法达成的情况下才可以进行分割诉讼？关于此问题，谢在全认为，该条文虽然仅以“分割的方法，不能协议决定”为提起诉讼的前提，但是共有人间根本不愿分割者，也应当包括在内，因此提起分割诉讼须以共有

---

① 最高人民法院物权法研究小组编著：《〈中华人民共和国物权法〉条文理解与适用》，人民法院出版社2007年版，第312页。

人不能协议分割为要件，不得未经协议而径行起诉。[①]王利明教授也认为协议分割是裁判分割的前置条件，因为共有是共有人利用财产的形式，如果请求分割就会导致共有的解体，所以，为了尊重全体共有人的意志和利益，还是应当由共有人对共有财产的分割进行协商，如果协商不成功才能起诉至法院[②]。但是，对于一个问题的理解，不能只立足于法条本身，要从分割请求权本身出发，共有分割请求权为形成权，形成权本身也赋予了共有人随时提起分割诉讼的权利，但是，基于私法自治原则，共有人可以在诉讼途径外达成分割协议并依此履行，但分割协议的达成并不代表其形成权就消失。可以认为，分割协议的达成，只是使共有人又多了一个债权请求权的分割途径，在实践中，先进行协议分割是最常见的方式，而且如果将共有人不能达成分割协议作为共有物分割之诉的起诉条件，会限制共有人请求救济的权利。

三、共有权分割之诉性质

对于分割共有物诉讼性质，在国内立法上没有明确的规定，主要有形成之诉说、形式的形成之诉说、给付之诉说、非诉事件说等。探究共有物分割之诉的性质，应当从共有物分割请求权的性质出发，结合共有物分割之诉的具体形态综合确定。需要明确的是，共有物分割之诉是一种特殊的纠纷类型，并不是所有的关于共有物分割的纠纷都是共有物分割之诉，这是在协议分割不成的基础上共有人诉请法院对是否分割或如何分割作出裁判的一种诉讼。比如共有人就共有权存否、所持有份额有异议，向法院起诉，此种情形应属确认之诉。再如共有人基于“瑕疵担保责任”向其他共有人主张共有物分割部分的民事责任，如向法院起诉，则应为给付之诉，这些都不属于共有物分割之诉的范围。[③]为了明确共有权分割之诉的性质，首先需要明确其包括哪些形态。

日本学者高桥宏志认为：“在共有物分割的请求中，实际上存在着共有关

① 谢在全：《民法物权论》（上），中国政法大学出版社1999年版，第311页。

② 王利明：《物权法研究》，中国人民大学出版社2007年版，第732页。

③ 杨朝勇：《论共有物分割之诉之性质》，载《河南财经政法大学学报》2015年第3期。

系终止和因共有关系终止而产生的分割实施两个方面。”[①]我国台湾地区学界通说将共有物分割纠纷形态及对应的诉讼分为两类：“一是对于共有物可否分割发生争执；二是共有人仅因共有人间不能就分割方法达成协议发生纠纷。”《民法典》第303条规定，“没有约定或者约定不明确的，按份共有人可以随时请求分割，共同共有人在共有的基础丧失或者有重大理由需要分割时可以请求分割”。因此，共有人可以在“重大理由”发生时请求分割，在没有发生“重大理由”的前提下，不管在哪个阶段，在审理过程中，法院事实上没有判断要件事实存在与否、适用法律的空间，因为共有人所争执者并非法律关系，而是分割方法之事实关系，其实质只是在用诉讼的形式处理实质上的非讼事件，只是以诉讼的方式行使，以求慎重，因此，在无“重大理由”前提下，共有物分割之诉为形式上的形成之诉。但是，在存在“重大理由”的前提下，“有重大理由需要分割”即为共有物分割请求权的形成要件，法院必须先根据当事人提供的证据来对是否构成重大理由进行判断，之后才可作出是否支持原告请求的判决。其处理的就不再是非讼事件而是诉讼事件，此时的共有物分割之诉不能再被认为只是“形式上的形成之诉”而已，其就是真正的形成之诉。[②]但如果仅对分割方式发生争议，那仍然是形式上的形成之诉。综上所述，若共有物分割之诉中共同共有人需要对“重大理由”进行判断而对共有物可否分割发生争执时，即为真正的形成之诉，其他情况下为形式的形成之诉。

四、瑕疵担保责任

本条第2款是对于分得物的共有人之间就负瑕疵担保责任的规定，此处的瑕疵应该是指难以发现的瑕疵，如果在财产分割时，分得财产的共有人明知分得的财产具有瑕疵而不做异议的，视为自动接受了这种瑕疵。而且，规定这种瑕疵担保责任是必需的，因为分割也可以视为一种交易，那么这之中自然要按照诚实信用等原则来承担担保义务。与买卖关系中的瑕疵担保责任类似，但共有物分割中的瑕疵担保责任的承担范围不应超出责任人的原应有部

---

① 吕太郎：《民事诉讼之基本理论（一）》，智胜文化事业有限公司1999年版，第8页。

② 李辉：《我国共有物分割之诉性质研究》，载《当代法学》2018年第2期。

分。依《民法典》第612条至第615条的规定，瑕疵担保责任可以分为两种，即权利瑕疵担保责任与物的瑕疵担保责任，权利的瑕疵担保责任也称为“追夺担保”，是指共有人应担保第三人就其他共有人分得之物不主张任何权利。所谓物的瑕疵担保责任，即未分得该瑕疵物的共有人应对分得该瑕疵物的共有人承担担保责任。[①]物的瑕疵担保又可分为价值和效用的瑕疵担保。

虽然本条只规定了共有人对物的瑕疵担保责任，对权利的瑕疵担保责任没有提及。但是在解释上，应当认为包括了权利瑕疵担保责任。依据《民法典》第612条对出卖人的权利瑕疵担保责任规定：“出卖人就交付的标的物，负有保证第三人对该标的物不享有任何权利的义务，但是法律另有规定的除外。”因为共有物分割本质是各共有人相互移转其应有部分而取得单独所有权，该单独所有权之取得与通过买卖取得的单独所有权无异。[②]因此，《民法典》第612条关于出卖人权利瑕疵担保责任的规定应准用于共有物之分割。

出卖人承担瑕疵担保责任的方式主要有损害赔偿、减少价金与解除契约等。就共有人应承担的瑕疵担保责任而言，无论共有物是通过协议还是诉讼予以分割，请求减少价款和请求损害赔偿这两种责任形式都可以成为共有物分割后的瑕疵担保责任的承担方式。但关于解除契约，在协议分割中，因分割协议是当事人通过意思表示达成的债权协议，在瑕疵存在时，相关权利人自然可以解除分割协议。但在诉讼分割情况下，因法院的审理判决在生效后有强制力，因此，诉讼分割共有物后，存在瑕疵时，相关权利人在法律上不可能解除协议，但可以请求减少价款或请求损害赔偿。

五、分割的效力发生时间

共有物发生分割以后共有关系即消灭，每个共有人都会取得自己的共有物的部分所有权，对于共有物分割效力的发生时间，有一定的争议。其中，以法国学者为代表的一派认为效力的发生采用认定主义，即由于在分割以前，各共有人对于共有物的份额已经存在，只是没有进行认定，因此共有物的分

① 王泽鉴：《民法物权1：通则·所有权》，中国政法大学出版社2001年版，第370页。

② 刘耀东：《按份共有中共有物分割问题研究》，载《云南大学学报法学版》2010年第7期。

割只是将份额确定，认定财产关系的定位，所以，分割的效力溯及成立之时。阿根廷、意大利、日本等民法也采用了这一观点。但以德国学者为代表的一派认为分割效力的发生采用转移主义，该观点认为，在共有物分割之前，共有人的共有权及于全部的物，仅在量上有一定的所有权，分割行为才是取得共有物的部分实际的所有权，因此，共有物的分割实质是所有权的转移，因此分割的效力不溯及既往，以分割时为准。[①]对于此问题，《民法典》没有做出明确说明，由上述两种观点可以看出，此问题的核心在于，在共有物分割之前，共有人的权利份额是否已经存在，还是共有人的所有权及于整个共有物，只是存在一个抽象的量的所有权。笔者认为，后一种观点更具有合理性，因为份额是抽象的，是共有人对共有物的所有权在量上应当享有的部分，份额不局限于共有物的特定部分，而是抽象地存在于共有物的任何微小部分，及于共有物的全部。

举证责任

关于共有物分割诉讼中的举证责任问题，涉及分割请求权存否的判断与确定分割方法两个阶段。

第一，在分割请求权是否存在的判断阶段，由《民法典》第303条规定可知，共同共有人提起分割诉讼需具备共有基础丧失或者有其他重大理由的请求权基础。因此，在处理共有人是否具有分割诉讼的请求权基础时，主要是从“重大理由”和“共有的基础丧失”这两个方面进行认定，在共有物分割诉讼中，共有物分割请求权存在的举证责任即应由主张分割的共有人负担，由其证明共有的基础丧失或者有重大理由需要分割。

第二，在确定分割方法的阶段，因其本质是诉讼双方对是否进行分割达成一致，只是就分割方法产生争执，具有非讼性质，该非讼性质在共有物分割诉讼的审理程序中集中体现为法官对于分割方法的裁权。当事人之间的契约不能影响法官决定分割方法，一般情况下，法官决定分割方法时，主要考虑的方面是如何能够将共有物效益发挥到最大化，并且能尽可能满足双方的

---

① 姚瑞光：《民法物权论》，中国政法大学出版社2011年版，第134页。

利益，进而综合决定一个较为合理的分割方法。因此就举证责任来说，对于分割方法不存在应由何方负担举证责任的问题。

第三，在进行折价分割时，还涉及对于系争共有物价值的举证责任负担。对于共有物价值的举证责任分配问题，实务见解一般认为应遵循举证责任分配的一般原则。但是，共有物价值的证明属于要件事实，但共有物的价值不属于要件事实，且分割共有物诉讼具有非讼事件的性质，因此共有物价值应由法院依职权确定。

第三百零五条【按份共有的份额转让与优先购买权】

按份共有人可以转让其享有的共有的不动产或者动产份额。其他共有人在同等条件下享有优先购买的权利。

历史由来

本条完全沿袭了《物权法》第101条的规定。1987年1月1日施行的《民法通则》第78条第3款规定："按份共有财产的每个共有人有权要求将自己的份额分出或者转让。但在出售时，其他共有人在同等条件下，有优先购买的权利。"这是我国立法第一次出现有关按份共有人转让份额与优先购买权的规定，但该条款对于权利的行使规则没有再作详细规定。1988年的《民法通则意见》第92条进一步规定了共有人的优先购买权："共同共有财产分割后，一个或者数个原共有人出卖自己分得的财产时，如果出卖的财产与其他原共有人分得的财产属于一个整体或者配套使用，其他原共有人主张优先购买权的，应当予以支持。"关于优先购买权行使的前提条件，强调了共有财产的整体性和配套性，以最大限度地发挥共有物的价值。但需要明确的是，此优先购买权与本条所规定的共有人优先购买权存在一定的不同，前者是某个或者某些原共同共有人（即现在各个单独所有人）于共同共有关系消灭以后，对其他原共有人分得的"属于一个整体或者配套使用"的原共同共有物的优先购买权，[①]因此与本条的客体不同。

---

① 崔建远：《物权法》，中国人民大学出版社2017年版，第235页。

在《物权法》起草过程中，王利明教授主持编撰的《中国物权法草案建议稿》建议用详细的一章来全面规制优先购买权，其第181条第1款规定："各共有人有权自由对其应有的份额进行让与、设定负担或抛弃。共有人让与其应有份额时，其他共有人在同等条件下，有共同或者单独优先购买的权利。但共有人另有约定的除外。"2007年10月1日施行的《物权法》采纳该建议稿的意见，将按份共有人的优先购买权单独规定于第101条，首先简化了表述，删去了笼统重复的词语，其次为了与《物权法》第2条的表述一致，将按份共有的份额对象表述为"动产或者不动产"，因此，《物权法》第101条规定："按份共有人可以转让其享有的共有的不动产或者动产份额。其他共有人在同等条件下享有优先购买的权利。"此条规定实际上与《民法通则》的规定相一致。但是，随着社会的发展，司法实践面临了越来越多此条无法解决的问题，因此在后来出台的司法解释中，也进一步对按份共有人优先购买权进行规定。其中，自2009年9月1日起施行的《城镇房屋租赁合同解释》第24条指出，在房屋共有人行使优先购买权的情况下，承租人主张优先购买房屋的，人民法院不予支持，明确了按份共有优先购买权和承租人优先购买权之间的关系。2016年3月1日颁行的《物权法解释（一）》第10条至第14条，详细规定了按份共有人优先购买权的行使条件、行使方式、行使期间等内容，为司法实践中处理这方面问题提供了指引。最后，此条具有概括性和合理性，被《民法典》第305条所承袭。

在国外的立法例上，对于按份共有人优先购买权的规定也屡见不鲜。如《法国民法典》将优先购买权表述为"先买权"，并在第815-14条对共有人的先买权的行使条件、期限、通知义务、答复期限等做了详细规定；《德国民法典》第1084条至第1104条更是用专门的一章规范物权的先买权，形成了一套较法国民法更为完善的规定；《俄罗斯联邦民法典》第250条①更是与本条之规定内涵基本一致。虽然各国立法对于优先购买权的适用范围、性质、效力上的规定有所差别，但根本目的都是减少共有人数，保护按份共有人的利益，尽量简化共有关系，以避免纠纷。因此，《民法典》第

① 《俄罗斯联邦民法典》第250条："在向他人出售共有财产份额时，按份共有财产的其他共有人有按出售价格和其他同等条件优先购买所售份额的权利，但公开拍卖的情况除外。"

305条的规定，是顺应历史发展的必然要求。

规范目的或功能

本条规范平衡了转让人、第三人与其他按份共有人之间的关系。本条之目的，是尽量减少共有物的共有人数量，保证共有人尽量成为共有物的所有人，维持共有关系的稳定，以提高对于共有物的利用效率，实现物尽其用，减少因共有物的使用等方面而产生的纠纷，在简化物上的法律关系的同时，维护共有人的团体利益。将优先购买权限定在同等条件下，并且赋予优先购买权一定的期限，既保护了出卖人的利益，也保护了优先购买权人的利益，体现法律的公平价值。

规范内容

本条规定的“其他共有人在同等条件下享有优先购买的权利”是指特定的民事主体依照法律规定享有的先于他人购买某项特定财产的权利。[①]虽然优先购买权也存在于其他的法律关系之中，但是本条所表达的优先购买权，是按份共有法律关系中的优先购买权。

一、按份共有人优先购买权的内涵

（一）优先购买权概念的界定

优先购买权概念的界定，在学界也有不同的表述。王泽鉴教授认为：“优先承买权是特定人依约定或法律规定，于所有人（义务人）出卖动产或不动产时，有依同样条件优先购买之权利。”[②]孙宪忠教授认为：“所谓先买权，指的是排除他人而优先购买之权利。”[③]虽然不同学者对于优先购买权的定义有不同侧重，但其本质内涵有所相近，即优先购买权是民事主体在同

① 王利明：《物权法研究》，中国人民大学出版社2016年版，第342页。

② 王泽鉴：《民法学说与判例研究》（第一册），中国政法大学出版社2005年版，第475页。

③ 孙宪忠：《德国当代物权法》，法律出版社1997年版，第169页。

等条件下优先购买他人转让的财产或财产性权利的权利。因此，可以得出，在按份共有关系中，优先购买权是指当按份共有人退出共有关系时，需要转让其拥有的财产或者财产性权利，其他按份共有人享有在同等条件下优先购买该财产或财产性权利的权利。但需要注意的是，此处按份共有人的优先购买权不能适用于建筑物区分所有权中对共有部分享有的共有权领域，因为该共有部分是从属于专有部分，而且这些共有部分不属于典型的按份共有。①

（二）优先购买权的性质

对于优先购买权的权利属性，《民法典》并没有任何交代，因此，在司法实践中，就导致法院在如何处理按份共有人的优先购买权的问题中出现很大争议。若将优先购买权认定为债权，那么此权利就没有对抗第三人的效力，例如2014年的海南省第一中级人民法院的判决，②认为按份共有人的优先购买权属于法定优先缔约权，由于其权利性质为债权，因此无法对抗第三人。正如《德国民法典》中规定按份共有人的优先购买权为物权性先买权，王利明教授也认为，由于在第三人侵害按份共有人优先购买权时，优先购买权人可以确认与第三人的买卖关系无效，因此优先购买权具有可以对抗第三人的物权效力，具有明显的物权的效力和特征，又由于它是一种请求出卖人与之缔约并在同等条件下优先受买的权利，是一种“取得权利的权利”，因此也具有期待权的性质。③最高人民法院物权法研究小组认为，该权利是一种物权化的债权的期待权。④

二、“转让”应为有偿转让

根据《民法典》第305条规定，我国的按份共有人优先购买权基于“转让”不动产或动产份额。对于“转让”一词一直有的争议是，是为“有偿转

---

① 崔建远：《物权法》，中国人民大学出版社2017年版，第236页。

② 海南省第一中级人民法院（2014）海南一中民一终字第243号民事判决书。

③ 王利明：《物权法研究》，中国人民大学出版社2016年版，第723页。

④ 最高人民法院物权法研究小组编著：《〈中华人民共和国物权法〉条文理解与适用》，人民法院出版社2007年版，第316页

让”还是“无偿转让”。梁慧星教授认为：“民法所谓‘转让’，是指权利主体（转让人）将属于自己的财产性权利（所有权及其所有权份额、用益物权、知识产权、股权）移转于受让人，并从受让人收取对价（价款）的有偿法律行为。”[①]而房绍坤教授认为：“《物权法》第一百零一条‘转让’应该包括有偿转让和无偿转让。”[②]根据文义解释，本条似乎应该包括有偿转让和无偿转让。在各国立法例上，《法国民法典》规定按份共有人优先购买权仅适用于“有偿转让”，它包括全部权利义务的概括转让和特定权利义务的转让。《德国民法典》第463条关于先买权的规定仅限于买卖合同之间。理论上来讲，优先购买权是基于买卖行为而产生的权利。《合同法》第130条关于“买卖合同”的定义规定了买卖合同是出卖人转移标的物的所有权于买受人，买受人支付价款的合同。优先购买权前述理论所反映出来的核心观点，即交易的有偿性。[③]在共有人无偿让与其共有份额时，其与受让方之间往往具有一定的亲属、血缘关系或者其他道德上的联系，这些关系很难简单地通过金钱价值予以衡量，因此，在因继承、遗赠、赠与等引起共有份额变动的情形，其他共有人得主张行使优先购买权。[④]同时《物权法解释（一）》第9条排斥了基于继承、遗赠等无偿事实行为，具有特定人身关系、具有人身信赖或者特殊利益的当事人之间的优先购买权的适用，这也间接证明了《民法典》第305条规定的“转让”应该做限缩解释，即优先购买权只适用于有偿购买的情形。

三、按份共有人转让的“应有份额”的认定

本条规定中的“按份共有人可以转让其享有的共有的不动产或者动产份额”，规定的是共有人对应有份额的自由转让权。按份共有人有权要求将自己的应有份额转让。份额的转让，是指按份共有人依法将其在共有物中的份额（应有部分）让与他人的现象。按份共有人转让其份额（应有部分），且共有

---

① 梁慧星：《物权法司法解释（一）解读》，载《法治研究》2017年第1期。

② 房绍坤：《论按份共有人优先购买权的适用范围》，载《山东社会科学》2012年第5期。

③ 杜万华主编：《最高人民法院物权法司法解释（一）理解与适用》，人民法院出版社2016年版，第263页。

④ 王利明：《物权法研究》，中国人民大学出版社2016年版，第743页。

物为动产的，必须交付其份额（应有部分），使受让人与其他共有人共同占有该动产。[①]转让应有份额，应当包括应有份额的分割、转让、设定负担及抛弃等行为。共有人可以将自己的应有份额转让，自然也可以就自己的应有份额设定比转让负担更轻的行为。共有人之一转让其份额，其他共有人的份额依然存在，其权利也不受任何影响。因而，共有人可以在自己的应有份额上为他人设定抵押权或质权。只是，抵押权、质权的设定，需要符合抵押权、质权的成立要件，如不动产应有份额的抵押权设立须进行抵押登记，动产份额的质押须由质权人占有所涉动产或由质权人与其他共有人共同占有。按份共有人可以转让其享有的共有份额，如果共有物能够分割，则将共有物按照共有人各自的份额加以分配；若不适合分割，则可以将共有物拍卖或变卖而分割其价金。

四、"同等条件"的含义

按份共有人优先购买权行使时应根据"同等条件"。但关于"同等条件"存在不同的观点。从比较法上来看，《德国民法典》第462条第2款规定，在优先购买权行使时，权利人和义务人之间的买卖合同依照义务人与第三人已经约定的条款而成立。由此可以看出，德国民法上采用的是绝对等同说的观点，只有优先购买的条件与第三人认购的条件完全相同时，才可行使优先购买权。但是，鉴于现实生活中买卖关系的复杂性，这种绝对等同的观点是对优先购买权人的过分限制。而《法国民法典》第815-14条规定显然更具有合理性：先买权人应该以出卖人与第三人协商的价格及条件购买。这表明，只要价钱和购买条件相同即可，而不需要完全一致，这种"相对等同说"的观点考虑到了合同的其他方面，因此更符合社会的实际情况，也更具有灵活性。《物权法解释（一）》第10条中规定按份共有人优先购买权行使时的"同等条件"应当综合共有份额的转让价格、价款履行方式及期限等因素确定，这接受了"相对等同说"的观点。

同等条件是对优先购买权人行使先买权的限制。作出这种限制尊重了作为出卖人的所有人的所有权，不至于因优先购买权的行使，使出卖人的利益

---

① 崔建远：《物权法》，中国人民大学出版社2017年版，第242页。

遭受损失。[1]但是，关于价款支付的方式，应等同于第三人允诺的方式。如果第三人允诺一次付清，优先购买权人不得主张分期付款。再次，受让人的信用状况及是否提供担保，属于构成同等条件不可忽视的因素。[2]原则上优先购买权利人不能够基于出卖人的信用信赖延期于第三人支付，优先购买权人不应当享受此种优待。最后，付款地点有时也构成同等条件的因素。参考《德国民法典》第468条的规定，在下列情形下权利人可请求延期支付：其一，权利人为延期支付的金额提供了担保；其二，优先购买权之标的为不动产或以登记产生物权变动的对抗效力的动产（如船舶）时，以该标的为延期支付设定了抵押。如果第三人为价款的支付设定了担保，根据“同等条件”的要求，权利人也应为其付款设定相应的担保。

举证责任

优先购买权是对出卖人所有权行使设置的一个合理的负担，是以牺牲出卖人和第三人的合法利益为代价，换取对优先购买权人特殊利益的保护。在按份共有人的优先购买权之诉中，原告优先购买权人必须对优先购买权存在的基础法律关系，即对共有关系的合法存在负举证责任。同时，原告尚需证明优先购买权的行使是在法定或是约定的行使期限内。对于优先购买权行使过程中最重要的“同等条件”的举证责任，由于只有作为交易一方的出卖人对于合同成立的条件有所了解，因此，在举证责任上，应当实行举证责任倒置。在共有关系确定的条件下，推定共有人提出的购买条件是同等条件，由出卖人对于其出卖条件优于按份共有人进行举证。当然，如果原告优先购买权人还主张损害赔偿，应当按照《民法典》侵权责任编的相关规定，对损害事实的存在、因果关系以及侵权人的过错内容负举证责任。

除此之外，在出卖人没有履行通知义务时，优先购买权行使期限自其他按份共有人知道或应当知道转让人与第三人最终确定的同等条件之日起15日内行使。对于何谓知道或应当知道，在实践中也涉及举证责任的问题。

---

① 王利明：《物权法研究》，中国人民大学出版社2016年版，第743页。

② 崔建远：《物权法》，中国人民大学出版社2017年版，第245页。

根据诉讼的一般原理，当事人只能举证积极的事实，因此优先购买权人不能举证其不知道同等条件的事实，转让人对其他按份共有人知道或应当知道共有份额转让以及同等条件的事实承担举证证明责任。在转让人没有通知其他按份共有人的情况下，如果转让人认为其他按份共有人知道或应当知道转让的事实及条件的，应当承担证明责任，并承担举证不能的不利后果。如此，优先购买权的行使期间不能起算，其他按份共有人可随时行使优先购买权。

其他问题

一、按份共有人份额转让与善意取得

《民法典》第305条明确规定在出卖共有财产份额时产生共有人的优先购买权，即共有人优先购买权行使的对象是其他按份共有人欲出让的共有财产的财产份额，而非共有财产。在共有人出让其共有财产份额时，可能会发生共有人优先购买权与第三人善意取得冲突的情况。当某一共有人转让其共有份额未尽通知义务，而将其财产份额转让给不知情的第三人，侵害共有人的优先购买权的，一般以第三人善意取得，共有人向转让人请求赔偿损失为处理原则。即当共有物为动产或不动产，第三人不知道也不应当知道共有关系的存在时，若发生物权变动的公示效果，则第三人可以因善意取得而受让共有物的份额，第三人与出让人的合同有效。在共有关系中有禁止共有人出让其份额的约定的，对共有人应当具有约束力。共有人之一不按照约定处分自己应有份额的，应当无效。但是这种约定是对所有关系的特别限制，不能对抗善意第三人，如果第三人受让其份额为善意无过失，则发生共有份额所有权转移的后果。①

二、优先购买权的行使期间及出卖人的通知义务

先买权为一种期待权，必须要受到期限的限制，而不能永远续存，并非

① 王胜明主编：《物权法学习问答》，中国民主法制出版社2007年版，第203页。

在任何时候均可能行使，不能使买卖关系无期限地拖延，否则不利于交易的进行和经济的发展。[①]优先购买权如果在"一定的期限"内不行使，那么就视为自动放弃这种权利。该期限的起算时间是出卖人的出卖通知到达权利人时，当事人之间可以自行约定优先购买权的行使期限，但不能低于法定期限，此处所说的"约定"包括对期限的起算点、具体期限的长短等所作出的约定，该法定期限《民法典》没有规定，根据《物权法解释（一）》第11条对权利行使期间的规定，在没有约定优先购买权的行使期间的情况下，法定期间分为两类：一是能够知道其他按份共有人知道或者应当知道最终确定的同等条件的，自其他按份共有人知道或应当知道最终确定的同等条件之日起15日；二是不能确定其他按份共有人知道或者应当知道最终确定的同等条件的，为共有份额权属转移之日起6个月。

如果出卖人没有履行通知义务，那么起算时间就为权利人知悉或应当知悉出卖人与第三人缔约之时。行使期限为其他按份共有人知道或应当知道转让人与第三人最终确定的同等条件之日起15日。

三、优先购买权的竞合

在按份共有中发生的优先购买权的竞合主要分为两种情况，一种是承租人和按份共有人优先购买权的竞合，另一种是共有人之间优先购买权的竞合。对于第一种情况司法解释已经作出了回答，2009年9月1日起颁行的《城镇房屋租赁合同解释》第24条指出，在房屋共有人行使优先购买权的情况下，承租人主张优先购买房屋的，人民法院不予支持，明确了按份共有优先购买权优于承租人优先购买权。第二种情况下，参照各国的立法例，《德国民法典》第513条规定，其他共有人可以共同行使优先购买权，《法国民法典》第815-14条规定，其他共有人按份额享有优先购买权。本条之目的在于限制共有人数的增加，简化共有关系，为了保护其他按份共有人的利益，《物权法解释（一）》第14条针对本问题也规定，两个以上按份共有人主张优先购买应首先进行协商，协商不成时，请求按照转让时各自份额比例行使优先购买权。

---

① 杨立新：《共有权研究》，高等教育出版社2003年版，第421页。

第三百零六条【按份共有份额优先购买权的行使】

按份共有人转让其享有的共有的不动产或者动产份额的，应当将转让条件及时通知其他共有人。其他共有人应当在合理期限内行使优先购买权。

两个以上其他共有人主张行使优先购买权的，协商确定各自的购买比例；协商不成的，按照转让时各自的共有份额比例行使优先购买权。

历史由来

本条属于新增规定，条文内容主要来源于《物权法解释（一）》的有关规定。在《民法典》编纂过程中，《民法典物权编（草案）》（征求意见稿）第101条规定："按份共有人向第三人转让其享有的共有的不动产或者动产份额的，应当将转让条件及时通知其他共有人。其他共有人应当在合理期间内行使优先购买权。两个以上其他共有人主张行使优先购买权的，协商确定各自的购买比例；协商不成的，按照转让时各自的共有份额比例行使优先购买权。"《民法典各分编（草案）》第101条对"征求意见稿"第101条作出了删除"向第三人"的修改。《民法典物权编（草案）》（二审稿）第101条未再作修改。《民法典（草案）》第306条则将"期间"修改为"期限"。此后，再无改动。

我国有关按份共有人优先购买权的最早规定是自1987年1月1日施行的《民法通则》第78条第3款："按份共有财产的每个共有人有权要求将自己的份额分出或者转让。但在出售时，其他共有人在同等条件下，有优先购买的权利。"但该条款只是简单地明确了按份共有人享有优先购买的权利，而对于权利的行使规则没有作出规定。1988年施行的《民法通则意见》第92条规定："共同共有财产分割后，一个或者数个原共有人出卖自己分得的财产时，如果出卖的财产与其他原共有人分得的财产属于一个整体或者配套使用，其他原共有人主张优先购买权的，应当予以支持。"该条规定了原共有人的优先购买权问题，但需要明确的是，第92条规定的优先购买权与本条所规定的共有人优先购买权有一定不同，而是某个或者某些原共同共有人（即现在各个单独所有人）于共同共有关系消灭以后，对其他原共有人分得的“属于一个整体或者配套使用”的原共同共有物的优先购买权，[①]因此与本条的客体不同。

自2007年10月1日起施行的《物权法》第101条规定：“按份共有人可以转让其享有的共有的不动产或者动产份额。其他共有人在同等条件下享有优先购买的权利。”该规定与《民法通则》的规定并没有实质性不同。自2016年3月1日起施行的《物权法解释（一）》第9条至第14条对共有人优先购买权就“继承、遗赠等情形排除按份共有人优先购买权行使”“按份共有人优先购买权行使时同等条件的认定”“按份共有人优先购买权的行使期间”“按份共有人优先购买权的裁判保护”“按份共有人之间转让共有份额时不得主张优先购买权”“两个以上按份共有人优先购买权的保护顺位”分别作出较为详细的规定。但就该司法解释而言，其只是对权利的行使期限作了较为详细的体系规定，而关于权利的适用范围只是对继承、遗赠和按份共有人间转让作了排除适用性规定，对同等条件也只是作了概括性的规定，另外对权利性质及转让人的通知义务等重要方面也没有加以释义，使权利体系留有漏洞。

从比较法的角度看，各国也对共有份额的转让及其他共有人的优先购买权进行了规定。如《德国民法典》第463条至第473条规定的债法上的先买权以及第1094条至第1104条物权法上的先买权。[②]同时，从内容上看，《法国民法典》对于这一内容作了较为详细的规定，主要表现为第815-14条。其第1款设立了出卖人的通知义务。在通知义务中，规定通知应采用书面形式，通知的内容不仅包括出卖的价格及其他出卖条件，还包括买受人的姓名、住所、职业。《法国民法典》这样的规定更利于其他共有人了解买受人的具体情况，从而决定自己是否行使优先购买权。第2款规定了其他共有人行使优先购买权的答复期限为一个月，答复的形式采用书面形式，答复的内容为在同等条件下行使优先购买权。第3款则规定了对于买受人的限制。第4款与我国本条立法规定相类似，规定了优先购买权的次序。第5款为支付

---

① 崔建远：《物权法》，中国人民大学出版社2017年版，第235页。

② 参见陈卫佐译：《德国民法典》，法律出版社2015年版，第164—166页，第384—386页。

宽限期的规定。[①]与其他国家相比，《民法典》第306条规定仍存在不足，总体来说，我国按份共有人优先购买权制度还处于不断完善的状态。

规范目的或功能

本条是为了对按份共有份额优先购买权的行使作出规定。

所谓优先购买权是指按份共有人在出卖自己的份额时，其他共有人在同等条件下享有优先购买的权利。按份共有人享有共有份额的优先购买权的原因在于，法律确立按份共有人就份额享有优先购买权是为了减少共有人的人数，防止因外人的介入而使共有人内部关系复杂化，从而简化甚至消除共有物的共同使用关系，实现对共有物利用上的效率。[②]

本条立法规定能够保护优先购买权人的权益、稳定共有关系，保持共有财产的人合性，维护财产秩序，将优先购买权限定在同等条件的限制下，并且具有时效性，即优先购买权需要在一定期限内行使，同时规定了两个以上优先购买权的顺位。从经济和社会角度而言，按份共有人优先购买权制度是为促进物尽其用。按份共有人优先购买权制度维护“人合性”的最终目的仍然在于充分发挥共有物的利用效率。

规范内容

一、按份共有人转让份额的前提：份额转让的相对自由

其他共有人依按份共有人份额的转让获得优先购买权，按份共有人有权自由转让其应有部分，除法律和合同另有规定外，按份共有人转让其份额不需要征得其他共有人的同意。共有物份额的转让不同于共有物整体的转让，份额体现为对于共有物所有权量的分割，表现为依范围行使所有权。与共同共有相比，按份共有最显著的特征在于，各按份共有人对于共有物享有一定

① 参见罗结珍译：《法国民法典》，北京大学出版社2010年版，第239页。
② 崔建远：《论共有人的优先购买权》，载《河北法学》2009年第5期。

的份额。而共有物整体的转让则涉及全部共有人的利益，涉及共有物处分的相关规则。在应有份额转让的情形下，转让应有份额者退出了按份共有关系，按份共有人标的物并未被处分，共有标的物的总量并未减少。而转让共有物是将标的物全部有偿转让给他人，从而使共有关系解体，或使标的物总量减少。

按份共有人自由转让其份额有利于保证各共有人自由参加或退出共有，保护各共有人的权益。各按份共有人转让或分出其份额，一般不应受时间的限制，只要共有关系存在，共有人就享有该项权利。但按份共有人份额的转让也并非绝对自由，其受到法律规定也即份额转让的通知义务以及按份共有人之间的限制约定的影响，是一种相对的自由。按份共有人出卖自己的份额这一行为本身是不侵害任何法益的，只有在转让人阻碍了优先购买权人及时行使自己优先权的时候，才会侵犯这一权利的行使。

按份共有人之间的关系往往由当事人通过合同的方式建立，如数人共同投资购买一处房产并按比例分享该产权。此外按份共有人也会就共有财产的使用、管理、收益、占有、支配等进行约定，可见，按份共有关系更多体现为一种私法关系而不同于共同共有多因法律规定而产生。既然按份共有为私法关系，就应当将当事人的意思自治放在首位，故而在当事人就优先购买权行使的期间有约定的情况下，应当尊重合同约定，而无需法律的介入。在民事权利义务关系的设定上，如果不具有外部性，不涉及第三人利益和社会公共利益，通常都应尊重当事人的意思自治，但以违法性行为为例外。

二、按份共有人转让应有份额的通知义务

为使其他共有人行使优先购买权，转让份额（应有部分）的按份共有人应当通知其他共有人，将其与第三人所订的转让合同的全部条件告知其他共有人，转让人违反该项义务时应承受不利的法律后果。[①]按份共有人转让其享有的共有的不动产或者动产份额的通知义务包括四个方面的内容：一是通知义务的主体；二是通知的方式；三是通知的内容；四是通知的效力。

---

① 崔建远：《物权法》，中国人民大学出版社2017年版，第245页。

（一）通知义务的主体

按份共有人出卖的通知虽然不是有效行使优先购买权的前提条件，但可以保障优先购买权人获悉优先购买权的行使条件，以便其能够决定是否行使优先购买权。按份共有人作为通知义务的主体无可争议，然而第三人能否替代按份共有人进行通知？其通知是否具有相应的法律效力？事实上，与出卖人订立买卖合同的第三人通知优先购买权人的，亦可使优先购买权人知悉优先购买权的行使条件并据此决定是否行使优先购买权，也即能够产生与出卖人的通知同样的效果，因此第三人的通知也可替代出卖人的通知。只要第三人的通知确实可信，具有能够使享有优先购买权的其他共有人信任之外观，不违法律之规定即可。

《德国民法典》第510条第1款对于第三人通知的效力进行了确认，出卖义务人的通知可由第三人的通知替代。要赋予优先购买权人知情权。所以说，通知可由通知义务人也可由第三人实施，但优先购买权人仅对义务人享有通知请求权，第三人不负有法定的通知义务。这种做法既对优先购买权人有利，又不损害出卖人和第三人的利益。

（二）通知的方式

《法国民法典》第815-14条要求通知需采用书面形式。由于其他按份共有人决定是否行使优先购买权的前提在于准确具体地知晓该转让的“同等条件”，因此，转让人告知的内容不能过于简单，而口头告知较为随意，也缺乏固定性，因此书面方式较为适宜，如发生争议亦有明确的证据予以佐证，减少诉累。我国台湾地区对共有人优先购买权义务人转让时的通知义务及通知方式的规定非常严谨：应事先以书面通知其他共有人，若不能以书面通知者，应采取公告方式。共有人具有通知的义务，并且对通知的方式给予限定。需要通过书面的方式通知其他共有人，对不能书面通知的，要采用公告的方式做出意思表示。《民法典》并未明文规定出卖人履行通知义务的方式，为保障优先购买权人能够知悉出卖事实和正常行使优先购买权，可以根据诚实信用原则（《民法典》第7条）并借鉴比较法上的经验，规定通知的方式需采用书面形式更加合理。

（三）通知的内容

通知可分为出卖前通知以及出卖时通知。

第一，订立买卖合同之前的通知。由于通知义务产生于出卖人拟出卖财产之时，故通知义务的内容一般不会是出卖人与第三人订立的买卖合同内容，而是出卖人出卖财产的意图以及出卖价格等交易条件。如果出卖人的通知构成要约，优先购买权人自可予以承诺，由此在双方之间成立买卖合同。如果出卖人的通知不构成要约，优先购买权人就无从作出承诺，双方只能继续磋商以决定是否缔约。

第二，订立买卖合同之后的通知。由于通知义务产生于出卖人与第三人订立买卖合同之后，故通知义务的内容主要包括出卖人与第三人订立的合同内容，故优先购买权人可以通过直接行使优先购买权与出卖人之间成立合同。

同时，按份共有人转让自己的份额，通知其他共有人是法律对其规定的义务。通知的内容既包括要出售份额的情况，也包括价格及其他重要的交易条件。如果出卖人违反通知义务，在法定期间内权利人可以优先购买权受到侵害为由请求人民法院宣告出卖人与第三人的买卖行为无效。如果优先购买人在接到出卖通知以后，不在一定的期限内行使权利，对其法律后果在立法上存在两种不同模式：一是视为放弃；二是权利消灭。虽然二者最终结果均为当事人不得再行使优先购买权，但其法律意义存在本质的不同，视为放弃属于法律拟制的当事人意思表示。①

（四）通知的效力

通知送达后，如其构成要约，优先购买权人同意按此条件成交，则双方达成交易；如其为要约邀请，优先购买权人亦可向出卖人发出要约，协商交易事宜。

出卖人根据其所确认的“与第三人达成的交易标的、交易条件或者与此交易条件同等的条件”，当通知送达后，优先购买权开始计算行使期限。如优先购买权人同意按此条件交易，且权利行使期间尚未届满，则可通过行使优先购买权，与出卖人形成买卖合同关系。当然，如出卖人没有履行上述通知

① 许尚豪、单明：《优先购买权制度研究》，中国法制出版社2006年版，第322页。

义务，优先购买权人则可请求司法救济。通知的意义主要是使优先购买权的除斥期间开始计算。优先购买权乃是法定的而不是约定的权利。同时，这种权利也是对所有权的限制，因为先买权对出卖人的出卖财产的处分权进行了限制，从而使出让人对财产的处分自由受到先买权的约束，只要先买权人是在同等条件下提出购买，出卖人不得将标的物再转让给先买权人以外的其他人，否则，该财产移转应当宣告无效。①

三、优先购买权行使的“合理期限”

优先购买权规定必须在特定的行使期限内行使。《物权法解释（一）》第11条规定，“优先购买权的行使期间，按份共有人之间有约定的，按照约定处理”，此处所说的“约定”是指对优先购买权行使的期限所作的约定，包括对期限的起算点、具体期限的长短等所作出的约定。

在转让人履行了约定或法定的通知义务时，通知作为行使优先购买权期限的起算点，应当包含转让人与第三人之间就转让按份共有财产份额达成的最终确定的条件。如果在转让人通知其他按份共有人之后，转让人与第三人就转让价格、支付方式等重要条件又做出实质性变更的，那么，前一个条件显然不能被认为是最终确定的，虽然已经告知其他按份共有人，但不应被视为按份共有人行使优先购买权期限的起算时点。

优先购买权的制度安排在一定程度上限制了权利人的自由处分意志，还关乎第三人的利益问题，为了促使权利人及时行使优先购买权，稳定市场交易秩序，《物权法解释（一）》第11条对权利行使的行使期间进行了明确规定，“特定期间”包括约定期间、法定期间，约定期间优于法定期间，但是约定期间不能短于法定期间。在没有约定优先购买权的行使期间的情况下，法定期间又分为两类：一是能够知道其他按份共有人知道或者应当知道最终确定的同等条件的，自其他按份共有人知道或应当知道最终确定的同等条件之日起15日；二是不能确定其他按份共有人知道或者应当知道最终确定的同等条件的，为共有份额权属转移之日起6个月。

优先购买权制度的设计，在于平衡转让人、第三人与其他按份共有人之

① 王利明：《物权法研究》，中国人民大学出版社2016年版，第740页。

间的关系。如果其他按份共有人不积极行使优先购买权就会使法律关系始终处于悬而未决的状态，不利于交易秩序的稳定。《物权法解释（一）》第11条对优先购买权的行使期间作出了明确的规定。原则上，优先购买权的行使期限不适用中止或中断，亦不能延长，除非法律另有规定。一旦行使期间经过，优先购买权没有行使的，即告消灭。按份共有人在超出规定的期限后才主张优先购买权的，一般不予支持。

四、按份共有人之间优先购买权的竞合

本条第2款与《物权法解释（一）》第14条的规定在本质上具有一致性，都对两个以上按份共有人主张优先购买权的竞合作出了规定。有关按份共有人优先购买权的竞合，学理上存在争议，主要有如下四种观点：第一种观点认为在面对数个按份共有人行使优先权时，主动权应当掌握在转让人手里。因为此时优先购买权人地位平等，出于充分尊重转让人所有权的考虑，由转让人把握选择权，自主选择优先购买权人。有如王利明教授主张共有人间权利平等，因此各个共有人都享有优先购买权，但共有人共同行使优先购买权十分困难，最好的办法是由出卖人自己选择。[①]第二种观点认为可以用抽签方式的决定，这种方式可以解决权利的冲突，我国曾有立法规定采取这一方式，但由于其缺乏合理性，未得到广泛的认同。[②]第三种观点认为，可由其他共有人共同行使优先购买权。例如，《德国民法典》第472条规定，两个以上共同享有先买权的，只能作为总体行使它。[③]第四种观点认为应按份享有优先购买权。例如，《法国民法典》第815-14条第4款规定，如有多名共有人行使先购权，视他们按照各自在共有财产中所占的份额比例，共同取得拟出卖的财产，有相反协议时除外。[④]可见，《民法典》主要采纳了第四种观点，如果有两个或者两个以上的优先购买权人主张优先购买权，在彼此不能协商一致的情况下，所有优先购买权人的优先购买权都应当受到尊重和保护，所以最终只能

---

① 王利明：《物权法研究》，中国人民大学出版社2016年版，第753页。

② 参见《最高人民法院关于人民法院民事执行中拍卖、变卖财产的规定》第16条第2款规定："顺序相同的多个优先购买权人同时表示买受的，以抽签方式决定买受人。"

③ 参见陈卫佐译：《德国民法典》，法律出版社2015年版，第166页。

④ 参见罗结珍译：《法国民法典》，北京大学出版社2010年版，第239页。

按照各自的份额比例来购买。

举证责任

涉及优先购买权的诉讼一般表现为按份共有人擅自转让，侵犯到其他按份共有人的优先购买权，可以从如下两个方面对这一问题的举证责任进行分析：

第一，份额转让人与优先购买权人之间。实践中，转让人转让其享有的共有份额时未通知其他按份共有人的情况大量存在，而优先购买权行使的前提是其他按份共有人对转让人转让共有份额的条件确切知道，否则，无法行使优先购买权。因此，转让人对转让同等条件未通知的情况下，其他按份共有人无从知道该条件，应以其他按份共有人知道或者应当知道最终确定的同等条件之日作为优先购买权行使期间的起算点。对于何谓知道或应当知道，实践中涉及举证责任的问题。原告此时肯定是主张被告未履行通知义务，自己并不知道转让交易的同等条件；而被告可以答辩原告已于某日知道或者应当知道了同等条件，起诉时已过了15日的权利行使期间。根据民事诉讼的一般原理，当事人只能就积极的事实进行举证。故对于要求主张行使优先购买权的其他按份共有人来讲（也就是原告），无法对其不知道同等条件的事实举证证明，且一般是以转让人抗辩主张其他按份共有人知道该同等条件为诉讼结构，转让人应对其他按份共有人知道或者应当知道共有份额转让以及同等条件的事实承担举证证明责任。被告应当对自己的答辩主张进行举证，即对原告知道或者应当知道转让交易的同等条件承担举证证明责任。

第二，份额转让人、优先购买权人与第三人之间。有关优先购买权的纠纷往往会涉及按份共有人以外的第三人。这一问题主要涉及第三人的性质以及转让人与第三人之间的合同效力问题。第三人作为份额受让人若具备物权变动的公示外观，则可适用善意取得的相关规定取得份额的所有权，而若第三人为恶意或第三人与份额出让人恶意串通，则无法获得份额的所有权，二者之间签订的合同也无法发生预期的法律效果。因此，在涉及第三人作为受让人的场合，除对于第一点所分析的举证外，还应对第三人之性质以及受让人与第三人之间签订合同的效力进行举证，考量物权公示外观、第三人的主观意图等，必要时将第三人列入诉讼范畴。

其他问题

一、承租人与按份共有人的优先购买权竞合

本条明确了按份共有人之间优先购买权竞合的处理原则，但按份共有人的优先购买权与承租人优先购买权的竞合也是司法实务中不可忽视的问题，需要进行说明。《民法典》合同编第726条赋予了承租人以优先购买权，当按份共有人出让其应有部分时，其他共有人主张优先购买权则可能与承租人的优先购买权相冲突，可以从如下两个方面进行分析：首先，依照对于《民法典》合同编第726条的理解，承租人的优先购买权针对房屋整体而并非按份共有中的份额，当共有人仅仅对其份额进行出让时不满足承租人优先购买权的适用条件。承租人的目的在于租赁，房屋所有人的变更不会对承租人的租赁产生影响，此时承租人的优先购买权与按份共有人未发生冲突。其次，当份额转让，行使优先购买权可能使房屋整体份额归于一人时，按份共有人与承租人之间则存在冲突，但此时仍应当将按份共有人的优先购买权置于首位。《城镇房屋租赁合同解释》第24条指出，在房屋共有人行使优先购买权的情况下，承租人主张优先购买房屋的，人民法院不予支持，明确了按份共有优先购买权优于承租人优先购买权。共有关系的维护在于稳定物的所有权，优先购买权的赋予在于简化共有关系，促进物的利用效率是本条立法规定之义。承租人不仅享有优先购买权，更有“买卖不破租赁”的物权性强化，当二者的优先购买权发生冲突时，一般情况下应首先考虑按份共有人的优先购买权。

二、按份共有人优先购买权被侵害的法律效果

物之侵害可以适用物上请求权的救济，但当按份共有人未通知其他共有人，与共有人以外的第三人进行份额出让而其他按份共有人主张优先购买权时，其最终的法律效果应分情况进行区分：

第一，当共有物为动产或不动产，第三人不知道也不应当知道共有关系

的存在时，若发生物权变动的公示效果，则第三人可以因善意取得而受让共有物的份额，第三人与出让人的合同有效。

第二，当共有物为动产或不动产，第三人知道、重大过失或与出让人恶意串通谋取利益的，应适用《民法典》合同编相关规定来明确合同效力，第三人无法取得份额，出让人与第三人还应当对于享有优先购买权的共有人进行责任的承担。

第三，当共有物为动产或不动产，第三人为善意，未发生公示效力时，此时出让人与其他按份共有人依据本条法律规定当然成立份额转让合同，此时合同的效力及份额的归属不明，有两种解决方式：一是由出让人进行选择，再对另一方承担违约责任；二是适用《民法典》合同编的相关规定，对于合同的效力进行考量，如适用有关无权处分的相关规定。[①]具体的适用取决于立法政策的制定。

第三百零七条【因共有财产产生的债权债务关系的效力】

因共有的不动产或者动产产生的债权债务，在对外关系上，共有人享有连带债权、承担连带债务，但是法律另有规定或者第三人知道共有人不具有连带债权债务关系的除外；在共有人内部关系上，除共有人另有约定外，按份共有人按照份额享有债权、承担债务，共同共有人共同享有债权、承担债务。偿还债务超过自己应当承担份额的按份共有人，有权向其他共有人追偿。

历史由来

本条继承了《物权法》第102条的规定，只是把“但”字修改为“但是”。1987年1月1日实施的《民法通则》第78条规定了关于共有的一系列内容，包括共有的定义和类型、按份共有人转让其份额的内容等，这是我国立法首次明确规定共有制度，但并未涉及因共有财产产生的债权债务关系的效力的内容。1988年1月26日通过的《民法通则意见》多次涉及共

---

① 参见崔建远：《论共有人的优先购买权》，载《河北法学》2009年第5期。

有财产产生债权债务关系的对外对内效力的规定。其第42条规定："以公民个人名义申请登记的个体工商户和个人承包的农村承包经营户，用家庭共有财产投资，或者收益的主要部分供家庭成员享用的，其债务应以家庭共有财产清偿。"其第43条规定："在夫妻关系存续期间，一方从事个体经营或者承包经营的，其收入为夫妻共有财产，债务亦应以夫妻共有财产清偿。"以上条文虽然只是针对个别领域共有财产债权债务分担和享有的具体规定，缺少概括性，但在这些条文中，已经蕴含了有关此种法律规定的基本原理。

自2007年10月1日起施行的《物权法》第102条规定："因共有的不动产或者动产产生的债权债务，在对外关系上，共有人享有连带债权，承担连带债务，但法律另有规定或者第三人知道共有人不具有连带债权债务关系的除外；在共有人内部关系上，除共有人另有约定外，按份共有人按照其份额享有债权，承担债务；共同共有人共同享有债权、承担债务。偿还债务超过自己应当承担份额的按份共有人，有权向其他共有人追偿。"该规定对《民法通则》关于共有的规范内容进行了补充完善。

规范目的或功能

本条规范的目的是明确因共有物产生的债权债务该如何享有和负担。其统一规定了共有债权债务的对内对外效力，并赋予偿还债务超过自己应当承担份额的按份共有人向其他共有人追偿的权利。总的来说，这一规范建立在充分兼顾保护共有人利益和第三人利益的基础之上。所谓因共有物而产生的共同债权债务，就是指因共有的不动产或动产所产生的债权债务关系。通常来说，这种债权是各个共有人享有的连带债权，这种债务是各个共有人所负担的连带债务，各个共有人承担的是连带责任。例如，第三人不法侵害共有物，各个共有人均有权请求该行为人承担全部赔偿责任，这是各个共有人享有连带债权的体现；再如，因修缮共有物而产生的费用、因共有物致人损害产生的赔偿责任，是因共有物产生的连带债务，均由全体共有人对此连带承担责任。在日常生活中，共有人之间常常因为债权债务的分配发生纠纷，因此，本条规定为这类纠纷的处理提供了实体法上的指引。并且，本条所规定的共有人对因共有物产生的债务承担连带债务，也旨在最大程度上保护善意第三人的权益。

本条还规定了即使共有财产产生了债权债务关系，共有人也有可能免于承担连带责任的情形。也就是说，本条规定了共有人连带责任的两项免除条件：一是法律有特别规定。所谓法律有特别规定，主要是指针对共有物产生的债务，法律规定了不同于本条的连带责任的规则。可以根据特别法优于一般法的原则进行法律适用。二是第三人知道共有人不具有连带债权债务关系。所谓第三人知道共有人不具有连带债权债务关系，是指在发生债权债务关系之前，第三人已经知晓共有人之间的责任分担情况。这样规定的原理是，侧重保护受害人的利益，有利于受害人提出请求。通常情况下，按份共有关系并不对外公示。共有人之间事先约定的份额情况，只是共有人之间的内部约定，而外部第三人往往并不知道共有人之间内部约定的情况。所以，在因共有物产生债权时，为了侧重保护各共有人的债权，各共有人对该债权连带享有；而在因共有物产生债务时，为了侧重保护第三人的债权，也就是维护第三人的利益，本条规定各共有人对该债务承担连带责任。但是，如果第三人知道共有人之间不具有连带债权债务关系，则无需让共有人承担连带责任。本条这样的规定，无论是对共有人，还是第三人，都是最为公平合理的处理方式。

另外，本条还规定了在共有人的内部关系上，共有人如何享有债权、承担债务的问题。

共有人之间的内部关系，与共有关系以外的第三人无关。因共有的不动产或者动产产生的债权债务，首先应当依照共有人之间的约定处理。如果没有约定，则按份共有人按照份额享有债权、承担债务。这也是按份共有“份额”这一核心概念的体现。同时，按份共有人还享有追偿权，即偿还债务超过自己应当承担份额的按份共有人，有权向其他共有人追偿。但是共同共有关系则不存在追偿的问题，因为共同共有人是基于共同关系而“共同”享有债权、“共同”承担债务的，不存在具体的份额，就更不涉及某一共有人承担的债务超过自己应当承担份额的问题，因此也没有追偿权的问题。

规范内容

一、对外关系

本条规定的“对外关系”，是指共有人作为共有权利的主体，与其他民事主体发生的债权债务关系。即共有人与共有人之外的第三人的关系。例如，共有物造成了第三人的损害，或者第三人侵害了该共有物，而产生的债权债务关系。

（一）共有人对外承担连带债务

因为共有的动产或者不动产发生的债务，对于共有人来说就形成了连带债务，这之中又分为按份共有债务和共同共有债务，常见的共有债务发生原因包括：其一，共有人因共有物致人损害所产生的损害赔偿债务；其二，共有人因共有物的使用、维修产生的费用债务；其三，共有人共同购买商品所负担之付款债务等。[①]只是共同共有债务以特殊的共同关系为前提。

本条将按份共有与共同共有债务一同规定，确定了共有人对因共有物产生的债务承担连带债务，这在对外关系上充分保障了善意第三人的权益，因为按份共有关系并不对外公示，对于共有关系之外的第三人而言，在正常情况下很难知晓共有人之间共有关系的类型，因此，只有规定共有人之间承担连带债务，才能防止共有人之间逃避承担债务。根据连带债务法律关系，不知共有关系类型的第三人作为债权人可以向共有人之中任何一人主张全部债权，此种规定符合双方当事人之间利益关系的实际情况和民法原理。在此种情况下可以看成法律推定共同共有是共有法律关系的类型。因为，如果确有证据证明第三人知道或应当知道共有人之间为按份共有，就不再有“共有人承担连带债务”适用的余地。

---

① 李中原：《共有之债的理论解析》，载《江苏社会科学》2019年第6期。

（二）共有人对外享有连带的债权

共有人对共有物享有一个所有权，因此，作为一个整体对外与第三人发生法律关系，那么也应该作为一个整体来享有债权。因共有的动产或者不动产产生的债权，常见的原因有：其一，共有人因共有物受到侵害而享有的损害赔偿债权；其二，共有人因为共有物被征收而享有的补偿债权；其三，共有人因出租共有物而享有的租金债权；其四，无记名债券的共有人所享有的债权；等等。无论基于何种理由，不管是按份共有的债权人或者共同共有的债权人，都连带享有债权。但是，需要注意的是，司法实践中这种“连带主义”的规定缺乏一定的可操作性，面对不同形式的债权，如果都按照此种模式，可能会存在一些不公平的现象，而且在操作上也存在一定的困难，特别是在不可分之债的情况下，若按份共有人基于连带债权均可以请求行使权利，可能会出现某一按份共有人出于自己利益的考量滥用权利的局面，因此，此处需要司法解释进一步明确操作规定，以此来保障各方共有人利益的实现。

值得说明的是，《民法典》中共有人承担连带债权债务的规定不只是为了保护善意第三人的利益，也是共有制度本身的应有之义。首先，共同共有的基础是特定的共同关系，因此在共同关系存续期间，共有人不分份额地享有共同财产的所有权，因此，共同共有人自然对外承担连带的债权债务。但是，在按份共有中，虽然共有人对共有物的应有份额已经确定，但并不意味着共有人的权利义务仅存在于共有物的特定部分，而是抽象地存在于共有物的任何微小部分上，[①]份额是所有权量的分割，虽然没有所有权大，但其性质和效力与所有权没有任何区别，因此按份共有人的权利义务仍及于共有物之整体。[②]所以，在对外债权享有和债务承担方面，各共有人的债权债务是连带的。这是由共有法律关系的本质属性所决定的，而不是把保护第三人的利益当作首要考量。本条所规定的“但是法律另有规定或者第三人知道共有人不

---

① 谢在全：《民法物权论》，中国政法大学出版社1999年版，第277页。

② 最高人民法院物权法研究小组编著：《〈中华人民共和国物权法〉条文理解与适用》，人民法院出版社2007年版，第320页。

具有连带债权债务关系的除外”，作为一种例外规定而存在。

本条规定的“对外关系”，并不强调按份共有和共同共有的区分。无论是因按份共有财产产生的债权，还是因共同共有财产产生的债权，各共有人均享有连带债权。因为就按份共有而言，各共有人的应有份额是抽象的，不局限于共有财产的特定部分，只是各共有人行使权利应受份额的限制。就共同共有而言，各共有人对共有的不动产或者动产是共同享有所有权的，各个共有人的权利义务是平等的，因此是共同享有债权、共同承担债务。本条的规定，充分考虑了各共有人的权利和第三人的权利。

因共有财产产生的债权，包括各类债权，比较常见的如损害赔偿请求权、不当得利请求权等。但是，作为一种请求权，因共有财产产生的这种债权如何行使，也就是具体的请求方法，本条却并没有规定。在民法理论上，我们认为应当区分基于共有物产生的债权是否为可分割债权。如果该债权是可分割债权，各共有人可以按其应有部分的份额向第三人提出清偿债务的请求。因为共有人的份额就是其所享有权利的范围或界限，实现债权这一项权利，当然应当以其应有份额为限。如果该债权是不可分债权时，各共有人有权为全体共有人的利益提出请求，如果基于自己利益的请求，即向债务人为自己或者少数共有人请求，则不为法律所允许。①这一民法理论，在司法实践中面对具体的问题时，具有一定的参考意义。另外，值得注意的是，按照共有债权（且为连带债权）的行使规则，各个共有人可以单独提起债权请求权的诉讼。②

因共有财产产生的债务，包括侵权之债、违约之债等各类债务，比较常见的如共有物的修缮费、因无因管理产生的费用、因共有物产生的赔偿责任、出卖共有物产生的交付义务等。③具体而言，例如，共有物为建筑物或者其他设施以及建筑物上的搁置物、悬挂物时，该共有物发生倒塌、脱落、坠落造成第三人损害，就产生了对第三人的损害赔偿之债，因此各个共有人对该债

① 杨立新：《共有权研究》，高等教育出版社2003年版，第113页。

② 崔建远：《物权法》，中国人民大学出版社2017年版，第250页。

③ 梁慧星主编：《〈中国物权法草案建议稿〉条文、说明、理由与参考立法例》，社会科学文献出版社2000年版，第428页。

务应当承担连带责任。再如，共有的房屋出租之后因重大瑕疵导致承租人损害，各个共有人对该债务也是应当承担连带责任。相比较于债权是否可分的情形，债务的承担并不区分债务是否可分。即无论该债务是否可分，从共有人对第三人关系方面看来，各个共有人均承担连带责任，除非法律另有规定或者第三人知道共有人不具有连带债权债务关系。从公平的角度上说，本条这一规定的意义在于，保障权利的实现和义务的承担，即使得在共有人和第三人的债权债务关系中，债权更有利于实现，这对于保护受害人的利益具有十分重大的意义。

但是，除上述的基本处理方式外，本条还规定了两种特殊情形：第一，是法律另有规定的情形；第二，是第三人知道共有人不具有连带债权债务关系的情形。首先，基于特别法优于一般法的基本原则，因共有物产生的债权债务，法律作出了不同于本条的连带责任的规定，则从其规定。其次，第三人知道共有人不具有连带债权债务关系的，也可以排除适用上述规则。它的基本原理在于，通常情况下，按份共有关系是按份共有人之间的约定，这一约定往往并不对外公示。因此，共有人内部之间约定的份额情况，外部的第三人往往并不知道。如果按份共有人完全根据其份额来承担责任，则对受害人的保护是十分不利的。因此，当第三人知道共有人不具有连带债权债务关系时，便没有因侧重保护第三人而使得各个共有人承担连带责任的必要，因此可以排除连带责任的适用。这一规定，从根本上，充分考虑了共有人与第三人的利益关系，从而基于公平的角度，平衡了共有人与第三人的利益。

另外，在连带责任的情况下，受害人通过一次诉讼就可以解决救济的问题；而在份额责任的情况下，受害人可能要提起两次甚至多次诉讼，才能彻底解决赔偿的问题。[①]

二、对内关系

共有法律关系的对内效力，其内容是共有人之间的因共有物发生的权利义务关系，是为了解决当因为共有物产生债权债务关系时，共有人之间应当

---

① 王利明主编：《民法》（第七版），中国人民大学出版社2018年版，第257页。

如何享有权利、承担义务的问题。

（一）一般原则

遵循意思自治的基本理念是民法作为私法的一个最重要的特点，在共有法律关系内部效力的问题上，由于不涉及第三人的利益，因此，要充分尊重当事人的意思自治，共有人之间可以就权利义务的分配以任何方式进行任意约定，但约定的内容也要遵循法律法规的一般规定。只有在没有约定的情况下，才按照法律的规定来确定共有人之间债权债务的承担和分配问题。依本条规定，按份共有人按照份额，享有债权，承担债务。这样规定，符合按份共有本来的含义，同理，在没有约定的情况下，共同共有人共同享有债权，承担债务。

（二）共有人之间的追偿权问题

共有人对外承担连带债务，根据连带债务的履行规则，债权人可以向任意共有人主张清偿全部债务。因此，就按份共有来说，很容易发生某共有人清偿数额超过自己应负担之份额的情况，根据本条之规定，他们自然有权向其他共有人行使追偿权。全国人大常委会法工委关于《物权法》第102条的立法理由认为："因共有财产产生的债权债务关系的对内效力及其追偿权的理论基础是按份共有人在内部关系上是按照其份额承担义务的。"①类似规定也出现在国外立法中，《意大利民法典》第1115条规定："清偿了连带债务又没有得到补偿的共有人，在共有财产的分割中，除取得自己的份额以外，还应当取得与本应获得的补偿相适应的份额作为补偿。"②这与本条之规定内涵一致。对于共同共有，由于共同共有人是"共同"承担债务，没有份额的限制，也就不存在某一共有人承担的债务超过自己应当承担份额的问题，因此不存在共有关系人之间的追偿问题。

但实际上，共同共有并不当然排斥份额。一些类型的共同共有如继承等，

---

① 全国人大常委会法制工作委员会民法室编：《〈中华人民共和国物权法〉条文说明、立法理由及相关规定》，北京大学出版社2007年版，第187页。

② 陈国柱译：《意大利民法典》，中国人民大学出版社2010年版，第217页。

在一开始就有份额的确定，但是在共同关系存在期间，由于共同关系的要求，其成为潜在的一种份额。在一些大陆法系国家也有共同共有设有份额或者是应有部分的规定，如《德国民法典》第719条、第1419条和第2033条，《瑞士民法典》第222条等。我国法律虽然将共同共有与按份额共有进行区分，而且本条最后一句只在按份共有人之间设立了追偿权，但是也不应忽视共同共有中份额的存在，只是这种份额在共有财产进行分割时才可以表现出来。本条规定的“对内关系”，就是各个共有人之间的关系，与共有关系以外的第三人无关。具体处理方式分为以下两个层次：

第一，看共有人之间有没有关于因共有的不动产或者动产产生的债权债务应该如何享有和承担的约定。如果有这种约定，则按照约定处理。

第二，在没有约定的情况下，按照本条规定的含义，应当区分按份共有和共同共有两种情形分别处理。在按份共有的情形中，按份共有人应当按照份额享有债权、承担债务。偿还债务超过自己应当承担份额的按份共有人，有权向其他共有人追偿；在共同共有的情形中，共同共有人应当共同享有债权、承担债务，并且在共同共有中没有具体份额的概念，就更不存在某共有人承担的债务超过自己应当承担份额的问题，也不存在像按份共有关系中可能存在的追偿的问题。共同共有关系中的连带的具体方法，应当按照以下次序进行：首先，债权人可以向任何一个共同共有人请求清偿，各个共有人应当从共有财产中进行清偿；其次，共有财产不足以清偿时，共有人享有其他财产的，应当进行清偿。因此，在理论上，我们认为这种连带责任（连带清偿义务）的性质应当是无限连带责任（无限连带义务）。[①]

三 举证责任

共有关系中的共有人主张因共有物产生的债权债务时，通常需要考虑以下内容：

第一，在对外关系上，法律从充分保护共有人和第三人的利益出发，原则上，共有人享有连带债权、承担连带债务。但是法律另有规定或者第三人

① 杨立新：《共有权研究》，高等教育出版社2003年版，第143页。

知道共有人不具有连带债权债务关系的除外。因此，权利人可以根据法律的特别规定或者第三人知道共有人不具有连带债权债务关系的事实，由此提出相应主张。

第二，在对内关系上，如果按份共有人之间有关于共同债权债务的有效约定，则可以依据约定的具体内容进行主张。在没有约定的情况下，按份共有人则有权依据份额享有债权、承担债务。偿还债务超过自己应当承担份额的按份共有人，有权向其他共有人追偿。

第三，在对内关系上，如果共同共有人之间没有关于共同债权债务的有效约定，共同共有人共同享有债权、承担债务。也就是说，每个共同共有人应以整个共有财产来承担责任。

另外，在诉讼上，按照共有债权（且为连带债权）的行使规则，各个共有人均有权单独提起债权请求权的诉讼。在共有人承担连带责任的情况下，受害人通过一次诉讼就可以解决救济的问题；而关于按份共有人的份额责任，涉及追偿权等问题，可能要提起两次甚至多次诉讼，才能彻底解决纠纷。

因共有财产的债权享有和债务负担问题产生的诉讼涉及许多类型。而法院在受理这类案件的时候，往往会首先区分对外和对内关系。在对外关系上，常见的情况是共有人一方作为债权人，债务人一方不履行债务。而在对内关系上，往往会围绕按份共有人所清偿的债务超出自己的份额而产生向其他共有人的追偿权。在这之中的举证责任应该注意以下问题：

第一，无论是按份共有债权还是共同共有债权，任一债权人都可以单独向债务人主张乃至单独起诉，以请求后者向全体债权人履行。这样做是为了最大限度地保护债权人的利益，但是，基于判决的公平和实效，法院应当通知其他债权人参加诉讼。因此，在这个过程中，由提起诉讼的债权人来承担举证责任，证明其对债务人享有债权，比如由于债务人的过错发生侵权行为等。

第二，在因共有物发生的债权债务关系的对内效力上，若按份共有人一方主张其清偿的债务超出自己的份额，对其他共有人追偿的，法院首先应该审查是否存在约定，若不存在约定或者约定不明确的，则依举证责任分配的一般原则进行。

其他问题

在本条规范的具体适用中，还应明确以下两个问题：

第一，对于本条所规定的债之性质问题。因为本条中连带的债权债务产生于共有物的共有关系，因此，可以将其认定为“共有之债”。但需要注意的是，“共有之债”在目前还不是一个得到普遍认可的概念。而且本条所规定的“因共有的不动产或者动产产生的债权债务”与“共有之债”的范围并非完全一样。前者只限于共有财产导致的债权债务，但“共有之债”不只包括因共有财产产生的债权债务，比如夫妻关系存续期间夫妻一方的相关债权或债务，也可能属于“共有之债”的范畴。

第二，对于本条中“法律另有规定”的理解。法律另有规定用语本身没有问题，但应该明确此处的“法律”具体指哪些法律。按照一般原则，只有在上位法优于下位法、特别法优于一般法的情况下，才能排除法律的强制性规定。《民法典》此条所指的法律应是特别法之中的规定，如果在特别法中规定在某种情况下，因共有的不动产或者动产产生的债权债务关系，在对外关系上，共有人不享有连带债权，不承担连带债务，那么就适用该特别法。

第三百零八条【按份共有的推定】

共有人对共有的不动产或者动产没有约定为按份共有或者共同共有，或者约定不明确的，除共有人具有家庭关系等外，视为按份共有。

历史由来

本条完全沿袭了《物权法》第103条的规定。由民事立法史看，1988年1月26日通过的《民法通则意见》第88条规定：“对于共有财产，部分共有人主张按份共有，部分共有人主张共同共有，如果不能证明财产是按份共有的，应当认定为共同共有。”这是首次在共有关系不明时对共有关系性质推定问题所作出的规定。2001年修正的《婚姻法》第17条、第19条，对于夫妻存续期间夫妻共同所有的财产及可以约定共同所有财产的具体情形进行了规定。其第19条规定："夫妻可以约定婚姻关系存续期间所得的财产以及婚前财产归各自所有、共同所有或部分各自所有、部分共同所有。约定应当采用书面形式。没有约定或约定不明确的，适用本法第十七条、第十八条的规定。夫妻对婚姻关系存续期间所得的财产以及婚前财产的约定，对双方具有约束力。夫妻对婚姻关系存续期间所得的财产约定归各自所有的，夫或妻一方对外所负的债务，第三人知道该约定的，以夫或妻一方所有的财产清偿。"据此规定，对于夫妻在婚姻关系存续期间或者婚前所得财产，夫妻可以进行对其共同所有的约定。自2001年12月27日起施行的《婚姻法解释（一）》第15条规定："被宣告无效或被撤销的婚姻，当事人同居期间所得的财产，按共同共有处理。但有证据证明为当事人一方所有的除外。"该规定明确了同居期间所得财产的性质，原则上应当认定为当事人共同共有。自2007年10月1日起施行的《物权法》第103条规定："共有人对共有的不动产或者动产没有约定为按份共有或者共同共有，或者约定不明确的，除共有人具有家庭关系等外，视为按份共有。"自2011年8月13日起施行的《婚姻法解释（三）》第7条规定："婚后由一方父母出资为子女购买的不动产，产权登记在出资人子女名下的，可按照婚姻法第十八条第（三）项的规定，视为只对自己子女一方的赠与，该不动产应认定为夫妻一方的个人财产。由双方父母出资购买的不动产，产权登记在一方子女名下的，该不动产可认定为双方按照各自父母的出资份额按份共有，但当事人另有约定的除外。"

在《民法典》编纂期间，有学者主张按份共有推定规则实则无存在意义。[①]实际上，在共有关系不明时，除共有人具有家庭关系等外，视为按份共有关系，这是物权法的效率导向在共有制度中的体现，[②]更具有科学性和合理性。

---

① 参见戴孟勇：《物权法共有制度的反思与重构》，载《政治与法律》2017年第4期。

② 参见孙宪忠主编：《中国物权法：原理释义和立法解读》，经济管理出版社2008年版，第290页。

规范目的或功能

本条是对推定为按份共有的规定。通过考察我国的立法实践，我国民法对共有的规定进行了类型的二分，即将共有的形式分为按份共有和共同共有。按份共有与共同共有具有不同的内容，在两种不同类型的共有关系中，共有人所享有的权利和承担的义务也不同。因此，对按份共有或者共同共有的性质认定，显得至关重要。通常情况下，区分二者的表面标准为是否有明确的份额。然而，实践中往往存在一些共有财产无法确定是按份共有还是共同共有的局面。对此，为了解决共有关系约定并不明确时如何认定共有关系性质的问题，本条规定提供了明确的答案。本条规定建立在尊重意思自治的基础上，为了明确物的归属和发挥物的效用，确立了按份共有的推定规则。

规范内容

一、共有人对共有关系性质的约定

法律对共有关系性质的推定，建立在共有人对共有物没有约定为按份共有或共同共有，或者约定不明确的前提下。因此，本条的规定承认了共有人有权对共有关系性质进行约定，这是意思自治原则在《民法典》物权编的体现。

根据按份共有和共同共有的成立原因，共同共有以共有人之间存在共同关系为成立基础，而按份共有则无须如此。①从按份共有的产生上看，其或基于当事人意思，或基于法律的规定。因此，当事人对于按份共有关系的产生、份额等都可以进行约定。然而，共同共有以共同关系的存在为前提，如果认为共有人可以对共同共有关系进行约定，就相当于认可共同共有的成立，也可以基于意思而产生。对此，理论和实务认识和理解不一。例如梁慧星教授

---

① 参见崔建远：《物权法》，中国人民大学出版社2017年版，第236页。

主持编撰的《中国物权法草案建议稿》第190条认为，共同共有关系的产生原因有二：其一，法律的直接规定；其二，通过缔结合同。[①]这里的缔结合同，主要是指订立合伙契约。我国台湾地区将合伙认定为共同共有。[②]与此相反的意见认为，共同共有关系的成立，应当严格以共同关系的成立为前提。而对于所谓的共同关系，学理上并没有对其作出定义性的解释，而是通过列举的方式说明，例如夫妻关系、家庭关系、继承人继承遗产的关系等。因此，能够引发共同共有关系的共同关系，原则上应当依照法律的特别规定。[③]即法律对共同共有关系，采取"类型强制原则"，如果法律没有明文规定，当事人不得随意创设共同关系以成立共同共有关系。[④]另外，从比较法上看，德国、瑞士、俄罗斯等国家的民法典，虽然明确承认了共同共有制度，但是没有规定按份共有的推定规则。

从根本上，共同共有关系以共同关系的存在为前提，但共同关系的发生，并不是特别地、必然地发生共有关系，或者以发生共同共有关系为目的。例如，夫妻关系的缔结，一般不以刻意发生财产关系为目的，而是以确定的身份关系而发生。[⑤]因此，共同关系基于一种身份关系或者带有人格性质的关系而产生，是一种产生共同共有的事实的基础，可以发生共同共有关系的共同关系以"具有身份关系""具有共同目的""共同目的实现需要一定共同财产"为特点。共同共有关系所指向的是一种针对特定物的财产关系，它来源于法律的规定，将这种共同关系的财产关系规定为共同共有关系。[⑥]但是，共同意志也是共同共有发生的原因，[⑦]如《民法典》第1065条，即基于

---

① 梁慧星主编：《中国物权法草案建议稿：条文、说明、理由与参考立法例》，社会科学文献出版社2000年版，第439页。

② 对于合伙是按份共有还是共同共有的问题，理论上通常认为，合伙人出资、盈利分配和风险承担等，时常以份额为基础，而在合伙事务管理等方面，合伙人具有平等的权利。所以合伙既体现了一部分按份共有的性质，又体现了一部分共同共有的性质。参见崔建远：《物权法》，中国人民大学出版社2017年版，第236页。

③ 参见张双根：《共有中的两个问题》，载《比较法研究》2006年第2期。

④ 参见戴孟勇：《物权法共有制度的反思与重构》，载《政治与法律》2017年第4期。

⑤ 参见杨立新：《共有权理论与适用》，法律出版社2007年版，第130—131页。

⑥ 参见杨立新：《共有权理论与适用》，法律出版社2007年版，第131—132页。

⑦ 参见杨立新：《共有权理论与适用》，法律出版社2007年版，第132页。

当事人的共同意志可以发生共同共有，当事人也就可以约定共同共有。例如，共同继承遗产存在不分份额地共同管理经营，就依共同继承人的共同意志而形成共同共有关系。总之，本条的“约定”为共同共有的情形，应当作严格限缩解释。[①]

二、共有人具有家庭关系等共同关系的认定

在我国民法上，共同共有主要有基于夫妻关系而产生的共同共有，基于家庭共同生活关系而产生的共同共有，基于继承关系而产生的共同共有等。本条所指的“家庭关系等共同关系”，应当理解为法律认可的某种特殊的共同关系，即能够产生共同共有的共同关系。也就是说，没有某种特殊的共同关系的共有人不能形成共同共有，只能视为按份共有。

共同关系具有身份关系或者带有人格性质关系的属性，但并非所有身份关系都是共同关系。例如，同性恋人和婚外情并不是法律所认可的共同关系。另外，在按份共有关系中，共有人之间也有可能存在身份关系，只是这种身份关系不是共同关系，或者说这种身份关系不会对共同共有产生影响。

值得注意的是，应当明确共有人所具有的“家庭关系等共同关系”，是否在共有关系中产生作用。《民法典》第1065条规定：“男女双方可以约定婚姻关系存续期间所得的财产以及婚前财产归各自所有、共同所有或者部分各自所有、部分共同所有。约定应当采用书面形式……夫妻对婚姻关系存续期间所得的财产以及婚前财产的约定，对双方具有法律约束力。夫妻对婚姻关系存续期间所得的财产约定归各自所有，夫或者妻一方对外所负的债务，相对人知道该约定的，以夫或者妻一方的个人财产清偿。”这表明，一方面，共同共有可以进行约定。基于共同关系成立的共同共有，也可以另外存在约定的共有，并且应当依据约定的具体内容来确定共有的类型。另一方面，也应当注意区分，当事人在建立共同关系的时候，共有财产所包含的范围有哪些，在存在共同关系的当事人后来取得物权时，就该共有的性质是如何约定的。

---

① 参见最高人民法院物权法研究小组编著：《〈中华人民共和国物权法〉条文理解与适用》，人民法院出版社2007年版，第323页。

因此，不能简单理解为共有人具有家庭关系等共同关系，就排除了“视为按份共有”情形的适用。

除了夫妻共同共有关系、家庭共同共有关系、被继承人死亡后遗产分割之前全体继承人对该遗产的共同共有关系之外，合伙财产的共有属性较为复杂，理论上有不同的看法。一般来说，共同共有是“物以人聚”，按份共有则是“人以物聚”。[①]在合伙关系中，一方面，合伙是合伙人基于共同出资为了共同目的而结成的团体组织，我国理论和实务更倾向于认为合伙为按份共有，按份共有不同于共同共有的一个区别在于共有人对共有物所有权的享有划分份额，由于合伙人对合伙财产的共有系以出资比例为份额划分依据，合伙人彼此之间具有确定的利益界限，因此合伙财产属于按份共有，[②]但不可否认的是，合伙财产的共有也有某些共同共有的特性，如原则上不能进行随意的分割和退伙等，但这主要目的是维护合伙的稳定性，不改变传统合伙中财产的按份共有本质。

三、推定为按份共有而非共同共有

法律之所以确立了按份共有推定规则，而非共同共有推定规则，实际上，既有学理上的合理性依据，也有来源于司法实践的支持。[③]理论上，在共有关系性质产生疑问时，选择最终推定为按份共有，大体有以下几点原因：

第一，因无约定或约定不明而推定为共同共有，违背了共同共有须以共同关系存在为基础的本质属性。没有家庭关系等共同关系需要维护，共同共有关系就丧失了存在的基础。共同关系是二人以上因共同目的而成立，依据法律或者习惯足以成为共同共有基础的法律关系。[④]因此，如果在无约定或约定不明的情况下推定为共同共有，会造成共同关系形成共同共有关系的因果

---

① 参见苏永钦：《走入新世纪的私法自治》，中国政法大学出版社2002年版，第273页。

② 尹田：《物权法》，北京大学出版社2013年版，第313页。

③ 参见最高人民法院物权法研究小组编著：《〈中华人民共和国物权法〉条文理解与适用》，人民法院出版社2007年版，第323页。

④ 参见王泽鉴：《民法物权》（第二版），北京大学出版社2010年版，第254页；梁慧星、陈华彬：《物权法》，法律出版社2007年版，第237页；谢在全：《民法物权论（修订五版）》（上册），中国政法大学出版社2011年版，第394页。

倒置。

第二，共同共有制度对于各个共有人的限制较多，不利于共有法律关系的简化，不利于对共有物的管理和处分，[①]因此除非必要，不宜推定为共同共有。例如，在共同共有关系中，对共有物的管理应当经全体共有人同意，除非法律另有规定或当事人另有约定。而按份共有关系中，除非法律另有规定或当事人另有约定，对共有物的简易修缮和保存行为，共有人可以单独实施，对共有物的重大修缮行为，应当经占份额三分之二以上的按份共有人同意。再如，按份共有人可以随时请求分割共有财产，有利于促使共有转化为单独所有，有利于物的高效利用。[②]

第三，即使存在共同关系，也有条件地存在按份共有关系。即按份共有的存在更为普遍。例如，夫妻分别财产制、建筑物区分所有权制度中相当类型的共有（如《民法典》第283条）等，均表现出按份共有的属性。因此，推定为共同共有与现实的发展趋势不符。

举证责任

共有人应当对所主张的共有关系进行举证。具体而言如下：

主张共有人的关系为按份共有关系的，根据按份共有推定规则，当事人应当就成立了物权意义的共有关系进行举证。无论动产还是不动产，当事人在以公示的外观证明共有事实的时候，均可能与出资的事实相结合，此时需明确区分借款和投资等其他债权关系，而明确多数主体之间成立的是物权意义的共有事实。因在无约定或约定不明时，除共有人具有家庭关系等外，推定为按份共有，所以对按份共有约定的举证，不为必要。

主张共有人的关系为共同共有关系的，当事人应当就成立了共同共有关系进行举证。第一，可以举证存在如《民法典》第1065条所规定的关于共同共有的约定。第二，可以举证基于夫妻共有、家庭共同生活等特殊的身份关

---

① 参见戴孟勇：《物权法共有制度的反思与重构》，载《政治与法律》2017年第4期；转引自：崔建远：《物权法》，中国人民大学出版社2017年版，第237页。

② 参见王利明：《物权法研究》，中国人民大学出版社2016年版，第705页。

系而产生了共同共有关系。

第三百零九条【按份共有份额不明的确定】

按份共有人对共有的不动产或者动产享有的份额，没有约定或者约定不明确的，按照出资额确定；不能确定出资额的，视为等额享有。

历史由来

本条完全沿袭了《物权法》第104条的规定。关于如何规定按份共有份额的确定，学者们曾为此提出内容相当精准、细致的立法建议，例如，梁慧星教授主持编撰的《中国民法典草案建议稿》[①]第170条第1款规定了按份共有及份额，第2款规定了份额的确定："各共有人的应有份额依以下方法决定：（一）按份共有基于共有人的意思成立的，则应有份额依共有人的约定确定；无特别约定，且共有关系基于有偿行为发生者，依其出资比例确定；（二）按份共有基于法律规定成立的，则依该有关法律确定；（三）通过以上方法仍无法确定的，则推定为均等。"中国政法大学民商经济法学院民法研究所"中国民法典研究小组"提出的《民法物权编专家建议稿》[②]第62条第2款规定："各共有人按照以下方法确定应有份额：（一）基于共有人的意思成立按份共有的，应有份额按照各共有人之间的约定确定；共有人之间就应有份额无约定，且共有关系基于有偿行为成立时，应有份额按照各共有人的出资比例确定；（二）基于法律规定成立按份共有的，应有份额按照该有关法律规定确定；（三）按照前两项规定仍然无法确定应有份额的，视为应有份额均等。"但是，这两个意见稿都是将份额确定规则与按份共有的定义规定在一个条文中，分为两款。这与《民法典》第309条的规定有一定差别。

---

① 参见梁慧星主编：《中国民法典草案建议稿》，法律出版社2003年版，第415页。

② 参见李永军等：《中华人民共和国民法物权编（专家建议稿）》，载《比较法研究》2017年第4期。

规范目的或功能

本条是关于如何确定按份共有人的份额的规定。

本条的适用范围仅针对按份共有，而不适用于共同共有。份额是按份共有最显著的特征，也是按份共有区别于共同共有的一项基本内容。因此，份额的确定，对于按份共有关系来说至关重要，它直接关系到按份共有人的权利行使和义务承担的范围。本条规范的功能是，为按份共有中份额不明的情况提供了明确份额的规则。按份共有的发生，或基于当事人的意思，或基于法律规定。因此理论上认为，依共有发生的原因不同，共有人应有份额的确定方法也不同。

规范内容

根据本条规定的内容，应当注意以下四点：其一，根据我国民法上共有类型的二分法，本条的适用范围仅仅是按份共有关系，并不适用于共同共有关系，份额的确定也仅仅针对按份共有人；其二，按份共有基于当事人的意思而发生的，对按份共有人之间的份额的确定，首先应当依据当事人之间的约定，有约定则从其约定；其三，当事人之间没有约定或者约定不明确的，按照出资额确定份额，出资的数额直接决定了按份共有人所享有的数额；其四，不能确定出资额的，推定为各个按份共有人的份额相等，即视为等额享有。

本条的规定遵循以下逻辑：首先，遵从当事人对份额的约定，也就是尊重当事人的意思自治；其次，在当事人的意思无法达成一致时，为协调当事人之间的利益关系、明晰权利关系，规定按照出资额来确定按份共有人所享有的份额；最后，如上述方法仍无法确定份额，法律则进行推定，视为按份共有人等额享有份额。具体而言，应当注意以下三方面问题。

一、按份共有中的份额及份额不明

按份共有的份额，是为了确定各个共有人行使权利的比例或者范围，以及对共有物的所有权在观念上进行的划分。这种份额抽象地存在于共有物的任何微小部分上，不局限于共有物的特定部分，而是存在于共有物的全部。[①]按份共有人仅仅对自己所占有的比例，作为应有部分，享有权利，承担义务。因此，份额是所有权量的分割，它不是完整的所有权，却具有所有权效力的权利部分。[②]也就是说，份额的分量虽不如所有权之大，但其内容、性质及效力，与所有权无异。[③]所以，份额作为按份共有人行使其权利的界限，是实现按份共有人对共有物所享有权利和承担义务大小的根本所在。明确份额的大小，在按份共有关系中至关重要。

实际上，按份共有中份额不明的原因有很多种。例如，共有人之间约定了按份共有，但没有明确约定具体的份额，或者约定了份额但约定得不够明确，或者各个共有人之间所主张的份额大小不一致；另外，共有人之间可能根本没有关于份额的约定，甚至没有约定按份共有的关系，而是根据《民法典》第308条所规定的，共有人之间的法律关系是经过法律的推定，视共有人为按份共有关系的情况。当然，这种推定的按份共有关系，对其份额的推定也自然适用本条。[④]

二、份额的确定规则

本条规定的确定规则较为简单，基本上遵循了“依照约定”“依照出资额”“视为等额”的逻辑顺序和确定方法。即在当事人没有约定份额或者约定份额不明确的情况下，应当依据出资额的大小来确定份额。不能确定出资额的，推定为各个按份共有人等额享有。例如，甲、乙、丙三人协商决定共同购买一套房屋，其中甲出资50万元，乙出资30万元，丙出资20万元，该房屋登记于甲、乙、丙三人名下。因此，甲、乙、丙三人对这套房屋共同享有所有权，并且是典型的按份共有的关系，只不过三人对房屋所

---

① 参见谢在全：《民法物权论》(上册)，中国政法大学出版社1999年版，第546页；王泽鉴：《民法物权1：通则·所有权》，中国政法大学出版社2001年版，第331页。

② 参见杨立新：《共有权研究》，高等教育出版社2003年版，第90页。

③ 参见崔建远：《物权法》，中国人民大学出版社2017年版，第238页。

④ 参见孙宪忠主编：《中国物权法：原理释义和立法解读》，经济管理出版社2008年版，第291—292页。

有权的份额并没有约定。比较合理的处理方式，便是三人按照各自的出资额来确定在房屋共有权上的份额。即甲、乙、丙三人的份额比为5∶3∶2。按份共有人在出资额的范围内行使权利，更符合按份共有人的心理预期。另外，在《民法典》第308条所规定的被推定为按份共有的情况中，共有人对于共有关系的性质没有明确约定，且不存在家庭关系等共同关系。一般来说，这种情况下，很可能所产生的共有关系的维系依靠的是共有物本身，即“人以物聚”，①共有人之间的关系也较为松散，此时以“出资额”作为判断份额的依据，对各按份共有人权利与义务的明确具有积极意义。出资额的确定，关涉份额的确定。因此，对出资额大小的认定，在按份共有关系中至关重要。实践中，出资额的确定，需要按份共有人对出资的事实以及出资额的大小进行主张和举证。以出资额作为确定份额的依据，是因为出资额确认了各按份共有人的权利和义务，其与按份共有人中的份额的内涵具有一致性。②

理论上，对份额的确定，有着更为深入和细致的确定方法。根据按份共有的发生原因不同，份额的确定也不同。具体内容如下：

第一，按份共有发生的主要原因是协议，即基于当事人意思而发生的按份共有，份额也依照当事人的意思确定。一般来说，在产生按份共有关系的协议中，当事人对应有部分进行约定，确定各个按份共有人的份额，从而确定各个按份共有人行使权利的范围和界限。在协议中，各个共有人对份额没有约定或者约定不明确的，或者主张约定的份额不一致的，则应当按照各个共有人的出资额来确定共有人的份额。通常情况下，设定按份共有关系的行为是有偿的，③因此在共有关系的生成中，常常存在共有人的出资，也就存在以出资额为划分标准的问题。总之，既然共有关系的成立是当事人意思自治的结果，各共有人应有份额也应贯彻同样原则，即由当事人约定。当事人未约定应有份额时，则依出资比例确定应有份额，符合社会生活中最基本的公

① 参见苏永钦：《走入新世纪的私法自治》，中国政法大学出版社2002年版，第273页。

② 参见王利明：《物权法研究》，中国人民大学出版社2016年版，第706页。

③ 参见杨立新：《共有权研究》，高等教育出版社2003年版，第91—92页。

平正义。[①]

第二，按份共有基于法律的直接规定而产生，份额依照法律规定来确定。[②]此种情形的共有，其成立的基础并不是当事人的意思，所以这种情况下当事人的约定，并不能排除法律的规定。

第三，通过以上方法仍无法确定份额的，推定各个按份共有人等额享有份额。

三、等额享有份额的推定

最终推定为等额享有，这是受传统的公平思维的影响，不仅易于操作，还能简化当事人之间的法律关系。在很多国家都有类似的立法例。例如，《德国民法典》第742条规定："在发生疑问时，应认为各共有人享有均等的份额。"《日本民法典》第250条规定："各共有人的应有部分不明时，推定为均等。"《阿尔及利亚民法典》第713条规定："两人或数人对一项财产享有所有权而未划分各人的份额，他们是共有人，除有相反证据外，他们的份额被视为相等。"《瑞士民法典》第646条第2款规定："除另有约定外，共有人对该物的应有份额为均等。"《意大利民法典》第1101条规定："推定共有人按均等份额享有共有财产。"《俄罗斯联邦民法典》第245条中规定："如果按份共有人的份额不能依照法律确定，而且共有人的协议也未做出规定，则所有份额均等。"由此可以看出，共有人所约定的份额和共有人的出资额是确定共有人应有部分的标准，但是在这二者都无法解决问题的情况下，法律则推定为等额享有。从比较法上看来，因其更符合公平的理念，所以大多数国家和地区法律均采取这样的处理方式，从而最终将按份共有人的份额确定下来。

---

① 参见梁慧星主编：《中国民法典草案建议稿》，法律出版社2003年版，第416页。

② 参见谢在全：《民法物权论》（上册），中国政法大学出版社1999年版，第547页；王泽鉴：《民法物权1：通则・所有权》，中国政法大学出版社2001年版，第332页。

举证责任

本条是为按份共有人之间的份额提供确定的规则。人民法院在审理确定按份共有人份额纠纷的案件时，通常按照以下次序进行：

第一，人民法院应当首先审查当事人是否存在约定份额的协议。如果该协议合法、有效，则依据该协议确定按份共有人的份额。

第二，人民法院经审查发现并没有约定份额的协议，或者约定不明确的，应当按照各个共有人的出资额来确定份额。

第三，如果各个共有人的出资额也不能确定，则视为各个共有人份额均等。

因此，原告在按份共有关系中，主张自己所享有的份额，也应当按照上述的标准进行举证。具体而言如下：

第一，原告首先应当提交其约定份额的有效的协议。根据协议的内容所确定的份额来主张自己所享有的份额。

第二，如果原告并没有约定份额的协议，或者约定不明确的，应当提交出资额的证据，从而证明自己的出资额的大小，进而主张对共有物的相应份额。

第三，如果上述均无法证明，则法律进行推定，当事人等额享有份额。因为是法律的推定，无需原告提交其他证明。

值得注意的是，这其中的出资额的证明问题。例如，对于不动产而言，一般是举证证明自己已经汇款至应当汇款的账户之中。假设，甲、乙约定共同出资购买一套房屋，首先甲支付了五分之一购房款，其后乙又支付了百分之百的购房款，之后乙在办理购买该房屋全部产权手续时，在未征得甲同意的情况下，将甲亦享有购买资格且已交纳了部分购房款的该房屋所有权购买手续全部办理在乙自己个人名下。甲、乙都可以提供自己支付购房款的证明，但是乙所提供的支付全部购房款的证明并不可以推翻甲也支付购房款的事实，乙所支付的购房款中应当有五分之一的购房款是重复交纳。所以在对份额没有约定或者约定不明的情况下，甲应提交其有效汇款证明，进而证明其对该房屋有五分之一的出资额，以及五分之一的份额。

另外，份额的确定规则是针对按份共有关系的，而不存在于共同共有的关系中。因此，如共有人对按份共有关系本身存在争议，则当事人应当就按份共有关系进行举证。如果按份共有的权利客体是不动产，原则上，主张成立按份共有关系的原告需要举证以不动产登记为准来确定按份共有的事实。如果按份共有的权利客体是动产，主张成立按份共有关系的原告则需要举证以占有使用情况来确定按份共有关系。现实中，无论动产还是不动产，原告在以公示的外观证明共有事实的时候，均可能与出资的事实相结合，此时需明确区分借款和投资等其他债权关系，明确多数主体之间成立的是物权意义上的共有事实。

第三百一十条【准共有的法律适用】

两个以上组织、个人共同享有用益物权、担保物权的，参照适用本章的有关规定。

历史由来

本条继承了《物权法》第105条的规定，略作修改。自1987年1月1日起施行的《民法通则》没有对准共有作出规定。鉴于准共有现象在现实生活中大量存在，《物权法》第105条对准共有作出了明确规定，填补了法律的空白。学界对准共有的认识基本一致。①

从准共有的历史沿革上看，清末拟定《大清民律草案》时，曾仿日本的民法体例，在“共有”一节的最后一条，即第1068条规定：“本节规定，于所有权以外之财产权由数人分别共有或共同共有者，准用之。但法令有特别规定者，不在此限。”于是，《民国民律草案》在第849条拟定了与此完全相同的条文。1929年国民政府正式制定民法物权编，在第831条规定的条目名称为“准共有和准公同共有”，包含的内容为：“本节规定，于所

① 参见梁慧星主编：《中国民法典草案建议稿》，法律出版社2003年版，第445页；王利明主编：《中国民法典学者建议稿及立法理由：物权编》，法律出版社2005年版，第201页；李永军等：《中华人民共和国民法物权编（专家建议稿）》，载《比较法研究》2017年第4期。

有权以外之财产权，由数人共有或公同共有者，准用之。”学者认为，所有权以外之财产权，为数人共同享有者，谓之准共有。所有权以外之财产权，有为物权者，有视为物权者，有为无体财产权者，有为债权者。此等权利，由数人分别共有或共同共有者，则准用本节之规定。惟准用时，须先注意各财产权之法律，是否就共有已有特别规定，如有特别规定，应先适用特别规定。[①]

在法律史上，准共有的历史沿革与所有权以外的财产权有着同样的发展。从他物权产生之后，现实中便产生了准共有的情形。例如，自设置了永佃权制度之后，永佃权就由一个家庭的全体成员共同享有；自地上权出现之后，一个家庭取得一块土地的地上权，也是由家庭成员共有这一地上权。后来，随着知识产权的丰富和发展，对知识产权的共有现象也逐渐增多。在比较法上追溯，正式确认准共有这种物权制度最早始于《德国民法典》第741条的规定：“数人共同享有一权利者，除法律另有其他规定外，准用第742条至第758条的规定（按其应有部分的共有）。”该条文中的“权利”一词，包括所有权以及其他财产权。同样的，《日本民法典》第264条也明确规定了准共有：“本节规定，准用于数人有所有权以外的财产权的情形。但法令另有规定时，不在此限。”

三 规范目的或功能

本条规范的目的是明确准共有的准用规则。

准共有与普通的共有既有区别又有联系，共同组成完整的共有制度。《民法通则》没有关于准共有的规定，但现实中准共有的情况却大量存在。共有制度，本是专为所有权的共有设立，但实际上用益物权、担保物权以及其他财产性权利的准共有的法律现象在生活中并不少见，[②]例如抵押权共有、地役权共有、采矿权共有、取水权共有、著作权共有、商标权共有、专利权共有、债权共有等。本条坚持了《物权法》对准共有的规定，反映了我国民事立法

① 参见杨立新：《共有权理论与适用》，法律出版社2007年版，第223页。

② 参见王胜明主编：《物权法学习问答》，中国民主法制出版社2007年版，第167页。

关注到了实践中大量存在的对所有权以外的财产权按份共有或者共同共有的法律现象，并将其纳入《民法典》中。立法上，本条所规定的准共有的范围仅仅限定为用益物权和担保物权。但是从理论研究和司法实践上，应当对用益物权和担保物权以外的财产权的共有，也给予高度的关注。

规范内容

一、准共有的定义

本条规定的准共有，就是两个或者两个以上民事主体按份共有或者共同共有所有权以外的财产权。数人共同享有的权利，除所有权外，还有很多财产权。学理上，所谓所有权以外的财产权，除了用益物权、担保物权之外，还包括很多种权利。例如，矿业权、渔业权、取水权、狩猎权等准物权，著作权，商标权，专利权，债权等；[①]而本条将准共有的标的，限定为用益物权和担保物权。广义上，对所有权以外的财产权的按份共有或共同共有，在性质上与对所有权的共有没有差别，学说上称为准共有。[②]

在比较法上，其他国家也有类似的规定。例如，《德国民法典》第741条规定："数人共同享有一权利者，除法律另有其他规定外，准用第742至第758条的规定。"《日本民法典》第264条规定："本节规定，准用于数人有所有权以外财产权的情形。但法令另有规定时，不在此限。"

二、准共有的法律特征

本条规范的准共有，与一般的共有既有区别又有联系，它具有如下特点：

第一，理论上，准共有的标的是所有权之外的财产权。对所有权之外的财产权的共有，包括但不限于建设用地使用权的共有、海域使用权的共有、地役权的共有、采矿权的共有、取水权的共有、抵押权的共有、质权的共有、留置权的共有、著作权的共有、商标权的共有、专利权的共有、债权的

① 参见崔建远：《物权法》，中国人民大学出版社2017年版，第365页；王利明主编：《中国民法典学者建议稿及立法理由：物权编》，法律出版社2005年版，第201页。

② 参见梁慧星主编：《中国民法典草案建议稿》，法律出版社2003年版，第445页。

共有。[1]但是，非财产权的人格权、身份权等，[2]不是准共有的标的物。另外，占有不是一种权利，自然不会形成准共有。值得注意的是，尽管理论上认为，准共有的标的是所有权之外的财产权，但本条明确限定了，准共有的权利客体只限于他物权。即这种共有的客体并不是特定物，也不是所有权，而是以用益物权和担保物权为客体。所以，准共有与一般共有的区别就表现为，一般的共有是指数人对某一特定物享有所有权，而准共有是指数人对他物权共同享有权利。[3]实践中最常见的就是数人共同对土地享有使用权、共同对宅基地享有使用权等。

理论上，对于知识产权的共有，如对著作权、专利权、商标权的共有，基本达成了观点的一致。应当认为，对于知识产权的共有可以准用有关准共有的规定。但是，对于债权和担保物权是否可以成立准共有，实际上，学界有不同的观点。

关于债权能否成为共有的权利客体，有肯定和否定两种意见。一方面，肯定的观点认为，债权尽管是一种期待的权利，但仍然体现了一定财产利益，也可成为准共有的客体。[4]另一方面，否定的观点认为，准共有应当限于对他物权和知识产权等绝对权的共有，但债权是相对的，与前者有本质差别。何况债法中已经对数人享有债权进行了规定，即按份债权、连带债权等，其规则与共有规则有较大差别，所以不宜将债权作为准共有的权利客体。[5]

关于担保物权是否可以成立准共有，也有不同的看法。一方面，否定的观点认为，用益物权是可以共有的，因为法律设置共有制度的主要原因是确立对物的共同利用的规则，允许用益物权共有，有利于促进物尽其用；但担

---

① 崔建远：《物权法》，中国人民大学出版社2017年版，第254页。

② 在人格权和身份权领域，是不是也存在准共有的现象，值得更加深入地研究。具体而言，有观点认为，在身份权中，是存在共有现象的，但一般不将其称为共有或者准共有。比如共同亲权，就是父母共同享有亲权、共同行使亲权。在人格权中，人格权是民事主体独享的权利，不能共有。但是，对于某些人格利益却具有共有的性质。例如，对于荣誉利益、隐私利益，都可能存在几个人对其都享有权利的问题。参见杨立新：《共有权理论与适用》，法律出版社2007年版，第224页。

③ 参见王利明：《物权法研究》，中国人民大学出版社2016年版，第718页。

④ 参见王泽鉴：《民法物权1：通则·所有权》，中国政法大学出版社2001年版，第389页。

⑤ 参见王利明：《物权法研究》，中国人民大学出版社2016年版，第718页。

保物权不宜实行准共有，因为担保物权的本质在于对物的交换价值的支配，担保物权规则本身也包括详尽的处理共同担保人之间关系的规则，如抵押权的顺位规则等。如果规定担保物权可以共有，反而不利于明确多个主体之间的法律关系，不利于明确多个主体如何行使担保物权，容易造成一定的混乱。另一方面，肯定的观点认为，如果《民法典》只是承认用益物权的准共有而不包括担保物权，则准共有的范围将过于狭窄。实际上，担保物权也可能形成准共有，实践中已经存在大量这样的现象。例如，甲、乙、丙三人分别借款给债务人丁，三人同时就丁所有的房屋设定一个抵押权，份额为均等，并办理了抵押权登记，此时就发生抵押权的准共有。[①]再如，对于留置权而言，在二人共同从事修理的情况下，因修理费而留置了修理物，应当认为二人对修理物共同享有留置权。[②]

第二，准共有应当首先适用有关财产权的特别规定，以及有关普通共有的规定。究竟是参照按份共有还是共同共有的规定，应当依据在准共有的关系中，共有人对共有权利是否具有事先确定的份额，是否存在共同关系，以及各个共有人在共有关系中的权利义务状态和性质，而区分为“准按份共有”和“准共同共有”。具体而言，究竟是“准按份共有”，还是“准共同共有”，应当由各准共有人依据法律和合同的规定，以及准共有权利的性质，加以确定。一般情况下，对于家庭关系、夫妻关系等作为基础关系的共有，准用共同共有的规定。如果依据法律规定，各个准共有人必须共同行使权利，不得分割为一定份额，则应当认定其为“准共同共有”关系。除此之外，没有共同关系作为基础关系的共有，准用按份共有的规定。按份共有可以基于合同关系来确定，如果合同规定了准共有关系，各准共有人应按一定份额享有权利和承担义务，则当然属于“准按份共有”。

另外，准共有具有除所有权外的共有的全部法律特征。包括准共有的产生、消灭等，与普通共有基本相同或者相似。[③]

第三，在适用共有规定时应当关注他物权本身的特殊性。“参照”适用关

---

① 参见王泽鉴：《民法物权1：通则·所有权》，中国政法大学出版社2001年版，第390页。

② 参见王利明：《物权法研究》，中国人民大学出版社2016年版，第719页。

③ 参见杨立新：《共有权理论与适用》，法律出版社2007年版，第224页。

于共有的规定，“参照”一词只是说可以准用，并不是说所有的条款都可以适用于准共有。有些关于共有的规定是不能适用于准共有的。例如，关于共有的实物分割并不适用于准共有，因为准共有不是对所有权的共有。再如，地役权就具有不可分性。此外，法律对于用益物权和担保物权的共有有特别规定的，应当优先适用其规定。二者属于特别法与普通法的关系，应当优先适用特别法。

举证责任

准共有的权利人主张确权需要证明准共有的事实，通常需要考虑以下内容：

第一，如果准共有的权利客体是用益物权，原告则需要在举证土地承包经营权、建设用地使用权、宅基地使用权、地役权等权利的有效取得的基础上，举证数人之间的或按照份额共有的事实或依据共同关系而共有的事实。对用益物权的取得的举证，应当依据用益物权的相关法律规定。

第二，如果准共有的权利客体是担保物权，原告则需要在举证抵押权、质权、留置权的有效取得的基础上，举证数人之间的或按照份额共有的事实或依据共同关系而共有的事实。对担保物权的取得的举证，应当依据担保物权的相关法律规定。

第三，现实中无论用益物权还是担保物权，原告在以公示的外观证明准共有事实的时候，均可能与出资的事实相结合，此时需明确区分物权和其他债权关系，明确多数主体之间成立的是物权意义的准共有的事实。

第九章

所有权取得的特别规定

第三百一十一条【善意取得】

无处分权人将不动产或者动产转让给受让人的，所有权人有权追回；除法律另有规定外，符合下列情形的，受让人取得该不动产或者动产的所有权：

（一）受让人受让该不动产或者动产时是善意；

（二）以合理的价格转让；

（三）转让的不动产或者动产依照法律规定应当登记的已经登记，不需要登记的已经交付给受让人。

受让人依据前款规定取得不动产或者动产的所有权的，原所有权人有权向无处分权人请求损害赔偿。

当事人善意取得其他物权的，参照适用前两款规定。

历史由来

本条承继了《物权法》第106条的规定，略作文字性修改：一是删除第1款第1项所作“善意的”规定中的“的”字；二是将第2款规定中的“依照”修改为“依据”；三是把第2款规定中的“赔偿损失”修改为“损害赔偿”；四是把第3款规定中的“参照前两款规定”增补为“参照适用前两款规定”。在《物权法》出台之前，《民法通则意见》第89条曾对善意取得有所规定，该条规定：“……在共同共有关系存续期间，部分共有人擅自处分共有财产的，一般认定无效。但第三人善意、有偿取得该财产的，应当维护第三人的合法权益；对其他共有人的损失，由擅自处分共有财产的人赔偿。”《物权法》第106条也在一定程度上承继了该条后段之规定，并且大胆突破了此前我国民法学理大多将善意取得的客体仅限于动产的理论认识，[①]对动产和不动产的善意取得作出了统一规定。此一规定出台之后受到了一些批评，有的学者甚至主

① 参见佟柔主编：《中国民法》，法律出版社1990年版，第243页以下；钱明星：《物权法原理》，北京大学出版社1994年版，第208页以下；梁慧星、陈华彬编著：《物权法》，法律出版社1997年版，第185页；魏振瀛主编：《民法学》，北京大学出版社、高等教育出版社2001年版，第240页以下；杨立新：《共同共有不动产交易中的善意取得》，载《法学研究》1997年第4期；孙宪忠：《论物权法》，法律出版社2001年版，第201页；中国政法大学物权立法课题组：（转下页）

张，应将《物权法》第106条限缩解释为仅适用于动产，不动产交易中的信赖保护可通过解释《物权法》第16条即本法第216条有关不动产登记簿效力的规定来实现，[①]这些批评和意见最终并没有为本法所采纳。

三 规范目的或功能

本条是关于善意取得的一般规定，旨在明确无权处分他人所有物的情况下被处分物的所有权归属和各方权利义务关系，以平衡各方利益，同时对他物权的善意取得作出了参照适用的规定。本条与第312条有关遗失物善意取得的规定系一般规定与特别规定的关系，第313条是对本条所规定的动产所有权善意取得法律效果的进一步补充规定。

善意取得作为对“任何人不得将大于自己所有的权利让与他人”原则之突破，目的是想通过其制度安排来阻断无权处分情形下，原所有权人对标的物的追及权，以实现善意受让人的利益保护，进而促进交易安全和便捷。此一制度安排虽然在一定程度上牺牲了原所有权人的利益，但由于其为受让人所提供的信赖保护——这种信赖一般认为是指受让人基于登记或占有这些权利外观所产生的对无处分权人享有处分权的信赖——与现代市场经济理性对交易安全和便捷的追求较为契合，其对受让人须为善意的要求也在一定程度上体现了诚实信用原则，因而在法伦理和法政策效果上都被认为是可以接受的，其正当性一般也都可以从这两个方面得到合理的证成。[②]此外，也有部分学者认为，应在承认动产占有这一权利外观具有部分公信力的基础之上，通过引入源自德国法的权利外观引致理论或归咎原则，将动产善意取得的正当

(接上页)《关于〈民法草案·物权法编〉制定若干问题的意见》，载《政法论坛》2003年第1期；常鹏翱：《善意取得仅仅适用于动产物权吗？——一种功能主义的视角》，载《中外法学》2006年第6期。

① 参见朱广新：《不动产适用善意取得制度的限度》，载《法学研究》2009年第4期。

② 参见谢在全：《民法物权论》(上册)，中国政法大学出版社2011年版，第272页以下；苏永钦：《私法自治中的经济理性》，中国人民大学出版社2004年版，第171页以下；常鹏翱：《善意取得的中国问题——基于物权法草案的初步分析》，载张双根等主编：《中德私法研究》2006年第2卷，北京大学出版社2007年版，第9页以下；汪志刚：《动产善意取得的法理基础》，载《法学研究》2009年第3期；叶金强：《物权法第106条解释论之基础》，载《法学研究》2010年第6期。

性部分建立在占有与所有的不一致可归因于原所有权人自愿放弃占有的行为基础之上，进而可以更好地阐明为什么法律会对遗失物、盗赃物等占有脱离物的善意取得作出特别的处理。[①]

善意取得的发生虽然必须以无权处分行为的存在为前提，但本条本身并不调整无权处分行为的法律效力，该行为的法律效力应受总则编有关法律行为的规定和其他相关特别规定的调整。在本法出台之前，《合同法》第51条曾对无权处分行为的法律效力作出过规定，[②]依据对该规定的解释，在无权处分这一效力待定的物权行为[③]欠缺处分权的瑕疵已经依法得到补正的情况下——获得了权利人的追认或者无处分权人嗣后取得了处分权，该行为有效（如果不存在其他效力瑕疵的话），受让人或其他物权取得人可基于此一法律行为正常取得物权，善意取得制度无适用余地。善意取得制度只有在无权处分行为的效力瑕疵未依前述方式得到补正的情况下，才能够得以适用，也只有在此一情形下，善意取得制度才能发挥其重新安排当事人之间的权利义务关系，使善意的受让人或其他物权取得人能够从无权利人处取得物权的制度功能。这一制度功能在本法出台之后，并不会因本法未承继《合同法》第51条的规定而有所改变。

规范内容

本条共由三款构成。第1款规定了无权处分情形下所有权人有权追回其物，

---

① 参见庄加园：《动产善意取得的理论基础再审视——基于权利外观学说的建构尝试》，载《中外法学》2016年第5期。

② 该条规定："无处分权的人处分他人财产，经权利人追认或者无处分权的人订立合同后取得处分权的，该合同有效。"

③ 关于《合同法》第51条的解释，学理上向来就有"债权行为效力待定说"和"物权行为效力待定说"等诸说之分歧，"物权行为效力待定说"目前为我国通说。《买卖合同解释》第3条所采用的也是"物权行为效力待定说"。该条规定："当事人一方以出卖人在缔约时对标的物没有所有权或者处分权为由主张合同无效的，人民法院不予支持。出卖人因未取得所有权或者处分权致使标的物所有权不能转移，买受人要求出卖人承担违约责任或者要求解除合同并主张损害赔偿的，人民法院应予支持。"依其规定，出卖人对标的物有无处分权并不影响买卖合同这一债权行为的法律效力，法律效力受影响或者效力待定的应是转让所有权的物权行为本身。该物权行为如果不存在除无处分权外的其他瑕疵的话，经权利人追认或者无处分权人嗣后取得处分权的，行为有效；反之，未获权利人追认或者无处分权人嗣后没有取得处分权的，行为无效。

并对所有权善意取得的构成要件和一般法律效果作出了规定；第2款规定了原所有权人对无处分权人的损害赔偿请求权；第3款规定了所有权善意取得制度对其他物权的准用。

一、所有权人的追回权

本条第1款第1分句规定，无处分权人将不动产或者动产转让给受让人的，所有权人有权追回。该追回权在性质上应属于物权请求权性质的所有物返还请求权，其相对人一般应为无法依善意取得制度取得标的物所有权的受让人。所有权人得请求返还的标的物包括原物及其孳息（本法第460条）。如果标的物已经灭失，所有权人不能请求返还，只能请求损害赔偿。如果标的物已被毁损，所有权人除可请求返还原物及其孳息外，也可根据具体情况，请求相对人承担恢复原状（本法第237条）、赔偿损失（本法第238条和第461条）等责任。在所有权人请求返还的标的物为不动产或所有权已登记的动产时，其返还请求权不适用诉讼时效（本法第196条）；其他动产的返还请求权应适用本法第188条规定的3年的普通诉讼时效。

二、所有权善意取得的构成要件

本条第1款对不动产和动产所有权善意取得的构成要件作出了统一规定，依其规定，所有权善意取得的构成要件为：出让人无权处分；受让人受让该不动产或者动产时是善意的；以合理的价格转让；转让的不动产或者动产依照法律规定应当登记的已经登记，不需要登记的已经交付给受让人。以上四项要件中，除最后一项要件须根据情形的不同分别适用登记或交付要件外，其他要件可一体适用于不动产和动产所有权的善意取得。[①]在法律另有规定时，应优先适用这些特别规定，本条所述之“除法律另有规定外”即为此意。

在运用以上要件来判断受让人是否构成善意取得时，较为符合逻辑且可在一定程度上减轻司法认定负担的要件认定顺序应是：先就出让人是否

---

① 有学者认为，尽管本条对不动产善意取得和动产善意取得的构成要件作出了统一规定，但二者在构成要件上仍存在些许差异，因而有必要对二者的构成要件分别展开阐述。考虑到这些差异实际上并不会超出以上四要件所可能涵盖的范围，此处将不再区分二者的构成要件分别展开阐述。

构成无权处分和受让人是否已依法受领登记或者交付来进行判断；只有在这两项要件都已具备时，才有必要对转让价格是否合理以及受让人是否构成善意进行判断。因为，从要件关系上来讲，登记和交付情况以及价格是否合理本身就是影响善意判断的重要因素。有鉴于此，以下的阐述顺序也将做相应的调整。

（一）出让人无权处分

所有权的善意取得只有在“无处分权人将不动产或者动产转让给受让人”的情形下，才能够得以适用，既是条文之本义，也是学理之共识。其中所述的“处分权”是指对既有权利进行法律上处分的权利，如转让所有权、设立抵押权或质权的权利等。“不动产或者动产”是指依法可通过登记或交付来转让所有权的不动产或者动产，依法不能转让的不动产（如土地所有权）或动产（如毒品）不适用善意取得。“转让”是指依法律行为或者移转所有权的合意转让所有权，非依法律行为转让所有权的，不适用善意取得。出让人在以法律行为的方式转让所有权时，若无所有权或者法律上的处分权，即构成本条所述的“无处分权人”，如无所有权且未获得所有权人或其法定代理人授权的出让人，有所有权但超越了处分权限的出让人等。前者如擅自出让租赁物或保管物的承租人或保管人，实际上并不享有所有权仍擅自出让登记在其名义的不动产或动产的登记权利人；后者如未经其他共有人同意而擅自出让共有物的共同共有人，擅自出让已被查封冻结的财产或者破产财产的所有权人等。

“无处分权人将不动产或者动产转让给受让人的”情形若单纯从文义上来讲，应可包含以下几种不同情形：一是无处分权人“以自己的名义”将不动产或者动产转让给受让人的情形；二是无处分权人“以自己是他人代理人的名义”将不动产或者动产转让给受让人的情形；三是无处分权人“以自己就是被冒名的真正权利人的名义”将不动产或者动产转让给受让人的情形。

以上情形中，第一种情形才是学理上通常所说的无权处分，该无权处分行为只有在没有得到真正权利人的追认或者无处分权人嗣后没有取得处分权的情况下，才能导致善意取得制度的适用。第二种情形下，如果实际情况是，被代理人享有处分权，而代理人不享有代理权，则此时应适用无权代理或表见代理制度（本法第171条、第172条和第503条），而不应适用无权处分和善意取得制度；[①]反之，如果实际情况是，被代理人并不享有处分权而由代理人代为处分的，则同样构成无权处分，其行为效力和所有权取得规则，原则上应与第一种情形相同。[②]第三种情形在学理上一般被称为冒名行为或者冒名处分，关于此类行为的法律效力，我国法未予规定，解释上有认为可构成无权处分，因而可导致善意取得制度适用的，[③]也有认为应类推适用无权代理制度的，[④]后一意见更具可采性。

（二）转让的不动产或者动产依照法律规定应当登记的已经登记，不需要登记的已经交付给受让人

无权处分作为处分行为的一种，与有权处分的法律行为一样，原则上也应适用基于法律行为的物权变动所应适用的一般规则。依据本法第208条、第209条和第224条的规定，除法律另有规定外，基于法律行为的物权变动原则上应以登记或交付为要件。本条规定这一要件的目的也是贯彻此一原则。至于在具体情形下，特定物所有权的善意取得到底是应该以登记为要件，还是应该以交付为要件，应视这里所述的“依照法律规定”中的“法律”具体是如何规定的来判断。以此为判断标准，解释上应认为，不动产所有权的善意取得原则上应以登记为要件，但在我国农村的房屋所有权和宅基地使用权登记制度尚不完善的情况下，应例外地承认未登记的农房所有权的善意取得也可以交付为要件；一般动产所有权的善意取得应以交

---

① 如果适用无权处分和善意取得制度来处理此处所涉问题，不仅易导致制度功能上的混淆，而且与善意取得制度所要保护的信赖是受让人对出让人享有处分权的信赖，而非对其享有代理权的信赖的一般法理不合。参见梁慧星、陈华彬：《物权法》（第六版），法律出版社2016年版，第195页。

② 参见王泽鉴：《民法物权》（第二版），北京大学出版社2010年版，第480页。

③ 参见王利明：《善意取得制度若干问题研究——从一起冒名顶替行为说起》，载《判解研究》2009年第2辑；杨立新：《论不动产善意取得及适用条件》，载《判解研究》2009年第2辑；戴永盛：《论不动产冒名处分的法律适用》，载《法学》2014年第7期。

④ 参见傅鼎生：《不动产善意取得应排除冒名处分之适用》，载《法学》2011年第12期；冉克平：《论冒名处分不动产的私法效果》，载《中国法学》2015年第1期；程啸：《论不动产抵押权的善意取得——兼评最高人民法院物权法司法解释之规定》，载《财经法学》2017年第1期。

付为要件；船舶、航空器和机动车等特殊动产所有权的善意取得[①]到底是应该以交付为要件，还是应该以登记为要件，解释上有一定的争议，多数学者认为应以交付为要件。[②]《物权法解释（一）》第20条采用的是交付说，该条规定："转让人将物权法第二十四条规定的船舶、航空器和机动车等交付给受让人的，应当认定符合物权法第一百零六条第一款第三项规定的善意取得的条件。"

本条所规定的"交付"并不仅仅指现实交付，还包括观念交付。至于具体包括哪些观念交付，解释上有一定的争议：一种观点认为，应仅包括简易交付和返还请求权的转让，不包括占有改定。[③]这一观点与《德国民法典》第932条以下有关动产善意取得要件的规定完全一致，《欧洲民法典示范法草案》第Ⅷ-3：101条在规定动产善意取得的要件时，也将占有改定排除在外。[④]依据我国台湾地区的相关规定，仅以占有改定的方式代替交付的，不能发生善意取得的效果，其理由主要在于："善意取得制度涉及真正权利人即原所有人与权利取得人即受让人之间之利益衡量，受让人既系以占有改定受让占有，让与人仍继续占有标的物，此与真正权利人系信赖让与人而使之占有动产完全相同，实难谓受让人利益较诸原所有人者更应保护之理由，况真正权利如所有权之保护，乃民法及宪法之优先价值秩序，是当将占有改定排除在交付方法之外。"[⑤]另一种观点认为，应包括所有形态的观念交付，其理由主要在于，立法本身并没有将占有改定排除在善意取得中的交付之外，而且法律上也没有充分的理由将有权处分和无权处分情形下的交付加以区

---

① 关于船舶、航空器和机动车等特殊动产的物权变动能否适用善意取得的问题，理论上有一定的争议。通说采肯定说，惟在有关特殊动产登记对抗主义与善意取得的各自适用范围问题上，仍然存在一定的争议，详见第225条的评注。

② 参见杨代雄：《准不动产的物权变动要件——〈物权法〉第24条及相关条款的解释和完善》，载《法律科学》2010年第1期。

③ 参见叶金强：《取得占有与动产善意取得》，载《甘肃政法学院学报》2005年第2期；税兵：《占有改定与善意取得——兼论民法规范漏洞的填补》，载《法学研究》2009年第5期；王文军：《占有改定作为善意取得要件之辨》，载《法律科学》2015年第6期。

④ 参见［德］克里斯蒂安·冯·巴尔、埃里克·克莱夫主编：《欧洲私法的原则、定义与示范规则：欧洲示范民法典草案》（第8卷），朱文龙等译，法律出版社2014年版，第483页。

⑤ 谢在全：《民法物权论》（上册），中国政法大学出版社2011年版，第279页。

别对待。[①]还有观点认为，“仅仅只是间接占有的创设，应普遍禁止所有权善意取得效果的发生”，在动产善意取得中，应仅承认通过现实交付和简易交付的善意取得，而不应承认通过返还请求权的转让和占有改定的善意取得。[②]《物权法解释（一）》第18条在解释“善意取得中善意的判断时间”时，所列的“动产交付之时”中的交付仅包括现实交付、简易交付和返还请求权的转让，并不包括占有改定。以此观之，该解释所采纳的应是第一种观点。然而，按照起草者的解释，本条未将占有改定纳入的主要原因是起草者对占有改定情形下的善意的判断时间存在争议，而非要否定通过占有改定的善意取得。起草者还认为，尽管大陆法系国家和地区的立法和司法实践基本上都会对占有改定在善意取得中的适用作出一些限制性规定，但我国不宜简单照搬国外的立法例。[③]言下之意是，占有改定也可适用于善意取得。如此，其观点又回到了第二种观点。此一观点是否妥当，仍有待进一步观察。

另外，此处需予说明的是，依多数学者意见，善意取得中的简易交付应以受让人所取得的占有是从出让人处取得为条件，否则，将不产生善意取得的效果。因为，在受让人所取得的占有非源自出让人时，受让人已无从基于出让人享有占有这一权利表征来形成其对出让人享有处分权的信赖，进而可以据此受到善意取得制度的保护。[④]

---

① 参见全国人民代表大会常务委员会法制工作委员会编：《中华人民共和国物权法释义》，法律出版社2007年版，第77页；刘家安：《物权法论》，中国政法大学出版社2009年版，第117页；梁慧星、陈华彬：《物权法》（第六版），法律出版社2016年版，第194页；郑永宽：《占有改定与善意取得》，载《北方法学》2011年第6期。

② 参见陈自强：《“民法”第948条动产善意取得之检讨》，载苏永钦主编：《民法物权争议问题研究》，清华人学出版社2004年版，第256页；[德]托马斯·吕福纳：《间接占有与善意取得》，张双根译，王洪亮校，载张双根等主编：《中德私法研究》（第2卷），北京大学出版社2006年版，第51页；汪志刚：《动产交付与所有权转让制度研究》，法律出版社2012年版，第231—232页。

③ 参见杜万华主编：《最高人民法院物权法司法解释（一）理解与适用》，人民法院出版社2016年版，第418页以下。

④ 参见王泽鉴：《民法物权》（第二版），北京大学出版社2010年版，第481页。

（三）以合理的价格转让

“以合理的价格转让”是否应单列为善意取得的构成要件，比较法上有不同的做法，本条将其单列为一个要件，体现了立法者对善意取得更高的要件要求，客观上有利于对原所有人的保护。本要件在内容上可被细分为两个要件：一是受让人与出让人之间的交易必须是有偿的。无偿地受让所有权（如接受赠与）不构成善意取得。二是转让的价格必须合理。价格不合理不仅会导致本要件不成立，而且会影响善意的认定。我国法院在司法实践中也不乏以转让价格过低否定受让人善意的案例。①

关于此处所述的“价格”到底是指当事人约定的价格，还是指受让人已实际支付的价格或者价款（买卖中实际支付的对价一般应称之为价款），解释上有一定的争议。②从本条所采用的表述是“以合理的价格转让”，而非“已实际支付合理的转让价格或者价款”的角度看，更为契合其文义的解释应是将其解释为当事人约定的价格，但在当事人已经实际付清全部价款时，考虑到当事人实际支付的价款与约定的价格未必一致，此时应就其实际支付的价款是否合理来进行判断。在当事人尚未实际付清价款时，只要当事人约定的价格可以被认定是合理的，并不影响该要件的成立。只不过，在此情形下，受让人仍应依合同（出让人无处分权并不影响转让合同的效力）的约定向出让人履行其价款支付义务，原所有人也可以基于不当得利，请求出让人返还其因无权处分所获得的对价（价款或价款支付请求权）。

在判断此处所述的价格是否“合理”时，应依客观标准来进行，即应以当事人约定的价格（未付清价款时）或者已实际支付的全部价款与标的物市场价值是否大体相当为判准，而不应以当事人主观认同的价格或价值为判

---

① 参见安丘市某物流有限公司与张某德、张某涛返还原物纠纷二审民事判决书，（2014）潍商终字第506号；玉溪某经贸有限公司、赵某与徐某霞委托合同纠纷案二审民事判决书，（2014）玉中民二终字第1号；张某新与刘某杰执行异议二审民事判决书，（2015）白山民一终字第144号。

② 参见崔建远：《物权：规范与学说——以中国物权法的解释论为中心》（上册），清华大学出版社2011年版，第217页；王利明：《物权法研究（修订版）》（上卷），中国人民大学出版社2007年版，第446页。

准——若采后一判准，则价格是否合理将完全取决于当事人的主观意愿，以合理的价格转让这一要件也就失去了其存在意义了。《物权法解释（一）》第19条也采用的是客观标准，该条规定："《物权法》第一百零六条第一款第二项所称'合理的价格'，应当根据转让标的物的性质、数量以及付款方式等具体情况，参考转让时交易地市场价格以及交易习惯等因素综合认定。"此一规定与《合同法解释（二）》第19条第1款有关如何认定"明显不合理的低价"的规定大体上是一致的，后一规定的第2款所确立的量化标准对于认定此处所述的价格是否合理也具有一定的参考价值，但不宜简单套用于此。[①]另外，需注意的是，在判断价格是否合理时，重点应当排除的是不合理的低价，如果价格过高且又不能否定受让人善意的，不宜以价格过高来否定善意取得。

（四）受让人受让该不动产或者动产时是善意的

1.善意的含义

善意取得只有在取得人是"善意"的情况下，才能获得伦理上的正当性支持，既是交易伦理的基本要求，也是善意取得人能够优先于真正权利人获得法律保护的一个主要原因。关于何谓"善意"，本法未明确规定，学理上和实践中也有不同看法。其中，最主要的是"区分说"和"同一说"的分歧。

"区分说"认为，基于作为权利外观的不动产登记簿的公信力或者准确反映物权真实状况的概率应远高于动产交付或占有之缘故，解释上应认为，善意在不动产善意取得和动产善意取得中的含义应有所不同，即不动产善意取得中的善意应被解释为非明知（不知道）出让人无处分权；动产善意取得中的善意应被解释为非明知或者非因重大过失而不知出让人无处分权。[②]该学说从渊源上来看，应主要是受德国法的影响，不仅内含了对不动产登记簿和动产占有公信力的不同理论认识和预设，而且对不动产和动产善意取得中的受

① 参见杜万华主编：《最高人民法院物权法司法解释（一）理解与适用》，人民法院出版社2016年版，第444页。

② 参见王利明：《不动产善意取得的构成要件研究》，载《政治与法律》2008年第10期；程啸：《论不动产登记簿公信力与动产善意取得的区分》，载《中外法学》2010年第4期。

让人提出了不同的义务要求，即动产善意取得中的受让人在形成其对出让人享有处分权的合理信赖时，不能仅凭出让人占有就形成此一信赖，而是仍应对此负有一定程度的注意义务，未尽其义务而构成重大过失者，不能成立善意，而在不动产善意取得中，受让人并不负有前述注意义务，其信赖只要能够得到不动产登记簿的支持，即可成立善意。

“同一说”则认为，应将不动产和动产善意取得中的善意统一解释为非明知或者非因重大过失而不知出让人无处分权。其理由主要在于，本条在文义上并没有任何迹象显示，立法者有对不动产和动产善意取得中的善意加以区分的意图；[①]而且，目前我国的不动产登记制度并不完善，登记簿记载的权利状况的准确率尚不如德国，在此情况下，赋予其类似于德国法上那样的绝对公信力并不现实，非常不利于真正权利人的保护，较为妥当的做法应是只赋予其相对的公信力，同时科以不动产所有权的受让人以相应的注意义务，以平衡所有权人和受让人的利益。[②]当然，考虑到不动产登记簿和动产占有毕竟具有一定的公示效果，其可资信赖的程度相对比较高，在课予受让人以相应的注意义务时，不宜要求过高，而是仅需受让人无重大过失即可，一般的过失或者轻微过失不影响善意的成立。

“同一说”目前为我国通说,《物权法解释（一）》第15条第1款也采用的是该说，该款规定：“受让人受让不动产或者动产时，不知道转让人无处分权，且无重大过失的，应当认定受让人为善意。”

2.善意的判断时点

本要件对受让人须为善意的要求附有时间限制，即善意的成立必须是在“受让人受让该不动产或者动产时”。其中所述的“受让不动产时”，解释上有认为应是指登记申请时的，也有认为应是指登记完成时的。《物权法解释（一）》第18条采用了后一更为有利于原所有权人的解释，将受让人善意认定的截止时点规定为“依法完成不动产物权转移登记时”。在此一时

---

① 参见孟勤国、申惠文:《我国〈物权法〉没有承认登记公信力》，载《东方法学》2009年第5期。

② 参见崔建远:《物权：规范与学说——以中国物权法的解释论为中心》(上册)，清华大学出版社2011年版，第215页；王洪亮:《论登记公信力的相对化》，载《比较法研究》2009年第5期。

点之前，只要受让人“不知道转让人无处分权且无重大过失的”，都可成立善意，在此之后所发生的知情或应当知情，与善意成立与否无关。当然，在受让的不动产为未登记的农村房屋时，其善意的认定时点应准用“受让动产时”。

“受让动产时”是指动产交付完成之时，解释上并无疑义。在交付系以简易交付的方式替代时，“受让动产时”应是指本法第226条所规定的“民事法律行为生效时”。在交付系以返还请求权转让的方式替代时，依据本法第227条的规定和债权让与的一般法理，所有权转让的生效时点应与返还请求权转让的生效时点相同，此一时点也是认定受让人的善意的截止时点。在交付系以占有改定的方式替代时，如果不承认通过占有改定的善意取得，自无探讨善意成立时点之必要；如果承认占有改定也可适用善意取得，则一般应以本法第228条所规定的“约定”的生效时点为善意的认定截止时点。《物权法解释（一）》第18条在解释此处所述的“受让动产时”，也采用的是完成动产交付之时，并对简易交付和返还请求权转让情形下的“受让动产时”作出了与前述解释基本相同的规定。依其规定，“受让该不动产或者动产时”的时点实际上已被统一解释为受让人拟取得的相应的不动产或者动产物权变动的生效时点，这一时点在物权变动附条件或附期限时，是指条件成就时或期限届满时。①

3.善意的认定与证明

善意的认定是一个事实问题，需要以一定的证据为基础，对受让人的主观心理状态和认知情况作出判断。依据前文对善意的定义，这种判断应包括两个方面：一是对受让人是否“明知”②出让人无处分权的判断；二是对受让人对其不知出让人无处分权是否具有“重大过失”的判断。

在判断受让人是否构成善意时，首先需要明确的是善意的举证责任问题。对此，学理上有不同看法，实践中的做法也不统一。其中，既有认为善意要

---

① 参见杜万华主编：《最高人民法院物权法司法解释（一）理解与适用》，人民法院出版社2016年版，第412页。

② 明知不等于故意，故意的判断需结合认知和意志要素，而明知的判断只涉及认知要素，二者不可混同。

件应由主张善意取得的受让人举证证明的，[①]也有认为善意应该是被推定的，并且应由主张受让人不构成善意的原权利人就受让人的恶意负举证责任的。[②]后者为目前我国通说，其理由主要在于，登记或占有作为权利外观应该具有法律上的推定力，即按照法定方式公示的物权应被推定为正确。[③]以此为前提，解释上应认为，只要受让人信赖了物权公示的正确性，并基于此一信赖进行了交易，法律上就应该推定其为善意，而不应再要求其就善意进行举证。《物权法解释（一）》第15条第2款采用的也是推定说，[④]该款规定："真实权利人主张受让人不构成善意的，应当承担举证证明责任。"

依据这种推定说，同时结合《物权法解释（一）》第16条第1款[⑤]及其他相关法律的规定，解释上应认为，只要存在以下事实，法律上就应推定受让人为善意，而不管受让人在个案中是原告还是被告：第一，在不动产（不含未登记的农村房屋）善意取得中，只要受让人在受让所有权时，登记簿记载的所有权人是出让人且该登记簿上并不存在《物权法解释（一）》第16条第1款前三项所规定的异议登记、预告登记和其他可导致其处分权受限的登记事项，即可推定受让人为善意。至于受让人是否实际查阅了登记簿，在所不

---

① 参见徐涤宇、胡东海：《证明责任视野下善意取得之善意要件的制度设计》，载《比较法研究》2009年第4期；郑金玉：《善意取得证明责任分配规则研究》，载《现代法学》2009年第6期；吴泽勇：《论善意取得制度中善意要件的证明》，载《中国法学》2012年第4期。

② 参见王利明：《物权法研究》，中国人民大学出版社2002年版，第266页；叶金强：《论善意取得构成中的善意且无重大过失》，载《法律科学》2004年第5期；陈华彬：《民法物权论》，中国法制出版社2010年版，第287页；程啸：《论不动产善意取得之构成件——〈中华人民共和国物权法〉第106条释义》，载《法商研究》2010年第5期。

③ 本法第216条明确规定了不动产登记簿具有推定力，占有的推定力虽未见于明文，但理论上对此一般也都是予以认可的，同理，特殊动产的登记簿依法也应具有物权变动公示方式所应具有的推定力。

④ 参见杜万华主编：《最高人民法院物权法司法解释（一）理解与适用》，人民法院出版社2016年版，第361页。

⑤ 该款规定："具有下列情形之一的，应当认定不动产受让人知道转让人无处分权：（一）登记簿上存在有效的异议登记；（二）预告登记有效期内，未经预告登记的权利人同意；（三）登记簿上已经记载司法机关或者行政机关依法裁定、决定查封或者以其他形式限制不动产权利的有关事项；（四）受让人知道登记簿上记载的权利主体错误；（五）受让人知道他人已经依法享有不动产物权。"真实权利人有证据证明不动产受让人应当知道转让人无处分权的，应当认定受让人具有重大过失。

问。[①]而且，即便是登记簿上存在有效的异议登记，如果登记的异议人并非诉争案件中主张所有权的真实权利人，而是其他利害关系人的，也同样可作以上推定，即相对于真正权利人，受让人仍可被推定为善意。第二，在一般动产善意取得中，只要受让人在受让所有权时，出让人占有标的物的，即可推定受让人为善意。第三，特殊动产善意取得中的善意的认定相对比较复杂，因为，特殊动产的善意取得既有可能发生在所有权初始登记之前，也有可能发生在所有权初始登记之后。在特殊动产所有权尚未完成初始登记时，依学界通说，其所有权的取得（含正常取得和善意取得）应适用一般动产的所有权取得规则，其善意的推定也应与一般动产相同。在特殊动产的所有权已经完成初始登记时，基于登记所具有的物权变动公示效果，法律上理应将登记簿的记载情况作为判断受让人是否构成善意的重要标准；同时，依前文所述，特殊动产所有权的善意取得不需要以登记为要件，仅需交付即可。如此一来，法律上应认为，在推定受让人的善意时，应综合考虑登记和占有的情况，即一方面需要受让人在受让所有权时，登记簿记载的所有权人是出让人且该登记簿上并不存在《物权法解释（一）》第16条第1款前三项所规定的登记事项——类推适用不动产善意取得规则的结果，另一方面又需要受让人在受让所有权时，出让人是标的物的占有人。只有在以上事实都存在的情况下，才可推定受让人为善意。

善意的推定虽然是依据一定的登记或占有状况所作推定，但这种推定并非终局的推定，而是一种可反驳的推定。若真实权利人主张受让人不构成善意的，其仍可通过举证证明受让人存在恶意即“明知或者因重大过失而不知出让人无处分权”来推翻这种推定。

---

① 关于善意的推定是否应以受让人实际查阅了登记簿为前提，理论上有不同意见，一说认为应以受让人实际查阅了登记簿作为推定其善意的前提（参见王利明：《不动产善意取得的构成要件研究》，载《政治与法律》2008年第10期），另说则认为无须以此为前提，只要登记簿的记载客观上可支持受让人的善意，即应推定其为善意（参见孟勤国、蒋光辉：《论不动产善意取得的善意标准及善意认定》，载《河南财经政法大学学报》2013年第3期；杜万华主编：《最高人民法院物权法司法解释（一）理解与适用》，人民法院出版社2016年版，第391页）。此处采否定说，其理由主要在于，不动产登记簿的推定力系直接依据法律规定产生，与当事人的主观认识无关。

在不动产登记簿（或特殊动产登记簿）已经记载了《物权法解释（一）》第16条第1款前三项所规定的登记事项时，原则上应当依据该条的规定，认定受让人对出让人无处分权系属明知，不能成立善意，但在异议登记的申请人并非诉争案件中主张所有权的真实权利人时，应做例外处理。在登记簿之上并不存在前述记载时，真实权利人也可以通过其他证据来证明，受让人已通过其他渠道获知出让人无处分权，因而构成“明知”。这种可通过其他证据来证明受让人“明知”的情形一般是指，真实权利人所提供的证据足以证明，受让人明知登记的权利人并非真正权利人，且这种不一致将导致出让人欠缺相应的处分权。《物权法解释（一）》第16条第1款将不动产善意取得中的这种其他“明知”的情况区分成了两种情况（这两种情况同样适用于特殊动产的善意取得）。一是第4项规定的受让人明知登记簿记载的权利主体错误的情况。例如，受让人受让之物本身就是其曾代理出让人办理所有权登记之物，且受让人在代理登记时就明知登记的权利人并非真正权利人的。又如，受让人在出让人及其配偶曾明确告知登记在出让人名义的不动产（或特殊动产）系其夫妻共有财产时，仍从出让人个人手中受让该不动产（或特殊动产）的。二是第5项规定的受让人明知他人已经依法享有不动产物权的情况。这种情况一般是指受让人明知该不动产（或特殊动产）上存在未登记的物权变动，如明知该不动产（或特殊动产）所有权已由他人基于继承或者判决等非法律行为的原因取得等。[①]在普通动产善意取得中，真实权利人也可以通过举证证明受让人明知出让人无所有权或者处分权受限来否定受让人的善意。

在无法证明或者认定受让人“明知”时，应就受让人是否具有“重大过失”来判断或证明其恶意。法官在为此一判断时，一般应根据个案中已被证明的事实，综合考虑个案的各种具体情况之后作出。于此，物的占有和交付情况、各方当事人（出让人、受让人和真实权利人）的个人情况及其日常关系、交易价格的高低、交易的场所和时机以及其他与交易相关的众所周知的社会生活经验和交易习惯等，都是在具体个案中可以加以考虑的因素。如果

---

① 参见杜万华主编：《最高人民法院物权法司法解释（一）理解与适用》，人民法院出版社2016年版，第386页。

根据案件的整体情况，可以认为受让人对一般智力和注意程度的人只要稍加注意就可避免的认识错误或者损害的发生都没有加以注意的，应认定其具有重大过失。①

《物权法解释（一）》第17条也对动产善意取得中应如何认定受让人的重大过失作出了规定。依其规定，“受让人受让动产时，交易的对象、场所或者时机等不符合交易习惯的，应当认定受让人具有重大过失”。其中所述的“交易习惯，主要是指在当时、当地或者某一行业、某一类交易关系中，为人们所普遍采纳的，且不违反公序良俗的习惯做法”②，具体主要包括特定当事人之间的交易习惯、行业交易习惯、地区交易习惯和一般交易习惯等。③

将交易习惯作为认定受让人是否具有重大过失的主要标准，具有相当的合理性。因为，交易习惯作为一种源自社会生活经验的习惯做法，代表的是一种交易的常态，同时又可以被看成人们在长期的交易实践中所形成的交易理性的沉淀，将其作为一般情况下判断交易主体是否已尽到了一个理性人在同等情形下应尽的注意义务的主要标准，符合过失认定的一般原理。当然，法官在依此一标准进行重大过失的认定时，并不能仅仅因为真实权利人已经举证证明了出让人与受让人之间的交易不符合交易习惯，就径行认定受让人具有重大过失，而是应允许受让人就此进行反证，即只有在受让人不能反证其没有重大过失或恶意时，才能基于其行为违反交易习惯认定其具有重大过失。例如，在二手车交易中，查看机动车登记证书和行驶证是一种通行的交易习惯，如果购车人从无处分权人处购买机动车时，没有查看以上证件，而以上证件所记载的权利人又非出让人的，则一般应认为受让人具有重大过失，除非受让人能够举出其他的反证证明其可以合理信赖出让人有处分权。

---

① 德国联邦最高法院认为，如果取得人根据整体情况以一种不寻常的重大程度违反了必要的谨慎，而且未注意到在该案中任何一个人都本应弄清楚的东西，应认定其构成重大过失。参见［德］鲍尔、施蒂尔纳：《德国物权法》（下册），申卫星、王洪亮译，法律出版社2006年版，第413页。

② 杜万华主编：《最高人民法院物权法司法解释（一）理解与适用》，人民法院出版社2016年版，第404页。

③ 杜万华主编：《最高人民法院物权法司法解释（一）理解与适用》，人民法院出版社2016年版，第410—411页。其中所说的一般交易习惯，与其说是习惯，不如说是一般的社会生活经验。

当然，如果在特定个案中，无法依特定交易习惯来判断受让人是否存在重大过失的，法官也可依据一般的生活经验来进行判断。如果根据一般的生活经验，交易中明显存在某些足以导致一般人都会对出让人的权利来源产生合理怀疑的因素的，则原则上应认为，受让人对此应负有一定程度的注意义务（调查义务等），如果其未加以注意，应认定其具有重大过失。例如，在合伙合同的一方当事人向另一方转让合伙所用的挖掘机时，如果受让人对于该挖掘机系出让人通过融资租赁方式取得的情况是明知的，则法律上应认为，受让人对于出让人是否有处分挖掘机的权利完全可以产生合理的怀疑，依理其应向出租人询问以查明实情，如果其并未向出租人询问而径行购买的，则应认为其对不知出让人无处分权具有重大过失。[①]

在不动产交易中，前述依交易习惯或者一般生活经验来认定受让人是否具有重大过失的标准，也可以在一定程度上得以适用。例如，有的学者就认为，在实践中，购买二手住房一般都有实地看房的习惯，在房屋的实际居住人才是真正的所有权人，而登记权利人并非真正所有权人时，如果受让人在从无处分权人（登记权利人）处购买房屋时，并没有去实地查看房屋的占有情况，而是径行交易的，则一般应认定其具有重大过失。[②]当然，如果受让人已经实地查看了房屋的占有情况，但由于各种客观原因而未能获知实情的，则一般不能仅凭房屋占有人与登记权利人不一致就认定受让人存在重大过失。

三、所有权善意取得的法律效果

只有在以上要件都具备时，才能发生善意取得的法律效果。本条规定了善意取得的两项法律效果，一是第1款规定的受让人取得所有权，二是第2款规定的原所有权人取得对无处分权人的损害赔偿请求权。除以上法律效果外，善意取得还可导致标的物之上原有权利消灭（本法第313条）和特定情形下使原所有权人回复取得所有权的法律效果。

---

① 参见徐某某诉浙江某某机械有限公司物权保护纠纷案民事判决书，（2013）杭余良民初字第63号。

② 类似案情，参见臧某林诉连某贤排除妨害纠纷案二审民事判决书，（2014）沪一中民二（民）终字第433号。

（一）受让人取得所有权

本条第1款规定，符合善意取得要件的，受让人可于登记或交付完成时取得不动产或者动产所有权，原所有权人的所有权消灭。同时，依据本法第313条的规定，存在于标的物之上的原有权利也应归于消灭，但受让人在受让时知道或者应当知道该权利的除外。

（二）原所有权人取得损害赔偿请求权

本条第2款规定，受让人善意取得所有权的，原所有权人有权向无处分权人请求损害赔偿，其损害赔偿请求权的基础或为侵权，或为违约（在原所有权人与出让人之间存在特定的合同关系时），二者可择一而行使（本法第186条）。当然，原所有权人也可以选择不行使前述请求权，而是直接选择请求无处分权人返还不当得利（本法第985条），即原所有权人可以基于不当得利请求无处分权人返还其因无权处分所获得的对价（价款或者合同请求权）。

（三）回复取得

在受让人善意取得所有权之后，如果出让人即无处分权人嗣后又取得了让与物所有权的，则不管其取得原因如何，标的物的所有权应自出让人取得所有权时自动回复为原所有权人所有，标的物之上的原有权利也应一并复活。[①]

（四）转让合同之债的效力不受影响

善意取得的发生须以当事人实施了转让所有权的法律行为为前提，而转让所有权的法律行为作为转让合同（如买卖合同等）这一原因行为的结果行为，不能倒果为因地对其原因行为的法律效力产生影响乃当然之理。因此，即便是在受让人已经善意取得所有权之后，其与出让人所缔结的合同的效力也不会因此受到任何影响，当事人基于合同所负的未履行的合同义务仍应履行，任何一方都不得以受让人已善意取得所有权为由拒绝履行其合同义务，

---

① 参见谢在全：《民法物权论》（上册），中国政法大学出版社2011年版，第282页；崔建远：《物权：规范与学说——以中国物权法的解释论为中心》（上册），清华大学出版社2011年版。

否则，应依法承担相应的违约责任。

四、他物权的善意取得

本条第3款规定，他物权的善意取得应参照适用前两款的规定。这种参照适用由于所涉物权类型众多，情形较为复杂，许多问题还需要进一步研究，很难于此一一详细予以述明，以下仅就理论上和实践中较受关注的一些问题加以必要的说明。

（一）担保物权的善意取得

1.抵押权和质权的善意取得

不动产抵押权、动产质权和以有价证券为客体的权利质权的“设立”可适用善意取得，理论上并无争议。普通动产和特殊动产抵押权等适用登记对抗主义的抵押权能否适用善意取得，理论上有一定的争议，通说采肯定说。非证券化的债权不适用善意取得，理论上并无争议，基于此，以非证券化的债权为客体的权利质权理应也不能适用善意取得。至于以知识产权中的财产权为客体的权利质权能否适用善意取得的问题，尚待进一步研究。

在将本条第1款和第2款的规定参照适用于抵押权或质权的善意取得时，善意要件的认定标准不变，仍应适用不知道处分人无处分权且无重大过失的标准。以合理的价格转让要件无须具备，只需被担保的债权有效存在即可。登记或交付要件的适用则应依其客体的不同来分别加以处理，在抵押权的客体为不动产时，应以登记为要件（本法第402条），在抵押权的客体为动产时，多数学者认为无须登记，只需抵押权合同有效成立即可（本法第403条）；动产质权的设立应以交付为要件（本法第429条），权利质权的设立应以权利证书的交付或者办理相应的登记为要件（本法第441条以下）。在符合前述构成要件时，债权人可善意取得抵押权或质权，原所有权人的所有权并不消灭，但须负担抵押权或质权。所有权人因此所受损失，可以向无处分权人请求赔偿。

在抵押权或质权是通过附随于其所担保的债权的转让而被“转让”时，无权处分他人债权或者无权处分担保该债权的抵押权或质权的情况下，该抵押权或质权能否适用善意取得的问题，理论上一般都认为，基于担保物权的附随性，原则上应对此持否定态度。因为，即便是在受让人能够有效地取得其所担保的债权的情况下，抵押权或质权的转让也是基于从权利应附随于主权利一并转让的规则而发生（本法第547条），与善意取得无关；反之亦然。但是，也有学者认为，在特定的债权转让情形下，仍有必要单独考虑抵押权或质权的善意取得问题。例如，在被转让的债权有效存在且转让人也有处分权的情形下，转让人虚构了一个原本不存在的以第三人的动产为客体的抵押权或质权，并将该抵押权或质权随债权一道"转让"给了受让人。于此情形下，有关受让人能否取得抵押权或质权的问题，仍有必要考虑善意取得制度的适用。当然，多数情况下，受让人是无法善意取得抵押权或质权的，因为受让人在此情形下完全可以通过向第三人核实情况来查明实情，如果其未予核实的，应不能成立善意，但是也不排除，在受让人向第三人核实时，第三人基于各种原因错误地确认了该抵押权或者质权有效存在。于此情形下，受让人仍有善意取得抵押权或质权的可能。①

2.留置权的善意取得

关于留置权能否适用善意取得的问题，理论上有不同见解。②依善意取得的发生须以无权处分行为的存在为前提之法理，在当事人并无处分物权的意思时，断不会发生无权处分和善意取得问题。由此观之，留置权作为直接依据法律规定产生的法定担保物权，其产生既然不需要以当事人具有创设留置权的合意为前提，自然也就不会发生以创设留置权为目的的无权处分——债务人在保管、运输和修理等合同中依合同的性质将非属于自己所有的动产交付给债权人的行为并不构成无权处分——和善意取得问题了，即留置权的"原始发生"并不适用善意取得。即便是在债权人所取得的留置权的客体并不属于债务人所有或者其有权处分的动产时，债权人取得留置权的依据也非善意取得，而是法律的直接规定（本法第447条以下）。将其权利取得依据解释为善意取得，并将债权人的善意（不知债务人无处分该动产的权利）作为此一情形下债权人取得留置权的条件，③不仅内含了对"处分权"概念的不当扩张或者误解，人为地

① 参见叶金强：《动产他物权的善意取得探析》，载《现代法学》2004年第2期。

② 参见叶金强：《动产他物权的善意取得探析》，载《现代法学》2004年第2期；常鹏翱：《留置权善意取得的解释论》，载《法商研究》2014年第6期；潘磊：《留置权善意取得之质疑——以〈民法典·物权编〉制定为契机》，载《金陵法律评论》2017年春季卷。

③《担保法解释》第108条规定："债权人合法占有债务人交付的动产时，不知债务人无处分该动产的权利，债权人可以按照担保法第八十二条的规定行使留置权。"

增加了法律解释和适用的困难，而且与相关交易实践的情况不合。更何况，从立法的角度看，法律之所以承认特定合同项下的债权人可以直接依据法律的规定留置债务人交付的动产，其根本原因就在于，债权人在此一合同项下针对特定动产所付出的劳动（保管、运输、加工承揽等）有益于该物价值的保存、发挥乃至于增值，这一有益于物的效用价值的劳动付出对于其他物权人而言，一般也都具有共益性，故而赋予其法定的留置权以保障其债权的优先实现是符合正义的。[①]在债务人交付的动产非属债务人所有时，亦同。

当然，在留置权是通过附随于其所担保的债权的转让而被转让时，基于转让行为的处分行为性质，此处也有可能会发生与前文所述的抵押权或质权转让中可能发生的无权处分情形相类似的情形。关于这些情形应如何处理的问题，可参照前文所述作类似的处理，此处不赘。

（二）用益物权的善意取得

在本法所规定的各项用益物权中，土地承包经营权、建设用地使用权、集体建设用地使用权和宅基地使用权一般只能由土地所有权人设立，[②]且其设立一般都需要经历相应的审批或者集体决策程序，基于此，同时考虑到我国的土地所有权只能由国家或集体所有，且不可转让，解释上应认为，前述权利的设立一般并不会发生无权处分和善意取得问题，但在实践中，有时候也难免会发生发包人“一地二包”等类似情况，于此情况下，善意取得制度仍有其适用余地。至于这些权利的转让，自可适用善意取得。[③]地役权的设立也可适用善意取得，但其转让由于具有附随性，无法适用善意取得。土地经营

① 参见尹田：《法国物权法》，法律出版社1998年版，第453页。

② 唯一有争议的是区分建设用地使用权能否由建设用地使用权人设立的问题，关于该争议的分析，参见本法第345条的评注。

③ 但也有学者认为，采登记对抗主义规则的土地承包经营权、地役权等物权，应不能适用善意取得［参见崔建远：《物权：规范与学说——以中国物权法的解释论为中心》（上册），清华大学出版社2011年版，第219页］，这一观点能否成立，值得商榷。我国法院在实践中，也多有赞成登记对抗的物权可适用善意取得的判决。例如，在“孙某平与李某芬及袁某红农村土地承包经营权纠纷案”［吉林省高级人民法院（2016）吉民再68号民事判决书］、“李某贵诉田某等农业承包合同纠纷案”［黑龙江省高级人民法院（2014）黑高民申三字第45号民事裁定书］等案件中，法院就承认了登记对抗的土地承包经营权也可适用善意取得。

权、居住权这些《民法典》新增的物权能否适用善意取得的问题，仍有待进一步研究，但从本条并未就此作出任何特别规定的角度看，原则上应承认这些物权也可适用善意取得。

在将本条第1款和第2款适用于用益物权的善意取得时，善意要件不变，以合理价格转让或者取得的要件应予适用。登记或交付要件的适用应依其所适用的物权类型的不同来分别加以处理，即善意取得适用于登记生效主义规则的用益物权时，应以登记为要件，善意取得适用于登记对抗主义规则的用益物权时，无须登记或交付，仅需物权变动合意生效即可。在符合前述构成要件时，物权取得人可善意取得相应的用益物权，原用益物权人所享有的与之不能并存的用益物权消灭。原用益物权人因此所受损失，可以向无处分权人请求赔偿。

三 其他问题

一、善意取得是否须以原因行为有效为前提

关于善意取得是否须以原因行为（买卖合同等债权合同）有效为前提的问题，理论上有一定的争议。[①]此一争议既与善意取得到底应该被理解为继受取得，还是原始取得有关，也与是否应承认物权行为的独立性和无因性有关。

无权处分与有权处分一样，性质上都属于处分行为，而在有权处分的情况下，除非采物权行为的无因性，否则基于此一处分行为的物权取得仍须以原因行为的有效为前提。由此观之，只要我国法未明确采纳物权行为的无因性，那么在无权处分的情况下，物权的善意取得也应以原因行为的

---

① 吴国喆：《善意取得制度的缺陷及其补正》，载《法学研究》2005年第4期；王利明：《善意取得的制度构成——以我国物权法草案第111条为分析对象》，载《中国法学》2006年第4期；崔建远：《出卖他人之物合同的效力设计——善意取得构成要件的立法论》，载《河北法学》2006年第3期；彭诚信、李建华：《善意取得合同效力的立法解析与逻辑证成》，载《中国法学》2009年第4期；刘家安：《善意取得情形下转让行为的效力》，载《法学》2009年第5期；娄爱华：《论善意取得制度中的转让合同效力问题——兼谈〈合同法〉第51条与〈物权法〉第106条之关系》，载《法律科学》2011年第1期。

有效为前提。若不承认这一点，则不仅易导致对法律行为制度的破坏，使无权处分情形下的处分行为与负担行为的结构关系完全异质于有权处分的情形，而且会给相关的司法实践带来各种法律解释和适用困难，尤其是在该笔交易尚存在除无权处分外的其他瑕疵时，更是如此。①《物权法解释（一）》第21条采纳的也是原则上应以原因行为的有效为前提的见解。该条规定："具有下列情形之一，受让人主张根据物权法第一百零六条规定取得所有权的，不予支持：（一）转让合同因违反合同法第五十二条规定被认定无效；（二）转让合同因受让人存在欺诈、胁迫或者乘人之危等法定事由被撤销。"②

二、善意取得中的诉讼时效问题

依据本条的规定，在不符合善意取得的构成要件时，原所有权人应有权请求受让人返还原物。这一返还原物请求权依据前文的分析，在其请求返还的标的物为非登记动产时，该请求权应适用3年的普通诉讼时效。而依诉讼时效适用的一般原理，一旦时效经过，原所有权人的所有权虽然并不消灭，但其针对受让人的请求权却有可能会因受让人主张时效抗辩而无法实现。如此一来，法律上就必然会出现一种非常奇怪的结果，即原所有权人虽然依然享有所有权，但却无法请求受让人返还其物，而受让人虽无所有权，但却可以不受追索地"享有"他人之物。如何处理这种奇怪的局面，我国无明文规定，构成明显的法律漏洞。

另外，此处需予说明的是，在标的物为遗失物时，如何处理这里所说3年的普通诉讼时效和本法第312条所规定的原所有权人请求返还原物的2年期间——自知道或者应当知道受让人之日起2年内——的关系，法律上也值得探讨。

---

① 从某种程度上讲，有权处分、无权处分和善意取得的关系有点类似于有权代理、无权代理和表见代理的关系。表见代理情形下代理人以被代理人的名义所实施的法律行为，法律尚且要求其除欠缺代理权的瑕疵外，不应存在其他影响其效力的瑕疵，那么在善意取得的情况下，法律理应做同样的要求。

② 关于该规定的详细分析和讨论，请参见姚明斌：《善意取得之合同效力要件再检视——基于〈物权法解释（一）〉第21条展开》，载《法学》2017年第5期。

第三百一十二条【遗失物的追回】

所有权人或者其他权利人有权追回遗失物。该遗失物通过转让被他人占有的，权利人有权向无处分权人请求损害赔偿，或者自知道或者应当知道受让人之日起二年内向受让人请求返还原物；但是，受让人通过拍卖或者向具有经营资格的经营者购得该遗失物的，权利人请求返还原物时应当支付受让人所付的费用。权利人向受让人支付所付费用后，有权向无处分权人追偿。

历史由来

本条承继了《物权法》第107条，略作文字及标点符号的修改。在《民法典》编纂过程中，未曾有过任何实质性改动。

规范目的或功能

本条是关于遗失物善意取得的规定，相对于本法第311条，系属善意取得的特别规定，目的是解决遗失物被转让时，其所有权归属和各方权利义务关系，以平衡各方利益。作为善意取得的特别规定，本条的特别之处不仅在于其所适用的客体仅限于遗失物，而且在于其所规定的遗失物善意取得的法律效果不同于本法第311条，即遗失物的善意取得并非无负担的取得，而是须在一定期限内负担原权利人的返还请求权。这一权利负担的创设，目的并不是要否定遗失物的善意取得，而是要在承认遗失物也可适用善意取得的基础上，通过这一权利负担的创设来加强对遗失物权利人的保护。法律之所以会于此选择加强对权利人的保护，主要是考虑到，在无权处分人所取得的占有系基于所有人的意思而生时（如将自己所有的物委托给他人保管），所有人自己创造了一个可使第三人产生信赖的权利外观，对交易安全具有一定的危险性，自然应该更多地承担物被占有人无权处分的风险；而在无权处分的物为遗失物时，出让人所享有的占有的权利外观并非源于所有人的意思，因占有和所有不一致给交易安全带来的危险也不可归咎于所有人，要求所有人或者其他非自愿丧失占有的权利人完全承担遗失物被无权处分的风险，对于权利人来说，未免过于严苛，故而出于平衡交易安全和所有权保护的考虑，法律才会于此例外地承认遗失物权利人可在一定期间内请求受让人返还其物。[①]

规范内容

本条第1句规定了遗失物所有权人或者其他权利人有权追回遗失物。第2句前段规定了在遗失物通过转让被他人占有时，遗失物权利人有权请求无处分权人损害赔偿，或者无偿请求受让人返还其物；后段规定了在受让人通过拍卖或者向具有经营资格的经营者购得遗失物时，遗失物权利人有权请求无处分权人损害赔偿，或者有偿请求受让人返还其物。第3句规定了遗失物权利人在有偿请求返还原物后，有权向无处分权人追偿。

一、本条与本法第311条的关系

在理解和适用本条时，首先需要厘清的是本条与本法第311条的关系。从本条仅规定了遗失物被无权处分后的法律效果（各方权利义务关系），而未规定受让人善意取得遗失物所有权的构成要件的角度看，本条的规定应属对遗失物善意取得法律效果的特别规定，即遗失物的善意取得仍应适用本法第311条第1款所规定的构成要件，本条无需重复规定，其所生的法律效果除包括第311条所规定的法律效果外，还应包括本条所规定的原所有权人或其他权利人在一定期间内仍有权请求受让人返还原物的法律效果，此一法律效果正是本条为遗失物的善意取得特别添加的（在本法第311条之下，原所有权人在受让人善意取得所有权之后，并不享有此一返还请求权），目的是通过这一效果的添加来限制受让人所取得的所有权的法律效力，进而更好地实现对遗失物权利人的法律保护。

正是以上体系关系决定了，本条所述的“受让人”应是指符合第311条第1款规定的善意取得构成要件的受让人，也只有在受让人已具备本法第311条

---

① 参见王泽鉴：《民法物权》（第二版），北京大学出版社2010年版，第476页；谢在全：《民法物权论》（下册），中国政法大学出版社2011年版，第1181页以下；庄加园：《动产善意取得的理论基础再审视——基于权利外观学说的建构尝试》，载《中外法学》2016年第5期。

第1款所规定的善意取得的构成要件时，权利人请求受让人返还原物的权利才需要受到本条规定的2年期间的限制，甚至需要向特定的受让人支付其所付费用。如果受让人并不具备善意取得的要件，权利人请求其返还原物的权利并不受本条所规定的2年期间的限制，也无需依本条的规定向特定的受让人支付其所付费用，甚至可以依据本法第459条和第461条的规定，向恶意占有遗失物的受让人请求损害赔偿。这表明，在本条所规定的2年期间内，遗失物的所有权应属于受让人，但其所取得的所有权须在一定期间内负担原权利人的返还请求权，[①]在原权利人的返还请求权因2年期间的经过而归于消灭之后，受让人所取得的所有权将不再负担该权利。至于原本存在于该遗失物之上的其他权利是否应归于消灭的问题，应适用本法第313条的规定。

二、遗失物权利人的追回权与损害赔偿请求权

遗失物是指非基于占有人的意思而丧失占有，现又无人占有之动产。依据本法第314条的规定，拾得遗失物并不能因此取得所有权，拾得人仍应负有向权利人返还遗失物的义务。此一义务所对应的权利就是本条第1句所规定的所有权人或者其他权利人追回遗失物的权利，其中的“其他权利人”是指除所有权人之外的其他非基于己意而丧失遗失物占有的有权占有人和善意的无权占有人，[②]如质权人、承租人等。在请求返还遗失物的权利人为物权人（如质权人）时，其请求返还遗失物的权利为物权性质的返还原物请求权（本法

① 关于遗失物的所有权在权利人有权请求返还之前到底应该归属于谁，学理上有所争议，其中既有主张原权利人归属说的，也有主张受让人归属说和折中说的［参见谢在全：《民法物权论》（下册），中国政法大学出版社2011年版，第1189页］。基于受让人归属说更加符合规范体系逻辑、更加有利于相关问题的妥善解决，此处采受让人归属说。原权利人归属说不仅与规范体系逻辑不合，而且会导致种种不良后果，如将使得善意受让人在本条所规定的2年期间内无法受到物权保护，并且会将受让人的法律地位长期置于一个悬而未决的状态，对交易安全的威胁甚大，尤其是考虑到本条所规定的2年期间的起算点（知道或者应当知道受让人之日起）本身就很不确定，更是如此。折中说（善意受让人除对遗失物权利人不得主张所有权外，得向其他任何人主张其所有权），由于有违一物一所有权原则，不足为采。

② 善意的无权占有人虽无占有本权，但其所受保护与有权占有人几近相同，故而在法律上应承认善意占有人也有权追回遗失物。参见王泽鉴：《民法物权》（第二版），北京大学出版社2010年版，第499页。

第235条)，该权利的行使期间应适用本法第188条规定的3年的普通诉讼时效；在请求返还遗失物的权利人非为物权人（如承租人或其他善意占有人）时，其请求返还遗失物的权利为债权性质的占有物返还请求权（本法第462条)，该权利的行使期间应适用本法第462条规定的1年的除斥期间。

在遗失物已通过转让被他人占有时，权利人可以此一转让行为已构成对其权利的侵犯为由向无处分权人请求损害赔偿，这是当然之理。在遗失物的受让人因不具备善意取得的构成要件而无法善意取得所有权时，权利人也可依据本条第1句的规定请求受让人返还原物。如果权利人在行使其权利时，并未选择向受让人请求返还原物，而是选择了向无处分权人请求损害赔偿，那么原则上应对各方关系作如下处理：第一，在请求赔偿的权利人为所有权人或者其他已得到其授权的主体时，解释上应认为，此时的所有权人已经放弃了其对受让人的返还请求权，这种放弃在法律上应被推定为对无权处分行为的追认，受让人可基于此一追认正常取得所有权。第二，在请求赔偿的主体为其他权利人，而非所有权人或者其他已得到其授权的主体时，解释上应认为，所有权人在法定的诉讼时效期间内仍有权请求受让人返还其物，在该权利的有效存续期间内，受让人并不能因其他权利人未选择向其请求返还原物而正常取得所有权。当然，如果所有权人已经从其他权利人处受领了这些权利人从无处分权人处获得的损害赔偿金，或者直接选择了向其他权利人请求损害赔偿，则同样可以认为所有权人已经放弃了其追回权，受让人可正常取得遗失物的所有权。

在遗失物的受让人符合善意取得的构成要件时，依据本法第311条的规定，权利人本无权请求受让人返还原物，而是只能请求无处分权人损害赔偿，但是，依据本条第2句的规定，权利人仍可在一定期间内请求受让人返还其物。这一请求返还遗失物的权利作为法律“特许”的权利，性质上与本条第1句所规定的返还请求权并不相同（详见下文)，其权利行使期间应适用本条规定的2年的除斥期间。如果权利人未在此期间内向受让人请求返还原物，而是选择了向无处分权人请求损害赔偿，那么原则上应对各方关系作如下处理：第一，在请求赔偿的主体为所有权人或者其他已得到其授权的主体时，解释上应认为，此时的所有权人已经放弃了其依据本条第2句的规定所享有的请求返还原物的权利，受让人善意取得的所有权无须再负担该权利。第二，在请求赔偿的主体为其他权利人，而非所有权人或者其他已得到其授权的主体时，解释上应认为，所有权人在本条规定的2年期间内仍保有其对受让人请求返还原物的权利，在该权利的有效存续期间内，受让人善意取得的所有权仍需负担该权利，除非所有权人已通过行为表明其已放弃了该权利，如已从其他权利人处受领了这些权利人从无处分权人处获得的损害赔偿金，或者直接选择了向其他权利人请求损害赔偿等。

三、遗失物权利人无偿请求返还原物的权利

本条第2句前段规定了遗失物权利人无偿请求受让人返还原物的权利。依其规定，该权利的行使条件为：第一，标的物须为遗失物，但不得为货币或者无记名证券；第二，该遗失物已通过转让被他人占有；第三，现占有人即受让人须符合本法第311条规定的善意取得的构成要件；第四，请求返还原物的主体须为遗失物所有权人或者其他权利人；第五，请求返还原物的相对人须为善意受让遗失物的现占有人，至于其占有是直接占有，还是间接占有，在所不问；第六，请求返还原物的时间须在其知道或者应当知道受让人之日起2年内。欠缺其中任何一个条件，权利人的请求都不能得到法律的支持。

与本条第1句规定的追回权或为物权性质的返还原物请求权，或为债权性质的占有物返还请求权不同，本条第2句规定的请求返还原物的权利的性质较为特别，学理上一般都认为，作为一项可与受让人所取得的所有权并存的特别的权利负担，该权利性质上应属于"与物之交付请求合体行使的一种实体上的形成权"。该形成权一经行使，物被遗失之前原本就存在于该遗失物之上的权利（所有权和其他权利等）将自动溯及占有丧失之时并自此时起复活，而无须待受让人向权利人交付遗失物。[①]因此丧失所有权的受让人只能依其与出让人之间的合同关系谋求救济。与此一请求返还原物的权利性质上应属于形成权相关联的是，本条所规定的2年期间应为除斥期间，而非诉讼时效。该期间一旦经过，权利人所享有的请求返还原物的权利即归于消灭，受让人所取得的所有权将不再负担该权利。

---

① 参见王泽鉴：《民法物权》（第二版），北京大学出版社2010年版，第500页；谢在全：《民法物权论》（下册），中国政法大学出版社2011年版，第1188页。

四、遗失物权利人有偿请求返还原物的权利与追偿权

本条第2句后段规定了遗失物权利人有偿请求受让人返还原物的权利。依其规定，该权利的行使条件除须满足前述无偿请求返还原物的权利须满足的条件外，尚须满足以下条件：第一，受让人须通过拍卖或者从具有经营资格的经营者处购得遗失物，此处所述的“具有经营资格的经营者”并不要求必须是具有经营与遗失物同种类物资格的经营者，而是只要具备一般的商品经营资格即可。第二，权利人已承诺向受让人支付其所付费用。这里所说的“费用”是指受让人为购买遗失物所支付的价金。如果权利人在请求返还原物时，未现实提出愿意支付受让人所付费用，其权利行使将因欠缺法定条件不生效力，不能导致前述权利自动回复的效果，受让人所取得的所有权将不受任何影响。

有偿请求返还原物的权利与前述无偿请求返还原物的权利一样，性质上也属于形成权，其权利行使效果与后者基本相同。在权利人有偿请求受让人返还原物时，如果权利人并未现实地向受让人支付其所付费用，依同时履行之法理，受让人应有权拒绝返还遗失物。当然，受让人也可以选择在返还遗失物之后，再请求权利人偿还其为购买遗失物所支付的价金。权利人在向受让人支付其所付费用后，依法应有权向无处分权人追偿。

三 其他问题

遗失物与盗赃物虽然同属占有脱离物即非基于所有人的意思丧失占有之物，但本法并未对盗赃物能否适用善意取得的问题作出明文规定，《物权法》也是如此，其原因或根源于学者争议过大，或根源于其他立法考虑。有的学者就认为：“不规定盗赃物的善意取得，立法考虑是，对被盗、被抢的财物，所有权人主要通过司法机关依照刑法、刑事诉讼法、治安管理处罚法等有关法律的规定追缴后追回。在追赃过程中，如何保护善意受让人的权益，维护交易安全和社会经济秩序，可以通过进一步完善有关法律规定解决，物权法对此可以不作规定。”①

---

① 全国人民代表大会常务委员会法制工作委员会编：《中华人民共和国物权法释义》，法律出版社2007年版，第244页。

此一立法考虑虽然注意到了盗赃物的特殊性，但就其所采用的解决问题的方法而言，似乎有所欠妥。因为，在事涉第三人时，如何确定盗赃物所有权的归属问题是一个民事问题，事关民事权利的得丧变更和民事基本制度，理应由民事基本法来调整，完全将其交给相关的刑事法律和司法解释来解决并不符合立法法的规定。[①]比较法上许多国家的民法典都会对盗赃物的善意取得问题作出明文规定就很好地说明了这一点。

在本法未对盗赃物的善意取得作出明文规定的情况下，对于如何处理盗赃物的善意取得问题，学理上虽有不同的看法，但多数学者都认为，较为合适的做法应是将遗失物和盗赃物的善意取得问题作同一处理，即在法律适用层面，应类推适用本法第312条的规定来解决盗赃物的善意取得问题，[②]理由主要有三：第一，有关遗失物和盗赃物能否适用善意取得的问题，比较法上虽然有不同的做法，但对二者作同一的处理却是比较法上较为通行的做法，我国法也应如此。更何况，本法第311条并未将盗赃物明确排除在善意取得的客体范围之外。第二，本法第312条对遗失物的善意取得所作规定与《法国民法典》《瑞士民法典》《日本民法典》的相关规定较为接近，所采用的都是“以原权利人的回复请求权来限制（而非否定）遗失物的善意取得”的规范模式，此一模式在我国虽仅适用于遗失物，但在法国、瑞士、日本却可一体于遗失物和盗赃物。[③]这表明，在盗赃物的善意取得问题上，承认盗赃物的善意取得，并以原权利人的回复请求权来限制其效力的做法也是可行的，符合类似事物应作类似处理的法理。第三，2014年公布的《最高人民法院关于刑事裁判涉财产部分执行的若干规定》第11条已明确承认了赃物也可适用善意取得，该条规定：“被执行人将刑事裁判认定为

---

① 参见应秀良：《论我国赃物善意取得的法律适用——兼论物权法第一百零六条、第一百零七条的理解》，载《人民司法》2008年第15期。

② 参见刘家安：《物权法论》，中国政法大学出版社2009年版，第121页；梁慧星、陈华彬：《物权法》（第六版），法律出版社2016年版，第193页；崔建远：《物权：规范与学说——以中国物权法的解释论为中心》（上册），清华大学出版社2011年版，第233页；应秀良：《论我国赃物善意取得的法律适用——兼论物权法第一百零六条、第一百零七条的理解》，载《人民司法》2008年第15期。

③ 参见全国人民代表大会常务委员会法制工作委员会编：《中华人民共和国物权法释义》，法律出版社2007年版，第242—244页。

赃款赃物的涉案财物用于清偿债务、转让或者设置其他权利负担，具有下列情形之一的，人民法院应予追缴：（一）第三人明知是涉案财物而接受的；（二）第三人无偿或者以明显低于市场的价格取得涉案财物的；（三）第三人通过非法债务清偿或者违法犯罪活动取得涉案财物的；（四）第三人通过其他恶意方式取得涉案财物的。第三人善意取得涉案财物的，执行程序中不予追缴。作为原所有人的被害人对该涉案财物主张权利的，人民法院应当告知其通过诉讼程序处理。”从以上规定可以看出，该条虽未对赃物的善意取得的构成要件作出明确规定，但还是承认了赃物也可适用善意取得，并通过其第1款第1项至第4项的规定从反面排除了不构成善意取得的情形，其所列情形恰恰对应的是欠缺本法第311条所规定的“善意”要件和“以合理价格转让”要件的情形。以此观之，盗赃物的善意取得实际上已为我国司法实践所接受，而依类似事物应作类似处理之法理，盗赃物善意取得的法律效果理应适用与之更为接近的遗失物善意取得的法律效果，即盗赃物善意取得的法律效果应类推适用本法第312条的规定。

在类推适用本法第312条的规定来处理盗赃物的善意取得问题时，善意取得的构成要件仍应适用本法第311条的规定，所产生的法律效果应与本法第312条所规定的法律效果相同，即盗赃物的原权利人在一定期间内应享有无偿或者有偿地请求善意受让人返还其物的权利。在盗赃物为货币即赃款时，基于货币的占有即所有之法理，民法上应不会产生货币（赃款）所有权的善意取得问题，被害人即原货币所有人也不得基于本法第312条的类推适用，请求受让人返还货币，即原所有人不得依据《最高人民法院关于刑事裁判涉财产部分执行的若干规定》第11条的规定，对涉案赃款主张所有权并启动相关的诉讼程序，但是，依照该条的规定，法院在执行程序中依然可以对“恶意”受让人所取得的赃款进行追缴，并得基于这种追缴强制消灭其所有权。

第三百一十三条【动产善意取得对动产上原有权利的影响】

善意受让人取得动产后，该动产上的原有权利消灭。但是，善意受让人在受让时知道或者应当知道该权利的除外。

历史由来

本条在承继《物权法》第108条规定之时，略作文字和标点符号的修改。《物权法》第108条规定："善意受让人取得动产后，该动产上的原有权利消灭，但善意受让人在受让时知道或者应当知道该权利的除外。"在《民法典》编纂过程中，本条规定未曾作出任何实质性改动。

规范目的或功能

本条是关于善意取得的动产上原有权利消灭的规定，目的是明确在善意受让人取得动产后，应如何处理受让人所取得的所有权与存在于该动产之上的原有权利的关系。本条的规定是对本法第311条所规定的动产所有权善意取得的法律效果的进一步补充规定，可适用于包含遗失物在内的所有动产所有权的善意取得。

规范内容

本条第1句规定了无负担地取得的善意取得原则，即善意受让人取得动产后，该动产上的原有权利消灭，善意取得的所有权将不再负担动产上的原有权利；第2句规定了附负担取得的例外，这种例外应以受让人在受让时知道或者应当知道原有权利的存在为前提。

善意取得作为所有权取得的一种特别方式，其所有权取得的特别之处在于，受让人所取得的所有权并非源于他人既存的所有权，而是直接依据法律的规定从无权利人处取得。依一物一所有权法理，这一取得必然会导致存在于该物之上的原所有权消灭，而原所有权一旦消灭，原存在于该物之上的其他原有权利也应一并归于消灭。本条的规定即贯彻了此一法理，将不负担原有权利的所有权取得确立为善意取得的一般法律效果。其中所述的“原有权利”是指抵押权、质权等物权。另外，出于衡平的考虑，本条还例外地承认了，如果“受让人在受让时知道或者应当知道该权利的”，该权利将不会因受让人已善意取得所有权消灭，即受让人所取得的所有权仍须负担该权利。其中所述的“受让时”与本法第311条第1款第1项所规定的“受让……时”所指向的时点相同。“知道或者应当知道该权利”的事实应当由主张该事实者负担举证证明责任。

在善意取得的动产为遗失物等占有脱离物时，本条的规定也可适用。只不过，依据本法第312条的规定，在遗失物等占有脱离物的权利人已依法向受让人提出了其返还原物的请求时，存在于该物之上的已消灭的原所有权和其他原有权利将溯及占有丧失之时并自此时起自动复活。

其他问题

本条的规定虽然从文义上来看，仅适用于动产所有权的善意取得，但依一般的物权变动法理，其也可准用于不动产所有权的善意取得，即不动产所有权的善意取得原则上也应为无负担地取得，存在于该不动产之上的原有权利应归于消灭，但受让人在受让时知道或者应当知道该权利的除外。[①]

第三百一十四条【遗失物的拾得】

拾得遗失物，应当返还权利人。拾得人应当及时通知权利人领取，或者送交公安等有关部门。

历史由来

本条完全承继了《物权法》第109条，在《民法典》编纂过程中，未曾有过任何改动。

① 参见崔建远：《物权：规范与学说——以中国物权法的解释论为中心》（上册），清华大学出版社2011年版，第220页；梁慧星、陈华彬：《物权法》（第六版），法律出版社2016年版，第197页。

规范目的或功能

本条是关于拾得遗失物返还的规定，目的是明确拾得遗失物的基本法律效果和当事人之间的权利义务关系。依其规定，拾得遗失物的基本法律效果应是拾得人并不能因此取得遗失物所有权，而是应负将遗失物返还给权利人的义务。此一返还义务不仅构成了本条第2句规定的通知和送交义务的发生前提和依据，而且是后述诸条（本法第315条至第318条）进一步展开和明确拾得遗失物所产生的其他法律效果的基础。

统观这些条文，可以发现，贯穿于这些条文中的基本理念是鼓励拾得人依无因管理的精神从事相关行为。故而，从体系上来看，这些条文中的多数规定都可被看成无因管理的特别规定。拾得人依其规定从事相关行为的，应被认定为是无因管理。反之，则有可能构成侵权行为或者不当得利。

规范内容

本条由构成要件和法律效果两部分构成，构成要件是拾得遗失物，法律效果是拾得人负有返还、通知或送交义务。本条所规定的法律效果并非拾得遗失物所生的全部法律效果，其他未在本条中规定的法律效果分别规定在本法第315条至第318条之中。

一、构成要件：拾得遗失物

拾得遗失物是指发现并占有他人遗失物的行为，该行为在构成上包含两个要件：一是拾得物须为他人遗失物；二是须有拾得行为，即须有发现并占有他人遗失物的事实。

（一）拾得物须为他人遗失物

所谓遗失物，是指非基于占有人的意思而丧失占有，现又无人占有之动产。[①]

---

① 参见谢在全：《民法物权论》（上册），中国政法大学出版社2011年版，第286页。

遗失物的构成应符合以下条件：

（1）占有人已丧失占有。是否丧失占有，应依一般社会观念和客观情况来判断。管领力的一时不能实现，不应被认定为丧失占有。例如，飞行中的玩具飞机偶然落入他人院落内，不应认定为丧失占有。但是，忘置于人员往来频繁的公共场所内的物品，应被认定为占有人已丧失占有之物。①

（2）该占有的丧失须非基于占有人的意思。若占有人本身就是所有权人，其占有的丧失系出于己意时，一般应认定其行为已构成所有权抛弃，被抛弃之物将成为无主物，而非遗失物。若出于己意而抛弃占有者并非所有权人，而是其他占有人或占有辅助人，且其占有的抛弃并未获得所有权人或者被辅助占有之人的同意，则应认定其行为并不构成所有权的抛弃，依法并不能产生所有权抛弃的效果，被抛弃之物对于所有权人或者被辅助占有人来说，仍可构成遗失物，②所有权人或者被辅助占有之人仍可依据本条的规定请求拾得人返还其物。至于拾得人在此情形下是否仍应负有本条所规定的通知、送交义务和本法第316条所规定的保管义务，法理上不无疑义。因为在物被抛弃的情况下，依一般生活常情，物往往更容易呈现出一种被弃置的“外观”（如被丢弃于垃圾桶），拾得人基于这种“外观”很容易产生一种合理的信赖，即信赖该物为被抛弃之物或无主物，并信赖自己得通过“拾得”而先占取得该物的所有权。于此情形下，若法律上一概不考虑拾得人的“合理信赖”，而是仍然要求其负担前述通知、送交和保管义务，并对其因故意或重大过失致该物毁损或灭失的行为承担责任，则对拾得人来说未免过于严苛，而且不符合一般的生活常情。是故，在此情形下，更为妥当的处理方式应是根据拾得时的客观情形——拾得人可就这些情形进行举证——来判断拾得人是否可成立前述意义上的合理信赖，并据此来决定其是否应负有前述通知、送交和保管义务。若前述信赖可以成立，则应免除拾得人的通知、送交和保管义务；反之，则不得免除。③

---

① 参见王泽鉴：《民法物权》（第二版），北京大学出版社2010年版，第191—192页。

② 参见谢在全：《民法物权论》（上册），中国政法大学出版社2011年版，第287页。

③ 但是，也有学者认为，是否为遗失物，应依客观情形加以认定，不以拾得人的主观认识为准［参见王泽鉴：《民法物权》（第二版），北京大学出版社2010年版，第191页］。依此，在拾得人完全有理由将遗失物“误认”为抛弃物而加以占有的情况下，拾得人似乎仍应负有法定的通知、送交和保管义务，这些义务的科予对于拾得人来说是否合理，值得怀疑。

（3）该占有丧失之物现已无人占有。占有人非基于己意而丧失物的占有时，若该物现仍由其他人占有的，则该物并不属于遗失物。例如，被他人窃取或抢占之物或者被他人误拿之物，就不属于遗失物。遗忘于他人住所或者车船飞机上的物，其占有已由住所或车船飞机的占有人取得，也不属于遗失物。[①]

（4）该占有丧失之物须为动产。不动产依其性质不可能遗失，故而遗失物应仅限于动产，且必为有主动产，否则将不产生遗失和返还问题。

（二）须有拾得行为

拾得行为是指发现并占有他人遗失物的行为。如果只是发现了他人遗失物，而未予以占有，不构成拾得。发现他人遗失物而亲自予以占有的，固属拾得；发现他人遗失物而后又指示其雇员或其他占有辅助人占有该物的，也属拾得。执勤警察发现并占有遗失物的，应视其所属机关为拾得人。拾得行为性质上属于事实行为，不以拾得人有完全的民事行为能力为必要，无民事行为能力人和限制行为能力人亦得为拾得行为。

二、法律效果：拾得人的返还、通知和送交义务

拾得遗失物并不能如先占那样当然取得物的所有权，物的所有权仍属原权利人或者在履行法定程序后归国家所有。基于此，本条规定，拾得遗失物的首要法律效果是拾得人应负有向权利人返还遗失物的义务（返还义务）。为了履行此一义务，拾得人还应负有及时通知权利人领取的义务（通知义务）或者将遗失物送交有关部门的义务（送交义务）。

（一）拾得人的返还义务

拾得遗失物者，应负有将遗失物返还给失主即本条所规定的“权利人”的义务。在拾得人占有遗失物期间，产生于遗失物的孳息，也应一并返还给“权利人”（本法第321条、第983条）。这里所说的“权利人”既可以是遗失物的所有权人，也可以是其他非基于己意而丧失遗失物占有的有权占有人和

① 参见谢在全：《民法物权论》（上册），中国政法大学出版社2011年版，第287—288页。

善意的无权占有人。拾得人在返还遗失物时，主动将物交还给权利人自无不可，也可在权利人认领时予以返还。在遗失物已送交公安等有关部门时，此一返还义务应由有关部门承担。拾得人或有关部门在返还遗失物及其孳息时，依诚信原则，应以善良管理人之注意来认真审查认领人是否有权领取遗失物，如询问其遗失物的形态、数量和品质等，以判断其是否为失主。如果认领人的身份存疑，可报请公安机关等有关部门处理，以免使自己负赔偿之责。在拾得人或有关部门已善尽审查义务时，即便是事后证明认领人无权领取遗失物的，拾得人或有关部门也不再负有对真正权利人的返还义务，更无须就此承担损害赔偿之责。[1]反之，如果拾得人或有关部门因未善尽审查义务而致遗失物被无认领权人认领的，拾得人或有关部门应负责追回遗失物。如果遗失物已无法追回或者已毁损、灭失的，依据本法第316条的规定，对此具有故意或者重大过失的拾得人或有关部门应负损害赔偿之责，无故意或者重大过失者，无须承担损害赔偿责任。

（二）拾得人的通知义务

基于无因管理之法理和物的返还义务要求，拾得人在拾得遗失物之后，知道权利人的，应及时通知权利人领取遗失物，其通知是否“及时”，应依一般社会观念和具体情事来决定，其通知方式可以是口头的，也可以是书面的。不知道权利人的，可以发布招领启事或公告。当然，如果拾得人不想为通知或者因不知道权利人而无从为通知又不愿意发布招领公告的，则应将遗失物送交公安等有关部门，由有关部门来处理后续通知、招领等事宜。

（三）拾得人的送交义务

拾得人在通知权利人后，若权利人未在相当期间内认领遗失物的，拾得人应负有将遗失物送交公安等有关部门的义务。拾得人不想为通知或者无从为通知且未发布招领公告时，亦同。拾得人在将遗失物送交有关部门时，既可选择向公安机关（如辖区派出所）送交，也可依具体情形选择向其他适宜部门送交。例如，在遗失物是在机关、学校等单位或其他公共场所拾得时，

---

① 参见谢在全：《民法物权论》（上册），中国政法大学出版社2011年版，第291页。

拾得人就可选择将遗失物送交该单位或者公共场所的管理者，以方便失主寻回遗失物。[①]另外，依据《民事诉讼法》第191条的规定，拾得人也可选择向人民法院申请认定遗失物为无主财产，在人民法院受理其申请后，拾得人应将遗失物送交人民法院或者其所指定的有关部门。拾得人一经将遗失物送交有关部门，其原本应负有的遗失物后续处置义务（如通知、保管和返还义务等）即移转于该部门，拾得人不再负有后续处置义务。

第三百一十五条【遗失物的领取通知与招领公告】

有关部门收到遗失物，知道权利人的，应当及时通知其领取；不知道的，应当及时发布招领公告。

历史由来

本条完全承继了《物权法》第110条的规定，在《民法典》编纂过程中，未曾作过任何改动。

规范目的或功能

本条承前条之规定，对有关部门收到遗失物后应如何处理遗失物的问题作出了明确规定，目的是明确在拾得人已经依据前条的规定将遗失物送交有关部门后，有关部门作为遗失物收存机关和返还义务人，应负有哪些程序性的义务，以保障其返还义务的履行。

本条所规定的通知权利人领取遗失物的义务（通知义务）和发布招领公告的义务（招领义务）只是有关部门在收到遗失物后应尽的法定义务的一部分，其他应尽的义务（如遗失物保管义务等）及其可能享有的权利（如请求偿还遗失物保管费用的权利等）分别规定在本法第316条和第317条中。本条的规定并不适用于人民法院依据《民事诉讼法》的规定在认定财产无主案件中所收到的遗失物的处理，这些遗失物的处理应当依据《民事诉讼法》第177

① 参见《广州市拾遗物品管理规定》（2015年印发）第4条。

条以下所规定的特别程序进行。

规范内容

本条由构成要件和法律效果两部分构成，构成要件为有关部门收到遗失物且知道或者不知道权利人的，法律效果为有关部门负有通知、招领义务。其中所述的“有关部门”是指前条所述的“公安等有关部门”，“收到遗失物”是指拾得人已将遗失物的占有移转给有关部门。

有关部门一旦收到遗失物，即应负担起原本应由拾得人负担的后续处置义务，此一义务移转效果虽未为法律明文规定，但实际上已隐含于本法第314条至第317条的意义脉络之中。基于此，本条规定，有关部门在收到遗失物后，知道权利人的，应负有及时通知其领取的义务；不知道权利人的，应负有及时发布招领公告的义务。本条所规定的通知义务与前条所规定的通知义务在内容和履行要求上并无不同，所规定的及时发布招领公告之义务，应以适合于具体情事的适当方法在适当处所为之。适当方法可以是书面的公告、口头的广播等。适当处所一般多为遗失物拾得地点、有关部门的办公场所或失物招领处等。

公安机关以外的其他有关部门在通知权利人或发布招领公告之后，如果无适格的权利人在相当期间内认领遗失物的，原则上应将遗失物送交公安机关，[①]但是，依据一般的生活常情和效用原则，对于那些没有必要上交公安机关（如已过保质期的食品和其他易变质腐烂的物品等）或者对他人明显无使用价值的物品等，各接收单位也可自行妥善处理。公安机关在收到遗失物后，应当查找失主，通知其认领，或者发布招领公告。公告期限届满后，无人认领遗失物的，公安机关应依据本法第318条的规定，将遗失物收归国有。

① 参见《广州市拾遗物品管理规定》（2015年印发）第4条。

第三百一十六条【遗失物的保管】

拾得人在遗失物送交有关部门前，有关部门在遗失物被领取前，应当妥善保管遗失物。因故意或者重大过失致使遗失物毁损、灭失的，应当承担民事责任。

历史由来

本条完全承继了《物权法》第111条的规定，在《民法典》编纂过程中，各个阶段的民法典草案未曾对《物权法》第111条的规定作出过任何改动。

规范目的或功能

本条是关于遗失物保管义务的规定，是对前两条所规定的法律效果的进一步补充规定，目的是明确在遗失物被返还给权利人或者被依法收归国有前，应由何人负责保管遗失物，以及应如何分配在此期间内发生的遗失物毁损、灭失风险。

规范内容

拾得人在拾得遗失物后，基于无因管理之法理，理应负担起为了失主利益而妥善保管遗失物的义务。这一义务的存续期间或保管期间应为自拾得人拾得遗失物之时起，至遗失物被权利人领取之时止，如果拾得人在此期间内将遗失物送交有关部门，有关部门自收到遗失物之时起应负担起遗失物保管义务。本条第1句规定的就是拾得人或有关部门的遗失物保管义务。依其规定，拾得人在遗失物返还给权利人前或者在遗失物送交有关部门前，有关部门在收到遗失物后，遗失物被领取前，应当负有妥善保管遗失物的义务。其保管是否妥善，应依无因管理之法理，依其是否已尽善良管理人之注意来判断。当然，如果遗失物不易保管或者保管费用过高的，公安机关也可及时拍卖、变卖遗失物，保存价金。其他单位和个人一般不得自行拍卖、变卖遗失物。

本条第2句规定了拾得人或有关部门违反保管义务的民事责任。依其规定，拾得人或有关部门在保管遗失物期间，因故意或者重大过失致使遗失物毁损、灭失的，应承担民事责任。这里所说的民事责任主要是指损害赔偿责任，性质上属于侵权责任，其归责基础之所以会被限定为故意或者重大过失，主要是考虑到拾得人或有关部门为失主利益保管遗失物的行为本身就是无偿的，具有无因管理性质，对于此类无因管理行为，法律上不宜规定过于严格的责任，否则将不利于相关制度目的的实现。本法第897条第2句的规定也内含了类似的考虑，依其规定，无偿保管人只有在其对保管物的毁损、灭失具有故意或重大过失时，才需要对此承担损害赔偿责任。

当然，如果拾得人或有关部门的人员在拾得或者收到遗失物之后，并无将遗失物返还给失主的意思，甚至拟将其据为己有，则原则上应认为，其行为已不具有为失主利益保管遗失物的无因管理性质，依法应不能适用本条第2句的规定，而是应适用本法第459条和第461条所规定的恶意占有人对占有物的毁损、灭失所应承担的一般过错侵权责任。至于如何判断行为人有无将遗失物返还给失主的意思，原则上应依其是否实施了本法第314条和第315条所规定的通知、送交等行为来判断。[①]

其他问题

关于本条所规定的违反保管义务的损害赔偿责任能否以失主遗失物品本身也是一种过失为由来减轻其责任的问题，实践中有一定的争议。查本条之规定以及相关的侵权责任法理，解释上应认为，单纯的遗失物品本身并不足以构成减轻损害赔偿责任人责任的事由，即拾得人或有关部门不得以受害人（失主）遗失物品本身已构成本法第1173条所规定的“受害人过错”来主张其责任的减轻，理由主要有二：其一是本条将拾得人或者有关部门负担损害赔偿责任的归责基础限定为故意或者重大过失，本身就已经内含了对此处所涉的保管物乃失主不慎遗失的物品的考虑。正是由于保管物是遗失物，所以保管人的保管行为才具有无偿性和无因管理性，从而在法律评价上导致了本条对保管人违反保管义务的法律责任的归责基础的严格限定。也就是说，本条的规定实际上已经对保管物是遗失物这一法律事实的意义做出了相应的评价，

---

① 参见张翔、刘阅春：《拾得遗失物制度的法律适用》，载《人民司法》2008年第1期。

责任人依法应不得再次援引此一事实来减轻其责任。其二是依据本法第1173条有关受害人过错的规定以及相关侵权责任法理，在责任人对损害的发生具有故意或者重大过失，而受害人对此仅有一般过失时，依法应不能适用过失相抵。[①]在受害人不慎遗失物品时，其过失相对于其自身利益保护和遗失物的毁损、灭失而言，一般至多只能被认定为一般过失，依法应不能构成对遗失物的毁损、灭失具有故意或者重大过失者的责任减免事由。

当然，在物的“遗失”是所有权人之外的其他占有人故意抛弃物的占有所致时，对于“拾得”该物之人是否仍应负有本条所规定的保管义务以及相关的损害赔偿责任问题，法律上应该有必要加以特别的考虑和对待。对此，前文在分析本法第314条时，已有所述，此处不赘。

第三百一十七条【遗失物权利人的义务】

权利人领取遗失物时，应当向拾得人或者有关部门支付保管遗失物等支出的必要费用。

权利人悬赏寻找遗失物的，领取遗失物时应当按照承诺履行义务。

拾得人侵占遗失物的，无权请求保管遗失物等支出的费用，也无权请求权利人按照承诺履行义务。

历史由来

本条完全承继了《物权法》第112条的规定。在《民法典》编纂过程中，各个阶段的民法典草案皆未作出过任何改动。

规范目的或功能

本条是关于拾得人权利的规定，是对拾得遗失物法律效果的进一步补充规定，是要明确，拾得人或有关部门除负有前述诸条所规定的义务外，依法还应享有哪些权利。基于无因管理之法理，本条第1款明确规定了拾得人或者

① 参见《最高人民法院关于审理人身损害赔偿案件适用法律若干问题的解释》第2条。

有关部门有权请求权利人支付其因保管遗失物等支出的必要费用。同时针对实践中经常发生的悬赏寻找遗失物的情况，本条第2款明确规定了，权利人在领取遗失物时应当按照其在悬赏广告中所做承诺履行义务，如向拾得人支付其所承诺的报酬等。但是，在拾得人侵占遗失物时，拾得人不享有前述权利。

规范内容

一、拾得人请求支付必要费用的权利

拾得遗失物而为保管、通知、送交有关部门和寻找失主的，其行为不仅符合拾金不昧的传统美德，而且构成法律上的无因管理。为贯彻无因管理之法理，本条第1款规定，受益人即权利人在领取遗失物时，应当向作为管理人的拾得人或者有关部门支付其因保管遗失物、寻找失主等支出的必要费用。此一"必要费用"与本法第121条和第979条所规定的受益人应向无因管理人支付的"必要费用"含义相同，其支付义务与相对人所负的遗失物返还义务，依法应构成同时履行关系，相对人在权利人未支付必要费用时，有权依据本法第525条的规定，主张同时履行抗辩。[①]在遗失物因无人认领而被收归国有时，拾得人有权依照无因管理的规定，请求公安机关支付其因保管遗失物等支出的必要费用。[②]在拾得人因保管遗失物等相关事务而受人身或者其他财产损害时，拾得人也有权依据本法第979条的规定，请求受益人即权利人给予适当的补偿。

二、拾得人的赏金请求权

拾得人在权利人领取遗失物时，本无权请求酬金，这是无因管理的法理要求使然，但是，在权利人悬赏寻找遗失物时，基于悬赏广告也能依法产生相应的债权债务关系之法理（本法第499条），拾得人在权利人领取遗失物时，依法应有权请求后者履行其所承诺的义务，本条第2款的规定即贯彻了此一法

---

① 参见崔建远：《物权：规范与学说——以中国物权法的解释论为中心》（上册），清华大学出版社2011年版，第236页。

② 参见全国人民代表大会常务委员会法制工作委员会编：《中华人民共和国物权法释义》，法律出版社2007年版，第237页。

理。依其规定，拾得人应有权请求权利人依其承诺履行相应的酬金或赏金支付义务。此一赏金请求权不因拾得人已将遗失物送交有关部门而受影响。

三、拾得人权利的丧失

拾得人请求权利人支付必要费用或者赏金的权利是以拾得人的行为已构成无因管理为前提的，在此一前提并不具备的情况下，拾得人自然不应享有前述权利。本条第3款的规定即如此，依其规定，拾得人侵占遗失物的，应无权请求保管遗失物等支出的费用，也无权请求权利人按照承诺履行义务。其中所说的拾得人侵占遗失物，应是指拾得人在权利人请求返还遗失物时，无正当理由拒绝返还或者已经无权处分了遗失物的情形。

第三百一十八条【无人认领的遗失物的归属】

遗失物自发布招领公告之日起一年内无人认领的，归国家所有。

历史由来

本条在继承《物权法》第113条之时，对它作出了重要修改：将遗失物权利人丧失权利的招领期限由“六个月”扩展为“一年”。立法机关未说明修改的理由，较为合理的解释应是，为了强化所有权的保护，同时也是为了使遗失物收归国有须满足的公告期限与《民事诉讼法》第192条[①]所规定的认定财产无主须满足的公告期限保持一致，以免有违事理上的一致性。在《民法典》编纂过程中，此一修改最早见于2018年9月5日公布的《民法典各分编（草案）》第113条，此后未再作任何修改。

规范目的或功能

本条是关于无人认领的遗失物所有权归属的规定，一方面是要督促权利

---

① 该条规定：“人民法院受理申请后，经审查核实，应当发出财产认领公告。公告满一年无人认领的，判决认定财产无主，收归国家或者集体所有。”

人及时行使权利，另一方面也是为了避免因遗失物之上的权利状态长期未定所造成的资源浪费。出于对拾金不昧这一传统美德的提倡，同时也是为了避免让拾得人“不劳而获”，本法并未采用比较法上许多国家都会采用的允许拾得人在一定条件下取得遗失物所有权的立法，而是坚持采用了无人认领的遗失物归国家所有的立法，内含了一种失物公有公用的超个体主义精神。

规范内容

本条由构成要件和法律效果两部分组成，构成要件是“遗失物自发布招领公告之日起一年内无人认领的”，法律效果是“遗失物归国家所有”。其中所述的“招领公告”虽然从文义上来讲，可以包括所有可能收到遗失物的有关部门发布的招领公告，但从更为妥当地保护失主利益和拾遗物品的管理职责一般应归属于公安部门的角度看，此处的招领公告更适合被解释为公安机关或者其他依法被赋予相关行政管理职责的部门所发布的招领公告，不包括一般的企事业单位发布的招领公告和人民法院在认定财产无主案件中发布的财产认领公告。[①]“归国家所有”宜被解释为归国库所有，即应由各地方政府的财政部门来代表国家行使所有权。

在遗失物因公告期限届满无人认领而被收归国有之后，有关公安机关应如何将遗失物上缴国库的问题，我国立法上并无明确规定，但从部分地方政府所颁布的相关管理规定来看，其上缴程序一般应为：在遗失物为现金时，应直接将现金上缴同级财政；在遗失物为其他有体物时，应经评估、拍卖变现后，将所得款项上缴同级财政。当然，如果遗失物明显无收归国家所有的价值或必要的，公安机关也可自行对遗失物作出妥善处理。[②]

其他问题

在遗失物已依本条之规定被收归国有之后，依法应会导致原所有权的消

① 人民法院在认定财产无主案件中发布的财产认领公告期满后的遗失物的处理，应适用《民事诉讼法》第192条的规定。

② 参见《广州市拾遗物品管理规定》（2015年印发）第7条。

灭，但是，在实践中，难免会出现遗失物被收归国有之后，原所有权人或其继承人才向公安机关或者其他有关部门请求返还遗失物的情况。对于如何处理这种情况，本法未作规定，唯一可供参照的是《民事诉讼法》第193条的规定。[①]依其规定，在人民法院已经依法判决特定财产无主并将其收归国有或者集体所有之后，原所有人或其继承人在法定的诉讼时效期间内依然有权对财产提出请求，即有权请求法院确认其所有权并请求有关部门返还其物。将该条所规定的情况与此处所述的情况相比较，可以发现，与本条所规定的遗失物收归国有的程序相比，人民法院依特别程序将特定财产认定为无主并将其收归国有的程序应更为复杂，所耗费的社会成本也更高。既然如此，那么依举重以明轻之法理，理论上应认为，在遗失物已依本条之规定被收归国有之后，原所有人或其继承人应有权在法定的诉讼时效期间内请求有关部门返还其物或者其价金。当然，基于无因管理之法理，原所有人或其继承人在请求返还时，应依本法第317条的规定，向有关部门支付其为保管、拍卖遗失物等支出的必要费用。

第三百一十九条【拾得漂流物、发现埋藏物或者隐藏物的法律适用】

拾得漂流物、发现埋藏物或者隐藏物的，参照适用拾得遗失物的有关规定。法律另有规定的，依照其规定。

历史由来

本条在继承《物权法》第114条之时，对它作出了两处修改：一是把“参照”修改为“参照适用”；二是将“文物保护法等法律另有规定的，依照其规定”修改为“法律另有规定的，依照其规定”。以上修改对法条本身的含义及其适用并不会产生任何实质的影响。在《民法典》编纂过程中，以上修改最早见于《民法典物权编（草案）》（二审稿）第114条，此后未再作任何修改。

---

① 该条规定：“判决认定财产无主后，原财产所有人或者继承人出现，在民法通则规定的诉讼时效期间可以对财产提出请求，人民法院审查属实后，应当作出新判决，撤销原判决。”

规范目的或功能

本条是关于拾得漂流物、发现埋藏物或者隐藏物的处理的规定，目的是明确拾得漂流物、发现埋藏物或者隐藏物之后，物的所有权归属及各方权利义务关系。基于拾得漂流物、发现埋藏物或者隐藏物与拾得遗失物的事实构成在许多方面都较为接近，所涉法律关系也较为类似，为避免重复规定，本条采用了“参照适用”的规范模式。依其规定，本法第314条至第318条的规定原则上皆可准用于此，在漂流物、埋藏物或隐藏物已通过转让被他人占有时，本法第311条至第313条的规定也可准用于此，除非法律上另有规定。

规范内容

本条属于不完全法条中的引用性法条，第1句采用的是“参照适用”其他规定的准用型规定，第2句采用的是“直接适用”其他规定的同用型规定，两个规定之间构成一种限制与被限制的关系，即后一句是对前一句适用范围的限制。

一、拾得漂流物的处理

漂流物是指非基于占有人的意思丧失占有而漂流于水面之动产。漂流物除系漂流于水面外，其他方面与一般的遗失物并无不同，因而严格来讲，漂流物也属于遗失物的一种，可直接适用而非参照适用有关遗失物的规定。《民法通则》第79条第2款之所以将拾得遗失物、漂流物和失散的饲养动物规定为应适用同一规则，其原因盖在于此。以此观之，本条将拾得漂流物规定为参照适用有关拾得遗失物的规定，在立法技术上有欠妥当。[①]

---

① 参见崔建远：《物权：规范与学说——以中国物权法的解释论为中心》（上册），清华大学出版社2011年版，第238页。

二、发现埋藏物或者隐藏物的处理

（一）发现埋藏物或者隐藏物的构成要件

1.物须为埋藏物或隐藏物

埋藏物或隐藏物是指埋藏或隐藏于他物之中，所有权人难以判明的动产。物要被认定为埋藏物或隐藏物，须具备以下条件：一是须为动产。古代房屋或城市因地震、火山爆发等原因被埋藏于地下的，应认为其已成为土地的一部分，而非埋藏物。[①]人类的遗骸一般仅得为死者继承人所有，且不得为违反公序良俗之利用，因而一般不能成为埋藏物或隐藏物，[②]但具有考古价值的木乃伊，仍不妨认为可以成为埋藏物或隐藏物。[③]二是须为埋藏或隐藏于他物之中，即须为他物所覆盖、掩埋、遮蔽、包藏，不易从外部察知其存在状态。至于该物具体是被埋藏（如埋藏于地下），还是被隐藏（如隐藏于墙洞或皮箱夹层之中）于他物之中，法律上并无区别的意义。其中所说的他物即包藏物，可以是不动产，也可以是动产。物被埋藏或隐藏的原因是出于人为还是自然，被埋藏或隐藏的时日是否长久，物的价值几何等，皆非法律所问。三是须为所有人难以判明，即须依其存在状态和一般社会观念，足以推知其曾为人所有，且现仍为其人或其继承人所有，只是其所有人究竟为何人现在难以判明。[④]如果所有人甚为明确或者依发现时的客观情形和一般社会观念，足以推知其所有人为何人，则不应认定该物为埋藏物或者隐藏物。反之，若依客观情形和一般社会观念足以推知其上已无所有人或者其所有人已无从查考，则一般应认定其为无主物。

2.物须被发现和占有

“发现”就其文义本身而言，一般仅指已认识到埋藏物或者隐藏物之所在，并不包含对物实施占有。我国学者在阐述埋藏物或隐藏物的发现的事实构成时，一般也多认为发现仅需认识到物之所在即可，无需对物实施占

---

① 参见王泽鉴：《民法物权》（第二版），北京大学出版社2010年版，第196页。

② 参见谢在全：《民法物权论》（上册），中国政法大学出版社2011年版，第300页。

③ 参见陈华彬：《埋藏物发现的若干问题》，载《法学研究》1995年第3期。

④ 参见谢在全：《民法物权论》（上册），中国政法大学出版社2011年版，第301页。

有。[①]此一认识虽然较为符合发现本身之文义，但从本条的立法目的是通过参照适用有关拾得遗失物的规定来调整发现者、可能的所有人和有关部门之间的法律关系的角度来看，仅仅认识到物之所在而未占有该物通常并不足以在前述主体之间引发相应的法律关系。也就是说，仅仅认识到物之所在而未对其加以占有或者根本就无占有意愿者，并不需要依据本法第314条以下的规定承担相应的义务，也不会因此取得相应的权利。以此观之，发现埋藏物或隐藏物的事实应以同时具备本义的“发现”（认识到物之所在）和“占有”（对被实施占有）的事实始足当之。单纯认识到物之所在，而未加以占有的，并不构成发现。

当然，在一人首先认识到物之所在之后，取得物的占有之前，实践中难免会发生在后认识到物之所在者抢先取得占有的情况。如何处理这种情况，法无明文，但从一般社会观念和相关规定的立法意旨来看，法律上有关发现埋藏物或隐藏物的规范重点应重在发现，而非占有，是故，解释上应可认为，在先发现埋藏物者应享有物上期待权，在后发现者抢先取得占有的，系对在先发现者所取得的期待权的侵害，在先发现者应有权请求在后发现者向其移转占有。[②]当然，如果在先发现者并无取得物的占有的意愿，自应将在后取得占有者认定为发现人。

埋藏物或隐藏物的发现除可亲自为之外，也可指示他人为之，如雇用他人挖掘埋藏在地下的物品而为发现时，就应将雇主认定为发现人。但是，依一般社会观念，非受雇主指示而发现埋藏物或隐藏物的，即便其发现是在从事受雇的劳动过程中发生的，也不应以雇主作为发现人，而是应以受雇之人作为发现人。[③]

发现行为性质上属于事实行为，并不以行为人具有完全民事行为能力为必要，也不以发现行为本身须合法为要件。不合法的发现行为也是发现，埋藏物或隐藏物一经发现，相关的法律关系或法律效果即依法产生，其发现方

---

① 参见陈华彬：《埋藏物发现的若干问题》，载《法学研究》1995年第3期；常鹏翱：《埋藏物发现的若干问题》，载《云南法学》1998年第2期。

② 参见王泽鉴：《民法物权》（第二版），北京大学出版社2010年版，第197页。

③ 参见王泽鉴：《民法物权》（第二版），北京大学出版社2010年版，第196页；谢在全：《民法物权论》（上册），中国政法大学出版社2011年版，第302页。

式或手段是否合法乃另一项不同的法律事实，须受侵权编规则的调整，与发现本身的事实构成无关。

（二）发现埋藏物或者隐藏物的法律效果

发现埋藏物或隐藏物的法律效果，除法律另有规定外，原则上应参照适用本法第314条至第318条的规定。这种参照适用的结果主要包括以下几个方面：

第一，发现人不能取得物的所有权。若发现人事后已获知或查明所有权人的，应负有通知权利人领取其物并将物返还给权利人的义务。但是，如果依据相关法律的规定，该物不能归私人所有的（如属于《文物保护法》第5条规定的应归国家所有的埋藏在地下的文物），发现人也可选择直接将该物送交公安等有关部门。当然，在物依法可归私人所有时，如果所有人已无法查明或者发现人不愿意查找和通知所有权人的，发现人应将埋藏物或隐藏物送交公安等有关部门，但在埋藏物或隐藏物的价值明显不高或者无上缴价值时，依一般社会观念和效用原则，应承认发现人也可自行处置该物。

第二，公安机关等有关部门在收到埋藏物或隐藏物之后，知道权利人的，应当及时通知权利人领取；不知道或者未查明权利人的，应当及时发布招领公告。

第三，发现人在将埋藏物或隐藏物送交有关部门前，有关部门在收到埋藏物或隐藏物之后，应当妥善保管埋藏物或隐藏物。因故意或者重大过失致使该物毁损、灭失的，应对所有权人承担损害赔偿责任。在埋藏物或隐藏物是依法应属于国家所有的文物时，依据《文物保护法》第64条以下的规定，对物的毁损、灭失具有故意或者重大过失者除须对国家承担损害赔偿责任外，依法还有可能须承担相应的行政责任或刑事责任。

第四，发现人在向所有人返还其物或者在物被收归国有时，依法应有权请求所有人或相关部门支付其为保管埋藏物或隐藏物等支出的必要费用。在埋藏物或隐藏物属于文物且发现人已将该物上交国家之后，发现人还有权依据《文物保护法》第12条的规定获得国家给予的精神鼓励或者物质奖励。侵占埋藏物或隐藏物的发现人，无权请求权利人或者国家支付其为保管埋藏物或隐藏物等支出的必要费用，也无权获得相关的国家奖励。

第五，埋藏物或隐藏物被有关部门认定为《文物保护法》第5条所规定的遗存于我国境内地下、内水和领海中的文物时，该物应被直接收归国有；其他依法允许私人所有的埋藏物或隐藏物自公安机关等有权机关发布招领公告之日起一年内无人认领的，归国家所有。

第三百二十条【从物随主物转让】

主物转让的，从物随主物转让，但是当事人另有约定的除外。

历史由来

本条承继了《物权法》第115条的规定，仅作出了把“但”调整为“但是”的修改。在《民法典》编纂过程中，各个阶段的民法典草案均未对《物权法》第115条的规定作出过任何实质性改动。

规范目的或功能

本条是关于从物转让的规定，目的是明确从物随主物转让的一般规则。民法区分主物和从物的目的主要在于维护物的经济效用，避免资源浪费，因为在从物与主物发生聚合之后，其效用主要是为了辅助主物效用的发挥，如果不使主物转让的效力及于从物，而使之分属二人，势必会妨碍物的效用的发挥，对社会经济不利。本条确立从物随主物转让的规则的目的即在于此，但该规则本身并不具有强行性，当事人得通过约定排除其适用。

规范内容

一、主物与从物的概念

对于何谓主物和从物，本法未明确规定。学理上一般都认为，主物是指由从物所辅助的物。从物是指非主物的组成部分，常辅助主物的效用而与主物发生空间上的相应联系，且与主物同属一人的物，但交易习惯上不认为是从物的除外。

一物要构成从物，须满足以下条件：

1.须非为主物的组成部分或成分。物的成分与物的整体本身就是一个物，而主物和从物乃是两个相对独立的物，即从物相对于主物，必须是一个独立的物。例如，电视显示屏与电视机的关系，就属于物的成分与整体的关系；而电视遥控器与电视机，则是两个独立的物，这两个物只有在基于其效用发生了一定的空间联系或聚合之后，才能成立主从关系。至于从物是仅限于动产，还是也可以包括不动产，理论上有不同看法，比较法上也有不同的处理。在本法已经明确规定了地随房走、房随地走的规则的情况下，解释上应认为，本法所规定的从物随主物转让的规则应仅适用于动产，不适用于不动产。①

2.须时常辅助主物的效用。所谓时常辅助主物的效用，是指非仅暂时辅助主物之经济目的而言，即从物与主物恒具有功能上的关联而构成从属关系。例如，电视遥控器在功能上就是用来辅助电视机的整体效用发挥的，前者与后者在功能上恒属于从属关系。

3.须为辅助主物效用而与主物发生空间上的相应联系。从物作为一个独立物，只有在其为了发挥辅助主物的效用而与主物形成了一定的空间上的聚合或附着关系后，才能成为从物。②例如，自行车与车锁，在聚合之前各自皆为独立的物，只有在聚合之后，才能构成主物与从物关系。

4.须与主物同属一人。关于主物和从物是否须同属一人，比较法上有不同的处理，学理上也有不同的看法。③法律上区分主物和从物的目的乃建立从物随主物转让或处分的规则，在两个功能上具有主从关系而聚合在一起的物分属不同主体所有时，将二者认定为是主从关系并使之在法律处分上保持同一命运，虽有利于物的效用的发挥，但却不利于“从物”所有权人的保护。从本条本身就属于承认当事人意思自治优先的任意性规范的角度看，解释上应认为，将从物与主物必须同属一人作为认定从物的条件，应该能够更好地

---

① 参见孙宪忠：《争议与思考——物权立法笔记》，中国人民大学出版社2006年版，第47页。

② 参见孙宪忠：《争议与思考——物权立法笔记》，中国人民大学出版社2006年版，第46页。

③ 参见王泽鉴：《民法总则》（第2版），北京大学出版社2010年版，第231页；孙宪忠：《争议与思考——物权立法笔记》，中国人民大学出版社2006年版，第47页。

贯彻意思自治优先原则，更加有利于“从物”所有权人的保护。当然，“从物”的所有权人也可以通过约定使其物与他人的“主物”发生同一命运的转让或处分。亦即，在“主物”与“从物”分属不同主体所有时，采“无特别约定时，两物应不同其命运”的处理，应较采“无特别约定时，两物应同其命运”的处理更为妥当。[①]

5.须交易上无特别习惯。交易习惯上不认为一物是另一物的从物的，应依其习惯。这本身就是世界各国立法上的通例，我国法也理应如此。

二、从物随主物转让的规则

本条以主物转让，从物应随之一并转让为原则，但是允许当事人就从物的转让作出特别约定。其中所述的“转让”既包含动产所有权的转让，也包含其效力已及于主物和从物的动产抵押权、质权和留置权的转让；其转让原因既可以是法律行为，也可以是法院判决或继承等非法律行为。基于本条之立法目的主要在于维护物的经济效用，本条的规定也可类推适用于除转让外的其他对主物加以处分或者取得主物物权的情况。例如，在主物之上设立抵押权或质权时，也可适用从物随主物一并抵押或质押的规则；在留置权的取得上，也可适用留置主物者可同时留置其所占有的该物的从物的规则。

在基于法律行为的原因转让或处分主物物权时，依物权变动公示原则和本条所确立的当事人约定优先的原则，解释上应认为，从物随主物转让或者与主物同一命运的处分并不会因主物的转让或处分已生效而当然生效，而是仍需践行相关的公示原则。亦即，在主物已被转让或处分时，物权取得人要取得从物的所有权、质权或留置权，仍需以受领从物的交付为条件[②]——当事人未要求交付从物，本身就可以被认定为“当事人另有约定”；但在动产抵押权的设立和转让场合，基于其设立和转让本身就可以直接依约定生效，解释

---

① 《担保法解释》第63条也采用了从物与主物应同属一人时方可同其命运的规则，该条规定：“抵押权设定前为抵押物的从物的，抵押权的效力及于抵押物的从物。但是，抵押物与其从物为两个以上的人分别所有时，抵押权的效力不及于抵押物的从物。”

② 《担保法解释》第91条规定：“动产质权的效力及于质物的从物。但是，从物未随同质物移交质权人占有的，质权的效力不及于从物。”第114条规定：“本解释……第九十一条……的规定，适用于留置。”

上应认为，除当事人另有约定外，主物抵押权的成立和转让一旦生效，其效力即可当然及于从物。在主物物权非基于法律行为发生变动时，原则上也应依本条的规定，确认主物物权的变动效力可及于从物，除非当事人另有约定或者法律另有规定。

第三百二十一条【孳息的归属】

天然孳息，由所有权人取得；既有所有权人又有用益物权人的，由用益物权人取得。当事人另有约定的，按照其约定。

法定孳息，当事人有约定的，按照约定取得；没有约定或者约定不明确的，按照交易习惯取得。

历史由来

本条完全承袭了《物权法》第116条的规定，在《民法典》编纂过程中，各个阶段的民法典草案未曾对《物权法》第116条作出过任何改动。

规范目的或功能

本条是关于孳息所有权归属的规定，目的是为权利人取得天然孳息和法定孳息的所有权提供法律依据。在现代社会，人们取得和占有财产的一个重要目的就是要通过生产劳动或者交易来获得其出产物或收益，本条所规定的孳息就主要是指这些出产物或收益，因而明确孳息的归属对于保护正常的生产劳动和交易活动具有重要价值。本条针对不同的情况，分别规定了孳息的所有权可依法定方式、约定方式或者交易习惯取得，其取得规则本身并不具有强制性，当事人可自主约定孳息的所有权应由何人取得。

规范内容

一、孳息的含义

本条未对孳息的含义作出明确规定，学理上一般认为，孳息是相对于原物而言的。其中，原物是指产生孳息的物或者权利，孳息是指原物所产生的物或者收益，包括天然孳息和法定孳息。天然孳息是指物依自然而产生的出产物，如果树产生的果实，牲畜产生的子畜等。天然孳息在与原物分离之前，为原物的一部分，不能独立成为所有权的客体，只有在与原物分离之后，才能成为独立的物和孳息，进而产生所有权归属问题。但是，这并不妨碍当事人将未来可能产出的孳息作为将来物进行交易，法院也可针对已产生但尚未与原物分离的出产物采取查封、扣押等措施，以保证其分离时法院得直接依相关的程序规定来执行该动产。[①]

法定孳息是指依法律关系产生的收益，如利息、租金等。其中所述的法律关系既包括基于法律行为产生的法律关系，如租赁关系等，也包括非基于法律行为产生的法律关系，如法定的利息关系等。

二、孳息的归属

（一）天然孳息的归属

关于天然孳息的归属，各国法上大多采用的是在承认原物所有权人有权取得从物所有权的前提下，许可他人依据法律的规定或者约定享有可排斥原物所有权人的取得权的权利。[②]他人的这一权利既可以基于物权而生，也可以基于债权产生。本条所采用的规则与此相同，即在当事人无特别约定时，天然孳息的所有权由原物所有权人取得，原物之上既有所有权人又有用益物权人的，由用益物权人取得，其取得时间应为孳息与原物分离之时。至于其分离是基于自然的原因，还是人为的原因，孳息的产生过程是否加入了人的劳动，在所不问。

（二）法定孳息的归属

法定孳息作为依法律关系产生的收益，在其赖以产生的法律关系是基于当事人的合意而生时，自然应优先适用当事人之间的约定，只有在当事人之间无约定或者约定不明时，才需要由法律来直接规定应由谁取得孳息的所有权。本

---

① 参见王泽鉴：《民法总则》（第2版），北京大学出版社2010年版，第235—236页。

② 参见孙宪忠：《争议与思考——物权立法笔记》，中国人民大学出版社2006年版，第57页。

条的规定即采用了此一约定优先原则，并以依交易习惯取得作为其补充。其中所述的交易习惯一般是指，利息应由债权人取得，租金应由出租人取得等。

其他问题

在本法中，孳息所有权的取得与孳息的收取并非同一概念，也非同一法律问题，即有权收取孳息的人并不一定都有权取得孳息的所有权。例如，依据本法第412条、第430条和第452条的规定，抵押权人在抵押物被扣押之日起，质权人或留置权人在标的物被质押或留置期间，就有权收取担保物产生的孳息。这种收取权的赋予从立法目的上来看，主要是使孳息也得充任担保物，进而更好地保障担保物权的实现，其本身并不能导致孳息的所有权归属于担保物权人的法律效果，即孳息的所有权仍应归属于原物（担保物）的所有权人。

第三百二十二条【添附】

因加工、附合、混合而产生的物的归属，有约定的，按照约定；没有约定或者约定不明确的，依照法律规定；法律没有规定的，按照充分发挥物的效用以及保护无过错当事人的原则确定。因一方当事人的过错或者确定物的归属造成另一方当事人损害的，应当给予赔偿或者补偿。

历史由来

本条为新增规定。在《物权法》起草过程中，2004年《物权法（草案）》曾就添附设有专门规定；2005年《物权法（草案）》仅保留了有关添附的原则性规定，但此一规定在最后颁布的《物权法》中也被删除。在此次民法典编纂过程中，2018年9月5日公开征求意见的《民法典各分编（草案）》第117条恢复了《物权法（草案）》（三审稿）第122条的规定，仅在原条文最后增补了“或者补偿”的规定。在此之后，除作出将“损失”修改为“损害”的改动外，未再作其他修改。

规范目的或功能

本条是关于因添附取得所有权的规定，目的是解决因加工、附合、混合而产生的物的所有权归属，以定分止争，充分发挥物的效用，同时为受损方的权利救济提供基础，以实现当事人间的对等正义，维护社会公平。

加工、附合和混合在学理上统称为添附，所要描述的是一种经由物与人的劳动的结合而创造出一种新物或者分属不同主体所有的物在实体上相互结合而难以分离或者分离不具有经济合理性的事实。这些事实的发生既有可能是基于当事人之间的合意安排、一方对另一方的侵权或者无因管理，也有可能是基于第三人的行为或者自然力。在添附是基于当事人之间的合意安排而生时，合同编规则虽然可以对添附所生法律后果进行调整，但在当事人未就添附所生之物的归属作出明确约定时（例如，原材料的所有人同意他人使用其材料加工新产品，但双方并没有对加工物所有权的归属和补偿金额的计算方式作出任何约定的情形），或者在添附的发生系基于特定与合意相关的事由而生时（例如，在买方受领卖方交付的标的物而为添附之后，双方所签订的买卖合同被宣告无效的情形），法律上仍有必要通过添附制度的设置来解决物的所有权归属问题，以充分发挥物权编规则定分止争的功能。在添附是基于侵权而生时，侵权编规则虽然可以为受害人的权利救济提供法律基础，进而实现矫正正义，但其制度本身并不能很好地将促进物的效用、维护物的经济价值等有益于社会经济的公共政策考量纳入其中，并基于此来实现添附所生之物所有权的分配正义（例如，在善意无过失的无权占有人对其占有的他人之物为添附时，单纯依赖侵权编规则来处理当事人之间的关系，就很难达到妥当的结果），而这正是物权编规则所要承担的基本任务。在添附是基于无因管理而生时，依法应优先适用本法第979条以下有关无因管理的规定——依其规定“添附物”的所有权一般应由受益人取得，本条无适用余地。[①]在添附是

① 无因管理规则应优先于添附规则的适用，是比较法上较为共同的做法。参见［德］克里斯蒂安·冯·巴尔、埃里克·克莱夫主编：《欧洲私法的原则、定义与示范规则：欧洲示范民法典草案》（第8卷），朱文龙等译，法律出版社2014年版，第632页。

基于第三人行为或者自然力而生时，单纯依赖合同编或者侵权编规则并不能有效地解决添附所生之物的所有权归属问题。因此，在物权编增设添附制度对于弥补当事人之间的合意安排之不足，充分发挥物的效用，实现财产分配正义具有十分重要的意义。它不仅可弥补我国《物权法》未规定添附制度之缺憾，而且可为司法实践妥当处理相关纠纷提供裁判依据和理念指导，值得肯定。

规范内容

一、规范内容总述

本条第1句规定了添附制度的适用前提和确定添附物（因加工、附合、混合所生之物）所有权归属的一般原则，第2句规定了过错方或物权取得人对受损方的损害赔偿或补偿责任，前后两句分属物权法律规范和债权法律规范，内含了不同的价值理念，并基于其相互配合共同完成了添附制度的构造。

（一）添附制度的适用前提

添附制度的适用须以加工、附合或者混合的发生为前提，已为本条所明示。本条虽未对加工、附合和混合的构成要件作出明确规定，但学理上一般都认为，“加工”是指通过劳动作用于他人动产并创造出新物的事实；“附合”是指两个以上主体的物密切结合在一起而形成不能分离或者分离不具有经济合理性的状态之事实；“混合”是指所有人各异的动产相互混合，不能识别或者识别所需费用过巨的事实。三者虽然在构成上不尽相同，但也有其共同点，即只有在一物已与他人劳动结合成一新物（加工）或者与他人之物在法律观念上实现了不可分离的结合或者分离不具有经济合理性（附合或者混合）的情况下，才能构成添附。如果是自己加工自己的物，或者相互结合之物本就归同一主体所有，不能构成添附，也不会在不同主体间引发所有权的重新分配问题，自无适用本条之必要——本条所使用的“有约定的，按照约定”“一方当事人”“另一方当事人”等表述，已经明确表明了这一点。如果对他人之物施以劳动并未创造出新物，物的所有权仍属材料所有人，不生因加工而生的所有权变动问题，[①]同理，如果不同所有人的物相互结合并未形成一种不可分离或者分离不具有经济合理性的状态，而是仍各自为独立物的，同样没有必要将其作为添附问题来对待，各相互结合之物的所有权仍各归其原所有人所有，并不生因附合或者混合而生的物的所有权归属的重新确定问题。这表明，添附制度的适用应以物与他人劳动或他人之物的结合已经在法律观念上形成了一种有必要使之“一物化”，而不能或不宜使之分离的状态为前提。也只有以此为前提，法律上才有必要将添附所生之物看成一个不同于添附之前形态未被改变的“原物”之“新物”来对待，进而依一物一所有权原则来重新确定其所有权归属。至于此处所述的物与他人劳动或他人之物的“一物化”结合到底是基于何种原因而生的，相关主体对此是否具有过错或者恶意——明知或应知是他人之物且未经其同意而为添附的，[②]与添附本身的构成无关，而是只与添附的效力有关。本条将过错规定为影响添附所生法律效果（物的所有权归属和损害的填补）的因素之一本身即已表明，本条所规定的添附也包括基于当事人的过错或者恶意所生的添附。

此一“使因添附所生之物成为法律上之一物，并依一物一所有权原则来确定其所有权归属的规则”可被称为添附物所有权单一化规则，该规则虽未为本条所明示，但实际上已隐含于本条之中。因为，添附制度的首要目的就在于维护添附物的整体效用和价值，以避免因强行分离或者恢复物的原状所带来的物的经济价值或效用减损，进而造成不必要的资源浪费和对既有秩序的破坏。[③]正是这一目的决定了添附物的“一物化”和“所有权单一化”原则上应具有强制性，即原则上产生禁止当事人请求将添附之物自添附物分离或

---

① 关于加工的构成是否应以产出新物为前提，学理上有一定的争论。对此，下文将予以详述。

② 关于恶意添附中的恶意具体应如何界定，学理上有不同看法。其中，既有主张明知或应知是他人之物且未经其同意而为添附即构成恶意的，也有主张恶意仅限于明知是他人之物而为添附的，在过失的情况下实施添附的，仍为善意添附（参见陈本寒：《构建我国添附制度的立法思考》，载《法商研究》2018年第4期）。考虑到本条并未采用善意或恶意的标准来区分不同情形下的添附，而是仅引入了过错因素作为决定添附物所有权归属的依据，此处采前说。

③ 参见谢在全：《民法物权论》（上册），中国政法大学出版社2011年版，第303页。

者请求恢复原状之效果。[①]例如，在动产附合于不动产时，动产所有权人原则上就不能请求返还其物或者基于不动产权利人的行为已构成侵权来请求其恢复原状，但是，在某些例外情况下，也不排除当事人得依其权利请求强行分离或者恢复原状，以保护其所有权。例如，在一方恶意地将自己的动产附合于他人不动产且其附合并未增加不动产的效用或价值，反而减损了其效用或价值时（如在他人墙壁上用油漆刷讨债标语的），应基于这种“附合”与添附制度所拟达成的立法目的相悖之缘由，否定添附制度的适用，法官得直接依相关的侵权或违约规则来解决当事人之间的纠纷。同理，擅取他人昂贵木材，做成粗劣不堪的家具，也无加工规则适用可言，材料所有权人得直接依相关的侵权规则请求恶意加工人损害赔偿。至于何种情形下的添附才有可能构成此处所述的有损物的效用或价值的“添附”，从而可导致添附规则适用的排除问题，性质上应属于一个法律政策或价值判断问题，法官得依个案的具体情况，在结合相关法理的基础上，作出自己的判断。

（二）添附物所有权归属的确定原则

添附所生的首要法律效果就是会引起物的所有权变动，为解决此一变动的法律基础问题，本条第1句对如何确定因加工、附合、混合而产生的物的所有权归属作出了明确规定。依其规定，确定添附物所有权的归属，首先应优先适用当事人之间的约定；当事人之间无约定或者约定不明时，应优先适用其他法律规定；既无约定，又无其他法律规定时，才应适用本条所规定的“按照充分发挥物的效用以及保护无过错当事人的原则”来确定其归属。

1.约定优先原则

本条第1句首段明确了约定优先原则，以贯彻私法自治。其中所述的“约定”是指当事人就“因加工、附合、混合而产生的物”的所有权归属所作的

---

① 否定此一原则的强制性，允许当事人强行分割添附物或者恢复物的原状，虽然也能解决物的所有权归属问题，但因此所付出的社会经济成本却是高昂的，并不符合充分发挥物的效用这一物权立法宗旨，而且客观上易导致添附制度的虚化，使之沦为一项可有可无的制度。参见陈本寒：《构建我国添附制度的立法思考》，载《法商研究》2018年第4期。

约定，其约定形式可以是明示的，也可以是默示的，[①]但无效的约定应视为没有约定。例如，在动产已附合于不动产的场合，约定不动产和附合后的动产仍各归其原所有权人所有，就属于有违一物一所有权原则（动产附合于不动产须以动产已构成不动产的重要成分为前提，而依物权法理，物的重要成分之上不能独立成立所有权）的无效约定，依法应不能作为确定添附物所有权归属的依据。

2.法律的特别规定次优先原则

在当事人未就添附物所有权的归属作出约定或者约定不明时，依本条第1句中段之规定，如果本条之外的其他法律规定已就此作出了规定，应优先适用这些规定。这些规定相对于本条第1句末段之规定——“按照充分发挥物的效用以及保护无过错当事人的原则确定”，应属法律上的特别规定，依法应先于末段、后于约定优先原则而适用，此即谓“法律的特别规定次优先原则”。例如，依据本法第783条有关“承揽人对完成的工作成果享有留置权”的规定，解释上就可以认为，该条实际上已经隐含了承揽人所完成的以物为表现形态的工作成果即加工物的所有权应归属于定作人的规定，在当事人未就加工物的所有权作出明确约定时，依法应优先适用该规定将加工物的所有权确定为归定作人所有。

3.效用原则与过错原则相衡平的原则

既无约定，又无法律的特别规定时，应依本条第1句末段所规定的“按照充分发挥物的效用以及保护无过错当事人的原则”来确定添附物所有权的归属。这一规定本身并没有对不同情形下添附物所有权的归属作出明确规定，只是为填补法律漏洞——“法律没有规定的”，提供了原则性的指导。法官得基于此一规定，通过利益衡量，斟酌个案具体情事，在综合考虑效用原则（充分发挥物的效用原则）和过错原则（保护无过错当事人的原则）在个案中的应然实现程度的基础上来自主创造适合于个案的裁判规则。这种授权法官得

① 例如，用人单位和劳动者在签订劳动合同时，一般都不会就劳动者在执行职务过程中因加工生产而创造的新物的所有权作出明确约定，但是，依劳动合同所固有的性质和目的，解释上应认为，劳动合同中一般已经隐含了当事人对加工物的所有权应归属于用人单位而非劳动者的默示约定。

依一定原则自主造法的立法形式在本法中并不多见，反映了立法者对相关规则具体应如何确定尚欠缺明确的共识，实为不得已而为之，而非为了追求法律的开放性。

“充分发挥物的效用原则”作为效率原则和经济合理性原则于此的贯彻，是构建添附制度的基本原则，该原则至少应包含以下两个方面的内容：第一，法官在确定添附物所有权归属时，原则上应坚持前文所述的基于效用原则派生而来的添附物所有权单一化原则。第二，在不违背添附物所有权单一化原则的基础上，法官在确定添附物所有权的具体归属主体和归属形式（单独所有或共有）时，也应充分考虑到物的效用的发挥，以便能够作出更加有利于物的效用发挥和鼓励创造的选择。例如，在某一陶瓷艺术家未经瓷土所有权人同意，擅自将后者的瓷土加工成精美陶瓷艺术品的情况下，如果不考虑效用原则，而是只考虑保护无过错当事人的原则，法官自可基于“违法行为不产生权利”的法理，将陶瓷艺术品的所有权判给瓷土所有权人，并要求其对加工人作出一定的补偿或者完全不补偿。如此一来，无过错方的合法权益虽然看起来已经得到了法律的保护，但这种保护实际上也会产生一些不当的法律后果，即客观上会导致“强制”材料所有权人高价收购他人加工的艺术品或者不劳而获地获得高额利益，而这在法政策后果上是有欠妥当的。反之，若判决归加工人所有，并由其给予瓷土所有权人以相应的赔偿，则不仅不会发生前述不当后果，而且可通过其所内含的某种程度上的对高效率的物的利用成果的肯定来起到鼓励创造的作用，同时也更加有利于充分发挥物的效用，因为，一般来讲，相对于瓷土所有权人，陶瓷艺术家应该更有动力和能力去充分发挥作为加工物的陶瓷艺术品的效用。

“保护无过错当事人的原则”作为责任分配原则的一种，体现的是责任自负的私法自治精神和一般的伦理准则。本条将其规定为确定添附物所有权归属的原则之一，目的是想通过责任观念的引入来平衡效用价值的单一性，以便更好地实现添附物所有权归属的分配正义。此一原则的引入虽有其合理性，但将此一原则与效用原则的衡平完全委诸法官在个案中的利益衡量，客观上易导致法律适用的困难和不稳定性，大大折损了本条规定添附制度的意义，将来需以一定方法弥补之。依“保护无过错当事人的原则”之本义，该原则的适用一般须以当事人一方对添附的发生有过错为前提，即须以一方明知或应知物为他人所有且未经其同意而为添附为前提。也只有在此前提之下，法律上才有必要在坚持充分发挥物的效用原则的同时，兼顾保护无过错当事人的原则，并据此来确定添附物所有权的归属。如果当事人对添附的发生并无过错，或者有过错的只是第三人而当事人对此并无过错（对第三人无“处分权”而为添附或者对第三人将其无权处分之物交由自己添附并不知情或者不应当知情），则一般无需考虑过错问题——第三人的过错只影响第三人的责任，与添附物所有权归属的确定无关——和保护无过错当事人原则的运用，只需按照充分发挥物的效用的原则来确定添附物所有权的归属即可。当然，此处需要予以说明的是，当事人对添附的发生具有过错与未经权利人同意而对他人之物为添附行为并不完全相同，不可混淆。例如，善意无过失的无权占有人对其无权占有的他人之物为添附的，就属于未经权利人同意而对他人之物为添附行为的情况，此一情况虽然有损于他人物权，但并不构成因过错而为添附，依法应不能认定占有人具有过错并据此来确定添附物所有权的归属。

（三）添附对他物权的效力

依物权法理，一旦物的所有权因添附发生变动，存在于添附之前的“原物”（未被加工的原材料、未与他人之物发生附合或者混合的“原物”）之上的他物权（如抵押权等）也应发生相应的变动。对此，本条虽未明示，但是，依据本法第390条有关担保物权物上代位性的规定和《担保法解释》第62条的规定①及相关法理，因添附而生的所有权变动对他物权所生影响主要包括以下几个方面：第一，在添附物的所有权由原材料所有人（加工时）取得或者由各参与附合、混合之物的一方所有权人取得时，存在于原材料或者该所有权人所有的“原物”之上的第三人权利继续存在，其效力（变价权和优先受偿权）可及于整个添附物。第二，因加工物归加工人所有，附合物或者混合

① 该条规定：“抵押物因附合、混合或者加工使抵押物的所有权为第三人所有的，抵押权的效力及于补偿金；抵押物所有人为附合物、混合物或者加工物的所有人的，抵押权的效力及于附合物、混合物或者加工物；第三人与抵押物所有人为附合物、混合物或者加工物的共有人的，抵押权的效力及于抵押人对共有物享有的份额。”

物归一方所有而导致原材料所有权消灭或者他方享有的“原物”所有权消灭的，存在于原材料或他方所有的“原物”之上的第三人权利消灭，但在第三人权利为担保物权时，其权利效力得及于担保人因此获得的赔偿金或者补偿金。第三，在添附物的所有权归各方共有时，存在于原材料或者“原物”之上的担保物权继续存在，其效力得及于担保人对共有物所享有的份额。[①]

（四）添附所生求偿关系：受损方的损害填补

添附除可引起物权变动效果外，还可在当事人之间引发一定的债法效果。本条第2句所规定的过错方或者权利取得方对另一方当事人所负的损害赔偿或补偿责任，即为因添附所生的债法求偿关系，其中所述的损害赔偿或补偿责任应是指金钱赔偿或补偿责任。在添附是基于当事人为履约而为相应的给付所生时，基于对意思自治原则的尊重，原则上应依当事人之间的约定来决定其对待给付关系，无须适用本条第2句的规定。在添附非因履约所为给付而生时，若当事人已就添附所生的损害赔偿或补偿责任问题作出了有效的约定，依法应适用当事人之间的约定；只有在当事人未就此作出明确约定时，才应适用本条第2句的规定，其具体的适用将因当事人对添附的发生有无过错而不同。

在当事人对添附的发生并无过错且未就其所生损害的填补作出明确约定时，因添附而取得的所有权虽有其法律根据，而非无法律根据的取得，但是，为避免因添附所生之物所有权归属的重新确定所带来的利益失衡，法律上仍有必要使所有权取得人对其他因添附而丧失所有权者或者遭受其他财产损害的当事人负有一定的补偿责任。这一补偿责任的法律依据一般会被认为是不当得利——这种不当得利返还或者补偿责任应被看成有关不当得利（本法第122条和第985条）的特别规定，其补偿责任的范围一般应为他方因此丧失所有权的物的原有价值或者所付出的劳务的价值。

---

① 在添附物的所有权归各方共有时，依担保物权物上代位性之法理，在共有人对添附物所享有的应有部分在经济上应被视为如同担保物被毁损、灭失、征收时担保人所获得的赔偿金或补偿金一样，皆为原担保物的替代物，因而得为存在于原担保物之上的担保物权的代位效力之所及。

在当事人对添附的发生具有过错且未就其所生损害的填补作出明确约定时，情况相对比较复杂，且一般都会涉及不当得利返还责任与合同责任或侵权责任的体系协调问题。就此，本条并未给出十分明确的规定，但一般说来，在当事人一方对添附的发生有过错——明知或应知物为他人所有且未经其同意而为添附的，而另一方无过错时，如果添附物的所有权系由过错方取得（如基于过错而将他人的木材构筑成自己房屋屋梁并因此取得木材所有权的），无过错方就其所受损害，除可依法请求不当得利返还外，也可请求损害赔偿，二者可择一而行使之；如果添附物的所有权系由无过错方取得，则对于无过错方是否应对有过错方承担一定的不当得利返还或者补偿责任，学者间的争议较大，比较法上的处理规则也存在较大差异，值得进一步研究。此处拟采以下意见，即除非法律上可认为，该所有权的取得对于无过错方并不构成得利或者已构成违反其经济计划的“强迫得利”[①]（如擅自用自己的材料维修他人预定拆除的房屋），否则，所有权取得人仍应基于不当得利对过错方承担一定的补偿责任。当然，如果所有权取得人因他方的过错添附而受有损害的，其也可以请求过错方承担相应的损害赔偿责任或者主张损益相抵。

二、加　工

（一）加工的构成要件

“加工”是指通过劳动作用于他人动产并创造出新物的事实。加工的构成要件为：

第一，加工的标的物须为动产。对不动产施以劳动，如开垦他人土地，非属加工，不发生所有权变动问题，但可发生无因管理或者不当得利等问题。有疑问的是，加工他人之数动产而产生的新物为不动产（如房屋）时，能否

① 强迫得利，是指受损人因其行为使受益人受有利益，但违反了受益人的意思，不符合其经济计划的情形。此时，应就受益人的整个财产，依其经济上的计划认定其应当偿还返还的范围。例如，开垦（如种植果树）他人预定作为垃圾处理场的土地，油漆他人即将拆除的围墙，维修他人预定拆除的房屋等。衡诸受益人的经济计划，应认定受益人应偿还的价额“为零”，不必返还。此一将强迫得利从不当得利中排除的规则，应可适用于添附。所有权人得以过错方的行为已构成侵权为由，请求恢复原状或者排除妨碍、赔偿损失。参见王泽鉴：《民法物权》（第二版），北京大学出版社2010年版，第208页以下。

适用加工规则。对此，有学者持肯定见解，[①]也有学者认为，除当事人另有约定外，利用他人建筑材料建成建筑物或者构筑物的，应适用本法第231条和第352条的规定来解决其所有权归属。[②]

第二，加工的材料须为他人所有。加工自己的材料而创造出新物的，无适用加工规则的必要。在加工之际，加入部分自己的或他人的材料，可发生附合或混合问题，其解决办法将在加工效力部分讨论。

第三，须有加工行为。加工行为系劳动与他人动产相结合的事实行为，不以加工人具有完全民事行为能力为必要，且一般无须考虑加工人的善意或恶意。但是，在加工人为恶意时，如果加工的结果并未增加动产的价值，反而减少了其价值或者使其失去了原有效用的，应无适用加工规则的余地，而应令加工人承担相应的侵权责任。

第四，须因加工而产生新物。加工是否须以产生新物为条件，比较法上有不同做法，学者间也有一定争议。罗马法传统一般都要求加工物须为新物，方能适用加工规则。如果没有新物被加工出来，不发生所有权变动问题，所有权仍属于材料所有人。这一做法在比较法上，也为多数国家所采纳，基本上，在所有的欧洲法律体系中，都表达了这样的观点，即加工人获得单独所有权的条件是在劳动力和原材料的基础上创造了新物。[③]我国也应采纳此一做法。在判断加工的结果是否已形成"新物"时，通常应依一般的交易观念来进行，其主要判断标准应为名称、用途等，如纺纱为布、以布制衣，磨麦成粉、以面粉制成面包，将木材加工成家具，在他人帆布上作画等，皆属已形成新物。[④]不过，值得注意的是，也有学说认为，加工规则的适用并不需要以加工已形成新物为条件，只要加工产生的价值显著超过材料的价值，加工人即可取得加工物的所有权，其理由概在于，近代法有关加工的规定的首要

---

① 参见谢在全：《民法物权论》（上册），中国政法大学出版社2011年版，第316页；王泽鉴：《民法物权》（第二版），北京大学出版社2010年版，第204页。

② 参见崔建远：《物权：规范与学说——以中国物权法的解释论为中心》（上册），清华大学出版社2011年版，第242页。

③ 参见［德］克里斯蒂安·冯·巴尔、埃里克·克莱夫主编：《欧洲私法的原则、定义与示范规则：欧洲示范民法典草案》（第8卷），朱文龙等译，法律出版社2014年版。

④ 参见王泽鉴：《民法物权》（第二版），北京大学出版社2010年版，第204页。

立法意旨已非如罗马法时期那样，仅在于解决动产所有权的变动问题，而是重在鼓励经济价值的创造。是以，确定加工人能否取得加工物所有权的标准，应在于加工物的价值是否显著增加，而非加工物是否已形成一新物。[①]依此，“就古董或艺术品之大力修缮，使其回复原貌，价值连城，医治垂死之驹使之重振雄风，仍能驰骋千里，或掘地窖，封存好酒，使之成为陈年佳酿，媲美杜康，均可属于加工之范畴”[②]。

（二）加工的法律效果

在加工行为是依当事人之间的契约（如劳动合同、雇佣合同、加工承揽合同、委托合同等）而生时，一般应依当事人之间的契约关系来决定加工物所有权的归属及其求偿关系。若当事人之间并无相关的契约关系，一般应基于所有权保护原则，将加工物的所有权确定为归材料所有权人所有，但在加工人为恶意时，基于保护无过错当事人原则的考虑，法律上也不妨赋予加工人以选择权，由加工人选择是取得新物所有权还是把所有权留给对方并要求相应的补偿——在加工人进行选择之前可推定加工物的所有权已由其取得；在加工所增之价值（含加工人所加入的材料价值）明显高于材料价值时，应将加工物的所有权确定为归加工人所有，以鼓励创造和促进物的效用的发挥，而不管加工人是否存在过错或者恶意。[③]在加工物的所有权由加工人取得时，材料所有权人的所有权消灭。

在加工之际，若发生因加工人加入部分自己或他人材料而导致附合或者混合的情况，原则上应基于此际所发生的附合或混合往往只构成加工的一个环节，整体上系从属于加工之缘由，先依加工规则来确定所有权的归属。若

---

① 参见苏永钦：《私法自治中的经济理性》，中国政法大学出版社2004年版，第264—265页。

② 参见谢在全：《民法物权论》（上册），中国政法大学出版社2011年版，第318页。

③ 关于加工物所有权的归属，近代各国立法大多折中于材料所有人主义和加工人所有人主义之间，但在加工人取得加工物的所有权须以加工行为大幅增加物的价值为条件这一点上，却无实质差异［参见谢在全：《民法物权论》（上册），中国政法大学出版社2011年版，第319页］，此处也采此一更加有利于鼓励经济价值创造之规则。国内也有学者认为，加工人为恶意时，不能取得加工物的所有权［参见崔建远：《物权：规范与学说——以中国物权法的解释论为中心》（上册），清华大学出版社2011年版，第242页］。

加工物的所有权应归属于材料所有人，则应视情形分别适用附合或者混合规则来进一步确定物的所有权的归属；若加工物的所有权应归属于加工人，则应认为所有“原材料”的所有权皆已为加工人取得，法律上已无再适用附合或者混合规则之必要。

至于加工物所有权确定之后，存在于原材料之上的他物权的效力以及当事人之间的求偿关系，已在前文述明，此处不赘。

三、附　合

附合，是指两个以上主体的物密切结合在一起而形成不可分离或者分离不具有经济合理性的状态之事实。附合在理论上应包括动产与不动产的附合，动产与动产的附合、不动产与不动产的附合。但是，在本法并未将建筑物、构筑物规定成土地的成分，而是将其规定成了独立的不动产所有权客体的情况下，依法应不会发生建筑物或者构筑物附合于他人土地的问题，故而，对于在他人土地上建造建筑物或者构筑物的问题，原则上应依本法第231条、第352条等条文的规定来解决其所有权归属，相关的地役权规则和侵权规则也有其适用余地。至于河流中的泥沙附合于堤岸、滩涂，在他人土地之上种植林木、花草等问题，原则上都可依动产与不动产的附合规则来处理。[①]在他人建筑物之上加盖或者扩建建筑物的，亦同。[②]

（一）动产与不动产的附合

1.构成要件

动产与不动产的附合是指动产经由与他人不动产相结合而成为后者重要成分之事实。此一事实的构成，须具备以下要件：

第一，须为动产与不动产附合。附合者，须为动产，被附合者为不动产。至于附合的具体原因如何，行为人有无恶意，在所不问。

---

① 参见崔建远：《不动产附合规则之于中国民法典》，载《江汉论坛》2017年第6期。

② 《城镇房屋租赁合同解释》第14条的规定也可作如此解。该条规定：“承租人经出租人同意扩建，但双方对扩建费用的处理没有约定的，人民法院按照下列情形分别处理：（一）办理合法建设手续的，扩建造价费用由出租人负担；（二）未办理合法建设手续的，扩建造价费用由双方按照过错分担。”

第二，须动产成为不动产的重要成分，即只有在动产已成为不动产的重要成分后，始构成附合。其中，所谓重要成分是指非经毁损或者变更物的性质而不能使之与物的整体分离的物的构成部分。这里所说的毁损或者变更物的性质并不仅仅是针对附合物本身而言的，如果分离足以造成附合之动产或者被附合之不动产毁损或其物的性质发生变更的，亦属之。在以自己动产附合于他人不动产而形成对他人建筑物之加盖或者扩建之事实时，同样应将新增建筑物部分解释为附合的动产已构成原建筑物之重要成分。[①]

第三，须动产与不动产分属不同主体所有。同一主体的动产附合于不动产，其动产所有权应被不动产所有权吸收并同归于原所有权人所有，乃是理所当然，并无适用本条规定之必要。惟就其所生法律效果而言，须予明确的是，同一主体的动产与不动产的附合也应如同不同主体的动产与不动产的附合一样，也可导致原动产所有权以及存在于其上的他物权消灭的法律效果，原存在于被附合的不动产之上的他物权的效力及于附合之后的整体物。

2.法律效果

动产与不动产发生附合后，应基于充分发挥物的效用原则和附合于不动产的动产的效用一般系辅助不动产且其价值又远低于后者，将附合物的所有权确定为归不动产所有人所有，原动产所有人的所有权消灭。即便是在附合系基于一方的恶意或者第三方的过错而生时，亦同。此一所有权归属规则依法应具有强制性，当事人不得约定附合后的动产仍归其原所有权人所有，否则其约定应为无效。当然，如果当事人已经明确约定了附合后的不动产归动产所有权人所有或者由双方共有，其约定也不能自附合行为完成时自动使不动产所有权归动产所有权人所有或者双方共有，附合后的不动产的所有权仍应由原不动产所有权人取得，当事人只有在已经依本法第232条的规定办理了相应的不动产登记时，才能将附合物的所有权变更为动产所有权人所有或者双方共有。

在附合是基于动产所有权人的恶意或者过错而生时，法律上易生争议的是添附所生的法律效果与相关的侵权责任的关系。因为，在此情况下，附合往往是基于侵权而生的，其发生未必真正符合不动产所有权人的利益，而且从价值上来讲，不动产的价值一般都比较高昂，应可认为，维护其价值或者

---

① 参见王泽鉴：《民法物权》（第二版），北京大学出版社2010年版，第200页。

权利的重要性远高于添附制度所内含的当事人原则上不得请求恢复原状之规则所拟实现的效用价值。基于此，同时考虑到保护无过错当事人原则的实现，法律上似乎应该有必要将此处所涉的添附问题与不动产所有权人依据相关侵权规则所产生的请求权一并纳入考量，以求平衡。其具体平衡方式可依个案情况而异，但一般说来，在恢复原状主要损及的是附合于不动产的动产的价值或者其所耗费用相较于不动产的价值尚较小时，原则上应承认保护无过错当事人的原则可优先于效用原则，进而承认不动产所有权人有权选择请求恢复原状，或者选择维护物的现状，并给予对方以一定的补偿，在不动产所有权人因此还受有其他损害时，其也得请求对方赔偿。例如，在他人擅自在自己土地上种植植物时，法律上就应允许土地权利人请求恢复原状，或者选择维持物的现状并给予对方以一定的补偿。同理，在承租人未经出租人同意装修租赁房屋并因此构成附合时，法律上也应允许出租人有权请求恢复原状或者选择维持物的现状并给予对方以一定的补偿。但是，在恢复原状已不可能或者恢复原状所耗费用相较于不动产的价值已属过巨时，不动产所有权人不能请求恢复原状。当然，在动产所有权人的恶意添附已构成使不动产所有权人“强迫得利”的情况下，不动产所有权人无须依据本条的规定对失权人负补偿责任，已如前述。

不动产所有权人取得附合物的所有权之后，存在于原不动产或者动产之上的他物权的效力以及当事人之间的求偿关系，已在前文述明，此处不赘。惟在此处需要简要提及的是，《城镇房屋租赁合同解释》第9条以下在处理承租人装饰装修或者扩建租赁房屋所生附合问题时，其所定规则似乎多有与一般的附合规则和不当得利规则不符之处，[①]其单纯依赖相关的缔约过失责任、违约责任或者侵权责任规则来处理此一情形下因附合所生的权利义务关系，有欠妥当，甚至存在将缔约或者违约过失不当地等同于当事人对添附的发生具有过失或恶意之嫌疑。在民法典出台之后，该解释能否继续得以适用，值得进一步研究。

（二）动产与动产的附合

1. 构成要件

动产与动产的附合是指所有人各异的动产因相互结合而形成的非经毁损

---

① 参见崔建远：《不动产附合规则之于中国民法典》，载《江汉论坛》2017年第6期。

不能分离或分离不具有经济合理性的状态之事实。此一事实的构成，须具备以下要件：

第一，须相互结合之物皆为动产。至于各动产相互结合的具体原因为何，在所不问。

第二，须相互结合的动产为不同主体所有。同一主体的动产相互结合不生所有权在不同主体间重新进行分配或归属的附合问题，无适用本条规定之必要。惟就其所生法律效果而言，须予明确的是，同一主体的动产与动产附合若已导致一物成为他物重要成分者（如油漆桌），成为他物重要成分之物的所有权也应归于消灭，该物之上的其他权利也同归消灭。

第三，须相互结合的动产已形成非经毁损不能分离或分离不具有经济合理性的状态。其中，非经毁损不能分离，一般可单依相应的物理标准确定。例如，将油漆刷涂于桌椅表面，即可自然形成一种物理上非经毁损不能分离的状态。分离不具有经济合理性一般是指相互结合之物在物理上虽可分离，但其分离的结果将会极大地损害被分离之物或者合成物本身的价值，在经济上不具有合理性。例如，以他人宣纸糊补画卷之后，宣纸虽仍可被揭下，但其揭下之后已几近无用，画卷的价值也将因此受损，此即谓分离不具有经济合理性的状态。[①]

2.法律效果

动产相互附合之后，即构成法律上的合成物，除当事人另有约定或者法律另有规定外，原则上应依以下规则来确定合成物的所有权归属：

第一，在相互附合的动产无法依一般交易观念被区分为物的主要部分和从属部分时——我国民法学理上多将此称为“视为具有主物和从物的关系”，原则上应依公平原则，将合成物的所有权确定为由各所有权人依其被附合的动产原有价值之比例共有，各动产所有权人的原所有权消灭。但是，在附合是基于一方的过错而生时，为兼顾保护无过错当事人的原则，法律上应以承认无过错的一方具有相应的选择权为宜，即可由无过错的当事人来选择是单独取得合成物的所有权，还是与其他所有人共有。在附合是基于第三人“无权处分”他人动产而生时（如甲擅自将乙的黄金镶嵌于丙的玉石之上），如果无法依一般交易观念认为相互附合的动产具有主从关系，可类推适用善意取

---

① 参见谢在全：《民法物权论》（上册），中国政法大学出版社2011年版，第312页。

得制度，依相对人（丙）对第三人（甲）“无权处分”是否具备善意来确定物的归属，即如果相对人是善意的，可将合成物的所有权确定为由各所有人共有，如果相对人是恶意的，非恶意的一方有权选择单独取得所有权或共有。

第二，如果相互附合的动产可被认为具有主从关系（如甲之油漆被刷涂于乙之书桌时，书桌和油漆即可被视为具有主从关系），基于从属部分的效用一般系辅助主要部分之常理，法律上应以将合成物的所有权确定为归主要部分所有人所有更为符合效用原则。但是，在附合是基于主要部分所有人的恶意而生时，或者其对第三人基于“无权处分”而生的附合具备恶意时，出于保护无过错当事人原则的考虑，法律上也不妨承认从属部分的所有权人可在一定条件下排除由物的主要部分所有人单独取得所有权，而得主张与后者共有，除非物的主要部分的价值明显高于从属部分的价值。[①]物的主要部分所有人取得合成物所有权之后，其原所有权并不消灭，但从属部分所有人的所有权应归于消灭。

在合成物的所有权确定之后，存在于“原物”之上的他物权的效力以及当事人之间的求偿关系，已在前文述明，此处不赘。

四、混　合

混合是指所有人各异的动产相互混合，不能识别或者识别所需费用过巨的事实。混合的构成与动产附合的构成大同小异，其法律效果也基本上可参照后者来处理。亦即，在相互混合之物无法依一般交易观念被区分为物的主要部分和从属部分时，一般应将混合物的所有权确定为由各方按其被混合的动产的原有价值之比例共有。例如，在甲的大米与乙的大米混同时，一般就应将大米的所有权确定为由甲乙双方共有。在相互混合之物可被认为具有主从关系时，一般应将混合物的所有权确定为归主要部分的所有权人所有。例如，在甲的咖啡与乙的糖发生混合时，咖啡就可被看成物的主要部分，加糖的咖啡的所有权一般应被确定为归咖啡的所有权人甲所有。其他相关问题请参照前述动产与动产的附合部分的说明。

---

① 此处借鉴的是《欧洲示范民法典草案》第Ⅷ-5:203条第4款。参见［德］克里斯蒂安·冯·巴尔、埃里克·克莱夫主编:《欧洲私法的原则、定义与示范规则：欧洲示范民法典草案》(第8卷)，朱文龙等译，法律出版社2014版，第719页。

中国社会科学院法学研究所
民法典研究丛书

MINFADIAN PINGZHU

民法典评注

物权编

3

孙宪忠　朱广新　主编

中国法制出版社
CHINA LEGAL PUBLISHING HOUSE

物权编撰稿人

（以撰写法律条文的序号排序）

常鹏翱 北京大学法学院教授，撰写第205—223条

崔文星 北京师范大学法学院副教授，撰写第224—232条及第323—329条

章正璋 苏州大学法学教授，撰写第233—239条及第458—462条

申惠文 郑州大学法学院副教授，撰写第240—245条及第288—296条

单平基 东南大学法学院副教授，撰写第246—259条

高　飞 广东外语外贸大学土地法制研究院教授，撰写第260—265条

陆　剑 中南财经政法大学法学院副教授，撰写第266—270条

鲁春雅 北京化工大学法律系副教授，撰写第271—287条

李国强 吉林大学法学院教授，撰写第297—310条

汪志刚 江西财经大学法学院教授，撰写第311—322条

袁　震 西北政法大学教授，撰写第330—343条

蔡立东 吉林大学法学院教授，撰写第344—361条

冯建生 河北工业大学副教授，撰写第362—371条

耿　卓 广东外语外贸大学土地法制研究院教授，撰写第372—385条

邹海林 中国社会科学院法学研究所研究员，撰写第386—393条及第447—457条

董学立 苏州大学法学院教授，撰写第394—419条

李　俊 中南财经政法大学法学院副教授，撰写第420—424条及第440—446条

陈永强 中国计量大学法学院教授，撰写第425—434条

郝丽燕 山东建筑大学法学院副教授，第435—439条

本编由朱广新负责统稿。

凡 例

文献名称	本书指称
一、民法典草案与建议稿	
《民法典各分编（草案）》（征求意见稿）（物权编）	《民法典物权编（草案）》（征求意见稿）
《民法典各分编（草案）》	《民法典各分编（草案）》
《民法典物权编（草案）》（二次审议稿）	《民法典物权编（草案）》（二审稿）
《中华人民共和国民法典（草案）》	《民法典（草案）》
二、法律与行政法规	
《中华人民共和国民法典》	《民法典》①
三、司法解释	
《最高人民法院关于审理涉及农村土地承包纠纷案件适用法律问题的解释》	《农村土地承包解释》
《最高人民法院关于审理矿业权纠纷案件适用法律若干问题的解释》	《矿业权解释》
《最高人民法院关于审理农村承包合同纠纷案件若干问题的意见》	《农村承包合同意见》
《最高人民法院关于审理农业承包合同纠纷案件若干问题的规定（试行）》	《农业承包合同规定》
《最高人民法院关于审理涉及国有土地使用权合同纠纷案件适用法律问题的解释》	《国有土地使用权合同解释》
《国务院关于开展农村承包土地的经营权和农民住房财产权抵押贷款试点的指导意见》	《承包地经营权和住房财产权抵押贷款指导意见》
《最高人民法院关于审理矿业权纠纷案件适用法律若干问题的解释》	《矿业权纠纷解释》

① 本书引用的冠以“中华人民共和国”的法律与行政法规，简称时省略“中华人民共和国”字样，法律与行政法规简称均循此规律，不再重复标注。

目　录

CONTENTS

第三分编　用益物权

第 十 章　一般规定 / 001

第三百二十三条【用益物权人的基本权利】/ 003

第三百二十四条【自然资源用益物权】/ 013

第三百二十五条【自然资源有偿使用制度】/ 015

第三百二十六条【用益物权人、所有权人义务】/ 018

第三百二十七条【用益物权人因征收、征用获得补偿】/ 021

第三百二十八条【海域使用权】/ 024

第三百二十九条【矿业权、取水权、渔业权】/ 027

第十一章　土地承包经营权 / 039

第 三 百 三 十 条【双层经营体制与土地承包经营制度】/ 041

第三百三十一条【土地承包经营权的界定】/ 047

第三百三十二条【土地的承包期】/ 057

第三百三十三条【土地承包经营权的设立与登记】/ 062

第三百三十四条【土地承包经营权的转让与互换】/ 067

第三百三十五条【土地承包经营权转让与互换的登记】/ 074

第三百三十六条【禁止调整承包地】/ 078

第三百三十七条【禁止收回承包地】/ 085

第三百三十八条【承包地的征收】/ 093

第三百三十九条【土地经营权的流转】/ 099

第 三 百 四 十 条【土地经营权人的权利】/ 112

第三百四十一条【土地经营权的登记】/ 120

第三百四十二条【非家庭承包方式取得土地经营权的流转】/ 122

第三百四十三条【国家所有农地的承包经营】/ 125

第十二章　建设用地使用权 / 127

第三百四十四条【建设用地使用权的含义】/ 129

第三百四十五条【建设用地使用权的客体】/ 134

第三百四十六条【建设用地使用权设立的准则】/ 140

第三百四十七条【建设用地使用权的设立方式】/ 144

第三百四十八条【建设用地使用权出让合同的形式与内容】/ 149

第三百四十九条【建设用地使用权的设立登记】/ 153

第 三 百 五 十 条【土地用途的变更】/ 156

第三百五十一条【土地出让金】/ 160

第三百五十二条【建筑物、构筑物及其附属设施的归属】/ 164

第三百五十三条【建设用地使用权的处分】/ 168

第三百五十四条【建设用地使用权处分合同的形式和期限】/ 172

第三百五十五条【建设用地使用权处分的变更登记】/ 177

第三百五十六条【“房随地”原则】/ 181

第三百五十七条【“地随房”原则】/ 184

第三百五十八条【建设用地使用权的提前收回及补偿】/ 188

第三百五十九条【建设用地使用权的续期】/ 193

第 三 百 六 十 条【建设用地使用权的注销登记】/ 197

第三百六十一条【集体建设用地使用权的法律适用】/ 201

第十三章　宅基地使用权 / *207*

第三百六十二条【宅基地使用权的含义】/ *209*

第三百六十三条【宅基地使用权的取得、行使和转让】/ *215*

第三百六十四条【宅基地灭失与重新分配宅基地】/ *223*

第三百六十五条【宅基地使用权的变更、注销登记】/ *226*

第十四章　居住权 / *233*

第三百六十六条【居住权的含义】/ *235*

第三百六十七条【居住权设立合同的形式与条款】/ *240*

第三百六十八条【居住权的设立】/ *244*

第三百六十九条【居住权转让、继承的禁止和设立居住权的住宅出租】/ *247*

第 三 百 七 十 条【居住权的消灭】/ *250*

第三百七十一条【遗嘱方式设立居住权】/ *252*

第十五章　地役权 / *255*

第三百七十二条【地役权的含义】/ *257*

第三百七十三条【地役权设立合同的形式和条款】/ *263*

第三百七十四条【地役权的设立条件】/ *267*

第三百七十五条【供役地权利人的义务】/ *271*

第三百七十六条【地役权人的义务】/ *275*

第三百七十七条【地役权期限】/ *279*

第三百七十八条【地役权的持续性】/ *283*

第三百七十九条【在已设立用益物权的土地上设立地役权】/ *287*

第 三 百 八 十 条【地役权的转让】/ *290*

第三百八十一条【地役权的抵押】/ *294*

第三百八十二条【需役地及其上土地承包经营权、建设用地使用权的部分转让】/ *297*

第三百八十三条【供役地及其上土地承包经营权、建设用地使用权的部分转让】/ *300*

第三百八十四条【地役权的消灭】/ *303*

第三百八十五条【地役权的变更与注销登记】/ *307*

第十章

一般规定

第三百二十三条【用益物权人的基本权利】

用益物权人对他人所有的不动产或者动产，依法享有占有、使用和收益的权利。

历史由来

本条承袭了《物权法》第117条的规定，未作改动。

规范目的或功能

本条规定了用益物权人的基本权利。用益物权人对他人所有的不动产或者动产，依法享有占有、使用和收益的权利。用益物权制度与所有权制度、担保物权制度构成了物权制度的完整体系。用益物权制度的建立有利于自然资源等不动产或者动产的有效利用和有序利用。用益物权制度，可以在不取得土地等自然资源或他人之物的所有权的情况下，通过对他人之物的占有、使用而获得收益，同时为社会提供财富。所有权人可以通过设立用益物权获得相应的利益，或者通过行使所有权的方式服务他人或社会。对整个社会而言，社会资源得到有效利用，社会的整体利益也就得到了最大程度的实现和满足。①

规范内容

一、用益物权的内涵

所谓用益物权，是指对他人之物享有占有、使用和收益的权利。用益物权的概念来源于罗马法，18世纪之后，欧洲各国民法法典普遍规定了用益物权制度。②用益物权是所有权及其权能相分离的结果，所有权人将所有权的部

---

① 参见全国人大常委会法制工作委员会民法室编著：《中华人民共和国物权法解读》，中国法制出版社2007年版，第245页。

② 参见王利明：《物权法》，中国人民大学出版社2015年版，第211页。

分权能授予他人享有，产生他物权。所有权人保留处分权，用益物权人对所有权人的财产进行占有、使用并取得收益。

二、用益物权的特征

（一）用益物权是一种定限物权

物权以其对标的物之支配范围为标准，可分为完全物权与定限物权两种。所有权属于完全物权，定限物权包括用益物权与担保物权两种。所有权是具有一般的支配权能的物权，所有人可永续性地在法律规定的范围内发挥其作用。但定限物权则不是这样，它是在他人之物上成立的物权，因此，定限物权于时于量，都有一定的限度，不如所有权内容丰富。用益物权是定限物权的一种，因而用益物权人也就只能在一定范围内，对标的物享有占有、使用和收益的权利。[①]用益物权作为定限物权，也具有对所有权限制的属性。“用益物权虽然以所有权为权源，但其一经设立，所有权的部分甚至大部分权能即由用益物权人行使，因而约束了所有人对其所有物的支配力。”[②]用益物权对所有权的限制主要体现在以下几个方面：第一，用益物权依法成立后，所有权人不能随意取消。第二，所有权人在行使所有权时，不得妨碍用益物权人行使权利。第三，所有权人不能随意变更用益物权人对所有权人的义务内容。第四，用益物权具有优先于所有权的效力。之所以赋予用益物权优先于所有权的效力，是因为用益物权基于所有权而产生，如果不赋予用益物权优先效力，则用益物权基本无法行使，从而使得用益物权的设立失去意义。[③]

（二）用益物权以使用和收益为目的

用益物权是就标的物的使用价值进行利用的物权，其目的在于对标的物进行占有、使用和收益。用益物权的设立，是为了满足权利人实际利用物或

---

① 参见陈华彬：《民法物权论》，中国法制出版社2010年版，第331页。

② 梁慧星主编：《中国物权法研究》（下），法律出版社1998年版，第583页。

③ 参见房绍坤：《用益物权基本问题研究》，北京大学出版社2006年版，第48页。

者利用并收取物的果实的需要。[①]也就是说，用益物权人所支配的内容是标的物的使用价值，与担保物权人所支配的标的物的交换价值，形成对照。用益物权人对标的物一般不享有处分权，否则其权利性质就不再是用益物权。有观点认为，“用益物权的主要内容是使用收益，显然不能包括所有人所享有的处分权能，但是在特殊情况下，为了有效率地利用物，法律也允许权利人在不妨碍物的最终权利归属的情况下享有一定的处分权，例如，建设用地使用权人在特定情况下依法享有流转的权利，采矿权也可以依法进行抵押”[②]。可以认为这种处分只是对用益物权本身的处分，而不是对标的物的处分，标的物的所有权并不发生变化，因此，很难说它是处分权。

（三）用益物权的享有和行使以对物的占有为前提

用益物权的享有和行使以对标的物的占有为前提，只有用益物权人对标的物为实际占有，才可能实现使用和收益的权能，所以用益物权一般包括占有、使用及收益三项权能。“某些用益物权也可以不以占有为基础，例如，眺望地役权就不一定要实际占有他人的不动产，而铺设管线的地役权，也不一定要构成对地表的占有，但这些都只是例外的情况。”[③]

（四）用益物权主要以不动产为标的物

用益物权主要以不动产为标的物。此点既不同于所有权（所有权包括动产所有权与不动产所有权），与担保物权也有差异。用益物权之所以主要以不动产为标的物，原因在于：一是动产物权以占有为其公示方法，不动产物权以登记为其公示方法，占有的公示力仅能表现极简单的法律关系，而登记的公示力则对应于较为复杂的物权类型，以不动产为标的物，即可借登记加以公示。二是动产的种类繁多，数量也相当庞大，而其价值又往往低于不动产，因而如有需要，尽可买为己有，而不必依赖用益物权。[④]因此，没有必要在

---

① 参见孙宪忠主编：《物权法》，社会科学文献出版社2005年版，第241页。

② 王利明：《物权法研究》（下卷），中国人民大学出版社2007年版，第22页。

③ 王利明：《物权法研究》（下卷），中国人民大学出版社2007年版，第21页。

④ 参见陈华彬：《民法物权论》，中国法制出版社2010年版，第332页。

动产上设定用益物权，即使需要在船舶、机动车等特殊动产上设定用益物权，也应以登记为公示方法。[①]“用益物权多以不动产尤其是土地为使用收益的对象。由于不动产特别是土地的稀缺性、不可替代性且价值较高，以及土地所有权依法不可转移性，使在土地等不动产上设立用益物权成为经济、社会发展的必然要求。而动产的特性决定了通常可以采用购买、租用等方式获得其所有权和使用权。”[②]“现代社会中，随着经济和科技的发展、社会化大生产的建立，动产一般具有批量化、种类化的特征，相互之间往往可以替代，而且动产一般价值较小，容易获得，各种动产原则上都可通过金钱在市场上购买，没有对动产设立用益物权的必要。”[③]

从我国《民法典》规定的用益物权的具体类型来看，其客体主要是不动产，但是从本条的规定来看，也包含了动产。如此立法也许是为了适应社会发展的需要，将来的社会生活中可能出现动产用益物权。

三、用益物权与担保物权的区别

用益物权和担保物权都属于他物权，但两种权利并不相同，表现在以下几个方面：第一，规范目的和内容不同。用益物权的设立以取得物的使用和收益价值为目的，而担保物权的设立以取得物的交换价值为目的。用益物权人支配标的物的使用价值，而担保物权人支配标的物的交换价值，不以对物的实体利用为目的。[④]第二，性质不同。用益物权是一种独立的物权，一般不具有从属性（地役权除外）。一般而言，用益物权可以独立存在，并不受所有权人非法干涉。“用益物权人不以其对标的物所有权人或使用权人享有其他权利为权利存在的前提。”[⑤]而担保物权是一种从属的物权，担保物权依附于主债权，主债权消灭，担保物权也随之消灭。第三，权利实现的时间不同。用益物权一经设立即能得到实现，而担保物权的设立和实现具有时间间隔，只有

---

① 参见屈茂辉：《用益物权制度研究》，中国方正出版社2005年版，第11页。

② 全国人大常委会法制工作委员会民法室编著：《中华人民共和国物权法解读》，中国法制出版社2007年版，第248页。

③ 梅夏英、高圣平：《物权法教程》，中国人民大学出版社2010年版，第180页。

④ 参见王利明：《物权法》，中国人民大学出版社2015年版，第319页。

⑤ 房绍坤：《用益物权基本问题研究》，北京大学出版社2006年版，第12页。

当债务人不能履行到期债务等条件具备时，债权人才能依法实现担保物权。①

其他问题

一、用益物权的产生和发展

传统民法将独立于所有权以外的他物权，分为用益物权与担保物权。以追求物的使用价值而设立的他物权为用益物权，以追求物的交换价值而设立的他物权为担保物权。用益物权的产生表明和记载了经济关系的要求，即物尽其用。

用益物权的种类由罗马法所始创，罗马法中逐渐产生了地役权、人役权、地上权、永佃权四种用益物权类型。这种制定法上表现出的体系类型，对近现代西方民法体系中用益物权的立法构建产生了重大影响，各国均在民法中规范了大同小异的用益物权制度，如《法国民法典》规定了用益权与使用权、地上权、地役权；《德国民法典》规定了地上权、役权（地役权、人役权、用益权、居住权）和土地负担（实物负担）；《瑞士民法典》规定了役权（地役权、用益权、居住权、建筑权）和土地负担；《日本民法典》规定了土地用益物权，包括地上权、永佃权、地役权、入会权。②

在当代，用益物权同时出现了两个相反的发展方向：一方面是某些用益物权的日渐式微，另一方面是新崛起了一些新的用益物权形式，或者某些用益物权形式获得了新的发展空间，呈现出蓬勃的生机。就永佃权这一传统的用益物权形态而言，德国于1947年2月20日制定了《废除世袭农场法与对农地、林业地的新规定施行法》，废除了永佃权制度。在日本，设定永佃权者也变得越来越少，永佃权和租赁权被一起规定在特别法中。而空间权作为一种新型的用益物权形态却被广泛采纳和规定。③

在我国，20世纪80年代后所颁布的法律规范逐步建立了用益物权体系，

① 参见王利明：《物权法》，中国人民大学出版社2015年版，第320页；陈华彬：《民法物权论》，中国法制出版社2010年版，第335页。

② 参见王泽鉴：《民法物权》，北京大学出版社2009年版，第270页。

③ 陈华彬：《我国物权立法难点问题研究》，首都经济贸易大学出版社2014年版，第23页。

《民法通则》规定了国有土地使用权、国有资源使用权等用益物权，《土地管理法》《水法》等法律所规定的用益物权类型主要包括：宅基地使用权、取水权等。《物权法》在用益物权的一般规定中对自然资源使用权、海域使用权、探矿权、采矿权等准用益物权进行了一般性规定，在第11章至第14章详细规定了四种用益物权，即土地承包经营权、建设用地使用权、宅基地使用权和地役权。《物权法》没有采用传统民法上的地上权、永佃权等概念，但土地承包经营权、建设用地使用权、宅基地使用权等的内涵与传统民法上相关权利的内涵相同或相似。《民法典》基本承袭了《物权法》规定的用益物权体系，并在此基础上增加规定了居住权制度。

二、用益物权受土地开发权的限制

（一）用益物权的行使应符合土地开发权的要求

用益物权不仅受土地所有权的限制，也受土地开发权的限制。主要表现在以下几个方面：第一，土地承包经营权的行使不得改变土地的用途，不得将农业用地擅自改变为建设用地。第二，建设用地使用权的行使应当符合规划确定的事项，不得擅自改变建筑密度、高度和容积率；不得擅自改变土地用途，例如不得将工业用地改为商品房用地。第三，宅基地使用权的行使应当符合城乡规划或国土空间规划，不得违反规划进行建设，否则属于违法建筑（比如小产权房建设）；除法律、法规等规范性法律文件另有规定外，宅基地使用权一般不得流转。

（二）土地开发权的性质是公权力

土地开发权，也称土地发展权，是指通过改变土地用途和提高土地利用强度对土地进行利用的权利。[①]改变土地用途，主要是指将农地改变为建设用地、将工业用地改变为商品房用地等情形。提高土地利用强度，也就是提高土地使用集约度，包括提高建筑密度、容积率等情形。土地开发权因限制土

---

① 参见陈柏峰：《土地发展权的理论基础与制度前景》，载《法学研究》2012年第4期；甘藏春等：《当代中国土地法若干重大问题研究》，中国法制出版社2019年版，第181页；刘守英：《土地制度与中国发展》，中国人民大学出版社2018年版，第201页。

地开发而形成，若无限制则无土地开发权。对土地开发的限制主要包括对城市规划的限制和对耕地转建设用地的限制。[①]

关于土地开发权的性质存在争议，主要存在公权力说和私权利说两种对立观点。公权力说认为，土地开发权是政府管理权，是公权力，并非所有权的派生物，土地所有人并不享有土地开发权。[②]私权利说认为，土地开发权是私权利，可以称之为物权或准物权，土地开发权是从所有权中分离出来的一种物权，并不是由国家的规划管治权产生，而是通过土地利用的纵深扩展或用途变更而发展土地增值收益的权利。[③]有学者通过对相关文献的梳理认为，我国学界大多数认为土地开发权是私权利，是财产权或物权。[④]争议的主要原因可能是对土地资源配置与一般商品交易的区别以及土地利用的不同阶段存在不同认识。

若认可土地资源配置与一般商品交易存在区别，则会认可土地管制的必要性，而土地管制的性质是公权力，它决定如何利用土地等土地开发事项，土地所有权和用益物权在土地开发权确定的范围内行使。若认可土地资源配置分为初始配置和市场配置两个不同阶段，则会认可土地资源的初始配置是市场配置的基础和前提条件。初始配置属于土地开发权的行使领域，市场配置属于土地所有权的行使领域，二者泾渭分明。土地资源的初

---

① 参见黄祖辉、汪晖：《非公共利益性质的征地行为与土地发展权补偿》，载《经济研究》2002年第5期。

② 参见华生：《新土改：土地制度改革焦点难点辨析》，东方出版社2015年版，第276页；陈柏峰：《土地发展权的理论基础与制度前景》，载《法学研究》2012年第4期；杜茎深、罗平：《论基于物权路径引入发展权之不可行性》，载《中国土地科学》2015年第4期；黄祖辉、汪晖：《非公共利益性质的征地行为与土地发展权补偿》，载《经济研究》2002年第5期；沈守愚：《土地法学通论》（上），中国大地出版社2002年版，第375页。

③ 参见刘俊：《土地所有权权利结构重构》，载《现代法学》2006年第3期；程雪阳：《土地发展权与土地增值收益的分配》，载《法学研究》2014年第5期；姚昭杰、刘国臻：《我国土地权利法律制度发展趋向研究——以土地发展权为例》，中山大学出版社2016年版，第11页；王楚云：《论土地发展权的物权属性》，载《广西社会科学》2019年第6期；翁小宇：《英美国家土地发展权制度的实践与借鉴》，载《农业经济》2018年第12期。

④ 参见刘明明：《土地发展权研究述评》，载《湖南文理学院学报》（社会科学版）2008年第3期；于业芹：《土地发展权：基于国内研究文献的评述》，载《中南财经政法大学研究生学报》2018年第2期。

始配置属于公法调整，由此形成行政法律关系；土地资源的市场配置属于私法调整，由此形成民事法律关系；土地资源的公法调整是私法调整的基础和前提条件。土地资源的初始配置由土地利用总体规划、城乡规划或者土地空间规划以及土地利用年度计划配合完成。基于土地利用年度计划，中央政府向各省级政府分配年度新增建设用地指标和耕地占用指标，并由省级政府层层分解到市县区政府，这实际上是对土地开发权（土地资源的初始配置权）的垂直分配。在实践中，此种对土地开发权的垂直分配并不能完全照顾到各地千差万别的实际情况，故又逐渐衍生出地方政府之间对新增建设用地指标和耕地占用指标的交易，“增减挂钩”指标在不同行政区域之间的有偿调配实际也是地方政府之间的指标交易。无论是上下级政府之间的指标垂直分配，还是同级地方政府之间的指标交易，均属于对土地资源的初始配置，属于行政权力运行的范畴，与私权利无关。[①]土地开发权的行使属于土地资源的初始配置，属于公法调整，由此形成行政法律关系，因此，土地开发权是公权力。

需要指出的是，我国学界长期以来对美国可转让土地开发权（Transferable Development Right，TDR）存在误解，由此影响了对土地资源初始配置与市场配置关系的理解。美国的可转让土地开发权制度，是规划制度（Zoning）的组成部分，本质上就是容积率（Floor Area Rate）交易制度。政府在制定特定地区的规划时，采取灵活态度，不硬性确定每一个地块的具体容积率，而是控制该地区的容积率总量，并允许不同地块的权利人通过交易的方式调配容积率。此种“容积率交易”，又被称为“土地开发权转让”。[②]早期的土地开发权转让制度主要用于增强规划制度的灵活性，后来则扩展到城市历史建筑保护、城市开阔空间保护、农田保护、生态保护等领域。开发受到限制的土地权利人可以将政府分配给他们却又不能实际使用的“容积率”或“土地开发权”转让给其他土地权利人，由此获得一定的经济补偿，政府也节省了经济

① 参见刘羿、强甜甜：《比较法视野下土地指标交易改革研究》，载《北方民族大学学报》（哲学社会科学版）2016年第2期。

② Notes, “Development Rights Transfer in New York City”, 82 *Yale L.J.* 338 (1972-1973).

补偿支出。[①]由此可见，美国土地开发权的性质并非私权利，而是基于政府对土地的规划管制而授予私人的行政许可（Administrative License）。所谓土地开发权转让，其实是私人在转让未利用的行政许可而已，其性质与“排污权交易”相同。[②]换言之，美国土地开发权在本质上仍然是公权力对土地资源初始配置的产物，没有规划制度就没有土地开发权，而土地开发权转让也只不过是私人对土地资源初始配置的微调而已。

（三）土地利用需要国家管制

由于土地资源具有稀缺性、不可再生性、不可移动性等特点以及土地利用具有交叉外部性，因此，土地利用需要国家管制。土地利用与生态环境和人文环境等因素密切相关，市场自身无法决定土地资源的合理配置。自20世纪四五十年代开始，土地管制日益成为大多数国家和地区管理土地的手段，其目的主要表现在以下几个方面：第一，排除不当的土地利用，避免土地利用的交叉外部性。第二，有效、有序控制土地利用及其开发速度，确保公共设施服务水平。第三，充分发挥土地效益，降低公共服务成本，节省政府财政支出。[③]许多国家采用了极为相似的没有规划就不能开发的原则。土地开发必须符合土地利用规划，不符合规划要求的开发计划和申请将不被批准。[④]

国家对土地进行管制形成土地管理关系，在此基础上形成土地物权体系。土地管理关系是在开发、利用、保护、整治和管理土地过程中形成的社会关

---

① John J. Costonis, “The Chicago Plan: Incentive Zoning and the Preservation of Urban Landmarks”, 85 *Harv. L. Rev.* 574 (1971–1972); David Alan Richards, “Downtown Growth Control Through Development Rights Transfer”, 21 *Real Prop. Prob.& Tr. J.* 435, 462 (1986); Mark R. Rielly, “Evaluating Farmland Preservation Through Suffolk County, New York’s Purchase of Development Rights Program”, 18 *Pace Envtl. L. Rev.* 197 (2000–2001); Michael Kruse, “Constructing the Special Theater Subdistrict: Culture, Politics, and Economics in the Creation of Transferable Development Rights”, 40 *Urb. Law.* 95, 100 (2008).

② 参见黄泷一：《美国可转让土地开发权的历史发展及相关法律问题》，载《环球法律评论》2013年第1期。

③ 参见刘守英：《土地制度与中国发展》，中国人民大学出版社2018年版，第268页。

④ 参见胡兰玲：《土地发展权论》，载《河北法学》2002年第2期。

系，它与自然生态环境关系密切相连，以协调人与土地之间和谐一致、安全利用为基础，土地管理者与所有权人、使用权人之间总是不对等的，因此是一种特定的社会关系，与民事法律关系显著不同。[①]土地管理关系以维护公共利益为目的，遵循社会本位主义，与一般商品交易遵循的权利本位主义相区别。“土地的利用和分配对法律制度提出了额外的特殊的问题。首先，土地不能增加，因此就不能和其他商品一样通过补充生产来排除资源配置的不足，以及增加新的权能。其次，土地在空间上不能改变，因此它的用途绝大程度上已经由它的地理位置所决定，各种相互影响的使用方式之间的冲突只有通过限制和禁止来调整。”[②]

从新中国成立至1998年，我国的土地管制主要依从所有制管制，国家通过无偿调拨和征地补偿安置等方式征收集体所有的土地转为国有土地。“1998年修订《土地管理法》时，中国将西方证明行之有效的土地用途管制引进并写入法律。中国的土地用途管制是通过编制土地利用总体规划划定土地用途区域，确定土地使用限制条件，土地所有者、使用者严格按照国家确定的用途利用土地的制度。”[③]2007年颁布的《城乡规划法》对土地利用的规划管理作出了系统规定。我国虽然没有土地开发权的概念，但土地用途管制和规划管理实质就是土地开发权体系。具体而言，一级土地开发权隐含在中央政府对地方政府、上级政府对下级区域的新增建设用地许可中；二级土地开发权则隐含在地方政府对建设项目用地的规划许可中。[④]我国的土地管制主要包括农地转用管制和建设用地开发管制。[⑤]随着工业化和城镇化的发展，应进一步完善土地规划管制措施，“强化土地利用总体规划实施刚性，依法落实用途管制”[⑥]。中共中央、国务院于2020年3月30日发布的《关于构建更加完善的要素市场化配置体制机制的意见》提出：“在符合国土空间规划和用途管制要求前

---

① 参见沈守愚：《土地法学通论》(上)，中国大地出版社2002年版，第176—177页。

② ［德］曼弗雷德·沃尔夫：《物权法》，吴越、李大雪译，法律出版社2002年版，第59页。

③ 刘守英：《土地制度与中国发展》，中国人民大学出版社2018年版，第160页。

④ 参见林坚、吴宇翔、郭净宇：《英美土地发展权制度的启示》，载《中国土地》2017年第2期。

⑤ 参见郭洁：《土地用途管制模式的立法转变》，载《法学研究》2013年第2期。

⑥ 刘守英：《土地制度与中国发展》，中国人民大学出版社2018年版，第276页。

提下，调整完善产业用地政策，创新使用方式，推动不同产业用地类型合理转换，探索增加混合产业用地供给。”可见，土地资源的市场配置以初始配置为基础和前提条件，土地资源的市场配置应当“符合国土空间规划和用途管制”。

第三百二十四条【自然资源用益物权】

国家所有或者国家所有由集体使用以及法律规定属于集体所有的自然资源，组织、个人依法可以占有、使用和收益。

历史由来

本条基本承袭了《物权法》第118条的规定，只是将原条文中的“单位”修改为“组织”。

规范目的或功能

本条概括规定了自然资源用益物权制度。我国实行自然资源公有制，自然资源属于国家所有或者集体所有。组织、个人可以依法占有、使用国家所有或者集体所有的自然资源并获得收益。

规范内容

一、自然资源用益物权的基本内容

我国对土地等自然资源实行公有制，土地等自然资源的用益物权是自然资源的所有权与使用权分离的法律形式。国家和集体对于其所有的自然资源享有占有、使用、收益和处分的权利，组织、个人可以取得国家和集体所有的自然资源的用益物权，从而对于国家和集体所有的自然资源享有占有、使用和收益的权利，国家和集体不能干预其权利的行使。基于土地等自然资源自身的特点，自然资源用益物权制度还要反映保护自然环境、维护生态平衡的客观要求。根据《民法典》的相关规定，矿藏、水流、海域属于国家所有。城市的土地属于国家所有。法律规定属于国家所有的农村和城市郊区的土地，属于国家所有。森林、山岭、草原、荒地、滩涂、野生动植物资源等属于国家所有，法律另有规定的除外。集体对法律规定的土地和森林、山岭、草原、荒地、滩涂等自然资源享有所有权。[①]《民法典》概括规定了海域使用权、探矿权、采矿权、取水权、养殖权、捕捞权等准用益物权制度，并设专章分别规定了土地承包经营权、建设用地使用权、宅基地使用权等自然资源用益物权制度。

土地承包经营权，是指权利人依法对农民集体所有和国家所有由农民集体使用的耕地、林地、草地等享有占有、使用和收益的权利，有权从事种植、林业、畜牧业等农业生产。《民法典》将土地承包经营权规定为用益物权，赋予了农民长期而有保障的土地使用权。对承包经营权人的基本权利、承包经营权的期限和期满后的继续承包、土地经营权的流转、承包地的调整和收回、承包地被征收的补偿等作了规定。

建设用地使用权，是指权利人依法对国家所有的土地享有占有、使用和收益的权利，有权利用该土地建造建筑物、构筑物及其附属设施。建设用地使用权是用益物权中的一项重要权利，建设用地使用权人通过出让或者划拨的方式取得。《民法典》对建设用地使用权的取得方式、分层设立建设用地使用权、建设用地使用权的转让和出资或者抵押、建设用地使用权期满后的续期等作了规定。根据《土地管理法》和《民法典》的规定，集体经营性建设用地使用权入市参照同类用途的国有建设用地使用权执行。

宅基地使用权，是指权利人依法对集体所有的土地享有占有和使用的权利，有权依法利用该土地建造住宅及其附属设施。《民法典》对宅基地使用权的取得、行使和转让等作了原则性的规定。

二、自然资源用益物权的特征

（一）主体的广泛性

凡民事主体均可依法成为自然资源用益物权的主体。自然资源用益物权在主体方面的这一特征，是由社会全体成员的生产和生活均离不开土地等自

---

① 参见《民法典》第247条至第251条、第260条。

然资源的客观现实所决定的。法律可以排除一些主体对土地等自然资源的所有权，但是不能排除对土地等自然资源的占有权和使用权。

（二）客体的公有属性

自然资源用益物权的客体是依法归国家所有或集体所有的特定的土地或其他自然资源。我国的自然资源用益物权制度是在土地等自然资源归国家所有或集体所有的基础上为解决其使用问题而建立的。用益物权派生于国家或集体对土地等自然资源的所有权，是所有权及其权能相分离的结果。

第三百二十五条【自然资源有偿使用制度】
国家实行自然资源有偿使用制度，但是法律另有规定的除外。

历史由来

本条承袭了《物权法》第119条的规定，未作改动。

规范目的或功能

本条旨在明确我国的自然资源有偿使用制度。组织、个人对自然资源的有偿使用权是用益物权，具有对世效力和排他效力。生存权是人类最基本的权利；而人类的发展、对自然资源的开发利用不应危及后代人对自然资源和能源的需求。生存权、发展权与环境权冲突的问题是世界各国都面对的棘手课题，本条规定的自然资源有偿使用制度对生存权、发展权和环境权具有积极的平衡作用。

规范内容

一、自然资源有偿使用制度的内涵

自然资源有偿使用制度，是指国家或集体为实现所有者权益，保障自然资源的可持续利用，向使用自然资源的单位和个人收取自然资源使用费的制度。例如，取得探矿权、采矿权、建设用地使用权等权利需要支付相应价款。改革开放以来，我国自然资源的有偿使用制度逐步建立和完善，在开发利用自然资源方面做了许多工作，初步实现了一部分自然资源的有偿使用，如土地使用权、探矿权、采矿权等，这对促进自然资源保护和合理利用、维护所有者权益、促进经济社会的快速发展发挥了积极作用。由于自然资源具有经济属性，因此，使用者向资源所有者交纳一定的费用，符合民法的财产法功能。实行自然资源有偿使用制度，加快自然资源及其产品价格改革，全面反映市场供求、资源稀缺程度、生态环境损害成本和修复效益，发挥市场在资源配置中的决定性作用。

由于法律上对于自然资源开发、利用及保护和分配的规定不够完善，还存在与经济社会发展和生态文明建设不相适应的一些突出问题，比如资源保护不严格、所有权人缺位、使用权体系不健全、有偿使用进展不平衡等。整个市场也呼唤一套切实可行的自然资源有偿使用制度的出台。根据2016年12月国务院发布实施的《关于全民所有自然资源资产有偿使用制度改革的指导意见》，自然资源开发利用必须符合规划管理、用途管制或行政许可，必须符合相关准入条件和标准，必须履行保护和节约利用资源的法定义务，以防止无序无度开发利用自然资源。对矿业权出让、国有森林资源等难度大、风险高的部分改革开展相关试点，通过改革试点推动相关法律法规修订，同时以完善权利体系和有偿使用规则为重点，推进完善土地、水、矿产、森林、草原、海域、无居民海岛等全民所有自然资源的开发利用，加强相关部门之间的协同配合，通过创新监管方式，建立健全市场主体信用评价、责任追究等监管制度，加强对有偿使用权过程动态有效监管，确保有偿使用各项措施落实到实处。本条规定的"自然资源有偿使用制度"对自然资源的保护、合理配置、提高使用效率、防止生态破坏和环境污染具有指导性和补充性作用，以保障有偿使用各项措施落到实处。

二、自然资源有偿使用的除外情形

自然资源使用制度改革后，有偿使用制度已经成为我国自然资源利用的主流，但是仍然存在无偿使用自然资源的例外情况，这主要是因为：一方面，通过划拨等方式无偿取得土地等自然资源使用权的情况仍然有存在的必要性。一些公益事业、公共建设仍然需要相应的扶持。另一方面，农村集体经济组织和农民已有的使用水资源等自然资源的权益应当得到维护，避免增加农民负担。这也是促进农业和农村持续、稳定、健康发展，实现全面建设小康社会的目标以及构建和谐社会所必需的。[①]另外，集体经济组织成员无偿取得宅基地使用权，这是由农村土地所承担的社会保障功能决定的。

三、开发利用自然资源与生态环境保护协调发展

在开发利用自然资源的过程中，应注意保护生态环境，促进人与自然的协调发展，建立生态保护长效机制；尽快建立科学的生态补偿机制，以便协调相关利益各方生态及其经济利益的分配关系，促进生态和环境保护，促进城乡之间、地区之间和群体之间的公平性和社会的协调发展。[②]生态补偿包括以下两层含义：一是指在环境利用和自然资源开发过程中，国家通过对开发利用环境资源的行为进行收费以实现所有者的权益，或对保护环境资源的主体进行经济补偿，以达到促进保护环境和资源的目的；二是国家通过向环境污染者或自然资源利用者收取一定费用，用于生态环境的恢复或者用于开发新技术以寻找替代性自然资源。通过恰当的制度设计使环境资源的外部性成本内部化，由环境资源的开发利用者来承担由此带来的社会成本和生态环境成本，使其在经济学上具有正当性。[③]2018年，中共中央、国务院发布实施的《关于全面加强生态环境保护坚决打好污染防治攻坚战的意见》提出："坚持人与自然和谐共生。保护自然就是保护人类，建设生态文明就是造福人类。必须尊重自然、顺应自然、保护自然，像保护眼睛一样保护生态环境，像对待生命一样对待生态环境，推动形成人与自然和谐发展现代化建设新格局，还自然以宁静、和谐、美丽。""坚持绿

---

① 参见全国人大常委会法制工作委员会民法室编著：《中华人民共和国物权法解读》，中国法制出版社2007年版，第253页。

② 参见李文华、刘某承：《关于中国生态补偿机制建设的几点思考》，载《资源科学》2010年第5期。

③ 参见曹明德：《对建立我国生态补偿机制的思考》，载《法学》2004年第3期。

水青山就是金山银山。绿水青山既是自然财富、生态财富，又是社会财富、经济财富。保护生态环境就是保护生产力，改善生态环境就是发展生产力。必须坚持和贯彻绿色发展理念，平衡和处理好发展与保护的关系，推动形成绿色发展方式和生活方式，坚定不移走生产发展、生活富裕、生态良好的文明发展道路。”

第三百二十六条【用益物权人、所有权人义务】

用益物权人行使权利，应当遵守法律有关保护和合理开发利用资源、保护生态环境的规定。所有权人不得干涉用益物权人行使权利。

历史由来

本条在《物权法》第120条规定的基础上增补了“保护生态环境”的规定。这一改动是《民法典（草案）》2020年5月提交给全国人大代表审议之后完成的。

规范目的或功能

土地、矿产等自然资源具有稀缺性和不可再生性，因此，应保护和合理开发利用自然资源，保护生态环境，以促进经济社会可持续发展。根据本条规定，用益物权人应当遵守法律规定，禁止滥用民事权利。《民法典》第9条规定：“民事主体从事民事活动，应当有利于节约资源、保护生态环境。”这一原则被称为“绿色原则”。本条把“保护和合理开发利用资源、保护生态环境”作为用益物权合法行使的基本要求，为权利行使设定了绿色底线。这是“文明”“和谐”价值观入法的体现，是“绿色原则”的具体呈现。通过一般规定加具体规则的方式，《民法典》将绿色发展、环境保护纳入制度体系，是对工业文明带来的生态破坏、环境危机、资源紧张，适应可持续发展要求的回应。

规范内容

一、合理开发利用自然资源与保护生态环境协调发展

自然资源用益物权是针对国家所有或者集体所有的自然资源设立的占有、使用和收益的权利，包括建设用地使用权、土地承包经营权和宅基地使用权，以及针对国家所有的矿产资源、水资源等自然资源进行开发利用的权利。用益物权人在行使权利的同时，应当履行法律规定的有关保护和合理开发利用土地等资源以及保护生态环境的义务。

自然资源是人类生存和发展的物质基础，而环境是人类生存和发展的必要条件，两者缺一不可。如何使自然资源的开发利用和环境保护协调发展是当前所面临的严峻问题。我国过去对自然资源的开发利用经历了“先开发后治理”模式和“严格的环境限制下的资源开发”模式。前者虽然快速地促进了经济的发展，但是由此造成环境破坏，为此付出了巨大的经济代价；后者虽然有效地保护了环境，但是也不同程度地制约了自然资源的开发利用。中国的经济发展仍然需要自然资源的开发利用作为重要基础，需要大力寻找和合理利用自然资源为经济发展提供资源支撑。但是生态环境必然会在自然资源开发利用中遭到破坏，保护环境必然会使自然资源的开发利用受到限制，两者间存在尖锐的矛盾。因此，除了需要提高当前的技术水平之外，更需要转变人们的发展理念。即转变传统意义上的以单纯消耗自然资源、牺牲生态环境为代价和高耗能为特点的开发利用方式，从根本上转变发展方式和经济增长方式，真正实现自然资源合理开发利用与环境保护协调发展。①

对保护和合理开发利用资源以及保护生态环境，我国相关法律都作出了明确规定。比如《土地管理法》规定，十分珍惜、合理利用土地和切实保护耕地是我国的基本国策。各级人民政府应当采取措施，全面规划，严格管理，保护、开发土地资源，制止非法占用土地的行为。使用土地的单位和个人必须严格按照土地利用总体规划确定的用途使用土地。国家保护耕地，严格控制耕地转为

① 参见骆云：《中国近代矿产资源法律制度研究》，法律出版社2015年版，第173页。

非耕地。非农业建设必须节约使用土地，可以利用荒地的，不得占用耕地；可以利用劣地的，不得占用好地。禁止占用耕地建窑、建坟或者擅自在耕地上建房、挖砂、采石、采矿、取土等。禁止占用永久基本农田发展林果业和挖塘养鱼。《农村土地承包法》规定，农村土地承包经营应当遵守法律、法规，保护土地资源的合理开发和可持续利用。未经依法批准不得将承包地用于非农建设。国家鼓励增加对土地的投入，培肥地力，提高农业生产能力。承包方有义务维持土地的农业用途，未经依法批准不得用于非农建设；依法保护和合理利用土地，不得给土地造成永久性损害。承包方、土地经营权人违法将承包地用于非农建设的，由县级以上地方人民政府有关主管部门依法予以处罚。承包方给承包土地造成永久性损害的，发包方有权制止，并有权要求承包方赔偿由此造成的损失。《矿产资源法》规定，国家保障矿产资源的合理开发利用。禁止任何组织或者个人用任何手段侵占或者破坏矿产资源。各级人民政府必须加强矿产资源的保护工作。开采矿产资源，必须采取合理的开采顺序、开采方法和选矿工艺。矿山企业的开采回采率、采矿贫化率和选矿回收率应当达到设计要求。在开采主要矿产的同时，对具有工业价值的共生和伴生矿产应当统一规划，综合开采，综合利用，防止浪费；对暂时不能综合开采或者必须同时采出而暂时还不能综合利用的矿产以及含有有用组分的尾矿，应当采取有效的保护措施，防止损失破坏。开采矿产资源，应当节约用地。耕地、草原、林地因采矿受到破坏的，矿山企业应当因地制宜地采取复垦利用、植树种草或者其他利用措施。[①]

二、所有权人不得干涉用益物权人行使权利

用益物权人对其依法使用的土地等自然资源享有占有权、使用权和收益权。用益物权虽由所有权派生，但它是一种独立的物权，用益物权人的权利具有排他性，不仅可以对抗一般人，而且构成对国家所有权和集体所有权的限制。同时，用益物权人对自然资源的使用权受到保护自然环境、维护生态平衡等方面的限制，如土地使用权人要受到保护耕地及土地整体规划等方面的限制。用益物权人可以依法直接行使权利，不受第三人的侵害和所

---

① 参见全国人大常委会法制工作委员会民法室编著：《中华人民共和国物权法解读》，中国法制出版社2007年版，第256—257页。

有权人的干涉。比如农村土地承包经营权人对其承包的土地有使用、收益和土地承包经营权流转的权利，有权自主组织生产经营和处置产品。发包方应当尊重承包方的生产经营自主权，不得干涉承包方依法进行正常的生产经营活动。承包期内发包方不得调整承包地。因自然灾害严重毁损承包地等特殊情形，需要适当调整承包的耕地和草地的，应当依照《农村土地承包法》等法律规定办理。承包期内发包方不得收回承包地，法律另有规定的依照其规定。

第三百二十七条【用益物权人因征收、征用获得补偿】

因不动产或者动产被征收、征用致使用益物权消灭或者影响用益物权行使的，用益物权人有权依据本法第二百四十三条、第二百四十五条的规定获得相应补偿。

历史由来

本条基本承袭了《物权法》第121条的规定，只是将原条文中的“第四十二条、第四十四条”相应地修改为“第二百四十三条、第二百四十五条”。

规范目的或功能

用益物权是一种独立的物权，用益物权人是具有独立的物权地位的权利人。在不动产或者动产被征收、征用时，不仅所有权人有权依法获得相应补偿，用益物权人也有权依法获得相应补偿。

规范内容

一、征收和征用

（一）征收和征用的内涵

我国《宪法》第13条第3款规定：“国家为了公共利益的需要，可以依照法律规定对公民的私有财产实行征收或者征用并给予补偿。”所谓征收，是指国家根据公共利益需要而行使公权力，强制取得他人的不动产并依法予以补偿。从物权角度看，征收是完全剥夺被征收物的所有权的过程，即征收人取得该物所有权，也就是说，通过征收，发生了所有权的转移。所以征收人会给予被征收人较高的补偿以平衡其财产损失。综合来看，各国法律所规定的征收的法定条件一般有三项：一是为了公共利益的目的；二是必须严格依照法律规定的程序；三是必须予以公正补偿。

所谓征用，是指国家或其职能部门在紧急状态下对私人或集体物品实施暂时的占有或使用，待事态处理完毕后将被征用对象予以归还，并对物品本身的损坏进行补偿。与征收不同，征用并不发生所有权的转移，即该物的所有权不变，只是使用权受到了影响和限制，且这种影响和限制是临时性的。因此，被征用人获得补偿的程度相对较低。征用的实质是以国家的名义强行使用公民和法人的财产。所谓强行使用，就是不必得到权利人的同意，在国家有使用的必要时直接使用。例如，在战争状态时，征用公民和法人的房屋、土地，作为军队驻扎或修建军营之用；在发生严重自然灾害时，征用公民和法人的机动车辆运输救灾物资。

（二）征收和征用的关系

征收和征用是既有联系又有区别的两项法律制度。

1.二者的共同点是：第一，两者都属于通过运用国家强制力实施的行为，仅依政府单方面的意思表示（征收命令、征用命令）而发生效力，无须征得被征收、被征用的公民和法人的同意，被征收、被征用的公民和法人必须服从、不得抗拒；第二，都是为了公共利益的需要；第三，都要经过法定程序；第四，都要依法给予补偿。

2.二者的不同点是：第一，征收是物的所有权的改变，征用是物的使用权的改变；第二，征收的对象限于不动产，且征收不发生返还问题，只发生征收补偿问题；征用的对象包括不动产和动产，使用完毕后应当将原物返还权利人，如果因使用导致原物毁损不能返还的，应当照价赔偿；第三，征收适用于公共利益的需要，征用一般适用于临时性的紧急状态，也适用于临时性的公共用途。

二、用益物权的征收、征用的补偿

根据本条规定，当不动产或动产被征收或征用时，如果导致用益物权消灭或者影响用益物权行使，不仅财产所有权人有权依法获得相应补偿，而且财产的用益物权人也有权依法获得相应补偿。《民法典》第243条第2款规定："征收集体所有的土地，应当依法及时足额支付土地补偿费、安置补助费以及农村村民住宅、其他地上附着物和青苗等的补偿费用，并安排被征地农民的社会保障费用，保障被征地农民的生活，维护被征地农民的合法权益。"该款明确规定了要给予集体土地的用益物权人补偿，尤其是关于安排被征地农民的社会保障费用的规定，具有极其重要的意义，使农民对集体土地所享有的用益物权得到切实的法律保障。

用益物权是当事人依照法律规定，对他人所有的不动产或者动产享有占有、使用和收益的权利。当设立用益物权的动产或不动产被征收或征用，导致用益物权消灭或者影响用益物权的行使时，不仅所有权人的权利受到影响，而且用益物权人的权利也受到影响，因此只对所有权人给予相应补偿而不对用益物权人给予相应补偿的做法是不合情理的。用益物权人虽然不是物的所有权人，但也是具有独立物权地位的权利人。因他人的不动产或动产被征收、征用致使用益物权消灭或者影响用益物权行使的，用益物权人也有权依法获得相应的补偿。

征地补偿内容一般包括以下几个方面：第一，对土地所有权的补偿。第二，对土地所有权之外的其他权利的补偿，包括土地承包经营权、宅基地使用权等权利。第三，对土地附着物的补偿，包括建筑物及其附属设施、农作物等。第四，对因征地行为造成的相关损失的补偿，包括搬迁费用等。第五，对被征地农民生活保障的补偿等。①

有观点认为，在征地补偿中，按照实际建筑面积补偿的办法存在漏洞，因为存在违建抢建现象，按照实际建筑面积补偿实际上鼓励了违建抢建，造成劣币驱逐良币的结果。应当借鉴域外成熟经验，对征地补偿实行房地分离，在对土地进行公平补偿以外，对建筑物仅按重建建筑成本价扣除折旧补偿，

---

① 参见国土资源部法律评价工程重点实验室编著：《国土资源法律评价报告》(2012)，中国法制出版社2012年版，第63页。

严重违法违规的抢建不予补偿。[1]我国台湾地区强调房地分离，被征收土地按公告的土地现值补偿地价，其地上建筑改良物，应参照重建价格补偿。[2]

第三百二十八条【海域使用权】

依法取得的海域使用权受法律保护。

历史由来

本条承袭了《物权法》第122条的规定，未作改动。

规范目的或功能

本条旨在强调海域使用权受法律保护。随着海洋科学技术的发展，海域可以通过技术手段加以区分并进行排他性的使用。2001年颁布的《海域使用管理法》确立了海域使用权制度，海域使用权制度日趋完善。为了维护海域使用权人的合法权益，本条对海域使用权进行了概括性规定。

规范内容

一、海域使用权的内涵

海域使用权，是指“权利人依法占有特定的海域并利用海域进行养殖、旅游、运输、采矿、修建港口和各种设施等并获取收益的权利”[3]。根据《民法典》第247条规定，海域属于国家所有。《海域使用管理法》第3条规定：“海域属于国家所有，国务院代表国家行使海域所有权。……”单位或者个人可以依法取得海域使用权，行使占有、使用和收益的权利。取得海域使用权须经行政许可，并颁发海域使用权证书，自领取海域使用权证书之日起，取得

① 参见华生：《城市化转型与土地陷阱》，东方出版社2014年版，第233页。
② 参见华生：《城市化转型与土地陷阱》，东方出版社2014年版，第199页。
③ 王利明：《物权法》，中国人民大学出版社2015年版，第224页。

海域使用权。海域使用权可以通过申请方式取得或者通过招标、拍卖方式取得。[①]取得海域使用权应当进行海域使用权登记，依法登记的海域使用权受法律保护。[②]海域使用权人应当依法缴纳海域使用金。[③]海域使用权是一种概括性权利，包括多种具体的海域使用权，这一点主要是由海域本身用途多样性和海洋功能区划制度所决定的。在设定海域使用权时，应当明确具体的海域使用权的种类，而不能概括地设定一种海域使用权。[④]

二、海域使用权的特征

第一，海域使用权一般以占有为条件。例如，海水养殖主要占有水体或滩涂，旅游娱乐用海通常占有水面。[⑤]第二，海域使用权的客体是特定的海域。海域使用权是针对特定海域行使权利，以实现使用和收益目的。[⑥]海域由水面、水体、海床和底土四部分组成，是一种无法截然分开的整体空间资源。[⑦]海域是一种特殊的不动产，这是因为海床和海底是不可移动的，虽然作为海域组成部分的海水具有流动性，但并不影响整个海域的不动产属性。[⑧]第三，海域使用权具有一定的期限限制。[⑨]

其他问题

一、准用益物权的含义

准用益物权，又称准物权、特别物权或特别法上的物权，是指“由权利人通过行政特许的方式所获得的，对于海域、矿藏、水流等自然资源所依法享有

---

① 参见《海域使用管理法》第19条、第20条。

② 参见《海域使用管理法》第6条。

③ 参见《海域使用管理法》第33条。

④ 参见李永军主编：《海域使用权研究》，中国政法大学出版社2006年版，第51页。

⑤ 参见温世扬：《物权法要义》，法律出版社2007年版，第232页。

⑥ 参见王利明：《物权法》，中国人民大学出版社2015年版，第224页。

⑦ 参见屈茂辉：《用益物权制度研究》，中国方正出版社2005年版，第458页。

⑧ 参见屈茂辉：《用益物权制度研究》，中国方正出版社2005年版，第460页；温世扬：《物权法要义》，法律出版社2007年版，第229页。

⑨ 参见《海域使用管理法》第25条。

的占有、使用及收益的权利”[①]。准用益物权主要包括矿业权（采矿权、探矿权）、取水权、渔业权（养殖权、捕捞权）等，这些权利主要由矿产资源法、水法、渔业法等特别法予以规定。因此，有观点称其为特别法上的物权类型。[②]之所以称其为准用益物权，是因为它们具备用益物权的某些特征（比如以对物的使用和收益为目的），所以准用法律关于用益物权的相关规定。但是，准用益物权并不等同于用益物权，具备自己的特征，例如，准用益物权一般通过行政许可的方式取得，有些准用益物权并不以占有为要件（取水权、捕捞权），有些准用益物权并不具有排他性（取水权、捕捞权）等。《民法典》将这些权利规定为准用益物权，表明其性质是私权利，而不是公权力。换句话说，准用益物权的取得需要依法经行政许可，是公权力的行使领域，但一经获得上述权利，则具有民事权利的属性。由此，《民法典》上的用益物权可以区分为一般用益物权和准用益物权，准用益物权不仅受到《民法典》的调整，还要受到相关特别法的调整。

二、准用益物权与用益物权的区别

1.权利的取得方式不同。用益物权一般是通过法律行为设立（宅基地使用权除外），原则上需要当事人之间有设立用益物权的合意。而准用益物权的取得方式是行政许可。例如，采矿需要获得采矿许可证，捕捞需要获得捕捞许可证，养殖需要获得养殖许可证等。许可证的权利和内容实质上就是权利的内容，一旦获得了行政许可，也就获得了权利。[③]国家对取得准用益物权进行许可的根据，并不是出于自然资源所有者的身份，而是出于社会公共事务管理者的身份。[④]

2.权利客体不同。用益物权一般以不动产作为权利客体，特殊情况下以动产作为权利客体，用益物权的客体必须特定化。准用益物权以土地之外的各类自然资源为客体，在特殊情况下，以行为作为权利客体（探矿权、采矿权、捕捞权），有些准用益物权的客体不需要特定化（捕捞权）。[⑤]

---

① 王利明：《物权法研究》（下卷），中国人民大学出版社2007年版，第268页。

② 参见王泽鉴：《民法物权》，北京大学出版社2009年版，第38页。

③ 参见王利明：《物权法》，中国人民大学出版社2015年版，第222页。

④ 参见梁慧星主编：《中国物权法研究》（下），法律出版社1998年版，第632页。

⑤ 参见王利明：《物权法》，中国人民大学出版社2015年版，第222页。

3.法律适用不同。用益物权主要适用《民法典》的规定，特别法可以进行补充规定，从而引到相关特别法。例如，《民法典》第363条规定："宅基地使用权的取得、行使和转让，适用土地管理的法律和国家有关规定。"准用益物权主要是由特别法规定的，《民法典》对准用益物权只是作出了简要的一般性规定，确认了其物权性质，准用益物权的具体内容和行使等往往需要特别法作出相应的规定，如《矿产资源法》《水法》《渔业法》等。

第三百二十九条【矿业权、取水权、渔业权】

依法取得的探矿权、采矿权、取水权和使用水域、滩涂从事养殖、捕捞的权利受法律保护。

历史由来

本条承袭了《物权法》第123条的规定，未作改动。

规范目的或功能

探矿权、采矿权、取水权、养殖权和捕捞权是准用益物权，这些权利的取得需要经过行政许可，并依法缴纳相关费用。依法取得的准用益物权受法律保护。

规范内容

一、矿业权（探矿权、采矿权）

（一）矿业权的内涵

探矿权、采矿权都属于矿业权。[1]矿业权，是指"权利人经过批准，依法

① 参见《矿业权出让转让管理暂行规定》第3条。

在属于国家所有的特定矿区进行勘探、开采作业，以获取收益的权利”[①]。矿业权包括行为权和获取收益权两部分内容。所谓行为权，是指矿业权人依法从事勘查、开采的行为。[②]所谓收益权，是指探矿权人优先取得采矿权的权利以及采矿权人依法取得矿产品的权利。探矿权，是指在依法取得的勘查许可证规定的范围内，勘查矿产资源的权利。取得勘查许可证的单位或者个人称为探矿权人。采矿权，是指在依法取得的采矿许可证规定的范围内，开采矿产资源和获得所开采的矿产品的权利。取得采矿许可证的单位或者个人称为采矿权人。[③]在现行制度框架内，矿业权兼具物权和特许权的属性，但占主导地位的应是物权属性，这也决定了矿业权人能够通过行政许可的方式获得实际勘查、开采的权利。矿业权两权结合的特殊性，决定了确认权属时应主要以勘查许可证、采矿许可证的记载为依据。[④]

根据《民法典》第247条规定，矿藏属于国家所有。《矿产资源法》第3条规定：“矿产资源属于国家所有，由国务院行使国家对矿产资源的所有权。地表或者地下的矿产资源的国家所有权，不因其所依附的土地的所有权或者使用权的不同而改变。国家保障矿产资源的合理开发利用。禁止任何组织或者个人用任何手段侵占或者破坏矿产资源。……”国家作为矿产资源的所有权人，可以将矿业权转让给组织或者个人，矿业权人取得准用益物权，对国家所有的矿产资源享有占有、使用和收益的权利，对特定的客体享有排他性的支配权。一般认为，矿业权的客体具有特定性，是指特定矿区或工作区内的矿产资源。在探矿权场合，若矿产资源不存在，探矿权所支配的仅仅是矿区或工作区。[⑤]也有观点认为，矿业权的客体是特定矿区。[⑥]国家既是矿产资源的所有权人，也是矿产资源的管理者，矿业权的得丧变更规则应当体现所

---

① 王利明：《物权法》，中国人民大学出版社2015年版，第225页。

② 参见李显冬主编：《中国矿业立法理论与实务》，中国政法大学出版社2015年版，第63页。

③ 参见《矿产资源法实施细则》第6条。

④ 参见杜万华主编：《最高人民法院审理矿业权纠纷司法解释理解与适用》，中国法制出版社2017年版，第40页。

⑤ 参见崔建远：《物权：生长与成型》，中国人民大学出版社2004年版，第258页；李显冬：《中国矿业立法研究》，中国人民公安大学出版社2006年版，第123页。

⑥ 参见房绍坤主编：《矿业权法律制度研究》，中国法制出版社2013年版，第41页。

有权人和管理者的双重身份。

（二）取得矿业权须经行政许可

矿藏属于国家所有财产，单位、个人经行政许可，领取勘查许可证、采矿许可证，取得探矿权、采矿权，[①]依法从事勘查、开采活动，体现了国家作为矿产资源管理者的职能。“在我国现行法律框架内，矿业权（探矿权、采矿权）是一种矿产资源用益物权，但其设立须经政府审批、行政许可，具有强烈的公法性，作为矿业权物权凭证的矿产资源勘查许可证和采矿许可证，同时亦是国土资源主管部门作出行政许可的法律文书。”[②]《矿业权纠纷解释》第3条第1款规定：“受让人请求自矿产资源勘查许可证、采矿许可证载明的有效期起始日确认其探矿权、采矿权的，人民法院应予支持。”矿业权的取得、登记除当事人申请外，还需要经过国土资源主管部门的实质性审查和批准，较充分体现了国家意志，被理解为一种许可性登记。它不同于房屋所有权、土地使用权等不动产登记，后者的性质是确权性登记，在程序上由当事人主导，登记机构将当事人物权变动的意思表示予以确认并公之于众。故在现有法律框架内，矿业权登记与民法上的具有确权意义的不动产登记并不完全一致，这也是目前没有将矿业权登记纳入不动产统一登记的重要原因。[③]

（三）矿业权有偿取得

矿业权有偿取得的基础是矿产资源的国家所有权，从国家所有权中分离出矿产资源的占有权、使用权和收益权，国家基于所有权人地位取得相应收益，以体现国家财产所有权属性以及矿产资源的稀缺性和经济价值，这是矿业权有偿取得制度的理论基础。然而，现有的矿业权有偿取得制度并没有完整地体现所有权人的收益权。根据法律规定，取得矿业权应当缴纳相关税费，

---

① 参见《矿产资源法实施细则》第5条。

② 杜万华主编：《最高人民法院审理矿业权纠纷司法解释理解与适用》，中国法制出版社2017年版，第28页。

③ 参见杜万华主编：《最高人民法院审理矿业权纠纷司法解释理解与适用》，中国法制出版社2017年版，第59页。

这些税费科目包括以下几种：第一，资源税和资源补偿费；[①]第二，探矿权使用费和探矿权价款；[②]第三，采矿权使用费和采矿权价款。[③]概括而言，取得矿业权应当缴纳的税费科目包括四种，即资源税、资源补偿费、探矿权（采矿权）使用费和探矿权（采矿权）价款。“这些税费仅是国家以管理者的身份收取了管理成本，国家并没有以所有者的身份收取资源价款，国家作为所有者的收益权没有实现。”[④]

在矿业权出让过程中，国家同时以两种身份出现：第一种身份是矿产资源管理者，基于这个身份，国家有关部门对取得矿业权实施行政许可，并收取相关税费。第二种身份是矿产资源所有权人，基于这个身份，国家行使矿产资源的收益权。从目前的法律规定来看，四种税费科目只体现了国家作为矿产资源管理者的身份，而没有体现国家作为矿产资源所有权人的身份。“国家作为管理者收取管理税费的功能不断加强，以此代替了国家作为民事权利主体出让矿产资源应当收取的对价，而矿产资源本身的价值被各种税费制度所掩盖，国家收益权受到了严重损失。”[⑤]主要表现在以下几个方面：第一，资源税和探矿权（采矿权）使用费是基于管理者身份收取的税费，而非基于所有权人身份取得的收益。第二，探矿权（采矿权）价款是用于补偿国家勘查矿产资源的支出，也不属于所有权人的收益。第三，设立资源补偿费的目的，原本是作为矿业权人取得矿产品的对价，然而资源补偿费依法主要用于矿产资源的勘查，[⑥]弥补国家早期地质勘查的前期投入，其性质是成本补偿，而不是作为公共财政的一部分用于公共事业支出。综上，上述四种税费科目只是体现了国家作为矿产资源管理者的职能，而没有体现国家作为矿产资源所有权人的收益权。有观点认为，国家没有从矿业权中取得应有的收益，造成的

---

① 参见《矿产资源法》第5条。

② 参见《矿产资源勘查区块登记管理办法》第12条、第13条。

③ 参见《矿产资源开采登记管理办法》第9条、第10条。

④ 王继军、赵大为、王彬：《矿产资源有偿取得法律问题研究》，商务印书馆2014年版，第109页。

⑤ 王继军、赵大为、王彬：《矿产资源有偿取得法律问题研究》，商务印书馆2014年版，第165页。

⑥ 参见《矿产资源补偿费征收管理规定》第11条。

损失巨大。“我国的采矿权使用费和采矿权价款与丰厚的矿产品销售价格相比少得可怜，无形中将国家应有的经济利益转移到了矿山企业手中，在这些矿山企业中大多数是集体企业和民营企业，这就是说全民所有的矿产资源被集体和个人低价占有了，造成国家和全民的经济利益受到了严重损失，这种损失初步估计每年达到万亿元之巨。”[①]

（四）矿业权流转规则

民事主体从矿产资源一级市场有偿取得矿业权后，可以在矿产资源二级市场流转矿业权。根据法律规定，矿业权的流转受到严格限制。《矿产资源法》第6条规定：“除按下列规定可以转让外，探矿权、采矿权不得转让：（一）探矿权人有权在划定的勘查作业区内进行规定的勘查作业，有权优先取得勘查作业区内矿产资源的采矿权。探矿权人在完成规定的最低勘查投入后，经依法批准，可以将探矿权转让他人。（二）已取得采矿权的矿山企业，因企业合并、分立，与他人合资、合作经营，或者因企业资产出售以及有其他变更企业资产产权的情形而需要变更采矿权主体的，经依法批准可以将采矿权转让他人采矿。前款规定的具体办法和实施步骤由国务院规定。禁止将探矿权、采矿权倒卖牟利。”

法律对矿业权流转作出限制的目的是尽量减少矿业权流转，以便减少不必要的停工和资源浪费。但客观现实使得上述规定没有得到很好贯彻，几乎成了一种摆设。其原因如下：第一，在实际的矿产资源开采过程中，矿业权人会因为资金、技术等各种问题无力再经营企业，而另一部分人有充足的资金和技术实力，却不享有矿业权，造成矿产资源和资金、设备的大量浪费。第二，既然法律要求可以通过主体变更形式转让采矿权，人们便以公司合并或资产转让为名，行转让采矿权之实。[②]国外的通行做法是，国家出资主要从事基础性、公益性勘查工作，其他的勘查、开采工作属于商业性活动，通

① 王继军、赵大为、王彬：《矿产资源有偿取得法律问题研究》，商务印书馆2014年版，第106页。

② 参见王继军、赵大为、王彬：《矿产资源有偿取得法律问题研究》，商务印书馆2014年版，第170页。

过矿业权转让带动多渠道资金的投入和回报。同样，国家出资找到的矿产地，企业、个人、外商如果开采，国家将从他们那里取得回报。[①]我国现行的《矿产资源法》于2009年修正，限制矿业权转让的制度已不适应社会现实的变化和发展，应予完善，以适应市场经济的需要。"财产权的一项本质特征是可转让性，矿业权的物权属性得以确立后，应允许其作为一种商品在市场上自由流转，努力消除阻碍其流转的制度障碍，使矿业权在流转中价值增益，提高矿业权开发利用效率，并最终实现市场在矿产资源配置中的决定性作用。"[②]

二、取水权

（一）取水权的内涵

取水权，是指权利人利用取水工程或者设施直接从江河、湖泊或者地下取用水资源的权利。[③]根据《民法典》第247条的规定，水资源属于国家所有。《水法》第3条规定："水资源属于国家所有。水资源的所有权由国务院代表国家行使。农村集体经济组织的水塘和由农村集体经济组织修建管理的水库中的水，归各该农村集体经济组织使用。"可见，水资源属于国家所有，其他组织或者个人可以依法享有水资源使用权。

除法律规定的情形外，使用水资源应当经过行政许可并支付一定价款。除生活用水和少量的生产用水外，其他性质的用水须经政府许可，取水需要申请取水许可证。申请取水的单位或者个人，应当向具有审批权限的审批机关提出申请。主管部门审批许可之后，应当向权利人发放取水许可证。《水法》第48条第1款规定："直接从江河、湖泊或者地下取用水资源的单位和个人，应当按照国家取水许可制度和水资源有偿使用制度的规定，向水行政主管部门或者流域管理机构申请领取取水许可证，并缴纳水资源费，取得取水权。但是，家庭生活和零星散养、圈养畜禽饮用等少量取水的除外。"由于水资源

---

① 参见国土资源部地质勘查司编：《各国矿业法选编》（下册），中国大地出版社2005年版，第1179页。

② 杜万华主编：《最高人民法院审理矿业权纠纷司法解释理解与适用》，中国法制出版社2017年版，第33页。

③ 参见《取水许可和水资源费征收管理条例》第2条。

与民众的生产和生活息息相关，如果取得所有的取水权都必须经过行政许可并支付一定价款，则会增加民众负担，有损社会公平。[①]因此，农村集体经济组织及其成员使用本集体经济组织的水塘、水库中的水的，家庭生活和零星散养、圈养畜禽饮用等少量取水的，为保障矿井等地下工程施工安全和生产安全必须进行临时应急取（排）水的，为消除对公共安全或者公共利益的危害临时应急取水的，不需要申请领取取水许可证。[②]

（二）取水权的特征

第一，取水权不以占有水资源为条件。第二，取得取水权一般须经行政许可，取水权人应当申请领取取水许可证，并缴纳水资源费。[③]第三，取水权的客体是特定水域内的水资源。虽然水资源不易确定，但作为取水范围的特定水域可以确定，即在取水许可证上记载的取水范围，其能获得的利益已经受到限制，可视为客体特定化。[④]

三、渔业权（养殖权、捕捞权）

养殖权、捕捞权都属于渔业权的范畴。渔业权，是指“民事主体在特定水域从事水产动植物养殖、捕捞的权利”[⑤]。渔业权是以水域为标的物，而不是以水产生物资源为直接的标的物。渔业权水域包括水体与此水域下的土地，水产生物资源只是水域的一部分。例如，海洋包括海洋生物资源、海水资源、海洋矿产资源、海运资源、海能资源、海洋环境资源、海上景观等资源。[⑥]

（一）养殖权

养殖权，是指“权利人依法在国有、集体的水面、滩涂从事养殖活动并

---

① 参见裴丽萍：《水权若干问题探讨》，载王利明主编：《物权法专题研究》（上），吉林人民出版社2002年版，第871页。

② 参见《取水许可和水资源费征收管理条例》第4条。

③ 参见王利明：《物权法》，中国人民大学出版社2015年版，第227页。

④ 参见温世扬：《物权法要义》，法律出版社2007年版，第242页。

⑤ 孙宪忠主编：《中国渔业权研究》，法律出版社2006年版，第11页。

⑥ 参见崔建远：《物权：生长与成型》，中国人民大学出版社2004年版，第446—447页；温世扬：《物权法要义》，法律出版社2007年版，第246页。

排斥他人干涉的权利”[①]。养殖权的取得需要通过行政许可。养殖权需要占有特定水域，从事养殖和捕捞活动。

养殖权具有下列特征：第一，养殖权的客体是特定的水域、滩涂等。第二，养殖权的内容是利用特定水域进行养殖活动。第三，养殖权的效力具有排他性。在特定水域上，不能并存两个养殖权。第四，养殖权的期限应当相对固定。[②]

（二）捕捞权

捕捞权，是指“权利人依法按照捕捞许可证规定的水域范围和期限从事捕捞作业的权利”[③]。捕捞权的取得需要经过行政许可，取得捕捞许可证。

捕捞权具有下列特征：第一，捕捞权的客体是特定水域。第二，捕捞权不以占有特定水域为条件。第三，捕捞权不具有严格的排他性。

其他问题

一、矿产资源收益权制度的弊端：现有的税费科目不能完整体现所有权人的收益权

从目前我国矿产资源的利益分配比例来看，现有税费科目只是体现了国家作为矿产资源管理者的职能，没有体现国家作为矿产资源所有权人的收益权。“在矿业权的出让中，国家没有获得所有权收益，各级政府和部门也没有获得应有的矿业权收益，国家与各级政府和部门的收益实际上被获得矿业权的企业所得到。”[④]人们逐渐认识到，在矿产资源开发利用过程中所产生的收益过多地流向了企业和个人，而国家所有权的收益权不能得到有效实现，从而导致分配不公，其主要原因是具体的法律制度存在漏洞。

就矿产资源补偿费而言，其性质应该属于矿产资源所有权收益，但因专

---

① 王利明：《物权法》，中国人民大学出版社2015年版，第227页。

② 参见王利明：《物权法》，中国人民大学出版社2015年版，第228页。

③ 王利明：《物权法》，中国人民大学出版社2007年版，第228页。

④ 郗伟明：《矿业权法律规制研究》，法律出版社2012年版，第169页。

款专用，不能体现所有权人的收益权。即便如此，矿产资源补偿费的补偿标准非常低。自1994年开征以来，费率最高为4%，最低为0.5%，平均只有1.8%，而国外一般都为2%—8%。其中，石油和天然气的费率仅为1%，大大低于美国的12.5%和澳大利亚的10%。这就不能真正体现国家对矿产资源的所有权收益，从而客观上导致了国有资产的流失。此种现象还刺激了各种投资主体纷纷涌入矿业领域，加剧了矿业市场的无序竞争，导致矿业开发秩序的混乱、滥采乱挖现象严重以及安全事故频发。此外，作为国有资产所有权收益的矿产资源补偿费应当“纳入国家预算”。可见，其性质和用途并不一致。①现有的从0.5%到4%的费率显然偏低，特别是石油、天然气等价值较高的矿产资源补偿费率仅为1%，黑色金属和有色金属的资源补偿费率仅为2%。我国矿产资源补偿费率相对太低，不能有效实现国家所有权的收益权。②

综上，由于矿产资源有偿使用制度中缺失国家所有权的收益权，致使国家所有的矿产资源几乎零对价地流入企业甚至个人。成本和收益之间的巨大差距，为权力设租和权力寻租提供了巨大空间，出现了制度漏洞，应当引起必要的关注。

二、矿产资源收益权制度的完善建议：增设权利金制度

在矿产资源开发利用过程中，国家既是矿产资源的管理者，也是矿产资源的所有权人。国家作为矿产资源的所有权人，应当实现其收益权，参与国民收入的初次分配。国家作为矿产资源的管理者，通过收取各种资源税费参与国民收入的二次分配。二者功能不同，前者是为了实现民事收益权，后者是为了实现行政管理权。③资源补偿费原本具有收益性质，但因其只能专款专用，从而不能体现收益权，其性质更像行政管理收费。为了有效地实现矿产资源所有权人的收益权，可以借鉴域外法经验，增设权利金制度，或者用

---

① 参见骆云：《中国近代矿产资源法律制度研究》，法律出版社2015年版，第157—158页。

② 参见李显冬主编：《中国矿业立法理论与实务》，中国政法大学出版社2015年版，第90页。

③ 参见王继军、赵大为、王彬：《矿产资源有偿取得法律问题研究》，商务印书馆2014年版，第177页。

权利金代替资源补偿费，并将权利金纳入国家一般性财政，用于教育、医疗、基础设施建设等公共事业。

所谓权利金，是指民事主体在依法取得矿业权时向矿产资源所有权人缴纳的补偿性费用，是矿产资源所有权人的收益。权利金以矿产资源所有权为法律基础，是矿业权人在耗费了矿产资源这一不可再生资源后向矿产资源所有权人支付的对价，充分体现了所有权人与用益物权人、权利与经济利益之间的关系。征收权利金之所以会成为世界矿业大国通行的做法，主要因为这一制度能够最大限度地体现出所有权人取得矿产资源收益的目标。[①]一般地说，矿业权人都需要向矿产资源所有权人缴纳一定数量的权利金，体现了权利金的绝对地租性质。以目前各行业的企业经营利润占到产品价格的20%计算，矿产资源权利金应当至少占到产品销售价格的40%，生产销售成本占到20%，税费占到20%，只有这样才能与矿产资源的稀缺性和对经济发展的巨大贡献以及国家和企业的利益相匹配。[②]

域外许多国家都规定了权利金制度。例如，美国联邦政府对矿产资源国家所有的原则不是体现在办矿主体的性质和地位上，而完全体现于国家对权利金的征收及管理上。征收权利金是政府进行矿政管理的中心，一切工作都围绕着这个中心进行。矿山生产后，政府对矿山企业生产经营的管理、产量和销售额的核算等，其目的就是一个：准确地计算企业应缴纳的权利金数额。反之，与其无关的方面，政府不予干涉。权利金征收作为矿产资源所有权的体现，其征收管理权限与其矿权的管理权限划分是相一致的，即按土地所有权的属性分别由联邦政府和州政府对各自所属土地上的权利金征收工作进行管理。联邦政府和州政府各自在其所属的土地上得到权利金的收益，没有利益上的冲突，且联邦政府将联邦土地上收取的权利金的50%，返还给矿产所在地的州政府，用于州的教育和福利等公共事业，将在印第安保留地收取的权利金全部返还给印第安部落。因此，各级政府在矿业管理方面，没有职权

① 参见李显冬主编：《中国矿业立法理论与实务》，中国政法大学出版社2015年版，第96页。

② 参见王继军、赵大为、王彬：《矿产资源有偿取得法律问题研究》，商务印书馆2014年版，第325页。

交叉，没有经济利益冲突，行政关系是顺畅的。[①]“权利金是美国联邦获取矿产资源所有权收益的主要方式，占到权利金、矿地租金、红利等联邦矿产资源收入的80%以上。”[②]澳大利亚和印度尼西亚的矿产资源属于国家所有，国家对矿产资源的所有权是不可转让的，国家向矿业权人征收权利金，体现所有权人在经济上的权利。权利金征收后上缴财政。[③]

---

① 参见国土资源部地质勘查司编：《各国矿业法选编》（下册），中国大地出版社2005年版，第1166—1169页。

② 王继军、赵大为、王彬：《矿产资源有偿取得法律问题研究》，商务印书馆2014年版，第269页。

③ 参见国土资源部地质勘查司编：《各国矿业法选编》（下册），中国大地出版社2005年版，第1118页。

第十一章

土地承包经营权

第三百三十条【双层经营体制与土地承包经营制度】

农村集体经济组织实行家庭承包经营为基础、统分结合的双层经营体制。

农民集体所有和国家所有由农民集体使用的耕地、林地、草地以及其他用于农业的土地，依法实行土地承包经营制度。

历史由来

本条完全承袭了《物权法》第124条的规定，未作改动。从《民法典》编纂过程看，《民法典各分编（草案）》第125条、《民法典物权编（草案）》（二审稿）第125条、《民法典（草案）》第330条的规定均与《物权法》相同。

农村土地承包经营制度的产生与发展经历了曲折的过程。十一届三中全会前后，安徽凤阳小岗生产队再次试行包干到户，揭开了新一轮“包产到户”的序幕。到1980年6月，实行包产到户的社队占到了总数的20%。[①]1982年的中央1号文件《全国农村工作会议纪要》结束了近三十年的关于包产到户的争论，指出：“目前实行的各种责任制，包括小段包工定额计酬，专业承包联产计酬，联产到劳，包产到户、到组，包干到户、到组，等等，都是社会主义集体经济的生产责任制。”1983年的中央1号文件《当前农村经济政策的若干问题》高度肯定家庭联产承包责任制，认为其“采取了统一经营与分散经营相结合的原则，使集体优越性和个人积极性同时得到发挥”，具有广泛的适应性。到1983年年底，全国农村实行联产承包责任制的生产队已占总数的99.5%，其中实行包干到户的占生产队总数的97.8%。[②]

土地承包经营制度建立起来以后，中共中央、国务院一直将其作为农村的一项基本经济制度而不断对其完善与规范。1991年11月，十三届八中全会通过的《中共中央关于进一步加强农业和农村工作的决定》强调，要把家庭联产承包为主的责任制和统分结合的双层经营体制，作为我国乡村集体经济组织的一项基本制度长期稳定下来，并不断充实完善。1993年11月5日《中共中

---

① 《杜润生文集》，山西经济出版社1998年版，第5页。

② 邓力群等主编：《当地中国的农业》，当代中国出版社1992年版，第314—315页。

央、国务院关于当前农业和农村经济发展的若干政策措施》（中发〔1993〕11号）明确指出：以家庭联产承包为主的责任制和统分结合的双层经营体制是我国农村经济的一项基本制度，要长期稳定，并不断完善。此后，中共中央、国务院陆续发布了一系列稳定农村土地承包关系的文件，如1995年3月《国务院批转农业部关于稳定和完善土地承包关系意见的通知》，1997年8月《中共中央办公厅、国务院办公厅关于进一步稳定和完善农村土地承包关系的通知》。1998年，十五届三中全会通过的《中共中央关于农业和农村工作若干重大问题的决定》正式将“以家庭承包为主的责任制、统分结合的双层经营体制”修改为“以家庭承包经营为基础、统分结合的双层经营体制”。2008年10月，十七届三中全会通过的《中共中央关于推进农村改革发展若干重大问题的决定》强调：“以家庭承包经营为基础、统分结合的双层经营体制，是适应社会主义市场经济体制、符合农业生产特点的农村基本经营制度，是党的农村政策的基石，必须毫不动摇地坚持。赋予农民更加充分而有保障的土地承包经营权，现有土地承包关系要保持稳定并长久不变。”2013年中央一号文件提出“稳定农村土地承包关系。抓紧研究现有土地承包关系保持稳定并长久不变的具体实现形式，完善相关法律制度”。2014年的中央一号文件再次强调“稳定农村土地承包关系并保持长久不变”。

1993年的《宪法修正案》增加“农村中的家庭联产承包为主的责任制”的内容，第一次提出：农村中的家庭联产承包为主的责任制是社会主义的劳动群众集体所有制经济。随后，1999年《宪法修正案》又将“农村集体经济组织实行家庭承包经营为基础、统分结合的双层经营体制”写入了宪法：“农村集体经济组织实行家庭承包经营为基础、统分结合的双层经营体制。农村中的生产、供销、信用、消费等各种形式的合作经济，是社会主义劳动群众集体所有制经济。参加农村集体经济组织的劳动者，有权在法律规定的范围内经营自留地、自留山、家庭副业和饲养自留畜。”

1984年9月发布的《森林法》较早地涉及了农村土地的承包，该法第22条规定“全民所有和集体所有的宜林荒山荒地可以由集体或者个人承包造林”。1986年颁布的《民法通则》第80条第2款规定：“公民、集体依法对集体所有的或者国家所有由集体使用的土地的承包经营权，受法律保护。承包双方的权利和义务，依照法律由承包合同规定。”第81条第3款规定：“公民、集体依法对集体所有的或者国家所有由集体使用的森林、山岭、草原、荒地、滩涂、水面的承包经营权，受法律保护。承包双方的权利和义务，依照法律由承包合同规定。”1986年和1988年的《土地管理法》第12条第1款也有涉及土地承包经营权的土地客体范围规定：“集体所有的土地，全民所有制单位、集体所有制单位使用的国有土地，可以由集体或者个人承包经营，从事农、林、牧、渔生产。”1998年修订的《土地管理法》第14条规定：“农民集体所有的土地由本集体经济组织的成员承包经营，从事种植业、林业、畜牧业、渔业生产。土地承包经营期限为三十年。发包方和承包方应当订立承包合同，约定双方的权利和义务。承包经营土地的农民有保护和按照承包合同约定的用途合理利用土地的义务。农民的土地承包经营权受法律保护。”2012年修正的《农业法》第10条规定：国家实行农村土地承包经营制度，依法保障农村土地承包关系的长期稳定，保护农民对承包土地的使用权。农村土地承包经营的方式、期限、发包方和承包方的权利义务、土地承包经营权的保护和流转等，适用《土地管理法》和《农村土地承包法》。农村集体经济组织应当在家庭承包经营的基础上，依法管理集体资产，为其成员提供生产、技术、信息等服务，组织合理开发、利用集体资源，壮大经济实力。2013年修正的《草原法》第13条第1款规定：“集体所有的草原或者依法确定给集体经济组织使用的国家所有的草原，可以由本集体经济组织内的家庭或者联户承包经营。”2019年修正的《土地管理法》第13条规定：“农民集体所有和国家所有依法由农民集体使用的耕地、林地、草地，以及其他依法用于农业的土地，采取农村集体经济组织内部的家庭承包方式承包，不宜采取家庭承包方式的荒山、荒沟、荒丘、荒滩等，可以采取招标、拍卖、公开协商等方式承包，从事种植业、林业、畜牧业、渔业生产。家庭承包的耕地的承包期为三十年，草地的承包期为三十年至五十年，林地的承包期为三十年至七十年；耕地承包期届满后再延长三十年，草地、林地承包期届满后依法相应延长。国家所有依法用于农业的土地可以由单位或者个人承包经营，从事种植业、林业、畜牧业、渔业生产。……”

规范目的或功能

统分结合的双层经营体制与农村土地承包经营制度是改革开放后，中国共产党人领导农民群体在农村中探索出来的基本经济制度，也为《宪法》《土地管理法》《农村土地承包法》《农业法》等法律所确认，《民法典》物权编再次确认该项基本经济制度，并将其作为创设与完善土地承包经营权这一用益物权的基础。

农村土地承包经营权制度已经在全国范围内普遍建立起来，并正在有效运转。全国人大的调研显示，截止到2003年年底，全国农村98%以上的村组开展了第二轮土地承包工作，92%的耕地承包期延长到30年，98%的农户与发包方签订了土地承包合同，70%的农户领到了土地承包经营权证。全国集体林地以自留山、责任山形式承包到农户经营的占63%，预留机动地总体上没有超过5%。[①]就集体林地的承包经营而言，1998年，福建农民开始尝试分林到户，2002年福建省林业厅进行了林地承包经营的试点。2003年福建省政府出台了《关于推进集体林权制度改革的意见》，集体林权制度改革试点工作正式展开。随后，江西、辽宁、浙江、云南等省的林地承包经营权也陆续展开。2008年集体林地林权制度改革在全国全面铺开，集体林地的承包经营权最终取得了不亚于农村耕地承包经营的效果。到2013年年底，集体林地和林木承包到户改革的任务基本完成。到2016年，除上海和西藏外，全国29个省（市、区）已完成确权林地面积1. 80亿公顷，占全国集体林地面积的98.69%。[②]林地承包经营权和林木所有权落实到农户，努力实现“山定权、人定心、树定根”，对保持森林资源的保有量、保护生态环境及促进农民脱贫致富均具有重要意义。林地承包经营权直接将产权量化给个人，承包期限为70年之长，并且林地和林木可以抵押，对于增加农民的财产及财产性收入，搞活山区经济起到了重大的促进作用。

土地承包经营权在中国广大地区成功运转，推动了中国农业持续发展。中国地域范围极为广阔，建立一个具有普遍适应性的基本的土地物权形态本就具有巨大的挑战性。在长期的社会主义实践中最终探索出了土地承包经营

---

① 《土地是农民的命根子——2003年全国人大常委会〈中华人民共和国农村土地承包法〉执法检查报告汇编》，中国民主法制出版社2004年版，第44页。

② 参见刘璨、黄和亮、刘浩、朱文清：《中国集体林权制度改革的回顾与展望》，载《林业经济问题》2019年第2期。

权这一物权形式，适应中国东、中、西部不同地区的不同需求，具有灵活性，推动了中国农业经济持续发展。

从土地承包经营权的现实运行效果来看，实现了农村的土地生产、财产与保障功能，在维护农村稳定的基础上全面推动农村经济的发展，是一种行之有效但仍需继续完善的土地物权制度。本条的规定正是为了稳定和完善以家庭承包经营权为基础、统分结合的双层经营体制，赋予农民长期而有保障的土地承包经营权，促进农业、农村经济发展和农村社会稳定。

规范内容

一、家庭承包经营为基础、统分结合的双层经营体制

本条第1款对我国农村实行的基本经济制度的重要内容进行了规定，即“农村集体经济组织实行家庭承包经营为基础、统分结合的双层经营体制”。

“双层经营”包含了农户家庭分散经营和集体经济组织统一经营两个层次。集体层次拥有土地所有权并保留某些统一经营及服务农户的职能。在统的层面，集体负责公共道路等设施的维护与利用，水利、防疫、技术、购销等方面的经营与服务。《农业法》第10条第3款对集体统一经营层面的阐释是：“农村集体经济组织应当在家庭承包经营的基础上，依法管理集体资产，为其成员提供生产、技术、信息等服务，组织合理开发、利用集体资源，壮大经济实力。”目前，多层经营中“统”的主体，在由集体经济组织向新型农业经营主体等扩展；“统”的功能也从过去的社会化服务向生产性服务转变、从公益性向经营性拓展。[①]2019年发布的《中共中央、国务院关于坚持农业农村优先发展做好“三农”工作的若干意见》进一步指出，“坚持家庭经营基础性地位，赋予双层经营体制新的内涵”。

家庭承包经营是统分结合的双层经营制度的基础。以家庭为单位进行农业经营可以避免集体共同劳动中存在的高昂的劳动监督成本与因集体行

---

① 周振、孔祥智：《新中国70年农业经济体制的历史变迁与政策启示》，载《管理世界》2019年第10期。

动逻辑而导致的低效率和搭便车现象，从而有助于提高农业经营的效率。从中国的历史来看，庄园式的大农业经营方式并不流行，农民大多以家庭为单位进行农业经营。“中国土地制度变迁存在着所谓的制度元点，即以农民家庭经营为主要形式的农民个体土地所有制。这个元点早在原始农村公社时代就已经存在，并且在一切变迁后的土地制度中均得到保留和发挥。”[①]从现实来看，众多国家的农业经营实践都证明了家庭经营方式是适应农业生产的经营方式，如日本、韩国等国的小规模家庭农业获得了极大的成功。

二、土地承包经营制度

本条第2款规定了“依法实行土地承包经营制度”的适用范围，对于“农民集体所有和国家所有由农民集体使用的耕地、林地、草地以及其他用于农业的土地”，国家依法实行土地承包经营制度。对于集体经济组织预留的未进行承包的机动地，《农村土地承包法》对其占耕地的总体比例进行了限制，其第67条规定：“本法实施前已经预留机动地的，机动地面积不得超过本集体经济组织耕地总面积的百分之五。不足百分之五的，不得再增加机动地。本法实施前未留机动地的，本法实施后不得再留机动地。”

本条第2款的规定说明，就法律性质而言，可以设定土地承包经营权或土地经营权的土地，可以是集体所有的土地，也可以是国家所有由农民集体使用的土地。此外，实行土地承包经营权的土地形态为农业用地，具体包括耕地、林地、草地以及其他用于农业的土地。农村土地承包经营权的客体，从其用途上来看，只能限定于农业用地，也就是可以用来从事农业生产的土地。《农村土地承包法》第2条特别对农村土地作了说明：“本法所称农村土地，是指农民集体所有和国家所有依法由农民集体使用的耕地、林地、草地，以及其他依法用于农业的土地。”农用地包括但不限于耕地、林地与草地，果园、鱼塘、其他可以用来耕作、养殖的地面水面以及“四荒”土地（荒山、荒沟、荒丘、荒滩）都可以成为土地承包经营权的客体。从土地用途角度考虑，非

---

① 钟怀宇：《中国土地制度变革的历史与逻辑》，西南财经大学出版社2014年版，前言第7页。

农用地不能成为土地承包经营权的客体。集体所有的用于非农建设的用地，可以成为农民的宅基地使用权、农村建设用地使用权等物权的客体，但不能成为农村土地承包经营权的客体。农村中的未利用土地，可能在未来用作农用，从而变为农村土地承包经营权的客体，因此它们是农村土地承包经营权的潜在客体；宅基地与其他建设用地也可能在未来转变为农用，成为农村土地承包经营权的客体。

第三百三十一条【土地承包经营权的界定】

土地承包经营权人依法对其承包经营的耕地、林地、草地等享有占有、使用和收益的权利，有权从事种植业、林业、畜牧业等农业生产。

历史由来

本条完全沿袭了《物权法》第125条的规定。在《民法典》编纂过程中，《民法典各分编（草案）》第126条、《民法典物权编（草案）》（二审稿）第126条及《民法典（草案）》第331条的规定均与《物权法》的规定相同。

1993年7月颁布的《农业法》对农村土地承包经营权作出了规定，其第13条规定："除农业承包合同另有约定外，承包方享有生产经营决策权、产品处分权和收益权，同时必须履行合同约定的义务。……在承包期内，经发包方同意，承包方可以转包所承包的土地、山岭、草原、荒地、滩涂、水面，也可以将农业承包合同的权利和义务转让给第三者。承包期满，承包人对原承包的土地、山岭、草原、荒地、滩涂、水面享有优先承包权。承包人在承包期内死亡的，该承包人的继承人可以继续承包。"2002年颁布的《农村土地承包法》对涉及农村土地承包经营的相关事项作了详细规定，其第16条、第17条直接规定承包方的权利义务，其第32条、第44条规定了土地承包经营权可以流转。其中，第16条规定："承包方享有下列权利：（一）依法享有承包地使用、收益和土地承包经营权流转的权利，有权自主组织生产经营和处置产品；（二）承包地被依法征用、占用的，有权依法获得相应的补偿；（三）法律、行政法规规定的其他权利。"2018年12月修正的《农村土地承包法》第9条规定："承包方承包土地后，享有土地承包经营权，可以自己经营，也可以保留土地承包权，流转其承包地的土地经营权，由他人经营。"第17条规定："承包方享有下列权利：（一）依法享有承包地使用、收益的权利，有权自主组织生产经营和处置产品；（二）依法互换、转让土地承包经营权；（三）依法流转土地经营权；（四）承包地被依法征收、征用、占用的，有权依法获得相应的补偿；（五）法律、行政法规规定的其他权利。"

中央政策文件积极推动农村土地承包经营权的权能扩展与完善。十七届三中全会通过的《中共中央关于推进农村改革发展若干重大问题的决定》指出："完善土地承包经营权权能，依法保障农民对承包土地的占有、使用、收益等权利。加强土地承包经营权流转管理和服务，建立健全土地承包经营权流转市场，按照依法自愿有偿原则，允许农民以转包、出租、互换、转让、股份合作等形式流转土地承包经营权，发展多种形式的适度规模经营。"十八届三中全会通过的《中共中央关于全面深化改革若干重大问题的决定》更加明确指出："在坚持和完善最严格的耕地保护制度前提下，赋予农民对承包地占有、使用、收益、流转及承包经营权抵押、担保权能，允许农民以承包经营权入股发展农业产业化经营。"2014年的中央一号文件再次强调："稳定农村土地承包关系并保持长久不变，在坚持和完善最严格的耕地保护制度前提下，赋予农民对承包地占有、使用、收益、流转及承包经营权抵押、担保权能。在落实农村土地集体所有权的基础上，稳定农户承包权、放活土地经营权，允许承包土地的经营权向金融机构抵押融资。"

2007年《物权法》第125条规定农村土地承包经营权人有占有、使用和收益的权利，第128条、第133条说明了承包人有流转土地承包经营权的权利，第132条强调了承包地被征收时，承包经营权人有权获得补偿。这些规定都基本上与《农村土地承包法》相一致。总体上，《物权法》的规定虽然不如《农村土地承包法》的规定那样明确，但是它基本上重申了土地承包经营权人所享有的上述权利。

三 规范目的或功能

本条基于贯彻物权法定原则的要求对土地承包经营权的权利内容进行规定。《民法典》物权编的"主要目的不是在指导或强制人民为或不为一定的行为，而只是设定权限范围，使人民涉及物的行为在合于规范时，能够得到法律秩序的承认（生效），从而在必要时，得藉国家的公权力来实现其权利”①。物权法定原则包括类型法定（Typenzwang）原则与内容法定（Typenfixierung）原则两方面的内容。按照物权类型法定原则的要求，“物权法中所有可能的物权性权利，都必须在法律中固定下来”②；按照物权内容法定原则，依类型法定原则所可能成立的权利，“其内容至少在轮廓上须由法律强制性地予以确定”。③

规范内容

本条为定义性法条。本条通过界定土地承包经营权人享有的基本权能方式实现了对土地承包经营权的物权法塑造。从性质上分析，农村土地承包经营权是物权，而不是债权。因此，农村土地承包经营权是承包经营权人直接支配承包地，而无需任何他人的意思和行为介入，就可以实现自己的意志的权利。《民法典》物权编对土地承包经营权之权利内容之列举仅为说明该权利之核心权能，勾勒出该权利之轮廓。土地承包经营权设定契约可以对该权利之内容予以进一步明确与细化。“至于物权内容，是指权利人基于物权可得的利益形态和可为的行为权限。”④土地承包经营权存续的目的为从事种植业、林业、畜牧业等农业生产。土地承包经营权人在上述目的范围之内可以对土地进行占有、使用、收益。土地承包经营权人为了从事种植业、林业、畜牧业等农业生产，在该目的范围内建造一些供农作、养殖、畜牧所必要的设施，仍可以认为没有超出土地承包经营权使用收益的范围。

一、土地承包经营权人

本条所称的土地承包经营权人是通过家庭承包方式取得土地承包经营权

① 苏永钦：《走入新世纪的私法自治》，中国政法大学出版社2002年版，第93页。

② ［德］鲍尔、施蒂尔纳：《德国物权法》（上册），张双根译，法律出版社2004年版，第7页。

③ ［德］鲍尔、施蒂尔纳：《德国物权法》（上册），张双根译，法律出版社2004年版，第7页。

④ 常鹏翱：《物权法的基础与进阶》，中国社会科学出版社2016年版，第145页。

的人，即具有集体经济组织成员身份的人员组成的农村承包经营户。农村土地承包经营权最初是以一种集体成员利用集体土地的制度性安排出现的，因此，最初的农村土地承包经营单位表现为农民集体内部的农户、作业组和农民个人[①]。后来随着农村土地承包经营权的物权效力增强，农村土地承包的主体逐渐变为以集体内部成员为主的农户、农民个人以及法人和非法人组织。2002年的《农村土地承包法》将农村土地承包经营权分为基于家庭承包方式而产生的土地承包经营权和基于其他方式而产生的土地承包经营权两大类。前者的主体限于农村集体经济组织的成员，其取得方式为以国家的法律与政策为依据进行家庭承包。后者的主体不限于农村集体经济组织的内部成员，集体以外自然人、法人和非法人组织都可以成为承包经营权的主体，其指向的对象主要是荒山、荒沟、荒丘、荒滩等农村土地，其取得方式为招标、拍卖、公开协商等，并通过签订承包合同最终设定。2018年修正的《农村土地承包法》将土地承包经营权限于通过家庭承包方式取得的土地承包经营权，通过其他方式取得的“土地承包经营权”被改称为土地经营权。《农村土地承包法》修改并生效在前，《民法典》通过在后，因此，本条所称的土地承包经营权为通过家庭承包方式取得土地承包经营权。土地承包经营权人具有集体经济组织的成员身份。《农村土地承包法》第5条规定：“农村集体经济组织成员有权依法承包由本集体经济组织发包的农村土地。任何组织和个人不得剥夺和非法限制农村集体经济组织成员承包土地的权利。”

在土地承包经营权的主体问题上，存在户的构造问题。2018年修正的《农村土地承包法》第16条规定：“家庭承包的承包方是本集体经济组织的农户。农户内家庭成员依法平等享有承包土地的各项权益。”《民法通则》第27条规定：“农村集体经济组织的成员，在法律允许的范围内，按照承包合同规定从事商品经营的，为农村承包经营户。”《民法典》总则编第二章第四节继续规定了农村承包经营户，并把它和个体工商户并列进行了规定。《民法典》第55条

---

① 从中央的文件以及土地承包经营权产生的时间来看，土地承包经营权的主体为农户、作业组和农民个人等，1982年《全国农村工作会议纪要》指出：“实行各种承包责任制的生产队，必须抓好订立合同的工作，把生产队与农户、作业组、专业人之间的经济关系和双方的权利、义务关系用合同形式确定下来。”

规定："农村集体经济组织的成员，依法取得农村土地承包经营权，从事家庭承包经营的，为农村承包经营户。"由于户在构造形态上远没有达到组成成员与户这一组织体相互分开的程度，也没有自己的机关，在成立时也没有履行相应的登记手续，因此，户不属于法人的范畴。《民法典》总则编将农村承包经营户规定在"自然人"这一章之下，认为户实质上是自然人的一种特殊联合形式，是以家庭构造为基础所进行的联合，是基本符合户的主体构造特征的。从法律主体的角度来看，户是无权利能力的联合体。户在组织结构结合形态上，还远没有达到无权利能力社团的组织程度。户实际上是自然人之间的家庭合伙这样一种组织形态。户内部的成员对土地所享有的权利实际上是一种共有，而且是一种共同共有。为了保障组成农村承包经营户的家庭成员的土地权利，2018年的《农村土地承包法》第24条第2款规定："土地承包经营权证或者林权证等证书应当将具有土地承包经营权的全部家庭成员列入。"

考虑到土地承包经营权人会出现多人组成户的主体构造，2005年《农村土地承包解释》允许农村承包经营户进行代表人诉讼，其第4条规定："农户成员为多人的，由其代表人进行诉讼。农户代表人按照下列情形确定：（一）土地承包经营权证等证书上记载的人；（二）未依法登记取得土地承包经营权证等证书的，为在承包合同上签字的人；（三）前两项规定的人死亡、丧失民事行为能力或者因其他原因无法进行诉讼的，为农户成员推选的人。"

二、土地承包经营权的基本内容

按照本条规定，土地承包经营权人享有的基本权能有：

第一，依法对承包地进行占有的权能。"占有是物权的基本内容，法学上称为基本权能。"[①] 占有权能是土地承包经营权的其他权能实现的基础，是最基本的权能。同时，占有是一种事实状态，土地承包经营权人可以以土地承包经营权为基础形成对农地的有权占有状态。

第二，依法对承包地进行使用的权能。使用"即物权人直接利用物，获得物的实际利用的好处"[②]。农村土地承包经营权人可以按照土地可能的用途自主

① 孙宪忠：《中国物权法总论》（第2版），法律出版社2009年版，第69页。

② 孙宪忠：《中国物权法总论》（第2版），法律出版社2009年版，第70页。

决定从事农业生产的种类与方式，使用承包的集体所有或者国家所有的土地从事种植业、林业、畜牧业等农业生产活动。土地承包经营权人对土地的使用不仅限于传统意义上种植粮食作物、牧草、林木，从事放牛养羊等畜牧业，也可以为进行农业生产而修建必要的附属设施，例如修建水井、灌溉渠道等。土地承包经营权人在农业生产过程中，必须对承包地进行一定的变形、改造，如进行翻土、修田垄等行为，从而在实践中对承包地进行了有限的事实处分。

第三，依法获得承包地收益的权能。一方面，“收益即取得物的出产物”，[①]土地承包经营权人可以通过种植农林作物或者从事畜牧业等活动从承包地上获得各种收益。通常情况下，农地上的出产物与农地分离后形成农地的天然孳息，按照《民法典》第321条第1款的规定，该种天然孳息应当归土地承包经营权人所有。另一方面，土地承包经营权人可以通过出租、入股等方式流转土地经营权并以此获得流转收益。《农村土地承包法》第39条规定：“土地经营权流转的价款，应当由当事人双方协商确定。流转的收益归承包方所有，任何组织和个人不得擅自截留、扣缴。”土地承包经营权人通过流转土地经营权的方式获得收益在本质上属于《民法典》第321条第2款规定的法定孳息。

三 其他问题

一、土地承包经营人的其他权利

《农村土地承包法》第17条对土地承包经营权人的权利进行了集中规定，结合《民法典》物权编看，土地承包经营权人还拥有其他权利：

1.通过转让、互换土地经营权的方式对土地承包经营权进行有限处分的权利。从权能的角度来看，立法与学界都承认土地承包经营权人享有对土地进行占有、使用、收益的权能，但是问题在于土地承包经营权人是否享有处分权能？如果将处分权能界定为土地承包经营权人出卖土地，改变土地的所有权性质的权能，则土地承包经营权人的确不能也不应该享有这一权能。对

① 孙宪忠：《中国物权法总论》（第2版），法律出版社2009年版，第71页。

此，《农村土地承包法》第4条规定："农村土地承包后，土地的所有权性质不变。承包地不得买卖。"但是，土地承包经营权人应当享有处分土地承包经营权的权利，土地承包经营权虽然在取得的时候表现出一定的特殊性，但这并不妨碍土地承包经营权人对该权利本身拥有处分权。"处分权原则上属于权利人，并非所有人所独有，如用益物权人对其用益物权、担保物权人对其担保物权、债权人对其债权亦享有处分权。"①《民法典》第334条规定了土地承包经营权人可以通过转让、互换方式对土地承包经营权进行处分。《民法典》第334条规定："土地承包经营权人依照法律规定，有权将土地承包经营权互换、转让。未经依法批准，不得将承包地用于非农建设。"土地承包经营权为财产权，且为具有类似所有权之属性的用益物权，因此，可被转让与互换。土地承包经营权人可以转让、互换土地承包经营权，实际上是拥有对土地承包经营权狭义的法律处分权。由于我国目前的法律将土地承包经营权转让、互换的范围严格限定在集体经济组织成员内，因此，该种处分权能表现出一定的限定性。从土地承包经营权政治伦理属性来看，农村土地承包经营权的立法目的在于将土地完全交给农民支配，并使其享有因此而带来的利益。

此外，按照《民法典》第339条、《农村土地承包法》第9条的规定，土地承包经营权人还可以在土地承包经营权上设定物权性土地经营权并进行流转，达到对土地承包经营权进行广义法律处分的效果。《民法典》第339条规定："土地承包经营权人可以自主决定依法采取出租、入股或者其他方式向他人流转土地经营权。"《农村土地承包法》第9条规定："承包方承包土地后，享有土地承包经营权，可以自己经营，也可以保留土地承包权，流转其承包地的土地经营权，由他人经营。"《民法典》第340条、第341条实现了对物权性土地经营权的内容及其设立的规范，按照物权法定原则，构建起物权性土地经营权制度。物权性土地经营权实质上是设定在土地承包经营权上的物权性负担，土地承包经营权人通过入股等方式设定物权性土地经营权也是对土地承包经营权进行的处分。

2.被征收、征用、占用时获得相应补偿的权利。《农村土地承包法》第

---

① 陈永强：《民法学说与比较民法》，法律出版社2017年版，第69页。

17条规定“承包地被依法征收、征用、占用的，有权依法获得相应的补偿”。《民法典》第338条规定：“承包地被征收的，土地承包经营权人有权依据本法第二百四十三条的规定获得相应补偿。”第327条规定：“因不动产或者动产被征收、征用致使用益物权消灭或者影响用益物权行使的，用益物权人有权依据本法第二百四十三条、第二百四十五条的规定获得相应补偿。”

3.物上请求权。“所谓物上请求权，就是实现物权或者占有的请求权，即针对任何第三人实现物权或者占有的请求权。”① 土地承包经营权人有占有土地的权利，在对土地进行占有期间，既受到占有之物上请求权之保护（《民法典》第462条），也受到物权请求权之保护（《民法典》第234条、第235条与第236条）。“物权请求权，是指物权人对物的圆满支配状态受到侵害、妨碍或者可能的妨害时，物权人为恢复对物的圆满支配，对妨害其物权圆满支配的人发出的请求权。”②“外在的‘我的’（财产）是指在我自身之外的东西，凡是对我随意使用它的妨碍，就是伤害我或对我不公正，就像侵犯我的（按照普通法则能与他人自由并存的）自由一样。”③ 土地承包经营权是一种不动产物权，权利人对农地具有直接支配权，当这种权利的实现受到侵害、妨碍或者可能的妨害时，土地承包经营权人可以行使物上请求权，最终恢复对农地的圆满支配。

4.承包期满后，按照国家规定继续承包的权利。《民法典》第332条第2款规定：“前款规定的承包期限届满，由土地承包经营权人依照农村土地承包的法律规定继续承包。”

5.农地相邻之时，土地承包经营权人之间、土地承包经营权人与其他土地使用权人之间可以准用相邻关系的规定。

6.放弃土地承包经营权并获得合理补偿的权利。《农村土地承包法》第30条规定：“承包期内，承包方可以自愿将承包地交回发包方。承包方自愿交回

---

① ［德］梅迪库斯：《请求权基础》，陈卫佐等译，法律出版社2012年版，第120页。

② 韩松等编著：《民法分论》，中国政法大学出版社2009年版，第58页。

③ ［德］康德：《法的形而上学原理——权利的科学》，沈叔平译，林荣远校，商务印书馆1991年版，第58页。

承包地的，可以获得合理补偿，但是应当提前半年以书面形式通知发包方。承包方在承包期内交回承包地的，在承包期内不得再要求承包土地。”

二、土地承包经营权的法律性质分析

《民法典》物权编将土地承包经营权界定为一种用益物权，该种界定是否完全恰当，实有检讨空间。对此，我们认为土地承包经营权是一项具有类所有权属性的用益物权。理由如下：

土地承包经营权所要达到的目的就是使之成为一种农民支配土地的最基本的方式。土地承包经营权是在集体土地所有权建立以后继续“在协作和对土地及靠劳动本身生产的生产资料的共同占有基础上，重新建立个人所有制”①的结果。德国学者罗尔夫·施蒂尔纳教授认为农村土地承包经营权“是对农民的农地所有权的替代”。②

土地承包经营权是集体成员利用集体所有土地的一种物权，不能归入他物权的范畴。按照传统大陆法系的理论，物权分为自物权与他物权。自物权就是所有权，它是所有权人对自己所有的物在法律限制之内进行占有、使用、收益与处分的权利。他物权是在他人物上设定的物权，起到限制所有权的作用。土地承包经营权人通常不需要向集体经济组织支付地租，土地承包经营权人通过农业经营或者流转土地经营权获得收益实际上也实现了集体土地所有权的运行目的。

在对作为农民的基本财产权的土地权利进行保障的体系中，集体土地所有权是一个基础性的层次，但不是最直接和最核心的层次，农民作为个体或者农户结合体所享有的土地承包经营权等物权才是保障农民土地权利的最基本与核心的层次。对农民土地承包经营权的确认及保护是实现农村社会自由、正义、和平及和谐的基础。日本渡边教授指出“作为人权的财产权”指的就是“土地利用权的保障”而非“土地所有权的保障”，土地使用权中应

---

① 《资本论》（第1卷），载《马克思恩格斯全集》（第23卷），人民出版社1972年版，第832页。

② ［德］罗尔夫·施蒂尔纳：《德国视角下的中国新物权法》，王洪亮译，载《中德私法研究》（第5卷），北京大学出版社2009年版，第113页。

该把“生存权之土地利用权保障”放在第一顺位。[①]土地承包经营权承担着保障农民自由而负责任地进行社会生活的价值保障功能，是农民人格塑造的重要基础与条件。农民正是在与土地使用密切联系的农业生产中才塑造出带有农业职业及乡土特征的自然人人格。这样的一种人权保障功能与大部分市场经济国家的土地所有权基本相同，而有别于他物权与作为债权的土地租赁权。

从土地承包经营权所实现的土地利用功能来看，其实质上起到了与市场经济发达国家的农地所有权一样的功效。在市场经济发达国家，人们一般是以农地所有权为基础进行农地经营。我国是以集体土地所有权为基础，由农民以户为单位以土地承包经营权为基础进行农地经营，因此，土地承包经营权在实现农地经营方面所起到的作用实质上与市场经济发达国家的农地所有权相类似。由于集体土地所有权不能成为流转的对象，我国农村土地的流转必须借助于农村土地承包经营权的流转来实现，农村土地承包经营权在农地资源优化配置方面也发挥了与市场经济发达国家农地所有权一样的功能。事实上，中国生产资料公有制的存在使得土地承包经营权、建设用地使用权等发挥了类似大陆法系土地所有权所发挥的功效，而与用益物权制度所实际发挥的作用并不相一致。对此，日本学者原田纯孝先生指出：“从机能方面来看的话，也可以说中国的用益物权所起的作用，相当于日本的私人土地所有权担负的作用，但其用益物权的性格，无论是从社会经济的角度，还是从法律的角度来看，都与日本民法的用益物权不一样。”[②]

此外，域外相关法律一般会规定诸多土地所有权人有权终止该用益物权的事由，以达到保护土地所有权人之利益的目的。例如，日本的民法规定，在有如下情形时，土地所有权人可以请求消灭永佃权：永佃权人连续二年以上怠于支付佃租（《日本民法典》第277条）；永佃权人受破产宣告（《日本民法典》第276条）；永佃权违法对土地施加可能无法恢复性的损害，并违反土

① 转引自［韩］金敏圭：《外国人土地法的现状及展望》，李鲜花译，载渠涛主编：《中日民商法研究》（第四卷），法律出版社2006年版，第130页。

② 参见［日］原田纯孝：《从日本法看中国〈物权法〉中的用益物权制度——评陈甦教授的报告》，胡光辉译，载渠涛主编：《中日民商法研究》（第七卷），法律出版社2009年版，第153页。

地使用方法。[①] 而我国《民法典》《农村土地承包法》等，往往采取种种措施尽量限制集体土地所有权人终止土地承包经营权之权能。例如，我国法律规定原则上发包人不得调整承包地、不得收回承包地，以充分保障土地承包经营权人的权利。

第三百三十二条【土地的承包期】

耕地的承包期为三十年。草地的承包期为三十年至五十年。林地的承包期为三十年至七十年。

前款规定的承包期限届满，由土地承包经营权人依照农村土地承包的法律规定继续承包。

历史由来

本条继承了《物权法》第126条的规定，略作修改。在《民法典》编纂过程中，《民法典物权编（草案）》（征求意见稿）第127条、《民法典各分编（草案）》第127条与《物权法》第126条的规定相同。《民法典物权编（草案）》（二审稿）第127条第1款删除了《民法典各分编（草案）》第127条第1款关于林地承包期的“特殊林木的林地承包期，经国务院林业行政主管部门批准可以延长”的规定；第2款将“前款规定的承包期届满，由土地承包经营权人按照国家有关规定继续承包”修改为“前款规定的承包期届满，由土地承包经营权人依照农村土地承包的法律规定继续承包”。第2款的修改更加明确了承包期届满后土地承包经营权人继续承包的法律依据。本条的规定与《民法典物权编（草案）》（二审稿）第127条的规定相同。

1984年《中共中央关于一九八四年农村工作的通知》（当年的中央一号文件）强调“土地承包期一般应在十五年以上，生产周期长的和开发性的项目，如果树、林木、荒山、荒地等，承包期应当更长一些”。1993年11月5日《中共中央、国务院关于当前农业和农村经济发展的若干政策措施》明确指出：为了稳定土地承包关系，鼓励农民增加投入，提高土地的生产率，在原定的

---

① ［日］我妻荣：《新订物权法》，罗丽译，中国法制出版社2008年版，第417—418页。

耕地承包期到期后，再延长30年不变；开垦荒地、营造林地、治沙改土等从事开发性生产的，承包期可以更长。为了避免耕地的频繁变动，防止耕地经营规模不断被细分，提倡在承包期内实行“增人不增地、减人不减地”的办法。根据1997年8月《中共中央办公厅、国务院办公厅关于进一步稳定和完善农村土地承包关系的通知》，在第一轮土地承包到期后，土地承包期再延长30年，指的是家庭土地承包经营的期限。1998年中共中央、国务院发布的《关于1998年农业和农村工作的意见》要求“第一轮承包到期的地方，都要无条件延长30年不变”。关于土地承包经营权的期限问题，中央对家庭承包取得承包经营权与通过拍卖等方式取得四荒地承包经营权在期限设置上的态度并不完全一样。对于前者，鼓励设定较长的期限；而对于后者，期限不宜太长，因为通过其他方式取得的承包经营权带有他物权性质，过长的承包经营权期限可能并不利于集体成员对土地的利用。1999年国务院办公厅发布的《关于进一步做好治理开发农村“四荒”资源工作的通知》明确指出：“四荒”使用权承包、租赁或拍卖的期限，最长不得超过50年。2015年中央一号文件《中共中央、国务院关于加大改革创新力度加快农业现代化建设的若干意见》再次强调：“抓紧修改农村土地承包方面的法律，明确现有土地承包关系保持稳定并长久不变的具体实现形式，界定农村土地集体所有权、农户承包权、土地经营权之间的权利关系，保障好农村妇女的土地承包权益。”

1998年修订后的《土地管理法》第14条规定：土地承包经营期限为30年。发包方和承包方应当订立承包合同，约定双方的权利和义务。承包经营土地的农民有保护和按照承包合同约定的用途合理利用土地的义务。农民的土地承包经营权受法律保护。2002年通过的《农村土地承包法》第20条规定：“耕地的承包期为三十年。草地的承包期为三十年至五十年。林地的承包期为三十年至七十年；特殊林木的林地承包期，经国务院林业行政主管部门批准可以延长。”第62条规定：“本法实施前已经按照国家有关农村土地承包的规定承包，包括承包期限长于本法规定的，本法实施后继续有效，不得重新承包土地。未向承包方颁发土地承包经营权证或者林权证等证书的，应当补发证书。”2005年的《农村土地承包解释》第7条规定：“承包合同约定或者土地承包经营权证等证书记载的承包期限短于农村土地承包法规定的期限，承包方请求延长的，应予支持。”2007年《物权法》第126条规定：“耕地的承包期为三十年。草地的承包期为三十年至五十年。林地的承包期为三十年至七十年；特殊林木的林地承包期，经国务院林业行政主管部门批准可以延长。前款规定的承包期届满，由土地承包经营权人按照国家有关规定继续承包。”2018年修正的《农村土地承包法》第21条规定：“耕地的承包期为三十年。草地的承包期为三十年至五十年。林地的承包期为三十年至七十年。前款规定的耕地承包期届满后再延长三十年，草地、林地承包期届满后依照前款规定相应延长。”第66条仍然规定：“本法实施前已经按照国家有关农村土地承包的规定承包，包括承包期限长于本法规定的，本法实施后继续有效，不得重新承包土地。未向承包方颁发土地承包经营权证或者林权证等证书的，应当补发证书。”2019年修正的《土地管理法》第13条第1款规定：“……家庭承包的耕地的承包期为三十年，草地的承包期为三十年至五十年，林地的承包期为三十年至七十年；耕地承包期届满后再延长三十年，草地、林地承包期届满后依法相应延长。”

规范目的或功能

本条规范的目的是对土地承包经营权的期限进行规制。为土地承包经营权设定一个长期的期限是保障农村土地承包经营权具有物权性的重要环节。传统的用益物权之期限通常为防止期限过长而有碍于所有权人权益实现，而设定最长期限，使用益物权期限不得超过该法定最长期限。例如，我国台湾地区针对一般的农育权，设定最长之20年期限，超过此期限则将该期限缩短为20年。又如《日本民法典》规定永佃权的存续期间必须在20年至50年，超过50年的，缩短为50年。土地承包经营权期限设定的目的正好相反，该期限是为防止土地承包经营权的期限过短，排除集体经济组织等集体土地所有权代行主体对土地承包经营权之实现进行不利之妨碍。

承包期是农村土地承包经营权存续的期间。存在较长的承包期是农村土地承包经营权的一个重要特征。按照物权法定原则，物权的名称与物权的内容应当由法律规定，但同时物权的内容法定仅是对物权的总体轮廓进行规定。土地承包经营权期限的设定，具有在物权法定的限度内，仍充分尊重当事人的契约自由并兼顾土地承包经营权人之权利保障之寓意。

规范内容

一、土地承包经营权的期限

本条第1款采取了考虑农业生产经营特点和农业经济发展趋势等因素，按照耕地、草地与林地分别规定承包期的立法例。“耕地是指种植农作物的土地，包括灌溉水田、望天田、水浇地、旱地等。”[①]对于耕地，本条直接规定承包期为30年。“草地是指以生长草本植物为主，用于畜牧业的土地，包括天然造地、改良草地和人工草地。草原是草地的主体。”[②]对于草地承包期，本条规定为30年至50年的期间，当事人可以依据民法的意思自治原则自由选定一个不低于30年不超过50年的期限。“林地是指生长乔木、竹类、灌木、沿海红树林的土地，包括有林地、灌木林地、疏林地、未成林造地以及迹地和苗圃等。”[③]对于林地承包期，本条规定为30年至70年的期间，当事人可以依据民法的意思自治原则自由选定一个不低于30年不超过70年的期限。

由于本条对耕地、草地、林地承包期的最低规定为30年，如果当事人在通过家庭承包方式设定的土地承包经营权合同中约定的耕地承包期低于30年，则该约定无效，承包地期应当延长至30年。同样，当事人如果约定的草地承包期超过50年，应当缩短至50年；当事人如果约定林地的承包期超过70年，一般应当缩短至70年。考虑到我国在1998年前后普遍进行了第二轮承包以及法不溯及既往原则，《民法典》颁布以前（特别是《农村土地承包法》《物权法》颁布以前）就已经设定的农村土地承包经营权，若存在耕地承包期超过30年，草地承包期超过50年以及林地承包期超过70年的情形，该土地承包经营权在期限届满前应当继续有效。对于长于法定期限的，《农村土地承包法》

---

① 全国人民代表大会常务委员会法制工作委员会编:《中华人民共和国物权法释义》，法律出版社2007年版，第283页。

② 全国人民代表大会常务委员会法制工作委员会编:《中华人民共和国物权法释义》，法律出版社2007年版，第284页。

③ 全国人民代表大会常务委员会法制工作委员会编:《中华人民共和国物权法释义》，法律出版社2007年版，第284页。

第66条规定：本法实施前已经按照国家有关农村土地承包的规定承包，包括承包期限长于本法规定的，本法实施后继续有效，不得重新承包土地。《农村土地承包法》与最高人民法院的司法解释实际上都是将法定的承包经营期限作为最低期限来看待的，因此，《民法典》物权编颁布以前存在的长于法定期限的土地承包经营权期限继续有效。

《民法典》物权编依据承包地的不同用途确定了不同的承包经营权期限，这种确定期限的方法可以适应现实的各种不同情况，但是问题在于这些不同期限可能会造成土地承包经营权人之间事实上的不平等。除受到农地所处的情势限制外，农地内部的用途区分并不是绝对的，耕地可能会向林地、草地转换，在中国中西部地区广泛进行的退耕还林实践就证明了这一点。在农地内部的用途存在着转换的可能性的情况下，《农村土地承包法》与《民法典》物权编按照用途来划定农村土地承包经营权的期限的合理性就有待商榷。笔者认为可以统一设定一个最短的土地承包经营权的期限，如果达不到这一期限自动延长至这一期限。考虑到中国长期的土地承包经营实践，将土地承包经营权的最低期限设定为30年较为合适，农村土地的二轮承包也正是以此为最低期限基础进行。在此之上，土地承包经营权的期限可以由集体土地所有权人共同决定，并通过农村土地承包合同来最终确定。

二、土地承包经营期限届满后的处理

本条第2款规定“前款规定的承包期限届满，由土地承包经营权人依照农村土地承包的法律规定继续承包”。依据本款规定，承包期届满后，应当适用《农村土地承包法》第21条第2款的规定：“前款规定的耕地承包期届满后再延长三十年，草地、林地承包期届满后依照前款规定相应延长。”本条第2款可以理解为土地承包经营权期限届满后，土地承包经营权设定契约更新之规定。在土地承包经营权期限届满后，土地承包经营权人继续使用土地而不论集体土地所有权人是否提出异议，都应视为土地承包经营契约已被更新，耕地的土地承包经营权存续30年，草地与林地的土地承包经营权继续存在原土地承包经营权契约规定之存续期限。在农村耕地二轮承包时，中央对土地承包经营权期限届满的问题，使用了再延长30年的用语，这说明二轮承包是在一轮承包的基础上自动顺延30年。

第三百三十三条【土地承包经营权的设立与登记】

土地承包经营权自土地承包经营权合同生效时设立。

登记机构应当向土地承包经营权人发放土地承包经营权证、林权证等证书，并登记造册，确认土地承包经营权。

历史由来

本条源于《物权法》第127条的规定，略有修改。在《民法典》编纂过程中，《民法典物权编（草案）》（征求意见稿）第128条规定的内容与《物权法》第127条的规定相同。《民法典各分编（草案）》第128条第2款将发证机构由“县级以上地方人民政府”修改为“登记机构”，将所发证书统称为“权属证书”，并将第2款修改为“登记机构应当向土地承包经营权人发放权属证书，确认土地承包经营权”。《民法典物权编（草案）》（二审稿）第128条将登记机构应当发放的证书明确为“土地承包经营权证、林权证等证书”，并将第2款修改为“登记机构应当向土地承包经营权人发放土地承包经营权证、林权证等证书，并登记造册，确认土地承包经营权”。《民法典（草案）》第333条的规定与《民法典物权编（草案）》（二审稿）第128条的规定相同。

规范目的或功能

物权的设立规范是物权变动规范的重要内容。农村土地承包经营权在何时设定是一个关键问题。本条第1款即旨在明确土地承包经营权设立的时间。《农村土地承包法》第23条规定：“承包合同自成立之日起生效。承包方自承包合同生效时取得土地承包经营权。”本条第1款继承了《农村土地承包法》与《物权法》的规定，以便适应我国农村土地制度运行的实际状况。

《民法典》物权编确立了农村土地承包经营权的设立规则是有重大意义的，它为判定农村土地承包权的设定提供了法律依据，也为解决历史上遗留的承包经营权设定问题提供了规范。对农民的土地承包经营权进行登记造册并颁发土地承包经营权证、林权证等证书，可以进一步实现对农村土地承包经营权的公示与确认，也有助于进一步强化农民的土地权利意识。

规范内容

一、土地承包经营权的设立

本条第1款对土地承包经营权的设立时间进行了规定。按照本条第1款的规定，土地承包经营权自土地承包经营权合同生效时设立。发包方与承包方之间的农村土地承包经营合同一旦生效，农村土地承包经营权就设定。

《农村土地承包法》第22条规定："发包方应当与承包方签订书面承包合同。承包合同一般包括以下条款：（一）发包方、承包方的名称，发包方负责人和承包方代表的姓名、住所；（二）承包土地的名称、坐落、面积、质量等级；（三）承包期限和起止日期；（四）承包土地的用途；（五）发包方和承包方的权利和义务；（六）违约责任。"考虑到农村土地承包经营合同以设定土地承包经营权为目的的物权合同性质以及其内容的复杂性，农村土地承包经营合同应当采取书面形式。换言之，农村土地承包合同虽然涉及多方面的内容，但其中必然包含了一项设定农村土地承包经营权的合意。农村土地承包经营权虽然以承包合同为依据设定，但不能因此而认为土地承包经营权带有债权性质。由于在最初的承包过程中，农村的改革并没有完全到位，各种公法上的内容如乡统筹的缴纳等都与土地承包合同关联了起来，土地承包合同成为村委会、乡镇政府控制村民，实现对村民的管理的工具。在目前农业税已经取消，乡统筹与村提留也已经基本取消的情况下，土地承包合同正在逐渐恢复其民法属性。

按照《民法典》第208条确定的公示原则以及第209条确立的不动产物权原则上应当在登记时设立，农村土地承包经营权也本应当在登记时设立。但是何以农村土地承包经营权可以不经登记而设立？理由如下：

第一，《民法典》物权编作出的土地承包经营权设定规则是对历史上存在的土地承包经营权设定的经验总结。对于通过家庭承包方式取得承包经营权而言，经过第一轮承包与第二轮承包，大部分耕地上已经普遍设立了土地承包经营权。在这种情况下，《农村土地承包法》《物权法》《民法典》首先总结了历史上农村土地承包经营权设立的经验，并在此基础上归纳形成了农村土地承包经营权的设定规则。历史地看，农村土地承包经营权早已存在于大部分耕地之上，而且基本上是通过承包合同设立的，没有经过登记。在农村土地承包经营权设立之初，由于农村土地登记机关未真正地建立起来，不可能要求其普遍进行登记。即使是2002年的《农村土地承包法》，也是在农村土地承包经营权普遍设立之后才颁布，在时间序列上总结历史经验的因素超过面向未来的因素。在集体不能再大规模调整承包地的情况下，农村承包经营权未来只能在有限的农村耕地与未承包的部分林地上设定。

第二，我国乡村依然是熟人社会，同一集体经济组织的农民之间互相熟悉，而且农村土地承包过程中需要履行必要的程序，农村土地承包之程序的完成也起到了一定公示效果。《农村土地承包法》第20条规定："土地承包应当按照以下程序进行：（一）本集体经济组织成员的村民会议选举产生承包工作小组；（二）承包工作小组依照法律、法规的规定拟订并公布承包方案；（三）依法召开本集体经济组织成员的村民会议，讨论通过承包方案；（四）公开组织实施承包方案；（五）签订承包合同。"承包方案经村民会议或村民代表会议讨论通过，集体经济组织成员充分参与这一进程并相互熟悉，承包地的地块为村民所熟知，这也会起到一定公示之效果。

第三，我国农村土地登记制度未能完全有效建立并运行。在农村土地登记机关与登记制度未全面有效建立的情况下[①]，要求农村土地承包经营权在承包合同生效时设定是基本合适的，即使要求通过登记而设定承包经营权也将无法施行。我国土地承包经营权的颁证及其登记，滞后于土地承包合同的签订，需要在未来的一定时间内完成对农村土地的全面初次登记。

当发包方与多个承包方签订多个承包合同并分别发生法律效力之后，多个"土地承包经营权"之间的冲突就产生了。为了解决实践中发生的因设定而产生的多个"土地承包经营权"之间的冲突，《农村土地承包解释》第20条建立了一个包括登记优先原则、生效优先原则与先行合法占有、使用优先原则在内的冲突处理规则，规定："发包方就同一土地签订两个以上承包合同，

---

① 我国农村土地登记将是一个长达30年甚至50年的漫长的进程。参见赵阳、郭沛等编著：《中国农村土地登记制度试点：背景、实践及展望》，中国农业出版社2012年版，第19页。

承包方均主张取得承包经营权的，按照下列情形，分别处理：（一）已经依法登记的承包方，取得土地承包经营权；（二）均未依法登记的，生效在先合同的承包方取得土地承包经营权；（三）依前两项规定无法确定的，已经根据承包合同合法占有使用承包地的人取得承包经营权，但争议发生后一方强行先占承包地的行为和事实，不得作为确定土地承包经营权的依据。”这一规则可以在一定程度上解决土地承包经营权设定中的问题，但是这并不完全符合物权法的法理。其一，同质的土地承包经营权不应当同时存在于一宗土地之上，一个“土地承包经营权”将另一个“土地承包经营权”排斥效果的出现，动摇了土地承包经营权的物权效力。其二，本条第1款仅规定“土地承包经营权自土地承包经营权合同生效时设立”，并未规定已经登记的“土地承包经营权”具有对抗善意第三人的效力。因此，按照本条规定，按时间顺序第一次设定的土地承包经营权在土地承包经营权合同生效时就已经设立，并将持续存在。土地承包经营权所具有的排他效力会使其他与其具有相同品质、权能并须占有土地的土地承包经营权都不可能再设定，土地承包经营权的设定具有农地权利再次初始配置的效力。按照本条第2款的规定，登记机构发证与登记的效力仅是确认土地承包经营权而不具有对抗效力，登记机构的登记与所发的权属证书仅是证明土地承包经营权人的权利并对其进行保护的手段。土地承包经营权设立登记不同于土地承包经营权的转让、互换登记，土地承包经营权转让、互换登记会使相关权利人的权利获得对抗善意第三人的效力。

解决实践中发生的因设定而引发的农村土地承包经营权之冲突，除迅速对农民已经获得的土地承包经营权进行确权外，还需要继续完善我国土地承包经营权设定规则。未来我国需要继续贯彻公示原则，建立起农村土地承包经营权在登记时设立的规则。如果农村土地承包经营权在登记时设立，则一旦有一个承包经营权在农村土地上设立，就排除了其他农村土地承包经营权设立的可能性，从而有效避免这类纠纷的发生。

二、登记机构发放证书，登记造册，确认土地承包经营权的义务

本条第2款规定：“登记机构应当向土地承包经营权人发放土地承包经营权证、林权证等证书，并登记造册，确认土地承包经营权。”2013年《中共中

央、国务院关于加快发展现代农业进一步增强农村发展活力的若干意见》提出“用5年时间基本完成农村土地承包经营权确权登记颁证工作”。《不动产登记暂行条例》第5条对土地承包经营权的登记能力作出了规定，该条规定：“下列不动产权利，依照本条例的规定办理登记：（一）集体土地所有权；（二）房屋等建筑物、构筑物所有权；（三）森林、林木所有权；（四）耕地、林地、草地等土地承包经营权；（五）建设用地使用权；（六）宅基地使用权；（七）海域使用权；（八）地役权；（九）抵押权；（十）法律规定需要登记的其他不动产权利。”第7条对不动产登记机构进行了规定：“不动产登记由不动产所在地的县级人民政府不动产登记机构办理；直辖市、设区的市人民政府可以确定本级不动产登记机构统一办理所属各区的不动产登记。跨县级行政区域的不动产登记，由所跨县级行政区域的不动产登记机构分别办理。不能分别办理的，由所跨县级行政区域的不动产登记机构协商办理；协商不成的，由共同的上一级人民政府不动产登记主管部门指定办理。国务院确定的重点国有林区的森林、林木和林地，国务院批准项目用海、用岛，中央国家机关使用的国有土地等不动产登记，由国务院国土资源主管部门会同有关部门规定。”农业部2015年颁布的《关于认真做好农村土地承包经营权确权登记颁证工作的意见》提出，“由县级人民政府农村经营管理机构建立健全统一规范的土地承包经营权登记簿，作为今后不动产统一登记的基础依据”，“为与不动产统一登记工作衔接，今后可按照‘不变不换’的原则，承包农户可以自愿申请、免费换取与不动产统一登记相衔接的证书”。2018年修正的《农村土地承包法》第24条规定：“国家对耕地、林地和草地等实行统一登记，登记机构应当向承包方颁发土地承包经营权证或者林权证等证书，并登记造册，确认土地承包经营权。土地承包经营权证或者林权证等证书应当将具有土地承包经营权的全部家庭成员列入。登记机构除按规定收取证书工本费外，不得收取其他费用。”2018年年底，全国共有2838个县（市、区）和开发区开展农村承包地的确权登记颁证工作，涉及2亿多农户，确权14.8亿亩承包地，基本完成了全国农村承包地的确权颁证工作。[①]

---

① 2019年9月25日发布的农业农村部对十三届全国人大二次会议第8778号建议的答复。

第三百三十四条【土地承包经营权的转让与互换】

土地承包经营权人依照法律规定，有权将土地承包经营权互换、转让。未经依法批准，不得将承包地用于非农建设。

历史由来

本条是对《物权法》第128条规定予以修改的结果。《物权法》第128条规定："土地承包经营权人依照农村土地承包法的规定，有权将土地承包经营权采取转包、互换、转让等方式流转。流转的期限不得超过承包期的剩余期限。未经依法批准，不得将承包地用于非农建设。"《民法典物权编（草案）》（征求意见稿）第129条与《物权法》第128条的规定相同。《民法典各分编（草案）》第129条规定："实行家庭承包的土地承包经营权人依照农村土地承包法的规定，有权将土地承包经营权互换、转让或者出让土地经营权。出让的期限不得超过承包期的剩余期限。未经依法批准，不得将承包地用于非农建设。"这一规定将可以互换、转让及出让土地经营权的主体限定于实行家庭承包的土地承包经营权人，删除了转包这一流转方式，增加了出让土地经营权的权利，并规定出让的期限不得超过承包期的剩余期限。《民法典物权编（草案）》（二审稿）第129条删除了《民法典各分编（草案）》第129条关于出让土地经营权的相关规定，直接规定："土地承包经营权人依照法律规定，有权将土地承包经营权互换、转让。未经依法批准，不得将承包地用于非农建设。"《民法典（草案）》第334条的规定与《民法典物权编（草案）》（二审稿）第129条的规定相同。

历史地看，政策和法律对农村土地承包经营权的转让、互换的态度经历了一个从禁止到允许的转变。1982年《宪法》第10条第4款规定："任何组织或者个人不得侵占、买卖、出租或者以其他形式非法转让土地。"1982年中央一号文件《全国农村工作会议纪要》规定："社员承包的土地，不准买卖，不准出租，不准转让，不准荒废，否则，集体有权收回；社员无力经营或者转营他业时应退还集体。"1984年中央一号文件《中共中央关于一九八四年农村工作的通知》开始有限允许承包地的流转，其指出"鼓励土地逐步向种田能手集中。社员在承包期内，因无力耕种或转营他业而要求不包或少包土地的，可以将土地交给集体统一安排，也可以经集体同意，由社员自找对象协商转包，但不能擅自改变集体承包合同的内容”。1986年的《农村承包合同意见》规定：“承包人将承包合同转让或者转包给第三者，必须经发包人同意，并不得擅自改变原承包合同的生产经营等内容，否则转让或者转包合同无效。”这在事实上认可了经过发包方同意的承包经营权流转的效力。1988年《宪法修正案》将第10条第4款修改为：“任何组织或者个人不得侵占、买卖或者以其他形式非法转让土地。土地使用权可以依照法律的规定转让。”这为土地承包经营权的合法流转提供了宪法依据。1988年的《土地管理法》第2条第4款规定：“国有土地和集体所有的土地的使用权可以依法转让。土地使用权转让的具体办法，由国务院另行规定。”此后，1993年通过的《农业法》第13条第2款规定：“在承包期内，经发包方同意，承包方可以转包所承包的土地、山岭、草原、荒地、滩涂、水面，也可以将农业承包合同的权利和义务转让给第三者。”1995年《国务院批转农业部关于稳定和完善土地承包关系意见的通知》中明确提出“建立土地承包经营权流转机制”，并规定：“在坚持土地集体所有和不改变土地农业用途的前提下，经发包方同意，允许承包方在承包期内，对承包标的依法转包、转让、互换、入股，其合法权益受法律保护，但严禁擅自将耕地转为非耕地。”此后，国家通过相关立法对土地承包经营权的流转制度进行了全面的确认。1998年的《土地管理法》明确“土地使用权可以依法转让”，正式承认了土地承包经营权等土地使用权的流转。

2002年通过的《农村土地承包法》第32条规定：“通过家庭承包取得的土地承包经营权可以依法采取转包、出租、互换、转让或者其他方式流转。”第40条规定：“承包方之间为方便耕种或者各自需要，可以对属于同一集体经济组织的土地的土地承包经营权进行互换。”第41条规定：“承包方有稳定的非农职业或者有稳定的收入来源的，经发包方同意，可以将全部或者部分土地承包经营权转让给其他从事农业生产经营的农户，由该农户同发包方确立新的承包关系，原承包方与发包方在该土地上的承包关系即行终止。”2005年《农村土地承包经营权流转管理办法》规定“承包方与受让方达成流转意向后，以转包、出租、互换或者其他方式流转的，承包方应当及时向发包方备案；以转让方式流转的，应当事先向发包方提出转让申请”。2005年的《农村土地承包解释》第13条规定："承包方未经发包方同意，采取转让方式流转其土地承包经营权的，转让合同无效。但发包方无法定理由不同意或者拖延表态的除外。"第14条规定："承包方依法采取转包、出租、互换或者其他方式流转土地承包经营权，发包方仅以该土地承包经营权流转合同未报其备案为由，请求确认合同无效的，不予支持。"第8条规定："承包方违反农村土地承包法第十七条规定，将承包地用于非农建设或者对承包地造成永久性损害，发包方请求承包方停止侵害、恢复原状或者赔偿损失的，应予支持。"2008年十七届三中全会通过的《中共中央关于推进农村改革发展若干重大问题的决定》进一步提出："加强土地承包经营权流转管理和服务，建立健全土地承包经营权流转市场，按照依法自愿有偿原则，允许农民以转包、出租、互换、转让、股份合作等形式流转土地承包经营权，发展多种形式的适度规模经营。"2013年的《草原法》第15条规定："草原承包经营权受法律保护，可以按照自愿、有偿的原则依法转让。草原承包经营权转让的受让方必须具有从事畜牧业生产的能力，并应当履行保护、建设和按照承包合同约定的用途合理利用草原的义务。草原承包经营权转让应当经发包方同意。承包方与受让方在转让合同中约定的转让期限，不得超过原承包合同剩余的期限。"2014年11月，中共中央办公厅、国务院办公厅印发《关于引导农村土地经营权有序流转发展农业适度规模经营的意见》，强调要"鼓励创新土地流转形式。鼓励承包农户依法采取转包、出租、互换、转让及入股等方式流转承包地。鼓励有条件的地方制定扶持政策，引导农户长期流转承包地并促进其转移就业。鼓励农民在自愿前提下采取互换并地方式解决承包地细碎化问题"。2018年12月修正的《农村土地承包法》第33条继续规定："承包方之间为方便耕种或者各自需要，可以对属于同一集体经济组织的土地的土地承包经营权进行互换，并向发包方备案。"第34条规定："经发包方同意，承包方可以将全部或者部分的土地承包经营权转让给本集体经济组织的其他农户，由该农户同发包方确立新的承包关系，原承包方与发包方在该土地上的承包关系即行终止。"此外，第11条第1款规定："农村土地承包经营应当遵守法律、法规，保护土地资源的合理开发和可持续利用。未经依法批准不得将承包地用于非农建设。"第18条将"维持土地的农业用途，未经依法批准不得用于非农建设"列举为承包方应当承担的义务。

规范目的或功能

《民法典》第331条对土地承包经营权人享有的基本权利进行了概括规定。本条在第331条的基础上，进一步规定土地承包经营权人享有的通过互换、转让方式对土地承包经营权进行处分的权利。同时，本条也补充规定了土地承包经营权人“未经依法批准，不得将承包地用于非农建设”的义务，以便实现土地承包经营权创设时将农地用于农业生产经营的目的。

规范内容

一、土地承包经营权人有权将土地承包经营权互换、转让

本条规定了土地承包经营权人互换、转让土地承包经营权的权利。转让、互换是涉及农村土地承包经营权变动的两种最重要方式。本条所谓的“依照法律规定”中的法律涉及《农村土地承包法》《草原法》等。《农村土地承包法》第33条至第35条，《草原法》第15条对这一问题进行了规定。

（一）土地承包经营权的互换

土地承包经营权的互换，是土地承包经营权人将自己的土地承包经营权交给他人行使，自己行使从他人处换来的土地承包经营权。互换一般只限于集体经济组织内部进行，《农村土地承包法》第33条规定：“承包方之间为方便耕种或者各自需要，可以对属于同一集体经济组织的土地的土地承包经营权进行互换，并向发包方备案。”互换所导致的物权法效果是两个土地承包经营权的权利人发生变动。从性质上来说，互换是两个土地承包经营权相互转让行为的结合。互换仅限于集体经济组织内部，不会引起集体共有人的变动。因此，互换这种土地承包经营权流转的方式发挥作用的范围有限。现实中，由于农村土地承包时要考虑土地的肥沃程度等因素实现等差均匀分配，往往会出现同一农户的承包地被分割为数块，分布在不同位置的情况。这有可能形成“飞地”“插花地”等现象，致使农民耕作非常不方便。农户之间互换耕

地，可以达到便利耕作、避免农地的过分细碎化的效果。

《农村土地承包法》要求土地承包经营权的互换应当向发包方备案，问题是若未向发包方备案将会产生什么样的法律效果？2005年《农村土地承包解释》认为未经备案并不影响上述流转的效力。对此，本书认为该观点值得赞同。

（二）土地承包经营权的转让

土地承包经营权的转让，是对农村土地承包经营权的最彻底的处分方式，是指土地承包经营权人将其拥有的未到期的土地承包经营权移转给他人的行为。《农村土地承包法》第34条规定："经发包方同意，承包方可以将全部或者部分的土地承包经营权转让给本集体经济组织的其他农户，由该农户同发包方确立新的承包关系，原承包方与发包方在该土地上的承包关系即行终止。"土地承包经营权转让的受让人是本集体经济组织的其他农户，土地承包经营权的转让导致了原承包经营权人的承包经营权的消灭和受让人的土地承包经营权的产生。

那么，土地承包经营权人转让土地承包经营权为什么必须经过发包方的同意？从相关说明资料来看，主要基于两个方面的原因：第一，经过发包方同意的程序，可以对承包方是否有稳定的非农职业或者稳定的收入进行核实，防止个别承包方因债务所迫等原因，轻易地转让土地承包经营权。①第二，是考虑到承包经营权的转让对集体土地所有权的影响。不过，这种规定存在两个问题："一是理论上违背了土地承包经营权的物权性质，这在一定程度上使得土地承包经营权的'用益物权'之定位有名无实，因为只有普通债的转让才须征得债权人（即原对方当事人）的同意；二是在实践中为集体土地所有权人对土地承包经营权的流转提供了干涉空间，而且该条规范的立法指导思想已经落后于社会现实，因为农户进行土地承包经营权流转时并未遵守或已无须遵守这一规定。"②

---

① 王宗非主编：《农村土地承包法释义与适用》，人民法院出版社2002年版，第98页。

② 陈小君、高飞、耿卓、伦海波：《后农业税时代农地权利体系与运行机理研究论纲——以对我国十省农地问题立法调查为基础》，载《法律科学》2010年第1期。

在程序上，“当承包人在集体经济组织拒绝流转的情况下仍强行将承包经营权流转给他人时，可行的处理方法是：集体经济组织首先向乡镇人民政府农业行政主管部门申请调解，调解不成的，集体经济组织可以利害关系人的身份，请求仲裁机构或人民法院宣告土地流转合同无效。同样，如果集体经济组织无正当理由不同意土地流转，承包人可申请乡镇人民政府农业主管部门予以调处，或直接向土地仲裁机构或人民法院提起仲裁或诉讼”[①]。2005年的《农村土地承包解释》第13条限制了发包方同意权的行使，其规定“承包方未经发包方同意，采取转让方式流转其土地承包经营权的，转让合同无效。但发包方无法定理由不同意或者拖延表态的除外”。在该司法解释起草的过程中，起草小组曾打算根据土地承包经营权的类所有权属性，将“发包方”同意的条件排除在外，但是最终考虑需要贯彻《农村土地承包法》的相关规定，仅仅是对发包方的同意权的行使进行了一定程度的限制[②]。考虑到农村土地承包经营权的类所有权属性，土地承包经营权的转让对集体成员变动的积极影响，也考虑到历史上中国的土地权利是高度流转的以及宅基地使用权的转让不需要代行主体同意的状况，笔者认为未来立法应当取消农民转让土地承包经营权需经过发包方同意的限制。土地承包经营权的互换与土地承包经营权的转让在性质上具有很大的相似性，都是变动土地承包经营权的行为。土地承包经营权互换所采取的备案制，也说明土地承包经营权的转让不经过发包方的同意也具有现实的可行性。

（三）转让、互换与承包地上的附属设施、工作物

土地承包经营权互换、转让时，土地承包经营权人如在承包地上设置有便利于农业经营的附属设施、工作物，该类附属设施与工作物通常应随从土地承包经营权一同互换与转让。土地承包经营权与附属设施及工作物通常应为一体处分，以便充分发挥经济效益，并避免农业经营的附属设施、工作物与土地之间的关系进一步复杂化。承包地上利于农业经营的附属设施、工作

① 孟勤国等：《中国农村土地转让问题研究》，法律出版社2009年版，第87页。

② 参见最高人民法院民事审判第一庭编著：《最高人民法院农村土地承包纠纷案件司法解释理解与适用》，人民法院出版社2005年版，第174页。

物如可以拆除并移植于他处，可以单独处理。土地上的出产物于未分离前，是土地的一部分，是土地承包经营权的当然内容，应随土地承包经营权一同被处分。

（四）土地承包经营权人的义务与法律责任

本条规定了土地承包经营权人负有“未经依法批准，不得将承包地用于非农建设”的义务。《农村土地承包法》第11条第1款规定：“……未经依法批准不得将承包地用于非农建设。”第18条规定：“承包方承担下列义务：（一）维持土地的农业用途，未经依法批准不得用于非农建设；……”本条的含义是，土地承包经营权人必须将承包地用于农业用途，而不能未经批准将承包地转变为建设用地，农业用地转为建设用地必须经过严格的行政审批手续。

承包人等主体违反本款规定，将承包地用于非农建设造成损害的，可能会因情节轻重状况，分别承担或者同时承担民事责任、行政责任，甚至刑事责任。《农村土地承包法》第63条规定：“承包方、土地经营权人违法将承包地用于非农建设的，由县级以上地方人民政府有关主管部门依法予以处罚。承包方给承包地造成永久性损害的，发包方有权制止，并有权要求赔偿由此造成的损失。”《土地管理法》第77条第1款规定：“未经批准或者采取欺骗手段骗取批准，非法占用土地的，由县级以上人民政府自然资源主管部门责令退还非法占用的土地，对违反土地利用总体规划擅自将农用地改为建设用地的，限期拆除在非法占用的土地上的新建的建筑物和其他设施，恢复土地原状，对符合土地利用总体规划的，没收在非法占用的土地上新建的建筑物和其他设施，可以并处罚款；对非法占用土地单位的直接负责的主管人员和其他直接责任人员，依法给予处分；构成犯罪的，依法追究刑事责任。”第78条第1款规定：“农村村民未经批准或者采取欺骗手段骗取批准，非法占用土地建住宅的，由县级以上人民政府农业农村主管部门责令退还非法占用的土地，限期拆除在非法占用的土地上新建的房屋。”

二、农地农用义务的限度与补偿

在这里需要讨论的一个问题是，土地承包经营权人是否负有必须确保农地被持续用于农业生产的义务。从理论上讲，土地承包经营权是承包经营权人可在法律限度内自由对土地进行占有、使用、收益的权利。土地承包经营权人应当有权在经过考量后进行必要休耕，甚至有将土地临时撂荒的权利。同时，在农业经营收益甚微的情况下，若过于强调土地承包经营权人必须持续使用农地，则有可能将土地承包经营权人的权利强化为义务。但是，我国耕地缺乏，人地关系高度紧张，土地资源必须得到有效利用，从这一个角度来看，法律有必要要求土地承包经营权人将承包地持续投入农业生产进程之中。笔者认为，除必要的休耕外，法律可以要求农地持续处于耕种状态。在制度设计上，法律可以赋予农业部门强制代为出租撂荒土地的权力，即如果土地承包经营权人将土地连续撂荒两年以上，农业管理部门可以强制代为出租该农地，使该农地重新处于耕作状态。农地出租获得收益，除扣除必要的费用外，应当仍然归土地承包经营权人所有。

将土地用于农业用途与将土地用于非农业用途相比，农业用地的收益通常要低于非农用地。所以，农村土地承包经营权人有将承包地用于非农建设获取更高收益的现实冲动，因此，法律规定土地承包经营权人负有“未经依法批准，不得将承包地用于非农建设”的义务。但是，农村土地承包经营权因这种公法的限制而遭受了损失。中国人地矛盾突出与耕地稀缺的国情决定了中国必须严格保护耕地，限制农地的转用，但是，这种限制必须充分考虑到农地用途限制给农民带来的利益损失，必须采取相应的补偿机制来弥补农民的损失。农业种植补贴就是这样的一种机制，它具有弥补农民因公法限制而遭受的损失的性质。

第三百三十五条【土地承包经营权转让与互换的登记】

土地承包经营权互换、转让的，当事人可以向登记机构申请登记；未经登记，不得对抗善意第三人。

历史由来

本条与2018年12月修正的《农村土地承包法》第35条完全相同，实际上是根据《农村土地承包法》第35条而对《物权法》第129条予以修改的结果。

《物权法》第129条规定："土地承包经营权人将土地承包经营权互换、转让，当事人要求登记的，应当向县级以上地方人民政府申请土地承包经营权变更登记；未经登记，不得对抗善意第三人。"《民法典物权编（草案）》（征求意见稿）第130条的规定与《物权法》第129条的规定相同。《民法典各分编（草案）》第130条增加了出让土地经营权可以申请登记的内容，并将原条文中的"应当向县级以上地方人民政府申请土地承包经营权变更登记"修订为"当事人可以向登记机构申请登记"，即规定："土地承包经营权人将土地承包经营权互换、转让或者出让土地经营权，当事人可以向登记机构申请登记；未经登记，不得对抗善意第三人。"《民法典物权编（草案）》（二审稿）第130条删除了《民法典各分编（草案）》关于出让土地经营权可以申请登记的相关规定："土地承包经营权互换、转让的，当事人可以向登记机构申请登记；未经登记，不得对抗善意第三人。"《民法典（草案）》的规定与《民法典物权编（草案）》（二审稿）的规定相同。

规范目的或功能

土地承包经营权的转让与互换是当事人依法律行为方式实现的土地承包经营权的变动，因此，存在是否应当公示以及公示的法律效力问题。本条结合中国农村地区土地的现实状况，对土地承包经营权的互换、转让中的登记及其登记效力问题进行了规定。

规范内容

一、基本内容

本条是对互换、转让土地承包经营权可以通过登记方式进行公示与登记公示效力的规定。土地承包经营权互换、转让，采取登记对抗主义，即不登记不得对抗第三人。对互换、转让土地承包经营权进行登记，目的在于将土地承包经营权通过互换、转让方式进行变动的事实予以公示，使他人明确知晓土地承包经营权的权利归属与变动的状况。

问题是何时发生土地承包经营权变动的效力？本条并未对此进行明确规定。但是，从本条与其他条文的规定综合来看，农村土地承包经营权的转让与互换不需要经过登记就可以实现，即农村土地承包经营权转让与互换合同发生效力则农村土地承包经营权变动，土地承包经营权的登记仅仅是发生对抗效力的要件。例如，土地承包经营权人甲将土地承包经营权转让给乙以后，又与不知情的丙签订了土地承包经营权转让合同并办理了登记。在该种情况下，按照一般处分行为的效力规则，乙取得了土地承包经营权。但是，由于乙取得土地承包经营权不得对抗善意的丙，所以最终的结果将会是丙享有土地承包经营权。

《民法典》物权编确立的土地承包经营权互换、转让的这一规则着眼于农村土地承包经营权未普遍进行登记与农村土地承包经营权很少因互换与转让而变动的现实，带有现实主义的气息。在当前中国农村依然保存着历史上形成的“差序格局”，依然是“熟人社会”的情况下，这一规则还具有一定的适应性。具体而言，“农村社区相对比较封闭，社区成员之间彼此十分熟悉了解；农村社区成员之间的信任主要建基于亲缘和血缘，其依血缘亲疏、地缘远近等，信任水平有所不同而形成所谓的‘差序格局’；在相对封闭的社会环境中，失信的代价会很高，因而社区成员一般都会小心翼翼地保护着自己的信誉等”①。现在农村人口流动的趋势已经出现，很多农民已经开始流入城市进行非农劳动，并在城市定居；相对发达地区的农民也已经开始就近工业化，在当地转变为产业工人，农村土地承包经营权互换与转让日益普遍。随着中国城市化与工业化的发展、农业人口向城市转移以及农村土地承包经营权互换、转让的普遍化，这一模式不利于交易安全的弊端很可能会带来大量的农地转让纠纷，危及农地流转秩序。因此，我们需要尽快建立起完善的土地承包经营权登记制度，并适时革新我国的土地承包经营权互换、转让规则为登记要件主义，使其更加符合法理，也更利于维护交易的安全。

---

① 罗必良、欧晓明主编：《“公司+农户”：合作契约及其治理——东进农牧（惠东）有限公司的案例研究》，中国农业出版社2012年版，第134页。

二、制度反思与再完善

将登记作为农村土地承包经营权互换、转让的对抗要件，优点是农村土地承包经营权的变动可以较为容易地实现，缺点是其会带来纠纷并危及交易安全。由于未经登记就可以产生土地承包经营权变动的效力，土地承包经营权人客观上可以将土地承包经营权多次转让。理论上，土地承包经营权人对土地承包经营权进行第一次转让后，就不再享有土地承包经营权，但是由于未经登记，原承包经营权依然存在权利的外观，依然存在再次转让原承包经营权的可能性。在原承包经营权人将土地承包经营权转让给数个权利人的情况下，谁真正享有土地承包经营权、谁才是真正的权利人的问题就产生了。确立“未经登记的不得对抗善意第三人”的规则仅仅在有限范围内解决了这一问题，它明确了登记人享有的“土地承包经营权”具有最优的效力，从而确立了一个判定谁是真正权利人的规则。但是这一模式在理论上存在着诸多的矛盾。在理论上，转让土地承包经营权的行为是一个处分行为，权利人仅能进行一次该种行为，即原土地承包经营权人在将权利转让给第一个受让人时，他就不再享有土地承包经营权，不能再进行之后的土地承包经营权转让，即按照物权变动的基本法理，在仅依转让合同就可以实现土地承包经营权转让的情况下，第一受让人将取得承包经营权。转让合同产生转让效力的逻辑结果应当是只有第一个受让人才能取得承包经营权，其承包经营权的绝对性应当具有排斥一切干涉的效力，即这一土地承包经营权的存在将导致其他任何土地承包经营权设定不能。但是，由于未经登记，原承包经营权人依然享有权利的外观，依然会有第三人与之签订转让协议而受让承包经营权。严格来讲，由于原承包经营权人已经将土地承包经营权转移，其第二次转让土地承包经营权的行为就成为无权处分，不能再直接发生权利变动的效力。在现实的生活中，很多第三人都会信赖原承包经营权人的权利外观，而与之共同进行再次转让的行为。在这种情况下，由于第三人代表了交易的秩序，保护第三人的利益就具有合理性，“未经登记，不得对抗善意第三人”的规则正是在这种意义上提供了一个保护第三人的合理规则。这一规则的行使前提是原承包经营权人的受让人都取得了“土地承包经营权”，只是效力上有所不同，登记的“土地承包经营权”的效力强于未经登记的“土地承包经营权”，其贯彻的结果也正是登记的权利人的权利排斥了其他权利人。显然，“未经登记，不得对抗善意第三人”的规则与其前提转让合同生效时权力转移的规则相矛盾。总之，《民法典》物权编对农村土地承包经营权互换、转让所设定的互换、转让合同生效时，土地承包经营权变动，“未经登记，不得对抗善意第三人”的规则存在着逻辑上的矛盾，既不利于物权与债权的真正区分，也不利于交易安全的真正实现。

总体上看，土地承包经营权的互换与转让规则偏离了《民法典》物权编通则部分要求不动产物权在登记时设立与变动物权形式主义的立法模式。虽然这一模式是对历史经验的总结而且在土地登记机关在农村并未普遍建立起来的情况下，具有现实合理性。但是，这一规则对《民法典》物权编通则中的物权变动模式的偏离，会使农村土地物权变动模式呈现出总体上偏离《民法典》物权编通则的危险。从域外各国立法的经验来看，不动产物权的变动模式一般都是统一的，德国、日本、韩国的民法典均是如此。因此《民法典》物权编应当在未来适当的时候修改农村土地承包经营权的设定与变动规则，在承认已经设定的农村土地承包经营权的基础上，逐步变更为农村土地承包经营权在登记时设立与变动。在农村建立统一的不动产登记制度，需要逐步实现对农村土地承包经营权的普遍登记，对于历史上已经设定而未登记的土地承包经营权，需要限制其转让，建立起不登记不能转让的规则。

第三百三十六条【禁止调整承包地】

承包期内发包人不得调整承包地。

因自然灾害严重毁损承包地等特殊情形，需要适当调整承包的耕地和草地的，应当依照农村土地承包的法律规定办理。

历史由来

本条承袭《物权法》第130条的规定，略有修改。《物权法》第130条规定：“承包期内发包人不得调整承包地。因自然灾害严重毁损承包地等特殊情形，需要适当调整承包的耕地和草地的，应当依照农村土地承包法等法律规定办理。”《民法典物权编（草案）》（征求意见稿）第131条、《民法典各分编（草案）》第132条与《物权法》第130条的规定相同。《民法典物权编（草案）》（二审稿）第132条第2款对《民法典各分编（草案）》第132条第2款规定中的文字略作修改，将最后半句“应当依照农村土地承包法等法律规定办理”修改为“应当依照农村土地承包的法律规定办理”。《民法典（草案）》的规定与《民法典物权编（草案）》（二审稿）的规定相同。

承包地的调整是土地承包经营权制度中的一个重要问题。1984年的中央一号文件规定承包期一般应在15年以上，并强调在延长承包期以前，可以本着“大稳定，小调整”的原则，经过充分商量，由集体统一调整。1990年12月《中共中央、国务院关于一九九一年农业和农村工作的通知》强调“只要承包办法基本合理，群众基本满意，就不要变动”，“确实需要调整的，也要从严掌握”，再次说明了实现农民对特定地块进行稳定支配的政策导向。1993年《中共中央、国务院关于当前农业和农村经济发展的若干政策措施》强调，原定的耕地承包期到期之后，再延长30年不变，并提倡承包期内实行“增人不增地、减人不减地”的办法。1995年中央的相关文件继续强调保持土地承包关系的稳定。1998年中共中央、国务院发布的《关于1998年农业和农村工作意见》要求“第一轮承包到期的地方，都要无条件地延长30年不变”。

在立法上，1998年修改的《土地管理法》在规定土地承包期为30年的同时，对集体调整承包地最早做出了明确的限制，其规定，“在土地承包经营期限内，对个别承包经营者之间承包的土地进行适当调整的，必须经村民会议三分之二以上成员或者三分之二以上村民代表的同意，并报乡（镇）人民政府和县级人民政府农业行政主管部门批准”。2002年的《农村土地承包法》继续强化了对集体调整与收回承包地的限制，其第27条规定“承包期内，发包方不得调整承包地”，但是“因自然灾害严重毁损承包地等特殊情形对个别农户之间承包的耕地和草地需要适当调整的，必须经过本集体经济组织成员的村民会议三分之二以上成员或者三分之二以上村民代表的同意，并报乡（镇）人民政府和县级人民政府农业等行政主管部门批准。承包合同中约定不得调整的，按照其约定”。2018年修正的《农村土地承包法》第28条基本保持原

第27条的规定，仅将批准机关由原来的“乡（镇）人民政府和县级人民政府农业等行政主管部门”修改为“乡（镇）人民政府和县级人民政府农业农村、林业和草原等主管部门”。

三 规范目的或功能

本条的规范目的是保障农村土地承包经营权人的权利，避免耕地的频繁调整，防止耕地不断被细分。

承包地的调整在农村地区普遍存在，这种调整导致了集体土地所有权与农民土地承包经营权之间的冲突，亦体现了土地承包经营权经济功能与社会保障功能之间的冲突。“长期以来的城乡二元体制造成了农村土地同时承载了经济功能和保障功能，农村土地作为生产要素需要稳定土地产权，而其承担的社会保障功能又要求定期调整土地产权，以满足农村集体成员权的公平性。”[①]

因此，必须着重限制集体以集体土地所有权为基础所进行的对农村土地承包经营权的调整。首先，土地承包经营权建立的初衷就是重建农民个人与土地之间的本质联系，实现农民对特定地块土地的排他性支配。土地的频繁调整使农民对特定地块的排他性支配力在事实上受到削弱。其次，承包地的频繁调整影响农民对土地进行长期投入的积极性，农民一般不敢也不愿对土地进行长期投资，结果造成土地的肥力下降，甚至诱使一些农民产生短期行为，进行掠夺式经营，破坏地力。在农民预期土地会调整的情况下，农民往往会降低在基础设施修缮方面或者肥力资源方面的投入。再次，在土地调整过程中，乡村干部借助土地调整以权谋私，侵犯个别农户的土地承包权利，引发了社会矛盾与冲突。再次，土地的经常调整造成了农户承包地的进一步细碎化，农户大多拥有品级不同、位置相距甚远的多块土地，不但难以实现规模性经营，相反更增加了土地经营的成本。最后，农村土地承包经营权的调整会影响土地承包经营权的流转，引发土地

---

① 刘润秋：《中国农村土地流转制度研究——基于利益协调的视角》，经济管理出版社2012年版，第152页。

承包经营权流转中的普遍冲突。在农民普遍预期农村土地会进行调整的情况下，农民将会尽量减少农村土地的流转。对于需要将农村土地流转出去的人来讲，他流转出去的土地权利将是一个不确定的土地权利，这会给他带来不确定的违约等风险，也会降低流转的收益；对需流入土地者而言，若他们预期对土地财产权的需要可以通过再调整获得，他们就会尽量选择不通过流转的方式获得土地。对于已经流转出去的土地承包经营权来说，土地的调整将会严重影响流转者与流入者的土地权利，导致他们之间的冲突。由于土地调整的标准不确定，农民会担心在调整中失去土地，而不敢外出打工或者安心从事其他经营，从而影响到农村非农经济的发展与农民收入的增加。

规范内容

一、承包期内发包人不得调整承包地

本条第1款为原则性规定，即“承包期内发包人不得调整承包地”。2018年《农村土地承包法》第28条第1款也有同样的规定。从物权法的角度来分析，土地承包经营权类所有权的物权属性决定了它是对集体土地所有权进行全面限制的物权。在存在土地承包经营权的地块上，集体土地所有权的功能与价值全部内化到土地承包经营权之中。土地承包经营权相当于所有权的属性决定了集体共有人除了可以在土地承包经营权设定之前共同决定是否需设定土地承包经营权之外，土地承包经营权一旦设定就形成了对集体土地所有权的全面限制，即使是全体共有人的意志也不能再排斥土地承包经营权人对承包地的支配。集体土地上一旦设定土地承包经营权，则土地承包经营权对集体土地支配效力就应当优先于集体土地所有权对该宗土地的支配效力，集体土地所有权应当在土地承包经营权的限制下行使。因此，土地承包经营权虽是以集体土地所有权为基础设定，但是土地承包经营权一旦设定就应当优先于集体土地所有权而实现对特定地块的占有、使用与收益。在土地承包经营权存续期间，承包经营权人仅需形成自己的意志就可以支配并享有利益的特性，决定了土地承包经营权一旦设定就需要具有排斥其他人的效

力，包括产生排斥其他集体成员，甚至集体成员共同意志与行为的效力。因此，在承包期间除非承包经营权人自愿放弃承包经营权，否则集体不能再干涉承包经营权人对特定地块的支配，原则上“承包期内发包人不得调整承包地”。

需要注意，上述规定属于法律的强制性规定，违反该项规定的合同条款无效。对此，《农村土地承包解释》第5条规定：“承包合同中有关收回、调整承包地的约定违反农村土地承包法第二十六条、第二十七条、第三十条、第三十五条规定的，应当认定该约定无效。”《农村土地承包法》第58条规定：“承包合同中违背承包方意愿或者违反法律、行政法规有关不得收回、调整承包地等强制性规定的约定无效。”

发包方违反本条及《农村土地承包法》的规定调整承包地时，需要按照《民法典》《农村土地承包法》承担相应的法律责任。换言之，在土地承包经营权人的承包地被调整时，土地承包经营权人享有要求返还承包地、赔偿损失等方面的请求权。《农村土地承包解释》第6条规定：“因发包方违法收回、调整承包地，或者因发包方收回承包方弃耕、撂荒的承包地产生的纠纷，按照下列情形，分别处理：（一）发包方未将承包地另行发包，承包方请求返还承包地的，应予支持；（二）发包方已将承包地另行发包给第三人，承包方以发包方和第三人为共同被告，请求确认其所签订的承包合同无效、返还承包地并赔偿损失的，应予支持。但属于承包方弃耕、撂荒情形的，对其赔偿损失的诉讼请求，不予支持。前款第（二）项所称的第三人，请求受益方补偿其在承包地上的合理投入的，应予支持。”《农村土地承包法》第56条规定：“任何组织和个人侵害土地承包经营权、土地经营权的，应当承担民事责任。”第57条规定，发包方违反《农村土地承包法》的规定收回、调整承包地，“应当承担停止侵害、排除妨碍、消除危险、返还财产、恢复原状、赔偿损失等民事责任”。

二、特殊情况下的承包地调整

该条第2款为第1款的例外性规定。该款包括三个方面：

1.“因自然灾害严重毁损承包地等特殊情形”只是确定需要调整承包地的必要前提条件，而不是充分条件。在通常情形下，不得调整承包地。关于在哪些情形下可以调整承包地，这一款的规定是“因自然灾害严重毁损承包地等特殊情形”。本条对可以调整承包地的“特殊情形”采取了未完全列举方式，仅仅列举了“因自然灾害严重毁损承包地”这一情形。有学者曾经针对2002年《农村土地承包法》第27条第2款规定的“因自然灾害严重毁损承包地等特殊情形对个别农户之间承包的耕地和草地需要适当调整”的问题指出，“特殊情形”包括：“（1）部分农户因自然灾害严重毁损承包地的；（2）部分农户的土地征收或者用于乡村公共设施、公益事业建设，丧失土地的农户不愿意‘农转非’，不要征地补偿等费用，要求继续承包土地的；（3）‘人地矛盾突出的’和‘本款规定的调整’指的是小调整，是对个别农户之间承包土地进行小范围适当调整，即将人口减少的农户家庭中的富余土地调整给人口增加的农户。”[①]笔者认为这种对“特殊情形”的界定仍然过于宽泛。对“特殊情形”必须作更为严格的限制解释。需要调整承包地的特殊情形须达到与“因自然灾害严重毁损承包地”同样程度方可，而其余的“特殊情形”也可以由农村土地承包的相关法律予以列举，在法律未予以列举的情形下，应予以严格限制。

出现严重的自然灾害导致承包地毁损并不必然导致需要调整承包地。《农村土地承包法》第28条第2款允许当事人通过承包合同条款限制承包地的调整，其规定：“承包合同中约定不得调整的，按照其约定。”因为严重自然灾害通常只是导致农作物的季节性歉收而并不一定导致农民个体的承包经营权的消灭。严重的自然灾害可能使农民的承包经营权临时失去其生产资料与生存保障的功能，但是只要承包地没有灭失，农民个体的承包经营权就依然存在。在农民个体的土地承包经营权依然存在只是行使状况受到自然条件限制的情况下，调整承包地将会产生严重的不利后果。在自然灾害导致农民的承包地被严重毁损的情况下，政府应当为农民提供社会的救济与保障，提供充分的社会救助以帮助农民将承包地恢复到适合耕种的状态，而不是通过减损其他成员的承包经营权的方式来达到保障遭遇损失的个别农民之生活的目的。自然灾害导致农民承包地灭失的，农民的承包经营权消灭。农民个体因自

① 胡康生主编：《中华人民共和国农村土地承包法释义》，法律出版社2002年版，第77—78页。

然灾害而丧失承包经营权，其事实上处于失业与失去生活保障的境况，此时政府应当为该农民提供失业保障与社会救济，并提供重新就业的服务以保障农民渡过难关。除此之外，可以考虑通过集体再次为农民重新设定新的土地承包经营权（存在机动地的情况下）或者以土地承包经营权流转的方式来解决农民重新获得土地权利的问题。《农村土地承包法》第29条规定："下列土地应当用于调整承包土地或者承包给新增人口：（一）集体经济组织依法预留的机动地；（二）通过依法开垦等方式增加的；（三）发包方依法收回和承包方依法、自愿交回的。"总之，在出现"因自然灾害严重毁损承包地等特殊情形"时，并不必然意味着发生承包地的调整。由此引发的问题可以通过分配其他土地或者社会保障的途径来解决，而并不必然意味需要调整承包地。

总之，不管是从物权法的法理角度来进行分析，还是从中国实际状况来看，都有必要严格限制发包方对承包地进行调整。今后出现的人地矛盾主要通过以下三种途径解决：（1）利用集体经济组织依法预留的机动地、开垦的新增耕地以及承包期内依法自愿交回的土地；（2）通过土地承包经营权的互换、转让及其他土地经营权的流转等方式，让农地流转到需要的人手中；（3）通过发展非农产业，转移农村富余劳动力，从根本上减轻人地压力，实现农民的非农就业。

2.调整的对象限于耕地和草地，而不包括林地。换言之，对于林地，即使出现了"因自然灾害严重毁损承包地等特殊情形"，也不允许调整。这是因为：（1）林地通常不像耕地与草地一样负担着社会保障的功能；（2）林业生产周期更长，投资大、收益慢，需要长期投入与稳定。

3.对于如何调整，本条规定"应当依照农村土地承包的法律规定办理"。本条所指"农村土地承包的法律"主要是《农村土地承包法》第28条第2款规定："承包期内，因自然灾害严重毁损承包地等特殊情形对个别农户之间承包的耕地和草地需要适当调整的，必须经本集体经济组织成员的村民会议三分之二以上成员或者三分之二以上村民代表的同意，并报乡（镇）人民政府和县级人民政府农业农村、林业和草原等主管部门批准。承包合同中约定不得调整的，按照其约定。"

第三百三十七条【禁止收回承包地】

承包期内发包人不得收回承包地。法律另有规定的，依照其规定。

历史由来

本条继承了《物权法》第131条的规定，略有修改。《物权法》第131条规定："承包期内发包人不得收回承包地。农村土地承包法等法律另有规定的，依照其规定。"《民法典物权编（草案）》（征求意见稿）第132条、《民法典各分编（草案）》第133条与《物权法》第131条的规定相同。《民法典物权编（草案）》（二审稿）第133条对《民法典各分编（草案）》第133条第2句的文字作了修改，即把"农村土地承包法等法律另有规定的"修改为"法律另有规定的"。修改后表达更加简洁。《民法典（草案）》的规定与《民法典物权编（草案）》（二审稿）的规定相同。

对于集体经济组织、村委会、乡镇政府因税费负担的交纳而强制收回承包地的现象，中央早已发文强调在此种情况下，不能强制收回农民的承包地。2004年4月30日发布的《国务院办公厅关于妥善解决当前农村土地承包纠纷的紧急通知》明确指出：坚决纠正对欠缴税费或土地抛荒的农户收回承包地。"要严格执行《农村土地承包法》的规定，任何组织和个人不能以欠缴税费和土地撂荒为由收回农户的承包地，已收回的要立即纠正，予以退还。对《农村土地承包法》实施以前收回的农户抛荒承包地，如农户要求继续承包耕作，原则上应允许继续承包耕种。如原承包土地已经发包给本集体经济组织以外人员，应修订合同，将土地重新承包给原承包农户；如已分配给本集体经济组织成员，可在机动地中予以解决，没有机动地的，要帮助农户通过土地流转，获得耕地。"2002年的《农村土地承包法》第26条规定："承包期内，发包方不得收回承包地。承包期内，承包方全家迁入小城镇落户的，应当按照承包方的意愿，保留其土地承包经营权或者允许其依法进行土地承包经营权流转。承包期内，承包方全家迁入设区的市，转为非农业户口的，应当将承包的耕地和草地交回发包方。承包方不交回的，发包方可以收回承包的耕地和草地。承包期内，承包方交回承包地或者发包方依法收回承包地时，承包方对其在承包地上投入而提高土地生产能力的，有权获得相应的补偿。”第55条（2018年的《农村土地承包法》第58条）规定：“承包合同中违背承包方意愿或者违反法律、行政法规有关不得收回、调整承包地等强制性规定的约定无效。”该条要求承包合同不得违反法律、行政法规，约定可以收回、调整承包地，这一规定限制了集体共有人意思自治的空间，强化了土地承包经营权的效力。2005年的《农村土地承包解释》第5条，再次强调在家庭承包纠纷中，承包合同中有关收回、调整承包地的约定违反《农村土地承包法》第26条、第27条、第30条、第35条规定的，应当认定该约定无效，进一步限制了集体共有人或者集体所有权代主体收回、调整承包地。2018年修正后的《农村土地承包法》第27条规定：“承包期内，发包方不得收回承包地。国家保护进城农户的土地承包经营权。不得以退出土地承包经营权作为农户进城落户的条件。承包期内，承包农户进城落户的，引导支持其按照自愿有偿原则依法在本集体经济组织内转让土地承包经营权或者将承包地交回发包方，也可以鼓励其流转土地经营权。承包期内，承包方交回承包地或者发包方依法收回承包地时，承包方对其在承包地上投入而提高土地生产能力的，有权获得相应的补偿。”

针对妇女等特殊群体的土地承包经营权保护，2002年通过的《农村土地承包法》第30条规定：“承包期内，妇女结婚，在新居住地未取得承包地的，发包方不得收回其原承包地；妇女离婚或者丧偶，仍在原居住地生活或者不在原居住地生活但在新居住地未取得承包地的，发包方不得收回其原承包地。”2018年12月修正后，这一规定调整为第31条，但内容未变。

规范目的或功能

发包方收回承包地会导致集体土地所有权与农民的土地承包经营权之间发生冲突，会最终导致农民的土地承包经营权消灭，而集体土地所有权恢复对农地的全面支配状态。因此，集体能否收回承包地也是集体土地所有权与农民的土地承包经营权关系的重要方面。本条规范的目的是保障农民的土地承包经营权，全面限制发包方收回承包地。由于土地承包经营权是对集体土地所有权进行全面限制的土地物权，集体土地所有权只能在受到土地承包经营权限制的范围内行使，因此，集体土地所有权人及其代行主体不能以其享有集体土地所有权为依据排斥农民个体的土地承包经营权。

规范内容

本条是非完全法条。本条规范的前半段规定“承包期内发包人不得收回承包地”。后半段是例外性规定“法律另有规定的，依照其规定”。虽然《农村土地承包法》第27条中有“发包方依法收回承包地”的表述，但是目前《民法典》和《农村土地承包法》的条文中并没有对发包方可以收回承包地的法定事由进行明确规定。相反，《农村土地承包法》还在相关法律条文中列举了发包方不得收回承包地的具体情形（如第31条）。

2002年的《农村土地承包法》第26条曾赋权发包方在特定条件下收回承包地，但2018年修正后，这一规定已经被修改。因此，本条后半段“法律另有规定的，依照其规定”，仍有待相关法律作出规定。

“承包期内发包人不得收回承包地”的规定属于法律的强制性规定，违反该项规定的行为无效。对此，2005年的《农村土地承包解释》第5条和《农村土地承包法》第58条作了规定。

发包方违反本条及《农村土地承包法》的规定收回承包地，需要按照《民法典》《农村土地承包法》承担相应的法律责任。在土地承包经营权人的承包地被收回时，土地承包经营权人享有要求返还承包地、赔偿损失等方面的请求权。2005年的《农村土地承包解释》第6条规定：“因发包方违法收回、调整承包地，或者因发包方收回承包方弃耕、撂荒的承包地产生的纠纷，按照下列情形，分别处理：（一）发包方未将承包地另行发包，承包方请求返还承包地的，应予支持；（二）发包方已将承包地另行发包给第三人，承包方以发包方和第三人为共同被告，请求确认其所签订的承包合同无效、返还承包地并赔偿损失的，应予支持。但属于承包方弃耕、撂荒情形的，对其赔偿损失的诉讼请求，不予支持。前款第（二）项所称的第三人，请求受益方补偿其在承包地上的合理投入的，应予支持。”《农村土地承包法》第56条规定：“任何组织和个人侵害土地承包经营权、土地经营权的，应当承担民事责任。”第57条规定，发包方违反《农村土地承包法》的规定收回、调整承包地，“应当承担停止侵害、排除妨碍、消除危险、返还财产、恢复原状、赔偿损失等民事责任”。

其他问题

现实中发生的集体强制性收回土地承包经营权的案例，主要有如下几种情形：

第一，集体通常会把果树、鱼塘或者林地等土地或者水面大规模地或者以较低的承包费承包给集体成员或者非集体成员使用。最初，这些土地与水面的收益较低，但是后来经过集体成员或者非集体成员的使用，收益有了很大的提高。集体成员或者村委会希望获得更多的土地承包费而收回土地承包经营权。在司法实践中，这种案例与纠纷曾经非常多见，法院最初一般通过要求继续履行合同的方式来对土地承包经营权人进行救济；在土地承包经营权的物权属性被司法实践部门普遍认可以后，法院一般会采取认可土地承包经营权人的物权请求权的方式，来排除集体对农民个人的土地承包经营权的干涉。目前随着土地承包经营权的物权属性被充分认识，这一类纠纷已经大为减少。

第二，发包方以承包人欠交承包款为由而终止承包合同，继而收回承包经营权。2006年以前，集体经济组织、村委会一般会将农业税、“三提五统”[①]等税费负担以及其他负担分摊到承包地之上，农民会因为农业经营收入较低，而出现欠缴承包费的现象。在这种情况下，有些集体经济组织、村委会、乡镇政府会强迫农民交纳承包费。若农民无法交纳承包费，集体经济组织、村委会、乡镇政府会强制收回承包地，将承包地交给有能力负担承包费的农民个体耕种。随着农业税、“三提五统”等税费负担的废除，农民抛荒土地现象减少，集体因农民无法交纳承包费而强制收回承包地导致的集体地权与农民地权的冲突也随之得到了解决。

第三，实践中还曾存在一种情况是集体以农民将承包地撂荒为由，而收

① “三提五统”中的“五统”属于公法的税费负担，而“三提”的性质相对比较复杂，但基本也是存在于农村土地上的负担。

回农民的承包地。在我国农地资源是一种稀缺性的资源，在这种情况下承包经营权人是否负有必须使用承包地的义务呢？历史地看，农地撂荒与农地上税费负担、农地的相对收益较低有关。受到天灾与市场条件等各种因素的影响，经常会出现农地产出不足以交纳税费负担，甚至不足以弥补农民对农业的基本投入的情况。在土地承包经营权成为农民的负财产的情况下，农民艰难而相对理性的选择是撂荒，甚至是彻底离开农村而外出谋生。集体为了保证农村的各项税费负担得到落实通常会将农民的承包地收回，而重新发包给其他人。《土地管理法》曾明确规定：禁止任何单位和个人闲置、荒芜耕地。承包经营耕地的单位或者个人连续二年弃耕抛荒的，原发包单位应当终止承包合同，收回发包的耕地。但，土地应当是农民的一项财产而不应当是农民的负担。土地承包经营权相当于所有权的属性与中国的现实情况决定了不能将撂荒作为消灭农民土地承包经营权的理由，对此国务院办公厅2004年发布的《关于妥善解决当前农村土地承包纠纷的紧急通知》第4条规定："任何组织和个人不能以欠缴税费和土地撂荒为由收回农户的承包地，已经收回的要立即纠正，予以退还。"这一规定无疑是正确的。2019年修正的《土地管理法》已经明确将原《土地管理法》的相关规定废除。"强制所有权人利用其财产，是对所有权人对物的使用与收益权能的损害，因为，不使用和不获得收益，也是对物进行使用和收益的方式。"①在防止农业用地撂荒方面，法国《农村农业法典》第125条及随后条文值得借鉴。"在这方面最能说明问题的是第125–1条。该条准许自然人或法人向行政部门申请批准其经营利用某块有可能用于农业、牧业开发的荒地或至少有3年时间利用不够的这类土地。如果一块土地的撂荒状态达到认定，该土地所有权人，以及在相应情况下，其经营权的持有人，将受到催告，他们应当将土地利用起来，如果仍然听任土地撂荒，农村租约对等法庭可以在一定条件下满足申请者的请求（《农村农业法典》第125–5条）。"②

---

① François Terré, Philippe Simler, Droit civil les biens, 8th Edition, dalloz, Paris, 2010, pp.297–298.

② ［法］弗朗索瓦·泰雷、菲利普·森勒尔：《法国财产法》，罗结珍译，中国法制出版社2008年版，第442页。

在农民税费负担消除之后，出现了很多因撂荒而被收回承包地的农民重新要求获得原承包地的诉讼。考虑到现实状况，可以将集体收回承包地再次承包的行为认定为一个设定物权性土地经营权或者农地租赁行为，这一行为不应当达到排斥原承包经营权人的效力，但是可以临时使用土地，达到最大限度发挥农地作用的目的。目前这一现象已经因农村税费负担的消除而基本消失。现在村委会一般通过一事一议的方式筹集公共建设的资金，而不再采取直接收取超额承包费的方式。当前在家庭承包经营中，农民已经不需要交纳承包费或者仅仅交纳非常少的承包费。这些承包费不是地租，大部分是集体土地所有权代行主体管理集体土地的必要费用或者是集体成员共同决定从集体土地上提取的交由代行主体代为保管、使用的土地收益。

第四，农民迁出该村庄，特别是迁入城镇甚至是迁到设区的市成为取得城镇户口的市民，集体收回农民的土地承包经营权。在农村土地承包经营的实践中，经常会出现集体因农民迁出该村庄而认为农民已经不是该集体的成员，而收回农民承包地的现象。在这里存在着一个集体成员资格的认定与土地承包经营权的保有问题，即一个因为各种原因离开一个特定的地域的人是否还是该集体的成员，是否还能够继续享有其土地承包经营权的问题。土地承包经营权是独立于集体土地所有权而存在的土地物权，正如公民对房屋的所有权不应当因为公民的迁徙而发生得丧变动一样，农民在地域上的移动与居所的变动也不应该成为强制消灭其财产权的理由。户籍是对公民迁徙与居住状况的记载，不能作为一个取消公民财产权的依据。在实践中，承包地被收回者通常是出嫁女、外出就学的学生、服兵役人员、外出打工者以及其他户籍发生变动或者因其他原因而离开该村落的人。笔者认为，对于上述人员已经取得的承包经营权应当依法进行保护，因上述原因而离开该村落的人只要没有转让自己的承包经营权就依然是承包经营权人，就仍然是该集体的成员。《农村土地承包法》第31条突出强调了保护妇女已经取得的承包经营权，有其现实意义，同样也应当适用于其他已经取得承包经营权的农村村民："承包期内，妇女结婚，在新居住地未取得承包地的，发包方不得收回其原承包地；妇女离婚或者丧偶，仍在原居住地生活或者不在原居住地生活但在新居住地未取得承包地的，发包方不得收回其原承包地。"但是该规定依然存在不足，没有对在新居住地已经取得承包经营权的结婚妇女、离婚或者丧偶妇女的原承包地经营权的保留问题作出明确说明，笔者认为，在这种情况下也不能收回承包地，而应由该妇女自由流转其承包经营权。

第五，承包方改变承包地的农业用途或者破坏承包地的地力的，发包方收回承包地而导致的集体地权与农民土地承包经营权之间的冲突。土地承包经营权所负有的社会义务以及公法对其的限制，使得承包经营权人负有维持承包地的农业用途并不得破坏承包地的义务，但是，这同样不足以构成发包方收回承包地的理由，其只是发包方依法追究承包方的民事赔偿责任以及国家土地管理部门及其他相关部门依法追究承包人的行政与刑事法律责任的依据。

第六，在承包期内，承包方全家迁入设区的市，转为非农业户口的，承包方不交回承包地，发包方收回承包的耕地和草地问题。2002年的《农村土地承包法》第26条的规定基本上符合物权法的基本原理，但是也存在一定的缺陷。其第26条第1款原则上规定“承包期内，发包方不得收回承包地”，第2款允许迁入小城镇落户的农民自由决定是否交回承包经营权，但是该条第3款却规定“承包期内，承包方全家迁入设区的市，转为非农业户口的，应当将承包的耕地和草地交回发包方。承包方不交回的，发包方可以收回承包的耕地和草地”，这实际上赋予了发包方一定的收回承包经营权的权利。对于法律何以这样规定，全国人大法律委员会关于《农村土地承包法（草案）》修改情况的汇报中指出：“对于全家进城落户的，它们已经不属于农村集体经济组织的成员，不宜再享有在农村作为农业生产生活基本保障的土地承包经营权，应当交回承包地，让留在农村的农民有较多的土地耕种，这样较为合理。”①该汇报说明两点因素是迁入设区的市的农民需交回承包地的最主要的原因：第一，迁入设区的市的农民失去集体经济组织成员的成员资格；第二，土地承包经营权是农业生产者的基本生活保障，而不是对市民的基本保障，让留在农村的农民有较多的土地，更加合理。笔者认为，上述理由并不能完全成立。首先，土地承包经

① 参见最高人民法院民事审判第一庭编著：《最高人民法院农村土地承包纠纷案件司法解释理解与适用》，人民法院出版社2005年版，第359页。

营权是对集体土地所有权进行全面限制的物权，它应当优先于集体土地所有权而实现利益，而不是集体土地所有权通过行使而使土地承包经营权消灭。其次，就集体成员资格而言，享有土地承包经营权就表明他是集体的成员，户籍的变动并不必然标志着成员资格的丧失。允许集体收回迁入市区农民的土地承包经营权的思维中带有通过户籍与社会保障双重因素来判断农民集体成员资格有无的考量。取得城镇的户籍与社会保障则丧失成员资格，这是以户籍与社会保障双重因素的考量来判断成员资格的取得。法律规定的农民迁入小城镇，集体不能收回承包经营权已经表明户籍不能完全作为判定成员资格存在标准。那么再加上社会保障因素是否就可以成为剥夺农民土地承包经营权的依据呢？向农民提供社会保障是政府应当承担的一项社会保障法领域内的义务，不应当是直接产生民法权利消灭后果的法律事实。再次，土地承包经营权对于农民个体而言，具有生产资料功能、生活保障功能以及财产权功能。发包方强制收回承包地实际上是允许集体强制性剥夺农民个体的承包经营权，因为承包方因提高土地生产能力而获得补偿显然无法与对土地承包经营权的补偿同日而语。土地承包经营权作为一项财产就意味着承包经营权人可以通过这一财产获得一定收益，不能以满足其他农民的生活保障功能为由而剥夺公民的财产。随着农村社会保障制度的建立，城市居民与农村居民在社会保障方面的巨大差距将会缩小，甚至会逐步消失，法律必须考虑这一趋势。土地的不动产特性使其必然会留在农村，迁入市区的农民只要流转承包地就可以达到既满足自己对资金的需求，又满足农村居民对土地需求的双重效果。最后，农村居民转为城市居民是中国城市化与现代化发展中的一个重要趋势，而农民进入城市后也会需要资金，保留农民的土地承包经营权并允许其依法流转，可以为其在城市中生活筹集必要的资金。迁入小城镇和迁入设区的市的农民在土地承包经营权保有方面存在完全对立的差异，这虽然是考虑到了当前社会保障与就业机会在小城镇与设区的市之间的差异，但并没有考虑到中国城乡之间的未来发展的变化与农民土地承包权利之间的平等。因此，这一规定既不符合物权法的基本法理，也不符合统筹城乡发展的要求，应当修改取消。

我国有2.7亿进城务工农民，其中离土离乡在外务工的农民工有1.68

亿。[1]针对进城务工农民工土地承包经营权的保护问题，2015年《中共中央关于制定国民经济和社会发展第十三个五年规划的建议》提出："维护进城落户农民土地承包权、宅基地使用权、集体收益分配权，支持引导其依法自愿有偿转让上述权益。"2018年修正的《农村土地承包法》对原第26条的规定进行了修改，发包方依据该条文原来拥有的收回承包地的权利已经被废止。其规定："承包期内，发包方不得收回承包地。国家保护进城农户的土地承包经营权。不得以退出土地承包经营权作为农户进城落户的条件。承包期内，承包农户进城落户的，引导支持其按照自愿有偿原则依法在本集体经济组织内转让土地承包经营权或者将承包地交回发包方，也可以鼓励其流转土地经营权。"

第三百三十八条【承包地的征收】

承包地被征收的，土地承包经营权人有权依据本法第二百四十三条的规定获得相应补偿。

历史由来

本条继承了《物权法》第132条的规定，只是对所依据的法律条文作了相应的改动。《物权法》第132条规定："承包地被征收的，土地承包经营权人有权依照本法第四十二条第二款的规定获得相应补偿。"《物权法》第42条第2款在总结以往征地补偿经验的基础上规定："征收集体所有的土地，应当依法足额支付土地补偿费、安置补助费、地上附着物和青苗的补偿费等费用，安置被征地农民的社会保障费用，保障被征地农民的生活，维护被征地农民的合法权益。"在《民法典》编纂过程中，本条的内容未作修改，只是根据具体情况对补偿的法律依据的法律条文编号作了改动，本条与《民法典（草案）》第338条的规定相同。

征收农村土地并给予一定补偿的制度，在我国由来已久。1950年《城市

---

① 参见全国人大农业与农村委员会法案室编著：《农村土地承包法律制度研究》，中国法制出版社2017年版，第15页。

郊区土地改革条例》就规定：国家为了市政建设及其他需要征用私人所有的农业土地时，须给予适当代价，或以相等之国有土地调换之。对于耕种该土地的农民亦应给与适当代价，或以相等之国有土地调换之。对于耕种该项土地农民亦应给与适当的安置，并对其在该项土地上的生产投资（如凿井、植树等）及其他损失，应予公平合理的补偿。该条例用“征用”这一术语来指称国家凭借公权力消灭自然人或者法人土地财产权并给予适当补偿的行为（即征收），为我国此后的土地征收立法所长期采行，直到2004年《宪法》和《土地管理法》的修改，我国才采取比较符合其基本内涵的术语——征收。1954年《宪法》第13条规定“国家为了公共利益的需要，可以依照法律规定的条件，对城乡土地和其他生产资料实行征购、征用或者收归国有”，正式以根本大法的形式承认了土地征收制度在我国的运行。1982年国务院颁布的《国家建设征用土地条例》规定，补偿包括土地补偿费、青苗补偿费和附着物补偿费、安置补偿费，同时规定了劳动力安置和农转非制度。1986年通过的《土地管理法》对我国土地征收和补偿制度作了更为全面的规定，该法1998年修改时相应提高了征地补偿标准，完善了征地补偿制度，但在征地补偿问题上的规定基本一致，要求征收集体土地时必须支付补偿费（土地补偿费）、安置补助费和青苗以及地上附着物的补偿费。2004年3月14日公布实施的《宪法修正案》首次明确区分了土地征收与土地征用的概念，其规定“国家为了公共利益的需要，可以依照法律规定对土地实行征收或者征用并给予补偿”。2004年修改的《土地管理法》延续1998年《土地管理法》相关的规定。我国《土地管理法》长期以来采取了一种以原有土地的用途为标准，以土地被征收前三年的平均产值为基准确定土地补偿费与安置补助费的土地补偿体系。2019年修正的《土地管理法》第2条第4款规定：“国家为了公共利益的需要，可以依法对土地实行征收或者征用并给予补偿。”第48条规定进一步对补偿方式等作了详细规定。

2002年的《农村土地承包法》第16条规定“承包地被依法征用、占用的，有权依法获得相应的补偿”。2005年的《农村土地承包解释》第22条对承包地被征收后的地上附着物和青苗的补偿问题进行了规定，即“承包地被依法征收，承包方请求发包方给付已经收到的地上附着物和青苗的补偿费的，应予支持。承包方已将土地承包经营权以转包、出租等方式流转给第三人的，除当事人另有约定外，青苗补偿费归实际投入人所有，地上附着物补偿费归附着物所有人所有”。但是，该解释第1条第3款规定“集体经济组织成员就用于分配的土地补偿费数额提起民事诉讼的，人民法院不予受理”。第23条规定：“承包地被依法征收，放弃统一安置的家庭承包方，请求发包方给付已经收到的安置补助费的，应予支持。”第24条规定：“农村集体经济组织或者村民委员会、村民小组，可以依照法律规定的民主议定程序，决定在本集体经济组织内部分配已经收到的土地补偿费。征地补偿安置方案确定时已经具有本集体经济组织成员资格的人，请求支付相应份额的，应予支持。但已报全国人大常委会、国务院备案的地方性法规、自治条例和单行条例、地方政府规章对土地补偿费在农村集体经济组织内部的分配办法另有规定的除外。”2012年修正的《农业法》第71条规定：“国家依法征收农民集体所有的土地，应当保护农民和农村集体经济组织的合法权益，依法给予农民和农村集体经济组织征地补偿，任何单位和个人不得截留、挪用征地补偿费用。”2013年修正的《草原法》第39条规定：因建设征收、征用集体所有的草原的，应当依照《土地管理法》的规定给予补偿；因建设使用国家所有的草原的，应当依照国务院有关规定对草原承包经营者给予补偿。因建设征收、征用或者使用草原的，应当交纳草原植被恢复费。草原植被恢复费专款专用，由草原行政主管部门按照规定用于恢复草原植被，任何单位和个人不得截留、挪用。草原植被恢复费的征收、使用和管理办法，由国务院价格主管部门和国务院财政部门会同国务院草原行政主管部门制定。2018年的《农村土地承包法》第17条再次规定“承包地被依法征收、征用、占用的，有权依法获得相应的补偿”。

规范目的或功能

土地征收是世界各国政府取得必要的建设用地与其他类型的土地权利的一个重要途径。从国家角度来看，土地征收是国家取得土地所有权或者其他土地权利的过程；从原土地权利人的角度来看，则是其土地所有权和其他土地权利消灭的过程。土地征收的实质是国家凭借公权力取得土地所有权或者其他土地物权，是国家公权力对私权利的强制剥夺。土地征收不需要原土地权利人转移土地权利的意思表示，不属于土地权利的继受取得，而是属于土地权利的原始取得，即土地征收属于非依法律行为发生的物权变动，不要求具备以法律行为引起的物权变动必备要件，包括享有处分权人的法律行为、物权变动的意思表示以及不动产登记。土地的征收是导致土地物权以及其他土地财产权消灭的行为，因此，土地征收补偿首先是对农民丧失的土地物权之补偿。目前在我国农村的农用土地上存在着集体土地所有权、土地承包经营权等基本的物权形态，因此，在我国如果要征收农业用地，就必须补偿集体土地所有权与土地承包经营权。与此同时，由于农村土地上存在着青苗、房屋等地上附着物，在征收导致农民或者其他主体不能再保有上述地上附着物时，必须给予上述地上附着物的所有权人一定的补偿，这样才符合公平正义原则。本条基于对农民的土地承包经营权进行保障的原则，规定了承包地被征收时，土地承包经营权人有获得相应补偿的请求权。

规范内容

本条规定了承包地被征收时，土地承包经营权人有权依据《民法典》第243条的规定获得相应补偿的请求权。按照本条和《民法典》第243条的规定，土地承包经营权人可以请求支付的费用涉及土地补偿费、安置补助费、地上附着物和青苗的补偿费用以及社会保障费用。对于可以请求的各项费用的确定与实现，2019年的《土地管理法》第48条有更加详细的规定：征收土地应当给予公平、合理的补偿，保障被征地农民原有生活水平不降低、长远生计有保障。征收土地应当依法及时足额支付土地补偿费、安置补助费以及农村村民住宅、其他地上附着物和青苗等的补偿费用，并安排被征地农民的社会保障费用。征收农用地的土地补偿费、安置补助费标准由省、自治区、直辖市通过制定公布区片综合地价确定。制定区片综合地价应当综合考虑土地原用途、土地资源条件、土地产值、土地区位、土地供求关系、人口以及经济社会发展水平等因素，并至少每三年调整或者重新公布一次。征收农用地以外的其他土地、地上附着物和青苗等的补偿标准，由省、自治区、直辖市制定。对其中的农村村民住宅，应当按照先补偿后搬迁、居住条件有改善的原则，尊重农村村民意愿，采取重新安排宅基地建房、提供安置房或者货币补偿等方式给予公平、合理的补偿，并对因征收造成的搬迁、临时安置等费用予以补偿，保障农村村民居住的权利和合法的住房财产权益。县级以上地方人民政府应当将被征地农民纳入相应的养老等社会保障体系。被征地农民的社会保障费用主要用于符合条件的被征地农民的养老保险等社会保险缴费补贴。被征地农民社会保障费用的筹集、管理和使用办法，由省、自治区、直辖市制定。不过，本条规定的土地承包经营权之补偿请求权的实现还有待于《土地管理法实施条例》修订的完成与落实。

地上附着物与青苗补偿费是对地上附着物与青苗的补偿，应当支付给其所有权人自无疑问。关于地上附着物及青苗补偿费的归属，由于《土地管理法实施条例》第26条规定“地上附着物及青苗补偿费归地上附着物及青苗的所有者所有”，所以在现实生活中以及司法实践中并没有造成太多的问题与纠纷。2005年的《农村土地承包解释》第22条也明确规定，承包地被依法征收，承包方请求发包方给付已经收到的地上附着物和青苗的补偿费的，应予支持。承包方已将土地承包经营权以转包、出租等方式流转给第三人的，除当事人另有约定外，青苗补偿费归实际投入人所有，地上附着物补偿费归附着物所有人所有。

《民法典》物权编在这里虽然规定了征地时必须对土地承包经营权进行补偿，但是如何实现仍需要《土地管理法实施条例》等法规的配合。在同时需要对集体土地所有权以及土地承包经营权等物权进行补偿时，就存在如何补偿以及优先补偿哪一权利的问题。但是，由于《土地管理法实施条例》第26条规定“土地补偿费归农民集体经济组织所有”，土地补偿费被认为是对集体土地所有权的补偿，被支付给集体经济组织，造成了实践中土地承包经营权人往往难以获得补偿的局面。通过家庭方式取得土地承包经营权，集体土地所有权已经通过划分地块的方式基本量化到土地承包经营权之中，土地承包经营权人除可以在30年或者更长的承包期内使用该块土地外，也可以通过继续承包的方式几乎永久地使用该块土地，因此，此时征地补偿必须以补偿土地承包经营权人为主。“如果补偿给集体，个人得不到补偿，土地承包经营权就会落空，而这与改革的初衷——解放农民不一致，也与土地承包经营权的制度设计不一致”[①]。在土地补偿费是对集体土地所有权与土地承包经营权进行补偿的情况下，至少应当将土地补偿费的70%直接支付给农民个体以补偿农民土地承包经营权的损失；而支付给集体的土地补偿费不应当超过30%。在土地补偿费用的具体支付上，这些土地补偿费至少要弥补土地承包经营权人在该次承包中的损失。把针对土地承包经营权的补偿费直接支付给土地承包经营权人，可以防止集体经济组织、村委会或者其他人员通过各种途径侵吞土地补偿费或者挪用土地补偿费。

那么，安置补助费是否是对农民土地承包经营权的补偿呢？从《土地管理法实施条例》第26条第2款[②]的规定来看，安置补助费显然也不是对农民的土地承包经营权的补偿，但带有对农民的土地承包经营权进行补偿的性质。由于农村土地承包经营权是广大农民进行农业生产的基础性权利，对于农民具有实现就业的功能，因此，安置补助费主要是用来解决农民失去土地后相伴而生的失业问题。由于安置补助费是替代实现土地承包经营权的就业功能（自我保障功能）的一种手段，因此，安置补助费具有对承包经营权进行补偿的性质。传统上，这一费用是首先支付给安置农民的集体经济组织的，只有在农民不需要安置时，才支付给失地农民。《农村土地承包解释》第23条规定：“承包地被依法征收，放弃统一安置的家庭承包方，请求发包方给付已经收到的安置补助费的，应予支持。”安置补助费虽然带有对农民的土地承包经营权的就业功能进行补偿的性质，但并不是对土地承包经营权财产权功能的补偿。土地承包经营权财产权功能的补偿应当包含在土地补偿款之中，因此，土地补偿款应当明确界定为对农民的土地承包经营权、集体土地所有权等物权的补偿，而安置补助费也应当尽量还原为社会保障性质的费用。在《民法典》物权编将土地补偿款与安置补

---

① 孙宪忠：《中国农村土地权利制度研究》，载《争议与思考——物权立法笔记》，中国人民大学出版社2006年版，第524页。

② 《土地管理法实施条例》第26条第2款规定：“征收土地的安置补助费必须专款专用，不得挪作他用。需要安置的人员由农村集体经济组织安置的，安置补助费支付给农村集体经济组织，由农村集体组织管理和使用；由其他单位安置的，安置补助费支付给安置单位；不需要统一安置的，安置补助费发放给被安置人员个人或者征得被安置人员同意后用于支付安置人员的保险费用。”

助费、其他社会保障费用单列以后，必须避免在征地补偿实践中可能出现的通过扣减农民的土地补偿款来实现对农民的安置补助、社会保障的做法。为农民提供安置补助与社会保障是政府应当承担的社会责任，不应当以此为由让农民承担财产损失。

在土地承包经营权补偿费用的支付方面，由于土地补偿费是对土地财产价值的补偿，因此土地补偿费必须直接支付给权利人，对土地承包经营权的补偿必须直接支付给农民个人，而不能支付给村集体经济组织或者村委会；对于集体土地所有权的补偿，也只能归集体土地所有权人所有，即农民集体的全体成员所有，而不是归集体经济组织或者村民委员会所有。土地补偿款必须由集体经济组织的全体成员来决定如何使用和分配。集体经济组织或者村委会仅仅是集体土地所有权的代行主体，而不是真正的主体，因此他们无权取得土地补偿款的所有权。他们只能够代为管理土地补偿款，并按照集体成员的集体决定经营运作或者分配所有权补偿款。《土地管理法实施条例》第26条规定“土地补偿费归农村集体经济组织所有”，忽略了征地过程中对农民个人的土地承包经营权等物权的补偿，应尽快修订与完善。

第三百三十九条【土地经营权的流转】

土地承包经营权人可以自主决定依法采取出租、入股或者其他方式向他人流转土地经营权。

历史由来

本条实际上是依据2018年12月修正的《农村土地承包法》第36条对《物权法》第128条进行修改的结果，也可以说吸收了新《农村土地承包法》第36条的规定。《物权法》第128条规定：“土地承包经营权人依照农村土地承包法的规定，有权将土地承包经营权采取转包、互换、转让等方式流转。流转的期限不得超过承包期的剩余期限。未经依法批准，不得将承包地用于非农建设。”鉴于如何将承包地“三权分置”政策转化为法律一时难以作出决定，《民法典物权编（草案）》（征求意见稿）对“三权分置”问题所涉法律规则，未作出规定。《民法典各分编（草案）》第129条作出了由家庭承包方式产生的土地承包经营权可以出让土地经营权的规定。《民法典物权编（草案）》（二审稿）吸收新《农村土地承包法》第36条关于土地经营权的规定，在第134条之一规定：“土地承包经营权人可以自主决定依法采取出租、入股或者其他方式向他人流转土地经营权。”《民法典（草案）》第339条接受了《民法典物权编（草案）》（二审稿）的规定。

本条由土地承包经营权通过出租、入股及其他方式流转土地承包经营权的规范演变而来。1995年《国务院批转农业部关于稳定和完善土地承包关系意见的通知》就明确提出“建立土地承包经营权流转机制”，“在坚持土地集体所有和不改变土地农业用途的前提下，经发包方同意，允许承包方在承包期内，对承包标的依法转包、转让、互换、入股，其合法权益受法律保护，严禁擅自将耕地转为非耕地”。2002年通过的《农村土地承包法》第37条第1款规定：“土地承包经营权采取转包、出租、互换、转让或者其他方式流转，当事人双方应当签订书面合同。采取转让方式流转的，应当经发包方同意；采取转包、出租、互换或者其他方式流转的，应当报发包方备案。”第42条对土地承包经营权的入股进行了规定：“承包方之间为发展农业经济，可以自愿联合将土地承包经营权入股，从事农业合作生产。”2005年《农村土地承包经营权流转管理办法》第15条规定：“承包方依法取得的农村土地承包经营权可以采取转包、出租、互换、转让或者其他符合有关法律和国家政策规定的方式流转。”2005年的《农村土地承包解释》第21条规定：“承包方未依法登记取得土地承包经营权证等证书，即以转让、出租、入股、抵押等方式流转土地承包经营权，发包方请求确认该流转无效的，应予支持。但非因承包方原因未登记取得土地承包经营权证等证书的除外。承包方流转土地承包经营权，除法律或者本解释有特殊规定外，按照有关家庭承包土地承包经营权流转的规定处理。”2015年《农业部、中央农办、国土资源部、国家工商总局关于加强对工商资本租赁农地监管和风险防范的意见》进一步完善了农村土地承包经营权租赁法律制度。2018年12月修正的《农村土地承包法》第36条规定：“承包方可以自主决定依法采取出租（转包）、入股或者其他方式向他人流转土地经营权，并向发包方备案。”

规范目的或功能

《民法典》第331条规定了土地承包经营权人的基本权利，即“土地承包经营权人依法对其承包经营的耕地、林地、草地等享有占有、使用和收益的权利，有权从事种植业、林业、畜牧业等农业生产”。第334条补充规定了土地承包经营权人享有的互换、转让土地承包经营权的权利。第338条继续补充规定了土地承包经营权人在承包地被征收时，依法可以获得相应补偿的权利。本条的立法目的是总结我国长期以来农村土地承包经营权流转的运行及立法规制经验，继续补充规定土地承包经营权人通过出租、入股或者其他方式向他人流转土地经营权的权利。

规范内容

本条明确规定了土地承包经营权人享有自主决定通过出租、入股或者其他方式向他人流转土地经营权的权利。

“流转”是一个来自生活而后被法律采用的术语，它包含了一系列法律性质与法律效果各异的由法律行为所引起的法律关系。传统上，农村土地承包经营权流转是指农村土地承包经营权人依法处分自己的农村土地承包经营权或者在农村土地上设定物权性负担、债权性负担或者其他相关权利的行为，农村土地承包经营权的流转包括农村土地承包经营权的转让、转包、抵押、出租、入股等。《农村土地承包法》将“流转”界定为转让、互换以外的出租、入股等流转土地经营权的行为。

一、出　租

出租是产生租赁关系的土地承包经营权流转方式。2005年《农村土地承包经营权流转管理办法》对此解释道：“出租是指承包方将部分或全部土地承包经营权以一定期限租赁给他人从事农业生产经营。出租后原土地承包关系不变，原承包方继续履行原土地承包合同规定的权利和义务。承租方按出租时约定的条件对承包方负责。”“租赁契约为一种债法上的负担行为

（Verpflichtungsgeschäft），即债权行为，当事人因此行为而负有提供用益或支付租金等义务”[①]。因此，按照罗马法以来的大陆法系民法传统，农地租赁权通常作为一种继续性债务关系被置于债权法的体系之中。在农地租赁关系中，承租人负有向出租人支付租金的主给付义务，而出租人负有转移农地之占有并保障农地适于耕种的主给付义务。因此，土地承包经营权出租是一种产生租赁关系的行为，出租人与承租人因土地承包经营权出租合同而产生债权债务关系。租赁契约的有效存在与承租人对土地的实际占有为承租人支配土地的权利依据与事实基础。“相对权权利人所拥有的直接占有，会导致相对权权利人地位的增强，从而在某些方面赋予他‘物权性’、‘绝对性的’权利人之权能。”[②]“关于土地使用租赁权——尽管其体系地位处于相对权核心之债法中，有人认为它至少是类似于物权性的权利，是不足为奇的。”[③]承租人占有承租土地的占有关系之长期存在进一步强化了承租人对承租地的权利，使承租人近乎享有一种基于债权关系而产生的对物的支配效力，但这并不能改变土地租赁法律关系依然是债之法律关系的基本属性。出租承包经营权合同除需遵守农村土地承包经营权流转的原则外，还可以由出租人与承租人自由协商确定。由于出租对应规范的租赁契约形态，出租这一流转方式在实践中获得普遍认同，相关纠纷也较容易按照租赁合同约定来解决。出租是目前农村中土地承包经营权流转的重要方式之一。

二、入　股

土地承包经营权入股是土地承包经营权流转的另一重要方式。2005年颁布的《农村土地承包经营权流转管理办法》第35条第4款规定：“入股是指实行家庭承包方式的承包方之间为发展农业经济，将土地承包经营权作为股权，自愿联合从事农业合作生产经营；其他承包方式的承包方将土地承包经营权量化为股权，入股组成股份公司或者合作社等，从事农业生产经营。”鉴于农村土地承包经营权入股的复杂性，《农村土地承包法》与《农村土地承包

---

① 黄立主编：《民法债权编各论》，中国政法大学出版社2002年版，第193页。

② ［德］鲍尔·施蒂尔纳：《德国物权法》（上），张双根译，法律出版社2004年版，第13页。

③ ［德］鲍尔·施蒂尔纳：《德国物权法》（上），张双根译，法律出版社2004年版，第13页。

经营权流转管理办法》都未对农村土地承包经营权入股进行明确的概念界定，而仅仅对农村土地承包经营权入股做了描述性说明。实际上，农村土地承包经营权入股是农民将一定的土地权利移转给合作社或公司等农业经营主体，获得相应股权，并以股权为依据参与合作社或者公司的管理与经营，获得相应股利的法律行为。实践中，农村土地承包经营权入股的形式主要是农民以土地承包经营权入股公司或者合作社。农村土地承包经营权入股公司主要发生在我国重庆及四川成都等地区，而土地承包经营权入股合作社则在全国各地普遍存在。十八届三中全会通过的《中共中央关于全面深化改革若干重大问题的决定》明确指出“允许农民以承包经营权入股发展农业产业化经营”；2015年中央一号文件再次强调“引导农民以土地经营权入股合作社和龙头企业。鼓励工商资本发展适合企业化经营的现代种养业、农产品加工流通和农业社会化服务”，农村土地承包经营权入股的实践在政策的推动与指引下继续向前发展。

在农村土地承包经营权入股过程中，存在着在农村土地承包经营权的基础上设定物权性土地经营权的现实状况。从目前全国各地的实践来看，在土地承包经营权入股的过程中，农民通常会将一定的土地权利转移给入股后成立的公司或者合作社，而公司或者合作社则以该土地权利为基础实现对农地的利用。农村土地承包经营权入股中的一个关键问题是，公司或者合作社取得一种什么性质及状态的土地权利？对此，农地学者丁关良、李军指出农村土地承包经营权入股是权利人“在保留物权性质的土地承包经营权基础上，以农村承包地使用权（这里指家庭承包的土地承包经营权中的一部分权利，而不是全部权利）折价入股”[①]。

实践的观察显示，土地承包经营权入股后，公司或者合作社将会获得一种不同于租赁的物权性土地权利。第一，土地承包经营权租赁的最长权利期限为20年，而入股后成立的公司或者合作社取得新土地权利的期限会超过20年。第二，从社会认知的角度，普遍认为，入股后公司或者合作社取得的土地权利是一种“土地使用权”，入股后的公司或者合作社还可以对该种“土地

---

① 丁关良、李军：《农村土地承包经营权流转的运行机理和操作规程研究》，载《华中农业大学学报》（社会科学版）2004年第2期。

使用权”进行时间分割并将分割后的“土地使用权”用于抵押。例如，在山东枣庄市某庄土地合作社抵押贷款案例中，枣庄市政府为某庄土地合作社颁发了“农村土地使用权证”，并允许其将一段时间的土地使用权抵押。显然，在当事人及地方政府的观念中，合作社获得的土地权利是一种新的物权性不动产性权利，而非租赁债权，因为租赁债权是无法抵押的。第三，从公司或者合作社对入股土地的支配、利用力度来看，入股后公司或者合作社取得的土地权利也超过租赁债权的范畴。例如，入股后新成立的公司与土地合作社往往会对入股后的土地进行大规模的整理和利用，这种整理超过了租赁权可以进行的范畴。第四，从公司与合作社享有法人财产权的法理来看，农民入股合作社也应当是物权性土地权利转移。按照《公司法》与《农民专业合作社法》的相关规定，公司与农民专业合作社均为法人。法人应当对入股后移转给该公司或者合作社的财产享有独立的财产权或者所有权，并可以此为基础独立承担相应的法律责任。①据此，农民以土地承包经营权入股合作社或者公司时，应当向合作社或者公司移转相应的土地权利，并且该土地权利应当能够作为合作社或者公司的责任财产，以此实现公司与合作社股权人与债权人之间的利益平衡。第五，从土地承包经营权入股后，农民可以随时退出合作社的实践来看，入股后的合作社获得的土地使用权实质上是一种附解除条件的土地使用权。按照《农民专业合作社法》的规定，农民可以自愿退出农民专业合作社；在农民土地合作社运转中也约定有农民自愿退出的条款。这种规定与条款说明入股合作社时合作社获得的土地权利是附有解除条件的。2005年《农村土地承包经营权流转管理办法》规定“股份合作解散时入股土地应当退回原承包农户”，说明该种土地使用权因解除条件成就而消灭是法律法规基本导向。第六，对于通过其他方式取得的土地承包经营权的入股，《物权法》曾明确将其定位为一种带有物权变动属性的土地承包经营权流转方式，因此，对于通过家庭承包方式获得的土地承包经营权的入股，应继续沿着

① 我国《公司法》第3条第1款规定，“公司是企业法人，有独立的法人财产，享有法人财产权。公司以其全部财产对公司的债务承担责任”；《农民专业合作社法》第5条第2款规定，“农民专业合作社对由成员出资、公积金、国家财政直接补助、他人捐赠以及合法取得的其他资产所形成的财产，享有占有、使用和处分的权利，并以上述财产对债务承担责任”。

《物权法》确定的思路，将其定位为一种物权变动或者物权性负担设定并变动的流转方式。《物权法》第133条在列举通过其他方式获得农村土地承包经营权的流转方式时将入股与转让、抵押并列，而没有列举租赁这种典型的债权性流转方式。这说明立法者认为入股与转让、抵押一样具有物权变动或者创设物权性负担的法律性质。《物权法》第128条列举了土地承包经营权人有权采取转包、互换、转让这些导致物权变动或者物权负担设定属性的流转方式，并未在其中列举“入股”。但是，从法律类比推理的角度分析，通过家庭经营权入股应与通过其他方式取得的土地承包经营权入股具有导致物权变动或者物权负担设定的同一法律性质。[①]因此，笔者认为从农民入股公司或者合作社时双方的意思内容来看，入股的土地权利应当已经超出了土地租赁的范畴，土地承包经营权入股实质上是新物权性土地权利设定并移转的过程，而且该种土地使用权通常附有解除条件。将土地承包经营权入股解读为物权性的土地权利设立及移转，可以在实现土地经营权从土地承包经营权中有效分离的基础上，达到既满足入股后农业经营主体享有土地经营权的现实需要，又保障农民不失去承包地及其相关利益的实际效果。

三、其他方式

本条未对其他方式进行明确界定。从《农村土地承包法》来看，土地经营权的流转还涉及代耕和土地经营权融资担保。此外，实践中较为常见的方式有托管、信托等。

1.代耕与托管

《农村土地承包法》第40条第3款规定：“承包方将土地交由他人代耕不超过一年的，可以不签订书面合同。”该条规定虽主要针对代耕的形式，但也明显表现出了将代耕作为土地经营权流转方式的意图。“所谓代耕，是

---

① 《农村土地承包法》（草案）曾经统一规定通过家庭承包方式取得土地承包经营权与通过其他方式取得承包经营权均可以入股，只是考虑到公司破产可能会导致农户失去承包经营土地，最终法律委员会建议不规定通过家庭承包方式获得土地承包经营权入股。参见顾昂然：《全国人大法律委员会关于〈关于中华人民共和国农村土地承包法（草案）〉修改情况的汇报》，http://www.npc.gov.cn/wxzl/gongbao/2002-10/18/content_5300883.htm，最后访问日期2016年10月10日。

指承包人在不改变与集体的承包关系的情况下，以支付一定对价为条件，委托他人或经济组织在其承包地上进行耕种的行为。”[①]在代耕关系中，土地承包经营权仍由承包方享有，土地承包经营权并不发生移转，受托人以承包方的名义在承包地上进行耕种，代耕实质上是一种创设债权债务关系的普通债权行为。在代耕法律关系中代耕人以代耕合同为基础，享有基于债权与占有事实而产生较租赁关系更为短暂的对农地的支配性权利。代耕通常发生在家族内部或亲朋好友之间，初衷在于相互帮助或照顾，是一种非市场化的流转方式。

代耕形式在实践中的进一步发展导致了带有一定代耕特征的“托管”流转方式出现。“托管”流转模式在实践中具体的做法是由农户组建的农业生产合作社（或称土地合作社）为无暇或无力耕种土地的农户代为管理和耕种土地，由被代耕的农户向合作社缴纳一定的管理及生产费用。托管农地的合作社可以对委托其代耕的农地进行统一的规划、统一的管理和规模化经营，这表明“托管”模式下的代耕与农户之间自发的代耕并不完全相同。[②]

2.融资担保

虽然《物权法》等法律原则上禁止抵押通过家庭承包方式获得的耕地的土地承包经营权，但是全国各地均在普遍开展涉及农村土地承包经营权抵押贷款的试点。例如，在山东枣庄市某庄土地合作社抵押贷款案例中，枣庄市政府为某庄土地合作社颁发了“农村土地使用权证”，并允许其将一段时间的土地使用权抵押。陕西杨凌示范区在2010年出台了《杨凌示范区农村土地经营权抵押融资管理办法（试行）》，明确将农地权利抵押的客体界定为“农村土地经营权”。该《办法》第2条规定：“本办法所称农村土地经营权抵押融资是指借款人在不改变土地所有权性质、不移转农村土地占有和农业用途的前提下，将土地经营权作为抵押担保向金融机构申请贷款的行为。当借款人到期不履行债务时，抵押权人有权依法处置该农村土地经营权（含地上设施），并用处置所得价款优先受偿。”《杨凌示范区农村

① 孟勤国等：《中国农村土地转让问题研究》，法律出版社2009年版，第80页。

② 李军波：《农村土地承包经营权流转的现状、分析及其法律思考》，载《河北法学》2009年第8期。

土地经营权抵押融资管理办法（试行）》规定抵押人主要是农户和涉农企业或农业经济合作组织，杨凌区农村土地经营权抵押的一个典型特点是要求申请抵押的涉农企业或农业经济合作组织需要获得《农村土地经营权证》，《农村土地经营权证》的存在说明政府及相关当事人对土地经营权具有明显的物权性定位认识。

长期以来，我国学界存在着是否允许耕地承包经营权抵押的争论，国家最终允许在政策与法律上逐渐探索土地承包经营权抵押的实践模式并进而实现立法规范。从十七届三中全会要“扩大农村有效担保物范围”，到十八届三中全会决定“赋予农民对承包地占有、使用、收益、流转及承包经营权抵押、担保权能”，再到2014年中央一号文件“允许承包土地的经营权向金融机构抵押融资”，农地权利抵押的对象农村土地的“经营权”获得政策上的明确认同。2015年以后，全国在各试点地区暂停了相关法律，开始了新一轮农村土地经营权的抵押贷款试点。《国务院关于开展农村承包土地的经营权和农民住房财产权抵押贷款试点的指导意见》指出农村农业用地抵押试点的对象之一是“农村承包土地（指耕地）的经营权”。[①]其在试点任务中规定“鼓励金融机构在农村承包土地的经营权剩余使用期限内发放中长期贷款，有效增加农业生产的中长期信贷投入”，带有明显的对土地承包经营权进行时间性分割形成物权性土地经营权的倾向。2016年3月15日，中国人民银行、银监会、保监会、财政部、农业部联合发布的《农村承包土地的经营权抵押贷款试点暂行办法》，在名称中直接使用了“土地的经营权抵押”。可见，新一轮农地权利抵押贷款的客体是承包土地的“经营权”。抵押权的客体通常应当是不动产或者不动产物权而不应当是不动产债权的一般法律常识说明，农地权利抵押中对象“经营权”只能是物权性土地经营权。

2018年的《农村土地承包法》第47条规定：“承包方可以用承包地的土地经营权向金融机构融资担保，并向发包方备案。受让方通过流转取得

---

① 《国务院关于开展农村承包土地的经营权和农民住房财产权抵押贷款试点的指导意见》基本原则部分规定的“流转土地的经营权抵押需经承包农户同意，抵押仅限于流转期内的收益”，虽然混淆了土地经营权的抵押与农村土地流转收益债权的质押，但是已经明确说明了农地抵押客体是“流转土地的经营权”。

的土地经营权，经承包方书面同意并向发包方备案，可以向金融机构融资担保。担保物权自融资担保合同生效时设立。当事人可以向登记机构申请登记；未经登记，不得对抗善意第三人。实现担保物权时，担保物权人有权就土地经营权优先受偿。土地经营权融资担保办法由国务院有关部门规定。”由于《农村土地承包法》未对土地经营权的法律性质进行明确界定，法律允许存在以租赁权为主的债权性土地经营权与物权性土地经营权，因此，该法第47条采用了融资担保这一上位概念。在融资担保这一流转方式之下，应当包括物权性土地经营权抵押与债权性土地经营权质押两种制度，并以前者为主。

3.信托

土地信托在浙江绍兴县、贵州龙安县、广州高州市、河南安阳市、湖南浏阳市等市地广泛存在。[①]土地信托在提升农民的组织性、维权意识、抗风险能力，促进农地规模经营实现及增加农民收益方面具有突出作用。有学者归纳土地承包经营权的信托模式，主要有出现较早但带有政府主导色彩的“绍兴模式”、湖南益阳的“草尾模式”、福建的“沙县模式”等，以及出现较晚主要基于商业信托公司主导设计的商业信托化产品而形成的“中粮信托模式”“中信信托模式”“北京信托模式”等。[②]另外，在重庆市、成都市土地承包经营权入股公司的过程中，也存在农民为了满足有限责任公司设定的人数要求，将土地承包经营权信托到一名农民名下，而由该获得信托土地权利的农民出名成为公司股东的现实状况。总结土地承包经营权信托实施的现实过程，土地承包经营权的信托可以分为土地承包经营权的直接信托与金融信托公司所参与的土地承包经营权信托两大类。

在土地承包经营权直接信托的过程中，农民（委托人）将土地承包经营权作为信托财产委托给土地信托机构（受托人），由信托机构享有名义上的土地承包经营权并以此为基础将零散、小块土地集中起来出租给农业公司或者

① 刘志仁：《农村土地流转中的信托机制研究》，湖南人民出版社2008年版，第156—163页。

② 刘云：《农村土地信托的发展困境与出路》，载《中国不动产法研究》（第11卷），法律出版社2015年版。

种田能手，将租金付给农户，实现农村土地的规模利用。该运作形态的核心问题是受托人与原承包经营权人各应享有什么土地权利。我国《信托法》第2条规定委托人可以“将其财产权委托给受托人”。因此，在土地承包经营权信托中，委托人实际上是将“土地承包经营权”这一财产权委托给了受托人。传统信托法律关系中的双层所有权构造，在土地承包经营权直接信托中表现为双层土地承包经营权构造，即受托人取得名义上的土地承包经营权，委托人保有实质意义上的土地承包经营权，受托人将名义上的土地承包经营权再次流转给从事农业经营的主体，实现农地的适度规模经营及集约利用，并在保证自己的信托服务报酬的情况下将流转收益的绝大部分按照约定支付给受益人。在信托期间，“信托公司对信托土地拥有管理、运营、处分等多项权能，而且土地承包经营权移转须经过登记机关登记，信托公司是名义上的信托土地承包人”[①]。委托期限届满，受托人名义上的土地承包经营权消灭，委托人的承包经营权回归到信托设立前的圆满状态。

农村土地承包经营权直接信托的过程表明，可以通过物权性土地经营权的创设实现对土地承包经营权信托的有限替代。土地承包经营权信托机制运行的结果是使受托机构享有一个独立的物权性土地经营权。因此，用物权性土地经营权制度的设定与流转来代替土地承包经营权直接信托符合土地承包经营权信托本质。第一，从法律性质上看，农地信托与土地经营权一样属于土地承包经营权物权性流转，具有相同的法律属性。“农地信托流转中涉及的是土地承包经营权从委托人移转至受托人，在性质上属于物权性流转，也就是说，农地信托流转中委托人应当将土地承包经营权移转给受托人。”[②]第二，物权性土地经营权与信托财产权一样都表现出了相对于原土地承包经营权的独立性，而物权性土地经营权作为用益物权将表现出更强的独立性。信托制度构造的核心表现为信托财产的独立性，即“信托一旦有效设立，信托财产即从信托人、受托人、受益人的自由财产中分离出来，而成为一项独立运作

---

① 梁燕：《农村土地信托流转模式研究》，载《中国不动产法研究》（第11卷），法律出版社2015年版。

② 高圣平：《农地信托流转的法律构造》，载《法商研究》2014年第2期。

的财产”[①]。物权性土地经营权设定后，作为独立的用益物权存在于农村土地之上，独立于集体土地所有权与土地承包经营权而发挥作用。第三，物权性土地经营权内容的法定性可以达到清晰界定农业经营主体土地权利并保障其权利实现的效果。物权性土地经营权人可以享有独立于原承包经营权人的占有、使用、收益及流转的权利，该状态与信托关系相类似，并会因物权法定等物权法技术的塑造而更加明确。第四，用物权性土地经营权制度的设定与流转来代替土地承包经营权直接信托可以解决农地信托中面临的信托主体资格问题。在农村土地承包经营权直接信托模式中，土地承包经营权信托机构一般不具备从事信托业的主体资格，物权性土地经营权享有主体不要求必须拥有信托主体资格，更能符合开展农村土地承包经营权直接信托的实际状况。2007年颁布的《信托公司管理办法》第7条明确规定：“设立信托公司，应当经中国银行业监督管理委员会批准，并领取金融许可证。未经中国银行业监督管理委员会批准，任何单位和个人不得经营信托业务，任何经营单位不得在其名称中使用‘信托公司’字样。法律法规另有规定的除外。”而绍兴等地从事土地承包经营权信托的主体并不具备从事信托业的主体资格，实质上更像一种流转土地权利的中介机构。

在金融信托公司参与的土地承包经营权信托中，信托的过程通常是通过“二次代理”模式或者合作社模式的复杂操作来实现的。例如，中信信托二次代理过程是：“第一次代理是村集体成员根据自己的意愿，将土地承包经营权委托给村委会或者与政府有关系的某个公共组织，第二次代理是信托代理，村委会或公共组织将集合的土地信托给信托公司。”[②]除经过“二次代理”形成的土地承包经营权信托外，中信信托所参与的宿州农村土地信托项目还包括受托人发行的B类收益权、T类收益权募集的信托资金。北京国际信托公司与无锡市桃源村合作开发的“无锡桃源村项目”信托采取了著名的“双合作社”设计：“当地233户村民协商成立土地股份合作社，以自家土地入股合作社并确定入股价格，合作社自行建设基础设施并作为

---

① 刘志仁：《农村土地流转中的信托机制研究》，湖南人民出版社2008年版，第126页。

② 梁燕：《农村土地信托流转模式研究》，载《中国不动产法研究》（第11卷），法律出版社2015年版。

委托人与北京信托公司设立财产权信托。同时，村里的种桃能手成立‘水蜜桃专业合作社’，北京信托将土地出租给‘专业合作社’使用并收取租金。”[①] “无锡桃源村项目”信托过程显示，在该过程中信托的财产权益是农民入股后形成的一个新的土地财产权益，该新土地财产权益应当就是物权性土地经营权，该物权性土地经营权被信托给北京国际信托公司后，又再次进行了出租。

总之，笔者认为，物权性土地经营权具有对简单的信托法律关系进行大陆法系法律技术替代与改造的作用，并具有对复杂信托法律关系进行完善的制度功能。对于直接的土地承包经营权信托，物权性土地经营权的设定与流转可以起到一定的功能替代作用，农民在自己的土地承包经营权上设定物权性土地经营权并将之流转给所谓的信托机构，信托机构再次将土地经营权流转给以实现规模化农业经营为目的的机构就可以达到土地承包经营权直接信托的效果。对于商业性信托机构参与土地承包经营权信托，由于农民通常是先将分割出来的土地权利转移给合作社或者其他组织，合作社或者其他组织再以其土地权利为基础作为委托人进行信托，因此，该类信托的本质是物权性土地经营权的设定与信托。信托的过程表现出了设立物权性土地经营权以完善农地信托法律制度的必要。

本条将土地承包经营权人通过出租、入股及其他方式流转的土地权利界定为土地经营权，即流转的权利对象为土地经营权。那么，这就出现了土地经营权是债权还是物权的问题。从本条的规定来看，因为租赁是典型的合同债权法律制度，所以通过出租方式流转的土地经营权应当是债权，只是该种债权的效力因为土地经营权人对承包地的占有而获得进一步强化。因租赁而产生的债权性土地经营权可以适用《民法典》合同编第二分编第十四章“租赁合同”的相关规定。因入股、信托方式而流转的土地经营权，界定为物权性土地经营权更为合适。因此，可以认为我国法律同时规定了债权性的土地经营权与物权性的土地经营权。

---

① 梁燕：《农村土地信托流转模式研究》，载《中国不动产法研究》（第11卷），法律出版社2015年版。

第三百四十条【土地经营权人的权利】

土地经营权人有权在合同约定的期限内占有农村土地，自主开展农业生产经营并取得收益。

历史由来

本条承袭于《农村土地承包法》第37条。在《民法典》编纂过程中，《民法典物权编（草案）》（征求意见稿）没有对土地经营权的权利内容作出直接规定。《民法典各分编（草案）》第131条规定："土地经营权人有权根据合同约定在一定期限内占有农村土地，自主开展农业生产经营并取得收益。"《民法典物权编（草案）》（二审稿）第134条之二修改为："土地经营权人有权在合同约定的期限内占有农村土地，自主开展农业生产经营并取得收益。"《民法典（草案）》第340条的规定接受了《民法典物权编（草案）》（二审稿）的规定。

2014年11月，中共中央办公厅、国务院办公厅发布的《关于引导农村土地经营权有序流转发展农业适度规模经营的意见》提出农地"三权分置"的法律政策，即"实现所有权、承包权、经营权三权分置，引导土地经营权有序流转"，"坚持农村土地集体所有权，稳定农户承包权，放活土地经营权"。2016年10月，《中共中央办公厅、国务院办公厅关于完善农村土地所有权承包权经营权分置办法的意见》明确了农地"三权"关系，"三权分置"的政策获得全面阐释，要始终坚持农村土地集体所有权的根本地位，严格保护农户承包权，加快放活土地经营权，逐步完善"三权"关系。因此，"三权分置"的一般政策内涵应当是农村土地集体所有权、农户承包权与其他经营主体的土地经营权的三权分置。自承包地"三权分置"进入理论视野以来，学界对经营权分置实现的法律方式进行了较为深入的研究，形成颇具代表性的债权并进一步物权化说[①]、用益物权说[②]、债权与物权同时存在等不同的观点。2018

---

① 高圣平：《论承包地流转的法律表达——以我国〈农村土地承包法〉的修改为中心》，载《政治与法律》2018年第8期。

② 蔡立东、姜楠：《承包权与经营权分置的法构造》，载《法学研究》2015年第3期。

年的《农村土地承包法》落实农地“三权分置”政策，提出土地经营权概念，其第37条规定：“土地经营权人有权在合同约定的期限内占有农村土地，自主开展农业生产经营并取得收益。”

规范目的或功能

本条规范目的是落实中央的集体土地所有权、农户承包权及土地经营权“三权分置”的法律政策，总结非家庭承包与农村土地承包经营权流转的立法与实践经验，实现对物权性土地经营权的立法塑造。

长期以来，土地承包经营权被区分为通过家庭承包方式获得的土地承包经营权与非通过家庭承包方式取得的土地承包经营权。2018年的《农村土地承包法》取消了这一区分，将土地承包经营权等同于通过家庭承包方式获得土地承包经营权，而将传统的非通过家庭承包方式取得“土地承包经营权”改称为“土地经营权”。通过招标、拍卖、公开协商等方式承包农村土地的农地权利长期以来被认为是典型的用益物权，可以通过抵押、入股、租赁等方式流转，因此，本条显示出了用物权法技术塑造物权性土地经营权的立法意图。

我国农地物权的基本体系长期是集体土地所有权、土地承包经营权的二元并存体系。集体土地所有权基本对应“三权分置”概念中的所有权，但集体土地所有权呈现出通过土地承包经营权实现并受其全面限制的特性，主要表现为管理及有限处分的权能。“‘三权分置’中的集体所有权有别于传统集体所有权，虽然同为集体所有权但功能已经发生变化，集体所有权将专司最终所有权的功能，表现出很强的公法色彩，其权能集中表现为处分权能，即设定承包权，或者在承包权、经营权消灭时对农地进行全面支配。”①“三权分置”法律政策涵义中的“承包权”“经营权”如何与现行的农地物权体系融合是法律体系解读与法律制度创新的核心点。

事实上，“三权分置”中承包权的概念难以从农村土地承包经营权中完全分离出来获得独立的物权法律技术塑造。一方面，“承包权”这一概念密切联

① 李国强：《论农地流转中“三权分置”的法律关系》，载《法律科学》2015年第6期。

系着集体成员权，是集体成员权运行及实现的结果，带有成员权组成子权利的特征；另一方面，在集体成员以成员权为基础通过家庭承包方式获得农村土地承包经营权后，“承包权”这一权利应当继续留在通过家庭承包方式获得的土地承包经营权之中。土地承包经营权中包含“承包权”这一权利，说明土地承包经营权的取得以集体成员资格的存在为基础，当其获得土地承包经营权后，集体成员资格这一要素就已经内化在土地承包经营权之中；享有土地承包经营权的人可以凭借其享有的这一权利证明其成员资格并进而在土地承包经营权期限届满后实现土地承包经营权的依法更新。在农户以通过家庭承包方式获得土地承包经营权为基础进行农业经营时，“承包权”与“经营权”均包含在土地承包经营权之中，并不发生“经营权”从土地承包经营权中的分离；只有在农户将通过家庭承包方式获得的土地承包经营权流转给他人的特定条件下，才会发生“经营权”从土地承包经营权中的分离。总之，在农村土地承包经营权普遍建立的现实背景下，“三权分置”政策中农村土地所有权对应现行法律体系中的集体土地所有权；承包权与集体成员权密切联系又内含于通过家庭承包方式获得的土地承包经营权中；“三权分置”的核心问题是如何实现经营权的分置及其法律体系构造。

“三权分置”中的“经营权”曾长期没有获得完整且符合中国实际的法律技术定位与构造。对“经营权”的法律技术定位与构造，必须从民法权利义务关系的基本谱系分类入手，进行体系化的定位与思考。德国潘德克顿法学派沿着罗马法对物之诉与对人之诉的区分路径，经过长期的研究将民法上的基本权利分为支配权与请求权，并在此基础上以物权与债权的严格区分为基础，形成了逻辑清晰的德国民法典五编制的立法体例。由于支配权中最主要的是物权，而请求权中最主要的是债权，“物权和债权的划分在法学家的思维当中始终占有如此重要的地位，那或许是因为这种划分至少在其主干上反映了主观权利模式的二元性，这种二元性是权利概念本身所固有的”[①]。“可以说，物权与债权这种对主观权利的划分及其表现形式，不仅是民法体系完善的标

① ［法］雅克·盖斯旦、［法］吉勒·古博著，［法］缪黑埃·法布赫-马南协著：《法国民法总论》，陈鹏、张丽娟、石佳友、杨燕妮、谢汉琪译，法律出版社2004年版，第180页。

志，同时也是保障裁判精确性的逻辑形式。”[①]此后，虽然出现了“债权物权化”“物权债权化”的现象，“但可以肯定，在大陆法系乃至英美法系（事实上，英美法系国家的学说、理论也是承认物权、债权概念的）的现在乃至将来的一个相当长的时期，区分物权与债权仍然是主流，二者的界限在总体上仍然是不可逾越的”[②]。所以，在考虑“经营权”的法律属性时，首先就要界定该种权利是物权还是债权，从而决定是用物权法技术还是债权法技术对该权利继续进行塑造。

“经营权”从农村土地承包经营权中分置出来的基本法律路径主要是债权法路径和物权法路径。“经营权”分置的债权法路径主要是通过完善农村土地承包经营权租赁法律制度来实现的。物权法路径则是在农村土地承包经营权上再设立一个与永佃权或农育权相类似的物权并使该物权获得完整且符合中国实际的物权法技术塑造。从农村土地承包经营权中分置出来的“土地经营权必须放在债权物权二元财产权体系下审视，具有债权属性的，可以意思自治，具有物权属性的，必须实行法定”[③]。按照债权与物权二分的基本体系构建以租赁为主的债权性土地经营权与物权性土地经营权来实现土地经营权的法律塑造，可以为相关权利主体提供多元的制度选择。当事人如果想对农地进行长期而稳定的占有、使用、收益并想以此为基础满足自身的融资需要，则可以采取物权性土地经营权这一形式；当事人如果想实现对农地的短期自由利用或者更加灵活的利用，则可采取租赁为主的债权性土地经营权方式。

“物权法定原则，指在一个统一的法律效力地域内的物权，其种类和内容必须由法律明确规定的原则”[④]。物权法定原则的贯彻，要求立法为民事主体提供充足的物权形态，以满足民事主体的各种现实需要；否则，便会造成法律与现实之间的冲突，影响社会的发展。具体到这里，就是立法必须创设物权性土地经营权，实现经营权分置的物权法塑造。按照物权法定原则，除法律

---

① 李永军：《物权与债权的二元划分对民法内在与外在体系的影响》，载《法学研究》2008年第5期。

② 陈华彬：《民法典与民法物权》，法律出版社2009年版，第42页。

③ 申惠文：《论农村承包经营户的死亡》，载《河南财经政法大学学报》2016年第2期。

④ 孙宪忠：《中国物权法总论》（第2版），法律出版社2009年版，第234页。

直接规定外，物权不得由当事人自由创设，亦即物权的种类（类型）和具体内容（权能），均以民法和其他法律规定为限，严禁当事人以约定任意创设。[①]因此，本条的立法目的是进一步勾勒物权性土地经营权的内容，实现土地经营权的物权法塑造。

规范内容

本条是关于土地经营权人权利的规定，属于说明性法条。土地经营权包括土地承包经营权通过入股等方式流转产生的土地经营权和不宜采取家庭承包方式的荒山、荒沟、荒丘、荒滩等农村土地通过招标、拍卖、公开协商等方式承包而产生的土地经营权。按照本条规定，“土地经营权人有权在合同约定的期限内占有农村土地，自主开展农业生产经营并取得收益”。

一、本条主要是针对物权性土地经营权人享有权利的规定

《农村土地承包法》为贯彻中央提出的承包地“三权分置”政策，除在第9条、第10条、第17条规定承包方可以流转其承包地的土地经营权外，还在第二章家庭承包部分专门增设第五节对“土地经营权”这一新型财产权利进行了规定。此外，该法第三章“其他方式的承包”将通过非家庭承包方式承包取得的农地权利由“土地承包经营权”改称为“土地经营权”，并用近二分之一的条文规定了土地经营权的得丧变更，最终全面确立了我国的土地经营权法律制度。然而，《农村土地承包法》规定的土地经营权究竟是物权性土地经营权还是债权性土地经营权，或者该法是否同时规定了物权性土地经营权与债权性土地经营权，并不明确，需要解释。

对于土地经营权的性质学界存在物权还是债权的争论，有土地经营权是用益物权、土地经营权是因租赁而产生的债权以及“期限长的可视为物权，期限短的可视为债权，不能绝对化”等不同观点[②]。例如，持土地经营权是物

① 谢在全：《民法物权法论》，中国政法大学出版社1999年版，第42页。

② 参见全国人大农业与农村委员会法案室编著：《农村土地承包法律制度研究》，中国法制出版社2017年版，第8页。

权说的学者指出："土地经营权是土地承包经营权人设定的次级用益物权，其生成是土地承包经营权人行使其用益物权的结果，分置出土地经营权的土地承包经营权即为土地承包权。"[①]从农村土地承包经营权流转的实践与经营立法塑造的法律技术构造来看，可以同时形成物权性的土地经营权与债权性的土地经营权。基于契约自由原则，当事人可以通过租赁等合同的形式形成债权性的土地经营权，因此，债权性的土地经营权应当在合同编中被规范。由于本条处于《民法典》物权编的位置，因此，本条规范应当主要是针对物权性土地经营权人享有权利的规定。

二、土地经营权人享有权利的主要内容

依据本条规定，土地经营权人有权在合同约定的期限内占有农村土地，自主开展农业生产经营并取得收益。本条规定了土地经营权人的三项基本权利，即占有农村土地、自主开展农业生产经营、取得收益。

1. 占有农村土地。占有是主体对物的实际掌握与控制。对农村土地进行占有是土地经营权人自主开展农业生产经营的前提。土地承包经营权人根据流转合同将土地交给土地经营权人或者发包方将土地直接交给土地经营权人后，土地经营权人便可以以本权为基础对农地进行占有。

2. 自主开展农业生产经营。土地经营权与土地承包经营权存在的目的都是开展农业生产经营。在不改变土地农业用途和不对农地造成永久损害的情况下，可以根据合同的约定，自主开展农业生产经营活动。土地承包经营权人和发包方都不得干涉土地经营权依法开展的各种生产经营活动。

3. 取得收益。土地经营权人可以在农地上进行耕作，通过劳动产出一定的农产品，获得产品的所有权，从而获得收益。此外，按照《农村土地承包法》第46条规定，经承包方书面同意，并向本集体经济组织备案，受让方享有再流转土地经营权的权利。在土地经营权人再次流转土地经营权时，土地经营权人会因再次流转获得收益，该种收益属于法定孳息范畴。

---

① 蔡立东：《土地承包权、土地经营权的性质阐释》，载《交大法学》2018年第4期。

三、土地经营权人享有的其他权利与义务

（一）土地经营权人的其他权利

第一，经承包方同意后投资改良土壤，建设农业生产附属、配套设施，并按照合同约定对其投资部分获得合理补偿的权利。本条对土地经营权的基本内容进行了规定，除此以外，法律还允许当事人之间对土地经营权之内容进行约定。为了实现农业经营的目的，土地经营权人在获得承包方同意后可以在土地上修建必要的附属设施，如水井、堤坝、农业道路等。按照《农村土地承包法》第43条的规定，经承包方同意后，土地经营权人可以依法投资改良土壤，建设农业生产附属、配套设施，并按照合同约定对其投资部分获得合理补偿。笔者认为，土地经营权期限届满后，法律应当赋予土地经营权人在地上工作物（农业设施等）或林木尚存时请求更新契约的权利；对于土地经营权设定人不愿意更新契约的，法律应继续赋予土地经营权人请求以适当的价款买受地上工作物（农业设施等）或林木的权利。

第二，再次流转土地经营权的权利。按照《民法典》第342条的规定，通过招标、拍卖、公开协商等方式承包农村土地，经依法登记取得权属证书的，土地经营权人可以依法采取出租、入股、抵押或者其他方式流转土地经营权；按照《农村土地承包法》第46条规定，经承包方书面同意，并向本集体经济组织备案，受让方享有再流转土地经营权的权利。

第三，融资担保权。按照《农村土地承包法》第47条的规定，承包方可以用承包地的土地经营权向金融机构融资担保，并向发包方备案。受让方通过流转取得的土地经营权，经承包方书面同意并向发包方备案，可以向金融机构融资担保。

第四，被征收、征用时获得相应补偿的权利。《民法典》物权编第三分编“用益物权”的“一般规定”中的第327条规定：“因不动产或者动产被征收、征用致使用益物权消灭或者影响用益物权行使的，用益物权人有权依据本法第二百四十三条、第二百四十五条的规定获得相应补偿。”

第五，物上请求权。土地经营权人在对土地进行占有期间，既受到占有之物上请求权之保护（《民法典》第462条），也受到物权请求权之保护（《民法典》第234条、第235条与第236条）。

第六，农地相邻之时，土地经营权人之间、土地经营权人与其他土地使用权人之间可以准用相邻关系的规定。

（二）土地经营权人的义务

土地经营权人可能负有按照合同约定支付租金、不得改变农地的农业用途、不得破坏农业综合生产能力和农业生态环境等义务。《农村土地承包法》第38条规定土地经营权的流转“不得改变土地所有权的性质和土地的农业用途，不得破坏农业综合生产能力和农业生态环境”。土地经营权人违反上述义务，会导致土地承包经营权人或者发包方解除土地经营权的权利产生，也会导致自己恢复原状与损害赔偿等义务的产生。《农村土地承包法》第42条规定：“承包方不得单方解除土地经营权流转合同，但受让方有下列情形之一的除外：（一）擅自改变土地的农业用途；（二）弃耕抛荒连续两年以上；（三）给土地造成严重损害或者严重破坏土地生态环境；（四）其他严重违约行为。”

四、土地经营权与土地承包经营权的关系

在土地承包经营权之上设定土地经营权以后，土地承包经营权与土地经营权共存于农村土地之上。此时，土地经营权表现出比土地承包经营权优先的效力。土地承包经营权人的权利受到土地经营权的限制，土地承包经营权人在土地经营权有效存在的期间内，不能直接对承包地进行占有、使用。由于土地承包经营权人不再直接对农村土地进行占有和使用，仅仅由土地经营权人对农地进行直接的占有和使用，因此，土地承包经营权与土地经营权是可以同时存在于农村土地之上的。在土地经营权设定以后，土地承包经营权人的土地承包经营权只能在土地经营权的限定范围行使，土地承包经营权人不能不正当干涉土地经营权人的经营活动。同时，土地承包经营权人也不因土地经营权的创设与流转而丧失土地承包经营权，在土地经营权有效存续期间内，原土地承包经营权人享有复归权和依法转让权，在土地经营权消灭以后，原土地承包经营权又自动恢复至完整状态。土地经营权是原土地承包经营权人的占有、使用、收益及有限处分权能进行分离的结果，同时土地经营权的创设也会使土地承包经营权在法律性质上具有更为强烈的类所有权属性。

第三百四十一条【土地经营权的登记】

流转期限为五年以上的土地经营权，自流转合同生效时设立。当事人可以向登记机构申请土地经营权登记；未经登记，不得对抗善意第三人。

历史由来

本条源于2018年《农村土地承包法》第41条的规定，但内容有所补充。《农村土地承包法》第41条规定："土地经营权流转期限为五年以上的，当事人可以向登记机构申请土地经营权登记。未经登记，不得对抗善意第三人。"在《民法典》编纂过程中，《民法典物权编（草案）》（征求意见稿）、《民法典各分编（草案）》未规定流转期限为五年以上的土地经营权的设立时间及其登记后具有对抗善意第三人的效力。《民法典物权编（草案）》（二审稿）第134条之三首次作出该条规定，《民法典（草案）》第341条的规定与《民法典物权编（草案）》（二审稿）的规定相同。

规范目的或功能

2018年12月修正的《农村土地承包法》正式创设了土地经营权这一新权利，但是未明确界定该权利的法律性质，因此，理论上与实务上均存在土地经营权是物权还是债权的争论。本条对流转期限为五年以上的土地经营权的设立、登记公示及其登记的法律效力问题进行了规定，登记后的土地经营权具有对抗善意第三人的效力，表现出了《民法典》明显地将流转期限为五年以上的土地经营权界定为物权的意图。

规范内容

一、流转期限为五年以上的土地经营权的设立

本条首先对"流转期限为五年以上的土地经营权的设立"进行了规定，

即“流转期限为五年以上的土地经营权，自流转合同生效时设立”。“设立”是一个典型的表述物权性土地权利产生的术语，这表明立法者认为流转期限为五年以上的土地经营权为物权。本条表明立法对流转期限为五年以上的土地经营权之设立采取意思主义，流转期限为五年以上的土地经营权之设立不需要登记。同时物权性土地经营权的期限应当为五年以上的一个期间。对于通过流转方式设定的物权性土地经营权，该期限也会受到《农村土地承包法》第38条“流转期限不得超过承包期的剩余期限”的限制。

二、流转期限为五年以上的土地经营权登记

本条在将流转期限为五年以上的土地经营权界定为物权的基础上，顺理成章地赋予了流转期限为五年以上的土地经营权以登记能力，允许土地经营权人向登记机构申请登记。此外，本条规定五年以上的土地经营权未登记的，不能对抗善意第三人。从本条的反向解释来看，登记后的流转期限为五年以上的土地经营权，具有对抗效力。对此，全国人大常委会法制工作委员会民法室主任黄薇指出，土地经营权登记后可以对抗包括善意第三人在内的任何人。[①]

将流转期限为五年以上的土地经营权明确界定为物权，名正言顺地赋予该项权利以登记能力，可以避免债权物权化所带来的体系上的矛盾与冲突。按照《不动产登记暂行条例》的规定，不动产登记簿册上的记载事项有自然状况、权属状况、限制状况和提示事项。物权性土地经营权作为不动产物权，当然具有登记能力，必然需要在不动产登记簿的权属状况部分占据一席之地。而若将土地经营权定位为物权化之债权，其是否具备登记能力以及如何登记问题便会随之产生。在首创物权与债权二分体系并严格坚持的德国，在理论上与实践上均始终坚持债权性权利与债权约定不具有登记能力的观点，而认为使用承租权与用益承租权虽具有一定的物权特性，但“不得在土地登记簿中予以登记”。[②]若对债权性权利与债权约定不具备登记能力的传统观点予以

---

① 黄薇主编：《中华人民共和国农村土地承包法释义》，法律出版社2019年版，第180页。

② ［德］鲍尔、施蒂尔纳：《德国物权法》（上），张双根译，法律出版社2004年版，第293页。

突破，土地经营权在不动产登记簿上可能的位置只能是限制状况和提示事项部分。此外，若想将债权性土地经营权通过登记手段纳入不动产登记簿，可采取的方式是将其纳入预告登记制度之中。由于我国《物权法》中的预告登记制度之范围仅是将来发生的不动产物权变动请求权，因此，需要通过扩展预告登记制度适用范围的方式来实现。不过，这样虽然可以实现使土地经营权具有对抗效力的立法目的，但是颇有故意绕道、走弯路的感觉，不如直接将五年期限以上的土地经营权界定为物权更为简便。将土地经营权完全定位债权并将已经登记的土地经营权认定为物权化的债权之思路，并不符合民法体系化、科学化的要求。

第三百四十二条【非家庭承包方式取得土地经营权的流转】

通过招标、拍卖、公开协商等方式承包农村土地，经依法登记取得权属证书的，可以依法采取出租、入股、抵押或者其他方式流转土地经营权。

历史由来

本条是对《物权法》第133条规定的改造。《物权法》第133条规定："通过招标、拍卖、公开协商等方式承包荒地等农村土地，依照农村土地承包法等法律和国务院的有关规定，其土地承包经营权可以转让、入股、抵押或者以其他方式流转。"在《民法典》编纂过程中，《民法典物权编（草案）》（征求意见稿）第134条、《民法典各分编（草案）》第135条的规定与《物权法》第133条的规定相同。《民法典物权编（草案）》（二审稿）第135条将"转让"方式删除，并增加了"出租"方式，将流转的条件从"依照农村土地承包法等法律和国务院的有关规定"修改为"经依法登记取得权属证书的"，并将流转的对象从"土地承包经营权"修改为"土地经营权"。《民法典（草案）》第342条的规定与《民法典物权编（草案）》（二审稿）第135条的规定相同。

我国最早在湖南怀化、山西吕梁、陕西延安等地进行荒山的拍卖。这种拍卖具有如下特点：第一，拍卖实行价高者得的原则；第二，拍卖依次设定

50年至70年的农地权利；第三，权利的取得人不限本地，允许外地农民、经营者、公司购买，市场原则扩大，突破地区与血缘的界限。该种土地制度试验包含了一个如何将土地承包收入转归原所有人的问题。具体而言，四荒土地的承包有如下两种方式：第一种是直接通过招标、拍卖、公开协商等方式将四荒土地拍卖给集体经济组织或者个人，这是最常见的；第二种是将四荒土地折股给本集体成员，然后再通过拍卖、招标或者协商等方式承包。在四荒拍卖的基础上发展起来的制度是将家庭承包以外的农村土地通过拍卖、招标等方式设定不同于家庭承包的一类土地承包经营权，这类土地承包经营权具有充分的市场属性。1995年《担保法》第34条规定：抵押人依法承包并经发包方同意抵押的荒山、荒沟、荒丘、荒滩等荒地的土地使用权可以抵押。这实际上是确立四荒土地上的土地承包经营权可以依法抵押的原则。1996年6月1日发布的《国务院办公厅关于治理开展农村“四荒”资源进一步加强水土保持工作的通知》规定，在规定的使用期限内，对于实行承包、租赁和股份合作制方式治理的，可以依法继承、转让或转租；对于购买使用权的，依法享有继承、转让、抵押、参股联营的权利。

2002年的《农村土地承包法》第49条规定：“通过招标、拍卖、公开协商等方式承包农村土地，经依法登记取得土地承包经营权证或者林权证等证书的，其土地承包经营权可以依法采取转让、出租、入股、抵押或者其他方式流转。”2005年的《农村土地承包经营权流转管理办法》第15条规定：“承包方依法取得的农村土地承包经营权可以采取转包、出租、互换、转让或者其他符合有关法律和国家政策规定的方式流转。”2005年的《农村土地承包解释》第21条规定：“承包方未依法登记取得土地承包经营权证等证书，即以转让、出租、入股、抵押等方式流转土地承包经营权，发包方请求确认该流转无效的，应予支持。但非因承包方原因未登记取得土地承包经营权证等证书的除外。承包方流转土地承包经营权，除法律或者本解释有特殊规定外，按照有关家庭承包土地承包经营权流转的规定处理。”2018年12月修正后的《农村土地承包法》第53条规定：“通过招标、拍卖、公开协商等方式承包农村土地，经依法登记取得权属证书的，可以依法采取出租、入股、抵押或者其他方式流转土地经营权。”

规范目的或功能

本条旨在规范通过招标、拍卖、公开协商等方式承包农村土地获得的土地经营权的流转。2018年《农村土地承包法》修正以前，通过招标、拍卖、公开协商等方式承包农村土地取得的土地权利被认为是一类特殊的“土地承包经营权”。2018年《农村土地承包法》一改先前将土地承包经营权区分为家庭承包方式取得土地承包经营权和其他方式承包取得的土地承包经营权的做法，将不宜采家庭承包经营的“四荒地”上设定的农地经营权利称为土地经营权。与通过家庭承包方式取得土地承包经营权具有集体所有权转化与实现形式的类所有权属性不同，通过招标、拍卖、公开协商等方式承包农村土地取得的权利带有明显的用益物权的他物权属性。因此需要对其流转问题进行规范。

规范内容

一、权利人流转土地经营权的前提条件是依法登记取得权属证书

通过招标、拍卖、公开协商等方式承包的农村土地之权利人享有的农地权利曾被称为“土地承包经营权”。按照土地承包经营权设定的一般规则，该类土地权利在农村土地承包合同生效时就设定而不是在登记时设立。登记发证仅是该类土地经营权的确认手段，而不是设立要素。同时，本条总结农村土地权利流转的经验，建立了该类权利经依法登记取得权属证书后，权利人方可以采取出租、入股、抵押或者其他方式流转的制度。

二、权利人流转土地经营权的方式为出租、入股、抵押或者其他方式

对于通过招标、拍卖、公开协商等方式承包的农村土地的土地经营权人，本条将其流转土地经营权的方式界定为出租、入股、抵押或者其他方式。

就土地经营权的抵押而言，《担保法》第34条、《物权法》第180条均允

许以招标、拍卖、公开协商等方式取得的荒地等土地经营权抵押。2018年《农村土地承包法》第47条第1款规定“承包方可以用承包地的土地经营权向金融机构融资担保，并向发包方备案”，虽然采取融资担保这一模糊的概念，但依旧是坚持允许这类土地经营权抵押的立场。允许土地经营权抵押的规范实质上承认了，以招标、拍卖、公开协商等方式取得的四荒地上的土地经营权是一项不动产物权，并可以作为抵押权的客体。

第三百四十三条【国家所有农地的承包经营】

国家所有的农用地实行承包经营的，参照适用本编的有关规定。

历史由来

本条来源于《物权法》第134条：“国家所有的农用地实行承包经营的，参照本法的有关规定。”在《民法典》编纂过程中，《民法典各分编（草案）》第136条的规定与《物权法》第134条相同。《民法典物权编（草案）》（二审稿）第136条将“参照本法的有关规定”的表述修改为“参照适用本编的有关规定”。《民法典（草案）》第343条的规定与《民法典物权编（草案）》（二审稿）第136条的规定相同。

规范目的或功能

虽然集体所有的农业用地为我国土地承包经营权的主要客体，但是国家所有的农用地也可以成为土地承包经营权的客体。《农村土地承包法》第2条特别对该法所指称的农村土地作了说明：“本法所称农村土地，是指农民集体所有和国家所有依法由农民集体使用的耕地、林地、草地，以及其他依法用于农业的土地。”据此，农村土地承包经营权指向两种类型的土地：集体所有的土地，主要是农民个人所在的集体所拥有的土地；国家所有但是交给农民集体使用的耕地、林地、草地以及其他用于农业生产的土地。对于国家所有的土地，这里事实上也包括两种情形：其一是国家拥有的耕地、林地、草地等，过去长期交给农民集体耕作，现在农民个人可以取得对这些土地的承包经营权。其二是过去的国营农场、林场、牧场等，现在由农民个人或者原来农场职工取得承包经营权。在我国新疆、黑龙江等地存在面积广阔的国有农场。《土地管理法》第13条第2款规定："国家所有依法用于农业的土地可以由单位或者个人承包经营，从事种植业、林业、畜牧业、渔业生产。"因此，本条旨在规范对国家所有的农用地进行承包经营的问题。

规范内容

按照本条规定，"国家所有的农用地实行承包经营的"可以在承包人的权利、承包期限、权利的设立规则、发包方的权利限制、承包地征收补偿、农地权利的再次流转等方面参照本编的规定执行，促进国有农地利用与开发，维护承包人的合法权益。

在承包人享有土地经营权或者类似权利的基本界定方面，可以参照适用《民法典》第331条的规定；在承包期及承包期满后的处理方面，参照适用《民法典》第332条的规定，即可以设定针对耕地的30年的承包期，针对草地的30年至50年的承包期，针对林地的30年至70年的承包期；在土地承包经营权的设立规则方面，参照适用《民法典》第333条的规定，相关的农地权利在土地承包合同生效时设立；在承包方互换、转让农地权利，互换、转让的公示与交易中第三人保护方面，参照适用《民法典》第334条、第335条的规定；在承包方权利保障方面，参照适用《民法典》第336条、第337条，即发包方原则上不得调整承包地与不得收回承包地的规定；承包地被征收后的补偿，参照适用《民法典》第338条的规定；承包地的再次流转与次级农地权利的设定问题，参照适用《民法典》第339条至第342条的规定。

第十二章

建设用地使用权

第三百四十四条【建设用地使用权的含义】

建设用地使用权人依法对国家所有的土地享有占有、使用和收益的权利，有权利用该土地建造建筑物、构筑物及其附属设施。

历史由来

本条完全承袭了《物权法》第135条的规定。2007年颁行的《物权法》首次明确规定“建设用地使用权”的含义，即权利人对国有土地的占有、使用和收益的权利，并确认该权利为用益物权。《民法典各分编（草案）》第137条、《民法典物权编（草案）》（二审稿）第137条、《民法典（草案）》第344条均未对《物权法》的规定作出改动。本条规定的内容在立法过程中未发生争议。

1988年4月，第七届全国人民代表大会第一次会议通过《宪法修正案》，删掉了此前有关“土地不得出租”的规定。国有土地使用权的财产性被《宪法》正式确认。同年12月，第七届全国人民代表大会常务委员会第五次会议通过了《关于修改〈中华人民共和国土地管理法〉的决定》，增加了“国有土地有偿使用制度”以及“国有土地和集体所有的土地的使用权可以依法转让”制度。国有土地使用权的独立性和财产性得到了法律的确认。1990年5月，国务院制定了《城镇国有土地使用权出让和转让暂行条例》以及《外商投资开发经营成片土地暂行管理办法》，国有土地使用权的独立性和可转让性在具体的法律制度中再次得以确认。

规范目的或功能

本条明确了建设用地使用权的内涵，使得建设用地使用权的概念更加清晰，权利人享有的权利内容更加明确。从规范体系的整体角度观之，本条规定在建设用地使用权一章中起统领作用，本章的其他条文均以该条为基础而展开。《民法典》对建设用地使用权作出明确规定，使我国国有土地使用权具有了统一性质、统一依据。[①]

---

① 参见孙宪忠：《争议与思考——物权立法笔记》，中国人民大学出版社2006年版，第556页。

规范内容

本条文属于定义性法条。

一、建设用地使用权概念的确立

建设用地使用权概念的确立明确了土地所有权人行使所有权，在其权利之上设定负担，进而生成用益物权的主要形式。这体现并巩固了我国土地使用制度改革的成果，即土地资源的市场化。建设用地所有权人向他人以市场化的方式（招标、拍卖等竞价方式）出让建设用地使用权，进而形成土地资源流通的一级市场；建设用地使用权人获得该权利后，可以将其再次转让，进而形成二级市场。可以说，建设用地使用权概念的确立为我国土地资源的市场化奠定了制度基础。

建设用地使用权是我国特有的物权概念。与这一概念相类似的是传统大陆法系中的地上权概念。《日本民法典》《意大利民法典》《葡萄牙民法典》都规定了地上权制度，[①]《德国民法典》虽然没有规定地上权制度，但是以单行法的形式对地上权相关内容予以规定。[②]在我国《民法典》编纂过程中，也出现了"我国《民法典》应当效仿传统大陆法系国家，确立地上权概念"的主张。例如，徐国栋教授主持编撰的《绿色民法典（草案）》第538条设计了地上权，即以在他人土地的地上或地下设置建筑物或其他工作物为目的使用其土地，并且可以转让或继承的权利，为地上权。[③]但是，考虑到我国土地利用制度的特色，地上权制度不符合我国的实际国情。另有主张，根据《土地管理法》（第2条）、《城市房地产管理法》（第8条）、《城镇国有土地使用权出让和转让暂行条例》（第4条），利用土地建造建筑物、构筑物及其附属设施的权利被称为土地使用权，为了保证《民法典》与上述部门

① 参见渠涛编译：《最新日本民法》，法律出版社2006年版，第58—59页；费安玲、丁玫、张宓译：《意大利民法典》，中国政法大学出版社2004年版，第235页；唐晓晴等译：《葡萄牙民法典》，北京大学出版社2009年版，第262—264页。

② 参见孙宪忠：《德国当代物权法》，法律出版社1997年版，第231页。

③ 参见徐国栋主编：《绿色民法典草案》，社会科学文献出版社2004年版，第378页。

法在法律概念的使用上实现有效衔接，我国《民法典》应当确立土地使用权制度。例如，王利明教授主持编撰的《中国民法典草案建议稿》第854条将土地使用权的权利内容界定为在国家所有或者集体所有的土地之上营造建筑物或者其他附着物并进行占有、使用、收益的权利。[①]有学者提出我国《民法典》应当确立基地使用权概念的建议，如梁慧星教授主持编撰的《中国民法典草案建议稿》物权编第十一章（基地使用权）第422条规定，基地使用权，是指在他人所有的土地上建造并所有建筑物或其他附着物而使用他人土地的权利。[②]上述观点均形成于《物权法》颁布实施之前，但《物权法》使用了建设用地使用权这一概念（第135条）。《民法典》延续使用了建设用地使用权的概念，其理由如下：一是延续建设用地使用权制度符合我国的立法实际。建设用地使用权制度虽然与传统大陆法系国家的地上权制度类似，但是存在一定的差异，不能将两者完全等同。传统大陆法系国家的地上权制度包括在他人土地上种植竹木的权利（《日本民法典》第256条），但是建设用地使用权不包括这一权利内容。地上权的设立目的在于实现非所有权人对他人土地的现实利用。但在我国，土地所有权不具有可转让性，设立建设用地使用权除为了实现非所有权人对他人土地的现实利用外，还具有实现土地资源市场化配置的功能。传统大陆法系地上权制度产生的基础是“地上物属于土地”这一法律原则，而建设用地使用权产生的社会基础是解决国有土地如何进入市场的问题，这种不同的社会基础在建构用益物权体系时是不得不考虑的。此外，地上权的概念很难与土地空间利用权的概念相协调，极易造成土地利用法律制度的僵化。[③]二是建设用地使用权的概念具有科学性。依据《土地管理法》的相关规定，我国的土地大体分为三种类型——农用地、建设用地以及未利用土地。土地使用权是对三种类型土地利用权利的总称，是一种广义概念。在国有建设用地独立作为物权客体的情况下，将利用国有建设用地的冠以土地使用权的称谓，

---

① 参见王利明主编:《中国民法典草案建议稿及说明》，中国法制出版社2004年版，第122页。

② 梁慧星主编:《中国民法典草案建议稿附理由：物权编》，法律出版社2013年版，第340页以下。

③ 参见房绍坤:《用益物权基本问题研究》，北京大学出版社2006年版，第151页。

显然扩大了其内涵，不够准确。立法上如果使用土地使用权的概念，有失严谨且容易让人误解。[①]因此，为使我国用益物权的概念体系臻于和谐、统一，并与土地承包经营权、宅基地使用权相配合，[②]《民法典》应当采用建设用地使用权的概念。三是有利于维护立法的稳定性和连续性。建设用地使用权概念为《物权法》所确认，这一概念深入人心，为人们所接受。《民法典》延续使用这一概念，能够最大限度地保证制度运行的稳定性，更好地发挥其规范作用。

二、建设用地使用权的权利客体

《民法典》意义上的建设用地使用权的权利客体为国有土地，其外延不包含集体所有土地。事实上，建设用地使用权的客体虽然为国有土地，但是从经济社会发展的现实以及法律对国有土地、集体土地平等规范、平等保护的角度观之，依据物权法定原则，集体土地之上亦可以依据《土地管理法》等其他法律设立建设用地使用权。因此，《民法典》意义上的建设用地使用权的客体限于国有土地并不排斥在集体土地之上也能设立建设用地使用权。《民法典》第361条规定："集体所有的土地作为建设用地的，应当依照土地管理的法律规定办理。"依据本条，《民法典》认可集体建设用地使用权的法定物权地位，《土地管理法》等相关法律是规范集体建设用地使用权的主要依据。在《民法典》编纂过程中，也形成了"应当建立统一的建设用地使用权概念"的主张，即认为建设用地使用权的客体不仅包括国有土地，而且包括集体土地。例如，王利明教授主持编撰的《中国民法典草案建议稿》第854条将土地使用权的权利内容界定为在国家所有或者集体所有的土地之上营造建筑物或者其他附着物并进行占有、使用、收益的权利。[③]梁慧星教授主持编撰的《中国民法典草案建议稿》物权编第422条规定，基地使用权，是指在他人所有的土地上建造并所有建筑物或其他附着物而使用他人土地的

---

① 参见江平主编：《中国土地立法研究》，中国政法大学出版社1999年版，第295—300页。

② 参见梁慧星、陈华彬：《物权法》(第五版)，法律出版社2010年版，第265页。

③ 参见王利明主编：《中国民法典草案建议稿及说明》，中国法制出版社2004年版，第122页。

权利。[①]第429条第1款明确农村集体经济组织可以将其所有的土地设立基地使用权后，分配给其成员。[②]本章之所以将建设用地使用权的对象限定为国有土地，不包括集体土地，理由在于既有的《土地管理法》等法律法规对集体建设用地使用权作出了相应规定。随着我国农村土地制度改革的不断深入，集体建设用地使用权制度尚在完善之中。考虑到各地的情况差异较大，土地行政主管部门对于集体建设用地试点地区的实践经验有待进一步总结，这些经验应当通过《土地管理法》等法律法规的修订反映到立法之中。[③]《民法典》作为基本的民事法律对于集体建设用地使用权作出详细规定缺乏现实必要性，且时机尚未成熟。

三、建设用地使用权的权能

建设用地使用权的权利内容为对国有土地的占有、使用和收益，本条没有明确建设用地使用权的处分权能。处分包括事实上的处分和法律上的处分，不为所有权所独有。由于我国实行土地公有制，就国有土地而言，用益物权不具有事实意义上的处分权能，应无异议。就法律上的处分而言，建设用地使用权人不能对建设用地所有权予以处分，但是可以对建设用地使用权本身进行处分。对这一权利的处分包括两种形式：一是对权利自身的处分；二是在权利上设定负担。[④]此外，就我国土地公有制的现实状况而言，在一元化的土地所有权框架中，土地所有权无从流转，要发挥土地的价值，要满足生产和生活的需求，只有让渡（在一定期限内放弃行使）一部分土地所有权的权能，使得国家之外的个人和组织能对土地进行占有、使用和收益，[⑤]国有土地流转的目标才能得以实现。依据《民法典》第353条，建设用地使用权人有权将建设用地使用权转让、互换、出资、赠与或者抵押，但是法律另有规定的

---

① 参见梁慧星主编：《中国民法典草案建议稿附理由：物权编》，法律出版社2013年版，第340页。

② 参见梁慧星主编：《中国民法典草案建议稿附理由：物权编》，法律出版社2013年版，第358页。

③ 参见全国人民代表大会常务委员会法制工作委员会编：《中华人民共和国物权法释义》，法律出版社2007年版，第335页。

④ 参见房绍坤：《用益物权基本问题研究》，北京大学出版社2006年版，第193页。

⑤ 孙宪忠：《争议与思考——物权立法笔记》，中国人民大学出版社2006年版，第553页。

除外。可以转让、互换、出资、赠与或者抵押表明建设用地使用权具备法律意义上的处分其自身的权能。

四、建设用地使用权设立的目的

权利人利用国有土地的目的是建造建筑物、构筑物及其附属设施。在实践中，建设用地包括住宅用地、公共设施用地、工矿用地、交通水利设施用地、旅游用地、军事设施用地等。建筑物主要是指住宅、写字楼、厂房等。构筑物主要是指不具有居住或者生产经营功能的人工建造物，比如道路、桥梁、隧道、水池、水塔、纪念碑等。附属设施主要是指附属于建筑物、构筑物的一些设施。①

其他问题

本条使用了建设用地使用权的概念，而《土地管理法》第2条、《城市房地产管理法》第8条、《城镇国有土地使用权出让和转让暂行条例》第4条使用了土地使用权的概念。在《民法典》颁布实施的背景下，建设用地使用权与土地使用权的法律内涵界定与区分需要立法上的进一步协调。

第三百四十五条【建设用地使用权的客体】

建设用地使用权可以在土地的地表、地上或者地下分别设立。

历史由来

本条继承了《物权法》第136条第1句的规定。《物权法》第136条规定："建设用地使用权可以在土地的地表、地上或者地下分别设立。新设立的建设用地使用权，不得损害已设立的用益物权。"《民法典各分编（草案）》第138条规定："建设用地使用权可以在土地的地表、地上或者地下分别设立。" 该规定没有吸

① 参见全国人民代表大会常务委员会法制工作委员会编：《中华人民共和国物权法释义》，法律出版社2007年版，第306页。

收《物权法》第136条第2句的规定。《民法典物权编(草案)》(二审稿)第138条、《民法典(草案)》第345条均延续了《民法典各分编(草案)》第138条的规定。

王利明教授主持编撰的《中国民法典草案建议稿》第955条第1款规定，空间利用权是指权利人在法律、法规规定的范围内，利用地表上下一定范围内的空间，并排除他人干涉的权利。[①]梁慧星教授主持编撰的《中国民法典草案建议稿》物权编第424条规定，在地上或地下一定的可为不动产登记确定的空间，可以设立基地使用权。在设立空间基地使用权时，其地表及上下既存其他基地使用权的，空间基地使用权的设立不得妨碍既存基地使用权人行使其权利。在空间基地使用权适于设立并且其权利人保证在其权利存续期间不为妨碍行为时，既存基地使用权人不得阻碍空间基地使用权的设立。[②]徐国栋教授主持编撰的《绿色民法典(草案)》第547条规定，空间因定有上下范围并设有工作物的，可以作为地上权的客体。在此等情形，为行使地上权，可以以设立文件对土地的使用加以限制。前款规定的地上权，即使在第三人享有土地用益权时，仍可在得到该权利人或以该权利为客体的权利人全体同意后设立。在此等情形，用益权人不得妨碍前款规定的地上权的行使。[③]可见，对于《民法典》中建设用地使用权的权利客体范围包含地表、地上或者地下，学界具有高度的共识。

三 规范目的或功能

本条的目的在于明确建设用地使用权的客体范围。建设用地使用权不仅可以在特定的国有土地地表设立，而且在特定的国有土地的地上、地下均可以设立。《民法典》明确建设用地使用权可以在国有土地地表、地上以及地下设立，其重要意义在于：

一是符合国际立法潮流。《日本民法典》第269条之二明确规定："地下

---

① 参见王利明主编:《中国民法典草案建议稿及说明》，中国法制出版社2004年版，第133页。

② 参见梁慧星主编:《中国民法典草案建议稿附理由：物权编》，法律出版社2013年版，第347页。

③ 参见徐国栋主编:《绿色民法典草案》，社会科学文献出版社2004年版，第379页。

或空间，以对工作物的所有为目的确定上下范围后，可以作为地上权的标的。此时，可以通过设定行为，为地上权的行使对该项土地的使用加以限制。前项地上权，即使存在第三人对土地使用或收益的权利，只要得到享有其权利为标的的权利的一切人承诺，亦得设定。此时，对土地享有使用或收益权利的人不得妨碍该项地上权的行使。”[①]《意大利民法典》第955条规定：“以上各条（第952条、第953条、第954条）的规定，适用于被允许在他人土地的地下建造、保留建筑物的情况。”[②]《荷兰民法典》第101条第1款规定：“地上权是在他人所有的不动产内、不动产上或不动产上空拥有或取得建筑物、工作物或种植物的物权。”[③]《韩国民法典》第289条之二规定：“在地下或地上的空间界定上下范围，可以设定所有建筑物及其他工作物的地上权。在此情形，为了行使地上权，依设定行为可限制土地的使用。前款规定的区分地上权，即使存在第三人对土地使用、收益的权利，只要其权利人或以该权利为标的的权利人全部承诺，亦可设定。在此情形，享有使用、收益土地权利的第三人，不得妨碍该地上权的行使。”[④]上述各法域民法对土地空间利用权的明确规定表明，节约土地资源、积极拓展土地利用空间已经成为人类社会发展的必然要求。作为21世纪的崭新的《民法典》，我国《民法典》当然要对这一立法趋势予以回应。

二是经济社会发展的现实需要。土地资源是不可再生资源，随着经济社会的不断发展，人类生产生活对于土地资源的需求量日益增大，土地资源稀缺性逐渐显现，如何高效利用有限的土地资源成为各国面临的现实问题。工业时代到来之前，土地所有人对于土地享有沿袭自罗马法的绝对权利。随着科学技术的迅速发展，人类具备了利用地表以上以及地表以下空间的能力，且已经在现实生活中对地表以上和地表以下空间进行了有效利用。针对这一现实情况，民事法律必须予以跟进，通过赋予利用人以法定权利，保障地上空间及地下空间得到高效、合理的利用。允许权利人在国有土地地表、地上

① 渠涛编译：《最新日本民法》，法律出版社2006年版，第59页。

② 费安玲、丁玫、张宓译：《意大利民法典》，中国政法大学出版社2004年版，第235页。

③ 王卫国主译：《荷兰民法典》，中国政法大学出版社2006年版，第138页。

④ 崔吉子译：《韩国最新民法典》，北京大学出版社2010年版，第171页。

以及地下设立建设用地使用权，能够积极引导人们充分利用土地资源，有效缓解土地资源的紧缺状态。因此，《民法典》对空间建设用地使用权的确认势在必行。

三是有利于丰富建设用地使用权的类型。工业时代到来之前，受经济社会发展水平的限制，人类对土地的利用一般只停留在土地表面及有限的地下空间，对土地的利用程度相对较低。随着科技的不断进步，人类对于土地上层空间以及地表以下的深层空间的利用具备技术上的可能性。因此，建设用地使用权的客体亦不再拘泥于土地表面，地表以上以及地表以下空间可以成为建设用地使用权的客体。由于客体类型的多样化，不同的权利人占有不同的客体，便形成了不同类型的建设用地使用权，即以地表为权利客体的建设用地使用权、以地表以下空间为权利客体的建设用地使用权以及以地表以上空间为权利客体的建设用地使用权。对于后两种建设用地使用权，亦可名之为空间利用权。①

规范内容

本条属于定义性法条。

《民法典》以立法的方式认可空间建设用地使用权，其具体规范内容包括以下几个方面。

一、地表、地上以及地下的含义

所谓地表是指经依法批准的地面及其以上一定高度和地下一定深度的空间。所谓地上是指经依法批准的距地表一定高度的空间范围。所谓地下是指经依法批准的距地表一定深度的空间范围。②有些地方政府在出让土地时，将建设用地使用权人对空间享有的权利通过出让土地的四至、建筑物的高度和深度加以确定，其中建筑物的高度根据规划确定，深度根据技术指标确定的

① 参见王利明：《民商法研究》（第7辑），法律出版社2009年版，第440页。

② 参见崔建远：《物权：规范与学说——以中国物权法的解释论为中心》（下册），清华大学出版社2011年版，第533页。

建筑物的基底位置确定。确定范围之外的土地使用权仍属于国家，国家可以再次出让。[①]以土地表面为客体的建设用地使用权，其权利的范围不以建筑物或其他工作物等本身占用的土地为限，其周围的附属地，如房屋的庭院，或屋后的空地等，如在设定的范围内，亦应当视为建设用地使用权所及范围。[②]

二、空间建设用地使用权的设立条件

空间建设用地使用权，是指在地上或地下一定的三维闭合空间所设立的建设用地使用权。在地表设立的建设用地使用权，一般只需确定建设用地在平面上的范围即可，但设定空间建设用地使用权，除了要确定建设用地的平面范围之外，还要确定建设用地的纵向范围。[③]

（一）空间建设用地使用权的设立主体

由于我国实行土地公有制，土地归国家和集体所有。国有以及集体土地地表上下空间归国家和集体所有。建设用地的所有权主体为国家，建设用地地表上下空间亦归国家所有。因此，空间建设用地使用权设定主体为建设用地所有权人。建设用地所有权人如果已经为他人在特定的地表、地上或地下空间设立了建设用地使用权，新设立的空间建设用地使用权的客体范围不能与上述既存建设用地使用权的权利客体发生冲突和重叠。

（二）空间建设用地使用权的权利内容

作为一种用益物权，空间建设用地使用权的权利内容包括：一是权利人对特定空间享有利用的权利。空间建设用地使用权人可以利用的空间包括地表上下的空间。这一权利的客体——空间必须是特定的，不能延伸至他人享有权利的空间范围，否则构成对他人特定权利的侵害。二是权利人可以按照法律规定以及出让合同约定的用途利用特定空间并获取经济利益。三是权利

---

① 参见全国人民代表大会常务委员会法制工作委员会编：《中华人民共和国物权法释义》，法律出版社2007年版，第309页。

② 参见王泽鉴：《民法物权——用益物权·占有》，中国政法大学出版社2001年版，第22页。

③ 参见梁慧星主编：《中国民法典草案建议稿附理由：物权编》，法律出版社2013年版，第347页。

人独立支配特定空间并排除他人干涉。[①]

（三）空间建设用地使用权设立的限制

空间建设用地使用权的设立不得妨碍既存建设用地使用权人对其权利的行使。反之，如果空间建设用地使用权的设立并不妨碍既存建设用地使用权人对其权利的行使，既存建设用地使用权人不得妨碍空间建设用地使用权的设立。

（四）空间建设用地使用权以登记为生效要件

依据《民法典》第209条，我国不动产物权的设立以登记为生效要件。空间建设用地使用权作为一种典型的不动产用益物权，亦概莫能外，应遵循以登记为生效要件的设立规则。空间建设用地使用权的设立如果不以登记为生效要件，其权利范围缺乏公示性，极易造成他人损害。空间建设用地使用权的客体范围应当在不动产登记簿上予以明确标注。[②]

三 其他问题

在《民法典》编纂过程中，如何将空间利用权纳入法典成为令人关注的问题。《民法典》对空间利用权的规定，可以采取两种立法模式：一是对于空间利用权在用益物权编中予以单独规定；二是将空间利用权的内容在建设用地使用权中予以体现。空间利用权事实上并非物权体系中的新型物权，只是对特定空间设定物权的概括。空间利用权难以成为一种独立的物权类型。考虑到目前我国土地利用的实际状况，对土地地表上层空间以及地表以下空间的利用多集中在国有建设用地。对农村承包地、宅基地以及集体建设用地地表上层空间以及地表以下空间的利用需求较少。因此，在建设用地使用权一章就空间建设用地使用权作出相应的规定符合我国的实际。在分层出让建设

---

① 参见王利明主编：《中国民法典草案建议稿及说明》，中国法制出版社2004年版，第422页。

② 参见梁慧星主编：《中国民法典草案建议稿附理由：物权编》，法律出版社2013年版，第348页。

用地使用权时，不同层次的权利人按照同样的规定取得建设用地使用权，他们的权利和义务相同，只不过其权利的客体范围有所不同。所以，空间建设用地使用权的概念完全可以解决对不同空间土地的利用问题，没有必要引入空间利用权的概念。[①]

第三百四十六条【建设用地使用权设立的准则】

设立建设用地使用权，应当符合节约资源、保护生态环境的要求，遵守法律、行政法规关于土地用途的规定，不得损害已经设立的用益物权。

历史由来

本条是整合《物权法》第137条第1款、第3款和第136条第2句的规定，并增补“符合节约资源、保护生态环境的要求”的结果。在《民法典》编纂过程中，《民法典各分编（草案）》第139条规定：“设立建设用地使用权应当符合节约资源、保护生态环境的要求，应当遵守法律、行政法规关于土地用途的规定，不得损害已设立的用益物权。”《民法典物权编（草案）》（二审稿）第139条延续了这一规定内容，未作变动。本条之所以对建设用地使用权设立的准则予以明确规定，原因在于，尽管《物权法》第136条规定了“新设立的建设用地使用权不得损害既存用益物权”的权利设立原则，但是其内容不够全面，未能完全概括建设用地使用权设立应当遵循的准则。因此，《民法典》在《物权法》规定的基础上，对建设用地使用权的设立应当遵循的准则的具体内容做了进一步扩充，形成了独立于建设用地使用权客体的法律条文。

规范目的或功能

随着我国经济社会的不断发展和土地利用技术水平的不断提高，建设用

① 参见全国人大常委会法制工作委员会民法室编：《中华人民共和国物权法条文说明、立法理由及相关规定》，北京大学出版社2007年版，第256页。

地使用权设立的数量不断增加，就利益冲突的裁断而言，如何规范权利的设立成为立法热点问题。本条的规范目的主要体现在：

一是有利于实现民法基本原则与具体制度在价值判断层面的有效对接。《民法典》第7条规定："民事主体从事民事活动，应当遵循诚信原则，秉持诚实，恪守承诺。"第8条规定："民事主体从事民事活动，不得违反法律，不得违背公序良俗。"第9条规定："民事主体从事民事活动，应当有利于节约资源、保护生态环境。"上述三个条文是关于民事基本原则的规定，即诚实信用原则、遵守法律规定原则、公序良俗原则以及节约资源、保护生态环境原则。作为民法的基本原则，其应贯穿于具体的民事制度之中。作为非常重要的一类用益物权，建设用地使用权的设立应当遵循上述民法基本原则，即应当符合节约资源、保护生态环境的要求，应当遵守法律、行政法规关于土地用途的规定，不得损害已设立的用益物权。这是上述民法基本原则在建设用地使用权制度中的具体体现，实现了民法基本原则与具体民事制度在价值判断层面的和谐统一。

二是有利于实现建设用地使用权设立的科学化、规范化。本条宣示建设用地使用权设立的准则，权利设立的约束条件就此明确。在现代社会，土地资源的稀缺性日益凸显，土地资源的利用不只是取决于土地权利人的自由意志，而是事关社会公共利益。土地权利人需要依照法律拟定的规则合理利用土地，不得闲置、浪费土地资源。在土地利用过程中，土地权利人还应当注意该利用行为对环境可能造成的不利影响并采取必要措施尽量减轻这一不利影响。本条的设置能够有效防止建设用地使用权的不当设立，有效促进节约资源、保护生态环境、绿色发展理念的贯彻，亦能够有效保障其他用益物权人的合法权益。

规范内容

一、节约资源、保护生态环境

党的十八大提出了中国特色社会主义事业"五位一体"总体布局，生态文明建设成为中国特色社会主义建设事业的重要组成部分。生态文明建设，需要以制度为支撑，以法律为保障，进而形成生态文明建设的长效机制，使生态文明的理念贯穿于社会主义建设的各项事业。《民法典》的制定肩负着凝练社会发展趋势和彰显时代价值的重任，具体制度体现节约资源、保护生态环境的价值是极具现实意义的正确选择。节约资源、保护生态环境是绿色原则的民法表达，是对当代民法价值的重大发展，足以使我国《民法典》成为一部具有多元化价值的社会化法典，在市民社会的生活秩序中和谐地融入个人利益与自然生态利益，①使得我国《民法典》更加具有现代化的气息。建设用地使用权是国有土地所有权人以国有土地为权利客体为他人设立的用益物权。国有土地所有权人在为他人设立建设用地使用权时要对权利人申请设立的建设用地使用权的具体用途、使用期限、面积等内容进行严格审查，结合土地利用规划，谨慎设立建设用地使用权，实现土地资源的高效集约利用。此外，绿色可持续发展已经成为我国经济社会发展所遵循的基本理念。2019年修正的《土地管理法》第18条将“生态优先，绿色、可持续发展”确立为我国国土空间规划的基本原则。《民法典》明确建设用地使用权的设立应当注重节约资源、保护环境资源，在绿色发展的价值层面，与《土地管理法》形成了有效的衔接。

二、符合土地用途

我国人多地少，土地资源是稀缺性的不可再生资源。随着城镇化的迅速发展，我国建设用地的需求量逐年增长。在这一过程中，大量耕地经批准转变为建设用地，也有大量耕地被非法侵占，土地无序开发的问题日益严重。因此，严格实施土地用途管制成为土地法律制度的重要内容。《土地管理法》第4条明确规定：“国家实行土地用途管制制度。国家编制土地利用总体规划，规定土地用途，将土地分为农用地、建设用地和未利用地。严格限制农用地转为建设用地，控制建设用地总量，对耕地实行特殊保护。前款所称农用地是指直接用于农业生产的土地，包括耕地、林地、草地、农田水利用地、养殖水面等；建设用地是指建造建筑物、构筑物的土地，包括城乡住宅和公共设施用地、工矿用地、交通水利设施用地、旅游用地、军事设施用地等；未利用地是指农用地和建设用地以外的土地。使用土地的单位和个人必须严格按照土地利用总体规划确定的用途使用土地。”土地用途管制的目的在于通过土地利用规划引导合理利用土地，促进区域经济、社会和环境的协调发展，其核心是依据土地利

① 参见邹海林：《民法总则》，法律出版社2018年版，第40页。

用规划对土地用途转变实行严格控制。[①]实行土地用途管制有利于严格控制农用地转为建设用地，从根本上保护耕地，同时也有助于防止土地资源浪费。[②]建设用地使用权的设立准则要求其设立必须符合土地用途的要求，是建设用地使用权制度贯彻土地用途管制的具体体现，《民法典》与《土地管理法》实现了有效衔接。建设用地使用权的设立应当严格遵循与土地用途相关的法律、法规，权利人不得随意改变土地用途，保证建设用地用途的合法性。

三、禁止侵害其他已经合法设立的用益物权

建设用地使用权是具有私法性质的民事权利，这一权利的行使必须遵循民事权利行使的基本原则——禁止权利滥用。禁止权利滥用是民法基本原则，即权利的行使不得以损害他人为主要目的。法律所要禁止的是权利的不法行使。权利滥用后果的产生是基于不法行使，并非权利本身的存在。[③]建设用地使用权的设立不仅局限于地表，地上以及地下空间均可以设立建设用地使用权。建设用地使用权可能由于其他建设用地使用权的不当设立而受到损害。因此，本条明确建设用地使用权的设立不得损害其他已经合法设立的用益物权实属必要。如果违反本条规定的建设用地使用权设立准则，将导致建设用地使用权的内容受到限制甚至不能设立的法律后果。如果造成他人损害，在后权利的设立人应当承担相应的法律责任。

其他问题

在建设用地分层出让的情况下，不同层次的建设用地使用权人之间应当适用相邻关系的规定。如果建设用地使用权人一方需要利用另一方的建设用地，同样可以通过设定地役权的方式加以解决。[④]

---

① 参见卞耀武、李元主编：《中华人民共和国土地管理法释义》，法律出版社1998年版，第46页。

② 参见李显冬、孟磊主编：《中华人民共和国土地管理法适用指南与案例释义》，中国法制出版社2019年版，第13页。

③ 参见王泽鉴：《民法总则》，中国政法大学出版社2001年版，第552页。

④ 参见全国人大常委会法制工作委员会民法室编：《中华人民共和国物权法条文说明、立法理由及相关规定》，北京大学出版社2007年版，第256页。

第三百四十七条【建设用地使用权的设立方式】

设立建设用地使用权，可以采取出让或者划拨等方式。

工业、商业、旅游、娱乐和商品住宅等经营性用地以及同一土地有两个以上意向用地者的，应当采取招标、拍卖等公开竞价的方式出让。

严格限制以划拨方式设立建设用地使用权。

历史由来

本条继承了《物权法》第137条第1款、第2款及第3款第1句的规定。《物权法》第137条规定："设立建设用地使用权，可以采取出让或者划拨等方式。工业、商业、旅游、娱乐和商品住宅等经营性用地以及同一土地有两个以上意向用地者的，应当采取招标、拍卖等公开竞价的方式出让。严格限制以划拨方式设立建设用地使用权。采取划拨方式的，应当遵守法律、行政法规关于土地用途的规定。"在《民法典》编纂过程中，《民法典各分编（草案）》第140条规定："设立建设用地使用权，可以采取出让或者划拨等方式。工业、商业、旅游、娱乐和商品住宅等经营性用地以及同一土地有两个以上意向用地者的，应当采取招标、拍卖等公开竞价的方式出让。严格限制以划拨方式设立建设用地使用权。"该规定在吸收《物权法》第137条时删除了第3款规定中的"采取划拨方式的，应当遵守法律、行政法规关于土地用途的规定"。理由在于，我国实施严格的土地用途管制制度，以划拨方式取得的建设用地使用权，权利人必须按照法律、行政法规规定的用途利用土地是不言自明之理，因而没有必要在此予以强调。《民法典物权编（草案）》（二审稿）第140条、《民法典（草案）》第347条相继延续了《民法典各分编（草案）》第140条的规定。

依据1990年《城镇国有土地使用权出让和转让暂行条例》第13条，国有土地使用权的出让方式包括协议、招标以及拍卖，这里仅仅列举了出让的具体方式，但是并没有对上述出让方式的适用范围作出明确规定。这意味着即使在工业、商业、旅游、娱乐和商品住宅等经营性用地以及同一土地有两个以上意向用地者场合，土地所有权人仍然可以以划拨方式为他人设立土地使用权，以划拨方式取得土地使用权的范围过于广泛，不利于国有土地发挥其应有的价值，土地资源流通市场无法建立。《城镇国有土地使用权出让和转让暂行条例》在规制土地使用权出让方面存在缺陷。依据2007年的《物权法》第137条，工业、商业、旅游、娱乐和商品住宅等经营性用地以及同一土地有两个以上意向用地者的，建设用地使用权只能以公开竞价的方式设立，不能以划拨方式设立。同时，该条还明确规定，严格限制以划拨方式设立建设用地使用权，划拨设立的建设用地使用权，其权利人必须严格依照法律、法规规定的用途使用土地。由此可见，立法对划拨设立建设用地使用权予以严格限制，鼓励、提倡以公开竞价的出让方式设立建设用地使用权。本条延续了《物权法》第137条的立法精神。

王利明教授主持编撰的《中国民法典草案建议稿》第857条规定："土地使用权的出让，除法律另有规定外，应当采取招标、拍卖或者挂牌形式。"① 陈甦教授主持编撰的《中国社会科学院民法典分则草案建议稿》第123条规定："设立建设用地使用权，可以采取出让或者划拨等方式。工业、商业、旅游、娱乐和商品住宅等经营性用地以及同一土地有两个以上意向用地者的，应当采取招标、拍卖等公开竞价的方式出让。严格限制以划拨方式设立建设用地使用权。采取划拨方式的，应当遵守法律、行政法规关于土地用途的规定。"② 由此可见，各学者建议稿对于本条内容的意见较为一致。

三 规范目的或功能

《民法典》之所以对建设用地使用权的设立方式予以明确规定，主要出于以下考量：一是有利于保护当事人的合法权益。建设用地使用权具有较高的使用价值和交换价值，这一权利的设立对于双方当事人来说意义重大。因此，法律对权利的设立方式予以规定，双方当事人在设立建设用地使用权过程中能够明确彼此的权利义务，避免纠纷的产生。二是明确以公开竞价方式设立建设用地使用权以及严格限制以划拨方式设立建设用地使用权，有利于保证

---

① 王利明主编：《中国民法典草案建议稿及说明》，中国法制出版社2004年版，第122页。

② 陈甦主编：《中国社会科学院民法典分则草案建议稿》，法律出版社2019年版，第43页。

国有土地资源的合理利用，规范建设用地使用权的设立。

规范内容

本条属于定义性法条。

一、出让、划拨的含义

所谓出让，是指国土资源管理部门通过与土地适用者签订建设用地使用权合同而使土地使用者取得建设用地使用权的行为。所谓划拨，是指通过行政行为取得建设用地使用权的方式。以划拨方式设立的建设用地使用权的设立条件、程序等由特别法予以规定。

二、以出让方式取得的建设用地使用权的性质

出让是取得建设用地使用权的主要方式，其具有如下特点：一是以出让方式取得的建设用地使用权的客体为国有建设用地，集体土地只有被征收转变为国有土地之后，才能成为建设用地使用权的客体。此时，土地所有权人在该土地之上可以以出让方式为他人设立建设用地使用权。这类建设用地主要为工业、商业、旅游、娱乐和商品住宅等经营性用途。二是以出让方式取得建设用地使用权需经过招标、拍卖、挂牌等公开竞价程序。这一程序性的要求体现了建设用地使用权取得的公平性和公正性。三是以出让方式取得的建设用地使用权一般为有偿取得。中华人民共和国成立初期，我国实行计划经济体制，国有土地的使用是无偿的。改革开放后，社会主义市场经济体制逐步确立，土地资源的市场化配置亦渐趋完善。1988年的《土地管理法》增加了国有土地有偿使用制度。1990年颁布实施的《城镇国有土地使用权出让和转让暂行条例》明确了国有土地使用权实行有偿出让和转让制度。1994年颁布的《城市房地产管理法》以及1998年修订的《土地管理法》基本确立了国有土地使用权采取出让和划拨的形式设立。出让作为国有土地使用权取得的方式得到法律的确认。[①]采取出

① 参见全国人民代表大会常务委员会法制工作委员会编：《中华人民共和国物权法释义》，法律出版社2007年版，第311页。

让方式设立建设用地使用权能够最大程度上体现土地的市场价值。从保护土地资源和国家土地收益的大局来看，采取公开竞价方式不仅是必要的，而且其适用范围还应当不断扩大。[①]四是以出让方式取得的建设用地使用权具有财产性和可处分性。以出让方式设立的建设用地使用权，其主要的依据为土地所有权人与建设用地使用权人经过招标、拍卖、挂牌等公开竞价程序，达成设立建设用地使用权的一致意思表示并以签订建设用地使用权出让合同的形式确认这一意思表示，办理相关建设用地使用权设定程序以及不动产登记后该建设用地使用权得以设立。权利设立后，权利人可以通过依法转让的方式实现建设用地使用权承载的利益。五是以出让方式取得的建设用地使用权的权利具有明确的存续期限。《城镇国有土地使用权出让和转让暂行条例》第12条规定："土地使用权出让最高年限按下列用途确定：（一）居住用地七十年；（二）工业用地五十年；（三）教育、科技、文化、卫生、体育用地五十年；（四）商业、旅游、娱乐用地四十年；（五）综合或者其他用地五十年。"以出让方式取得的建设用地使用权的存续期限不得超过上述规定的最高期限。

三、以划拨方式取得的建设用地使用权的性质

以划拨方式取得的建设用地使用权主要是指用地者基于行政决定无偿取得的建设用地使用权。以划拨方式设立的建设用地使用权事实上涵盖了所有非通过国有建设用地一级市场取得的建设用地使用权，通过划拨方式取得建设用地使用权的大致程序是：一是土地使用权的立项。项目必须列入国家投资规划项目或者经批准后的国家项目，建设单位方可申请该类建设用地。二是提出用地申请。建设单位必须持国务院主管部门或县级以上地方人民政府按照国家基本建设程序批准的设计任务书或者其他批准文件，向县级以上地方人民政府土地管理部门提出用地申请。三是审批划拨。县级以上地方人民政府对申请人提交的各项材料进行审核，如果提交材料齐备且真实有效，则以行政命令方式确定具体地块，并指令土地管理部门划拨给申请人。申请人取得县级以上地方人民政府的用地批准文件

---

① 参见全国人民代表大会常务委员会法制工作委员会编：《中华人民共和国物权法释义》，法律出版社2007年版，第312页。

后，可以向不动产登记机关申请建设用地使用权设立登记。如果批准其使用的土地尚为集体土地，还应当依照用地批准文件办理征地手续，并按照法律规定支付土地补偿费、安置补偿费等费用。①经过征收程序后，土地所有权的性质转变为国有土地，申请人方可使用该土地。这一权利的特点主要表现在以下方面：一是以划拨方式取得的建设用地使用权的客体为国有建设用地。集体土地被征收后性质转变为国有土地，方可在该土地之上以划拨方式设定建设用地使用权。二是以划拨方式取得的建设用地使用权主要用于公益设施的建设。2001年，国土资源部发布的《划拨用地目录》对以划拨方式取得的建设用地使用权作出了具体规定。三是以划拨方式取得的建设用地使用权具有无偿性。行政划拨建设用地使用权的目的之一，在于扶持具有国家利益或社会公共利益的项目。②由此决定，以划拨方式设立的建设用地使用权具有无偿性。四是以划拨方式取得建设用地使用权受到法律严格的限制。由于以划拨方式取得的建设用地使用权的设立具有无偿性的特征，因此法律对于此类建设用地使用权予以严格限制，其设立必须经过严格的审批程序。此类建设用地使用权一般不具有可转让性、可抵押性。

其他问题

本条规定没有明确工业、商业、旅游、娱乐和商品住宅等经营性用地以及同一土地有两个以上意向用地者的，没有采取竞价方式设立建设用地使用权的法律后果。事实上，应当采用竞价方式设立建设用地使用权而没有采用竞价方式设立建设用地使用权，不产生设立建设用地使用权的法律效果。设立人因设立行为造成他人损害的，应当承担损害赔偿责任。

---

① 参见王利明、尹飞、程啸：《中国物权法教程》，人民法院出版社2007年版，第327页。

② 参见崔建远：《物权：规范与学说——以中国物权法的解释论为中心》（下册），清华大学出版社2011年版，第536页。

第三百四十八条【建设用地使用权出让合同的形式与内容】

通过招标、拍卖、协议等出让方式设立建设用地使用权的，当事人应当采用书面形式订立建设用地使用权出让合同。

建设用地使用权出让合同一般包括下列条款：

（一）当事人的名称和住所；

（二）土地界址、面积等；

（三）建筑物、构筑物及其附属设施占用的空间；

（四）土地用途、规划条件；

（五）建设用地使用权期限；

（六）出让金等费用及其支付方式；

（七）解决争议的方法。

历史由来

本条承袭了《物权法》第138条的规定，略作增补和修改：一是将第138条第1款规定中的“采取招标……等出让方式”改为“通过招标……等出让方式”，“采取书面形式”改为“采用书面形式”；二是把第2款第4项规定中的“土地用途”增补为“土地用途、规划条件”。之所以将“采取”修改为“采用”，是为了与其他的类似规定在语言表达上保持一致。把“土地用途”修改为“土地用途、规划条件”的原因在于，明确建设用地使用权出让合同中应当增加规划条件的内容，避免建设用地使用权的出让因违反规划而无效。从《民法典》编纂过程看，《民法典各分编（草案）》第141条在吸收《物权法》第138条的规定时，将其第2款第4项由“土地用途”增补为“土地用途、规划条件”。《民法典物权编（草案）》（二审稿）第141条把《民法典各分编（草案）》第141条第1款规定中的“采取书面形式”修改为“采用书面形式”。王利明教授主持编撰的《中国民法典草案建议稿》第858条规定：“依法出让土地使用权的，双方应当签订书面土地出让合同。土地使用权出让合同应当包括以下内容：（一）双方当事人的姓名或名称、住所；（二）土地的位置范围；土地用途；（三）土地使用权的期限；（四）出让金的数额、支付方式；（五）当事人约定的其他内容。”[①]陈甦教授主持编撰的《中国社会科学院民法典分则草案建议稿》第124条规定：“采取招标、拍卖、协议等出让方式设立建设用地使用权的，当事人应当采取书面形式订立建设用地使用权出让合同。建设用地使用权出让合同一般包括下列条款：（一）当事人的名称和住所；（二）土地界址、面积等；（三）建筑物、构筑物及其附属设施占用的空间；（四）土地用途；（五）使用期限；（六）出让金等费用及其支付方式；（七）解决争议的方法。”[②]由此可见，各学者建议稿对于《民法典》中设置本条文持肯定的态度。

规范目的或功能

第1款是为了规定建设用地使用权出让合同的形式，即应当签订书面合同。法律之所以要求当事人签订书面合同，主要是因为建设用地使用权出让合同是一种不动产使用权交易，对双方利益影响巨大，需要谨慎而为。第2款是为了对建设用地使用权出让合同的条款作出例示性规定，引导建设用地使用权出让之书面合同的签订。

规范内容

建设用地使用权出让合同，是指市、县级人民政府或其土地资源行政主管部门代表国家与用地者约定，国家以土地所有权人的身份将建设用地使用权在一定年限内让与用地者，用地者向国家支付建设用地使用权出让金的合同。[③]采取招标、拍卖、协议等出让方式设立建设用地使用权的，当事人应当采用书面形式订立建设用地使用权出让合同。由于法律规定这一合同必须具备书面形式，因此这一合同应当属于要式合同。虽然各级人民政府代表国家，以土地所有人的身份与建设用地使用权人签订出让合同，但是该合同属于国

---

① 王利明主编：《中国民法典草案建议稿及说明》，中国法制出版社2004年版，第122页。

② 陈甦主编：《中国社会科学院民法典分则草案建议稿》，法律出版社2019年版，第43页。

③ 参见崔建远：《物权：规范与学说——以中国物权法的解释论为中心》（下册），清华大学出版社2011年版，第558页。

家以民事主体身份与其他主体从事交易的行为。[①]因此，其性质应当认定为民事合同。[②]由此所决定，合同约定的双方的权利义务具有民事权利义务的属性，合同双方的法律地位平等，而并非管理与被管理的纵向关系。

建设用地使用权出让合同的一般条款包括：

1. 当事人的名称和住所。双方当事人在签订建设用地使用权出让合同时，首先应当明确合同主体的身份，明确双方的基本情况。建设用地的所有权人是国家，但一般是由市、县人民政府或其土地资源行政主管部门代表国家作为土地出让主体。

2. 土地界址、面积等。设立建设用地使用权，双方应当对建设用地使用权的客体予以明确。否则权利人难以有效行使该权利。为了明确建设用地使用权客体的范围，实践中，建设用地使用权出让合同后会附有经过测量且双方认可的出让土地界址图。

3. 建筑物、构筑物及其附属设施占用的空间。建设用地使用权设立的主要目的在于权利人利用该土地建造建筑物、构筑物及其附属设施。在同一宗建设用地的地表、地上空间以及地下空间均设立建设用地使用权的情况下，为了防止各建设用地使用权人行使权利发生冲突，必须明确建筑物、构筑物及其附属设施的建造占有地表、地上空间以及地下空间的范围。

4. 土地用途、规划条件。建设用地使用权的用途、规划条件是土地出让合同中应当明确的重要内容。建设用地使用权人在享有和行使权利期间，不得擅自变更合同约定的土地用途。同时，建设用地使用权人对建设用地的利用，应当满足土地规划的要求。当土地规划发生变化时，合同双方当事人可以以变更合同内容的方式对土地用途做出适当调整。

5. 建设用地使用权期限。建设用地使用权属于用益物权，其与土地所有权的最大区别在于具有存续期限。建设用地使用权出让合同应当明确权利的存续期限。依据《城镇国有土地使用权出让和转让暂行条例》第12条，土地使用权出让最高年限按下列用途确定：（1）居住用地七十年；（2）工业用地

---

① 参见全国人民代表大会常务委员会法制工作委员会编：《中华人民共和国物权法释义》，法律出版社2007年版，第315页。

② 参见王利明：《物权法研究》（下卷），中国人民大学出版社2016年版，第873页。

五十年；（3）教育、科技、文化、卫生、体育用地五十年；（4）商业、旅游、娱乐用地四十年；（5）综合或者其他用地五十年。实践中，建设用地使用权出让的最高年限一般参照上述标准执行。

6.出让金等费用及其支付方式。建设用地使用权的出让一般是有偿的，建设用地使用权人应当向出让人支付出让金。按照《国有土地使用权合同解释》第3条之规定，经市、县人民政府批准同意以协议方式出让的土地使用权，土地使用权出让金低于订立合同时当地政府按照国家规定确定的最低价的，应当认定土地使用权出让合同约定的价格条款无效。由此可见，建设用地使用权出让合同约定的出让金不能低于国家规定的最低价。依据《城镇国有土地使用权出让和转让暂行条例》第14条的规定，土地使用权受让方应当于签订土地使用权出让合同后60日内，支付全部土地使用权出让金。

7.解决争议的方法。建设用地使用权双方可以在合同中约定纠纷解决的方法，一般为仲裁或诉讼。

其他问题

本条规定列举的建设用地使用权出让合同的条款为一般条款，在这些条款之外，双方当事人可以就涉及建设用地使用权的其他内容进行约定。本条未明确建设用地使用权出让合同当事人未采取书面形式订立合同以及合同欠缺主要条款的后果。一般认为，在这一合同关系中，国家设立建设用地使用权并移转给对方，而建设用地使用权人则取得建设用地使用权并为此支付相应对价（建设用地使用权出让金）。该合同为双务有偿合同，出让合同当事人没有采用书面形式订立合同，其法律后果应依据《民法典》第490条进行判断。法律并没有对该合同的生效要件进行特别规定，该合同应当被认定为诺成合同。根据《民法典》第136条第1款与第502条第1款的规定，建设用地使用权合同自成立时生效，但是法律另有规定或者当事人另有约定的除外。

第三百四十九条【建设用地使用权的设立登记】

设立建设用地使用权的，应当向登记机构申请建设用地使用权登记。建设用地使用权自登记时设立。登记机构应当向建设用地使用权人发放权属证书。

历史由来

本条继承了《物权法》第139条的规定，只是将“发放建设用地使用权证书”修改为“发放权属证书”。《物权法》第139条规定：“设立建设用地使用权的，应当向登记机构申请建设用地使用权登记。建设用地使用权自登记时设立。登记机构应当向建设用地使用权人发放建设用地使用权证书。”在《民法典》编纂过程中，《民法典各分编（草案）》第142条在吸收《物权法》第139条时，将其第三句规定的“建设用地使用权证书”修改成“权属证书”。修改原因在于，依据《不动产登记暂行条例》的规定，我国建立了不动产统一登记制度，建设用地使用权被纳入不动产统一登记范畴。依据《不动产登记暂行条例》第21条，不动产登记机构完成建设用地使用权登记后，向申请人核发不动产权属证书，而不再核发建设用地使用权证。《民法典物权编（草案）》（二审稿）第142条、《民法典（草案）》第349条都接受了《民法典各分编（草案）》第142条的规定。

梁慧星教授主持编撰的《中国民法典草案建议稿》物权编第426条规定：“设立基地使用权，当事人双方应当在不动产登记机关进行设立登记。基地使用权，自登记之日设定。须变更土地的登记用途或特别法规定的用途而设立基地使用权，应当依法事先向县级以上人民政府管理部门申请批准。”[①] 陈甦教授主持编撰的《中国社会科学院民法典分则草案建议稿》第125条规定：“建设用地使用权的设立应当办理登记，建设用地使用权自完成登记时设立。登记机构应当向建设用地使用权人发放建设用地使用权证书。”[②] 王利明教授主持

---

① 梁慧星主编：《中国民法典草案建议稿附理由：物权编》，法律出版社2013年版，第350页。

② 陈甦主编：《中国社会科学院民法典分则草案建议稿》，法律出版社2019年版，第43页。

编撰的《中国民法典草案建议稿》第861条规定："土地使用权人依法取得土地使用权的，应当办理设立登记。土地使用权自登记之日起成立。"[①]由此可见，各学者建议稿对于以登记作为建设用地使用权设立的生效要件持肯定态度。

规范目的或功能

本条的目的在于明确建设用地使用权的设立登记及其效力。建设用地使用权的性质为用益物权，具有绝对性、排他性的效力，其设立事关除权利人外的不特定第三人利益，明确这一权利设立的条件十分必要。本条明确将登记作为建设用地使用权设立的法定条件，有利于保障不特定第三人的合法权益。《民法典》第209条规定："不动产物权的设立、变更、转让和消灭，经依法登记，发生效力；未经登记，不发生效力，但是法律另有规定的除外。依法属于国家所有的自然资源，所有权可以不登记。"本条是对物权设立登记生效原则的具体贯彻。

规范内容

一、建设用地使用权以登记为设立的法定条件

建设用地使用权登记是指不动产统一登记机关将建设用地使用权的归属、用途、面积等基本事项登记在登记簿上，并向权利人颁发权属证书。建设用地使用权出让合同的签订，仅仅意味着土地所有权行使主体与土地使用人形成了债权、债务关系。只有通过登记，具备物权属性的建设用地使用权才能有效设立。出让合同生效，并非建设用地使用权取得的充分条件，只有办理完毕建设用地使用权登记手续，受让人才能取得建设用地使用权，登记赋予建设用地使用权以物权效力。以登记作为不动产物权设立、变动要件是以德国为代表的大陆法系国家和地区采取的一种物权变动模式。《德国民法典》第

---

① 王利明主编：《中国民法典草案建议稿及说明》，中国法制出版社2004年版，第122—123页。

873条规定："以法律不另有规定为限，就转让土地所有权，以某项权利对土地设定负担，以及转让此种权利或对此种权利设定负担而言，权利人和相对人之间必须达成关于发生权利变更的合意，且必须将权利的变更登记于土地登记簿。在登记前，仅在表示已被做成公证证书或已在土地登记处做出或已向土地登记处提交，或权利人已向相对人交付符合《土地登记法》规定的登记许可证书时，当事人才受合意的约束。"①《奥地利普通民法典》第431条规定："不动产的所有权，只有以取得不动产为内容的法律行为以此目的在公共登记簿上登记时才发生移转。此等登记称为地籍登记。"②《瑞士民法典》第656条规定："不动产所有权的取得，须在不动产登记簿进行登记。因先占、继承、征收、强制执行或法院判决之情形而取得不动产的人，在登记前即成为所有权人，但是非经登记不得在不动产登记簿上进行不动产处分。"③我国台湾地区规定，不动产物权，依法律行为而取得、设定、丧失及变更者，非经登记，不生效力。物权的设立和变更以登记为生效要件，由此产生的问题是建设用地使用权出让合同与建设用地使用权的设立之间的效力如何协调。依据物权行为理论，建设用地使用权的设定行为具有独立性，其效力与合同行为相区分。即使建设用地使用权出让合同被撤销或被认定无效，建设用地使用权的设立也不受影响。但是我国立法没有采纳物权行为无因性理论，建设用地使用权的设立效力将受到合同效力的影响。

二、建设用地使用权权属证书的取得

建设用地使用权的设立以登记为法定条件，登记是建设用地使用权人取得权属证书的必要条件。没有登记，具备物权属性的建设用地使用权不能设立，自然不涉及登记机关向权利人发放权属证书的问题。

三、建设用地使用权登记属于不动产登记

《不动产登记暂行条例》颁布实施以前，建设用地使用权的登记机关为县

① 陈卫佐译注：《德国民法典》，法律出版社2015年版，第332页。

② 周友军、杨垠红译：《奥地利普通民法典》，清华大学出版社2013年版，第70页。

③ 于海涌、赵希璇译：《瑞士民法典》，法律出版社2016年版，第233页。

级以上地方人民政府。《不动产登记暂行条例》颁布实施后，我国建立了不动产统一登记制度。《土地管理法》第12条第1款规定："土地的所有权和使用权的登记，依照有关不动产登记的法律、行政法规执行。"建设用地使用权属于典型的不动产物权，其设立登记属于不动产统一登记。《不动产登记暂行条例》第3条规定："不动产首次登记、变更登记、转移登记、注销登记、更正登记、异议登记、预告登记、查封登记等，适用本条例。"第5条规定："下列不动产权利，依照本条例的规定办理登记：（一）集体土地所有权；（二）房屋等建筑物、构筑物所有权；（三）森林、林木所有权；（四）耕地、林地、草地等土地承包经营权；（五）建设用地使用权；（六）宅基地使用权；（七）海域使用权；（八）地役权；（九）抵押权；（十）法律规定需要登记的其他不动产权利。"申请建设用地使用权登记的当事人应当遵照《不动产登记暂行条例》办理建设用地使用权设立登记，不动产登记机构在完成登记后向建设用地使用权人发放权属证书。

其他问题

以划拨方式设立的建设用地使用权，当事人一般不需要签订建设用地使用权出让合同，而是通过"国有土地划拨决定书"的形式实现建设用地使用权的设立。但是以划拨方式取得的建设用地使用权仍然以登记为设立条件。[①]建设用地使用权的设立登记不仅包括以出让方式设立的建设用地使用权，而且包括以划拨方式设立的建设用地使用权。当事人设立建设用地使用权但未登记的，建设用地使用权不发生物权效力。

第三百五十条【土地用途的变更】

建设用地使用权人应当合理利用土地，不得改变土地用途；需要改变土地用途的，应当依法经有关行政主管部门批准。

① 参见全国人大常委会法制工作委员会民法室编：《中华人民共和国物权法条文说明、立法理由及相关规定》，北京大学出版社2007年版，第261—262页。

历史由来

本条完全承袭了《物权法》第140条的规定，在《民法典》编纂期间，各草案都没有作任何修改。

陈甦教授主持编撰的《中国社会科学院民法典分则草案建议稿》第128条规定："建设用地使用权人应当合理利用土地，不得改变土地用途；需要改变土地用途的，应当依法经有关行政主管部门批准。"[①]王利明教授主持编撰的《中国民法典草案建议稿》第874条规定："土地使用权人需要变更土地用途的，应当经有关部门批准，并应当办理变更登记。土地使用权人将土地分割或者合并的，应当办理变更登记。"[②]由此可见，各学者建议稿对于《民法典》中设置本条文持肯定的态度。

规范目的或功能

加强土地用途管制、高效合理利用土地、防止土地资源的浪费是我国的基本国策。本条的目的在于防止建设用地使用权人随意变更土地用途，破坏土地管理秩序，造成土地资源的浪费。土地是稀缺性资源，建设用地使用权人必须合理利用土地，避免对土地资源的浪费。加强对建设用地用途的管制，一直是我国土地行政主管部门对建设用地进行整治的内容之一。以《土地管理法》《城镇国有土地使用权出让和转让暂行条例》为代表的现行法律、行政法规对土地用途变更条件、程序等相关内容已经作出规定。本条规定内容强调建设用地使用权人应当按照法律规定的用途、出让合同约定的用途利用土地并明确土地用途变更的法定条件，有利于实现《民法典》与《土地管理法》在规范目的层面的协调。

---

① 陈甦主编：《中国社会科学院民法典分则草案建议稿》，法律出版社2019年版，第44页。

② 王利明主编：《中国民法典草案建议稿及说明》，中国法制出版社2004年版，第124页。

规范内容

一、建设用地用途的确定

建设用地用途固定的依据为建设用地使用权出让合同，出让合同须明确建设用地的具体用途。建设用地的用途在建设用地使用权设立时已经登记，成为建设用地使用权登记的重要组成部分。已经登记的建设用地用途，未经批准不得变更，此为土地用途管制的重要途径。建设用地使用权人必须按照双方约定以及登记的用途使用建设用地，不得随意变更。按照土地的用途使用土地是建设用地使用权人的一项义务。①

二、建设用地用途的变更

我国民法承认物权的绝对性，奉行物尽其用的效益原则，保护交易安全与便捷原则。②一方面，建设用地用途的管制对防止土地资源的浪费发挥了积极作用；另一方面，物权制度应当保障建设用地使用权人的合法权益，使建设用地在权利人的占有、使用过程中能够不断提升利用效率。由于建设用地使用权存续期限较长，在其存续期间，客观情况可能发生较大变化，法律绝对禁止建设用地使用权人变更建设用地用途有失公允。因此，依据客观情况需要，建设用地使用权人确需变更建设用地用途的，法律应当准许。依据《城镇国有土地使用权出让和转让暂行条例》第18条，建设用地用途变更需要满足一定条件。一是经行政管理部门批准。法律对于建设用地用途的限制并非绝对。如果建设用地用途确需变更，当事人必须在协商一致后，到县级以上人民政府土地主管部门申请建设用地用途变更。这一申请被批准后，建设用地使用权人方可变更建设用地用途。③二是经出让方同意。建设用地使用权人不得单方申请变更建设用地用途，而是需要征得出让人同意。建设用地使用权出让人与建设用地使用权人应当对建设用地用途的变更形成一致的意思表示。设立这一限制条件的

---

① 参见王利明主编：《中国物权法草案建议稿及说明》，中国法制出版社2001年版，第363页。

② 参见崔建远：《物权：生长与成型》，中国人民大学出版社2004年版，第163页。

③ 参见梁慧星主编：《中国民法典草案建议稿附理由：物权编》，法律出版社2013年版，第387页。

目的在于保护建设用地出让人的合法权益，防止建设用地使用权人随意变更建设用地用途。满足上述条件后，建设用地使用权人方可变更建设用地的用途。

建设用地用途变更一般针对以出让方式取得的建设用地的用途变更。原因在于，以划拨方式取得的建设用地使用权往往具有公益性。《土地管理法》第54条规定："建设单位使用国有土地，应当以出让等有偿使用方式取得；但是，下列建设用地，经县级以上人民政府依法批准，可以以划拨方式取得：（一）国家机关用地和军事用地；（二）城市基础设施用地和公益事业用地；（三）国家重点扶持的能源、交通、水利等基础设施用地；（四）法律、行政法规规定的其他用地。"为了保障公益性设施的稳定性，作为这类建设用地使用权客体的建设用地，其用途一般不会发生变更。

在变更用途过程中，以出让方式取得建设用地使用权的权利人需要与土地出让人重新签订土地出让合同，补交土地出让金差价。以划拨方式取得的建设用地用途的变更一般与其权利性质的变更相关联，即以划拨方式取得的建设用地使用权转变为以出让方式取得的建设用地使用权。如果是无偿划拨的建设用地转变为有偿出让的建设用地，建设用地使用权人还应当补交土地出让金。此外，建设用地用途变更应当办理变更登记。

三、擅自变更建设用地用途的后果

擅自变更建设用地用途不仅是一种违法行为，还是一种违约行为。[①]擅自变更建设用地用途的建设用地使用权人应当向建设用地使用权出让人承担违约责任，赔偿由其擅自变更建设用地用途而给建设用地使用权出让人造成的损失。《国有土地使用权合同解释》第6条规定："受让方擅自改变土地使用权出让合同约定的土地用途，出让方请求解除合同的，应予支持。"受让方擅自改变土地使用权出让合同约定的土地用途，出让方享有合同解除权，收回建设用地。建设用地使用权因此而消灭。建设用地使用权人擅自变更土地用途，土地行政管理部门可以要求建设用地使用权人限期恢复土地原用途，并对建设用地使用权人予以相应的行政处罚。

---

① 参见全国人民代表大会常务委员会法制工作委员会编：《中华人民共和国物权法释义》，法律出版社2007年版，第319页。

第三百五十一条【土地出让金】

建设用地使用权人应当依照法律规定以及合同约定支付出让金等费用。

历史由来

本条完全承袭了《物权法》第141条的规定，在《民法典》编纂期间，各草案都没有作出任何修改。

梁慧星教授主持编撰的《中国民法典草案建议稿》物权编第433条规定："设立基地使用权而为出让时，其价金支付期限不得超过两年；超过两年的，视为租金。价金未全部支付的基地使用权，不得转让。"第434条规定："基地使用权人应当按照约定履行支付租金的义务。基地使用权的租金如经登记，可以对抗第三人。有欠租的基地使用权转让后，如果该租金已在不动产登记簿上登记，土地所有人可向基地使用权的转让人或受让人请求支付欠租。但是，基地使用权的受让人可请求土地所有人先申请法院强制执行转让人的欠租，再由受让人支付未能执行的欠租部分。"第435条规定："设立基地使用权时，当事人可以约定租金的增加方法与每次增加的幅度。未作约定，土地所有人非以情事变更为由，不得请求增加租金。基地使用权人非以情事变更为由，不得请求减免租金。"[①]陈甦教授主持编撰的《中国社会科学院民法典分则草案建议稿》第129条规定："建设用地使用权人应当依照法律规定以及合同约定支付出让金等费用。"[②]王利明教授主持编撰的《中国民法典草案建议稿》第860条第1款规定："国有土地使用权的费用采用出让金的方式缴纳。土地使用权人应当按照出让合同的规定，缴纳出让金。"[③]由此可见，各学者建议稿对于《民法典》中设置本条文持肯定态度。

---

① 梁慧星主编：《中国民法典草案建议稿附理由：物权编》，法律出版社2013年版，第365—368页。

② 陈甦主编：《中国社会科学院民法典分则草案建议稿》，法律出版社2019年版，第44页。

③ 王利明主编：《中国民法典草案建议稿及说明》，中国法制出版社2004年版，第122页。

规范目的或功能

本条的现实意义在于克服国有土地无偿使用机制的弊端，实现国有土地资源的高效利用、建立市场化的土地资源流通机制。本条明确建设用地使用权人支付土地出让金等费用的义务是国有土地有偿使用制度以及土地使用权出让金等费用缴纳制度在《民法典》中落实的具体表现。其现实意义在于：一是保障社会主义土地公有制的主体地位。土地公有制是社会主义公有制的重要组成部分，在社会主义市场经济条件下，实行国有土地的有偿使用制度，通过收取出让金等费用取得土地收益，才能使国家对土地的所有权在经济上得到实现。二是土地出让金等费用的收取，有利于提升国家的财政能力，对增进社会公共福利具有较大裨益。土地蕴含着巨大的社会财富，随着经济社会的不断发展，国家掌握了国有土地的收益，更有能力支持社会公益事业建设，增进社会公共福祉。三是有利于推进社会主义市场经济的健康发展。土地是基本的生产资料，建设用地使用权人通过支付土地出让金的方式获得建设用地使用权。土地资源以此种方式进入生产要素市场，进而有助于完整的社会主义市场经济体系的建立。土地资源通过市场的调配进而实现了资源的优化配置，最大限度发挥建设用地的效用和价值，促进社会主义市场经济的健康发展。①

规范内容

一、出让金等费用的支付主体

本条明确了建设用地使用权人负有支付建设用地出让相关费用的义务。支付出让金等费用的义务主体为建设用地使用权人，其对建设用地享有占有、使用、收益的权利，本着谁受益谁付费的原则，应当依据法律规定以及出让

① 参见全国人大常委会法制工作委员会民法室编：《中华人民共和国物权法条文说明、立法理由及相关规定》，北京大学出版社2007年版，第264—265页。

合同的约定支付土地出让金等费用。有义务支付出让金等费用的，不仅包括以出让方式获得建设用地使用权的权利人，还包括以划拨方式获得建设用地使用权的权利人。前者支付的费用主要为土地出让金，后者支付的费用主要为安置补偿费等土地取得成本。①

二、支付出让金等费用的依据

建设用地使用权人支付土地出让金等费用的依据为法律以及出让合同，建设用地使用权人应当依据法律以及合同约定的金额、支付方式等履行相应的支付义务。《民法典》第348条规定："通过招标、拍卖、协议等出让方式设立建设用地使用权的，当事人应当采用书面形式订立建设用地使用权出让合同。建设用地使用权出让合同一般包括下列条款：……（六）出让金等费用及其支付方式；……"出让金等费用的支付成为建设用地使用权出让合同的主要条款，是建设用地使用权出让合同的重要组成部分。在出让合同不违反法律、行政法规强制规定的情况下，该合同自签订时生效，对双方当事人产生拘束力。建设用地使用权人应当依照合同约定，履行支付出让金等费用的义务。因此，建设用地使用权出让合同成为建设用地出让人请求建设用地使用权人支付出让金等费用的依据。

除此以外，法律、行政法规对于建设用地使用权人支付出让金等费用的义务亦有明确规定。具体而言：

首先，《土地管理法》对于建设用地使用权人支付出让金等费用的义务作出明确规定。该法第2条第5款规定："国家依法实行国有土地有偿使用制度。但是，国家在法律规定的范围内划拨国有土地使用权的除外。"第55条规定："以出让等有偿使用方式取得国有土地使用权的建设单位，按照国务院规定的标准和办法，缴纳土地使用权出让金等土地有偿使用费和其他费用后，方可使用土地。自本法施行之日起，新增建设用地的土地有偿使用费，百分之三十上缴中央财政，百分之七十留给有关地方人民政府。具体使用管理办法由国务院财政部门会同有关部门制定，并报国务院批准。"

---

① 参见梅夏英、高圣平：《物权法教程》，中国人民大学出版社2007年版，第244页。

其次，《城市房地产管理法》对于建设用地使用权人支付出让金等费用的义务亦作出明确规定。《城市房地产管理法》第16条规定："土地使用者必须按照出让合同约定，支付土地使用权出让金；未按照出让合同约定支付土地使用权出让金的，土地管理部门有权解除合同，并可以请求违约赔偿。"第40条规定："以划拨方式取得土地使用权的，转让房地产时，应当按照国务院规定，报有批准权的人民政府审批。有批准权的人民政府准予转让的，应当由受让方办理土地使用权出让手续，并依照国家有关规定缴纳土地使用权出让金。以划拨方式取得土地使用权的，转让房地产报批时，有批准权的人民政府按照国务院规定决定可以不办理土地使用权出让手续的，转让方应当按照国务院规定将转让房地产所获收益中的土地收益上缴国家或者作其他处理。"第51条规定："设定房地产抵押权的土地使用权是以划拨方式取得的，依法拍卖该房地产后，应当从拍卖所得的价款中缴纳相当于应缴纳的土地使用权出让金的款额后，抵押权人方可优先受偿。"第67条规定："违反本法第四十条第一款的规定转让房地产的，由县级以上人民政府土地管理部门责令缴纳土地使用权出让金，没收违法所得，可以并处罚款。"

最后，《城镇国有土地使用权出让和转让暂行条例》对于建设用地使用权人支付出让金等费用的义务同样作出明确规定。《城镇国有土地使用权出让和转让暂行条例》第8条规定："土地使用权出让是指国家以土地所有者的身份将土地使用权在一定年限内让与土地使用者，并由土地使用者向国家支付土地使用权出让金的行为。土地使用权出让应当签订出让合同。"

三 其他问题

《城镇国有土地使用权出让和转让暂行条例》第14条规定："土地使用者应当在签订土地使用权出让合同后六十日内，支付全部土地使用权出让金。逾期未全部支付的，出让方有权解除合同，并可请求违约赔偿。"由此可见，建设用地使用权人支付土地出让金必须在特定期限内一次性缴纳完毕。事实上，建设用地使用权出让金等费用的金额较大，为减轻建设用地使用权人的负担，活跃土地市场，法律应当允许建设用地使用权人与建设用地使用出让人约定分期或适当延期支付出让金等费用。[①]《城镇国有土地使用权出让和转让暂行条例》第21条规定："土地使用权转让时，土地使用权出让合同和登记文件中所载明的权利、义务随之转移。"依据上述规定，建设用地使用权人未支付或未完全支付建设用地出让金的情况下转让建设用地使用权，建设用地使用权受让人承担缴纳建设用地使用权出让金的义务。

第三百五十二条【建筑物、构筑物及其附属设施的归属】

建设用地使用权人建造的建筑物、构筑物及其附属设施的所有权属于建设用地使用权人，但是有相反证据证明的除外。

历史由来

本条承袭了《物权法》第142条的规定，只是把"但"改成了"但是"。在《民法典》编纂过程中，《民法典各分编（草案）》第145条完全延续了《物权法》第142条的规定。《民法典物权编（草案）》（二审稿）第145条将"但有相反证据证明的除外"修改为"但是有相反证据证明的除外"。《民法典（草案）》第352条与《民法典物权编（草案）》（二审稿）第145条的规定完全相同。

规范目的或功能

本条明确了建设用地使用权人在建设用地之上建造的建筑物、构筑物及其附属设施的归属，即建设用地使用权人在建设用地之上建造的建筑物、构筑物及其附属设施的所有权归属于建设用地使用权人，说明在土地所有权人与地上物所有权人之间，我国不动产权利归属遵循"房地分离"原则。建筑物、构筑物及其附属设施的所有权具有独立性，可与土地所有权分离，不被土地所有权所吸收。建设用地使用权人在取得建设用地使用权后，需要在该土地之上建造建筑物、构筑物及其附属设施。

---

① 参见梁慧星主编：《中国民法典草案建议稿附理由：物权编》，法律出版社2013年版，第364—365页。

规范内容

本条规定属于推定性法条。

一、建筑物、构筑物及其附属设施归属于建设用地使用权人的依据

《民法典》第231条规定："因合法建造、拆除房屋等事实行为设立或者消灭物权的，自事实行为成就时发生效力。"建设用地使用权人基于建造建筑物、构筑物以及附属设施的事实行为而取得其所有权。

建筑物是指固定于土地上，能够供人们生产、生活使用的房屋或者其他场所，如住宅、厂房等；构筑物是指固定于土地上，不能供人们在其中生产、生活的设施，如道路、桥梁等；附属设施是指建筑物和构筑物所附属的园林等物。[①]比较法上，传统大陆法系国家的地上权与建设用地使用权相似，其核心功能在于权利人建造建筑物、构筑物及其附属设施并保有其所有权。《德国地上权条例》第1条规定："土地得为他人的利益而设定负担，使之取得于土地的上下保有建筑物的权利，并可将之让与及由继承人继承。"[②]《日本民法典》第265条规定："地上权人，因在他人土地上对工作物或竹木的所有而享有使用其土地的权利。"[③]《韩国民法典》第279条规定："地上权有以在他人土地上所有建筑物或其他工作物，或树木为目的，而使用他人土地的权利。"[④]《葡萄牙民法典》第1525条规定："当地上权之标的为建造一工作物，其范围得包括部分非属建造工作物所需占用之土地，只要该部分之土地有助于对该工作物之使用。地上权得以在他人土地上建造或保留工作物为标的。"[⑤]《荷兰民法典》第101条规定："地上权是指在他人所有的不动产内、不动产上或不动产上空拥有或取得建筑物、工作物或种植物的物权。地上权可

---

① 申卫星：《物权法原理》（第二版），中国人民大学出版社2016年版，第256—257页。

② 参见陈华彬：《物权法要义》，中国政法大学出版社2018年版，第289页。

③ 渠涛编译：《最新日本民法》，法律出版社2006年版，第58页。

④ 崔吉子译：《韩国最新民法典》，北京大学出版社2010年版，第169页。

⑤ 唐晓晴等译：《葡萄牙民法典》，北京大学出版社2009年版，第262页。

以独立于另一物权而被授予，或者其可以依存于此种物权或者上款所称的不动产的租赁。设立契据可以约定，地上权人有义务定期或不定期地向所有权人支付一定数额的金钱作为地租。”①同样，建设用地使用权人取得建设用地使用权的目的在于建造建筑物、构筑物及其附属设施并取得其所有权，建造建筑物、构筑物及其附属设施是建设用地使用权的核心功能。王利明教授主持编撰的《中国民法典草案建议稿》第854条第1款规定：“土地使用权是指以开发利用、生产经营、社会公益事业为目的，在国家所有或者集体所有的土地上营造建筑物或者其他附着物并进行占有、使用、收益的权利。”②梁慧星教授主持编撰的《中国民法典草案建议稿》物权编第422条规定：“基地使用权，是指为在他人土地之上建造并所有建筑物或其他附着物而使用他人土地的权利。”③

二、建筑物、构筑物及其附属设施非归属于建设用地使用权人的例外情况

“但是有相反证据证明的除外”这一但书揭明建筑物、构筑物及其附属设施在满足一定条件时可能并不归属于建设用地使用权人。该但书所指情形主要包括：

一是土地租赁权可以作为取得建筑物所有权的正当基础。《民法典》对于建设用地使用权的租赁没有予以明确规定，但是既有的部门规章、行政法规对于建设用地的租赁予以认可。原国土资源部1999年7月印发的《规范国有土地租赁若干意见》规定：国有土地租赁是指国家将国有土地出租给使用者使用，由使用者与县级以上人民政府土地行政主管部门签订一定年期的土地租赁合同，并支付租金的行为。国有土地租赁是国有土地有偿使用的一种形式，是出让方式的补充。国有土地租赁可以根据具体情况实行短期租赁和长期租赁。对短期使用或用于修建临时建筑物的土地，应实行短期租赁，短期

---

① 王卫国主译：《荷兰民法典》，中国政法大学出版社2006年版，第138页。

② 王利明主编：《中国民法典草案建议稿及说明》，中国法制出版社2004年版，第122页。

③ 梁慧星主编：《中国民法典草案建议稿附理由：物权编》，法律出版社2013年版，第340页。

租赁年限一般不超过5年；对需要进行地上建筑物、构筑物建设后长期使用的土地，应实行长期租赁，具体租赁期限由租赁合同约定，但最长租赁期限不得超过法律规定的同类用途土地出让最高年期。基于建设用地所有权人与土地使用者之间的土地租赁关系，承租人得在建设用地之上建造建筑物、构筑物及其附属设施。上述规定认可了建筑物的所有权得以国有土地租赁权为依据。但是该意见同时规定：对原有建设用地，法律规定可以划拨使用的仍维持划拨，不实行有偿使用，也不实行租赁；对因发生土地转让、场地出租、企业改制和改变土地用途后依法应当有偿使用的，可以实行租赁。对于新增建设用地，重点仍应是推行和完善国有土地出让，租赁只作为出让方式的补充。对于经营性房地产开发用地，无论是利用原有建设用地，还是利用新增建设用地，都必须实行出让，不实行租赁。据此，土地租赁权不能作为承租人取得商品房所有权的正当依据。因此，从解释论角度出发，本条规定的“但是有相反证据证明的除外”仅限于承租人取得非经营性房屋所有权的依据。①

二是公益性设施所有权确定的依据。在现代都市的房地产开发过程中，一部分市政公共设施是通过开发商和有关部门约定，由开发商在房地产项目开发中配套建设，但是所有权归国家。这部分设施，其性质属于市政公用，其归属就应当按照有充分的证据证明的事先约定来确定，而不是当然地归建设用地使用权人。后续通过房地产交易成为建设用地使用权人的权利人也应当尊重这种权属划分。②

三是建设用地使用权未实施设立及变更登记，建筑物、构筑物及其附属设施的所有权的归属依据。《民法典》第356条规定：“建设用地使用权转让、互换、出资或者赠与的，附着于该土地上的建筑物、构筑物及其附属设施一并处分。”第357条规定：“建筑物、构筑物及其附属设施转让、互换、出资或者赠与的，该建筑物、构筑物及其附属设施占用范围内的建设用地使用权一并处分。”依据上述规定，《民法典》在建设用地使用权人与地上物所有权人

---

① 参见崔建远：《物权：规范与学说——以中国物权法的解释论为中心》(下册)，清华大学出版社2011年版，第571页。

② 参见全国人大常委会法制工作委员会民法室编：《中华人民共和国物权法条文说明、立法理由及相关规定》，北京大学出版社2007年版，第266页。

之间遵循了“房地一体”原则。建设用地使用权人尚未履行登记义务，其无权主张建设用地之上的建筑物、构筑物及其附属设施的所有权，而应当继续推动登记程序，实现“地随房”。[①]

举证责任

建设用地使用权人建造的建筑物、构筑物及其附属设施的所有权属于建设用地使用权人，这一规定具有推定性质。在举证责任分配方面，建设用地使用权人只需证明建设用地之上的建筑物、构筑物及其附属设施由其建造即可。如果他人有相反的证据证明建筑物、构筑物及其附属设施非由建设用地使用权人建造，则建筑物、构筑物及其附属设施的所有权不能认定为归建设用地使用权人所有。

第三百五十三条【建设用地使用权的处分】

建设用地使用权人有权将建设用地使用权转让、互换、出资、赠与或者抵押，但是法律另有规定的除外。

历史由来

该条沿袭了《物权法》第143条的规定，只是把“但”改成了“但是”。在《民法典》编纂过程中，《民法典各分编（草案）》第146条规定：“建设用地使用权人有权将建设用地使用权转让、互换、出资、赠与或者抵押，但法律另有规定的除外。”这与《物权法》第143条的规定完全一致。《民法典物权编（草案）》（二审稿）第146条则将“但法律另有规定的除外”修改为“但是法律另有规定的除外”。《民法典（草案）》第353条与《民法典物权编（草案）》（二审稿）一致。

梁慧星教授主持编撰的《中国民法典草案建议稿》区分了不同的基地使用权类型，并据此设定基地使用权的处分条件，其第439条规定：“基地使用

---

① 参见崔建远：《物权：规范与学说——以中国物权法的解释论为中心》（下册），清华大学出版社2011年版，第572页。

权可以有偿让与、交换、赠与等方式转让，但农村集体所有土地上以无偿方式取得的农户住宅基地使用权除外。行政划拨设立的基地使用权转让时，应事先向原划拨设立基地使用权的县级以上人民政府申请批准。经批准转让的，土地所有人与基地使用权受让人可另行约定基地使用权的期限、租金。基地使用权转让时，不得变更土地的登记用途和约定用途。”[①]王利明教授主持编撰的《中国民法典草案建议稿》在区分土地使用权类型的基础上又进一步区分了处分方式，并配置了不同的处分规则，其第865条规定：“土地使用权人有权以买卖、互易、赠与等方式转让以出让方式取得的国有土地使用权。以划拨方式取得的国有土地使用权，在办理了土地使用权出让手续并缴纳出让金后，可以转让。土地使用权以国有土地使用权作价入股或者作为投资的，视同国有土地使用权的转让。”[②]陈甦教授主持编撰的《中国社会科学院民法典分则草案建议稿》第131条[③]照搬了《物权法》第143条。这表明学界虽然就建设用地使用权的处分方式存在不同的表述，但基本形成了共识，并对本条的完善产生了影响。

三 规范目的或功能

该条的规范目的在于宣示建设用地使用权的处分方式，其现实意义在于：一是有利于建设用地使用权流通机制的建立。建设用地使用权人对建设用地使用权享有转让、互换、出资、赠与、抵押等处分权，意味着建设用地使用权具备可流转性和财产性，这是建设用地使用权流通市场建立的前提和基础。二是有利于建设用地使用权价值的提升和实现，提高建设用地的利用效率。建设用地使用权具备可流转性，有利于提升其自身的市场价值。同时，市场在建设用地使用权资源配置中将发挥决定作用，建设用地使用权在市场交易中通过公平的竞价机制实现自身价值的最大化。

---

① 梁慧星主编：《中国民法典草案建议稿附理由：物权编》，法律出版社2013年版，第373—374页。

② 王利明主编：《中国民法典草案建议稿及说明》，中国法制出版社2004年版，第123页。

③ 陈甦主编：《中国社会科学院民法典分则草案建议稿》，法律出版社2019年版，第45页。

规范内容

本条属于说明性法条，意在说明建设用地使用权作为一种法定的用益物权所具有的具体的处分方式。

一、建设用地使用权的处分方式

本条与《土地管理法》第2条第3款[①]、《城镇国有土地使用权出让和转让暂行条例》第4条和第19条第1款[②]规定的土地使用权处分方式相衔接。根据本条，建设用地使用权的处分方式主要有转让、互换、出资、赠与和抵押。

1.转让。建设用地使用权的转让是指转让人与受让人订立转让合同，将建设用地使用权转让给受让人，受让人支付对价。建设用地使用权转让一般需要满足的条件是转让合同生效、履行，并完成移转登记。[③]

2.互换。建设用地使用权的互换实质上就是建设用地使用权的相互转让，当事人各自取得对方的建设用地使用权。建设用地使用权互换一般需要满足的条件是当事人订立的互换协议生效、履行，并完成转移登记。

3.出资。建设用地使用权的出资是将建设用地使用权作价，投入企业法人等，折合成一定股权的行为。[④]建设用地使用权出资需要满足的条件是当事人订立的出资协议生效、履行，并完成转移登记。

4.赠与。建设用地使用权的赠与是指权利人无偿将建设用地使用权移转给受赠人。建设用地使用权的赠与一般要满足的条件是当事人订立的赠与协议生效、履行，并完成移转登记。如果赠与是附条件的，受赠人必须按照合

---

① 《土地管理法》第2条第3款规定："任何单位和个人不得侵占、买卖或者以其他形式非法转让土地。土地使用权可以依法转让。"

② 《城镇国有土地使用权出让和转让暂行条例》第4条规定："依照本条例的规定取得土地使用权的土地使用者，其使用权在使用年限内可以转让、出租、抵押或者用于其他经济活动，合法权益受国家法律保护。"第19条第1款规定："土地使用权转让是指土地使用者将土地使用权再转移的行为，包括出售、交换和赠与。"

③ 参见崔建远：《物权法》（第四版），中国人民大学出版社2017年版，第311页。

④ 参见王利明：《物权法研究》（下卷），中国人民大学出版社2016年版，第905页。

同的约定履行相应的义务。[①]

5. 抵押。建设用地使用权的抵押是指权利人将建设用地使用权设立抵押，以向银行等融资或为他人提供担保。[②]建设用地使用权的抵押需要满足的条件是当事人订立抵押合同有效、履行，并完成抵押登记。

二、建设用地使用权处分的限制

本条对建设用地使用权的处分方式予以明确列举，即转让、互换、出资、赠与或者抵押，但是法律另有规定的除外。这里的“法律另有规定的除外”主要包括以下两种情形：

一是既有的法律、法规限制建设用地使用权人处分建设用地使用权，则权利人需履行相应的审批并支付费用才能对建设用地使用权进行相应的处分。例如，《城市房地产管理法》第40条第1款规定：“以划拨方式取得土地使用权的，转让房地产时，应当按照国务院规定，报有批准权的人民政府审批。有批准权的人民政府准予转让的，应当由受让方办理土地使用权出让手续，并依照国家有关规定缴纳土地使用权出让金。”第51条规定：“设定房地产抵押权的土地使用权是以划拨方式取得的，依法拍卖该房地产后，应当从拍卖所得的价款中缴纳相当于应缴纳的土地使用权出让金的款额后，抵押权人方可优先受偿。”《城镇国有土地使用权出让和转让暂行条例》第45条规定：“符合下列条件的，经市、县人民政府土地管理部门和房产管理部门批准，其划拨土地使用权和地上建筑物、其他附着物所有权可以转让、出租、抵押：（一）土地使用者为公司、企业、其他经济组织和个人；（二）领有国有土地使用证；（三）具有地上建筑物、其他附着物合法的产权证明；（四）依照本条例第二章的规定签订土地使用权出让合同，向当地市、县人民政府补交土地使用权出让金或者以转让、出租、抵押所获收益抵交土地使用权出让金。转让、出租、抵押前款划拨土地使用权的，分别依照本条例第三章、第四章和第五章的规定办理。”第46条规定“对未经批准擅自转让、出租、抵押划拨土地使用权的单位和个人，市、县人民政府土地管理部门应当没收其非法收入，并根据情节处以罚款。”

---

① 参见王利明：《物权法研究》（下卷），中国人民大学出版社2016年版，第906页。

② 参见梁慧星、陈华彬：《物权法》（第五版），法律出版社2010年版，第269页。

依据上述法律、法规规定，以划拨方式取得的建设用地使用权具有可转让性，但是必须经过一定的审批程序转化为有偿出让的建设用地使用权方可转让。[①]

二是以出让方式取得的建设用地使用权未满足法律、法规规定的条件，建设用地使用权人不得对其进行处分。《城市房地产管理法》第38条规定："下列房地产，不得转让：（一）以出让方式取得土地使用权的，不符合本法第三十九条规定的条件的；（二）司法机关和行政机关依法裁定、决定查封或者以其他形式限制房地产权利的；（三）依法收回土地使用权的；（四）共有房地产，未经其他共有人书面同意的；（五）权属有争议的；（六）未依法登记领取权属证书的；（七）法律、行政法规规定禁止转让的其他情形。"第39条规定："以出让方式取得土地使用权的，转让房地产时，应当符合下列条件：（一）按照出让合同约定已经支付全部土地使用权出让金，并取得土地使用权证书；（二）按照出让合同约定进行投资开发，属于房屋建设工程的，完成开发投资总额的百分之二十五以上，属于成片开发土地的，形成工业用地或者其他建设用地条件。转让房地产时房屋已经建成的，还应当持有房屋所有权证书。"《城镇国有土地使用权出让和转让暂行条例》第19条第2款规定："未按土地使用权出让合同规定的期限和条件投资开发、利用土地的，土地使用权不得转让。"

第三百五十四条【建设用地使用权处分合同的形式和期限】

建设用地使用权转让、互换、出资、赠与或者抵押的，当事人应当采用书面形式订立相应的合同。使用期限由当事人约定，但是不得超过建设用地使用权的剩余期限。

历史由来

该条沿袭了《物权法》第144条的规定，只是把"采取""但"改成了"采用""但是"。梁慧星教授主持编撰的《中国民法典草案建议稿》物权编

① 参见王利明主编：《中国民法典草案建议稿及说明》，中国法制出版社2004年版，第417页。

第425条规定："设立基地使用权的合同，应当采取书面形式。基地使用权设立合同，自合同成立之日起生效，但当事人另有约定的除外。基地使用权设立合同的内容包括双方当事人的名称、住址、基地的位置、范围，基地用途，基地使用权期限，有无出让金或租金以及出让金或租金的支付方式等。"①王利明教授主持编撰的《中国民法典草案建议稿》第866条规定："转让土地使用权的，双方应当签订书面土地使用权转让合同。"②第869条规定："土地使用权的转让期限，由当事人协商确定，但不得超过土地使用权的剩余期限。"③陈甦教授主持编撰的《中国社会科学院民法典分则草案建议稿》基本上沿用了《物权法》第144条的规定，其第132条规定："建设用地使用权转让、互换、出资、赠与或者抵押的，当事人应当采取书面合同形式订立相应的合同。使用期限由当事人约定，但不得超过建设用地使用权的剩余期限。"④这表明学界对建设用地使用权处分合同的形式和年限已经基本形成共识。

三 规范目的或功能

本条旨在明确建设用地使用权人处分建设用地使用权应当采用的形式以及建设用地使用权处分合同的期限限制。采用书面形式，在双方当事人发生争议的情况下，法院可以按照合同的约定进行处理，比较容易解决纠纷，这就摆脱了双方当事人"口说无凭"的状况。⑤同时，建设用地使用权作为一种用益物权具有一定存续期限，存续期限届满，该权利消灭。故此，法律明确规定双方约定的建设用地使用权存续期限，不得超过建设用地使用权的剩余期限。本条为当事人的处分行为和法院的裁判活动提供了明确的指引。

---

① 梁慧星主编：《中国民法典草案建议稿附理由：物权编》，法律出版社2013年版，第349页。

② 王利明主编：《中国民法典草案建议稿及说明》，中国法制出版社2004年版，第123页。

③ 王利明主编：《中国民法典草案建议稿及说明》，中国法制出版社2004年版，第123页。

④ 陈甦主编：《中国社会科学院民法典分则草案建议稿》，法律出版社2019年版，第45页。

⑤ 参见胡康生主编：《中华人民共和国合同法释义》(第二版)，法律出版社2009年版，第20页。

规范内容

本条为一个不完全法条，属于说明性法条。本条表述的“当事人应当采用书面形式订立相应的合同”“不得超过建设用地使用权的剩余期限”属于构成要件的范畴，并没有涉及“法律效果”部分。根据法律适用方法，需要结合其他法律来确定违反这些规定所导致的法律后果。

一、违反“当事人应当采用书面形式订立相应的合同”规定的法律后果

《民法典》第469条[①]对书面形式作了界定，其主要涵盖合同书、信件和数据电文等。建设用地使用权的处分合同之所以要求严格采用书面形式，背后的逻辑是：建设用地使用权的处分不同于一般的交易，其往往涉及比较重大的利益，且具有复杂性。[②]采用书面形式合同大致发挥以下几种作用：第一是警示作用。当事人在流转建设用地使用权时采用书面形式的合同，可以使当事人慎重考虑自己行为的后果，减少仓促决定引发的纠纷。第二是信息公示作用。书面形式的合同有助于当事人认知其权利和义务，且书面形式的合同也是登记的证明文件，对于最终的登记公示具有重要的意义。第三是证据保全作用。书证具有较强的证明力，可以明确记载法律行为的内容，如发生争议，法院可以据此推定当事人意思的正确性和完整性。第四是维护公共利益或公共管理作用。书面形式的合同也有利于档案管理和审批。

随之而来的问题是当事人没有采取书面形式的法律后果为何？对于这一问题的回答，首先要确认建设用地使用权处分合同的性质。“（从性质上看）建设用地使用权的转让、互换、赠与和一般物的买卖、互换、赠与并无本质

---

① 《民法典》第469条规定：“当事人订立合同，可以采用书面形式、口头形式或者其他形式。书面形式是合同书、信件、电报、电传、传真等可以有形地表现所载内容的形式。以电子数据交换、电子邮件等方式能够有形地表现所载内容，并可以随时调取查用的数据电文，视为书面形式。”

② 参见朱晓喆：《论民事法律行为的形式——〈民法总则〉第135条评释》，载《法治现代化研究》2018年第2期。

上的差别（仅标的物存在不同），都属于债权合同。”[①]《民法典》第354条关于书面形式的规定属于“法律规定采用书面形式”的情形。故此，违反本条可以参照适用《民法典》第490条[②]。但学界对该条规定有着不同的解释：一是“合同不成立说”。该说认为，法定形式（书面形式）是合同成立的特别要件，当事人未采用法定形式（书面形式），合同不成立。例外的情况是因当事人的履行而成立。[③]二是“合同无效说”。该说认为，合同的法定形式要求反映立法者的价值判断，无论合理与否，为保证价值目标的实现，违反法定形式的合同应无效。参照国外的立法例，应将欠缺法定形式的合同效力认定为无效。[④]

从解释论的角度来看，《民法典》第490条属于“合同订立”范畴，“合同无效说”的观点超脱了“成立”的范围。《民法典》第490条宜采“合同成立说”。循此逻辑，违反处分建设用地使用权采书面合同形式的规定，建设用地使用权流转合同不成立。在某建设用地使用权纠纷案中，最高人民法院持有相同的观点，其认为：“土地使用权转让系重大交易，前述法律、行政法规明确规定土地使用权转让应当签订书面转让合同，故该法律行为在性质上属于要式法律行为。书面合同不仅能够体现双方当事人有关土地使用权转让主要内容的合意，对实际履行亦具有重大意义。尽管中医院承认其与郑某春曾经就土地使用权转让进行磋商，且双方当事人也有一定的履行行为，但在中医院明确否认其与郑某春之间最终确立的就是土地使用权转让法律关系的情况

---

① 房绍坤：《论民法典物权编与合同编的立法协调》，载《现代法学》2018年第6期。

② 《民法典》第490条规定：“当事人采用合同书形式订立合同的，自当事人均签名、盖章或者按指印时合同成立。在签名、盖章或者按指印之前，当事人一方已经履行主要义务，对方接受时，该合同成立。法律、行政法规规定或者当事人约定合同应当采用书面形式订立，当事人未采用书面形式但是一方已经履行主要义务，对方接受时，该合同成立。”

③ 参见胡康生主编：《中华人民共和国合同法释义》（第二版），法律出版社2009年版，第68页。

④ 参见程啸、柳尧杰：《论我国合同法中合同违反法定形式之法律效果》，载《中国人民大学学报》2002年第1期；王洪：《合同形式欠缺与履行治愈论——兼评〈合同法〉第36条之规定》，载《现代法学》2005年第3期；鲁春雅：《论法律行为补正制度的建构》，载《清华法学》2011年第4期。

下，可以认定双方当事人订立书面合同的可能性已经不存在。”[①]需指出的是，根据《民法典》第490条，虽然建设用地使用权流转合同欠缺书面形式，但是当事人履行主要义务，另一方接受的，则合同应当成立并依法发生效力。

二、违反“不得超过建设用地使用权的剩余期限”规定的法律后果

建设用地使用权派生于土地所有权，本身就具有一定的期限，权利人不能在超出自己权利范围内处分权利，即建设用地使用权转让后，建设用地使用权的期限为原建设用地使用权出让合同约定的使用年限减去原建设用地使用权人已经使用年限后的剩余年限。[②]比较法上，《荷兰民法典》第104条规定，地上权准用第93条规定。而该法在第93条规定，除设立契据另有约定外，永租权人有权对权利标的物的一部分或全部进行转租。转租权人在该物上的权利不得超过永租权人相对于所有权人享有的权利。[③]

至于违反本条规定的法律后果，学界并无太多的探讨，而法院对违反本条规定的法律后果存在着不同的解读。典型的例证是某商品房预售合同纠纷案。[④]在该案中，当事人订立了转让70年产权的合同，但建设用地使用权的期限为40年，买受人以合同内容涉嫌欺诈要求撤销合同。一审法院持“合同无效说”，其认为，“依照双方合同约定，原告购买的商铺用途为商业。商业用地土地使用权出让最高年限为四十年，合同中约定的涉案商铺使用年限为七十年违反法律规定，为无效条款。原告据此无效条款主张撤销合同，理由不成立，本院不予采纳”。二审法院则采“合同有效说”，其认为，“最开始签订的使用年限为70年的商品房买卖合同因为违反了暂行条例中‘商业用地使用权最高出让年限是四十年’的规定而履行不能，故上诉人现请求解除涉案商品房买卖合同，具有事实与法律依据，本院予以支持”。而再审法院则承认

---

① 参见最高人民法院（2014）民提字第125号民事判决书。

② 房绍坤：《物权法用益物权编》，中国人民大学出版社2007年版，第177页。

③ 王卫国主译：《荷兰民法典》，中国政法大学出版社2006年版，第134—138页。

④ 参见广东省惠州市中级人民法院（2019）粤13民再35号民事判决书。本案经过了一审、二审、再审，案号分别为：（2016）粤1303民初209号、（2016）粤13民终1811号、（2017）粤民申2725号、（2019）粤13民再35号。

合同有效，但认为原告没有在1年内行使撤销权而不予支持。本书认为，“合同有效说”更为合理，理由在于“不得超过建设用地使用权的剩余期限”并非“法律、行政法规的强制性规定”，其目的并不是影响合同的效力，而是在于控制合同的履行。[①]即超出剩余期限的约定无法得到履行，买受人无法取得相应年限的建设用地使用权，其可以解除合同，并主张违约责任获得救济。无论如何，“超过建设用地使用权的剩余期限”的约定不发生物权效力，买受人实际取得的建设用地使用权期限至多以剩余期限为限。

举证责任

买受人欲证明自己合法享有建设用地使用权，需要提供书面形式的建设用地使用权流转合同和登记证明文件。无法提供书面形式合同的，则应提供证据证明已经履行了主要义务且被对方接受。

第三百五十五条【建设用地使用权处分的变更登记】

建设用地使用权转让、互换、出资或者赠与的，应当向登记机构申请变更登记。

历史由来

本条完全承袭了《物权法》第145条的规定。在《民法典》编纂过程中，各草案都完全接受了《物权法》第145条的规定。

梁慧星教授主持编撰的《中国民法典草案建议稿》物权编第426条规定：“设立基地使用权，当事人双方应当在不动产登记机关进行设立登记。基地使用权，自登记之日设定。须变更土地的登记用途或特别法规定的用途而设立基地使用权，应当依法事先向县级以上人民政府土地管理部门申请批准。”[②]王

① 参见蔡立东：《行政审批与权利转让合同的效力》，载《中国法学》2013年第1期。

② 梁慧星主编：《中国民法典草案建议稿附理由：物权编》，法律出版社2013年版，第350页。

利明教授主持编撰的《中国民法典草案建议稿》第870条规定："转让土地使用权，当事人应当办理土地使用权的变更登记。"[①]陈甦教授主持编撰的《中国社会科学院民法典分则草案建议稿》第133条[②]吸收了《物权法》第145条的规定："建设用地使用权转让、互换、出资或者赠与的，附着于该土地上的建筑物、构筑物及其附属设施一并处分。"理论界和实务界就建设用地使用权的变更登记基本达成共识。

规范目的或功能

本条是对《民法典》第209条所确立的物权登记原则的落实，其目的在于强调建设用地使用权的变动应采登记生效主义。建设用地使用权是重要的用益物权，权利人据此可以直接支配建设用地，具有绝对性。建设用地使用权的处分不仅涉及交易关系的当事人，还会潜在地对所有民事主体产生影响，这就决定了建设用地使用权的变动不仅要体现当事人的意思自治，还要满足一定的公示要件才能发生既定的法律效果。[③]建设用地使用权处分采登记生效主义的功能表现为：界定权利的归属，明晰产权关系；降低权利人对不动产的保护成本；维护不动产的静态安全；节约交易成本，提高交易效率。[④]

规范内容

本条是关于建设用地使用权变更登记的规定，建设用地使用权转让、互换、出资或赠与的，当事人应当订立书面合同，并依法向登记机关登记，自记载于登记簿时，建设用地使用权转移给受让人。

① 王利明主编：《中国民法典草案建议稿及说明》，中国法制出版社2004年版，第123页。

② 陈甦主编：《中国社会科学院民法典分则草案建议稿》，法律出版社2019年版，第45页。

③ 梁慧星、陈华彬：《物权法》（第五版），法律出版社2010年版，第78页。

④ 参见何文杰、白津生：《浅析房屋所有权转移登记申请的义务主体——兼谈格式合同之法律适用及完善》，载《甘肃社会科学》2011年第2期。

一、建设用地使用权变更登记的申请义务主体

本条规定了建设用地使用权转让、互换、出资和赠与，应当向登记机关申请变更登记，但对申请登记的义务主体语焉不详，这种主语的缺失造成"申请登记义务主体究竟是一方，抑或是双方"的问题。[①]申请变更登记是权利变动的生效要件，故为出让人的主给付义务，以出让人和受让人共同申请为原则，但在某土地使用权转让合同纠纷案中，[②]法院判决受让人申请办理建设用地使用权变更登记，出让人履行相应的协助义务。申请建设用地使用权的义务主体可为受让人，出让人承担协助义务，提供相关资料。

二、建设用地使用权变更登记的具体程序

《国家土地管理局土地登记规则》第34条至第47条对国有土地使用权流转的不同情况作了细致性的规定，主要包括以下内容：

1.划拨土地使用权出让的变更登记。根据第34条，划拨土地的建设用地使用权流转的，需要依法办理出让手续，土地使用者应当在缴纳土地使用权出让金后30日内，持土地出让合同、出让金缴纳凭证及原《国有土地使用权证》申请变更登记。

2.出资入股的变更登记。根据第35条，企业通过出让或者入股形式取得的建设用地使用权，再以入股方式转让的，转让双方当事人应当在入股合同订立之日起30日内，持以出让或国家入股等方式取得建设用地使用权的合法凭证、入股合同和原企业的《国有土地使用权证》申请变更登记。

3.建设用地使用权转让的变更登记。根据第37条，双方当事人在签订转让合同或者转让协议后30日内，涉及房产变更的，在房产变更登记发证后15日内，持转让合同或者协议、土地税费缴纳证明文件和原土地证书等申请变更登记。

4.因企业合并、分立、企业兼并等原因引起的变更登记。根据第38条，

---

① 参见李康宁：《民事法律立法语言失范问题检讨》，载《法律科学》（西北政法大学学报）2010年第5期。

② 参见云南省高级人民法院（2014）云高民一终字第362号民事判决书。

因单位合并、分立、企业兼并等原因引起建设用地使用权变更的，有关各方应当在合同签订后30日内或者在接到上级主管部门的批准文件后30日内，持合同或者上级主管部门的批准文件和原土地证书申请变更登记。

5.建设用地使用权互换的变更登记。根据第39条，因交换、调整土地而发生建设用地使用权变更的，交换、调整土地的各方应当在接到交换、调整协议批准文件后30日内，持协议、批准文件和原土地证书共同申请变更登记。

6.因处分抵押财产而产生建设用地使用权变更登记。根据第40条，因处分抵押财产而取得建设用地使用权的，取得建设用地使用权的权利人和原抵押人应当在抵押财产处分后30日内，持有关证明文件申请变更登记。

其他问题

建设用地使用权的变更登记涉及的问题还有建设用地使用权的合并与分割是否需要办理变更登记。王利明教授主持编撰的《中国民法典草案建议稿》第874条第2款规定："土地使用权人将土地分割或合并的，应办理变更登记。"[①]梁慧星教授主持编撰的《中国民法典草案建议稿》物权编第445条规定："基地使用权人可将其土地分割。土地分割后，应进行变更登记。拥有数个相毗连土地的基地使用权的权利人，可将其土地合并。土地合并后，应进行变更登记。"[②]本条列举了转让、互换、出资或赠与几种流转方式，但不排斥建设用地的合并与分割引发的变更登记：建设用地使用权的合并是将自然毗邻的建设用地使用权合并成统一的建设用地使用权。建设用地使用权合并时，应办理变更登记。而建设用地的分割，则是原建设用地的数目和范围发生变更，也应进行建设用地使用权的变更登记。[③]

---

① 王利明主编：《中国民法典草案建议稿及说明》，中国法制出版社2004年版，第124页。

② 梁慧星主编：《中国民法典草案建议稿附理由：物权编》，法律出版社2013年版，第388页。

③ 参见梁慧星主编：《中国民法典草案建议稿附理由：物权编》，法律出版社2013年版，第388页。

第三百五十六条【“房随地”原则】

建设用地使用权转让、互换、出资或者赠与的，附着于该土地上的建筑物、构筑物及其附属设施一并处分。

历史由来

本条承袭了《物权法》第146条的规定，内容与之完全相同。在立法过程中，《民法典各分编（草案）》第149条、《民法典物权编（草案）》（二审稿）第149条及《民法典（草案）》第356条都接受了《物权法》第146条的规定。

梁慧星教授主持编撰的《中国民法典草案建议稿》物权编第440条规定：“基地使用权转让时，其地上建筑物及其他附着物所有权随之转让。”[①]陈甦教授主持编撰的《中国社会科学院民法典分则草案建议稿》第134条规定：“建设用地使用权转让、互换、出资或者赠与的，附着于该土地上的建筑物、构筑物及其附属设施一并处分。”[②]王利明教授主持编撰的《中国民法典草案建议稿》第868条规定：“土地使用权转让时，土地上的建筑物或者其他附着物应当随之转让，但当事人另有约定的除外。”[③]这些意见稿均沿用了《物权法》第146条“房随地”的表述。这表明“房随地”已经成为中国民法的成例。

规范目的或功能

本条是房地关系的规定，建筑物、构筑物及其附属设施随建设用地使用权一并流转，即“房随地”。由于我国没有实行建筑物、构筑物及其附属设施所有权归属于土地所有人的土地吸附地上物原则，在我国法上，“建筑物、构筑物及其附属设施”与“建设用地使用权”属于不同的财产类型。[④]但在物理属性上，建筑物、构筑物及其附属设施无法脱离建设用地而独立存在。依据“房

① 梁慧星主编：《中国民法典草案建议稿附理由：物权编》，法律出版社2013年版，第378页。

② 陈甦主编：《中国社会科学院民法典分则草案建议稿》，法律出版社2019年版，第45页。

③ 王利明主编：《中国民法典草案建议稿及说明》，中国法制出版社2004年版，第123页。

④ 参见高圣平：《农民住房财产权抵押规则的重构》，载《政治与法律》2016年第1期。

随地”原则，建设用地使用权流转的最终结果是使建筑物、构筑物及其附属设施与建设用地使用权归属同一人。这一原则确立的功能在于：一是避免房地关系的复杂化，有利于建设用地的利用和经营，减少因建设用地使用权与建筑物、构筑物以及其他附属设施所有权由不同主体享有而导致的权利冲突，降低交易成本。二是“房依地建，地依房在”，将“房”“地”一并流转可以避免陷入“皮之不存，毛将焉附”的逻辑悖论，为建筑物、构筑物及其附属设施提供正当的土地权源。①三是有利于物权法体系的融贯。“房随地”原则与《城市房地产管理法》第32条②以及《城镇国有土地使用权出让和转让暂行条例》第23条③等规定保持一致，确保法律体系的协调。

规范内容

本条是一个不完全法条，属于说明性法条。《民法典》对“房随地”原则的法律性质以及违反该规定的法律效果并未给出明确的答案。故此，首先要确定“房随地”规定的性质，并在此基础上厘定违反该条规定的法律效果，继而明确“房随地”原则在司法实践中的具体应用。

一、“房随地”规定的法律性质

本条的主要目的是避免“房”“地”分别流转从而出现“空中楼阁”的尴尬局面。④循此目的，本条规定应属于强制性规定。出卖人以转让、互换、出资或赠与方式处分建设用地使用权的，假如产生了建设用地使用权和建筑物、构筑物及其附属设施所有权归属于不同权利主体的后果，法院应当认定该处分行为无效。不仅如此，在司法实践中，倘若法院裁判产生了“房”“地”归

---

① 参见高圣平：《土地与建筑物之间的物权利用关系辨析》，载《法学》2012年第9期。

② 《城市房地产管理法》第32条规定：“房地产转让、抵押时，房屋的所有权和该房屋占用范围内的土地使用权同时转让、抵押。”

③ 《城镇国有土地使用权出让和转让暂行条例》第23条规定：“土地使用权转让时，其地上建筑物、其他附着物所有权随之转让。”

④ 参见全国人民代表大会常务委员会法制工作委员会编：《中华人民共和国物权法释义》，法律出版社2007年版，第330页。

属于不同权利主体的后果，亦不具有法律上的效力。在某买卖合同纠纷执行案[①]中，最高人民法院认为，“《中华人民共和国物权法》第一百四十六条规定：‘建设用地使用权转让、互换、出资或者赠与的，附着于该土地上的建筑物、构筑物及其附属设施一并处分。’人民法院强制拍卖建设用地使用权时，应当严格遵循该条规定。本案执行法院在拍卖上述土地使用权时，未将土地上建筑物等一并拍卖处分，该执行行为违反了法律规定。新疆高院以执行行为违反法律规定为由，裁定撤销（2008）新执字第4–2号执行裁定及撤销上述土地使用权的评估拍卖，并无不当”。

二、“房随地”规定的具体应用

根据“房随地”的规定，建设用地使用权和建筑物、构筑物及其附属设施的所有权应归属于同一权利主体。这在司法实践中的应用主要集中在两个方面：一是推定意思；二是推定事实。[②]

1.推定意思。所谓推定意思，指的是建设用地使用权转让、互换或者赠与的，如果当事人就其上的建筑物、构筑物及其附属设施没有约定或约定不明的，可以根据本条推定权利人同时转让、互换或者赠与了建设用地之上的建筑物、构筑物及其附属设施。在“王某海、杨某磊房屋买卖合同纠纷案”[③]中，法院以“根据《中华人民共和国物权法》第一百四十六条、第一百四十七条的规定，本案应认定合同出卖的临契字NO000183号印契的房产及占地面积，是一并转让出卖。按照日常经验，王某海签订合同出卖房产时，是应当将印契占地面积中附着于该土地上的建筑物，一并出卖，王某海对于合同约定的是买卖部分房产的解释，与前述房地一致的原则相悖”为由，否定了出卖人的主张。

2.推定事实。所谓推定事实，指的是在没有相反证据的情况下，法院会根据“房随地”的规定，将建设用地使用权的权利人推定为建筑物、构筑物及其附属设施的所有权人。在“曾某某与张某坚等企业出售合同纠纷

① 参见最高人民法院（2011）执复字第16号复议裁定书。

② 参见梁慧星主编：《中国民法典草案建议稿附理由：物权编》，法律出版社2013年版，第380页。

③ 参见河北省邢台市中级人民法院（2018）冀05民终1284号民事判决书。

案”[①]中，争议焦点之一就是涉案资产（土地上的建筑物）的归属。最高人民法院认为，“根据我国物权法第一百四十六条关于‘建设用地使用权转让、互换、出资或者赠与的，附着于该土地上的建筑物、构筑物及其附属设施一并处分’的规定，由于该土地使用权在企业出售前已经归属于张某坚，故在诉争土地上还存在的因报建手续不全而未办理权属登记的其他建筑物亦归张某坚所有”。可见，在没有相反证据的情况下，法院可以根据“房随地”原则推定建设用地使用权的享有者为其上建筑物、构筑物及其附属设施的所有者。

举证责任

受让人主张已经受让建设用地使用权及其上的建筑物、构筑物及其附属设施，需要提供证据证明已经完成了变更登记，已经取得了建设用地使用权，并可据此取得其上建筑物、构筑物及其附属设施的所有权，要求相对人协助办理变更登记。对于出卖人而言，为了证明建设用地之上的建筑物、构筑物及其附属设施所有权没有发生移转或者部分移转，需要提供证据证明建设用地使用权的转让无效或者仅发生部分移转。

第三百五十七条【“地随房”原则】

建筑物、构筑物及其附属设施转让、互换、出资或者赠与的，该建筑物、构筑物及其附属设施占用范围内的建设用地使用权一并处分。

历史由来

本条承袭了《物权法》第147条的规定，其内容与之完全相同。在《民法典》编纂过程中，《民法典各分编（草案）》第150条、《民法典物权编（草案）》（二审稿）第150条及《民法典（草案）》第357条均没有对《物权法》第147条作出任何修改。

---

① 参见最高人民法院（2011）民提字第243号民事判决书。

梁慧星教授主持编撰的《中国民法典草案建议稿》、王利明教授主持编撰的《中国民法典草案建议稿》仅规定了“房随地”的内容，而陈甦教授主持编撰的《中国社会科学院民法典分则草案建议稿》第135条[①]则沿用了《物权法》第146条，规定了“地随房一并处分”的内容。这表明学界对于民法典是否继续沿用“地随房”规定尚存在分歧。

规范目的或功能

本条规定了房地一并处分的另一种情形——“地随房”，与“房随地”原则相呼应。其生成的原因依然是建筑物、构筑物以及附着物的所有权与建设用地使用权在法律上是独立的，为了简化房地交易关系，避免“房”“地”分属于不同的主体导致纠纷的产生，在建筑物、构筑物及其附着物流转过程中，其占用的建设用地使用权一并流转。“地随房”与“房随地”相辅相成，相互衔接，如作为一个整体予以共同阐释，则可以这样认为：只要建设用地使用权和地上建筑物、构筑物及其附属设施所有权中的一个发生了流转，另外一个也相应发生流转。这一规定已为法律实践和社会生活普遍接受。[②]

规范内容

本条为不完全法条，属于说明性法条。《民法典》第357条笼统地阐释了“地随房”原则，并未揭示出该条的法律性质以及违反“地随房”原则的法律后果。基于“地随房”的实践，明确该原则的法律性质，以此为基础厘定其法律后果，便利该原则在实践中的具体应用。

一、“地随房”规定的法律性质

从本条所欲实现的目的来看，其设置是为了避免“房”“地”分属于不同

① 陈甦主编：《中国社会科学院民法典分则草案建议稿》，法律出版社2019年版，第45页。

② 参见全国人民代表大会常务委员会法制工作委员会编：《中华人民共和国物权法释义》，法律出版社2007年版，第329页。

的权利主体，从而出现“皮之不存，毛将焉附”的逻辑悖论。本条应属于强制性规范，出卖人以转让、互换、出资或赠与方式流转建筑物、构筑物及其附属设施的，假如产生了“房”“地”归属于不同权利主体的情形，该法律行为将不具有法律效力。就此而言，根据本条规定，权利人不能够在保留建设用地使用权的情况下处分地上的建筑物。[①]

“房”“地”的不一致也会影响到司法拍卖与司法判决的合法性。在某委托合同纠纷案[②]中，最高人民法院以“本案的一个关键性事实问题是房地是否对应，并且这个问题涉及房地一体的法律秩序，影响到拍卖的合法性以及当事人权益的维护。江西高院未在查明该事实的基础上对司法拍卖的合法性作出判断，仅以‘本案对有房产证和土地使用权证的资产依法按权证拍卖’进行回应，属于认定基本事实不清”为由，撤销了江西省高院的民事裁定。

二、“地随房”规定的具体应用

根据“地随房”的规定，建设用地使用权之上的建筑物、构筑物及其附属设施与建设用地使用权应为同一权利主体。这一规定在司法实践中的应用主要集中在三个方面：一是推定事实；二是推定意思；三是推定法律效果。

1.推定事实。在没有相反证据场合，建筑物、构筑物及其附属设施的所有者也是建设用地使用权的享有者。在“某房地产公司、蒋某富财产损害赔偿纠纷案”[③]中，侵权人以国有土地使用权证书已经被注销，其侵权行为不应及于建设用地使用权为由，要求减少赔偿的金额。最高人民法院认为：“根据上述法律规定（《中华人民共和国城市房地产管理法》第三十二条、《中华人民共和国物权法》第一百四十七条），蒋某富合法取得涉案房产所有权时一并取得了房屋占用范围内的土地使用权。某房地产公司关于赔偿蒋某富的款项中不应含有土地使用权价值的主张不能成立。”在无相反证据的情况下，取得建筑物、构筑物及其附属设施的所有权，本身可以证明享有建设用地使用权权属的事实。

---

① 王利明：《物权法研究》（下卷），中国人民大学出版社2016年版，第918页。

② 参见最高人民法院（2016）最高法执复58号执行裁定书。

③ 参见最高人民法院（2016）最高法民申3266号民事裁定书。

2. 推定意思。在建筑物、构筑物及其附属设施所有权流转场合，当事人对建设用地使用权的约定不明，推定具有流转建设用地使用权的意思。在某房屋拆迁安置补偿合同纠纷案[①]中，在房屋互易交易中，一方以对方房屋所占土地为划拨性质的建设用地使用权为由诉至法院，要求保留建设用地使用权。最高人民法院认为："双方在《房屋置换补偿协议》中并未明确约定拆迁安置的房屋土地使用权利益的补偿要以某学校对被拆迁校区有土地使用权为前提，根据'房地一体'原则，既然某公司约定将W–2区的综合学校、幼儿园办理两个独立产权交付某学校，当然也包括相应的土地使用权。不管某学校对被拆迁校区有无土地使用权，某公司未按合同约定向建中学校交付拆迁安置房地产，折价赔付的范围均应包括W–2区综合学校、幼儿园的土地使用权价值。"

3. 推定法律效果。针对建筑物、构筑物及其附属设施所有权的保全、执行等举措的法律效果也延伸至占用范围内的建设用地使用权。在某合同纠纷[②]案中，最高人民法院认为，"执行法院作出的53–6号裁定，遵照地随房原则，将该部分建筑物占用的道伟公司名下的土地使用权部分一并处分，符合《中华人民共和国物权法》第一百四十七条'建筑物、构筑物及其附属设施转让、互换、出资或者赠与的，该建筑物、构筑物及其附属设施占用范围内的建设用地使用权一并处分'的规定"。

举证责任

受让人已经受让建筑物、构筑物及其附属设施的，需要提供证据证明受让行为合法并已经办理了变更登记，其可据此要求出让人协助办理建设用地使用权变更登记，以及对方无相反证据证明的前提下证明享有建设用地使用权。对于出让人而言，为了证明建设用地使用权没有发生移转或部分移转，需证明建设用地使用权的移转无效或仅发生部分移转。

---

① 参见最高人民法院（2018）最高法民终1166号民事判决书。

② 参见最高人民法院（2017）最高法执监84号执行裁定书。

第三百五十八条【建设用地使用权的提前收回及补偿】

建设用地使用权期限届满前，因公共利益需要提前收回该土地的，应当依据本法第二百四十三条的规定对该土地上的房屋以及其他不动产给予补偿，并退还相应的出让金。

历史由来

本条基本承袭《物权法》第148条所作“建设用地使用权期间届满前，因公共利益需要提前收回该土地的，应当依据本法第四十二条的规定对该土地上的房屋及其他不动产给予补偿，并退还相应的出让金”的规定，只是把“期间”改为了“期限”，并根据《民法典》的规定把所依据的法律条文的序号作了调整。

梁慧星教授主持编撰的《中国民法典草案建议稿》将因公共利益提前收回纳入“基地使用权的征收”范畴，其物权编第451条规定：“国家为了公共利益的需求，经法律规定的程序，并依法对基地使用权人给予补偿，可以征收基地使用权。基地使用权的征收条件及补偿，应适用本法第二百七十条关于征收的规定。”[①]陈甦教授主持编撰的《中国社会科学院民法典分则草案建议稿》主张删除《物权法》第148条因公共利益需要提前收回建设用地使用权的规定，以征收制度取代之。[②]王利明教授也不赞成因公共利益提前收回建设用地使用权的规定。[③]这表明时至今日就建设用地使用权的提前收回而言，学界

---

① 梁慧星主编：《中国民法典草案建议稿附理由：物权编》，法律出版社2013年版，第396页。

② “《物权法》第148条规定了建设用地使用权期间届满前，因公共利益提前收回该土地应如何处理。这一规定应当删除，因为有关征收的规定完全可以妥当处理这一问题。”陈甦主编：《中国社会科学院民法典分则草案建议稿》，法律出版社2019年版，第46页。

③ 王利明教授认为，未来民法典应该删除现行《物权法》第148条规定的建设用地使用权提前收回制度。主要理由在于：一方面，即使出于公共利益的需要，要收回建设用地使用权，也应当通过征收程序进行，而不能简单地通过提前收回的方式任意收回，而不给予土地使用权人必要补偿。另一方面，权利人是通过出让合同取得建设用地使用权，允许政府提前收回，就给予了地方政府基于公共利益需要任意解除合同的权利，这虽然有利于维护公共利益，但由于该制度给予地方政府过大的权力，该权力一旦被滥用，就会损害建设用地使用权人的合法权益。王利明：《我国民法典物权编的修改与完善》，载《清华法学》2018年第2期。

存在着较大的分歧，并未形成共识。

规范目的或功能

本条是关于建设用地使用权提前收回及其补偿的规定。根据《土地管理法》第58条规定，[①]有关人民政府自然资源主管部门报经原批准用地的人民政府或者有批准权的人民政府批准，可以收回国有土地使用权，并给权利人适当的补偿。本条与《土地管理法》第58条相衔接，明确建设用地使用权提前收回的条件。根据本条，在提前收回的补偿标准上，建设用地之上的房屋及其他不动产可以依据本法第243条规定获得补偿，并退还相应的出让金。这就为建设用地使用权人、房屋等不动产所有人获得相应补偿提供了更为细致的法律规定。这一规定既有利于防止政府和国土资源主管部门滥用土地所有权，随意收回建设用地，又保障建设用地使用权人在建设用地使用权被提前收回的情况下，能够获得公平、合理的补偿。

规范内容

从法律性质上看，提前收回建设用地使用权可以演绎为作为土地所有权行使主体的地方政府或国土资源行政部门因公共利益的需要，行使终止权终止建设用地使用权的行为。[②]从物权法的体系来看，它与征收存在着

---

① 《土地管理法》第58条规定："有下列情形之一的，由有关人民政府自然资源主管部门报经原批准用地的人民政府或者有批准权的人民政府批准，可以收回国有土地使用权：（一）为实施城市规划进行旧城区改建以及其他公共利益需要，确需使用土地的；（二）土地出让等有偿使用合同约定的使用期限届满，土地使用者未申请续期或者申请续期未获批准的；（三）因单位撤销、迁移等原因，停止使用原划拨的国有土地的；（四）公路、铁路、机场、矿场等经核准报废的。依照前款第（一）项的规定收回国有土地使用权的，对土地使用权人应当给予适当补偿。"

② 参见蔡立东、刘思铭：《闲置国有建设用地使用权收回制度的司法实证研究》，载《法商研究》2014年第3期。

明显差异。[①]本条规范的对象为地方政府或自然资源主管部门，即土地所有权的行使主体提前收回建设用地使用权的行为。其涵盖了两个方面的内容：一是通过公共利益的认定，厘定自然资源主管部门权利（终止权）行使的条件；二是通过适当的补偿标准，妥善地保护建设用地使用权人的合法权益。

一、提前收回的事由：公共利益的判定

本条使用了“公共利益”的概念，意在保护受让人的建设用地使用权，规范政府或其自然资源主管部门的提前收回行为。但是“公共利益”如同“普罗透斯”的脸，呈现出更高程度的不确定性。为了消除这种不确定性，我国现行法律对“公共利益”采用了具体列举的方式，如《信托法》第60条规定：“为了下列公共利益目的之一而设立的信托，属于公益信托：（一）救济贫困；（二）救助灾民；（三）扶助残疾人；（四）发展教育、科技、文化、艺术、体育事业；（五）发展医疗卫生事业；（六）发展环境保护事业，维护生态环境；（七）发展其他社会公益事业。”《公益事业捐赠法》第3条规定：“本法所称公益事业是指非营利的下列事项：（一）救助灾害、救济贫困、扶助残疾人等困难的社会群体和个人的活动；（二）教育、科学、文化、卫生、体育事业；（三）环境保护、社会公共设施建设；（四）促进社会发展和进步的其他社会公共和福利事业。”这些规定采用了“开放列举+兜底”的模式，具有很强的指向性。故此，《民法典》第358条对“公共利益”的认定宜类型化为国防、国家安全的需要、国家机关及其他公权力组织办公用房的需要、城镇基础设施建设的需要、建设社会公益事业的需要、环境保护的需要、国家重点扶持的能源以及交通水利等项目的用地需要、保障性住房和政策性住房建设的需

① 收回和征收的差异表现在：第一，从立法原意来看，我国法律中的征收客体仅限于财产所有权，财产使用权不能成为征收的客体。第二，从法条文义来看，“建设用地使用权提前收回”与“征收”并非同一制度。第三，从规范体系来看，将建设用地使用权的“提前收回”理解为“征收”，会导致现行法的规则体系出现逻辑矛盾。高飞：《建设用地使用权提前收回法律问题研究——关于〈物权法〉第148条和〈土地管理法〉第58条的修改建议》，载《广东社会科学》2019年第1期。

要，等等。[①]

对公共利益的判定需要满足主体要件和程序要件。其一，需符合一定的主体要件。在建设用地使用权提前收回的场合，权利主体主要是地方政府及其自然资源主管部门。2019年修订的《土地管理法》第58条规定了公共利益认定的主体要件，即“有关人民政府自然资源主管部门报经原批准用地的人民政府或者有批准权的人民政府批准”。其二，需履行报批程序。“政府以公共利益的名义行为时，必须遵循严格的程序，以程序的正当性、合法性初步表征行政行为的正当性、合法性。”[②]具体到建设用地使用权提前收回的场合，需要履行报批程序，经原批准用地的人民政府或者有批准权的人民政府批准。在某用益物权保护纠纷案[③]中，法院认为，“由于《物权法》第一百四十八条的适用应以适格主体和合法程序为前提，实际占用土地的某市住建局并非土地管理部门，无权决定是否收回土地，亦无权在未经法定程序的情况下自行在他人享有建设用地使用权的土地上施工建设，其行为不能导致第一百四十八条的适用，而应按照《中华人民共和国物权法》的规定承担民事责任”。

二、权利人的救济：补偿的具体标准

我国现行法律对国家基于公共利益提前收回的建设用地使用权作出了三种不同的规定：其一，《土地管理法》第58条第2款规定给予建设用地使用权人“适当补偿”；其二，《城市房地产管理法》第20条[④]和《城镇国有土地使用权出让和转让暂行条例》第42条[⑤]规定，根据实际年限和开发土地的实际情况给予建设用地使用权人相应的补偿；其三，《物权法》第148条和《民法典》

---

① 王利明：《论征收制度中的公共利益》，载《政法论坛》2009年第2期。

② 胡鸿高：《论公共利益的法律界定——从要素解释的路径》，载《中国法学》2008年第4期。

③ 参见陕西省高级人民法院（2017）陕民终730号民事判决书。

④ 《城市房地产管理法》第20条规定：“国家对土地使用者依法取得的土地使用权，在出让合同约定的使用年限届满前不收回；在特殊情况下，根据社会公共利益的需要，可以依照法律程序提前收回，并根据土地使用者使用土地的实际年限和开发土地的实际情况给予相应的补偿。”

⑤ 《城镇国有土地使用权出让和转让暂行条例》第42条规定：“国家对土地使用者依法取得的土地使用权不提前收回。在特殊情况下，根据社会公共利益的需要，国家可以依照法律程序提前收回，并根据土地使用者已使用的年限和开发、利用土地的实际情况给予相应的补偿。”

第358条则为依据征收规定对该土地上的房屋及其他不动产给予补偿，并退还相应的出让金。从内容上看，相较于前两者而言，《物权法》第148条和《民法典》第358条对提前收回的标准作了更为细致的规定。[①]

本条规定的“退还相应的出让金”颇具迷惑性，以至于有的学者和法院据此认为就建设用地使用权的提前收回，若不存在房屋及其他不动产，仅需退还剩余期限的出让金即可。这给理论和实践带来了诸多难题，有的学者认为，“提前收回建设用地使用权时，‘退还相应的出让金’，实际上是把土地使用权出让金当成了提前（一次性）支付给土地出让方的租金，把建设用地使用权人与国有土地出让人之间的法律关系看作了一种土地租赁合同关系，把建设用地使用权视为了一种土地租赁权。很显然，这种法律思维既严重背离了《物权法》将建设用地使用权规定为一种独立的用益物权的客观事实，又与1988年4月12日公布施行的《宪法修正案》第2条规定的‘土地的使用权可以依照法律的规定转让’、《城镇国有土地使用权出让和转让暂行条例》和《城市房地产管理法》确立的土地使用权出让与转让制度格格不入”。[②]

“退还相应的出让金”规定本身不应排斥建设用地使用权人根据实际投入和年限获得相应的补偿。2008年国土资源部、国家工商行政管理总局发布的《国有建设用地使用权出让合同》第20条明确规定：“在特殊情况下，根据社会公共利益需要提前收回国有建设用地使用权的，出让人应当依照法定程序报批，并根据收回时地上建筑物、构筑物及其附属设施的价值和剩余年期国有建设用地使用权的评估市场价格及经评估认定的直接损失给予土地使用者补偿。”建设用地使用权提前收回应给予权利人相应补偿，并退还相应的土地出让金。

举证责任

地方政府自然资源主管部门主张提前收回建设用地使用权的，需要提供证据证明收回的事由为公共利益的某项具体类型，还应提供证据证明自己的

---

① 参见全国人民代表大会常务委员会法制工作委员会编：《中华人民共和国物权法释义》，法律出版社2007年版，第330—331页。

② 朱广新：《论建设用地使用权的提前收回》，载《华东政法大学学报》2011年第4期。

主体适格，并且已经履行法定的程序。对于建设用地使用权人而言，主要围绕着收回主体不适格、收回程序违法以及收回的事由不合法等方面提供证据。

第三百五十九条【建设用地使用权的续期】

住宅建设用地使用权期限届满的，自动续期。续期费用的缴纳或者减免，依照法律、行政法规的规定办理。

非住宅建设用地使用权期限届满后的续期，依照法律规定办理。该土地上的房屋以及其他不动产的归属，有约定的，按照约定；没有约定或者约定不明确的，依照法律、行政法规的规定办理。

历史由来

本条承袭于《物权法》第149条，将“期间”修改为“期限”，同时增补了“续期费用的缴纳或者减免，依照法律、行政法规的规定办理”的规定。《物权法》第149条规定：“住宅建设用地使用权期间届满的，自动续期。非住宅建设用地使用权期间届满后的续期，依照法律规定办理。该土地上的房屋及其他不动产的归属，有约定的，按照约定；没有约定或者约定不明确的，依照法律、行政法规的规定办理。”《民法典各分编（草案）》第152条在继承《物权法》第149条的规定时增补了“续期费用的缴纳或者减免，依照法律、行政法规的规定”。之后的《民法典物权编（草案）》（二审稿）第152条及《民法典（草案）》第359条延续了这一修改。增补“续期费用的缴纳或者减免，依照法律、行政法规的规定办理”这一规定，目的在于明确住宅建设用地期间届满续期费用的缴纳或减免的法律依据，对事关广大人民群众切身利益的问题予以积极回应。

梁慧星教授主持编撰的《中国民法典草案建议稿》没有区分住宅建设用地和非住宅建设用地，仅规定基地使用权人可以申请续期，其物权编第446条规定：“基地使用权人可以在期限届满前一年，提出续期请求。土地所有人无正当理由不得拒绝。但基地使用权设立合同另有约定除外。”[①] 王利明教授主持编撰的《中国民法典草案建议稿》也没有区分住宅建设用地和非住宅建设用地，仅规定了

---

① 梁慧星主编：《中国民法典草案建议稿附理由：物权编》，法律出版社2013年版，第389页。

土地使用权人可以申请续展。其第863条规定："国有土地使用权期满，土地使用权人可以申请续展。当事人申请续展的，应当在期满前一年内提出申请，出让方非有正当理由，不得拒绝土地使用权人的续展申请，但合同另有约定的除外。国有土地使用权期满，出让方未收回土地使用权的，土地使用权人可以继续使用土地并应当支付出让金。出让方收回土地使用权的，应当提前六个月通知土地使用权人。"[①]陈甦教授主持编撰的《中国社会科学院民法典分则草案建议稿》则区分了住宅建设用地和非住宅建设用地，其中住宅建设用地使用权可以自动续期且明确不再交纳土地出让金。[②]其第127条规定："住宅建设用地使用权期间届满的，自动续期，不再交纳土地使用权出让金。非住宅建设用地使用权期间届满后的续期，依照法律规定办理。该土地上的住房及其他不动产的归属，有约定的，按照约定；没有约定或者约定不明确的，依照法律、行政法规的规定办理。"就建设用地使用权的续期问题，学界本身并未形成共识。

二 规范目的或功能

本条对住宅建设用地使用权与非住宅建设用地使用权期限届满的续期进行了区分：住宅建设用地使用权期限届满，自动续期，权利人不必按照法律规定办理续期的相关事宜。非住宅建设用地使用权期限届满，权利人应当依照法律规定办理续期的相关事宜。住宅建设用地使用权的自动续期，减轻了权利人的负担和相关部门的工作压力，降低了行政管理的成本，有利于社会稳定。[③]至于续期费用的交纳与减免则交给其他特别法律、法规，待时机成熟时作出相应规定。非住宅建设用地使用权期限届满，权利人依照法律规定办理续期。该土地上的房屋及其他不动产的归属，有约定的，按照约定；没有约定或者约定不明确的，依照法律、行政法规的规定办理。本条规定在于明确建设用地使用权期限届满续期的相关内容，对住宅建设用地续期与非住宅建设用地续期进行区分，进一步保障住宅建设用地使用权人的合法权益。

---

① 王利明主编：《中国民法典草案建议稿及说明》，中国法制出版社2004年版，第123页。

② 陈甦主编：《中国社会科学院民法典分则草案建议稿》，法律出版社2019年版，第44页。

③ 参见全国人民代表大会常务委员会法制工作委员会编：《中华人民共和国物权法释义》，法律出版社2007年版，第332页。

规范内容

本条为不完全法条，为引用性法条。虽然法律规定住宅建设用地使用权期限届满自动续期具有一定现实基础，但住宅建设用地续期费用的缴纳或者减免尚需要进一步的试点实践。考虑到住宅建设用地使用权续期后是否支付土地使用费，是关系到广大人民群众切身利益的问题，如何科学地规定建设用地使用权人届时应当承担的义务，目前还缺少足够的科学依据，应当慎重研究。[①]《民法典》第359条规定了住宅建设用地使用权自动续期，但是策略性地回避了续期费用的问题，为相关法律制度改革的开展留下了充足的空间。

一、住宅建设用地使用权：自动续期

住宅建设用地使用权的自动续期主要包含两个方面的内容，分别为自动续期的法律内涵和要件、自动续期的期限和费用。

1. 自动续期的法律内涵和要件。就自动续期的法律内涵而言，学界和实务界基本达成了共识。住宅建设用地使用权的自动续期无疑是相对于非住宅建设用地使用权的申请续期而言的，其指向的是在住宅建设用地期限届满前，无需办理延期手续，无需经过审批等环节，使用期限自动延长，使之不发生期限届满的后果。[②]而且在法律要件上，自动续期也要以其上建筑物、构筑物及其附属设施的存续为限。倘若其上的建筑物、构筑物及其附属设施倒塌的，建设用地使用权则“功成身退”，并无自动续期之必要。[③]

2. 自动续期的期限和费用。就自动续期的期限而言，学界并未形成统一的认识。王利明教授认为，“(自动续期的期限)原则上续期期限应当在50年

---

① 参见全国人民代表大会常务委员会法制工作委员会编：《中华人民共和国物权法释义》，法律出版社2007年版，第332页。

② 参见王利明：《物权法研究》(下卷)，中国人民大学出版社2016年版，第923页；崔建远：《物权法》(第四版)，中国人民大学出版社2017年版，第316页；房绍坤：《物权法用益物权编》，中国人民大学出版社2007年版，第202—203页。

③ 参见王利明：《物权法研究》(下卷)，中国人民大学出版社2016年版，第923页；崔建远：《物权法》(第四版)，中国人民大学出版社2017年版，第316页。

左右，且最长不宜超过70年”[①]。崔建远教授则认为，续期的时间应该依据初始订立土地使用权出让合同而定，应为原存续期间。[②]就自动续期的费用而言，有学者认为，自动续期不宜无偿，应考虑最低居住面积标准。[③]有些学者认为，结合《物权法》第149条第1款的规定，自动续期不需要再缴纳土地出让金，[④]只需要支付少量的费用。[⑤]

从我国的现行法规定来看，2016年12月8日，国土资源部办公厅发布的《关于妥善处理少数住宅建设用地使用权到期问题的复函》确立了落实自动续期的“两不一正常”过渡办法。“两不”即“不需要提出续期申请”“不收取费用”，“一正常”即“正常办理交易和登记手续”。由此可见，目前自动续期不需要缴纳相关费用，至于自动续期的期限则未有定论，涉及“土地使用期限”仍填写该住宅建设用地使用权的原起始日期和到期日期，并注明“根据《国土资源部办公厅关于妥善处理少数住宅建设用地使用权到期问题的复函》（国土资厅函〔2016〕1712号）办理相关手续”。

二、非住宅建设用地使用权：申请续期

“非住宅建设用地使用权期限届满后的续期，依照法律规定办理”，这里的法律规定主要指《城市房地产管理法》第22条[⑥]和《城镇国有土地使用权出让和转让暂行条例》第41条。[⑦]依据这些规定，非住宅建设用地续期

---

① 王利明：《住宅建设用地使用权自动续期规则》，载《清华法学》2017年第2期。

② 参见崔建远：《物权法》（第四版），中国人民大学出版社2017年版，第316页。

③ 参见王利明：《住宅建设用地使用权自动续期规则》，载《清华法学》2017年第2期。

④ 参见崔建远：《物权法》（第四版），中国人民大学出版社2017年版，第316页。

⑤ 参见朱广新：《论住宅建设用地使用权自动续期及其体系效应》，载《法商研究》2012年第2期。

⑥ 《城市房地产管理法》第22条规定：“土地使用权出让合同约定的使用年限届满，土地使用者需要继续使用土地的，应当至迟于届满前一年申请续期，除根据社会公共利益需要收回该幅土地的，应当予以批准。经批准准予续期的，应当重新签订土地使用权出让合同，依照规定支付土地使用权出让金。土地使用权出让合同约定的使用年限届满，土地使用者未申请续期或者虽申请续期但依照前款规定未获批准的，土地使用权由国家无偿收回。”

⑦ 《城镇国有土地使用权出让和转让暂行条例》第41条规定：“土地使用权期满，土地使用者可以申请续期。需要续期的，应当依照本条例第二章的规定重新签订合同，支付土地使用权出让金，并办理登记。”

办理的程序为，权利人申请→出让人审批→重新签订出让合同并缴纳出让金。如果权利人申请未获批准或者当事人未按规定申请续期，则土地使用权终止。

至于“该土地上的房屋以及其他不动产的归属，有约定的，按照约定；没有约定或者约定不明确的，依照法律、行政法规的规定办理”，这里的法律、行政法规主要是指《城镇国有土地使用权出让和转让暂行条例》第40条[①]的规定。本条规定的适用条件为：一是非住宅建设用地使用权期限届满；二是权利人申请续期未获批准或者没有按照法律规定申请续期；三是当事人双方对于建筑物、构筑物及其附属设施的归属没有约定或约定不明确且双方无证据证明有权取得建筑物、构筑物及其附属设施。

第三百六十条【建设用地使用权的注销登记】

建设用地使用权消灭的，出让人应当及时办理注销登记。登记机构应当收回权属证书。

历史由来

本条沿袭了《物权法》第150条的规定，只是将“建设用地使用权证书”修改为“权属证书”。

梁慧星教授主持编撰的《中国民法典草案建议稿》、王利明教授主持编撰的《中国民法典草案建议稿》规定了建设用地使用权消灭的事由，并没有规定建设用地使用权注销登记的内容。陈甦教授主持编撰的《中国社会科学院民法典分则草案建议稿》第137条[②]则采纳了《物权法》第150条的规定。这表明学界就民法典是否要规定建设用地使用权的注销登记问题并未形成统一

---

① 《城镇国有土地使用权出让和转让暂行条例》第40条规定：“土地使用权期满，土地使用权及其地上建筑物、其他附着物所有权由国家无偿取得。土地使用者应当交还土地使用证，并依照规定办理注销登记。”

② 该条规定：“建设用地使用权消灭的，出让人应当及时办理注销登记。登记机关应当收回建设用地使用权证。”陈甦主编：《中国社会科学院民法典分则草案建议稿》，法律出版社2019年版，第46页。

的认识，与实务界也存在不同的认识。

规范目的或功能

本条实质上是建设用地使用权公示登记制度的体现，建设用地使用权的设立、流转、消灭均需要完成公示登记手续，形成了一个完整的闭环。本条意在明确建设用地使用权消灭时，办理注销登记的义务主体，厘定建设用地使用权注销登记的条件以及登记机关相应的职责，以保证建设用地使用权的登记与实际的权利状态相一致，维护交易安全以及不特定第三人的利益，防止不知情的第三人信赖登记而以为建设用地使用权仍然存在进而危害交易安全。①

规范内容

本条为不完全法条，属于说明性法条。在建设用地使用权灭失后，原权利人根据《不动产登记暂行条例实施细则》第28条第1款第1项②持土地证书和相关材料办理建设用地使用权注销登记。

一、建设用地使用权消灭的情形及其注销登记

建设用地使用权为用益物权，是一项有存续期限的物权权利。概括而言，建设用地使用权消灭的事由有以下几种。

1.存续期间届满，没有续期的。出让建设用地使用权往往因存续期间的届满而消灭，而划拨建设用地使用权一般没有期限的限制。③在出让建设用地使用权中又要区分住宅建设用地使用权和非住宅建设用地使用权。根据《民法典》第359条，住宅建设用地使用权在期满后“自动续期”，摆脱了期

---

① 参见房绍坤：《物权法用益物权编》，中国人民大学出版社2007年版，第207页。

② 《不动产登记暂行条例实施细则》第28条规定：“有下列情形之一的，当事人可以申请办理注销登记：（一）不动产灭失的；……”

③ 参见房绍坤：《物权法用益物权编》，中国人民大学出版社2007年版，第203页。

限的限制。而就非住宅建设用地使用权，根据《城市房地产管理法》第22条[①]和《城镇国有土地使用权出让和转让暂行条例》第41条[②]，土地使用者需要继续使用土地的，可于届满前一年申请续期。非住宅建设用地使用权届满，土地使用者未申请续期的或者申请续期未获批准的，建设用地使用权消灭。

2. 建设用地使用权的撤销。在具备法定条件时，土地管理部门可以单方撤销建设用地使用权，收回建设用地。其主要包含以下情形：（1）建设用地使用权因公共利益提前收回。根据《民法典》第358条，在建设用地使用权期限届满前，出让方可以公共利益为由提前收回（终止）建设用地使用权，建设用地使用权因此消灭。（2）权利人停止使用建设用地。根据《土地管理法》58条第1款第3项[③]及《城镇国有土地使用权出让和转让暂行条例》第47条第1款[④]规定，因单位撤销、破产、解散、迁移停止使用建设用地的，有关土地管理部门可以撤销建设用地使用权。（3）因公路、铁路等被核准报废的。根据《土地管理法》第58条第1款第4项[⑤]，公路、铁路、机场、矿场等核准报废的，出让方可以撤销（终止）建设用地使用权。（4）违反合同约定的期限以及用途。

---

① 《城市房地产管理法》第22条规定："土地使用权出让合同约定的使用年限届满，土地使用者需要继续使用土地的，应当至迟于届满前一年申请续期，除根据社会公共利益需要收回该幅土地的，应当予以批准。经批准准予续期的，应当重新签订土地使用权出让合同，依照规定支付土地使用权出让金。土地使用权出让合同约定的使用年限届满，土地使用者未申请续期或者虽申请续期但依照前款规定未获批准的，土地使用权由国家无偿收回。"

② 《城镇国有土地使用权出让和转让暂行条例》第41条规定："土地使用权期满，土地使用者可以申请续期。需要续期的，应当依照本条例第二章的规定重新签订合同，支付土地使用权出让金，并办理登记。"

③ 《土地管理法》第58条第1款第3项规定："有下列情形之一的，由有关人民政府自然资源主管部门报经原批准用地的人民政府或者有批准权的人民政府批准，可以收回国有土地使用权：……（三）因单位撤销、迁移等原因，停止使用原划拨的国有土地的；……"

④ 《城镇国有土地使用权出让和转让暂行条例》第47条第1款规定："无偿取得划拨土地使用权的土地使用者，因迁移、解散、撤销、破产或者其他原因而停止使用土地的，市、县人民政府应当无偿收回其划拨土地使用权，并可依照本条例的规定予以出让。"

⑤ 《土地管理法》第58条第1款第4项规定："有下列情形之一的，由有关人民政府自然资源主管部门报经原批准用地的人民政府或者有批准权的人民政府批准，可以收回国有土地使用权：……（四）公路、铁路、机场、矿场等经核准报废的。"

根据《城市房地产管理法》第26条[①]以及《城镇国有土地使用权出让和转让暂行条例》第17条第2款[②]规定，以出让方式取得的建设用地使用权人未按照合同约定的期限和用途开发建设用地的，出让方可以单方面终止建设用地使用权。[③]

3.因自然灾害导致建设用地灭失的。如果建设用地因为自然灾害的原因而发生灭失的，建设用地使用权也会因之而消灭。比如因洪水、地震等自然灾害导致土地流失或者无法使用。[④]

根据上述建设用地使用权消灭的情形，注销登记可以类型化为申请注销登记和嘱托注销登记。其中，申请注销登记主要包含的情形有：（1）存续期间届满，没有续期的；（2）因自然灾害导致建设用地灭失的。嘱托注销登记主要是指建设用地使用权的撤销。[⑤]

二、未办理注销登记的法律后果

建设用地使用权无论基于何种事由灭失，都应及时办理注销登记。倘若未办理注销登记，就善意第三人而言，无法从外部探知建设用地使用权已经消灭的事实。未办理注销登记的，对善意第三人不得主张建设用地使用权已经消灭，[⑥]善意第三人可以向办理注销登记的义务主体——建设用地使用权出让人主张损害赔偿责任。在“某县国土资源和房屋管理局与某房屋经纪有限

---

① 《城市房地产管理法》第26条规定：“以出让方式取得土地使用权进行房地产开发的，必须按照土地使用权出让合同约定的土地用途、动工开发期限开发土地。超过出让合同约定的动工开发日期满一年未动工开发的，可以征收相当于土地使用权出让金百分之二十以下的土地闲置费；满二年未动工开发的，可以无偿收回土地使用权；但是，因不可抗力或者政府、政府有关部门的行为或者动工开发必需的前期工作造成动工开发迟延的除外。”

② 《城镇国有土地使用权出让和转让暂行条例》第17条第2款规定：“未按合同规定的期限和条件开发、利用土地的，市、县人民政府土地管理部门应当予以纠正，并根据情节可以给予警告、罚款直至无偿收回土地使用权的处罚。”

③ 参见蔡立东、刘思铭：《闲置国有建设用地使用权收回制度的司法实证研究》，载《法商研究》2014年第3期。

④ 参见王利明：《物权法研究》（下卷），中国人民大学出版社2016年版，第939页。

⑤ 参见国土资源部政策法规司、国土资源部不动产登记中心（国土资源部法律事务中心）编著：《不动产登记暂行条例释义》，中国法制出版社2016年版，第30页。

⑥ 参见崔建远：《物权法》（第四版），中国人民大学出版社2017年版，第315—316页。

公司、徐某、张某军案外人执行异议之诉一审案”[①]中，法院表达了相同的观点，其认为，“依据《中华人民共和国土地管理法》第五十八条的规定，‘由有关人民政府土地行政主管部门报经原批准用地的人民政府或者有批准权的人民政府批准，可以收回国有土地使用权’。依据《中华人民共和国物权法》第一百五十条的规定，‘建设用地使用权消灭的，出让人应当及时办理注销登记。登记机构应当收回建设用地使用权证书’。土地行政主管部门收回国有土地使用权，应当依照法定程序作出收回决定书，收回国有土地使用权。某县国土资源和房屋管理局在县政府发布征收公告后，并没有依照法定程序作出收回国有土地使用权的决定书，也没有收回某公司的国有土地使用权证书，注销某公司的国有土地使用权登记。此外，法院向其送达协助执行通知书时，其并未提出被查封的国有土地使用权已经被收回的异议，因而其诉讼请求不能得到支持”。

举证责任

出让人主张建设用地使用权已经灭失的，需要提供证据证明建设用地使用权已经灭失，还应提供证据证明已经履行完注销登记。受让人则需要提供证明不符合建设用地使用权灭失事由的证据。对于第三人而言，围绕着没有完成注销登记提供证据展开抗辩。

第三百六十一条【集体建设用地使用权的法律适用】

集体所有的土地作为建设用地的，应当依照土地管理的法律规定办理。

历史由来

本条沿袭了《物权法》第151条的规定，略作修改。《物权法》第151条规定：“集体所有的土地作为建设用地的，应当依照土地管理法等法律规定办理。”在立法过程中，《民法典各分编（草案）》第154条完全沿用了《物权法》

① 参见重庆市第三中级人民法院（2016）渝03民初76号民事判决书。

第151条。《民法典物权编（草案）》（二审稿）第154条将“应当依照土地管理法等法律规定办理”修改为“应当依照土地管理的法律规定办理”。《民法典（草案）》采纳了这一修改。集体建设用地之上设立建设用地使用权所依据的法律不限于《土地管理法》，还包括其他土地管理的法律法规。这一修改使得《土地管理法》之外的其他土地管理法律在规范集体建设用地使用权上可以发挥与《土地管理法》相同或相似的作用。

梁慧星教授主持编撰的《中国民法典草案建议稿》采用“基地使用权”概念，没有区分集体建设用地使用权和国有建设用地使用权。[①]王利明教授主持编撰的《中国民法典草案建议稿》采用“土地使用权”概念，也没有区分集体建设用地使用权和国有建设用地使用权。[②]陈甦教授主持编撰的《中国社会科学院民法典分则草案建议稿》也未区分集体建设用地使用权与国有建设用地使用权。[③]这表明学者们不赞成将集体建设用地使用权排除在《民法典》规定的建设用地使用权之外。

三 规范目的或功能

本条明确规范集体建设用地使用权应当适用的法律，与《民法典》第344条规定建设用地使用权的定义相呼应，表明建设用地使用权是以国有土地为客体的用益物权，但是集体所有土地之上亦可以设立建设用地使用权。考虑到我国农村土地制度改革正在深化，承包地“三权分置”和宅基地“三权分置”改革都强调要“落实集体土地使用权”。鉴于集体土地使用权的改革需要通过总结改革试点的经验加以完善，《民法典》不宜对集体建设用地使用权作出具体规定。本条仅对集体建设用地使用权作了原则性规定，明确规范集体建设用地使用权的法律依据的同时，为今后集体建设用地使用权制度立法的

---

① 参见梁慧星主编：《中国民法典草案建议稿附理由：物权编》，法律出版社2013年版，第341—344页。

② 参见王利明主编：《中国民法典草案建议稿及说明》，中国法制出版社2004年版，第122—124页。

③ 参见陈甦主编：《中国社会科学院民法典分则草案建议稿》，法律出版社2019年版，第42—46页。

进一步完善预留了空间。[①]

规范内容

本条规定属于引用性法条，是关于集体建设用地使用权取得、行使和转让适用法律的衔接性规定。“应当依照土地管理的法律规定办理”主要指向的法律为《土地管理法》第59—61条、第63—66条。《土地管理法》第59—61条的规定明确了集体建设用地使用权的设立须符合土地规划且需要办理相关审批事项；《土地管理法》第63条明确规定集体经营性建设用地使用权的设立及流转；第64条明确规定集体建设用地使用权人应当依照土地规划的要求以及当事人约定的土地用途使用集体土地，不得随意改变土地用途；第65条明确规定在土地利用总体规划制定前已建的不符合土地利用总体规划用途的建筑物、构筑物，不得重建、扩建；第66条明确规定集体土地所有权人收回集体建设用地使用权的法定条件。同时，理解和掌握本条的规定，应当区分集体建设用地使用权的不同类型，并明确不同类型的集体建设用地使用权取得、行使和转让的适用规则。

一、集体建设用地使用权的不同类型

《民法典》第344条将建设用地使用权的客体限定为国有土地。这意味着集体所有的土地不能以设立建设用地使用权的方式直接进入土地一级市场。其原因在于：我国农村实行的是土地集体所有制，农村土地的集体所有权是我国公有制的重要组成部分，土地所有权不能转让。为了保护耕地，防止随意侵占耕地进行房地产开发，集体土地只有经过征收才能进入土地市场。[②]但是乡、镇企业可以依法取得集体经营性建设土地上的建设用地使用权。《中共中央关于全面深化改革若干重大问题的决定》在“加快完善现代市场体系”部分强调，“建立城乡统一的建设用地市场。在符合规划和用途管制前提下，

---

① 参见全国人民代表大会常务委员会法制工作委员会编：《中华人民共和国物权法释义》，法律出版社2007年版，第335页。

② 参见王利明：《物权法研究》（下卷），中国人民大学出版社2016年版，第927—928页。

允许农村集体经营性建设用地出让、租赁、入股，实行与国有土地同等入市、同权同价”。这就为集体经营性建设用地使用权“同等”入市流转指明了方向。2019年《土地管理法》第63条第1款[①]正式以法律形式落实了集体经营性建设用地与国有土地“同等入市”“同权同价”。根据集体建设用地使用权能否直接入市，可以分为集体经营性建设用地使用权和集体非经营性（公益性）建设用地使用权。[②]

集体非经营性（公益性）建设用地使用权是指本集体经济组织或其成员以划拨的方式取得的用于公共设施、公共事业的建设用地，其具有无偿、无限期使用的特征。而集体经营性建设用地使用权系在兴办乡镇企业过程中形成的可用于非农经营的建设用地。[③]集体非经营性（公益性）建设用地使用权沿袭了原有的限制规定，无法入市交易，而集体经营性建设用地使用权则可以入市交易，具有与国有建设用地使用权“同等入市”“同地同权”的趋势。

二、集体经营性建设用地使用权的入市

1.集体经营性建设用地使用权的设立主体为集体土地所有权人。根据《土地管理法》第63条第1款，集体经营性建设用地使用权派生于集体土地所有权，其设立的主体是集体土地所有权人，而非地方政府，避免了地方政府集土地所有权的代表与土地管理者等诸角色于一身。[④]

2.集体经营性建设用地使用权的设立需要经过法定程序。根据《土地管理法》第63条第1款和第2款，土地所有权人可以出让、出租等方式为单位或

---

① 《土地管理法》第63条第1款规定：“土地利用总体规划、城乡规划确定为工业、商业等经营性用途，并经依法登记的集体经营性建设用地，土地所有权人可以通过出让、出租等方式交由单位或者个人使用，并应当签订书面合同，载明土地界址、面积、动工期限、使用期限、土地用途、规划条件和双方其他权利义务。”

② 参见高富平：《重启集体建设用地市场化改革的意义和制度需求》，载《东方法学》2014年第6期；陈小君：《我国农村土地法律制度变革的思路与框架——十八届三中全会〈决定〉相关内容解读》，载《法学研究》2014年第4期。

③ 参见陈小君：《我国农村土地法律制度变革的思路与框架——十八届三中全会〈决定〉相关内容解读》，载《法学研究》2014年第4期。

④ 参见宋志红：《集体经营性建设用地入市的立法回应解析——〈土地管理法（修正案）〉（征求意见稿）入市规定解读与评析》，载《中国土地资源经济》2017年第6期。

个人创设集体经营性建设用地使用权，当事人双方应当订立书面合同，合同中应载明土地界址、面积、动工期限、使用期限、土地用途、规划条件以及双方的权利和义务。同时，应当经过本集体经济组织成员的村民会议三分之二以上成员或者三分之二以上村民代表同意。

3.集体经营性建设用地使用权的流转方式包含转让、互换、出资等。根据《土地管理法》第63条第3款，以出让方式取得的集体经营性建设用地使用权人可以通过转让、互换、出资、赠与或者抵押等方式流转集体经营性建设用地使用权。

4.集体经营性建设用地使用权流转参照同类用途国有建设用地执行。《土地管理法》仅规定了集体经营性建设用地使用权的基本事宜，尚缺失细致性的规定。[①]而现行法在建设用地使用权权利义务设置、流转方式、公示登记方法等方面均形成了成熟的规定。因此，集体经营性建设用地使用权设立尚需要国务院另行制定《农村集体经营性建设用地出让转让条例》。但集体经营性建设用地使用权在二级市场上流转，可以参照《民法典》《土地管理法》《城镇国有土地使用权出让和转让暂行条例》的相关规定处理。

---

① 参见陈小君：《我国农地制度改革实践的法治思考》，载《中州学刊》2019年第1期。

第十三章

宅基地使用权

第三百六十二条【宅基地使用权的含义】

宅基地使用权人依法对集体所有的土地享有占有和使用的权利，有权依法利用该土地建造住宅及其附属设施。

历史由来

本条完全承继了《物权法》第152条："宅基地使用权人依法对集体所有的土地享有占有和使用的权利，有权依法利用该土地建造住宅及其附属设施。"从《民法典》编纂过程来看，《民法典物权编（草案）》（征求意见稿）、《民法典各分编（草案）》、《民法典物权编（草案）》（二审稿）及《民法典（草案）》均沿用了《物权法》第152条的规定。

规范目的或功能

本条的规范目的，是明确农村村民对所在集体的土地享有的宅基地使用权的权利内容。本条规定虽然是从宅基地使用权人的权利享有角度进行规范的，但它实质性地阐述了宅基地使用权的内涵。宅基地使用权是农村村民的一项非常重要的基本权利，它是农民赖以生存的根本保障。土地，可谓农民的生命之源，如果说农村土地承包经营权是解决农民衣食方面的问题，则宅基地使用权是解决农民的居住问题。宅基地使用权确认农民在集体土地上建宅居住的权利，使农民能够安居乐业。宅基地使用权不仅是农民的立命之基，也是农村兴旺农业发展的根本保障，因此本条规范确认农村村民在集体土地上建宅居住的权利具有非常重要的意义。

规范内容

本条规定属于不完全法条中的说明性法条，它阐释了农村村民对集体土地享有的宅基地使用权的权利内容。宅基地使用权是农村村民对本集体土地享有的以建造住宅及其附属设施为目的占有和使用的权利。

新中国建立以来我国农村宅基地制度经历了一个发展变迁的过程。20世纪50年代初，我国进行了农村土地改革运动，根据1950年《土地改革法》第10条的规定，农民享有土地的所有权。依此规定，农村宅基地及其上房屋属于农民个人所有，农民对宅基地占有使用的权利也就包含在宅基地所有权之中，无需对宅基地使用权单独规定。随着社会主义公有制改造的进行，我国在农村实行人民公社制度，包括宅基地在内的农村土地由农民个人所有收归为生产队集体所有，作为社员的农民对宅基地享有的所有权转化成为使用权。1982年2月国务院颁布的《村镇建房用地管理条例》第4条明确规定农村土地归公社、大队或者生产队集体所有，社员对宅基地等只有使用权。我国1982年《宪法》对宅基地等土地的集体所有加以确认，其第10条第2款规定："农村和城市郊区的土地，除由法律规定属于国家所有的以外，属于集体所有；宅基地和自留地、自留山，也属于集体所有。"1986年4月12日通过的《民法通则》第74条第2款从民事权利的角度规定了农民集体所有的土地属于村或者乡（镇）农民集体所有。1986年6月颁布的《土地管理法》第6条第2款承继了《宪法》的具体规定，之后《土地管理法》几次修改也均延续了这一规定。根据上述法律，宅基地的所有权属于集体，农民作为成员对宅基地享有使用权。

对农民宅基地使用权首次明确作出规定的是2007年颁布的《物权法》。对宅基地使用权内涵的认识经历了一个渐进的过程，这在《物权法》的起草制定过程中得到体现。《物权法（草案）》曾规定："宅基地使用权人有权对集体所有的土地占有和使用，在该土地上建造住房及其附属设施。"后来改为："宅基地使用权人依法享有对集体所有的土地占有和使用的权利，有权自主利用该土地建造住房及其附属设施。"之后又将"自主"二字删除，条文内容变更为"宅基地使用权人依法对集体所有的土地享有占有和使用的权利，有权利用该土地建造住宅及其附属设施"。这主要是因为宅基地使用权人并不能完全根据自己的意志来利用集体土地，其对宅基地的利用还要受《土地管理法》等相关法律法规的限制。《物权法》中的最终条文序号为第152条，且在"利用"前增加了"依法"二字，条文内容最终确定为："宅基地使用权人依法对集体所有的土地享有占有和使用的权利，有权依法利用该土地建造住宅及其附属设施。"《民法典》第362条原文搬用了《物权法》第152条的规定。

对宅基地使用权的理解，应把握如下几点。

第一，宅基地使用权是一种用益物权。在我国，土地所有权属于国家所有或者集体所有，个人并不享有土地所有权。因此，农村村民基于居住需要建造住宅及其附属设施，只能在集体土地上进行，借助于对集体土地的使用来实现。根据本条的规定，宅基地使用权是用益物权。这种用益物权具有排他性，因宅基地使用权是以建造住宅及其附属设施为目的的对指定宅基地进行占有和使用的权利，故宅基地使用权人在该宅基地上建造住宅及其附属设施后就排斥他人再在该宅基地上为建造行为，故同一宅基地上不得存在两个内容相同的宅基地使用权。

第二，宅基地使用权的客体是集体所有的土地。从我国个人住宅建造的历史来看，既包括农村村民的住宅建造行为，也包括城镇居民个人的住宅建造行为。对于城镇居民个人建造住宅，1983年《城镇个人建造住宅管理办法》曾加以规范，但该办法已于2008年被废止，之后不再批准城镇居民的个人建造住宅行为。对因历史原因形成的城镇宅基地使用权国家依法予以保护，但现在国有土地上已经不再批准个人建造住宅。因此，我国现行法下的宅基地使用权仅指农村村民利用农村集体土地建造住宅的权利，农村村民只能申请利用本集体的土地建造住宅，故宅基地使用权的客体仅限于集体所有的土地。

第三，宅基地使用权的权利主体具有特定性和限定性。[①]本条规定将宅基地使用权的权利主体表述为“宅基地使用权人”，看似宅基地使用权的权利主体并无身份上的特定限制，但实际上并非如此。对宅基地使用权权利主体的身份限制可以从国家相关法律和规定中得出，且经历了一个演变的过程。1986年出台的《土地管理法》第41条允许城镇非农业户口居民在经县级人民政府批准且支付补偿费和安置补助费后使用集体所有的土地建造住宅，但1998年修订《土地管理法》时将这一规定删除。1999年《国务院办公厅关于加强土地转让管理严禁炒卖土地的通知》中规定：“农民的住宅不得向城市居民出售，也不得批准城市居民占用农民集体土地建住宅，有关部门不得为违法建造和购买的住宅发放土地使用证和房产证。”2004年《国务院关于深化改革严格土地管理的决定》第10条禁止城镇居民在农村购置宅基地。因此，从上述国家有关规定可知，城镇非农业户口居民不再获批使用集体土地建造住宅，

---

① 参见梁慧星、陈华彬：《物权法》（第五版），法律出版社2010年版，第273页。

也不得在农村购买宅基地，被排除出了农村宅基地使用权权利主体的范围。故我国现行法下农村宅基地使用权的权利主体仅限于本集体内的成员，非本集体的其他农民只有在将户口迁入该集体之后，才有资格申请宅基地使用权。

第四，宅基地使用权的内容是权利人利用宅基地建造住宅及其附属设施以及占有和使用宅基地的权利。所谓住宅，是指农村村民的生活居住用房；而其附属设施，是指辅助住宅发挥效能的与村民生活相关的建筑物、构筑物等设施，如车库、厕所、沼气池、猪圈、牛棚、羊棚等。[①]本条规定列明权利人有对集体所有的土地享有占有和使用的权利，但对宅基地的占有和使用应当以建造住宅及其附属设施为目的，即对宅基地占有和使用的权利是附属于建造住宅及其附属设施行为的。如果获批宅基地之后长时间不在该宅基地上建造住宅而形成空置性占有，权利人的宅基地使用权则会被收回而剥夺其占有和使用宅基地的权利。例如，2002年出台的《河北省农村宅基地管理办法》第12条规定，自依法批准之日起连续二年未按照批准的用途使用的宅基地，由村民委员会向乡（镇）土地管理机构提出申请，经县（市）土地行政主管部门审查、县（市）人民政府批准后，可以收回。

第五，宅基地使用权具有社会福利性。宅基地使用权是为解决农村村民基本生活居住需要而设定的一项对农民集体所有土地的用益物权，因而蕴含了对农民基本生存的人文关怀属性。宅基地使用权对农民的福利性主要体现为宅基地使用权具有无偿性和无期限性，不同于同属土地用益物权的建设用地使用权，建设用地使用权具有有偿性和有期限性。在《物权法》的制定过程中，有人提议为了防止有些村民多占用农民集体土地，宅基地使用权的取得应当一定程度上有偿化。但更多学者认为，宅基地使用权的目的在于解决作为本集体经济组织成员的村民的基本生活居住需求，不具有建设用地使用权的市场化属性，因此应当无偿。这一观点最终被《物权法》所采纳，并在《民法典》中得到承继。另外，宅基地使用权还具有无期限性，只要村民的宅基地使用需求客观存在，宅基地使用权就一直存在。

需要提醒注意的是，依本条规定，只有宅基地使用权人才有权在相应宅基地上建造住宅及其附属设施，非宅基地使用权人在他人获得使用权的宅基

---

① 参见梁慧星、陈华彬：《物权法》（第五版），法律出版社2010年版，第274页。

地上建造住宅的行为不受法律保护。实践中，这方面的案例多有发生。例如，在“田某英、刘某涛诉刘某虎一案”中，田某英与丈夫刘某龙将刘某龙同胞兄弟刘某虎名下的旧房拆除翻建成新房并一直居住，2004年6月11日天津市武清区大孟庄镇人民政府填发的《农村住宅用地许可证》《农村住宅建设规划许可证》将建房申请人登记为刘某虎，但相关许可证由田某英持有。后刘某虎与田某英等因该住宅的归属发生纠纷，因刘某龙已经去世，田某英与儿子刘某涛作为原告向法院起诉，请求法院确认诉争住宅归其所有。法院审理后认为，诉争住宅的宅基地合法使用权人是刘某虎，田某英与刘某龙不是诉争房屋宅基地使用权人，未取得在该宅基地上建房许可证，其在该宗宅基地上建房不具有合法性，对原告要求将诉争房屋确认归其所有的请求不予支持。一审判决后两人提起上诉，但二审法院判决驳回上诉、维持原判。①

其他问题

另外值得一提的是农村宅基地的“三权分置”问题。

2018年中央一号文件《中共中央、国务院关于实施乡村振兴战略的意见》提出农村宅基地“三权分置”这一政策主张之后，宅基地“三权分置”和农村承包土地“三权分置”一样成为当前的一个热点问题。2018年中央一号文件将宅基地“三权分置”中的“三权”表述为所有权、资格权和使用权。宅基地“三权分置”的目的在于促进农村宅基地的对外流转，使本集体之外的人也能够获得对宅基地进行利用的权利，提高宅基地的利用效率。对于宅基地“三权分置”在法律上的解读，有人主张将原宅基地使用权拆分成具有身份属性的资格权和具有财产属性的使用权，这样便与2018年中央一号文件中宅基地“三权分置”的表达一致。但有学者指出，无法从宅基地所有权中分置出一个带有成员权性质的“资格权”，只是在维系宅基地使用权身份性的前提之下，从中派生出一个不具有身份属性的宅基地租赁权。②

---

① 参见天津市第一中级人民法院（2018）津01民终686号民事判决书。

② 参见高圣平：《宅基地制度改革与民法典物权编编纂——兼评〈民法典物权编（草案二次审议稿）〉》，载《法学评论》2019年第4期。

要对宅基地“三权分置”有一个准确的法律表达，关键是如何理解农户和作为实际使用人的社会主体对宅基地所享有权利的性质。有学者主张将非本农民集体成员的社会主体对宅基地的利用权定性为地上权（相当于我国的一种用益物权），但它以作为本集体成员的农民享有的宅基地使用权定性为相当于所有权（农民土地所有权的替代物）为前提，[①]因为若仍按现行法规定将本集体成员农民的宅基地使用权定性为一种用益物权，则其与地上权同为用益物权，这两个对宅基地利用内容相同的用益物权之间的相互排他性问题在法理上难以解决。另有学者主张在现有宅基地使用权的基础上派生出一个不具有身份属性的宅基地租赁权，由此宅基地“三权分置”的法律表达是“土地所有权—宅基地使用权—宅基地使用权的租赁权”。[②]对于宅基地租赁权的性质，多数学者认为其应当为债权，并将其看作一种法定租赁权。[③]但有学者对此提出质疑，认为宅基地法定租赁权设想在解决当前宅基地权利制度上存在很大的局限性：第一，不利于土地资源的高效利用以及对农民土地权益的保护；第二，宅基地法定租赁权制度的执行面临诸多技术难题；第三，宅基地法定租赁权作为债权，权利效力弱、期限短；等等。[④]同时，如果将社会主体对宅基地的使用权视为一种债权的话，则不应在物权章节中加以规定，而应在体现债的关系的合同编中加以规定。也有学者认识到非本农民集体成员的社会主体对宅基地的利用关系非一般的债权性利用可以涵盖，因此主张赋予宅基地法定租赁权以物权化性质。[⑤]但其并未阐述债权性租赁权为何因“法定”就会产生物权化效应。

可以看出，宅基地“三权分置”作为一项政策主张提出之后，如何在法

---

① 参见王卫国、朱庆育：《宅基地如何进入市场？——以画家村房屋买卖案为切入点》，载《政法论坛》2014年第3期。

② 参见高圣平：《我国土地制度改革中的若干法律问题研究》，载《山东社会科学》2019年第8期。

③ 参见刘凯湘：《法定租赁权对农村宅基地制度改革的意义与构想》，载《法学论坛》2010年第1期；陈小君：《我国涉农民事权利入民法典物权编之思考》，载《广东社会科学》2018年第1期；高圣平：《宅基地制度改革政策的演进与走向》，载《中国人民大学学报》2019年第1期；韩松：《宅基地立法政策与宅基地使用权制度改革》，载《法学研究》2019年第6期。

④ 参见宋志红：《乡村振兴背景下的宅基地权利制度重构》，载《法学研究》2019年第3期。

⑤ 参见陈小君：《宅基地使用权的制度困局与破解之维》，载《法学研究》2019年第3期。

律上做出可行与理性的表达，学者之间的意见并不统一，需要进一步深入研究探讨。鉴于法学理论研究上的不成熟性，在这次《民法典》编纂过程中，宅基地“三权分置”的主张在《民法典》中并未加以落实和表达。

第三百六十三条【宅基地使用权的取得、行使和转让】

宅基地使用权的取得、行使和转让，适用土地管理的法律和国家有关规定。

历史由来

本条规定是在承继《物权法》第153条规定的基础上适当修改而来。《物权法》第153条的内容为：“宅基地使用权的取得、行使和转让，适用土地管理法等法律和国家有关规定。”在《民法典》编纂过程中，《民法典物权编（草案）》（征求意见稿）第154条和《民法典各分编（草案）》第156条原文搬用了《物权法》第153条的规定，但《民法典物权编（草案）》（二审稿）第156条对《物权法》第153条作了一定的修改，修改后的条文内容为：“宅基地使用权的取得、行使和转让，适用土地管理的法律和国家有关规定。”这样使得条文的规定更具开放性，因为宅基地使用权的取得、行使和转让，除受《土地管理法》的调整外，还要受《城乡规划法》等法律的规制。《民法典（草案）》第363条和《民法典》的本条规定都承继了这一修改。

规范目的或功能

本条规定的目的在于明确宅基地使用权的取得、行使和转让具体应适用的法律规范。如上所述，我国农村村民对集体所有的土地享有宅基地使用权，但农村村民对宅基地使用权的享有不是任意的，为避免我国土地资源的滥用和破坏，宅基地使用权的取得、行使和转让都需要依法进行。我国《土地管理法》《城乡规划法》等法律和一些法规对宅基地使用权的取得、行使和转让都有规定，本条规定虽然未规范具体的内容，但作为引致性条款明确了要适用的法律规范。

规范内容

本条规定属于不完全法条中的引用性法条，规范的内容是宅基地使用权的取得、行使和转让的法律适用。但农村村民享有的宅基地使用权如何取得、行使和转让，本条文中并没有给出具体规定，而是引致性规定“适用土地管理的法律和国家有关规定”。

在《物权法》制定之初，对于宅基地使用权的取得、行使和转让，并非像现在这样采用引致条款的方式指出适用其他法律规范，而是拟定了详细的条文对宅基地使用权的取得和转让等作出规定。但最终出台的《物权法》直接统一规定适用相关法律和国家有关规定：“宅基地使用权的取得、行使和转让，适用土地管理法等法律和国家有关规定。”《物权法》对宅基地使用权的取得、行使和转让不再直接具体规定的原因是：《土地管理法》等法律和国家有关规定中对于这些事项已加以规定，《物权法》不必再具体重复这些条款；宅基地的面积标准在我国各省根据本省实际情况确定，并不统一，因此《物权法》无关统一规定；这些规定体现的国家政策性较强，需要根据实际变化随时进行调整，放在其他法律或国家有关规定中加以规范更具灵活性。《民法典》第363条在承继《物权法》第153条规定的同时，又对条文内容进行了适当修改，最终为：“宅基地使用权的取得、行使和转让，适用土地管理的法律和国家有关规定。”

为了掌握宅基地使用权取得、行使和转让方面的具体规定，我们有必要对土地管理方面的法律和国家有关规定进行整理和归纳。

土地管理方面的法律，最直接的就是《土地管理法》。2019年修改的《土地管理法》关于宅基地使用权取得、行使和转让的规定主要体现在第62条，该条的具体规定为：“农村村民一户只能拥有一处宅基地，其宅基地的面积不得超过省、自治区、直辖市规定的标准。人均土地少、不能保障一户拥有一处宅基地的地区，县级人民政府在充分尊重农村村民意愿的基础上，可以采取措施，按照省、自治区、直辖市规定的标准保障农村村民实现户有所居。农村村民建住宅，应当符合乡（镇）土地利用总体规划、村庄规划，不得占用永久基本农田，并尽量使用原有的宅基地和村内空闲地。编制乡（镇）土地利用总体规划、村庄规划应当统筹并合理安排宅基地用地，改善农村村民居住环境和条件。农村村民住宅用地，由乡（镇）人民政府审核批准；其中，涉及占用农用地的，依照本法第四十四条的规定办理审批手续。农村村民出卖、出租、赠与住宅后，再申请宅基地的，不予批准。国家允许进城落户的农村村民依法自愿有偿退出宅基地，鼓励农村集体经济组织及其成员盘活利用闲置宅基地和闲置住宅。国务院农业农村主管部门负责全国农村宅基地改革和管理有关工作。”

相较于2004年颁布的《土地管理法》，2019年《土地管理法》第62条存在以下变化：第2款为新增加的内容，规定人均土地少的地区采取措施保障农村村民实现户有所居。第3款增加规定农村村民建住宅不得占用永久基本农田，并要求编制乡（镇）土地利用总体规划、村庄规划应当统筹并合理安排宅基地用地，改善农村村民居住环境和条件。第4款将农村村民住宅用地的审批权由县级人民政府下放到（乡）镇人民政府。第5款对农村村民再申请宅基地不予批准的情形增加了赠与住宅的情形。第6款鼓励进城落户的农村村民依法自愿有偿退出宅基地，以盘活利用闲置宅基地和闲置住宅。第7款明确农村宅基地改革和管理工作的主管部门。

根据《土地管理法》第62条的规定，农村村民宅基地使用权的取得和行使，是以户为单位的，每户村民只能拥有一处宅基地。对于宅基地的面积，并非全国统一标准，而是由各省根据本省的人口密度和土地资源情况具体确定。《民法典》第363条中的土地管理的国家有关规定并不限于国家级的土地管理规定，还包括省、市和自治区级的土地管理规定。从我国各省份的实际情况看，地少人多的东部沿海地区的宅基地标准面积较小，而地广人稀的西部地区宅基地标准面积较大。

《土地管理法》第62条规定农村村民建住宅应当符合乡（镇）土地利用总体规划、村庄规划，因此宅基地使用权的取得和行使还要受《城乡规划法》的规制。《城乡规划法》第41条第2—4款规定：“在乡、村庄规划区内使用原有宅基地进行农村村民住宅建设的规划管理办法，由省、自治区、直辖市制定。在乡、村庄规划区内进行乡镇企业、乡村公共设施和公益事业建设以及农村村民住宅建设，不得占用农用地；确需占用农用地的，应当依照《中华人民共和国土地管理法》有关规定办理农用地转用审批手续后，由城市、县人民政府城乡规划主管部门核发乡村建设规划许可证。建设单位或者个人在取得乡村建设规划许可证后，方可办理用地审批手续。”根据上述规定，农村村民需要宅基地建房时，必须先取得乡村建设规划许可证，然后再办理宅基地审批手续。

农村村民住宅用地的审批，2019年《土地管理法》第62条第4款将审批权下放，从由县级人民政府批准改为由乡（镇）人民政府批准，这主要是因为基层人民政府更了解辖区内村民的宅基地需求和土地资源情况。该款还规定农村村民住宅用地涉及占用农用地的，应依照《土地管理法》第44条的规定办理审批手续。《土地管理法》第44条规定：“建设占用土地，涉及农用地转为建设用地的，应当办理农用地转用审批手续。永久基本农田转为建设用地的，由国务院批准。在土地利用总体规划确定的城市和村庄、集镇建设用地规模范围内，为实施该规划而将永久基本农田以外的农用地转为建设用地的，按土地利用年度计划分批次按照国务院规定由原批准土地利用总体规划的机关或者其授权的机关批准。在已批准的农用地转用范围内，具体建设项目用地可以由市、县人民政府批准。在土地利用总体规划确定的城市和村庄、集镇建设用地规模范围外，将永久基本农田以外的农用地转为建设用地的，由国务院或者国务院授权的省、自治区、直辖市人民政府批准。”因《土地管理法》第62条第3款规定农村村民建住宅不得占用永久基本农田，所以该条第4款中的农村村民住宅用地涉及占用的农用地是指永久基本农田以外的农用地。

农村村民可以转让宅基地，但《土地管理法》第62条第5款规定，农村村民出卖、出租或赠与住宅后再申请宅基地的不予批准。这主要是为了防止发生宅基地的炒买炒卖行为，因为宅基地使用权对农村村民而言具有社会福利性，目的在于满足其基本生活居住需要，而不是用来买卖获利。这一规定也有利于保护土地资源，防止村民重复申请宅基地对土地资源占有的浪费。对于宅基地使用权的受让对象，《土地管理法》并没有加以规范，但从国家的一些规定可以看出，宅基地使用权的受让主体有严格限制。如前所述，1999年《国务院办公厅关于加强土地转让管理严禁炒卖土地的通知》规定，农民的住宅不得向城市居民出售，也不得批准城市居民占用农民集体土地建住宅，有关部门不得为违法建造和购买的住宅发放土地使用证和房产证。2004年《国务院关于深化改革严格土地管理的决定》第10条规定禁止城镇居民在农村购置宅基地。因此，宅基地使用权的受让主体只能是本农民集体内的其他农户，且该农户受让宅基地使用权后也不得违反一户一宅的规定。

宅基地使用权不得向本农民集体之外的人转让，宅基地上的房屋能否向本农民集体之外的人转让呢？房屋所有权作为一项独立的财产权，原则上受让主体不受限制。但农村住宅具有特殊性，村民住房依托于宅基地使用权而存在，宅基地及其上房屋也往往被视为一体。依现行法律规定，本农民集体之外的人受让村民住宅的行为难以得到法律保护。首先，城镇居民不能到农村购置村民住宅。在“罗某云诉张某杨、许某梅农村房屋买卖合同纠纷一案”中，原告罗某云为城镇居民，与二被告张某杨、许某梅签订合同购买二被告的农村住宅，后因房价上涨被告拒绝交房，双方发生纠纷，原告诉至法院。法院审理后认为，宅基地使用权是本农民集体成员享有的权利，具有一定的福利性质，享有者必须具有本农民集体成员这一特定身份，非本农民集体成员无权取得。原告身为城镇居民，不得在农村购置住宅。因此，原、被告双方订立的《房屋购买合同》因违反法律的强制性规定而无效。[①]其次，除了城镇居民之外，宅基地使用权人事实上也不得向本农民集体之外的其他农民出售农村住宅。在实际案例中，法院同样认为农村住宅只能出售给本农民集体内的成员，与本农民集体之外的其他人签订的农村住宅买卖合同因违反法律的强制性规定而无效。[②]

当前，一些农民进城务工后，已经在城里买房居住甚至落户，所以在农村的宅基地因不再居住而闲置。还有些农村村民，因继承等原因事实上存在两处以上的宅基地。当然，从法律的角度而言，他们对宅基地的获得和保有并不违法。但对农村村民多余或闲置的宅基地进行有偿回收后重新规划，将会使有限的土地资源得到更充分的利用。因此，《土地管理法》第62条第6款规定鼓励进城落户的农村村民有偿退出宅基地，但须以这些村民自愿为前提，

---

① 参见湖南省衡阳市蒸湘区人民法院（2014）衡蒸鹰民一初字第51号民事判决书。

② 参见湖北省丹江口市人民法院（2018）鄂0381民初2839号、湖南省衡阳市蒸湘区人民法院（2016）湘0408民初83号、福建省尤溪县人民法院（2013）尤民初字第1469号和新疆维吾尔自治区塔城市人民法院（2014）塔民一初字第449号等民事判决书。

而不得强制他们。宅基地使用权有偿退出，既可以使退出宅基地的村民获得经济利益补偿，又可以使集体盘活闲置的土地资源，无论对个人还是集体都是有利的。

其他问题

一、宅基地使用权的抵押问题

宅基地使用权能否进行抵押，一直是一个令人关注的问题。《物权法》第184条规定：耕地、宅基地、自留地、自留山等集体所有的土地使用权，不得抵押，但法律规定可以抵押的除外。可见，宅基地使用权原则上是不允许抵押的，其立法理由是宅基地使用权是农民安身立命之本，农民一旦失去住房及其宅基地，将会丧失基本生存条件，影响社会稳定。[①]《物权法》的这一立场也为《民法典》第399条所承继。如上所述，宅基地使用权作为农民集体内成员的社会福利性权利，具有身份的属性，不得单独抵押。但农户的住房是依托于宅基地使用权而存在的，农户的住房作为一种财产权可以转让和抵押，宅基地使用权的绝对禁止抵押不利于农民住房财产权的实现。正如有学者指出："排除宅基地使用权的担保能力，不利于发挥农民住房财产权的市场价值，无法实现'保障农民宅基地用益物权'的政策目标。"[②]为了有助于农民住房财产权的实现，农民住房及其宅基地使用权的抵押问题一直在探索之中。2013年11月12日通过的《中共中央关于全面深化改革若干重大问题的决定》就提出"选择若干试点，慎重稳妥推进农民住房财产权抵押、担保、转让，探索农民增加财产性收入渠道"。对于这里的"农民住房财产权"，有学者认为在解释上是指宅基地使用权及其上建筑物（住房）。[③]因此，在我国"房地

---

① 参见全国人大常委会法制工作委员会民法室编：《中华人民共和国物权法条文说明、立法理由及相关规定》，北京大学出版社2017年版，第378页。

② 高圣平：《宅基地制度改革与民法典物权编编纂——兼评〈民法典物权编（草案二次审议稿）〉》，载《法学评论》2019年第4期。

③ 参见高圣平：《宅基地制度改革与民法典物权编编纂——兼评〈民法典物权编（草案二次审议稿）〉》，载《法学评论》2019年第4期。

一体”的法律体制下，解禁宅基地使用权抵押是实现农房抵押、充实其所有权权能的必要条件。[①]

如上所述，《土地管理法》第62条第5款规定，农民出卖、出租或赠与住宅后再申请宅基地的不予批准。从该规定可以看出，宅基地使用权是可以转让的，只不过有只能在本农民集体内部成员之间转让的限制。如果宅基地使用权允许转让，则宅基地使用权的抵押更不应绝对禁止。为了使农民的住房财产权的权益得到充分实现，应当允许宅基地使用权随其上的农村住房一并抵押。但宅基地使用权流转毕竟有身份上的限制，即在本农民集体成员内进行。因此，即使宅基地使用权可以和其上的住房一起抵押，债权人在实现抵押权时应避免宅基地使用权取得主体不合法。对此，学者给出的解决途径主要有两种。一种建议是抵押权实现时抵押住房和宅基地的受让主体不受限制，但本农民集体之外的人作为受让主体时其对宅基地取得的并非物权性使用权，而是一种债权性的租赁权。对于这种安排，有学者指出，法定租赁权创新论中“抵押权实现时仅支配房屋交换价值”的观点与抵押权支配抵押物交换价值的本质属性错位，且“房地一并抵押后，农民住房处置时宅基地使用权消灭”的观点面临消灭宅基地使用权法律根据缺失与法理阐释困惑。[②]另一种建议是抵押权实现时抵押住房和宅基地的受让主体应受限制。具体为：如果抵押权人是本农民集体内的成员，抵押权实现时其可以通过折价的方式取得宅基地使用权。如果抵押权人是本农民集体成员之外的社会主体，实现抵押权时其不能受让宅基地使用权，只能由本农民集体内的其他村民通过拍卖、变卖方式取得宅基地使用权。但在这一方式下，因宅基地使用权受让主体的范围大大缩小，抵押权实现时抵押财产的价值将被极大压缩，将会严重损害抵押权人以及抵押住房和宅基地的村民的利益。正如学者指出：“如若严格遵守受让人的范围仅局限于本集体经济组织内部成员，则由于本集体经济组织内部对于宅基地的需求明显不足，将会导致作为农民重要财产权利的宅基地使

---

① 参见温世扬、潘重阳：《宅基地使用权抵押的基本范畴与运行机制》，载《南京社会科学》2017年第3期。

② 参见高海：《论农民住房有限抵押》，载《中国农村观察》2017年第2期。

用权的价值无法实现最大化，且使银行贷款面临的风险显著提高。”[①]因此，为了对各方利益进行保护，有必要进一步探索出一条在法律上可行的解决途径。“宅基地使用权抵押规则应符合一般抵押规则并根据宅基地的独有属性和政策背景嵌入特殊规则。”[②]有人主张以农村土地“三权分置”为改革导向，区分宅基地资格权和宅基地使用权，宅基地资格权受成员身份限制，只能由本集体农民享有，但宅基地使用权不应受成员身份限制，非集体成员也可以享有，并以不受成员身份限制的宅基地使用权进行抵押流转，实现宅基地使用权的财产价值。[③]但如前所述，法学界对农村宅基地“三权分置”的认识尚未形成一致意见，且这一政策主张也没有被《民法典》纳入进来，目前难以获得制度上的支持。

二、城镇居民对农村住宅的继承问题

现实中存在着这样一种情况，一些农民的儿女因考学等原因离开农村落户到城里工作。当农村的父母去世后，这些已落户城里的子女就面临对父母住宅的继承问题。前面述及，农村宅基地使用权受让有身份限制，原则上限于本农民集体内的成员。但宅基地上的房屋作为一种财产权，在父母去世后子女是享有继承权的。而这些农村住房又不能脱离宅基地而存在，基于宅地一体主义，城里子女继承父母农村房屋后需要继续使用原来的宅基地。对此应如何处理？一种观点是前述学者所主张的，将城里子女继承父母农村房屋后对原宅基地的使用权定性为一种法定租赁权，但其局限性亦被学者所指出。现实中的做法是，进城落户的子女继承父母在农村的房屋后，原则上默认或事实上承认他们对继承房屋所坐落的宅基地继续使用的权利。但这种对宅基地的使用权是受到限制的，以房屋的存续为前提，房屋继承后不得进行翻建，房屋灭失后宅基地使用权由集体组织收回。

---

① 温世扬、潘重阳：《宅基地使用权抵押的基本范畴与运行机制》，载《南京社会科学》2017年第3期。

② 陈小君：《宅基地使用权的制度困局与破解之维》，载《法学研究》2019年第3期。

③ 参见钟三宇：《论农民住房财产权抵押制度构造——以宅基地资格权与使用权分离为视角》，载《社会科学》2019年第10期。

第三百六十四条【宅基地灭失与重新分配宅基地】

宅基地因自然灾害等原因灭失的，宅基地使用权消灭。对失去宅基地的村民，应当依法重新分配宅基地。

历史由来

本条承继自《物权法》第154条的规定，但略有修改。《物权法》第154条的条文内容为："宅基地因自然灾害等原因灭失的，宅基地使用权消灭。对失去宅基地的村民，应当重新分配宅基地。"在《民法典》编纂过程中，《民法典物权编（草案）》（征求意见稿）、《民法典各分编（草案）》、《民法典物权编（草案）》（二审稿）和《民法典（草案）》均完全沿袭了《物权法》第154条的规定，但最终由全国人大代表审议表决通过的《民法典》却将"应当重新分配宅基地"修改为"应当依法重新分配宅基地"。"依法"主要是指依据《土地管理法》等法律，经此修改后，本条第2句仅发挥引介规定的功能。

规范目的或功能

宅基地使用权是村民居有所屋的基本保障，村民可以以户为单位申请分配一处宅基地，即每户村民都应当有一处宅基地以解决居住问题。宅基地灭失的，村民即随之丧失了对应的宅基地使用权，为了保证其基本生存，原则上应当对其重新分配宅基地。但为了防止村民滥用宅基地使用权，如果宅基地使用权消灭是由于村民自己的过错造成的，则不再对其重新分配宅基地。本条规定的目的在于明确应当对村民重新分配宅基地的法定情形：因自然灾害等非村民自身原因致宅基地灭失的。

规范内容

本条规定的具体内容由两部分构成，前一部分规定"宅基地因自然灾害等原因灭失的，宅基地使用权消灭"；后一部分规定"对失去宅基地的村民，应当依法重新分配宅基地"。这两部分看似是各自独立完整的规定，但不可将二者分割加以理解。如果对这两部分规定分割理解的话，会误解本条规定的原意。

我们先来看后一部分规定“对失去宅基地的村民，应当依法重新分配宅基地”，如果对其孤立地理解，会得出只要失去宅基地的村民都应当重新分配宅基地这样一个结论，事实是这样吗？《土地管理法》第62条第5款规定，农村村民出卖、出租或赠与住宅后再申请宅基地的不予批准。据此规定，村民因转让住宅而失去宅基地的，即使再申请宅基地也不会为其重新分配。因此，并非只要村民失去宅基地的，都要重新分配宅基地。本条规定的前一部分“宅基地因自然灾害等原因灭失的，宅基地使用权消灭”实际上是后一部分的条件限制。即从本条规定全文来理解，只有因自然灾害等原因导致宅基地使用权消灭的，才应当重新分配宅基地。如此，村民因自身原因导致宅基地消灭的，不享有重新分配宅基地的待遇。

因自然灾害导致宅基地灭失属于非因村民自身原因，是否只有因自然灾害导致宅基地灭失的村民才应当重新分配宅基地？对本条的规定进行观察我们发现，自然灾害后面还有一个“等”字，也就是说村民应当重新分配宅基地的条件并不限于因自然灾害导致宅基地灭失这一种情形，还包括其他非因村民自身原因导致宅基地灭失的情形。例如，村民的宅基地因公共利益需要被政府部门征收后，其宅基地使用权消灭。这种情况下，村民宅基地使用权的消灭也并非其自身原因导致的，所以也应当重新分配宅基地。例如，在某宅基地使用权纠纷案中，村委会与合作社对原告村民享有所有权的土地进行整理时将原告刘某华等人享有使用权的宅基地收回，双方为此引发纠纷。一审法院审理后认为：土地所有权和用益物权均受法律保护，各权利主体行使权利发生冲突时，应兼顾各方利益，集体组织成员应当服从组织统一安排，但集体组织不得以多数人的意志损害少数人的合法权益，不得以集体的名义任意剥夺村民宅基地使用权。因此，村委会将刘某华等人的宅基地纳入土地整理项目后，应依法为其重新分配宅基地供其使用。案件经上诉后，二审法院维持了一审法院的判决。①

宅基地即使因自然灾害等原因灭失后，原宅基地使用权人要重新获得宅

---

① 参见四川省成都市中级人民法院（2019）川01民终16919号民事判决书。

基地必须仍具有该集体经济组织成员的身份，如果户口已迁出该集体经济组织的，则不再重新分配宅基地。在“朱某忠、颜某英诉某市人民政府土地行政管理一案”中，一审法院认为：二原告将户口从村迁至镇上后，已“农转非”，不再是农村户口，因此在其原房屋倒塌后，其对集体土地的使用权已然丧失，不再具备申请新的宅基地的资格。二原告在一审判决后提起上诉，但二审法院维持了原判。[①]

另外，因自然灾害等原因导致宅基地灭失后，村民虽然有权要求重新分配宅基地，但主张该项权利一定要明确宅基地分配的审批部门，否则会影响自身合法权利的维护。在“赵某武诉被告某县国土资源局土地其他行政行为一案”中，原告的祖遗宅基地因某县“空心村”综合治理改造工程被收回，之后原告向县国土资源局申请对其重新分配宅基地，县国土资源局以不享有该职权为由予以拒绝，原告遂将县国土资源局诉至法院。法院审理后认为：原告的祖遗宅基地因“空心村”综合治理被收回后需重新分配宅基地，但根据《土地管理法》第62条第3款“农村村民住宅用地，经乡（镇）人民政府审核，由县级人民政府批准”的规定，[②]原告应当依照该法规定的程序向有权机关提出申请。因原告主张被告具有直接向其分配宅基地的法定职责没有法律依据，故原告认为被告不履行未向其分配宅基地的法定职责的理由不能成立，本院对其诉讼请求不予支持。法院依此驳回了原告的诉讼请求。[③]

因村民自身原因致宅基地使用权消灭的，村民不应当再重新分配宅基地。因村民自身的原因导致宅基地使用权消灭的情形包括哪些呢？首先，村民因转让住宅致宅基地使用权消灭的。如前所述，村民虽然不能对外转让宅基地，但对本农民集体内的成员可以转让宅基地。村民将宅基地转让后而失去宅基地的，也不再对其重新分配宅基地，这主要是防止村民滥用权利，多次申请宅基地造成农村土地资源的浪费。其次，违规使用宅基地而被依法收回的。依宅基地的使用目的，宅基地上只能由村民用于建造满足生活居住需要的住

---

① 参见广西壮族自治区高级人民法院（2017）桂行终355号行政判决书。

② 此为2019年之前的《土地管理法》规定，2019年修正后的《土地管理法》规定为“农村村民住宅用地，由乡（镇）人民政府审核批准”。

③ 参见西安铁路运输法院（2017）陕7102行初654号行政判决书。

房及其附属设施，不得用于其他用途，如兴建企业用房或商品房等，如有这些行为，宅基地就会因为违规使用而被收回，宅基地使用权消灭。这种情况下，即使村民因被收回而不再拥有宅基地，也不得再重新分配宅基地。最后，宅基地遭长期闲置不用。村民被分配宅基地后，如果将宅基地长期闲置不用，说明其对宅基地没有实际需求，宅基地也会因此被收回。对于长期闲置的时限把握，根据一些省份的规定，通常以2年为限，分配宅基地后超过2年时间仍不加以利用的，会被收回宅基地。因长期闲置宅基地而被收回造成宅基地使用权消灭的，原则上也不再重新分配宅基地。

从结构上看，本条规定的前后两部分内容共同表达了本条文的整体意思，二者是紧密联系不可分割的。前一部分属于条文内容的条件部分，满足这个条件后才会发生后面的结果，即前一部分“宅基地因自然灾害等原因灭失的，宅基地使用权消灭”是后一部分“对失去宅基地的村民，应当依法重新分配宅基地”的条件，只有因自然灾害等非村民自身的原因致宅基地使用权消灭的才会发生重新分配宅基地这一法律后果，如果不能满足这一条件，即宅基地使用权消灭是由于村民自身的原因导致的，则不能发生重新分配宅基地这一法律后果。而后一部分属于法律效果部分，在满足前面的条件时，产生的法律后果就是对没有宅基地的村民重新分配宅基地。这样，这两部分内容共同构成了一个完整的法律条文。故对于本条规定内容的理解应当贯穿前后两部分从整体上加以把握。

第三百六十五条【宅基地使用权的变更、注销登记】

已经登记的宅基地使用权转让或者消灭的，应当及时办理变更登记或者注销登记。

历史由来

本条完全承袭了《物权法》第155条。《物权法》第155条规定：“已经登记的宅基地使用权转让或者消灭的，应当及时办理变更登记或者注销登记。”在《民法典》编纂过程中，《民法典物权编（草案）》（征求意见稿）、《民法典各分编（草案）》、《民法典物权编（草案）》（二审稿）和《民法典（草案）》

均沿用了《物权法》第155条的规定。

规范目的或功能

本条规定的目的在于督促当事人在宅基地使用权发生转让或者消灭后及时办理宅基地使用权变更登记或者注销登记。宅基地使用权登记具有对外公示宅基地使用权归属状况的作用，宅基地使用权归属状况发生改变后，如果不及时进行相应的变更或者注销登记，就会导致宅基地使用权的实际归属状况与公示的归属状况不一致，第三人难以发现宅基地使用权的真实归属状况，从而影响其交易安全。及时进行宅基地使用权变更登记或者注销登记能够使宅基地使用权的归属关系明晰化，因而本条规定要求已登记的宅基地使用权转让或者消灭后应当及时办理变更登记或者注销登记。

规范内容

本条规范对宅基地使用权发生转让或者消灭后的变更登记或者消灭登记事项作出规定。从本条规定的结构来看，它只是对当事人提出了具体的要求，并未直接明确具体的法律后果，因而属于不完全法条。

就本条规定的具体内容而言，其针对的是已经登记的宅基地使用权。我国宅基地使用权设立采取何种物权变动模式，在本章的规定中并未加以明确，需要结合物权编的其他法律条文加以确定。宅基地使用权属于不动产用益物权，就不动产物权变动，《民法典》第209条第1款规定："不动产物权的设立、变更、转让和消灭，经依法登记，发生效力；未经登记，不发生效力，但是法律另有规定的除外。"可以看出，不动产物权变动原则上采登记生效主义，但法律另有规定的除外。在法律另有规定的情况下，从其规定，不动产物权变动不采登记生效主义。例如，《民法典》第333条规定："土地承包经营权自土地承包经营权合同生效时设立。登记机构应当向土地承包经营权人发放土地承包经营权证、林权证等证书，并登记造册，确认土地承包经营权。"依此规定，土地承包经营权的设立采合同生效主义，不采登记生效主义。《民法典》第335条规定："土地承包经营权互换、转让的，当事人可以向登记机构申请登记；未经登记，不得对抗善意第三人。”即土地承包经营权的变动采登记对抗主义，也不采登记生效主义。另外，《民法典》第374条规定：“地役权自地役权合同生效时设立。当事人要求登记的，可以向登记机构申请地役权登记；未经登记，不得对抗善意第三人。”依此规定，地役权设立也采合同生效主义，不采登记生效主义。在《民法典》的宅基地使用权一章，并无关于宅基地使用权变动的特别规定，所以宅基地使用权的变动遵照不动产物权变动的一般原则，采登记生效主义。

作为不动产物权变动的模式，登记生效主义与登记对抗主义相对应。不动产物权变动登记生效主义，是指在依法律行为发生的不动产物权变动中，仅有当事人的意思表示一致不足以发生不动产物权变动的效力，还必须满足登记这一公示要件才能发生不动产物权变动的效力。因此在登记生效主义模式下，办理登记是不动产物权变动的必备要件。不动产物权登记对抗主义，是指在依法律行为发生的不动产物权变动中，不动产物权变动可依当事人的合意发生，不以登记为其生效要件，但不动产物权变动登记后可以对抗善意第三人，不登记则不得对抗善意第三人。登记对抗主义模式较为灵活，但在未为登记时，不动产物权变动情况因未公示而难以为他人知悉，不利于第三人的交易安全。登记生效主义模式下，不动产物权变动情况因登记而对外公示，有利于保护第三人的交易安全。登记生效主义模式下，登记作为不动产物权变动的生效要件是对依法律行为发生的不动产物权变动提出的要求。宅基地使用权初始取得时，在程序上是先由村民提出申请，然后由政府部门进行审核批准。这种审批制使得宅基地使用权的初始取得并不完全等同于依平等主体间的法律行为取得，针对这种特殊性，村民在获得政府的批准文件时就应当认为取得了宅基地使用权，而不是登记后宅基地使用权才开始生效，这样也可以防止相关部门拖延登记而损害村民的权益。但村民在取得宅基地使用权后进行转让的，宅基地使用权的变动应当以登记为生效要件。

本条规定的宅基地使用权变动登记包括转让变更登记和消灭登记两种情况。对于宅基地使用权转让变更登记，根据国务院颁布的《不动产登记暂行条例》第14条第1款的规定，应当由当事人双方共同申请办理。如果宅基地使用权转让方不配合受让方申请办理登记的，受让方可否持其与转让方签订的宅基地使用权转让合同单方申请办理宅基地使用权变更登记？对此，法律并没有予以明确规定。《不动产登记暂行条例》第14条第2款规定：“属于下列情形之一的，可以由当事人单方申请：（一）尚未登记的不动产首次申请登记的；（二）继承、接受遗赠取得不动产权利的；（三）人民法院、仲裁委员会生效的法律文书或者人民政府生效的决定等设立、变更、转让、消灭不动产权利的；（四）权利人姓名、名称或者自然状况发生变化，申请变更登记的；（五）不动产灭失或者权利人放弃不动产权利，申请注销登记的；（六）申请更正登记或者异议登记的；（七）法律、行政法规规定可以由当事人单方申请的其他情形。”《不动产登记暂行条例实施细则》第19条第1款规定：“当事人可以持人民法院、仲裁委员会的生效法律文书或者人民政府的生效决定单方申请不动产登记。”依此，在宅基地使用权转让人不配合受让人申请办理宅基地使用权变更登记时，受让人可先行诉讼或者依仲裁协议申请仲裁，胜诉后持法院的生效裁判文书或者仲裁裁决书等单方向登记机构申请办理宅基地使用权变更登记。在发生宅基地使用权继承的情况下，继承人可持相关证明文件单方向登记机构申请办理宅基地使用权变更登记。依《不动产登记暂行条例实施细则》第42条的规定，宅基地使用权变更登记不仅包括宅基地使用权发生转让的情形，还包括因依法继承、分家析产和集体经济组织内部互换房屋等导致宅基地使用权发生转移的情形。

农村住宅和宅基地使用权发生变更后，如果当事人不及时办理房屋和宅基地使用权变更登记，因宅基地使用权的变动情况没有通过登记对外公示，变动后实际宅基地使用权人因此遭受利益损失的，只能由自己承担不利后果。在某房屋拆迁安置补偿合同纠纷案中，法院认为：房屋的集体土地使用权证登记在张某初名下，虽然张某初主张案涉房产已通过签订遗赠扶养协议的方式将所有权转让给案外人张某，因张某初转让的是不动产物权，依照法律规定需要办理登记，未经登记不发生物权变动效力。故在张某初与张某未办理物权转让登记的情况下，该转让不产生物权公示效力，且不得对抗善意第三人。某街道办依据集体土地使用权证上载明的使用权人而与张某初签订《动迁补偿协议》，其主观上已尽了必要的审查义务，且某街道办有充分理由相信张某初为该房屋的合法权利人。如果张某初和张某之间确有物权转让的事实，张某作为相关权利人可依法向张某初主张权利。因此一审法院判决张某初依法履行《动迁补偿协议》，向某街道办事处交付协议所涉房屋。张某初上诉后，二审法院维持了原判。①在“李某动、范某江排查妨害纠纷一案”中，李某动在父亲李某中去世后继承了权利人为李某中的住宅，但未办理房屋和宅基地使用权变更登记。后该房屋灭失，本村村民范某江在该宅基地上种了杨树并堆放杂物。因范某江未按李某动要求清除宅基地上的杨树及杂物，李某动遂诉至法院。法院认为：李某动应在其父亲去世后，及时将房屋及宅基地使用权申请变更登记在自己名下。李某动虽持有登记在其父亲名下的宅基证，但因其父亲已去世，且该宅基证登记的房屋已经灭失，房屋已经无法作为遗产进行继承，因此本案争议宅基地所有权仍属于集体所有。一审法院因此驳回了原告李某动的诉讼请求。李某动上诉后，二审法院维持了原判。②

宅基地使用权的消灭，包括非基于使用权人意愿的宅基地使用权被动消灭，也包括使用权人主动放弃宅基地使用权（当然这并不多见），都需要办理宅基地使用权注销登记。根据《不动产登记暂行条例》第14条第2款的规定，这种情况下由当事人单方申请办理注销登记。首先，宅基地使用权人在宅基地使用权消灭后申请办理注销登记。但如果宅基地使用权人不愿意办理或者宅基地使用权人因去世无法办理，宅基地使用权的注销登记如何落实？《不动产登记暂行条例实施细则》第19条第2款规定：“有下列情形之一的，不动产登记机构直接办理不动产登记：（一）人民法院持生效法律文书和协助执行通知书要求不动产登记机构办理登记的；（二）人民检察院、公安机关依据法律规定持协助查封通知书要求办理查封登记的；（三）人民政府依法做出征收或者收回不动产权利决定生效后，要求不动产登记机构办理注销登记的；（四）法律、行政法规规定的其他情形。”依此规定第3项，人民政府在征收或者收回宅基地使用权的决定生效后可以要求不动产登记机构办理注销登记。宅基地使用权被征收后可以要求登记机构办理注销登记，但须注意的是农村宅基地由集体所有变为国家所有并不等同于征收。在“陈某黑诉郑州市某区人民政府一案”中，2015年10月陈某黑所在的某区某村进行城

---

① 参见江苏省泰州市中级人民法院（2017）苏12民终1340号民事判决书。

② 参见河南省商丘市中级人民法院（2017）豫14民终3876号民事判决书。

中村改造，该村的土地由集体所有转化为国有。2016年2月2日区政府作出《注销批复》，并作出案涉《注销公告》，该公告中载明，对“公告内容有异议者，请于2016年3月3日前到郑州市某区国土资源局申请办理复查手续，逾期未提出异议的，将依法予以注销”。陈某黑因宅基地使用权被注销，将区政府诉至法院。法院审理后认为：依据《不动产登记暂行条例实施细则》第19条第2款的规定，只有陈某黑的宅基地被依法征收或者因其他法定事由致使原土地权利消灭的，方可办理注销登记。本案中，在陈某黑的宅基地没有被依法征收、宅基地使用权并未依法消灭的情况下，区政府注销陈某黑的宅基地使用证的行为没有法律依据，应当确认违法。[①]

宅基地使用权注销登记对当事人权利影响甚大，因此为了防止注销错误给当事人造成损害，《不动产登记暂行条例》第19条规定，因不动产灭失导致的注销登记，不动产登记机构可以对申请登记的不动产进行实地查看。

《不动产登记暂行条例实施细则》第19条第2款规定不动产权利收回时人民政府可以要求不动产登记机构办理注销登记。但农村宅基地的所有权属于农民集体而不是政府，宅基地使用权的收回主体只能是作为农民集体意思机关的农村集体经济组织而不是政府，因而向不动产登记机构申请注销登记的主体应当是农村集体经济组织而不是政府。但我国现行法律并没有明确规定农村集体经济组织向不动产登记机构单方申请宅基地使用权注销登记的权利，如果宅基地使用权消灭后原宅基地使用权人不申请注销登记，宅基地使用权的注销登记就难以落实。因此，明确规定农村集体经济组织在符合条件的情况下向不动产登记机构单方申请宅基地使用权注销登记的权利十分必要。当然，为了防止不当注销宅基地使用权给使用权人的权利造成损害，还必须明确规定农村集体经济组织可以单方申请宅基地使用权注销登记的具体条件以及申请时应当向不动产登记机构提交的证明材料。不动产登记机构对相关资料应严格审查，并到所涉宅基地进行实地查看。

---

① 参见河南省高级人民法院（2019）豫行终897号行政判决书。

第十四章

居住权

第三百六十六条【居住权的含义】

居住权人有权按照合同约定，对他人的住宅享有占有、使用的用益物权，以满足生活居住的需要。

历史由来

本条为新增条文，《物权法》对此未作规定。在《民法典》编纂过程中，《民法典物权编（草案）》（征求意见稿）第157条第1款规定："居住权人有权按照合同约定，对他人的住宅享有占有、使用的权利，以满足生活居住的需要。"《民法典各分编（草案）》第159条第1款接受了《民法典物权编（草案）》（征求意见稿）的规定。《民法典物权编（草案）》（二审稿）把《民法典各分编（草案）》第159条第1款作为单独一条，即第159条，并且明确了居住权的用益物权属性，条文内容变更为："居住权人有权按照合同约定，对他人的住宅享有占有、使用的用益物权，以满足生活居住的需要。"《民法典（草案）》第366条未再作出修改。

规范目的或功能

本条的规范目的，是解决无住房之人的居住需求而明确其可以通过约定等方式对他人所有的住宅进行居住的权利。本条规定虽然是从居住权人的权利享有角度进行规范的，但它实质性地阐述了居住权的内涵。本条开宗明义，阐明居住权是对他人的住宅享有占有、使用的权利。对他人住宅占有、使用的权利，既可以是债权性的使用权，也可以是物权性的使用权，本条明确将居住权确定为一种用益物权，这对保障居住权人对他人住宅居住权利的稳定性具有非常重要的意义。

2007年颁布的《物权法》并未规定居住权制度，但在我国现实社会中对居住权的需求是客观存在的。通过中国裁判文书网、北大法宝和北大法意等数据库检索查阅相关案例发现，对居住权的需求主要包括以下几类：（1）年老父母在将住房赠给子女的同时希望对房屋保留居住权。在"刘某好与其父母刘某和周某的房屋纠纷一案"中，因当时我国民法中还未规定有居住权制度，作为父母的刘某和周某在意欲将自己的住房赠与女儿时只能保留10%的份额以保障他们对房屋的居住权。[①]（2）老年人再婚时将自己住房的所有权给予子女或者孙子女，但想让再婚老伴对房屋享有居住权。例如，高某和张某在2006年结婚，其后高某立下遗嘱：将婚前自己的房屋赠送给孙子，但张某对该房屋享有居住权。高某去世后，他的孙子继承了房屋并将该房屋过户到自己名下，并要求张某从该房屋中搬出，双方为此发生纠纷。[②]（3）缺乏劳动能力又无生活来源的人对父母等近亲属的房屋居住权需求。在“李某玉与她的父亲李某、继母林某的房屋居住纠纷案”中，李某玉和她的丈夫都是聋哑人，结婚后在父亲名下的房屋处搭建了一平台居住。之后父亲李某和林某再婚，二人因家庭矛盾要求李某玉夫妇搬离该平台，为此发生纠纷。[③]在后面的两个案例中，法院的裁判意见都指出要对处于弱势地位的张某和李某玉夫妇就房屋居住的基本权利进行保护，但因当时我国民法中并未规定居住权制度，法院最终以公序良俗原则作为裁判依据。除上述三种居住权需求情形外，我国当前正在大力提倡公租房市场建设以解决人们的居住需求。在对公租房的居住使用中，民众更希望自己获得的是一种对房屋的物权性居住的权利，以防止合同关系下因租赁合同被随意终止致使自己对房屋居住的权利无法获得保障。《民法典》中规定居住权制度是对社会现实住有所居需求的反馈，为人们提供了一种对非自己所有住宅的物权性居住权保障。

三 规范内容

本条规定属于不完全法条中的说明性法条，它阐释了居住权的内涵。

居住权制度滥觞于罗马法，其与用益权、使用权共同构成罗马法人役权的主要内容。在古罗马帝国市民经济的发展过程中，对丈夫财产不享有权利的婚姻日益增多，同时也有更多奴隶被解放出来。当丈夫或者家主亡故时，

---

① 参见重庆市第五中级人民法院（2015）渝五中法民再终字第00043号民事判决书。

② 参见江苏省南通市中级人民法院（2014）通中民终字第0169号民事判决书。

③ 参见《最高人民法院公布10起残疾人权益保障典型案例》，载《人民法院报》2016年5月14日，第3版。

那些没有继承权又缺乏或丧失劳动能力的妻子或者奴隶就会面临生存困难。因此，为了解决这些人的生存问题，丈夫和家主就把一部分家产的使用权、收益权等遗赠给妻子或被解放的奴隶，使他们生有所靠，老有所养。[①]这就是居住权制度的最初产生。罗马法时期的居住权由受遗赠的妻子或者被解放的奴隶终身享有，这种居住权不能被赠与或转让他人，也不因居住权人未行使或人格减等而消灭。[②]随着东罗马帝国的灭亡，罗马法日趋衰微。在沉默了几个世纪之后，罗马法于11世纪、12世纪开始复兴，其所蕴含的先进私法理念、成熟完备的民法理论与制度渐为欧洲大陆国家和地区所传承。例如，《法国民法典》《德国民法典》《瑞士民法典》《意大利民法典》等都规定了居住权制度。《法国民法典》在近乎完整地移植罗马法居住权制度的同时，也对其有所突破，最典型的就是居住权的设立不再局限于遗赠方式，契约成为居住权设立更普遍的方式。而在德国，居住权分为两种：一种是《德国民法典》第1093条所规定的传统居住权，即作为一项限制的人役权，是将建筑物或建筑物的一部分作为住宅而使用并具有排除所有人效力的权利。[③]此种居住权不得让与和继承，未经所有人同意也不能出租。另一种是《住宅所有权及长期居住权法》所规定的长期居住权，长期居住权是以居住或使用土地上已建或将建的一定建筑物为目的之物权性使用权。长期居住权一般通过契约方式设定，期限由当事人约定，居住权不仅可以让与和继承，居住权人还有权进行任何合理的用益，并享有出租权。东亚国家和地区虽然在民法制定的过程中普遍继受了大陆法系的物权制度，但在西法东渐的过程中，居住权制度却销声匿迹了，日本、韩国和我国台湾地区都没有规定居住权制度。在我国《物权法》制定的过程中，是否规定居住权就存有争议，这次则响应多数学者建议将居住权制度纳入《民法典》物权编之中。

从本条的规定可以看出，居住权是指根据双方的合同约定，由居住权人为满足生活居住需要对他人所有的房屋进行居住使用的权利。对居住权的理

---

① 参见周枏：《罗马法原论》（上册），商务印书馆1994年版，第361页。

② 参见［意］桑德罗·司奇马尼选编：《民法大全选译——物与物权》，范怀俊等译，中国政法大学出版社1993年版，第177—178页。

③ 参见申卫星：《视野拓展与功能转换：我国设立居住权必要性的多重视角》，载《中国法学》2005年第5期。

解，应把握如下几点。

第一，居住权在法律性质上属于一种用益物权。对于居住权的法律性质，有学者主张应定性为一种用益债权，是对房屋进行用益的债权，通常以附负担的赠与方式作出，是用益赠与的一种表现。[①]但也有学者认为，将居住权作为债权，仅着眼于设立人与居住权人之间的相对关系，却忽视了房屋交由居住权人占有、使用和收益的事实。仅承认居住权是债权，难以有效地抵御第三人对标的物主张物权或者第三人实施不法侵害。[②]这次《民法典》编纂中，明确将居住权规定为一种物权。居住权是为了满足居住权人的生活居住需要而设立的，是对他人住宅的占有权、使用权。对于居住权人对他人住宅的这种占有权、使用权，本条规定将其确认为一种用益物权，具有排他性，既排斥第三人也排斥住宅所有权人对其居住权的非法妨碍和侵害。

第二，居住权的利用对象是他人的住宅。设立居住权的目的在于为没有住房的人解决生活居住需要，这一目的需要借助于他人的住房才能实现，故是设立在他人的住房之上。对于自己所有的住房，对该住房进行占有、使用是房屋所有人当然的权利，无须在所有权之外为自己另行设立居住权。居住权的利用对象，既可以是他人住房的全部，也可以是他人住房的一部分。同时，既包括房屋本身，还包括房屋的附属设施。[③]

第三，居住权人对他人住宅的占有使用仅限于生活居住这一目的。设立居住权是为了满足没有住房之人的生活居住需要，是为了解决其基本生存问题，因此其对他人住宅的占有使用只能出于生活居住这一目的，不能用于商业经营等非基本生活居住的活动。正如学者指出："如果为商业目的需要使用他人的房屋，完全可以通过订立租赁合同的方式实现，而不能设立居住权。"[④]

第四，居住权的权利主体只能是自然人。如上所述，设立居住权的目的是解决没有住房之人的生活居住需要，只有自然人才存在生活居住需要，因

① 参见隋彭生：《用益债权原论》，中国政法大学出版社2015年版，第193—194页。

② 参见崔建远：《民法分则物权编立法研究》，载《中国法学》2017年第2期。

③ 参见申卫星：《从"居住有其屋"到"住有所居"——我国民法典分则创设居住权制度的立法构想》，载《现代法学》2018年第2期。

④ 王利明：《论民法典物权编中居住权的若干问题》，载《学术月刊》2019年第7期。

此居住权人只能是自然人，不能是自然人之外的其他组织。而居住权的义务主体则没有此限制，既可以是自然人，也可以是法人和非法人组织，只要是设定居住权的房屋的所有者即可。

第五，居住权的设立原则上建立在房屋居住需求人和住房所有人协商一致的基础上。因居住权是对他人的住宅为占有使用，基于权利处分规则，居住权的设立原则上须经住宅所有人同意。因此，居住权主要体现为一种意定物权。但是，居住权是否只能是意定物权？或者说，在满足法定条件的情况下，住房所有人不同意时能否在其所有的住宅上强制性确立居住权？在欧洲主要国家，基本上都承认居住权可依法律规定设立。例如，《法国民法典》第625条规定居住权依用益权相同的方式设立与丧失，而第579条规定用益权依法律设立或者依人的意思设立。《意大利民法典》第1026条规定在不相抵触的情况下用益权的规定适用于使用权和居住权，第978条规定用益权或依法设立，或依据人的意思设立，还可以通过时效取得。为了弄清楚在我国是否存在着法定居住权的需求土壤，笔者进行了相关案例的搜集工作，查阅发现，家庭成员等特定亲属之间往往存在较强烈的居住权需求，如前述残疾人李某玉对她父亲李某、继母林某的房屋居住需求。[①]相关案例还有，在“郭某宏、刘某（郭某宏之母）诉郭某荣等一案”中，未成年人郭某宏在父亲去世后对祖父母名下住房的居住权需求，[②]等等。在这些案件中，住房所有人并不想为他们的亲属设定居住权，甚至对亲属提出的居住权主张强烈反对，有居住权需求的亲属不得不向法院提起诉讼。法院审理后认为特定家庭成员之间有相互照顾的义务，相关家庭成员有客观的居住权需求且无法通过其他途径解决，他们的居住权需求应当依法予以保护。因此，即使房屋所有人不同意为他人设立居住权，法院也可以通过裁判方式在其所有的住宅上为满足法定条件的人创设居住权。从本条规定的表述“居住权人有权按照合同约定，对他人的住宅享有占有、使用的用益物权”来看，它只是表明了在双方协商一致的情况下，居住权人有权按照合同约定享有居住权，但并没有排斥居住权可以依

---

① 参见《最高人民法院公布10起残疾人权益保障典型案例》，载《人民法院报》2016年5月14日，第3版。

② 参见福建省泉州市中级人民法院（2013）泉民终字第2914号民事判决书。

法定产生。因此不宜依据本条规定而否定居住权可依法产生。

另外，在实践中还要注意对居住权和房屋租赁权加以区别。居住权是对他人房屋占有使用的权利，而房屋租赁权也是对他人房屋占有使用的权利，但这两种房屋使用权并不相同。二者的区别主要是：（1）权利性质不同。居住权是一种物权，具有对抗第三人的效力；房屋租赁权则为债权，一般在相对人之间发生效力，其效力通常不及于第三人。（2）主体方面的限制不同。居住权的权利人具有限定性，只能是自然人；而房屋承租人并无此限制，自然人、法人和非法人组织皆可。（3）对房屋的使用目的不同。居住权人对房屋的使用只能限于满足生活需要的居住；而房屋租赁人对房屋的使用并无此限制，既可以用于满足生活居住需要，也可以用于经营活动。（4）有偿与否不同。房屋租赁权的获取一般是有偿的，租赁人在获得房屋租赁权时需向房屋所有人支付租金等费用；而居住权根据我国法律规定以无偿为原则，以当事人约定有偿为补充。通过对居住权和房屋租赁权的比较我们发现，二者在房屋使用市场中发挥着不同的功能与作用，它们之间不可相互替代。房屋租赁权难以发挥居住权的制度功能，正如有学者指出债权性租赁权相较于物权性居住权存在如下不足：租赁权作为债权不足以有效制约所有人；在使用人对房屋具有长期利益的场合，租赁权难以起到稳定使用人预期的作用；作为相对权，买卖不破租赁等特殊规则不足以赋予房屋承租人对抗第三人的全面效力；占有保护仅为弱保护，占有制度对于承租人的保护极其有限。[①]

第三百六十七条【居住权设立合同的形式与条款】

设立居住权，当事人应当采用书面形式订立居住权合同。

居住权合同一般包括下列条款：

（一）当事人的姓名或者名称和住所；

（二）住宅的位置；

（三）居住的条件和要求；

（四）居住权期限；

（五）解决争议的方法。

---

① 参见鲁晓明：《“居住权”之定位与规则设计》，载《中国法学》2019年第3期。

历史由来

本条为新增条文，《物权法》对此未作规定。在《民法典》编纂过程中，《民法典物权编（草案）》（征求意见稿）第157条第2款规定："设立居住权，当事人应当采取书面形式订立居住权合同。"《民法典各分编（草案）》只是将条文序号调整为第159条第2款，条文内容无变化。《民法典物权编（草案）》（二审稿）则将条文序号调整为第159条之一，并增加一款作为第2款规定："设立居住权，当事人应当采用书面形式订立居住权合同。居住权合同一般包括下列条款：（一）当事人的姓名和住所；（二）住宅的位置；（三）居住的条件和要求；（四）解决争议的方法。"《民法典（草案）》将条文序号调整为第367条，并把第2款第1项修改为"当事人的姓名或者名称和住所"，且增加了一项内容即"居住权期间"，调整后的条文内容为："设立居住权，当事人应当采用书面形式订立居住权合同。居住权合同一般包括下列条款：（一）当事人的姓名或者名称和住所；（二）住宅的位置；（三）居住的条件和要求；（四）居住权期间；（五）解决争议的方法。"最终通过的《民法典》则将《民法典（草案）》第367条第2款第4项的"居住权期间"改为"居住权期限"。

规范目的或功能

本条对居住权设立合同作出规定，目的在于规范当事人订立居住权合同的形式，同时为双方当事人确定合同条款具体内容时提供指导。居住权的设立，会在住宅所有人的房屋上设置负担，对住宅所有人权利影响巨大，所有人以自己的住宅为他人设立居住权时应当慎重行事。同时，为了保护居住权人的利益，防止双方发生争议时口说无凭，本条规定要求居住权设立合同采用书面形式。居住权合同中应当包括哪些条款，有些当事人可能并不清楚，本条规定第2款给出了居住权合同中应包括的一般条款，为当事人订立居住权合同时提供参考，以防止遗漏一些重要条款，引发不必要的纷争。

规范内容

本条规定属于不完全法条中的说明性法条，它规定了居住权设立合同应采用的形式并列举了居住权合同应包括的主要条款。

居住权设立合同是居住需求人和房屋所有人为设立居住权而达成的协议，它是居住权产生的法律依据。合同形式包括口头形式、书面形式和其他形式等。当事人约定或者法律规定采用书面形式的，合同订立应当采用书面形式。本条明确规定居住权设立合同应当采用书面形式，这类合同也称为要式合同，即法律明确规定采用特定形式订立的合同，与它相对应的是非要式合同，如口头合同。要求居住权设立合同采用书面形式，有助于明确合同双方当事人的权利、义务。当双方发生争议时，书面合同作为一种证据，明确记载了合同双方当事人当时意思表示的具体内容，为法官提供明确的裁判事实依据，有效解决合同双方当事人的纠纷。

合同一般由包含具体内容的主要条款构成。合同的主要条款体现了合同的实质内容，决定着合同的基本类型，体现合同核心内容的主要条款欠缺可能会导致合同不成立。根据本条第2款的规定，居住权设立合同中要载明的主要条款包括：

（1）当事人的姓名或者名称和住所。合同当事人是合同成立必不可少的要素，因此合同中要载明合同双方当事人及他们的相关信息。居住权人须为自然人，而住房提供人无特别限制，自然人、法人和非法人组织都可以。《民法典物权编（草案）》（二审稿）将此项内容表述为“当事人的姓名和住所”，有将法人和非法人组织排除在居住权合同当事人以外之嫌，这种倾向于排除法人、非法人组织的立场难谓妥当。[①]法人和非法人组织虽然不能作为居住权人，但可以作为居住权所涉住房的提供人，因此不应被排除在居住权合同当事人之外。《民法典（草案）》对这一问题予以纠正，并为最终颁布的《民法典》所确认。

（2）住宅的位置。住宅是居住权作用的标的物，离开住宅居住权则难以

① 参见申卫星、杨旭：《中国民法典应如何规定居住权？》，载《比较法研究》2019年第6期。

设立和存续。因此，居住权设立合同中必须列明住宅及其具体位置，使其满足物权设立的特定化要求。

（3）居住的条件和要求。设立居住权的目的在于满足居住权人的居住需求，而其居住需求的满足在具体实施过程中形态各异。在居住权合同中将房屋的居住条件和当事人相互之间的要求列明（如居住权人对房屋的居住权是及于房屋的整体还是只限于房屋的某一部分，居住权人对该房屋可不可以部分出租，等等）有助于减少纠纷的发生。

（4）居住权期限。《民法典（草案）》第367条使用的是“居住权期间”，最终颁布的《民法典》将其改为“居住权期限”。期间和期限虽然都可以表示一段时间，但二者之间还是存在着较大区别的：期间侧重于一段时间长度这一事实，而期限则可体现当事人意思表示的约定因素。且结合前后其他章节，如土地承包经营权、建设用地使用权、地役权等章节中都使用的“期限”一词而非“期间”，故最终颁布的《民法典》本条规定以“居住权期限”取代“居住权期间”，体现了立法的体系性和科学性。当事人在居住权设立合同中约定居住权期限时，既可以约定为一段时间的期限，也可以约定为无固定限期，如双方当事人约定至居住权人死亡时止。

（5）解决争议的方法。这是合同双方当事人对争议解决方法的预先约定。在争议发生后，运用事先确定好的争议解决方法能够使双方之间的纠纷更加迅捷地得到解决，化解双方的矛盾。对于上述合同条款，有些是合同成立的必备条款，如合同双方当事人、住宅的位置等，缺少这些条款，居住权设立合同将不能成立。而其他合同条款，即使双方在订立合同时并没有加以约定，也不必然导致合同不能成立，双方当事人可以在合同成立后进行补充完善。

通过上面的分析，我们可以看出居住权合同具有以下特征：（1）居住权合同是以设立居住权为目的的合同，即在住宅上为满足特定人的居住需求而设立居住权。（2）居住权设立合同为要式合同，原则上应采用书面形式。

根据本条的规定，居住权设立合同应当采用书面形式。但在实践中，居住权设立合同有时并非以单独的形式存在，而是包含在其他合同中，如在家庭成员之间的分家协议中载明有居住权条款，在该条款中将某些家庭成员对其他家庭成员分得的房屋享有居住权以书面的形式确定下来。在这种情况下，也应当认定为书面的居住权设立协议存在，符合本条的规定，因此有效。

第三百六十八条【居住权的设立】

居住权无偿设立，但是当事人另有约定的除外。设立居住权的，应当向登记机构申请居住权登记。居住权自登记时设立。

历史由来

本条为新增条文，《物权法》对此未作规定。在《民法典》编纂过程中，《民法典物权编（草案）》（征求意见稿）第157条第3款规定："设立居住权的，应当向登记机构申请居住权登记。居住权自登记时设立。"《民法典各分编（草案）》将条文序号调整为第159条第3款，条文内容无变化。《民法典物权编（草案）》（二审稿）将其由一款单列为一个独立条文，即第159条之二，但条文内容保持不变。《民法典（草案）》将条文序号变更为第368条，在条文内容上，将《民法典物权编（草案）》（二审稿）第160条中的"居住权无偿设立"的规定调整进来，并增补"但是当事人另有约定的除外"的例外性规定，其具体规定为："居住权无偿设立，但是当事人另有约定的除外。设立居住权的，应当向登记机构申请居住权登记。居住权自登记时设立。"最终颁布的《民法典》保持了《民法典（草案）》第368条规定的内容。

规范目的或功能

本条规范的目的，在于明确居住权的设立规则。本条规定围绕着两部分内容展开，一是居住权的设立是否需要居住权人支付对价，二是居住权的设立是否需要采取特定的形式。本条规定体现出了对当事人利益的权衡与保护。在实践中，有居住权需求的人往往处于弱势地位，特别是经济方面存在的问题使他们无能力拥有自己的住房，需要特别加以关照，故本条前半部分明确，居住权的设立以无偿为原则，以当事人另有约定为例外。而居住权的设立，对双方当事人利益影响甚大，需要当事人慎思而行；同时，居住权作为物权，对第三人具有排他效力，为兼顾第三人交易安全，也出于保护居住权人权益的考虑，本条后半部分要求居住权设立采形式主义，需要向登记机构申请居住权登记，居住权自登记时设立。

规范内容

从条文结构上看，本条规定由两部分组成。前一部分属于说明性法条，对居住权是否需要有偿设立作出说明。后一部分完全法条，先对居住权设立采意思主义还是采形式主义加以规定，在确定采形式主义之后并明确其法律后果，即居住权自登记时生效。

对于居住权是否应当以无偿方式设立，在民法典物权编的编纂中态度多次发生改变。《民法典各分编（草案）》对此并无限制，即居住权既可以以有偿方式设立，也可以以无偿方式设立。但《民法典物权编（草案）》（二审稿）将居住权的设立限定为无偿方式，其立法理由是我国居住权应当在特定亲属之间设立，具有恩惠的性质。但较多学者对此提出了反对意见。有学者主张将我国居住权制度设计成走出人役性的纯粹用益物权，故居住权的设立应当以有偿为原则，在所有人自愿等例外情况下始得无偿。[①]也有人提出应按类别区分对待：婚姻家庭和继承领域的居住权是无偿的，但保留居住权的遗赠抚养协议则是有偿的，投资性和消费性居住权的价格体现为市场价。[②]更有学者指出："即便是典型的社会居住权也未必纯粹无偿，国家住房保障的情形也是如此，投资性居住权则全部有偿设立。"[③]将居住权设立限于无偿，将会使居住权适用范围过窄，不利于居住权制度应有功能的发挥。例如，我国现在正大力发展公租房，如果将居住权设立严格限定于无偿，则会将居住权的适用排除出公租房领域。因此，《民法典（草案）》第368条对此进行了修正，允许当事人之间约定以有偿方式设立，这一立场也得到了最终颁布的《民法典》的确认。

本条规定还确立了登记在居住权设立中的作用。按登记在不动产物权变动中所起的作用不同，不动产物权变动可以分为登记要件主义和登记对抗主义两种模式。所谓不动产物权变动登记要件主义，是指当事人仅就不动产物

---

① 参见鲁晓明：《"居住权"之定位与规则设计》，载《中国法学》2019年第3期。

② 参见曾大鹏：《居住权的司法困境、功能嬗变与立法重构》，载《法学》2019年第12期。

③ 申卫星、杨旭：《中国民法典应如何规定居住权？》，载《比较法研究》2019年第6期。

权变动达成协议，还不能发生不动产物权变动的效力，只有在不动产物权变动协议的基础上进行登记，才能发生不动产物权变动的效力。采用不动产物权变动登记要件主义的典型国家是德国。德国民法对物权行为与债权行为进行区分。双方当事人就不动产物权变动达成的协议为债权行为，这一债权行为生效后，仅使债权人享有履行请求权，不动产物权尚不能发生变动，而不动产物权登记也是一个法律行为，更具体地说是一个物权行为，只有履行完物权行为（登记）后，才能发生不动产物权变动的效力。与不动产物权变动登记要件主义相对的是不动产物权变动登记对抗主义。所谓不动产物权变动登记对抗主义，是指当事人就不动产物权变动达成协议后，即发生不动产物权变动的效力，不登记也不影响不动产物权变动的效力，登记仅具有对抗效力，即不动产物权登记后具有对抗第三人的效力，不登记则不具有对抗第三人的效力。采用不动产物权变动登记对抗主义的典型国家是日本。在不动产物权变动登记对抗主义模式下，不登记也发生不动产物权变动的效力，不利于物权和债权的区分，不利于维护交易安全。正如学者指出：登记对抗模式不够清晰，人为增加了规则的复杂性，也不利于交易安全的保护。[①]我国的不动产物权变动基本上借鉴了德国的做法，除个别例外，不动产物权变动原则上采登记要件主义，即登记是依法律行为发生的不动产物权变动的条件，不登记不发生不动产物权变动的效力。我国在居住权设立上同样采登记要件主义，登记是居住权生效的条件，即本条所规定的，居住权在登记时设立，当事人要想取得有效的居住权，必须办理登记。当然，登记作为居住权设立的要件是针对依法律行为设立居住权而言的。非依法律行为设立居住权，如以法院的裁判文书为当事人创设居住权，则不以登记为要件，裁判文书生效时居住权即产生。

根据本条的规定，居住权设立应当办理登记。在司法实践中，因居住权无法办理登记引发纠纷时居住权人向法院起诉要求保护自己居住权的，鉴于目前我国房屋登记制度不完善，缺乏居住权登记项目，法院不应因居住权未办理登记就一概判决该居住权未有效设立而驳回其诉讼请求。在登记机构实

---

① 参见申卫星：《从“居住有其屋”到“住有所居”——我国民法典分则创设居住权制度的立法构想》，载《现代法学》2018年第2期。

行居住权登记之前，当事人无法办理登记的情况下，可视为居住权设立合同生效后，居住权即可产生。在登记机构实行居住权登记之后，因居住权未办理登记引发纠纷时居住权人向法院起诉要求保护自己居住权的，法院在查明其居住权未办理登记的情况下应判决其居住权未生效，对其诉讼请求不予支持。另外，法官在理论上要能够区分居住权设立的效力与居住权合同的效力之间的区别。在没有办理登记的情况下，居住权设立尚未生效，但不影响居住权设立合同的效力，居住权设立合同的效力要根据其本身的生效条件进行判断。居住权设立合同生效后，房屋所有人有配合居住权人办理居住权登记的义务，居住权人对房屋所有人享有履行请求权。如果因此发生纠纷，居住权人根据生效的居住权设立合同请求法院判决房屋所有人配合自己办理居住权登记的，法院对居住权人的这一请求应予支持。再者，人民法院审理婚姻纠纷、家庭分家析产纠纷、继承纠纷、拆迁纠纷而在法律文书中确认的居住权，其效力不应受登记与否的影响，当事人可持人民法院出具的裁判文书申请居住权登记。

第三百六十九条【居住权转让、继承的禁止和设立居住权的住宅出租】

居住权不得转让、继承。设立居住权的住宅不得出租，但是当事人另有约定的除外。

历史由来

本条为新增条文，《物权法》对此未作规定。在《民法典》编纂过程中，《民法典物权编（草案）》（征求意见稿）第158条规定：“居住权不得转让、继承，居住权涉及的住宅不得出租，但当事人另有约定的除外。”《民法典各分编（草案）》把条文序号调整为第160条，条文内容仅有一处标点符号的改动，即“居住权不得转让、继承”后的逗号改为句号，以此清楚地表明，“但当事人另有约定的除外”仅针对“居住权涉及的住宅不得出租”这一种情况，而不涉及“居住权不得转让、继承”。《民法典物权编（草案）》（二审稿）第160条增加了居住权以无偿方式设立的规定，并对条文的后半部分内容进行了适当调整，修改后的条文内容为："居住权无偿设立，不得转让、继承。设立居住权的住宅不得出租，但是当事人另有约定的除外。"《民法典（草案）》将条文序号变更为第369条，并将"居住权无偿设立"的规定调整到第368条之中，修改后的具体内容为："居住权不得转让、继承。设立居住权的住宅不得出租，但是当事人另有约定的除外。"最终颁布的《民法典》与《民法典（草案）》第369条规定的内容完全相同。

规范目的或功能

基于兼顾居住权人和住宅所有人利益的考虑，本条对居住权的转让、继承作出禁止性规定，对居住权所涉住宅原则上不得出租，以当事人另有约定为例外。作为一种人役权，居住权的设立是为了满足特定人的基本生活居住需要，对居住权人的身份有特定的要求。为了防止不符合条件的人获得居住权而增加房屋所有人的负担，也为了防止居住权人失去基本生活居住依靠，本条规定禁止居住权的转让和继承。原则上只能由居住权人自己居住使用，不得用于出租经营活动，但居住权人因生活拮据等原因，可能需要将部分房屋出租以获取基本生活费用，因此本条规定允许居住权人在住宅所有人同意的情况下将居住权所涉住宅出租，既考虑了居住权人的特殊需求，又兼顾了住宅所有人的利益，体现了对当事人利益的平衡。

规范内容

本条是关于居住权的转让、继承和居住权所涉住宅的出租事项的规范。对居住权的转让和继承作出禁止性规定，而对居住权所涉住宅的出租则要求经双方当事人同意，否则不得出租。从条文结构上看，本条规定属于不完全法条，因为它仅作了说明性的规范，并不包含"法律效果"部分。

对于居住权能否转让和继承，《民法典》编纂过程中学者多有争议，这也事关对居住权法律性质的认识。有学者认为居住权与其人役性的定位并非不可拆分，居住权的最本质制度特征是住房所有权与使用权的分离之下房屋的多元利用，故主张我国居住权应走出人役执念而强调其用益属性，因而居住权应当有偿设立并可转让、继承和出租。[①]也有学者则坚持居住权的人役权属性，因而认为我国居住权应当具有专属性，不可转让、抵押和继承。[②]还有学者在坚持居住权的人役权属性的同时，主张我国居住权制度应避免过度受传统人役权的影响和限制，进行必要的改造和重构。[③]从本条规定看，我国的居住权制度并未摒弃其人役权属性而设计为纯粹的用益物权。

如前所述，居住权是为了满足特定人的居住需求而设定的物权，因此它属于人役权。生活实践中，有些人因客观原因无自己的住房，需要借助亲属等特定人为其提供房屋居住以解决生活居住需要。因此，居住权主要是为满足特定弱势群体的生存居住而设定的，具有人身性和专属性。基于居住权的人身性和专属性，居住权不得转让和继承。因为在居住权转让或者继承后，受让人不一定生活困难而必须借助他人房屋的居住权来解决其生活居住需要，也不一定与提供居住的房屋所有人存在特定亲属关系。再者，居住权的设定必然对房屋所有人自己对房屋的利用有所限制，构成其房屋所有权上的负担，这种负担一般在居住权人死亡或者不再需要该房屋居住时得以解除。如果居住权可随意转让和继承，那么对房屋上的他人居住权负担将无限期存续下去，这样使得房屋所有人对房屋的所有权长期处于虚化状态，对房屋所有人构成过重负担。因此，本条规定居住权不得转让和继承。居住权人对所居住房屋的出租，根据本条的规定，原则上禁止，除非获得房屋所有人的同意。在现实生活中，居住权人本身生活窘迫，有时可能需要将居住的房屋部分出租以获取维持生计的生活费用，但其所居住房屋的出租涉及房屋所有人的权益，故该行为应征得房屋所有人同意。

对于违反规定转让、继承居住权或者将设立居住权的住宅出租的，当事人要承担什么样的法律后果，本条并未明确规定。从本条规定的内容来看，其属于强制性规范，且影响到相关行为的效力。因此，违反本条规定，转让、继承居住权的行为无效，未经对方同意擅自将设立居住权的住宅出租的行为

---

① 参见鲁晓明：《“居住权”之定位与规则设计》，载《中国法学》2019年第3期。

② 参见陈华彬：《人役权制度的构建——兼议我国〈民法典物权编（草案）〉的居住权规定》，载《比较法研究》2019年第2期。

③ 参见王利明：《论民法典物权编中居住权的若干问题》，载《学术月刊》2019年第7期。

也无效，因此给住宅所有人造成损失的，还应当承担损害赔偿责任。

但在居住权人对房屋进行居住期间，居住权人的必要家庭成员与居住权人一起居住的，房屋所有人应做必要的容忍。在司法实践中对必要家庭成员要有一个合理把握：首先，这类家庭成员与该居住权人有共同生活居住的需要，如居住权人的配偶、未成年的子女、对年老多病的居住权人进行照料的家庭成员等。其次，这类家庭成员没有自己的住房，须与居住权人共同居住，如果居住权人的成年子女有自己住房的，原则上不享有该房屋的居住权。最后，对居住权人必要家庭成员的共同居住，房屋所有人有容忍的义务，居住权人无须征得房屋所有人同意，这与居住权人对该房屋的出租须征得房屋所有人同意不同。

第三百七十条【居住权的消灭】

居住权期限届满或者居住权人死亡的，居住权消灭。居住权消灭的，应当及时办理注销登记。

历史由来

本条为新增条文，《物权法》对此未作规定。在《民法典》编纂过程中，《民法典物权编（草案）》（征求意见稿）第159条规定：“居住权自居住权人死亡时消灭，但当事人另有约定的除外。”《民法典各分编（草案）》把条文序号修改为第161条，并把条文内容简化为：“居住权人死亡，居住权消灭，但当事人另有约定的除外。”《民法典物权编（草案）》（二审稿）第161条则再次作出细微修改：“居住权人死亡的，居住权消灭，但是当事人另有约定的除外。”《民法典（草案）》将条文序号变更为第370条，在条文内容中增加了居住权消灭的事由即“居住权期间届满”，并增加了居住权消灭办理注销登记的规定，删去了“但是当事人另有约定的除外”的规定，整个条文内容为：“居住权期间届满或者居住权人死亡的，居住权消灭。居住权消灭的，应当及时办理注销登记。”最终颁布的《民法典》则将“居住权期间届满”改为“居住权期限届满”。

规范目的或功能

本条规定的目的在于对居住权的消灭加以规范。本条首先明确了居住权的消灭事由，居住权对居住权人是一种权利，但对房屋所有人则是一种负担，明确居住权的消灭事由能够为房屋所有人提供保护。居住权作为一种物权，需要公示其权属状况，且居住权的变动采登记要件主义，因此居住权的消灭也要办理注销登记。这样，对外公示的居住权权属状态与实际的居住权权属状态一致，不仅有利于保护当事人的权益，也有利于维护交易安全。

规范内容

本条规定由两部分组成，居住权消灭的规定和居住权注销登记的规定。前者既有“构成要件”的规范，即“居住权期限届满或者居住权人死亡的”，又有“法律效果”的规范，即“居住权消灭”，符合完全法条的特征。后者虽然规定了居住权消灭时办理注销登记的义务，但缺少“法律效果”部分，因此属于不完全法条。

本条规定列举的居住权消灭事由有两项，即居住权期限届满和居住权人死亡的。依《民法典》第366条的规定，在居住权主要依当事人合同约定产生，又依《民法典》第367条的规定，当事人在设立居住权时，通常要对居住权的存续期限在居住权合同中作出约定。当事人对居住权的存续期限作出约定的，期限届满，居住权消灭。居住权人死亡时，居住权是否当然消灭，取决于居住权性质的法律定位。如果将居住权定性为投资性的纯用益性物权，居住权可以转让和继承，在居住权人死亡时，居住权可由其继承人进行继承，因而居住权并不当然消灭。如果将居住权定性为人役权，则居住权不得转让和继承，居住权人死亡时，居住权消灭。如前所述，我国并未将居住权设计为投资性居住权，而是坚持了居住权的人役权属性，即居住权是为满足特定人的生活居住需要而设立的，具有较强的人身性和专属性。正因如此，《民法典》第369条规定居住权不得转让和继承。在居住权人死亡时，有特定生活居住需求的居住权主体不存在了，所以居住权也就随之而消灭，故本条规定将居住权人死亡列为居住权消灭的事由之一。

本条规定仅列举了居住权消灭的两项事由，但在《物权法》制定过程中，居住权的消灭事由曾有6项：（1）居住权人放弃居住权的；（2）居住权期间届满的；（3）解除居住权关系的条件成就的；（4）居住权被撤销的；（5）住房被征收的；（6）住房灭失的。本条规定虽然仅列举了两项居住权消灭的事由，但并不排斥居住权可因其他事由而消灭。居住权人放弃居住权或者因居住权人的不当行为致使居住权被撤销的，居住权当然消灭。如果双方在居住权设立合同中约定了解除居住权关系的条件的，相应条件成就时居住权也消灭。在住房被征收或者灭失时，居住权是否消灭，取决于住房所有人是否能获得替代性住房补偿。如果房屋灭失后有替代物，权利能够延伸至替代物的用益权上，包括金钱的用益权。房屋灭失后如果获得第三人的赔偿和保险，居住权人可以获得一定赔偿。①

居住权变动采公示要件主义，故居住权消灭的，同样要办理注销登记，这不仅是对房屋所有人权益的保护，也有利于维护第三人的交易安全。居住权消灭后，当事人双方都有义务及时办理居住权注销登记。因期限届满致居住权消灭的，如果居住权人不配合房屋所有人办理居住权注销登记的，房屋所有人可向法院起诉要求居住权人履行其相应的义务。居住权人死亡的，房屋所有人可持相关证据单方申请居住权注销登记。

第三百七十一条【遗嘱方式设立居住权】

以遗嘱方式设立居住权的，参照适用本章的有关规定。

历史由来

本条为新增条文，《物权法》对此未作规定。在《民法典》编纂过程中，《民法典物权编（草案）》（征求意见稿）第160条规定："以遗嘱方式设立居住权的，参照本章规定。"《民法典各分编（草案）》把条文序号变为第162条，

---

① 参见肖俊：《"居住"如何成为一种物权——从罗马法传统到当代中国居住权立法》，载《法律科学》2019年第3期。

条文内容无变化。《民法典物权编（草案）》（二审稿）第162条则把条文内容细微调整为："以遗嘱方式设立居住权的，参照适用本章规定。"《民法典（草案）》将条文序号变更为第371条，并再次对条文内容进行了细微调整："以遗嘱方式设立居住权的，参照适用本章的有关规定。"最终颁布的《民法典》保持了《民法典（草案）》第371条规定的内容。

规范目的或功能

本条规定的目的在于明确以遗嘱方式设立居住权时应适用的法律规范。居住权既可以由房屋所有人和房屋居住需求人以合同约定的方式设立，也可以由房屋所有人以遗嘱的方式为他人设立并于其死后生效。本条规定以遗嘱方式设立居住权的参照适用本章的有关规定，既指明了遗嘱方式设立居住权时应适用的法律规范，又节省了立法资源，避免作出重复性规定。

规范内容

本条规定属于不完全法条中的引用性法条，规范的内容是以遗嘱方式设立居住权时的法律适用问题。对于以遗嘱方式设立居住权的，本条并没有给出直接法律规范，而是引致性规定"参照适用本章的有关规定"。因此，为了掌握以遗嘱方式设立居住权的具体法律适用，我们必须清楚本章前面的相关规定。

通过本章的具体规定我们可以看出，在我国居住权主要体现为一种意定用益物权，即居住权通常是基于当事人的意思表示而设立的。在居住权的设立中，当事人的意思表示处于核心地位。根据意思表示作出人的人数不同，意思表示又可以分为单方独自的意思表示、双方的意思表示以及多方共同的意思表示。居住权的设立，除可以通过双方缔结合同的方式设立外，还可以通过遗嘱的方式设立。所谓遗嘱，是指自然人生前在法律允许的范围内，按照法律规定的方式对其遗产或者个人其他事务作出处理，并于其死亡后发生效力的行为。房屋所有人在生前可以通过遗嘱的方式对其住房作出处理，在遗嘱中既可以对房屋的所有权作出安排，也可以对房屋的居住权作出安排。

具体而言，遗嘱人生前可以在遗嘱中将房屋的所有权指定给某继承人来继承，同时将房屋的居住权安排给有居住需求的其他人，如生前照顾自己的保姆、再婚配偶等。以遗嘱方式设立居住权时与以合同方式设立居住权时有所不同。以合同方式设立居住权时，需要双方当事人意思表示一致。但以遗嘱方式设立居住权时，只需遗嘱人单方意思表示即可，无须征得潜在居住权人的同意，居住权即可设立。

对于形式方面，《民法典》第367条要求采用书面形式订立居住权合同，但《民法典》规定的立遗嘱形式有自书、代书、口头、录音和公证等，以遗嘱设立居住权时是不是只能采取书面形式、不能采取口头或者录音形式呢？我们认为，要求居住权订立合同采用书面形式主要是出于证据保留方面的要求，以减少事后的纠纷。以口头或者录音形式立遗嘱时，要求有两个见证人在场见证，符合证据保留方面的要求，因此，无论采用何种形式，只要符合遗嘱的要求，都可以设立居住权。同时，以遗嘱方式设立居住权的，也要满足登记的要求，在遗嘱人去世后，遗嘱中指定的居住权人可以持遗嘱到登记机构申请居住权登记。以遗嘱方式设立的居住权，同样不得转让和继承，居住权人是否可以将所居住的房屋进行出租，则要看遗嘱人所立的遗嘱中对此是否允许。遗嘱中对居住权指定有存续期限的，居住权期限届满或者居住权人死亡的，居住权消灭。

在以遗嘱方式设立居住权时，遗嘱是居住权设立的基础，因此居住权的有效设立首先取决于遗嘱有效。在司法实践中，当事人对居住权是否生效发生争议时，法院应首先查明作为居住权设立基础的遗嘱是否有效。如果整个遗嘱无效，居住权也就不能生效，但遗嘱中部分内容无效的，遗嘱中涉及其他事项的内容无效，不影响遗嘱中居住权部分的效力。就居住权的登记而言，如果房屋的继承人在取得房屋所有权后拒不配合遗嘱中指定的房屋居住权人办理居住权登记的，居住权人向法院起诉要求房屋继承人配合自己办理居住权登记的，法院应依遗嘱中的居住权安排判令房屋继承人配合居住权人办理居住权登记。

第十五章

地役权

第三百七十二条【地役权的含义】

地役权人有权按照合同约定，利用他人的不动产，以提高自己的不动产的效益。

前款所称他人的不动产为供役地，自己的不动产为需役地。

历史由来

本条完全承袭了《物权法》第156条的规定。在《物权法》出台前，《民法通则》只确认了与地役权相类似的相邻关系，并无明文规定地役权。在《物权法》立法过程中，对是否规定地役权有不同意见，一种意见认为，地役权可以被相邻关系包含，我国司法实践中大多是按照相邻关系来处理相关纠纷，因此，《物权法》不应当规定地役权。另一种意见认为，相邻关系不能替代地役权，相较于相邻关系是法定的、对不动产利用作最低限度的调节，地役权是通过当事人的约定，对他人不动产的予以利用以提高自己不动产的价值，因此，《物权法》应当规定地役权。

关于“地役权”的称谓，在《物权法》起草过程中曾规定了“邻地利用权”，对该称谓，存在不同意见，一种意见认为“邻地利用权”容易与相邻关系混淆。另一种意见则认为“地役权”的概念不够通俗，不易被一般民众接受。鉴于“邻地利用权”与“地役权”属同一法律概念，用“邻地利用权”取代“地役权”无实质意义。自罗马法以来，大陆法系国家及地区民法都将地役权作为一项重要的物权予以规定，如果舍弃这个被世界各国普遍认可的概念而创立容易引起误解的新概念，从立法技术上讲是不合理的。因此，《物权法》最终采用“地役权”的概念。

关于地役权的客体，在《民法典》编纂过程中，一种意见认为应当按照我国现行法建筑物与土地的分离规则，将土地、海域、建筑物、空间等一切不动产纳入役权关系的调整范围，将“地役权”修改为“不动产役权”。但为了保持概念的一惯性，且从解释上，本章关于地役权的规定实为既可适用于土地役权又可适用于建筑物役权等的不动产役权，《民法典》依然维持“地役权”这一约定俗成的概念。

关于地役权的设定主体，随着现代社会的发展，传统地役权制度发生了很大变化，其主体范围呈不断扩张之势。在罗马法早期，地役权必须是在两个不动产所有权人之间方能成立，其他土地权利人无权设立或允许他人设立地役权。在传统大陆法系国家和地区，地役权法律关系的主体范围不断扩张。在现代民法理论中，地役权主体已由土地所有权人扩展至他物权人。近现代各国和地区民法以至英美法对于地上权人、永佃权人设立地役权从立法上进行肯认。[①]对于我国地役权的设定主体，具体的立法建议有：（1）从所有权人扩张至用益物权人，甚至扩展至不动产的债权性利用人。[②]（2）地役权法律关系主体从两个不动产权利人演变至可为一个不动产权利人，即一个不动产权利人可以在自己所属的多处不动产甚至同一处不动产上设定地役权。[③]（3）在某些地役权法律关系中还存在着供役不动产权利人与需役不动产权利人互为供役、需役的情况。[④]这有助于地役权制度在土地公有制条件下发挥提高不动产利用效率的功用。《民法典》物权编对上述情形未作出明确规定。

规范目的或功能

本条是关于地役权的规定。地役权是按照合同约定，利用他人的不动产，以提高自己不动产效益的权利，其规范目的在于实现物尽其用。

地役权概念源于罗马法，是最早的他物权。法国、意大利、德国、瑞士、日本等国民法典以及我国台湾地区均规定了地役权。

地役权和建设用地使用权都是用益物权，都涉及对土地的利用，但二者之间存在明显差别：第一，设立方式不同。地役权是通过合同的方式设立，

---

① 在美国，servient estate（供役地）和dominant estate（需役地）中的estate并不限于单一的所有权，还包括其他产权。See The American Law Institute, Restatement of the Law, Third, Property (Servitudes), §1.1 (3) (c).在英国，供役地权利人和需役地权利人同样不限于所有权人（owner），也包括占用人（occupier）。See Gale on Easements, 18th ed., by Jonathan Gaunt and Paul Morgan, London: Sweet & Maxwell, 2008, p.21.

② 参见郑冠宇：《地役权的现代化》，载《烟台大学学报》（哲学社会科学版）2009年第1期；戴孟勇：《我国〈物权法〉中地役权制度的争点及思考》，载《政治与法律》2009年第11期。

③ 参见于凤瑞：《自己地役权的构造及其适用》，载《中国土地科学》2014年第8期。

④ 参见于凤瑞：《建筑物区分所有权中的自己地役权适用研究》，载《法律科学》2014年第6期。

且不以登记为生效要件；而建设用地使用权则可以以登记或划拨等方式设立，且其设立以登记为生效要件。第二，设立目的不同。地役权设立的目的是获取便利，而非利用供役地从事房屋建造等建设活动；建设用地使用权利用土地的目的则是从事建设活动。第三，转让方式不同。地役权具有从属性，不得与需役地分离而单独转让，也不得与需役地分离而作为其他权利的标的；建设用地使用权是一种独立的用益物权，权利人可将其单独转让、出资或抵押。

地役权与相邻关系具有一定的相似性，如何区分地役权与相邻关系在实务中颇有难度，因为在诸多领域中它们的差别只表现为程度上的不同。尽管地役权不以相邻为必要，[①]但两块土地如果不是相连的，至少也应该是临近的，以免中间土地或其他障碍阻止役权的行使，这使得法定地役权与相邻关系更是难以区分。相邻关系范围的界定可以从所有权的边界来界定。不动产所有权人依照法律的规定利用相邻不动产而作通行、安装管线等用途时，相邻不动产所有权人负有容忍义务，对其而言是一种对所有权的限制。由于该限制性质的利用基于法律规定而产生，并非独立之物权性权利，从属于所有权，因而可以对抗第三人，也不以登记为必要条件。简言之，从理论上看，相邻关系是所有权必要的限制或扩张，是必需的、无偿的；地役权则基本与之对应。从实务上看，可以尝试从以下方面加以区别：（1）需役地的用途是否发生变动，如从生活到商业，可以认定为存在地役权而非相邻关系；（2）需役地的利用强度是否发生变化，强度增加者可以认定为地役权；（3）对相邻不动产使用的范围和该宗不动产整体的比例，这是一种定量的标准，如利用不动产所占比例为10%；[②]（4）对不动产的利用根据当地传统习惯来判断，是否超出了传统习惯的使用方式和强度。

人役权与地役权相对，一为人之利益而使用他人之物，一为土地之利益而使用他人之物。在罗马法上，人役权主要分为用益权、居住权、使用权，三者的权利范围呈递减之势。[③]对于人役权与地役权的区别，法国立法和司

---

① 王泽鉴：《民法物权》，北京大学出版社2009年版，第322页。

② 当然，这也只是根据自身知识与经验提出的一个标准，具体精确的数值还有待运用其他学科如经济学方面的知识和方法加以确定。

③ 黄右昌：《罗马法与现代》，何佳馨点校，中国方正出版社2006年版，第184—186页。

法实践有如下说明："在土地上行使栽种草坪的权利，并不是为了某块土地的'便益'，而仅仅是为某一地段的居民带来利益，并不要求这些居民是所涉及的土地的所有权人，因此，并不构成役权（最高法院第三民事庭，1992年3月25日）。""不是为需役地（要役地）的便益而约定通行权，而是为巴黎的市民和所有的过路人的通行权，也不构成役权（最高法院第三民事庭，1996年3月6日）。"[①]我国《民法典》未规定人役权，但增加了作为人役权类型之一的居住权。

规范内容

一、地役权是按照合同设立的

地役权合同是地役权人和供役地权利人之间达成的以设立地役权为目的和内容的合同。设立地役权，当事人应当采用书面形式订立地役权合同。需要注意的是，我们在理解地役权时应把握其实质，而不能流于表面或被地役权合同所标榜的名称误导。[②]

二、地役权的客体为不动产

该不动产可以是一宗土地，或一宗土地及地上建筑物、构筑物及其附属设施；也可以是一宗土地的特定部分。[③]首先，他人的不动产为供役地。不仅包括他人所有的不动产，还包括不动产上的用益物权。所谓利用他人的不动产，并不以实际占有他人的不动产为要件，而是对他人的不动产设置一定的负担。这种负担表现为：一是容忍义务；二是不得妨害地役权人行使权利的义务。其次，自己的不动产为需役地。地役权的设立，以需役地的存在为前提，必须是以增加需役地的利用价值和提高其效益为前提。所谓"自己的不动产"，不仅包括房屋、土地、海域、林木等，还包括对房屋、土地、海域等

---

① 《法国民法典》（上册），罗结珍译，法律出版社2004年版，第507页。

② 在实践中，地役权合同可能以用地协议的形式出现。参见广西壮族自治区桂林市中级人民法院（2017）桂03民终1935号民事判决书。地役权合同还可能以相关协议中部分条款的形式出现。参见黑龙江省齐齐哈尔市中级人民法院（2016）黑02民终2305号民事判决书。

③ 参见谢在全：《民法物权论》（中册），台北三民书局2003年版，第183页。

所享有的权利，如建设用地使用权、土地承包经营权、宅基地使用权等。

三、地役权的目的是利用他人的不动产，以提高需役地的效益

利用并不是以实际占有他人土地为要件，而是对他人土地设置一定的负担。地役权一定要存在需役地和供役地这一对关系中，这使得地役权不会因需役地所有权人的改变，或者需役地所有权人特殊需求的改变，而轻易发生改变。那么如何判断有利于需役地？各国民法典直接从立法上对“便利”作出规定的并不多见。

所谓“提高需役地的效益”，在地役权的现代发展中，表现为以下几个特点：首先表现为从所有到利用，这是物权法发展趋势的新表现。这种转变的理论基础，由地役权的公共物品特性所启发，即公共物品理论。“就像个人通行权、运输通行权及道路通行权可以一起或分别被转让给几个人一样，饮水权也完全可以这样被转让。”①其次表现为从物质满足到精神满足的扩展。事实上，人的五种感觉同样受到法律的保护，各种感觉在法律上自有其独特的意义。“如同对待视觉或听觉一样，法律并非完全不考虑人的嗅觉”，这主要存在于“对相邻关系的不正常妨害”或“妨害相邻关系”中。②而地役权中的“役”表现为从物质利益到精神满足的发展趋势。③20世纪中期，美国联邦最高法院逐渐把美学作为限制财产权的考虑因素，并承认“限制财产权的政府权力包括，‘精神的和物质的，审美的和金钱的……没有任何东西能妨碍他们’”④。这也是整个经济、社会发展的一个趋势，即在现代社会民众更加重视精神上的享受与满足。综上，所谓提高需役地的“效益”，既包括生活上得到的便利，也包括经营上获得的效益，还包括非财产的利益，即具有精神上或感情上的效益。⑤

---

① ［意］桑德罗·斯奇巴尼选编：《物与物权》，范怀俊等译，中国政法大学出版社1999年版，第157页。

② ［法］弗朗索瓦·泰雷、菲利普·森勒尔：《法国财产法》（上卷），罗结珍译，中国法制出版社2008年版，第1页以下。

③ 参见申卫星：《地役权制度的立法价值与模式选择》，载《现代法学》2004年第5期。

④ ［美］伯纳德·施瓦茨：《美国法律史》，王军等译，中国政法大学出版社1990年版，第215页。

⑤ 参见耿卓：《我国地役权现代发展的体系解读》，载《中国法学》2013年第3期。

举证责任

在因相邻不动产利用而发生纠纷时，确定其究竟属于相邻关系纠纷还是地役权纠纷对纠纷的解决具有实际意义。若主张当事人之间成立地役权关系，应当证明地役权合同之存在。

其他问题

地役权是一个高度抽象的概念，《民法典》有关地役权的规定比较简单，不利于为民众之交易提供提示和指引。就地役权而言，各国和地区立法可以分为三种强度的类型化模式：（1）自罗马法时期就已经形成的具体分类式立法。在古代，以罗马法为典型，地役权被区分为乡村役权和城市役权，[①]然后又分别被细分为十多种，部分种类被再次细分如通行权；在近代则以《奥地利民法典》为典型代表。详尽的规定对地役权的交易可以发挥高度引导作用，但另一方面，如果严格限制类型，新兴需求的满足也将受到限制。（2）较为抽象的类型化立法模式。以瑞士、德国为代表。抽象的类型化规定可使交易大众保有因地制宜的决定空间，而又不至于漫无标准，这也正是它较具体分类立法优越之处。（3）对内容进行总括性规定的立法模式。此以《意大利民法典》为代表。其第1028条虽未对地役权做任何类型化，但对何谓“便宜”作了定义。《日本民法典》继受法国民法，未对地役权的功能做任何进一步的分类或阐明，只是明确了开放性，依当事人意定的设定行为所定之目的，而且在不动产登记方面还要求把地役权设定目的及范围明定为应记载事项。

就我国情况而言，《民法典》采取对地役权内容进行总括性规定的立法模式，而在登记以及内容规定上又未置一词且只规定了意定地役权这一个类型。

---

① 这一形成于古罗马的分类及其中的乡村地役权虽然在现代社会的意义日渐式微，但并未消失，仍顽强地存在于《埃塞俄比亚民法典》；在我国因契合城乡二元的现实国情，在赋予乡村地役权以新内涵后必将焕发新的生机。参见耿卓：《乡村地役权及其在当代中国的发展》，载《法商研究》2011年第4期。

由于地役权的内容十分复杂，概括式规定使得当事人对地役权的内容认识模糊，不利于地役权制度功能的有效发挥。本条未明确规定地役权的具体利用目的，缺乏利用目的无助于法律适用，而我国台湾地区相关规定则有具体说明，即通行、汲水、采光、眺望、电信或其他以特定便宜之用为目的。为了增强地役权的现实适用性，我们在登记环节，应注意结合地役权设定合同之主要条款，把地役权设定目的及范围明定为应记载事项；在司法实务环节，应整理、总结和发现新型地役权并进行固化，最终满足社会需求。

第三百七十三条【地役权设立合同的形式和条款】

设立地役权，当事人应当采用书面形式订立地役权合同。

地役权合同一般包括下列条款：

（一）当事人的姓名或者名称和住所；

（二）供役地和需役地的位置；

（三）利用目的和方法；

（四）地役权期限；

（五）费用及其支付方式；

（六）解决争议的方法。

历史由来

本条承袭了《物权法》第157条的规定，只是将第1款规定的“采取”改为“采用”，将第2款第4项规定的“利用期限”改为“地役权期限”。

规范目的或功能

本条为倡导性条款，有助于尽可能发挥当事人的意思自治，从而设定满足自己需要的地役权，也通过为当事人缔结地役权合同提供指引，有助于通过事先约定预防纠纷发生。地役权作为调节不动产利用的私法制度安排主要服务于私人利益。随着经济、社会的发展，其在公法领域也具有一定的功能意义，地役权合同是由合同法来规范的，尽管国家公权力的深度介入对地役权产生了挤压效应，但反过来也可以以公法介入手段的替代物面目出现，或者以公法的私人实施手段提高行政行为的执行效率，降低行政执行成本。[①]

规范内容

书面形式对合同具有多重功能，一是作为证据进行证明，二是提醒警示当事人将受法律拘束，三是对合同内容的正式确认，并区隔于谈判过程中的各类意思表达，四是对信息进行公开和说明。[②]地役权合同事关物权的设立，时间跨度往往较长，对当事人影响更大，对书面形式的需求更加强烈。因此，本条对地役权合同的形式作了明确规定，即必须采用书面形式。书面形式一般以在纸张上打印或书写的方式呈现。在新技术条件下，书面形式还可以以电子数据（数据电文）的形式呈现。根据我国《合同法》《电子签名法》等法律的规定，“书面形式实际上是口头形式、其他形式之外一切以文字为表达方式的民事法律行为形式”[③]。

本条规定的是地役权合同一般应包括的条款，具有示范性作用，但地役权合同并不限于这些内容，本条中规定的条款也并非必要条款，合同中未约定其中的一项或几项并不导致合同不成立或无效，当事人嗣后可以通过协商补充协议，法院也可以通过合同解释方法补充合同漏洞。

（一）当事人的姓名或者名称和住所

地役权合同首先需要明确合同双方当事人，即地役权关系中的供役地人和需役地人。根据我国土地制度体系，地役权合同的双方当事人可以是不动产所有权人，如集体土地所有权人或建筑物、构筑物及其附属设施的所有权人；也可以是不动产的使用权人，如建设用地使用权人、宅基地使用权人和土地承包经营权人。但是，地役权人不得在不动产上为其他不动产设立地役权。

---

① 耿卓：《传承与革新：我国地役权的现代发展》，北京大学出版社2017年版，第202页。

② 参见陈自强：《契约之成立与生效》，台北元照出版有限公司2014年版，第174—175页。

③ 朱广新：《书面形式与合同的成立》，载《法学研究》2019年第2期。

地役权合同当事人与地役权人一般是一致的，但也存在不一致的情形。由于地役权是附属于需役地的，因此需役地权利人即使并非地役权合同当事人也仍然为地役权人。[①]也就是说，合同当事人设立的地役权惠及所有的需役地权利人。

需役地上的承租人能否为承租土地设定地役权，通说采肯定立场，根本理由是地役权不注重土地所有权之所属，而偏重于土地的利用，凡有需役之地及可能供役之地均得设立地役权，[②]且其设立目的是提高需役地的效益，而非设定负担。承租人则不得为他人不动产的效益设立地役权。[③]

（二）供役地和需役地的位置

地役权是发生在特定的供役地和需役地之间的法律关系，地役权作为一种物权，要符合物权特定性的要求，必须具有自己明确的支配对象，因此，签订地役权合同，应当标明供役地和需役地具体的位置、四至、面积。合同当事人对供役地和需役地的位置约定不准确或有误的，应从利于地役权存续和行使的角度出发，根据供役人对不动产的支配范围确定。

（三）利用目的和方法

地役权的内容具有广泛性，不同类型的地役权对不动产的利用目的和方法也不同，因此，应当在地役权合同中明确地役权的利用目的和方法。利用目的，即设立地役权是为了通行、采光、铺设管线等。利用方法，则是使用供役地的具体方法。利用目的和方法是地役权合同的核心条款，它是判断供役地权利人容忍义务的标准，也是需役地人利用供役地的最大限度。

（四）地役权期限

地役权期限是指利用供役地的起止时间，其是地役权存续的依据，应

---

① 参见江西省赣州市中级人民法院（2015）赣中民三终字第777号民事判决书。

② 参见谢在全：《民法物权论》（上册），中国政法大学出版社1999年版，第432—433页。

③ 参见崔建远：《物权：规范与学说——以中国物权法的解释论为中心》（下册），清华大学出版社2011年版，第635页。

有明确的约定。没有约定或约定不明确的，当事人可以随时终止合同。地役权期限既可以直接明确标示时间的起止点，也可以以某种条件的成就加以确定。

（五）费用及其支付方式

虽然地役权设立往往有偿，但地役权合同也可以是无偿的，这取决于当事人之间的约定。因此费用及其支付方式的条款就并非必备条款。地役权设立的对价既可以是金钱费用，也可以是其他形式，如互负容忍义务。[①]在有偿的情形下，地役权人利用他人的不动产以提高自己不动产的效益，若以金钱作为该效益的对价，当事人应当在合同中明确约定费用的数额以及支付的方式。

（六）解决争议的方法

解决争议的方法是指合同发生争议时的解决方式。当事人可以事先在合同中约定，如果发生争议，则采取诉讼、仲裁或是其他方式解决。

三 举证责任

地役权合同是关于地役权内容、期限及费用支付约定的最主要证据。根据本条规定，当事人设立地役权是要式行为，应当采用书面形式。当发生地役权纠纷，一方当事人请求确认合同效力，要求另一方当事人履行地役权合同，如果提起诉讼的当事人未能证明存在书面的地役权合同，而是以口头形式设立地役权，应承担不利后果，人民法院应当驳回当事人的诉讼请求。

---

① 例如，根据地役权协议书的约定，上诉人将厝前围墙改为与厝体外墙一条直线与被上诉人拆除厕所互为对价。参见福建省泉州市中级人民法院（2015）泉民终字第1305号民事判决书。又如，依照约定，彭某红以其土地为彭某俊铺设上山便道，提高了彭某俊房屋的使用效率，彭某俊以放弃自己原通行道路作为对价。参见贵州省遵义市中级人民法院（2015）遵市法环民终字第10号民事判决书。

约定期限不明的，应根据地役权设立的目的进行确定。[①]双方没有约定使用费的，应综合考虑双方不动产的位置、不动产的利用以及双方当事人的关系等因素进行确定是否有偿。[②]

其他问题

地役权合同的成立、解释、生效、履行、效力和责任，在与地役权性质、目的不相违背的情况下适用《民法典》合同编的规定。

《民法典》并未对土地承包经营权合同和宅基地使用权合同进行规定。这主要是因为前者已有专门的《农村土地承包法》加以规范，而后者则是申请后批准取得，相关内容要求已在申请文件中体现，而且这种取得方式也有别于双方当事人协商取得，不宜规定取得设立宅基地使用权的合同。

第三百七十四条【地役权的设立条件】

地役权自地役权合同生效时设立。当事人要求登记的，可以向登记机构申请地役权登记；未经登记，不得对抗善意第三人。

历史由来

本条完全承袭了《物权法》第158条的规定。在《物权法》立法过程中，关于地役权的设立应当采取登记生效主义还是登记对抗主义，存在不同意见：一种意见认为应当采取登记生效主义，原因在于以登记作为地役权的设立要件，登记所产生的公示公信效力有利于减少纠纷，保护交易安全。另一种意见认为应当采取登记对抗主义，原因在于我国地役权大多发生在农村地区，村民长期共同生活在同一区域，即便土地的界线和负担没有登记，大家也都

---

① 以架设高压线路修建东干线道路为内容的地役权，期限应至施工完毕。参见黑龙江省鹤岗市中级人民法院（2019）黑04民终325号民事判决书。

② 有法院认为，双方没有约定使用费，应确定为对该部分地役权的无偿使用。参见云南省丽江市中级人民法院（2016）云07民终312号民事判决书。

能知道土地的权属状况。考虑到我国农村地役权80%至90%都是不登记的，为了方便群众，减少成本，《物权法》对地役权实行登记对抗主义。[①]

在《民法典》编纂过程中，仍有学者主张地役权应该采登记生效主义，原因在于：第一，地役权只是解决问题中可供选择的一种途径，不排斥当事人选择债权的方式，甚至友情等非法律的路径。而以登记烦琐为由反对登记为地役权生效要件的模式，有因噎废食之嫌。第二，物权在效力上的优势与债权相比就在于对抗效力与稳定不动产利用关系，而这依赖于登记；未登记的地役权除在名义上为物权外，在实质上并不具有物权效力；而且鉴于签订书面合同者较少，进行登记也有助于减少纠纷、维护交易安全。[②]第三，随着我国不动产登记制度的不断发展和完善，《物权法》制定之初的情况已经发生了很大变化，而且农村不动产的登记制度也已逐步建立。为保持不动产物权变动模式的统一性，保护交易安全，地役权的设定及变动应改采登记生效主义。从比较法上看，《德国民法典》《瑞士民法典》以及我国台湾地区都规定地役权的设立应当登记。但我国《民法典》依然承袭了《物权法》的规定。

三 规范目的或功能

根据《民法典》第214条的规定，不动产物权的设立、变更、转让和消灭，依照法律规定应当登记的，自记载于不动产登记簿时生效。也就是说，我国对不动产物权的权利变动采登记生效模式。但根据本条的规定，地役权的设立却并不以登记为要件，而是在签订的地役权合同生效时即成立。从“当事人要求登记的，可以向登记机构申请地役权登记”的表述来看，立法者应该有引导当事人申请登记的意图。而且，制度功能的实现也要求对地役权的设定进行登记。这是因为面对土地所有权过于分散从而影响土地利用效率的情况，地役权的存在价值在于其比较优势：与土地兼并这种手段相比，成本

① 参见全国人大常委会法制工作委员会民法室编：《中华人民共和国物权法条文说明、立法理由及相关规定》，北京大学出版社2017年版，第329页。

② 参见耿卓：《传承与革新：我国地役权的现代发展》，北京大学出版社2017年版，第193页。

更低；与土地租赁相比，法律关系更加稳定。上述降低风险、提高土地利用效率的制度优势主要是通过设定地役权赋予协议以对世效力而达到的。[①]因此欲使地役权获得对世效力，仅把其定性为物权是不够的，还要贯彻公示公信原则。

规范内容

一、地役权自合同生效时设立

地役权源自需役地人与供役地权利人自愿缔结合同，地役权合同生效之时，地役权即设立。地役权合同是否登记，取决于当事人的意思自治，不影响地役权的设立。因此，地役权是否设立取决于地役权合同是否有效成立。而地役权合同成立、生效、附条件和附期限，应根据本法合同编的规定进行确定。

二、未经登记，不得对抗善意第三人

当事人订立地役权合同之后，在没有登记的情形下，地役权人可对抗供役地人和恶意第三人。未经登记，地役权的物权效力在当事人之间不受影响，但不产生对抗善意第三人的效力。

对于需役地的受让人而言，一般需要对物权的转让变动进行登记，因此，自可知晓或理应知晓需役地所享有的地役权，从而不构成善意第三人，供役地人可凭此对抗需役地受让人，即不承认地役权的物权效力。对于供役地受让人而言，即使对物权的转让变动进行登记，也难以知晓或不应知晓供役地所负担的地役权，从而构成善意第三人，需役地人不得对抗供役地受让人，即需役地人不得要求供役地受让人继续接受地役权负担。综上所述，无论是对于供役地受让人还是需役地受让人，在地役权未登记时，均不产生物权的对世效力。[②]

---

① 李益民等：《论地役权对物权法定原则之补充》，载《河北法学》2006年第2期。

② 参见河南省商丘市中级人民法院（2017）豫14民终3571号民事判决书。

三、地役权登记记载的登记簿

不动产登记机构应当将登记事项分别记载于需役地和供役地登记簿，登记后的地役权具有完全的物权效力。登记是不动产物权公示的基本手段，对于确认权利归属、维护交易安全具有根本的意义。

根据《不动产登记暂行条例实施细则》第60条、第64条的规定，只有在供役地和需役地登记簿上均为登记，才能全面实现地役权登记之效果。登记后，地役权即发生对抗善意第三人的效力；而且地役权发生变更、转让或消灭的，自应随之及时办理相应的登记手续，否则无法产生变更、转让或消灭的效力。因为就法律后果而言，只要作为不动产登记簿上的公示内容没有变动，法律即推定物权未发生变动，应当以登记簿记载的内容为准。

四、登记簿记载的内容

地役权登记内容应对部分要素作明确记载：在将有关事项记载于需役地和供役地房屋登记簿的前提下还应记载利用方式、利用目的、利用范围、权利期限，并可将地役权合同附于登记簿后。之所以如此强调，是因为地役权之内容极不确定，相当广泛，法律授权当事人自行确定，而地役权毕竟为一种所有权的限制，若未作明确限定，即会对供役地权利人造成极大负担，使其处于一种不确定状态。根据《不动产登记暂行条例实施细则》第61条的规定，地役权内容属于应登记内容。

举证责任

由于地役权的设立不以登记为必需，而是以合同的生效为要件，在判断地役权的权利主体之时，权利主体应当证明存在有效的地役权合同，由法院结合合同编的相关规范进行确认。另外，在地役权未登记的情形下，根据“谁主张，谁举证”原则，如果地役权人主张第三人不构成善意，其应当承担举证责任；在第三人为善意的情形下，地役权人原本享有的地役权行使不能，此时其可依法向责任方主张赔偿。

其他问题

关于设立时的费用支付。设定地役权所需支付的费用是一个没有得到立法应有重视的问题。用益物权的设定一般以有偿为原则，地役权也不例外。而在支付费用时会有是否支付、如何支付、支付多少（依何标准）、支付义务如何履行及其救济等问题。在对供役地之利用非由地役权人专有使用而是与供役地人共用时，[①]费用的确定更是困难。在供役地、需役地转让时，费用（地租）能否对抗受让人？[②]因其无公示之手段，故原则上无对抗之效力。[③]随之而来的问题是，受让后双方还要展开谈判，一来地役权作为物权性利用方式的优势（长期稳定）将受到严重影响，因为根据《民法典》第384条的规定，费用的不支付可能导致地役权的消灭；二来影响经济上的效率与交易成本节约之功能。

第三百七十五条【供役地权利人的义务】

供役地权利人应当按照合同约定，允许地役权人利用其不动产，不得妨害地役权人行使权利。

历史由来

本条在继承《物权法》第159条规定之时，作了重大修改，即把“允许地役权人利用其土地”修改为“允许地役权人利用其不动产”。这一修改扩大了地役权的客体范围，与我国将土地与地上建筑物当作两种独立的不动产的制度相契合。

---

① 梁慧星、陈华彬：《物权法》（第五版），法律出版社2007年版，第294页。

② 对此，有学者认为“肯定地役权费用登记对抗的效力，但也应当考虑客观情况的变化”。参见崔军委、齐恩平：《我国地役权疑难问题研究》，载《天津商业大学学报》2009年第3期。

③ ［日］近江幸治：《民法讲义Ⅱ物权法》，王茵译，渠涛审校，北京大学出版社2008年版，第212页。

规范目的或功能

物权法主要处理物的归属和利用及其之间的冲突，以实现定分止争、物尽其用的目标。这些冲突具有相当大程度的普遍性，在我国表现得更为明显。例如，从资源利用来看，土地连绵不绝而具有的利用无碍性，在所有权区隔下出现冲突，使用效率降低。罗马法与罗马法学家在把握财产的社会经济价值及其充分实现的实质意义时不再墨守成规、局限于财产的归属，而是以财产充分利用为追求，构造出所有权的分离、空虚所有权理论和制度以及与此相关的他物权概念。地役权就是作为一种弥补、调整手段（方式）出现的，是一种迥异于所有权的制度安排，体现了对利用的重视。不仅如此，由相互或自己地役权之设定，还能促成社区风格之营造，达成城市规划、生态环境保护等公法上的目的和功能，地役权从而焕发新的生机。①

本条之规范目的是明确供役地人的义务。地役权存在的目的是为需役地提供便利，是对供役地权利人行为的限制，因此供役地权利人在地役权范围内负有容忍义务与不作为义务。

规范内容

地役权的本质不是要求供役地权利人履行某种行为，而是供役地人消极承受需役地人的行为，包括作为和不作为。出于对早期劳役与徭役制度的历史性警觉，②供役地人原则上不负积极作为之义务。具体而言，供役地人主要承担的义务包括以下几个方面：

一、根据合同约定提供便利的义务

供役地人负有容忍义务或不为特定行为的义务。尽管法律对供役地人的

---

① 参见谢在全：《民法物权论》（中册），中国政法大学出版社2011年版，第506页。

② ［德］鲍尔、施蒂尔纳：《德国物权法》（上册），张双根译，法律出版社2004年版，第720—721页。

义务作出原则性规定，但供役地人承担的义务仍应当根据合同约定来确定。此外，供役地人还依法负有容忍行使地役权所必需活动的义务，容忍地役权人设置附属设施并取得所有权，如为了通过供役地取水，地役权人必须在供役地下埋设管道[①]。如果供役地人承担的义务超出了地役权合同的范围，供役地权利人就不再负担容忍义务，其有权要求地役权人停止超越权利范围的行为。

二、不得妨害地役权人行使权利的义务

地役权人在利用供役地时，为了保证地役权设立目的的实现，供役地权利人不得妨害地役权人的利用行为。

供役地人不妨害地役权人行使权利，不管是作为普通第三人还是作为地役权法律关系当事人，都负有不侵害、不妨害他人行使权利的义务。虽然这两种身份负有相同内容的义务，但在义务基础和责任承担上却有所不同。对于前者，供役地人的妨害行为如破坏通行地役权的道路，是对物权的侵害，地役权人享有物权请求权；对于后者，供役地人的妨害行为如在通行地役权的道路上堆放物品，既是对地役权合同的违反，也是对地役权人行使权利的妨害，地役权人享有合同法上的请求权，或者也可以提起物的妨害排除之诉。[②]此时，存在责任竞合。地役权人若选择行使合同请求权，有权要求供役地人承担违约责任，并要求减免本应支付的费用。

供役地人妨害地役权人行使权利，不以主观上故意或过失为必要。

三、附随义务

从实践来看，地役权是对两宗不动产利用方式的制度安排，在利用不动产即供役地过程中可能需要设置与修缮相关设施，[③]不仅需要地役权人为相

---

① 参见最高人民法院物权法研究小组编著：《〈中华人民共和国物权法〉条文理解与适用》，人民法院出版社2007年版，第475页。

② 被上诉人对争议通道享有通行权，上诉人有义务保持争议通道的畅通等，上诉人在争议通道内修建的厕所、化粪池、台阶、堆放的瓦片、种植的玉米等行为应予以清除。参见云南省大理白族自治州中级人民法院（2014）大中民终字第695号民事判决书。

③ 参见崔建远：《物权法》（第四版），中国人民大学出版社2017年版，第343页。

应的行为，可能也要求供役地人为特定的行为。因此，为保障地役权正常行驶、有效实现，供役地人应依诚信原则负有必要的附随性的作为义务。例如，在设立通行地役权的情形下，供役地权利人有交通安全保障义务，但可以通过约定由地役权人承担。[①]又如，在供役地也要使用地役权人所建造附属设施的情形下，供役地权利人也应当按照合同的约定分担附属设施的维护义务。

举证责任

在地役权受到供役地权利人妨害或侵害的情形下，地役权人可以基于地役权行使妨害防止请求权以及妨害排除请求权，此时其只需证明存在妨害之行为，现实地妨碍了地役权人行使权利。例如，通行地役权中，供役地权利人采取设置路障、占用道路、挖毁道路等行为妨碍地役权人依据合同约定所享有的正常通行的权利。

其他问题

对于供役地人是否负有积极作为的义务这一问题，早在罗马法上就有“作为不存在役权”之法谚，即以不负积极作为义务为原则，仅存个别例外，如建筑物役权。随着思想观念的进步，以人为对象的役使更是被现代国家法律所禁止。《德国民法典》第1080条关于地役权内容的规定即体现了这一原则。但不可忽视的是，由于意思自治，在当事人有明确约定时，可以在进行合理审查的条件下，承认供役地人承担某些以作为为内容的附随义务。[②]《日本民法典》对此未作明确规定，学者对此也有不同认识。[③]我国台湾地区学者所持见解类同于德国学者，只是在具体理由上

---

① 崔建远：《物权：规范与学说——以中国物权法的解释论为中心》（下册），清华大学出版社2011年版，第642页。

② 参见［德］鲍尔、施蒂尔纳：《德国物权法》（上册），张双根译，法律出版社2004年版，第721页。

③ 参见［日］田山辉明：《物权法》，陆庆胜译，法律出版社2001年版，第207页。

有所不同。为了通过协调两项不动产之间的利用关系而提升土地资源的整体效益，使供役地权利人负担一定的行为义务，是一些类型地役权不可避免的结果。至于需役地权利人是通过直接支配供役地而实现权利体现的利益还是通过供役地权利人的行为间接实现权利体现的利益，则为其次。①

关于同时履行抗辩。在地役权合同履行过程中，也存在适用同时履行抗辩权的可能，②为维护当事人的合法权益，应予承认。

第三百七十六条【地役权人的义务】

地役权人应当按照合同约定的利用目的和方法利用供役地，尽量减少对供役地权利人物权的限制。

历史由来

本条完全沿袭了《物权法》第160条的规定。

规范目的或功能

本条的规范目的在于明确地役权人行使地役权的方式、范围和程度。地役权设定之后，地役权人即有权使用供役地，但必须按照合同约定的利用目的和方法使用，不得随意扩大其使用范围，尽量减少对供役地权利人物权的限制，以维护当事人之间的利益平衡。

---

① 朱广新：《地役权概念的体系性解读》，载《法学研究》2007年第4期。

② 根据地役权协议书的约定，上诉人将厝前围墙改为与厝体外墙一条直线是被上诉人拆除厕所的前提条件。被上诉人的厕所原本已拆除，而上诉人重建的围墙则凸出住宅外墙22厘米，违反了协议中关于围墙改建的约定。被上诉人同意在上诉人主动或经法院判决拆除围墙后的3天内拆除重建的厕所，并同意将该意思表示体现在判决主文中，原审法院予以照准，依法并无不当。参见福建省泉州市中级人民法院（2015）泉民终字第1305号民事判决书。

规范内容

一、按照合同约定的利用目的和方法利用供役地

利用供役地的方式主要包括以下几类：一是直接使用供役地；二是以从供役地获取收益为形式，如汲水地役权；三是禁止供役地为某种使用；四是改变或排除相邻关系的任意性规范。[①]最后一种情形，实际上可以认为是地役权排除法定相邻关系的一种表现形式，即双方当事人可以通过约定设立地役权而改变甚至排除法律关于相邻关系的规定。[②]这也正是地役权的独特之处，充分体现出地役权当事人极为广阔的意思自治空间。

当然，地役权的内容虽然可以由当事人依私法自治原则自主订立，甚至在例外情况下限制或排除相邻关系的规定，但所订立的内容并非不受任何限制，仍以不得违反强制性规定或公序良俗为原则，否则所设定的地役权无效。例如，设定禁止供役地为任何使用的地役权的，即应认为因有害于社会经济、违反公共秩序而无效。[③]

在利用供役地的目的和方法约定不明时，首先应由双方当事人协商确定，协商不成诉诸法院的，法院应依据地役权合同，参酌地役权设立目的、双方履行情况等因素合理确定。

二、依诚信原则合理使用供役地

地役权人应依诚信原则行事，依法合理使用供役地，尽量减少对供役地权利人物权的限制。地役权人所为的必要行为，难免对供役地造成一定损害，在此情况下，地役权人应考虑供役地的有效使用和供役地权利人的利益，尽可能选择于供役地损害最少之处所及方法行使权利。[④]地役权人应以处理自己

---

① 李益民等：《论地役权对物权法定原则之补充》，载《河北法学》2006年第2期。

② 这是从提高需役地效益角度而言的。相反，实质上限制甚至剥夺需役地利用效益提高而设立的所谓地役权则属无效，例如，需役土地只有供役土地可供通行条件下却设定禁止需役地通行之地役权。参见谢在全：《民法物权论》（中册），中国政法大学出版社2011年版，第520页。

③ 梁慧星、陈华彬：《物权法》（第五版），法律出版社2007年版，第286页。

④ 朱广新：《地役权概念的体系性解读》，载《法学研究》2007年第4期。

事物同一注意义务选择造成最小损害或不便的地点和方式利用供役地。地役权人因其行使地役权的行为对供役地造成损害的，应当在事后恢复原状并予以相应补偿。①

此外，为尽量减少对供役地的限制和对供役地人沉重的负担，在不影响地役权行使的情况下，地役权人应允许供役地将地役权更换位置。②

三、设置必要的设施，并允许供役地所有权人使用设施

地役权人因行使或维持其权利，需要设置必要的设施，如引水地役权中铺设管道等。同时，既然供役地人在不影响地役权行使的情况下可以继续使用供役地，自然也可以在不妨碍地役权行使的限度内使用相关设施。具体而言，一是地役权人建造附属设施为实现地役权设立目的所必需，或者经供役地人同意；二是附属设施的维护，有约定的依约定，无约定的由地役权人负担；三是地役权期限届满的，应予拆除，恢复原状，或应供役地人的要求予以保留；四是在不影响地役权实现的前提下允许供役地人利用。同时，地役权人负有维持设施、负担费用的义务，并应避免对供役地人造成损害或不便。

其中设施维持及费用负担的义务应依合同确定；合同没有约定或约定不明的，应由地役权人即设施所有人、管理人负担，供役地人使用设施或从设施中受益的则应分担相应的费用。维持设施的义务是地役权人为了自己顺利行使权利而负担的必要义务，因此也应遵循本条规定，尽量避免对供役地人造成损害或不便。

四、地役权人的其他权利

地役权作为物权，自然具有物权的一般效力，地役权人则享有物权人所应享有的权利。(1) 从权利内容来看，地役权在与其他权利并存时，地役权人基于物权的优先效力而享有优先的权利。对于不同权利的优先规则，有约定的依约定；无约定或约定不明的，则分别适用不同规则：地役权人和供役

---

① 马俊驹、余延满：《民法原论》，法律出版社2005年版，第380—386页。

② 参见［德］M.沃尔夫：《物权法》，吴越、李大雪译，法律出版社2004年版，第418页。

地人因使用供役地发生冲突时，应贯彻地役权的效力优先于供役地权利的效力的原则；[①]与供役地之用益物权人并存时，应适用用益物权优先效力之原则。[②]（2）从权利保护来看，地役权人享有物权请求权，主要包括恢复原状、排除妨害、防止妨害发生等。[③]

举证责任

如果地役权人超出约定的限度使用供役不动产的，供役地权利人可以行使物权请求权；此时，供役地权利人须证明存在超越合同约定的妨害行为。在发生损害的情形下，供役地权利人可以请求损害赔偿，此时供役地权利人须证明地役权人的行为超越了合同约定的限度且导致损害发生，以及证明妨害行为与损害后果的发生之间存在客观上的因果关系。

其他问题

关于地役权行使内容的增减，可以细分为两个问题：地役权人是否可以根据利用的需要而扩展、增加，以及地役权人是否可以根据利用的变化而减少、减弱。之所以作此区分，主要是因为增与减对供役地人的影响不同。[④]对此基于不同考量形成了不同的立法例。德国学者对此持肯定的见解。[⑤]因为地役权范围的确定是以地役权人各个时候的需求为标准而非以地役权设定之时的具体情况为标准。当然，这一范围的变动须以需役地的需求为据，而非因权利人的随意行为引起，且不能远远超过当事人的合理预见。如果当事人在

---

① 参见崔建远：《物权法》（下册），中国人民大学出版社2017年版，第360—361页。

② 参见谢在全：《民法物权论》（中册），中国政法大学出版社2011年版，第530—531页。

③ 参见崔建远：《物权法》（下册），中国人民大学出版社2017年版，第361—362页；谢在全：《民法物权论》（中册），中国政法大学出版社2011年版，第531—533页。

④ 不过，换个角度看，这种细分可能不必要。因为从地役权提高不动产利用效益的立法目的来看，不管增减都应以是否有利于这一目的的实现为出发点。

⑤ ［德］鲍尔、施蒂尔纳：《德国物权法》（上），张双根译，法律出版社2004年版，第718—720页。

设定地役权的合意时已经包含了这个方面的内容，则以当事人的约定为判断标准。日本学者对此说法不一。[①]我国台湾地区学者对此亦认识不一。[②]我国《民法典》第376条的规定是从义务角度规定供役地的利用权，对地役权行使内容增减的判断较为模糊。根据地役权的本质，需役地需求的改变，应以不因改变而加重供役地权利人的负担为原则；如需役地利用方式的改变可能加重供役地权利人的负担时，该增加的负担须在供役地权利人可预见的范围之内。[③]对地役权做此种限定的目的是，一方面可使地役权内容具有尽可能的精确性与长期确定性，另一方面也保障供役地权利人免受——随需役地上所有权关系变化——不断变更之需求的影响。[④]

第三百七十七条【地役权期限】

地役权期限由当事人约定；但是，不得超过土地承包经营权、建设用地使用权等用益物权的剩余期限。

历史由来

本条沿用了《物权法》第161条的规定，只是文字上略有修改。

规范目的或功能

地役权依附于土地等不动产。“所有的地役权都必须有其永久的原因”，自然的原因一般认为是永久的发生，而人为的东西无永久的原因，临时的、偶尔的原因也不能成立役权。因此，严格地讲，役权的设定也不能附期限或条件，原则上得为永久存续。大陆法系主要国家民法并未就地役权的期限进行规定。但在现代社会，由于供役地上的权利不限于所有权，还包括用益物

① 参见［日］三潴信三：《物权法提要》，孙芳译，中国政法大学出版社2005年版，第146页；［日］我妻荣：《新订物权法》，有泉亨补订，罗丽译，中国法制出版社2008年版，第424页。

② 谢在全：《民法物权论》（上），中国政法大学出版社1999年版，第438—439页。

③ 朱广新：《地役权概念的体系性解读》，载《法学研究》2007年第4期。

④ ［德］鲍尔、施蒂尔纳：《德国物权法》，张双根译，法律出版社2004年版，第719页。

权甚至债权性利用权，因此地役权的存续就有了期限。如此，地役权在利用期限上出现了从永久性到期限性的转变。这其中的转变仍是物尽其用、地尽其利原则在起作用。而且考虑到我国之土地公有制，用益物权人设立地役权的情形较为常见，因而有必要约定期限。

本条的规范目的在于明确地役权的期限。

规范内容

地役权的期限由当事人协商确定，当事人对地役权的期限没有约定或者约定不明确的，可以事后作出补充协议。由于我国实行土地公有制，除作为土地所有权人的国家、集体外，土地承包经营权人、建设用地使用权人等用益物权人是土地的直接占有人、使用人，其亦有权设立地役权，可以为地役权人。而土地承包经营权与建设用地使用权也是有期限的用益物权，因此地役权的期限应当受到相应的限制，如果设立地役权的一方或双方当事人是建设用地使用权人或者土地承包经营权人的，设立地役权的期限不得超过建设用地使用权、土地承包经营权等用益物权的剩余期限。可见，本条主要规定的是地役权合同当事人为用益物权人的情形，并未涉及国家和集体设立地役权的期限确定，算是个有待完善的法律漏洞。事实上，无论是在理论上还是在实践中，我们都不能排除国家和农村集体经济组织作为土地所有权主体在其所有的土地上设立地役权。国家和农村集体经济组织在其所有的土地上设立地役权既可以是有期限的，也可以是凭其土地所有权主体地位约定无期限的地役权。①

一、地役权的期限由当事人约定

地役权的期限非为法定期限和固定期限的，由当事人约定。当事人关于期限的约定既可以以合同条款的形式出现在地役权合同中，也可以另外作出约定。既可以是对起止时间点作出明确约定，也可以以某种条件的成就来确

① 参见最高人民法院物权法研究小组编著：《〈中华人民共和国物权法〉条文理解与适用》，人民法院出版社2007年版，第480页。

定，如地役权的期限以某项工程的开工为起点、竣工为终点。

当事人如果对地役权的期限没有约定或者约定不明确的，可以事后作出补充协议予以明确。如果事后协商不成的，则应根据地役权的内容、实际需求以及对供役地的限制情况等因素合理决定。

二、地役权期限的约定受到限制

当事人约定地役权期限的自由是有边界的，受到各种限制。本条就规定了其中的一种限制：地役权的期限不得超过土地承包经营权、建设用地使用权等用益物权的剩余期限。供役地和需役地上的用益物权，有其期限限制，当地役权由土地承包经营权人、建设用地使用权人设立时，如土地承包经营权、建设用地使用权因期限届满而消灭，地役权也随之消灭。[①]因此，设立地役权不得超过供役地和需役地上用益物权的剩余期限。实践中可能发生需役地的土地使用权与供役地的土地使用权期限不一致的情况，[②]此时应以短者为准。

本条关于当事人约定地役权的期限不得超过建设用地使用权、土地承包经营权等用益物权的剩余期限的规定虽然属于强制性规定，[③]但并不会导致整个关于期限的约定或整个地役权合同无效。根据本法第156条的规定，基于鼓励交易目的，当事人约定期限在供役地和需役地上用益物权剩余期限内的部分有效，超出部分无效；相应的，关于期限超出部分的费用支付等随之失效。[④]

三、地役权期限届满的法律后果

地役权期限届满，当事人也没有续期的，地役权合同之效力消灭，地役权随之消灭。如果地役权人在供役地上设置了附属设施，在合同期限届满之

---

① 朱广新：《我国〈物权法〉中地役权制度探究》，载《法学》2009年第7期。

② 参见全国人民代表大会常务委员会法制工作委员会编：《中华人民共和国物权法释义》，法律出版社2007年版，第351页。

③ 参见最高人民法院物权法研究小组编著：《〈中华人民共和国物权法〉条文理解与适用》，人民法院出版社2007年版，第480页。

④ 2010年以前，某镇尚未颁发林权证，对林地承包期限未作规定。此后林权证限定承包期限为70年，双方约定被上诉人可无限期使用显然与法律规定相违背，其超出承包期限的约定无效，但在林权承包剩余期限内仍然有效。参见广西壮族自治区桂林市中级人民法院（2017）桂03民终1935号民事判决书。

时，应当恢复供役地的原状。如果附属设施对供役地人有使用价值的，双方当事人可以协商保留该设施。

举证责任

本条主张特定期限者负举证责任。当事人对期限约定不明的，准用本法合同编的有关规定。

其他问题

一、合同期限的认定

有疑问的是，在地役权合同以租赁合同等面目出现且未经登记时，又该如何确定合同的期限。[①] 土地承包经营权期限为30年且会“再延长”30年，建设用地使用权的期限也大多在40年到70年，而且住宅建设用地使用权又会“自动续期”，在理论和实践中显然存在地役权设立时的剩余期限远大于20年的情况。而本法对租赁合同规定的期限是不得超过20年，超过部分无效。从稳定不动产利用关系、提高不动产效益出发，我们建议把这类名为租赁等而实为地役权的合同认定为地役权设立合同，适用本法关于地役权期限的规定。

二、关于宅基地使用权

由于宅基地使用权尚无期限规定，因此本条没有点明宅基地使用权，不过用了可以涵盖宅基地使用权的“等用益物权”表述。在司法审判中如遇到此类问题，则应从解释论的角度，对条文中的“等”字作目的性扩张。本法第380条至第383条也应作相同解释。接下来的问题就是，地役权合同当事人为宅基地使用权人的，其对地役权的期限如何约定？我们认为，鉴于宅基地

---

① 刘某富与余某勇签订的《房屋通道协议》虽载明为“长期租用”、一次性支付“租金”等内容，但从协议内容看，双方约定余某勇利用刘某富房屋周围的通道，达到从其房屋能够在最短距离、尽快到达老汉白公路的目的，方便通行，提高了生产生活效益，符合通行地役权合同性质。参见陕西省安康市中级人民法院（2016）陕09民终712号民事判决书。

使用权的无期限性，双方对地役权期限的约定应参照作为土地所有权人的国家和农村集体经济组织约定宅基地使用权期限的方案，既可以约定期限也可以约定地役权永久存在。

三、关于集体建设用地使用权

本法物权编关于集体建设用地使用权的规定委诸土地管理法律制度。2019年修正的《土地管理法》已确立了集体建设用地使用权制度。因此集体建设用地使用权人设立地役权的可能性大大增加，在期限约定上理应适用本条规定。

四、关于土地经营权

2018年修正的《农村土地承包法》及《民法典》回应承包地“三权分置”改革，确立了土地经营权制度。关于土地经营权的性质，法律解释上有物权与债权之争。但无论如何理解土地经营权的性质，根据《民法典》第341条的规定，业经登记的土地经营权对第三人具有对抗效力。在此制度背景下，为保障新型经营主体顺利开展生产经营活动、助推农业现代化，允许土地经营权人设立地役权，并在期限约定上准用本条规定，有其必要。

第三百七十八条【地役权的持续性】

土地所有权人享有地役权或者负担地役权的，设立土地承包经营权、宅基地使用权等用益物权时，该用益物权人继续享有或者负担已经设立的地役权。

历史由来

本条在继承《物权法》第162条的规定时，对它作出了重要修改：把“设立土地承包经营权、宅基地使用权时”修改为“设立土地承包经营权、宅基地使用权等用益物权时”，“土地承包经营权人、宅基地使用权人”也相应改为“用益物权人”。“等用益物权”这一概括性表达，极大地拓宽了本条的适用范围。另外，本条还把“已”修改为“已经”。

规范目的或功能

地役权的特别之处在于不仅客体属物，而且主体属物，这当然不是说权利主体是物，所谓主体属物，是说地役权主体随土地（所有权）而定，所有权移转，它也当然移转，地役权必属于“各时”所有人，一旦与土地所有权分离，就变成了人役权。

本条的规范目的在于规定用益物权人对地役权的法定取得，以促进土地的充分利用。由于我国实行土地公有制，实践中能够转让的土地权利只有土地使用权，因此地役权主要表现为对土地使用权的从属。

规范内容

本条规定了地役权从属性的两种情形：一是土地所有权人为地役权人，在其土地上设立用益物权时，用益物权人取得地役权人的地位，与土地所有权人一并享有地役权，利用供役地；二是土地所有权人为供役地人，在其土地上设立用益物权时，①用益物权人取得供役地人的地位，与土地所有权人一同负担地役权，履行义务。

有疑问的是，本条中的“用益物权人”作为地役权人是否支付费用、作为供役地人是否收取费用。对此，基本的处理规则是：在当事人有约定时依约定；②在没有约定或约定不明时，没有增加供役地人负担或改变利用方式的，原则上需役地人无须支付费用，供役地人也无权重复收取费用。

一、地役权的主体

在我国物权法制度中，地役权人和供役地人，可以是不动产的所有权人，如集体土地所有权人或建筑物、构筑物及其附属设施的所有权人；也可以是不动产

---

① 在履行协议过程中，原告将自己设定的地役权的供役地转租于第三方，同样也须遵守该规定。参见甘肃省天水市中级人民法院（2011）天民一终字第173号民事判决书。

② 参见河北省石家庄市中级人民法院（2019）冀01民终8524号民事判决书。

的用益物权人，如土地承包经营权人、建设用地使用权人、宅基地使用权人。

虽然认为本条规定的“用益物权”包含本法第361条规定的“集体所有的土地作为建设用地”产生的集体建设用地使用权，因之前《土地管理法》缺乏相应规定而不具意义；但是，《土地管理法》已于2019年进行第三次修正并于2020年1月1日起生效实施。因此，集体土地所有权人在享有或负担地役权时设立集体建设用地使用权的，自应涵摄在本条规定之中。

本条规定的“土地所有权人”，从列举的用益物权种类来看，隐含着为集体土地所有权人的意味，实际上是以集体土地所有权人为原型作出的规定。在土地属于国家所有时，国家享有或负担地役权的情形虽颇不常见，但亦不应排除。在实践中不乏土地国有时设立用益物权的情形。国有农场、林场、水库、电站开发利用时，设立、维护自然保护地和国家公园时，在集体土地上设立地役权的需求显而易见。因此，在理解“土地所有权人”时不应自我设限，应把土地国家所有的情形纳入其中，相应的，用益物权也包含建设用地使用权。

二、用益物权人享有土地所有权人设立的地役权

享有地役权的土地上设立土地承包经营权、宅基地使用权的，该土地承包经营权人、宅基地使用权人继续享有已设立的地役权。虽然用益物权人可以自动享有土地所有权人先前设立的地役权，但并不是无条件的。享有地役权的主体增多，往往意味着地役权内容在程度和量上的增加，从而造成供役地上负担的增加。为保持供役地人和需役地人之间的利益平衡，在地役权合同有偿时会有是否增加费用、增加多少费用、如何增加费用的问题；即使在地役权合同无偿时，也会因地役权内容变更而由无偿转为有偿的可能。如果地役权主体尽管有所增加，但供役地上的负担并未随之增加，原则上就无须支付费用。

当然，无论是否增加供役地上的负担，用益物权人享有、行使地役权都必须遵守本法第376条等规定。

三、用益物权人负担土地所有权上已设立的地役权

在负担地役权的土地上设立土地承包经营权、宅基地使用权的，该土地

承包经营权人、宅基地使用权人继续负担已设立的地役权。

与前述内容对应，对于地役权合同约定的费用以及用益物权人作为地役权主体因增加供役地负担而支付的费用，供役地上的用益物权人是否有权受领部分或全部，取决于其与供役地所有权人的约定；在约定不明时，因用益物权人明知或应知地役权负担之存在的，无权受领费用。①

四、地役权的优先效力

因土地承包经营权和宅基地使用权的设立均采取了意思主义的物权变动模式，所以无论先设立的地役权是否履行了登记手续，其相对于后设立的土地承包经营权和宅基地使用权皆享有优先效力。②

从司法实践来看，需役地和供役地上物权性质的变换，因地役权指向的是不动产这一客体而非不动产权利，从而使地役权不受影响。③

举证责任

本条中的用益物权人主张继续享有已设立地役权的，应负土地所有权人已为该土地设立地役权之举证责任。至于该地役权是否先于用益物权设立，我们认为用益物权人无须就此负举证责任，因为地役权是设立于土地上的，从属于土地而非土地所有权人。需要指出的是，土地所有权人设立用益物权，

---

① 地役权一般分为表见性地役权和非表见性地役权。对于表见性地役权，如通行役权，无论其是否登记，后设立的用益物权人都可以在享有、行使其权利时获悉地役权的存在，因此即使约定不明，也因其明知或应知而不应受领费用。而且，所有权人设立用益物权时理应会考虑到先设立地役权的影响而对设立用益物权的对价有所考虑。假设所有权人在设立用益物权时隐瞒地役权设立信息，后设立的用益物权人行使权利受地役权负担影响时，有权提出排除妨害等请求，也无须在此赋予其受领费用的权利。对于非表见性地役权，如眺望役权，后设立的用益物权人虽然因未登记而无法获悉地役权的存在，但这类地役权并不会因设立用益物权而增加地役权负担，自然无权受领费用。不仅如此，从地役权合同相对性原理来看，用益物权人也无权受领费用。

② 朱广新：《我国〈物权法〉中地役权制度探究》，载《法学》2009年第7期。

③ 双方的地役权约定系基于对房屋如何占有、使用的约定，并不涉及处分权，且双方协议中也无“典期届满失效”或“只适用于承典期间”的明文约定，故在典权转为所有权的情况下，因为占有、使用的权利并无改变，有关地役权的约定也不应改变，对双方当事人仍应有约束力。参见福建省宁德市中级人民法院（2015）宁民终字第1135号民事判决书。

势必增加地役权享有和行使的主体，有可能增加供役地的负担。在此情形下，供役地人要求调整费用的，应负担增加之举证责任。

其他问题

关于房屋所有权人。鉴于本法增设了居住权这一新的用益物权，所以会存在房屋所有权人享有地役权或者负担地役权时设立居住权的情形，因此本条除规定土地所有权人为地役权人或供役地人外，还应规定房屋所有权人为地役权人或供役地人的情形。为此，应采用体系解释、类推解释等解释方法，使本条规定适用于房屋所有权人，即享有地役权或者负担地役权的房屋所有权人设立居住权时，该居住权人继续享有或者负担已设立的地役权。

第三百七十九条【在已设立用益物权的土地上设立地役权】

土地上已经设立土地承包经营权、建设用地使用权、宅基地使用权等用益物权的，未经用益物权人同意，土地所有权人不得设立地役权。

历史由来

本条在继承《物权法》第163条规定之时，对它作出了两处修改：一是把“已”修改为“已经”；二是把“等权利”修改为“等用益物权”。第一处修改旨在使法律语言显得更为正式；第二处修改则使法条表达更为明确。

规范目的或功能

诸多地役权不以实际占有客体为要件。因此，地役权与其他用益物权并不会相互排斥，还会出现多个地役权、地役权与其他物权和平共存的现象，[①]如

---

① 江平主编：《民法学》，中国政法大学出版社2000年版，第326页；王泽鉴：《民法物权2》，中国政法大学出版社2001年版，第92页。

在一块土地上设立土地承包经营权后还可以就近设立以眺望为内容的地役权。

本条的规范目的在于协调地役权与其他用益物权之间的关系，维护土地上既存用益物权人的利益，以避免发生权利冲突、损害用益物权人的权益。因为实践中这样的纠纷时有发生。例如，某企业的输油管线需要通过某集体所有的土地，而该土地已发包给甲，这时，该集体在没有征得土地承包经营权人甲同意的情况下擅自与该企业签订地役权合同，就侵犯了甲的合法权益。①

规范内容

本条规定源于用益物权以对标的物占用、使用和收益为内容的特点。用益物权作为一种独立的物权，不仅享有支配标的物的权利，而且具有排他和对抗效力，可以排除和对抗各种干涉和侵害，即使是不动产所有权人也不得干涉。不仅如此，与土地所有权人发生冲突时，用益物权人的合法权益还优先受到保护。②

在土地上存在土地承包经营权、建设用地使用权、宅基地使用权等用益物权的情形下，由于地役权的设立直接影响用益物权人对标的物的支配，因此，土地所有权人在土地上设定地役权应当得到该用益物权人的同意，未经用益物权人的同意，土地所有权人不得设立地役权。土地所有权人即使是在自己所有的土地上设立地役权，也必须得到在先设立用益物权的权利人的同意，否则，设立地役权的行为无效，并承担由此造成的责任。③

如果土地所有权人未经用益物权人的同意而设立地役权，地役权合同因违反本条的强制性规定而应当归于无效。地役权合同无效，地役权当然无从

---

① 参见全国人大常委会法制工作委员会民法室编：《中华人民共和国物权法条文说明、立法理由及相关规定》，北京大学出版社2017年版，第334页。

② 全国人大常委会法制工作委员会民法室编著：《中华人民共和国物权法解读》，中国法制出版社2007年版，第347—348页。

③ 参见最高人民法院物权法研究小组编著：《〈中华人民共和国物权法〉条文理解与适用》，人民法院出版社2007年版，第484页。

发生。[①]在地役权已办理地役权登记的情形下，应当办理注销登记。

举证责任

依据本条，当土地所有权人为第三人设立地役权时，第三人主张行使地役权除了应与土地所有权人签订地役权合同之外，还须提供证据证明已经取得土地上既有用益物权人的同意。如果土地所有权人未经用益物权人同意，则地役权设立行为无效，用益物权人有权要求第三人排除妨害。

本条为禁止性的强制规范，违反本条规定设立地役权的行为无效，由此造成的损失，由有过错的一方承担。

其他问题

在用益物权人设立地役权的情形下，是否要经过土地所有权人同意？我们认为，无需土地所有权人同意。理由如下：首先，用益物权作为一种物权本身就有一定的处分权能，或者说可以把设定地役权视为用益物权人的一种特别的具体利用方式。其次，这种权利的行使方式没有加重土地所有权人的负担，《民法典》第377条已经在期限上作了预防性规定。最后，鉴于地役权的制度价值在于提高不动产的利用效益，允许用益物权人设定地役权有助于物尽其用的物权法价值目标实现。进而言之，在土地上已经存在用益物权（地役权除外）时，“一刀切”地严格禁止所有权人设立地役权是不科学的。一般情况下，之所以作此限制是因为各用益物权都以占有为前提因而难以共存，这是用益物权的性质、特征决定的。但我们也不能绝对化，并且不应忽视地役权的特质——部分地役权不以占有为权利行使、实现的必要条件，这样地役权与其他用益物权就有了共存的空间，如在一块土地上设立土地承包经营权后，还可以就近设立以眺望为权利内容的地役权。[②]

---

① 朱广新：《我国〈物权法〉中地役权制度探究》，载《法学》2009年第7期。

② 耿卓：《传承与革新：我国地役权的现代发展》，北京大学出版社2017年版，第230—232页。

事实上，在土地上已经存在用益物权时，“一刀切”地严格禁止所有权人设立地役权也是不科学的。一般情况下，之所以作此限制是因为各用益物权都以占有为前提因而难以共存，这是用益物权的性质、特征决定的。但我们也不能绝对化，并且不应忽视地役权的特质——部分地役权不以占有为权利行使、实现的必要条件，这样地役权与其他用益物权就有了共存的空间，如在一块土地上设立土地承包经营权后，还可以就近设立以眺望为权利内容的地役权。这也有助于集体经济组织基于各种需要在土地上已设各种用益物权的情况下仍能设定地役权。[①]因此，为物尽其用，应对本条规定进行限缩解释，允许土地所有权人设立不影响用益物权享有和行使的地役权。

第三百八十条【地役权的转让】

地役权不得单独转让。土地承包经营权、建设用地使用权等转让的，地役权一并转让，但是合同另有约定的除外。

历史由来

本条沿袭了《物权法》第164条的规定，略有修改。

规范目的或功能

地役权滥觞于罗马法，《法学阶梯》1.2.3.3规定：地役权等役权“之所以被称为对不动产的役权，乃因为没有不动产它们就不可能设立。事实上，任何人，除非他有不动产，都不能获得对都市或乡村不动产的役权；任何人，除非他拥有不动产，也不会对都市或乡村不动产役权承担义务”。[②]由此可见，地役权从属于需役地。《德国民法典》第96条将地役权视为需役地的构成部分，

---

① 参见耿卓：《传承与革新：我国地役权的现代发展》，北京大学出版社2017年版，第100—113页；陈小君等：《我国农村集体经济有效实现的法律制度研究：理论奠基与制度构建》，法律出版社2016年版，第115—130页。

② 徐国栋：《优士丁尼〈法学阶梯〉评注》，北京大学出版社2011年版，第215页。

《瑞士民法典》第65条亦是如此规定，地役权作为需役地的构成部分，自然无法脱离需役地而单独存在。

本条的规范目的在于明确地役权的从属性。地役权的从属性，是对地役权与需役地的关系的描述，是指地役权从属于需役地的属性，也称为附从性或随伴性。虽然地役权在本质上为一种独立的物权类型，而非像相邻关系一样为所有权或使用权内容的自然延伸或限制，[①]但由于是为需役地利用的效率或便益而设定的权利，因此自然从属于需役地存在。[②]

三 规范内容

地役权最本质的特征在于与土地的不可分离性，本条中的“地役权不得单独转让”的规定属于强制性规范，违反该规定的地役权转让无效，受让人不能取得地役权。需役地受让人放弃地役权的，应对由此造成的损害承担赔偿责任；需役地受让人变更地役权内容的，应取得供役地人的同意，否则承担违约责任。

一、地役权不能与需役地分别单独转让，须一并转让

地役权的存续以需役地的存在为前提，与需役地的所有权或其他不动产物权同命运，与抵押权、质权或留置权从属于主债权而存在的情形相仿。[③]根据本条，其具体表现为：（1）需役地权利人不得自己保留需役地上的权利而单独把地役权转让给他人，也不得只将需役地权利转让给他人后自己仍保留地役权；（2）需役地的所有权人不得将在需役地上享有的权利与地役权分别转让给不同的主体。

---

① 相邻关系是在必要的限度内对两土地利用冲突的调节，通过使一方的所有权或使用权有所扩张，他方的所有权或使用权有所限制的方式实现。地役权则是超过相邻关系的限度而调节两土地的利用。也就是说，前者对于土地利用的调节是法定的、最小限度的；后者对于土地利用的调节则可能是较大的甚至是最大的。参见姚瑞光：《民法物权论》，台北海宇文化事业有限公司1995年版，第180页。

② 梁慧星、陈华彬：《物权法》（第五版），法律出版社2007年版，第275页。

③ 谢在全：《民法物权论》（中册），中国政法大学出版社2011年版，第514页。

二、地役权与需役地权利一并变动，同其产生与消灭

地役权依附于需役地，当需役地发生权利变动时，地役权随之一同变动；当需役地灭失时，地役权也随之消灭，而不会单独存续。另外，当需役地权利负有负担时，地役权一并承受，同为其标的。[①]

三、本条的规范性质

地役权最本质的特征在于与土地的不可分离性。[②]本条中的“地役权不得单独转让”的规定属于强制性规范，违反该规定的地役权转让无效，受让人不能取得地役权。对此，《不动产登记暂行条例实施细则》第62条作了明确规定。

地役权人违反该条关于“土地承包经营权、建设用地使用权等转让的，地役权一并转让”的规定，而以合同约定地役权不随土地承包经营权、建设用地使用权等转让的，在地役权系土地所有权人以其土地作为需役地而设立的情况下，因土地所有权没有移转，需役地仍然存在，土地所有权人保留其地役权的约定没有违反地役权从属于需役地的性质，故该约定应当有效；但是，如果地役权系土地承包经营权人、建设用地使用权人或宅基地使用权人为其承包地、建设用地或宅基地的便益而设立的，土地承包经营权、建设用地使用权或宅基地使用权转让，当事人以合同特约地役权不随之转让，则违反了地役权从属于需役地的固有性质，应当归于无效。[③]因此，应当对本条中“但是合同另有规定的除外”的适用情形作限缩解释。

需役地转让的，地役权随之转让。根据《不动产登记暂行条例实施细则》第62条的规定，已经登记的地役权因土地承包经营权、建设用地使用权转让发生转移或者需役地分割转让的，当事人应当持不动产登记证明、地役权转移合同等必要材料，申请地役权转移登记。当事人拒绝一并申请地役权转移登记的，应当出

---

① 例如，《日本民法典》第281条第1款规定，“地役权作为需役地所有权的从权利，与之一起移转，或成为需役地上存在的其他权利的标的。但设定行为另有规定时，不在此限。地役权，不得与需役地分离而让与或成为其他权利的标的”。

② 费安玲：《罗马法私法学》，中国政法大学出版社2009年版，第220页。

③ 崔建远：《物权：规范与学说——以中国物权法的解释论为中心》（下册），清华大学出版社2011年版，第617页。

具书面材料；不动产登记机构办理转移登记时，应当同时办理地役权注销登记。

举证责任

地役权未经登记不得对抗善意第三人。因此地役权随土地承包经营权、建设用地使用权等一并转让且欲发生效力的，须经登记，未经登记的，则应负第三人知悉或理应知悉地役权存续、在主观上非为善意之举证责任；否则不发生转让的效力。[①]

其他问题

地役权未经登记的，需役地转让登记时，地役权是否随之转让，转让是否登记？根据本法第374条的规定，地役权未经登记的，物权效力在当事人之间不受影响，但不产生对抗善意第三人的效力。因此，未经登记的地役权一般不随之转让；在发生转让效果时应根据上述规定进行登记。

本条第2句中的但书值得商榷，因为该但书赋予了当事人通过合意排除法律强行规定的自由，与地役权的本质属性从属性不合。这可能会造成合同约定与物权法定原则等的冲突；当约定排除了不动产役权的从属性时，不动产役权事实上就已经成为人役权了，有违不动产役权的本质特性；且与下述各条的规定存在冲突。对此，在解释论层面上，一种意见认为，“合同另有约定的除外”不宜作为整个条文的但书，如果将“合同另有约定的除外”仅作为“土地承包经营权、建设用地使用权等转让的，地役权一并转让”的但书，就不会发生上述问题；[②]另一种意见认为，鉴于物权法对地役权采取了登记对抗主义，可以把该但书解释为，当事人可以约定需役地权利转让时地役权消灭，而非分别单独转让。[③]在立法论层面上，有观点认为，地役权的从属性属于法

---

① 参见河南省商丘市中级人民法院（2017）豫14民终3571号民事判决书。

② 崔建远：《物权：规范与学说——以中国物权法的解释论为中心》（下册），清华大学出版社2011年版，第619页。

③ 耿卓：《传承与革新：我国地役权的现代发展》，北京大学出版社2017年版，第38页。

律强制性规范，当事人不能通过合同约定加以更改或排除。至于当事人所为的相反约定，除非记载于不动产登记簿，否则仅在当事人之间产生债的效力，对从属性不产生根本影响，因此，不宜在从属性规范上体现“合同另有约定的除外”的但书规定。[①]

第三百八十一条【地役权的抵押】

地役权不得单独抵押。土地经营权、建设用地使用权等抵押的，在实现抵押权时，地役权一并转让。

历史由来

本条在继承《物权法》第165条规定之时，为了与土地承包经营权一章关于土地经营权的新规定相协调，将《物权法》第165条规定的“土地承包经营权”修改为“土地经营权”。这属于一种规范体系的合理调整。

规范目的或功能

《物权法》规定了地役权单独抵押的禁止。相较于其他用益物权，地役权的特殊性在于具有从属性，其不得与土地承包经营权、建设用地使用权等用益物权分离单独存在。对于受让地役权的主体而言，没有取得土地承包经营权、建设用地使用权，地役权的设立目的即无法实现。

本条的规范目的在于明确地役权不得单独抵押，其是地役权从属性的具体表现。

规范内容

地役权虽为独立之物权，但由于是为需役地设立，与需役地紧密结合，

① 常鹏翱：《回归传统：我国地役权规范的完善之道》，载《清华法学》2018年第5期。

具有从属于需役地的属性，其存续必须以需役地的存续为条件，[1]因此所有致使地役权与需役地相分离或有分离之虞的行为都在法律的规制范围内。致使地役权与需役地相分离的行为，包括各种权利移转以及权利部分移转的行为；致使地役权与需役地有分离之虞的行为，包括各种担保行为，典型者如本条规定的抵押。也就是说，地役权既不能单独抵押，在需役地权利因抵押实行而转让时也必须随之转让。

一、地役权不得单独抵押

地役权不得与需役地分离而单独成为其他权利的标的，脱离了需役地上的用益物权，地役权即失去存在意义；反之，则意味着需役地的利用效益在抵押权实现时会受到影响。需役地也不得单独抵押。

二、地役权与需役地不得分别抵押给不同的主体

地役权是从属于需役地而存在的，不能与需役地分离而单独存在，不能单独成为其他权利的标的，因此也不能单独成为抵押权的客体。地役权与需役地的分别抵押，对于地役权而言意味着失去存在价值，对于需役地而言则意味着利用效益受到影响。

三、地役权与需役地应当一并抵押

在需役地的土地使用权设定抵押权时，抵押权的效力及于地役权，抵押权的客体包含地役权。因此，在将需役地抵押时应当将地役权随之抵押，并应记载于不动产登记簿。

四、在实现抵押权时，地役权与土地经营权、建设用地使用权等一并转让

如前所述，抵押权的效力及于地役权，以免在行使需役地的抵押权时出现需役地的土地使用权和地役权分离的后果。

---

① 参见谢在全:《民法物权论》(中册)，中国政法大学出版社2011年版，第513—515页。

举证责任

地役权未经登记不得对抗善意第三人。因此，在地役权随土地承包经营权、建设用地使用权等抵押时，抵押权实现时效力要及于地役权，须以登记为条件；否则，地役权人应负第三人知悉或理应知悉地役权存续、在主观上非为善意之举证责任。

其他问题

一、关于需役地上其他物权的抵押

关于房屋所有权。在理论、立法和实践中，无论是农村房屋所有权人还是国有建设用地上住宅所有权人，都有权对其所有的房屋进行包括设立抵押在内的处分，也可以享有地役权。因此所有权人享有地役权的，房屋所有权上设立的抵押权实现时，地役权的变动准用本条规定。

关于集体建设用地使用权。已如前述，新《土地管理法》确立了集体建设用地使用权制度，集体建设用地使用权抵押的现象势必增多，在实现抵押权时，地役权的变动同样也准用本条规定。

二、关于抵押的范围

因实现抵押权而转让抵押物的，抵押物权利人享有地役权的，该转让行为是否当然及于地役权？在地役权已经登记的情形下，抵押物的转让当然及于地役权。而在未登记时，外界无从知晓地役权的存在，抵押物受让人在不知道地役权存在的情况下自然无法一并受让地役权。[①] 如此一来，抵押物的价

① 建行某支行2003年6月出售某房产时，未声明张某亮对该“过道”享有地役权（通行权），某商厦通过诉讼行使优先购买权胜诉后，经过法院执行并由房管部门给某商厦颁发的产权证书中，没有关于“过道”的记载和说明，基于某商厦对涉案房产取得完整物权，张某亮对该“过道”享有的地役权行使不能，其可依法向责任方主张赔偿。参见河南省商丘市中级人民法院（2017）豫14民终3571号民事判决书。本案虽然并非抵押权实现时的抵押物转让，但反映出的问题却是相通的。

值就会因此贬损，有违地役权设立的目的。这也说明地役权变动采登记对抗主义存在弊端。

此外，本条规定虽然明确了土地经营权融资担保的性质——抵押，但本法并未对此作出具体的规定，仍然主要适用对土地经营权融资担保定性回避、模糊化处理的新《农村土地承包法》。换言之，本条关于土地经营权抵押的规定将会被悬置。

第三百八十二条【需役地及其上土地承包经营权、建设用地使用权的部分转让】

需役地以及需役地上的土地承包经营权、建设用地使用权等部分转让时，转让部分涉及地役权的，受让人同时享有地役权。

历史由来

本条来源于《物权法》第166条的规定，在继承《物权法》第166条时把“土地承包经营权、建设用地使用权”修改为“土地承包经营权、建设用地使用权等”。“等”之添加扩展了本条的适用范围。

规范目的或功能

地役权不可分性的要求是体系化的。从权利变动角度看，不可分性既表现为发生阶段和消灭阶段的不可分，也表现为享有和负担上的不可分，还表现为在需役地和供役地权利变动时与其的不可分。提高需役地效益这一目的使得地役权构造并不关注需役地权利主体的变化，同时也决定了地役权客体并非指向供役地权利，而是指向供役地本身，此即为从属性的体现。大陆法系国家的民法典对此均有规定，如《德国民法典》第1025条、《法国民法典》第700条、《日本民法典》第282条、《瑞士民法典》第744条。

本条的规范目的在于明确地役权的不可分性。地役权的设立是为了提高需役地的利用效益，如果需役地上的用益物权已经部分转让，为了实现提高利用不动产效益的目的，地役权也应当继续存在于已经被部分转让的需役地。

规范内容

地役权既然从属于需役地，自应及于全部的需役地而不是及于需役地的某一部分。[①]地役权的不可分性派生于其从属性，因此地役权与需役地的整体、全部密不可分。为实现提高需役地效益的功能目的，必须从制度上保障不受需役地权利分割、变动的影响。

一、地役权存在于需役地的全部

地役权基于需役地的完整性而存在，既不能分割为各个部分，也不能仅以一部分而存在或为一部分需役地而存在。即使需役地被分割，地役权在被实际分割后的需役地和供役地的各个部分上仍然存在。

二、地役权由需役地上各权利人共同享有

地役权设定之后，无论需役地原来是共有还是设定地役权之后为共有，地役权由需役地人共同享有，而非由需役地各共有人分别享有。在需役地原来是共有的情形下，各共有人不得仅就自己的应有部分设立地役权，必须就整个不动产设立地役权。因为地役权是为需役地的全部便益而取得的，是存在于供役地上的不可分的负担，自不可能为需役地的应有部分而存在，亦非为特定人而存在，任何共有人不能仅为自己的份额取得地役权，任一共有人取得地役权，都是基于需役地而取得，即为全体共有人而取得，并非为其个人单独取得。[②]

三、地役权唯有基于其性质才在部分需役地上存在

需役地被分割或转让后形成的数个需役地上权利主体，均完整享有地役权，而非部分享有地役权，也不是对部分供役地的利用。

如果需役地以及需役地上的土地承包经营权、建设用地使用权部分转让

---

① 参见王利明：《物权法研究》，中国人民大学出版社2007年版，第259页。

② 谢在全：《民法物权论》（中册），中国政法大学出版社2011年版，第515—518页。

后，地役权在其性质上只与部分转让后的地块有关系时，那么地役权就只在其有关部分继续存在。例如，甲地的东部住宅与乙地相邻，甲为了观海就与乙签订了眺望地役权，要求乙地不得修建高层建筑。后来，甲地东部分割给丙，西部分割给丁，但甲的眺望权只与丙有关而与丁无关，此时，受让人丙继续享有地役权。[①]

四、地役权的存续不受需役地上共有权利的应有部分消灭的影响

在需役地为共有的情形下，各共有人不得按其应有部分消灭已存在的地役权的一部分。由于地役权是为需役地而存在，共有人若按其应有部分消灭地役权的一部分，该行为不发生消灭地役权的效力。

举证责任

本条中需役地及其上的土地承包经营权、建设用地使用权等的受让人主张继续享有已设立地役权的，应负土地所有权人已为该土地设立地役权之举证责任。需要指出的是，需役地以及需役地上的土地承包经营权、建设用地使用权等部分转让的，势必增加地役权享有和行使的主体，有可能增加供役地的负担。在此情形下，供役地人要求调整费用的，应负负担增加之举证责任。

其他问题

一、需役地上的其他物权转让

从立法政策和改革实践来看，不仅是国有建设用地上住宅所有权可以自由转让，就是农村房屋所有权也都可以自由转让，如其上已设立地役权，转让部分涉及地役权的，地役权的变动应准用本条规定。这也适用于新《土地管理法》确立的集体建设用地使用权的转让。

---

① 参见全国人民代表大会常务委员会法制工作委员会编：《中华人民共和国物权法释义》，法律出版社2007年版，第356页。

二、关于费用支付

对于地役权的存续，（部分）需役地的受让人享有主动权：支付费用，则地役权因合同得到履行而继续存在；不支付费用，地役权合同因不履行而消灭，地役权也随之消灭。

如果共有人按其应有部分消灭地役权的一部分，该行为虽然不发生消灭地役权的效力，但有疑问的是，在地役权合同为有偿合同时，该共有人是否仍应分担地役权费用？我们认为，首先应根据共有物分管契约确定该共有人是否分担地役权费用；没有约定或约定不明的，为贯彻物尽其用理念、避免共有人“搭便车”和简化法律关系，基于之前为需役地设立地役权的在先事实，该共有人仍应分担地役权费用。

第三百八十三条【供役地及其上土地承包经营权、建设用地使用权的部分转让】

供役地以及供役地上的土地承包经营权、建设用地使用权等部分转让时，转让部分涉及地役权的，地役权对受让人具有法律约束力。

历史由来

本条来源于《物权法》第167条的规定，在继承《物权法》第167条时作出了两处修改：一是把“土地承包经营权、建设用地使用权”修改为“土地承包经营权、建设用地使用权等”。“等”之添加扩展了本条的适用范围。二是把“具有约束力”修改为“具有法律约束力”，修改后表达更为规范。

规范目的或功能

本条的规范目的在于从供役地的角度，规定地役权的不可分性。地役权是为了提高需役地的效益而存在于供役地上，为了实现这一目的，地役权是为需役地的全部而存在，同样也只能存在于供役地的全部之上。因此，地役权的行使均及于供役地的全部，不得分割为数部分或仅为一部分而存在。《德国民法典》第1026条、《瑞士民法典》第743条、我国台湾地区等均有类似规定。

规范内容

地役权的不可分性不仅体现在需役地上，也体现在供役地上，即地役权存在于供役地的整体，供役地的任何一部分都要承载地役权，即便供役地被分割，分割后的各个部分仍然要承载地役权，[①]即使供役地上的各种权利部分转让，地役权的存续也不受影响。

对于共有之供役地，在应有部分的权利主体发生变化时，地役权不受影响；转让应有部分涉及地役权的，地役权对受让人具有约束力。供役地分割和部分转让的，供役地上各权利人仍应当承担原地役权合同所规定的义务，提供合同约定的便利，供役地上所存在的地役权负担并不因分割或转让而消灭。地役权登记的，在供役地部分转让时地役权具有对抗包括受让人在内的第三人的效力，否则就只能对抗恶意第三人，而不能对抗善意第三人。[②]

一、地役权存在于供役地的全部

地役权是设立于整个供役地上的，不能设立于某个部分。即使供役地被分割，地役权在被实际分割后的供役地各个部分上也仍然存在。供役地以及供役地上的土地承包经营权、建设用地使用权部分转让时，将产生多个用益物权，地役权在转让后的供役地各个部分上继续存在。

在供役地原为两个以上主体共有的情形下，共有人之一作为供役地权利人设立地役权，各共有人就全部共有的不动产承受地役权的负担，而非按其应有部分负担。这是因为，地役权是对供役地具体性的直接利用，不可能存在于抽象的"物"上，而应有部分系所有权享有的一定比例，是抽象的，故地役权只能设立于供役地的整体上，不会设立于应有部分。[③]

① 参见崔建远：《物权法》（第四版），中国人民大学出版社2017年版，第348页。
② 参见王利明：《物权法研究》，中国人民大学出版社2007年版，第261页，
③ 谢在全：《民法物权论》（中册），中国政法大学出版社2011年版，第516页。

二、地役权由供役地上各权利人共同负担

地役权设定之后，无论供役地原来是共有还是负担地役权之后为共有，地役权都由供役地人共同负担，而非由供役地各共有人分别负担。在供役地本身是共有的情形下，各共有人不得仅以自己的应有部分为客体而必须以整个不动产为客体负担地役权。

三、地役权唯有基于其性质才负担在部分供役地上

尽管地役权继续存在于被分割后的数块供役地之上，但并不是将一个地役权分割为数个，然后各个分享，地役权的不可分性意味着仅将地役权存在的土地进行划分。

如果供役地以及供役地上的土地承包经营权、建设用地使用权部分转让后，地役权在其性质上只与部分转让后的供役地地块有关系时，地役权就仅在该有关部分地块继续存在。

四、地役权的存续不受供役地上共有权利的应有部分消灭的影响

在供役地为共有的情形下，各共有人不得按其应有部分消灭已存在的地役权负担的一部分。由于地役权的负担存在于供役地，共有人若按其应有部分消灭地役权负担的一部分，该行为不发生消灭地役权的效力。

举证责任

供役地以及供役地上的土地承包经营权、建设用地使用权部分转让后，如果受让人主张地役权在其地块上不成立，则其需证明地役权的目的、内容与其地块不具有关联，方可不受地役权之约束。

由于未登记地役权不生对抗善意第三人的效力，因此地役权人对受让人主张地役权的，应证明受让人主观上知悉或理应知悉地役权存在，否则地役权不生效力，因此遭受的损失只能请求原供役地人赔偿。

其他问题

本法关于地役权从属性和不可分性的规定，从需役地人来看，表现为权利人及其受让人享有地役权的维持；从供役地人来看，表现为权利人及其受让人继续负担“供役”。而且从权利义务的基本法理来看，需役地人可以放弃作为权利的地役权，其是否存续，只取决于需役地人，在其支付费用履行合同义务时，供役地受让人只能被动接受，继续履行合同，即负有不能抛弃的容忍义务。

供役地权利人与受让人之间因地役权负担或费用分享产生的问题不影响地役权的存续。[①]

第三百八十四条【地役权的消灭】

地役权人有下列情形之一的，供役地权利人有权解除地役权合同，地役权消灭：

（一）违反法律规定或者合同约定，滥用地役权；

（二）有偿利用供役地，约定的付款期限届满后在合理期限内经两次催告未支付费用。

历史由来

本条承袭了《物权法》第168条的规定，只是将第2项中的“期间”改为“期限”。

规范目的或功能

本条规范的目的在于明确地役权消灭的法定事由。

---

① 被上诉人出卖房屋给业主，并不导致双方的《地役权合同》无效，至于被上诉人如何与业主处理该地役权合同的相关问题，不属于本案的审查问题。参见贵州省黔东南苗族侗族自治州中级人民法院（2015）黔东民终字第113号民事判决书。

本条第2项在性质上属于任意性规范，当事人可以在合同中作出特别约定，改变甚至排除该项的适用。

三 规范内容

地役权的设立源于地役权合同。在地役权合同发生变动时，地役权的存续会受到相应的影响；在我国对地役权变动采行登记对抗主义立法模式下更是如此。

根据本法第557条的规定，地役权合同的终止事由主要有两类，一是合同的自然终止，二是合同的解除终止。其中，合同的解除有约定解除和法定解除；相应的，产生地役权消灭效果的合同解除事由也有约定与法定之分①。

基于法律规定而生的解除权，主要针对的是合同重大义务违反。②因此，以法定解除事由解除地役权合同从而消灭地役权的，需要具备以下要件：（1）有权主体提出。在地役权合同中，解除主体只能是供役地权利人。（2）解除事由符合法律规定。本条规定了两种解除事由：其一，违反法律规定或者合同约定，滥用地役权；其二，有偿利用供役地，约定的付款期限届满后在合理期限内经两次催告未支付费用。（3）解除权行使符合法律规定。根据本法合同编的规定，解除权应在法定期限内行使，③且应以书面通知对方的方式为之。

地役权合同解除导致地役权消灭，而非撤销，即既存地役权并不是自其设立之时起就无效，而是自地役权合同解除发生效力之时才消灭。因此，地

---

① 学界对约定解除是否适用于地役权合同存有争议。参见最高人民法院物权法研究小组编著：《〈中华人民共和国物权法〉条文理解与适用》，人民法院出版社2007年版，第490页。我们认为约定解除可以适用于地役权合同。反对者基于稳定财产利用关系的考量虽值得肯定，但恐难以达成目的，因为即使法律不赋予双方当事人以约定解除权，也不影响当事人以违约方式终止地役权合同从而消灭地役权。而且禁止双方当事人对解除事由作出约定缺乏强有力的理由，违反合同解除制度的体系强制。

② 陈自强：《民法讲义Ⅱ：契约之内容与消灭》，法律出版社2004年版，第359页。

③ 需要指出的是，地役权合同为继续性合同，地役权人的滥用行为往往表现出持续性的特点，对由此产生的解除权如果适用期限较短的不变除斥期间，显然不利于供役地权利人，破坏了双方当事人的利益平衡。有鉴于此，除斥期间的起算点确定为滥用行为结束之日更为合理。

役权合同的解除实为合同权利义务的终止。[①]

一、关于滥用

地役权人违反法律规定或合同约定，滥用地役权的，供役地权利人有权解除地役权合同。地役权合同设定后，当事人不得擅自解除地役权合同，地役权人存在以下情形，供役地权利人有权解除地役权合同：一是地役权人行使地役权，虽然不违反合同约定，但是违反法律规定且滥用地役权的，供役地权利人有权解除地役权合同；二是地役权人行使地役权，违反合同约定且滥用地役权的，供役地权利人就有权解除地役权合同。[②]

在实践中“滥用”具体表现为以下情形：一是地役权人不按照不动产用途使用、利用，经供役地权利人多次警告而仍不改正的；二是致使不动产永久损害或有永久损害之虞的；三是地役权人超越地役权合同约定的范围使用供役地，妨害供役地权利人正常的生产和生活，经供役地权利人多次交涉而不改正的；四是违反公共秩序和善良风俗，如在供役地上堆放垃圾、有毒有害的废弃物污染环境，影响他人生产和生活的；五是利用供役地从事违法犯罪活动的。[③]

二、关于欠费

地役权合同可以是有偿的，也可以是无偿的。当地役权合同是有偿的，地役权人应当在合同约定的期限内支付费用，如果在合理期限内供役地权利人两次催告，地役权人仍未支付费用的，则供役地权利人可以解除合同。因此，“欠费”的构成要件主要包括：一是约定的付款期限已届满；二是供役地权利人在合理期限内已经就费用交付两次催告；三是地役权人没有免于支付费用的合法理由。其中，“合理期限”的判断，不应以该期限是否符合供役地权利人或地役权人单方面的利益需要为准，而应以一个理性人合理的利益需要期限为准。

---

① “于继续性契约关系，则以合意终止为常见。”陈自强：《民法讲义Ⅱ：契约之内容与消灭》，法律出版社2004年版，第358页。

② 参见崔建远：《规范与学说——以中国物权法的解释论为中心》（下册），清华大学出版社2011年版，第642页。

③ 参见最高人民法院物权法研究小组编著：《〈中华人民共和国物权法〉条文理解与适用》，人民法院出版社2007年版，第490—492页。

给出的宽限期届满而地役权人仍未付款的，供役地权利人即有权解除地役权合同。[①]如果地役权合同未约定付款期限，根据《合同法》第62条第4项的规定，供役地权利人应首先向地役权人催告，确定合理的宽限期，该宽限期届满时，地役权人仍不付款，则构成履行迟延，此后供役地权利人应在合理期限内两次催告，若地役权人仍未支付费用的，则供役地权利人有权解除地役权合同。

在地役权经过登记时，地役权的消灭并不会随着地役权合同的消灭而消灭，因此应结合本法第385条进行理解和适用。

举证责任

在判断地役权人是否滥用权利时，可以采取主客观相结合的方法，即结合地役权人的主观过错状态和客观损害后果进行综合判断，当供役地权利人能够证明地役权人具有损害供役地权利人之利益的故意或重大过失等主观错误，同时地役权人的行为客观上已经或可能造成供役地权利人利益的损害之时，供役地权利人有权行使合同解除权。

在地役权人未按照约定支付费用的情形下，供役地权利人若要行使合同解除权，应当证明地役权人迟延支付费用，在合同约定的付款期限届满后，在合理期限内经两次催告仍未支付费用。

其他问题

地役权设立合同也是合同的一种，加之社会生活情势复杂多端，难以完全列举，应根据地役权的性质准用合同法关于合同消灭的规定。

供役地人违反约定、妨害地役权行使和实现的，地役权人作为物权人应享有物权请求权，请求排除妨害、恢复原状。问题是，在实践中，如果排除

---

① 参见崔建远：《物权：规范与学说——以中国物权法的解释论为中心》（下册），清华大学出版社2011年版，第643页。也有人认为，合理期间的确定是一个自由裁量范围问题，第一次催告与第二次催告的间隔时间一般不宜少于一周，且应该用书面形式或者有一定的公示范围。参见最高人民法院物权法研究小组编著：《〈中华人民共和国物权法〉条文理解与适用》，人民法院出版社2007年版，第491页。

妨害或恢复原状会造成巨大利益损失的，是否可以以赔偿损失替代？[①]我们认为可以类推适用关于实际履行违约责任的规定。

第三百八十五条【地役权的变更与注销登记】

已经登记的地役权变更、转让或者消灭的，应当及时办理变更登记或者注销登记。

历史由来

本条完全沿袭了《物权法》第169条的规定。

规范目的或功能

登记是不动产物权公示的基本手段，对于确认权利归属、维护交易安全具有根本的意义。只有登记，不动产物权人才能更充分地享有各项维护自己权益的制度保障，对抗善意第三人的请求。

本条的规范目的在于公开不动产上的负担情况，维护不动产登记簿的公示公信效力。对于已经登记的地役权，其发生变更、转让或者消灭的，当事人具有不动产登记簿之更正请求权，当事人应当及时办理变更或者注销登记，地役权变动才能生效，以保障交易安全。

规范内容

本条规定的地役权的变更登记、转移登记、注销登记，以首次登记为前提，即本条所述的“已经登记的地役权”。

---

① 协议中“甲方在乙方现有的平房后建设住宅楼，乙方现有的平房不动。甲方给乙方安置住宅三套”为费用支付的约定。乙方违反约定，改变平房现状属违约行为，使得地役权消灭，无权要求对方支付费用。参见新疆维吾尔自治区高级人民法院伊犁哈萨克自治州分院（2014）伊州民申字第219号民事裁定书。

地役权设立登记后，即产生对抗善意第三人的效力，地役权发生变更、转让或消灭的，自应随之及时办理相应的登记手续，否则无法产生变更、转让或消灭的效力。因为就法律后果而言，只要作为不动产登记簿上的公示内容没有变动，即推定物权未发生变动。如果当事人没有按照法律规定进行变更或注销登记，则当事人意欲实现的目的无法达成。在供役地权利发生变动时，其上是否负有负担自然会影响其价值。当事人正当信赖不动产登记时，便会发生纠纷。同时，向公众公开不动产上的负担，也有利于提高不动产交易的效率，更好地明确当事人的行为边界。

一、变更登记

变更登记是主体以外的事项发生变更而进行的登记，是不动产登记的重要类型。根据《不动产登记暂行条例实施细则》第61条的规定，地役权变更登记的类型主要有：一是地役权当事人的姓名或者名称等发生变化；二是共有性质变更，以及同一权利人分割或者合并不动产；三是需役地或者供役地自然状况发生变化；四是地役权内容变更；五是法律、行政法规规定的其他情形。根据《不动产登记暂行条例实施细则》第26条的规定，地役权内容变更主要有三类情形：一是不动产权利期限、来源等状况发生变化；二是地役权的利用目的、方法等发生变化；三是供役地权利发生移转。此外，为避免当事人的申请因法律规定错漏而得不到受理，该条第9项作了兜底性规定，法律、行政法规规定的其他不涉及不动产权利转移的变更情形，属于变更登记的事由。

变更登记所需材料包括地役权合同、不动产登记证明和证实变更的材料等。供役地分割转让办理登记，转让部分涉及地役权的，则应当由受让人与地役权人一并申请地役权变更登记。

二、转移登记

转移登记，是指在权利主体之间发生权利移转即权利主体发生变更后所进行的登记，属于广义的变更登记。地役权由于从属性而不能单独发生移转，因此只能在需役地权利发生移转时随之移转。[①]根据《不动产登记暂行条例实

---

① 虽然地役权附属于需役地和供役地，但就转移登记而言，供役地权利转移不影响地役权主体的权利享有，因此供役地权利移转所进行的登记属于变更登记，而非转移登记。

施细则》第27条的规定，不动产权利转移的情形主要有：一是买卖、互换、赠与不动产；二是以不动产作价出资（入股）；三是法人或者其他组织因合并、分立等原因致使不动产权利发生转移；四是不动产分割、合并导致权利发生转移；五是继承、受遗赠导致权利发生转移；六是共有人增加或者减少以及共有不动产份额变化；七是因人民法院、仲裁委员会的生效法律文书导致不动产权利发生转移，如抵押权实现。

转移登记所需材料除需役地权利转移的证明材料外，还需要地役权合同等必要材料。

三、注销登记

注销登记是因不动产物权消灭而为的登记，意味着不动产物权在法律上的"死亡"，这也是大多数他物权的最终归宿。

根据《不动产登记暂行条例实施细则》第63条的规定，申请地役权注销登记的事由主要有：一是地役权期限届满；二是供役地、需役地归于同一人[①]；三是供役地或者需役地灭失；四是人民法院、仲裁委员会的生效法律文书导致地役权消灭；五是地役权合同被依法解除；六是其他导致地役权消灭的事由。

从学理、现行规范和实践来看，"其他导致地役权消灭的事由"主要包括：（1）当事人约定的事由发生。当事人约定了地役权消灭的事由，且不违反法律、行政法规的强制性规定，不违背公序良俗原则的，事由发生，地役权归于消灭。[②]（2）抛弃。地役权是一种物权，地役权人可通过意思表示抛弃。地役权人抛弃地役权的，地役权从其抛弃之时起消灭。《不动产登记暂行条例实施细则》第28条第1款第2项规定了"权利人放弃不动产权利"事由。（3）地役权无存续的必要。在供役地或需役地灭失的情况下，或供役地并非发生灭失，但事实上供役地已无法再向需役地提供便利的情况下（如供役地水源已经枯竭），地役权都无存续的必要。此时，供役地权利人可以请求法院

---

① 考虑到实现复杂性和比较法上的经验，宜承认彼此之间存在地役权的两宗不同不动产权利归属于同一主体即混同时的地役权继续存在。

② 梁慧星、陈华彬：《物权法》（第五版），法律出版社2007年版，第296页。

宣告地役权消灭。（4）没收、征收或收回裁决。这具体包括两种情形，一是针对供役地，消灭供役地上的权利，包括地役权；二是针对需役地，由地役权的从属性决定，国家取得地役权，除非地役权对于国家而言没有必要。[①]

此外，在变更登记、转移登记和注销登记过程中，可能出现这些登记内容与首次登记时记载于登记簿的内容不尽一致的情形。由于变更登记本身就是对登记内容的变更，因此在与首次登记所记载的内容不一致时应以申请变更登记的内容为准。对于转移登记和注销登记，其内容与首次登记所记载的内容不一致的，不动产登记机关应予以必要的核实；如果首次登记所记载的内容不实，则转移登记和注销登记同时具有更正登记的功能，以其申请登记的内容为准。

举证责任

在已登记地役权发生变更或消灭的情形下，如果当事人未办理变更或注销登记，第三人基于对登记簿的信赖而作出错误判断，例如与原地役权人订立不动产转让合同，此时，第三人可要求法院判令解除合同，并赔偿其所遭受的损害，其须证明存在地役权已发生变更或消灭的事实，地役权未办理变更或注销登记的事实，以及因上述事实而使自己受到损害。

① 参见谢在全：《民法物权论》（中册），台北三民书局2003年版，第234页；王利明、尹飞、程啸：《中国物权法教程》，人民法院出版社2007年版，第416页。

中国社会科学院法学研究所
民法典研究丛书
MINFADIAN PINGZHU

民法典评注

物权编

4

孙宪忠　朱广新　主编

中国法制出版社
CHINA LEGAL PUBLISHING HOUSE

物权编撰稿人

（以撰写法律条文的序号排序）

常鹏翱　北京大学法学院教授，撰写第205—223条

崔文星　北京师范大学法学院副教授，撰写第224—232条及第323—329条

章正璋　苏州大学法学教授，撰写第233—239条及第458—462条

申惠文　郑州大学法学院副教授，撰写第240—245条及第288—296条

单平基　东南大学法学院副教授，撰写第246—259条

高　飞　广东外语外贸大学土地法制研究院教授，撰写第260—265条

陆　剑　中南财经政法大学法学院副教授，撰写第266—270条

鲁春雅　北京化工大学法律系副教授，撰写第271—287条

李国强　吉林大学法学院教授，撰写第297—310条

汪志刚　江西财经大学法学院教授，撰写第311—322条

袁　震　西北政法大学教授，撰写第330—343条

蔡立东　吉林大学法学院教授，撰写第344—361条

冯建生　河北工业大学副教授，撰写第362—371条

耿　卓　广东外语外贸大学土地法制研究院教授，撰写第372—385条

邹海林　中国社会科学院法学研究所研究员，撰写第386—393条及第447—457条

董学立　苏州大学法学院教授，撰写第394—419条

李　俊　中南财经政法大学法学院副教授，撰写第420—424条及第440—446条

陈永强　中国计量大学法学院教授，撰写第425—434条

郝丽燕　山东建筑大学法学院副教授，第435—439条

本编由朱广新负责统稿。

凡　例

文献名称	本书指称
一、民法典草案与建议稿	
《民法典各分编（草案）》（征求意见稿）（物权编）	《民法典物权编（草案）》（征求意见稿）
《民法典各分编（草案）》	《民法典各分编（草案）》
《民法典物权编（草案）》（二次审议稿）	《民法典物权编（草案）》（二审稿）
《中华人民共和国民法典（草案）》	《民法典（草案）》
二、法律与行政法规	
《中华人民共和国民法典》	《民法典》①
三、司法解释	
《最高人民法院关于审理商品房买卖合同纠纷案件适用法律若干问题的解释》	《商品房买卖合同解释》
《最高人民法院关于适用〈中华人民共和国物权法〉若干问题的解释（一）》	《物权法解释（一）》
《最高人民法院关于贯彻执行〈中华人民共和国民法通则〉若干问题的意见（试行）》	《民法通则意见》
《最高人民法院关于适用〈中华人民共和国担保法〉若干问题的解释》	《担保法解释》
《最高人民法院关于适用〈中华人民共和国合同法〉若干问题的解释（二）》	《合同法解释（二）》
《最高人民法院关于人民法院民事执行中查封、扣押、冻结财产的规定》	《民事执行中查封、扣押、冻结财产规定》
《最高人民法院关于审理票据纠纷案件若干问题的规定》	《票据规定》
《最高人民法院关于适用〈中华人民共和国民事诉讼法〉的解释》	《民事诉讼法解释》
《最高人民法院关于人民法院执行工作若干问题的规定（试行）》	《人民法院执行工作规定》
《全国法院民商事审判工作会议纪要》	《九民纪要》

① 本书引用的冠以“中华人民共和国”的法律与行政法规，简称时省略“中华人民共和国”字样，法律与行政法规简称均循此规律，不再重复标注。

目　录
CONTENTS

第四分编　担保物权

第十六章　一般规定 / 001

第三百八十六条【担保物权的含义】/ 003

第三百八十七条【担保物权的适用范围】/ 012

第三百八十八条【担保合同】/ 019

第三百八十九条【担保物权的担保范围】/ 029

第 三 百 九 十 条【物上代位性】/ 036

第三百九十一条【物上担保人的免责】/ 042

第三百九十二条【物的担保与人的担保的关系】/ 047

第三百九十三条【担保物权消灭的原因】/ 059

第十七章　抵押权 / 065

第一节　一般抵押权 / 067

第三百九十四条【抵押权定义】/ 067

第三百九十五条【可抵押财产的范围】/ 074

第三百九十六条【浮动抵押】/ 086

第三百九十七条【房产与地产一并抵押】/ 093

第三百九十八条【乡镇、村企业的建筑物和建设用地使用权抵押】/ 101

第三百九十九条【不得抵押的财产】/ 106
第 四 百 条【抵押合同的形式和内容】/ 113
第四百零一条【流押的效力】/ 123
第四百零二条【不动产抵押权的设立与登记】/ 130
第四百零三条【动产抵押权设立及登记效力】/ 139
第四百零四条【正常经营活动中的买受人不受追及规则】/ 148
第四百零五条【抵押不破租赁】/ 155
第四百零六条【抵押财产的转让】/ 165
第四百零七条【抵押权的从属性】/ 175
第四百零八条【抵押权的保护】/ 180
第四百零九条【抵押权人放弃、变更抵押权及其顺位】/ 185
第四百一十条【抵押权实现的条件、方式和程序】/ 193
第四百一十一条【浮动抵押财产的确定】/ 201
第四百一十二条【抵押财产的孳息】/ 207
第四百一十三条【抵押财产变价后的清算】/ 214
第四百一十四条【抵押财产变价款的清偿顺序】/ 218
第四百一十五条【抵押权与质权间的清偿顺序】/ 225
第四百一十六条【购置款抵押权】/ 232
第四百一十七条【以建设用地使用权抵押的特别规定】/ 240
第四百一十八条【集体土地使用权抵押权实现的限制】/ 245
第四百一十九条【抵押权存续期间】/ 250

第二节 最高额抵押权 / 257
第四百二十条【最高额抵押的含义】/ 257
第四百二十一条【主债权及最高额抵押权转让】/ 264
第四百二十二条【协议变更】/ 271
第四百二十三条【债权确定】/ 278
第四百二十四条【最高额抵押适用依据】/ 286

第十八章 质 权 / *287*

第一节 动产质权 / *289*

第四百二十五条【动产质权的含义】/ *289*

第四百二十六条【禁止出质的财产】/ *297*

第四百二十七条【质押合同】/ *301*

第四百二十八条【流质的效力】/ *308*

第四百二十九条【动产质权的设立】/ *313*

第 四 百 三 十 条【质押财产的孳息】/ *318*

第四百三十一条【质权人的使用处分限制】/ *321*

第四百三十二条【质押财产的保管与提存】/ *325*

第四百三十三条【质权的保护】/ *330*

第四百三十四条【转质】/ *334*

第四百三十五条【质权的放弃】/ *341*

第四百三十六条【质押财产的返还与质权的实现】/ *346*

第四百三十七条【质权的及时行使】/ *353*

第四百三十八条【质押财产变价后的清算】/ *360*

第四百三十九条【最高额质权】/ *364*

第二节 权利质权 / *366*

第 四 百 四 十 条【可以出质的权利范围】/ *366*

第四百四十一条【以票据权利等出质的权利质权的设立】/ *375*

第四百四十二条【权利质权的提前实现】/ *379*

第四百四十三条【以基金份额、股权出质的权利质权】/ *384*

第四百四十四条【以知识产权出质的权利质权】/ *392*

第四百四十五条【以应收账款出质的权利质权】/ *396*

第四百四十六条【权利质权的适用依据】/ *405*

第十九章　留置权 / *407*

第四百四十七条【留置权】/ *409*

第四百四十八条【牵连关系】/ *424*

第四百四十九条【不得留置】/ *434*

第 四 百 五 十 条【可分物的留置】/ *443*

第四百五十一条【留置财产的保管】/ *446*

第四百五十二条【留置财产的孳息】/ *453*

第四百五十三条【留置权实现】/ *456*

第四百五十四条【留置权行使请求权】/ *467*

第四百五十五条【留置财产的清算】/ *472*

第四百五十六条【留置权的优先性】/ *476*

第四百五十七条【留置权消灭的特别规定】/ *484*

第五分编　占　有

第二十章　占　有 / *495*

第四百五十八条【基于合同关系等产生的占有】/ *497*

第四百五十九条【恶意占有人的赔偿责任】/ *503*

第 四 百 六 十 条【原物及孳息返还请求权与善意占有人必要费用请求权】/ *511*

第四百六十一条【占有财产毁损、灭失的赔偿责任】/ *519*

第四百六十二条【占有保护】/ *529*

第十六章

一般规定

第三百八十六条【担保物权的含义】

担保物权人在债务人不履行到期债务或者发生当事人约定的实现担保物权的情形，依法享有就担保财产优先受偿的权利，但是法律另有规定的除外。

历史由来

担保物权，是指为担保被担保债权的受偿而在特定财产上设立的他物权。设立担保物权的人，称为担保人，可以是被担保债权的债务人，也可以是第三人（物上担保人）。用以担保债权受偿的特定财产和财产权，为担保财产。对担保财产取得支配、变价和优先受偿利益的债权人，为担保物权人。

在我国，担保物权起始于《民法通则》的规定，只不过在当时还没有较为体系化的物权制度，担保物权体现为具体的抵押权和留置权。国务院1985年颁布的《借款合同条例》第7条第1款规定："借款方申请借款应具有中国人民银行规定的一定比例的自有资金，并有适销适用的物资和财产作贷款的保证。借款方无力偿还贷款时，贷款方有权要求依照法律程序处理借款方作为贷款保证的物资和财产。"该条例将特定财产的担保称为"保证"，无担保物权的存在空间。其后，《民法通则》第89条规定："依照法律的规定或者按照当事人的约定，可以采用下列方式担保债务的履行：……（二）债务人或者第三人可以提供一定的财产作为抵押物。债务人不履行债务的，债权人有权依照法律的规定以抵押物折价或者以变卖抵押物的价款优先得到偿还。……（四）按照合同约定一方占有对方的财产，对方不按照合同给付应付款项超过约定期限的，占有人有权留置该财产，依照法律的规定以留置财产折价或者以变卖该财产的价款优先得到偿还。"《民法通则》原则上规定了抵押权和留置权，我国担保物权制度的发展迈出了重要的一步。

以《民法通则》的规定为基础，我国司法实务界积极推进有关担保物权争议解决的实践，积累了相应的经验。关于抵押权，《民法通则意见》第112条规定："债务人或者第三人向债权人提供抵押物时，应当订立书面合同或者在原债权文书中写明。没有书面合同，但有其他证据证明抵押物或者其权利证书已交给抵押权人的，可以认定抵押关系成立。"第113条规定："以自己不享有所有权或者经营管理权的财产作抵押物的，应当认定抵押无效。以法律限制流通的财产作为抵押物的，在清偿债务时，应当由有关部门收购，抵押权人可以从价款中优先受偿。”第114条规定：“抵押物在抵押权人保管期间灭失、毁损的，抵押权人如有过错，应当承担民事责任。抵押物在抵押人处灭失、毁损的，应当认定抵押关系存在，并责令抵押人以其他财产代替抵押物。”第115条规定：“抵押物如由抵押人自己占有并负责保管，在抵押期间，非经债权人同意，抵押人将同一抵押物转让他人，或者就抵押物价值中已设置抵押部分再作抵押的，其行为无效。债务人以抵押物清偿债务时，如果一项抵押物有数个抵押权人的，应当按照设定抵押权的先后顺序受偿。”第116条规定：“有要求清偿银行贷款和其他债权等数个债权人的，有抵押权的债权人应享有优先受偿的权利。法律、法规另有规定的除外。”关于留置权，《民法通则意见》第117条规定：“债权人因合同关系占有债务人财物的，如果债务人到期不履行义务，债权人可以将相应的财物留置。经催告，债务人在合理期限内仍不履行义务，债权人依法将留置的财物以合理的价格变卖，并以变卖财物的价款优先受偿的，应予保护。”以上经验，为《担保法》构造更加具体和完善的担保物权制度打下了良好基础。

以《民法通则》和司法实践经验为基础，《担保法》较为具体完整地规定了抵押权、质权和留置权，基本完成了我国担保物权制度的体系化构造。起草《物权法》时，理论和实务均已高度认同担保物权的制度理念和体系，担保物权为物权的重要组成部分，且《担保法》对抵押权、质权和留置权已有较为全面的规定，具备统一规定担保物权制度的条件，需要对担保物权的含义作出规定。《物权法》第170条规定：“担保物权人在债务人不履行到期债务或者发生当事人约定的实现担保物权的情形，依法享有就担保财产优先受偿的权利，但法律另有规定的除外。”

《民法典物权编（草案）》（征求意见稿）第175条规定：“担保物权人在债务人不履行到期债务或者发生当事人约定的实现担保物权的情形，依法享有就担保财产优先受偿的权利，但法律另有规定的除外。”其后，《民法典各分编（草案）》第177条的规定相同。《民法典物权编（草案）》（二审稿）第177条规定：“担保物权人在债务人不履行到期债务或者发生当事人约定的实现担保物权的情形，依法享有就担保财产优先受偿的权利，但是法律另有规定的除外。”该规定在“但书”部分将“但”修改为“但是”。《民法典(草案)》第386条的规定与《民法典物权编(草案)》(二审稿)第177条的规定相同。

规范目的或功能

担保物权以确保债权受偿为目的。担保物权的成立，以被担保债权的存在和有效为基础。为保证被担保债权的受偿，民法赋予债权人对担保财产优先受偿的权利，从而加强和补充其债权的效力。理论上，抵押权、质权、留置权都属于担保物权，具有许多的共性，虽也有不同，但其性质相同，均有就担保财产优先受偿的效力。实务上，担保物权的统一规定，有助于对抵押权、质权和留置权有更加深刻的认识，并能够在立法技术上避免许多制度性的重复，有利于担保物权的解释和适用。

以物权法定主义的制度结构为基础,《民法典》第二编规定物权，设第四分编规定担保物权，以第十六章专章规定担保物权的一般规定，从而实现担保物权在性质、设立、效力、物上代位、消灭及类型化担保物权(抵押权、质权和留置权)上的制度统一。为此，本条对担保物权的含义作了规定。

规范内容

一、担保物权的意义

担保物权，是指为担保被担保债权的优先受偿而在特定财产上发生效力的他物权。依照本条，担保物权具有以下含义。

(一)以担保债权优先受偿为目的

担保物权作为融通资金和保障交易安全的工具，以担保债权能够获得切实清偿为目的。当债务人不履行到期债务，或有其他当事人约定可以实现担保物权的情形发生时，债权人有权依法变价担保财产而清偿其债权，既有实现担保物权保障债权获得清偿的目的，又有实现其债权的直接效用。以担保债权优先受偿为目的，法律才规定有不同于其他物权的担保物权制度，以物权的支配力和债权的优先清偿效力，凸显担保物权担保债权实现的基本目的。

（二）以担保人所有的特定财产为标的

担保物权对特定财产发生效力，该特定财产为担保物权的标的，称为担保财产。法律对担保财产的范围、种类有相应的规定，担保物权只能在法律规定的担保财产上发生效力。担保财产必须具有适宜设立担保物权的品格。对于担保财产，法律有禁止性规定的，不得设立担保物权；在禁止设立担保物权的财产上设立担保物权的，不发生物权的效力。受担保物权效力所及的担保物，限于担保人所有的特定财产，担保物权是以他人所有的财产为标的而发生效力的他物权。原则上，他人所有的财产若不特定，不发生担保物权的效力。相对于自物权，他物权是一种限制物权。一般而言，在债权人自己所有的财产上设立担保物权用以担保债权的受偿，没有多少实际意义。[①]担保财产或为债务人所有，或为物上担保人所有，担保物权的存在成为担保财产的所有权的负担。担保人应当容忍担保物权的存在，并尊重和承认担保物权对担保财产的优先支配。不论担保物权人是否占有担保财产，担保财产所有权是否移转，均不影响担保物权对担保财产的支配效力。作为他物权，担保物权对担保财产的受让人同样有效。

（三）以支配担保财产和优先清偿债权为内容

物权是对特定财产的支配权，但不同的物权所能支配的特定财产的利益有所不同。所有权支配特定财产的所有利益，如占有、使用、收益和处分利益；用益物权支配特定财产的占有、使用和收益利益；担保物权则支配特定财产的收益利益（又称交换价值），个别情形下担保物权还支配特定财产的占有利益。依照本条，担保物权具有支配担保财产的效力，尤其是支配担保财产的交换价值的效力，并同时具有以担保财产优先清偿其债权的效力。因为担保物权支配担保财产的交换价值，担保物权又被称为“价值权”。由于担保物权以支配担保财产的交换价值为内容，当债务人不履行到期债务时，担保

① 有必要说明的是，担保物权和所有权发生混同时，所有人在自己的财产或者权利上已经存在的担保物权，可以用于对抗其他担保物权人，但并非用以确保债权的受偿。

物权人可以行使其变价担保财产的权利，以变价金优先清偿其债权。这样，优先清偿债权成为担保物权的特有内容。值得注意的是，担保合同约定的限制或者扩张担保物权的效力之内容，在当事人之间可以发生效力，但不发生物权的效力。

二、担保物权的特征

（一）担保物权的从属性

从属性，又称附随性，是指担保物权从属于被担保债权。通常以为，被担保债权为主权利，担保物权为从权利，民法上向来就有从权利随主权利的原则。由此，担保物权的从属性被表述为担保物权的设立、移转或者消灭，从属于被担保债权。担保物权的从属性为担保物权的固有特征。担保物权以债权之存在为前提，债权不存在或者不能确定的，不能设立担保物权；被担保债权的移转或者消灭的，已经设立的担保物权随之移转或者消灭。但是，担保物权的从属性不具有绝对的意义。担保物权中的最高额抵押权、最高额质权、所有人抵押权等特殊情形发生时，不以被担保债权的存在为这些抵押权的设立或者存续的前提条件，构成担保物权的从属性之例外。在我国，担保物权的从属性仅能有条件地适用于最高额抵押权和最高额质权，即被担保债权确定后的最高额抵押权和最高额质权。

（二）担保物权的物上代位性

物上代位性，是指担保物权直接支配担保财产的交换价值，且其效力及于担保财产毁损、灭失后的代位物。有学者认为，担保财产毁损、灭失，其交换价值相应变化为其他的价值形态时，如担保财产毁损、灭失而应当取得之赔偿金、补偿金或保险金等代位物（替代物或对待给付），担保物权仍可以直接支配担保财产的变形物或者代位物。[①]担保物权的物上代位性，为担保物权的固有特征。依照本法第390条的规定，担保期间，担保财产毁损、灭失或者被征收等，担保物权人可以就获得的保险金、赔偿金或者补偿金等优先受

---

① 史尚宽：《物权法论》，台北1979年自版，第232页；谢在全：《民法物权论》（下册），中国政法大学出版社1999年版，第540页。

偿。因担保物权具有物上代位性，对担保人因担保财产的毁损、灭失而取得的代位物，不论其为赔偿、补偿、保险给付或者其他对待给付，担保物权人均有优先清偿被担保债权的权利。

（三）担保物权的不可分性

被担保债权未受全部清偿前，担保物权人得对担保财产的全部行使权利。此为担保物权的不可分性。对此我国民法未有明文规定，但司法实务以及民法理论均承认担保物权的不可分性。担保物权以其担保财产的全部担保被担保债权的各部，以担保财产的各部担保被担保债权的全部。具体而言，不论被担保债权数额多寡，担保物权人得对担保财产全部行使权利；被担保债权因为清偿、让与、免除等而部分消灭的，担保物权人仍得以其未受偿的债权部分，对担保财产的全部行使权利；担保财产的分割或者转让，不影响担保物权人的权利，担保物权人仍得对担保财产的全部行使权利；担保财产部分灭失，担保物权人仍得对担保财产的残留部分行使权利。

（四）担保物权的优先性

优先性，是指担保物权人就担保财产优先于其他债权人获得清偿。依照本条，在债务人不履行到期债务或者发生当事人约定的实现担保物权的情形时，担保物权人依法享有就担保财产优先受偿的权利。担保物权以担保债权的优先受偿为目的和内容，直接支配担保财产的交换价值，在被担保债权届期而未获清偿时，债权人可以变价担保财产取得变价金，以担保财产的变价金直接清偿被担保债权。担保物权的意义不仅在于变价担保财产以清偿被担保债权，而且在于以其变价金优先清偿被担保债权。优先性，是担保物权区别于其他物权的显著特征。

三、担保物权的分类

担保物权仅限于法律规定其名称和内容的权利，如抵押权、质权、留置权。以此为基础，因担保物权的构成要素之差异，抵押权被分为不动产抵押权、用益物权抵押权、动产抵押权、浮动抵押权、最高额抵押权、所有人抵押权等；质权被分为动产质权和权利质权，而权利质权更可细分为证券质权、知识产权质权和应收账款质权。为寻求理论和实务的解释便利，担保物权还有如下的类型化区分。

（一）法定担保物权和意定担保物权

以担保物权发生的原因为标准，担保物权分为法定担保物权和意定担保物权。

法定担保物权，是指具备法律规定的条件或者满足法律规定的事由，当然发生物权效力的担保物权，例如留置权等。法定担保物权以公平原则的贯彻为基本目标，特别保障与担保财产有牵连关系的债权。因为就担保财产付出劳务、技术或供给材料、保全担保财产或增加其价值而产生费用时，通常会有法定担保物权的发生。法定担保物权，学者又称其为费用性担保物权。法定担保物权，突破了债权的平等原则，以保障特定债权的优先受偿为目标，具有附随于特定债权的从属性。

意定担保物权，是指依照当事人的意思或法律行为设立的担保物权，例如抵押权、质权。民法上的担保物权，多属于意定担保物权。意定担保物权基于当事人的法律行为发生效力，但受物权法定主义的约束。意定担保物权是最大限度地再利用担保财产的交换价值以发挥担保物权促进资金和物资融通作用的最为重要的制度工具。

（二）不动产担保物权和动产担保物权

以担保财产是不动产还是动产为标准，担保物权分为不动产担保物权和动产担保物权。不动产和动产是民法对物的基本分类。不能移动的有体物为不动产；不动产以外的有体物为动产。

不动产担保物权，是指设立于不动产或者不动产用益物权上的担保物权，例如不动产抵押权、建设用地使用权抵押权、海域使用权抵押权等。不动产担保物权原则上以登记为生效的条件。除非法律另有规定，未经登记，不动产担保物权不发生效力。经登记生效的不动产担保物权，对担保财产具有追及效力，不受担保财产所有权移转的影响。

动产担保物权，是指在动产上发生效力的担保物权，例如动产抵押权、船舶抵押权、动产质权、留置权等。准许设立担保物权的财产权，视其为动产，其地位与动产的地位相当，以之为标的而发生效力的担保物权，也属于动产担保物权。因动产种类的无限性和动产的流动性，动产担保物权的公示方法有交付（移转占有）和登记两种。原则上，动产质权以占有为其生效要件；动产抵押权以登记为其对抗要件。但法律另有规定的，依照其规定，如权利质权原则上以登记为其生效要件。

（三）非占有型担保物权和占有型担保物权

以是否移转担保财产的占有为标准，担保物权分为非占有型担保物权和占有型担保物权。

非占有型担保物权，通常对应登记担保物权，是指不以担保财产占有为生效要件的担保物权，例如抵押权。不以担保财产的占有为担保物权的生效要件，不影响担保财产的所有人（占有人）对担保财产的使用收益，充分利用担保财产的使用价值，有助于物尽其用原则的实现。非占有型担保物权以登记为合适且有效的公示方法。对非占有型担保物权而言，登记具有公信力。抵押权、权利质权为非占有型担保物权的典型形式。

占有型担保物权，通常对应非登记担保物权，是指以担保财产的占有为生效要件的担保物权，例如动产质权、留置权。占有本身就是一种公示方法，以占有公示担保物权的设立和存续，必定妨碍担保财产的使用收益，相当程度上限制了担保财产使用价值的发挥。占有型担保物权适宜价值不大、使用收益不显著的动产。动产质权和留置权，为占有型担保物权的典型。

（四）有体物担保物权和权利担保物权

以担保财产是否为有体物为标准，担保物权分为有体物担保物权和权利担保物权。

有体物担保物权，是指以有体物为担保财产设立的担保物权，例如建筑物抵押权、动产质权、留置权。有体物是占据一定空间而有形的财产，有不动产和动产。在此意义上，不动产担保物权与动产担保物权，均为有体物担保物权。

权利担保物权，是指以无形但具有交换价值的财产权为担保财产而设立的担保物权，例如土地使用权抵押权、权利质权。权利（财产权）是民法上的有体物的扩充。权利担保物权是对有体物担保物权的补充或发展；尤其在知识经济时代，权利担保物权对于促进物资和资本融通，实现担保物权对财产权的交换价值的再利用，具有更为积极的意义。

（五）留置型担保物权和优先清偿型担保物权

以担保财产交换价值的支配是否为担保物权的主要效力为标准，担保物权分为留置型担保物权和优先清偿型担保物权。

留置型担保物权，是指不以担保财产交换价值的支配作为担保物权的主要效力的担保物权，例如留置权。留置型担保物权不以支配担保财产的交换价值为主要效力，而是以占有担保财产并留置担保财产为其主要效力，通过留置担保财产迫使债务人履行义务。而且，被担保债权届清偿期未受清偿的，担保物权人在变价担保财产前，应当留置担保财产并催告债务人在合理期间内履行义务。留置型担保物权不仅限制担保财产的所有人对担保财产的使用收益，而且限制担保物权人变价担保财产以优先清偿债权，适用空间较小。留置型担保物权以留置权为典型。

优先清偿型担保物权，是指以支配担保财产的交换价值为主要效力的担保物权，例如抵押权。民法规定的质权，同时具有留置型担保物权和优先清偿型担保物权的特性，但仍偏向于优先清偿型担保物权。质权人有留置担保财产以间接强制债务人履行债务的权利，具有与留置权相同的效用，但其就担保财产优先受偿的效力与抵押权的效力相同。优先清偿型担保物权以支配担保财产交换价值为主要效力，不移转担保财产的占有，担保财产的所有人可以继续利用其使用价值，有助于实现“物有所值、物尽其用”的经营理念，具有十分广阔的适用领域。

（六）自物担保物权和他物担保物权

以担保人是否为债务人为标准，担保物权分为自物担保物权和他物担保物权。

自物担保物权，是指以债务人自己所有或有权处分的财产为担保财产而发生效力的担保物权。其典型代表为留置权。债务人以其财产为债权人设立的抵押权、质权，亦为自物担保物权。自物担保物权存在于债务人的财产上，而该财产仍旧为债务人的责任财产；但在担保人破产时，该担保财产为别除权的客体，不受债权人的公平分配。对同一债权既有人的担保又有物的担保的，债权人按照约定行使担保物权；没有约定或者约定不明的，债权人在对其他担保人主张权利前，应当先行使自物担保物权。

他物担保物权，是指以债务人以外的第三人（物上担保人）所有或有权处分的财产为担保财产而设立的担保物权，例如物上担保人以其特定财产为债权人设立的抵押权。债权人实现他物担保物权的，物上担保人有权向债务人（连带债务人）或其他担保人追偿。未经物上担保人的同意，债权人允许债务人转移全部或者部分债务的，物上担保人不再承担相应的责任。对同一债权既有人的担保又有物的担保的，债权人按照约定行使担保物权；没有约定或者约定不明的，债权人可选择行使他物担保物权。

第三百八十七条【担保物权的适用范围】

债权人在借贷、买卖等民事活动中，为保障实现其债权，需要担保的，可以依照本法和其他法律的规定设立担保物权。

第三人为债务人向债权人提供担保的，可以要求债务人提供反担保。反担保适用本法和其他法律的规定。

历史由来

依照《民法通则》第89条的规定，为担保债务的履行，当事人可以设立抵押权；为担保合同项下的金钱债务的履行，债权人可以留置其占有的债务人的财产。这就为我们提出一个问题，担保物权的适用场景如何？因有以上规定，似乎担保物权的适用场景受到了限制，如留置权只能适用于因合同而产生的金钱债权的担保；但抵押权则担保的是债务的履行，债务在民法通则的制度结构上，不以合同债务为限，还包括依照法律规定而产生的债务。

为担保债权的实现，《担保法》对担保方式作了列举式的规定，并开始限制各种担保方式的适用范围。《担保法》第2条规定："在借贷、买卖、货物运输、加工承揽等经济活动中，债权人需要以担保方式保障其债权实现的，可以依照本法规定设定担保。本法规定的担保方式为保证、抵押、质押、留置和定金。”显然，其中的担保物权只能适用于“借贷、买卖、货物运输、加工承揽等经济活动”，而不能适用于其他一般的民事活动。限制担保物权的适用范围，对于正常的交易秩序的维护有积极的意义，但并不符合社会公众所认为的担保工具应当按照当事人的需求加以利用的这种合理期待。

同时，《担保法》第4条规定：“第三人为债务人向债权人提供担保时，可以要求债务人提供反担保。反担保适用本法担保的规定。”依照该条的规定，反担保是对保证人或物上担保人提供的担保之担保。既然为担保之担保，那么《担保法》对担保的适用范围的限制，同样适用于反担保。

在《物权法》的起草过程中，《担保法》将担保物权的适用限定于“借贷、买卖、货物运输、加工承揽等经济活动”已不能适应社会经济生活的发展变化，担保物权的适用范围应当予以扩展，充分彰显担保物权担保债权实现的功能，并引导当事人在民事活动中积极利用担保物权。同时，注意到保证人和物上担保人利益的保护，也需要借助于担保物权等担保工具，对保证人和物上担保人要求债务人提供反担保的市场需求作出回应。以《担保法》第2条和第4条的规定为基础，并参考我国司法实务经验，借鉴比较法上的有益做法，《物权法》第171条规定：“债权人在借贷、买卖等民事活动中，为保障实现其债权，需要担保的，可以依照本法和其他法律的规定设立担保物权。第三人为债务人向债权人提供担保的，可以要求债务人提供反担保。反担保适用本法和其他法律的规定。”

《民法典物权编（草案）》（征求意见稿）第176条规定：“债权人在借贷、买卖等民事活动中，为保障实现其债权，需要担保的，可以依照本法和其他法律的规定设立担保物权。第三人为债务人向债权人提供担保的，可以要求债务人提供反担保。反担保适用本法和其他法律的规定。”其后，《民法典各分编（草案）》第178条、《民法典物权编（草案）》（二审稿）第178条和《民法典（草案）》第387条作了相同的规定。

本条是对《物权法》第171条的继承，内容未有任何变化。

规范目的或功能

为合理引导当事人利用担保物权，本条规定了当事人在民事活动中有权设立担保物权。当事人设立担保物权的，应当依照本法的规定选择适宜的担保物权形式，如抵押权或质权，不能超出本法规定的范围设立担保物权。其他法律规定有不同于本法规定的担保物权的，当事人在民事活动中亦可采用。

为保护物上担保人或者保证人的利益，以维护其提供担保的利益免受损害，若其要求债务人提供反担保的，债务人可以依照本法或者其他法律的规定，以自己的财产或者请求他人为担保人提供反担保，物上担保人或保证人因反担保而取得之担保物权，受本法以及其他法律的规范。

规范内容

一、因民事活动产生的债权

因民事活动产生的债权，是指民事主体因合同、不当得利、无因管理、权利受侵害或者法律的规定而取得或者享有的债权。不论债权发生的原因，只要当事人有保障其债权实现的需要，即可依照本法和其他法律的规定设立担保物权。

依照本条，担保物权的适用范围不限于“在借贷、买卖等民事活动中”发生的债权债务关系。“借贷、买卖等”用语，不具有限定担保物权适用于民事活动范围的意义，仅有引导当事人在利用担保物权时合理判断是否有必要设立担保物权的作用。例如，因为国家机关的行政行为与当事人之间形成的法律关系中，不得适用本法规定的担保物权。显然，本条规定的担保物权的适用范围，与《担保法》第2条第1款规定的借款、买卖、货物运输、加工承揽等“经济活动”相比，已经有重大的突破，这应当归功于《物权法》第171条第1款的规定。本条规定的担保物权的适用范围，几乎没有什么限制，不仅可以适用于经济活动，而且已经扩展适用于能够产生债权债务关系的所有民事活动。

依照本条第1款的规定，债权人需要担保的，可以依照本法和其他法律的规定设立担保物权。本法规定可以设立的担保物权，有抵押权和质权两种；其他法律则是本法以外的民商事单行法规定的担保物权，如《海商法》规定的船舶抵押权、《民用航空法》规定的民用航空器抵押权等。就担保物权的设立而言，其他法律有规定的，先适用其他法律的规定；其他法律无相应规定的，适用本法的规定。

二、反担保

反担保，又称求偿担保，是指债务人或第三人为主债务的保证人或物上担保人提供的担保。当主债务的担保人是债务人以外的第三人（保证人或物上担保人）时，债务人不履行到期债务的，保证人应依照约定或者法律的规定承担保证责任，物上担保人提供担保的财产因债权人行使担保物权而被用于清偿债权，债权人的债权因为保证责任的承担或者担保财产的优先受偿，相应转移给担保人，担保人由此取得向债务人追偿的权利（代位权或求偿权）。担保人向债务人的追偿权，为普通债权，与债务人的其他债权人的地位平等，以债务人的所有无担保负担的财产为责任财产；若债务人的责任财产不足以清偿担保人的追偿权的，担保人的追偿权就不能实现，从而面临债权实现不能的风险。担保人为避免或者防止其对债务人的追偿权实现不能的风险，可以要求债务人提供反担保。在这个意义上，反担保即为担保的担保。在担保的制度结构下，反担保与担保并无性质上的不同，仅仅是担保目的或担保的债权不同而已。故反担保可以是物的担保（抵押权或质权），也可以是人的担保（保证）。但本条规定的反担保，以物的担保为限。

反担保的当事人为反担保人与担保人。反担保人可以是债务人，也可以是债务人以外的第三人。原则上，反担保以担保的存在为前提条件，担保不存在的，反担保亦不存在。严格地说，反担保从属于担保人向债务人的追偿权。担保人的追偿权有效存在，反担保始得成立；担保人的追偿权移转以及消灭的，反担保随之移转或者消灭，但是当事人在反担保合同中另有约定的，依照其约定。有一种说法值得注意，只有担保人承担担保责任，反担保才能发生效力，否则反担保也不能生效，从这个意义上说，反担保是一种附延缓条件的担保。[①]笔者认为，这个说法是不正确的。反担保的生效与担保人是否已经承担担保责任无关，仅与担保人有无向债务人追偿的权利有关；担保人

---

① 郭明瑞：《物权法通论》，商务印书馆2019年版，第254页。

依照担保关系（人的担保或物的担保）有向债务人追偿的权利，即可要求债务人提供反担保，至于担保人是否已经承担担保责任，或者说担保人的将来追偿权是否已经转变为现实的追偿权，在所不问。这就是说，只要担保人依照担保关系对债务人有追偿权，追偿权发生的基础关系已经有效存在，即可以约定反担保。

依照本条第1款的规定，担保物权的适用范围已经不再受限制，当事人可以依照本法或者其他法律的规定，为实现债权而设立担保物权。相应地，本条第2款所称“反担保”应当与第1款规定的“担保物权的适用范围”保持逻辑上的贯通，提供反担保亦应当依照本法或者其他法律的规定：在借贷、买卖等民事活动中，为保障物上担保人或保证人向债务人的追偿权，需要反担保的，可以依照本法或者其他法律的规定设立担保物权。此外，考虑到本条第2款在本法中的位置，反担保关系的发生应当与担保物权的设立有关，不宜超出本条的制度结构范围讨论反担保。本条属于本法第四分编担保物权第十六章一般规定，故本条所称“反担保”不应当超出担保物权的范畴进行讨论，反担保的适用仅以抵押权或者质权的设立为限。这就是说，以抵押权或者质权为保证人或物上担保人提供反担保的，应当遵守“本法和其他法律的规定”。在这个意义上，本条所称“本法”应当限缩其含义而解释为“本分编”，即本法第四分编担保物权。

其他问题

担保物权的设立（包括反担保的担保物权的设立）为法律行为，而法律行为的基础为意思自治。故有无必要设立担保物权以及如何适用反担保，均属于权利人的意思自治所要面对的事项，除非其行为违反法律、行政法规的强制性规定或者有违公序良俗，否则法律不加以干涉。因此，担保物权的适用范围问题以及反担保问题，本法可以不作规定。但由于历史的原因，担保物权在我国的发展呈现出逐步放开的态势，自《担保法》到《物权法》，都有规定担保物权的适用范围的举措。因为立法的惯性，本法对担保物权的适用范围以及反担保专门作出规定，也是可以理解的。

但是，立法技术上的科学性必须引起重视，这涉及担保物权的规范解释。

众所周知,《担保法》秉承“物权和债权不分”的思考路径，将债权规范和物权规范“合并”在一部法律中，并抽象出“一般规定”来统领债权规范和物权规范。其中就有“在借贷、买卖、货物运输、加工承揽等经济活动中，债权人需要以担保方式保障其债权实现的，可以依照本法规定设定担保。本法规定的担保方式为保证、抵押、质押、留置和定金”。“第三人为债务人向债权人提供担保时，可以要求债务人提供反担保”。很显然，担保不限于担保物权，还有保证和定金，将这些担保方式限定于特定的“经济活动”中，在当时的经济环境下是可以理解的，反担保的问题也是一样的。在规范供给严重缺乏的情形下，立法时“不区分物权规范和债权规范”是有实践基础的，是以解决社会生活秩序中有需求的基本相同的问题为立法的目标。《担保法》将担保物权和保证、定金作统一规定，不仅有助于解决规范供给不足的问题，而且也有助于解决涉及担保事项的法律制度构造的体系化问题，为我国担保制度的发展打开空间。前述《担保法》第2条和第4条的规定，毫无疑问具有一定的实践引导价值。事实上也是如此，自《担保法》后，我国的担保物权制度才开始迈上一个新台阶。

《物权法》的制定是要构造具有中国特色的物权制度体系，立足点是对涉及物权关系的社会生活秩序予以体系化的规范。由此，“物权和债权的区分”就成为《物权法》的规范构造以及规范文本选择的出发点。尤其是,《物权法》第15条首次在我国提出并确立了“区分原则”，即“当事人之间订立有关设立、变更、转让和消灭不动产物权的合同，除法律另有规定或者合同另有约定外，自合同成立时生效；未办理物权登记的，不影响合同效力”。但是，即使有了这样的原则，立法者在具体落实此原则时仍然有所“懈怠”。

在担保物权的制度构造上，因为《担保法》的影响太大，立法者受此局限而未能在立法技术上实现“物权规范和债权规范的区分”，未能在规范选择上脱离《担保法》已经形成的“物权和债权不分”的制度逻辑和结构，而是继续秉承《担保法》已有的规范选择路径，将《担保法》第2条、第4条以及第5条的规定不作实质性调整，就全部写进了《物权法》第十五章“一般规定”。因有《担保法》的经验在先,《物权法》制定时的争议重点不在担保物权制度。2007年，学术界对担保物权制度的理论认识尚未深刻，又过度依赖《担保法》的经验积累，《物权法》所表达的担保物权的制度构造的形式和内容相对简陋，担保物权制度的体系性和技术性过于粗糙，从而掩盖了《物权法》中有关担保物权制度存在的不讲科学性的“先天不足”。[①]《物权法》第171条在引入《担保法》第2条和第4条的规定时，应当考虑对这些相关规范的适用场景作出区分，只能将涉及担保物权的事项引入，而不能不加区分地将不涉及担保物权的债权规范也写进《物权法》。《物权法》第171条第1款作为引导性的规范，已经限定了担保物权的适用，不会引起什么问题；但第2款规定的反担保，就不是这样简单了。反担保适用《物权法》自限于担保物权，没有什么疑问；但是“适用其他法律的规定”，马上就会产生问题，至少《担保法》尚在有效中，该条款所称“反担保”是否包括《担保法》规定的保证担保？在担保物权的制度逻辑和结构中，是没有必要去讨论“保证担保”的。这在理论和实务上会引起解释的混乱。《担保法解释》第2条规定，反担保方式可以是债务人提供的抵押或者质押，也可以是其他人提供的保证、抵押或者质押。对此，学者有不同的观点。第一种观点认为反担保方式同样为保证、抵押、质押、留置和定金；第二种观点认为，反担保的方式只能是抵押、质押和定金；第三种观点认为，反担保的方式可以是保证、抵押和质押三种。争论的焦点其中在留置权、定金和保证可否为反担保方式。一般认为留置权不能成为反担保的方式，因为留置权为法定担保物权，符合法定条件时才能成立；定金也不能成为反担保的方式，因为定金是由当事人约定的担保双方债务的。[②]《物权法》第171条第2款的规定，给担保物权的规范解释和适用带来不少麻烦。

《民法典物权编（草案）》（征求意见稿）第176条规定：“债权人在借贷、买卖等民事活动中，为保障实现其债权，需要担保的，可以依照本法和其他法律的规定设立担保物权。第三人为债务人向债权人提供担保的，可以要求债务人提供反担保。反担保适用本法和其他法律的规定。”其后，《民法典各分编（草案）》第178条、《民法典物权编（草案）》（二审稿）第178条以及《民

---

① 邹海林：《论〈民法典各分编（草案）〉“担保物权”的制度完善——以〈民法典各分编（草案）〉第一编物权为分析对象》，载《比较法研究》2019年第2期。

② 郭明瑞：《物权法通论》，商务印书馆2019年版，第255页。

法典（草案）》第387条作了相同的规定。如此高度一致的法律条文，几乎没有引起什么争议，因为该条文来自《物权法》第171条。

依照本条，已如前述，有必要将“反担保”解释为通过设立担保物权的方式为保证人或者物上担保人提供反担保。但本条规定“反担保适用本法和其他法律的规定”，尤其是对“本法”的解释，自应当与《担保法》第4条和《物权法》第171条有所不同。本条所称“本法”相比于《物权法》已有规范逻辑、结构和体系的重大差别，在财产关系方面，更有超出物权关系的债权关系，那么“本法”规定的担保物权以及“本法”规定的其他担保方式，如保证、定金是否亦有适用？显然，本条的规定不仅未能全面落实本法第二编“物权”规定的“区分原则”，而且不适当地将债权规范引入本法第二编。具体而言，在解释和适用本条第2款时，应当以“区分原则”为基础，将有关合同的法律事实剔除于本条规定的反担保，将反担保方式限定于物的担保，即通过设立抵押权或者质权提供反担保；以其他方式提供反担保的，与本条无关，不适用本条。

第三百八十八条【担保合同】

设立担保物权，应当依照本法和其他法律的规定订立担保合同。担保合同包括抵押合同、质押合同和其他具有担保功能的合同。担保合同是主债权债务合同的从合同。主债权债务合同无效的，担保合同无效，但是法律另有规定的除外。

担保合同被确认无效后，债务人、担保人、债权人有过错的，应当根据其过错各自承担相应的民事责任。

历史由来

依照《民法通则》第89条的规定，当事人可以“约定”采用抵押的方式担保债务的履行。虽未使用“抵押合同”这一术语，但“约定”的法律意义与“合同”相同。为定分止争，《民法通则意见》第112条规定，“债务人或者第三人向债权人提供抵押物时，应当订立书面合同或者在原债权文书中写明。没有书面合同，但有其他证据证明抵押物或者其权利证书已交给抵押权人的，可以认定抵押关系成立”。于是，通过抵押合同设立抵押权就成了实践经验的总结。

为健全担保制度体系，《担保法》首次引入“担保合同”这一概念，并将之规定于“一般规定”，适用于人的担保和物的担保。《担保法》第5条规定：“担保合同是主合同的从合同，主合同无效，担保合同无效。担保合同另有约定的，按照约定。担保合同被确认无效后，债务人、担保人、债权人有过错的，应当根据其过错各自承担相应的民事责任。”基于上述规定，担保合同似乎与担保物权的设立没有直接的关系；但在当时，我国立法并不严格区分“债权规范”和“物权规范”，更无设立担保物权的合同与担保物权的设立相区分的原则，甚至将担保合同的生效与担保物权的生效作为相同的法律事实对待。《担保法》第5条就成为解释和适用抵押权和质权制度的基础性规范。

《物权法》在制定时，吸收了《担保法》第5条的规定。理由较为简单：担保物权的重要特点是附随于主债权债务关系，没有主债权债务关系的存在，担保关系也就没有存在以及实现的可能和价值；体现主债权债务关系的是主债权债务合同，体现担保关系的主要是担保合同，担保合同应当以主债权债务关系的存在为前提，因此担保合同是主债权债务关系的从合同。[①]以上理解是以不区分担保物权和担保合同在性质上的差异为条件的。《物权法》第172条规定：“设立担保物权，应当依照本法和其他法律的规定订立担保合同。担保合同是主债权债务合同的从合同。主债权债务合同无效，担保合同无效，但法律另有规定的除外。担保合同被确认无效后，债务人、担保人、债权人有过错的，应当根据其过错各自承担相应的民事责任。”这一条文除增加了“设立担保物权，应当依照本法和其他法律的规定订立担保合同”的内容外，基本吸收了《担保法》第5条的规定，仅在用语上作了一些修改，例如将“主合同”修改为“主债权债务合同”。

《民法典物权编（草案）》（征求意见稿）第177条规定：“设立担保物权，应当依照本法和其他法律的规定订立担保合同。担保合同是主债权债务合同的从合同。主债权债务合同无效，担保合同无效，但法律另有规定的除外。

---

① 全国人民代表大会常务委员会法制工作委员会编：《中华人民共和国物权法释义》，法律出版社2007年版，第370页。

担保合同被确认无效后，债务人、担保人、债权人有过错的，应当根据其过错各自承担相应的民事责任。”《民法典各分编（草案）》第179条作了相同的规定。

《民法典物权编（草案）》（二审稿）第179条规定：“设立担保物权，应当依照本法和其他法律的规定订立担保合同。担保合同是主债权债务合同的从合同。主债权债务合同无效，担保合同无效，但是法律另有规定的除外。担保合同被确认无效后，债务人、担保人、债权人有过错的，应当根据其过错各自承担相应的民事责任。”该条第1款在“但书”部分将“但”修改为“但是”，内容未有任何变化。

《民法典（草案）》第388条规定：“设立担保物权，应当依照本法和其他法律的规定订立担保合同。担保合同是主债权债务合同的从合同。主债权债务合同无效，担保合同无效，但是法律另有规定的除外。担保合同被确认无效后，债务人、担保人、债权人有过错的，应当根据其过错各自承担相应的民事责任。”为了扩大担保合同的范围，最终通过的《民法典》第388条在《民法典物权编（草案）》（二审稿）第179条的基础上，增加规定“担保合同包括抵押合同、质押合同和其他具有担保功能的合同”。

本条是对《物权法》第172条的继承，但作了相应的修改补充。

规范目的或功能

除法定担保物权外，其他担保物权都是依照当事人的意思设立的。当事人设立担保物权的意思表示，即设立担保物权的原因行为。对此，法律应当有明确的规定。本条规定“设立担保物权，应当依照本法和其他法律的规定订立担保合同”，就是一个较为明智的选择。同时，担保物权具有从属性，如何体现从属性，似乎可以在担保合同与主债权债务合同的从属关系中找寻到答案；而且，担保合同无效的，对于担保物权会有怎样的影响，法律亦应当作出规定。这就是说，如何设立担保物权以及因为担保物权的设立行为而发生的权利义务关系，本条应当有具体的规定。

规范内容

一、担保物权的设立

担保物权的设立，是指在担保财产上基于法律行为创设一个原先并不存在的担保物权。依照本条，当事人设立担保物权的，应当依照本法或其他法律的规定订立担保合同。担保合同的订立，为设立担保物权的一个条件；未依照本法或其他法律的规定订立担保合同的，不发生担保物权的设立问题。设立担保物权的行为，仅限于订立担保合同，当事人不得以担保合同以外的其他法律行为设立担保物权。

依法理，担保物权可以依照法律的规定而取得，亦可以依照法律行为而取得。依照法律规定而取得的担保物权，为法定担保物权。法定担保物权，仅限于法律规定之个别情形，非有法律的明文规定，不得发生。再者，法定担保物权依照法律规定而当然发生，不以登记公示为其生效要件或者对抗要件。在我国，不以当事人的设立行为为条件而依照法律规定取得的担保物权，有留置权和建设工程价款优先受偿权，二者均为直接依据法律规定取得的法定担保物权。依照法律行为而取得的担保物权，为意定担保物权。民法上的担保物权，一般为意定担保物权，因当事人设立担保物权的合意并经设立公示而发生效力。意定担保物权为权利人取得担保物权的常态。

担保合同的订立，只是设立担保物权的一个法律行为，只解决了设立担保物权的基础法律关系，即原因行为，仅提供了当事人之间设立担保物权的基础或依据，与担保物权的设立是否发生物权效力没有直接的关联。担保物权的设立，是在担保财产上创设一个新的物权，属于物权的变动，应有法律规定的足以引起物权变动的法律事实存在。在这里要指出的是，担保合同的订立，并非足以引起物权变动的法律事实。

二、担保合同

（一）担保合同的意义

担保合同是担保人和债权人以设立担保物权为目的而约定其相互间权利

义务关系的协议。担保合同的当事人为担保人和被担保债权的债权人。担保人，可以为被担保债权的债务人，也可以是债务人以外的第三人，即物上担保人。担保合同为设立担保物权的原因行为。

（二）担保合同的种类

依照本条，担保合同包括抵押合同、质押合同以及其他具有担保功能的合同。抵押合同是当事人以设立抵押权为内容而订立的合同，质押合同是当事人以设立质权为内容而订立的合同，这两个合同相应指向本法规定的抵押权和质权。其他具有担保功能的合同，不以指向本法规定的担保物权为内容，而是一种表达具有担保功能的合同之代称，如融资租赁合同、保理合同、所有权保留的合同等。这些合同被具体规定在本法的合同编。

（三）担保合同的形式

担保合同应当采用书面形式。在这个意义上，担保合同是否为要式行为，值得讨论。依照法律规定或者当事人的约定，担保合同的形式构成担保合同的成立或生效要件的，则担保合同为要式行为。比较法上有要求抵押行为必须是经过公证的书面形式的规定。例如，《法国民法典》第2127条规定："协议抵押权，仅得在公证人二人或在公证人一人和证人二人面前，以公证形式作成的证书始得设定。"《意大利民法典》第2821条第1款规定："抵押权亦得通过单方的意思表示而设定。抵押权的设定应当通过公证书（参阅第2699条）或者私证书的形式进行，否则无效。"依照法律的规定或者当事人的约定，若无担保合同采取要式行为的要求，则担保合同为非要式行为。在我国，担保合同为非要式行为。

根据《担保法》第38条和第41条的规定，抵押合同应当采用书面形式，并应依法办理抵押物登记，抵押人和抵押权人订立的抵押合同自登记之日起生效。针对上述规定进行文义解释，书面形式和登记并未指向设立抵押权的生效要件（物权变动的生效要件），而仅仅是抵押合同生效的形式要件。[①]在此制度逻辑下，担保合同似乎为要式行为。但其后的立法政策有所转变，尤

① 邹海林、常敏：《债权担保的方式和应用》，法律出版社1998年版，第123页。

其是《物权法》第15条采取“区分原则”后，已经不再要求担保合同的登记生效。因此，担保合同的书面形式不是担保合同的要式行为，仅是记载当事人设立担保物权的意思的载体。[①]

这里要注意的是，《民法典》第441条、第443条、第444条和第445条是在《物权法》第224条、第226条、第227条和第228条的基础上形成的条文，均删除了《物权法》前述条文中的“当事人应当订立书面合同”的表述。这样的变化并不表明当事人设立权利质权时不再需要订立书面的质押合同，仅仅是立法技术上的一个科学安排。因为有本条的规定，当事人设立权利质权时，应当订立质押合同；更因为有《民法典》第427条和第446条的规定，当事人设立权利质权时，应当采用书面形式订立质押合同。

设立担保物权，当事人采用书面形式订立担保合同的，其形式不以独立于被担保债权的合同而另行订立的担保合同或协议为必要，在被担保债权的合同中约定设立担保物权的条款的，亦发生担保合同的效力。

（四）担保合同的内容

担保合同应当记载法律规定的必要内容。一般而言，担保合同应当包括以下内容：（1）被担保债权的种类、数额；（2）债务人履行债务的期限；（3）担保财产的名称、数量等情况；（4）担保的范围；（5）担保物权的公示方式、时间等事项；（6）当事人认为需要约定的其他事项。担保合同所记载的内容不符合法律规定的要求的，当事人应当予以补正。当事人未予以补正的，经对其合同内容进行解释或推断不足以支持担保合同的成立或生效的，担保合同不生效力。例如，担保合同对被担保的主债权种类、担保财产没有约定或者约定不明，根据主合同和担保合同不能补正或者无法推定的，担保合同不成立。[②]

依照意思自治原则，当事人在担保合同中约定“担保期限”的，应当如何认定？以合同为代表的法律行为均有存续期间的约定，如保证合同约定有保证期间，受此影响，担保合同中往往约定有担保期间，如抵押合同约定的

---

① 《民法典》第400条第1款和第427条第1款。

② 《担保法解释》第56条第1款。

抵押期间。合同约定的担保期间在法律上的意义如何？理论上，担保期间的约定并非担保合同的必要内容，但当事人有此要求的，依照意思自治的原则，当事人可以约定担保期间。有学者认为，抵押人和抵押权人约定抵押期间，因为符合意思自治的原则，其效力应当予以肯定。①但是，担保物权并无存续期间的制度安排，②依照物权法定主义和区分原则，合同约定的担保期间对担保物权的存续与否不产生影响，即担保合同约定的担保期间不构成担保物权的生效或消灭的原因。依照物权制度的逻辑，物权法定主义严格地限制着当事人的意思自治；法律没有规定当事人“不得为”的事项，并不表明当事人就可以为。因此，担保物权人和担保人约定担保期间的，其约定有违物权法定主义的理念和制度结构，不具有引起物权变动的效力。即使担保合同明确约定有担保物权的存续期间，其约定对担保物权的存续也不发生效力。③

（五）担保合同的成立与生效

除合同另有约定外，当事人以书面形式订立担保合同的，自当事人均签字、盖章或者按指印时，担保合同成立并生效。担保合同自成立时生效，对当事人双方具有法律上的约束力。担保人应当依照合同的约定，提供担保财产并按照法律规定办理担保财产的设立公示；合同约定向债权人交付担保财产的，担保人应当按照约定的时间和方式交付担保财产；合同约定办理担保财产的担保物权设立登记的，担保人应当依照合同的约定办理或者协助债权人办理担保物权的设立登记。相应地，债权人有权利要求担保人按照担保合同的约定履行其相应的设立担保物权的义务。

应当注意，担保合同的生效与否，与其是否符合《民法典》规定的合同成立与生效的要件相关。例如，债务人有多个债权人时，与其中一个债权人恶意串通，将其全部财产抵押给其中一个债权人，因此丧失履行其他债务的

---

① 唐德华等编著：《最新担保法条文释义》，人民法院出版社1995年版，第102页。

② 最高额抵押权有类似的债权确定期间，应当是个例外。

③ 《担保法解释》第12条第1款。

能力，损害其他债权人的合法权益，该抵押行为不生效力。[①]担保合同无效或者被撤销，担保物权的设立根据丧失，基于该担保合同设立的担保物权，应当无效或者被撤销。

三、担保合同的从属性

依照本条，担保合同是被担保债权发生根据的主合同的从合同。主合同又被称为“主债权债务合同”。担保合同的从属性，是指担保合同从属于主合同。担保合同不能脱离主合同而独立存在，其成立或生效、移转以及消灭从属于主合同。担保合同以主合同的有效存在为前提，没有主合同的有效存在，担保合同就没有成立和生效的基础。主合同发生变更或者消灭的，担保合同亦随主合同的变更或者消灭而相应发生变更或消灭。从合同与主合同的关系，原本属于债权规范，宜由本法“合同编”调整和规范。

本条规定的担保合同的从属性，在理论和司法实务上经常被作为担保物权的从属性的解释依据。因有《物权法》第172条第1款的规定，不少学者认为，该条款是关于担保物权从属性的规定。[②]担保物权的从属性，是指担保物权从属于被担保的债权。担保物权以被担保的债权之存在为前提，债权不存在或者不能确定的，不能设立担保物权；因被担保债权的移转或者消灭，已经设立的担保物权随之移转或者消灭。具体而言，担保物权的从属性又分为担保物权设立的从属性、移转的从属性和消灭的从属性。

依照本条，主合同与担保合同为主从关系，主合同无效的，担保合同亦无效。但是，法律另有规定的除外。法律另有规定的情形，主要是指本法规定的最高额抵押合同或者最高额质押合同，这两种担保合同不受被担保债权

① 《最高人民法院关于债务人有多个债权人而将其全部财产抵押给其中一个债权人是否有效问题的批复》（1994年3月26日，已于2019年被废止）；另，《担保法解释》第69条将此类抵押行为解释为可撤销的行为，是否适当，值得讨论。

② 王利明主编：《物权法名家讲坛》，中国人民大学出版社2008年版，第359页；梁慧星、陈华彬：《物权法》（第六版），法律出版社2016年版，第268页；崔建远：《物权法》（第四版），中国人民大学出版社2017年版，第418页；高圣平：《论担保物权“一般规定”的修改》，载《现代法学》2017年第6期。

债务合同的效力的影响。[①]再者，若法律承认当事人可以另行约定担保合同的独立性的，按照其约定，担保合同不因主合同的无效而无效；主合同无效的，担保合同为独立的合同，可以继续担保当事人因主合同无效而发生的缔约过失责任。[②]

四、担保合同的无效

依照本条，担保合同的无效有两种情况。其一为担保合同因主合同无效而无效。其二为担保合同因为欠缺法律规定的生效要件而无效。担保合同因为主合同无效而无效的，当事人以无效的担保合同设立的担保物权，其继续保有效力没有法律上的根据，亦构成无效。再者，担保合同因欠缺生效要件而无效的，当事人因该无效担保合同设立的担保物权，亦无效。

除上述以外，担保合同无效的，如何分担债务人、担保人和债权人相互间的责任？本条规定依照其各自的过错承担相应的民事责任。一般而言，担保合同因主合同无效而无效的，担保人对担保合同的无效没有过错的，不承担民事责任；担保人有过错的，担保人承担民事责任的部分，不应超过债务人不能清偿部分的三分之一。[③]同理，担保合同因欠缺生效要件而无效的，担保人对其无效之发生没有过错的，亦不承担民事责任。但是，只要债权人无过错，担保人与债务人对主合同债权人的经济损失，承担连带赔偿责任；债权人、担保人有过错的，担保人承担民事责任的部分，不应超过债务人不能清偿部分的二分之一。[④]

其他问题

本条是最值得讨论的一个条款。担保物权的设立应当依照本法或者其他法律规定订立担保合同。这是物权法定主义对担保物权的设立之条件性规定，

① 全国人民代表大会常务委员会法制工作委员会编：《中华人民共和国物权法释义》，法律出版社2007年版，第371页。

② 郭明瑞：《物权法通论》，商务印书馆2019年版，第256页。

③ 《担保法解释》第8条。

④ 《担保法解释》第7条。

不持疑义。但是，对于本条应当如何对待担保合同的生效、无效以及担保合同约定的当事人的责任，应当以担保物权的制度逻辑和结构为基础作出审慎的判断。对于《物权法》中的某些习以为常的法律规定是否适合继续规定在本法的担保物权部分，应当坚持规范选择的科学性。担保合同的从属性问题、无效以及合同无效的民事责任分配，与担保物权原本没有什么关系，如果我们能够很好地理解和运用本法坚持并重申的物权变动的“区分原则”，本条有关担保合同的相应规定至少应当修改其部分内容，而不是简单继承《物权法》第172条已有的规定。

在《担保法》时代，因秉承“物权和债权不分”的思考路径，将担保合同的从属性以及与担保合同的从属性有关的事项作为“一般规定”，来统领人的担保和物的担保。《担保法》第5条的规定与抵押权和质权的关联性不大，但至少与抵押合同或质押合同有关，作统一规定似乎也是一种合理的选择。

《物权法》的制定是要构造具有中国特色的物权制度体系，立足点是对涉及物权关系的社会生活秩序予以体系化的规范。尤其是《物权法》第15条首次在我国提出并确立了“区分原则”。但在担保物权的制度构造上，因为《担保法》的影响太大，立法者受此局限而未能在立法技术上脱离《担保法》已经形成的“物权和债权不分”的制度逻辑和结构，而是继续秉承《担保法》已有的规范选择路径，将《担保法》第5条的规定不作实质性调整，就全部写进了《物权法》第十五章“一般规定”。有学者认为，“设立担保物权的总则必须谨慎，如若不慎，则易抹杀各类担保物权的差异，甚至出现错误的规定”[①]。《物权法》第172条不是（担保）物权制度的固有内容，却被表述为担保物权的一般规定。而真正应当规定的担保物权的从属性问题，《物权法》第十五章“一般规定”却只字未提。担保合同的从属性以及担保合同无效的法律责任承担，均为债权规范，因有“区分原则”，而与担保物权的变动分属不同的法律事实，自然不应当作为担保物权的一般规定。这就是说，《物权法》第172条的规定，总体上不符合物权制度的逻辑和体系，亦会引起我国担保物权的规范解释和适用的困惑。担保合同的从属性和担保合同无效的民事责任

---

① 程啸：《〈民法典〉物权编担保物权制度的完善》，载《比较法研究》2018年第2期。

承担问题，作为担保物权的一般规定被写进《物权法》，却未引起学术和司法实务界的重视，学术和司法实务界对此保持了长久的沉默。[①]但这不是本条继续规定担保合同的从属性以及担保合同无效的民事责任承担的理由。

要特别指出的是，因担保合同的无效而产生的民事责任，已经并应由本法第一编“总则”及第三编“合同”予以调整和规范；与其最为接近的规范文本表达，当属本法第682条关于保证合同的从属性及其无效的民事责任。本条出现的“物债”不分的表述，使用了与本法第682条几乎相同的表达，并不涉及担保物权的设立及其效力。总体而言，本条规定的担保合同的从属性以及担保合同无效的民事责任，因存在“物债”不分的理论错位以及制度错配，违反担保物权的逻辑和制度体系，在解释和适用时应当予以高度重视，至少不能作为解释和适用担保物权关系的依据。因此，在担保物权的制度体系内，在解释担保物权的从属性时，不宜再以本条作为法律依据。

第三百八十九条【担保物权的担保范围】

担保物权的担保范围包括主债权及其利息、违约金、损害赔偿金、保管担保财产和实现担保物权的费用。当事人另有约定的，按照其约定。

历史由来

担保范围是受担保物权担保的债权范围。《民法通则》第89条规定了抵押权和留置权，但未就抵押权和留置权担保的债权范围作出规定。

《担保法》首次对抵押权、质权和留置权的担保范围予以明确，并分别逐条规定。《担保法》第46条规定：“抵押担保的范围包括主债权及利息、违约金、损害赔偿金和实现抵押权的费用。抵押合同另有约定的，按照约定。”第67条规定：“质押担保的范围包括主债权及利息、违约金、损害赔偿金、质物保管费用和实现质权的费用。质押合同另有约定的，按照约定。”第83条规定：

---

① 邹海林：《论〈民法典各分编（草案）〉“担保物权”的制度完善——以〈民法典各分编（草案）〉第一编物权为分析对象》，载《比较法研究》2019年第2期。

“留置担保的范围包括主债权及利息、违约金、损害赔偿金、留置物保管费用和实现留置权的费用。”据以上规定，抵押权、质权和留置权的担保范围具有以下两个特点：其一，主债权及利息、违约金、损害赔偿金和实现担保物权的费用，均属于担保物权的担保范围；差异仅在于，占有型担保物权（质权和留置权）的担保财产“保管费用”属于担保物权的担保范围，而抵押权无此项费用。其二，尊重当事人的意思自治，当事人对担保物权的担保范围另有约定的，按照约定。

《物权法》制定时，已经将担保物权作为抵押权、质权和留置权的上位权利使用，并设第四编担保物权以进一步完善我国的担保物权制度。《担保法》的上述规定已经具备作出统一规定的条件，并应当作为担保物权的一般规定。《物权法》第173条规定：“担保物权的担保范围包括主债权及其利息、违约金、损害赔偿金、保管担保财产和实现担保物权的费用。当事人另有约定的，按照约定。”

以《物权法》第173条的规定为基础，《民法典物权编（草案）》（征求意见稿）第178条规定：“担保物权的担保范围包括主债权及其利息、违约金、损害赔偿金、保管担保财产和实现担保物权的费用。当事人另有约定的，按照约定。”其后，《民法典各分编（草案）》第180条、《民法典物权编（草案）》（二审稿）第180条作了相同的规定。《民法典（草案）》第389条规定：“担保物权的担保范围包括主债权及其利息、违约金、损害赔偿金、保管担保财产和实现担保物权的费用。当事人另有约定的，按照其约定。”其中，仅将“按照约定”修改为“按照其约定”。

本条是对《物权法》第173条的继承，内容未有实质变化。

规范目的或功能

担保物权的担保范围，旨在赋予被担保债权的优先受偿地位，突破了债权受偿的平等原则。[①]基于物的担保，债权人可以直接支配担保人用作担保的特定财产；债务人未清偿被担保债权时，债权人可以变价担保财产并

① 《民法通则意见》第116条。

优先于其他债权人受偿，故物的担保不仅增强了债权实现的程度，而且弥补了债权对债务人的财产没有追及力的缺陷，使得债权物权化。[①]因此，担保物权不仅具有支配担保财产的交换价值的优先效力，而且具有被担保债权的优先受偿效力。担保物权以担保财产的变价款担保债权的优先受偿，在破产程序中亦不受影响。因此，担保物权的担保范围如何，直接影响债权人对担保财产的支配强度，影响对担保财产有利害关系人的其他人的利益，应当由法律予以规定。为此，本条对担保物权的担保范围作出了原则性规定。

规范内容

担保物权的担保范围，即受担保物权担保的债权范围。一般而言，担保范围与被担保债权同义，被担保债权可以是主债权，亦可为主债权及其利息，还可以包括违约金、损害赔偿金等。以上各项可否属于被担保债权，首先取决于担保人和债权人的约定。

一、主债权及其利息

主债权为被担保债权的，原则上限于金钱债权。但非金钱的债权，例如，以具有财产上的价值的物品所表现的实物债权，或者以作为或不作为表现的劳务债权，也可以作为主债权。担保合同约定的主债权，仅以债权本身及其原本金额为限，至于债权发生的原因，在所不问。主债权以其现实存在为必要，其请求权时效是否已经完成，在所不问。主债权仅以有担保的需求为必要，至于该债权是否已有人对其提供担保（人的担保或物的担保），在所不问。当事人在担保合同中对主债权以发生原因或种类、金额以及清偿期予以限定的，依照其限定确定主债权。

担保物权的优先清偿效力，源自担保物权的设立公示。担保物权的优先清偿效力是否及于主债权，不取决于当事人的意思自治（合同约定），而取决于担保物权的设立公示。担保物权的设立公示有交付和登记两种不同的方式。

---

① 邹海林、常敏：《债权担保的方式和应用》，法律出版社1998年版，第69—70页。

经登记生效或产生对抗效力的担保物权，主债权有登记的必要。在此情形下，在办理担保物权的设立登记时，应当登记其主债权及其金额；担保物权的优先受偿效力及于经登记的主债权。

主债权的利息，又称约定利息或利息债权，是指主债权为金钱债权（本金）时，依照约定所产生的孳息收益。主债权存在时，利息债权经约定而发生；主债权发生时，未约定利息债权或者利息债权的计算方法的，为不计利息的债权。约定利息，为主债权的从债权。担保物权的优先清偿效力是否及于主债权的约定利息，不取决于当事人的意思自治（合同约定），而取决于担保物权的设立公示。经登记生效或产生对抗效力的担保物权，主债权的约定利息有登记的必要。在此情形下，在办理担保物权的设立登记时，应当登记其主债权的约定利息或利息的计算方法；担保物权的优先受偿效力及于经登记的主债权的约定利息。

二、违约金、损害赔偿金

被担保债权（主债权）届清偿期而债务人不履行或者迟延履行给付金钱或非金钱的债务时，债权人有权请求债务人给付违约金或者损害赔偿金。违约金、赔偿金，除其计算方法有所不同，均为债务人不履行或迟延履行合同义务而对债权人所承担的责任。违约金、赔偿金是债权人在订立合同时可以预见的债务人违约所造成的损失责任，具有代替合同给付以实现被担保债权的功能，若不将之列入担保物权的担保范围，实难保护债权人的利益。[①]依照本条，除非当事人另有约定，债务人不履行到期债务所产生的“违约金、损害赔偿金”，属于担保物权的法定担保范围。

除前述主债权的利息外，若债务人不履行到期金钱债务，尚须对债权人承担给付迟延利息的责任。迟延利息，是指被担保金钱债权因债务履行迟延而产生的利息。迟延利息本质上为债务人违反合同或给付义务而对债权人承担的责任。债务人履行债务迟延，债权人有权请求其给付迟延利息。因金钱债务的迟延履行而发生的损害赔偿，比较法上的一般做法是，依照约定或者法定利率计算损害赔偿额，债权人无须提出损害证明，债务人亦不得以不可

① 杨与龄：《民法物权》，台北五南图书出版公司1981年版，第170页。

抗力进行抗辩。[①]若债权人和债务人对迟延利息的计算有约定，依照约定的利率计算，即使约定利率高于法定利率，仍旧依照约定利率；但约定的利率，应受最高法定利率的限制，超过最高法定利率的部分，债权人无请求权。[②]债务人和债权人没有约定迟延利息计算方法的，依照法定利率计算。在我国，迟延利息一般被称为滞纳金、罚息、逾期利息。金钱债务的给付迟延，债权人一般会受到相当于法定利息之利益损失，而债务人因给付迟延而受有等额的利益，应当按照法定利率标准向债权人支付其履行迟延的利息，以填补债权人所受的损害，迟延利息不过为损害赔偿的一种。[③]在此意义上，迟延利息与本条规定的“违约金、损害赔偿金”的性质相当，属于担保物权的法定担保范围。

三、担保财产的保管费用

担保财产的保管费用，是指债权人在占有担保财产期间，以善良管理人的注意妥善保管担保财产而支付的各种费用。

担保财产的保管费用，最早见于《担保法》第67条和第83条，分别将质押财产的保管费用列入质权的担保范围、留置物的保管费用列入留置权的担保范围，但无涉抵押权的担保范围。[④]至《物权法》颁布时，不再逐条规定质权和留置权的担保范围，而是以提取“公因式”的立法技术，将担保财产的保管费用统一规定为担保物权的担保范围。[⑤]

担保财产的担保费用因担保物权人占有担保财产而发生，似乎与抵押权的担保范围无关，抵押权人不占有担保财产，没有担保财产的保管费用。因为抵押财产由抵押人占有管理，其所支出的费用由抵押人自行承担，与抵押权所担保的债权无关，不能而且也无必要将其列入抵押权的担保范围。“需要特别指出的是，只有在质押和留置中，‘保管担保财产的费用’才被纳入担保

---

① 《日本民法典》第419条第2款规定，不履行以金钱为标的的债务，以法定利率确定其损害赔偿，“债权人无须提出损害证明，债务人亦不得以不可抗力进行抗辩”。

② 谢在全：《民法物权论》（下册），中国政法大学出版社1999年版，第578页。

③ 杨与龄：《民法物权》，台北五南图书出版公司1981年版，第169页。

④ 《担保法》第46条。

⑤ 《物权法》第173条。

物权的担保范围；在抵押中，抵押财产由抵押人自己保管，所以保管抵押财产的费用已由抵押人自己承担，自然也就不应纳入担保范围。”[①]但是，是否完全没有抵押财产的保管费用发生的余地？这是个值得考虑的问题。依照本法第412条，自人民法院扣押抵押财产时，抵押权人有权收取抵押财产的孳息，抵押权人对其收取的孳息应以善良管理人的注意为保管，有发生保管费用的可能。故在理解和适用担保财产的保管费用时，应当具体问题具体分析，不能仅以非占有型担保物权为理由，简单认为担保财产的保管费用不应纳入抵押权的法定担保范围。在这个意义上，本条规定的担保财产的保管费用，作为担保物权的担保范围，适用于所有类型的担保物权。

四、实现担保物权的费用

实现担保物权的费用，是指担保物权人在被担保债权届清偿期未受清偿时依法变价担保财产以清偿其债权所支出的合理费用，包括但不限于为担保财产的变价而采取的诉讼、扣押、估价、鉴定、翻译、咨询、拍卖（变价）、提存、清偿、强制执行等措施所支付的费用。债权人为实现担保物权而支付的上述费用，因被担保债权届清偿期未受清偿而发生，应当由债务人承担；但此等费用因债权人对担保财产行使权利而发生，通常先于其他债权从担保财产的变价收益中获得清偿，已为社会生活秩序的一般经验法则，故列入担保物权的法定担保范围，也属合理。

再者，债权人为担保物权的保全而支付的费用，是否应当列入担保物权的担保范围？本法没有明文规定。比较法上，《瑞士民法典》第808条规定，担保物权人为防止担保财产价值减少而采取措施所支出的费用，可以请求担保人（所有人）补偿，该项费用虽未在不动产登记簿上登记，担保物权人亦有此权利，且优先于任何已登记的权利。依照《民法典》的规定，担保财产价值减少的，或者担保人的行为足以使担保财产价值减少的，担保物权人有保全担保物权的权利。债权人因行使保全担保物权的权利而支付的各项费用，构成担保物权的保全费用，与担保财产的保管费用不同。但应当注意的是，

---

① 全国人大常委会法制工作委员会民法室编著：《中华人民共和国物权法解读》，中国法制出版社2007年版，第367页。

担保物权的保全费用，与实现担保物权的费用性质相当，将之列入担保物权的法定担保范围，亦属合理。解释上，担保物权人为保全担保物权而支付的费用，因其与实现担保物权的费用性质相当，可以视其为实现担保物权的费用，属于担保物权的担保范围。为防止不必要的纠纷，当事人在设立担保物权时，有必要在担保合同中约定将“担保物权的保全费用”纳入担保物权的担保范围。

其他问题

自《担保法》以来，关于担保物权的担保范围，均采取尊重当事人意思自治的思路。《物权法》第173条在规定担保物权的担保范围时，仍旧规定当事人对担保范围另有约定的，依照其约定。从担保合同的内容和效力上观察，这样规定没有任何问题，担保范围的约定属于当事人意思自治的领域，法律没有干预的必要；若当事人对担保范围没有约定，自应以法律规定的担保范围来弥补当事人意思表示的不足。但是，若把当事人的约定这个问题放在物权法定主义的逻辑和制度体系下，或许问题的性质就会有所不同而应当审慎对待。

担保物权的担保范围由担保合同约定，但是担保合同约定的效力不能等同于担保物权的效力。此已为本法规定的原因行为和物权变动的区分原则所确认。按照当事人的约定确定担保物权的担保范围，在原因行为的层面（依照债权规范）有效，但这个效力仅仅在当事人之间发生。当事人的约定并不会当然引起物权变动。物权变动的效力源自本法规定的物权变动的法律事实，如交付或者登记等物权公示的事实。这就是说，当事人约定的担保范围，若未经担保物权的设立公示，是不发生担保物权的效力或者不能对抗善意第三人的。担保物权的物权效力主要有两个：支配担保财产（交换价值）的效力和优先受偿效力。担保物权的担保范围不仅关涉担保物权的支配效力，而且关涉担保物权的优先受偿效力。在《担保法》时代，这个问题因为债权规范和物权规范的不区分而不显著；但《物权法》第173条作出与《担保法》的立场相同的规定时，问题就明显了：担保合同的效力问题（含担保范围的约定）属于债权法或合同法问题；当事人对担保范围的约定，仅产生债权法上的效果，不会产生物权法上的效果。然而，就担保范围的约定而言，其在《物权法》构造的担保物权体系中取得了非常优越的规范定位，法定的担保范围要服从于当事人的约定。[①]同时，对于担保物权的担保范围的约定，《物权法》也没有要求当事人在设立担保物权时“一并公示”，即使以登记为生效要件或对抗要件的担保物权，也没有要求担保范围的登记。这样一来就有问题：未经担保物权设立公示的担保范围，其何以能够发生担保物权的效力？尤其是，其优先由担保财产受偿的效力，法律依据何在？这些问题《物权法》没有给出回答，本法亦没有给出回答。有待法律解释以及司法实务的经验去解决。

第三百九十条【物上代位性】

担保期间，担保财产毁损、灭失或者被征收等，担保物权人可以就获得的保险金、赔偿金或者补偿金等优先受偿。被担保债权的履行期限未届满的，也可以提存该保险金、赔偿金或者补偿金等。

历史由来

担保物权的物上代位性，是指担保物权的效力及于担保财产毁损、灭失的代位物。担保财产毁损、灭失的代位物，是指担保人因担保财产毁损、灭失而得以通过赔偿或补偿义务人取得对待给付，如赔偿金、补偿金或保险金等。

关于物上代位性，因为当时认识的局限性，《民法通则》没有任何规定。在司法实务上，《民法通则意见》第114条规定：“抵押物在抵押权人保管期间灭失、毁损的，抵押权人如有过错，应当承担民事责任。抵押物在抵押人处灭失、毁损的，应当认定抵押关系存在，并责令抵押人以其他财产代替抵押物。”该规定也未能就担保物权的物上代位性总结出相应的经验。我国的民事单行法已有规定抵押权的物上代位性的尝试。例如，《海商法》第20条规定：

---

① 邹海林：《论〈民法典各分编（草案）〉“担保物权”的制度完善——以〈民法典各分编（草案）〉第一编物权为分析对象》，载《比较法研究》2019年第2期。

“被抵押船舶灭失，抵押权随之消灭。由于船舶灭失得到的保险赔偿，抵押权人有权优先于其他债权人受偿。”

对于担保物权的物上代位性，《担保法》仅就抵押权和质权作了相应的规定。《担保法》第58条规定：“抵押权因抵押物灭失而消灭。因灭失所得的赔偿金，应当作为抵押财产。”第73条规定：“质权因质物灭失而消灭。因灭失所得的赔偿金，应当作为出质财产。”至于留置财产的毁损、灭失，可否适用物上代位性，《担保法》未予规定。《担保法》的上述规定将担保财产的灭失与物上代位性挂钩，未考虑担保财产的毁损这种情形，有所不足；而且，担保物权的物上代位性与担保物权的消灭无关，恰恰是担保物权的效力之延伸，但《担保法》却规定抵押权或质权因担保财产的灭失而消灭；最后，抵押权或质权的物上代位性仅以担保财产灭失的“赔偿金”为限，范围过窄。《担保法》的规定虽有不足，司法实务则积累了经验。例如，《担保法解释》第80条规定：“在抵押物灭失、毁损或者被征用的情况下，抵押权人可以就该抵押物的保险金、赔偿金或者补偿金优先受偿。抵押物灭失、毁损或者被征用的情况下，抵押权所担保的债权未届清偿期的，抵押权人可以请求人民法院对保险金、赔偿金或补偿金等采取保全措施。”关于质权和留置权的物上代位性适用《担保法解释》第80条的规定。①至此，担保物权的物上代位性已经基本形成。

以《担保法》的规定为基础，结合司法实务的经验，《物权法》第174条规定：“担保期间，担保财产毁损、灭失或者被征收等，担保物权人可以就获得的保险金、赔偿金或者补偿金等优先受偿。被担保债权的履行期未届满的，也可以提存该保险金、赔偿金或者补偿金等。”

《民法典物权编（草案）》（征求意见稿）第179条规定：“担保期间，担保财产毁损、灭失或者被征收等，担保物权人可以就获得的保险金、赔偿金或者补偿金等优先受偿。被担保债权的履行期未届满的，也可以提存该保险金、赔偿金或者补偿金等。”其后，《民法典各分编（草案）》第181条、《民法典物权编（草案）》（二审稿）第181条和《民法典（草案）》第390条作了相同的规定。

---

① 《担保法解释》第96条和第114条。

本条是对《物权法》第174条的承继，内容没有实质修改，仅将“履行期”改为“履行期限”。

规范目的或功能

担保物权对担保财产的全部具有支配力。因担保物权的担保目的，其效力及于担保财产的交换价值。再者，担保物权不因担保财产的毁损、灭失而消灭，只要担保财产的交换价值存在，而不论该交换价值的表现形式。在此意义上，担保物权对担保财产交换价值的支配，不限于担保财产本身，还包括担保财产毁损、灭失的代位物，担保财产的从物及其孳息。但是，关于担保财产的代位物之范围、代位物产生的原因以及担保物权如何支配担保财产的代位物，均应当由法律予以规定。为此，本条对担保物权的物上代位性作了相对完整的规定。

规范内容

一、担保财产的代位物

担保物权的效力及于因担保财产毁损、灭失而取得之代位物。依照本条，代位物是指担保人因财产毁损、灭失或者被征收等而可以获得的赔偿金、保险金或者补偿金等。毁损是担保财产发生部分损失而仍有残留物；灭失则是担保财产的全部损失，包括事实上的“全损”和“推定全损”。

实际上，担保财产“被征收”可以被当作“推定全损”。担保财产的代位物，主要有以下三种情形：代位物担保财产有毁损、灭失的情形，对其毁损、灭失有加害行为而应当承担赔偿责任的义务人，应向担保人给付损害赔偿金；不论有无加害人承担赔偿责任，基于担保财产的保险条款，保险公司应向担保人给付保险赔偿金；以及因公共利益而征收、征用担保财产的，应当向担保人依法给予补偿金。总之，本条规定的“灭失”一语，解释上不限于担保财产事实上的“全部灭失”，还应当包括因担保财产的“毁损”而发生的“推定全损”等能够取得赔偿金或者补偿金的其他情形。

二、物上代位性的适用条件

担保物权以其“物上代位性”对债权提供担保，即担保物权因担保财产的灭失、毁损所取得之代位物（如赔偿金、补偿金、保险金或者其他对待给付），受担保物权效力的支配。物上代位性的适用，应当满足以下三个条件。

（一）因担保财产毁损、灭失而发生代位物

代位物是因担保财产的毁损或灭失而产生的担保财产交换价值之代替物。担保财产灭失，只要其交换价值继续存在，担保物权的效力便不受影响。代位物恰恰是担保财产灭失后的交换价值得以存在的载体。担保财产的灭失，包括事实上的灭失，如房屋倒塌，以及法律上的灭失，如担保财产被征收。代位物仅以担保财产灭失为必要，至于担保财产灭失的原因，则非所问。

（二）有代位物给付义务人

代位物给付义务人，是指担保物权人以外的、对担保人承担给付代位物义务的第三人。因代位物给付义务人限于第三人，因担保物权人的原因导致担保财产毁损、灭失而对担保人应当承担损害赔偿责任的，担保物权人不构成代位物给付义务人，担保物权人向担保人应当支付的损害赔偿金，就不能作为担保财产的代位物。相应地，对担保财产的毁损、灭失，没有代位物给付义务人的，如因不可抗力而发生毁损、灭失而无第三人对担保人发生的损失承担给付义务的，则不发生代位物给付的问题。代位物以存在代位物给付义务人为条件。

不论担保财产灭失的原因，只要基于担保财产灭失而有代位物给付义务人，即担保人有请求代位物给付义务人为给付的权利，其代位物给付请求权受担保物权的支配。事实上，抵押权的效力及于担保财产的代位物，相当于法律赋予抵押权人直接支配担保人的代位物给付请求权，以请求代位物给付义务人为给付。至于代位物给付义务人承担给付义务的原因，如侵权行为、征收、违反合同或法律规定，则非所问。

（三）以担保人可获得的代位物为限

担保财产灭失而产生的代位物，只有归属于担保人（担保财产所有人）时，才受担保物权的效力支配。如果对待给付是用于替代担保财产的使用价值而应当支付给担保人以外的其他人，如承租人，担保物权的效力不能及于该给付。担保人可以取得之赔偿金、补偿金、保险金或其他对待给付，视为替代担保财产交换价值的代位物，受担保物权的效力支配。

三、担保物权人对代位物的优先受偿

依照本条，在担保期间，担保人因为担保财产毁损、灭失而得以取得之代位物，受担保物权的支配，担保物权人对担保财产的代位物有优先受偿的权利。

代位物产生时，被担保债权届清偿期未受清偿，或者有当事人约定的实现担保物权的情形，担保物权人可以就代位物直接行使优先受偿的权利；代位物若为金钱给付的债权，担保物权人可以直接行使代位物的权利抵充被担保债权；若为非金钱给付的债权，担保物权人应当请求代位物给付义务人向自己为给付，并将所受给付依法变价优先受偿。

代位物产生时，若被担保债权未届清偿期，担保物权人基于其对代位物的支配效力，可以请求代位物给付义务人向提存机关提存代位物，以实现担保物权对代位物的支配；代位物给付义务人拒绝提存的，担保物权人可以请求人民法院对代位物采取保全措施。

其他问题

担保物权的物上代位，为担保物权的固有特征。物上代位表明担保物权的效力及于担保财产的代位物。代位物是否仅限于担保财产毁损、灭失（被征收）这样的特殊情形下的赔偿金、保险金或补偿金？担保财产出租、转让而应当收取的租金、价金收益，与担保财产被征收获取的补偿金又有什么不同？可否成为担保物权的代位物？

这些问题自《担保法》以来就一直有争论。比较法上，担保物权的物上代位性也是有不同表达的，不是只有一种模式。例如，《日本民法典》第372条规定，抵押权可以准用第304条规定的先取特权对担保财产的转让价金之物上代位的规定。《民法典》本条规定的物上代位可以说是中国模式，形式上比较保守，但实质上是比较开放的。要强调的是，担保物权的物上代位性，不应与担保物权的追及效力、担保物权的消灭“挂钩”；担保物权具有追及效力，不影响担保物权的物上代位；担保物权的物上代位，更不以担保物权的消灭为条件。担保物权的物上代位为担保物权固有的独立特征。

就担保财产的转让价款的提存而言，依照本法第406条，抵押人转让抵押财产可能损害抵押权的，抵押权人可以请求抵押人将“转让所得的价款向抵押权人提前清偿债务或者提存”。在此情形下，抵押财产的转让价款用以提前清偿债务或者提存，可以解释为抵押权的保全而非抵押权的物上代位。但是，与上述情形不同的担保财产的转让价金的提存，应当作何解释就是一个问题。例如，以基金份额、股权为质押财产的证券质权，依照本法第443条，经出质人与质权人协商同意，转让已经出质的基金份额、股权的，其“转让价款”应当向质权人提前清偿债务或者提存。该规定是否可以解释为担保物权的物上代位？同样的疑问，还存在于本法第444条（知识产权质权）和第445条（应收账款质权）的解释上。

应当注意到，在表达担保物权的物上代位时，本条以两个“等”字缓和了物上代位的解释空间：代位物产生的法律事实为担保财产毁损、灭失或者被征收“等”；代位物的表现形式为保险金、赔偿金或者补偿金“等”。如此表达，相当于没有封闭担保物权的物上代位的解释和适用空间。担保财产毁损、灭失或者被征收以外的其他法律事实，如担保财产的转让、出租，以及能够再现担保财产的交换价值的收益，如担保人收取的转让价款、租金，均有可能依照法律的规定而被解释为担保物权的物上代位性。在这个意义上，担保物权的物上代位性，其法律依据就不仅仅限于本条，本法的其他有关规定，如第443条、第444条和第445条亦可解释为担保物权的物上代位。

第三百九十一条【物上担保人的免责】

第三人提供担保，未经其书面同意，债权人允许债务人转移全部或者部分债务的，担保人不再承担相应的担保责任。

历史由来

第三人提供担保的，未经担保人同意，债权人允许债务人转移债务，显然会增大债务不履行的风险，与担保人提供担保时的风险预判不符，应当有减免担保人承担的责任之途径，以为救济。

因债务人转移债务而对作为担保人的第三人给予责任减免的制度，始见于《担保法》第23条的规定。该条规定："保证期间，债权人许可债务人转让债务的，应当取得保证人书面同意，保证人对未经其同意转让的债务，不再承担保证责任。"显然，这个制度是债权规范，不适用于物的担保。但是，为物的担保而订立的担保合同，担保人依照担保合同的约定所承担的责任，会有相同的问题发生。《担保法解释》第72条第2款规定："主债务被分割或者部分转让的，抵押人仍以其抵押物担保数个债务人履行债务。但是，第三人提供抵押的，债权人许可债务人转让债务未经抵押人书面同意的，抵押人对未经其同意转让的债务，不再承担担保责任。"司法实务上，前述司法解释所面对的问题主要是抵押权行使的不可分性，然而其"但书"却开始将因债务人转移债务而对作为担保人的第三人给予责任减免的制度引入物的担保领域。

在担保关系中，未经担保人同意，债务人擅自转移债务的，将给担保人带来较大风险，因为提供担保财产的第三人对新的债务人可能一无所知；设立担保物权是为保障债权的实现，但也要照顾到担保人的利益，特别是当担保人是债务人以外的第三人时，如何平衡担保人、担保物权人和债务人三者的利益就很重要。[①]《物权法》第175条规定："第三人提供担保，未经其书面同意，债权人允许债务人转移全部或者部分债务的，担保人不再承担相应的担保责任。"

---

① 全国人民代表大会常务委员会法制工作委员会编：《中华人民共和国物权法释义》，法律出版社2007年版，第378页。

《民法典物权编（草案）》（征求意见稿）第180条规定："第三人提供担保，未经其书面同意，债权人允许债务人转移全部或者部分债务的，担保人不再承担相应的担保责任。"其后，《民法典各分编（草案）》第182条、《民法典物权编（草案）》（二审稿）第182条和《民法典（草案）》第391条作了相同的规定。

本条是对《物权法》第175条的继承，内容未有任何变化。

规范目的或功能

担保关系中的物上担保人，原本对债权人不承担履行债务的责任，因为担保合同的订立，其有义务以特定的担保财产为债务人履行债务提供担保。物上担保人与债权人订立的担保合同，以债务人履行债务的能力或者其履行债务的信用为基础；未经物上担保人的同意，债务人擅自转移其债务的，将给物上担保人带来较大履行债务的风险，因为承担债务的债务人具有不同于移转债务的债务人的履行债务的能力，物上担保人与债权人订立的担保合同的基础会有所动摇。在债务人转移其全部或者部分债务的情形下，债权人依照设立担保物权的担保合同所取得的利益应当予以充分的尊重，但也不能忽视对物上担保人的利益维护，因为担保合同订立的基础事实变更，物上担保人在担保合同中承担的担保责任亦应有所调整。为防止发生物上担保人与债权人的利益失衡的情形，本条规定：债权人允许债务人转移全部或部分债务，未经物上担保人的同意，物上担保人不再承担相应的担保责任。

规范内容

一、不再承担相应的担保责任的适用

依照本条，为债权人提供担保的第三人，限于物上担保人，而不包括保证人。债权人允许债务人转移债务的，未经担保人同意，担保人不再承担相应的担保责任，只适用于物上担保人。物上担保人有权主张本条规定的减免担保责任的利益；债务人以其特定的担保财产为债权人提供担保，或者保证

人为债权人提供保证的，不得主张本条规定的减免担保责任的利益。

二、未经同意的债务转移

未经同意的债务转移，是指未经物上担保人的书面同意，债权人允许债务人将其债务的全部或者部分转移给第三人（债务承担人）的行为。

有债务转移的事实发生时，债权人或者债务人应当将债务转移的事实通知物上担保人，并征得物上担保人的书面同意。物上担保人的同意，必须是书面的，未以书面形式表示的同意，不发生物上担保人同意的效力。同意的书面形式，是指可以有形地表现载明同意债务转移内容的形式，如同意书、承诺书、合同书、通知书、信件，以及以电报、电传、传真、电子数据交换、电子邮件等方式再现的数据电文。

依照本条，债务人向第三人转移债务，不但包括债务人将债务全部转移给他人，也包括将部分债务转移给他人。债权人许可债务人部分转移的，原债务人并不退出债务关系，只是其所应承担的债务份额减少，新债务人与原债务人共同向债权人承担债务。部分转移债务的，也必须经担保人同意，否则担保人对转移出去的部分债务不承担担保责任。[①]有学者将本条项下的债务转移，以“免责的债务承担”进行说明，即债务人将其承担的债务的全部或者部分转移给他人承担，而自己不再承担转移给他人的全部债务或者部分债务。[②]

三、未经同意的债务转移的私法效果

依照本条，未经物上担保人的书面同意，债务人向第三人转移全部债务或部分债务的，物上担保人不再承担相应的担保责任。不再承担相应的担保责任，有观点将之解释为免除担保人的相应担保责任：债务人转移全部债务的，免除担保人的全部责任；债务人转移部分债务的，免除担保人的部分担保责任。[③]在此意义上，未经物上担保人的同意而转移债务的，构成物上担保

---

① 全国人大常委会法制工作委员会民法室编著：《中华人民共和国物权法解读》，中国法制出版社2007年版，第371页。

② 郭明瑞：《物权法通论》，商务印书馆2019年版，第259页。

③ 全国人大常委会法制工作委员会民法室编著：《中华人民共和国物权法解读》，中国法制出版社2007年版，第371页。

的免责事由。已如前述，物上担保人依照本条所提供的担保为物的担保，其在担保合同中承担的担保责任的免除，对物上担保人为债权人设立的担保物权，如抵押权或质权，会有什么样的影响呢？该问题有待明确。

有三种表达担保物权消灭的不同观点。第一种观点认为，对于债权人未经其书面同意允许债务人转让全部债务的，物上担保人不再承担担保责任，此时“担保物权消灭”。[①]第二种观点认为，债权人同意债务人转移全部或者部分债务时，未经物上担保人书面同意继续担保的，不再承担相应的担保责任，“担保物权在相应的范围内消灭”。[②]第三种观点认为，债权人同意债务人转移全部或者部分债务时，未经物上担保人同意，债务人转移全部债务的，担保物权消灭；债务人转移部分债务的，担保物权针对未转移部分的债务继续存在，但其担保范围发生缩减，不包括已被转移的部分债务。[③]

其他问题

本条源自《担保法》有关保证责任的免除的规定，已如前述。有学者在分析担保责任时，认为担保责任只是债权法（合同法）用以表达债之关系的用语。[④]担保责任，如同民事责任所表达的法律关系，是指担保合同项下的担保义务及其担保义务不履行或者迟延履行的后果问题，与担保财产上的负担（担保物权）完全不同。因为“物权和债权不分”的逻辑，《物权法》第175条（物上担保人的免责）沿用《担保法》的固有思路，不适当地将“担保人不再承担相应的担保责任”引入物权的制度体系。就担保物权的逻辑和制度体系而言，担保物权人所享有的担保物权，只有有效或者无效的差别，担保物权一旦设立，除非有法定的担保物权消灭的原因事实发生，担保物权对担保财产的支配和优先受偿效力，不受物上担保人的行为或者意思的影响，实与物上担保人有无“担保责任”不相关联。

---

① 申卫星：《物权法原理》（第二版），中国人民大学出版社2016年版，第314页。

② 郭明瑞：《物权法通论》，商务印书馆2019年版，第260页。

③ 尹田：《物权法》（第二版），北京大学出版社2017年版，第499页。

④ 曹士兵：《中国担保制度与担保方法——根据物权法修订》，中国法制出版社2008年版，第31页。

依照《担保法》，并没有出现物上担保人（抵押人或出质人）因为债务转移而免予承担担保责任的规定。但在《物权法》制定时，因为没有区分《担保法》有关保证责任的债权规范与担保物权规范的性质差异，将担保合同的义务及其履行问题与担保物权的效力“挂钩”，出现了如同本条的相应表述。这是解释本条遇到困难甚至出现分歧的主要原因。

简单地说，物上担保人的“担保责任”究竟指向什么？可以和担保物权相提并论吗？依照本法规定的区分原则（原因行为和物权变动的法律事实之区分），“担保责任”的指向应当是非常清楚的，即物上担保人在担保合同中所承担的义务以及责任，与担保物权的设立及其效力根本就不是一个层面的问题。担保责任为原因行为规范的对象。这就是说，物上担保人有无担保责任只在订立担保合同的“债权人”与“物上担保人”之间具有法律上的意义，物上担保人不承担担保责任的，债权人充其量不能要求物上担保人履行其在担保合同项下承担的设立担保物权的义务。

担保物权基于担保合同而设立的，债权人取得担保物权的利益，若有担保合同无效或者被撤销的情形发生，物上担保人可以诉请担保物权的设立无效或者撤销。但是，物上担保人在设立担保物权后，若有不承担担保合同约定的“担保责任”的正当事由，是否可以照此逻辑请求担保物权的消灭？显然不能，因为本条乃至本法都没有规定担保物权因“担保人不承担担保责任”而消灭，这就是物权法定主义框架下物权和债权的最基本区别。对于这个区别，应当有清醒的认识。由此不难得出结论：债权问题依循债权规范的处理路径，物权问题依循物权规范的处理路径，二者的请求权基础完全不同。依照本条的文字、内容以及制度结构，作为一个典型的债权规范，无论如何都不能成为涉及担保物权消灭的请求权基础。

依照本条，物上担保人对未经其同意的债务转移不承担担保责任，不发生担保物权消灭的私法效果。就其对担保物权的影响而言，产生两种不同的私法效果：其一，物上担保人对抗债权人行使担保物权的法定事由。债权人对担保财产行使担保物权时，物上担保人得以本条的规定为抗辩事由，阻止担保物权人行使权利；物上担保人主张本条的抗辩，债权人就担保财产优先受偿的债权利益，因为债务转移而失去法律上受保护的依据，在债务转移的限度内，不得主张优先受偿。其二，担保物权人实现担保物权而就担保财产优先清偿其债权的，物上担保人可以本条的规定要求债权人返还其实现担保物权而取得之不当利益，债权人因实现担保物权而取得的、与债务转移相当的担保利益，没有法律上的根据，应当返还给物上担保人。

第三百九十二条【物的担保与人的担保的关系】

被担保的债权既有物的担保又有人的担保的，债务人不履行到期债务或者发生当事人约定的实现担保物权的情形，债权人应当按照约定实现债权；没有约定或者约定不明确，债务人自己提供物的担保的，债权人应当先就该物的担保实现债权；第三人提供物的担保的，债权人可以就物的担保实现债权，也可以请求保证人承担保证责任。提供担保的第三人承担担保责任后，有权向债务人追偿。

历史由来

物的担保和人的担保具有不同的性质，对于同一债权既有人的担保又有物的担保时，债权人应当如何行使权利，特别是应当如何平衡不同担保人的利益，不仅是一个理论问题，而且也是一个司法实务经常遇到的问题。《民法通则》对于人的担保和物的担保只有原则性的规定，不可能对如此细致的法律关系再作安排。《民法通则》后的司法实务，也仅限于同一债权有两个以上保证的情形，除非当事人之间另有约定，采取各保证人对债权人承担连带责任的立场；没有触及物的担保和人的担保的关系问题。①

《担保法》第28条规定："同一债权既有保证又有物的担保的，保证人对物的担保以外的债权承担保证责任。债权人放弃物的担保的，保证人在债权人放弃权利的范围内免除保证责任。"依照上述规定，保证担保似乎仅有辅助物的担保的功能，同一债权既有物的担保又有人的担保时，保证人仅对物的担保不足以清偿的债权部分，承担保证责任；相应地，债权人放弃物的担保，保证人在债权人放弃权利的范围内免除保证责任。物的担保和人的担保均为债权人基于其需要而可以选择的债权担保方式，二者之间并无主次之别，保

---

① 《民法通则意见》第110条。

证作为独立的担保工具，不依附于物的担保而独立发挥作用，《担保法》第28条将保证担保规定为物的担保的补充，难以适应经济生活对担保工具的需求。在这个意义上，理论和实务均不愿意将《担保法》第28条的规定解释为强制性规定。同时，经济生活中的担保实践又在不断地拷问《担保法》第28条为当事人的债权担保预先作出的顺序安排之妥当性。为此，最高人民法院总结审判实践中的经验，提出："同一债权既有保证又有第三人提供物的担保的，债权人可以请求保证人或者物的担保人承担担保责任。当事人对保证担保的范围或者物的担保的范围没有约定或者约定不明的，承担了担保责任的担保人，可以向债务人追偿，也可以要求其他担保人清偿其应当分担的份额。同一债权既有保证又有物的担保的，物的担保合同被确认无效或者被撤销，或者担保物因不可抗力的原因灭失而没有代位物的，保证人仍应当按合同的约定或者法律的规定承担保证责任。债权人在主合同履行期届满后怠于行使担保物权，致使担保物的价值减少或者毁损、灭失的，视为债权人放弃部分或者全部物的担保。保证人在债权人放弃权利的范围内减轻或者免除保证责任。"①

不论从哪个角度观察，最高人民法院关于物的担保和人的担保之关系所采取的立场，都与《担保法》第28条的规定不同。《担保法解释》第38条第2款和第3款，在某种程度上具有补充和解释《担保法》第28条之功效，但第1款规定的内容则采取了与《担保法》第28条完全不同的司法裁判路径。对同一债权既有物的担保又有人的担保的，依照《担保法》第28条的规定，债权人没有选择行使担保物权还是保证债务请求权的可能，只能先行使担保物权，因此担保人相互间不会存在"求偿"的问题，保证人仅对物的担保以外的债务承担保证责任的规定，足以有效阻止担保人相互求偿的法律问题之发生。而依照《担保法解释》第38条第1款的规定，债权人有行使担保物权还是保证债务请求权的选择权，并由此打开了债权人行使权利后，承担责任的担保人向其他担保人追偿其应分担的份额的空间，除非当事人之间另有约定。

在《物权法》起草时，因已有《担保法》第28条的规定和最高人民法院

---

① 《担保法解释》第38条。

的司法解释，对于如何调整物的担保和人的担保的关系问题，仍然存在不同的意见。有意见认为，《担保法》第28条贯彻了“物的担保优于人的担保”的理论，保证人只在物的担保不足以清偿债务时，才承担补偿责任，适用便利，较为合理。也有意见认为，物的担保和人的担保没有先后之分，在债务人不履行到期债务时，应当由债权人自己决定是先主张物的担保权利还是先主张人的担保权利，法律不应当限制。[①]在权衡多种因素的基础上，《物权法》第176条作出如下规定：“被担保的债权既有物的担保又有人的担保的，债务人不履行到期债务或者发生当事人约定的实现担保物权的情形，债权人应当按照约定实现债权；没有约定或者约定不明确，债务人自己提供物的担保的，债权人应当先就该物的担保实现债权；第三人提供物的担保的，债权人可以就物的担保实现债权，也可以要求保证人承担保证责任。提供担保的第三人承担担保责任后，有权向债务人追偿。”

《民法典物权编（草案）》（征求意见稿）第181条规定：“被担保的债权既有物的担保又有人的担保的，债务人不履行到期债务或者发生当事人约定的实现担保物权的情形，债权人应当按照约定实现债权；没有约定或者约定不明确，债务人自己提供物的担保的，债权人应当先就该物的担保实现债权；第三人提供物的担保的，债权人可以就物的担保实现债权，也可以要求保证人承担保证责任。提供担保的第三人承担担保责任后，有权向债务人追偿。”其后，《民法典各分编（草案）》第183条、《民法典物权编（草案）》（二审稿）第183条和《民法典（草案）》第392条均作了相同的规定。

本条是对《物权法》第176条的继承，其中把“要求”改为“请求”，其余内容未有变化。

规范目的或功能

同一债权既有物的担保又有人的担保的，物的担保和人的担保之间究竟有什么关系？自《担保法》以来，理论和实务上一直都在争论，至今似乎还

---

① 全国人大常委会法制工作委员会民法室编著：《中华人民共和国物权法解读》，中国法制出版社2007年版，第372—373页。

没有达成共识。从法律制度的构造上看，物的担保属于物权制度，而人的担保属于债权制度，二者之间并没有刻意建立相互联系的基础。物的担保和人的担保作为债权担保的工具，各具优势，供债权人按需选择，在经济生活中彼此独立发挥作用，互不影响。但是，同一债权既有物的担保又有人的担保时，债权人应当如何行使权利？债权人行使权利的自由是否应当受到限制而适当照顾物上担保人或保证人的利益，就是一个问题。同时，与债权人行使权利密切相关的，是各担保人相互间的利益平衡；债权人如何实现其物的担保或者人的担保的权益，直接促发担保人（物上担保人和保证人）相互间的利益平衡的需求。允许债权人自由行使权利的，应有与之相对应的调节担保人相互间利益平衡的方法；限制债权人自由行使权利的，亦应有与之相对应的调节担保人相互间利益平衡的方法。考虑到担保权益设立的意思自治，在债权人如何行使担保权的问题上，应当尊重其意思而遵守担保合同的约定。为妥当处理物的担保和人的担保的关系，本条确立了债权人按照约定行使担保权的原则，并就当事人无约定时的自物担保物权先行使规则等作了相应的规定。

规范内容

关于物的担保和人的担保的关系，本条规定了两个方面的内容：其一，债权人按照约定行使担保权为原则。对债权人行使担保权无约定的，债权人可以行使担保物权，也可以行使保证债务请求权；但是，债权人享有的自物担保物权，不在此限。其二，债权人行使担保权后，物上担保人或者保证人有对债务人的追偿权。

一、按照约定行使担保权的原则

对于同一债权既有物的担保又有人的担保的，债权人应当按照约定行使担保物权或者保证债务请求权。物的担保，是指债务人或物上担保人以抵押或者质押担保的方式为债权人提供的担保，债权人依照此类担保享有担保物权（抵押权或质权）。人的担保，则是指保证，即保证人和债权人约定，当债务人不履行到期债务或者发生当事人约定的情形时，由保证人履行债务或者承担责任。债权人行使担保权，以当事人的意思自治为基础，应当尊重当事人在担保合同中的约定。依照本条，按照约定行使担保权的原则，主要有以下两个方面的内容。

（一）当事人有约定的

对物的担保和人的担保的关系，当事人有约定的，债权人应当按照约定实现担保权。比如，物的担保中对于债权人行使权利有约定，而人的担保中没有约定，债权人按照物的担保行使权利。对债权人行使权利有约定的情形，主要表现为具体的担保合同对债权人行使权利的限制，债权人行使权利应当受其约定的限制。当事人对于物的担保和人的担保的关系的约定，应当明确、具体。

同一债权既有物的担保又有人的担保，债权人按照约定行使担保权，并不区分物的担保是债务人提供的还是物上担保人提供的。因此，即使是债务人提供物的担保的，若当事人对债权人行使担保物权已有约定的，仍旧按照约定行使担保物权，不发生本条规定的“债权人应当先就该物的担保实现债权”的问题。

（二）当事人没有约定的

对物的担保和人的担保的关系，当事人没有约定的，允许债权人实现债权时，自行决定行使担保物权还是主张保证债务请求权。对于物的担保和人的担保的关系，当事人有约定但约定的内容不明确或者不具体，经过解释仍不能确定其内容的，视为当事人没有约定。在当事人没有约定的情形下，物上担保人和保证人的地位平等，债权人既可以行使担保物权，也可以要求保证人承担保证责任。但是，债权人享有的自物担保物权，不在此限。

依照本条，在当事人没有约定的情形下，将物的担保按照自物担保物权和他物担保物权区别对待。自物担保物权，相对于他物担保物权而言，是指债务人提供物的担保而为债权人设立的担保物权。当事人没有约定的，债权人实现质权时，应当先行使自物担保物权，即本条规定了自物担保物权先行使规则。一方面可以避免保证人日后再向债务人行使追索权的繁琐，减少成本和费用；另一方面对保证人而言也是公平的。[①]债权人在行使其他担保物权前，或者要求保证人承担保证责任前，应当先行使自物担保物权。自物担保物权先行使规则，已为本条明文规定，历经《物权法》第176条后的司法实务检验，应当予以充分的尊重。债权人享有自物担保物权的，不论其他担保人为物上担保人还是保证人，债权人在实现自物担保物权前，不得对其他担保财产行使担保物权或者要求保证人承担保证责任。债权人未先行使自物担保物权，直接对担保财产行使权利或者要求保证人承担保证责任的，物上担保人或者保证人可以本条规定的自物担保物权先行使规则，对抗债权人行使担保权。

除自物担保物权外，当事人在合同中对物的担保和人的担保之关系没有约定的，债权人根据其实现债权的需求，可以对担保财产行使担保物权，也可以要求保证人承担保证责任，或者在对担保财产行使担保物权时，同时要求保证人承担保证责任。

二、物上担保人或保证人对债务人的追偿权

依照本条，提供担保的第三人承担担保责任后，有权向债务人追偿。这里所称“承担担保责任”是一个债权法上的制度，即物上担保人或者保证人依照担保合同或者保证合同的约定承担了替代债务人清偿债务的责任；尽管其担保责任的承担多数场景下是被动的。尤其是，物上担保人所承担的“担保责任”，对应于债务人的债务客观上经由物上担保人的财产获得清偿这样的法律事实，与物上担保人因债权人以担保财产优先清偿债权所受的不利益相当。物上担保人或者保证人承担“担保责任”后，因本条的规定而有权向债务人追偿。本条成为物上担保人或保证人向债务人追偿的请求权基础。

其他问题

一、关于约定

依照本条，被担保债权既有物的担保又有人的担保的，以债权人按照约

---

① 全国人民代表大会常务委员会法制工作委员会编：《中华人民共和国物权法释义》，法律出版社2007年版，第380页。

定实现担保权为原则。但约定的情形具有复杂性，故解释本条规定的“按照约定”行使权利也就具有了复杂性。

债权人按照约定行使权利，其约定可以是债权人与物上担保人的约定，如债权人和物上担保人在抵押合同中约定抵押权为补充担保；也可以是债权人与保证人的约定，如债权人和保证人在保证合同中约定保证人承担补充责任；还可以是债权人与各共同担保人（债务人、物上担保人和保证人）的共同约定，如债权人为同一债权的担保和债务人、物上担保人、保证人共同订立担保合同，并在此共同担保合同中对债权人行使担保权的先后进行约定。因为约定的情形比较复杂，且均属于事实问题，解释和适用按照约定行使权利的原则，具有相当的难度。如果物的担保和人的担保是分别设立的，债权人与各担保人在担保合同中约定有相同的债权人实现权利的内容，如上述情形中的“补充担保”或“补充责任”，债权人又当如何行使权利呢？这种情形毕竟不同于没有约定，恐怕会出现不止一种解释结论。

特别是，除非债权人与各担保人共同订立担保合同，债权人与债务人、物上担保人或者保证人之间的约定，均有合同的相对性；意思表示互不联络的约定，可能会出现相当复杂的排列组合，如何解释当事人的约定，估计会有更加意想不到的难度。有鉴于此，债权人为保证其债权能够实现，与两个以上的担保人订立担保合同时，如非必要（如保证人要求），担保合同对物的担保和人的担保的关系以不作约定为宜，这样最有利于债权人实现债权。再者，债权人因债务人提供物的担保而有不受自物担保物权先行使规则约束的意图，则应当在担保合同中约定不适用自物担保物权先行使规则。

二、物上担保人和保证人相互间的追偿

物上担保人或保证人承担“担保责任”后，除前述可向债务人追偿外，可否向其他担保人追偿？这是我国学术界继《物权法》第176条之后，一直在讨论的一个问题。例如，有学者认为，《物权法》第176条没有规定物上担保人或保证人承担担保责任后，可否向其他担保人进行追偿，要求其清偿应当分担的份额；若允许物上担保人或保证人追偿，该条也没有提供用于确定混合共同担保中的各担保人应分担的担保份额的标准；尤其是，该条更没有规定承担了担保责任的保证人，除享有针对债务人或其他担保人的追偿权外，

是否还可以代位取得债权人针对物上担保人的担保物权。[1]理论上，《物权法》第176条未规定物上担保人或保证人向其他担保人追偿的权利，基本形成两种意见：一种意见认为，《物权法》未规定承担担保责任的担保人有权向其他担保人追偿，故其只能向债务人追偿，而不能向其他担保人追偿。另一种意见认为，基于公平原则，物上担保人与保证人的担保责任是平等的，各担保人之间应有追偿权，也就是说承担了担保责任的担保人，有权向其他担保人追偿其应当承担的份额，如果承担担保责任的担保人只能向债务人追偿，而债务人又无力清偿，就会导致承担担保责任的担保人承担全部担保责任，是不公平的。[2]本条在继承《物权法》第176条时，除把“要求”改为“请求”外，其余内容上未有任何修改，对物上担保人或保证人可否向其他担保人追偿的事项自无规定。那么，依照本条，物上担保人或保证人究竟有无向其他担保人追偿的权利？

关于上述疑问，还得从《物权法》第176条“不规定”说起。《物权法》第176条“不规定”物上担保人和保证人向其他担保人追偿的权利，究竟是采取禁止追偿的立场，还是回避这个问题以致留下了法律漏洞？就物的担保和人的担保的制度逻辑而言，《担保法》以保证人的补充责任来定位物的担保与人的担保的关系，只有在物的担保不足以清偿被担保债权的情形下，保证人才对未能获得清偿的债权部分承担保证责任，物上担保人与保证人之间不会发生求偿的问题，已如前述。《物权法》起草时，《担保法》规定的制度逻辑影响犹在，再加上人们担心，若处理不好物的担保与人的担保的关系，不仅会影响债权人行使权利的成本，而且会增加担保人相互间求偿的程序繁琐和费用。事实上，立法者因以下四个理由决定《物权法》第176条对物上担保人或保证人向其他担保人追偿的事宜不作规定：其一，除非当事人之间另有约定，各担保人之间没有任何法律关系的存在，要求各担保人之间相互追偿，实质是法律强行在各担保人之间设定相互担保，这表明没有履行担保义务的担保人，除为债务人提供担保外，还必须为其他担保人提供担保，违背担保人的初衷，不合法理。其二，程序上讲，费时、费力、不经济。有多个担保

---

① 程啸：《担保物权研究》（第二版），中国人民大学出版社2019年版，第199页。

② 郭明瑞：《物权法通论》，商务印书馆2019年版，第262页。

人的，债务人是最终的责任人，担保人在承担担保责任后，应当直接向债务人追偿，如果可以向其他担保人追偿，意味着其他担保人承担责任后，还必须向最终责任人债务人追偿，程序上讲是不经济的。其三，履行了担保责任的担保人不能向其他担保人追偿，恰恰是公平原则的体现。除非当事人之间另有约定，每个担保人在设定担保时都明白自己面临的风险，在承担担保责任后只能向债务人追偿，如果债务人没有能力偿还，自己就会受到损失，这种风险是担保人在设定担保时最正常的可以预见的风险，应当由自己承担。其四，向其他担保人追偿可操作性差，首先面临的一个问题就是如何确定追偿的份额，在保证与担保物权并存的情况下，确定份额是很困难的，是一个复杂的计算题。“在当事人没有明确约定承担连带担保责任的情况下，规定各担保人之间相互追偿是不妥的”，故没有规定物上担保人或保证人向其他担保人追偿的权利。[①]基于上述认识，《物权法》第176条对物上担保人或保证人向其他担保人追偿的权利不作规定，不是回避问题而留下的法律漏洞，而是有意为之，目的明确：物上担保人或保证人在承担“担保责任”后，没有向其他担保人追偿的权利。

正因为如此，司法实务中，经过审判经验的不断积累，逐步形成了以下的共识：“被担保的债权既有保证又有第三人提供的物的担保的，担保法司法解释第38条明确规定，承担了担保责任的担保人可以要求其他担保人清偿其应当分担的份额。但《物权法》第176条并未作出类似规定，根据《物权法》第178条关于‘担保法与本法的规定不一致的，适用本法’的规定，承担了担保责任的担保人向其他担保人追偿的，人民法院不予支持，但担保人在担保合同中约定可以相互追偿的除外。”[②]依照上述观点，《物权法》第176条没有为物上担保人或保证人向其他担保人追偿提供请求权基础，物上担保人或保证人在承担担保责任后，不得向其他担保人追偿。可见，司法实务的立场与《物权法》第176条的“不规定”具有高度一致性。但应当注意到，司法实务的立场与《物权法》第176条的“不规定”还是存在差异的：当事人在担保合

① 全国人大常委会法制工作委员会民法室编著：《中华人民共和国物权法解读》，中国法制出版社2007年版，第374—375页。

② 《九民纪要》第56条。

同中对物上担保人或保证人可以相互追偿另有约定的，依照其约定。

物的担保和人的担保之间原本就不存在联系，至少不存在当事人的意思联络，除非债权人与各担保人共同订立担保合同。物的担保属于物权规范调整的事项，人的担保属于债权规范调整的事项。再者，因为物上担保人的财产被债权人执行而用以清偿债权，产生的物上担保人对债务人的追偿关系，同样为债权规范所调整的事项，性质上不应由物权规范加以规定。物上担保人对债务人的追偿权，其请求权基础来自债权人的债权之法定移转，如果该债权有其他物上担保人提供了物的担保或者保证人提供了人的担保，基于担保物权的从属性或者保证担保的从属性，[①]物上担保人在取得该债权的同时取得该债权上的担保权益。物上担保人基于其所取得之债权上的担保权益，自可以对其他担保人（物上担保人或保证人）行使权利。在保证人承担了保证责任的情形下，亦有相同的债权移转的效力，保证人对其他担保人（物上担保人或其他保证人）亦可以主张其债权上的担保利益。[②]正是因为物上担保人或保证人向其他担保人追偿的权利，其请求权基础并不源自物权规范，而是源自债权规范，本条对这个问题未作规定，事实上是一个符合制度逻辑的选择，更不能由此得出结论：本条未规定物上担保人和保证人相互间的追偿权，物上担保人或保证人就没有向其他担保人追偿的权利。物上担保人或保证人向其他担保人追偿的权利，其请求权基础源自债权规范而非物权规范；本条对此无规定，不影响物上担保人或保证人向其他担保人追偿的权利。在这个意义上，《九民纪要》第56条所持“承担了担保责任的担保人向其他担保人追偿的，人民法院不予支持”的立场，值得再行斟酌。

三、物的担保和人的担保的制度逻辑梳理

由于未能有效认识和适用主债权的法定移转、担保物权的从属性和保证合同的从属性的法理和制度，《担保法》第28条将人的担保作为物的担保的

---

① 《民法典》第407条和第696条。

② 例如，《民法典》第407条（抵押权移转的从属性）、第696条（保证担保的转让从属性）和第700条（保证担保的债权之法定移转）。

补充担保，人为设置了物的担保的先实行规则，似乎解决了物的担保和人的担保之间可能发生的各种权利分配问题。《担保法》凸显物的担保所具有的“在先”担保价值，在物的担保和保证之间构造了原本没有的制度关联，确立了保证的担保效用后于物的担保之特有制度。这种规定造成物的担保和保证的差异化，没有相应的理论基础，且干预当事人行使权利的意思自治，而且有违生活逻辑，欠缺合理性与正当性。[①]正因为如此，我国司法实务基于解释论对《担保法》第28条的规定予以缓和，认为“同一债权既有保证又有第三人提供物的担保的，债权人可以请求保证人或者物的担保人承担担保责任。当事人对保证担保的范围或者物的担保的范围没有约定或者约定不明的，承担了担保责任的担保人，可以向债务人追偿，也可以要求其他担保人清偿其应当分担的份额”[②]。但是司法实务的做法未被《物权法》第176条采纳，对于自物担保物权的实现，仍旧实行债权人先行使权利的规则，否认物上担保人或保证人对其他担保人的追偿权。这里存在的问题是，未顾及物上担保人与保证人相互间因法律制度逻辑而产生的求偿关系。《物权法》第176条的规定既割裂了担保物权的制度体系，即赋予债务人和物上担保人以其财产所提供的担保不同的法律意义，又在物的担保和保证之间建立了债权人行使权利的先后秩序制度，不当干预了债权人选择行使权利的意思自治。[③]

同一债权既有物的担保又有保证的，各担保人利益的保护是通过担保人对债务人的追偿权的方式来实现的，而不是通过构造债权人先行使担保物权的制度来实现。先行使担保物权看似简单，但因其否定债权人的选择权，使得债权人主张担保利益的意思自治落空，增加了债权人行使权利的程序成本和风险，并非立法的合理选择。在理论和制度逻辑上，同一债权既有物的担保又有保证的，债权人如何行使其担保权益，除非当事人之间另有约定，法

---

① 邹海林：《论〈民法典各分编（草案）〉“担保物权”的制度完善——以〈民法典各分编（草案）〉第一编物权为分析对象》，载《比较法研究》2019年第2期。

② 《担保法解释》第38条第1款。因《物权法》第176条的“不规定”，《九民纪要》第56条对此立场予以修正。

③ 邹海林：《论〈民法典各分编（草案）〉“担保物权”的制度完善——以〈民法典各分编（草案）〉第一编物权为分析对象》，载《比较法研究》2019年第2期。

律没有理由干预。尤其是，不论是物上担保人还是保证人，在其用自己的财产清偿被担保的债权后，债权人对债务人享有的债权并未消灭，而是法定移转给物上担保人或保证人，[①]物上担保人或保证人得以其取得之债权向债务人求偿，亦得基于债权的从权利（担保利益）向其他担保人行使权利（追偿）。在此制度逻辑下，各担保人不会因为担保物权由债务人设定还是由第三人设定而受不利益的影响，没有理由要求债权人先行使自物担保物权。当债权人要求保证人承担保证责任，保证人享有对债务人的追偿权，基于担保物权的从属性，保证人相应取得从属于被担保债权的担保物权，不论该担保物权为债务人抑或物上担保人设定。这是公平保护各担保人利益最为简单的方法。[②]

担保物权为担保债权受偿而设立，被担保债权已届清偿期未受清偿，担保物权人可以实现担保物权而就担保财产的变价金优先受偿。但是，在实现权利发生利益冲突的情形下，例如担保物权人与债务人的保证人、连带债务人、普通债权人等发生利益冲突，担保物权人是否应当先行使担保物权？

为了限制担保物权人行使权利的恣意，防止权利滥用，有立法例规定了担保物权实现的在先规则，即担保物权所担保的债权届期未受清偿的，担保物权人应当在先实现担保物权，以担保财产的变价金清偿债权，不得对债务人的其他财产提出清偿其债权的要求。例如，以抵押权的实现为例，日本和韩国民法均规定有抵押权实现的在先规则。抵押权人仅得就抵押财产的变价金未受偿的债权部分，向债务人的其他财产取偿；若债务人的其他财产之变价金的分配，先于抵押财产变价金之分配时，抵押权人得以其债权全部参加分配，但其他债权人得请求将分配于抵押权人的金额提存，至抵押财产变价后，抵押权人的债权未受偿的部分，再与其他债权人的债权平均分配该提存额。[③]

民事权利的行使应当符合公平原则和诚实信用原则，当事人不得滥用其权利。担保物权人已有担保财产确保债权的优先受偿，居于债权获得满足的

---

① 谢在全：《民法物权论》（下册），中国政法大学出版社1999年版，第678页。

② 邹海林：《论〈民法典各分编（草案）〉“担保物权”的制度完善——以〈民法典各分编（草案）〉第一编物权为分析对象》，载《比较法研究》2019年第2期。

③ 《日本民法典》第394条、《韩国民法典》第370条和第340条。

优势地位，一旦债务人失去清偿能力，若不禁止担保物权人对债务人的其他财产采取强制措施以实现其债权或者以司法清理程序获得比例清偿，其他普通债权人的利益自然会受到影响，而担保物权人在其债权未获得满足前仍可实现担保物权。在债务人失去清偿能力时，担保物权人基于其优势地位先行执行债务人的其他财产，或者要求保证人承担保证责任，具有权利滥用的嫌疑，而且直接损害债务人的其他普通债权人的利益。在此情形下，担保物权人应当在先实现担保物权，并可以就担保财产的变价金未受清偿的债权部分，就债务人的其他财产与其他债权人平均受偿。但是，在债务人未失去清偿能力时，担保物权人则有选择实现担保物权的自由，或者先行对债务人的其他财产行使权利，请求债务人以其责任财产清偿债务，或者先行实现担保物权以变价担保财产优先清偿债权。在此情形下，债务人或者债务人的其他债权人不得以担保物权实现的在先规则进行抗辩。[①]

第三百九十三条【担保物权消灭的原因】

有下列情形之一的，担保物权消灭：

（一）主债权消灭；

（二）担保物权实现；

（三）债权人放弃担保物权；

（四）法律规定担保物权消灭的其他情形。

历史由来

担保物权消灭，是指担保物权对担保财产具有的物权效力终止。因物权法定主义，担保物权仅能因为法律的规定而消灭。

《民法通则》对担保物权（抵押权和留置权）有原则性的规定，但未有担保物权消灭的原因之规定。作为民事特别法的《海商法》，对于船舶抵押权的消灭，原则规定船舶抵押权随被抵押船舶的灭失而消灭。[②]

① 王利明主编：《物权法名家讲坛》，中国人民大学出版社2008年版，第396页。

② 《海商法》第20条。

《担保法》规定有抵押权、质权和留置权，这些担保物权消灭的原因如何，成为担保法规范必须面对的问题。《担保法》针对抵押权、质权和留置权而分别规定了不同的消灭原因。关于抵押权的消灭，《担保法》第52条规定："抵押权与其担保的债权同时存在，债权消灭的，抵押权也消灭。"第58条规定："抵押权因抵押物灭失而消灭。因灭失所得的赔偿金，应当作为抵押财产。"关于质权的消灭，《担保法》第73条规定："质权因质物灭失而消灭。因灭失所得的赔偿金，应当作为出质财产。"第74条规定："质权与其担保的债权同时存在，债权消灭的，质权也消灭。"关于留置权的消灭，《担保法》第88条规定："留置权因下列原因消灭：（一）债权消灭的；（二）债务人另行提供担保并被债权人接受的。"由上述规定可见，《担保法》缺乏担保物权消灭的共同原因的规定，仅就担保物权消灭的具体原因作出了零散和碎片化的规定。

《物权法》制定时，已经具备规定担保物权的消灭之共同原因的条件。《物权法》第177条规定："有下列情形之一的，担保物权消灭：（一）主债权消灭；（二）担保物权实现；（三）债权人放弃担保物权；（四）法律规定担保物权消灭的其他情形。"

《民法典物权编（草案）》（征求意见稿）第182条规定："有下列情形之一的，担保物权消灭：（一）主债权消灭；（二）担保物权实现；（三）债权人放弃担保物权；（四）法律规定担保物权消灭的其他情形。"其后，《民法典各分编（草案）》第184条、《民法典物权编（草案）》（二审稿）第184条和《民法典（草案）》第393条作了相同的规定。

本条是对《物权法》第177条的继承，内容未有任何变化。

规范目的或功能

抵押权、质权和留置权之所以被归入担保物权，是因为它们具有许多物权的共性，包括担保物权消灭的原因共性。因为相同的原因，如被担保债权的消灭、担保物权的实现、债权人放弃担保权利等，引起担保物权的消灭，若能在本法中作统一规定，便于立法成本的节省、立法技术的提高，更加有利于担保物权制度体系的协调、法律的解释和适用。再者，担保物权具有共同的消灭原因，但抵押权、质权和留置权的物权效力具体表现有所不同，还有仅符合其自身特点的具体消灭原因存在，完整规定担保物权消灭的所有原因不现实。故本条以“法律规定担保物权消灭的其他情形”作为“兜底条款”，以便利本法和其他法律对抵押权、质权和留置权消灭的具体原因另作规定。

规范内容

本条是关于担保物权消灭的共同原因之规定。

一、担保物权消灭

担保物权的消灭，是指担保物权对担保财产具有的物权效力终止。担保物权的物权效力限于担保物权对担保财产的支配效力和优先受偿效力，均为法律规定的担保物权的固有效力。担保物权消灭，与当事人订立的担保合同之约定无关，当事人在合同中约定的事由，不会引起担保物权消灭的物权变动。担保物权仅因法律规定的原因（法律事实）的发生而消灭。

担保物权消灭，有登记的，担保物权人应当办理注销登记。不以登记为生效要件的担保物权，担保物权人取得担保财产占有的，自担保物权消灭之时，应向担保人（物上担保人或债务人）返还担保财产或移转担保财产的占有。

二、担保物权消灭的原因

（一）主债权消灭

主债权，即被担保债权。担保物权具有从属性，从属于被担保债权。担保物权的设立和存续以主债权的存在为法定要件。担保物权与其担保的债权同时存在，主债权消灭的，担保物权消灭；至于主债权消灭的原因，如因清偿、提存、抵销、免除、混同而消灭的，则非所问。只要有主债权消灭的事实，担保物权消灭。债权人放弃债权的，以免除论。

这里应当注意，担保物权因主债权消灭而消灭的，是指主债权的全部消灭。担保物权具有不可分性，主债权部分消灭的，对担保物权的效力不产生影响。再者，主债权消灭，是指主债权本体的消灭，而非主债权的请求权之权能消灭，如主债权因为诉讼时效完成而不受法院保护的，不构成债权的消灭。诉讼时效完成为主债权不受法院保护的事由，仅产生债务人的时效抗辩权，主债权本身并未消灭。因此，担保物权不因主债权诉讼时效完成而消灭。

（二）担保物权实现

担保物权实现，是指债务人不能履行到期债务或者发生当事人约定实现担保物权的情形时，债权人对担保财产依法变价而优先清偿被担保债权的行为。担保被担保债权的受偿，为担保物权的基本目的和内容，因债权人行使变价担保财产的行为而优先清偿被担保债权，担保物权的目的和内容获得实现，其支配担保财产和优先清偿的物权效力应当消灭。担保物权因其实现而消灭的，与被担保债权是否已受全部清偿无关。担保物权人只要有变价担保财产、以变价金清偿被担保债权的行为，不论被担保债权受清偿的状态，担保物权皆归于消灭。

应当注意，这里所称担保物权实现，不限于债权人本人实现担保物权这一种情形。在同一担保财产上有两个或两个以上担保物权的，不论各担保物权的实现顺位先后，其中任一担保物权人实现担保物权的，其他担保物权亦因之消灭。再者，担保物权因实现而消灭的，不以担保物权人请求法院司法变卖担保财产的情形为限，以担保财产折价、自行变卖实现担保物权的，效力相同。

（三）债权人放弃担保物权

放弃担保物权，是指债权人以意思表示表明不再主张担保物权的物权效力之行为。债权人放弃担保物权的意思表示或行为，只是担保物权消灭的原因，担保物权因债权人放弃担保物权的行为生效而消灭。同时，债权人放弃担保物权，是对自己民事权利的处分，其消灭的为债权人自己享有的特定担保物权。

何以构成放弃担保物权？在解释上，有观点认为，放弃为债权人的明示放弃，包括两种情形：一是债权人用书面的形式明确表示放弃担保物权。例如，债权人以与债务人或者提供担保的第三人签订协议的方式同意放弃担保物权。二是债权人以行为放弃。例如，因债权人自己的行为导致担保财产毁损、灭失的，视为债权人放弃了担保物权。[①]也有观点认为，放弃担保物权的方式有作为和不作为两种。担保物权人有抛弃担保物权的明确意思表示或者向登记部门申请涂销担保财产登记的，属于作为方式；担保物权人明确放弃担保物权次序上的利益，也属于以作为的方式放弃担保物权，但此种情况下，担保物权不消灭，而是变为后次序的担保物权。以不作为的方式放弃担保物权的情形，如担保物权人怠于行使担保物权致使其权利消灭，因担保物权人的行为致使其权利实现较为困难或者使担保财产的实际价值减少。[②]笔者认为，以上解释，严格地说都不甚妥当。

在这里，放弃担保物权是一种法律行为，应当解释为担保物权人的单方行为，只须其一方的意思表示即可发生效力。放弃担保物权的意思表示，无须向特定的相对人作出，属于无相对人的单方法律行为。因此，债权人放弃担保物权的，与其和担保人协商“消灭担保物权”的双方行为（合同）无关，且自其意思表示作出之时发生效力，担保物权消灭。至于债权人放弃担保物权的行为应否限于明示的行为或意思表示，在所不问。债权人以明示意思表示放弃担保物权的，产生担保物权消灭的效力，自无疑问；若其以默示行为放弃担保物权的，应当依照债权人的行为性质和目的为断，确定是否发生放弃担保物权的效果。

（四）法律规定担保物权消灭的其他情形

法律规定担保物权消灭的其他情形，为针对担保物权消灭的原因（法律事实）作出的“兜底性”规定。依照本条，凡有以下规定情形的，即为法律规定担保物权消灭的其他情形。

1.本法规定的抵押权、质权或留置权消灭的情形。因担保物权的类型化，担保物权的消灭原因呈现出多样性，抵押权、质权和留置权均有其各自不同的消灭的具体原因，由本法具体规定。例如，本法第436条（质权的实现）第

---

① 全国人大常委会法制工作委员会民法室编著:《中华人民共和国物权法解读》，中国法制出版社2007年版，第376页。

② 曹士兵:《中国担保制度与担保方法——根据物权法修订》，中国法制出版社2008年版，第276—277页。

1款规定的出质人的质权消灭请求权、第457条（留置权消灭的特殊原因）规定的“占有丧失”和“接受债务人另行提供担保”等。

2.本法规定的物权消灭的情形。本法对于物权消灭的原因未有一般规定，似不存在担保物权因物权消灭的原因而消灭的问题。但应当注意到，物权因为标的物灭失而消灭的，对于担保物权尤其适用。人民法院、仲裁机构的法律文书或者人民政府的征收决定，以及拆除房屋等事实行为，可成为物权消灭的法律事实。[①]当有这些法律事实发生时，担保物权的效力与该物权的效力相当的，则担保物权消灭；否则，担保物权不消灭。例如，因征收而消灭不动产的所有权或用益物权的，担保物权作为该不动产上的负担，应当归于消灭；但担保物权有物上代位性，与被征收的不动产上的所有权或用益物权的情形并不相当，担保物权不消灭而继续有效地存在于被征收的担保财产之代位物之上。若担保财产灭失而无代位物的，担保物权与灭失的财产上的所有权或用益物权的效力相当，担保物权因担保财产的灭失而消灭。

3.其他法律规定的担保物权消灭的情形。其他法律规定是指本法以外的其他法律对担保物权消灭原因的规定；其他法律有规定的，担保物权的消灭应当依照其他法律的规定。例如，《海商法》第20条规定：“被抵押船舶灭失，抵押权随之消灭。由于船舶灭失得到的保险赔偿，抵押权人有权优先于其他债权人受偿。”

---

① 《民法典》第229条和第231条。

第十七章

抵押权

第一节 一般抵押权

第三百九十四条【抵押权定义】

为担保债务的履行，债务人或者第三人不转移财产的占有，将该财产抵押给债权人的，债务人不履行到期债务或者发生当事人约定的实现抵押权的情形，债权人有权就该财产优先受偿。

前款规定的债务人或者第三人为抵押人，债权人为抵押权人，提供担保的财产为抵押财产。

历史由来

该条承袭了《物权法》第179条，未作任何改动;《物权法》第179条承袭并修改了《担保法》第33条第1款:“本法所称抵押，是指债务人或者第三人不转移对本法第三十四条所列财产的占有，将该财产作为债权的担保。债务人不履行债务时，债权人有权依照本法规定以该财产折价或者以拍卖、变卖该财产的价款优先受偿。”显要修改有两处：一处是增加了“为担保债务的履行”，另一处是增加了“或者发生当事人约定的实现抵押权的情形”。

我国抵押制度的司法实践时日尚短。新中国成立后，我国逐步建立起高度集中的计划经济体制，在这种体制下，一切经济活动都按照国家计划进行，担保制度没有存在的必要。改革开放后，随着经济的发展，旨在保障交易安全的担保制度也开始发展。1982年《经济合同法》规定了定金和保证两种担保形式，但没有对物的担保作出规定；1985年《涉外经济合同法》首次承认物的担保，但并没有规定具体形式，直到1986年颁布的《民法通则》才对抵押担保的形式作了特别规定。[①]1995年《担保法》对抵押权制度进行了

---

① 《民法通则》受到苏联民法理论的影响，没有区分抵押和质押。且由于不能完全满足公示要求，给当事人的实际运用带来不便，因此在某些特定领域，只能靠单行法规来加以限制。参见徐洁:《抵押权论》，法律出版社2003年版，第17页。

细化，其中第33条对抵押人、抵押权人和抵押物进行了规定，形成了该条的雏形。[1]

规范目的或功能

本条的规范目的是对抵押权作出定义。

对抵押权作出定义是担保物权法类型体系实施物权法定主义原则的结果。抵押权的定义规范用以界定和引领该担保物权类型，并与其他担保物权类型如动产质权和权利质权等在定义上加以区别。因此，将一般抵押权概念规范置于起首位置，具有引领其他规范的作用。在《民法典》第四分编“一般规定”中，有关于“担保物权”的定义规范。此处关于抵押权的定义规范，是对第四分编“一般规定”中第386条规定的“担保物权”定义的类型具体化，且此一抵押权概念与《民法典》第四分编第十八章“质权”第一节“动产质权”中第425条规定的“动产质权”概念相区别、相对称。但在这一模式之下，我国担保物权立法却一向没有给出“权利质权”的定义规范。

规范内容

一、担保债务的履行

“担保债务的履行”与“担保债权的实现”是对同一法律内容的不同规范表达。从民法是权利宣示之法、权利实现之法的本质来看，我们认为表述为“为了担保债权的实现”，更为适当。此所担保的“债权”，主要是指合意债权，其他非合意债权如侵权之债、不当得利之债、无因管理之债等，尤其是其中的侵权之债，在其成为既有的债权之前，一般不能直接以设立抵押权的方式进行预期担保；但在其成为既成债权之后，为了此既成债权的实现，债权人可与担保人就该既成债权设立抵押权。在合同之债

---

① 胡志刚：《不动产物权新论》，学林出版社2006年版，第371页。

中，抵押权所担保的合同之债一般是金钱之债或可以转化为金钱债权的其他债权。

“为了担保债务的履行”这句话，还表达了抵押权作为担保物权对受担保债权的从属性，且其从属性的判断标准应是抵押权设立之目的，而非其成立之先后以及存续之条件。既然抵押权是以担保某一债权的实现为目的而设立的，则其设立是先于还是后于受担保债权，以及其存续是否受到受担保债权的存续的影响等，都是可以依当事人的约定予以排除的。所以，基于担保物权的目的从属性，法律规定了受担保债权的成立、处分、消灭等决定着抵押权的成立、处分和消灭等，此为抵押权从属性的一般原则。当事人另有约定为抵押权从属性一般原则的例外。[①]实践中并非所有的抵押权都是在产生债权之后才设定的，也可能是先设定抵押权，进而诱发债权的产生，不过这两者的时间差通常非常小，可以忽略不计，故而不影响对抵押权从属性的描述。[②]从法学原理来看，抵押权的成立、处分和存续受被担保债权的成立、处分和存续的决定或影响，是对抵押权设立目的从属性原理的法律制度配置的结果。近代以来，法律制度供给更加注重抵押权的价值属性，抵押权的从属性得到缓和，最高额抵押权的相对独立性即是说明。从宽理解从属性原理的另一表现是，在某些情况下，主债权债务合同归于无效，业已办理抵押登记的抵押权不因此而归于消灭。在这方面日本的很多判例都能够给予我们启示。[③]

二、不转移财产的占有

将担保物权抽象定义类型化，既有担保物分为不动产和动产的依据，也有担保物权公示方式不同的依据。关于担保物权的类型，可以分为不动产担保物权和动产担保物权。在《担保法》之前，我国的担保物权立法关

---

① 《民法典》第393条规定了担保物权随主债权的消灭而消灭；第407条规定抵押权不得与债权分离而单独转让或者作为其他债权的担保。债权转让的，担保该债权的抵押权一并转让，但是法律另有规定或者当事人另有约定的除外。

② 参见程啸：《中国抵押权制度的理论与实践》，法律出版社2002年版，第15页。

③ 参见［日］近江幸治：《担保物权法》，王卫军等译，沈国明等审校，法律出版社2000年版，第107页。

于抵押权的类型，都是限指不动产抵押权，即在动产上不成立抵押权；关于质权则限指动产质权和权利质权，因为权利被视为动产，所有质权都是在动产上设立的担保物权，且对于留置权这一法定担保物权类型，也是限定在动产上成立。关于担保物权的公示方式，既有登记公示方式，也有占有公示方式。不动产抵押权不移转担保物的占有为其基本特征，因此只能以登记为抵押权的公示方式。动产质权则须移转质押物的占有，并以此占有为其动产上设立的动产质权的公示方式。权利质权，既有以权利凭证的移转占有为公示方式，也有以权利质权的登记为公示方式。上述分类依据虽有交叉，但分类还算是清晰的。但从《担保法》到《物权法》再到《民法典》，由于动产抵押权的担保物权法典植入，抵押权既有不动产抵押权又有动产抵押权，且动产之上既有登记公示的动产抵押权也有占有公示的动产质权。这就造成了在不动产担保物权与动产担保物权之间，不论是依据担保物类型还是依据担保物权公示方式，都有类型交叉，易使担保物权的分类混乱。即便如此，仅就抵押权而言，其与动产质权之间的区分依据仍是担保物移转占有与否。抵押权，包括不动产抵押权和动产抵押权，不移转担保物的占有，以登记为抵押权的公示方式。动产质权则须移转担保物的占有并以占有为动产质权的公示方式。①也就是说，动产抵押权的植入虽然改变了抵押权即不动产抵押权的立法惯例，但抵押权与抵押权登记公示之间却继续保持了一一对应关系。

抵押权登记公示制度，是抵押权成为担保物权制度之王的基础：从抵押权方面而言，因为实施登记公示制度，抵押物才得以重复抵押，并且抵押权得以登记时间为序优先受偿；从抵押权人方面而言，因为不需要接受抵押物的占有，所以免去了管理抵押物的麻烦；从抵押人方面而言，无需移转抵押物占有，从而使抵押人得在占有抵押物期间为使用、收益之利。

三、抵押人是债务人或第三人

担保物权是对特定财产的变价得以优先于其他人受偿的权利。至于此特

---

① 移转占有与是否以占有为其公示方式，不成对应关系，如《日本民法典》中的不动产质权，须移转不动产质押物的占有，但该类型担保物权却以登记为公示方式。

定物归属于谁，对于担保物权人而言无关紧要。所以，从担保债权的实现目的来看，是由债务人的特定财产作为担保物，还是由债务人之外的其他人的财产作为担保物，对于受担保债权的实现而言，没有差异和区别的必要。所以，抵押人既可以是债务人，也可以是债务人之外的其他人。这样，从抵押人的角度看，就有了债务人抵押和第三人抵押这两种抵押类型：债务人不仅已经或者将要与债权人订立债权债务合同，还在自己所有的或可以处分的财产上与债权人合意设立抵押权，以担保债务的履行，则为债务人抵押；为担保债权人债权的实现，债务人之外的其他人在自己所有的或者可以处分的财产上与债权人合意设立抵押权，则为第三人抵押。

对于抵押权人而言，由谁的财产作为担保物，虽说对于担保其债权的实现都是一样的，但由此导致的法律关系的复杂程度确实有很大差异。在债务人为抵押人的情况下，因没有抵押人与债务人之间抵押财产被清偿后的财产追偿问题，法律关系较为简单；在第三人抵押的情形中，则因有抵押人与债务人之间的追偿问题，以及在债务人和第三人并存抵押的情况下，抵押权人如何行使抵押权的选择问题等，而使得法律关系变得较为复杂。[①]

四、设定在特定物上

抵押权是物权的一种类型，应当符合物权客体的特定性要求。所谓物权客体的特定性，是指物权客体在时间上的现在性和在空间上的个别性。物权客体时间上的现在性，是指物权客体是现有物而非未来物，也就是说在“未来物”上不成立物权包括担保物权；物权客体空间上的个别性，是指物权客体是个别物而非“种类物”，更不是浮动物，即种类物或者浮动物上也不成立物权。《民法典》担保物权分编关于未来物、浮动物上设立的抵押权，都不是法律行为成就时就成立的，而是需要等到“未来物”成为现有物、种类物成为个别物时，才得以成立。例如，《民法典》第396条规定的浮动抵押权，并非如第403条所规定的那样，“以动产抵押的，抵押权自抵押合同生效时设立”，而是需要等到“抵押财产确定时”才设立，而关于浮动抵押的财产何时得以确定，《民法典》第411条作了明确规定。这一特

① 参见《民法典》第392条。

别规定，恰好印证了作为“未来物”的浮动抵押财产的特定化。又如《民法典》第395条第1款第5项规定的“正在建造的建筑物、船舶、航空器”抵押的，并不是正在建造的建筑物上的“抵押权自登记时设立”，正在建造的船舶、航空器上的“抵押权自抵押合同生效时设立”，而是须待正在建造的建筑物、船舶、航空器成为现有物即特定物时，其上的抵押权才得以设立。所谓设立在未来物上的抵押权登记，实属于预告登记，预告登记的是担保合同债权。

抵押物是指抵押人为担保债务的履行或者债权的实现而提供的，用于设定抵押权的特定财产。抵押权的实现有赖于全部抵押财产，抵押权人得就全部抵押财产行使抵押权，此即抵押权的不可分性：抵押物的分割和部分让与、灭失，或者债权分割或部分让与或清偿，均不影响抵押权的效力。主要表现为：抵押物部分灭失时，其剩余部分仍对全部主债权提供担保；主债权部分分割或让与时，抵押权不因此受影响，各债权人就其应有部分对抵押物的全部行使其权利；分期付款的债权，未受清偿的债权可就抵押物全部行使其权利等。至于哪些财产上得设立抵押权，《民法典》担保物权分编以“正面清单”规范和“负面清单”规范两种方式，确认了可抵押权财产和不可抵押财产。《民法典》第395条对可抵押的财产作了列举规定，且明确规定“法律、行政法规未禁止抵押的其他财产”可以抵押；《民法典》第399条对不得抵押的财产也作了列举性规定。但从立法技术来看，法律对不得抵押的财产作出明确规定即可，法律、行政法规未禁止抵押的财产，则依“法不禁止即自由”的私法原则解释为可以抵押。

五、以优先受偿权为其核心

担保物权是在受担保债权数额限度内对担保财产交换价值的优先受偿权，此与用益物权是对用益物使用价值的使用收益权不同。抵押权作为物权，除了具有上述物权客体特定性特质之外，还具有物权实现的支配性和物权效力的排他性等物权特性。抵押权实现的支配性表现为在条件成就时，即在“债务人不履行到期债务或者发生当事人约定的实现抵押权的情形”，抵押权人有权以协议对抵押物实施变价，或者在对抵押物实施变价遇到阻碍时，“请求人民法院拍卖、变卖抵押财产”。抵押权效力的排他性表现在两个方面：一方面是对抵押财产价值的静态归属利益的维护权利，即抵押权人可以对包括抵押人在内的其他人减损抵押财产价值的行为，实施物权请求权；另一方面是对抵押财产价值的动态实现利益的优先受偿权利。抵押权的优先受偿效力体现在以下两个方面：一是抵押权人对抵押物的变价有优先于无担保物权的债权人而获得清偿的权利；二是在同一抵押物上存在数个抵押权时，公示在先的抵押权优先于公示在后的担保物权受偿。

担保物权包括抵押权的实现支配性与效力优先性，是既相互联系又相互区别的担保物权属性。一般说来，凡是担保物权，包括抵押权，必有其实现上的支配属性，即抵押权是一种价值权、变价权，[①]侧重于抵押物的处分与收益，为确保债权的实现，自条件成就时，抵押权人可以直接处分抵押物并就抵押物变价受偿。同时，抵押权的价值权属性，使得该项权利关注的是抵押物的变价而非抵押物本身。正因为如此，抵押物即使改变其原有的形态或性质，只要还维持着交换价值，就不会影响抵押权的实现。换言之，抵押物的变形物或者代位物在实质上仍然是抵押权的客体，抵押权的效力仍然及于此类变形物或代位物，除非立法政策反其道而行之。[②]因此，包括抵押权在内的担保物权有一种物上代位属性，即在抵押物发生积极变价或者消极变价之后，抵押物虽已变形、变性或者灭失，但抵押权不会因此而消灭。抵押权将会追踪并附着在变形物、变性物或者灭失收益上。物权包括抵押权等担保物权，虽必有其实现上的直接支配性，但未必有效力上的排他属性。要有效力上的排他属性，除了本身确属抵押权之外，还须是公示在先或者设立在先的抵押权，即对抵押权优先效力适用“时间在先，权利在先”原则。当然，原则之下也有例外。

---

① 不过，有人认为抵押权是一种不同于物权，也区别于债权的独立的未来所有权。这一观点的基本推理思路是，抵押权不是一种现实的支配权，抵押权人所享有的处分权是一种对抵押物的预期处分权，因此持有这一观点的学者把抵押权的本质确定为未来所有权。参见徐洁：《论担保物权——关于性质与立法的思考》，载《广西社会科学》2005年第5期。

② 崔建远：《物权：规范与学说——以中国物权法的解释论为中心》（下册），清华大学出版社2011年版，第765页。

六、抵押权的实现条件

抵押权以担保债务的履行为己任，而债务的履行通常有一个期限，由此决定了抵押权的设立与抵押权的实现之间，有一段时间间隔。在抵押权设立之后，抵押权在担保过程中仅是一种可能性权利或者期待性权利。抵押权由一种可能权变为一种现实权，需要条件，此即“债务人不履行到期债务或者发生当事人约定的实现抵押权的情形”。到期不履行债务包括全部不履行债务、部分不履行债务和不适当履行债务等。如果债务人到期全部并适当履行债务，则抵押权因受担保债权的实现而失去了发挥自身作用的机会，抵押权人不得再行使抵押权。“债务人不履行债务”是实现抵押权的通常和一般的情形，为了适应法律生活的多样性需求，扩大私法自治的空间，《物权法》增加了《担保法》中没有规定的实现抵押权的另外一种情形，即“发生当事人约定实现抵押权的情形”。需要指出的是，为了与担保物权的实现条件相协调，《民法典》保证合同一章在原《担保法》的基础上也同样增加了“发生当事人约定的情形”。①

第三百九十五条【可抵押财产的范围】

债务人或者第三人有权处分的下列财产可以抵押：

（一）建筑物和其他土地附着物；

（二）建设用地使用权；

（三）海域使用权；

（四）生产设备、原材料、半成品、产品；

（五）正在建造的建筑物、船舶、航空器；

（六）交通运输工具；

（七）法律、行政法规未禁止抵押的其他财产。

抵押人可以将前款所列财产一并抵押。

① 参见《民法典》第681条。

历史由来

该条来自《物权法》第180条，略有修改：将《物权法》第180条第3项“以招标、拍卖、公开协商等方式取得的荒地等土地承包经营权”修改为“海域使用权”，其他方面未有改动。传统担保物权制度将可抵押财产限定在现有不动产财产，如现有的可抵押土地财产和房产财产，抑制了可担保财产的经济效益，不能满足工商企业的融资需求。近现代担保物权制度的发展，集中在突破传统担保物权制度“不能在动产上设立不移转占有的动产担保物权”上。先民法法典化的国家或地区如德国、日本等，都是在其民法典之外，通过确立判例法或者通过单行法的方式，发展出动产上不移转占有的动产担保物权制度，以弥补民法典中对“非移转占有动产担保物权制度”的立法缺失。我国则是自《担保法》开始，在担保物权法典中植入动产抵押权制度的方式，弥补传统担保物权立法的不足的。且随着我国土地政策的变化以及担保法立法政策的改变，可抵押财产的范围不断扩大。与《担保法》相比，《物权法》规定的可抵押财产不再区分国有可抵押财产和私有可抵押财产，而统一为抵押人可处分的财产；《物权法》增加了“未来物”如“正在建造的建筑物、船舶、航空器”上可设立抵押权；《物权法》还改变了《担保法》的立法政策，修改《担保法》“依法可以抵押的其他财产”可以抵押为“法律、行政法规未禁止抵押的其他财产”可以抵押。与《物权法》相比，《民法典》将因农村土地政策变化而尚不能确定是否可以抵押的“土地承包经营权”删除，修改为确定可以抵押的“海域使用权”。

规范目的或功能

本条的规范目的是界定可抵押财产的范围以及集合抵押。

可抵押财产可分为可抵押的不动产财产与可抵押的动产财产。不动产财产如建设用地使用权、海域使用权以及建筑物（包括正在建造的建筑物和其他土地附着物等）；动产财产如生产设备、原材料、半成品、产品，正在建造的船舶、航空器，交通运输工具等。可抵押财产又可分为可抵押的“现有物”和可抵押的“未来物”，该条规定中的大部分财产是可抵押的“现有物”，而“正在建造中的建筑物、船舶、航空器”则是可抵押的“未来物”。通过此次《民法典》编纂，有删有增，可抵押财产更加确定、更加贴合时代要求。

虽然世界各国关于抵押物范围的立法例并不一致，但是在立法中明确列举各种抵押物的做法很少见，我国此条规定很有中国特色。有学者认为，就立法技术而言，对抵押物采用列举性的规定是不妥当的，也不可能穷尽所有可以设定抵押的财产。既然立法已经作了禁止性规定，又作列举性规定，就显得多余，这样反而使本条列举性规定仅具一般的提示性作用，而变得多少没有实际意义了。[①]我们认为，担保物权法在物权法规定了“物”之后，之所以还要专门规定可抵押物，一方面是因为凡物权的客体并非全是抵押权的客体，另一方面是因为对抵押物的客体分类并列举规定，与不同抵押物上抵押权的设立、公示、优先次序和实现等规则密切相关联。得为物权的客体者，要得成为抵押权的客体，需要具备几个条件：第一，抵押人对“物”有处分权，即抵押人对可抵押物有归属性权利，如所有权、用益物权等，以及对可抵押物处分权，如经可抵押物权利归属人授权处分。第二，“物”本身具有交换价值。因为抵押权是支配抵押物的交换价值的权利，且在条件成就时得将抵押物变价优先受偿以担保债权的实现，所以，抵押物须具有价值。第三，“物”可以变价。不论是对“物”的拍卖、变卖还是折价，抵押权的实现都是以抵押物的交易变价为内容的。不能变价的物，无法实现抵押权的担保职能。物，只有满足了上述三项条件，才得为抵押物。

对可抵押物的列举，也是对可抵押物的分类，对于其后的抵押权法制度设计，具有基础意义：抵押物可以分为不动产抵押物和动产抵押物，不动产抵押物上设立的抵押权，须经公示即须经办理登记手续，采公示生效主义立法模式；在动产上设立的抵押权，无须经公示即无须办理登记手续，采公示对抗主义。抵押物可以分为现有抵押物和未来抵押物，对于现有抵押物上设立的抵押权，不动产抵押权自登记时设立，动产抵押权自抵押合同生效时设立；对于未来物上的抵押权，办理登记或合同成立时，因抵押物非现有物，

---

① 参见孔祥俊主编：《担保法例解与适用》（新编本），人民法院出版社2001年版，第254页。

所以客观上不能设立抵押权。以正常经营活动中出售的动产进行抵押的，不能对抗正常经营活动中已支付合理价款并取得抵押财产的买受人，这些动产主要是本条所列举的“原材料、半成品、产品”。国外担保物权立法中将这类动产取名为“库存”或者“存货”。对于在现有的以及将有的生产设备、原材料、半成品、产品上设立的抵押权，因抵押财产一直处于变动状态，其抵押权的实现就有一个抵押财产何时得以确定的问题。因此有了《民法典》第411条之规定。

规范内容

本条分为两款，第1款以具体列举和概括兜底的方式，明示了哪些财产可以作为抵押物。具体列举除为担保物权立法提供基础外，还为担保实务操作提供具体指引。概括兜底条款则为担保法律制度的发展预先留足了发展的空间。

一、建筑物和其他土地附着物

该条第1款第1项所谓“建筑物”，是指定着于土地上或地面以下，具有顶盖、梁柱、墙壁，供人居住或其他使用的构造物，包括房屋、仓库、地下室、空中走廊、立体停车场等。建筑物是典型的地上附着物。除了建筑物外，本项所谓“其他土地附着物”，是指抵押人依法享有所有权或处分权的附着于土地上的除建筑物以外的不动产，包括林木、地上构筑物、与不动产尚未分离的出产物等。林木，在我国一向与房屋一起被作为地上定着物而独立于土地使用权，土地使用权的变动不影响其上林木的命运。这在《担保法》第92条第1款、第42条第3项和《森林法》第15条第1款的规定中，可以得到明确肯认。因此，森林可以如房屋一样作为独立于土地的单独抵押物担保债权的实现。地上构筑物，如集体组织所有的砖瓦窑、石灰窑，企业的工艺流程生产线，单位所有的烟筒、水塔、游泳池、雕塑等除建筑物之外的物理设施，如果符合抵押物的条件并且能够办理抵押权登记公示手续，也可以作为抵押物。与不动产尚未分离的出产物，主要包括有机物，如除林木之外的农作物等和无机物如矿石等。这些物，在与不动产分离之前，可依当事人之间的约定成为抵押物。

二、建设用地使用权

建设用地使用权，是权利主体在法律允许的范围内，依法享有的对国家所有的土地占有、使用、收益的权利，权利主体有权利用该土地建造并经营建筑物、构筑物及其附属设施。但建设用地使用权人对建设用地的处分权利，因获取建设用地使用权的方式不同而有所不同：通常，建设用地使用权人获得建设用地的方式有两种，一是通过土地所有权人的出让行为获得，如国家以土地所有权人身份将其所有的某一宗土地的建设用地一定年限内的使用权出让给使用人，并由使用人向国家支付建设用地使用权出让金。出让包括协议出让、招标出让和拍卖出让等方式。以出让方式获得建设用地使用权，使用权人可以自由设定抵押权。二是通过划拨方式获得建设用地使用权，如使用人按照一定的程序向国家主管机关提出用地申请，国家主管机关通过行政审批程序将土地无偿地确定给使用人使用，使用人无需向国家支付土地使用费。通过划拨取得的建设用地使用权是否可以直接用以抵押？根据国务院发布的《城镇国有土地使用权出让和转让暂行条例》第45条的规定，使用人未经有权机关批准或者未经批准将划拨用地更改为出让用地，不得自由处分，包括抵押给他人。划拨土地使用权，必须经土地管理部门批准，并先办理土地使用权出让手续，交付土地使用权出让金，将划拨土地使用权转为出让土地使用权后，才能与附属建筑物一并抵押。

对于建设用地使用权人的抵押等处分权，在《民法典》关于建设用地使用权的定义中没有明确列举规定，但从关于建设用地使用权人的权利效力规范中可知，建设用地使用权人有包括将建设用地使用权抵押在内的对建设用地使用权的处分权。《民法典》第353条规定：建设用地使用权人有权将建设用地使用权转让、互换、出资、赠与或者抵押，但是法律另有规定的除外。

三、海域使用权

海域使用权是此次《民法典》编纂新增加的一项可抵押物。海域属于国家所有，国务院代表国家行使海域所有权。任何单位或者个人不得侵占、买卖或者以其他形式非法转让海域。单位和个人使用海域，必须依法取得海域使用权。1982年《联合国海洋法公约》确认了沿海国对于海洋享有的各项权利，其中包括对于内水和12海里领海享有与土地一样的主权权利，以及对于200海里的专属经济区和大陆架享有的管辖权利。该公约1994年生效，我国1996年批准了该公约。海域产权制度是海域利用的基础，也是沿海经济的重要支柱。我国财政部与国家海洋局于1993年联合发布了《国家海域使用管理暂行规定》，初步确立了海域使用证和海域使用金制度。2002年实施的《海域使用管理法》参照土地使用管理的经验，以海域使用权制度为核心，确立了海域使用总体规划、海域有偿使用、海域使用论证等海域使用管理制度。2007年《物权法》第122条确认了海域使用权，明确了它的用益物权地位。《民法典》第328条延续了《物权法》的规定。

根据《民法典》第323条的规定，用益物权人对他人所有的不动产或者动产，依法享有占有、使用和收益的权利。该条规定没有明确列举用益物权人对用益物的处分权，但用益物权人处分用益物权的权利是不言而喻的。如《民法典》第334条规定，土地承包经营权人依照法律规定，有权将土地承包经营权互换、转让；第354条规定，建设用地使用权可以转让、互换、出资、赠与或者抵押等。根据《民法典》第395条第1款第3项，海域使用权人可以将海域使用权用作抵押财产。由于海域使用权属于不动产用益物权，当海域使用权用作抵押财产时，应按照不动产抵押权的设立规则设立。

四、生产设备、原材料、半成品、产品

本项是关于动产抵押物的规定。《担保法》中没有该项规定，《物权法》增加此项规定，《民法典》承续《物权法》的这一规定。美国《统一商法典》第九编将“原材料、半成品、产品”概称为“库存”。“库存”这一抵押物类型，是与浮动抵押权制度密切联系的，并与“购买价款抵押权”和“正常经营活动中的买受人不受追及规则”相联系。此三项制度，都以“库存”担保物为基础，其中的两项是在《物权法》中新出现的制度，一项是在《民法典》

中新出现的制度。

动产抵押是为适应工商业和农业资金融通以及动产用益的需求，并保障动产交易安全而发展起来的担保物权制度。其发展轨迹和发展模式，在大陆法系先法典化国家或地区与后法典化国家或地区，有明显的不同。在担保物权法典中增加动产抵押制度以及扩大可抵押动产的范围，是我国担保物权法制不同于其他国家或地区担保物权法制的一大特色。先法典化国家或地区虽在其民法典之外不无包括动产抵押在内的不移转占有的动产担保物权制度，但民法典之中一般没有规定。我国自《担保法》始，将动产抵押权植入了担保物权法典中，并将可抵押的动产的范围从《担保法》的有限范围扩大到《物权法》的极限范围，《民法典》承续了《物权法》的动产抵押权制度。不仅列举了“生产设备、原材料、半成品、产品”等可抵押动产，还将可抵押财产的范围扩展到了“法律、行政法规不禁止抵押的财产”这样可以抵押的极限。在此之前，大陆法系民法典中没有动产抵押制度，只有动产质权制度，即在动产上只可以设立移转动产占有的担保物权制度。动产质权制度的优点在于质权人占有质押物所形成的对债务人履行债务的心理压力，缺点在于质押人不能再使用质押物以及质权人需担负管理质押物的负担，可谓“得一益而失两利”。而动产抵押权才是商品经济社会中工商企业最需要的担保物权法律制度：既可以使得抵押人继续占有抵押物以发挥抵押物的使用价值，也可以实施重复抵押以发挥抵押物的交换价值，还可以确保抵押权人的债权实现。此可谓“皆得三利”。因此，增加动产抵押权制度并扩大可抵押财产的范围，是由动产抵押权的制度优势和社会需求决定的。

五、正在建造的建筑物、船舶、航空器

本项是关于可抵押的“未来物”的规定。担保物权以客体的特定性为特征。特定物，即时间上的“现有物”而非“未来物”，空间上的“个别物”而非“种类物”。也就是说，“未来物”以及“种类物”上不成立担保物权。这是由担保物权客体的特定性决定的。但担保物权与所有权以及用益物权有不同之处，其中之一就是担保物权的成立和担保物权的实现不需要同步，而所有权和用益物权的成立与其实现需要同步。由此，只要在担保物权实

现的时候担保物能够特定，就满足了担保物权的客体特定性要求。因此，关于“未来物”上能否设立抵押权，近现代各国民法存在许可主义和不许可主义两种立法模式。不许可主义坚持认为，抵押权是担保物权，是一种物权，需要坚守物权客体的特定性条件。既然抵押物尚不存在，则抵押权作为物权就不能实现对特定物的直接支配效果，因此于“未来物”上不能设立抵押权。许可主义认为，尽管“未来物”尚不存在，但如果未来物依据社会观念是可得存在的，就可得存在的未来物签订抵押合同，并将此抵押合同债权予以登记的话，不仅有利于鼓励事业发展，还可以在“未来物”现实化的时候实现抵押权的担保功能。我国《担保法》对正在建造的未来财产能否设立抵押权未作明确规定，《城市房地产抵押管理办法》在第3条第5款对在建工程可以抵押作了规定。《担保法解释》第47条对此进一步作出规定：“以依法获准尚未建造的或者正在建造中的房屋或其他建筑物抵押的，当事人办理了抵押登记，人民法院可以认定抵押有效。”鉴于在建工程在司法实践中已经被作为抵押物，为了更好发挥“在建物”即“未来物”在融通资金方面的作用，2007年颁布的《物权法》明确规定了“正在建造的建筑物、船舶、航空器”可以抵押。《民法典》承袭了《物权法》的这一规定。

从《物权法》第180条和《民法典》第395条关于可抵押物的规范顺序来看，是先规定不动产抵押物，后规定动产抵押物；先规定可抵押现有物，后规定可抵押未来物。作为未来物，“正在建造的建筑物、船舶、航空器”一项处于可抵押现有物中间，割裂了现有物秩序；其中的在建建筑物作为不动产抵押物，处于动产抵押物中间，割裂了动产抵押物的顺序。为便于法律的学习和适用，建议之一是，把“正在建造的建筑物、船舶、航空器”一项拆解析分为两项，即分解为“正在建造的建筑物”和“正在建造的船舶、航空器”两项内容，分别置于现有不动产抵押物之后和现有动产抵押物之后；建议之二是，把“正在建造的建筑物、船舶、航空器”置于该款倒数第2项，即现有的不动产抵押物和现有的动产抵押物之后，且将其修改为“正在建造的建筑物、船舶、航空器等未来物”。笔者认为以建议二为上选，可抵押的未来物当然不限于正在建造的建筑物、船舶、航空器，还可以包括正在建造的汽车、高铁、动车等交通工具等。

鉴于未来物上不成立抵押权，所以，《民法典》第402条规定以本法第395条第1款第1项至第3项规定的财产或者第5项规定的正在建造的建筑物抵押的，应当办理抵押登记。抵押权自登记时设立。第403条规定以动产抵押的，抵押权自抵押合同生效时设立；未经登记，不得对抗善意第三人。上述规定都有不足之处，不过这些立法不足在法律实践和司法实践中不一定有实质影响。

六、交通运输工具

交通运输工具，是指完成旅客和货物运输的机动车，包括汽车、火车、轮船、飞机等。由于这些运输工具是完成旅客和货物位移的工具，故又称交通运输移动设备。根据其从事运输活动的独立程度，可以区分为三类：没有装载客货容器，只提供原动力的运输工具，比如机车、推车（拖船）、牵引车等；没有原动力，只有装载客货容器的从动运输工具，如挂车、驳船等；既有转载客货容器，又拥有原动力的独立式运输工具，如轮船、汽车、飞机等。不同类型交通运输工具上的抵押权登记公示机构不同：《机动车登记规定》第二章第四节对机动车的抵押登记作了详细规定；《海商法》第13条第1款规定："设定船舶抵押权，由抵押权人和抵押人共同向船舶登记机关办理抵押权登记；未经登记的，不得对抗第三人。"《民用航空法》第16条规定："设定民用航空器抵押权，由抵押权人和抵押人共同向国务院民用航空器主管部门办理抵押权登记；未经登记的，不得对抗第三人。"

"交通运输工具"这一定义，通常是从抵押物的社会功能角度对一类物的概括。物理层面上同样是交通运输工具，但如果从商业活动的角度尤其是担保物权设立的角度观察其地位，就会有其他不同概念的指称，如停放在仓库里待售的汽车，我们可以称其为"库存"；购买用于工商企业生产活动的汽车，我们可以称其为"设备"；购买用于居家日常生活的汽车，我们又可以称其为"消费品"。所以，因汽车在社会商业活动中所处的用途和功能不同，同一部汽车可以有不同的商业名称。从国外动产担保物权立法的情况来看，汽车的不同商业名称与汽车上的担保物权制度有关，如作为"库存"的汽车上通常设立浮动抵押权，购买用于商业或家用的汽车上可以设立购买价款抵押权，购买价款抵押权的登记公示制度与浮动抵押权的公示制度又有不同要求。

这些比较法上的制度，值得我们学习借鉴。

七、法律、行政法规未禁止抵押的其他财产

本项是可抵押财产的兜底性规定。从抽象层面分析，凡是具有价值、可以变价且抵押人有处分权的财产，都可以作为抵押物。从具象层面分析，可抵押物在《民法典》第395条中作了具体列举规定。抽象层面的可抵押物与具象层面的列举可抵押物之间还有很大差距，即列举可抵押物仅是抽象可抵押物的一部分。可抵押物的范围越大，抵押权制度的社会效用就会越大。但具体列举抵押物类型及范围，在有利于前述抵押权的设立、优先次序、实现等规则设计的同时，也不可避免地导致列举不充分、分类不科学、类型未穷尽的立法不足。如何在列举的同时，避免可抵押物范围因列举而遗漏，因列举而不能满足经济社会发展的需求，就是立法必须要解决的问题。在具体列举的基础上，以兜底款项弥补立法技术的不足，就是担保物权法关于可抵押物立法的不二之选。根据私法自治原则，只要法律、行政法规未禁止抵押的财产，皆可为抵押物。此亦即“法不禁止即自由”私法政策的规范化表达。

从语义分析的角度观察，“未禁止抵押的其他财产”除了排除《民法典》第399条列举的“不得抵押”财产外，也应该包括《民法典》“权利质权”一节规定的可质押的各项权利，即《民法典》第440条规定的债务人或者第三人有权处分的权利。因为“财产”是一个范围十分广泛的概念，包括有体财产也包括无体财产。从另一个角度分析，“权利质权”作为一项独立的担保物权类型，是在抵押权为不动产抵押权、动产质权为有体物动产质权的前提下，对具有价值并可以变价的无体物即权利上设立的一种担保物权类型。但随着动产抵押权的出现，尤其随着“法不禁止的财产”都可以抵押的立法政策选择，可抵押财产从最初的不动产，演变为不动产与有限动产，直至今日之不动产与极限动产，且对可抵押物使用了概念外延宽泛的“财产”一词。从物权法定的视角理解，在“权利质权”这一担保物权类型并存的法制体系内，可抵押物应该作限缩的解释，即可抵押物应限于有体财产；但如果从“财产”一词的语义解释角度理解，可抵押财产可以包括无体物即权利。在对可抵押“财产”作宽泛解释的情况下，权利上的担保物权可以称为权利质权，也可以

称为权利抵押权。

在权利可以解释为抵押物的情况下，这一解释引起的法体系效应可谓不小。在权利仅得为权利质权标的的情况下，因可得为权利质权标的的立法政策与可得为抵押权标的的立法政策截然相反，即《民法典》承续了《物权法》可得为权利质权标的的立法模式，在列举可得为权利质权标的的权利类型之后，以兜底款项方式规定了“法律、行政法规规定可以出质的其他财产权利”。对于经济社会发展中新出现的权利类型，如商铺摊位的出租权、出租车的营运权等新型权利，法律、行政法规没有规定其可以出质。如果当事人依合意在这些新型权利上设立担保物权，且在没有法定登记公示机构予以公示的情况下，这些未经登记公示的权利上的担保物权是哪一种担保物权类型？在司法实践中，如果认定为权利质权，则因找不到这些权利可以出质的法律依据且没有办理登记公示，就只能认定担保合同无效且担保物权设立亦无效；如果认定为权利抵押权，“动产”上的抵押权无需经登记公示，故可认定为抵押合同有效且抵押权设立。为了尊重当事人的私法自治以及鼓励交易，笔者认为，找不到法律依据的权利上质权的设立，可以认定为权利上抵押权的设立；有法律依据但未经公示的权利上质权的设立，亦可以认定为权利上抵押权的设立。

八、集合抵押

本条第2款是集合抵押的规定。[①]集合抵押，是指在特定的同种类或者不同种类的数个特定财产上形成一个集合财产，以该集合财产上设立的抵押权担保同一债权的实现。特定财产的集合，有特定的不动产集合、动产集合或其他权利集合，以及特定的不动产与动产及权利的集合等。前者是同种类财产集合，后者是混合种类财产集合。究其实质，集合抵押是数个特定物上的数个抵押权的集合，而非数个特定物上的一个抵押权。法律规定集合抵押的目的，在于以此克服一般抵押权的不足，并促进企业融通资金。具体而言：

① 有学者称为企业财产集合抵押，见中国法学网，http://www.iolaw.org.cn/showArticle.aspx?id=2182，最后访问时间2020年9月25日；有学者称为财团抵押，见崔建远：《物权法》（第四版），中国人民大学出版社2017年版，第492页。

一般抵押权是单个特定物上的抵押权，而非种类物更非混合物上的抵押权。集合抵押则或者是特定的种类物抵押，或者是特定的混合物抵押。企业的大规模融资，非单一抵押物所能济困。为了大规模融资，企业通常将其部分所有或者全部所有的财产（包括不动产、动产和权利）作为集合抵押物，一起担保债务的履行。在集合抵押物的情况下，如果按照一般抵押权的操作，当事人须就逐个抵押物分别操作，逐一签订抵押合同并逐一完成抵押权登记公示手续等。在抵押物数量众多的情况下，当事人将不堪其困、不胜其烦。为了免去这一烦劳，集合抵押制度出现。集合抵押即将集合财产包括同类的集合财产或不同类的混合财产编写成一份“抵押财产目录清单”，将“抵押财产目录清单”中的集合财产作为一项特定财产设立抵押权。集合抵押只需一个担保合同即为足，也使得抵押权登记数量锐减，省去了一般抵押权设立的众多麻烦。集合抵押在日本被称为“财团抵押”。我国《担保法》第34条第2款参考了日本的“财团抵押”和国外学说的“动产、不动产集合抵押”，明确规定：“抵押人可以将前款所列财产一并抵押。”这一规定得到了《物权法》《民法典》的承继。

集合抵押不仅免去了抵押合同众多以及抵押权登记公示手续繁多的麻烦，而且抵押财产的集合对于担保债权的实现提供了充分的抵押财产保障。但是，这是局限于担保合同当事人的内部法律关系得出的结论。从担保外部法律关系来看，集合抵押的存在使得其他人不再愿意提供给集合抵押人担保融资，从而降低了集合抵押人再次获得融资的能力。这是因为，抵押人设定集合抵押以后，其可以动用的可融资抵押财产减少或者可融资抵押财产能力降低。与浮动抵押相比，财团抵押更不利于抵押人。[①]在集合抵押人几乎用尽自己所有的财产设立集合抵押以后，再融资抵押的其他抵押权人优先受偿次序只能排在集合抵押权人之后。在其融资风险增加的情况下，其要么不愿意接受已经负担集合抵押权的抵押财产，要么因排序在后风险增大而提出提高贷款利率的要求。不论是少有人愿意提供融资贷款，还是提高贷款利率，都会使得集合抵押人的融资能力降低。所以，抵押人在债权人毫无意义地肆意要求设定集合抵押的情况下，应尽力拒绝其要求，以确保自己的再融资能力，降低

---

① 参见梁慧星、陈华彬：《物权法》（第六版），法律出版社2016年版，第305页。

市场运行中的财务、财产风险。

第三百九十六条【浮动抵押】

企业、个体工商户、农业生产经营者可以将现有的以及将有的生产设备、原材料、半成品、产品抵押，债务人不履行到期债务或者发生当事人约定的实现抵押权的情形，债权人有权就抵押财产确定时的动产优先受偿。

历史由来

本条是对《物权法》第181条予以修改的结果：删除了《物权法》第181条中的“经当事人书面协议”，把“债权人有权就实现抵押权时的动产优先受偿”修改为“债权人有权就抵押财产确定时的动产优先受偿”。之所以删除“经当事人书面协议”，是因为《民法典》第400条对抵押权的设立应当采用书面形式有统一规定，故而此处的“经事人书面协议”是对第400条相关内容的规范重复，不符合《民法典》的逻辑性和体系性，应予删除。之所以将《物权法》中的“债权人有权就实现抵押权时的动产优先受偿”，修改为《民法典》中的“债权人有权就抵押财产确定时的动产优先受偿”，是因为浮动抵押财产在设立后至实现前，始终处于浮动状态。抵押权设立后至实现前这一期间，虽然对浮动抵押财产的特定性要求着实有较大的缓和，但在实现抵押权时须满足抵押权客体的特定性要求。基于此，《物权法》第196条规定了浮动抵押财产得以确定的四种情形，《民法典》第411条承袭了《物权法》第196条的规定。为呼应《民法典》第411条中的“抵押财产确定”这一用语，本条做了相应的修改：债权人有权就抵押财产确定时的动产优先受偿。

规范目的或功能

本条的规范目的是规定浮动抵押制度。与一般抵押权相比，浮动抵押的特别之处在于抵押物的浮动性即非特定性，至于其权利内容则与一般抵押权无异：债务人不履行到期债务或者发生当事人约定的实现抵押权的情形，债权人有权就抵押财产优先受偿。只不过，因为浮动抵押财产的非特定性，该定义内容增加了“抵押财产确定时的动产”的表述。因此，我们将其归类于抵押物规范群。一如前述，实定法上的“一般抵押权”是与“最高额抵押权”对称的担保物权类型；学理上的“一般抵押权”是与“集合抵押权”“浮动抵押权”“最高额抵押权”对称的担保物权类型概念。[①]但为了集约立法，我国担保物权立法将“集合抵押权”和“浮动抵押权”置于“一般抵押权”一章，作为“一般抵押权”类型处理。规定浮动抵押制度的目的，是缓和担保物权客体特定要求之刚性，提高担保财产融资效率，以最大限度地满足工商企业的融资需求。

浮动抵押制度有以下制度优势：一是有利于提高经济流转效率。在浮动抵押制度中，债务人并不丧失对担保财产的管领处分权能，其日常经营活动也不因浮动抵押权设定而受到影响。浮动抵押财产的用益价值特别是交换价值得到了极大的发挥。二是有利于提升企业的融资能力。浮动抵押不仅以抵押人现有的财产作为担保物，且以抵押人将有的财产作为担保物，由此扩大了可以利用的担保财产的范围和价值，增强了企业的融资能力。三是浮动抵押权设立手续简便。相较于一般抵押权，浮动抵押权的设立无需就抵押权设立时现存每一件抵押物分别签订抵押合同，并分别办理抵押权登记手续；相较于集合抵押权，浮动抵押权也无需就其中的集合、混合财产编制集合、混合财产目录清单，更无需就各个财产上的抵押权分别办理抵押权登记；浮动抵押权只需在担保物权登记机构办理一个登记手续，即实现对现有以及将有财产上的浮动抵押权公示，浮动抵押人新取得的符合浮动抵押合同约定的财产也会自动加入到浮动抵押财产中来，而且浮动抵押人对浮动抵押财产的处分、转让等行为不受浮动抵押权的拘束。四是有利于避免浮动抵押人破产。浮动抵押权的实现有浮动抵押财产结晶制度和浮动抵押财产托管人制度。这两项制度可以有效避免浮动抵押人因实现浮动抵押权而进入企业破产程序。即使在不得已的情况下因实现浮动抵押权而将企业整体拍卖或者转让，也不损害企业财产的规模价值，企业员工不必解散，避免因破产导致的一系列社

---

① 参见梁慧星、陈华彬：《物权法》（第六版），法律出版社2016年版，第295页以下。

会问题。五是浮动抵押的设立不影响其他担保物权的设立。浮动抵押权设立之后，浮动抵押人可以在同一浮动抵押财产上设立重复浮动抵押权，重复浮动抵押权的优先受偿次序按照公示时间的先后确立；浮动抵押权设立后，在现存浮动抵押财产或将有浮动抵押财产上设立一般抵押权，浮动抵押权与一般抵押权的优先受偿次序规则，通常适用特别优先受偿次序规则，如购买价款抵押权及其超级优先受偿次序规则，以及正常经营活动中的买受人不受追及规则等。

浮动抵押物，不仅包括现有集合抵押物，而且混合了现有集合物和未来集合物。浮动抵押制度不是一个孤立的制度，浮动抵押权制度与其他担保物权制度如“正常经营活动中的买受人不受追及规则”相联系，与购买价款担保物权超级优先受偿次序规则也有着密切的制度联系。其中“正常经营活动中的买受人不受追及规则”与浮动抵押制度相联系，在《物权法》中就有明文表达。《民法典》虽然将浮动抵押制度与相关制度的联系做了适度的立法分离，但其制度间的紧密联系程度不应因此受到忽视。浮动抵押权存续期间，当事人之间一般会允许有浮动抵押财产的流进（此与“购买价款抵押权及其超级优先受偿次序规则”有关）和流出（此与“正常经营活动中的买受人不受追及规则”有关），因此浮动抵押制度与购买价款抵押权制度以及正常经营活动中的买受人保护制度，在实际生活中有着密切的联系。与此同时，因为浮动抵押物是非特定物，就会有一个非特定物如何特定的问题，所以就有了《民法典》第411条。

规范内容

浮动抵押权是一项担保物权，当具有担保物权的共同属性；与此同时，浮动抵押权又是一项特别的担保物权，当具有一般抵押权不具有的特别属性。从浮动抵押权的定义规范来看，浮动抵押权具有担保物权的共同属性，作为担保物权类型之一的浮动抵押权，同样具备担保物权的“同一核心内容”，即在所附条件成就时（债务人不履行到期债务或者发生当事人约定的实现抵押权的情形），债权人对担保财产（抵押财产确定时的生产设备、原材料、半成品和产品）的变价，在受担保债权数额限度内的优先受偿权。“同一核心内容”

的具备，使得浮动抵押权得以纳入“一般抵押权”制度中接受一般抵押权规范的调整。

在已有的讨论中，围绕我国法中的浮动抵押是“英式浮动抵押”还是“美式浮动抵押”存在争议。[①]在英式浮动抵押中，由于“结晶”制度的存在，“结晶”之前的浮动抵押权没有优先效力可言，当发生浮动抵押权和一般动产抵押权竞存的情形时，无论何者先登记，均适用一般动产抵押权优先于浮动抵押权的规则。在美式浮动抵押（“嗣后所得财产条款”）中，并不存在一般动产抵押权优先于浮动抵押权的规则，而是统一适用“登记在先，效力在先”规则。这一问题的关键是如何认定《民法典》第411条中的浮动抵押财产的确定规则。我们认为这里规定的并非英式浮动抵押中的“结晶”规则，而只是抵押物的确定规则，在抵押物确定前浮动抵押权就已经发生了物权效力。[②]换言之，我国法中的浮动抵押是继受了美国法中的浮动抵押（“嗣后所得财产条款”）。[③]

作为一类特别的担保物权类型，浮动抵押权与一般抵押权在两个方面有着不同：一是浮动抵押人不同，一般抵押权中，一般民事主体均可以作为抵押人，浮动抵押权的抵押人须是商事主体，即本条所列“企业、个体工商户、农业生产经营者”，且我国担保物权法中的浮动抵押人与比较法上的浮动抵押人也有明显不同——比较法上的浮动抵押人一般是股份有限公司这一特别商事主体，我国的浮动抵押人是所有的商事主体；二是浮动抵押财产不同，一般抵押权的抵押物是特定物，即时间上的现有物和空间上的个别物，浮动抵押物既非全是时间上的现有物也非全是空间上的个别物，而是现有的以及将有的物，即浮动财产。

一、浮动抵押人

为什么对浮动抵押人有着与一般抵押人不同的要求？这与浮动抵押制度

---

① 参见龙俊：《动产抵押对抗规则》，载《法学家》2016年第3期。

② 参见王洪亮：《动产抵押登记效力规则的独立性解析》，载《法学》2009年第11期。

③ 纪海龙、张玉涛：《〈民法典物权编（草案）〉中的“正常经营买受人规则”》，载《云南社会科学》2019年第5期。

本身的特别属性有关。从浮动抵押制度的发源地英国的浮动抵押制度发展来看，英国将浮动抵押的相关制度规定在公司法中，作为公司发行债券时常用的一种担保。在英格兰，所有公司均有资格设立浮动抵押，但在苏格兰只有法人公司才能设立浮动抵押。关于个人、合伙能否设立浮动抵押，英国并没有任何法律明文禁止。从理论上讲，以个人、合伙身份营业的自然人与法人企业同样有提供担保的需要，法律没有理由限制他们在发展业务时设立浮动抵押。但是，由于英国的一些成文法规，如买卖法、破产法的规定，个人设立的浮动抵押会失去其实际效果和意义。这些法规有的是使个人设立的浮动抵押在债权人与债务人之间无效，有的虽不是对当事人双方无效，却对第三人无对抗效力。结果是，自然人不能在其业务上设立浮动抵押权，只有法人公司才能设立。这些表面现象下更为重要的深层次原因在于，浮动抵押是以债务人现有的以及将有的全部财产作为抵押物设立抵押权。浮动抵押权的这一情状对浮动抵押相关主体的法律影响重大。从抵押人的角度看，以自己现有以及将有的全部财产作为抵押物，一旦经营失败，对于企业来讲是利润多少的问题，对于个人来讲可能是身家性命的问题，所以，个人设立浮动抵押需慎之又慎；从债权人的角度看，浮动抵押设立后，债权人不支配浮动抵押财产，且浮动抵押人可以自由处分浮动抵押财产，这一情状使得浮动抵押财产更容易不当地减少，直接影响到浮动抵押权人的利益。因此，相比之下，将浮动抵押人限制在公司尤其是上市公司，对于债权人的利益保护有利。公司与个人、合伙不同的地方在于，前者具有较为规范的运行机制，且公司财产具有较强的独立性，能够独立承担民事责任，在一定时间内公司财产具有较强的稳定性，债权人的担保利益能够得到一定的保障；而个人、合伙因其运作很不透明而容易欺诈债权人利益，因而在个人、合伙财产上不宜设立浮动抵押权。日本《企业担保法》对浮动抵押设立的主体也进行了限制，只允许股份有限公司为自己债务的履行在其财产上设立浮动抵押权。这是因为公司法对股份有限公司的财产状况有严格的监管制度，其运营状况通常也较为稳定，股份有限公司设定浮动抵押对债权人的风险较小。股份有限公司发行公司债，通常金额大且期限长，适合设定浮动抵押予以担保。

我国《物权法》起草之际，关于浮动抵押设立人的问题，有学者建议限于公司法人。因为根据我国《公司法》规定，有的国有企业采取国有独资公司形式，如果我国担保物权法规定浮动抵押人限于股份有限公司，将使国有独资有限责任公司不能采用浮动抵押这一担保方式。将浮动抵押设立人规定为公司法人，就可以将国有独资公司也包括在内，从而为国有独资公司利用浮动抵押这种担保方式提供了便利。但也有观点认为，从浮动抵押人的角度观察，将浮动抵押人限定在股份有限公司或者公司法人，会导致商事主体的融资能力不平等，破坏市场主体平等原则；而且，我国股份有限公司、国有独资公司的资金来源比较广，相较于其他商事主体未必十分需要浮动抵押这种担保方式。相反，一些有发展潜力的有限责任公司或其他形式的商事主体十分需要这种融资担保方式。最终，我国《物权法》担保物权编确立的浮动抵押权制度，将浮动抵押人的主体范围作了最为宽泛的规定："企业、个体工商户、农业生产经营者"都可以作为浮动抵押人。其中，企业包括国有企业、集体企业、公司企业、合伙企业和独资企业等；个体工商户，是指依法经核准登记从事工商业经营活动的个人；农业生产经营者，包括农村和城镇农业生产经营户和农业生产经营单位。

"企业、个体工商户、农业生产经营者"圈定的主体范围囊括了所有的商事主体，也就是说，在我国所有的商事主体都可以设定浮动抵押。但由于浮动抵押本身固有的潜在风险，某一商事主体提供的浮动抵押能否为其他债权人接受，是法律实施中的风险评估问题。在设定浮动抵押后，浮动抵押人是否适当处理了浮动抵押财产，也是司法实践中特别需要注意的问题。

二、浮动抵押财产

浮动抵押的最大特点就是其抵押财产的浮动性，亦称流动性，即浮动抵押的财产始终处于变动状态，浮动财产在不断流进的同时也在不断流出。浮动抵押财产的流动性，使得浮动抵押制度不仅与其他担保物权制度如"购买价款抵押权及其超级优先受偿次序规则"以及"正常经营活动中的买受人所有权不受追及规则"之间，有着密不可分的制度联系，而且基于对物权客体特定性的要求，尽管在浮动财产即不特定的财产上得以设立抵押合同，且可以就抵押合同办理浮动抵押预告登记公示手续，但在浮动财产特定之前，浮动抵押权因浮动财产的不特定而不得设立。

与“购买价款抵押权及其超级优先受偿次序规则”之间：因浮动抵押人可以自主购进货物，且购进的货物因浮动抵押合同的存在而自动成为浮动抵押财产。在购进货物时，如果浮动抵押人是以等价交换的方式购进，则此一购进方式不会减少浮动抵押人的包括浮动抵押财产在内的责任财产，因此这一购进货物的方式不会影响浮动抵押权；但如果浮动抵押人以购买价款抵押权的方式购进货物，则因这一购进货物的方式是以非等价方式进行的，即以购置物为抵押物担保购买价款的支付，此种购进货物的方式非但没有减少浮动抵押财产，反而增加了浮动抵押财产。但在此情形下，购进物上就不仅负载了购买价款抵押权，同时也自动负载了先期存在的浮动抵押合同项下的权利。这种情况下，浮动抵押人在同一购进物上设立的两个抵押权之间，其优先受偿次序规则如何设计？这是一个担保物权立法需要回答的问题。对于这一问题，在《物权法》规范有浮动抵押制度的情况下，立法却没有回答，此次《民法典》编纂增加了第416条即“购买价款抵押权及其超级优先受偿次序规则”，回答了这一问题。其详细研究见该条之评注。

与“正常经营活动中买受人规则”之间：浮动抵押人在其“正常经营活动中”是否可以出售浮动抵押财产，由当事人之间合意决定。如果浮动抵押权人与浮动抵押人之间合意允许浮动抵押人在签订抵押合同之后自主处分浮动抵押财产，则公示顺位在先的浮动抵押权与后期产生的买受人所有权之间的优先次序，需由法律作出规制，此即《民法典》第404条确立的规则；如果浮动抵押权人与浮动抵押人之间合意不允许浮动抵押人在签订抵押合同之后自主处分浮动抵押财产，则正常经营活动中的买受人所有权是否受到保护，取决于有无善意取得制度的适用空间。此涉及《民法典》第404条、第311条、第312条。其详细研究见相应条文评注。

关于“正常经营活动中的买受人规则”，可以借鉴美国《统一商法典》的相关规定，《民法典》应该明确，是出售人处于“正常经营活动中”时，买受人购买浮动抵押物并取得抵押财产时，不受在先成立的浮动抵押权的影响。如果仅是买受人在“正常经营活动中”从浮动抵押人处购得浮动抵押物，应受在先成立的浮动抵押权影响。[1]现在《民法典》规定得较为模糊，在司法实务中容易出现问题。根据《民法典》第404条的规定，买受人取得浮动抵押物的所有权是否包含其“善意”？根据比较法研究，买受人就算知道该购买物上设立有在先的浮动抵押权，也不必然知道他的购买行为就会损害浮动抵押权人。所以该条应该增加，就算买受人知道所购买的物上存在浮动抵押权，也不受其影响。[2]这样的话，《民法典》第404条的规定才更全面，能够应对之后可能出现的各种情况。

第三百九十七条【房产与地产一并抵押】

以建筑物抵押的，该建筑物占用范围内的建设用地使用权一并抵押。以建设用地使用权抵押的，该土地上的建筑物一并抵押。

抵押人未依据前款规定一并抵押的，未抵押的财产视为一并抵押。

历史由来

该条承袭了《物权法》第182条，只是将第2款中的“依照”改为“依据”。《物权法》第182是由对《担保法》第36条修改而来。《担保法》第36条规定：“以依法取得的国有土地上的房屋抵押的，该房屋占用范围内的国有土地使用权同时抵押。以出让方式取得的国有土地使用权抵押的，应当将抵押时该国有土地上的房屋同时抵押。乡（镇）、村企业的土地使用权不得单独抵押。以乡（镇）、村企业的厂房等建筑物抵押的，其占用范围内的土地使用权同时抵押。”

---

① 董学立：《论“正常经营活动中”的买受人规则》，载《法学论坛》2010年第4期。

② 董学立：《浮动抵押的财产变动与效力限制》，载《法学研究》2010年第1期；李莉：《浮动抵押权人优先受偿范围限制规则研究》，载《西南政法大学学报》2014年第3期。

规范目的或功能

本条的规范目的是界定房产和地产抵押时的关系。

各国立法处理土地与土地之上建筑物之间的关系，有两种立法模式：其一，将土地与其上的建筑物结合作为一个不动产，即土地和土地上的建筑物是一个物，建筑物只是土地的附合物，不是独立的不动产，这种立法模式可以称为结合主义；其二，将土地与其上的建筑物分别作为独立的不动产，即土地和其上的建筑物是不同的两个物，这种立法模式可以称为分别主义。德国民法采结合主义，法国、日本民法采分别主义。我国现行法律制度，基于管理体制上的原因，将土地和建筑物分别作为不同的财产，此举与法国、日本立法模式相同。我国《物权法》将不动产分为土地和建筑物等，将建筑物、建设用地使用权等作为不同的担保物，就是采分别主义，即将土地和建筑物分别作为不同的不动产。

在古罗马法中，按照附合的法理，地上物与土地的关系，采“地上物属于土地”的原则。依此原则，在他人土地上建筑的房屋被土地吸附，所有权由土地所有权人取得。其结果是，欲取得房屋的所有权须先取得土地的所有权。但土地所有权的价格颇高，私人购买他人土地所有权不易。为了保障私人的居住用地，遂把土地出租给他人建筑房屋而收取租金。这种最初出租土地用以建房的制度后来演变为建设用地使用权（地上权）制度。我国实行土地的国家所有权和集体所有权制度，私人没有土地所有权。为了满足私人因建房而用地的需求，我国建立起了建设用地使用权制度，通过转让或者划拨方式在国家所有或者集体所有土地上为私人设立建设用地使用权，用以建造建筑物或工作物。

建设用地使用权，是指以在他人所有的土地上拥有建筑物或其他工作物为目的而使用他人土地的权利。因此，建设用地使用权，只需以在他人土地上保有建筑物或工作物为目的而使用他人所有的土地，而不以现实存在建筑物或工作物为必要。也就是说，先设定建设用地使用权，而后建造建筑物或工作物，或者先建造建筑物或工作物，而后取得建设用地使用权，均无不可。建设用地使用权与建筑物或工作物所有权既然采分别主义，则理论上以及实践中可于其上分别设立担保物权。但建筑物或工作物不是空中楼阁，其必须与土地结合在一起并矗立于土地之上。如果将建设用地使用权与建筑物所有权分别抵押，分别处分，大概率将各得其主。这一结局将导致建筑物所有人须有土地使用权才得以保住建筑物，建设用地使用权人须除去建筑物才得以恢复建设用地使用权。如果应建设用地使用权人要求除去建筑物而恢复建设用地使用权，则必然导致因建筑物拆除毁损而使得所有权人遭受重大财产损失，如果应建筑物使用权人要求获得对土地的使用权，则有可能违背建设用地使用权人的意愿或者利益。两方的利益如此对立，实不能两全其美。为了避免此一两败俱伤局面的出现，维护财产归属安全和使用效益，在处理建筑物所有权与建设用地使用权的关系上，虽采分别主义，可以分别处分，但法律要求处理其一者，必随带一并处理另一者。即处分建设用地使用权必须同时处分建筑物所有权，处分建筑物所有权必须同时处分建设用地使用权。以此在处理上的法律强制，确保土地使用权与建筑物所有权的权利主体是一个人，避免出现前述窘状，促进物尽其财、财尽其用的物权效益原则实现。

规范内容

本条调整的是关于建筑物所有权抵押或建设用地使用权抵押后相关抵押物的一并抵押问题。

一、"一并抵押"应理解为"一并处分"

首先需要明确的是，建筑物所有权和建设用地使用权可以分别单独抵押。在我国法律制度中，土地与土地上的建筑物是两个物，于其上可以分别成立物权，如在土地上有土地所有权和建设用地使用权等。这些权利，都具有价值并得以变价，因而可以作为担保物。在我国担保物权制度中，建设用地使用权和建筑物所有权，都是被规定可以作为担保物的。所以，就建筑物所有权和建设用地使用权本身来说，两者都是可以于其上设立不动产抵押权的。

对于建设用地使用权而言，在其被作为抵押物设立抵押权的时候，于其上可能有建筑物，也可能没有建筑物；对于建筑物所有权而言，在其被作为抵押物设立抵押权的时候，其不可能不在特定土地上。即使建设用地使用权在设立抵押权时土地上没有建筑物，其设立之后也可能会再于其上建设建筑物。因此，建筑物离不开土地，土地之上尤其是建设用地上不可能杜绝建设建筑物。建设用地使用权为修建建筑物而设，建筑物须建设并存续在有建设用地使用权的土地之上。在建筑物所有权和建设用地使用权上分别设立抵押权，既没有法学原理方面的障碍，也没有抵押权设立实施手续如登记公示手续方面的障碍。但在抵押权实现环节，却遇到了抵押财产变现时如何处分抵押财产的问题：如果单单是建筑物所有权抵押，其抵押权实现中的买受人名义上受让的是建筑物所有权，但建筑物所有权与建筑物占用范围内的建设用地使用权须臾不能分离，受让建筑物所有权无法绕开建筑物占用范围内的建设用地使用权受让，不然建筑物何其立足？反过来，也是同样的道理，如果单单是建设用地使用权抵押，在抵押权实现中的买受人名义上受让的是建设用地使用权，但土地上存在建筑物也是不争的事实，如果不予同时付价受让或者拆除受让，则对建筑物所有权人而言是不能承受的财产损失，因此须将建筑物所有权同时转让为妥。

笔者认为，对该条规范的正确理解应该是，以建筑物抵押的，该建筑物占用范围内的建设用地使用权在实现抵押权时一并处分；以建设用地使用权抵押的，该土地上的建筑物在实现抵押权时一并处分。将“一并抵押”解释为“一并处分”，是正确理解和恰当适用该条规范的关键：抵押人未依照前款规定一并处分的，未抵押的财产视为一并处分。即建筑物和建设用地使用权虽可以分别抵押，但须一并处分。正是为了达到一并处分之立法目的，立法才强制规定了“一并抵押”或“视为一并抵押”。实质上，“一并抵押”在本条是实现立法目的的手段，而非立法目的本身，其立法目的在于“一并处分”。关于建筑物与建设用地使用权的一并处分，《民法典》第356条规定，建设用地使用权转让、互换、出资或者赠与的，附着于该土地上的建筑物、构筑物及其附属设施一并处分；第357条规定，建筑物、构筑物及其附属设施转让、互换、出资或者赠与的，该建筑物、构筑物及其附属设施占用范围内的建设用地使用权一并处分。因此，“一并抵押”和“视为一并抵押”本身不是立法目的，实现两者的一并转让，解决“房不离地、地不弃房”的实践难题，才是立法目的。这也正是《民法典》第417条规定“建设用地使用权抵押后，该土地上新增的建筑物不属于抵押财产。该建设用地使用权实现抵押权时，应当将该土地上新增的建筑物与建设用地使用权一并处分。但是，新增建筑物所得的价款，抵押权人无权优先受偿”的原因。对该条规范的解释和适用，只能局限在其立法目的的射程范围内。这里的“视为”，作为法律概念适用于事实认定，是由法律直接作出的不允许推翻的认定，因此建筑物和建设用地使用权一并抵押是不能通过订立合同对其进行改变的。

二、“一并抵押”和“视为一并抵押”带来的实践问题

首先，关于“地随房走”的问题，即“以地上建筑物所有权抵押的，该建筑物占用范围内的建设用地使用权一并抵押，当事人未一并抵押的视为一并抵押”。这一规定在实践中会出现以下两种情况：一是在“一并抵押”的劝导性规范之下，当事人依合意实施了一并抵押，则此抵押为“集合抵押”，既得以集合财产确保债权的实现，又得以落实此规范“地随房走”的一并处理之立法目的。二是在此劝导规范之下，当事人并没有依合意实施“一并抵押”，则依“视为一并抵押”的拟制规范，仍作一并抵押处理。但此情景之下因缺少当事人合意之私法基础，作一并抵押处理的法律效果是什么？我们认为此情景之下的作一并抵押处理，不是给予抵押权人对两件抵押物变价处理的优先受偿权，而是以此维护两件抵押物一并处理的“地随房走”的结合关系。也就是说，抵押权人仍仅在建筑物变价的数额限度内优先受偿，而不得对土地的一并处理变价优先受偿。即以当事人的合意作为确立抵押财产变价优先受偿范围的依据，以法律规定的“一并抵押”或“视为一并抵押”作为一体处理建设用地使用权的依据。还需要指出的是，“地随房走”之所谓“地”，仅限于国有土地上设立的建设用地使用权，以及集体所有的土地上为乡（镇）、村企业的厂房等设立的建设用地使用权，而不能包括集体土地上其他建筑物的土地使用权。

其次，关于“房随地走”的问题，即“以建设用地使用权抵押的，该土地上的建筑物一并抵押。抵押人未一并抵押的，未抵押的建筑物视为一并抵押”。这一规定在实践中也会出现两种情形：一是在抵押建设用地使用权的时

候，该土地上没有建筑物。此时，既没有可能依当事人的合意设定土地并建筑物上的集合抵押权，也不可能被“视为一并抵押”。客观上没有建筑物，只能设立建设用地使用权抵押。但如果在建设用地使用权抵押后，该土地上新增加了建筑物，该新增加的建筑物如何处理呢？《民法典》第417条作了明确的规定。二是在抵押建设用地使用权的时候，该土地上已经存在建筑物，则如上述原理，分为当事人是依合意设立了建设用地使用权和该土地上的建筑物之集合抵押权，以及依合意仅设立了建设用地使用权的抵押权。若当事人依合意设立了集合抵押，则依据当事人的合意实现抵押权；若当事人依合意仅设立了建设用地使用权的抵押权，则依照法律规定将其作“视为一并抵押”处理。在“视为一并抵押”的情况下，抵押权人仅可以在建设用地使用权的变价数额限度内优先受偿，对该土地上的建筑物变价则没有优先受偿权。但建设用地使用权须与建筑物一体变价，处分给一个受让人，实现物尽其用的物权效益原则。

最后，关于房与地分别抵押的问题，既然建筑物所有权与建设用地使用权分别可以作为抵押物，则其可以分别抵押给不同主体，即抵押人将建筑物所有权抵押给张三，把建设用地使用权抵押给李四的情况。此情景之下，依据《民法典》第397条的规定，张三不仅是建筑物所有权的抵押权人，也被视为建筑物占用范围内的建设用地使用权的抵押权人；李四则不仅是建设用地使用权的抵押权人，其也被视为该土地上的建筑物所有权的抵押权人。这样一来，在建设用地使用权与该土地上的建筑物所有权分别抵押给不同主体的情况下，张三和李四分别是同一建筑物所有权和该建筑物占用范围内的建设用地使用权的抵押权人。那么，张三和李四如何实现其抵押权？则颇费思量。

第一种方案是按照“视为一并抵押”的规则处理，在这一规则指引下，抵押人在同一集合物上为张三和李四分别设立了集合抵押。按照抵押人同一抵押物上设立的数个抵押权之间的优先受偿次序规则，即按照《民法典》第414条规定的登记公示在先的抵押权优先于登记公示在后的抵押权受偿。《九民纪要》第61条也认为：根据《物权法》第182条之规定，仅以建筑物设定抵押的，抵押权的效力及于占用范围内的土地；仅以建设用地使用权抵押的，抵押权的效力亦及于其上的建筑物。在房地分别抵押，即建设用地使用权抵押给一个债权人，而其上的建筑物又抵押给另一个人的情况下，可能产生两个抵押权的冲突问题。基于“房地一体”规则，此时应当将建筑物和建设用地使用权视为同一财产，从而依照《物权法》第199条的规定确定清偿顺序：登记在先的先清偿；同时登记的，按照债权比例清偿。同一天登记的，视为同时登记。应予注意的是，根据《物权法》第200条的规定，建设用地使用权抵押后，该土地上新增的建筑物不属于抵押财产。

第二种方案是按照分别抵押的理论，即按照建筑物所有权和建设用地使用权分别抵押的理论处理，由于当事人在两个独立的抵押合同中将建筑物所有权和建设用地使用权分别抵押给张三和李四，按照当事人之间的意思自治，这两个抵押权在评估时分别作价，在登记时分别登记，因此可以认为两个抵押权设立皆为有效。在抵押权实现的时候，应就两项抵押财产一体拍卖，但须分别受偿。在抵押物变价的时候，必须将建筑物和建设用地使用权出让给同一个买受人，以满足“地随房走”或者“房随地走”的房地一体处理要求。

从文义分析来看，上述两种方式中的第一种较为符合规范的文义。但从规范目的来看，上述两种方式中的第二种更加符合规范的目的。就第一种方式而言，尽管其符合规范文义，但其规范运行的结果存在不公平的情况，如在“视为一并抵押”的情形，同一集合财产上抵押人设立的两个抵押权的优先受偿次序将依照登记公示的时间先后确定，即就集合抵押财产的变价所得，公示在先的抵押权优先于公示在后的抵押权受偿。如此受偿，排序在先的抵押权有可能全额实现受担保债权，而排序在后的抵押权则因此不能全额受偿甚至完全不能受偿。这一结果明显违背了当事人设定抵押权时的真实意思表示，对于完全不能受偿的抵押权人尤其不公平。具体而言，在建筑物与建筑物占有范围内的建设用地使用权得分别抵押的前提下，当事人分别抵押建筑物和建筑物占有范围内的建设用地使用权，是完全符合私法自治原则的。“一并抵押”和“视为一并抵押”的规定，绝不是要求在私法自治原则之外，超当事人意志地肆意增加抵押财产，而是考虑到土地与建筑物不可分离的特质而做出的法律制度安排，其目的仅在于以“一并抵押”或者“视为一并抵押”为手段，实现土地和建筑物的“一并出让”，以防土地与房屋分属所有的窘境。超出立法目的的法律规范解释，使得分别抵押情况下登记公示时间排序在后的抵押权人，有抵押权利益落空的风险。因此这一解释方法得出的结果不得接受。

在分别抵押建筑物和建筑物占有范围内建设用地使用权的情况下，抵押权实现会出现冲突。笔者比较赞成上述第二种处理方法，可就两个抵押物一体拍卖，分别受偿，只不过建筑物和建设用地使用权应该出让给同一个买受人，贯彻“房随地走”的原则，这有利于保护抵押权人的利益实现，不会受到无故的减损。“视为一并抵押”应该认为是“一并处分”，只是为了更好贯彻“房随地走”原则。在分别抵押建筑物和建设用地使用权的情况下，建设用地使用权的抵押权人并不当然取得建筑物的抵押权，反之亦然，这两项抵押权还是分别属于各自的抵押权人。只是在抵押权实现时，将房地一并处理，房地所有权归属于同一人即可，抵押权人应该分别受偿。[①]但是在实务中，就所变价的价款在抵押权人之间如何分配，也是一个待解决的问题。我国有学者坚持建筑物和建筑物占有范围内建设用地使用权可分别抵押，两个抵押权人可享有房屋的共同抵押权，之后按照抵押登记的先后，将两个抵押物整体拍卖优先受偿，来处理抵押权实现的冲突问题。[②]如果抵押物所变价的价款可以同时满足两个抵押权人，价款分配当然圆满。但若抵押物所变价的价款无法同时满足两个抵押权人，就会出现另一个抵押权人无法获得全额受偿的情况。笔者认为，应该尊重当事人的意思自治，两个抵押权在评估时分别作价登记。抵押权实现时，一体拍卖，分别受偿，各抵押权人就各抵押财产所占比例对变价款享有优先受偿权。[③]如果一方抵押权人未得到完全满足，是否可向抵押人追偿？如何追偿？这些衍生的问题，都需要在今后的实践中继续讨论并完善。

---

① 参见陈现杰：《土地使用权与地上建筑物分别抵押的效力问题》，载《人民法院报》2003年9月16日，第7版。

② 朱晓喆：《房、地分离抵押的法律效果——〈物权法〉第182条的法律教义学分析》，载《法学论坛》2010年第1期。

③ 高圣平、严之：《房地单独抵押、房地分别抵押的效力——以〈物权法〉第182条为分析对象》，载《烟台大学学报》2012年第1期；陈现杰：《土地使用权与地上建筑物分别抵押的效力问题》，载《人民法院报》2003年9月16日，第7版。

第三百九十八条【乡镇、村企业的建筑物和建设用地使用权抵押】

乡镇、村企业的建设用地使用权不得单独抵押。以乡镇、村企业的厂房等建筑物抵押的，其占用范围内的建设用地使用权一并抵押。

历史由来

本条承袭了《物权法》第183条。《物权法》第183条修改了《担保法》第36条第3款，将该款中的“土地使用权”修改为“建设用地使用权”。这一修改没有实质改变《担保法》有关规定的原有内容，但将乡镇、村企业占用的土地的性质表述得更加准确了。需注意的是，此“建设用地使用权”并非《民法典》第三分编第十二章规定的“建设用地使用权”，此“建设用地使用权”须与该句话中前面的定语联系起来认识，是指建设乡镇、村企业而需要使用的村集体所有土地的权利；而《民法典》第三分编第十二章的“建设用地使用权”是一个专门的用益物权类型，专指“依法对国家所有的土地享有占有、使用和收益的权利，有权利用该土地建造建筑物、构筑物及其附属设施”。两者虽文字完全相同，但含义有别，不可不查。或者，在建设乡镇、村企业而使用村集体所有土地的权利并非一种法定用益物权类型的情况下，其只能是一种对集体所有土地的债权性用益权。

规范目的或功能

本条类属于担保物权法的担保物规范群，是关于乡镇、村建设用地使用权作为抵押物的特别规定。

本条是关于禁止乡镇、村企业的建设用地使用权单独抵押，以及在一定条件下可以随从其上建筑物一并抵押的规定。本条是对我国农村土地政策的担保物权法表达。本条关于“禁止乡镇、村企业的建设用地使用权单独抵押”的规定，是对《民法典》第395条可抵押财产以及第399条不得抵押财产规定的内容补充；关于“乡镇、村企业的厂房等建筑物抵押的，其占用范围内的建设用地使用权一并抵押”的规定，是对《民法典》第397条“一并抵押”规定的内容补充。

规范内容

在我国，土地只能归国家所有或者归集体所有，个人不可以拥有土地所有权。将土地所有权分为国家土地所有权和集体土地所有权，以此为基础构建起具有特色的用益物权和担保物权类型体系，并在此基础上搭配相应的用益物权和担保物权规范体系，是我国物权法律制度的特点。改革开放以来，乡镇、村企业发展迅速，成为我国农村经济社会发展的重要支撑力量。乡镇、村企业的发展对集体土地使用权的供给提出了要求。但我国是农业大国，粮食安全是国家安全的重要组成部分。因此，我国一向对耕地实行特殊保护政策，严格限制农业用地转为建设用地。乡镇、村建设用地，是乡镇、村集体进行经济、文化及其他公益事业等建设所占用和使用的土地。包括乡镇、村企业建设用地，乡镇、村公共设施、公益事业建设用地，以及农村居民住宅建设用地。经依法批准作为乡镇、村建设使用的土地，其所有权属于农民集体，使用权由用地者行使。

乡镇、村企业建设用地使用权，须经依法申请和审批而获得，其权利主体具有封闭性——乡镇、村办企业；其权利内容用途具有定向性——专事用于兴办乡镇企业；其权利性质具有债权性——非法定的用益物权类型；以及获取方式的一般非对价性——常为无对价获取等。受这些属性所决定，乡镇、村企业的建设用地使用权一般不具有流转能力。又因为抵押权的实现会带来建设用地使用权转让的后果，如果对乡镇、村企业的建设用地使用权不做任何限制，可能会促发规避法律、法规的行为，以抵押为名，行将集体所有用于乡镇、村企业建设的用地转化为城市建设用地之实，违背设立乡镇、村企业建设用地使用权的法律初衷。[①]

① 全国人大常委会法制工作委员会民法室编：《中华人民共和国物权法：条文说明、立法理由及相关规定》（第二版），北京大学出版社2017年版，第377页。

一、乡镇、村企业的建设用地使用权不得单独抵押

该条规范内容之一"乡镇、村企业的建设用地使用权不得单独抵押"即以禁止性规范之设，表达了立法者的明确意图，即不允许乡镇、村企业的建设用地使用权单独抵押。联系本条下一句"以乡镇、村企业的厂房等建筑物抵押的，其占用范围内的建设用地使用权一并抵押"所确定的情形，"乡镇、村企业的建设用地使用权不得单独抵押"，主要是指在获得乡镇、村企业建设用地使用权之后，建设有厂房等建筑物之前，将该建设用地使用权抵押的情况。虽说可能有厂房等建筑物建成之后，把乡镇、村企业的建设用地使用权抵押的情形，但一般人会因为"不得单独抵押"这一禁止规范的存在转而采取抵押该土地上的厂房等建筑物的方式，实现抵押乡镇、村企业的建设用地使用权的目的。既然在法律上并不想杜绝乡镇、村企业建设用地使用权的抵押，立法为何还要禁止乡镇、村企业的建设用地使用权的单独抵押呢？乡镇、村企业的建设用地使用权单独抵押就是裸土地抵押，即乡镇、村企业在获得建设用地使用权之后，厂房等建筑物在建设之前，就将乡镇、村企业的建设用地使用权予以抵押的情形。这一情形有一种极大的可能就是，乡镇、村企业借工业企业用地之名，行非工业企业用地之实，使得法律允许乡镇、村企业得以使用村集体土地的法律政策目的落空。但在建设有厂房等建筑物的情况下，这种可能性虽不是没有，但会大大降低。加之配套法律措施的实施，即《民法典》第418条规定的"以集体所有土地的使用权依法抵押的，实现抵押权后，未经法定程序，不得改变土地所有权的性质和土地用途"，足可以保障乡镇、村企业的建设用地使用权即使经一并抵押并经转让之后，也得以确保法律政策目的的落实。

二、一并抵押

该条规范内容之二，即"以乡镇、村企业的厂房等建筑物抵押的，其占用范围内的建设用地使用权一并抵押"。在"乡镇、村企业的建设用地使用权不得单独抵押"的前提下，同一规范又明确了"以乡镇、村企业的厂房等建筑物抵押的，其占用范围内的建设用地使用权一并抵押"，这一似乎前后矛盾的规定，足以彰显立法者在此一事情上的取舍纠结：在农地法律政策的维护以及乡镇、村企业融资现实需求之间，如何做到顾此而不失彼，双赢而非双

输。我国法律制度中，既然房与地采取了分别主义，当可以各自独立作为抵押物分别设立抵押权。如果禁止乡镇、村企业的建设用地使用权单独抵押，也禁止乡镇、村企业的厂房等建筑物抵押的话，就严重地窒息了乡镇、村企业的融资能力，等于几乎断了乡镇、村企业的资金血脉。尤其在改革开放初期，乡镇、村企业融资主要依赖不动产担保物的时局之下，更是如此。因此，在堵死了乡镇、村企业建设用地使用权单独抵押路子之后，法律又在形势所迫而不得已的情况下，给乡镇、村企业的建设用地使用权开了一个随厂房等建筑物一并抵押的活口。毕竟，土地所有权归属于集体组织没有人质疑，维护农村土地政策也可以理解，但乡镇、村企业的厂房等建筑物所有权归属于乡镇、村企业也是不争的事实。如果法律基于对农村土地政策的维护也不允许厂房等建筑物作为抵押物，不仅与厂房等建筑物所有权属于乡镇、村企业的物权法原理相违背，也与乡镇、村企业的健康顺利发展要求相违背。同时，允许“地随房走”，也是对《民法典》第417条“房随地走、地随房走”双向一体一并抵押、一并处分原则的补充，维护了法制体系的内在一致性。

需要说明的是，该条中的“建筑物”在解释上应包括“正在建造的建筑物”。[①]《物权法》第187条规定“正在建造的建筑物抵押的，应当办理抵押登记”。《城市房地产抵押管理办法》中明确了在建工程抵押，即“抵押人为取得在建工程继续建造资金的贷款，以其合法方式取得的土地使用权连同在建工程的投入资产，以不转移占有的方式抵押给贷款银行作为偿还贷款履行担保的行为”。两条法律规定都明确了在建建筑物可以抵押。乡镇、村企业的厂房是其开展各项交易的基础设施，厂房在建造过程中出现资金短缺的情况，应当参考《城市房地产抵押管理办法》，可以“在建厂房”作为抵押物取得资金继续建造厂房，否则厂房烂尾，前期投入的资金将付诸东流。

其实，关于乡镇、村企业的建设用地使用权能否抵押的问题，一直备受争议。有观点认为，乡镇、村企业的建设用地使用权是农村集体企业享有的一种重要的用益物权，不允许其单独作为抵押物融资，造成了国家所有土地

---

① 在《民法典》颁布前夕，也有学者从立法论的角度提出完善该条的建议，建议增加正在建造的建筑物，参见刘保玉等：《民法典（草案）担保物权、保证合同部分条文修改建议》，载“中国民商法律网”微信公众号2020年5月19日。

上的建设用地使用权与集体所有土地上的建设用地使用权地位不平等，并由此影响到企业的市场地位，制约了市场经济的健康发展。反过来，又导致了国家土地使用权与集体土地所有权的地位不平等，给集体组织行使土地所有权、发挥土地财产效益带来负面影响。随着社会主义市场经济的发展和完善，从改革开放初期实施的“摸着石头过河”，到现如今强调的“顶层制度设计”，市场主体地位判断，权利一视同仁以及“物尽其用，财尽其利”的财产法原则，逐渐成为社会政策的共识。为给乡镇、村企业建设用地使用权松绑，还其与国有土地使用权平等的法律地位，应该适时认可其单独抵押的能力。现阶段，乡镇、村企业的建设用地使用权不能单独抵押的问题，笔者认为是一个立法政策的问题，而非立法技术的问题。随着对农村集体经济组织土地政策的放宽，乡镇、村企业的建设用地使用权可以抵押只是时间问题。

作为立法政策，乡镇、村企业的建设用地使用权流转，有逐渐放宽的趋势。《土地管理法》第2条第3款规定：“土地使用权可以依法转让。”同时该法第63条第3款规定：“通过出让等方式取得的集体经营性建设用地使用权可以转让、互换、出资、赠与或者抵押，但法律、行政法规另有规定或者土地所有权人、土地使用权人签订的书面合同另有约定的除外。”第4款规定：“集体经营性建设用地的出租，集体建设用地使用权的出让及其最高年限、转让、互换、出资、赠与、抵押等，参照同类用途的国有建设用地执行。具体办法由国务院制定。”对《土地管理法》与《民法典》中关于乡镇、村企业的建设用地使用权可否抵押的规定进行两相比较并施加体系解释，我们可以认为《民法典》中的“乡镇、村企业的建设用地使用权不得单独抵押”，应该是指乡镇、村企业“非以出让方式取得的建设用地使用权”不得抵押。

我国实行最严格的土地管理制度，对于农村土地，尤其是集体建设用地使用权，立法严格限制其流转。但是严格限制并不意味着绝对禁止。现行《土地管理法》在原则上限制了农村集体建设用地使用权流转的同时，增加了四种允许集体建设用地使用权流转的方式，即第60条规定的“入股、联营”和第63条规定的“出让、出租”的方式。乡镇、村企业建设用地使用权不同于用益物权性的建设用地使用权，那么该种建设用地使用权定性如何？是集体经济组织的所有权的一项权能，还是集体经济组织成员拥有的使用权的延伸？

第三百九十九条【不得抵押的财产】

下列财产不得抵押：

（一）土地所有权；

（二）宅基地、自留地、自留山等集体所有土地的使用权，但是法律规定可以抵押的除外；

（三）学校、幼儿园、医疗机构等为公益目的成立的非营利法人的教育设施、医疗卫生设施和其他公益设施；

（四）所有权、使用权不明或者有争议的财产；

（五）依法被查封、扣押、监管的财产；

（六）法律、行政法规规定不得抵押的其他财产。

历史由来

本条源于《物权法》第184条，但有所修改。而《物权法》第184条则由《担保法》第37条修改而来。

《物权法》对《担保法》该条的修改有两处：一是将第2项中的“但本法第三十四条第（五）项、第三十六条第三款规定的除外”修改为“但法律规定可以抵押的除外”；二是将第6项“依法不得抵押的其他财产”修改为“法律、行政法规规定不得抵押的其他财产”。从理论上讲，前一修改更加抽象，后一修改更加具体；从实际上看，这两项修改都没有实质性改变规范的内容。

《民法典》对《物权法》该条的修改，也可以分为三个方面。一是可以不修改的方面，即把第2项中的“但”改为“但是”，但这一项修改仅属用语规范，没有实质意义。二是删除《物权法》该项中的“耕地”，言外之意是，《民法典》并不再禁止耕地上的土地使用权抵押，这是为了与2018年修正的《农村土地承包法》相协调，该法第47条规定，承包方可以用承包地的土地经营权向金融机构融资担保，并向发包方备案，可见耕地上的使用权是可以抵押的，只是借助的对象是土地经营权。但立法者也可以不删除该项中的“耕地”，因为该项后段规定了“但是法律另有规定的除外”，《农村土地承包法》中的规定即可以作为“另有规定”。三是修改第3项中的“医院”为“医疗机构”，“事业单位、社会团体”为“非营利法人”。“医疗机构”相对于“医院”，“非营利法人”相对于“事业单位、社会团体”，概念内涵更加抽象，因而概念外延更加宽泛，符合法律规范的抽象调整原则，有利于法律解释和法律适用。

规范目的或功能

本条类属于抵押物规范群，属于抵押物范围的负面清单。

与《民法典》第395条以正面清单方式分类列举可抵押财产相对照，本条以负面清单方式分类列举了不得抵押财产。民商事法律关系各要素，以“法不禁止即自由”为原则。在担保物权法律关系中，就其客体而言，法律不禁止抵押的财产，都应该可以作为抵押财产。所以，在规范有负面清单的担保物权立法中，无需再明文规范可抵押财产的正面清单，只要负面清单中没有明示列举的不得抵押财产，都属于可抵押财产。对可抵押财产的列举分类，对于引领担保物权的设立规范、公示规范、效力规范、次序规范乃至实现规范等，都具有分类的基础意义。但不得抵押财产的列举分类则不具有此一分类规范的价值。因此，在立法技术上，不得抵押财产可以不予分类列举，只需有序单一列举即可。不得抵押财产规范是有“担保物权之王”之称的抵押权制度的内容之一，对于整个担保物权法体系具有可予准用的地位和功用。例如，针对《民法典》第440条第7项规定的“法律、行政法规规定可以出质的其他财产权”可以出质的立法不足，依照体系解释，在司法实践中可以说理论证，《民法典》第440条第7项可理解为可以出质的权利可以作为抵押权的标的。这一解释方法，对于修正《民法典》的第440条第7项规定的立法不足有重要意义。

规范内容

本条规范分类列举了六项不得抵押的财产，一如前述，成为担保财产在理论上须具备三个方面的条件：一是此财产须为可流通财产，即财产可以在不同主体之间进行流转，这是一项前提性条件；二是此财产须具有交换价值，即财产具有变现能力，这是一项物质性基础；三是担保人有权处分此财产，即担保人对此财产具有所有权或者处分权，这是一项个性化能力。这三项条件是必要条件，缺少其中的任何一项，都不得为担保财产。以此理论分析本条所分类列举的不得抵押财产，其中的“土地所有权”，因其在私人法律主体之间不属于可流通物，因此不具备成为担保财产的前提性条件，为不得抵押的财产；“宅基地、自留地、自留山等集体所有土地的使用权”，因其专属于本集体成员个人使用，设立的目的在于保障集体成员家庭或个人的居住等基本生活，具有人身属性，因此不属于可流通财产，当然为不得抵押财产；“学校、幼儿园、医疗机构等以公益为目的成立的非营利法人的教育设施、医疗卫生设施和其他公益设施”，是为完成特定公益目的而设，这些财产本身虽不像土地所有权那样为法律主体所专有，但它们只能在为实现特定公益目的范围内占有、使用、收益，且在使用期间不得转让、抵押等，以免损害特定公益目的的实现；“所有权、使用权不明或者有争议的财产”，以及“依法被查封、扣押、监管的财产”，这些财产或因其权属不明、不定，或因其处分权受到限制等，拟设担保人没有能力以其为担保财产设定抵押来担保债权的实现；“法律、行政法规规定不得抵押的其他财产”，是一项兜底款项，以弥补分类列举立法技术存在列举不周的立法缺陷。关于以上不得抵押财产的详细情况，分述如下。

一、土地所有权

土地所有权是土地所有人依法对土地实施占有、使用、收益、处分和排除他人干涉的权利。我国实行土地所有权的社会主义公有制，土地所有权专属于国家所有和集体所有，私人不得拥有土地所有权。《土地管理法》第9条规定：“城市市区的土地属于国家所有。农村和城市郊区的土地，除由法律规定属于国家所有的以外，属于农民集体所有；宅基地和自留地、自留山，属于农民集体所有。”第11条规定：“农民集体所有的土地依法属于村农民集体所有的，由村集体经济组织或者村民委员会经营、管理；已经分别属于村内两个以上农村集体经济组织的农民集体所有的，由村内各该农村集体经济组织或者村民小组经营、管理；已经属于乡（镇）农民集体所有的，由乡（镇）农村集体经济组织经营、管理。”在国家土地所有权与集体土地所有权之间，只有在为了公共利益的时候，国家可以通过征收制度单向地将集体土地所有权转变为国家土地所有权。根据物权法定原则，土地所有权不可以通过私法途径在民事主体之间流转，即国家土地所有权不可以流转为集体土地所有权，集体土地所有权也不可以在村集体组织之间流转。因个人不可以拥有土地所有权，所以国家土地所有权和集体土地所有权更不可能流转为个人土地所有权。正是因为土地所有权的国家和集体的专属性和不可经私法途径流转的属性，所以土地所有权不可以抵押。这一规定是为了维护社会主义公有制下的土地所有权，即土地所有权专属于国家和集体。

二、宅基地、自留地、自留山等集体所有土地的使用权

宅基地是家庭户用作住宅基地而占有的集体土地，主要指农村宅基地，包括建了房屋、建过房屋或者决定用于建造房屋的土地三种类型。农村宅基地的所有权属于农村农民集体成员所有。《物权法》第153条规定：宅基地使用权的取得、行使和转让，适用土地管理法等法律和国家有关规定。2019年9月，中央农村工作领导小组办公室、农业农村部印发《关于进一步加强农村宅基地管理的通知》（以下简称《通知》）。《通知》要求农村村民一户只能拥有一处宅基地，面积不得超过本省、自治区、直辖市规定的标准。《通知》同时提出，鼓励盘活利用闲置宅基地和闲置住宅。通过自主经营、合作经营、委托经营等方式，依法依规发展农家乐、民宿、乡村旅游等。从宅基地的获得身份条件以及使用目的来看，宅基地的申请以村集体经济组织成员身份为条件，以满足村集体组织成员的居住为目的，不适合流转；但从我国农村宅基地的现实使用情况来看，随着大量农村人口流向城市，农村宅基地大量闲置、弃置，如何盘活利用，是一个亟待解决的问题。《土地管理法》第62条第5款规定："农村村民出卖、出租、赠与住宅后，再申请宅基地的，不予批准。"从这一项规定来看，法律并没有限制宅基地的流转（出卖）。因此对本法规定的宅基地不得抵押，在司法实践中是否可以有从宽认定的需要和可能，有待在实践中探索。尤其在"地随房押"、一并转让的情形之下，更是有从宽的必要。

自留地是中国农业合作化以后，为照顾社员种植蔬菜和其他园艺作物的需要，由农村集体经济组织依法分配给社员长期使用的少量土地。这一制度安排解决的是社员自给自足的基本生活所需的问题。自留地的所有权属于农民集体，使用权由农民以户为单位行使。自留地生产是集体经济的必要补充，

是中国农业合作化和集体化时期的产物，自留地是农业集体经济组织按政策规定分配给成员长期使用的小块土地。农村实行家庭联产承包责任制后，自留地全部纳入实行承包经营的土地范围。不搞联产承包责任制的地方，可以因地制宜，适当扩大自留地。

自留山是在自留地的基础上发展而来，是指农业集体化后分给社员使用和经营的小块山林。毕竟自留山不像自留地那样与群众的生活密切相关，全国大部分地方没有划分自留山。全国性的普遍划分自留山，还是在改革开放初期的20世纪80年代初。1981年3月8日，《中共中央、国务院关于保护森林发展林业若干问题的决定》指出："划给社员自留山（或荒沙荒滩），由社员植树种草，长期使用。"农户自留山的"三权"，是指自留山林地所有权、林地使用权和林木所有权。林地所有权属集体，林地使用权属农户，自留山上的林木属参与经营的家庭成员。平常所讲的"自留山登记发证"，指的是自留山使用权的登记发证；"自留山继承"，指的是自留山林木（包括林木及其他经营收益）的继承。家庭是自留山使用的基本单位，农户家庭成员的增减，不影响农户"现任"成员继续行使本户自留山使用权；自留山上的林木属于参与经营的家庭成员。家庭成员死亡时，自留山的使用权不属继承范围，其经营的自留山林木，可以作为遗产由继承人依法继承。当农户的最后一名家庭成员户口迁出本集体经济组织或死亡，集体经济组织在处理好其经营成果的补偿后，可以收回自留山使用权。上述自留地、自留山的政策表明，自留地、自留山不得在主体间流转，因此其不得作为抵押物。

集体所有的土地的使用权，除了宅基地、自留地和自留山之外，还有其他内容和形式，如"乡镇、村企业的建设用地使用权"等，依照法律的规定，这些集体土地使用权在一定条件下可以抵押。与此同时，因集体土地使用权的政策具有灵活性、随变性等属性，司法实践活动应该紧随政策变化，实现司法效果的妥当性。

《农村土地承包法》第3条第2款规定，农村土地承包采取农村集体经济组织内部的家庭承包方式，不宜采取家庭承包方式的荒山、荒沟、荒丘、荒滩等农村土地，可以采取招标、拍卖、公开协商等方式承包。据此，我国的农村土地承包经营权分为家庭承包和以其他方式承包两种类型。《农村土地承包法》第53条规定，通过招标、拍卖、公开协商等方式承包农村土地，经依法登记取得权属证书的，可以依法采取出租、入股、抵押或者其他方式流转土地经营权。据此，以其他承包方式获得的土地承包经营权完全可以直接抵押。这是因为荒山、荒沟、荒丘、荒滩等农村土地性质特殊，不同于自留山、自留地。此外，以家庭承包方式获得的土地承包经营权不得直接抵押，因为《农村土地承包法》第17条规定了承包方的权利，但并未列举承包方抵押土地承包经营权的权利，可是，吸纳了三权分置改革成果之后的《农村土地承包法》赋予了承包人抵押土地经营权的权利。可见，家庭承包方式取得的土地承包经营权仍可以通过抵押土地经营权的方式实现利用农地融资的目的。

三、非营利法人的公益设施

本条第3项完全是从公益保护目的出发对不得抵押财产作的规定，即学校、幼儿园等以公益为目的成立的非营利法人的教育设施、医疗机构等以公益为目的成立的非营利法人的医疗卫生设施和其他公益设施等不得抵押。除了前述列举的以公益为目的成立的非营利法人的教育设施、医疗设施外，还有不在列举之列的其他公益设施，其他以公益为目的成立的非营利法人如图书馆、科技馆、博物馆、文化馆、敬老院、福利院、康复院等，其公益设施也不得抵押。法律之所以不允许这些以公益为目的成立的非营利法人的公益设施抵押，是为了确保其设立目的的实现，维护其社会公益功能。若法律允许上述公益设施抵押，则在实现抵押权的时候必然出现变价这些公益设施的情形，会破坏这些公益设施设立的目的，直接损害国家、集体和个人的利益，扰乱社会秩序和生活秩序，破坏社会稳定。故此，本项作出了限制规定。

四、所有权、使用权不明或者有争议的财产

抵押权的设立，是抵押人对抵押财产的处分行为，其中的一个必要条件就是抵押人对抵押财产有处分权。抵押人对抵押财产没有所有权或处分权，当不能处分抵押财产，其所谓的处分行为也最终是无效的，即抵押权不得设立。当然，在抵押权人不知道抵押人没有所有权或处分权的情况下，可依善意取得制度取得抵押权。同样，在抵押财产的所有权、使用权存在争议的情形下，抵押人是否有使用权或处分权是或然的。如果允许所有权、处分权归

属或然的抵押人设定抵押权，则在实现抵押权的时候仍不能确定抵押人有无所有权或处分权，则抵押权人的抵押权将无法实现，抵押权的设立会变得毫无价值。因此，法律规定所有权、使用权不明或者所有权、使用权不定的财产不得抵押，以确保抵押权的可靠设立和顺利实现。

五、依法被查封、扣押、监管的财产

查封，是指人民法院或者有权机关将财产贴上封条，就地封存，不准任何人转让和处理的强制措施；扣押，是指人民法院或者其他有权机关依法将财产运达另外场所，加以扣留，有关权利主体在扣留期间不得占有、使用和处分的强制措施；监管，是指海关对自入境起到办结海关手续的进口货物，自向海关申报起到出境止的出口货物和过境、转运、通运货物，以及暂时进口货物、保税货物和其他尚未办结海关手续的进出境货物进行监督、管理，对违反《海关法》和其他有关法律法规规定的进出境货物、物品等予以扣留。在查封、扣押和监管期间，财产的所有权归属是明确的，但这些财产已经被查封、扣押和监管，其所有权的最终归属又是不确定的，因此这一期间的所有权行使受到限制。查封、扣押和监管的结果或者是解除查封、扣押、监管而恢复所有权，或者是有关财产被执行、被没收而丧失所有权。因此，法律规定查封、扣押和监管的财产不得抵押，这对于确保抵押权的最终实现具有重要意义。也是因为权利主体对查封、扣押和监管期间的财产不丧失所有权，以及有可能经查封、扣押和监管之后最终恢复其所有权，所以，查封、扣押和监管前已经设立的抵押权不受影响；查封、扣押和监管期间签订的抵押合同是否有效，以及抵押权设立可否作为可得“未来物”上的抵押权设立等，都有探讨的空间。

六、法律、行政法规规定不得抵押的其他财产

这是一项兜底性规定。作为一项立法技术，为确保立法的周延性，在以具体分类列举以便于法律适用和司法解释的前提下，为防止挂万漏一、想非能想，以兜底性规定补齐是周全之策。法律是一个体系，在本条前五项列举的不得抵押财产以外，不排除其他法律、行政法规规定了其他不得抵押的财产。因此，在设定抵押权的时候，除了要依照本法的规定，还要依照其他法

律、行政法规的有关抵押财产的规定。

本条通过“列举+兜底”的方式对抵押物作出反面规定，既可以发挥类别规范作用，也可以根据社会发展需求发挥兜底调整作用。比如，由“企业开发、政府认购”的公租房也具有公益目的，其不属于前五项分类规定，但是可以根据本法条设立禁止抵押的抵押物的目的，即为了保障其发挥公益效用，维护社会秩序，认定“公租房”属于不得抵押财产。换言之，“公租房”不可作为融资抵押物。另外，违法、违章建筑物归属于建造者所有，因此其不属于第4项“所有权、使用权或者有争议的财产”之列，但是此种建筑物属于法律禁止流通、所有人不得转让的建筑物，所以违法、违章建筑物属于第6项“法律、行政法规规定不得抵押的财产”之列。违法、违章建筑物不仅不可以单独转让，同时不可以附随合法建筑物一起转让，其存在即不合法，应当拆除。

第四百条【抵押合同的形式和内容】

设立抵押权，当事人应当采用书面形式订立抵押合同。

抵押合同一般包括下列条款：

（一）被担保债权的种类和数额；

（二）债务人履行债务的期限；

（三）抵押财产的名称、数量等情况；

（四）担保的范围。

历史由来

本条承袭了《物权法》第185条的规定，略作修改：把第2款第3项由“抵押财产的名称、数量、质量、状况、所在地、所有权归属或者使用权归属”简化为“抵押财产的名称、数量等情况”。

规范目的或功能

物权变动分为依法律行为的物权变动和非依法律行为的物权变动。抵押权包括一般抵押权和最高额抵押权，质权包括动产质权和权利质权，其设立都是依法律行为的物权变动。自《物权法》开始，我国民事立法确立了物权变动与其原因行为的区分原则，区分原则在物权法各领域得到了贯彻。《民法典》承袭了《物权法》的立法模式，在担保物权法领域继续就抵押合同与抵押权设立，以及质押合同与动产质权设立进行规范区分。按照区分原则，依照抵押合同规范（《民法典》第400条）和质押合同规范（《民法典》第427条）并非产生抵押权和质权，而仅产生担保合同债权。要产生担保物权，如抵押权和动产质权，则需另外的担保物权设立规范（《民法典》第402条、第403条）来调整。[①]《物权法》改变了《担保法》中没有确立和实施“区分原则”的立法模式。[②]严格而言，包括抵押合同和质押合同在内的担保合同属于合同法规范范畴，应该置于合同法中规制。但我国《民法典》第三编（合同）中未设置有名的担保合同类型，这一情况对于大众而言，仅靠理解合同编的“一般规定”设计其担保合同的内容，会多有不便。因此，在《民法典》第二编（物权）第四分编担保物权中设置抵押合同规范和质押合同规范，是为了便于大众的法律理解和法律适用。

规范内容

一、抵押合同的形式

依据民法原理，合同行为以其成立在法律上是否必须具备一定形式，分为要式合同与非要式合同。要式合同，是指法律、法规要求必须具备一定的形式和手续的合同，如本条关于抵押合同应当采取书面形式订立的要求；非要式合同，是法律、法规不要求必须具备特定形式才能成立、生效的合同。

---

① 关于区分原则，《民法典》第215条承继了《物权法》第15条。从立法的文字表述来看，现有立法对区分原则的规定仍显狭隘：只规定了不动产物权变动公示生效主义下的区分原则，没有规定不动产物权变动公示对抗主义下的区分原则；只规定了不动产物权变动的区分原则，没有规定动产物权变动的区分原则；只规定了后者不影响前者，没有规定前者不影响后者。

② 《担保法》第41条规定：当事人以本法第42条规定的财产抵押的，应当办理抵押物登记，抵押合同自登记之日起生效。从法学原理来看，抵押合同应该自合同成立时生效，而非“自登记之日起生效”。《担保法》的这一规定没有区分清楚抵押合同与抵押权的设立。

合同以非要式合同为原则，以要式合同为例外。有学者研究认为，此款中的“应当”二字，并非表明该规范是强制性规范，而应理解为“劝导性规范”，即当事人如果非依书面形式订立抵押合同，如以口头形式订立合同，则该口头抵押合同并非无效，而应属有效。只要当事人有证据证明当事人之间就抵押合同的有关内容有明确的意思表示，即使当事人没有如本条所希望和劝导的那样依书面形式订立抵押合同，该意思表示也属有效的意思表示，该抵押合同也属于有效的抵押合同。[①]比如当事人有录音证据证明当事人之间就抵押合同的相关内容达成了意思表示，则可以证明抵押合同成立。还有观点认为，即使当事人之间没有书面抵押合同，但只要当事人办理了抵押登记手续，该抵押登记手续也可以证明有抵押合同的成立。我们认为这一论证是不恰当的。抵押登记只能证明抵押权设立的意思表示，而不能证明抵押合同成立的意思表示。因为根据“区分原则”，这是两个不同的意思表示，产生不同的法律后果。我们不能依设立抵押权的意思表示来证明设立抵押合同的意思表示。

本条之所以规定抵押合同为要式的书面合同，其立法用意在于，考虑到抵押合同所涉及的财产数额一般较大，抵押法律关系一般比较复杂，抵押合同存续的时间一般较长，尤其在第三人抵押的情况下，更是涉及债权关系当事人之外的第三人的利益，因此为督促当事人慎重行事、保全证据，以确保抵押权最终能顺利实现，维护抵押法律关系人的利益，立法者力劝抵押合同当事人以书面形式订立抵押合同。

对书面合同的形式，有多样性的理解：一般书面形式，即抵押合同双方采用书面文字形式就抵押权的设立及其相关内容达成意思表示一致，合同书一式数份并经当事人双方签名、盖章等，不需要再履行其他法律手续即可生效的合同；特殊书面形式，即除具备上述一般书面抵押合同的要件外，还需要再附加履行公证、签证、审核等其他法律手续之后才能成立的书面合同；非独立书面形式，即抵押书面合同在形式上存在于受担保主债权债务合同之中，作为受担保主债权债务合同中的一项或几项担保条款，即《担保法》第93条中所谓的“主合同中的担保条款”，此次《民法典》保证合同章也对此

① 王轶：《论物权法文本中“应当”的多重语境》，载《政治与法律》2018年第10期。

有所确认；[①]独立书面形式，即以“抵押合同”为名称、以担保某一债权实现为目的，以“抵押合同关系要素为主要内容”的当事人之间一致的意思表示，也即《担保法》第93条所谓的“单独订立的书面合同，包括当事人之间的具有担保性质的信函、传真等”。

二、抵押合同的内容

抵押合同虽非有名合同，但确是合同之一种类型。因此，抵押合同既有合同的一般性特质，又有其作为抵押合同的不同于一般合同的特质：作为一般合同，抵押合同需要具备合同法律关系要素的各个方面，以确保抵押合同的成立以及生效，如抵押合同的主体方面、客体方面、内容方面、意思表示方面等。只有抵押合同的主体适格、客体可能、内容确定以及意思表示真实等，才能生效。作为一般合同，抵押合同的主体、客体和意思表示方面，与其他合同相比没有什么特别之处，但作为抵押合同，其在合同内容方面与其他合同有质的区别，并由此决定了其是抵押合同而非其他合同，本条第2款关于抵押合同内容方面的要求，即对此的特别规定。抵押权是在受担保债权数额限度内对担保财产变价的优先受偿权。因此，抵押合同的特别内容就主要集中在抵押财产和受担保债权两个方面。本条第2款中，第3项“抵押财产的名称、数量”是关于抵押财产确定的内容，其他三项则是关于受担保债权的内容。

第一，被担保债权的种类和数额。担保物权设立的目的是担保债权的实现。“一般抵押”以担保物权对受担保债权的从属性为原则，受担保债权在担保物权设立前应是确定的债权。所谓确定，主要是债权的种类和数额确定。因此，抵押合同当事人应该在抵押合同中明确约定被担保债权的种类和数额，否则就有违担保物权所担保的债权的特定性原则。关于受担保债权的种类，以合同约定的债权为主，如买卖、租赁、借贷等，但不限于合同债权，其他的法定债权如侵权之债、不当得利之债和无因管理之债等，若已经发生并得确定，也可以作为受担保的债权种类；被担保的约定债权可以是已经发生的债权，也可以是尚未发生的债权，但必须是在抵押权实现时特定的债权。对

---

① 参见《民法典》第685条第1款，该款虽然针对的是保证合同，但对物保中的担保合同亦应类推适用。

尚未存在之债权设定担保物权，似与担保物权之附从性相左，然理论上为可能，事实上为必要。[①]再者，被担保的债权除上述当事人约定的债权和已经发生并得确定的法定债权外，还可能因债务人不履行上述主债务而导致次生债权如违约金、实现债权的费用等，但对次生债权的担保通常没有当事人的明示约定。关于受担保债权的数额，有确定的担保数额和可得确定的担保数额之分。确定的担保数额即当事人依据债权债务关系确定的一个受担保数额；可得确定的债权数额即确定计算受担保债权数额的标准或依据，依此在条件具备的时候确定受担保债权数额。在当事人未约定受担保的债权数额时，通常依被担保的主债权数额确定抵押担保的债权数额。担保物权的实现，是一场利益之争，受担保债权种类和数额的事先明确约定，对于减少乃至杜绝纠纷，具有前瞻性意义。

第二，债务人履行债务的期限。担保物权是“在债务人不履行到期债务或者发生当事人约定的实现担保物权的情形，依法享有就担保财产优先受偿的权利”。从上述担保物权的定义可知，“不履行到期债务”是实现担保物权的条件之一。债务人履行债务的期限不明、不定，则担保物权无法启动实现程序。这会直接影响到受担保债权的实现，损害债权人的利益。再者，明确可期的债务履行期约定对于抵押人而言也十分重要。设定抵押权，对于抵押人而言是一种财产负担，直接影响到抵押财产的再利用如转让、重复抵押以及出租等。明确债务履行的期限，抵押人能清楚地预见自己提供抵押的财产上负担抵押权的存续期限，利于抵押人对抵押财产有预期地安排使用。对于其他潜在的担保物权人而言，约定明确的债务人履行债务的期限，对于判断已设抵押权的担保财产的可接受性，具有重要参考价值。因此，在抵押合同中明确约定债务人履行债务的期限，对于抵押权人实现抵押权、充分利用抵押财产，对于其他人预判担保财产的可接受性等，都具有重要意义。所以，债务人履行债务的期限，是抵押合同的应有内容。

对于“一般抵押”而言，抵押合同生效后至主债务清偿期届满前，抵押权人实际享有的只是担保物权的期待权，并不享有对担保物权的既得权。抵押权人欲就担保财产实施折价、变卖或拍卖等变价行为以实现抵押权，须等

① 史尚宽：《物权法论》，中国政法大学出版社2000年版，第321页。

到债务履行期届满且债务人不履行债务之时。债务履行期届满且债务人不履行债务，是实现抵押权的充分条件，因此抵押合同中应该明确约定债务的履行期限。对于"最高额抵押"而言，最高额抵押担保的债权是在将来一定期限内连续发生的一系列债权，且每一宗具体债权发生的时间不确定，因此约定每一笔债务的履行期限也就没有意义。但在最高额抵押中可以约定总债权的清偿期，总清偿期届至而不履行债务的，抵押权人可以行使抵押权。约定总清偿期不方便的，则应以决算期的届至为清偿期届满。债务人于决算期届至时应履行全部债务，否则，债权人可以行使抵押权。

第三，抵押财产的名称、数量。担保物权是一种物权，尽管在担保物权设立时对担保物的特定性要求有缓和的需要，但在担保物权实现时，必须有特定的担保物存在。以前，我国的担保物权立法对担保物的特定性要求过于严苛，不仅要求约定担保物权的名称和数量，还要明确约定担保物的质量、状况、所在地、所有权归属或者使用权归属等。在担保合同中对担保物进行描述的目的，在于使利害关系人在实现担保物权的时候能够依此得以识别担保物。所谓对担保物进行识别，就是对某一特别的财产是否被包括在担保物概念项下作出判断。这对于不移转占有的抵押权设立十分重要，但对担保物的描述过于细致反而会给识别特定担保物带来麻烦，如把抵押物的所处位置作为抵押物描述的内容，抵押期间若抵押物的位置发生了变动，则增加了识别难度。从比较法的经验来看，概括的可合理识别的担保物描述，对于担保物权的设立而言更加实用。尽管宽泛的、一般化的担保物描述也容易造成一些问题，但这样的描述有时又确实非常准确。如将担保人的担保物描述为"抵押人的所有设备"，其就有涵盖性和准确性两方面的优点，比起对担保人的每一件设备的分别描述，这样的描述更加有效果，也更加可靠准确。在担保物的描述中确定担保物的名称和数量，这一概括描述是足以"合理识别"担保物的充分描述。[①]至于担保物的"质量、状况、所在地、所有权归属或者使用权归属"等，对于担保物权的设立而言，这些描述是不需要的。它们是担保物权实现时，担保物特定化后的结果。我国此次《民法典》编纂，借鉴了国外担保物权立法中关于担保物描述的"合理识别"标准，

① 董学立：《美国动产担保交易制度研究》，法律出版社2007年版，第73—75页。

是十分可取的。

第四，担保的范围。担保的范围，是指抵押人以抵押财产设定抵押权所担保的债权范围。债权分为主债权和次债权，次债权主要包括主债权所产生的利息、主债权违约产生的违约金、损害赔偿金和实现抵押权的费用等。前述第1点“被担保债权的种类和数额”是指主债权的种类和数额，是在抵押合同中必须约定的内容。至于次债权方面是否列入担保范围，抵押合同当事人应当在抵押合同中具体约定。依据《民法典》第389条的规定，担保物权的担保范围包括主债权及其利息、违约金、损害赔偿金、保管担保财产和实现担保物权的费用。当事人另有约定的，按照其约定。实践中经常出现的问题是，抵押合同约定的担保范围与抵押登记中记载的担保范围不一致的情况，该如何处理？以登记作为公示方式的不动产担保物权的担保范围，一般应当以登记的范围为准。但是，我国目前不动产担保物权登记，不同地区的系统设置及登记规则并不一致，人民法院在审理案件时应当充分注意制度设计上的差别，作出符合实际的判断：一是多数省区市的登记系统未设置“担保范围”栏目，仅有“被担保主债权数额（最高债权数额）”的表述，且只能填写固定数字。而当事人在合同中又往往约定担保物权的担保范围包括主债权及其利息、违约金等附属债权，致使合同约定的担保范围与登记不一致。显然，这种不一致是由于该地区登记系统设置及登记规则造成的普遍现象。人民法院以合同约定认定担保物权的担保范围，是符合实际的妥当选择。二是一些省区市不动产登记系统设置的登记规则比较规范，担保物权登记范围与合同约定一致在该地区是常态或者普遍现象，人民法院在审理案件时，应当以登记的担保范围为准。[1]

其他问题

一、区分抵押合同的订立与抵押权的设立

自《物权法》开始，我国民事立法确立了区分原则。区分原则将物权变

---

① 《九民纪要》第58条。

动的结果与其原因行为区别开来，厘清了依法律行为的民事权利变动的基本原理，是我国民事立法的一个重大进步。《物权法》确立的区分原则在《民法典》中得到了承袭，区分原则规范所处的法体系位置以及法规范内容，都没有任何改变。但是，区分原则被规定在《民法典》第二编第一分编第二章第一节“不动产登记”中，且其仅规定了不动产物权变动公示生效主义下的区分原则，没有规定不动产物权变动公示对抗主义下的区分原则；更没有规定动产物权变动下的区分原则，包括动产物权变动公示生效主义下的区分原则和动产物权变动公示对抗主义下的区分原则。再者，依据区分原则的内在逻辑，物权变动与其原因行为是两个行为，既然法律规范有物权变动的原因行为不受物权变动结果的影响，也应当有物权变动结果不受物权变动的原因行为的影响。但我国现有立法中的区分原则只有前者的规范而无后者的规范。所以，我们认为，我国现有的区分原则制度，仅规范了区分原则应有内容的很小一部分，这一立法不足应在未来司法实践中予以注意。

债权行为与物权行为，依据权利的属性不同，其有效设立对物质基础的要求有重大不同：包括抵押合同在内的合同法律关系的设立，其客体只要有“可能”就足够了；而对于包括抵押权在内的物权法律关系的设立，其客体必须“特定”。在公示生效主义下，在客体可能的前提下，抵押合同自合同成立时生效；抵押权则须在客体特定的前提下，办理完毕抵押登记公示手续时设立。在公示对抗主义下，如果抵押物已经特定，则抵押合同与抵押权得同时成立或设立；在抵押物不特定的情况下，如抵押物是未来物或浮动物，抵押合同可自合同成立时生效，但抵押权则须待抵押物特定后设立。我国担保物权立法虽有区分原则以及抵押合同规范和抵押权设立规范的分立，但因为没有将区分原则进行到底，形成完善的区分原则理论和法律规范，在担保物权的设立与其原因行为的区分上有些混乱：如《民法典》第402条关于“正在建造的建筑物”上的抵押权设立，就没有认识到“正在建造的建筑物”的未来物即非特定物属性；同理，《民法典》第403条关于“正在建造的船舶、航空器”上的抵押权设立，也是没有认识到“正在建造的船舶、航空器”的未来物即非特定物属性。在理论上，对在“正在建造的建筑物、船舶、航空器”上设立抵押权的意思表示，因抵押物为非特定物，所以缺乏设立抵押权的物质基础，因此当事人的意思表示仅得以成立抵押合同债权，对其登记也是对抵押合同债权的登记即预告登记。上述认知，在比较法上有确凿的立法例为证。[①]对于公示对抗主义下的抵押权设立，要区分抵押物是否已经特定：抵押物已经特定的，抵押权可以自合同成立时设立；抵押物非特定的，抵押权须待抵押物特定时设立；在作为非特定物的浮动物上抵押权设立，在其特定之前的设立行为也只能产生浮动抵押合同债权，其登记也属于预告登记，登记的是已经有效的债权，抵押权的设立只能待浮动物特定时设立，此即《民法典》第411条规制的关于浮动物确定的四种情形。

二、区分意定抵押权和法定抵押权

依据抵押权产生的原因不同，抵押权可以分为意定抵押权和法定抵押权。意定抵押权即依当事人合意产生的抵押权，如《民法典》第二编第四分编第十七章规定的“抵押权”，即属于意定抵押权。法定抵押权即依法律规定产生的抵押权，如《民法典》第三编第二分编第十八章“建设工程合同”中第807条规定的“发包人未按照约定支付价款的，承包人可以催告发包人在合理期限内支付价款。发包人逾期不支付的，除根据建设工程的性质不宜折价、拍卖外，承包人可以与发包人协议将该工程折价，也可以请求人民法院将该工程依法拍卖。建设工程的价款就该工程折价或者拍卖的价款优先受偿”，应认定为法定抵押权——在受担保建设工程价款数额限度内，承包人对建设工程变价的优先受偿权。所以，依据该条规定的法权内容，可以认为是法定担保物权，且依照物权法定原则，我国不动产上的担保物权只有不动产抵押权，因此可以认定此担保物权具体为法定抵押权。[②]

在审判实践中，如果发生同一建筑物上约定抵押权与法定抵押权并存的情形，优先受偿次序如何排序，在立法没有明确规定的情况下，值得思考。关于法定抵押权与意定抵押权实现顺位的学说主要有五种：法定抵押权优先

---

① 参见孙建江、郭占红、朱亚芬译：《魁北克民法典》，中国人民大学出版社2005年版，第324页。译者对该条文的翻译是：“在他人财产或将来财产上设立抵押，仅在设立人成为抵押权人时开始生效。”原文是：“A hypothec on the property of another or on the future property begins to affect it only when the grantor acquires title to the hypothecated right.”译文与原文两相对照，笔者认为译者的翻译不是很恰当。

② 梁慧星、陈华彬：《物权法》（第六版），法律出版社2016年版，第278页。

说、一般抵押权优先说、平均分配说、效力平等说以及原则上依成立先后定其顺位辅之以另外规定。[①]笔者认为，同一建筑物上并存的意定抵押权与法定抵押权之间，其优先受偿次序排序的规则应该是，不论意定抵押权发生（登记公示）在法定抵押权之前还是之后，法定抵押权都应该优先于意定抵押权受偿。也就是说，法定抵押权在任何时候、任何情况下都优先于意定抵押权受偿。这一结论突破了担保物权优先受偿次序规则的一般原则："公示在先，权利在先"。作为突破一般原则的例外，法定抵押权之所以优先于意定抵押权，主要理由在于法定抵押权优先于意定抵押权受偿，一般不会损害意定抵押权人的利益。法定抵押权担保的通常是建设者的劳务费用，其他意定担保物权担保的通常是用于购买建筑材料的金融机构的贷款。社会经验告诉我们，一幢建筑物的建设，是由建设者的劳动付出和建筑材料的加工搭配而成的。金融机构贷款购买的建筑材料与建设者的劳动结合在一起，最终建成了建筑物。建筑物的价值由建设者的劳动价值和建筑材料价值结合而成，且建筑物的价值一般远超两者的初始价值之和。建筑物提升的价值是由建设者的劳动付出附加的价值。也就是说，在建筑物的价值中，建筑材料不会自身增加价值，只有建设者的劳动及建筑物周边的配套设施可以提升其价值。所以，在变价建筑物受偿时，由建筑物变价担保的建设者的劳务费用远低于建设者创造的价值。建设者在自己创造的价值范围内优先受偿，不会损害到金融机构的担保物权利益。反过来说，如果没有建设者的建设行为，建筑材料还是建筑材料，一般不仅不会增值，反而会因时间经过而贬值，融资机构通过在可能贬值的建筑材料上设定抵押权担保贷款的偿还，远不如在经过建设者建造的未来建筑上设定优先顺序在法定抵押权之后的意定抵押权划算。所以，对于立法规定的法定抵押权，与之有着利害关系的融资机构应会坦然接受。法定抵押权优先于意定抵押权的原因还在于，从法律政策上考虑，一是法定抵押权担保的是建设者的工资，关涉其生存权；意定抵押权担保的是金融机构的贷款，关涉的是其盈利即事业发展。对个人生存权的保护要优先于对企业发展权的保护。二是赋予建设者法定抵押权，可以充分保护建设者的工资利益，

---

① 参见李建华、董彪：《我国法定抵押权制度的若干立法构想》，载《当代法学》2006年第2期。

鼓励建设者创造更多的社会财富。此与《民法典》第783条赋予承揽人对其完成的工作成果有留置权，以担保定作人支付报酬和材料费的债务履行，如出一辙。法律明确规定留置权优先于留置物上设立的其他担保物权，不论其设立公示时间先后。

第四百零一条【流押的效力】

抵押权人在债务履行期限届满前，与抵押人约定债务人不履行到期债务时抵押财产归债权人所有的，只能依法就抵押财产优先受偿。

历史由来

本条源于《物权法》第186条的规定，但作了重大修改。《物权法》第186条规定："抵押权人在债务履行期届满前，不得与抵押人约定债务人不履行到期债务时抵押财产归债权人所有。"该条是由《担保法》第40条修改而来，《担保法》第40条规定："订立抵押合同时，抵押权人和抵押人在合同中不得约定在债务履行期届满抵押权人未受清偿时，抵押物的所有权转移为债权人所有。"

从《担保法》到《物权法》，再到《民法典》，我国民事立法对流押约款的立法政策，由越来越严变为越来越宽。从《担保法》到《物权法》，我国民事立法对流押约款的立法政策趋严，《物权法》将《担保法》的"订立合同时"不得约定流押，修改为"在债务履行期届满前"不得约定流押，显然不得约定流押的时间往后延长了，可以说是量的改变；从《物权法》到《民法典》，我国民事立法对流押约定的立法政策，又反转为越来越宽，《民法典》将《物权法》的不得约定流押约款，修改为可以约定流押约款，但对流押约款的实现方式又有限制，即"只能依法就抵押财产优先受偿"，可以说是有质的改变。我国民事立法对流押约款立法政策的多变，表明了流押约款本身的利弊两面性以及立法的取舍为难。其不断地变换是为了更为人们所接受。

规范目的或功能

物权法定原则是物权法的基础性原则，包括物权的物权种类和物权内容的法定，应该也包括物权公示方式和物权公示效力的法定。作为担保物权的抵押权，在其内容法定方面，即“在受担保债权数额限度内，对抵押财产变价的优先受偿权”。对抵押权内容方面的法定，法律不允许当事人对其另有约定。但在抵押财产的变价方式方面，法律留给了当事人在法律确定的抵押财产变价方式中自由选择的权利，即可以在法律给定的抵押财产变价方式如折价、变卖、拍卖等变价方式中，自由选择其一种变价方式对抵押财产实施变价并就变价优先受偿。同时，立法对抵押权人可以实施抵押财产变价的情形也进行了限制，即债务人到期不履行债务或者发生当事人约定的实现抵押权的情形。法律对抵押权的实现作出如此多方面的限制，是为了平衡当事人之间的利益，实现公平正义。在此基础上，当事人之间任何有违抵押权内容法定的约定，或因违反物权法定原则而无效，或须回到物权法定原则范围内予以适当解释。本条关于流押约定的规定，即在物权法定原则确定的范围内，允许并限制流押约定——当事人之间的流押约定，须限定在“只能依法就抵押财产优先受偿”的范围内。这一规定，既维护了物权法定原则，又扩大了私法自治的范围，完全符合民法作为私法的私法自治原理。

规范内容

本条类属于抵押合同规范群。

所谓流押契约，是指自抵押权设立时至债务履行期届满前，抵押权人与抵押人约定在主债权清偿期届满债权人未受清偿时，抵押人将其对抵押财产的权利移转给债权人所有，以抵销债务清偿的约款。在学说上，流押契约亦称绝押合同、流抵契约、抵押物代偿条款等。[①]依据本条的规定，我国民事立

① 梁慧星、陈华彬：《物权法》（第六版），法律出版社2016年版，第277页。

法转向允许当事人之间约定流押契约，但同时又对流押契约的内容做了限制。流押契约条款在立法政策的收放之间，较好完成了私法自治与法律强制的关系协调。

比较各国民法关于流押的规定，主要有三种立法模式：其一是禁止主义立法模式，大陆法系的一些国家和地区的民法诸如《法国民法典》第2078条第2款、《瑞士民法典》第894条、《日本民法典》第349条、《意大利民法典》第1963条等，都明确规定了对流押契约的禁止；其二是放任主义立法模式，大陆法系有些国家的民法如《埃塞俄比亚民法典》《阿尔及利亚民法典》《蒙古国民法典》《越南民法典》等均没有关于流押契约禁止的规范，对流押契约采取了放任的态度；其三是允许主义立法模式，即有的国家的民商法不但没有关于流押契约禁止的规定，反而有允许流押契约的规定，如美国《统一商法典》第九编第501条第1款的规定即是。

我国《担保法》《物权法》对于流押契约都采取了禁止主义立法模式。《担保法》第40条规定：订立抵押合同时，抵押权人和抵押人在合同中不得约定在债务履行期届满抵押权人未受清偿时，抵押物的所有权转移为债权人所有。《物权法》第186条规定：抵押权人在债务履行期届满前，不得与抵押人约定债务人不履行到期债务时抵押财产归债权人所有。《物权法》不仅延续了《担保法》的流押契约禁止主义，而且更加严格，将不得订立流押契约的时间从《担保法》的"订立抵押合同时"扩展到"债务履行期届满前"，以拉长不得签订流押契约时间跨度的方式，强化了对流押契约的禁止。我国原有民事立法之所以禁止流押契约，主要理由在于：

一是维护借贷关系的公平等价。依据社会经验，在借贷关系中，借款人处于经济弱势，常为经济困境所迫，在借贷关系中被迫接受贷款人提出的不公平、不合理的要求。[①]在借款担保合同中，抵押权人（贷款人）提出的要求抵押人（一般为借款人，也可能是第三人）签订在债务人不履行到期债务的时候抵押财产归属于债权人所有的约款，就是流押约款。在经济地位不平等的前提下，抵押权人之所以要求抵押人签订流押约款，一般是看中了抵押物的价值大于借款债权数额。抵押权人迫使抵押人订立流押契约，可以从中获

---

① 梁慧星、陈华彬：《物权法》（第六版），法律出版社2016年版，第278页。

取暴利。但这一行为严重损害了抵押人的利益，明显有失公允。为了维护社会公平正义，法律禁止流押契约，以保护处于经济弱势的抵押人的利益。

二是维护物权法定原则。担保物权是指在债务人不履行到期债务或者发生当事人约定的实现抵押权的情形时，担保物权人可以对担保物实施变价，并得以在受担保债权数额限度内就担保物变价优先受偿。其中的“在受担保债权数额限度内”，是指即使担保物的变价数额远大于受担保债权的数额，担保物权人也只能以受担保债权数额为限就担保物变价受偿，而不能获得大于受担保债权数额的利益。这一限制是由担保物权以担保债权实现为目的决定的。所以，即使立法不单独明确地规定流押契约禁止条款，我们也可以从担保物权内容法定原则中推导出流押契约禁止的法律解释结果。法律明文规定流押契约禁止条款，更加有利于实现司法统一，是必要的。

因此，鉴于社会经验关于债务履行期届满前抵押权人与抵押人之间的经济地位不平等容易导致担保协议的不公平，以及为了贯彻物权法定原则，我国《担保法》《物权法》皆明文规定了流押契约禁止规范，以维护社会公平以及维护物权法定原则。

对于流押契约，既然在一些国家和地区采取了允许主义或者放任主义，定然有其制度优势和制度需求。流押契约存在的合理性，与抵押权实现中的抵押物变价方式的可自由选择有关。民事立法关于抵押物的变价方式，一般有折价、变卖和拍卖三种。与其中的变卖、拍卖这两种担保物变价方式相比，折价这一种担保物变价方式，最为经济、便捷，因此也就最受青睐。与变卖、拍卖相比，折价这一抵押财产的变价方式不需在当事人合意之外复加变价程序如市场变价程序或拍卖变价程序等。因此，折价是程序最为简便、费用低至不计的抵押财产变价方式。相比之下，变卖变价尤其是拍卖变价方式，则程序较为复杂、费用相对较高。[①]所以，为了避免在债务人不履行到期债务时，当事人不能就抵押财产的变价方式达成合意，不得不采取相对复杂的变卖变价或拍卖变价程序，以至于影响到受担保债权的及时实现，债权人就会在债务履行期届满前尤其在签订抵押合同的时候，希望通过与债务人（抵押人）

---

① 杨善长：《流押条款法律效力辨——兼及法律父爱主义立法思想之取舍》，载《河北法学》2017年第3期。

达成流押契约的方式，以此预案防止可能因当事人不能达成抵押财产变价方式协议而不得不变卖或拍卖，以便捷地实现抵押权。

所以，折价这一抵押财产的变价方式，制度比较优势就是程序简便、费用极低。这使得折价成为抵押财产变价的首选。我国法律不禁止在债务履行期届满后债务人不履行债务的，抵押权人与抵押人协议将抵押财产折价归抵押权人所有。[①]但对于债务履行期届满前，当事人是否可以约定折价没有明确规定。我们认为，当事人为了确保折价方式的适用，在债务履行期届满前，得通过合意选定折价变价方式。应该说，当事人可以自抵押合同订立时至抵押权实现前这段时间的任何时候订立抵押财产折价变价方式协议，当然也可以订立抵押财产变卖、拍卖变价方式协议，这都完全符合私法自治原则，又不违反担保物权法的规定。因为不论是折价，还是变卖和拍卖抵押财产，都是将抵押财产变价的价款优先受偿以担保债权的实现。如果抵押财产的变价大于受担保债权，则多余的价款返还给抵押人；如果抵押财产的变价小于受担保债权，则不足部分变为一般普通债权。所以，抵押财产的变价方式何时约定，在法律上不应受到任何限制。

但流押契约，不仅套用了抵押财产折价变价的制度形式，还夹杂了抵押权人的私心、捎带了抵押权人的私利。流押契约的内容，一方面约定，在债务人不履行债务的时候，抵押人对抵押物的权利归属于抵押权人，另一方面，又约定不再对抵押财产实施变价清算，对抵押财产变价不予实施“多退”。这样的制度设计暗藏私心，即在抵押财产的价值依据常人经验过高于受担保债权数额的时候，“在债务履行期届满前”签订流押契约，经济上处于优势地位的抵押权人会迫使抵押人接受超抵押权设立目的的条款，即流押契约条款。流押契约条款不单是抵押财产变价形式的事先约款，还是获取超额不当利益的胁迫条款。但这种胁迫条款却是以合同的形式出现的，在法律上虽然债务人可以请求法院撤销抵押合同，从而保护自己的正当权益，但如果债务人不能举证证明意思表示不自由、不真实，法院自然不能轻易撤销合同。因此，对于流押契约，鉴于其有超越抵押制度目的的

---

① 全国人大常委会法制工作委员会民法室编：《中华人民共和国物权法：条文说明、立法理由及相关规定》(第二版)，北京大学出版社2017年版，第385页。

可能，应以法律直接规定其无效为妥当，以便更好地保护抵押人的正当权益，得以免去诉讼之烦。

鉴于流押契约本身兼有的制度优势，反对禁止流押契约的主张也一直存在。反对禁止流押契约的人士认为：其一，禁止流押的规定违背了私法自治原则。[①]抵押合同具有相对性，只涉及合同当事人的利益。如果当事人之间没有意思表示不自由、不真实的情况，则其意思表示就应该是合法有效的。其二，流押契约不单是有利于抵押权人。流押契约的核心内容是“以物抵债”，而不管抵债时抵押财产的价值是大于还是小于受担保债权数额。尽管通常抵押财产的价值会大于受担保债权数额，但也不排除抵押财产在抵债的时候价值小于受担保债权数额。如果抵押财产的价值小于受担保债权数额，则对抵押人有利。[②]其三，其他担保物权人可以行使撤销权保护自己的利益。在流押契约存在的情况下，如果抵押财产上的其他担保物权人认为流押契约的实施损害了他们的担保物权利益，则其可以对流押契约提出撤销之诉。[③]其四，实现抵押权的成本最低。事先有约，只要抵押人履约将其对抵押物的权利移转给抵押权人，即实现了抵押权，没有额外的费用。[④]其五，促使债务人履行债务，保障债权人债权的实现。[⑤]

在一片争议声中，《物权法》对《担保法》中流押契约禁止规定的承袭，表明立法者没有接受上述反对流押契约禁止的主张。但流押契约本身所具有的优点与缺点参半的实际情况，并不会因为对其反对或者对其赞成而有所改变。能否发挥流押契约制度的优点，克服其制度缺点，使流押契约制度得以在事先弥补现有抵押财产变价制度方面的立法不足。如前论述，流押契约制度的优点是抵押财产变价的便捷低费，缺点是容易掺杂胁迫而造成不公平。能够发扬其优点、克服其缺点的流押契约制度，就是将流押契约中的事先约

---

① 孙鹏、王勤劳、范雪飞：《担保物权法原理》，中国人民大学出版社2009年版，第67页。

② 王明锁：《禁止流质约款之合理性反思》，载《法律科学》2006年第1期。

③ 刘保玉：《民法典物权编（草案）担保物权部分的修改建议》，载《法学杂志》2019年第3期。

④ 孙鹏、王勤劳：《流质条款效力论》，载《法学》2008年第1期；杨善长：《流押条款法律效力辨——兼及法律父爱主义立法思想之取舍》，载《河北法学》2017年第3期。

⑤ 季秀平：《论流质契约的解禁》，载《河北法学》2005年第4期。

定“以物偿债”改造为事先约定“以物折价并以受担保债权数额为限优先受偿”。这就是《民法典》第401条规定的“抵押权人在债务履行期限届满前，与抵押人约定债务人不履行到期债务时抵押财产归债权人所有的，只能依法就抵押财产优先受偿”。这一制度在担保物权法中的设置，既可以避免债务人不履行到期债务或者发生当事人约定的实现抵押权的情形之后，抵押权人与抵押人未就抵押权实现方式达成协议，抵押权人被迫请求人民法院拍卖、变卖抵押财产程序的情形发生，也可以避免“以物偿债”有可能造成的对抵押合同双方当事人的不应有的损失。这实际上是将担保物权法中传统的抵押物折价变价方式，提前到债务履行期届满前约定。也可以说，是将传统流押契约改造成“担保财产变价方式的折价预定”。当然，当事人在抵押合同中对抵押财产的变价不仅可以进行“折价方式预定”，也可以进行“变卖方式预定”以及“拍卖方式预定”。对抵押财产变现方式的预定，没有违反物权法定原则，即没有改变“受担保债权数额限度内，对担保财产变价的优先受偿权”的担保物权内容。

其他问题

流押契约不得损害抵押人的其他债权人的利益，包括普通债权人的利益和担保债权人的利益。流押契约以抵押财产的当事人合意价格折价担保债权的实现，抵押财产的合意价格应该参考市场价格。在抵押人没有其他债权人以及其他担保债权人的情况下，没有人会对当事人关于抵押财产的折价价格提出异议。在债务人有其他普通债权人和担保债权人的情况下，流押契约有抵押人低价移转财产损害其他债权人和担保债权人利益的可能。如果抵押人的其他债权人或者担保债权人认为抵押人与抵押权人之间的流押契约低价转让了抵押财产，他们就可以对抵押人与抵押权人之间的流押契约提起撤销之诉。再者，如果抵押人的折价财产上还负担其他担保物权如抵押权等，且不论其他抵押权登记公示之先后，流押契约的实现均不得损害其他抵押权人的优先受偿利益。也就是说，如果抵押财产上存在其他登记抵押权，抵押权人在移转受让抵押财产权利的同时，须将折价变现数额超过自己受担保债权数额的部分支付给抵押人，抵押人须将收到的此部分抵押财产的价款提存用于清偿或者提前清偿其他抵押权人的债权。如果流押契约当事人违反了上述义务，其他登记担抵押权人可以对流押契约提起撤销之诉。

第四百零二条【不动产抵押权的设立与登记】

以本法第三百九十五条第一款第一项至第三项规定的财产或者第五项规定的正在建造的建筑物抵押的，应当办理抵押登记。抵押权自登记时设立。

历史由来

本条承袭了《物权法》第187条。因本条涉及的相关条文的序号有变，本条对相关条文序号做了相应的陈述性修改。本条的变化仅限于引述的相关条文的序号，规范内容未变，因此可以说是承袭了《物权法》第187条的规定。与《物权法》第180条第1款第3项的内容稍有不同，《民法典》第395条第1款第3项将“原以招标、拍卖、公开协商等方式取得的荒地等土地承包经营权”改为了“海域使用权”。

规范目的或功能

本条类属于抵押权设立规范群，是关于不动产抵押权的设立规范。担保物权分为意定担保物权和法定担保物权。抵押权属于意定担保物权，又分为不动产抵押权设立和动产抵押权设立。依据“区分原则”，《民法典》除了在第400条规定了抵押合同之外，又在本条规定了抵押权设立规范。抵押权的设立规范独立于抵押合同规范，是区分原则的贯彻和体现。我国民事立法关于不动产抵押权设立向来采行公示生效主义，本条予以承袭。与区分原则将抵押合同与抵押权设立区别分制不同的是，不动产抵押权的设立与不动产抵押权的登记公示，立法没有分而规制，而是合二为一规制在一条规范中。为了表达不动产抵押权的设立与登记的内在本质不同，我们特意将本条条旨定为“不动产抵押权的设立与登记”，以彰显两者的内在本质区别。

自本条始，抵押权立法进入抵押权动态之设立环节，抵押权设立规范群包括不动产抵押权的设立以及动产抵押权的设立两条规范。两相对比，不动产抵押权设立的规范表述，因循立法关于不动产抵押物的分类列举，复述分类一一列举后而一体规制；但对于紧随其后的动产抵押权设立，立法则采取了最抽象的规范模式，以“以动产抵押的”概称，并没有去重复动产抵押物在《民法典》第395条第4项、第5项、第6项、第7项规定的动产类型。本条何以未如下一条动产抵押权设立规范那样采用抽象概括的方式规制？是否源于动产抵押权只限于动产所有权抵押权，而不动产抵押权则既包括不动产所有权抵押权，也包括不动产用益物权主要是土地上的用益物权等的抵押权？学理上通常将不动产所有权抵押权称为不动产抵押权，而将不动产用益物权抵押权称为不动产物权抵押权。[①]其实，关于不动产抵押和不动产物权抵押的分类，没有任何学术理论和立法实践价值。如果这一判断是正确的话，我们认为应将本条修改为“以不动产抵押的，应当办理抵押登记。不动产抵押权自登记时设立”[②]。此外，本条规定的内容之一，即“以正在建造的建筑物抵押的，应当办理抵押登记。抵押权自登记时设立”也稍有不妥。抵押权的设立客观上应该以特定物为前提，即以正在建造的建筑物抵押的，抵押权应该于在建物建成时才有设立之可能。具体来讲，在区分原则之下，担保物权设立有债权行为与物权行为。两者的关键区别在于债权行为不需要具有特定物条件，只要标的物可能或可得确定即可，而物权行为需要有特定物，即物在时间上的现在性以及物在空间上的个别性，非未来物与种类物。所以，以正在建造的建筑物抵押的，由于物还不特定，客观上不能设立物权，其公示的法律效果均为预告登记，登记的是债权而非物权。若将本条修改为“以不动产抵押的，应当办理抵押登记。不动产抵押权自登记时设立”，不仅逻辑上更为紧密，也避免了上述的弊端。

---

① 最高人民法院物权法研究小组编著：《〈中华人民共和国物权法〉条文理解与适用》，人民法院出版社2007年版，第560页。

② 严格而言，本条应该是“以不动产物权（包括不动产所有权和不动产用益物权）抵押的”，下一条应该是“以动产所有权抵押的”。

规范内容

一、不动产抵押的登记公示

本条涉及的担保物是不动产抵押物，包括建筑物和其他土地附着物、建设用地使用权、海域使用权，以及正在建造的建筑物。这些抵押物常被概括为不动产和不动产物权，其实就是不动产所有权和不动产用益物权，概称不动产物权。通常，对不动产担保物权的公示方式为登记，对动产担保物权的公示方式为占有。在不动产物权上设立抵押的，应当办理抵押登记。登记是不动产抵押权的公示方法，是由于抵押权的设立并不要求移转不动产的占有，因此不能以对不动产的占有为不动产抵押权的公示方式。不动产抵押权的登记公示制度对于充分利用不动产抵押物的交换价值，维护交易秩序，保护交易第三人，都有不可或缺的价值。

登记公示可以充分发挥不动产抵押物的交换价值。动产质权以占有为公示方式，因同一时空下只能由一个人对动产质押物实施占有，所以在同一个质押物上只能设立一个动产质权。与此不同，登记作为不动产抵押权存在的权利外观，因登记公示的可并存属性，可以同时在一个不动产抵押物上重复设立、并存数个不动产抵押权，甚至可以超过不动产抵押物价值数额设立不动产抵押权。不动产抵押权得以超额抵押并存，得以充分发挥不动产抵押物交换价值的经济效益。如果没有不动产抵押权登记公示制度为基础，就不能实施不动产的重复抵押，如果在不动产上如在动产上因公示制度的欠缺只能设立一个抵押权，就极大限制了不动产抵押物的交换价值。不动产抵押权登记公示制度的存在，使得不动产抵押权重复抵押成为可能和现实。

登记公示有助于维护健康的交易秩序。在同一不动产抵押物上可以设立数个不动产抵押权，甚至可以超额设立不动产抵押权，就需要建立起并存不动产抵押权的优先受偿次序。登记制度为同一不动产抵押物上并存的抵押权之间建立起有序的优先受偿次序规则提供了基础。各国担保物权的立法例，通常是以不动产抵押权登记公示的时间先后作为不动产抵押权优先受偿的次序的依据，此即“公示在先，权利在先”原则。登记时间在先不动产抵押权的优先受偿次序在先，是同一不动产抵押物上并存的意定不动产抵押权优先受偿次序的一般原则。“公示在先，权利在先”原则可以催促抵押权人及时办理不动产抵押登记。

登记公示可以有效维护交易安全。登记作为不动产抵押权的公示方式，为交易第三人查询债务人责任财产上的担保物权负担提供了有效便捷的途径。债务人的责任财产上负担的抵押权越多，交易第三人的交易风险就越大。在重复抵押的情况下，登记为交易第三人识别债务人责任财产上是否负担抵押权以及负担批数和负载数额提供了窗口。交易第三人可以根据查询到的债务人责任财产上的抵押权负载情况，决定是否进行交易，以及决定是否于同一抵押物上再设定抵押权。通过抵押登记制度，在法律上对抵押权的顺序进行合理安排，可以有效地避免当事人之间在抵押权优先受偿顺序上的冲突。

二、不动产抵押权的设立

以上所述的是不动产抵押权需要登记。但不动产抵押权需要登记并不等于说不动产抵押权必须登记。关于不动产抵押登记，在立法体例上有登记对抗主义和登记生效主义之别。不动产抵押权登记对抗主义，是指不动产抵押权的设立无需登记，仅依当事人之间的合意即可发生不动产抵押权设立的效力，但如果该设立的不动产抵押权不办理登记公示手续，则不能对抗善意的交易第三人；不动产抵押权登记生效主义，是指不动产抵押权的设立不仅需要当事人之间的合意，还需要办理完毕登记公示手续，即未经登记，不发生不动产抵押权设立的效力。由此可以得出，采不动产抵押权登记生效主义的，要发生不动产抵押权设立的效力，必须办理不动产抵押登记公示手续。进而可以说，设立不动产抵押权必须办理登记公示手续，是不动产抵押权登记生效主义的答案。采登记对抗主义，不动产抵押权设立无需登记公示，但设立的不动产抵押权要想获得对抗善意交易当事人的效力，则必须办理登记公示手续。我国民事立法关于不动产抵押权设立采行登记生效主义，所以，在我国设立不动产抵押权必须办理登记公示手续。不动产抵押合同生效后，当事人未办理不动产抵押登记手续的，抵押权不生效力。实践中时常出现有效成立的不动产抵押合同，但未办理不动产抵押登记的情况，引发了纠纷。不动产抵押权登记生效主义立法体例，有其优点也有其缺点。

不动产抵押权登记生效主义的优点，在于最大限度地维护了交易安全。对交易关系的当事人而言，交易合同生效，不动产抵押权并不设立，要设立不动产抵押权尚需办理完毕登记公示手续。书面合同生效之外尚需完成登记公示，就留给了当事人更多慎重思考的时间，因此使得交易更加慎重、更加安全；对于第三人而言，判断有没有不动产抵押权设立，只有一个外在的标准，就是看不动产登记证书的记载，再准确一点就是去检索不动产登记簿上的登记记录。只有不动产登记证书上加载了的抵押权，或不动产登记簿上加载了登记公示的抵押权，抵押权设立才是可以信其为真的。反之，则是信其为无的。以此为准，交易第三人便可放心大胆地安排自己的交易，交易安全能够得到稳妥的维护。

不动产抵押权登记生效主义的缺点，主要在于限缩民事主体私法自治的空间，降低了交易效率。从法制史、比较法、实证法等各个方面来看，包括不动产抵押权设立在内的不动产物权变动，虽需要登记公示，但并非必须登记公示。因此，笔者认为，不动产抵押权登记对抗主义更有其合理性。不动产抵押权登记生效主义的弊端，一是限缩了私法自治的空间。在当事人的合意要素之外，法律强行附加登记公示，此举有违私法自治原则。二是降低了交易效率。没有登记公示要素生效要件的抵押权设立势必节奏加快，时间提前，效率提高。反之，在合意之外再续践行登记公示手续，则抵押权设立的节奏随之变慢，时间随之滞后，效率也随之降低。

其他问题

不动产抵押权登记生效主义在司法实践中常遇到的问题有二：第一，主要是不动产抵押未经登记的法律效力问题；第二，抵押权登记记载的内容与抵押合同约定的内容不一致的，以哪个范围优先受偿的问题。

一、抵押权未登记时的法律效力

从债权人利益保护目的出发，最高人民法院积极探索，近年来给出了理由不同的保护债权人利益的裁判。在不动产抵押未经办理登记的情况下，一是以法律行为的转换为理论基础，抵押人应承担以抵押物为限的连带保证责任。[①]二是以缔约过失责任为基础，要求抵押人承担相应的赔偿责任。[②]三是以违约责任为基础，抵押人承担连带性的违约损害赔偿责任；[③]也有判例认为抵押人应承担补充性的违约损害赔偿责任。[④]四是欠缺说理部分，径行认为抵押人应当承担以抵押财产为限的连带责任。[⑤]五是《九民纪要》第60条的规定：不动产抵押合同依法成立，但未办理抵押登记手续，债权人请求抵押人办理抵押登记手续的，人民法院依法予以支持。因抵押物灭失以及抵押物转让他人等原因不能办理抵押登记，债权人请求抵押人以抵押物的价值为限承担责任的，人民法院依法予以支持，但其范围不得超过抵押权有效设立时抵押人所应当承担的责任。

对法律没有明确规定的事项作出裁判并加以学理解释，本身常常是一个不断试错的过程，这在疑难案例中尤其如此。我国民事立法确立的区分原则，明确规定了“当事人之间订立有关设立、变更、转让和消灭不动产物权的合同，除法律另有规定或者合同另有约定外，自合同成立时生效；未办理物权登记的，不影响合同效力”。与此同时，关于不动产抵押权的设立，立法有明确规定：“以本法第三百九十五条第一款第一项至第三项规定的财产或者第五项规定的正在建造的建筑物抵押的，应当办理抵押登记。抵押权自登记时设立。”据此，我们可以确认，此所谓不动产抵押未经登记的法律效力问题，实质上就是，在抵押合同有效，但当事人未办理抵押登记因而抵押权未经设立的情况下，如何保护债权人利益的问题。如果抵押合同无效，则无需谈签订了抵押合同的债权人的保护问题。

就学理分析来看，前述最高人民法院的学理解释，笔者认为，前四项不

---

① 最高人民法院（2015）民申字第2354号民事裁定书。

② 最高人民法院（2017）最高法民终436号民事判决书、最高人民法院（2017）民申2340号民事裁定书、吉林省松原市中级人民法院（2013）松民一终字第725号民事判决书、海南省高级人民法院（2014）琼民二终字第7号民事判决书等。

③ 最高人民法院（2015）民申字第3285号民事裁定书、最高人民法院（2015）民申字第3299号民事裁定书等。

④ 最高人民法院（2014）民申字第2189号民事裁定书。

⑤ 最高人民法院（2015）民申字第3256号民事裁定书。

可接受，最后一项可以接受。

前四项之所以不可接受，原因在于：此四项中的前两项弄错了问题。第一项是法律行为的转换理论，以抵押合同无效为立论前提。第二项是缔约过失责任理论，以抵押合同因抵押人的原因不成立为立论前提。因此这两项理论与我们在这里的问题预设不一致。我们在此预设的问题，是当事人签订了抵押合同且抵押合同生效之后，没有办理抵押登记因而抵押权未能设立的情况下，债权人的保护问题。所以，将有效的合同预设为无效合同或者未成立合同，并以此为立论前提展开的结论论证，尽管论证本身自成体系、有问有答，但一定是文不对题、答非所问。此四项中的后两项弄错了答案。第三项的立论是违约责任，答案是承担连带性的违约损害赔偿责任。第四项没有立论，但答案也是应当承担以抵押财产为限的连带责任。在问题的答案方面，两者都主张抵押人对债权人承担连带责任。区别在于承担连带责任的范围不同，第三项没有限制，第四项以抵押财产为限。对于因不动产抵押人的原因导致抵押登记未能办理或者错误登记时，抵押人所应承担的责任形式，司法审判实务存在争议。许多判决认为，抵押人应当在抵押财产的范围内对债权人承担连带清偿责任。但亦有不同观点认为，在当事人对违约责任没有特别约定时，判决抵押人承担赔偿责任更为合理，不应当直接判决抵押人对主债务承担连带责任。我们认为，若抵押人与债权人对此未有约定，则属于合同漏洞的补充。由于连带责任是一种非常严格的责任，意指数人对于债权人各负全部给付的责任，其系针对债务人的加重责任，因此必须以法律明文规定或当事人明文约定为限。仅从现行法律无法得出抵押人对债权人承担连带赔偿责任的依据。抵押人因违约承担的损害赔偿责任在性质上应属于不真正连带债务，其与连带责任的相同点在于数个债务人依法对同一债权人承担给付内容相同的债务。但不同之处在于，前者系基于不同的原因，而且在某一债务人清偿之后，债务人有权向终局的责任人追偿。因此，在抵押人因违约引起损害赔偿责任时，其与债务人并不处于相同的连带责任人的法律地位。相反，抵押人仅在其自身引起的损害范围内承担赔偿责任，在抵押人承担责任之后，其有权向债务人代位求偿。

之所以最后一项即第五项可以接受，是因为该项主张的立论基础和给出的解决问题的答案，都是合理的、正确的。从立论基础方面看，第五项主张认定抵押合同生效、抵押权未设立。据此正确立论，可以主张合同实际履行，或者在因客观原因合同不能实际履行时，主张抵押人的违约责任，但违约责任的范围应当受到限制。从主张的具体内容来看，包括三个方面：一是实际履行合同，即不动产抵押合同依法成立，但未办理抵押登记手续，债权人可以请求抵押人继续办理抵押登记手续，即依据合同约定实际履行合同。登记请求权的法律性质与不动产物权的变动模式密切相关。在登记生效主义的情形，登记请求权的性质为债权请求权。债权人作为登记请求权人，可以向抵押人主张办理抵押登记，抵押人作为登记义务人应当协助。若是抵押人不按照合同约定履行协助登记的义务，债权人可以通过司法救济的途径实现登记请求权。由于债权人不动产抵押登记请求权属于债权请求权，其应适用诉讼时效。如果请求权人在一定期间内不行使该权利，义务人将因时效的经过而取得时效抗辩权。债权人向抵押人主张抵押登记请求权，相当于要求抵押人承担实际履行的责任。二是解除合同，即在合同生效之后，若合同的履行成为不必要或不可能，致使当事人一方或双方的缔约目的无法实现，法律赋予一方或双方解除合同的权利。在不动产抵押合同订立之后登记之前，若是抵押财产或者因自然原因而灭失，或者因被征收而丧失，或者因抵押物的价值急剧下降而失去价值等，由此导致抵押权的设立不能实现保障主债权的目的时，抵押人或债权人均可解除抵押合同。因债权人的原因导致抵押登记不能在约定的期限或者合理的期限内办理的，抵押人可以解除抵押合同。若抵押人在约定的抵押登记期间明确表示拒绝办理抵押登记，或者在抵押财产上为成立在后的其他债权人设立先顺位的抵押权，从而使抵押财产的价值不足以担保债权，或者在约定的抵押登记期间届满之后，经催告后在合理期限内仍然拒绝办理抵押登记，债权人有权解除抵押合同。三是承担违约责任，即因抵押物灭失以及抵押物转让他人等原因不能办理抵押登记，债权人可以请求抵押人以抵押物的价值为限承担责任，但其范围不得超过抵押权有效设立时抵押人所应当承担的责任。抵押人承担违约损害赔偿责任，并不以任何特定财产作担保，只是以其的责任财产作为一般担保。由此可见，对债权人而言，违约损害赔偿的效果远远不如抵押权的设立。抵押人的违约损害赔偿的范围受下列因素的限制：一是可预见性，违约损害赔偿责任受可预见性规则的限制，主要是为了限制所失利益赔偿的范围；二是以抵押财产的价值为限，即使不动产抵押合同办理登记，抵押人承担责任也仅限于抵押财产，所以以此为限。如果抵押财产上还存在先顺位的抵押权，则应当在必要时先扣减先顺位的债权担保数额。还需要注意的是，即使抵押人实际履行了登记义务，抵押权设立完成，也有可能产生损害赔偿的问题，这主要是指因抵押人原因造成登记不及时而使得抵押权登记顺位在后造成的损失。

二、抵押权登记记载的内容与抵押合同约定的内容不一致

我国实行不动产统一登记制度，而不动产登记部门在其制式文本中并未设置担保范围项目，故抵押权人难以就此进行登记，而金融机构的担保合同中对担保范围的约定，一般都会包括本金及可能产生的利息、罚息、违约金和实现债权的费用等，并且《物权法》在其第173条规定："担保物权的担保范围包括主债权及其利息、违约金、损害赔偿金、保管担保财产和实现担保物权的费用。当事人另有约定的，按照约定。"规范与实践产生了裂缝。抵押权人在哪个范围内享有优先受偿权处于不确定状态。

实践中存在不同处理：其一，法院依据《物权法》第16条、第17条以及《担保法解释》第61条，认为担保范围以登记为准。[①]其二，法院依据《物权法》第173条、《担保法》第46条，认为担保范围以合同约定为准。[②]其三，还有些判决只是认定抵押权人就抵押物优先受偿，没有明确优先受偿的具体

---

① 最高人民法院（2018）最高法民申3313号民事裁定书、2013年江苏省高级人民法院《关于当前商事审判若干问题的解答》、2013年江苏省高级人民法院《关于执行疑难若干问题的解答》、2015年江苏省高级人民法院《关于抵押债权优先受偿范围的补充解答》对此作了进一步明确，认为担保范围以登记为准，故江苏法院多以登记确定优先受偿范围。如江苏省南京市中级人民法院（2016）苏01民终384号民事判决书、江苏省高级人民法院（2015）苏商终字第00689号民事判决书、江苏省南京市中级人民法院（2015）宁商终字第1819号民事判决书、江苏省高级人民法院（2014）苏商终字第00530号民事判决书等。

② 最高人民法院（2015）执复字第38号执行裁定书、上海市第一中级人民法院（2016）沪01民终372号民事判决书、广西壮族自治区高级人民法院（2015）桂民四终字第61号民事判决书、广东省中山市中级人民法院（2015）中中法民二终字第114号民事判决书、广西壮族自治区高级人民法院（2015）桂民四终字第61号民事判决书、安徽省合肥市中级人民法院（2014）合民二初字第00222号民事判决书、重庆市高级人民法院（2014）渝高法民初字第00064号民事判决书、山东省泰安市中级人民法院（2014）泰民一终字第1056号民事判决书等。

范围，采取了回避相关争议的做法。[①]

为回应实践的争议，《九民纪要》第58条规定："以登记作为公示方式的不动产担保物权的担保范围，一般应当以登记的范围为准。但是，我国目前不动产担保物权登记，不同地区的系统设置及登记规则并不一致，人民法院在审理案件时应当充分注意制度设计上的差别，作出符合实际的判断：一是多数省区市的登记系统未设置'担保范围'栏目，仅有'被担保主债权数额（最高债权数额）'的表述，且只能填写固定数字。而当事人在合同中又往往约定担保物权的担保范围包括主债权及其利息、违约金等附属债权，致使合同约定的担保范围与登记不一致。显然，这种不一致是由于该地区登记系统设置及登记规则造成的该地区的普遍现象。人民法院以合同约定认定担保物权的担保范围，是符合实际的妥当选择。二是一些省区市不动产登记系统设置与登记规则比较规范，担保物权登记范围与合同约定一致在该地区是常态或者普遍现象，人民法院在审理案件时，应当以登记的担保范围为准。"

从上面可以看出，司法实践中出现相同问题不同处理的根源在于不动产登记制度的不完善，并呈现出地区差别，所以建立统一且完善的不动产抵押登记制度是改革所向，在担保范围这个问题上，可以通过增加、细化相应的登记栏目和登记规则，从而明确担保范围，保障抵押权人优先受偿权利的实现。

第四百零三条【动产抵押权设立及登记效力】

以动产抵押的，抵押权自抵押合同生效时设立；未经登记，不得对抗善意第三人。

历史由来

本条整合了《物权法》第188条和第189条的规定。《物权法》第188条是对第180条所列举动产上抵押权的设立及登记对抗效力的规范；《物权法》第

① 安徽省池州市中级人民法院（2015）池民二初字第00004号民事判决书、广东省惠州市惠城区（2015）惠城法民二初字第393号民事判决书。

189条是对第181条所规定的动产浮动抵押权的设立及登记对抗效力的规范；而第181条规定的动产即“生产设备、原材料、半成品、产品”，也完全是第180条第4项所列动产，且第188条与第189条，都采取了同样的动产抵押权设立模式，即公示对抗主义立法模式。两条规范不同的是，第188条是关于一般动产抵押权的设立与登记效力的规范，第189条是关于动产浮动抵押权的设立与登记效力的规范。为节约立法成本、不生歧义，《民法典各分编（草案）》和《民法典物权编（草案）》（二审稿）均在第194条以“动产”之名概称，将《物权法》第188条和第180条所列动产类型，一并予以规范。又将《物权法》第189条第2款规定的“正常经营活动中”的买受人不受追及规则独立出来，单列为第195条，并且将其适用范围从限于动产浮动抵押，扩张到适用于一切动产抵押，亦被《民法典》第404条所采纳。

三 规范目的或功能

本条类属于抵押权设立规范群，是关于动产抵押权的设立及其公示对抗效力的规范。抵押权这一概念，在传统担保物权立法中，专指不动产抵押权；传统担保物权立法受登记公示制度的限制，在有形动产上不设置抵押权，只设置动产质权。[①]在动产上不设置非移转占有的担保物权类型，也是传统担保物权立法的缺陷。克服传统担保物权立法不设置动产抵押权的立法缺陷，为近现代各国担保物权法制发展的主要方面。与先民法典国家在民法典之外通过或判例法或单行法方式，弥补民法典缺失动产抵押权的立法不足不同，我国担保物权立法自《担保法》开始，逐步扩大动产抵押权的范围：《担保法》规定了有限的动产抵押，《物权法》规定极限的动产抵押，《民法典》承继了《物权法》的极限动产抵押权立法政策。但不论是不动产抵押权还是动产抵押权，其有效实施都需要登记公示制度支撑。

在动产上设立抵押权，本条参考国际上通行的动产抵押权的设立与公示对抗主义立法体例，规定：“抵押权自抵押合同生效时设立；未经登记，不得对抗善意第三人。”这是被公认的既科学合理，又安全高效的动产抵押权设立

① 董学立：《抵押权概念的演变及其法体系效应》，载《法商研究》2017年第5期。

制度设计。

规范内容

本条的内容分两方面：一是关于动产抵押权的设立，二是关于动产抵押权登记公示的效力。

一、动产抵押权的设立

纵观各国立法体例，关于动产抵押权的设立，有四种立法模式。一是意思主义，即仅凭当事人之间意思表示且此意思表示无需书面形式，即可以设立动产抵押权。意思主义与个人主义哲学思考一脉相承，重视当事人的意思自治，最方便于动产抵押权的设立。但这一立法主义有明显缺点：不要求书面形式合同，在出现纠纷的时候，难有足够证据证明所陈主张；没有登记公示制度支撑，对交易第三人的交易安全构成威胁。动产抵押权设立的意思主义优缺点明显，走向了意思自治的极端。二是书面成立主义，即当事人关于设立抵押权的合意，法律要求须以书面形式表达出来。这一立法主义解决了意思主义不要求书面合同形式的立法不足，但其同样没有登记公示制度的支撑，不利于保护交易当事人的交易安全。三是登记成立主义，即当事人要设立动产抵押权，法律一方面劝导其以书面形式订立动产抵押合同，另一方面要求其办理登记公示手续。劝导（应当）当事人以书面形式订立合同，有利于当事人谨慎从事，且在产生纠纷时便于取证证明所陈主张；须经登记公示的要求，保证了动产抵押权设立内外部关系的权利外观一致，极大地保护了交易当事人的交易安全。相比之下，登记成立主义制度的不足，在于限缩了当事人意思自治空间，尤其须经办理登记公示手续的要求，走向了限制意思自治的极端。四是登记对抗主义，即当事人要设立动产抵押权，法律一方面劝导其以书面形式订立动产抵押合同，另一方面并不要求其办理登记公示手续，但规定“未经登记，不得对抗善意第三人”。同样的，劝导（应当）当事人以书面形式订立合同，有利于当事人谨慎从事，且在产生纠纷时便于取证证明所陈主张；“未经登记，不得对抗善意第三人”的规定，在事实上对抵押权人形成了利益诱导，同时又把选择权留给了抵押权人，保留了意思自治的空间。这一立法体例，中和了极端的意思主义和登记生效主义，兼顾了各方利害关系人的利益，既维护了交易便捷，又维护了交易安全，是相比之下最为优秀的制度设计。其具体优点如下：

1.维护了私法自治。对于影响当事人之间私法自治空间的合同书面形式要求，立法采取了劝导而不是强制的方式。也就是说，虽然立法提出了“应当采用书面形式订立抵押合同”的要求，但这个“应当”是劝导性的要求，而非强制性的要求。进一步说，这个要求只是劝导当事人为了自己的利益，最好采用书面合同形式，以便于慎重从事以及日后产生纠纷时取证。在这一模式下，即使当事人没有采用书面合同形式如采用了口头协议形式，也足可以有效设立动产抵押权。当然，以口头协议形式设立动产抵押权，虽与动产抵押权设立本身无碍，但于慎重从事以及日后产生纠纷时举证证明主张不利。所以，立法就极力劝导当事人采用书面合同形式。立法者的良苦用心由此可见一斑。这样一来，在动产抵押权设立这一事项上，立法给当事人留足了私法自治的空间：无需公示要素，仅凭当事人之间的意思表示即可设立动产抵押权，此意思表示最好采书面合同形式，书面形式对当事人是有好处的，但书面形式之外的形式也并非不可，选用还是不选用书面合同形式由当事人自由选择。因此，立法在动产抵押权设立上丝毫没有强制的做法，只是在“为您着想”上用尽心思，在“为您做事”上却留足自主选择的空间。这一立法模式以选择题的方式相信当事人能够做出正确的选择，把私法自治的空间留得足够大。

2.明确了物权的设立与公示无关。长期以来，我们都一直认为物权必须公示，因为物权是得以对抗任何人的权利，物权不公示则不能对抗第三人，所以物权必须公示。但这个逻辑是错误的。物权对抗第三人有两种情况，一种是对抗非交易第三人，另一种是对抗交易第三人。其实，我们所说的物权不经公示不能对抗第三人，是专指交易第三人，而不是指非交易第三人。未经公示的物权如公示对抗主义模式下当事人设立的未经公示的物权，虽不能对抗交易第三人，但完全可以对抗非交易当事人。所以，就物权的设立本身来讲，其设立无须公示要素。单凭当事人之间的合意，或者是非书面形式合意，或者是书面形式合意，都可以设立物权包括动产抵押权等。从法制史的角度分析，物权的出现远早于物权公示制度的出现，所以两者不是“同步一体、一体两面”的制度；从比较法来看，物权必须公示是物权变动公示生效主义的结论。采物权变动公示对抗主义的，如法国、日本等国，物权的设立均无须公示，但这些无须公示的物权也具有对抗非交易第三人的效力；从我国现有立法来看，《民法典》中的依法律行为的物权变动，大量采取了物权变动公示对抗主义立法体例，公示对抗主义立法体例下的物权变动，同样也都是无须公示的。由此，物权与公示两相分离，物权变动无须借助公示要素，物权公示具有物权变动以外的法律意义——物权公示不关乎物权变动，只关乎物权变动中的交易安全。①

二、动产抵押权登记公示的效力

对于物权变动而言，物权公示的效力有两种立法模式，即公示生效主义立法模式和公示对抗主义立法模式。本条采取的是公示对抗主义立法模式，即“未经登记，不得对抗善意第三人”。动产抵押权设立的公示对抗主义立法模式，将登记公示作为动产抵押权设立的对抗要件而非生效要件，有两方面的立法意义：一是最大限度维护了私法自治原则；二是较好维护了交易安全。

1.维护了私法自治。动产抵押权设立的登记公示对抗主义，一方面是说动产抵押权的设立无须登记等公示要素，另一方面是说登记在抵押权设立中具有对抗效力。动产抵押权的设立无须登记等公示要素，就将抵押权的设立完全置于当事人的意思自治之下，在抵押权设立基本要素如抵押物特定、抵押人有处分权的基础上，只要当事人之间就设立抵押权达成意思一致，就具备了抵押权设立的主客观要件，足以设立抵押权。这一立法模式与登记生效要件主义立法模式相比，具有更大的当事人自治空间。由于动产抵押权的设立在客观条件即可处分的抵押客体（抵押物）特定的前提下，完全掌控在当事人的意思之下，这样就避开了法律强制外加的登记公示手续。不仅维护了动产抵押权设立上的私法自治空间，而且也将动产抵押权的设立时间提前到第一时间——抵押合同成立时。从抵押合同成立时到办理完毕登记公示手续，时间不确定、时限或会很长，会对抵押权的设立造成阻碍。抵押权不设立，

---

① 董学立：《也论交易中的物权归属确定》，载《法学研究》2005年第5期。

作为抵押合同当事人一方的主债权人就只能是抵押合同的债权人，而不能以抵押权人自居。但在登记对抗主义下，动产抵押权自合同成立时设立，主债权人就在此时成为抵押权人，可以抵押权人自居，也即可作为抵押权人对抗债务人以及其他非交易第三人。这一立法模式显然对主债权人也就是抵押权人有利。

2.维护了交易安全。登记公示对抗主义立法体例，在维护交易安全方面发挥了重要作用。对交易安全至关重要的登记公示，立法允许当事人自由选择，但明确告知当事人如果不选择登记公示的法律后果——“未经登记，不得对抗善意第三人”。对于抵押权人的交易安全以及交易第三人的交易安全，登记对抗主义立法体例也是在维护私法自治空间的基础上，将确保交易安全的关键机制交给抵押权人自主把握、自由选择。这就是，虽然登记公示无关乎抵押权的设立，但设立的抵押权如果没有附加办理登记公示，则此抵押权不能对抗善意第三人。在设立抵押权的同时或者之后，办理完毕登记公示手续，对于抵押权人而言，就有了利益激励机制。对于交易第三人而言，其交易安全的实现，也是借助于登记公示外观的变更所展现的抵押权设立、变更以及消灭等，对自己的行动作出相应安排，以维护第三人的交易安全。

动产抵押权设立的意思主义与动产抵押权登记的对抗主义，除了具有以上制度优势外，还具有便于国际经济交往的优势。动产抵押权设立的登记对抗主义立法体例，为当今世界大多数国家所采用，是符合潮流的动产抵押权设立立法模式。在日本，汽车、航空器、建筑机械、船舶以及在建船舶等的抵押权设立，皆以登记作为对抗善意第三人的要件。美国《统一商法典》第九编动产担保交易法作为一元化动产担保物权立法模式，在担保物权公示方面采取了多元化模式，即公示形式包括登记、占有以及控制等，但其公示的效力均为公示对抗主义。除此之外，世界贸易组织法律委员会的《动产担保交易示范法》，以及《欧洲示范民法典草案》第九编动产担保交易法等世界性、区域性示范法等，也都采取了动产抵押权设立的意思主义与登记对抗主义。我国在动产抵押权设立上采行登记对抗主义立法模式，有利于我国的经济活动融入世界经济活动之中。

其他问题

一、第三人范围界定

在民事法律关系中，“第三人”有两种类型，一种是“交易第三人”，即与同一特定物的交易当事人双方有利害冲突关系的其他交易主体，这是一种对动态法律关系的描述；另一种是“非交易第三人”，即对同一特定物没有利害冲突关系的其他主体，这是一种对静态法律关系的描述。而本条中“第三人”，是指对抵押财产有利害冲突关系的抵押人和抵押权人之外的第三人，如自抵押人处受让抵押财产所有权的受让人，于抵押财产上设定其他抵押权或者质权的担保物权人等。[①]所以，本条中的“第三人”限指“交易第三人”，可分为物权交易第三人和债权交易第三人。对于物权交易第三人，未经登记公示的抵押权不能对抗已经公示的物权交易第三人，未经登记公示的抵押权不得对抗但可对冲未经公示的物权交易第三人；对于债权交易第三人，未经登记公示的抵押权不得对抗但可对冲债权交易第三人。[②]

二、善意与恶意划分

抵押权设立实施书面合同成立主义，有书面动产抵押合同必有动产抵押权设立。民法上的善意、恶意，是指交易第三人对处分人无处分权的情状的知情与否，不知情者为善意，知情者为恶意。在抵押权统一登记公示制度越来越便于查询的情况之下，对“善意”应作“善意且无过失”的理

---

① 庄加园：《动产抵押的登记对抗原理》，载《法学研究》2018年第5期。

② 所谓“对冲”，即按债权比例受偿。有观点认为：就法律性质而言，物权具有排他性，其效力恒优先于债务人之一般债权人，此为民法上的基本规则。动产抵押权既属物权，理应优先于一般债权，登记与否不能影响其物权优先效力。参见最高人民法院物权法研究小组编著：《〈中华人民共和国物权法〉条文理解与适用》，人民法院出版社2007年版，第565页。笔者认为这一理解不妥。未经登记公示的抵押权尚不能对抗未经登记公示的抵押权，何以优先于一般债权？如果未经登记的抵押权可以优先于一般债权，则势必导致大量伪造抵押合同的不道德法律行为。

解。在占有即所有的法律制度框架下，我们可以推定占有人对所占有的动产有所有权，但不能据此推定占有人占有的动产上没有因设立而负担有抵押权。占有动产上有没有设定抵押权负担需要交易第三人去查询动产抵押权登记。在民商事交易中，交易第三人不查询动产上是否负担有动产抵押权应作恶意定性。对于已经登记公示的动产抵押权是如此。对于未经登记公示的动产抵押权，我们认为：因为未办理登记手续的抵押权并没有将其已经设立的抵押权以法定方式予以公示，所以所谓的恶意是指交易第三人明知或可得知抵押人与抵押权人之间的抵押合同存在，即抵押权因设立而存在。[①]对于经登记公示的动产抵押权，如果抵押期间，抵押人未经抵押权人同意，即没有履行告知义务，径行和受让人订立转让抵押动产的合同，因抵押权人的同意不是抵押动产转让的条件，故抵押权不受影响，即由于抵押权人的抵押权业已办理了登记手续，可以对抗交易第三人，得向任何第三人主张其抵押权的实现。当然，根据本法第406条的规定，抵押权人能够证明抵押财产转让可能损害抵押权的，可以请求抵押人将转让所得的价款向抵押权人提前清偿债务或者提存。而对于未经登记公示的动产抵押权，应区分受让人是否为善意第三人。受让人非为善意第三人，则抵押权人可向其主张抵押权的实现；若受让人为善意第三人，抵押权人不得向其主张抵押权的实现，应自担风险。

三、抵押权对抗力情形

在采登记对抗主义的背景下，抵押权有未经登记公示的抵押权和已经登记公示的抵押权之分。谈论担保物上抵押权与并存的其他物权之间的优先效

---

① 最高人民法院（2019）最高法民申647号民事裁定书。本案中再审申请人康富公司主张被申请人建行喀什分行未登录融资租赁公示系统查询案涉车辆的权属情况，未尽查询义务，不能适用善意取得。最高人民法院认为："康富公司一直未能提供证据证明其已在融资租赁公示系统进行了登记，因此即便建行喀什分行进行了查询，也无法查到案涉车辆融资租赁事项，也就不能认定建行喀什分行知道或应当知道抵押物为租赁物，故无法以其未进行查询为由否定其善意取得。另一方面，如前所述，建行喀什分行无论是否进行查询均无从知晓案涉车辆为租赁物，故其未尽该项查询义务并非导致抵押物为租赁物的原因，此种情况下，如因其未进行查询而否定已登记的抵押权，未免过于严苛，难言公平。因此……一、二审法院对建行喀什分行系善意取得的认定并无不当。"

力，需要先区分抵押权是未经登记公示的抵押权，还是已经登记公示的抵押权。未经登记公示的抵押权虽具有物权的一般效力，但终因未经公示，效力有所限制，即不能对抗善意的交易第三人。已经登记公示的抵押权则因公示之后有对抗效力而效力强大。①

一是并存有善意取得情形。动产抵押合同签订后，抵押权设立。但若该抵押权未经登记公示，该抵押物上则有未经登记公示的抵押权负担。此时，若占有抵押物的抵押人将抵押物转让给他人，对于善意受让该抵押物之人，未经登记公示的抵押权人无权对抗该善意取得人，而只能请求抵押人提供新的抵押物或者请求抵押人违约损害赔偿。反之，若该抵押权已经登记公示，则其可以对抗第三人的购买行为，第三人仅得向抵押人请求权利瑕疵担保责任，而不得主张善意取得。

二是并存有重复抵押情形。若抵押人在抵押物上重复设立抵押权，则此抵押物上的数个抵押权之间的对抗力表现为：若各抵押权皆已经登记公示，则在先登记的抵押权得对抗在后登记的抵押权；若各抵押权既有已经登记的也有未经登记的，则已经登记的抵押权得对抗未经登记的抵押权；若各抵押权均未经登记公示，则各抵押权之间相互不得对抗，只能按照债权比例受偿。此即《民法典》第414条之规定。

三是并存有意定担保情形。动产抵押权与动产质权并存于同一担保物时，有如下情形：动产抵押物权成立在先但未经登记公示，此时动产质权因占有生效要件主义必定是已经公示，则已经占有公示的动产质权得对抗未经登记公示的动产抵押权；②相反，如果动产抵押权设立并已经登记公示，则该已经登记公示的抵押权与已经占有公示的动产质权之间，在先公示者得对抗在后公示者。此涉及《民法典》第415条之规定。

四是并存有法定担保情形。在同一担保物上既有抵押权又有留置权时，不论抵押权已经登记公示还是未经登记公示，留置权总是得对抗抵押权。留

---

① 美国《统一商法典》第九编动产担保交易法严格区分担保物权设立和担保物权公示，其关于担保物权的公示用词是Perfect，直译即“完美、完善”之意。所以，已经公示的抵押权犹如未经公示的抵押权身上披上了铠甲，增加了对抗效力。

② 最高人民法院民事审判第二庭编著：《〈全国法院民商事审判工作会议纪要〉理解与适用》，人民法院出版社2019年版，第384页。

置权在任何情形之下得对抗抵押权，不是一项法律技术规则，而是一项法律政策落实，一如前述。

第四百零四条【正常经营活动中的买受人不受追及规则】

以动产抵押的，不得对抗正常经营活动中已经支付合理价款并取得抵押财产的买受人。

历史由来

本条由《物权法》第189条第2款修改而来。《物权法》第189条第2款限制适用于动产浮动抵押的情形。《民法典各分编（草案）》第195条和《民法典物权编（草案）》（二审稿）第195条对《物权法》第189条第2款进行适当修改，将其适用范围扩大适用于所有动产抵押权的情形。本条即来自这一修改。从理论上讲，可以将“正常经营活动中的买受人不受追及规则”的适用范围扩大到所有动产抵押权，但从实际法律生活来讲，动产浮动抵押权之外的其他动产抵押权适用“正常经营活动中的买受人不受追及规则”的可能性仅限于个别情形。

规范目的或功能

本条类属于抵押权的优先受偿次序规范群。

抵押权的优先受偿次序规则规范群，是抵押权制度的核心和重心，规则类型和数量较多。“正常经营活动中的买受人不受追及规则”仅是其中的一种类型。一般来说，负担抵押权的抵押物处分受到公示在先抵押权的追及，此即“公示在先，权利在先”原则。但这一结果将直接影响受让人受让动产所有权的安定性，并由此间接影响出售人的正常经营活动。对于销售业者来说，既可以抵押销售中的财产进行融资，又可以不受影响地正常出售抵押财产获利还贷，是维持正常经营所必需的。不然，一旦财货抵押融资，抵押人就须停止营业，则事与愿违、目的不达并两败俱伤。本条的“正常经营活动中的买受人不受追及规则”，就是允许商人在对正常经营活动中用于销售的财产抵押后，还允许其出售且买受人不受追及。“正常经营活动中的买受人不受追及规则”，是“公示在先，权利在先”担保物权优先受偿次序规则的原则例外，有着浓重的商业背景和商业气息。我国《民法典》虽然将该条的适用范围扩大到所有动产抵押权，但该条中所使用的“正常经营活动中”这一特定术语，就将该条规范适用领域限定在了动产浮动抵押权。[①]以下以动产浮动抵押权下的“在经营活动中的买受人不受追及”为例论述。

“正常经营活动中的买受人不受追及规则”适用范围扩大至动产抵押权与《物权法》仅适用于动产浮动抵押权的区分，关键在于对“正常经营活动”的理解，对于在商业交易中单一动产抵押物能否适用仍就存疑。

规范内容

一、何谓正常经营活动中的买受人

“正常经营活动中的买受人”一词的英文表达是“buyer in the ordinary course of business”，这一法律术语来自美国《统一商法典》第一编1-201（9），该术语被严格限定在“从专事出售那一种物品的商人那里购买该物品的人”。该术语虽规定在美国《统一商法典》第一编1-201（9），但该术语在美国《统一商法典》第九编中，须与9-320（a）联系起来适用。美国《统一商法典》第九编9-320（a）规定：正常经营活动中的买受人，是指在出售人的正常经营活动中购买的物品不受其出售人创设的担保权的追及，即使该担保物权已经公示，且买受人知其存在。但农业生产经营者正常经营活动中的农产品出

① 对于将规则扩大至动产抵押权的做法，学界存在不同观点。反对者认为该做法将造成抵押权追及制度的体系违反，应恢复至《物权法》中对浮动抵押制度之下的表达。邹海林：《论〈民法典各分编（草案）〉“担保物权”的制度完善——以〈民法典各分编（草案）〉第一编物权为分析对象》，载《比较法研究》2019年第2期。赞成者则认为这一修改明确了动产抵押权和动产抵押物取得人之间的权利顺位规则，值得赞同。高圣平：《民法典担保物权制度修正研究——以〈民法典各分编（草案）〉为分析对象》，载《江西社会科学》2018年第10期。此外，亦有学者从交易效率的角度出发，认为一般动产抵押物也应类推适用该规则。龙俊：《动产抵押对抗规则研究》，载《法学家》2016年第3期。

售除外。

首先，“正常经营活动中的买受人不受追及规则”在抵押权已经登记公示和未经登记公示下皆予适用，此与通常情况下只有未经登记的抵押权不得追及买受人的所有权不同；其次，“正常经营活动中的买受人不受追及规则”在抵押权人未授权抵押人处分抵押物的情况下也可以适用，此与抵押物之处分须经抵押权人同意不同；最后，“正常经营活动中的买受人”这一术语要求购买人从专事销售那种物品的商人那里购买，这就决定了这一规则主要适用于“库存”购买人。①

二、为什么可以不受追及

出于对交易安全的关怀，购买人作为信息有限的交易第三人，始终受到民事法律制度的特别保护，善意取得制度的设立就是范例。与善意取得这一普遍性的交易安全制度相比，购买人不受追及规则对交易安全的保护则更进一步，其非但不要求购买人负担查询动产抵押权权属信息的义务，而且即使购买人知悉所购买的动产上负担有浮动抵押权，也不受该浮动抵押权的追及。②生活经验告诉我们，对于从“库存”中购买物品的购买人而言，要求其在购买之前在动产担保物权登记公示系统中查询购买物品上是否负担有抵押权，是不现实的。与不动产任何形式的买卖都需要购买人查询不动产登记簿不同，正常经营活动中的动产物品买卖无需购买人负担查询义务。很多人认为，是对交易成本的减低诉求以及动产占有的权利外观，决定了这一结局。

---

① 美国《统一商法典》对“存货”的定义是：物品，如果其在某人的控制之下被用以销售、出租或基于服务合同供给，就是“库存”。一般来说，定义中的这个“某人”，通常被认为是专门从事这一行业的人。因此这一概念设计的一个重要法律问题就是“正常经营活动中”。再者，加工中的原材料、半成品和产品等，也是库存。但农畜产品作为农业生产经营者的库存，则被排除在“库存”概念之外。在美国《统一商法典》第九编中，设备是与库存并列的物品分类。一件物品是设备就不是库存，是库存就不是设备。我国《民法典》第396条规定了浮动抵押，包含生产设备、原材料、半成品和产品，应理解为，“生产设备”不能作为“正常经营活动中”销售的物品。

② 因此有学者认为，“正常经营活动中的买受人不受追及规则”是动产善意取得制度的必然逻辑延伸。纪海龙、张玉涛：《〈民法典物权编（草案）〉中的“正常经营买受人规则”》，载《云南社会科学》2019年第5期。

因此，美国《统一商法典》第九编并没有要求正常经营活动中的买受人查询购买物上的权利负担。我国《物权法》第189条第2款同样没有要求购买人在从经营活动中负担查询义务，只要其已支付合理价款并取得抵押财产，即可不受追及。

善意取得制度的适用前提是无权处分与占有委托物，其基于外部建构保障交易安全，而正常经营活动中的买受人不受追及规则针对的是抵押物处分后的抵押权追及力，是基于内部建构保障交易安全，更具有商事色彩。

三、“正常经营活动中”的构成要件

购买人要不受在先公示的浮动抵押权的拘束，需要满足众多条件：总结美国《统一商法典》第九编9–320（a）与1–201（9）的规定，这些条件包括：（1）须是“正常经营活动中”的买受人；（2）须已经给予对价；（3）从销售该类物品的销售商那里购进（也就是“库存”的销售）；（4）须为善意即不知道其购买行为侵害了其他人的所有权或者抵押权；（5）须非从农业经营者那里购买的农产品；（6）相竞争的抵押权须由购买人的出售人创设。参酌美国《统一商法典》的上述内容，结合我国《民法典》的有关规定，“正常经营活动中的买受人不受追及”应满足如下条件：

1.出售人的“正常经营活动中”。从《民法典》第404条的规定来看，“正常经营活动中”是指购买人的“正常经营活动中”还是指出售人的“正常经营活动中”，不甚明了。笔者认为，《民法典》中的“正常经营活动中”应该是指出售人的“正常经营活动中”，且此“出售人”须是“从事那一种物品销售的出售人”。[①]因此，出售“生产设备”不属于此列。此外，对于“正常经营活动”的范围学界亦存在争议。有学者认为，“正常经营活动”不应仅限于买卖活动，而是应当包括维持生产经营所需的所有对抵押财产处分的行为，因此还包括抵押财产的租赁、再次设定担保。[②]另有学者从体系解释的

---

① 董学立：《论“正常经营活动”中的买受人规则》，载《法学论坛》2010年第4期。

② 钟维：《民法典编纂背景下我国浮动抵押制度的释评与完善》，载《广东社会科学》2018年第4期。

角度出发，认为“正常经营活动”应当只限于买卖活动，[①] 只有买受人才能受到《物权法》第189条第2款的保护，抵押、质押等担保行为中的权利人则应被排除在外。[②] 对此，最高人民法院认为“正常经营活动”应仅限于买卖行为，抵押人将已经设定抵押的财产再次设定抵押的行为不属于“正常经营活动”。[③]

2.浮动抵押权由出售人创设。事实上，出售物上的浮动抵押权并非全部都由出售人设定，“正常经营活动中的买受人”是否可以对抗出售物上的任何浮动抵押权呢？答案是否定的。参考美国《统一商法典》第九编的有关规定，“正常经营活动中的买受人不受追及”的在先浮动抵押权须由出售人设定。《民法典》对“正常经营活动中的买受人不受追及”的浮动抵押权的设定人无明文规定，笔者认为，购买人不受追及的浮动抵押权须由出售人而不是其他人设定。

3.购买人的善意。本条对购买人的善意并没有提出要求，这可能使人得出如下结论：“善意”并非“正常经营活动中”的买受人不受追及的要件。值得注意的是，美国《统一商法典》第一编1–201（9）所要求的“不知道购买行为侵犯了第三人对物的权利”与其9–320（a）所规定的“即使购买人知道已经公示担保物权的存在，他也不受由其出售人所设定的担保物权的拘束”之间，似乎存有矛盾。但仔细研究之后，可以明了其中的玄机。许多担保协议不允许在未经担保物权人书面同意的情况下处分担保物。如果购买人知晓购买行为违反了担保协议中的“担保物不得处分条款”，就是知晓其购买行为侵犯了第三人对购买物的权利。原因在于，“正常经营活动中”的交易的物品属于“库存”。一般说来，担保权人在库存上虽有浮动抵押权，但并不反对债务人对库存进行销售。也就是说，尽管担保权人在库存设有浮动抵押权，但并非一定设有“担保物不得处分”条款。仅仅知道担保权人在库存上有浮动抵押权而不知晓其设有“担保物不得处分”条款，不构成“正常经营活动中”

---

① 纪海龙、张玉涛：《〈民法典物权编（草案）〉中的“正常经营买受人规则”》，载《云南社会科学》2019年第5期。

② 王利明：《物权法研究》（第四版）（下卷），中国人民大学出版社2016年版，第519页。

③ 最高人民法院民事审判第二庭编著：《〈全国法院民商事审判工作会议纪要〉理解与适用》，人民法院出版社2019年版，第382页。

买受人的“恶意”。[①]

“担保物不得处分”条款属于抵押合同内容，通常仅限制库存出售人，而当购买人明知该条款的存在使得自己的购买行为侵害抵押权人的利益的，则应认定为恶意，此时购买人所获得的库存所有权受抵押权追及。但对于抵押权是否经登记及购买人是否知晓库存抵押权登记信息，在所不问，这是基于市场交易的便捷。

4.支付合理价款并取得抵押财产。如果交易是在“正常经营活动中”发生，则购买人须支付“合理价款”。对于合理价款的界定，应以市场价格为准。如果支付的对价在常人看来与市场价格相去甚远，则购买人就有可能不能成为“正常经营活动中”的买受人。由于“正常经营活动中”的“库存”销售都属于商业经营活动，其可以参照的市场价格相对稳定和清晰，因此对比于非“库存”物品的销售而言，其“合理价款”的认定要容易得多。[②]

除了支付合理价款外，购买人还需取得抵押财产。值得注意的是，《民法典》第404条关于取得“抵押财产”的要求，远没有其在第311条善意取得制度中之“应当登记的已经登记，不需要登记的已经交付给受让人”的用语那样严格和明确。这并非立法的疏漏，而是由法律所处理问题的差异所决定：即使没有办理登记或者受领交付，甚至即使受让动产还在出售人手里，只要所受让的担保物已经特定，就可以认定满足了“取得抵押财产”的要件。这样认定“取得抵押财产”要件，是因为浮动抵押权人与善意取得制度中的原所有权人不同，后者以恢复所有权为己任，前者则以获得可支配对价为目的。只要合理对价已经支付，并且受让物已经特定，受让物在何人手里就不再重要了，更为重要的是支付了价款没有。所以，所谓“正常经营活动中”的买受人“取得抵押财产”，在解释上应该是宽泛的，仅受到上述合理价金支付与否以及受让物特定与否的影响。

---

① 龙俊：《动产抵押对抗规则研究》，载《法学家》2016年第3期。

② 司法实践中，通过债务抵销的方式支付对价的行为亦被法院认定为支付合理价款。参见吉林省高级人民法院（2014）吉民二终字第42号民事判决书。最高人民法院对该判决观点亦表示支持，参见最高人民法院（2014）民申字第1628号民事裁定书。

善意取得制度解决的是所有权归属问题，因而对受让人取得所有权的形式要求更严苛，对于浮动抵押权人而言，获得库存的所有权并非其目的，保障债权的实现才是核心，浮动抵押物的转让只要价格合理便能增加出售人的流动性可支配财产，浮动抵押权人的利益并未受损。

三 其他问题

这次《民法典》编纂，对“正常经营活动中买受人不受追及规则”做了修改。修改的主要内容是将《物权法》中正常经营活动中的买受人不受动产浮动抵押权的追及，扩张到不受任何动产抵押权的追及。一如前述，“正常经营活动中”这一术语主要指向“库存”销售，而“库存”抵押则属于动产浮动抵押。所以，通常情况下，“正常经营活动中”的买受人所有权，对抗的是动产浮动抵押权。但是，通常情况并非不伴有特别情况：在“正常经营活动中”的出售人为购进货物而设定购买价款抵押权的情形，“购买价款抵押权”则不属于浮动抵押权类型，而属于一般抵押权类型，尽管其有超级优先于“正常经营活动中”的出售人设定的浮动抵押权的效力。购买价款抵押权都是在特定物上设立的抵押权，因而客体特定。[①]如果购买价款抵押物被购进后混入“库存”并继而被用于销售，则其在销售过程中又属于出售人“正常经营活动中”的库存，买受人购买后，依据《民法典》第404条的规定，其在库存出售人的“正常经营活动中”购买而享有的对购买物的所有权，当可以对抗该购买物上先期设立的购买价款抵押权。而购买价款抵押权相对于“正常经营活动中”的买受人规则，即属于一般动产抵押权。

---

① 当物品在附条件买卖合同下移转给买受人时，出售人或明确或含蓄地表达购买人在其实施附条件前可以出售该物品。出售人对物品所有权的保留不得对抗在“正常经营活动中”购买该物品的人，因为在这种情况下，购买人被视为该物品的所有人，即使购买合同依据法律被用以登记公示。参见Grant Gilmore, *Security Interests in Personal Property*, The Lawbook Exchange, Ltd, p.687.

第四百零五条【抵押不破租赁】

抵押权设立前，抵押财产已经出租并转移占有的，原租赁关系不受该抵押权的影响。

历史由来

本条源于《物权法》第190条第一句的规定，略作修改。《物权法》第190条由两句话组成，前一句话说的是“先租后抵”情形下的“抵押不破租赁”，后一句话说的是“先抵后租”情形下的“租赁不破抵押”。本条保留了《物权法》第190条前一句，并对其作出如下修改：一是将“订立合同”修改为“抵押权设立”；二是将“抵押财产已出租的”修改为“抵押财产已经出租并转移占有的”。

规范目的或功能

本条类属于抵押权的优先受偿次序规范群。

本条规定了抵押权与租赁权之间的优先次序规则，解决的是抵押物“先租后抵”情况下租赁权与抵押权之间优先实现的次序问题。

出租人对出租物的所有权或用益物权等并不因出租而发生变化。因此，出租人在出租之后仍可以将对出租物拥有的所有权或用益物权等权利用以抵押以获得融资。但在抵押权实现环节，先期存在的租赁权将直接影响到抵押物的变现，此时就有一个问题：抵押权人对抵押物的处分变现能否除去租赁权变现？这就是“先租后抵”产生的租赁权与抵押权之间的优先次序问题。如果后设立的抵押权可以对抗先存在的租赁权，即抵押权在实现中就可以除去租赁权变现，则先存在的租赁权不得对抗后设立的抵押权，租赁关系因此脆弱；如果相反，则租赁权关系稳定。

在先租后抵的情况下，抵押不破租赁实质仍是抵押权实现时的买卖不破租赁。

规范内容

对于《民法典》第405条的规范结构，有学者认为，若仅从该条的文义表述来看，其是陈述事物情况之间条件关系的假言命题。因此，从逻辑上看，明辨其前件（抵押权设立前抵押财产已出租并转移占有）与后件（原租赁关系不受该抵押权影响）之间的关系就成为理解该条文的关键。假言命题按照所表达的条件性质的不同，可分为三种：充分条件假言命题、必要条件假言命题和充分必要条件假言命题。由于《民法典》第405条缺乏相应的联结词，若仅从逻辑学角度对该条进行分析，相应地会出现三种解释：（1）如果抵押权设立前抵押财产已出租并转移占有，那么原租赁关系不受该抵押权的影响。（2）只有抵押权设立前抵押财产已出租并转移占有的，原租赁关系才不受该抵押权的影响。（3）当且仅当抵押权设立前抵押财产已出租并转移占有的，原租赁关系才不受该抵押权的影响。通过对《民法典》第405条文义的逻辑分析，在缺乏联结词的情形下，存在以下两种无法得出确定结论的情境：其一，如果抵押权设立前抵押财产已出租并转移占有，原租赁关系是否一定不受抵押权的影响；其二，如果抵押权设立前抵押财产未转移占有，租赁关系是否一定受到抵押权的影响。①

《民法典》第725条规定：租赁物在承租人依据租赁合同占有期间发生所有权变动的，不影响租赁合同的效力。此即学界所谓的“买卖（所有权）不破租赁（权）”，即租赁合同债权关系不受租赁物买卖物权关系的影响。相比之下，《民法典》第405条规定：抵押权设立前，抵押财产已经出租并转移占有的，原租赁关系不受该抵押权的影响。此所谓“抵押（抵押权）不破租赁（权）”，即租赁合同债权关系不受租赁物抵押物权关系的影响。两条法律规范的表述虽有不同，但其规范的关系模式是相同的，即租赁权设立且租赁物移转占有后，承租人的租赁权不受其后租赁物上成立的其他物权的影响。两者之间的不同仅在于，前者是不受所有权受让人的所

---

① 房绍坤、纪力玮：《论抵押权与租赁权冲突之解决——兼评“民法典物权编（草案）”第196条》，载《山东社会科学》2020年第2期。

有权影响，后者是不受租赁物上设立的抵押权人的抵押权影响。既然租赁权可以不受其后租赁物上的后成立的所有权影响，则其也不受其后设立的租赁物上的抵押权影响，就成了财产法律秩序规则中理所当然的结果。况且，理论上作为定限物权的抵押权与作为完全物权的所有权之间，在担保物权的实现方面没有严格的区分，此在“让与担保”“所有权保留”等以所有权构架为模式的担保物权制度中显现得最为清楚。如果说它们之间有区别的话，也就是让与担保中的所有权让与是附条件的所有权让与。但在所附条件成就时，其区别就模糊了。

那么，租赁权何以能够优先于所有权和抵押权呢？

一、关于移转占有

抵押权法中的优先受偿次序规则，所处理的都是同一抵押物上的抵押权与其他物权之间的对抗效力问题。如同一抵押物上的数个抵押权之间的对抗效力问题，同一抵押物上的抵押权与用益物权之间的对抗效力问题，以及同一抵押物上的抵押权与所有权之间的对抗效力问题等。同一不动产抵押物上既有抵押权又有用益物权的情形有两种：一是用益物权先于抵押权设立，二是抵押权先于用益物权设立。不动产抵押权虽可以与用益物权并存，但在不动产抵押权实现时，若不动产抵押物上有用益物权存在，就有可能发生用益物权的存在影响抵押权实现的情形，即用益物权与抵押权的权利冲突。各国法律基本上都是借助于登记公示制度，确立登记公示在先的物权优先实现：如果用益物权登记公示在先，则不动产抵押权的实现不得除去用益物权实现；如果不动产抵押权登记公示在先，则抵押权的实现可以除去用益物权变现。但在我国，因为土地不动产所有权不得转让，所以不可能发生土地用益物权与土地使用权抵押权的冲突。此次《民法典》编纂，在房屋不动产上增设了居住权制度，因此我国未来法律生活中会出现房屋不动产上设立的居住权与房屋所有权抵押权的冲突。又因为我国立法在动产上没有设立用益物权制度，所以也不会发生动产所有权抵押权与所谓动产用益物权的冲突问题。但是，在用益物权之外，不动产和动产上可以设立租赁权而被他人使用，除出租土地上不得设立抵押权之外，在其他租赁物上都可以设立抵押权。这样一来，就有了同一物上得以并存的抵押权与租赁权的实现冲突问题。租赁权虽为一项债权，但却是一项被物权化了的债权，即租赁权具有物权的效力。担保物权法规定同一抵押物上的抵押权与租赁权之间的对抗力问题，来自租赁权的物权化。若给予租赁权一定的物权效力，那么当租赁权与抵押权冲突时，就可视为两个“物权”之间的冲突。关于同一抵押物上物权之间的对抗效力问题，除了特殊情形如“购置款担保物权”“正常经营活动中”的买受人所有权等之外，一般都是按照“公示在先，权利在先”原则予以处理。①

问题就出在，租赁权被赋予了物权的效力，且在一定的条件下得以对抗已经登记公示的抵押权，但租赁权却没有在立法上给予恰当的公示制度支撑。从抵押权人的角度看，在其设立抵押权时若已经知道抵押物上存在租赁权，则抵押权人必然将租赁权纳入抵押物变价计算范围之内，即使出现租赁权对抗抵押权的情况，也不会对抵押权的实现造成不利。但租赁权缺失恰当公示制度支撑的现实，使得抵押权人无所适从。为此，《担保法》第48条规定：“抵押人将已出租的财产抵押的，应当书面告知承租人，原租赁合同继续有效。”在实践中，这一规定对抵押权人交易安全的价值和承租人都意义不大。从出租人的角度看，出租人是租赁物的所有权人，自然有权将租赁物抵押，无需取得承租人的同意。出租人将租赁物抵押的情况告知承租人，既不会给承租人带来好处，也不会给承租人带来不利。从承租人的角度看，抵押权的设立不等于抵押权的实现，在抵押权实现且新的所有权人出现之前，不存在向新的所有权人支付租金的问题。况且，按照《担保法》第47条的规定，债务履行期届满，债务人不履行债务致使抵押物被人民法院依法扣押的，自扣押之日起抵押权人有权收取由抵押物分离的天然孳息以及抵押人就抵押物可以收取的法定孳息。抵押权人收取抵押物的孳息，也是需要由抵押权人通知承租人而非抵押人通知承租人。再者，即使是为了保护承租人的优先购买权而需要通知承租人，也是在抵押权实现时由抵押权人而非抵押人通知承租人。因为在抵押人不履行债务时，抵押权已经由期待权变为现实的权利。此时，抵

---

① 亦有学者认为债权物权化的概念内涵不够清晰，便以物上之债的概念对租赁关系的对抗力进行解释。见雷秋玉：《租赁权对抗效力的民法解释论：基于民法体系方法的批判与修正》，载《法学家》2019年第5期。关于物上之债的介绍与阐述，见常鹏翱：《物上之债的构造、价值和借鉴》，载《环球法律评论》2016年第1期。

押权人因条件的成就而对抵押物享有抵押人对抵押物的所有权利。抵押人也因条件成就而失去对抵押物的所有权利，剩下的与抵押物有直接利害关系的人就是承租人和抵押权人。此时，由抵押权人通知承租人交付租金以及是否行使优先购买权等事项，才具有法律意义。后来的《担保法解释》第65条做了改进解释："抵押人将已出租的财产抵押的，抵押权实现后，租赁合同在有效期内对抵押物的受让人继续有效。"

《物权法》第190条继承了上述精神，对上述法律规范和司法解释予以精炼化，规定"订立抵押合同前抵押财产已出租的，原租赁关系不受该抵押权的影响"。虽然法律规范比以前更加精炼了，但至此该法律规范的不足却还是没有得到弥补。这里存在的问题仍然在于，租赁权本质上是一种债权，伴随着租赁合同的生效而成立，立法没有设立租赁权的登记公示制度。因此其存在对于交易第三人而言，无从知晓。让这样一个未经公示的租赁债权对抗其后成立的抵押权，对于抵押权人而言，实属不公。而且，恰因没有登记公示制度确定租赁权成立的时间起始点，这很可能成为出租人与承租人恶意串通，以伪造合同的形式提前合同生效时间，损害抵押权人利益的缺口。[①]因此，要想使成立在先的租赁权得以对抗设立在后的抵押权，必须有登记公示制度的支撑。[②]

在法律制度中规定租赁权登记公示容易，但这一规定的具体落实，则需要物权登记公示基础设施的建设完成。《物权法》制定之时，我国不仅没有建立起统一的不动产担保物权登记公示系统，也没有建立起统一的动产担保物权登记公示系统。尽管《物权法》第10条第2款规定：国家对不动产实行统一登记制度。统一登记的范围、登记机构和登记办法，由法律、行政法规规定。但对于何时建立起统一的不动产登记制度，也是不确定的。至于动产担保物权登记公示，《物权法》沿用了过去分散的动产担保物权登记体系，而且《物权法》也没有如对不动产要建立统一登记制度那样有宣示规定，因此统一

---

① 此外，司法实践中还存在出租人与承租人恶意续租以对抗抵押权实现程序的情形，见上海市第一中级人民法院（2004）沪一中民二（民）终字第1712号民事判决书。黄凤龙：《"买卖不破租赁"与承租人保护——以对〈合同法〉第229条的理解为中心》，载《中外法学》2013年第3期。

② 黄文煌：《论租赁权的对抗效力》，载《清华法学》2010年第2期。

动产担保物权登记公示系统的建设更是遥远的事情。鉴于客观条件，在《物权法》中规定租赁权的登记公示制度十分不现实，尽管这一制度对于交易安全十分必需。

至此次《民法典》编纂，在国家已经建立起统一不动产担保物权登记公示系统，但还没有建立起统一动产担保物权登记公示系统的情况下，鉴于租赁物的广泛性以及学界对将动产租赁权纳入统一动产担保物权登记公示系统的认识不足，在《民法典》中规定租赁权登记公示制度的现实基础仍不牢固和充分。因此，在认识到租赁权公示制度的不可或缺性以及我国统一物权登记公示基础设施供给不足的现实情况下，《民法典》只能将租赁权的公示制度向前推进一小步，即在《物权法》第190条第1款的基础上，在本条中增加了“租赁物的移转占有”。以对租赁物的占有作为租赁权的公示方式，仍有不足：占有作为一种历史悠久的公示方式确实能够在一定程度上昭示权利人对物的支配之事实状态，但近代以来占有所展现的物权确定性、完整性逐渐降低，继而才出现了具备更强公示效力的登记。就租赁关系来看，“签订合同+转移占有”就可对抗在后成立的抵押权似乎尚有探讨余地。基于占有的取得，使租赁权具备了一定的支配权特性，获得了一定程度上的对世性，确实能够令承租人的租赁权利在一定程度上“物权化”。但针对抵押权与租赁权的冲突问题，核心在于确定租赁权设立的时间节点及其可知性。占有作为一种事实状态确实具有表征支配状态的功能，但占有仅能代表占有人当下的支配状态，并不能明确地表征占有人支配状态的起始。显然，占有对时间效力的证明力是模糊的，占有这一事实状态并不能明确证明租赁权何时设立。占有可以佐证租赁关系的存在，但不能佐证租赁关系设立的时间。[①]租赁权公示制度所要解决的问题除了尽可能将相对的租赁关系显现出来，以令在后抵押权人能够明确知晓在先租赁关系的存在，从而尽可能降低抵押权人风险外，还需尽可能解决的一个更加重要的问题是：当抵押权与租赁关系存在争议进入司法程序后，如何明确“占有”这一事实发生在抵押权设立之前。《民法典》第405条增加了“转移占有”的条件，乍一看确实可以在抵押权设立之初明示租赁

---

① 房绍坤、纪力玮：《论抵押权与租赁权冲突之解决——兼评“民法典物权编（草案）”第196条》，载《山东社会科学》2020年第2期。

关系的存在，但在司法实践中确定抵押权设立（公示）之前占有的事实是否已经存在又会增加举证的难度。

其实，我国担保物权立法到了规定租赁权登记公示制度的时候。关于不动产登记制度，在《物权法》第10条第2款规定了“国家对不动产实行统一登记制度”之后，我国于2015年3月1日施行了《不动产登记暂行条例》。此举标志着我国建立起了统一不动产物权登记制度。《民法典》虽未宣示国家建立统一的动产担保物权登记制度，但却删除了立法中原有的分散动产担保物权登记制度。而且，2019年10月8日国务院公布了《优化营商环境条例》，自2020年1月1日起施行。《优化营商环境条例》第47条第2款规定：“国家推动建立统一的动产和权利担保登记公示系统，逐步实现市场主体在一个平台上办理动产和权利担保登记。纳入统一登记公示系统的动产和权利范围另行规定。”可以预见在不久的将来，国家统一动产担保物权登记体系会建立起来。统一不动产物权登记系统和统一动产担保物权登记系统的建立，为实施租赁权登记提供了基础设施条件。

鉴于统一不动产登记制度已经建立起来了，所以，在生活实践中可以先把不动产租赁权登记应用起来。若在先不动产租赁权办理了登记，则不动产抵押权人可以在办理不动产抵押权登记时得以获悉抵押物上已被出租的情况，此时设立的抵押权应该受到租赁权的限制具有正当性；若在先不动产租赁权没有办理登记，则抵押权人不能在办理不动产抵押权登记时了解到抵押物已被出租的事实，租赁权就不应该有对抗抵押权的效力。同样的，对于已经建立起登记公示制度的特殊动产如汽车、船舶、航空器等，也应该实施特殊动产租赁权登记，以维护租赁物的交易安全。一般动产租赁权，在建立起统一动产担保物权登记系统之前，只能采取《民法典》确立的“移转占有”作为产生对抗力的要件。正是看到了这一趋势，《民法典》第706条规定：“当事人未依照法律、行政法规规定办理租赁合同登记备案手续的，不影响合同的效力。”

二、关于“抵押权设立”

《民法典》第405条修改《物权法》第190条中的“订立抵押合同”为“抵押权设立”。《担保法》制定之时，关于物权变动与其原因行为的区分，在法学理论上还未清晰，在立法实践上未予区分。如《担保法》第41条规定的“当事人以本法第四十二条规定的财产抵押的，应当办理抵押物登记，抵押合同自登记之日起生效”。这一规范中的“抵押合同自登记之日起生效”，就是明显的佐证，其将订立抵押合同视为设立抵押权。《物权法》虽然确立了区分原则并在很大程度上贯彻了区分原则，但在其第190条关于租赁权与抵押权的对抗关系规范上，却忽视了抵押合同的签订不能等同于抵押权的设立。该条关于“订立抵押合同”的规定，与本条所处理的租赁权与抵押权的对抗关系规范，存在时间间隙。因为在区分原则之下，签订抵押合同与抵押权设立之间不存在等同关系，抵押合同的设立只产生抵押债权，不产生抵押权，要产生抵押权尚需要其他条件。所以，签订抵押合同并不一定会产生抵押权尤其是不动产抵押权，在不一定产生抵押权的情况下谈抵押权与租赁权之间的对抗效力问题，表述太显突兀。所以，《民法典》将其修改为“抵押权设立”。这样一来，就在表述上前后协调一致了。

但“抵押权设立”在物权法中有两种方式，一种是不动产抵押权登记生效主义下的设立方式。这种设立方式下，抵押权的设立须经办理登记公示。另一种是动产抵押权登记对抗主义下的设立方式。这种设立方式下，抵押权的设立无须经登记公示，只需当事人之间达成抵押合同。这一结论似乎与前述“抵押合同只产生抵押债权，不产生抵押权”相背离。其实，登记对抗主义下，抵押合同的生效所需要的充分条件，与抵押权的设立所需要的充分条件，是不一样的：抵押合同的生效无需特定物的条件，而抵押权的生效则必须有特定物的条件。在抵押物为非特定物的情况下，抵押合同只能产生抵押债权，无论如何是不能产生抵押权的；只有在抵押物为特定物的条件下，才可以既能产生抵押合同债权，也能产生抵押权。这就是为什么法律规定抵押权合同生效时抵押权设立。所以说，在以特定物的交易为前提的情况下，抵押合同生效时抵押权设立。在以非特定物的交易为前提的情况下，抵押合同只能产生抵押债权。所以，《物权法》第187条和第188条关于“正在建造的建筑物、船舶、航空器”上的抵押权的设立的规范不妥。[①]因为，“正在建造的物”属于“未来物”，“未来物”上不成立物权或者无法（因缺少物质条件）

① 董学立：《论“在建物”上的抵押权》，载《政法论丛》2009年第2期。

成立物权，这其中当然包括担保物权。

抵押合同成立产生债权效力，因动产抵押权的设立无登记形式要件，因而原先《物权法》直接规定抵押合同成立时为抵押权效力的起始点，是将物权变动及其原因行为所混淆的结果。

三、关于抵押财产已出租

抵押财产已出租，是指抵押前抵押财产已被抵押人出租给他人。已出租，是指抵押人已经与其他人签订了出租合同。依据租赁合同法律规范，此租赁合同是出租人将租赁物交付承租人使用、收益，承租人支付租金的合同。租赁合同的内容一般包括租赁物的名称、数量、用途、租赁期限、租金及其支付期限和方式、租赁物维修等条款。租赁期限不得超过二十年。超过二十年的，超过部分无效。租赁期限届满，当事人可以续订租赁合同；但是，约定的租赁期限自续订之日起不得超过二十年。租赁期限六个月以上的，应当采用书面形式。当事人未采用书面形式，无法确定租赁期限的，视为不定期租赁。

举证责任

本条所谓“抵押权设立前，抵押财产已经出租并转移占有的，原租赁关系不受该抵押权的影响”的规定，要求承租人在主张租赁权对抗抵押权的时候，需要出具证据证明其与抵押人之间有租赁合同甚至出具书面合同，以及租赁物在出租合同之下已在抵押权设立前移转给租赁权人占有。此两点对于获得租赁权得以对抗抵押权缺一不可：租赁合同是承租人占有租赁物的合法依据，占有租赁物是承租人获得对抗抵押权效力的外观条件。

其他问题

“先抵后租”的情形虽然被《民法典》的立法者所删除，但不代表该规则不再适用，只是对该规则的理解上，有需要纠正的地方。依据《物权法》第190条第2句，如果将办理了抵押登记的财产出租，实现抵押权后，抵押财产的买受人可以解除原租赁合同，承租人不能要求继续承租该抵押房屋。[①]所谓“租赁关系不得对抗已登记的抵押权”是指，抵押权人在实现抵押权时，抵押物上设立的租赁关系应当失去效力，否则就违反了物权优先效力规则。一种观点认为，《物权法》如此规定的理由是：既然某项财产已经办理了抵押权登记，则承租人可以从不动产登记簿中查询到拟租赁的财产上是否存在抵押权等权利负担。如果承租人明知租赁财产上有抵押权，还与出租人成立租赁关系，就意味着其自愿承担了因实现抵押权而带来的风险。倘非如此，财产被抵押后出租的，如果依然适用“买卖不破租赁”的规则，则抵押权的效力会大打折扣，也因此失去了设立抵押权的意义。[②]

不过，另一种观点认为，《物权法》第190条第2句并不意味着只要租赁权产生于抵押权之后，就必须突破“买卖不破租赁”规则。所谓“租赁关系不得对抗已登记的抵押权”，是指因租赁关系的存在致使抵押权实现时无人应买抵押财产，或出价降低导致不足以清偿抵押债权时，抵押权人有权要求抵押人与承租人解除租赁合同关系。[③]当然，如果有租赁权负担的抵押财产的变价额足以清偿抵押债权，就表明租赁关系的存在对抵押权的实现没有损害，此时租赁关系应继续存续并由抵押物的受让人承受。[④]易言之，在理解《物权法》第190条第2句时，应将该句理解为“该租赁关系不得对登记抵押权造成不利影响”。否则，对于抵押权的保护就超越了合理范围，“不仅保护了欠缺对抗要件的抵押权，而且在抵押权人并无损害时，法律直接干涉抵押物上的用益关系，从而对抵押人、承租人甚至抵押物受让人利益造成不当的影响”[⑤]。笔者赞成后一种观点。

---

① 全国人民代表大会常务委员会法制工作委员会编：《中华人民共和国物权法释义》，法律出版社2007年版，第417页。

② 参见王利明：《物权法研究》（第三版）（下卷），中国人民大学出版社2013年版，第1242页。

③ 高圣平：《担保法论》，法律出版社2009年版，第357页。

④ 崔建远：《物权法》，中国人民大学出版社2011年版，第458页。

⑤ 孙鹏、王勤劳、范雪飞：《担保物权法原理》，中国人民大学出版社2009年版，第210页。

第四百零六条【抵押财产的转让】

抵押期间，抵押人可以转让抵押财产。当事人另有约定的，按照其约定。抵押财产转让的，抵押权不受影响。

抵押人转让抵押财产的，应当及时通知抵押权人。抵押权人能够证明抵押财产转让可能损害抵押权的，可以请求抵押人将转让所得的价款向抵押权人提前清偿债务或者提存。转让的价款超过债权数额的部分归抵押人所有，不足部分由债务人清偿。

历史由来

本条是对《物权法》第191条予以修改的结果。《物权法》第191条共分两款，第1款规定：抵押期间，抵押人经抵押权人同意转让抵押财产的，应当将转让所得的价款向抵押权人提前清偿债务或者提存。转让的价款超过债权数额的部分归抵押人所有，不足部分由债务人清偿。第2款规定：抵押期间，抵押人未经抵押权人同意，不得转让抵押财产，但受让人代为清偿债务消灭抵押权的除外。

《民法典各分编（草案）》第197条对《物权法》第191条两款规定进行了修改：把第1款规定中的“抵押权人同意”修改为“应当通知抵押权人，当事人另有约定的，按照其约定”；删除第2款规定的“抵押期间，抵押人未经抵押权人同意，不得转让抵押财产，但受让人代为清偿债务消灭抵押权的除外”，增加了“抵押财产转让的，抵押权不受影响”的规定；把“应当将转让所得的价款向抵押权人提前清偿债务或者提存”修改为“抵押权人能够证明抵押财产转让可能损害抵押权的，可以请求抵押人将转让所得的价款向抵押权人提前清偿债务或者提存”。[①]《民法典物权编（草案）》（二审稿）没有对《民法典各分编（草案）》修改。

---

① 《民法典各分编（草案）》第197条规定：抵押期间，抵押人转让抵押财产的，应当通知抵押权人。当事人另有约定的，按照其约定。抵押财产转让的，抵押权不受影响。抵押权人能够证明抵押财产转让可能损害抵押权的，可以请求抵押人将转让所得的价款向抵押权人提前清偿债务或者提存。转让的价款超过债权数额的部分归抵押人所有，不足部分由债务人清偿。

《民法典（草案）》第406条对《民法典物权编（草案）》（二审稿）又进行了较大程度的修改，修改内容包括：一是明确认可了抵押人在抵押期间对抵押财产的转让，在第406条第1款第一句增设“抵押期间，抵押人可以转让抵押财产”。这一修改将抵押人对抵押物有处分权作为整个条文设计的基础，并在此基础上设计对抵押权人的保护方式。二是调整了条文的结构次序，即对《民法典物权编（草案）》（二审稿）第197条的两款规定的部分表述进行了次序对调：将二审稿第197条第2款的“抵押财产转让的，抵押权不受影响”提至第1款第3句，将第197条第1款规定的“抵押期间，抵押人转让抵押财产的，应当通知抵押权人”修改为“抵押人转让抵押财产的，应当及时通知抵押权人”，并置于第2款第1句。由此，《民法典》将《物权法》关于所涉条文抵押物转让的抵押权人同意与否视角，修改为抵押物转让的抵押人有权处分视角，并在此一视角之下，审视抵押权人的权利维护。

传统大陆法系国家或地区民事立法普遍允许抵押人转让抵押物，同时规定抵押权不受抵押物的转让影响，抵押权可以追及抵押物受让人而继续存在并得以实现抵押权。但我国担保物权立法恢复到这一立法传统，走过了一段曲折的历程。

1988年颁布的《民法通则意见》，是最早的关于抵押物处分的规定，其第115条规定：在抵押期间，非经债权人同意，抵押人将抵押物转让他人，其行为无效。可见，我国对抵押物转让一开始采取了严格限制的立场。

1995年颁布的《担保法》第49条规定：抵押期间，抵押人转让已办理登记的抵押物的，应当通知抵押权人并告知受让人转让物已经抵押的情况；抵押人未通知抵押权人或者未告知受让人的，转让行为无效。转让抵押物的价款明显低于其价值的，抵押权人可以要求抵押人提供相应的担保；抵押人不提供的，不得转让抵押物。抵押人转让抵押物所得的价款，应当向抵押权人提前清偿所担保的债权或者向与抵押权人约定的第三人提存。超过债权数额的部分，归抵押人所有，不足部分由债务人清偿。可见，《担保法》同意在通知抵押权人或者告知受让人以及转让价款不明显低于抵押物价值的情况下，抵押物转让有效。

2000年最高人民法院发布的《担保法解释》第67条规定：抵押权存续期

间，抵押人转让抵押物未通知抵押权人或者未告知受让人的，如果抵押物已经登记的，抵押权人仍可以行使抵押权；取得抵押物所有权的受让人，可以代替债务人清偿其全部债务，使抵押权消灭。受让人清偿债务后可以向抵押人追偿。如果抵押物未经登记的，抵押权不得对抗受让人，因此给抵押权人造成损失的，由抵押人承担赔偿责任。对该条规定，主流观点认为，该条规定取消了我国以往立法对抵押物转让的限制，明确了抵押权的追及效力，实现了我国担保物权立法关于担保物处分的传统复归。[①]

2007年颁布的《物权法》第191条规定：抵押期间，抵押人经抵押权人同意转让抵押财产的，应当将转让所得的价款向抵押权人提前清偿债务或者提存。转让的价款超过债权数额的部分归抵押人所有，不足部分由债务人清偿。抵押期间，抵押人未经抵押权人同意，不得转让抵押财产，但受让人代为清偿债务消灭抵押权的除外。由此可见，《物权法》关于抵押物处分的规定，重拾了《民法通则意见》的立场，同样以抵押权人同意作为抵押人得以转让抵押物的条件，而且不区分抵押权是否已经登记；承继了《担保法》第49条第3款的规定，赋予抵押权人对抵押物转让价款的提前清偿请求权和提存请求权；吸收了《担保法解释》第67条关于受让人代为清偿的内容，并将受让人代为清偿直接与抵押物转让行为的效力挂钩。由此可以得出如下结论：《物权法》第191条传承了其先前有关法律规定的相关内容。

《物权法》第191条第2款关于“抵押人未经抵押权人同意，不得转让抵押财产”的规定，受到了学界普遍的批评，因此也成了此次《民法典》编纂重点修改的对象。但《民法典》似乎“矫枉过正”了，修改后的条文以抵押人有权处分抵押物为基点展开关于抵押权、处分权以及受让人所有权的利益平衡，完全不同于《物权法》以抵押人同意与否作为立法的基点。因此对《民法典》第406条的规范内容的理解，也需要以此为基点展开。

---

① 梁上上、贝金欣：《抵押物转让中的利益衡量与制度设计》，载《法学研究》2005年第4期。

规范目的或功能

本条类属于抵押权的优先受偿次序规范群。

本条是抵押权人的抵押权与受让人的所有权之间的优先次序规范。抵押权设立后，抵押人有没有权利再行处分抵押物，不仅涉及抵押人的利益，也涉及抵押权人的利益以及受让人的利益。如何平衡三者之间的利益，需要一个精巧的制度设计。限制抵押物的转让既无助于保护抵押权人，也无助于保护受让人，还阻碍了物权法关于“物尽其用”的物权效益原则落实。抵押权是对抵押物的价值权，对抵押物的转让只要无损于抵押权人的利益，即可以得到抵押权人的“谅解”。

无损于抵押权人的利益，有两种途径可以确保实现：一是作为相对权人的受担保债权人，抵押权人可以通过向抵押人主张抵押物的价值确保其利益；二是作为绝对权人的抵押权人，其可以在债务人不履行债务或者发生当事人约定的实现抵押权的情形时，向受让人主张对抵押物的价值变现权。

现实法律生活中，抵押人可以不经抵押权人的同意，实施抵押物的处分；也可以通过抵押权人与抵押人的双方协议，实施抵押物的处分；还可以通过抵押权人、抵押人和受让人的三方协议，实施抵押物的处分。虽然抵押人处分抵押物的方式有上述不同，但相同的是必须妥善处理好三方利益平衡，以最大限度地满足各方的利益。

规范内容

本条处理的是抵押物上的抵押权与抵押人对抵押物的处分权，以及受让人的所有权之间的利益平衡问题。从抵押人的角度看，是抵押人可否有权自主处分抵押物的问题；从抵押权人的角度看，是抵押权的效力问题；从抵押权与受让人的所有权之间的关系看，是抵押物处分所得价款未经提存或者提前清偿时，抵押权人实现抵押权时得追及抵押物的受让人所在主张抵押权的问题。参考传统大陆法系国家或地区民事立法对抵押期间抵押物的处分普遍采取了抵押权追及效力主义，以及考虑到抵押物处分形成的法律关系整体结构，我们将其定名为“抵押期间转让抵押财产”，定性为抵押权与受让人所有权的优先效力问题。又因为本条两款都是在抵押人有权处分抵押物的基点上展开的，所以，我们在此将两款合并理解。

一、抵押人可以转让抵押财产

抵押物在抵押期间可否被抵押人转让给他人，有不同主张。限制抵押物转让者认为，第一，抵押权乃对抵押物交换价值的支配权，抵押人设立抵押权时，即将抵押物的交换价值让渡给了抵押权人。如果法律规定抵押人可以在抵押期间有权再度处分抵押物，就无异于鼓励“一物二卖”。第二，事先限制抵押物转让比事后救济抵押权人更有效。为了切实保护先期存在的抵押权人的利益，法律要么限制抵押物处分，以“防患于未然”，保护抵押权人；要么允许抵押物处分，再借助抵押权的追及效力以“事后补救”。两相比较，“防患未然”优于“事后补救”。第三，抵押人随意转让抵押物，有可能增加抵押权人追及抵押物的难度，有可能对抵押物的交换价值产生不利影响，也有可能使抵押物的受让人遭遇不必要的损失，最终危及交易安全和交易秩序。第四，如果抵押人确实需要处分抵押物，其完全可以与受让人达成合意，以受让人代为清偿受担保债务的方式消灭抵押权，以此消除转让抵押物上的抵押权限制，既便利了抵押物的处分，又保护了受让人所有权不受抵押权的追及。[①]

上述理由，笔者并不赞同。抵押物的转让是不是就损害了抵押权人的利益，是分析此一问题的关键。在抵押权的实现条件具备之前，抵押人拥有抵押物的所有权，如果此时允许抵押人处分抵押物，则抵押人将抵押物的所有权移转给受让人，抵押人从受让人处收获抵押物的交换价值。抵押人收获抵押物的交换价值，使其有资金清偿对抵押权人的债务。如果此抵押物的交换价值用以提前清偿受担保债务或者提存用以将来清偿受担保债务，则其不仅不会损害抵押权人的利益，反而能省去抵押权人未来实现抵押权时处分抵押物之烦劳。如果抵押人将抵押物的交换价值挪作他用，则公示在先的抵押权

---

① 王胜明：《物权法制定过程中的几个重要问题》，载《法学杂志》2006年第1期。

当可以追及担保物之所在，向受让人主张抵押物的变价权。所以，抵押物的抵押人自由处分，不论是从抵押人的角度看，还是从受让人的角度看，都不会损害到抵押权人的利益。且只要有公示在先抵押权法定追及效力之“尚方宝剑”，受让人必定尽力争取受让抵押物不受抵押权的追及。受让人所有权不受抵押权追及的办法，无非就是受让人通过代为清偿或者抵押权涤除等清除抵押物上的先在抵押权。①

所以，抵押期间，抵押人自由处分抵押物，不仅可以使抵押人获得抵押物市场对价之利，而且借助恰当的制度设计，亦可以维护好抵押权人的利益。在确定了抵押人可以自由转让抵押物的情景之下，立法再来思考和解决抵押权人以及受让人的利益保护问题。

二、及时通知抵押权人

抵押人转让抵押财产应当通知抵押权人，是《担保法》第49条的规定。结合该条规定的“抵押人未通知抵押权人的，转让行为无效”，可以认为此“应当通知”属于强制性规定。对“应当通知”的“强制性规定”解释，是结合规范时代气息以及法律效果做出的判断。同样是“应当通知”，在《民法典》第406条中，做“强制性规定”的解释是否合乎时宜，以及是否符合法律规范的目的和内在逻辑关系？因为《民法典》第406条的立法基点是抵押人对抵押物有处分权，可以在抵押期间对抵押物自由处分。所以，在这一制度环境下，所言“应当通知”，应作劝勉规范的理解，而不能作强制规范的解释。那么，《民法典》为什么要劝勉抵押人在转让抵押物的时候，将抵押物转让的事宜通知抵押权人呢？

笔者认为，尽管《民法典》修改了《物权法》中的抵押物处分规范，将

---

① 学界对《物权法》第191条第2款确立的是涤除权制度还是代为清偿制度存在争议。相关阐述参见冉克平：《论抵押不动产转让的法律效果——〈物权法〉第191条释论》，载《当代法学》2015年第5期。司法实践中法院对此问题亦存有不同意见。最高人民法院在一起公报案例中将该款规定解读为涤除权。参见“重庆索特盐化股份有限公司与重庆新万基房地产开发有限公司土地使用权转让合同纠纷案”，载《中华人民共和国最高人民法院公报》2009年第4期；但却在另一起案件中否认了该款涤除权的性质，参见最高人民法院（2012）民二终字第138号民事裁定书。

抵押人对抵押物的自由处分作为立法基点，但确保抵押权不受损害才是本条规范的立法中心和重心。如何在实现以抵押权保护为立法中心和重心的基础上，平衡好抵押权、处分权和所有权三者之间的利益关系？无非就是在抵押权人与抵押人的关系上，利益平衡的天平向抵押权人倾斜；在抵押权人与受让人的关系上，利益平衡的天平还是向抵押权人倾斜；在抵押人与受让人的关系上，利益平衡的天平向受让人倾斜。

首先，看抵押权人与抵押人的关系，本条设置了“价金物上代位制度”，即“抵押权人能够证明抵押财产转让可能损害抵押权的，可以请求抵押人将转让所得的价款向抵押权人提前清偿债务或者提存”，其实质是通过“牺牲”抵押人对价金的支配来保障抵押权，而受让人则可以因此获得不受追及的所有权。其次，看抵押权人与受让人之间，本条设置了“抵押权物上追及制度”，即通过规定“抵押财产转让的，抵押权不受影响”，来明确抵押权的物上追及效力，其实质是“牺牲”受让人的所有权来保障抵押权，抵押人则赔偿受让人因抵押物的丧失而遭受的经济损失。再次，在抵押人与受让人之间，不论是抵押人将其获得出售价金用以提前清偿债务抑或提存，还是在受让人因抵押权人追及而丧失抵押物的时候抵押人赔偿受让人的经济损失，其都不能获得财产设定抵押获得贷款之后的另一份利益。若是，则抵押权人以及受让人则因失去利益导致法律不能接受的不公平。

因此，在抵押人在抵押期间可自由处分抵押物成为立法基点的情况之下，以及在已经公示的抵押权具有物上追及效力的条件之下，为了实现三方利益自主性平衡，抵押人最好在处分抵押物的时候，主动通知抵押权人。抵押权人知悉抵押人处分抵押物，虽其对抵押人自由处分抵押物无权干涉，但其对抵押权的保护则可以做出制度措施选择：要么一起协商，选择“价金物上代位制度”以消灭抵押权，抵押人从处分抵押物中获得市场利益，受让人则留下不受追及的所有权；要么背对背交易，抵押人拿走价金，受让人拿走抵押物，抵押权人在条件成就的时候，追及担保物所在行使抵押权。背对背交易的结果对受让人着实不利，因此受让人在与抵押人交易的时候，肯定不会同意。其结果就是，既然抵押权先期存在，为了获得一个不受追及的所有权，受让人会以获得一个不受追及的所有权为交易条件。所以，抵押人还是最好通知抵押权人，一劳永逸地解决因抵押物处分所带来的三者之间的利益冲突。

三、向抵押权人提前清偿债务或者提存

作为担保物权的一种，抵押权具有物上代位性。[①]但抵押权的物上代位是否包括抵押物转让的价款，则不无疑问。在我国担保物权立法中，《担保法》第58条、《物权法》第174条，都将抵押权的物上代位限定在抵押物毁损、灭失、征收等情形，代位物也限于相应的保险金、赔偿金和征收补偿金等。立法没有明显的意图和用语将物上代位的范围扩展到抵押物的转让价金上。[②]在抵押人转让抵押物受制于抵押权人同意与否的前提之下，《担保法》第49条，尤其是《物权法》第191条关于“抵押期间，抵押人经抵押权人同意转让抵押财产的，应当将转让所得的价款向抵押权人提前清偿债务或者提存”的规定，更多是当事人之间协商的结果，而非抵押权法定的物上代位权利。但《民法典》第406条发生了立法政策的重大变化：修改了《物权法》第191条关于抵押人处分抵押物以抵押权人的同意与否为立法基点，转而确立了以抵押人在抵押期间得自由处分抵押物为立法基点。《民法典》第406条规定的“抵押权人能够证明抵押财产转让可能损害抵押权的，可以请求抵押人将转让所得的价款向抵押权人提前清偿债务或者提存”，十分明确地将抵押权人对抵押物处分的物上代位，作为一项法定权利确立了下来。

对于抵押权人而言，证明抵押物的转让可能损害抵押权，是十分容易的事情：抵押物转让本身就可能损害抵押权。因为，如果抵押人没有将转让抵押物所得价款向抵押权人提前清偿债务或者提存，抵押权人在实现抵押权的时候就需要追及受让人，这通常会增加实现抵押权的成本和难度。这就是对抵押权的可能损害。在抵押物处分本身足以构成对抵押权可能损害的情况下，

---

① 关于担保物权物上代位性的详细阐述，可参见程啸：《担保物权人物上代位权实现程序的建构》，载《比较法研究》2015年第2期。

② 亦有观点认为《物权法》第174条的物上代位制度与第191条之规定构造一致。参见种伟珩、张燕：《论抵押物转让价款物上代位及其法律适用》，载《法律适用》2010年第12期。

“可以请求抵押人将转让所得的价款向抵押权人提前清偿债务或者提存”就成了抵押权对抵押物转让价款的物上代位。也只有赋予抵押权对抵押物处分价金的物上代位权，才可以平衡抵押人在抵押期间对抵押物自由处分权的规范基点设置。

抵押权人对抵押物处分价款的物上代位，是一项与利害关系方两相皆宜的制度安排：对受让人而言，物上代位的制度安排，使得其受让的抵押物所有权免受追及，受让人的交易目的得以安全实现；对抵押人而言，抵押物转让价金物上代位制度的安排，可以为其换得对抵押物的自由处分，且可以适时处分抵押物以获取更大市场升值利益；对于抵押权人而言，物上代位制度安排，可以更加便利地实现抵押权，最终得以实现受担保债权。

四、转让价款的多退少补

在抵押权实现之前，转让抵押物的价款全部属于抵押人所有。本条所称“转让的价款超过债权数额的部分归抵押人所有，不足部分由债务人清偿”，是指在抵押权实现之后，经债权人提取受担保债权数额之剩余部分，归抵押人所有。但如果抵押物转让的价款数额低于受担保债权数额，在提取全部抵押物转让价款清偿受担保债权之后，尚有一部分受担保债权数额未受清偿，这一部分就变为普通债权，由债务人的一般责任财产承担与其他无担保债权人平等的清偿责任。

与此相关的一个问题是，抵押人与受让人串通低价转让抵押物的情况下，抵押权人如何救济自己的权利？《担保法》第49条第2款对此有规定：转让抵押物的价款明显低于其价值的，抵押权人可以要求抵押人提供相应的担保；抵押人不提供的，不得转让抵押物。《物权法》《民法典》对此一内容没有明文规定，且《民法典》改变了《物权法》的立法规范基点，将抵押人自由处分抵押物作为其规范基点。如果抵押人在处分抵押物的时候没有通知抵押权人，且低价出售抵押物，则抵押权人是否可以基于抵押权行使抵押物处分的撤销权？笔者对此持肯定态度。

五、当事人的约定优先

抵押权是意定担保物权，在签订的抵押合同中，当事人可以就抵押合同、抵押权设立、抵押物处分以及抵押权实现等相关事宜作出预先合同制度安排，对于抵押期间抵押物的处分，包括允许或不允许抵押人处分抵押物，处分抵押物的方式，处分抵押物价款的使用等。这些合同制度安排依照其法权属性，仅在缔约合同当事人之间具有拘束力。但如果受让第三人知道抵押人与抵押权人之间的抵押物处分事宜有约定，则该受让抵押物的行为可能构成恶意受让而不受保护。如前述《民法典》第404条关于“正常经营活动中的买受人规则”中的买受人知道当事人约定不得出售浮动抵押物的情形。

六、抵押权不受影响

“抵押财产转让的，抵押权不受影响”这句话，是针对受让人而言的。抵押权是物权，具有对抗第三人的效力。尤其是已经登记公示的抵押权，得对抗任何第三人。“抵押财产转让的，抵押权不受影响”，实际上是明确，在因抵押物转让价款没有提前清偿债权以消灭抵押权，以及提存以阻止抵押权的追及效力的情况下，抵押权人在实现抵押权的条件具备的时候，得以追及抵押物的所在，向受让人主张实现抵押权。[①]第三人不得以其对受让抵押物的所有权对抗抵押权。正是基于这一原因，我们将本条置于担保物权法的担保物权优先受偿次序规则群中。在赋予抵押权对担保物转让价款的物上代位权的同时，《民法典》第406条又赋予抵押权追及效力。由此可以看出本条规范设计之精妙：赋予抵押人抵押期间对抵押物的自由处分权，以此确保“物尽其用”原则的实现。与此同时，基于抵押权的设立在先，赋予抵押权两项并行的权利即抵押物价款物上代位权和抵押物追及权，且以前者为主导，以后者为补充。从而不仅贯彻了“物尽其用”的物权法原则，而且平衡了抵押权人、抵押人和受让人三者之间的利益。抵押财产转让抵押权不受影响的规定，也使得抵押财产转让的价格的高低不在抵押权人的考虑范围之内，可任由抵押

---

① 该句表述明确承认了抵押权的追及效力。关于《物权法》第191条的规定是否承认抵押权的追及效力，学界与实务界存在大量争议。相关讨论参见程啸：《论抵押财产的转让——“重庆索特盐化股份有限公司与重庆新万基房地产开发有限公司土地使用权转让合同纠纷案”评释》，载《中外法学》2014年第5期；邹海林：《论抵押权的追及效力及其缓和——兼论〈物权法〉第191条的制度逻辑和修正》，载《法学家》2018年第1期。

人转让抵押物。

第四百零七条【抵押权的从属性】

抵押权不得与债权分离而单独转让或者作为其他债权的担保。债权转让的，担保该债权的抵押权一并转让，但是法律另有规定或者当事人另有约定的除外。

历史由来

本条来自《物权法》第192条，略作修改。《民法典各分编（草案）》对《物权法》第192条未作任何修改；《民法典物权编（草案）》（二审稿）则有略微的修改：把《物权法》第192条中的“但”一字，修改为“但是”一词。

规范目的或功能

本条类属于担保物权的效力规范群。

抵押权与其受担保债权之间的关系，有从属性和独立性之别。抵押权等担保物权的从属性以及独立性，都不是抵押权等担保物权本身所具有的属性，而是立法政策选择的结果。我国担保物权立法向来采抵押权从属性原则。本条规定，确立了我国抵押权立法的抵押权对其受担保债权的从属性原则。在此原则之下，立法又认识到抵押权的从属性选择需要缓和，以适应经济社会发展对抵押权类型多元化的需要，以及担保物权法作为私法需要给私法自治留出足够的空间。

规范内容

本条是关于抵押权处分上从属性的规定。

就担保物权与其所担保的债权之间的关系，有两种立法体例：一种是抵押权对其所担保的债权具有附随性，法国民事立法如是；另一种是抵押权对其所担保的债权具有独立性，德国民事立法所采。通说认为，我国担保物权立法采行担保物权的附随性理论。

担保物权对受担保债权的从属性，又称担保物权对受担保债权的附随性。抵押权设立的宗旨在于担保债权的实现，是受担保债权的从权利。通常是先有债权，然后才需设立抵押权；若终无债权，则终无需抵押权。因此，从属性是抵押权的重要特性。抵押权的从属性不仅体现在抵押权的设立应以受担保债权的成立为前提，也体现在抵押权在处分上要随同受担保债权的转移而转移，还体现在抵押权在消灭上也要随同受担保债权的消灭而消灭。但需要特别注意的是，抵押权等担保物权对受担保债权的从属性，非抵押权等担保物权本身固有的对其受担保债权的关系属性，而是立法政策选择的结果：如果立法政策选择抵押权对其受担保债权具有从属性，则抵押权在立法中就表达其从属性；如果立法政策选择抵押权对其受担保债权不具有从属性，则抵押权在立法中就表达其独立性。

抵押权等担保物权的独立性，即抵押权等担保物权在与其受担保债权的关系上，表现出的与抵押权的从属性截然相反的特质：抵押权的设立原则上不以受担保债权的成立为前提，抵押权的处分不随同受担保债权的转移而转移，抵押权的消灭也不会随同受担保债权的消灭而消灭。如德国法上的“土地债务”这一不动产担保物权类型，就是具有独立性的担保物权。土地债务既可以独立于其可能受担保的债权设立，也可以独立让与，可以独立消灭。

我国采行抵押权等担保物权对其受担保债权的从属性政策，本条是关于抵押权处分的从属性，其规范内容可以分为三个方面：在受担保债权存在的前提之下，抵押权不得单独处分；作为主权利的受担保债权转让的，作为从权利的抵押权一并转让；如果法律另有规定或者当事人另有约定的，抵押权可以不随同受担保债权一并转让。具体包括如下内容。

一、抵押权不得单独处分

1.抵押权不得与受担保债权分离而予以单独让与。包括：（1）抵押权人不得将抵押权单独让与他人而自己保留受担保债权。（2）抵押权人不得将受担保债权单独让与他人而自己只保留抵押权，若抵押权人让与受担保债权，则抵押权应该随受担保债权一同让与，且此抵押权让与无需抵押人同意。如果抵押权人在让与其受担保债权的时候，与受让人约定仅限于让与受担保债权而不随同让与抵押权的，该约定有效。但此时抵押权因没有可以担保的债权而消灭或者依约定担保其他债权的实现。

2.抵押权不得与受担保债权分离而单独成为其他债权的担保。包括：（1）抵押权人不得自己保留受担保债权，而将抵押权另作其他债权的担保；（2）抵押权人将受担保债权和抵押权作保分别担保不同的债权时，对于受担保债权作保而言，其是无抵押权担保的债权质权，应该是有效的；就抵押权作保而言，在法律上则是无效的。

二、抵押权的一并转让

债权具有可让与性，受抵押权从属于受担保债权的影响，债权让与的，作为从权利的抵押权应一并转让。如果抵押权不随同主债权一起转让，失去了受担保债权的抵押权将失去单独存在的意义，必将以消灭为结局。因此，鉴于抵押权从属主债权的法律地位，立法安排其随同主债权一起转让，符合抵押权的从属性特质。[①]实践中，债权转让协议中会出现两种情形：一是当事人在协议中明示抵押权一并转让的，这种情形下，当事人的明示协议顺应立法的用意，当发生转让效力。二是当事人在协议中未明示抵押权一并转让的，这种情形下，当事人关于抵押权是否一并转让以默示方式表达的法律后果是什么？在本条中，《民法典》没有如同在其第397条中所规定的那样，使用“当事人没有明示一并抵押的，视为一并抵押”的立法模式。因此，本条中规定的“债权转让的，担保该债权的抵押权一并转让”，对当事人没有在债权转让协议中明示抵押权也一并转让的情形，应作何种理解？相对于建设

---

① 司法实践中，不动产抵押权的一并转让还涉及变更登记问题。对于债权受让人未及时办理变更登记的情况，最高人民法院认为“债权受让人取得的抵押权系基于法律的明确规定，并非基于新的抵押合同重新设定抵押权，故不因受让人未及时办理抵押权变更登记手续而消灭”。参见最高人民法院（2015）民申字第2040号民事裁定书、最高人民法院（2014）民申字第1725号民事裁定书。《九民纪要》亦采纳此观点，参见最高人民法院民事审判第二庭编著：《〈全国法院民商事审判工作会议纪要〉理解与适用》，人民法院出版社2019年版，第370—373页。

用地使用权与建筑物在客观上不可分离的现实，为达立法目的，“视为一并抵押”有迫于“建设用地使用权与建筑物在客观上不可分离现实”之不得已的强制色彩；抵押权与其担保的主债权之间的关系，绝不是如建设用地使用权与其上的建筑物之间的客观上不可分离的现实，而是抵押权设立目的的主观从属性问题，既然为主观的从属性问题，则可以当事人的明示协议予以调和。所以，当事人在债权转让协议中对抵押权是否一并转让的问题采取了默示态度的，应当认定其不同意一并转让，绝无视为一并转让的理由。质言之，抵押权是否与主债权一并转让，以当事人之间的明示协议条款为准，对于未有明文约定的，不可以推定当事人有一并转让抵押权的意思，更无拟制转让的可能。

三、抵押权移转从属性的缓和

如上所言，抵押权的从属性并非其本身固有的属性，而是法律政策的选择。基于现实生活的需要，立法可以在选择抵押权从属性作为一般原则的同时，就个别法律事宜安排抵押权具有独立性。实际上，随着市场经济的发展，抵押权的从属性正在日益呈现出缓和的状态。[①]《民法典》第二编第十七章第二节“最高额抵押权”，就是抵押权从属性的缓和理论得到立法缓和的证明。在最高额抵押中，最高额抵押权设立时，受担保债权可能还没有发生；在受担保债权部分转移时，最高额抵押权原则上不得一并转移；在受担保债权部分实现时，最高额抵押权也不会消灭。最高额抵押权相对于其受担保债权的独立存在可见一斑。本条所谓“法律另有规定的除外”，就是针对最高额抵押权等情况而言的。[②]即使是一般抵押权，其从属性也大有缓和之势：如一般抵押权可以为将来债权而设立，即一般抵押权先于受担保债权而设立，只要在实现一般抵押权的时候，有受担保债权存在即可；一般抵押权也可以在当事人有特别约定的情况下，不随同受担保债权的转让而转让，如在基于交易利益的衡量时，受担保债权让与当事人之间，仅合意让与受担保债权而不让与

① 谢在全：《担保物权制度的成长与蜕变》，载《法学家》2019年第1期。

② 最高人民法院民事审判第二庭编著：《〈全国法院民商事审判工作会议纪要〉理解与适用》，人民法院出版社2019年版，第372页。

抵押权；[①]在受担保债权让与而抵押权不让与的场合，抵押权基于其从属性一般要消灭，但如果抵押权人与抵押人之间合意此时不消灭此抵押权，则此抵押权也可以不消灭而作为受担保债权当事人之间新的债权的抵押担保。[②]所以，在法律没有特别规定的情况下，关于抵押权与受担保债权之间的关系，即抵押权是从属于受担保债权还是独立于受担保债权，完全可以由当事人自由约定。

三 其他问题

需要明确抵押权从属于受担保债权，但抵押合同不从属于主债权合同。《民法典》承袭了《物权法》第127条的规定，于第388条规定了担保合同是主债权债务合同的从合同。笔者认为，将抵押合同规定为主债权债务合同的从合同是不妥的。从抵押合同与主债权债务合同的关系来看，它们有事实上的因缘联系，但没有法律上的主从关系。其实质，这是目的不同的两个独立的意思表示，两个独立的法律行为。与此相关，主债权与抵押权之间，确因法律政策的选择，使得两者之间有了主从关系，抵押权是主债权的从权利，是为担保主债权的实现而设立的。[③]

---

① 最高人民法院民事审判第二庭编著：《〈全国法院民商事审判工作会议纪要〉理解与适用》，人民法院出版社2019年版，第372页。

② 受担保债权让与后，已登记抵押权没有涂销登记之前，可否经债权人合意为他们之间的其他债权担保？如果可以，新的受担保债权可作为未涂销登记抵押权担保的债权，未涂销登记抵押权是作为一个新的抵押权，还是作为原来的抵押权？理论上其可以作为一个新的抵押权，但事实上，其还是原来登记的那个抵押权，且其是按照原登记时间来确立优先受偿次序。

③ 根据物债二分的基本理论，担保合同的从属性属于债权法或合同法的问题。在物权编中规定担保合同从属性问题造成了制度体系上的违反。参见邹海林：《论〈民法典各分编（草案）〉"担保物权"的制度完善——以〈民法典各分编（草案）〉第一编物权为分析对象》，载《比较法研究》2019年第2期。

第四百零八条【抵押权的保护】

抵押人的行为足以使抵押财产价值减少的，抵押权人有权请求抵押人停止其行为；抵押财产价值减少的，抵押权人有权请求恢复抵押财产的价值，或者提供与减少的价值相应的担保。抵押人不恢复抵押财产的价值，也不提供担保的，抵押权人有权请求债务人提前清偿债务。

历史由来

本条承袭了《物权法》第193条的规定，仅作将“要求”替换为“请求”的修改。

规范目的或功能

与动产质权相比，抵押权的最大特质是抵押期间不移转抵押物的占有，即担保物在抵押期间仍由抵押人占有。抵押权是抵押权人对抵押物的价值支配权和优先受偿权，如果抵押人在占有抵押物期间有导致抵押物价值减少的行为，则会对抵押权的最终实现带来不利。为此，须有保障抵押物价值在抵押人占有期间不因抵押人的行为而减少的约束规范，包括预防抵押物价值减少的物权请求权和抵押物价值减少的恢复请求权，以及进而可能的提前清偿债务请求权等。以此确保抵押物的价值对受担保债权能起到担保的作用。

规范内容

本条类属于抵押权的效力规范群。

抵押权属于物权的一种类型，是为担保债务的履行，债务人或者第三人不转移财产的占有，将该财产抵押给债权人，债务人不履行到期债务或者发生当事人约定的实现抵押权的情形，债权人有权就该财产优先受偿。作为物权类型之一的抵押权，具有物权的一般法律特性以及自身特有的法律属性。就物权的一般法律属性而言，抵押权身上具有物权的特有请求权，即物权请求权法律属性，包括返还原物请求权、排除妨害请求权和妨害预防请求权等。本条中“抵押人的行为足以使抵押财产价值减少的，抵押权人有权请求抵押人停止其行为”，就是关于抵押权作为物权所具有的物权请求权的立法表达。有观点认为，这里规定的是不同于物权请求权的抵押权的保全权或抵押权的价值恢复请求权，[①]此观点在描述该条后两句所规定的请求权上值得赞同，但在描述该条第一句所规定的停止侵害行为时，就会发生与物权请求权的竞合。实际上，作为物权请求权的排除妨害请求权或妨害预防请求权，才是该条第一句真正的理论基础，这尤其体现在第三人的行为使抵押财产价值减损的情况。

抵押权人在抵押权实现条件成就前虽不占有抵押物，甚至对抵押物也没有现实的支配权，但为了确保在抵押权实现条件成就时得以实现抵押权，法律仍有必要赋予抵押权人在不占有抵押物期间，对抵押物基于抵押权的物权请求权，以维护抵押物的财产价值不至于因抵押人等的行为而损毁或减少。对于当事人对抵押物的侵害行为，抵押人和抵押权人都有物权请求权，通常由抵押人行使物权请求权，但在抵押人不行使物权请求权的时候，抵押权人也可以行使物权请求权；但对于抵押人有损抵押物价值的行为，只能由抵押权人行使物权请求权，才得以维护抵押物的价值。此抵押权人的物权请求权，包括抵押物被他人侵占后的返还请求权，被他人或抵押人妨害时的排除妨害请求权，被损害之后的恢复价值请求权等。本条规定的是对抵押人的物权请求权及其进一步的补救措施等。

本条限定的行为范围，即本条所谓的“抵押人的行为”，我们认为是限制抵押人对抵押财产的事实处分行为，即不包括法律处分行为。关于抵押期间抵押人对抵押物的法律处分行为，则是前述本法第406条调整的对象。从本条规范的内容以及演变来看，本条关于抵押人对抵押物价值减少的责任，应该是过错责任。但从抵押人在抵押期间占有抵押物并负有维护抵押物价值不受损害以及减少的责任来看，抵押人对抵押物价值减少的法律责任应该是过错推定责任，即抵押权人只负责证明抵押物的价值因抵押人的行为而减少了，抵押人则需要负责证明此抵押物价值减少非出于自己的过错才得以免责。

---

① 参见梁慧星、陈华彬：《物权法》(第六版)，法律出版社2016年版，第289页；申卫星：《物权法原理》，中国人民大学出版社2016年版，第328页；谢鸿飞：《抵押物价值恢复请求权的体系化展开——兼及抵押权保全的立法论》，载《比较法研究》2018年第4期。

本条规范以三句话从三个方面对抵押物占有期间的抵押人行为提出了要求，详述如下。

一、禁止致损行为

第一句话，即“抵押人的行为足以使抵押财产价值减少的，抵押权人有权请求抵押人停止其行为”。抵押权是抵押权人对抵押财产的变价的优先受偿权。尽管抵押权等担保物权被人们区分为不同阶段的抵押权，如抵押权设立后至实现条件成就前的抵押权和抵押权实现条件成就后的抵押权。甚而有理论认为，实现条件成就前的抵押权是期待抵押权，实现条件成就后的抵押权是现实抵押权。也可以说，抵押权的设立使得抵押权人享有抵押权，抵押权的实现使得抵押权人的受担保债权获得清偿。抵押权人享有抵押权是抵押权人实现抵押权的前提和条件。在抵押权实现条件成就前，抵押权人虽然不得直接支配抵押财产并就抵押财产变现优先受偿，但抵押权人对抵押财产的价值维持有着直接的利益，因而应该拥有抵押财产的价值维持权利。如果抵押权人无权制止抵押人及其他人损害抵押财产的行为，则抵押权实现条件成就后抵押权人对抵押财产的变现和优先受偿权就没有了保障。也就是说，抵押权设立后，抵押权人的担保物权人法律地位是确定的。因此，抵押权设立后，当抵押财产受到价值减损的可能时，抵押权人可向行为人提出抵押财产的妨害预防请求权和排除妨害请求权。其性质，是作为担保物权人的抵押权人的物权请求权。

物权请求权通常有妨害预防请求权、排除妨害请求权、返还原物请求权等。“抵押人的行为足以使抵押财产价值减少的，抵押权人有权请求抵押人停止其行为”，应当包括妨害预防请求权和排除妨害请求权两个方面。抵押权人请求停止侵害需具备如下条件：一是须有“抵押人的行为”。抵押人的行为，不论是故意还是过失，不论是作为还是不作为均属之。如房屋抵押后，抵押人在抵押期间拆除抵押房屋的作为行为；以及任由房屋漏雨塌毁而不予修缮的不作为行为等。二是须“足以使抵押财产价值减少”。不以实际发生了损害为条件，而以有足以发生损害的可能性为条件，包括已经发生了损害的行为的继续存在有可能造成的损害等。三是所谓“请求停止行为”，即包括妨害预防请求权和排除妨害请求权两个方面。

需要注意的是，立法仅规定了对抵押人的物权请求权，但从抵押权人行使停止侵害请求权的基础即物权请求权的基础来看，其对抵押人之外的其他足以使抵押财产价值减少的行为也有权要求停止。抵押权是物权，具有对世效力，不仅抵押人负有不得侵害的义务，其他人也同样负有不得侵害的义务。因为第三人侵害抵押财产时，即构成了对抵押人所有权等物权的侵害，因而抵押人有权利也有义务要求其停止侵害。于此情形，若抵押人行使其物权请求权包括返还原物请求权、妨害预防请求权和排除妨害请求权，抵押人物权请求权的行使同时维护抵押权人的利益；若抵押人不行使物权请求权，则抵押权人当可以依抵押权人的地位直接对第三人行使物权请求权，即要求当事人返还原物、停止侵害或妨害预防，以维护自己作为抵押权人的利益。所以，此抵押权人的物权请求权，应当包括抵押权人对抵押人以及其他人的物权请求权。

二、恢复抵押物减少的价值或提供相应担保

第二句话，即“抵押财产价值减少的，抵押权人有权请求恢复抵押财产的价值，或者提供与减少的价值相应的担保”。如果抵押人或者第三人的行为致使抵押财产的价值减少了，对于减少的价值，抵押权人可以请求抵押人或者其他人恢复抵押财产的价值或者提供相应的担保。恢复抵押财产的价值或者提供相应的担保需要如下条件：

一是抵押财产的价值减少。对抵押财产的侵害有侵害的可能和侵害的现实之分。为了保护抵押权，对两种侵害都需要救济。对前者的救济就是妨害预防请求权和排除妨害请求权等，对后者就是恢复原状请求权或者提供相当担保请求权。价值减少要件还涉及如下问题。第一，价值减少的判断时点。此时点应界定为抵押权设定时。抵押期间，抵押物因添附等原因增加价值的，不能以价值增加的时点为准。如土地权利抵押后，在土地上新建建筑物，其后又拆除建筑物，或者获得从物后又让与的，均不构成价值减少。第二,一时性恶化。抵押人拆旧建新时，在新房竣工之前，抵押物价值也会减少。一种观点认为，抵押人增加抵押物价值的主观意图，并不能否定抵押物的现存价值将危及债权，故有恢复权成立的空间。但是，一概认定此时产生恢复权，不仅背离了抵押权的设定不影响抵押人对抵押物用益的立法宗旨，而且有违

抵押人的财产自由，过度保护了抵押权人的利益。较为折中的方案，可能是参酌不安抗辩权规则，首先考虑抵押人是否采取了相应的抵押物价值保障措施；其次，没有相应措施的，由债权人设定一个合理期限，在此期限内，抵押物的价值若未恢复，债权人才享有恢复权。①

二是抵押财产价值减少可归责于抵押人。对于抵押权人的恢复抵押物减少的价值请求权或提供相应担保的请求权是否以抵押财产价值减少可归责于抵押人为前提，我国学界形成了赞同说②和否认说③两种主张。笔者认为，从利益平衡的角度，如果抵押财产价值的减少不可归责于抵押人，比如是债权人的行为或不可抗力造成了抵押财产价值的减少，或者由于市场因素致使价值下跌，抵押权人不享有该条第二句所规定的保全请求权。

三是抵押财产或有恢复原状的可能，可以要求恢复原状。恢复抵押财产的原状，是在抵押财产有恢复原状的可能的前提下的赔偿方式。恢复原状的最终目的是清偿债务，因此只需将抵押物恢复至价值减少之前的清偿价值即可，无需一定恢复到抵押权设立时的状态。④

四是不能恢复原状的，要提供相当的担保。在抵押财产不能恢复原状的情况下，则只能退而请求另行提供与减少的价值相应的担保，即所谓“另行提供相当的担保”。如果抵押人或者第三人另行提供保证担保，则需经抵押权人同意方可；若抵押人或者第三人另行提供物的担保，则需要价值相当即可。

最后需要指出的是，恢复原状请求权与增担保请求权之间并非先后顺序关系而是选择关系，即使抵押物能够恢复原状的，抵押权人也可以请求抵押人提供担保。⑤理由在于两种请求权的目的和功能完全一致，从实务的角度考

---

① 谢鸿飞：《抵押物价值恢复请求权的体系化展开——兼及抵押权保全的立法论》，载《比较法研究》2018年第4期。

② 参见王利明：《物权法研究》（第三版）（下卷），中国人民大学出版社2013年版，第1245页。

③ 参见最高人民法院物权法研究小组编：《〈中华人民共和国物权法〉条文理解与适用》，人民法院出版社2014年版，第577页。

④ 参见谢鸿飞：《抵押物价值恢复请求权的体系化展开——兼及抵押权保全的立法论》，载《比较法研究》2018年第4期。

⑤ 参见房绍坤：《试论增担保请求权》，载《河南省政法管理干部学院学报》2007年第1期；上海市第二中级人民法院（2019）沪02民终9540号民事判决书。

虑，抵押权人应有权同时请求增担保和恢复原状，但两个请求权并用的结果，不能使抵押权人得到双重利益，一旦足额增担保，即排除恢复原状，这样更能使抵押人灵活采用不同方式恢复抵押物的价值。[①]

三、提前清偿债务

第三句话，即“抵押人不恢复抵押财产的价值，也不提供担保的，抵押权人有权请求债务人提前清偿债务”。

抵押权人要求抵押人等停止足以减少抵押财产价值行为的权利，与抵押权人要求抵押人等恢复抵押财产价值的权利，可以并用。但抵押人拒绝恢复抵押财产的价值以及拒绝提供相当担保的，抵押权人有权要求债务人提前清偿债务。且在债务人应提前清偿债务而不能清偿的情形下，则因发生债务人不履行到期债务，抵押权人有权实现抵押权。在第三人提供抵押的情形中，债权人原则上只能请求提前行使抵押权，不能请求债务人提前清偿；但主合同约定债务人应确保抵押物价值恒定或债务人故意侵害抵押物的情形除外。[②]如果因抵押人的行为导致抵押财产价值减少而使得受担保债权不能实现的，抵押人应对其侵权行为负有侵权损害赔偿责任。

第四百零九条【抵押权人放弃、变更抵押权及其顺位】

抵押权人可以放弃抵押权或者抵押权的顺位。抵押权人与抵押人可以协议变更抵押权顺位以及被担保的债权数额等内容。但是，抵押权的变更未经其他抵押权人书面同意的，不得对其他抵押权人产生不利影响。

债务人以自己的财产设定抵押，抵押权人放弃该抵押权、抵押权顺位或者变更抵押权的，其他担保人在抵押权人丧失优先受偿权益的范围内免除担保责任，但是其他担保人承诺仍然提供担保的除外。

---

① 谢鸿飞：《抵押物价值恢复请求权的体系化展开——兼及抵押权保全的立法论》，载《比较法研究》2018年第4期。

② 谢鸿飞：《抵押物价值恢复请求权的体系化展开——兼及抵押权保全的立法论》，载《比较法研究》2018年第4期。

历史由来

本条来自《物权法》第194条，略有修改：将《物权法》第194条第1款中的2句话，改为3句话，即把“但抵押权的变更，未经其他抵押权人书面同意，不得对其他抵押权人产生不利影响”修改为“但是，抵押权的变更未经其他抵押权人书面同意的，不得对其他抵押权人产生不利影响”，并单独作为一句话。此外，本条将《物权法》第194条第2款中的“但”字，修改为“但是”一词。

规范目的或功能

抵押权以及抵押权的顺位是一种财产利益。抵押权人可以自由处分其享有的抵押权或抵押权的顺位，包括抵押权人自由放弃抵押权或抵押权的顺位，以及抵押权人可以与相关民事主体协议变更抵押权或抵押权的顺位。由于抵押权的制度环境错综复杂、涉及人员众多，抵押权人对抵押权的自由处分难免会直接对其他人的利益产生影响。按照权利人行使权利不得损害其他人利益的原则，抵押权人自由处分其享有的抵押权或抵押权顺位时，须征得其他利害关系人的同意，如在共同抵押的制度环境之下，抵押权人对某一抵押权的放弃或者变更，会直接对其他抵押人产生不利影响；如在重复抵押权的制度环境之下，抵押权的变更会对其他抵押权人产生直接利害关系等。因此，立法需要在规定抵押权人对抵押权和抵押权顺位的自由处分权利的同时，对这一权利行使可能产生的外部损害予以适当限制，以调和不同利益关系人之间的利益平衡。简言之，本条的立法目的主要是保护其他担保人的利益，避免因抵押权人放弃物保而加重保证人和物上保证人的责任。

规范内容

本条类属于抵押权的效力规范群。

抵押权是为保障主债权的实现而于债务人或者第三人的财产上设立的一

种担保物权。抵押权的设立无需移转抵押物的占有。为了发挥抵押物的价值效用，法律一般允许在同一抵押财产上设立数个抵押权，也就是数个抵押权可以在同一抵押物上并存。但由于抵押权具有物权实现的支配性和效力的排他性，所以，得以并存的抵押权在实现的时候，需要建立起抵押权的实现顺位秩序。抵押权实现的顺位秩序规则就是“公示在先，权利优先”原则，即以抵押权登记为基础，按照抵押权登记的时间先后顺序排列抵押权优先实现的顺序，即公示在先的抵押权优先实现。本法第414条就是按照“公示在先”原则建立起的并存抵押权的实现顺位秩序。可见，不论是抵押权还是抵押权的顺位，都蕴含着一种财产利益。因此，抵押权或者抵押权顺位的放弃、变更等，会对其他抵押权人直接产生利害影响，需要法律对抵押权人自由处分抵押权的行为作出限制。与此同时，为了强化受担保债权的实现，法律允许设立共同抵押，即为了担保同一个债权的实现，在同一主体或者不同主体的数个财产上设立数个抵押权，共同担保同一债权的实现。在共同抵押的不同主体的数个财产上设立共同抵押的情形之下，某一抵押人放弃或者变更抵押权的行为也会直接损害其他抵押人的利益，所以法律也需对其自由处分抵押权的行为作出限制。所以，本条关于抵押权的自由处分涉及两类人的利益，即重复抵押情形下的其他抵押权人的利益，以及共同抵押情形之下的其他抵押人的利益。有鉴于此，本条规定抵押权人可以放弃抵押权或者抵押权的顺位。抵押权人与抵押人可以协议变更抵押权顺位以及被担保的债权数额等内容，但是抵押权的变更，未经其他抵押权人书面同意，不得对其他抵押权人产生不利影响。债务人以自己的财产设定抵押，抵押权人放弃该抵押权、抵押权顺位或者变更抵押权的，其他担保人在抵押权人丧失优先受偿权益的范围内免除担保责任，但是其他担保人承诺仍然提供担保的除外。具体内容理解如下。

一、抵押权人对抵押权及其顺位的放弃

抵押权以及抵押权的顺位对抵押权人而言是一种利益。放弃抵押权或抵押权的顺位，是抵押权人对自己权利的处分行为。在符合权利不得滥用原则的限制之下，抵押权人对抵押权和抵押权顺位的放弃，无疑是其在行使权利处分权，不应受到过度限制。因此，本条第1款关于“抵押权人可以放弃抵押

权和抵押权的顺位”的规定，就是对抵押权人处分抵押权和抵押权顺位行为的肯定。立法关于抵押权人对抵押权和抵押权顺位的自由处分权的规定，既尊重了抵押权人的权利处分自由，也为担保财产以及受担保债权的高效益发挥提供了制度实现机制。

（1）抵押权人放弃抵押权，有绝对放弃和相对放弃之分。抵押权的绝对放弃，是抵押权人为其他一切权利人的利益而放弃抵押权利益。抵押权绝对放弃之后，抵押权人的债权成为不受抵押权担保的债权即普通债权，抵押人的其他债权人包括有担保债权人，抵押权人在放弃抵押权的利益范围内受益。抵押权的绝对放弃是抵押权人的单方法律行为，对于不动产抵押权，抵押权人放弃抵押权无需向任何人为意思表示，仅需注销抵押权登记即可；对于动产抵押权，未经登记的抵押权，则仅需向抵押人为放弃抵押权的意思表示即可，已经登记的动产抵押权则在向抵押人为放弃抵押权的意思表示之外，尚需完成注销登记。放弃抵押权是抵押权人的法律限制范围内的自由，在担保物权法中，法律对抵押权人放弃抵押权的限制，表现之一就是抵押权的绝对放弃不得损害第三人的利益，如抵押权与其受担保债权一同为质权标的时，抵押权人绝对放弃抵押权就会损害权利质权的利益，因此抵押权人在这种情况下就不能绝对放弃抵押权。[①]

抵押权的相对放弃，是指抵押权人仅为同一债务人的特定债权人的利益而放弃抵押权。抵押权经相对放弃之后，抵押权人并不丧失抵押权，而仅仅是与特定债权人处于同一地位，对于其他债权人仍具有抵押权人的地位，仍得优先受偿。抵押权人相对放弃抵押权之后，抵押权放弃人、受益人就抵押物价金所能获得分配之金额，由放弃人与受益人按二者合计的债权比例受偿。由于抵押权的相对放弃并不加重抵押人的负担，因此仅向受益人为放弃抵押权的意思表示即可发生效力，无需征得抵押人的同意。

实践中，是否将抵押权人怠于设立抵押权的效力视为抵押权放弃，我国最高人民法院的裁判见解存在不一致。有的裁判见解认为如果抵押权或质权没有设立，则不存在担保物权，保证人也不得主张在抵押权人或质权人放弃

① 参见赵秀梅：《〈物权法〉第194条的裁判分歧及立法完善》，载《法学》2019年第10期。

担保物权的范围内免责；[①]相反，在“黑龙江北大荒投资担保股份有限公司与黑龙江省建三江农垦七星粮油工贸有限责任公司担保合同纠纷案”中，最高人民法院则认为：“北大荒担保公司怠于行使质物交付请求权损害了保证人的顺位信赖利益，保证人应在质物优先受偿价值范围内免责。”[②]本书认为，虽然怠于设立抵押权或质权，与放弃抵押权或质权是完全不同的两个问题，但怠于设定担保物权与放弃担保物权应有相同的法律后果，即在债务人自己财产设立担保物权的情况下，其他担保人可在相应范围内免责。

（2）抵押权顺位的放弃，是指抵押权人放弃其顺序利益，同样也包括绝对放弃和相对放弃。[③]抵押权顺位的绝对放弃，是指抵押权人为所有后顺位抵押权人的利益而放弃其抵押权的顺序利益，需注意的是，抵押权人放弃的是抵押权的顺位利益，而非抵押权本身，所以抵押权顺位绝对放弃之后，抵押权人仍享有抵押权，只不过此时其享有的抵押权位序移至放弃前已有的各抵押权的最后位次。所以，抵押权顺位的绝对放弃对于抵押权顺位放弃后设立的抵押权不生效力，即于抵押权顺位绝对放弃之后设立的抵押权不能位于放弃人的抵押权顺位之前。因为抵押权顺位的绝对放弃完全是抵押权人对其利益的一种处分，不损害其他人的利益，所以，抵押权顺位放弃人有意思表示即可，而不必由放弃人与受放弃人达成合意，但需要为抵押权顺位的放弃进行登记公示。[④]

抵押权顺位的相对放弃，是指前一顺位的抵押权人为同一债务人的特定的后顺位抵押权人的利益而放弃其在先顺位利益。抵押权顺位的相对放弃也以放弃人一方的意思表示即可生效，但应为抵押权放弃登记公示。抵押权顺位的相对放弃仅对受放弃的特定抵押权人发生效力，即抵押权顺位相对放弃后，只是受放弃人与放弃人处于同一位次，于放弃人的抵押权顺位上依其受偿的债权额内，放弃人与受放弃人按其债权额比例受偿，放弃人的权利不消灭，对于其他债权人也无影响。

---

① 最高人民法院（2018）最高法民申5669号民事裁定书。

② 最高人民法院（2017）最高法民申925号民事裁定书。

③ 参见崔建远：《物权编如何设计抵押权顺位规则》，载《法学杂志》2017年第10期。

④ 司法实践中有法院认为，抵押权顺位的放弃需要征得其他抵押权人的同意。参见浙江省嘉兴市中级人民法院（2016）浙04民终2099号民事判决书。

抵押权人放弃抵押权的顺位后，有顺位固定原则和顺位升进原则两种立法模式。顺位固定主义，是指顺位在先的抵押权因实行抵押权以外的原因（如债务人的清偿）而消灭时，顺位在后的抵押权并不递升其顺位，而仍维持原有顺位。德国、瑞士民法采此顺位固定主义。顺位升进主义，是指先顺位的抵押权消灭时，后顺位的抵押权得当然升进。法国、日本民法及我国台湾地区采此主义。[①]我国《物权法》及《民法典》物权编虽未有明确规定，但理论和实务上普遍认为我国为顺位升进主义。近年来我国学术界多有对顺位升进主义提出质疑，而要求改采固定主义者，[②]但也有学者认为应该坚持顺位升进主义。[③]有学者在充分权衡两者利弊的基础上提出“以法定的抵押权顺位升进主义为主，而以当事人之间可以自由约定的空白担保位置制度为辅”的第三条路线，[④]本书认为值得肯定。

二、抵押权顺位及被担保债权数额等内容的协议变更

抵押权人与抵押人可以协议变更抵押权顺位以及被担保的债权数额等内容，但是抵押权的变更，未经其他抵押权人书面同意，不得对其他抵押权人产生不利影响。

（1）抵押权顺位的变更。在同一抵押财产上有数个抵押权的情况下，抵押权的顺位可依相关主体间的协议而得到顺位变更。理论上，抵押权顺位的变更包括三种情形：一是单个抵押权人与抵押人协议变更抵押权的顺位，二是数个抵押权人之间协议变更抵押权的顺位，三是数个抵押权人与抵押人共同达成关于变更抵押权顺位的协议。

抵押权的顺位，是同一抵押财产上的数个抵押权按照“公示在先，权利在先”原则排序的。抵押权顺位的变更，就是同一抵押财产上并存的数个抵押权的顺位的调整。单个抵押权人与抵押人协议变更抵押权的顺位的，必然对其他抵押权人的利益造成影响，未经其他抵押权人的书面同意，其变更协

---

① 参见梁慧星、陈华彬：《物权法》（第六版），法律出版社2016年版，第285页。

② 参见谢在全：《民法物权论》（下册），新学林出版股份有限公司2014年版，第221页。

③ 参见赵秀梅：《〈物权法〉第194条的裁判分歧及立法完善》，载《法学》2019年第10期。

④ 参见王全弟、盛宏观：《抵押权顺位升进主义与固定主义之选择》，载《法学》2008年第4期。

议没有任何意义，且抵押权的变更需要办理变更登记公示，变更登记的时间一定是排序在现有登记抵押权之后，所以变更登记也没有任何价值。数个抵押权人之间的抵押权顺位变更，是同一抵押财产并存的抵押权人之间关于其抵押权顺位的协议变更，这一变更有绝对效力说和相对效力说。[①]采绝对效力说会影响到其他抵押权人以及抵押人的利益，所以，必须事先征得他们的同意；采相对效力说有可能影响到抵押人的利益，而不会影响到其抵押权人的利益，顺位变更后，变更双方在众多抵押权人中的顺位并没有发生改变，而只在清偿时就优先清偿额度在当事人之间发生效力，后顺位抵押权只取得前顺位抵押权权利额度范围内的优先受偿权利，因而无需征得其抵押权人的同意，但须事先征得抵押人的同意。数个抵押权人与抵押人之间共同达成改变抵押权顺位协议的，该类协议因参与主体的原因，不会影响到抵押人的利益，也不会影响到参与变更协议的抵押权人的利益，该协议在协议主体之间发生法律效力。如果有抵押权人没有参与该变更协议，则该变更协议不得损害其利益。

（2）抵押权所担保的债权数额的变更，与抵押权顺位的变更类似，都必须有当事人的协议，且要经过有利害关系的抵押权人或抵押人的书面同意，否则对其他有利害关系的人不产生法律效力。

三、对共同担保人的影响

根据本条第2款的规定，债务人以自己的财产设定抵押，抵押权人放弃该抵押权、抵押权顺位或者变更抵押权的，其他担保人在抵押权人丧失优先受偿权益的范围内免除担保责任，但是其他担保人承诺仍然提供担保的除外。

从抵押人的身份来看，抵押人有两种：一种是债务人同时也是抵押人，即债务人以自己所有的或可得处分的财产为抵押财产设立抵押权以担保债权的实现；另一种是债务人之外的其他人作为抵押人，以其财产为抵押财产设立抵押权以担保债权的实现。债务人抵押权和债务人之外的其他人抵

---

① 参见赵秀梅：《〈物权法〉第194条的裁判分歧及立法完善》，载《法学》2019年第10期。

押权可以同时存在，即构成由债务人抵押权与其他抵押权的共同抵押。由于债务人是本位上的债务承担者，其他抵押人仅是代替其承担责任，在代替债务人承担抵押责任之后，其他抵押人可以向债务人追偿。因此，在债务人自己提供抵押担保的情形下，若抵押权人能先就债务人抵押财产实现抵押权担保债权，则其他抵押人就避免了日后的追偿。相反，如果抵押权人在抵押权实现条件成就前放弃了对债务人的抵押权、债务人抵押权顺位或者变更了债务人的抵押权，都会使得本可以先由债务人承担的责任，最终转嫁到其他抵押人身上，加重了其他抵押人的追偿责任乃至追偿风险。为此，法律应该限制抵押权人自由处分由债务人设立的抵押权及其顺位利益，即“其他担保人在抵押权人丧失优先受偿权益的范围内免除担保责任，但是其他担保人承诺仍然提供担保的除外”。以第三人的财产设定物的担保，即使债权人放弃该物的担保，对其他担保人承担担保责任亦不产生影响，不管债权人是否放弃该物的担保，其他担保权人均应依债权人的请求承担约定的担保责任。①

需要指出的是，本条第2款仅就“债务人以自己的财产设定抵押，其他担保人免除担保责任”作出规定而未涉及以物上保证人财产设定抵押的情形，是因为我国民法没有物上保证人间可以相互追偿或行使承受权的规定。物保和人保同时存在的混合担保情形，我国民法也无物上保证人与保证人可以相互追偿的规定。是否应将本条第2款确定的其他担保人免除规则扩大到物上保证人提供财产设定抵押权情况，取决于其是否承认物上保证人之间以及混合担保人之间的追偿权。本书认为，不应将条文限定于“债务人以自己的财产设定抵押”，因为如此规定会导致在第三人提供物保的情形下，债权人放弃第三人提供的物保而其他担保人的担保责任不能免除，这无疑会加大其他物保人或者保证人的责任。②与此相对应，我们认为应该承认共同担保人之间的求偿权，无论是物上保证人之间、保证人之间还是混合担保之间。

---

① 参见高圣平:《混合共同担保的法律规则：裁判分歧与制度完善》，载《清华法学》2017年第5期。安徽省合肥市中级人民法院（2017）皖01民终6185号民事判决书。

② 参见赵秀梅:《〈物权法〉第194条的裁判分歧及立法完善》，载《法学》2019年第10期。

第四百一十条【抵押权实现的条件、方式和程序】

债务人不履行到期债务或者发生当事人约定的实现抵押权的情形，抵押权人可以与抵押人协议以抵押财产折价或者以拍卖、变卖该抵押财产所得的价款优先受偿。协议损害其他债权人利益的，其他债权人可以请求人民法院撤销该协议。

抵押权人与抵押人未就抵押权实现方式达成协议的，抵押权人可以请求人民法院拍卖、变卖抵押财产。

抵押财产折价或者变卖的，应当参照市场价格。

历史由来

本条由《物权法》第195条修改而来。《民法典各分编（草案）》与《民法典物权编（草案）》（二审稿）均删除了《物权法》第195条中的“在知道或者应当知道撤销事由之日起一年内”的规定，本条接受了这一修改。《物权法》第195条由《担保法》第53条演变而来。[①]《担保法》自施行以来，许多条款无论是从理论上还是实践上都受到质疑，《担保法》第53条就是其中之一。对于《担保法》第53条的质疑，主要体现在以下两方面：一是《担保法》第53条规定的“协议不成的，抵押权人可以向人民法院提起诉讼”违背了民事诉讼的基本理论，因为这种诉讼缺少诉讼标的这一诉的构成要素；二是《担保法》规定以诉讼方式实现抵押权有悖于抵押权的物权性质。《物权法》第195条放弃《担保法》规定的诉讼途径，即直接申请法院拍卖、变卖抵押财产实现抵押权的途径，这是坚持效率优先的立法结果。本条删除《物权法》第195条中的“在知道或者应当知道撤销事由之日起一年内”的规定可以充分保障其他抵押权人的权利。

---

① 《担保法》第53条规定：“债务履行期届满抵押权人未受清偿的，可以与抵押人协议以抵押物折价或者以拍卖、变卖该抵押物所得的价款受偿；协议不成的，抵押权人可以向人民法院提起诉讼。抵押物折价或者拍卖、变卖后，其价款超过债权数额的部分归抵押人所有，不足部分由债务人清偿。”

规范目的或功能

本条是关于抵押权实现的条件、方式和程序的集中规定。抵押权是在条件成就时对抵押财产的变价权，具体而言是在受担保债权数额限度内对抵押财产变价的优先受偿权。因此，立法需要对抵押财产的变价条件、变价方式和变价程序作出较为细致的规定，以便于实践中的具体操作。

规范内容

本条类属于抵押权的实现规范群。本条内容包括抵押权实现的条件、方式、程序等。

一、抵押权的实现条件

抵押权是为担保债权实现而设，主要是在债权不能得到正常实现的情况下，以担保财产变价优先受偿。所以，抵押权等担保物权的实现是有条件的，即本条中所谓“债务人不履行到期债务或者发生当事人约定的实现抵押权的情形”。从这一规定看，抵押权的实现需要具备如下条件：一是受担保债务履行期限已经届满，二是债务人未履行其到期债务，三是债权人的债权未受清偿，四是发生当事人约定的实现抵押权的情形。[①]除此之外，在下列情形中，债务人的债务履行期虽未届满但债权人的债权确定不能实现或者有不能实现之虞时，抵押权人也可以实现抵押权：一是债务人预期违约，即债务人于债务履行期届满前明确表示或者以自己的行为表明不履行债务；二是债务人被宣告破产；三是抵押人的行为使抵押财产价值减少，抵押权人请求抵押人恢复抵押财产或者提供相应担保而遭拒绝，要求债务人提前清偿债务，债务人

① 《物权法》规定当事人约定实现抵押权的情形是出于实践需要的补充规定，对保护债权人利益更为有利。参见全国人民代表大会常务委员会法制工作委员会编：《中华人民共和国物权法释义》，法律出版社2007年版，第389页。

没清偿的。[①]债务人不履行到期债务既包括履行全部债务，也包括部分不履行债务，但须其不履行到期债务非因债权人的原因，抵押权人才可以实现抵押权。

除上述抵押权实现的外在条件外，还需要抵押权实现的一些内在条件，即需要抵押权有效存在，以及有效存在的抵押权于法定期间内行使。所谓“抵押权有效存在”，如在抵押权设立采登记生效立法模式者，未办理登记的抵押权不成立；如在抵押权设立采登记对抗立法模式者，抵押合同无效的抵押权不成立；如在恶意抵押的情形下，其他债权人提请法院撤销恶意抵押后，该恶意抵押权溯及消灭。所谓“有效存在的抵押权不受限制”，即有效存在抵押权的行使不受限制，如在抵押权随同受担保债权一起设定权利质权的情形下，于权利质权人实现质权前，抵押权人不得实现抵押权。所谓“有效存在的抵押权于法定期间内行使”，即抵押权的行使必须在主债权的诉讼时效期间内，该期间届满后仍未行使的抵押权，人民法院不予保护。

二、抵押权的实现方式

依照本条的规定，抵押权的实现方式有三种：抵押财产的折价、变卖和拍卖。

（一）抵押财产的折价

抵押财产折价，是指在具备抵押权实现条件时，抵押权人与抵押人约定将抵押财产以一定的价格由抵押权人取得抵押财产的所有权。折价在本质上是担保财产的买卖，与一般的买卖不同的是，折价是以双方认可的担保财产的价格与受担保债权数额相冲抵：价格高出受担保债权数额的部分，由抵押权人支付给抵押人；价格低出受担保债权数额的部分，由债务人承担一般财产赔偿责任。因此，折价是一种在抵押权具备实现条件时，在抵押权人与抵押人之间对抵押财产买卖变现，并以变现折抵受担保债权的抵押权实现方式。折价既然是抵押权人与债务人之间关于抵押物变现的合意，当然以双方达成

---

① 参见江必新、何东林：《最高人民法院指导性案例裁判规则理解与适用（担保卷）》，中国法制出版社2011年版，第426—427页。

折价协议为基础。

抵押财产的折价与抵押财产的抵偿不同：抵押财产的抵偿，是指以抵押财产抵偿债务人所应清偿的债务，发生抵偿时，即使抵押财产的价格高于或低于受担保债权的数额，双方也不再相欠。抵押财产折价也与流抵不同：首先是时间不同，折价发生于抵押权实现条件具备之后，流抵是发生在抵押权实现条件发生之前；其次是价值对冲数额不同，折价实行价格多退少补，传统流抵实行价格对冲，《民法典》中的流抵实行价格多退少补。

（二）抵押财产的拍卖

抵押财产拍卖，是指以公开竞价的形式，将特定物品或者财产权利转让给应价最高者的买卖方式。因此，抵押财产拍卖，是以公开竞价的形式，将抵押财产转让给最高应价者的买卖。拍卖与一般的买卖不同，它是一种特殊的商品交易方式，拍卖不像一般的买卖那样由双方签订买卖协议，并依协议约定转让标的物，而是以公开竞价的方式将特定物品或财产权利转让给应价最高者，故而拍卖有公开性强、透明度高、变现能力大等特点。

（三）抵押财产的变卖

抵押财产变卖，是指以通常的买卖形式出售抵押财产，以卖得价金优先清偿受担保债务而实现抵押权。变卖是一种相对于拍卖而言更为简易的方式，其不需要竞价，而是由当事人或者法院直接将标的物以一定的价格出售变现。当事人以协议变卖的方式实现抵押权并非双方在债务履行期限届满前约定抵押人不履行到期债务时抵押财产归抵押权人所有，并不违反禁止流押的规定。[①]

对于拍卖和变卖而言，因为抵押人有的情况下并非买卖双方的主体之一，因此，对于拍卖、变卖的价格是否合理以及是否被抵押人所接受，是一个问题。在抵押人认为法院主导的拍卖尤其是变卖抵押物的价格不合理的时候，可以起诉主张撤销该拍卖或变卖。

---

① 广东省高级人民法院（2012）粤高法民一申字第1524号民事判决书、北京市第二中级人民法院（2011）二中民终字第19121号民事判决书。

三、抵押权的实现程序

（一）折价的程序

首先，抵押权人与抵押人达成折价协议。抵押财产折价是抵押权人与抵押人之间将抵押财产出卖给抵押权人的合同，因此需要两者的意思表示一致，仅有一方的意思表示不能成立折价协议。在折价协议中，抵押财产的价格是主要条款。如果当事人就价格不能达成协议，可以委托第三方对抵押财产的价值进行评估定价。第三方评估定价，也需要当事人双方协议同意，若有其中一方对第三方的评估定价不同意，也不能达成折价协议。其次，是抵押财产的权利变动。如果抵押财产是不动产，则依据不动产物权变动的规定，需要办理不动产物权买卖变更登记手续，办理完毕变更登记手续之后，不动产物权才发生变动；如果抵押财产是动产，则需要抵押动产的移转占有，移转占有之后，才发生动产物权的变动；其他财产权利，按照法律的规定发生权利变动。

一般说来，抵押人在与抵押权人协议折价时，会争取对自己有利的价格，但也会存在抵押人故意压低价格变价的情况。如在抵押人有其他普通债权人或抵押财产上还有其他担保债权人的情况下，抵押人为了转移财产，会与折价抵押权人串通低价折价。低价折价会损害其他债权人的利益，法律需要予以限制。因此，本条规定，“协议损害其他债权人利益的，其他债权人可以请求人民法院撤销该协议”。本条删除了《物权法》原有规定中的时效限制内容，这是因为，该撤销权属于债的保全中的债权人撤销权，而《民法典》合同编第541条对债权人撤销权的行使期间已有规定。因此，为避免重复，本条删除一年期间的规定是合理的。

（二）拍卖的程序

首先是任意拍卖，即在抵押权具备实现条件的时候，先由抵押权人与抵押人协商决定实施抵押财产的拍卖，经协商一致的，即可进入拍卖程序。此时既可以由当事人自己实施拍卖，也可以由当事人委托拍卖公司拍卖；如果抵押权人与抵押人之间既不能达成折价和变卖协议，也不能达成任意拍卖协议，抵押权人只得请求法院拍卖抵押财产。[①]法院经受理决定执行时，

---

① 江西省赣州市中级人民法院（2014）赣中民一终字第32号民事判决书。

则应进入拍卖程序，由法院委托拍卖机构进行拍卖。由法院执行的拍卖为强制拍卖。

不论是任意拍卖还是强制拍卖，拍卖均发生私法上的效果。拍卖本质上是买卖行为，拍定仅意味着拍卖合同成立，并不意味着拍卖的抵押财产所有权就自动发生了变动。既然拍卖是买卖合同，依拍卖发生的物权变动就须依法律行为的物权变动规则处理：如果是不动产物权，则需要办理不动产物权变更登记手续，不动产物权自变更登记手续办理完毕时发生变动；如果是动产物权，则自动产交付占有时发生动产物权变动；其他抵押财产按照有关法律规定发生变动。

（三）变卖的程序

变卖是对抵押财产变现的一种相对于拍卖更为简易的方式，变卖不需要竞价，而是由当事人或人民法院以相对合理的价格出卖。因为抵押物由抵押人占有，所以当事人可以协商由抵押人变卖抵押物，也可以协商由抵押权人变卖抵押物，还可以在协商不成的情况下，请求法院变卖抵押物。但法院对抵押物的变卖原则上应通过拍卖的方式对担保物进行变价，根据《最高人民法院关于人民法院执行工作若干问题的规定（试行）》第46条，只有担保财产无法拍卖、不适于拍卖或者当事人双方同意不需要拍卖时，才能以变卖的方式实行抵押权。

对于抵押财产的折价和变卖，本条要求“抵押财产折价或者变卖的，应当参照市场价格”，对于拍卖，本条没有限制性规定，似乎认为拍卖本身自然能够实现合理价格。本书认为，不论是折价、变卖还是拍卖，都存在未能实现合理价格的可能：就拍卖而言，不论是任意拍卖还是强制拍卖，都可能存在拍卖主体不适格、拍卖程序不合法的可能，因此发生拍卖行为无效、拍卖价格不合理的情形。美国《统一商法典》第九编有关于抵押物处分的“商业合理标准”的要求，对抵押物的处分方式并没有限制，可以是公开的也可以是非公开的，只要其符合“商业合理标准”即可。对于公开处分而言，所谓其符合“商业合理标准”，是指经过特设机会而实现担保财产的竞价。所谓“特设机会”，即在处分抵押财产之前有广告或者告示，以便社会公众有机会购买抵押财产。但“社会公众”并非在任何情况下含指不特定人，有一些抵押财产的处分，如机动车、飞机、轮船等，牵涉“销售商竞拍”的问题——拍卖仅向有经营此类财产的人士开放。拍卖的“商业合理标准”到底是以参与竞拍人数的一般公众性为标准，还是以拍卖过程的有效竞价性为标准？如果拍卖以“一般公众性”为标准，则仅限于特殊身份人士参加的拍卖就不符合“商业合理标准”，因其不属于公开的竞拍，故而抵押权人不可以参加竞拍；如果以“有效竞价性”为标准，则此拍卖即属于公开的抵押财产处分，抵押权人也可以参加竞拍。从美国《统一商法典》第九编规定“商业合理标准”以及拍卖活动自身的特点来看，确定拍卖是否为以公开方式，应当以“有效竞价性”为主要判断标准。仅仅是竞价人数的有限以及拍卖价格的低廉，不足以认定抵押财产的处分不符合“商业合理标准”，但其可以作为对拍卖过程进行调查的正当理由。

对于非公开方式而言，所谓符合“商业合理标准”，是指抵押权人或者抵押人有理由认为以非公开方式处分抵押财产要比以公开方式处分抵押财产获得更高的对价。

美国《统一商法典》的上述规定，值得借鉴。

三 其他问题

在抵押权实现的法理上，有所谓的私力自救主义和司法保护主义之分。前者允许抵押人和抵押权人协商进行抵押权的实现，国家通常不干预；[①]后者不允许抵押人和抵押权人私自实行抵押权，抵押权人实现抵押权须有法院或者其他国家机关的裁判或者决定。就我国的抵押权实现实践而言，以私力自救主义方法行使抵押权成功的并不多，抵押权人大多要求助于司法程序。究其原因，在于我国关于抵押权实现的配套措施欠缺，在抵押财产不移转占有的情况下，若抵押人不配合抵押权人实现抵押权，抵押权人实际上不可能对抵押财产实施变卖或者拍卖，只能求助于司法程序。有鉴于

① 担保物权实行私力救济有助于提高交易效率，但对债务人或第三人利益保护不周。参见高圣平：《担保物权实行途径之研究——兼及民事诉讼法的修改》，载《法学》2008年第1期。

此，我国的抵押权实现应当被称为“司法保护下的自救主义”，是“非彻底的自救主义”。

我国担保物权法关于担保物权实现的自救成分，有一个逐步强化的变化过程。《担保法》第53条第1款规定：“债务履行期届满抵押权人未受清偿的，可以与抵押人协议以抵押物折价或者以拍卖、变卖该抵押物所得的价款受偿；协议不成的，抵押权人可以向人民法院提起诉讼。”《物权法》第195条第2款规定：“抵押权人与抵押人未就抵押权实现方式达成协议的，抵押权人可以请求人民法院拍卖、变卖抵押财产。”从《担保法》的“抵押权人可以向人民法院提起诉讼”到《物权法》的“抵押权人可以请求人民法院拍卖、变卖抵押财产”，可以看出抵押权实现的自救性成分增强了。其实，《担保法》要求在协议不成时，抵押权人可以向人民法院起诉，是不合理的。因为在抵押权实现条件具备时，抵押权人就有权对抵押物直接支配变现，如果仅仅是当事人就抵押物折价、拍卖和变卖不能达成协议，就要求抵押权人起诉，则很可能是无诉可诉。若当事人对抵押权人享有的抵押权本身没有异议，仅就其实现抵押权的方式达不成协议时，其实就是无诉可诉的。既然无诉可诉，向人民法院起诉什么呢？[①]所以，到了《物权法》，就修改为“抵押权人与抵押人未就抵押权实现方式达成协议的，抵押权人可以请求人民法院拍卖、变卖抵押财产”。由“向人民法院起诉”到“请求人民法院拍卖、变卖抵押财产”，展现出了立法对抵押权作为物权的实现上的直接支配属性的肯认与立法表达。《民法典》承袭了《物权法》的立法表达。

但《物权法》以及《民法典》对抵押权实现的直接支配性的实然立法表达，与抵押权作为物权所要求的直接支配性的应然立法表达之间，尚有一段距离：在“抵押权人与抵押人未就抵押权实现方式达成协议”，与“抵押权人可以请求人民法院拍卖、变卖抵押财产”之间，应该还有一段以自救方式实现抵押权的路程可走。对此，可以参考美国《统一商法典》第九编关于“受法律保护的小偷”的规定：如果当事人就抵押权的实现不能达成协议，法律当然不能允许抵押权人强行夺取抵押物予以变价，但法律默

① 之所以说无诉可诉是因双方对抵押权本身是否存在并没有纠纷，所以若选择起诉，依据我国民诉法的规定对于实现担保物权的案件只能适用非诉程序，而不能适用诉讼程序对其裁判。

许抵押权人通过“偷窃”抵押物后实施变价受偿。抵押权人“偷窃”抵押物，形式上是偷，但实质上是抵押权人以不违反社会治安的方式行使对抵押物的直接支配权。所以，在法律上并不构成“偷窃”。因此抵押权人“偷窃”抵押物，是以抵押权实现条件的具备为基础，得以在不违反社会治安的情况下对抵押物实施的支配。[①]但抵押人却不可以再将抵押物“偷窃”回去，因为抵押人“偷窃”回去抵押物没有权利基础，所以抵押人的“偷窃”将“违反社会治安”或者构成“盗窃罪”。也就是说，在当事人就抵押权的实现方式不能达成协议，与抵押权人请求人民法院拍卖、变卖抵押物之间，还可以不破坏社会治安的方式巧取抵押物后自救实现抵押权。法律只规定“可以”请求人民法院拍卖，变卖抵押财产，并不是“必须”。正如学者所言：“即便是协商不成，只要符合抵押权实现的要件，抵押权人也有权自行拍卖、变卖抵押财产。只有无法自行拍卖、变卖的，才需要向法院申请拍卖、变卖抵押财产。”[②]

鉴于《民法典》对抵押权实现的直接支配性表达不足，未来在司法实践中可以适当放宽抵押权人自救实现抵押权的幅度。

第四百一十一条【浮动抵押财产的确定】

依据本法第三百九十六条规定设定抵押的，抵押财产自下列情形之一发生时确定：

（一）债务履行期限届满，债权未实现；

（二）抵押人被宣告破产或者解散；

（三）当事人约定的实现抵押权的情形；

（四）严重影响债权实现的其他情形。

---

① 美国《统一商法典》第9-609条之规定，担保物权人有权取得担保物之占有，可依司法程序或不违反公共秩序的前提下不经过司法程序。参见ALI（美国法学会）、NCCUSL（美国统一州法委员会）：《美国〈统一商法典〉及其正式评述》（第3卷），高圣平译，中国人民大学出版社2006年版，第384—385页。

② 邹海林：《担保物权制度的发展与中国物权法》，载渠涛主编：《中日民商法研究》（第7卷），法律出版社2009年版，第196页。

历史由来

本条由《物权法》第196条修改而来。实质的修改为：将《物权法》第196条第2项规定中的抵押人“被撤销”修改为“解散”。这一修改发生于《民法典物权编（草案）》（二审稿）。

规范目的或功能

物权包括抵押权等担保物权，是对特定物的权利。特定物即时间上是现在物而非未来物，空间上是个别物而非种类物。而浮动抵押财产既非现在物也非个别物，实为未来物和种类物即非特定物。非特定物上虽可以成立抵押合同，但绝无可能设立抵押权，这是由抵押权客体的特定性决定的。[①]因此，浮动抵押财产上成立的是浮动抵押合同债权，其登记是对浮动抵押合同债权的预告登记，其登记的实质是对未来浮动抵押权的优先次序登记排序。在浮动抵押合同成立后至浮动抵押权实现条件具备以前，浮动抵押权处于效力的悬空状态，理论上称为浮动抵押的效力休眠期。[②]处于效力休眠期的浮动抵押财产一直处于流动状态，在流动状态上只有债权人的浮动抵押合同债权，若要产生在浮动抵押财产上的浮动抵押权，则须由处于流动状态的浮动抵押财产的特定化。浮动抵押财产在什么情形之下，才得以特定化，本条规定了四种情形。浮动抵押财产的特定化被英美法系形象地称为“结晶”。浮动抵押财产“结晶”后，浮动抵押权得以设立，浮动抵押人自由处分浮动抵押财产的权利开始受到限制。本条规定的就是浮动抵押财产得以“结晶”的情形。

---

① 也有学者提出不同观点，认为浮动抵押财产不特定也可设立浮动抵押权，只要达到“合理识别”标准即可。换言之，这种不特定并非漫无边际的不特定，而是概括范围的不特定。参见李敏：《论我国浮动担保制度的系统性完善——以适用情况为切入点》，载《法学》2020年第1期。

② 参见高圣平：《担保法论》，法律出版社2009年版，第455页。

规范内容

本条类属于抵押物规范群，是关于浮动抵押物确定情形的规定。

在一般抵押中，依照本法第406条的规定，抵押人虽可以在抵押期间自由处分抵押物，但抵押权人对未经其同意处分的抵押物有追及的权利。浮动抵押相对于一般抵押的最大不同就在于：通常情况下，浮动抵押人在抵押期间可自由处分浮动抵押财产，除非浮动抵押合同对此有相反的约定。在浮动抵押合同成立后至浮动抵押财产结晶这一段期间，浮动抵押财产始终处于不断地流进和不停地流出之中。正是浮动抵押财产的不断流进平衡了浮动抵押财产不停流出导致的浮动抵押财产的减少，使得浮动抵押财产处于一个数量、质量乃至价值相对稳定的数值状态，从而使得浮动抵押合同成立时的浮动抵押财产数值，与浮动抵押结晶时的浮动抵押财产数值大致相当，以此才得以确保受担保债权的实现。

浮动抵押合同的成立，以浮动抵押权的实现为最终目的。浮动抵押权最终实现，以浮动抵押财产的结晶为前提条件。没有浮动抵押财产的结晶，没有浮动抵押财产的特定化，就没有浮动抵押权的设立。没有浮动抵押权的设立，浮动抵押权的实现也就无从谈起。关于浮动抵押合同成立后，浮动抵押财产基于何种事由结晶，各国法律规定并不完全相同。在英美法系国家，法定的浮动抵押财产结晶事由主要包括：（1）浮动抵押人进入清算；（2）浮动抵押人停止营业；（3）浮动抵押财产被扣押或者执行；（4）浮动抵押人不能偿还到期债务；（5）浮动抵押财产上的另一浮动抵押结晶并导致浮动抵押人业务停止。从浮动抵押财产结晶的事由来看，浮动抵押财产的结晶都与浮动抵押权的实现有关。也可以说，是浮动抵押权的实现要求浮动抵押财产的结晶，且除此之外别无其他需要浮动抵押财产结晶的事由。

既然浮动抵押权的实现是浮动抵押财产结晶的唯一事由，又因浮动抵押是一般抵押中的一种特别类型，其当然适用一般抵押权的实现条件。依据本法第410条规定，债务人不履行到期债务或者发生当事人约定的实现抵押权的情形，抵押权人可以实现抵押权。依据此规定，债务人不履行到期债务是抵押权实现的一种情形，当事人约定实现抵押权的情形也是抵押权实现的一种情况。另依据本法第408条的规定：抵押人不恢复抵押财产的价值，也不提供担保的，抵押权人有权请求债务人提前清偿债务。其中的“提前清偿债务”有可能导致浮动抵押权的实现。因此，包括因浮动抵押人的行为在内的严重影响债权实现的其他情形，也是导致抵押权实现的一种情形。所以，本条第1项、第3项、第4项浮动抵押财产结晶的情形，在《民法典》担保物权法中也作为一般抵押权实现的情形而皆有规定。唯独其中的第2项即“抵押人被宣告破产或者解散”，在本法中没有如同本条第1项、第3项、第4项那样有明文规定。但依据法理，抵押人被宣告破产或者被解散清算的，势必要对责任财产进行分配。此情形之下，浮动抵押权人有必要及时参与到破产财产和解散财产的分配中来，主张浮动抵押权的现实。因此，在抵押人被宣告破产或者解散清算的情形下，浮动抵押财产也需要结晶。其实，在抵押人被宣告破产或者解散清算的时候，其已经丧失了自由处分包括浮动抵押财产在内的所有责任财产的权利。浮动抵押财产的结晶也是自然的事了。

对本条所列四项浮动抵押权财产结晶的情形详述如下。

一、债务履行期限届满，债权未实现

债务履行期限届满，债权未实现，即“债务人不履行到期债务”。“债务人不履行到期债务”是抵押权实现的一项充分条件。在债务人不履行到期债务的情形下，不论抵押权人在行动上是否向抵押人提出实现抵押权，浮动抵押财产都自“债务人不履行到期债务”的时间点起算，浮动抵押财产得以按结晶开始计时。此时，浮动抵押人实际控制的浮动抵押合同中描述的财产，都是浮动抵押权的客体。有疑问的是，浮动抵押权的效力是否及于结晶后抵押人获得的属于浮动抵押合同描述的财产？对此有不同主张：英格兰的判例和学说都认为，浮动抵押结晶后，浮动抵押权不仅附着于结晶时浮动抵押人实际控制的浮动抵押合同中描述的现有财产，也附着于结晶后浮动抵押人取得的属于浮动抵押合同描述的财产。我国学界认为，若浮动抵押权的效力及于结晶后抵押人取得的财产，则浮动抵押财产仍未因结晶而确定。此虽有利于抵押权人，但对抵押人的其他利害关系人则不利。且《物权法》也并未有规定浮动抵押权的效力及于结晶后抵押人取得浮动财产。依据物权法定原则，这些财产当然不属于浮动抵押标的物范围。[1]本书认为，浮动抵押权的效力是否及于结晶后抵押人获得的浮动抵押合同描述的财产，要视不同情况确定。通常情况下，浮动抵押权人在签订浮动抵押合同的时候，为了确保债权实现，债权人会要求抵押人将其账户一并抵押。如果有账户一并抵押，则在结晶之后至浮动抵押权实现前获得的浮动抵押合同描述的财产属于浮动抵押财产；如果没有账户一并抵押，则在结晶之后至浮动抵押权实现前获得浮动抵押合同描述的财产不属于浮动抵押财产。之所以得出这一结论，是因为在设立浮动抵押的同时又设立账户抵押的，则抵押人有形浮动抵押物与无形浮动抵押物销售账款，以及销售账款的购买物，全部在浮动抵押权人掌控之下。因此，才有了如果伴有账户抵押的，则结晶之后获得浮动抵押合同描述的财产也属于浮动抵押物。

二、抵押人被宣告破产或者解散

本条修改了《物权法》的规定，将《物权法》中有关该条的"抵押人被撤销"修改为本条的"抵押人被解散"。之所以要把"抵押人被撤销"修改为"抵押人被解散"，是因为抵押人被撤销只是导致其解散的一个方面，解散的原因还有很多其他方面如吊销营业执照、行政命令关闭、法院强制歇业以及章程所定营业期限届满、营业目的实现或者不能实现等。因此，用事物的远因代替近因，用事物的片面代替全面，定将使立法出现漏洞。所以，将"抵押人被解散"这一导致浮动抵押权财产结晶的方面，替换"抵押人被撤销"，就是解决立法漏洞的良策。在抵押人被宣告破产或者解散之后，接下来的工作必然是由担保债权人通过实现担保物权的方式实现其债权，这时就有了对浮动财产进行结晶的必要了。

三、当事人约定的实现抵押权的情形

前述第1项、第2项属于法定的浮动抵押权的实现理由，本项是约定的实现浮动抵押权的理由。依据私法自治原则，当事人当然可以约定实现浮动抵

---

① 参见孙鹏、王勤劳、范雪飞：《担保物权法原理》，中国人民大学出版社2009年版，第242页。司法实践中亦有法院认为"结晶"后抵押人取得的财产不属于浮动抵押财产。参见佛山市中级人民法院（2017）粤06民终1711号民事判决书。

押权的理由。但任何情况下，私法自治的范围都是有所限制的。浮动抵押权的约定实现理由也应有所限制。理论上，浮动抵押权的约定结晶有自动结晶和通知结晶两种情形。自动结晶，即当事人约定的实现抵押权的事由出现就导致浮动抵押财产的特定化；通知结晶，即发生当事人约定的实现浮动抵押权的事由后尚需控制抵押人才能完成浮动抵押财产的特定化。对约定结晶的争议集中在自动结晶上：支持自动结晶的主张认为，自动结晶得以强化对抵押权人的保护；反对者认为，自动结晶不利于保护交易第三人的交易安全。本书认为，对交易第三人的交易安全的保护，来自浮动抵押权的登记公示，而非抵押权实现原因的公示。其实，抵押权实现的法定事由也不是登记公示的对象，只要立法规定了约定事由也是实现抵押权的原因即可。但约定事由的粗细，对于当事人的利益而言确实具有实质影响：约定的事由过于粗陋，则对抵押权人保护不利；约定的事由过于琐细，则对抵押人保护不利，甚至最终影响抵押权人的利益实现。①

四、严重影响债权实现的其他情形

前述第1—3项属于浮动抵押财产的结晶的具体列举事由，本项属于浮动抵押财产结晶的抽象概括兜底事由。严重影响债权实现的其他情形，如抵押人经营管理不善致使经营状况严重恶化或严重亏损；抵押人怠于行使到期债权，有害于债权或者可能造成债权难以实现；抵押人放弃到期债权或者无偿转让财产或者以明显不合理的价格转让财产，有害债权的实现或者使债权有不能实现的可能；抵押人为逃避债务而隐匿或转移或抽逃资金、抵押人严重损失商业信誉、抵押人与其他公司合并、抵押人的企业整顿以及抵押人有丧失或可能丧失履行债务能力的其他情形。但是否构成“严重影响债权实现的其他情形”在当事人之间有异议的时候，最终需由法院依据具体情状作出具体判断。

总之，在受浮动抵押担保的债权出现法定的以及约定不能实现或不能实现之虞时，就是浮动抵押财产结晶之时，也就是浮动抵押财产特定化的时候。即使是当事人约定的事由，也不能游离于“债权不能实现或不能实现之虞”

① 参见彭贵：《中英浮动抵押制度之比较》，载《法律适用》2008年第Z1期。

之外，这是由浮动抵押权的目的性和从属性决定的。

第四百一十二条【抵押财产的孳息】

债务人不履行到期债务或者发生当事人约定的实现抵押权的情形，致使抵押财产被人民法院依法扣押的，自扣押之日起，抵押权人有权收取该抵押财产的天然孳息或者法定孳息，但是抵押权人未通知应当清偿法定孳息义务人的除外。

前款规定的孳息应当先充抵收取孳息的费用。

历史由来

本条由《物权法》第197条修改而来：将《物权法》第197条中的“但”修改为“但是”。这一修改对本条规范没有实质意义。《物权法》第197条由《担保法》第47条修改而来，《物权法》第197条增加了“或者发生当事人约定的实现抵押权的情形”的规定。此外，《担保法》第47条“抵押权人未将扣押抵押物的事实通知应当清偿法定孳息的义务人的，抵押权的效力不及于该孳息”之规定，明确了抵押权人通知义务人为抵押权效力及于孳息的生效要件，而《物权法》第197条以及本条对“通知”究属生效要件抑或对抗要件均未说明，学界对此亦有争议：有学者将“通知”作为生效要件，认为即便法院对抵押财产进行扣押，但抵押权人未通知义务人，则抵押权效力不及于法定孳息；[①] 也有学者仅将之作为对抗要件。[②]

规范目的或功能

抵押权是对抵押财产的价值权，是在受担保债权不能实现或者发生当事人约定的实现抵押权的情形时，对担保财产变价的优先受偿权。对抵押财产的权利，在抵押权实现条件成就前，归属于抵押人；在抵押权实现条件成就

① 参见程啸：《担保物权研究》，中国人民大学出版社2017年版，第308—322页。

② 参见曹士兵：《中国担保制度与担保方法》，中国法制出版社2017年版，第260页。

后，归属于抵押权人。这其中，对抵押财产的权利就包括对抵押财产孳息的收取的权利，乃至最终对孳息的优先受偿的权利。既然对抵押财产的权利在抵押权实现条件成就后归属于抵押权人，则抵押权人对抵押财产的孳息就应当有收取权。本条规定“债务人不履行到期债务或者发生当事人约定的实现抵押权的情形，致使抵押财产被人民法院依法扣押的，自扣押之日起，抵押权人有权收取该抵押财产的天然孳息或者法定孳息”，其意在确定抵押权条件成就后抵押权人对抵押财产孳息的收取权，进而规定“前款规定的孳息应当先充抵收取孳息的费用”则意在确保收取权行使的积极性。

规范内容

本条类属于抵押权的效力规范群。条文第1款本质为确定抵押权效力何时及于孳息，此先决条件为“债务人不履行到期债务或者发生当事人约定的实现抵押权的情形，致使抵押财产被人民法院依法扣押”；第2款则对孳息变价清偿的范围予以进一步说明。

抵押财产的孳息，是指由抵押财产所生的收益，分为天然孳息和法定孳息。所谓天然孳息，是指依自然规律所产生的收益，如果树结出的果实、牲畜生产的幼崽等。[①]天然孳息是一个新物，需要物权法明确其所有权归属。所以，天然孳息的归属规范是物权法不可或缺的法律规范。与天然孳息相比，法定孳息则是指依法律关系产生的收益，如存款的利息、出租房屋获得的租金等。[②]法定孳息不是一个新物，其本质为用益的对价，原则上以货币作为其物质形式。受货币“占有即所有”规则的影响，法定孳息的归属在作为收取前是确定的，在利息、租金等法定孳息支付之前，当然属于债务人所有，在法定孳息支付之后，当然属于债权人所有。所以，法定孳息的归属无需物权法特别规制。正因如此，在所有权法和用益物权法中没有法定孳息归属的

---

① 参见梁慧星：《民法总论》，法律出版社1996年版，第88页；王利明：《物权法论》（修订本），中国政法大学出版社2003年版，第38页。

② 参见史尚宽：《民法总论》，中国政法大学出版社2000年版，第272页；王泽鉴：《民法总则》（增订版），中国政法大学出版社2001年版，第227页。

特别规范。只是在担保物权法部分，规制法定孳息的规范才出现。本条对法定孳息的规制，针对的是对法定孳息的收取权而非对法定孳息的所有权，收取权不同于所有权。对此，关于孳息的立法体例有两种：一种是在物权法中只规定天然孳息的所有权归属，法定孳息的归属规定在合同法中，如瑞士民法；[①]另一种是在物权法中既规定天然孳息也规定法定孳息，但天然孳息规定的是天然孳息的所有权归属，法定孳息规定的是法定孳息的收取权，如我国民法。

关于抵押权对抵押财产的效力，各国立法通例是抵押权及于抵押财产的从物、附合物、附属物、从权利、天然孳息、法定孳息、分离物、抵押财产的代位物等。我国法律没有统一规定抵押权对抵押财产的效力范围，本条规定的也仅仅是抵押权对抵押财产依法被扣押之后所产生的孳息的效力。

现有理论认为，抵押权实行前的抵押财产孳息归属于抵押人所有。因为抵押权的本质是抵押权人对抵押物交换价值的处分进行某种程度的限制，抵押人继续享有对抵押物的占有、使用、收益权能。《民法典》第321条规定："天然孳息，由所有权人取得；既有所有权人又有用益物权人的，由用益物权人取得。当事人另有约定的，按照其约定。法定孳息，当事人有约定的，按照约定取得；没有约定或者约定不明确的，按照交易习惯取得。"在抵押权实现前，抵押人既可能是抵押物的所有权人，又可能是用益权人，还可能是善意占有人。因此，孳息应归属于抵押人。相反，如果抵押权实现前，其效力及于抵押物的孳息，则会使抵押权过分膨胀而导致各方权利配置的失衡，有违抵押不移转抵押物占有的实际，同时也不能保护与抵押人就孳息有交易关系的第三人利益。由于抵押人在抵押权设定后仍然持续占有使用抵押财产，因此抵押人在抵押期间可以对抵押财产的孳息有权收取并获得其所有权。即因使用或利用抵押财产所获得的孳息，包括天然孳息和法定孳息，都应由抵押人收取并归其所有。抵押权的效力不及于该抵押财产的孳息；否则，将与

---

① 《瑞士民法典》第643条规定："物之所有人，其所有权及于物的天然孳息。天然孳息，指定期性、重复性的产出物，以及一般观念上依物之用法所获得的收益。天然孳息，在与原物分离前，为物的成分。"《瑞士债法典》第275条第2款规定："租金可以用现金支付，也可以是果实一部分或出租人参与收益分配。"

抵押权的设立不以移转抵押财产的占有以保障抵押人对抵押财产的用益权之制度目的相违背。

一、区分抵押财产的孳息收取权和孳息的收取

在理论上有必要探讨抵押权人对抵押财产孳息的收取权何时发生的问题。从本条的规定来看，对抵押财产孳息的收取权，开始于“自扣押之日起，抵押权人有权收取该抵押财产的天然孳息或者法定孳息”。在此，有必要严格区分抵押财产的孳息收取权和孳息的收取。抵押财产孳息的收取权，是法律保护的一项利益；抵押财产孳息的收取，是一项事实行为。两者之间并非对应关系，即有收取权不一定事实上有收取行为，有收取行为不一定有收取权。一般情况下，抵押权设立后并非一项即刻实行的权利，人们将抵押权设立后不能实行的状态叫作期待权。抵押权从期待权变为可以实行的权利是有条件的，即“债务人不履行到期债务或者发生当事人约定的实现抵押权的情形”。从“债务人不履行到期债务或者发生当事人约定的实现抵押权的情形”到“抵押财产被人民法院依法扣押”，有一段可短可长的时间。“债务人不履行到期债务或者发生当事人约定的实现抵押权的情形”是抵押权实现的条件，其中“债务人不履行到期债务”是实现抵押权的所附期限，“发生当事人约定的实现抵押权的条件”则是实现抵押权的所附条件。期限肯定要到期，条件也可能实现。只要所附期限或所附条件成就，抵押权人便可以享有抵押权，即可在法律上对抵押财产依据当事人的约定和法律的规定对抵押财产有所属权（或对抵押财产的所有权，或对抵押财产的用益物权，或对抵押财产的其他权利）。所以，本书认为，对抵押财产孳息的收取权和对抵押财产及其孳息的支配权和变价权，开始于抵押权所附期限或所附条件成就时，而非本条所谓“自扣押之日起”。自扣押之日起，抵押权人不仅对孳息有收取权，而且可以实施收取行为；在“债务人不履行到期债务或者发生当事人约定的实现抵押权的情形”后至扣押之日前，抵押权人并非没有对抵押财产孳息的收取权，而应是因抵押财产及其孳息在抵押人的控制之下不便于实施收取行为。因此，有收取权、支配权乃至变价权，与是否现实的实际的支配、收取和变价是两码事。在所附期限或所附条件成就并移转抵押财产占有后，才有所谓支配权、孳息收取权和变价权的实现可能；在此之前，抵押财产由抵押人占有，抵押

权人因不能控制抵押财产而不能实现支配权、孳息收取权和变价权。但不能因此认定抵押权人对抵押财产没有支配权、收取权和变价权。例如，在所附期限或所附条件成就后至被人民法院依法扣押前这一期间，如果有自然孳息或者法定孳息的发生，对于这些孳息谁有收取权以及支配权和变价权等？本书认为应当由抵押权人享有孳息收取权、支配权和变价权，不然就不符合现有法律的规定，且对抵押权人的利益造成实质损害。因此，本条将孳息收取权的起始时间规定为自人民法院扣押之日起，混淆了孳息收取权和孳息收取行为，有可能对抵押权人造成实质损害。孳息收取权起始于抵押权所附期限或所附条件成就时，而非人民法院扣押之日，人民法院扣押之日起，抵押物脱离抵押人控制，抵押权人事实上可以实施收取行为，但并非可以收取时才享有此权利。

但从担保物权立法的实际情况看，大多数国家对抵押物之孳息的收取权，规定在抵押物被人民法院扣押之后。这一方面或许是立法没有严格区分收取权和收取行为的后果，另一方面或许是基于法律生活安定的需要。在抵押权制度中，由于抵押物在抵押权实现前不需要移转抵押物的占有，所以在实现抵押权的时候，抵押权人对抵押物实施支配并变价，常常因为债权债务纠纷等意见不一致，而导致抵押人在抵押权实现的条件成就时拒绝移转抵押物给抵押权人。所以，实际的法律生活可能是在抵押物移转给抵押权人以及受人民法院扣押前，抵押权人无法对自然孳息实施收取，也因举证的实际困难难以对法定孳息实施收取。因此，立法拘泥于抵押权实现条件成就才享有抵押权，进而才可以对抵押物实施支配的理论逻辑，并将理论逻辑屈服于现实实际，规定只有在经人民法院扣押抵押财产之后才可以对抵押财产的孳息实施收取，并规定为此时有收取权。

二、对抵押财产所生孳息的收取

回到本条的规定，由于抵押权制度不要求移转对抵押物的占有，因此抵押权人要想实施对抵押财产支配及对其孳息的收取，须依据本法第410条之规定，即通过当事人之间协商的方式，或通过向人民法院请求拍卖、变卖的方式。若通过当事人协商的方式，自抵押人将抵押物移转给抵押权人占有的时候，抵押权人才能够实施对抵押物的支配行为，才能够收取抵押物的孳息，包括抵押物孳息所生的孳息。若请求人民法院拍卖、变卖抵押财产，则须待人民法院依职权对抵押财产实施扣押后，抵押权人得以自抵押物扣押之日起收取抵押物所产生的天然孳息或者法定孳息。之所以如此，是因为抵押人因抵押物被依法扣押而丧失了对其占有，再无法对抵押物的孳息尤其是自然孳息实施收取了。而抵押权人已经通过法院的扣押行为获得了对抵押物的执法机关代位占有。代位占有同自己占有的法律效果是一样的。

在现行民诉法规定中，对动产的强制措施采用“扣押”这一表述，而对不动产的强制措施则采用“查封”等表述，本条规范中“扣押”一词应当作扩大解释，包含了对不动产的查封。依据本条“抵押财产被人民法院依法扣押的，自扣押之日起，抵押权人有权收取该抵押财产的天然孳息或者法定孳息”的规定，对抵押物孳息的收取分为天然孳息和法定孳息的扣押前后的收取。

关于天然孳息，抵押物未受人民法院扣押之前的天然孳息，由抵押人收取归抵押人所有。原因在于，抵押权为不移转抵押物占有的担保物权，抵押权设定以后，抵押人并未丧失对抵押物的使用收益，抵押人仍有收取天然孳息的权利，收取后的天然孳息也自然归属于抵押人。进言之，在抵押物扣押之前，抵押权的效力既然不及于抵押物的孳息，则抵押权人也就不能干涉抵押人对抵押物孳息的收取。但在抵押物经人民法院扣押之后，抵押物扣押之后的天然孳息，则在抵押权效力范围之内，抵押权人可以收取天然孳息并得以对包括天然孳息在内的抵押物实行抵押权，即可以对抵押物变价优先受偿。此外，不动产的天然孳息在分离之前为不动产抵押权的一部分，自然是抵押权标的物的范围。对不动产天然孳息的不当分离，是对抵押权的侵害，抵押权人得以侵权法提起侵权损害赔偿。

关于法定孳息，因抵押权为不移转抵押物占有的担保物权，因此在设定抵押后，基于前述天然孳息归属的同一理由，应由抵押人收取并取得。但在抵押物扣押之后，同样基于前述同一理由，抵押权的效力及于抵押物扣押之后抵押人得以收取的法定孳息，此时应由抵押权人收取法定孳息，抵押权人未通知应当清偿法定孳息的义务人的除外。但需注意的是，“通知应当清偿法定孳息的义务人”在《担保法》第47条明确规定为抵押权效力基于孳息的生效要件，而《物权法》第197条并未一贯而终，转而采用但书的除外条款对此问题予以模糊处理，致使实务判决对此问题各有解释。福建高院在黄某民间借贷纠纷一案中判决抵押物查封后，黄某因未能提供证据证明其已通知第三人（承租人），故而无权收取争讼抵押物租金；[①]而在中国民生银行深圳分行与深圳市九策投资有限公司等金融借款合同纠纷一案中，广东高院在一审中采用了与福建高院相同的观点，但二审最高院则在判决中认为本条之所以赋予抵押权人收取孳息权利的目的在于实现抵押权，防止抵押人拖延处理抵押物，一旦抵押物被法院扣押后抵押人本就无法再收取孳息，此时抵押权人即便未通知清偿义务人也不会影响抵押权的实现，故而法院查封抵押物后，抵押权人有权收取抵押物租金，“通知”仅作为对抗要件。[②]本条与《物权法》第197条相同，通过但书进行除外规定应理解为“通知”仅生对抗效力，即在未将基于抵押权扣押抵押物的事实通知有清偿法定孳息的义务人时，若该债务人因不知抵押权人的收取权而将法定孳息支付给抵押人时，仍产生清偿的效力，抵押权人不能因此主张清偿无效；[③]即使没有通知清偿债务人，抵押权人对法定孳息的收取权也不产生影响。因为抵押人已经丧失了对法定孳息的收取权，以及该法定孳息的收取权人在人民法院扣押抵押物后已经成为抵押权人。

三、孳息首先冲抵费用

抵押权人就人民法院扣押抵押物后收取的抵押物的孳息，当然是抵押财产的一部分，将与抵押物一起变价共同清偿受担保债权。但立法对孳息变价的使用有一个限制，即“应当先充抵收取孳息的费用”。这一规定是从保护抵押权人的利益方面考虑的，以免在抵押物及其孳息的价值充分的情况下，致使实现抵押权的费用成为无担保之债权，乃至因责任财产的不足而不能得到清偿。

---

① （2016）闽民终1401号。

② （2016）最高法民终543号。

③ 实务判决中亦多更倾向于将“通知”作为抵押权效力及于法定孳息，特别是租金的对抗要件，而非生效要件，如（2020）川11民终185号、（2019）津民终319号。

第四百一十三条【抵押财产变价后的清算】

抵押财产折价或者拍卖、变卖后，其价款超过债权数额的部分归抵押人所有，不足部分由债务人清偿。

历史由来

本条完全承袭了《物权法》第198条。

规范目的或功能

《民法典》第386条规定：“担保物权人在债务人不履行到期债务或者发生当事人约定的实现担保物权的情形，依法享有就担保财产优先受偿的权利，但是法律另有规定的除外。”《民法典》第394条第1款规定：“为担保债务的履行，债务人或者第三人不转移财产的占有，将该财产抵押给债权人的，债务人不履行到期债务或者发生当事人约定的实现抵押权的情形，债权人有权就该财产优先受偿。”本条是对前述两条关于担保物权定义和一般抵押权定义中的“就担保财产优先受偿的权利”和“就该财产优先受偿”的具体规定。确立抵押权的担保债权实现的效力及其效力限制。

规范内容

本条类属于抵押权的效力规范群。

包括抵押权在内的担保物权，从属于受担保债权。这种从属性，应该是由抵押权等担保物权设立或成立的目的性，而非受担保债权成立时间在先决定的。抵押权等担保物权在设立时间上的先后不能作为决定抵押权从属性的根据。既然抵押权以担保债权实现为目的，则如果抵押财产的变价大于受担保债权的话，多出的部分是归属于债权人？还是归属于抵押人？就是一个需要回答的实际问题。如果为担保债权的实现设立抵押权后，在债权到期不能实现或者发生当事人约定的实现抵押权的其他情形的时候，抵押财产的变价数额超过了受担保债权数额，超过部分属于债权人的话，则债权人因为设立担保债权实现的抵押权而可以获得超受担保债权数额的额外利益。这对于债务人乃至抵押人而言，是不公平的。同样的道理，如果为担保债权的实现设立抵押权，在债务人到期不履行债务或者发生当事人约定的实现的抵押权的情形时，抵押财产的变价数额低于受担保债权的数额，是否对因担保财产变价不足而未能受担保清偿的债权差额部分就不予清偿了呢？如果法律选择这样的制度安排，则在设立抵押权的时候，债权人一定会争取价值更大的抵押财产作为抵押物。相反，因为这样的制度安排导致了严重的利益失衡，反而会阻碍债权人获得抵押权的担保，以至于阻碍经济社会的发展进步。抵押作为一种债的担保方式，最终目的就是在担保的债权额范围内享有抵押财产的优先受偿权，当然在抵押财产变价后，抵押权人的受偿范围也仅限于其债权额，对于抵押财产变卖后超过债权的数额根据民法的公平原则当然归抵押人所有，同理，抵押财产不足以清偿债权的，应由债务人补足，此条应是民法公平原则在担保制度中的体现。

所以，就抵押权等担保物权的目的性以及法定性而言，抵押权等担保物权，是在受担保债权数额限度内，对抵押财产的变价的优先受偿权，即本条所谓“抵押财产折价或者拍卖、变卖后，其价款超过债权数额的部分归抵押人所有，不足部分由债务人清偿”。这一规定，既是由抵押权的从属性、目的性决定的，也是由抵押权等担保物权的法定性决定的。

但在现实生活中，对于非典型担保物权尤其新出现的非典型担保物权，如让与担保、所有权保留、借款卖房等非典型担保物权类型，在对担保财产变价清偿到期未履行的债务时，对担保财产的变价尤其是超过受担保债权数额部分的变价归属，常常引发诉讼争议。2013年，最高人民法院在广西某房地产开发有限责任公司与杨某商品房销售合同纠纷一案再审阶段中首次肯定了签订房屋买卖合同并办理备案登记为债权进行“非典型担保”的效力，房屋买受人不能直接取得案涉不动产所有权，只能在房屋出让人不能按时归还借款的情况下，以适当的方式（如通过拍卖或者变卖案涉房屋的方式）实现债权。[①]同年，江苏省高院在《关于审理民间借贷纠纷案件的会议纪要》中规定：“当事人之间以借贷为目的的签订房屋买卖合同作为担保的，人民法院应当

① （2013）最高法民提字第135号。

认定双方名为房屋买卖实为民间借贷关系。出借人以房屋买卖关系提起诉讼，请求履行房屋买卖合同并办理房屋过户登记手续的，人民法院应当向其释明按照民间借贷关系变更诉讼请求；出借人坚持不予变更的，人民法院应当判决驳回其诉讼请求。”

根据是否约定对担保物进行清算估价，让与担保又可以分为流质型让与担保和清算型让与担保，前者是指当债务人不能履行债务时，在合同中约定无需进行清算，担保物所有权直接归属债权人用于偿债；后者是指在债务人不能履行债务时，合同中约定需要对担保物进行清算，如处置担保物清偿债务后，剩余部分返还给担保人。[①]最高人民法院在某有限公司与某投资控股有限公司、某融资担保有限公司等合同纠纷申诉案中认为，案涉股权设立了清算条款，根据《股权及债权重组协议书》约定，各方意思表示为以标的股权优先授偿，而非由债权人获得所有权，属于清算型让与担保。[②]如合同中未约定清算条款，而是约定在债务人不能清偿债务时担保物不予返还，则容易被认定为“流质”条款。让与担保依据债权人就担保物受偿方式，区分为流质型与清算型。我国《民法典》第428条虽明确允许流质契约，但对其内容也作了明确的限制——只能依法就质押财产优先受偿。同理，我国《民法典》第401条对流押契约也有同样的规定：禁止抵押权人在债务履行期限届满前与抵押人约定债务人不履行债务时抵押财产归债权人所有，从而避免债权人滥用其优势地位，使其从债务人处获得高于受担保债权金额的抵押物。在《民法典》以前的司法实践中，多是因为让与担保合同中的流押条款违反了《物权法》第186条的规定，导致让与担保合同无效。这一偏激的做法在《民法典》中得到了修正。

最高人民法院在早期案例中并未进一步明确让与担保是否产生物权效力，所以在较长一段时间里，各地法院对此裁判标准不一，有否认其物权效力的，也有部分法院对受让人的优先受偿权进行了肯定。例如在（2014）闽民终字第360号民事判决书中，福建省高院认为：让与担保作为一种物的担保制度，担保标的物通常为设定人所直接占有，不发生物的留置效力问题，仅存在优

① 参见王闯：《让与担保法律制度研究》，法律出版社2000年版，第56页。

② （2016）最高法民申1689号。

先受偿问题。让与担保权人取得担保物的财产权，有排除第三人的优先效力，让与担保权人在债务人不履行债务时，可以以担保物获得优先受偿。《九民纪要》第71条规定："债务人或者第三人与债权人订立合同，约定将财产形式上转让至债权人名下，债务人到期清偿债务，债权人将该财产返还给债务人或第三人，债务人到期没有清偿债务，债权人可以对财产拍卖、变卖、折价偿还债权的，人民法院应当认定合同有效。合同如果约定债务人到期没有清偿债务，财产归债权人所有的，人民法院应当认定该部分约定无效，但不影响合同其他部分的效力。当事人根据上述合同约定，已经完成财产权利变动的公示方式转让至债权人名下，债务人到期没有清偿债务，债权人请求确认财产归其所有的，人民法院不予支持，但债权人请求参照法律关于担保物权的规定对财产拍卖、变卖、折价优先偿还其债权的，人民法院依法予以支持。债务人因到期没有清偿债务，请求对该财产拍卖、变卖、折价偿还所欠债权人合同项下债务的，人民法院亦应依法予以支持。"

在认定新类型担保的合同效力时，一个基本原则是不轻易否定新类型担保合同的效力。不否定让与担保法律关系中合同的效力，并不代表可以在合同中对所担保债权的实现方式任意约定。以不动产让与担保为例，既然转移不动产权的真实目的在于担保债权实现，那么不动产买卖并非合同的目的而是担保的手段。以不动产价值作为债的担保的基本界限在于，不能突破不动产抵押权"流押禁止"的规定，因此在原让与担保法律关系中合同真意的情况下，在尊重合同自由的同时，也应防止合同被滥用，突破担保物权内容法定的要求。这也是为何《九民纪要》明确要求即使已经完成财产权利变动的公示方式转让至债权人名下，债务人到期没有清偿债务，如此时债权人请求确认财产归其所有，人民法院仍然不能支持，相反如债权人请求参照法律关于担保物权的规定对财产拍卖、变卖、折价优先偿还其债权的，人民法院则依法予以支持。[①]对于新出现的担保方式，在人们日常经济交往活动中探索产生，必然更符合人们的心理预期，更有利于债权人债权的实现或者使担保人和担保权利人之间的利益最大化，不应"一刀切"否定其效力，应对其内容进行区分，有利于担保目的实现且不违背法律的强制性规定的内容应该原则

① 《九民纪要》第71条。

上承认其效力，对于违背强制性规定，如流押禁止，应予以否定。

第四百一十四条【抵押财产变价款的清偿顺序】

同一财产向两个以上债权人抵押的，拍卖、变卖抵押财产所得的价款依照下列规定清偿：

（一）抵押权已经登记的，按照登记的时间先后确定清偿顺序；

（二）抵押权已经登记的先于未登记的受偿；

（三）抵押权未登记的，按照债权比例清偿。

其他可以登记的担保物权，清偿顺序参照适用前款规定。

历史由来

本条由《物权法》第199条修改而来：本条删除了《物权法》第199条第1项中的“顺序相同的，按照债权比例清偿”；增加了第2款“其他可以登记的担保物权，清偿顺序参照适用前款规定”；将《物权法》第199条第1项和第2项中的“已”修改为“已经”。《物权法》第199条由《担保法》第54条修改而来，主要将其中的“未登记的，按照合同生效时间的先后顺序清偿”修改为“抵押权未登记的，按照债权比例清偿”。

在《物权法》第199条规定以前，《民法通则》与《民法总则》虽未对统一抵押物上的重复抵押作出规定，但《民法通则意见》第115条第1款规定：“抵押物如由抵押人自己占有并负责保管，在抵押期间，非经债权人同意，抵押人将同一抵押物转让他人，或者就抵押物价值已设置抵押部分再作抵押的，其行为无效。”《担保法》第35条规定：“抵押人所担保的债权不得超出其抵押物的价值。财产抵押后，该财产的价值大于所担保债权的余额部分，可以再次抵押，但不得超出其余额部分。”以上两条规定均对重复抵押、超额抵押作出了限制，其主要理由在于通过牺牲担保物权的信用保证效能来扩大实现抵押物的融资功能，在利益保护层面向债务人倾斜，不利于交易安全；[1]而《担保法解释》第51条规定“抵押人所担保的债权超出其抵押物价值的，超出的部

---

① 参见高言：《担保法理解适用与案例评析》，人民法院出版社1996年版，第106页。

分不具有优先受偿的效力”间接地放开了对重复抵押的限制，个中理由在于《担保法》的立法宗旨就是促进资金、商品的流通，发展经济，应鼓励当事人设定更多的担保，尽量减少不必要的限制以促进交易，在商品交易的过程中提高各方的信用基础，真正建立良好的市场秩序。[①]正是重复抵押的放开，使《物权法》第199条以及本条有了适用的余地，否则若皆在抵押物价值范围内进行抵押，受偿时自不必关注优先次序。

规范目的或功能

抵押权不移转抵押物的占有，以登记为公示方式。因此同一抵押物上可以设立两个以上抵押权。抵押权的设立有公示生效主义和公示对抗主义之分。如何规制同一抵押物上设立的数个抵押权之间的优先受偿次序，需要法律明确规制。本条规范的是同一担保物上并存的数个以登记公示的担保物权之间的优先次序问题，其中一种类型是同一抵押物上设立的数个抵押权之间的优先受偿次序问题，另一种类型是登记型权利质权之间的优先次序。

规范内容

本条类属于抵押权的优先受偿次序规范群。

本条规范内容分为前后两部分，前一部分是同一抵押物上同时存在的数个抵押权的优先受偿次序规范。后一部分是前一部分的法律规范准用的事项。

一、同一抵押物上同时存在的数个抵押权的优先受偿次序

为了提高抵押物的经济效率，我国现有立法允许在同一抵押物上设立重复抵押以及超额抵押。由是之故，同一抵押物上可以同时并存数个抵押权。抵押财产的变价并不总是大于数个受担保债权数额，因此，同时并存于同一个抵押物上的数个抵押权中，哪一个抵押权优先受偿将是十分重要的问题。在抵押财产变价数额不足以担保所有受担保债权而不能确保实现

---

① 参见毛亚敏：《担保法论》，中国法制出版社1997年版，第131页。

债权的情况下，抵押权的优先受偿次序就变得尤其重要。如何规范同一抵押物上同时并存的数个抵押权之间的优先受偿次序问题，是抵押权法的核心内容：抵押权优先受偿次序规范群之前的抵押权的定义规范群、抵押物规范群、抵押合同规范群、抵押权设立规范群、抵押权公示规范群等，都是为抵押权优先受偿次序规范群服务的；抵押权优先次序规范群之后的抵押权效力规范群、抵押权实现规范群以及抵押权消灭规范群等，则都是以抵押权优先受偿次序规范群为基础的。也可以说，包括抵押权在内的担保物权法，都是以担保物权的优先受偿次序规则为核心并围绕着担保物权的优先受偿次序规范展开的。因为对于抵押权人而言，拥有抵押权而不拥有抵押权的优先受偿次序地位，对受担保债权实现而言也常是无济于事。本条第1款确立了同一抵押物上同时并存的数个抵押权之间的三项优先受偿次序规则。详述如下。

（一）抵押权已经登记的，按照登记的时间先后确定清偿顺序

从我国担保物法关于抵押权的设立规范来看，根据抵押权与抵押权登记的关系，可以分为“须经登记”的抵押权、“已经登记”的抵押权和“未经登记”的抵押权。如我国的不动产抵押权设立制度，因其设立采登记公示生效主义，不经登记公示绝无抵押权的设立可能，即须经办理完毕登记公示手续，才有不动产抵押权的设立，因此我国的不动产抵押权为须经登记的不动产抵押权；如动产抵押权，因其设立采公示对抗主义，由此就有了已经办理完毕登记公示手续的抵押权即“已经登记”公示的抵押权，以及未经办理完毕登记公示手续的抵押权即“未经登记”公示的抵押权。

本条所谓“抵押权已经登记的”，包括“须经登记”的不动产抵押权和“已经登记”的动产抵押权两种情况。尽管两者的法律基础不一样，即前者采登记公示生效主义，后者采登记公示对抗主义。但在结果上，只要是完成了登记公示手续的抵押权，就其优先受偿次序问题确立的规则就是“公示在先、权利在先”，即按照登记的时间先后，确定抵押权的优先受偿次序：先登记抵押权优先于后登记抵押权。

先登记抵押权优先于后登记抵押权，是规制抵押权优先受偿次序的原则。这一原则确立的基础是抵押权登记公示制度。包括抵押权在内的物权公示制

度，本与物权变动本身无甚关系。在比较法上，很多国家或地区的民事立法采物权变动的公示对抗主义原则，就是一个充足的说明；在实定法上，物权变动公示生效主义的立法选择不是一个法律制度的内在逻辑必然，而是法律制度安排的一项立法政策选择：立法既可以选择公示生效主义，也可以选择公示对抗主义。我国物权立法既采取了公示生效主义，也采取了公示对抗主义，即范例；在法制史上，不动产物权登记公示制度也未曾与不动产物权制度同时发生，同步发展，而是甚晚于不动产物权制度，不动产物权登记公示制度是近现代物权交易安全需求催生的法律制度。[①]所以，包括不动产抵押权在内的物权变动虽可以说是需要登记公示制度，但不是必须登记公示制度。登记公示制度产生于物权变动的交易安全需求。抵押权的登记公示，不论是登记公示生效主义法制之下的抵押权登记公示，还是登记公示对抗主义法制之下的抵押权登记公示，均可以产生因登记得以对抗交易当事人的效力。基于此，先登记抵押权优先于后登记抵押权，自然地顺理成章。

任何原则都有例外。“公示在先、权利在先”即先登记抵押权优先于后登记抵押权原则，也有例外：本法第416条规定“购买价款抵押权”之超级优先受偿权规范，就是“时间在先、权利在先”即先登记抵押权优先于后登记抵押权原则例外。详见后述。

（二）抵押权已经登记的先于未登记的受偿

本款规定发生的制度基础是，只有在动产抵押权上才有发生可能。我国《民法典》“一般抵押权”一节规范动产抵押权的设立采登记公示对抗主义。在动产抵押权设立的登记对抗主义法制之下，才会出现同一动产抵押物上有已经登记公示的抵押权，也有未经登记公示的抵押权。因此，立法需要对已经登记公示的抵押权与未经公示登记的抵押权之间的优先受偿次序规则，作出明确安排。为了维护登记公示制度，不至于使得登记公示制度的设立目的

---

① 不动产登记最早见于12世纪德国北部城市设置的城市账簿制度，到16世纪中期城市账簿开始专门化，其记载内容限制在有登记义务的不动产交易行为，主要目的在于加强城市土地管理，保障不动产交易安全。参见常鹏翱：《物权程序的建构与效应》，中国人民大学出版社2005年版，第42—45页。

落空。立法只能选择“已经登记公示的动产抵押权优先于未登记公示的动产抵押权受偿”。

以上两款规定，在《担保法》《物权法》《民法典》中，都是一样的。

（三）抵押权未登记的，按照债权比例清偿

本款规定发生的制度基础，同样是只有在动产抵押权设立的登记对抗主义法制之下。只有在动产抵押权的设立方面，才会出现同一动产抵押物上同时并存两个以上未经登记公示的抵押权的情形。立法需要对此情形之下的数个未经登记公示的抵押权之间的优先受偿次序规则，作出明确安排。对于这一情形，《担保法》规定“未登记的，按照合同生效时间的先后顺序清偿，顺序相同的，按照债权比例清偿”。其中“未登记的，按照合同生效时间的先后顺序清偿”，在现有立法确立的制度环境下，就是指动产抵押权设立登记对抗主义法制下，未经登记公示的动产抵押权。“抵押权未登记的”，就只能是动产抵押权设立登记对抗主义法制下，已经设立但未办理登记公示手续的动产抵押权。这一情形之下，虽未经办理登记公示手续，但其是抵押权无疑。这样一来，就有了同一动产抵押物上同时存在数个未经登记公示的动产抵押权之间的优先受偿次序问题，需要立法作出明确规范。本法承袭了《物权法》对《担保法》的修改，规定了“抵押权未登记的，按照债权比例清偿”。从国外有关动产担保物权立法的情况来看，在采动产抵押权公示对抗主义的法制下，对同一抵押物上数个未经公示抵押权之间的优先受偿次序，同样是坚持“设立在先、权利在先”原则，即设立时间在先的动产抵押权优先于设立时间在后的动产抵押权受偿。

本项删除了《物权法》中本项中的“顺序相同的，按照债权比例清偿”的规定，原规定适用的基础为《担保法解释》第58条规定“当事人同一天在不同的法定登记部门办理抵押物登记的，视为顺序相同”，本项删除的原因在于，现代动产担保物权登记公示制度，均使用电子化的登记系统，登记的时间按照上传资料的时间自动排序，在技术上不可能发生同时登记的情形。因此，不可能发生原先在人工登记技术下因同一天登记的，被视为同时登记的情形。所以，对原有的这一内容予以删除。

二、抵押权优先受偿次序规范的准用

与《物权法》《担保法》中的相关规范相比，本条规范增加了“其他可以登记的担保物权，清偿顺序参照适用前款规定”一款。增加的这一款成了本次《民法典》担保物权法编纂的最大亮点之一，其不仅以丰富本条内容的方式弥补了以往立法的不足，产生了法解释体系效应，而且其立法技术十分的特别。

（一）对以往立法不足的弥补

我国现有担保物权立法的最大特点是，实施了动产担保物权立法的结构多元及规范多元立法模式。这一立法模式的缺陷表现为，同一规范在不同类型动产担保物权之间重复出现、立法不一致或发生立法漏洞。如与本条规定内容密切相关的权利质权的优先受偿次序规则，本应在权利质权一节中有规定且应有完善的规定，或者没有规定的情况下准用动产抵押权的有关规范。但“权利质权”中这一应有规范被立法遗漏了，在我国《物权法》《担保法》中没有见到权利质权的优先受偿次序规则，得以准用抵押权的规范。尽管《物权法》担保物权编、《担保法》的“权利质权”一节中都有准用“动产质权”的准用规范，但权利质权有登记公示的权利质权，其无法准用以占有为公示方式的动产质权法的规范。主要以登记为公示方式的权利质权，应该准用“一般抵押权”法的规范。但权利质权法自己没有相应的登记公示权利质权的优先受偿次序规范，也没有准用“一般抵押权”法的准用规范，导致了《物权法》《担保法》关于同一权利上登记公示的数个权利质权之间的优先受偿次序规范出现了立法漏洞。补救这一立法漏洞的立法技术有两个：一是如本条所增加的一款规定，专门用以解决权利质权中以登记公示的权利质权间的优先受偿次序问题；二是如《物权法》《担保法》中惯用的但还没有得到善用的准用规范，在权利质权中增加规定权利质权法可以准用抵押权法的规范。

以上两种解决问题的思路，对于以登记公示的权利质权间的优先受偿次序问题的解决来说，殊途同归。但对于立法体系效应来说，则大相径庭。前者解决的是单个方面规范的准用问题，后者解决的则是整个方面规范的准用问题。即前者仅解决了权利质权法中的登记公示的权利质权间的优先受偿次序问题，后者则不仅解决了登记公示的权利质权间的优先受偿次序问题，还一并解决了诸如设立、担保物、权利质权合同，公示、实现以及消灭等各方面的立法漏洞问题。两种解决问题的路径，孰优孰劣，一目了然。

（二）产生的法解释体系效应

在一般抵押权一节中规定本节中的规范对其他担保物权类型的适用，有“长臂管辖”之嫌。正确解决问题的方式一如上述，应该在权利质权一节规定一条准用规范，规定“权利质权”一节没有规定的，准用“一般抵押权”一节的规范。在“一般抵押权”一节中的本条增款，仅是解决了“权利质权”一节中登记公示权利质权间的优先受偿次序问题。担保物权的优先受偿次序规则是担保物权法中的核心规则，其缺乏引发的问题引人注目。所以此次民法典编纂重点解决了我国担保物权法多元规范模式导致的一系列缺陷中的权利质权优先受偿次序规则漏洞的缺陷。“权利质权”以及“动产质权”基于同样原因导致的其他方面的缺陷，如担保物权概念规范、担保物规范、担保合同规范、担保物权设立规范、担保物权效力规范、担保物权实现规范以及担保物权消灭规范等方面，也都有规范的重复、不一致、矛盾和漏洞等立法缺陷。这些在此次民法典编纂中被忽视了的方面，在担保物权法的司法实践中应引起重视。在完善权利质权以及动产质权中完善准用一般抵押权的规范之前，本条增款关于权利质权优先受偿次序规则立法漏洞的“长臂管辖”补充措施，值得上述其他方面立法漏洞司法补充的效仿。

此外，通过第2款的规定还可以将第1款规定的顺位规则适用于具有担保功能且进行登记的非典型担保，如所有权保留以及融资租赁。《民法典》第641条、第745条分别规定了出卖人和出租人所保留的所有权未经登记，不得对抗善意第三人。本书认为，这两条规定已经实现了所有权保留和融资租赁的抵押权化。既然如此，当所有权保留和融资租赁与其他担保物权发生竞存时也应适用抵押权的顺位规则。

第四百一十五条【抵押权与质权间的清偿顺序】

同一财产既设立抵押权又设立质权的，拍卖、变卖该财产所得的价款按照登记、交付的时间先后确定清偿顺序。

历史由来

本条属于新增条文。尽管动产抵押权类型在《担保法》中就已有限地出现，即该法第34条第1款第6项规定的“依法可以抵押的其他财产”可以抵押；且在《物权法》中动产抵押权被推向了极致，即该法第180条第1款第7项规定的“法律、行政法规未禁止抵押的其他财产”可以抵押。但上述两部法律都没有回答在同一动产上并存抵押权与质权时，这两种权利之间的优先受偿次序问题。《民法典》通过增加本条，弥补了先前担保物权立法的不足。

规范目的或功能

在动产上设立的担保物权，既有动产抵押权，也有动产质权和权利质权。对于同一动产上同时并存的数个抵押权之间的优先受偿次序问题，本法第414条第1款给予了回答；对于同一权利上设立的数个已登记公示的权利质权之间的优先受偿次序问题，本法第414条第2款给予了回答。本条要回答的是同一有形动产上并存的动产抵押权与动产质权之间的优先受偿次序问题，以及同一权利上并存的权利抵押权与非以登记公示的权利质权之间的优先受偿次序问题。因为我国在传统担保物权法制中加入了动产抵押权制度，因此同一动产上的动产抵押权与动产质权之间的优先受偿次序问题，就是我国担保物权立法特有的问题。在传统担保物权法制中，因为在民法典中没有动产抵押权制度，因此没有发生此一问题的可能。

规范内容

本条属于抵押权优先受偿次序规范群。

依据物权法定原则，质权只有在动产上设立，包括动产质权和权利质权。而抵押权则区分为不动产抵押权和动产抵押权。所以本条所言“同一财产既设立抵押权又设立质权的”情形，既包括同一有形动产上既设立动产抵押权又设立动产质权的情形，又包括同一无形动产（权利）上既设立权利抵押权又设立权利质权的情形。我们对同一有形动产上并存的动产抵押权和动产质权之间的优先受偿次序问题并不陌生。但对权利抵押权和权利质权间的优先受偿次序问题，则颇感新鲜。我们之所以在权利上有权利抵押权和权利质权之间的优先受偿次序问题，是因为我国自《物权法》以来，在立法中确立了极限动产抵押权制度。《物权法》第180条第1款第7项规定“法律、行政法规未禁止抵押的其他财产”都可以抵押。这里用的是“其他财产”，“财产”一词是一个外延十分宽泛的概念，应当包括不动产、动产和权利。也就是说，权利也可以作为抵押权的标的。但权利作为抵押权标的的时候，在权利上就既可以设立权利抵押权，也可以设立权利质权。《民法典》第395条第1款第7项承袭了《物权法》第180条第1款第7项。所以，在我国现有法制之下，权利抵押权和权利质权有在同一权利上并存的可能，法律因此需要对同一权利上权利抵押权和权利质权并存时的优先受偿次序问题作出回答。

同时，从法律实践操作和国外立法实际来看，对于在权利上设立的我国称之为权利质权的担保物权的公示，在国外有一种被称为“控制”的公示方式。这一担保物权公示方式在我国现有立法中没有明确规定，如在银行存款上设立的担保物权，其类型即属于权利质权，其公示方式既可以登记为公示方式，也可以“控制”为公示方式。所谓“控制”，即“权利人对无体财产能够进行独立处分的支配与管理”[①]。因此，我们可以认为，对于特定权利上设

---

① 《贸易法委员会担保交易示范法》对“控制权协议”的定义是：“（一）就无凭证非中介证券而言，是指发行人、设保人和有担保债权人之间的书面协议，根据该协议，发行人同意遵行有担保债权人就证券发出的指示，而不需要设保人进一步同意；及（二）就银行账户贷记款受付权而言，是指接收存款机构、设保人和有担保债权人之间的书面协议，根据该协议，接收存款机构同意遵行有担保债权人对银行账户贷记款的付款指示，而不需要设保人进一步同意。”在美国《统一商法典》第八编第106条的正式述评中明确，获得“控制”是指买受人采取了一切必要步骤，以证券持有的方式，使证券处于这样一种地位，即它可以被出售，而无须所有人再予配合。U.C.C §8-106, official comment 1.

立的担保物权的“控制”公示方式，就是对无形财产上担保物权的无形占有。又可以进一步认为，占有是对有形动产上担保物权的公示方式，控制是对无形财产上担保物权的公示方式。在美国《统一商法典》第九编动产担保交易法中，“控制”这一动产担保物权的公示方式，是为适应该法典第八编的1994年版本所作的修改而首次作为担保物权的公示方式引入第九编的。最初，“控制”这一公示方式仅适用于投资财产。第九编修改时，“控制”这一公示方式开始扩展到储蓄账户、电子契据和信用证。后来为了与该法典第七编相适应，“控制”这一公示方式扩展到了电子单据。[①]从美国法的规定来看，所谓的“控制”公示方式，实际上是对法律明确规定的作为权利质权标的物的无形占有。

而且，从本条规定使用的文词来看，本条规定使用了“质权”一词，而非“动产质权”一词。因此，依照文义解释，“质权”一词，应当包括“动产质权”和“权利质权”两种法定动产担保物权类型。

综上，本条所处理的情形是，既有有形动产之上并存的动产抵押权与动产质权之间的优先受偿次序问题，也有特别的无形动产之上并存的权利抵押权与权利质权之间的优先受偿次序问题。

一、动产抵押权与动产质权之间的优先受偿次序

动产抵押权的设立采登记公示对抗主义。由此，动产抵押权就有了已经登记公示的动产抵押权和未经登记公示的动产抵押权之别。动产质权的设立，采占有公示生效主义。由此，就会只有须经占有公示的动产质权。在此基础上，同一动产上并存的动产抵押权和动产质权的优先受偿次序规则，就有了已经登记公示的动产抵押权与须经占有公示的动产质权之间的优先受偿次序规则，未经登记公示的动产抵押权与须经占有公示的动产质权之间的优先受偿次序规则，已经登记公示的动产抵押权与未经占有公示的动产质权之间的优先受偿次序规则，以及未经登记公示的动产抵押权与未经占有公示的动产质权之间的优先受偿次序规则等。

1.两者均已办理完毕公示的情形，在本规定以前，对于先抵后质且均办

① See William H. Lawrence, William H. Henning, R. Wilson Freyermuth: *Understanding Security Transactions*, LexisNexis, Third Edition. p.167.

理公示的情形，理论界一般都认可抵押权因登记在先而取得在先次序，[①]司法实践亦普遍认可此观点。[②]但对于先质后抵，且业已办理抵押登记的情形理论于世界皆颇有争议：有学者认为质权设定、公示在先，即便抵押权办理登记，此时登记所产生的对抗力也只能向后发生，不能对抗在先质权；[③]还有学者认为在后设立的抵押权因登记而优于质权，理由在于一方面质权设定时间难以辨认，担保人可在设定抵押后与第三人串通，以质权设定在先为由对抗抵押权人；[④]另一方面则是因为根据《担保法解释》第79条第1款的规定，登记的抵押权优先于质权[⑤]。在郑某某与刘某某借贷纠纷一案中，福建省三明市中院同样持此观点，判决设定在后的抵押权因登记而优于在先质权受偿。[⑥]此外，有学者认为根据在后抵押权人的善意、恶意来判断，在后抵押权人若为善意则抵押权优先，若为恶意则质权优先。[⑦]而本条规定“按照登记、交付的时间先后确定清偿顺序”，从字面意思而言，本条所规定的同一动产担保物上并存的动产抵押权与动产质权间的优先受偿次序情形，应是这一类型。在这一类型情形下，既然动产抵押权建立了登记公示制度，动产质权建立了占有公示制度，则一般情况下，“公示在先、权利在先”原则应予以适用。所以，按照登记、交付的时间先后确定其清偿顺序，应是正确的制度安排。对于公示在后者而言，公示在前者既然已经予以公示，则此一公示不论是在公示生效主义法制之下，还是在公示对抗主义法制之下，都将因公示的完毕而产生得以

---

① 参见高圣平：《我国动产融资担保制度的检讨与完善》，载《中国人民大学学报》2007年第3期。

② 相关判例可见江苏省高级人民法院〔2015〕苏民撤终字第00007号民事判决书、四川省成都市中级人民法院〔2013〕成民终字第6111号民事判决书、湖南省高级人民法院〔2015〕湘高法民二初字第19号民事判决书、江西省高级人民法院〔2016〕赣执异第7号民事裁定书。

③ 参见王泽鉴：《动产担保交易法上登记之对抗力、公信力与善意取得》，载《民法学说与判例研究（一）》，中国政法大学出版社2005年版，第227页；刘保玉：《论担保物权的竞存》，载《中国法学》1999年第2期。

④ 参见李国光等：《最高人民法院〈关于适用《中华人民共和国担保法》若干问题的解释〉理解与适用》，吉林人民出版社2000年版，第284页。

⑤ 参见温世扬：《物权法要义》，法律出版社2007年版，第288—296页。

⑥ （2016）闽04民终1315号民事判决书。

⑦ 参见王利明：《物权法研究》（第三版）（下卷），中国人民大学出版社2013年版，第587页。

对抗第三人的效力。有此制度之设，未来有形动产担保物权的设立，欲设立动产抵押权者，须先确定抵押物是否在抵押人的占有之下；欲设立动产质权者，也须先经检视动产抵押登记公示系统，确定质押物是否已经抵押给他人。对于两者均已办理完毕公示的情形，根据《九民纪要》第65条的规定，同一动产上同时设立质权和抵押权的，质权有效设立、抵押权办理了抵押登记的，按照公示先后确定清偿顺序；顺序相同的，按照债权比例清偿。但《物权法》第199条中规定的“顺序相同的，按照债权比例清偿”，在本法第414条中已被删除。

2.其中一者办理完毕公示手续，又分为两种情形：一是动产抵押权办理完毕登记公示手续，动产质权未办理完毕占有公示手续的情形。动产抵押权采登记公示对抗主义，未办理完毕登记公示手续，不妨碍动产抵押权的设立；已办理完毕登记公示手续的抵押权则具有了对抗第三人的效力。动产质权采占有公示生效主义，未办理完毕占有公示手续的动产质押，无动产质权的设立。二是动产质权已办理完毕占有公示手续，而动产抵押权未办理完毕登记公示手续的情形。此情形下若先设定质权后设定抵押权，两者优先次序学界并无争议，但若先设定抵押权，且抵押权未登记而后又设定质权，有学者即认为应依担保权设定先后确定次序，抵押权设定在先，即便未登记也取得优先次序；[1]也有学者认为，虽抵押权设定在先但未登记，不具对抗效力，设定在后而移转占有的质权取得优先次序；[2]还有学者认为根据质权人的善恶意情形进行判断，若质权人善意则取得优先次序，若质权人恶意则抵押权人取得优先次序，[3]此观点在司法中亦有实例，在宁波市鄞州××有限公司与宁波××有限公司合同纠纷一案中，宁波市鄞州区人民法院基于原告未能举证证明质权人为非善意第三人而判决原告抵押权劣后与质权受偿。[4]而依本条规定，因动产质权采占有公示生效主义，办理完毕占有公示手续的动产质权已经设立，但动产抵押权采登记公示对抗主义，未办理完毕登记公示手续的抵押权虽已

① 参见徐洁：《抵押权论》，法律出版社2003年版，第171—186页。

② 参见曹士兵：《中国担保制度与担保方法》，中国法制出版社2008年版，第277—278页。

③ 参见唐义虎：《担保物权制度研究》，北京大学出版社2011年版，第246—257页。

④ （2010）甬鄞商外初字第38号。

经设立，但不能对抗第三人。此两种情形之下，一种办理完毕公示手续，另一种未办理完毕公示手续。按照本条“按照登记、交付的时间先后确定清偿顺序”之规定，可以认定已经办理完毕公示手续的优先于未办理完毕公示手续的。

3.两者均未办理完毕公示手续的情形。动产抵押权采公示对抗主义，未办理完毕登记公示手续也有动产抵押权的设立；动产质权采占有公示生效主义，未办理完毕占有公示手续，没有动产质权的设立。因此，在两者均未办理完毕公示手续的情形，即同一有形动产上有动产抵押权的设立，有动产质押合同的成立但未有动产质权上的设立。很显然，动产抵押权优先于未经公示的权利质押。对此，根据《九民纪要》第65条的规定，质权未有效设立，抵押权未办理抵押登记的，因此时抵押权已经有效设立，故抵押权优先受偿。

二、权利抵押权和权利质权之间的优先受偿次序

权利质权制度的独立出现，与传统担保物权立法关于抵押权仅限于不动产抵押权，动产质权仅限于有形动产质权密切相关。在上述前提之下，在权利上设立的担保物权，既不能纳入抵押权制度，也不能编入动产质权制度。因此，如果立法要在权利上设立担保物权，就只能将其单立门户，独立成制。权利质权制度由此而生。这在近代我国担保物权法制如《大清民律草案》以及《中华民国民法》中皆有表现。中华人民共和国成立之后，废除了包括《中华民国民法》在内的六法全书，开启了中国特有的担保物权法立法道路：通过抵押权概念的外延扩展，根本性地改变了大陆法系传统的担保物权体系结构模式。①

当我国现有立法将抵押权制度的担保物适用范围扩大到所有法律、行政法规不禁止的财产都可以抵押的情况下，动产质权和权利质权的质押物也应该是可以抵押的抵押物。由是之故，同一无形动产上就不仅可以设立权利质权，也可以设立权利抵押权。在权利上设立权利抵押权，则依据物权法定原则，采设立的登记公示对抗主义。在权利上设立权利质权，则按照物权法定

① 参见董学立：《抵押权概念的演变及其法体系效应》，载《法商研究》2018年第4期。

原则，采设立的公示生效主义，且权利质权的公示方式既有登记公示方式，如以没有权利凭证的汇票、本票、支票、债券、存款单、仓单、提单出质的，质权自办理出质登记时设立；也有占有这一公示方式，如以有权利凭证的汇票、本票、支票、债券、存款单、仓单、提单出质的，质权自权利凭证交付质权人时设立。但依比较法观察，我国担保物权立法中没有规定国外立法中规定的对某些权利上担保物权的“控制”公示方式。“控制”公示方式是一种无形的占有。

同一权利上并存的权利抵押权与以登记或占有公示的权利质权之间的优先受偿次序问题，适用上述“动产抵押权与动产质权之间的优先受偿次序”规则，可以参照上述动产抵押权与动产质权的优先受偿次序规则类推：均已公示的，按照公示的时间先后顺序排序；均未公示的，权利抵押权优先于权利质权受偿；权利抵押权已经办理登记公示手续，权利质权设立未经办理登记或占有的公示手续，权利抵押权优先于权利质权受偿；权利抵押权未经办理登记公示手续，权利质权设立已经办理登记或占有的公示手续，权利质权优先于权利抵押权受偿。

至于以“控制”方式公示权利质权，如以控制方式公示的储蓄账户质押，此时会产生的以登记公示的储蓄账户抵押权与以控制公示的储蓄账户质权的优先受偿次序问题。对于这一问题，美国《统一商法典》第九编规定：担保权人以控制方式在储蓄账户、投资财产、信用证等财产上公示的担保物权优先于以其他任何方式公示的相竞争的担保物权。[①] 如果担保物权人以成为银行该账款上之客户的方法获得对储蓄账户的控制，则担保物权人就能获得优先于该账户上存在的其他担保物权的优先受偿次序。所以，以成为该储蓄账户银行客户的方法公示其对储蓄账户的担保物权，将拥有最高地位的优先受偿次序。我们称该类担保物权人为储蓄账户的“客户控制人”。地位次于“客户控制人”的是对该储蓄账户有担保物权的储蓄银行。其结果，那些非储蓄银行的担保物权人为了保护自己的利益，要么使自己成为“客户控制人”，要么获得使储蓄银行放弃优先受偿权的承诺。

---

① See William H. Lawrence, William H. Henning, R. Wilson Freyermuth: *Understanding Security Transactions*, LexisNexis, Third Edition. pp.231–233.

第四百一十六条【购置款抵押权】

动产抵押担保的主债权是抵押物的价款，标的物交付后十日内办理抵押登记的，该抵押权人优先于抵押物买受人的其他担保物权人受偿，但是留置权人除外。

历史由来

本条为新增条文。

规范目的或功能

依据抵押人在获得财产时有没有对等付出财产，担保物权可以分为两类：获得资金的担保物权和获得财产的担保物权。我国担保物权立法对获得资金的担保物权一直有较为完善的法律规范，以抵押人所有的不动产、动产以及权利，设定抵押、质押以获得融资的担保物权，皆为获得资金的担保物权；但对获得财产的担保物权，我国担保物权立法一向没有规范。像非典型担保物权类型所有权保留以及融资租赁等，即属获得财产的担保物权类型。对于担保人而言，获得财产的担保物权类型，是在没有支付对价的情况下，就获得了抵押财产的所有权，因而是一项单向利益安排——以出售人的出售物为出售人设定抵押权，以担保付款债权的支付。为了维持相关主体间的利益平衡，此财产不宜纳入担保人的责任财产。不纳入担保人责任财产的逻辑结局就是，出售人乃至出租人享有出售物或出租财产的债务人（购买人、承租人）破产之取回权——超级优先受偿权——用以担保购买价款的支付债权实现。在物权法定原则的强制下，我国担保物权法在现有体系下无法将所有权保留制度纳入担保物权法中，因此将“所有权保留”制度改制为“抵押权”制度，就成了本条得以增加的理论基础，也是理解本条的理论桥梁。融资租赁制度也可以得出与所有权保留制度一样的法解释结论。购买价款抵押权不同于传统以融资为目的的抵押权，抵押人在未支付对价的情况下直接获得抵押物所有权，出售人与抵押人利益失衡，因而法律赋予购买价款抵押权人超级优先受偿权以降低其债权风险，并且将所有权保留这一特殊交易中的担保属性有机统合到物权法中。

规范内容

一、本条的分解

可以将本条拆解为以下三方面来理解。

第一个方面，即“动产抵押担保的主债权是抵押物的价款”。以将要购买的物品作为抵押物担保购买价款的支付，是购买价款抵押权不同于一般抵押权的特别之处。从美国《统一商法典》第九编的有关规定来看，[①]购买价款抵押权主要有两种情况：第一种是“出售人的购买价款抵押权”，即在买受人未经支付价款的情况下，即可依约获得出售物的所有权，并同时依约将其所有的出售物抵押给出售人，以此担保出售物亦即抵押物的购买价款支付；第二种是“融资机构的购买价款抵押权”，即经购买人与融资机构协商，先由融资机构出资将出售物买进后，融资机构复将该购进物所有权转移给买受人，融资机构与买受人协商复将已归买受人所有的出售物再抵押给融资机构，以此抵押权担保购买价款的支付。前者，出售人身兼双重身份，其既是出售人亦是受担保债权人；后者，出售人经融资机构的购买行为而脱离与买受人的债权债务关系，而后融资机构则变得既是出售人也是受担保债权人。但不管是前者还是后者，买受人的身份和地位都是一样的，其既是购置人即付款债务人，也是将购置物作为抵押物用以担保购买价款支付的抵押人。此买受人，就是那个既没有资金购买此某物，亦没有财产作为担保物以获得融资购买此某物，但可以将购置物作为抵押物担保购买价款支付的人。这就是“动产抵押担保的主债权是抵押物的价款”的意义。由此可以看出，融资租赁与购买价款抵押权在实质上具有统一性，均为获得财产的担保物权或债权关系。

---

① 关于美国法中购买价金担保权的介绍，参见Gerald T. Mclaughlin：《修订后美国〈统一商法典〉第九篇中的购买价金借贷：古老教条再获新生》，董学立、李运杨译，载梁慧星主编：《民商法论丛》（第45卷），法律出版社2010年版，第355页以下；李运杨：《美国〈统一商法典〉中购买价金担保权研究》，载梁慧星主编：《民商法论丛》（第47卷），法律出版社2010年版，第496页以下。

第二个方面，即“标的物交付后十日内办理抵押登记的，该抵押权人优先于抵押物买受人的其他担保物权人受偿”。为什么规定“标的物交付后十日内办理抵押登记”？即为什么登记时间宽限到交付后十日内？而不是交付日或交付前办理抵押登记？其设置宽限期的主要目的是方便消费品商业交易的顺利进行。在宽限期内，供应商和债务人之间得以顺利完成交易，贷款人（有时就是销售人）获得对出售物的抵押权，并得以在宽限期内从容地完成抵押权登记公示。如果没有宽限期，则交易顺序需要颠倒过来进行——先着手完成担保物权的设立和登记，再完成交易。而这势必影响上述交易活动的便捷与顺利进行，其结果是影响了交易效率。[①]当然，宽限期的存在，也增加了担保物权是否存在的查询负担进而影响交易安全。

为什么“该抵押权人优先于抵押物买受人的其他担保物权人受偿”？购买价款抵押权制度是由对所有权保留制度的形式转化而来，其超级优先受偿次序地位来自所有权保留自身。[②]与此同时，对于一个已经登记的抵押权而言，其优先于登记在后的抵押权属于抵押权优先受偿秩序之常理，但“该抵押权人优先于抵押物买受人的其他担保物权人受偿”这句话的用意，在对“其他担保物权”不加任何限制的情况下，重点在于其也可以优先于登记在先的抵押权。对于买受人设立的登记在先的抵押权与购买价款抵押权相竞争的情形，只有浮动抵押权这一种情况。但这种情况下的购买价款抵押权优先于公示在先的浮动抵押权的理由何在呢？本书认为，从购买价款抵押人的角度看，对于购买价款抵押权人即出售人或者融资机构来说，他们之所以愿意为购买人提供购买价款，就在于期待在该抵押物上获得一个确保其贷款偿还的抵押权。如何在不损及相关当事人利益的基础上，缓和“公示在先，权利在先”原则的僵化，实现对贷款债权人债权实现的担保，促进经济和社会发展，就成为摆在人们面前的法律难题。作为“公示在先，权利在先”原则的例外，购买价款抵押权超级优先受偿制度供给将会解决原则适用的窘境。在所有权保留制度下，如果购买人即债务人破产，因购买物的所有权还在出售人手里，出

① See Grant Gilmore. The Purchase Money Priority, 76 Harv. L. Rev. 1334, 1962–1963.

② 早有学者指出，所有权保留制度应当理解为我国法律体系中唯一的价金担保物权。参见龙俊：《动产抵押登记对抗规则》，载《法学家》2016年第3期。

售人可以取回出售物变价优先受偿即超级优先受偿，在将所有权保留制度在形式上转化为购买价款抵押权之后，担保物权形式的改变不应影响其权利内容，即出售人的超级优先受偿权在购买价款抵押权制度中仍然存在。详细分析如下。

1.从浮动抵押权人的角度看，如果购买价款抵押权的超级优先受偿致使浮动抵押权人遭受直接损失，则购买价款抵押权制度必因遭到反对而不得实施。然而实际上，购买价款抵押权超级优先受偿并不会损害在先浮动抵押权人的利益。其实，对于浮动抵押权人而言，购买价款超级优先权的制度安排，非但不会损害其利益，有时反而会因嗣后财产的“流入”而无偿获得一个存在于购置物上的第二顺位的抵押权。并且，在购买价款抵押权所担保的债权因清偿而消灭时，浮动抵押权人进而在购置物上获得第一顺位的抵押权。

2.从债务人的角度看，在浮动抵押权存在的情况下，“公示在先，权利在先”原则使得债务人进一步扩展融资受到一定的限制：浮动抵押权人或者拒绝给债务人提供后续融资，或者提出债务人难以接受的放贷条件，这些都将严重影响债务人顺利和便宜地开展融资经营活动。但购买价款抵押权超级优先规则的预设，赋予了登记在后的购买价款抵押权有优先于登记在先浮动抵押权的效力，这一举措促成了浮动抵押权人与购买价款担保物权人之间的有效贷款营销竞争，为抵押人争取到了有效的市场竞争法律制度环境。法律制度通过赋予购买价款担保物权超级优先受偿权的方法，实现了保障债务人在市场中顺利开展融资活动的需求。购买价款抵押权优先于登记在先的浮动抵押权人，在于其本质是所有权保留在担保法领域的转化，该嗣后财产的流入并不会损害浮动抵押权人的利益反而增加了浮动抵押财产的价值，对于债务人而言也增加了其融资的手段。

第三个方面，即“但是留置权人除外”。结合上一句话，虽然购买价款抵押权超级优先于抵押人在抵押物上设立的其他担保物权，但其不可以优先于该抵押物上形成的留置权。购买价款抵押权是意定担保物权，留置权是法定担保物权。留置权之所以超级优先于留置物上的其他担保物权，且不论该担保物权的时间先后，是因为留置权的产生通常是以留置权人的劳力附加以及物品添附导致了留置物的价值提升，而留置权所担保的债务数值一般又低于其提升的留置物价值，所以，法律制度配置使留置权超级优先于其他担保物权，完全是在债权人因提供劳务或者添附动产而形成的留置物升值的价值范围内实现的，因此这一规定也不会损害其他担保物权人包括购买价款抵押权人的利益。①

二、本条的效应

如果可以确认“购买价款抵押权”制度是由所有权保留制度的法律形式转换而来，以及如果可以确认所有权保留、融资租赁等在法权属性上实质是担保物权的话，则购买价款抵押权制度在民法典中的确立，将会无意间引发法体系的重大效应：因着民事立法对物权法定原则的固守，使得原来在担保物权法律制度之外的学理名称为“非典型担保”的担保物权类型，得以纳入《民法典》担保物权法中来接受调整。既然所有权保留、融资租赁等本质上都是担保物权类型，则虽其身处合同法中作为合同法制度处理，也终因其担保物权的属性而需要与典型担保物权类型尤其是典型担保物权类型中的担保制度之王即抵押权制度相协调，甚至抛开名称之别作一体的处理。以此标准观察，我们认为《民法典》中的非典型担保物权制度，如身处合同法领域的所有权保留、融资租赁等，其制度设计与其作为担保物权的法权属性之间有不少差距，值得我们再予思考且有待修改或完善。②

如在所有权保留制度中，出售人保留的所有权不是目的性所有权，而是手段性所有权即担保物权。如学者所言，“出卖人以延迟移转物的所有权为手段，担保其全部获得卖价的债权，此时出卖人手中的所有权就成为其实现卖价请求权这一债权的担保物权”③。因此，“在标的物所有权移转前”即手段性，所有权亦即担保物权。在担保物权消灭前，买受人即担保人（抵押人）对于抵押物的处分，应当作与《民法典》第406条同样的处理，即抵押（所有权保留）期间，抵押人（买受人）可以转让抵押（出售）财产。当事人另有约定的，

① 参见董学立：《浮动抵押的财产变动及其效力限制》，载《法学研究》2010年第1期。

② 例如，将融资租赁作为担保物权处理，还是作为合同制度处理，其权利配置、规范设置将有很大不同。现在，我们基于经验的路径依赖将融资租赁作为合同制度来对待，则其权利配置、规范设置等方面，就与将其作为担保物权制度对待相比有很大的不同。如果将融资租赁作为担保物权制度对待，则其现有制度的许多方面需要修改、完善。

③ 孙宪忠：《德国当代物权法》，法律出版社1997年版，第345页。

按照其约定。抵押（出售）财产转让的，抵押权（出售人保留的所有权）不受影响。抵押权人（所有权保留人）能够证明抵押（出售）财产转让可能损害抵押权（保留的所有权）的，可以请求抵押（买受）人将转让所得的价款向抵押权（所有权保留）人提前清偿债务或者提存。转让的价款超过债权数额的部分归抵押人（买受人）所有，不足部分由债务（买受）人清偿。但是，《民法典》对在所有权保留期间买受人处分买受物的规范，与在抵押期间抵押人处分抵押物的规范，在行文上还是有一些差异：《民法典》第642条规定："当事人约定出卖人保留合同标的物的所有权，在标的物所有权转移前，买受人有下列情形之一，造成出卖人损害的，除当事人另有约定外，出卖人有权取回标的物：……（三）将标的物出卖、出质或者作出其他不当处分。"尽管这一规定在表述上与抵押期间抵押物的处分显著不同，但细为分析，其规范内容相差也并不大。为了免生歧义，我们还是建议将《民法典》第642条修改为"所有权保留期间，买受人可以转让出售财产。当事人另有约定的，按照其约定。出售财产转让的，出售人保留的登记所有权不受影响"。德国法上通过延长的所有权保留，使出卖方所保留的所有权延长至买受人出售标的所得以及经由标的物加工、混合、附合而成的添附物上，[①]从而允许所有权保留后买方的进一步转让，其主要理由在于"保留买主是商人，也就是说，他赖以为生的是：继续转让以所有权保留形式获得的商品。所以，保留卖主允许其继续转让"[②]。或者更进一步，在《民法典》第二编所有权保留制度中仅保留第641条，其他方面如保留所有权的效力、次序、实现以及消灭等，可准用抵押权的规定。

如在融资租赁制度中，融资租赁本质上是一种所有权保留制度，因此出租人保留的所有权是一种功能性所有权而非目的性所有权。其保留所有权的目的在于担保租金的支付。所以，从制度设计的目的来看，融资租赁制度也可以如同所有权保留制度那样，在形式上转换为抵押权制度，即租赁人未支

① 参见［德］弗里茨·鲍尔、于尔根·F.鲍尔、罗尔夫·施蒂尔纳：《德国物权法》（下册），申卫星、王洪亮译，法律出版社2006年版，第667页；李辉东：《所有权保留制度研究》，载梁慧星主编：《民商法论丛》（第18卷），金桥文化出版公司2001年版，第48页。

② ［德］弗里茨·鲍尔、于尔根·F.鲍尔、罗尔夫·施蒂尔纳：《德国物权法》（下册），申卫星、王洪亮译，法律出版社2006年版，第667页。

付全部租赁费用前，即可以享有出租物的所有权，出租人则享有出租物的抵押权。出租人享有功能性所有权与出租人享有抵押权，在制度功能上是同一的，即都是担保租金等费用债权的实现。因此，《民法典》第745条规定的“出租人对租赁物享有的所有权，未经登记，不得对抗善意第三人”，也可以在形式上转化本条即“购买价款抵押权”制度，即在租赁物上设立的动产抵押权担保的是承租租赁物的费用，租赁物交付后十日内办理抵押权登记的，该抵押权优先于承租人在该租赁物上设立的其他担保物权。但《民法典》第753条规定的“承租人未经出租人同意，将租赁物转让、抵押、质押、投资入股或者以其他方式处分的，出租人可以解除融资租赁合同”，就需要作与抵押期间抵押物处理同样的软化处理。我们建议将《民法典》第753条修改为“出租期间，承租人可以处分租赁物。当事人另有约定的，按照其约定。租赁物被处分的，出租人保留的登记租赁物所有权不受影响”。另需再进一步规定“承租人处分租赁物的，应当及时通知出租人。出租人能够证明租赁物的处分可能损害其权益的，可以请求承租人处分租赁物所得的价款向出租人提前清偿债务或者提存。转让的价款超过债权数额的部分归承租人所有，不足部分由债务人清偿”。同时，我们也建议将《民法典》第757条规定的“对租赁物的归属没有约定或者约定不明确，依据本法第五百一十条的规定仍不能确定的，租赁物的所有权归出租人”，修改为“对租赁物的归属没有约定或者约定不明确，依据本法第五百一十条的规定仍不能确定的，租赁物的所有权归承租人”。只有将“租赁物的所有权归出租人”的法律推定修改为“租赁物的所有权归承租人”，才符合融资租赁在形式上以租为名，在实质上行买卖之实的本质。

三 其他问题

因为购买价款抵押权制度在我国立法中是新设制度，本条关于该制度表述存有一些不足，需要予以修正、澄清。

第一，表述对象模糊。所谓“表述对象模糊”，是指本条中的“动产抵押担保的主债权是抵押物的价款”这一句话并非不正确，而是用语过于抽象，没有清晰、率直地表述出购买价款抵押权本身。对于这一立法不足，就连一些著名的民法学者都说这句话很难读懂，那么其他非法律职业人士尤其是社会大众就更不容易理解这句话所表述的对象。购买价款抵押权，解决的是购买人没有资金，甚至也没有担保财产来获得融资的情况下，与出售人协商以购置物本身作为抵押物担保购买价款支付的法律制度设计。这一法律制度设计难以被常人理解之处在于，怎么可以把没花一分钱即原本属于出售人的出售物作为担保对出售人的支付价款的抵押物呢？但如果我们把购买价款抵押权制度还原回去，回到其原型——所有权保留买卖，我们就能够理解这一制度了。

我国担保物权立法中一向没有独立的所有权保留这一担保物权类型。所有权保留制度在我国民事立法中，从来都是作为非典型担保物权类型存在的。欲将所有权保留制度纳入担保物权立法的管道中来接受调整，只有把所有权保留制度转换为抵押权制度。将所有权保留制度转换为抵押权制度，是通过当事人的合意将没花一分钱的购买物所有权移转给买受人所有，买受人再同时依合意将其买受人所有的购买物所有权抵押给出售人。如此一来，即将依所有权保留制度享有所有权以担保购买价款支付的出售人，转换成依抵押权制度享有抵押权以担保购买价款支付的出售人。在这一制度转换的过程中，我们可以认识到：所有权归属于谁其实并不重要，重要的是出售人为了担保价款的支付享有什么样的法律地位——在受担保债权数额限度内，对担保财产变价的优先受偿权——这不论是在所有权保留制度下，还是在抵押权制度下，皆属无异。为了便于学习理解好并解释适用好本条，我们提出的修改方案是：购置物上设立的动产抵押权担保的是购置物的价款。这一表述相比“动产抵押担保的主债权是抵押物的价款”，要具体、清晰、浅显、易懂得多。

第二，关系表述混乱。所谓“关系表述混乱”，是指本条“标的物交付后十日内办理抵押登记的，该抵押权人优先于抵押物买受人的其他担保物权人受偿”这一规定中，除了前一句话中的“标的物”这一抽象概念，以及因着前述表述对象在前述被修改为“购置物”，其谓语部分表述为“抵押登记”就属于表述不当，以及后一句话中的“该抵押权”指称所需，在这里应该将“抵押登记”修改为“抵押权登记”外，重点是后一句话即“该抵押权人优先于抵押物买受人的其他担保物权人受偿”的表述混乱——不仅将抵押权同其他担保物权之间的优先受偿次序关系，表述成了抵押权人与其他担保物权人之间的优先受偿次序，而且将同一担保物上的不同担保物权之间的优先受偿次序表述成了是否属于同一物的不确定状态。这一混乱的表述必然为立法后的司法活动带来困惑。所以，我们提出的修改方案是：该抵押权优先于买受人在该购置物上设立的其他担保物权。其中“该抵押权”即前述“办理抵押权登记”所称的“抵押权”之代称；“买受人在该购置物上设立的其他担保物权”即限定了“该抵押权”得以优先受偿的其他担保物权的范围。

第三，表述次序重复。所谓的“表述次序重复”，是指本条“但是留置权人除外”这一表述。依照上述的修改原理，首先，应该将“留置权人”修改为“留置权”；其次，我们认为，本条无需再赘述“但是留置权除外”的规定。原因在于，《民法典》第456条规定：“同一动产上已经设立抵押权或者质权，该动产又被留置的，留置权人优先受偿。”按照体系解释，此条中的“抵押权”应当包括“购买价款抵押权”，此条中的“留置权（人）优先受偿”应当解释为“留置权优先于购买价款抵押权优先受偿”在内。既然如此，基于法典法的逻辑性、体系性的要求，为避免规范的重复，本条无需再规定“但是留置权除外”。所以，我们提出的修改方案是：删除“但是留置权除外”。

综合以上三个方面，我们提出的完整修改方案是：在购置物上设立的动产抵押权担保的是购置物的价款，购置物交付后十日内办理抵押权登记的，该抵押权优先于买受人在该购置物上设立的其他担保物权。

第四百一十七条【以建设用地使用权抵押的特别规定】

建设用地使用权抵押后，该土地上新增的建筑物不属于抵押财产。该建设用地使用权实现抵押权时，应当将该土地上新增的建筑物与建设用地使用权一并处分。但是，新增建筑物所得的价款，抵押权人无权优先受偿。

历史由来

本条承袭了《物权法》第200条，只是将原来的2句话修改为现在的3句话，将“但”修改为“但是”。《物权法》第200条由《担保法》第55条修改而来。此外，《城市房地产管理法》第52条规定：“房地产抵押合同签订后，土地上新增的房屋不属于抵押财产。需要拍卖该抵押的房地产时，可以依法将土地上新增的房屋与抵押财产一同拍卖，但对拍卖新增房屋所得，抵押权人无权优先受偿。”

规范目的或功能

本条是关于建设用地使用权抵押权与抵押的建设用地上新增建筑物的关系的规定。在许多情况下，所抵押的建设用地上并没有后来新增的建筑物。此时，最初所抵押的仅仅是建设用地使用权，以及建设用地使用权抵押时该建设用地上已经存在的建筑物（本法第397条适用的结果）。在许多情况下，受担保债权经清偿之后也无需再以实现抵押权的方式保障受担保债权的实现。但也有时候，受担保债权需要通过实现抵押权的方式保障其实现，且在实现对建设用地使用权的抵押权的时候，该建设用地上出现了新增的建筑物。对建设用地使用权的变价必然导致对建设用地上的新增建筑物在内的所有建筑物一并变价处分。对于建筑物的变价部分，建设用地使用权抵押权人有没有优先受偿权，需要法律作出明文规定，以减少纷争。本条所处理的情势，就属于这一情形。

规范内容

本条类属于抵押权的效力规范群。依据我国民事立法，土地与土地上的房屋等建筑物分别作为不同的财产加以处理，土地和建筑物分别为独立的不动产。但如果在交易中允许土地和土地上的建筑物分别处分给不同权利主体，则因土地与房屋的不可分离物质属性，必将导致阻碍土地或房屋等建筑物的流通或转让。所以，虽在法律上可以将土地和土地上的房屋等建筑物分别作为不动产处理，但在法律实践中却不允许土地和土地上的房屋等建筑物分别处分，即在实务上须将土地和土地上的房屋等建筑物一并处分，即出售给同一个人。为了从制度源头上达到土地和土地上的房屋等建筑物一并处分的目的，《民法典》第397条规定：“以建筑物抵押的，该建筑物占用范围内的建设用地使用权一并抵押。以建设用地使用权抵押的，该土地上的建筑物一并抵押。抵押人未依照前款规定一并抵押的，未抵押的财产视为一并抵押。”从该条的规定来看，第1款是以劝勉的方式推动当事人以合意实现土地与土地上的建筑物一并抵押的目的；第2款则是在当事人不能按照法律期许的那样主动以合意实现土地和土地上的建筑物一并抵押时，法律直接以拟制的方式代替当事人的合意，实现土地和土地上的建筑物一并抵押。立法的意旨很明确：当事人最好是服从法律的劝导以自主意思将土地和土地上的建筑物一并抵押，如果当事人不服从劝导未自主实施一并抵押，法律则代替当事人以拟制促成一并抵押。对此，亦有学者提出若过分强调房地一并处分亦有弊端，如在被担保的债权数额低于或等于单独的土地使用权价值或单独的地上房屋价值额时，仍需房地一体抵押、一体处分，其结果不是土地使用权或房屋转让困难就是地价款、房价款降低。①

土地与土地上的建筑物必须一并抵押的立法目的，并非在于增加抵押权人的抵押财产，而在于促进土地与建筑物的流通或转让，即一并处分。因为建筑物当然是离不开土地而独立存在的，土地也不能以拆除建筑物的方式设立土地的单独抵押。在经济利益最大化原则要求下，土地及土地上的建筑物转让或流通的最佳方式就是一并抵押、一并处分。对此有学者同样指出，“抵押权实现时，需要对土地使用权和房屋所有权分别，如果法律规定在变价时房地权利的受让主体必须是同一人，不能出售给不同的主体，这就可以避免权利主体的分离现象”②。既然一并抵押的立法目的并不在于增加抵押权人的抵押财产，则一并抵押的抵押财产变现后，就被一并抵押（土地或建筑物）的变价数额部分，抵押权人没有权利优先受偿。这也适用于土地与建筑物或者建筑物与土地一并处分的抵押财产变现受偿限制原理，也同样适用于土地抵押后，土地上新增建筑物的抵押和一并处分。对于土地抵押时尚不存在的即后来新增的房屋，因抵押权设立之时不存在，当然没有一并抵押主客观现实可能。因此，本条规定“建设用地使用权抵押后，该土地上新增的建筑物不属于抵押财产”。但既然建筑物在抵押权设立之后并实现之前建成存立在抵押土地上，在实现土地抵押权的时候，唯有如一并抵押的土地和建筑物那样被一并处分，才符合财产的效益原则。所以，本条规定了“该建设用

① 参见崔建远等：《中国房地产法研究》，中国法制出版社1995年版，第87页。

② 参见王利明：《物权法论》，中国政法大学出版社2003年版，第444页。

地使用权实现抵押权时，应当将该土地上新增的建筑物与建设用地使用权一并处分”。

既然一并处分的立法目的并非在于获得新增建筑物的变现价值，而在于促进抵押物变价的效益，以及促进抵押物的处分或流转，则对于因一并处分获得的新增建筑物的变价部分，抵押权人没有权利优先受偿。所以，本条规定了“新增建筑物所得的价款，抵押权人无权优先受偿”。

本条规范对于解释本法第397条关于建设用地使用权与建筑物一并抵押，以及建筑物与建设用地使用权一并抵押规定下的价金分配，具有很好的法体系内部说明力。在理论上，对于一并抵押中的抵押物处分，有两种对变价的分配主张：一是主张按照“视为一并抵押”的规则处理，[①]在这一主张指引下，按照同一集合抵押物上设立的数个抵押权之间的优先受偿次序规则，即按照《民法典》第414条规定的登记公示在先的抵押权优先于登记公示在后的抵押权受偿。《九民纪要》第61条规定：“根据《物权法》第182条之规定，仅以建筑物设定抵押的，抵押权的效力及于占用范围内的土地；仅以建设用地使用权抵押的，抵押权的效力亦及于其上的建筑物。在房地分别抵押，即建设用地使用权抵押给一个债权人，而其上的建筑物又抵押给另一个人的情况下，可能产生两个抵押权的冲突问题。基于‘房地一体’规则，此时应当将建筑物和建设用地使用权视为同一财产，从而依照《物权法》第199条的规定确定清偿顺序：登记在先的先清偿；同时登记的，按照债权比例清偿。同一天登记的，视为同时登记。应予注意的是，根据《物权法》第200条的规定，建设用地使用权抵押后，该土地上新增的建筑物不属于抵押财产。”二是主张按照分别抵押的理论，即按照建筑物所有权和建设用地使用权分别抵押的理论处理，由于当事人在两个独立的抵押合同中将建筑物所有权和建设用地使用权分别抵押给两位不同主体，如张三和李四，按照当事人之间的意思自治，不仅在评估时分别作价，而且在登记时分别登记，因此可以认为两个抵押权设立皆为有效。在抵押权实现的时候，应就两项抵押财产一并处分，即必须将建筑物和建设用地使用权出让给同一个买受人，以满足地随房走或者房随地走的房地一体处理要求。但在对抵押物变价的分配方面，则须分别受偿，即

① 参见崔建远等：《中国房地产法研究》，中国法制出版社1995年版，第129—130页。

各抵押权人仅就抵押物的变现优先受偿，而对被一并抵押的土地或者建筑物的变价部分，则抵押权人无权优先受偿。①

从文义分析来看，上述第一种主张较为符合规范文义。但从规范目的来看，上述第二种主张更加符合规范的目的。就第一种主张而言，尽管其符合规范文义，但其规范运行的结果存在严重不公平，如在“视为一并抵押”的情形下，同一集合财产上抵押人设立的两个抵押权的优先受偿次序将依照登记公示的时间先后确定，即就集合抵押财产即建筑物所有权和建设用地使用权的变价所得，公示在先的抵押权优先于公示在后的抵押权受偿。如此受偿，排序在先的抵押权有可能全额实现受担保债权，而排序在后的抵押权则因此不能全额受偿或者全额不能受偿。这一结果明显违背了当事人设定抵押权时的真实意思表示，对于全额不能受偿的抵押权人而言尤其不公平。具体而言，在建筑物与建筑物占有范围内的建设用地使用权得分别抵押的法制条件下，当事人分别抵押建筑物和建筑物占有范围内的建设用地使用权，是完全符合私法自治原则的。“一并抵押”和“视为一并抵押”的规定，绝不是要求在私法自治原则之外，超当事人意志地肆意增加抵押财产，而是考虑到土地与建筑物不可分离的特质而作的法律制度安排，其目的仅在于以“一并抵押”或者“视为一并抵押”为手段，实现土地和建筑物的“一并出让”。最终使得两者在处分变现后不至于分属不同主体，造成财产使用效力下降。超出立法目的的法律规范解释，还会使得分别抵押情况下登记公示时间排序在后的抵押权人，有抵押权利益落空的风险。因此，在同一法律内部就相同问题有明文规定的情况下，第一种主张得出的解释结果不得接受。

三 其他问题

实践中出现的一个问题是，因新增建筑物而导致先期抵押的建设用地使用权的变现能力受到不利影响。对此不利影响如何解决，值得考虑。我们认

① 参见梁慧星、陈华彬：《物权法》（第二版），法律出版社2003年版，第318页；刘云生：《中国不动产法研究》，法律出版社2006年版，第337页。

为，建设用地使用权抵押后，建设用地上新增加建筑物必然使得建设用地使用权本身的价值受损，其受损额应以市场价格计算。对于抵押人自己增建建筑物，有人认为应以区分抵押人是否告知抵押权人为依据，区分为抵押人告知抵押权人需要新增建筑物并得到抵押权人同意的，以及抵押人未告知抵押权人新增建筑物未得到其同意的。对于前者，建设用地抵押权的效力不及于其设立后新增的建筑物。因为此时抵押人与抵押权人实际上已对该抵押物作了重新估价。对于后者，建设用地使用权抵押权的效力及于其设定后新增的建筑物。建设用地使用权因新增建筑物而使其售价降低，侵害了抵押权人的利益，抵押权人可以通过对新增建筑物变价的优先受偿弥补售价降低而带来的损失。我们认为这一主张违背了本法第406条的规定。正确的理解还是回到本法第406条上来，不论是抵押人自己增建建筑物，还是在建设用地使用权抵押后出售建设用地使用权给他人增建建筑物。此两种情况都会使抵押了的建设用地使用权的变价受损。对受损的补损方法，不论是自建建筑物还是他建建筑物，都可以按照市场价格补足因增建建筑物而使得建设用地使用权价值受损的部分。

第四百一十八条【集体土地使用权抵押权实现的限制】

以集体所有土地的使用权依法抵押的，实现抵押权后，未经法定程序，不得改变土地所有权的性质和土地用途。

历史由来

本条由《物权法》第201条修改而来。《物权法》对可抵押的集体所有土地的使用权以具体列举的方式规定，即“依照本法第一百八十条第一款第三项规定的土地承包经营权抵押的，或者依照本法第一百八十三条规定以乡镇、村企业的厂房等建筑物占用范围内的建设用地使用权一并抵押的”。本条以抽象概括的方式规定了集体所有土地使用权的抵押，即“以集体所有土地的使用权依法抵押的”。从我国农村土地政策的走向来看，以抽象概括的方式规定抵押物，有利于适应后续经济社会的发展变化。

规范目的或功能

在我国，对土地的所有和土地的用途，采取严格法定的态度，不允许当事人以自由意思约定，也不允许民事主体自主改变，以确保国家意志的实现。我国对农村、农民、农业即“三农”问题向来十分重视，对涉及农村集体所有的土地所有权、使用权等权利的流转更是采取了严格的法律限制。以集体所有土地的使用权抵押的，其抵押权的实现必将导致土地使用权的流转。土地使用权流转有可能引起土地所有权变动或者土地用途变化，若对此不加以限制，则与现有法律的一些规定相矛盾。

规范内容

本条类属于抵押权的效力规范群。

一、集体所有土地的使用权抵押

我国实现土地所有权的国家所有和集体所有，私人不得拥有土地所有权。在国家所有的土地上，设有建设用地使用权；他人包括自然人和法人，可以通过划拨或者转让方式，获得国家所有土地的建设用地使用权。对于集体所有土地，集体经济组织的社员可以获得宅基地使用权，可以获得土地承包经营权，可以获得地役权，集体经济组织以及集体经济组织社员等兴办的村企业可以有偿或无偿地获得建设用地使用权等。至于集体所有土地上的何种土地使用权得以被抵押，本法没有明确规定：本法第395条修改了《物权法》第180条的规定，将《物权法》第180条第1款第3项规定的“以招标、拍卖、公开协商等方式取得的荒地等土地承包经营权”可以抵押的规定，修改为“海域使用权”可以抵押。海域使用权是在国家所有的海域所有权的基础上设立的用益物权类型，依据本法第247条的规定，海域属于国家所有。也就是说，在国家所有的土地上设立的海域使用权不是集体所有土地的使用权。其从“物”的自然属性来看，海域绝非同于土地。在将“以招标、拍卖、公开协商等方式取得的荒地等土地承包经营权”修改为“海域使用权”之后，在本法第395条关于可以抵押财产的规范中，完全没有了集体所有的土地使用权的抵押内容。在本法第399条关于不得抵押的财产规范中，其第2项规定了“宅基地、自留地、自留山等集体所有土地的使用权”不得抵押，但“法律规定可以抵押的除外”。从宅基地、自留地和自留山这三项土地使用权的属性来看，它们与集体组织成员的日常基本生存和生活密切相关，不适合流转，所以不得抵押。除此之外，土地承包经营权、“四荒”等集体所有土地使用权，虽不在可抵押财产范围之内，但也非属不得抵押财产。依据《民法典》第398条规定的“乡镇、村企业的建设用地使用权不得单独抵押。以乡镇、村企业的厂房等建筑物抵押的，其占用范围内的建设用地使用权一并抵押”，可以认为乡镇、村企业的厂房等建筑物占用范围内的建设用地使用权可以抵押。另外，从《土地管理法》第62条第5款的规定来看，该款虽未正面规定宅基地可以抵押，但该款所谓“农村村民出卖、出租、赠与住宅后，再申请宅基地的，不予批准”却间接地道出了宅基地可以转让，既然可以转让，那当然可以抵押。《土地管理法》的该款规定与《物权法》第184条第2项关于宅基地不得抵押的规定，如何协调，值得研究。从本条将《物权法》关于可抵押集体所有土地使用权的具体列举式规定，修改为抽象概括式规定，可以推断出立法者在关于可抵押的集体所有土地使用权范围上，给其后的立法留足了发挥的空间。唯独从立法的时间先后来看，《民法典》在《土地管理法》之后颁行，其关于宅基地不得抵押的规定，应优先适用。

二、实现抵押权后不得改变土地所有权的性质和土地用途

抵押权的实现过程，在集体所有土地使用权与其他抵押物上的抵押权并无二致，即都是对抵押物或折价、或变卖、或拍卖，并以变价优先受偿。但两者之间不一样的是，集体所有土地使用权抵押权变现后，集体所有土地的使用权主体发生变更。通常，集体所有土地的使用权主体是集体经济组织的社员、村企业等。集体所有的土地使用权发生变更后，其权利主体不一定是村集体经济组织的成员或村企业等。由于物权是支配权、排他权，权利主体的变化对于集体所有土地使用权的内容有着直接影响：如法律不加限制，通常使用权人有按照自己的意志自由使用的权利。

为了确保集体所有土地使用权设立目的的实现，在集体所有土地上的使

用权抵押权变现后，即集体所有土地使用权主体发生变更以后，我国法律对其使用权的变更作了限制。在土地所有权性质的改变方面，主要指向国家所有的转变。此一方面涉及《土地管理法》第五章关于“建设用地”的规定，具体指国家基于法定的理由征收农民集体所有的土地。征收集体所有土地是对征收对象土地所有权的剥夺并移转至国家所有。此时，首先应当经过法定的农用地转用审批手续（《土地管理法》第44条），符合法定的批准权限（《土地管理法》第46条），履行公告登记手续（《土地管理法》第47条）以及确定合理合法的补偿安置方案（《土地管理法》第48条、第49条）。在土地用途方面，农民集体所有土地上设立的使用权主要包括农用地、建设用地和未利用土地。根据《土地管理法》第4条的规定，我国实行土地用途管制制度；国家编制土地利用总体规划，规定土地用途；严格限制农用地转为建设用地，控制建设用地总量对耕地实行特殊保护；使用农民集体所有土地的单位和个人必须严格按照土地利用总体规划确定的用途使用土地。鉴于我国现行相关法律的严格规定，以农民集体所有土地使用权抵押的，实现抵押权的土地使用权发生变动以后，未经法定程序，不得改变土地所有权的性质和土地用途。

以农用地使用权抵押的，债务到期未清偿的以及发生当事人约定的其他实现抵押权的情形，抵押权人可以与抵押人通过协议，以该农民集体所有土地的农地使用权折价或者以拍卖、变卖该农民集体所有土地的农地使用权所得的价款，在受担保债权数额限度内优先受偿。

以折价方式实现抵押权的，抵押权人必须符合我国《农村土地承包法》规定相关条件并办理相应的手续，且不得损害其他依法享有优先权的法律主体的利益。根据《农村土地承包法》第18条第1项，维持土地的农业用途，未经依法批准不得用于非农建设是承包方应承担的义务。第38条规定：“土地经营权流转应当遵循以下原则：（一）依法、自愿、有偿，任何组织和个人不得强迫或者阻碍土地经营权流转；（二）不得改变土地所有权的性质和土地的农业用途，不得破坏农业综合生产能力和农业生态环境；（三）流转期限不得超过承包期的剩余期限；（四）受让方须有农业经营能力或者资质；（五）在同等条件下，本集体经济组织成员享有优先权。”由于我国人多地少，粮食是关系国计民生的大事，粮食安全是国家安全重要方面，因此法律尤其强调“受让方须有农业经营能力或者资质，以及在同等条件下，本集体经济组织成员享有优先权”。

以拍卖、变卖方式实现抵押权的，受让方的主体条件和所应履行的手续，与上述折价方式中的抵押权人相同。具体包括受让人的主体资格、签订书面转让合同等。

以乡镇、村企业的建设用地使用权抵押权的，因为本法第398条均规定乡镇、村企业的建设用地使用权不得单独抵押。以乡镇、村企业的厂房等建筑物抵押的，其占用范围内的建设用地使用权一并抵押。所以，对乡镇、村企业的建设用地使用权的抵押，只能在抵押乡镇、村企业的厂房等建筑物的情形下，乡镇、村企业的厂房等建筑物占用范围内的建设用地使用权一并抵押。在债务人到期不履行债务或者发生当事人约定的实现抵押权的情形下，抵押权人可以与抵押人通过协商以该乡镇、村企业的厂房等建筑物使用权和同一土地使用权一并折价或者以拍卖、变卖该两项一并抵押财产的价款，按照我们前述关于一并抵押财产的优先受偿范围的论述受偿。但是，基于维护农村集体土地使用权所有权性质和用途不变的考虑，为了防止抵押权实现后，受让人在该乡镇、村企业的厂房等建筑物占用范围内的土地上从事与建设用地相类似的房产项目开发或工程设施建设，为避免实质上变更该土地集体所有的法律属性，损害农民集体组织的利益，因此本条规定在“实现抵押权后，未经法定程序，不得改变土地所有权的性质和土地用途”。

其他问题

农民集体经济组织所有的土地负载的权利类型，除原有的集体组织的所有权，社员的承包经营权、宅基地使用权等用益权外，我国正在积极推进的集体组织土地上的三权分离制度，即农民集体组织对土地的所有权，集体社员以身份上的社员权对集体组织所有的土地的使用权，以及集体组织社员在土地使用权上设立的对土地的经营权。其中，集体组织的所有权和集体社员的使用权具有人身专属性，而对在集体社员使用权的基础上分离出的经营权，则无主体身份的限制。这一制度设计之目的，在于摆脱原有的以身份为基础的农民集体土地所有及使用财产关系，为改变农村生产方式提供法律保障。

本条是“随乡镇、村企业兴办的工业产房一起抵押的、本属于集体经济组织所有的建设用地使用权”实现抵押之后，限制这类土地的用途的法律规范。我国法律保护农用地，根据《土地管理法》中关于集体建设用地使用权流转方式的规定，集体土地用于建设只有三种情形：兴办乡镇企业、村民建设住宅、乡（镇）村公共设施或者公益事业建设。换言之，原则上集体土地只能由集体组织自用，不可用于商业化交易、经营等。非依照法律程序不可以修改农用土地的使用用途。但绝对化的法律规定阻碍了土地效用的充分发挥，本条搭配本法第398条也是立法政策趋向缓和的表现。

第四百一十九条【抵押权存续期间】

抵押权人应当在主债权诉讼时效期间行使抵押权；未行使的，人民法院不予保护。

历史由来

本条承袭了《物权法》第202条，在内容与表述上均未做修改。《九民纪要》第59条规定：“抵押权人应当在主债权的诉讼时效期间内行使抵押权。抵押权人在主债权诉讼时效届满前未行使抵押权，抵押人在主债权诉讼时效届满后请求涂销抵押权登记的，人民法院依法予以支持。以登记作为公示方法的权利质权，参照适用前款规定。”我国《担保法》对此问题没有规范。《担保法解释》第12条对此有规定：“当事人约定的或者登记部门要求登记的担保期间，对担保物权的存续不具有法律约束力。担保物权所担保的债权的诉讼时效结束后，担保权人在诉讼时效结束后的二年内行使担保物权的，人民法院应当予以支持。”该解释规定与我国台湾地区“以抵押权担保之债权，其请求权已因时效而消灭，如抵押权人于消灭时效完成后，5年间不实行其抵押权者，其抵押权消灭”的规定相近似，只不过台湾地区明确规定了抵押权的行使期间为除斥期间，理由在于：“谨按抵押权为物权，本不因时效而消灭。惟以抵押权担保之债权已因时效而消灭，而抵押权人于消灭时效完成后，又复经过5年不实行其抵押权，则不能使权利状态永不确定，应使抵押权归于消灭，以保持社会之秩序。此本条所由设也。”[①]但《物权法》第202条的规范内容与《担保法解释》第12条的规范内容不同。在《物权法》起草过程中，对应当规定抵押权的存续期间达成了较为一致的意见，但该期间如何规定又各有异议。有学者认为应当延续《担保法解释》第12条的规定，但在存续期间上又有二年或四年的不同意见，在规范设计上具体表现为中国社科院法学研究所梁慧星教授主持完成的《中国物权法草案建议稿》第332条规定“抵押权人自抵押物所担保的债权诉讼时效完成后，经过两年不行使抵押权的，抵押权消灭”[②]，以及人大法学院王利明教授主持完成的《中国物权法草案建议稿及说明》第425条“抵押权人自抵押担保的债权清偿期届满后四年内不行使的，不得再实现抵押权，或者抵押人催告后一年内不行使的，不得再行使抵押权”[③]。也有学者认为应当在主债权诉讼时效期间行使抵押权，未行使的人民法院不予保护。[④]《物权法》第202条最终采纳了后者，本条也与物权法规定一贯而终。

规范目的或功能

从根本目的上来看，担保物权是为了担保债权的实现而设立的，而且，任何一个担保物权的设立或者产生，最终都是为了担保某一特别债权的实现。但任何债权包括受担保债权都有存续期限，即债权都有债权到期之日。自债权到期之日，受担保债权人有请求债务人履行债务的权利，但法律对这一请求权有诉讼时效限制。在诉讼时效期间如不行使权利中断诉讼时效，则诉讼时效到期后，人民法院不予保护。从逻辑上看，对于一个不受人民法院保护的债权，担保其实现的担保物权也不应受到人民法院的支持。如法律不顾受

---

① 陈忠五主编：《新学林分科六法·民法》，台北新学林出版股份有限公司2006年版，第C—197页。

② 中国物权法研究课题组：《中国物权法草案建议稿附理由》（第二版），社会科学文献出版社2007年版，第575页。

③ 王利明编著：《中国物权法草案建议稿及说明》，中国法制出版社2001年版，第106页。

④ 参见全国人大常委会法制工作委员会民法室编：《〈中华人民共和国物权法〉条文说明、立法理由及相关规定》，北京大学出版社2007年版，第302页。

担保债权诉讼时效的限制，而执意保护担保物权人，则与法律设立诉讼时效制度的法律精神相悖。正如学者所言，“这样规定的主要考虑是，随着市场经济的快速运转，如果允许抵押权一直存续，可能会使抵押权人怠于行使抵押权，不利于发挥抵押财产的经济效用，制约经济的发展。因此，规定抵押权的存续期间，能够促使抵押权人积极行使权利，促进经济的发展。由于抵押权是主债权的从权利，因此，一些国家民法和我国台湾地区民法将抵押权的存续期间与主债权的消灭时效或者诉讼时效挂钩的做法，值得借鉴”①。因此，本条规定：“抵押权人应当在主债权诉讼时效期间行使抵押权；未行使的，人民法院不予保护。”

规范内容

本条类属于担保物权消灭的规范群。

关于担保物权的消灭，立法以提取公因式的方式，规定在担保物权法的“一般规定”部分。本条关于“未行使的，人民法院不予保护”的法律属性是什么？值得探讨。以将其认定为抵押权的消灭为宜。

尽管诉讼时效过后人民法院对担保物权不予保护不等于担保物权的消灭，但人民法院不予保护将产生与担保物权消灭接近的法律效果。当然，从担保物权本身的角度观察，诉讼时效期限届满，抵押权人对抵押人主张抵押不受人民法院保护，也可以认定为抵押权的效力问题。因此，本条又可以类属于担保物权的效力规范群。但从本条所处的位置及法律效果来看，将其归入担保物权的消灭规范群，更为妥当。

主债权诉讼时效完成，是否影响以及如何影响担保物权，存在截然对立的规范模式：一是担保物权不受主债权诉讼时效的影响，如《德国民法典》第223条规定：“以抵押权、船舶抵押权或质权担保的请求权，虽经时效消灭，但不妨碍债权人就其担保物权取偿”；《瑞士民法典》第807条规定：“因不动产担保而登记的债权，不受时效限制”；我国台湾地区的相关规定与德国民法

① 全国人民代表大会常务委员会法制工作委员会编：《中华人民共和国物权法释义》，法律出版社2007年版，第439—440页。

典的规定相同。二是担保物权受诉讼时效的影响，如《法国民法典》第2180条规定："优先权及抵押权，因时效完成而消灭"；依据《日本民法典》第396条的规定，该法实际上也承认了担保物权因主债权时效完成而消灭。但须注意的是，即使是在担保物权不受主债权诉讼时效影响的国家或地区，也会通过其他制度实施对担保物权行使的限制，如《德国民法典》第1170条规定抵押权的公示催告程序，即对不知名的债权人，若其在抵押权登记后10年内不行使抵押权，且抵押人在此期限内承认债权人的担保物权，则可以通过公示催告的程序排除债权人的担保物权；《瑞士民法典》第871条也有近似的规定；我国台湾地区则使用除斥期间限制抵押权的行使，规定若受担保债权人在主债权诉讼时效完成后5年内不行使抵押权的，则抵押权消灭，这与《担保法解释》采取的模式相同，不同的是将除斥期间规定为2年。

主张不受影响①的理由有：一是主债权诉讼时效期间届满后，债务人获得抗辩债权人请求的权利，主债权本身并不消灭，所以担保物权基于其从属性也就依然存在；二是担保物权属于支配权，支配权不受诉讼时效限制，因此不能将其与受担保债权一并处理；三是担保物权如因主债权的时效完成而消灭，不利于对担保物权人的利益保护；四是担保物权如因主债权的诉讼时效而消灭，将导致担保物权人采取各种措施中断诉讼时效的消灭，因而增加制度的成本。

主张受影响②的理由有：一是充分贯彻了担保物权的从属性，担保物权既然从属于受担保债权，则受担保债权因诉讼时效而不受人民法院保护，则担保主债权实现的担保物权也不应该受到人民法院的保护。二是有利于协调各方利益，在第三人为担保人时，若主债权诉讼时效完成后不影响担保物权的

---

① 涉及诉讼时效完成不会致使担保物权消灭的理由参见戴永盛：《论担保物权之罹于时效与担保物权之存续》，载《法律科学》（西北政法大学学报）2014年第3期；叶金强：《担保法原理》，科学出版社2002年版，第161页；（2016）沪02民终6890号。

② 涉及诉讼时效影响担保物权的理由参见孙宪忠编著：《中国物权法：原理释义与立法解读》，经济管理出版社2008年版，第477—478页；张驰：《论抵押权的存续期间——兼评我国〈物权法〉第202条》，载《法学》2010年第4期；朱庆育：《民法总论》，北京大学出版社2013年版，第530页；张永：《抵押权法定存续期间效力及性质的二重性分析——以〈物权法〉第202条为中心》，载《政治与法律》2014年第2期；（2017）粤03民终9772号；（2017）赣10民终988号。

效力，债权人仍可以实现担保物权，则债权人实现担保物权后，担保人若向债务人追偿，会造成很大的法律问题，即若允许担保人追偿，债务人将失去诉讼时效利益，此与诉讼时效制度的目的相悖；若不允许担保人追偿，则债务人与债权人有可能据此有道德风险。在债务人自己是担保人的情况下，有学者认为，“债务人为担保人时，宜规定债务人不得主张主债权时效届满以对抗担保权人。如此规定并没有与时效制度相冲突。诉讼时效制度下，时效抗辩者有自愿放弃时效利益之权利，该自愿与债务人在不能负担主债务时而负担担保物价之丧失的自愿在实质上相同，因为担保物权本身并无独立的诉讼时效”①。我们认为这一主张过于强势：债务人自己向债权人设定担保物权，并不意味着因此同意债权人在任何情况下都可以通过该担保物权受偿，而仅仅是赋予债权人通过担保物权优先受偿的权利。在此条件之下，是否存在有效的担保物权，是另一个问题。不能因同意设定担保物权，就推定因此放弃了诉讼时效的利益。

本书认为，抵押权应该受到受担保债权诉讼时效的影响。原因在于：一是从抵押权与受担保债权的关系来看，抵押权从属于受担保债权，尽管其有一定的独立性，但归根结底是为担保债权服务的。如果受担保债权因诉讼时效不受人民法院保护，而担保债权实现的抵押权依然可以实现的话，则与法律设置诉讼时效制度立法目的相背离。二是担保物权本身不适用诉讼时效，不等于担保物权不受诉讼时效制度的影响。担保物权本身不适用诉讼时效与担保物权受到诉讼时效制度影响是两码事。三是在担保物权因主债权的诉讼时效而受到影响的情况下，确实对受担保债权人不利，但在受担保债权人不及时行使债权以及担保物权的情形下，法律执意保护债权人的理由殆尽。四是让担保物权因受担保债权的诉讼时效影响，在私法自治之下，能促进担保财产的经济效益，符合担保物权法的经济效益原则。受担保债权人在债务到期不能实现权利的时候，应该及时行使担保物权以实现担保债权，但担保物权人不及时行使担保物权，就是对财产价值的漠视和浪费。因此，法律将担保财产配置到使担保财产效益提升的主体那里，

① 周中举、王明成：《主债权诉讼时效届满，担保物权消灭吗？——评〈物权法（草案）〉第199条》，载刘云生主编：《中国不动产研究》，法律出版社2006年版，第337页、第339页。

就是对财产效益原则的落实。

其他问题

一、“人民法院不予保护”的后果

抵押权人应当在主债权诉讼时效期间行使抵押权；未行使的，人民法院不予保护。此所谓“人民法院不予保护”，是指抵押权人未在主债权诉讼时效期间内行使抵押权的，抵押权仍然存在，只是抵押权人丧失了对抵押人的胜诉权，抵押权因此转变为自然权利。受担保债权诉讼时效已过的抵押权是成为丧失胜诉权的权利？还是抵押权因受担保债权的诉讼时效过期而消灭？我们认为抵押权因受担保债权诉讼时效消灭而丧失胜诉权，则无异于承认了抵押权适用诉讼时效制度，这是违反民法学原理的。抵押权因受担保债权的诉讼时效过期而消灭，才符合民法学原理。所以，我国立法应参照《法国民法典》第2180条的规定，在立法中明确表达为：“抵押权未在主债权诉讼时效期间行使的，抵押权消灭。”

二、关于约定的担保物权期间

当事人可否事先约定担保物权的存续期间？《担保法》《物权法》对此都没有明文规定，但《担保法解释》第12条第1款明确规定：“当事人约定的或者登记部门要求登记的担保期间，对担保物权的存续不具有法律约束力。”本书认为，允许当事人自由约定担保物权的存续期间，不存在理论上的障碍：一是除所有权外的大多数定限物权都有当事人约定的存续期间，担保物权既然由当事人的约定产生，当然可以由当事人的约定消灭，产生与消灭之间，即其存续期限。当事人根据合同自由原则约定担保物权的存续期间既不会违反物权法定，也不会有害于债权的保护，因为物权的期限并不是物权法定的范围。[①]二是如果不允许当事人自由约定担保物权的存续期间，则担保物权将会在理论上因主债权诉讼时效的一直中止、中断而不能完成，则担保物权永

① 张清河、何志：《论抵押期间》，载《法律适用》1999年第10期。

不消灭，这对担保人以及担保人的其他债权人，都是不可接受的。约定担保物权的存续期间不会导致债权风险的增加，相反能更加有效地促使债权人实现权利，以便迅速了结债权债务关系，避免出现各种不必要的纠纷。因为无论是哪种担保形式都会存在担保物价值下跌的风险，通过对存续期间的约定，能够更加有效地促使债权实现担保物权，最大限度满足债权，避免因担保物价值下跌产生的风险。①因此，应该在司法中对当事人自由约定的担保物权的存续期间采取宽松接纳的态度。

三、对其他担保物权的准用

诉讼时效对抵押权的影响规范能否类推适用于质权与留置权？学界对此存在争议，主要有以下三种观点。一是肯定说，其主要理由在于抵押权、质权、留置权在类型上皆属担保物权，在核心内容上三者保持一致，基于同一事物作同一处理的原则，理应将此规范类推适用于质权与留置权。②二是否定说，其主要理由在于：第一，诉讼时效制度的作用在于督促债权人积极行使债权并推定债务人已在期间内履行债务，质权人、留置权人既然依旧占有担保物，则说明不能以诉讼时效作此推定；③第二，违背债务人不能对诉讼时效期间届满后所为给付请求返还的法理。④三是折中说，其认为将《担保法解释》第12条适用于质权、留置权。⑤本书更倾向于肯定说，具体有两种完善方案，第一，在质权、留置权中加入准用规范，使三者在体系上保持一致；第二，将本条位置提至担保物权法的一般规范，适用于意定担保与法定担保。

---

① 程啸：《物权法：担保物权》，中国法制出版社2005年版，第47页；叶金强：《担保法原理》，科学出版社2002年版，第159页；王利明：《物权法教程》，中国政法大学出版社2003年版，第363页。

② 高圣平：《担保物权的行使期间研究》，载《华东政法大学学报》2009年第1期。

③ 李永锋：《主债权诉讼时效完成后担保物权的效力》，载《人民法院报》2007年5月16日第6版。

④ 全国人民代表大会常务委员会法制工作委员会民法室编：《物权法立法背景与观点全集》，法律出版社2007年版，第661页。

⑤ 参见程啸：《担保物权研究》，中国人民大学出版社2017年版，第76页。

第二节 最高额抵押权

第四百二十条【最高额抵押的含义】

为担保债务的履行，债务人或者第三人对一定期间内将要连续发生的债权提供担保财产的，债务人不履行到期债务或者发生当事人约定的实现抵押权的情形，抵押权人有权在最高债权额限度内就该担保财产优先受偿。

最高额抵押权设立前已经存在的债权，经当事人同意，可以转入最高额抵押担保的债权范围。

历史由来

本条承袭了《物权法》第203条的规定。《担保法》第59条对最高额抵押的概念进行了界定，即抵押人与抵押权人协议，在最高债权额限度内，以抵押物对一定期间内连续发生的债权作担保。《担保法解释》第81条进一步明确了最高额抵押所担保的债权范围，排除了“抵押物因财产保全或者执行程序被查封后或债务人、抵押人破产后发生的债权”。针对最高额抵押的效力，《担保法解释》第83条规定：“最高额抵押权所担保的不特定债权，在特定后，债权已届清偿期的，最高额抵押权人可以根据普通抵押权的规定行使其抵押权。抵押权人实现最高额抵押权时，如果实际发生的债权余额高于最高限额的，以最高限额为限，超过部分不具有优先受偿的效力；如果实际发生的债权余额低于最高限额的，以实际发生的债权余额为限对抵押物优先受偿。”在此基础上，《物权法》第203条更系统地界定了最高额抵押的概念，并在三方面予以完善。其一，增设了最高额抵押担保的债权范围的规定，即规定“最高额抵押权设立前已经存在的债权，经当事人同意，可以转入最高额抵押担保的债权范围”。其二，进一步突出了最高额抵押的担保效力，规定抵押权人有权在最高债权额限度内就该担保财产优先受偿。其三，突破了《担保法》第

60条的规定，将债务担保范围从“借款合同可以附最高额抵押合同”扩展至“一定期间内将要连续发生的债权”。不过，《物权法》第203条、《担保法》第59条和《担保法解释》第83条对最高额抵押权所担保的债权范围的规定仍然不够周延，未规定利息是否纳入最高额债权范围。在《物权法》第203条确定了最高额抵押的概念之后，《民法典物权编（草案）》（征求意见稿）、《民法典各分编（草案）》、《民法典物权编（草案）》（二审稿）、《民法典（草案）》以及2020年5月28日颁布的《民法典》对最高额抵押的概念的定义均未发生变动。

规范目的或功能

本条的规范目的就在于确定一种特殊的抵押形式，即在预设债权的最高额限度之内，由债务人或者第三人提供抵押物，为担保将来一定期间内连续发生的债权而设立抵押权。在日益发达的市场经济中，民商事主体之间经常呈现连续性的信用交易关系。在此类交易关系中，当事人之间会不断产生债权，同时也需要相应的担保来保障债权人的利益。为减少重复多次担保所增加的交易繁杂程度，以及克服普通抵押权一次担保不足，本条通过设立最高额抵押制度的方式，允许当事人之间以最高额抵押的方式来担保一定期间内连续发生的一系列债权。最高额抵押是大陆法系常见的法定担保形式，例如《德国民法典》第1190条等均规定了最高额抵押的担保形式。最高额抵押作为一种特殊的抵押方式，是针对不特定债权设定的抵押，并且担保一定期间内和一定范围内的债权，从而实现在最高额限度内的担保。本条在明确最高额抵押的含义的同时，也为最高额质权提供了适用依据。

规范内容

因借款具有一定的不可预见性，或者因为企业生产和经营资金周转的连续性较强，银行等金融机构通常会确定信用额度，通过最高额抵押来满足抵押人的资金需求，使得最高额抵押在金融市场中被广泛采用。最高额抵押不需要像一般抵押权一样每次设立抵押权，而是借款人和金融机构之间签订一份最高额抵押贷款协议，双方约定在一定期间内金融机构为贷款人授信，贷款人可以依协议多次向金融机构借款和还款。在最高额的限度内，实际借款被纳入担保范围。从而只需办理一次最高额抵押设立登记，实现为多笔借款业务提供担保的实践需求。为担保债务的履行，债务人或者第三人对一定期间内将要连续发生的债权提供担保财产，当债务人不履行到期债务或者发生当事人约定的实现抵押权情形时，抵押权人有权在最高债权额限度内就该担保财产优先受偿。《民法典》对最高额抵押从以下几个方面进行规范。

一、对"一定期间内将要连续发生的债权"提供的担保

最高额抵押权的设立先于被担保的债权，是债务人或者第三人对"一定期间内将要连续发生的债权"提供的担保。最高额抵押面对的是"将来的债权"，这一债权虽在设定最高额抵押时尚未发生，但是在抵押期间内将要发生。最高额抵押所担保的"不特定债权"是在最高额限度内和最高额期限内发生的一系列债权，是对将来债权债务关系的一种总体约定。

就最高额抵押权担保的"不特定的债权"而言，是指自最高额抵押权设立时起至确定时止且不断发生或者消灭，处于变动状态的债权。其中不特定的债权是否含有抵押权在数额上的不特定之义，存在分歧。[①]肯定说认为，最高额抵押权所担保的不特定债权，其债权的数额在最高额抵押权设立时也不确定，仅仅预订一个最高限额。否定说主张，不特定债权非指债权本身尚未特定，且与担保债权的债权数额是否确定无关，而是指债权本身具有变动性的特殊含义。事实上，"不特定的债权"是指金额不特定或者将来的债权，且债权本身附有变动性，体现出最高额抵押权与其担保的债权之间互动关系的实质。[②]在最高额的限度内，各类债权具有变动性和替代性，且未限制债权的数量。

最高额抵押担保需要设定债权确定的期间，包含有债权发生的期间和抵押权担保的期间，仅在该期间内发生的债权才可能是最高额抵押权担保的债

---

① 参见梁慧星、陈华彬：《物权法》(第四版)，法律出版社2007年版，第331页；王利明等：《中国物权法教程》，人民法院出版社2007年版，第495—496页；崔建远：《最高额抵押权的争议问题及其解决》，载《国家检察官学院学报》2017年第4期。

② 参见崔建远：《最高额抵押权的争议问题及其解决》，载《国家检察官学院学报》2017年第4期。

权。特别之处在于，最高额抵押权担保的是生生不息的不特定债权。在最高额抵押所担保的债权确定之前，被担保债权如果因清偿、免除或者抵销等原因部分消灭，最高额抵押权仍担保将来可能发生的不特定债权。即便被担保债权在最高额抵押债权确定之前全部消灭，最高额抵押仍然继续存在。显然，针对个别债权而言，最高额抵押并无消灭上的从属性。同时，不特定债权并不以存在发生的可能性为必要，即使没有发生的可能性，也是属于被担保债权的确定问题。[①]

二、被担保债权的范围

在设立最高额抵押时，被担保的债权事实上并不存在，当事人是通过约定的方式来确定未来被担保的债权范围。同时，被担保的债权在最高额抵押权设立时并没有确定数额，仅仅有一个最高额债权的限度和设定期间。在债权没有被确定之前，债权数额会随时变化，即便债权为零或者超过最高额限度均不会影响到最高额抵押权的效力。此外，最高额抵押所担保的债权，是一定期间内将要连续发生的债权，包括基于合同产生的债权、基于侵权行为产生的债权以及基于不当得利所引发的债权等多种类型。显然，《民法典》确定的最高额抵押必须是在一定期间和最高额度范围内担保的不特定债权，并应当基于交易关系或其他债权类型。一旦该法律关系结束或者因其他事由不再发生不特定债权时，最高额抵押权即归于确定，在完成变更登记后开始适用一般抵押权规则来实现最高额抵押权。

最高额抵押所担保的是不特定的债权，并非债权本身不特定。[②]那么，当事人可以合意的方式，将最高额抵押设立前存在的债权纳入最高额抵押担保的债权范围内。只不过，将最高额抵押权设立前已存在的债权转入最高额抵押担保的债权范围时，应该办理登记。需要注意的是，《担保法解释》第81条规定，最高额抵押权所担保的债权范围，不包括抵押物因财产保全或者执行

① 参见崔建远：《最高额抵押权的争议问题及其解决》，载《国家检察官学院学报》2017年第4期。

② 参见全国人民代表大会常务委员会法制工作委员会编：《中华人民共和国物权法释义》，法律出版社2007年版，第443页。

程序被查封后或者债务人、抵押人破产后发生的债权。此外，具有争议的是，最高额抵押所担保的范围是债权最高额还是本金最高额并不明确。关于利息、罚金和违约金等债权是否包括在被担保的债权范围内，《民法典》并未明文规定，仍需后续解释。不过，大陆法系国家的通行做法是，明确规定利息属于最高额债权。例如《德国民法典》第1190条第2项规定债权附利息的，利息算入最高额。只不过，当债权特定时，只有当被担保的债权的利息、违约金、损害赔偿金等已经发生，且与债权的合计额度未超过最高债权限额时，才计入最高额抵押权担保的债权范围。需要注意的是，实现抵押权的费用是基于抵押关系而产生的，应列入抵押权所担保的债权范围之内，但是不应算入最高额，否则会增加抵押权所担保的债权额，从而有损抵押权人的利益。因此，实现抵押权的费用应在抵押物的拍卖、变卖所得价金中扣除。①

需进一步说明的是，《民法典》采用“一定期间内将要连续发生的债权”的表述，并未明确是否承认概括最高抵押权，未将因侵权行为、不当得利债权涵盖在最高额抵押权的债权范围内。尽管肯定说认为最高额抵押权所担保的债权并非无限债权，非及于所有的侵权行为产生的损害赔偿请求权等债权，而是限于直接或间接因交易关系所生的债权，因此应当基于合同自由原则承认概括最高额抵押权。但是，若将侵权损害赔偿请求权、不当得利返还请求权等偶然发生的债权列入担保的范围，会使抵押人负担不可预期的债务，对抵押人不公正。并且，概括抵押权使得抵押物在最高限额范围内受不限制的约束，无法保护抵押权人或后次序抵押权人等利害关系人的利益。②因此，宜否定概括最高抵押权为妥。

三、最高额抵押合同和最高额抵押权的登记

与一般抵押权设立中的抵押权合同和主债权合同不同，最高额抵押权的设立含有最高额抵押合同和主债权合同。最高额抵押合同除了含有一般抵押权的基本条款之外，对担保债权的发生期限和最高额度均应在抵押合同中予

① 参见崔建远:《最高额抵押权的争议问题及其解决》，载《国家检察官学院学报》2017年第4期。

② 参见谢在全:《民法物权论》(中册)，中国政法大学出版社2011年版，第823页、第834—837页。

以明确。《民法典》第400条规定，设立抵押权，当事人应当采用书面形式订立抵押合同。在最高额抵押合同中，最高额抵押的抵押财产的名称、数量等情况应予以明确，被担保的债权的种类和数额也应当包含在内。不过，鉴于最高额抵押所担保的“不特定债权”，那么最高额抵押合同中应包括最高债权额以及担保债权发生的期限，两者成为最高额抵押权成立的必要条款。

当事人在不动产之上设立最高额抵押权时，通常需要在登记簿上记载最高债权额的限度和最高额抵押的期间。也即，当事人在不动产上设立最高额抵押时，应当和一般抵押权一样在登记机构办理抵押登记，最高额抵押权自登记时成立。同时，根据《不动产登记暂行条例实施细则》第71条第1款规定，当事人在申请不动产最高额抵押登记时，应当向登记部门提供最高额抵押合同、主债权合同和不动产权属证书。

当事人在抵押期间内，只要新产生的债权没有超过最高债权额限度，或者有借据加以证明或者在产生该债权的借款中注明了最高额抵押权的，就应当自动纳入最高额抵押权的债权范围，无须重复办理登记。事实上，《不动产登记暂行条例实施细则》第71条第2款就已经规定，最高额抵押权设立前已经存在的债权，经当事人同意，可以转入最高额抵押担保的债权范围。在此种情形下，当事人还应当提交已存在的债权合同，以及书面同意将该债权纳入最高额抵押权担保范围的书面材料。当然，就转入时间而言，会存在最高额设立登记时的转入和后期转入两种不同情形。就前一种转入方式而言，是指在办理最高额抵押权设立登记时，将已存在的债权转入最高额抵押担保的债权范围。而后期转入方式，还需区分转入时间在最高额债权确定之前还是之后两类情形。在最高额债权确定之前转入的，登记机关只需在设立登记中一并办理或者将该债权纳入最高额抵押担保的债权范围即可，当然抵押权也只能在最高债权额限度内受偿。如果在最高额债权确定之后转入，此时最高额抵押权已转变为一般抵押权，此时办理的是一般抵押权的变更登记。《民法典》第409条进一步对抵押权的变更进行规范，即未经其他抵押权人的同意，不得对其他抵押权人产生不利影响。

四、优先受偿规则

1.最高抵押额的确定与实际债权的不确定。最高抵押额也叫“最高债权限额”，是抵押权人基于最高额抵押权所能够优先受清偿的债权的最高限额，是抵押权人和抵押人约定所确定的内容。最高抵押额并非最高额抵押权所实际担保的债权数额，也不是债务人必须清偿的债权数额，而是能优先受偿的债权的最高限额。[①]相反，实际债权在最高额抵押权设定时并不能确定。

2.最高抵押额与实际债权的区别。《担保法解释》第83条规定，最高额抵押权所担保的不特定债权在特定后，债权已届清偿期的，最高额抵押权人可以根据普通抵押权的规定行使其抵押权。此时行使抵押权的数额与最高抵押额限度有关，也与实际发生的债权数额相关。最高额抵押权所担保的不特定债权，最终受偿的范围应当在最高抵押额的限度之内。不过，最高额的设定，是当事人对所担保全部债权额度的预估，并不一定与实际担保的债权数额等同。当最高额抵押权所担保的债权到期，抵押权人实现其权利时，有可能出现实际发生的债权数额与最高债权额度不一致的情形。也即，实际发生的债权数额大于最高抵押额的限度，或者最高抵押额限度大于实际发生的债权数额。

3.最高债权限额与实际债权额度不一致时最高额抵押权的优先受偿规则。当最高债权限额与实际债权额度出现不一致时，存在不同的优先受偿规则。其一，抵押权人实现最高额抵押权时，如果实际发生的债权余额高于最高限额的，以最高限额为限，超过部分不具有优先受偿的效力。如果最高额抵押合同的双方当事人明确约定了最高债权额限度，那应以约定优先，债权人也不能通过法定方式获得额外的利益。这一受偿方式与最高额抵押的设立目的一致，即以不超过最高抵押的额度予以优先受偿。其二，如果实际发生的债权余额低于最高限额的，以实际发生的债权余额为限对抵押物优先受偿。在最高额抵押中，只有在最高额抵押权确定之后，最高额抵押权所担保的不特定债权才被特定，实际发生的债权数额才能明确，此后发生的债权也就不能纳入最高额抵押的优先受偿范围。此外，《担保法解释》第80条还进一步规定，在抵押物灭失、毁损或者被征用的情况下，抵押权人可以就该抵押物的保险金、赔偿金或者补偿金优先受偿。

① 参见程啸：《担保物权研究》（第二版），中国人民大学出版社2019年版，第563页。

举证责任

依本条第1款，主张最高额抵押者应负举证责任，举证事项包括：（1）该抵押为担保债务的履行；（2）所担保债权连续发生的期间；（3）最高债权额限度；（4）债务人不履行到期债务或者发生当事人约定的实现抵押权的情形。本条第2款之转入最高额抵押担保的债权范围，举证事项为：（1）债权在最高额抵押权设立前已经存在；（2）设立最高额抵押权的当事人同意。

第四百二十一条【主债权及最高额抵押权转让】

最高额抵押担保的债权确定前，部分债权转让的，最高额抵押权不得转让，但是当事人另有约定的除外。

历史由来

本条继承了《物权法》第204条的规定，仅作了将“但”替换为“但是”的修改。《担保法》第61条规定“最高额抵押的主合同债权不得转让”，但是这一条文在司法适用中出现了诸多问题。《最高人民法院关于审理涉及金融资产管理公司收购、管理、处置国有银行不良贷款形成的资产的案件适用法律若干问题的规定》在第8条中规定，人民法院对最高额抵押所担保的不确定债权特定后，原债权银行转让主债权的，可以认定转让债权的行为有效。在此基础上，《物权法》第204条不再保留《担保法》第61条的规定，最高额抵押的主合同债权转让不再受限。也即，债权人可以自行决定是否转让主合同债权。该条同时规定，在最高额抵押担保的债权确定前，部分债权转让的，最高额抵押权不得转让，除非当事人另有约定。在《物权法》第204条确定了主债权及最高额抵押权转让的规则之后，《民法典物权编（草案）》（征求意见稿）、《民法典各分编（草案）》、《民法典物权编（草案）》（二审稿）、《民法典（草案）》以及2020年5月28日颁布的《民法典》均未发生变动。《不动产登记暂行条例实施细则》第74条第3款还进一步规定，最高额抵押权担保的债权确定前，债权人转让部分债权的，除当事人另有约定外，不动产登记机构不得办理最高额抵押权转移登记。

规范目的或功能

由于抵押权具有从属性，因此在主债权转移时，存在抵押权是否随主债权转移的问题。在最高额抵押的情形下，债权人在最高额抵押权设定之后，有可能转让部分债权，这一转让既可能出现在最高额抵押担保的债权确定之前，也可能出现在债权确定之后。本条的规范目的在于，明确在最高额抵押担保的债权确定之前，如果发生部分债权转让的，最高额抵押权不得随之转让。由于最高额抵押权所担保的是"不特定的债权"，在最高额抵押合同约定的期间内可能出现某个或者某些债权的转让，本条限制债权确定之前最高额抵押权随部分债权转让，同时也规定了当事人之间的特约情形，即若当事人约定部分债权转让时最高额抵押权随着转让的，以当事人约定为准。

规范内容

一、最高额抵押权从属性的特殊意义

（一）最高额抵押权的从属性有别于普通抵押权

最高额抵押权的设立先于最高额抵押所担保的债权，所从属的是债权人和债务人之间的不特定债权，体现出抵押权的从属性特征。不过，最高额抵押权不仅担保不特定债权，且在设定时尚无债权存在更属常事，那么在设定后确定前并无特定债权可资从属。同时，在最高额抵押权确定前，担保债权如有让与他人的情形，最高额抵押权并不随同转移。显然，最高额抵押权在转移上的从属性已有别于普通抵押权。①

（二）在抵押权成立上和权利实现上均体现出特殊的从属性

通说认为，抵押权所从属的是被担保的债权，只不过最高额抵押权所从

① 参见谢在全：《银行联贷与最高限额抵押权》，载《法律适用》2018年第13期。

属的是由债权人和债务人间一定的法律关系所产生的不特定债权，或基于票据所生的权利，而非某特定债权，亦非产生债权的基本合同，尤其在最高额抵押权担保基于票据所生的权利时，可能不存在基本的法律关系。[①]最高额抵押权属于保全抵押权，在抵押权成立上和权利实现上均体现出从属性，并且较为特殊。从成立的从属性来看，最高额抵押权的从属性极为特殊，拖延至被担保的债权确定后。同时，最高额抵押权在被担保债权确定前不得单独转让，被担保的部分债权转让的，最高额抵押权也不得转让，除非当事人另有约定。被确定的债权转让的，当事人可按照《民法典》第406条一般抵押权的从属性规则处理。

（三）最高额抵押权从属性的延缓

最高额抵押中部分债权转让的特殊性，在于债权转让可能会发生在最高额抵押权所担保的债权确定之前。在最高额抵押担保的债权确定之前，最高额抵押权并不从属于一定期间将要连续发生的债权中的某个债权，而是从属于导致债权连续发生的总约式的基础法律关系。那么在最高额抵押担保的债权确定之前，某个或者某些债权转让并直接不导致最高额抵押权随之转让，此时最高额抵押权并不体现从属性的特征。显然，最高额抵押权对债权的从属性有别于一般抵押权，呈现出延缓之势，在债权确定之后才充分体现出从属性的特征，除非当事人之间另有约定。此外，由于最高额抵押权担保的是一定期间内的不特定的债权，那么在债权被确定之前，若被担保的债权因清偿、抵销等原因消灭导致实际债权额为零时，最高额抵押权仍为将来发生的不特定债权而继续存在，就具体个债而言并无消灭上的从属性。[②]

而当最高额抵押担保的债权确定之后，最高额抵押权成为普通抵押权，此时最高额抵押权的从属性与普通抵押权的从属性无异。可见，被担保债权的确定，使得最高额抵押权所担保的债权由不特定债权变为特定债权，致使

---

① 参见崔建远：《最高额抵押权的争议问题及其解决》，载《国家检察官学院学报》2017年第4期。

② 参见崔建远：《最高额抵押权的争议问题及其解决》，载《国家检察官学院学报》2017年第4期。

最高额抵押权性质上发生变更，从属性得以复归，开始普通抵押权化，待被担保债权额结算和完成变更登记后，成为真正的普通抵押权。[①]

二、主债权和最高额抵押权可依当事人的意思予以转让

本条的规范内容，一方面明确在最高额抵押担保的债权确定前，如果部分债权转让的，最高额抵押权不得转让。另一方面也指出，当事人可以约定最高额抵押在债权确定前随部分债权转让。本条涉及的转让规则实际上蕴含有两项前提，其一是债权的转让是在最高额抵押担保的主债权确定之前，其二是部分债权发生了转让。那么，在最高额抵押担保的主债权确定前，如果部分债权转让的，当事人可以排除法定不得转让的规定，通过约定来确定最高额抵押权随债权转让。这种约定是当事人对未转让的部分债权的抵押状态的一种设计，亦是根据转让债权的抵押需求所作的安排。《不动产登记暂行条例实施细则》第74条第2款针对当事人约定"债权人转让部分债权，最高额抵押权随同部分债权的转让而转移"的情况，分三类不同的约定情形进行设计，也即"约定原抵押权人与受让人共同享有最高额抵押权""约定受让人享有一般抵押权、原抵押权人就扣减已转移的债权数额后继续享有最高额抵押权""约定原抵押权人不再享有最高额抵押权"，并提出相应的登记规则。

（一）共同享有最高额抵押权

最高额抵押权担保的债权确定前，最高额抵押权人与受让人可以约定被转让的部分债权依然受最高额抵押权的担保。此种情形下，原最高额抵押权人和债权的受让人共有最高额抵押权，两者形成准共有关系。事实上，《民法典》等现行法并不承认最高额抵押权本身可以单独转让，只能通过转让债权的方式，使得被转让的部分债权仍然受最高额抵押权的担保，从而使得原本只是属于一人所有的最高额抵押成为二人共有。[②]《不动产登记暂行条例实施

① 参见崔建远：《最高额抵押权的争议问题及其解决》，载《国家检察官学院学报》2017年第4期。

② 参见程啸：《担保物权研究》（第二版），中国人民大学出版社2019年版，第582页。

细则》第74条第2款第1项也对此进行了规定，当事人约定原抵押权人与受让人共同享有最高额抵押权的，应当申请最高额抵押权的转移登记，即最高额抵押权发生转移的，应当持不动产登记证明、部分债权转移的材料、当事人约定最高额抵押权随部分债权的转让而转移的材料等必要资料，申请办理最高额抵押权转移登记。

（二）一般抵押权与最高额抵押共存

最高额抵押权担保的债权确定前，当事人可约定债权的受让人享有一般抵押权，且最高额抵押权人就剩余债权继续享有最高额抵押。也即，部分债权转让的，原最高额抵押可以根据当事人的意思依然作为一项最高额抵押，同时还可以成为被转让债权的一般抵押权。《不动产登记暂行条例实施细则》第74条第2款第2项对此种情形进行了规定，即当事人约定受让人享有一般抵押权、原抵押权人就扣减已转移的债权数额后继续享有最高额抵押权的，应当申请一般抵押权的首次登记，以及最高额抵押权的变更登记。可见，当部分债权转让时，当事人可以将部分原最高额抵押变更为一般抵押，使其从属于被转让的部分债权，并且最高额抵押权人可以就剩余债权继续享有最高额抵押。当然，当部分债权和部分最高额抵押权一并转让的，此时原最高额抵押所担保的债权份额也随之减少，但是并不必然影响最高抵押额（最高债权限额）。

（三）最高额抵押权随债权一并转让

最高额抵押权担保的债权确定前，最高额抵押权人与受让人可以约定，最高额抵押权随债权一并转让。如果当事人确定将最高额抵押权随部分债权转让，一方面“未转让的债权”将成为无担保债权，另一方面最高额抵押将转变为被转让债权的一般抵押权。也即，此时最高额抵押权不再担保“一定期间内即将发生的债权”，而是担保已被确定的“被转让部分债权”。正是因为该最高额抵押中抵押权人的债权得以确定，最高额抵押权也随债权转让时成为一项一般抵押权。《不动产登记暂行条例实施细则》第74条第2款第3项对此种情形进行规定，即当事人约定原抵押权人不再享有最高额抵押权的，应当一并申请最高额抵押权确定登记以及一般抵押权转移登记。可见，在此种情形下，最高额抵押所担保的债权因债权转让而被确定，此时当事人首先应完成最高额抵押权确定登记。在确定登记后，最高额抵押权实际上转为一般抵押权，进而办理一般抵押权的转移登记。

三、一体转让

本条主要规范最高额抵押在担保的债权确定前，如果部分债权转让时是否随之转移的问题。除上述分类讨论的情形外，如果抵押人也即债务人同意，最高额抵押权人还可以将基础法律关系中的权利义务一并转让给第三人，此时最高额抵押权依其从属性也随之一并转让。这一转让规则符合《民法典》第424条的规定，也即适用最高额抵押权章节规定之外，可以适用一般抵押权转让的规定。此时，适用《民法典》第407条的规定，即债权转让的，担保该债权的抵押权一并转让，但是法律另有规定或者当事人另有约定的除外。就转移登记而言，《不动产登记暂行条例实施细则》第69条规定，因主债权转让导致抵押权转让的，当事人可以持不动产权属证书、不动产登记证明、被担保主债权的转让协议、债权人已经通知债务人的材料等相关材料，申请抵押权的转移登记。

举证责任

本条证明责任涉及三类情形：（1）当事人举证最高额抵押权人与受让人已约定被转让的部分债权依然受最高额抵押权的担保，此时共同享有最高额抵押权；（2）当事人举证在最高额抵押权担保的债权确定前，已与债权的受让人约定享有一般抵押权，且最高额抵押权人就剩余债权继续享有最高额抵押权，此时一般抵押权与最高额抵押权共存；（3）当事人举证最高额抵押权担保的债权确定前，最高额抵押权人与受让人已约定最高额抵押权随债权一并转让的，此时最高额抵押权随债权一并转让。

其他问题

《不动产登记暂行条例实施细则》第74条规定了最高额抵押权发生转移

的，应当持不动产登记证明、部分债权转移的材料、当事人约定最高额抵押权随同部分债权的转让而转移的材料等必要材料，申请办理最高额抵押权转移登记。在债权人转让部分债权，当事人约定最高额抵押权随同部分债权的转让而转移的，应当分别申请三类不同情形的登记。甚至还强调当事人之间并没有约定"最高额抵押权担保的债权确定前，最高额抵押随部分债权转让的"，不动产登记机构不得办理最高额抵押权转移登记。此外，《不动产登记暂行条例实施细则》第71条、第72条和第73条还规定了其他三种类型的登记。也即，最高额抵押权设立时应当办理初次登记，而在最高额抵押权所担保的债权确定后，还可能涉及变更登记、转为一般抵押权登记和不得登记等问题。

1.最高额抵押权的初次登记。《不动产登记暂行条例实施细则》第71条规定，设立最高额抵押权的，当事人应当持不动产权属证书、最高额抵押合同与一定期间内将要连续发生的债权的合同或者其他登记原因材料等必要材料，申请最高额抵押权首次登记。当事人申请最高额抵押权首次登记时，同意将最高额抵押权设立前已经存在的债权转入最高额抵押担保的债权范围的，还应当提交已存在债权的合同以及当事人同意将该债权纳入最高额抵押权担保范围的书面材料。

2.最高额抵押权的变更登记。当事人应当持不动产登记证明、最高额抵押权发生变更的材料等必要材料，申请最高额抵押权变更登记。《不动产登记暂行条例实施细则》第72条规定的变更登记涉及如下情形：（1）抵押人、抵押权人的姓名或者名称变更的；（2）债权范围变更的；（3）最高债权额变更的；（4）债权确定的期间变更的；（5）抵押权顺位变更的；（6）法律、行政法规规定的其他情形。因最高债权额、债权范围、债务履行期限或债权确定的期间发生变更而申请最高额抵押权变更登记时，如果该变更将对其他抵押权人产生不利影响的，当事人还应当提交其他抵押权人的书面同意文件、身份证或者户口簿等。

3.确定最高额抵押权的登记。当发生导致最高额抵押权担保的债权被确定的事由，从而使最高额抵押权转变为一般抵押权时，当事人应当持不动产登记证明、最高额抵押权担保的债权已确定的材料等必要材料，申请办理确定最高额抵押权的登记。

第四百二十二条【协议变更】

最高额抵押担保的债权确定前，抵押权人与抵押人可以通过协议变更债权确定的期间、债权范围以及最高债权额。但是，变更的内容不得对其他抵押权人产生不利影响。

历史由来

本条继承了《物权法》第205条的规定，略作修改。《担保法》未规定最高额抵押的协议变更规则，《担保法解释》第82条补充规定“当事人对最高额抵押合同的最高限额、最高抵押期间进行变更，以其变更对抗顺序在后的抵押权人的，人民法院不予支持”。该规定主要在于厘清最高额抵押权协议变更与顺序在后的抵押权人的关系。在此基础上，《物权法》第205条规定，最高额抵押担保的债权确定前，抵押权人与抵押人可以通过协议变更债权确定的期间、债权范围以及最高债权额，但变更的内容不得对其他抵押权人产生不利影响。在《物权法》第205条确定了最高额抵押的协议变更规则之后，《民法典物权编（草案）》（征求意见稿）、《民法典各分编（草案）》均未发生变动。《民法典物权编（草案）》（二审稿）、《民法典（草案）》和2020年5月28日颁布的《民法典》仅在标点符号和转折词“但”字的表达上出现细微改动，对条文本身的含义未产生任何实质影响。

规范目的或功能

最高额抵押权及其担保一定范围的债权关系，于最高额抵押权确定前，常属继续性与长期性的关系，因此内容常生变动。[①]同时，最高额抵押合同除涉及双方当事人利益外，往往还涉及第三人的利益，法律应当对最高额抵押合同条款的变更制定一些规则，从而保护当事人及利害关系人的利益，维护正常的交易秩序。[②]最高额抵押权的协议变更，旨在最高额抵押担保的债

① 参见谢在全：《民法物权论》（中册），中国政法大学出版社2011年版，第860页。

② 参见朱岩、高圣平、陈鑫：《中国物权法评注》，北京大学出版社2007年版，第682页。

权确定之前，由抵押权人和抵押人通过协议的方式来变更债权确定的期间、债权范围以及最高债权额。本条但书部分与《民法典》第409条一般抵押权协议变更的规定一致，也即抵押权的变更，不得对其他抵押权人产生不利影响。两者之间的差别在于，本条未将“未经其他抵押权人同意”作为“不得对其他抵押权人产生不利影响”的前提。不过，从规范目的上看，在其他抵押权人不同意的情况下，如果变更内容对其他抵押人产生影响，那么抵押人和抵押权人仍应适用《民法典》第409条的规定，本条仍然不能突破一般抵押权协议变更的规定。因此，最高额抵押的协议变更与一般抵押权的协议变更相比较，仅仅在债权的确定期间、债权范围和最高债权额上具有特殊性。

规范内容

一、协议变更发生在最高额抵押担保的债权确定之前

在最高额抵押担保的债权确定之前，只要不对其他抵押权人产生不利影响，或者在有不利影响的其他抵押权人同意的情况下，最高额抵押权人与抵押人可以协商变更债权确定的期间、债权范围和最高债权额。协议变更须发生在最高额抵押权确定前，若在最高额抵押权确定后协议变更最高额抵押权内容的，不产生变更的效力。也即，最高额抵押权所担保的债权一旦得以确定，最高额抵押权就变为普通抵押权，当事人之间的协议变更属于《民法典》第409条规定的普通抵押权的协议变更情形，不属于《民法典》第422条规定的最高额抵押协议变更范围。

当事人协议变更最高额抵押权的内容时，通常应采取书面形式，并按照《不动产登记暂行条例实施细则》第72条办理变更登记始生效力。《不动产登记暂行条例实施细则》第72条明确规定当事人应当持有不动产登记证明、最高额抵押权发生变更的材料等必要材料申请最高额抵押权变更登记。除本条规定的“债权确定的期间、债权范围以及最高债权额”外，该实施细则还将“抵押人、抵押权人的姓名或者名称变更的”“抵押权顺位变更的”“法律、行政法规规定的其他情形”纳入其中。

二、债权确定期间的变更

在最高额抵押中，由抵押人与抵押权人约定最高额抵押权担保的债权的期间。当事人在设定最高额抵押后，在最高额抵押担保的债权确定前，可以协议变更债权确定的期间，将原约定的期间延长、缩短甚至废止，具体表现为债权确定期间的始期延后、终期提前或终期延后。由于最高额抵押权期间的变动可能会对后顺位抵押权人不利，因此这一变动通常不得对其他人的抵押权产生影响。同时，最高额抵押所担保的债权确定期间的变更由抵押权人和抵押人达成合意即可，无须征得债务人或者后次序抵押权人的同意。

通常，顺序在后的抵押担保的债权清偿期先于顺位在先的抵押担保债权的清偿期时，在抵押权实现时，顺位在后的抵押担保债权只能就抵押物价值超出顺位在先的抵押担保债权的部分进行优先受偿。但是在最高额抵押中，如果将债权确定的期间提前，有可能会使得其他抵押权人承担因抵押物价值的市场波动所带来的风险。[①]因此，《担保法解释》第82条规定，如果因债权确定的期间提前而影响了其他人的抵押权的受偿数额，变更的当事人以此种变更对抗顺序在后的抵押权人，人民法院不予支持。同时，债权确定期间已经登记的，应根据新协议确定的期间对原期间进行变更登记，否则不得对抗善意第三人。

三、最高债权额的变更

最高额抵押权的最高债权额乃限定抵押权人对抵押物交换价值支配范围的重要方法。[②]在最高额抵押权设立后，抵押人和抵押权人还可以增加或者减少最高债权额的限度。如果双方当事人减少最高债权额限度，即便此种变更会影响后次序抵押权人或其他利害关系人的利益，但是不会有损同一抵押财产上后顺位抵押权人或其他利害关系人的利益，因此《民法典》等相关法律和司法解释对此也未予以禁止。不过，如果当事人协议增加最高债权额的限

---

① 参见程啸：《担保物权研究》（第二版），中国人民大学出版社2019年版，第579页。

② 参见谢在全：《民法物权论》（中册），中国政法大学出版社2011年版，第865页。

度，那么这一变更因登记在先的抵押权人可以对抗顺位在后的抵押权人，必然会对后顺位抵押权人的利益甚至抵押人的普通债权人的利益造成损害。①因此，在最高额抵押权设立后，尽管最高额抵押的抵押人和抵押权人可以书面协议变更最高债权额，但是未经其他抵押权人书面同意，变更最高额抵押额不得对其他抵押权人产生不利影响。

四、最高额抵押债权范围的变更

（一）合意变更及其例外

最高额抵押权在设定时约定了担保债权的范围，在此范围内抵押权人可主张优先受偿。但是，最高额抵押的设定又不以基础关系的存在为必要，担保债权的范围应无须依设定的标准予以恒定。②当事人可合意变更担保债权范围为各国通行规则。担保范围的变更通常是抵押权人与抵押人的约定，但仍然存在例外情形。其一，当抵押物的所有权已由第三人取得的，该第三人也可以成为债权范围变更合意的当事人。其二，当抵押物为数人共有时，共有人应当全体同意变更抵押的债权范围。③

（二）对最高额抵押基础法律关系的变更

抵押权人与抵押人变更债权的范围，通常是对最高额抵押的基础法律关系进行变更，包括取代型变更、追加型变更和缩减型变更三种样态。④取代型变更，指最高额抵押的当事人以新的债权类型替代之前约定的债权类型。追加型变更，即在原有的债权类型的基础上，增加新的债权类型。缩减型变更，即在原来约定的债权类型上进行扣减，仅保留一部分基础法律关系所产生的债权。上述三种最高额抵押债权范围的变更可以由当事人约定，且应当在最高额抵押担保的债权确定前，但是不得对其他抵押权人产

① 参见崔建远：《物权法》（第四版），中国人民大学出版社2017年版，第506页。

② 参见谢在全：《民法物权论》（中册），中国政法大学出版社2011年版，第861页。

③ 参见谢在全：《民法物权论》（中册），中国政法大学出版社2011年版，第861页。

④ 参见谢在全：《民法物权论》（中册），中国政法大学出版社2011年版，第861页；崔建远：《物权法》（第四版），中国人民大学出版社2017年版，第506页。

生不利影响。

五、最高额抵押权变更的生效要件

（一）最高额抵押权变更不以登记为生效要件

最高额抵押权的变更登记，可能包含有不动产登记、动产登记或者复合形态。《民法典》第402条规定，不动产抵押权自登记时设立；第403条规定，以动产抵押的，抵押权自抵押合同生效时设立，未经登记，不得对抗善意第三人。可见，在动产上设立最高额抵押时，抵押权自最高额抵押合同生效时设立，而就不动产设立最高额抵押权时须以登记为生效要件。鉴于此，不动产最高额抵押权的变更也应以登记为生效要件。不过，最高人民法院发布的第95号指导性案例突破了不动产最高额抵押权变更的登记生效要件主义，该案判决认为："当事人另行达成协议将最高额抵押权设立前已经存在的债权转入该最高额抵押担保的债权范围，只要转入的债权数额仍在该最高额抵押担保的最高债权额限度内，即使未对该最高额抵押权办理变更登记手续，该最高额抵押权的效力仍然及于被转入的债权，但不得对第三人产生不利影响。"[①]有学者认为，即使不动产登记簿上记载了最高额抵押担保的债权范围，第三人也无法依据债权范围来判断抵押财产的剩余价值，或者判断最高额抵押权是否已经确定，无值得保护的信赖利益，因此应尊重最高额抵押权人与抵押人之间的协议，不应以登记作为最高额抵押权变动的生效要件。[②]

（二）不以第三人同意为要件

本条规定的但书部分，明确规定变更的内容不得对其他抵押权人产生不利影响。结合《民法典》第409条关于普通抵押权的变更规定，未经其他抵押权人书面同意，不得对其他抵押权人产生不利影响。显然，根据《民法典》第424条的规定，"最高额抵押权除适用本节规定外，适用本章第一节的有关

---

① 参见最高人民法院发布的第95号指导性案例。

② 参见武腾：《不动产最高额抵押权的变更——兼评指导案例95号》，载《政治与法律》2020年第4期。

规定”。那么，当最高额抵押权的变更对后顺位抵押权人产生不利影响时，可能需要经得后顺位抵押权人同意，才能产生最高额抵押权的物权变动效果。不过，需第三人同意的范围，只包括破坏后顺位抵押权人设立抵押权时的信赖基础的情形，否则无需第三人同意。[①]

举证责任

协议变更最高额抵押权的证明责任问题，主要涉及抵押权人与抵押人之间的协议内容。主张最高额抵押权发生变更的当事人，应承担举证责任，证明抵押权人与抵押人在最高额抵押担保的债权确定前协议变更了债权确定的期间、债权范围或者最高债权额。若变更的内容对其他抵押权人产生不利影响，主张最高额抵押权协议变更的当事人承担证明责任，应按照《不动产登记暂行条例实施细则》第72条第2款的规定提交其他抵押权人的书面同意文件与身份证或者户口本等资料。

其他问题

一、债务人的变更

除本条规定当事人可以协议变更“债权确定的期间、债权范围以及最高债权额”外,《不动产登记暂行条例实施细则》还将“抵押人、抵押权人的姓名或者名称变更的”“抵押权顺位变更的”“法律、行政法规规定的其他情形”纳入其中。尽管本条未添加“等”字，但不宜对不动产最高额抵押权的变更采取类型法定的方式，相反只要不违反最高额抵押权的性质和规范目的，应允许当事人以约定的方式协议变更最高额抵押权的内容。

“债务人的变更”属于当事人可以协议变更最高额抵押权内容的情形之一。在法定的变更情形中，担保范围的变更可能也会同时产生债务人的变更，

① 参见武腾:《不动产最高额抵押权的变更——兼评指导案例95号》，载《政治与法律》2020年第4期。

但并不与之重叠。实际上，最高额抵押权并不以基础关系存在为必要，并且最高额抵押权不以固定债务人为必要，那么“债务人的变更”可补充作为协议变更的情形之一。对此，我国台湾地区作出了明确规定，即原债权确定前，抵押权人与抵押人可约定变更所担保债权范围的债务人。就变更样态而言，存在取代型、追加型和缩减型三种不同的变更类型。当事人可以协议约定将担保债权的原债务人变更为新债务人，增加担保新债务人的债权，以及缩减担保的债务人数量，以变更最高额抵押权的内容。①

当事人协议变更债务人，与《民法典》第407条规定的抵押权可否单独转让具有相关性。也即，抵押权不得与债权分离而作为其他债权的担保，但法律另有规定或者当事人另有约定的除外。“债务人变更”是在当事人约定的情形下更换了债务人，并未变更债权内容，有别于抵押权单独转让的规定。

二、最高额抵押权变更的其他类型

就普通抵押权的顺位变更而言，有绝对变更、相对让与与相对放弃之别。②在最高额抵押权场合，被担保的债权因清偿而消灭属于常态，要求最高额抵押权人不得接受清偿与其制度定位难以相容，故顺位的相对变动不适用于最高额抵押权。③也即，对于最高额抵押权的顺位变更而言，包括顺位的绝对变更，但不包括顺位的相对让与和相对放弃。此外，最高额抵押权变更的类型还包括债权人的变更、债权范围基准的变更等情形。④

---

① 参见谢在全：《民法物权论》（中册），中国政法大学出版社2011年版，第862—863页。

② 参见崔建远：《物权法》（第四版），中国人民大学出版社2017年版，第475页。

③ 参见武腾：《不动产最高额抵押权的变更——兼评指导案例95号》，载《政治与法律》2020年第4期。

④ 参见［日］我妻荣：《我妻荣民法讲义Ⅲ新订担保物权法》，申政武、封涛、郑芙蓉译，中国法制出版社2008年版，第446页。

第四百二十三条【债权确定】

有下列情形之一的，抵押权人的债权确定：

（一）约定的债权确定期间届满；

（二）没有约定债权确定期间或者约定不明确，抵押权人或者抵押人自最高额抵押权设立之日起满二年后请求确定债权；

（三）新的债权不可能发生；

（四）抵押权人知道或者应当知道抵押财产被查封、扣押；

（五）债务人、抵押人被宣告破产或者解散；

（六）法律规定债权确定的其他情形。

历史由来

本条继承了《物权法》第206条的规定，略作修改。最高额抵押权所担保的债权确定，是指最高额抵押权所担保的一定范围内的不特定债权，因一定事由的发生而归于具体特定。对此，《担保法》并未规定最高额抵押的债权确定情形。《担保法解释》第83条第1款仅规定“最高额抵押权所担保的不特定债权，在特定后，债权已届清偿期的，最高额抵押权人可以根据普通抵押权的规定行使其抵押权”，在于确定最高额抵押权所担保的债权确定后的规则，但未对抵押权人的债权确定情形予以具体展开。《物权法》第206条明确规定了最高额抵押担保的债权确定的六种情形，以便于债权人在法定情形出现时灵活、及时地行使权利，以最有利的方式来保护和实现自己的债权。[①]《民法典物权编（草案）》（征求意见稿）、《民法典各分编（草案）》继续延续了这一规定。相对于《物权法》第206条的规定，《民法典物权编（草案）》（二审稿）和《民法典（草案）》作出了局部改动，将第5项“债务人、抵押人被宣告破产或者被撤销”改为“债务人、抵押人被宣告破产或者解散清算”。2020年6月颁布的《民法典》将本条第5项再次改为“债务人、抵押人被宣告破产或者解散”。除本条外，《民事执行中查封、扣押、冻结财产规定》第27条第1款

① 参见曹士兵、吴光荣：《中国法上的最高额担保制度》，载《山东大学法律评论》2015年卷。

也涉及抵押权人的债权确定问题，即“人民法院查封、扣押被执行人设定最高额抵押权的抵押物的，应当通知抵押权人。抵押权人受抵押担保的债权数额自收到人民法院通知时起不再增加”。

规范目的或功能

本条的规范目的在于，因法定事由的发生，最高额抵押权所担保的一定范围内的不特定债权得以特定。确定事由发生后，最高额抵押权就确定时存在的原债权、利息、违约金等债权，于最高限额范围内行使抵押权。最高额抵押权设有确定制度的理由有二，其一是优先受偿的债权及其金额有确定的必要性，其二是保护利害关系人的利益，保障一般债权人或后次序抵押权人依“剩余主义”实现债权或抵押权。[①]最高额抵押权的确定，实则是抵押权人的债权确定，是最高额抵押目的无法实现又或是顺利实现的结果。债权的确定使得抵押权人可以就抵押标的物变价后优先受偿，从而达到以最高额抵押权担保债权的目的。只有当最高额抵押权所担保的债权得以确定，债权人才能实现或者依序实现抵押权，从而起到为债权担保的功能。当最高额抵押权人的债权确定后，最高额抵押中债权人享有的抵押权就丧失了特殊性，实际上与普通抵押权相同。

规范内容

本条列举了最高额抵押中抵押权人债权确定的六种情形。

一、约定的债权确定期间届满

债权确定的期日，是使得最高额抵押权所担保的不特定债权得以确定的时间。最高额抵押权担保的是一定期间内连续发生的债权，这一期间是使最高额抵押权所担保的不特定债权得以特定的日期。通常，债权确定的期间届满日由当事人约定债权确定的期间，当约定的债权确定期间届满时，当事人

---

① 参见谢在全:《民法物权论》(中册)，中国政法大学出版社2011年版，第879—880页。

之间的债权不再受最高额抵押担保，最高额抵押权人的债权得以确定。关于债权的确定期间，民法典并没有通过最长期限来限制，没有规定最长期限。但是，鉴于最高额抵押与基础法律关系的主债权之间的联系，如果主债权因其性质而具有期限限制，那么债权的确定期限也随之受限。《日本民法典》第398条之六，规定当事人约定的债权确定期间最长不得超过5年。我国台湾地区也规定当事人约定的债权确定期日自抵押权设定时起不得超过30年。[①]

二、当事人没有约定债权确定期间或者约定不明时的债权确定规则

在当事人没有约定债权确定期间或者约定不明确的情形下，为了避免抵押人因最高额抵押权的持续存在而负担过重，本条第2项中做了相应的法定限制。在域外法中，或是规定抵押权人或者抵押人可以随时要求确定最高额抵押权所担保的债权额，或是规定最高额抵押权人自最高额抵押权设定时起经过具体期限可以请求确定债权。本项规定当事人没有约定债权确定期间或者约定不明时，抵押权人或者抵押人自最高额抵押权设立之日起满二年后请求确定债权的，抵押权人的债权确定。在无约定或者约定不明的情况下，规定法定的确定债权额的期间，可以使最高额抵押权的地位因法定期间的存在而较为安稳，抵押权人不必顾虑抵押人行使确定请求权。[②]同时，最高额抵押权设立之日起满二年的期间是固定期间，不存在中止和中断问题。这一法定限制的作用还在于，如果不确定最高额抵押权的债权确定期限，除债务人外的抵押人就无法摆脱担保责任，使得该抵押人长期受到约束，不利于抵押人的保护。

三、新的债权不可能发生

当债权人和债务人之间的基础法律关系消灭时，例如当事人之间解除合同，那么新的债权不可能发生。同时，双方当事人还可以在最高额抵押合同中约定，债权人可以自主决定全部债务提前到期，使得最高额抵押的债权得

---

① 参见程啸：《担保物权研究》（第二版），中国人民大学出版社2019年版，第586页。

② 参见朱岩、高圣平、陈鑫：《中国物权法评注》，北京大学出版社2007年版，第689页。

以确定。[1]事实上，新债不可能发生不能由当事人主观判断，而是基础关系消灭、全部债务提前到期时的结果。一旦新的债权不可能发生，最高额抵押中抵押权人的债权就得以确定。事实上，新的债权不可能发生通常包括两种情形，其一是指交易关系的结束，其二是指持续性的侵权行为不再发生。[2]《民法典》并未就新的债权不可能发生的具体情形进行细化，但实际上还可能包括“因担保债权范围的变更或者其他事由导致原债权不能继续发生的情形”“担保债权因所发生的法律关系终止或因其他事由而消灭的情形”“债权人拒绝继续发生债权，债务人请求确定最高额抵押所担保债权的情形”以及“最高额抵押权人申请裁定拍卖抵押物等情形”。[3]可见，若债务人或是债权人拒绝继续发生债务，或因当事人合意确定最高额抵押权等事由出现，均足以导致新的债权不可能发生。

四、抵押人知道或者应当知道抵押财产被查封、扣押

因其他抵押权人或者债务人向人民法院申请强制执行或者财产保全措施，导致最高额抵押人的抵押财产被查封或者被扣押时，本条第4项为防止被申请人转移、隐匿或毁损财产导致将来判决难以执行，规定抵押财产被查封、扣押为债权确定的情形之一。也即，如果抵押人知道或者应当知道抵押财产被查封或扣押的，此时最高额抵押的债权被特定并被确定。

《人民法院执行工作规定》第40条规定，人民法院对被执行人所有的其他人享有抵押权、质押权或留置权的财产，可以采取查封、扣押措施。财产拍卖、变卖后所得价款，应当在抵押权人、质押权人或留置人优先受偿后，其余额部分用于清偿申请执行人的债权。同时，《民事执行中查封、扣押、冻结财产规定》第27条规定，人民法院查封、扣押被执行人设定最高额抵押权的抵押物的，应当通知抵押权人。显然，抵押权人享有的被抵押担保的债权数额自收到人民法院通知时起不再增加。即便查封和扣押只是一种临时性措施，

---

① 参见程啸:《担保物权研究》(第二版)，中国人民大学出版社2019年版，第587页。

② 参见曹士兵、吴光荣:《中国法上的最高额担保制度》，载《山东大学法律评论》2015年卷。

③ 参见谢在全:《民法物权论》(中册)，中国政法大学出版社2011年版，第881—885页。

其后的拍卖和变卖仍然会影响到该财产之上担保物权人的优先受偿。如果最高额抵押物被查封或者扣押，此时只有明确最高额抵押权人的优先受偿范围，才能使得该优先受偿权不受影响，也才能将其余额部分用于清偿申请执行人的债权。

在人民法院没有通知抵押权人的情形下，如果有证据证明抵押权人知道查封、扣押事实的，受抵押担保的债权数额从其知道该事实时起也不再增加。显然，若最高额抵押权人没有接到法院关于查封、扣押的裁定通知，也没有知悉查封、扣押的事实，此时与债务人成立其他债权仍然加大了不能实现该债权的风险。①就本条第4项的内容而言，仍然存在未明确规定之处。例如，当抵押物查封、扣押后经撤销时，可使得最高额抵押复苏。

五、债务人、抵押人被宣告破产或者解散

债务人被宣告破产后，债务人财产称为破产财产，人民法院受理破产申请时对债务人享有的债权称为破产债权。如果债务人或者抵押人经宣告破产后，最高额抵押权未予以确定，此时抵押权人仍然担保不特定的债权，会使得债务人或抵押人的总财产处于变动状态，有违破产程序的存在意旨。②此时，在债务人、抵押人被宣告破产或者解散时，最高额抵押债权只有确定，才能不损害其他破产债权人的合法权益。不过，抵押权人被宣告破产或者解散的情形，并非全部属于本条第5项所定的确定事由。若抵押权人被宣告破产或者解散，将失去一般交易能力，使得新的债权无法发生，应归为本条第2项的情形。

六、法律规定债权确定的其他情形

除了上述五种具体的情形之外，本条还采取开放式的兜底条款，将法律的其他规定列为债权确定的情形。

---

① 参见崔建远：《最高额抵押权的争议问题及其解决》，载《国家检察官学院学报》2017年第4期。

② 参见谢在全：《民法物权论》（中册），中国政法大学出版社2011年版，第888页。

举证责任

无论以本条规定的何种方式使得最高额抵押权的债权得以确定，都产生最高额抵押权人可以根据普通抵押权的规定行使其抵押权的法律效果。就本条的各项内容而言，应分别讨论其证明责任。（1）主张约定的债权确定期间届满的当事人，应证明最高额抵押的抵押权人与抵押人在债权确定期间上达成了合意以及该期间已届满。（2）无法证明有明确的期间约定，或者当事人之间并未约定债权确定期间的，当事人应当证明最高额抵押权设立的时间，并且该时间需满2年。（3）若当事人证明存在一定事由导致“原债权不继续发生”，即新的债权不可能发生，则构成本条第2项的最高额抵押权确定事由，产生债权确定的法律效果。（4）《民事执行中查封、扣押、冻结财产规定》第27条第1款规定：“人民法院查封、扣押被执行人设定最高额抵押权的抵押物的，应当通知抵押权人。抵押权人受抵押担保的债权数额自收到人民法院通知时起不再增加。”主张本条第4项事由的当事人，应证明其知悉人民法院查封、扣押抵押财产的事实，或者收到了抵押物被查封、扣押的通知。（5）当事人证明债务人、抵押人被宣告破产或者解散的，或者能证明存在法律规定债权确定的其他事由时，也发生债权确定的法律效果。

其他问题

一、债权确定时最高额抵押权的变更登记

当最高额抵押担保的债权被确定时，当事人还需要向登记机关申请登记。不过，因债权确认导致的登记，并非一般（普通）抵押权的初次登记，而是属于一项变更登记，即将最高额抵押权变更为一般抵押权。《不动产登记暂行条例实施细则》第73条规定：“当发生导致最高额抵押权担保的债权被确定的事由，从而使最高额抵押权转变为一般抵押权时，当事人应当持不动产登记证明、最高额抵押权担保的债权已确定的材料等必要材料，申请办理确定最高额抵押权的登记。”通常，抵押权人和抵押人共同申请最高额抵押权的债权

确定登记。在本条第2项的情况下，可以由抵押权人或抵押人单方向登记机关申请最高额抵押权的确定登记。

二、债权确定后的法律效果

（一）所担保的不特定债权归于确定

无论以何种方式确定最高额抵押权的债权，一旦债权确定期间届满，都产生最高额抵押权所担保的不特定债权归于确定的法律效果。最高额抵押权所担保的是生生不息的不特定债权，只有特定时已发生的主债权属于最高额抵押权担保的范围，在特定之后基于原基础关系产生的债权不再属于担保的范围。此时担保债权就丧失了流动性，最高额抵押权所担保的不特定债权就变为特定债权，最高额抵押权所担保的不特定债权的特性也归于消灭。也即，当最高额抵押权人的债权确定后，最高额抵押权不再具有特殊性，而是与普通抵押权的从属性相同，此时的最高额抵押权实际上与普通抵押权相同。

最高额抵押权确定时存在的债权并不以当时已经特定和已经发生的债权为限，尚未发生的附停止条件或附解除条件的债权、将来债权或其他发生原因事实已经存在的特定但尚未发生的债权，也可以包括在内。[①]债权确定时存在的债权，其嗣后产生的利息、违约金等债权仍然属于被担保的债权。只要与原债权的合计没有超过最高额限度，就应当属于最高额抵押权的效力范围。如果债权确定时被担保的债权总额超过了最高抵押额，可根据列入最高额限度内的债权种类和顺序，按照债权清偿的抵充顺序加以确定。[②]

（二）最高额抵押权人可以根据普通抵押权的规定行使其抵押权

当债务人不履行到期债务或者发生当事人约定的实现抵押权的情形时，

---

① 参见崔建远：《最高额抵押权的争议问题及其解决》，载《国家检察官学院学报》2017年第4期。

② 参见崔建远：《最高额抵押权的争议问题及其解决》，载《国家检察官学院学报》2017年第4期。

抵押权人可以按照《担保法解释》第83条第1款的规定实现抵押权，也即“最高额抵押权所担保的不特定债权，在特定后，债权已届清偿期的，最高额抵押权人可以根据普通抵押权的规定行使其抵押权”。同时，抵押权人也可以根据《民法典》第410条的规定，与抵押人协议以抵押财产折价或者以拍卖、变卖该抵押财产所得的价款优先受偿。如果协议损害其他债权人利益的，其他债权人可以请求人民法院撤销该协议。在抵押权人与抵押人未就抵押权实现方式达成协议时，抵押权人可以请求人民法院拍卖、变卖抵押财产。

（三）在债权确定之后，最高额抵押权所担保的最高额继续存在

在最高额抵押所担保的债权确定之后，最高额抵押权转变为普通抵押权。[①]不过，此时债权和所生的利息、违约金等继续被最高额抵押权所担保，且不得超过最高额抵押中最高额的限度。可见，在债权确定之后，最高额抵押权所担保的最高额还继续存在，此时的最高额抵押权也因此与普通抵押权不完全等同。也即，最高额抵押权确定后所生的利息等债权，仍然在最高额抵押权的担保效力范围之内，只不过受到最高限额的限制而已。确定后所生利息等债权之所以作为被担保的债权，归咎于此债权在最高额抵押权确定时已有发生的原因事实，本质上应属于将来债权的一种。[②]

（四）在债权确定之后，最高额抵押权适用普通抵押权的实现规则

在债权确定后，最高额抵押权人可以自由转让部分债权给第三人，但最高额抵押权并不随之转移。在债权确定之后，此时即便部分债权发生转让，各债权人仍然可以就其享有的债权份额实现抵押权。正是因为债权确定之后，最高额抵押权转变为普通抵押权，那么在债权确定之后，当事人也不得协议变更债权确定的期间和最高债权额。

---

① 参见崔建远：《最高额抵押权的争议问题及其解决》，载《国家检察官学院学报》2017年第4期。

② 参见谢在全：《民法物权论》（中册），中国政法大学出版社2011年版，第892页。

第四百二十四条【最高额抵押适用依据】

最高额抵押权除适用本节规定外，适用本章第一节的有关规定。

历史由来

本条继承了《物权法》第207条的规定，略作修改。根据《担保法》第62条的规定，最高额抵押除适用本节的特殊规定外，还适用一般抵押权的规定。《物权法》第207条采取了同样的适用依据规定，在适用方式上并无不同，唯一般抵押权和最高抵押权的具体规定在内容上发生了变化。此后，《民法典物权编（草案）》（征求意见稿）、《民法典各分编（草案）》、《民法典物权编（草案）》（二审稿）、《民法典（草案）》以及2020年5月28日颁布的《民法典》对最高额抵押的适用依据均未发生变动。

规范目的或功能

本条旨在弥补最高额抵押规则的不足，就最高额抵押权的适用规则而言，除《民法典》第420条至第423条的特殊规则外，还可以适用一般抵押的相关规定。

规范内容

本条为引用性法条，凡《民法典》最高额抵押部分无规定的情形，均可以适用《民法典》第394条至第419条的规定。不过，这并不意味着一般抵押的任一条文都能起到补充或厘清最高额抵押规则的作用。同时，还需要结合最高额抵押的特殊性适用。

第十八章

质　权

第一节 动产质权

第四百二十五条【动产质权的含义】

为担保债务的履行，债务人或者第三人将其动产出质给债权人占有的，债务人不履行到期债务或者发生当事人约定的实现质权的情形，债权人有权就该动产优先受偿。

前款规定的债务人或者第三人为出质人，债权人为质权人，交付的动产为质押财产。

历史由来

本条完全承袭了《物权法》第208条之规定，未作任何改变。本条在《民法典》立法过程中均未作变动。

我国民法对动产质权进行定义可以追溯至《担保法》,《担保法》第63条第1款规定:“本法所称动产质押，是指债务人或者第三人将其动产移交债权人占有，将该动产作为债权的担保。债务人不履行债务时，债权人有权依照本法规定以该动产折价或者以拍卖、变卖该动产的价款优先受偿。”《担保法》所使用的词语与《民法典》不同，有些微差别。在条文用词上,《担保法》使用的词语是“质押”,《物权法》则改为“质权”。对质权概念的表述,《担保法》使用“将其动产移交债权人占有”，而《物权法》《民法典》均使用“出质给债权人占有”“债权人有权就该动产优先受偿”等表述，而《担保法》表述得更详细，即“债权人有权依照本法规定以该动产折价或者以拍卖、变卖该动产的价款优先受偿”。

汉语中的“质”是扣押的意思，控制某财产（质物）或某人（人质)。民法中的“质”，当然仅限于财产。控制他人财产以作债务清偿之担保。《物权法》以来，之所以将《担保法》“质押”之用语改为“质权”概念，理由在于:“质押是指设定质权的法律行为，质权是指质权人的权利；质押是质权产生的原因，质权是质押引起的法律后果。”[①]这样就将质押与质权的概念区分出来，前者是设立质权的行为，后者是行为的后果。应该说，从物权之民事权利类型体系的角度看，采用“质权”取代“质押”之用语更符合物权编之所有权、用益物权、担保物权之权利体系的逻辑一致性。

质权之制度可追溯至罗马法，质押是一种物的信用担保，通过设立质押，权利人取得一项对他人之物的限制物权。质押物大多是略式物，可以不要式移转并且不要式回赎。[②]后世之《法国民法典》《德国民法典》等均规定了质权制度。《法国民法典》第2017条规定：“质押是指，债务人为担保其债务，将某物交给其债权人的契约。”《德国民法典》第1204条规定：“某一动产可以为担保债权而以债权人有权从该动产中寻求清偿的方式，被设定负担（质权）。”《日本民法典》第341条规定：“质权人，占有作为其债权担保的，自债务人或第三人处受领的物，且有就其物先于其他债权人受自己债权清偿的权利。”我国台湾地区规定，称动产质权者，谓因担保债权，占有由债务人或第三人移交之动产，得就其卖得价金，受清偿之权。从比较法之立法例上，《民法典》之质权定义的规定与日本法以及我国台湾地区相关规定最为接近。

规范目的或功能

本条规定了质权的定义，明晰质权的基本内容。物权的设定遵循物权法定原则，物权之类型和内容需由法律明确规定。通过这个规定，质权即成为担保物权中的一种法定的基本物权类型，其以移转占有为基本要件，并将质权的类型仅限于动产质权，而无不动产质权。[③]

本条为定义性条文，其功用在于不仅在概念上而且在构成上区别于抵押，

---

① 全国人大常委会法制工作委员会民法室编：《〈中华人民共和国物权法〉条文说明、立法理由及相关规定》，北京大学出版社2007年版，第378页。

② 参见［德］马克斯·卡泽尔、罗尔夫·克努特尔：《罗马私法》，田士永译，法律出版社2018年版，第312页。

③ 日本民法承认不动产质，不动产质依契约设立，以交付不动产为生效要件，依《日本民法典》第361条，不动产质准用抵押权的规定。参见［日］我妻荣：《我妻荣民法讲义Ⅲ新订担保物权法》，申政武、封涛、郑芙蓉译，中国法制出版社2008年版，第156页。

后者不以移转占有为要件。依据物权法定原则，移转占有的动产抵押与不移转占有的动产质权均是不被认可的，这也就在构成要件上将动产抵押与动产质权区分了开来。占有之移转可以起到公示质权的作用，它既具有“可使设定人感受到无法使用标的物的痛苦，同时还可间接强制其清偿债务（留置作用）”，这两个方面被认为既是质权的优点又是其缺点。[①]

移转占有之公示作用和留置效果是动产质权最重要的特征，但权利质权并不具有这个特征。体系定位上，本条可以通过和《民法典》总则编第116条之物权法定原则相结合进行运用，从而使得本条之概念在法教义学上具有适用上的价值，如不符合质权定义而设立的“质权”即不符合第116条的物权法定原则，违反物权法定原则的物权约定应归于无效。

规范内容

本条的内容是界定什么是质权。作为担保物权之一种类型的质权，其本质特征是在债务届期后，债权人有权就动产优先受偿。

在质权法律关系中，设立动产质权的当事人为出质人和质权人。质权人是债权人，出质人是债务人或第三人，第三人为出质人的，第三人仅以所提供之质物为债务人担保，而不及于第三人的其他财产。质权人实现质权后，第三人可以对债务人行使追偿权。无论出质人是债务人还是第三人，都应对质物享有所有权或者处分权。如果出质人对质物无所有权或者处分权受到限制，即成立无权处分，仅能符合善意取得的要件，债权人才能取得质权。

根据现行法，质权的客体仅适用于动产或权利，而无不动产质权，不动产担保依我国民法仅能设立抵押权。动产质权则是以动产为标的物的担保物权，与抵押权不同，抵押权之标的物既可是动产也可不是动产。质权的成立以交付质物为要件，条文所称“出质给债权人占有的”，意指出质人须将动产的占有移转给质权人占有，不移转占有的，不能成立质权。占有标的物乃动

---

① 参见［日］我妻荣:《我妻荣民法讲义Ⅲ新订担保物权法》，申政武、封涛、郑芙蓉译，中国法制出版社2008年版，第95页。

产质权之成立要件，债权人占有质物而具有留置之作用。现代民法为保护交易中的第三人的信赖，通常在物权设立环节规定公示方法，物权变动经公示始能发生效力，动产物权一般以占有移转作为公示方法，不动产则以登记为准。在质权体系中，动产质权以交付占有为公示方法，权利质权则既有以交付占有为要件者，也有以登记为要件者，前者如票据，后者如股权、知识产权等。实务中，只要质权人对质物具有了管控能力，即使未移动质物，也可以被认为已经交付占有，能够成立质权。如在“中国农业发展银行W支行与被上诉人中国建设银行股份有限公司X分行、T粮油储贸有限公司、刘某某金融借款合同纠纷”一案中，[①]双方签订质押合同以及质押监管协议，约定由第三方对放置在出质人仓库的质物进行监管，出具出质通知书，列出质物清单，并在质物上设置动产质押标签，按照双方质押合同约定“T公司应于本合同签订后十个工作日内将质押财产在X分行指定地点向X分行或者其委托的第三方交付；若质押财产已经由X分行或其委托的第三方直接占有，则本合同签订时即视为交付”，法院认为，该种情形可以视为交付，“签订该合同时质押物已经存放在T公司仓库中，因此，该质押合同一经签订，质押物交付即视为完成，质押权即合法设立”。法院实际上较为灵活地使用了占有移转之交付概念。

作为质权之标的物之动产须为特定物，如为不特定物则难以成为质权之标的物，特定化亦是移转占有之需要。关于押金或保证金之担保是否属于质押，学理上有几种不同的学说。抵销预约说认为，押金或保证金的交付可以成立一种抵销预约，当双方出现约定的不履行债务时，即债权与押金或保证金之返还之间形成抵销。附解除条件债权说认为，债务人不履行债务是解除条件，债务届期债务人不履行债务的，债权人返还押金或保证金之债务即为消灭。债权质权说认为，交付押金或保证金系以债权设定担保，为权利质权。笔者认为，押金或保证金能否设立动产质权，需要考虑该货币是否被特定化以及是否移转了所有权，动产质权的一个基本特点是标的物特定，货币因占有移转而发生所有权移转，当债权人取得押金或保证金之占有后即取得了所有权。故而，所谓押金或保证金之担保非属质权，因质权之设立仅移转标的

---

① 河南省高级人民法院（2014）豫法民一终字第218号民事判决书。

物之占有而非移转标的物之所有权。也不属于让与担保，因为货币因占有移转而发生混同，实际上原货币已经因混同而丧失了独立性和特定性，故也不能成立非典型担保之让与担保。但是如果能够将押金或保证金予以特定化，并不因占有移转而失去所有权的，可以成立动产质权。《担保法解释》第85条规定："债务人或者第三人将其金钱以特户、封金、保证金等形式特定化后，移交债权人占有作为债权的担保，债务人不履行债务时，债权人可以以该金钱优先受偿。"可见，司法解释承认其为动产质权，只不过该种质权不需要进行拍卖、变卖等手续，因为标的物直接就是金钱，无须通过价款来提取价款。在"R工行执行申诉一案"中，[①]法院认为，保证金账户虽然是出质人的，其进入该账户的保证金也为出质人所有，但当保证金交到该账户后，即不能自由支取，而由债权人控制，这样就符合《担保法解释》第85条规定的"特定化"和"移交债权人占有"这两个要件，因而，可以成立质押，质权人对保证金享有优先受偿权。

可以为质权所担保的债权，原则上没有限制。质权的留置功能不仅可以作用于以金钱为标的的债权，而且还可以作用于以特定物的给付、为一定行为的给付为标的的债权。不过，非金钱债权需要转换为可依金钱损害赔偿的债权，这些以特定物的给付或以一定行为为标的的债权，"因质权的留置作用，可以得到间接地强制履行，或者，在债务不履行时转化为损毁赔偿债权"[②]。从结果来看，无论标的为何，动产质权都可以发挥优先受偿的作用，并无预先确定债权额度的必要。[③]债权也不限于现存的债权，也包括未来将要发生的附期限或附条件的债权，如果为将来发生的多个债权统一设立一个质权，此即为《民法典》第439条的最高额质权。

本条中"就该动产优先受偿"，实际上是指以动产之交换价值优先受偿，而非以动产之所有权优先受偿。在担保物权的实现程序中，债权人必须按规定对担保物进行变价、拍卖或折价，兑换成价款的形式，以价款优先受偿。

---

① 江西省高级人民法院（2014）赣执监字第3号执行裁定书。

② ［日］近江幸治：《担保物权法》，祝娅、王卫军、房兆融译，沈国明、李康民审校，法律出版社2000年版，第68页。

③ 参见［日］我妻荣：《我妻荣民法讲义Ⅲ新订担保物权法》，申政武、封涛、郑芙蓉译，中国法制出版社2008年版，第124页。

我国台湾地区规定“得就该动产卖得价金优先受偿”以明确所优先受偿者乃买卖之“价金”。学说上认为，质权人享有变价权与优先受偿权之两种权利。此点与抵押权相同，而与留置权相异，郑玉波认为，留置权之作用主要在于留置，并不当然享有变卖与优先受偿之权。①

所谓优先，是相对于普通债权人而言，质权人优先于无担保的普通债权人而受偿。质权人的权利针对的是特定化的质物，普通债权人的债权指向的是债务人的一般财产。优先受偿权还体现在出质人破产时，质权人可行使别除权，使质物不被列入破产财产而优先清偿质权人的债权。在质物被人民法院查封或扣押时，质权人的优先受偿权不受影响。相对于其他物权来说，质权并无优先于其他物权之效力。如一个物上并存多个担保物权时，一般遵循“时间在先、权利优先”原则，即设立在前的担保物权优先于设立在后的质权，顺位依设立的先后确立。由于动产质权以交付为生效要件，依设立先后确定实际上意味着依交付的先后确定顺位。但因质权设立允许现实交付之外的指示交付方式设立，则可能发生多重设立质权的情形，此时可能发生成立在后的物权优先于成立在先的物权的情形，如成立在后的物权善意取得的。当第一个质权为指示交付后，第二个质权在依现实交付设立的情形，第二个质权存在善意取得的可能，即可能出现第二个质权优先于第一个质权受偿的情形。

在抵押权与质权并存时，依据《民法典》第415条的规定，“同一财产既设立抵押权又设立质权的，拍卖、变卖该财产所得的价款按照登记、交付的时间先后确定清偿顺序”。也就是说，抵押权的登记先于质权的交付时间的，则抵押权优先于质权，如果质权的交付时间先于抵押权的登记时间的，则质权优先于抵押权。如果抵押权未登记的，依据本条，质权应优先于抵押权。

在留置权与质权并存时，无论留置权成立在后还是在前，留置权皆优先于质权，因留置权为法定担保物权，其所担保的债权多为劳动付出的报酬，其在法政策上具有优先保护的效果。《民法典》第456条规定：“同一动产上已经设立抵押权或者质权，该动产又被留置的，留置权人优先受偿。”该条之正

① 参见郑玉波：《民法物权》（修订十五版），黄宗乐修订，台北三民书局2007年版，第362页。

当性正是基于上述法政策立场作出的规定。

当质权所担保的债权届期而得不到清偿时，按照《民法典》第436条第2款，质权人有权对质物进行变卖、折价或拍卖，并就变价所得优先受偿，此为动产质权的实行。折价是双方意思表示一致达成的协议清偿方式，变卖和拍卖均是将标的物出售转换为交换价值以清偿债权。

就本条文所使用的具体词语的精确性问题上，与《担保法》相比，后者使用的是“移交”“价款”等词语，而《民法典》使用的是“出质”“就动产优先受偿”，《担保法》似乎比《民法典》更明确地表达了质权概念的内涵。因为在解释论上，“出质”应指“移交”，“就动产优先受偿”应指就动产之“价款”优先受偿，而非动产本身优先受偿。

定义性条文是学术上对事物本性的总结、归纳和整理，它具有便利教学、教育普法的功能，它是理性知识体系的重要组成部分，可以方便学习。但同时，定义性条文也具有部分法律适用的功能，因为它通过定义框定了质权之设立的要件、适用的客体范围、法律效果等基本内容，为司法裁判提供了属于质权还是不属于质权的判断依据。从这个意义上讲，它也具有裁判功能，可以作为法官裁判案件的法律依据。

举证责任

质权人主张成立质权的，应由质权人进行举证，应证明双方订立了质押合同，依双方合意有效设定了质权。

其他问题

质权作为担保物权，除了优先受偿效力之外，还具有以下特性。

1. 从属性。质权从属于所担保的主债权，质权以担保债权为目的，无债权就无质权。质权随主债权的成立、移转、消灭而成立、移转、消灭。主债权无效的，质权设立一般也无效。主债权不存在的，质权即归无效。主债权因清偿、混同、抵消、提存等原因消灭的，质权也消灭。主债权转让的，质权也随之转让。但现代民法，从属性也有缓和的趋向，如在金融交易中，债务人可能不想让质权消灭，而是想为同一债权人保留或以其向第三人提供担保更为方便。理由是：“控制特定标的物担保价值的质权或抵押权是有顺位的。可多次利用同一质权或抵押权实际上意味着，保留已经利用过的前一顺位。”[①]

2.不可分性。质权的效力及于质物的全部，质物被分割时，质权效力及于各分割之物。质物被部分转让的，质权仍及于转让的部分。

3.留置效力。质权人有权在债权获得清偿前留置质物，可拒绝出质人交付质物的请求。留置效力是质权的根本属性之一，抵押权则不具备该功能。通过对出质人的占有剥夺，对出质人施加了心理压力，间接促使其清偿债务。“剥夺的占有物给设立人带来的痛苦越大，质权的功能也就越强。”[②]留置效力不仅可以对抗标的物的受让人，还可以拒绝受让人基于所有权提出的返还请求权。但留置效力并不等同于留置权，留置效力主要在于维持质权人对质物的占有，但并非留置权。后者乃是法定担保物权，质押法律关系中并不产生留置权。留置标的物的权利也不得对抗其他更有优先权的债权人，如前顺位的质权人或抵押权人，其对质物进行拍卖时，质权人不得主张该留置的权利，而只能按顺位从拍卖价款中获得分配。当其他更有优先权的债权人申请拍卖质物时，质权人也不得拒绝交出质物。

4.代位效力。质权的效力不仅及于原来的物，还可及于替代物。这就是物上代位效力，是抵押、质权等担保物权的共同属性。在质物因毁损、灭失、征收或其他原因而发生价值形态的变化时，如取得赔偿金、保险金等，质权效力及于该代位物。

5.添附物。如果质物发生混合、附合或者加工而由出质人取得所有权的，质权的效力及于添附物。如果因质物之混合、附合或加工而使标的物成为共有的，质权的效力及于出质人对共有物享有的份额。

---

① ［日］我妻荣：《我妻荣民法讲义Ⅲ新订担保物权法》，申政武、封涛、郑芙蓉译，中国法制出版社2008年版，第115页。

② ［日］我妻荣：《我妻荣民法讲义Ⅲ新订担保物权法》，申政武、封涛、郑芙蓉译，中国法制出版社2008年版，第101页。

第四百二十六条【禁止出质的财产】

法律、行政法规禁止转让的动产不得出质。

历史由来

本条源自《物权法》第209条。在民法典编纂过程中,《民法典物权编(草案)》(征求意见稿)、《民法典各分编(草案)》、《民法典物权编(草案)》(二审稿)、《民法典(草案)》,均规定了该条文,并未有改变。

在体系上,该条文的增加事实上就和抵押权的立法相对应,关于抵押权的规定中,《民法典》第394条在对抵押权进行定义规定后,第395条即规定了"债务人或第三人有权处分的下列财产可以抵押"。不同的是,对于可以抵押的财产,立法者采用了列举性规定,而对可以为质权之标的物的规定采用了原则性规定,使用"不得"之术语来强化禁止转让的动产不能设立质权。反面解释之,即为除了法律、行政法规所禁止的不得设质的动产之外,皆可以设立质权。

规范目的或功能

本条原则性规定法律、行政法规禁止转让的财产,不得设立质权。能设立质权之标的动产必是可以转让的财产,受到管制的或非流通物,即不能为质权之标的物,如枪支、毒品等。学理上亦认为,不论是第三人提供的质物还是债务人自己提供的质物,其必须具有可让与性。因为设立质权之后,发生债务届期未清偿时,债权人有权通过拍卖质物以变现并优先受偿,此一担保物权程序的实施实际上就是将质物进入流通领域,而不可让与之物不具有流通性,无法进行变现,不符合质权设立之基本要求。

本条规范功能有两个:一是警示功能或指引功能,通过禁止性规定提醒人们不要在法律禁止转让的财产上设立质权,指引人们不得为此类行为;二是管道功能,该规范让其他规范引入民法中来,尤其是公法规范,具有连接和接轨公私法的管道作用,公法所禁止的不可转让之物,其价值判断在私法当中也应当得到贯彻。

规范内容

本条为不完全法条，通过禁止性之“不得”用语的使用，旨在禁止将禁止转让的动产设质。一般而言，法律采用“不得”之术语的即为禁止性规范，其禁止人们为某种行为。本条所要禁止的便是以禁止转让的财产为设立质权的行为。但条文只对行为予以规范，并未对行为触犯而发生的法律效果作出明确规定，故规范属性上为不完全法条。

理论上，民法上的“物”有“一般流通物”“限制流通物”“禁止流通物”之分。原本可为财产者，皆可流通，但一定社会基于公序良俗、公共安全、公共利益等法政策之需要，对于特定类型之财产的流通性须作限制或予以禁止，如枪支、文物、精神类药品等。作为人身体一部分的器官虽与人体分离后也具有一定的财产价值，但仍具有伦理性，非属纯粹之财产，亦为禁止流通物。本条规定之“禁止转让”，系指禁止流通物，禁止转让即禁止流通之意。

依据我国现行法，不得作为动产质押标的物的财产有：第一类为禁止流通物，如出土文物等；第二类为国家机关的财产；第三类为公益性目的财产，如学校、幼儿园、医院等以公益为目的开设的教育设施、医疗设施和其他公益设施。

学理上，有认为船舶、航空器之类的动产不应作为动产质权的标的，因其不适宜留置，此类动产“应使其所有人充分使用收益，而发挥其经济效用，不适于留置，故不宜为质权之标的”[①]。该种观点来自日本法，日本法为特殊动产设置了登记和登录制度，它们可以成为抵押权的客体，但日本法禁止把营业用的汽车和在日本注册的飞机作为质权的标的，“显然，它是以所有的营业用车和飞机都必须履行登录程序，经营人或管理人的责任必须明确为前提的。就立法目的而言，它是为防止质权人直接经营或管理这些具有高度危险性的运输工具”[②]。但此一观点不符合我国现行民法之规定，我国法律、行政法规

① 郑玉波：《民法物权》（修订十五版），黄宗乐修订，台北三民书局2007年版，第363页。

② ［日］我妻荣：《我妻荣民法讲义Ⅲ新订担保物权法》，申政武、封涛、郑芙蓉译，中国法制出版社2008年版，第99页。

没有规定特殊动产为不得质押之动产，我国民法亦不承认质权人对于质物享有使用收益之权利，故禁止其作为质物的理由在中国法上也不存在，因而，特殊动产仍得为质押之标的物，可以设立质权。只不过经交付成立的特殊动产质权，应适用《民法典》第225条之规定，即未经登记，不能对抗善意第三人。

在实务中，对于特殊动产能否设立质权，也有争议。在“佛山市R理财咨询有限公司因与被上诉人谢某某及原审第三人林某某、陈某某返还原物纠纷”一案中，[①]借贷双方签订了机动车质押合同，并交付机动车，法院认为，依据《物权法》第180条第1款第6项的规定，“交通运输工具”可以抵押，即交通工具上设定的担保物权为抵押权，而本案中双方设定的是机动车的质押权，虽然是双方真实意思表示，但违反物权法定原则，质押权未能有效设立。该案二审法院则不认可一审法院的观点，认为依据《物权法》第209条，“法律、行政法规禁止转让的动产不得出质”，但是法律、行政法规并无规定禁止机动车的转让，也没有关于机动车不得设立质权的禁止性规定，故而，本案之质权的设立是有效的，对于一审法院认定违反物权法定的观点予以了纠正。[②]

从“禁止转让的财产”的反面看，即可以转让的财产有哪些呢？通常认为，可以作为动产质押的标的物的动产，须符合以下条件。

第一，该动产须为特定物。如果质物不特定，则无法移转占有，质权也无从成立，更无法实现。种类物、可代替物须特定化后才能设质。德国民法学理认为，只有单个物才能作为质物，对于债务人全部动产上的“概括质权”，法律并没有规定，也没有一个集合财产上的质权的规定。物的集合来设立质权是不可能的，但多个特定物的联合是允许的。[③]当多个物联合出质时，也需就每个物进行交付。

第二，该动产须为独立之物。如为物之一部分，或与不动产尚未分离者，

---

① 广东省佛山市禅城区人民法院（2017）粤0604民初11083号民事判决书。

② 广东省佛山市中级人民法院（2018）粤06民终23号民事判决书。

③ 参见［德］鲍尔、施蒂尔纳：《德国物权法》（下册），申卫星、王洪亮译，法律出版社2006年版，第550页。

依性质自难设立质权。因物之一部分在未分离之前，不具有独立性，难以实施交付。如树上之苹果，未与树分离前，无法交付苹果。有疑问者为，共有份额能否设质？共有关系中，共有人对物之整体享有所有权，而非对物之应有部分享有所有权。因而，以共有份额设定质权，仍需交付整体财产，而非交付份额部分。共有人虽然对自己所享有的份额部分有权处分，但设立质权需交付整体财产于质权人，故该共有份额设立质权的行为需经按共有物处分之规则来予以适用。若是类推适用《民法典》第301条规定，则共有份额设立质权的行为需要经占份额三分之二以上的按份共有人或者全体共同共有人同意。若标的物原为共有人共同占有的，那么出质人应使质权人与其他共有人共同占有该动产，始生质权设定之效力。[①]

第三，该动产需具有可让与性且不为法律所禁止。质权的成立和存在以质权人对质物的占有为要件，且质权的实现一般通过对质物予以变价来实现。非融通物，不可为法律行为之客体，亦无法成为质权之标的，因质权以质物之交换价值为担保机能，既然质物不可能交换也就无法实现以交换价值为担保之机能，因此，质权的标的物应具有可让与性并且非为法律禁止流通物，不可流质之物不能设质。我国台湾地区“强制执行法”第53条规定不得查封遗像、牌位、墓碑及其他祭祀、礼拜所用之物，其目的在于维护善良风俗，其虽有财产价值，但不具有可让与性，不得设立质权。宗教上之法物或文物保护法上的古物，可以为质权之标的，但受法令之限制。[②]

对于禁止扣押之物可否设立质权，应视禁止扣押之理由而定，如禁止扣押之理由在于禁止其让与的，即不能设定质权；反之，若未禁止其让与的，则可以设立质权。[③]“禁止扣押的立法目的是不得违反债务人的意思冲抵债权，它与不得基于所有人的意思为处分（禁止转让）的动产范围未必相同。”[④]

---

① 参见谢在全：《民法物权论》（下册），中国政法大学出版社1999年版，第769页。

② 参见谢在全：《民法物权论》（下册），中国政法大学出版社1999年版，第767页。

③ 参见郑玉波：《民法物权》（修订十五版），黄宗乐修订，台北三民书局2007年版，第364页。

④ ［日］我妻荣：《我妻荣民法讲义Ⅲ新订担保物权法》，申政武、封涛、郑芙蓉译，中国法制出版社2008年版，第124页。

举证责任

为债权人设立质权，出质人应提供可以转让之财产设质。如债权人提出质押财产系禁止转让之物的，应由出质人举证证明其为非禁止转让之物。

第四百二十七条【质押合同】

设立质权，当事人应当采用书面形式订立质押合同。

质押合同一般包括下列条款：

（一）被担保债权的种类和数额；

（二）债务人履行债务的期限；

（三）质押财产的名称、数量等情况；

（四）担保的范围；

（五）质押财产交付的时间、方式。

历史由来

本条来自《担保法》第64条、第65条以及《物权法》第210条。与《物权法》第210条相比，本条作了三点修改。一是《物权法》使用“质权合同”，《民法典》使用“质押合同”，这个称呼是《担保法》的称呼，概念上又回到了《担保法》。从《民法典各分编（草案）》开始采纳了“质押合同”的表述。二是第2款第3项，《物权法》的规定是“质押财产的名称、数量、质量、状况”，《民法典》的规定改为“质押财产的名称、数量等情况”，删去了“质量、状况”的表述，改为“等情况”，这一点是自《民法典物权编（草案）》（二审稿）以来采纳的。三是第2款第5项增加了“方式”，自《民法典各分编（草案）》以来即规定了“方式”。质权是意定物权，需要通过双方的意思表示来设立质权。

本条规定的是基于法律行为的物权变动，规定了设立质权的法律行为，即质押合同的形式要求与一般内容。

式性，对于其是否为要物契约并无规定。但我国《担保法》第64条第2款规定“质押合同自质物移交于质权人占有时生效”。可以说，《担保法》非常明确地规定质押合同为要物合同，实际上，质押合同的生效也就意味着质权的设立。但《物权法》立法已经没有这一条的规定，《物权法》第212条只是规定了“质权自出质人交付质押财产时设立”，该条现为《民法典》第429条。

从解释论上看，质押合同的性质，仍然存在两种解释：第一种解释，也是通说认为的，《物权法》已经废弃了《担保法》第64条，即质押合同不再以交付标的物为生效要件，质押合同非要物合同，交付标的物是物权行为或物权变动的生效要件，而质押合同按照合同法作为一种债权合同按意思表示生效，这就实现了区分原则所要求的公示要件不作为合同的生效要件，仅作为物权变动的生效要件。依据区分原则，质押合同为质权设定行为的原因行为，其不直接创设债权，故为债权行为，因此，质押合同只能依据债法原理来判断其成立与生效，“质押合同之效力仅在当事人之间产生请求创设质权的效力”[①]。这是通行的解释。第二种解释，《物权法》尽管未规定质押合同的要物性问题，但《担保法》第64条之质押合同的要物性与《物权法》并不冲突，《物权法》规定的是物权变动以交付为要件，并不排除质押合同也以交付为生效要件，因为质押合同完全可以解释为物权合同，就像日本法那样的解释。

对于这两种解释的核心要点在于质押合同到底应当视为债权合同还是作为物权合同来看待。如果将其解释为债权合同，逻辑上就应遵从第一种解释；如果将质押合同看作一种物权合同，逻辑上就应遵从第二种解释。本书认为，在我国民法上，质押合同难谓纯粹的物权行为，从《民法典》第214条、第215条之区分原则以及合同用语来看，质押合同应当理解为债权合同，从不严格区分负担行为与处分行为的角度来看，质押合同也可以包含质权设立之物权意思。

动产质押合同应当包括的内容，本条作了列举性规定，一般内容包括五项：被担保的债权种类和数额；债务人履行债务的期限；质押财产的名称、数量、质量、状况；担保的范围；质押财产交付的时间。

《物权法》第210条的表述与《担保法》第65条有所不同，后者使用的术

① 孙宪忠编著：《物权法》，社会科学文献出版社2005年版，第204页。

语是“应当包括”，似乎应该理解为强制性规定，如违反即有导致合同风险之可能，但合同内容实则是自治的，应遵循当事人意思自治原则，故而，《物权法》即将其改为“一般包括”，该表述说明，本条规定的质权的内容仅仅是提示性的，参照性的，而非强制性的。

质权是从权利，从属于主债权，故质权合同中首先应当约定的是被担保债权的种类和数额，即主债权的基本情况，主债权可以是金钱债权，也可以是种类物或特定物的给付债权，还可以是以作为或不作为为标的的债权；一般而言，主债权的范围也就是担保的范围，故而主债权是确定担保范围的基准。

动产质权所担保的债权范围由当事人在质押合同中约定。如果当事人没有约定，则动产质权所担保的债权范围包括主债权及利息、违约金、损害赔偿金、质物保管费和实现质权的费用。利息包括复利；违约金包括预定的赔偿额也包括没有预定的赔偿额；执行质权的费用包括评估、鉴定等费用；对于保管费用，将其列入担保范围，有助于质权人妥善保管质物，以防质物价值之减损。但以必要费用为限，如必要修缮费。单纯的保管费，如将质物保存于仓库所须支付的仓租，非属避免质物减损之必要费用，其保管费应由质权人自己负担。[①]损害赔偿，主要是迟延履行或不履行而应支付的赔偿。因质物之瑕疵产生的损害赔偿属于担保的债权范围，应由出质人赔偿，此时，应认为质权设立人对此承担无过失责任，因为设立质权的契约是一种有偿契约，应准用买卖契约中有关瑕疵担保的规定。[②]但质权人明知质物瑕疵的，不在此限。[③]

上述项目是法定的担保范围，不需要当事人约定需要承担的担保范围。但是，该范围不是强制性担保范围，允许当事人通过自治方式来改变这个范围，当事人可以在质押合同中作出不同的约定，可以将其排除出担保的债权范围，这一点在法律实务中特别重要，是当事人明确自己担保范围的不可忽视的约定。

---

① 参见郑玉波：《民法物权》（修订十五版），黄宗乐修订，台北三民书局2007年版，第367页。

② 参见［日］我妻荣：《我妻荣民法讲义Ⅲ新订担保物权法》，申政武、封涛、郑芙蓉译，中国法制出版社2008年版，第127页。

③ 参见郑玉波：《民法物权》（修订十五版），黄宗乐修订，台北三民书局2007年版，第368页。

债务人履行债务的期限，是指债务人履行主债务的期限，而非从债务的期限。主债务履行期限一般规定在主合同当中，即在被担保的主债权合同中，如借贷合同。债务履行期届满未清偿债务的，质权人才有权行使质权合同中的担保权利主张。债务履行期限决定了可以行使质权的时间。质权合同与主债权合同是两个合同，主债权合同一般会约定债务履行的时间，本条规定的债务人履行债务的期限即为主债务履行的时间。

如果当事人在质权合同中约定的债务履行期限不同于主债权合同中债务履行的期限，应以何者为准呢？如质权合同中约定的债务履行期限晚于主债务履行期限。从合同的角度而言，主债权合同约定的债务履行期间届满，当事人即可主张担保债务。但从担保合同的独立性角度而言，是否可以理解为对主合同债务履行期间的变更呢？在债务人以自己的物作质押的情形下，似乎可以理解为债务履行期间的变更；在以第三人的物作质押的情形下，由于质权人与第三人签订质押合同，该履行期间也应可以理解为对主债务履行期间的变更。因而，应以质权合同中约定的债务履行期限为准，但这并不影响主合同的债务履行期间，主合同的债务履行期间仍以双方的约定为准。质权合同中约定的债务履行期限是质权人行使权利的时间。

关于质押财产的名称、数量、质量、状况，该项规定的是质权合同的标的物，条文中虽然提到了数量问题，但质押物应当是特定的，物权的标的物需要满足特定化的要求，唯有标的物特定，才有可能满足物权公示的要求。

关于交付的时间与方式。动产质权的设立以交付为生效要件，未交付的，质权即未能有效设立。当事人应当在质押合同中明确交付的时间，交付时间也是判断出质人是否违反合同约定的依据，未按合同约定的时间交付的，不仅质权未能按时有效设立，而且出质人也将构成违约。交付的方式为《民法典》规定所新增，当事人应约定以何种方式来交付，如大批货物会涉及运输，如路运或空运。该问题会与合同法交付移转风险问题相关联，一般而言，货物交付承运人即移转货物意外损毁和灭失的风险。但本条所规定的交付仅仅是指发生物权变动效力意义上的交付要件，它所涉及的是交付是否会引起物权变动效果，而非解决交付的风险负担问题，后者由合同法规制。对于出质财产与实际交付的财产不同的情形，《担保法解释》第89条规定："质押合同中对质押的财产约定不明，或者约定的出质财产与实际移交的财产不一致的，以实际交付占有的财产为准。”

除了上诉五项内容之外，当事人可否再订立其他事项？依据私法自治原则，当事人完全可以订立除上述五项内容外的事项。本条仅仅是参考提示性规定，当事人可以进一步明确其想要的合同细节问题。实际上，《担保法》第65条规定的质押合同应当包括的内容还有该条第1款的第6项“当事人认为需要约定的其他事项”以及第2款“质押合同不完全具备前款规定的内容的，可以补正”。这些规定在《物权法》立法时被删除了，但是这并不意味着当事人不能约定除本条五项内容外的事项，也不意味着当事人不能对合同内容进行补正。崔建远认为，应这样理解：第一，“当事人在质押合同中约定他们认为需要约定其他事项，乃合同自由的题中应有之义，无需赘言。只要约定不违反法律、行政法规的强制性规定，不违背公序良俗原则，即为有效”。第二，允许当事人事后补正，“符合合同自由原则的要求；又授权裁判人员，在不违反合同自由原则的前提下，可以依据公平正义原则，根据个案案情，填补质押合同的某些条款”。[①]

举证责任

主张成立质权者，应举证证明质押合同的有效性，该证明责任由质权人负担。

其他问题

本条规定是基于法律行为的质权设立，除了质押合同之双方行为可以设定质权之外，质权也可以通过单独行为设定，如遗嘱。依遗嘱设定质权时，遗嘱管理人需将质物的占有移交给质权人，唯移转占有时始发生质权设定之效力。

质权也可以基于善意取得而获得。若出质人无权处分，而质权人符合善意、支付对价、已经交付等善意取得之要件的，可以善意取得质权。

---

① 崔建远：《物权法》(第三版)，中国人民大学出版社2014年版，第528页。

第四百二十八条【流质的效力】

质权人在债务履行期限届满前，与出质人约定债务人不履行到期债务时质押财产归债权人所有的，只能依法就质押财产优先受偿。

历史由来

本条是对《物权法》第211条规定进行修改的结果。流质契约之禁止，为罗马法以来之一般规则。[①]在立法例上，《德国民法典》第1229条、《瑞士民法典》第894条皆对禁止流质作了规定。本条部分延续了《物权法》第211条禁止流质之规定，但在表述上作了重大修改。《物权法》第211条规定："质权人在债务履行期届满前，不得与出质人约定债务人不履行到期债务时质押财产归债权人所有。"这是禁止流质的经典表述。《民法典》未采用"不得"之用语，而改为构成要件与法律效果之规则模式，即如果约定了流质，该约定并不发生流质的效力，而是按照担保的规定进行优先受偿。

本条在《民法典物权编（草案）》（征求意见稿）、《民法典各分编（草案）》、《民法典物权编（草案）》（二审稿）上均采用《物权法》第211条之禁止流质的表述，到《民法典（草案）》时才作出改变。

规范目的或功能

在履行期届满之前，约定所有权直接归属被认为是一种私人执行，该私人执行被法律所禁止，其核心思想在于保护债务人。在此，立法者作了一个假定，即一般借贷关系之债务人于借贷时多因窘迫处于交易之弱势地位，债权人则利用此一机会，以优势之交易地位迫使债务人订立流质契约。又因担保物之价值通常高于债务额，若承认流质契约之效力，则一旦债务人届期不能偿还债务，担保物即归债权人所有，致债权人取得高于债权额之利益，有

---

① 但早期的罗马法并不一般性禁止流质，反而是承认流质原则。对略式物的质押，如果届期未回赎，质物即归债权人所有。参见［德］马克斯·卡泽尔、罗尔夫·克努特尔：《罗马私法》，田士永译，法律出版社2018年版，第312页。

失公平。再者，担保之设立乃在于标的物之价值权的实现，而非标的物所有权之取得，若允许订立流质契约，担保之价值权即被转换为标的物之所有权，此与担保设立的目的不合。基于上述理由，立法一般不允许订立流质契约，订立流质契约者，亦为无效之约定。

《民法典》对传统的禁止流质之表述作了修改，并不直接规定不得约定之强制性术语，而是规定其法律后果，实际上是缓和了禁止流质之规则，有助于尊重个人自主决定，符合私法自治之精神。

规范内容

本条规定是对《物权法》第211条的重大修改，体现了民法立法精神的重要变迁。《物权法》第211条规定“不得与出质人约定”，“不得”意味着禁止某种行为，即民法禁止当事人在质押合同中作“债务人不履行到期债务时质押财产归债权人所有”之约定。从规范属性上看，《物权法》第211条应属于效力性禁止性规范，而非管理性强制性规范，前者所禁止者为法律行为之内容，后者一般针对主体之资质问题。违反效力性禁止性规范，合同即为无效。违反管理性强制性规范，合同一般仍为有效。惟应注意，所谓流质契约无效系指该流质约定之条款无效，而非指整个质押合同无效。流质条款无效一般不影响质押合同的效力，因而质权之设立仍然成立，债权人仍享有质权。在债权届期债务人未偿还债权时，质权人可行使质权。《德国民法典》第139条规定：“法律行为的一部分无效的，如不能认为除去无效的部分，该法律行为仍会被实施，则整个法律行为无效。”质押契约中，流质条款的除去并不影响法律行为的实施。

《民法典》一改《物权法》之经典表述，而改采法律后果模式，即如果当事人约定流质的，权利人只能就质押财产优先受偿，而不能取得所有权。实际上，其适用结果也同样否定所有权的取得，约定流质的，并不能按照当事人所预期的发生所有权变动的效果，同时也明确质权人之权利仍为质权，仍须通过质权实现程序来实现债权。

以担保物之价值来实现债权与以担保物所有权来实现债权，其本质区别在于前者需要通过特定的程序，后者不需要通过特定的程序而是直接取得所有权。担保物权作为从属于主债权之权利，其目的在于确保主债权之实现，故需要实现的债权必定在主债权范围之内，为了确保担保物价值与主债权在额度上的等价，法律设置了担保物权的实现程序，拍卖、变卖等清算程序的目的即在于确保担保物价值与主债权额的平衡，避免债务人因担保遭受不当的损失。担保期间，担保物之价值尤其如土地之价值可能会发生大幅波动，由债权人直接取得所有权，可能导致其获得巨大不当利益，故至债务届期后需要重新估算担保物之价值。《物权法》第219条规定之折价、拍卖、变卖等程序皆为重新估价的一种方式。未经此等程序，约定担保物直接由债权人取得所有权的，结果上会导致担保人与债权人之间的利益失衡。故立法者对此类约定一概予以禁止之。

早在《物权法》立法当时，即有观点认为流质契约不应一概予以禁止，而应承认其效力。其理由是禁止流质与当事人之意思自治原则相悖，担保物之价值亦可能因市场波动下降而非必定上升，流质契约对债务人来说不一定会损害其利益，故法律应尊重当事人之自治。但《物权法》并未采纳上述意见，立法者认为，虽然形式上看是自愿，但实质上很难判断自愿与否，也可能存在胁迫。本书认为该理由很难成立，立法者预先推断当事人之约定是否出于自愿从而一概禁止之，似乎不妥。即便存在胁迫，当事人仍有救济渠道，可以依合同法撤销，一概禁止反而过多干涉了意思自治与自主决定。真正的理由是法律既应保护债务人也应保护债权人，如果因担保物价值大大升高而有必要禁止流质，那么，基于同样的理由，担保物价值可能大大降低也需保护债权人而有必要禁止流质。公平乃是流质禁止之核心理由。

当今亦有承认流质契约之效力的规范模式，如我国台湾地区。我国台湾地区民法学说逐渐摒弃流质契约无效之观点，而改采未经登记不得对抗第三人之法理，如约定于债权已届清偿期而未为清偿时，抵押物之所有权转移属于抵押权人者，非经登记，不得对抗第三人。流质契约从无效到有效，背后是政策判断的变化，有效在一定程度上更加尊重私人自治之私法原则。当然在立法技术上，改采有效之后，尚应解决因所有权直接归属变动带来的与原债务之差额部分，应配以清算条款以平衡当事人之间的利益关系。

《民法典》顺应时代思潮，及时修正《物权法》之规定，不再使用“不得约定”之类的强制性术语，从行为规范之立场转变到法律后果之立法模式上，从法律适用技术角度来说，修改后的条文更为科学，从法伦理层面上看，它弘扬了民法作为自治法的私法精神，更符合民法的伦理理念。《民法典》流质条款效力的立法模式，代表了21世纪流质条款立法的最新动向，是一个融私法理念与先进立法技术于一体的典范。

从命令性规范转变为技术性规范，还意味着它将为让与担保的效力问题留下解释空间，当事人以所有权归属进行担保的，包括股权担保、买卖担保等，就不再是完全被禁止的行为，解释上，让与担保可以在担保的层面上发生法律效果。该条款在相似的让与担保的实践类型中，可以作为类推适用的依据。①

在法律适用技术上，本条之适用有两个条件：一是属于质押法律关系；二是针对债务履行期届满前的所有权归属约定。本条适用的前提是在质押法律关系中出现的当事人约定所有权归属的情形，如果不在质押法律关系中，即便当事人在债务履行期限届满前约定了债务不履行时标的物即归债权人所有，也不适用本条规定。实务中，双方约定一方合同不履行，相关财产即归另一方所有，该种约定如果没有成立质押法律关系，即不能适用本条来作判定。在“上海D国际贸易有限公司与上海E进出口股份有限公司进出口代理合同纠纷”一案中，②原告与被告签订两份《代理进口合同》，并以附件的形式对双方权利义务进行约定，其中第1条第5款规定：“如乙方（即原告）未能按本协议规定如期付清货款及代理手续费，甲方有权终止本协议，享有货物单证项下的所有权，已付甲方的预付款有权不再返回乙方，并可处分货物，所得款项及代理进口保证金抵扣进口货款、税金及有关费用、利息等，尚不足以抵扣的乙方应予以赔偿。”当事人主张该条款为流质条款，应属无效。法院认为，质押合同既是要式合同又是要物合同，而流质契约是在质押合同情形之下，双方约定债务届期，债权人未受清偿的，即移转质物所有权于债权人之契约。本案中，双方在签订代理进口合同时并无建立质押合同法律关系

---

① 参见陈永强：《以买卖合同担保借贷的解释路径与法效果》，载《中国法学》2018年第2期。

② 上海市第一中级人民法院（2004）沪一中民四（商）初字第8号民事判决书。

之意思表示，故系争约定不符合流质契约之法定构成要件。

第二个条件说明，时间是流质条款的判定的根本要素，也就是说，约定债务不履行质物即归债权人所有，所发生的时间必须是在债务履行期届满前，如果在债务履行期届满之后，双方约定物权的归属，就不属于本条规定的情形，不能依据本条来判定其效果。实践中，在债务履行期届满之后，如果当事人之间对标的物的归属达成协议，约定归债权人所有的，如常见的以物抵债协议，该种以物抵债协议性质上是一种代物清偿，是有效的。[①]

实务上以时间作为要素来判断流质条款的效力。在"李某某与吕某某返还原物纠纷"一案中，[②]李某某要求吕某某支付农民工工资，吕某某支付后，李某某将其车辆交付给吕某某，李某某承诺到期不偿还此债，即将案涉车辆赔偿给吕某某，并配合办理过户手续。该案的争议焦点是，双方的以物抵债是否属于流质契约。法院从流质契约法律关系、流质契约订立的时间、实现债权的程序等进行审查，认为李某某在债权成立时即将车辆交付给债权人吕某某占有，其行为的后果成立质押担保。以物抵债是债权届期后成立的协议，而流质契约是债权届期前成立的。流质契约未经评估和拍卖程序，直接取得标的物之所有权。故本案属于流质契约，应认定无效。在"福海县S农民专业合作社与温泉县Z仓储物流有限公司买卖合同纠纷"一案中，[③]双方订立《还款质押合同》，其中约定债务如期未清偿的，债权人即直接取得标的物之所有权，同意以物抵债。上诉人认为该质押合同是在债务履行期满后订立的，性质为以物抵债，应为有效。法院认为，该协议为流质契约，系无效约定。在以物抵债与流质契约的区分上，法院往往以协议订立的时间为判断，《物权法》第211条所规定的流质契约乃是债务履行期届满前的所有权移转约定，而以物抵债是履行期届满之后达成的协议，后者不属于流质契约，在无违反法律强制性规定的情形下，是有效的。[④]

---

① 参见陈永强：《以物抵债之处分行为论》，载《法学》2014年第11期。

② 北京市第二中级人民法院（2015）二中民终字第05404号民事判决书。

③ 新疆博尔塔拉蒙古自治州中级人民法院（2015）博中民二终字第59号民事判决书。

④ 最高人民法院（2016）最高法民终234号民事判决书。

举证责任

出质人负有举证责任，须举证证明该质押财产一旦债务履行期届满即归债权人所有的约定是在债务履行期届满之前作出的。该种约定虽是双方真实意思表示，但仍不能强制执行。

第四百二十九条【动产质权的设立】

质权自出质人交付质押财产时设立。

历史由来

本条源自《物权法》第212条，规定了动产质权设立的生效要件，基于法律行为的动产质权变动以质物的交付为要件。《担保法》第64条曾规定，质押合同自质物移交于质权人占有时生效。《物权法》立法者认为，该规定混淆了质押合同的生效与质权设定的生效，应予放弃，而改采区分原则，质权设立采交付之公示方法，而质押合同按合同成立时生效的规则。

在《民法典》立法过程中，本条并无争议与修改情况。《民法典物权编（草案）》（征求意见稿）、《民法典各分编（草案）》、《民法典物权编（草案）》（二审稿）、《民法典（草案）》均规定了该条文，并未有改变。

规范目的或功能

本条之规范功能在于保障质权人之质权的实现，由债权人占有和控制质物，可以更好地促使债务人履行债务，债权人也因占有质物而拥有更主动地把权利实现的优势地位。以交付作为质权设立之要件，遵循了动产物权变动之公示的一般方法，规范功能上亦具有保障交易安全之作用。

质权变动采公示要件主义的物权变动模式，在体系上与动产物权变动之公示要件主义相一致，与动产抵押权之设立则相反，动产抵押权之设立采意思主义的物权变动模式。质权变动之所以采交付生效模式，其原因在于质权之本质，之所以为质权之谓，其意原在于质，唯有占有标的物才能成立质，故交付生效主义乃质权之概念本身所框定的。可以说，质权概念之内在语言逻辑即规定了质权设立的生效模式，若允许以意思主义设立质权，那么它就违反了质权概念之内在的规定性，从而与质权概念相矛盾。

三 规范内容

本条为完全法条，规定质权设立以交付为要件。其构成要件为动产与交付，其法律效果为质权设立。《民法典》第224条规定动产物权变动依交付生效，交付为动产物权变动之一般原则。

自《物权法》以来，通说认为《物权法》废止了《担保法》第64条之质押合同交付生效的规则，而改为质权设立经交付生效，质押合同则自成立时发生效力。以此立论的根据是《物权法》第15条的区分原则，依据质权合同与质权设立的区分原则，前者为债之关系的产生，而后者是物权变动的生效，质权合同生效设立债之关系无须公示，而质权设立须经公示发生效力，质权合同的生效与质权设立的生效应区分考察，分别判断，此即为物权变动的原因与物权变动的结果相区分的原则。[⑤]

但有一个前提问题值得提出来，当我们在讨论质押合同是依交付生效还是依意思表示一致而生效这个问题时，需要首先回答质押合同的法律性质是什么。如果将合同分为债权合同与物权合同，那么质押合同到底是债权合同还是物权合同呢？如果将质押合同作为物权合同来解释，那么质押合同似乎须经公示才能发生效力。如果这个解释能够成立，那么《担保法》第64条可能是对的，质押合同作为处分行为，的确是需要交付才能生效。从《物权法》的立场来看，《物权法》似乎否认了这个解释论立场，并没有把质押合同作为物权合同来理解，而是将其理解为债权合同，由此质押合同即作为物权变动的原因行为来处理。依据区分原则，质权设立之成就与否依是否交付而为判断，而质权合同则依据《合同法》的自成立时生效之规则。

德国法关于质权的变动采双重要件，即合意加交付原则，其第1205条规

---

⑤ 参见孙宪忠：《论物权变动的原因与其结果的区分原则》，载《法学研究》1999年第5期。

定，质权的设立必须由双方达成关于债权人享有质权的合意，且所有权人必须将质物交付给债权人。该合意区别于合同，它是关于直接设立物权的意思表示，两个物权行为的意思合致，而非负担义务的债的意思表示。

在质权合同与质权设立这两者之间的关系上，比较法上有采无因原则，有采有因原则。如采无因原则，那么质权合同无效亦不影响质权设立之效力，德国法为无因模式的代表。反之，若采有因原则，那么质权合同的无效将会导致质权设立的无效，我国法采有因原则更为合理。在体系上，有因原则与善意取得，配上公示制度，同样可以保护交易权，而且能够将恶意第三人排除在交易安全保护之外，因而，这样的组合体系能够在静态财产安全保护与动态交易安全保护之间取得平衡。

与学理上的讨论所不同的是，实务上会认为质押合同经交付生效这个规则，与质权经交付设立这个规则，可以同时并存，也就是说交付既使得合同生效，也使得质权设立。如在“中国农业发展银行W支行与被上诉人中国建设银行股份有限公司X分行、T粮油储贸有限公司、刘某某金融借款合同纠纷”一案中，[①]法院既承认《担保法解释》第64条规定的质押合同经交付生效的规则，同时认可《物权法》第212条质权自交付生效的规则。

本条中另一个需要解释的是“交付”这个核心要件。由于《物权法》的交付概念体系中存在三种观念交付形态，使得解释论上必须探讨和明确“交付”究竟是包含观念交付还是仅仅指现实交付。《担保法》第64条的表述是“质押合同自质物移交于质权人占有时生效”，很显然，按照《担保法》的规定，交付作为生效要件系指“移交质权人占有”即指现实交付，而非观念交付。在梁慧星领衔起草的物权法学者建议稿中，其第363条第1款规定：“当事人依照本法设定质权的，应当向质权人移转质物的占有。质权自出质人向质权人移转质物的占有时设定。当事人不得在质押合同中约定由出质人代为占有质物。”依此规定，“交付”系指现实交付，即“质物的占有移转应当是质物占有的实际移转，由债权人或者其他代理人实际取得质物的占有”，而且“当事人约定由出质人代为占有质物的，因质物的占有未发生实际移转，应不

① 河南省高级人民法院（2014）豫法民一终字第218号民事判决书。

发生质权设定的效力”。[1]可见，占有改定方式并不能设立质权，因占有并未因占有改定而实际移转。动产质权以占有为公示方式，而占有改定无法实现质物上的质权公示。此外，如果出质人仍占有质物，则质权人无法对质物予以留置，如此动产质权的留置效力归于空虚。

德国法承认两种替代交付形式可以设立质权。第一种是《德国民法典》第1205条第2款，该款规定的是指示交付情形，所有人为间接占有人的，所有人可以将间接占有转让给质权人以替代交付，但必须将出质通知占有人。第二种是第1206条的共同占有情形，如果质物处于债权人的共同保管下，或者为第三人所占有的情形，返还只能向所有人和债权人共同为之时，向质权人让出共同占有即足以替代质物的交付。所有权人因此将不能单方面剥夺债权人的共同占有而自己单独行使占有。[2]德国法亦认为，占有改定不能有效设立质权，“第1205条有意识地避免了规定代位交付，原因在于质权的变动必须对其他债权人具备明显的公信力，而这是第930条所不具备的”[3]。

日本民法亦认为占有改定不足以构成占有移转，不能有效设立质权。《日本民法典》第345条规定：“质权人，不得使出质人代自己占有质物。”但是对于占有改定不能设立质权，也有学者提出质疑，我妻荣认为，现代民法之占有已经观念化了，作为公示方式的占有不再是一种实际占有，而是认可观念上的占有，尤其是现代民法均承认指示交付、占有改定作为动产所有权移转的公示方式之后，交付概念也被观念化了，既然承认比质权效力更强的所有权的移转都可以用占有改定方式作为公示方法，那么，又有何理由不允许通过占有改定方式来设立质权呢？我妻荣认为：“如果我们继续坚持前述法定的严格要件，那么可能会导致理论上的矛盾或不统一。实际上，现代的民法理论已经突破了该法定的严格要件。例如，依据占有改定的方式设立的动产让与担保有效。理论之所以不得不做出肯定的结论，是因为该规定已经无法适

---

① 中国物权法研究课题组：《中国物权法草案建议稿：条文、说明、理由与参考立法例》，社会科学文献出版社2000年版，第705—706页。

② 参见［德］曼弗雷德·沃尔夫：《物权法》，吴越、李大雪译，法律出版社2002年版，第393页。

③ ［德］曼弗雷德·沃尔夫：《物权法》，吴越、李大雪译，法律出版社2002年版，第393页。

应现代社会的发展。”[①]

在解释论上，简易交付，因债权人已经取得占有，本书认为，可以认定为已经“交付”，故可以有效设立质权。对于指示交付，由债权人取得向第三人的返还请求权并不足以成立占有移转，故而指示交付不能有效设定质权，只有在债权人已经从第三人处取得质物之实际占有时，质权才成立。当然也可以借鉴德国法，除了将返还请求权让与质权人之外，增加一个要件，即通知占有人，指示交付加通知，成立质权。对于占有改定不能设立质权，尽管我妻荣对该传统学说提出了很有力的质疑，但本书认为，占有改定尽管作为公示方式被现代民法所认可，但质权设立仍然应遵从其内在性质，也就是说，“质”的本质乃是“扣留”“留置”，无占有即无法实现“扣留”“留置”，故仍应以占有移转作为质权设立之要件，从而，占有改定仍不能设立质权。因而，结论是，质物的交付不限于现实交付，简易交付或指示交付等替代交付也可以设立质权，但占有改定不能设立质权，“这是由质权须有留置效力所要求的”[②]。

纯粹占有改定之交付方式虽不被认可，但在实务上，有判例认为尽管没有现实交付质押财产，但只要标的物已经交由第三人监管的，也被视为符合交付要件，能够有效设立质权。在“中国农业发展银行W支行与被上诉人中国建设银行股份有限公司X分行、T粮油储贸有限公司、刘某某金融借款合同纠纷”一案中，[③]质押合同项下的质押标的物仍在出质人仓库，但三方约定，该仓库由第三人进行监管，并在质物上设置质押标签。法院认可该种交付方式，在三方达成监管协议和质押合同时，即成立质权。这种方式在实务中也较为常见，学理上可以说既不属于占有改定，也不属于指示交付，是一种不同于现有法律规定的新交付方式。这意味着对交付概念的认定，也趋于宽松，以当事人意思表示为基础，加上一定程度的对标的物的实际控制，即可成立交付。

---

① ［日］我妻荣：《我妻荣民法讲义Ⅲ新订担保物权法》，申政武、封涛、郑芙蓉译，中国法制出版社2008年版，第97页。

② 崔建远：《物权：规范与学说——以中国物权法的解释论为中心》（下册），清华大学出版社2011年版，第868页。

③ 河南省高级人民法院（2014）豫法民一终字第218号民事判决书。

举证责任

主张成立质权者应负举证责任，其应证明质物已经交付，质权人已经占有质物之事实，以及证明作为质权设立的基础的质权合同有效性事实。

第四百三十条【质押财产的孳息】

质权人有权收取质押财产的孳息，但是合同另有约定的除外。

前款规定的孳息应当先充抵收取孳息的费用。

历史由来

本条可溯源至《担保法》第68条、《物权法》第213条之规定。《担保法》第68条规定，质权人有权收取质物所生的孳息。《民法典物权编（草案）》（征求意见稿）、《民法典各分编（草案）》、《民法典物权编（草案）》（二审稿）、《民法典（草案）》均规定了该条文，并未有改变。

规范目的或功能

本条的规范功能在于明确质权人与质押债务人对质物孳息的收取权利，定分止争。该种权利分配首先遵循当事人意思自治原则，当事人可以约定孳息收取权的归属，没有约定的，由质权人收取。之所以明确质权人有权收取质物的孳息，是基于债权人占有质物，从经济便利方面考虑，质权人收取孳息较为便利。从担保原理上看，孳息亦作为担保债权的一部分，质权人有权优先受偿。

规范内容

本条规定为质权人权利之一，质权人有权收取质物的孳息，包括法定孳息和天然孳息，但如果当事人另有约定，应根据意思自治原则，以约定为准。

当事人可以另行约定保留出质人对孳息的收取权。质权人收取的孳息应先充抵收取孳息的费用，然后充抵主债权的利息和主债权。质权人依法收取孳息时，并不当然取得孳息的所有权，而是取得孳息的质权，孳息成为质权的标的。孳息之收取权伴随于质权之留置效力，质物既已留置，其孳息当由质权人收取之。收取之孳息应优先冲抵收取费用，次冲抵债权之利息，复次冲抵原债权，此一冲抵顺序旨在防止质权人随意使用孳息或侵吞孳息。质物孳息"冲抵收取孳息的费用后尚有剩余的，应作为清偿被担保债权的财产，依次冲抵原债权的利息、原债权"[①]。

实务中，依据本条规定，孳息在当事人无特别约定的情形下，质权的效力及于该孳息。在"张某某与中国农业银行股份有限公司G支行、X有限公司案外人执行异议之诉"一案中，[②]保证金账户由原告控制和管理，原告与第三人之间形成了合法的动产质押担保关系，原告对保证金账户内的存款享有质权。双方对质押保证金所产生的利息没有另外约定，法院认为，质权的效力及于该孳息，原告作为质权人有权对保证金及其产生的利息享有优先受偿的权利。

质权可以分为占有质权与收益质权，前者，质权人仅占有质物而无对质物享有使用收益之权利；后者，质权人不仅占有质物，且对质物享有使用收益之权利。中国民法本条规定究竟是采用占有质权模式还是收益质权模式呢?有观点认为中国民法对此未作区分，不同的观点则认为，中国民法规定的质权，为收益质权，质权人对质物享有使用收益的权利。[③]本书认为，本条规定之有权收取孳息，并不意味着对质物享有使用和收益的权利，有权收取仅仅意味着孳息可以为质权人所占有，并在实现质权时优先受偿。从体系解释上看，《物权法》第214条以及《民法典》第431条均规定，质权人在质权存续期间无使用质物之权利，质权人擅自使用质物，给出质人造成损害的，应负赔偿责任。从规定质权概念的《民法典》第425条也可以看出，动产质权的设

① 梁慧星、陈华彬：《物权法》（第五版），法律出版社2010年版，第345页。

② 山东省东营市中级人民法院（2017）鲁05民终646号民事判决书。

③ 中国物权法研究课题组：《中国物权法草案建议稿：条文、说明、理由与参考立法例》，社会科学文献出版社2000年版，第721页。

立并非在于使用收益，而在于占有质物，立法者指出，“一般情况下，其只能占有质物，而不能使用、收益。因此，质权人的标的不是物的使用价值，而是物的交换价值”[①]。故通过体系解释，可以得出结论为，中国民法采纳的是占有质权模式，而非收益质权模式。

在比较法上，德国法对用益与天然孳息分别规定。所谓用益（Nutzungen），系指物的孳息、权利孳息和物或权利的使用所带来的利益的总和。[②]《德国民法典》第100条规定：“用益是指物或权利的孳息以及物或权利的使用所带来的利益。”对于用益，《德国民法典》第1213条第1款规定：“质权可以以债权人有权收取质物的用益的方式予以设定。”德国法对质物的用益需要以合意的方式设定，如未经合意将动产质权设定为用益质权的，质权人并不对质物的用益享有变价和使用的权利。但对于天然孳息，《德国民法典》第1213条第2款规定：“天然产生孳息的物被交付给质权人单独占有的，有疑义时，必须认为质权人应有权收取孳息。”德国法采合意推定模式，即当事人没有疑义的，即推定双方达成质权人有权收取孳息的合意。

我国台湾地区相关规定认为，质权人有收取质物所生孳息之权利者，应以对于自己财产同一之注意收取孳息，并为计算。也就是说，质权人收取孳息时，应尽到与处理自己之事务为同一注意义务，以避免在收取孳息时对孳息造成损害。所谓计算，应指对孳息数量、价值作出计算，因质权人收取孳息并非取得所有权，而是用孳息作为担保的一部分以偿债。

三 其他问题

动产质权的标的物的范围除了本条之孳息之外，动产质权的效力还及于质物的从物、代位物等。

1.从物。动产质权的效力是否及于质物的从物，学说上有不同观点。一种观点认为，质权的效力及于质物的从物，无论其是否交付质权人占有。另

---

① 全国人民代表大会常务委员会法制工作委员会编：《中华人民共和国物权法释义》，法律出版社2007年版，第456页。

② 参见《德国民法典》（第四版），陈卫佐译，法律出版社2015年版，第34页。

一种观点认为，质权的效力并非当然及于从物，只有当从物也一并交付质权人占有时，质权的效力才及于从物。从主物与从物的关系上看，从物跟随主物是一般规则，但由于两者都是独立的物，当事人有不同意思表示时，应遵从当事人意思自治。从质权设定的原理上看，质权之设定需要移转占有，才能成为质物，未移转占有的，即无法成立质权，故而，作为独立物的从物也应遵从这个原则，以交付为判断标准，如果从物未随同主物移交质权人占有的，质权的效力不及于从物。《担保法解释》即采纳了这一观点，其第91条规定："动产质权的效力及于质物的从物。但是，从物未随同质物移交质权人占有的，质权的效力不及于从物。"

2. 代位物。在质物灭失、毁损或者被征用，出质人因此而受有保险金、赔偿金或者补偿金等质物的代位物时，质权的效力及于质物的代位物，质权人有权就该保险金、赔偿金或者补偿金等优先受偿。在质权所担保的债权未届清偿期时，质权人可以请求人民法院对保险金、赔偿金或者补偿金等采取保全措施。在不能归责于质权人的事由使质物遭受毁损或价值明显减少的危险，足以危害质权人的权利时，质权人有权要求出质人提供相应的担保。出质人不提供的，则质权人可以拍卖、变卖质物，并以所得价款提前清偿债权或者提存。

3. 添附物。在质物因附合、混和、加工而发生添附时，若出质人取得添附物所有权的，则质权效力及于该添附物；若添附物的所有权为第三人取得的，则该添附物上的质权消灭，但如果出质人受有补偿金的，则该补偿金作为代位物为质权效力所及；如果出质人和第三人共有添附物的所有权的，则质权的效力及于出质人对该添附物享有的份额。

第四百三十一条【质权人的使用处分限制】

质权人在质权存续期间，未经出质人同意，擅自使用、处分质押财产，造成出质人损害的，应当承担赔偿责任。

历史由来

本条承袭《物权法》第214条，略作修改，将"给出质人造成损害的"改为"造成出质人损害的"。

规范目的或功能

本条的规范功能在于明晰质权人对于质物的权限，从损害后果角度说明了质权人既无处分质物的权限，也无使用权。其体现了我国民法仅承认其为占有质权的基本特征，质权人仅有占有权，而无使用权。从体系上看，本条为《民法典》第425条的质权定义作了概念上的补充，进一步明确了质权人仅在担保的意义上，即在优先受偿的意义上占有质物。实际上也保护了出质人的质物并不因占有移转而被任意使用或处分。

规范内容

本条为完全法条，是关于质权人承担损害赔偿责任的条文。其构成要件为三个：一是未经同意；二是使用或处分质押财产；三是造成损害。其法律后果是赔偿责任。

同意在性质上是权利主体对一项事务或行为的主管权限，取得权利人同意的，他人可以为一定行为或从事一项事务。质押法律关系中，质权人占有质物之目的在于担保债权之实现，而非在于以质物为使用收益，故质权人对质物并不因占有质物即可以使用与处分之。质权人占有质物在控制标的物上取得优势，但该优势只是为了避免出质人的任意损毁或处置质物导致质物价值减小的可能，并使自己能够获得优先受偿。在设立质权之后，质权人并未取得对质物的处分权，质权人不能将质物进行转让，因其并不享有所有权。对出质人而言，出质人并不丧失所有权，但质物之交换价值应优先满足质权的实现，在这个意义上，出质人对质物的处分权也受限制，其处分行为不能影响质权人的质权实现。

条文中的“使用”是事实行为，“处分”则既可以是事实行为也可以是法律行为，事实行为意义上的“处分”，如消费、抛弃、处置等，法律行为意义上的“处分”可以是转让、设立物权等，未经同意的使用和处分都将构成本条所规定须承担责任的行为。

《民法典》之“处分”，一般而言，系指处分行为，按德国民法的经典界定，处分行为是对某一权利进行变动的法律行为，是对权利的直接移转、变更或消灭。处分行为是与负担行为相区分的法律行为，所谓负担行为，按照拉伦茨的界定，是指“一个人相对于另一个人（或另若干人）承担为或不为一定行为义务的法律行为”[①]。负担行为主要是债权合同，如买卖、赠与、租赁等。

有疑问的是，我国民法之“处分”是否包括“负担行为”呢？《民法典》物权编第356条和第357条对“处分”作了例示性规定，在这些条文中，“转让”“互换”“出资”“赠与”“抵押”“质押”“投资入股”等方式皆被列入“处分”，这表明，我国民法所理解的“处分”既包含物权方式，如“转让”“抵押”等，也包含债权方式，如“出资入股”“赠与”等，由此可以看出，我国民法实际上没有严格区分负担行为和处分行为，似乎可以解释为采用广义的处分概念，既包括负担行为，又包括处分行为。[②]尽管如此，笔者认为，我国民法仍然需要对处分行为与负担行为进行区分，理由在于，两者的构成要件与法律效果均不相同，负担行为只要意思表示一致就能生效，不需要进行公示，也不需要标的物的处分权，相反，处分行为的生效需要公示和处分权。回到本条，需要出质人同意的处分，应只能理解为处分行为，而不是负担行为，因为，负担行为并不需要出质人同意。故而，在解释论上，本条之“处分”应解释为仅仅指“处分行为”。如果未经出质人同意，质权人作出了买卖等负担行为的，并不影响该负担行为的效力，因此而使第三人不能取得所有权的，第三人可以向质权人主张违约责任。

在行为的意义上，质权人只要作出了未经同意的使用或处分行为，即满足本条的前两个要件，但要承担损害赔偿后果的，还需要有“损害”。本条之“损害”，应仅仅指物质性损害，而不包括精神上的损害。若因使用或处分质物而主张精神上的损害，应不能成立本条之损害赔偿后果。只有使用或处分

---

① ［德］卡尔·拉伦茨：《德国民法通论》（下册），王晓晔、邵建东等译，法律出版社2003年版，第435页。

② 英美法也存在负担行为被处分行为所吸收的情形，但此时的“处分行为”也具有债的效力，可以主张损害赔偿。参见陈永强：《英美法物权变动之区分模式》，载《法治研究》2017年第6期。

行为致使质物之价值减少以至于损害了出质人的利益时，才成立本条之损害赔偿效果。赔偿是指赔偿出质人所受之损失。如果质权人之使用或处分并未对质物造成价值之减少，也就是说，并未产生实际损失的，亦不成立本条之损害赔偿责任。

在一般侵权行为中，侵权人承担责任尚需要满足过错之要件。本条未规定质权人承担责任是否需要满足过错之要件，解释上是否意味着质权人不需要有过错即应承担赔偿责任呢？有三种可能的解释，第一种，侵权法之规定为侵权之一般规定，而本条规定位于物权编，为特别规定，按有特别规定的遵从特别规定，即特别法优先于一般法之原则，即应按本条之规定承担责任，不要求质权人有过错，只要符合三个构成要件，即成立损害赔偿责任。第二种，本条虽未规定过错要件，但本条之侵权行为是对物的损害赔偿责任，为一般侵权行为之一种，应按一般侵权行为之要件承担赔偿责任，故需要满足过错之要件。第三种，本条之未经同意擅自处分或使用行为，本身即属于过错，因法律已经明文规定质权人的权能，质权人不能主张不知法律之明文规定而声称自己无过错，只要符合未经同意，就是有过错的。在这种解释论下，本条之侵权责任仍属于一般侵权行为，应按一般侵权行为的构成要件来构成损害赔偿之要件。本书采第三种解释。

在“李某某与被上诉人何某某返还原物纠纷”一案中，[①] 质权人在出质期间未经同意使用质押财产之机动车，车辆着火后受损，质权人对车辆进行了维修和内设更新，出质人主张返还质押车辆和请求赔偿。法院认为，何某某占有涉案车辆期间因不当使用造成车辆损害，但该损害已经修复，且何某某已经承担了全部修复费用，而出质人未举证证明因何某某的使用还造成其他损失，故其要求何某某支付擅自使用费和赔偿车辆占有期间因擅自使用而造成的贬损损失，不予支持。本案的裁判有很多问题值得商榷。比如，未经同意的使用即存在过错，又因使用造成车辆的进一步损害，虽然已经修复，但损害已经产生，无论如何修复，发生过损害的车辆在价值上一定会贬损，法院在未做损害贬损鉴定的情况下即认定损害已经修复，不免有些主观臆断。在判断损害、过错等要件上，应倾向于宽松认定，否则，出质人将难以保护

① 四川省南充市中级人民法院（2019）川13民终4134号民事判决书。

其质押财产。

在“杨某与东莞市S二手车经销有限公司返还原物纠纷”一案中，[①]被告在未经原告同意的情况下将质押车辆转质给第三人，造成车辆下落不明，法院依据《物权法》第214条和第217条判决被告承担赔偿责任。这意味着，未经出质人同意的转质系属《物权法》第214条的擅自处分，由此造成损害的，质权人负有赔偿责任。

举证责任

本条应由出质人负担举证责任，出质人应举证证明本条之三个构成要件，即未经同意、擅自使用或处分和实际损害。对于未经同意，出质人只要提出相关使用或处分行为未经同意即可，举证即转由质权人证明其使用或处分行为是经过同意的行为。对于损害，出质人须证明实际的损失。

第四百三十二条【质押财产的保管与提存】

质权人负有妥善保管质押财产的义务；因保管不善致使质押财产毁损、灭失的，应当承担赔偿责任。

质权人的行为可能使质押财产毁损、灭失的，出质人可以请求质权人将质押财产提存，或者请求提前清偿债务并返还质押财产。

历史由来

本条承袭《物权法》第215条，略作修改，将“要求”改为“请求”。《担保法》第69条规定：“质权人负有妥善保管质物的义务。因保管不善致使质物灭失或者毁损的，质权人应当承担民事责任。质权人不能妥善保管质物可能致使其灭失或者毁损的，出质人可以要求质权人将质物提存，或者要求提前清偿债权而返还质物。”可以看到，自《物权法》以来，对《担保法》的规定作了细微修改，比如，将“质物”改为“质押财产”，将

① 广东省东莞市第三人民法院（2017）粤1973民初305号民事判决书。

第2款“质权人不能妥善保管质物”改为“质权人的行为”，但并没有实质性修改。

我国台湾地区有相似规定，质权人应以善良管理人之注意，保管质物。但该条并未规定，未尽善良管理人之注意而应承担的法律后果。《德国民法典》第1215条规定：“质权人负有保管质物的义务。”

规范目的或功能

本条第1款规定了质权人的义务，以及因违反法定义务而应承担的责任。第2款规定了预防性的请求权，对质权人可能发生的损害行为，可以主张提前清偿、返还财产或提存等请求权。本条之规范功能在于规范质权人的行为，保护质物之完整而不受毁损，为出质人提供相应救济。

规范内容

质权人负有妥善保管质物之义务，乃是基于质权法律关系之自然属性，因质物已与出质人脱离，出质人难以对质物进行管控，随着占有的转移，质权人占有质物，质物处于质权人控制之下，质权人取得占有以确保实现自己债权之清偿，同时也应承担起保管义务，确保质物不会遭受毁损或灭失。尽管质物之占有已经转移，但质物之所有权并未转移，质权人若因保管不善致使质物损毁或灭失的，实际上就是侵害了出质人对质物的所有权，质权人应负损害赔偿责任。

所谓“妥善保管”，通说认为，是指质权人须尽到善良管理人之注意义务，善良管理人之注意义务是依据一般观念中管理人的知识水平、生活经验相当之注意程度而为判断，而非更高之注意义务，亦非以质权人本身之注意能力作为判断标准。该种注意标准被认为是客观的，而非主观的，是以一般社会观念为标准。本条第1款之违反保管义务的责任为侵权责任，但双方也可以质押合同作为基础来主张权利。一般认为，本条第1款之责任承担采用过错推定原则，即只要发生质物损毁或灭失之事实的，即推定质权人有过错，应承担损害赔偿责任。

界定“妥善保管”的义务程度，还需要考虑一个问题，即该种保管关系是有偿法律关系还是无偿法律关系，在有偿法律关系中，保管义务要高，在无偿法律关系中，保管义务要相对低。依据《民法典》第897条规定，“保管期内，因保管人保管不善造成保管物毁损、灭失的，保管人应当承担赔偿责任。但是，无偿保管人证明自己没有故意或者重大过失的，不承担赔偿责任”。该条区分了有偿保管与无偿保管，将无偿保管人的义务与责任限定在故意或重大过失，也就是说，在无偿保管中，没有重大过失或故意的行为的，保管人即被认为尽到保管义务，不对保管物的毁损灭失承担赔偿责任。相反，在有偿保管关系中，如果存在一般过失，保管人即被认为未尽到保管义务，或者说构成条文中所称的“保管不善”，其后果即承担损害赔偿责任。

按照通说的观点，所谓“妥善管理”是需要尽到善意管理人之义务程度，从这个角度看，似乎将质押法律关系中的保管义务置入有偿保管关系中的义务程度来考虑。在出质人以自己的物作为担保的情形下，出质人与质权人之间存在主债权法律关系，存在利益关系，因而似乎可以将该种情形下质权人的保管关系视为有偿法律关系。但在以第三人的物作为质物进行担保的情形下，第三人与质权人并无债的关系，该担保合同也系单务合同，仅担保人负有义务，此时，质权人是否也需要按照有偿保管关系来设置保管义务呢？当然，质权人保管标的物，享有担保利益，若妥善保管会有利于自己实现债权的权利，对质权人是有利益的，换句话说，质权人是妥善保管的受益人。在法政策上，似乎仍然可以理解为保管人应负同一注意义务为妥，而不应因是否为第三人提供担保物而在保管义务上有所减轻。

实务中，法院也以善良管理人的注意义务为判断依据。在“李某某与陈某返还原物纠纷”一案中，[①]李某某（甲方）和陈某（乙方）签订《机动车质押借款合同》一份，陈某将登记在其名下的一辆吉普牌汽车质押给李某某。李某某一直将质押所得车辆停在自己的店门口，并且锁好了方向盘、轮胎，还把电瓶拆除了。后被案外人用吊车将该车辆拖走。李某某在发现该车丢失后即报警，在公安机关介入后，李某某最终未能取回该车，但该结果并非李某某处理不当所致。法院认为，质权人的妥善保管义务是指“以善良管理人

① 江苏省无锡市中级人民法院（2019）苏02民终4824号民事判决书。

的注意义务加以保管”，所谓善良管理人的注意，“是指依照一般交易上的观念，认为有相当的知识经验及诚意的人所具有的注意，即以一种善良的心和应当具备的知识来保管质物”。可见法院采纳的是通说见解，法院最终判定李某某对于车辆被拖走而无法返还的结果并无过错，车辆被拖走是由于陈某欠案外人借款并重复质押车辆所致，“李某某在本案中对案涉车辆已经尽到了妥善保管质押财产的注意义务”，故而其不应承担赔偿责任。

在“中国光大银行股份有限公司Z支行与K科技股份有限公司质押合同纠纷”一案中，[①]K公司与光大银行Z支行签订《质押合同》一份，约定K公司以其依法所有或有权处分的三份银行承兑汇票向光大银行Z支行出质。汇票因发生破损，光大银行Z支行无法兑现。法院认为，K公司、光大银行Z支行之间的质押合同合法有效。质权关系中，质权人负有妥善保管质物的义务，因保管不善致使质物灭失或者毁损的，质权人应当承担民事责任。本案中，系争汇票因光大银行Z支行保管不善致使汇票损毁而无法返还，故应向K公司赔偿200万元及利息损失的民事责任。

本条第2款规定的是预防性请求权。法条术语“质权人的行为可能使质押财产毁损、灭失的”，该“可能”之表述意味着质权人的行为尚未致使质押财产毁损或灭失，而非已经对质押财产造成实际损毁或灭失，但质权人的行为已有损害之虞，出质人为防止质权人的行为对质押财产造成损害，可以在未产生损害之前主张救济。民法上的预防性请求权，通常认为有三种：停止侵害请求权、消除危险请求权、排除妨碍请求权。后两者主要适用于物权法，《民法典》物权编第236条规定：“妨害物权或者可能妨害物权的，权利人可以请求排除妨害或者消除危险。”这两种请求权的成立要件皆不要求产生具体的损害，只要存在损害的可能，当事人即可以主张该请求权。

本条规定的救济方法为提存，可以请求将质物提交给提存机关以待清偿，或者主张债务加速到期，提前清偿债务，并可要求返还财产。本条所谓的提存，是指“经出质人要求由债权人把质押财产交付提存机关”，其“目的在于维护质押财产交易价值的稳定，并有利于出质人的利益”。[②]在质物交付提存

① 上海金融法院（2019）沪74民终274号民事判决书。

② 贵州省桂林市秀峰区人民法院（2014）秀民初字第1084号民事判决书。

后，但债务履行期届满时，如果债务人已经履行了债务，出质人即可以从提存机关中取回质物，如果债务履行期届满而债权未受清偿的，质权人即可实现质权，以拍卖、变卖等方式所得价款优先受偿。当然，如果出质人提前清偿债务的，质权人应当将质物返还给出质人。提前清偿债务意味着质权所担保的主债权已获清偿，担保之从债务亦随之消灭，质物之占有即应返还给出质人。实务中，出质人要求返还质押财产的，需要以清偿债务为前提，不统一清偿债务的，法院通常不支持返还质押财产。在"袁某某与臧某某、吴某某返还纠纷"一案中，[①]袁某某向臧某某借款，并用其所有的一辆轿车质押给臧某某。后臧某某将该车交给吴某某使用。袁某某向法院起诉，要求提前清偿债务并返还质物。法院要求袁某某向法院提存案涉债务，袁某某不同意提存，法院遂判决驳回其诉讼请求。

实务中还认为，本条中的提存适用的时间要求是在债务清偿期届满之前，如果在届满之后则不能再主张提存。在"赵某、覃某某与Z融资性担保有限公司动产质权纠纷"一案中，[②]两原告以7件书画作品出质以提供反担保，根据反担保合同的约定，反担保人应在Z公司代偿后7日内向Z公司支付相关款项和费用。Z公司提出实现担保物权的申请时，双方约定的债务履行期限已经届满。两原告认为，被告的行为可能使质押财产毁损、灭失，向法院起诉要求提存质押财产。法院认为，"提存应当是在债务履行期限届满之前，质权人的行为可能使质押财产毁损、灭失的情况下，出质人才有权提出此项主张"，故而，被告Z公司有权对质押财产变卖、拍卖后的价款优先受偿。法院驳回原告要求提存的诉讼请求。在"陈某某与李某某返还原物纠纷"一案中，[③]法院认为，原告请求被告返还财产，需要先清偿债务。"本案中原告既没有向被告清偿债务，也没有将债务相应的财产提存，故原告请求被告返还车辆没有法律依据，本院不予支持。"[④]

本条第2款之规定与我国台湾地区相关规定并不相同，我国台湾地区相关

① 江苏省宜兴市人民法院（2017）苏0282民初10935号民事判决书。

② 贵州省桂林市秀峰区人民法院（2014）秀民初字第1084号民事判决书。

③ 广东省佛山市高明区人民法院（2016）粤0608民初1744号民事判决书。

④ 广东省佛山市高明区人民法院（2016）粤0608民初1744号民事判决书。

规定之请求权并非以质权人的行为为依据，而是“因质物有腐坏之虞，或其价值显有减少，足以害及质权人之权利者，质权人得拍卖质物，以其卖得价金，代充质物”。依照该规定，所提存者是卖得之价金。此一预防性请求权是以物本身的价值减损为对象，质权人可以提前行使权利，故与本条之损害赔偿责任完全不同。

举证责任

本条之违反保管义务的赔偿责任，通说认为采用过错推定原则，出质人只要举证证明质物受到损害之事实即可，质权人应承担证明已经尽到善良管理之义务的责任，未能举证证明已经尽到善良管理之注意义务的，质权人应承担损害赔偿责任。

本条第2款之预防性请求权，其举证责任应由出质人承担，出质人应举证证明质权人的行为存在可能导致损害发生的风险，不能证明质权人的行为可能致害的风险的，出质人即不享有本款之请求权，双方仍处于质押法律关系中。至于当事人应当举证到何种程度才能判断“可能导致损害”，至少应有相关事实来证明质权人的行为有可能损害质物，法官依自由裁量权进行判断。

第四百三十三条【质权的保护】

因不可归责于质权人的事由可能使质押财产毁损或者价值明显减少，足以危害质权人权利的，质权人有权请求出质人提供相应的担保；出质人不提供的，质权人可以拍卖、变卖质押财产，并与出质人协议将拍卖、变卖所得的价款提前清偿债务或者提存。

历史由来

本条承袭《物权法》第216条，略作修改。该条可以追溯至《担保法》第70条，该条规定：“质物有损坏或者价值明显减少的可能，足以危害质权人权利的，质权人可以要求出质人提供相应的担保。出质人不提供的，质权人可以拍卖或者变卖质物，并与出质人协议将拍卖或者变卖所得的价款用于提前清偿所担保的债权或者向与出质人约定的第三人提存。"《物权法》对该条进行了修改，核心是增加了"不能归责于质权人的事由"这一个要件，也就是说，《物权法》区分了归责于质权人的事由与不能归责于质权人的事由，若是归责于质权人的事由导致质物的损毁的，质权人不仅不能要求出质人提供担保，质权人反而需要承担损害赔偿责任。在这个意义上，《物权法》《民法典》提出这个区分，增加规定"不能归责于质权人的事由"是有进步意义的。

在比较法上，《德国民法典》第1218条和第1219条规定了这个问题，但德国法的用词是"质物有腐败之虞或者其价值有明显减少之虞的"。另外，德国法还规定了通知义务，《德国民法典》第1218条第2款规定，"质权人应将质物有腐败之虞的情况立即通知出质人，但不能通知的除外"。

规范目的或功能

本条之规范功能在于保全质物，在非因质权人之原因可能使质押财产毁损或者价值明显减少时，为质权人提供救济。在体系上，《民法典》第432条规定质权人之保管义务，因保管不善须承担损害赔偿责任，可以说第432条针对的是质权人有过错致使质押财产损毁或价值减少时，出质人应享有何种救济。而本条针对的是非因质权人之原因致使质押财产损毁或价值减少，质权人应享有何种救济。因质押财产损毁或价值减少，质权人之质权的担保就受到影响，不能足额受偿或仅有部分受偿，于质权人不利，而此种不利之后果又非由质权人自身原因所造成，故本条规定质权人之救济方法。

规范内容

本条为完全法条。前半句之质权保全方法为出质人另行提供担保，后半句之方法为提前清偿或提存。保全质物，须符合以下要件。

第一，须质物有损毁或价值明显减少的可能；质物有损毁是物理性的，该表述与德国法不同，《德国民法典》第1218条所称的是"质物有腐败"，似主要针对一种易腐物品，概念范围较窄。相比较而言，我国民法所称的是"损毁"，在概念上和构成上要比德国法宽泛，能够包含更多的使质物价值减损的行为。该条之价值减少必须是明显的，亦即是说造成质押财产的较大减损，何为“明显减少”，法院应可以依据不同案件的事实作出具体的自由裁量。从司法实务的常见裁判或已经形成的裁判规则看，所谓“明显”似乎可以以30%为标准，实务中，经常以是否低于30%或高于30%作为判断违约金是否过高或过低的问题，《合同法解释（二）》第29条第2款以30%作为违约金的上限，这个标准似乎可以参考，或类推适用于本条之规定。

第二，须足以危害质权人的权利，所谓“危害质权人的权利”，是指质权人依据质权所实现的债权将不能得到足额清偿，故需要补充担保。该“权利”是指质物所要担保实现的债权。质物以其交换价值担保债权，如果质物的毁损并不导致债权人权利的实现，也即质物的价值仍高于质权所担保的债权的，那么就不会产生“危害质权人的权利”之结果，故只有在质物价值减损足以危害到质权人的权利时，即质物价值减少不足以担保债权时，构成本项之要件。本要件与第一点要件是一致的，即价值明显减少，要产生危害质权人实现质权的后果，前者是危害的方式，后者是价值减少的结果。两者是方式与结果的关系，本条之适用需要有结果的出现，才能成立救济权利。

第三，须非出于质权人的原因而致质物有损毁或价值减少的危险，非出于质权人原因是指质权人对质押财产的损毁或价值减少没有任何过错，也非质权人行为所致，不能将其归责于质权人。依据《民法典》第432条，质权人对质押财产负有妥善保管的义务，质权人须尽到善良管理人之注意义务，若未尽到该义务的，质权人负有损害赔偿责任。非出于质权人原因，意味着自然原因引起的毁损或价值减少，以及第三人原因引起的毁损或价值减少，均有可能落入本条之规范范围，但是，无论是自然原因还是第三人原因，虽然不属于质权人的行为，但如果是可归责于质权人的，质权人即不享有本条规定之权利。因而，本条之判断核心并不在于是质权人原因还是自然原因抑或第三人原因，核心在于这种引起价值减少的行为是否可归责于质权人，不能归责于质权人的，也就是说质权人已经尽到妥善保管义务的，质权人才享有本条规定之救济权利。

满足这三个要件的，所发生的法律效果是质权人即有权要求出质人提供相应的担保。本条所谓“相应的担保”，是一种“替代担保”。学说上也称为替代担保请求权或物上代位请求权。替代担保只要与价值减少部分相当即可，所谓“相应的”是指与损毁或价值减少部分的额度相对的担保物的价值。

出质人如不提供进一步担保，质权人无须出质人同意，即可启动质权的实现程序，请求拍卖或变卖质押财产，就拍卖、变卖所得的价款，质权人可与出质人通过协议将所得价款用于提前清偿债务，也可以将其提存。通过拍卖、变卖获得的价款，即质物的替代物，质权的效力及于该替代物，可以从中优先受偿，但并不对其享有所有权。当然，清偿后仍有剩余的，应当归还给出质人。

关于提存费用问题，《物权法》及《民法典》都没有规定，《担保法解释》第92条规定：“按照担保法第六十九条的规定将质物提存的，质物提存费用由质权人负担；出质人提前清偿债权的，应当扣除未到期部分的利息。”在质押法律关系中，因质权人对质物负有保管义务，其未尽妥善保管义务致使标的物价值减损的，并危及债权实现的，出质人可以要求质权人将标的物提存，提存是为了防止质押财产进一步受到损毁，在成立提存之请求权时说明质权人未尽妥善保管义务，故提存费用应由质权人负担，是妥当的。如果由出质人自己承担，那么，会违反自己的责任原则，即每个人应为自己的过错行为承担责任，既然是质权人的过错导致的质押财产价值贬损，那么相关救济的权利行使所产生的费用应由过错方承担。按照《担保法解释》第92条之规定，出质人提前清偿的，应当扣除债务未到期部分的利息。《民法典》正式实施后，《物权法》《担保法》等都将失效，但相关司法解释并不当然失效，在没有冲突或改变的前提下，这些司法解释应当仍然可以为实务案例所适用。

在“王某某、钟某某物权保护纠纷”一案中，[①]晏某某向杨某某借款，王某某的妻子将86件夏布放在杨某某处，杨某某出具了内容为“今收到晏某某夏布捌拾陆件正”的收条。庭审中，王某某与晏某某均承认向杨某某借款，并且用夏布86件作质押。借款到期后，晏某某未及时还款，双方在法院达成调解协议。调解协议达成后，晏某某仅归还部分借款。因夏布容易腐烂变质，杨某某通知晏某某尽快还款，否则就变卖夏布。晏某某并未继续还款，杨某某便将质押的夏布变卖给了他人。一审法院认为，杨某某在自己债权未得到全部清偿且质押的夏布容易腐烂变质价值减少的情况下，在已通知共同出质人之一的晏某某且晏某某未提出异议的情况下，将质押的夏布变卖给他人，

---

① 江西省宜春市中级人民法院（2019）赣09民终1640号民事判决书。

该变卖行为不违反法律规定。二审法院认为，杨某某有权变卖继续储藏可能贬值的夏布用于清偿债务。王某某和钟某某未及时还款，债权人可将质物变现偿还债务，故对于王某某、钟某某主张夏布归其所有、未经其同意不得变卖的抗辩，不予支持。

举证责任

质权人应对本条之三项要件承担举证责任，能够举证证明构成这三项要件的，出质人应提供相应担保。替代担保物的价值与原质物减少的价值须相当，该证明责任由出质人进行举证。

第四百三十四条【转质】

质权人在质权存续期间，未经出质人同意转质，造成质押财产毁损、灭失的，应当承担赔偿责任。

历史由来

本条承袭《物权法》第217条，略作修改，删去了“向出质人”。现行条文与《担保法解释》的规定有所不同，《担保法解释》第94条分两款，第1款规定：“质权人在质权存续期间，为担保自己的债务，经出质人同意，以其所占有的质物为第三人设定质权的，应当在原质权所担保的债权范围之内，超过的部分不具有优先受偿的效力。转质权的效力优先于原质权。”第2款规定：“质权人在质权存续期间，未经出质人同意，为担保自己的债务，在其所占有的质物上为第三人设定质权的无效。质权人对因转质而发生的损害承担赔偿责任。”《物权法》与《民法典》只是吸收了第2款，并作了变动，由担保法规定的未经同意的转质无效，改为法律效果模式，并不直接规定未经同意的转质行为无效。至于未经同意的转质行为，应优先考虑意思自治来分别当事人之间的权利义务。

我国台湾地区规定了责任转质，质权人于质权存续中，得以自己之责任，将质物转质于第三人。其因转质所受不可抗力之损失，亦应负责。而本条规定的是承诺转质的情形，并未认可责任转质。

规范目的或功能

本条之规范功能在于平衡出质人权利与质权人对质物的利用效率，在尊重出质人权利的前提下，兼顾质物效用的发挥，有助于实现“物尽其用”的经济理念。立法过程中，对于转质的功能有不同的认识。允许转质的观点认为，质权具有融通资金和保全债权的双重功能，通过转质不仅可以促进质物的效用的发挥，还可以促进金融流通，“动产质权在现代社会本身就存在不利于发挥物的使用价值的缺陷，如果承认转质，就可以使物再次发挥交换价值和使用价值，有助于促使物的价值实现的最大化”①。不允许转质的观点则认为，允许转质可能损害出质人的利益。现行法所采的规定似乎是一种折中，更倾向于允许转质，以促进质物之融资功能。

本条文并未一概禁止转质，而是允许在出质人同意时转质。在保护出质人利益的同时促进发挥质物的市场价值。依据本法第431条之反面解释，未经同意，质权人不得擅自处分质物，即质权人并无处分质物之权限。

规范内容

转质，是指质权人为担保自己或他人的债务，将自己占有的质物交付于第三人设立新的质权。转质是质物的再次质押行为，是质权人在债权未届清偿期前处分所占有的质物的行为。例如，甲欠乙3万元，并将自己的电视机一台交由乙占有，作为质押担保。乙欠丙2万元，于是又以该电视机为丙设定质权。乙向丙设定新质权的行为即转质。

在学理上，转质有责任转质和承诺转质两种类型。在概念上，转质可以是质权人用出质人的质物以自己的质权为第三人设立质权，也就是说质权人在自己享有的质权范围内为第三人设立质权。相当于以质权人以自己的责任

---

① 全国人大常委会法制工作委员会民法室编:《〈中华人民共和国物权法〉条文说明、立法理由及相关规定》，北京大学出版社2007年版，第217页。

进行转质，如《日本民法典》第348条规定："质权人，于其权利存续期间，可以以自己的责任，转质质物。于此情形，对于因不可抗力造成的、不转质就不会产生的损失，亦负有责任。"该种转质方式实际上是一种责任转质，无须经出质人同意。所谓责任转质，是指质权人于质权存续期间，无须经出质人同意，以自己的责任以质物为第三人设定新质权。与责任转质所不同的是承诺转质，所谓承诺转质，是指质权人须经出质人同意，才能在其所占有的质物上为第三人设定新质权。我国《担保法解释》第94条第1款所规定的就是承诺转质，即经出质人同意，质权人再次为第三人设立质权的行为。对于《物权法》第217条（也即本条的规定）未经出质人同意的转质应承担赔偿责任的规定，有学者认为这是承诺转质的规定；[①]也有观点认为这是关于责任转质的规定，而对于承诺转质没有规定；[②]我国《物权法》没有规定是否允许承诺转质或责任转质。[③]《物权法》的立法者的解释是，对于转质，《物权法》既未提倡鼓励，也未禁止，条文只是规定未经同意转质导致损害的要承担赔偿责任，[④]似乎是说质权人既可以进行承诺转质，也可以进行责任转质。

从转质规定的历史沿革来看，《担保法解释》第94条的规定承认承诺转质，转质在原质权担保的范围内有效，但第2款明确规定未经同意的转质是无效的，这实际上是否定责任转质。《物权法》第217条删去了第1款，即承诺转质，将第2款规定的无效改为损害赔偿责任，对这个变化的合理解释是：首先似乎是承认了责任转质，因为并未将未经同意的转质行为规定为无效；其次尽管删除了第1款的承诺转质，但从保留第2款的角度看，既然未经同意的责任转质都是有效的，那就没有禁止承诺转质的必要，也就是说，当事人可以进行承诺转质。从这个解释立场来看，确实可以说，我国民法并未禁止转质行为，对转质行为保留了一个开放的态度。

责任转质和承诺转质的根本区别在于是否以取得出质人的同意为必要。由于承诺转质是基于出质人的同意而产生的，而非基于原质权产生的转质权。

---

① 参见龙翼飞主编：《物权法原理与案例教程》，中国人民大学出版社2008年版，第387页。

② 参见梁慧星、陈华彬：《物权法》（第四版），法律出版社2007年版，第353页。

③ 参见龙翼飞主编：《物权法原理与案例教程》，中国人民大学出版社2008年版，第387页。

④ 参见全国人大常委会法制工作委员会民法室编：《〈中华人民共和国物权法〉条文说明、立法理由及相关规定》，北京大学出版社2007年版，第217页。

承诺转质当然是有效的，承诺转质设定的转质权和原质权相互独立，质权人不因转质而加重责任，并且转质权的效力优先于原质权。转质权人对质权人的债权若已届清偿期，则无论质权人的债权是否届期，转质权人均可直接行使质权，从质物变价中优先受偿。质权人的质权因实现或债务清偿等原因消灭时，转质权人的质权不消灭。原出质人唯有向转质权人清偿转质人之债务，以消灭转质权，才能请求返还质物。

在性质上，承诺转质与责任转质是相同的，转质权人优先享有的质权以原质权设立人所为的承诺为依据。承诺转质的成立也以动产的交付为要件，而且，即使转质权所担保的债权额度超过了原质权所担保的额度，也是有效的。[①]关于原质权人能够实现其质权，要依据转质权契约的内容来确定，一般而言，原质权人已经放弃质权，因为质物已经交由转质权人控制和占有，原质权人想要实现质权已经非常困难。当然，在无明确放弃的意思表示的场合，原质权人与出质人的关系不变，因为转质押是独立于原质权的，转质押的设立也不影响原质权关系，原质权人仍可接受其被担保债权的清偿。当发生原债务的清偿或提存时，原质权因此消灭，但不会影响转质权的继续存在，转质权人仍可要求出质人清偿债务，“当原质权设立人作为第三人清偿了债务时，为了请求转质押权人返还质押物，仅仅清偿自己负担的债务还不够，还必须清偿转质押权所担保的全部债务”[②]。

对于责任转质，有不同的学说，有的认为，未经同意的转质是不被允许的，但不同观点认为，承认责任转质可以利用质押物再次融资，有利于发挥质押物的融资功能，因而，法律不应该禁止之。《日本民法典》第348条与我国台湾地区相关规定皆承认责任转质，亦即所谓的转质权。因未经出质人同意，质权人的责任要比承诺转质重。质权人不仅要承担质物因转质权人的过失导致的损毁或灭失的责任，还要承担转质期间因不可抗力导致的责任。在责任转质中，质权成了转质押的标的。但由于质权具有从属性，不得与所担

---

① 参见［日］我妻荣：《我妻荣民法讲义Ⅲ新订担保物权法》，申政武、封涛、郑芙蓉译，中国法制出版社2008年版，第144页。

② ［日］我妻荣：《我妻荣民法讲义Ⅲ新订担保物权法》，申政武、封涛、郑芙蓉译，中国法制出版社2008年版，第144页。

保的债权相分离，故而，质权的标的实际上是原债权，原质权成为转质押的标的实际上只是附带发生的效果，因而，其本质上乃是一种债权出质。但我妻荣认为，过于强调担保物权的从属性，有颠倒主客之嫌。因为，真正的转质押，是指当事人可将质权所体现的担保价值与被担保的债权分离，从而单独出质。①

承诺转质是新质权的设立，不以原质权为必要，责任转质是以原质权所支配的担保价值为基础而设定的质权。关于转质的法律构成，学说上有的认为是"单独出质说"，有的认为是"附解除条件的质权转让说"，有的认为是"质权再出质说"。②"附解除条件的质权转让说"认为，在转质权人的债权未受清偿时，因质权已经转让给转质权人，原质权人已失去全部质权。而一旦转质权人的债权因受偿而消灭时，质权即恢复到原质权人处，"原质权具有的担保价值就会脱离转质押的控制，以未设立转质押前的状态回归原来的质权人"，我妻荣认为，该种解释是完全没有必要的，因为其与事实不符。③

对于"质物出质说"与"质权出质说"，所争论的到底是以质权出质还是以质物再次出质，如果是承诺转质，因其是新设立质权，似应采"质物出质说"。而如果是未经同意的责任转质，显然是以质权所担保的价值为限进行的转质，应属于"质权出质"，或者说是以质权所担保的价值出质。质权设质是权利质，与动产设质显然有所区别，前者一般不用遵循交付标的物为质权设立的要件，只要交付权利凭证或者进行登记，而后者则以交付动产为设立质权的要件。故而，采不同的学说，其法律构成要件不同。另一个问题是，按照"质权出质说"来界定的转质权，质权人有权利进行转质，这种转质行为应该仅以质权人原有的权利为限进行，超过该权限的，即构成无权处分。而

---

① 在日本法上，质权出质说又分为三种学说，即"附解除条件说""质权出质说""质押物出质说"。参见［日］我妻荣：《我妻荣民法讲义Ⅲ新订担保物权法》，申政武、封涛、郑芙蓉译，中国法制出版社2008年版，第138—139页。

② 参见［日］近江幸治：《担保物权法》，祝娅、王卫军、房兆融译，沈国明、李康民审校，法律出版社2000年版，第75页。

③ 参见［日］我妻荣：《我妻荣民法讲义Ⅲ新订担保物权法》，申政武、封涛、郑芙蓉译，中国法制出版社2008年版，第140页。

按照“质物出质说”，即将责任转质的性质理解为以质物进行设质，那就需要满足动产质权的一般要件，即将质物再交付给转质权人，本书认为，该种将质物交由第三人的行为超越了质权人的处分权限，质权人仅享有自己占有质物的权利，而无权将质物交由第三人占有，该种设质行为构成无权处分，第三人仅能在符合善意取得的法律构成时，才能取得转质权。从这个意义上讲，将责任转质界定为“质物出质”是不符合转质权自身的法律本性的，因而，应按照“质权出质说”来解释转质行为。

按照“质权出质说”，在转质的构成要件中，转质所担保的债权额当然不能超过原质权所设定的担保价值，超过原质权所担保的数额的，即不能优先受偿。至于转质权是否优先于原质权受偿，本书认为可以遵从自治原则，有约定的按照约定，在无约定的情形下，可以适用《担保法解释》第94条第1款的规定，转质权优先于原质权。不同的是，遵循“质权出质说”不应遵循交付质物作为原则之一般动产质权设立之要件，也就是说，责任转质是依据权利出质，而非质物出质，不以质物的交付占有为转质行为的成立要件。

在法理上，转质过程中也存在转质合同的订立与转质权的设定行为的区分，前者属于负担行为，后者为一种处分行为。分析转质行为应当坚持这一区分原则，并按照区分原则的要求对转质合同的效力问题与转质权的设定效力问题进行判断。合同订立一般不要求公示，而质权设定行为应当遵循有处分权、标的物特定以及公示这三个要件，故而，在质物上再次设立质权的，原则上必须经出质人同意，因为只有经出质人同意，其行为才符合有权处分之要件。

在解释论上应贯彻该区分原则来解释本条。如果当事人从事了本条所规定的转质行为且未经出质人的同意，其转质合同是否有效呢？第三人又能否取得转质权呢？这两个问题应该区分考察。对于转质合同，无论是否经过出质人的同意，只要不存在《合同法》第52条之合同无效的情形，转质合同就应当有效，当事人未能履行转质合同的，由当事人承担违约责任或解除合同。而对于第三人能否取得转质权，如果是新设质权，当然需要出质人的同意，未经同意的，第三人之质权应当符合善意取得之要件，否则也不能取得质权。如果是责任转质，则转质行为应当在原担保价值范围之内，且须承担因不可抗力造成的损失风险。

在实务中，判例承认转质合同的效力。在“唐某与滕某某、沈阳市X寄卖行合同纠纷”一案中，[①]2017年1月，原告滕某某（乙方）与被告唐某（甲方）签订《车辆转押协议》，约定甲方车辆转押给乙方。2017年10月20日，涉案车辆被人抢走，滕某某向派出所报警，民警告知拖车人系车辆抵押权人，后查明，涉案车辆已于2016年9月21日设立抵押登记，B融资租赁有限公司为该车辆抵押权人。法院认为，本案系“车辆转押协议”而不是“车辆买卖协议”，该类抵押车转让属于车辆转押行为，所谓“转押”即“转质押”，是质押权人在质权存在期间为担保自己的债务，将该动产质物再质押给自己的债权人，所发生的再质押行为。“双方间的转质押协议实际为权利义务概括转移性质，包括质权人对出质人享有的债权，但在相对人没有明确意思表示的情况下，可能不发生权利义务概括转移的效力，但该权利义务概括转移相对于出让人和受让人之间为有效，对双方具有约束力。”法院认定，根据《物权法》第217条，未经同意的转质只是承担损害赔偿责任而已，并非合同无效。法院指出，《物权法》第217条的立法精神乃在于“物权法不提倡转质，也没有禁止转质。为了保护出质人的权益，本条规定的原则是，未经出质人同意不允许转质，质权人转质的要承担赔偿责任”，以此得出结论，认为我国《物权法》并未否定责任转质的效力，责任转质也是有效的。本案之《车辆转押协议》也不存在《合同法》第52条规定的无效情形，故而，转质是有效的。在“苏某与沈阳L二手车经纪有限公司动产抵押权纠纷”一案中，[②]法院认为《物权法》第217条并未否定责任转质的效力，责任转质是有效的，本案中质押财产已经转质交付于苏某，故转质权成立。苏某已经取得对车辆的实际占有，对车辆享有质权。

举证责任

本条中，出质人负担举证责任，其只须证明转质未经同意和质押财产损

① 辽宁省沈阳市中级人民法院（2018）辽01民终9381号民事判决书。

② 新疆维吾尔自治区巴音郭楞蒙古自治州中级人民法院（2018）新28民终1137号民事判决书。

毁或灭失之事实即可。未经同意的转质应视为有过错。质权人既不能以第三人原因对质押财产造成损毁而免责，也不能以转质权人之过失为由进行抗辩。

第四百三十五条【质权的放弃】

质权人可以放弃质权。债务人以自己的财产出质，质权人放弃该质权的，其他担保人在质权人丧失优先受偿权益的范围内免除担保责任，但是其他担保人承诺仍然提供担保的除外。

历史由来

本条承袭了《物权法》第218条的规定，略作修改，将“但”改为“但是”。在《民法典》编纂过程中，从《民法典物权编（草案）》（征求意见稿）、《民法典各分编（草案）》、《民法典物权编（草案）》（二审稿）到《民法典（草案）》，均没有对本条内容作实质性修订。

规范目的或功能

质权人放弃质权的，在债务到期后即失去就质押物价值优先受偿的权利。质权人放弃质权是处分自由的表达，但质权人放弃质权不得损害其他利害关系人利益。[①]一个债权有多重担保，包括质权、抵押权、保证等，如果质权人放弃的是债务人用自己的财产设立的质权，那么质权人放弃该质权将对其他担保人不利。因为债务到期后，其他担保人对债务承担连带责任，特别是当债务人丧失履行能力时，担保人要用自己的财产清偿债务。质权人有处分质权的自由，但是处分不能损害他人利益，否则将被评价为滥用权利。根据《民法典》第392条，被担保的债权既有物的担保又有人的担保的，当事人之间没有约定担保清偿顺序，或者约定不明，债务人自己提供物的担保的，债权人应当先就债务人的物的担保实现债权。该规定适用的是债务人用自己的财产设

① 参见全国人大常委会法制工作委员会民法室编著:《中华人民共和国物权法解读》，中国法制出版社2007年版，第468页。

立物的担保和人的担保共同发生时，债权人应当先就债务人的物实现权利。此时作为债权人的质权人放弃用债务人的财产设立质权的，显然对保证人不利。

本条的另一个功能是，迫使作为债权人的质权人首先就债务人的质押物实现债权。债权有多个物的担保的，其中包括债务人用自己的物提供的质权的，部分学者认为，在共同担保中，债权人应当首先选择实现债务人提供的物的担保，原因是，债务人是最终债务承担人，既然债务人已经用自己的财产设立担保，那么就该财产实现债权相当于债务人直接履行债务，这样还可以减少追偿环节。是否首先执行债务人提供的财产，还涉及民众的担保观念。在我国，民众可能较难认同担保人和债务人的责任处于同一层次或位阶，从而让债务人和其他担保人法律处遇平等，故债权人首先执行债务人的担保物可能更妥当。[①]本法没有对此予以规定，但质权人放弃债务人用自己的财产设立的质权的，这样会对其他担保物权人追偿带来不便，换言之，质权人放弃对债务人财产的质权，实际会对其担保人增加负担，[②]甚至可以认为质权人放弃债务人财产质权有违诚实信用原则，属于滥用权利。故本条第2句的规范目的在于，排除质权人放弃债务人财产质权对其他担保人产生的不利。

根据本法第392条的规定，一个债权既有人的担保又有物的担保的，且债务人自己提供物的担保的，债权人应当先就物的担保实现债权。但是本法没有明确规定的是，被担保债权有多个物的担保，其中债务人自己也提供物的担保，债权人是否应当先就债务人用自己的财产设立的担保实现债权。从本条可以推出这一结论。根据担保权的从属性，被担保的债权消灭的，担保权也消灭。在债务人用自己的财产设立质押的情况下，如果质权人不首先就债务人财产实现质权，而是转而实现其他人担保物权，债权得到清偿的，其他担保权消灭，包括债务人用自己的财产设立的质押，这在结果上相当于质权人放弃债务人用自己的财产设立的质权。因此，在混合共同担保中，其他担

---

① 参见谢鸿飞：《共同担保一般规则的构建及其限度》，载《四川大学学报》（哲学社会科学版）2019年第4期。

② 参见最高人民法院物权法研究小组编著：《〈中华人民共和国物权法〉条文理解与适用》，人民法院出版社2007年版，第644页。

保人可以直接根据本法第392条要求，债权人先就债务人的物的担保实现债权。在共同物的担保中，根据本条，债权人如果不先就债务人自己的财产设立的质权实现债权，其他担保人可以直接要求在债务人自己的财产设立的质权范围内免除担保责任。

本条包含两句。第1句明确了质权人处分质权的自由。在质权人放弃债务人财产质权时，第2句为其他担保人提供抗辩。

规范内容

一、质权的放弃

（一）意思表示

放弃质权是单方处分行为，质权人通过单方的需受领的意思表示即可放弃质权。质权人放弃质权的意思表示应当对出质人作出，而不是对债务人作出。质权人如果对债务人作出放弃质权的意思表示，不产生放弃的法律后果。[①]放弃质权不需要经过他人同意，更不需要他人配合。第一句传达的是，是否保留担保由质权人自己权衡并决定，因此即使出质人或所有权人反对，质权人仍然可以放弃质权。

质权人既可以明确作出放弃质权的意思表示，也可以通过行为默示地作出放弃质权的意思表示。比如，质权人将质押物返还给出质人，可以认为，质权人放弃质权。[②]质押物交付给质权人是质权设立的要件，是交付原则和公示原则的体现。质权人放弃对质押物的占有，就失去了公示标志，质押权成立要件就不满足，故质押人自愿将质押物的占有返还给出质人的，是通过行为默示地放弃质权。

被担保的债权有多个担保的，如果存在混合担保，其中债务人用自己的财产设立质权，根据本法第392条，债权人应当先就债务人财产实现债

---

① 参见Staudinger-Kommentar zum BGB, 2002, §1255, Rn.3。

② 参见最高人民法院物权法研究小组编著:《〈中华人民共和国物权法〉条文理解与适用》，人民法院出版社2007年版，第645页。

权。多个担保都是物的担保，其中债务人以自己的财产设立质权的，质权人选择先就其他物的担保实现债权的，可以认为他是通过行为默示放弃债务人用自己财产设立的质权。原因是，担保权具有从属性，质权人决定实现其他担保权，担保权实现后，债权因清偿而消灭，其他担保权也消灭，包括债务人自己提供的质权，这无异于放弃债务人用自己的财产设立的质权。为了使程序简单化，担保人可以直接请求在债务人质押物担保范围内免除担保责任。

有疑问的是，债权人因故意或过失导致担保合同不成立、无效或者被撤销，抑或未能设立担保物权，能否视为放弃？我国学界理论中部分观点对此似是予以肯定。[①]

（二）放弃质权意思表示的生效

放弃质权的意思表示发生效力的时间点根据本法第137条确定。《民法典》第137条第1款规定："以对话方式作出的意思表示，相对人知道其内容时生效。"对话既包括面对面的口头作出放弃质权的意思表示，也包括通过电话口头作出放弃质权的意思表示。以对话方式作出放弃质权的意思表示，该表示作出时即到达。根据"相对了解主义理论"，只要表示人可以合理地认为，受领人在声音上正确了解意思表示的内容，放弃质权的意思表示就生效。《民法典》第137条第2款规定，以非对话方式作出的放弃质权的意思表示的生效，以意思表示到达为标准。这里所谓的到达是指，意思表示进入受领人管控领域，且受领人在通常情况下可以获悉意思表示内容。比如放弃质权的意思表示在工作时间被投入信箱、塞进门缝、被秘书签收等，均可以认为进入受领人管控领域，且受领人有知悉内容的可能性。然而，如果放弃质权的意思表示在非工作时间被投递到信箱，则不能合理期待受领人获悉其内容。意思表示的到达时间是紧随其后的工作时间。

自放弃质权的意思表示生效时起，产生质权消灭的法律效力，不存在撤回放弃质权的意思表示的可能性。

---

① 参见谢鸿飞：《共同担保一般规则的构建及其限度》，载《四川大学学报》（哲学社会科学版）2019年第4期。

二、其他担保人担保责任的免除

（一）质权人放弃的是用债务人财产设立的质权

其他担保人担保责任免除的条件，要求放弃的质权是用债务人自己的财产设立的。质权作为担保物权属于他物权，即不能在债权人自己的财产上设立质权，设立质权的财产既可以是债务人自己的财产，也可以是他人的财产。一个债权有多个担保，既包括物的担保，也包括人的担保，质权人放弃的质权如果是在他人财产上设立的质权，就不会产生本条规定的免除其他担保人担保责任的法律后果。根据《担保法解释》第38条，“同一债权既有保证又有第三人提供物的担保的，债权人可以请求保证人或者物的担保人承担担保责任。当事人对保证担保的范围或者物的担保的范围没有约定或者约定不明的，承担了担保责任的担保人，可以向债务人追偿，也可以要求其他担保人清偿其应当分担的份额”。但《物权法》和本法都没有承认承担保证责任的担保人可以请求其他担保人分担份额。由此可见，立法机关不认可担保人之间可以互相追偿，[①]那么质权人放弃他人提供的担保，不会对其他担保人产生不利影响。故只有质权人放弃的质权是用债务人自己的财产设立的，才能对其担保人免除担保责任。

（二）免除担保责任的范围

其他担保人免除的担保责任的范围需要区分两种情况。质押物的市场价值高出所担保的债权数额的，其他担保人免除担保责任的数额是，质权人放弃的质权所担保的债权额度；质押物的市场价值不足以清偿被担保的债权的，其他担保人被免除的范围是质押物价值的范围。

举证责任

其他担保人主张免除担保责任的，要证明质权人放弃了质权，且该质权

① 参见最高人民法院民事审判第二庭编著：《〈全国法院民商事审判工作会议纪要〉理解与适用》，人民法院出版社2019年版，第353页。

是债务人用自己的财产设立的，还要证明被放弃的质权的担保范围。

第四百三十六条【质押财产的返还与质权的实现】

债务人履行债务或者出质人提前清偿所担保的债权的，质权人应当返还质押财产。

债务人不履行到期债务或者发生当事人约定的实现质权的情形，质权人可以与出质人协议以质押财产折价，也可以就拍卖、变卖质押财产所得的价款优先受偿。

质押财产折价或者变卖的，应当参照市场价格。

历史由来

本条整体内容继承了《物权法》第219条的规定。在《民法典》编纂过程中，从《民法典物权编（草案）》（征求意见稿）、《民法典各分编（草案）》、《民法典物权编（草案）》（二审稿）到《民法典（草案）》，均没有对本条内容作修订。

规范目的或功能

本条第1款规定的是债务履行后质押物的返还。无论是债务人自己履行债务，还是出质人清偿债务，结果都是债务消灭。根据质权的从属性，质权也随之消灭，质权人失去了占有质押物的理由，故本条规定了质权人有返还质押物的义务。本条是质权人和出质人之间的债之关系的具体化。

本条第2款和第3款规定的是质权实现的条件和途径。是本法第425条规定的债权人的优先受偿权的具体化。第425条只规定债权人有优先受偿权，如何优先受偿则在本条作出进一步规范。

本条第1款是出质人请求质权人返还质押物的请求权基础。出质人是所有权人的，第1款规定的返还请求权与本法第235条规定的所有权人的返还原物请求权形成竞合关系。第2款是对质权基本规定第425条的补充，规定了在什么情况下以什么方式实现质权。第3款是对第2款的补充规定。

规范内容

一、质权人的返还质押物义务

质权作为担保物权具有从属性，它随着被担保的债权（主债权）的消灭而消灭。质权的特点之一是质权人占有质押物。然而主债权消灭后，质权人失去占有质押物的本权，故应当返还质押物。无论是债务人清偿债务，还是出质人清偿债务，抑或债权因其他原因消灭，请求权返还质押物的主体都只能是出质人，返还义务人是质权人。

（一）返还义务产生的前提条件

本条第1款没有从所有权人和质权人的角度作出规定，只从出质人和质权人的角度进行规定。出质人和质权人之间成立的是法定债之关系，与租赁关系、借用关系中的双方当事人的关系类似。[①]本法第432条第1款的规定恰是这种债之关系的呈现。本条第1款仅规定了在两种情况下，质权人有返还质押物的义务：债务人清偿债务或者出质人提前清偿被担保的债权。质权人应当返还质押物的情况不限于本条第1款规定的两种情况，只要质权消灭，出质人就产生返还质押物的请求权。质权消灭的原因除了本条第1款规定的两种情况，还包括其他消灭原因，比如被担保债权被抵销；被担保债权因为提存而消灭；质权人放弃质权；或者发生本法第435条第2句规定的情况，出质人免除担保责任；质权人和出质人约定，被担保的债权转让时质权不得转让的，如果债权被转让，则质权消灭。[②]

需要注意的是，可以根据本条第1款主张返还质押物的请求权人是出质人。与出质人不是同一个人的债务人不是请求权的权利人。发生善意取得质权的，出质人和所有权人不是同一人，而根据本条主张返还质押物的只能是出质人，所有权人要根据本法第235条主张返还原物。

---

① See Muenchener Kommentar zum BGB, §1223, Rn.2.

② 参见《德国民法典》第1250条第2款。

（二）返还义务的具体内容

本条第1款规定，质权人应当返还质押财产。具体返还的内容，取决于质权设立的方式。通常情况下，质权人在设立质权时取得的是单独占有，他返还的内容是对标的物的占有。质权人取得的可能是间接占有，比如质权人在设立质权时的交付不是现实交付，而是指示交付，即出质人将自己对他人的返还原物请求权转让给质权人。直至返还义务产生时质权人仍然是间接占有人，那么质权人在返还时只要将自己对他人的返还原物请求权再转让给出质人即可。

二、质权的实现

本条第2款明确规定，债权人实现优先受偿权的途径是协商折价、拍卖或者变卖，不得直接通过流质约定优先受偿（参见本法第428条）。

（一）质权实现前提条件

1.债务到期。本条第2款规定的第一个实现质权的条件是“债务人不履行到期债务”。依文字表达，质权实现的条件包括两个，其一是债权到期，其二是债务人不履行。本款表达的含义是，债务到期时债务人尚未履行，但并不要求质权人首先向债务人主张履行债务。原因是，如果要求质权人先向债务人主张债权，那么出质人就应当像一般保证人那样，有先诉抗辩权，这样的话担保物权的优先效力将大打折扣。

质权实现的条件是，债务到期，或者部分到期（比如分期履行的债务的一期到期）。债务到期时间是指债权人可以要求债务人提供履行的时间点。履行时间既可以由法律确定，也可以由当事人明确约定或者推定约定。法定或者约定的履行时间通常是日历日或者可以根据日历日具体确定的日期。没有约定履行时间的一般认为立即到期。质权实现的条件不要求在债务到期的基础上发生债务人履行迟延。存在对抗债务的抗辩权或者与质权有关的抗辩权的，比如同时履行抗辩权或者不安抗辩权，只要出质人没有主张该抗辩权，它就不妨碍质权实现条件的产生。

2.约定的其他实现质权的条件。质权人和出质人还可以在质权合同中约定其他实现质权的条件。需要注意的是，约定的条件是在债务到期这个条件的基础上，将质权实现条件难度加大。原因在于，质权作为担保物权，其基本功能是担保债权，债权不到期就可以实现的话，与质权的法律属性不符。故债务到期是质权实现的基本条件，不得通过约定排除。在债务到期的基础上，当事人之间可以约定其他附加的实现质权的条件。比如约定质权人取得执行名义作为质权实现的条件，或者约定迟延利息达到一定额度时才能实现质权等。

3.债权和质权的关系。债务到期时，质权人既可以要求债务人履行债务，也可以实现质权，前者是债权，后者是物权。质权人选择实现质权的，既可以直接对质押物变价，也可以通过诉讼程序和强制执行程序，取得物权性质的容忍变价执行名义，通过执行程序变价。同时，质权人作为债权人也可以向债务人主张清偿债务，在此情况下，发生诉讼并进入执行程序时，债权人（质权人）取得的是对债务人全部财产的一般执行名义，需要按执行程序对标的物进行扣押和变价。

有疑问的是，这两个权利（质权和债权）对质权人而言处于怎样的关系中。质权人必须先实现质权，只有当质押物不能完全清偿时才能对债务人主张债权，还是可以在两个权利之间自由选择？对于该问题，存在“选择主义”[①]和“先行主义”[②]的分歧。“选择主义”提出，通过担保物的交换价值使债权获得清偿，是担保物权人的权利，但他没有首先实现担保物权的义务。所谓“选择主义”，顾名思义，即质权人可以自由选择，是对债务人主张债权，并通过强制执行债务人的责任财产实现自己的债权，还是实现质权。“先行主义”认为，担保物权人必须先通过担保物的交换价值来实现其债权，担保物交换价值不能完全清偿债权时，才能通过债务人一般责任财产实现债权。

我国相关法律没有明确规定质权人是否有选择权，还是应当先就质押物交换价值清偿债权。理论中存在争议。[③]最高人民法院在抵押权中支持选择主

---

① 采“选择主义”的，比如我国台湾地区相关规定。

② 采“先行主义”的，比如《法国民法典》第2209条、《韩国民法典》第340条等。

③ 支持“先行主义”的，参见温世扬、廖焕国：《物权法通论》，人民法院出版社2005年版，第632页。支持“选择主义”的，参见王泽鉴：《民法物权》，北京大学出版社2010年版，第379页；刘保玉：《附物权担保债权人的执行选择权问题探讨》，载《法学家》2017年第4期。

义，抵押权只是意味着抵押权人对特定的抵押财产有优先受偿权，抵押权人同时也是债权人，在债务人到期不履行债务时，债权人有权要求债务人清偿，债务人无权以抵押权人有物上担保权利而拒绝履行债务……因此，在本法和其他法律未明文规定抵押权人无选择权的情况下，可以承认抵押权人在对抵押财产行使抵押权之前，可以债权人的身份对债务人的其他财产先为清偿要求，债权人受清偿后，抵押权消灭，抵押财产成为债务人可以用来清偿其他债务的财产，这样有利于债权人债权的实现。[①]

担保人和债务人并非同一人时，采“先行主义”显然对担保人不利，因此原则上应当采“选择主义”。然而，质权和抵押权的不同之处在于，质权人通常直接占有质押物。如果完全由质权人选择实现质权还是债权，出质人和债务人一致的，在质权人选择执行债务人的一般财产时，他同时占有债务人所有的质押物，存在事实上的超额扣押。故《德国民事诉讼法》第777条规定，债务人以自己的财产质押，且质押物价值足以清偿债务，债务人就可以对他的其他财产的强制执行提出抗告。该规定有值得借鉴之处。

（二）质权实现的方式

质权人实现质权的方式是与质押人协议折价、拍卖或变卖。质权是物权，质权人可以直接支配质押物的价值，并排除其他人的干涉，也不必借助他人的给付行为。[②]

1.协议折价。本法虽然禁止出质人和质权人在债务履行期限届满前约定，债务人到期不履行债务时质押财产归债权人所有，即禁止流质约定（参见本法第428条），但是并不禁止在实现质权的条件成就之后，质权人和出质人约定，将质押物折价抵偿债务，从而将质押物所有权转让给出质人。协商折价实际是代物清偿，也可以理解为买卖加抵销，即质权人买受质押

---

① 参见最高人民法院物权法研究小组编著：《〈中华人民共和国物权法〉条文理解与适用》，人民法院出版社2007年版，第592页；最高人民法院（2015）执申字第87号民事裁定书。

② 参见高圣平：《动产担保交易制度比较研究》，中国人民大学出版社1999年版，第396页。

物，买卖价款与主债权进行抵销。[①]折价只能由当事人协商，既不能由法院通过裁判实施，[②]也不能由质权人或者出质人自己决定。协议折价时应当参照市场价格。

质押物上负担其他人质权的，质押权人通过协议折价实现自己的质权时，会涉及其他质权人的利益。此时，协议折价不得损害其他担保权人的利益。不经过其他担保权人同意，质权人不得与出质人通过协议折价取得质押物的所有权。第一顺位的质权人与出质人协议折价时，折价不得低于市场价格，[③]否则其他债权人或担保权人可以参照适用本法第410条第1款，请求法院撤销折价协议。

2.拍卖。拍卖是指以公开竞价的形式，将质押物转让给最高应价者的买卖方式。[④]通过拍卖，能够最大限度地体现质押物的价值。《物权法》的立法者认为，本条意义上的拍卖是任意拍卖。[⑤]在没有进入强制执行程序时，拍卖是任意拍卖；质权人也可以先通过诉讼取得容忍强制执行名义，然后进行强制拍卖。任意拍卖是质权人行使物权性质的质权，不需要出质人的给付；直接占有质押物的质权人，也不需要其他人配合，他只需要与拍卖人订立拍卖委托合同，[⑥]由拍卖人按照《拍卖法》规定的程序进行拍卖。

3.变卖。变卖是指质权人将质押物出卖给他人，所得的买卖价款优先清偿被担保的债权。与拍卖不同的是，变卖的价格是质权人与买受人协商确定，不能实现质押物价值最大化。但是其优势是，程序简单，不需要经过拍卖的程序。目前我国的实际情况是，拍卖机构不普遍，拍卖程序及制度不健全，

---

① 参见叶金强：《担保法原理》，科学出版社2002年版，第154页。

② 参见最高人民法院物权法研究小组编著：《〈中华人民共和国物权法〉条文理解与适用》，人民法院出版社2007年版，第584页。

③ 参见高圣平：《动产担保交易制度比较研究》，中国人民大学出版社1999年版，第401页。

④ 参见《拍卖法》第3条。

⑤ 参见最高人民法院物权法研究小组编著：《〈中华人民共和国物权法〉条文理解与适用》，人民法院出版社2007年版，第646页。

⑥ 不同观点参见高圣平：《动产担保交易制度比较研究》，中国人民大学出版社1999年版，第402页。

因此变卖仍然是质权人实现质权的重要途径。[①]

三、价格标准

根据本条第3款，协议折价、拍卖、变卖的价格应当符合市场一般价格。该规定是为了保护出质人和质押物的其他担保物权人的利益。协议折价的价格低于市场价格的，可以参照本法第410条撤销折价。拍卖或变卖的价格低于市场价，双方当事人串通的，也可以参照本法第410条撤销上述行为。不存在串通的，质权人应当对出质人承担损害赔偿责任。

协议折价、拍卖或者变卖价格不足以清偿全部债权的，剩余部分的债权是普通债权，由债务人清偿，超出被担保债权的，超出部分返还给出质人（参见本法第438条）。

四、其他问题

鉴于质权人已经占有质押物，拍卖和变卖是质权人行使质权，通常不需要出质人和债务人配合。因此，实践中认为，质权人拍卖、变卖质押物的，应当提前通知出质人，以便于出质人可以替代债务人履行或者通过其他途径消灭债务。[②]

举证责任

出质人主张返还质押物的，应当证明债务人已经清偿债务，或者证明自己已经清偿被担保的债权，或者证明债权因为抵销、提存或者其他完全原因消灭。

质权人主张通过协议折价、拍卖或变卖质押物优先受偿的，要证明被担保的债权到期，或者发生当事人约定的实现质权的情形。出质人可以证明债权已经被清偿来抗辩。

---

① 参见最高人民法院物权法研究小组编著：《〈中华人民共和国物权法〉条文理解与适用》，人民法院出版社2007年版，第646页。

② 参见最高人民法院物权法研究小组编著：《〈中华人民共和国物权法〉条文理解与适用》，人民法院出版社2007年版，第647页。

第四百三十七条【质权的及时行使】

出质人可以请求质权人在债务履行期限届满后及时行使质权；质权人不行使的，出质人可以请求人民法院拍卖、变卖质押财产。

出质人请求质权人及时行使质权，因质权人怠于行使权利造成出质人损害的，由质权人承担赔偿责任。

历史由来

本条整体内容继承了《物权法》第220条的规定，略作修改，将“履行期”改为“履行期限”。

规范目的或功能

一、规范目的

本条规范的内容被称为“出质人请求质权人及时行使质权”[①]，在其他成文法中找不到相似规定，因此本条所规范的内容被认为是我国质权领域的创新性规定。部分观点认为，本条的目的在于平衡债权人利益和债务人利益。[②]依立法者的观点，本条的规范目的在于督促质权人行使质权。同样，为了督促抵押权人行使抵押权，本法第419条规定，抵押权人应当在主债权诉讼时效期间内行使抵押权；未行使的，人民法院不予保护。抵押权与质权的不同在于，抵押物不转移占有，质押物转移占有。由于质权人占有质押物，他很有可能不急于行使质权，导致质押物在此期间价格或价值降低，进而使出质人遭受损失。如果同样规定，超过主债权诉讼时效期间，质权不受保护，则意味着质权人要交出质押物，这对质权人过于不利。[③]因此，《物权法》和本法都没

---

① 参见徐同远：《论出质人请求质权人及时行使质权——以〈中华人民共和国物权法〉第220条为中心的探讨》，载《私法研究》2011年第1期。

② 参见李显东主编：《中国物权法要义与案例解释》，法律出版社2007年版。

③ 参见全国人民代表大会常务委员会法制工作委员会编：《中华人民共和国物权法释义》，法律出版社2007年版，第470页。

有规定，质权应当在主债权诉讼时效期间内行使，而是通过本条规范内容，督促质权人及时行使质权，避免质押物因为质权人怠于行使质权而价格下降，最终损害出质人的利益。故本条的规范目的是平衡质权人和出质人之间的利益，通过立法规定在质权人和出质人之间进行风险分配。①

二、体系结构

1.外部体系。本法第431条和第432条也规定了质权人的损害赔偿责任。如果质权人怠于行使质权后，质押物的损失是因为质权人擅自使用标的物或者未尽妥善保管义务造成的，第431条和第432条是特别规定。

2.内部结构。本条包含两款。第1款要求出质人首先催告质权人行使权利，催告无果的，出质人可以请求法院拍卖、变卖质押物的处分权。质权人怠于行使质权，使出质人遭受损失的，第2款是出质人向质权人主张损失赔偿的请求权基础。

规范内容

一、出质人请求质权人及时行使质权

（一）“请求”的法律属性

关于出质人请求质权人及时行使质权的法律属性，存在争议。部分观点认为，这是出质人的“请求权”，②不同观点提出，第1款所称“请求质权人行使质权”实际是出质人的“催告”。③本书赞同后者。本条第1款在措辞上使

① 参见徐同远：《论出质人请求质权人及时行使质权——以〈中华人民共和国物权法〉第220条为中心的探讨》，载《私法研究》2011年第1期。

② 参见最高人民法院物权法研究小组编著：《〈中华人民共和国物权法〉条文理解与适用》，人民法院出版社2007年版，第647页；全国人大常委会法制工作委员会民法室编著：《中华人民共和国物权法解读》，中国法制出版社2007年版，第471页。

③ 参见徐同远：《论出质人请求质权人及时行使质权——以〈中华人民共和国物权法〉第220条为中心的探讨》，载《私法研究》2011年第1期；在王利明教授主编的《中国民法典学者建议稿及立法理由·物权编》（法律出版社2005年版）第1067条的条旨将本条规范内容称为“催告”。

用了“请求”，法律对请求权的定义是“请求对方作为或者不作为”的实体法权利。请求权起源于债权关系，扩张形成物权请求权、人格权请求权、亲属请求权、继承请求权。[①]但无论如何，请求权是可以通过诉讼实现的。本条所规定的“请求质权人及时行使质权”并没有可诉性，而是产生变卖或拍卖质押物的处分权。这符合“催告”的法律属性，即后果由法律规定。另外，出质人请求质权人及时行使请求权的目的是督促他行使质权，这也与催告的功能相同。

（二）“请求”的条件

根据本条第1款，出质人请求质权人行使质权的前提条件是债权履行期限届满。履行期间既可以由法律确定，也可以由当事人明确约定或者推定约定。法定或者约定的履行时间通常是日历日或者可以根据日历日具体确定的日期。没有约定履行时间的，一般认为立即到期。

根据本法第436条第2款，质权人实现质权的条件，除了债务履行期限届满，[②]还包括发生当事人约定的实现质权的情形。而本条没有将“当事人约定实现质权的情形”规定为出质人请求质权人行使质权的条件，部分观点认为，这有违“相同情况相同对待”的法理，是立法者的疏漏。[③]本条的核心是，质权人可以直接请求人民法院拍卖、变卖质押财产，是质权实现的非诉讼执行程序，[④]在债务履行期限届满时，质权人可以实现质权通常争议比较少，而“当事人约定的其他实现质权情形”是否发生，经常存在争议，因此不宜适用质权实现的非诉讼特别执行程序。

---

① 参见朱庆育：《民法总论》，北京大学出版社2016年版，第515页。

② 本法第436条第2款规定“债务人不履行到期债务”，该表达具有误导性，实际所指应当为债务履行期间届满，具体论证参见本书第436条评注。

③ 参见徐同远：《论出质人请求质权人及时行使质权——以〈中华人民共和国物权法〉第220条为中心的探讨》，载《私法研究》2011年第1期。

④ 参见曹士兵：《中国担保制度与担保方法——根据物权法修订》，中国法制出版社2008年版，第317页、第266—268页；李林启：《实现担保物权案件执行的规范化及其救济》，载《西部法学评论》2019年第1期。

（三）出质人“请求”质权人及时行使质权

出质人应当“请求”质权人行使质权。这里的“请求行使权利”有催告的功能，即督促质权人及时行使质权。因此它是单方的、需受领的准法律行为，不是意思表示或法律行为，但是部分关于意思表示的规则对“催告”适用，如催告人可以是限制行为能力人，因为催告对催告人不产生法律上之不利，故也可以通过代理人催告。[①]出质人直接申请法院拍卖、变卖质押物的，出质人的申请是本条异议上的“请求”，质权人在合理期间内不交出质押物的，自收到执行通知书之日起质权人怠于行使质权。[②]

本条没有明确规定出质人请求质权人行使质权的时间点。部分观点认为，只要出质人向质权人作出督促其行使质权的表示即可，换言之，出质人督促质权人行使质权的时间点可以是债务履行期届满前，债务履行期届满之时，也可以是债务履行期届满后。[③]本书认为，本条的功能在于督促质权人行使质权，只有在质权人可以行使质权时，“请求”才能发挥督促功能，在质权人可以行使质权之前，出质人的“请求”无的放矢。故“请求”的时间点是债务履行期届满之后。

及时行使质权的含义是，质权人没有过错地耽搁行使质权。出质人在“请求”中可以同时设置“合理”的行使质权宽限期。合理期间是为了能使质权人有足够的时间为支付价款做准备。参照《商品房买卖合同解释》第15条第1款，判断期间是否具有“合理性”首先要尊重当事人的意思，双方可以约定行使质权的宽限期。质权人也可以自己建议行使质权的期限或具体时间，但其长度同样要具有合理性。如果宽限期是质权人设置，则可能的情况是设置的宽限期间太短，此时自动延长至合理长度。出质人的“请求”中没有包含行使质权的宽限期，则应当在债务履行期限届满后等待合理的宽限期间。发

---

① See Ernst, Kommentar zum §286, in: Münchener Kommentar zum BGB, 6. Aufl., München: C.H.Beck, 2012, Rn.46.

② 参见（2019）苏09民终1132号民事判决书。

③ 参见徐同远：《论出质人请求质权人及时行使质权——以〈中华人民共和国物权法〉第220条为中心的探讨》，载《私法研究》2011年第1期。

生争议时，合理期间的长度由法院确定。[①]

（四）“请求”的主体

根据本条条文表述，“请求”的主体是出质人。部分观点提出，债务人请求质权人及时行使质权的，应产生相同效力。[②]债务到期后，质权人作为债权人，可以选择对质押物行使质权，还是对债务人主张债权。因此，在债务人并不是将自己所有的物出质的情况下，债务人请求质权人行使质权不应当产生本条规定的法律后果，否则将对出质人极为不利。

二、质权人不及时行使质权的法律后果

（一）出质人请求法院拍卖、变卖质押物

出质人请求质权人及时行使质权无果的，出质人可以请求人民法院拍卖、变卖质押财产。该权利是变价处分权，但不能由自己拍卖变卖，而是请法院拍卖变卖，适用《民事诉讼法》第196条的特别程序。本条之所以没有赋予出质人自己拍卖变卖质押物的权利，一方面是因为质押物被质权人占有，出质人很难自己拍卖变卖质押物，法院拍卖变卖可以避免发生纠纷；另一方面是为了避免出质人私自出卖质押物损害质权人利益。[③]

（二）出质人的损害赔偿请求权

质权人不及时行使质权的另一个法律后果是，对出质人因此产生的损失承担损害赔偿责任。责任成立应当满足以下要件：首先，质权人在出质人请求行使质权的合理期间经过后仍然没有行使质权；其次，质权人有损失；最后，出质人的损失和质权人怠于行使质权之间有因果关系。

1.质权人没有及时行使质权。质权人没有及时行使质权，实际存在不作

---

① 最高人民法院在法释（2012）8号第17条中对法院认定标的物检验的“合理期间”做出说明，参照该解释，在确定行使质权的合理期间时，法院应当综合考量，根据诚实信用原则确定合理期间的长度。

② 参见徐同远：《论出质人请求质权人及时行使质权——以〈中华人民共和国物权法〉第220条为中心的探讨》，载《私法研究》2011年第1期。

③ 参见王利明：《物权法论》，中国人民大学出版社2008年版，第406页。

为。当事人对自己不作为引起的损失承担赔偿责任的条件是，他有作为义务。没有本条规定，根据诚实信用原则，及时行使质权只是质权人的“不真正义务”（Obliegenheit）。诚实信用原则要求权利人在行使权利时考虑到交易习惯，顾及对方当事人的利益。因此，质权人应当在合理期间内以合理方式行使自己的权利。但是，权利人在恰当的时间内行使权利的“义务”在法律属性上是“不真正义务”，并不是“真正义务”（Pflicht），因为不行使权利的法律后果很可能是权利人失去主张权利之利益，比如权利失效，并不产生相对人的损害赔偿权。[①]本条第2款规定的后果是，在经过出质人“请求”并经过合理期间后，及时行使权利成为质权人的法定义务，因为质权人承担损失赔偿责任。

2.出质人的损失。出质人的损失是，因不可归责于质权人的原因[②]使质押物价格或者价值下降，甚至质押物消灭。导致质押物损失的原因有很多，比如市场价格波动，或者标的物本身属性。比如在“农行X营业所诉刘某某返还质押贷款案”[③]中，质押车辆在1998年6月20日贷款期满时价值30150元，审判时价值6300元，贬值23850元。该案法院认为，借款到期后，原告不按承诺对质押车辆及时进行处置，致使质押车辆贬值23850元，原告对该损失应承担赔偿责任。再比如在“张某某与沈某某质押合同纠纷案”[④]中，法院认为，汽车因为本身的属性，其价值会随着时间的经过而降低。具体降低的价值由评估机构确定。

价格下降或标的物消灭发生在出质人“请求”质权人行使质权的合理期间经过之后，因为从这个时间点开始，质权人才“怠于”行使质权。在此时间之前，即使质押物价格下降，也不能认为是本条范围内的出质人的损失。因为在债务履行期届满之前，质权人实现质权的条件没有成就。在债务履行

① 参见［德］卡尔·拉伦茨：《德国民法通论》，邵建东等译，法律出版社2002年版，第269—270页。

② 质押物价值降低或者消灭可归责于质权人时，出质人可以根据本法第431条、第432条要求质权人承担损害赔偿责任。

③ 参见北大法宝案例数据库“农行×营业所诉刘某某返还质押贷款，刘某某以其在贷款到期后不行使质权致质物贬值要求以质物抵偿贷款案”。

④ 参见（2019）苏09民终1132号民事判决书。

期届满之后，如果出质人没有催告质权人实现质权的，则本条第2款规定的出质人的损害赔偿请求权条件未成就。

损失额度是质权人应当行使质权时标的物的市场价值和出质人主张损害赔偿时标的物价值的差额。出质人和债务人不是同一人的，质权人就质押物受偿的，出质人在受偿范围内取得对债务人的追偿权；质押物折价、拍卖、变卖超过债权的部分归出质人所有。债务人用自己所有的物设立质押权的，质权人就质押物得到清偿的部分，债务消灭，不足部分需要债务人以其他财产清偿。同样地，质押物折价、拍卖、变卖超过债权的部分归债务人所有。故无论质押物的价值是否足以清偿被担保的债权，只要质押物的价值下降，出质人就有损失。

3.因果关系。质权人对出质人的损失承担赔偿责任的另一个前提条件是，质权人的不作为与出质人的损失之间有因果关系。在此适用假定因果关系，即如果质权人及时行使质权，极有可能不产生损失。

4.质权人责任减免。质权人可以主张责任减免事由，比如质权人没有及时行使质权是因为不可抗力引起的，可以主张不可抗力免责。

根据本条第2款的规定，质权人怠于行使质权，导致出质人有损失的，他应当承担损失赔偿责任。质权人怠于行使质权的时间点是出质人“催告”并经过合理期间后。然而，根据第1款，经出质人请求后，在合理期间内质权人不行使质权，出质人可以请求法院拍卖、变卖质押物。从这个视角看，导致出质人损失的原因不仅仅是质权人“怠于”行使质权，出质人怠于行使变价处分权是另一个原因，故应当有“与有过错”的适用空间。[①]

举证责任

出质人请求法院拍卖、变卖质押物的，要证明以下事实：债务履行期限已经届满，出质人请求质权人行使质权，但合理期间经过后质权人没有行使质权。出质人依本条第2款主张损害赔偿责任的，应当证明在质权人怠于行使

① 参见徐同远：《论出质人请求质权人及时行使质权——以〈中华人民共和国物权法〉第220条为中心的探讨》，载《私法研究》2011年第1期。

质权后质押物价值降低或质押物消灭。

质权人主张减免责任的，应当证明存在减免责任事由，比如不及时行使质权是因为不可抗力引起等。

第四百三十八条【质押财产变价后的清算】

质押财产折价或者拍卖、变卖后，其价款超过债权数额的部分归出质人所有，不足部分由债务人清偿。

历史由来

本条所规范的内容可以追溯至《担保法》第71条第3款："质物折价或者拍卖、变卖后，其价款超过债权数额的部分归出质人所有，不足部分由债务人清偿。"《物权法》第221条规定作出了同样的规定："质押财产折价或者拍卖、变卖后，其价款超过债权数额的部分归出质人所有，不足部分由债务人清偿。"

在民法典立法过程中，《民法典物权编（草案）》（征求意见稿）第226条、《民法典各分编（草案）》第229条、《民法典物权编（草案）》（二审稿）第229条和《民法典（草案）》第438条均规定："质押财产折价或者拍卖、变卖后，其价款超过债权数额的部分归出质人所有，不足部分由债务人清偿。"

规范目的或功能

设立质权的目的是，在质权人（即债权人）的债权履行期限届满时，质权人可以将质押物折价、变价或拍卖优先清偿债务。质权人（债权人）实现质权时，质押物的价值与被担保的债务额度（包括实现债务的费用）很可能并不完全相当，既可能低于被担保债权额度，也可能高于被担保债权额度。本条的立法目的可以从三个方面考量：第一，设立质权的目的在于使债务人就质押物的价值获得清偿，质押物拍卖或者变卖所得的价款在被担保债权范围内的，根据本条属于质权人（债权人）。第二，质权的设立并非让质权人获得超过债务的利益，故在质押物折价，或者拍卖、变卖质押物取得的收益高于债权时，超过债权的价款实际是质押物的替代，本条确定了这部分价款其所有权应当归属于质押物的原所有权人，即出质人。第三，在出质人是第三人的情况下，出质人用质押物为质权人（债权人）的债权提供担保，他本人不是债权的按份或者连带债务人。本条确定，质押物变价、拍卖或者变卖取得的价款不足以清偿被担保债权，即没有从质押物价值中获得清偿的债权，应当由债务人清偿。[①]本条后半句的规定，实际强调了质权作为担保物权的本质，出质人和债务人不是同一个人的，质权人仅能就出质人的质押物获得清偿，不及于出质人其他财产。质押物不足以清偿全部债权的，不足部分由债务人清偿。

在质权设立的时间点和质权实现的时间点，无论是质押物的实际价值，还是被担保的债权数额，都有可能不同。质押物的价格受很多因素影响，质权设立后质押物的价格可能上涨，也可能下降；被担保的债权可能扩大，也可能缩减（见下文“债权数额”）。无论是质押物价格变动，还是债权数额变动，非债务人的出质人都要以（且仅以）质押物全部价值承担担保责任。发生本法第433条规定的情形，质权人可以要求出质人提供其他担保；出质人不提供担保，质权人可以提前实现质权。故本法第433条不成立出质人另行提供担保的义务。

质押财产折价、拍卖或者变卖的价款高于被担保的债权的，本条为出质人要求质权人返还超出部分价款提供法律依据；质押财产折价、拍卖或者变卖的价款不足以清偿全部被担保的债权的，在质权人（债权人）要求出质人清偿剩余债务的情况下，本条是为非债务人的出质人提供抗辩依据。

根据本法第446条，本条对权利质权也适用。[②]

① 参见最高人民法院物权法研究小组编著：《〈中华人民共和国物权法〉条文理解与适用》，人民法院出版社2007年版，第650—651页。

② 参见（2017）沪01民初1445号民事判决书；（2019）沪民终407号民事判决书。

规范内容

一、债权数额

判断质押物折价、拍卖或变卖的价款是否超过债权数额，或者不足以清偿债权，需要首先确定“债权数额”。本条所指的“债权数额”系被担保的债权，实际是质权的责任范围。根据本法第399条，担保物权的担保范围包括主债权、利息、保管担保财产和实现担保物权的费用。到质权实现时，质权所担保的债权范围可能比主债权额度少，比如发生了部分清偿、部分抵销、部分免除等情况；也可能比主债权数额多，比如主债权产生利息，或者产生其他损害赔偿请求权等。

当事人可以对担保物权的担保范围作出特别约定，即当事人可以通过约定对第399条规定的担保范围进行扩张或者限制，特别是当事人可以约定质权所担保的债权的最高额度。但是，鉴于担保物权的从属性，当事人不能通过约定将质权对主债权的担保完全排除。当事人通常会约定违约金或者定金，此类约定损害赔偿也是质权的担保范围。作为债权人的质权人追索自己的权利所产生的费用，同样是质权担保范围，比如诉讼、律师费、强制执行发生的费用等；实现质权的费用同样是担保范围，比如拍卖费等；甚至可以约定应缴纳税费等也属于质权的担保范围。①

二、质押物协议折价、拍卖或变卖所得的归属

根据本法第436条第2款，质权人实现质权的方式包括协议折价、拍卖和变卖。协议折价既可以理解为代物清偿，也可以理解为买卖加抵销，即质权人买受质押物，买卖价款与主债权进行抵销。②协议折价的价格可能高于被担保的债权数额，高出部分质权人应当向出质人支付。

质押物被变卖、拍卖的，要区别是现金支付价款，还是非现金支付价款。拍卖或变卖价款用现金支付的，现金是原质押物的替代物。在德国民法中，

---

① 参见（2019）沪民终407号民事判决书。

② 参见叶金强：《担保法原理》，科学出版社2002年版，第154页。

部分观点认为，质押物的所有权人和质权人是价款的共同所有权人。[①]其前提条件是，质押物的拍卖和变卖是合法的。如果不存在他人顺位优先的担保物权，在被担保债权（包括主债权、利息、违约金、保管质押物支出费用、实现质权支出费用等）范围内的额度应当转给质权人，此时质权人（债权人）自己是所得价款的所有权人。拍卖或者变卖价款转给质权人（债权人）的，债权视为被质押人清偿。债务人用自己所有的动产质押的，所有权人、出质人和债务人为同一个人，清偿后债权消灭；质押物不是债务人自己所有的不动产的，用折价、拍卖或变卖所得清偿后，质权人（债权人）对债务人的债权转让给出质人，变成出质人对债务人的债权。

超出被担保的债权部分的拍卖或者变卖价款，同样是质押物的替代物，质权人取得质押物占有，所有权属于出质人。如果质押物上不再负担他人的担保物权，超出的价款应当转给出质人。

三、未支付现金

如果拍卖或者变卖质押物，价款不是以现金形式支付，这也是目前交易的通行做法。在此情况下，不涉及价款的所有权问题，而是价款请求权问题。对于比被担保的债权高出的部分价款，出质人对质权人有债权请求权，即要求质权人将高出的部分价款转给出质人。如果质押物是折价，出质人对质权人同样有债权请求权，即要求将折价中高于被担保债权的部分，支付给出质人。

四、折价、拍卖或变卖价款不足以清偿全部债权

在折价、变卖或者拍卖所得之价款不能清偿全部债权的，清偿顺序要先依约定；在没有约定的情况下，实践中通常参照债务抵充规则，遵循以下清偿顺序：先清偿实现质权的有关费用；然后清偿利息；最后清偿主债权。[②]实现质权的费用是指拍卖、变卖、保管质押物的费用，在清偿了实现质权的费用之后，应当清偿实现债权的费用，比如诉讼费、律师费等，然后清偿利息

---

① See Schwab/Pruetting, Sachenrecht. Muenchen 2001, Rn.812.

② 参见最高人民法院物权法研究小组编著：《〈中华人民共和国物权法〉条文理解与适用》，人民法院出版社2007年版，第651页。

和主债权。

质押物通过折价、拍卖或变卖所得价款低于被担保债权的，没有得到清偿的债权是普通债权，由债务人自己清偿。债权人只能通过普通民事债权实现的程序要求债务人清偿。一旦债务人进入破产程序，没有从质押物中获得清偿的部分，是破产债权中的普通债权，要通过破产程序获得清偿。

举证责任

出质人要求返还超出被担保债权的折价、拍卖或者变卖所得的，应当证明被担保的债权数额，质押物折价、拍卖或变卖所得价款数额。

质押物折价、拍卖、变卖所得价款不足以清偿全部债权的，债权人要求出质人清偿不足部分的，出质人要陈述并证明他不是债务人。

第四百三十九条【最高额质权】

出质人与质权人可以协议设立最高额质权。

最高额质权除适用本节有关规定外，参照适用本编第十七章第二节的有关规定。

历史由来

本条承袭了《物权法》第222条，略作文字性调整，将“参照本法第十六章第二节最高额抵押的规定”修改为“参照适用本编第十七章第二节的有关规定”。

规范目的或功能

本条规定的最高额质权是与《民法典》物权编第十七章第二节规定的最高额抵押权相对应的制度。设立最高额质押有以下原因：第一是实践所需。担保权的种类越来越多样化，最高额质权完善了我国担保物权制度，为融资提供更多可供选择的担保方式。第二是物权法定主义的要求。在物权法定主义之下，物权的种类和内容都应当由法律规定，尽管物权法定主义有缓和的趋势，但是法律不规定的物权在实践中将面临质疑，故本条规定了最高额质权。第三是交易经济的要求。因为设立质押的手续比设立抵押的手续简单，通过设立最高额质权可以促进融资。[①]

本条第1款规定最高额质权为担保物权的一种，第2款对最高额质权的法律适用作出指示。

规范内容

参照本法第420条，为担保债务的履行，债务人或者第三人对一定期间内将要连续发生的债权提供担保财产的，债务人不履行到期债务或者发生当事人约定的实现质权的情形，质权人有权在最高债权额限度内就该担保财产优先受偿。出质人和质权人之间是否设立最高额质权由他们通过质权合同确定，最高额质权的设立当然还要满足本节关于质权设立的其他规定。

虽然最高额质权被规定在动产质权节，但是实践中承认对股权、应收账款等权利设立最高额质权。[②]用权利设立最高额质押的，最高额质权的设立参照适用本章第二节权利质权的设立要件。

关于最高额质权的其他问题，参照适用本节关于动产质权的规定和第十七章第二节最高额抵押权的规定。用股权等权利设立的最高额质权，根据具体情况参照适用本章第二节权利质权的相关规定和最高额抵押权的相关规定。

举证责任

证明责任的分配在具体情况中参照适用本节关于动产质权、第十七章第二节最高额抵押权以及本章第二节权利质权的责任分配。

---

① 参见全国人大常委会法制工作委员会民法室编著：《中华人民共和国物权法解读》，中国法制出版社2007年版，第474页。

② 参见最高人民法院（2013）民提字第141号民事判决书；最高人民法院（2012）民二终字第96号判决书。

第二节　权利质权

第四百四十条【可以出质的权利范围】

债务人或者第三人有权处分的下列权利可以出质：

（一）汇票、本票、支票；

（二）债券、存款单；

（三）仓单、提单；

（四）可以转让的基金份额、股权；

（五）可以转让的注册商标专用权、专利权、著作权等知识产权中的财产权；

（六）现有的以及将有的应收账款；

（七）法律、行政法规规定可以出质的其他财产权利。

历史由来

本条继承了《物权法》第223条的规定，略有修改。质权本仅指向动产，并以占有为成立和存续要件。基于无体财产权的交换价值，权利质权突破了质权原有的留置作用的担保功能，而突出优先受偿作用的担保功能。[①]《担保法》第75条规定了4类权利可以质押：（1）汇票、支票、本票、债券、存款单、仓单、提单；（2）依法可以转让的股份、股票；（3）依法可以转让的商标专用权、专利权、著作权中的财产权；（4）依法可以质押的其他权利。《担保法解释》第97条进而将“以公路桥梁、公路隧道或者公路渡口等不动产收益权出质”的情形，纳入《担保法》第75条第4项的“依法可以质押的其他权利”之中。《国务院西部开发办关于西部大开发若干政策措施的实施意见》也规定，可以用基础设施项目收益权或收费权质押贷款。

① 参见谢在全：《民法物权论》（下册），中国政法大学出版社2011年版，第1013页。

相较于之前的法律规范，《物权法》第223条进一步细化了可以出质的权利类型和设立前提。其一，将债务人或者第三人有权处分权利作为出质的前置条件。其二，《物权法》第223条在《担保法》的基础上进一步系统地规定了权利质押，将不同类型的权利进一步细化分类，并将《担保法》中的权利质押标的物扩充至7种，将票据、单证等不同类型的权利相互区分。其三，将“股份、股票”修改为“股权”，并增加了基金份额作为可以出质的标的物。其四，扩展了知识产权出质的范围，在该条第1款第5项中增加了“等”字从而采取了开放式的列举方式。其五，增设了应收账款，并将其作为一种可出质的权利类型。其六，将可以出质的其他财产权利类型限定在法律和行政法规中。

在《物权法》的基础上，《应收账款质押登记办法》第3条明确对应收账款出质进行了定义，即“为担保债务的履行，债务人或者第三人将其合法拥有的应收账款出质给债权人，债务人不履行到期债务或者发生当事人约定的实现质权的情形，债权人有权就该应收账款及其收益优先受偿”。在此基础上，《民法典物权编（草案）》（征求意见稿）和《民法典各分编（草案）》明确将应收账款等收益的权利纳入权利质权范围，表述由“取得应收账款等收益的权利”改为“取得应收账款、不动产收益的权利”。《民法典物权编（草案）》（二审稿）将表述确定为“现有的以及将有的应收账款”，2019年12月公布的《民法典（草案）》沿用了这一表述，2020年5月颁布的《民法典》将这一表述固定下来，明确“现有的以及将有的应收账款”可以出质作为一项权利质权。事实上，在《民法典》编纂的过程中，针对权利质权的出质类型，除了本票和支票的顺序出现变动之外，最大的变化就是本条有关应收账款的表述。从“应收账款”到“取得应收账款等收益的权利”，再到“取得应收账款、不动产收益的权利”，最终确定为“现有的以及将有的应收账款”，以规定非证券化的以金钱为给付标的的现有债权，以及现在和将来的经营性服务收费权。

三 规范目的或功能

本条规定了可出质的权利范围，也即权利质押的客体，其目的在于确定权利质权的标的物及其种类。权利质权是以可让与的债权或者其他权利为标的物的质权。承认权利质权的法律地位扩大和丰富了可担保财产的范围，有利于提高民事主体的融资能力，增强资金的流动性和融通能力。权利质权作为担保物权的一种，具有担保债权实现的功能，能保护所担保债权当事人的合法权益。本条统合和梳理了现行法中主要的权利质权类型，以列举和兜底条款相结合的方式，明确了可以出质的权利范围。权利质权以权利为标的物设质，以支配其交换价值，其目的是确保债务的清偿，本质上与动产质权一样是一种价值权。[①]

规范内容

权利质权是以出质人提供的财产权利为标的而设定的质权，以担保债务履行和债权实现为目的。就动产质权而言，在形式上虽然是以动产为标的物，实质上是以动产的所有权为标的物，这与权利质权以权利为标的物并无差异。[②]显然权利质权与动产质权具有共性特征，均为价值权，但由于质押的标的物不同，权利质权又具有特殊性。

一、权利质权的性质

就权利质权的性质而言，存在一种权利让与的学说，认为质权的标的物仅限于有体物，所谓质权仅指物上质，权利之上不可以设立质权。权利质权实际上是以担保为目的而为权利让与，例如在债权出质的情形下，质权人享有直接收取债权作为质权标的的权利，债权的出质本质就是债权让与。不过，以权利为标的物的权利质权，与以动产为标的物的动产质权并无严格区分的必要，两者并无本质区别，仅在于标的物不同而已。鉴于此，《民法典》本条采取权利客体说，认为权利质权是在债权或其他权利上成立的质权，在性质上是以权利为标的物而设定的质权。设定权利质权须依权利让与的规定，只是为了方便质权人行使质权，在性质上仍然有别于权利让与。显然，质权人

① 参见谢在全：《民法物权论》（下册），中国政法大学出版社2011年版，第1011页。
② 参见谢在全：《民法物权论》（下册），中国政法大学出版社2011年版，第1011页。

取得与入质权利相异的权利。[①]

二、可出质权利的条件

权利质权以取得设质权利交换价值来担保债权的优先受偿，其标的物是出质人提供的作为债权担保的权利。不过，权利质权的标的物是限定的，并非囊括所有的权利类型，其需要满足以下三个条件。其一，权利质权的标的物必须是财产性质的权利。权利质权的标的物必须具有经济价值，以担保质权人在债务人不能履行债务时可以从财产权的价值中优先受偿。其二，权利质权的标的物应具有可让与性。鉴于权利质权所具备的担保和优先受偿功能，权利质权的标的物应有变价的可能。不具有让与性的财产权，诸如亲属间的扶养请求权、抚恤金领取请求权等与特定权利主体密不可分的财产权，不得作为权利质权的标的物。其三，权利质权必须是适于设质的权利。渔业权等准不动产物权在性质上属于可让与的财产权，但不能成为权利质权的标的物。也即，即便属于让与性的财产权，也可能不属于设定质权的权利，不得作为权利质权的标的物。又如动产抵押权、动产质权和留置权等担保物权，基于从属性而不能与其所担保的主债权分离，因此也不能成为权利质权的标的物。

如同上述，权利质权的标的物必须是财产性权利、可让与且适于设质的权利。而不得作为权利质权标的物的类型，主要包括在性质上不得让与的债权或者权利，如基于特殊信赖而产生的借用物的使用权、雇佣人对受雇人的劳务请求权等，当然出借人和受雇人等同意的除外。此外，依当事人特约不得让与的债权，也不得设定质权。事实上，本条对哪些权利可以出质采取了列举式，列出了权利质权标的物的种类。显然，除《民法典》本条列举的权利之外，其他能出质的权利也需要有其他法律或行政法规的明确规定，当事人不得以意定创设的方式设立权利质权。[②]

---

① 参见史尚宽：《物权法论》，中国政法大学出版社2000年版，第388—389页。

② 采取列举的方式规定可以出质的权利类型，还是采取禁止式的方式规定不得设质的权利类型，为权利质权范围立法的两种模式。就《民法典》本条而言，采取的是列举加兜底条款的模式，列明可以出质的权利类型，但此种模式并未排除其他法律或行政法规以禁止性的立法模式规定不得设质的权利类型。

三、以汇票、支票、本票和债券为客体的票据权利质权

作为持票人的债务人或者第三人可以将票据作为质物设立质权，票据质权既是有价证券质权，也是债权质权。《票据法》第2条第2款规定，票据包括汇票、本票和支票三种类型。《票据法》第19条、第73条和第81条分别规定了三类票据的概念。汇票是出票人签发的，委托付款人在见票时或者在指定日期无条件支付确定的金额给收款人或者持票人的票据；本票是出票人签发的，承诺自己在见票时无条件支付确定的金额给收款人或者持票人的票据；支票则是出票人签发的，委托办理支票存款业务的银行或者其他金融机构在见票时无条件支付确定的金额给收款人或者持票人的票据。中国人民银行印发的《支付结算办法》针对票据进一步予以分类，细化了可以出质的票据类型。事实上，票据质权并非以票据本身作为动产标的物，而是以票据所表彰或衍生的权利作为标的物出质。这一特征，是有价证券质权的共同特征，因此，除票据外，债券、存款单、仓单和提单也属于以债权为权利内容的有价证券，均可被担保人设立质权。

此外，需要说明的是，记载“不得转让”字样的汇票的质押。票据具有高度流通性，权利人自由转让是流通性的法律表现形式，但同时基于意思自由的考虑，法律也允许当事人在票据上注明“不得转让”的事项。就出票人注明“不得转让”事项时，《票据规定》第48条规定，若票据持有人背书转让，则背书行为无效，出票人、承兑人对受让人均不承担票据责任。这一规定明确了出票人记载有“不得背书”字样的汇票转让后的票据责任问题，但并未否定此种票据的可转让性。如同《票据法》第34条和第37条的规定，背书人记载有“不得转让”字样的票据依然可以转让，只不过原背书人或出票人对后手并不承担票据责任。此外，《票据规定》第53条还规定，出票人在票据上记载“不得转让”字样，其后手以此票据进行贴现、质押的，通过贴现、质押取得票据的持票人主张票据权利的，人民法院不予支持。针对这一规定，出票人在票据上记载有“不得转让”字样的票据能否被质押，有不同观点。[①]

---

① 参见崔建远：《物权法》（第四版），中国人民大学出版社2017年版，第537页；程啸：《担保物权研究》（第二版），中国人民大学出版社2019年版，第670—671页。

其中，否定说认为此种汇票质押会导致质权人在实现质权时有违出票人记载“不得转让”的目的，而且即便可以质押也无法通过善意取得制度来实现质权的担保功能。肯定说则认为，不仅附期限“不得转让”的票据可以设定质权，其他类型“不得转让”的票据也可以被设定质权，背书转让与债权转让不同，禁止背书并不导致汇票不能以债权转让为基础实现质押。《民法典》确定了票据质权作为权利质权的一种，票据质权的设立只是以票据权利为客体设定的质权，票据的出质也仅仅需要占有质物，并不需要票据权利的转让。“不得转让”的约定只是票据原因关系的体现，并不能影响票据质押的设立，只是作为质权人的持票人的付款请求权和追索权无法实现。[①]此外，尽管背书人背书“不得转让”与出票人背书存在差异，但是在质押效力上并无不同。背书人在票据上记载禁止转让背书的，将导致背书人对禁止背书取得票据的人不负承兑和付款责任，但并不导致票据失去背书性。

四、以债券、存款单为客体的权利质权

债券是指由政府、金融机构或者企业为了筹措资金而依照法定程序向社会发行的，约定在一定期限内还本付息的有价证券，包括政府债券（国家债券和地方政府债券两种）、金融债券、企业债券、公司债券和其他类型的债券。一般而言，债券都可以用以设立质权，包括诸如记账式国库券、在证券交易所上市交易的公司债券等实现无纸化而欠缺权利凭证的债券。存款单是指存款人在银行或者储蓄机构存了一定数额的款项后，由银行或者储蓄机构开具的到期还本付息的债权凭证。各类定期的大额存单、同业存单、未到期个人存单和单位定期存单，均可以成为权利质押标的物。

《民法典》本条仅列明债券和存款单可以出质，在适用上还应当与其他相关法律、法规或国务院意见和决议相配套。《企业债券管理条例》《公司债券发行与交易管理办法》《国务院关于加强地方政府性债务管理的意见》《凭证式国债质押贷款办法》《大额存单管理暂行办法》《个人定期存单质押贷款办法》《单位定期存单质押贷款管理规定》等，针对不同类型的债券和存款单质押予以详细规范。

---

① 参见程啸：《担保物权研究》（第二版），中国人民大学出版社2019年版，第671页。

五、以仓单和提单为客体的权利质权

仓单是指仓库营业人应寄托人的请求所填发的有价证券，作为提取仓储物的凭证。仓单依据是否具有可转让性分为普通仓单和可转让仓单。根据《海商法》第71条的规定，提单是指用以证明海上货物运输合同和货物已经由承运人接收或者装船，以及承运人保证据以交付货物的单证。提单分为记名提单、指示提单和不记名提单。

《最高人民法院关于审理无正本提单交付货物案件适用法律若干问题的规定》规定，承运人因无正本提单交付货物造成正本提单持有人损失的，后者可以要求前者承担违约责任或者侵权责任。结合《海商法》关于提单的分类规定，提单存在债权请求权或物权请求权的双重表征。但可以明确的是，指示提单经过记名背书或者空白背书可以转让，不记名提单无须背书即可转让，两者均可作为权利质押的标的物，而记名提单则因其特殊性而不能出质。

事实上，针对仓单和提单的性质，理论和学说均有不同的争议。[①]大陆法系通说认为上述证券是表彰其所代表物品的物权证券，占有证券即与占有物品具有同一效力。[②]不过，仓单和提单所表彰的物品仅依其证券行使权利，本质上应是表彰物权的权利凭证，也仅以该证券设定权利质权。例如在仓单质权中，保管人应对物品负保管责任，因保管不善导致仓储物毁损、灭失的，应当承担损害赔偿责任。至于提单，则需要根据当事人之间的合同约定来确定提单持有人是否享有提单表征的债权请求权及物权请求权。[③]

六、以可以转让的基金份额和股权为客体的权利质权

基金份额是指向投资者公开发行的，表示持有人按其所持份额对基金财产享有收益分配权、清算后剩余财产取得权和其他相关权利，并承担相应义

---

① 参见程啸：《担保物权研究》（第二版），中国人民大学出版社2019年版，第691—698页。

② 参见谢在全：《民法物权论》（下册），中国政法大学出版社2011年版，第1027页。

③ 参见程啸：《担保物权研究》（第二版），中国人民大学出版社2019年版，第697页。

务的凭证。基金包括私募基金、证券投资基金等多种形式，但《民法典》本条规定的基金应作限缩解释，仅指通过公开发售基金份额募集证券投资基金。以证券投资基金份额设定质权，是以基金财产性收益等为客体设定的权利质权，可依据《证券投资基金法》的规定享有基金财产收益、申请赎回持有基金份额等多项权利。

股权是指股东因向公司直接投资而享有的权利，包括有限责任公司、股份有限公司和一人公司的股权。有限责任公司和非上市股份有限公司的股权是通过公司签发的出资证明书来体现的，上市的股份有限公司的股权是通过股票来体现的，而一人有限责任公司当然体现100%的股份。只有可以转让的股权才可以作为权利质权的标的，否则不能出质。上市的股份有限公司的股权因具有高度流通性，均可设定质权，但也存在《公司法》第142条关于公司不得接受本公司股票作为质押标的的例外规定。此外，《公司法》规定，发起人持有的本公司股份，自公司成立之日起一年内不得转让。公司公开发行股份前已发行的股份，自公司股票在证券交易所上市交易之日起一年内不得转让。这两类情形均不影响出质，只不过在期限内无法行使质权。

七、可以转让的注册商标专用权、专利权、著作权等知识产权中的财产权

知识产权中的财产权部分可作为权利质权的标的。商标注册人可以通过签订商标使用许可合同，许可他人使用其注册商标，注册商标所有人因此享有财产权性质的注册商标转让权和注册商标许可权，并作为权利质权的标的出质。专利权包括发明专利权、实用新型专利权及外观设计专利权。实施他人专利的，应当与专利权人订立书面实施许可合同，并向专利权人支付专利使用费。那么，专利权人享有的专利转让权和专利实施许可权属于财产权，也可以作为权利质权的标的。著作权含有著作权人对作品的使用权和获得报酬权，其中使用权包括复制权、发行权、出租权、展览权、表演权、放映权、广播权、信息网络传播权、摄制权、改编权、翻译权、汇编权和应当由著作权人享有的其他权利，以及转让使用权或者许可他人使用而获得报酬的权利，这些类型众多的财产权也可以作为权利质权

的标的。

八、现有的以及将有的应收账款

在中国人民银行颁布的《应收账款质押登记办法》中，应收账款是指权利人因提供一定的货物、服务或者设施而获得的要求义务人付款的权利以及依法享有的其他付款请求权，包括现有的和未来的金钱债权及其产生的收益，但不包括因票据或其他有价证券而产生的付款请求权。应收账款本质上是一种债权，具体表现为以金钱为给付标的的现有债权和经营性服务收费权，均可作为权利质权的标的出质。

九、法律、行政法规规定的可以出质的其他财产权利

本条第7项明确了可出质的权利并不限于列举的权利类型，法律、行政法规规定其他权利可以出质的，也适用本节权利质权的有关规定。早在《担保法》中，立法者就对权利质权的客体范围采取“列举+兜底条款”的立法模式。本条第1项至第6项列举了六种类型的权利质权客体，第7项则作兜底规定，拓展了权利质权的适用范围。不过，将法律或行政法规规定的可以出质的其他财产权利都纳入质权客体，也意味着非法律或行政法规规定的权利不能作为权利质权的客体，在一定程度上也限定了新型权利之上设立质权。相对于《民法典》第426条关于动产质权“法律、行政法规禁止转让的动产不得出质”的规定，本条“列举+兜底条款”的立法模式仍然过于保守，应放开权利质权客体的种类限制。[①]现代企业资产越来越多地体现为各类债权以及其他各种权利，以权利出质获取信贷已经成为企业的重要融资担保方式。[②]权利质权的标的物只要满足可让与性，且属于适合设质的财产性权利即可。当然，从可出质的权利类型来看，“法律、行政法规规定的可以出质的其他财产权利”实质上取代了以一般条款界定权利质权标的物的方式，最大限度地拓宽了出质标的物范围。尤其是近年来出现的新型担保物权，例如

---

① 参见邹海林：《论〈民法典各分编（草案）〉“担保物权”的制度完善》，载《比较法研究》2019年第2期。

② 参见裴亚洲：《民法典应收账款质押规范的解释论》，载《法学论坛》2020年第4期。

以商铺租赁权、出租车经营权等为客体的担保，大部分可以归入权利质权的范畴，既扩张了可用于担保的财产范围，又提高了市场主体的融资能力。[①]

举证责任

当事人应当依据《民事诉讼法解释》第90条的规定，对自己提出的诉讼请求所依据的事实或者反驳对方诉讼请求所依据的事实，提供证据加以证明。当事人对权利质权有争议的，由主张享有权利质权的一方当事人承担证明责任，应当证明债务人或者第三人有权处分该权利，并且该权利属于本条规范的范围。

第四百四十一条【以票据权利等出质的权利质权的设立】

以汇票、本票、支票、债券、存款单、仓单、提单出质的，质权自权利凭证交付质权人时设立；没有权利凭证的，质权自办理出质登记时设立。法律另有规定的，依照其规定。

历史由来

本条继承了《物权法》第224条的规定，略有删节。《担保法》第76条规定了票据、债券、存款单、仓单、提单出质的权利质权设立条件，以合同约定的期限内将权利凭证交付质权人为要件，质押合同自权利凭证交付之日起生效。这一规定，将此类权利上设立的质押合同确定为要物合同，质权的设立也以交付为生效要件。《担保法解释》第98条和第99条进一步规定，以汇票、支票、本票出质的，出质人与质权人没有背书记载“质押”字样，以票据出质对抗善意第三人的，人民法院不予支持。以公司债券出质的，出质人与质权人没有背书记载“质押”字样，以债券出质对抗公司和第三人的，人民法院也不予支持。这两条实际上将背书作为对抗要件，未背书的不得对抗善意

① 参见高圣平：《担保物权司法解释起草中的重大争议问题》，载《中国法学》2016年第1期；陈本寒：《新类型担保的法律定位》，载《清华法学》2014年第2期。

第三人，但并不影响权利质押的成立。在此基础上，《物权法》第224条规定了以票据权利等出质的权利质权设立规则，将“订立书面合同”和“交付权利凭证或出质登记”作为质权设立的条件。在民法典编纂过程中，考虑到动产质权部分已经规定“设立质权，当事人应当采用书面形式订立质押合同”，因此从《民法典物权编（草案）》（征求意见稿）开始，关于权利质权的设立条文，不再规定“当事人应当订立书面合同”。《民法典各分编（草案）》、《民法典物权编（草案）》（二审稿）、《民法典（草案）》均仅将交付权利凭证或者出质登记作为权利质权设立的要件，法律另有规定的则依照其规定。

规范目的或功能

本条的规范目的在于，确立以汇票、本票、支票、债券、存款单、仓单和提单出质的质权设立规则，规定权利质权的设立条件，以保护质权人和出质人以及其他第三人的合法权益。随着市场经济的高度发展，商品和货币流通的手段也不断发展，以票据、有价证券及其他财产凭证替代有形财产和货币流通的情形越来越多。充分利用财产凭证所体现的无形财产权，对促进资金融通和商品流通，以及发展经济有着重要作用。权利质权的设立因有无权利凭证而不同，有权利凭证则需交付，权利质权自交付时设立；无权利凭证则需办理出质登记，权利质权自登记时设立。

规范内容

一、“应当订立书面合同”并非质权的设立条件

《物权法》第224条在确立权利质权的设立条件时，明确要求当事人应当订立书面合同，同时还规定自权利凭证交付质权人时质权设立，没有权利凭证的质权自有关部门办理出质登记时设立。显然，《物权法》第210条和第224条的规定进行了统一，均要求质权的设立应当订立书面合同。本条在规定权利质权的成立条件时，并未规定“应当订立书面合同”，仅规定交付权利凭证或者办理出质登记时质权成立。

针对本条的变化，存在两种不同的解释。其一，从体系解释的角度，质权分为动产质权和权利质权两部分，《民法典》第446条明确规定权利质权除适用本节规定外，适用动产质权的有关规定。在本条未明确将订立书面质权合同作为权利质权的设立条件的情况下，仍然适用第446条的一般规定，要求设立权利质权时，当事人应当采取书面合同。不过，《民法典》第427条在性质上并非效力性的强制性规定，而是一项任意性规定，仅对当事人具有警示作用。因此，书面合同并非权利质权的设立条件。其二，本条删除了《物权法》第224条关“应当订立书面合同”的规定，对票据等权利质权的设立本质上并无影响，同时也与实践相契合。首先，在背书交付的情形下，不宜仅凭质押合同未采取书面形式即认定其无效。只要当事人具有质押合意，或有其他证据证明质押合同存在，且不违反法律、行政法规的强制性规定，即应承认质押合同的效力。此时不将书面质押合同作为权利质权设立的前提条件，订立书面合同并无必要。其次，在简单交付的情形下，当事人通常还需要证明权利质押的事实，因此通常也会采取书面形式，只不过此时书面合同并未作为质权成立的要件，而是为了防止当事人因设立权利质权产生纠纷，并为纠纷的合理解决提供书面证据。最后，在采取登记生效主义或者登记对抗主义的质权设立模式下，书面合同往往是进行登记的必备材料，此种情形下《民法典》若规定以书面合同为设立权利质权的必要条件并无实际意义。总之，上述两种解释路径的结果是一致的，也即权利质权的设立不以订立书面合同为条件。实践中，当事人通常还是会签订书面质押合同，以明确双方当事人的权利义务，彰显质押的重要性和正式性；当然，在背书交付设立权利质权的情形下，当事人可能没有必要采取书面形式，权利质押的成立不以书面合同为要件。

二、权利凭证的交付为权利质权的生效要件

可出质的权利以表彰其内容的权利凭证作为载体，质权自权利凭证交付质权人时设立。通常，交付指物上现实管领力的转移，也即现实交付。但民法上还存在简易交付、占有改定和指示交付三种观念交付情形，并与现实交付具有同等效力。权利质权设立时的交付，相较于动产交付具有特殊之处。也即，权利凭证的交付，有时应附有背书，否则不发生交付的效力。例如，

票据交付分为单纯的票据交付与背书交付两种方式。其中，以记名汇票、记名本票、指示提单出质的，必须采用背书交付的方式。而以其他为标的物出质的，未经背书的交付依然可以使质权设立，但不得对抗善意第三人。

1.以票据出质的，不记名汇票、不记名本票和支票的质权设立采交付要件主义，以交付的方式设立权利质权，同时记名汇票和记名本票还应当背书。《担保法解释》第98条规定，以汇票、支票、本票出质，出质人与质权人没有背书记载“质押”字样，以票据出质对抗善意第三人的，人民法院不予支持。显然，未背书但已交付了票据的，票据质权照样设立，只不过此时不得对抗善意第三人。尽管《民法典》仍然规定票据质权的设立以权利凭证的交付为生效要件，但是交付的方式由《票据法》详细规定，实际上承认了依票据类型而区分的质权设立的不同交付方式。[①]

2.以提单、仓单为标的物设立质权时，质权自交付之日起设立。结合《担保法》《海商法》等规定，以不记名提单和仓单设立质权时，质权自提单、仓单交付之日起设立。而指示提单设立质押时，不仅应当交付提单，还应当进行背书。值得注意的是，在实践中，以仓单设立权利质权，除需要交付（背书）之外，通常还需要保管人签字或盖章。转让提取仓储物的权利，是需要有存货人或仓单持有人在仓单上背书并经保管人签字或盖章的。但是在权利客体说为通说的情形下，权利质权的设立并非权利转让，仍然只需要交付（背书）即可。[②]

三、没有权利凭证的，质权自办理出质登记时设立

以汇票、本票、支票、债券、存款单、仓单、提单出质的，通常存在权利凭证。但是以记账式国库券、在证券交易所上市交易的公司债券等债券出质的，因无纸化而没有权利凭证，那么该债券质权应当在登记部门办理出质登记，该权利质权自登记时设立。当然，办理债券质押的登记部门并不统一，记账式国库券须到中央国债登记结算公司办理出质登记，而在证券交易所上市交易的公司债券则须到证券登记结算机构办理出质登记。

---

① 参见程啸：《担保物权研究》（第二版），中国人民大学出版社2019年版，第674—675页。

② 参见崔建远：《物权法》（第四版），中国人民大学出版社2017年版，第551页。

举证责任

主张权利质权的当事人，应当证明质权已设立。有权利凭证的权利，当事人主张质权时需出具权利凭证，以证明已交付。当事人仅出具质押合同的，并不能证明享有权利质权，只能要求对方依合同承担相应的违约责任。没有权利凭证的权利，当事人主张质权设立的应出具权利质权的登记证明。

其他问题

《民法典》关于权利质权的规定中删除了“应当采取书面合同”的规定，但通过第446条“适用型”法条的规定，应适用第427条动产质权的规定。也即，权利质权的设立，“应当”采取书面形式。不过，如前所述，第427条中“应当采用书面形式”只是一项任意性规定，权利质押合同的成立不以书面合同为必要。本条规定“质权自权利凭证交付质权人时设立；没有权利凭证的，质权自办理出质登记时设立”，并不意味着权利质权合同采取了实践合同说。质物的移交并非质押合同的成立要件，质押合同应当为诺成合同。显然，质押合同的生效与质权的设立应予以区分。

第四百四十二条【权利质权的提前实现】

汇票、本票、支票、债券、存款单、仓单、提单的兑现日期或者提货日期先于主债权到期的，质权人可以兑现或者提货，并与出质人协议将兑现的价款或者提取的货物提前清偿债务或者提存。

历史由来

本条继承了《物权法》第225条的规定，只是将“本票”与“支票”的表述顺序做了调整。《担保法》第77条规定了以票据权利等出质的权利质权的实现规则，即以载明兑现或者提货日期的票据权利等出质的，兑现或者提货日期先于债务履行期的，质权人可以在债务履行期届满前兑现或者提货，并与出质人协议将兑现的价款或者提取的货物用于提前清偿所担保的债权或者向与出质人约定的第三人提存。《担保法解释》第102条进一步补充了《担保法》第77条的适用规则，即票据等兑现或者提货日期后于债务履行期的，质权人只能在兑现或者提货日期届满时兑现款项或者提取货物。上述两个条文相互补充，完整规定了承兑或提货日期先于或后于主债权到期时间的处理方式。鉴于承兑或提货日期先于主债权到期时间乃质权实现的一般方式，《物权法》第225条主要就这一质权人行使权利的规定予以规范，在内容上与《担保法》第77条保持一致。《民法典物权编（草案）》（征求意见稿）、《民法典各分编（草案）》、《民法典物权编（草案）》（二审稿）、《民法典（草案）》均沿袭《物权法》第225条的规定，在内容上也没有任何实质变化。

规范目的或功能

本条是关于以汇票、本票、支票、债券、存款单、仓单、提单出质的权利质权人行使权利的特别规定，其规范目的在于保护质权人的利益，避免因质权的消灭而影响其所担保的主债权的实现。在载明承兑日期或者提货日期的汇票、本票、支票、债券、存款单、仓单、提单的承兑日期或者提货日期届至时，如果不按时兑现或者提货，会给债务人自身带来损失，甚至影响其所担保的主债权的实现，例如仓单提货日期届至不按时提货须加付仓储费。因此，原则上质权人必须承兑或者提货，以免除第三债务人的债务。此种情形下，会出现汇票、本票、支票、债券、存款单、仓单、提单的承兑日期或者提货日期，与主债权的到期时间不一致，两个期限的届至存在先后的可能，当然也不排除同时届至的情形。因此，汇票等权利质权的行使会因权利凭证上记载的承兑或提货日期先于、后于权利质权担保的主债权清偿期届至时间或两者同时而有所不同。本条主要规定兑现日期或者提货日期先于主债权到期的处理规则，至于后于到期情形则当然需待兑现日期或者提货日期之时才能行使质权。

规范内容

一、本条适用于以票据、债券、存款单、仓单和提单出质的权利质权

在票据质权等权利质权中，会出现票据等内含的承兑期或提货期与权利质权所担保的债权的实现期限不一致的情形，即兑现日期或提货日期与债务履行期限不一致。但是，基金份额质权、股权质权、应收账款质权、知识产权质权等其他权利质权并未在本条中列明。

二、兑现日期或者提货日期先于主债权到期的，质权人可以兑现或者提货

当出质人不履行到期债务或者发生当事人约定的实现质权的情形时，在票据等之上设立权利质权的质权人，可以兑现存单从而实现质权。不过，如果票据等权利的承兑期日或提货期日晚于债务履行期限届满日的，那么质权人需继续占有质押的权利凭证，在承兑到期日兑现以实现质权。同理，无权利凭证但登记了的权利质权，质权人也需等到承兑到期日方可兑现。不过，本条要解决的是另一种特殊情形，即确定兑现日期或者提货日期先于主债权到期时的处理规则。

（一）兑现日期先于主债权到期的，质权人可以兑现

在票据质权中，被质押的票据的付款日期先于主债权到期的处理方式。此时，为了避免行使票据权利期限届满，本条规定质权人可以将票据兑现，使该被担保债权提前受偿或向与出质人约定的第三人提存。如果被担保债权的数额少于票据的金额，则以被担保债权数额为限受偿，至于承兑票据的手续费，通常按照惯例处理。如果被担保债权的数额多于票据的金额，以全部票据金额承兑担保责任。在债券质权中，出质债券的兑现日期先于主债务的清偿期的处理方式。此时，若债券债权人逾期受偿会使出质债券消灭，而债券质权因标的物消失而消灭，为了保护质权人的合法权益，质权人可以兑现

债券。同样，在存款单质权中，如果存单到期日早于债务履行期限届满日的，质权人也可以提前兑现存单。

（二）提货日期先于主债权到期的，质权人可以提货

被担保债权并非金钱债权时，质权人仍可承兑。仓单或提单的提货日期先于主债权到期的，质权人可以提货。（1）在仓单质权中，仓单所记载的提货日期先于质押所担保的主债权的清偿期届至的，本条规定质权人可以在债权清偿期届满前提取仓储物。在此情况下，仓单质权俨然变为动产质权，只不过质权人和出质人可以协议将提取的货物提存。（2）在提单质权中，提单所记载的提货日期先于质押所担保的债权的清偿期届至的，质权人的权利行使方式与仓单质权一致，均可以提前提货。

（三）兑现或提货日期先于主债权到期的，质权人不必征得出质人同意，可以直接兑现或提货

"可以"意味着，兑现或提货日期先于主债权到期的，质权人既可以选择兑现或提货，也可以选择待债务人到期不履行债务或发生当事人约定的行使质权的情形时再兑现或者提货。也即，本条赋予质权人选择权，以保护质权人的利益。同时，若质权人将汇票、本票、支票、债券或者存款单上所载款项兑现，或者自行提取仓单或提单上所载的货物，无需征得出质人的同意。在兑现日期或者提货日期先于主债权到期的情况下，出质人可能会为了保护自己的期限利益而延迟兑现或提货，由此导致质权人的利益受损。为了保护质权人的合法权益，本条授予质权人直接兑现或提货的权利，避免逾期兑现或提货从而影响到其所担保的主债权的实现。

三、质权人与出质人达成协议

（一）质权人与出质人协议提前清偿或提存

在本条中，质权人兑现款项或提取货物后仅仅占有该标的物，并不享有物的所有权。允许质权人在质权实现条件成就前兑现款项或者提取货物，是保障质权人权益的一种特别方式。质权人虽然在兑现款项或提取货物时无需

出质人同意，但对出质人负有通知义务，应当与出质人协商后续对标的物的处理方式。虽然此时已经兑现或提存，但鉴于质权人与出质人之间的债务履行期未届至，以及并未发生双方当事人约定实现权利质权的其他情形，此时并不必然导致质权人对兑现款项或提存货物进行优先受偿。此种情形下，质权人和出质人仍然可以协议确定如何处理兑现款项或提取货物。或者说，质权人如果选择兑现款项或者提取货物，那么就应当及时通知出质人，再与出质人协商提前清偿债务或提存。

（二）质权人与出质人未达成协议时只能提存价款或货物

本条规定若兑现日期或者提货日期先于主债权到期的，质权人可以兑现或者提货，并与出质人协议将兑现的价款或者提取的货物提前清偿债务或者提存。但是，若质权人与出质人未达成合意，本条并无明确规定该如何处理。事实上，在质权人与出质人没有达成协议的情况下，质权人只能将所提取的货物或者兑现的金额予以提存，而不能用于提前清偿所担保的债权。在有期限的主债权关系中，债务人在债务履行期届至之前享有拒绝履行未到期债务的权利，若质权人与出质人就提前清偿未达成一致，法律强制要求提前清偿主债权将有损债务人所享有的期限利益，因而此时只能向第三人提存。质权人将提取的货物或兑现的金额提存之后，质权仍存在于该提存物之上，质权人的债权依然能够得到有效的保障。若债务人在履行期届满时履行了债务，仍然可以向提存人提取提存物。

四、提前清偿债务或者提存的限度

当权利质权的兑现日期或者提货日期先于主债权到期的，质权人可以兑现或者提货并与出质人协议，此时出质人只能选择提前清偿或者提存。出质人既不同意提前清偿债务，也不同意提存，或者不表达意见的，质权人也只能将价款或货物进行提存。本条既赋予质权人选择权，也为质权人权利的行使设置了限度。同时，在出质人未能与质权人达成一致或不予配合的情形下，通过提存的方式来保护质权人的合法权益。当然，如果质权人和出质人达成合意，选择提前清偿债务的，权利质权也随主债务的履行而消灭。

举证责任

主张提前清偿债务或提存的当事人，负举证责任。

1.主张提前清偿债务的质权人，负下述四项内容的证明责任：（1）质权人享有权利质权的标的物为票据、债券、存款单、仓单或提单；（2）兑现日期或者提货日期先于主债权到期；（3）已兑现或者提货；（4）质权人与出质人就兑现的价款或者提取的货物提前清偿债务达成的协议。

2.主张提存的质权人，负下述四项内容的证明责任：（1）质权人享有权利质权的标的物为票据、债券、存款单、仓单或提单；（2）兑现日期或者提货日期先于主债权到期；（3）已兑现或者提货；（4）质权人与出质人就兑现的价款或者提取的货物提存达成的协议，或双方未就提前清偿或提存达成一致。

第四百四十三条【以基金份额、股权出质的权利质权】

以基金份额、股权出质的，质权自办理出质登记时设立。

基金份额、股权出质后，不得转让，但是出质人与质权人协商同意的除外。出质人转让基金份额、股权所得的价款，应当向质权人提前清偿债务或者提存。

历史由来

本条基本继承了《物权法》第226条的规定，略作修改。关于股权质权的设立和生效，《担保法》第78条规定，以依法可以转让的股票出质的，出质人与质权人应当订立书面合同，并向证券登记机构办理出质登记。质押合同自登记之日起生效。同时规定，股票出质后，不得转让，但经出质人与质权人协商同意的可以转让。出质人转让股票所得的价款应当向质权人提前清偿所担保的债权或者向与质权人约定的第三人提存。此外，以有限责任公司的股份出质的，适用《公司法》股份转让的有关规定。质押合同自股份出质记载于股东名册之日起生效。在《担保法》的基础上，《担保法解释》第103

条进一步规定，以股份有限公司的股份出质的，适用《公司法》有关股份转让的规定。以上市公司的股份出质的，质押合同自股份出质人向证券登记机构办理出质登记之日起生效。以非上市公司的股份出质的，质押合同自股份出质记载于股东名册之日起生效。《担保法解释》第103条的主要目的是明确股权出质的不同登记机构。

在此基础上，《物权法》第226条规定，以基金份额、股权出质的，当事人应当订立书面合同，并针对不同类型的基金份额和股权分别规定了登记机构。同时规定，基金份额、股权出质后，不得转让，但经出质人与质权人协商同意的除外。出质人转让基金份额、股权所得的价款，应当向质权人提前清偿债务或者提存。此后，《证券投资基金法》等进一步明确了基金份额和股权的出质登记机构。事实上，《民法典物权编（草案）》（征求意见稿）就删除了《物权法》中“当事人应当订立书面合同”的规定，同时删除了关于不同登记机构的规定。后续《民法典各分编（草案）》、《民法典物权编（草案）》（二审稿）、《民法典（草案）》均未再发生改动。

规范目的或功能

本条的规范目的在于确定基金份额质权、股权质权的设立及出质人处分基金份额、股权的限制。基金份额质押、股权质押指为担保债务的履行，债务人或者第三人将其合法拥有的基金份额、股权出质给债权人，当债务人不履行到期债务或者发生当事人约定的实现质权的情形时，质权人有权就该基金份额、股权及其收益优先受偿。本条采登记生效主义，确定了基金份额质权、股权质权的设立，为出质人设立了义务来保障质权人的担保利益，并为基金份额质权和股权质权的适用提供了规范指引。

规范内容

一、可以出质的基金份额、股权

基金份额是指向投资者公开发行的，表示持有人按其所持份额对基金财产享有收益分配权、清算后剩余财产取得权和其他相关权利，并承担义务的凭证。可以用于质押的基金份额，仅指《证券投资基金法》规定的“证券投资基金份额”，不包括私募基金和公司型基金。[①]证券投资基金是指通过公开发售基金份额募集基金，由基金管理人管理，基金托管人托管，为基金份额持有人的利益，以资产组合方式进行证券投资活动的信托契约型基金。证券投资基金活动是以信托原理为基础的，基金合同当事人之间的关系属于信托关系，基金成为独立财产。

股权指股东享有的从公司获取经济利益和参与公司经营管理的权利，分为有限责任公司的股权和股份有限公司的股权。

（一）有限责任公司的股权出质

在有限责任公司中，出资即为股权的内容，而出资证明书则是证明成为股东的法律文件。[②]根据《担保法》第78条第3款规定，以有限责任公司的股份出质的，适用《公司法》股份转让的有关规定。尽管本条并未像《担保法》那样去设定“适用型”条文，但仍然可以认为有限责任公司的股权出质，适用《公司法》第71条、第72条关于股权转让和优先购买权的规定：有限责任公司的股东之间可以相互转让其全部或者部分股权。股东向股东以外的人转让股权，应当经其他股东过半数同意。股东应就其股权转让事项书面通知其他股东征求同意，其他股东自接到书面通知之日起满三十日未答复的，视为同意转让。其他股东半数以上不同意转让的，不同意的股东应当购买该转让的股权；不购买的，视为同意转让。经股东同意转让的股权，在同等条件下，其他股东有优先购买权。两个以上股东主张行使优先购买权的，协商确定各自的购买比例；协商不成的，按照转让时各自的出资比例行使优先购买权。公司章程对股权转让另有规定的，从其规定。此外，人民法院依照法律规定的强制执行程序转让股东的股权时，应当通知公司及全体股东，其他股东在同等条件下有优先购买权。其他股东自人民法院通知之日起满二十日不行使优先购买权的，视为放弃优

---

① 参见崔建远：《物权法》（第四版），中国人民大学出版社2017年版，第562页。

② 参见崔建远：《物权法》（第四版），中国人民大学出版社2017年版，第556页。

先购买权。

（二）《担保法解释》第103条第1款规定，以股份有限公司的股份（外在形式为股票）出质的，适用《公司法》有关股份转让的规定

此种情形中需要注意的是，《公司法》第141条对发起人、公司董事、监事、高级管理人员等特定持有人的股份转让进行了限制。即发起人持有的本公司股份，自公司成立之日起一年内不得转让。公司公开发行股份前已发行的股份，自公司股票在证券交易所上市交易之日起一年内不得转让。公司董事、监事、高级管理人员应当向公司申报所持有的本公司的股份及其变动情况，在任职期间每年转让的股份不得超过其所持有本公司股份总数的百分之二十五；所持本公司股份自公司股票上市交易之日起一年内不得转让。上述人员离职后半年内，不得转让其所持有的本公司股份。公司章程可以对公司董事、监事、高级管理人员转让其所持有的本公司股份作出其他限制性规定。根据《公司法》第142条第5款规定，公司不得接受本公司的股票作为质押权的标的。此外，《证券公司股票质押贷款管理办法》对用于质押贷款的股票也作了相应规定。①

（三）其他股权出质

国有独资公司的股权和外商投资企业投资者的股权均可出质。此外，《合

① 《证券公司股票质押贷款管理办法》第12条规定，用于质押贷款的股票应业绩优良、流通股本规模适度、流动性较好。贷款人不得接受以下几种股票作为质物：（1）上一年度亏损的上市公司股票；（2）前六个月内股票价格的波动幅度（最高价/最低价）超过200%的股票；（3）可流通股股份过度集中的股票；（4）证券交易所停牌或除牌的股票；（5）证券交易所特别处理的股票；（6）证券公司持有一家上市公司已发行股份的5%以上的，该证券公司不得以该种股票质押；但是，证券公司因包销购入售后剩余股票而持有5%以上股份的，不受此限。第23条规定，一家商业银行及其分支机构接受的用于质押的一家上市公司股票，不得高于该上市公司全部流通股票的10%。一家证券公司用于质押的一家上市公司股票，不得高于该上市公司全部流通股票的10%，并且不得高于该上市公司已发行股份的5%。被质押的一家上市公司股票不得高于该上市公司全部流通股票的20%。上述比率由证券登记结算机构负责监控，对超过规定比率的股票，证券登记结算机构不得进行出质登记。中国人民银行和中国银行业监督管理委员会可根据需要适时调整上述比率。

伙企业法》第25条规定，合伙人以其在合伙企业中的财产份额出质的，须经其他合伙人一致同意；未经其他合伙人一致同意，其行为无效，由此给善意第三人造成损失的，由行为人依法承担赔偿责任。

二、质权自办理出质登记时设立

（一）股权质押采取登记生效主义

以股权出质的，质权自办理出质登记时设立，登记为股权质押的生效要件。然而我国法上并未将登记作为所有的公司股权转让的生效要件，而是做了区分。[①]《物权法》第226条以是否在证券登记结算机构登记为标准，明确了不同的出质登记机构。以证券登记结算机构登记的股权出质的，自证券登记结算机构办理出质登记时设立质权；以其他股权出质的，自工商行政管理部门办理出质登记时设立质权。《民法典》删除了这一规定，主要是出于统一“登记机构”的术语表达，但目前仍然需要适用《证券法》《公司法》的相关规定来确定具体的登记机构。需要注意的是，由于非上市公司的股权质押因登记而具有公开性，与非上市公司股权的产生和转让都不以登记为生效要件的规定不相一致。

（二）股权质押的登记机构

本条并未规定股权质押、基金份额质押的具体登记机构，不同类型的基金份额和股权质押登记机构在实践中不尽一致。以证券登记结算机构登记的股权出质的，登记机构为证券登记结算机构。上市公司的股权、公开发行股份的公司的股权、非公开发行的股东在200人以上的公司的股权质押时，应在中国证券登记结算公司上海分公司或深圳分公司办理出质登记。证券登记结算机构的结算采取全国集中统一的电子化运营方式，以方便当事人和第三人

① 参见程啸：《担保物权研究》（第二版），中国人民大学出版社2019年版，第702页。有限责任公司股权的转让，《公司法》采取的是意思主义的立法模式，登记只是具有对抗效力（《公司法》第32条）。对于股票的转让，《公司法》区分了记名股票和无记名股票。记名股票由股东以背书方式或法律、行政法规规定的其他方式转让，转让后由公司将受让人的姓名或名称及住所记载于股东名册。无记名股票的转让，由股东将该股票交付给受让人后即发生转让的效力。

登记。以其他股权出质的，登记机构是工商行政管理部门。即有限责任公司的股权、非上市的股份有限公司的股权出质的，应当在工商行政管理部门办理登记。

（三）基金份额质押的登记机构

以基金份额质押的，登记机构因基金类型的不同而有所差异。封闭式基金的基金份额在证券交易所上市交易，质权自证券登记结算机构办理出质登记时设立。至于开放式基金，无法在证券登记结算机构进行出质登记，只能参考股票质押的相关规定，即基金份额持有人在和债权人订立书面质押协议后，双方共同到基金注册登记人处办理质押登记。①

三、基金份额、股权出质后不得转让，但出质人与质权人协商同意的除外

出质人将基金份额和股权出质后，并未丧失对该权利的处分权。如果出质人随意处分基金份额或股权，势必会危害质权人的权利，权利质权无法起到相应的担保功能。正是由于权利质权的特殊性，质权人对标的物的控制力较弱，因此本条禁止出质人未经权利质权人同意而处分被质押的权利。当然，出质人将质押的股权转让给他人的，双方签订的股权转让合同并不因此而无效。股权转让合同依然对转让人和受让人产生拘束力，受让人有权请求转让人转移股权，只不过股权被质押而无法转移，受让人只能要求转让人承担违约责任或在股权质权消灭后再取得相应的股权。此外，出质人与质权人协商一致达成转让协议时，出质后的基金份额和股权仍然可以转让。受让人或出质人可以质权人同意来对抗不得转让的主张。

四、出质人转让基金份额、股权所得的价款，应当向质权人提前清偿债务或提存

出质人与质权人协商一致后，可以转让基金份额、股权。转让基金份额、股权所得的价款，应当提前清偿所担保的债权或提存。将所得价款提

① 参见程啸：《担保物权研究》（第二版），中国人民大学出版社2019年版，第712页。

前清偿债权时，质权消灭。将所得价款提存的，质权继续存在于提存的价款之上。

举证责任

《民事诉讼法解释》第90条规定，当事人对自己提出的诉讼请求所依据的事实或者反驳对方诉讼请求所依据的事实，应当提供证据加以证明，但法律另有规定的除外。以基金份额、股权出质的，当事人主张质权设立的，承担基金份额、股权质押登记的证明责任。当事人主张基金份额、股权出质转让后提前清偿或者提存的，应证明该权利已办理出质登记，并且提供质权人同意转让基金份额或股权的协议，同时还应明确出质人与第三人签订转让协议中的转让价款。

其他问题

一、以瑕疵股权出质的效力

股东未履行或未全面履行出资义务，即构成出资瑕疵。《公司法》第28条和第83条分别从有限责任公司和股份有限公司的角度对股东的出资予以规定，要求股东履行出资义务。股东出资瑕疵，并不丧失股东资格，只是其应当补缴出资、承担违约责任或连带责任等。[①]瑕疵出资股东转让股权的，实践中通常不认定为无效。当然，若股东在转让股权时隐瞒瑕疵出资事实，受让人可以欺诈为由主张撤销合同。也即，以瑕疵股权出质时，通常质押合同应有效，但在出质人未告知质权人出资瑕疵的事实，质权人也不知情的情形下，质权人可以欺诈为由主张撤销合同。

二、股权质权效力范围

股权质权的效力范围，包括该质权所担保的债权范围和所及标的物的

① 参见程啸：《担保物权研究》（第二版），中国人民大学出版社2019年版，第706—707页。

范围。股权质权所担保的债权范围，当事人有约定时，依其约定；无约定时，适用《民法典》第389条关于主债权及其利息、违约金、损害赔偿金、保管担保财产和实现担保物权的费用的规定。同时，根据《担保法解释》第104条的规定，以依法可以转让的股份、股票出质的，质权的效力及于股份、股票和法定孳息，即分红、派息等。质押合同另有约定，依其约定。

三、股权质权人保全质权价值的权利

在权利质权的情形下，质权人可适用《民法典》第433条关于动产质权保全的规定。在出质人的行为造成入质股权的价值明显减少，并足以危害质权人权利时，股权质权人可要求出质人提供相应的担保。出质人不提供相应担保的，质权人可以拍卖、变卖质押财产，并与出质人通过协议将拍卖、变卖所得的价款提前清偿债务或者提存。①

四、股权质权的实现

有限责任公司的股权质押后，质权人无论是与出质人协商实现股权质权，还是通过担保物权实现程序实现该股权质权，都应当适用《公司法》第71条的规定。同时，根据《公司法》第73条的规定，在有限责任公司股权因实现质权而转让股权后，公司应当注销原股东的出资证明书，向新股东签发出资证明书，并相应修改公司章程和股东名册中有关股东及其出资额的记载。针对上市股份有限公司的发起人股权质权、上市股份有限公司国有股质权等股权质权的实现，应适用《公司法》第141条关于发起人股份转让、《最高人民法院关于冻结、拍卖上市公司国有股和社会法人股若干问题的规定》的相关规定。②

---

① 关于《证券公司股票质押贷款管理办法》中涉及股权质权保全的解释，参见崔建远：《物权法》（第四版），中国人民大学出版社2017年版，第560页。

② 参见程啸：《担保物权研究》（第二版），中国人民大学出版社2019年版，第709页。

第四百四十四条【以知识产权出质的权利质权】

以注册商标专用权、专利权、著作权等知识产权中的财产权出质的，质权自办理出质登记时设立。

知识产权中的财产权出质后，出质人不得转让或者许可他人使用，但是出质人与质权人协商同意的除外。出质人转让或者许可他人使用出质的知识产权中的财产权所得的价款，应当向质权人提前清偿债务或者提存。

历史由来

本条继承了《物权法》第227条的规定，略作修改。《担保法》第79条规定，以依法可以转让的知识产权中的财产权出质的，出质人与质权人应当订立书面合同，并向其管理部门办理出质登记。质押合同自登记之日起生效。该法第80条进一步规定，出质人不得转让或者许可他人使用，但经出质人与质权人协商同意的可以转让或者许可他人使用。出质人所得的转让费、许可费应当向质权人提前清偿所担保的债权或者向与质权人约定的第三人提存。《担保法解释》第105条进一步规定，出质人未经质权人同意而转让或者许可他人使用已出质权利的合同无效，给质权人或者第三人造成的损失由出质人承担。《注册商标专用权质押登记程序规定》第2条、《专利权质押登记办法》第2条、《著作权法》第26条、《著作权质权登记办法》第2条从不同类型的知识产权质押的角度，进一步确定了各类知识产权质权的具体登记机构，明确了注册商标质押、专利权质押在国家知识产权局登记、以著作权出质的在国务院著作权行政管理部门办理出质登记。在此基础上，《物权法》第227条规定以知识产权出质的权利质权，出质人和质权人应当订立书面合同，并且质权自登记时设立，同时确定了知识产权中的财产权出质后的转让或许可使用规则。自《民法典物权编（草案）》（征求意见稿）开始，删除了“出质人和质权人订立书面合同”的规定，同时关于知识产权中的财产权出质后的转让或许可使用规则延续《物权法》的已有规定。之后，《民法典各分编（草案）》、《民法典物权编（草案）》（二审稿）、《民法典（草案）》均未发生变动。

规范目的或功能

本条的规范目的在于确定知识产权质权的设立条件及出质人处分知识产权的限制。本条确定了知识产权质权的设立采登记生效主义，质权自有关主管部门办理出质登记时设立。知识产权质押旨在担保债务的履行，债务人或者第三人将其享有的知识产权中的财产权出质给债权人，在债务人不履行到期债务或者发生当事人约定的实现质权的情形时，质权人有权就该知识产权中的财产权及其收益优先受偿。由于知识产权质押存在特殊性，在知识产权设质后，出质人除与质权人约定由质权人使用外，出质人通常仍可继续使用该知识产权，并且存在独自转让或许可第三人使用的可能。因此，本条原则上确定知识产权质权的出质人不得转让或许可他人使用，为出质人转让或许可他人使用设定限制，保障质权人的担保利益，但出质人与质权人协商同意的除外。同时，若质权人同意出质人转让或者许可他人使用出质的知识产权中的财产权，所得的价款应当向质权人提前清偿债务或者提存。显然，知识产权质权与让与并不相同，出质人不因设质而丧失其使用权，且就质权人而言，也不因质权的设定而当然取得质权标的物的使用权，此项质权性质与抵押权相近。[①]

规范内容

由于知识产权的价值难以确定且变价具有不确定性，因而实践中银行等金融机构较少接受知识产权质权担保，但一些担保公司会接受知识产权质权反担保。知识产权质权的设立采取登记主义，即质权自办理出质登记时设立。较为特殊的是，知识产权质押的价值、知识产权许可使用等问题与其他权利质权有所不同。实际上，《民法典》本条仅规定了知识产权质押的登记设立要件，以及出质人处分知识产权的限制，其他多项知识产权质押的权利行使均需适用动产质权的相关规定。

---

① 参见谢在全:《民法物权论》(下册)，中国政法大学出版社2011年版，第1037页。

一、质权自办理出质登记时设立

在知识产权上设定质权时，质权人既无法对标的物进行事实上的占有，也无法占有知识产权的权利凭证，知识产权质权的设立通过出质登记来实现。不过，登记生效主义在审查登记手续的时间、专利权期限性等问题上存在不利。

二、知识产权质权的效力

知识产权质权的效力除了及于知识产权自身价值之外，还包括出质的知识产权转让时产生的转让费、许可他人使用时产生的许可费。对于知识产权的前述收益，质押合同有相反约定的，依其约定。值得注意的是，《著作权法》第23条和《专利法》第六章规定的著作权、专利权的强制许可，以及因著作权、专利权的强制许可而获得的报酬或使用费。不过，质权人并不能因此而依照物上代位权收取强制许可使用费。[①]

三、知识产权中的财产权出质后，出质人可以继续使用，出质人不得转让或者许可他人使用，但是经出质人与质权人协商同意的除外

以注册商标专用权、专利权和著作权等知识产权中的财产权设立质权后，难以排除他人利用的可能。其一，质权人无法实际控制出质人自己使用知识产权，因此出质人仍然可以继续使用该知识产权。如果出质人在未经质权人同意的情况下将已经质押的权利再次转让，或者是以有偿或无偿的方式许可他人使用，势必会导致作为质押财产权利的交换价值的减损，有损质权人的合法权益。鉴于此，本条第2款规定，在一般情况下，知识产权中的财产权出质后，出质人不得转让或者许可他人使用。其二，如果出质人与质权人协商一致，质权人同意出质人转让或者许可他人使用，此时所得价款要么提前清偿债务，要么借助提存来保留“担保”功能。显然，本款限制了出质人转让其注册商标专用权、专利权、著作权等知识产权中的财产权，通过“质权人的同意权”和“清偿或提存”来保护质权人

---

① 参见李莉：《论知识产权质权人权利保护规则的局限与突破》，载《东方法学》2014年第2期。

的利益。

需要注意的是，在知识产权中，尤其是已出质的专利转让时仍然会存在受让人的范围问题。向外国人、外国企业或外国其他组织转让属于限制出口技术的专利申请权或专利权，转让人或受让人应当向国务院外经贸主管部门提出申请，由国务院外经贸主管部门会同国务院科技管理部门审查。如果待转让的专利申请权或者专利权涉及禁止类技术，则根据《技术进出口管理条例》的规定予以禁止，不得出口。如果待转让的专利申请权或者专利权属于自由类技术，当事人应当按照《技术进出口管理条例》和《技术进出口合同登记管理办法》的规定，办理相应的登记手续后即可向外国人、外国企业或外国其他组织转让被出质的专利。

四、出质人转让或者许可他人使用出质的知识产权中的财产权所得的价款，应当向质权人提前清偿债务或者提存

如果质权人同意出质人转让或许可他人使用出质的知识产权，出质人会因转让或者许可他人使用获得相应的价款，但该价款不归属于出质人。由于债务清偿期尚未届至，该价款也不当然地用于清偿所担保的债权。此时，出质人可与质权人协商，将所得的价款提前清偿所担保的债务或者提存。若提前清偿债务的，该质权消灭；若将所得价款提存的，质权继续存在于提存的价款之上。

举证责任

主张本条第1款的，应就知识产权质权的设立负举证责任，举证事项包括：（1）出质权利为注册商标专用权、专利权、著作权等知识产权，且为该知识产权中的财产权；（2）已办理出质登记。主张本条第2款中提前清偿债务或提存的，举证事项包括：（1）该知识产权已设立质权；（2）质权人同意该知识产权转让或许可他人使用；（3）就转让费向质权人提前清偿或者提存。

其他问题

还需要注意的是知识产权质权的善意取得问题。

《商标法》第42条规定，转让注册商标经核准后予以公告，受让人自公告之日起享有商标专用权。《专利法》第10条规定，转让专利申请权或者专利权的，当事人应当订立书面合同，并向国务院专利行政部门登记，由国务院专利行政部门予以公告。专利申请权或者专利权的转让自登记之日起生效。可见，注册商标专用权、专利权的转让采取了以公示为生效要件的模式，而注册商标专用权和专利权的质押则采取登记生效要件主义，显然知识产权质押可以适用善意取得规则。[①]

第四百四十五条【以应收账款出质的权利质权】

以应收账款出质的，质权自办理出质登记时设立。

应收账款出质后，不得转让，但是出质人与质权人协商同意的除外。出质人转让应收账款所得的价款，应当向质权人提前清偿债务或者提存。

历史由来

本条继承了《物权法》第228条的规定，略作修改。《担保法》第75条列举了四种可以质押的权利，未包括应收账款。《担保法解释》第97条将“以公路桥梁、公路隧道或者公路渡口等不动产收益权出质”的权利类型纳入权利质权体系，后续《物权法》第223条进一步规定以“应收账款”出质的权利质权，同时第228条还规定，以应收账款出质的当事人应当订立书面合同，且质权自信贷征信机构办理出质登记时设立。《应收账款质押登记办法》第2条进一步阐明了应收账款的概念，即权利人因提供一定的货物、服务或设施而获得的要求义务人付款的权利以及依法享有的其他付款请求权，

---

① 参见崔建远：《物权法》（第四版），中国人民大学出版社2017年版，第563页。

包括现有的和未来的金钱债权，但不包括因票据或其他有价证券而产生的付款请求权，以及法律、行政法规禁止转让的付款请求权。同时还明确规定应收账款质押的登记机构为中国人民银行征信中心。另外，《物权法》第228条第2款规定："应收账款出质后，不得转让，但经出质人与质权人协商同意的除外。出质人转让应收账款所得的价款，应当向质权人提前清偿债务或者提存。"

相较于《物权法》第228条，《民法典》本条仍然主要规定以应收账款出质的权利质权设立和出质人转让应收账款的限制，但主要变化体现为两点。其一，本条删除了"当事人应当订立书面合同"的质权设立条件；其二，删除了"信贷征信机构"这一具体登记机关的规定。实际上，在《民法典》编纂过程中，自《民法典物权编（草案）》（征求意见稿）起，就删除了《物权法》中关于具体登记机构的规定，并将"应收账款"的术语替换为"应收账款等收益"等表述。但《民法典物权编（草案）》（二审稿）仍用"应收账款"一词，之后《民法典（草案）》、2020年5月颁布的《民法典》均未发生变动，总体上继受了《物权法》关于应收账款质押的内容。

三 规范目的或功能

本条的规范目的，在于确定应收账款质权的设立模式，以及出质人转让应收账款的限制，既保障质权人的担保利益，也为应收账款质权的行使提供规范指引。市场经济活动中，应收账款作为许多企业尤其是中小企业的一项重要资产，以应收账款设定质权能有效地盘活数量巨大的资产，为企业发展提供资金支持。实践中，为担保债务的履行，债务人或者第三人将其享有的应收账款出质给债权人，债务人不履行到期债务或者发生当事人约定的实现质权的情形时，债权人有权就该应收账款及其收益优先受偿。本条允许以应收账款设立质权，扩大了企业担保财产的范围，同时也对出质人转让应收账款予以了限制。

规范内容

一、应收账款的范围

《民法典》中规定的“应收账款”有不同含义。[①]一种观点认为，应严格按照会计学概念来理解《民法典》中的应收账款，即仅指企业因销售商品、提供劳务而形成的其他应收账款，不包括应收职工欠款及其他非因销售商品、提供劳务而形成的应收账款，并且应收账款因具有“流动资产性质”而不包括长期的债权。当然，应收账款的债权可以是已经发生的，也可以是未来将要发生的。另一种观点认为，物权法中的应收账款范围较为广泛，指不以流通票据或债券为代表的，以给付金钱为标的、现有的和未来的合同债权。显然，《民法典》本条规定与后一种观点更吻合，将应收账款界定为未被证券化的、以金钱为给付标的的、现有的以及将来的合同债权。也即，应收账款是因合同产生的金钱债权，并且没有书面证券化的载体，不同于债权性质的有价证券。

就应收账款的范围而言，包括非证券化的以金钱给付标的为内容的现有债权，以及经营性收费权。从应收账款涉及的权利范围来看，不动产收益权被应收账款所囊括。尽管有观点认为收费权的义务主体不特定，因未遵循债的相对性而不归入应收账款质押的调整范围，但是收益权的金钱债权属性与应收账款本质上并无不同，应收账款囊括了收益权的内容。此外，尽管将应收账款列入权利质权客体之中，基本可以满足中小企业的融资需求，但是作为普通债权的替代物，在权利质押的范围上又有所限缩。[②]

除现有的应收账款可以作为质权的客体之外，将有的应收账款也被包含其中，包括收费公路的收费权，农村电网收费权以及城市供水、供热、公交、电信、污水处理等基础设施项目的收益权，公园景点、风景区门票等经营性

① 参见程啸：《担保物权研究》（第二版），中国人民大学出版社2019年版，第718—719页。

② 参见裴亚洲：《民法典应收账款质押规范的解释论》，载《法学论坛》2020年第4期。

服务收费权等。[①]将有的应收账款不等同于将来债权，在外延上应包括两项内容：其一，基础合同项下卖方（出质方）义务未履行完毕的预期应收账款，并且已有确定的应付款方；其二，付款人为不特定人的，以及针对将来的公路、桥涵等收费（将来的不动产收益）。[②]

二、应收账款质权法律构造的特殊性

应收账款是一种未被证券化的、以金钱给付为内容的请求权，因此在设立质权时无须转移权利凭证，应收账款质权的设立不以交付权利凭证为要件。应收账款出质起到的是一种担保功能，与应收账款的转让并不相同。也即，付款人到期不付款时，质权人有权请求应收账款债务人履行债务，并就所收账款优先受偿。应收账款质权实质上是以一种请求权担保另一种请求权的担保方式，依赖应收账款债务人的履行能力。质权人行使质权后，若所收账款额高于被担保的债权额，须将余额退还出质人；若所收账款额低于被担保的债权额，则质权人有权继续向出质人请求偿还不足部分。

显然，在担保的债务不履行或者出现约定的担保实现的情形时，应收账款的质权人不仅可以向应收账款债务人请求履行，而且保有对出质人的请求权。尤其值得注意的是，当出质应收账款附有抵押权、保证或其他质权时，应收账款质权的效力及于担保利益。在付款人拒不付款时，应收账款质权人有权行使附于应收账款上的担保权利，可以直接请求应收账款的保证人予以清偿，或就担保应收账款的抵押物或质物的变价而优先受偿。

三、质权自办理出质登记时设立

（一）应收账款出质登记

本条并未规定当事人必须签订书面质押合同，而是仅将办理出质登记作

---

① 参见程啸：《担保物权研究》（第二版），中国人民大学出版社2019年版，第719页。

② 参见裴亚洲：《民法典应收账款质押规范的解释论》，载《法学论坛》2020年第4期。当然，也有观点认为公路、桥涵的收费权是典型的不动产收益权，虽然不与质权的本质相抵触，但是这些收费权对应的义务人不特定，未遵循债的相对性，反而具有一定的对世性，因此不应归入应收账款质权的调整范围。参见崔建远：《关于债权质的思考》，载《法学杂志》2019年第7期。

为质权设立的生效要件。应收账款债权在设定质权时，质权人既无法对标的物进行事实上的占有，也无法占有作为其替代的证券，因此须通过登记控制该权利的交换价值，以获得担保功能。[①]本条没有规定应收账款质押的具体登记机构，实践中应收账款质权的登记机构为信贷征信机构的“动产融资统一登记系统”。《应收账款质押登记办法》规定，中国人民银行征信中心为登记机构，应收账款质押登记由质权人或委托他人办理。登记内容除质权人和出质人的基本信息、应收账款的描述、登记期限之外，质权人还应将双方已经签订的质押合同、由质权人办理质押登记诸项内容作为登记附件提交登记公示系统。可见，即便本条未规定当事人必须签订书面质押合同，但若要办理应收账款登记，仍然需要书面质押合同。在完成应收账款质权登记后，登记公示系统将记录提交时间并分配登记编号，生成应收账款质押初始登记证明和修改码提供给质权人。

（二）应收账款质权的设立是否需要通知应收账款债务人

根据本条规定，应收账款质权的设立以质权人和出质人合意为成立要件，以登记为生效要件，并不需要事先与第三债务人（应收账款债务人）协商并征得其同意，但“通知应收账款债务人”仍然涉及第三债务人的保护问题。[②]

1.“通知应收账款债务人”并非质权设立的要件。通知应收账款债务人在质权的设立上存在不同的模式。其一为通知生效主义，即将通知应收账款债务人作为权利质权生效的要件。不过，应收账款质押设立的是一项担保物权，一经设立即对债权人、债务人及第三人产生法律效力，应收账款质押事项是否通知债务人并不影响质押合同的效力及质权的设立。况且，应收账款质权的设立不同于应收账款债权转让，不应适用《民法典》第546条关于债权让与通知的规定，无须要求通知第三债务人才对其产生效力。且中国人民银行征信中心动产融资统一登记平台足以实现应收账款质

---

① 参见高圣平：《应收账款质权登记的法理》，载《当代法学》2015年第6期。

② 关于应收账款质押的不同公示方法，参见陈本寒：《我国〈物权法〉上权利质权公示方法之探讨》，载《法学》2014年第8期。

权的公示，无须再增设逐一的通知义务。其二为对抗主义，即不经通知应收账款债务人，应收账款出质对该债务人不发生效力。[①]但是，本条的规范内容中并未直接规定是否需要通知债务人，应收账款的质押和转让均与通知无关。

2.对抗主义的内涵。虽然应收账款质权的效力与设立应收账款质权的通知无关，但是应收账款质权的实现，取决于第三债务人（应收账款请求权人的债务人）的清偿，因而有必要将设质的事实通知第三债务人。若未通知，则不具有对抗该第三债务人的效力，该第三债务人仍可以向应收账款请求权人清偿，无须对应收账款质权人负担任何责任。只有让质权人负有通知义务，才能较为公正地平衡各方当事人的利益关系。[②]显然，由于应收账款质权自办理出质登记时设立，质权人将应收账款出质的事实通知第三债务人不是质权的生效要件，只是质权设立后，于行使质权时请求第三债务人为清偿的条件。在应收账款债务人收到应收账款出质的通知后，其所负担的是一项明晰清偿对象的义务，并非加重义务。[③]本条实际上采纳了对抗主义的观点，即第三债务人对质权人未通知时享有抗辩权。

3.通知应收账款债务人是保全应收账款质权的必要手段。其一，通知第三债务人，是质权人核实出质应收账款真实性、完整性和合法性的必要步骤。其二，通知第三债务人，将明晰出质应收账款的清偿对象。当然，在未收到出质通知的情形下，第三债务人向出质人履行债务也会产生债务消灭的法律效果。通知第三债务人能产生限制其清偿对象的法律效果，第三债务人此时须向质权人和出质人共同清偿；第三债务人向质权人和出质人中的一方清偿，需要事先征得另一方的同意；如质权人和出质人未达成一致，则第三债务人应当将清偿款提存，并产生债务消灭的法律效果。出质债权清偿期届满前直至期限届至，质权人的法律地位呈不断加强之势；在应收账款清偿期届满前，第三债务人只能向质权人和债务人共同清偿；在应收账款清偿期届满后，质权人有权催收债权，债务人只能向质权人清偿。其三，通知第三债务人，将

---

① 参见裴亚洲：《民法典应收账款质押规范的解释论》，载《法学论坛》2020年第4期。

② 参见崔建远：《物权法》（第四版），中国人民大学出版社2017年版，第571页。

③ 参见裴亚洲：《民法典应收账款质押规范的解释论》，载《法学论坛》2020年第4期。

影响其行使法定抵销权。[①]

四、应收账款出质后，不得转让，但是经出质人与质权人协商同意的除外

（一）出质人的应收账款处分权受限制

在动产质权中，质权人占有质物，那么出质人事实上难以对质物进行处分。权利质权有所不同，出质人以应收账款出质后，由于应收账款质权的标的物是应收账款债权，质权人对标的物的控制力较弱。如果出质人仍然可以在未经质权人同意的情况下将这些已经质押的权利再次转让，那么就会导致作为质押财产的权利的交换价值的减损，有害于质权人的合法权益。因此本条规定，在应收账款出质后，应收账款以不得转让为原则，以质权人同意为例外。本条体现了质权人对应收账款转让环节的控制，也是质权人对出质应收账款进行控制的具体体现之一。

（二）出质人的应收账款请求权受限制

应收账款出质后，出质人的应收账款请求权受到限制。如对第三债务人请求清偿的权利、对债务人进行破产申请的权利等均不得行使，不得擅自转让、放弃应收账款请求权等。但是，上述限制不足以排除应收账款请求权人（出质人）对应收账款质权的侵害。为了保护质权人的合法权益，质权人可要求出质人交付基础合同文本或其他相关材料原件，以减少出质人侵害质权行为发生的可能性。显然，本条仅限制了出质人对出质应收账款的转让权，但是对出质人处分出质应收账款缺乏限制。

五、出质人转让应收账款所得的价款，应当向质权人提前清偿债务或提存

在应收账款质权实现时，质权所担保的债权的清偿期与作为质权标的的应收账款清偿期会不一致，此时可参照《民法典》第442条的规定处理。在应

---

① 参见裴亚洲：《民法典应收账款质押规范的解释论》，载《法学论坛》2020年第4期。

收账款出质后，经质权人同意而转让应收账款债权的，出质人应当按本条规定，将所得转让款向质权人提前清偿债务。应收账款请求权人若不愿放弃期限利益，则有义务将应收账款付款人的付款提存于第三人处，质权人有权请求出质人提存。

举证责任

主张本条第1款的当事人负举证责任，举证事项包括：（1）出质权利为应收账款；（2）应收账款办理了质押登记。主张本条第2款提前清偿的当事人，负有下述事项的举证责任：（1）质权人同意转让已出质的应收账款；（2）出质人同意提前清偿。此外，应收账款质权的设立需通知债务人，如果质权人怠于通知，第三债务人有权向应收账款请求权人清偿，除非能够证明该第三债务人为恶意。从第三债务人的角度观察，在质权人怠于通知时，第三债务人可以此向质权人抗辩，如在第三债务人已经向应收账款请求权人为清偿时，其债务消灭，可以对抗质权人关于清偿的请求。

其他问题

一、应收账款请求权的清偿期对应收账款质权实现的影响

应收账款质权人在债务人不履行到期债务或者发生约定的实现质权的情形时，有权行使质权。如果应收账款请求权的清偿期先于被担保债权的，出质人届期受偿，会使出质的应收账款请求权消灭，此时质权人有权请求应收账款请求权人提前清偿或予以提存。如果应收账款请求权的清偿期后于被担保债权的清偿期的，质权人需要等待应收账款请求权的清偿期届至，才可请求第三债务人清偿。

二、应收账款质权的实现

《担保法解释》第106条规定了质权的实现问题，即质权人可以向出质人、出质债权的债务人行使质权时，出质人、出质债权的债务人拒绝的，质权人

可以起诉出质人和出质债权的债务人，也可以单独起诉出质债权的债务人。显然，质权人在实现应收账款质权时，享有选择权，既可以向出质人请求履行债务，也可以向出质债权的债务人行使质权，以实现债的担保功能。在质权人向出质债权的债务人行使质权时，相当于取得了应收账款债权人的法律地位。但是需要注意的是，此时质权人并非取代出质人的债权人地位，也非出质人的代理人身份，而是以自己的名义从应收账款质押实现的角度收取债权。

三、应收账款的重复出质

《民法典》并未规定同一应收账款能否重复出质的问题。就动产质权而言，质权的设立需交付动产，因此不会产生出质人多重出质，仅可能出现质权人将质物再次出质的情形。应收账款的多重质押与动产质权的再次出质并不相同，反而与多重抵押较为相似。《应收账款质押登记办法》第6条关于“在同一应收账款上设立多个权利的，质权人按照登记的先后顺序行使质权”的规定，可以视为对《民法典》应收账款质押规则的一项补充。此外，应收账款质权的清偿顺序，可以参照适用《民法典》第414条关于抵押权清偿顺序的规定。[①]

四、准用保理合同或债权让与的一般规则

在将有的应收账款上设立质权时，若债权人和第三债务人变更基础合同，会导致应收账款的有效性、履行期限、付款方式等发生重大变化，致使应收账款质押目的不能实现。在应收账款质押的通知到达第三债务人之前，若出质人与第三债务人协议变更基础合同，那么质权人因此所受的损失可以向出质人追偿。在将应收账款质押通知第三债务人之后，出质人与第三债务人协议变更基础合同，质权人享有选择权。也即，在对质权人没有不利影响的情况下，质权人可以选择接受基础合同的变更效力；在对其有不利影响的情况下，可以选择不接受变更效力。在《民法典》应收账款质权部分未规定时，可准用《民法典》保理合同部分第765条的规定。此外，在虚构应收账款的情形下，如果将该应收账款质押的，也可以准用《民法典》第763条的规定。此

① 参见裴亚洲：《民法典应收账款质押规范的解释论》，载《法学论坛》2020年第4期。

时质权人有权要求出质人承担应收账款的权利瑕疵担保责任，可以要求合谋的第三人承担侵权损害赔偿责任。[1]

第四百四十六条【权利质权的适用依据】

权利质权除适用本节规定外，适用本章第一节的有关规定。

历史由来

本条继承了《物权法》第229条的规定。《担保法》第81条规定，权利质押除适用本节规定外，适用动产质押的规定。《物权法》第229条采取了同样的适用依据规定，在适用方式上并无不同，唯动产质权和权利质权的具体规定内容发生了变化。此后，《民法典物权编（草案）》（征求意见稿）、《民法典各分编（草案）》、《民法典物权编（草案）》（二审稿）、《民法典（草案）》对权利质权的适用依据均未修改。

规范目的或功能

本条的规范目的在于为权利质权提供补充规则。《民法典》关于票据等权利质权的规定，主要集中在权利质权的范围、权利质权的设立、质权保全等规则上，未规定之处可以适用动产质权的相关规定。

规范内容

本条为引用性法条，凡《民法典》权利质权部分无规定的情形，均可以适用《民法典》第425条至第439条的规定。不过，这并不意味着动产质权的任一条文都能起到补充或厘清权利质权规则的作用，权利质权的特殊性应与动产质权的规定相结合才能予以适用。

---

① 参见裴亚洲：《民法典应收账款质押规范的解释论》，载《法学论坛》2020年第4期。

第十九章

留置权

第四百四十七条【留置权】

债务人不履行到期债务，债权人可以留置已经合法占有的债务人的动产，并有权就该动产优先受偿。

前款规定的债权人为留置权人，占有的动产为留置财产。

历史由来

本条是对《物权法》第230条的继承，内容未有任何变化。

留置权在我国的实践，事实上源自已经废止的《经济合同法》的相关规定。例如，《经济合同法》第19条第4款规定："定作方超过领取期限六个月不领取定作物的，承揽方有权将定作物变卖，所得价款在扣除报酬、保管费用以后，用定作方的名义存入银行。"但该法对于承揽方的权利之规定，并不构成留置权。

留置权最先由《民法通则》第89条第4项规定。按照合同约定一方占有对方的财产，对方不按照合同给付应付款项超过约定期限的，占有人有权留置该财产，并依照法律的规定以留置财产折价或者以变卖该财产的价款优先得到偿还。在当时，留置权只适用于按照合同约定占有对方的财产的场合，并以对方未履行金钱债务为条件；但没有明确留置权的标的物是否限于动产。

对于上述原则规定，《民法通则意见》第117条规定："债权人因合同关系占有债务人财物的，如果债务人到期不履行义务，债权人可以将相应的财物留置。经催告，债务人在合理期限内仍不履行义务，债权人依法将留置的财物以合理的价格变卖，并以变卖财物的价款优先受偿的，应予保护。"司法解释的表述有所变化，将按照合同约定一方占有对方财产，表述为"债权人因合同关系占有债务人财物"，将留置权限定于债权人和债务人之间；且占有的原因关系限于合同关系，并没有强调按照合同约定占有，同时增加留置权人"催告"债务人履行债务的要求，以更好地落实留置权的公平原则。

基于《民法通则》的原则规定和司法实践经验，《担保法》第82条对留置权作如下规定："本法所称留置，是指依照本法第八十四条的规定，债权人按照合同约定占有债务人的动产，债务人不按照合同约定的期限履行债务的，债权人有权依照本法规定留置该财产，以该财产折价或者以拍卖、变卖该财产的价款优先受偿。”依照上述规定，留置权仍然适用于因合同关系占有债务人的动产的场合，其中的合同关系主要包括保管合同、运输合同、加工承揽合同所发生的权利义务关系。《担保法》的规定，已经将留置标的物限定于动产，不动产的占有不适用留置权。其后，《合同法》第264条规定了加工承揽合同的承揽人留置权，第315条规定了运输合同的承运人留置权，第380条规定了保管合同的保管人留置权（含仓储合同的保管人留置权），第422条规定了行纪合同的行纪人留置权，有效拓展了留置权的适用。

根据已有的法律规定和实践经验，《物权法》第230条规定：“债务人不履行到期债务，债权人可以留置已经合法占有的债务人的动产，并有权就该动产优先受偿。前款规定的债权人为留置权人，占有的动产为留置财产。”以上规定对留置权的规定，用语已经有极大的改善，突出债务不履行、债权人对动产的占有、占有的合法性为留置权的成立要件，不再限制留置权的适用范围。由此，相当程度上扩展了留置权的制度构造和发展空间。

《民法典物权编（草案）》（征求意见稿）第235条、《民法典各分编（草案）》第238条、《民法典物权编（草案）》（二审稿）第238条和《民法典（草案）》第447条作了相同的规定。

规范目的或功能

留置权是债权人非因侵权行为而占有他人财产时，同该财产有关联的债权在获得清偿前，对该项财产享有的扣留并置于其控制之下的权利。仅仅留置债务人财产，是否足以保护债权人的清偿利益，涉及社会观念的公平价值判断，是否要赋予债权人进一步变价其已经留置的债务人财产的权利，就是一个立法政策要考虑的问题。近现代国家的民事立法在规定留置权制度时，又多少受中世纪商事习惯法中具有物权效力的商事留置权观念的影响，以至于在不同的法域，留置权的立法体例和制度结构存在差异，形成债权留置权和物权留置权两种不同的留置权制度。

如果留置权的性质仅定位于债权效力的延伸，在相对人履行债务前，债权人对其已经占有之相对人的财产有拒绝给付的权利，但没有直接支配该财产的权利。德国、法国、意大利等国的民法均实行债权留置权制度。债权留置权继受了罗马法关于恶意抗辩权的传统，不承认留置权具有物权的效力，仅将留置权视为双务合同中同时履行抗辩权之特殊形态，留置权在性质上相当于同时履行抗辩权等债权性权利，权利义务关系相对简单，仅在债权制度的体系结构中即可很好地调节债权人和债务人之间的关系。债权人占有债务人的财产，在债务人不履行或迟延履行其义务时，债权人可留置该财产而拒绝交还给债务人，本身就是一个涉及双方之间的权利义务的公平问题；债务人不履行其债务而要求债权人返还其已经占有的债务人的财产，对债权人是不公平的，但债权人在此情形下留置债务人的财产，并不会触犯公平原则的基本内涵。债权人留置债务人的财产只要在社会观念上符合公平原则，无须民法对留置权作条件性的规定，更不需要构造体系性的制度。

理论上，人们自始就认为留置权是公平原则发生作用的结果。如前述的债权留置权，债权人在债务人不履行债务时，留置债务人的财产对双方都是公平的。但是，若在此基础上赋予债权人更加有力的地位，如规定债权人可以处分其已经占有的债务人之财产来清偿自己的债权，并优先于债务人的其他债权人，而实行物权留置权制度，公平观念会进一步受到考验。英美法系诸国、瑞士、日本等都采用这种具有更强效力的留置权制度，相对于债权留置权而称为物权留置权。我国亦同。物权留置权的制度逻辑和结构，所涉及的权利义务关系不仅会超出债权人和债务人，而且容易诱发债权人滥用其留置债务人财产的地位。特别是，人们已经十分清楚地认识到，在债权未受清偿前，允许债务人请求债权人返还占有的财产而使债权人面临债权不能受偿的困境，对债权人不公平；相应地，允许债权人留置债务人的财产以迫使债务人履行其债务，是符合公平原则的，即使在经过法定期间而债务人仍不履行其债务的情形下，使债权人有机会就留置的财产受偿而满足其债权的清偿要求，也是公平的。但公平原则是一把双刃剑，债权人对其占有的财产有权留置并予以处分，其优势地位至为明显，应防止其滥用。

比较法上，凡实行物权留置权制度的，法律对这样一种保护债权人利益的特殊权利，都会予以明确规定。本条对留置权的规定，具有限定其作为物权的名称和内容的基础意义，并有利于将留置权纳入物权的制度体系予以规范。

规范内容

本条是关于留置权、留置权的发生要件及留置权的私法效果的规定。

一、留置权的含义

留置权是指债务人不履行到期债务，债权人可以留置已经合法占有的债务人的动产，并就该动产优先受偿的权利。依照本条，留置权具有以下含义。

（一）以担保债权优先受偿为目的

债务人不履行其义务时，债权人留置债务人的财产，具有迫使债务人履行债务的目的；债权人变价债务人的财产，具有实现其债权的目的。留置债务人财产以及变价留置财产，均有确保债权受到切实清偿的目的。不以担保债权优先受偿为目的，债权人不得留置其已经占有的债务人的动产。留置权以担保债权优先受偿为目的，通过法律规定的留置债务人的财产依法变价优先清偿债权而反映出来。

（二）以债务人所有的动产为标的

债权人可以留置的财产，仅以债务人的动产为限。依照本条，“债务人的动产”，原则上解释为属于债务人所有的动产。债务人有权处分的他人所有的动产，亦属于“债务人的动产”。留置财产以债务人的动产为限，使得留置权与其他动产担保物权，如动产抵押权和动产质权相比，存在明显的区别；其他动产担保物权可设立于债务人的财产上，也可设立于第三人（物上担保人）的财产上。留置权只能成立于债务人的动产上。债务人的动产，包括有价证券。

但应当注意，债权人合法占有的动产，并非属于债务人所有，可否成立留置权？本条对此没有相应的规定。但是，考虑到保护善意第三人（债权人）之需要，基于民法上的“诚实信用原则”和“公平原则”，宜承认债权人对其善意占有之非债务人所有的动产，亦可行使留置权。债权人合法占有债务人交付的他人财产，在取得该财产的占有时，债权人不知该财产为他人所有的，只要符合《民法典》第311条规定的善意取得之条件，可即时发生留置权的善意取得。

（三）以留置和优先清偿债权为内容

依照本条，留置权产生债权人留置债务人的财产的效力，并同时产生债权人依法变价留置财产以优先清偿其债权的效力。此为留置权的内容，即留置权的私法效果。债权人留置债务人的财产，为留置权的首要效力或者第一次序效力；非经留置，债权人不得直接变价债务人的财产以清偿其债权。只有在留置债务人财产后，经过法定期间，债务人仍不履行其债务的，债权人才可以变价留置财产以优先清偿其债权。如此，留置权的效力被区分为“先留置、后变价”的前后二次效力：留置的效力，为留置权的第一次效力，即变价留置财产前需先行留置债务人的财产；变价留置财产以清偿债权的效力，为留置权的第二次效力。

依照本条，符合法律规定的条件，对合法占有的债务人财产有权予以留置的债权人，为留置权人。留置权人依照本条享有的权利，为法定担保物权，产生担保物权应有的物权效力。留置权人依法留置的债务人的财产（动产），即本条规定的“占有的动产”，为留置财产；留置财产为留置权的客体，限于动产，受留置权的物权效力的支配。在此意义上，留置权体现为留置权人对留置财产及其交换价值的支配。

二、留置权的性质

留置权为法定担保物权。作为担保物权，留置权的效力直接及于留置财产的全部及其孳息。留置权以其对留置财产及孳息的支配效力，以及扩展支配留置财产毁损、灭失后的代位物，担保债权的优先受偿。留置权的性质，具体体现为留置权的支配效力和担保债权优先受偿的效力。

留置权的支配效力是留置权人直接支配留置财产及其代位物的权利，包括占有和收取留置财产的孳息、保全留置财产、变价留置财产以及丧失占有时的占有保护请求的权利等。担保债权优先受偿的效力，是赋予留置权人的债权优先效力，债权人可以就留置财产及其代位物的变价金优先于其他债权人而接受清偿。这里所称债权，即被担保的债权，是指和留置财产属于同一法律关系的债权，不以合同债权为限，包括因不当得利、无因管理、侵权行为以及其他法律规定的事由而发生的债权。依照《民法典》第389条的规定，留置权担保的债权不限于债权本身，因债权本身未受清偿而发生的迟延利息、违约金或者损害赔偿金亦包括在内。

依照本条，不论债权人和债务人对留置权的发生是否有所约定，留置权均非基于法律行为而发生或取得的担保物权。留置权的发生根据，不是债权人和债务人之间的法律行为，而是法律的直接规定。在符合法律规定的条件时，债权人对其占有的债务人的财产，即时确定地取得留置权。留置权的法定性，使其与抵押权和质权具有显著区别。因为留置权的法定性，在同一财产上存在抵押权或质权的，留置权对留置财产的支配效力优先于抵押权或质权。

三、留置权的特征

留置权具有从属性、物上代位性、行使不可分性和优先性四大特征。

（一）留置权的从属性

留置权的从属性，又称留置权的附随性，是指留置权的发生、移转或者消灭，从属于被担保债权的存在、移转或者消灭。就留置权与债权的关系而言，留置权为从权利，以债权的存在为其生效和维持效力的前提，债权不存在或者不能确定或者无效的，不发生留置权。留置权不可与被担保债权分离，已经发生的留置权因为债权的移转而应当一并移转。受留置权担保的债权，因为清偿、提存、抵销、免除、混同等原因消灭的，留置权随之消灭。

（二）留置权的物上代位性

债权人占有和支配留置财产及其交换价值为留置权的固有内容。不论留置财产的原有形态或者性质是否变化，只要还能维持其交换价值，债权人基于留置权直接支配留置财产的交换价值的效力，可追及于留置财产的代位物（变形物或者代替物）。留置权的物上代位性，具体表现为留置权不因留置财产的毁损、灭失而消灭，其效力及于留置财产毁损、灭失后的代位物，即债务人得以取得的赔偿或补偿金、保险金以及其他对待给付。

（三）留置权的行使不可分性

债务人不履行其义务，债权人可以对其已经占有的债务人财产的全部，行使留置权；债权人未受偿的债权是否为全部，数额多少，留置财产是否可分，留置财产的所有权是否移转，均不予考虑。通常情形下，被担保债权因为清偿、提存、免除等原因而部分消灭的，债权人仍可以其未受偿的被担保债权余额，对留置财产的全部行使权利；留置财产毁损的，债权人仍得以留置权对留置财产的残留部分行使权利；留置财产的所有权转让他人的，不影响留置权人的权利，权利人仍得对留置财产的全部行使权利。但是，基于公平原则，近现代民法对于留置权的行使不可分性予以适当的限制，以防止发生权利滥用的事件情况，留置权行使的不可分性具有相对性，当留置财产为可分物时，留置权人仅得留置价值与其未受偿的债权金额相当的财产。

（四）留置权的优先性

留置权的优先性，是指留置权优先于债权的效力。债权人对其占有的债务人的财产行使留置权时，又有其他债权人对该财产主张权利，比如受让人依照其与债务人的合同，请求留置权人交付该财产而完成该财产的所有权移转，或者请求法院扣押该财产以清偿其债权，不论对留置财产提出追索要求的债权人之债权是否先于留置权成立，留置权均有优先于债权的效力。留置权的优先性，与抵押权等其他物权的优先性有所不同，其不以公示原则为根据，而是留置权依法具有的固有效力。因而，在同一财产上既有抵押权或质权又有留置权的，留置权优先于抵押权或质权。

四、留置权的生效要件

留置权的生效，又称留置权的发生，是指债权人对其占有的债务人的财产因为符合法定事由而予以留置的法律事实。债权人留置债务人财产，产生留置权的第一次序效力，具有对抗债务人返还请求权而拒绝给付的法律效果。通俗地说，债权人将合法地继续占有留置财产。债权人留置债务人财产的法定事由，即为留置权的生效要件。债权人留置债务人的财产，形式上表现为对债务人财产的占有，但其性质与占有不同，前者为法律规定的留置权，后者为占有的事实状态。因此，债权人已经占有债务人的财产，并不等于债权人的留置权。留置权的发生，应当满足以下三个要件：其一，债权人合法占有债务人的财产；其二，债务人不履行到期债务；其三，债权人的占有与其债权之间有牵连关系。

（一）债权人合法占有债务人的财产

依照本条，债权人合法占有债务人的财产，为留置权的生效要件之一。合法占有，是指债权人取得债务人财产的占有具有法律上的根据。合法占有，又称有权占有，即占有人对物的占有具有法律上的原因或根据。占有的法律上的根据，又称占有的本权。占有的本权，可以是物权、债权，也可以是其他法律关系所产生的权利或者法律的直接规定。有权占有，一般表述为债权人依据与债务人的约定而占有动产或者依照法律的规定而占有动产。依照约定占有，如依据保管合同、仓储合同、运输合同、行纪合同等占有动产；依照法律规定占有，如无因管理而占有他人动产、因拾得而占有遗失物、以添附而占有他人动产等。再者，合法占有以债权人取得债务人的动产占有时具有法律上的根据为必要，至于其取得占有后是否丧失继续占有的法律上的根据，如取得动产的占有之合同无效或者被撤销，在所不问。与此相对应，取得债务人的动产占有时，债权人没有法律上的根据，为不法占有或无权占有，不能产生留置权。

比较法上，作为留置权的生效要件之“占有”，通常有两种表达方式。一种表达方式为，经债务人同意而取得占有，可以发生留置权。如《瑞士民法典》第895条第1款规定，经债务人同意，债权人占有债务人的动产或者有价证券，如其债权已届清偿期限，且债权和留置物之间有实质性关联，债权人在债务人清偿债务前，有权留置这些物品。另一种表达方式为，债权人“非因侵权行为而取得占有”债务人的动产的，可以发生留置权。如《日本民法典》第295条规定，债权人非因侵权行为占有他人之物，而其债权产生于该物，在债权届清偿期未受清偿前，可以留置该物。经债务人同意而占有其动产，自可以解释为合法占有，但其占有的根据仅限于债务人的同意，范围显然过于狭窄，不利于保护债权人的利益。债权人非因侵权行为而取得占有，以排除侵权行为的方式来肯定占有的合法性，更具有包容性，无须债权人举证证明其占有为合法占有，相当于推定债权人的占有为合法占有，此与民法保护占有的制度逻辑和体系（占有的权利推定）保持了高度的一致。在解释本条规定的合法占有时，可以借鉴非因侵权行为而取得占有的比较法经验，将合法占有作为占有制度的权利推定的组成部分。

应当特别注意，作为留置权的生效要件，本条专门规定“已经合法占有”。什么是“已经”合法占有，这“已经”二字该如何理解？我们注意到，本条在规定留置权的生效要件时，将债务人不履行到期债务作为条件先行规定，以此为基础才规定债权人“已经”合法占有债务人的动产，在时间次序上，债权人的占有应当先于债务人不履行到期债务。债务人不履行到期义务的时间节点，应当作为债权人“已经合法占有”债务人的财产的时间节点。因此，已经合法占有，是指在债权届清偿期前或者同时，债权人合法占有债务人的动产的事实已经发生。这就是说，在债权届清偿期后，或者本条规定的“债务人不履行到期债务”后，债权人才取得对债务人的动产之占有的，即使其占有为合法占有，也不得依照本条行使留置权。

例如，在一起上诉案中，上诉人（原审被告）与被上诉人（原审原告）分别为运输公司与锅炉公司。两公司之间长期存在委托运输关系，即由上诉人长期为被上诉人运输锅炉产品及其配件。2009年1月9日，被上诉人委托上诉人将一台型号为WNS10-1.25-Y（S）的锅炉及配件（包括平台楼梯、给水三通直管、电控箱、阀门、仪表）等货物运输至汕头市，双方商定运输价格为1万元，上诉人在收取了被上诉人的货物后，以被上诉人尚欠其其他的运输费用80多万元为由，将承运的货物扣押。被上诉人起诉到法院，要求上诉人返还锅炉。一审法院以被留置的锅炉与之前的运输费债权债务关系不具有同一性为由，判决运输公司返还锅炉给锅炉公司。但二审法院认为，企业之间的留置权不需要具有牵连关系，“本案双方当事人均为公司，企业也没有排除留置权行使的其他约定。上诉人留置被上诉人的锅炉并不需要与其所主张的债权属于同一法律关系，故对于上诉人在一审提出的被上诉人拖欠其运费的有关事实及主张，原审法院应查明事实作出处理”，二审法院撤销一审判决，发回重审。[①]笔者认为，该案的争议焦点不应当是企业之间留置是否适用牵连关系的问题，因为我国法律已有明文规定。二审法院在发回重审的裁定中，

① 广东省广州市中级人民法院（2010）穗中法民二终字第1296号民事裁定书。

已经明确“上诉人留置被上诉人的锅炉并不需要与其所主张的债权属于同一法律关系”，但要求原审法院“对于上诉人在一审提出的被上诉人拖欠其运费的有关事实及主张”予以查明并作出处理。不论上诉人和被上诉人的结算方式有何差异，上诉人取得锅炉和配件的占有为2009年1月9日，原审法院应当查明上诉人主张的其他运输费用80多万元是否在2009年1月9日前均已到期。如果上诉人主张的其他运输费用80多万元在2009年1月9日前均已到期，而且占有锅炉和配件的事实发生在后，显然不符合“已经合法占有”债务人的动产这一要求，上诉人不得留置被上诉人交付运输的锅炉和配件。

依照本条，留置权的生效要件以债权人合法占有债务人的动产为必要，至于债权人占有债务人的动产的方式，则非所问。这就是说，债权人直接占有债务人的动产或者间接占有债务人的动产，不影响债权人对占有的动产行使留置权。债权人以其占有辅助人占有债务人的动产的，或者债权人与他人共同占有债务人的动产的，效力相同。

合法占有与不法占有（无权占有）相对应。债权人不法占有债务人的动产，不符合本条规定的留置权之生效要件，债权人没有留置权。例如，债权人以侵权行为占有的动产，即为不法占有，不构成债权人合法占有债务人的动产，不得留置。以侵权行为占有的财产，仅限于债权人以故意或者过失不法侵害他人权益所取得的财产。例如，债权人合法取得债务人的动产的占有，但以暴力方法抗拒债务人取回占有物的，不得行使留置权。再者，债权人在取得动产的占有时为合法占有，但事后（债务人不履行到期债务前）构成无权占有的，债权人不得行使留置权。例如，承租人在租赁期限届满后，仍然占有租赁标的物而支出保管费用的，承租人不得留置租赁标的物以担保其保管费用偿还请求权。

（二）债务人不履行到期债务

债务人不履行到期债务，为本条规定的留置权的生效要件之一，是指债务的履行期限届至而债务人尚未履行其全部债务。债务履行期限是否已届至，为事实问题，依当事人的约定或法律规定的方式确定：当事人约定有债务履行期限的，该期限届至时，该债务为到期债务；当事人对债务的履行期限没有约定或者约定不明确的，在给予债务人必要的准备时间的情形下，债权人随时要求债务人履行的期限届至时，该债务为到期债务。在债务履行期限届至时，不论债权人是否有请求债务人履行债务的意思，只要债务人尚未履行其全部债务，即成立债务人不履行到期债务。

债权人已经占有债务人的动产，若债务人履行债务的期限未届至，债务人没有履行债务的义务，也没有正当性理由要求债务人提前履行债务，自然不能留置债务人的财产。债务人履行债务的期限届至，不具有绝对的意义；事实上，债务人履行债务的期限未届至，但债务人已经失去清偿能力或者已经进入破产程序的，债务人不能清偿债务的事实已经发生，此时，为保护债权人的正当利益，应当认为债务人的债务履行期限届至，只要债务人尚未履行其全部债务，即构成债务人不能履行到期债务，债权人可以留置债务人的财产。本条规定的债务人不履行到期债务，与“债权届清偿未受清偿”同义。依照本条，债务人不履行到期债务清楚地表明债权人的债权已届清偿期。站在债权人的角度，此项留置权的生效要件当可表达为“债权届清偿期未受清偿”；债权人的债权已届清偿期，对其占有的债务人财产即可予以留置。

对于债务人进入破产程序时履行期限未届至的债务，因有《企业破产法》第46条第1款的规定，债权人对其占有的债务人财产可以予以留置。但是债务人未进入破产程序的，履行债务的期限可否加速到期，法无明文规定。但债务人已经失去清偿能力时，仅仅因为履行期限未届至而否认债权人可以留置其占有的债务人的财产，有悖于留置权担保债权受偿的立法宗旨，且使债权人单方面承担债权已经不能完全清偿的确定风险，显失公平，违反诚实信用。[①]司法实务和民法理论均以“留置权的紧急行使”来应对这种情形。《担保法解释》第112条规定：“债权人的债权未届清偿期，其交付占有标的物的义务已届履行期的，不能行使留置权。但是，债权人能够证明债务人无支付能力的除外。”梁慧星教授主持编撰的《中国物权法草案建议稿》第400条规定：“债务人失去清偿能力而债权未届清偿期时，债权人对其占有的债务人的动产，可以行使留置权。债权人在债务人失去清偿能力时，对其占有的债务人的动产行使留置

① 邹海林、常敏：《债权担保的理论与实务》，社会科学文献出版社2005年版，第331页。

权的，不受前条（二）、（三）项规定的限制。”[①]王利明教授主持编撰的《中国民法典草案建议稿》第1096条规定，“债权人的债权未届清偿期，其交付占有标的物的义务已届履行期，债权人能够证明债务人无支付能力的”，债权人享有留置权。[②]解释上可以认为，只要债务人失去清偿能力，即视为债务人不能履行到期债务，债权人可以对其占有的债务人的财产予以留置。

留置权的生效，以债务人不履行到期债务为条件，有别于抵押权、质权等担保物权。抵押权和质权的设立，不以债务人不履行到期债务为必要，仅以被担保债权存在为必要。在抵押权或质权的场合，债务人不履行到期债务为实现抵押权或质权所必须考虑的条件。留置权为法定担保物权，其留置债务人财产的效力以债务人不履行到期债务为条件，是立法者基于公平原则以限制留置权生效的一种价值判断。

（三）财产的占有与债权之间有牵连关系

财产的占有和债权之间有牵连关系，为留置权的生效要件之一。牵连关系要件是为保证和实现留置权行使的公平原则，具有限制留置权的适用范围的作用。牵连关系在我国民法上被称为同一法律关系。一般认为，除企业之间的留置外，留置财产必须与债权的发生处于同一法律关系中，比如保管合同中寄存人不按期缴付保管费，保管人可以留置保管物，此时留置权成立；如果保管人对寄存人享有的是保管合同之外的其他债权而留置保管物或者保管人留置的是债务人的其他财产，则该留置权不成立。[③]本条没有规定留置权生效的牵连关系要件，已如上文所引，人们还是按照通常的理解，将牵连关系解释为留置权的生效要件。牵连关系的本质，是限制留置权的适用范围。

因《民法典》第448条对牵连关系有专门规定，牵连关系的解释和适用应以该规定为依据，这里不作讨论。

---

① 中国物权法研究课题组：《中国物权法草案建议稿：条文、说明、理由与参考立法例》，社会科学文献出版社2000年版，第766页。

② 王利明主编：《中国民法典草案建议稿及说明》，中国法制出版社2004年版，第151页。

③ 全国人民代表大会常务委员会法制工作委员会编：《中华人民共和国物权法释义》，法律出版社2007年版，第498页。

举证责任

本条规定了留置权的生效要件及其私法效果。对于留置权的生效要件及其私法效果，若发生争议，举证责任应当如何分担，有予以说明的必要。

关于债权人合法占有债务人的财产的举证责任，应当采取如下的立场：对于占有的事实状态，应当由债权人承担举证责任，即其对债务人的财产已经产生事实上的管控力，例如直接占有的，债权人应当举证证明其直接占有；辅助占有的，债权人应当举证证明其辅助占有。但对于其占有是否合法，原则上以推定债权人的占有为合法占有；债务人对合法占有的推定有疑义的，应当承担举证责任。

关于债务人不履行到期债务的举证责任，适用“谁主张，谁举证”的原则。债务人是否不履行到期债务，应当由债权人举证证明；鉴于债务人不履行到期债务对应债权届清偿期而未受清偿，故债权人亦可以其债权已届清偿期未获全部清偿的事实，来证明债务人不履行到期债务。同样，对于债务人不履行到期债务的特殊问题，如债务履行期限的加速届至问题，债权人在留置债务人的财产时，对债务人丧失清偿能力的事实应当承担举证责任。除债务人进入破产程序外，对于债务人是否丧失清偿能力，债权人应当根据债务人的清偿能力之构成要素，如债务人的财产保有状况、支付手段、不支付到期债务的状况以及债务人的陈述等证据，证明债务人失去清偿能力。①

关于留置权生效的牵连关系，发生争议的，由债权人承担举证责任。

其他问题

一、关于“债务人的动产”

本条规定“债务人的动产”，究竟应否限于债务人所有的动产？学者间有

---

① 邹海林、常敏：《债权担保的理论与实务》，社会科学文献出版社2005年版，第331—332页。

不同的认识。一种观点认为，债务人的动产只能是债务人有所有权或处分权的动产，债务人没有所有权或处分权的动产，债权人即使取得占有，也不能留置。另一种观点认为，债务人的动产不应当限于债务人所有的动产，非债务人所有的动产，基于占有的公信力，也可以成立留置权。这不单纯是我国民法上的问题，在比较法上也是一个常见的问题。有关债务人的动产是否限于债务人所有，以上观点有所不同但实质都是相同的，即债务人的动产若为债务人所有，债权人可以留置；若不为债务人所有，基于善意取得，债权人亦可以留置。如此一来，债务人的动产是否为债务人所有，并没有真正影响债权人可以留置的结果。

应当注意的是，本条规定“债务人的动产”的主要目的在于确立债权人的合法占有，而非债务人的动产是否属于债务人所有。本条仅规定债权人已经合法占有的“债务人的动产”，确实没有明确该动产是否为债务人所有，但并不表明在解释该规定时，就应当在动产是否属于债务人所有之间作出选择。与“债务人的动产”亦没有明确该动产是否为债务人交付给债权人占有一样，在债权人取得动产的占有时，我们是否也有必要在是否为债务人交付债权人占有的动产之间作出选择？债务人的动产是否经由动产的所有人或债务人交付给债权人占有，不影响留置权的成立。例如，运输合同的托运人可以不是货物的所有人，承运人只需要知道收货人，即可接受托运人移交的货物而履行其运输义务；至于托运人是否为货物的所有人，并不影响债权人对其托运货物的留置权。

此外，债权人非基于法律行为而占有债务人的动产，如不当得利的事实或无因管理行为，留置权仅在债权人和占有物的权利人（债务人）之间发生，不涉及占有物是否为债务人所有的问题。债权人基于法律行为而取得对动产的占有，因为有可能涉及债务人对他人财产的处分，而有必要将动产限于债务人所有的动产或者有权处分的动产。但我们应当认识到，即便不属于债务人所有的动产，留置权的发生也并非债务人“无权处分”他人财产的结果，这不同于抵押权或质权；留置权是债权人依照法律规定的条件直接生效的担保物权，与债务人是否无权处分他人财产的行为无关。善意取得以无权处分为条件，留置权的发生与无权处分无关，以善意取得来解释非债务人所有的财产的留置，理由牵强。有学者认为，留置权直接依照法律规定而发生，不需要债权人与债务人之间的意思合致，留置行为因其法定性而不具有交易性。善意取得为保护交易安全的制度，善意当事人只能通过交易行为取得所有权或他物权，自不应适用于并非交易的留置行为。[①]所以，债权人因法律行为而取得债务人的动产的占有，如保管物的交存、仓储物的交付、加工材料的交付、委托物的移交等，只要债务人亲自或者指示他人移转这些财产的占有，基于占有的公信力，债权人所取得之占有即为合法占有（有权占有），至于占有的动产是否为债务人所有或者债务人是否有处分权，或者是否经由动产的所有人同意或指示，在所不问。

债务人的动产，首先应当解释为债务人有权向债权人移转占有的动产，至于该动产是否为债务人所有，并不重要。债务人对其占有的动产，不论其是否有所有权或处分权，均可以处分其占有利益；在法律上，占有利益的处分推定为有权处分，故只需债务人交付动产给债权人，债权人即可对该动产行使留置权。如此这般，就没有必要将债务人的动产解释为债务人所有的动产，而人为限缩债权人对其占有的动产行使留置权的空间；但为了保护债权人的利益，又不得不借助于留置权的善意取得，允许债权人对该动产行使留置权。因此，"债务人的动产"，并未限制债务人的动产必须属于债务人所有，不宜将该动产属于债务人所有解释为留置权的生效要件之内容。

二、关于牵连关系要件的省略

依照本条，留置权的生效要件只有两个：债权人合法占有债务人的动产和债务人不履行到期债务。在本条"省略"牵连关系的情形下，立法者仍将牵连关系解释为留置权的生效要件，有法律上的依据吗？这个问题似乎可以由《民法典》第448条予以回答而不成为问题。

但是，要注意的是，《民法典》第448条的规定，仅适用于"企业之间的留置"以外的留置权。企业之间的留置，因有"但书"的规定而不受牵连关系的限制。这就是说，企业之间的留置权，其生效要件为本条规定的两个，而不包括牵连关系要件。企业之间的留置以外的留置权，其生效要件才是三

---

① 孙鹏、肖厚国：《担保法律制度研究》，法律出版社1998年版，第279页。

个而不是本条所规定的两个，第三个要件来自《民法典》第448条。企业之间的留置权，若能称其为“商事留置权”，则本法规定的其他的留置权，应当称其为“民事留置权”，本条的规定纯粹是有关商事留置权的规定。这是否表明，市场经济的交易规则，已经取代传统的民事规则，在不经意间成为本条规定留置权的主流意识？如果真的可以这样解释，本条省略牵连关系要件就是一个非常妥当的选择，商事留置权不以牵连关系为必要。《民法典》正式实施后，本条的解释和适用还是有不小的调整空间的。

第四百四十八条【牵连关系】

债权人留置的动产，应当与债权属于同一法律关系，但是企业之间留置的除外。

历史由来

本条是对《物权法》第231条的继承，内容未有变化。

动产的占有与债权之间有牵连关系，为留置权的生效要件。牵连关系，是指债权人取得对债务人的动产的占有与其债权之间存在的能够引起某种法律后果的联系。债权人因为同一原因关系而取得动产的占有和取得债权的，即有牵连关系。一般而言，能够将债权人的占有与其债权予以牵连的法律关系，包括但不限于合同关系和合同关系以外的其他法律关系，如不当得利、无因管理、侵权行为等。[①]在我国，留置权的牵连关系，是指债权人占有的动产与债权“属于同一法律关系”。[②]

留置权在我国经历了一个逐步扩张其适用范围的历程，与牵连关系的认识变化有直接的关系。

起初，《民法通则》第89条第4项将牵连关系限定于合同关系，即一方“按照合同约定”占有对方的财产，而其金钱债权亦因该合同而发生，对方不

① 中国物权法研究课题组：《中国物权法草案建议稿附理由》（第二版），社会科学文献出版社2007年版，第656页。

② 梁慧星、陈华彬：《物权法》（第六版），法律出版社2016年版，第338页。

按照合同给付应付款项超过约定期限的，占有人有权留置该财产。《担保法》第82条沿用《民法通则》第89条第4项规定的合同关系路径，仍将牵连关系限定在合同关系，第84条更是缩小合同关系的范围至“保管合同、运输合同、加工承揽合同”和“法律规定可以留置的其他合同”。在此情形下，牵连关系只以合同关系为限，而且是法定的某些种类的合同关系。

基于合同关系而占有债务人的财产的，债权亦因该合同关系而发生，债权人可以留置其占有的债务人的财产，无有疑问。但是，非因合同关系而占有债务人的财产，且债权的发生亦与该法律关系有关，债权人可否对其占有的债务人的财产予以留置，则存在疑问。社会生活已有这方面的巨大需求。《担保法》将牵连关系严格限定于某些法律规定的合同，更加不适应已经发展的市场经济环境。

在《物权法》起草过程中，关于牵连关系的规定争议很大，主要有四种意见。第一种意见认为，只要是合法占有的财产，债权人便有权留置。第二种意见认为，留置财产应当与债权的发生有牵连关系。第三种意见认为，留置财产应当与债权的发生有牵连关系，但企业之间留置的除外。第四种意见认为，留置财产应当与债权属于同一法律关系，但企业之间留置的除外。留置权的目的在于留置债务人的财产以迫使其履行债务，保障债权的实现，但如果允许债权人任意留置与债权的发生没有关系的债务人的财产，对债权的保护过大，有违公平，也会损害其他债权人的利益和交易安全。但就什么是牵连关系的问题，认识上有不少争议，难以统一。因为牵连关系的概念过于模糊，范围不确定，法律适用中容易产生分歧，《物权法》没有采用牵连关系的概念，而是明确规定留置财产应当与债权属于同一法律关系。同时，由于在商业实践中，企业之间相互交易频繁，追求交易效率，讲究商业信用，如果要求企业之间留置财产必须与债权的发生有同一法律关系，有悖交易迅捷和交易安全的原则。企业之间的留置，不应要求以属于同一法律关系为必要。[①]《物权法》第231条规定：“债权人留置的动产，应当与债权属于同一法律关系，但企业之间留置的除外。”上述规定对留置权的牵连关系作了重大改革，不仅将牵连关系扩张到合同关系以外，而且取消了牵连关系对企业之间

① 全国人民代表大会常务委员会法制工作委员会编：《中华人民共和国物权法释义》，法律出版社2007年版，第498—499页。

的留置的限制。

《民法典物权编（草案）》（征求意见稿）第236条规定："债权人留置的动产，应当与债权属于同一法律关系，但企业之间留置的除外。"其后，《民法典各分编（草案）》第239条作了相同的规定。《民法典物权编（草案）》（二审稿）第239条在"但书"部分将"但"修改为"但是"。《民法典（草案）》第448条与《民法典物权编（草案）》（二审稿）第239条的规定相同。

规范目的或功能

留置权为法定担保物权，具有留置和担保债权优先受偿的双重效力。留置债务人的财产，其目的在于迫使债务人按照约定履行债务，以保障债权的实现；以留置财产优先清偿债权的目的，则是直接实现债权。留置权赋予债权人与其债权人地位不相符的优越地位，对于债务人而言，已属于不利。在此情形下，若不限制债权人行使留置权，将会有违民法上的公平原则。牵连关系的介入，实质上就是要限制债权人行使留置权的场合，债权人不得随意留置其占有的债务人的财产，只能留置与其债权的发生有一定关系的财产。以牵连关系的存在为条件，留置权的行使始符合一般社会观念中的公平认知。本条是对牵连关系的一般性规定。

再者，在商业交易的场合，交易不断发生且交易内容相互交叉，发生违约事件，债权人以留置的形式迫使债务人履行债务，如要符合牵连关系的要求，即其占有的债务人的财产与其债权有关联，通常是不现实的，债权人行使权利在法律上将会面临巨大的困难。为维护商业交易的迅捷和安全秩序，以对商业信用的信赖为基础，允许债权人留置其因营业行为占有的债务人的动产而不受牵连关系的限制，已为近现代法治发展的趋势。依照本条，企业之间的留置，不受牵连关系的限制。

规范内容

依照本条，债权人合法占有的动产与债权"属于同一法律关系"，即有牵连关系。很明显，在我国，留置权的牵连关系，是指"合法占有的动产"与债权之间的关联，而非债权人的占有（取得）与债权的关联。在司法实务上，牵连关系是以债权人对债务人财产的占有和债权的发生为基础进行判断的。例如，《担保法解释》第109条规定："债权人的债权已届清偿期，债权人对动产的占有与其债权的发生有牵连关系，债权人可以留置其所占有的动产。"在解释本条规定的牵连关系时，应当注意识别。动产与债权之间的关联，以"属于同一法律关系"为准进行判断。在讨论牵连关系时，"属于同一法律关系"与牵连关系的含义相同。只有在占有的动产与债权之间的关联"属于同一法律关系"情形下，债权人才可以留置其占有的债务人的动产。

一、合法占有的动产

依照本条，合法占有的动产与债权属于同一法律关系的，债权人可以留置，至于债权人是否依照该法律关系而取得占有，在所不问。例如，拾得遗失物的，拾得人因拾得而取得占有；拾得人因遗失物的占有关系而发生的保管费用，对真正权利人有保管费用偿还请求权；保管费用偿还请求权产生于遗失物的占有关系，而遗失物为占有关系的客体，即占有的标的，二者同属于遗失物的占有关系，在真正权利人偿还其保管费用前，拾得人可以留置遗失物。

值得说明的是，本条使用"留置的动产"不够准确。在讨论牵连关系时，留置权尚未生效，不存在"留置的动产"之问题。比较准确的表述应当是"占有的动产"，与《民法典》第447条规定的"合法占有"相呼应。因此，"留置的动产"应解释为债权人已经合法占有的动产。

二、债　权

依照本条，只要债权与债权人占有的动产属于同一法律关系，债权人就可以留置其占有的债务人的动产。债权是债权人请求债务人为或者不为特定给付的权利。因合同、无因管理、不当得利或侵权行为而发生的债权，或者依照法律规定而发生的债权，均可为本条规定的债权。债权属于同一法律关系，是指债权的发生基于同一法律关系，至于该同一法律关系是否为合同关系，在所不问。

再者，本条规定的债权，不限于金钱债权，不以给付金钱为内容的其他非金钱债权，亦包括在内。债权不以因同一法律关系而产生的债权原本为限，债权原本因债务人不履行债务而发生的迟延利息、违约金以及损害赔偿金，也包括在内。

三、属于同一法律关系

（一）属于同一法律关系的不同解释

属于同一法律关系，在我国有多种解释。

有观点认为，留置财产须与债权的发生“处于”同一法律关系中。例如，保管合同中寄存人不按期交付保管费，保管人可以留置保管物，此时留置权成立；如果保管人对寄存人享有的是保管合同之外的其他债权而留置保管物，或者保管人留置的是债务人的其他财产，则该留置权不能成立。①

有实务工作者认为，属于同一法律关系，是指债权人占有动产是基于与其债权发生的同一法律关系。占有动产与债权如果不是基于同一法律关系，即便是同一性质的法律关系，亦不符合牵连关系的要求。以保管关系为例，同一性质的保管关系先后发生两次，前一次拖欠保管费（债权），后一次留置保管物（动产），不符合同一法律关系的要求，不能成立留置权。②

有学者认为，有下列情形之一的，即为属于同一法律关系：（1）留置的财产是构成债权发生的事实之一；（2）留置的财产是导致债权发生的工具；（3）留置的财产与债权的发生之间具有相当因果关系；（4）动产的返还义务与债权属于同一法律关系。③

还有学者认为，有下列情形之一的，即为属于同一法律关系：（1）债权是由该动产本身而发生；（2）债权与该动产的返还义务是基于同一法律关系而发生；（3）债权与该动产的返还义务是基于同一事实关系而发生。④

由此可见，“属于同一法律关系”仍是一个需经解释才能明确的问题。

---

① 全国人民代表大会常务委员会法制工作委员会编：《中华人民共和国物权法释义》，法律出版社2007年版，第498页。

② 曹士兵：《中国担保制度与担保方法——根据物权法修订》，中国法制出版社2008年版，第353页。

③ 王利明：《物权法研究》（第三版），中国人民大学出版社2013年版，第1410页。

④ 梁慧星、陈华彬：《物权法》（第六版），法律出版社2016年版，第339页。

（二）牵连关系的民法表达

关于牵连关系的规定，源自德国民法。留置权的目的在于通过留置债务人的动产，迫使债务人履行债务，以实现债权的清偿。若不附条件地允许债权人“留置”债务人的动产，而该动产与债权的发生没有关系，则不合理地扩张了债权人的权利，过分限制了债务人的利益，有违公平原则，不符合法律规定留置权制度的宗旨。[①]再者，允许债权人任意“留置”与债权无关的债务人的动产，权利行使的秩序将受到破坏，损害交易安全，与保护交易安全的私法原则相冲突。与债权无牵连关系的债务人的动产，债权人有权“留置”，在观念上有失公平，在法律上为权利滥用。[②]为限制债权人“留置”其已经占有的债务人的动产，法律规定了牵连关系要件。

比较法上，对牵连关系的表达可以分为两种。一种将牵连关系表述为债权人的请求权和债务人的物的返还请求权之间的牵连。德国民法认为，债权人占有债务人的动产，仅当债权人的债权和相对人的物的返还请求权之间存在关联，方可行使留置权。这两个请求权或者产生于同一法律关系（包括生活关系），或者均因同一标的物而发生，即有牵连关系。而且即使两个请求权不产生于同一法律关系，但认可一方的请求权而否认他方的请求权违背诚实信用原则时，也有牵连关系。法国民法认为，留置权的牵连关系亦为债权人的请求权和债务人的返还请求权之间的牵连，但限于两个相对应的请求权产生于同一合同关系。另一种将牵连关系表述为债权和占有物之间的关联。例如，《瑞士民法典》第895条规定，经债务人同意，债权人占有债务人的动产或者有价证券，如其债权已届清偿期限，且债权和留置物之间有实质性关联，债权人在债务人清偿债务前，有权留置这些物品。商人因他们之间的交易关系而取得物的占有和债权，视为存在前款规定的实质性关联。对于不属于债务人所有的物，如果债权人善意取得这些物，同样可以成立留置权，但第三人基于先前的占有而享有权利的，不在此限。《日本民法典》第295条规定，债权人非因侵权行为占有他人之物，而其债权产生于该物，在债权届清偿期

---

① 谢在全：《民法物权论》（下册），中国政法大学出版社1999年版，第859页。

② 邹海林：《留置权基本问题研究》，载《法学研究》1991年第2期。

未受清偿前，可以留置该物。我国台湾地区也基本采取相同的立场，牵连关系为“债权之发生与该动产有牵连之关系”。

民法理论上，债权和占有物之间的关联，又有直接原因说和间接原因说两种见解。直接原因说，又称“一元论”，该说认为，只有占有的动产与债权的发生之间有因果关系，且占有的动产构成债权发生的直接原因时，存在牵连关系。直接原因说又具体分为因果关系说、法律事实说和社会观念评价说等。间接原因说，又称“二元论”，该说认为，只要债权的发生同占有的动产有某种联系，而不论债权的发生是否直接以占有的动产为原因，就存在牵连关系。有以下情形之一的，即有牵连关系：（1）债权与动产的占有取得，因为同一交易关系或者同一目的而发生；（2）债权与以物为标的的债权产生于同一原因；（3）债权间接因物之关系而发生；（4）债权因为占有的动产而发生，或者债权与占有的动产之返还请求权因同一法律关系或者生活关系而发生；（5）因为占有的动产所产生的事实，为债权发生的直接或者间接原因之一的。①

事实上，牵连关系是调整债权人和债务人之间的权益分配公平性的工具，不论法律规定有何差异，最终取决于立法者对牵连关系的内容取舍和司法实务者对牵连关系的解释。以上不同的学说的确复杂，与解释者的立场相关，解释结论反映着对牵连关系的认识“宽严”的把握，但都是以是否有利于债权人的权利但又不损及债务人的利益为基准。相对而言，间接原因说具有更强的包容性，即适应性更好，可以作为解释本条规定的“属于同一法律关系”的路径指引。

本条规定的“属于同一法律关系”，实际为占有的动产与债权之间的关联，此二者的关联是通过“属于同一法律关系”的判断来证明的。依照本条，属于同一法律关系被表述为占有的动产与债权之间的关联，与瑞士民法上的牵连关系几近相同。在《物权法》之前，我国民法理论将留置权生效的牵连关系，表述为动产的占有取得和债权之间的关联，即占有和债权因“同一合

---

① 史尚宽：《物权法论》，台北1979年自版，第450页；杨与龄：《民法物权》，台北五南图书出版公司1981年版，第284—285页。

同关系”而发生。[1]《民法通则》第89条第4项，《民法通则意见》第117条，《担保法》第82条和第84条，《担保法解释》第109条规定的牵连关系，同样都是债务人的财产的占有和债权的发生之间的关联，即因同一合同关系而发生。比较明显的是，属于同一法律关系与前述占有和债权之间关联是存在差异的。

牵连关系以占有的动产与债权之间的关联为中心，因为理论和立法的表达方式不同，使其具有了争议性。

（三）属于同一法律关系的解释

虽然《物权法》回避使用“牵连关系”，但其规定的占有的动产与债权“属于同一法律关系”，只是换了一个说法而已，内容并无改变。如前文所述的我国民法理论和司法实务的立场，动产的占有与债权产生于同一合同关系，如保管合同中寄存人不按期交付保管费，保管人可以留置保管物，这只是属于同一法律关系的一种形式。除动产的占有与债权因同一合同关系（法律关系）而发生外，不能排除占有的动产和债权之间的其他关联，也足以成立“属于同一法律关系”。

本条继承《物权法》第231条的规定，实际上对牵连关系采取了更具包容性的立场，占有的动产和债权属于同一法律关系，显然比占有和债权因同一合同关系而发生，具有更大的适用和解释空间。在这个意义上，只要有以下情形之一，即可成立占有的动产和债权属于同一法律关系：（1）债权与债权人取得动产的占有或者债务人的返还请求权，因同一法律关系而发生。例如，《民法典》第836条规定的承运人留置权、第903条规定的保管人留置权、第959条规定的行纪人留置权，《信托法》第57条规定的受托人留置权。（2）债权人占有的财产为债权人负担的给付义务的标的。例如，《民法典》第783条规定的承揽人留置权。承揽人依照合同有报酬请求权，债权人占有定作物并不依赖于加工承揽合同，但定作物为合同约定的标的，债权人承担交付定作物的义务。在定作人支付合同约定的报酬前，承揽人可以留置该定作物。（3）债权因债权人合法占有的动产而发生。例如，《民法典》第317条规定的拾得人之保管费用请求权，因拾得人合法占有遗失物发生，在该费用受遗失

① 王利明等：《民法新论》（下），中国政法大学出版社1988年版，第330页。

物的权利人清偿前，保管人有权留置遗失物。（4）债权因债权人占有的动产所产生的事实而发生。占有的动产所产生的事实，主要是指不当得利的法律事实、无因管理的法律事实以及侵权行为（物的所有人或管理人责任）引起的法律事实等。

四、牵连关系要件的缓和

牵连关系作为留置权生效的要件，不具有绝对性。牵连关系是限制留置权适用于一般社会生活的工具，主要目的是寻求债权人利益和债务人利益的公平保护，以防止利益失衡。但在商事活动中，商事交易的便捷和商事信用的拓展，产生了适用于商人之间的商事留置权制度，故企业之间的留置，不以牵连关系为必要，仅以因营业行为而取得占有为必要。事实上，企业之间根本无法按照动产与债权属于同一法律关系的逻辑进行交易，以债务人的动产与债权之间有牵连关系（属于同一法律关系）作为留置权的生效要件，如此，留置权将失去存在的价值。

比较法上，企业之间的留置问题，以两种不同的立法路径予以处理：其一，以单行商事法对企业之间的留置予以专门规定，即单独规定商事留置权，不适用民法上的留置权。例如《德国商法典》第369条和《日本商法》第521条所规定的商事留置权。企业之间的留置，适用商法的规定，仅为民法上的留置权的例外规定，对民法规定的留置权的生效要件的完整性不产生影响。如《日本民法》第295条在规定留置权的牵连关系要件时，就没有例外的规定。其二，企业之间的留置，适用民法规定的留置权，但牵连关系作为留置权的生效要件，仍不可或缺；立法者将企业之间因营业行为而占有相对方的动产，视为占有的动产与债权之间有牵连关系。例如，《瑞士民法典》第895条第2款规定：商人间因营业发生的债权和占有之财产之间的关联，仅以因营业取得占有为必要。我国台湾地区规定：商人间因营业关系而占有之动产，及其因营业关系所生之债权，视为有前条所定之牵连关系。

市场经济的发展有力地推动了商业交易和信用的拓展，对于企业（商人）和普通的民事主体（非企业或商人）在某种情形下的权利义务关系的配置必须有所区别，将留置权生效的牵连关系要件进行缓和处理，不仅有其必要性，而且具备妥当性。本条但书的规定是落实牵连关系缓和的一种路径。从这个角度来看，《民法典》第447条规定留置权的生效要件时，未提及“牵连关系（属于同一法律关系）”并非立法时的疏忽，不构成留置权的生效要件之遗漏。因为要处理不同情形下的留置权的生效要件，《民法典》第447条规定留置权之生效要件仅有两个：一为债权人合法占有债务人的动产；二为债务人不履行到期债务。这已经为企业之间的留置权不受牵连关系的限制，预留了解释和适用留置权的空间。由此看来，在解释和适用《民法典》第447条规定的留置权时，应当跳出民法理论关于留置权的生效之“三要件说”的束缚，只讲两个要件即可。只有在讨论“企业之间的留置”以外的留置权时，才有必要结合本条的规定讨论留置权的牵连关系要件。这里的企业，应当作含义相对宽泛的解释，凡以营利为目的而从事经营活动的，包括自然人中的个体工商户、农村承包经营户、营利法人（有限公司、股份公司和其他企业法人）以及营利非法人组织（个人独资企业、合伙企业以及不具有法人资格的专业服务机构）等，都应理解为本条规定的“企业”。

我国采用民商合一的法典化技术。本条的规定遵循民商合一的法典编纂路径，未将企业之间的留置交由商事单行法处理，而是统一规定在《民法典》中，以保持留置权制度体系的完整性。因为商事交易的普遍性，留置权的主要作用是对商事交易信用的法定补足，故其适用空间巨大。以此为基点，《民法典》第447条将牵连关系予以省略，以体现留置权的商业社会逻辑和制度需求。本条的规定不同于比较法上的商事留置权独立立法，亦不同于瑞士民法等规定的留置权牵连关系要件，具有中国特色。在我国，不存在以企业（商人）之间因为营业而发生的债权和因为营业而占有的动产视为有牵连关系的立法表达逻辑，因此事实上根本不考虑牵连关系所具有的限制商事留置权适用的作用。自《物权法》以来，牵连关系要件不适用于企业之间，已为社会的共识，本条“但书”继续肯定这一共识。其结果是，在解释《民法典》第447条时，有无必要继续讨论牵连关系要件，将成为《民法典》正式实施后的一个问题。我们以为，牵连关系已不再为我国民法上的留置权之生效要件，仅仅在涉及企业之间的留置以外的留置权时，才有依照本条进行讨论的必要。

其他问题

关于牵连关系，还有一个争议问题。债权先于债权人取得动产的占有而发生，是否影响牵连关系的成立？对此疑问，有肯定说和否定说两种意见。肯定说认为，债权与动产的牵连关系，不因债权发生于债权人取得动产之前或之后而有差异。否定说认为，占有动产之前发生的债权，因与债权人现在所占有的动产之间毫无关系，不得发生留置权。肯定说为通说。[①]肯定说和否定说争论的关键，不在于债权发生于何时，而在于债权是否与动产有牵连关系，如有牵连关系，即便债权发生于取得动产的占有之前，对留置权的成立亦没有影响。[②]

在这里，债权是否发生于债权人占有留置权之前，并非否定债权与债权人占有的动产之间有牵连关系的理由，牵连关系不以债权发生于债权人取得债务人的动产占有之后为必要，仅以动产和债权属于同一法律关系为必要，故债权是否产生于债权人占有动产之前，不影响牵连关系成立与否的判断。尤其是，企业之间的留置不以牵连关系的存在为必要，根本就不存在这个问题。但是，即使动产与债权存在牵连关系，若债权发生于债权人占有动产之前，且其清偿期亦早于债权人取得动产的占有之前，债权人可否对其占有的动产行使留置权？如何解决这个问题，前条的有关内容已有叙述，不再重复。

第四百四十九条【不得留置】

法律规定或者当事人约定不得留置的动产，不得留置。

历史由来

本条是对《物权法》第232条的继承，内容未有任何变化。

不得留置的动产，是指债权人已经占有的债务人的动产，即使已经具备

---

① 梁慧星、陈华彬：《物权法》（第六版），法律出版社2016年版，第339页。

② 谢在全：《民法物权论》（下册），中国政法大学出版社1999年版，第865—866页。

法律规定的留置权的生效要件，债权人也不得予以留置的财产。

在我国，《民法通则》首次明确规定留置权制度，但对债权人不得留置的财产没有相应的规定。法律规定不得留置的财产，债权人即使合法占有，也不得留置，无须多言。但债权人和债务人约定不得留置的财产，是否具有限制债权人行使留置权的效力，就是一个问题。

《担保法》第84条第3款规定："当事人可以在合同中约定不得留置的物。"依照该条，留置权的生效受当事人的意思表示的影响，法律允许当事人在合同中约定不得留置的动产，若有此约定，债权人不得违反其约定而留置债务人的动产。应当注意的是，《担保法》规定的留置权，只适用于保管合同、运输合同、加工承揽合同以及法律规定可以留置的其他合同。在留置权的适用范围有所扩大的情形下，为更好地平衡合同当事人之间的利益，《担保法》以合同约定"不得留置的物"的方式，进一步限制留置权的行使。

在《物权法》起草时，对于是否保留《担保法》限制留置权的适用范围的做法产生了不同意见。有的意见认为，为避免滥用留置权的情况发生，应当维持《担保法》的相应规定，将留置权的适用限制在保管合同、运输合同、加工承揽合同以及法律规定可以留置的其他合同。有的意见认为，《担保法》规定的留置权的适用范围过窄，不符合经济实践的需求，不利于保护债权人的利益，应当扩大适用范围。20世纪90年代，我国市场经济刚刚起步，有关市场经济的法律制度还不完善，有序的市场经济秩序还未形成，规定适用范围过窄的留置权是一种妥当的选择；但随着市场经济的发展，相关市场规则和法律制度的完善，将留置权的适用范围予以扩大，也是比较合理的。对留置权的适用范围不再作出具体的限制，但对债权人不得留置的财产或者情形，应作出相应的限制。[①]《物权法》第232条规定："法律规定或者当事人约定不得留置的动产，不得留置。"

《民法典物权编（草案）》（征求意见稿）第237条、《民法典各分编（草案）》第240条、《物权编（草案）》（二审稿）第240条、《民法典（草案）》第449条作了相同的规定。

---

① 全国人民代表大会常务委员会法制工作委员会编：《中华人民共和国物权法释义》，法律出版社2007年版，第500页。

三 规范目的或功能

形式上，本条是我国法律不再限制留置权的适用范围的副产品，已如上述。但是，法律是否应当规定不得留置的财产，实质上与留置权的适用范围没有关系。在《担保法》时代，留置权被严格地限制在法律明文规定的几种合同的情形下，就存在不得留置的财产的问题。不得留置的财产问题，更不是放开留置权的适用范围才产生的。不得留置的财产，是法律限制债权人行使留置权以平衡当事人之间的利益的一个工具，更是保护社会公共利益的一个工具。留置权为法定担保物权，因为具备法律规定的条件而生效。但是，留置权的生效会产生两个必须面对的问题：其一，是否会有害于社会公共利益？其二，是否与当事人的意思自治发生冲突？

债权人占有债务人的动产，在符合法律规定的留置权生效条件时，有权对该动产予以留置。但是，债权人留置该动产，若违背公序良俗或者法律的强制性规定，则应当禁止债权人行使留置权。例如，债权人以债务人未支付加工费用为由，留置债务人提供材料而加工完成的“棺木”或“灵柩”的，构成违反善良风俗。再如，债权人以未支付保管费用为由，留置债务人交与保管的“毒品、枪支”等违禁物品，则违反法律禁止民间持有违禁物品的强制性规定。为维护社会公共利益，法律有必要规定债权人不得留置“法律规定不得留置的财产”。

物权法定主义，并不排斥当事人在留置权的生效要件外，以意思表示附加债权人行使留置权的新条件，以限制留置权的发生。债权人和债务人以意思表示将留置权的行使限制在一个合理的范围内，债权人行使留置权的，应当尊重其意思表示所具有的约束力。因此，当事人通过合意限制或排除债权人行使留置权的约定，应当承认其效力。[①]在现实生活中，当事人为合理地安排其相互间的权利义务关系，经常约定一些附加性的条款，以限制或排除债权人对其占有的债务人的动产行使留置权。尊重当事人的意思自治，可以更好地实现留置权公平调节当事人的利益关系的作用。例如，当事人可以对留置权的发生约定停止条件，或者约定债权人不得留置的财产，债权人只有

① 史尚宽：《物权法论》，台北1979年自版，第444页。

在约定的停止条件成就时，或者其占有的财产不属于约定不得留置的财产时，才能行使留置权。这就是说，债权人行使留置权不得违反当事人的意思自治。

在符合法律规定的留置权生效要件时，债权人留置债务人的动产有违法律的规定或者违反当事人的意思自治的，不得留置。

规范内容

依照本条，有以下情形之一的，债权人不得留置其已经占有的债务人的动产。

一、法律规定不得留置的

基于公序良俗等原因，法律明确规定某些情形下不得留置或者某些财产不得留置的，应当依照该法律的规定，不成立留置权。[①]在这里，虽然本条使用了法律规定“不得留置的动产”的表述，即法律明文禁止债权人留置的“财产”，但本条的规范目的不在于列明禁止债权人“留置”的财产，而在于禁止债权人“留置”的行为。故法律规定“不得留置的动产”，应当解释为法律规定“不得留置的情形”。法律规定不得留置的情形，主要有两种：其一，有法律规定的不得留置的正当理由时，债权人不得留置已占有的债务人的动产；其二，法律规定的不得留置的动产，如盗窃的财产，债权人不得留置。

关于法律规定的不得留置的正当理由，可以具体表述为以下情形。

（一）以侵权行为占有的债务人的动产

债权人以侵权行为占有债务人的动产，因其不符合留置权的生效要件，为不得留置的正当理由。对此，《日本民法典》第295条第2款规定，债权人留置债务人的财产的规定，不适用于因侵权行为而开始占有的情形。《德国民法典》第273条亦有类似的规定。以侵权行为占有的财产，仅限于债权人以故意或者过失不法侵害他人权益所取得的动产。在我国，因侵权行为占有债务

---

① 全国人大常委会法制工作委员会民法室编著:《中华人民共和国物权法解读》，中国法制出版社2007年版，第499页。

人的动产，应当返还给债务人，自然不得留置。例如，承租人在租赁期限届满后，仍然占有租赁标的物而支出保管费用的，承租人不得留置租赁标的物以担保其保管费用偿还请求权。

债权人原本合法占有债务人的动产，但事后构成无权占有，以债权人的恶意无权占有为限，可以类推适用以侵权行为占有财产不得行使留置权的规定，债权人不得行使留置权。[①]债权人合法取得债务人的财产的占有，但以不法行为维持占有状态的，如以暴力方法抗拒债务人取回占有物，也不得行使留置权。[②]

（二）留置行为违反法律的强制性规定或违背公序良俗

依照《民法典》第143条的规定，法律行为的生效，不得违反法律、行政法规的强制性规定，不得违背公序良俗。债权人留置其占有的债务人的动产违反法律、行政法规的强制性规定或者违背公序良俗的，其留置财产的行为不发生效力。[③]在这里，应当注意以下四点。

1.留置债务人的动产，违反法律规定的公共管理秩序。留置权的行使不具有对抗国家公共管理秩序的效力，不论债权人留置债务人的动产有何正当理由，只要留置行为不符合法律规定的公共管理秩序的，债权人不得留置其已占有的债务人的动产。例如，债务人的身份证明文件（身份证、驾驶证、营业执照等），债权人不得留置；债务人交存的“毒品、枪支、管制刀具等违禁物品”，债权人不得留置。

2.留置债务人的动产，违背善良风俗。公序良俗是事关社会生活的公共利益的法秩序、作为法秩序的基础的根本原则和理念、社会存在和发展的一般道德准则；权利的行使，不得违背公序良俗原则。[④]债权人留置债务人的动产，违背善良风俗的，不得留置。例如，债权人以债务人未支付加工费用为由，留置债务人提供材料而加工完成的“棺木”或“灵柩”的，违背善良风

---

① 谢在全：《民法物权论》（下册），中国政法大学出版社1999年版，第869页。

② 杨与龄：《民法物权》，台北五南图书出版公司1981年版，第290页。

③ 《民法典》第153条（无效法律行为）。

④ 史尚宽：《民法总论》，台北1980年自版，第300页。

俗，不得留置。

3.遗失物或者被盗物品，不得留置。债权人占有的债务人的动产，若为遗失物，依照保护遗失物的所有权人利益的优先秩序规则，债权人应当将该动产返还给遗失物的所有人，[①]不得留置。债权人占有的债务人的动产，若为被盗物品，效果相同。

4.超过被担保的债权价值的可分物，不得留置。依照《民法典》第450条（可分物的留置），债权人合法占有的债务人的动产为可分物的，债权人予以留置的动产价值应当相当于债务的金额。在债权的价值低于债权人占有的动产价值的情形下，若动产为可分物，债权人只能对相当于债务金额的部分行使权利；对超过债务金额的部分，应当返还给债务人，不得留置。

除此以外，债权人占有的债务人的动产，若为法律禁止或者限制流通的财产，可否留置？有两种不同的意见。一种意见认为，留置权不以变价担保财产为主要目的，留置债务人的动产以迫使债务人履行义务为留置权的主要目的，债权人占有的动产可以不受限制地流通，不影响债权人的留置行为，故法律禁止或限制流通的财产，可以留置。另一种意见认为，法律禁止转让的动产，债权人虽可以留置，但在债务人仍不履行债务时，无法变价而不能优先受偿，债权人不得行使留置权。

我国法律没有明文规定债权人不得留置禁止或者限制流通的动产。否认债权人可以留置其占有的禁止或限制流通物，没有法律上的依据。禁止或限制动产的流通，只是对动产的流转的禁止或限制，与债权人对该动产的占有和占有的继续保持无关，这不应当成为否认债权人可以留置的正当理由。债权人留置的动产若为限制或禁止流通的动产，不能变价处分以优先清偿债权，属于留置权的第二次效力实现不能的问题，与债权人对该动产予以留置，法律意义不同。留置权的实现障碍不是否定留置权存在的理由。因此，债权人占有的动产，不应当限于可流通的动产，法律禁止或限制流通的动产，债权人可以占有并成立留置权。[②]但是，法律禁止或限制流通的动产，若属于具体法律已经规定不得留置的动产，或者债权人留置这样的动产违反公序良俗、

① 《民法典》第312条（遗失物取得之返还）。

② 郑玉波：《民法物权》，台北三民书局1980年版，第347页。

法律的强制性规定的，应当以本条为依据，债权人不得留置。

二、当事人约定不得留置的

合同订立时或者订立后，当事人有不得留置的约定，债权人应当遵守其约定，不得留置其占有的债务人的动产。为寻求债权人和债务人之间的权利义务关系的公平，法律赋予债权人以留置权，但若当事人之间有不适用留置权的约定，只要其约定不违反法律的强制性规定或违背公序良俗，纯属当事人之间的事情，不损害社会公共利益，不仅没有进行干预的必要，而且应当对此意思自治给予充分的尊重。

依照本条，“当事人约定”不限于当事人在主合同中作出的约定，如主合同中约定的不得留置的特定动产或者约定不得留置债务人的动产的具体情形等。当事人在主合同中有约定但约定不明确的，通过合同解释可以明确其约定“不得留置”的内容的，也属于当事人约定。当事人约定，还包括在主合同外以补充协议或另行订立协议等方式作出的不得留置某项动产的约定。具体而言，当事人约定不得留置的，主要有以下情形。

（一）约定不适用或排除留置权的

当事人在主合同中约定不适用留置权的，留置权将被有效排除。《民法典》第783条（承揽人留置权）、第836条（承运人留置权）、第903条（保管人留置权）、第959条（行纪人留置权），均以“但书”允许当事人以约定排除留置权的适用。对于当事人不适用留置权的约定，司法实务承认其约定有效，债权人依照约定不得留置其占有的债务人的动产。①

（二）约定不得留置特定动产的

当事人在主合同中未约定不适用留置权，但约定债务人的具体或特定的动产不得留置，则债权人应当遵守其约定，不得留置其占有的债务人的特定动产。例如，债务人在送修某机动车时与债权人约定该机动车不得留置，则债权人不得留置该机动车，但不影响债权人对债务人送修的其他机动车的留

① 《担保法解释》第106条。

置。《担保法解释》第111条规定，债权人行使留置权与合同的特殊约定相抵触的，人民法院不予支持。

（三）留置动产与债务人交付动产时的指示相抵触

当事人未在主合同中明确约定不得留置的动产，但是债务人交付动产前或交付动产时，明确指示债权人应将其交付的动产返还而不得留置的，债权人不得留置该动产。债务人在交付动产时已有不留置的指示，对债权人不留置其交付的动产已有合理的期待，债权人接受债务人的指示而未作反对的，视为债权人对债务人的指示的默示接受，相当于债权人和债务人达成不得留置的约定，债权人自不能留置。例如，运输合同中未约定承运人不得留置货物，但承运人在交付货物于承运人时，明确指示在货物运达目的地后必须交付给收货人而不得留置，则承运人不得以运费尚未支付为由而留置送达目的地的货物。

债务人交付动产前或交付动产时有债权人取得占有后不得行使留置权的意思，其意思可以是明示的，也可以是默示的，只要债权人知道债务人交付动产时的意思，即不得以其未接受债务人交付动产时的意思为由，对该财产行使留置权。但应当注意，债务人在向债权人交付财产后失去清偿能力的，或者债权人在债务人交付财产后才知道债务人失去清偿能力的，即使行使留置权有悖于债务人在交付财产时的指示，债权人仍可以行使留置权。①

（四）留置动产与债权人承担的义务相抵触

债权人对其占有的债务人的财产，在符合留置权的成立要件时，可以留置，但不得与其承担的义务相抵触。对此，《担保法解释》第111条规定，债权人行使留置权与其承担的义务相抵触的，人民法院不予支持。

关于债权人承担的义务，学者间有不同的理解。有意见认为，债权人承担的义务包括但不限于债权人承担的给付标的物的义务；也有意见认为，债权人承担的义务是债权人承担的不同于给付标的物的他种义务。对于这一问

① 《瑞士民法典》第897条第2款。

题，区分债权人承担的义务究竟为给付义务还是他种义务，意义或许并不显著；债权人占有债务人的动产，在符合法律规定时予以留置，若违反债权人在合同项下承担的约定义务或法定义务，均属于与债权人承担的义务相抵触的情形。例如，承运人负有将承运的物品运送到约定地点的义务，其不得以债务人未支付运费为由而留置货物不予运送，因为这与其承担的运送义务相抵触；但承运人将货物运送到目的地后，尽管其负有应给付货物的义务，但可以为运费等债权的受偿而留置该货物。在这里，首先，若承运人给付货物的义务先于债务人的运费交付义务届清偿期，其不得留置该货物。再者，债务人有先履行义务，若债权人有不能履行对待给付义务的事实发生，债务人主张不安抗辩权的，债权人对债务人履行义务没有提供相当的担保，债务人没有履行义务的责任，[①]债权人不得对其占有的债务人的动产行使留置权。但是，债务人在向债权人交付财产后失去清偿能力的，或者债权人在债务人交付财产后才知道债务人失去清偿能力的，即使行使留置权有悖于债权人按照确定用途利用留置财产的义务，债权人仍可以行使留置权。[②]最后，当事人履行义务没有先后顺序的，债权人要求债务人履行债务的，债务人可以要求债权人同时履行合同。[③]债务人主张同时履行抗辩权的，占有债务人的财产之债权人不得主张留置权；对于债务人的履行，若债权人受领给付迟延或者拒绝受领给付，亦不得主张留置权。[④]

三 其他问题

留置权是专为保护债权人的利益而创设的法定担保物权。依照《民法典》第393条的规定，留置权因债权人放弃行使而消灭。债权人放弃的权利，限于既存的权利；已经发生效力的留置权，债权人自可以放弃，不存疑义。但是，留置权发生效力前，债权人可否预先放弃其留置权？

---

① 《民法典》第527条和第528条。

② 《瑞士民法典》第897条第2款。

③ 《民法典》第525条。

④ 谢在全：《民法物权论》（下册），中国政法大学出版社1999年版，第867页。

理论上，债权人占有债务人的动产，在债权届清偿期前，留置权是法律赋予债权人的一种合理期待利益，法律并不禁止债权人放弃其合理期待利益。而且，债权人预先放弃留置权，虽有益于债务人，但并不妨害第三人的利益和社会公共利益；债权人预先放弃留置权，成为债权人的意思自治可以处分的利益，法律没有进行干预的必要。此外，债权人预先放弃留置权，为债权人的单方行为，只要有债权人放弃留置权的意思表示，即发生放弃其留置权的期待利益之效果，与债权人和债务人约定不得留置的动产的效力相当。因此，债权人预先放弃留置权的，其在符合法律规定的留置权的生效要件时，不得行使留置权。

总之，在留置权生效前，债权人有放弃留置权的意思表示的，其意思表示具有排除留置权适用的私法效果，债权人其后不得留置其占有的债务人的动产。

第四百五十条【可分物的留置】

留置财产为可分物的，留置财产的价值应当相当于债务的金额。

历史由来

本条是对《物权法》第233条的继承，内容未有任何变化。

留置权具有行使的不可分性，即在符合留置权的生效要件时，债权人可对其占有的债务人的动产之全部予以留置；在符合变价留置财产以清偿债权的条件时，可以对留置财产的全部实现留置权，至于债权之数额多少、是否已经获得部分清偿，在所不问。但是，留置权是基于公平原则而产生的担保物权，若有违反公平的情形发生，留置权的效力范围应当有所调整。留置权人享有的债权相对于留置财产的价值显失均衡时，若留置财产可以分割为不同的部分，且分割后的留置财产足以担保债权的受偿，仍过分强调留置权行使的不可分性，对债务人未免有失公允。因此，留置权行使的不可分性，基于公平原则而出现了缓和。《民法通则》对留置权只有原则性的规定，对留置权行使的不可分性的缓和未有涉及。

《担保法》第85条规定："留置的财产为可分物的，留置物的价值应当相当于债务的金额。"依照该规定，当债权人占有的动产为可分物时，为求得留置权人和债务人的利益均衡，只能留置价值相当于债务金额的财产，不得留置其占有的动产的全部。司法实务对留置权的行使不可分性的缓和，立场十分积极。根据《担保法解释》第110条，仅在留置财产为不可分物的情形下，债权人可以就其留置财产的全部行使留置权。《物权法》制定时，人们注意到过分强调留置权的不可分性，对债务人不公平，有损债务人的合法权益，不利于留置财产的物尽其用，只对《担保法》第85条规定的内容在文字表述上作了些许修改，全面予以继承。《物权法》第233条规定："留置财产为可分物的，留置财产的价值应当相当于债务的金额。"

《民法典物权编（草案）》（征求意见稿）第238条、《民法典各分编（草案）》第241条、《民法典物权编（草案）》（二审稿）第241条和《民法典（草案）》第450条作了相同的规定。

三 规范目的或功能

留置权人行使留置权具有不可分性。只要债权没有获得全部清偿，债权人就可以对留置财产的全部行使权利。但留置权是基于债权人和债务人之间的利益均衡，并依照公平原则而创设的法定担保物权，留置权的行使在相当程度上应当符合公平原则，留置权行使的不可分性具有缓和的空间。我国学者在解释《民法通则》的规定时，就认为："留置物应当与所担保的债权价值相当。但如果是不可分物的，不在此限。"[①]《担保法》第85条的规定和司法实务的相关立场，对于缓和留置权行使的不可分性，均有积极作用。债权人已经占有债务人的动产，当该财产为可分物时，债权人只能留置其占有的与其债权价值相当的债务人的财产，在社会观念上才能说做到了公平。[②]

债权人留置财产的目的是担保债权的实现，只要留置财产的价值相当于债务金额，就能够保证其债权得到实现，没有必要留置过多的财产；过分强调留置权的不可分性，对债务人不公平，有损其合法权益，不利于物尽其

---

① 中国政法大学民法教研室：《中华人民共和国民法通则讲话》，中国政法大学出版社1986年版，第166页。

② 邹海林、常敏：《债权担保的理论与实务》，社会科学文献出版社2005年版，第360页。

用。[1]为规范债权人行使留置权的秩序，合理配置债权人和债务人之间的利益，故有本条规定。

规范内容

依照本条，债权人合法占有的债务人的动产，若其为可分物，仅能留置与债务金额价值相当的动产。本条是关于债权人留置可分物的规定，实质是留置权的行使不可分性的缓和。有本条规定的情形，债权人不得主张留置权行使的不可分性，即不得主张对其占有的债务人的全部动产予以留置，并对其留置的全部财产行使变价以清偿债权的权利。

本条所称“可分物”，是指对作为权利客体的物进行分割不会降低其使用价值和交换价值的物。一般而言，种类物为可分物。可分物是相对于不可分物而言的，经分割将降低物的使用价值或交换价值的物，为不可分物。特定物一般为不可分物。依照本条，债权人占有的债务人的动产为可分物，是适用本条的前提条件。在符合留置权的生效要件时，当债权人占有的动产为可分物时，仅可以留置与其债权金额价值相当的动产。

本条所称“债务的金额”，是指债权人据以留置债务人的动产的债权金额。事实上，该债权金额包括债权原本金额、约定利息、迟延利息、违约金以及损害赔偿金等。除企业之间的留置外，该债权金额与占有的动产还应当具有牵连关系。同时，债权人在留置债务人的动产时，其债权金额还应当包括预估的留置财产的保管费用以及实现留置权的费用。因此，以上债权金额并非实际债权金额，除债权人在留置债务人的动产时可以确定的债权金额外，如债权原本金额，其他部分的债权金额属于预估金额。债权金额的确定，为评价债权人留置其占有的债务人的价值相当的动产的基础。动产的价值超出其债权金额的部分，债权人不得留置，应当返还给债务人。

本条所称“留置财产的价值”，是指债权人予以留置的动产部分的价值。留置财产的价值不是债权人占有的债务人的全部动产的价值，表明债权人留

---

① 全国人大常委会法制工作委员会民法室编著：《中华人民共和国物权法解读》，中国法制出版社2007年版，第500页。

置的动产仅为其占有的动产的一部分。留置财产的价值，当事人在合同中有约定动产的价格的，按照约定的价格计算；没有约定或者约定不明确的，按照留置权生效时该动产的市场价格计算。

依照本条，债权人留置其占有的动产，应以价值相当于其债权金额的动产为限，不得留置的其他动产应返还给债务人。债权人对价值超过其债权金额的动产予以留置，属于不当留置，拒不返还给债务人的，应当承担相应的民事责任。例如，在“钟某斌、广州市某汽车租赁有限公司留置权纠纷再审”一案中，广东省高级人民法院经审查认为：2015年10月，某公司委托钟某斌负责多台东风牌大型普通客车的办证事宜，并将两辆电动汽车交由钟某斌安排使用。同年12月，某公司借用了钟某斌的场地停放涉案车辆，涉案车辆的钥匙由钟某斌保管。2016年3月，某公司要求钟某斌交还案涉7台车辆、钥匙及充电设备，钟某斌以某公司拖欠费用为由不予退还。根据某公司提供的发票等证据，涉案7台车辆的发票总价格为1424100元，而某公司拖欠钟某斌的费用为12万余元，钟某斌主张拖欠费用为25万余元，已另案提起诉讼，但未能提交生效判决书证明所述事实。根据《担保法》第85条的规定，留置的财产为可分物的，留置物的价值应当相当于债务的金额。钟某斌留置的财产价值已远远超过债务的金额，违反了上述规定。由于钟某斌大大超出债务金额进行留置，属不当留置，一、二审判决钟某斌归还涉案的7台车辆给某公司正确。二审判决认为钟某斌应对不当留置造成某公司的损失承担赔偿责任，理据充分。[①]

第四百五十一条【留置财产的保管】

留置权人负有妥善保管留置财产的义务；因保管不善致使留置财产毁损、灭失的，应当承担赔偿责任。

历史由来

本条是对《物权法》第234条的继承，内容未有任何变化。

占有人对其占有的他人财产有保管义务。留置权人占有留置财产，对留

① 广东省高级人民法院（2017）粤民申7462号民事裁定书。

置财产应当承担保管义务。再者，留置权为担保物权而非用益物权，留置权人对留置财产并无使用和收益的权利；留置权人违反其保管义务，使用或收益留置财产，造成债务人损失的，应当承担赔偿损失的民事责任。《民法通则》对留置权人的保管义务未有规定。《担保法》第86条规定："留置权人负有妥善保管留置物的义务。因保管不善致使留置物灭失或者毁损的，留置权人应当承担民事责任。"在《物权法》起草时，基本上沿用了《担保法》第86条的规定，只是将"留置物"修改为"留置财产"，将"民事责任"修改为"赔偿责任"，明确留置权人对留置财产的保管义务。《物权法》第234条规定："留置权人负有妥善保管留置财产的义务；因保管不善致使留置财产毁损、灭失的，应当承担赔偿责任。"

《民法典物权编（草案）》（征求意见稿）第239条、《民法典各分编（草案）》第242条、《民法典物权编（草案）》（二审稿）第242条和《民法典（草案）》第451条作了相同的规定。

规范目的或功能

占有人对其占有的他人财产，应以善良管理人的注意为保管。留置权人为其留置的债务人的动产之占有人，负保管义务，应无疑义。债权人已经占有债务人的财产，为担保自己债权的实现，在符合法定条件时留置债务人的财产，为债权人依法享有的权利，而享有权利的同时必须承担一定的义务。债权人留置债务人的财产而对该财产产生事实上的管领力，对留置财产负有保管义务，应当妥善保管留置财产，债权人若违反此项义务，致使留置财产毁损、灭失的，应当对债务人承担赔偿责任。①

事实上，债权人自取得债务人的动产之占有时起，对其占有的动产就开始承担保管义务。债权人基于占有而承担的保管义务，不因留置权的生效而发生变化；留置权人的保管义务，在性质上为占有人的保管义务之延续。

为此，本条规定留置权人对留置财产有妥善保管的义务，当其违反妥善

① 全国人大常委会法制工作委员会民法室编著：《中华人民共和国物权法解读》，中国法制出版社2007年版，第501页。

保管义务而造成债务人损害的，应当承担赔偿责任。

规范内容

一、留置权人的保管义务

留置权人的保管义务，是指债权人在留置权生效后，对其留置的债务人的动产应以善良管理人的注意为保管的义务。

留置权人的保管义务产生于留置权生效时。但是，留置权生效前，债权人基于占有而对债务人的动产同样承担保管义务；留置权人的保管义务，只不过是债权人基于占有而对债务人的财产承担保管义务的继续。留置权人的保管义务与债权人基于占有而承担的保管义务，并没有性质上的差异。但是，有学者认为，债权人在占有债务人的动产时就负有保管义务，此时的保管义务基于合同而产生，为债权义务；当行使留置权时，债权人基于合同而产生的保管义务转化为基于担保权而产生的保管义务，即物权义务；直至留置财产返还时，物权保管义务才消灭。①还有学者认为，留置权的保管义务源于债权人占有标的物期间的保管义务，但二者具有不同的性质，债权人的保管义务是附随义务，基于债权债务关系而发生；而留置权人的保管义务是留置权人的主要义务，基于留置权产生。②

应当注意的是，占有债务人的动产时，债权人所承担的保管义务，并非产生于合同，而是产生于占有的事实。因占有的事实而发生的保管占有物的义务，为债权人的法定义务。在此意义上，留置权人的保管义务与债权人在留置权生效前的保管义务，并无性质上的差异。在这里，没有必要将债权人对其占有的债务人的动产之保管义务，与债权人取得占有的合同关系相关联，尤其是债权人非因合同关系占有债务人的动产时，更是如此。

二、妥善保管

依照本条，债权人对留置财产有“妥善保管”义务。对妥善保管义务的

---

① 杨立新：《物权法》（第六版），中国人民大学出版社2019年版，第263页。

② 郭明瑞：《物权法通论》，商务印书馆2019年版，第407页。

理解，有不同认识。一种观点认为，留置权人应当妥善保管留置财产。[1]另一种观点认为，留置权人应当以善良管理人的注意保管留置财产。[2]但是，学者多认为债权人应当以善良管理人的注意保管留置财产。

比较法上，债权人应当以善良管理人的注意保管留置财产，为基本立场。例如，根据《日本民法典》第298条，留置权人应以善良管理人的注意，占有留置财产；留置权人违反善良管理人的注意，债务人可以请求消灭留置权。我国台湾地区规定，债权人应以善良管理人之注意，保管留置财产。

本条没有使用"以善良管理人的注意"保管留置财产的表述，而是直接使用"妥善保管"。"妥善保管"是否就是以善良管理人的注意为保管？妥善保管义务缺乏准确评价保管人的注意义务或者程度的标准，实际上包括按照主观的注意（保管人自己的注意能力）、按照客观的注意（具有相当的知识且诚实的人的注意能力）、按照主观和客观的双重注意等多种情形对妥善保管进行判断。在保管他人财产时，保管人尽到主观的注意而未尽到客观的注意，也不好说其未尽"妥善保管义务"。在我国，因已经使用"妥善保管"，在解释上回避使用"以善良管理人的注意"作为判断妥善保管的标准，但对于实践中如何认定"妥善保管"，却又认为"应当依据一般交易上的观念，以一个有知识有经验的理性人所应具有的标准来加以衡量"[3]。这实际上就是善良管理人的注意标准。可见，本条所称"妥善保管"留置财产与"以善良管理人的注意"保管留置财产，并无本质的差异。

留置权人占有留置财产，是为自己的担保利益而非为债务人或者留置财产所有人的利益，应当负担较重的注意义务，不得仅以自己尽到主观的注意而免负留置财产保管不善的责任。因此，留置权人应以善良管理人的注意保管留置财产。民法上，善良管理人的注意，是指依照一般交易上的观念认为有相当的知识经验及诚意的人所具有的注意；是否尽到此项注意，依照抽象的标准加以确定，即"以客观之注意能力而非以主观之注意能力为断"[4]。留置权人违反善

---

① 王利明等：《民法新论》（下），中国政法大学出版社1988年版，第332页。

② 钱明星：《物权法原理》，北京大学出版社1994年版，第379页。

③ 全国人民代表大会常务委员会法制工作委员会编：《中华人民共和国物权法释义》，法律出版社2007年版，第502页。

④ 谢在全：《民法物权论》（下册），中国政法大学出版社1999年版，第797页。

良管理人的注意义务，造成留置财产毁损、灭失的，应当承担赔偿责任。

三、妥善保管的内容

留置权人保管义务的履行，包括以下三个方面的内容：（1）保障留置财产的安全。留置权人应当采取必要的措施确保留置财产不受损失。留置财产因为留置权人的过错毁损或者灭失的，留置权人应当负赔偿责任。（2）保障留置财产的利益收取。留置权人对留置财产的孳息和其他利益有收取保管的义务，因过错而怠于收取的，应当负损害赔偿责任。（3）不为自己的利益利用留置财产。留置权人非以"必要情形下"的合理使用为目的，不经债务人同意，不得使用、出租留置财产或者以留置财产向他人提供担保，否则，留置权人应当负义务不履行之损害赔偿责任。[①]"必要情形下"的合理使用，为事实判断问题。留置权人在必要时使用留置财产，应当以保管留置财产为目的、以保全留置财产的使用价值和交换价值为手段。留置权人对留置财产的保管使用所产生的收益，非留置权人应得之利益，与留置权人依法收取的留置财产之孳息性质相同，应当用以抵偿债权。[②]

四、违反妥善保管义务的赔偿责任

留置权人应以善良管理人的注意保管留置财产。保管留置财产时违反善良管理人的注意义务，构成保管不善，造成留置财产毁损或者灭失的，应当承担赔偿责任。在留置期间，因意外事故或不可抗力造成留置财产损害的，留置权人是否承担赔偿责任？有学者认为，就一般的保管而言，有偿保管的保管人应负善良管理人的注意义务，无偿保管的保管人应负与处理自己事务为同一的注意义务，只有对另加保价的保管、寄托、运送、邮寄等，义务人才承担因意外事故或不可抗力所致损害的赔偿责任。留置权人保管留置财产，实为有偿保管，但非保价保管，只负善良管理人的注意义务，对意外事故或不可抗力造成留置财产的损害，不负赔偿责任。[③]

---

① 邹海林、常敏：《债权担保的理论与实务》，社会科学文献出版社2005年版，第352页。

② 史尚宽：《物权法论》，台北1979年自版，第460页。

③ 杨立新：《物权法》（第六版），中国人民大学出版社2019年版，第263—264页。

这里应当注意，留置权人的保管义务与保管合同项下的保管人的保管义务是有区别的。基于保管合同，保管人应以善良管理人的注意对保管物尽保管义务，但是当事人在合同中另有约定的，依照其约定。[①]也就是说，只有当事人对保管人的保管义务没有约定或者约定不明确时，保管人才承担善良管理人的注意义务，且仅限于有偿保管；无偿保管的保管人并不承担善良管理人的注意义务，仅对其故意或重大过失造成保管物的损害承担赔偿责任。依照本条，留置权人对留置财产承担的妥善保管义务，为留置权人的法定义务，不存在有偿或无偿的问题，仅以善良管理人的注意为履行保管义务的标准；留置权人因为过失而违反其注意义务造成留置财产损害的，自应当承担损害赔偿责任。善良管理人的注意，是判断留置权人对留置财产保管善意与否的依据，至于留置财产因意外事件或不可抗力遭受损害，与留置权人的注意义务违反与否没有关系，留置权人无须对此承担赔偿责任。

举证责任

留置权人因保管不善而造成留置财产毁损、灭失的，应当向债务人承担赔偿责任。有学者认为，留置权人保管留置财产是否有过失，应以客观标准判断，由债权人自己举证证明；债务人提起留置财产损害赔偿诉讼的，实行过错推定，举证责任倒置。[②]但就留置权人违反善良管理人的注意义务而承担赔偿责任而言，由债权人承担举证责任，没有法律上的依据；何况，因法定义务的违反而承担赔偿责任，留置权人的义务违反与其他占有人的义务违反相比并无特殊性，没有适用举证责任倒置的正当理由。留置权人违反善良管理人的注意义务，造成留置财产毁损、灭失，债务人请求留置权人承担损害赔偿责任的，依照“谁主张，谁举证”的原则，举证责任由债务人承担。

① 《民法典》第892条、第894条、第895条和第897条。

② 杨立新：《物权法》（第六版），中国人民大学出版社2019年版，第264页。

其他问题

留置权与动产质权同属动产担保物权，留置权人与质权人依法均负有妥善保管担保财产的义务；因保管不善而给担保财产所有人造成损害的，留置权人或质权人应当承担损害赔偿责任。担保物权人行使权利，不能有害于担保财产的所有人的利益。当质权人的行为可能使质押财产毁损、灭失的，尤其是其违反妥善保管质押财产的义务，出质人有权要求将质押财产提存或提前清偿债务，以消灭质权。[①]对留置权人违反善良管理人的注意义务，或者留置权人擅自使用、租赁留置财产，除损害赔偿的救济外，《民法典》没有为债务人规定其他救济手段，如请求消灭留置权。

比较法上，为充分保障留置财产的所有人利益，有些国家的法律规定，留置财产的所有人（债务人）可以留置权人违反妥善保管义务而请求消灭留置权。例如，《日本民法典》第298条规定，留置权人应以善良管理人的注意占有留置财产。未经债务人同意，留置权人不得使用、租赁留置财产，亦不得以之提供担保；但为保全留置财产而进行必要使用的，不在此限。留置权人违反前两款规定时，债务人可以请求消灭留置权。依照上述规定，债务人请求消灭留置权的权利为形成权，只要留置权人有违反善良管理人的注意义务而保管、使用或收益留置财产的行为，不论其行为是否已经造成实际损害，债务人一旦提出消灭留置权的请求，即时发生留置权消灭的效果。有学者认为，在留置权人违反其妥善保管义务时，《日本民法典》的相应规定，不仅对债务人提供损害赔偿的事后救济，而且赋予债务人请求消灭留置权的权利，从而使得对债务人的权利的救济更加积极有效，值得我国立法借鉴。[②]这是一个真正值得思考的问题。

---

① 《民法典》第432条。

② 孙鹏、王勤劳、范雪飞：《担保物权法原理》，中国人民大学出版社2009年版，第368页。

第四百五十二条【留置财产的孳息】

留置权人有权收取留置财产的孳息。

前款规定的孳息应当先充抵收取孳息的费用。

历史由来

本条是对《物权法》第235条的继承，内容未有任何变化。

留置权为担保物权，对留置财产有支配效力，其支配效力及于留置财产的孳息。同时，留置权人以善良管理人的注意保管留置财产，由其收取留置财产的孳息，既方便妥当又符合生活逻辑。基于留置权的物权效力，留置权人有权收取留置财产的孳息。《民法通则》对留置财产的孳息如何收取的问题，没有任何规定。

因留置权的适用范围较窄，留置财产的孳息问题并不显著，《担保法》依旧未对留置权人是否有权收取孳息作出规定。在理论上，学者多认为留置权人有权收取留置财产的孳息；司法实务对此也持肯定的积极立场。依照《担保法解释》第114条的规定，债务人不履行到期债务，债权人可以留置其已经合法占有的债务人的动产，自留置该动产时起，留置权人有权收取留置财产的孳息。基于司法实务经验的积累，《物权法》第235条规定："留置权人有权收取留置财产的孳息。前款规定的孳息应当先充抵收取孳息的费用。"

《民法典物权编（草案）》（征求意见稿）第240条、《民法典各分编（草案）》第243条、《民法典物权编（草案）》（二审稿）第243条和《民法典（草案）》第452条作了相同的规定。

规范目的或功能

留置权人占有并保管留置财产，收取留置财产的孳息应属正常。若由留置财产的所有人或债务人收取孳息，多有不便。处理好留置权人和债务人对于孳息的收取秩序，法律应当作出相应的规定。再者，留置权人有权收取留置财产的孳息，有助于保护留置权人的利益，迫使债务人履行债务，对留置权担保债权受偿具有补充意义。留置权人对其收取的留置财产的孳息，并不当然取得其所有权，仅能以收取的留置财产的孳息担保其债权，实际上发生留置权人的孳息留置权。留置权人所收取的留置财产的孳息，与留置财产本身共同担保债权人的债权。[①]为此，本条规定留置权人有权收取留置财产的孳息。

规范内容

一、留置财产的孳息

留置财产的孳息，包括自然孳息和法定孳息。自然孳息，是指因物的自然属性而产生的收益，该收益在与原物分离前，是原物的一部分，如牲畜产出的幼崽。法定孳息，是指因法律关系而产生的收益，如当事人约定的金钱债务所产生的利息。根据本法第321条，留置财产的孳息，归属于留置财产的所有人（或其他权利人）。留置财产的孳息，不因留置权的发生而改变其归属。

二、孳息留置权

孳息留置权，是留置权人对其收取的留置财产的孳息所享有的留置权。依照本条，留置财产孳息的收取权，属于留置权人。留置权人收取留置财产的孳息，但不是孳息的所有权人；因其收取孳息的行为取得对留置财产孳息的占有，若其债权未获全部清偿，自可以留置该孳息以清偿债权，对债务人没有即时返还孳息的义务。依照本条，留置权人收取的留置财产的孳息，应当先充抵收取孳息的费用。司法实务上，根据《担保法解释》第64条、第114条，债务履行期届满而债务人不履行债务，致使债权人留置其占有的债务人的财产的，自留置之日起，留置权人有权收取留置财产的天然孳息和法定孳息，可以其收取的孳息抵偿债权。

三、留置权生效前的孳息

应当注意的是，留置权人在留置债务人的财产前收取的留置财产的孳息，不得主张孳息收取权。债权人占有债务人交付的财产，在留置权发生前所产生的孳息，债权人没有收取的法定权利；其基于占有而收取的孳息，不受留

---

① 中国物权法研究课题组：《中国物权法草案建议稿：条文、说明、理由与参考立法例》，社会科学文献出版社2000年版，第762页。

置权的效力的支配，允许债权人对该孳息主张留置权的优先受偿，对于债务人和其他债权人而言，有失公平。留置权人的孳息收取权，以留置权的生效为条件，适用于债权人留置债务人的动产之后。在留置债务人的动产前已经收取孳息的，债权人应将该孳息返还给债务人。①

因此，对于留置权生效前的孳息，债权人已经收取的，应当即时返还给债务人；继续占有而未返还的，构成无权占有（不法占有），即使债权到期而未受清偿，债权人也不得留置该孳息。

四、留置财产的孳息之处置

依照本条，留置权人有权收取留置财产的孳息，除明文规定孳息先冲抵收取孳息的费用外，对于如何处置留置财产的孳息，未有具体规定。司法实务上，根据《担保法解释》第64条、第114条，留置权人收取的留置财产的孳息，可以其收取的孳息，按照下列顺序清偿：（1）收取孳息的费用；（2）主债权的利息；（3）主债权。

留置财产的孳息抵充债权应当何时进行？有人认为，应于留置权实现时进行，有人认为应于孳息收取之时进行。笔者认为，留置财产的孳息不属于留置财产原物，不必在留置权实现时一并进行。留置权人用留置财产的孳息抵充债权，实际上是为债务人的利益行使权利，对债务人有利，因而在孳息收取之时即可抵充债权。②

留置财产的孳息不属于留置权人，留置权人可以孳息抵充债权，是因为其孳息留置权；留置权人收取的孳息，成为留置财产的组成部分，以担保债权的优先受偿。在这个意义上，留置财产和孳息在实现留置权时并无不同。依照本条，留置权人以其收取的孳息抵充债权，为留置权的实现的组成部分，应当依照“先留置、后变价”的方式处置留置财产的孳息，故留置权人在收取留置财产的孳息时，不得直接变价孳息而清偿其未受偿的债权。留置权人收取的孳息为金钱的，可直接在以该金钱充抵收取孳息的费用后，以其剩余抵偿债权；孳息为非金钱的，债权人应当催告债务人履行债务，只有在债务人仍不履行债务

---

① 邹海林、常敏：《债权担保的理论与实务》，社会科学文献出版社2005年版，第348页。

② 杨立新：《物权法》（第六版），中国人民大学出版社2019年版，第262页。

的情形下，留置权人才可以行使留置权的方法（如拍卖、变卖或者折价抵偿）变价该孳息，在以变价金充抵收取孳息的费用后，以其剩余抵偿债权。

五、善良管理人的注意

在我国，考虑到留置权人占有留置财产并负有保管义务，由其收取孳息较为适当，而且留置权人收取孳息也是用于抵充债权，对于债务人也无不利。[①]留置权人有收取孳息的权利，亦应承担相应的义务。原则上，留置权人应以善良管理人的注意为孳息的收取，并进行妥善保管。留置权人在收取和保管留置财产的孳息时，未尽善良管理人的注意而造成债务人损失的，应当承担损害赔偿责任。[②]

第四百五十三条【留置权实现】

留置权人与债务人应当约定留置财产后的债务履行期限；没有约定或者约定不明确的，留置权人应当给债务人六十日以上履行债务的期限，但是鲜活易腐等不易保管的动产除外。债务人逾期未履行的，留置权人可以与债务人协议以留置财产折价，也可以就拍卖、变卖留置财产所得的价款优先受偿。

留置财产折价或者变卖的，应当参照市场价格。

历史由来

本条是对《物权法》第236条的继承，内容上未有实质性的变化，但在文本的用语上作了一些修改，使文本含义更加清晰、准确。

在我国，留置权的实现，应当遵循“先留置、后变价”的规则。债权已届清偿期，债权人对其占有的债务人的动产，即有予以留置的权利，以对抗债务人的财产返还或者给付请求权。此为留置权第一次效力，即“留置的效

---

① 全国人大常委会法制工作委员会民法室编著：《中华人民共和国物权法解读》，中国法制出版社2007年版，第502页。

② 《民法典》第451条。

力”。只有在留置债务人的财产后，依法给予债务人履行债务的宽限期，债务人仍未履行债务的，债权人才可以变价留置财产以优先清偿其债权。此为留置权的第二次效力，即“变价清偿效力”。

《民法通则》第89条对留置权的实现有原则性规定。该条第4项规定，留置权人“依照法律的规定以留置财产折价或者以变卖该财产的价款优先得到偿还”。对于留置权的实现，最高人民法院增加了债权人催告债务人履行债务的要求，并首次明确债务人应当在债权人催告履行债务的合理期限内履行债务。《民法通则意见》第117条规定：“债权人因合同关系占有债务人财物的，如果债务人到期不履行义务，债权人可以将相应的财物留置。经催告，债务人在合理期限内仍不履行义务，债权人依法将留置的财物以合理的价格变卖，并以变卖财物的价款优先受偿的，应予保护。”

基于上述经验，《担保法》第87条有较为具体的规定，即“债权人与债务人应当在合同中约定，债权人留置财产后，债务人应当在不少于两个月的期限内履行债务。债权人与债务人在合同中未约定的，债权人留置债务人财产后，应当确定两个月以上的期限，通知债务人在该期限内履行债务。债务人逾期仍不履行的，债权人可以与债务人协议以留置物折价，也可以依法拍卖、变卖留置物。留置物折价或者拍卖、变卖后，其价款超过债权数额的部分归债务人所有，不足部分由债务人清偿”。依照上述规定，债权人留置债务人财产后，应当确定一个不少于两个月的履行债务的宽限期，并通知债务人在该期限内履行义务。《担保法》明确规定了债权人的通知义务以及履行债务的宽限期制度。司法实务对上述规定有所补充，认为债权人未按《担保法》第87条规定的期限通知债务人履行义务，直接变价处分留置物的，应当对此造成的损失承担赔偿责任；债权人与债务人已经按照《担保法》第87条的规定在合同中约定宽限期的，债权人可以不经通知，直接行使留置权。[①]

《担保法》规定的履行债务的宽限期没有考虑到某些特殊情况，例如“鲜活易腐等不易保管的动产”不宜适用履行债务的宽限期；而且，允许当事人约定履行债务的宽限期，但期限不少于两个月，显得过长，僵化且不够尊重当事人的意思自治。以《担保法》的规定为基础，《物权法》在制定时，稍作

---

① 《担保法解释》第113条。

了一些修改。《物权法》第236条规定："留置权人与债务人应当约定留置财产后的债务履行期间；没有约定或者约定不明确的，留置权人应当给债务人两个月以上履行债务的期间，但鲜活易腐等不易保管的动产除外。债务人逾期未履行的，留置权人可以与债务人协议以留置财产折价，也可以就拍卖、变卖留置财产所得的价款优先受偿。留置财产折价或者变卖的，应当参照市场价格。"应当注意的是，《物权法》第236条没有规定债权人的通知义务这样一个涉及留置权实现的重要内容。

《民法典物权编（草案）》（征求意见稿）第241条规定："留置权人与债务人应当约定留置财产后的债务履行期间；没有约定或者约定不明确的，留置权人应当给债务人两个月以上履行债务的期间，但鲜活易腐等不易保管的动产除外。债务人逾期未履行的，留置权人可以与债务人协议以留置财产折价，也可以就拍卖、变卖留置财产所得的价款优先受偿。留置财产折价或者变卖的，应当参照市场价格。"其后，《民法典各分编（草案）》第244条作了相同的规定。《民法典物权编（草案）》（二审稿）第244条也未作实质性修改，只是第1款中的"但书"部分将"但"修改为"但是"。之后《民法典（草案）》未作修改。正式颁布的《民法典》第453条规定："留置权人与债务人应当约定留置财产后的债务履行期限；没有约定或者约定不明确的，留置权人应当给债务人六十日以上履行债务的期限，但是鲜活易腐等不易保管的动产除外。债务人逾期未履行的，留置权人可以与债务人协议以留置财产折价，也可以就拍卖、变卖留置财产所得的价款优先受偿。留置财产折价或者变卖的，应当参照市场价格。"与之前的草案相比，该条第1款的"期间"改为了"期限"，"二个月"改为了"六十日"。

规范目的或功能

留置权的实现，又称留置权的实行，是指留置权人依照法律规定对留置财产经留置催告履行义务后变价留置财产而以其变价金优先清偿债权的行为。留置权为占有担保物权，其主要功能在于留置已经占有的担保财产以迫使债务人清偿债务；在债务人不能清偿或者部分清偿债务的情形下，债权人以法定的方式变价留置财产以优先清偿其债权。

在比较法上，对留置权人实现留置权的第二次效力均有限制性的规定，以规范留置权人实现留置权，尽量以留置的方式迫使债务人履行债务，而不宜采用消灭债务人的动产所有权的方式实现其债权的受偿。例如，《瑞士民法典》第898条第1款规定，债务人不履行义务时，债权人经事先通知债务人，可以变卖留置财产，但此规定仅以债权人未得到充分担保的情形为限。我国台湾地区规定，债权人于其债权已届清偿期而未受清偿者，得定六个月以上之相当期限，通知债务人，声明如不于其期限内为清偿时，即就其留置物取偿。债务人不于前项期限内为清偿者，债权人得依关于实行债权之规定，拍卖留置物，或取得其所有权。不能为第一项之通知者，于债权清偿期届满后，经过二年仍未受清偿时，债权人亦得行使前项所定之权利。

自《民法通则》后，我国的理论、司法实务以及立法始终坚持“先留置、后变价”的留置权实现规则。“先留置、后变价”规则，体现了留置权实现的秩序，合理配置债权人和债务人之间的权益关系，内容应当具体且便于操作。为此，本条规定了留置权实现的条件、债务履行的催告以及留置财产的变价清偿。

规范内容

一、留置权实现的条件

依照本条，债权人留置债务人的动产后，其债权未受清偿，而债务人在债务履行宽限期内，仍未履行其债务的，债权人可依法变价留置财产以其变价金优先清偿债权。

（一）债权人已经留置债务人的动产

债权人合法占有债务人的动产，而其债权已届清偿期债务人尚未履行到期债务的，可留置债务人的动产。留置权的实现，以留置权已经生效为条件，即债权人已经取得对债务人的动产的留置权。留置权的生效，使得债权人对债务人的动产之占有转变为法定之担保物权。留置权因不符合留置权的生效要件没有发生效力，或者债权人取得留置权后，因为法定的原因留置权失去效力的，不存在留置权的实现问题。在这个意义上，债权人已经取得留置权并维持留置权的效力，构成留置权实现的首要条件。

（二）债务人履行债务的宽限期届满

债权人已经“留置”债务人的动产，已处于迫使债务人履行债务的主动地位，对债权的实现已有相当的保障，这时有必要兼顾债务人的利益，防止债权人依赖其债权已有留置财产担保而加剧债务人的不利被动地位。依照本条，债权人在变价留置财产前，应当给予债务人履行义务的合理之宽限期。只有债务人履行债务的宽限期届满，债权仍然未受清偿的，留置权人才可依法变价留置财产以优先清偿其债权。债权人若未给予债务人履行债务的宽限期，在其债权未受清偿时，径行变价留置财产以优先清偿其债权的，属于侵权，应当承担赔偿责任。

1.履行债务的宽限期。这是指债务届清偿期后，债务人依法享有的继续履行债务以限制留置权人变价留置财产的期限。宽限期应当是一个合理的期间，这样才会有助于促使债务人及时履行债务，而又不过分限制债权人的权利或利益。宽限期的长短，法律有规定的，依照法律规定；法律没有具体规定的，只能是一个合理的期间。[①]履行债务的宽限期如何确定，既是法律问题又是事实问题，前者涉及宽限期的事实上的合理与否，后者涉及立法者对宽限期的预先价值判断。本条项下的履行债务的宽限期，分为两种：其一，当事人约定的宽限期，即债权人和债务人在债权届清偿期前，预先约定的债务履行期限（此期限自债权届清偿期后计算）。当事人约定的宽限期，以当事人的意思自治为本，法律对该约定期限没有作相应的限制，债权人和债务人可以约定任何期限作为债务履行的宽限期。法律规定在债权届清偿期后，应当给予债务人以宽限期，那么宽限期的约定就是平衡债权人和债务人的利益的一个重要的制度工具。若当事人约定的宽限期只是具有形式意义而不具有实质意义，如约定的宽限期只有不足1日或者3日，在一般社会观念上构成“合理期间”都相当困难，可以视其未约定宽限期。当事人约定的宽限期，应当是一个合理期间，自债权届清偿期之日起算。其二，债权人催告履行债务的

---

① 《民法通则意见》第117条。

宽限期。催告履行债务的宽限期，是指无约定宽限期时，由留置权人单方确定的60日以上的履行债务的宽限期。催告履行债务的宽限期适用于当事人没有约定宽限期或者约定的宽限期不明确的情形，并以债权人通知债务人该宽限期为条件。留置权人通知债务人催告履行债务的宽限期的，债务人应当在该宽限期内履行债务，该宽限期自债权人通知债务人履行债务之日起计算。

2.履行债务的宽限期豁免。债权未受清偿时，债权人对其占有的鲜活易腐等不易保管的动产予以留置，实现留置权不受债务履行的宽限期的限制，可以依法变价该动产以优先清偿债权。有观点认为，对于鲜活易腐等不易保管的动产，如海鲜、水果、蔬菜等，保管这些财产成本过高，如果给予债务人履行债务的期限过长，还会造成这些财产的贬值，甚至失去价值，对留置权人和债务人都十分不利；在此情形下，留置权人无须给予债务人60日以上的履行债务的宽限期。[①]本条因有“但书”的存在，留置权人变价“鲜活易腐等不易保管的动产”时，豁免适用履行债务的宽限期制度。总之，履行债务的宽限期，对债权人已经留置鲜活易腐等不易保管的动产而变价留置财产的行为，不产生影响。

3.履行债务的宽限期届满。履行债务的宽限期具有督促债务人履行债务的积极意义，债务人应当在履行债务的宽限期内履行其到期债务。履行债务的宽限期届满时，债务人已经履行其到期债务，债权因清偿而消灭，留置权归于消灭。于此情形下，债权人应当将留置财产返还或交付给债务人。履行债务的宽限期届满，债务人未履行其全部到期债务的，债权人即可对留置财产依法变价以优先清偿债权。

（三）债权未受清偿

依照本条，留置权的实现以债权未受清偿为条件。债权未受清偿，是指已届清偿期的债权未受全部或部分清偿，与债务人未履行或者迟延履行其给付义务同义。这里应当注意，债权未受清偿，仅以履行债务的宽限期届满时尚未受清偿为限。例如，在履行债务的宽限期内，债务人履行债务，或者向债权人另行提供担保而被债权人接受的，留置权归于消灭，债权人应当将其

---

① 全国人民代表大会常务委员会法制工作委员会编：《中华人民共和国物权法释义》，法律出版社2007年版，第505页。

留置的财产返还或者交付给债务人。履行债务的宽限期届满，债务人仍未履行其到期债务的全部或一部，构成债权未受清偿；在此情形下，债权人可依法变价留置财产以优先清偿其债权。

二、债权人的通知义务

债权人留置债务人的动产后，变价留置财产以清偿债权前，有义务通知债务人在履行债务的宽限期内履行债务。债权人的通知，是指债务人未履行到期债务时，债权人要求债务人在其确定的60日以上的期限内履行债务的意思表示。债权人履行通知义务，具有催告债务人履行债务的效果，自送达债务人时发生效力。本条对于债权人的通知义务未有规定。

但基于我国已有的经验，“先留置、后变价”的规则应当包含债权人的通知义务。依照本条，债权人留置债务人的动产后，应当给予债务人60日以上的履行债务的宽限期；债权人若不为通知，无法确定和计算履行债务的宽限期。因此，为提醒债务人在履行债务的宽限期内履行债务，债权人应当向债务人发出通知。“债权人对债务人的通知具有催告的性质，内容有二：一为告知债务人其所给予的宽限期；二为催告债务人应于宽限期内履行义务。”[①]60日以上的履行债务的宽限期，自债务人收到债权人的通知之日起计算。事实上，债权人的通知成为债权人依法变价留置财产以优先清偿其债权的一个前置条件。因此，债权人未通知债务人履行债务的宽限期，径行变价留置财产以清偿债权的，应当承担侵权的损害赔偿责任。但应当注意，当事人约定有履行债务的宽限期，或者存在履行债务的宽限期豁免情形的，债权人无须向债务人发出通知。例如，《担保法解释》第113条规定：“……债权人与债务人按照担保法第八十七条的规定在合同中约定宽限期的，债权人可以不经通知，直接行使留置权。”

三、留置权的实现方式

留置权的实现方式，是指留置权人依照法律规定变价留置财产以优先清偿债权的方式。留置权人实现留置权时，负有清算义务。不论留置财产的价

---

① 郭明瑞：《物权法通论》，商务印书馆2019年版，第410页。

值高低、是否可分，基于清算义务的要求，留置权人不得以留置财产直接充抵债权的方式实现留置权，只能以变价留置财产的法定方式，以留置财产的变价金优先清偿债权。留置权人变价留置财产应当符合依法、公平、公开、合理的原则。依照本条，留置财产的实现方式有三种：留置财产折价、留置财产自行变卖以及留置财产司法变卖。

（一）留置财产折价

留置财产折价，是指留置权人与债务人协议将债权人留置的动产之所有权折算为相应的价款以抵偿债权的方法。当事人协议留置财产折价的，应当参照该财产的市场价格。债权人与债务人协议以留置财产折价的，以折价的金额为限发生代物清偿的效力；债权人取得该留置财产的所有权，债权在留置财产折价金额的范围内相应消灭：以折价金额抵偿全部债权的，债权消灭；抵偿部分债权的，债权已受清偿的部分消灭。

本条未规定留置财产折价协议的对抗力。参考《民法典》第410条关于抵押财产折价协议不得有害于其他债权人利益的规定，留置财产折价协议亦有相同的问题存在。因此，以留置财产折价实现留置权的，当事人之间订立的协议不得损害其他债权人的利益。协议损害其他债权人利益的，其他债权人可以请求法院撤销该协议。

（二）留置财产自行变卖

留置财产自行变卖，是指债权人以留置财产司法变卖以外的方式出售留置财产的行为。依照本条，拍卖、变卖留置财产，不限于留置财产司法变卖。留置权人经与债务人协议，可以留置财产司法变卖以外的方式来出售留置财产。例如，债权人依照其与债务人的协议，在公开市场自行出售留置财产，自行委托经纪商或代理商出售留置财产，自行委托拍卖行拍卖留置财产等。留置财产自行变卖的具体方式，依照债权人和债务人的协议确定。当事人协议留置财产变卖的，应当参照该财产的市场价格选择合适的变卖方式。例如，留置权人和债务人协议，债务人可以直接向第三人转让留置财产，以留置财产的转让价金来抵偿债权。债权人与债务人经协商未能就留置财产自行变卖达成协议的，留置权人不得自行变卖留置财产。

留置财产自行变卖，未经司法程序，存在变价留置财产交换价值的任意性，可能会有害于其他债权人的利益。留置权人和债务人订立的留置财产自行变卖的协议，损害其他债权人利益的，其他债权人可以请求人民法院撤销该协议。但是，留置权人依照协议约定的变价方式变价留置财产并以其变价金优先清偿债权的，发生债权在受偿范围内消灭的效力，留置权也归于消灭。其他债权人请求法院撤销该协议的，对留置财产自行变卖而引起的物权变动不产生影响，但留置权人因留置财产变卖协议的撤销所取得之不当利益，应当负返还义务。

（三）留置财产司法变卖

留置财产司法变卖，是指债权人请求法院强制变卖留置财产的方式。留置财产司法变卖，为留置权人实现其担保债权优先受偿的权利之基本方式，无须当事人之间达成协议。

留置权人申请法院强制变卖留置财产的，应当先请求法院作出具有强制执行效力的判决或裁定，以执行程序拍卖或者变卖留置财产。依照留置权人的申请，为实施留置财产司法变卖，法院应当查封或者扣押留置财产，发布拍卖或者变卖留置财产的公告，在公告确定的日期依照公告的变价方式实施留置财产的拍卖或变卖，收取拍卖或者变卖留置财产的成交价金，在扣除留置财产司法变卖的相关费用后，以债权未受清偿的债权额为限，将剩余的变价金支付给留置权人；留置财产的变价金清偿债权后有剩余的，则返还给债务人。

其他问题

一、债权人的通知义务

（一）债权人的通知之依据

本条因继承《物权法》第236条而留下了一个法律漏洞。已如前述，本条没有规定债权人的通知义务。《物权法》第236条未规定债权人的通知义务，但不影响债权人的通知义务的存在，因为《担保法》仍然有效，其第87条规定有债权人的通知义务，即“债权人与债务人应当在合同中约定，债权人留置财产后，债务人应当在不少于两个月的期限内履行债务。债权人与债务人在合同中未约定的，债权人留置债务人财产后，应当确定两个月以上的期限，通知债务人在该期限内履行债务”。但是，本条继承《物权法》第236条的内容时，没有同时继承《担保法》第87条中有关债权人通知义务的内容。依照《民法典》第1260条的规定，《物权法》和《担保法》在《民法典》施行时废止。债权人的通知义务未经本条规定，要求债权人实现留置权前通知债务人在宽限期内履行债务，没有法律上的依据，已构成法律漏洞。司法实务将担负起填补此一法律漏洞的重任。

（二）债权人的公告通知

债权人无法通知债务人的，债权人是否可以不经通知而行使变价留置财产的权利？对此有不同的观点。有学者认为，如果债权人对债务人无法为通知时，债权人也得不予通知，但需于债务人在留置财产后两个月仍未履行债务时，才可实现留置权。[①]另有学者认为，我国民法关于履行债务的宽限期的通知之规定是有缺陷的，如果债权人无法通知债务人的，应当规定债权人可以公告通知或者确定一个最长的期限；对此，我国台湾地区的规定可资借鉴：不能为第1项之通知者，于债权清偿期届至后，经过6个月仍未受清偿时，债权人亦得行使前项所定之权利。[②]我国学者起草的民法典草案，均以法定的一个确定期限届满，作为债权人实现留置权的限制，在无法通知的情形下，债权已届清偿期后经过六个月，债务人仍未履行债务的，债权人可以依法拍卖、变卖留置财产。例如，梁慧星教授主持编撰的《中国物权法草案建议稿》第401条第4款规定：“债权人无法通知债务人，在债权已届清偿期后经过六个月，债务人仍未履行债务的，债权人可以依法拍卖、变卖留置物。”[③]王利明教授主持编撰的《中国民法典草案建议稿》第1103条第3款规定：“债权人无法

① 郭明瑞：《物权法通论》，商务印书馆2019年版，第410页。

② 程啸：《担保物权研究》（第二版），中国人民大学出版社2019年版，第771条。

③ 中国物权法研究课题组：《中国物权法草案建议稿：条文、说明、理由与参考立法例》，社会科学文献出版社2000年版，第81页。

通知债务人，在债权已届清偿期后经过六个月，债务人仍未履行债务的，债权人可以依法拍卖、变卖留置物。”[①]但是，《民法典》未采用这样的方式。

民法上，通知为意思表示的方式。意思表示的法定方式，有对话和非对话方式的区分。[②]上述所称“无法通知”，是指债权人以对话方式或者非对话方式都不能让债务人获知其意思表示的内容。依照《民法典》第139条的规定，当债权人不知道债务人的具体联络地址或者债务人下落不明，难以使用信件、邮件等方式将表达其意思的通知送达相对人，可以公告方式向相对人送达其意思表示的通知，[③]即“意思表示的公告送达”。因此，债权人不知债务人的下落或地址的，能够以公告方式通知债务人履行债务的宽限期，只要在公告中列明60日以上的履行债务的宽限期，并催告债务人在该期限内履行债务。债权人以“意思表示的公告”为通知的，履行债务的宽限期自公告发布时开始计算。

二、鲜活易腐等不易保管的财产之变价

债权人留置鲜活易腐等不易保管的财产，享受履行债务的宽限期的豁免利益，不受宽限期的约束而可以及时变价留置财产。相应地，债权人如果变价鲜活易腐等不易保管的财产，是否也应当考虑免受当事人协议的约束？若当事人之间没有达成变价留置财产的协议，债权人是否只能请求法院依照司法程序变价鲜活易腐等不易保管的财产？本条对此没有具体的规定。

考虑到留置权的公平原则，基于一般社会观念或者生活经验，债权人占有的鲜活易腐等不易保管的财产，若不能采取及时、合理的妥当变价措施，将难以保全其应有的交换价值而损害当事人双方的利益，应当允许债权人在当事人没有达成协议的情形下，可以自行对其已经留置的鲜活易腐等不易保管的财产进行变价；但债权人应当通知债务人将要进行的变价措施。债权人自行变价鲜活易腐等不易保管的财产，推定其变价行为无过失；债务人对债权人的变价行为有异议的，应当承担举证责任。

---

① 王利明主编：《中国民法典草案建议稿及说明》，中国法制出版社2004年版，第152页。
② 《民法典》第137条。
③ 李适时主编：《中华人民共和国民法总则释义》，法律出版社2017年版，第433页。

第四百五十四条【留置权行使请求权】

债务人可以请求留置权人在债务履行期限届满后行使留置权；留置权人不行使的，债务人可以请求人民法院拍卖、变卖留置财产。

历史由来

本条是对《物权法》第237条的继承，内容上未有任何实质变化。

债权人留置债务人的动产后，并不急于实现留置权，以其对留置财产的占有迫使债务人履行债务。留置的效力长期存在，债务人不得请求返还债权人留置的动产；若债务人失去清偿债务的能力，渴求债权人对留置财产变价清偿，该如何平衡债权人和债务人之间的利益？按照通常的逻辑，债权人是否行使权利，为其自由，法律不能强制债权人去实现留置权的第二次效力。但是，债权人不得滥用其权利，其不实现留置权的第二次效力，在对其没有不利影响的情形下，将损害债务人享有的合法权利的，应当给予债务人相应的救济。

债权人怠于实现留置权的，如何救济债务人，比较法上鲜有经验可循。《物权法》起草时，创设了一项债务人请求行使留置权的制度。《物权法》第237条规定："债务人可以请求留置权人在债务履行期届满后行使留置权；留置权人不行使的，债务人可以请求人民法院拍卖、变卖留置财产。"该规定被学者称为留置财产所有人"请求行使留置权"的权利①，或者"留置权人怠于行使留置权时债务人的救济措施"②。

《民法典物权编（草案）》（征求意见稿）第242条规定："债务人可以请求留置权人在债务履行期届满后行使留置权；留置权人不行使的，债务人可以请求人民法院拍卖、变卖留置财产。"其后，《民法典各分编（草案）》第245条、《民法典物权编（草案）》（二审稿）第245条和《民法典（草案）》第454条作了相同的规定。

---

① 梁慧星、陈华彬：《物权法》（第六版），法律出版社2016年版，第344页。

② 郭明瑞：《物权法通论》，商务印书馆2019年版，第411页。

规范目的或功能

本条的目的是要消灭留置权。如果留置权人长期持续占有留置财产而不实现，不符合物尽其用的原则，也会对社会经济生活产生不利影响，而且在有的情况下留置财产会有自然耗损或者贬值的可能，如果长期不实现留置权，留置财产的价值也会受影响，对债务人不利，不能让留置权人无限期地留置财产而不行使留置权。[①]因此，本条规定，债务履行期限届满后，债务人可以请求留置权人及时实现留置权，留置权人不实现其权利的，债务人有权请求人民法院拍卖或者变卖该留置财产。

规范内容

一、债务人请求行使留置权的权利

债权人为留置权人，依照诚实信用原则，债权人应当在留置债务人财产后的合理期间内行使留置权，以照顾债务人对留置财产享有的利益。为防止债权人长期持续占有留置财产而不实现，违反物尽其用的原则，对社会经济生活产生不利影响，不能让留置权人无限期地留置财产而不行使留置权，因此，本条规定了债务人请求行使留置权的权利。[②]依照本条，债务人请求行使留置权的权利，为法定权利，对于防止留置权人滥用留置权具有积极意义。债务人请求留置权人行使留置权，具有催告债权人及时行使留置权的法律效果；此处所称“行使留置权”，是指实现留置权的第二次效力，即变价留置财产优先清偿债权。

二、债务人请求行使留置权的条件

依照本条，债务人请求债权人行使留置权，以“债务履行期限届满”为

---

① 全国人民代表大会常务委员会法制工作委员会编：《中华人民共和国物权法释义》，法律出版社2007年版，第506页。

② 全国人大常委会法制工作委员会民法室编著：《中华人民共和国物权法解读》，中国法制出版社2007年版，第506页。

条件。债权人合法占有债务人的动产，在债务履行期限届满前，债权人的留置权尚未发生，债务人应当履行其对债权人承担的义务，不得行使本条规定的请求债权人行使留置权的权利。在这里，“债务履行期限”是《民法典》第453条规定的“留置财产后的债务履行期限”，抑或是《民法典》第447条规定的“债务人不履行到期债务”所依据的债务履行期限？解释上二者皆有可能。但考虑到，债务人请求债权人行使留置权的权利为债务人的法定权利，只要留置权已经生效，债务人即可决定是否请求债权人行使权利，以求能够消灭在其动产上的留置权。与本条规定的债务人享有权利的目的最具关联度的债务履行期限，应当为《民法典》第447条项下的债务履行期限。因此，解释上可以认为，债权人占有债务人的动产，债务人不能履行其到期债务的，即可以请求债权人行使留置权。

三、债务人请求行使留置权的私法效果

依照本条，债务人请求债权人行使留置权的，债权人应当按照债务人的请求，及时行使留置权。只要债务人对债权人提出行使留置权的请求，债权人不得以留置权实现的“先留置、后变价”规则为由而不行使留置权。当然，债务人请求债权人行使留置权的，应当给债权人行使权利一个合理的准备期间；债务人未确定债权人行使留置权的具体期间，或者经债务人请求后，就债权人行使留置权的期间无法达成一致的，债权人仍旧有义务在知悉债务人的请求后，在合理期间内行使留置权。债权人行使留置权的期间是否合理，为事实问题，依照具体的案件事实并结合一般社会生活观念予以判断。

再者，留置权的行使，不是债务人提出请求，债权人就可以行使的；尤其是债权人以何种方式行使留置权，就是一个值得当事人双方认真对待的问题。例如，债权人以留置财产折价或者自行变卖的，应与债务人达成协议；否则，债权人不得以留置财产折价或自行变卖来行使留置权。如果不考虑留置财产折价或自行变卖的问题，债务人请求债权人及时行使留置权的，债权人应当在合理期间内请求法院司法变卖留置财产。

经债务人请求，债权人不行使留置权的，债务人可以请求法院拍卖或变卖留置财产。

其他问题

本条是关于债务人请求行使留置权的规定，但存在诸多值得讨论的问题。

一、债务人请求行使留置权的权利之性质

本条的规范目的与规范内容始终没有明确债务人请求行使留置权的权利性质。依照本条，使用了两个“请求”来表达债务人有这个权利，即债务人有权“请求”债权人行使留置权；在债权人怠于行使留置权时，债务人有权“请求”法院司法变卖留置财产。

本条的立法目的是防止债权人长期不行使留置权的情形发生，赋予债务人请求债权人行使留置权的权利，债务人基于这种目的而享有的法定权利，具有催告债权人行使留置权的意义，性质上为形成权，而不可能是请求权。请求权应当以本权的存在为基础，而债务人并无请求债权人行使留置权的权利，仅仅是法律赋予他的一个具有保护功能的权利，具有形成权的性质。因此，就债务人请求债权人行使留置权而言，债务人并不享有请求权而是形成权。本条若使用“催告”一语，不使用“请求”一语，恐怕更为妥当。在这里，我们不妨将债务人请求债权人行使留置权的权利，称为“催告权”。

再者，本条规定债务人“可以请求人民法院拍卖、变卖留置财产”。债务人有请求法院变价留置财产的权利，但债务人并没有留置权的基础权利，如何“请求”法院变价留置财产？债务人请求债权人行使留置权的权利，性质上为形成权，已如上述；债务人行使形成权的，其私法效果应当是引起权利义务关系的变动，而不是债务人以自己的行为去实现债权人的权利。本条规定的债务人请求法院变价留置财产的权利，原本应为其催告权的行使而产生的法律效果，却被不当地表述为债务人的“请求权”。

二、催告的私法效果之检讨

担保物权人享有请求人民法院拍卖、变卖担保财产的物上请求权。如《民法典》第410条第2款规定，抵押权人可以请求人民法院拍卖、变卖抵押财产。《民法典》第453条对留置权人的物上请求权，未作与抵押权人相同的规

定。但考虑到，随着《民法典》的制度逻辑和结构的梳理与完善，人们对担保物权制度的本体性认识已经脱离担保合同的束缚而上升至物权效力的层面。尤其是债权人对留置财产所取得之留置权，具有占有、支配和处分留置财产并优先清偿被担保债权的物权效力。基于留置权对留置财产的支配性、排他性和优先性，留置权人无须借助于债务人的行为，即可对留置财产直接行使权利，包括向法院申请拍卖或变卖留置财产的权利。基于解释论的立场，留置权人具有请求人民法院拍卖、变卖留置财产的物上请求权。这就是说，请求法院拍卖或变卖留置财产的权利，只能由留置权人行使，而不能由债务人行使。

留置权人行使变价留置财产的物上请求权，已有《民事诉讼法》规定的"实现担保物权案件"的程序支持。根据《民事诉讼法》第196条、第224条和第242条，申请实现担保物权，由担保物权人以及其他有权请求实现担保物权的人依照物权法等法律，向担保财产所在地或者担保物权登记地基层人民法院提出。人民法院收到留置权人的申请，依法作出准予留置权人拍卖、变卖留置财产的裁定；留置权人据此可以申请留置财产所在地人民法院强制执行。人民法院有权根据不同情形查封、扣押、变价留置财产。

依照本条，"债务人可以请求人民法院拍卖、变卖留置财产"，将留置权人请求法院变价留置财产的权利，分配给了债务人。经债务人催告后，债权人未在合理期间内行使留置权的，构成债权人怠于行使，债务人可以请求人民法院拍卖、变卖留置财产。为促成留置权的实现，这种处理方式的制度逻辑似乎相对简单；但事实上这种处理方式有悖于留置权行使的制度逻辑。债务人既非担保物权人亦非其他有权请求实现担保物权的人，其请求"法院拍卖或变卖留置财产"亦不属于担保物权人的物上请求权，《民事诉讼法》规定的"实现担保物权案件"的程序，无法支持债务人的请求。即使本条可解释为债务人请求法院拍卖或变卖留置财产的"请求权基础"，但因为缺乏程序制度的支持，债务人如何申请法院拍卖或变卖留置财产，也将难以落实。

已如前述，债务人请求债权人行使留置权的权利，具有催告债权人行使权利的意义，性质上为形成权。形成权不产生债务人的请求权，在债权人不按照债务人的催告行使留置权时，债权人的权利或者消灭，债务人或者取得拒绝债权人行使权利的抗辩事由。本条规定的私法效果，为债务人请求法院变价留置财产的"权利"，显然属于对债务人主张形成权的私法效果的误用。

实际上，当时制定《物权法》时，立法者已经注意到留置权人可能滥用留置权的事实，即留置权人长期持续占有留置财产而不实现，不符合物尽其用的原则，对社会经济生活也会产生不利影响；在有的情况下，留置财产有自然耗损或贬值的可能，长期不实现留置权，留置财产的价值会受影响而对债务人不利。不能让留置权人无限期地留置财产而不行使留置权，债务履行期限届满，如果债务人自知没有能力履行债务，可以请求留置权人及时实现留置权，如果留置权人不实现的，债务人有权请求人民法院拍卖或者变卖该留置财产，以消灭留置权。[①]《物权法》第237条以"消灭留置权"为目的，却选择了债务人请求法院拍卖或变卖留置财产的处理路径。在债权人行使权利占优势的情形下，法律赋权债务人催告债权人行使权利，以防止债权人滥用权利；债务人催告债权人行使权利，不仅有督促债权人停止权利滥用的功效，而且有使债权人承担滥用权利的不利后果之功效。本条以债务人"代替"债权人去实现权利（留置权），于债务人而言无任何益处，于债权人而言无任何不利影响。本条规定的私法效果，不仅偏离债务人催告债权人行使权利的制度逻辑，而且有违社会公众对催告制度的合理期待。经债务人催告后，债权人仍怠于行使留置权，与其要求债务人请求人民法院拍卖、变卖留置财产，还不如直接规定债权人的留置权消灭。基于债务人催告债权人行使留置权的制度逻辑，本条宜作如下的解释：债务人在债务履行期限届满后，可以催告留置权人行使留置权；逾催告所定期间，留置权人不行使留置权的，留置权消灭。

第四百五十五条【留置财产的清算】

留置财产折价或者拍卖、变卖后，其价款超过债权数额的部分归债务人所有，不足部分由债务人清偿。

历史由来

本条是对《物权法》第238条的继承，内容未有任何变化。

---

① 全国人大常委会法制工作委员会民法室编著：《中华人民共和国物权法解读》，中国法制出版社2007年版，第506页。

留置权人的清算义务，是指留置权人实现留置权时，应当以留置财产的变价金清偿其债权而结算其债权债务关系的义务。依照留置权人的清算义务，其不得直接以留置财产抵偿债权，即使采取折价的方式行使留置权，也要将留置财产的价值折算成“价款”以清偿债权；留置财产的变价金清偿债权若有剩余的，应当返还给债务人；不足以清偿债权的，未受清偿的债权部分继续有效。《民法通则》第89条对留置权的实现有原则性规定，但对留置财产的清算未作规定。

针对实践中经常出现的留置财产变价金额超过或不足债权数额的情形，当事人如何处理超过债权数额的变价金，或者变价金不足清偿债权数额的，债务人是否有继续履行债务的义务，时常发生争议。为澄清这个问题，更为争议的解决提供依据，《担保法》开始规定担保物权的清算制度。《担保法》第87条规定，债权人可以与债务人协议以留置物折价，也可以依法拍卖、变卖留置物，实现留置权；留置物折价或者拍卖、变卖后，其价款超过债权数额的部分归债务人所有，不足部分由债务人清偿。这就是说，担保物权实现时，担保物权人有清算担保财产的义务，不得将担保财产直接据为己有；即使以担保财产折价，担保物权人也应当进行清算。《担保法》将留置权实现与留置财产的清算规定于同一个条文中。

制定《物权法》时，继承了《担保法》第87条的规定，但对留置权实现和留置财产的清算作区别处理，拆分《担保法》第87条，单条专门规定留置财产的清算。《物权法》第238条规定：“留置财产折价或者拍卖、变卖后，其价款超过债权数额的部分归债务人所有，不足部分由债务人清偿。”

《民法典物权编（草案）》（征求意见稿）第243条规定：“留置财产折价或者拍卖、变卖后，其价款超过债权数额的部分归债务人所有，不足部分由债务人清偿。”其后，《民法典各分编（草案）》第246条、《民法典物权编（草案）》（二审稿）第246条和《民法典（草案）》第455条作了相同的规定。

规范目的或功能

以近现代担保法治为背景，担保物权人在实现担保物权时，均有清算义务。留置权为占有型担保物权，依照法律的规定而发生效力。除非当事人之间另有约定，债权人对其留置的债务人的动产，可以在债务人不履行债务时，以折价或者其他变价方式进行处理，以留置财产的变价金清偿其债权。因此，债权人应当如何变价留置财产以清偿其债权，不是债权人可以随意为之的事项。债权人有留置权，但留置权的实现应当公平合理。尤其是债权人不得直接以留置财产冲抵债权，即使在当事人协议折价的情形下，债权人应对留置财产的价值折算为“价款”（相当于变价金）以清偿债权。这就是说，债权人不得将留置财产或其变价金直接据为己有而代替债权的清偿，债权人必须在变价金和债权之间进行清算，以维持债权人和债务人之间的公平利益，尤其是不损害第三人的利益。

规范内容

一、留置财产的变价金

留置财产的变价金，是指留置权人依法变价留置财产取得之价款金额。具体而言，留置财产的变价金，包括以下三部分：（1）留置财产折价或变卖的金额。（2）已经收取的留置财产的孳息金额。留置权人收取的孳息为非金钱的动产，在抵充收取孳息的费用等之前，应当先行变价；其变价金计入留置财产的变价金。（3）留置财产的代位物金额。留置财产毁损、灭失而由第三人承担向债务人为对待给付的责任，如赔偿金、补偿金或保险金等代位物，计入留置财产的变价金；代位物若为非金钱的动产或权利的，应将其变价而折算为金钱，计入留置财产的变价金。

二、待清算的债权数额

待清算的债权数额，是指由留置财产的变价金受优先清偿的债权数额。该债权数额依照留置担保的债权范围算定。

依照《民法典》第389条的规定，留置权的担保范围实行严格的法定主义，包括主债权及其利息、违约金、损害赔偿金、保管担保财产和实现担保物权的费用。在这里，除“企业之间的留置”外，留置担保的主债权与债权人占有的债务人的动产之间要有牵连关系；有牵连关系的主债权，固属留置权担保的债权；相应地，因主债权所发生的利息、主债权履行不能发生的迟延利息、违约金或赔偿金请求权，亦属于留置权担保的债权。至于债权人保管留置财产的费用、实现留置权的费用，均与债权人对留置财产的占有存在关联，亦应属于留置权担保的债权。

应当注意的是，留置权为法定担保物权，留置权担保的债权范围不取决于当事人的约定。但当事人可以预先约定不适用留置权的债权。例如，当事人可以约定债权利息、迟延利息、违约金或者损害赔偿金，不适用留置权。这里所称当事人约定不适用留置权的债权，与《民法典》第389条“但书”规定的“当事人另有约定”不同；前者是当事人在留置权发生的“基础法律关系”中的约定，后者则为当事人在设立担保物权时的“担保合同”对担保范围的约定。对于留置权担保的债权范围，当事人在留置权发生的基础关系中已有约定的，依照其约定；没有约定的，依照《民法典》第389条来确定留置权担保的债权范围，即留置担保的债权包括主债权及其利息、违约金、损害赔偿金、保管担保财产和实现担保物权的费用。

三、清偿债权的顺序

留置财产的变价金，应当先支付留置财产的保管费用和变价费用。支付留置财产的保管费用和变价费用后的变价金余额，足以清偿全部债权的，不存在这个问题；但其不足以清偿全部债权额时，应当如何清偿不同种类的债权额，本条没有具体规定。

就债权的本金和利息而言，留置财产原则上应当先还利息，再还本金。参照《民法典》第674条的规定，对于约定有利息的支付方式和期限的债权，留置财产的变价金依照当事人约定的清偿债务的方式支付；没有约定或者约定不明确的，留置财产的变价金应当先抵充利息再偿还本金。司法实务上，《合同法解释（二）》第21条规定，当债务人的给付不足以清偿全部债务时，当事人对于如何支付主债务、利息和费用没有约定的，人民法院应当按照下列顺序抵充：（1）实现债权的有关费用；（2）利息；（3）主债务。

四、留置财产清算的私法效果

留置财产的变价金属于债务人，以其清偿留置担保的债权数额后，尚有剩余的，应当返还给债务人。清偿债权后的变价金剩余部分，无法返还给债务人时，债权人应当将其提存以履行其返还义务，提存的费用由该变价金的余额支付或者由债务人承担。留置担保的债权，因受留置财产的变价金的清偿，在清偿的范围内相应消灭；留置财产的变价金清偿全部债权的，债权全部消灭；清偿部分债权的，债权部分消灭。未受留置财产的变价金清偿的债权部分，其效力不因已受部分清偿而受影响，债务人负有继续清偿的责任。

第四百五十六条【留置权的优先性】

同一动产上已经设立抵押权或者质权，该动产又被留置的，留置权人优先受偿。

历史由来

本条是对《物权法》第239条的继承，内容未有任何实质变化。

留置权为法定担保物权，适用于动产。依照我国民法的规定，抵押权和质权亦可以设立于动产上。由此，在同一动产上共存抵押权、质权和留置权时，应当如何处理留置权和动产抵押权、动产质权的关系？《民法通则》对此问题没有涉及。

《海商法》第25条第1款规定，船舶抵押权后于船舶留置权受偿。债权人就其占有的船舶而生效的船舶留置权，不论船舶抵押权是否设立在先，均优先于抵押权。此为留置权绝对优先的具体法律依据。《担保法》对留置权绝对优先的规则，也未有一般性的规定。司法实务上，人民法院对于留置权优先于抵押权的规则，普遍予以承认；且《担保法解释》第79条规定："同一财产法定登记的抵押权与质权并存时，抵押权人优先于质权人受偿。同一财产抵押权与留置权并存时，留置权人优先于抵押权人受偿。"

留置权为法定担保物权，抵押权为意定担保物权；留置权的发生与否，并不取决于当事人之间的约定。留置权人对留置财产行使权利，不仅可以有效对抗留置财产的所有人对留置财产的处分，而且可以对抗留置财产上存在的任何负担。故留置权人行使留置权，并不考虑留置财产上是否已经附有抵押权等其他担保物权。若使留置权人的权利从属于债务人以留置财产向他人设立的抵押权，势必使留置权的法定担保物权的功能丧失殆尽。[①]比较法上，留置权的优先规则是受到普遍尊重的。美国《统一商法典》第9–310条确认法定留置权的优先次序，规定："若任何人在通常的业务过程中就设定担保权益的货物提供服务或者提供原材料，且成文法或者法律原则规定其可以就因该种服务或者原材料的提供所占有的货物享有留置权，则该留置权优先于已经发生的担保权益，除非留置权为法律所规定、且规定该留置权的法律另有规定。"我国《澳门民法典》第749条规定，涉及不动产之留置权优先于抵押权，即使抵押权登记在先，亦同。我国台湾地区规定，抵押权人依本条规定实行占有抵押物时，不得对抗依法留置标的物的善意第三人。这就是说，不论留置财产上的抵押权是否已经先于留置权而设立，留置权都具有对抗抵押权的优先效力。

我国理论上并不否认留置权有优先于动产抵押权的效力。实务上，《担保法解释》第79条第2款规定，同一财产上抵押权与留置权并存时，坚持留置权人优先于抵押权人受偿的立场，《海商法》第25条规定，船舶抵押权后于船舶留置权。制定《物权法》时，虽有意见提出留置权优先于抵押权或者质权，但应当以留置权人取得动产占有时的"善意"为条件，以防止当事人利用留置权的优先效力恶意在已经设立抵押权的动产上行使留置权，妨碍或者排除抵押权的行使。[②]但恶意损害留置财产上的抵押权人的利益，不受法律保护，无须在这里强调债权人的"善意"，且上述司法解释的立场切实可行。基于司法实务的经验积累，《物权法》第239条规定："同一动产上已设立抵押权或者质权，该动产又被留置的，留置权人优先受偿。"

《民法典物权编（草案）》（征求意见稿）第244条规定："同一动产上已设立抵押权或者质权，该动产又被留置的，留置权人优先受偿。"其后，《民法典各分编（草案）》第247条、《物权编（草案）》（二审稿）第247条和《民法典（草案）》第456条作了相同的规定。

---

① 邹海林：《留置权基本问题研究》，载《法学研究》1991年第2期。

② 全国人民代表大会常务委员会法制工作委员会编：《中华人民共和国物权法释义》，法律出版社2007年版，第508—509页。

规范目的或功能

本条在于明确同一留置财产上存在其他担保物权时，留置权人的权利先于其他担保物权人行使。但是，法律另有规定的，依照其规定。例如，《海商法》第25条规定，在同一船舶上有留置权和抵押权时，留置权优先于抵押权，但劣后于船舶优先权。

规范内容

一、留置权优先的规则

同一留置财产既有留置权，又有抵押权、质权时，留置权的效力优先于抵押权、质权。在同一动产之上既有留置权又有抵押权、质权的情形，主要有：其一，不动产抵押的抵押财产的从物为动产的，以该动产为标的而发生的留置权。如交付不动产的从物进行修理而发生的留置权，则有同一动产上不动产抵押权与留置权的并存。其二，动产抵押权与留置权的并存。其三，动产质权与留置权的并存。如质权人将质押财产夺回而质权尚未消灭之前，在该动产上又发生留置权的。①

留置权的优先规则，主要理由有以下三点：（1）留置权为法定担保物权。抵押权和质权为意定担保物权，法定担保物权通常应当优先于意定担保物权。（2）留置权人实际占有留置财产，占有为动产物权的公示方法，其具有对抗第三人的效力；若抵押权人或质权人对留置财产行使权利，留置权人得以占有的效力拒绝抵押权人或质权人行使权利。（3）留置权所担保的债权与留置财产有牵连关系，先清偿与担保财产有牵连关系的债权，符合社会生活秩序的正常逻辑。

依照本条，同一动产上已设立抵押权或者质权，该动产又被留置的，留置权人优先受偿。但是，因前述规定，有学者解释认为："先成立留置权后设立抵押权或质权的，除留置财产所有权人将留置财产抵押的情形外，后设立

---

① 谢在全：《民法物权论》（下册），中国政法大学出版社1999年版，第885页。

的抵押权或者质权的效力优先于在先成立的留置权。”[①]上述解释以留置权和抵押权、质权的成立先后确定留置权的优先效力，与本条的规定不符；再者，非留置财产的所有权人在留置权发生后设立的抵押权或质权，优先于留置权，又是基于什么样的制度逻辑，难以理解。实际上，本条规定的留置权的优先效力，与留置权的发生是先于还是后于抵押权或质权的设立，并没有任何关系。“在同一动产上，无论留置权是产生于抵押权或者质权之前，还是产生于抵押权或者质权之后，留置权的效力都优先于抵押权或者质权。也就是说，留置权对抵押权或者质权的优先效力，不受其产生时间的影响。”[②]依照上述规定，在同一动产上已经设立抵押权或者质权的，不论留置权人在取得该动产的占有时是否已知其事实，只要符合留置权的发生要件，留置权人对该动产的权利优先于抵押权或者质权。

二、留置权优先的制度逻辑

留置权优先于抵押权源自近现代航海诸国的海商立法和实践。因海上贸易而发展起来的海事留置权，具有对抗船舶抵押权的优先效力，而有关的国际公约正致力于扩大优先于船舶抵押权的海事留置权的范围。例如，《海商法》第25条规定：“船舶优先权先于船舶留置权受偿，船舶抵押权后于船舶留置权受偿。前款所称船舶留置权，是指造船人、修船人在合同另一方未履行合同时，可以留置所占有的船舶，以保证造船费用或者修船费用得以偿还的权利。……”海事留置权优先于船舶抵押权，推广适用于物权留置权，亦有正当性。

三、留置权优先不以留置权人的善意为条件

留置权优先于抵押权，不受抵押权是否成立在先的影响。若在同一财产上已有抵押权，如何防止债务人与债权人利用留置权来妨碍或排除抵押权的行使？曾有观点提出，当事人可以利用留置权的对抗效力，恶意约定债权人对留置财产的占有而成立留置权，以妨碍或者排除在留置财产上已存在的抵押权，

---

① 郭明瑞：《物权法通论》，商务印书馆2019年版，第414页。

② 全国人大常委会法制工作委员会民法室编著：《中华人民共和国物权法解读》，中国法制出版社2007年版，第509页。

故具有对抗抵押权的效力的留置权，应当以善意取得的留置权为限。[①]在《物权法》的起草过程中，也有人认为，为了防止当事人利用留置权的优先效力，在已经设立抵押权的动产上行使留置权，妨碍或者排除动产抵押权的行使，建议明确规定，同一动产上留置权产生于抵押权或质权之后的，只以留置权人的善意为条件，留置权才优先于已存在的抵押权或质权。而这里所称“善意”，是指对同一动产已存在抵押权或质权不知情；与之相对应的恶意，是指留置权人对同一动产上已存在的抵押权或质权知情，而非恶意串通的意思。[②]

留置权产生的基础是公平原则。在适用留置权规则的许多情况下，留置权人一般以保全留置财产的价值为目的，且留置权人的债权与留置财产的价值相比往往是微不足道的；在这种情况下，仅仅以留置权人知道或者应当知道在该财产上存在抵押权或者质权而否定其优先效力，对留置权人不公平。实践中，债权人留置债务人的财产，往往都是知道该财产上存在抵押权或质权。故留置权优先于抵押权或者质权的效力不以留置权人的善意为前提。[③]再者，以留置权人的善意作为留置权发生的条件，将极大缩减留置权适用的范围，使得留置权担保债权的功能趋于衰竭，导致公平原则发挥作用的空间被压缩。同时，债权人在取得债务人的财产之占有时，其是否知道该财产上是否已有抵押权或质权，与其恶意利用留置权以妨碍或排除抵押权或质权对该财产的支配，并不具有逻辑上的联系。因此，留置权优先的规则不以留置权人的善意为条件。

应当注意的是，如果留置权人与债务人恶意串通成立留置权，其目的是排除在动产上的抵押权或质权，这已经超出了恶意和善意的范畴，属于严重违反诚信原则的恶意串通行为，不但留置权不能优先于抵押权或者质权，且该留置权应当视为不存在。[④]再者，债权人占有债务人的动产，如债权人与债务人恶意串通而损害抵押权人或质权人合法权益，留置该动产将违反法律、

① 邹海林、常敏：《债权担保的方式和应用》，法律出版社1998年版，第343页；中国物权法研究课题组：《中国物权法草案建议稿：条文、说明、理由与参考立法例》，社会科学文献出版社2000年版，第760页。

② 全国人大常委会法制工作委员会民法室编著：《中华人民共和国物权法解读》，中国法制出版社2007年版，第509页。

③ 全国人民代表大会常务委员会法制工作委员会编：《中华人民共和国物权法释义》，法律出版社2007年版，第509页。

④ 全国人大常委会法制工作委员会民法室编著：《中华人民共和国物权法解读》，中国法制出版社2007年版，第510页。

行政法规的强制性规定，或者违背公序良俗，不得留置。[①]在此情形下，无留置权优先规则适用之余地。

举证责任

在同一动产上有抵押权或者质权存在时，不论留置权生效的先后，留置权人对于留置财产的变价金有优先受偿的权利。留置权人与抵押权人、质权人对其权利实现的先后发生争议的，依照“谁主张，谁举证”的原则，来配置争议当事人之间的举证责任。

其他问题

一、两个或两个以上留置权并存

留置权为占有担保物权，以法律规定的条件而发生，但不能排除在同一财产上可以并存两个或两个以上留置权的情形。例如，仓储合同的保管人将存货人交付的同一批货物存放于保管人租用的第三人所有的仓库，保管人对该批货物基于其仓储费用请求权，有留置权；仓库所有人（第三人）依照《民法典》第714条的规定，基于其仓库的损害赔偿请求权，对该批货物亦有留置权。此时，在同一动产上即发生留置权的并存。当两个或两个以上留置权并存于同一财产上时，各留置权人因其法定担保物权人的地位，均可以对留置财产行使权利，似无先后之别，但学者认为应当按照留置权成立的先后确定留置权行使的顺位，较为适宜。[②]在这里，不妨以为：以各留置权所担保的债权的清偿期的先后，确定留置权发生的先后；发生在先的留置权优先于发生在后的留置权；同时发生的留置权，顺位相同。

二、留置权与法定的优先权

关于法律规定的优先权，在我国仅有名为“船舶优先权”和“民用航空

---

① 《民法典》第449条、第143条和第154条。

② 史尚宽：《物权法论》，台北1979年自版，第464页。

器优先权”两种。

（一）船舶优先权

根据《海商法》第21条、第22条，船舶优先权，是指法定的海事请求权人向船舶所有人、光船承租人、船舶经营人提出海事请求，对产生该海事请求的船舶所具有的优先受偿的权利，主要包括：（1）船长、船员和在船上工作的其他在编人员根据劳动法律、行政法规或者劳动合同所产生的工资、其他劳动报酬、船员遣返费用和社会保险费用的给付请求；（2）在船舶营运中发生的人身伤亡的赔偿请求；（3）船舶吨税、引航费、港务费和其他港口规费的缴付请求；（4）海难救助的救助款项的给付请求；（5）船舶在营运中因侵权行为产生的财产赔偿请求。船舶留置权，是指造船人、修船人在合同另一方未履行合同时，可以留置所占有的船舶，以保证造船费用或者修船费用得以偿还的权利。船舶留置权在造船人、修船人不再占有所造或者所修的船舶时消灭。

前述船舶优先权与船舶留置权，为《海商法》规定的法定担保物权，但船舶优先权的效力优先于船舶留置权。《海商法》第25条规定，“船舶优先权先于船舶留置权受偿”。除船舶的建造、修理外，因为其他法律关系而占有船舶的，如因租用港口、码头而停放船舶的，港口、码头的所有人对于停放于其港口、码头的船舶，依照《民法典》第447条和第448条的规定，亦会发生民法上的留置权。在此情形下，基于相同的制度逻辑，船舶优先权优先于对该船舶发生的民法上的留置权。

（二）民用航空器优先权

根据《民用航空法》第18条、第19条和第22条，民用航空器优先权，是指救助民用航空器的报酬请求权人、保管维护民用航空器的费用请求权人，向民用航空器所有人、承租人提出赔偿请求，对产生该赔偿请求的民用航空器所具有的优先受偿的权利，该权利优先于民用航空器抵押权受偿。《民用航空法》规定了民用航空器优先权，目的在于给予救济民用航空器的报酬请求权人、保管维护民用航空器的费用请求权人特别的优先受偿利益，且该等优先权人不以占有民用航空器为必要，但应当向民用航空器登记机关进行登记，以公示其优先权地位。

《民用航空法》没有规定民用航空器留置权，不少学者认为这不利于相关纠纷的解决，应当结合留置权的一般理论，考虑民用航空运输实践特点，学习域外经验，在《民用航空法》中规定民用航空器留置权。[①]在我国，《民法典》已经对留置权制度作了体系化的规定，《民用航空法》除非确有必要才有可能专门规定“民用航空器留置权”，目前似无必要脱离《民法典》的制度结构而专门规定民用航空器留置权；且在解释上，《民法典》第447条和第448条适用于针对民用航空器而发生的留置权，不存在任何障碍。对民用航空器的所有人或其他利害关系人享有债权的人，只要其合法占有民用航空器，在债权届清偿期时，即可对其占有的民用航空器行使留置权。另外，要说明的是，前述民用航空器优先权人若对其优先权没有进行登记，其所失去的只是优先权的特别受偿地位，并不影响其债权；若该等债权人仍旧占有该民用航空器的，只要符合留置权的发生要件，仍可对该民用航空器行使留置权。

目前的问题在于，在同一民用航空器上有民用航空器优先权又有留置权的，何者优先？在《民用航空法》缺乏规定的情形下，考虑到该法规定优先权制度的目的，并参考《民用航空法》第22条、《海商法》第25条之规定，不妨做如下的解释：民用航空器优先权先于民用航空器留置权受偿，民用航空器留置权先于民用航空器抵押权受偿。

三、留置权与出卖人取回权

出卖人取回权，是指异地买卖成立后，尚未收取全部价款的出卖人已经发运货物，买受人尚未收到货物而被适用破产程序的，出卖人取回在运途中的货物的权利。这在大陆法系国家具有普遍性。与之类似的出卖人权利，在英美法系国家被称为“中途止付权”（Stoppage in Transitu）。中途止付权为

---

① 郭玉军、陆寰：《美国民用航空器留置权问题研究》，载《华东政法大学学报》2010年第6期；蔡斌：《中国民用航空器留置权法律体系构建比较分析》，载《北京航空航天大学学报》（社会科学版）2013年第2期；孔得建、丁向群：《我国民用航空器留置权法律制度建构》，载《中州学刊》2019年第12期。

担保卖方的货物价款受偿的法定物权，与大陆法系国家在破产程序中适用的“出卖人取回权”，性质类似。中途止付权纯粹是为了担保卖方取得价金的权利而创设的制度，但比出卖人取回权的适用范围广泛得多。[①]出卖人取回权，与买卖货物的所有权如何复归于出卖人没有关系，其是法律为救济出卖人收取买卖价金的利益而专门规定的特别法制度，构成一种新型物权。[②]

《企业破产法》第39条规定：“人民法院受理破产申请时，出卖人已将买卖标的物向作为买受人的债务人发运，债务人尚未收到且未付清全部价款的，出卖人可以取回在运途中的标的物。但是，管理人可以支付全部价款，请求出卖人交付标的物。”依照上述规定，买受人在破产程序开始时尚未收到买卖标的物，不论破产程序开始后接管买受人财产的管理人是否已经收到买卖标的物，只要出卖人尚未收到全部价款，均可以不受限制地行使取回权。若承运人对其承运的货物没有丧失占有且未收取承运费用，承运人对其承运的货物享有留置权。在此情形下，承运人对货物的留置权优先于出卖人对货物的中途止付权。

第四百五十七条【留置权消灭的特别规定】

留置权人对留置财产丧失占有或者留置权人接受债务人另行提供担保的，留置权消灭。

历史由来

本条是对《物权法》第240条的继承，内容未有任何变化。

留置权为法定担保物权，依照法律规定的条件而发生效力，依照法律规定的事由而消灭。

《民法通则》在规定留置权时，没有留置权消灭的相应规定。《海商法》第25条第2款规定，造船人、修船人不再占有所造或者所修的船舶，船舶留置权消灭。此为留置权因债权人丧失对留置财产的占有而消灭，提供了依据。

---

① 邹海林：《论买卖合同之卖方的中途止付权》，载《法学研究》1990年第5期。

② 邹海林：《破产程序和破产法实体制度比较研究》，法律出版社1995年版，第295页。

《担保法》第88条第2项规定，“债务人另行提供担保并被债权人接受的”，留置权消灭。司法实务上，《担保法解释》第87条、第114条规定，债权人将留置财产返还债务人后，以其留置权对抗第三人的，人民法院不予支持。比较法上，留置权人丧失对留置财产的占有，以及债务人为留置权人另行提供相当的担保，均为留置权消灭的特有法律事实。

综合以上两个条文，吸收我国司法实务的相关经验，参考比较法上的有益做法，《物权法》第240条规定：“留置权人对留置财产丧失占有或者留置权人接受债务人另行提供担保的，留置权消灭。”

《民法典物权编（草案）》（征求意见稿）第245条规定：“留置权人对留置财产丧失占有或者留置权人接受债务人另行提供担保的，留置权消灭。”其后，《民法典各分编（草案）》第248条、《物权编（草案）》（二审稿）第248条和《民法典（草案）》第457条作了相同的规定。

规范目的或功能

留置权的消灭，是指留置权对留置财产具有的物权效力终止。因物权法定主义，留置权仅能因为法律规定的原因而消灭。债权人留置债务人的财产后，债务人对债权人占有的财产，享有物的返还（给付）请求权，因留置权人行使权利而阻止了物的返还（给付）请求权的行使。留置权消灭，债务人对其财产享有的返还（给付）请求权，自动恢复其原有状态，债权人应当返还（给付）其占有的债务人的财产。《民法典》第393条规定了担保物权的消灭，适用于留置权的消灭，自无疑问。但该条的规定，并不能包括影响留置权的物权效力变动的特有法律事实。为此，本条特别规定，留置权人对留置财产丧失占有或者留置权人接受债务人另行提供担保的，留置权消灭。

规范内容

在留置权消灭时，不论留置权消灭的原因如何，留置权人均有义务无条件地将留置财产返还或交付给债务人。留置权人返还留置财产的义务并非留置权消灭的结果，而是债权人原有返还义务的继续履行。[①]留置权消灭时，债权人拒不返还留置财产的，应当承担不法占有债务人的财产之民事责任。留置权作为占有担保物权，消灭的原因具有多样性，但均取决于法律的规定。依照本条，有以下两种情形之一的，留置权消灭。

一、丧失对留置财产的占有

《民法典》第457条规定，留置权人对留置财产丧失占有的，留置权消灭。

留置权以债权人非因侵权行为而取得债务人财产的占有为发生要件，并以占有的保持为存续要件。债权人对留置财产的占有应当为持续不间断的占有，否则，留置权因为留置权人丧失对留置财产的占有而消灭。例如，《日本民法典》第302条规定，留置权因占有丧失而消灭。我国台湾地区规定，留置权因占有之丧失而消灭。

丧失对留置财产的占有，是指留置权人丧失对留置财产的事实上的管领力，至于其管领力丧失的原因是否出于留置权人本人的意思，则非所问。在我国，民法理论上一直认为，留置权人丧失对留置财产的占有，为留置权消灭的原因。[②]除《海商法》第25条第2款规定外，先有《物权法》第240条规定、后经《民法典》第457条继承，将“留置权人对留置财产丧失占有”法定为留置权消灭的原因。实务上，债权人丧失对留置财产的占有，多因债权人返还留置财产给债务人，其留置权消灭。例如，根据《担保法解释》第87条、第114条，债权人将留置财产返还债务人后，再以其留置权对抗第三人的，人民法院不予支持。应当注意，因为留置权人的疏忽（如不知道留置权的存在）向债务人返还留置财产的，日后再取得该财产的占有而具备留置权发生的要件时，不妨碍在该财产上为同一债权再发生新的留置权。[③]

留置权因为占有丧失而消灭。但是，非因债权人的意思而丧失占有，例如，留置财产被他人侵夺，是否消灭留置权？这在理论上存在分歧。

一种意见认为，留置权与质权不同，留置权对丧失占有的财产没有追及效

① 史尚宽：《物权法论》，台北1979年自版，第472页。

② 钱明星：《物权法原理》，北京大学出版社1994年版，第379页。

③ 史尚宽：《物权法论》，台北1979年自版，第471页。

力，留置权人非因其意思而丧失对留置财产的占有，只能依照占有回复的规定请求返还占有物；留置权人依照占有的规定回复其对占有物的重新占有的，也只能发生留置权的再生而非原留置权的继续。非因占有人的意思而丧失占有，留置权归于消灭。[①]留置权人对留置财产的占有应当是持续不间断的占有，否则，留置权因占有的丧失而消灭。若留置权人非依自己的意愿，暂时丧失对留置财产占有的，留置权消灭，但这种消灭并不是终局性的消灭，留置权人可以依占有的返还原物之诉要求非法占有人返还留置财产而重新获得留置权。[②]

另一种意见认为，留置财产被他人侵夺而丧失占有，若能依照占有的规定请求回复占有，仅仅为占有的暂时丧失而非确定丧失，其占有的管领力并未消灭，即占有并未丧失，留置权当然不可能消灭；若认为留置权人因为回复被他人侵夺的留置财产的占有，使留置权再生而成立新留置权，与留置权发生的要件不符。因此，非因占有人的意思而丧失占有，在可以依照占有的规定而请求返还占有时，留置权并不消灭。[③]

以上两种意见，分歧点在于如何理解留置权人的占有丧失。应当注意的是，因他人的侵占（侵权行为）致使债权人丧失对留置财产的占有，并非确定的占有丧失，因为债权人在此情形下享有占有回复的物上请求权，留置权并不当然归于消灭；债权人诉请回复占有而重新取得对留置财产占有的，留置权得以有效存续；唯有债权人不能诉请回复占有或者诉请回复占有而不能重新取得对留置财产的占有时，留置权归于消灭。[④]

依照《民法典》第462条（占有保护请求权）的规定，债权人留置债务人的财产后，留置财产被侵占的，债权人（占有人）有权请求返还原物。但应当注意，非因侵占而失去对留置财产的控制和支配的，债权人（占有人）不得行使占有返还请求权。例如，债权人因为自己的错误将留置财产交付给他人占有，或者遗失留置财产的，不得行使占有返还请求权。债权人因占有返还请求权的行使而回复对留置财产的占有时，视为占有继续而未发生中断的

---

① 郑玉波：《民法物权》，台北三民书局1980年版，第358页。

② 全国人民代表大会常务委员会法制工作委员会编：《中华人民共和国物权法释义》，法律出版社2007年版，第510页。

③ 史尚宽：《物权法论》，台北1979年自版，第470页。

④ 邹海林、常敏：《债权担保的理论与实务》，社会科学文献出版社2005年版，第370页。

事实。在此意义上，留置权不因侵占导致失去对留置财产的控制和支配而消灭；但留置财产因侵占人的行为而毁损、灭失时，或者因债权人未在法定期间内行使占有返还请求权，致使债权人不能回复对留置财产的占有的，不在此限。

二、债务人另行提供担保

原则上，债务人另行提供担保，留置权消灭。《民法典》第457条规定，留置权人接受债务人另行提供担保的，留置权消灭。

基于公平原则而产生的留置权，有担保债权受偿的功能；同样，若债务人提供相当的担保使得债权受偿已有保障，继续维持留置权的效力以担保债权受偿，不仅妨碍留置财产的使用价值的发挥，而且对债务人过于苛刻，并不符合公平原则。留置权作为法定担保物权，若有得以替代留置权担保债权受偿的法律事实，留置权应当消灭，以维持债权人和债务人之间的利益公平。债务人另行提供担保，被立法例规定为留置权消灭的法律事实（原因）。例如，《瑞士民法典》第898条第1款规定：债务人不履行义务时，仅以债权人没有取得充分的担保为限，债权人经事先通知债务人，得变卖留置财产。《日本民法典》第301条规定，债务人可以提供相当担保，请求消灭留置权。

债务人另行提供的担保，是否具有消灭留置权的效力，应以其担保是否与留置权担保的债权“相当”为条件。瑞士民法称其为“充分的担保”，日本民法称其为“相当担保”。我国台湾地区规定，债务人为债务之清偿，已提出相当之担保者，债权人之留置权消灭。因此，债务人另行提供的担保，仅在满足其与留置权对债权的担保“相当”的情形下，发生留置权消灭的效果。首先，债务人有提供相当的担保以消灭留置权的权利，债权人对债务人提供的相当担保，负有接受其担保的义务。债务人提供的担保为人的担保还是物的担保，只要债务人提供的担保相当，均无不可；债务人为债权人提供物的担保的，在符合法定之担保相当的条件下，无须债务人为请求消灭留置权的意思表示，亦无须债权人为同意消灭留置权的意思表示，留置权当然归于消灭。[①]其次，债务人提供的担保是否相当，应依下列情形判断：留置财产的价

① 谢在全：《民法物权论》（下册），中国政法大学出版社1999年版，第888页。

值超过债权额的，债务人应提供相当于债权额之担保；留置财产的价值低于债权额的，债务人应提供相当于留置财产价值的担保；留置财产没有客观价值的，债务人应提供相当于债权额之担保。[①]

依照《民法典》第457条的规定，留置权的消灭以债权人接受债务人另行提供的担保为条件。有观点提出，债务人另行提供担保致留置权消灭的，应当满足两个条件：一是债务人另行提供的担保应当被债权人接受。如果债权人不接受新担保的，留置权不消灭。二是债务人另行提供的担保，所能担保的债权应当与债权人的债权额相当。[②]在这里，债务人是否有另行提供担保以消灭留置权的权利，法无明文；同时，债务人另行提供的担保是否与留置权对债权的担保"相当"，亦与留置权的消灭无关。因此，只要债权人接受债务人另行提供的担保，不论债务人是否有权请求消灭留置权，亦不论债务人另行提供的担保是否与留置权对债权的担保相当，留置权均归于消灭。显然，债权人接受债务人提供之担保，为留置权消灭的先决条件。在这一点上，《民法典》第457条的规定与我国台湾地区的规定有显著不同，应当有所区别。

债务人另行提供担保的，若未经债权人接受，另行提供的担保也无法产生效力，仅有债务人提供担保以请求消灭留置权的意思，不影响留置权的效力。与此相适应，债务人另行提供的担保，不论是否与留置权对债权的担保相当，亦不论该担保为物的担保还是人的担保，只要债权人接受债务人提供的担保而产生担保的效力的，留置权因债务人另行提供担保而消灭。这就是说，债务人另行提供担保的，留置权是否消灭只取决于债务人所提供的担保是否成立并生效。债务人履行部分债务，对未清偿的债权部分另行提供担保并为债权人所接受的，同样发生消灭留置权的效果。再者，债务人另行提供担保时，无须另为请求消灭留置权的意思表示，不论债权人是否知道债务人另为提供担保的意图，只要债权人接受了债务人另为提供的担保，留置权即告消灭。

---

① 史尚宽：《物权法论》，台北1979年自版，第469页。

② 全国人大常委会法制工作委员会民法室编著：《中华人民共和国物权法解读》，中国法制出版社2007年版，第512页。

举证责任

留置权依照本条消灭的，债权人有返还留置财产的义务，债务人据此可以请求债权人返还留置财产。债务人请求返还留置财产的，应当以留置权的消灭为前提，而留置权的消灭又以法定的法律事实为基础。对于债权人是否丧失对留置财产的占有，或者债权人是否接受了债务人另行提供的担保，应当由债务人承担举证责任。基于相同的制度逻辑，对于其他情形下的留置权的消灭，举证责任亦由债务人承担。

其他问题

一、留置权消灭的其他情形

留置权消灭的原因，不以本条规定的情形为限。依照《民法典》第393条及相应的其他规定，有以下五种情形之一的，留置权亦消灭。

（一）主债权消灭

主债权，即留置权担保的债权。留置权具有从属性，从属于主债权。主债权消灭的，留置权消灭；至于主债权消灭的原因，如因清偿、提存、抵销、免除、混同等消灭的，在所不问。只要主债权消灭，留置权就消灭。留置权因主债权消灭而消灭的，限于主债权的全部消灭，主债权仅发生部分消灭的，留置权的效力不受影响。

但应当注意，对同一债权又有其他担保人提供担保，主债权因其他担保人（如保证人）代替债务人清偿债务而获得全部清偿的，留置权不消灭；依照债权的法定转移规则，留置权应当由代替债务人清偿债务的其他担保人取得。

（二）留置权实现

留置权实现，是债权人留置债务人财产后，经催告债务人在履行债务的宽限期内履行债务，而债务人仍未履行的，留置权人变价留置财产以优先清偿其债权的行为。以留置和担保债权受偿为目的的留置权，因其担保目的的实现而消灭。例如，留置权人变价留置财产并以其变价金优先清偿其债权的，留置权归于消灭。

留置权因留置权实现而消灭的，与其担保的债权是否已受全部清偿无关；留置权人只要有变价留置财产以其变价金清偿债权的行为，不论留置权担保的债权是否受到全部清偿，留置权皆归于消灭。

（三）债权人放弃留置权

放弃留置权，是指债权人以意思表示抛弃留置权的物权效力之行为。债权人放弃留置权的意思表示或行为，为留置权消灭的原因；留置权因债权人有放弃留置权的行为而消灭。

在这里，放弃留置权应当解释为留置权人的单方行为，只须其一方的意思表示即可发生效力。放弃留置权的意思表示，无须向特定的相对人作出，属于无相对人的单方法律行为。因此，债权人放弃留置权的，与其和债务人协商“消灭留置权”的双方行为（合同）无关，且自其意思表示作出之时发生留置权消灭的效力。至于债权人放弃留置权的行为应否限于明示的意思表示，在所不问。同时，债权人放弃留置权，是对自己民事权利的处分，其消灭的为债权人自己享有的留置权，与担保同一债权的其他留置权无关。

债权人以明示意思表示放弃留置权的，产生留置权消灭的效力；若其以默示意思表示放弃留置权的，应当依照债权人的行为性质和目的为断，始可确定是否发生放弃留置权的效果。

（四）债权清偿期的延缓

债权清偿期的延缓，是指将已届清偿期的债权变更为未届清偿期的债权。债权人留置债务人的财产后，经与债务人协商而推迟债权的清偿期，或者债权人明示或默示地同意债务人推迟履行债务的，发生债权未届清偿期的效果，除非债权人和债务人另有意思表示，留置权消灭。

留置权的成立和行使，以债权已届清偿期为要件。债权清偿期延缓，留置权因成立和行使的要件丧失而没有存在的条件，应当归于消灭；但是，留置权因债权清偿期的延缓而消灭后，债务人没有请求返还留置财产之前，延缓的清偿期重新届至的，不妨碍债权人就该留置财产成立新的留置权。[①]

（五）经债务人催告后仍怠于行使留置权的

债权人留置债务人的动产后，债务人可以催告债权人在债务履行期限届满后行使留置权。关于《民法典》第454条的规定，债务人请求债权人行使留置权的制度，具有赋予债务人督促留置权人行使权利的功能，以防止留置权人滥用留置权。债务人请求债权人行使权利的目的，不仅有督促债权人停止权利滥用的功效，而且有使债权人承担滥用权利的不利后果之功效，应当以留置权的消灭作为制度设计的目的。债务人请求债权人行使留置权的，实为债务人催告债权人行使留置权。债务人在债务履行期限届满后，可以催告留置权人行使留置权；逾催告所定期间，留置权人不行使留置权的，留置权消灭。

二、留置权不因罹于诉讼时效而消灭

留置权的行使是否因债权罹于诉讼时效而消灭？理论和实务上有不同的见解。

有学者认为，依据《担保法解释》第12条第2款，担保物权所担保的债权的诉讼时效结束后，担保权人在诉讼时效结束后的两年内行使担保物权的，人民法院应当予以支持。因此，在债权罹于时效满两年后，留置权人行使留置权的，法院不予支持。此时，留置权归于消灭。[②]另有学者认为，留置权为担保物权，我国民法没有如同《担保法解释》第12条的相应规定，将债权罹于诉讼时效解释为留置权的消灭原因，相当不妥。留置权与其所担保的债权不同，担保物权是否受诉讼时效的限制，亦不应当与债权的诉讼时效挂钩，二者应当分别适用和计算时效；留置权因为债权已届清偿期、债务人未履行债务、债权人占有债务人的动产而发生效力，只要债权人占有而不返还（给付）留置财产，留置权始终处于有效行使状态，留置权人对留置财产享有的权利没有计算诉讼时效的余地。留置权不因其担保的债权罹于诉讼时效而当

---

① 史尚宽：《物权法论》，台北1979年自版，第471页；谢在全：《民法物权论》（下册），中国政法大学出版社1999年版，第891页。

② 程啸：《担保物权研究》（第二版），中国人民大学出版社2019年版，第774页。

然行使不能，债权罹于诉讼时效的，留置权人仍可以行使其留置权。[①]

《民法典》规定的诉讼时效，适用于请求权，包括物上请求权，除非某种请求权依照法律规定不适用诉讼时效。留置权人请求变价留置财产的权利虽为物上请求权，但未被《民法典》第196条予以排除，解释上可以认为，留置权人行使变价留置财产以清偿债权的权利的，适用诉讼时效的规定。至于留置权担保的债权是否罹于诉讼时效，与留置权的行使没有关系。考虑到，债权人的留置权具有二次效力。第一次效力为留置的效力，只要债权人不以其意思表示放弃对留置财产的占有，留置权的留置效力始终处于持续有效状态，表明留置权人在持续行使其占有留置财产的权利，既不涉及留置权人的请求权，亦无诉讼时效计算的余地，诉讼时效对留置权人享有的留置债务人动产的利益，不发生任何影响。第二次效力为变价留置财产的效力。根据《民法典》第188条、第192条，留置权人对留置财产请求变价的物上请求权，受三年诉讼时效期间的限制，自留置权人"知道或者应当知道权利受到损害以及义务人之日起计算"；诉讼时效期间届满的，留置权人请求变价留置财产以清偿其债权的，债务人可以提出"不履行义务的抗辩"；亦不会不发生留置权消灭的私法效果。

① 邹海林、常敏：《债权担保的而理论与实务》，社会科学文献出版社2005年版，第355—356页。

第二十章

占 有

第四百五十八条【基于合同关系等产生的占有】

基于合同关系等产生的占有，有关不动产或者动产的使用、收益、违约责任等，按照合同约定；合同没有约定或者约定不明确的，依照有关法律规定。

历史由来

本条承袭了《物权法》第241条的规定。

占有，是指人对物的实际控制与支配。占有制度起源于罗马法，在古罗马优士丁尼时期已经成熟。近现代大陆法系各主要国家如德国、瑞士、荷兰、意大利、葡萄牙、西班牙、日本、韩国等的民法均规定了占有以及占有保护制度。中华人民共和国成立以后，“我国的民法学者一般都在谈所有权的权能时提到占有，而未对其作深入的研究。我国《民法通则》第七十一条，也仅将占有作为一种权能加以规定”[①]。改革开放以后，随着商品经济的发展和社会经济的变迁，财产的所有和占有分离频繁，财产的占有和利用关系日益复杂，理论上对于构建我国占有制度的呼声很高，有学者认为：“占有本质上属于财产利用范畴。财产利用在现代社会具有独立的价值，这是非所有人利用他人财产日益普遍和自主、财产所有和财产占有高度分离的结果。我国物权制度应该以所有和所有权表述财产归属状态及其法律性质，以占有和占有权表述财产利用状态及其法律性质。”[②]而在司法实践中，早在《物权法》施行之前，人民法院已经开始尝试引用和阐释占有保护的法理。比如2002年广东省深圳市中级人民法院在某返还财产纠纷案的判决中即认为：“我国立法虽未建立占有法律制度，但依世界多数各国立法通例及法理，当占有物被侵夺或妨害时，除了所有权人得行使物上请求权外，占有人也独立地享有请求侵害人返还占有物的权利。……无论占有是否可以解释为权利，占有人在占有物上行使事实上的权利而享有的利益应受法律保护，不受非法侵害，唯此市场经济秩序

① 周枏：《罗马法原论》（上册），商务印书馆1994年版，第409页。

② 孟勤国：《占有概念的历史发展与中国占有制度》，载《中国社会科学》1993年第4期。

和交易安全才得以维护。”[①]

研究占有问题，无法绕开占有的本质问题。关于占有的本质，自罗马法以来大体存在两种不同的认识，其一认为占有是事实，其二认为占有是权利。认为占有是事实的立法有罗马法、德国法、瑞士法等，认为占有是权利的立法有日本民法和韩国民法等。[②]理论上还有学者认为，占有既是一项权利又是一种事实，占有就其本质而言是事实，就其产生的后果而言则等同于一项权利。[③]该说将占有的本质和占有的法律效果混为一谈，显然不能成立。[④]目前大陆法系大多数国家的立法和学理均从占有是事实的角度对占有加以规范和解释，原因如下。

1.占有是权利的观点对于有权占有固无问题，但是对于无权占有却无法自圆其说，无权的权利（占有权）这个提法本身即自相矛盾。

2.如果占有是权利，则盗窃者应无占有他人物件的权利，无效的法律行为也不能够发生移转占有的效力。[⑤]

3.占有是权利的观点无法合理解释为什么一部分无权占有不受侵权法等法律的保护，不受法律保护的权利不是权利，不应占有权利之名。

4.如果占有是权利，那么占有之诉与本权之诉将无法区分，二者都是关于权利的诉讼，都是本权之诉，那么独立的占有之诉将不复存在。

从学者建议稿来看，梁慧星教授主持编撰的《中国物权法草案建议稿》

---

① 广东省深圳市中级人民法院（2002）中法民终字第3590号民事判决书。

② 苏永钦：《侵害占有的侵权责任》，载《民法经济法论文集》，台北三民书局1988年版，第147页。关于罗马法上的占有究竟为事实还是权利，目前学界意见不一，有认为罗马法将占有规定为事实者，如王泽鉴，也有认为罗马法将占有规定为权利者，如谢在全。参见王泽鉴：《民法物权（二）》，台北三民书局2005年版，第140页；谢在全：《民法物权论》（下册），中国政法大学出版社1999年版，第932页。事实上，罗马法乃施行于罗马人部落、罗马共和国和罗马帝国法律的总称，其时间跨度达千余年，其间罗马的成文法多有流变，具有法律效力的各大法学家的著述在观点上亦时有分歧，研究者研究考察材料之不同以及观察思考角度之不同，导致了观点各异。但是，从总体上看，罗马法认为占有是事实而不是权利，并且开始区分占有诉讼与本权诉讼。

③ ［德］萨维尼：《论占有》，朱虎、刘智慧译，法律出版社2007年版，第22页以下。

④ Münchener Kommentar zum bürgerlichen Gesetzbuch, Band 6, 5.Auflage, Verlag C.H.Beck München, 2009, S.16.

⑤ 周枏：《罗马法原论》（上册），商务印书馆1994年版，第408页。

第十一章章名即为“占有”，从第417条到第434条，总18个条文，主要内容包括：占有的定义，占有辅助人，占有的权利推定，占有状态的推定，占有状态的变更，占有的移转，占有的合并，善意占有人的使用、收益，善意占有人的责任，善意占有人的费用求偿权，恶意占有人的责任，恶意占有人的求偿权，占有人的自力救济权，占有保护请求权，占有保护请求权的除斥期间，共同占有，占有的消灭，准占有等。[①]该建议稿是目前国内最为细致周详的占有立法建议稿，所附立法理由亦较为全面、详实。

目前我国多数学者认为占有是事实而非权利，立法上也倾向于认为占有是事实而不是权利。2005年《物权法（草案）》规定：占有，指占有人对不动产或者动产的实际控制。此定义强调占有的实际控制属性，显然将占有定性为事实而不是权利。最终通过的《物权法》删除了该项规定，但是占有所在的第五编编名以及第十九章章名均为“占有”，而没有像《日本民法典》以及《韩国民法典》那样使用“占有权”之提法，可见立法上仍然倾向于占有是事实而非权利的观点。该草案还规定：占有，包括有权占有和无权占有。基于债权关系等产生的占有，有关不动产或者动产的使用、收益、违约责任等，依照法律规定和合同约定。这一规定为2007年10月1日起施行的《物权法》所接受，《物权法》在其第五编第十九章第241条规定：“基于合同关系等产生的占有，有关不动产或者动产的使用、收益、违约责任等，按照合同约定；合同没有约定或者约定不明确的，依照有关法律规定。”《物权法》该条规定，为本条所承袭。

规范目的或功能

本条的规范目的在于明确基于合同关系等产生的占有，有关不动产或者动产的使用、收益、违约责任等，按照合同约定或者法律规定进行处理。

占有关系的发生，有些乃基于合同关系，如租赁、借用、保管、承揽等，有些则非基于合同关系，如侵占、盗窃、抢夺、挪用、拾得遗失物漂流物、

① 中国物权法研究课题组：《中国物权法草案建议稿：条文、说明、理由与参考立法例》，社会科学文献出版社2000年版，第85—87页。

无因管理等。对于基于合同关系之占有，各国立法均倾向于按照私法自治原则进行处理，也就是按照契约之约定确定当事人之间的权利和义务关系。所谓私法自治，是指私法主体有权按照自己的意思构筑私法关系。私法自治原则最能体现主体独立自由之品格，体现对于当事人意思之尊重，亦符合私法上的处分原则，是构筑科学而理性的法律关系的基础，能够实现幸福的最大化和效益的最大化。

规范内容

占有可以区分为有权占有和无权占有，有权占有是指有本权的占有，本权是指得为占有之权，主要是指物权，此外还包括债权、人身权等，无权占有是指无本权的占有。基于合同关系所产生的占有，属于典型的有权占有。

自罗马法以来，非所有人对于他人物的利用方式主要分为物权性利用和债权性利用。前者主要表现形式是为利用人创设物权，后者主要表现形式是为利用人创设债权。前者如设立用益物权和担保物权等，后者如租赁、融资租赁、借用、承揽、代管、寄售等。债权性利用方式在当事人之间仅仅创设债权请求权，此外不创设任何其他具体的权利，只是在一段时间内转移财产的占有关系，有时亦转移使用关系等，在当事人之间成立对人之债。而物权性利用方式则以创设具体的物权为行为目的，具有对世之效力，除了担保物权外，通常要在较长的时间内转移财产的占有、使用、收益之权，有时亦依法转移对于财产之处分权，如地上权、地役权、永佃权、抵押权、质权、典权等他物权之设立合同即属于此类。[①]

在自给自足的自然经济状态下，非所有人对于他人物的利用情形并不具有普遍性，而在市场经济状态下，非所有人对于他人物的利用情形越来越具有普遍性。改革开放以来，《民法通则》《担保法》《合同法》《农村土地承包法》《物权法》等法律先后颁布施行。从立法上看，《担保法》《农村土地承包法》《最高人民法院关于审理涉及国有土地使用权合同纠纷案件适用法律

---

① 章正璋：《设权合同的法律性质分析》，载《中国社会科学报》2019年3月13日，第5版。

问题的解释》较早地规定了抵押合同、质押合同、农地承包合同、土地使用权出让合同等他物权设立合同。《物权法》明确规定了土地承包经营权合同、建设用地使用权出让合同、地役权合同、抵押合同、质权合同等设权合同的类型。《合同法》明确规定了租赁合同、融资租赁合同、承揽合同、运输合同、保管合同、仓储合同、委托合同、行纪合同等合同。随着我国市场经济的发展，物之所有和物之占有、利用关系越发分离，基于合同关系所产生的占有及使用等关系越发重要、普遍而复杂，有必要予以制度化、法治化，使之成为物权立法上重要的规范对象和规范内容。

举证责任

基于合同关系产生的占有，其潜在及可能的举证责任主要涉及以下几个方面：

当事人主张合同关系上的权利义务，对于合同的存在、效力及内容负举证责任。主张合同关系业已变更、撤销、解除、终止的，亦应该承担相应的举证责任。

要求对方当事人承担违约责任的，须对对方当事人违约的事实予以举证。对于对方当事人是否具有过错通常无须举证，按照《民法典》第577条对于违约责任之规定，违约责任主要适用无过错责任原则，除非当事人另有约定或者法律另有规定。

当事人如欲通过主张不可抗力、受害人故意、正当防卫、紧急避险、自助行为或者标的物自身所固有的瑕疵等原因而免责的，应对上述事实之存在及其与损害后果之间的关联性予以举证证明。

在有权占有人无权处分他人财产的情况下，针对原权利人行使返还原物请求权之情形，如果第三人主张善意取得，原权利人认为第三人属于恶意的，应对此举证，第三人可以反证推翻之。

其他问题

鉴于基于合同关系所产生的占有关系较为复杂并且广为存在，本条规定在实践中往往还会涉及下列一些法律问题：

1.关于物权请求权的问题。基于合同关系对他人的财产占有、利用，如果合同到期后不再续期的，占有人有义务返还原物，占有人不予返还的，原权利人基于物权享有物权请求权，有权请求占有人返还原物。

2.关于占有保护问题。基于合同关系对他人的财产占有、利用，财产的现时占有人为直接占有人，原权利人则为间接占有人。《民法典》第462条所规定之占有保护请求权，直接占有人均有权享有。直接占有人之占有保护请求权，亦得以对原权利人主张，例如请求原权利人排除妨碍、消除危险、返还原物。原权利人侵害直接占有造成损害的，直接占有人有权请求侵害占有的损害赔偿。第三人侵害占有的，亦同。

3.关于违约责任和侵权责任的竞合问题。基于合同关系对他人的财产占有、利用的人，如果不按照合同约定对占有物为使用、收益，其行为可能发生违约责任与侵权责任的竞合问题。例如保管人违约使用保管物，借用人超范围、过度使用借用物，承揽人掉包承揽物，承租人擅自转让租赁物，等等。发生违约责任和侵权责任竞合时，根据《民法典》第186条，原权利人可以选择适用对于自己更为有利的违约责任或者侵权责任之规定而行使请求权。

4.关于善意取得问题。基于合同关系对他人的财产占有、利用的人如果无权处分原权利人之财产，则发生无权处分合同的效力问题、第三人善意取得问题以及原权利人权利之救济问题，上述问题应该依据《民法典》相关法律规范分别解决，各情形下的举证责任、请求权种类、权利义务关系、法律效果等应该依据具体情况分别考量。

5.关于添附问题。基于合同关系对他人的财产占有、利用的人对原权利人之财产进行添附、改装的，其添附物、改装物在合同关系终止时之归属按照合同约定予以解决，合同无约定的，直接占有人有权处分其添附物，对原权利人权利造成损害的，负损害赔偿责任。

6.关于孳息的归属问题。直接占有人占有他人之物期间原物所产生之孳息，按照合同约定解决，合同无约定的，按照法律规定解决。

第四百五十九条【恶意占有人的赔偿责任】

占有人因使用占有的不动产或者动产，致使该不动产或者动产受到损害的，恶意占有人应当承担赔偿责任。

历史由来

本条完全承袭了《物权法》第242条的规定。在《物权法》之前，我国民事立法没有关于恶意占有人的赔偿责任的具体规定。

规范目的或功能

本条之规范目的，在于确定恶意占有人对于使用占有物所造成损害的赔偿责任。从反面看，本条之规范目的亦是为有关权利人创设请求权。当符合本条之条件预设时，该项请求权即成立。

明确恶意占有人因为使用占有物应对由此所造成的损害负赔偿责任，体现出立法上对恶意占有人使用占有物行为之否定性评价，该否定性评价一则有利于防止或者减少恶意占有人对占有物之使用现象，减少相关纠纷之发生；二则当恶意占有人因为使用占有物而导致损害发生时，请求其赔偿亦能够于法有据。

规范内容

占有可以依据不同的标准作不同的分类，例如有权占有与无权占有，自主占有与他主占有，善意占有与恶意占有，公开占有与隐秘占有，和平占有与暴力占有，继续占有与不继续占有，直接占有与间接占有，占有与辅助占有，占有与准占有，等等。

作为本条规范对象之恶意占有，与上一条基于合同关系之占有相对，实际上主要针对非基于合同关系之占有。因为基于合同关系之占有性质上属于有权占有、合法占有，而有权占有、合法占有无关乎善意恶意，不作善意恶意之区分，亦无所谓善意和恶意可言。

所谓恶意，民法上是指明知的意思。所谓恶意占有，是指占有发生时，占有人明知其无权占有某物而仍然施加占有之意。占有之初为善意，其后知晓其占有为无权占有的，例如权利人明确告知或者提出请求之后仍然拒绝返还占有物之时，占有人之占有由善意占有转变为恶意占有。

按照本条规定，恶意占有人因使用占有的不动产或者动产，致使该不动产或者动产受到损害的，负赔偿责任。理解和适用本条规范内容，须注意以下几个问题：

从主体上看，本条规定仅适用于恶意占有人，按照反面解释，则该规定对于善意占有人不适用。占有之初为善意其后转变为恶意的，自占有人知道或者应当知道其无权占有时起适用本条之规定。另外，基于合同关系等产生的占有，占有人未必均有权使用占有物，例如保管人、承揽人、代管人、寄售人等，如果合同没有约定，法律对此亦没有规定的，能否适用本条规定，并非殊无疑问。笔者认为，只要合同没有明确约定，法律亦没有明确规定，基于合同关系之占有人通常无权使用占有物。此情形下基于合同关系之占有人因为使用占有物而导致发生损害的，可以类推适用本条规定。之所以这样认为，理由在于基于合同关系而使用交付于己之占有物，通常构成合同之重要内容，亦体现出当事人缔约之根本目的和主要经济利益之所在，合同中不应该予以遗漏。

从行为上看，本条规定仅适用于使用行为。对于添附、改造以及改良行为能否适用本条规定，存在解释之必要。笔者认为，对占有物为添附、改造以及改良，如果添附、改造以及改良行为之目的在于更加利于使用并且实际上已经使用，则发生责任竞合问题，权利人可以选择行使对自己有利之请求权。如果添附、改造以及改良行为之目的不在于使用，而在于保有或者转售等，则只能按照添附以及侵权行为等规则确定恶意占有人之责任，仅添附、改造以及改良行为本身并非使用行为。

从赔偿范围上看，本条所规定的损害赔偿，仅限于动产或者不动产因为使用所遭受的直接损害。权利人因为动产或者不动产被恶意占有人占有、使用而错失之使用或者错失授权他人使用之机会，则属于间接损害范畴，不属于本条所规定之损害赔偿范围。动产或者不动产在恶意占有人占有期间的自然耗损或者非使用损害，例如由于第三人侵权所发生之损害，并非使用所导致之损害。

依照租赁、借用、保管等合同而占有他人财产，合同期满后应该返还而拒绝返还，并且因使用占有的不动产或者动产，致使该不动产或者动产受到损害的，构成无权占有和恶意占有，此情形下发生违约责任和侵权责任之竞合，权利人有权选择行使对自己有利之请求权。

举证责任

对于占有人之恶意，权利人应该予以举证，占有人不应自证其恶意。按照大陆法系占有状态之一般推定法则，法律推定占有人之占有为自主占有、善意占有、和平占有、公开占有。[①]我国《民法典》对此无明文规定，笔者认为，我国民法上亦应该如此推定。

对于动产以及不动产所遭受之损害是否因为使用所导致，权利人应该予以举证，占有人可以举证推翻之。

对于不动产或者动产因为恶意占有人之使用所导致损害之结果和范围，权利人亦应该予以举证，占有人可以举证推翻之。

占有人如果认为损害系由于合法使用导致，或者由于不可抗力、紧急避险、标的物自身瑕疵、第三人侵权行为等非使用原因所导致，从而主张免责的，应对上述事实之存在及其与损害后果之间的关联性予以举证证明。

占有人如果认为损害系由无因管理所导致，自己之使用行为在于为了权利人之利益而为管理，须对此予以举证。如其举证成立的，应该适用无因管理之规定。

占有人如果认为其占有他人之物系拾得遗失物并应该按照遗失物毁损、灭失之规则承担责任的，应对拾得行为举证证明。根据《民法典》第316条，"拾得人在遗失物送交有关部门前，有关部门在遗失物被领取前，应当妥善保管遗失物。因故意或者重大过失致使遗失物毁损、灭失的，应当承担民事责任"。也就是说，拾得人对于一般过失和轻过失所造成的遗失物毁损、灭失可不承担赔偿责任。

---

① 中国物权法研究课题组：《中国物权法草案建议稿：条文、说明、理由与参考立法例》，社会科学文献出版社2000年版，第796—798页。

其他问题

一、关于请求权人

本条明文规定了赔偿义务人为恶意占有人，但是对于权利人，也就是请求权人则法无明文。下面分别予以检讨。

1.所有权人。《民法典》第240条规定："所有权人对自己的不动产或者动产，依法享有占有、使用、收益和处分的权利。"这是所有权的积极权能，所有权同时还具有排除他人干涉、妨碍、侵害之消极权能。《民法典》第258条规定："国家所有的财产受法律保护，禁止任何组织或者个人侵占、哄抢、私分、截留、破坏。"第265条第1款规定："集体所有的财产受法律保护，禁止任何组织或者个人侵占、哄抢、私分、破坏。"第267条规定："私人的合法财产受法律保护，禁止任何组织或者个人侵占、哄抢、破坏。"自罗马法以来，对于所有权与所有物通常可不予区分。侵害所有物，例如损毁他人房屋，即构成侵害所有权。盗窃他人所有物，虽然不直接侵害物之本身，亦构成侵害所有权。但是对于所有权以外之其他权利，则另当别论。因此，所有权人作为物权人有权请求恶意占有人赔偿损失，适格成为本条之权利人。

2.非所有权人请求恶意占有人赔偿损失。依照法律之规定，破产管理人和遗产执行人对于属于破产财产的所有物以及属于遗产的财产，可以自己的名义要求占有人返还原物，尽管破产管理人和遗产执行人并非所有权人。[①]我国没有遗产执行人之规定，但是存在破产管理人之规定，我国《企业破产法》第25条规定："管理人履行下列职责：（一）接管债务人的财产、印章和账簿、文书等资料；……（六）管理和处分债务人的财产；……"笔者认为，我国破产管理人有权请求恶意占有人赔偿损失，适格成为本条之权利人。

3.用益物权人。《民法典》第323条规定："用益物权人对他人所有的不动产或者动产，依法享有占有、使用和收益的权利。"所有权具有弹力性，

---

① Münchener Kommentar zum bürgerlichen Gesetzbuch, Band 5, 6.Auflage, Verlag C.H.Beck München, 2013, S.1218.

所有权的各项权能通常均可以与所有权分离，用益物权制度和担保物权制度即体现了这种分离，而用益物权和担保物权均具有所有权之部分特征。为了保护这些分离出去的权能能够顺利实现，适用于所有权的各种保护方法通常亦得以适用于各种他物权。①《德国民法典》对此采肯定态度，多次予以明文规定。②我国现行民法明确规定了土地承包经营权、建设用地使用权、宅基地使用权、地役权等若干种用益物权，用益物权人欲实现占有、使用和收益用益物之目的，对于恶意占有人因使用占有的属于他人的用益物，致使该用益物受到损害的，亦应有权请求恶意占有人赔偿损失，适格成为本条之权利人。

4.担保物权人。担保物权人有些占有担保财产，如质权人和留置权人，有些不占有担保财产，如抵押权人。《民法典》第386条规定："担保物权人在债务人不履行到期债务或者发生当事人约定的实现担保物权的情形，依法享有就担保财产优先受偿的权利，但是法律另有规定的除外。"可见，担保物权主要是价值权（Verwertungsrecht），这与用益物权的设立目的主要在于使用和收益明显不同。③从保护担保物权人价值权的角度出发，对于占有型担保物权，担保物权人有权请求恶意占有人赔偿因为使用占有物所导致之损害。对于非占有型担保物权，如果所有权人等抵押人不能或不欲行使损害赔偿请求权的，担保物权人亦应该有权请求恶意占有人赔偿因为使用占有物所导致之损害。

5.基于债法关系之占有人。所谓基于债法关系之占有人，是指基于租赁、融资租赁、保管、借用、承揽、代管、寄售等债法合同而占有他人之物的债权人。债权人对于其基于债法合同关系所占有之动产或者不动产，通常并无归属之利益，归属利益一般属于所有权人等物权人。但是，基于债法关系之直接占有人，对于作为间接占有人之本权人，往往依照合同承担保持标的物完整、完好之义务，其对于维持、保存其占有物之完好性同样具有正当利益，

① Münchener Kommentar zum bürgerlichen Gesetzbuch, Band 5, 6.Auflage, Verlag C.H.Beck München, 2013, S.1911-1912.

② Siehe BGB §1027, §1065, §1227.

③ Münchener Kommentar zum bürgerlichen Gesetzbuch, Band 5, 6.Auflage, Verlag C.H.Beck München, 2013, S.1911-1912.

从简化法律关系的角度考量，应该允许基于债法关系之占有人请求恶意的次级占有人赔偿因其使用占有的不动产或者动产，致使该不动产或者动产所遭受之损失。对于基于债法关系之占有人与本权人之间的法律关系，则依照合同或者其他法律关系发生之原因进行处理。

6.基于人身权（人身关系）之占有人。财产的非所有权人占有，可以基于他物权，可以基于债权，还可以基于人身权，例如基于亲权、监护、保佐等关系而占有被监护人之财产。基于人身关系之占有人对于恶意的次级占有人使用占有物所导致之损害，能否就物之损害主张损害赔偿，各国立法规定不尽一致。从我国现行立法来看，似应允许基于人身关系之占有人就物之损害主张损害赔偿。这有利于简化请求权法律关系，有利于克服被监护人行为能力之不足。同时，笔者认为，基于人身关系之占有人就物之损害主张损害赔偿的，无须经过所有权人之授权。

7.善意占有人。例如误取他人衣服、雨伞、图书而占有的，又被他人盗窃后使用并发生损害，前者为善意占有人，后者为恶意的次级占有人，前者有权要求后者赔偿损害吗？善意占有本质上仍然属于无权占有，善意占有人既非物权人，亦非债权人或者其他权利人，并非一般意义上之权利人，对于占有物没有本权可言。

但是，我国《民法典》对于本权与占有已然分别立法、分别考量，既然如此，对于占有之保护与对于本权之保护，自不能等同视之、等同要求。笔者认为，从简化请求权法律关系之角度考量，似应赋予善意占有人向恶意占有人请求赔偿因为使用占有物所导致损害之请求权。善意占有人与本权人之间的法律关系，则属于另一法律关系，可以通过所有权保护、侵权行为、不当得利等其他法律途径予以解决。但是，如果本权人业已向恶意的次级占有人请求损害赔偿，则应该排除善意占有人之损害赔偿请求权。无论如何，恶意的次级占有人对于同一损害后果只应该完整赔偿一次。

8.恶意占有人。例如盗窃他人车辆而占有之，其后再次被他人盗窃、使用并发生损害，那么前者能否依据本条规定请求后者赔偿损失？恶意占有人既非物权人，亦非债权人或者其他权利人，并非一般意义上之权利人，其占有当然属于无权占有，对于占有物没有任何本权可言。问题在于，现实的财产占有秩序应不应该被尊重和保护？在本权人不得而知而缺位的情形下，谁来监管、维护财产，做到物尽其用？是让侵害行为在某个较早的时点上戛然而止、维持现状有利于社会，还是让这种侵害行为循环往复、永不停歇有利于社会呢？

按照上文之分析，笔者认为，似应赋予恶意占有人向次级的恶意占有人请求赔偿因为使用占有物所导致损害之请求权。恶意占有人与本权人之间的法律关系，则属于另一法律关系，可以通过所有权保护、侵权行为、不当得利等其他法律途径予以解决。但是，如果本权人业已向恶意的次级占有人请求损害赔偿，则应该排除恶意占有人之损害赔偿请求权。无论如何，恶意的次级占有人对于同一损害后果亦只应完整赔偿一次。

侵害他人所有权、用益物权和担保物权时，有些侵权行为会直接造成标的物的物理之毁损、灭失，有些虽不造成标的物的物理之损伤，但会导致权利负担或者权利灭失，如无权买卖、无权设立他物权等。①如果就标的物之物理损伤、权利负担或者权利灭失存在不同种类之请求权人，例如所有权人和他物权人均有权请求赔偿损失时，损害赔偿义务人就同一损害存在二次给付（zweimal leisten）义务之风险，尤其是对于“损坏物而须赔偿之情形，债权人可以不请求恢复原状而请求恢复原状所必要之金额”②，如果债权人将赔偿金用于其他消费（anderweitig verbraucht wird）而不是修复损坏物（Wiederherstellung der Sache eingesetzt），在此情形下尤其存在重复给付义务之风险。③为了避免损害赔偿义务人就同一损害重复被诉、重复给付之问题，赔偿义务人应该尽量向全体权利人共同给付，对此可参照《德国民法典》第1281条之规定。而对于动产，赔偿义务人则可以援引《德国民法典》第851条之规定以资抗辩。④此外，债务人亦可以通过主张各债权人构成《德国民法

---

① Münchener Kommentar zum bürgerlichen Gesetzbuch, Band 5, 6.Auflage, Verlag C.H.Beck München, 2013, S.1912.

② Siehe BGB §249(2).

③ Münchener Kommentar zum bürgerlichen Gesetzbuch, Band 5, 6.Auflage, Verlag C.H.Beck München, 2013, S.1913.

④ Münchener Kommentar zum bürgerlichen Gesetzbuch, Band 5, 6.Auflage, Verlag C.H.Beck München, 2013, S.1913.

典》第428条意义上之连带债权人而避免重复给付之义务。①

基于上文之分析，我国《民法典》在对物权之保护以及对占有之保护的过程中，对于同一损害，往往存在不同种类请求权人并存之情形，对此问题学界以及司法实践部门应该予以重视，上述德国司法实践之观点值得思考和借鉴。

二、关于赔偿义务人

尚须检讨的是，按照本条规定，赔偿义务人为恶意占有人，那么善意占有人因使用占有的不动产或者动产，致使该不动产或者动产受到损害的能否免责？如果采反面解释，善意占有人因使用占有的不动产或者动产，致使该不动产或者动产受到损害的，似乎可以免责。笔者认为，仅就本条规定来看，上述各类权利人无法以本条规定作为请求权基础，要求善意占有人对因使用占有的不动产或者动产，致使该不动产或者动产所受的损害进行赔偿。但是，善意占有属于无权占有，无权占有他人财产而使用之，由此造成被使用动产或者不动产损害的，不能排除成立侵权行为，如果权利人按照侵权行为之规定追究善意占有人之侵权责任，则应该以侵权行为之规则具体判定之。

三、与《民法典》第462条占有保护请求权之间的关系

《民法典》第462条规定了占有保护请求权，主要针对侵占以及妨害占有之行为设立，其中亦有损害赔偿之规定。从法条含义上看，该条所规定的损害赔偿，能够包含本条所规定的恶意占有人因使用占有的不动产或者动产，致使该不动产或者动产所遭受之损害。但是该条规定也与本条规定存在如下区别。

《民法典》第462条占有保护之规定的适用前提为“占有的不动产或者动产被侵占的”，这与本条规定的“占有人因使用占有的不动产或者动产”，明显存在区别。

《民法典》第462条占有保护之规定，不以侵害人占有、使用他人不动产

① Münchener Kommentar zum bürgerlichen Gesetzbuch, Band 5, 6.Auflage, Verlag C.H.Beck München, 2013, S.1913.

或者动产为前提条件，而本条的规范对象恰恰就是占有、使用他人不动产或者动产。

《民法典》第462条占有保护之规定，其赔偿范围不限于占有物本身之损害，而本条所谓的赔偿责任，主要就是占有物本身之损害。

第四百六十条【原物及孳息返还请求权与善意占有人必要费用请求权】

不动产或者动产被占有人占有的，权利人可以请求返还原物及其孳息；但是，应当支付善意占有人因维护该不动产或者动产支出的必要费用。

历史由来

本条继承了《物权法》第243条的规定，略作修改。《物权法》第243条规定："不动产或者动产被占有人占有的，权利人可以请求返还原物及其孳息，但应当支付善意占有人因维护该不动产或者动产支出的必要费用。"

规范目的或功能

本条的规范目的在于为权利人创设返还原物及其孳息之请求权，为善意占有人创设必要费用之返还请求权。

规范内容

本条的规范内容主要有两个：一是权利人可以请求占有人返还原物及其孳息；二是善意占有人有权请求权利人支付因为维护该不动产或者动产而支出的必要费用。理解和适用本条规范内容，应该注意以下几个方面的问题：返还原物及其孳息之请求权人为权利人，具体为何种权利之权利人，将在下文其他问题部分予以详述。返还原物及其孳息之请求权相对人，也就是义务人主要为无权占有人，包括善意占有人及恶意占有人。依照合同关系或者法律规定而合法占有动产与不动产之占有人，如用益物权人、承租人等，其与权利人之关系主要依照合同约定或者法律规定予以确定，是否承担该项义务不可一概而论。仅善意占有人有权请求权利人支付因为维护该不动产或者动产而支出的必要费用，恶意占有人不享有该项请求权。善意占有人返还请求权之范围仅限于必要费用，而非有益费用。就必要费用和有益费用之区分产生分歧的，在个案中的具体判断，只能委诸法官的自由裁量权。

从比较法上来看，不动产或者动产被他人占有，有些基于侵权行为，如盗窃、侵占、抢夺等，有些则并非基于侵权行为，如基于无效、被撤销、被解除合同所交付之物，不符合善意取得要件时第三人占有之物，不符合先占要件的先占之物，基于无效的遗嘱、遗赠、赠与所交付之物，以及一些公法上的合同无效或者被撤销之后的占有等。[①]非基于侵权行为而取得占有者还包括占有遗失物、漂流物、埋藏物、隐藏物、失散动物等情形。因此，本条的规范对象，与《民法典》第462条占有保护之规范对象存在交叉重合。德国民法明确区分债权行为和物权行为，当事人对于基于无效、被撤销、被解除合同所交付之买卖标的物是否享有物权上的返还请求权，取决于物权行为的效力。如果物权行为有效，那么物权发生转移，原所有权人原则上不能行使所有权之返还请求权，只能主张债法上的不当得利返还请求权，对此应当予以注意。[②]

三 举证责任

权利人请求占有人返还原物及其孳息，就各方的举证责任而言，通常涉及以下几个方面：权利人对于占有人占有其物并且取得孳息之事实应予以举证。权利人对于其具有何种本权负举证责任，占有人可举证推翻之。权利人

① Siehe BGB §988, Münchener Kommentar zum bürgerlichen Gesetzbuch, Band 5, 6.Auflage, Verlag C.H.Beck München, 2013, S.1265–1267.

② Münchener Kommentar zum bürgerlichen Gesetzbuch, Band 5, 6.Auflage, Verlag C.H.Beck München, 2013, S.1266.

如果认为占有人属于恶意占有人，不应该享有善意占有人必要费用偿还之请求权，则其对于占有人之恶意，应予以举证，占有人可举证推翻之。占有人对其为了维护该不动产或者动产所支付费用之多寡，以及该费用为何属于必要费用应予以举证或予以必要说明，权利人可举证推翻之。占有人主张占有物为遗失物、漂流物、埋藏物、隐藏物、失散动物等，并且提出保管费用、悬赏酬金、管理人费用等请求的，应该对此予以举证证明，权利人可举证推翻之。

其他问题

一、关于善意占有人的留置权问题

本条规定权利人可以请求返还原物及其孳息，善意占有人则可以请求支付维护该不动产或者动产所支出的必要费用。从这两个请求权发生原因的关联性上来看，符合《民法典》第447条对于留置权成立之规定，权利人请求返还原物及其孳息时如果没有支付善意占有人所支出的必要费用的，善意占有人应该享有留置权。按照《德国民法典》第1000条之规定，占有人故意以侵权行为取得物之占有者，不享有留置权。[①]此乃本条应有之含义，因为既然成立侵权行为，则基本可以排除善意占有。

二、关于必要费用是否合理的问题

通常情况下，必要费用就是合理费用，必要性能够支撑合理性。但是，必要性和合理性并非总能够统一。在例外情况下，必要性只能支撑部分合理性，而并非完全合理。处于不同经济地位和经济能力之人对于何为必要、何为合理，在理解上因人而异。例如，一日三餐的费用无疑属于必要费用，但是一日三餐究竟花费多少才算合理，一位普通上班族和一位亿万富翁往往理解相异。其结果往往导致权利人认为善意占有人维护该不动产或者动产所支出的必要费用不合理，因此只愿意支付合理的必要费用，而不愿意支付不合

---

① Siehe BGB §273, §1000. Münchener Kommentar zum bürgerlichen Gesetzbuch, Band 5, 6.Auflage, Verlag C.H.Beck München, 2013, S.1266.

理的必要费用。对此问题，《民法典》无明文规定，解决思路有三：一是只考量善意和必要，不考量不同的经济力量；二是引入一般人、通常人之消费观念，以一般人、通常人所认为之必要为必要，法官对此拥有自由裁量权；三是能够恢复原状的，如果权利人不愿意支付善意占有人因维护该不动产或者动产所支出的“必要费用”时，善意占有人有权请求恢复原状，取走属于自己的财产。该问题应该随着法治实践的深入逐步予以明确和细化。

三、关于请求权竞合以及诉讼时效问题

返还原物请求权在性质上有属于物权请求权者，例如《民法典》第235条规定：“无权占有不动产或者动产的，权利人可以请求返还原物。”有属于占有保护请求权者，例如《民法典》第462条规定：“占有的不动产或者动产被侵占的，占有人有权请求返还原物……”有属于债权请求权者，例如《民法典》第985条规定：“得利人没有法律根据取得不当利益的，受损失的人可以请求得利人返还取得的利益，但是有下列情形之一的除外……”物权人返还原物之请求权不适用诉讼时效之规定。债权人请求返还不当得利请求权适用诉讼时效之规定。占有人请求返还原物请求权虽然不适用诉讼时效之规定，但适用1年除斥期间之规定。《民法典》第462条第2款规定：“占有人返还原物的请求权，自侵占发生之日起一年内未行使的，该请求权消灭。”因此，本条规定“不动产或者动产被占有人占有的，权利人可以请求返还原物及其孳息……”该请求权的性质如何，至关重要。笔者认为，该请求权性质上属于物权请求权，不受诉讼时效的限制，因为法律明文规定其请求权人为“权利人”而非“占有人”，从物权法的法律性质以及体系解释的角度出发，亦不宜将该条所规定之请求权解释为债权请求权。当然，同一法律事实符合若干请求权成立要件时发生请求权竞合，当事人有权选择对自己有利之请求权而为主张。

四、关于权利人问题

本条规定返还原物及其孳息之请求权人为权利人，具体为何种权利之权利人，法无明文，作为请求权基础，本条规定属于不完全规范，存在解释适用之必要。下面分别予以检讨。

1.所有权人。《民法典》第240条规定："所有权人对自己的不动产或者动产，依法享有占有、使用、收益和处分的权利。"这是所有权的积极权能，所有权同时还具有排除他人干涉、妨碍、侵害之消极权能。《民法典》第258条规定："国家所有的财产受法律保护，禁止任何单位或者个人侵占、哄抢、私分、截留、破坏。"第265条第1款规定："集体所有的财产受法律保护，禁止任何组织或者个人侵占、哄抢、私分、破坏。"《民法典》第267条规定："私人的合法财产受法律保护，禁止任何组织或者个人侵占、哄抢、破坏。"自罗马法以来，对于所有权与所有物通常可不予区分。侵害所有物，例如损毁他人房屋，即构成侵害所有权。盗窃他人所有物，虽然不直接侵害物之本身，亦构成侵害所有权。但是对于所有权以外之其他权利，则另当别论。因此，所有权人作为物权人有权请求占有人返还原物。按照《民法典》第321条、第630条、第900条等规定，所有权人基于其所有权亦有权请求占有人返还孳息。因此，所有权人适格成为本条之权利人。

2.非所有权人请求占有人返还原物及其孳息。依照法律之规定，破产管理人和遗产执行人对于属于破产财产的所有物以及属于遗产的财产，可以自己的名义要求占有人返还原物，尽管破产管理人和遗产执行人并非所有权人。[①]我国没有遗产执行人之规定，但是存在破产管理人之规定，我国《企业破产法》第25条规定："管理人履行下列职责：（一）接管债务人的财产、印章和账簿、文书等资料；……（六）管理和处分债务人的财产；……"笔者认为，我国破产管理人有权请求占有人返还原物及其孳息，适格成为本条之权利人。

3.用益物权人。《民法典》第323条规定："用益物权人对他人所有的不动产或者动产，依法享有占有、使用和收益的权利。"所有权具有弹力性，所有权的各项权能通常均可以与所有权分离，用益物权制度和担保物权制度即体现了这种分离，而用益物权和担保物权均具有所有权之部分特征。为了保护这些分离出去的权能能够顺利实现，适用于所有权的各种保护方法通常亦

---

① Münchener Kommentar zum bürgerlichen Gesetzbuch, Band 5, 6.Auflage, Verlag C.H.Beck München, 2013, S.1218.

得以适用于各种他物权。[①]《德国民法典》对此采肯定态度，多次予以明文规定。[②]我国现行民法明确规定了土地承包经营权、建设用地使用权、宅基地使用权、地役权等若干种用益物权。笔者认为，用益物权人欲实现占有、使用和收益用益物之目的，对于自其处脱离其占有之物，亦应有权请求占有人返还原物及其孳息，适格成为本条之权利人。《民法典》第321条规定："天然孳息，由所有权人取得；既有所有权人又有用益物权人的，由用益物权人取得。当事人另有约定的，按照其约定。法定孳息，当事人有约定的，按照约定取得；没有约定或者约定不明确的，按照交易习惯取得。"

4.担保物权人。担保物权人有些占有担保财产，如质权人和留置权人，有些不占有担保财产，如抵押权人。《民法典》第386条规定："担保物权人在债务人不履行到期债务或者发生当事人约定的实现担保物权的情形，依法享有就担保财产优先受偿的权利，但是法律另有规定的除外。"可见，担保物权主要是价值权（Verwertungsrecht），这与用益物权的设立目的主要在于使用和收益明显不同。[③]

对于担保物权人是否有权请求无权占有人返还孳息目前仍然存在不同意见，对此问题不同国家在立法上不尽相同。《民法典》第412条规定："债务人不履行到期债务或者发生当事人约定的实现抵押权的情形，致使抵押财产被人民法院依法扣押的，自扣押之日起，抵押权人有权收取该抵押财产的天然孳息或者法定孳息，但是抵押权人未通知应当清偿法定孳息义务人的除外。前款规定的孳息应当先充抵收取孳息的费用。"第430条规定："质权人有权收取质押财产的孳息，但是合同另有约定的除外。前款规定的孳息应当先充抵收取孳息的费用。"第452条规定："留置权人有权收取留置财产的孳息。前款规定的孳息应当先充抵收取孳息的费用。"可见，在法律明文规定担保物权人有权收取孳息的情形下，担保物权人有权请求占有人返还该孳息，否则其收取孳息的权利便会落空。在担保物权人与所有权人均有权收取孳息的情形下，

---

① Münchener Kommentar zum bürgerlichen Gesetzbuch, Band 5, 6.Auflage, Verlag C.H.Beck München, 2013, S.1911–1912.

② Siehe BGB §1027, §1065, §1227.

③ Münchener Kommentar zum bürgerlichen Gesetzbuch, Band 5, 6.Auflage, Verlag C.H.Beck München, 2013, S.1911–1912.

担保物权人应该优先于所有权人收取孳息。

因此，笔者认为，从保护担保物权人价值权的角度出发，对于占有型担保物权，担保物权人应该有权请求占有人返还原物及其孳息，适格成为本条之权利人。对于非占有型担保物权，如果所有权人等抵押人不能或不欲行使返还原物及其孳息之请求权的，非占有型担保物权人亦应该有权请求占有人返还原物及其孳息，适格成为本条之权利人。

5.基于债法关系之占有人。所谓基于债法关系之占有人，是指基于租赁、融资租赁、保管、借用、承揽、代管、寄售等债法合同而占有他人之物的债权人。债权人基于债法合同而直接占有他人之物，其占有性质上属于有权占有。作为有权占有人，基于债法关系之占有人对于占有动产或者不动产具有正当、合法之利益，自不待言。基于债法关系之占有人对于自其处脱离其占有之物，有权请求无权占有人返还原物，其请求权基础有两个：一为《民法典》第462条所规定之占有保护请求权；二为《民法典》第985条所规定之不当得利返还请求权。问题在于，本条所谓“权利人”是否包括基于债法关系之占有人？本条规定能否视为基于债法关系之占有人请求无权占有人返还原物及其孳息的第三个或者第三类请求权基础？

从比较法的角度来看，基于债法关系之占有人并非物权人，对于其占有之不动产以及动产，并不享有归属性利益，对于自其处脱离其占有之物，作为债权人，其不能主张物权请求权，要求返还原物，债权本身亦不受侵权法保护。作为基于债法关系之占有人，其只可以自己的名义主张占有保护请求权以及不当得利返还请求权，或者基于所有权人等物权人之委托，以本权人名义代理本权人行使属于本权人之请求权。笔者对此表示赞同，本条规定无法成为基于债法关系之占有人请求无权占有人返还原物及其孳息的第三个或者第三类请求权基础。

6.基于人身权（人身关系）之占有人。财产的非所有权人占有，可以基于他物权，可以基于债权，还可以基于人身权，例如基于亲权、监护、保佐等关系而占有或者共同占有被监护人之财产。基于人身权之占有人通常并非物权人，如其未在所监管财产上为自己设立他物权，则其不能以自己名义主张物权之保护，但是作为监护人，其可以法定代理人之身份主张被代理人之权利。

基于人身权之占有性质上属于有权占有，作为有权占有人，其对于占有动产或者不动产具有正当、合法之利益，自不待言。基于人身权之占有人对于自其处脱离其占有之物，有权请求无权占有人返还原物，其请求权基础有两个：一为《民法典》第462条所规定之占有保护请求权；二为《民法典》第985条所规定之不当得利返还请求权。本条规定无法成为基于人身权之占有人请求无权占有人返还原物及其孳息的第三个或者第三类请求权基础。

7.善意占有人。例如误取他人衣服、雨伞、图书而占有者，即为善意占有人。善意占有人并非一般意义之权利人，如果对于本条规定之“权利人”采限缩解释，则善意占有人并非权利人，其无权请求次级无权占有人返还原物及其孳息。善意占有人除了享有必要费用返还请求权之外，亦不应享有其他权利。但是，笔者认为，为了简化请求权法律关系，对于本条规定之“权利人”应采扩大解释，似应允许善意占有人请求无权占有人返还原物及其孳息，然后再通过诸如所有权保护、侵权行为、不当得利等途径解决善意占有人与所有权人、用益物权人、担保物权人、基于债法关系之占有人以及基于人身权之占有人等权利人之间的权利义务关系。善意占有人请求次级善意占有人返还原物及其孳息时，同样应当支付次级善意占有人因维护该不动产或者动产所支出的必要费用。

8.恶意占有人。例如盗窃他人车辆而占有之，其后被他人善意占有或者再次被他人盗窃并恶意占有。恶意占有人并非一般意义之权利人，如果对于本条规定之“权利人”采限缩解释，则恶意占有人非权利人，其无权请求次级无权占有人返还原物及孳息。但是，笔者认为，为了简化请求权法律关系，对于本条规定之“权利人”应采扩大解释，似应允许恶意占有人请求无权占有人返还原物及其孳息，然后再通过诸如所有权保护、侵权行为、不当得利等其他途径解决恶意占有人与所有权人、用益物权人、担保物权人、基于债法关系之占有人以及基于人身权之占有人等权利人之间的权利义务关系。当然，恶意占有人请求次级无权占有人返还原物及其孳息时，同样应当支付次级善意占有人因维护该不动产或者动产所支出的必要费用。之所以赋予恶意占有人请求返还原物及其孳息之请求权，主要是考虑到占有制度的基本功能在于维护现存之财产占有秩序，以维护社会和平与物之秩序。[①]

9.关于本条规定能否作为独立的请求权基础问题。从比较法上来看，自罗马法以来，大陆法系立法上将占有分为有权占有和无权占有，将无权占有又分为善意占有和恶意占有，目的在于为各种不同形式之占有人配置不同的权利、义务关系。恶意占有人的义务最重，善意占有人次之，有权占有人则相对较轻。在此基础上为各类权利人配置各不相同之请求权，为抽象的“权利人”配置抽象的“请求权”之情形甚为罕见，在此意义上本条规定堪称特例。从规范性角度进行分析，本条规定明显属于不完全规范，如果将本条规定中的“权利人”理解为所有权人，该规定逻辑上当然能够成立，但是如果将本条规定中的“权利人”理解为任何权利人，则不免失之过宽，逻辑上存在无法自洽之情形。因此，如欲将本条规定作为请求权基础予以适用，仍然存在解释之必要性。

第四百六十一条【占有财产毁损、灭失的赔偿责任】

占有的不动产或者动产毁损、灭失，该不动产或者动产的权利人请求赔偿的，占有人应当将因毁损、灭失取得的保险金、赔偿金或者补偿金等返还给权利人；权利人的损害未得到足够弥补的，恶意占有人还应当赔偿损失。

历史由来

本条完全沿袭了《物权法》第244条的规定。

规范目的或功能

本条之规范目的，在于确定权利人针对占有物毁损、灭失情况下所获得之保险金、赔偿金或者补偿金之返还请求权，以及权利人针对恶意占有人的损害赔偿请求权。

---

① 章正璋：《我国民法上的占有保护——基于人民法院六年来占有保护案例的实证分析》，载《法学研究》2014年第3期。

规范内容

本条的规范内容主要有两个：一是权利人可以请求占有人返还就占有物毁损、灭失所取得之保险金、赔偿金或者补偿金等；二是如果权利人的损害未得到足够弥补的，权利人有权请求恶意占有人赔偿损失。

有学者认为，占有的不动产或者动产发生毁损、灭失之原因，主要包括三种情况："一是由于占有人的原因，即可归责于占有人之事由；二是占有人之外的其他人的原因，如第三人的侵权行为；三是占有物的自身原因或自然力原因，如不可抗力。在后两种情况下，权利人应依据不同的基础寻求相应的救济渠道，不属于本条所规范的占有人对权利人承担的占有物毁损灭失的赔偿责任。"[①]笔者对此存在不同看法，如果本条只规范所谓的"可归责于占有人之事由"，那么何来赔偿金、补偿金甚至保险金？从本条的字面含义上看不出来只规范"可归责于占有人之事由"这一种情形，权利人对此应该有选择权，有权选择占有人、第三人甚或同时请求二者共同承担责任。当然，基于占有物的自身原因或自然力原因导致毁损、灭失的，占有人可以依法主张免责。

有学者认为，应该将本条规定"解释为善意占有人依照不当得利的返还原则，向权利人返还占有物毁损灭失后的替代物（保险金、赔偿金或者补偿金），似乎更符合立法者的本意。即善意占有人依据不当得利应向权利人返还原物，但由于原物已经毁损灭失无法返还，固应将因毁损灭失取得的保险金、赔偿金或者补偿金向权利人返还，而不是赔偿权利人的损失。这样就与恶意占有人应赔偿权利人的损失区别开来，更加直观地体现了法律对于善意占有人的保护。例如，甲不知道其占有的手机为乙所有，出售于丙，在丙善意取得该手机的情况下，若所有权人乙请求甲赔偿，甲应将其取得的价款返还给乙"[②]。笔者对此存在不同看法，从本条的字面含义上看，上半句并非只

---

① 最高人民法院物权法研究小组编著：《中华人民共和国物权法条文理解与适用》，人民法院出版社2007年版，第707页。

② 最高人民法院物权法研究小组编著：《中华人民共和国物权法条文理解与适用》，人民法院出版社2007年版，第707—708页。

规范善意占有人与权利人之间的财产返还关系，本条对于恶意占有人，对于基于用益物权、担保物权、债权等法律关系的有权占有人，亦应该有其适用空间。

对于基于用益物权、担保物权、债权等合同关系之占有人或者基于法定关系之占有人，应该优先适用《民法典》第458条，当事人对于占有的不动产或者动产发生毁损、灭失时如何处理有约定的，应该首先依照约定予以处理，无约定时可以适用本条之规定。而基于法定关系之占有，占有人之权利义务则应该适用法律之规定，法律无规定时亦可以适用本条之规定。

本条所规范之情形为“占有的不动产或者动产毁损、灭失”，这与《民法典》第459条“占有人因使用占有的不动产或者动产，致使该不动产或者动产受到损害”所规范之情形通常有别。但是，如果占有人因使用占有的不动产或者动产，致使该不动产或者动产受到损害而发生毁损、灭失的，则可能存在交叉适用之情形。

恶意占有人赔偿损失之责任为无过错责任，无论恶意占有人是否具有过错，只要权利人的损害未得到足够弥补，而占有人之占有为恶意占有，则占有人即应按照本条规定承担赔偿损失之责任。

何为本条所谓的“灭失”？是仅仅指绝对灭失还是相对灭失亦包含在内？例如因为占有人无权处分导致第三人善意取得。[①]笔者认为，从本条的字面含义上看，似乎绝对灭失和相对灭失均应包括在内，也就是无论征收、没收、走失、遗失还是第三人善意取得等，均应包括在内。但是，如果本条规范对象仅仅针对无权占有之物，也就是主要针对占有脱离物，而占有委托物不包括在内，那么第三人能否主张善意取得则还得依赖于对《民法典》第311条善意取得规范之解释。

恶意占有人可否免责？本条后半句只是规定：“权利人的损害未得到足够弥补的，恶意占有人还应当赔偿损失。”对于恶意占有人可否免责之问题，法无明文。笔者认为，对于合同关系终了之后的恶意占有人或者法定关系解除之后的恶意占有人，例如租期届满后恶意占有房屋者或者监护关系撤销后恶

---

① 最高人民法院物权法研究小组编著：《中华人民共和国物权法条文理解与适用》，人民法院出版社2007年版，第708页。

意占有监管财产者，能否主张免予赔偿损失，应该依照合同约定或者法律规定，合同无约定或者法律无规定的，按照本条规定处理，通常不能免责。如果恶意占有人完全按照权利人之指示进行占有和维护，则恶意占有人应该有权主张免责，否则对于占有人过于严苛，具体情形只能由法官自由裁量。恶意占有人在权利人请求返还原物之后无正当理由拒不返还原物，其后发生不可抗力等情形的，不得主张免责。

按照上文分析，本条前半句并非只规范善意占有人与权利人之间的财产返还关系，对于恶意占有人，对于基于用益物权、担保物权、债权等法律关系的有权占有人，亦应该有其适用空间。那么对于质权人、留置权人作为占有人，其所占有的不动产或者动产毁损、灭失之情形，根据《民法典》第390条对于担保物权物上代位性之规定，质权人、留置权人无须将保险金、赔偿金或者补偿金等返还给权利人。该条规定："担保期间，担保财产毁损、灭失或者被征收等，担保物权人可以就获得的保险金、赔偿金或者补偿金等优先受偿。被担保债权的履行期限未届满的，也可以提存该保险金、赔偿金或者补偿金等。"

占有他人的不动产或者动产并且发生毁损灭失之情形，往往与占有人之侵权行为或者其他人之侵权行为有关。此时，本条之规定与侵权行为之规定发生请求权竞合现象，权利人有权选择对自己更有利之请求权。例如质权人故意损毁质物，或者第三人故意损毁质物，此时本条之规定与侵权行为之规定即发生请求权竞合现象。

三、举证责任

权利人请求占有人返还原物及其孳息，就举证责任而言通常涉及以下几个方面之内容：权利人对于占有人占有其物并且占有物业已发生毁损、灭失应予以举证。权利人对于其具有何种本权应负举证责任，占有人可举证推翻之。权利人对于其损害以及损害未得到足够弥补之情形应予以举证。权利人如果认为占有人属于恶意占有人，除返还保险金、赔偿金或者补偿金义务外，还应当赔偿损失的，应该对占有人之恶意予以举证证明，占有人可举证推翻之。按照大陆法系占有状态之一般推定法则，法律推定占有人之占有为自主占有、善意占有、和平占有、公开占有。[①]《民法典》对此无明文规定，笔者认为我国民法上亦应该如此推定。占有人如果认为损害系由于不可抗力、紧急避险造成，或者系由于占有人完全按照权利人之指示对占有物进行占有和维护才导致该损害结果发生的，或者基于合同约定占有人可以主张免责的，应对于上述事实之存在及其与损害后果之间的关联性予以举证证明。占有人如果认为占有物发生毁损、灭失系由无因管理所导致，自己之管理行为并无不当，主张适用无因管理之规定的，须对此予以举证。如其举证成立的，应该适用无因管理之规定。占有人如果认为其占有他人之物系拾得遗失物，应该按照遗失物毁损、灭失之规则承担责任的，应对拾得行为举证证明。《民法典》第316条规定："拾得人在遗失物送交有关部门前，有关部门在遗失物被领取前，应当妥善保管遗失物。因故意或者重大过失致使遗失物毁损、灭失的，应当承担民事责任。"也就是说，拾得人对于一般过失和轻过失所造成的遗失物毁损、灭失可不承担赔偿责任。

其他问题

本条规定返还保险金、赔偿金、补偿金以及请求赔偿损失之请求权人为权利人，具体为何种权利之权利人，法无明文，作为请求权基础，本条规定属于不完全规范，存在解释适用之必要。下面分别予以检讨。

1.所有权人。《民法典》第240条规定："所有权人对自己的不动产或者动产，依法享有占有、使用、收益和处分的权利。"物之归属性利益通常首先属于所有权人。无权占有他人之物，有依侵权行为而取得占有者，如偷窃；也有非依侵权行为而取得者，如他人之羊混入自家羊群而未觉察之。所以大陆法系立法上很早即对侵权行为人与善意占有人各自规定不同之责任。侵权行为人须负损害赔偿责任，该责任之范围通常以侵权行为取得之利益为限，而善意占有人通常只须负财产返还之责任，该责任之范围通常以现存之利益为限。"立法上之所以对善意占有人的赔偿责任加以限定，是考虑到善

① 中国物权法研究课题组：《中国物权法草案建议稿：条文、说明、理由与参考立法例》，社会科学文献出版社2000年版，第796—798页。

意占有人既然相信占有物为己有，自然不可能预见到自己对他人应负什么样的责任，若仍要求其对占有物的全部损害负赔偿责任，未免失之苛责，不合保护善意占有人的宗旨。”①因为标的物毁损、灭失而取得的保险金、赔偿金或者补偿金在性质上当然属于归属利益，因此，所有权人适格成为本条之权利人。

2.非所有权人请求占有人返还保险金、赔偿金或者补偿金。依照法律之规定，破产管理人和遗产执行人对属于破产财产的所有物以及属于遗产的财产，可以自己名义要求占有人返还原物，尽管破产管理人和遗产执行人并非所有权人。②我国没有遗产执行人之规定，但是存在破产管理人之规定，我国《企业破产法》第25条规定：“管理人履行下列职责：（一）接管债务人的财产、印章和账簿、文书等资料；……（六）管理和处分债务人的财产；……”笔者认为，我国破产管理人有权请求占有人返还因为占有物毁损、灭失所取得的保险金、赔偿金或者补偿金，适格成为本条之权利人。

3.用益物权人。《民法典》第323条规定：“用益物权人对他人所有的不动产或者动产，依法享有占有、使用和收益的权利。”所有权具有弹力性，所有权的各项权能通常均可以与所有权分离，用益物权制度和担保物权制度即体现了这种分离，而用益物权和担保物权均具有所有权之部分特征。为了保护这些分离出去的权能能够顺利实现，适用于所有权的各种保护方法通常亦得以适用于各种他物权。③《德国民法典》对此采肯定态度，多次予以明文规定。④我国现行民法明确规定了土地承包经营权、建设用地使用权、宅基地使用权、地役权等若干种用益物权。用益物权人对于用益物通常只有使用和收益之权，并无归属之利益。用益物权人在其用益物被他人占有并发生毁损、灭失之情形下，因毁损、灭失所取得的保险金、赔偿金或者补偿金，应该首先归属于所有权人，因为所有权人才享有最终的归属性利益，其他人通常只有经过所有权人之

① 温世扬、廖焕国：《物权法论》，人民法院出版社2005年版，第912页。

② Münchener Kommentar zum bürgerlichen Gesetzbuch, Band 5, 6.Auflage, Verlag C.H.Beck München, 2013, S.1218.

③ Münchener Kommentar zum bürgerlichen Gesetzbuch, Band 5, 6.Auflage, Verlag C.H.Beck München, 2013, S.1911–1912.

④ Siehe BGB §1027, §1065, §1227.

授权，才可以主张归属性利益。但是，考虑到用益物权人对于所有权人所担负之合同义务或者法定义务等原因，从简化法律关系的角度考量，笔者认为，应该赋予用益物权人对于占有物因毁损、灭失所取得的保险金、赔偿金或者补偿金之返还请求权，用益物权人与所有权人之间的权利义务关系可以通过合同或者其他法律途径解决。而对于恶意占有人，如果用益物权人的损害未得到足够弥补的，应该有权请求恶意占有人赔偿损失。

4.担保物权人。担保物权人有些占有担保财产，如质权人和留置权人，有些不占有担保财产，如抵押权人。《民法典》第386条规定："担保物权人在债务人不履行到期债务或者发生当事人约定的实现担保物权的情形，依法享有就担保财产优先受偿的权利，但是法律另有规定的除外。"可见，担保物权主要是价值权（Verwertungsrecht），这与用益物权的设立目的主要在于使用和收益明显不同。[①]按照《民法典》第390条之规定，担保期间，担保财产毁损、灭失或者被征收等，担保物权人可以就获得的保险金、赔偿金或者补偿金等优先受偿。被担保债权的履行期限未届满的，也可以提存该保险金、赔偿金或者补偿金等。

笔者认为，从保护担保物权人价值权的角度出发，对于占有型担保物权，担保物被他人占有并发生毁损、灭失之情形下，因毁损、灭失所取得的保险金、赔偿金或者补偿金，从归属利益的角度分析，名义上应该首先归属于所有权人，但是担保物权人对于上述保险金、赔偿金或者补偿金等享有优先受偿权。所有权人之损害未得到足够弥补的，应该有权请求恶意占有人赔偿损失。对于非占有型担保物权，如果所有权人等抵押人不能或不欲行使上述保险金、赔偿金或者补偿金之返还请求权的，担保物权人亦应该有权请求占有人返还上述保险金、赔偿金或者补偿金。

5.基于债法关系之占有人。所谓基于债法关系之占有人，是指基于租赁、融资租赁、保管、借用、承揽、代管、寄售等债法合同而占有他人之物的债权人。债权人基于债法合同而直接占有他人之物，其占有性质上属于有权占有。作为有权占有人，基于债法关系之占有人对于占有动产或者不动产具有

---

① Münchener Kommentar zum bürgerlichen Gesetzbuch, Band 5, 6.Auflage, Verlag C.H.Beck München, 2013, S.1911–1912.

正当、合法之利益，自不待言。

问题在于，基于债法关系之占有人所占有之动产或者不动产脱离其占有后被他人占有并发生毁损、灭失的，基于债法关系之占有人是否有权请求损害赔偿？是否有权请求次级占有人返还其所取得的保险金、赔偿金或者补偿金等？本条规定能否作为其上述请求之请求权基础？

从比较法上来看，基于债法关系之占有人有权以自己名义行使的基于占有的请求权主要有三类：一是占有保护请求权，二是不当得利返还请求权，三是侵权损害赔偿请求权，也就是将合法占有纳入侵权法所保护之“利益”范围，将合法占有解释为侵权法之保护客体“其他权利”。[①]我国现行民法对于这三类请求权均有规定，是否将合法占有解释为侵权法所保护之权利纯属法律实践问题。上述三类请求权在保护客体、损害赔偿或者返还范围、举证责任、归责原则等诸多方面均存在明显区别，在能否请求具有归属性的标的物毁损灭失之赔偿方面区别尤为明显。

笔者认为，基于债法关系之占有人，例如承租人，在占有物被他人占有并发生毁损、灭失之情形下，只有经过所有权人之授权，才可以主张归属利益，请求损害赔偿，或者请求返还保险金、赔偿金、补偿金等。赔偿义务人从自身利益计，亦应该同时向合法占有人和所有权人共同为赔偿给付，以免重复被诉。基于债法关系之占有人自身所遭受之用益损害，可以按照《民法典》第462条占有保护之规定，请求侵害占有的损害赔偿。

6.基于人身权（人身关系）之占有人。财产的非所有权人占有，可以基于他物权，可以基于债权，还可以基于人身权，例如基于亲权、监护、保佐等关系而占有或者共同占有被监护人之财产。基于人身权之占有人通常并非物权人，如其未在所监管财产上为自己设立他物权，故其不能以自己名义主张具有最终归属性质的标的物毁损、灭失之损害赔偿，包括请求次级占有人返还因毁损、灭失取得的保险金、赔偿金或者补偿金等，但是作为监护人，其可以法定代理人之身份主张被代理人之权利。

基于人身权之占有性质上属于有权占有，作为有权占有人，其对于占有

---

① Münchener Kommentar zum bürgerlichen Gesetzbuch, Band 5, 6.Auflage, Verlag C.H.Beck München, 2013, S.1917-1918.

动产或者不动产具有正当、合法之利益，自不待言。基于人身权之占有人对于自其处脱离其占有之物，有权请求无权占有人返还原物，其请求权基础有两个：一为《民法典》第462条所规定之占有保护请求权；二为《民法典》第985条所规定之不当得利返还请求权。基于人身权之占有人对于丧失占有所遭受之用益损失，亦有权依照《民法典》第462条所规定之占有保护请求权请求损害赔偿。

7.善意占有人。例如误取他人衣服、雨伞、图书而占有者，即为善意占有人。善意占有人并非一般意义之权利人，如果对于本条规定之“权利人”采限缩解释，则善意占有人并非权利人，其无权行使占有物因毁损、灭失所取得的保险金、赔偿金或者补偿金之返还请求权。善意占有人除了享有必要费用返还请求权之外，亦不应享有其他权利。

但是，我国《民法典》对于本权与占有已然分别立法、分别考量，既然如此，对于占有之保护与对于本权之保护，自不能等同视之、等同要求。笔者认为，从简化请求权法律关系之角度考量，对于本条规定之“权利人”应采扩大解释，似应允许善意占有人行使占有物因毁损、灭失所取得的保险金、赔偿金或者补偿金之返还请求权。善意占有人与所有权人、用益物权人、担保物权人、基于债法关系之占有人以及基于人身权之占有人等权利人之间的法律关系，则属于另一法律关系，可以通过所有权保护、侵权行为、不当得利等其他法律途径予以解决。但是，如果本权人业已对次级占有人行使保险金、赔偿金或者补偿金之返还请求权的，则应该排除善意占有人上述请求权。无论如何，次级占有人对于同一损害后果只应该完整赔偿一次。

对于善意占有人能否主张损害赔偿，学界目前分歧较大，这取决于《民法典》第462条占有保护之规定是否适用于善意占有人，如果善意占有人就占有的动产或者不动产有权请求返还原物、排除妨害、消除危险、赔偿损害，那么似可认为脱离善意占有人而为他人占有的不动产或者动产毁损、灭失，善意占有人之损害未得到足够弥补的，善意占有人有权请求恶意占有人赔偿损失。

8.恶意占有人。例如盗窃他人车辆而占有之，其后再次被他人盗窃并恶意占有。恶意占有人并非一般意义之权利人，如果对于本条规定之“权利人”采限缩解释，则恶意占有人定非权利人，其无权行使占有物因毁损、灭失所取得的保险金、赔偿金或者补偿金之返还请求权。问题在于，现实的财产占有秩序应不应该被尊重和保护？在本权人不得而知而缺位的情形下，谁来监管、维护财产，做到物尽其用？是让侵害行为在某个较早的时点上戛然而止、维持现状有利于社会，还是让这种侵害行为循环往复、永不停歇有利于社会呢？

笔者认为，从简化请求权法律关系之角度考量，对于本条规定之“权利人”应采扩大解释，似应允许恶意占有人行使占有物因毁损、灭失所取得的保险金、赔偿金或者补偿金之返还请求权。恶意占有人与所有权人、用益物权人、担保物权人、基于债法关系之占有人以及基于人身权之占有人等权利人之间的法律关系，则属于另一法律关系，可以通过所有权保护、侵权行为、不当得利等其他法律途径予以解决。但是，如果本权人业已对次级占有人行使保险金、赔偿金或者补偿金之返还请求权的，则应该排除恶意占有人上述请求权。无论如何，次级占有人对于同一损害后果只应该完整赔偿一次。

至于恶意占有人能否主张损害赔偿，学界目前分歧较大，这取决于《民法典》第462条占有保护之规定是否适用于恶意占有人，如果恶意占有人就占有的动产或者不动产有权请求返还原物、排除妨害、消除危险、赔偿损害，那么似可认为脱离恶意占有人而被他人占有的不动产或者动产毁损、灭失，恶意占有人之损害未得到足够弥补的，恶意占有人有权请求次级占有人赔偿损失。之所以赋予恶意占有人损害赔偿请求权，主要是考虑到占有制度的基本功能在于维护现存之财产占有秩序，以维护社会和平与物之秩序。[1]占有秩序一旦形成，其他人即应该尊重此一秩序，不得侵害之，对于无权占有，除了紧急情况下之自力救济外，亦应该通过合法方式予以排除。[2]

---

① 章正璋：《我国民法上的占有保护——基于人民法院六年来占有保护案例的实证分析》，载《法学研究》2014年第3期。

② 章正璋：《我国民法上的占有保护——基于人民法院六年来占有保护案例的实证分析》，载《法学研究》2014年第3期。

第四百六十二条【占有保护】

占有的不动产或者动产被侵占的，占有人有权请求返还原物；对妨害占有的行为，占有人有权请求排除妨害或者消除危险；因侵占或者妨害造成损害的，占有人有权依法请求损害赔偿。

占有人返还原物的请求权，自侵占发生之日起一年内未行使的，该请求权消灭。

历史由来

本条继承了《物权法》第245条的规定，只是将《物权法》第245条第1款规定中的“占有人有权请求损害赔偿”修改为“占有人有权依法请求损害赔偿”。

规范目的或功能

本条之规范目的在于为占有人创设占有保护请求权，即占有人返还原物请求权、排除妨害请求权、消除危险请求权以及损害赔偿请求权，同时规定了占有人返还原物请求权之除斥期间为一年。对于占有人之占有保护请求权，须注意以下几个方面的问题。

一、占有保护请求权与物权请求权的区别

占有保护请求权与《民法典》第二编第一分编第三章“物权的保护”所规定的物权请求权（物上请求权），也就是物权人所享有的返还原物请求权、排除妨害请求权、消除危险请求权存在诸多区别，不得不辨，这些区别主要表现在：

1.请求权基础不同。物权请求权的请求权基础在于确定的物权，而占有保护请求权的请求权基础在于对物之占有或者曾经占有，并非基于特定的权利。[①]

---

① Westermann, Sachenrecht, 7.Auflage, C.F.Müller Verlag, 1998 Heidelberg, S.149.

2.功能不同。占有保护以及占有保护请求权的立法功能在于维护现存之财产占有秩序，以维护社会和平与物之秩序。除本权人行使自力救济权等情形外，占有一旦成立，任何人即不得以私力改变占有的现状。[①]而本权保护以及物权请求权的首要功能在于保护物权，并非在于维护现存之财产占有秩序，本权与直接占有亦时常分离，当本权与直接占有分离时，尤其当本权暧昧不明或者有争议时，占有保护的功能能够彰显出来。

3.归责原则不同。占有保护不以相对人具有过错为前提。[②]而本权保护诉讼，除停止侵害、排除妨害、消除危险等物权保护方法外，其归责原则一般实行过错责任原则。

4.举证责任不同。本权之诉中行使物权请求权，当事人对于其享有合法有效之物权负举证责任，否则物权保护无法成立。而占有保护诉讼，当事人无须证明其享有何种本权，只须证明其过去或者现在是占有人即可，即使本权存在瑕疵或者存在争议，占有亦受法律保护。

5.诉讼时效与除斥期间的适用不同。按照我国现行民法，除所有权等物权保护不受诉讼时效限制外，其他本权之保护，多受诉讼时效之拘束，而本条第2款明确规定占有人返还原物请求权适用一年除斥期间，不适用诉讼时效的规定。

6.诉讼结果不同。占有保护诉讼，其结果仅具临时性，不具终局性，其诉讼结果可能为本权诉讼所推翻，而本权诉讼的结果具有终局性。占有之诉一般适用简易程序开庭审理，以期简便高效，突出时效性，占有之诉不依赖于本权，当事人不得以本权作为抗辩，法院亦不得以本权作为裁判的依据，而本权之诉通常不适用简易程序进行审理。[③]

二、占有人损害赔偿请求权之性质与立法模式

罗马法以占有令状保护占有，一些占有保护令状，比如现状占有令状、优者占有令状、制止暴力剥夺令状等，除包含返还原物、排除妨害和消除危

① 王泽鉴：《民法物权（二）》，台北三民书局2005年版，第172—173页。

② 王利明：《物权法研究》（修订版）（下卷），中国人民大学出版社2007年版，第761页。

③ Dieter Medicus, Grundwissen zum Bürgerlichen Recht, 8.Auflage, Carl Heymanns Verlag, München, 2008, S.154.

险请求权外，还包含侵害占有的损害赔偿内容。[1]上述占有保护令状在法律性质上被归入债权之列。[2]后世立法则认为，只有侵害占有的损害赔偿请求权方属债权请求权之列，而返还原物、排除妨害和消除危险请求权性质上则属于物上请求权。目前大陆法系许多国家的民法典均规定有占有保护制度，内容包括物上请求权的保护方法和损害赔偿请求权的保护方法，各国立法赋予占有人的请求权也大同小异，但在具体的立法模式上可以区分为以下两类：[3]

第一，《民法典》物权编中只规定性质上属于物上请求权的、狭义上的占有保护请求权，即占有物返还请求权、占有妨害除去请求权、占有妨害预防请求权等，属于债权性质的侵害占有损害赔偿请求权不在物权法部分规定，该请求权交由侵权法调整。目前大陆法系的德国（《德国民法典》第861条、第862条）、意大利（《意大利民法典》第1168条、第1169条、第1170条）等立法采纳了该占有保护的立法模式。[4]

第二，《民法典》物权编中采广义的占有保护请求权立法模式，无论是物上请求权性质的占有保护请求权，还是债权性质的侵害占有损害赔偿请求权，均一体纳入物权法占有保护制度中。目前大陆法系的瑞士（《瑞士民法典》第926条、第927条、第928条）、葡萄牙（《葡萄牙民法典》第1276条）、日本（《日本民法典》第198条、第199条、第200条）、韩国（《韩国民法典》第204条、第205条）。[5]

上述两种占有保护立法模式，第一种模式注重法律规范的体系性和逻辑性，第二种模式注重法律规范的完整性和实用性，两种占有保护立法模式在占有保护请求权种类的设计上并没有本质区别，区别仅仅表现在立法形式上。我国《民法典》采取的是占有保护的立法模式。

---

① 萨维尼：《论占有》，朱虎、刘智慧译，法律出版社2007年版，第342页以下。

② 萨维尼：《论占有》，朱虎、刘智慧译，法律出版社2007年版，第27页以下，另见译者前言第4页。

③ 章正璋：《我国民法上的占有保护——基于人民法院六年来占有保护案例的实证分析》，载《法学研究》2014年第3期，第202页。

④ 章正璋：《我国民法上的占有保护——基于人民法院六年来占有保护案例的实证分析》，载《法学研究》2014年第3期，第202页。

⑤ 章正璋：《我国民法上的占有保护——基于人民法院六年来占有保护案例的实证分析》，载《法学研究》2014年第3期。

三、关于一年期间的法律性质

本条第2款规定："占有人返还原物的请求权，自侵占发生之日起一年内未行使的，该请求权消灭。"对于本款所规定的一年期间的法律性质，目前学界争议很大，有认其为诉讼时效者[①]，也有认其为除斥期间者[②]。针对此项争议，笔者认为，仅仅从本条第2款的字面含义出发，尚不足以得出结论，所谓的一年期间，性质上一定就是诉讼时效或者一定就是除斥期间，本款属于典型的法条含义不明之条款，完全可以有不同之理解，其性质须待有权机构作出明确解释才能确定。因此，我国学界对此问题之争议，仍属于价值判断与利益衡量之范畴，非属于事实判断问题。从大陆法系既有之立法成例看，有将占有保护请求权之行使期间规定（解释）为诉讼时效的，比如瑞士民法等，也有将占有保护请求权之行使期间规定（解释）为除斥期间的，比如德国民法与日本民法等。[③]从我国实际出发，笔者赞同将本条第2款规定的一年期间解释为除斥期间，理由如下：

从本条第2款所使用的词句分析，所谓"自侵占发生之日起"，表明此处一年期间的起算点是一个客观的时点，这与除斥期间相同而与诉讼时效相异，诉讼时效自当事人知道或者应当知道权利被侵害之时起算，其起算点是一个偏于主观的时点。第2款明确规定一年期间经过后"请求权消灭"，而按照《民法典》第192条之规定，诉讼时效完成以后，当事人所享有的实体法上的请求权并不消灭。从占有保护制度的设立目的和社会功能上看，此处的一年期间也应解释为除斥期间，不能中断、中止或者延长，以求简便高效。这对于真正的权利人并无不利，因为即使占有保护请求权期间经过，受害人的本权并不消灭，基于本权的请求权仍然得以行使。[④]时效论者

---

① 石佳友：《〈物权法〉占有制度的理解与适用》，载《政治与法律》2008年第10期。

② 最高人民法院物权法研究小组编著：《中华人民共和国物权法条文理解与适用》，人民法院出版社2007年版，第711页、第712页；刘智慧：《中国物权法释解与应用》，人民法院出版社2007年版，第701页。

③ 史尚宽：《物权法论》，中国政法大学出版社2000年版，第590—591页。

④ 最高人民法院物权法研究小组编著：《中华人民共和国物权法条文理解与适用》，人民法院出版社2007年版，第712页。

所认为的除斥期间仅仅适用于形成权，而不适用于请求权的思想观点过于僵化，请求权适用除斥期间并不存在任何制度性、构造性障碍，上述德国民法与日本民法即其著例。尤其应该看到，瑞士民法所规定的普通诉讼时效期间为10年，在此情况下将占有保护请求权之行使期间解释为短期时效尚有必要，而我国《民法通则》所规定的普通诉讼时效期间仅为2年，如果将本条第2款所规定的一年期间解释为诉讼时效，实在无法体现占有之诉的简便高效。

规范内容

与占有保护请求权的规范目的相比，占有保护请求权的规范内容主要在于解决占有保护请求权如何能够成立的问题，综合来看，占有保护请求权的成立须具备以下几个方面的要件。

一、一方对于某动产或者不动产存在或者曾经存在过占有

如前所述，占有保护请求权的立法功能在于维护现存之财产占有秩序，以维护社会和平与物之秩序。除本权人行使自力救济权等情形外，占有一旦成立，任何人即不得以私力改变占有的现状。因此，占有保护请求权行使的首要条件就是一方对于某动产或者不动产存在或者曾经存在过占有，对于侵夺占有的行为，丧失占有者（曾经的占有人）有权要求返还占有，对于排除妨害或者消除危险请求权，必须是现在的占有人才有权提出请求，如果占有已丧失，就无法行使此种权利。[①]

二、一方的占有被侵夺、妨害或存在妨害之虞

侵夺占有是指非基于占有人的意思而排除其对物事实上的管领力。对占有物的侵夺得为全部或一部，如使单独占有变为共同占有，完整占有变为一部占有，侵夺占有人得为自己创设占有，或使第三人取得占有，等等。

妨害占有是指妨碍占有人管领其物，致其使用可能性及利益遭受侵害，

---

① 王利明：《物权法研究》（修订版）（下卷），中国人民大学出版社2007年版，第756页。

如丢弃垃圾于他人土地，散放煤气、烟尘、声音振动等侵入邻地。是否存在占有妨害之虞，非依占有人的主观意思决定，应依社会观念，就其发生的盖然性，客观地加以判断。妨害占有只须将来有发生之虞，即为已足，不以一度发生妨害，而有再度发生的危险性为必要。过去曾数度发生妨害行为时，倘若无相反情事，通常可认为将来亦有妨害之虞。[①]

三、侵害行为没有合法事由

对于合法的侵夺妨害占有的行为，行为人通常无须承担责任，比如因执行公务等而强制执行、没收、收缴等，对于自助行为以及因为相邻关系对方对其行为有义务容忍的行为人同样无须担责，而对于紧急避险以及防卫过当等行为，尽管这些行为一般不具有非法性，但是行为人通常仍须承担侵害占有的责任。[②]

四、因侵害占有而受到损失

对于侵害占有损害赔偿请求权之成立是否应该限于合法占有，法无明文，学界争议较大，此处不赘。

三 举证责任

针对各类占有保护诉讼，当事人的举证责任并不完全相同，举其要者，主要包括以下一些内容：对于停止侵害，占有保护请求权人须举证证明存在侵害行为，并且该侵害行为与被告的行为或者所管理下的物件有关；对于排除妨碍，占有保护请求权人须举证证明客观上存在妨害行为，对此可以参阅物权的保护部分关于物权人排除妨碍请求权举证责任之论述；对于消除危险，占有保护请求权人须举证证明客观上存在危险或者危险之虞，对此可以参阅物权的保护部分关于物权人消除危险请求权举证责任之论述；对于返还原物，占有保护请求权人须举证证明自己先前存在之占有以及侵

① 王泽鉴：《民法物权（二）》，台北三民书局2005年版，第346页、第365页。

② Westermann, Sachenrecht, 7.Auflage, C.F.Müller Verlag, 1998 Heidelberg, S.141.

害人现时之占有，必要时对于原物尚存在以及能够原物返还亦需要予以证明，对此可以参阅物权的保护部分关于物权人返还原物请求权举证责任之论述。

所有上述请求权之成立，原告对于侵害人是否具有过错无须举证证明，对于己方之占有是否属于合法占有、有权占有亦无须举证证明。对此问题，我国学界目前尚存在分歧，具体内容参见下文“占有保护请求权之成立是否以有权占有（合法占有）为要件”部分之分析与阐述。

侵害人如果认为损害系由于不可抗力、正当防卫、紧急避险、自助行为或者标的物自身所固有的瑕疵等原因造成从而主张免责的，应对上述事实之存在及其与损害后果之间的关联性予以举证证明。

侵害人如果认为受害人对于损害的发生有过失的，须予以举证证明。《民法典》第1173条规定：“被侵权人对同一损害的发生或者扩大有过错的，可以减轻侵权人的责任。”

侵害人如果认为损害是因受害人故意造成从而可以免责的，须予以举证证明。《民法典》第1174条规定：“损害是因受害人故意造成的，行为人不承担责任。”

监护人认为自己尽了监护责任，可以减轻侵权责任，或者监护人认为具有独立财产的无民事行为能力人、限制民事行为能力人应该由他们自己承担赔偿责任的，须予以举证证明。《民法典》第1188条规定：“无民事行为能力人、限制民事行为能力人造成他人损害的，由监护人承担侵权责任。监护人尽到监护职责的，可以减轻其侵权责任。有财产的无民事行为能力人、限制民事行为能力人造成他人损害的，从本人财产中支付赔偿费用；不足部分，由监护人赔偿。”

侵权人认为侵权行为之所以发生是因为自己暂时没有意识或者行为失去控制才造成损害的，须予以举证证明。《民法典》第1190条第1款规定：“完全民事行为能力人对自己的行为暂时没有意识或者失去控制造成他人损害有过错的，应当承担侵权责任；没有过错的，根据行为人的经济状况对受害人适当补偿。”按照德国学界以及司法实践中的主流观点，被害人对于侵害人的年龄、行为能力、辨别能力、是否存在精神强制（geistiger Zwang）等情形无须举证，侵害人如欲按照《德国民法典》第827条、第828条等规定减轻或者免除其赔偿责任，须对此予以证明。[①]

对于损害赔偿，占有保护请求权人须举证证明侵害行为导致己方发生了损害，损害的程度和范围大小，以及侵害行为与损害后果的发生之间具有客观上的因果关系等。而对于损害赔偿请求权人是否须证明其占有为合法占有、有权占有，《民法典》对此问题无明文规定，学界对于该问题，主要存在肯定说和否定说两种观点。德国学者黑克（Heck）从经济的观点采肯定说，强调无权占有人亦有保护的必要，例如甲以其无权占有的某件机器从事生产，已成为企业的一部分，具有继续占有使用的经济利益，所有人乙强行取回该件机器，导致生产停顿时，应负损害赔偿的责任。[②]也有肯定说从权利的角度进行分析，认为凡是法律规范赋予无权占有人以收益权时，其占有均可视为"其他权利"，因此受到侵权法之保护。[③]我国也有学者认为："即使是无权占有，占有人受到侵害，其也应当受到侵权法的保护。"[④]而否定说则坚持"不法行为不产生权利，违法者不获益"的法律原则，例如德国学者耶林（Jhering）认为："强盗与小偷亦享有占有保护，但仅止于自力救济或占有保护请求权（占有之诉），以维护社会秩序，似不能因此而言为强盗与小偷得对取回其物的所有人，亦得请求不能对盗赃物为使用收益而生的损害。"[⑤]目前，德国的司法实践坚持否定说，侵害占有的损害赔偿请求权仅有权占有人享有。对于善意占有人则适用《德国民法典》第955条、第987条、第990条、第1006条等关于善意占有人取得权、物之用益归属、所有权推定等项规定。[⑥]而我国台湾地区司法实践则采肯定说，肯定恶意占有人亦得依侵权行为法则请求使用收益（营业上的收入损失）。而善意占有人，得依法请求使用收益的损害，自不

---

① Münchener Kommentar zum bürgerlichen Gesetzbuch, Band 5, 5.Auflage, Verlag C.H.Beck München, 2009, S.1841, 1842.

② 王泽鉴：《民法物权（二）》，台北三民书局2005年版，第385页、第386页。

③［德］鲍尔·施蒂尔纳：《德国物权法》（上册），张双根译，法律出版社2004年版，第168页。

④ 王利明：《物权法研究》（修订版）（下卷），中国人民大学出版社2007年版，第763页。

⑤ 王泽鉴：《民法物权（二）》，台北三民书局2005年版，第386页、第387页。

⑥ Münchener Kommentar zum bürgerlichen Gesetzbuch, Band 5, 5.Auflage, Verlag C.H.Beck München, 2009, S.1812–1814.

待言。[①]本条将占有保护请求权人限定为“占有人”，按照通常的字面理解，无权占有人也是占有人，因此无权占有人亦得请求占有保护，这对于占有之诉中的占有保护固无问题，但是对于侵害占有的损害赔偿请求权则不无疑问。笔者认为，确定我国无权占有是否受侵害占有的损害赔偿请求权保护应该着重考虑以下两个方面的因素：

第一，从法理上分析，任何非法行为均不应产生权利和利益，无权占有也不例外。狭义占有之诉之所以保护无权占有、权属不明以及权属有争议之占有乃因其具有维护社会和平的特殊功能，而侵害占有的损害赔偿之诉并不直接具有这种功能。因此，无权占有人一般不能主张侵害占有的损害赔偿，这应该成为侵害占有损害赔偿之诉的基本原则和未来司法裁判的发展趋势。如果侵权法对于无权占有与有权占有不加区分地予以同等保护，那么人们从事合法行为的积极性无疑会受到打击，这对于法治的推行殊为不利。从逻辑上说总是先有无权占有，然后才会发生对于无权占有的侵害，无权占有人不能主张侵害占有的损害赔偿，有助于从源头上预防和减少无权占有情形的发生。

第二，在法治社会，对于无权占有的排除应该遵循合法的方式，以公力救济的形式为主。否则因循往复、以暴制暴，正常的占有秩序和社会和平将无法保障，对于法治的推行同样不利。本权人排除无权占有，不仅要符合实体法，也要符合程序法，要按照法治原则和适当原则进行处理。特别应该看到，我国社会主义法治的建立和完善需要一个过程，各方面的制度和法律也是逐步建立和完善起来的，这在不动产领域表现得尤为明显。一些先建后批、未批先建、边建边批的政绩工程、形象工程等仍然存在，城镇房屋私有化过程中仍有一些历史遗留问题没有解决，还有以赈灾、经济开发为目的而兴建的简易房、过渡房、拆迁房，同时大城市周围还存在一些小产权房，而农村宅基地、承包地、开荒地、坟茔地占有的情形还要更加复杂。

笔者认为，现阶段人民法院对于无权占有人不能主张侵害占有损害赔偿原则的适用不能绝对化，尤其对于非本权人侵害占有的情形，可以考虑以《土地管理法》和《城市房地产管理法》的颁布施行作为时间界限，对于两法施行

---

① 王泽鉴：《民法物权（二）》，台北三民书局2005年版，第386页。

以前所形成的对于土地和房屋的无权占有按照历史遗留问题进行处理，一般应予以侵权法保护，而对于两法施行以后所形成的对于土地和房屋的无权占有则应该按照现行法逐步进行清理，一般不应予以侵权法保护，但是善意占有人除外。无权占有可以区分为善意占有和恶意占有，对于善意占有人，大陆法系各国（地区）民法多赋予其用益权，该权利遭受侵害时，善意占有人可以基于侵害占有的损害赔偿请求权或者其他的请求权得到保护和救济，保护善意占有有利于社会财富的创造，具有一定的合理性。

对于占有或者曾经占有之标的范围，占有保护请求权人同样有义务予以证明。占有之标的、范围无法确定，往往导致占有保护请求无法成立。例如在某占有侵权纠纷案中，受诉法院认为："被告提交的林权证显示，被告自留山面积为7亩，四至为东至场后沟脑中梁，西至高坑梁，南至过坡路上，北至过坡路下。原告的北至边界与被告的南至边界相邻，林坡中有两条过坡路，双方争议的焦点是以哪条过坡路为参照。原告提交的林权证显示北至孙某某过坡路下，被告提交的林权证显示南至过坡路上。双方提交的证据均不能有力证实其主张。由于双方对边界界址不能达成一致，造成双方林木以及林地使用权争议……原告主张被告侵占其六棵核桃树，要求赔偿经济损失1500元，证据不足，本院不予支持。"[①]在某排除妨害纠纷上诉案中，受诉法院认为：排除妨害请求权的权利人即行使主体应为物权人及占有人。根据本案所查明的事实，朱某娟虽于2003年3月26日与村委会签订了《厂房转制、土地流转协议书》，并按约支付了相应对价，但尚无证据显示朱某娟已就上述协议书所约定之受让厂房及土地取得了相关物权。因此，即便某公司对其目前使用的厂房及土地是否包含在上述协议书所约定的厂房及土地范围内不存在争议，现朱某娟仅凭上述协议书即行使排除妨害请求权缺乏法律依据。即便朱某娟作为上述厂房及土地占有人欲行使排除妨害请求权，朱某娟也应就其原先占有厂房及土地的事实负举证责任。[②]现朱某娟无法证明其对于争议标的原先存在过占有，该占有为被告侵夺，所以对于朱某娟的诉讼请求不予支持。

---

① 河南省卢氏县人民法院（2011）卢五民初字第1号民事判决书。

② 上海市第一中级人民法院（2009）沪一中民二（民）终字第1601号民事判决书。

其他问题

一、货币是否适用占有保护之规定

占有保护请求权的立法功能在于维护现存之财产占有秩序，以维护社会和平。货币被侵夺，除即时（当场）的自力救济外，往往无法返还原物，因为货币作为消费物很容易被消费掉。货币作为种类物，受害人亦无法一一指认证明其原物之范围、性状及所属，因此原物返还殊为困难。货币作为替代物和流通物，亦无须返还原物，只须返还价值相当之同种甚至异种货币即可。此外，由货币的高度流通性所决定，货币的占有即所有，否则对于交易安全殊为不利，因此，货币之返还请求权通常属于债权请求权，一般不适用具有物上请求权性质的占有返还规则。[①]占有物返还请求权之行使，须存在侵夺占有之行为，并且原物仍然存在、客体范围能够确定和证明，从而能够原物返还。因此，货币通常不适用占有保护之规定。但是，作为特定物之古钱币、纪念币或者客体范围能够确定之货币被侵夺，应该适用占有保护之规定。

二、占有保护请求权之成立是否以有权占有（合法占有）为要件

关于无权占有受不受占有保护这个问题，国内学界分歧严重。主张无权占有不受占有保护的学者认为："所谓非法占有，表示法律否定了该占有行为，占有人不得为该占有行为。因此，非法占有人不享有占有保护请求权。"[②]"从民法占有的基本理论考察，占有的本质仅是一种客观事实，其本身并不必然受法律保护。我国《物权法》第二百四十五条关于占有保护的适用范围，仅适用于民法范畴内的占有，故包括小偷对其窃款、窃物在内的违法犯罪行为产生的恶意占有、非法占有，不应该也不可能受到法律的保

---

① 章正璋：《我国民法上的占有保护——基于人民法院六年来占有保护案例的实证分析》，载《法学研究》2014年第3期。

② 李锡鹤：《物的概念和占有的概念》，载《华东政法大学学报》2008年第4期。

护。”①“如果A小偷窃得的赃物被B小偷窃取，而且A、B均无法证明其为该动产的权利人，依我国的法律，无论依照哪条途径，法庭都不会将涉案的赃款赃物返还给任何一个小偷。质言之，以法庭为典型代表的中国法律保护的是合法的，包括正当的权益，但不保护刑事犯罪或行政违法意义上的非法利益或相应的关系。”②反对者则认为：“占有保护的理由在于，已经成立的事实状态，不应受私力而为的扰乱，而只能通过合法的方式排除，这是一般公共利益的要求。例如甲借用乙的自行车，到期不还构成无权占有，乙即使作为自行车的物主也不可采取暴力抢夺的方式令甲归还原物……因此可以看出，占有人无论是有权占有还是无权占有，其占有受他人侵害，即可行使法律赋予的占有保护请求权；而侵害人只要实施了法律所禁止的侵害行为，即应承担相应的责任，法律不问其是否具有过失，也不问其对被占有的不动产或者动产是否享有权利。”③“《物权法》对占有的保护，不仅保护有权占有，而且保护无权占有……严格地说，对占有的保护，并不考虑占有的本权问题，因为占有的保护，主要是为了维护现有的占有秩序。”④

从人民法院占有保护的司法实践来看，人民法院明确采纳了占有保护不以有权占有为前提的观点，无论有权占有还是无权占有，甚或权属不明或者权属有争议之占有，均一体予以占有保护。在纠纷解决前，任何一方无权侵害、改变占有之现状。因为无权占有或者权属有争议、权属不明而拒绝给予占有保护的案例，目前尚未见到。例如在“朱某习与朱某亚恢复原状、财产损害赔偿纠纷案”中，受诉法院认为：“占有是指人对物事实上的控制和支配。为维护社会安宁和稳定，我国《物权法》设立占有制度，维护物的占有状态，禁止他人以私力等非法手段加以破坏……朱某习如认为朱某亚家的墙确须拆除，应与朱某亚协商解决或通过有关机关进行处理，朱某习无权以私

① 廖新仲：《关于〈物权法〉第245条占有保护适用范围的理解》，载《法律适用》2011年第5期。

② 廖新仲：《关于〈物权法〉第245条占有保护适用范围的理解》，载《法律适用》2011年第5期。

③ 全国人民代表大会常务委员会法制工作委员会编：《中华人民共和国物权法释义》，法律出版社2007年版，第520页。

④ 王利明：《物权法研究》（修订版）（下卷），中国人民大学出版社2007年版，第746页。

力手段拆除朱某亚家的墙，其行为已侵害了朱某亚对物之占有，朱某亚享有占有妨害除去请求权，有权请求被告朱某习排除妨碍、恢复原状。”[①]在“李某宪诉康某福、康某方、张某琴排除妨害纠纷案”中，受诉法院认为：“原告购买康店某村十三组建的小产权房违背国家有关法律规定，原告与巩义市康店某村第十三村民小组签订的房屋销售合同不受法律保护。本院认为，巩义市康店某村十三组组长康某恩将位于康店镇大桥西端街道南侧楼房中西门洞四楼西户住房一套交付给原告后，原告即实际占有了该套住房，该占有状态即使与他人的权利相抵触，也不应受到其他非法行为的侵害。对妨害占有的行为，占有人可以请求排除妨害。故对三被告的此项辩解，本院不予采信。”[②]在“代某章等与董某松等排除妨害纠纷上诉案”中，受诉法院认为：“被告某庄组辩称租赁协议及转让协议均无效，要求收回兰草园占用的土地应采用正当的手段主张权利，如被告认为该兰草园的土地使用权有争议，应当由当事人协商解决，协商不成由政府及有关部门处理，在争议解决前，任何一方不得改变土地使用现状，被告某庄组因此指使代某章挖断兰草园出路改变土地使用现状，实属不当。原告依据合同占有该兰草园，对妨害占有的行为，占有人有权请求排除妨害和赔偿损失。”[③]而在“王某艾与刘某叶返还原物纠纷案”中，受诉法院认为：“本院认为涉诉车辆现属所有权不明状态……（但是）占有作为一种事实状态，应受到法律的保护，以维护社会的和平、安全和秩序。占有是指人对物在事实上的控制。占有的不动产或动产被侵占的，占有人有权请求返还原物。”[④]

人民法院的上述判决值得肯定。笔者认为，无权占有不受占有保护的观点仅仅能够有条件地适用于侵害占有损害赔偿请求权的情形，无权占有不受任何占有保护的观点不能成立，对于狭义的占有之诉，无权占有、权属不明或者权属有争议之占有，均应享受占有保护，理由如下：

无权占有与占有是否受保护具有不同的规范目的，属于不同范畴，不能混淆，如同罪犯是否享有尊严和人权的问题一样。无权占有仅仅对于确

---

① 河南省漯河市中级人民法院（2010）漯民一终字第44号民事判决书。
② 河南省巩义市人民法院（2011）巩民初字第2030号民事判决书。
③ 河南省南阳市中级人民法院（2009）南民一终字第243号民事判决书。
④ 河南省南阳市宛城区人民法院（2011）宛民初字第448号民事判决书。

定占有的发生及其权源具有意义，无权占有并不必然意味着该占有不受法律保护，任何人均得以侵夺、骚扰、妨害，且无需承担任何法律责任。在法治社会，对于无权占有之排除，亦须经由合法的方式，如通过本权之诉的方式等。

占有保护仅仅具有临时性，不具有终局性，本权人完全能够依赖本权之诉排除无权占有，因此无权占有受到占有保护，不会导致社会的道德危机和不公平的结果，保护无权占有对于有权占有与无权占有的区分并不存在任何逻辑上的矛盾。

从实证角度而言，如果侵害人不享有本权，那么不保护在先的无权占有，意味着任何人均可以侵害无权占有，而对于那些因侵害无权占有而形成的新的无权占有，包括原先的被侵害人在内之他人，亦可以再次侵害。这样因循往复，正常的占有秩序无从建立，社会的和平与安宁无法维护，这明显有害于社会公益。如果侵害人有本权，侵害人完全可以通过本权之诉的方式排除非法占有，实现和维护自身的权利。让本权人承担侵害占有的责任，可以指引本权人遵循合法途径行使权利、排除非法占有，对于社会的和平与安宁、对于法治有益无害。

大陆法系规定有占有保护制度的国家，其立法目的和规范功能主要有两项：弥补本权保护之不足，以及禁止以私力改变占有现状、维护社会和平。我国没有类似立法理由书这样的官方文书，《物权法》占有保护的立法目的和规范功能主要通过学说判例予以宣示，从目前国内众多物权法著作对于占有保护立法目的和规范功能的阐释来看，我国《物权法》占有保护的立法目的和规范功能与大陆法系其他国家并不存在本质区别。显然，无权占有、权属不明或者权属有争议之占有受占有之诉的保护相较于否定说，更加有利于实现《物权法》占有保护的立法目的和规范功能。

综上，占有保护的一个首要前提是对物之占有或者曾经占有受到侵害或有受侵害之虞，否则占有保护无法成立。占有人对其占有标的之范围有义务予以证明，否则占有保护亦不应当成立。无权占有、权属不明或者权属有争议之占有同样受占有之诉的保护。货币因其特殊属性，一般不适用占有保护之规定。

三、关于间接占有的占有保护问题

我国现行立法和司法实践是否承认间接占有，是讨论间接占有情况下占有保护法律问题的前提和基础，如果不承认，这个问题便没有讨论的基础和必要。而对于我国现行立法是否承认间接占有，学界甚有分歧，在此有深入讨论的必要。主张我国现行立法承认间接占有的学者认为：我国《物权法》第27条明文规定了占有改定制度，动产的出让人于出让动产以后继续占有该动产，受让人则取得受让动产的间接占有，这是《物权法》对于间接占有的明确规定。另外，从《物权法》的立法体系上看，该法于第25条、第26条、第27条分别规定了简易交付、指示交付和占有改定制度，这些制度若不借助间接占有的概念，就无法得到说明，交付或替代交付的概念也就无从建立。[①]同时还应该看到，那些将事实的对物支配力转让给他人行使的人，或许也有这样一种强烈的合理利益，即针对侵害人行使占有保护权利，或者将自己余有的对物关系转让给他人。这些人要把自己当作占有人来对待的利益，是值得保护的。他们对物的关系虽仅是间接的，也就是以直接占有人为媒介来实现占有。但这种间接的对物关系，应是具有同等价值的占有。[②]而反对者则认为：我国《物权法》并未承认间接占有制度，《物权法》所提到的占有，应理解为直接占有。[③]还有反对者认为："除共同占有外，一物之上不能同时存在两个以上的占有。一切占有均须有占有外观，在这一意义上，可以说一切占有均为直接占有。将占有分为'直接占有'和'间接占有'，有违法理。"[④]针对上述争议，笔者认为，如果我国民法不承认间接占有，那么我国《民法典》第228条所规定的占有改定的替代交付方式便无法理解、适用和解释，不承认间接占有也与我国大量司法实践不符。[⑤]因此，我

---

① 张双根：《间接占有制度的功能》，载《华东政法学院学报》2006年第2期。

② ［德］鲍尔·施蒂尔纳：《德国物权法》（上册），张双根译，法律出版社2004年版，第113页、第122页。

③ 石佳友：《〈物权法〉占有制度的理解与适用》，载《政治与法律》2008年第10期。

④ 李锡鹤：《物的概念和占有的概念》，载《华东政法大学学报》2008年第4期。

⑤ 例如江苏省南通市中级人民法院（2007）通中民二初字第0026号民事判决书；最高人民法院（2010）民四终字第20号民事判决书；上海市徐汇区人民法院（2005）徐民二（商）初字第106号民事判决书；等等。

国现行民事立法和司法实践是承认和接受间接占有这一法律事实的。但是，间接占有毕竟属于一种观念性占有，不具有直接占有的占有外观，结合大陆法系成熟的立法经验，笔者认为，我国间接占有的占有保护应该坚持以下原则：

《民法典》第462条所规定的占有保护请求权，即返还原物请求权、排除妨害请求权、消除危险请求权和损害赔偿请求权，间接占有人原则上均得予以行使。

在侵夺占有的情况下，间接占有人仅得请求向直接占有人回复占有，直接占有人不能或不欲收回占有的，间接占有人有权请求向自己回复占有。

对于侵害占有的损害赔偿请求权，直接占有人不能或不欲主张时，间接占有人方得行使，如果直接占有人主张了损害赔偿，那么间接占有人不得再行主张该权利。目前人民法院在占有保护的司法实践中已经贯彻了该原则，例如在“吴某潮与于某红财产损害赔偿上诉案”中，间接占有人在接受原审法院询问时均表示同意由直接占有人向侵害占有者追偿，而间接占有人则放弃向侵害占有者追偿的权利。[①]该项实践观点值得赞同。

占有人自力救济权的行使，仅限于直接占有人，间接占有人不享有占有人自力救济权，但是可以对于侵害行为进行正当防卫。[②]所谓占有的自力救济，是指占有人对于侵夺或妨害其占有的行为，得以己力进行防御。不动产被侵夺时，占有人得即时排除、驱赶加害人而收回，动产被侵夺时，占有人得以己力就地由侵害人处取回，或追踪侵害人并取回。

四、关于针对占有保护请求权的抗辩以及抗辩权问题

有请求一般就会有抗辩，针对占有保护请求权之抗辩权主要有八类，其中原告方面未曾占有某物，被告方面不存在侵占妨害占有的行为以及除斥期间届满等抗辩事由，其抗辩效果在于使请求权不成立或者消灭请求权，法官可以依职权予以释明。[③]而对于原告的占有为无权占有，原告对于损害的发生及其扩大与有过失，被告享有本权，受害人之同意，紧急避险、自助行为以

① 广东省广州市中级人民法院（2011）穗中法民一终字第1280号民事判决书。

② 王泽鉴：《用益物权·占有》，中国政法大学出版社2001年版，第367页。

③ 章正璋：《占有之诉抗辩权问题研究》，载《现代法学》2016年第2期。

及无因管理等抗辩事由，其抗辩效果在于对抗请求权，法官通常不得依职权予以释明。原告的占有为无权占有、被告享有本权对于侵害占有的损害赔偿请求权具有一定的对抗效果，但是无法对抗其他的占有保护请求权。正当防卫是典型的侵权抗辩事由，因为正当防卫主要是对于加害人之人身进行钳制和反击，通常与占有无涉，因此正当防卫构成典型的侵权抗辩事由，但是一般无法成为侵害占有的抗辩事由。[①]下面分别阐述。

（一）原告方面未曾占有某物

占有保护的首要前提是“占有的”不动产或者动产被侵占妨害（《物权法》第245条），如果侵占妨害行为发生之时，原告方未曾实际占有某物，那么占有保护的前提便不存在，当事人之间的争端即不应该通过占有之诉予以解决。目前，在我国占有保护司法实践中，有些法院注意到了占有保护须以占有或者曾经的占有为成立前提，否则占有保护不能成立，例如，在“某有限公司与朱某娟排除妨害纠纷上诉案”“孙某福与洪某益等排除妨害纠纷上诉案”[②]等占有诉讼纠纷案中，受诉法院即明确指出占有保护须以原告方占有或者曾经占有某物为前提，现原告方无法举证证明其占有或者曾经占有过争讼标的物，占有保护的前提并不存在，被告方的抗辩理由成立。但是，有些法院尚未注意到占有保护的这个前提，对于一些诉请归还土地赔偿款、交通事故赔偿金、拆迁安置补偿款以及出资款等纠纷，仍然按照占有保护案件立案审理，并且援引《物权法》第245条占有保护之规定进行判决，如“吴某娃诉吴某军占有物返还纠纷案”[③]“张某娥等诉米某泽等占有物返还纠纷案”[④]“钱某诉万某占有物返还纠纷案”[⑤]等案件即如此。在上述案件当中，直到起诉之时原告对于讼争财产并无占有或者曾经占有之事实存在，被告亦无侵夺妨害占有之行为，占有保护之逻辑前提并不存在，被告方的抗辩完全成立，受诉法

---

① Walter G. Becker, Das Recht der unerlaubten Handlungen, Duncker & Humblot, Berlin Verlag, 2006, S.445–446.

② 上海市第一中级人民法院（2009）沪一中民二（民）终字第2011号民事判决书。

③ 平顶山市郏县人民法院（2012）郏民初字第615号民事判决书。

④ 湖南省辰溪县人民法院（2012）辰民一初字第316号民事判决书。

⑤ 重庆市潼南县人民法院（2011）潼法民初字第01873号民事判决书。

院依照占有保护之规定进行判决，法律依据显属不当。

按照两大法系目前之通说，对于货币的返还原物请求权通常不适用占有保护之规定。对此，前文在论述“货币是否适用占有保护之规定”时已经析明。对于货币所有人所提起的占有物返还之诉，被告有权以货币不适用占有物返还请求权进行抗辩。例外情形是，作为特定物之古钱币、纪念币或者客体范围能够确定之货币被侵夺，应该适用占有物返还之诉，因为此时侵害占有的客体范围具体确定，返还占有物没有现实障碍。除返还原物请求权外，如果货币占有人提起排除妨害、消除危险以及损害赔偿请求，因为货币能够成为占有标的，亦可以成为侵害对象，而上述请求权之内容与原物返还无关，所以被告无权进行上述抗辩。[①]

最后，占有可以区分为直接占有和间接占有，作为占有保护抗辩权之“原告方面未曾占有某物”，包括原告方面未曾直接占有某物和原告方面未曾间接占有某物这两种情形。也就是说，被告不得仅仅以原告之占有不是直接占有而是间接占有而主张“原告方面未曾占有某物”以作抗辩。因为《物权法》第245条所规定的占有保护请求权的请求权人包括直接占有人和间接占有人。如果直接占有人不能或不欲行使之，那么间接占有人有权代替行使。[②]此乃目前大陆法系之通说，亦为我国司法实践所采纳，广州市中级人民法院（2011）穗中法民一终字第1280号民事判决即体现了这一法理。

（二）被告方面不存在侵占妨害占有的行为

占有保护以存在侵占妨害占有的行为为前提，如果被告方面不存在侵占妨害占有的行为，占有之诉和占有保护请求权自然无法成立，被告方面当然可以以此作为合法抗辩。例如，被告能够举证证明，其占有、使用讼争标的系基于有效的租赁合同等，属于正常的占有和使用关系，所谓的侵占妨害占有行为根本不存在，此时该项抗辩无疑能够对抗原告方面之请求权。

对于国家机关工作人员依法履行公务的行为，如海关监管部门依法查扣

---

① Ulrich von Lübtow, Hand wahre Hand, Verlag Franz Vahlen GmbH Berlin, 1955, S.170–172.

② 章正璋：《我国民法上的占有保护——基于人民法院六年来占有保护案例的实证分析》，载《法学研究》2014年第3期。

走私物品、警察依法暂扣违章车辆、城管部门依法拆除违章建筑等，由于这些行为不具有违法性，属于正常的履行公务的行为，因此不属于侵占妨害占有的行为。所以，依法履行公务亦能够成为对抗占有保护请求权之合法抗辩事由。但是，因为超越法定权限的、不当的履行公务的行为而侵害占有时，有关的行为人以及国家机关不享有该项抗辩权。《民法通则》第121条以及《民法通则意见》第152条对此具有明文规定，此处不赘。

由于不可抗力而侵害占有的，例如，龙卷风导致树木倒伏从而侵入邻人之地，使得邻人的汽车受损、车位不能正常使用，针对受害人的占有保护诉讼，树木的所有人能否以不可抗力而为抗辩？对此问题，国内学界目前未见专门研究。笔者认为，在不可抗力侵害占有的情形下，侵害人往往并无过错可言。但是，大陆法系各国民法规定的不可抗力可以免责之抗辩，其适用情形大多限于损害赔偿之请求，而侵害占有的返还原物、排除妨害和消除危险请求权，其目的并不在于损害赔偿，亦不以侵害人具有过错为要件。因此，对于占有人的这三项请求权，侵害人无权以不可抗力而为抗辩。而对于侵害占有损害赔偿责任的成立，适用侵权法上的过错责任原则，通常须侵害人具有过错，侵害人无过错的可以免责。[①]因此，对于因为不可抗力侵害占有而导致的损害赔偿请求权，侵害人可以不可抗力而为抗辩。[②]

无权处分人处分占有标的，从而侵害权利人之间接占有时，例如出租人出卖租赁标的物给善意第三人，如果标的物已经交付，那么善意第三人即时取得无权处分之标的物，权利人针对善意第三人提起占有保护之诉时，善意第三人有权以善意取得进行抗辩。[③]

（三）除斥期间届满

《物权法》第245条第2款规定："占有人返还原物的请求权，自侵占发生之日起一年内未行使的，该请求权消灭。"因此，除斥期间届满能够成为占有

---

① 王利明：《物权法研究》（修订版）（下卷），中国人民大学出版社2007年版，第761页。

② 《侵权责任法》第29条规定：因不可抗力造成他人损害的，不承担责任。法律另有规定的，依照其规定。

③ Ulrich von Lübtow, Hand wahre Hand, Verlag Franz Vahlen GmbH Berlin, 1955, S.235–237.

之诉的抗辩权，该项抗辩之效果，并不在于对抗请求权，而在于消灭请求权。

除了返还原物请求权，有学者认为《物权法》所规定的返还原物的一年除斥期间，应该统一适用于所有占有保护请求权，即同样适用于占有妨害除去请求权以及占有妨害防止请求权。[①]也有学者对此观点表示否定，认为“占有保护请求权中的排除妨害请求权和消除危险请求权，原则上同妨害或者危险的持续状态紧密相连。如果妨害已经消失或者危险已经不存在，自然没有排除妨害或者消除危险请求权提请的必要；如果妨害或者危险持续发生，那么此项排除妨害或者消除危险的请求权自然没有受时效限制的道理”[②]。笔者赞同将《物权法》所规定的返还原物的一年除斥期间统一适用于所有物上请求权性质的占有保护请求权之主张，此项争议的焦点实际在于如何理解占有保护制度中所谓的“侵害”或者“妨害”，即是否区分“侵害”或者“妨害”的行为与“侵害”或者“妨害”的后果。否定说只考虑到妨害已经消失或者危险已经不复存在，以及妨害或者危险持续发生的情形，但是对于“侵害”或者“妨害”的后果持续存在的情形却没有顾及。如果对于“侵害”或者“妨害”的行为与“侵害”或者“妨害”的后果不加区分，那么对于侵占他人之物的行为，只要侵害人不返还侵占物，则侵害的后果一直持续，原占有人也就一直有权行使占有物返还请求权，这种理解有悖于我国《物权法》占有保护请求权一年除斥期间的立法目的。因此，除斥期间届满作为抗辩权应该具有抗辩所有物上请求权性质的占有保护请求权之效力，建议通过立法或司法解释对此予以明确规定。

（四）原告的占有为无权占有

无权占有遭受侵害，无权占有人是否享有占有保护请求权，侵害人能否以原告之占有为无权占有进行抗辩，目前学界尚存在争论。有学者认为：“所谓非法占有，表示法律否定了该占有行为，占有人不得为该占有行为。因此，非法占有人不享有占有保护请求权”[③]，“恶意占有、非法占有，不应该也不可

① 张双根：《占有的基本问题——评物权法草案第二十章》，载《中外法学》2006年第1期。

② 全国人大常委会法制工作委员会民法室编著：《中华人民共和国物权法解读》，中国法制出版社2007年版，第523页。

③ 李锡鹤：《物的概念和占有的概念》，载《华东政法大学学报》2008年第4期。

能受到法律的保护”[①]。因此，针对非法占有人的占有保护诉讼，侵害人当然得以原告之占有为无权占有进行抗辩。也有学者认为：“占有人无论是有权占有还是无权占有，其占有受他人侵害，即可行使法律赋予的占有保护请求权；而侵害人只要实施了法律所禁止的侵害行为，即应承担相应的责任，法律不问其是否具有过失，也不问其对被占有的不动产或者动产是否享有权利。”[②]例如，甲向乙购买一只宠物狗，并已付款，乙迟迟不交付，甲无权自行将狗抱走。甲向乙购买某物，业已付清价金，乙借故不交付，甲无权强行将物品取走。因此，针对非法占有人的占有保护诉讼，侵害人不得以原告之占有为无权占有进行抗辩。

针对上述两种对立观点，笔者认为，我国《物权法》赋予占有人从物权到债权四种不同的占有保护请求权。其中返还原物请求权、排除妨害请求权、消除危险请求权性质上属于物上请求权的保护方法，也就是传统民法上狭义的占有保护请求权之保护方法。占有是事实而非权利，狭义占有之诉的目的与功能在于保护占有，并不直接涉及本权，也不以占有人享有本权为保护前提。占有保护与本权保护亦存在根本性区别，不容混淆。无权占有、权属不明或者权属有争议之占有，均可享受物上请求权性质的占有保护。因此，对于无权占有人的返还原物请求权、排除妨害请求权和消除危险请求权，侵害人不得以原告之占有为无权占有进行抗辩。而对于无权占有人所提起的侵害占有的损害赔偿请求权，侵害人通常得以原告之占有为无权占有进行抗辩。也就是说，无权占有不受占有保护的观点仅仅能够有条件地适用于侵害占有损害赔偿请求权之情形，被告仅在此情况下享有抗辩权，无权占有不受任何占有保护的观点不能成立。[③]

（五）原告对于损害的发生及其扩大与有过失

原告（被害人）对于损害的发生与有过失，可以减轻加害人的赔偿责

---

① 廖新仲：《关于〈物权法〉第245条占有保护适用范围的理解》，载《法律适用》2011年第5期。

② 全国人民代表大会常务委员会法制工作委员会编：《中华人民共和国物权法释义》，法律出版社2007年版，第520页。

③ Thomas W. Merrill, Accession and Original Ownership, Journal of Legal Analysis, Vol.1, No.2, 2009, p.460.

任。如果损害发生的主要原因存在于被害人一方，也就是损害主要是由被害人方面所引发，或者被害人方面能够采取预防措施防止或者减少损害之发生而未采取，则被害人无权要求侵害人赔偿，侵害人可以与有过失进行抗辩（Einrede）。[①]对此问题，《德国民法典》第254条有明文规定。我国《民法通则》第131条、《侵权责任法》第26条对于被害人与有过失的情形，只规定了可以减轻侵害人的民事责任，而没有规定可以免除侵害人的民事责任，该规定明显与德国民法之规定有别，但是被害人与有过失无疑可以成为侵害人要求减轻责任之抗辩事由。

（六）被告享有本权

例如，租赁期满承租人拒不返还租赁物时出租人强行取回，此时如果承租人请求占有保护，那么出租人能否以享有本权进行抗辩？[②]对此问题，大陆法系一些国家在民法典中规定（比如《德国民法典》第863条、《日本民法典》第202条、《韩国民法典》第208条等），对于占有之诉，当事人不得直接以本权作为抗辩，法院亦不得以本权作为裁判的依据。当事人如欲以本权进行抗辩，应该反诉或者另行起诉。[③]之所以坚持该原则，是因为占有之诉的立法目的在于保护占有的事实关系而非权利关系，借占有保护维护现存之财产占有秩序，以维护社会和平。占有的事实状态相较于权利归属状态易于证明，不允许当事人以本权作为抗辩，能够简化程序、提高效率、突出占有之诉的时效性，以期迅速恢复原先的占有状态，从而有利于占有保护立法目的之实现。如果允许当事人以本权进行抗辩，势必需要对本权进行举证和调查核实，这往往会延宕占有之诉的进程，占有保护的时效性便不复存在，从而害及占有保护立法目的之实现。

我国现行法律对于占有之诉能否以本权进行抗辩的问题无明文规定。实

---

① Dieter Medicus, Bisitzschutz durch Ansprüche auf Schadensersatz, AcP 165 (1965), S.138, 140ff.

② 最高人民法院物权法研究小组编著：《中华人民共和国物权法条文理解与适用》，人民法院出版社2007年版，第712页。

③ Dieter Medicus, Bisitzschutz durch Ansprüche auf Schadensersatz, AcP 165 (1965), S.154–156.

践中本权人与占有人发生利益冲突的情形不在少数。从人民法院占有保护的司法实践来看，在一些占有之诉中，享有本权之被告（侵害人）往往直接以本权进行抗辩，以此对抗占有人，人民法院并没有要求侵害人提起反诉或者另行起诉，而是对侵害人所依据之本权的真实性、合法性进行调查，如果本权真实合法，则法院最终将依据本权而不是依据占有进行裁判。例如在“胡某与冯某物权保护纠纷上诉案”[①]以及“姜某妍与贾某涛等财产损害赔偿纠纷上诉案”[②]等案件中，受诉法院对于本权人侵害无权占有的情形并未为无权占有人提供占有保护，而是直接依据本权人之本权抗辩进行裁判。该裁判方法有利有弊，利在于可以终局性解决纠纷；弊在于混淆了占有之诉与本权之诉，不利于占有之诉的时效性和占有保护立法目的之实现。值得注意的是，大陆法系的德国、瑞士、奥地利、荷兰、日本、韩国以及中国台湾地区的占有诉讼专指狭义上的占有之诉，只包括行使占有物返还请求权、占有妨害除去请求权以及占有妨害预防请求权而引发之诉讼，并不包括侵害占有的损害赔偿诉讼，侵害占有损害赔偿诉讼的立法目的主要在于填补损害，对于时效性并无过高要求，应该允许当事人以本权进行抗辩。[③]因此，笔者认为，被告享有本权仅仅能够有条件地对抗侵害占有损害赔偿请求权，对于停止侵害、排除妨碍和消除危险之占有保护请求权，被告不能以享有本权进行对抗，被告如欲主张本权，应该通过本权诉讼解决。

（七）受害人同意

受害人同意，是指受害人在侵权行为或者损害后果发生之前自愿作出的自己承担某种损害后果的明确的意思表示。例如，受害人同意侵害人利用自己的墙壁发布广告，受害人同意侵害人占有、使用自家闲置的车库、车位、杂物间，等等。

受害人同意作为抗辩事由，其成立要件主要包括：第一，同意之内容

① 广东省深圳市中级人民法院（2011）深中法民五终字第1346号民事裁定书。

② 山东省青岛市中级人民法院（2011）青民五终字第1063号民事判决书。

③ Dieter Medicus, Bisitzschutz durch Ansprüche auf Schadensersatz, AcP 165 (1965), S.140–142.

必须明确、具体，仅仅表示出“我同意”“我愿意”或者在上述字样下面签名，此项抗辩尚不足以成立。第二，受害人同意系出于真实和自愿，侵害人方面不存在欺诈、胁迫甚至暴力干涉等情形。第三，受害人具有同意能力。德国学界通说认为，受害人的同意能力通常不能以受害人有无行为能力作为判断标准，而应根据个案中侵害的具体内容、程度、方式以及受害人的识别能力进行。但是，如果同意系以合同方式约定，那么同意人必须具有行为能力。[①]英美侵权法也认为同意能力不同于行为能力，同意能力是一个人对其决定的性质、程度以及可能产生的后果的理解能力。儿童、醉汉、神志不清的人、精神病人或低智能者等给出的同意一般是无效的，他们的同意只能由监护人作出。[②]第四，加害人尽到充分合理的告知义务，对于侵害的方式、方法、期限以及后果，应该尽量详细地予以告知，尤其是对于消除加害后果、恢复原状的代价亦应明确告知。第五，不得违反法律的强行性、禁止性规定以及公序良俗等。拉伦茨指出，对于杀人、放火行为所表示之同意，因其违反强行法以及公序良俗，该同意无效，行为人无权以受害人之同意作为抗辩。[③]

《民法通则》以及《侵权责任法》等现行法对于受害人同意未作明文规定，只是规定：被侵权人对损害的发生也有过错的，可以减轻侵权人的责任(《民法通则》第131条、《侵权责任法》第26条)。自解释论的角度而言，受害人同意可以理解为受害人对于损害的发生也有过错，由此可以减轻侵害人的民事责任。从司法实践来看，受害人之同意大多表现为合同，比如租赁合同、承揽合同等，也有一些表现为单方的允诺，但是随着另一方对于合同标的或者允诺标的持续不断地占有和使用，当事各方对于占有和使用的方式、方法、期限和范围等发生了争议。[④]根据《物权法》第241条，基于合同关系等产生的占有，有关不动产或者动产的使用、收益、违约责任等，按照合同

---

① Neue Juristische Wochenschrift, NJW 61, S.255.

② 李亚虹：《美国侵权行为法》，法律出版社1999年版，第36页、第37页。

③ Walter G. Becker, Das Recht der unerlaubten Handlungen, Duncker & Humblot, Berlin Verlag, 2006, S.446.

④ Walter G. Becker, Das Recht der unerlaubten Handlungen, Duncker & Humblot, Berlin Verlag, 2006, S.445, 446.

约定；合同没有约定或者约定不明确的，依照有关法律规定。而根据《合同法》第122条，因当事人一方的违约行为，侵害对方人身、财产权益的，受损害方有权选择依照本法要求其承担违约责任或者依照其他法律要求其承担侵权责任。

最后，在不动产相邻关系中，相邻各方应该为他方的生产、生活提供必要的便利，例如，为邻人的“截水、排水、通行、通风、采光”等提供必要的便利（《民法通则》第83条），为邻人的“建造、修缮建筑物以及铺设电线、电缆、水管、暖气和燃气管线等”提供必要的便利（《物权法》第88条等）。提供必要的便利也就是对他方的行为表示同意并且予以配合，因此对己方的权利予以某些限制，对于由此而发生的轻微的侵害、妨碍和不便，同意人有容忍的义务，行为人有权以受害人之同意作为抗辩。但是，相邻关系只能为相邻各方提供基本的必要便利，超出相邻关系之合法限度，行为人即不得以受害人之同意作为抗辩。

（八）紧急避险、自助行为以及无因管理

如同大陆法系许多其他国家的立法，我国《物权法》明确区分了物权的保护与占有的保护，对于侵害占有与侵害本权，确立了不同的请求权基础。《物权法》第245条规定了占有保护，而《物权法》第34条、第35条、第37条则规定了物权保护，这属于本权的保护方法。占有之诉与本权之诉在请求权基础、立法目的等诸多方面存在明显区别。本权之诉无法完全取代占有之诉的立法功能。[①]占有一旦成立，即与本权关系相对独立。通常情况下，对占有之侵害亦往往构成对本权之侵害。如果侵害占有的同时亦构成侵害占有背后之本权，并且该本权亦属侵权法保护之列，则发生请求权竞合。[②]

那么，针对侵害本权的抗辩事由，如紧急避险、自助行为以及无因管理等，对于占有保护请求权能否适用呢？对此问题，学界未见讨论。笔者认为，占有虽非权利，但是亦属法律所保护之利益，罗马法以来，侵害占有一直隶属于广义上的侵权行为，我国学界通说亦认为侵害占有是侵权行为。按照举

---

① 王泽鉴：《民法物权（二）》，台北三民书局2005年版，第345页。

② BGHZ 73, 355, 359 = NJW 1979: 1358. Spiess JZ 1979, S.717f.

重以明轻之原则，侵害本权之人，如其行为符合紧急避险、自助行为以及无因管理等构成要件，况且因为违法阻却而得以免责，而占有与本权相比明显属于次级法益，那么侵害占有之行为如符合紧急避险、自助行为以及无因管理等构成要件时，当然得以抗辩和免责。但是，正当防卫之情形通常构成例外，正当防卫主要是对于加害人之人身进行钳制和反击，通常与占有无涉，因此正当防卫构成典型的侵权抗辩事由，但是一般无法成为侵害占有的抗辩事由。[①]

① Walter G. Becker，Das Recht der unerlaubten Handlungen，Duncker & Humblot，Berlin Verlag，2006，S.445.

图书在版编目 (CIP) 数据

民法典评注. 物权编 / 孙宪忠，朱广新主编 .—北京：中国法制出版社，2020

ISBN 978-7-5216-1103-8

Ⅰ. ①民… Ⅱ. ①孙… ②朱… Ⅲ. ①物权法—研究—中国
Ⅳ. ① D923.04

中国版本图书馆 CIP 数据核字（2020）第 080171 号

策划编辑：马 颖 王 彧

责任编辑：王雯汀 侯 鹏 靳晓婷 宋 平　　封面设计：李 宁

民法典评注. 物权编

MINFADIAN PINGZHU. WUQUANBIAN

主编 / 孙宪忠 朱广新

经销 / 新华书店

印刷 / 三河市紫恒印装有限公司

开本 / 710 毫米 ×1000 毫米 16 开　　（全四册）总印张 / 123.5 字数 / 2097 千

版次 / 2020 年 10 月第 1 版　　2020 年 10 月第 1 次印刷

中国法制出版社出版

书号 ISBN 978-7-5216-1103-8　　（全四册）总定价：429.00 元

北京西单横二条 2 号 邮政编码 100031　　传真：010-66031119

网址：http://www.zgfzs.com　　**编辑部电话：010-66060794**

市场营销部电话：010-66033393　　**邮购部电话：010-66033288**

（如有印装质量问题，请与本社印务部联系调换。电话：010-66032926）